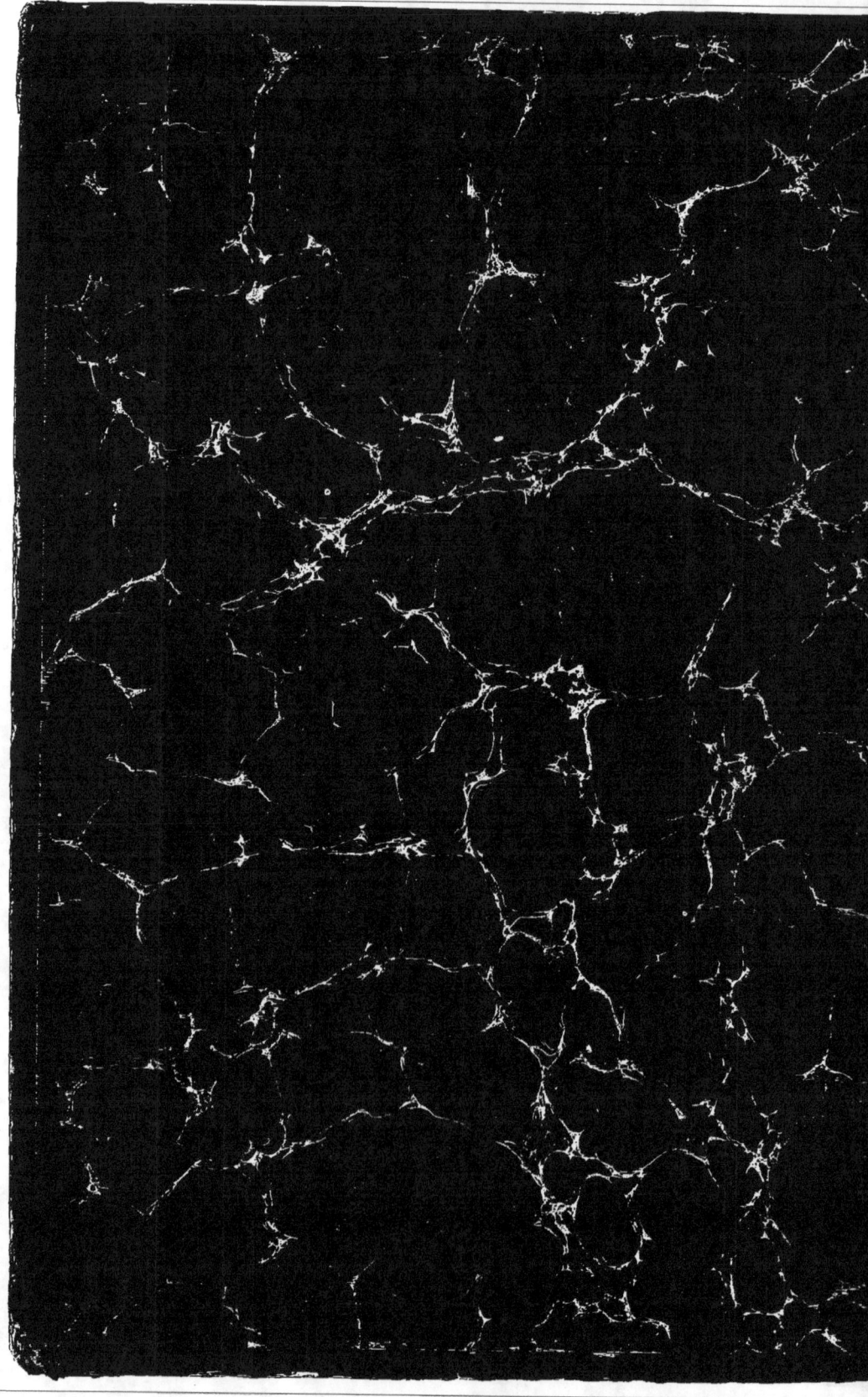

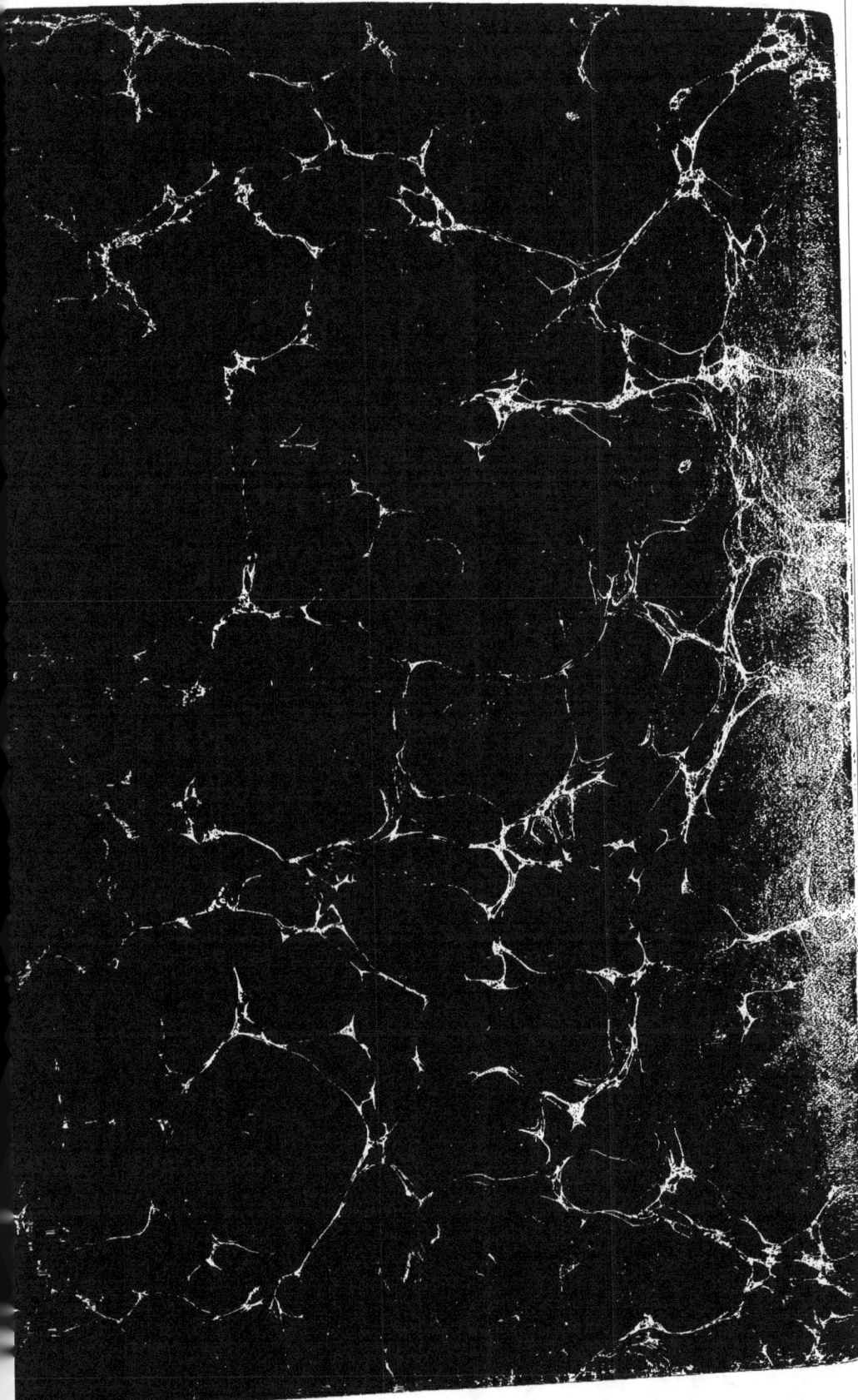

OEUVRES COMPLÈTES

DE SAINT AUGUSTIN

ÉVÊQUE D'HIPPONE

TABLE DES OUVRAGES COMPRIS DANS LE TOME XXVII

Conférence avec Maximin, évêque arien	1
Contre l'hérétique Maximin, évêque arien (Deux livres)	47
Sur la Trinité (Quinze livres)	151

APPENDICE

Traité contre les Cinq hérésies	563
Dispute dialoguée entre la Synagogue et l'Eglise	607
De la foi contre les Manichéens (Un livre)	619
Mémoire sur la manière de recevoir les Manichéens	639
Sur l'unité de la Trinité, contre Félicien (Un livre)	642
Questions sur la Trinité et la Genèse	665
Sur l'incarnation du Verbe (Deux livres)	671
De la Trinité et de l'unité de Dieu (Un livre)	694
De l'essence de la divinité (Un livre)	702
Libelle ou dialogue de l'unité de la sainte Trinité	715
Des dogmes de l'Eglise (Un livre)	721

Traduits par M. CHARPENTIER, docteur en théologie.

Besançon. — Imprimerie d'Outhenin-Chalandre fils.

ŒUVRES COMPLÈTES
DE
SAINT AUGUSTIN
ÉVÊQUE D'HIPPONE

TRADUITES EN FRANÇAIS ET ANNOTÉES

PAR MM.

PÉRONNE
Chanoine titulaire de Soissons, ancien professeur d'Écriture sainte et d'éloquence sacrée.

ÉCALLE
Professeur au grand séminaire de Troyes, traducteur de la *Somme contre les Gentils*.

VINCENT
Archiprêtre de Vervins.

CHARPENTIER
Doct. en théol., trad. des *Œuvres de S. Bernard*.

H. BARREAU
Docteur ès-lettres et en philosophie, chevalier de plusieurs ordres.

renfermant

LE TEXTE LATIN ET LES NOTES DE L'ÉDITION DES BÉNÉDICTINS

TOME VINGT-SEPTIÈME

CONFÉRENCE AVEC MAXIMIN, ÉVÊQUE ARIEN, ET LES LIVRES CONTRE LE MÊME, LES QUINZE LIVRES SUR LA TRINITÉ, APPENDICE RENFERMANT QUELQUES OPUSCULES CONTRE LES JUIFS, LES MANICHÉENS ET LES ARIENS.

PARIS
LIBRAIRIE DE LOUIS VIVÈS, ÉDITEUR
RUE DELAMBRE, 13

1871

AVERTISSEMENT

SUR

LA CONFÉRENCE ET LES DEUX LIVRES CONTRE MAXIMIN

On chercherait en vain ces opuscules dans les *Rétractations* d'Augustin, attendu qu'ils leur sont postérieurs, ayant été écrits en 427 ou 428; car le comte Ségisvult par qui Maximin déclare au commencement de la conférence suivante avoir été envoyé à Hippone, ne vint en Afrique contre Boniface que sous le consulat de Hiérius et Arduber, en 427, selon Prosper dans sa chronique. C'est à cela que se rapporte le titre du cent-soixantième sermon de saint Augustin, compté autrefois comme le seizième par Sirmond, ainsi conçu : *Contre une parole de l'évêque Arien Maximin qui répandait ses blasphèmes en Afrique où il se trouvait avec le comte Ségisvult.* Maximin est repris par saint Augustin pour avoir malicieusement interprété cette phrase de saint Jean : « Mon Père et moi ne sommes qu'une seule et même chose, » dans le sens de la concorde des volontés entre eux, en disant que les Apôtres aussi ne faisaient qu'une seule et même chose avec le Père et le Fils, puisqu'ils étaient soumis à la volonté de l'un et de l'autre. Voilà les blasphèmes que Maximin débitait dans cette conférence et dans sa dernière controverse, n. 22.

Voici en quels termes Possidius parle de cette conférence dans sa *Vie d'Augustin*, au chapitre XVII : « Un certain évêque Arien, nommé Maximin, était venu en Afrique à la suite des Goths. A sa demande, et pour répondre aux vœux de plusieurs, de même que pour céder aux instances de quelques personnages de distinction, il se rendit à Hippone, et chacun des deux partis recueillit par écrit ce qui se dit. Si on lit ces recueils avec soin et intelligence on remarquera sans aucun doute, ce qu'une hérésie aussi rusée que peu fondée en raison, sut avancer pour tromper et séduire les hommes,

ADMONITIO

IN COLLATIONEM ET LIBROS DUOS CONTRA MAXIMINUM

Hæc opuscula in *Retractationibus* Augustini frustra quæras, cum sint posterius confecta, anno Christi videlicet aut 427, aut 428. Nam Segisvultum Comitem, a quo se missum Hipponem Maximinus in Collationis subsequentis exordio profitetur, venisse in Africam contra Bonifacium Hierio et Ardubere Consulibus, hoc est anno Christi 427. Scribit Prosper in Chronico. Huc spectat Sermonis CLX (qui olim inter Sirmondianos XVI) titulus in hunc modum : *Contra quoddam dictum Maximini Arianorum episcopi, qui cum Segisvulto Comite constitutus in Africa blasphemabat.* Quo in Sermone id ab Augustino reprehenditur, quod Maximinus, Dominicam sententiam Joan., X : « Ego et Pater unum sumus, » de voluntatum concordia maligne interpretans, respondebat ipsos etiam Apostolos unum esse cum Patre et Filio, quia voluntati Patris et Filii obsequuntur. Sic ille blasphemat in hac Collatione, disputatione sua postrema, n. 22.

De eadem Collatione Possidius *in Augustini vita* cap. XVII : « Cum ipsorum quoque Arianorum episcopo quodam Maximino cum Gothis ad Africam veniente, apud Hipponem quam plurimis volentibus atque petentibus, et præclaris interpositis viris contulit, et quid singulæ asseruerint partes, scriptum est. Quæ si studiosi diligenter legere curaverint, procul dubio indagabunt, vel

TOM. XXVII.

et ce que l'Eglise catholique croit et enseigne touchant la divine Trinité. Mais comme cet hérétique de retour d'Hippone à Carthage se vantait et répétait partout mensongèrement, parce qu'il avait fait preuve d'une grande intempérance de langue dans cette conférence, qu'il en était sorti vainqueur et qu'il n'était point facile à des hommes peu versés dans la connaissance de la loi de Dieu, d'examiner ces choses et de porter un jugement sur elles, le vénérable Augustin fit, peu de temps après, de sa propre main, un résumé des objections et des réponses présentées dans cette conférence, dans lequel il montre que Maximin n'a pu rien répondre aux objections qui lui furent faites, en ajoutant certains détails qui n'avaient pu être consignés par écrit ni recueillis en entier au moment de la conférence, vu le peu de temps qu'on avait eu pour le faire; car, dans sa malice, cet homme avait disposé les choses de telle manière pour la dernière conférence, qu'il eut seul la parole pendant tout le temps qui restait à employer ce jour-là. » Dans le petit index, au chapitre v, il est fait mention d'une « Conférence avec l'évêque Arien Maximin, » contre qui sont écrits les deux livres précédents, continue l'auteur de l'index. En cet endroit Possidius sépare, de la conférence, les livres qui, dans les éditions précédentes faisaient tellement partie de cette conférence que celle-ci formait un premier livre, et les deux autres étaient comptés pour le second et le troisième. Les anciens manuscrits, tant les nôtres que ceux que virent Bède ou Florus, ne sont point tombés dans cette erreur, en effet Bède distingue fort bien la conférence des livres contre Maximin. (ad Rom., VIII.) Le pape Agathon, dans le sixième Synode, act. IV, cite avec éloge le dernier de ces livres comme étant de saint Augustin.

quid callida et irrationabilis hæresis ad seducendum et decipiendum profiteatur, vel quid Ecclesia catholica de divina teneat et prædicet Trinitate. Sed quoniam ille hæreticus de Hippone rediens ad Carthaginem, de sua multa in collatione loquacitate victorem se de ipsa Collatione recessisse jactavit, et mentitus est; quæ utique non facile a divinæ legis ignaris examinari et dijudicari posset : a venerabili viro Augustino sequentis temporis stilo, et illius totius Collationis de singulis objectis et responsis facta est recapitulatio, et quam nihil ille objectis referre potuerit, nihilo minus demonstratum est, additis supplementis, quæ in tempore Collationis angusto cuncta inferri et scribi minime potuerunt. Id enim egerat nequitia hominis, ut sua novissima prosecutione multum longissima totum quod remanserat diei spatium occuparet. » Et in Indiculo cap. v, recensetur : « Collatio cum Maximino Arianorum episcopo. » Et continuo : « Ad quem supra libri duo. » Ubi Possidius a Collatione sejungit libros, qui in ante editis sic eidem cohærebant Collationi, ut hæc primus liber, alii duo libri secundus ac tertius inscripti legerentur : quo errore carebant veteres codices, tum nostri, tum illi quos vidit Beda seu Florus ; Collationem quippe aperte distinguit a libris *contra Maximinum*, ad Rom. VIII. Posteriorem librum cum Augustini laude citat etiam Agatho Papa in VI Synodo, Act. IV.

CONFÉRENCE[1]
DE
SAINT AURÈLE AUGUSTIN
ÉVÊQUE D'HIPPONE
AVEC MAXIMIN, ÉVÊQUE ARIEN[2]

1. Augustin et Maximin s'étant réunis à Hippone, en un certain lieu, en présence d'une nombreuse assistance de clercs et de laïques, MAXIMIN prit la parole en ces termes : Je ne suis point venu en cette ville avec la pensée d'engager la lutte avec votre Religion, mais j'y ai été envoyé par le comte Ségisvult dans une pensée de paix. En effet ce n'est que provoqué, au milieu d'un entretien amical avec le prêtre Eraclius, que j'ai répondu à ses questions comme j'ai pu; mais il prit tellement feu, dans notre discussion, qu'il vous demanda de venir vous-même me combattre. En conséquence puisque votre Religion pense que je lui fais injure, je lui répondrai dans les choses où je le pourrai, si vous m'adressez des questions. Si ce que vous dites est fondé sur la raison, il faudra bien que je m'y rende. Car si vous me citez des passages des divines Écritures qui soient acceptés de tout le monde, je serai bien forcé de les entendre ; mais quant aux paroles qui ne se trouvent point dans l'Écriture, nous ne les acceptons en aucun cas; d'autant plus que le Seigneur même nous prémunit contre elles quand il dit : C'est en vain qu'ils m'honorent, puisqu'ils enseignent des maximes et des ordonnances humaines. (*Matth.*, xv, 9.)

2. AUGUSTIN. Si j'entreprends de répondre à tout cela, je paraîtrai vouloir agir de manière à ne point en venir à la question. Par conséquent pour aborder sans retard le sujet dont il s'agit, dites-moi quelle est votre foi en ce qui concerne le Père, le Fils et le Saint-Esprit.

MAXIMIN. Puisque vous me demandez quelle est ma foi, je tiens la foi non-seulement exposée

(1) Dans quelques éditions, le titre de cet opuscule est : *Livre premier contre Maximin, évêque Arien.*
(2) Ecrit vers l'an du Christ 427 ou 428.

S. AURELII AUGUSTINI
HIPPONENSIS EPISCOPI
COLLATIO CUM MAXIMINO
ARIANORUM EPISCOPO

1. Cum Augustinus et Maximinus Hippone regio unum in locum convenissent, præsentibus multis, tam clericis quam laicis, MAXIMINUS dixit : Ego non ob istam causam in hanc civitatem adveni, ut altercationem proponam cum religione tua, sed missus a Comite (a) Segisvulto contemplatione pacis adveni. Re vera enim Eraclio presbytero amicali pactione mecum tractanti, responsum dedi ut valui, ita tamen ab ipso provocatus; quique in tantum exarsit, ut etiam adventum tuum contra me provocaret. Et quia dignata est religio tua (b) sibi facere injuriam, si interrogas, in quibus valeo responsum dabo. Si aliquid rationabile dixeris, necesse est ut sequar. Si quid enim de divinis Scripturis protuleris, quod commune est cum omnibus, necesse est ut audiamus : eæ vero voces quæ extra Scripturam sunt, nullo casu a nobis suscipiuntur : præterea cum ipse Dominus moneat nos edicat : Sine causa colunt me, docentes mandata et præcepta hominum. (*Matth.*, xv, 9.)

2. AUGUSTINUS dixit : Si ad ista omnia respondere voluero, id etiam ego agere videbor, ne veniatur ad causam. Proinde ut cito agamus quod instat, dic mihi fidem tuam de Patre et Filio et Spiritu sancto.

MAX. respondit : Si fidem meam postulas, ego illam teneo fidem quæ (c) Arimini a trecentis et tri-

(a) In aute editis : *Comite regis multa.* In Mss. quibusdam : *Comite Fcgisvulto.* In aliis verius : *Comite Segisvulto.* — (b) Sic Mss. Editi vero *mihi facere injuriam.* — (c) Mss. *Arimino*

mais encore souscrite à Rimini par trois cent trente évêques.

3. Augustin. J'ai déjà dit, et je le répète, j'ai dit que vous ne vouliez point répondre. Dites votre foi en ce qui concerne le Père, le Fils et le Saint-Esprit.

Maximin. Puisque je n'ai point manqué à vous répondre, pourquoi votre Religion m'accuse-t-elle de ne point faire de réponse ?

4. Augustin. J'ai dit que vous ne voulez point répondre parce que, pendant que je vous demande de me faire votre profession de foi concernant le Père, le Fils et le Saint-Esprit, comme je vous le demande encore en ce moment, vous ne faites point cette profession de foi, et vous me renvoyez au concile de Rimini. Je veux savoir quelle est votre foi, ce que vous croyez, ce que vous pensez, au sujet du Père, du Fils et du Saint-Esprit. Si vous daignez me le dire, je l'entendrai de votre bouche. Ne me renvoyez point aux écrits, attendu que pour le moment, ou je ne les ai point sous la main, ou bien je ne me trouve point engagé par leur autorité. Dites-moi ce que vous croyez du Père, du Fils et du Saint-Esprit.

Maximin. Ce n'est point pour me mettre à couvert que j'ai voulu faire intervenir le concile de Rimini ; mais pour montrer l'autorité des Pères qui nous ont définì, en s'appuyant sur les divines Ecritures, la foi qu'ils ont puisée dans les oracles sacrés. N'admettrez-vous point qu'il faut croire de cœur pour obtenir la justice et confesser la foi de bouche pour obtenir le salut ? (*Rom.*, x, 10.) Car nous avons été instruits et préparés à répondre à quiconque nous demandera compte de la foi et de l'espérance qui sont en nous. D'ailleurs le Seigneur Jésus lui-même ayant dit : Quiconque me confessera devant les hommes, je le confesserai devant mon Père qui est dans les cieux (*Matth.*, x, 32), et quiconque me reniera devant les hommes, je le renierai devant mon Père qui est dans les cieux, » (*Marc*, viii, 38) je crains ce malheur, et quoique je n'ignore point les lois des empereurs, cependant élevé à l'école du Sauveur qui nous donne cet avis, ne craignez point ceux qui tuent le corps, mais ne peuvent tuer l'âme (*Matth.*, x, 28), je réponds clairement que je crois que Dieu le Père, qui ne reçoit la vie de nul autre, est un ; que le Fils, qui a reçu du Père ce par quoi il est et vit, est un ; et que le Saint-Esprit Paraclet, qui est l'illuminateur et le sanctificateur de nos âmes, est un ; et cela je l'affirme d'après les saintes Ecritures. Si vous l'ordonnez j'en citerai les témoignages, et si votre Religion trouve à redire en un point, je vous répondrai sur les sujets où il vous semblera que je mérite d'être repris.

5. Augustin. Ce qui me frappe, c'est que vous

---

ginta episcopis, non solum exposita, sed etiam subscriptionibus firmata est.

3. Aug. dixit : Jam dixi, et hoc ipsum repeto, quia respondere noluisti : Dic fidem tuam de Patre et Filio et Spiritu sancto.

Max. respondit : Cum enim non defecerim a responsione, cur accusor a tua religione, quasi responsum non dederim.

4. Aug. dixit : Propterea dixi te respondere noluisse, quia dum ego quærerem ut diceres mihi fidem tuam de Patre et Filio et Spiritu sancto, quod et nunc posco, tu mihi non dixisti fidem tuam, sed nominasti Ariminense concilium. Fidem tuam volo nosse, quid credas, quid sentias de Patre et Filio et Spiritu sancto. Si dignaris, ore tuo audiam. Noli me mittere ad ea scripta, quæ modo aut præ manu non sunt, aut eorum auctoritate non teneor. Dic quid credas de Patre et Filio et Spiritu sancto.

Max. respondit : Non ad excusandum me Ariminensis concilii decretum interesse volui, sed ut ostendam auctoritatem Patrum, qui secundum divinas Scripturas fidem nobis tradiderunt illam quam a divinis Scripturis didicerunt. Sin vero placet ; quia corde creditur ad justitiam, ore autem confessio fit ad salutem (*Rom.*, x, 10) : instructi etenim sumus et parati ad respondendum omni exposcenti de nobis rationem fide et spe quæ in nobis est (I *Pet.*, 15) : et præterea cum Dominus ipse Jesus dicat : Qui me confessus fuerit coram hominibus, confitebor et ego eum coram Patre meo qui est in cœlis (*Matth.*, x, 32) ; et qui negaverit me coram hominibus, negabo et ego eum coram Patre meo qui in cœlis est : » (*Marc.*, viii, 38) istud periculum timens, quamvis leges imperiales non ignoro, tamen præcepto Salvatoris edoctus, qui monuit nos et dixit : « Nolite timere eos qui occidunt corpus, animam autem non possunt occidere : » (*Matth.*, x, 28) respondeo evidenter : Credo quod unus est Deus Pater, qui a nullo vitam accepit ; et quia unus est Filius, qui quod est et quod vivit a Patre accepit ut esset, et quia unus est Spiritus sanctus paraclitus, qui est illuminator et sanctificator animarum nostrarum. Et hoc de divinis Scripturis assero. Si jubes, prosequor testimonia : si in aliquo reprehenderit religio tua, dabo responsum in his in quibus reprehendi videor.

5. Aug. dixit : Movet me, quod ita posuisti pro-

faites du Saint-Esprit proprement notre illuminateur comme si le Christ n'était pas notre illuminateur, aussi. Je veux donc d'abord apprendre de vous ce que vous pensez à ce sujet.

MAXIMIN. Pour nous, nous reconnaissons que Dieu le Père est la seule source d'où toute illumination descend sur nous par degrés. Car après tout l'apôtre Paul nous rend, de lui-même, ce témoignage dans les Actes des Apôtres : « Voici les ordres que le Seigneur m'a donnés ; et entre autres il dit : Je vous ai établi pour être la lumière des Gentils. » (*Act.*, XIII, 47.) Si l'Apôtre a été placé dans la lumière comme docteur, à combien plus forte raison le Saint-Esprit qui est l'illuminateur de l'Apôtre s'y trouve-t-il placé lui-même ; car c'est en lui que l'Apôtre parlait quand il disait : Personne ne saurait prononcer le nom du Seigneur Jésus, si ce n'est dans le Saint-Esprit. (I *Cor.*, XII, 3.) C'est donc le Saint-Esprit en tant qu'illuminateur qui a illuminé l'Apôtre. Mais le Saint-Esprit a reçu du Christ selon le propre témoignage de ce dernier qui s'exprime en ces termes dans l'Evangile : J'ai encore beaucoup de choses à vous dire ; mais vous n'êtes pas en état de les porter présentement ; mais quand l'Esprit de vérité sera venu il vous dirigera vers toute vérité (*Jean*, XVI, 12), car il ne parlera point de lui-même mais il vous dira ce qu'il aura entendu et il vous annoncera les choses à venir ; c'est lui qui me glorifiera parce qu'il recevra de ce qui est à moi et vous l'annoncera. Ainsi c'est du Christ, selon le témoignage de ce dernier, que le Saint-Esprit a reçu ce qu'il nous annonce. Or le Christ, sans laisser place à l'ombre d'un doute, nous dit : Ma doctrine n'est pas ma doctrine, mais celle de mon Père qui m'a envoyé (*Jean*, VII, 16), et ailleurs : Je ne dis que ce que j'ai vu et entendu dans mon Père. (*Jean*, VIII, 38.) Ainsi lors même que le Christ nous éclaire, c'est le Père qui nous l'a envoyé qui nous éclaire ; quand le Saint-Esprit nous illumine, ses lumières remontent à celui qui en est la source, c'est-à-dire à la source même de la bonté où l'Apôtre aussi bien que tous les autres saints ont puisé pour éclairer les croyants ; mais cette lumière remonte à un seul et même auteur. Voilà pourquoi le Prophète disait : Le Seigneur est ma lumière et mon salut, qui craindrai-je ? (*Ps.* XXVI, 1.)

6. AUGUSTIN. Je ne nie point que le Saint-Esprit illumine, mais ce que je vous ai demandé en peu de mots et ce que je vous demande encore, c'est si le Christ illumine par lui-même et si le Père illumine également par lui-même, ou bien si l'un et l'autre n'illuminent que par le Saint-Esprit.

MAXIMIN. Je pense que votre Religion n'ignore point ces paroles du bienheureux apôtre Paul :

---

prie illuminatorem nostrum Spiritum sanctum : quasi Christus non sit illuminator noster. Hinc primo abs te volo audire quid sentias.

MAX. respondit : Nos enim unum auctorem Deum Patrem cognoscimus, a quo illuminatio omnis per gradus descendit. Nam denique et apostolus Paulus profert de se testimonium in Actibus Apostolorum dicens : Sic enim mandavit nobis Deus (*Act.*, XIII, 47) : et inter cætera : Posui te in lumen gentium. (*Isai.*, XL, 6.) Si Apostolus in lumine gentium positus est ut doctor, quanto magis Spiritus sanctus qui illuminator est Apostoli ; in quo et Apostolus locutus est, secundum ipsius Apostoli dicta, quia nemo potest dicere Dominum Jesum, nisi in Spiritu sancto. (I *Cor.*, XII, 3.) Utique illuminator est Spiritus sanctus, qui illuminavit Apostolum. Sed Spiritus sanctus a Christo accepit, secundum ipsius Christi testimonium, sicut ait in Evangelio Christus : Multa habeo vobis dicere, sed non potestis portare modo (*Joan.*, XVI, 12) : cum autem venerit ille Spiritus veritatis, diriget vos in omnem veritatem. Non enim loquetur a se, sed quæcumque audierit loquetur, et ventura annuntiabit vobis. Ille me clarificabit, quia de meo accipiet, et annuntiabit vobis. Ergo Spiritus sanctus accepit a Christo, secundum testimonium Christi. (*Joan.*, VII, 16). Sine dubio autem Christus ipse confitetur, quod : Doctrina mea non est mea, sed ejus qui me misit Patris (*Joan.*, VIII, 38) : et : Quod vidi et audivi apud Patrem meum, loquor. Sive ergo Christus docens nos illuminat, Pater illuminat qui eum destinavit : sive Spiritus sanctus illuminat, illuminatio ad auctorem recurrit, qui est fons bonitatis : a quo consecutus, sive beatus Apostolus, sive etiam omnes sancti, illuminant quidem credentes, sed hæc illuminatio ad unum auctorem recurrit. Et ea de causa dicebat Propheta : Dominus illuminatio mea, et salus mea, quem timebo. (*Psal.* XXVI, 1.)

6. AUG. dixit : Ego non nego illuminare Spiritum sanctum, sed utrum et Christus illuminet per se ipsum, et Pater illuminet per se ipsum, an non illuminent isti nisi per Spiritum sanctum : hoc requisivi breviter, hoc requiro.

MAX. respondit : Credo non latere religionem tuam, beatum dixisse apostolum Paulum : « Cum autem benignitas et humanitas apparuit Salvatoris nostri Dei, non ex operibus justitiæ quæ fecimus

« Mais depuis que la bonté de Dieu notre Sauveur et son amour pour les hommes ont paru dans le monde, il nous a sauvés, non à cause des œuvres de justice que nous eussions faites ; mais à cause de sa miséricorde, par l'eau de la renaissance et par le renouvellement du Saint-Esprit qu'il a répandu en nous avec une riche effusion, par les mérites de Jésus-Christ notre Sauveur. » (*Tit.*, III, 4 à 6.) — C'est sur cela que je me règle pour dire que le Saint-Esprit est notre illuminateur par le moyen du Fils, selon ces paroles que je viens de citer : « Qu'il a répandu en nous avec une riche effusion, par les mérites de Jésus-Christ. » — Voilà donc ma réponse : Que ce soit Paul qui nous éclaire, la lumière qu'il nous dispense remonte à Dieu le Père qui en est l'auteur, que ce soit le Saint-Esprit qui nous illumine, sa lumière remonte aussi à son auteur ; si c'est le Christ qui nous éclaire, sa lumière aussi remonte à son auteur. Instruit de ces vérités à l'école du Christ, je poursuis en disant comme le Christ le disait lui-même : « Mes brebis entendent ma voix et me suivent, et moi je leur donne la vie éternelle, et ils ne périront point éternellement, nul ne les ravira de mes mains ; car mon Père qui me les a données est plus grand que toutes choses, et ainsi personne ne peut les ravir de la main de mon Père. » (*Jean*, x, 27.) Ailleurs il reprend : Mon Père et moi, nous sommes une même chose. (*Jean*, x, 30.) Ainsi le Père et le Fils sont une même chose pour défendre et illuminer les brebis du Fils ; pour cela ils sont d'accord et unanimes selon la raison que vous venez d'en entendre, c'est-à-dire « parce que personne ne peut ravir de ma main, dit le Fils, les brebis que mon Père m'a données ; personne également ne peut les ravir de la main du Père. »

7. AUGUSTIN. Ce que vous dites a son importance, c'est vrai, mais ne va point à la question. Vous n'avez point répondu à ce que je vous ai demandé, et pourtant vous avez dit bien des choses. Si, laissant de côté ce qui est en question entre nous, vous avez l'intention de me réciter tout l'Evangile, il nous faudra plusieurs jours et cela doit nous prendre bien du temps. Dites-moi, en deux mots, puisque telle a été ma question, si le Christ nous illumine par lui-même ou s'il ne nous illumine que par le Saint-Esprit. Non-seulement vous n'avez point voulu répondre à cette question, mais si je ne me trompe sur ce que j'ai entendu, vous dites plutôt que c'est par Jésus-Christ que le Saint-Esprit nous éclaire.

MAXIMIN. Il ne faut point, en matière de religion surtout, lorsque d'ailleurs on parle de Dieu, porter de fausses accusations. J'ai fait une réponse, et si ce que j'ai dit ne vous suffit point, j'ajouterai les textes par lesquels il est dit que c'est par Jésus-Christ que le Saint-Esprit a été

---

nos, sed secundum suam misericordiam salvos nos fecit, per lavacrum regenerationis et renovationis Spiritus sancti, quem effudit in nos abunde, per Jesum Christum Salvatorem nostrum. » (*Tit.*, III, 4.) Secundum hanc regulam dico Spiritum sanctum et profiteor illuminatorem per Filium : ut ante dictum est : « Quem effudit in nos abunde, per Jesum Christum Salvatorem nostrum. » Jam dedi responsum : quoniam sive Paulus illuminat, ad auctorem Deum Patrem recurrit hæc illuminatio ; sive Spiritus sanctus illuminat, ad auctorem recurrit illuminatio ; sive Christus illuminat, ad auctorem recurrit illuminatio. Et hoc magisterio Christi edoctus, prosequor, sicut ait ipse Christus : « Oves meæ vocem meam audiunt et sequuntur me, et ego vitam æternam do eis, et non peribunt in æternum, et non rapiet eas quisquam de manu mea. Pater meus quod dedit mihi, majus omnibus est, et nemo potest rapere illud de manu Patris mei. » (*Joan.*, x, 27.) Et iterum sic ait : Ego et Pater unum sumus. (*Joan.*, x, 30.) Ergo ad defendendas oves, ad illuminandas, Pater et Filius unum sunt, concordes atque unanimes secundum hanc rationem quam audisti : « Quoniam nemo potest rapere de manu mea oves quas mihi dedit Pater : simili modo nec de manu Patris. »

7. AUG. dixit : Res loqueris necessarias quidem, sed non ad causam. Ad interrogationem meam non respondisti, et tamen multa dixisti. Si velis relicta quæstione quæ inter nos vertitur, reddere totum Evangelium qui dies sufficiunt quantum temporis spatium necessarium est ? Breviter mihi dic, quoniam interrogavi te, utrum illuminet per se ipsum Christus, an non illuminet nisi per Spiritum sanctum. Non solum ad hoc respondere noluisti, sed si me non fallit quod audivi, magis Spiritum sanctum per Christum illuminare dixisti.

MAX. respondit : Non decet in religione, præterea cum de Deo loquamur, calumniam inferre. Ego et responsum dedi, et si non sufficiunt quæ diximus, addimus testimonia, quia per Jesum Christum Spiritus sanctus effusus est in omnes credentes. Sic enim legimus beatum Petrum dixisse : « Hunc Jesum suscitavit

répandu dans tous les croyants. En effet, nous lisons que le bienheureux Pierre s'est exprimé ainsi : « Or ce Christ, c'est Jésus que Dieu a ressuscité, et nous sommes tous témoins de sa résurrection. Après donc qu'il a été élevé au ciel par la main de Dieu et qu'il a reçu l'accomplissement de la promesse que son Père lui avait faite, d'envoyer le Saint-Esprit, il a fait cette effusion de l'Esprit saint que vous voyez et que vous entendez maintenant. » (*Act.*, II, 32 et 33.) Or, je vous ai dit que tout ce que le Saint-Esprit nous suggère, il le tient du Christ. Reportez-vous aux textes que j'ai cités plus haut, et vous trouverez qu'il en est ainsi.

8. AUGUSTIN. Vous vous efforcez de prouver une chose que je ne nie point, et vous perdez ainsi un temps précieux en paroles superflues. Je ne nie point que c'est par Jésus-Christ que le Saint-Esprit a été répandu sur les croyants ; il n'y a donc point de motif pour vouloir me prouver cela par des textes et avec une telle perte de temps, puisque je le proclame avec vous. Voici ce que j'ai dit et ce que je vous ai demandé, je me répète : Est-ce par le Saint-Esprit que le Christ nous illumine, ou bien le Saint-Esprit nous illumine-t-il par le Christ ; car vous avez dit plus haut que le Saint-Esprit illumine par le Christ. Si vous ne vous rappelez point vos paroles, qu'on les cite telles qu'elles sont dans les actes, afin qu'on voie bien que nous avons demandé qu'on les citât, et je vous montrerai que vous avez répondu à ma question.

MAXIMIN. La preuve eût été nécessaire, si vous ne vous étiez point apaisé vous-même. Or, vous avez trouvé dans les textes que j'ai cités ou dans les raisons que j'ai apportées la réponse que vous avez. Cette question étant donc vidée, adressez-m'en une autre à laquelle je réponde, car vous venez de dire que sur celle-là je vous ai répondu.

9. AUGUSTIN. Avez-vous dit oui ou non que c'est par le Christ que le Saint-Esprit nous illumine. Je vous prie de vouloir bien répondre en deux mots : l'avez-vous dit, oui ou non ?

MAXIMIN. J'ai dit, selon l'enseignement du Sauveur, en parlant du Saint-Esprit, que, soit qu'il nous éclaire, soit qu'il nous instruise, il a reçu du Christ tout ce qu'il nous montre ; tout ce que fait le Saint-Esprit il le tient du Fils unique de Dieu. Si mes textes ne suffisent point, j'en ajouterai d'autres.

10. AUGUSTIN. Pour qu'il ne dise point que je lui impute des choses qu'il n'a point dites, qu'on relise les paroles qu'il a prononcées tout à l'heure.

Le secrétaire Antoine lut à l'endroit indiqué : « Je dis et je professe que c'est par le Fils, comme il a été dit plus haut, que le Saint-Esprit que Dieu a répandu avec une riche effusion en

---

Deus, cujus nos omnes testes sumus. Dextera itaque Dei exaltatus, et promissione Spiritus sancti accepta a Patre effudit hoc donum quod nunc vos et videtis et auditis. Dixi enim quod omnia quæcumque suggerit nobis Spiritus sanctus, a Christo consecutus sit. » (*Act.*, II, 32.) Recurre ad testimonia ante lata, et invenies ita.

8. AUG. dixit : Cum vis conari probare quod ipse non nego, in rebus superfluis necessarium tempus absumis. Ego non nego per Christum diffusum fuisse super credentes Spiritum sanctum. Sine causa hoc per tantas moras testimonii probare voluisti, quod ipse confiteor. Ego hoc dixi, hoc quæsivi, hoc iterum dico : utrum Christus per Spiritum sanctum illuminet, an Spiritus sanctus per Christum illuminet : quia dixisti superius per Christum illuminare Spiritum sanctum. Si autem non recolis, recitentur verba tua in Gestis, ut appareat ea nos jussisse recitari, et probabo te dixisse quod quæro.

MAX. respondit : Probatio erat necessaria, si non ipse temetipsum placasses. Jam enim prosecutus es in testimoniis quæ protuli, vel in ratione quam dedi, quod et ipse sic habeas. Cum finita sit ergo ista quæstio, propone aliam ad quam tibi respondeam. Nam professus es jam in quæstione ista satisfactum tibi fuisse.

9. AUG. dixit : Dixisti Spiritum sanctum per Christum illuminare, an non dixisti ? Rogo te ut unum de duobus breviter mihi respondere digneris. Dixisti, an non dixisti ?

MAX. respondit : Ego Spiritum sanctum professus sum secundum Salvatoris magisterium, quia sive illuminat, a Christo accepit, sive docet, a Christo accepit, omnia quæcumque gerit Spiritus sanctus ab unigenito Deo consecutus est ; et si parva sunt testimonia, addo.

10. AUG. dixit : Ne dicat nos calumniari, legantur verba ipsius paulo superius.

Antonius notarius ad locum recitavit : Dico Spiritum sanctum et profiteor illuminatorem per Filium, ut ante dictum est, quem effudit abunde in

nous par le Christ notre Sauveur, est illuminateur. »

Après cette lecture, MAXIMIN reprit : Comme on le voit, c'est vous, non pas moi, qui cherchez à retarder notre marche, pour nous empêcher d'arriver à la question et qui voulez, par vos raisonnements, nous arrêter un jour entier sur une seule question. Or, nous disons que c'est par le Fils que le Saint-Esprit a été répandu en nous, et, non content de vous citer le témoignage du bienheureux apôtre Paul, nous en avons appelé aussi à celui de Pierre le premier des apôtres. En effet, l'exposition de notre pensée porte que le Saint-Esprit a reçu du Christ, selon ces paroles déjà citées plus haut : Il me fortifiera, parce qu'il prendra de ce qui est à moi, et il vous l'annoncera. (*Jean*, XVI, 14.) Et puisque j'y suis contraint, je répète la même chose, et je dis que le Saint-Esprit, soit qu'il nous éclaire, soit qu'il nous instruise, soit qu'il nous forme, tient tout du Christ, puisque c'est par le Christ que tout a été fait, et que rien n'a été fait sans lui. (*Jean*, I, 3.) Le Christ dit que c'est de son Père qu'il tient lui-même tout cela, qu'il vit à cause de son Père, et que toute langue confesse que le Seigneur Jésus-Christ est dans la gloire de Dieu le Père. (*Philipp.*, II, 11.) Le Christ est la tête de tout homme, l'homme est la tête de la femme, mais la tête du Christ c'est Dieu.

(1 *Cor.*, XI, 3.) Le Saint-Esprit est soumis au Fils, le Fils l'est au Père, comme lui étant très-cher et obéissant, comme un bon fils engendré d'un bon Père; car le Père n'a point engendré un Fils qui lui fût contraire, mais il l'a engendré semblable à lui, car il s'écrie et dit : Je fais toujours ce qui plaît à mon Père. (*Jean*, VIII, 29.)

11. AUGUSTIN. Si le Christ illumine par le Saint-Esprit, et le Saint-Esprit par le Christ, l'un et l'autre ont une égale puissance. Or, lisez-vous vous-même ; vous faites le Saint-Esprit soumis au Christ, ainsi que je l'ai dit plus haut. Vous dites il est vrai, que le Seigneur, parlant du Saint-Esprit s'est exprimé en ces termes : il prendra de ce qui est à moi. (*Jean*, XVI, 14.) Mais il n'a parlé ainsi que parce qu'il a tout reçu du Père, et que tout ce qu'a le Père, il est hors de doute que le Fils l'a aussi. En effet, après s'être exprimé ainsi, le Fils ajoute : Si j'ai dit qu'il prendra de ce qui est à moi, c'est parce que tout ce qui est à mon Père est à moi. Répondez donc à ma question, et prouvez par des textes que le Saint-Esprit est soumis au Christ, quand nous lisons plutôt que c'est ce dernier qui disait : L'Esprit du Seigneur s'est reposé sur moi, c'est pourquoi il m'a consacré par son onction, et il m'a envoyé pour prêcher l'Evangile aux pauvres. (*Isa.*, XVI, 1 ; et *Luc*, IV, 18.) Comment se fait-il donc que le Christ disait que

nos, per Jesum Christum Salvatorem nostrum. Cumque recitatum est :

MAX. respondit : Ut videtur, ipse potius dilationi studes, ut non ad principalem causam recurramus, sed per totum diem vis argumentis nos in una detinere quæstione. Nos enim recitamus, quod per Filium Spiritus sanctus sit effusus, et non tantum beatum Paulum testem produximus, verum etiam et Petrum priorem Apostolorum. Habet enim prosecutio nostra, quod Spiritus sanctus a Christo accepit, secundum præcedens testimonium : Ille me clarificabit, quia de meo accipiet et annuntiabit vobis. (*Joan.*, XVI, 14.) Idem itidem compulsus iterum dico, quia sive illuminat Spiritus sanctus, sive docet, sive instruit, omnia a Christo consecutus est ; quia per Christum facta sunt omnia, et sine illo factum est nihil. (*Joan.*, I, 3.) Christus dicit, quia a genitore suo omnia hæc consecutus est, et vivit propter Patrem, et omnis lingua confitetur, quia Dominus Jesus Christus in gloria est Dei Patris (*a*). (*Phil.*, II, 11.) Et quia omnis viri caput Christus est, caput autem mulieris vir, caput

autem Christi Deus. (1 *Cor.*, XI, 3.) Et quia Filio Spiritus sanctus est subjectus, et quia Filius Patri est subjectus, ut carissimus, ut obediens, ut bonus a bono genitus. Nec enim Pater contrarium sibi genuit sed talem genuit, qui etiam clamat et dicit : Ego quæ placita sunt Patri, facio semper. (*Joan.*, VIII, 29.)

11. AUG. dixit : Si et Christus illuminat per Spiritum sanctum, et Spiritus sanctus illuminat per Christum, par potestas est. Lege autem tu mihi subjectum Christo Spiritum sanctum, quod paulo ante dixisti. Quod autem dicis Dominum dixisse de Spiritu sancto : De meo accipiet (*Joan.*, XVI, 14) : ideo dictum est, quia de Patre accepit, et omnia quæ sunt Patris, sine dubio et Filii sunt. Nam ipse cum hoc dixisset, adjecit : Ideo dixi : De meo accipiet : quia omnia quæ habet Pater, mea sunt. Dic ergo quod interrogavi, et testimoniis proba, subjectum Christo Spiritum sanctum : cum potius legamus ipsum dicentem, Spiritus Domini super me, propter quod unxit me, evangelizare pauperibus (*b*). (*Isa.*, XVI,

---

(*a*) Hic Mss. addunt *quid est*. — (*b*) In editis additur *misit me*. Abest a Mss. hoc loco ; abest ab ipsis quoque editis in superiore libro *contra serm. Arianor.*, cap. XXII.

AVEC MAXIMIN, ÉVÊQUE ARIEN.

le Saint-Esprit s'est reposé sur lui, vous disiez, vous, que le Saint-Esprit est sous le Christ? Or, le Christ a dit que le saint Esprit s'est reposé sur lui, non point sur lui en tant que Verbe, c'est-à-dire en tant que Dieu, mais sur lui en tant qu'homme, c'est-à-dire en tant que Verbe fait chair; or, s'il est écrit : Le Verbe s'est fait chair, cela ne veut pas dire autre chose, sinon que le Verbe s'est fait homme; c'est ainsi qu'il est dit toute chair, pour tout homme, verra le salut envoyé de Dieu (*Isa.*, XL, 5), et ailleurs, Nulle chair, ce qui veut dire nul homme, ne sera justifiée par la loi (*Rom.*, III, 20); c'est donc en tant que Verbe fait chair, en tant qu'il s'est lui-même anéanti en prenant la forme de l'esclave qu'il a dit en parlant de cette forme d'esclave : L'Esprit du Seigneur s'est reposé sur moi; car leur puissance est égale, leur substance est une seule et même substance, et leur divinité est la même. Voilà pourquoi, bien que nous honorions la Trinité, le Père n'étant point le Fils, ni le Fils le Père, ni le Saint-Esprit, le Fils ou le Père, nous n'adorons qu'un seul Dieu, attendu que l'ineffable et très-haute conjonction de la Trinité ne nous montre qu'un seul Dieu, un seul Seigneur. Aussi a-t-il été dit : Ecoute Israël, le Seigneur ton Dieu est un seul Seigneur. (*Deut.*, VI, 4.) Pourquoi donc voulez-vous nous faire deux dieux et deux seigneurs? Vous dites que le Père est Dieu et Seigneur; vous dites également que le Fils est Dieu et Seigneur; je vous demande si tous les deux ne font qu'un Dieu, et vous me répondez qu'ils en font deux; il ne vous reste plus qu'à leur élever des temples et des statues.

MAXIMIN. On ne tourne jamais à mal les paroles des auteurs de la religion. Vous m'avez demandé des témoignages pour appuyer ma profession de foi, et vous, de votre côté, vous confessez trois personnes égales en tout point, Père, Fils et Saint-Esprit. De plus, après avoir confessé trois personnes égales, vous vous retournez et vous apportez un texte tiré des divines Ecritures, qui n'a point rapport à l'égalité des personnes, mais à l'unité du Tout-puissant, et qui prouve qu'il est seul auteur de toutes choses. Puis donc que vous l'emportez sur moi non-seulement par votre âge, mais encore par votre autorité, citez-moi, vous-même, vos preuves, et montrez-moi d'abord par des textes, qu'il y a trois égaux, trois tout-puissants, trois non-nés, trois invisibles, trois intangibles, alors je serai bien contraint de me rendre enfin à vos autorités. Si vous ne pouvez rendre raison de votre foi par les divines Ecritures, je serai forcé de m'en tenir à ce que j'ai dit plus haut, car de mon côté je vous apporterai des textes autant

---

1; *Luc.*, IV, 18.) Si super se ipse dixit Spiritum sanctum, quomodo tu dicis Spiritum sanctum Christo esse subjectum? Dixit autem Christus, super se Spiritum sanctum : non quia super Verbum Dei est, quod est Deus; sed quia super hominem, quod Verbum caro factum est. Ubi enim scriptum est : Verbum caro factum est (*Joan.*, I, 14) : nihil aliud est quam, Verbum homo factum est. Quia : Videbit omnis caro salutare Dei (*Isa.*, XL, 5; *Rom.*, III, 20) : nihil est aliud quam, omnis homo. Et : In lege non justificabitur omnis caro : Nihil est aliud quam, omnis homo. Propter quod ergo Verbum caro factum est, et ille semetipsum exinanivit, formam servi accipiens (*Philipp.*, II, 7), ex ipsa forma servi dixit : Spiritus Domini super me. Nam par potestas est, una substantia est, eadem divinitas. Ideo quamvis Trinitatem colamus, quia Pater non est Filius, nec Filius est Pater, nec Spiritus sanctus aut Pater aut Filius : tamen unum Deum colimus, quia ipsa (*a*) Trinitatis ineffabilis et excelsa conjunctio unum Deum ostendit, unum Dominum. Ideoque dictum est : Audi Israel, Dominus Deus tuus, Dominus unus est. (*Deut.*, VI, 4.) Quid nobis vultis facere duos deos et duos dominos? Dicitis Dominum Patrem et Deum Patrem, dicitis Dominum Christum et Deum Christum : Interrogo, utrum ambo simul unus sit? Respondetis, duo dii. Superest ut eis et templa et idola faciatis.

MAX. respondit : Religionis auctores nunquam in calumniam vertuntur. Interrogasti testimonia, ut ea quae professus sum testimoniis docerem : et ipse pares atque æquales profiteris tres, Patrem et Filium et Spiritum sanctum. Et præterea cum tres æquales professus sis, iterum conversus protulisti quidem testimonium divinarum Scripturarum, non ad æqualitatem pertinens, sed ad singularitatem omnipotentis Dei, quod unus sit omnium auctor. Ergo quia et ætate præcedis, et auctoritate major es, profer, instrue prius testimoniis, quod tres sint æquales, tres omnipotentes, tres innati, tres invisibiles, tres incapabiles : et tunc demum necesse est testimoniis ut acquiescamus. Si quo minus reddere rationem de divinis Scripturis non valueris, necesse me est, ut ad omnia quæ in præcedenti dixi : sive enim Patrem

(*a*) Aliquot Mss. *Trinitas*.

que vous en voudrez en preuve de ce que j'ai dit du Père, qui seul n'a reçu de personne la vie qu'il a, de ce que j'ai dit du Fils dans ma profession de foi, qu'il a reçu la vie du Père, et de ce que j'ai avancé du Saint-Esprit.

12. AUGUSTIN. Vous n'avez toujours point daigné répondre à ce que je vous ai demandé, à savoir par quels témoignages vous prouvez que le Saint-Esprit est soumis au Christ; mais moi je ne vais pas moins satisfaire aux questions que vous me posez. Nous ne disons point qu'il y a trois tout-puissants, de même que nous ne disons point qu'il y a trois dieux. Si on nous demande au sujet de chaque personne : Le Père est-il Dieu, nous répondons : Le Père est Dieu ; le Fils est-il Dieu, nous disons : Le Fils est Dieu ; le Saint-Esprit est-il Dieu, notre réponse est : Il est Dieu. Si après cela on nous demande : Sont-ce trois Dieux, nous recourons à la divine Ecriture qui nous dit : Ecoute, Israël, le Seigneur ton Dieu est un seul Seigneur (*Deut.*, VI, 4), et dans cette divine parole nous apprenons que la Trinité même est un seul Dieu. De même si en parlant de chacune des trois personnes on nous demande : Le Père est-il tout-puissant? nous répondons : Il est tout-puissant ; et le Fils ? nous faisons la même réponse ; et le Saint-Esprit ? nous ne lui refusons point non plus le nom de tout-puissant. Et pourtant nous ne disons point qu'il y a trois tout-puissants, non plus que trois dieux ; mais de même que tous les trois ensemble ne font qu'un seul Dieu, ainsi ne sont-ils tous les trois qu'un tout-puissant, un seul Dieu invisible, Père, Fils et Saint-Esprit. C'est donc sans motif que vous nous croyez pris par le nombre, puisque la puissance même de la divinité exclut toute raison de nombre. En effet, si les âmes de plusieurs hommes, pour avoir reçu le Saint-Esprit et le souffle du feu de la charité, si je puis parler ainsi, ne font qu'une seule âme, selon ce mot de l'Apôtre : Ils n'avaient qu'une âme et qu'un cœur (*Act.*, IV, 32), c'est la charité du Saint-Esprit qui, de tant de millions de cœurs a fait un seul cœur. Ces millions d'âmes, le Saint-Esprit les appelle une seule âme que lui-même a faite ; à combien plus forte raison disons-nous qu'il n'y a qu'un seul Dieu, Père, Fils et Saint-Esprit inséparablement liés les uns aux autres par une charité ineffable ?

MAXIMIN. Aussi les faites-vous égaux en tous points, et comme vous ne pouvez appuyer votre profession de foi sur aucun témoignage, vous passez à une autre question. Nous ne faisons aucune difficulté d'admettre, parce que nous le savons de foi certaine, que tous les fidèles n'avaient qu'un cœur et qu'une âme, car cela, bien loin d'aller contre notre religion, lui est plutôt favorable. Sans doute si tous les fidèles

---

solum qui quod vivit a nemine accipiens, sive (*a*) Filium, quod sum professus, quia quod vivit a Patre accepit, sive de Spiritu sancto quæ dixi, etiam quanta desideras testimonia proferam.

12. AUG. dixit : Ego quod quæsivi ut dicere dignareris, non dixisti, quo testimonio probares subjectum Christo Spiritum sanctum : respondeo tamen ad ea quæ proposuisti. Sic non dicimus tres omnipotentes, quomodo non dicimus tres deos. Si enim de singulis interrogemur, utrum Deus sit Pater ; respondemus, Deus : utrum Deus sit Filius ; respondemus, Deus : utrum Deus sit Spiritus sanctus ; respondemus, Deus. Cum autem de omnibus interrogati fuerimus, utrum tres sint ; referimus nos ad divinam Scripturam dicentem : Audi Israel, Dominus Deus tuus, Dominus unus est. (*Deut.*, VI, 4.) Et in hac divina (*b*) præscriptione condiscimus, eamdem ipsam Trinitatem unum esse Deum. Sic et de singulis si quæratur, utrum Pater omnipotens sit ; respondemus, omnipotens : si Filius ; hoc idem respondemus : si Spiritus sanctus ; nec ipsum negamus omnipotentem. Nec tamen dicimus tres omnipotentes, quomodo non dicimus tres deos : sed sicut simul illi tres unus Deus, sic simul illi tres unus omnipotens est, et invisibilis unus Deus Pater et Filius et Spiritus sanctus est. Sine causa ergo putas nos numero coarctari, cum divinitatis potentia etiam rationem numeri excedat. Si enim animæ multorum hominum accepto Spiritu sancto et quodam modo conflatæ igne caritatis unam animam fecerunt, de qua dicit Apostolus : Erat enim eis anima et cor unum (*Act.*, IV, 32) : tot corda, tot millia cordium, unum cor fecit caritas Spiritus sancti ; tot millia animarum unam animam dixit Spiritus sanctus, quam ipse unam animam fecit : quanto magis nos unum Deum dicimus, semper sibi invicem et inseparabiliter et ineffabili caritate cohærentes Patrem et Filium et Spiritum sanctum.

MAX. respondit : Ac per hoc pares atque æquales dixisti, quod quidem testimoniis docere non valuisti, et ob istam rem ad aliam causam divertisti. Nos enim non diffidimus, sed certa cognoscentes fide, quod erat cor et anima una omnium credentium. Nec

---

(*a*) In Mss. *sive Filius.* — (*b*) Veteres libri, *perscriptione.*

n'avaient qu'un cœur et qu'une âme, on ne voit point pourquoi le Père, le Fils et le Saint-Esprit ne feraient pas un par leur accord, par la convenance, par la charité et par l'unanimité. En effet, qu'a fait le Fils qui n'ait pas plu au Père ? Qu'est-ce que le Père a ordonné en quoi le Fils n'ait point obéi ? Et le Saint-Esprit, quand a-t-il donné des préceptes contraires au Christ ou au Père ? D'ailleurs, il est une chose constante d'après ce mot du Sauveur : Mon Père et moi ne sommes qu'une même chose (*Jean*, x, 30), c'est qu'ils sont une même chose par la concorde et l'accord des sentiments. Mais, comme vous le reconnaissez vous-même, le Père est le Père, et il n'a jamais été le Fils ; le Fils est le Fils, et il demeure à jamais le Fils ; et le Saint-Esprit est le Saint-Esprit, et c'est ce que nous lisons, ce que nous professons du Saint-Esprit, et par rapport au Saint-Esprit qui est si grand et tel que les anges mêmes désirent le contempler. (I *Pierre*, I, 12.) Cet Esprit saint est si grand qu'il peut, en tout lieu, recevoir les prières de tous les hommes, et s'acquitter de son rôle d'avocat. J'en trouve la preuve dans ces paroles du bienheureux Paul : « Comme nous ne savons ce que nous devons demander à Dieu dans nos prières, pour le prier comme il faut, c'est le Saint-Esprit lui-même qui prie pour nous par des gémissements ineffables. » (*Rom.*, VIII, 26.) Je lis donc, et je crois, que le Saint-Esprit prie pour nous, avec des gémissements ineffables. Voilà pourquoi, instruit à une telle école, je prétends que le Saint-Esprit est soumis au point de prier pour nous avec des gémissements ineffables. Je confesse un seul Dieu ; je ne dis point que trois sont un, mais qu'il n'y a qu'un Dieu, incomparable, immense, infini, non-né, invisible, que le Fils lui-même a prié et prie encore, et que, près de lui, le Saint-Esprit remplit le rôle d'avocat. Il prie le Père ; mais comme vous avez coutume de n'entendre que de sa vie corporelle les passages que nous lisons à ce sujet dans le saint Evangile, il nous appartient de vous montrer que même encore maintenant, bien que assis à la droite du Père, il le prie toujours pour nous. Voilà pourquoi j'ai dit : Il a prié et il prie encore. En effet, il le prie encore pour nous selon ce mot de l'Apôtre : « Qui accusera les élus de Dieu ? est-ce Dieu même qui les justifie ? qui les condamnera ? est-ce le Christ qui est mort pour eux, que dis-je, qui est ressuscité pour eux, qui est assis à la droite de Dieu, et qui prie pour nous ? » (*Rom.*, VIII, 33.) De même quand le Christ était encore avec ses disciples, voici en quels termes il leur promit de prier pour eux : « Si vous m'aimez vous garderez mes comman-

---

enim hoc præjudicat religioni nostræ, sed magis concordat. Sine dubio enim si omnium credentium erat cor et anima una, quare autem non Pater et Filius et Spiritus sanctus in consensu, in convenientia, in caritate, in unanimitate, unum esse dicantur ? Quid enim fecit Filius, quod non placuit Patri ? Quid præcepit Pater, in quibus non obtemperavit Filius ? Quando enim Spiritus sanctus contraria Christo aut Patri tradidit mandata ? Et constat secundum Salvatoris sententiam, quod ait : Ego et Pater unum sumus (*Joan.*, x, 30) : esse illos in concordia et in consensu unum. Sicut autem ipse professus es, Pater Pater est, qui nunquam fuit Filius ; Filius Filius est, qui semper Filius manet ; et Spiritus sanctus Spiritus sanctus est, quod est et quod legimus, profitemur de Spiritu sancto, in hunc Spiritum sanctum, qui tantus ac talis est, ut etiam Angeli ipsi concupiscant in eum prospicere. (I *Petr.*, I, 12.) Tantus est iste Spiritus sanctus, ut sufficiat ubique omnium postulationes suscipere, et (*a*) advocatione fungi. Et in hoc testem profero beatum Paulum, qui ait : « Nam quid oremus sicut oportet, nescimus, sed ipse Spiritus postulat pro nobis gemitibus inenarrabilibus. » (*Rom.*, VIII, 26.) Quod lego credo, quia gemitibus inenarrabilibus postulat Spiritus sanctus. Et ideo isto eruditus magisterio in tantum dico subjectum esse Spiritum sanctum, ut gemitibus postulet pro nobis. Unum autem profiteor Deum, non ut tres unus sit, sed unus Deus est, incomparabilis, immensus, infinitus, innatus, invisibilis, quem et Filius ipse et oravit et orat, apud quem et Spiritus sanctus advocatione fungitur. Nam quia orat Filius Patrem, quamvis enim soleatis omnia illa testimonia quæ in sancto legimus Evangelio, corpori applicare, attamen nostrum est perscrutatis divinis Scripturis ostendere, quia et nunc sedens ad dexteram Patris interpellat pro nobis. Ea enim de causa dixi, et oravit et orat ; quia nunc utique interpellat pro nobis, sicut ait Apostolus : « Quis accusabit adversus electos Dei ? Deus qui justificat ? Quis est qui condemnet ? Christus qui mortuus est, imo magis qui et resurrexit, qui et est in dextera Dei, qui et interpellat pro nobis ? » (*Rom.*, VIII, 33.) Æque cum discipulis positus Christus, sic se rogaturum promisit, dicens : « Si diligi-

(*a*) In Mss. *et advocationem fungere*. Itemque infra *et Spiritus sanctus advocationem fungit.*

dements, et je prierai mon Père et il vous donnera un autre consolateur, afin qu'il demeure éternellement avec vous, c'est l'Esprit de vérité que le monde ne peut recevoir; parce qu'il ne le voit point et ne le connaît point; mais pour vous vous le connaissez, parce qu'il demeure en vous et qu'il est en vous. » (*Jean*, xiv, 15 à 17.) Si ces textes vous suffisent, j'en resterai là, sinon je vous en rapporterai tant que vous voudrez.

13. AUGUSTIN. Vous ne devez point nous prouver les choses que nous croyons, car en agissant ainsi vous ne faites autre chose, comme je l'ai dit plus haut, que de perdre un temps précieux. Nous savons bien que le Fils de Dieu est le Fils de Dieu; nous savons qu'il ne tient pas l'être de lui-même, mais qu'il a été engendré du Père. Quant au Père nous savons qu'il n'a point été engendré, qu'il ne tient l'être de personne et n'a reçu la vie d'aucun autre. Le Père au contraire a reçu la vie, mais ce n'est point à dire pour cela qu'il ait jamais été un seul instant sans avoir la vie pour qu'il reçût cette vie. En effet, le Père lui a donné la vie en l'engendrant vie, c'est en l'engendrant vie qu'il lui a donné la vie. Or, il a montré son égalité en disant : Comme le Père a la vie en lui-même, il a aussi donné au Fils d'avoir la vie en lui-même. (*Jean*, v, 26.) Le Père a la vie en lui-même, le Fils a aussi en lui-même une vie égale à la vie du Père, cependant ce n'est point de lui-même que le Fils a reçu la vie, attendu qu'il n'est point né de lui-même, mais du Père. C'est en engendrant son Fils qu'il la lui a donnée, non point que le Fils fût sans avoir la vie, et qu'il lui eût donné la vie, comme nous avons été faits, nous autres pécheurs, sans avoir la vie, et n'avons reçu la vie que par l'indulgence et la grâce, le Fils a reçu la vie du Père, parce qu'il est né du Père. Par conséquent vous n'avez pas pu dire que le Saint-Esprit est soumis au Fils si ce n'est parce qu'il est dit qu'il prie pour nous, avec gémissements. Car il vous semble que cette perfection de sainteté est toujours dans les gémissements et gémit sans un moment de relâche. O éternelle misère! Comprenez le sens de ces mots et vous éviterez un blasphème. Voici ce qui est dit : Il prie avec des gémissements pour nous faire demander avec gémissements qu'il nous soit donné de comprendre. En effet, il est présent en nous, et c'est en répandant la charité en nous, qu'il nous fait prier avec des gémissements. Enfin dans un autre endroit l'Apôtre le représente criant : Mon Père, mon Père (*Gal.*, iv, 6), et pour nous faire comprendre ce qu'il entend par ces mots : criant mon Père, mon Père, il dit que c'est nous qui crions en lui. (*Rom.*, viii, 15.) Par conséquent ce mot criant, signifie faisant crier. Je vais vous donner un

---

tis me, mandata mea servate, et ego rogabo Patrem, et alium advocatum dabit vobis, ut vobiscum sit in æternum, Spiritum veritatis, quem hic mundus accipere non potest, quoniam non videt eum, nec novit eum : vos autem vidistis eum, et (*a*) cognoscitis eum, quia apud vos manet, et in vobis est. » (*Joan.*, xiv, 15.) Si sufficiunt (*b*) hæc, bene est : si quo minus, addam quanta jubes testimonia.

13. AUG. dixit : Ea quæ nos confitemur, nobis probare non debes. Hoc enim faciendo, nihil aliud, sicut superius dixi, quam necessarium tempus absumis. Scimus Filium Dei Filium esse Dei : scimus a se ipso non esse, sed genitum esse a Patre. Patrem vero ipsum ingenitum esse, a nullo esse, a nullo vitam accepisse : Filium vero a Patre accepisse vitam, sed non ita tanquam fuerit aliquando sine vita, ut acciperet vitam. Dedit enim ei vitam, gignendo vitam : gignendo eum vitam, dedit ei vitam. Æqualitatem autem ostendit dicendo : Sicut habet Pater vitam in semetipso, sic dedit et Filio vitam habere in semetipso. (*Joan.*, v, 26.) Vitam in semetipso habet Pater; æqualem vitæ Patris vitam in se habet Filius : se tamen Filius a se ipso vitam non accepit, quia non a se ipso natus est, a Patre natus est. Gignendo dedit, non quia jam erat Filius sine vita, et dedit ei vitam; quomodo nos peccatores facti sumus sine vita, et per indulgentiam et gratiam accepimus vitam : ille vitam accepit a Patre, quia vita natus est a Patre. Ac per hoc tu non potuisti dicere subjectum esse Filio Spiritum sanctum, nisi quia gemitibus interpellat pro nobis. Videtur enim tibi illa Perfectio Sanctitatis in gemitibus semper esse, nec respirare a gemendo. O æterna miseria! Intellige locutionem, et blasphemiam devitabis. Sic enim dictum est : Gemitibus interpellat (*Rom.*, viii, 26); ut intelligeremus : Gemitibus interpellare nos facit. Adest enim nobis, et infundendo caritatem nobis, facit nos interpellare gemitibus. Denique alio loco cum dicit Apostolus : Clamantem : Abba, Pater; alio loco dicit : In quo clamamus : Abba, Pater : exposuit quid sit : Clamantem : Abba Pater (*Gal.*, iv, 6); dicendo : In quo clamamus. (*Rom.*, viii, 15.) Ac per

(*a*) Sola editio Lov. *cognoscetis*. — (*b*) Am. Er. et Mss, *Si sufficiunt? si quo, etc.*, omissis, *hæc, bene est.*

exemple de cette locution; Dieu prévoit tous les futurs n'est-ce pas? Il faudrait être insensé pour le nier. Cependant l'Apôtre nous dit : Maintenant nous connaissons Dieu, ou plutôt, nous sommes connus de lui. (*Gal.*, IV, 9.) Si c'est maintenant que Dieu connaît les siens, il ne les connaissait donc point auparavant, il ne les avait point choisis, il ne les avait point prédestinés avant la création du monde. Mais l'Apôtre s'exprime ainsi : « C'est maintenant que nous connaissons Dieu ou plutôt que nous sommes connus de Dieu, » pour faire comprendre à ces chrétiens, que Dieu a fait en eux sa propre connaissance. Connaissant Dieu. Qu'est-ce à dire, connaissant Dieu? Ne soyez point arrogants en vous-mêmes, ne vous enorgueillissez point; cela veut dire vous êtes connus de Dieu. Qu'est-ce à dire, connus de Dieu? Dieu vous a faits le connaissant, il vous a donné de le connaître. C'est dans ce même sens que le Seigneur a dit en parlant à Abraham : Maintenant je te connais (*Gen.*, XXII, 12), je connais que tu crains le Seigneur; c'est quand Abraham lui offrit son fils en holocauste, que le Seigneur lui dit : Maintenant je te connais. Toute la prescience de Dieu se borne-t-elle à cela? Ne l'a-t-il connu que lorsqu'il a dit : Maintenant je te connais? Mais qu'est-ce à dire, maintenant je te connais? c'est-à-dire, maintenant je t'ai fait me connaître. Si donc vous entendiez le sens de ces locutions pour les avoir étudiées dans les livres divins, vous ne feriez point le Saint-Esprit malheureux à cause des gémissements avec lesquels il est dit qu'il prie pour nous. En effet, toujours gémir est-ce autre chose qu'être toujours malheureux? Nous ne gémissons nous autres que parce que nous sommes misérables. Mais rendons grâce au Saint-Esprit qui nous fait gémir par l'amour du siècle éternel, ce qui a fait dire à l'Apôtre qu'il gémit lui-même. Il nous fait crier, ce qui a fait dire qu'il crie lui-même. Il nous fait connaître Dieu, ce qui veut dire bien plutôt, nous sommes connus de Dieu. Dieu fait connaître à Abraham, et c'est pour cela qu'il dit : Maintenant je te connais.

MAXIMIN. Vous vous découvrez vous-même dans les reproches que vous m'adressez. En effet il est certain, et la sainte Ecriture nous le dit, que si vous parlez beaucoup vous ne serez point exempt de péché, et que si vous comptez vos paroles, vous serez sage. (*Prov.*, X, 19). Il est vrai aussi que si on passe la journée tout entière à citer les textes des divines Ecritures, on ne sera point réputé comme ayant en effet commis une intempérance de langue; mais si recourant à l'art littéraire ou se laissant aller à la pente naturelle de son propre génie, on fait entendre des paroles qui ne sont point dans les saintes Ecritures, les discours qu'on prononce sont des

---

hoc quid est clamantem, nisi clamare facientem? Do exemplum locutionis hujus : Nonne Deus est omnium præscius futurorum? Quis hoc negabit insanus? Tamen ait Apostolus : Nunc autem cognoscentes Deum, imo cogniti a Deo. (*Gal.*, IV, 9.) Si nunc eos cognovit Deus, non eos noverat, non elegerat, non prædestinaverat ante mundi constitutionem. Sed sic dixit : Nunc autem cognoscentes Deum, imo cogniti a Deo : ut intelligerent Deum fecisse in eis cognitionem suam. Cognoscentes Deum. Quid est : Cognoscentes Deum? Nolite vobis arrogare, nolite superbire : cogniti estis a Deo. Quid est, cogniti estis a Deo? Cognitores suos Deus vos fecit. Deus vobis dedit ut cognoscatis. Quomodo est et illud Domini : Nunc cognovi, dicit Abrahæ Dominus (*Gen.*, XXII, 12) : Nunc cognovi quoniam timeas Dominum. Quando attulit filium suum ad holocaustum Abraham, dicit ei Deus : Nunc cognovi. Ipsa est tota Dei præscientia? Tunc cognovi, quando dixit : Nunc cognovi? Sed quid est : Nunc cognovi? Id est, nunc cognoscere te feci. Si ergo has locutiones sicut libris divinis eruditus agnosceres, de gemitibus illis quibus dictum est gemitibus interpellare Spiritum sanctum, non eum faceres miserum. Quid enim est aliud, semper gemens, quam semper miser? Ideo nos gemimus, quia miseri sumus. Et gratias Spiritui sancto, quia caritate æterni sæculi facit nos gemere, propter quod dictus est gemens. Facit nos clamare, propter quod dictus est clamans. Facit nos cognoscere Deum, propter quod dictum est : Imo cogniti a Deo. Facit Abraham Deus cognoscentem, propter quod ei dixit : Nunc cognovi.

MAX. respondit : In quibus nos reprehendis, in ipsis ipse detegeris. Certum est enim, et divina nos monet Scriptura, quod ex multiloquio non effugies peccatum, parcens autem labiis, sapiens eris. (*Prov.*, X, 19.) Quamvis etiam et si per totum diem quisque de divinis Scripturis proferat testimonia, non in verbositate illi imputabitur (*a*) re vera : quod si aut litteraria arte usus, aut (*b*) expressione spiritus sui quisque concinnet verba quæ non continent sanctæ Scripturæ; et otiosa sunt et superflua. Sufficit mihi,

---

(*a*) Nonnulli Mss. *res vera*. — (*b*) Lov. *expositione*.

discours oiseux et superflus. Il me suffit à moi qui vous ai soumis à cette règle, que vous confessiez que le Père est Père parce qu'il n'est point né, et qu'il n'a reçu la vie de personne; que le Fils a reçu la vie du Père, et que le Saint-Esprit est le Saint-Esprit. Ce serait bien à vous de dire qu'il n'y a qu'un seul Dieu, si en professant qu'il n'y en a qu'un, vous ne disiez point que le Père, le Fils et le Saint-Esprit sont ce seul Dieu, et ne vous contredisiez ainsi vous-même. Quant à nous, nous n'adorons qu'un seul Dieu, un Dieu qui n'a été ni engendré, ni fait, un Dieu invisible et n'étant point descendu jusqu'à s'unir à l'homme et à prendre sa chair. Le Fils, selon l'Apôtre est Dieu aussi, non point un petit mais un grand Dieu. Voici, en effet, comment s'exprime le bienheureux Paul : Nous sommes toujours dans l'attente de la béatitude que nous espérons et de l'avénement glorieux de Jésus-Christ notre grand Dieu et Sauveur. (*Tit.*, II, 13.) Or, ce grand Dieu, le Christ, dit : Je monte vers mon Père qui est votre Père, vers mon Dieu qui est votre Dieu. (*Jean*, XX, 17.) Par sa propre sujétion il montre qu'il n'y a qu'un seul Dieu. C'est ce seul Dieu, comme nous l'avons déjà fait voir par des textes, que le Christ et le Saint-Esprit adorent, que toute créature vénère et prend pour objet de son culte. C'est par cette raison que nous le confessons unique. Ce n'est point que l'union ou le mélange du Fils avec le Père, non plus que du Saint-Esprit avec le Père et le Fils, ne fasse qu'un seul Dieu ; mais c'est que celui-là seul est un Dieu parfait qui, ainsi que vous le disiez vous-même, n'a reçu la vie de personne, et, qui par son exemple a donné au Fils d'avoir la vie en lui ; mais nous disons qu'ils sont unis par la charité et la concorde. D'ailleurs, comme nous en avons rendu raison plus haut, le Sauveur même nous apprend que le Père est un et n'est point le Fils, quand il dit : « Si je me rends témoignage à moi-même, mon témoignage n'est point vrai, il y en a un autre qui me rend témoignage. » (*Jean*, V, 31.) Et de peur qu'on ne présume qu'il a voulu parler de Jean-Baptiste, en parlant de cet autre, ou peut-être même de l'apôtre Pierre ou de Paul, il poursuit en ces termes : « Vous avez envoyé à Jean, et il a rendu témoignage à la vérité ; pour moi, ce n'est pas d'un homme que je reçois témoignage ; mais je dis ces choses afin que vous soyez sauvés. Cet homme était une lampe ardente et luisante et vous avez voulu vous réjouir pour un peu de temps à la lueur de sa lumière. Mais pour moi j'ai un témoignage plus grand que celui de Jean ; car les œuvres que le Père céleste m'a donné à faire, ces œuvres que je fais, rendent témoignage de moi que c'est le Père qui m'a envoyé. Et ce Père qui m'a envoyé rend lui-même témoignage de moi. (*Ibid.*, 33 à 37.) Qui est assez simple pour ne pas com-

---

qui ad istam regulam te adduxi, ut profitearis quod Pater Pater est, qui innatus est, quia a nemine accepit vitam; et quia Filius a Patre consecutus est vitam; et quia Spiritus sanctus Spiritus sanctus est. Dicendo autem unum Deum, bene quidem faceres, si confitendo unum Deum, non Patrem et Filium et Spiritum sanctum unum diceres Deum, contra tuam sententiam veniens. A nobis unus colitur Deus, innatus, infectus, invisibilis, qui ad humana contagia et ad humanam carnem non descendit. Est autem et Filius secundum Apostolum, non pusillus, sed magnus Deus. Sicut ait beatus Paulus : Exspectantes beatam spem et adventum gloriæ magni Dei et Salvatoris nostri Jesu Christi. (*Tit.*, II, 13.) Iste enim magnus Deus Christus dicit, quod ascendo ad Patrem meum et Patrem vestrum, Deum meum et Deum vestrum. (*Joan.*, XX, 17.) De sua enim subjectione unum statuit Deum. Iste est ergo unus Deus, ut jam recitavimus testimoniis, quem Christus et Spiritus sanctus adorant, et omnis creatura veneratur et colit : hac ratione unum profitemur. Non tamen quod copulatio vel permixtio Filii cum Patre, aut vel certe Spiritus sancti cum Filio vel cum Patre, faciat unum Deum. Sed quia ille solus unus perfectus est Deus, qui, ut ipse prosecutus es, vitam a nemine accepit, qui Filio dedit suo exemplo habere vitam in semetipso : copulatos quidem dicimus in caritate et in concordia. Jam ut superius reddidimus rationem, alterum esse Patrem, et non ipsum Filium, ipse nos instruit Salvator, dicendo : « Si ego testimonium dico de me, testimonium meum non est verum, alius est qui testificatur de me. » (*Joan.*, V, 31.) Et ne præsumptorio spiritu quidam putarent, quod aut de Joanne Baptista dixerit alium, aut forte de Petro apostolo vel Paulo : ipse prosecutus est : « Vos misistis ad Joannem, et testimonium reddidit veritati. Ego autem testimonium ab homine non accipio : sed hæc dico, ut vos salvemini. Ille, inquit, lucerna fuit ardens et lucens, vos autem voluistis ad horam exsultare in lumine ejus. Ego autem habeo testimonium majus Joanne. Opera quæ dedit mihi Pater ut perficiam ea, ipsa opera quæ ego facio,

prendre que celui qui rendit témoignage est autre que celui à qui il le rendit, que c'est le Père qui rendit témoignage à son Fils, et qui dit : Celui-ci est mon Fils bien-aimé en qui j'ai mis mes complaisances, écoutez-le? (*Matth.*, XVII, 5.) Je lis un bien-aimé, et je crois que c'est le Père qui aime et le Fils qui est aimé. J'entends parler d'un Christ, Fils unique et je ne doute point qu'il n'y a qu'un seul Fils engendré de cet unique Père. Paul nous crie qu'il est Fils unique en nous disant : Il est l'image du Dieu invisible, le premier né de toute créature. (*Col.*, I, 15.) Et moi je confesse, selon la parole des divines Ecritures, que le Fils est premier-né, non point inengendré, qu'en lui ont été créées toutes les choses des cieux, et de la terre, visibles et invisibles, les trônes, les dominations, les principautés et les puissances, que tout a été fait par lui, tout a été créé en lui, que lui-même est avant tous les hommes, que tout est en lui, et que celui-là est le Fils de Dieu, un Dieu Fils unique, puisqu'il est avant tous les hommes. Il dit lui-même : Je parle de ce que j'ai vu dans mon Père. (*Jean*, VIII, 38.) Ce Fils dit encore dans son saint Evangile : Mais vous rapportez ce langage à la chair, « si vous m'aimiez vous vous réjouiriez de ce que je m'en vais à mon Père, parce que mon Père est plus grand que moi. » (*Jean*, XIV, 28.) Voilà ce que nous lisons et croyons; nous professons, selon le mot de l'Apôtre, que toutes choses lui sont soumises comme à un grand Dieu. (I *Cor.*, XV, 27). Il est en effet le grand Dieu que le Père a fait tel, comme vous l'avez dit : mais lui-même a confessé que son Père est plus grand que lui, il en fait le seul Dieu dans le sein de qui l'évangéliste saint Jean nous le montre. Ecoutez-le en effet s'écrier au sujet de l'invisibilité du Dieu tout-puissant; jamais personne n'a vu Dieu, le Fils unique qui est dans le sein du Père, nous l'a seul fait connaître. (*Jean*, I, 18.) Instruit à cette école, Paul s'écrie aussi : « L'heureux, le seul puissant, le Roi des rois, le Seigneur des seigneurs, qui seul possède l'immortalité, qui habite une lumière inaccessible, que nul des hommes n'a vu et ne peut voir, à qui est l'honneur et l'empire dans l'éternité. Amen. » (I *Tim.*, VI, 15.) Ailleurs le même apôtre en parle encore en ces termes : « A Dieu qui est seul sage, honneur et gloire par Jésus-Christ, dans les siècles des siècles. Amen. » (*Rom.*, XVI, 27). Nous ne parlons donc d'un seul Dieu que parce qu'il n'y a que lui qui soit par-dessus tout inengendré et qui n'ait point été fait, comme nous l'avons dit. Si vous ne vous en rapportez point à la parole de saint Paul nous enseignant que le Fils

---

testificantur de me, quia Pater me misit. Et qui misit me Pater, ipse testificatur de me. » (*Ibid.*, 33.) Quis tam stultus est, ut non intelligat quoniam alius de alio testimonium perhibuit, Pater de Filio, qui utique et dicebat : Hic est Filius meus dilectus, in quo bene complacui, ipsum audite? (*Matth.*, XVII, 5.) Dilectum lego, et credo quod Pater est qui diligit, et Filius qui diligitur. Unigenitum audio Christum, et non dubito Filium unum ab uno est genitus. Primogenitum Paulus clamat, dicens : Qui est imago Dei invisibilis, primogenitus universæ creaturæ. (*Col.*, I, 15.) Et profiteor secundum sententiam divinarum Scripturarum, quod est Filius primogenitus, et non ingenitus : et quia in illo creata sunt omnia quæ sunt in cœlis, et quæ sunt in terra, visibilia et invisibilia, sive troni, sive dominationes, sive principatus, sive potestates, omnia per ipsum facta sunt, et in ipso creata sunt, et ipse est ante omnes, et omnia in ipso constant : et iste Filius Dei, Deus unigenitus, cum sit ante omnes. Ipse enim dicit: Quod vidi apud Patrem meum, loquor. (*Joan.*, VIII, 38.) Iste Filius etiam, quod vos carni adscribitis, in sancto ait Evangelio : « Si diligeretis me, gauderetis utique, quoniam vado ad Patrem, quoniam Pater major me est. » (*Joan.*, XIV, 28.) Ista enim legentes credimus, et profitemur secundum Apostolum, quod et omnia subjecta sint ut magno Deo. (I *Cor.*, XV, 27.) Iste enim magnus Deus, quem talem genuit Pater, ut ipse prosecutus es, utique majorem Patrem confessus est (*Tit.*, II, 13), ut statuat illum unum Deum, in cujus et sinu describitur a Joanne evangelista. (*a*) Audi utique ipsum clamantem et dicentem de invisibilitate omnipotentis Dei, quod Deum nemo vidit unquam, unigenitus Filius qui est in sinu Patris ipse narravit. (*Joan.*, I, 18.) Hinc instructus Paulus clamat, et dicit : « Beatus et solus potens, Rex regum et Dominus dominantium, qui solus habet immortalitatem, et lucem habitat inaccessibilem, quem vidit hominum nemo, neque videre potest, cui honor et potestas in sæcula : Amen. » (I *Tim.*, VI, 15.) De hoc iterum dicit : Soli sapienti Deo per Jesum Christum, cui gloria in sæcula : Amen. (*Rom.*, XVI, 27.) Et ideo unus Deus a nobis pronuntiatur, quia unus est super omnia Deus innatus, infectus, ut prosecuti sumus. Filium autem natum si Paulo non credis dicenti : Primogenitus universæ creaturæ

(*a*) In Mss. *Audivi utique*.

est né et qu'il est le premier-né de toute créature (*Col.*, I, 15), croyez du moins à celle du Fils qui dit à Pilate lorsque ce dernier lui faisait cette question : Vous êtes donc roi? C'est pour cela que je suis né. (*Jean*, XVIII, 37.) Je lis qu'il est né et je fais profession de croire ce que je lis. Je lis qu'il est le premier-né, je ne vais point à l'encontre : je lis qu'il est Fils unique; on me tiraillerait les membres sur un chevalet que je ne dirais point différemment. Je professe ce que les saintes Écritures nous enseignent. Mais si vous dites que le Père et le Fils sont un, vous devez dire aussi que le Père est Fils unique, qu'il est premier-né; ce qui est du Père dites-le du Fils, dites que le Fils n'a point été engendré, qu'il n'est point né, dites que personne ne l'a jamais vu et ne peut le voir. Poursuivez et dites, après cela, du Saint-Esprit, ce que nous disons du Père, et montrez-nous le Saint-Esprit égal au Père. Oui, je vous en prie, dites cela et je me fais votre disciple. Allez plus loin et dites que le Fils n'est point né et qu'il est sans origine. S'il est égal au Père, il est évident qu'il est tel que le Père; s'il est tel que le Père, il n'est point né; s'il n'est point né, il est certain que personne ne l'a jamais vu. Apportez vos textes, montrez-moi cela, apprenez-moi cela et comptez-moi au nombre de vos disciples.

14. AUGUSTIN. Vous dites donc, si j'ai bien compris, que vous adorez un seul Dieu ; la conséquence c'est que vous n'adorez point le Christ, ou que vous n'adorez point qu'un Dieu, mais que vous en adorez deux. Vous avez dit aussi en parlant du Père, qu'il n'est point descendu jusqu'à s'unir à l'homme et à prendre sa chair. Si, par hasard, vous ne le saviez point, je vous ferais remarquer que ces mots : jusqu'à s'unir à l'homme, impliquent une certaine souillure ; nous devons donc, selon vous, comprendre que le Christ est descendu jusqu'à cette souillure, d'où il suit que vous croyez en un Christ qui s'est souillé dans la chair. Mais moi je vous dis, ou plutôt c'est la foi catholique que je professe avec l'Église du Christ qui vous le dit, que le Verbe Notre-Seigneur Jésus-Christ s'est fait chair de telle sorte qu'il n'a rien souffert du genre humain ni de son union avec la chair de l'homme; car il est venu pour purifier non pour souiller. Il a donc pris une âme d'homme et un corps d'homme sans souillure provenant de cette union, et il a daigné sauver en lui l'un et l'autre, je veux dire l'âme et le corps. Mais comme vous ne voulez point, je le vois, acquiescer à la vérité pour ce qui regarde sa visibilité, je vous prie de songer que c'est selon la chair et en tant qu'homme que le Christ a été visible ; car en tant que Verbe il est Dieu en Dieu, et par conséquent invisible aussi. Le Christ est la sagesse de Dieu : la sa-

---

(*Col.*, I, 15) : vel ipsi Filio crede dicenti ad Pilatum, cum ei diceret : Ergo tu rex es? Ait Christus : Ego in hoc natus sum. (*Joan.*, XVIII, 37.) Natum lego, profiteor quod lego : primogenitum lego, non (*a*) discredo : unigenitum lego, etiam si ad equuleum suspendar, aliter non sum dicturus : quod docent nos sanctæ Scripturæ, profiteor. Tu enim qui dicis, quod unus sit Pater et Filius, dic Patrem unigenitum, dic primogenitum : dic quæ sunt Patris in Filio, dic Filium ingenitum, dic innatum, dic quia nemo eum vidit unquam, neque videre potest. Prosequere de Spiritu sancto talia qualia de Patre legimus, ut æqualem ostendas Spiritum sanctum Patri. Dic rogo, habe me discipulum. Prosequere de Filio, quod Filius sit innatus, quod sit sine origine. Si æqualis, utique talis : si talis, utique innatus : si innatus, utique nec vidit eum quisquam hominum. Da testimonia, et instrue, et doce, et habebis me discipulum.

14. AUG. dixit : A vobis unum Deum coli dixisti, sicut te loquente advertere potui : consequens est ut aut non colatis Christum, aut non unum Deum colatis, sed duos. Dixisti etiam de Patre, quod ad humana contagia et ad humanam carnem non descenderit. Si forte nescis, contagia ubi dicuntur, aliquam contaminationem significat : voluisti ergo Christum intelligi venisse ad humana contagia : ergo humana carne inquinatum professus es Christum. Ego autem dico, imo catholica fides, quam, cum Ecclesia Christi teneo, Dominum nostrum Jesum Christum sic factum esse Verbum carnem, ut nulla de humano genere et de humana carne contagia pateretur. Venit enim mundare, non coinquinari. Suscepit ergo animam humanam, et carnem humanam sine ulla peste contagii : et utrumque, id est et animam humanam et carnem humanam, in se ipso salvare dignatus est. Sed quia de ejus invisibilitate veritati, quantum video, non vis acquiescere, rogo ut cogites secundum carnem et secundum hominem fuisse visibilem Christum. Nam secundum id quod Verbum est Deus apud Deum, et ipse invisibilis est. Sapientia Dei est Christus : humana sapientia invisibilis est ; et Dei sapientia

(*a*) Sic Am. Er. et Mss. At Lov. *discrepo*.

gesse de l'homme est invisible et la sagesse de Dieu serait visible ? Donc pour ce qui est de la nature selon laquelle il est égal à son Père, il est Dieu comme le Père, tout-puissant, invisible et immortel comme lui. Vous avez dit aussi, autant que j'ai pu le remarquer, que ces paroles de l'Apôtre : Qui seul a l'immortalité (I *Tim.*, VI, 16), ne doivent s'entendre que du Père : Vous voulez donc que le Verbe de Dieu soit mortel ? Ainsi, d'après vous, la sagesse de Dieu n'est point immortelle. Vous ne comprenez point que le Fils n'aurait pas pu mourir s'il ne nous avait emprunté une chair mortelle ? Enfin c'est la chair qui est morte en lui, ce n'est point lui, en tant que Dieu et que participant de la divinité par laquelle il est égal au Père. En effet, voici comment il s'adresse aux hommes : Ne craignez point ceux qui tuent le corps et ensuite ne sauraient faire rien de plus (*Luc*, XII, 4), parce que l'âme ne peut mourir. Le Verbe de Dieu le pourrait-il ? La sagesse de Dieu le pourra-t-elle ? Ce Fils unique, s'il ne prend point un corps, le pourra-t-il ? Mais de même qu'il se reconnaît pour égal à son Père, quand il dit : « Mon Père et moi ne sommes qu'une seule et même chose. » (*Jean*, X, 30.) Aussi après avoir pris un corps par lequel il est devenu homme, se reconnaît-il pour moindre que lui, parce « qu'il s'est fait chair, et qu'il a habité parmi nous. » (*Jean*, I, 14.) Il n'a point regardé comme une usurpation de se dire égal à Dieu (*Philipp.*, II, 6), c'était sa nature, non un vol, de l'être : il n'a point usurpé cette égalité, mais il est né avec elle. Toutefois il s'est anéanti en prenant la forme de l'esclave, après l'avoir vu égal, vous le voyez inférieur au Père en prenant dis-je la forme de l'esclave, en se faisant homme et en se trouvant homme par tout ce qui a paru de lui au dehors. Voilà la forme en laquelle il est moindre que le Père ; distinguez bien le mystère de l'humanité que le Dieu s'est unie, de la divinité qui demeure immortelle, vous ne vous égarerez point dans ces paroles que vous aimez à citer mais que vous ne savez pas goûter. Je fais en effet profession de croire, comme vous le dites, que le Père n'est point né et que le Fils est né ; mais il ne s'ensuit point qu'ils soient d'une nature et d'une substance différente parce que l'un n'est point né, tandis que l'autre est né. Car si l'un est né, il est Fils, et s'il est Fils, il est un vrai Fils : or, il est Fils unique. Nous aussi, nous avons été appelés fils de Dieu ; mais sommes-nous tous des fils uniques ? C'est tout autrement qu'il est Fils unique, il est Fils par sa nature, et nous sommes fils par la grâce. Celui-là est Fils unique né du Père, il est ce qu'est le Père quant à la nature et à la substance. Quiconque prétend qu'il est d'une autre nature parce qu'il est né, nie qu'il soit un vrai Fils. Or, nous avons l'Ecriture qui nous dit :

---

visibilis erit ? Quantum ergo attinet ad illam naturam in qua æqualis est Patri, pariter est Deus, pariter omnipotens, pariter invisibilis, pariter immortalis. Dixisti etiam, quantum adverti, sic accipiendum esse quod ait Apostolus : Qui solus habet immortalitatem (I *Tim.*, VI, 16) : ut in hac sententia solus Pater accipi debeat. Ergo Verbum Dei mortale vis esse ? Non intelligis quia non potuisset ullo modo mori Filius, nisi carnem mortalem suscepisset a nobis ? Denique caro in illo mortua est, non ipse mortuus quantum ad Deum pertinet, quantum ad divinitatem attinet, qua æqualis est Patri. Sic enim hominibus ait : Nolite timere eos qui corpus occidunt, et postea non habent quid faciant (*Luc.*, XII, 4) : quia anima mori non potest ; Verbum Dei mori potest ? Sapientia Dei mori potest ? Unigenitus ille non assumpta carne mori potuit ? Assumpta autem carne qua factus est homo, sicut æqualem se novit quando dicit : Ego et Pater unum sumus (*Joan.*, X, 30) ; sic se novit minorem, quia Verbum caro factum est, et habitavit in nobis.

(*Joan.*, I, 14.) Non rapinam arbitratus est esse æqualis Deo. (*Philip.*, II, 6.) Natura enim erat, non rapina : non enim usurpavit hoc, sed natus est hoc. Verumtamen semetipsum exinanivit formam servi accipiens (*Ibid.*, 7) : (agnovisti æqualem, jam incipe agnoscere minorem :) formam servi accipiens, in similitudinem hominum factus, et habitu inventus ut homo. Ecce qua forma major est Pater : discerne dispensationem suscepti hominis a manente immortaliter divinitate, et non erras in verbis, quæ multum amas dicere, et ea non dignaris sapere. Profiteor autem, sicut dicis : Patrem innatum, Filium natum. Sed non ideo sunt diversæ naturæ atque substantiæ, quia ille non natus est, ille natus est. Etenim si natus est, Filius est : si Filius est, verus Filius est, quia unigenitus est. Nam et nos dicti sumus filii : sed numquid unigeniti sumus tot filii ? Aliter ille Filius unigenitus : ille natura Filius, nos gratia filii : ille unigenitus de Patre natus, hoc est quod Pater secundum naturam, secundum substantiam. Qui autem dicit eum propterea quia natus est, ideo alterius esse naturæ, negat verum

Afin que nous soyons en son vrai Fils Jésus-Christ ; c'est lui qui est le vrai Dieu et la vie éternelle. (I *Jean*, v, 20.) Pourquoi est-il vrai Dieu ? parce qu'il est le vrai Fils de Dieu : car s'il a donné aux animaux de n'engendrer que ce qu'ils sont eux-mêmes, si un homme engendre un homme, un chien engendre un chien, un Dieu n'engendrerait point un Dieu ? Si donc il est de la même substance que son Père, comment le faites-vous moindre que lui ? Serait-ce parce que quand un homme engendre un fils, bien que ce soit un homme qui engendre un homme, cependant le plus grand engendre un plus petit que soi ? Attendons donc que le Christ ait grandi, comme grandissent les hommes que d'autres hommes engendrent. Mais si le Christ, par le fait qu'il est né, bien qu'il soit ce qu'il est, non à partir du temps, mais à partir de l'éternité, est néanmoins moindre que le Père, la condition de l'homme est meilleure que la sienne, attendu que l'homme peut croître et quelquefois peut arriver à l'âge de son père, à la force de son père, tandis que le Fils de Dieu ne le pourrait jamais à la manière d'un véritable fils ? Nous reconnaissons dans le Fils un Dieu tellement grand que nous le tenons pour égal à son Père. Aussi est-ce sans raison que vous avez voulu nous prouver, à force de textes et de paroles, une vérité que nous professons sans détour. Si le Christ dit : Mon Dieu et votre Dieu (*Jean*, xx, 17), c'est eu égard à la forme d'homme dans laquelle il se trouvait. Pour ce mot de Jean : Au commencement était le Verbe, le Verbe était en Dieu, et le Verbe était Dieu (*Jean.*, I, 1), il faut dire que le Père n'est point le Dieu d'un Dieu, mais le Dieu du Christ, parce que le Christ s'est fait homme. Aussi nous apprend-il lui-même dans les Psaumes pourquoi Dieu est son Père ; c'est parce que vous êtes mon Dieu dès le ventre de ma mère. (*Psal.* XXI, 11.) Par ces mots : Vous êtes mon Dieu dès le ventre de sa mère, il montre que le Père est Dieu par rapport au Fils, en tant que le Fils est homme, c'est sous ce même rapport que le Père est plus grand que le Fils. Voilà pourquoi il dit : Mon Dieu et votre Dieu. (*Jean*, xx, 17.) De là aussi cette soumission que nous devons imiter et qu'il rend à son Père, en tant qu'homme, alors que, comme il est écrit, il était soumis même à ses parents. (*Luc*, II, 51.) C'est de lui aussi qu'il est dit : Vous l'avez un peu abaissé au-dessous des anges. (*Psal.* VIII, 6.) Je voudrais bien que vous nous apprissiez aussi à l'aide de quelques textes des Ecritures, que le Père est adoré par le Saint-Esprit. Pour ce qui est du Fils, bien que vous ne nous apportiez aucun texte à ce sujet, j'accepte que comme homme il adore Dieu, c'est facile à admettre en tant qu'il est un homme, bien que

---

filium. Habemus autem Scripturam : Ut simus in vero Filio ejus Jesu Christo, ipse est Deus verus et vita æterna. (I *Joan.*, v, 20.) Quare verus Deus? Quia verus Dei Filius. Si enim animalibus dedit ut non generent nisi quod sunt : homo hominem generat, canis canem, et Deus Deum non generat? Si ergo ejusdem substantiæ est, quare dicis minorem? An forte, quia homo pater quando generat filium, etsi homo hominem generat, tamen major minorem generat? Expectemus ergo ut crescat Christus, quomodo crescunt homines quos generant homines. Si autem Christus ex quo natus est, quod non est a tempore, sed ab æternitate, quod est hoc est, et tamen minor est : melior est humana conditio; quia homo vel crescere potest, et aliquando venire habet ad ætatem patris sui, ad robur patris sui, ille nunquam, quomodo verus filius? Usque adeo autem Filium agnoscimus Deum magnum, ut Patri dicamus æqualem. Itaque sine causa nobis, quod valde profitemur, testimoniis et multiloquio probare voluisti. Dicit autem : Deum meum et Deum vestrum (*Joan.*, xx, 17) : attendens formam hominis in qua erat. Cæterum quantum attinet ad illud quod dixit Joannes : In principio erat Verbum, et Verbum erat apud Deum, et Deus erat Verbum (*Joan.*, I) : non est Pater Dei Deus, sed Deus est Christi, quia Christus factus est homo. Unde et ipse dicit in Psalmis, cur illi sit Pater Deus (*Psal.* XXI, 11) : De ventre matris meæ Deus meus es tu. Quando dicit de ventre matris sibi illum esse Deum, ostendit propter hoc esse Deum Patrem Filio, quia homo est Filius, secundum quod Pater major est Filio. Unde dicit : Deum meum et Deum vestrum. (*Joan.*, xx, 17.) Inde est et illa subjectio quam non debemus mirari secundum hominem redditam Patri, quando, sicut scriptum est, etiam parentibus subditus erat (*Luc.*, II, 51) : et de illo scriptum est : Minorasti eum paulo minus ab angelis? (*Psal.* VIII, 6.) Vellem autem hoc etiam aliquibus Scripturarum testimoniis doceres nos, ubi legatur adorari Patrem a Spiritu sancto. A Filio autem accipio, etiamsi non proferas testimonia, quoniam (a) homo adorat Deum : admittitur facile, secundum hominem dictum, quamvis nec hoc legas. Tamen

(a) Mss. *quoniam homo adorat Deum.*

vous ne nous le fassiez point lire. Cependant je vous demande tout particulièrement de me lire un passage où il soit dit que le Père est adoré par le Saint-Esprit ou de nous donner de ce fait un témoignage divin. Peut-être bien y en a-t-il, mais il m'échappe; si vous en trouvez un je vous dirai comment on doit l'entendre, comme je l'ai fait pour une locution habituelle à la sainte Ecriture, où il est parlé des gémissements du Saint-Esprit. Quand vous dites que par cette union ineffable, le Père, le Fils et le Saint-Esprit ne sont point un seul Dieu, voulez-vous savoir ce que vaut cette union? Ce n'est point par nos locutions, mais par les divins oracles même, qu'on voit clairement que l'esprit de l'homme n'est point le Seigneur Esprit, dont il est dit : Le Seigneur est Esprit (II *Cor.*, III, 17) et cela parce qu'il n'a point de corps. Cependant l'Apôtre dit : Quiconque s'unit à une prostituée devient un même corps avec elle, mais celui qui s'attache au Seigneur est un même esprit avec lui. (I *Cor.*, VI, 16.) Quand l'union d'esprits de natures différentes, car l'esprit de l'homme est autre que celui de Dieu, ne fait plus des deux qu'un seul esprit, vous ne voulez point que le Fils soit tellement uni au Père, qu'il ne fasse qu'un seul Dieu avec lui? Faites le même raisonnement par rapport au Saint-Esprit qui est Dieu. D'ailleurs si le Saint-Esprit n'était point Dieu, il ne nous aurait certainement pas pour temples. Or, il est écrit dans l'Apôtre : Ne savez-vous point que vous êtes le temple de Dieu et que l'Esprit de Dieu habite en vous? (I *Cor.*, III, 16) et ailleurs : Ne savez-vous point que vos corps sont le temple du Saint-Esprit en vous, de cet esprit que vous avez reçu de Dieu? (I *Cor.*, VI, 19.) Si nous élevions à quelque ange saint et très-excellent un temple de bois et de pierre, ne serions-nous point des anathèmes par rapport à la vérité du Christ, et à l'Eglise de Dieu, pour rendre à la créature le culte qui n'est dû qu'à Dieu? Si donc nous étions des sacriléges de faire un temple pour une créature, comment celui pour qui, si nous ne faisons, du moins nous sommes nous-mêmes un temple, ne serait-il point le vrai Dieu? Quant au sens dans lequel le Christ a dit : Comme mon Père a la vie en lui-même, il a aussi donné au Fils d'avoir la vie en lui (*Jean*, V, 26), je l'ai indiqué plus haut dans ma réponse. Vous dites : C'est par la concorde et la charité que le Père et le Fils ne font qu'une seule et même chose : quand vous m'aurez produit un passage où il est dit que des êtres de substance différente ne font qu'une seule et même chose, je verrai ce que je dois vous répondre. Nous lisons il est vrai : « Celui qui plante et celui qui arrose sont une seule et même chose. » (I *Cor.*, III, 8.) Mais c'étaient deux hommes, ils avaient la même

---

specialiter de te exigo, ut adoratum Patrem a Spiritu sancto legas nobis, aut commemores testimonium divinum : fortassis enim sit, sed me fugiat : ut si inveneris, respondeam quomodo id accipi debeat, sicut de gemitibus Scripturarum solemni locutione respondi. Quod autem dicis, quod per illam copulationem ineffabilem non sit unus Deus Pater et Filius et Spiritus sanctus : vis nosse quantum valeat ista copulatio? Non ex locutionibus nostris, sed ex divinis eloquiis certe manifestum est, aliud esse spiritum hominis, aliud esse spiritum (*a*) Dominum; unde dicitur : Dominus Spiritus est, id est, quia corpus non est (II *Cor.*, III, 17) : et tamen ait Apostolus : Qui adhæret meretrici, unum corpus est; qui autem adhæret Domino, unus spiritus est. (I *Cor.*, VI, 16.) Si ergo ista adhæsio diversarum naturarum spiritus (quia aliud est hominis, aliud Dei), fecit unum spiritum; non vis ut tantum adhæreat Patri Filius, ut sit unus Deus? Hoc accipe etiam de Spiritu sancto, qui Deus est. Cæterum si Deus Spiritus sanctus non esset, templum utique nos ipsos non haberet. Scriptum est quippe in Apostolo : Nescitis quia templum Dei estis, et Spiritus Dei habitat in vobis? (I *Cor.*, III, 16.) Et iterum : Nescitis quia corpora vestra templum in vobis est Spiritus sancti, quem habetis a Deo? (I *Cor.*, VI, 19.) Nonne si templum alicui sancto Angelo excellentissimo de lignis et lapidibus faceremus, anathemaremur a veritate Christi et ab Ecclesia Dei; quoniam creaturæ exhiberemus eam servitutem, quæ uni tantum debetur Deo? Si ergo sacrilegi essemus faciendo templum cuicumque creaturæ, quomodo non est Deus verus cui non templum facimus, sed nos ipsi templum sumus? Quomodo autem dixerit Christus : Sicut habet Pater vitam in semetipso, sic dedit Filio habere vitam in semetipso (*Joan.*, V, 26), superius respondi. Concordia autem et caritate, (*b*) quia dicis factum fuisse, ut unum sint Pater et Filius; quando mihi protuleris dictum esse, quod unum sint quæ sunt diversæ substantiæ, tunc cogitabo quid debeam respondere. Legimus enim : Qui plantat et qui rigat unum sunt (I *Cor.*, III, 8) : sed ambo homines erant, ejusdem substantiæ fuerant,

---

(*a*) Editi : *Spiritum Dei : unde dicitur : Deus Spiritus est.* At. Mss. *Spiritum Dominum*; ac subinde, *unde dicitur*, (scilicet II *Cor.*, III.) *Dominus Spiritus est.* — (*b*) Sola editio Lov. *qua dicis.*

substance non une substance différente. De même nous voyons que le Christ a dit : Pour qu'ils ne soient qu'un de même que nous ne faisons qu'un. (*Jean*, XVII, 11.) Il n'a point dit : Afin qu'eux et nous, nous ne soyons qu'un ; mais : Pour qu'ils soient un, unis et fondus ensemble en quelque façon, dans leur nature et leur substance, par une égalité produite par la concorde, comme le Père, le Fils et le Saint-Esprit le sont par leur nature qui est indivisible et identique. Or, autre chose est d'être une seule et même chose, autre chose est d'être un. Quand on dit : Ils sont une même chose, on comprend une même substance. Quand on dit : Ils sont un, en parlant de deux êtres de substances différentes, il arrive nécessairement qu'on demande qu'est-ce que cet un. Par exemple, le corps et l'âme sont différents de substance, cependant ils font un seul homme. L'esprit de l'homme et l'Esprit de Dieu sont deux substances différentes, cependant quand le premier s'attache à l'autre, ils ne font plus qu'un même Esprit. L'Apôtre a ajouté le mot Esprit (I *Cor.*, VI, 17), il n'a point dit : Ne font qu'une même chose. Or, quand on dit : Ne font qu'une même chose, cela s'entend de la substance, c'est ce que vous ne voulez point, et vous osez dire que vous confessez que le vrai Christ est le vrai Fils de Dieu. Quant au Père, il n'est point plus grand que ce Fils, parce qu'il rend témoignage à ce dernier ; car les prophètes lui ont aussi rendu témoignage. Mais autre est celui qui rend témoignage, autre celui à qui le témoignage est rendu. En effet, le Père est le Père, et le Fils est le Fils, s'ils sont unis d'une union parfaite, or ils le sont toujours, cela ne vient pas de ce qu'ils diffèrent de substance, ou ne sont pas un même Dieu. Mais vous dites qu'il y a une différence entre le Père et le Fils parce que le Père aime et que le Fils est aimé, comme si vous pouviez nier que le Fils aime le Père. S'ils s'aiment l'un l'autre, pourquoi niez-vous qu'ils soient de la même nature ? Quand j'ai avancé à propos du Père, que s'il est dit plus grand que le Fils, c'est eu égard à la forme d'esclave de ce dernier, je dis également au sujet de l'invisibilité, que le Fils n'est donné pour visible qu'à cause de la même forme d'esclave ; mais en tant qu'il partage la substance divine elle-même du Père, du Fils ou du Saint-Esprit, il est tout à fait invisible ; car lorsque la Divinité s'est montrée jadis à nos pères, c'est par le moyen d'une créature visible, dont elle empruntait le secours, attendu que, dans sa propre nature elle est tellement invisible que Moïse même avec qui elle s'entretenait face à face a dit : Si j'ai trouvé grâce devant vous, montrez-vous à moi manifestement. (*Exod.*, XXXIII, 13.) Or, il voulait le voir comme on voit

---

non diversæ. Item legimus ipso Christo dicente : Ut sint unum, sicut et nos unum sumus. (*Joan.*, XVII, 11.) Non dixit : Ut ipsi et nos unum : sed : Ut ipsi sint unum, in natura sua et in substantia sua, concordi æqualitate quodam modo uniti atque conflati : sicut Pater et Filius et Spiritus sanctus unum, propter individuam eamdemque naturam. Aliud est enim, unum sunt : (*a*) aliud, unus est. Quando dicitur, unum sunt ; etsi non dicatur quid unum, intelligitur una substantia. Quando dicitur, unus est, de duabus diversisque substantiis, necesse est ut quæratur quid unus. Verbi gratia, diversa substantia est anima et corpus, tamen unus homo : diversa substantia est spiritus hominis et spiritus Dei, tamen cum Domino adhæret, unus spiritus est (I *Cor.*, VI, 17) : addidit, spiritus ; non dixit, unum sunt. Ubi autem dicitur, unum sunt, una substantia significatur, quod vos non vultis, et audetis dicere verum Christum Dei Filium vos confiteri. Non autem ideo major est Pater, quia testimonium dicit de Filio. Nam et Prophetæ perhibuerunt Filio testimonium. Alius est quidem qui perhibet testimonium, alius cui perhibetur : quia Pater Pater est, Filius Filius est. Non quia unum non sunt, aut unus Deus non sunt, quando cohærentes atque conjuncti sunt, quod semper sunt. Sic autem dicis hinc inter Patrem et Filium esse diversitatem, quia Pater diligit et Filius diligitur ; quasi negare possitis, quod Filius diligat Patrem. Si ambo se invicem diligunt ; cur negatis eos unius esse naturæ ? Quod dixi de Patre unde dictus sit major, quia propter formam servi dictum est : hoc dico et de invisibilitate, quoniam visibilis Filius propter eamdem formam servi dictus est. Cæterum quantum attinet ad ipsam divinam substantiam, vel Patris, vel Filii, vel Spiritus sancti omnino est invisibilis. Nam quando se patribus divinitas ostendebat, per subjectam creaturam se visibilem demonstrabat. Nam per ipsam suam naturam usque adeo invisibilis est, ut ipse Moyses ei cum quo facie ad faciem loquebatur, diceret : Si inveni gratiam ante te, ostende mihi temetipsum manifeste. (*Exod.*, XXXIII, 13.) Volebat enim eum videre, sicut videtur Deus oculis cordis. Beati

(*a*) Hic Mss. addunt *et aliud unum sumus*.

Dieu des yeux du cœur. Il est dit en effet : Bienheureux les cœurs purs parce qu'ils verront Dieu. C'est ainsi que Moïse voulait voir celui à qui il disait : Montrez-vous à moi manifestement, comme ce qu'il y a d'invisible en Dieu est rendu visible par le moyen des choses qui ont été faites ; voici en effet comment s'explique l'Apôtre : « Car ce qu'il y a d'invisible en Dieu, est devenu visible depuis la création du monde, par la connaissance que ses créatures nous en donnent, sa puissance même et sa divinité sont visibles. » (*Rom.*, I, 20.) Voici donc que, pour l'intelligence, les choses invisibles de Dieu sont visibles, et pourtant elles sont appelées invisibles. Ainsi c'est par le Christ même que toutes choses, visibles et invisibles ont été faites, et pourtant vous pourriez le croire visible par nous? Vous dites après cela, que c'est seulement du Père qu'on doit entendre ce que dit l'Apôtre quand il s'écrie : « A Dieu qui est le seul sage. » (*Rom.*, XVI, 27.) Ainsi Dieu le Père seul est sage, et la sagesse même de Dieu, ne serait point sage, la sagesse dis-je, qui n'est autre que le Christ dont l'Apôtre a dit : le Christ est la vertu et la sagesse de Dieu. (I *Cor.*, I, 24.) Il ne vous reste plus qu'à dire, car que n'osez-vous en ce genre? que la sagesse de Dieu est insensée. C'est ainsi en effet que vous dites que le Père n'a point été fait, comme si le Fils l'avait été, lui, par qui tout a été fait. Sachez donc que le Fils a été fait, mais dans sa forme d'esclave ; car dans la forme de Dieu il s'en faut tellement qu'il ait été fait, que tout au contraire, ce sont toutes les choses qui ont été faites par lui. Or, s'il a été fait lui-même, ce n'est point tout, mais c'est le reste des êtres qui a été fait par lui, je ne dis donc point que le Fils n'a point été engendré, mais je dis que le Père a engendré et que le Fils a été engendré ; mais le Père n'a engendré que ce qu'il est lui-même, autrement son Fils ne serait point son vrai Fils, s'il n'était ce qu'est le Père, comme nous l'avons dit plus haut en parlant des petits des animaux, lesquels ne sont vraiment leurs petits que parce qu'ils sont la même chose que leurs parents par la substance. Mais que me demandez-vous, de vous montrer que le Saint-Esprit est égal au Père, comme si vous m'aviez fait voir que le Père est plus grand que le Saint-Esprit ainsi que vous avez pu le montrer par rapport au Fils, eu égard à sa forme d'esclave ? car nous savons que si le Père est dit plus grand que le Fils, ce n'est que parce que le Fils était dans une forme d'esclave, et qu'il est encore dans sa forme d'homme qu'il a élevée dans le ciel. Voilà même pourquoi il a été dit de lui qu'il prie pour nous. (*Rom.*, VIII, 34.) Or, cette même forme immortelle sera éternelle dans le royaume du ciel. Voilà pourquoi il est dit : Alors le Fils sera lui-même soumis à celui qui lui a soumis toutes choses. (I *Cor.*, XV, 28.) Pour ce qui est du Saint-Esprit qui n'a pris aucune créature dans l'unité

---

enim mundi corde, quia ipsi Deum videbunt. (*Matth.*, v, 8.) Sic volebat videre Moyses eum qui dicebat : Ostende mihi temetipsum manifeste : sicut et invisibilia Dei per ea quæ facta sunt conspiciuntur. Sic enim ait Apostolus : « Invisibilia enim ejus per ea quæ facta sunt intellecta conspiciuntur, sempiterna quoque virtus ejus ac divinitas. » (*Rom.*, I, 20.) Ecce intelligendo conspiciuntur invisibilia Dei, et tamen invisibilia dicuntur. Et omnia per ipsum facta sunt Christum, et visibilia et invisibilia (*Joan.*, I, 3), et ipse a nobis credi visibilis potest? Hinc etiam dicis de Patre tantum intelligi debere quod ait Apostolus : Soli sapienti Deo. (*Rom.*, XVI, 27.) Ergo solus est Pater Deus sapiens, et non est sapiens ipsa Dei Sapientia, quod est Christus, de quo ait Apostolus : Christum Dei Virtutem et Dei Sapientiam. (I *Cor.*, I, 24.) Superest ut dicatis, (quid enim non audetis?) insipientem esse Sapientiam Dei. Sic autem dicis Patrem infectum, quasi Filius factus sit, per quem facta sunt omnia. Scito factum esse Filium, sed in forma servi. Nam in forma Dei usque adeo non est factus, ut per illum facta sint omnia. Si enim ipse factus est, non per illum sunt omnia facta, sed cætera. Non itaque dico Filium ingenitum : sed Patrem genitorem, Filium genitum. Hoc tamen genuit Pater quod est : alioquin non est verus Filius, si quod est Pater, non est Filius ; sicut de partubus animalium supra diximus ; quia veri filii hoc sunt per substantiam quod parentes. Quid est autem quod poscis, ut ostendam tibi æqualem Patri Spiritum sanctum esse, quasi tu ostenderis Patrem majorem esse Spiritu sancto, sicut potuisti ostendere de Filio, propter formam servi? Scimus enim dictum esse Patrem Filio majorem esse, quia in forma servi erat Filius : et adhuc in forma est humana Filius, quam levavit in cœlum. Propterea dictum est de illo quod et nunc interpellat pro nobis. (*Rom.*, VIII, 34.) Et sempiterna erit in regno hæc eadem forma immortalis. Propter quod dictum est : Tunc et ipse Filius subjectus erit ei qui illi subjecit omnia. (I *Cor.*, XV, 28.) Nam de Spiritu sancto qui

de sa personne, quoiqu'il ait daigné se montrer d'une manière visible par une créature qui lui fût assujettie, apparence de colombe et forme de langues de feu, jamais il n'a dit que le Père fût plus grand que lui, jamais il n'a été dit que le Saint-Esprit eût adoré le Père, ni jamais qu'il fût moindre que le Père. Mais vous dites en parlant du Fils : « S'il était égal au Père, il serait certainement tel que le Père, » c'est-à-dire que parce qu'il n'est point inengendré il ne peut-être tel que le Père. Vous pourriez dire que ce n'est point un homme qu'Adam a engendré, parce qu'il est lui-même inengendré, et fait par Dieu. Mais si Adam a pu être inengendré et néanmoins engendrer ce qu'il était lui-même, vous ne voulez point que Dieu ait pu engendrer un Dieu semblable à lui ? Il me semble que j'ai répondu à toutes vos difficultés, mais si vous ne voulez pas être mon disciple, ce n'est pas une raison pour être si prolixe dans vos discours.

1. MAXIMIN. Vous parlez comme quelqu'un qui se sent assuré de l'appui des princes, mais nullement selon la crainte de Dieu. Je vous ai écouté, avec patience, pendant de longues heures, exposer votre doctrine comme bon vous a semblé. Dieu aidant, je vais répondre à tout, car je me sens appuyé, non sur une parole sans force, mais sur des textes des divines Ecritures. Seulement, comme j'ai fait preuve de patience à écouter votre Religion, souffrez aussi

vous et les vôtres, avec patience, que je réponde à toutes vos paroles comme vous avez fait vous-même aux miennes telle réponse qu'il vous a plu.

2. Nous adorons le Christ comme le Dieu de toute créature. Il est, en effet, adoré et honoré non-seulement par la nature des hommes, mais encore par toutes les vertus du ciel; entendez le bienheureux Paul s'écrier : « Soyez dans la même disposition et dans les mêmes sentiments où a été Jésus-Christ qui, ayant la forme et la nature de Dieu, n'a point cru que ce fût pour lui une usurpation d'être égal à Dieu. Mais il s'est anéanti lui-même, en prenant la forme et la nature de serviteur, en se rendant semblable aux hommes et en étant reconnu pour homme par tout ce qui a paru de lui au dehors. Il s'est rabaissé lui-même, se rendant obéissant jusqu'à la mort et jusqu'à la mort de la croix. C'est pourquoi Dieu l'a élevé et lui a donné un nom qui est au-dessus de tout nom. » (*Philipp.*, II, 5 à 9.) Ce nom, vous avez jugez à propos de le taire dans vos discours, parce que vous saviez bien qu'il était en contradiction avec votre profession de foi et que la leçon de l'Ecriture vous accusait. En effet, que tout genou doive fléchir au nom du Christ, c'est ce que Paul lui-même exprime quand, après avoir dit que Dieu lui a donné un nom au-dessus de tout nom, il ajoute : « Afin que, au nom de Jésus, tout genou fléchisse,

---

nullam suscepit creaturam ad unitatem personæ suæ, quamvis se per subjectam creaturam visibiliter et ipse, sive per columbæ speciem (*Matth.*, III, 16), sive per linguas igneas (*Act.*, II, 3), sit demonstrare dignatus, nunquam dictus est eo major Pater, nunquam dictus est Spiritus sanctus adorasse Patrem, nunquam dictus est minor Patre. Sed dicis de Filio : « Si æqualis esset, utique talis : » id est, ut quia non est ingenitus, non videatur talis. Posses dicere non esse hominem quem genuit Adam, quia ipse Adam non est genitus, sed factus a Deo. Si autem potuit Adam esse, et non esse genitus, et tamen hoc generare quod erat ipse, non vis ut potuerit Deus Deum æqualem sibi? Puto me tibi ad omnia respondisse. Sed si non vis esse discipulus, noli esse multiloquus.

1. MAX. dixit : Loqueris quasi auxilio principum munitus, nihil secundum timorem Dei. Longas horas sustinui, exposuisti ut tibi visum est. Respondemus Deo auxiliante ad omnia. Nec enim nudo sermone, sed testimoniis divinarum Scripturarum muniti. Tantum sicut nos patientes fuimus exponente tua religione, et ipse cum tuis patientiam accommoda, ut ad singulos tuos sermones demus responsum, sicut et ipse ad nostros respondisti quod tibi placuit.

2. Nos Christum colimus ut Deum omnis creaturæ. Nam quia adoratur et colitur, non tantum ab hominum natura, verum etiam et ab omnibus virtutibus cœlestibus, audi clamantem beatum Paulum : « Hoc enim sentite in vobis quod et in Christo Jesu : qui cum in forma Dei esset, non rapinam arbitratus est esse se parem Deo, sed semetipsum exinanivit formam servi accipiens, in similitudinem hominum factus, et habitu inventus ut homo : humiliavit semetipsum, factus obediens usque ad mortem, mortem autem crucis: propter quod et Deus eum superexaltavit, et donavit ei nomen quod est super omne nomen. » (*Philip.*, II, 5.) Illud utique quod tu in tuis prosecutionibus, sciens quod professioni tuæ erat contrarium, subducendum putasti, sciens quia lectio te argueret. Nam quod omne genu flectatur Christo, utique sic prosequitur ipse Paulus, cum dixisset : « Donavit illi nomen quod est super omne nomen :

dans le ciel, sur la terre et dans les enfers, et que toute langue confesse que le Seigneur Jésus-Christ est dans la gloire de Dieu le Père. » (*Ibid.*, 10 et 11.) En effet en disant : Afin que, au nom de Jésus, tout genou fléchisse dans le ciel, sur la terre et dans les enfers, il embrasse tout. Il n'y a rien dans le ciel qui ne fléchisse le genou au nom du Christ, il ne reste rien sur la terre qui ne doive fléchir le genou à ce nom, rien dans les enfers qui ne le fléchisse aussi au même nom du Christ. Voilà ce que le Père lui a donné. Ceux qui lisent ce texte de l'Apôtre peuvent s'assurer eux-mêmes si ce que j'avance vient de ma propre autorité, ou du flot de mes paroles comme vous le dites par forme de reproche, ou si ma réponse s'appuie sur l'autorité des divines Ecritures.

3. Vous dites que le Saint-Esprit est égal au Fils ; citez des textes où il soit dit que le Saint-Esprit est adoré, que tout genou fléchit à son nom dans le ciel, sur la terre et dans les enfers. Pour nous, que Dieu le Père doive être adoré, c'est ce que nous apprenons de l'apôtre Paul qui nous crie : « C'est ce qui me porte à fléchir les genoux devant le Père de Notre-Seigneur Jésus-Christ, qui est le principe, le chef de toute cette grande famille, qui est dans le ciel et sur la terre. » (*Ephés.*, III, 14 à 15.) C'est donc sur l'autorité des saintes Ecritures que nous adorons le Père ; c'est instruits par les mêmes Ecritures saintes que nous honorons et adorons le Christ Dieu. S'il y a quelque part qu'on doive adorer le Saint-Esprit, si le Père lui a rendu témoignage en ce sens, si le Fils, si lui-même ont dit quelque chose de semblable, lisez les textes des divines Ecritures qui vont contre ce que je dis.

4. Que le Christ soit à la droite de Dieu, qu'il prie pour nous (*Rom.*, VIII, 34), c'est ce que Paul lui-même nous enseigne dans un autre endroit quand il nous dit : Recherchez ce qui est dans le ciel où le Christ est assis à la droite de Dieu. (*Colos.*, III, 1.) Voici comment il s'exprime aussi dans sa lettre aux Hébreux : Après nous avoir purifiés de nos péchés, il est assis au plus haut des cieux, à la droite de la grandeur. (*Hébr.*, I, 3.) Déjà auparavant, le Saint-Esprit avait dit par un prophète : Le Seigneur a dit à mon Seigneur : asseyez-vous à ma droite. (*Ps.*, CIX, 1.) Et le Fils lui-même l'a rappelé dans l'Evangile. (*Matth.*, XXII, 44.) Plus tard, en répondant à ce prince qui l'adjurait en ces termes : Dites-nous si vous êtes le Christ, Fils du Dieu béni, il dit : Je le suis (*Marc*, XIV, 61), ou bien : Vous le dites, et un jour vous verrez le Fils de l'homme assis à la droite de la vertu de Dieu. (*Matth.*, XXVI, 64.)

5. Quant au Saint-Esprit, nous l'honorons

---

sequitur : Ut in nomine Jesu omne genu flectatur, cœlestium, terrestrium, et infernorum ; et omnis lingua confiteatur, quia Dominus Jesus Christus in gloria est Dei Patris. » Dicendo enim : Ut in nomine Jesu omne genu flectatur, cœlestium, terrestrium, et infernorum : universa conclusit. Nihil est in cœlo quod non genu flectat Christo : nihil remansit in terra quod non genu flectat Christo : nihil in inferis quod non genu flectat Christo. Et hoc Pater ei donavit. Possunt enim probare qui legunt, si ex mea auctoritate vel ex multiloquio, ut accusas, hanc prosecutionem feci, aut certe de auctoritate divinarum Scripturarum respondeo.

3. Dicis Spiritum sanctum quod æqualis sit Filio. Da testimonia, ubi adoratur Spiritus sanctus, ubi ei cœlestia et terrestria et inferna genu flectant. Nos enim, quod adorandus sit Deus Pater, beato Paulo apostolo clamante didicimus : « Propterea flecto genua mea ad Patrem Domini nostri Jesu Christi, ex quo omnis paternitas in cœlis et in terra nominatur. » (*Ephes.*, III, 14.) Auctoritate sanctarum Scripturarum adoramus Patrem : æque ab ipsis divinis Scripturis instructi, colimus et adoramus Deum Christum. Si alicubi adorandus sit Spiritus sanctus : si Pater ei sic perhibuit testimonium, si Filius, si ipse de se ista amplexus est, lege præter quam diximus ex divinis Scripturis.

4. Quod Christus est in dextera Dei, quod interpellat pro nobis (*Rom.*, VIII, 34), sic etiam in alio loco ipse prosequitur Paulus dicens : Quæ sursum sunt quærite, ubi Christus est in dextera Dei sedens. (*Col.*, III, 1.) Sic ad Hebræos ipse scribens ait : Purificatione peccatorum facta, consedit ad dexteram magnitudinis in excelsis. (*Hebr.*, I, 3.) Sic utique et Spiritus sanctus jam ante per Prophetam præcinuerat, dicens : Dixit Dominus Domino meo, sede a dextris meis. (*Psal.* CIX, 1.) Sic et ipse Filius in Evangelio professus est. (*Matth.*, XXII, 44.) Præterea ad illum principem qui adjurans dicebat : Dic nobis si tu es Christus Filius Dei benedicti : ait ipse : Ego sum (*Marc.*, XIV, 61) : vel ceret : Tu dicis : et a modo videbitis filium hominis sedentem ad dexteram virtutis Dei. (*Matth.*, XXVI, 64.)

5. Nos enim Spiritum sanctum competenter honoramus ut doctorem, ut (*a*) ducatorem, ut illuminato-

---

(*a*) Sola editio Lov. *ut ductorem.*

ainsi qu'il convient, comme un docteur, un guide, un illuminateur, un sanctificateur ; mais, pour le Christ, nous l'adorons comme le Créateur. Quant au Père, nous l'adorons avec une dévotion pleine de pureté, comme l'auteur de tout, auteur unique que nous annonçons à tous et partout : car toutes les calomnies dont on parle viennent de l'arsenal de la philosophie. Je ne puis croire que vous n'ayez point lu ces paroles de l'Apôtre : « Le Christ n'étant point pécheur a, néanmoins, pour nous, fait le péché, afin que, en lui, nous devinssions justice de Dieu. » (II *Cor.*, v, 21.) Peut-être bien ce mot de l'Ecriture « maudit quiconque est suspendu au bois, » (*Deut.*, XXI, 23) n'est-il point venu jusqu'à vous. Or, le bienheureux apôtre Paul, interprétant cette parole, a dit : Il s'est rendu lui-même malédiction pour nous, afin que la bénédiction fût communiquée aux nations. (*Gal.*, III, 13.) Sans doute vous n'avez point non plus entendu parler de cette parole du même Paul : « Le premier homme, Adam, est le terrestre, et le second, qui est le Seigneur, est le céleste et est descendu du ciel. » (I *Cor.*, xv, 47.) Ainsi le Christ s'est uni l'homme comme vous l'avez dit vous-même ; voilà précisément pourquoi nous avons dit qu'il est descendu jusqu'à la contagion de la terre. Nous n'ignorons point, en effet, celui qui, selon ce que nous lisons, n'a point fait le péché et dans la bouche de qui il ne s'est point trouvé de dol (I *Pierre*, II, 22), qui maudit ne répondait point par des malédictions, et maltraité, n'a point fait entendre de menaces, mais se livrait entre les mains de celui qui le jugeait justement. Nous savons aussi ce que dit Jean-Baptiste : Voici l'agneau de Dieu, voici celui qui prend le péché du monde (*Jean*, I, 29), c'est un fait constant, ainsi que vous l'avez dit vous-même ; car nous ne devons point pousser l'obstination au point de ne pas trouver bien ce que vous dites de bien ; or, vous êtes parfaitement dans le vrai quand vous dites que le Christ est venu surtout pour nous purifier de nos péchés et de nos iniquités, mais non point pour en être souillé lui-même comme vous l'avez avancé, car il est certain que, selon la bienheureuse substance de sa divinité qu'il a eue avant la constitution du monde, avant les siècles, avant les temps, les jours, les mois et les années, avant que rien fût, avant toute pensée, il est né Dieu du Père dans cette bienheureuse nature.

6. Quand il s'agit de Dieu on doit ne se servir que de comparaisons dignes de lui ; or, j'ai vu avec peine et avec une vraie douleur que, dans votre discours, vous disiez qu'un homme engendre un homme, et un chien, un chien ; on ne devrait point recourir à une comparaison aussi sale quand il s'agit d'une telle immensité.

rem, ut sanctificatorem : Christum colimus ut creatorem : Patrem cum sincera devotione adoramus ut auctorem, quem et unum auctorem ubique omnibus pronuntiamus. Istæ enim calumniæ de philosophicæ artis instructione veniunt. Non puto te minus legisse quod ait Apostolus : « Quoniam Christus utique cum non esset peccator, pro nobis peccatum fecit, ut nos efficeremur justitia Dei in ipso. » (II *Cor.*, v, 21.) Nec hoc sane ad te forte pervenit, quod dixerit Scriptura : Maledictus omnis qui pendet in ligno. (*Deut.*, XXI, 23.) Quod interpretans beatus apostolus Paulus dicit : Factus pro nobis maledictum (*Gal.*, III, 13), ut benedictio in gentibus adimpleretur. Nec hoc sane pervenit ad te, quod ait ipse Paulus : « Primus homo Adam de terra terrenus, secundus homo Dominus de cœlo cœlestis advenit. » (I *Cor.*, xv, 47.) Ergo et Christus suscepit hominem, ut ipse exposuisti. Et ea de causa diximus, quod ad terrena contagia descendit. Non enim ignoramus (a) illum secundum quod legimus : Qui peccatum non fecit, nec inventus est dolus in ore ipsius (I *Petr.*, II, 22) : qui cum malediceretur, non remaledicebat ; cum pateretur, non comminabatur : commendabat autem se judicanti (b) juste. Nec hoc ignoramus quod ait Baptista Joannes : Ecce agnus Dei, ecce qui tollit peccatum mundi. (*Joan.*, I, 29.) Constat, ut et ipse prosecutus es. Nec enim ad omnia obstinati esse debemus, ut non quæ bene dicis laudemus : Valde enim justa est prosecutio tua, quia ob hoc venit Christus, ut nos potius a peccatis et ab iniquitatibus mundaret ; non tamen ut ipse contaminaretur, sicut et ipse prosecutus es. Certum est enim, quod secundum divinitatis suæ substantiam illam beatam, quam habuit ante mundi constitutionem, ante sæcula, ante tempora, ante dies, ante menses, ante annos, (c) ante quam quidquam esset, ante aliquam excogitationem, in illa beata natura Deus (d) natus a Patre est.

6. In Deo enim comparatione digna uti decet. Hoc sane mihi displicet, et valde animo dolui in tua prosecutione : ut enim diceres, quod homo hominem generat, et canis canem : tam fœda comparatio in illam tantam immensitatem produci non debuit.

(a) Sic Mss. Editi vero, *illud* — (b) Am. et Lov. *se judicanti injuste*. At Er. et potiores Mss. *juste*. — (c) In Mss. *ante ut quidquid esset*. — (d) Plerique Mss. *tantus a Patre est*. Corbeiensis correctus, *tantum*.

7. Or, qui ne sait que Dieu a engendré un Dieu, le Seigneur un Seigneur, le roi un roi, le créateur un créateur, le bon un bon, le sage un sage, le clément un clément, le puissant un puissant? Le Père, en engendrant son Fils, ne lui a rien ôté, car il n'est point envieux, mais c'est comme une fontaine de bonté qu'il a engendré un fils doué de tant de bonté, d'une bonté dont toute créature est témoin, selon votre propre langage que j'approuve fort quand vous avez dit, en citant les propres paroles des divines Ecritures : « Car ce qu'il y a d'invisible en Dieu, est devenu visible depuis la création du monde par la connaissance que les créatures nous en donnent : sa puissance même éternelle et sa divinité. » (*Rom.*, I, 20.)

8. J'ajoute encore, non pour dire le contraire, mais pour donner mon assentiment à ces paroles, que c'est par la grandeur, par la beauté de ces choses que le Créateur est connu et honoré comme il le mérite. Nous avons même, je crois, fait à ces paroles une réponse, car le bienheureux Paul reprend en ces termes : « Il a effacé la cédule qui nous était contraire, il a entièrement aboli le décret de notre condamnation en l'attachant à la croix, et, en se dépouillant de sa chair, il a emmené avec confiance les puissances et les principautés comme triomphant d'elles en sa propre personne. » (*Col.*, II, 14.) Cependant, comme je ne suis point un homme exercé dans les belles lettres ni dans l'art du rhéteur, s'il m'était échappé quelque faute dans mon discours, vous auriez dû faire attention au sens général au lieu de ne voir que mon manquement pour m'en faire un crime. Mais non, non; le Dieu Fils unique est le Dieu de toute créature, il est pur, exempt de souillures, saint en pleine sécurité, et n'a en lui aucune impureté. Car, quiconque n'honore point le Fils, n'honore point le Père qui l'a envoyé. (*Jean*, v, 23.) Que le Verbe se soit fait chair et ait habité parmi nous, c'est ce que nous atteste l'évangéliste (*Jean*, I, 14), et nous avons vu, dit-il, sa gloire; elle était comme il convient au Fils unique du Père qui est plein de grâce et de vérité. Déjà auparavant l'Ancien Testament avait fait entendre à ce sujet ce chant prophétique : Il lavera sa robe dans le vin et son manteau dans le jus de la treille. (*Gen.*, XLIX, 11.) Je crois ce que je lis, c'est-à-dire que le Verbe s'est fait chair et qu'il a habité parmi nous. Je vois encore que le bienheureux Paul a dit aussi : Il transformera notre corps tout vil et tout abject qu'il est, afin de le rendre conforme à son corps glorieux. (*Philipp.*, III, 21). Je crois, en effet, que le Christ Dieu a été en-

---

7. Quis autem ignorat quod Deus Deum genuit, quod Dominus Dominum genuit, quod Rex Regem genuit, quod Creator Creatorem genuit, quod bonus bonum genuit, quod sapiens sapientem genuit, quod clemens clementem genuit, potens potentem? Nihil subtraxit Pater in generando Filium. Nec enim invidus, sed ut fons bonitatis tantum bonum genuit : cujus bonitatis testis est omnis creatura, secundum tuam ipsius prosecutionem, quam valde laudo, ubi de divinis Scripturis protulisti, dicendo : « Invisibilia enim ejus a creatura mundi, per ea quæ facta sunt, intellecta conspiciuntur, sempiterna quoque virtus ejus ac divinitas. » (*Rom.*, I, 20.)

8. Adhuc autem adjicio, non contraria his quæ bene sunt dicta dicens, sed consensum accommodans : quoniam ex magnitudine pulchritudinis condigne Creator eorum cognoscitur atque colitur. Ut puto dedimus ad ista responsum : quoniam hoc et beatus Paulus iterum prosequitur : « Quoniam chirographum quod erat contrarium nobis, ipsum tulit Christus de medio, affigens illud cruci, et exuens se carnem, potestates et principatus transduxit fiducialiter, triumphans eos in semetipso. » (*Col.*, II, 14.) Attamen et sicut homo qui exercitationem liberalium litterarum vel rhetoricæ artis non feci, si quod vitium fecissem in sermone, ad sensum respicere debuisses, et non vitium sermonis intendens, in crimen nos inducere. Absit, absit : Unigenitus Deus, Deus est universæ creaturæ, mundus, incoinquinatus, sanctus, securus, nullam in se habens immunditiam. Nam qui non honorificat Filium, non honorificat Patrem qui misit illum. (*Joan.*, v, 23.) Quod enim Verbum caro factum est, et habitavit in nobis, Evangelista testatur (*Joan.*, I, 14) : Et vidimus, ait, gloriam ejus, gloriam tanquam unigeniti a Patre, plenum gratiæ et veritatis. De hoc ipso et ante jam Vetus Testamentum (a) præcinuerat, dicens : Lavabit in vino stolam suam, et in sanguine uvæ opertorium suum. (*Gen.*, XLIX, 11.) Quod lego, credo : quoniam Verbum caro factum est, et habitavit in nobis. Iterum lego beatum Paulum dixisse : Qui transfigurabit corpus humilitatis nostræ, conforme fieri imaginis corporis gloriæ suæ. (*Philip.*, III, 21.) Credo enim quod Christus Deus a Patre genitus, ante omnia sæcula, ipse sibi secun-

---

(a) Veteres codices hic et supra, pag. 23, *præcanueral*.

gendré du Père, avant tous les siècles, et qu'il s'est bâti selon le mot de Salomon, une maison parfaite ainsi que nous le lisons : La sagesse s'est elle-même bâti une maison (*Prov.*, IX, 1), qu'elle a prise pour son temple.

9. Car vous avez vous-même expliqué en quel sens il est visible, et en quel sens il est invisible ; je pense que ce n'est point récemment que ce langage a frappé les oreilles de votre Religion ; car, dans le développement de votre pensée, vous avez pris une comparaison tirée de l'âme et vous avez montré qu'il y a pour nous une raison juste et pieuse de croire et de reconnaître que si l'âme humaine, placée dans notre corps, ne saurait être aperçue des yeux du corps, à bien plus forte raison le créateur de l'âme ne saurait-il être perçu par les yeux du corps. Car si les anges, à raison de la substance de leur nature, passent pour invisibles, combien plus le créateur des anges, celui qui a fait de si grandes choses, les anges, les archanges, les trônes, les dominations, les principautés, les puissances, les chérubins et les séraphins, l'est-il ? Comparé à cette multitude, le genre humain tout entier, comme nous le lisons dans l'Évangile, n'est qu'une brebis, car le Christ a dit : Laissant les quatre-vingt-dix-neuf autres dans les montagnes, le bon pasteur va chercher la brebis égarée. (*Matth.*, XVIII, 12, et *Luc*, XV, 4.) Et il a ajouté : « Il y aura autant de joie dans le ciel pour un seul pécheur qui fait pénitence, que pour quatre-vingt-dix-neuf justes, qui n'ont pas besoin de pénitence. » (*Ibid.*, 7.) Or, qui n'a pas besoin de pénitence, ne sont-ce point les vertus célestes qui n'ont rien de commun avec la nature humaine ? Il faut considérer la vertu du Fils unique de Dieu, et admirer en lui la grandeur de la toute-puissance de Dieu le Père qui a engendré un tel Fils, un si grand Fils, un Fils si puissant, si sage, si plein, un Fils qui a fait de telles et si grandes vertus célestes. Je ne voudrais point que vous me trouvassiez encore trop verbeux, comme vous m'avez déjà fait l'honneur de me le faire entendre ; mais après tout, Dieu veuille que cela m'arrive, afin que je puisse dire aussi : Nous sommes insensés pour l'amour de Jésus-Christ, et nous avons été regardés jusqu'à présent, comme les ordures du monde (1 *Cor.*, IV, 10 et 13), et tout ce qu'il plaira à votre Religion de penser de nous. Nous savons qui a dit : Pour vous j'ai souffert des opprobres pendant toute la durée du jour. (*Ps.* LXVIII, 8.) C'est à suivre cet exemple que Paul nous engageait quand il disait : Soyez mes imitateurs, comme je le suis de Jésus-Christ. (1 *Cor.*, IV, 16.) Saint Pierre a dit aussi : Le Christ a souffert pour nous et nous a laissé un exemple, afin que nous suivissions ses

dum Salomonem (*a*) perfectam ædificasset domum, secundum quod legimus : Sapientia ipsa sibi ædificavit domum (*Prov.*, IX, 1) : quam domum vice templi accepit.

9. Nam et ipse dedisti rationem, secundum quid sit visibilis, secundum quid invisibilis : ut puto non recens hæc auditio pervenit ad aures tuæ religionis. Nam in prosecutione quam prosecutus es, comparationem accipiens animæ, ostendisti piam et justam rationem esse ut credamus et cognoscamus, quia si anima humana in corpore posita, oculis corporalibus videri non potest ; quanto magis Creator animæ corporalibus oculis videri non potest. Nam si Angeli secundum naturæ suæ substantiam invisibiles habentur; quanto magis Creator Angelorum, qui tanta ac talia fecit, Angelos, Archangelos, Sedes, Dominationes, Principatus, Potestates, Cherubim, Seraphim ? Et (*b*) quorum multitudinem, ut legimus in Evangelio (*Matth.*, XVIII, 12), omne genus humanum ad unam comparavit ovem, dicens : Relictis nonaginta novem in montibus, venit quærere unam errantem. (*Luc.*, XV, 4.) « Nam denique sic erit gaudium, ait, in cœlo, super uno peccatore pœnitentiam agente, quam in nonaginta novem justis qui non indigent pœnitentia. » (*Ibid.*, 7.) Nam qui non indigent pœnitentia qui sunt, nisi utique illæ cœlestes virtutes, quibus nihil est cum humana natura commune ? Consideranda est virtus Unigeniti Dei, et in ipso admiranda est magnitudo (*c*) omnipotentiæ Dei Patris, qui tantum ac talem genuit Filium, tam potentem, tam sapientem, sic plenum, qui tantas ac tales cœlestes virtutes fecit. Et ne verbosi inveniamur, sicuti jam et denotare nos dignatus es ; quod quidem atque utinam contingat, ut et nos possimus dicere : Nos stulti propter Christum, et tanquam purgamenta mundi hujus facti sumus (1 *Cor.*, IV, 10) : et si quid aliud tua religio de nobis voluerit judicare. Scimus illum qui dixit : Quoniam propter te improperium sustinui tota die. (*Psal.* LXVIII, 8.) Ad quod exemplum nos provocans Paulus, dicebat : Imitatores mei estote, sicut et ego Christi. (1 *Cor.*, IV, 16.) Nam et Petrus ait : Christus passus est pro vobis, relinquens vobis exemplum, ut sequa-

---

(*a*) Am. Er. et Mss. *prophetam*. — (*b*) Editi iidem Am. Er. et Mss. *quorum*. — (*c*) Quidam Mss. omittunt *omnipotentiæ* : alii cum Am. et Er. ejus loco habent : *omnipotentis*.

traces. (1 *Pierre*, II, 21.) Dans la substance de sa divinité, non-seulement le Fils n'est point vu des hommes, mais il ne l'est point même des vertus célestes. Un archange peut bien voir un ange, un ange peut voir et pénétrer nos âmes qui sont des esprits, c'est-à-dire un esprit plus grand peut voir et pénétrer des esprits moins grands que lui. Et, selon le mot du Sauveur, à un homme se vantant de ses richesses : Insensé, cette nuit même on te redemandera ton âme (*Luc*, XII, 20), la fonction des anges est de ramener les âmes en présence de Dieu. Cependant l'âme ne peut voir un ange, ni le montrer. En suivant cet ordre, montez plus haut, et vous trouverez comment Dieu le Père est un Dieu invisible, puisqu'il n'a point de supérieur par qui il soit vu : il est tellement grand, qu'il est infini ; il ne saurait être défini par des paroles ni conçu par la pensée. Quand il s'agit de sa grandeur, non-seulement la langue humaine, mais même toutes les vertus du ciel ensemble, s'expriment comme elles peuvent, mais ne disent point ce qu'il est. Il est plein de tout ce qui se dit. Le Fils seul l'honore et le loue comme il faut ; combien a-t-il reçu de son auteur plus qu'on ne saurait le concevoir par la pensée? Sans doute il honore, loue et glorifie Celui qui l'a engendré, et, bien que les quatre Evangiles nous l'attestent, cependant je veux réunir les textes où il est dit qu'il adore son Père dans les cieux, en laissant de côté tous ceux que vous avez continué d'entendre de lui en tant qu'homme. Voici en quel termes saint Paul s'exprime dans son épître aux Hébreux : « Car Jésus-Christ n'est point entré dans des sanctuaires faits de mains d'homme, qui étaient la figure du véritable ; mais il est entré dans le ciel même où il se montre maintenant pour nous à la personne de Dieu. » (*Hébr.*, IX, 24.) Or, cela se passe ainsi depuis le retour du Christ dans les cieux. Car c'est après que le Christ eut dit du haut des cieux : Saul, Saul, pourquoi me persécutez-vous ? (*Act.*, IX, 4) et après que le Saint-Esprit eut dit : Séparez-moi Saul et Barnabé pour l'œuvre à laquelle je les destine (*Act.* XIII, 2), que Paul, appelé du Seigneur, s'exprime ainsi : « Car Jésus-Christ n'est point entré dans des sanctuaires faits de mains d'homme qui étaient la figure du véritable sanctuaire, mais il est entré dans le ciel même où il se montre maintenant pour nous à la personne de Dieu. » Comme votre Religion nous a engagé à répondre et à dire si le Fils voit le Père, nous lisons dans l'Evangile que personne ne voit le Père ; il n'y a que celui qui est de Dieu qui le voie. (*Jean*, I, 46.) Il a donc vu le Père, mais il l'a vu insaisissable. Le Père voit le Fils, comme le tenant et l'ayant dans son sein, suivant le

---

mini vestigia ejus. (1 *Petr.*, II, 21.) Secundum divinitatis suæ substantiam, non solum ab hominibus non videtur Filius, sed etiam nec a cœlestibus virtutibus. Potest enim Archangelus (*a*) Angelum videre, Angelus animas nostras spiritales et videre et penetrare : hoc est utique, majorem inferiores et videre et penetrare. Et secundum Salvatoris sententiam, ut dicebat tunc ad illum qui se divitem jactabat : Stulte, hac nocte expostulatur anima tua (*b*) a te (*Luc.*, XII, 20) : est officium Angeli, ut animam restituat ante conspectum Domini. Non tamen anima potest Angelum videre, aut exhibere. Isto enim ordine ascende superius, et invenies quemadmodum est unus invisibilis Deus Pater, qui superiorem non habet a quo circumspiciatur : qui quantus est, infinitus est; qui nec finiri verbis, nec mente concipi potest : de cujus magnitudine, non solum humana lingua, sed etiam et omnes cœlestes virtutes pariter coadunatæ dicunt ut valent, non tamen explicant ut est. Plenus est ab omni quod dicitur. Hunc enim solus Filius condigne honorat et laudat, quanto plus a suo genitore ante omnem excogitationem est consecutus. Nam quia et honorat et collaudat et glorificat suum genitorem, quamvis quatuor Evangelia testantur, attamen in compendium referens, eis quæ carni soletis applicare postpositis, jam nunc proferam testimonia, ubi in cœlis suum Patrem adorat. Dicit enim sic Paulus ad Hebræos : « Non enim in manufactis templis intravit Christus exemplarium veritatis, » (*Hebr.*, IX, 24) sed in ipso cœlo modo apparet personæ Dei pro nobis. Hoc utique post Christi regressum in cœlis. Postea quam enim de cœlo locutus est, dicens : Saule, Saule, quid me persequeris (*Act.*, IX, 4) : postea quam Spiritus sanctus ait : Segregate mihi Barnabam et Paulum in opus ministerii quo vocavi eos (*Act.*, XIII, 2) : vocatus Paulus dicit : « Non in manufactis templis intravit Jesus exemplarium veritatis, sed in ipso cœlo modo apparet personæ Dei pro nobis. » Et quia suggessit religio tua, ut ad hoc demus responsum, si Filius videat Patrem. Legimus in Evangelio : Non quia vidit Patrem quisquam, nisi qui est a Deo, hic vidit Patrem. (*Joan.*, I, 46.) Vidit ergo Patrem, sed

(*a*) Mss. *Archangelum*. — (*b*) Am. Er. et Mss. omittunt *a te*.

texte cité plus haut, d'après lequel personne n'a jamais vu Dieu, il n'y a que le Fils unique qui est dans le sein du Père, qui nous l'a fait connaître. (*Joan.*, I, 18.) En effet, le Père voit le Fils comme fils, et le Fils voit le Père comme un père immense. Votre Religiosité déclare invisible la sagesse humaine ; il suffit je pense de la parole d'Isaïe qui nous dit : « Ne vous suffit-il point d'offrir le combat aux hommes, comment l'offrirez-vous encore à mon Dieu ? » (*Is.*, VII, 13.) Or, il est certain que ce n'est point peu de chose que d'offrir la lutte aux hommes, surtout quand, quelque sage que soit celui qui le fait, il y a un plus sage que lui qui le voit. Après tout est-ce que sa sagesse ne se montre point dans son œuvre ? Est-ce qu'elle ne se fait point voir dans ses disciples ? Elle n'est donc point invisible la sagesse humaine, puisqu'elle peut être saisie, vue et redressée. Au reste il convient, c'est dans l'ordre, que vous vous serviez de comparaisons dignes de Dieu, puisque c'est de lui que vous parlez, c'est de son immensité ; car, si on lui compare quelque chose, quelque grandes que puissent être les comparaisons, il n'en est point, selon la pensée de l'homme et certainement selon l'autorité même des divines Ecritures, qui se trouvent dignes de celui qui est incomparable.

10. Quant au Père, d'après les textes rapportés plus haut, je ne dis point qu'il fait un avec un second ou avec un troisième, mais qu'il est seul un seul Dieu. S'il n'est pas seul un seul Dieu, il en est donc une partie. Or, je ne dis pas que le seul Dieu soit composé de parties ; mais en ce qu'il est, il est une vertu simple non engendrée ; le Fils est aussi une vertu, mais il a été engendré avant tous les siècles. C'est de cette vertu du Fils que le bienheureux Apôtre disait : Etant assemblés vous et mon esprit ; avec la vertu de Notre-Seigneur Jésus. (I *Cor.*, V, 4.) Or, je dis que je fais profession de croire ce que les saints Evangiles nous enseignent, à savoir que le Saint-Esprit aussi est une vertu dans sa propriété, c'est de lui que le Seigneur rend témoignage en disant à ses disciples : Tenez-vous dans la ville de Jérusalem, jusqu'à ce que vous soyez revêtus de la vertu d'en haut.

11. Si vous dites que le Fils est invisible parce qu'il ne peut être contemplé par les yeux des hommes, pourquoi ne dites-vous pas aussi que les vertus célestes sont invisibles, puisqu'elles non plus ne sauraient être vues des hommes ? Pour moi je citerai un texte sans y ajouter aucun commentaire de mon propre fond. Quand je dis : Il est seul puissant et bienheureux le Roi des rois, et le Seigneur des seigneurs. (I *Tim.*,

---

vidit incapabilem. Pater autem sic videt Filium, ut tenens in sinu suo et habens, secundum antelatum testimonium, quod Deum nemo vidit unquam, unigenitus Filius qui est in sinu Patris, ipse narravit. (*Joan.*, I, 18.) Videt enim Pater Filium ut Filium : Filius videt Patrem ut Patrem immensum. Humanam sapientiam invisibilem pronuntiat tua religiositas : ut puto sufficit Isaiæ dictum dicentis : « Numquid modicum est vobis certamen præstare hominibus ? Et quomodo Domino præstabitis certamen ? » (*Isa*, VII, 13.) Certum est autem, quia non est modicum hominibus certamen præstare, cum quando quamvis sit ille quisque sapiens, habeat sapientiorem qui eum videat. Deinde hujus enim sapientia non in opere ejus perspicitur ? non in discipulis probatur ? Non ergo invisibilis est humana sapientia, quæ comprehendi potest, quæ videtur, quæ et reprehenditur. De cætero autem decet et ordinis est, dignis te uti comparationibus ; quia de Deo loqueris, de illa immensitate ; cui et si comparatio detur, quantum fieri potest, secundum excogitatum humanum, aut certe secundum auctoritatem divinarum Scripturarum, non per omnia comparatio ulla digna invenitur ad illum, qui est incomparabilis.

10. Ego Patrem solum secundum ante lata testimonia, non cum altero et tertio dico quod unus est, sed quod solus unus est Deus. Si vero solus unus non est, pars est. Nec enim ex partibus compositum unum dico Deum : sed ille quod est, virtus est ingenita simplex : Filius ante omnia sæcula et ipse virtus est (*al.* genita) genitus. De hac sane virtute Filii beatus Apostolus dicebat : Congregatis vobis et meo spiritu cum virtute Domini Jesu. (I *Cor.*, V, 4.) Dico enim et profiteor quod nos sancta docent Evangelia. Et quia Spiritus sanctus et ipse sit virtus in sua proprietate : de quo Dominus testimonium perhibet, dicendo : Vos autem sedete (ad suos discipulos) in civitate Jerusalem, quoad usque induamini virtute ab alto. (*Luc.*, XXIV, 49.)

11. Si ob hoc invisibilis Filius a te pronuntiatur, eo quod oculis humanis contemplari non possit : cur non et cœlestes virtutes pariter invisibiles pronuntias, quando nec ipsæ obtutibus humanis videri possint ? Ego quidem testimonium protuli sine aliqua interpretatione verborum meorum, dicens : Beatus et solus potens, Rex regum, et Dominus dominantium. (I *Tim.*, VI, 15.) Si Scripturam recitavi, repre-

vi, 4.) Si j'ai cité l'Ecriture sainte, je ne dois point être repris, et si vous m'en demandez le sens, j'en rends raison.

12. En effet l'Apôtre a dit : Il est seul puissant et bienheureux, Roi des rois, s'il dit que le Père seul est puissant, ce n'est pas à dire que le Fils n'est pas puissant. Ecoutez donc un témoignage au sujet du Fils, c'est le Saint-Esprit qui nous crie et nous dit : « Ouvrez vos portes, ô prince, et vous, portes éternelles, levez-vous, afin de laisser passer le Roi de gloire, » puis il continue : « Qui est ce roi de gloire? » et comprenez la réponse : « C'est le Seigneur fort et puissant. » (*Ps.* xxiii, 7.) Comment ne serait-il pas puissant celui dont toute créature annonce la puissance?

13. Comment ne serait pas sage celui dont le Saint-Esprit loue la sagesse en s'écriant et en disant : Que vos œuvres sont grandes et admirables, Seigneur! Vous avez fait toute chose avec sagesse. (*Ps.* ciii, 24.) Or, comme tout a été fait par le Christ, sans doute c'est lui que le Saint-Esprit louait en disant : Vous avez fait toute chose avec sagesse : puisse-t-il en être ainsi, il faut donc rechercher comment saint Paul a dit : Il est seul puissant et bienheureux? je pense qu'il a dit qu'il est seul puissant, parce que seul il est incomparable dans sa puissance. C'est de son incomparabilité que le Prophète disait avec admiration : O Dieu, qui est semblable à vous? (*Ps.* lxxxii, 2.) Voulez-vous voir qu'il est seul puissant? jetez les yeux sur le Fils, et admirez la puissance du Fils. En lui remarquez, en effet, qu'il n'y a de puissant que celui qui a engendré un Fils aussi puissant. Or, c'est le Père qui a engendré dans cette immense puissance, un puissant créateur. Le Fils par la puissance qu'il a reçue de son Père, selon ce qu'il dit lui-même, quand il s'écrie : Mon Père m'a mis toute chose entre les mains (*Matth.*, xi, 27), n'a pas créé le Créateur mais a fait la créature. C'est dans son admiration que cette puissance de Dieu le Père que Paul disait : Il est seul puissant et bienheureux. Car si l'homme même est puissant et vrai, selon ce que nous lisons de Job, là où il est dit : Cet homme est un juste un vrai adorateur de Dieu (*Job*, i, 1), il dit encore en faisant la description de son pays qu'il était grand et puissant parmi tous ceux de l'Orient; comment donc le Père seul est-il puissant? Mais il dit qu'il est seul puissant, parce que nul ne lui est comparable, parce que seul il est d'une telle grandeur, d'un tel pouvoir, d'une telle puissance. C'est de la même manière que l'apôtre saint Paul dit que le Père seul est sage quand il s'écrie : A Dieu qui est seul sage. (*Rom.*, xvi, 27.) Mais il faut rechercher la raison pour laquelle il est le seul sage. Cela ne veut pas dire que le

---

hendi non debui : sin vero perscrutaris sensum Scripturæ, reddo rationem.

12. Ait enim Apostolus : Beatus et solus potens, Rex regum. Solum dicit potentem Patrem, non quia Filius non sit potens. Audi igitur testimonium de Filio, ipsum Spiritum sanctum clamantem et dicentem : « Tollite portas principes (*a*) vestri, et elevamini portæ æternales, et introibit rex gloriæ. » (*Psal.* xxiii, 7.) Et sequitur : « Quis est iste rex gloriæ? » Et responsum intellige : « Dominus fortis et potens. » Quomodo non potens, cujus potentiam omnis prædicat creatura?

13. Quomodo non sapiens, de quo Spiritus sanctus collaudans ejus sapientiam clamat et dicit : Quam magnificata sunt opera tua, Domine. (*Psal.* ciii, 24.) Omnia in sapientia fecisti. Nam cum omnia per Christum sint facta, sine dubio illum Spiritus sanctus laudans dicebat : Omnia in sapientia fecisti. Et cum ita habeatur, requirendum est ergo, quomodo beatus Paulus dicit : Beatus et solus potens? (1 *Tim.*, vi, 13.) Ut puto, ideo solum potentem dicit, quia solus est incomparabilis in sua potentia. De cujus incomparabilitate Propheta admirans dicebat : Deus quis similis erit tibi? (*Psal.* lxxxii, 2.) Vis nosse quod solus est potens? Intuere Filium, admirans potentiam Filii. In ipso enim adverte, quia solus est potens, qui tam potentem genuit. Pater enim in illa immensa potentia potentem (*b*) Creatorem genuit. Filius in sua illa Patre accepta potentia, ut ipse ait : Omnia mihi tradita sunt a Patre meo (*Matth.*, xi, 27), non creatorem creavit, sed creaturam constituit. Istam enim potentiam admirans Dei Patris, dicebat Paulus : Beatus et solus potens. Nam si et homo potens et verus, secundum quod de Job legimus : Erat homo ille verus et justus Dei cultor (*Job*, i, 1) : adhuc et regionem illius describens dicit, quod esset potens et magnus inter omnes ex parte Orientis : quomodo ergo solus potens Pater? Sed solum dicit ob hoc, quia nullus ei comparatur, quia solus est tantæ magnitudinis, tantæ potestatis, tantæ potentiæ. Pari modo et sapientem solum Patrem prædicat beatus Paulus apostolus dicens sic : Soli sapienti Deo. (*Rom.*,

(*a*) Editi *vestras* et Mss. *vestri*. Et sic Aug. Enar. in eumdem Psal. — (*b*) Sola editio Lov. omittit : *Creatorem*.

Christ ne soit pas sage; déjà vous avez cité des textes d'après lesquels le Christ est la vertu de Dieu et la sagesse de Dieu (I *Cor.*, I, 24) : et nous-mêmes nous avons produit des autorités par lesquelles il est dit qu'il a fait toute chose avec sagesse. (*Ps.* CIII, 24.) Mais le Père seul est sage; nous croyons aux Ecritures, nous vénérons les lettres divines et nous n'en voulons passer aucune, craignant le malheur qui est annoncé en ces termes dans ces mêmes divines Ecritures. Malheur à ceux qui y ajoutent ou en retranchent quelque chose. (*Deut.*, IV, 2.) Voulez-vous savoir combien grande est la sagesse du Père? (*Prov.*, XXX, 6.) Aussi voilà pourquoi le Christ disait lui-même : Quiconque m'a vu a vu aussi le Père (*Jean*, XIV, 9); c'est-à-dire, en moi, il voit sa sagesse; il loue sa vertu; il glorifie celui qui m'a engendré tel et si grand avant tous les siècles, celui qui est un et m'a engendré unique, qui est seul et n'a engendré que moi. Il n'est pas allé chercher une matière pour me faire, il n'a appelé pour cela personne à son secours; mais comme il le sait lui-même, il m'a engendré moi, son Fils, par sa vertu et sa sagesse. Nous ne faisons pas profession de croire, ainsi que vous nous le reprochez calomnieusement, que comme toutes les autres créatures ont été tirées du néant de même il a été fait de rien, comme un des êtres de la création. Ecoutez, après tout, une autorité synodale; car nos pères ont, entre autre chose, dit ceci à Rimini : Si quelqu'un dit que le Fils vient du néant, non de Dieu le Père, qu'il soit anathème. Si vous le voulez, je vais citer mes témoignages. Or l'apôtre saint Jean dit : Quiconque aime le Père, aime aussi celui qui est né du Père. (I *Jean*, V, 1.)

14. Je suis dans un grand étonnement, mon très-cher frère; vous dites que le Saint-Esprit est de la substance du Père, si le Fils est de la substance de Dieu le Père, et que le Saint-Esprit soit aussi de la substance du Père, pourquoi n'y a-t-il qu'un Fils, et n'en compte-t-on pas deux? Que vous manque-t-il pour le dire quand il est de la même substance que le Fils et égal au Fils, ainsi que vous le prétendez, pourquoi en effet n'a-t-il pas été établi lui aussi héritier de tous les biens, pourquoi n'est-il pas également un fils? Pourquoi n'est-il pas désigné par le même terme que le Fils, et n'est-il pas appelé le premier-né de toute créature? (*Col.*, I, 15.) Eh bien! s'il est égal au Fils, le Fils unique n'est plus unique, puisqu'il y a un second engendré comme lui qui, en outre, est de la même substance du Père dont vous dites qu'est le Fils. Cela fait mal à entendre; car vous ne comparez pas cette grande magnificence avec la noblesse de l'âme, mais avec la fragilité du corps. C'est du corps en effet que naît le corps, le fils corporel; mais ce n'est pas de l'âme que naît l'âme.

XVI, 27.) Sed requirenda est ratio, quemadmodum solus sapiens : non quod Christus non sit sapiens. Jam protulisti Christum Dei virtutem et Dei sapientiam (I *Cor.*, I, 24) : dedimus et nos testimonia, quod omnia in sapientia condidit. (*Psal.* CIII, 24.) Sed vere solus sapiens Pater. Credimus Scripturis, et veneramur ipsas Scripturas divinas : et neque apicem unum præterire optamus, timentes periculum quod in ipsis divinis Scripturis est positum : Væ detrahentibus aut addentibus. (*Deut.*, IV, 2; XII, 32.) Vis scire quanta est sapientia Patris? Intuere Filium, et videbis sapientiam Patris. Et ea de causa ipse Christus dicebat : Qui me vidit, vidit et Patrem (*Joan.*, XIV, 9) : hoc est, in me ejus videt sapientiam, ejus laudat virtutem; illum glorificat, qui me tantum ac talem genuit ante omnia sæcula, unus unum, solus solum. Non quærens materiam unde faceret, non in auxilio aliquem accipiens, sed ut novit ipse sua virtute et sapientia genuit Filium. Non, ut calumniam facientes dicitis, quoniam sicuti alia creatura ex nihilo facta est, ita et profitemur quod ex nihilo quasi unus de creaturis sit factus. Quod quidem audi auctoritatem synodicæ lectionis, quia in Arimino patres nostri inter cætera et hoc dixerunt : Si quis ex nihilo Filium dicit, et non ex Deo Patre, anathema sit. Si vis, sane testimonia profero. Ait enim sic beatus apostolus Joannes : Qui diligit genitorem, diligit et eum qui ex eo natus est. (l *Joan.*, V, 1.)

14. Miror namque carissime. Cum enim et Spiritum sanctum de substantia Patris esse dicatis, si Filius ex substantia Dei Patris est, de substantia Patris et Spiritus sanctus, cur unus filius est, et alius non est filius? Quid vobis deliquit, cum ex eadem sit subsiantia, cum æqualis sit Filio, ut dicis; quare enim non et ipse hæres omnium constitutus; quare non et ipse filius? quare non et ipse eo vocabulo vocatur quo et Christus : Primogenitus omnis creaturæ? (*Col.*, I, 15.) Aut si æqualis, jam non unus unigenitus, habens et alterum secum genitum, et præterea ex eadem substantia Patris, unde et Filium dicitis esse. Quod quidem et doloris est audire. Non enim ad animæ ingenuitatem comparatis illam tan-

Si donc notre âme, d'une manière incorruptible et impassible sans éprouver aucune diminution et aucune souillure, mais, suivant les lois établies par Dieu, engendre légitimement un Fils, si la sagesse accommodant son consentement au corps, demeure elle-même entière, combien plus le Dieu tout-puissant, par rapport à qui, je l'ai dit plus haut, toute comparaison humaine doit se taire ; mais cependant dont nous nous efforçons de parler du mieux que nous pouvons, combien plus dis-je Dieu le Père incorruptible engendre-t-il son Fils sans corruption ? Or, il l'a engendré ainsi : Ecoutez ma preuve, recevez-la dans le témoignage de la sainte Ecriture : Qui racontera sa génération ? (*Isa.*, LIII, 8.) Il l'a engendré comme il a voulu, comme un tout-puissant engendre un tout-puissant, sans lui rien ôter, par l'effet de l'envie. J'ai dit : il ne convient pas à des hommes religieux de faire des calomnies : Ma profession de foi est donc que le Verbe de Dieu est le Verbe de Dieu, sujet ni à la mort ni à la corruption. En effet, la sainte Ecriture nous crie, en parlant du corps qu'il a pris pour notre salut : Et ma chair se reposera en espérance, c'est-à-dire dans l'espoir de la résurrection, parce que vous ne laisserez pas mon âme dans l'enfer et vous ne souffrirez pas que votre saint éprouve la corruption.

(*Ps.* xv, 9 et 10.) Or, si ce qui est appelé saint est le Fils de Dieu et n'a pas vu la corruption, puisqu'il est ressuscité le troisième jour d'entre les morts, combien plus la divinité qui a pris un corps demeure-t-elle incorruptible ? Pourquoi dites-vous que vous ne comprenez pas ? Si je ne vous ai pas répondu à toutes vos difficultés, c'est avec raison que je passerai pour dépourvu d'intelligence ; s'il en est autrement que je dis, ce n'est pas le fait de la religion de recourir aux injures. Pour moi, non-seulement je dis que la sagesse du Fils de Dieu est immortelle, mais encore je prouverai que la sagesse des saints de Dieu l'est également. En effet, si leur personne, je veux dire leurs corps, est rappelée à l'immortalité, à combien plus forte raison leur vive sagesse qui fleurit dans tous les fidèles jusqu'à la fin des siècles, sera-t-elle immortelle ? Quoique, dans mon long discours, j'aie omis de parler de l'immortalité du Dieu tout-puissant, dont le bienheureux apôtre Paul a dit : Il a seul l'immortalité (1 *Tim.*, VI, 16); cependant je vais revenir sur ce texte, et je terminerai si Dieu me vient en aide et m'en donne la grâce, par en donner l'interprétation. Or, l'Apôtre dit qu'il a seul l'immortalité, comme il a dit qu'il est seul puissant, seul sage. Quel homme spirituel ignore que l'âme de l'homme aussi est immortelle ?

tam magnificentiam, sed ad fragilitatem corporis. De corpore utique nascitur caro corporalis filius : non tamen anima de anima nascitur. Si ergo nostra anima incorruptibiliter generat et impassibiliter, nullam sentiens diminutionem, non inquinationem aliquam ; sed legitime secundum jura divina generat filium, (*a*) sapientia consensum accommodans corpori ipsa integra manet : quanto magis omnipotens Deus? jam et paulo ante dixi, ad quem omnis comparatio humana sileat, tamen ut valemus dicere conamur, quanto magis Deus Pater incorruptibilis incorruptibiliter genuit Filium? Genuit autem : cautionem meam tene, utique habens testimonia sanctarum Scripturarum : Generationem ejus quis enarrabit? (*Isa.*, LIII, 8.) Genuit ut voluit, (*b*) ut potens, nihil subtrahens, nulla invidia intercipiente potentem genuit. Dixi, religiosis non decet calumniam facere : ego Verbum Dei, Verbum Dei profiteor, non mortale, non corruptibile. Si quidem corpus quod suscepit pro salute nostra, clamat de illo Scriptura : « Requiescet caro mea in spe ; hoc est, resurrectionis spe : quoniam non derelinques animam meam in inferno, neque dabis sanctum tuum videre corruptionem. » (*Psal.* xv, 9.) Si enim illud quod sanctum vocatum est Filius Dei, corruptionem non vidit, quia tertio utique die resurrexit a mortuis, quanto magis divinitas, quæ suscepit corpus, incorruptibilis manet? Cur dicis quod non intelligis? Si non tibi ad omnia responsum dedero, merito sine intellectu esse judicabor : si quo minus, tamen non est religionis injuriis appetere. Ego enim non solum Filii Dei sapientiam immortalem esse assero, sed etiam comprobabo, quod et sanctorum Dei sapientia immortalis sit. Nam si et ipsi, hoc est, eorum corpora ad immortalitatem revocantur ; quanto magis eorum viva illa sapientia, quæ usque ad consummationem sæculi in omnibus credentibus floret, utique immortalis manet. Licet in prolixitate sermonis prætermiserim de immortalitate omnipotentis Dei, de eo quod dixit beatus apostolus Paulus : Qui solus habet immortalitatem (I *Tim.*, VI, 16) : attamen replicabo textum ; subsequar autem et interpretationem Deo favente et donante gratiam. Sic enim solus immortalitatem habere describitur, sicut et solus potens, sicuti et

(*a*) Am. *filium sapientiam*. Lov. *et sapientia*. Vide lib. cont. *Max.*, II, c. XIV. — (*b*) Plures Mss. *voluit ut potens* : geminato scilicet verbo, *voluit*.

D'ailleurs c'est une pensée qui nous vient du Sauveur nous disant : Ne craignez point ceux qui tuent le corps et ne peuvent tuer l'âme (*Matth.*, x, 28), parce qu'elle est immortelle. L'âme étant donc immortelle, il est clair pour nous que les vertus célestes le sont aussi à plus forte raison. En effet, si d'après ce mot du Sauveur : Quiconque garde ma parole, ne mourra point pour toujours (*Jean*, VIII, 51), celui qui garde la parole du Christ ne doit point mourir pour toujours, à combien plus forte raison celui de qui la parole du Verbe tient une telle vertu est-il immortel, selon la puissance de sa divinité? Quand l'Apôtre dit : Il a seul l'immortalité; nous avons déjà rendu raison de cette façon de parler. Le Fils possède aussi l'immortalité; mais la reçoit du Père. Toutes les vertus célestes ont l'immortalité mais la reçoivent du Fils attendu que toutes choses sont faites par lui. Il n'y a que ce Père qui seul ait vraiment l'immortalité, ne la tienne point d'un autre, n'ait point de Père, et ne connaisse point d'origine. Le Fils, au contraire, comme vous le dites, ne la possède que parce qu'il est né du Père. Vous répétez trop souvent que le Fils est égal au Père, quand ce Dieu Fils unique en tout et partout ne cesse de proclamer que le Père est son auteur, et qu'il a reçu de lui la vie, ainsi que je l'ai dit plus haut, quand il s'écrie : De même que le Père a la vie en lui-même, il a aussi donné au Fils de l'avoir également en soi. (*Jean*, V, 26.) Vous voyez donc bien qu'il a reçu du Père, avec la vie, l'immortalité, l'incorruptibilité, l'inaccessibilité. Quant au Père il a la vie en lui, mais sans la recevoir de personne, et voilà pourquoi il est seul vraiment bienheureux et puissant. Qui s'est anéanti lui-même?(I *Tim.*, VI, 15) est-ce le Père ou le Fils? qui avait tant d'empressement à lui plaire, sinon celui qui disait : « Pour moi je fais toujours ce qui lui plaît? » (*Philip.*, II, 7.) Qui disait au sépulcre de Lazare : « Mon Père, je vous rends grâce de ce que vous m'avez écouté; pour moi, je savais bien que vous m'écoutiez toujours, mais je dis cela pour ce peuple qui m'environne afin qu'il croie que c'est vous qui m'avez envoyé? » (*Jean*, XI, 41.) Qui, en guérissant un aveugle de naissance, répondait à cette question de ses disciples : « Qui a péché, est-ce cet homme, ou bien sont-ce ses parents? il n'a point péché ni ses parents non plus, mais c'est afin que les œuvres de Dieu paraissent en lui, il faut que je fasse les œuvres de celui qui m'a envoyé? » (*Jean*, IX, 2.) C'est le Fils bien-aimé du Père, qui en prenant des pains ne commença point par les rompre, mais par lever les yeux au ciel, rendit grâce à son Père,

solus sapiens. Quis autem spiritalium hominum ignorat, quia anima humana immortalis est? Præterea cum Salvatoris sit sententia, dicentis : Nolite timere eos qui occidunt corpus, animam autem non possunt occidere, ut immortalem. (*Matth.*, X, 28.) Cum ergo anima sit immortalis, multo magis omnes cœlestes virtutes immortales esse conspicimus. Nam cum dicat Salvator : Qui verbum meum custodit, mortem non videbit in æternum. (*Joan.*, VIII, 51.) Et si qui verbum Christi custodit, mortem non videbit in æternum : quanto magis ille secundum divinitatis suæ potentiam immortalis est, cujus tantam vim habet verbum? In eo autem quod dicit : Qui solus habet immortalitatem : jam reddidimus rationem. Habet quidem Filius immortalitatem, sed accipiens a Patre. Habent et omnes virtutes cœlestes immortalitatem, sed accipientes per Filium, quia omnia per illum sunt. Pater autem vere solus habet immortalitatem, qui ipsam immortalitatem aliunde non est consecutus, qui genitorem non habet, qui originem non habet. Filius autem, ut ipse prosecutus es, quod ex Patre sit genitus. Sæpius æqualem Filium asseris Patri : cum ipse unigenitus Deus semper et in omnibus auctorem suum prædicet Patrem, a quo, ut paulo ante dixi, et vitam se consecutum hoc modo professus est, dicens : « Sicut Pater habet vitam in semetipso, sic dedit et Filio vitam habere in semetipso. » (*Joan.*, V, 16.) Intuere igitur, quoniam et immortalitatem et incorruptibilitatem et inaccessibilitatem utique a Patre cum vita accepit. Pater autem habet in se vitam, non ab aliquo accipiens : et ideo vere beatus et solus potens. (I *Tim.*, VI, 15.) Quis semetipsum exinanivit, Pater aut Filius? (*Phil.*, II, 7.) Quis cui pro obedientiam festinavit placere, quam qui dicebat : Ego quæ placita sunt ei facio semper? (*Joan.*, VIII, 29.) Quis est iste qui ad monumentum Lazari veniens dicebat : « Pater, gratias ago tibi, quoniam audisti me, et ego sciebam quia semper me audis, sed propter eos qui circumstant, dixi, ut credant, quia tu me misisti. » (*Joan.*, XI, 41.) Quis utique iste est, qui cum cœci nati oculos figuraret, dicentibus discipulis : « Quis peccavit, hic aut parentes ejus, ut cœcus nasceretur? respondit : Neque hic peccavit, neque parentes ejus, sed ut manifestentur opera Dei in illo : me oportet operari opera ejus qui me misit. » (*Joan.*, IX, 2.) Iste est utique Filius carissimus Patri, qui et accipiens panes, non prius fregit, sed prius in cœlum respexit,

puis les rompit et les distribua ensuite. Il fit de même au milieu de sa passion, ou plutôt, lorsqu'il était tout près de sa passion, selon le récit de l'Évangéliste. (*Matth.*, XXVI, 26.) Or, le Seigneur Jésus, la nuit même qu'il devait être livré, prit du pain, et ayant rendu grâce, le rompit. (I *Cor.*, XI, 23.) C'est lui qui est le Fils, comme je le montrerai, non par un éloquent discours, ni par une multitude de textes, mais en quelques mots qui vous le feront voir, le Fils, dis-je, qui nous a appris que rien n'arrive dans le monde, pas même la mort d'un passereau, sans la permission de son Père, quand il dit : Est-ce qu'on n'a point deux passereaux pour un as? Or, il n'en tombe pas un seul à terre sans la volonté de mon Père. (*Matth.*, X, 29.) C'est lui évidemment qui, en parlant du pouvoir qu'il a reçu de son Père, disait : J'ai le pouvoir de quitter mon âme et j'ai celui de la reprendre. C'est le commandement que j'ai reçu de mon Père. (*Jean*, X, 18.) Si tel est le récit des évangélistes, tenons-nous-en à ce que nous lisons, mais s'ils se sont exprimés autrement, ou si j'ai oublié quelque chose en les citant, on peut me reprendre, car je ne suis point homme à ne pas admettre qu'on me reprenne. De plus, l'apôtre saint Paul ordonnant qu'un évêque soit capable d'instruire (1 *Tim.*, III, 2), et celui-là étant capable d'instruire qui tous les jours apprend et fait des progrès en enseignant des choses meilleures, je ne repousse point ce qui a pu être mieux dit; je suis prêt à tout, quoique je sois chargé d'injures. Cependant pour ne point porter préjudice à la vérité, je ne me plains pas des injures; mais je prêche la gloire de Dieu.

15. Le mot de l'Apôtre, comme il était dans la forme de Dieu (*Philipp.*, II, 6), est bien vrai. En effet, qui nie que le Fils est dans la forme de Dieu? Car qu'il soit Dieu, qu'il soit Seigneur, qu'il soit Roi, je pense l'avoir déjà dit assez longuement plus haut. Le bienheureux apôtre Paul nous apprend aussi qu'il n'a point pensé faire une rapine en se disant égal à Dieu. Je ne dis pas non plus qu'il a usurpé cette égalité, « mais qu'il se soit anéanti lui-même en se faisant obéissant jusqu'à la mort, et à la mort de la croix, » voilà ce que j'ai proclamé de toutes mes forces. Nous avons été appelés fils de Dieu, mais nous ne le sommes que par la grâce, n'étant pas nés tels par nature; ainsi donc le Fils est Fils unique, parce que, quant à la nature de sa divinité, il est né ce qu'il est. Si, par hasard, vous lui donnez le nom de frère, parce que vous prétendez que le Saint-Esprit est semblable et égal au Fils, vous faites profession de dire qu'il est aussi de la substance du Père. S'il en est ainsi, le Fils n'est plus unique, puisqu'il y en a un autre de la même substance que lui. Pour

---

et gratias egit suo genitori, et sic fregit et distribuit. Sic utique et in ipsa passione, imo magis proximus passioni, ut refert Evangelista : Etenim Dominus Jesus in ea nocte qua tradebatur, accepit panem, et gratias agens fregit. (*Matth.*, XXVI, 26; I *Cor.*, XI, 13.) Hic est Filius, ut (*a*) jam non obtundam eloquentia sermonis vel copia testimoniorum proferens plurima, sed per compendium finiam, qui usque ad passeris mortem sine permissione Patris nihil fieri, hoc modo prædicavit, dicens : Nonne duo passeres asse veneunt, et unus ex illis non cadet in terram sine voluntate Patris? (*Matth.*, X, 29.) Hic sane et de sua potestate, quam accepit a Patre, dicebat : « Potestatem habeo ponendi animam meam, et potestatem habeo iterum sumendi eam. Hoc enim præceptum accepi a Patre meo. » (*Joan.*, X, 18.) Si ita referunt Evangelia, teneatur quod legimus : si quo minus aliud aliquid forte, aut ut obliviosus minus dixi, reprehendar. Nec enim talis sum, ut emendationem non accipiam. Præterea cum episcoporum præcipiat beatus apostolus Paulus docibilem esse (1 *Tim.*, III, 2); ille est autem docibilis, qui quotidie et discit et proficit docendo meliora : non respuimus, si quid melius dictum fuerit; ad omnia sumus parati, quamvis injuriis afficiamur. Verumtamen ut non obstrepatur veritati, non nostram quærimur injuriam, sed Dei gloriam prædicamus.

15. Certum est quod ait Apostolus : Qui cum in forma Dei esset. Quis enim negat Filium esse in forma Dei? (*Philip.*, II, 6.) Quod enim sit Deus, quod sit Dominus, quod sit Rex, jam puto latius exposuimus. Et quia non rapinam arbitratus est esse se æqualem Deo, hoc nos beatus apostolus Paulus instruit, quod ille non rapuit : nec nos dicimus; sed quia « exinanivit semetipsum, factus obediens Patri usque ad mortem, mortem autem crucis, » totis viribus prædicamus. Nos dicti sumus filii gratia, non natura hoc nati : ideo unigenitus est Filius, quia nec secundum divinitatis suæ naturam, hoc est natus Filius. Cui forte si ipse fratrem applicas, quia Spiritum sanctum parem atque æqualem asseris Filio, æque et de substantia Patris cum esse profiteris :

(*a*) Sic aliquot Mss. Alii vero quidam, *ut sancti non obtundam*, etc. Editiones Am. et Er. *ut sanctum non obtundam eloquentia*, etc. Lov. *ut jam non ob tantam eloquentiam sermonis, vel copiam testimoniorum proferam plurima*.

nous, nous n'admettons point une nature dans Dieu le Père qui n'a point eu de croissance ; nous croyons ce que dit le Christ, Dieu est Esprit. (*Jean*, IV, 24.) Le Fils est né, comme nous l'avons dit, et nous faisons profession de croire à un vrai Fils : nous ne nions point qu'il soit égal au Père, nous sommes d'ailleurs instruits à cela par les saintes Ecritures. On nous accuse de dire qu'ils sont de natures différentes, sachez que nous disons que le Père qui est esprit a engendré un esprit avant tous les siècles, que Dieu a engendré un Dieu, et le reste que j'ai déjà dit plus haut. Le Père qui est vraiment non-né a engendré un vrai Fils. Mais quand le Seigneur dit dans l'Evangile : Pour qu'ils vous connaissent, vous qui êtes le seul Dieu véritable, et Jésus-Christ que vous avez envoyé (*Jean*, XVII, 3), il appelle le Père seul vrai Dieu, comme on l'a appelé seul bon, seul puissant, seul sage. Je crois que le diable lui-même n'oserait point avancer que le Père n'a point engendré avant toutes choses un Fils parfait, car il ne l'a point engendré perfectible. En effet, si l'homme, puisque vous l'avez pris pour terme de comparaison, pouvait engendrer un fils parfait, il ne l'engendrerait point tout petit, pour n'arriver qu'avec le temps à l'état où il le voudrait voir. Or, le Père qui est vraiment bienheureux et seul puissant (I *Tim.*, VI, 15), a engendré un Fils tel qu'il est lui-même maintenant, et qu'il demeurera jusqu'à la fin ; il ne l'a point engendré perfectible mais parfait. C'est de Celui qui l'a engendré, que le Fils a reçu la perfection de même qu'il a reçu la vie. C'est une sentence du Sauveur que toute parole est confirmée par l'autorité de deux ou trois témoins. (*Matth.*, XVIII, 16.) Vous avez cité ce passage de l'Apôtre : Ayant la forme et la nature de Dieu, il n'a pas cru que ce fût pour lui une usurpation (*Philipp.*, II, 6), et vous l'avez expliqué à votre guise ; j'ai agi de même, et j'ai répondu selon mon sentiment, ce sera donc aux auditeurs de choisir de deux choses l'une ; ou bien suivant la suite de la leçon, d'approuver dans son obéissance au Père, le Fils qui s'anéantit en prenant la forme d'un esclave, lui à qui le Père a donné, ainsi que nous l'avons dit, un nom qui est au-dessus de tout nom, ou bien d'accepter votre interprétation.

16. Je monte vers mon Dieu et votre Dieu. (*Jean*, XX, 17.) C'est, dites vous, je crois, à cause de la forme d'esclave que le Seigneur avait prise, qu'il s'est exprimé ainsi ; et c'est en s'humiliant lui-même pendant qu'il était dans une chair humaine, bien que ayant vaincu la mort il ait

---

si ita est, ergo jam non est unigenitus Filius, cum et alter sit ex eadem substantia. Nos in Patrem Deum innatum, naturam non accepimus : credimus quod ait Christus : Sprirítus est Deus. (*Joan.*, IV, 24.) Filius natus est, ut diximus : nos et verum Filium profitemur, et similem Patri non denegamus : præterea de divinis Scripturis instructi. Nam quia diversas accusamur dicere naturas, hoc scito, quod nos dicimus, quod Pater spiritus spiritum, (*a*) genuit ante omnia sæcula, Deus Deum genuit : et cætera quæ jam superius dicta sunt. Verus innatus Pater verum genuit Filium. Sed cum dicit Dominus in Evangelio : Ut cognoscant te solum Deum verum, et quem misisti Jesum Christum (*Joan.*, XVII, 3) : sic solum verum dicit Patrem, quomodo et solum bonum, et solum potentem, quomodo et solum sapientem. Ut puto nec ipse diabolus ausus est dicere, quod Pater non perfectum genuit ante omnia (*b*) Filium. Non enim proficientem genuit. Homo enim, cujus et accepisti comparationem, si poterat perfectum mox generare filium, non parvulum generaret, qui coagmentatis annis tandem aliquando compleat sui genitoris voluntatem. Pater autem qui vere beatus est et solus potens (I *Tim.*, VI, 15), talem genuit Filium qualis et nunc est, qualis et permanet sine fine : non proficientem, sed perfectum ; quique et perfectionem a suo genitore accepit, a quo et vitam consecutus est. Salvatoris est sententia : In ore duum aut trium testium constabit omne verbum. (*Matth.*, XVIII, 16.) Protulisti Apostolicum testimonium : Qui cum in forma Dei esset, non rapinam arbitratus est (*Philip.*, II, 6) : quod tuo arbitrio interpretatus es : æque et nos, ut sensimus, respondimus. In auditorum sane erit arbitrio, quid eligant alterum de duobus : aut certe secundum sequentiam lectionis Filium obedientem Patri approbent (*Philip.*, II, 7), qui se exinanivit, formam accipiens servi ; cui et Pater donavit, ut diximus, nomen quod est super omne nomen : an tuam quisque intelligat interpretationem.

16. Ascendo ad Deum meum et ad Deum vestrum, Dominum propter formam servi dixisse (*Joan.*, XX, 17), quam suscepit, asseris, ut puto, ut dicis : si ipse humilians se in corpore dum esset humano, quamvis devicta morte triumphato diabolo post resurrectionem suam, (*c*) isto utitur sermone, dicens : Ascendo ad Patrem meum et ad Patrem vestrum : ubi jam

---

(*a*) Apud Lov. *Spiritum filium genuit.* — (*b*) In eadem editione Lov. *ante omnia sæcula filium.* — (*c*) In Mss. *Istos utitur sermones.* Sic in iisdem codicibus supra, pag. 28, *uti* cum accusativo jungit Maximinus.

triomphé du démon après sa résurrection, qu'il tient ce langage et qu'il dit : Je remonte vers mon Père et votre Père, alors qu'il n'était pas nécessaire qu'il humiliât sa chair, comme vous le dites, à cause des Juifs ; il donnait une pure règle de foi. De même dans un autre endroit, ayant emmené ses disciples sur le mont des Oliviers, il disait après sa résurrection. Toute puissance m'a été donnée dans le ciel et sur la terre : « Allez, instruisez toutes les nations, les baptisant au nom du Père, du Fils et du Saint-Esprit, et leur enseignant à observer tout ce que je vous ai ordonné. » (*Matth.*, XXVIII, 18.) Si le Fils s'est exprimé ainsi par humilité non par vérité, pourquoi l'Apôtre a-t-il osé répéter et dire de même : Afin que le Dieu de Notre-Seigneur Jésus-Christ, le Père de gloire ? (*Ephes.*, I, 17.) Ou bien encore : Dieu qui est le Père de Notre-Seigneur Jésus-Christ, et qui est béni dans tous les siècles, le sait ? (II *Cor.*, XI, 31.) Dans un autre endroit il les réunit encore et s'écrie : Béni soit Dieu le Père de Notre-Seigneur Jésus-Christ. (II *Cor.*, I, 3.) Pourquoi aussi le Saint-Esprit disait-il au Fils avant qu'il se fût incarné : C'est pourquoi, ô Dieu, votre Dieu vous a oint ? (*Ps.* XLIV, 8.) Or, vous aurez beau argumenter vous ne prouverez point que cette onction ait été faite dans son corps ; nous lisons bien en effet qu'il fut baptisé (*Matth.*, III, 16), mais nous ne voyons point qu'il ait été oint dans son corps. Mais d'après la leçon que nous avons, quand il dit : « C'est pourquoi, ô Dieu, votre Dieu vous a oint d'une huile de joie d'une manière plus excellente que tous ceux qui ont part à votre gloire ; » (*Ps.* XLIV, 8) il montre que l'huile de joie désigne cette joie dont il est dit par la bouche de Salomon : « J'étais tous les jours avec celui qui se réjouissait, et je me réjouissais moi-même tout le temps devant sa face, quand lui se réjouissait de voir le monde terminé et qu'il trouvait son bonheur au milieu des enfants des hommes. » (*Prov.*, VIII, 30.) S'il dit : J'étais avec celui qui se réjouissait tous les jours, on lit dans la Genèse que le Père était présent à toutes les œuvres du Fils, il est dit en effet : Et Dieu vit que tout était très-bon (*Gen.*, I, 31), il louait les œuvres de son Fils, il se réjouissait, il était heureux dans son Fils. De même le Fils après avoir fait la volonté du Père, se réjouissait en présence de Celui qui l'a engendré. Toute Ecriture inspirée de Dieu est utile pour instruire (II *Tim.*, III, 16), aussi n'en sera-t-il point passé un seul iota, un seul point (*Matth.*, V, 35), et le Seigneur a-t-il dit : Le ciel et la terre passeront, mais mes paroles ne passeront point. (*Matth.*, XXIV, 35.)

17. Il est constant que au commencement était le Fils, et le Fils était avec Dieu, et le

---

humilitas carnis necessaria non erat ; ut dicis, propter Judæos : sed integra regula fidei tradebatur. Sicuti et in alio loco post resurrectionem suam, assumptis discipulis suis in montem Oliveti, dicebat : « Data est mihi omnis potestas in cœlo et in terra (*Matth.*, XXVIII, 18) : euntes docete omnes gentes, baptizantes eos in nomine Patris et Filii et Spiritus sancti, docentes eos servare omnia quæcumque mandavi vobis. » Et si Filius humilitatis gratia et non veritatis hoc dixit, cur ausus fuit Apostolus eadem repetere et dicere : Ut Deus Domini nostri Jesu Christi Pater gloriæ ? (*Ephes.*, I, 17.) Aut certe, Deus et Pater Domini nostri Jesu Christi scit, qui est benedictus in sæcula ? (II *Cor.*, XI, 31.) Nec non : Ut unanimes in uno ore honorificetis Deum et Patrem Domini nostri Jesu Christi ? (*Rom.*, XV, 6.) Adhuc autem aggregat et dicit : Benedictus Deus et Pater Domini nostri Jesu Christi. (II *Cor.*, I, 3.) Cur sane et ante incarnationem Christi etiam Spiritus sanctus ad Filium dicebat : Propterea unxit te Deus Deus tuus ? (*Psal.* XLIV, 8.) Quam unctionem, quamvis argumentari volueris, probare non poteris in corpore factam : si quidem baptizatum legimus (*Matth.*, III, 16), unctum autem non legimus in corpore. Sed ex ipsa lectione, eum dicat : « Propterea oleo lætitiæ unxit te præ consortibus tuis Deus Deus tuus : » utique ostenditur quoniam lætitiæ oleum pro vocabulo olei illam lætitiam designat, de qua dicebat per Salomonem : « Ego eram ad quem adgaudebat quotidie, lætabar autem ante faciem ejus in omni tempore, cum lætaretur orbe perfecto, et lætaretur in filiis hominum. » (*Prov.*, VIII, 30.) In eo autem quod dicit : Ego eram ad quem adgaudebat quotidie : utique legitur in libro Geneseos, quoniam ad omnia opera Filii Pater, sicut legimus : Et vidit Deus, et ecce omnia bona valde (*Gen.*, I, 31) ; laudans Filii sui opus, gaudebat et lætabatur in Filio : æque et Filius perfecta voluntate Patris lætabatur in conspectu sui genitoris. Omnis Scriptura divinitus inspirata utilis est ad docendum. (II *Tim.*, III, 16.) Ob quam rem non transibit iota unum vel unus apex. (*Matth.*, V, 18.) Dominus dixit : Cœlum et terra transibunt, verba autem mea non prætribunt. (*Matth.*, XXIV, 35.)

17. Constat quod in principio erat Filius, et apud Patrem erat, et Deus erat : et hic erat in principio apud Deum (*Joan.*, I, 1, etc.), ut primogenitus omnis creaturæ : et omnia per ipsum facta sunt, et sine

Fils était Dieu et il était au commencement en Dieu, comme premier-né de toute créature, et tout a été fait par lui, rien n'a été fait sans lui. (*Jean*, I, 1 et 2.) Or, ces mots ne peuvent s'entendre de la personne du Saint-Esprit, car on ne peut trouver dans les saintes Ecritures, aucun passage semblable à celui-là d'où il soit possible de conclure qu'il est égal au Fils. En effet, le Fils était au commencement ; le Père était avant tout commencement et sans principe, n'étant ni engendré ni né. Or, le Fils était au commencement comme le premier-né de toute créature. Il était avant toute créature, avant que rien fût, et il était en Dieu, il était Dieu, et il était au commencement en Dieu.

18. Mais que direz-vous en entendant le Père s'écrier : La principauté est avec vous au jour de votre puissance, au milieu de la gloire qui environnera vos saints : je vous ai engendré de mon sein avant l'étoile du matin ? (*Ps.* CIX, 3.) Vous le faites naître, selon la chair du sein d'une mère, et, en cela, les Juifs sont d'accord avec vous. Mais pourquoi ne cite-t-on point les autorités qui nous font voir cette naissance dans ce commencement comme nous en instruit le précédent témoignage ? Si c'est à cause du corps dans lequel il s'est anéanti lui-même et de riche s'est fait pauvre pour nous, selon le mot de l'Apôtre (*Philipp.*, II, 7 ; et II *Cor.*, VIII, 9), qu'il se sent redevable à son Père ; à plus forte raison à celui qui l'a engendré tel et si grand, doit-il respect et constants hommages, selon qu'il convient à un Fils très-cher de le témoigner à son Père. Vous avez dit avec beaucoup de raison que c'est dans sa forme d'esclave qu'il se soumit à ses parents (*Luc*, II, 51) ; car si on le trouve soumis à des parents que lui-même a créés, attendu que c'est par lui que tout a été fait, nous savons que lui-même n'a point été engendré du Père, après les temps, mais avant les temps ; si donc il a été soumis à ses parents, selon que l'autorité de l'Evangile nous le dit avec la dernière clarté, à combien plus forte raison le fut-il à celui qui l'a engendré, qui l'a fait tel et si grand, selon ce mot de l'apôtre Paul : Lorsque tout sera soumis au Fils, alors le Fils lui-même sera soumis à celui qui lui aura soumis toute chose. (I *Cor.*, XV, 28.) Vous voulez me faire dire que nous faisons profession de croire que tout est soumis au corps ou plutôt à la manière d'être qu'il a prise pour notre salut : en réalité c'est le corps du Fils qui est soumis au Père, non point le Fils même qui est un Dieu Fils unique. Car nous savons, et nous croyons que le Père ne juge personne, mais qu'il a donné tout jugement au Fils, afin que les hommes honorent le Fils comme ils honorent le Père (*Jean*, V, 22), voici donc ce que nous faisons profession de croire, c'est que, à la résurrection, quand toutes choses seront soumises au Fils,

---

ipso factum est nihil : quod in Spiritus sancti persona suscipi non potest. Nec enim talia invenies referri ex divinis Scripturis, ut eum æqualem asseras Filio. Si quidem et Filius in principio erat : Pater vero ante principium et sine principio est, ut ingenitus et innatus. Erat autem in principio ut primogenitus omnis creaturæ. (*Col.*, I, 15.) Ante omnem creaturam erat, ante quam quidquid esset, et apud Deum erat, et Deus erat, et hic erat in principio apud Deum.

18. Quid si audieris Patrem dicentem : Tecum principium in die virtutis tuæ, in splendoribus sanctorum, ex utero ante luciferum genui te ? (*Psal.* CIX, 3.) Ex ventre matris, quod nec Judæi diffidunt, natum profiteris secundum carnem. Et cur ista testimonia in medium non proferuntur, quæ illam nativitatem demonstrant in principio, sicut et præcedens nos instruit testimonium ? Si propter corpus in quo exinanivit semetipsum (*Philip.*, II, 7), qui cum dives esset, propter nos pauper factus est, ut ait Apostolus, debitorem se sentit suo genitori (II *Cor.*, VIII, 9) : multo magis qui illum tantum ac talem genuit, ei debitam venerationem et debitum obsequium, ut carissimus Filius necesse est ut semper offerat suo genitori. Optime prosecutus es dicens, quoniam et parentibus propter formam servi esset subjectus. (*Luc.*, II, 51.) Si enim parentibus subjectus invenitur quos ipse creavit, quia omnia per ipsum sunt facta ; nec enim post tempora, sed ante tempora novimus Filium genitum a Patre : si parentibus subditus, ut divinarum Scripturarum auctoritas luce clarius prædicat : quanto magis utique illi suo genitori est subditus, qui tantum ac talem genuit, secundum quod ait apostolus Paulus : Cum omnia fuerint Filio subjecta, tunc et ipse Filius subjectus erit illi qui sibi subjecit omnia. (I *Cor.*, XV, 28.) Hoc vis ut et a nobis dicatur, quod corpori, imo magis dispensationi, quam pro nostra salute suscepit, omnia subjecta profitemur : re vera et corpus Patri subjectum, non Filium ipsum unigenitum Deum. Nos enim scimus et credimus quod Pater judicat neminem, sed omne judicium dedit Filio, ut omnes honorificent Filium, sicut honorificant et Patrem. (*Joan.*, V, 22.) Hoc enim profitemur,

quand tout le monde l'honorera, le vénérera et l'adorera, le Fils alors ne s'élèvera point lui-même, mais au contraire se trouvera soumis de la même manière au Père, avec tout ce qui lui sera soumis à lui-même et dira : Venez les bénis de mon Père, possédez le royaume qui vous a été préparé depuis le commencement du monde. (*Matth.*, xxv, 34.)

19. J'ai déjà dit que vous me sembliez vous tromper dans votre jugement, selon le sens qui est le vôtre. Cependant le mot de l'Apôtre demeure, quand il dit que nous ne savons point prier comme il faut, mais que c'est l'Esprit saint lui-même qui prie pour nous avec des gémissements inénarrables. (*Rom.*, viii, 26.) Vous avez aussi paru vous élever contre notre argument en disant : Le Saint-Esprit est donc si misérable qu'il pousse des gémissements ? Or, nous ne disons point que le Saint-Esprit soit misérable, puisque l'Ecriture nous montre au contraire la gloire du Saint-Esprit qui ne gémit point pour lui ; mais écoutez ce qui se lit : il gémit pour les saints. Il en est de même du Fils qui ne demande et ne prie point pour lui-même, mais pour nous, ainsi que je l'ai avancé précédemment. Celui qu'on trouve fidèle dans les petites choses, on le trouve fidèle dans les grandes. (*Luc*, xvi, 10.)

20. On ne peut point aller contre cette assertion, que le Père et le Fils ne font qu'une seule et même chose ; mais cela ne s'entend certainement que de la manière que vous et nous pouvons le prouver, à l'aide des exemples dont vous vous êtes servi. En effet, si, comme vous le dites, et selon que l'Apôtre le confirme, celui qui s'unit au Seigneur, ne fait plus qu'un esprit avec lui (I *Cor.*, vi, 17), il n'est bien certainement un même esprit avec lui, que parce qu'il accomplit, par son consentement, la volonté de Dieu, selon la leçon de notre Sauveur qui nous a même appris à prier de cette manière, et à dire entre autres choses : Que votre volonté soit faite dans le ciel et sur la terre. (*Matth.*, vi, 10.) Or, la terre c'est nous-mêmes. De même donc que la volonté de Dieu se fait dans les êtres célestes, il faut que cette volonté soit faite en nous qui prions aussi, et que nous l'accomplissions par les faits, en sorte que nous devenions un seul esprit avec Dieu quand nous voulons ce que Dieu veut. Le Fils étant près de sa passion, s'adressait en ces termes à son Père : Mon Père, mon Père, que ce calice s'éloigne de moi, néanmoins qu'il soit fait non comme je veux, mais comme vous voulez vous-même. Or, en disant : Non comme je veux, mais comme vous le voulez vous-même, il montre que sa volonté est vraiment soumise à son Père ; c'est pour faire sa volonté qu'il est descendu du ciel, comme il le dit lui-même

---

quia et in resurrectione, cum omnia fuerint Filio subjecta, cum omnes eum honorant, et venerantur, et adorant, nec tunc sane Filius extollit se : sed etiam cum omnibus sibi subjectis subditus Patri hoc modo invenitur, ut dicat : Venite benedicti Patris mei, possidete regnum paratum vobis ab origine mundi. (*Matth.*, xxv, 34.)

19. Jam dictum est, quod et ipse pro tuo arbitrio secundum sensum tuum visus es alienare. Stat tamen Apostolicum dictum, quia sicut oportet orare nescimus, sed ipse Spiritus postulat pro nobis gemitibus inenarrabilibus. (*Rom.*, viii, 26.) Et quia argumento visus es obstrepere dicens : Ergo tam miserabilis est Spiritus sanctus, ut gemat ? Nos enim non miserabilem Spiritum dicimus, si quidem ex ipsa lectione gloria Spiritus sancti ostenditur, quia non pro se gemit : sed (*a*) audi lectionem, quia pro sanctis. Si quidem nec Filius pro se, sed pro nobis utique postulat et interpellat, sicut jam protuli in præcedenti. Qui in modico fidelis est, et in majus fidelis invenitur. (*Luc.*, xvi, 10.)

20. Nec enim aliter asseri potest, quod Pater et Filius unum sint, nisi hoc sane modo quo tu ipse et nos probare possumus his ipsis exemplis quibus usus es. Nam si, ut dicis, et Apostolus confirmat : Qui adjungit se Domino, unus spiritus est (I *Cor.*, vi, 17) : est utique unus spiritus in consensu implens voluntatem Dei, secundum Salvatoris magisterium : qui etiam hoc modo nos orare docuit, ut inter cætera precum nostrarum et hoc dicamus : Fiat voluntas tua sicut in cœlo et in terra. (*Matth.*, vi, 10.) Terra utique nos sumus. Sicut ergo in cœlestibus Dei fit voluntas, ut et in nobis hoc modo compleatur qui hoc oramus, et hoc factis adimpleamus ; ut unus spiritus efficiamur cum Deo, quando hoc volumus quod Deus vult. Nam et ipse Filius passioni proximus, hoc ad suum genitorem utique clamabat dicens : Abba ; Pater, transeat a me calix iste, verumtamen non sicut ego volo, sed sicut tu vis. (*Marc.*, xiv, 36.) Dicendo autem : Non sicut ego volo, sed sicut tu vis, ostendit vere suam voluntatem subjectam suo genitori, propter cujus voluntatem faciendam de cœlo descendit,

(*a*) Sic plerique Mss. Alii vero, *sed aut dilectione*. Editi *sed pro dilectione*.

en ces termes : Je suis descendu du ciel, non pour faire ma volonté, mais pour faire la volonté de Celui qui m'a envoyé. (*Jean*, VI, 38.) Plus le Fils en tant que Dieu l'emporte sur toute créature, plus il se trouve en conformité de volonté avec le Père, et plus il est uni à Celui qui l'a engendré. Je dis qu'il est uni à Celui qui l'a engendré, comme son très-cher Fils, dans l'amour et la dilection, dans l'unanimité et le consentement, et dans la convenance. Nous devons recevoir avec tout plein de respect tout ce qui nous est cité de la sainte Ecriture, car ces divines lettres ne nous ont point été données pour nous instruire dans la pensée qu'elles seraient amendées pour nous. Aussi plaise à Dieu que nous soyons trouvés de dignes disciples des Ecritures.

21. Je reçois donc le texte que vous m'avez cité : Ne savez-vous point que vous êtes le temple de Dieu et que le Saint-Esprit habite en vous ? (1 *Cor.*, III, 16.) Or, Dieu ne saurait habiter dans un homme que le Saint-Esprit n'aurait point purifié et sanctifié auparavant. D'ailleurs c'est à la bienheureuse Vierge Marie qu'il était dit : le Saint-Esprit surviendra en vous (*Luc*, I, 35), sans doute pour la purifier et la sanctifier. Puis l'Ecriture poursuit : Et la vertu du Très-Haut vous couvrira de son ombre. Or, vous avez vous-même démontré que la vertu du Très-Haut, ce n'est pas autre que le Christ. Cette vérité ne ressort point d'un raisonnement, mais se trouve prouvée par des autorités certaines. Voilà pourquoi vous devez citer des textes comme quoi le Saint-Esprit est Dieu, Seigneur, Roi, Créateur, Sauveur, est assis auprès du Père et du Fils, est adoré sinon par les habitants du ciel, du moins par ceux de la terre, et pour le dire, peut-être montrerez-vous qu'il est adoré même des habitants de l'enfer. Ce que nous disons sans vouloir manquer de respect au Saint-Esprit ; car le Saint-Esprit est celui sans qui, nous l'avons dit plus haut, personne ne saurait prononcer le nom du Seigneur Jésus. (I *Cor.*, XII, 3.) C'est dans cet Esprit que nous crions : Mon Père, mon Père. (*Rom.*, VIII, 15.) C'est ce même Esprit saint qui est tel et si grand que les anges même désirent fixer sur lui leurs regards. (I *Pier.*, I, 12.) Il est tel, il est si puissant, que partout, dans toutes les créatures, soit en Orient ou en Occident, soit au Septentrion ou au Midi, quiconque l'adore, ne peut dire Seigneur Jésus que dans ce Saint-Esprit. Telle est sa nature que partout il est présent à tous ceux qui invoquent Dieu en vérité. (*Ps.* CXLIV, 18.) Il est tel et si grand que partout où quelqu'un sera baptisé, au même moment, que ce soit à l'Orient ou à l'Occident, enfin n'importe où, le Saint-Esprit se trouve présent. Voyez combien grande est la puissance du Saint-Esprit ; si on manque de

---

ut ait : Descendi de cœlo, non ut faciam voluntatem meam, sed voluntatem ejus qui misit me. (*Joan.*, VI, 38.) Consonans ergo et conveniens est Filii voluntas ad voluntatem Patris. In quantum major est Filius ut Deus ab omni creatura, in tantum magis consonans voluntati Patris invenitur, et magis adhæret suo genitori. Deo enim adhæret suo genitori ut carissimus filius, in amore, et dilectione, et unanimitate, et consensu, et convenientia. Omnia quæ proferuntur a sanctis Scripturis, plena veneratione suscipere debemus. Nec enim in nostrum magisterium devenit divina Scriptura, ut a nobis emendationem accipiat. Atque utinam et digni inveniamur Scripturarum discipuli approbari.

21. Suscipio quæ protulisti : Nescitis quia templum Dei estis, et Spiritus Dei habitat in vobis ? (I *Cor.*, III, 16.) Nec enim Deus inhabitat in homine, quem non ante Spiritus sanctus sanctificaverit atque purgaverit. Denique et ad Mariam illam beatam virginem dicebatur, Spiritus sanctus superveniet in te (*Luc.*, I, 35) : utique ad sanctificandum et ad purgandum. Deinde sequitur : Et virtus Altissimi obumbrabit tibi. Altissimi autem virtus quod Christus sit, jam et ipse protulisti. Veritas non ex argumento colligitur, sed certis testimoniis comprobatur. Ob quam causam testimonia proferre debetis, quia Spiritus sanctus Deus est, quia Dominus est, quia Rex est, quia Creator est, quia factor est, quia consedet Patri et Filio, quia adoratur, si non a cœlestibus, vel certe a terrestribus : ut dicam, forte enim ostensurus es, quia vel ab infernis adoratur. Hæc enim dicimus, non derogantes Spiritui sancto. Est enim Spiritus sanctus, ut jam superius prosecuti sumus, sine quo nemo potest dicere Dominum Jesum. (I *Cor.*, XII, 3.) Iste est Spiritus sanctus in quo clamamus : Abba, Pater. (*Rom.*, VIII, 15.) Iste est Spiritus sanctus tantus ac talis, in quem etiam et Angeli prospicere concupiscunt. (I *Petr.*, I, 12.) Talis est, tam potens, ut ubique in omni creatura, sive in Oriente, sive in Occidente, quam etiam in Septemtrione et Meridiano, quisquis eum adorat, non possit dicere Dominum Jesum, nisi in Spiritu sancto. Talis est hujus natura, qui ubique præsens sit omnibus invocantibus Deum in veritate. (*Psal.* CXLIV, 18.) Tantus ac talis est, ut ubi quisque fuerit baptizatus, in eodem momento, etsi in Oriente baptizetur, etsi in Occidente, et ubi et

respect au Saint-Esprit, on en manque au Dieu Fils unique par qui tout a été fait, et sans qui rien n'a été fait (*Jean*, I, 3), de même que quiconque n'honore point le Fils n'honore point le Père qui l'a envoyé. (*Jean*, V, 23.)

22. Vous avancez que le Christ notre Sauveur n'a point dit : Afin que nous et eux ne soyons qu'une seule et même chose; mais : Afin qu'ils ne soient qu'une même chose (*Jean*, XVII, 11), dans leur nature et leur substance, rapprochés et unis en quelque sorte par une égalité qui provient d'un parfait accord. Le Père, le Fils et le Saint-Esprit ne sont une seule et même chose qu'à cause de leur nature qui est indivise et la même. Je récite le passage où le Christ a parlé, comme chacun peut s'en assurer. Or, voici comment il s'est exprimé dans l'Évangile, quand il priait son Père pour ses disciples : « Faites qu'ils soient une seule et même chose comme nous le sommes, comme vous mon Père, vous êtes en moi, et moi je suis en vous, que de même ils ne soient qu'une seule et même chose en nous, afin que le monde croie que c'est vous qui m'avez envoyé, et que vous les avez aimés comme vous m'avez aimé moi-même. » (*Jean, Ibid. passim.*) Voilà ce que je lis, voilà ce que je crois. Il fait mention de l'amour, et ne parle point de la substance. Or, il est certain que le Sauveur même a dit : « Celui qui écoute mes commandements et les garde, celui-là m'aime; or, celui qui m'aime sera aimé de mon Père, et moi je l'aimerai aussi, nous viendrons et nous établirons notre demeure en lui. » (*Jean*, XIV, 21.) Si la sublimité et la majesté du Père et du Fils qui sont si grandes sont reçues dans l'étroite demeure de notre âme, à combien plus forte raison est-il certain et tout à fait hors de doute, que le Fils sera dans le Père ? Mais pourtant il y est comme un Fils, comme un autre que le Père, ainsi que vous-même en avez fait la remarque, en sorte que Père et Fils ne sont qu'une seule et même chose, non point un ; ces mots en effet une seule et même chose indiquent la concorde, et excluent la pluralité. Vous avez rapporté de saint Paul un témoignage, que j'accepte volontiers, attendu que les preuves qui nous sont fournies par nos contradicteurs constituent une sorte de vérité bien solide. Or, vous avez rappelé ce passage de saint Paul : « C'est moi qui ai planté; c'est Apollon qui a arrosé ; mais c'est Dieu qui a donné l'accroissement. Et ainsi celui qui plante n'est rien, celui qui arrose n'est rien, mais c'est Dieu qui donne l'accroissement. Celui donc qui plante et celui qui arrose sont une même chose, et chacun recevra sa récompense selon son travail. » (I *Cor.*, III, 6 à 8.) Remarquez donc que tout en n'étant qu'une seule et même chose par la concorde, cependant

---

ubi, adsit Spiritus sanctus. Intuere quanta est potentia Spiritus sancti. Si enim quis derogat Spiritui sancto, derogat utique unigenito Deo, per quem omnia facta sunt, et sine quo factum est nihil (*Joan.*, I, 3) : sicut et qui non honorificat Filium, non honorificat Patrem qui eum misit. (*Joan.*, V, 23.)

22. Dicis quod non dixerit Salvator noster Christus : Ut ipsi et nos unum (*Joan.*, XVII, 11); sed : Ut ipsi sint unum, in natura sua et substantia sua, (*a*) concordi æqualitate quodam modo uniti atque conflati : et Pater et Filius et Spiritus sanctus, unum propter individuam eamdemque naturam. Recito lectionem, quam legentes possunt probare, quid Christus dixerit. Sic enim ait in Evangelio, Patrem suum orans pro discipulis : « Pater, fac illos unum, sicut et nos unum sumus : sicut ego in te et tu in me, ut et illi in nobis unum sint : ut cognoscat hic mundus, quoniam tu me misisti, et dilexisti illos sicut me dilexisti. » (*Ibid.*) Quod lego, credo : dilectionis fecit mentionem, et non substantiæ. Certum est autem ipsum Salvatorem dixisse : « Qui audit mandata mea, et custodit ea, ille est qui diligit me. » (*Joan.*, XIV, 21.) Qui autem diligit me, diligetur a Patre meo, et ego diligam illum, et veniemus, et mansionem apud eum faciemus. Si enim tanta illa sublimitas atque majestas Patris, nec non etiam Filii, intra unam ædiculam mentis nostræ recipitur; quanto magis utique Filius certum est et sine dubio quod erit in Patre ? Ita tamen ut Filius, ut alius a Patre qui quidem, ut ipse exposuisti, unum sunt, Pater et Filius ; non tamen unus : unum ad concordiam pertinet, unus ad numerum singularitatis. Nam et Pauli beati testimonium protulisti, quod libenti animo suscepimus. Si quidem firmum genus est veritatis, quod ab ipsis etiam contradicentibus promittur. Recitasti enim Paulum dixisse : « Ego plantavi, Apollo rigavit, sed Deus incrementum dedit. Itaque neque qui plantat est aliquid, neque qui rigat, sed qui incrementum dat Deus. Qui plantat autem et qui rigat unum sunt, unusquisque autem suam mercedem accipiet secundum suum laborem. » (I *Cor.*, III, 6.) Adverte igitur, quia licet unum sint concordia, attamen unusquisque suam

(*a*) Aliquot Mss. *concordia, æqualitate* quidam *concordia æqualitate*.

chacun recevra sa récompense selon son travail. Remarquez encore cette parole du Seigneur : Mon Père et moi ne faisons qu'une seule et même chose. (*Jean*, x, 30.) Or, nous l'acceptons cette parole, et la croyons avec une ferme foi. Celui qui dit : Moi, est le Fils, et quand il ajoute : Et mon Père, il montre que le Père est un autre que lui. Il dit une seule et même chose, non pas, un. On a dit bien souvent que ces mots une seule et même chose se rapportent à la concorde. Comment le Père et le Fils ne seraient-ils point une seule et même chose, quand le Fils s'écrie : Pour moi je fais toujours ce qui plaît à mon Père ? (*Jean*, viii, 9.) Evidemment il ne ferait point une seule et même chose avec le Père, s'il faisait parfois des choses contraires au Père. C'est de la même manière que les Apôtres ne font qu'une seule et même chose avec le Père et le Fils, en tant qu'ayant en toutes choses les yeux sur la volonté de Dieu le Père, et se soumettant à l'imitation du Fils ils se trouvent soumis en même temps à Dieu le Père et au Fils. Or, ce n'est point pour les Apôtres seulement que nous lisons que le Sauveur a prié afin qu'ils ne formassent qu'une seule et même chose, mais aussi pour ceux qui devaient croire par leur parole, car il dit : « Je ne prie point seulement pour eux ; mais encore pour ceux qui doivent croire en moi par leur parole, afin que tous ensemble ils ne soient qu'une seule et même chose ; comme vous mon Père êtes en moi, et moi en vous, que de même ils ne soient qu'un en nous, afin que le monde croie que vous m'avez envoyé et que vous les avez aimés comme vous m'avez aimé moi-même. » (*Jean*, xvii, 20 à 23.) Il n'a parlé que de l'amour, comme je l'ai déjà dit, non de la divinité. Or, qui ne sait que Paul est Paul, et Apollon, Apollon, quand Paul même dit : J'ai plus travaillé qu'eux tous, ou plutôt ce n'est pas moi qui ai travaillé, mais c'est la grâce de Dieu avec moi ? (I *Cor.*, xv, 10.) Or, celui qui travaille plus que les autres, reçoit une plus grande récompense. Cependant ils sont une seule et même chose dans le consentement, la convenance et l'amour quand ils font ce que Dieu veut.

23. Vous dites qu'il n'y a qu'un seul Dieu. Dites-moi, puisque le Père et le Fils et le Saint-Esprit ne font qu'un seul et même Dieu, si nous devons dire que ce seul Dieu est le Père dont le Fils est notre Christ Dieu ? Est-ce à la manière des Juifs que vous vous engagez à ne professer qu'un seul Dieu ? Ou bien plutôt est-ce par la soumission du Fils, selon ce que nous apprend la foi chrétienne, que vous nous montrez qu'il n'y a qu'un seul Dieu, dont le Fils est notre Dieu, comme je l'ai dit ? Que le Père et le Fils ne soient point un, croyez-le du moins sur la parole de Paul qui vous le dit presque dans toutes ses épîtres. En effet, voici comment il s'exprime : Que Dieu notre Père et Jésus-Christ Notre-Seigneur vous donnent la grâce et la paix

---

mercedem accipiet secundum suum laborem. Intuere ergo et illud quod Dominus ait : Ego et Pater unum sumus. (*Joan.*, x, 30.) Quod certa fide a nobis creditur et suscipitur. Qui dicit : Ego : Filius est. Qui dicit, et Pater : alterum Patrem ostendit. Unum ait, non unus. Sæpius dictum est, quia unum ad concordiam pertinet. Quomodo non unum Pater et Filius, cum quando clamat Filius : Ego quæ placita sunt Patri facio semper ? (*Joan.*, viii, 29.) Tunc demum non esset unum cum Patre, si contraria Patri faceret aliquando. Sic autem et Apostoli unum sunt cum Patre et Filio, in eo quod in omnibus ad voluntatem Dei Patris respicientes, ad imitationem Filii subditi uni Deo Patri et ipsi inveniuntur. Et non tantum pro Apostolis legimus Salvatorem orasse, ut unum sint, sed etiam pro credituris per verbum illorum, dicens : « Non solum pro his rogo ; sed et pro credituris per verbum illorum in me, ut omnes unum sint : sicut tu Pater in me, et ego in te, ut et illi in nobis unum sint : ut cognoscat hic mundus quia tu me misisti, et dilexisti illos sicut me dilexisti. » (*Joan.*, xvii, 20.) Dilectionis fecit, ut diximus, mentionem, et non divinitatis. Quis autem ignorat quod Paulus, Paulus est ; et Apollo, Apollo est : cum quando dicat ipse Paulus : Plus omnibus illis laboravi, non ego autem, sed gratia Dei mecum ? (I *Cor.*, xv, 10.) Nam qui plus laborat, plus consequitur. Verumtamen unum sunt, in consensu, in convenientia, in dilectione : quando id faciunt quod Deus vult.

23. Dicis quod unus est Deus. Adstrue, si Pater et Filius et Spiritus sanctus unus est Deus, an solus Pater unus Deus dicendus est, cujus Filius Christus noster est Deus. Judaico more hortaris nos profiteri unum Deum ? An de subjectione Filii potius, secundum quod habet fides Christiana, ostenditur non esse Deus, cujus Filius noster est Deus, ut diximus ? Nam quia Pater et Filius non est unus, vel Paulo crede dicenti, quod per singulas fere Epistolas pronuntiat, dicens : Gratia vobis et pax a Deo Patre nostro et Domino Jesu Christo. Adhuc autem : Unus Deus Pa-

(*Rom.*, I, 7; I *Cor.*, I, 3; II *Cor.*, I, 2; *Gal.*, I, 3 et *Ephés.*, I, 2); ailleurs il dit : Il n'y a qu'un seul Dieu qui est le Père, dont toutes choses tirent leur être, et qui nous a faits en lui; et il n'y a qu'un seul Seigneur qui est Jésus-Christ par qui toutes choses ont été faites comme c'est aussi en lui que nous sommes. (I *Cor.*, VIII, 6.) Le seul Dieu que nous autres chrétiens nous prêchons, c'est celui que le Fils déclare seul bon en disant : Personne n'est bon si ce n'est Dieu seul. (*Marc*, X, 18 et *Luc*, XVIII, 9.) Ce n'est point à dire que le Christ ne soit point bon, car il dit lui-même : Je suis le bon Pasteur (*Jean*, X, 11), ni que le Saint-Esprit ne soit point bon non plus; entendez le Prophète qui vous crie : Votre Esprit qui est bon me conduira dans une voie droite. (*Ps.* CXLII, 12.) Entendez aussi le Sauveur lui rendre témoignage en ces termes : L'homme de bien tire de bonnes choses du bon trésor de son cœur. (*Luc*, VI, 45.) D'ailleurs toutes les créatures de Dieu sont très-bonnes. Si les créatures sont bonnes, si l'homme est bon, si le Saint-Esprit est bon, si le Christ est bon, il faut chercher en quel sens il n'y a que Dieu qui soit bon. Or, le Sauveur n'a dit : Personne n'est bon si ce n'est Dieu seul, que parce qu'il est la source même de la bonté puisque s'il est bon il ne tient cela de personne. Or, pour le Christ s'il est bon, c'est de son Père qu'il a reçu d'être bon, et si toute créature de Dieu est bonne, elle le tient du Christ. Mais soit le Fils, soit tous ceux qui ont été créés par le Fils, ils n'ont reçu que de cette seule source de bonté, pour être bons chacun selon la mesure de la foi. Il n'y a que le Père qui n'a reçu de personne d'être bon. Voilà pourquoi le Christ dit : Il n'y a personne de bon si ce n'est le Père. (*Marc*, X, 18.) Voilà donc comment il n'y a qu'un seul Dieu, c'est parce qu'il n'y a que lui qui soit incomparable, que lui qui soit immense, comme nous l'avons déjà dit.

24. Je ne nie point que le Fils aime le Père puisque nous lisons ces mots : Pour que ce monde sache que j'aime mon Père, et que j'agis selon le commandement que mon Père m'a fait. (*Jean*, XIV, 31.) Il est constant que le Fils aime et qu'il est aimé, et qu'il accomplit les ordres de son Père, comme il nous en donne lui-même l'assurance. Aussi est-ce pour cela qu'ils ne font qu'une seule et même chose selon ses propres paroles quand il dit : Mon Père et moi ne faisons qu'une seule et même chose. (*Jean*, X, 30.) S'il dit : Celui qui me voit voit le Père (*Jean*, XIV, 9), on doit tenir d'une foi certaine que quiconque voit le Fils, par le Fils voit et comprend le Père.

25. Vous avez dit que c'est par rapport à la forme d'esclave que le Père est plus grand que

---

ter, ex quo omnia, et nos in ipso; et unus Dominus Jesus Christus, per quem omnia, et nos (*a*) in ipso. (*Rom.*, I, 7; I *Cor.*, I, 3; II *Cor.*, I, 2; *Galat.*, I, 3; *Ephes.*, I, 2; I *Cor.*, VIII, 6.) Iste est qui a nobis Christianis unus Deus prædicatur, quem Filius unum pronuntiat bonum, dicens : Nemo bonus, nisi unus Deus. (*Marc.*, X, 18.) Non quod Christus non sit bonus. Ipse enim ait : Ego sum pastor bonus. (*Luc.*, XVIII, 19; *Joan.*, X, 11.) Non quod Spiritus sanctus non sit bonus : audi Prophetam clamantem : Spiritus tuus bonus deducet me in viam rectam. (*Psal.* CXLII, 10.) Audi autem adhuc Salvatoris testimonium dicentis : Bonus homo de thesauro cordis sui profert bona. (*Luc.*, VI, 45.) Nec non etiam et omnis creatura Dei bona valde. Si creatura bona, si homo bonus, si Spiritus sanctus bonus, si Christus bonus, quemadmodum unus bonus requirendum est. Quia utique sic ait Salvator : Nemo bonus, nisi unus Deus : eo quod ipse est fons bonitatis, qui quod est bonus, a nemine accepit. Nam et Christus quod est bonus, a suo genitore est ut sit bonus; et omnis creatura Dei bona, per Christum accepit ut esset bona. Sed sive Filius, sive qui per illum sunt facti, de illo uno fonte bonitatis unusquisque secundum mensuram fidei suæ assumpserunt ut essent boni. Pater autem unus, quod est bonus, a nemine accepit. Et ideo ait Christus : Nemo est bonus nisi unus. (*Marc.*, X, 18.) Sic ergo unus est Deus, quia unus est incomparabilis, quia unus est immensus, ut jam sumus prosecuti.

24. Non denegamus quod Filius diligat Patrem, cum quando et scriptum legimus : « Ut sciat hic mundus quia diligo Patrem, et sicut mandatum mihi dedit Pater, sic facio. » (*Joan.*, XIV, 31.) Constat Filium et diligi et diligere, et mandatum Patris, ut ipse asserit, implere. Et ideo unum sunt, secundum quod ait : Ego et Pater unum sumus. (*Joan.*, X, 30.) Nam in eo quod dicit : Qui me vidit, vidit et Patrem (*Joan.*, XIV, 9) : certa fide credendum est, quia qui videt Filium, per Filium videt et intelligit Patrem.

25. Propter formam servi, majorem Patrem professus es : quod mihi nimium stultum esse videtur. Scimus enim, quod et ipse protulisti, in forma servi

(*a*) Editi *per ipsum*. At Mss. *in ipso* : et sic locum a Maximino minus recte prolatum notat Augustinus, in lib. II, c. XXIII, n. 3.

le Fils : or, cela me paraît un peu trop sot à dire. Nous savons en effet, et vous-même en avez donné la preuve, que dans la forme d'esclave il a été fait moindre que les anges mêmes. Vous n'êtes donc pas trop large au sujet de la gloire du Père, quand vous ne le faites plus grand que son Fils que par rapport à sa forme d'esclave. En effet, par rapport à cette forme, les anges même sont plus grands que lui. Or, le Christ n'est pas venu tout uniment pour nous apprendre que c'est eu égard à sa propre forme d'esclave que le Père est plus grand que lui ; mais la vérité est venue vers nous pour nous apprendre et nous enseigner que le Père est plus grand que le Fils qui lui-même est un grand Dieu. Aussi glorifions-nous le Père de telle manière que nous le déclarons plus grand qu'un Dieu grand, et plus sublime qu'un Dieu sublime. Est-ce rendre à Dieu l'honneur qui lui est dû que de déclarer le Père plus grand que la forme d'un esclave, c'est ce que je vous laisse à décider.

26. Vous dites que la divinité s'est montrée aux anciens, et un peu auparavant vous avez avancé que la divinité est invisible. Evidemment celui qui s'est fait voir, n'est point le Père, puisqu'il est invisible ; car si nous disons que c'est le Père qui a été vu, nous faisons mentir l'Apôtre disant : Nul homme ne l'a vu et ne peut le voir. (I *Tim.*, VI, 16.) Non-seulement nous nous trouvons en contradiction avec le Nouveau Testament, mais également avec l'Ancien. En effet, voici comment s'exprime Moïse : Nul ne peut voir Dieu et vivre. (*Exod.*, XXXIII, 20.) Il est vrai que ce même Moïse a dit dans la Genèse, que depuis Adam, le premier homme, jusqu'à l'incarnation, le Fils a toujours été vu. Si vous en voulez des preuves, vous avez le langage que le Père tient au Fils, quand il lui dit : Faisons l'homme à notre image et à notre ressemblance (*Gen.*, I, 26) ; puis Moïse continue : Et Dieu fit l'homme. (*Ibid.*, 27.) Or, quel est ce Dieu, sinon le Fils ? Vous l'avez vous-même expliqué dans vos traités. C'est donc ce même Fils qui était l'interlocuteur de son Père et qui lui disait : Il n'est point bon que l'homme soit seul : faisons-lui une aide semblable à lui. (*Gen.*, II, 18.) Ce Fils a été vu d'Adam, selon ce que nous lisons qu'Adam lui dit : J'ai entendu votre voix quand vous vous promeniez dans le paradis, et je me suis caché parce que j'étais nu. (*Gen.*, III, 10.) Vous voyez aussi que Dieu lui dit : « Qui vous a dit que vous étiez nu, c'est que vous avez mangé du fruit de l'arbre dont je vous avais défendu de manger. » (*Ibid.*, 11.) Ce même Dieu a été vu d'Abraham : c'est le Fils qu'il vit, si on en croit le Fils unique lui-même qui nous en donne l'assurance dans l'Evangile quand il dit : « Abraham, votre père, a désiré avec ardeur de voir mon jour ; il l'a vu et il en a été comblé de

---

etiam eum angelis minorem factum. Nec enim satis in gloriam Dei profusus es, qui ad formam servi majorem Patrem profiteris. Ad formam servi et angeli majores sunt. Nec enim ad hoc venit Christus, ut nos instrueret quod ad formam servi major est Pater : sed ideo veritas ad nos venit, ut utique doceret nos, atque instrueret, quod Pater Filio major est, et hoc Filio qui magnus est Deus. Nos enim sic glorificamus Patrem, ut magno Deo majorem illum profiteamur, ut alto sublimiorem annuntiemus. An vero iste est debitus honor Dei, ut forma servili major sit Pater, tu videris.

26. Dicis quod se divinitas patribus ostendit : et paulo ante prosecutus es, quod utique divinitas sit invisibilis. Ostendit se sane, non Pater, qui invisibilis est : ne si dicamus Patrem visum fuisse, Apostolum reddamus mendacem, qui ait : Quem vidit hominum nemo, neque videre potest. (I *Tim.*, VI, 16.) Et non solum invenimur Novo resistere Testamento, verum etiam et Veteri pari modo contrarii invenimur. Denique sic ait Moyses : Non potest quisque Deum videre et vivere. Ipse sane Moyses descripsit in libro Geneseos, quod ab illo primo homine Adam usque ad ipsam incarnationem semper Filius visus est. (*Exod.*, XXXIII, 20.) Nam si testimonia quæris, utique habes positum Patrem ad Filium dicentem : Faciamus hominem ad imaginem et similitudinem nostram. (*Gen.*, I, 26.) Sequitur : Et fecit Deus hominem. (*Gen.*, I, 27.) Quis utique Deus nisi Filius ? Hoc utique et tu in tuis tractatibus exposuisti. Iste ergo Filius qui est propheta sui genitoris, qui et dicebat : Non est bonum solum esse hominem, faciamus ei adjutorium secundum se (*Gen.*, II, 18) : iste Filius Adæ est visus, secundum quod legimus Adam dicentem : « Vocem tuam audivi ambulantis in paradiso, et abscondi me, quia nudus eram. » (*Gen.*, III, 10.) Habes utique quod Deus dixit ei : « Et quis tibi indicavit quia nudus eras, nisi de ligno de quo præceperam tibi ne manducares, ex eo manducasti ? » (*Ibid.*, 11.) Hic Deus et Abrahæ visus est (*Gen.*, XVIII, 1) : et quia Filius visus est Abrahæ, si vis credere, utique ipse unigenitus Deus in sancto affirmavit Evangelio, dicens sic : « Abraham pater

joie. » (*Jean,* VIII, 56.) C'est ce même Fils qui vit Jacob et qui se trouve avoir prémédité de lutter contre ce patriarche dans la forme où il devait venir, c'est-à-dire dans la forme d'homme. (*Gen.*, XXXII, 30.) Aussi Jacob disait-il : J'ai vu le Seigneur face à face et mon âme a été sauvée. L'endroit où cela s'est passé reçut le nom de Vision de Dieu. Dieu nous assure lui-même que dans sa lutte avec Jacob il avait en vue ce qui depuis s'est accompli dans la passion du Christ. En effet, voici en quels termes il s'adresse à Jacob : «Vous ne vous appellerez plus Jacob, votre nom sera Israël, c'est-à-dire voyant Dieu. » (*Ibid.*, 28.) C'est lui que nous avons vu dans le Nouveau Testament; car c'est en parlant de lui que l'Apôtre disait : Nous avons vu sa gloire, sa gloire, dis-je, comme doit être la gloire du Fils unique du Père. (*Jean*, I, 14.) Au reste si, comme vous vous efforcez de le faire croire, on dit que le Père s'est fait voir aussi, vous faites mentir toutes les Ecritures. En effet, Paul prêche un Père invisible (I *Tim.*, VI, 16), et le Seigneur nous assure dans l'Evangile qu'il est tel. (*Jean*, I, 8.) Vous nous adressez bien souvent le reproche de dire avec autant d'audace que de présomption, des choses que nous ne devrions point avouer ; or, quiconque sait lire, peut à son gré remonter aux preuves. Nous ne parlons jamais pour nous attirer les louanges de personne, mais par le désir de resserrer l'union des frères qui sont avec nous, pour la même cause peut-être pour laquelle vous avez daigné nous provoquer à vous répondre; vous parliez avec la pensée que découverts parmi nous, ces frères embrasseraient votre profession de foi, comme je l'ai dit; il m'a donc été nécessaire, à cause de la crainte de Dieu, de vous faire ma réponse. Et même ce n'est point seulement par des paroles que vous vous êtes efforcé de me dépouiller des disciples que je compte en eux, mais vous leur avez encore donné votre traité, ce qui m'a amené pour le réfuter à parler comme je l'ai fait de l'invisibilité du Dieu tout-puissant. Vous avez dit vous-même aussi, bien que dans un autre but, mais en propres termes cependant, que le Saint-Esprit s'est montré sous la forme d'une colombe et sous l'apparence de feu. (*Matth.*, III, 16 ; *Act.*, II, 3.) Quant au Fils, c'est sous la forme d'un homme qu'il s'est fait voir. Pour le Père, ce n'est ni sur l'aspect d'un homme ni sous celui d'une colombe qu'il se montra, il ne s'est jamais changé en aucune forme et ne s'y changera jamais. C'est de lui qu'il est écrit : Je suis celui qui est et je n'ai point changé. (*Exod.*, III, 14.) Sans doute, ainsi que vous l'avez dit, le Fils était déjà établi dans sa forme de Dieu, quand il prit celle de l'esclave; mais le Père ne fit point de même. Le Saint-Esprit également a

vester exultavit ut videret diem meum, et vidit, et gavisus est. » (*Joan.*, VIII, 56.) Hic etiam Filius a Jacob visus est, qui in figura qua erat venturus, id est, hominis, ante præmeditatus colluctasse cum Jacob invenitur. Unde et Jacob dicebat : Vidi Dominum facie ad faciem, et salva facta est anima mea. (*Gen.*, XXXII, 30.) Et loci ipsius vocabulum nuncupatum est : Visio Dei. Hoc ipsum affirmans utique Deus, qui in præ-meditatione colluctabatur cum Jacob, quod in passione Christi impletum videmus. Ait enim ad ipsum Jacob : « Jam non vocabitur nomen tuum Jacob, sed Israel erit nomen tuum, hoc est, homo videns Deum. » (*Ibid.*, 28.) Hunc et in Novo Testamento visum probamus. De hoc Apostoli dicebant : Et vidimus gloriam ejus, gloriam quasi unigeniti a Patre. (*Joan.*, I, 14.) Cæterum si, ut ipse conaris, Pater visus esse asseratur, mendaces sunt apud (*a*) vos omnes Scripturæ. Nam denique invisibilem Patrem Paulus prædicat (I *Tim.*, VI, 16), et Dominus in Evangelio affirmat. (*Joan.*, I, 18.) Sæpius nos accusas, quod audenter atque præsumenter ea quæ non sunt dicenda a nobis dicantur, quod quidem in arbitrio erit legentium probare. Nec enim sic loquimur, ut (*b*) alicujus laudem consequamur; sed studio colligendæ fraternitatis, quæ (*c*) nobiscum est : aut ob quam forte et ipse provocare nos dignatus es, ut responsum demus, ut in nobis illi denotati sic tuæ consentiant, ut dixerim, professioni, necesse fuit me propter timorem Dei dare tibi responsum. Si quidem non tantum verbis me nudare conatus es a discipulatu eorum ; verum etiam et tractatum tuum dedisti, ad quod necesse est me respondere ea quæ de invisibilitate omnipotentis Dei prosecutus sum. Etiam et ipse, licet alio proposito (*d*), attamen tuis verbis affirmasti, quod Spiritus sanctus in specie columbæ sit visus, necnon in specie ignis. (*Matth.*, III, 16.) Filius sane in forma hominis. (*Act.*, II, 3.) Pater autem neque in specie columbæ, nec in forma hominis, nec aliquando vertit se in formas, sed nec aliquando vertetur : de quo scriptum est : Ego sum qui sum, et non sum mutatus. (*Exod.*, III, 14.) Filius sane in forma Dei constitutus jam, ut ipse protulisti, formam servi accepit,

---

(*a*) Editi *apud nos.* — (*b*) Mss. *ut a tuis laudem consequamur.* — (*c*) Am. et Er. *quæ vobiscum est.* — (*d*) Apud Lov. hic additum erat *occupatus.*

pris la forme d'une colombe, le Père ne l'a point fait. Sachez donc qu'il n'y a que lui qui soit invisible, intangible, immense. Je voudrais, je désirerais être le disciple des divines Ecritures ; car comme je l'ai dit plus haut, je crois avoir votre religion, et si vous me dites, comme je l'ai fait moi-même dans ma réponse, que le Père, le Fils et le Saint-Esprit n'ont qu'une seule et même vertu, une seule et même substance, une seule et même divinité, une seule et même majesté, une seule et même gloire ; si vous appuyez vos assertions sur les divines Ecritures, si vous me citez un passage tiré d'elles, je veux que vous me trouviez disciple des saintes Ecritures.

Signé Maximin, *évêque.*

Après la présente conférence, Augustin dicta ce qui suit : Vous prétendez que ce n'est point sur la crainte de Dieu que je m'appuie, mais sur l'assistance des princes, pour parler ; cependant quiconque a reçu de Dieu un peu d'intelligence, voit assez clairement qui de nous deux parle selon la crainte de Dieu, si c'est celui qui écoute avec soumission le Seigneur, quand il lui dit : Ecoutez Israël, le Seigneur votre Dieu est seul et unique Seigneur (*Deut.*, vi, 4), ce que nous écoutons avec entière déférence et prêchons avec fidélité ; ou si c'est celui qui ne veut point l'entendre ainsi et soutient qu'il y a deux Seigneurs Dieux et montre par là en proclamant deux Seigneurs et deux Dieux, qu'il ne craint point le Seigneur Dieu unique qui a dit : Ecoutez, Israël, le Seigneur votre Dieu est seul et unique Seigneur. Mais vous savez que la longueur excessive de votre discours a employé le temps pendant lequel j'aurais pu vous répondre et que le jour qui nous reste ne serait pas même assez long pour relire au moins ce que vous nous avez dit. Toutefois, sachez que tout ce que vous avez avancé pour nous prouver que le Fils de Dieu est Dieu, qu'il est un grand Dieu, qu'il est né du Père, que le Fils fait un et que le Père fait deux, attendu que le Père n'est point le même que le Fils, n'a fait que nous causer de grands retards qui ont absorbé un temps précieux, comme si vous aviez eu à nous prouver quelque chose que nous faisons avec vous profession de tenir pour vrai. En effet, nous ne disons point que le Fils est le même que le Père, ou que ce qui est, dans la Trinité, le Saint-Esprit est le même que le Père ou le Fils. Bien certainement, autre est le premier, autre le second, autre le troisième; mais tous ensemble ils ne font qu'un seul et même Seigneur Dieu. Si nous disons qu'il y a deux Seigneurs Dieux, l'un grand, l'autre plus grand, l'un bon, l'autre meilleur, l'un sage, l'autre plus sage, l'un clément, l'autre plus clément, l'un puissant, l'autre plus puissant, l'un

---

quod non Pater. Spiritus æque sanctus suscepit speciem columbæ, quam non suscepit Pater. Scito ergo, quia unus est invisibilis, unus etiam incapabilis atque immensus. Oro et opto discipulus esse divinarum Scripturarum : nam et superius credo retinere religionem tuam, quod sic dedi responsum, quia si protuleris, quod Pater et Filius et Spiritus sanctus unam habeant virtutem, unam substantiam, unam deitatem, unam majestatem, unam gloriam; si affirmaveris de divinis Scripturis, si alicubi scriptam lectionem protuleris, nos divinarum Scripturarum optamus inveniri discipuli.

Maximinus Episcopus (*a*) subscripsi.

Et post collationem præsentium Augustinus ista dictavit : Auxilio principum munitum me loqui dixisti, non secundum timorem Dei : sed hominibus, quibus donat Deus intellectum, satis apparet quis loquatur secundum timorem Dei; utrum qui obedienter audit Dominum dicentem : Audi Israel, Dominus Deus tuus Dominus unus est (*Deut.*, vi, 4); quod nos et obtemperanter audimus, et fideliter prædicamus : an ille qui hoc sic audire non vult, ut duos dominos deos esse contendat ; atque ita introducendo duos deos et duos dominos, ostendat se non timere unum Dominum Deum dicentem : Audi Israel, Dominus Deus tuus Dominus unus est. Scis autem sermonem tuum prolixissimum occupasse nobis tempora quibus respondere possemus, et tantum diei remansisse, quantum omnino non sufficeret, ut ea quæ dixisti, saltem nobis relegerentur. Noveris tamen omnia quæ protulisti, ut probares Deum esse Filium Dei, et magnum Deum, et natum esse ex Patre, et alium esse ipsum et alium esse Patrem, quoniam non est Pater ipse qui Filius, ad ingentes moras pertinuisse, quibus necessarium tempus absumeres : quasi nobis abs te probandum esset, quod et nos esse verum fatemur. Non enim dicimus ipsum esse Patrem qui est Filius, aut ipsum esse Patrem vel Filium qui est in ipsa Trinitate Spiritus sanctus. Prorsus alius est ille, alius ille, et alius ille : sed simul omnes unus est Dominus Deus : Si enim dixerimus duos esse dominos deos;

(*a*) Sola editio Lov. *subscripsit.*

invisible, l'autre plus invisible, l'un vrai, l'autre plus vrai, si, dis-je, vous avez montré des pensées analogues sur d'autres points encore, pour prouver que nous avons deux Seigneurs Dieux ; si, dis-je, nous avons dit cela, je veux être confondu par le Dieu qui a dit comme je l'ai rappelé plus haut : Écoutez, Israël, le Seigneur votre Dieu est un seul Seigneur ; c'est comme s'il nous disait : Enfants des hommes, jusques à quand aurez-vous le cœur appesanti, aimerez-vous la vanité, et chercherez-vous le mensonge ? (*Psal.* IV, 5) Pourquoi vous faites-vous deux Seigneurs Dieux ? Pourquoi, lorsque je vous crie : Écoutez, Israël, votre Seigneur Dieu est un seul Seigneur (*Deut.*, VI, 4), ne voulez-vous point m'écouter, et vous écriez-vous au contraire : Nos Seigneurs Dieux sont deux Seigneurs ? Agiriez-vous ainsi, si vous vouliez être Israël, nom qui signifie voyant Dieu ? Si vous ne voulez point être Israël, pour moi, je vous en demande pardon, je veux l'être, car je veux compter au nombre de ceux à qui il est donné de voir Dieu. Et nous lui rendons grâce de ce qu'il se fait voir à nous maintenant comme dans un miroir et en des énigmes, et se fera voir alors face à face selon le mot de l'Apôtre. (I *Cor.*, XIII, 12.) Nous le voyons donc par un effet de sa grâce, et, bien que nous ne le voyions que comme dans un miroir et en énigme, cependant nous voyons qu'ils ne forment point deux êtres contraires entre eux, mais que si le Père est un, le Fils un et le Saint-Esprit un, cependant tous les trois ensemble ne font qu'un seul Seigneur Dieu. J'ai fait tout ce que j'ai pu pour vous faire voir cela ; mais vous avez mieux aimé résister, parce que vous n'avez point voulu être Israël. Mais si par hasard vous ne pouvez point encore voir cela, croyez-le et vous le verrez, car c'est par l'intelligence qu'on voit ces choses, non point en les considérant des yeux du corps. Vous savez d'ailleurs que le prophète a dit : Si vous ne croyez point, vous ne comprendrez point. (*Isaïe*, VII, 9.) Aussi quand vous entendez ces mots : Le Seigneur votre Dieu est un seul Seigneur, ne faites point deux Dieux, deux Seigneurs, l'un Père et l'autre Fils. Lorsque vous entendez ces mots : Ne savez-vous point que vos corps sont, en vous, le temple du Saint-Esprit que vous avez reçu de Dieu ? (I *Cor.*, VI, 19) et au même endroit : Ne savez-vous point que vos corps sont les membres du Christ ? (*Ibid.*, 15.) Quand, dis-je, vous entendez ces paroles, n'allez pas dire que le Saint-Esprit n'est pas Dieu, si vous ne voulez point faire des membres du Créateur le temple du Saint-Esprit. Commencez par croire trois personnes et qu'elles sont au nombre de trois en tant que personnes distinctes, sans toutefois être trois Seigneurs, mais un seul Seigneur Dieu, et le Seigneur accor-

---

unum magnum, alterum majorem ; unum bonum, alterum meliorem ; unum sapientem, alterum sapientiorem ; unum clementem, alterum clementiorem ; unum potentem, alterum potentiorem ; unum invisibilem, alterum invisibiliorem ; unum verum, alterum veriorem ; et si quid aliud isto modo te sentire monstrasti, ut duos dominos deos nos habere suaderes : si hoc ergo dixerimus, arguet nos ipse Deus, dicens, quod jam commemoravi : Audi Israel, Dominus Deus tuus Dominus unus est. Tanquam dicat nobis : Filii hominum, usque quo graves corde, ut quid diligitis vanitatem, et quæritis mendacium ? (*Psal.* IV, 3.) Ut quid vobis facitis duos dominos deos ? Quare me clamantem : Audi Israel, non vultis audire, Dominus Deus tuus Dominus unus est (*Deut.*, VI, 4) ; sed contra me clamatis : Domini dii nostri domini duo sunt ? Numquid hoc faceretis, si Israel esse velletis ? Cum hoc ergo nomen interpretetur, homo videns Deum ; rogo te, da veniam, si tu non vis, ego volo esse Israel. Volo quippe in eorum consortio computari, quibus donatur videre Deum. Et gratias illi agimus, quia facit nos videre nunc per speculum in ænigmate, tunc autem facie ad faciem, sicut Apostolus dicit. (I *Cor.*, XIII, 12.) Videmus itaque donante ipso, etsi adhuc per speculum in ænigmate, tamen videmus, quomodo inter se non sint duo ista contraria, ut et alius Pater sit, alius Filius, alius Spiritus sanctus, et tamen hi tres simul unus sit Dominus Deus. Egi, sicut potui, ut hoc etiam tu videres : sed resistere maluisti, quia Israel esse noluisti. Sed si hoc videre adhuc forsitan non potes, crede et videbis. Intelligendo enim videntur ista non oculis carnis intuendo. Et scis utique dixisse Prophetam : Nisi credideritis, non intelligetis. (*Isa.*, VII, 9.) Cum ergo audis : Dominus Deus tuus Dominus unus est (*Deut.*, VI, 4) : noli duos dominos deos facere, Patrem et Filium. Et cum audis : Nescitis, quia corpora vestra templum in vobis est Spiritus sancti, quem habetis a Deo (I *Cor.*, VI, 19) : et (*a*) eodem loco : Nescitis, quia corpora vestra membra sunt Christi (*Ibid.*, 15) : cum ergo hæc audis, noli negare Deum esse Spiritum sanctum, ne templum creaturæ facias membra

(*a*) In Mss. *et alio loco.*

dera à votre foi et à votre prière l'intelligence pour mériter de voir, c'est-à-dire de comprendre ce que vous croyez. En effet, considérez avec soin tout ce que vous avez dit dans votre longue dissertation et vous verrez que cela vient de l'erreur où vous êtes en faisant deux Seigneurs Dieux, en dépit de la parole si claire de Dieu qui dit : Le Seigneur votre Dieu est un seul Dieu. (*Deut.*, VI, 4.) Et nierez-vous que le Saint-Esprit soit Dieu, bien que vous ne puissiez renier son saint temple ? En attendant, qu'il me suffise de vous avoir fait ces remarques après la fin de la conférence où nous avons parlé l'un en présence de l'autre ; mais si le Seigneur le veut bien, comme ce sera une chose longue, et que vous avez hâte de vous retirer, je placerai sous les yeux de tous ceux qui voudront le lire, avec tout le soin dont je serai capable, notre conférence, et je ferai voir, que vous le vouliez ou non, que vous avez voulu prouver vos dogmes tout faux qu'ils étaient par des textes véritables et tirés des divines Ecritures.

On voit écrit d'une autre main, signé Augustin, évêque.

De même on voit d'une autre main aussi : Maximin dit : « Lorsque vous aurez terminé ce petit livre et que vous me l'aurez adressé, si je ne donne point de réponse à tout, alors je serai coupable.

» Fin des actes. Je les ai collationnés. »

Creatoris. Prius crede istos tres, et in suis singulis personis tres esse, et tamen simul non tres dominos deos, sed unum Dominum Deum esse : et dabit credenti et oranti ipse Dominus intellectum, ut id quod credis, etiam videre, id est, intelligere merearis. Nam considera diligenter omnia, quæ prolixa disputatione dixisti, et videbis ex hoc errore descendere, quo facitis duos dominos deos, contra clarissimam vocem Domini Dei dicentis : Dominus Deus tuus Dominus unus est : et negatis Deum Spiritum sanctum, cujus sanctum negare non potestis templum. (*Deut.*, VI, 4.) Hæc interim post Collationem nostram, qua præsentes alternatim locuti sumus, te admonuisse suffecerit : si autem Dominus voluerit, quoniam longum est, et tu remeare festinas, prosecutiones nostras ante oculos eorum qui legere voluerint, quanta potero perspicuitate constituam, et te veris quidem testimoniis divinis, falsa tamen vestra dogmata probare voluisse, velis nolis, ostendam.

Et alia manu : Augustinus Episcopus subscripsi.

Item alia manu Maximinus : « Cum explicueris hunc libellum, et ad me transmiseris, si non ad omnia responsum dedero, tunc ero culpabilis.

» (*a*) Explicuere Gesta. Contuli. »

(*a*) Lov. *Antonius vera Gesta. Contuli.* Am. et Er. post *responsum dedero*, habent sic, *culpa explicaberis. Antonius Gesta contuli.* At veteres codices, *tunc ero culpabilis. Explicuere Gesta. Contuli.* Antiquissimus Corbeiensis, *Explicuere Gesta contuli.* Et Mss. omnes carent nomine, *Antonius.*

LES DEUX LIVRES [1]

CONTRE

L'HÉRÉTIQUE MAXIMIN

ÉVÊQUE ARIEN

LIVRE PREMIER [2]

AUGUSTIN MONTRE QUE MAXIMIN N'A PU RÉFUTER CE QU'IL A DIT DANS LA CONFÉRENCE.

PRÉFACE.

Puisque j'entreprends de répondre, ainsi que je m'y suis engagé à la dispute de l'évêque Arien Maximin qui a absorbé, par sa prolixité, le jour entier où nous nous étions réunis pour conférer ensemble, c'est à lui que je veux m'adresser, soit qu'il pense qu'il doit encore continuer à me contredire en me lisant, soit que le Seigneur, opérant d'une manière merveilleuse dans son cœur, il se rende à la vérité manifeste. Quelle idée avez-vous eue, ô Arien, de multiplier les paroles, comme vous l'avez fait, et de ne rien dire de ce qui était en question entre nous, comme si c'était répondre que de ne pouvoir se taire ? Je commencerai donc par vous montrer que vous n'avez pas pu me réfuter, et ensuite, je réfuterai moi-même, autant que cela me paraîtra bon, tout ce que vous avez dit vous-même.

CHAPITRE PREMIER.

Des deux dieux.

En vous répondant au sujet de ce que vous disiez de deux Dieux quand vous avanciez que vous n'adorez qu'un seul Dieu, je vous disais : Il s'ensuit ou que vous n'adorez point le Christ, ou que vous n'adorez point qu'un Dieu, mais que vous en adorez deux. A cela vous avez tâché de répondre, vous avez beaucoup parlé, j'en conviens, et vous avez affirmé que vous adorez aussi le Christ comme Dieu. Mais tout en ne niant

(1) Écrits vers l'an 418.
(2) Dans certaines éditions, c'est le livre second.

CONTRA

MAXIMINUM HÆRETICUM

ARIANORUM EPISCOPUM

LIBRI DUO

LIBER PRIMUS

OSTENDIT AUGUSTINUS, EA QUÆ IN COLLATIONE IPSE DIXIT, MAXIMINUM NON POTUISSE REFELLERE.

PRÆFATIO.

Disputationi Maximini Arianorum episcopi, cujus prolixitate spatium diei, quo præsentes conferebamus, absumpsit, responsionem debitam reddens, ad ipsum loqui utique debeo : sive adhuc existimet contradicendum esse cum legerit, sive Domino in ejus corde mirabiliter operante manifestatæ consentiat veritati. Quid tibi visum est, homo Ariane, tam multa dicere, et pro causa quæ inter nos agitur nihil dicere, quasi hoc sit respondere posse, quod est tacere non posse ? Prius itaque ostendam refellere te non potuisse quæ dixi : deinde, quantum necessarium videbitur, ego refellam quæ ipse dixisti.

CAPUT PRIMUM.
De duobus diis.

De duobus diis quæ ipse dixisti, ego certe respondens verbis tuis, ubi aisti a vobis unum Deum coli : Consequens est, inquam, ut aut non colatis Christum, aut non unum Deum colatis, sed duos. Ad hoc tu respondere conatus, multum quidem locutus es, asserens quod et Christum Deum colatis : sed duos deos a vobis coli quamvis non negaveris, tamen non

point que vous adorez deux dieux, pourtant vous n'avez pas osé en faire profession ouverte; car vous sentiez que des oreilles chrétiennes ne sauraient supporter qu'on dise qu'il y a deux dieux à adorer. Oh! comme vous auriez vite fait de vous corriger, si vous appréhendiez de croire ce que vous avez craint d'avancer! En effet, quand l'Apôtre nous crie : « On croit de cœur pour obtenir la justice et on confesse de bouche pour obtenir le salut, » (*Rom.*, x, 10) si vous pensez que ce que vous croyez tend à la justice, pourquoi ne point le confesser aussi de bouche afin d'obtenir le salut? Mais si professer qu'on doit adorer deux dieux ne se rapporte point au salut, il est hors de doute qu'il ne peut servir à la justice, de le croire. Si donc vous ne voulez point que votre bouche se rende coupable d'une telle confession, pourquoi ne purifiez-vous point votre cœur d'une pareille croyance? Tenez la droite foi avec l'Eglise catholique, et ne rougissez point de corriger une croyance mauvaise. Tenez avec l'Eglise catholique que le Père n'est point le même que le Fils, ni le Fils le même que le Père, que le Père est Dieu et le Fils est Dieu, mais pourtant que l'un et l'autre ensemble ne font point deux dieux, mais un seul Dieu : c'est de cette manière seulement que vous honorerez le Père et le Fils, et que vous direz qu'on doit adorer non deux dieux, mais un seul Dieu, si vous ne voulez point que votre conscience soit percée du reproche d'impiété quand vous entendrez retentir ces mots divins à vos oreilles : « Il n'y a de Dieu que le Dieu unique, » (I *Cor.*, VIII, 4) et ceux-ci : « Ecoutez Israël, Seigneur votre Dieu est le seul Dieu; » (*Deut.*, VI, 4) puis ces autres paroles : « Vous adorerez le Seigneur votre Dieu et ne servirez que lui. » (*Deut.*, VI, 13.) Vous pourrez alors en toute sécurité rendre non-seulement au Père mais au Fils, le culte qui n'est dû qu'à Dieu. Rappelez-vous donc que vous n'avez point répondu à cette objection de ma part : ce n'est point un seul Dieu mais deux dieux que vous adorez.

CHAPITRE II.

De la souillure contractée par le Fils de Dieu en s'unissant à l'homme.

En second lieu j'ai traité avec vous de ce que vous avez dit : Que Dieu le Père n'est point descendu jusqu'à la souillure de l'union avec l'homme, comme si le Christ avait souffert ces souillures dans sa chair, et j'ai fait remarquer que le sens du mot que nous rendons par souillures de l'union, ne va point sans une idée de vice quelconque; or, nous savons que le Christ est exempt de tout vice. Vous n'avez rien pu répondre à cela. Les témoignages divins que vous avez rappelés ne vous ont été d'aucune aide, car vous n'avez pu vous en servir pour montrer que

ausus es confiteri. Sensisti enim, duos deos esse colendos, Christianas aures ferre non posse. O quam de proximo te corrigeres, si timeres credere quod dicere timuisti! Cum enim clamet Apostolus : « Corde creditur ad justitiam, ore confessio fit ad salutem : » (*Rom.*, x, 10) si ad justitiam putas pertinere quod credis, cur hoc ad salutem etiam ore non confiteris? Si autem duos deos colendos ad salutem non pertinet confiteri, sine dubio nec ad justitiam pertinet credere. Qui ergo non vis tali confessione reum teneri os tuum, quare non mundas a tali credulitate cor tuum? Tene cum Catholica fidem rectam, non te pudeat emendare perversam. Tene cum Catholica, Patrem quidem non esse qui Filius est, et Filium non esse qui Pater est; et Deum esse Patrem, Deum esse Filium : verumtamen ambos simul non duos deos esse, sed unum. Isto modo solo fiet, ut et Patrem colas et Filium, nec tamen duos deos esse colendos dicas, sed unum, ne reatu impietatis tua conscientia compungatur, quando sonuerint in auribus tuis dicta divina, quia : « Nullus Deus nisi unus : » et : « Audi Israel, Dominus Deus tuus Dominus unus est : » (I *Cor.*, VIII, 4; *Deut.*, VI, 4) et quando audis : « Dominum Deum tuum adorabis, et illi soli servies; » (*Deut.*, VI, 13; *Matth.*, IV, 10) securus possis, non soli Patri, sed etiam Filio ea quæ uni Deo debetur servitute servire. Memento ergo te non respondisse ad illud quod objeceram, non a vobis coli unum Deum, sed duos.

CAPUT II.

De humanis contagiis.

Secundo loco egi tecum de verbis tuis, ubi dixeras : « Deum Patrem ad humana non descendisse contagia; » quasi Christus illa in carne perpessus sit : et admonui, quomodo contagium intelligi soleat, non utique nisi in aliquo vitio, a quibus omnibus immunem novimus Christum. Nec ad hoc quidquam respondere potuisti. Testimonia quippe divina, quæ abs te commemorata sunt, nihil te adjuvare potuerunt : non enim eis probare potuisti humano Christum atta-

le Christ a été souillé par le contact de l'homme. Quand vous rappelez ce mot de l'Apôtre : « Le Christ n'était point pécheur, il a fait le péché pour nous. » (II *Cor.*, v, 21.) Lisez avec un peu plus d'attention, et de peur que peut-être vous ne soyez tombé sur un exemplaire fautif, ou que le traducteur latin ne se soit trompé, prenez un exemplaire grec et vous trouverez non point que le Christ a fait le péché pour nous, mais qu'il a été lui-même fait péché par Dieu le Père, c'est-à-dire sacrifice pour le péché. En effet, voici ce que dit l'Apôtre : « Nous vous conjurons au nom du Christ, de vous réconcilier avec Dieu, puisque pour l'amour de nous, il a traité celui qui ne connaissait point le péché comme s'il eût été le péché. » (II *Cor.*, v, 20.) Il n'a donc pas fait le péché, mais Dieu l'a fait lui-même péché, c'est-à-dire, comme je l'ai fait remarquer, il l'a fait victime pour le péché; car si vous rappelez vos souvenirs, ou si vous relisez vos textes, vous trouverez que dans les livres de l'Ancien Testament, les sacrifices offerts pour les péchés sont désignés par le nom de péchés. De même la ressemblance de la chair dans laquelle il est venu à nous, avec la chair du péché, l'a fait appeler elle-même le péché. « Dieu a envoyé son Fils, dit l'Apôtre, revêtu d'une chair semblable à celle qui est sujette au péché, et, par le péché, il a condamné le péché dans la chair, » (*Rom.*, VIII, 3), c'est-à-dire par la chair qui était semblable à une chair de péché, mais qui était sa chair à lui, il a condamné le péché dans la chair du péché qui est notre chair à nous. C'est pour cela aussi qu'il est dit : « Car quant à ce qu'il est mort ça été pour détruire le péché; il est mort seulement une fois; mais quant à ce qu'il vit, il vit pour Dieu. » (*Rom.*, VI, 10.) En effet, il est mort une fois pour détruire le péché parce qu'il est mort dans sa chair semblable à une chair de péché, quand en mourant il fut dépouillé de la chair, voulant par ce mystère être la figure de ceux qui sont baptisés dans sa mort et qui meurent au péché pour vivre à Dieu. Voilà comment aussi par sa croix « il est devenu maudit pour nous. » (*Gal.*, III, 13.) En effet, suspendu au gibet, il y porta la mort qui nous était venue de la malédiction de Dieu, voilà comment notre vieil homme a été attaché en même temps que lui à la croix, en sorte que ce mot de la loi : Maudit quiconque est suspendu au bois du gibet (*Deut.*, XXI, 23), ne soit point entendu dans un sens mensonger. Or, qu'est-ce à dire : Maudit, sinon tu es terre et tu retourneras en terre? et qu'est-ce à dire : Quiconque, si ce n'est que le Christ lui-même, bien qu'étant la vie, mourut néanmoins d'une vraie mort, non pas d'une mort sainte? Si vous comprenez ces mystères, vous comprendrez en même temps qu'il n'y a point de souillure dans son union avec l'homme. Mais qu'avons-nous affaire avec

---

minatum esse contagio. Quod enim Apostolum dixisse commemoras : « Quoniam Christus cum peccator non esset, peccatum pro nobis fecit : » (II *Cor.*, v, 21) lege diligentius, et ne forte mendosum incurreris codicem, aut Latinus interpres erraverit, Græcum inspice; et invenies non Christum, sed a Patre Deo ipsum Christum factum esse peccatum, id est sacrificium pro peccato. Ait enim Apostolus : « Obsecramus pro Christo, (*a*) reconciliamini Deo; eum qui non noverat peccatum, pro nobis peccatum fecit. » (II *Cor.*, v, 20.) Non ergo fecit ipse peccatum, sed eum Deus pro nobis peccatum fecit, hoc est, ut dixi, sacrificium pro peccato. Si enim recolas vel relegas, invenies in libris Veteris Testamenti peccata appellari sacrificia pro peccatis. Similitudo etiam carnis peccati, in qua venit ad nos, dicta est et ipsa peccatum : « Misit, inquit, Deus Filium suum in similitudine carnis peccati, et de peccato damnavit peccatum in carne : » (*Rom.*, VIII, 3) hoc est, de similitudine carnis peccati, quæ ipsius erat, damnavit peccatum in carne peccati, quæ nostra est. Propter hoc etiam de illo dicitur : « Quod enim mortuus est peccato, mortuus est semel; quod autem vivit, vivit Deo. » (*Rom.*, VI, 10.) Peccato enim mortuus est semel, quia (*b*) similitudini carnis peccati mortuus est, quando moriendo exutus est carne : ut per hoc mysterium significaret eos qui in morte ipsius baptizantur, mori peccato, ut vivant Deo. Sic etiam per crucem « factus est pro nobis maledictum. » (*Gal.*, III, 13.) Pendens quippe in ligno, mortem quæ de maledicto Dei venerat, suspendit in ligno, atque ita vetus homo noster simul confixus est cruci : ut non mendaciter dictum intelligatur in Lege : « Maledictus omnis qui pendet in ligno. » (*Deut.*, XXI, 23.) Quid est « maledictus, » nisi : Terra es, et in terram ibis? (*Gen.*, III, 19.) Et quid est « omnis, » nisi quia et ipse Christus, qui cum esset vita, mortuus est tamen vera morte, non ficta? Si intelligas ista mysteria, simul intelliges non esse contagia. Sed quid ad nos, si more tuo loquens, contactum forte mortalium voluisti appellare

---

(*a*) Am. Er. et Mss. *reconciliari Deo*. — (*b*) Sola editio Lov. *quia in similitudine*. Quidam Mss. *quia similitudine*.

TOM. XXVII.

4

cela, si selon votre habitude, vous appelez souillure, le seul contact de choses mortelles, pourvu que partageant notre sentiment, vous croyiez que le Seigneur Jésus n'a eu de péché ni dans son esprit ni dans sa chair?

CHAPITRE III.
Invisibilité de Dieu.

En troisième lieu, en parlant de l'invisibilité de Dieu, je vous ai engagé à croire invisible non-seulement le Père mais aussi le Fils, dans sa divinité, sinon dans sa chair en laquelle personne ne nie qu'il ait apparu visiblement aux hommes. J'ai repris, dans un autre endroit, cette controverse. Mais vous, cédant à cette vérité manifeste, vous êtes demeuré d'accord avec moi que le Fils est invisible, et, par là, vous avez détruit ce que vous aviez annoncé que le Père seul est invisible. Mais troublé de nouveau à la pensée que vous étiez convenu de cela et que vous aviez admis, avec moi, que le Fils est invisible, vous avez osé dire que les êtres moindres sont visibles pour ceux qui leur sont supérieurs tandis que ces derniers ne le sont point pour les premiers; et vous avez avancé que les anges sont vus par les archanges, et les âmes par les anges, tandis que les anges ne le sont point par les âmes. Puis, soutenant que le Christ, quant à la substance de sa divinité, ne peut être vu ni par les hommes ni même par les vertus du ciel, vous en avez conclu que le Père seul est invisible, attendu qu'il n'a point de supérieur par qui il puisse être vu. Dites-moi, je vous prie, quand les archanges vous ont appris qu'ils voient les anges tandis que les anges ne les voient point? Quels anges vous ont dit qu'ils voient les âmes et que les âmes ne les voient point? Qui vous a dit cela? où avez-vous appris cela? où l'avez-vous lu? Ne pourriez-vous prêter une meilleure attention aux livres divins où nous lisons que des anges ont été vus par des hommes quand et comme ils ont voulu se faire voir à eux, par l'ordre ou avec la permission du Créateur de toutes choses? Cependant après avoir dit qu'on doit déclarer « le Père seul invisible parce qu'il n'a point de supérieur par qui il puisse être vu, » vous avez reconnu ensuite qu'il est visible pour le Fils, en alléguant contre vous-même, le témoignage de l'Evangile où le Fils dit : « Jamais personne n'a vu le Père, il n'y a que celui qui vient de Dieu qui a vu le Père. » (*Jean*, VI, 46.) En cet endroit la vérité triomphe de vous ouvertement; mais ne voulant point sortir de l'erreur, vous n'avez point accepté cette défaite salutaire. En effet, après avoir rapporté vous-même contre vous le texte évangélique qui montre clairement que le Père est visible pour le Fils, puisque le Fils dit lui-même : Il n'y a que celui qui vient de Dieu qui a vu le Père, vous

---

contagium; cum tamen nobiscum sentias, Dominum Jesum, nec in spiritu, nec in carne ullum habuisse peccatum?

CAPUT III.
De invisibili Deo.

Tertio loco de invisibili Deo cum agerem, admonui ut crederes invisibilem, non solum Patrem, sed etiam Filium secundum divinitatem, non secundum carnem, in qua eum visibilem mortalibus apparuisse quis negat? unde et alio loco postea disputavi. Tu autem cedens manifestissimæ veritati, consensisti esse invisibilem Filium : ac per hoc destruxisti quod dixeras, « unum invisibilem Patrem. » Sed rursus tua consensione conturbatus, quia invisibilem etiam Filium esse consenseras, ausus es dicere, minora videri a majoribus, majora vero a minoribus non posse videri; dicens angelos videri ab archangelis, animas ab angelis, angelos vero ab animabus non videri : unde etiam Christum secundum divinitatis suæ substantiam, non solum ab hominibus, sed nec a virtutibus cœlestibus videri asserens, ideo Patrem solum invisibilem esse dixisti, quia superiorem non habet a quo circuminspiciatur. Dic nobis, rogo te, quando tibi indicaverunt archangeli, quod ipsi videant angelos, non autem videantur ab angelis? Quibus narrantibus angelis cognovisti, quod ipsi videant animas, animæ illos non videant? A quo hæc audisti, unde didicisti, ubi legisti? Nonne melius divinis libris animum intenderes, ubi legimus et ab hominibus angelos visos, quando voluerunt, et quomodo voluerunt videri, jubente vel sinente omnium Creatore? Verumtamen qui dixeras, ideo « solum dicendum invisibilem Patrem, quia non habet superiorem a quo circuminspiciatur; » confessus es postea, Filio esse visibilem, contra te ipsum proferens Evangelicum testimonium, ubi dicit ipse Filius : « Non quia Patrem vidit quisquam, sed qui est a Deo, hic vidit Patrem. » (*Joan.*, VI, 46.) Ubi te quidem veritas apertissime vicit : sed tu nolens ab errore liberari, noluisti salubriter vinci. Cum enim contra te comme-

ajoutez aussitôt après : Mais il l'a vu insaisissable. En attendant vous avez perdu ce que vous aviez avancé, à savoir que le Père seul est invisible parce qu'il n'a point de supérieur, puisque, vaincu par la force de la vérité, vous avez été contraint de reconnaître qu'il est vu par un inférieur; car, ce Fils que, sur son propre témoignage, vous dites avoir vu le Père, vous le prétendez inférieur au Père. Nous verrons plus tard ce que vous ajoutez en disant qu'il est insaisissable, et la vérité vous vaincra sur ce point comme sur les autres. Pour le moment la question n'est point pour nous de savoir s'il est saisissable ou insaisissable, mais s'il est visible ou invisible. Or, dans cette question si vous êtes vous-même visible pour vous, vous voyez que vous êtes vaincu.

CHAPITRE IV.

Immortalité de Dieu.

En quatrième lieu j'ai traité avec vous de l'immortalité de Dieu le Fils. Vous vouliez que ce mot de l'Apôtre : Seul il a l'immortalité (1 *Tim.*, VI, 16), ne s'entendît que du Père, tandis que l'Apôtre ne l'applique point au Père seul, mais en général à Dieu qui est Père, Fils et Saint-Esprit. J'ai donc montré que le Fils a aussi l'immortalité, quant à la substance de sa divinité. Car pour ce qui est de sa chair, qui est-ce qui nie qu'il fût mortel? Mais ne voulant me répondre sur ce passage, comme vous vous trouviez enfermé par la claire vérité, vous êtes convenu que Dieu le Fils a aussi l'immortalité, vous avez donc été battu sur ce que vous avanciez que ce n'est que du Père que l'Apôtre a dit qu'il a l'immortalité, et vous ne vous dégagiez point des liens de la vérité en disant : « Le Fils il est vrai a l'immortalité, mais parce qu'il la reçoit du Père; » attendu que la question n'est point de savoir qui la lui a donnée, mais s'il l'a. Or, vous voulez que ce ne soit que du Père qu'il ait été dit : « Il a seul l'immortalité. » Il est sûr que le Père ne l'a reçue de personne, et que le Fils l'a reçue du Père; mais enfin le Père et le Fils ont l'immortalité; car si le Fils ne l'a point, c'est que le Père ne la lui a point donnée ou que le Fils l'a perdue après l'avoir reçue. Or, le Père l'a donnée au Fils et le Fils ne l'a point perdue. Quant au Père, il n'a point perdu non plus ce qu'il a donné en engendrant son Fils, d'où il suit que le Père et le Fils, non le Père seulement, ont l'immortalité. Aussi êtes-vous contraint d'avouer que ce n'est point seulement du Père qu'il a été dit : « Il a seul l'immortalité, » puisque vous avez été contraint de reconnaître

morasses Evangelicum testimonium, quo claruit a Filio videri Patrem, dicente ipso Filio : « Sed qui est a Deo, hic vidit Patrem : » mox addidisti de tuo : « Sed vidit incapabilem. » Interim quod dixeras perdidisti, solum esse invisibilem Patrem, quia non habet superiorem : quando quidem veritate victus, eum videri ab inferiore confessus es. Vos enim dicitis inferiorem Filium a quo tamen Patrem videri, teste Filio cogente, (*a*) dixisti. De incapabili postea videbimus, ut etiam te illic veritas vincat. Non enim de capabili et incapabili, sed de visibili et invisibili inter nos quæstio versabatur : in qua quæstione si tibi ipsi tu ipse visibilis es, victum te esse vides.

CAPUT IV.

De immortali Deo.

Quarto loco egi tecum de immortali Deo etiam Filio. Quoniam tu illud quod ait Apostolus : « Qui solus habet immortalitatem; » (1 *Tim.*, VI, 16) sic intelligi voluisti, tanquam de solo Patre sit dictum : cum ille hoc non de Patre dixerit, sed de Deo, quod est Pater et Filius et Spiritus sanctus. Ostendi ergo et Filium habere immortalitatem secundum substantiam divinitatis suæ. Nam secundum carnem quis negat eum fuisse mortalem? Tu autem cum mihi respondere ad hunc locum velles, perspicua veritate conclusus, etiam Deum Filium immortalitatem habere confessus es. Victus es igitur in eo quod dicebas de Patre tantum dixisse Apostolum, quod solus habeat immortalitatem. Neque propterea vinculis veritatis elaberis, quoniam dicis : « Habet quidem Filius immortalitatem, sed accipiens a Patre. » Non quæritur unde habeat, sed utrum habeat. Tu enim de Patre solo vis intelligi quod scriptum est, « solus habet immortalitatem. » Prorsus a nullo acceptam Pater habet immortalitatem, et a Patre acceptam Filius habet immortalitatem : tamen et Pater et Filius habet immortalitatem. Alioquin si eam non habet Filius ; Pater eam non dedit Filio, aut acceptam perdidit Filius. Dedit autem Pater Filio, nec perdidit Filius : nec Pater dando perdidit quod generando dedit. Habet ergo immortalitatem et Pater et Filius, non Pater solus. Cogeris itaque confiteri non de solo Patre dictum esse : « Qui solus habet immortalitatem : » quia jam coactus es confiteri quod et Filius habeat immor-

(*a*) Hic apud Lov. additur, *veritate.*

que le Fils l'a aussi. Celui qui l'a en effet, l'a « seul, » mais celui-là c'est Dieu ; or, Dieu n'est point seulement le Père, puisque le Fils l'est aussi, et que le Père et le Fils avec le Saint-Esprit qui leur est uni ne font qu'un seul Dieu. Mais pourquoi est-il dit que Dieu seul a l'immortalité, quand l'âme est également immortelle, à sa manière, ainsi que d'autres créatures spirituelles et célestes ? c'est ce que nous verrons plus loin. Pour le moment il nous suffit que vous n'ayez rien eu à répondre à ce que j'ai dit, et que vous ayez été contraint de reconnaître que non-seulement le Père a l'immortalité, mais que le Fils bien que venant du Père, l'a aussi.

CHAPITRE V.

Comment le Père est plus grand que le Fils.

En cinquième lieu j'ai montré comment le Père est plus grand que le Fils ; ce n'est pas qu'il soit plus grand que le Dieu qui est son Fils coéternel avec lui, mais il est plus grand que l'homme qui a été fait son fils dans le temps. A ce sujet j'ai rappelé le témoignage de l'Apôtre : « Ayant la forme et la nature de Dieu, il n'a point cru que ce fût pour lui une usurpation d'être égal à Dieu. » (*Philipp.*, II, 6.) C'est donc par sa nature, non par usurpation, qu'il est égal à Dieu. Pour répondre à cela vous avez dit : « Qui donc nie que le Fils ait eu la forme de Dieu ? Qu'il soit Dieu, qu'il soit Seigneur, qu'il soit Roi, je crois l'avoir déjà assez longuement dit. Et que ce ne soit point par une rapine qu'il ait pensé qu'il était égal à Dieu, c'est ce que l'apôtre saint Paul nous enseigne, il nous dit qu'il n'a point ravi ce titre, et nous ne le disons point non plus. » Ces paroles qui sont de vous, non-seulement ne sont pas contre nous, mais plutôt semblent pour nous. En effet, si vous confessez qu'il eut la forme de Dieu, pourquoi ne reconnaîtriez-vous point ouvertement que le Fils de Dieu est égal à Dieu ? D'autant plus que des paroles de l'Apôtre où il dit qu'il n'a pas cru que ce fût pour lui une usurpation d'être égal à Dieu, vous n'avez pu trouver rien à conclure en faveur de votre opinion ? Et comme vous n'avez pu nier que l'Apôtre se soit exprimé ainsi, vous avez dit. « Il nous assure qu'il n'a point ravi ce titre, nous ne le prétendons pas non plus, » comme si, « il ne l'a point ravi » était la même chose que il ne l'a point eu, je parle de l'égalité avec Dieu. Or, il est dit : « Il n'a point cru que ce fût pour lui une usurpation d'être égal à Dieu ; » c'est comme s'il avait dit : Il n'a pas cru qu'il dût usurper l'égalité avec Dieu, attendu qu'elle était étrangère à lui : En effet, celui qui ravit la chose d'autrui est un usurpateur de cette chose ; c'est comme si le Fils pouvant ravir cette égalité n'eut pas voulu le faire. Or, on voit quelle sottise c'est de penser ainsi. Comprenez

---

talitatem. Habet autem hanc « solus, » sed Deus : quod non solus est Pater ; quia hoc est et Filius, et uterque adjuncto Spiritu sancto unus est Deus. Sed quare solus Deus dictus sit habere immortalitatem, cum et anima pro suo modo sit immortalis, et alia spiritalis cœlestisque creatura, postea videbimus : nunc autem sufficit nobis, quod ad ea quæ dixi, nihil respondere potuisti, et non solum Patrem ; sed quamvis ab ipso, habere tamen immortalitatem etiam Filium coactus es confiteri.

CAPUT V.

Unde major sit Pater.

Quinto loco ostendi, unde major sit Pater Filio : quia non Deo major est, unde illi cœternus est Filius ; sed homine major est ; quod ex tempore factus est Filius. Ibi commemoravi Apostolicum testimonium : Quia cum in forma Dei esset, non rapinam arbitratus est esse æqualis Deo. (*Philip.*, II, 6.) Natura quippe illi fuerat Dei æqualitas, non rapina. Ad quod tu respondens dixisti : « Quis enim negat Filium esse in forma Dei ? Quod enim sit Deus, quod sit Dominus, quod sit Rex, jam puto latius exposuimus. Et quia non rapinam arbitratus est esse æqualis Deo (*Ibid.*), hoc nos beatus apostolus Paulus instruit, quod ille non rapuit, nec nos dicimus. » Hæc verba tua non solum nihil habent adversus nos, sed magis apparent esse pro nobis. Si enim confiteris Dei formam, cur non aperte Dei Filium Deo confiteris æqualem ? Præsertim, quia de verbis Apostoli, ubi ait : Non rapinam arbitratus est, esse æqualis Deo : non potuisti pro tuis partibus invenire quod diceres. Et quia hoc dixisse Apostolum non potuisti negare, ideo dixisti, « quod ille non rapuit, nec nos dicimus : » tanquam hoc sit « non rapuit, » quod est non habuit, id est, æqualitatem Dei : atque ita dictum sit : Non rapinam arbitratus est esse æqualis Deo ; ac si diceretur : Non arbitratus est esse rapiendam æqualitatem Dei, eo quod ab illo fuerit aliena. Raptor enim rei alienæ usurpator est : tanquam hoc Filius, cum posset, rapere noluisset. Quod vides quanta insi-

donc que l'Apôtre a dit : « Il n'a point cru que ce fût pour lui une usurpation d'être égal à Dieu, » parce qu'il ne crut point que ce fût un titre étranger pour lui d'être né. Cependant bien qu'il n'ait pas cru que l'égalité avec Dieu lui fût étrangère, et qu'il l'eût regardée comme lui appartenant en propre, néanmoins il s'est anéanti lui-même en ne cherchant pas ses propres avantages, mais les nôtres. Pour que vous sachiez bien qu'il en est ainsi, faites attention au point d'où est parti l'Apôtre pour en venir là. En effet, comme il recommandait aux chrétiens l'humilité et la charité il dit : « Que chacun estime son prochain supérieur à soi, et ne pense point à ses propres intérêts mais aux intérêts des autres. » Ensuite, voulant nous exhorter à l'exemple du Christ à ne point rechercher et à n'avoir point en vue que nos propres intérêts, mais les intérêts des autres, il dit : « Soyez dans les mêmes dispositions et dans le même sentiment où a été Jésus-Christ qui ayant la forme et la nature de Dieu » qui était aussi la sienne, n'a pas cru que ce fût une usurpation, c'est-à-dire que ce fût s'attribuer ce qui appartenait à un autre, que d'être égal à Dieu. Mais pourtant en cherchant nos intérêts, non les siens, il s'est anéanti lui-même, non point en perdant sa forme de Dieu, mais en prenant celle de l'esclave. Car cette nature n'est point muable pour s'anéantir en perdant ce qu'elle a ; mais elle s'anéantit en prenant ce qu'elle n'est point ; elle ne s'anéantit point en consommant ce qui est à elle, mais en assumant ce qui est à nous, et ensuite en obéissant comme homme, jusqu'à la mort de la croix, dans sa forme d'esclave. (*Philipp.*, II, 9.) Voilà pourquoi Dieu l'a exalté et lui a donné un nom qui est au-dessus de tout nom, et le reste. C'est donc à l'homme, non au Dieu qu'il a donné ces choses, car on ne peut dire que lorsqu'il n'avait que la forme de Dieu, il était moins élevé, ou que les genoux ne fléchissaient point pour lui dans le ciel, sur la terre et dans les enfers ; mais quand il est dit : Voilà pourquoi Dieu l'a élevé, on voit assez clairement pourquoi il l'a élevé ; c'est à cause de son obéissance jusqu'à la mort de la croix. Il fut donc élevé dans la forme dans laquelle il a été crucifié, c'est à cette forme qu'a été donné un nom qui est au-dessus de tout nom, afin que cette forme même d'esclave fût nommée le Fils unique de Dieu. Par conséquent ne faites point la forme de Dieu inégale à Dieu, on ne saurait le dire même de la forme de l'homme quand il s'agit des hommes. En effet, quand on dit : cet homme a la forme de tel autre homme, personne ne comprend, à ce langage, autre chose, sinon qu'ils sont égaux. Est-ce que par hasard vous ne voudriez point entendre ces mots : « Ayant

pientia sentiatur. Ergo intellige Apostolum ideo dixisse : Non rapinam arbitratus est esse æqualis Deo; quia non alienum arbitratus est esse quod natus est : sed tamen quamvis æqualitatem Dei non fuerit arbitratus alienam, sed suam, semetipsum exinanivit, non quærens quæ sua sunt, sed quæ nostra sunt. Quod ut noveris ita esse, attende unde ad hoc Apostolus venerit. Cum enim Christianis humilitatem præciperet caritatis : « Alter alterum, inquit, existimantes superiorem sibi, non quæ sua sunt unusquisque intendentes, sed (*a*) et quæ aliorum. Deinde ut exemplo Christi hortaretur non sua quærere vel intendere, sed et quæ aliorum sunt : Singuli quique, inquit, hoc sentite in vobis quod et in Christo Jesu : » (*Philip.*, II, 3 et 4) qui cum in forma Dei esset, quæ illi erat sua, non rapinam arbitratus est, hoc est, non alienum arbitratus est, esse æqualis Deo : sed tamen quærens nostra, non sua, semetipsum exinanivit, non formam Dei amittens, sed formam servi accipiens. Non enim est mutabilis illa natura ut se exinaniret perdendo quod erat, sed accipiendo quod non erat : nec consumendo quæ sua sunt, sed assumendo quæ nostra sunt; ac deinde in forma servi obediendo sicut homo usque ad mortem crucis. « Propter quod et Deus eum exaltavit, et donavit ei nomen quod est super omne nomen : » (*Philip.*, II, 9) et cætera. Homini ergo donavit ista, non Deo. Neque enim cum in forma Dei esset non excelsus erat, aut non ei genua flectebant cœlestia, terrena et inferna. Sed cum dicitur : Propter quod eum exaltavit ; satis apparet propter quid exaltaverit, id est, propter obedientiam usque ad mortem crucis. In qua ergo forma crucifixus est, ipsa exaltata est, ipsi donatum est nomen quod est super omne nomen ; ut cum ipsa forma servi nominetur Filius unigenitus Dei (*b*). Non itaque facias imparem Deo formam Dei : quod nec in ipsis hominibus dici potest. Nam cum dictum fuerit : Iste homo in forma est illius hominis, nemo intelligit nisi (*c*) æquales. An forte non vis sic accipere quod dictum est : Cum in forma Dei esset, ut in forma Dei Patris intelligas Filium, ubi nihil aliud quam æqualitas apparet amborum ; sed in forma

---

(*a*) Lov. *sed ea quæ aliorum* : At Mss. *sed et quæ aliorum* juxta Græc. ἀλλὰ καὶ. — (*b*) Hic editi addunt *intelligatur* : male, et reluctantibus Mss. — (*c*) Am. Er. et Mss. *nisi æqualis*.

la forme de Dieu, » en ce sens que le Fils avait la forme de Dieu le Père, où l'on ne voit pas autre chose que l'égalité de l'un et de l'autre, et que dans la forme de Dieu il faille entendre dans sa propre forme, attendu qu'il est Dieu lui-même? Je me mets peu en peine que vous compreniez les choses ainsi. En effet, là ce ne sont point les accroissements produits par l'âge qui font la plénitude de la forme, mais si le Fils est né parfait du Dieu qui l'a engendré, il est hors de doute que si la forme du Fils n'est point égale à celle du Père, le Fils n'est point un vrai Fils. Or, il est écrit : Pour que nous soyons dans son vrai Fils Notre-Seigneur Jésus-Christ (1 *Jean*, v, 20) ; la forme du vrai Fils ne peut donc point ne pas être égale à la forme de Dieu le Père. Ainsi vous n'avez rien pu répondre, selon votre désir à cette partie de mon argumentation où j'ai prouvé, par les paroles même de l'Apôtre, que le Fils est égal au Père.

CHAPITRE VI.

Vrais petits des êtres animés.

En sixième lieu, pour montrer que le Fils est de la même nature que le Père, j'ai opposé à l'énormité de votre erreur, les petits des animaux mortels, en gourmandant votre cœur de nier que Dieu le Fils fût de la même nature que le Père, tout en reconnaissant qu'il était son vrai Fils, surtout quand Dieu a donné aux animaux la propriété de produire des petits tels qu'eux. J'ai alors parlé non-seulement de l'homme qui engendre l'homme, mais du chien qui engendre le chien, non point à cause d'une similitude avec Dieu, mais pour confondre ceux qui déchirent le Fils de Dieu. Or, en voyant les hommes sujets à la corruption et à la mort, n'en avoir pas moins l'unité de nature avec leurs propres parents, ils ne veulent point permettre au Fils de Dieu d'avoir une communauté de nature avec le Père, quoiqu'il soit inséparable de lui, incorruptible et éternel comme lui. C'est aussi ce qui m'a fait dire que, d'après vous, la condition de l'homme serait meilleure, puisqu'il lui est donné de croître, et que par cet accroissement les enfants peuvent arriver à la force des parents. Mais le Fils de Dieu comme vous le dites et l'enseignez, engendré moindre que son Père, demeure tel qu'il a été engendré et ne s'accroît point pour arriver à la forme du Père. A cela, pour qu'il apparût de quel poids immense la vérité vous accablait, vous n'avez absolument rien répondu qui eût trait à la question ; mais comme si le souffle vous eût manqué et que vous eussiez été à bout de vent, vous avez songé à une querelle en disant que ma comparaison était honteuse, vous vouliez parler de celle que je tirais des enfants de l'homme et des petits du chien, et qu'elle n'aurait jamais dû être em-

Dei, putas intelligendum in forma sua, quia et ipse utique Deus est? Non multum curo si etiam sic intelligas. Ubi enim plenitudinem formæ ætatis incrementa non faciunt, sed Deo gignente perfectus natus est Filius ; procul dubio si forma Filii formæ Patris non est æqualis, non verus est Filius. Scriptum est autem : « Ut simus in vero Filio ejus Jesu Christo, » (I *Joan*., v, 20) Forma igitur veri Filii, formæ Dei Patris esse non potest inæqualis. Proinde nec huic loco prosecutionis meæ, ubi de verbis Apostoli æqualem Patri Filium comprobavi, respondere aliquid pro vestra intentione potuisti.

CAPUT VI.

De veris filiis animalium.

Sexto loco ut ejusdem naturæ cujus et Pater est, ostenderem Filium, etiam mortalium fetus animalium immanitati vestri erroris objeci, increpans cor vestrum, qui ejusdem naturæ cujus est Pater, ne- gatis esse Deum Filium, quamvis verum esse Filium non negetis ; cum Deus ipse dederit animalibus hoc generare quod ipsa sunt : ubi non solum hominis hominem, verum etiam canis canem filium nominavi ; non ad similitudinem Dei, sed ad confusionem detrahentium Filio Dei : qui cum videant corruptibiles mortalesque naturas, habere tamen naturæ de suis parentibus unitatem, Filio Dei vero nolunt concedere communionem naturæ unius habere de Patre ; cum sit inseparabilis a Patre, et incorruptibilis æternusque cum Patre. Unde etiam dixi, quod melior sit secundum vos humana conditio, ubi conceditur crescere, ut ad robur parentum vel crescendo possint filii pervenire : Filius autem Dei, sicut dicitis et docetis, minor Patre genitus sic remansit, atque ut ad Patris formam non posset pervenire, nec crevit. Hic tu, ut appareret quam magna veritatis mole premereris, omnino ad rem non respondisti : sed tanquam (a) deficienti flatu anhelares, reprehendendum me putasti, dicens quod tam fœda comparatio, de filio

---

(a) Mss. *deficientis flatus*.

ployée pour une si grande immensité. Est-ce là répondre? n'est-ce pas plutôt montrer qu'on est à bout de réponse? Comme si j'avais emprunté ces exemples aux choses de la terre pour mettre l'incorruption et la corruption, l'immortalité et la mortalité, les choses visibles et les invisibles, les éternelles et les temporelles sur le même pied, et que je n'eusse pas plutôt voulu convaincre votre erreur au sujet de choses grandes et suprêmes, en me servant de choses petites et infimes, et vous montrer à vous qui ne voyez point le bien que le Créateur souverainement bon a mis dans des créatures viles et bien inférieures à nous, lesquelles quoique bien moindres que lui, ne laissent pas d'engendrer des êtres égaux à elles. Et vous ne remarquez point le mal que vous dites, quand vous prétendez que les hommes, les chiens et tous les autres êtres vivants du même genre ont de vrais petits que la vérité leur crée et dont ils sont les pères, tandis que le Fils de Dieu, qui est la vérité même, n'est point un vrai Fils. Ou bien si, contraint par la sainte Ecriture, vous accordez qu'il est un vrai Fils, je vous prie d'accorder que ce n'est pas un Fils dégénéré. Dégénéré, mais comment? Que les catholiques s'entendent et que les hérétiques soient couverts de honte. Le fils d'un homme fort est un fils dégénéré, disons-nous, quand il n'a point de force, il n'en est pas moins un homme, il est ce qu'est son père, et, bien que la vie de l'un diffère de celle de l'autre, leur substance n'est point différente. Mais vous, vous faites le Fils unique de Dieu tellement dégénéré, que vous lui refusez même la substance du Père : Vous dites qu'il est né moindre que lui, et qu'il est demeuré moindre, vous ne lui donnez point un âge pour l'accroître, ni la même forme qui permette de le faire égal à son Père. Après avoir tout ôté à sa nature, je m'étonne que vous ayez le front d'en faire un vrai Fils. Peut-être, par la plus fâcheuse erreur, ne pensez-vous pouvoir arriver à la gloire du Père que par l'abaissement du Fils.

CHAPITRE VII.
Grandeur du Fils.

En septième lieu, j'ai dit : « Pour nous, le Fils est si bien un grand Dieu, que nous le disons égal au Père. Par conséquent c'est sans motif que vous avez voulu nous prouver par un flot de paroles, et force autorités ce que nous faisons particulièrement profession de croire. » A ces paroles, j'ai ajouté une argumentation où je donnais la raison pour laquelle le Fils étant égal au Père, ne laisse point d'appeler ce dernier son Dieu en disant : « Je monte vers mon Père et votre Père, vers mon Dieu et votre Dieu. » (*Jean*, XX, 17.) Comme vous avez rappelé ce passage de l'Evangile, par lequel vous

---

scilicet hominis sive canis, in illam tantam immensitatem produci non debuit. Hoc respondere est, an potius inopiam responsionis ostendere? Quasi ego propterea terrenarum naturarum ista exempla produxerim, ut incorruptioni corruptionem, immortalitati mortalitatem, invisibilibus visibilia, æternis temporalia coæquarem : ac non potius ut vos in magnis et summis rebus errantes, de rebus parvulis infimisque convincerem, qui non videtis bonum quod Creator summe bonus dedit etiam extremis vilibusque creaturis, ut cum longe aliud sint quam est ipse, hoc tamen generent quod sunt ipsæ. Nec attenditis quid mali dicatis, ut cum homines et canes, et cætera hujusmodi habeant filios veros, quos illis gignentibus creat veritas, non sit verus Dei Filius ipsa veritas. Aut si sancta Scriptura cogente permittitis ut verus Filius sit, rogamus permittite ut degener non sit. Et degener quomodo? Audiant catholici, unde erubescant hæretici. Filius viri fortis si non habeat fortitudinem, degener dicitur : tamen homo est, quod et pater est; atque in dissimili vita, non est tamen aliena substantia. Vos unigenitum Dei Filium ita degenerem vultis, ut ipsam Patris ei substantiam denegetis : minorem natum, minorem remansisse jactatis : non datis ullam ætatem qua possit augeri, non datis eamdem formam qua possit æquari. Cujus naturæ tanta subtrahitis, miror verum Filium qua fronte dicatis : nisi quia infelicissimo errore non vos putatis ad unius Patris gloriam, nisi per unici Filii contumeliam pervenire.

CAPUT VII.
De magnitudine Filii.

Septimo loco dixi : « Usque adeo autem Filium agnoscimus magnum Deum, ut Patri dicamus æqualem. Itaque sine causa, inquam, nobis quod valde profitemur, testimoniis et multiloquio probare voluisti. » Et his verbis meis addidi disputationem, in qua rationem reddidi, quare Filius cum sit Patri æqualis, dicat eum tamen Deum suum, ubi ait : « Ascendo ad Patrem meum et ad Patrem vestrum,

pensiez prouver que le Fils n'était point égal au Père, je vous ai répondu que le Père est aussi le Dieu du Fils unique, parce que le Fils est homme et est né d'une femme, et que c'est ce qu'il prédisait lui-même comme devant arriver un jour, quand il disait, dans un psaume : « Vous êtes mon Dieu dès le ventre de ma mère, » (*Ps.* xxi, 11) afin de montrer que le Père est son Dieu en tant qu'il s'est fait chair. En effet, l'homme est né du sein d'une mère et le Dieu est né d'une Vierge en tant qu'homme, en sorte que non-seulement il eut pour Père celui qui l'a engendré de son sein, mais encore il eut pour Dieu celui qui l'a créé en tant qu'homme. En voulant répondre à cela, vous avez dit une multitude de paroles, et cité une foule d'autorités qui ne vous servaient à rien, et, en attendant, vous n'avez pu trouver d'aucune manière en quel sens ont été citées ces paroles : « Vous êtes mon Dieu dès le ventre de ma mère, » quoique vous les eussiez vous-même empruntées aux saintes Ecritures. Mais je ne vois point pourquoi vous avez au même endroit cité ce passage d'un autre psaume : « La principauté est avec vous au jour de votre puissance au milieu de la gloire qui environnera vos saints ; je vous ai engendré de mon sein avant l'étoile du matin ; » (*Ps.* cix, 3) car ce n'est point le fait de la personne du Fils de dire : Vous êtes mon Dieu dès votre sein,

ou dès votre ventre. Quant à cette génération ineffable, si on l'entend bien, ces mots, du sein du Père ne signifient point autre chose que de lui-même, c'est-à-dire que Dieu a engendré un Dieu de sa propre substance, de la même manière que lorsqu'il naquit du sein de sa mère, un homme engendra un homme ; afin que nous comprissions bien que dans l'une et dans l'autre génération, la substance de celui qui est né et celle de ceux dont il est né ne sont point différentes. Sans doute, Dieu Père et l'homme mère sont de substances différentes, mais Dieu le Père et Dieu le Fils ne sont point deux substances différentes, de même que l'homme Fils et l'homme mère ne sont point deux substances diverses. Mais écoutez ce que le Fils dit dans une prophétie : « Vous êtes mon Dieu dès le ventre de ma mère. » Ne cherchez point à embrouiller des choses qui sont claires par un flot de paroles qui n'ont aucun rapport au sujet. Celui qui est Père pour le Fils qu'il a produit de son sein est Dieu pour celui qu'il a tiré du sein d'une mère non du sien. Or, à cela vous n'avez absolument rien pu répondre.

CHAPITRE VIII.

Soumission du Fils.

En huitième lieu je vous ai répondu au sujet

Deum meum et Deum vestrum. » (*Joan.*, xx, 17.) Quoniam tu commemoraveras hoc Evangelicum testimonium, quo te probare existimasti, quod Patri Filius non esset æqualis. Ego itaque tibi ad ista respondens, dixi Patrem propterea etiam Deum esse unigeniti Filii, quoniam Filius factus est homo et natus ex femina : et hoc esse quod dicit in Psalmo, ubi quod futurum fuerat prænuntiavit : « De ventre matris meæ Deus meus es tu ; » (*Psal.* xxi, 11) ut ostenderet Patrem hinc esse Deum suum, quia homo factus est. Homo enim de ventre matris est natus, et secundum hominem de virgine natus est Deus : ut non solum Pater illi esset qui eum de se ipso genuit, verum etiam Deus ejus esset quem de ventre matris hominem creavit. Ad hæc tu cum respondere voluisses, multa dixisti, et multa testimonia quæ te nihil adjuvant, protulisti. Quomodo tamen dictum sit : « De ventre matris meæ Deus meus es tu : » quamvis eadem Scripturæ sanctæ verba memorasses, nullo modo invenire potuisti. Cur autem in eo loco posueris Psalmi alterius testimonium, ubi scriptum est : « Tecum principium in die virtutis tuæ in splendoribus sanctorum, ex utero ante luciferum genui te : »

(*Psal.* cix, 3) omnino non video. Non enim Filii persona est dicentis : Ex utero tuo, aut : De ventre tuo, Deus meus es tu. Illa ineffabilis generatio etiam si ex utero Patris accipitur, hoc significatum est, quia de se ipso, hoc est, de substantia sua Deus Deum genuit ; sicut ex utero matris quando natus est, homo hominem genuit : ut intelligeremus in utraque generatione non diversas ejus qui est natus, et eorum de quibus est natus, esse substantias. Diversa quidem substantia est, Deus Pater, et homo mater : non tamen diversa substantia est, Deus Pater, et Deus Filius : sicut non est diversa substantia, homo mater, et homo filius. Sed audi quid dicat in prophetia iste Filius : « De ventre, inquit, matris meæ Deus meus es tu. » Noli multis verbis ad rem non necessariis conari operire res claras. Qui est Pater Filio ex utero suo, de ventre matris Deus ejus est, non de suo. Ad hoc ergo prorsus nihil respondere potuisti.

CAPUT VIII.

De subjectione Filii.

Octavo loco de subjectione, qua subjectus est Patri

de la soumission dont le Fils fait preuve à l'égard du Père, attendu que vous aviez dit : « Par sa soumission il en fait le seul Dieu, » et j'ai dit que ces mots entendus de l'homme, on peut très-bien dire le Fils soumis au Père. Il n'y a rien là d'étonnant, quand on lit que dans sa double forme il se montra « soumis même à ses parents, » (*Luc*, II, 51) et lorsqu'il est écrit à son sujet : « Vous l'avez abaissé un peu au-dessous des anges. » (*Ps.* VIII, 6.) En faisant mine de vouloir répondre à cela, vous avez dit que j'avais eu bien raison de le faire observer, que c'est à cause de la forme d'esclave que j'avais dit qu'il était soumis à ses parents ; puis voulant montrer que ce que vous voyiez être contre vous, vous était au contraire favorable, comme si vous aviez affaire, dans les futurs lecteurs de ces controverses, à des hommes peu sur leurs gardes et distraits, n'ayant rien à répondre à ce que j'avais dit, vous avez ajouté : « Si on le trouve soumis à des parents que lui-même a créés, attendu que c'est par lui que tout a été fait, nous savons que lui-même n'a point été engendré du Père après, mais avant le temps. Si donc il a été soumis à ses parents, selon que l'autorité de l'Evangile nous le dit avec la dernière clarté, à combien plus forte raison le fut-il à celui qui l'a engendré, qui l'a fait tel et si grand, selon ce mot de l'apôtre saint Paul : « Lorsque tout sera soumis au Fils, alors le Fils lui-même sera soumis à celui qui lui aura soumis toutes choses. » (I *Cor.*, XV, 28.) On pourrait croire que c'est moi-même qui ai fait entendre ces paroles sorties de votre bouche et que c'est là mon propre langage, si pour ceux qui vous les ont entendu prononcer et qui maintenant les lisent en entier, il n'était de la dernière évidence que c'est vous qui vous êtes exprimé en ces termes. En effet, qui pourrait croire que vous soyez capable de convenir avec nous que c'est selon la forme de l'esclave, non par conséquent selon la forme de Dieu, que le Christ a été soumis ?

CHAPITRE IX.

Le Saint-Esprit adore-t-il le Père.

En neuvième lieu, je vous ai demandé de nous montrer par les saintes Ecritures, si vous le pouviez, que le Saint-Esprit eût adoré le Père ; car c'est ce que vous aviez avancé, mais sans le prouver, comme le fait assez voir la suite de votre discours auquel j'ai répondu. Voyez donc la réponse que vous avez faite à ma question, dans la suite de la discussion. Après vous être étendu aussi longuement que vous l'avez voulu sur le jugement du Fils que nous croyons nous aussi avec une foi entière, et sur la soumission que nous ne nions point non plus que le Fils témoigne au Père dans sa forme d'esclave, quand vous en êtes venu à prouver que le Père est adoré par le Saint-Esprit, vous nous

---

Filius, respondi tibi : quoniam dixeras : « De sua subjectione unum statuit Deum. » Respondi ergo etiam hoc secundum hominem recte accipi, quod Filius subditus est Patri. Neque hoc esse mirandum, cum legatur utique secundum ipsam servi formam etiam parentibus subditus (*Luc.*, II, 51) : et de illo sit scriptum : Minorasti eum paulo minus ab angelis. (*Psal.* VIII, 6.) Ad quod tu quasi respondens dixisti me optime prosecutum, quoniam et parentibus propter formam servi esset subjectus. Deinde volens velut pro te esse ostendere, quod contra te esse cernebas ; ac sic incautis minusque attentis hominibus, quicumque essent ista lecturi, tanquam respondentem te facere, ubi quod diceres non habebas ; adjungis et dicis : « Si enim parentibus subjectus invenitur quos ipse creavit, quia omnia per ipsum facta sunt : nec enim post tempora, sed ante tempora novimus Filium genitum a Patre : si ergo parentibus, inquis, subditus erat, ut divinarum Scripturarum auctoritas luce clarius praedicat : quanto magis utique illi suo genitori est subditus, qui tantum ac talem eum genuit ; secundum quod ait Paulus : Cum omnia fuerint Filio subjecta, tunc et ipse Filius subjectus erit illi qui sibi subjecit omnia. » (I *Cor.*, XV, 28.) Haec verba tua possent a me putari dicta esse, et omnino mea esse, nisi te audientibus cum dicerentur, et postea haec cuncta legentibus, evidenter appareret te illa dixisse. Quis enim crederet, consentire posse vos nobis, secundum formam servi, ac per hoc non secundum formam Dei Christum esse subjectum ?

CAPUT IX.

Utrum adoret Patrem Spiritus sanctus.

Nono loco abs te quaesivimus, ut per Scripturas divinas ostenderes, si valeres, utrum adoret Patrem Spiritus sanctus. Hoc enim dixeras : sed sicut ipsa tua prosecutio, cui respondi, satis indicat, non probaveras. Ad hanc ergo inquisitionem meam vide quid posteriore prosecutione responderis. Cum enim dixisses quantum voluisti de judicio Filii, quod et nos fidelissime credimus ; et de subjectione, quam se-

avez reparlé de ces gémissements sur lesquels je vous avais répondu déjà auparavant en vous disant que c'est suivant une manière de parler ordinaire aux saintes Ecritures qu'il était dit : « Et l'Esprit lui-même prie avec des gémissements inénarrables. » (*Rom.*, VIII, 26.) Ne pensons point que le Saint-Esprit eût jamais pu se trouver un seul instant sans gémissements, car il n'y a pas un jour, pas une heure, pas une minute de temps sans qu'il y ait des prières adressées à Dieu par les saints dans l'univers entier, par les uns ici et par d'autres là. Comme il n'y a point un seul instant sans quelque prière des saints, puisque jour et nuit, soit que les uns prennent leur boire ou leur manger ou que les autres fassent quelque autre chose, ou même se livrent au sommeil, il y en a toujours qu'un saint désir excite à prier. Voilà comment il se fait que le Saint-Esprit, partout présent en tous, ne cesse un seul instant de gémir, ce qui est le signe de la plus extrême misère, puisqu'il est contraint de gémir pour quiconque le prie, à moins que, par ces gémissements inénarrables avec lesquels il prie, il faille entendre, comme je l'ai dit, qu'il fait prier les saints avec des gémissements inspirés par de saints désirs, en versant dans leur âme les pieux sentiments de la grâce spirituelle. Mais comme nous recourons à de semblables tournures de phrases quand nous prenons la cause pour l'effet, c'est ainsi que nous disons un froid paresseux, parce que le froid rend paresseux, un jour triste ou joyeux, parce qu'il nous rend tristes ou joyeux, de même j'ai cité certains passages des livres saints où Dieu dit à Abraham : « Maintenant je vous connais, » (*Gen.*, XXII, 12) ce qui ne signifie pas autre chose que maintenant je vous ai fait connaître; car on ne saurait dire que Dieu commence jamais à connaître une chose qu'il ne saurait ignorer même avant qu'elle fût. Vous n'avez pas trouvé moyen d'expliquer autrement que moi ces locutions que j'ai empruntées aux livres saints, vous n'auriez donc point dû revenir sur ces gémissements; car on ne peut avoir de tels sentiments sur le Saint-Esprit qu'en entendant ce qui le concerne d'une manière charnelle, non point spirituelle. Après tout, quand même on vous accorderait que le Saint-Esprit prie pour les saints au sens même que vous l'entendez, il y a encore une différence entre prier et adorer. Si quiconque prie, demande, et quiconque adore, demande aussi, néanmoins tous ceux qui demandent n'adorent point pour cela. Rappelez-vous ce qui se passe chez les rois : il en est qu'on adore sans leur rien demander, et il y en a à qui on demande quelque chose sans les adorer. Aussi n'avez-vous pu démontrer que le Père fût en aucune façon adoré par le Saint-Esprit.

cundum formam servi Filium Patri reddere non negamus : ubi venisti ut probares a sancto Spiritu adorari Patrem, redisti ad illos gemitus, de quibus tibi jam ante responderam, secundum morem sanctarum Scripturarum, qua locutione sit dictum : « Et ipse Spiritus interpellat gemitibus inenarrabilibus : » (*Rom.*, VIII, 26) ne credamus Spiritum sanctum nunquam esse sine gemitibus posse, quoniam nullus dies, nulla hora, nullum momentum temporis invenitur, quo non a sanctis orationes Deo ubicumque fundantur, ab aliis hic, ab aliis alibi. Cum tamen ab orationibus sanctorum nullum sit tempus immune, quando quidem diebus et noctibus, cum alii cibo ac potu reficiuntur, alii quodlibet aliud agunt, alii dormiunt, non utique desunt quos desiderium sanctum orare compellat : ita fit ut Spiritus sanctus, qui ubique omnibus adest, aliquantulum cessare a gemitibus non sinatur, quod est extremæ miseriæ, cum pro quibuscumque orantibus cogitur gemere : nisi gemitibus inenarrabilibus interpellare sic intelligatur, ut dixi, id est, quia gemitibus sanctorum desideriorum interpellare sanctos facit, quibus affectum pium gratiæ spiritalis infundit. Sed cum similes locutionum modos, quando per efficientem significatur id quod efficitur; sicut frigus pigrum dicimus, quia pigros facit; et diem tristem vel lætum, quia tristes vel lætos facit; etiam de Scripturis sanctis commemoraverim, ubi Deus dicit ad Abraham : Nunc cognovi (*Gen.*, XXII, 12); quod nihil est aliud quam : Nunc ut cognosceres feci : non enim tunc Deus dicendus est cognovisse, quod ante quam fieret nunquam potuit ignorare : quos locutionis modos de divinis eloquiis a me prolatos, quomodo aliter interpretareris non invenisti; ad istos gemitus redire debuisti. Nemo enim sic de Spiritu sancto sapit, nisi qui secundum carnem, non secundum spiritum sapit. Quamvis et si tibi concederetur, quomodo tu sentis, sic Spiritum sanctum interpellare pro sanctis : aliud est interpellare vel orare, aliud adorare. Omnis qui orat, rogat : non omnis qui adorat, rogat; nec omnis qui rogat, adorat. Recole consuetudinem regum, qui plerumque adorantur, et non rogantur; aliquando rogantur, et non adorantur. Ac per hoc a Spiritu sancto adorari Patrem nullo modo demonstrare potuisti.

CHAPITRE X.

Comment le Père, le Fils et le Saint-Esprit ne font qu'un seul Dieu.

En dixième lieu, j'ai essayé de vous faire comprendre comment, par une ineffable union, la Trinité même que nous disons être d'une seule et même substance ne fait qu'un seul Dieu ; d'autant mieux que nous trouvons des substances différentes, telles que l'esprit de l'homme et celui de Dieu qui, par l'union de l'homme à Dieu, ne font qu'un seul et même esprit, selon ce mot de l'Apôtre : « Mais celui qui demeure attaché au Seigneur est un même esprit avec lui. » (1 *Cor.*, VI, 17.) Répondant ou plutôt vous taisant à cela, vous avez tâché de montrer comment le Père et le Fils sont unis, d'une unité non de nature, mais de volonté. C'est en effet ce que vous avez habitude de dire ; mais vous ne le dites que lorsqu'on vous objecte ces paroles du Seigneur : « Mon Père et moi ne faisons qu'une seule et même chose. » (*Jean*, x, 30.) Or, dans cet endroit, je n'ai point voulu prouver que le Père, le Fils et le Saint-Esprit ne font qu'une seule et même chose, ce que d'ailleurs nous croyons très-fermement, à cause de l'unité de substance, mais que la Trinité même est un seul et même Dieu. En effet, autre chose est de dire ils sont une seule et même chose, et de dire ils ne sont qu'un seul et même Dieu : remarquez bien la différence qu'il y a entre ces mots est et sont. L'Apôtre ne dit pas : Ceux qui demeurent attachés au Seigneur ne font qu'une seule et même chose avec lui, parce que les substances sont différentes ; mais il dit : « Celui qui demeure attaché à lui est un même esprit avec lui. » (I *Cor.*, VI, 17.) Or, si en parlant de deux d'entre vous, on dit, ils ne font qu'un, en ajoutant quel est cet un qu'ils font, comme le fait l'Apôtre quand il dit : « Est un même esprit avec lui, » vous pensez que c'est la même chose que quand on dit de deux : Ils ne font qu'une seule et même chose, sans dire quelle est cette chose, comme quand le Sauveur dit : « Mon Père et moi ne sommes qu'une seule et même chose, » (*Jean*, x, 30) pourquoi ne dites-vous point le Père et le Fils ne font qu'un seul et même Dieu ? Pourquoi, quand vous entendez ces mots : « Ecoutez, Israël, le Seigneur votre Dieu est un seul Seigneur, » (*Deut.*, VI, 4) voulez-vous que cela ne s'entende que du Père ? Sans doute le Père est Seigneur Dieu, mais le Fils est aussi Seigneur Dieu, pourquoi donc pour vous l'un et l'autre ne sont-ils point un seul et même Seigneur Dieu, comme pour le bienheureux Apôtre, l'esprit de l'homme et l'esprit du Seigneur sont un seul et même esprit ? Quel avantage pour votre cause de dire que cela se produit par le consentement de la volonté ? Sans doute il en est ainsi, mais entre natures diffé-

CAPUT X.

Quomodo sit unus Деus Pater et Filius et Spiritus sanctus.

Decimo loco egi tecum ut intelligeres, quomodo per ineffabilem copulationem sit unus Deus ipsa Trinitas, quam dicimus unius esse substantiæ : quando quidem etiam diversas substantias invenimus ; hoc est, spiritum hominis et Spiritum Domini, per copulationem qua homo adhæret Domino, unum spiritum dictum, ubi ait Apostolus : Qui autem adhæret Domino, unus spiritus est. (I *Cor.*, VI, 17.) Ad quod tu respondens, vel potius non tacens, conatus es ostendere, quomodo Pater et Filius unum sint, non unitate naturæ, sed voluntatis. Hoc quidem dicere soletis : sed tunc soletis, cum vobis objicitur quod ait Dominus : Ego et Pater unum sumus. (*Joan.*, x, 30.) Ego autem hoc loco non hoc volui probare, quod Pater et Filius et Spiritus sanctus unum sint, quod quidem propter unitatem substantiæ fidelissime certe credimus ; sed quod eadem Trinitas unus est Deus. Aliud est quippe, unum sunt ; aliud, unus est Deus. Discerne, est, et sunt. Nec ait Apostolus : Qui adhærent Domino, unum sunt ; quoniam diversa substantia est : sed ait : Qui adhæret Domino, unus spiritus est. (1 *Cor.*, VI, 17.) Si autem vos, cum de duobus dicitur, unus est, et dicitur quid unus, sicut dicit Apostolus, unus spiritus est ; hoc idem putatis esse, quod est cum de duobus dicitur, unum sunt, nec dicitur quid unum ; sicut ait Salvator : Ego et Pater unum sumus (*Joan.*, x, 30) : cur non dicitis, Pater et Filius unus est Deus ? Quare quando auditis : Audi Israel, Dominus Deus tuus Dominus unus est (*Deut.*, VI, 4) : de Patre tantum vultis intelligi ? Nempe Pater Dominus Deus est, et Filius Dominus Deus est : cur non apud vos uterque unus Dominus Deus est, sicut apud beatum Apostolum, spiritus hominis et Spiritus (*a*) Domini unus spiritus est ? Quid autem prodest causæ vestræ, quia per consensionem voluntatis hoc dicitis fieri ? Quod quidem fit, sed ubi est diversa natura,

---

(*a*) Quidam Mss. *Dominus.*

rentes, telles que sont la nature de l'homme et celle de Dieu ; et néanmoins celui qui demeure attaché au Seigneur ne fait plus qu'un seul et même esprit avec lui par le consentement de la volonté. Si vous ne voulez point admettre que ce soit par l'unité de substance, dites au moins que c'est par le consentement de la volonté, et finissez par dire une fois, de quelque manière que vous le disiez, le Père et le Fils ne font qu'un seul et même Dieu. Mais c'est que vous ne dites point, de peur d'être contraint de dire, ce dont vous n'avez jamais voulu convenir, que c'est de tous les deux, non point du Père seulement qu'il est écrit : « Ecoutez, Israël, le Seigneur votre Dieu est un seul Seigneur. » Comme vous ne voulez point reconnaître le Saint-Esprit pour Dieu, vous ne voulez point le proclamer Seigneur. Dites, vous répéterai-je, de la manière qu'il vous plaira, que le Père et le Fils ne font qu'un seul et même Seigneur Dieu, afin qu'en servant le Père et le Fils, vous ne serviez point deux Dieux et deux Seigneurs, contre la défense de Dieu, mais vous n'en serviez qu'un seul. En voilà assez sur ce point pour l'instant. Je pense que lorsque vous lirez cela, vous ne pourrez rien répondre à ces paroles de l'Apôtre : « Celui qui demeure attaché au Seigneur ne fait qu'un seul et même esprit avec lui. » Et si vous faites taire tout esprit de chicane, vous ne nierez point ce que j'avance.

CHAPITRE XI.

Le temple du Saint-Esprit.

En onzième lieu, j'ai montré que le Saint-Esprit est Dieu et que nous sommes son temple, par ce texte de l'Apôtre : « Ne savez-vous pas que nous sommes le temple de Dieu et que l'Esprit de Dieu habite en nous, » (I *Cor.*, III) et par cet autre : « Ne savez-vous point que vos corps sont en vous, le temple du Saint-Esprit que vous avez reçu de Dieu ? » (I *Cor.*, VI.) A cela vous n'avez rien répondu ; car vous avez dit : « Je reçois le texte que vous m'avez cité ; ne savez-vous point que vous êtes le temple de Dieu et que le Saint-Esprit habite en nous ? » Or, continuiez-vous : « Dieu ne saurait habiter dans un homme que le Saint-Esprit n'aurait point purifié et sanctifié auparavant. » Et vous avez voulu que ce texte fût entendu non de manière que le Saint-Esprit fût appelé Dieu, ni que nous fussions nous-mêmes le temple du Saint-Esprit, mais le temple de Dieu ; vous avez prétendu qu'il a été dit : « Vous êtes le temple de Dieu, » et que l'Apôtre n'a ajouté : « L'Esprit de Dieu habite en vous, » que parce que le Saint-Esprit purifie le temple de Dieu non son temple à lui, afin qu'après l'avoir purifié, Dieu vienne y habiter. Je ne veux point pour le moment dire quelle absurdité résulte de votre sens ; car ce que j'ai à

sicut diversa natura est hominis et Domini : et tamen qui adhæret Domino, per consensionem utique voluntatis, unus spiritus est. Si ergo non vultis per unitatem substantiæ : certe per consensionem voluntatis dicite, tamen aliquando dicite, quoquo modo dicite, Pater et Filius unus Deus est. Sed non dicitis, ne quod nunquam voluistis, cogamini confiteri de utroque dictum esse, non de Patre solo : Audi Israel, Dominus Deus tuus Dominus unus est : quoniam sanctum Spiritum non vultis Deum, non vultis Dominum confiteri. Dicite, inquam, ratione qua vultis, Pater et Filius unus Dominus Deus est : ut Patri et Filio servientes, non duobus diis et duobus dominis contra præceptum Dei, (*a*) sed Domino uni serviatis. Sed nunc de hac re satis dictum sit. Puto, cum ista legeris, nihil te respondere potuisse ad id quod de Apostolo commemoravi : Qui adhæret Domino, unus spiritus est (I *Cor.*, VI, 17), si contentionem deposueris, non negabis.

CAPUT XI.

De templo Spiritus sancti.

Undecimo loco Deum esse Spiritum sanctum, de templo ejus quod nos ipsi sumus, teste Apostolo, ostendi, ubi ait : Nescitis quia templum Dei estis, et Spiritus Dei habitat in vobis ? (I *Cor.*, III.) Et iterum : Nescitis quia corpora vestra templum in vobis est Spiritus sancti, quem habetis a Deo ? (I *Cor.*, VI.) Tu autem ad ista respondisti nihil. Aisti enim : « Suscipio quæ protulisti : Nescitis quia templum Dei estis, et Spiritus Dei habitat in vobis ? Neque enim Deus, inquis, inhabitat in homine, quem non ante Spiritus sanctificaverit atque purgaverit. » Atque isto modo intelligi voluisti, non Spiritum sanctum esse dictum Deum, nec templum Spiritus sancti (*b*) nos esse, sed Dei : et hoc esse dictum : Templum Dei estis. Sed ideo additum, Spiritus Dei habitat in vobis : quia purgat Spiritus sanctus templum Dei, non suum ; ut cum ipse purgaverit, tunc illic inhabitet Deus. Quem sen-

---

(*a*) Am. Er. et Mss. *et Domini unius serviatis.* — (*b*) Abest *nos* a Mss.

LIVRE I. — CHAPITRE XII.

montrer pour l'instant, c'est comment il est arrivé que tout en parlant beaucoup vous n'avez pourtant rien dit qui eût rapport à la question. En effet, vous avez abandonné ce qui était en cause, pour vous mettre à faire l'éloge du Saint-Esprit et vous l'avez fait d'une manière aussi prolixe que contraire à votre thèse. Je dis contraire à votre thèse, parce que vous ne voulez point appeler Dieu celui dont vous êtes contraint de relever, dans les termes où vous le faites, par vos louanges, la divinité, en sorte que comme il est un, il est présent partout, ne fait défaut à aucun de ceux qui doivent être sanctifiés en quelque lieu du monde qu'un chrétien se trouve et veuille le prier, et se montre à tous en même temps qu'ils sont baptisés en Jésus-Christ, soit à l'Orient, soit à l'Occident : or, nous ne disons pas autre chose que cela nous-mêmes. Mais Dieu nous garde de refuser le nom de Dieu à un tel, à un si grand être ; car il est aussi facile que court de montrer qu'il est en effet Dieu, attendu que nous sommes son temple. En effet, s'il n'était point notre Dieu il ne pourrait nous avoir pour temple. Mais vous, pour obscurcir cette vérité et détourner de la lumière, par vos discours, l'esprit des hommes, vous n'avez point voulu comprendre qu'il s'agissait du Saint-Esprit dans tout ce que vous avez dit du temple de Dieu, et vous avez gardé le silence sur le temple que j'avais très-ouvertement montré être le temple du Saint-Esprit. En effet, vous ayant cité deux textes de saint Paul dans l'un desquels il dit : « Ne savez-vous point que vous êtes le temple de Dieu, et que l'Esprit de Dieu habite en vous ? » l'autre où il s'exprime ainsi : « Ne savez-vous point que vos corps sont le temple du Saint-Esprit en vous ? » Pourquoi avez-vous agi de ruse et, en citant celui des deux textes où il est dit : « Vous êtes le temple de Dieu, » pourquoi avez-vous passé sous silence le second où il est dit : « Vos corps sont le temple du Saint-Esprit en vous ? » Pourquoi avez-vous fait cela, je vous le demande, si ce n'est parce que vous ne pouviez montrer dans votre raisonnement comment celui qui nous a pour temple n'était point notre Dieu bien que nous le tiendrions certainement pour Dieu si la sainte Ecriture nous prescrivait de lui élever un temple de bois et de pierre ?

CHAPITRE XII.

Le Père et le Fils sont une seule et même chose.

En douzième lieu, je vous ai engagé à nous citer, si vous le pouviez, quelque autorité divine pour nous faire voir que ces mots « sont une seule et même chose, » ont été employés à propos de substances différentes. En voulant répondre sur ce point, vous n'avez pu nous produire rien de semblable ; mais, mal à l'aise et grandement à l'étroit, vous avez osé dire que les

---

sum tuum quanta sequatur absurditas, nolo nunc dicere. Illud enim nunc ostendere debeo, quomodo multa dicendo, nihil quod ad rem pertinet, dixeris. Dimisisti enim causam, et perrexisti in laudem Spiritus sancti, eamque copiose contra te ipsum exsecutus es. Contra te ipsum ideo dixi, quoniam non vis eum dicere Deum, cujus tantam divinitatem per laudem coactus es confiteri ; ut cum sit unus, ubique sit præsens, et nemini sanctificando desit, ubicumque quisque Christianus esse et Deum orare voluerit, simul se omnibus exhibendo, sive in Oriente, sive in Occidente baptizentur in Christo : hoc et nos dicimus. Sed quem dicimus talem ac tantum, absit a nobis ut eum negemus Deum : quod etiam per suum templum, quod nos ipsi sumus, citissime et facile ostenditur. Neque enim nisi Deus noster esset, templum nos ipsos habere potuisset : quod tu ut occultares, et in sermone tuo mentes hominum a luce veritatis averteres, de templo Dei quodcumque dixisti, quem noluisti intelligi Spiritum sanctum ; de templo autem Spiritus sancti, quod apertissime demonstratum est, omnino tacuisti. Cum enim tibi duo testimonia Pauli apostoli proposuerim ; unum ubi ait : Nescitis quia templum Dei estis, et Spiritus Dei habitat in vobis ? alterum ubi ait : Nescitis quia corpora vestra templum in vobis Spiritus sancti est ? quare tam fraudulenter egisti, ut unum horum commemorares, quod dictum est : Templum Dei estis ; et alterum taceres, quod dictum est : Corpora vestra templum in vobis est Spiritus sancti ? Cur hoc fecisti, rogo te, nisi quia nullo pacto posses argumentari quomodo Deus noster non esset, qui templum nos ipsos haberet : quem sine dubio Deum cognosceremus, si ei templum de lignis et lapidibus per divinam Scripturam face juberemur.

CAPUT XII.
De eo quod Pater et Filius unum sint.

Duodecimo loco admonui te, ut proferres, si posses, qua divina auctoritate sit dictum, quod unum sint, ubi substantiæ sunt diversæ. Tu autem respon-

Apôtres ne faisaient qu'une seule et même chose avec le Père et le Fils. Le Christ n'a rien dit de semblable ; car, selon vous, le sens de ses paroles serait que le Père, le Fils et les Apôtres ne feraient qu'une seule et même chose ; tandis que le Christ n'a point dit : Afin qu'ils ne fassent qu'une seule et même chose avec nous, mais : Afin qu'ils soient un comme nous ne sommes nous-mêmes qu'une seule et même chose. En effet, pour rapporter les propres expressions de l'Evangile, il dit : « Père saint conservez en votre nom ceux que vous m'avez donnés afin qu'ils soient un comme nous ne faisons qu'une seule et même chose. » (*Jean*, XVII, 11.) Est-ce qu'il dit : Afin qu'ils ne soient qu'une seule et même chose avec nous, ou bien : Afin qu'eux et nous ne fassions qu'une seule et même chose ? De même un peu plus loin il dit : « Je ne prie pas pour eux seulement ; mais encore pour ceux qui doivent croire en moi, par leur parole, afin que tous ensemble ils ne soient qu'un ; » or, dans cette circonstance il ne dit point : Afin qu'ils ne fassent qu'un avec nous. Puis il continue : « Comme vous, mon Père, êtes en moi et moi en vous, que de même ils ne soient qu'un en nous. » (*Jean*, XVII, 20 et 21.) Là encore il ne dit point : Afin que nous soyons un, ou afin qu'ils ne soient qu'un avec nous ; mais : Afin qu'ils soient un en nous ; afin qu'étant déjà un, par la nature, parce qu'ils sont hommes, ils soient également un, dans le Père et dans le Fils, non point pour qu'ils soient un avec eux, c'est-à-dire pour qu'eux, avec le Père et le Fils soient un. Il ajoute encore et dit : « Pour que le monde croie que vous m'avez envoyé ; je leur ai donné aussi la gloire que vous m'avez donnée, afin qu'ils soient un comme nous sommes une même chose. Je suis en eux et vous en moi, afin qu'ils soient consommés dans l'unité. » (*Jean*, XVI, 21 et 22.) Puisqu'il a si souvent dit : Afin qu'ils soient un, et qu'il n'a dit nulle part : Afin que nous et eux nous soyons un, ou : Afin qu'ils ne soient qu'un avec nous ; mais en nous ou comme nous, c'est-à-dire qu'ils soient un selon leur nature, comme nous sommes un selon la nôtre, il voulait donc que ceux qui étaient un par nature fussent parfaits en ce en quoi ils étaient un. Car s'il dit : « Soyez donc parfaits, vous aussi, comme votre Père céleste est parfait, » (*Matth.*, V, 48) ce n'est pas qu'il veuille les unir à Dieu par l'unité de nature, comme si leur nature et celle de Dieu dût être la même ; mais il veut qu'ils soient parfaits dans leur nature à eux, comme Dieu est parfait dans la sienne, natures diverses non uniques. Or, si nous ne le sommes point en lui, nous ne saurions l'être en aucune manière. Ce n'est point au même sens que tous les hommes sont en lui, par la raison qu'il contient tout ce qu'il a créé, ce qui a fait dire qu'il n'est pas loin de chacun de nous, attendu que c'est « en lui

---

dere ad hoc volens, nihil tale proferre potuisti ; sed magnis coarctatus angustiis affirmare ausus es, quod Apostoli unum sint cum Patre et Filio. Quod Christus omnino non dixit : sic enim abs te dictum est, tanquam Pater et Filius et Apostoli unum sint. Christus autem non ait : Ut ipsi et nos unum simus : sed ait : Ut sint unum, sicut et nos unum sumus. Nam, ut verba ipsa Evangelica ponam : « Pater sancte, inquit, serva eos in nomine tuo quos dedisti mihi, ut sint unum, sicut et nos unum. » (*Joan.*, XVII, 11.) Numquid dixit : Ut nobiscum sint unum ; aut : Ipsi et nos simus unum ? Item post aliquantum : « Non, inquit, pro eis rogo tantum, sed et pro eis qui credituri sunt per verbum eorum in me, ut omnes unum sint. » (*Ibid.*, 20.) Neque hic dixit : Ut nobiscum unum sint. Deinde sequitur : « Sicut tu Pater in me et ego in te, et ipsi in nobis unum sint. » Et hic non dixit : Unum simus ; aut : Unum nobiscum sint : sed : Unum sint in nobis ; ut qui natura unum sunt, quia homines sunt, etiam in Patre et Filio sint unum ; non cum ipsis unum, id est, non ut ipsi et isti sint unum. Adhuc adjungit, et dicit : « Ut mundus credat quia tu me misisti, et ego claritatem quam dedisti mihi, dedi illis, ut sint unum, sicut nos unum sumus ; ego in eis et tu in me, ut sint consummati in unum. » (*Ibid.*, 21 et 22.) Cum ergo totiens dixerit : Ut sint unum : non tamen alicubi dixit : Ut ipsi et nos simus unum, hoc est, ut nobiscum sint unum : sed, aut in nobis dixit, aut sicut nos ; id est, ipsi secundum naturam suam, nos secundum nostram. Volebat enim eos qui natura unum erant, in hoc ipso quod unum erant, esse perfectos. Non enim qua dicit : Estote ergo et vos perfecti, sicut Pater vester cœlestis perfectus est (*Matth.*, V, 48) ; vult illos Deo naturæ unitate conjungere, tanquam illorum et illius una eademque natura sit : sed perfectos vult esse in natura sua, sicut est Deus perfectus in sua, quamvis diversa, non una : quod nisi in ipso simus, omnino esse non possumus. Non sicut in illo sunt omnes, quia ipse continet omnia quæ creavit ; propter quod dictus est non longe positus ab unoquoque nostrum, quia in illo vivimus et movemur et sumus (*Act.*, XVII, 28) : sed sicut in

que nous vivons, que nous nous mouvons et que nous sommes, » (*Act.*, XVII, 28) mais c'est en ce sens qu'il s'en trouve de tels que ceux à qui il a été dit : « Autrefois vous avez été ténèbres mais maintenant vous êtes lumière dans le Seigneur. » (*Ephés.*, v, 8.) C'est dans le même sens qu'il est dit encore : « Qu'elle se marie à qui elle veut pourvu que ce soit dans le Seigneur. » (I *Cor.*, VII, 39.) Vous n'avez donc pu nous donner pour preuve un passage où il soit dit que des êtres dont la nature au lieu d'être une et diverse, sont un, et cependant vous avez voulu nous échapper en alléguant un endroit obscur, où vous disiez que les apôtres étaient un avec le Père et le Fils, comme si les apôtres ne faisaient qu'un avec le Père et le Fils quand il est manifeste que la substance des apôtres est différente de celle du Père et du Fils. Mais parce qu'il est évident que nulle part le Christ n'a dit : Afin que nous et eux nous soyons un, ou afin qu'ils ne fussent qu'un avec nous, il l'est également que vous n'avez pu nous répondre et que vous avez voulu nous en imposer.

CHAPITRE XIII.
Du témoignage que le Père rend au Fils.

En treizième lieu, je vous ai fait remarquer que le Père n'est pas plus grand que le Fils, pour avoir rendu témoignage au Fils. En effet, j'ai rappelé que les prophètes lui ont également rendu témoignage ; or on ne peut dire qu'ils soient plus grands que lui. Or, vous aviez dit que le Père rend témoignage au Fils ; j'ai pris ces paroles comme si vous aviez voulu prouver par là, que le Père était plus grand que celui à qui il a rendu témoignage ; mais comme dans la suite de la discussion, vous vous êtes complétement tû sur ce point, j'ai pris votre silence pour une adhésion ; bien qu'il puisse se faire que vous ayez rappelé que le Père a rendu témoignage au Fils, pour tirer de là la conséquence que le Père fait un et que le Fils fait un aussi, non point pour en conclure que l'un est plus grand que l'autre. Or, que le Père soit un et le Fils un aussi, attendu que le Père n'est point le Fils, c'est un dogme qui nous est commun avec vous contre les Sabelliens. En effet, ils ne disent point que le Père est un et que le Fils est un aussi, mais que le Père est le même que le Fils, tandis que pour nous, autre est le Père, autre le Fils, ce qui n'empêche point que nous ne disions que le Fils est ce qu'est le Père.

CHAPITRE XIV.
De l'amour du Père et du Fils.

En quatorzième lieu, pour répondre à ce que

illo sunt tales qualibus dictum est : Fuistis enim aliquando tenebræ, nunc autem lux in Domino. (*Ephes.*, v, 8.) Unde et illud est : Cui vult nubat, tantum in Domino. (I *Cor.*, VII, 39.) Non igitur proferre potuisti ubi dictum sit : Unum sunt, quorum est non una, sed diversa substantia : et (*a*) tamen in obscuro loco nobis subrepere voluisti, ut diceres Apostolos unum esse cum Patre et Filio, tanquam unum essent Apostoli et Pater et Filius : cum Apostolorum substantiam manifestum sit a Patre et Filio esse diversam. Sed quoniam : Ut ipsi et nos unum simus, aut nobiscum sint unum, nusquam Christum dixisse manifestum est : te quoque nobis respondere non potuisse, et fraudem facere voluisse manifestum sit.

CAPUT XIII.
De testimonio quod Pater perhibuit Filio.

Tertio decimo loco te commonui, non ideo Patrem Filio esse majorem, quia testimonium perhibuit Pater Filio. Nam et Prophetas ei testimonium perhibuisse memoravi, quos majores illo esse non potes dicere. Dixeras enim quod Pater Filio perhibuerit testimonium ; quod sic accepi, tanquam hinc ipse probare volueris, illo cui testimonium perhibuit, eum esse majorem : sed quoniam posteriore prosecutione hinc omnino tacuisti, taciturnitatem tuam in locum consensionis accepi : etsi fieri potest, ut ideo commemoraveris Patrem Filio perhibuisse testimonium, ut hinc illum esse alium, istum autem alium, non ut illum isto probares esse majorem. Alium vero esse Patrem, alium esse Filium, quoniam non est Pater ipse qui Filius, et vobis et nobis contra Sabellianos est dogma commune. Illi enim dicunt, non alium, sed eumdem Filium esse qui est Pater : nos autem alium quidem esse Patrem, et alium Filium ; sed tamen quod Pater est, hoc esse dicimus Filium.

CAPUT XIV.
De dilectione Patris et Filii.

Quarto decimo loco ad illud quod dixeras : « Dile-

(*a*) Am. Er. et Mss. *et tanquam*.

vous aviez avancé en disant : « Je lis, aimé, et je crois que c'est le Père qui aime le Fils et le Fils qui est aimé du Père, » j'ai dit : Vous concluez de là qu'il y a une différence entre le Père et le Fils parce que le Père aime et le Fils est aimé, comme si vous pouviez nier que le Fils aussi aime le Père. Puis j'ai ajouté : Si tous les deux s'aiment mutuellement, pourquoi niez-vous qu'ils soient de la même nature ? Or, je me suis exprimé de la sorte, de peur que vous ne prissiez occasion de nier que la nature de l'un et de l'autre est la même, parce que vous avez dit que celui-là aime et celui-ci est aimé. Vous avez répondu à cela en convenant que le Fils aime le Père, mais sans vouloir admettre qu'ils soient l'un et l'autre d'une seule et même substance, comme si le Fils aimait le Père, à la manière dont une créature aime le Créateur, non comme le Fils unique, que vous faites dégénéré du Père, aime son Père.

CHAPITRE XV.

De l'invisibilité de la divinité.

En quinzième lieu, j'ai dit également que non-seulement le Père, mais la Trinité même est invisible, et que néanmoins le Fils a paru visiblement dans la forme de l'esclave à raison de laquelle il a dit : Mon Père est plus grand que moi. Mais si la divinité s'est montrée aux anciens, j'ai dit que cela s'est fait par l'intermédiaire d'une créature, non point par sa propre nature par laquelle la Trinité est invisible. Et pour prouver ce que j'avançais-là, j'ai rappelé cette parole de Moïse qui s'exprimait ainsi en parlant face à face avec Dieu : « Si j'ai trouvé grâce devant vous, montrez-vous vous-même manifestement à moi, » (*Exod.*, XXXIII, 13) pour vous faire comprendre comment il voyait celui à qui il désirait persuader de se montrer à lui ; il est évident en effet que s'il avait vu Dieu dans la substance de son être, il ne lui aurait point demandé de se montrer à lui. J'ai dit aussi que le Christ est le créateur des choses visibles et des invisibles, pour prouver que, quant à lui, par qui ont pu être créées les choses tant visibles qu'invisibles, il n'est point visible par sa propre substance. Vous avez tâché de répondre à cela, mais tous ceux qui vous lisent peuvent voir combien vous avez parlé pour ne rien dire. Quant à nous dire au sujet de Moïse : Pourquoi il voulait que Dieu avec qui il s'entretenait se montrât à lui, si déjà il voyait sa nature et sa substance, vous n'avez point osé le faire. Et pourtant vous n'avez point cessé d'affirmer que le Fils de Dieu, le créateur des choses invisibles, fût lui-même visible dans sa forme de Dieu, avant qu'il eût pris la forme de l'esclave, bien que précédemment vous ayez reconnu que s'il a pu être vu dans sa forme d'esclave, il était tout

---

ctum lego, et credo quod Pater est qui diligit, et Filius qui diligitur : » respondens dixi : « Sic autem dicis hinc inter Patrem et Filium esse diversitatem, quia Pater diligit, et Filius diligitur, quasi negare possis, quod et Filius diligat Patrem. » Deinde addidi : « Si ambo se invicem diligunt, cur negatis eos unius esse naturæ ? » Quod utique ideo dixi, ne hinc unam naturam negaretis amborum, quia illum diligere, hunc diligi ipse dixisti. Ad hoc tu respondens consensisti quidem, quod et Filius diligat Patrem, sed unius esse naturæ consentire noluisti : tanquam Filius ita diligat Patrem, sicut creatura creatorem, non sicut unigenitus genitorem, quem diversitate substantiæ vultis esse degenerem.

CAPUT XV.

De invisibilitate Trinitatis.

Quinto decimo loco dixi pariter esse invisibilem Trinitatem, non solum Patrem : sed apparuisse tamen visibilem Filium in forma servi, propter quam dixit : Pater major me est. (*Joan.*, XIV, 28.) Sed quoniam patribus se divinitas demonstrabat, dixi per subjectam creaturam id esse factum, non per naturam suam, qua est invisibilis Trinitas. Atque ut hoc probarem, Moysen commemoravi ei dicentem, cum quo facie ad faciem loquebatur : Si inveni gratiam ante te, ostende mihi temetipsum manifeste *Exod.*, XXXIII, 13) : ut intelligeres quomodo eum videbat, quem sibi cupiebat ostendi : quia utique si Deum in substantia qua Deus videret, profecto ut se illi ostenderet non rogaret. Dixi etiam esse Christum visibilium et invisibilium creatorem, ut ipsum probarem per substantiam suam non esse visibilem, a quo creari non solum visibilia, verum etiam invisibilia potuerunt. Ad hæc tu respondere conatus, quam multa quæ ad rem non pertinent dixeris, intueantur qui legunt : et tamen de Moyse, cur sibi Deum cum quo loquebatur, vellet ostendi, si ejus naturam substantiamque cernebat, prorsus nihil ausus es dicere : et adhuc affirmare non destitisti, Dei Filium invisibilium creatorem, et ante quam formam servi acci-

à fait invisible dans la substance de sa divinité.

CHAPITRE XVI.
Dieu seul est sage.

En seizième lieu, vous prétendiez que l'Apôtre ne parlait que du Père quand il disait : « A Dieu seul sage. » (*Rom.*, XVI, 27.) J'ai répondu : Il suit de là que seul Dieu le Père est sage, et que la sagesse même de Dieu, qui est le Christ, n'est point sage ; or, c'est de lui que parlait l'Apôtre quand il disait que « le Christ est la vertu et la sagesse de Dieu. » (1 *Cor.*, I, 24.) Puis, j'ai ajouté : Il ne vous reste plus qu'à dire, car de quoi n'êtes-vous pas capable, que la sagesse de Dieu est sans sagesse. A cela vous avez répondu en ces termes : L'apôtre saint Paul prêche que le Père seul est sage, en disant : A Dieu seul sage. Mais il faut rechercher la raison pour laquelle il est seul sage, cela ne veut point dire que le Christ n'est point sage. Vous poursuivez et vous dites comment vous entendez que le Christ aussi est sage. En effet, après plusieurs choses qui n'ont point trait à la question, mais que vous avez dites pour faire traîner le temps en longueur et étendre votre discours, vous mêlez à vos paroles cette réflexion : Mais il n'y a que le Père qui soit vraiment sage, comme si l'Apôtre avait dit : Au Père seul sage. Or, il a dit : Au Dieu seul sage, parce que le Fils aussi est Dieu, ce que vous voulez bien admettre, mais le Saint-Esprit l'est également, quoique vous ne le vouliez point, et c'est cette même Trinité qui est le seul Dieu sage et qui ne put et ne pourra jamais manquer de sagesse. Elle n'est point participante de la sagesse, par l'effet de la grâce, mais elle est sage par l'effet de l'immuabilité et de l'immobilité de sa nature. En effet, si je vous dis : Est-il bien vrai, ô homme qui vous glorifiez du titre de chrétien, que le Christ est sage sans être vraiment sage ? qu'ainsi il serait vrai Dieu et ne serait pas vraiment sage ? Ne serez-vous point tellement troublé par cette question, que vous répondrez aussitôt : Le Christ est vraiment sage ? D'où vient donc que vous avez dit : Mais il n'y a que le Père qui soit vraiment sage ? Sans doute vous sentez à présent où vous en êtes arrivé et de quel blasphème vous avez à revenir.

CHAPITRE XVII.
Dieu n'a point été fait.

En dix-septième lieu, j'ai entrepris de vous prouver que non-seulement le Père, mais le Fils aussi est infait, c'est-à-dire n'a point été fait. En effet, vous avez dit que vous confessiez un seul Dieu, parce que seul il est non-né et infait. Ré-

peret, in forma Dei fuisse visibilem ; quem superius in forma servi videri potuisse, in substantia vero suæ divinitatis esse invisibilem, jam fueras et ipse confessus.

CAPUT XVI.
De solo sapiente Deo.

Sexto decimo loco, quia de Patre tantum dixisse Apostolum dixeras : « Soli sapienti Deo : » ego dixi : Ergo solus Pater est Deus sapiens, et non est sapiens ipsa Dei sapientia, quod est Christus (*Rom.*, XVI, 27) ; de quo ait Apostolus : Christum Dei virtutem et Dei sapientiam? (1 *Cor.*, I, 24.) Deinde addidi : Superest ut dicatis (quid enim non audetis?), insipientem esse sapientiam Dei. Ad hæc tu : « Sapientem solum, inquis, Patrem prædicat Paulus beatus apostolus dicens sic : Soli sapienti Deo. (*Rom.*, XVI, 27.) Sed requirenda est, inquis, ratio quemadmodum solus sapiens, non quod Christus non sit sapiens. » Sequeris deinceps, et adjungis quomodo sapientem confitearis et Christum : nam post nonnulla, quæ ad rem non pertinentia texuisti, ut sermonem tempusque produceres, etiam hoc inseruisti verbis tuis ut diceres : « Sed

TOM. XXVII.

vere solus sapiens Pater : » quasi Apostolus dixerit : Soli sapienti Patri. Sed dixit : « Soli sapienti Deo : » quia Deus est et Filius, quod et vos vultis ; Deus est et Spiritus sanctus, etsi non vultis : et ista Trinitas est solus sapiens Deus, qui nec potuit unquam esse insipiens omnino, nec poterit ; non per gratiam particeps sapientiæ, sed sapiens immobilitate atque immutabilitate naturæ. Nam si tibi dicam : Itane vero, o homo qui Christiano nomine gloriaris, Christus sic est sapiens, ut non sit vere sapiens? Ergone Christus qui est verus Deus, non est vere sapiens? nonne ita sub hac interrogatione turbaberis, ut continuo respondeas : Christum vere esse sapientem? Quid est ergo quod dixisti : « Sed vere solus sapiens Pater ? » Nempe quo perveneris, et a quanta blasphemia te debeas revocare, jam sentis.

CAPUT XVII.
De infecto Deo.

Septimo decimo loco egi tecum, quod etiam Filius, non solus Pater, infectus sit, hoc est, factus non sit. Dixeras enim ideo a vobis unum Deum pronuntiari,

5

pondant donc à cette audace de votre part, je disais : C'est ainsi, en effet, que vous prétendez que le Père n'a point été fait, comme si le Fils l'avait été, lui par qui tout a été fait. Sachez donc que le Fils a été fait, mais dans la forme d'esclave ; car dans la forme de Dieu, il s'en faut bien qu'il ait été fait ; au contraire, ce sont toutes les choses qui ont été faites par lui. Or, s'il a été fait lui-même, ce n'est point tout, mais le reste des êtres qui a été fait par lui. » A cela, dans tout votre long discours, vous avez trouvé si peu de quoi répondre, que sur ce point vous avez gardé un silence absolu, comme si vous n'aviez rien entendu.

CHAPITRE XVIII.

Le Père n'a point été engendré.

En dix-huitième lieu, comme vous aviez dit que le Père est non-né, c'est-à-dire, n'a point été engendré, j'ai pensé que je devais traiter cette question avec vous et je me suis exprimé ainsi : « Je ne dis point que le Fils n'a pas été engendré, mais je dis que le Père a engendré et que le Fils a été engendré ; mais le Père n'a engendré que ce qu'il est lui-même, autrement son Fils ne serait point son vrai Fils, si le Fils n'était ce qu'est le Père, comme nous l'avons dit plus haut en parlant des petits des animaux. »

quia « unus est super omnia innatus, infectus. » Respondens ergo huic audaciæ tuæ : « Sic autem, inquam, dicis Patrem infectum, quasi Filius factus sit, per quem facta sunt omnia. Deinde addidi : Scito factum esse Filium, sed in forma servi : nam in forma Dei usque adeo non est factus, ut per illum facta sint omnia. Si enim ipse factus est, inquam, non per illum facta sunt omnia, sed cætera. » Ad hæc tu cum tota tui prolixitate sermonis, ita nihil quod dicere invenisti, ut hinc omnino, tanquam id non audieris, conticesceres.

CAPUT XVIII.

De ingenito Patre.

Octavo decimo loco etiam de innato Patre, id est ingenito, quia et hoc dixeras, tecum agendum putavi, et dixi : « Non itaque dico Filium ingenitum, sed Patrem genitorem, Filium genitum. Hoc tamen genuit Pater quod est : alioquin non est verus Filius, si quod est Pater non est Filius : » sicut de partubus animalium supra jam diximus. Etiam ad hoc tu nec verum nec falsum aliquid protulisti.

Sur ce point encore, vous n'avez rien avancé ni de faux ni de vrai.

CHAPITRE XIX.

Le Saint-Esprit est égal au Père.

En dix-neuvième lieu, comme vous m'avez demandé de vous montrer que le Saint-Esprit est égal au Père, je vous ai répondu en ces termes : « Pourquoi me demandez-vous de vous faire voir que le Saint-Esprit est égal au Père, comme si vous m'aviez montré que le Père est plus grand que le Saint-Esprit, ainsi que vous l'avez fait par rapport au Fils, eu égard à sa forme d'esclave ? Car nous savons que si le Père est dit plus grand que le Fils, ce n'est que parce que le Fils était dans une forme d'esclave, et qu'il est encore dans sa forme d'homme qu'il a enlevée dans le ciel. Voilà même pourquoi il a été dit de lui qu'il prie pour nous. (*Rom.*, VIII, 34.) Or, cette même forme immortelle sera éternelle dans le royaume du ciel. Voilà pourquoi il est dit : Alors le Fils sera lui-même soumis à celui qui lui a soumis toutes choses. (I *Cor.*, XV, 28.) Pour ce qui est du Saint-Esprit qui n'a pris aucune créature dans l'unité de sa personne, quoiqu'il ait daigné se montrer d'une manière visible par une créature qui lui fût assujettie, l'apparence d'une colombe ou la forme de langues

CAPUT XIX.

De æqualitate Spiritus sancti cum Patre.

Nono decimo loco, quia poposceras a me, ut ostenderem æqualem esse Patri Spiritum sanctum : respondi tibi dicens : « Quid est autem, quod poscis, ut ostendam tibi æqualem Patri esse Spiritum sanctum, quasi tu Patrem ostenderis majorem esse Spiritu sancto ; sicut potuisti ostendere de Filio propter formam servi ? Scimus enim, inquam, dictum esse Patrem Filio majorem, quia in forma servi erat Filius, et adhuc in forma est humana Filius, quam levavit in cœlum : propterea de illo dictum est, quod et nunc interpellat pro nobis. (*Rom.*, VIII, 34.) Et sempiterna erit in regno hæc eadem forma immortalis : propter quod dictum est : Tunc et ipse Filius subjectus erit ei qui illi subjecit omnia. (I *Cor.*, XV, 28.) Nam de Spiritu sancto qui nullam suscepit creaturam ad unitatem personæ suæ, quamvis se per subjectam creaturam visibiliter et ipse, sive per columbæ speciem, sive per linguas igneas sit demonstrare dignatus, nunquam dictus est eo major Pater, nunquam dictus

de feu, jamais il n'a dit que le Père fût plus grand que lui, jamais il n'a été dit que le Saint-Esprit eût adoré le Père, jamais qu'il fût moindre que lui. » Vous avez fait mine de vouloir répondre à cela ; mais, en attendant, vous n'y avez point répondu. Car vous n'avez pas trouvé un passage où il soit dit que le Père est plus grand que le Saint-Esprit, comme le Fils, à cause de sa forme d'esclave a dit : Mon Père est plus grand que moi. (*Jean*, XIV, 28.) Et quand j'ai dit que le Saint-Esprit ne s'est uni aucune créature dans l'unité de sa personne, vous prétendez, vous, qu'il est apparu sous la forme d'une colombe et de langues de feu, de la même manière que le Christ dans l'homme, comme si la colombe et l'Esprit, ou les langues de feu et l'Esprit étaient une seule personne, de même que le Verbe et l'homme n'en font qu'un. Or, les formes devant montrer visiblement par leur signification le Saint-Esprit qui est invisible, ne subsistèrent qu'un moment, c'étaient la colombe pour marquer l'amour saint, et le feu pour indiquer la lumière et la ferveur de la charité ; cette signification accomplie, ces formes corporelles passèrent et cessèrent d'exister, de même que la colonne de nuée qui était obscure pendant le jour et lumineuse pendant la nuit. (*Exod.*, XIII.) Enfin, pour qu'on ne crût que la colombe ou la flamme se rapportaient à la substance du Saint-Esprit, ou que la nature de cette grande majesté s'était changée en ces choses visibles, ou qu'il les avait fait entrer dans l'unité de sa personne, on ne voit nulle part ensuite que le Saint-Esprit se soit manifesté sous cette forme. Au contraire, le Christ n'a point pris sa figure seulement pour le moment où il devait se montrer aux hommes, et quoiqu'elle devait passer, il a pris la forme visible de l'homme dans l'unité de sa personne, sans que la forme invisible de Dieu cessât de subsister pour cela. Non-seulement il est né dans cette forme d'une mère, mais de plus il a grandi dans cette forme, il a bu, mangé, dormi en elle, en elle aussi il est mort, ressuscité, monté aux cieux et assis à la droite du Père, et c'est dans cette forme que, dans son royaume, il sera soumis à celui qui lui a tout soumis (I *Cor.*, XV, 28). Pour vous, vous n'avez point voulu faire attention à ce que je vous ai dit alors dans ma courte réponse et que je développe en ce moment un peu plus, afin que vous compreniez mieux ; vous n'en avez pas tenu compte, et vous êtes venu jusqu'à cet immense blasphème de dire que la nature divine du Saint-Esprit est susceptible de se convertir en une autre, quelle abomination ! et de changer. En effet, voici vos propres paroles : Pour ce qui est de ce que j'ai avancé sur l'invisibilité du Dieu tout-puissant, vous avez dit aussi vous-même,

---

est Spiritus adorasse Patrem, nunquam dictus est minor Patre. » Ad hæc tu quasi respondens, non tamen respondisti. Non enim potuisti ostendere Spiritu sancto alicubi Patrem dictum fuisse majorem, sicuti Filius propter formam servi dixit : Pater major me est. (*Joan.*, XIV, 28.) Et cum ego dixerim : Spiritum sanctum non ad unitatem personæ suæ ullam suscepisse creaturam : tu ita Spiritum sanctum in columba et igne apparuisse dixisti, sicut apparuit Christus in homine : quasi columba et Spiritus, vel ignis et Spiritus una persona sit, sicut Verbum et homo una persona est. Ad horam quippe apparuerunt illa, quæ Spiritum sanctum significando monstrarent visibiliter invisibilem, columba propter amorem sanctum, ignis autem propter caritatis lumen atque fervorem : et peracto significationis officio, corporales illæ species transierunt, atque esse ulterius destiterunt ; sicut columna nubis, nebulosa per diem, luminosa per noctem. (*Exod.*, XIII.) Denique ne putaretur columba vel flamma ad substantiam pertinere Spiritus sancti, vel quod se in hæc visibilia tantæ majestatis natura converterit, aut in unitatem personæ suæ ista susceperit, nunquam postea sic apparuisse legitur Spiritus sanctus. Christus autem, qui humanam non ad horam sumpsit effigiem, in qua hominibus appareret, ac deinde illa species præteriret, sed (*a*) in unitatem personæ suæ, manente invisibili Dei forma, accepit visibilem hominis formam ; non solum natus est in ea de homine matre, verum etiam crevit in ea, et manducavit, et bibit, et dormivit in ea et occisus est in ea, et resurrexit in ea, et ascendit in cœlum, et sedet ad dexteram Patris in ea, ad judicandos vivos et mortuos est venturus in ea, et in regno suo, et qui illi subjecit omnia, erit subjectus in ea. (1 *Cor.*, XV, 28.) Hæc tu in mea responsione breviter dicta, quæ nunc aliquanto latius, ut vel sic intelligeres, explicavi, attendere et considerare noluisti, irruens in tantam blasphemiam, ut naturam divinam Dei et Spiritus sancti convertibilem, pro nefas! et mutabilem diceres. Tua namque ista sunt verba : « Ea, in lem quæ de invisibilitate (*b*) omnipotentis Dei proquis, secutus sum, etiam et ipse, licet alio proposito,

(*a*) Editio Lov. *sed unitate personæ manente, invisibilis Dei forma accepit*, etc. — (*b*) Am. Er. et Mss. *omnitenentis*.

bien que dans un autre but, mais en propres termes cependant, que le Saint-Esprit s'est montré sous la forme d'une colombe et sous l'apparence de feu. (*Matth.*, III, 16 et *Act.*, II, 3.) Quant au Fils, c'est sous la forme d'un homme qu'il s'est fait voir. Pour le Père, ce n'est ni sous l'aspect d'un homme, ni sous celui d'une colombe qu'il se montra; il ne s'est jamais changé en aucune forme, et ne s'y changera jamais. C'est de lui qu'il est écrit : Je suis celui qui est, et je n'ai point changé. (*Exod.*, III, 14.) Puis vous poursuivez en disant : Sans doute, ainsi que vous l'avez dit, le Fils était déjà établi dans la forme de Dieu, quand il prit celle de l'esclave; mais le Père ne fit point de même. Le Saint-Esprit également a pris la forme d'une colombe, le Père ne l'a point fait. Sachez donc qu'il n'y a que lui qui soit invisible, que lui qui soit intangible, que lui qui soit immense. Est-ce que vous parleriez ainsi si vous pouviez penser, non selon la chair, mais selon l'esprit à ce que vous dites? En effet, vous lisez dans les saintes Ecritures : « Je suis celui qui est et je n'ai point changé. » (*Malac.*, III, 6.) Et quand ces paroles sont non-seulement du Père, mais de la Trinité même qui est un seul Dieu, vous ne les attribuez qu'au Père, et croyez que le Fils est muable; oui, le Fils unique du Père, par qui tout a été fait, vous le croyez muable, lui, dont l'Evangile parle en ces termes : « Au commencement était le Verbe et le Verbe était en Dieu et le Verbe était Dieu, et tout a été fait par lui, » (*Jean.*, I, 1) vous le croyez changeant. Que dirai-je du Saint-Esprit quand vous croyez muable celui que vous reconnaissez pour vrai Fils de Dieu et vrai Dieu? Certainement vous ne croiriez point cela, si, comme un vrai catholique, vous croyiez que la forme de l'esclave a été prise par la forme de Dieu, non point que celle-ci a été changée en la première; et si vous ne pensiez point d'une manière charnelle, mais spirituelle, que même après s'être uni l'homme, le Dieu est demeuré invisible, vous ne vous entretiendriez point dans votre manque de foi par la contestation, mais vous verriez et comprendriez. Vous pourriez considérer aussi avec foi le Saint-Esprit qui, conservant sa nature invisible, bien loin de la changer et de la convertir en une apparence de feu ou de colombe, s'est montré visiblement, comme il l'a voulu, par le moyen d'une créature qu'il s'est assujettie. (*Act.*, II, 3 et *Matth.*, III, 16.) Rappelez-vous pourtant que vous n'avez pu démontrer contre ma proposition, par aucun texte des divines Ecritures, ni que le Saint-Esprit eût adoré le Père, ni que le Père fût plus grand que le Saint-Esprit.

attamen tuis verbis affirmasti, quod Spiritus sanctus in specie columbæ sit visus, nec non et in specie ignis : Filius sane in forma hominis : Pater autem neque in specie columbæ, nec in forma hominis : nec aliquando vertit se in formas; sed nec aliquando vertetur : de quo scriptum est : Ego sum qui sum, et non sum mutatus. » (*Exod.*, III, 14.) Deinde adjungis, et dicis : « Filius sane in forma Dei constitutus jam, ut ipse protulisti, formam servi accepit, quod non Pater : Spiritus æque sanctus suscepit speciem columbæ, quam non suscepit Pater. Scito ergo, inquis, quia unus est invisibilis, unus etiam incapabilis atque immensus. » Hæc numquid diceres, si secundum spiritum, non secundum carnem, posses cogitare quid diceres? Homo es enim, qui legis in Scripturis sanctis : Ego sum qui sum, et non sum mutatus. (*Malach.*, III, 6.) Et cum verba ista sint, non Patris solius, sed ipsius Trinitatis, quæ unus est Deus; tu ea Patri tantummodo tribuens, Filium mutabilem credis : Unigenitum, per quem facta sunt omnia, mutabilem credis : eum de quo dicit Evangelium : « In principio erat Verbum, et Verbum erat apud Deum, et Deus erat Verbum, et omnia per ipsum facta sunt, » (*Joan.*, I, 1) mutabilem credis. Quid jam dicam de Spiritu sancto, quando illum quem verum Filium Dei et verum confiteris Deum, mutabilem credis? Quod utique non crederes, si formam servi a forma Dei esse susceptam, non formam Dei in formam servi esse mutatam, tanquam catholicus crederes; et visibili homine assumpto, permansisse invisibilem Deum, non carnaliter, sed spiritaliter cogitares; nec contendendo diffideres, sed intelligendo conspiceres : et Spiritum sanctum invisibili sua manente natura, nullo modo in ignis (*Act.*, II, 3) aut columbæ speciem (*Matth.*, III, 16) mutata atque conversa, sed subjectam creaturam apparuisse, sicut voluit visibiliter, tu posses considerare fideliter. Memento tamen, nec majorem Patrem Spiritu sancto, nec adoratum Patrem ab Spiritu sancto, ullis divinis testimoniis contra propositionem meam te demonstrare potuisse.

CHAPITRE XX.

En vingtième lieu, vous avez dit en parlant du Fils : S'il est égal au Père, il est certainement tel que lui ; s'il est tel que lui, il n'est point né. En réponse à cela, je me suis exprimé ainsi : Mais vous dites, au sujet du Fils : S'il était égal au Père, il serait certainement tel que le Père, c'est-à-dire que, parce qu'il n'est point inengendré, il ne saurait être tel que le Père. Vous pourriez dire que ce n'est point un homme qu'Adam a engendré parce qu'il n'a point été lui-même engendré mais fait de Dieu ; mais si Adam a pu être inengendré et néanmoins engendrer quand lui-même n'était point engendré, vous ne voulez point que Dieu ait pu engendrer un Dieu semblable à lui ? A cela je ne suis point étonné que vous n'ayez pas trouvé de réponse et je vous approuve beaucoup de n'avoir point même essayé d'en faire une. Plût à Dieu que vous eussiez agi de même partout ; car vous n'avez point trouvé un seul passage de mes discours auquel vous ayez pu faire une seule réponse juste et pourtant presque jamais vous n'avez voulu garder le silence. Mais quand on voit le flux de paroles que vous avez prononcées dans les autres endroits, pour ne rien dire qui intéressât la chose en question entre nous, et le temps que vous avez perdu à discourir ainsi, on doit encore vous savoir gré d'avoir bien voulu passer sous silence certaines choses que vous voyiez ne pouvoir réfuter.

LIVRE SECOND [1]

RÉFUTATION ARTICLE PAR ARTICLE DES CHOSES QUE MAXIMIN A AVANCÉES A LA FIN DE SA CONFÉRENCE, ET AUXQUELLES LA LONGUEUR DE SON DISCOURS N'AVAIT POINT LAISSÉ A AUGUSTIN LE TEMPS DE RÉPONDRE.

PRÉFACE.

A présent les choses demandent que, pour le reste, avec le secours de Dieu, je remplisse ma promesse. Au début de cet ouvrage, j'ai dit que je commencerais par vous montrer que vous n'avez pu réfuter ce que j'ai avancé, et ensuite que je réfuterais autant qu'il me semblerait nécessaire ce que vous avez dit. Vous ayant montré de mon mieux, avec l'aide de Dieu, que vous n'avez pu réfuter ce que j'ai dit, il me reste à réfuter moi-même ce que vous avez avancé, du

[1] Dans d'autres éditions, c'est le troisième.

CAPUT XX.

Vicesimo loco quoniam dixeras de Filio : « Si æqualis Patri, utique talis : si talis, utique innatus : » ego respondens tibi : « Sed dicis, inquam, de Filio : Si æqualis, utique talis, id est, ut quia non est ingenitus, non videatur talis ; posses dicere non esse hominem quem genuit Adam, quia ipse Adam non est genitus, sed factus a Deo. Si autem potuit Adam, et non esse genitus, et tamen hoc generare quod erat ipse, non vis ut potuerit Deus Deum æqualem sibi ? » Ad hæc non miror nullum te invenisse responsum : sed plane laudo nec respondere conatum. Atque utinam hoc ubique fecisses : nusquam enim in sermonibus nostris quid recte responderes invenire potuisti, et tamen (a) pene ubique tacere noluisti. Sed cum in aliis tam multa dixeris, causæ quæ inter nos agitur non necessaria, et tempus loquendo consumpseris ; gratiæ tibi agendæ sunt, ubi nonnulla sic vidisti te refutare non posse, ut ea malles summo silentio prætertire.

LIBER SECUNDUS

REFELLUNTUR SINGILLATIM QUÆ IN COLLATIONE MAXIMINUS DIXIT ULTIMA SUA DISPUTATIONE, CUJUS DISPUTATIONIS SUÆ PROLIXITATE RESPONDENDI TEMPUS TUNC ERIPUIT AUGUSTINO.

PRÆFATIO.

Res jam postulat, ut in eo quod reliquum est, opitulante Domino, impleam promissionem meam. In Operis quippe hujus exordio : Prius, inquam, ostendam refellere te non potuisse quæ dixi : deinde, quantum necessarium videbitur, ego refellam quæ ipse dixisti. Quia ergo, sicut adjuvante Deo potui, ostendi ea quæ dixi non te potuisse refellere ; superest ut ea quæ dixisti, ego refellam, sicut Deo adjuvante

(a) Apud Lov. *plene.*

mieux que je pourrai, avec la grâce de Dieu. Je ne reviendrai point sur vos premières assertions auxquelles j'ai opposées les miennes dans la discussion que j'ai entreprise alors avec vous, mais je répondrai à la dernière partie de notre entretien ; vous l'avez faite si longue que vous ne m'avez pas laissé de temps pour vous répondre ; je le ferai si celui qui nous dirige le veut, de manière à vous faire ouvrir les yeux à la lumière de la vérité, à moins que vous n'aimiez mieux les ténèbres de la dispute. Je commencerai donc par élaguer toutes les choses superflues que vous avez dites et qui ne demandent point de moi une réponse. La question qui s'agite entre nous est de savoir si le Père, le Fils et le Saint-Esprit sont d'une nature différente, comme vous le prétendez, ou d'une seule et même substance, ainsi que nous le disons, et si la Trinité elle-même n'est qu'un seul et même Dieu. Comme il est admis entre nous que le Père n'est point le même que le Fils, ni le Fils le même que Père, et que le Père et le Fils ne sont pas les mêmes que le Saint-Esprit, vous reconnaîtrez certainement que tout ce que vous avez dit, dans votre bien longue riposte, pour montrer que le Père est un, le Fils est un et le Saint-Esprit est un, est tout à fait superflu, et vous tournerez, si vous le voulez bien, ces armes qui nous sont communes avec vous contre les Sabelliens, si l'occasion de les combattre se présente. Vous avez beaucoup parlé aussi pour prouver que Notre-Seigneur Jésus-Christ est un grand Dieu ; à quoi bon cela, entre nous, puisque nous le disons comme vous ? Vous avez aussi célébré du Saint-Esprit les louanges aussi grandes que vraies, je ne puis qu'y ajouter encore, non les nier. Il n'y avait donc pas de nécessité de nous opposer ces louanges, puisque nous les célébrons avec vous. Est-ce que nous ne confessons pas aussi bien que vous que le Christ est assis à la droite du Père ? Et pourtant vous avez entrepris de prouver cela par des témoignages empruntés aux divines Écritures, comme si nous le niions quelque part. Nous croyons et nous tenons que le Christ est venu dans la chair, et néanmoins vous avez accumulé, pour nous apprendre cette vérité, les témoignages divins, comme si nous prétendions le contraire. Je dois toucher en passant, mais non point m'arrêter à réfuter toutes ces choses et d'autres encore que je ferai voir en leur lieu, pour lesquelles vous vous êtes donné un mal superflu afin de faire traîner les choses en longueur et de susciter des retards.

CHAPITRE PREMIER.

Vous prétendez que je parle comme quelqu'un qui se sent assuré de l'appui des princes, mais nullement selon la crainte de Dieu, quand vous savez qu'il nous est prescrit de prier pour les

---

potuero. Priores itaque prosecutiones tuas, quibus continuo reddidi meas, in hac disputatione quæ nunc a me suscepta est, non retractabo : illam vero ultimam tam prolixam, ut mihi die illo spatium responsionis auferret, ita redarguam, si voluerit qui nos regit, ut acquiescas lumini veritatis, si contentionis tenebras non amaveris. In primis ergo superflua tua detraham necessitati responsionis meæ. Causa quippe inter nos agitur, utrum Pater et Filius et Spiritus sanctus diversæ, ut vos dicitis, an potius, ut nos dicimus, unius sit ejusdemque substantiæ, unusque Deus sit ipsa Trinitas : cum conveniat inter nos Patrem non esse qui est Filius, nec Filium esse qui est Pater, nec Patrem esse vel Filium qui Spiritus sanctus est. Quidquid igitur tanta tuæ prosecutionis prolixitate dixisti, unde ostenderes alium esse Patrem, alium esse Filium, alium esse Spiritum sanctum ; quando nobiscum agitis, superfluum prorsus esse cognosce : et si tibi expugnandi occurrerint Sabelliani, in eos ista nobis vobisque communia, si placet, arma converte. Multa etiam locutus es, ut probares magnum Deum esse Dominum Jesum Christum : hoc quid ad nos, cum hoc dicamus et nos ? Laudes quoque Spiritus sancti magnas verasque fudisti : sed nos eas augere possumus, non negare : non itaque opus erat, ut eas contra nos diceres, quas dicimus tecum. Christum sedere ad dexteram Patris, nonne pariter confitemur ? Quod tamen testimoniis divinorum eloquiorum sic probare voluisti, tanquam id alicubi negaremus. Christum in carne venisse, utrique novimus et tenemus : sic adbibuisti ut hoc doceres divina testimonia, tanquam repugnemus. Hæc et alia quæ suis ostendam locis, in quibus operam supervacuam contrivisti, ut moras necteres, tempusque produceres, commemorando attingere debeo, non redarguere disputando.

CAPUT PRIMUM.

Dicis me « auxilio principum munitum non loqui secundum timorem Dei : » cum scias nobis esse præceptum orare pro regibus (I *Tim.*, II, 2), ut in agnitionem veniant veritatis : quod in quibusdam esse

rois áfin qu'ils arrivent à la connaissance de la vérité (I *Tim.*, II, 2); plusieurs d'entre eux y sont arrivés en effet, nous en rendons grâces à Dieu, et vous, vous en gémissez. Nos paroles indiquent assez pour qui sait entendre, qui de nous deux parle selon la crainte de Dieu, si c'est celui qui loue le Père en termes tels qu'il prétend à sa gloire, qu'il a engendré un Fils égal à lui, ou si c'est celui qui déshonore le Père et le Fils au point de dire que celui-là n'a pu engendrer un Fils qui lui fût semblable en toutes choses, et de prétendre sinon que ce dernier a dégénéré après sa naissance, du moins est venu au monde dégénéré.

CHAPITRE II.

Vous dites : Nous adorons le Christ comme le Dieu de toute créature, au nom de qui tout genou fléchit dans le ciel, sur la terre et dans les enfers, néanmoins vous ne le voulez point égal à Dieu le Père, parce que c'est au Père qu'il doit cela; l'Apôtre dit en effet: « C'est pourquoi Dieu l'a élevé et lui a donné un nom qui est au-dessus de tout nom, afin que au nom de Jésus tout genou fléchisse, etc. » (*Philipp.*, II, 9.) Vous ne cherchez point à qui Dieu a donné ce nom, si c'est à l'homme ou à Dieu. Pourquoi le lui a-t-il donné, c'est ce qu'on voit assez clairement, car l'Apôtre dit : « Il s'est rabaissé lui-même en se rendant obéissant jusqu'à la mort, et jusqu'à la mort de la croix; voilà pourquoi Dieu l'a élevé et lui a donné un nom qui est au-dessus de tout nom. » (*Ibid.*, 8.) Si donc il lui a donné un nom au-dessus de tout nom, parce qu'il s'est fait obéissant jusqu'à la mort de la croix, est-ce que avant cela le Fils de Dieu n'était point un Dieu élevé, le Verbe de Dieu, Dieu en Dieu, et ne serait-ce qu'après avoir été élevé pour s'être fait obéissant jusqu'à la mort de la croix, qu'il a commencé à être le Fils élevé de Dieu, le Fils unique de Dieu, Dieu enfin, et à avoir un nom au-dessus de tous les noms? Quel est l'homme assez insensé pour dire cela? Ce privilége lui a donc été donné comme homme, c'est en tant que tel que le Fils s'est fait obéissant jusqu'à la mort de la croix. Mais ce privilége, il l'avait déjà en tant que Fils même de Dieu et Dieu de Dieu, né égal à son Père.

CHAPITRE III.

Vous m'objectez que je fais le Saint-Esprit égal au Fils; je le prétends tel en effet. Vous dites : Citez-moi des textes où le Saint-Esprit soit adoré. A ce que je vois, vous voulez que je montre que le Saint-Esprit est égal au Christ,

---

impletum, nos Deo agimus gratias, vos doletis. Verba autem nostra recte intelligentibus indicant, quis nostrum loquatur secundum timorem Dei ; utrum qui sic laudat Deum Patrem, ut ad ejus laudem referat, quod sibi Filium generavit æqualem; an qui sic genitorem dehonestat et genitum, ut et illum dicat non potuisse gignere per omnia sui similem filium, et istum dicat non degenerasse jam natum, sed degenerem natum.

CAPUT II.

« Dicis vos Christum colere, ut Deum omnis creaturæ, cui flectitur omne genu, cœlestium, terrestrium et infernorum : » quem tamen Deo Patri esse non vultis æqualem, quia « hoc Pater ei donavit : » ait enim Apostolus : « Propter quod et Deus eum exaltavit, et donavit ei nomen quod est super omne nomen, ut in nomine Jesu omne genu flectatur, » etc. (*Philip.*, II, 9.) Nec quæritis cui donaverit, utrum homini, an Deo. (*a*) Quomodo enim donaverit, evidenter apparet. « Humiliavit, inquit, semetipsum usque ad mortem, mortem autem crucis. Propter quod et Deus cum exaltavit, et donavit ei nomen quod est super omne nomen. » (*Ibid.*, 8.) Si ergo propterea donavit ei nomen quod est super omne nomen, quia factus est obediens usque ad mortem crucis; nunquid ante quam hoc fieret, non erat altus Dei Filius Deus, Dei Verbum, Deus apud Deum ; sed postea quam propter hoc exaltatus est, quia factus est obediens usque ad mortem crucis, tunc cœpit esse altus Dei Filius, unicus Dei, Deus, tunc cœpit habere nomen quod est super omne nomen? Quis hoc insipientissimus dixerit? Hoc illi ergo donatum est ut homini, secundum quem Filius factus est obediens usque ad mortem crucis, quod jam habebat idem ipse Dei Filius, Deus de Deo natus æqualis.

CAPUT III.

Objicis mihi, quod dicam « Spiritum sanctum æqualem esse Filio. » Dico plane. « Da, inquis, testimonia ubi adoratur Spiritus sanctus. » Ut video, hinc eum vis ostendi æqualem Christo, si adoratur ut Christus. Jam ergo confitere Christum Patri æqualem, quem tu ipse adorari confiteris ut Patrem. Quales autem

---

(*a*) In Mss. *Quando*.

parce qu'il a été adoré comme lui. Confessez d'abord que le Christ est égal au Père, puisque vous reconnaissez vous-même qu'il est adoré comme le Père. Quels hommes faites-vous donc, et quelle religieuse humilité avez-vous pour ne point vouloir adorer le Saint-Esprit, quand vous lisez que la lettre tue, mais que l'Esprit vivifie? (II *Cor.*, III, 6.) Vous ne voulez donc point adorer celui qui, vous ne pouvez le nier, vivifie les âmes, quand le patriarche Abraham a adoré des hommes parce qu'ils lui avaient cédé un monument où il pût déposer le corps de sa femme morte. En effet, il est écrit : « Abraham vint la pleurer et en faire le deuil. Puis, s'étant levé, après s'être acquitté de ses devoirs envers la morte, il vint parler aux enfants de Heth et leur dit : Je suis parmi vous comme un étranger et un voyageur; donnez-moi droit de sépulture au milieu de vous, afin que j'enterre la personne qui m'est morte. Les enfants de Heth lui dirent : A Dieu ne plaise que nous vous refusions cela, seigneur. Ecoutez-nous maintenant : Dieu vous a placé parmi nous comme un roi, enterrez la personne qui vous est morte dans nos plus beaux sépulcres, nul ne pourra vous empêcher de mettre dans son tombeau la personne qui vous est morte. Abraham, se levant, adora les peuples de ce pays-là, qui étaient les descendants de Heth. » (*Gen.*, XXIII, 2 à 7.) Et vous, vous ne voulez point qu'on adore le Saint-Esprit, afin de demeurer vous-mêmes ingrats envers la grâce de Dieu. Mais, ditez-vous, citez-nous des textes où le Saint-Esprit soit adoré, comme si ceux que nous lisons ne nous donnaient point à entendre ceux que nous ne lisons point; mais pour ne point être forcé d'en chercher beaucoup, dites-moi où vous avez lu que Dieu le Père n'est ni engendré ni né? Et pourtant cela est vrai. Quant à ce que vous avez assez souvent répété, que le Père est incomparable au Fils; vous ne le lisez point non plus, et d'ailleurs ce n'est point vrai. Mais si vous aviez sur la religion par laquelle on honore Dieu des pensées comme vous devriez en avoir, vous verriez que c'est bien plus de dire que le Saint-Esprit a un temple, que de dire qu'il est adoré. En effet, nous savons, comme je l'ai dit plus haut, qu'il y a eu des hommes adorés par de saints personnages; pour ce qui est d'un temple, que je ne sache point que les hommes en aient élevé à d'autres qu'au vrai Dieu, comme le fit Salomon, ou à des êtres passant pour dieux, comme le font les nations qui ne connaissent point Dieu. Mais le Saint-Esprit, ce qui ne se dit de Dieu qu'à sa plus grande gloire, n'habite point dans des temples faits de mains d'hommes; c'est notre corps qui est son temple. (I *Cor.*, VI, 19.) Or, n'allez point mépriser nos membres, ils sont les membres du Christ. (*Ibid.*, 15.) Quel est donc ce Dieu à qui est élevé un temple par Dieu même et par ses membres?

---

homines estis, quam religiosæ humilitatis, qui Spiritum sanctum adorare non vultis, cum legatis : Littera occidit, Spiritus autem vivificat? (II *Cor.*, III, 6.) Non vultis ergo adorare, quem vivificare animas non negatis : cum pater Abraham homines adoraverit, quia concesserunt ei monumentum, ubi poneret mortuæ corpus uxoris. Sic enim scriptum est : « Venit autem Abraham plangere Saram et lugere : et surrexit Abraham de supra mortem ejus, et dixit filiis Heth : Peregrinus et advena sum ego vobiscum, date ergo mihi possessionem monumenti, ubi sepeliam mortuum meum. Responderunt autem filii Heth ad Abraham, dicentes : Absit hoc, Domine : audi nunc et nos : Rex a Deo tu es in nobis; in electis monumentis nostris sepeli mortuum tuum : nemo enim nostrum prohibet te a monumento suo, ut sepelias mortuum tuum ibi. Surgens autem Abraham adoravit plebem filiorum Heth. » (*Gen.*, XXIII, 2.) Et vos Spiritum sanctum non permittitis adorari, ut ipsi Dei gratiæ remaneatis ingrati. Sed : « Da, inquis, testimonia ubi adoratur Spiritus sanctus : » quasi non ex iis quæ legimus, aliqua etiam quæ non legimus, intelligamus. Sed ne quærere multa compellar, tu ubi legisti Patrem Deum ingenitum vel innatum? Et tamen verum est. Quod vero aliquotiens dixisti, etiam Filio esse incomparabilem Patrem, nec legis, nec verum est. Si autem religionem qua colitur Deus, sicut dignum est cogitares, multo plus esse cerneres quod habet Spiritus sanctus templum, quam si eum legeres adoratum. Et homines enim, sicut supra docui, a sanctis novimus adoratos : templum vero non est factum ab hominibus, nisi aut vero Deo, sicut Salomon fecit; aut eis qui pro diis habentur, sicut gentes quæ ignorant Deum. Spiritus autem sanctus, quod cum magno honore de Deo dictum est, non in manufactis templis habitat (*Act.*, XVII, 24), sed corpus nostrum templum est Spiritus sancti. (I *Cor.*, VI, 19.) Et ne corpora nostra contemnas, membra sunt Christi. (*Ibid.*, 15). Qualis ergo Deus, cui templum ædificatur, et a Deo, et de membris Dei?

CHAPITRE IV.

Vous dites que « le Christ est à la droite de Dieu et prie pour nous. » Pourquoi me faites-vous cette objection si vous croyez le Christ non-seulement Dieu, mais homme? Quel intérêt avez-vous donc à dire constamment qu'il est assis à la droite du Père? et, pour nous, quel bien résulte-t-il des efforts que vous faites pour nous prouver en vain sinon par de vaines autorités une chose que nous faisons profession de croire?

CHAPITRE V.

Vous dites : « Quant au Saint-Esprit nous l'honorons ainsi qu'il convient, comme un docteur, un guide, un illuminateur, un sanctificateur ; mais pour le Christ nous l'adorons avec une dévotion pleine de pureté, comme l'auteur de tout. » Si vous donnez au Père le titre d'auteur, parce que le Fils vient de lui tandis que lui-même ne vient point du Fils, et parce que le Fils et le Saint-Esprit procèdent de lui, non sans la propriété donnée au Fils en l'engendrant tel qu'il est, que le Saint-Esprit procédât aussi de lui ; si vous donnez au Fils le nom de Créateur en ne le refusant ni au Père ni au Fils ; si enfin vous donnez au Saint-Esprit le titre de docteur, de guide, d'illuminateur, de sanctifica-teur, sans refuser ces fonctions ni au Père ni au Fils ; votre langage est le nôtre. Mais si vous placez dans votre cœur de telles idoles que vous alliez jusqu'à vous faire deux dieux, un plus grand, le Père, l'autre moindre, le Fils, et à vous forger un Saint-Esprit tellement inférieur aux autres, que vous ne lui fassiez pas même l'honneur de l'appeler Dieu ; ce n'est point là notre foi, parce que ce n'est point la foi chrétienne, et par conséquent ce n'est point du tout la foi. Je vous pardonne aussi de vous être servi d'un mot dont vous ignoriez le sens et d'avoir dit que « le Christ est descendu jusqu'au contact impur de la terre. » Comme j'ai voulu corriger en vous cette expression, pour que vous sussiez ce que nous devons appeler contacts impurs ; vous vous êtes écrié que « ce sont des calomnies et vous pensez qu'elles viennent de notre savoir dans l'art de la philosophie. » Il me suffit que vous ayez pensé que le Christ est descendu au contact impur des choses de la terre, mais de manière à ne contracter de là aucun péché.

CHAPITRE VI.

Quand, au sujet des petits des animaux, j'ai dit que tout terrestres et mortels qu'ils sont, ils ne laissent pas d'engendrer des êtres tels qu'eux, en sorte qu'un homme engendre un homme, et

CAPUT IV.

Dicis « Christum esse in dextera Dei, et interpellare pro nobis. » (*Rom.*, VIII, 34.) Quod cur nobis objicis, si cum non solum Deum, verum etiam hominem agnoscis? Quid te igitur adjuvat, quod sedere ad dexteram Patris assidue legitur? Quid nobis, non quidem inanibus testimoniis, sed tamen inaniter, probare niteris quod fatemur.

CAPUT V.

Dicis « vos Spiritum sanctum competenter honorare ut doctorem, ut ducatorem, ut illuminatorem, ut sanctificatorem ; Christum colere, ut creatorem ; Patrem cum sincera devotione adorare, ut auctorem. » Si auctorem propterea dicis Patrem, quia de ipso est Filius, non est autem ipse de Filio ; et quia de illo et Filio sic procedit Spiritus sanctus, ut ipse hoc dederit Filio gignendo eum talem, ut etiam de ipso procedat Spiritus sanctus : si creatorem sic dicis Filium, ut creatorem non neges Patrem nec Spiritum sanctum : si denique Spiritum sanctum sic dicis doctorem, ducatorem, illuminatorem, sanctificatorem, ut hæc opera nec Patri audeas auferre nec Filio : ista tua etiam nostra sint verba. Si autem talia tibi idola ponis in corde, ut duos facias deos, unum majorem, id est, Patrem, alium minorem, id est, Filium; Spiritum vero sanctum ita omnium trium minimum fingas, ut nec Deum nuncupare digneris : non hæc est nostra fides, quoniam non est Christiana fides, ac per hoc nec fides. Etiam hoc tibi ignoscimus, quod imperite usus verbo : « Christum significasti ad terrena descendisse contagia. » Et quia hoc in te corrigere volui, ut scires contagia quomodo appellari debeamus : « Calumnias esse istas dicis, et eas de Philosophicæ artis instructione venire » arbitraris. Sufficit mihi quod ita putasti Christum ad terrena descendisse contagia, ut tamen confitereris nullum habuisse peccatum.

CAPUT VI.

Illud sane quod commemoravi, partus animalium, quæ cum terrena sint atque mortalia, hoc tamen gignunt quod ipsa sunt, ut homo hominem, canis canem, puto quod non aspernatus horruisti, sed te aspernari atque horrere finxisti, dicens, « tam fœdam

un chien un chien, je pense bien qu'il n'est pas vrai que vous ayez éprouvé un sentiment d'horreur et de mépris pour ces paroles ; vous faisiez semblant de le ressentir, quand vous disiez : « On ne devrait point recourir à une comparaison aussi sale, quand il s'agit d'une telle immensité. » En effet, pourquoi avez-vous parlé ainsi, sinon dans la crainte que la vérité sortie de ces engendrements corruptibles ne vous prît à la gorge, et ne vous laissât point respirer, comme elle le fait en effet ? Car vous voyez là, une créature corruptible engendrer des petits tels qu'elle même, et vous croyez que Dieu le Père tout-puissant n'a pu engendrer son Fils unique qu'avec une nature dégénérée.

CHAPITRE VII.

Mais vous dites : « Dieu a engendré un Dieu, le Seigneur un Seigneur, le Roi un Roi, le Créateur un Créateur, le bon un bon, le sage un sage, le clément un clément, le puissant un puissant. » Si vous avez pensé échapper par tous ces mots, à l'objection qui vous est faite, et si ne croyant point que Dieu a pu engendrer un être tel qu'il est lui-même, c'est pour cela que vous avez dit : « Le Seigneur a engendré un Seigneur et le Dieu un Dieu, » pourquoi ne dites-vous point, le Tout-Puissant un tout-puissant de même que vous avez dit : « Le Puissant un puissant ? » Si vous voulez dire quel est votre sentiment, dites : Le Seigneur plus grand a engendré un Seigneur moins grand ; le Dieu plus grand, un Dieu moins grand ; le Roi plus grand un roi moins grand ; le Créateur plus grand un créateur moins grand ; le meilleur un bon, le plus sage un sage, le plus clément un clément, le plus puissant un puissant. Si vous ne dites point cela, et si votre sentiment est que le Fils n'a rien de moins que le Père, pourquoi ne dites-vous point qu'il lui est égal ? Pourquoi ne reprenez-vous point votre période tout entière et ne confessez-vous point que le Seigneur a engendré un Seigneur égal ; le Dieu un Dieu égal, le Roi un roi égal, le Créateur un créateur égal ; le bon un également bon, le sage un également sage, le clément un également clément, le puissant un également puissant ? Si vous dites qu'il n'est point égal, dites-le ouvertement dégénéré, car ce Dieu moindre que vous faites naître d'un Dieu plus grand, vous ne lui permettez pas au moins de grandir comme il arrive à un fils de manière à égaler un jour son père. Voilà pourquoi vous le faites naître parfait, non point pour avoir occasion d'augmenter sa gloire, mais afin que sa nature moindre demeurât moindre. Bien que tels soient vos sentiments, vous n'en poursuivez pas moins en ces termes : « Le Père en engendrant son Fils ne lui a rien ôté. » Comment ne lui a-t-il rien ôté

comparationem in illam tantam immensitatem non debuisse produci. » Cur enim hoc dixisti, nisi ne tibi de ipsis corruptibilibus fetibus fauces veritas premeret, et te respirare non sineret, sicut et facit ? Quando quidem creaturam corruptibilem cernitis, hoc quod ipsa est gignere fetum suum, et Deum Patrem omnipotentem creditis non potuisse nisi ejus degenerante natura gignere unicum suum.

CAPUT VII.

Sed dicis : « Dominus Dominum genuit, Deus Deum genuit, Rex Regem genuit, Creator Creatorem genuit, bonus bonum genuit, sapiens sapientem genuit, clemens clementem, potens potentem. » Si sub his verbis cavere te putas quod vobis objicitur, non vos credere Deum potuisse gignere id quod est ipse, et ideo dicis : « Dominus Dominum genuit, Deus Deum genuit, » et cætera : cur ergo sicut dixisti « potens potentem, » non dicis omnipotens omnipotentem ? Si quod sentis vis dicere, dic : Dominus major, dominum minorem genuit ; Deus major, deum minorem ; Rex major, regem minorem ; Creator major, creatorem minorem ; melior bonum, sapientior sapientem, clementior clementem, potentior potentem. Si autem ista non dicis, et nihil minus quam Pater habet, Filium habere consentis, cur non dicis æqualem ? Et illa omnia cur non sic percurris, ut dicas : Dominus æqualem Dominum genuit, Deus æqualem Deum, Rex æqualem Regem, Creator æqualem Creatorem, bonus æqualiter bonum, sapiens æqualiter sapientem, clemens æqualiter clementem, potens æqualiter potentem ? Si autem negas æqualem, aperte dic esse degenerem. Non enim quem deum minorem, de Deo majore natum esse dicitis, saltem sicut infantem crescere sinitis, ut aliquando suo Patri possit esse æqualis. Ad hoc enim eum perfectum dicitis esse natum, non ut hinc laus ejus cresceret, sed ut minor ejus natura remaneret. Et cum ista sentiatis, sequeris tamen, et dicis : « Nihil subtraxit Pater in generando Filium. « Quomodo nihil subtraxit in generando Filium, quem non æqualem genuit, sed minorem ? An

n l'engendrant, quand au lieu de l'engendrer égal à lui, il l'a engendré moindre? Est-ce qu'il ne lui a rien ôté parce qu'il ne lui a rien enlevé après sa naissance de ce qu'il lui avait donné au moment où il l'a engendré? Sans doute de cette manière-là il ne lui a rien enlevé, mais le Créateur n'ôte rien non plus après leur naissance aux enfants des hommes qui naissent bien constitués ; loin de là, il ajoute plutôt à ce qu'ils ont déjà, en sorte qu'en grandissant ils acquièrent ce qui leur manquait en naissant. Qu'avez-vous donc dit de si grand de la part du Père à l'égard de son Fils, qui n'a point été tiré du néant ou d'une matière quelconque, mais qui est né de lui-même? La belle affaire qu'il n'ait point ôté ce qu'il a donné, si ce qu'il a pu donner il le lui a ôté en ne le lui donnant point? Qu'est-ce à dire : Il n'est point envieux? Est-ce que par hasard il n'a point pu donner? Où donc est la toute-puissance de Dieu le Père? Evidemment toute la question se réduit à ceci : Dieu le Père n'a point pu engendrer un Fils égal à lui, ou il ne l'a point voulu ; s'il ne l'a point pu, il manque de force, et s'il ne l'a point voulu, il s'est montré envieux. Mais l'une et l'autre hypothèse sont fausses. Il s'en suit que le vrai Fils de Dieu est égal à son Père. Si donc, comme vous le dites, ce passage que j'ai cité vous plaît, « ce qu'il y a d'invisible en Dieu est devenu visible par la connaissance que ses créatures nous en donnent, » (*Rom.*, I, 20) par ce qui se passe dans les créatures visibles où les pères engendrent des êtres tels qu'ils sont eux-mêmes, comprenez la naissance invisible du vrai Fils de Dieu, et ne dites point que Dieu le Père a engendré ce qu'il n'est point lui-même. Ne niez plus que la substance du Père et du Fils soit une seule et même substance.

CHAPITRE VIII.

Après cela vous rattachez ce qui suit à ce qui précède, et voulez nous prouver, touchant l'incarnation du Christ, quelque chose que nous croyons aussi bien que vous ; en cela vous avez suivi votre manière habituelle : moi je tiendrai à ma promesse, et ne répondrai point à tout cela.

CHAPITRE IX.

1. En traitant de l'invisibilité du Fils de Dieu que vous acceptez pour invisible quant à sa divinité, après avoir commencé par présumer qu'il n'y avait que le Père qui fût invisible, vous avez ajouté bien des choses qui n'avaient point trait à la question, au sujet des créatures invisibles, ainsi que pourront en juger ceux qui vous liront. Il s'agit entre nous de l'invisibilité de Dieu, telle est la question. Vous pensez que ce n'est que du Père qu'il est dit : Il est invisible, dans ce passage de l'Apôtre : « Au seul Dieu

ideo nihil subtraxit, quia nihil eorum quæ gignendo dedit, abstulit genit ? Ita sane nihil subtraxit : sed et filiis hominum qui prospere nascuntur, nihil aufert Creator jam natis ; quin potius addit, ut accedat crescentibus quod nascentibus defuit. Quid ergo magnum de Patre dixisti erga unicum Filium, qui non ex nihilo vel ex aliqua materia factus, sed ex ipso natus est? Quid magnum est quia non subtraxit quod dedit, si quod dare potuit non dando subtraxit? Ubi est, quod cum invidum non esse dixisti? An forte dare non potuit? Ubi est omnipotentia Dei Patris? Prorsus ad hunc articulum res colligitur, ut Deus Pater æqualem sibi gignere Filium aut non potuerit, aut noluerit. Si non potuit, infirmus : si noluit invidus invenitur. Sed utrumque hoc falsum est. Patri igitur Deo Filius verus æqualis est. Si ergo, ut laudas, placet tibi quod a me commemoratum est : « Invisibilia enim ejus per ea quæ facta sunt intellecta conspiciuntur : » (*Rom.*, I, 20) per id quod factum est in creatura visibili, ut parentes id quod ipsi sunt generent, intellige invisibilem nativitatem veri Filii Dei, ne Deum Patrem dicas id quod non est ipse genuisse. Si autem hoc genuit quod est ipse : unam Patris et Filii esse substantiam negare nolite.

CAPUT VIII.

Jam vero sequentia quæ sic connexuisti, ut de cruce vel incarnatione Christi probare nobis velles quod pariter credimus : servasti morem tuum, sed nihil tibi ad ista respondens, etiam ego servo promissum meum.

CAPUT IX.

1. De invisibili Filio cum ageremus, quem consensisti esse invisibilem secundum divinitatem, qui prius solum Patrem invisibilem esse præsumpseras, ad rem non pertinentia multa dixisti de invisibilibus creaturis : quod poterunt judicare qui legerint. De invisibili Deo inter nos agitur : et hoc est quod quæstionem facit, quia vos invisibilem solum Patrem dictum putatis, ubi Apostolus ait : « Immortali,

immortel, invisible. » (I *Tim.*, I, 17.) S'il avait dit : Au seul Père, il serait peut-être plus difficile de résoudre la question ; mais comme il a dit : « Au seul Dieu, » il n'a rien dit qui aille contre nous, attendu que le Fils unique du Père, dans sa forme de Dieu, et l'Esprit saint dans sa nature, sont invisibles ; car le seul Dieu que nous prêchons c'est la Trinité même. Avons-nous raison en cela ? c'est ce que nous avons démontré ailleurs et démontrerons encore quand besoin en sera. Pour le moment, dans la question qui nous occupe, ce qui peut faire difficulté c'est de savoir comment ce n'est pas de Dieu seul qui n'est autre chose que la Trinité même, qu'il a été dit : « Au seul Dieu invisible, » puisqu'il y a aussi des créatures invisibles. En effet, il a été dit du Christ : « C'est en lui qu'ont été créées toutes les choses visibles et invisibles. » (*Col.*, I, 16.) C'est donc parce qu'il y a de faux dieux visibles, qu'il est dit : « Au seul Dieu invisible, honneur et gloire. » En effet, bien qu'il y ait des créatures invisibles, ces créatures ne sont point des dieux pour nous. Si l'Apôtre ne s'était point contenté de dire : « Au seul Dieu, » mais eût dit : « Au Roi des siècles, au seul immortel et invisible, honneur et gloire, » (I *Tim.*, I, 17) quel eût été ce roi sinon Dieu ? Honneur donc et gloire au seul Dieu qui est le Dieu invisible, mais qui n'est point le seul invisible, puisqu'il y a, comme je l'ai dit, des créatures invisibles. De même on peut demander aussi en quel sen il est dit : « Nul ne vit jamais Dieu, » (*Jean*, 18) quand le même Seigneur qui a parlé ain nous dit ailleurs : « Ne savez-vous point que leu anges voient la face de mon Père qui est dan les cieux ? » (*Matth.*, XVIII, 10.) Voilà qui e embarrassant pour vous qui ne savez point d quelle manière vous devez dire le Père invisibl Pour ces paroles : « Ce n'est point que quelqu'u ait vu le Père si ce n'est celui qui est né de Dieu celui-là a vu le Père, » (*Jean*, VI, 46) on pe entendre par le mot « quelqu'un, » un homme Or, comme celui qui parlait ainsi alors était u homme en chair, c'est comme s'il avait dit : C n'est pas qu'un homme ait vu le Père, si ce n'es moi ; c'est ainsi qu'il a été dit ailleurs : « Qui es sage pour comprendre cela ? » (*Ps.* CVI, 43) ca on ne peut entendre ces paroles des saints anges Aussi l'Apôtre a-t-il dit en termes plus clair encore, au sujet du Dieu invisible : « Nul homm ne l'a vu et nul ne peut le voir. » (I *Tim.*, VI, 16. Il ne dit point tout simplement : Nul, mais il dit Nul homme, et nous apprend ainsi en quel sen nous devons entendre ces mots : « Nul ne vi jamais Dieu, » (*Jean*, I, 18) cela veut dire nu homme, comme lorsqu'on dit : Nul ne monte a ciel ; car les anges y montent habituellement puisqu'ils en descendent souvent. Cependant

---

invisibili soli Deo. » (1 *Tim.*, 1, 17.) Si dixisset, soli Patri ; difficilius fortasse quæstio solveretur : quia vero dixit : « Soli Deo ; » non est utique contra nos : et Unigenitus quippe in Dei forma, et Spiritus sanctus in sua natura est invisibilis. Unus enim et solus Deus a nobis ipsa Trinitas prædicatur. Quod utrum verum sapiamus, in aliis locis a nobis est demonstratum, et ubi adhuc opus fuerit, demonstrabitur. Nunc in ista quæstione non immerito potest movere, quomodo de solo Deo, qui est ipsa Trinitas, dictum sit : « Invisibili soli Deo : » cum sit etiam quædam invisibilis creatura ; propter quod dictum est de Christo, quia in ipso condita sunt omnia, visibilia et invisibilia. (*Col.*, I, 16.) Quia ergo sunt dii falsi visibiles, ideo dictum est : « Invisibili soli Deo honor et gloria. » Etsi enim est creatura invisibilis, non tamen deus nobis est. Sed et si non dictum esset, « soli Deo ; » sed dictum esset : « Regi autem sæculorum, immortali, invisibili soli honor et gloria : » (I *Tim.*, I, 17) quis nisi Deus esset ? Honor ergo et gloria soli Deo, qui Deus invisibilis est, non qui solus invisibilis : quoniam est, ut diximus, et creatura invisibilis. Item quæri potest quomodo dictum sit : « Deum nemo vidit unquam : » (*Joan.*, I, 18) cum ejusdem Domini verba sint : Nescitis quia Angeli eorum semper vident faciem Patris mei qui in cœlis est ? (*Matth.*, XVIII, 10.) Quæ sententia vo redarguit, qui nescitis quemadmodum dicatis invisibilem Patrem. Illud autem quod ait : « Non quia Patrem vidit quisquam, nisi qui est a Deo, hic vidi Patrem : » (*Joan.*, VI, 46) ad homines referri potest quod dictum est, « quisquam. » Et quia ipse homo erat qui tunc loquebatur in carne, ita hoc dixit, ac si diceret : Non quia Patrem vidit quisquam hominum, nisi ego : sicut dictum est : Quis sapiens, et intelliget hæc ? (*Psal.* CVI, 43.) Non enim et de sanctis Angelis id accipi potest. Unde Apostolus de invisibili Deo apertius posuit : Quem nemo hominum vidit, nec videre potest. (I *Tim.*, VI, 16.) Non enim ait, nemo : sed, nemo hominum. Ubi ostendit quemadmodum intelligi debeat quod dictum est : « Deum nemo vidit unquam ; » (*Joan.*, I, 18) id est, nemo hominum : sicut : Nemo ascendit in cœlum ; cum angeli soleant illuc ascendere, quia solent inde descendere. Nec tamen Apostolus dixit : Nemo hominum poterit videre Deum (I *Tim.*, VI, 16) : sed, nemo potest. Poterit enim homo, sed tunc cum æternum erit

l'Apôtre n'a point dit : Nul homme ne pourra voir Dieu, mais nul ne peut le voir (I *Tim.*, vi, 16); attendu que l'homme pourra le voir, mais quand il sera donné aux fidèles, comme récompense éternelle, de voir Dieu. Voilà pourquoi l'apôtre Jean a dit : « Mes bien-aimés, nous sommes les enfants de Dieu, mais ce que nous serons un jour ne paraît pas encore. Nous savons que, lorsque le Christ paraîtra, nous serons semblables à lui, parce que nous le verrons tel qu'il est. » (I *Jean*, iii, 2.) Que signifie donc ce que vous dites, que le Père seul est invisible ? Vous auriez tort de le dire, même quand il ne serait visible que pour le Fils. Mais les oracles divins nous attestent qu'il est vu des anges et qu'il sera vu des hommes, quand ils seront devenus semblables aux anges; pourquoi vous exprimez-vous ainsi ? comment avez-vous osé avancer que « les êtres moindres sont vus des plus grands, tandis que les plus grands ne sauraient être vus des moindres ? » Vous avez, il est vrai, renoncé plus tard à cette proposition, quand vous avez confessé que le Père est vu du Fils, tout en disant que le Fils est moindre que le Père, et le Père plus grand que le Fils dans la substance même de la divinité. Mais que direz-vous des anges qui voient toujours la face de Dieu le Père ? (*Matth.*, xviii, 10.) Faut-il d'après la règle que vous avez étourdiment inventée, regarder les anges comme étant plus grands que Dieu le Père ?

2. Vous croyez, il est vrai, avoir trouvé quelque chose de beau, quand vous dites à propos du Fils : « Il vit donc le Père, mais il l'a vu insaisissable. » Vous ne remarquez point que s'il le vit insaisissable, attendu qu'il ne peut être saisi, ainsi que vous le pensez, pourtant il ne le vit point invisible, puisqu'il l'a vu. Or, quand vous parlez ainsi, la question que vous agitiez contre moi n'était point de savoir si Dieu est ou n'est point insaisissable, mais s'il est visible ou non; attendu que l'Apôtre ne dit point : A l'insaisissable, mais : « Au seul Dieu invisible. » Voilà pourquoi, vous avez cru pouvoir invoquer ce texte en votre faveur, et vous en servir pour amoindrir le Fils, comme s'il n'était pas aussi invisible dans la forme de Dieu. Mais vaincu par la vérité, vous avez confessé que le Fils est invisible, et vous vous êtes préparé, autant que je le vois, le moyen de dire : L'invisible a engendré l'invisible, comme vous avez dit : « Le puissant a engendré le puissant; » afin que lorsqu'on discuterait avec vous pour savoir en quel sens vous disiez cela, vous puissiez répondre : Le plus invisible a engendré l'invisible, de même que le plus puissant a engendré le puissant, le plus sage le sage, etc. Mais avec quelle sagesse vous nous avez montré le Père insaisissable pour le Fils, tandis que le Fils est saisissable pour le Père ! En effet, vous avez dit : « Il vit donc le Père, mais il le vit insaisissable. Le Père, au contraire, voit le Fils parce qu'il le tient dans

---

fidelium præmium videre Deum. Propter quod Joannes apostolus : « Dilectissimi, inquit, filii Dei sumus, et nondum apparuit quod erimus : » (I *Joan.*, iii, 2) scimus quia cum apparuerit, similes ei erimus, quoniam videbimus eum sicuti est. Quid est ergo quod dicis, solum esse invisibilem Patrem? quod frustra diceres, etiam si a solo Filio videretur. Nunc vero cum divina testentur eloquia eum videri et ab Angelis, videndum etiam ab hominibus, cum facti fuerint æquales Angelis (*Matth.*, xxii, 30); quid est quod dicis? Ubi est quod definire ausus es, « minora videri a majoribus, majora autem a minoribus non videri ? » Quod quidem postea perdidisti, quando videri a Filio confessus es Patrem, cum et in ipsa substantia divinitatis dicas Filium minorem, Patremque majorem. Sed quid dicturus es de Angelis, qui semper vident faciem Dei Patris? (*Matth.*, xviii, 10.) Numquid propter regulam tuam, quam sine consideratione fixisti, putandi sunt Angeli Patre Deo esse majores?

2. Sed eleganter te existimas invenisse quod dice-res, ubi aisti de Filio : « Vidit ergo Patrem, sed vidit incapabilem. » Nec attendis, quia etsi vidit incapabilem, quem sicut putas, capere non potuit; non tamen invisibilem, quem videre potuit. Tu autem nobiscum non de capabili et incapabili, sed de visibili et invisibi, cum ista diceres, disputabas : quia nec Apostolus ait : Incapabili; sed ait : « Invisibili soli Deo. » Unde hoc testimonium pro te adhibendum putasti, ut hinc etiam decolorares Filium, tanquam ipse in Dei forma invisibilis non sit. Sed quoniam veritate convictus, et Filium confessus es invisibilem, præparasti tibi, quantum existimo, sic dicere : Invisibilis invisibilem genuit : quomodo dixisti, « potens potentem : » ut cum discutereris, hoc in quomodo diceretur, responderes : Invisibilior invisibilem genuit, sicut potentior potentem, sapientior sapientem, et cætera tua. Sed quam sapienter ostendisti Filio incapabilem Patrem, Filium vero capabilem Patri. Dixisti enim : « Vidit ergo Patrem, sed vidit incapabilem. Pater autem, inquis, sic videt Filium,

son sein. » Voilà la sagesse des gens qui ne sont sages que selon la chair. En effet, vous nous inventez un sein, à ce que je vois, c'est-à-dire une capacité dans le Père qui est plus grand, pour recevoir et contenir le Fils qui est plus petit, comme une maison reçoit un homme, ou comme le sein d'une nourrice reçoit un enfant. Ainsi parmi les choses admirables qui sont dans le Christ, il faudra compter celle-ci encore, c'est qu'il s'est accru dans sa forme d'esclave, et est ainsi devenu plus grand qu'il n'avait été dans sa forme de Dieu, puisque après avoir commencé par être porté dans le sein de son Père, il finit par être assis à sa droite. Chassez donc de votre cœur toutes ces puérilités, toutes ces imaginations de vieilles femmes, et comprenez qu'il est parlé du sein du Père pour vous donner à entendre que le Père est engendrant et le Fils engendré non point que celui-là est plus grand et celui-ci plus petit. En effet, si le Père est insaisissable et que le Fils ne le soit point, il ne serait donc pas vrai pour le Fils de dire : « Tout ce qu'a mon Père est à moi, » (*Jean*, XVI, 15) puisqu'on pourrait lui répondre : Le Père a la propriété d'être insaisissable et vous ne l'avez point. Mais comme il n'y a que vérité dans ce qu'a dit la vérité, et que tout ce qu'a le Père, le Fils l'a aussi, il est impossible que la faculté d'être insaisissable du Père ne soit point égale dans le Fils. Aussi cette parole du Seigneur : Tout ce qu'a le Père est à moi, devons-nous l'invoquer souvent, pour vous confondre, ou plutôt, ce que nous aimerions mieux pour vous corriger, comme une règle d'une parfaite droiture, et la produire contre vos mensonges ou contre vos erreurs comme un témoin de la plus grande fidélité, toutes les fois que vous attribuez au Père quelque chose que vous refusez au Fils. Mais qu'est-il besoin de vous combattre quand vous soutenez que la sagesse humaine est visible tandis que l'âme humaine en qui se trouve la sagesse humaine est invisible? Mais quel que soit votre sentiment au sujet de toute créature invisible, pour ce qui concerne Dieu, car il n'est question que de lui entre nous, il me semble vous avoir suffisamment montré qu'il n'y a point que le Père d'invisible.

CHAPITRE X.

1. Vous pensez que Dieu le Père avec le Fils et le Saint-Esprit ne peut pas ne faire qu'un seul Dieu; vous craignez en effet que le Père seul ne soit point Dieu, ne soit qu'une partie d'un Dieu en trois parties. N'ayez pas peur, il n'y a point de division de parties dans l'unité de Dieu. Père, Fils et Saint-Esprit ne font qu'un seul Dieu, c'est ce qu'on appelle la Trinité. Il n'y a qu'un seul Dieu, dont il a été dit : « Il n'y a point d'autre Dieu que le seul Dieu, » (1 *Cor.*,

---

ut tenens in sinu suo et habens. » Sic non sapiunt, nisi qui carnaliter sapiunt. Sinum quippe tibi fingis, ut video, aliquam capacitatem majoris Patris, qua Filium minorem capiat atque contineat : sicut hominem corporaliter capit domus, aut sicut sinus nutricis capit infantem. Ergo inter mirabilia Christi et hoc deputabitur, quia in forma servi crevit, et major est factus quam in forma Dei fuerat, ut cum prius portaretur in sinu Patris, nunc sedeat ad dexteram Patris. Abjice ista puerilia vel anicularia phantasmata de corde tuo : et sinum Patris ideo dictum accipe, ut intelligatur iste genitus, ille genitor; non ut ille major, hic minor. Nam si incapabilis est Pater, Filius vero incapabilis non est, Ergo non veraciter dictum est, omnia quæ habet Pater mea sunt (*Joan.*, XVI, 15) : quando quidem responderi ei potest : Ecce incapabilitatem habet Pater, quæ non est tua. Sed quoniam veraciter dictum est quod veritas dixit, et omnia quæ habet Pater, Filii sunt : non potest non esse Filii quantacumque sit incapabilitas Patris. Et hanc Domini sententiam, ubi ait : Omnia quæ habet Pater, mea sunt : tanquam rectissimam regulam ad vos, sive convincendos, sive quod magis cupimus, corrigendos, per multa adhibere debemus : ut ubicumque aliquid tribuitis Patri quod Filio denegatis, ipsam fidelissimam testem errores vestros, vel contra mendacia producamus. Quid opus est autem in eo tibi resistere, quod humanam sapientiam contendis esse visibilem; cum ipsam animam humanam, in qua est humana sapientia, invisibilem utique esse concesseris? Sed quodlibet sentias de universa invisibili creatura, quantum ad Deum pertinet, de quo inter nos agitur, satis tibi demonstratum est non esse solum invisibilem Patrem.

CAPUT X.

1. Putas Deum Patrem cum Filio et Spiritu sancto unum Deum esse non posse : times enim ne Pater solus non sit unus Deus, sed pars unius Dei qui constat ex tribus. Noli timere, nulla fit partium in deitatis unitate divisio. Unus est Deus Pater et Filius et Spiritus sanctus, hoc est ipsa Trinitas. Unus est

LIVRE II. — CHAPITRE X.

VIII, 4) et qui a dit lui-même : « Ecoutez, Israël, le Seigneur votre Dieu est le seul Seigneur. » (*Deut.*, VI, 4.) C'est ce seul et unique Dieu que nous reconnaissons que nous devons servir sans aucun scrupule, quand nous entendons ou quand nous lisons ces mots : « Vous adorerez le Seigneur votre Dieu et ne servirez que lui. » (*Matth.*, IV, 10.) Il ne faudrait point en entendant ces paroles, que nous ne voulussions point servir le Christ dont nous sommes les membres (I *Cor.*, VI, 15), ni le Saint-Esprit dont nous sommes le temple (I *Cor.*, III, 17), si nous devions rapporter au Père seul non à la Trinité même, ces mots : « Vous ne servirez que le Seigneur votre Dieu ? » (*Deut.*, VI, 13.) Mais quand on vous demande de qui vous croyez qu'il est écrit : « Le Seigneur votre Dieu est le seul Seigneur, » (*Deut.*, VI, 13) vous répondez : C'est de Dieu le Père. Et si on vous demande de quel Seigneur Dieu il est dit : « Vous adorerez le Seigneur votre Dieu et ne servirez que lui, » (*Ibid.*, 13) vous répondez encore : De Dieu le Père. Alors on vous dit : Si le Seigneur notre Dieu n'est qu'un seul Seigneur, et que ce soit le Père, pourquoi vous faites-vous deux Seigneurs, en disant que le Christ aussi est un Seigneur Dieu ? De même si c'est le Père qui est le seul Seigneur Dieu que nous devons servir, comment vous soumettez-vous à cette obligation, quand vous servez Jésus-Christ comme un Seigneur Dieu ? Or, quiconque le sert ne sert pas que lui, mais selon la droite foi, chacun de nous a appris que notre seul Seigneur Dieu est la Trinité, il est donc certain que lorsque nous lui rendons à elle seule le culte qui n'est dû qu'à Dieu, nous avons la conviction que nous ne servons que le seul Seigneur Dieu.

2. Donc, dites-vous, « Dieu le Père est une portion de Dieu. » Bien s'en faut qu'il en soit ainsi. Il y a trois personnes, le Père, le Fils et le Saint-Esprit, ces trois personnes étant d'une seule et même substance ne font qu'un, mais l'un souverainement un en qui il ne se trouve ni différence de nature, ni diversité de volonté. Si ces trois personnes étaient une seule et même chose par la nature et ne l'étaient point par le consentement de la volonté, elles ne seraient point souverainement un ; si, au contraire, elles étaient différentes de nature, elles ne seraient point encore une seule et même chose. Par conséquent ces trois qui sont un à cause de l'ineffable conjonction de la divinité par laquelle ils sont unis d'une manière ineffable, ne font qu'un seul Dieu. Quant au Christ, il est une personne de deux substances, car il est homme et Dieu. Toutefois on ne peut pas dire que le Dieu soit une partie de cette personne, autrement le Fils de Dieu qui était Dieu avant de prendre la forme de l'esclave, n'aurait point été lui tout entier et se serait accru, quand l'homme s'est ajouté à sa

---

Deus, de quo dictum est, quia nullus Deus nisi unus (1 *Cor.*, VIII, 4) : et qui dixit : Audi Israel, Dominus Deus tuus Dominus unus est. (*Deut.*, VI, 4.) Cui uni et soli Deo servire nos sine ullo scrupulo agnoscimus, quando audimus et legimus : Dominum Deum tuum adorabis, et illi soli servies. (*Matth.*, IV, 10.) Ne forte propter hæc verba, Christo cujus membra sumus (I *Cor.*, VI, 15), vel Spiritui sancto cujus templum sumus, servire nolimus (I *Cor.*, III, 17), si quod dictum est : Domino Deo tuo soli servies (*Deut.*, VI, 13), sic acceperimus, tanquam de solo Patre, et non de ipsa Trinitate sit dictum. Vos autem, cum quæritur a vobis, quem credatis esse de quo scriptum est : Dominus Deus tuus Dominus unus est (*Deut.*, IV, 4) : respondetis : Deus Pater est. Itemque cum quæretur de quo Domino Deo dictum sit : Dominum Deum tuum adorabis, et illi soli servies (*Ibid.*, XIII) : rursus respondetis, de Deo Patre. Tunc vobis dicitur : Si Dominus Deus noster Dominus unus est, et hic Pater est quare vos facitis duos dominos Deos, dicendo etiam Christum esse Dominum Deum? Item si Pater est, cui uni Domino Deo ac soli serviendum est, quomodo obtemperatis huic præcepto, qui tanquam Domino Deo servitis et Christo? Neque enim illi soli servit, qui servit et huic. Secundum fidem autem rectam, quicumque ipsam Trinitatem unum Dominum Deum esse nostrum didicimus, profecto cum ei soli ea quæ Deo debetur servitute servimus, Domino Deo soli nos servire confidimus.

2. « Ergo, inquis, Deus Pater pars est Dei? » Absit. Tres enim personæ sunt Pater et Filius et Spiritus sanctus : et hi tres quia unius substantiæ sunt, unum sunt, et summe unum sunt, ubi nulla naturarum nulla est diversitas voluntatum. Si autem natura unum essent, et consensione non essent, non summe unum essent : si vero natura dispares essent, unum non essent. Hi ergo tres, qui unum sunt propter ineffabilem conjunctionem deitatis, qua ineffabiliter copulantur, unus Deus est. Porro autem Christus una persona est geminæ substantiæ, quia et Deus et homo est. Nec tamen Deus pars hujus personæ dici potest : alioquin Filius Dei Deus ante

divinité. S'il y a une très-grande absurdité à parler ainsi quand il s'agit d'une personne, attendu que Dieu ne peut être une partie de quoi que ce soit, à combien plus forte raison ne saurait-il être portion de la Trinité qui est une en trois personnes? D'ailleurs quand l'Apôtre dit : « Quiconque demeure attaché à Dieu ne fait qu'un avec lui, » (I *Cor.*, VI, 17) est-ce à dire que le Saint-Esprit est une partie de cet un? Si nous le prétendons, que disons-nous autre chose, sinon qu'il s'augmente quand l'homme s'attache à lui et qu'il diminue quand il se retire de lui? Dans la Trinité qui est Dieu, le Père est donc Dieu, le Fils est Dieu, le Saint-Esprit est Dieu et tous trois ensemble ne font qu'un seul Dieu; l'un n'est point le tiers de la Trinité, deux personnes n'en sont point une portion plus grande que la troisième, et toutes ensemble ne font point un tout plus grand que chacune en particulier, parce que leur grandeur n'est point corporelle mais spirituelle. « Que celui qui peut comprendre comprenne, » (*Matth.*, XIX, 12) que celui qui ne le peut, croie, et prie afin de comprendre ce qu'il croit, car ce mot du Prophète : « Si vous ne croyez vous ne comprendrez point, » (*Is.*, VII, 9) est bien vrai.

3. Vous avez dit que « le seul Dieu n'est point composé de parties : » mais comme vous voulez que cela ne s'entende que du Père, vous poursuivez : « Ce Dieu, par le fait qu'il est, est une vertu non engendrée, une vertu simple. » Et pourtant voyez de combien de choses vous avez parlé dans cette vertu simple. En effet, vous avez dit plus haut : « Le Dieu a engendré un Dieu, le Seigneur un Seigneur, le Roi un roi, le Créateur un créateur, le bon un bon, le sage un sage, le clément un clément, le puissant un puissant. » Comment donc dans une vertu simple, qui n'est autre que Dieu, n'avez-vous pas craint de parler de tant de vertus? Car sans parler de quatre autres vertus que vous n'avez pas craint de nommer plus haut, j'en citerai quatre que nous pouvons désigner par des noms connus. Est-ce que la bonté et la sagesse, la clémence et la puissance sont des parties de la vertu une et simple? Si vous me répondez qu'elles en sont des parties, il s'ensuit qu'une vertu simple est composée de parties : or, cette vertu simple, selon vous, fait un seul Dieu. Ainsi vous faites Dieu, qui est un, composé de parties. Je ne dis point cela, répondez-vous. Ce ne sont donc point des parties de cette vertu une? Cependant elles sont au nombre de quatre, et il n'y a qu'une vertu qui est une et simple en même temps. Si donc dans la personne du Père qui est une, vous avez plusieurs choses, sans y trouver de parties, à combien plus forte raison le Père, le Fils et le Saint-Esprit ne font-ils qu'un seul Dieu à cause

---

quam susciperet formam servi, non erat totus, et crevit cum homo divinitati ejus accessit. Quod si in una persona absurdissime dicitur, quia pars rei ullius esse non potest Deus; quanto magis pars Trinitatis esse non potest, quicumque unus in tribus? Deinde ubi ait Apostolus : Qui adhæret Domino, unus spiritus est. (I *Cor.*, VI, 17.) Numquid hujus unius pars est Dominus. Si enim hoc dicimus, quid aliud dicere deprehendimur, nisi quod augeatur adhærente homine, et recedente minuatur? In Trinitate igitur quæ Deus est, et Pater Deus est, et Filius Deus est, et Spiritus sanctus Deus est, et simul hi tres unus Deus : nec hujus Trinitatis tertia pars est unus, nec major pars duo quam unus est ibi; nec majus aliquid sunt omnes quam singuli : quia spiritalis, non corporalis est magnitudo. Qui potest capere, capiat (*Matth.*, XIX, 12) : qui autem non potest, credat, et oret ut quod credit intelligat. Verum est enim quod dicitur per prophetam : Nisi credideritis, non intelligetis. (*Isai.*, VII, 9.)

3. Tu nempe dixisti, « unum Deum non ex partibus esse compositum. » Et quia de Patre hoc vis intelligi : « Ille, inquis, quod est, virtus est, ingenita, simplex. » Et tamen in hac simplici virtute quam multa commemoraveris, vide. Nam superiora verba tua sunt : « Deus Deum genuit, Dominus Dominum genuit, Rex regem genuit, Creator creatorem genuit, bonus bonum genuit, sapiens sapientem genuit, clemens clementem, potens potentem. » Cur ergo in virtute simplici, quod est Deus, non timuisti tot commemorare virtutes? Ut enim omittam quatuor quas loco superiore posuisti, et alias quatuor quas loco superiore posuisti, et alias quatuor dicam, quas enuntiare usitatis nominibus possumus : numquid bonitas et sapientia et clementia et potentia partes sunt unius virtutis, quam simplicem esse dixisti? Si dixeris, partes sunt : simplex ergo virtus ex partibus constat, et simplex ista virtus te definiente unus est Deus. Unum ergo Deum ex partibus compositum esse dicis? Non dico, inquis? Non sunt ergo partes : et tamen quatuor sunt, et una virtus est, eademque simplex est. Si ergo in una Patris persona, et plura invenis, et partes non invenis : quanto magis Pater et Filius et Spiritus sanctus, et propter individuam deitatem unus Deus est, et propter uniuscujusque proprietatem tres per-

de leur divinité indivise, sans laisser de faire trois personnes à cause des propriétés de chacun, qui toutefois, à cause de la perfection de chaque personne, ne sont point les parties d'un Dieu un? Le Père est vertu, le Fils est vertu, le Saint-Esprit est vertu. Vous dites vrai en disant cela, mais quand vous ne voulez point que la vertu engendrée d'une vertu et que la vertu procédant d'une vertu ait la même nature, là, est le faux de vos discours; en parlant ainsi vous parlez contre la foi droite et catholique.

CHAPITRE XI.

Vous revenez à la charge pour me demander comment le Fils est invisible puisque j'ai déjà dit plus haut qu'il a été vu, et vous vous exprimez en ces termes : « Si vous prétendez que le Fils est invisible, parce qu'il ne peut être vu des yeux de l'homme, pourquoi ne dites-vous point aussi que les vertus célestes sont invisibles puisqu'elles ne sauraient non plus être vues des hommes? » Vous parlez là comme si l'homme était capable de comprendre le mode d'après lequel les vertus célestes sont invisibles. Pour poursuivre ces recherches nous devrions faire attention à ce que l'Ecriture nous dit : « Ne recherchez point ce qui est au-dessus de vous. » (*Eccli.*, III, 22.) En dépit de cette recommandation vous avez osé dire que l'ange est vu par l'archange, tandis que l'archange ne peut être vu par l'ange. Il doit suffire que j'aie montré que ce n'est point là une raison pour nous de croire que le Fils de Dieu est visible dans sa forme de Dieu parce qu'il est écrit : « Au Dieu seul invisible. » (I *Tim.*, I, 17.) Vous nous dites que vous entendez ces paroles du Père, comme si le Fils n'était point invisible, quand l'Ecriture nous apprend qu'il est le créateur des choses invisibles. Toutefois il vous reste à dire que tous les deux, à la vérité, c'est-à-dire, que le Père et le Fils sont invisibles, mais que le Père est plus invisible que le Fils; comme si en donnant au Père quelque chose que le Fils n'ait point, vous pouviez faire mentir le Fils qui a dit : « Tout ce qu'a le Père est à moi. » (*Jean*, XVI, 15.)

CHAPITRE XII.

1. Quant à la puissance, votre sentiment est que le Fils est à la vérité puissant, mais que le Père est plus puissant que le Fils, en sorte que, selon vous, le puissant a bien pu engendrer un puissant, mais le Tout-Puissant n'a pas pu engendrer un tout-puissant. Par suite, si ce Père a une toute-puissance que le Fils n'ait point, celui-ci avance une fausseté en disant : « Tout ce qu'a mon Père est à moi. » Après cela, si le Père

sonæ sunt, et propter singulorum perfectionem partes unius Dei non sunt? Virtus est Pater, virtus Filius, virtus Spiritus sanctus. Hoc verum dicis : sed quod virtutem de virtute genitam, et virtutem de virtute procedentem non vis eamdem habere naturam, hoc falsum dicis, hoc contra fidem rectam et catholicam dicis.

CAPUT XI.

Redis ut quæras a me, quomodo sit invisibilis Filius, unde jam dixi superius, quod visum est dicendum. Sed « si ob hoc, inquis, Filius invisibilis a te pronuntiatur, eo quod oculis humanis contemplari non possit, cur non et cœlestes virtutes pariter invisibiles pronuntias, quando nec ipsæ obtutibus humanis videri possunt? » Ita hoc dicis, quasi possit ab homine comprehendi quis ille sit modus, quo cœlestes virtutes sunt invisibiles; aut ad hoc quærendum esse debeamus intenti dicente Scriptura : Altiora te ne quæsieris. (*Eccli.*, III, 22.) Quod præceptum ipse contemnens, ausus es dicere Angelum videri ab Archangelo, Archangelum ab Angelo non videri. Satis sit, quod ostendi non esse consequens, ut ideo credamus in forma Dei visibilem Filium, quia scriptum est : « Invisibili soli Deo. » (I *Tim.*, I, 17.) Quod tu de Patre sic te accipere demonstrabas, tanquam Filius invisibilis non sit, cum eum et invisibilium creatorem Scriptura testetur. Verumtamen restat ut dicas : Ambo quidem invisibiles sunt, id est, et Pater et Filius, sed Pater invisibilior est : ac sic dando aliquid Patri quod non sit Filii, mendacem facias eumdem Filium dicentem : Omnia quæ habet Pater, mea sunt. (*Joan.*, XVI, 15.)

CAPUT XII.

1. Hoc et de potentia sapis, quod scilicet sit quidem potens et Filius, sed potentior Pater Filio : ut auctoribus et doctoribus vobis potuerit potentem potens, nec potuerit omnipotentem gignere omnipotens. Ac per hoc si habet Pater omnipotentiam quam non habet Filius, falsum est quod ait Filius : Omnia quæ habet Pater, mea sunt. (*Joan.*, XVI, 15.) Deinde si aliquid facit Pater, quod facere non potest Filius, merito dicitur potentior Pater quam Filius : cum vero dicat : Quæcumque Pater facit, hæc et Filius

fait quelque chose que le Fils ne puisse faire, c'est avec raison qu'on proclame le Père plus puissant que le Fils, et lorsqu'on entend dire à ce dernier : Tout ce que fait le Père, le Fils le fait également, » (*Jean*, v, 19) n'est-il pas plus raisonnable de l'écouter que vous, et ne vaut-il pas mieux croire à ses enseignements qu'à vos déceptions ? Mais, dites-vous, le Père ne reçoit la puissance de personne, tandis que le Fils la reçoit du Père. Je l'avoue, c'est du Père que le Fils tient sa puissance et c'est de lui qu'il est né puissant : quant au Père, personne ne lui a donné la puissance, parce que nul ne l'a engendré ; car c'est en engendrant le Fils que le Père lui a donné la puissance, de même que tout ce qu'il a dans sa substance, il l'a donné à celui qu'il a engendré de sa substance. Mais on demande si le Père a donné au Fils une puissance égale ou inférieure à la sienne. S'il lui en a donné une égale, il faut dire, croire et comprendre non pas seulement que le puissant a engendré le puissant, mais que le Tout-Puissant a engendré un tout-puissant. S'il lui a donné une puissance moindre que la sienne, comment tout ce qu'a le Père est-il au Fils ? Si la toute-puissance du Père n'est point la toute-puissance du Fils, comment tout ce que fait le Père, le Fils le fait-il également ? Il ne saurait le faire s'il n'est point tout-puissant.

2. Par conséquent, ces mots de l'Apôtre : « Il est seul bienheureux et puissant, » (I *Tim.*, VI, 15) je suis obligé de les entendre non-seulement du Père, mais aussi de Dieu, la Trinité même. En effet, en parlant à Timothée, il lui dit : « Je vous ordonne devant Dieu qui fait vivre tout ce qui vit, et devant Jésus-Christ qui a rendu sous Ponce-Pilate un si excellent témoignage à la vérité, de garder les préceptes que je vous donne ici, en vous conservant sans tache et sans reproche, jusqu'à l'avénement de Notre-Seigneur Jésus-Christ, qui doit faire paraître en son temps celui qui est heureux, qui est le seul puissant, le Roi des rois, le Seigneur des seigneurs, qui seul possède l'immortalité, qui habite une lumière inaccessible, que nul des hommes n'a vu ni ne peut voir, à qui est l'honneur et l'empire dans l'éternité. Amen. » (I *Tim.*, VI, 13 à 17.) Je ne trouve pas là un seul mot qui ne convienne à la Trinité. Mais, pour ne point parler maintenant du Saint-Esprit, dont vous ne voulez certainement pas faire un Dieu moindre que le Fils, puisque vous ne voulez même pas en faire un Dieu, il me suffit de vous convaincre au sujet du Père et du Fils. Est-ce parce que l'Apôtre a dit : Je vous atteste devant Dieu qui fait vivre tout ce qui vit, que le Père seul fait tout vivre et le Fils ne fait point tout vivre ? Si vous dites que le Père seul fait tout vivre, comment donc tout ce que fait le Père, le Fils le fait-il aussi, puisque tandis que le Père ferait

---

similiter facit (*Joan.*, v, 17); nonne melius auditur ipse quam vos, meliusque ipsi creditur docenti quam decipientibus vobis? Sed potentiam Pater, inquis, a nemine. Filius vero accepit a Patre. Fatemur et nos Filium ab illo accepisse potentiam, de quo natus est potens : Patri vero potientiam nullus dedit, quia nullus eum genuit. Gignendo enim dedit potentiam Pater Filio ; sicut omnia quæ habet in substantia sua, gignendo dedit ei quem genuit de substantia sua. Sed quæritur utrum tantam quanta ipsi est potentiam Pater Filio dederit, an minorem? Si tantam, non solum potentem potens, verum etiam omnipotentem genuisse dicatur, credatur, intelligatur omnipotens : si minorem, quomodo omnia quæ habet Pater, Filii sunt? Si Patris omnipotentia Filii non est, quomodo quæcumque Pater facit, hæc et Filius similiter facit? quod utique non potest, si omnipotens non est.

2. Ac per hoc quod ait Apostolus : « Beatus et solus potens : » (I *Tim.*, VI, 15) non cogor de Patre tantummodo accipere; sed de Deo, quod est ipsa Trinitas. Loquens enim ad Timotheum : « Præcipio, inquit, tibi coram Deo qui vivificat omnia, et Christo Jesu qui testimonium reddidit sub Pontio Pilato bonam confessionem, ut serves mandatum sine macula irreprehensibile, usque ad adventum Domini nostri Jesu Christi ; quem temporibus propriis ostendet beatus et solus potens, Rex regum et Dominus dominantium; qui solus habet immortalitatem, et lucem inhabitat inaccessibilem; quem nemo hominum vidit, nec videre potest; cui est honor et gloria in sæcula sæculorum, amen. » (I *Tim.*, VI, 3.) Nihil hic video dictum quod non conveniat Trinitati. Sed ut nunc taceam de Spiritu sancto, quem nec saltem minorem Filio Deum vultis, quia omnino Deum esse non vultis, sufficit ut eos de Patre convicamus et Filio. Numquid enim quia dixit Apostolus : « Testificor tibi coram Deo qui vivificat omnia : » (*Ibid.*) Pater solus, non et Filius vivificat omnia? Si dixeris Patrem solum vivificare omnia, quomodo ergo quæcumque Pater facit, hæc et Filius similiter facit? Quando quidem Pater, ut putas, vi-

vivre tout, le Fils ne le ferait point? Ensuite, quand il dit : « De même que le Père ressuscite et fait vivre les morts, ainsi le Fils fait vivre qui il veut, » comment serait-ce vrai si le Père fait tout vivre sans le Fils ? Puis, quand l'Apôtre poursuit en ces termes : « Et devant Jésus-Christ qui a rendu, sous Ponce-Pilate, un si beau témoignage, » il n'a voulu ne parler proprement que du Fils, parce que si le Fils comme le Père fait vivre tout ce qui vit, nous savons que c'est le Fils, non le Père, qui est mort sous Ponce-Pilate, dans sa forme d'esclave. Il ajoute ensuite : « De garder les préceptes que je vous donne en vous conservant sans tache et sans reproche jusqu'à l'avénement de Notre-Seigneur Jésus-Christ, que doit faire paraître en son temps celui qui est heureux, qui est le seul puissant; » « que » se rapporte à l'avénement, et « doit faire paraître » se rapporte à Dieu qui n'est point seulement le Père, attendu que selon la vérité, sinon selon votre erreur, Dieu Trinité, tel est « l'heureux et le seul puissant, le Roi des rois et le Seigneur des seigneurs. » Oseriez-vous bien dire que ce Fils n'est point le Roi des rois, le Seigneur des seigneurs ? Quand c'est de lui qu'il est écrit dans l'Apocalypse de Jean : « C'est lui qui foule la cuve du vin de la fureur et de la colère du Dieu tout-puissant, et il porte écrit sur son vêtement et sur sa cuisse : le Roi des rois et le Seigneur des seigneurs. » (*Apoc.*, XIX, 16.) Mais pour que vous n'alliez point dire que c'est le nom du Père que le Fils porte écrit sur son vêtement et sur sa cuisse, il est dit un peu plus haut dans un autre endroit du même livre : « Et l'Agneau les vaincra, parce qu'il est le Seigneur des seigneurs et le Roi des rois. » (*Apoc.*, XVII, 14.) Ainsi, selon vous, il y a deux Rois des rois, deux Seigneurs des seigneurs. Et si c'est du Père seul que l'Apôtre dit : Le bienheureux et seul puissant, le Roi des rois et Seigneur des seigneurs (I *Tim.*, VI, 15), ses paroles vont contre vous. Mais selon la droite foi, c'est la Trinité même qui est le seul Dieu : « Bienheureux et seul puissant, le Roi des rois, le Seigneur des seigneurs, qui seul a l'immortalité et habite une lumière inaccessible. » Comment ce mot serait-il vrai : « Approchez-vous de lui et vous serez illuminés, » (*Psal.* XXXIII, 6) sinon parce qu'on ne peut s'approcher de lui quand on présume de soi, mais seulement s'il donne la grâce de le faire? Quant à l'immortalité, il est dit que Dieu l'a seul, parce qu'il n'y a que lui d'immuable. En effet, dans toute nature muable, changeante, le changement même est une sorte de mort, puisqu'il consiste à faire que quelque chose qui était auparavant dans cette nature ne soit plus. Par conséquent, l'âme même de l'homme, qu'on appelle immortelle parce qu'elle ne cesse jamais

---

vificat omnia, quod Filius non facit. Deinde ubi ait : Sicut Pater suscitat mortuos et vivificat, sic et Filius quos vult vivificat (*Joan.*, V, 21) : quomodo verum est, si Pater sine Filio vivificat omnia? Proinde quod addidit : « Et Christo Jesu qui testimonium reddidit sub Pontio Pilato, bonam confessionem; » de Filio proprie dicere voluit : quia Filius quidem sicut Pater vivificat omnia; sed sub Pontio Pilato in forma servi Filium novimus passum fuisse, non Patrem. Deinde subjungitur : « Ut serves mandatum sine macula irreprehensibile usque ad adventum Domini nostri Jesu Christi, quem temporibus propriis ostendet beatus et solus potens : quem, » scilicet adventum Domini Christi; « ostendet, » utique Deus, quod non solus est Pater, quia secundum veritatem, non secundum vestrum errorem, Trinitas unus est Deus : « beatus et solus potens, Rex regum et Dominus Dominantium. » Numquid enim vel vos dicere audetis Filium non esse Regem regum et Dominum dominantium? De quo inter cætera scriptum est in Apocalypsi Joannis : « Et ipse calcat torcular vini potentis, et in tunica et in femore habet nomen scriptum, Rex regum et Dominus dominantium. » (*Apoc.*, XIX, 16.) Sed ne forte dicatis, quod nomen Patris Filius habet scriptum in veste et in femore; alio loco ejusdem libris superius legitur : Et agnus vincet eos, quoniam Dominus dominantium est et Rex regum. (*Apoc.*, XVII, 14.) Quapropter secundum vos, duo sunt Reges regum et Domini dominantium : et contra vos est, si de Patre tantum ait Apostolus : « Beatus et solus potens, Rex regum et Dominus dominantium. » (I *Tim.*, VI, 15.) Verum autem secundum rectam fidem ipsa Trinitas unus est Deus : « Beatus et solus potens, Rex regum et Dominus dominantium, qui solus habet immortalitatem, et lucem habitat inaccessibilem. » Et quomodo erit verum : Accedite ad eum, et illuminamini (*Psal.* XXXIII, 6); nisi quia hoc nemo potest, si de se quisque præsumpserit, sed si ipse donaverit? Immortalitatem autem Deus habere dicitur solus, quia est immutabilis solus, quia est immutabilis solus. In omni enim mutabili natura nonulla mors est ipsa mutatio, quia facit aliquid in ea non esse quod erat. Proinde et ipsa anima humana, quæ propterea dicitur immortalis, quoniam qualitercumque secundum modum suum nunquam desinit vivere, habet tamen pro ipso suo

de vivre d'une certaine manière qui lui est particulière, a néanmoins, d'une certaine façon propre à elle, une sorte de mort. En effet, si après avoir vécu dans la justice, elle pèche, elle meurt à la justice; de pécheresse devenir juste, c'est pour elle, mourir au péché. Qu'il me soit permis de passer sous silence ses autres changements dont il serait trop long de parler en détail. La nature des êtres célestes a pu mourir aussi puisqu'elle a pu pécher; en effet, des anges même ont péché et sont devenus des démons, leur chef est le diable. Et ceux qui n'ont point péché auraient pu pécher. Toute créature raisonnable qui est arrivée à ne plus pouvoir pécher, le doit, non à sa propre nature, mais à la grâce de Dieu. Par conséquent, il n'y a que Dieu qui ait l'immortalité, puisque ce n'est point par la grâce d'un autre, mais par sa propre nature, qu'il n'a jamais pu et ne peut point encore éprouver de changement, qu'il n'a jamais pu et ne peut point encore pécher par quelque changement que ce soit. Dans sa nature, par laquelle il est Dieu, nul homme ne l'a vu, nul ne peut le voir; mais il pourra un jour être vu d'un homme si cet homme se trouve du nombre de ceux à qui il a été dit : « Heureux les cœurs purs, parce qu'ils verront Dieu. » (*Matth.*, v, 8.) Auquel Dieu, c'est-à-dire au Père, au Fils et au Saint-Esprit, qui est la Trinité, ne faisant qu'un seul Dieu, honneur et gloire dans les siècles des siècles. Amen.

3. Il s'en faut bien toutefois que le Père soit plus puissant que le Fils, ainsi que vous le pensez, parce que le Père a engendré le Créateur tandis que le Fils n'a point engendré le Créateur. Car, s'il ne l'a point fait, ce n'est point qu'il n'ait pu le faire, mais c'est qu'il n'a point fallu qu'il le fît. En effet, la génération divine serait sans mesure, s'il fallait que le Fils, qui a été engendré du Père, engendrât lui-même au Père un petit-fils, attendu que ce petit-fils, s'il n'engendrait lui-même à son aïeul un arrière-petit-fils devrait, d'après votre admirable sagesse, passer pour impuissant. De même aussi ce petit-fils du fils, s'il n'engendrait un petit-fils à son aïeul et un arrière-petit-fils à son bisaïeul, ne serait point tenu par vous pour tout-puissant, et en même temps la lignée de ces générations ne serait jamais close, si toujours l'un naissait de l'autre, et nul ne la terminerait, s'il ne suffisait d'un seul Fils. Ainsi le Tout-Puissant a engendré un Fils tout-puissant; car tout ce que fait le Père, le Fils le fait aussi. (*Jean*, v, 19.) Or, la nature du Père a engendré le Fils mais ne l'a point fait.

CHAPITRE XIII.

1. Votre erreur est la même sur ce passage de

---

modo quamdam mortem suam : quia si juste vivebat et peccat, moritur justitiæ; si peccatrix erat et justificatur, moritur peccato : ut alias ejus mutationes taceam, de quibus longum est disputare. Et creaturarum natura cœlestium mori potuit, quia peccare potuit : nam et Angeli peccaverunt, et dæmones facti sunt, quorum est diabolus princeps. Et qui non peccaverunt, peccare potuerunt. Et cuicumque creaturæ rationali præstatur ut peccare non possit, non est hoc naturæ propriæ, sed Dei gratiæ. Ac per hoc solus Deus habet immortalitatem, qui non cujusquam gratia, sed natura sua, nec potuit, nec potest aliqua conversione mutari, nec poterit aliqua mutatione peccare. Quem secundum naturam qua Deus est, nemo hominum vidit, nec videre potest : sed poterit aliquando, si ad illum numerum hominum pertinet, de quibus dictum est : Beati mundi corde, quoniam ipsi Deum videbunt. (*Matth.*, v, 8.) Cui Deo, id est Patri et Filio et Spiritui sancto, quæ Trinitas unus est Deus, honor et gloria in sæcula sæculorum, amen.

3. Absit autem ut, quomodo putas, ideo sit Pater potentior Filio, quia creatorem genuit Pater, Filius autem non genuit creatorem. Neque enim (*a*) non potuit, sed non oportuit. Immoderata enim esset divina generatio, si genitus Filius nepotem gigneret Patri : quia et ipse nepos, nisi avo suo pronepotem gigneret, secundum vestram mirabilem sapientiam impotens diceretur. Similiter etiam ille si nepotem non gigneret avo suo, et pronepotem proavo suo, non a vobis appellaretur omnipotens : nec impleretur generationis series, si semper alter ex altero nasceretur : nec eam perficeret ullus, si non sufficeret unus. Omnipotens itaque omnipotentem genuit Filium; quoniam quæcumque Pater facit, hæc et Filius similiter facit. (*Joan.*, v, 19.) Filium quippe ipsum genuit utique Patris natura, non fecit.

CAPUT XIII.

1. In illo etiam testimonio, ubi ait Apostolus : « Soli

(a) Plerique ac melioris notæ Mss. *Neque enim potuit*. At Magister Sent. in I. dist. vii, citat : *Neque enim non potuit* : id est, non ex impotentia Filii, sed ex rei natura venit ut Filius non generet. Neque cogimur intelligere, Filium potuisse alium generare filium, quod Augustinum existimasse credit Petavius in lib. VII *Theolog. dog. de Trinitate*, cap. xiii, n. 6.

l'Apôtre : « A Dieu seul sage ; » (*Rom.*, xvi, 27) aussi la réponse que je vous ai faite au sujet de la puissance, je vous la fais au sujet de la sagesse. En effet, si l'Apôtre avait dit : Au Père seul sage, il ne séparerait point pour cela le Fils du Père. Si dans l'Apocalypse on lit à propos du Fils : « Il a un nom écrit que nul ne connaît si ce n'est lui, » (*Apoc.*, xix, 12) s'ensuit-il que le Père dont le Fils est inséparable, ne connaît point ce nom ? De même que le Père sait aussi ce que personne ne sait, excepté le Fils, parce qu'ils sont inséparables, ainsi quand même il aurait été dit : Au Père seul sage, il faudrait entendre le Fils avec lui, attendu qu'ils sont inséparables. Mais comme il n'est point dit : Au Père seul sage, mais : « A Dieu seul sage, » et que ce seul Dieu est la Trinité même, la solution de la difficulté est bien plus facile pour nous ; nous n'avons qu'à entendre par les mots Dieu seul sage, ce que nous avons entendu par ceux-ci, Dieu seul présent, c'est-à-dire le Père, le Fils et le Saint-Esprit ; qui ne font qu'un seul et même Dieu qu'il nous est ordonné de servir, si nous ne voulons point en comprenant mal ces mots, ou plutôt en ne les comprenant point du tout, paraître aller contre le précepte divin, puisque nous rendons à Notre-Seigneur Jésus-Christ le culte qui n'est dû qu'à Dieu. En effet, il n'a point été dit : Vous adorerez le Seigneur votre Dieu, le Père, et vous le servirez davantage, comme s'il nous était permis de servir le Fils, tout en servant davantage le Père parce qu'il est plus grand que le Fils, et moins le Fils que le Père comme étant un Dieu moindre ; mais il a été dit : « Vous adorerez le Seigneur votre Dieu et vous ne servirez que lui, » (*Deut.*, vi, 13) c'est-à-dire vous n'adorerez que lui qui seul est tout-puissant, seul est sage, pour vous repousser vous qui ne voulant point accepter un seul Dieu Père, Fils et Saint-Esprit, et qui disant que le seul Dieu qu'il faut servir n'est que Dieu le Père, tout en confessant néanmoins que le Fils est Dieu et Seigneur. Vous proclamez très-ouvertement qu'il y a deux Seigneurs et deux Dieux, et vous vous montrez violateur de ce précepte par suite de votre erreur, puisque vous rendez non-seulement au plus grand, mais encore au plus petit le culte que vous ne devez rendre qu'au Seigneur Dieu.

2. A l'endroit où l'Apôtre dit : « A Dieu seul sage, » dans sa lettre aux Romains, il poursuit ainsi vers la fin : « Gloire soit à celui qui est tout-puissant pour vous affermir dans l'Evangile et dans la doctrine de Jésus-Christ que je prêche suivant la révélation du mystère qui, étant demeuré caché dans tous les siècles passés, a été découvert maintenant par les oracles des prophètes, selon l'ordre du Dieu éternel, et a

---

sapienti Deo ; » (*Rom.*, xvi, 27) non dissimilis error est vester : sed quod vobis respondimus de potentia, hoc etiam de sapientia respondemus. Si enim dixisset Apostolus : Soli sapienti Patri ; nec sic inde Filium separaret. Num enim quia in Apocalypsi de Filio legitur : Habens nomen scriptum quod nemo scit nisi ipse (*Apoc.*, xix, 12) : ideo Pater nescit hoc nomen, a quo est inseparabilis Filius? Sicut ergo scit et Pater quod nemo scire dictus est nisi Filius, quia inseparabiles sunt : sic etiam si dictum esset : Soli sapienti Patri ; simul intelligi deberet et Filius, quia inseparabiles sunt. Cum vero non sit dictum : Soli sapienti Patri ; sed : « Soli sapienti Deo ; » et Deus unus sit ipsa Trinitas : multo est facilior nobis hujus solutio quæstionis ; ut sic intelligamus solum Deum sapientem, sicut intelleximus solum potentem, id est, Patrem et Filium et Spiritum sanctum, qui est unus et solus Deus, cui soli servire jussi sumus : ne male intelligentes, vel potius non intelligentes, contra hoc præceptum facere videamur, quia et Domino Christo ea quæ Deo debetur servitute servimus. Non enim dictum est : Dominum Deum tuum Patrem adorabis, et illi plus servies (*Matth.*, iv, 10) ; ut servire permitteremur et Filio, plus tamen Patri tanquam majori, minus autem Filio tanquam minori Deo : sed dictum est : Dominum Deum tuum adorabis, et illi soli servies (*Deut.*, vi, 13) ; soli scilicet omnipotenti, soli sapienti Deo ; ut vos repelleremini, qui nolentes accipere unum solum Deum Patrem et Filium et Spiritum sanctum, et dicentes unum Dominum Deum, cui soli serviendum sit, non esse nisi Deum Patrem, et tamen etiam Filium Deum et Dominum confitentes ; apertissime duos deos et dominos, majorem unum, minorem alterum dicitis ; et reos vos, istius hujusmodi erroris vestrum, præcepti hujus violati esse monstratis, quia non solum majori, verum etiam minori, ea quæ Domino Deo debetur servitute servitis.

2. Ubi autem dixit Apostolus : « Soli sapienti Deo ; » (*Rom.*, xvi, 27) cum scriberet ad Romanos, in fine Epistolæ sic loquitur : « Ei autem qui potens est, inquit, vos confirmare secundum Evangelium meum, et præconium Jesu Christi ; secundum revelationem mysterii temporibus æternis taciti, manifestati autem nunc per scripturam Prophetarum ; secundum præceptum æterni Dei, in obedientiam fidei in omnes gentes cogniti ; soli sapienti Deo per Jesum Christum

été connu de tous les peuples, afin qu'ils obéissent à la foi. A Dieu qui est seul sage, honneur et gloire par Jésus-Christ, dans tous les siècles. » (*Rom.*, XVI, 25 à 27.) C'est-à-dire gloire à celui qui est tout-puissant pour vous affermir, gloire à Dieu le seul sage, dans les siècles des siècles. Si l'Apôtre ajoute « par Jésus-Christ, » est-ce à dire que ce n'est que par Jésus-Christ qu'il soit sage et que ce soit par le moyen de Jésus-Christ que l'on comprend que seul Dieu est sage, non point parce qu'il fait participer le Christ à sa sagesse, mais parce qu'il engendre la sagesse qui n'est autre que le Christ ; ou bien, n'est-ce point au seul sage par Jésus-Christ, mais est-ce par Jésus-Christ que la gloire doit être rendue au seul sage, c'est ce qui est douteux. Mais qui osera dire que c'est par Jésus-Christ qu'il arrive que Dieu le Père soit sage, quand on ne saurait douter que par le fait de sa substance il soit sage et que ce soit plutôt la substance du Fils par le moyen du Père qui l'engendre, que celle du Père par le moyen du Fils qui est engendré qu'il est sage ? Il ne reste donc plus à dire que la gloire doit être rendue par Jésus-Christ à Dieu seul sage, et par cette gloire on entend la connaissance glorieuse que les nations ont reçue de la Trinité qui est Dieu. Voici pourquoi c'est par Jésus-Christ, c'est parce que, sans parler du reste, c'est lui qui a prescrit de baptiser les nations « au nom du Père, du Fils et du Saint-Esprit, » (*Matth.*, XXVIII, 19) à l'endroit où il a particulièrement signalé à nos regards la gloire de l'indivise Trinité. Ainsi Dieu, c'est-à-dire la Trinité même, est justement appelé seul sage, parce que seul il est tel par sa substance, non point par une participation accidentelle ou adventice de sagesse, comme est sage toute créature raisonnable. S'il est ajouté : « Gloire à celui...., » quand il suffisait qu'il eût été dit : Gloire à lui, c'est par suite d'une tournure particulière à notre langue, non point pour insinuer un sens que nous devions rechercher, ou dont nous puissions douter. En effet, ou manquerait-il quelque chose au sens si on disait : Gloire à lui, à qui la gloire soit par Jésus-Christ ? Car tel est le sens de ces mots : A qui est la gloire par Jésus-Christ ? Attendu que c'est la même chose de dire : « A qui gloire par Jésus-Christ, » que de dire : A qui, par Jésus-Christ, soit la gloire. Mais l'une des deux constructions est inusitée, tandis que l'autre est usitée.

CHAPITRE XIV.

1. Vous me dites : « Si le Fils et le Saint-Esprit sont de la substance du Père, pourquoi n'y a-t-il qu'un Fils et n'y en a-t-il pas deux ? » Voici ma réponse, comprenez-la ou ne la comprenez pas. Le Fils vient du Père et le Saint-Esprit en vient aussi, mais l'un par voie de gé-

---

cui gloria in sæcula sæculorum. » Hoc est : Ei qui potens est vos confirmare, soli sapienti Deo gloria in sæcula sæculorum. Quod autem interpositum est, « per Jesum Christum; » utrum soli sapienti Deo per Jesum Christum accipi debeat, ut scilicet solus Deus sapiens per Jesum Christum sapiens esse intelligatur, non participando, sed gignendo sapientiam, quod est Christus Jesus : an vero non per Jesum Christum sapienti, sed per Jesum Christum gloria Deo soli sapienti; videtur ambiguum. Sed quis audeat dicere per Jesum Christum fieri, ut sit sapiens Deus Pater; cum secundum substantiam suam non dubitandum sit eum esse sapientem, potiusque sit substantia Filii per gignentem Patrem, quam substantia Patris per genitum Filium? Restat ergo ut soli sapienti Deo gloria sit per Jesum Christum, hoc est, clara cum laude notitia, qua innotuit gentibus Deus Trinitas : ideo per Jesum Christum, quia, ut alia taceam, ipse præcepit baptizari gentes in nomine Patris et Filii et Spiritus sancti (*Matth.*, XXVIII, 19) : ubi præcipue commendata est hujus individuæ gloria Trinitatis. Deus itaque, quod est ipsa Trinitas, propterea solus sapiens recte dicitur, quia solus secundum substantiam suam sapiens est : non secundum accidentem vel accedentem participationem sapientiæ, sicut sapiens est rationalis quæcumque creatura. Quod vero additum est, « cui, » ut diceretur, « cui gloria ; » cum sufficeret si dictum esset : Ei autem gloria : inusitatam nostræ linguæ indicat locutionem, non sensum quem requiramus, vel de quo ambigamus, insinuat. Quid enim sensui deperit, si dicatur: Ei gloria; cui per Christum gloria? Hoc est namque, « per Jesum Christum cui gloria ; » quod est, cui per Jesum Christum gloria. Sed horum alter inusitatus, alter usitatus est ordo verborum.

CAPUT XIV.

1. Quæris a me : « Si de substantia Patris est Filius, de substantia Patris est etiam Spiritus sanctus, cur unus Filius sit, et alius non sit Filius ? » Ecce respondeo, sive capias, sive non capias. De Patre est Filius,

nération, l'autre par voie de procession ; voilà pourquoi l'un est appelé Fils du Père par qui il a été engendré, et l'autre est appelé Esprit du Père et du Fils, parce qu'il procède de l'un et de l'autre à la fois, et si en parlant de lui, le Fils dit : « Il procède du Père, » (*Jean*, xv, 26) c'est parce que le Père est l'auteur de la procession ; car il a engendré un Fils, et, en l'engendrant, lui a donné que le Saint-Esprit procédât aussi de lui. S'il ne procédait point de lui, il ne dirait point à ses disciples : « Recevez le Saint-Esprit, » (*Jean*, xx, 22) et ne le leur donnerait pas en soufflant sur eux, afin de montrer clairement par ce souffle, qui était le signe qu'il procédait aussi de lui, ce qu'il donnait secrètement en dirigeant sur eux son haleine. Si donc il naissait non-seulement du Père ou non-seulement du Fils, mais de l'un et de l'autre en même temps, il serait certainement appelé Fils des deux à la fois. Par conséquent comme il n'est point le Fils de l'un et de l'autre, il ne fallait point qu'il naquît de l'un et de l'autre en même temps. Ainsi le Saint-Esprit vient des deux, mais par voie de procession de l'un et de l'autre. Quelle différence y a-t-il entre naître et procéder ? Quel homme parlant de cette nature très-excellente pourrait l'expliquer ? Tout ce qui procède ne naît point, bien que tout ce qui naît procède ; de même que tout bipède n'est point un homme, quoique tout homme soit bipède. Voilà ce que je sais ; mais pour ce qui est de distinguer entre cette génération et cette procession, voilà ce que je ne sais point, ce que je ne puis faire, ce que je suis insuffisant à tenter. Aussi l'une et l'autre sont ineffables, pour m'exprimer comme le prophète parlant du Fils ; il dit en effet : « Qui racontera sa génération ? » (*Is.*, LIII, 8.) Aussi est-ce avec une très-grande vérité qu'il s'écrie au sujet du Saint-Esprit : « Qui racontera sa procession ? » Qu'il nous suffise donc que le Fils ne soit point de lui-même, mais de celui de qui il est né ; le Saint-Esprit non plus n'est point de lui-même, mais de celui dont il procède. Or, comme il procède de l'un et de l'autre, ainsi que je l'ai déjà fait voir, il est appelé Esprit du Père là où nous lisons : « Or, si l'Esprit du Père qui a ressuscité le Christ d'entre les morts, habite en vous ; » et Esprit du Fils dans le passage où on lit : « Or, quiconque n'a point l'Esprit du Christ, n'appartient pas au Christ. » (*Rom.*, VIII, 9.) Or, il n'y a pas deux Esprits, comme si chacune des deux autres personnes avait le sien, et qu'il y eût l'Esprit du Père et l'Esprit du Fils, mais il n'y en a qu'un qui est l'Esprit du Père et du Fils. C'est de cet unique Esprit qu'il est écrit : « Car nous avons été baptisés dans le même Esprit, pour n'être tous ensemble qu'un même corps, soit juifs, soit grecs, soit libres, soit esclaves, et nous avons tous bu un seul esprit, » (I *Cor.*, XII, 13) et ailleurs : « Vous n'êtes

---

de Patre est Spiritus sanctus : sed ille genitus, iste procedens : ideo ille Filius est Patris, de quo est genitus ; iste autem Spiritus utriusque, quoniam de utroque procedit. Sed ideo cum de illo Filius loqueretur, ait : De Patre procedit (*Joan.*, xv, 26) : quoniam Pater processionis ejus est auctor, qui talem Filium genuit, et gignendo ei dedit ut etiam de ipso procederet Spiritus sanctus. Nam nisi procederet et de ipso, non diceret discipulis : Accipite Spiritum sanctum (*Joan.*, xx, 22), eumque insufflando daret, ut a se quoque procedere significans, aperte ostenderet flando, quod spirando dabat occulte. Quia ergo si nasceretur, non tantum de Patre, nec tantum de Filio, sed de ambobus utique nasceretur : sine dubio filius diceretur amborum. Ac per hoc quia filius amborum nullo modo est, non oportuit nasci eum de ambobus. Amborum est ergo Spiritus, procedendo de ambobus. Quid autem inter nasci et procedere intersit, de illa excellentissima natura loquens, explicare quis potest ? Non omne quod procedit nascitur, quamvis omne procedat quod nascitur ; sicut non omne quod bipes est homo est, quamvis bipes sit omnis qui homo est. Hæc scio : distinguere autem inter illam generationem et hanc processionem nescio, non valeo, non sufficio. Ac per hoc quia et illa et ista est ineffabilis, sicut Propheta de Filio loquens ait : Generationem ejus quis enarrabit ? (*Isa.*, LIII, 8) ita de Spiritu sancto verissime dicitur : Processionem ejus quis enarrabit ? Satis sit ergo nobis, quia non est a se ipso Filius, sed ab illo de quo natus est : non est a se ipso Spiritus sanctus, sed ab illo de quo procedit. Et quia de utroque procedit, sicut jam ostendimus ; unde et Spiritus Patris dictus est, ubi legitur : Si autem Spiritus ejus qui suscitavit Christum a mortuis, habitat in vobis : et Spiritus Filii, ubi legitur : Qui autem Spiritum Christi non habet, hic non est ejus. (*Rom.*, VIII, 9.) Non enim duo sunt Spiritus sancti, tanquam singuli singulorum, unus Patris, alter Filii ; sed unus potius Patris et Filii : de quo uno Spiritu scriptum est : « Etenim in Spiritu uno nos omnes in unum corpus baptizati sumus, sive Judæi, sive Græci, sive servi, sive liberi, et omnes unum Spiritum potavimus. »

tous qu'un corps et qu'un esprit. » (*Ephés.*, IV, 4.)

2. Qu'est-ce donc que cette Trinité, sinon une seule et même substance ? En effet, le Fils ne vient point d'une matière quelconque ou du néant, mais de celui de qui il a été engendré. De même le Saint-Esprit ne vient point non plus d'une matière quelconque ou du néant, mais de là d'où il procède. Or, vous ne voulez point que le Fils soit engendré de la substance du Père, et pourtant vous accordez qu'il ne vient ni du néant, ni d'une matière quelconque, mais du Père. Et vous ne voyez point que nécessairement ce qui ne vient ni du néant ni d'aucune autre chose, ne peut venir que de la substance de Dieu et que c'est en cela même que celui de qui il est, est Dieu, c'est-à-dire qu'il est Dieu de Dieu. Ainsi il est Dieu né de Dieu, et, parce qu'il n'y eut rien autre chose avant lui, et que la nature coéternelle est de Dieu, il n'est point autre chose lui-même que celui de qui il est, c'est-à-dire, il est de sa même et unique nature, de sa même et unique substance. Quand vous entendez cela, je ne sais point quelle idée vous avez de penser que nous faisons naître le Fils du Père, comme les corps naissent des corps, et parce que les corps naissent corruptibles, vous nous accusez d'attribuer à la génération du Fils unique, laquelle vient du Père, la passion et la corruption propres aux corps. Pleins de pensées charnelles, vous croyez que la substance de Dieu peut engendrer d'elle-même le Fils si elle n'éprouve, en l'engendrant, quelque chose de semblable à ce qui se passe dans la chair quand elle engendre. « Vous êtes dans l'erreur et vous ne connaissez point les Ecritures, ni la vertu de Dieu. » (*Matth.*, XXII, 29.) Quand vous lisez ces mots : « Afin que nous soyons dans son vrai Fils Jésus-Christ, » (I *Jean*, V, 20) vous pensez au vrai Fils de Dieu. Or, ce Fils, vous ne le tenez point du tout dans votre esprit pour le vrai Fils de Dieu, si vous niez qu'il soit né de la substance du Père. En effet, est-ce qu'il avait commencé par être Fils de l'homme, et n'est-ce que par la grâce de Dieu qu'il est devenu Fils de Dieu, étant ainsi Fils de Dieu, il est vrai, mais ne l'étant que par la grâce, non par la nature ? Ou bien peut-être, sans être déjà Fils de l'homme, était-il cependant une créature quelconque qui fût changée, Dieu aidant, en Fils de Dieu ? S'il n'en est rien, il s'en suit qu'il est né soit du néant, soit de quelque substance. Mais pour ne point nous laisser croire que vous pensez que le Fils de Dieu vient du néant, vous nous avez ôté ce souci, et vous nous affirmez que vous ne disiez point que le Fils de Dieu vient du néant. Il vient donc d'une substance. Si ce n'est point de la substance du Père, de quelle substance est-ce ? répondez. Mais vous ne trouvez rien à répondre. Ne vous refusez

---

(I *Cor.*, XII, 13.) Et alio loco : Unum corpus et unus Spiritus. (*Ephes.*, IV, 4.)

2. Quid ergo hæc Trinitas, nisi unius ejusdemque substantiæ est? Quando quidem non de aliqua materia vel de nihilo est Filius, sed de quo est genitus : itemque Spiritus sanctus non de aliqua materia, vel de nihilo, sed inde est unde procedit. Vos autem nec Filium de Patris substantia genitum vultis, et tamen eum nec ex nihilo, nec ex aliqua materia, sed ex Patre esse conceditis. Nec videtis quam necesse sit, ut qui non est ex nihilo, non est ex aliqua re alia, sed ex Deo, nisi ex Dei substantia esse non possit, et hoc esse quod Deus est de quo est, hoc est, Deus de Deo. Quocirca Deus de Deo natus, quia non aliud prius fuit, sed natura coæterna de Deo est, non est aliud quam est ille de quo est, hoc est, unius ejusdemque naturæ, vel unius ejusdemque substantiæ. Quod cum auditis, quale cor habeatis ignoro, qui putatis nos sic Filium dicere natum esse de Patre, quomodo nascuntur de corporibus corpora : et quoniam corruptibiliter ista nascuntur, accusatis nos tanquam generationi Unigeniti, quæ de Patre est, corporalem passionem corruptionemque tribuamus. Carnalibus quippe cogitationibus pleni substantiam Dei de se ipsa gignere posse Filium non putatis, nisi hoc patiatur quod substantia quando gignit patitur carnis. Erratis, non scientes Scripturas, neque virtutem Dei. (*Matth.*, XXII, 29.) Quando legitis : Ut simus in vero filio ejus Jesu Christo (I *Joan.*, V, 20) : verum Dei Filium cogitate. Hunc autem Filium nullo modo verum Dei Filium cogitatis, si eum natum esse de substantia Patris negatis. Num enim jam erat hominis filius, et Deo donante factus est Dei Filius ; ex Deo quidem natus, sed gratia, non natura? An forte etsi non hominis filius, tamen aliqua jam erat qualiscumque creatura, et in Dei Filium Deo mutante conversa est? Si nihil horum, ergo aut de nihilo aut de aliqua substantia natus est. Sed ne crederemus de nihilo esse Dei Filium vos putare, jam nos ab ista sollicitudine liberasti : affirmasti enim non vos dicere, de nihilo esse Dei Filium. De aliqua ergo substantia est. Si non de Patris : de qua, dicite. Sed non invenitis. Jam igitur

donc point maintenant à confesser que Notre-Seigneur Jésus-Christ est de la substance du Père.

3. Ainsi le Père et le Fils sont de la même et unique substance. Voilà ce qu'exprime l'homousion qui a été inventé au concile de Nicée contre les hérétiques ariens, par les Pères catholiques, avec l'autorité de la vérité, et la vérité de l'autorité, et que, dans le concile de Rimini, l'impiété hérétique a, sous le règne de l'hérétique empereur Constance, essayé de renverser; comme c'était un mot nouveau, il n'était point compris aussi bien qu'il aurait fallu; c'était la foi antique qui l'avait trouvé, mais un grand nombre de Pères s'étaient laissé tromper par les ruses du petit nombre. Peu de temps après, la liberté de la foi catholique reprenant le dessus, quand on comprit, comme on le devait, la force de ce mot, l'homousion fut défendu au loin et au large par la saine foi catholique. Que signifie en effet homousion, sinon unique et même substance? Oui, qu'est-ce à dire, homousion, sinon, « mon Père et moi ne faisons qu'une seule et même chose? » (Jean, x, 30.) Mais pour le moment, je ne dois point mettre le concile de Nicée en avant, pas plus que vous ne pouvez me citer celui de Rimini, comme si nous préjugions de l'un et de l'autre. Je ne suis donc point tenu par l'autorité de ce dernier, pas plus que vous ne l'êtes vous-même par celle du premier, c'est avec les textes des Ecritures, par des témoins qui ne nous soient point propres à chacun, mais qui nous soient communs à tous les deux, que la chose doit être opposée à la chose, la cause à la cause, la raison à la raison. Or, nous lisons l'un et l'autre ces mots : « Pour que nous soyons dans son vrai Fils Jésus-Christ, c'est lui qui est le vrai Dieu et la vie éternelle. » (I Jean, v, 20.) Inclinons-nous donc l'un et l'autre devant une autorité d'un tel poids. Dites-moi si ce vrai Fils de Dieu, qui se distingue par une certaine propriété de nom de ceux qui sont Fils de Dieu par l'effet de la grâce, n'est d'aucune substance, ou s'il est d'une substance quelconque? Je ne dis point qu'il n'est d'aucune substance, me répondez-vous, pour ne point dire qu'il est du néant. Il est donc d'une substance quelconque? je vous demande de quelle substance il est. S'il n'est point de la substance du Père, cherchez-en une autre, et si vous ne trouvez point cette autre substance, parce que vous n'en trouverez absolument point d'autre, reconnaissez qu'il est de la substance du Père, et confessez que le Fils est homousion avec le Père. La chair naît de la chair, un Fils selon la chair naît de la substance de la chair. Otez la corruption, éloignez des yeux de votre esprit les passions charnelles et voyez les choses invisibles en Dieu devenues visibles par la connaissance que les créatures nous en donnent. (Rom., i, 20.) Croyez que le Créateur

---

unigenitum Dei Filium Jesum Christum Dominum nostrum de Patris esse substantia non vos nobiscum pigeat confiteri.
3. Pater ego et Filius unius sunt ejusdemque substantiæ. Hoc est illud « Homousion, » quod in concilio Nicæno adversus hæreticos Arianos a catholicis Patribus veritatis auctoritate et auctoritatis veritate firmatum est : quod postea in concilio Ariminensi, propter novitatem verbi minus quam (a) oportuit intellectum, quod tamen fides antiqua pepererat, multis paucorum fraude deceptis, hæretica impietas sub hæretico imperatore Constantio labefactare tentavit. Sed post non longum tempus libertate fidei catholicæ prævalente, postea quam vis verbi, sicut debuit, intellecta est : « Homousion » illud catholicæ fidei sanitate longe lateque defensum est. Quid est enim « Homousion, » nisi unius ejusdemque substantiæ? Quid est, inquam : « Homousion, » nisi Ego et Pater unum sumus? (Joan., x, 30.) Sed nunc nec ego Nicænum, nec tu debes Ariminense tanquam præjudicaturus proferre concilium. Nec ego hujus auctoritate, nec tu illius detineris : Scripturarum auctoritatibus, non quorumque propriis, sed utrisque communibus testibus, res cum re, causa cum causa, ratio cum ratione concertet. Utrique legimus : Ut simus in vero Filio ejus Jesu Christo, ipse est verus Deus et vita æterna. (1 Joan., v, 20.) Utrique tanti ponderis molibus cedamus. Dic ergo nobis, utrum iste verus Dei Filius, ab eis qui gratia filii sunt hujus nominis quadam proprietate discretus, de nulla substantia sit, an de aliqua? Non dico, inquis, de nulla, ne de nihilo dicam. Ergo de aliqua est : quæro, de qua? Si non de Patris, aliam quære. Si aliam non invenis, quia omnino non invenis ; Patris agnosce, et Filium cum Patre « Homousion » confitere. Caro de carne nascitur, filius carnis de substantia carnis nascitur. Corruptionem de medio tollite, passiones carnales a lumine mentis abjicite, et invisibilia Dei per ea quæ facta sunt intellecta conspicite. (Rom., i, 20.) Credite Creatorem, qui dedit carni carnem gignere, qui dedit parentibus

(a) Mss. *minus quam potuit intellectam, quam tamen*, etc.

qui a donné à la chair le pouvoir d'engendrer la chair, qui a donné aux parents le pouvoir d'engendrer de vrais fils de la substance de leur chair, et qui a fait ainsi que les enfants fussent de la même substance que leurs parents, a pu, à plus forte raison, engendrer un vrai Fils de sa propre substance et n'avoir avec ce vrai Fils qu'une seule et même substance, avec l'incorruptibilité spirituelle, et bien loin de toute corruption charnelle.

4. Quant à l'âme, qu'avez-vous à dire? je ne sais; car voici en quels termes vous vous exprimez en en parlant : « Vous ne comprenez point cette grande magnificence avec la noblesse de l'âme; mais avec la fragilité du corps. C'est du corps, en effet, que naît le corps, le Fils corporel; mais ce n'est point de l'âme que naît l'âme. » Puis après cette espèce de définition, vous affirmez de nouveau que l'âme engendre des fils; car vous poursuivez en ces termes : « Si donc notre âme, d'une manière incorruptible et impassible, sans éprouver aucune diminution ni aucune souillure, mais suivant les lois établies par Dieu, engendre légitimement un fils, si la sagesse accommodant son consentement au corps, demeure elle-même entière, combien plus le Dieu tout-puissant? » Et un peu plus loin vous ajoutez : « Combien plus, dis-je, Dieu le Père incorruptible engendre-t-il son Fils sans corruption? » Je vous ai déjà dit plus haut que je ne sais point ce que vous voulez dire par cette âme dont vous avez avancé précédemment qu'une âme ne naît point d'une âme, et plus tard vous ajoutez que l'âme engendre un fils d'une manière incorruptible. Si l'âme engendre une âme, comment une âme ne naît-elle point d'une âme? Si elle engendre le corps, je vous laisse le soin de montrer comment le corps peut être le vrai fils de l'âme. Car le Christ, à cause de qui vous avez cru devoir recourir à cette comparaison, est le vrai Fils de Dieu. Si vous voulez prendre que l'âme engendre un fils d'une manière incorruptible, dans le sens où l'Apôtre dit : « Je vous ai engendrés par l'Evangile, en Jésus-Christ. »(I *Cor.*, IV, 15) pourquoi ne faites-vous point attention que ces âmes étaient déjà dans la vie ancienne quand l'Apôtre les engendra en les renouvelant par le moyen de l'Evangile? Or, le Verbe de Dieu, le Dieu Fils unique, ainsi que je l'ai établi précédemment, n'a point commencé par être autre chose auparavant, pour être ensuite engendré de nouveau par le Père, mais il a constamment été avec le Père, comme il est et sera toujours d'une manière admirable engendré coéternel avec le Père de toute éternité. Mais si vous avez mis en avant ce rapprochement, avec toutes ses dissemblances, pour nous dire que Dieu le Père a engendré un Fils d'une manière

veros carnis filios de carnis substantia generare, ac sic filios cum parentibus unius esse substantiæ, multo magis potuisse verum gignere Filium de sua substantia, et unam cum vero Filio habere substantiam, manente incorruptione spirituali, et longissime hinc aliena corruptione carnali.

4. Nam de anima quid dixeris, nescio. Verba enim tua sunt, ubi dicis : « Nec enim ad animæ ingenuitatem comparatis tantam illam magnificentiam, sed ad fragilitatem corporis. De corpore utique, inquis, nascitur caro, corporalis filius : non tamen de anima anima nascitur. » Post istam quasi definitionem tuam, rursus affirmas animam filios generare. Adjungis enim, et dicis : « Si ergo nostra anima incorruptibiliter generat et impassibiliter, nullam sentiens diminutionem, non inquinationem aliquam, sed legitime secundum jura divina (*a*) generat filium, sapientia consensum accommodans corpori, ipsa integra manet, quanto magis omnipotens Deus? » Et paulo post dicis : « Quanto magis Deus Pater incorruptibilis incorruptibiliter genuit Filium? » Jam supra dixi, nescire me quid volueris de anima intelligi, de qua prius dixisti, quod non nascatur anima de anima, et postea, quod anima incorruptibiliter gignat filium. Si anima gignit, quomodo non nascitur anima de anima? Si carnem, tu videris quomodo sit caro verus animæ filius. Christus enim, propter quem putasti hanc adhibendam similitudinem, verus est Dei Filius. Si autem incorruptibiliter gignere animam filium sic accipi voluisti, quomodo ait Apostolus : « In Christo enim Jesu per Evangelium ego vos genui : » (I *Cor.*, IV, 15) cur non attendis, quod jam erant illæ animæ in vetere vita, quas per Evangelium renovando Apostolus genuit? Verbum autem Dei Deus unigenitus Filius, sicut jam disputavimus, non prius aliquid fuit, et renovatione est generatus a Patre, sed cum Patre semper fuit; sicut est semper atque erit mirabili atque ineffabili modo genitus ab æterno coæternus. Sed si ob hoc introduxisti hanc dissimilem similitudinem, ut asse-

---

(*a*) Editio Erasmi, hic et supra in collatione cum Maximino, *generatum filium, sapientium consensu, accommodans corpori :* minus recte Lov. constanter, *et sapientia.* Sed particula *et* abest a Mss.

LIVRE II. — CHAPITRE XIV.

incorruptible, ne prenez point tant de peine; je confesse tout à fait, avec vous, que c'est d'une manière exempte de toute corruption, que Dieu le Père a engendré son Fils, mais je dis qu'il l'a engendré tel qu'il est lui-même. Car je vous redirai encore ici ce qu'il faut vous répéter sans cesse, c'est que : le Fils de Dieu est né d'une certaine substance, où il n'est né d'aucune substance. S'il n'est né d'aucune substance, il est donc né de rien. Or, nous savons que tel n'est point votre dire : S'il est né d'une certaine substance, qui ne soit point la substance du Père, il n'est point le vrai Fils du Père; si au contraire il est né de la substance du Père, le Père et le Fils sont donc de la même et unique substance. Comment donc n'a-t-il rien ôté au Fils, comme vous le prétendez, si étant de la même substance que le Père, il n'en est pas moins plus petit, sans pouvoir grandir comme font les enfants?

5. Quant à l'immortalité de Dieu, j'ai suffisamment montré plus haut, dans ma discussion, quand j'ai cité tout au long et expliqué le texte de l'Apôtre, que ce n'est point le Père, mais Dieu qui est en même temps, Père, Fils et Saint-Esprit qui, selon l'Apôtre, possède l'immortalité.

6. Il ne vous plaît point que nous fassions le Fils égal au Père, comme si le vrai Fils pouvait être inégal au Père, après être né non point dans le temps, mais coéternel avec Celui qui l'a engendré, comme l'éclat qui naît du feu se montre contemporain du feu qui le produit. Mais, dites-vous : « Le Fils a le Père pour auteur. » Si vous dites que Dieu le Père est l'auteur de Dieu le Fils parce que l'un a engendré, et l'autre a été engendré, parce que le second vient du premier, non le premier du second, je suis d'accord avec vous, et je confesse la même chose. Mais si, par le mot d'auteur, vous voulez faire le Fils moindre que le Père, et le Père plus grand que le Fils, et le Fils d'une autre substance que le Père, je déteste ce sens et le rejette, attendu que le Fils de l'homme en tant que Fils a pour auteur le Père dont il est né, sans laisser pour cela d'être de la même substance que le Père, et que si l'un est moindre et l'autre plus grand, le Fils peut néanmoins grandir et parvenir, en grandissant, à la forme et à la valeur de son Père, forme et valeur où néanmoins il ne trouve pas son Père, attendu que ce dernier s'en éloigne lui-même en décroissant; car il est inévitable que la condition d'un être mortel varie avec l'âge dès que sa naissance est temporelle, non éternelle. Mais il n'en est pas de même là où le Fils ne grandit pas et où le Père ne vieillit pas. Voilà pourquoi ils n'ont point un âge différent, attendu que là où il y a éternité il n'y a point d'âge. Si la forme de l'un et de l'autre est égale, c'est parce que le vrai Fils qui n'est point né pour grandir, est né égal à son Père, pour ne point demeurer dé-

---

reres Deum Patrem incorruptibiliter genuisse : noli laborare; confiteor omnino, incorruptibiliter genuisse Deum Patrem, sed quod est ipse genuisse. Iterum enim dico hic, quod vobis sæpe dicendum est : Aut de aliqua substantia natus est Dei Filius, aut de nulla. Si de nulla, ergo de nihilo : quod vos non dicere jam tenemus. Si de aliqua, nec tamen de Patris, non verus est Filius. Si de Patris, unius ejusdemque sunt Pater et Filius. Quomodo autem nihil Filio subtraxit, ut dicis, si ejusdem substantiæ est, et tamen minor est, nec sicut infans crescere potest?

5. Jam vero de immortalitate Dei, quia non Patrem, sed Deum qui et Pater est et Filius et Spiritus sanctus, solum habere immortalitatem dixit Apostolus, satis superius disputavi, quando ipsum Apostolicum testimonium et posui totum, et exposui.

6. Displicet tibi, quod æqualem Patri asserimus Filium : quasi possit esse inæqualis, qui verus est Filius, non natus ex tempore, sed gignenti coæternus, sicut splendor ab igne genitus gignenti mani-
festatur æquævus. Sed « habet, inquis, Dei Filius auctorem Patrem. » Si propterea Deum Patrem Deo Filio dicis auctorem, quia ille genuit, genitus est iste; quia iste de illo est, non ille de isto; fateor et concedo. Si autem per nomen auctoris minorem vis facere Filium, Patremque majorem, nec ejusdem substantiæ Filium cujus est Pater; detestabor et respuam : quia et filius hominis, inquantum est filius, habet auctorem de quo natus est, patrem; nec tamen ideo non est ejusdem substantiæ cujus est pater; et quod iste minor, major est ille, potest tamen ad formam patris valentiamque pervenire crescendo, in qua patrem propterea non omni modo invenit talem, quia et ille deficit senescendo. Sic enim necesse est varietur ætate mortalis, ubi temporalis est non æterna nativitas. Non autem illa sic est, ubi nec crescit Filius, nec senescit Pater. Et ideo amborum non impar est ætas; quia ubi est æternitas, non est ætas : ideo forma non impar amborum; quoniam verus Filius, qui non ut augeretur est

généré. Il faut donc que la naissance d'un Dieu soit beaucoup meilleure et plus excellente que celle de l'homme à cause de sa génération incorruptible et inviolable, mais elle ne devient pas inférieure par la diversité de nature.

7. Mais, dites-vous, « le Fils reçoit la vie du Père. » (*Jean,* XVI, 15.) Il l'a reçue comme celui qui est engendré reçoit la vie de celui qui l'engendre. « Tout ce qu'a mon Père, dit-il, est à moi. » (*Jean,* XVI, 15.) Par conséquent tout ce que le Père a il l'a donné en engendrant, le Fils l'a reçu en naissant ; en le donnant celui-là ne l'a point perdu, et celui-ci ne l'a point reçu comme s'il eût été sans l'avoir ; mais de même que l'un ne laissa point de tout avoir bien qu'il eût donné au Fils tout ce qu'il a ; ainsi le second n'a jamais existé sans toutes les choses qu'il reçut comme Fils, non point en étant dans l'indigence mais en naissant ; et comme il n'a jamais pu ne pas être né, il a toujours eu ces choses sans lesquelles il n'est point né, et avec lesquelles il est né immuable, parce qu'il a toujours été né. S'il y a quelque chose que le Père ait et qu'il n'ait point donné au Fils, cette parole du Fils : « Tout ce que mon Père a est à moi, » est fausse. Mais comme elle est vraie, certainement tout ce qu'a le Père il l'a donné, comme je l'ai déjà dit, en engendrant le Fils, et le Fils l'a reçu en naissant. Par conséquent le Père a donné la vie parce qu'il a engendré la vie ; et le Fils a reçu la vie parce qu'il est né vie. Si elle eût été moindre, décolorée, différente, c'est que le Père n'aurait point donné au Fils la vie qu'il avait lui-même. Alors comment serait-il vrai de dire. « Tout ce qu'a mon Père est à moi ? » Mais qui oserait dire que ce que la vérité même a avancé n'est point vrai ? C'est pourquoi de même que « le Père a la vie en lui-même, ainsi il a donné au Fils d'avoir la vie en soi. » (*Jean,* V, 26.) Il a donné comme il avait, et il a donné ce qu'il avait ; il a donné la vie telle qu'il l'avait, il l'a donnée aussi grande qu'il l'avait. Tout ce qu'a le Père est au Fils; le Père n'a donc point donné au Fils moins que ce qu'il avait ; mais il n'a pas perdu la vie qu'il a donnée au Fils, car il a retenu en vivant ce qu'il a donné en engendrant. Le Père lui-même est la vie, et la vie c'est aussi le Fils. En effet, celui-ci et celui-là ont ce qu'il possède lui-même ; mais celui-là est la vie qui ne provient de nul autre, tandis que celui-ci est vie de vie ; mais celle-ci est telle que celle-là, aussi grande que celle-là, elle est absolument ce qu'est celle-là, parce que le Fils unique qui est Dieu est un vrai Fils, un Fils parfait, un Fils non dégénéré de son Père qui est un seul Dieu. Ainsi le Fils est égal au Père. Tout ce que vous dites qu'il a reçu du Père, nous le disons aussi : le Père le lui a donné, et le Fils l'a reçu. Mais

---

natus, ne remaneret degener, æqualis est natus. Sit ergo nativitate humana longe melior et excellentior divina nativitas, incorruptibili et inviolabili generatione : non tamen sit deterior, diversitate naturæ.

7. Sed « vitam Filius, inquis, accepit a Patre. » (*Joan.,* XVI, 15.) Accepit sicut genitus a gignente. Omnia, inquit, quæ habet Pater, mea sunt. Omnia ergo quæ habet Pater, dedit ille gignendo, accepit iste nascendo. Nec dando ille amisit quod habuit ; nec iste cum esset et non haberet accepit : sed sicut ille permansit habens omnia, cum ea quæ habet Filio dederit omnia ; sic iste nunquam fuit sine omnibus, quæ non egendo, sed nascendo accepit ut Filius : quia nunquam potuit esse non natus, et ea sine quibus non est natus, et est immutabilis natus, semper habuit, quia semper est natus. Si cum aliquid eorum quæ habet Pater non dedit Filio, falsum est quod ait Filius : Omnia quæ habet Pater, mea sunt. Sed quia verum est, prorsus omnia quæ habet Pater, dedit, ut diximus, ille gignendo, accepit iste nascendo. Ac per hoc dedit ille vitam, quia genuit vitam ; accepit iste vitam, quia natus est vita : si minor ; si (*a*) decolor, si diversa, non ergo quam Pater habuit hanc dedit Filio. Et quomodo verum est : Omnia quæ habet Pater, mea sunt ? Sed quis audeat dicere : Verum non est quod Veritas dixit ? Quapropter sicut habet Pater vitam in semetipso, sic dedit et Filio vitam habere in semetipso. (*Joan.,* V, 26.) Sicut habet dedit, quod habet dedit ; qualem habet, talem dedit ; quantam habet, tantam dedit. Omnia quæ habet Pater ; Filii sunt. Non ergo aliquid minus quam Pater habet Filio dedit ; nec amisit Pater vitam, quam Filio dedit. Vivendo enim tenuit, quam gignendo dedit. Vita est autem ipse Pater, vita est ipse Filius. Et ille quippe et iste id habet quod (*b*) et ipse : sed ille de nullo vita, iste vita de vita ; sed talis qualis illa, tanta quanta illa, hoc omnino quod illa ; quia verus est Filius, quia perfectus est Filius, quia non est degener ab uno Deo Patre Deus unicus Filius. Patri ergo æqualis est Filius. Quidquid eum dicis a Patre accepisse, fatemur et nos : prorsus Pater dedit, Filius accepit. Sed cum Pater omnia quæ habet gignendo

---

(*a*) Editi *discolor.* At Mss. *decolor.* — (*b*) Sic Mss. Editi vero *quod est ipse.*

quand le Père a donné tout ce qu'il a en engendrant, il a engendré un Fils égal à lui puisqu'il ne lui a rien donné de moins que ce qu'il a lui-même. Comment donc dites-vous que l'un ayant donné et l'autre ayant reçu, c'est ce qui fait le Fils inégal au Père, quand vous voyez que celui à qui tout a été donné a reçu en même temps l'égalité? Il est écrit, il est vrai : « Il est plus heureux de donner que de recevoir, » (*Act.*, xx, 35) mais c'est dans cette vie ou règne la disette en comparaison de laquelle l'abondance est meilleure. Mieux vaut en effet avoir que se trouver dans l'indigence, et mieux vaut donner que recevoir, accorder que solliciter. Mais quand celui qui a donné, a donné en engendrant, et celui qui a reçu a reçu en naissant, ce n'est point à un indigent qu'il a été subvenu, mais c'est l'abondance même qui a été engendrée. Et celui qui a reçu ne peut être inégal à celui qui a donné, puisqu'il a reçu précisément d'être égal à celui qui lui a donné. En effet, Celui qui dit : « Tout ce qu'a mon Père est à moi, » n'a rien reçu de moins que le Père, il est donc égal à lui. Mais parce qu'il s'est anéanti en prenant la forme de l'esclave, sans perdre toutefois celle de Dieu, il s'est fait ainsi obéissant, et obéissant jusqu'à la mort (*Philipp.*, ii), dans cette même forme d'esclave dans laquelle il s'est abaissé un peu au-dessous des anges (*Ps.* viii) pour demeurer égal à son Père dans la forme de Dieu, attendu que cette dernière forme est immuable.

8. Faut-il s'étonner après cela qu'il dise, comme vous le rappelez : « Je fais toujours ce qui plaît à mon Père? » (*Jean*, viii, 29) et qu'au tombeau de Lazare il s'écrie : « Mon Père je vous rends grâce de ce que vous m'avez exaucé; pour moi je sais bien que vous m'exaucez toujours; mais je dis cela pour ce peuple qui m'environne afin qu'il voie que c'est vous qui m'avez envoyé; » (*Jean*, xi, 41 et 42) et ailleurs : « Il faut que je fasse les œuvres de Celui qui m'a envoyé? »(*Jean*, ix, 4.) Avant de rompre les pains : « Il rendit grâces à son Père. » (*Matth.*, xxvi, 26.) Si, par ces textes et d'autres semblables, vous aviez voulu nous prouver que, dans sa forme d'esclave, le Fils est moindre que le Père, et que, dans la forme de Dieu, le Fils vient du Père, tandis que le Père ne vient point du Fils qui, pour donner à entendre cela, s'exprime, en maintes circonstances, de telle sorte que ceux qui ne le comprennent point pensent que c'est quant à la divinité même qu'il est moindre que le Père. Si telle était votre pensée, vous seriez en possession de la droite règle de la foi, vous ne contrediriez point la vérité, et ces textes loin de vous servir à combattre l'Evangile, vous seraient un moyen de l'enseigner. En effet, quelles choses plaisent au Père qui ne plaisent point aussi au Fils? Ou bien d'où vient au Fils le pouvoir de ne faire que ce qui plaît au Père,

---

dedit, æqualem utique genuit, quoniam nihil minus dedit. Quomodo ergo tu dicis, quia ille dedit, ille accepit, ideo æqualem Filium Patri non esse : cum eum cui data sunt omnia, et ipsam æqualitatem videas accepisse? Scriptum est quidem : Beatum est magis dare quam accipere (*Act.*, xx, 35) : sed in hac vita ubi est inopia, qua utique melior est copia. Melius enim est habere, quam egere; et melius est donare, (*a*) quam accipere; erogare, quam mendicare. Ubi autem qui dedit, gignendo dedit; et qui accepit, nascendo accepit : non inopi subventum est, sed ipsa copia generata est. Nec potest qui accepit ei qui dedit esse inæqualis, quia et hoc accepit ut esset æqualis. Nihil enim Patre minus habet ille qui dicit : Omnia quæ habet Pater, mea sunt. (*Joan.*, xvi, 15.) Æqualis est igitur. Sed quia semetipsum exinanivit, formam servi accipiens (*Philip.*, ii), non formam Dei perdens; ita factus est in eadem servi forma obediens usque ad mortem crucis, in qua paulo minus minoratus est ab angelis (*Psal.* viii), ut Patri in forma Dei maneret æqualis : quia non est forma illa mutabilis.

8. Quid itaque mirum est, si ea quæ commemoras dicit : « Ego quæ placita sunt Patri, facio semper? » (*Joan.*, viii, 29.) Et ad monumentum Lazari : « Pater, gratias ago tibi, quia audisti me; et ego sciebam quia semper me audis, sed propter eos qui circumstant dixi, ut credant quia tu me misisti. » (*Joan.*, xi, 41.) Et iterum : « Me oportet operari opera ejus qui me misit. » (*Joan.*, ix, 4.) Et ante quam panes frangeret, « prius Patri gratias egit. » (*Matth.*, xxvi, 26; *Marc.*, viii, 6; *Joan.*, vi, 11.) Si his atque hujusmodi testimoniis id ostendere voluisses, quod in forma servi Filius minor est Patre, et in ipsa forma Dei iste de illo non ille de isto est; quod sæpe significans, multa ita dicit, ut eum non intelligentes etiam in ipsa divinitate arbitrentur minorem : sic teneres rectam regulam fidei, ut non contradiceres veritati; nec per talia testimonia oppugnares Evangelium, sed doceres. Quæ sunt enim placita Patris, quæ non sunt

(*a*) Am. Er. et Mss. omittunt, *quam accipere; erogare.*

de qui il tient tout ce qui le fait égal au Père ? Comment ne rendrait-il point grâce au Père de qui il vient, surtout dans sa forme d'esclave selon laquelle il est moindre que lui ? Comment ne prierait-il point son Père comme homme, lui qui exauce les prières des hommes avec son Père en tant que Dieu ? Quel chrétien ignore que c'est le Père qui a envoyé, et le Fils qui a été envoyé ? Il ne fallait pas en effet que ce fût Celui qui a engendré qui fût envoyé par celui qu'il a engendré, mais que le Fils fût envoyé par le Père. Il n'y a point là inégalité de substance mais un ordre de la nature, ce n'est point à dire que l'un fût plus que l'autre, mais c'est que l'un vient de l'autre. Il fallait donc que Celui qui a été envoyé fît les œuvres de Celui qui l'a envoyé. D'ailleurs quelles sont les œuvres du Père qui ne soient point celles du Fils, quand le Fils même dit : « Tout ce que fait le Père, le Fils le fait également ? » (*Jean*, v, 19.) Néanmoins il appelle les œuvres qu'il fait les œuvres de son Père, parce qu'il n'a point oublié de qui il vient, c'est du Père en effet que lui vient d'être l'ouvrier de telles œuvres. Mais vous, vous comprenez ces choses de telle manière que selon vous le Père serait plus grand que le Fils parce que ce dernier a dit qu'il ne tombe pas même un passereau à terre, sans la volonté du Père (*Matth.*, x, 29), comme s'il tombait sans la volonté du Fils.

Voudriez-vous faire le Fils tellement plus petit que le Père qu'il n'ait pas même de pouvoir sur les passereaux ? Mais si vous ne voulez point vous soumettre à cette règle, et, partout où vous lirez dans un passage des oracles divins quelque texte dans lequel le Fils semble se montrer plus petit que le Père, entendre les paroles de l'Ecriture comme se rapportant à la forme de l'esclave, selon laquelle il est en effet moindre que le Père, ou bien comme étant dites non pour montrer que l'un est plus grand ou moindre que l'autre, mais pour faire voir que l'un vient de l'autre, si, dis-je, vous ne voulez point vous soumettre à cette loi, il est certain, en attendant, que vous ne faites en aucune manière du Fils de Dieu un vrai Fils de Dieu, si vous ne dites point qu'il est de la même substance que le Père. En effet, pour prendre un exemple parmi les hommes, à cause de la faiblesse des gens charnels, prenons deux hommes, un père et un fils ; si le fils obéit au père, si, pour certaines raisons, il prie son père et lui rend grâce, si envoyé par son père il dit là où il est envoyé qu'il ne vient point faire sa volonté mais celle de celui qui l'envoie, s'en-suit-il évidemment qu'il n'est point de la même substance que le père ? Pourquoi donc, quand vous lisez de ces choses-là par rapport au Fils de Dieu, vous laissez-vous aller aussitôt de cœur et de bouche à de tels blasphèmes que vous croyiez

et Filii ? aut unde potest facere Filius, nisi quæ placita sunt Patri, a quo habet omnia in quibus æqualis est Patri ? Quomodo non gratias agit Patri de quo est, præsertim in forma servi, in qua illo minor est ? Quomodo non Patrem rogat ut homo, qui cum Patre exaudit ut Deus ? Quis autem Christianus ignorat quod Pater miserit, missusque sit Filius ? Non enim genitorem ab eo quem genuit, sed genitum a genitore mitti oportebat : verum hæc non est inæqualitas substantiæ, sed ordo naturæ : non quod alter prior esset altero, sed quod alter esset ex altero. Oportebat ergo operari cum qui missus est, opera ejus a quo missus est : et quæ sunt opera Patris, quæ non sunt et Filii ; cum dicat idem Filius : Quæcumque Pater facit, hæc et Filius similiter facit ? (*Joan.*, v, 19.) Opera tamen Patris esse dicit : non enim obliviscitur a Patre quippe illi est, ut operator talium operum sit. Hæc autem vos ita intelligitis, ut hinc etiam putetis Patrem Filio esse majorem, quia dixit passerem non cadere in terram sine Patris voluntate (*Matth.*, x, 29), quasi cadat sine voluntate Filii. An usque adeo minorem vultis Filium, ut non habeat in potestate nec passeres ? Sed si non vultis huic regulæ acquiescere, ut ubicumque legeritis in auctoritate divinorum eloquiorum, (*a*) quo minor Patre Filius videatur ostendi, aut ex forma servi dictum accipiatis, in qua vere minor est Patre ; aut ideo dictum, quo non demonstretur major vel minor ullus esse altero, sed demonstretur esse alter ex altero : si huic, inquam rectissimæ regulæ non vultis acquiescere ; certe tamen verum Dei Filium nulla ratione dicetis, si non ejusdem substantiæ, cujus Pater est, cum esse dicatis. Ut enim humanum aliquid dicam propter infirmitatem carnalium ; cum homines duo sunt, pater et filius, si obediens sit patri filius, et aliqua existente causa roget patrem, gratias agat patri, aliquo denique mittatur a patre, ubi se dicat non venisse facere voluntatem suam, sed ejus a quo missus est ; numquid hinc ostenditur non ejusdem cujus pater est esse substantiæ ? Cur ergo ubi de Filio Dei talia legitis, statim in tantum sacrilegium corde atque ore proruitis, ut veri Filii

---

(*a*) Editi *quibus*. Concinnius Mss. *quo*.

et disiez que le Fils de Dieu n'a point une seule et même substance avec le Père ?

9. Qu'avez-vous eu encore à rappeler ce passage où manifestement il parle comme homme, quand il dit : « J'ai le pouvoir de quitter la vie et j'ai le pouvoir de la reprendre. C'est le commandement que j'ai reçu de mon Père ? » (*Jean*, x, 18.) En quoi cela sert-il votre cause ? Est-ce qu'il ne dit point par là : J'ai le pouvoir de mourir et de ressusciter ? Si donc il dit : « Personne ne m'enlève la vie, mais c'est moi qui la quitte et moi qui la reprends, » (*Ibidem*) qu'a-t-il voulu donner à entendre, sinon qu'il ne devait mourir que lorsqu'il le voudrait ? Or, est-ce qu'il aurait pu mourir et ressusciter, s'il n'avait pas été homme ? Voici en quels termes vous avez cité ce passage : « Evidemment il parlait du pouvoir qu'il a reçu de son Père quand il disait : J'ai le pouvoir de quitter mon âme et j'ai celui de la reprendre, » comme s'il avait pu quitter son âme s'il n'avait point été un homme. C'est donc en tant qu'homme, non en tant que Dieu qu'il a reçu ce pouvoir, quoiqu'il n'ait point dit : C'est le pouvoir, mais : « C'est le commandement que j'ai reçu de mon Père. » Or, qui ne sait que le commandement n'est pas le pouvoir ? Nous avons le pouvoir d'une chose quand nous pouvons faire cette chose lorsque nous le voulons. Le commandement a pour effet de nous faire faire ce qui est en notre pouvoir : si ce n'est point encore en notre pouvoir, prions que ce pouvoir nous soit donné afin que nous accomplissions ce qui nous est prescrit. Si donc vous voulez faire quelque attention à des choses claires comme le jour, c'est comme homme qu'il avait reçu ce pouvoir. Mais à cause de ceux qui aiment la chicane, je tirerai deux conclusions. Si c'est comme homme qu'il a reçu ce pouvoir, vous voyez comme moi que ce texte ne vous favorise en rien, attendu que si de ce qu'il a reçu ce pouvoir de son Père, vous voulez prouver par là que le Fils est moindre que le Père, il n'y a point de doute pour nous, non plus, que le Christ en tant qu'homme est moindre que son Père. Si au contraire vous voulez que ce soit en tant que Dieu qu'il a reçu ce pouvoir, le Père en l'engendrant égal à lui-même lui a donné un pouvoir égal à celui qu'il possède lui-même. En effet, s'il a quelque chose de moins en pouvoir que le Père, tout ce qu'a le Père n'est donc point à lui. Or, tout ce qu'a le Père est à lui, il a donc un pouvoir tel que celui du Père. Il en est de même des commandements, c'est comme homme ou comme Dieu qu'il l'a reçu ; si c'est comme homme, cela ne fait plus question, puisque en tant qu'homme il est moindre que le Père : si c'est comme Dieu, il ne s'ensuit point qu'il soit moindre, car c'est en naissant qu'il reçut ce

---

Dei unam eamdemque cum Patre substantiam non esse credatis atque dicatis?

9. Quid quod etiam illud commemorandum putasti, quod manifestissime ut homo loquitur : « Potestatem habeo ponendi animam meam, et potestatem habeo iterum sumendi eam. Hoc enim præceptum accepi a Patre meo ? » (*Joan.*, x, 18.) Quid hoc adjuvat causam tuam ? Numquid enim aliud dixit, nisi potestatem habeo moriendi et resurgendi ? Quod itaque ait : « Nemo eam tollit a me, sed ego eam pono a me, et iterum sumo eam : » (*Ibid.*) quid intelligi voluit, nisi se non fuisse moriturum, nisi ipse voluisset ? Numquid tamen nisi homo esset, mori et resurgere potuisset ? Sic autem introduxisti hoc testimonium, ut præloquereris, dicens : « Hic sane et de sua potestate quam a Patre accepit dicebat : Potestatem habeo ponendi animam meam, et potestatem habeo iterum sumendi eam : » tanquam si homo non esset, positurus esset animam. Ut homo ergo, non ut Deus, accepit hanc potestatem : quamvis non dixerit : « hanc potestatem ; » sed, « hoc præceptum accepi a Patre meo. » Quis autem nesciat aliud esse præceptum, aliud potestatem ? Hoc enim habemus in potestate, quod cum volumus possumus. Præceptum vero id nobiscum agit, ut quod jam est in potestate faciamus : si autem nondum est in potestate, oremus nobis potestatem dari, ut quod præceptum est impleamus. Quocirca si ea quæ aperta sunt velitis attendere, ut homo acceperat hanc potestatem. Sed propter contentiosos ego ad utrumque concludam : Si ut homo accepit hanc potestatem, nihil tibi prodesse hoc testimonium et tu vides ; quia si ex hac potestate a Patre accepta, minorem Patre Filium vis probare, nec nos dubitamus, quod in quantum homo est Christus, minor est Patre : si autem ut Deum vis accepisse hanc potestatem, gignendo eum Pater æqualem sibi, dedit ei omnium rerum tantam, quanta ipsi Patri est, potestatem. Si enim minus habet in potestate aliquid quam Pater, non sunt ejus omnia quæ habet Pater : sed quia ejus sunt, tantam procul dubio habet potestatem quantam Pater. Præceptum quoque aut ut homo accepit, aut ut Deus : si ut homo, nulla quæstio est, quia ut homo est Patre minor : si ut Deus, non hinc ostenditur minor ; quia nascendo id accepit, non indigendo. In Verbo enim unico Dei omnia præcepta sunt

commandement, non point en en ayant besoin, attendu que dans le Verbe unique de Dieu tous les commandements sont de Dieu qui les a donnés comme Père à son Fils au moment où il est né, mais qui ne les lui a point donnés après qu'il fût né comme s'il eût existé sans eux, et par conséquent il a engendré son Fils aussi grand qu'il l'est lui-même, parce que c'est de lui-même qu'il l'a engendré un vrai Fils, et qu'il a engendré parfait par la plénitude de la divinité non point à parfaire par le cours des années. Mais, sans m'élever si haut, je vous demande d'où vient que vous ne dites point que tel homme fils d'un autre homme, s'il reçoit un commandement de son père, est d'une autre substance que ce père, tandis que vous niez que le Fils de Dieu est un Dieu de la même substance que le Père, parce qu'il reçoit un commandement du Père ? Or, il a reçu un commandement du Père, et il est de la même substance que celui qui l'a donné. Quels pères et quels fils en vous entendant dire qu'ils ne sont point de la même substance les uns que les autres, et avancer que les fils sont des enfants dégénérés par la raison qu'ils ont reçu un commandement de leurs pères, pourraient supporter un tel langage ? Mais peut-être direz-vous que des pères instruits donnent des commandements à des Fils qui ne le sont point. Maintenant reportez-vous au Fils de Dieu, au Dieu né Dieu d'un Père Dieu, et qui serait né imparfait s'il ignorait le commandement que son Père lui a donné. Or, comme il est né parfait, le Père a donné son commandement en engendrant le Fils, et celui-ci l'a reçu en naissant. Car jamais le vrai Fils de Dieu n'a été ignorant attendu qu'il n'a jamais été sans être Fils de Dieu.

CHAPITRE XV.

1. Vous ne niez point que le Fils a été dans la forme d'esclave, mais vous niez qu'il fût égal à Dieu le Père, parce que vous pensez que la forme du Père est plus grande que celle du Fils; comme si le Père n'avait point eu le moyen de compléter sa forme dans le Fils qu'il a engendré de lui et qu'il n'a point fait du néant ni d'un autre que de lui. Ou bien si, ayant pu engendrer sa forme pleine et entière dans son Fils unique, il ne l'a point fait mais il l'a engendré moindre, faites attention à ce qui va s'ensuivre, et revenez dans la voie si vous ne voulez point être contraint de dire que le Père est envieux. Vous dites que le Fils est Dieu, vous dites qu'il est Seigneur, mais c'est pour faire deux Dieux et deux Seigneurs, en dépit de l'Ecriture qui vous crie : « Ecoutez, Israël, le Seigneur votre Dieu est le seul Seigneur. » (*Deut.*, VI, 4.). Or, que vous sert dans ce sacrilége de donner au Père une forme si grande que vous n'en donniez point une pareille au Fils ? Est-ce que si l'un est

---

Dei, quæ ille gignens dedit nascenti, non cum genuisset addidit indigenti : ac per hoc tantum genuit quantus est ipse; quia de se ipso genuit verum Filium, et (a) perfectum genuit plenitudine divinitatis, non perficiendum ætatis accessu. Sed humilius a te quæro, quare filium hominis quemlibet hominem, si præceptum accipiat a patre, non eum dicis alterius esse substantiæ, et Filium Dei Deum ob hoc audes negare paternæ esse substantiæ, quia præceptum accepit a Patre? Prorsus, et præceptum a Patre accepit, et ejusdem substantiæ est, cujus est ille qui dedit. Quis te contradicentem ferat, si ad te audiendum homines patres filiique concurrant, ejusdem utrique substantiæ; nec ideo filii degeneres, quod ita præcepta eis dederint patres? Sed forte dicis, patres doctos filiis indoctis dedisse præcepta. Refer nunc te ad Dei Filium, de Deo Patre natum Deum, qui utique imperfectus est natus, si præceptum accepit indoctus. Quia vero perfectus est natus, præceptum dedit ille gignendo, accepit iste nascendo. Nunquam enim verus Dei Filius indoctus fuit : filius autem nunquam non fuit.

CAPUT XV.

1. In forma Dei Filium esse non negas, et Deo Patri æqualem negas, majorem Patris formam putans esse quam Filii : tanquam non habuerit Pater unde formam suam compleret in Filio, quem de se ipso genuit, non fecit ex nihilo, non ex alio. Aut si formam suam in unico Filio plenam gignere potuit, nec tamen genuit plenam, sed minorem; quid sequatur attendite, et in viam redite, ne cogamini Patrem invidum dicere. Dicitis Deum Filium, dicitis Dominum; sed ut duos deos dominosque faciatis, contra Scripturam clamantem : Audi Israel, Dominus Deus tuus, Dominus unus est. (*Deut.*, VI, 4.) Quid autem in hoc sacrilegio vobis prodest, quod Patri datis tantam formam, quantam non datis Filio ? Nunquid si unus major, alter est minor, ideo non sunt dii et

---

(a) Sic Am. Er. et Mss. At. Lov. *et perfectam genuit plenitudinem divinitatis, non perficiendam ætatis accessu*.

plus grand tandis que l'autre est moins grand, ils en font moins pour cela deux Dieux et deux Seigneurs? Si vous voulez ne point tomber dans cette erreur, dites que le Père fait un et que le Fils fait un aussi, mais dites-le de telle sorte que vous ne fassiez point deux de l'un et de l'autre, et que vous n'ayez qu'un seul Seigneur Dieu. Vous dites bien que le Fils est Roi, né du Père qui est Roi, et vous ne voyez pas que, parmi les hommes, les fils de rois, quand même ils ne seraient point rois de rois, n'en sont pas moins hommes d'hommes, et que, s'ils ne partagent point la puissance royale avec leurs pères, du moins ils partagent leur nature. Or, vous accordez le règne au Fils du Dieu Roi avec son Père, et, par une vanité impie, vous lui refusez la nature de son Père, vous faites inégal au Père celui qui n'a point cru faire une usurpation, c'est-à-dire réclamer quelque chose qui lui fût étranger, que de se faire égal à Dieu (*Philip.*, II, 6), et qui néanmoins, ne recherchant pas ses intérêts, mais les nôtres, s'est anéanti lui-même, non en perdant la forme de Dieu, mais en prenant celle d'esclave, dans laquelle il s'est fait obéissant au Père et obéissant jusqu'à la mort de la croix. Or, vous ne voulez point le reconnaître moindre que son Père, dans cette forme, afin de pouvoir nier qu'il lui soit égal, dans la forme de Dieu. Vous dites : « Pour nous, nous avons été appelés Fils de Dieu, mais nous le sommes par la grâce, nous ne sommes point nés tels par la nature : ainsi donc le Fils est Fils unique, parce que, pour ce qui est de la nature de sa divinité, il est né ce qu'il est. » Ce n'est pas vous seulement qui dites cela, nous le disons aussi. Pourquoi donc soutenez-vous que celui que vous confessez Fils de Dieu par sa nature non par la grâce, n'est point de la même nature que le Père, de peur de dire quelque chose qui soit mal? Est-ce qu'il ne vous semblerait pas plus tolérable de refuser au Fils le royaume de son Père, que de lui refuser sa nature?

2. Quant à l'Esprit saint, j'ai déjà assez longuement expliqué plus haut, dans cette controverse, comment il est Dieu aussi, bien qu'il ne soit point Fils, parce que nous lisons qu'il vient de Dieu non par génération, mais par procession. « Pour nous, » dites-vous, « nous n'admettons point une nature dans Dieu le Père qui n'a point eu de naissance. » Et donnant la raison pour laquelle, selon vous, il n'y a point de nature dans le Père, vous continuez en ces termes : « Nous croyons ce qu'a dit le Christ, que Dieu est esprit; » (*Jean*, IV, 24) comme si le Christ, en tant que Dieu, n'était point aussi esprit, bien que vous disiez qu'il est Fils par nature. Ainsi ce n'est point parce qu'il est esprit que le Père n'est point une nature; c'est peut-être parce qu'il n'a point de naissance que vous ne voulez point qu'il soit une nature, en pensant que le

---

domini duo? Si carere cupitis hoc errore, sic dicite alium esse Patrem, alium esse Filium, ut tamen simul ambos non duos dicatis, sed unum Dominum Deum. Dicitis regem Filium de rege Patre utique natum : nec intuemini in genere humano filios regum, etiamsi non sunt ex regibus reges, esse tamen ex hominibus homines; non habere potestatem cum patribus regiam, et tamen eamdem tenere naturam. Vos autem Filio Dei regis regnum cum Patre conceditis, et naturam paternam vanitate impia denegatis; eumque Deo Patri dicitis inæqualem, qui non rapinam, hoc est, non alienum arbitratus est esse æqualis Deo (*Phil.*, II, 6); sed tamen non intendens quæ sua sunt, sed quæ nostra sunt, semetipsum exinanivit; non formam Dei perdens, sed formam servi accipiens, in qua est Patri factus obediens usque ad mortem crucis. In qua forma eum non vultis sic agnoscere Patre Deo minorem, ut in Dei forma Patri non negetis æqualem. « Nos, inquitis, dicti sumus filii gratia, non natura hoc nati; ideo unigenitus est Filius, quia quod est secundum divinitatis suæ naturam, hoc est natus Filius. » Hæc non tua solum, verum etiam nostra sunt verba. Cur ergo quem Dei Filium natura non gratia confiteris, ejusdem naturæ cujus Pater est non esse contendis, nec quid mali abs te dicatur attendis? Nonne regis Dei Filio paternum regnum auferres tolerabilius quam naturam?

2. De Spiritu autem sancto, quomodo et ipse de Deo sit, nec tamen et ipse filius sit, quoniam procedendo, non nascendo legitur esse de Deo, jam superius, quantum satis visum est, disputavi. « Nos, inquis, in Patrem Deum innatum, naturam non accepimus. » Et tanquam rationem reddens, cur Dei Patris non dicatis esse naturam, mox adjungis, et dicis : « Credimus quod ait Christus, Spiritus est Deus : » (*Joan.*, IV, 24; II *Cor.*, III, 17) quasi Christus secundum id quod Deus est, non spiritus sit, quem tamen natura Filium esse dixisti. Non ergo Pater ideo natura non est, quia spiritus est. Sed forte quia natus non est, ideo eum non vultis esse naturam; putatis enim, quod a nascendo natura sit dicta. Sci-

mot nature vient de naître. Sachez donc que, lorsqu'on dit d'une chose qu'elle existe, c'est par sa substance, c'est-à-dire par sa nature qu'elle existe. D'ailleurs, si vous croyez qu'on ne doit pas dire le Fils d'une autre substance que le Père, dites de quelle substance est le Père en tant qu'être, cela suffit pour le point en question entre nous. Toutefois, tenez-vous pour avertis de faire attention à ce que dit l'Apôtre : « Vous avez rendu un culte à des êtres qui n'étaient point dieux par nature, » (*Gal.*, IV, 3) car en cela, il nous a montré à servir le Dieu qui est Dieu par nature. Vous donc, qui prétendez que le Père n'est point Dieu par nature, voyez un peu quelle position vous lui faites et, si vous avez encore quelque pudeur, rougissez-en. Nous vous disons : Nous ne servons point un Dieu qui ne soit pas Dieu par nature, de peur d'être tels que ceux à qui il a été dit : « Vous avez rendu un culte à des êtres qui n'étaient point dieux par nature. » Pour vous, si vous voulez être comme eux, nous vous prions de ne le plus vouloir et de dire que Dieu le Père est Dieu par nature, et que son Fils, dont vous dites qu'il est Fils par nature, non par grâce, est de la même nature que son Père, de peur que vous ne disiez qu'il n'est rien moins qu'un vrai Fils. En effet, comment pouvez-vous dire que, pour vous, il est un vrai Fils, et ne point nier qu'il est égal au Père, quand vous niez qu'il soit de la même substance que le Père ? Or, de même que l'unité de substance indique le vrai Fils, ainsi la diversité de substance indique un Fils qui n'est point un vrai Fils. Or, comment dites-vous que le Fils est semblable au Père, quand vous ne voulez point lui donner la substance du Père ? Est-ce qu'une peinture ou une sculpture ne ressemble point à un homme, et pourtant on ne peut point dire que l'une ou l'autre soit le fils de cet homme, attendu que ni l'un ni l'autre n'est de la même substance que lui ? De même l'homme a été fait à l'image de Dieu, et pourtant parce qu'il n'est point de la même substance que lui, il n'est pas son vrai fils, il n'est son fils que par la grâce, non par la nature. Si donc vous voulez confesser le vrai Fils de Dieu, commencez par dire qu'il est de la même substance, pour dire qu'il est semblable au Père comme un vrai Fils et qu'il est en tout Fils de Dieu. Car si vous pensez qu'il a une substance différente du Père, vous le faites plutôt dissemblable que semblable au Père, et vous niez absolument qu'il soit un vrai Fils. En effet, voulez-vous savoir combien une seule et même substance a de force pour montrer un vrai fils ? considérez que le fils d'un homme, bien que semblable à son père en certaines choses et dissemblable en plusieurs autres, ne peut cependant point ne pas être tenu

---

tote ergo, quod unaquæque res esse dicitur per substantiam, hoc esse utique per naturam. Certe si non putatis esse dicendum, ejusdem Filium cujus Pater est esse naturæ; dicite cujus Pater est esse substantiæ : ad causam quæ inter nos agitur, sufficit nobis. Verumtamen admonendi estis, ut intueamini quod ait Apostolus : His qui natura non sunt dii, servistis (*Gal.*, IV, 8) : ubi certe nos Deo qui natura est Deus, servire monstravit. Vos ergo qui Deum Patrem non natura Deum esse creditis, ubi eum constituatis, advertite ; et si ullus in vobis pudor est, erubescite. Ecce nos dicimus vobis, non servimus Deo qui natura non est Deus ; ne simus tales, quales fuerunt illi quibus dictum est : Iis qui natura non sunt dii; servistis. Vos si tales esse vultis, petimus ne velitis, et Deum Patrem natura Deum esse dicatis ; ejusque Filium, quem non gratia, sed natura Filium jam esse dicitis, ejusdem naturæ cujus Pater est non negetis, ne nihil aliud quam Filium esse verum negetis. Quomodo enim dicitis, et verum Filium vos profiteri, et Patri similem non negare, quando eum negatis unius cum Patre esse substantiæ ? Sicut autem verum Filium indicat una substantia, sic non verum diversa substantia. Quomodo autem Filium Patri similem dicitis, cui Patris substantiam dare non vultis ? Nonne similis homini est pictura vel statua, et tamen filius dici non potest, quia diversa substantia est ? Homo nempe ad Dei similitudinem factus est ; tamen quia non est unius ejusdemque substantiæ, non est verus Filius ; et ideo fit gratia filius, quia non est natura. Si ergo vultis Dei Filium verum confiteri, prius illum ac præcipue dicite unius ejusdemque substantiæ, et tanquam verum Filium et Dei Filium per omnia similem Patri esse dicatis. Nam quem substantiam putatis habere diversam, plus eum dissimilem quam similem dicitis, et omnino verum Filium denegatis. (*a*) Nam vultis nosse, ad ostendendum verum filium quantum valeat una eademque substantia : etiamsi filius hominis homo in quibusdam similis, in quibusdam sit dissimilis patri ; tamen quia ejusdem substantiæ est, negari verus filius non potest : et

---

(*a*) Sola editio Lov. *Nec vultis.*

pour son vrai fils, par la raison qu'il est de la même substance que lui. Quant à vous, vous voulez que le vrai Fils de Dieu ressemble à son Père, mais de telle sorte qu'il soit d'une autre substance que lui, quand il n'y a que par la substance qu'il puisse être tenu pour vrai Fils. En effet, deux vrais hommes, bien que l'un ne soit point fils de l'autre, n'en sont pas moins de la même substance; et un homme ne peut être le vrai fils d'un autre homme, s'il n'est de la même substance que son père, quand bien même pour tout le reste il ne lui ressemblerait en rien. C'est pourquoi le vrai Fils de Dieu est d'une seule et même substance avec son Père parce qu'il est un vrai Fils, et il ressemble en tout à son Père, parce qu'il est Fils de Dieu. Car il n'en est point de lui comme des fils des hommes et des petits de certains animaux, on ne peut point dire que le vrai Fils de Dieu est bien d'une seule et même substance avec son Père, mais qu'il n'est point semblable en tout à son Père. Retenez donc avec nous le concile de Nicée si vous voulez dire que le Christ est vraiment Fils de Dieu.

3. Vous dites : « On nous accuse de dire qu'ils sont de natures différentes. » Que dites-vous si ce n'est cela, de Dieu le Père et de Dieu le Fils? dites-vous autre chose? Pensez-vous vous laver de cette accusation parce que vous ajoutez aussitôt : « Sachez que nous disons que le Père qui est esprit a engendré un esprit avant tous les siècles, que Dieu a engendré un Dieu? » Oui, vous dites cela et vous dites vrai, mais vous passez sous silence ce que vous dites de faux et d'exécrable. En effet : « l'Esprit a engendré un Esprit, » voilà qui est vrai; mais cette vérité que vous dites, vous ne la dites point parce que c'est la vérité, car vous dites aussi que cet Esprit n'est point de la même nature. Il y a effectivement des esprits de nature différente qui viennent de Dieu, il y a l'Esprit de Dieu et l'esprit de l'homme, mais l'un et l'autre s'appellent également esprit. De même l'esprit de l'homme et l'esprit de l'animal sont d'une nature différente, néanmoins l'un et l'autre s'appellent esprit. De même on dit Dieu-Dieu et Homme-Dieu, comme il a été dit « Vous êtes des dieux, » (*Ps.* LXXXI, 6) et de Moïse : « Il a été donné comme un Dieu à Pharaon. » (*Exod.*, VII, 1.) Et, bien que la nature de Dieu et celle de l'homme soient différentes, cependant l'un et l'autre sont appelés Dieu. C'est avec une parfaite vérité que, bien que vous disiez également de Dieu le Père et de Dieu le Fils « l'Esprit a engendré un esprit, » vous êtes accusé de les faire de natures différentes, et que tout en disant « Dieu a engendré un Dieu, » vous ne vous éloignez point pour cela de la diversité de na-

---

quia verus est filius, negari ejusdem substantiæ non potest. Vos autem ita dicitis verum Dei Filium similem Patri, ut substantiæ velitis esse diversæ, per quam solam potest filius verus ostendi. Nam duo veri homines etsi nullus eorum Filius sit alterius, unius tamen sunt et ejusdem substantiæ : homo autem alterius hominis verus filius nullo modo potest nisi ejusdem cum patre esse substantiæ, etiamsi non sit per omnia similis patri. Quocirca verus Dei Filius et unius cum Patre substantiæ est, quia verus Filius est; et per omnia est Patri similis, quia Dei Filius est. Neque enim sicut contingit in filiis hominum vel quorumcumque animalium, ita fas est dicere, verum Dei Filium substantiæ quidem unius esse cum Patre, sed non per omnia similem Patri. Nicænum igitur tenete nobiscum concilium, si vultis Christum dicere verum Dei Filium.

3. « Diversas, inquis, accusamur dicere naturas. » Et quid aliud dicis de Deo Patre et Deo Filio, quid aliud dicis? An ideo putas ab ista accusatione purgari, quia continuo subjungis dicens : « Hoc scito quod nos dicimus, quod Pater spiritus spiritum genuit, ante omnia sæcula, Deus Deum genuit? » Hoc quidem dicitis, et verum dicitis : sed hoc tacuisti, quod falsum et exsecrabile dicitis : « Spiritus enim spiritum genuit, » verum dicitis : sed hoc verum ea intentione vos dicitis, quia etiam diversæ naturæ dicitur spiritus. Nam diversæ naturæ sunt Spiritus Dei, sive Spiritus Deus, et spiritus hominis, et tamen uterque dicitur spiritus. Item diversæ naturæ sunt spiritus hominis et spiritus pecoris, et tamen nihilo minus uterque spiritus dicitur. Item dicitur : Deus Deus, et dicitur Deus homo : sicut dictum est : Dii estis. (*Psal.* LXXXI, 6.) Et sicut (*a*) datus est deus Moyses Pharaoni. (*Exod.*, VII, 1.) Et cum sit Dei et hominis diversa substantia, tamen uterque appellatur Deus. Prorsus veraciter arguimini, quamvis dicatis de Deo Patre et Deo Filio : « Spiritus spiritum genuit, » naturas tamen diversas dicere : et quamvis dicatis : « Deus Deum genuit, » etiam sic non recedere a diversitate naturæ, quia non per omnia similem Patri

---

(*a*) Sic Mss. Editi autem *dictus est.*

tures, puisque vous dites que le Fils n'est point semblable en tout au Père. Si vous disiez qu'il lui est semblable en toute chose, on comprendrait comme conséquence, que vous disiez qu'ils sont d'une seule et même nature ou substance. Si donc vous songez à vous laver du crime qui vous est reproché, de dire que la nature du Père et celle du Fils sont différentes, vous devez dire que l'Esprit a engendré un esprit de la même nature ou substance que lui, ainsi que vous dites : « L'Esprit a engendré un esprit. » De même, comme vous proclamez : « Dieu a engendré un Dieu, » dites également : Dieu a engendré un Dieu de la même nature ou substance que lui. Si c'est ce que vous croyez et ce que vous dites, on ne vous accusera plus de quoi que ce soit sur ce sujet. Si au contraire, vous ne le dites point, que vous sert-il de dire que « le Père qui est vraiment sans naissance, a engendré un vrai Fils? » puisqu'il est hors de doute qu'il n'est point un vrai Fils, s'il n'est pas de la même substance que celui qui l'a engendré.

4. Il est vrai que le Fils dit au Père : « Or, la vie éternelle consiste à vous connaître, vous qui êtes le seul Dieu véritable, et Jésus-Christ que vous avez envoyé, » (*Jean*, XVII, 3) c'est-à-dire à connaître en vous et en Jésus-Christ que vous avez envoyé, le seul vrai Dieu. Or, dans ces paroles, comme vous ne recevez pour vrai Dieu que le Père, non point le Père avec le Fils, que faites-vous autre chose que de nier que le Fils soit vrai Dieu ? Mais, comme le Père et le Fils ne sont point deux Dieux, ne sont qu'un seul et même Dieu, il est hors de doute que le Fils est vrai Dieu, et que, avec le Saint-Esprit, il fait un seul Dieu. Nous ne devons point être embarrassés de ce que dans cet endroit le Saint-Esprit n'est point nommé, comme s'il n'était point Dieu, ou comme s'il n'était point le vrai Dieu. Il en est en effet, en ce cas, comme si quelqu'un disait que le Christ ne connaît point les choses qui sont de Dieu, parce qu'il a dit à ses apôtres : « Quant aux choses de Dieu, personne ne les connaît, si ce n'est l'Esprit de Dieu. » (I *Cor.*, II, 11.) En effet, ces mots : « Personne ne les connaît si ce n'est l'Esprit de Dieu, » c'est la même chose que : Il n'y a que l'Esprit de Dieu qui les connaît. Par conséquent, de même que le Christ n'est point exclu de cette connaissance que personne, est-il dit, ne possède, si ce n'est le Saint-Esprit, de même, de ce qu'il est dit souvent que le Père et le Christ sont le seul vrai Dieu, le Saint-Esprit n'est point mis de côté. Ainsi en est-il du nom dont l'Apocalypse dit : Personne ne le connaît excepté celui qui le porte écrit, c'est-à-dire le Christ ; le Père le connaissait certainement aussi, vous ne pouvez le nier : le Saint-Esprit le connaissait également, quand même vous le nieriez ; « car l'Esprit pénètre tout, et même les profondeurs de Dieu. » (I *Cor.*, II, 10.) A moins

---

esse dicitis Filium. Nam si per omnia similem diceretis, consequenter intelligeremini, quod eos diceretis etiam unius ejusdemque esse naturæ sive substantiæ. Si ergo ab hoc crimine quod vobis objicitur : Dei Patris et Dei Filii vos dicere naturas esse diversas, purgare te cogitas : sicut dicis : « Spiritus spiritum genuit; » ita dic : Spiritus ejusdem naturæ sive substantiæ spiritum genuit. Item sicut dicis : « Deus Deum genuit; » ita dic : Deus ejusdem naturæ sive substantiæ Deum genuit. Hoc si credideris, et dixeris, nihil de hac re ulterius accusaberis. Si autem hoc non dixeris, quid prodest quia dicis : « Verus innatus Pater verum genuit Filium ? » Cum procul dubio verus Filius non sit, si non est unius ejusdemque substantiæ cum illo qui genuit.

4. Dicit quidem Filius ad Patrem : « Hæc est autem vita æterna, ut cognoscant te solum verum Deum, et quem misisti Jesum Christum : » (*Joan.*, XVII, 3) : id est, te et quem misisti Jesum Christum, cognoscant solum verum Deum. In quibus verbis vos solum Patrem non cum Filio verum accipientes Deum, quid aliud quam Filium negatis verum Deum? Quia vero Pater et Filius, non duo dii, sed unus est Deus ; sine dubio et Filius verus est Deus, et adjuncto Spiritu sancto solus est Deus. Neque enim movere nos debet, quod nominatus non est hoc loco Spiritus sanctus, tanquam non sit Deus, aut non sit verus Deus. Tale est enim hoc quale si quis dicat, nescire Christum ea quæ Dei sunt; quoniam dixit Apostolus sic : Et quæ Dei sunt, nemo scit nisi Spiritus Dei. (I *Cor.*, II, 11.) Hoc est enim. Nemo scit nisi Spiritus Dei : quod est : Solus ea sit Spiritus Dei. Sicut ergo ab hac scientia, quam non habere nisi Spiritus Dei dictus est, non excluditur Christus : sic ab eo quod Pater et Christus dictus est solus verus Deus, non excluditur Spiritus sanctus. Sic et nomen illud quod in Apocalypsi nemo nosse dictus est, nisi ipse qui hoc habebat scriptum (*Apoc.*, XIX, 12), id est Christus, noverat utique et Pater, quod negare non potestis : noverat et Spiritus sanctus, etiamsi negetis. Spiritus enim omnia scrutatur, etiam altitudines Dei. (I *Cor.*, II, 10.) Nisi forte quia scru-

peut-être que, parce qu'il est dit qu'il pénètre, on nie qu'il saisisse; mais alors il faudrait nier aussi que Dieu saisisse le cœur et les reins des hommes; car il est écrit également de Dieu : « Il pénètre les cœurs et les reins. » (*Ps.* VII, 10.) Il est donc dit que le Père et Jésus-Christ sont un seul Dieu, de manière pourtant qu'on ne mette nullement hors de la vraie divinité le Saint-Esprit lui-même. Quant au Fils, il ne dit point, comme il vous semble, « que Dieu le Père soit le seul puissant, le seul sage, le seul bon, » car la Trinité même est un seul et même Dieu, comme je l'ai montré plus haut.

5. Quand vous dites que « Dieu le Père n'a point engendré son Fils perfectible, mais parfait, » vous dites vrai. Mais lorsque vous ne voulez point regarder la perfection du Fils comme égale à celle du Père, vous êtes dans le faux et vous allez contre la vérité par laquelle le Fils est vrai Fils. Vous ajoutez : « En effet, si l'homme pouvait engendrer un fils parfait, il ne l'engendrerait point tout petit pour qu'il remplit un jour, avec le cours des années, la volonté de son père. » Vous parlez là avec la plus entière vérité contre vous. Mais pour que ce que vous dites ne soit point contre vous, reconnaissez l'égalité du Père et du Fils. Si l'homme pouvait, il engendrerait un fils tout de suite égal à lui, et il n'attendrait point les années pour voir s'accomplir sa volonté dans la forme de son fils. Pourquoi Dieu ne se serait-il point engendré un Fils égal à lui-même, puisqu'il n'a point besoin des années pour l'avoir tel, et que la toute-puissance ne lui a point fait défaut? Est-ce par hasard, qu'il ne l'aurait point voulu? C'eût donc été, ce qu'à Dieu ne plaise, par pure envie? Mais il n'a point ressenti cette envie; par conséquent il l'a engendré égal à lui, et de la même substance que lui, puisque l'homme, s'il n'engendre point ses fils égaux à lui, parce qu'il ne le peut pas, ne laisse pas moins de les engendrer de la même substance que lui; s'il n'en était point ainsi, ses fils ne seraient point de vrais fils. Que voulez-vous donc dire quand vous ajoutez : « Le Père a engendré un Fils tel qu'il est lui-même maintenant, et qu'il demeurera jusqu'à la fin? » Vous auriez raison de vous exprimer ainsi, si vous ne niiez point que le vrai Fils de Dieu fût égal à son Père. Mais quand vous le dites parfait tout en niant qu'il soit égal au Père, et que vous affirmez qu'il doit éternellement demeurer tel qu'il est né, vous déclarez évidemment que le Fils demeure à jamais moindre que le Père. Ainsi le fils d'un homme naît plus petit que son père; mais parce qu'il naît imparfait, il arrive en grandissant à la forme de son père; le Fils de Dieu serait venu au monde plus petit que son Père, mais parce qu'il est né parfait et doué

---

tator dictus est, negatur apprehendere : negetur ergo Deus apprehendere corda et renes hominum. Scriptum est enim : Scrutans corda et renes Deus. (*Psal.* VII, 10.) Ita ergo dictus est solus verus Deus Pater et Jesus Christus, ut ab hac veritate deitatis nullo modo alienaretur Spiritus sanctus. Non autem Filius, ut tibi videtur : « solum potentem, solum sapientem, solum bonum Patrem dicit esse (*f.* sed Deum) Deum. » Deus autem unus et solus est ipse Trinitas ut ostendunt ea quæ superius jam sæpissime diximus.

5. Quod autem : « non proficientem, sed perfectum Deus Pater genuerit Filium Deum, » verum dicis. Sed quod ipsam Filii perfectionem, perfectioni Patris non vis æquare, hoc falsum dicis, et veritati qua verus est Filius contradicis : « Homo enim si posset, inquis, perfectum mox generare filium, non parvulum generaret, qui coaugmentatis annis tandem aliquando sui genitoris impleat voluntatem. » (*a*) Verissime omnino contra te loqueris. Sed ut contra te non sit quod loqueris, agnosce æqualitatem Patris et Filii. Quia et homo si posset, filium mox generaret æqualem, nec expectaret annos, per quos in forma filii posset voluntas ejus impleri. Deus ergo cur non æqualem genuit Filium, cui nec anni necessarii fuerunt per quos id impleretur, nec omnipotentia defuit? An forte noluit? Ergo, quod absit, invidit. Sed non invidit : æqualem igitur genuit. Ac per hoc unius ejusdemque substantiæ : quando quidem homo, qui propterea quia non potest non gignit æqualem, ejusdem tamen substantiæ gignit filium, cujus est ipse. Quod si non esset, profecto verus filius esse non posset. Quid est ergo quod dicis : « Pater talem genuit Filium qualis et nunc est, qualis et permanet sine fine? » Hoc bene diceres, si Patri æqualem verum Filium non negares. Cum vero perfectum dicis, et æqualem negas, et talem qualis est natus sine fine permanere non negas, procul dubio minorem Patre Filium sine fine manere pronuntias. Ac per hoc nascitur filius hominis minor Patre; et quia imperfectus nascitur, crescendo ad formam pervenit patris : natus est Filius Dei minor Patre; et quia perfectus at-

---

(*a*) Editi *Veritatem verissime*, etc. At Mss. omittunt *Veritatem*.

d'immortalité, il ne reçoit aucun accroissement et sa perfection même le rendrait éternellement étranger à la forme de son Père. Voilà ce que vous croyez, voilà ce que vous dites, voilà qui pis est ce que vous enseignez. Vous dites : « Ce sera donc aux auditeurs de choisir de deux choses l'une, ou d'approuver dans son obéissance au Père le Fils qui s'anéantit lui-même en prenant la forme d'esclave, lui à qui le Père a donné un nom qui est au-dessus de tout nom (*Philip.*, II, 7), ou d'accepter votre interprétation. » Certainement les auditeurs à qui Dieu aura donné quelque intelligence, ne choisiront point de deux choses l'une, mais ils accepteront les deux choses en même temps, c'est-à-dire le Fils obéissant au Père, et mon interprétation ou plutôt mon exposition par laquelle j'ai fait voir que s'il s'est montré ainsi obéissant dans la forme d'esclave, ce n'a point été au détriment de sa forme de Dieu dans laquelle il est égal au Père. Mais vous, voyez combien vous rabaissez le Fils de Dieu quand vous le faites obéissant, puisque vous ne lui attribuez l'obéissance qu'en diminuant sa nature en tant que Dieu.

CHAPITRE XVI.

1. Quand m'avez-vous entendu dire que : « C'est par humilité, non par vérité, que le Fils a dit que son Père est son Dieu? » Jamais vous n'avez pu entendre rien de semblable, de ma part, parce que je ne l'ai jamais dit. Ce que j'ai dit, c'est qu'il s'est exprimé ainsi à cause de sa forme d'esclave; car de même que cette forme d'esclave est vraie non fausse, ainsi c'est avec vérité, non point par humilité, qu'il a appelé son Père, son Dieu : Où serait le mérite de l'humilité, si elle ne se produisait qu'au détriment de la vérité? Mais vous vous êtes efforcé de réfuter cette indubitable vérité, au point de dire que ces paroles du Seigneur : « Mon Dieu et votre Dieu, » (*Jean*, XX, 17) ne se rapportent point à sa forme d'esclave, parce que le Seigneur ne les a prononcées qu'après sa résurrection, comme s'il avait détruit sa forme d'esclave, par sa résurrection et ne l'avait pas plutôt changée en mieux; comme si ce n'était point celui qui était mort, qui est ressuscité; comme si ce n'était point la forme mise à mort qui revint à la vie, comme si ce n'était point cette même forme qui s'est élevée dans le ciel, comme si ce n'était point dans cette forme que le Fils de Dieu est assis à la droite du Père, et dans cette forme qu'il doit juger les vivants et les morts. N'est-ce pas l'assurance que donnent les anges même quand ils disent : « Il reviendra comme vous l'avez vu monter au ciel? » (*Act.*, I, 11.) Pourquoi donc ne disait-il point après sa résurrection : « Je monte vers mon Père qui est votre Père, vers mon Dieu qui est votre Dieu, » (*Jean*,

---

que immortaliter natus est, nullum accipit incrementum, sed eum ipsa perfectio a forma Patris in æternum efficit alienum. Ecce quæ creditis, ecce quæ dicitis; ecce sunt, quod pejus est, quæ docetis. Sed : « in auditorum, inquis, est arbitrio, ut eligant alterum de duobus, aut obedientem Patri Filium, qui exinanivit formam servi accipiens, cui et Pater donavit nomen quod est super omne nomen (*Phil.*, II, 7) : aut interpretationem tuam. » Prorsus auditores, quibus donat Dominus intellectum, non unum de duobus istis eligunt, sed utrumque, id est, et obedientem Patri Filium, et interpretationem, vel potius expositionem meam, qua ostendi sic obedientem fuisse in forma servi, ut formam non amitteret Dei, in qua æqualis est Patri. Tu vero vide quam contumeliose Filio Dei tribuas obedientiam, cujus minuis in divinitate naturam.

CAPUT XVI.

1. Quando autem a me audisti : « propter Judæos humilitatis, non veritatis gratia, dixisse Filium, quod Deus ejus sit Pater ejus? » Hoc a me ita nunquam audire potuisti, sicut nunquam dixi : sed plane dixi, propter formam servi dictum esse. Sicut autem ipsa forma servi vera, non falsa est, ita Patrem suum esse etiam propter illam Deum suum, veraciter dixit, non humiliter finxit. Quis enim est humilitatis fructus, ubi detrimentum est veritatis? Tu autem istam certissimam veritatem ita es refutare conatus, ut diceres ideo verba ipsa, quibus ait Dominus : « Deum meum et Deum vestrum, » (*Joan.*, XX, 17) ad formam servi non pertinere, quia eis verbis post resurrectionem usus est Dominus, quasi formam servi resurrectione consumpserit, ac non potius in melius commutaverit : quasi non qui mortuus est, ipse etiam resurrexerit; quasi non forma quæ occisa est, ipsa revixerit, quasi non ipsa in cœlum levata sit, in ipsa Dei Filius cedeat ad dexteram Patris, in ipsa venturus sit ad vivos et mortuos judicandos. Nonne clarissima contestatio est Angelorum dicentium : Sic veniet quemadmodum vidistis eum euntem in cœlum?

xx, 17) puisqu'il devait monter dans la forme même, à raison de laquelle celui qui est son Père avant le temps est son Dieu dans le temps? C'est à raison de cette forme, que non-seulement après la résurrection, mais encore après le jugement dernier, il sera soumis à celui qui lui a tout soumis à lui-même. (I *Cor.*, xv, 28.) Je trouve donc superflu de discuter le sens de tous les textes que vous avez allégués pour démontrer que celui qui est le Père du Christ, a été appelé le Dieu du Christ, et je ne doute point que vous ne pensiez vous-même que vous les avez cités en pure perte.

2. Et maintenant, pourquoi rappelez-vous le passage où le Seigneur dans son corps ressuscité et formant le même homme, a dit à ses disciples : « Toute puissance m'a été donnée dans le ciel et sur la terre. Allez donc et instruisez tous les peuples, les baptisant au nom du Père, du Fils et du Saint-Esprit, et leur apprenant à observer toutes les choses que je vous ai prescrites, » (*Matth.*, xxviii, 18 à 20) et qu'avez-vous voulu prouver par là ? voilà ce que je ne sais point. En effet, est-ce qu'il dit : Toute puissance m'a été donnée par mon Dieu ? S'il s'était exprimé ainsi, on ne saurait douter que ce fût à raison de sa forme humaine. Mais comme il n'a point dit cela, qu'avez-vous eu l'intention de prouver par ce texte ? C'est ce que je ne comprends pas ; ou plutôt je comprends que vous ne l'avez cité que pour parler plus longtemps. D'ailleurs si c'est en tant que Dieu que la toute-puissance lui a été donnée, c'est à sa naissance que son Père la lui a donnée, non point après qu'il fut né sans elle ; car il la lui a donnée en l'engendrant, non en le complétant. Si au contraire c'est en tant qu'homme que cette toute-puissance lui a été donnée, qu'y a-t-il là qui puisse faire matière à une question ? Auriez-vous voulu, par hasard, nous rappeler que le Seigneur nous a prescrit de baptiser les nations au nom du Père, du Fils et du Saint-Esprit? Vous n'entendez qu'un nom et vous ne voulez point comprendre qu'il n'y a qu'une seule divinité.

3. Quand vous dites que c'est longtemps avant l'incarnation du Christ que son Père a été appelé son Dieu, parce qu'il est écrit : « O Dieu, votre Dieu vous a oint, » (*Ps.* xliv, 8) bien avant que le Christ fût né dans la chair ; serait-ce parce que vous ne comprenez pas que, dans les prophéties, ce qui doit avoir lieu un jour est présenté comme déjà accompli ? N'est-ce point ainsi que le Seigneur lui-même a dit dans une prophétie : « Ils ont percé mes pieds et mes mains, » (*Ps.* xxi, 18) et le reste où il prédit sa passion bien longtemps d'avance, et parle de ce qui devait arriver comme d'une chose déjà

(*Act.*, i, 11.) Cur ergo post resurrectionem non diceret : « Ascendo ad Patrem meum et Patrem vestrum, Deum meum et Deum vestrum : » (*Joan.*, xx, 17) quando in eadem forma fuerat ascensurus, propter quam ex tempore Deus est ejus, qui sine tempore Pater est ejus? Propter quam formam non solum post resurrectionem, verum etiam post judicium subjectus erit ei, qui illi subjecit omnia. (I *Cor.*, xv, 28.) Quotquot ergo testimonia posuisti, quibus probares dictum esse Deum Christi, eum qui Pater est Christi, discutere quemadmodum dicta sint, superfluum judico : sed a te frustra commemorata esse, puto quod nec tu debeas dubitare.

2. Jam vero illud ubi Dominus in eadem carne quam ressuscitaverat constitutus, et eumdem hominem gerens, ait ad discipulos suos : « Data est mihi omnis potestas in cœlo et in terra ; euntes docete omnes gentes, baptizantes eos in nomine Patris et Filii et Spiritus sancti, docentes eos servare omnia quæcumque mandavi vobis : » (*Matth.*, xviii, 18) ut quid commemoraveris, et quid inde probare volueris, prosus nescio. Numquid enim ait : Data est mihi a Deo meo potestas ? Quod si dixisset, propter ipsam humanam formam dictum fuisse ambigi non deberet. Quia vero non dixit, quid isto testimonio voluerís agere, non intelligo. Imo intelligo te id egisse, ut abundantius loquereris. Si enim tanquam Deo data est hæc potestas, nascenti eam Pater dedit, non indigenti : quia gignendo dedit, non augendo. Si vero tanquam homini data est hæc potestas, quid habet quæstionis ? An forte nos admonere voluisti, quod baptizari Dominus jusserit gentes in nomine Patris et Filii et Spiritus sancti? Ubi audis unum nomen, et unam non vis intelligere deitatem.

3. Quod autem dicis, et ante incarnationem Christi, Patrem dictum esse Deum ejus, quoniam scriptum est : « Unxit te, Deus, Deus tuus ; » (*Psal.* xliv, 8) longe ante quam Christus venisset in carne : itane non intelligis in prophetia esse prædictum, tanquam fuerit factum quod erat futurum? An non sic in prophetia ait ipse Dominus : Foderunt manus meas et pedes (*Psal.* xxi, 18) ; et cætera quibus passionem suam tanto ante prænuntiavit, et quod futurum fuerat, tanquam jam factum esset expressit? Dictum est ergo in prophetia rerum futurarum, tanquam locu-

accomplie? C'est donc de l'avenir qu'il a été dit au passé dans la prophétie : « O Dieu, votre Dieu vous a oint d'une huile de joie, d'une manière plus excellente que tous ceux qui ont part à votre gloire. » (*Ps.* XLIV, 8.) Par ceux qui ont part à sa gloire, le prophète veut parler de ceux qui doivent être ses serviteurs, ses compagnons, ses amis, ses frères et ses membres. Il a donc prédit que le Dieu du Christ oindrait le Christ homme, le Christ fait homme sans cesser d'être Dieu. Il devait l'oindre non d'une huile visible et corporelle, mais du Saint-Esprit que l'Ecriture désigne selon son habitude par le mot figuré, d'huile de joie. Elle dit : « Il vous a oint, » au lieu de dire : Il vous oindra, parce que dans les prédestinations, c'était déjà un fait accompli que ce qui devait s'accomplir en son temps. Mais là, craignant que le Saint-Esprit, par qui le Christ a été oint, ne semblât plus grand que le Christ, parce que, en effet, il est plus grand que le Christ en tant qu'homme, celui qui sanctifie étant plus grand que celui qui est sanctifié, craignant, dis-je, cela, vous avez voulu que cette huile de joie signifiât l'allégresse dont le Fils a tressailli avec le Père, quand la créature a été faite, et, selon votre habitude, vous avez cité des textes qui n'étaient point nécessaires à votre cause, au sujet de la gloire du Père et du Fils. Mais qu'allez-vous faire, qu'allez-vous devenir? Comment nier une chose qui est plus claire que le jour, où vous retourner, quand on va vous rappeler ce que dit Pierre dans les Actes des Apôtres : « Ce Jésus de Nazareth que Dieu a oint du Saint-Esprit? » (*Act.*, x, 38.) Voilà ce qui était annoncé par le prophète quand il était dit : « O Dieu, votre Dieu vous a oint d'une huile de tressaillement, » ou « d'une huile de joie plus que tous ceux qui ont part à votre gloire; » car ce Dieu à qui il a été dit dans le même psaume : « Votre trône, ô Dieu, subsistera éternellement, le sceptre de votre empire sera un sceptre de droiture; car vous avez aimé la justice et haï l'iniquité, c'est pourquoi, ô Dieu, votre Dieu vous a oint d'une huile de joie d'une manière plus excellente que tous ceux qui ont part à votre gloire, » (*Ps.* XLIV, 7, 9) c'est Dieu le Fils qui a été oint par Dieu le Père, et qui s'est fait homme de manière à ne point cesser d'être Dieu, et il a été oint d'une onction dont il était plein, c'est-à-dire du Saint-Esprit. Voilà pourquoi il est écrit de lui : « Or, Jésus, rempli du Saint-Esprit, revint des bords du Jourdain. » (*Luc*, IV, 1.)

CHAPITRE XVII.

1. Vous prétendez qu'on ne peut entendre de la personne du Saint-Esprit ce qui a été dit du Fils : « Tout a été fait par lui et rien n'a été fait sans lui. » (*Jean*, I, 3.) Et vous avancez cela

---

tione rerum præteritarum : « Unxit te, Deus, Deus tuus oleo exsultationis præ participibus tuis : » (*Psal.* XLIV, 8) participes ejus significans, qui futuri fuerant servi ejus, socii ejus, amici ejus, fratres ejus, membra ejus. Prædictum est ergo quod futurum erat, ut ungueret Deus Christi hominem Christum : qui tamen sic factus est homo, ut maneret Deus. Ungueret autem, non visibili et corporali oleo, sed Spiritu sancto, quem Scriptura nomine olei exsultationis, figurata, ut solet, locutione significat. Dixit autem : « Unxit; » non dixit : Uncturus est : quia in prædestinatione jam factum erat, quod suo tempore futurum erat. Ubi tu timens ne Spiritus sanctus, quo unctus est Christus, major videatur esse quam Christus, quia re vera major est homine Christo; qui enim sanctificat, eo qui sanctificatur, est major : hoc ergo timens, voluisti oleo exsultationis eam lætitiam significatam videri, qua Filius exsultavit cum Patre, quando est condita creatura. Et commemorasti, ut soles, testimonia causæ tuæ non necessaria, de lætitia Patris et Filii. Sed quid facturus es, quo iturus? Quomodo id quod est luce clarius, aut negaturus, aut in aliud quodcumque versurus es, cum recitatur tibi quod beatus Petrus in Apostolorum Actibus dixit : Hunc Jesum a Nazareth, quem unxit Deus Spiritu sancto. (*Act.*, x, 38.) Ecce quod prophetabatur, quando dictum est : « Unxit te, Deus, Deus tuus oleo exsultationis, vel oleo lætitiæ præ participibus tuis. » Deus enim cui dictum est in eodem Psalmo : « Thronus tuus, Deus, in sæculum sæculi, virga directionis, virga regni tui; dilexisti justitiam, et odio habuisti iniquitatem, propterea unxit te, Deus, Deus tuus : » (*Psal.* XLIV, 7) a Deo Patre unctus est Filius, qui sic homo factus est ut maneret Deus, qua unctione plenus erat, id est, Spiritu sancto. Propter quod de illo scriptum est : Jesus autem plenus Spiritu sancto, reversus est a Jordane. (*Luc.*, IV, 1.)

CAPUT XVII.

1. Dicis in persona Spiritus sancti non posse suscipi quod de Filio dictum est : « Omnia per ipsum

pour persuader à qui vous pourrez ce dont vous avez le malheur d'être persuadé vous-même, que le Saint-Esprit n'est point créateur; comme si vous aviez lu : Tout a été fait par lui, sans le Saint-Esprit; ou bien : Rien n'a été fait par un autre que par lui, quoique, quand bien même nous le lirions, nous ne devrions point croire pour cela que le Saint-Esprit a été exclu de l'œuvre de la création des êtres, de même que le Fils ne l'est point de la science dont il a été dit : « Personne ne sait les choses de Dieu, si ce n'est le Saint-Esprit. » (I *Cor.*, II, 11.) Si c'est parce qu'il n'est point dit du Saint-Esprit, que c'est par lui aussi que les créatures ont été faites, quand il est écrit du Fils : « Tout a été fait par lui, » que vous pensez que l'Esprit de Dieu n'est point Créateur, bien certainement vous ne pouvez point prétendre que ceux à qui Pierre a dit : Faites pénitence, et que chacun de vous soit baptisé au nom de Notre-Seigneur Jésus-Christ, ont été baptisés au nom du Saint-Esprit, puisqu'il n'est point fait mention du Saint-Esprit (*Act.*, II, 38), ni au nom du Père, puisqu'il n'est point parlé du Père. Or, s'il est ordonné de les baptiser au nom de Jésus-Christ, sans qu'il soit fait mention ni du Père ni du Saint-Esprit, et que néanmoins on comprenne qu'ils n'en ont pas moins été baptisés au nom du Père, du Fils et du Saint-Esprit, pourquoi ne point entendre les paroles prononcées au sujet du Fils de Dieu : « Tout a été fait par lui, » (*Jean*, I, 3) de manière à comprendre aussi le Saint-Esprit, bien qu'il ne soit point nommé?

2. Qu'y a-t-il de plus excellent parmi les créatures que les vertus des cieux ? Or, il est écrit : « C'est par le Verbe de Dieu que les cieux ont été affermis, et c'est l'esprit de sa bouche qui a produit toute leur vertu. » (*Ps.* XXXII, 6.) Vous aviez dit que je ne trouverais rien dans les Ecritures divines qui me permît d'affirmer que le Saint-Esprit est égal au Fils. Or, voilà que j'y trouve de quoi le faire paraître plus grand que le Fils si la piété ne m'en empêchait, en confessant, selon la vérité, qu'il lui est égal. Sans doute les vertus des cieux qui sont affermies par l'Esprit de la bouche du Seigneur, c'est-à-dire par le Saint-Esprit, sont quelque chose de plus grand que les cieux mêmes qui ont été affermis par le Verbe du Seigneur, c'est-à-dire par son Fils unique. Mais si vous écoutez la voix de la vérité, les vertus des cieux et les cieux ont été affermis par l'un et par l'autre, et ce qui est dit de l'un sans qu'il soit parlé de l'autre, s'entend de tous les deux en même temps. Or, qu'y a-t-il de plus inconsidéré que de nier que l'Esprit de Dieu est créateur, quand il est dit au Seigneur : « Vous leur ôterez l'esprit et ils tomberont de défaillance et retourneront en poussière. Vous enverrez votre Esprit et

---

facta sunt, et sine ipso factum est nihil. » (*Joan.*, I, 3.) Et hoc ideo dicis, ut quibus potueris persuadeas, quod vobis male persuasum est, Spiritum sanctum non esse creatorem : quasi legeris : Omnia per ipsum facta sunt sine Spiritu sancto : aut : Omnia per neminem facta sunt, nisi per ipsum. Quanquam si et tale aliquid legeres, sic Spiritum sanctum ab hac operatione, qua constituta est creatura, credere non deberemus exclusum; sicut Filius non excluditur ab ea scientia de qua dictum est : Quæ Dei sunt, nemo scit nisi Spiritus Dei. (I *Cor.*, II, 11.) Si autem quia non est nominatus, quod etiam per illum facta est creatura, quando de Filio dictum est : « Omnia per ipsum facta sunt; » ideo putas Dei Spiritum non esse creatorem : procul dubio, nec in ejus nomine poteris baptizatos dicere, quibus ait Petrus : Agite pœnitentiam, et baptizetur unusquisque vestrum in nomine Domini Jesu Christi (*Act.*, II, 38); quia non ait : et Spiritus sancti : nec in Patris nomine, quia nec ipse ibi est nominatus. Si autem etiam non nominatis Patre et Spiritu sancto, in nomine Jesu Christi jussi sunt baptizari; et tamen intelliguntur non baptizati nisi in nomine Patris et Filii et Spiritus sancti : cur non sic audis de Filio Dei : « Omnia per ipsum facta sunt; » (*Joan.*, I, 3) ut et non nominatum intelligas ibi etiam Spiritum sanctum?

2. Nam quid excellentius in creaturis quam virtutes cœlorum? Scriptum est autem : « Verbo Domini cœli firmati sunt, et Spiritus oris ejus omnis virtus eorum. » (*Psal.* XXXII, 6.) Dixeras nempe non me talia reperire in Scripturis divinis, quibus Spiritum sanctum æqualem asseram Filio. Ecce reperi ubi etiam major possit videri, nisi revocet pietas, quæ illum veraciter confitetur æqualem. Nam utique majus aliquid sunt virtutes cœlorum, quæ firmatæ sunt Spiritu oris Domini, id est Spiritu sancto, quam cœli qui firmati sunt Verbo Domini, hoc est unigenito Filio. Sed si consulas veritatem, res utraque ab utroque firmata est; et id quod de uno dicitur de altero tacetur, de utroque intelligitur. Quid est autem inconsideratius, quam negare esse creatorem Spiritum Dei, cum Domino dicatur : « Auferes spiritum eorum, et deficient,

ils seront créés de nouveau et vous renouvellerez la face de la terre? » (*Ps.* CIII, 29.) A moins peut-être que le Saint-Esprit fût incapable de créer des choses qui devaient défaillir quand il était capable d'en créer qui devaient durer à jamais. J'ai dit un peu plus haut : Qu'y a-t-il de plus excellent parmi les créatures, que les vertus des cieux? que dirai-je de la chair du Créateur? surtout quand le Créateur, même par qui tout a été fait, a dit : « Le pain que je donnerai, c'est ma chair pour la vie du monde? » (*Jean*, VI, 52.) Quoi donc? Le monde a été fait par le Fils, et le Fils est Créateur : sa chair qu'il a donnée pour la vie du monde, a été faite par le Saint-Esprit et le Saint-Esprit ne serait point Créateur? La Vierge ayant dit à l'ange qui lui promettait un Fils : Comment cela se fera-t-il, car je ne connais point d'homme? L'ange lui répondit : « Le Saint-Esprit surviendra en vous et la vertu du Très-Haut vous couvrira de son ombre ; voilà pourquoi l'Etre saint qui naîtra de vous s'appellera le Fils de Dieu. » (*Luc*, I, 34.) Là, comme je l'ai remarqué dans la suite de votre argumentation, vous vous efforciez d'affirmer que le Saint-Esprit avait précédé pour purifier et sanctifier la Vierge Marie, afin que la vertu du Très-Haut, c'est-à-dire la sagesse de Dieu qui n'est autre que le Christ, non le Saint-Esprit, vînt après, et qu'elle se construisît elle-même une demeure (*Prov.*, IX, 1), comme il est écrit, c'est-à-dire se fît un corps. Que veut donc dire le saint Evangile quand il s'exprime ainsi : « Elle se trouva grosse des œuvres du Saint-Esprit? » (*Matth.*, I, 18.) Cela signifie que « la bouche de ceux qui disaient des choses injustes s'est trouvée close. » (*Ps.* LXII, 12.) Si donc vous voulez ouvrir la bouche avec vérité, confessez que non-seulement le Fils, mais aussi le Saint-Esprit a créé la chair du Fils.

3. Peut-être allez-vous dire, ce qui a été fait par le Saint-Esprit est ce que j'ai cité, c'est-à-dire, c'est par lui que toute la vertu des cieux a été affermie, et par lui que les hommes seront créés une seconde fois après l'avoir été dans de telles conditions qu'ils doivent retourner en poussière ; c'est lui qui a fait la chair du Christ, car de l'âme je ne veux rien dire, cette question étant des plus difficiles, et tout ce qu'on peut trouver de créé par le Saint-Esprit ; mais tout n'a point été fait par lui, comme tout l'a été par le Fils unique dont on lit : « Tout a été fait par lui? » (*Jean*, I, 3.) Si vous prétendez cela, ne craignez-vous point qu'on ne vous dise que le Saint-Esprit est d'autant plus certainement supérieur au Fils, qu'il a choisi lui-même ce qu'il y a de mieux pour le faire, et dédaigné de créer

---

et in pulverem suum convertentur : (*a*) Emittes Spiritum tuum, et creabuntur, et innovabis faciem terræ? » (*Psal.* CIII, 29.) Nisi forte minus idoneus erat Spiritus sanctus creandis rebus quæ fuerant defecturæ, cum sit idoneus creandis quæ sunt sine fine mansuræ. Paulo ante dixi : Quid est excellentius in creaturis quam virtutes cœlorum? Quid dicam de carne Creatoris? Quando quidem Creator ipse per quem facta sunt omnia : Panis, inquit, quem ego dedero, caro mea est pro mundi vita. (*Joan.*, VI, 52.) Quid ergo? Mundus per Filium factus est, et creator est Filius : caro ejus quæ data est pro mundi vita, per Spiritum sanctum facta est, et non est creator Spiritus sanctus?•Cum enim virgo Maria dixisset Angelo promittenti ei filium : Quomodo istud fiet, quoniam virum non cognosco? (*Luc.*, I, 34.) Respondit Angelus : « Spiritus sanctus superveniet in te, et virtus Altissimi obumbrabit tibi ; propterea quod nascetur ex te sanctum, vocabitur Filius Dei. » Hic tu, quod in consequentibus quodam loco tuæ prosecutionis adverti, asserere conabaris Spiritum sanctum præcessisse, ut mundaret et sanctificaret virginem Mariam ; ac deinde veniret Virtus Altissimi, hoc est Sapientia Dei, quod est Christus (I *Cor.*, I, 25) ; et ipsa, sicut scriptum est, ædificaret sibi domum (*Prov.*, IX, 1), hoc est, ipsa sibi crearet carnem, non Spiritus sanctus. Quid est ergo quod ait sanctum Evangelium? Inventa est in utero habens de Spiritu sancto. (*Matth.*, I, 18.) Nempe obstructum est os loquentium iniqua. (*Psal.* LXII, 12.) Si ergo cogitas os veraciter aperire, non solum Filium, verum etiam Spiritum sanctum creatorem carnis Filii confitere.

3. An forte dicturus es, ea facta esse per Spiritum sanctum quæ commemoravi, id est, quod omnis virtus cœlorum per eum firmata sit, quod per eum creabuntur homines denuo, qui primo ita creantur ut convertantur in pulverem suum ; quod ipse carnem operatus est Christi (nam de anima nolo aliquid dicere, cujus difficillima quæstio est), et si quid aliud per Spiritum sanctum creatum potuerit inveniri : non tamen omnia, sicut per unigenitum Filium, de quo dictum est : « Omnia per ipsum facta sunt? » (*Joan.*, I, 3.) Si hoc dicis, non times ne tibi dicatur, eo potiorem esse Spiritum sanctum Filio, quod elegit sibi meliora quæ faceret, nec facere inferiora dignatus est? Sed quis hoc sapit, nisi qui desipit? Facta

(*a*) Editi *Emitte*. At Mss. *Emittes*. Et sic Augustinus Enarrat. in eumdem Psalmum.

ce qu'il y a de moins bien? Mais qui embrasse ce sens si ce n'est quiconque manque de sens? Tout a donc été fait par le Fils, mais il s'en faut bien que soit en dehors de la coopération du Saint-Esprit, de même que, s'il est dit, en parlant des plus grandes œuvres du Saint-Esprit : « Or, c'est un seul et même Esprit qui opère toutes ces choses, » (I *Cor.*, XII, 11) le Fils n'est point mis à l'écart dans cette œuvre créatrice.

4. Il est sûr que vous croyez avancer quelque chose de bien grand quand vous dites : « Le Fils était au commencement avant qu'il existât quoi que ce fût; mais le Père était avant le commencement. » Où avez-vous lu cela pour le croire? Où l'avez-vous pris pour nous l'enseigner, quand il n'y a pas une seule autorité, pas une seule raison à citer à l'appui? Qu'y a-t-il donc avant le commencement, puisque tout ce qui se trouverait avant le commencement serait le commencement lui-même? Si le Père est avant le commencement, il est avant lui-même, puisque c'est lui qui est le commencement. Qu'est-ce donc à dire, dans le commencement était le Verbe, sinon dans le Père était le Fils? Et ce Fils lui-même interrogé par les Juifs qui lui demandaient qui il était, répondit : « Je suis le commencement, c'est pourquoi aussi je vous parle. » (*Jean*, VIII, 25.) Ainsi le Père est commencement non de commencement, le Fils est commencement de commencement; mais l'un et l'autre ne font qu'un seul commencement, non point deux commencements, de même que le Père est Dieu et le Fils est Dieu, sans que l'un et l'autre fassent deux Dieux; ils ne font qu'un seul Dieu. Quant au Saint-Esprit qui procède de l'un et de l'autre, je suis loin de nier qu'il soit aussi commencement; mais de même que ces trois personnes ne font qu'un seul Dieu, ainsi ne font-elles qu'un commencement.

CHAPITRE XVIII.

1. « Mais que direz-vous, me répliquez-vous, en entendant le Père s'écrier : La principauté est avec vous au jour de votre puissance, au milieu de la gloire qui environnera vos saints; je vous ai engendré de mon sein avant l'étoile du matin? » (*Ps.* CIX, 3.) Eh bien ! quelles sont vos promesses ou vos menaces, si j'entends ce que j'entends bien souvent et crois avec foi? Mais, ce qui m'étonne le plus, c'est que vous ne voyiez point qu'il ne s'ensuit de là rien de favorable pour vous. En effet, que ce soit en son propre nom que le Prophète s'adresse en ces termes au Seigneur Jésus, ou que ce soit au nom du Père à son Fils, comme je reçois, vénère et prêche en même temps les deux générations du Christ, l'une de Dieu le Père avant le temps et l'autre d'une femme, sa mère dans la plénitude des temps, ce texte n'est point contre moi. Mais il

---

sunt ergo cuncta per Filium; absit, ut Spiritu sancto ab hoc opere separato : sicut de illis magnis operibus dictum est : Omnia autem hæc operatur unus atque idem Spiritus (I *Cor.*, XII, 11); nec tamen ab hac operatione Filius separatur.

4. Magnum sane aliquid tibi dicere videris, quia dicis : « Filius erat in principio ante quam aliquid esset, Pater vero ante principium. » Ubi legisti, ut hæc crederes? Unde præsumpsisti ut hæc diceres, ubi nec auctoritas ulla, nec ratio est? Quid est enim ante principium, quando quidem quidquid ante esset, hoc esset principium? Si ergo Pater (*a*) ante principium est, ante se ipsum est : quia et ipse principium est. Quid est autem : In principio erat Verbum (*Joan.*, I, 1) : nisi, in Patre erat Filius? Et ipse Filius interrogatus a Judæis quis esset, respondit : Principium, quia et loquor vobis. (*Joan.*, VIII, 25.) Pater ergo principium non de principio; Filius principium de principio : sed utrumque simul, non duo, sed unum principium; sicut Pater Deus et Filius Deus, ambo autem simul non duo dii, sed unus Deus. Nec Spiritum sanctum ab utroque procedentem negabo esse principium : sed hæc tria simul sicut unum Deum, ita unum dico esse principium.

CAPUT XVIII.

1. « Quid si audieris, inquis, Patrem dicentem : Tecum principium in die virtutis tuæ in splendoribus sanctorum, ex utero ante Luciferum genui te? » (*Psal.* CIX, 3.) Quid promittis, vel quid minaris, si audiero quod frequenter audio, et fideliter credo? Sed hinc te nihil adjuvari, cur non videas, plurimum miror. Sive enim ex persona sua hoc Propheta dicat ad Dominum Jesum, sive ex persona Patris ad Filium, cum ego ambas generationes Christi, et ex Deo Patre sine tempore, et ex homine matre in plenitudine temporis accipiam, venerer, prædicem, non est hoc testimonium adversum me. Sed moras innectere voluisse indicat te, ubi ego potius intelligo, quare « ex

---

(*a*) Hic apud Lov. omissum est *ante*.

prouve que vous avez voulu chercher des retards là où je comprends pourquoi il a dit : « Je vous ai engendré de mon sein, » car vous aussi vous acceptez que cela a été dit au nom du Père. En effet, Dieu n'a pas un sein, comme nous voyons que les membres du corps humain sont disposés, mais ce mot a été transporté d'une signification corporelle à une substance incorporelle, afin que nous comprissions bien que le Fils unique a été engendré de la substance du Père, et, par conséquent, comment peut-il être autrement que de son unique et même substance? J'aurais donc dû alléguer ce texte contre vous, et je vous rends grâce de m'avoir averti. Considérez donc quel mal c'est pour vous de nier que le Fils que vous confessez né du sein du Père, soit de la même substance que lui, et quelle grave injure vous faites à Dieu en supposant qu'il n'eût pu engendrer de son sein ce qu'il est lui-même. Ne sentez-vous point que vous croyez la génération de Dieu vicieuse, que vous prêchez une génération monstrueuse, quand vous osez avancer qu'il est sorti du sein de Dieu une substance différente de la sienne? Mais si vous ressentez, pour ce langage, l'horreur que vous devez, et si vous le repoussez avec nous, louez et retenez enfin avec nous le concile de Nicée et l'Homousion.

2. Qui ne voit votre défaite quand, après m'avoir entendu rappeler que le Christ dans une prophétie dit à son Père : « Vous êtes mon Dieu dès le ventre de ma mère, » (*Ps.* XXI, 11) pour nous donner à entendre que ce Dieu est de la même nature que celle que son Fils reçut dans le temps du ventre de sa mère et que le Père, au contraire, est de la même nature que celle qu'il a engendrée de son sein, vous ne trouvez rien à répondre, et néanmoins au lieu de vous taire, vous vous exprimez ainsi : « Vous le faites naître, selon la chair, du sein d'une mère, et, en cela, les Juifs sont d'accord avec vous. » Puis vous continuez par cette question : « Pourquoi ne cite-t-on point les autorités qui nous font voir cette naissance dans le commencement, comme nous en instruit le précédent témoignage? » Comme si je ne croyais, ne prêchais et n'embrassais point cette naissance du Christ, non pas temporelle, mais éternelle à raison de laquelle il a été dit : « Au commencement était le Verbe, » et que je ne parlasse de la naissance du Christ qu'en tant qu'il est né du sein de sa mère? Et bien! en ce moment, je déclare que Dieu le Fils a été engendré de Dieu le Père, avant le temps. Comment son Dieu est-il en même temps son Père? c'est, ainsi que je l'ai montré, à raison de l'homme qu'il s'est uni et selon lequel il est né du sein d'une mère, sans le concours de l'homme pour père. Pour le prouver j'ai cité le texte où, dans une prophétie, il dit à son Père : « Vous êtes mon Dieu dès le ventre de ma mère. » (*Ps.* XXI, 11.) Vous qui

---

utero dixerit genui te : » quia hoc et tu ex persona Patris accipis dictum. Non enim quemadmodum corporis humani sunt membra disposita, sic habet uterum Deus, sed verbum translatum est a corporali ad incorporalem substantiam, ut intelligeremus de Patris substantia genitum unigenitum Filium; ac per hoc quid aliud quam unius ejusdemque substantiæ? Ego itaque hoc testimonium proferre contra te debui : sed gratias ago quia commonuisti. Considera ergo quantum mali sit, quod ejusdem substantiæ Filium negatis, quem genitum confitemini ex utero Patris, injuriam gravissimam facientes Deo, tanquam illud quod ipse non esset, ex utero gignere potuisset. Nonne sentitis vos generationem Dei credere vitiosam, prædicare monstruosam, qui dicere audetis ex utero Dei processisse diversam naturam? Si autem hoc sicut debetis horretis, respuitisque nobiscum, jam tandem concilium Nicænum et « Homousion » laudate ac tenete nobiscum.

2. Quis autem non videat defectum tuum, ubi cum audisses, me commemorante, in prophetia dixisse Christum suo Patri : « De ventre matris meæ Deus meus es tu; » (*Psal.* XXI, 11) ut intelligeremus ejus naturæ illum esse Deum quam Filius ipsius ex tempore de ventre matris accepit, Patrem vero naturæ illius quam de se ipse generavit : tu non invenires quid responderes, tamen ne taceres dixisti : « Ex ventre matris natum profiteris Christum secundum carnem; » et addidisti, « quod nec Judæi diffidunt. » Ac deinde quæsisti : « Cur ista testimonia in medium non proferantur, quæ illam nativitatem demonstrant in principio, sicut et præcedens nos, inquis, instruit testimonium? » Quasi ego illam nativitatem Christi, non temporalem, sed æternam, propter quam dictum est : In principio erat Verbum (*Joan.*, i, 1), non credam, non prædicem, non amplectar, sed tantum ex ventre matris natum asseram Christum? Ecce ego dico Deum Filium de Deo Patre sine tempore genitum. Quomodo sit autem etiam Deus ejus qui Pater est ejus, ostendi, propter hominem quem suscepit, et in quo natus est de ventre matris, sine concubitu hominis patris. Ad quod probandum testimonium

LIVRE II. — CHAPITRE XVIII.

prétendez que je dis que le Christ est né du sein d'une mère, ce que les Juifs ne contredisent point, comme si je ne faisais profession de croire que cette naissance pour le Christ, ne cherchez point à vous échapper par de vains procédés, et répondez-moi plutôt pourquoi vous ne me dites point en quel endroit le Christ dit à son Père : « Vous êtes mon Dieu dès le sein de ma mère. » Comme vous avez vu que vous n'aviez rien à dire à cela, vous avez pensé trouver un échappatoire en parlant d'une autre naissance par laquelle il est Dieu de Dieu. Je vous demande si vous ne feriez pas beaucoup mieux de vous taire quand vous n'avez rien à répondre ?

3. « Si c'est, dites-vous, à cause du corps dans lequel il s'est anéanti lui-même, qu'il se sent redevable à son Père, à plus forte raison, à celui qui l'a engendré tel et si grand doit-il respect et constants hommages. » Quels que soient vos sentiments charnels sur le respect et les hommages que le Fils doit au Père, son Père ne peut être son Dieu, si ce n'est à raison de sa naissance d'une mère. Après cela que Dieu le Fils rende tous les hommages que vous voudrez à Dieu le Père, car je vois que vous ne comprenez pas bien quelle égalité il y a entre le Fils et le Père, dans cette génération, est-ce que la nature d'un père et celle de son fils sont différentes parce que le fils rend ses devoirs à son père ? Ce qu'il y a de tout à fait intolérable chez vous, c'est de vouloir des hommages que le Fils rend au Père, conclure à la diversité de natures entre eux. Or, c'est une tout autre question que le Père et le Fils soient d'une seule et même substance, et que le Fils rende ses hommages à son Père. En attendant nous ne refuserions point de tenir pour vrai Fils celui qui n'est nullement le vrai Fils, s'il n'a point une seule et même nature avec le Père ! Dites donc que Dieu le Père et Dieu le Fils sont d'une seule et même substance. Que la divinité vous arrache la reconnaissance de ce que la divinité même a donné à l'humanité. Un homme rend ses devoirs à son père, dont il est né en tant qu'homme, et tout en lui rendant ses devoirs, il ne laisse point d'être homme. Si le fils était je ne dis point autant, mais plus honoré que le père, ce dernier, loin d'en être offusqué, s'en réjouirait au contraire ; cependant ce fils n'en honorerait pas moins son père, bien que n'étant plus petit enfant, bien que ne devant plus grandir avec le temps, et qu'il fût, au contraire, né égal à lui dès sa naissance. Or, nul doute que, si le Père avait pu se donner un Fils égal à lui, il ne l'eût fait. Qui donc osera dire que le Tout-Puissant n'a pas pu le faire ? J'ajoute encore que si l'homme pouvait, il se donnerait un fils plus grand même et meilleur que lui, mais il ne peut y avoir rien de meilleur et de plus grand que Dieu, par conséquent croyons que son Fils est

---

dedi, ubi ait in prophetia Patri suo : « De ventre matris meæ Deus meus es tu. » (*Psal.* xxi, 11.) Tu qui dicis me ex ventre matris meæ natum profiteri Christum, quod nec Judæi diffidunt, quasi ego istam nativitatem Christi solam profitear ; noli per inania conari evadere, et dic potius quare mihi non responderis, ubi dicit Christus Patri : « De ventre matris meæ Deus meus es tu. » Ad hoc enim quoniam vidisti non te habere quod diceres, aliam nativitatem quæ Dei de Deo est, interponendam putasti qua fugeres. Rogo te, quando quid respondeas non habes, quanto melius taceres ?

3. « Si propter corpus, inquis, in quo se exinanivit, debitorem se sentit suo genitori, multo magis qui illum tantum ac talem genuit, necesse est ut eum veneretur, eique offerat semper obsequium. » Quodlibet de veneratione et obsequio Filii erga Patrem carnaliter sentias, Pater ejus nisi de ventre matris ejus non est Deus ejus. Jam quantum vis obsequatur Deo Patri Deus Filius, quoniam video te non intelligere quanta sit in illa generatione geniti et genitoris æqualitas, numquid ideo est diversa natura patris hominis et hominis filii, quoniam filius obsequitur patri ? Hoc enim omnino intolerabile in vobis, quia de obsequio Filii diversam vultis probare substantiam Patris et Filii. Prorsus alia quæstio est, utrum sint unius ejusdemque substantiæ Pater et Filius ; et alia quæstio est, utrum Patri Filius obsequatur. Interim verum Filium non negemus, qui nullo modo est verus Filius, si non est ipsius et Patris una eademque natura. Dicite ergo Deum Patrem, et Deum Filium unius ejusdemque esse substantiæ. Extorqueat vobis divinitas, quod humanitati donavit ipsa divinitas. Obsequitur homo patri suo, de quo natus est homo, tamen obsequendo esse non desinit homo. Et si, non dico pariter honoratus, sed honoratior esset filius, gauderet pater, non invideret : honoraret tamen etiam ille patrem, etsi non parvulus, accessu augendus ætatis, sed ei natus esset æqualis. Æqualem vero si pater homo potuisset, nullo dubitante genuisset. Quis ergo audeat dicere, hoc nec Omnipotens potuit ? Addo etiam, quia si posset homo, majorem se ipso melioremque gigneret filium : sed majus vel melius

égal à lui. Si vous dites que le Père est plus grand que le Fils par cela même qu'il n'a été engendré par personne tandis qu'il a lui-même engendré un Fils égal à lui, je vous répondrai aussitôt : Bien s'en faut que le Père soit plus grand que le Fils, puisqu'il s'est donné un Fils non pas moindre mais aussi grand que lui. Car si c'est une question d'origine de savoir de qui vient un être, c'en est une seulement d'égalité que de savoir quel et combien grand il est. Si donc la vérité est que le Fils, tout en étant égal au Père, lui rend ses devoirs, nous ne nions point qu'il les lui rende; mais si vous voulez, à cause des devoirs qu'il lui rend, qu'il soit par nature plus petit que lui, nous nous y refusons; car Dieu le Père ne voudrait pas refuser sa nature divine à son Fils afin d'obtenir de ce dernier qu'il lui rende ses devoirs.

4. Quant à la soumission que le Christ manifesta à ses parents, cela n'est point le fait de sa majesté divine mais de son âge d'homme. C'est donc en vain que vous avez dit : « Si nous le trouvons soumis à ses parents que lui-même a créés (*Luc*, II, 51), à combien plus forte raison le fut-il à celui qui l'a engendré, qui l'a fait tel et si grand? » Car on vous répondra que s'il fut soumis à ses parents à raison de sa condition d'enfant, il a dut l'être à bien plus forte raison à Dieu à cause de sa forme d'homme. Or, cette forme l'ayant faite immortelle, il ne l'a point perdue par la mort; pourquoi donc nous étonner que, à la fin du siècle présent, il soit soumis à celui qui lui aura soumis toutes choses? Or, ce n'est point à raison de sa forme d'esclave que vous dites le Fils soumis au Père, mais parce que le Père l'a engendré tel et si grand qu'il est, c'est-à-dire, l'a fait un Dieu grand quoique moindre que lui. En cela vous faites tort au Père, qui, d'après vous, n'aurait pu ou voulu se donner dans son Fils unique un Fils égal à lui; vous faites également tort au Fils lui-même qui, tout Fils unique qu'il soit par son Père, n'aurait point été par lui engendré égal à lui, et ne serait né parfait que pour ne jamais devenir, en grandissant, ce qu'il ne put être en naissant.

5. Or, ce n'est point seulement le corps du Fils mais aussi son esprit d'homme que nous disons soumis au Père, et c'est en tant qu'il s'est fait homme que nous entendons de lui ces paroles de l'Apôtre : « Lorsque le Père lui aura soumis toutes choses, alors le Fils se soumettra lui-même à celui qui lui aura tout soumis. » (I *Cor.*, XV, 28.) C'est en tant que le Christ est tête et corps; le Sauveur en effet est la tête, quand il est ressuscité d'entre les morts et s'est assis à la droite du Père; l'Eglise est son corps, sa plénitude, comme l'Apôtre nous le dit bien clairement, et par là lorsque toutes choses seront

---

Deo quidquam non potest esse; ergo ei verum Filium credamus æqualem. Quod si dixeris : Eo ipso major est Pater Filio, quia de nullo genitus, genuit tamen æqualem : cito respondebo : Imo ideo non est major Pater Filio, quia æqualem genuit, non minorem. Originis enim quæstio est, quis de quo sit : æqualitatis autem, qualis aut quantus sit. Proinde si admittit ratio veritatis ut æquali Patri Filius obsequatur æqualis, non negamus obsequium : si autem per obsequium minorem (*a*) natura vultis credere, prohibemus : nullo modo enim Deus Pater ut habere unici Filii posset obsequium, vellet denegare naturam.

4. Parentibus autem ut esset subditus Christus, non divinæ majestatis fuit, sed ætatis humanæ. Frustra itaque dixisti : « Si parentibus fuit subditus quos creavit, quanto magis suo genitori qui eum tantum ac talem genuit? » (*Luc*., II, 51.) Respondetur enim tibi : Si parentibus fuit subditus propter pueritiam, quanto magis Deo propter ipsam hominis formam? Quam formam cum immortalem fecerit, non morte perdiderit, quid miraris si etiam post hujus sæculi finem subjectus erit in ea illi qui ei subjecit omnia? Tu autem non propter formam servi dicis Filium Patri esse subjectum, sed quia eum tantum ac talem genuit, id est magnum Deum, quamvis Patre ipso minorem : ubi et Patri derogas, qui Filium sibi unicum, aut non potuit, aut noluit gignere æqualem; et ipsi Filio qui unicus Patri non est generatus æqualis, et ideo perfectus est natus, ne unquam vel crescendo fieret, quod non potuit esse nascendo.

5. Non autem, ut putas, corpus tantum Filii, id est, corpus hominis, verum etiam humanum spiritum Patri dicimus esse subjectum : et secundum id quod homo factus est intelligimus dictum : « Cum autem omnia illi subjecta fuerint, tunc et ipse Filius subjectus erit illi qui ei subjecit omnia. » (I *Cor.*, XV, 28.) Secundum id quod Christus est caput et corpus : caput scilicet ipse Salvator qui surrexit a mortuis, et sedet ad dexteram Patris (*Col.*, I, 18); et Ecclesia quæ est corpus ejus, plenitudo ejus, sicut apertissime dicit Apostolus. Ac per hoc cum omnia Christo

---

(*a*) Am. et Er. *minorem natum*. Plures Mss. *minorem naturam*.

soumises au Christ, elles le seront indubitablement à la tête et au corps ; car en tant que le Christ est né Dieu sans le temps, il ne peut y avoir jamais rien qui ne lui soit soumis.

6. Nous n'ignorions pas ce que vous avez cru devoir nous rappeler, « que le Père ne juge personne, mais qu'il a donné tout jugement au Fils. » Cependant je voudrais bien que vous me dissiez comment il se fait, que le Père ne juge personne, quand le Fils a dit : « Pour moi, je ne recherche pas ma propre gloire ; il en est un autre qui la cherche et qui juge. » (*Jean*, VIII, 50.) Il faut que vous sachiez qu'il a été dit : « Le Père ne juge personne ; mais il a donné tout pouvoir de juger au Fils, » (*Jean*, V, 22) parce que la forme de l'homme que n'a point le Père, apparaîtra pour juger les vivants et les morts. Voilà pourquoi le Prophète a dit : « Ils jetteront les yeux sur celui qu'ils auront percé de plaies. » (*Zach.*, XII, 10.) Mais le Père sera aussi avec lui invisiblement, puisqu'il est inséparable de lui. En effet, si ce qu'il dit étant encore mortel : « Mais je ne suis pas seul, parce que mon Père est toujours avec moi, » (*Jean*, XVI, 32) est vrai, combien plus aura-t-il le Père avec lui, quand il devra juger les vivants et les morts ? Le Saint-Esprit sera aussi avec lui ; comment en effet, serait-il sur son trône royal sans le Saint-Esprit dont il fut rempli, quand il remonta du Jourdain ? (*Luc*, IV, 1.) Ce que Paul écrit aux Hébreux : « Cependant nous ne voyons pas encore maintenant que tout lui soit assujetti ; mais nous voyons que Jésus a été rendu un peu inférieur aux anges, à cause de sa passion et de sa mort, » (*Hébr.*, II, 8) doit nous apprendre comment il faut entendre ces paroles du même Apôtre aux Corinthiens : « Mais, lorsque tout lui sera assujetti, » (I *Cor.*, XV, 28) ce mot a été dit de lui en tant que fait homme, non en tant que Dieu. C'est donc en se montrant dans la forme humaine, dans laquelle, par sa passion et sa mort, il a été rendu un peu inférieur aux anges (*Ps.* VIII, 6), qu'il jugera les vivants et les morts, quand il leur dira : « Venez, les bénis de mon Père, recevez le royaume. » (*Matth.*, XXV, 34.) Par ce texte, vous avez voulu prouver, semble-t-il, que ce n'est pas en tant qu'homme, mais en tant que Dieu, qu'il est plus petit que son Père ; mais comme tout homme intelligent peut le voir, vous ne l'avez pas prouvé du tout.

CHAPITRE XIX.

Quant aux soupirs du Saint-Esprit, je crois vous avoir suffisamment montré que ce n'est pas lui qui gémit ; mais que, en nous inspirant de saints désirs, il nous fait pousser des gémissements aussi longtemps que nous sommes

subjecta fuerint, et capiti et corpori erunt sine dubitatione subjecta. Nam secundum id quod sine tempore Deus natus est, nihil unquam potuit ei non esse subjectum.

6. Scimus, quod nos commemorandos putasti, « quia Pater non judicat quemquam, sed omne judicium dedit Filio ; » Vellem tamen dicere nobis, quomodo Pater non judicat quemquam, cum dicat ipse identidem Filius : Ego non quæro gloriam meam, est qui quærat et judicet (*Joan.*, VIII, 50) : ut scias ideo dictum : « Pater non judicat quemquam, sed omne judicium dedit Filio ; » (*Joan.*, V, 22) quoniam judicandis vivis et mortuis forma hominis apparebit, quam non habet Pater : propter quod ait Propheta : Videbunt in quem pupugerunt. (*Zach.*, XII, 10.) Sed invisibiliter etiam Pater erit cum eo, quia inseparabilis est ab eo. Si enim non sum solus, quoniam Pater mecum est (*Joan.*, XVI, 32), ait ipse moriturus : quanto magis secum habebit Patrem, de mortuis et vivis judicaturus ? Cum illo erit etiam Spiritus sanctus. Quomodo enim deseret eum Spiritus sanctus in regali sede, quo plenus regressus est a Jordane ? (*Luc.*, IV, 1.) Quod itaque scriptum est ad Hebræos : « Nunc autem necdum videmus omnia subjecta ei : cum autem modico minus ab angelis minoratum videmus Jesum propter passionem mortis ; » (*Hebr.*, II, 8) docere nos debet quomodo intelligendum sit quod scriptum est ad Corinthios : « Cum autem omnia illi subjecta fuerint : » (I *Cor.*, XV, 28) quia secundum id dictum est quod factus est homo, non secundum id quod est Deus. Sic ergo in homine apparens, in quo per passionem mortis minoratus est modico minus ab angelis (*Psal.* VIII, 6), vivos et mortuos judicabit, quando dicturus est : « Venite benedicti Patris mei, percipite regnum. » (*Matth.*, XXV, 34.) Quo tu testimonio non hominem, sed Deum minorem suo Patre quasi probare voluisti : sed sicut ab eis qui intelligunt perspicitur, non probasti.

CAPUT XIX.

De Spiritus sancti autem gemitibus, quia non ipse gemit, sed inspirans nobis desiderium sanctum nos facit gemere quamdiu peregrinamur a Domino, jam tibi sufficienter respondisse me existimo. Et tales de Scripturis sanctis locutiones, quantum satis videbatur

éloignés du Seigneur, et j'ai cité, en assez grand nombre, des locutions pareilles empruntées aux saintes Ecritures, où il est dit que le Saint-Esprit gémit, parce qu'il nous fait gémir ; de même que Dieu a dit : Maintenant je connais (*Gen.*, XXII, 12), quand, au contraire, c'est lui qui a fait connaître à l'homme. En effet, il ne connut point alors ce qu'il dit qu'il apprenait, puisqu'il connaît toutes choses avant qu'elles soient. Que vous sert-il de sentir que vous n'avez pu rien répondre à cela, si vous ne voulez pas le reconnaître ?

CHAPITRE XX.

1. Je vous ai déjà montré que vous n'avez pu rien répondre au sujet de ces paroles de Notre-Seigneur : « Mon Père et moi ne faisons qu'un. » (*Jean*, x, 30.) Mais pour que je vous le montre encore ici, si vous voulez me prouver, comme vous le dites, par les exemples mêmes dont je me suis servi, en quel sens il a dit : « Mon Père et moi ne faisons qu'un ; » ce que vous entreprenez de faire en me citant ce texte de l'Apôtre que j'ai moi-même rappelé : « Quiconque demeure attaché au Seigneur, ne fait qu'un seul esprit avec lui, » (I *Cor.*, VI, 17) dites également : Lorsque le Fils demeure attaché au Père, il ne fait qu'un seul Dieu avec lui. En effet, l'Apôtre ne dit pas : Quiconque demeure attaché au Seigneur, et le Seigneur, ne font qu'un, comme il a été dit : « Mon Père et moi ne faisons qu'un ; » mais il a dit : « Ne font qu'un même esprit. » Comme vous ne dites pas, quand le Fils demeure attaché au Père, il ne fait qu'un Dieu avec lui, d'où vient que vous recourez à ce texte de l'Apôtre : « Quiconque demeure attaché au Seigneur ne fait qu'un seul esprit avec lui, » si ce n'est pour me permettre de vous confondre par le témoignage même que vous produisez ? Maintenant, du moins, vous devez faire, entre ces deux choses, une distinction que vous n'avez pas pu établir dans notre discussion, quand nous nous trouvions ensemble. Faites attention à ce que je dis. Lorsque en parlant de deux ou de plusieurs choses, on dit : Ne font qu'un ou ne font qu'une, en ajoutant quel est cet un ou cette une, on peut le dire aussi bien des choses qui sont différentes, que de celles qui sont d'une seule et même substance. En effet, bien que l'esprit de l'homme et celui du Seigneur soient de substances différentes, pourtant il est dit : « Quiconque demeure attaché au Seigneur, ne fait qu'un seul esprit avec lui. » Au contraire, les âmes et les cœurs des hommes dont il a été dit : « Ils n'avaient qu'un cœur et qu'une âme, » (*Act.*, IV, 32) sont d'une seule et même substance. Mais lorsque en parlant de deux ou de plusieurs êtres, on dit qu'ils ne font qu'un, sans ajouter quelle est cette unique chose, on com-

---

ostendi, quoniam sic dicitur gemere Spiritus sanctus, quia nos facit gemere; sicut dixit Deus : Nunc cognovi, quando cognoscere hominem fecit. (*Gen.*, XXII, 12.) Non enim tunc cognoverat quod tunc se dixerat cognovisse, qui omnia scit ante quam fiant. Ad quod te respondere non potuisse, quid prodest quia sentis, quando non consentis ?

CAPUT XX.

1. Jam etiam de verbis Domini ubi ait : « Ego et Pater unum sumus; » (*Joan.*, x, 30) nihil te respondere potuisse monstravi. Sed ut hic quoque ostendam, si exemplis, ut dicis, quibus ego usus sum, vis probare quomodo dictum sit : « Ego et Pater unum sumus; » et ob hoc commemoras Apostolicum testimonium, quod a me positum est, ubi ait : « Qui adhæret Domino, unus spiritus est : » (I *Cor.*, VI, 17) dic et tu : Cum adhæret Patri Filius, unus Deus est. Non enim ait Apostolus : « Qui adhæret Domino, » unum sunt; sicut dictum est : « Ego et Pater unum sumus : » sed ait, « unus spiritus est. » Cum autem tu non dicas : Cum adhæret Patri Filius, unus Deus est; ut quid et tu adhibes hoc Apostoli testimonium, ubi ait : « Qui adhæret Domino, unus spiritus est ; » nisi ut te etiam a te producto teste convincam ? Nunc saltem distingue duo ista, quæ non potuisti cum simul essemus in nostra disputatione distinguere. Diligenter itaque attende quod dico. Quando de rebus duabus aut pluribus dicitur, unus est vel una est, et additur quid unus vel quid una; et de his quæ diversæ, et de his quæ sunt unius substantiæ dici potest. Diversæ sunt enim substantiæ spiritus hominis et Spiritus (*a*) Domini : et tamen dictum est : « Qui adhæret Domino, unus spiritus est. » Unius autem substantiæ sunt animæ hominum et corda hominum; de quibus dictum est : « Erat illis anima una et cor unum. » (*Act.*, IV, 32.) Ubi autem dicitur de duobus aut pluribus, unum sunt; nec additur quid unum sint; non diversæ intelliguntur, sed unius esse substantiæ : si-

(*a*) Antiquiores Mss. *et Spiritus Domintus.*

prend qu'ils sont d'une seule et même substance, non point de substances différentes. C'est ainsi qu'il a été dit : « Celui qui plante et celui qui arrose ne font qu'un, » (I *Cor.*, III, 8) et : « Mon Père et moi ne faisons qu'un. » (*Jean*, X, 30.) Mais vous, qui prétendez que le Père et le Fils sont des substances différentes, vous n'avez pas pu trouver un seul texte où il soit dit, à propos d'êtres de substances différentes : Ils ne font qu'un. Et vous, qui ne voulez pas dire que le Fils demeurant attaché au Père ne fait qu'un seul et même Dieu avec lui, vous avez emprunté, comme moi, à l'Apôtre le texte que j'avais cité, mais vous le lui avez emprunté contre vous-même, puisque dans ce texte il dit : « Quiconque demeure attaché au Seigneur, ne fait qu'un seul et même esprit avec lui. » (I *Cor.*, VI, 17.) En effet, si, en parlant d'êtres de substances différentes, il a pu dire avec justesse : Ils ne font qu'un seul et même esprit, combien plus dira-t-on avec raison, en parlant d'êtres qui sont de la même substance : Ils ne font qu'un seul et même Dieu ? Si vous comprenez bien cela, vous voyez maintenant que vous n'avez point répondu à mes observations, et vous reconnaissez que c'est en pure perte que vous avez tant parlé du consentement de la volonté. Mais nous aussi, nous proclamons qu'il y a entre le Père, le Fils et le Saint-Esprit un incomparable accord de volonté et de charité que rien ne divise, aussi disons-nous que cette Trinité ne fait qu'un seul Dieu. Nous disons même une chose que vous ne dites pas, c'est que, si ces trois personnes ne font qu'un, c'est parce qu'elles n'ont qu'une seule et même substance, qu'une seule et même nature. Si vous faites bien ces distinctions, et si vous ne voulez point être trop chicaneur, vous reconnaîtrez que vous n'avez pas encore répondu un seul mot à cela, et vous finirez par vous taire sur cette question.

2. Mais quand le Fils dit au Père : « Néanmoins qu'il en soit non comme je le veux, mais comme vous le voulez, » (*Matth.*, XXVI, 39) quel avantage y a-t-il pour vous à ajouter : « Il montre que sa volonté est vraiment soumise à son Père ? » comme si nous niions que la volonté de l'homme doit être soumise à la volonté de Dieu ; car on voit bien vite, pour peu qu'on lise avec attention ce passage du saint Evangile, que c'est en tant qu'homme que le Seigneur a parlé ainsi. En effet, il dit dans cet endroit : « Mon âme est triste jusqu'à la mort. » (*Matth.*, XXVI, 38.) Est-ce qu'il aurait pu parler ainsi, en tant que Verbe unique ? Mais pourquoi un homme qui pense que la nature du Saint-Esprit a pu pousser des gémissements ne pourrait-il pas dire que la nature du Verbe de Dieu a été triste ? Cependant, pour éviter qu'on avançât quelque chose de pareil, il ne dit pas : Je suis triste ; quoique si même il s'était exprimé ainsi, il ne faudrait

---

cut dictum est : Qui plantat et qui rigat unum sunt. Et : « Ego et Pater unum sumus. » (I *Cor.*, III, 8 ; *Joan.*, X, 30.) Tu autem qui Patrem et Filium diversas vis esse substantias, invenire non potuisti, ubi de diversis substantiis dictum fuerit, unum sunt. Et qui non vis dicere : Cum Filius adhæret Patri, unus Deus est; adhibuisti et tu Apostolicum testimonium quod ego adhibueram, sed adhibuisti contra te ipsum, ubi ait : « Qui adhæret Domino, unus spiritus est. » (I *Cor.*, VI, 17.) Si enim de his qui diversæ substantiæ sunt, recte dici potuit, unus spiritus est ; quanto magis de his qui unius substantiæ sunt recte dicitur, unus Deus est. Si hæc intelligis, non te ad ea respondisse jam perspicis, et de consensu voluntatis te inaniter multa dixisse cognoscis. Etiam nos quippe incomparabilem consensum voluntatis atque individuæ caritatis, Patris et Filii et Spiritus sancti confitemur, propter quod dicimus : Hæc Trinitas unus est Deus. Sed nos hoc etiam, quod vos non dicitis, dicimus, propter unam eamdemque naturam atque substantiam : Hi tres unum sunt. Hæc si discreveris, et contentiosus esse nolueris, non te ad ea respondisse aliquid jam videbis, et de hac quæstione procul dubio jam tacebis.

2. Ubi autem dixit Filius Patri : « Verum non quod ego volo, sed quod tu vis : » (*Matth.*, XXVI, 39) quid te adjuvat quod tua verba subjungis et dicis : « Ostendit vere voluntatem suam subjectam suo genitori. » Quasi nos negemus, hominis voluntatem voluntati Dei debere esse subjectam ? Nam ex natura hominis hoc dixisse Dominum cito videt, qui locum ipsum sancti Evangelii paulo attentius intuetur. Ibi enim dixit : Tristis est anima mea usque ad mortem. (*Matth.*, XXVI, 38.) Numquid ex natura unici Verbi posset hoc dici ? Sed homo qui putas gemere naturam Spiritus sancti, cur non etiam naturam Verbi Dei unigeniti tristem dicas esse potuisse ? Ille tamen, ne quid diceretur tale, non ait : Tristis sum ; quamvis etiam si hoc dixisset, non nisi ex natura hominis oportuisset intelligi : sed ait : Tristis est anima mea; quam sicut homo utique habebat humanam. Quamquam et in hoc quod ait, « non quod ego volo ; » aliud

TOM. XXVII. 8

l'entendre que de sa nature d'homme; mais il dit : Mon âme est triste. Or, cette âme, puisqu'il était homme, était une âme d'homme. Il est vrai que lorsqu'il dit : « Qu'il en soit, non pas comme je le veux, » il montre bien qu'il a une volonté autre que celle de son Père. Or, il n'aurait pas pu l'avoir autre, s'il n'avait eu un cœur d'homme, puisqu'il transportait notre infirmité, non dans sa manière d'être divine, mais dans sa manière d'être humaine. En effet, si le Verbe unique ne s'était pas uni l'homme, il n'aurait pas pu dire au Père : « Qu'il en soit non comme je le veux ; » car jamais cette nature immuable n'aurait pu vouloir autre chose que ce que voulait le Père. Si vous faisiez ces distinctions, vous ne seriez point d'hérétiques ariens.

3. Quant à ce texte : « Je suis descendu du ciel, non pour faire ma volonté, mais pour faire la volonté de Celui qui m'a envoyé, » (*Jean*, VI, 38) on peut l'entendre aussi comme étant dit par le Seigneur, en tant que Verbe Fils unique, en sorte que s'il dit que sa volonté n'est pas sa volonté, mais la volonté de son Père, c'est parce que tout ce qu'il est, en tant que Fils, il l'est de par le Père; tandis que tout ce qu'est le Père, il ne l'est pas de par le Fils. C'est en ce sens qu'il a été dit : « Ma doctrine n'est point ma doctrine, mais c'est la doctrine de Celui qui m'a envoyé ; » (*Jean*, VII, 16) en effet, la doctrine du Père, c'est le Fils même, le Verbe du Père; or, il n'est pas de par lui-même, mais de par le Père. Et encore, quand il dit : « Tout ce qu'a mon Père est à moi, » (*Jean*, XVI, 15) il se montre égal au Père. Néanmoins, il n'y a point d'absurdité à prétendre que c'est en tant qu'il a été fait homme qu'il a dit : « Je suis descendu du ciel, non pour faire ma volonté, mais pour faire la volonté de Celui qui m'a envoyé. » (*Jean*, VI, 38.) Car le second Adam qui enlève le péché du monde se distingue ainsi du premier par qui le péché est entré dans le monde, l'un n'a point fait sa volonté, mais la volonté de celui qui l'a envoyé, tandis que l'autre a fait sa volonté non la volonté de celui par qui il a été créé. Il ne faut point voir une difficulté dans ce que le Christ en tant qu'homme est descendu du ciel, quand il s'est fait homme d'une mère qui était sur la terre ; car l'Ecriture s'exprime ainsi à cause de l'unité de personne, attendu que Christ Dieu et homme ne fait qu'une seule personne. « Voilà donc pourquoi dit-il : Personne ne monte au ciel sinon celui qui est descendu du ciel, le Fils de l'homme qui est dans le ciel. » (*Jean*, III, 13.) Si donc vous remarquez la distinction des substances, c'est le Fils de Dieu qui descendit du ciel et le Fils de l'homme qui fut crucifié ; si vous faites attention à l'unité de personnes, le Fils de l'homme descendit du ciel, et le Fils de Dieu fut crucifié ; car c'est lui qui est ce Seigneur de gloire dont l'Apôtre a dit : « S'ils

---

se ostendit voluisse quam Pater : quod nisi humano corde non potuisset, cum infirmitatem nostram in suum, non divinum, sed humanum transfiguraret affectum. Homine quippe non assumpto, nullo modo Patri diceret unicum Verbum, « non quod ego volo. » Nunquam enim posset immutabilis illa natura quidquam aliud velle quam Pater. Hæc si distingueretis, Ariani hæretici non essetis.

3. Nam et illud quod dictum est : « Descendi de cœlo, non ut faciam voluntatem meam, sed voluntatem ejus qui me misit : » (*Joan.*, VI, 38) potest quidem accipi etiam secundum id quod est unigenitum Verbum ; ut ideo voluntatem non suam dixerit esse, sed Patris, quoniam de Patre est quidquid est Filius ; non est autem de Filio quidquid est Pater : secundum quod dictum est et : Mea doctrina non est mea, sed ejus qui me misit (*Joan.*, VII, 16) : quoniam Patris doctrina ipse est qui Patris est Verbum, et utique non est a se ipso, sed a Patre. Et rursus cum dicit : Omnia quæ habet Pater, mea sunt (*Joan.*, XVI, 15) : Patri se ostendit æqualem. Non absurdum est tamen, ut etiam hoc secundum id quod homo factus est, dixisse accipiatur : « Descendi de cœlo, non ut faciam voluntatem meam, sed voluntatem ejus qui me misit. » (*Joan.*, VI, 38.) Secundus enim Adam, qui tollit peccatum mundi (*Rom.*, V, 12), isto modo se discrevit a primo Adam, per quem peccatum intravit in mundum : quia iste non fecit voluntatem suam, sed ejus a quo missus est ; cum ille fecerit suam, non ejus a quo creatus est. Nec moveat quomodo Christus secundum id quod homo est, descenderit de cœlo, cum de matre quæ in terra erat factus sit homo. Hoc enim propter unitatem personæ dictum est, quoniam una persona est Christus Deus et homo. Propter quod etiam : Nemo, inquit, ascendit in cœlum, nisi qui de cœlo descendit, Filius hominis est in cœlo. (*Joan.*, III, 13.) Si ergo attendas distinctionem substantiarum, Filius Dei de cœlo descendit, Filius hominis crucifixus est : si unitatem personæ, et Filius hominis descendit de cœlo, et Filius Dei est crucifixus. Ipse est enim Dominus gloriæ, de quo ait Apostolus : Si enim cognovissent, nunquam Domi-

l'avaient connu, jamais ils n'auraient crucifié le Seigneur de gloire. » (I *Cor.*, II, 8.) C'est donc à cause de cette unité de personne que le Seigneur dit non-seulement le Fils de l'homme est descendu du ciel mais encore qu'il est dans le ciel bien qu'il fût sur la terre quand il parlait. Il ne fit donc point sa volonté parce qu'il ne fit point de péché mais il fit la volonté de celui qui l'a envoyé ; en effet, l'homme fait la volonté de Dieu quand il fait la justice qui est de Dieu.

4. Mais n'allons point croire que le Fils a été si exclusivement envoyé par le Père, qu'il ne l'a point été du tout par le Saint-Esprit ; le Prophète nous dit au contraire : « Et maintenant le Seigneur et son Esprit m'ont envoyé. » (*Isa.*, XLVIII, 16.) Ce qui précède ces mots indique assez que c'est le Fils qui parle ainsi ; en effet, voici comment ces paroles sont amenées : « Ecoutez-moi donc Jacob, et vous Israël écoutez-moi aussi, c'est moi qui suis le premier et je suis pour l'éternum ; c'est ma main qui a fondé la terre, et ma main droite qui a mesuré les cieux. Je les appellerai et ils se présenteront tous ensemble, ils viendront tous au rendez-vous et ils m'entendront. Qui leur a annoncé ces choses ? Je vous aimais et j'ai fait votre volonté sur la Babylonie pour faire disparaître la race des Chaldéens. J'ai parlé, je l'ai appelé, et je l'ai amené et je lui ai fait faire une heureuse route. Venez à moi et entendez-la, car dès le commencement je n'ai point parlé en secret, j'étais présent quand ces choses se faisaient, et à présent le Seigneur et son Esprit m'ont envoyé. » (*Ibid.*, 12 à 16.) Qu'y a-t-il de plus clair ? Mais s'il a été envoyé par le Père et par le Saint-Esprit, il ne l'a pas moins été aussi par lui-même. De même que nous le voyons livré par son Père, comme nous le lisons là où il est dit : « Il n'a point épargné son propre Fils, mais il l'a livré pour nous tous. » (*Rom.*, VIII, 32.) Ailleurs il est dit encore au sujet du Fils. « Il m'a aimé et il s'est livré lui-même pour moi. » (*Gal.*, II, 20.) Comment celui qui a dit : « Comme mon Père ressuscite les morts et donne la vie, ainsi le Fils donne-t-il la vie à qui il lui plaît, » (*Jean*, V, 21) ne fait-il point sa volonté ? Et quand il lui était dit : « Si vous le voulez, vous pouvez me guérir, » il répondit : « Je le veux, soyez guéri, » (*Matth.*, VIII, 2) et à l'instant même, à sa parole, se fit ce qu'il déclarait vouloir faire. Mais, de même que le Fils fait la volonté du Père, ainsi le Père fait la volonté du Fils. En effet, le Fils dit : « Mon Père, je veux que là où je serai, ceux-ci soient aussi. » (*Jean*, XVII, 24.) Il ne dit point : Je vous demande, je vous prie, mais : Je veux ; en sorte que le Père faisait ce que le Fils voulait, de même que le Fils faisait ce que voulait le Père ; l'un ne faisait point une chose ni l'autre une autre ; mais ce que l'un faisait, l'autre le faisait également. En effet, « tout ce que fait le Père, le Fils le fait

num gloriæ crucifixissent. (1 *Cor.*, II, 8.) Propter hanc ergo unitatem personæ, non solum Filium hominis dixit descendisse de cœlo, sed esse dixit in cœlo, cum loqueretur in terra. Non ergo voluntatem suam fecit, quia peccatum non fecit : sed voluntatem fecit illius qui eum misit. Tunc enim facit homo voluntatem Dei, quando facit justitiam quæ ex Deo est.

4. Nec sic arbitremur a Patre missum esse Filium, ut non sit missus ab Spiritu sancto : cum vox ipsius sit per prophetam : Et nunc Dominus misit me, et Spiritus ejus. (*Isai.*, XLVIII, 16.) Hoc enim Filius dixisse, indicant ea quæ sunt dicta superius. Nam sic ad ista verba perventum est : « Audite me, inquit, Jacob et Israel quem ego vocabo. Ego sum primus et ego sum in æternum, et manus mea fundavit terram, dextera mea solidavit cœlum. Vocabo illos, et adstabunt simul, convenient etiam universi, et audient. Quis illis nuntiavit hæc ? Diligens te feci voluntatem tuam super Babylonia, ut tollatur semen Chaldæorum. Ego locutus sum, ego vocavi, adduxi illum, et pros-

peram viam ejus feci. Convenite ad me, et audite ista. Nec enim ab initio in obscuro locutus sum : cum fiebant ibi eram. » (*Ibid.*, 12.) Et nunc Dominus misit me, et Spiritus ejus. Quid hoc apertius ? Nec sic a Patre et Spiritu sancto missus est, ut se ipse non miserit : sicut a Patre ostenditur traditus, ubi legitur : Qui Filio proprio non pepercit, sed pro nobis omnibus tradidit eum (*Rom.*, VIII, 32) : alio autem loco de ipso Filio dicitur : Qui me dilexit, et tradidit se ipsum pro me. (*Gal.*, II, 20.) Quomodo autem non facit voluntatem suam qui dixit : Sicut Pater suscitat mortuos et vivificat, sic et Filius quos vult vivificat. (*Joan.*, V, 21.) Et cum ei dictum esset : Si vis, potes me mundare : respondit : Volo mundare. (*Matth.*, VIII, 2.) Et ad verbum continuo factum est quod velle se dixit. Sicut autem Filius facit voluntatem Patris, sic et Pater facit voluntatem Filii. Nam Filius dicit : Pater volo ut ubi ego sum, et isti sint mecum, (*Joan.*, XVII, 24.) Non dixit, peto, vel rogo ; sed, volo : ut isto volente faceret ille, sicut illo volente faciebat iste : et non alia ille, alia iste;

également. » (*Jean*, v, 19.) Ce sont là les paroles même du Fils, les paroles de la vérité, elles ne sauraient être fausses.

CHAPITRE XXI.

1. Vous dites que vous acceptez ce texte que j'ai cité : « Ne savez-vous point que vous êtes le temple de Dieu et que l'Esprit de Dieu habite en vous ? » (I *Cor*., III, 16.) Mais vous prétendez que cela a été dit parce que « Dieu ne saurait habiter dans un homme que le Saint-Esprit n'aurait point purifié et sanctifié auparavant, » comme si c'était pour Dieu qui devait y habiter, non point pour lui, que le Saint-Esprit le sanctifie et le purifie, quand au contraire l'Apôtre a montré qu'il est Dieu lui-même, en disant que nous sommes ses temples. En effet, il ne dit point : Et l'Esprit de Dieu vous sanctifie et vous purifie pour que Dieu habite en vous, mais il dit : « L'Esprit de Dieu habite en vous. » Or, c'est dans son temple que Dieu habite, car qu'est-ce qu'un temple sinon l'habitation d'un Dieu ? Vous voyez donc que puisque nous sommes son temple, il est notre Dieu, et vous n'avez point voulu rappeler cet autre texte que j'avais cité : « Ne savez-vous pas que votre corps est le temple du Saint-Esprit qui réside en vous et qui vous a été donné de Dieu ? » (I *Cor*., VI, 19.) Confessez donc enfin que le Saint-Esprit est Dieu ; car s'il n'était point Dieu, il n'aurait point un temple, un temple non fait de la main des hommes, mais construit des membres même de Dieu ; « car le Christ est Dieu béni par-dessus toute chose dans les siècles et nos corps sont ses membres. » (*Rom*., IX, 5.) Celui qui a dit : « Ne savez-vous point que votre corps est le temple du Saint-Esprit en vous ? » a dit aussi : « Ignorez-vous que vos corps sont les membres du Christ ? » Est-ce que par hasard celui à qui Salomon a bâti un temple de bois et de pierre est Dieu, quand celui à qui on fait un temple des membres du Christ, c'est-à-dire, des membres même d'un Dieu, ne serait point Dieu ? Lorsque le bienheureux martyr Étienne parlait de Dieu, il disait : « Salomon lui a bâti un temple, mais l'Être suprême n'habite point dans des temples fait de mains d'homme ? » (*Act*., VII, 47.) Et pourtant les membres du Christ, dont le chef est au-dessus des cieux, sont le temple du Saint-Esprit descendu des cieux. Nier qu'il soit Dieu, est-ce autre chose que n'être point et ne vouloir point être son temple ? L'Apôtre nous adresse la parole en ces termes : « Je vous conjure donc, mes frères, par la miséricorde de Dieu, de lui offrir, dans vos corps, une hostie vivante, sainte,

---

sed quæ ille, hæc etiam iste. (*Joan*., v, 19.) Quæcumque enim Pater facit, hæc et Filius similiter facit. Verba sunt ipsius, verba veritatis sunt, falsa esse non possunt.

CAPUT XXI.

1. Suscipere te dicis quod protuli : « Nescitis quia templum Dei estis, et Spiritus Dei habitat in vobis ? » (I *Cor*., III, 16.) Quod (*a*) proposuisti dicere ideo dictum esse, quia « in nemine habitat Deus, quem non ante Spiritus sanctus sanctificaverit, atque purgaverit : » quasi templum Deo habitaturo, non sibi, sanctificet et purget Spiritus sanctus : cum Apostolus hinc ostenderit ipsum esse Deum, cujus nos dixerat templum : quia non ait : Et Spiritus Dei sanctificat et purgat vos, ut Deus habitet in vobis ; sed ait : « Spiritus Dei habitat in vobis. » Utique in templo suo Deus habitat : nam quid est templum Dei, nisi habitaculum Dei ? Vidisti autem etiam tu consequenter esse Deum nostrum cujus sumus templum : et noluisti aliud testimonium commemorare quod protuli : Nescitis quia corpus vestrum templum in vobis Spiritus sancti est, quem habetis a Deo ? (I *Cor*., VI, 19.) Jam ergo confitere Deum esse Spiritum sanctum. Neque enim nisi esset Deus, haberet templum, et templum non manufactum, sed ædificatum de membris Dei : Christus enim super omnia est Deus benedictus in sæcula, cujus membra sunt nostra corpora. (*Rom*., IX, 5.) Qui enim dixit : Nescitis quia corpus vestrum templum in vobis Spiritus sancti est ? Ipse dixit : Nescitis quia corpora vestra membra sunt Christi ? Itane vero cui de lignis et lapidibus Salomon ædificavit templum, Deus est, et cui templum ædificatur de membris Christi, hoc est, de membris Dei, Deus non est ? Cum loquens de Deo beatissimus martyr Stephanus dixerit (*Act*., VII, 47) : Salomon ædificavit ei domum, sed summus non in manufactis templis inhabitat. Et tamen Christi membra, quorum caput est super omnes cœlos, templum sunt Spiritus sancti, quem constat venisse de cœlo. Istum negare Deum quid est, nisi non esse et nolle esse templum ejus ? Alloquitur nos Apostolus dicens : Obsecro autem vos fratres per miserationes Dei, ut exhibeatis corpora vestra hostiam vivam, sanctam, Deo placentem. (*Rom*., XII, 1.) Corpora itaque fidelium hostia sunt Deo,

(*a*) Sic aliquot Mss. At editi, *quod potuisti*.

agréable au Seigneur. » (*Rom.*, XII, 1.) Les corps des fidèles sont donc des hosties pour Dieu, les membres du Christ sont le temple du Saint-Esprit, et le Saint-Esprit ne serait point Dieu? Qui peut dire cela, sinon celui en qui il n'habite point? Car celui en qui il habite est certainement son temple. Enfin l'Apôtre ayant dit : « Ne savez-vous point que votre corps est le temple du Saint-Esprit qui est en vous, que vous avez reçu de Dieu, vous ne vous appartenez point, car vous avez été achetés un bon prix, » (I *Cor.*, VI, 19) ajoute aussitôt : « Glorifiez Dieu dans votre corps, » et montre ainsi clairement que le Saint-Esprit est Dieu et qu'il doit être glorifié dans notre corps comme dans son temple. Que dit aussi l'apôtre Pierre à Ananie? « Vous avez osé mentir au Saint-Esprit. » (*Act.*, V, 3.) Et voulant montrer que le Saint-Esprit est Dieu, il ajoute : « Ce n'est point aux hommes mais à Dieu que vous avez menti. »

2. Ce qui m'étonne en vous, bien plus que je ne saurais l'exprimer, c'est que vous louiez le Saint-Esprit en affirmant qu'il est partout présent pour sanctifier les fidèles et que, néanmoins vous osiez nier qu'il soit Dieu. Ainsi celui qui remplit l'univers entier ne serait point Dieu? Or, l'Ecriture dit : « L'Esprit du Seigneur a rempli l'univers. » (*Sap.*, I, 7.) Mais que dis-je, il a rempli, il a racheté l'univers ! En effet, c'est rempli du Saint-Esprit que le Seigneur Jésus est remonté du Jourdan (*Luc*, IV, 1), et vous poussez la présomption jusqu'à dire que le Seigneur Jésus est Dieu et que le Saint-Esprit dont il était rempli, n'est point Dieu? Vous avez de bien mauvais sentiments à l'égard du Saint-Esprit pour ne point lui accorder au moins ce qui fut donné au serviteur de Dieu, Moïse, qui faisait pleuvoir sur les Egyptiens par le même Esprit saint, car c'est cet Esprit qui est le doigt de Dieu, non des trésors de grâce, mais des plaies miraculeuses, et qui, néanmoins, était un Dieu pour Pharaon. (*Exod.*, VIII, 19.) Il n'était qu'en un seul endroit pour frapper les Egyptiens, et cependant il était un Dieu pour ce roi. Le Saint-Esprit est partout pour régénérer les hommes à la vie éternelle et il ne serait point un Dieu pour eux? Mais quoi, il est un vrai Dieu attendu que les membres d'un vrai Dieu sont ses membres. Or, certainement un temple est soumis à celui dont il est le temple ; comment donc n'est-ce point un Dieu que celui à qui les membres de Dieu sont soumis? Il suit donc de là que le Saint-Esprit est le Seigneur de son temple, car qui oserait dire, à moins d'être insensé que quelqu'un n'est point le seigneur de sa propre demeure? Comment donc le Saint-Esprit ne serait-il point Seigneur, quand il est le Seigneur des membres du Seigneur? C'est, en effet, de l'Es-

---

membra Christi, templum Spiritus sancti, et Deus non est Spiritus sanctus? Quis hoc dicit nisi in quo non habitat? Quoniam in quo habitat, utique templum ejus est. Denique cum dixisset Apostolus : « Nescitis quia corpus vestrum templum in vobis Spiritus sancti est, quem habetis a Deo, et non estis vestri; empti enim estis pretio magno : » (I *Cor.*, VI, 19) Continuo secutus adjunxit : « Glorificate ergo Deum in corpore vestro. » Ubi dilucide ostendit Deum esse Spiritum sanctum, glorificandum scilicet in corpore nostro, tanquam in templo suo. Et quod Ananiæ dixit Apostolus Petrus : Ausus es mentiri Spiritui sancto? (*Act.*, V, 3.) Atque ostendens Deum esse Spiritum sanctum : Non es, inquit, hominibus mentitus, sed Deo.

2. Miror autem cor vestrum, quantum sermone explicare non possum, quomodo cum sic laudetis Spiritum sanctum, ut eum sanctificandis fidelibus utique asseratis esse præsentem, tamen negare audeatis Deum. Itane Deus non est, qui replevit orbem terrarum? Scriptura enim dicit : Spiritus Domini replevit orbem terrarum. (*Sap.*, I, 7.) Sed quid dicamus quod replevit orbem, qui replevit or- bis etiam Redemptorem? Dominus enim Jesus plenus Spiritu sancto regressus est a Jordane (*Luc.*, IV, 1) : et presumitis dicere, quia ipse Dominus Jesus Deus erat, et Spiritus sanctus quo plenus non erat Deus; tam male sentientes de Spiritu sancto, ut non ei tribuatis saltem quod tributum est Moysi famulo Dei, qui non munera gratiarum sed plagarum prodigia in eodem Spiritu sancto, quia ipse est digitus Dei (*Exod.*, VIII, 19) : Egyptiis ingerebat et tamen Pharaoni Deus erat. Uno loco erat ad affligendos Ægyptios, et Pharaoni Deus erat : ubique adest Spiritus sanctus ad homines in æternam vitam regenerandos, et non est eis Deus? Imo vero est, et Deus verus est, quia veri Dei membra templum ejus est. Et utique subjectum est templum illi cujus est templum : quomodo ergo Deus non est, cui sunt membra Dei subjecta? Ac per hoc et Dominus est templi sui : quis enim hoc neget, quis ita desipiat, ut dicat non esse aliquem dominum domus suæ? Quomodo ergo Spiritus sanctus non est Dominus, qui Dominus est membrorum Domini? Ipse est quippe Spiritus Domini, de quo uno eodemque loco dictum est : « Cum autem conversus

prit du Seigneur qu'il est dit dans le même endroit : « Mais lorsque ce peuple sera converti au Seigneur, le voile tombera devant ses yeux, car le Seigneur est Esprit et où est l'Esprit du Seigneur, là aussi est la liberté. » (II *Cor.*, III, 16.)

3. Plus haut j'ai déjà montré que le Saint-Esprit est Créateur. Or, comment celui qui a pour temple les membres d'un roi, ne serait-il point roi lui-même ? Comment ne serait-il point assis sur le même trône que le Père et le Fils, quand il remplit le Fils et quand il a pour sa demeure les membres même du Fils ? A moins peut-être que le Fils qui était rempli du Saint-Esprit quand il sortit du Jourdain, n'ait repoussé loin de lui ce même Esprit saint quand il a commencé à s'asseoir à la droite du Père. Après tout, comment celui qui procède du Père ne serait-il point assis avec le Père ? D'autant plus qu'il ne faut point entendre ces mots « est assis » d'une manière charnelle, si on ne veut être amené à penser que le Fils est assis plus honorablement que le Père ; en effet, la place la plus honorable est la droite ; par conséquent, le Père serait à la gauche. Enfin, quel esprit vous a persuadé de refuser au Saint-Esprit ce que la sainte Ecriture accorde même aux saints ? C'est ce que je vous laisse à dire, car l'Apôtre s'exprime en ces termes : « Lorsque nous étions morts par nos péchés, il nous a rendu la vie en Jésus-Christ, par la grâce de qui nous sommes sauvés, et il nous a ressuscités avec lui et nous a fait asseoir dans le ciel en Jésus-Christ. » (*Ephés.*, II, 5.) Ainsi les saints que le Saint-Esprit sanctifie, vivifiés en Jésus-Christ, sont tellement prédestinés à aller s'asseoir avec lui que l'Apôtre regarde la chose comme faite, tant il est certain qu'elle le sera. Et vous refusez cette place quelle qu'elle soit au Saint-Esprit même, comme si celui qui rend les hommes dignes de s'y aller asseoir était lui-même indigne d'y siéger. Vous faites encore une difficulté à son sujet de ce qu'il n'est point adoré, et vous retombez là dans une erreur tout à fait pareille à l'autre, puisque vous lisez, comme je vous l'ai dit plus haut, qu'il y eut même des hommes qui furent adorés par des saints. Toutefois pour échapper à cet odieux blasphème, vous louez le Saint-Esprit en de tels termes que vous lui accordez ce que nulle créature ne possède en même temps que vous lui refusez ce qu'a toute créature humaine.

CHAPITRE XXII.

1. J'ai dit, comme vous le rappelez, je le reconnais, et je le répète, que notre Sauveur n'a point dit : Afin qu'eux et nous ne soyons qu'un ; mais : « Afin qu'il ne fassent qu'un. » (*Jean*, XVII, 11.) Et je me rappelle que sur ces paroles j'ai répondu assez longuement et montré que

---

fuerit ad Dominum, auferetur velamen. Dominus autem Spiritus est, ubi autem Spiritus Domini, ibi libertas. » (II *Cor.*, III, 16.)

3. Jam creatorem superius demonstravi Spiritum sanctum : quomodo autem rex non est, cujus templum est quæ membra sunt regis ? Quomodo non consedet Patri et Filio, qui replevit Filium, qui membra Filii suam possidet domum ? Nisi forte quando Filius regressus est a Jordane, plenus erat Spiritu sancto ; et quando sedere cœpit ad dexteram Patris, exclusit a se Spiritum sanctum ? Deinde cum de Patre procedat, quomodo cum Patre non sedeat ? Cum ipsa sessio non sit utique cogitanda carnaliter : alioquin opinaturi sumus honorabilius Filium sedere quam Patrem ; honorabilius quippe sedetur ad dexteram : et videbitur esse consequens, ut Pater sedeat ad sinistram. Postremo qualis vobis persuaserit spiritus, ut sancto Spiritui denegetis, quod sanctis hominibus sancta Scriptura concedit, vos videritis. Ait enim Apostolus : « Cum essemus mortui peccatis, convivificavit nos Christo, cujus gratia sumus salvi facti, et simul excitavit, et simul sedere fecit in cœlestibus in Christo Jesu. » (*Ephes.*, II, 5.) Sancti ergo quos sanctificat Spiritus sanctus, convivificati Christo, ita simul sessuri prædestinati sunt, ut jam factum dicat Apostolus, quod certum est adfuturum : et ipsi Spiritui sancto subtrahitur a vobis quisquis est ille consessus, tanquam sedere cum Patre vel Filio sit indignus, qui eadem sede efficit dignos. Cui movetis etiam quæstionem quod non adoretur, et hoc utique simillimo errore, cum legatis, ut jam supra docui, a sanctis etiam homines adoratos. Et tamen et individuam blasphemantis evites ; ita laudas Spiritum sanctum, ut tribuas ei quod non habet ulla creatura, et detrahas ei quod adipiscitur et humana creatura.

CAPUT XXII.

1. Dixisse me quod commemoras, fateor, et nunc dico, quod : « Salvator noster non dixerit : Ut ipsi et nos unum ; sed : Ut ipsi sint unum. » (*Joan.*, XVII, 11.) Et de his Evangelicis verbis satis a me re-

vous n'avez pu réfuter ce que j'ai avancé. Je vous ai demandé, en effet, de me produire des textes où ces mots : Ils sont un, s'entendent d'êtres qui ne soient point de la même substance, et vous ne m'en avez pas cité un seul. En effet, que sert à votre cause de prétendre que c'est « d'une communauté d'amour qu'il a été dit » au sujet de Paul et d'Apollon : « Celui qui plante et celui qui arrose ne font qu'un, » (I *Cor.*, III, 8) puisque vous ne montrez pas qu'ils sont de natures différentes, car l'un et l'autre sont hommes? S'ils ne s'aimaient point mutuellement, ils n'en seraient pas moins un par la nature, sinon par l'amour, et s'ils n'étaient point un par la nature, on ne pourrait pas dire qu'ils sont un par l'amour. Le Fils demande donc qu'ils soient un, comme le Père et lui ne font qu'un, c'est-à-dire non-seulement par la nature, puisqu'ils ne font déjà qu'un par là, mais par la perfection de la charité et de la justice, eu égard à la capacité de leur nature, autant qu'ils le pourront dans le royaume de Dieu, afin qu'ils soient eux-mêmes souverainement un dans leur nature, de même que le Père et le Fils sont souverainement un, bien que dans une nature plus excellente et incomparablement meilleure. Le Fils dit donc au Père : « Père saint, conservez en mon nom ceux que vous m'avez donnés, afin qu'ils soient un comme nous ne sommes qu'un. » (*Jean*, XVII, 11.) Il ne dit point : Afin qu'ils soient un avec nous, ou bien : Afin que nous et eux ne soyons qu'un. De même, un peu plus loin, il continue : « Je ne prie pas seulement pour eux, mais encore pour ceux qui doivent croire en moi par leur parole, afin que tous ensemble ils ne soient qu'un, comme vous, mon Père, êtes en moi et moi en vous, que de même ils ne soient qu'un en nous. » (*Ibid.*, 20 et 21.) Et là il ne dit point : Afin qu'eux et nous ne soyons qu'un, mais : « Afin qu'ils ne soient qu'un en nous. » Parce que les hommes qui sont un par la nature, ne peuvent être souverainement et parfaitement un à leur manière, par la plénitude de la justice, s'ils né sont rendus un en Dieu, en sorte qu'ils soient un dans le Père et le Fils ; c'est-à-dire qu'ils soient un en eux, non pas avec eux. Il poursuit encore en ces termes : « Pour que le monde croie que vous m'avez envoyé, je leur ai donné la gloire que vous m'avez donnée, afin qu'ils soient un comme nous sommes un. Je suis en eux, et vous, vous êtes en moi, afin qu'ils soient consommés dans l'unité. » (*Ibid.*, 21 à 23.) Et là encore il ne dit point non plus : Afin qu'ils soient un avec nous, ni : Afin que eux et nous ne soyons qu'un. Puis, après avoir ajouté : « Afin que le monde connaisse que c'est vous qui m'avez envoyé, et que vous les avez aimés comme vous m'avez aimé, » il poursuit : « Mon Père, je veux que là où je suis, ils soient eux-mêmes avec moi. » Il dit donc : Qu'ils soient avec moi là où je suis ;

---

colo jam fuisse responsum, cum ostenderem refellere te non potuisse quæ dixi. Quoniam poposci, ut proferres ubi legeris, unum sunt, dictum esse de aliquibus rebus, quæ non essent unius ejusdemque substantiæ : neque protulisti. Quid enim te adjuvat, quod : « dilectionis consensione affirmas dictum esse » de Paulo et Apollo : « Qui plantat autem et qui rigat unum sunt : » (1 *Cor.*, III, 8) cum eos non ostendas diversæ fuisse substantiæ? Ambo quippe homines erant. Si enim non diligerent invicem, natura unum essent, dilectione non essent : si autem unum natura non essent unum dici dilectione non possent. Poscit ergo Filius ut ita sint unum, quomodo ipse et Pater unum sunt; id est, non solum natura, quod jam erant; verum etiam perfectione caritatis atque justitiæ; pro suæ capacitate naturæ, quantum in Dei regno esse potuerint : ut etiam ipsi summe unum sint in natura sua, quemadmodum Pater et Filius summe unum sunt, quamvis in excellentiore atque incomparabiliter meliore natura sua. Dixit ergo ad Patrem Filius : « Pater sancte serva eos in nomine tuo, quos dedisti mihi, ut sint unum, sicut et nos. » (*Joan.*, I, 11.) Non dixit : Ut sint unum nobiscum; aut : Ut simus unum nos. Item paulo post : « Non pro his autem rogo tantum, sed et pro eis qui credituri sunt per verbum ipsorum in me, ut omnes unum sint, sicut tu Pater in me, et ego in te, ut et ipsi in nobis unum sint. «(*Ibid.*, 20.) Neque hic dixit : Ut ipsi et nos unum simus ; sed : « unum sint in nobis. » Quoniam homines qui natura unum sunt, summe atque perfecte secundum suum modum unum esse non possunt justitiæ plenitudine, nisi in Deo perficiantur, ut unum sint in Patre et Filio; id est, in ipsis unum, non cum ipsis unum. Adhuc sequitur, et adjungit : « Ut mundus credat quia tu me misisti, et ego claritatem quam mihi dedisti, dedi illis, ut unum sint, sicut nos unum sumus : ego in eis, et tu in me, ut sint consummati in unum : » (*Ibid.*, 21, etc) Neque hic dixit, ut nobiscum sint unum, aut ut ipsi et nos simus unum. Deinde cum addidisset : « Ut cognoscat mundus quia tu me misisti, et dilexisti eos sicut et me dilexisti; » secu-

mais il ne dit pas : Afin qu'ils soient un avec moi. Ce qu'il voulut donc, c'est qu'ils fussent avec lui, non point qu'eux et lui ne fussent qu'un. Que voulez-vous donc dire quand vous prétendez « qu'il a fait mention de l'amour, non de la substance ? » Après tout, vous ne placez point les paroles du Seigneur là où elles se trouvent. Mais que nous importe? Puisqu'il n'a point voulu que ce soient eux et lui ou eux et son Père qui fissent un, mais que ce fussent eux, qu'il savait être de la même substance, qui ne fissent qu'un. Il dit, en effet : « Comme nous, nous ne faisons qu'un. » Or, il savait bien que son Père et lui étaient de la même substance.

2. Si vous voulez répondre quelque chose, montrez-moi, par les saintes Ecritures, qu'il est dit quelquefois d'êtres de substance différente qu'ils sont un. Le Christ, en effet, n'a point dit ce que vous osez avancer, c'est-à-dire : « Que les Apôtres ne font qu'un avec le Père et le Fils, en ce que ne regardant en toutes choses que la volonté de Dieu le Père, ils se trouvent ressembler eux-mêmes au Fils qui est soumis au seul Dieu le Père. » En parlant ainsi, vous avez fait que Dieu et les hommes saints ne fissent qu'un. Un saint peut donc dire : Dieu et moi ne faisons qu'un ? Que pareil langage soit loin des cœurs et des oreilles des saints. Mais je pense que vous-même, de qui que ce soit que vous l'entendiez, vous en auriez horreur et ne supporteriez point en homme, quelle que soit sa sainteté, disant : Dieu et moi ne faisons qu'un. Mais peut-être semblerait-il arrogant de dire cela de soi ; aussi s'en trouve-t-il parmi vous qui tout en n'osant point, en parlant d'eux, dire : Dieu et moi ne font qu'un, osent du moins dire : Paul et Dieu ne font qu'un, de même que nous disons sans hésiter : Paul et Apollon ne font qu'un. Dieu le Père et Dieu le Fils ne font qu'un ; or, si vous n'osez dire : Tout saint, tout prophète, tout apôtre et Dieu ne font qu'un, qui vous pressait, qui vous forçait, qui vous sollicitait de dire : « Les Apôtres ne font qu'un avec le Père et le Fils ? Le Père et le Fils, dites-vous, ne font qu'une seule et même chose, et toutefois ne sont pas un ; » et aussitôt vous ajoutez ces mots : « Une même chose, » se rapportant à la concorde, « un » a rapport au nombre singulier. Vous vouliez dire que ces mots : Ils ne font qu'une même chose, se rapportent à la concorde, et ces autres : Ils ne font qu'un, au nombre singulier, mais la chaleur de la dispute vous a empêché de peser vos paroles, attendu que ces mots un et une se rapportent également au nombre singulier. Mais ce qui est vrai, ils ne font qu'un, à cause de ces mots : « Ne font, » qui, ajoutés à

tus adjunxit : « Pater volo ut ubi ego sum, et ipsi sint mecum. » Ubi sum, inquit, mecum sint. (a) Non ait, unum mecum sint. Hoc ergo voluit, ut cum illo essent, non ut illi et ipse unum essent. Quid est quod dicere voluisti : « Dilectionis fecit mentionem et non substantiæ? Quamvis tu non eo loco ista Domini verba posueris, quo ab ipso sunt posita. Sed quid ad nos? quando quidem non ipsos et se, vel ipsos et Patrem dixit aut voluit unum esse ; sed ipsos unum esse voluit, quos noverat unius esse substantiæ. « Sicut et nos, inquit, unum sumus : » quos identidem noverat unius esse substantiæ.

2. Tu si vis aliquid respondere, ostende secundum Scripturam sanctam de aliquibus rebus dici, unum sunt, quarum est diversa substantia. Hoc enim Christus non dixit, quod tamen tu ausus es dicere, id est : « Apostolos unum esse cum Patre et Filio, in eo quod in omnibus ad voluntatem Dei Patris respicientes, ad imitationem Filii subditi uni Deo Patri et ipsi inveniuntur. » Hæc dicens : Deum et homines sanctos unum esse fecisti. Potest ergo quisquam sanctorum dicere : Ego et Deus unum sumus? Absit hoc a cordibus et oribus sanctis. Puto autem quod et vos a quocumque hoc audiatis, horrescitis, nec fertis quemquam hominem, quantolibet munere sanctitatis excellat, dicentem : Ego et Deus unum sumus. Sed forte arrogantiæ videatur, si hoc de se ipso aliquis dicat. Itane vero quisquam vestrum etsi non audet dicere : Ego et Deus unum sumus ; saltem audet dicere : Paulus et Deus unum sunt : sicut incunctanter dicimus : Paulus et Apollo unum sunt ; Deus Pater et Deus Filius unum sunt ; Porro si non audetis didere : Quilibet homo sanctus, quilibet Propheta, quilibet Apostolus et Deus unum sunt : quis te urgebat, quis te impingebat, quis te præcipitabat, ut diceres : « Apostoli unum sunt cum Patre et Filio? Unum sunt, inquis, Pater et Filius, non tamen unus : » continuoque subjungis : « Unum ad concordiam pertinet, unus ad numerum singularitatis. » Volebas autem dicere : unum sunt, ad concordiam pertinet ; unus est, ad numerum singularitatis : sed te a consideratione verborum tuorum impetus disputationis avertit. Nam et unum et unus utique ad numerum pertinet singularem. Sed quod (b) verum est, unum

---

(a) Lov. et quidam Mss. omittunt : *Non ait, unum mecum sint.* — (b) Apud Lov. et quosdam Mss. *verbum.*

un, indiquent le pluriel ; unis à un, au singulier, ces mots : « Ne fait qu'un, » indiquent très-clairement le singulier. Est-ce que l'Apôtre pourrait dire : Tous ceux qui demeurent attachés au Seigneur ne font qu'un ? S'il s'exprimait ainsi, dirait-il autre chose que ceci : L'homme saint et Dieu ne font qu'un ? Mais arrière une telle sagesse, arrière une pareille pensée. Et pourtant il a dit : « Quiconque demeure attaché au Seigneur fait un seul esprit avec lui, » pour vous apprendre que ces mots : « Ne font qu'un, » ne peuvent s'entendre que d'êtres de la même substance ; c'est en ce sens qu'il a été dit à certains hommes : « Or, vous ne faites tous qu'un en Jésus-Christ; » (*Gal.*, III, 28) c'est également en ce sens que le Christ lui-même a dit : « Mon Père et moi ne faisons qu'un. » (*Jean*, X, 30.) Mais quand on dit « ne font qu'un, » en ajoutant : quel est cet un, on peut le dire même de substances différentes, comme dans ces paroles : « Quiconque demeure attaché au Seigneur, ne fait qu'un même esprit avec lui, » et dans celles-ci encore à propos d'êtres de la même substance : « Ils n'avaient qu'un cœur et qu'une âme. » (*Act.*, IV, 32.) Il ne dit point : Leur cœur et leur âme ne faisaient qu'une seule et même chose, mais : Ils n'avaient qu'un cœur et qu'une âme, en exprimant quel était cette chose unique, c'étaient un seul cœur et une seule âme. C'est ainsi que, en parlant du Père et du Fils, nous disons : Ils ne font qu'une seule et même chose, parce que tous les deux sont de la même substance, et quand nous disons : Le Père et le Fils font un, nous ajoutons quel est cet un, c'est un seul Dieu, un seul Seigneur, un seul Tout-Puissant, et ainsi de suite. Il me semble vous avoir assez montré quelle distance sépare ces deux manières de parler. Parcourez donc avec attention les saintes Ecritures, tant les anciennes que les nouvelles, et trouvez, si vous le pouvez, un endroit où il soit dit de plusieurs êtres de natures et de substances différentes : Ils ne font qu'une seule et même chose.

3. Certainement je ne veux point que vous vous trompiez sur ces paroles d'une épitre de saint Jean. « Il y a trois témoins, l'esprit, l'eau et le sang, et ces trois témoins ne font qu'une seule et même chose. » (I *Jean*, V, 8.) N'allez point dire que l'Esprit, l'eau et le sang sont des substances différentes, et que néanmoins en parlant d'elles l'Apôtre dit : Elles ne font qu'une seule et même chose. Voici pourquoi je vous avertis de ne point vous tromper. Ce sont là des signes sacrés dans lesquels on n'a point en vue ce qu'ils sont en eux-mêmes, mais ce qu'ils signifient, et comme ce sont des signes de choses, autre est leur être, autre leur signification. Si donc on comprend la signification de ces choses, il se trouve que ce qu'elles signifient est d'une seule et même substance ; c'est comme si nous

---

sunt; propter id quod additum est, sunt, pluralem indicat numerum, quadam singularitate connexum : unus est autem, apertissime est numerus singularis. Sed numquid Apostolus diceret : Qui autem adhæret Domino, unum sunt? (I *Cor.*, VI, 17.) Quid enim aliud diceret, si hoc diceret, nisi homo sanctus et Deus unum sunt? Sed absit, absit ab illa sapientia ista sententia : et tamen dixit : « Qui autem adhæret Domino, unus spiritus est : » ut noveris de his dici, unum sunt, quæ unius sunt ejusdemque substantiæ; sicut quibusdam hominibus dictum est : Omnes enim vos unum estis in Christo Jesu. (*Gal.*, III, 28.) Et sicut ait ipse Christus : « Ego et Pater unum sumus. « (*Joan.*, X, 30.) Cum autem unus dicitur, et (*a*) quid unus dicitur; et de diversis substantiis dici potest, sicut dictum est : « Qui adhæret Domino, unus spiritus est; » et de rebus unius substantiæ, sicut dictum est : « Erat eis anima et cor unum. « (*Act.*, IV, 32.) « Erat, » dixit; non dixit : Erant : quoniam dixit et quid erat; id est, anima et cor. Sic etiam de Patre et Filio, et unum sunt dicimus, quia unius substantiæ duo sunt; et unus est, dicimus, sed addimus quid unus, id est, unus Deus, unus Dominus, unus omnipotens, et si quid hujusmodi. Satis me vobis duarum istarum locutionum arbitror inculcasse distantiam. Scrutare itaque Scripturas canonicas veteres et novas, et inveni si potes ubi dicta sunt aliqua, unum sunt, quæ sunt diversæ naturæ atque substantiæ.

3. Sane falli te nolo in epistola Joannis apostoli, ubi ait : Tres sunt testes, spiritus, et aqua, et sanguis, et tres unum sunt. Ne forte dicas spiritum et aquam et sanguinem diversas esse substantias, et tamen dictum esse, tres unum sunt (I *Joan.*, V, 8) : propter hoc admonui ne fallaris. Hæc enim sacramenta sunt, in quibus non quid sint, sed quid ostendant semper attenditur : quoniam signa sunt rerum, aliud exsistentia, et aliud significantia. Si ergo illa quæ his significantur, intelligantur, ipsa inveniuntur unius esse substantiæ; tanquam si dicamus : Pe-

---

a) Sic Mss. Editi autem *et quid unus natura et quid unus adjicitur.*

disions : La pierre et l'eau ne font qu'une seule et même chose, en entendant par la pierre le Christ et par l'eau le Saint-Esprit. Or, qui doute que la pierre et l'eau soient des natures différentes ? Mais parce que le Christ et le Saint-Esprit sont d'une seule et même substance, quand on dit : La pierre et l'eau ne font qu'une seule et même chose, on peut l'entendre en tant que ces deux choses dont la nature est différente, sont des signes d'une chose ayant la même nature. Or, nous savons que trois substances sortirent du corps du Seigneur, quand il était attaché à la croix ; d'abord l'esprit, car il est écrit : « Puis ayant baissé la tête, il rendit l'esprit ; » (*Jean*, XIX, 30) ensuite quand son côté fut ouvert d'un coup de lance, il en sortit de l'eau et du sang. Si on considère ces trois choses en elles-mêmes, chacune est d'une substance différente et, à ce point de vue, elles ne font point une seule et même chose. Mais si nous voulons rechercher ce qu'elles signifient, ce qui se présente à nous, sans absurdité, c'est la Trinité même, qui est l'unique, seul vrai et souverain Dieu, Père, Fils et Saint-Esprit, dont on peut dire en toute vérité : ce sont trois témoins et tous trois ne font qu'une seule et même chose, pourvu que par le mot esprit nous entendions Dieu le Père ; c'est de lui, en effet, que le Seigneur parlait quand il recommandait de l'adorer, en ajoutant : « Dieu est esprit. » (*Jean*, IV, 24.) Par le mot sang, nous entendons le Fils, attendu que « le Verbe s'est fait chair, » (*Jean*, I, 14) et par l'eau, nous entendions le Saint-Esprit, d'autant mieux que Jésus, en promettant une eau qu'il donnerait à ceux qui ont soif, ne parlait, au dire de l'Evangéliste, que du Saint-Esprit que devaient recevoir ceux qui croiraient en lui. (*Jean*, VII, 9.) Après cela que le Père, le Fils et le Saint-Esprit soient des témoins, qui a foi à l'Evangile, et peut en douter, quand le Fils même dit : « Je me rends témoignage à moi-même, et mon Père qui m'a envoyé me rend aussi témoignage ; » (*Jean*, VIII, 8) bien que, dans cet endroit, il ne soit point parlé du Saint-Esprit, on comprend bien cependant qu'il n'est point mis de côté. Mais dans un autre endroit, il n'est point passé sous silence, et le Seigneur nous le montre assez ouvertement comme un témoin. En effet, lorsqu'il le promettait, il dit : « Il rendra lui-même témoignage de moi. » (*Jean*, XV, 27.) Voilà donc les trois témoins et tous trois ne font qu'un, parce qu'ils ne font qu'une seule et même substance. Si les signes qui les représentent sont sortis du corps du Seigneur, c'est pour figurer l'Eglise qui prêche la Trinité en une seule et même substance ; en effet, ces trois personnes représentées de trois manières différentes ne font qu'un, et l'Eglise qui les prêche est le corps du Christ. De même donc que du corps du Seigneur sont sorties les

---

tra et aqua unum sunt, volentes per petram significare Christum, per aquam Spiritum sanctum : quis dubitat petram et aquam diversas esse naturas? Sed quia Christus et Spiritus sanctus unius sunt ejusdemque naturæ ; ideo cum dicitur : Petra et aqua unum sunt; ex ea parte recte accipi potest, qua istæ duæ res quarum est diversa natura, aliarum quoque signa sunt rerum quarum est una natura. Tria itaque novimus de corpore Domini exisse, cum penderet in ligno : primo spiritum, unde scriptum est : Et inclinato capite tradidit spiritum (*Joan.*, XIX, 30) : deinde quando latus ejus lancea perforatum est, sanguinem et aquam. Quæ tria si per se ipsa intueamur, diversas habent singula quæque substantias : ac per hoc non sunt unum. Si vero ea, quæ his significata sunt, velimus inquirere, non absurde occurrit ipsa Trinitas, qui unus, solus, verus, summus est Deus, Pater et Filius et Spiritus sanctus, de quibus verissime dici potuit : Tres sunt testes, et tres unum sunt : ut nomine spiritus significatum accipiamus Deum Patrem: de ipso quippe adorando loquebatur Dominus, ubi ait : Spiritus est Deus. (*Joan.*, IV, 24.) Nomine autem sanguinis Filium : quia Verbum caro factum est. (*Joan.*, I, 14.) Et nomine aquæ Spiritum sanctum : cum enim de aqua loqueretur Jesus, quam daturus erat sitientibus, ait Evangelista : Hoc autem dixit de Spiritu, quem accepturi erant credentes in eum. (*Joan.*, VII, 9.) Testes vero esse Patrem et Filium et Spiritum sanctum, quis Evangelio credit, et dubitat, dicente Filio : Ego sum qui testimonium perhibeo de me, et testimonium perhibet de me qui misit me Pater. (*Joan.*, VIII, 16.) Ubi etsi non est commemoratus Spiritus sanctus, non tamen intelligitur separatus. Sed nec de ipso alibi tacuit, eumque testem satis aperteque monstravit. Nam cum illum promitteret, ait : Ipse testimonium perhibebit de me. (*Joan.*, XV, 27.) Hi sunt tres testes : et tres unum sunt, quia unius substantiæ sunt. Quod autem signa quibus significati sunt, de corpore Domini exierunt, figuraverunt Ecclesiam prædicantem Trinitatis unam eamdemque naturam : quoniam hi tres qui trino modo significati sunt, unum sunt ; Ecclesia vero eos

trois choses signifiant les trois personnes, ainsi c'est de lui qu'est sortie la parole nous ordonnant de « baptiser toutes les nations au nom du Père, du Fils et du Saint-Esprit. » (*Matth.*, XXVIII, 19.) Au nom, au singulier, non point aux noms, au pluriel, attendu que ces trois personnes ne font qu'une seule et même chose et que toutes trois ne font qu'un seul et même Dieu. Si pourtant il y a une autre manière de comprendre et d'expliquer la profondeur de ce grand mystère consigné dans l'épître de saint Jean, en un sens conforme à la foi catholique, qui ne confond ni ne sépare la Trinité, ne nie point les trois personnes et ne les croit point de substances différentes, il n'y aurait point de raison pour rejeter cette explication ; car on doit se féliciter, si on trouve plusieurs manières, pourvu qu'elles soient sensées, d'expliquer les passages de la sainte Ecriture dont l'obscurité est d'ailleurs assez grande pour exercer l'esprit des fidèles.

CHAPITRE XXIII.

1. Qu'avez-vous donc à me prier de prouver que « le Père, le Fils et le Saint-Esprit ne font qu'un seul et même Dieu ? » La divine Ecriture l'établit avec la dernière évidence quand elle dit : « Ecoutez, Israël, le Seigneur votre Dieu est le seul Seigneur. » (*Deut.*, VI, 4.) Certainement vous entendriez cela si vous vouliez être Israël, non point au sens charnel, comme les Juifs, mais au sens spirituel, comme les chrétiens ; car quiconque ne veut point écouter avec foi ce qui a été dit : « Ecoutez, Israël, le Seigneur votre Dieu est le seul Seigneur, » il ne lui reste plus qu'à croire que celui qui s'exprime ainsi est un menteur. S'il n'est point un menteur, ce qu'il dit est donc vrai. Si ce qu'il dit est vrai, la question qui s'agite entre nous est finie ; car il est hors de doute que la vérité vous contraint de confesser que le Père, le Fils et le Saint-Esprit ne font qu'un seul et même Seigneur Dieu. Mais pour ce qui est du Saint-Esprit, dont le temple qui n'a point été fait de main d'homme, est notre propre corps, dont le temple, dis-je, est bâti non point avec du bois et des pierres, mais avec les membres même du Christ, vous niez qu'il soit Dieu ; que direz-vous donc du Christ même que vous déclarez Dieu et Seigneur ? Répondez-moi et dites si le Père et le Fils sont un seul Seigneur Dieu ? S'ils ne font point qu'un seul Dieu, ils font deux Dieux, et s'ils font deux Dieux, celui qui a dit : « Ecoutez Israël le Seigneur votre Dieu est le seul Seigneur, » (*Deut.*, VI, 4) a menti de même que mentait aussi celui qui disait : « Voyez que je suis Dieu et qu'il n'y a point d'autre Dieu que moi. » (*Deut.*, XXXII, 39.) Mais comme vous n'osez point dire que celui-là est un menteur, pourquoi hésitez-vous à vous corriger et à venir ou à revenir à la foi

prædicans, corpus est Christi. Sic ergo tres res quibus significati sunt, ex corpore Domini exierunt : sicut ex corpore Domini sonuit, ut baptizarentur gentes in nomine Patris et Filii et Spiritu sancti. (*Matth.*, XXVIII, 19.) In nomine, non in nominibus : hi enim tres unum sunt, et hi tres unus est Deus. Si quo autem alio modo tanti sacramenti ista profunditas, quæ in epistola Joannis legitur, exponi et intelligi potest secundum catholicam fidem, quæ nec confundit nec separat Trinitatem, nec abnuit tres personas, nec diversas credit esse substantias, nulla ratione respuendum est. Quod enim ad exercendas mentes fidelium in Scripturis sanctis obscure ponitur, gratulandum est, si multis modis, non tamen insipienter exponitur.

CAPUT XXIII.

1. Quid est autem quod poscis ut adstruam : « Si Pater et Filius et Spiritus sanctus unus est Deus ? » Cum hoc adstruat voce clarissima Scriptura divina dicens : Audi Israel, Dominus Deus tuus Dominus unus est. (*Deut.*, VI, 4.) Quod et vos utique audiretis, si Israel esse velletis, non carnaliter ut Judæi, sed spiritaliter ut Christiani. Qui enim non vult fideliter audire quod dictum est : Audi Israel, Dominus Deus tuus Dominus unus est : superest ut eum qui hoc dixit, credat esse mendacem. Si autem mendax ille non est, vox ista vera est : si vox ista vera est, quæstio ista finita est. Procul dubio quippe vos veritas cogit Patrem et Filium et Spiritum sanctum confiteri unum Dominum Deum. Sed Spiritum sanctum, cujus templum non manufactum, sed corpus est nostrum, cujus templum non ligna et lapides, sed membra sunt Christi, negatis Deum : de ipso Christo quid dicturi estis, quem Deum et Dominum confitemini ? Respondete itaque nobis, utrum Pater et Filius unus sit Dominus Deus ? Si enim non est unus, duo sunt : si duo sunt, mentitur qui dicit : Audi Israel, Dominus Deus tuus Dominus unus est (*Deut.*, VI, 4) : mentitur qui dicit : Videte quoniam ego sum Deus, et non est alius præter me. (*Deut.*, XXXII, 39.) Sed quia illum mentientem dicere non audetis, quare vos cor-

catholique qui croit que le Père, le Fils et le Saint-Esprit font, non trois Seigneurs Dieux, mais un seul Seigneur Dieu, et l'entend crier à son peuple : « Ecoutez Israël, le Seigneur votre Dieu est le seul Seigneur, » et encore : « Voyez que je suis le Seigneur et qu'il n'y en a pas d'autre que moi? » Si je vous appelle sourd et aveugle de ne point entendre ces paroles et de ne point les voir, vous me tiendrez certainement pour une bouche injurieuse. Et bien je ne vous appellerai point ainsi ; mais expliquez-nous comment vous entendez ces paroles : « Ecoutez, Israël, le Seigneur votre Dieu est le seul Seigneur. » Faut-il ou non entendre là le Christ aussi? Si vous répondez affirmativement, vous confesserez avec moi que le Père et le Fils ne font qu'un seul et même Seigneur Dieu. Si au contraire vous prétendez qu'il ne faut pas comprendre le Christ aussi sous ces expressions, vous allez introduire deux Seigneurs Dieux en dépit de la parole divine, puisque vous ne niez point que le Christ est Seigneur Dieu. De même, je vous prie de me dire comment vous entendez ces mots : « Voyez que je suis le Seigneur et qu'il n'y en a point d'autre que moi. » Est-il question du Christ dans ces paroles, ou n'en est-il point question ? S'il en est question, il est certain que le Père et le Fils ne font qu'un seul et même Seigneur ; si au contraire, il n'en est pas question, et que pourtant il n'en soit pas moins Seigneur, celui qui dit : « Il n'y a pas d'autre Seigneur que moi, » a dit un mensonge; car il y a un autre Seigneur qui est le Fils, si le Père et le Fils ne font point un seul et même Seigneur. Quelque haut que vous exaltiez le Père dans vos louanges, et quelque bas que vous placiez le Fils, vous faites qu'ils ne soient point égaux, non qu'ils ne fassent pas deux. Criez tant que vous voudrez, le Père est plus grand, le Fils est moins grand, on vous répondra : Il n'en sont pas moins deux, l'un plus, l'autre moins grand. Or, il n'est pas dit : Le Seigneur votre Dieu le plus grand est le seul Seigneur, mais : « Le Seigneur votre Dieu est le seul Seigneur. » Il n'est pas dit non plus : Il n'y en a pas d'autre égal à moi ; mais : « Il n'y a point d'autre Dieu que moi. » Par conséquent, confessez que le Père et le Fils ne font qu'un seul et même Dieu, ou bien dites ouvertement que le Christ n'est point Seigneur Dieu, comme vous dites que le Saint-Esprit ne l'est pas. Si vous le faites, je ne vous presserai plus par ces paroles, mais je vous produirai d'autres textes qui me serviront à vous convaincre que vous êtes encore plus détestable dans cette autre erreur. Mais maintenant si vous niez que le Saint-Esprit soit Seigneur Dieu, il suffit, en attendant, pour vous écraser par ces paroles de Dieu, que vous confessiez que le Christ est Seigneur Dieu. S'il n'est point un seul et même Seigneur Dieu avec le Père, nous

---

rigere dubitatis, et venire vel redire ad catholicam fidem, quæ Patrem et Filium et Spiritum sanctum non tres dominos deos, sed unum Dominum Deum credit, et audit clamantem populo suo : Audi Israel, Dominus Deus tuus Dominus unus est : et : Videte quoniam ego sum Dominus, et non est alius præter me? Si te dicam surdum et cæcum, qui nec audis ista, nec vides, contumeliosum sine dubio me putabis. Ecce non dico : expone nobis quomodo accipias : Audi Israel, Dominus Deus tuus Dominus unus est : utrum ibi sit intelligendus et Christus, an non sit. Si enim dixeris, ibi est : confiteberis mecum Patrem et Filium unum esse Dominum Deum. Si autem responderis, Christum non esse ibi intelligendum, duos contra vocem divinam introducturus es dominos deos, quoniam non negas etiam Christum esse Dominum Deum. Similiter abs te quæro quomodo accipias : Videte quoniam ego sum Dominus, et non est alius præter me. Ibi est et Christus, an non est? Si ibi est, profecto Pater et Filius unus est Dominus : si autem ibi non est, et tamen Dominus est; mentitur qui dicit : Non est alius præter me. Est enim alius Dominus Filius, si non unus est Dominus Pater et Filius. Quantumlibet enim excellentius laudes Patrem, et infra eum deprimas Filium, id agis, ut æquales non sint, non ut duo non sint. Clama, quantum vis, Pater est major, Filius minor : respondetur tibi : Duo sunt tamen major et minor. Nec dictum est : Dominus Deus tuus major, Dominus unus est : sed dictum est : Dominus Deus tuus, Dominus unus est. Neque dictum est : Non est alius æqualis mihi : sed dictum est : Non est alius Dominus præter me. Aut ergo confitere Patrem et Filium unum esse Dominum Deum, aut aperte nega Dominum Deum esse Christum, sicut aperte negas Dominum Deum esse Spiritum sanctum. Quod si feceris, istis quidem te divinis vocibus non urgebo ; sed alia testimonia divina proferam, quibus te et in isto errore detestabiliorem convincam. Nunc autem et si negas Dominum Deum esse Spiritum sanctum, tamen ut istis Dei vocibus conteraris, satis est quod Christum Dominum Deum confiteris : qui si non est cum Patre unus Dominus Deus, duo domini dii nostri

aurons deux Seigneurs Dieux, et ces paroles de Dieu : « Le Seigneur votre Dieu est le seul Seigneur, » seront fausses, de même que celles-ci : « Il n'y a point d'autre Seigneur que moi. » Mais combien il vaudrait mieux corriger vos paroles que celles de Dieu !

2. Vous me demandez : « Si c'est à la manière des Juifs que je vous engage à ne professer qu'un seul Dieu. Ou bien plutôt est-ce par la soumission du Fils, selon ce que nous apprend la foi chrétienne que vous nous montrez qu'il n'y a qu'un seul Dieu dont le Fils est notre Dieu ? » vous parlez là comme si ce mot : « Ecoutez Israël, le Seigneur votre Dieu est le seul Seigneur, » (*Deut.*, VI, 4) était des Juifs, de même que celui-ci : « Je suis le Seigneur et il n'y en a point d'autre que moi. » (*Deut.*, XXXII, 39.) C'est Dieu lui-même qui s'est exprimé de la sorte, reconnaissez-le et taisez-vous, ou plutôt apprenez comment il a dit la vérité, celui que nul d'entre nous n'ose accuser de mensonge ; oui, apprenez comment ce mot est vrai : « Le Seigneur votre Dieu est le seul Seigneur ; » si les Seigneurs nos Dieux, comme vous le dites, sont au nombre de deux, l'un plus grand l'autre plus petit, apprenez-moi comment cette parole : « Je suis le Seigneur et il n'y en a point d'autre que moi, » est vraie. Or, qui l'a prononcée, je vous le demande, est-ce le Père ou le Fils ? Si c'est le Père qui a dit : « Je suis le Seigneur, et il n'y en a point d'autre que moi, » il n'a point dit vrai, attendu qu'il y a un autre Seigneur qui est le Fils. Si c'est le Fils qui l'a dite, lui non plus n'a point dit vrai, puisqu'il y a un autre Seigneur qui est le Père. Mais si c'est la Trinité qui a parlé ainsi, certainement elle a dit vrai, et elle montre que c'est vous qui ne dites point la vérité ; car la Trinité, selon la droite foi, je veux dire le Père, le Fils et le Saint-Esprit, au nom de qui nous sommes baptisés, est notre seul Seigneur, et, hormis lui, il n'y en a point d'autre ; car il est le Dieu de qui l'Apôtre a dit : « Nul n'est Dieu que l'unique Dieu. » (I *Cor.*, III, 4.) Si vous prenez que cela soit dit du Père, le Christ ne sera point un Dieu pour vous, attendu que l'Ecriture sainte ne peut être mise de côté ; or, elle dit : « Nul n'est Dieu que l'unique Dieu ; » sans vous parler encore ici du Saint-Esprit que je vous ai fait voir plus haut être Seigneur Dieu, quand vous le niiez. C'est pourquoi si vous étiez macédoniens hérétiques, qui ne refusent d'acquiescer à la foi catholique que sur le point de l'Esprit saint, tandis que si pour eux le Père et le Fils sont deux, c'est-à-dire si le Père est un et si le Fils est un, s'ils sont égaux tous les deux, et tous les deux de la même et unique substance, cependant ils ne disent point que ce sont deux Seigneurs Dieux, mais que l'un et l'autre ensemble font un seul et même Seigneur Dieu ; si donc vous aussi vous étiez engagés dans cette

---

erunt, et falsæ illæ Dei voces erunt, Dominus Deus tuus Dominus unus est : et : Non est alius præter me. Sed quanto melius erunt vestra verba emendata, quam Dei verba mendacia ?

2. Quæris a me utrum : « Judaico modo te hortor profiteri unum Deum ; an de subjectione Filii potius secundum quod fides habet Christiana, ostendatur unus esse Deus, cujus Filius noster est Deus ? » Ita hoc dicis, quasi Judæorum sit vox : Audi Israel, Dominus Deus tuus Dominus unus est (*Deut.*, VI, 4) : aut : Ego sum Dominus, et non est alius præter me. (*Deut.*, XXXII, 39.) Ipse Deus hoc dixit : agnosce, et tace ; vel potius edissere quomodo verum dixerit, quem nullus nostrum audet affirmare mentitum. Edissere, inquam, quomodo verum sit, Dominus Deus tuus Dominus unus est : si domini dii nostri, ut dicitis, duo sunt, unus major, alius minor : edissere quomodo verum sit : Ego sum Dominus, et non est alius præter me. Quis enim hoc dixerit quæro, utrum Pater, an Filius ? Si Pater dixit : Ego sum Dominus, et non est alius præter me : non verum dixit, quia est alius Dominus Filius. Si Filius hoc dixit : nec ipse verum dixit, quia est alius Dominus Pater. Si autem hoc dixit Trinitas ; profecto et verum dixit, et vos falsum dicere ostendit. Trinitas quippe secundum rectam fidem, id est, Pater et Filius et Spiritus sanctus, in cujus nomine baptizamur, et unus Dominus Deus noster est, et præter ipsum alius non est. Ipse est enim Deus de quo dicit Apostolus : Nullus est Deus nisi unus. (I *Cor.*, VIII, 4.) Nam si hoc de Patre acceperis dictum, non tibi erit Deus Christus, quia non potest solvi Scriptura, dicens : Nullus Deus nisi unus : ut hic vobis taceam de Spiritu sancto, quem superius Dominum Deum ostendimus, vobis negantibus. Quapropter si Macedoniani hæretici essetis, qui de solo Spiritu sancto catholicæ fidei consentire detrectant, Patrem vero et Filium duos quidem esse, id est, illum Patrem, illum Filium, et æquales esse, atque unius ejusdemque substantiæ, nec tamen duos dominos deos, sed ambos simul unum Dominum Deum esse consentiunt : si ergo et vos saltem hactenus erraretis, non utique his divinis vocibus urgeremini. Patrem

erreur, ce n'est point par les paroles divines que j'ai citées plus haut que je vous presserais. En effet, vous affirmeriez que c'est le Père et le Fils seul et unique Seigneur Dieu qui a dit : Il n'y a point d'autre Dieu que moi. Plût au ciel qu'il ne restât plus à traiter avec vous que de l'adjonction du Saint-Esprit, et qu'il n'y eût plus qu'à vous amener à dire que le Seigneur Dieu n'est point dualité, mais Trinité ! Pour le moment puisque vous affirmez que le Père est Seigneur Dieu, et que le Fils est également Seigneur Dieu, mais sans faire des deux ensemble un seul et même Seigneur Dieu, mais deux Seigneurs Dieux, l'un plus grand et l'autre plus petit, vous vous enferrez vous-même avec le glaive de la vérité qui dit : « Ecoutez, Israël, le Seigneur votre Dieu est le seul Seigneur ; » et qui crie : « Je suis le Seigneur et il n'y en a point d'autre après moi. » En effet, Dieu le Père ne voudrait point détourner les Israélites du culte de plusieurs faux dieux pour leur mentir ensuite au sujet du seul Seigneur Dieu, et pour leur dire qu'il n'y en a point d'autre, hormis lui, quand il savait que son propre Fils est Dieu. Loin de nous la pensée que la vérité et le Père de la vérité aient trompé leur peuple par un mensonge ; qu'un horrible et si détestable blasphème soit le partage des hérétiques, non des catholiques ! Il est sûr que Dieu dit vrai quand il s'écrie : « Ecoutez Israël, le Seigneur votre Dieu est le seul Seigneur, parce que le Père, le Fils et le Saint-Esprit ne sont point trois Dieux, mais sont un seul Dieu, ne sont point trois Seigneurs ; mais ne font qu'un seul Seigneur. Il est certain qu'il dit vrai, quand il s'écrie : « Je suis le Seigneur, et il n'y en a point d'autre que moi, » parce que ce n'est point le Père seulement, mais la Trinité même qui parle ainsi : celui-là est le seul Seigneur, et il n'y en a point d'autre que lui. Car si s'était le Père qui dit : « Je suis le Seigneur et il n'y en a point d'autre que moi, » il nierait évidemment que le Fils unique est Seigneur. Or, qui de nous oserait le confesser qu'il est Seigneur, quand le Père dit le contraire et s'écrie : « C'est moi qui suis le Seigneur, il n'y en a point d'autre que moi ? » Par conséquent, selon la vraie foi, ce mot n'est point du Père seul, mais de la Trinité toute entière, c'est-à-dire, du Père, du Fils et du Saint-Esprit. Silence donc, langues ignorantes de la vérité, cette Trinité est un seul Dieu. C'est de ce seul Dieu qu'il est dit : « Ecoutez Israël, le Seigneur votre Dieu est le seul Seigneur. » C'est ce Dieu unique qui s'écrie : « C'est moi qui suis le Seigneur et il n'y en a point d'autre que moi. » Sans doute le Fils est soumis au Père dans sa forme d'homme, néanmoins ils ne font point pour cela deux Dieux et deux Seigneurs quant à la forme de Dieu ; mais tous les deux ne font avec le Saint-Esprit qu'un seul et même Dieu.

3. Les textes que vous avez produit de l'a-

quippe et Filium assereretis unum Dominum Deum dixisse : Non est alius præter me. Utinam non restaret agere vobiscum, nisi ut adjungeretis Spiritum sanctum, et non dualitatem, sed Trinitatem diceretis unum Dominum Deum. Nunc vero cum sic asseritis Patrem Dominum Deum, et Filium Dominum Deum, ut simul ambos non dicatis unum Dominum Deum, sed duos, majorem unum, minorem alterum, prorsus confodimini gladio veritatis dicentis : Audi Israel, Dominus Deus tuus Dominus unus est : qui clamat : Ego sum Dominus, et non est alius præter me. Neque enim Deus Pater sic vellet Israelitas a cultu deorum revocare multorum atque falsorum, ut eis de uno Deo ac Domino mentiretur, et diceret non esse præter se alium Dominum, cum sciret Deum et Dominum esse suum Filium. Absit ut veritas et veritatis Pater mendacio deciperet populum suum : hæreticorum sit hæc, non catholicorum tam horrenda et detestanda blasphemia. Prorsus Deus verum dicit, cum dicit : Audi Israel, Dominus Deus tuus unus Dominus est : quia Pater et Filius et Spiritus sanctus, non tres dii, sed unus Deus ; nec tres domini, sed unus Dominus est. Prorsus verum dicit : Ego sum Dominus, et non est alius præter me : quia non hoc Pater tantum, sed ipsa Trinitas dicit : hic est Dominus unus, et non alius præter ipsum. Nam si Pater diceret : Ego sum Dominus, et non est alius præter me : negaret utique Dominum esse unigenitum Filium. Et quis nostrum auderet eum Dominum confiteri, contradicente Patre atque dicente : Ego sum Dominus, et non est alius præter me ? Ac per hoc secundum rectam fidem, non Patris, sed Trinitatis hæc vox est : et Patris ergo, et Filii, et Spiritus sancti. Obticescant igitur linguæ ignorantium veritatem : hæc Trinitas Deus unus est. De hoc uno Deo dicitur : Audi Israel, Dominus Deus tuus Dominus unus est. Hic Deus unus dicit : Ego sum Dominus, et non est alius præter me. Subjectus est quidem Patri Filius secundum formam hominis : non tamen sunt duo dii et duo domini secundum formam Dei ; sed ambo cum Spiritu suo unus est Dominus.

3. Testimonia quæ de Paulo apostolo protulisti,

pôtre saint Paul, parlent contre vous, et vous ne le voyez point. En effet, il dit : « Que Dieu, notre Père et Jésus-Christ notre Seigneur vous donnent la paix et la grâce. » (*Rom.*, I, 7 ; I *Cor.*, I, 3 ; II *Cor.*, I, 2 ; *Gal.*, I, 3 ; *Ephés.*, I, 2 ; *Col.*, I, 3.) Comment, en effet, Jésus-Christ est-il notre Seigneur, si le Père dit : « C'est moi qui suis le Seigneur, et il n'y en a point d'autre que moi. » (*Deut.*, XXXII, 39.) Ce mot n'est donc point du Père seul, mais de la Trinité tout entière, comme je l'ai fait voir. Vous citez encore un autre texte qui est également contre vous ; c'est celui-ci de l'Apôtre : « Il n'y a qu'un seul Dieu qui est le Père, de qui toutes choses tirent leur être, et qui nous a fait en lui, et il n'y a qu'un seul Seigneur qui est Jésus-Christ, par qui tout a été fait, et c'est en lui que nous avons été faits, » (I *Cor.*, VIII, 6) selon votre propre citation ; car l'Apôtre dit : « C'est aussi par lui que nous sommes, » au lieu de : « C'est en lui. » Mais qu'importe à la cause ? Ces sortes de changements arrivent souvent à ceux qui citent des textes de mémoire, mais n'arrivent point à quiconque les cite en les lisant dans le texte, faites plutôt attention à ce qui a rapport à notre affaire. L'Apôtre dit donc : « Il n'y a qu'un seul Dieu qui est le Père, de qui toutes choses tirent leur être, et qui nous a faits en lui, et il n'y a qu'un seul Seigneur qui est Jésus-Christ, par qui tout a été fait, et c'est par lui que nous sommes. » Il distingue ainsi bien nettement deux personnes, celle du Père et celle du Fils, sans aucune confusion et sans aucune erreur ; ce ne sont point, en effet, deux Dieux Pères, mais il n'y a qu'un seul Dieu le Père ; ce ne sont point non plus deux Seigneurs Jésus-Christ, mais un seul Seigneur Jésus-Christ. Car, dans la Trinité, qui est Dieu, il n'y a qu'un Père, il n'y en a ni deux, ni trois ; il n'y a aussi qu'un Fils, non point deux ou trois ; et il n'y a qu'un seul Saint-Esprit, non pas deux ou trois. Quant au Père qui n'est qu'un, il est Dieu, le Fils qui est unique aussi, est également Dieu, comme vous le confessez, et le Saint-Esprit qui procède de l'un et de l'autre, est Dieu pareillement, bien que vous ne le vouliez point. Il en est de même du titre de Seigneur ; si vous me questionnez sur ce point, je vous répondrai que chacune des personnes est Seigneur, sans que toutes trois ensemble fassent trois Seigneurs Dieux, je dis qu'elles ne font qu'un Seigneur Dieu. Telle est notre foi, parce que c'est la droite foi, la foi appelée catholique. Mais vous qui contredites cette foi, je vous prie de m'expliquer comment Jésus-Christ est également Seigneur, si vous attribuez ce mot : « C'est moi qui suis le seul Seigneur, et il n'y en a point d'autre que moi, » non à la Trinité, mais uniquement au Père ? Vous vous troublez, vous ne savez que répondre, et cela parce que vous ne voulez point garder le silence quand vous êtes convaincu d'erreur. En effet, si ce n'est point le Dieu Trinité, mais le Père seul qui dit :

contra te loquuntur, et nescis. Dicit enim ille : « Gratia vobis et pax a Deo Patre nostro et Domino Jesu Christo. » (*Rom.*, I, 7 ; I *Cor.*, I, 3 ; II *Cor.*, I, 2 ; *Gal.*, I, 3 ; *Ephes.*, I, 2 ; *Col.*, I, 3.) Quomodo est autem Dominus Jesus Christus, si Pater dicit : Ego sum Dominus, et non est alius præter me ? (*Deut.*, XXXII, 39.) Non ergo solius Patris, ut dixi, sed Trinitatis hæc vox est. Adhibes alterum testimonium, et ipsum contra te ipsum, ubi ait Apostolus : « Unus Deus Pater, ex quo omnia, et nos in ipso ; et unus Dominus Jesus Christus, per quem omnia, et nos in ipso, » (1 *Cor.*, VIII, 6) sicut tu locutus es : Apostolus autem, « et nos per ipsum » ait, non ait « in ipso. » Sed hoc quid ad causam ? Solent ista contingere ex memoria proferentibus testimonia, non ex codice illa legentibus : quod ad rem pertinet potius intuere. Ecce, dixit Apostolus : « Unus Deus Pater, ex quo omnia, et nos in ipso ; et unus Dominus Jesus Christus, per quem omnia, et nos per ipsum. » Omnino duas personas, unam Patris, alteram Filii, sine ulla confusione et sine ullo errore distinxit. Neque enim duo sunt dii patres, sed unus Deus Pater : nec duo sunt domini Jesu Christi, sed unus Dominus Jesus Christus. In illa quippe Trinitate quæ Deus est, unus est Pater, non duo vel tres ; et unus Filius, non duo vel tres ; et unus amborum Spiritus, non duo vel tres : et ipse unus Pater utique Deus est, et ipse unus Filius etiam vobis fatentibus Deus est, et ipse amborum Spiritus etiam vobis negantibus Deus est. Sic et Dominum si quæras, singulum quemque respondeo ; sed simul omnes non tres dominos deos, sed unum Dominum Deum dico. Hæc est fides nostra, quoniam hæc fides est recta, quæ fides etiam catholica nuncupatur. Tu autem qui huic fidei contradicis, quæso te, expone nobis, etiam Jesus Christus quomodo sit Dominus, qui non Trinitatis, sed solius Patris esse asseris vocem. Ego sum Dominus, et non est alius præter me ? Nempe turbaris : nempe quid respondeas non invenis, nisi quia tacere quando convinceris non vis. Si enim non Deus Trinitas, sed Pater tantum dixit : Ego

C'est moi qui suis le Seigneur, et il n'y en a point d'autre que moi, il est hors de doute qu'il a nié que le Fils fût Seigneur, car si le Fils est aussi Seigneur, il est faux de dire : il n'y a point d'autre Seigneur que moi. Car il ne s'agit point ici d'un seigneur tel que sont les hommes, seigneurs d'autres hommes leurs esclaves, et que l'Apôtre appelle des seigneurs selon la chair, mais il s'agit du Seigneur à qui est dû le culte que les grecs appelle Λατρεία au sens de ce qui a été dit : « Vous adorerez le Seigneur votre Dieu et ne servirez que lui seul. » (*Deut.*, VI, 13; *Matth.*, IV, 10.) Si ce Seigneur Dieu n'est que le Père, au lieu d'être la Trinité, nous ne pouvons rendre au Seigneur Jésus un culte tel que celui dont il est parlé plus haut, où il est dit : Vous ne servirez que lui seul. Si ces mots avaient ce sens vous ne serviriez que le Père. Assurément s'il n'y a que lui, non la Trinité même qui dise : « C'est moi qui suis le Seigneur et il n'y en a point d'autre que moi, » il déclare que le Fils n'est point Seigneur comme est Seigneur celui à qui est dû le culte qui ne se rend qu'à Dieu, avec une vraie religion. En effet, il n'a point dit : C'est moi qui suis le Seigneur le plus grand ou le meilleur, et il n'y en a pas un aussi grand ou tel que moi; mais voulant qu'on ne rendît qu'à lui seul le culte qui n'est dû qu'au Seigneur Dieu, il dit : « C'est moi qui suis le Seigneur, et il n'y en a point d'autre que moi. » Or, si cette parole, ainsi que l'enseigne la foi catholique, est celle de Dieu seul qui est la Trinité même, il n'y a point d'hésitation à avoir pour ne rendre qu'à lui le service qui n'est dû qu'au Seigneur Dieu, attendu qu'il est le Seigneur même et qu'il n'y en a point d'autre que lui.

4. Après cela, je vous demanderai comment vous entendez ces paroles : « Il n'y a qu'un seul Dieu qui est le Père, de qui toutes choses tirent leur être et qui nous a faits en lui, et il n'y a qu'un seul Seigneur qui est Jésus-Christ, par qui toutes choses ont été faites et par qui nous avons été faits nous-mêmes. » (I *Cor.*, VIII, 6.) Est-ce que tout ne viendrait pas aussi du Fils? Car il dit lui-même : « Tout ce que le Père fait, le Fils le fait également. » (*Jean*, V, 19.) Si vous distinguez et dites que toutes choses ne sont point par le Père mais du Père, et que toutes choses ne sont point du Fils mais par le Fils, duquel des deux vous semble-t-il que l'Apôtre ait parlé quand il s'est écrié : « O profondeur des trésors de la sagesse et de la science de Dieu! que ses jugements sont incompréhensibles et ses voies impénétrables! Car qui a connu les desseins du Seigneur, ou qui est entré dans le secret de ses conseils? Qui lui a donné quelque chose le premier pour en prétendre récompense? Car tout est de lui, tout est par lui, et tout est en lui. A lui soit la gloire dans tous

---

sum Dominus, et non est alius præter me : procul dubio negavit esse Dominum Filium; quoniam si Dominus est et Filius, falso dictum est : Non est alius Dominus præter me. Non enim agitur de Domino, quales sunt homines domini hominum servorum, quos Apostolus secundum carnem dominos esse dicit (*Ephes.*, VI, 5) : sed de Domino agitur, cui servitus illa debetur, quæ Græce λατρεία dicitur, secundum quam dictum est : Dominum Deum tuum adorabis, et illi soli servies. (*Deut.*, VI, 13; *Matth.*, IV, 10.) Qui Dominus Deus si non Trinitas, sed solus est Pater : prohibemur utique Domino Christo tali servitute servire, in eo quod audimus : Illi soli servies; si ita dictum est, ac si diceretur : Deo Patri soli servies. Qui profecto si solus, et non ipsa Trinitas dixit : Ego sum Dominus, et non est alius præter me : negavit esse Filium Dominum talem, quali Domino servitus illa debetur, qua non nisi Deo cum vera religione servitur. Non enim dixit : Ego sum Dominus major aut melior, et non est tantus aut talis præter me : sed volens sibi soli ea quæ Domino Deo debetur servitute serviri : Ego sum, inquit Dominus, et non est alius præter me. Porro si vox ista, sicut catholica fides dicit, unius Dei est, quod est ipsa Trinitas : sine ulla dubitatione huic soli serviendum est ea servitute, quæ non nisi Domino Deo debetur, quia ipse est Dominus, et non est alius præter ipsum.

4. Deinde quæro quomodo accipias quod dictum est : « Unus Deus Pater, ex quo omnia, et nos in ipso; et unus Dominus Jesus Christus, per quem omnia, et nos per ipsum. » (I *Cor.*, VIII, 6.) Numquid non et ex Filio sunt omnia? Quando quidem ipse dicit : Quæcumque Pater facit, hæc et Filius similiter facit. (*Joan.*, V, 19.) Si autem ita distinguis, ut non sint per Patrem omnia, sed ex Patre; nec omnia sint ex Filio, sed per Filium : quis corum tibi videtur esse ille de quo idem Apostolus dicit : « O altitudo divitiarum sapientiæ et scientiæ Dei, quam inscrutabilia sunt judicia ejus, et investigabiles viæ ejus! Quis enim cognovit sensum Domini, aut quis consiliarius ejus fuit? Aut quis prior dedit illi, et retribuetur ei? Quoniam ex ipso et per ipsum et in ipso sunt omnia : ipsi glo-

les siècles. Amen. » (*Rom.*, XI, 33 à 36.) Faut-il entendre cela du Père ou du Fils ? car l'Apôtre a commencé par l'appeler Dieu, en disant : « O profondeur des trésors de la sagesse et de la science de Dieu ! » Puis il l'a appelé Seigneur quand il a dit : « Qui a connu les desseins du Seigneur ? » Mais cela ne saurait faire de difficulté, puisque vous donnez également ces deux noms au Père et au Fils. En effet, vous ne donnez point au Père le nom de Dieu en le refusant au Fils, et si vous dites que le Fils est Dieu, ce n'est pas non plus en déniant ce titre au Père. Cependant, dans le texte de l'Apôtre que vous nous avez allégué, c'est le Père qui est appelé Dieu et le Fils Seigneur ; il est dit, en effet : « Il n'y a qu'un seul Dieu qui est le Père, de qui toutes choses tirent leur être, et il n'y a qu'un seul Seigneur qui est Jésus-Christ, par qui toutes choses ont été faites. » Mais reportez-vous à l'endroit où il est dit : « O profondeur des trésors de la sagesse et de la science de Dieu ! » Car, quel que soit ce Dieu, que ce soit le Père ou le Fils, c'est de lui, par lui et en lui que sont toutes choses. Comment donc toutes choses sont-elles du Père, non du Fils, et comment toutes sont-elles par le Fils, non par le Père, quand l'Apôtre a voulu, dans cet endroit, qu'on entendît celui des deux qu'il plaira, puisqu'il dit : Toutes sont de lui, par lui et en lui? Si donc il est dit avec une parfaite vérité soit du Père, soit du Fils, que c'est de lui, par lui et en lui que sont toutes choses, il est hors de doute que ces paroles montrent le Père et le Fils égaux. Mais si l'Apôtre, en ne nommant ni le Père, ni le Fils, ni le Saint-Esprit, et en ne parlant que de Dieu et du Seigneur, ce qui peut s'entendre de la Trinité même, a voulu rapporter chacune de ses expressions à chacune des trois personnes divines, et par ces mots « de lui, » désigner le Père, par ceux-ci, « par lui, » le Fils et rapporter ces autres paroles, « en lui » au Saint-Esprit, pourquoi ne voulez-vous point que ce seul Seigneur Dieu soit la Trinité même? D'autant plus qu'il ne dit point : d'eux, par eux et en eux, mais : de lui, par lui et en lui sont toutes choses ; et qu'il ne dit pas non plus que la gloire soit à eux, mais que la gloire soit à lui dans les siècles des siècles. Amen.

5. Vous vous trompez certainement quand vous pensez que ce n'est que du Père qu'il a été dit : « Personne n'est bon si ce n'est Dieu ; » (*Marc*, X, 18 ; *Luc*, XVIII, 19) en effet, si Jésus avait dit : Personne n'est bon si ce n'est le Père seulement, on ne pourrait pas même dire encore qu'il a voulu exclure le Fils et le Saint-Esprit de cette unique bonté, attendu que dans une phrase absolument pareille que j'ai rappelée plus haut : « Personne, si ce n'est l'Esprit de Dieu, ne sait les choses de Dieu, » (I *Cor.*, II, 11) l'auteur sacré n'exclut point le Fils de cette

---

ria in sæcula sæculorum, amen. » (*Rom.*, XI, 33.) Utrum Pater est intelligendus, an Filius? Deum namque prius nominavit, dicens : O altitudo divitiarum sapientiæ et scientiæ Dei! Postea vero eum Dominum appellavit, ubi ait : Quis enim cognovit sensum Domini? Sed hoc non habet controversiam : utrumque enim nomen etiam vos et Patri assignatis et Filio. Neque enim sic dicitis Deum Patrem, ut negetis esse Deum Filium ; aut sic dicitis Deum Filium, ut negetis esse Deum Patrem. Quamvis in hoc Apostolico testimonio quod adhibuisti, Deus dicatur Pater, Dominus Filius, id est : « Unus Deus Pater, ex quo omnia, et unus Dominus Jesus Christus, per quem omnia. » Sed illud attende ubi dictum est : O altitudo divitiarum sapientiæ et scientiæ Dei! (*Ibid.*) Nam sive Pater sit iste, sive Filius, ex ipso et per ipsum et in ipso sunt omnia. Quomodo ergo ex Patre omnia, non ex Filio ; et per Filium omnia, non per Patrem : quando quidem quemlibet eorum Apostolus voluerit hoc loco intelligi : Ex ipso, inquit, et per ipsum et in ipso sunt omnia. Si ergo sive de Patre sive de Filio, verissime tamen dicitur, quod ex ipso et per ipsum, et in ipso sunt omnia (*Rom.*, XI, 36), sine dubio Patris et Filii demonstratur æqualitas. Si autem quoniam non nominavit Patrem et Filium et Spiritum sanctum, sed Deum et Dominum, quod et ipsa Trinitas dici potest, singula horum trium referri ad singulos voluit : ex ipso dicens, propter Patrem ; et per ipsum, propter Filium ; in ipso, propter Spiritum sanctum : cur hanc Trinitatem unum Dominum Deum non vultis agnoscere? Quando quidem non ait, ex ipsis et per ipsos et in ipsis; sed ait, ex ipso et per ipsum et in ipso sunt omnia : nec ait, ipsis gloria ; sed ipsi gloria in sæcula sæculorum, amen.

5. Falleris sane, qui putas de Patre solo esse dictum : « Nemo bonus nisi unus Deus. » (*Marc.*, X, 18.) Si enim dixisset : Nemo bonus nisi unus Pater (*Luc.*, XVIII, 19) : nec sic exclusum Filium et Spiritum sanctum ab ista unitate bonitatis voluisset intelligi : quia et illud quod simili locutione dictum est, quam supra commemoravi : Ea quæ Dei sunt, nemo scit nisi Spiritus Dei (I *Cor.*, II, 11); non excludit ab hac scientia

science. Par conséquent, quelle latitude plus large s'ouvre pour l'intelligence du texte cité plus haut, puisqu'il n'est point dit : Personne n'est bon si ce n'est le Père seulement, mais : « Personne n'est bon si ce n'est Dieu, » qui n'est autre que la Trinité même. En effet, celui à qui Jésus fit cette réponse ne demandait point un bien quelconque, mais le bien qui rend bienheureux, ou plutôt il demandait la vraie béatitude, en d'autres termes, il désirait la vie éternelle, et il s'adressait au Christ comme à un homme, parce qu'il ne savait point qu'il fût Dieu. En effet, il lui disait : « Bon Maître, que dois-je faire pour acquérir la vie éternelle ? » C'est alors que Jésus lui répondit : « Pourquoi m'appelez-vous bon ? Il n'y a que Dieu qui soit bon, » (*Marc*, X, 17 et 18) ou selon la version d'un autre évangéliste qui a le même sens : « Il n'y a personne de bon si ce n'est Dieu seul. » (*Luc*, XVIII, 19.) C'est comme s'il avait dit : Vous avez raison de m'appeler bon, si vous me tenez pour Dieu, mais si vous pensez que je ne suis qu'un homme, qu'avez-vous à m'appeler bon ? Ce qui vous rend vous-même bon et heureux ne saurait être que le bien immuable qui n'est autre que Dieu seul. En effet, les bons anges, les hommes bons, les créatures bonnes, tous ces êtres ne sont point d'une bonté telle qu'en les possédant on soit heureux, et il n'y a point de vie vraiment heureuse si ce n'est la vie éternelle. Or, comment le vrai Fils de Dieu ne serait-il point ce bien quand il est vraiment Dieu, et la vie éternelle à laquelle désirait parvenir celui que l'interrogeait ?

6. Par conséquent, quand j'affirme que ces mots : « Personne n'est bon si ce n'est uniquement Dieu seul » ont été prononcés de la Trinité même qui est le seul et unique Dieu, tandis que vous prétendez qu'ils ne s'appliquent qu'à Dieu le Père parce qu'étant seul Dieu sans venir d'un autre, il est bon d'une bonté qu'il ne tient de personne, tandis que Dieu le Fils venant du Père, c'est du Père qu'il tient sa grandeur et sa bonté ; veuillez faire attention et remarquer qui de nous deux a les meilleurs sentiments de Dieu le Père et de Dieu le Fils ; est-ce moi qui dis que Dieu le Père, à la vérité n'est point Dieu d'un autre Dieu, et que Dieu le Fils est Dieu de Dieu le Père, mais que ce dernier, bien que venant du premier, est aussi grand que le premier qui ne vient d'aucun autre ; et de même que le Père est bon mais d'une bonté qu'il ne tient d'aucun autre, tandis que le Fils est bon d'une bonté qu'il tient du Père, mais que ce dernier, bien qu'étant bon d'une bonté qu'il tient du premier, est aussi bon que le premier dont la bonté ne vient d'aucun autre ; ou bien est-ce vous qui dites qu'il n'y a que le Père qui seul soit bon parce qu'il n'est point Dieu venant d'un autre Dieu, et qu'il n'est point bon d'une bonté venant d'un autre, et que le Fils n'est point égal au Père parce qu'il est Dieu venant de lui, et qu'il

---

Filium Dei. Quanto ergo nobis latitudo intelligentiæ magis patet, quia non dixit : Nemo bonus nisi unus Pater; sed : « Nemo bonus nisi unus Deus; » quod est ipsa Trinitas. Quærebat quippe ille cui hoc respondit Jesus, non bonum qualecumque, sed bonum quo fieret beatus : imo ipsam beatitudinem veram, id est, vitam desiderabat æternam : et interpellaverat tanquam hominem Christum, nesciens eum esse etiam Deum. Dixerat enim : « Magister bone, quid faciam ut vitam æternam consequar ? » (*Marc.*, X, 18.) Tunc ait ille : « Quid me dicis bonum ? Nemo bonus nisi unus Deus. » Vel, sicut legitur apud alium Evangelistam, quod tantumdem valet : « Nemo bonus nisi solus Deus. » (*Luc.*, XVIII, 19) Tanquam diceret : Recte me appellabis bonum, si me noveris Deum. Nam quando me nihil aliud quam hominem putas, quid me dicis bonum ? Non ita facit bonum nec beatum, nisi bonum immutabile quod solus est Deus. Nam bonus angelus, bonus homo, bona cætera creatura : hæc non ita bona sunt ut ea quisquis adeptus fuerit, sit beatus, nec ulla est beata vita, si non sit æterna. Quomodo autem non est tale bonum Dei Filius verus, cum sit verus Deus et vita æterna, ad quam cupiebat ille qui interrogaverat pervenire ?

6. Proinde cum ego asseram : « Nemo bonus nisi unus et solus Deus, » de ipsa Trinitate dictum esse, qui Deus unus et solus est; tu autem asseras de solo Deo Patre dictum esse, quia ipse de nullo alio Deus, de nullo alio bonus est; Filius autem de Patre Deus, de Patre magnus et bonus est : diligenter attende quis nostrum bene sentiat de Deo Patre et de Deo Filio; utrum ego qui dico, Deus quidem Pater, non de alio Deo Deus est, Deus autem Filius de Patre Deo Deus est, sed tantus iste de illo, quantus ille de nullo; et bonus Pater non de alio bono bonus est, Filius vero de Patre bono bonus est, sed tam bonus hic de illo, quam bonus ille de nullo : an tu qui propterea dicis solum esse Patrem Deum bonum, quia nec Deus est de alio Deo, nec bonus de alio bono; Filium vero ideo Patri non esse coæquandum, quia de illo Deus

LIVRE II. — CHAPITRE XXIII.

est bon d'une bonté qui vient aussi de lui? Une telle pensée, est, de votre part, un blasphème contre l'un et contre l'autre, contre le Père, puisqu'il n'aurait point engendré un Fils aussi grand que lui ni tel que lui, et contre le Fils parce qu'il n'aurait point mérité de naître aussi grand ni tel que celui qui l'a engendré. Après tout, les deux choses mêmes dont nous parlons en ce moment, je veux dire, la divinité et la bonté, car il est dit : « Personne n'est bon si ce n'est Dieu seul, » disparaissent dans votre opinion. En effet, s'il n'a pu engendrer un Fils aussi grand que lui et tel que lui, comment est-il Dieu? Et s'il ne l'a point voulu faire, comment est-il bon?

7. Vous dites : « Le Père est la source de la bonté, lui qui ne tient la bonté de personne. » Est-ce que le Fils serait moins bon parce qu'il tient la bonté du Père dont il l'a reçue, du Père, dis-je, qui a pu la donner à son Fils naissant aussi grande qu'il l'a lui-même, parce qu'il est Dieu, et qui la lui a donnée en effet, parce qu'étant bon il n'a point pu la lui envier? En effet, s'il a donné à son Fils unique moins de bonté qu'il n'en a lui-même, il est moins bon qu'il ne doit; or, le penser est une folie. Donc il a donné à son Fils autant de bonté qu'il en a lui-même. Et comme le Fils est Fils par nature, non par grâce, le Père lui a donné sa bonté en l'engendrant non point parce qu'il s'est trouvé en manquer; et celui qui était plein de bonté a engendré un Fils qui en est plein également; la source de la bonté a produit une source de bonté. Par conséquent le Fils n'a point augmenté, en soi, la bonté qu'il a reçue, et celui qui la lui a donnée n'a rien perdu de celle qu'il avait, attendu que l'immutabilité ne saurait défaillir et que la plénitude ne saurait s'accroître. Qu'est-ce que la bonté même sinon la vie qui donne la vie? Par conséquent la source ayant enfanté la source, si le Père ressuscite et vivifie les morts, le Fils vivifie également qui il lui plaît. (*Jean*, v, 21.) C'est le Fils lui-même qui dit cela, ce n'est point moi. Ainsi c'est avec raison qu'on dit au Père : « La source de la vie est en vous. » (*Ps.* xxxv, 10.) Mais quelle est cette source de vie dans le Père, sinon celui dont il est dit : « Au commencement était le Verbe, et le Verbe était en Dieu, et le Verbe était Dieu, il était au commencement avec Dieu, » (*Jean*, i, 1) et dont il est dit un peu plus loin : « Et la vie était la lumière des hommes? » (*Jean*, i, 4.) Cette vie est la source de la vie, et cette lumière est la lumière de la lumière. Aussi après avoir dit : C'est en vous que se trouve la source de la vie, le Psalmiste ajoute-t-il : C'est dans votre lumière que nous verrons votre lumière, c'est-à-dire, c'est dans votre Fils que nous verrons le Saint-Esprit que vous avez, dans la première partie de notre conférence proclamé vous-même illuminateur.

---

est, de illo bonus est. In qua sententia utrumque blasphemas, et Patrem scilicet, quia non tantum genuit quantus est ipse, nec talem qualis est ipse ; et Filium, quia talis tantusque nasci non meruit, qualis quantusque est ille qui genuit. Denique ista ipsa duo de quibus agimus, hoc est, deitas et bonitas, quoniam dictum est : « Nemo bonus nisi unus Deus, » in hac tua opinione deficiunt. Tantum enim quantus est ipse, et talem qualis est ipse, si non potuit gignere, quomodo Deus est? Si noluit, quomodo bonus est?

7. « Pater, inquis, fons bonitatis est, qui quod est bonus a nemine accepit. » Numquid ideo minus bonus est Filius, quoniam quod bonus est, ab eo Patre accepit, qui nascenti Filio tantam bonitatem quantacumque illi est, quia Deus est, dare potuit ; et dedit, quia bonus invidere non potuit? Nam si minus bonitatis, quam quod ipse habet unico dedit, minus bonus est et ipse quam debuit : quod sentire dementiæ est. Ergo quantum ipse habet bonitatis, tantum Filio dedit. Et quia natura est, non gratia Filius, nascenti, non indigenti dedit; et plenus plenum, fons bonitatis fontem genuit bonitatis. Ac per hoc nec auxit in se hic quod accepit, nec minuit in se ille (*a*) qui dedit : quia non habet immutabilitas unde deficiat, non habet plenitudo quo crescat. Quid est autem ipsa bonitas, nisi vita vivificans? Proinde quia fons fontem genuit, sicut Pater suscitat mortuos et vivificat, sic et Filius quos vult vivificat. (*Joan.*, v, 21.) Hoc ipse Filius dixit, non ego. Unde merito Deo Patri dicitur : Quoniam apud te est fons vitæ. (*Psal.* xxxv, 10.) Quis est autem iste fons vitæ apud Patrem, nisi de quo dicitur : In principio erat Verbum, et Verbum erat apud Deum, et Deus erat Verbum, hoc erat in principio apud Deum? (*Joan.*, i, 1.) De quo etiam paulo post dictum est : Et vita erat lux hominum. (*Joan.*, i, 4.) Hæc vita fons vitæ est, et lux ista lux lucis est. Unde cum dictum esset : Apud te est fons vitæ : continuo subjunctum est : In lumine tuo videbimus lumen, hoc est, in Filio tuo Spiritum sanctum; quem

(*a*) Sic Mss. Editi vero *quod dedit.*

Ainsi la source de source, c'est le Fils venant du Père, mais l'un et l'autre ne font qu'une source; la lumière de lumière, c'est le Fils venant du Père, et l'un et l'autre ne font qu'une seule lumière; de même que Dieu de Dieu le Fils ne fait avec celui dont il vient qu'un seul et même Dieu, et tout cela ne va point sans le Saint-Esprit. C'est de cette source de bonté, de cette source de vie, de cette lumière immuable, de cette plénitude indécroissante, c'est-à-dire, du Père, du Fils et du Saint-Esprit, seul et unique Seigneur Dieu, que tous ceux qui croient véritablement dans la mesure de leur foi, reçoivent ce qui les fait bons, les vivifie, les illumine et les remplit. Et, permettez-moi de vous le dire, je ne sais par quelle incroyable témérité, vous avez placé le Fils unique sur le même rang que ceux-là. Voici en effet comment vous vous exprimez : « Mais soit le Fils, soit tous ceux qui ont été créés par le Fils, n'ont reçu que de cette seule source de bonté pour être bons chacun selon la mesure de la foi. » Qu'est donc devenue votre précédente confession, alors que vous reconnaissiez que le Fils est Fils par nature, non point par grâce? Voilà que vous allez contre votre propre déclaration, voilà que vous découvrez le criminel secret de votre hérésie qui vous fait dire que le vrai Fils de Dieu, vrai Dieu, n'est point Fils de Dieu par nature, mais par grâce. En effet, si, comme le crient vos propres paroles, il a pris dans la mesure de la foi pour être bon, il s'ensuit qu'il est Fils par grâce non par nature. Il y eut un temps où il n'était point bon, et c'est en croyant qu'il devint bon, attendu que, d'après ce que vous dites, il a puisé à la source de la bonté, c'est-à-dire dans celui qui est le Père, selon la mesure de sa foi. En effet, nous lisons que Jésus avançait en âge et en sagesse et que la grâce de Dieu était en lui (*Luc.*, II, 52), mais c'était selon la forme d'homme qu'il nous avait empruntée pour nous, non point selon la forme de Dieu dans laquelle il n'a point cru que ce fût prendre un bien qui ne lui appartînt pas que de se croire égal à Dieu. (*Philip.*, II, 6.) Mais si nous lisons que dans cette forme même d'homme il avançait en âge et en sagesse, ce n'est point à dire pour cela toutefois, qu'il a mérité parce qu'il a cru, de devenir bon après avoir commencé par ne l'être point. Mais il n'est pas question, entre nous, pour le moment, de la nature du Fils de l'homme dans laquelle le Fils de Dieu est moindre que son Père; mais de la nature du Fils de Dieu dans laquelle nous disons, et vous niez qu'il est égal au Père, attendu qu'étant vrai Fils, Fils unique, vrai Dieu, Fils de vrai Dieu, il n'a point dégénéré de son Père. Aussi n'avez-vous pu lire nulle part dans les saintes Ecritures que le Père est incomparable au Fils, et ce n'est point avec

---

tu quoque esse illuminatorem in Collationis nostræ prima parte professus es. Fons ergo de fonte, Filius de Patre, et simul ambo fons unus : lux de luce, Filius de Patre, et simul ambo lux una : sicut Deus de Deo, et simul ambo utique Deus unus : et hoc totum non sine Spiritu amborum. Ex hoc fonte bonitatis, ex hoc fonte vitæ, ex hoc immutabili lumine, ex hac indeficiente plenitudine, id est, Patre, et Filio, et Spiritu sancto, uno Domino Deo solo, secundum mensuram fidei suæ quicumque veraciter credunt, sumentes boni fiunt, vivificantur, illuminantur, implentur. Quibus tu unigenitum Filium, pace tua dixerim, nescio qua incredibili temeritate junxisti. Tua quippe ista sunt verba : « Sive, inquis, Filius, sive qui per Filium sunt facti, de illo uno fonte bonitatis unusquisque secundum mensuram fidei suæ assumpserunt ut essent boni. » Ubi est ergo quod fueras ante confessus, illum natura Filium esse, (*a*) non gratia ? Ecce contra sententiam tuam venis : ecce jam prodis nefarium secretum hæresis vestræ, quia unigenitum verum Dei Filium, verum Deum, non natura Filium, sed gratia profitemini. Si enim et ipse, sicut verba tua clamant, secundum mensuram fidei suæ, ut bonus esset, assumpsit; gratia est ergo Filius, non natura : et fuit aliquando non bonus, et credendo factus est bonus; quia ut esset bonus, quemadmodum dicis, secundum mensuram fidei suæ de illo qui Pater est, fonte bonitatis assumpsit. Legimus quidem quod Jesus proficiebat ætate et sapientia, et gratia Dei erat in illo (*Luc.*, II, 52) : sed secundum formam hominis quam pro nobis accepit ex nobis, non secundum formam Dei, in qua non alienum arbitratus est esse æqualis Deo. (*Philip.*, II, 6.) Verumtamen etiam in ipsa forma hominis legimus cum ætate et sapientia proficisse, non tamen ut ex non bono bonus fieret credendo meruisse. Neque nunc inter nos quæstio vertitur de natura filii hominis, in qua Dei Filius minor est Patre : sed de natura Filii Dei, in qua, ut nos dicimus, vos negatis, æqualis est Patri : quia Filius verus, Filius unicus, Filius de vero Deo verus Deus, in nullo degeneravit a Patre. Proinde incomparabilem Patrem Filio, nec in Scripturis sanctis

(*a*) Plures Mss. *nos gratia*.

une saine foi que vous avez dit aussi que le Père est immense, attendu que vous ne le dites que pour ne point faire le Fils également immense et pour le croire terminé dans une mesure. Gardez pour vous cette mesure à laquelle vous voulez mesurer votre faux Seigneur en mentant au sujet du vrai Seigneur.

CHAPITRE XXIV.

Vous dites avec raison que le Père aime le Fils et le Fils le Père, pourvu que vous disiez aussi que l'amour n'est point plus grand dans le Père que dans le Fils; car étant naturellement égaux à raison de la divinité, ils s'aiment également l'un l'autre. En tant qu'homme le Fils accomplit les ordres du Père, mais en tant que Dieu, le Fils même est l'ordre du Père, attendu qu'il est le Verbe du Père. Voilà pourquoi, dans un autre endroit, il dit, en parlant de l'ordre du Père, c'est-à-dire de lui-même : « Et je sais que son ordre c'est la vie éternelle. » (*Jean*, XII, 50.) Que d'ailleurs le Fils de Dieu soit lui-même la vie éternelle, c'est ce que les divines Ecritures nous attestent. En effet, quand il dit quelque part : « Quiconque me voit, voit aussi le Père, » (*Jean*, XIV, 9) qui ne sait qu'il parle ainsi parce que c'est par l'intelligence qu'on voit le Fils égal au Père? Mais vous, si vous ne voulez point de cela, c'est parce que vous ne voyez point le Fils par les yeux du cœur, autant du moins qu'il se peut voir en cette vie.

CHAPITRE XXV.

J'ai eu tort, pensez-vous, de dire que c'est à cause de la forme d'esclave que le Fils a prise, que ce dernier est plus petit que le Père. Pour vous, d'après votre hérésie, c'est dans la forme même de Dieu que vous voulez que le Père soit plus grand que le Fils; et vous lui enviez tellement la forme de Père, que si vous voulez que son Fils lui soit né parfait d'une perfection éternelle, c'est pour qu'il ne puisse atteindre la perfection du Père en grandissant. Mais c'est en vain que l'homme envie au Fils de Dieu la forme de son Père, quand le Père ne la lui envie point, puisqu'il l'a engendré unique et égal à lui. Mais vous dites que la gloire du Père n'est point grande, s'il n'est plus grand que la forme d'esclave que les anges même dépassent. Ne voyez-vous point que vos efforts ne tendent à rien moins qu'à grandir la gloire du Père par l'abaissement du Fils unique, en sorte que le Père ne grandisse en gloire qu'à proportion que le Fils diminue dans sa nature? Arrêtez-vous, ne savez-vous point que vous faites injure au Père et au Fils si l'un ne put ou ne voulut point engendrer un Fils qui lui fût égal et si l'autre ne put ou ne voulut point naître égal à son Père. Dieu ne

---

alicubi legere potuisti. Nec sana fide ipse dixisti immensum etiam Patrem; quoniam propterea dicis, ut Filium non pariter immensum, sed mensura existimes terminatum. Tecum habeto mensuram tuam, qua tuum falsum dominum metiaris, et de vero Domino mentiaris.

CAPUT XXIV.

Bene confiteris quod et Pater diligat Filium, et Filius diligat Patrem : sed si et hoc confitearis, quia non est major dilectio in Patre quam in Filio. Quia enim natura divinitatis æquales sunt, æqualiter se invicem diligunt. Facit autem Filius sicut homo mandatum Patris. Nam sicut Deus, ipse Filius est mandatum Patris, quia ipse est Verbum Patris. Unde alio loco de mandato Patris, hoc est, de se ipso dicit : Scio quia mandatum ejus vita æterna est. (*Joan.*, XII, 50.) Quod autem ipse Dei Filius sit vita æterna, Scriptura divina testatur. Ubi autem ait : « Qui me vidit, vidit et Patrem : » (*Joan.*, XIV, 9) quis nesciat ideo dictum, quoniam quisquis per intelligentiam videt Filium, Patri utique videt æqualem? Quod vos ideo non vultis, quia per oculos cordis, quantum in hac vita videri potest, Filium non videtis.

CAPUT XXV.

Putas non recte a me dictum esse, quod propter formam servi quam suscepit Filius (*Philip.*, II, 7), major sit Pater. Tu enim secundum hæresim vestram, in ipsa Dei forma Patrem Filio vis esse majorem : cui paternam sic invides formam, ut ideo perfectum velis natum esse Filium æterna perfectione, ne ad paternam formam saltem crescendo valeat pervenire. Sed inaniter invidet homo paternam formam Dei Filio, cui Pater eam non invidit, quia æqualem sibi unicum genuit. Sed dicis non esse Patris magnam gloriam, si ea forma servi major est, qua forma sunt majores et angeli. Vide si aliud conaris, nisi ad unius Patris gloriam, per unici Filii contumeliam pervenire, ut scilicet non augeatur Pater in gloria, nisi minuatur Filius in natura. Cohibe te : nescis et Patri et Filio

veut point recevoir en tant que Père des louanges qui consistent à le représenter comme ne s'étant donné qu'un Fils dégénéré. Il aime trop son Fils pour vouloir que sa forme soit déclarée si excellente que ce Fils unique n'aurait pu la recevoir en naissant ou y atteindre en grandissant. S'il vous semble que vous ne dites rien de grand de Dieu le Père, s'il n'est plus grand que la forme de l'esclave que les anges même dépassent en grandeur, vous ne réfléchissez pas assez au rang que la nature humaine créée à l'image de Dieu occupe parmi les êtres. Les anges peuvent être appelés plus grands que l'homme parce qu'ils sont plus grands que le corps de l'homme ; ils sont aussi plus grands que l'esprit de l'homme, mais considéré dans la forme que le corps sujet à la corruption appesantit par suite du péché originel. Mais s'il s'agit de la nature humaine, de cette nature d'âme humaine que le Christ a prise, et qui n'a pu être souillée par le péché, il n'y a que Dieu qui soit plus grand qu'elle. D'ailleurs l'Ecriture même nous fait connaître pourquoi elle a dit : « Vous l'avez abaissé au-dessous des anges, » (*Ps.* VIII, 6), car elle ajoute ailleurs : « Nous le voyons ce Jésus rendu un peu inférieur aux anges à cause de sa passion et de sa mort. » (*Hébr.*, II, 9.) Ce n'est donc point par sa nature d'homme, mais par sa passion et sa mort qu'il a été amoindri ; dans sa nature d'homme qui, par l'âme raisonnable et intelligente, surpasse toutes les autres créatures, il n'a que Dieu plus grand que lui ; aussi n'est-ce point lui faire tort que de lui dire : Dieu est plus grand que notre cœur. (I *Jean*, III, 20.) Si donc le Fils de Dieu, sur le point d'enlever vers son Père l'humanité qu'il s'était unie, disait : « Si vous m'aimiez, vous vous réjouiriez certainement de ce que je m'en vais à mon Père, parce que mon Père est plus grand que moi, » (*Jean*, XIV, 28) ce n'est point à son corps seulement mais aussi à l'âme humaine qu'il avait prise, qu'il préférait Dieu son Père : or, on reconnaît là la forme d'esclave tout entière, puisque c'est la créature entière qui sert le Créateur.

CHAPITRE XXVI.

1. Dans votre dernière objection vous demandez comment Dieu a pu se faire voir aux anciens, le Christ n'ayant point encore pris alors un corps d'homme dans lequel il pût être vu, et Dieu étant invisible par lui-même dans sa nature divine. Or, après avoir avancé vous-même, entre autres choses, que, non-seulement le Père, mais le Fils même dans la substance de sa divinité est invisible tant aux hommes qu'aux puissances célestes, plus tard, changeant d'opinion vous avez dit que, même avant son incarnation, il

te ingerere contumeliam, si nec ille potuit aut noluit gignere æqualem sibi, nec iste nasci æqualis Patri. Non se vult Deus ita laudari Patrem, ut Filium dicatur de se ipso generasse degenerem. Non vult bonus Filii dilector ita prædicari formam suam, ut eam hi potuerit unicus ejus vel nascendo sumere, vel crescendo comprehendere. Quod autem tibi videtur nihil magnum de Deo Patre dici, si forma servi major est, qua majores videntur et angeli : non recte cogitas quem locum in rebus habeat humana natura, quæ condita est ad imaginem Dei. Majores angeli dici possunt homine, quia majores sunt hominis corpore : majores sunt et animo, sed in forma quam peccati originalis merito corruptibile aggravat corpus. Natura vero humana, qualem naturam Christus humanæ mentis assumpsit, quæ nullo peccato potuit depravari, solus major est Deus. Denique propter quid dictum sit : Minorasti eum modico minus quam angelos (*Psal.* VIII, 6) : aperuit Scriptura, ubi legitur : « Eum autem modico minus quam angelos minoratum vidimus Jesum propter passionem mortis. » (*Hebr.*, II, 9.) Non ergo propter naturam hominis, sed propter passionem mortis. Natura vero hominis, quæ mente rationali et intellectuali creaturas cæteras antecedit, Deus solus est major : cui utique injuria facta non est, ubi scriptum est : Major est Deus corde nostro. (I *Joan.*, III, 20.) Filius ergo Dei susceptum hominem levaturus ad Patrem quando dicebat : Si diligeretis me, gauderetis utique, quia vado ad Patrem, quia Pater major me est (*Joan.*, XIV, 28) : non carni suæ solum, sed etiam menti, quam gerebat, humanæ Deum Patrem utique præferebat : quæ tota sine dubio forma agnoscitur servi, quoniam tota servit creatura Creatori.

CAPUT XXVI.

1. Postrema tibi disputatio fuit, quomodo sit Deus patribus visus, quando corpus humanum in quo videretur nondum acceperat Christus, cum invisibilis sit per se ipsa divina natura. Quod cum etiam tu ita confessus fueris, ut inter cætera non solum Patrem, sed nec ipsum Filium in substantia divinitatis suæ diceres esse visibilem, non solum hominibus, sed nec ipsis cœlestibus potestatibus : postea mutata sententia dicis eum, et ante incarnationem suam conspectibus

LIVRE II. — CHAPITRE XXVI.

s'est montré aux regards des mortels, et vous prétendez que ces mots de l'Apôtre : « Que nul homme n'a vu et ne peut voir, » (I *Tim.*, VI, 16) ne s'entendent que de Dieu le Père, et que pour le Fils, il fut vu par les hommes dès le commencement du genre humain. Pour le prouver, vous avez cité une multitude de passages des saintes Écritures qui n'ont pu vous avancer en rien. En effet, on ne voit nulle part que Moïse ait écrit, comme vous le prétendez, que, depuis le premier Adam jusqu'à l'incarnation même, le Fils n'a cessé d'être vu. Vous dites qu'il a avancé cela dans la Genèse; or, c'est aussi faux que ridicule. En effet, est-ce que le livre de la Genèse contient tout ce qui s'est passé depuis Adam jusqu'à l'incarnation du Christ? Et Moïse lui-même a-t-il donc vécu en chair et en os, jusqu'au temps de l'incarnation du Christ, et a-t-il écrit ce qui s'est fait pendant ce laps de temps? Voilà ce que vous dites, et vous vous figurez avoir dit quelque chose qui ait du sens, ou du moins vous passez pour le faire aux yeux de ceux qui ne peuvent pas même apercevoir combien tout cela est faux.

2. Vous nous rappelez après cela ces paroles du Père au Fils : « Faisons l'homme à notre image et ressemblance. » (*Gen.*, 1, 26.) Mais qu'importe, je vous le demande, et en quoi cela se rapporte-t-il à la question? Aviez-vous donc tant de temps à perdre en discours que, ne faisant aucune attention à ce que vous aviez à prouver, vous preniez plaisir à nous jeter à la tête, de mémoire et sans raison, tout le livre de la Genèse? Est-ce que ces mots du Père au Fils : « Faisons l'homme à notre image et ressemblance » prouvent que le Christ a été vu des hommes avant qu'il eût pris un corps? Puis vous poursuivez en disant : « Et Dieu fit l'homme, » et vous ajoutez : « Quel Dieu sinon le Fils? » Puis, comme pour me convaincre par mes propres écrits vous me dites : « C'est ce que vous avez vous-même expliqué dans vos traités. » Sur ce point je ne veux même pas rechercher si vous dites vrai, puisque ce que vous dites n'a point rapport à la question. En effet, ce dont il s'agit entre nous, c'est de savoir si le Christ s'est montré aux yeux des hommes dans sa substance divine. Vous dites encore : « Dieu fit l'homme, » puis vous ajoutez : « Quel Dieu sinon le Fils? » Comme s'il s'en suivait que l'homme eût vu celui qui le faisait de ses yeux de chair. S'il en était ainsi, tous les hommes verraient Dieu. Quel autre que lui en effet, les fait dans le sein de leurs mères? Vous ajoutez encore quelques réflexions pareilles et vous dites : « C'est donc ce même Fils qui était l'interlocuteur de son Père et qui lui disait : Il n'est point bon que l'homme soit seul, faisons-lui un aide semblable à lui. »

apparuisse mortalium, asserens illud quod ait Apostolus : « Quem nemo hominum vidit, nec videre potest, » (I *Tim.*, VI, 16) de solo Deo Patre dictum esse : Filium vero ex initio generis humani videri solitum esse ab hominibus. Quod cum probare voluisses, multa de Scripturis sanctis testimonia protulisti, quæ te nihil adjuvare potuerunt. Non enim legis alicubi scripsisse Moysen, sicut dicis, quod ab illo primo homine Adam usque ad ipsam incarnationem semper Filius visus est. Hoc enim cum describere pronuntias in Geneseos libro, quod ita falsum est, ut etiam ridiculum sit. Numquid enim liber Geneseos, ab Adam usque ad incarnationem Christi, ea quæ gesta sunt continet? Aut ipse Moyses usque ad tempora incarnationis Christi, vel in carne vixit, vel ea quæ facta sunt scripsit? Hæc dicis, et putas te aliquid dicere, vel putaris ab eis, qui nec ista possunt, quæ tam manifeste falsa sunt, cernere.

2. Deinde quod commemoras Patrem ad Filium dicentem : « Faciamus hominem ad imaginem et similitudinem nostram : » (*Gen.*, 1, 26) quid hoc ad rem pertinet, rogo te, quid ad rem pertinet? Tantumne tibi vacabat loqui, ut non attendens quid probare susceperis, memoriter nobis et inaniter scripturam Geneseos ventilares? Numquid hinc probatur ante carnem susceptam visus ab hominibus Christus, quia dixit Pater ad Filium : « Faciamus hominem ad imaginem et similitudinem nostram : » Deinde adjungis, ac dicis : « Et fecit Deus hominem : » atque addis : « Quis Deus, nisi Filius? » Et ut mihi de opere quasi præscribas meo : « Hoc utique, inquis, et tu in tuis Tractatibus exposuisti. » Ubi nolo quærere quam verum loquaris, quando video nihil ad causam pertinere quod loqueris. Agitur quippe inter nos, utrum per suæ divinitatis substantiam Christus visibus apparuisset humanis. Et tu dicis : Fecit Deus hominem : » et addis : « Quis Deus, nisi Filius? » quasi propterea necesse fuerit ut homo Deum opificem suum videret oculis carneis. Hoc si ita esset, omnes homines viderent Deum. Quis enim alius eos facit in uteris matrum? Adhuc adjicis talia, et dicis : « Iste ergo Filius qui est propheta sui genitoris, dicebat : Non est bonum solum esse hominem, faciamus ei adjutorium secundum se. » (*Gen.*, II, 18.) Si quæram, quis tibi indicaverit quia Filius hoc dicebat, in quibus angustiis te videbis? Scriptura enim

(*Gen.*, II, 18.) Si je vous demande qui vous a appris que le Fils a dit cela, quel embarras va être le vôtre? En effet, l'Ecriture qui a dit : « Au commencement Dieu fit le ciel et la terre, » (*Gen.*, I, 1) sans exprimer si ce fut le Père, le Fils, le Saint-Esprit, ou la Trinité même qui est un seul Dieu qui l'a fait, et pour le reste, elle ne parle de Dieu encore qu'en disant : Et Dieu fit, et Dieu dit, à chacune des choses dont elle nous raconte qu'il fut le créateur. (*Gen.*, I, 7 *et passim.*) Elle dit donc de la même manière : « Et Dieu dit : Faisons l'homme à notre image et ressemblance, et Dieu fit l'homme. » Elle ne s'est point exprimée autrement à l'endroit où il dit : « Il n'est pas bon que l'homme soit seul, faisons-lui un aide semblable à lui. » Où donc avez-vous pris que ce qui précède c'est le Père qui l'a dit et que ces derniers mots c'est le Fils qui les a prononcées. Comment distinguez-vous cela, je vous prie, qu'est-ce qui vous fait avancer que c'est le Père qui a dit : « Que la lumière se fasse? » (*Gen.*, I, 3) et le reste, que c'est encore le Père qui a dit : « Faisons l'homme? » et que c'est le Fils qui a ajouté : « Faisons-lui un aide? » puisque l'Ecriture dans tous ces endroits ne dit pas autre chose que ceci : Dieu dit : quelle témérité, quelle présomption? Et puis quand après cela, vous ne cessez de répéter que le Père est plus grand que le Fils, parce qu'il a dit : Que ceci ou cela soit fait, comme s'il avait ordonné au Fils de le faire, et que le Fils fût moindre que le Père, parce qu'il a accompli ses ordres, qu'allez-vous dire à l'endroit où il est écrit : « Faisons l'homme? » Il ne dit pas, en effet, comme il l'a fait plus haut, que l'homme soit fait, comme s'il avait ordonné au Fils de le faire, mais : « Faisons l'homme. » Je ne vous demande point de me dire qui a parlé ainsi, car nous avons déjà votre réponse sur ce point, c'est le Père qui aurait dit cela au Fils. En ce cas, pourquoi n'a-t-il point dit : Qu'il soit fait; ou bien, faites-le, et a-t-il dit au contraire : « Faisons? » Est-ce que pour tout le reste Dieu a commandé et le Fils a exécuté, tandis que pour l'homme ils l'auraient fait ensemble, le Père aidant à l'œuvre, non content de la commander, et le Fils accomplissant l'ordre du Père, sans en donner lui-même? Mais si vous comprenez que c'est le Père qui ordonne, parce qu'il est écrit : « Dieu dit : Faisons l'homme, » il s'ensuit que le Fils a commandé aussi, puisque selon vous ce n'est point le Père mais le Fils qui aurait dit : « Faisons-lui un aide. » Et de même que là où il est dit : « Et Dieu fit l'homme, » vous voulez qu'on voie l'obéissance du Fils à l'ordre de son Père, attendu que c'est le Père qui aurait dit : « Faisons l'homme, » il faut de même que, là où nous lisons ces mots : Et le Seigneur envoya un sommeil à Adam, prit une de ses côtes, et le reste du récit qui nous montre

---

quæ dixit : In principio fecit Deus cœlum et terram (*Gen.*, I, 1) : non exprimens utrum Pater, an Filius, an Spiritus sanctus, an ipsa Trinitas fecerit, qui unus est Deus; per cætera etiam ita commemorat Deum, ut dicat : Et fecit Deus (*Gen.*, I, 7; *Ibid.*, I, 3; *Ibid.*, I, 26) : Et dixit Deus, per quæque opera ejus, quorum illum asserit conditorem. Simili ergo locutione ait : « Et dixit Deus : Faciamus hominem ad imaginem et similitudinem nostram. Et fecit Deus hominem. » Nec aliter locuta est, ubi ait. « Non est bonum esse hominem solum, faciamus ei adjutorium secundum se. » Unde igitur tibi persuasum est, cætera superiora Patrem dixisse, hoc autem Filium? Unde quæso distinguis, unde discernis Patrem dixisse : « Fiat lux, » (*Gen.*, I, 3) et cætera? Patrem denique dixisse : « Faciamus hominem? » Et Filium dixisse : « Faciamus ei adjutorium? » Cum tibi Scriptura ubique non dicat nisi : Dixit Deus. Quæ est ista temeritas, quæ præsumptio? Deinde cum ideo Patrem majorem soleatis asserere, quia dixit : Fiat hoc, aut illud, tanquam jubens Filio; Filium vero ideo minorem, quia jussa perfecit: quid dicturi estis, ubi scriptum est : « Faciamus hominem? » Non enim ait sicut in superioribus : Fiat homo, tanquam id jusserit Filio : sed : « Faciamus, inquit, hominem. » Quod non quæro quem dixisse arbitreris : jam enim verba tua tenemus, quod Pater hoc dixerit Filio. Cur ergo non ait : Fiat, vel fac; sed ait : « Faciamus. » An cætera Deus imperavit, et Filius fecit; hominem vero ambo fecerunt, sed Patre et jubente (*a*) et cooperante, Filio autem non jubente, sed tantum jussa faciente? Sed si propterea Patrem jubentem intelligis, quia scriptum est : « Dixit Deus : Faciamus hominem : » ergo jussit et Filius; quia tu ipse non Patrem accipis dixisse, sed Filium : « Faciamus ei adjutorium. » Et sicut illud ubi dictum est : « Et fecit Deus hominem; » obedisse jubenti Patri Filium vis videri, quia Pater dixerat : « Faciamus hominem : » (*Gen.*, II, 21) ita etiam ubi legimus : Et immisit Dominus soporem in Adam, et sumpsit unam de costis ejus, et cætera,

---

(*a*) Editi *et cooperante Filio, Filio autem non jubente,* etc. Castigantur ex Mss.

qu'un aide fut fait à l'homme, nous comprenions suivant vous que le Père a obéi au Fils qui lui a donné ses ordres, puisque vous prétendez que ce n'est point le Père mais le Fils qui a dit : « Faisons-lui un aide. »

3. Je m'arrête à parler de tout cela comme si ce qu'il vous plaira de croire ou de soupçonner par suite de ces paroles, avait quelque rapport avec le sujet controversé entre nous. J'accorde, ainsi que vous le prétendez, que c'est le Père qui ordonne quand il est dit : « Faisons l'homme, » et que c'est le Fils qui obéit quand il est dit aussi : « Et Dieu fit l'homme. » J'accorde, puisque cela vous fait plaisir, que c'est le Fils qui a dit : « Il n'est pas bon que l'homme soit seul, faisons-lui un aide, » et qu'en s'exprimant ainsi, le Fils ne commandait point, puisqu'il vous plaît de le dire ; mais comment montrez-vous que le Fils qui a fait l'homme, était vu de l'homme ? Comment montrez-vous que le Fils qui a dit : « Il n'est pas bon que l'homme soit seul, faisons-lui un aide, » était vu soit de l'homme, soit de la femme si vous voulez que celle-ci n'ait point été faite par le Père, de peur que le Père ne semble avoir obéi au Fils, mais que ce soit lui qui l'ait faite, comme se commandant et s'obéissant à lui-même, le Fils, dis-je, qui ait dit qu'il fallait la faire et qui l'ait faite ? Montrez-moi que le Fils a été vu par l'homme, et qu'il a été vu aussi par la femme ; car vous m'aviez promis de me démontrer que le Fils a été vu par des yeux d'homme avant de s'être incarné. Tenez votre promesse, pourquoi vous perdre dans le vague ? pourquoi vous jouer de notre attente et ne point tenir ce que vous avez promis ? Vous vous lancez dans une multitude de paroles inutiles, pour perdre un temps bien utile. Si le Fils a été vu de l'homme parce que c'est lui qui l'a fait, il a été vu aussi par la femme puisque c'est également lui qui l'a faite. Dites donc, si vous l'osez, que Dieu le Fils n'a point pu faire des êtres qui voient sans être vu lui-même par ses œuvres quoique ces mêmes êtres vissent d'autres êtres. Si Dieu le Fils a pu faire cela, or, c'est lui encore qui jusqu'à ce jour ne cesse de faire tout ce qui voit, sans toutefois être vu des yeux des êtres qu'il fait, d'où vient donc que vous parlez comme vous le faites ? Pourquoi avez-vous rapporté ces paroles de la Genèse dans votre discours ? Pourquoi avez-vous perdu en paroles superflues un temps si précieux pour nous ?

4. Vous dites : « Ce Fils a été vu d'Adam, selon ce que nous lisons qu'Adam lui dit : J'ai entendu votre voix quand vous vous promeniez dans le paradis et je me suis caché, parce que j'étais nu. » (*Gen.*, III, 9.) Mais mon brave homme, c'est par là que vous auriez dû commencer pour vous acquitter de votre promesse, quoique, après tout, dans ce passage, Adam dit : « J'ai entendu votre voix, » non pas : j'ai vu

---

quibus ostenditur factum homini esse adjutorium, obedisse Patrem jubenti Filio, te auctore, intelligamus ; quia non Patrem, sed Filium dixisse asseris : « Faciamus ei adjutorium. »

3. Sed hæc ita loquor, quasi ad causam quæ a nobis agitur, quidquam pertineat, quodlibet hinc volueris credere aut suspicari. Prorsus, sicut dicis, Pater jusserit, ubi dictum est : « Faciamus hominem ; » et Filius obedierit, ubi dictum est : « Et fecit Deus hominem : » prorsus sicut te delectat, Filius dixerit : « Non est bonum solum esse hominem, faciamus ei adjutorium ; » sed talia dicens ipse non jusserit, quia hoc vultis : quomodo ostendis Filium qui hominem fecerit, ab homine visum ? quomodo ostendis Filium qui dixit : « Non est bonum hominem esse solum, faciamus ei adjutorium, » ab homine visum, vel ab ipsa muliere, si eam factam non vis a Patre, ne Filio Pater obedisse videatur ; sed ipse eam Filius tanquam sibi jubens sibique obediens, et faciendam dixit et fecit ? Demonstra Filium visum esse a viro, visum esse a muliere. Demonstraturum te quippe promiseras, et ante quam incarnaretur visum fuisse humanis aspectibus Filium. Ostende promissa : quid pergis in vacua ? Quid deludis expectationem nostram, nec exhibes pollicitationem tuam ? Multiplicas verba non necessaria, ut necessaria occupes tempora. Si propterea visus est a viro Filius quia fecit eum, et propterea visus ab ejus muliere quia fecit eam ; defini, si audes, non posse Deum Filium, et operari videntia et a suis operibus, quamvis alia videntibus, non videri. Si autem hoc potest Deus Filius, ipse quippe usque nunc operatur (*Joan.*, v) cuncta videntia, et tamen eorum a se ipso creatis oculis non videtur ; quid est quod dixisti ? cur ista de libro Geneseos in tuo sermone posuisti ? cur nobis necessaria temporum spatia superflua loquacitate finisti ?

4. « Sed iste, inquis, Filius visus est Adæ, secundum quod legimus Adam dicentem : Vocem tuam audivi deambulantis in paradiso, et abscondi me, quia nudus sum. » (*Gen.*, III, 9.) Hoc ergo prius diceres homo bone, inde inciperes promissa monstrare. Quamvis et hic Adam : « Vocem tuam, inquit, au-

votre face ou votre aspect. Et s'il dit : « Je me suis caché parce que j'étais nu, » c'est parce qu'il craignait d'être vu de Dieu, cela ne prouve pas que lui-même voyait Dieu. En effet, s'il arrive que lorsqu'on entend on voit, il s'ensuit que Dieu le Père a été vu aussi toutes les fois qu'il a adressé la parole au Fils. Or, nous connaissons dans l'Evangile quelques paroles du Père qui disait à haute voix : Vous êtes mon Fils bien-aimé, etc. (*Marc*, I, 11), et s'il fut entendu par les hommes, cependant ils ne le virent point. Par conséquent, dans les paroles que vous citez après celles d'Adam, où Dieu lui dit : « Qui vous a appris que vous étiez nu ? » et le reste, on put l'entendre, mais non le voir. Vous voyez donc bien que vous n'avez point encore tenu ce que vous aviez promis ; dites donc enfin quelque chose que nous devions discuter ou que nous soyons contraint de déclarer favorable à votre cause.

5. « Ce Dieu, » dites-vous, « a été vu d'Abraham. » Je ne saurais nier que Dieu eût été vu d'Abraham, car l'Ecriture qui mérite toute croyance le dit très-clairement en ces termes : « Or, Dieu lui apparut au chêne de Membré. » (*Gen*., XVIII, 1.) Mais dans cet endroit il n'est point dit si c'est Dieu le Père ou Dieu le Fils. Or, en racontant comment Dieu a été vu de lui, elle dit que ce sont trois hommes qui lui ont apparu, et dans ces trois hommes, ce qu'on peut comprendre avant tout, c'est la Trinité même qui ne fait qu'un seul Dieu. Enfin il voit trois personnes, et il ne leur dit point nos Seigneurs, mais il les appelle Seigneur, parce que dans la Trinité il y a bien trois personnes, mais il n'y a qu'un seul Seigneur Dieu. Or, voici comment est racontée la vision d'Abraham : « Levant les yeux, il vit trois hommes qui se tenaient debout en face de lui ; aussitôt qu'il les aperçut, il courut de la porte de sa tente à eux, se prosterna à terre et les adora en disant : Seigneur, si j'ai trouvé grâce devant vos yeux, ne passez point la demeure de votre serviteur. » (*Ibid*., 2 à 4.) Nous voyons par là qu'il apparut trois hommes et qu'ils sont appelés Seigneur, au singulier, et qu'Abraham ne prie que le Seigneur de ne point passer sans entrer dans sa demeure, parce qu'il convient à Dieu de visiter ses serviteurs. Après cela il s'adresse à ces trois personnes en disant au pluriel : « Qu'on prenne de l'eau et que je vous lave les pieds, et cependant reposez-vous sous cet arbre jusqu'à ce que je vous apporte du pain pour que vous mangiez, vous continuerez ensuite votre route, car c'est pour cela que vous vous en êtes détournés pour venir vers votre serviteur. » (*Ibid*., 4 et 5.) Il est manifeste qu'il les invite comme des hommes, car il ne leur offrirait point ses services en ces termes, pour reconforter leur corps, s'il ne les regardait comme des hommes. L'Ecriture nous dit qu'il

---

divi : » non ait : Faciem vel speciem tuam vidi. Et quod ait : « Abscondi me, quia nudus sum : » videri se a Deo timuit, non a se Deum visum esse monstravit. Nam si vox quando auditur, sequitur visio : visus est et Deus Pater quotiens voce attestatus est Filio. Novimus quippe in Evangelio verba Patris sonantis, atque dicentis : Tu es Filius meus dilectus, etc. (*Marc*., I, 11) ubi auditus ab hominibus, non tamen visus est. Ac per hoc et in illis verbis quæ adjungis, ubi dicit : « Quis nuntiavit tibi, quia nudus es ? » et sequentia : potuit audiri, et non videri Deus. Nondum itaque aliquid ex eo quod promiseras dixisse te vide : et dic tandem aliquid discutere debeamus, aut quod pro tua causa esse fateamur.

5. « Hic Deus, inquis, et Abrahæ visus est. » Visum esse Deum Abrahæ negare non possumus. Scriptura quippe fidelissima apertissime hoc loquitur, dicens : Visus est autem illi Deus ad quercum Mambre. (*Gen*., XVIII, 1.) Sed neque hic expressum est, utrum Pater an Filius. Cum autem narraret Scriptura, quomodo ei visus sit Deus, tres viros illi apparuisse declarat, in quibus magis ipsa Trinitas, qui unus est Deus, recte intelligi potest. Denique tres videt, et non Dominos, sed Dominum appellat, quoniam Trinitas tres quidem personæ sunt, sed unus Dominus Deus. Sic autem narratur quod vidit Abraham : « Respiciens, inquit, oculis suis vidit, et ecce tres viri stabant super eum, et videns procurrit in obviam illis ab ostio tabernaculi sui, et adoravit super terram, et dixit : Domine, si inveni gratiam ante te, ne prætereas servum tuum. » (*Ibid*., 2, etc.) Hic videmus tres viros apparuisse, et unum Dominum dici, unumque Dominum rogari ne prætereat servum suum, quoniam congruit Deo visitare famulos suos. Deinde tres personas pluraliter alloquitur, dicens : « Sumatur nunc aqua, et lavem pedes vestros, et refrigerate sub arbore, et sumam panem, et manducate, et postea transibitis in viam vestram, propter quod declinastis ad servum vestrum. » (*Ibid*., 4, etc.) Manifestum est eos tanquam homines invitari : non enim tale illis præberetur obsequium, quo indigentia reficerent corpora, nisi homines putarentur. Et Scriptura plurali-

LIVRE II. — CHAPITRE XXVI.

lui ont répondu en parlant au pluriel; en effet voici comment elle s'exprime : Ils lui dirent. « Faites comme vous dites. » Puis lorsque le repas fut prêt, l'Ecriture dit que Abraham le leur servit, et qu'ils mangèrent. Elle ne leur dit point : Il le lui servit et il mangea. Mais quand elle en vient au moment où est faite à Abraham la promesse qu'il aura un fils de Sara, comme c'était un bienfait de Dieu qui lui était annoncé non pas simplement un bon procédé d'homme à homme, l'Ecriture nous les montre parlant au singulier et disant: « Où est Sara votre épouse ? » (*Gen.*, XVIII, 9.) L'Ecriture ne dit point : Ils lui dirent; mais « il lui dit : Où est Sara votre épouse ? » Puis un peu plus loin elle indique qui est celui qui a parlé ainsi, alors que Sara s'étant mise à rire, l'auteur sacré poursuit son récit en ces termes : Le Seigneur dit à Abraham : « Pourquoi Sara a-t-elle ri en elle-même ? » Et le reste jusqu'à la fin, comme s'il n'y avait qu'un seul Seigneur qui parlât. Puis après cela l'Ecriture nous les montre s'en allant comme des hommes et dit : « Ces hommes se levant ensuite dirigèrent leurs regards vers Sodome et Gomorrhe; Abraham marchait avec eux et les guidait. » (*Ibid.*, 16.) Puis revenant aussitôt au nombre singulier elle poursuit : « Le Seigneur dit donc : Est-ce que je célerai à mon serviteur Abraham ce que je vais faire ? » Après cela il promet à Abraham une postérité illustre et nombreuse et lui annonce la destruction de Sodome, puis elle continue ainsi : « Ces hommes ayant donc pris une autre direction, gagnèrent Sodome, et Abraham se tenait encore en face du Seigneur; il s'en approche en disant : Ne perdez point le juste ensemble avec l'impie, le juste sera-t-il traité comme l'impie ? » Après avoir rapporté l'entretien que le Seigneur eut avec Abraham, l'Ecriture poursuit en ces termes : « Or le Seigneur s'en alla dès qu'Abraham eut cessé de parler, et Abraham retourna à sa place. Or, deux anges arrivèrent à Sodome sur le soir. » Ces deux anges ne sont autres que ceux dont il est dit plus haut, qu'ayant pris une autre direction ils gagnèrent Sodome. Mais l'auteur sacré n'avait point dit qu'ils ne fussent que deux quand elle rapportait dès le commencement que trois hommes étaient apparus à Abraham et avaient été reçus comme des hôtes par lui, et qu'il les avait accompagnés en marchant avec eux à leur départ.

6. Peut-être allez-vous vous hâter de dire que l'un de ces trois hôtes était le Seigneur Christ, et que c'est de lui qu'étaient les promesses et les réponses faites, au singulier, à Abraham, que les deux autres étaient des anges venant à Sodome comme envoyés par leur Seigneur. Attendez un peu. Pourquoi allez-vous si vite ? Con-

---

ter eos respondisse commemorat : ait enim : Et dixerunt : Sic fac quemadmodum dixisti. Non ait : Et dixit : ait, dixerunt. Deinde cum esset parata refectio, dicit Scriptura : Et apposuit ante illos, et ederunt. Non ait, apposuit ante illum, et edit. Sed ubi ad id ventum est, ut Abrahæ Filius promitteretur ex Sara, quia divinum offerebatur beneficium, non ut hominibus humanum exhibebatur obsequium, unum narrat Scriptura dicentem : Ubi est Sara uxor tua? (*Gen.*, XVIII, 9.) Non enim ait : Dixerunt autem ad illum : sed ait : Dixit autem ad illum : Ubi est Sara uxor tua? Quis autem hoc dixerit, postea manifestat; ubi cum risisset Sara, ait eadem Scriptura · Et dixit Dominus ad Abraham : Quare risit Sara in semetipsa? et cætera usque ad finem, tanquam unus Dominus singulariter loquitur. Ac post hæc, ut homines pluraliter abire narrantur, et dicitur : « Exsurgentes autem inde viri, conspexerunt in faciem Sodomorum et Gomorrhæ, Abraham vero ambulabat cum illis deducens. » (*Ibid.*, 16.) Rursus autem redit Scriptura ad singularem numerum, ac dicit : « Dominus autem dixit : Numquid celabo ego puero meo Abraham quæ ego facio ? » Deinde promittitur Abrahæ præclara et copiosa posteritas, et Sodomorum denuntiatur interitus. Sequens autem Scriptura dicit : « Et conversi inde viri, venerunt in Sodoma, Abraham autem erat adhuc stans ante Dominum. Et appropians Abraham dixit : Ne simul perdas justum cum impio, et erit justus tanquam impius? » Et post collocutionem Domini atque Abrahæ, sequitur Scriptura, et dicit : « Abiit autem Dominus, ut desiit loqui ad Abraham, et Abraham regressus est in locum suum. Venerunt autem duo angeli in Sodoma ad vesperam. » Hi sunt de quibus paulo ante dixerat : Conversi inde viri venerunt in Sodoma. Sed duos esse non expresserat, cum ab initio tres viros dixisset apparuisse Abrahæ, et hospitaliter ab illo esse susceptos, quos et abeuntes deduxit ambulans cum eis.

6. Fortassis ergo jam pronuntiare festinas, unum fuisse in eis Dominum Christum, qui singulariter promittebat et respondebat Abrahæ; duos vero illos, angelos ejus, qui venerunt in Sodoma tanquam missi angeli a Domino suo. Sed expecta : quid properas ? Consideremus omnia diligenter, ac prius intueamur verba Domini loquentis Abrahæ : « Clamor Sodomo-

sidérons le tout attentivement et commençons par examiner les paroles que le Seigneur adresse à Abraham : « Le cri de Sodome et de Gomorrhe s'augmente de plus en plus et le péché de ces villes est au comble. Je descendrai donc et je verrai si leurs œuvres répondent à ce cri qui s'est élevé jusqu'à moi. » (*Gen.*, XVIII, 20.) Dans cet endroit il annonce qu'il va descendre lui-même à Sodome, et néanmoins ce n'est point lui qui s'y rend, mais ce sont deux anges qui y descendent; car pour lui il s'en alla dès qu'il eut cessé de parler à Abraham ; quant à Abraham il rentra chez lui. Or, les deux anges allèrent, vers le soir, à Sodome, comme il est dit. Que répondre, s'il se trouve que dans ces deux anges, il n'y avait aussi que le Seigneur qui descendit, selon sa parole, à Sodome, dans la personne des anges? Ne sera-t-il point manifeste alors que ce qui apparut dans ces trois hommes ce n'est qu'un seul et même Seigneur, et qu'ils n'étaient tous trois que la figure de la sainte Trinité? Mais voyons si, comme je l'ai dit, la sainte Ecriture ne nous montre point que dans ces deux anges, il ne se trouvait rien autre chose qu'un seul et même Seigneur; car je ne voudrais point paraître avoir avancé cela de mon propre fond. « Sur le soir deux anges vinrent donc à Sodome, lorsque Loth était assis à la porte de la ville, dit l'Ecriture ; en les apercevant, il se leva, alla au-devant d'eux et s'inclina jusqu'à terre pour les adorer. » (*Gen.*, XIX, 1.) Vous le voyez, un juste adore des anges, et vous, vous ne voulez point qu'on adore le Saint-Esprit que pourtant vous placez sans aucune difficulté au-dessus de tous les anges. Vous me répondrez qu'il les prenait pour des hommes, il leur offrit en effet l'hospitalité comme s'ils n'étaient que de simples mortels. Cela milite bien plus encore contre vous qui prétendez qu'on ne doit point adorer le Saint-Esprit bien qu'il soit au-dessus de tous les anges, quand vous voyez que des justes même adorent des hommes qui sont bien au-dessous des anges. Mais vous direz peut-être encore : C'est le Seigneur qu'il a adoré, car c'est lui qu'il reconnut dans ces deux anges qu'il prenait d'abord pour des hommes, comme dans deux prophètes. Mais alors se trouve démontré ce que j'avais promis de prouver au sujet de la sainte Ecriture, c'est-à-dire que le même Seigneur, dont il est dit qu'il s'était éloigné après avoir fini de parler à Abraham, descendit, dans la personne de ces deux anges, à Sodome, ainsi qu'il l'avait annoncé et fut reconnu par le juste, sous les traits de ces deux anges. Il lui rendit donc les devoirs de l'hospitalité, comme à de saints hommes de Dieu, en qui il reconnut que Dieu était, puisqu'il ignorait, de même qu'Abraham, que ce fussent des anges. C'est en effet à ces patriarches qu'il est fait allusion, dans l'épitre

---

rum, inquit, et Gomorrhæ multiplicatus est, et peccata eorum magna valde. Descendens ergo videbo, si secundum clamorem ipsorum venientem ad me consummant. » (*Gen.*, XVIII, 20.) Hic se ipsum descensurum dixit in Sodoma, quo tamen non ipse descendit, sed angeli duo. Ipse quippe abiit, ut desiit loqui ad Abraham, Abraham autem regressus est in locum suum. Venerunt autem, sicut dictum est, duo angeli ad vesperam in Sodoma. Quid si et in illis duobus angelis unus Dominus invenitur, qui secundum verbum suum in ipsis angelis descendit in Sodoma? Nonne manifestum erit in tribus illis viris unum Dominum visum fuisse, ubi quid aliud quam ipsa Trinitas figurata est? Sed videamus utrum nobis sancta Scriptura demonstret, etiam in illis duobus angelis, ut dixi, unum Dominum inventum, ne forte hæc ex nostro corde affirmasse videamur. « Venerunt ergo duo angeli in Sodoma ad vesperam, Loth vero sedebat, ut scriptum est, juxta portam Sodomorum. Videns autem Loth, surrexit in obviam illis, et adoravit in faciem in terram. » (*Gen.*, XIX, 1, etc.) Vides nempe hic a justo viro angelos adoratos, et tu non vis adorari Spiritum sanctum, quem vos quoque omnibus (*a*) angelis sine ambiguitate præponitis? Sed dicturus es : Homines esse credebat nam et in hospitium tanquam homines invitavit. Hoc magis est contra te, qui dicis non adorari Spiritum sanctum, omnibus angelis præferendum ; cum videas et homines inferiores angelis a justis hominibus adorari. Sed adhuc dicturus es, Dominum adoravit : cum quippe in duobus illis, quos putabat esse homines, tanquam in Prophetis esse cognovit. Jam ergo probatum est, quod me per Scripturam sanctam demonstraturum esse promiseram, eumdem Dominum qui dictus fuerat abiisse ut cessavit loqui ad Abraham, in illis duobus angelis descendisse in Sodoma, sicut dixerat, et in eis ab homine justo agnitum fuisse. Exhibuit itaque hospitalitatem quomodo sanctis hominibus Dei, in quibus Deum esse cognovit, cum eos, sicut etiam ipse Abraham, angelos esse nesciret. Hi enim Patriarchæ sunt

(*a*) In editione Lov. doest *angelis.*

aux Hébreux, lorsqu'en parlant de l'hospitalité, l'Apôtre dit : « C'est en en exerçant les devoirs, que sans le savoir ils ont reçu des anges. » (*Hébr.*, XIII, 1.) Loth les ayant donc reçus sans savoir que ce fussent des anges, mais reconnaissant comme il lui était facile de le faire quand le Seigneur lui-même le lui montrait, qui se trouvait dans ces anges, pour ne point parler de ce qui s'est passé dans cette rencontre, il sortit de Sodome avec eux; mais auparavant, au rapport de l'Ecriture même, ces hommes disant à Loth : « Avez-vous ici des gendres, des fils, des filles ou quelqu'un dans la ville à qui vous vous intéressiez? faites-les sortir de cet endroit, car nous allons perdre ce lieu, parce que le cri des crimes de ses habitants s'est élevé de plus en plus vers le Seigneur et il nous a envoyés pour les perdre. » (*Gen.*, XIX, 12.) On voit par là que l'incendie de Sodome fut allumé par des anges que le Seigneur avait envoyés et dans lesquels il se trouvait néanmoins lui-même, car en les envoyant il n'est point demeuré loin d'eux. C'est donc en eux qu'il descendit à Sodome, ainsi qu'il avait annoncé qu'il le ferait quand il parlait à Abraham dans cet entretien, après lequel l'Ecriture dit qu'il partit et que les anges se rendirent vers le soir à Sodome. Puis quelque temps après ils firent sortir Loth de cette ville et lui dirent, selon le récit de la même Ecriture : « Sauvez votre vie, ne regardez point derrière vous et ne vous arrêtez point dans le pays d'alentour; mais sauvez-vous sur la montagne, de peur que vous ne soyez pris vous-même avec les autres. Loth leur dit : Seigneur, puisque votre serviteur a trouvé grâce devant vous, je vous prie, etc. » (*Ibid.* 17.) Quand il eut fini de parler et qu'il se fut choisi une petite ville où il se retirerait, l'Ecriture continue et rapporte que cette réponse lui fut faite : « Je laisse tomber sur votre face un regard d'admiration, et, sur votre demande je ne détruirai point la ville dont vous me parlez; hâtez-vous donc de vous sauver en cet endroit là, parce que je ne pourrai rien faire que vous n'y soyez arrivé.» (*Ibid.* 21 et 22.) Qui est-ce qui lui fit cette réponse, sinon celui à qui il avait dit : « Seigneur, je vous prie? » Or, quand il avait parlé ainsi, c'était aux deux anges qu'il s'était adressé, non pas à l'un deux comme on le voit très-clairement dans ces mots de l'Ecriture : « Loth leur dit donc : Je vous prie, Seigneur. » Ainsi Loth reconnut un seul Seigneur dans ces deux anges, de même qu'Abraham n'en avait reconnu qu'un aussi dans les trois qui lui étaient apparus.

7. Il n'y a point à dire : Celui qui était le Seigneur et qui avait parlé à Abraham s'était en allé, et ce sont ces deux anges qui se rendirent à Sodome après qu'il les eut quittés; car les

---

significati in epistola ad Hebræos, ubi de hospitalitate loquens ait : Per hanc quidam nescientes hospitio receperunt angelos. (*Hebr.*, XIII, 2.) Receptis ergo eis Loth, nesciens quod angeli essent, cognoscens tamen sicut ipso Domino demonstrante cognoscere potuit, quis in eis esset, ut ea quæ interea facta sunt taceam, exiit cum eis de Sodomis : quod ante quam fieret, sicut Scriptura loquitur, dixerunt viri ad Loth : « Sunt tibi hic generi, aut filii, aut filiæ, aut si quis tibi alius est in civitate, educ de loco hoc : quoniam (*a*) perdimus nos locum hunc; quia exaltatus est clamor eorum ante Dominum, et misit nos Dominus conterere eum. » (*Gen.*, XIX, 12.) Ecce ubi apparet illud incendium Sodomorum per angelos factum, quos misit Dominus; in quibus tamen et ipse erat : neque enim sic mittit suos, ut recedat ab eis. In eis ergo descendit in Sodoma, quod se facturum esse prædixerat, quando cum Abraham loquebatur : quod postea quam fecit, abiisse ipse dictus est, et angeli venisse in Sodoma ad vesperam. Deinde paulo post, mox ut eduxerunt illum foras, et dixerunt, sicut eadem Scriptura narrat : « Salvam fac animam tuam, ne respexeris retro, nec steteris in tota regione; in monte salvum te fac, nequando comprehendaris : » dixit Loth ad illos : « Oro, Domine, quia invenit puer tuus misericordiam ante te, » etc. (*Ibid.*, 17.) Quæ cum finisset loquendo, et elegisset sibi civitatem pusillam in qua salvaretur, sequitur Scriptura, et dicit esse responsum : « Ecce (*b*) miratus sum faciem tuam et super verbum hoc, ne everterem civitatem de qua locutus es. Festina ergo istuc illo introeas. » Non enim potero facere verbum, donec tu illo introeas. » Quis hoc ei respondit, nisi ille cui dixerat : Oro, Domine? Hoc autem ad ambos dixerat, non ad unum, sicut apertissime scriptum est : Dixit autem Loth ad illos : « Oro, Domine. (*c*) Agnovit ergo Loth unum Dominum in angelis duobus, sicut Abraham unum agnovit in tribus.

7. Non est cur dicatur : Ille abierat qui Dominus erat et cum Abraham locutus erat, duo vero angeli ejus erant qui in Sodoma illo (*d*) abeunte venerunt. Omnes enim tres viri dicti sunt qui apparuerunt

---

(*a*) Sic Mss. editi vero *perdemus*. — (*b*) Editi *miseratus sum*. At Mss. *miratus sum*: uti lib. XVI, de *Civit. Dei.* cap. XXIX, juxta Græc. LXX, ἐθαύμασα, quod dici potest, *reveritus sum*, *suspexi*. — (*c*) In Mss. *Agnovisti ergo*. — (*d*) Sola fere editio Lov. *jubente*.

trois personnages qui ont apparu à Abraham sont appelés des hommes, noms que l'Ecriture donne habituellement même aux anges. Abraham ne rendit point ses devoirs à l'un d'eux avec plus d'empressement et d'humilité qu'aux deux autres, mais il leur lava également les pieds à tous les trois et il leur sert également à manger. Par conséquent, c'est dans les trois qu'il vit Dieu. Voilà pourquoi l'Ecriture a dit que Dieu s'est montré à Abraham auprès du chêne de Mambré à l'ombre duquel il présenta de la nourriture aux trois hommes qu'il vit des yeux du corps (*Gen.*, XVIII, 1), mais en qui, des yeux du cœur sinon de ceux du corps, il vit, c'est-à-dire il comprit et reconnut Dieu, de même que Loth le vit aussi dans les deux anges, et lui parla non point au pluriel, mais au singulier, et en reçut une réponse comme si un seul lui eût parlé. Ainsi d'abord c'est lui seul qu'Abraham, dans ces trois personnages, entendit, puis c'est lui encore qu'il entendit dans le personnage qui demeura seul et s'entretint avec lui pendant que les deux autres se dirigeaient vers Sodome. Quant à Loth, dans les deux personnages qui lui apparurent, il n'entendit aussi qu'un Seigneur qu'il invoquait pour sa délivrance et qui lui répondit, tandis que l'un et l'autre, je veux dire Abraham et Loth, pensaient que ces personnages qui étaient des anges n'étaient que des hommes, mais ne laissaient point de comprendre qu'en eux se trouvait Dieu, comme il s'y trouvait en effet, et ils ne pensaient point une chose qui n'était point. Que signifient donc cette Trinité visible et cette unité intelligible? Ne nous insinuent-elles point que le Père, le Fils et le Saint-Esprit font trois sans que pour cela il y ait en même temps trois Dieux et trois Seigneurs, mais un seul Seigneur Dieu? Vous avez dit : « Ce Dieu est apparu à Abraham ; » mais sachant bien qu'on lit que Dieu s'est montré à Abraham sous le chêne de Mambré et voulant en quelque sorte prouver que c'était le Seigneur Fils qui était apparu à ce patriarche, vous avez laissé de côté et passé tout à fait sous silence ces trois personnages en qui l'Ecriture raconte que Dieu s'est montré à Abraham, dans la crainte de nous rappeler à nous-mêmes que la divine Trinité est d'une seule et même substance, de même que les trois personnages que vit Abraham ; car l'Ecriture dit que Dieu est apparu à Abraham, et ne dit point que ce fussent trois dieux, elle dit en effet : Dieu lui apparut, non point des dieux lui apparurent ; et Abraham, tout en voyant trois personnages, n'adora qu'un Dieu qu'il ne voulut point laisser passer outre et ne reçut que d'un seul interlocuteur les réponses de la divinité. Il ne lui vint pas non plus en pensée que deux d'entre eux fussent deux dieux, il n'en vit qu'un dans les trois, de même que Loth qui en vit deux ne reconnut pourtant qu'un Seigneur. Dans cet endroit il me semble que les deux anges signi-

Abrahæ, sicut Scriptura solet viros etiam angelos nuncupare. Nec eorum alicui uni promptius et humilius Abraham obsecutus est quam duobus, sed æqualiter omnibus pedes lavit, æqualiter omnibus epulas ministravit. Ergo in omnibus Deum vidit. Propter quod Scriptura prædixerat, quod visus fuerat Deus Abrahæ ad quercum Mambre (*Gen.*, XVIII, 1), sub cujus umbra arboris tres viros pavit, quos oculis corporis vidit : in eis vero Deum, non corporis, sed cordis oculis vidit, id est, intellexit atque cognovit : sicut Loth in duobus, cum quo non pluraliter, sed singulariter loquebatur, eique respondebat etiam ipse tanquam unus. Primo quippe Abraham per tres viros illum audivit, postea per unum, qui duobus in Sodoma euntibus manens locutus est cum eo : Loth autem per duos, tamen et ipse unum Dominum, quem pro liberatione sua rogabat, et qui ei respondebat, audivit : cum ambo, id est, et Abraham et Loth, homines putarent eos qui angeli erant ; Deum vero in eis intelligerent qui erat, non putarent esse qui non erat. Quid sibi ergo vult ista visibilis Trinitas et intelligibilis unitas, nisi ut nobis insinuaretur, quod ita tres essent Pater et Filius et Spiritus sanctus, ut tamen simul non tres dii et domini essent, sed unus Dominus Deus? Tu autem dixisti : « Hic Deus visus est Abrahæ : » sciens te legisse quod scriptum est, visum esse Deum Abrahæ ad quercum Mambre : et volens quasi probare Dominum Filium visum esse illi Patriarchæ, declinasti ab illis tribus viris, et eos omnino tacuisti, in quibus narrat Scriptura Deum visum fuisse Abrahæ ; ne tu ipse nos admoneres unius erant substantiæ tres viri quos vidit Abraham : cum prædixisset Scriptura : Visus est Deus Abrahæ, ne tamen tres deos esse, quia et Visus est Deus, dictum est ; non, visi sunt dii : et ipse Abraham tres vidit, et unum adoravit : a quo præteriri noluit : ab uno responsa divinitatis accepit. Nec aliquos deorum duos esse deos sensit, sed unum in omnibus : quia et Loth duos vidit, et tamen unum Dominum agnovit. (*Gen.*, XIX, 1.) Ubi mihi videntur per angelos signi-

fiaient le Fils et le Saint-Esprit, car ces anges disent qu'ils étaient envoyés; or, des trois personnes de la divine Trinité, il n'y a que du Père qu'on ne lise point qu'il ait été envoyé, ce qu'on lit au contraire du Fils et du Saint-Esprit. Mais cela ne fait pas qu'ils soient d'une autre nature, puisque les trois personnages qui en étaient la figure étaient d'une seule et même substance. Vous pouviez facilement être confondu par ce texte de l'Ecriture, aussi par un silence plein de ruse, avez-vous évité de le citer, et après avoir dit : « Ce Dieu est apparu à Abraham, » comme vous vouliez faire croire que le Fils seul était apparu à Abraham dans cette circonstance dont parle la Genèse, vous vous êtes bien gardé de dire comment il lui était apparu, parce que vous craigniez qu'on reconnût, dans ce passage, non-seulement le Fils, mais la divine Trinité.

8. Vous avez dit : « Si vous voulez croire que le Fils est apparu à Abraham, ce fils unique l'a lui-même affirmé dans le saint Evangile quand il a dit : Abraham votre père a vivement désiré voir mon jour, il l'a vu et il en a été comblé de joie. » (*Jean.*, VIII, 55.) Oh! soutenez donc, prouvez ce que vous avez promis, c'est-à-dire que le Fils de Dieu a dit : Abraham votre père a vivement désiré me voir, il m'a vu et il en a été comblé de joie. Il est vrai qu'on pourrait encore en-

tendre les choses ainsi, que le saint patriarche a vu le Fils de Dieu des yeux du cœur, non de ceux du corps, ce qui fait toute la question entre nous. Mais le Christ ayant dit : « Abraham a vivement désiré voir mon jour, il l'a vu et il en a été comblé de joie, » pourquoi par ces mots, le jour du Christ, n'entendrions-nous point le temps du Christ, celui où il devait venir dans la chair et qu'Abraham comme les autres prophètes a pu voir en esprit et au comble de la joie? Vous n'avez donc point pu prouver ce que vous avez avancé et promis sur ce point.

9. Après cela vous avez cité Jacob luttant contre un ange que le livre même de la Genèse appelle en même temps homme et Dieu. En effet, voici ce qu'on y lit : « Jacob demeura seul, et il parut en même temps un homme qui lutta contre lui jusqu'au matin. Cet homme voyant qu'il ne pouvait le vaincre, lui toucha le nerf de la cuisse qui se dessécha aussitôt, et il lui dit : Laissez-moi aller, car l'aurore commence déjà à paraître. Jacob lui répondit : Je ne vous laisserai point aller que vous ne m'ayez béni. Cet homme lui repartit : Comment vous appelez-vous? Jacob lui répondit : Je m'appelle Jacob. Et le même homme ajouta : Désormais Jacob ne sera plus votre nom, mais on vous appellera Israël, parce que vous avez été fort contre Dieu, et que vous êtes puissant contre les hom-

---

ticari Filius et Spiritus sanctus : quoniam se illi angeli missos esse dixerunt; et de Trinitate quæ Deus est, solus Pater non legitur missus; leguntur autem missi et Filius et Spiritus sanctus; quorum non ideo est diversa natura : nam et illi viri per quos significati sunt, unius erant ejusdemque naturæ. Hanc ergo Scripturam qua convinci posses, astuto silentio devitasti. Et cum dixisses : « Hic Deus visus est Abrahæ : » volens Filium solum visum putari in eo quod in Genesi legitur, visum esse Deum Abrahæ (*Gen.*, XVIII, 1), quomodo sit visus, dicere noluisti, ne ibi non solus Filius, sed Trinitas agnosceretur Deus.

8. Dixisti autem : « Si vis credere, quia Filius visus est Abrahæ, utique ipse Unigenitus in sancto affirmavit Evangelio sic : Abraham pater vester exsultavit ut videret diem meum, et vidit, et gavisus est. » (*Joan.*, VIII, 56.) O disputare, o probare promissa! quasi dixerit Dei Filius, Abraham pater vester concupivit me videre, et vidit, et gavisus est. Quamvis et hoc sic adhuc posset intelligi, quod sanctus Patriarcha oculis cordis viderit Dei Filium, non oculis

carnis, unde inter nos vertitur quæstio. Sed cum dixerit Christus : « Abraham concupivit videre diem meum, et vidit, et gavisus est : » cur non diem Christi intelligimus tempus Christi, quo erat venturus in carne, quod Abraham sicut et alii Prophetæ in spiritu potuit videre atque gaudere? Neque hic igitur quod proposueras et pollicitus fueras, probare potuisti.

9. Post hæc venisti ad Jacob, qui luctatus est cum angelo, quem Scriptura ipsa Geneseos et hominem dicit et Deum. Nam ita legitur : « Remansit autem Jacob solus, et luctabatur homo cum illo usque in mane. Vidit autem quod non potest ad eum, et tetigit latitudinem femoris ejus, et (*a*) obstupuit latitudo femoris Jacob, dum luctaretur cum eo, et dixit illi : Dimitte me, ascendit enim aurora. Ille autem dixit : Non te dimittam, nisi me benedixeris. Dixit autem ei : Quod est nomen tuum? Ille autem dixit : Jacob. Et dixit ei : Non vocabitur amplius nomen tuum Jacob, sed Israel erit nomen tuum, quia valuisti cum Deo, et cum hominibus potens es. Rogavit autem eum Ja-

---

(*a*) In Mss. *obstipuit*.

mes. Jacob lui fit ensuite cette demande : Dites-moi comment vous vous appelez. Il lui répondit : Pourquoi demandez-vous mon nom ? et il le bénit en ce même lieu que Jacob appela d'un nom qui signifie la vue de Dieu, en disant : J'ai vu en effet Dieu face à face et mon âme a été sauvée. » (*Gen.*, XXXII, 24 à 30.) Tel est le passage par lequel vous tâchez de montrer que le Fils unique de Dieu est apparu avant d'être venu visiblement dans la chair. Or, bien qu'il n'y ait point d'absurdité à comprendre qu'il s'agit là d'une figure du Christ et d'une prophétie de ce qui devait être un jour, attendu que Jacob devait, dans la personne de ses enfants crucifiant le Christ, paraître l'emporter sur lui, et, toujours dans ses descendants, devait le voir face à face, et que les Israélites qui le verraient avec foi devaient être sauvés, cependant le prophète Osée dit ouvertement que cet homme qui lutta contre Jacob n'était autre qu'un ange ; voici en effet ce qu'il a écrit en parlant de Jacob : « Jacob supplanta son frère Esaü dans le sein de sa mère, dans un combat il l'emporta sur Dieu et il se trouva plein de force et de vigueur dans sa lutte contre un ange. » (*Osée*, XII, 3.) De même que la Genèse appelle l'adversaire contre qui lutta Jacob homme et Dieu, ainsi ce prophète lui donne le nom de Dieu et d'ange. Par où l'on voit que cet ange a été appelé homme, de même que ceux qui apparurent à Abraham et à qui ce dernier ainsi que Loth ont donné l'hospitalité sans reconnaître qu'ils fussent des anges, sont appelés des hommes. C'était donc Dieu qui était dans l'ange, de même qu'il est dans l'homme, surtout quand il parle par la bouche de l'homme, et le Christ se trouve aussi bien figuré par cet ange qu'il l'est par l'homme. Car Isaac, fils d'Abraham, qu'était-il en figure, sinon le Christ, lorsque tel qu'une brebis, il était conduit par son père au sacrifice et que, semblable au Seigneur qui porta sa croix, il marchait chargé du bois sur lequel il devait être étendu ? Après tout, pourquoi vous étonner que Jésus ait été figuré par un ange s'il l'a été non-seulement par un homme, mais par un animal ? Qu'était-ce en effet que ce bélier pris par les cornes dans les ronces (*Gen.*, XXII, 13), sinon le Christ attaché sur la croix, que dis-je, couronné même d'épines ? Aussi Abraham immola-t-il ce bélier à la place de son fils qu'il reçut l'ordre d'épargner. Si Dieu ordonna d'épargner l'homme, ce ne fut point sans que le mystère de son sang sacré se trouvât représenté par la mort du bélier, image de la passion du Christ figurée par là. Si donc, pour vous, c'est au propre, non au figuré que l'ange qui lutta contre Jacob est le Christ, vous pouvez également dire que c'est au propre, non

cob dicens : Enuntia tibi nomen tuum. Et dixit : Quare hoc interrogas tu nomen meum? Et benedixit eum illic. Et appellavit Jacob nomen loci illius : Aspectus Dei : vidi enim Deum facie ad faciem, et salva facta est anima mea. » (*Gen.*, XXXII, 24.) Ex ista lectione unicum Dei Filium, et ante quam venisset in carne visibiliter apparuisse conaris ostendere : ubi etsi non absurde Christus intelligitur figuratus, propter prophetiam futura nuntiantem, quia futurum erat ut Jacob in filiis suis qui crucifixerunt Christum, prævaluisse Christo videretur : et in filiis suis videret Christum facie ad faciem, et salva fieret anima Israelitarum qui fideliter hoc viderunt : tamen hunc hominem qui luctatus est cum Jacob, Osee propheta evidenter angelum dicit. Sic enim apud eum scriptum est de Jacob : « In utero supplantavit fratrem suum, et in labore prævaluit Deo, et confortatus est cum angelo, et potuit. » (*Ose.*, XII, 3.) Sicut ergo in Genesi ille qui luctatus est cum Jacob, et homo et Deus (a) dicitur (*Gen.*, XXXII, 24) : ita et ab hoc Propheta et Deus et angelus. Ac per hoc ita qui erat angelus, dictus est homo, quomodo illi dicti sunt viri qui apparuerunt Abrahæ, quando nescientes et ipse et Loth hospitio receperunt angelos. Deus ergo erat in angelo, sicut est Deus in homine, maxime quando per hominem loquitur. Ita vero per hunc angelum figuratus est Christus, sicut per hominem. Nam et Isaac filius Abrahæ, quid erat in figura nisi Christus, quando sicut ovis ad immolandum ductus est (*Isai.*, LIII, 7), et quando sicut Dominus crucem suam, ita et ipse sibi quibus fuerat imponendus ligna portabat? Postremo quid miramur per angelum figuratum esse Jesum, si non solum per hominem, verum etiam per pecudem figuratus est? Nam quis alius erat ille aries qui cornibus tenebatur in vepre (*Gen.*, XXII, 13), nisi Christus crucifixus, vel spinis etiam coronatus. Hunc autem arietem pro filio, cui parcere jussus est, immolavit Abraham. Ita enim homini parci Deus jussit, ut tamen ex pecore propter passionem Christi, quæ illo modo prænuntiabatur, mysterium sacri sanguinis impleretur. Si ergo putas proprietate, non figura, Christum fuisse angelum, qui luctatus est

---

(a) Mss. *et Deus scitur.*

au figuré que le bélier immolé par le patriarche Abraham est le Christ, et encore, que c'est au propre, non au figuré, que la pierre, qui frappée de la verge de Moïse laissa couler en abondance de l'eau pour désaltérer le peuple dévoré par la soif, est le Christ (*Exod.*, XVII, 6), car voici comment l'Apôtre en parle : Ils buvaient de l'eau de la pierre spirituelle qui les suivait. Or cette pierre, c'était le Christ. C'était des figures, non point les choses mêmes, et ces figures qui précédaient l'événement désignaient les choses qui devaient arriver : elles étaient mises sous les yeux des hommes par le moyen de créatures soumises à Dieu et particulièrement par le ministère des anges, en vertu de la puissance de Dieu, il est vrai, mais sans que la nature du Père, du Fils ou du Saint-Esprit cessât de demeurer cachée.

10. Vous avouez donc en vain que le Fils de Dieu a été vu des hommes, tandis que le Père ne l'aurait point été, puisque si le Père, si le Fils, si le Saint-Esprit ont pu se montrer aux hommes par le moyen de créatures qui leur sont soumises, toutefois aucun d'eux n'a été vu par les hommes dans sa substance. Par conséquent, Dieu s'est plutôt fait reconnaître par des figures que montré aux faibles sens des hommes. Il n'a donc point été vu tel qu'il est, cela n'est promis qu'aux saints dans la vie future. Voilà pourquoi l'Apôtre Jean a dit : « Mes bien-aimés, nous sommes bien déjà les enfants de Dieu ; mais ce que nous serons un jour ne paraît pas encore. Nous savons que lorsque le Christ se montrera dans sa gloire, nous serons semblables à lui, parce que nous le verrons tel qu'il est. » (1 *Jean*, III, 2.) Les apôtres qui virent le Seigneur dans ce siècle, ne l'ont donc point vu eux-mêmes tel qu'il est. Enfin Moïse désirait qu'il se montrât à lui, bien qu'il se fût entretenu avec lui face à face, au dire de l'Ecriture elle-même. (*Exod.*, XXXIII, 13.) J'ai déjà fait cette observation dans la thèse que j'ai soutenue plus haut, mais vous avez passé outre comme si vous ne m'aviez point entendu, bien que je voulusse vous faire relire toute mon argumentation telle qu'elle se trouvait consignée par écrit sur les tablettes. Mais comme vous ne discerniez pas bien ce qu'il faut entendre par voir Dieu au moyen d'une substance soumise à sa volonté, vous vous êtes laissé aller au blasphème de dire que le Fils unique de Dieu, en tant que Dieu, est sujet au changement ; vous croyiez en effet que c'est du Père seul qu'il est écrit. « Je suis celui qui est, et je ne suis point changé, » (*Exod.*, III, 14) comme si le Fils ou le Saint-Esprit avaient changé quand ils ont apparu d'une manière visible, l'un en naissant d'une femme, l'autre en se montrant aux hommes sous l'apparence de langues de feu ou d'une colombe. Je vous ai déjà répondu sur ce point dans le même discours où je

---

cum Jacob : potes dicere proprietate, non figura, Christum fuisse arietem, quem Patriarcha immolavit Abraham : potes postremo dicere proprietate, non figura, Christum fuisse petram (*Exod.*, XVII, 6), quæ percussa ligno, sitienti populo potum largissimum fudit. Sic enim dicit Apostolus : Bibebant enim de spiritali sequente petra, petra autem erat Christus. (1 *Cor.*, X, 4.) Figuræ istæ non res ipsæ fuerunt, quibus figuris præcedentibus res significabantur esse venturæ : quæ figuræ per subjectam Deo creaturam, et maxime per angelorum ministerium, mortalium exhibebantur aspectibus, Dei quidem agente potentia, sed tamen latente natura, sive Patris, sive Filii, sive Spiritus sancti.

10. Frustra itaque asseris Filium Dei visum fuisse ab hominibus, Patrem autem non fuisse visum : cum per subjectam sibi creaturam et Pater videri potuerit, et Filius, et Spiritus sanctus ; per suam vero substantiam nullus illorum visus est. Ergo Deus, sicut infirmis hominum sensibus, magis significatus quam demonstratus est. Non itaque visus est sicut est : hoc quippe in futura vita promittitur sanctis. Unde dicit apostolus Joannes : Dilectissimi, nunc filii Dei sumus, et nondum apparuit quid erimus (1 *Joan.*, III, 2) : scimus autem quia cum apparuerit, similes ei erimus, quoniam videbimus eum sicuti est. Viderunt ergo et in hoc sæculo Apostoli Dominum, viderunt, sed non sicut est. Denique Moyses eum sibi cupiebat ostendi, quamvis cum eo facie ad faciem Scriptura indice loqueretur. (*Exod.*, XXXIII, 13.) Quod cum in mea superius prosecutione dixissem, quasi non audieris præteristi, cum tibi ejusdem meæ prosecutionis recitari ex tabulis universa voluissem. Non autem discernens quid sit videri Deum per substantiam suam, et quid sit videri Deum per subjectam creaturam, in tantam blasphemiam decidisti, ut unigenitum Dei Filium per hoc ipsum quod Deus est mutabilem diceres : quando quidem soli Patri putasti esse tribuendum quod scriptum esse dixisti : « Ego sum qui sum, et non sum mutatus : » (*Exod.*, III, 14) quasi Filius vel Spiritus sanctus sit mutatus quando visibiliter apparuit, vel ille quod constat na-

TOM. XXVII.

10

vous ai montré que vous n'aviez réfuté aucune des choses que j'avais avancées. Maintenant donc, pour bien comprendre comment Dieu dit : « Je suis celui qui est et ne suis point changé, » (*Exod.*, III, 14) ou plutôt selon ce qui se trouve écrit : « Je suis le Seigneur et je ne change point, » (*Malach.*, III, 6) remarquez en lisant ce passage d'un psaume : « C'est vous Seigneur qui avez dès le commencement fondé la terre, et les cieux sont l'ouvrage de vos mains. Ils périront; mais vous demeurerez toujours le même, ils vieilliront tous comme un vêtement, vous les changerez comme un manteau, et ils seront changés en effet; mais pour vous, vous êtes toujours le même et vos années ne passeront point, » (*Psal.* CI, 26 à 28) que ce n'est point le Père seul, mais un seul Dieu qui s'exprime ainsi. Or, la sainte Ecriture, dans l'épître aux Hébreux, nous apprend que cela s'applique au Fils de Dieu. (*Hébr.*, I, 10.) Qui ne comprend que ces mots : Les cieux changeront, mais vous vous demeurerez toujours le même, reviennent à dire : Pour vous, vous ne changez point? Par conséquent, ces donc aussi à Dieu le Fils qu'il convient de dire : « Je suis celui qui est et je ne suis point changé. » (*Exod.*, III, 4.) Ou bien encore : « Je suis le Seigneur et je ne change point. » (*Malach.*, III, 6.) Pour vous, vous n'avez attribué ces paroles qu'au Père, afin qu'on

crût que le Fils est sujet au changement dans sa nature, comme si en se faisant homme, il s'était changé en homme. Vous ne corrigerez un tel blasphème que si vous croyez que le Fils, en se faisant homme, s'ajouta ce qu'il n'était point, sans perdre lui-même ce qu'il était.

11. Enfin, je vous prie de me dire, qui apparut à Moïse dans le feu, quand le buisson brûlait sans se consumer? Il est vrai que l'Ecriture elle-même nous apprend que c'est un ange; car elle nous dit : « L'ange du Seigneur apparut à Moïse dans la flamme de feu qui s'élevait du buisson. » (*Exod.*, III, 2.) Or, qui doute que Dieu se trouvait dans l'ange? Mais qu'était ce Dieu, était-ce le Père ou le Fils? Vous allez répondre, le Fils, car vous ne voulez en aucune façon que le Père se soit montré aux yeux des mortels même par le moyen d'une créature soumise à sa volonté. Mais quoi que vous disiez, je vous répondrai : si c'était le Père, il s'en suit que le Père aussi est apparu aux hommes. Si c'était le Fils, le Fils ne change point; car, dans ce même endroit, quand Moïse lui eut demandé qui lui donnait sa mission, il répondit : « Je suis celui qui est. » (*Ibid.*, 14.) Or, qu'est-ce à dire, sinon : Je ne suis point sujet au changement, selon le sens même de ce texte du prophète que vous avez cité : « Je suis celui qui est, et ne suis point changé? » Il est encore dit une autre fois

---

tus ex femina, vel iste in specie columbæ aut igneis linguis se humanis aspectibus monstrans. Unde jam respondi tibi in eo sermone, ubi ostendi non te refellisse quæ dixi. Nunc vero ut intelligas quomodo dixerit Deus : « Ego sum qui sum, et non sum mutatus, » (*Exod.*, III, 14; *Malach.*, III, 6) vel quod scriptum magis invenitur : Ego enim Dominus, et non mutor; quoniam non solus Pater, sed Deus unus hoc dixit quod est ipsa Trinitas. Psalmum attende ubi legitur : « Tu in principio Domine terram fundasti, et opera manuum tuarum sunt cœli; ipsi peribunt, tu autem permanebis, et omnes sicut vestimentum veterascent; et velut tegumentum mutabis eos, et mutabuntur, tu autem idem ipse es, et anni tui non deficient. » (*Psal.* CI, 26.) Hoc autem ad Filium Dei dictum esse in Epistola quæ ad Hebræos sancta Scriptura testatur. (*Hebr.*, I, 10.) Quis vero non intelligat, ubi dicitur : Cœli mutabuntur, tu autem idem ipse es; nihil dici aliud, nisi : Tu non mutaris? Ac per hoc etiam Deo Filio convenit dicere : « Ego sum qui sum, et non sum mutatus : » (*Exod.*, III, 14; *Malach.*, III, 6) vel : Ego enim Dominus, et non mutor. Quod tu ideo soli Patri assignasti, ut in sua substantia crede-

retur esse mutabilis Filius, tanquam ita susceperit hominem, ut in hominem verteretur. Hanc tantam blasphemiam non emendabis, nisi credideris, in assumptione hominis accessisse Filio quod non erat, non autem recessisse vel defecisse quod erat.

11. Deinde quæro, quis apparuerit Moysi in igne quando rubus inflammabatur, et non urebatur? Quanquam et illic angelum apparuisse Scriptura ipsa declarat, dicens : Apparuit autem illi angelus Domini in flamma ignis de rubo. (*Exod.*, III, 2.) In angelo autem Deum fuisse, quis dubitet? Sed quis Deus erat, utrum Pater, an Filius? Dicturus es : Filius : non vis enim Patrem ullo modo vel per subjectam creaturam visibus apparuisse mortalium. Sed quodlibet horum eligas, ad utrumque respondeo. Si Pater erat, apparuit et Pater hominibus : si Filius erat, non mutatur est Filius. Ibi enim cum quæsisset Moyses, quis esset, qui cum mitteret : Ille respondit : Ego sum qui sum. Quod quid est aliud, nisi : Mutabilis non sum (*Ibid.*, 14) : sicut propheticum testimonium ipse posuisti : « Ego sum qui sum, et non sum mutatus. » Dixit etiam rursus ad Moysen : Ego sum Deus Abraham, et Deus Isaac, et Deus Ja-

à Moïse : « Je suis le Dieu d'Abraham, d'Isaac et de Jacob. » (*Ibid.*, 6 et 15.) Osez donc nier, si vous le pouvez, que c'est Dieu le Père qui est le Dieu d'Abraham, d'Isaac et de Jacob ; si ce n'est point lui qui parlait du milieu du buisson, certainement c'était le Fils. Si c'était le Père, reconnaissez donc que Dieu le Père s'est aussi montré aux hommes. Mais si l'un et l'autre sont le Dieu d'Abraham, le Dieu d'Isaac et le Dieu de Jacob, ainsi que vous le reconnaissez, pourquoi faites-vous difficulté de les tenir l'un et l'autre pour un seul Dieu ? En effet, Jacob, c'est Israël, et c'est à ses enfants, qu'il est dit : « Ecoutez, Israël, le Seigneur votre Dieu est le seul Dieu. » (*Deut.*, VI, 4.)

12. Reconnaissez donc que ce que j'ai dit est vrai, c'est-à-dire que la Divinité ne s'est point montrée aux hommes dans la substance dans laquelle elle est invisible et immuable, mais, quand elle a voulu le faire, par le moyen d'une créature soumise à sa volonté. Je n'ai donc point dit, comme vous voulez entendre ou faire prendre mes paroles, que la Divinité s'est montrée aux anciens, en ce sens qu'elle serait visible, après avoir commencé par dire qu'elle est invisible ; mais j'ai dit, que lorsque la Divinité s'est montrée aux anciens, elle s'est rendue visible par le moyen d'une créature soumise à sa volonté ; car dans sa nature, elle est tellement invisible, que Moïse même lui disait, bien qu'il lui eût parlé face à face. « Si j'ai trouvé grâce devant vos yeux, montrez-vous vous-même manifestement à moi. » (*Exod.*, XXXIII, 13.) Voilà ce que j'ai dit, relisez-moi, et vous verrez que c'est la vérité ; mais vous, vous n'avez point voulu ou vous n'avez point pu comprendre mes paroles. Ecoutez-moi donc et je vais m'exprimer plus clairement encore. Je dis donc que la Divinité du Père, du Fils et du Saint-Esprit est invisible pour l'œil des mortels, dans sa nature et sa substance. Se change-t-elle en des formes visibles ? Il s'en faut bien que je le prétende, puisque je dis qu'elle est immuable. Il suit de là que lorsqu'elle dit qu'elle s'est montrée quand elle l'a voulu aux regards des hommes, on doit entendre qu'elle l'a fait au moyen d'une créature pouvant apparaître à nos yeux.

13. Mais qu'est-ce à dire, quand après vous être exprimé ainsi en parlant du Père : « Il est seul invisible, » proposition sur laquelle nous avons suffisamment discuté maintenant, vous ajoutez : « Seul aussi il est insaisissable et immense ? » Nous ne voyons, en effet, nulle part que Dieu soit insaisissable. Je ne sais certainement pourquoi vous dites qu'il est insaisissable ; car s'il ne peut être saisi, comment non-seulement le Fils, mais encore le Père vient-il vers l'homme, selon le Fils même et établit-il sa demeure en lui

---

cob. (*Ibid.*, 6, 15.) Aude, si potes, negare Deum Patrem Deum esse Abraham et Isaac et Jacob; si non ipse de rubo, sed Filius loquebatur. Si autem Pater, confitere etiam Patrem Deum hominibus visum. Si vero uterque est Deus Abraham et Deus Isaac et Deus Jacob, quod esse annuis, quid ambigis utrumque unum Deum? Jacob quippe ipse est Israel, cujus filiis dicitur : Audi Israel, Dominus Deus tuus Dominus unus est. (*Deut.*, VI, 4.)

12. Quapropter verum esse agnosce quod dixi divinitatem non per substantiam suam, in qua invisibilis et immutabilis est, sed per creaturam sibi subjectam mortalium oculis apparuisse cum voluit. Non itaque sicut accipere vel accipi mea verba voluisti, ego divinitatem sic (*a*) patribus ostendisse se dixi, tanquam eam voluerim credi visibilem, quam prius invisibilem dixeram esse : sed dixi, quando se patribus divinitas ostendebat, per subjectam creaturam se visibilem demonstrabat. Nam per ipsam suam naturam usque adeo invisibilis est, ut ipse Moyses ei cum quo facie ad faciem loquebatur diceret : Si inveni gratiam ante te, ostende mihi temetipsum manifeste. (*Exod.*, XXXIII, 13.) Ecce quod dixi, relege, et invenies me verum dicere; te autem non intelligere voluisse, vel non potuisse, quod dixi. Audi ergo idipsum me aliquanto planius disserentem. Ego divinitatem Patris et Filii et Spiritus sancti in sua natura atque substantia mortalibus oculis invisibilem dico. Eam vero se in formas visibiles vertere, absit ut dicam quia et immutabilem dico. Restat ergo ut aspectibus humanis quando se ostendit ut voluit, per subjectam intelligatur hoc fecisse creaturam, quæ potest oculis apparere mortalibus.

13. Quid est autem quod cum de Patre dixisses : « Unus est invisibilis, » unde jam satis est disputatum, addidisti : « Unus etiam incapabilis atque immensus? » Incapabilem quidem non legimus Deum. Cur sane dicas incapabilem, nescio. Si enim capi non potest, quomodo non solum Filius, verum etiam Pater veniunt ad hominem, sicut dicit ipse Filius, et mansionem apud eum faciunt? (*Joan.*, XIV, 23.) Puto quod capiat eos apud quem faciunt mansionem.

(*a*) Plures Mss. *Patris*.

avec le Fils? (*Jean*, XIV, 23.) Je pense en effet que celui en qui ils viennent l'un et l'autre les contient. Me répondrez-vous qu'il ne les contient point en entier, mais seulement en partie? Comme il vous plaira; je vous répondrai toujours qu'ils ne sont point insaisissables, puisqu'ils sont contenus au moins en partie. Mais n'était-ce point assez pour vous de dire qu'il est insaisissable et vous fallait-il encore ajouter immense pour faire comprendre en quel sens vous le disiez insaisissable? Vouliez-vous faire entendre que la nature humaine ne pouvait le saisir tout entier, attendu qu'il est immense? Mais on peut le dire également du Fils; car personne ne saisit le Verbe, le Fils unique, de manière à oser dire qu'il le renferme absolument tout entier. Nous ne doutons pas du tout qu'il ne soit également immense. Je vous prie, en effet, de me dire de qui vous entendez ces paroles de l'Ecriture : « Il est grand et n'a point de borne, il est élevé et immense. » (*Baruch*, III, 26.) C'est de celui dont il est dit un peu plus loin : « C'est lui qui est notre Dieu, et l'autre ne subsistera point devant lui, si on le compare avec lui; c'est lui qui a trouvé toutes les voies de la vraie science et qui l'a donnée à Jacob son serviteur, et à Israël son bien-aimé; après cela il a été vu sur la terre et il a conversé avec les hommes. » (*Baruch*, III, 36.) De qui est-il parlé là, répondez. Oui, quel est ce grand, ce sans borne, cet élevé, cet immense, vu sur la terre,

et ayant conversé parmi les hommes? Je vois votre embarras. Vous avez peur de dire : C'est le Père, parce que vous entendez l'auteur sacré dire : Il a été vu sur la terre et il a conversé avec les hommes; vous voulez en effet que le Père soit réellement invisible dans sa substance et qu'il ne se soit jamais fait voir aux hommes par le moyen d'une créature soumise à sa volonté, vous craignez aussi de dire que c'est le Fils, parce que vous entendez l'Ecriture ajouter, il n'a point de borne, il est élevé et immense; vous prétendez, en effet, qu'il n'y a que le Père qui soit immense. Vous n'osez dire que c'est du Saint-Esprit qu'il est parlé en cet endroit, vous y lisez en effet que celui dont il est fait mention est notre Dieu. Or, vous ne voulez point que le Saint-Esprit soit Dieu. Qu'allez-vous dire, qu'allez-vous répondre, vous qui ne voulez point être catholique, accepter que le Christ s'est montré sur la terre sous la forme d'esclave et a conversé parmi les hommes, ni confesser en même temps qu'il est immense dans sa forme de Dieu, dans laquelle il est demeuré invisible? C'est lui qui est notre Dieu et l'autre ne subsistera devant lui si on le compare avec lui. Mais quel est cet autre, sinon l'Antechrist que la vraie foi ne tient pas pour le vrai Christ, mais que l'erreur exécrable des Juifs attend comme le Christ véritable?

14. Si vous demandez dans vos prières, comme vous le dites, de devenir un disciple des divines

---

An forte dicis, non ex toto, sed ex parte capiuntur? Dic quod vis : respondetur enim tibi : Non sunt ergo incapabiles, qui sunt vel ex parte capabiles. An ideo tibi non sufficit incapabilem dicere, sed addidisti, et immensum, ut exponeres quatenus incapabilem dixeris? id est, quia totius capax non est humana natura; immensus est enim? Verum hoc et de Filio dici potest. Neque enim quisquam sic capit unigenitum Verbum, ut ejus capacem se omni modo audeat profiteri. Prorsus etiam ipsum non esse dubitamus immensum. Nam quæro abs te, de quo accipias quod scriptum est : Magnus est, et non habet finem, excelsus et immensus. (*Baruch*, III, 26.) De ipso quippe paulo post dicitur : « Hic Deus noster, non æstimabitur alius ad eum; hic invenit omnem viam disciplinæ, et dedit eam Jacob puero suo, et Israel dilecto suo : post hæc super terram visus est, et inter homines conversatus est. Quis est iste, responde? » (*Ibid.*, 36.) Quis est, inquam : Magnus, et non habens finem, excelsus et immensus, qui super terram visus est, et

inter homines conversatus est? Video quos æstus, quas patiaris angustias. Times dicere : Pater est; ubi audis, super terram visus est et inter homines conversatus est. Tu enim Patrem per suam substantiam re vera invisibilem, nec per subjectam creaturam vis esse ab hominibus visum. Times dicere, Filius est; ubi audis, non habet finem, excelsus et immensus. Tu enim Patrem tantummodo esse contendis immensum. Times dicere, Spiritus sanctus est; ubi audis, hic Deus noster. Tu enim nec Deum vis esse Spiritum sanctum. Quid es acturus, quid responsurus, homo qui non vis esse catholicus, ut Christum sic accipias in forma servi super terram visum, et inter homines conversatum, ut tamen in forma Dei in qua invisibilis mansit, confitearis immensum? Hic Deus noster, non æstimabitur alius ad eum. Quis alius, nisi antichristus, quem verum Christum fides vera non æstimat, sed eum pro vero Christo execrabilis Judæorum error expectat?

14. Si oras, et petis, ut dicis, discipulus esse divi-

Ecritures, arrêtez-vous aux textes de ces Ecritures ayant rapport au sujet qui nous occupe, et ne vous égarez point au milieu de la multitude des autres textes qui ne vous sont d'aucune utilité. Ayez la prudence de vous taire plutôt que de parler pour ne rien dire, quand vous ne trouvez rien à répondre à la plus manifeste des vérités. Vous montrez que vous avez peur que je ne vous enlève vos disciples. Plût au ciel que vous fussiez assez vêtu du Christ pour aimer mieux que vos disciples fussent ses disciples que les vôtres. Pour moi, je ne me repens point de contribuer, autant que le Seigneur m'en fait la grâce, à vous faire passer, vous et vos disciples, sous ce seul maître. Quant à ce traité auquel vous promettez depuis si longtemps de répondre, si vous devez le faire comme jadis à mes questions et à mon argumentation, vous n'y répondrez guère. Seulement vous ne resterez point la bouche close, pour tromper n'importe comment les hommes peu intelligents. De tous les points que j'ai traités, du mieux que j'ai pu, il résulte assez clairement que le Père, le Fils et le Saint-Esprit n'ont qu'une seule et même vertu, une seule et même substance, une seule et même divinité, une seule et même majesté, une seule et même gloire, parce que la Trinité est elle-même notre seul et même Seigneur Dieu, dont il a été dit : « Ecoutez, Israël, le Seigneur votre Dieu est le seul Seigneur. » (*Deut.*, VII, 4.) Or, ces paroles ont été prononcées alors que le Seigneur seul conduisait les enfants d'Israël, et qu'il n'y avait point de Dieu étranger parmi eux. Or, le Christ aussi les conduisait, puisque l'Apôtre dit : « Ne tentons point le Christ, comme le firent plusieurs d'entre eux. » (I *Cor.*, x, 9.) Ou le Christ n'est point Dieu, ou le Christ est un Dieu étranger. Ce Dieu est donc Père, Fils et Saint-Esprit ; ce seul et unique Dieu est Trinité, et c'est à elle seule qu'il nous est ordonné de rendre le culte qui n'est dû qu'à Dieu, quand il nous est dit : « Vous adorerez le Seigneur votre Dieu et vous ne servirez que lui. » (*Matth.*, IV, 10.) Or, ce culte, nous le rendons au Christ, dont nous sommes les membres, ou au Saint-Esprit dont nous sommes le temple. C'est cette Trinité qui est un seul Dieu qui a dit : « Je suis le Seigneur et il n'y a point d'autre Seigneur que moi. » (*Deut.*, XXXII, 39.) Or, le Christ que vous proclamez Dieu et Seigneur, est Seigneur, et on ne saurait prétendre d'un autre côté que le Saint-Esprit ne soit point le Seigneur de sa maison, c'est-à-dire de son temple. Or, c'est de cet Esprit, le Seigneur, qu'il est dit : « Le Seigneur est Esprit, et là où est l'Esprit du Seigneur, là est la liberté. » C'est cette

---

narum scripturarum, ad rem pertinentia testimonia divina considera. Noli per multa, quæ te nihil adjuvant, evagari : elige prudenter tacere quam inaniter loqui, quando non invenis quid respondeas manifestissimæ veritati. Timere te ostendis, ne te nudem discipulis tuis. Utinam tu Christo sic induaris, ut discipulos tuos magis ipsius velis discipulos esse quam tuos. Nam me non pœnitet, quantum Dominus donat, operam dare, ut tu et discipuli tui sub uno magistro sitis condiscipuli mei. Tractatui autem meo, cui post tantum tempus adhuc te responsurum esse promittis, si ita responsurus es, ut modo respondisti vel interrogationibus, vel prosecutionibus meis, non plane aliquid respondebis ; sed ut homines non intelligentes quomodocumque decipias, non tacebis. Ex his ergo omnibus, quæ sicut potui disputavi, satis apparet, Patris et Filii et Spiritus sancti unam esse virtutem, unam esse substantiam, unam deitatem, unam majestatem, unam gloriam ; quia ipsa Trinitas est unus Dominus Deus noster, de quo dictum est : Audi Israel, Dominus Deus tuus Dominus unus est. (*Deut.*, VI, 4.) Tunc autem dictum est, quando Dominus solus deducebat eos, et non fuit in eis deus alienus. Neque enim non eos deducebat et Christus, cum dicat Apostolus : Neque tentemus Christum, sicut quidam illorum tentaverunt (I *Cor.*, x, 9); (*a*) aut Christus non est Deus, aut Christus Deus est alienus. Hic est ergo Deus Pater et Filius et Spiritus sanctus : Trinitas unus Deus? cui uni jubemur ea quæ non nisi Deo debetur servitute servire cum audimus : Dominum Deum tuum adorabis, et illi soli servies. (*Matth.*, IV, 10.) Neque enim hac servitute non servimus Christo, cujus membra sumus ; aut Spiritui sancto, cujus templum sumus. Hæc Trinitas unus Deus dicit : Ego sum Dominus, et non est alius præter me. (*Deut.*, XXXII, 39.) Neque enim non est Dominus Christus, quem vos quoque Deum et Dominum confitemini ; aut Spiritus sanctus non est Dominus domus suæ, hoc est templi sui. Ipse est quippe Spiritus Domini de quo dicitur : Dominus autem spiritus est (II *Cor.*, III, 17) ; ubi autem spiritus Domini, ibi libertas. Hæc est Trinitas unus Deus, de quo dicit Apostolus : « Nullus Deus nisi unus. »

(*a*) Editi *quibus Christus*. Melius Mss. *aut Christus*.

Trinité qui est le seul Dieu, dont l'Apôtre a dit : « Il n'y a pas d'autre Dieu que ce seul Dieu. » (I *Cor.*, VIII, 4.) En attendant ces paroles, vous n'osez pas nier que le Fils unique soit Dieu. C'est ce Dieu Trinité qui dit : « Je suis celui qui est (*Exod.*, III, 14), et je ne suis point changé. » Or, ce Christ à qui il est dit : « Vous changerez les cieux et ils seront changés, quant à vous, vous demeurerez toujours le même, » (*Psal.* CI, 18) n'a point changé. Le Saint-Esprit ne change pas non plus, puisque la vérité est immuable, la vérité, dis-je, à qui le Christ même rend un si grand honneur qu'il va jusqu'à dire : « Il vous est avantageux que je m'en aille, car si je ne m'en vais, le Paraclet ne viendra pas à vous. » (*Jean*, XVI, 7.) Et encore : « A quiconque articulera un blasphème contre le Fils de l'homme, il sera pardonné, mais à quiconque en articulera un contre le Saint-Esprit, il ne sera point pardonné. »(*Matth.*, XII, 32.) S'il dit, en parlant de lui même : « Voici que je suis avec vous jusqu'à la consommation du siècle. »(*Matth.*, XXVIII, 20) il dit au contraire en parlant du Saint-Esprit : « Afin qu'il soit éternellement avec vous. » (*Jean*, XIV, 16.) C'est en vous soumettant avec un esprit de paix à ces textes et à d'autres semblables, qu'il serait long de rechercher et de réunir, que vous serez le disciple des divines Ecritures, comme vous prétendez que c'est votre vœu et votre désir, et je me réjouirai alors de vous avoir pour frère.

(I *Cor.*, VIII, 4.) Non enim cum hæc auditis, Deum negare unigenitum audetis. Hic Deus Trinitas dicit : Ego sum qui sum, et non sum mutatus. (*Exod.*, III, 14, *Malach.*, III, 6.) Non enim mutatus est Christus, cui dicitur : « Mutabis cœlos, et mutabuntur; tu autem idem ipse es : » (*Psal.* CI, 28) aut mutabitur Spiritus veritatis, cum sit immutabilis veritas, cui tantum honorem dat ipse Christus, ut dicat : « Expedit vobis ut ego eam ; nisi enim ego abiero, Paracletus non veniet ad vos. » (*Joan.*, XVI, 7.) Et : « Quicumque dixerit blasphemiam in Filium hominis, dimittetur ei ; » (*Matth.*, XII, 32) qui autem dixerit in Spiritum sanctum, non dimittetur ei. Et cum de se ipso dixerit : « Ecce ego vobiscum sum usque ad consummationem sæculi : » (*Matth.*, XXVIII, 20) de illo dixit : « Ut vobiscum sit in æternum. » (*Joan.*, XIV, 16.) His atque hujusmodi testimoniis, quæ omnia quærere et colligere longum est, si pacifice acquiescas, eris, quod orare et optare te dicis, divinarum Scripturarum discipulus, ut de tua fraternitate gaudeamus.

AUTRES OUVRAGES CONTRE LES ARIENS

Dans le tome II, *Lettres* CLXX, CCXXXVIII, CCXXXIX, CCXL, CCXLI et CCXLII.

Dans le tome III, seconde partie, les *Traités sur saint Jean*, XVIII, XX, XXXVI, XXXVII, LIX et LXXI.

Dans le tome V, les *Sermons* LII, CXVII, CXVIII, CXXXIX, CXL, CCCXLI et CCCLXXXIV.

ITEM CONTRA ARIANOS

In II tom., *Epist.* CLXX, CCXXXVIII, CCXXXIX, CCXL, CCXLI et CCXLII.
In III tom., part. II, *Tract. in Joan.*, XVIII, XX, XXXVI, XXXVII, LIX et LXXI.
In V tom., *Serm.* LII, CXVII, CXVIII, CXXXIX, CXL, CCCXLI et CCCLXXXIV.

AVERTISSEMENT
SUR LES LIVRES DE LA TRINITÉ

Saint Augustin retint sur le métier pendant bien des années, son long ouvrage *sur la Trinité*; il le commença en effet lorsqu'il était jeune encore, ainsi qu'il le dit dans sa lettre *à Aurèle*, et ne le termina que dans un âge avancé. Il l'interrompait facilement toutes les fois qu'il avait à donner ses soins à quelque autre travail qu'il pensait devoir être utile à plus de monde; car il regardait cet ouvrage comme beaucoup plus laborieux et moins utile que la plupart de ses autres œuvres, parce qu'il traitait de choses moins nécessaires et moins accessibles à l'intelligence du plus grand nombre. Il l'avait entrepris surtout en vue de ceux qui, ne recevant point l'autorité de la foi, voulaient qu'on leur démontrât la vérité des mystères, par la raison. En effet, dans la méditation des choses saintes à laquelle notre saint nous apprend dans le livre I au chapitre III, qu'il s'adonnait d'une manière toute particulière, éclairé de la lumière divine, il découvrait tous les jours quelque chose de nouveau et de plus profond, et sa charité ne lui permettait pas de ne point faire part aux autres des aperçus qu'il tenait de la grâce de Dieu. Il espérait en effet qu'en leur donnant de quoi lire, il profiterait lui-même et que, dans son désir de répondre aux questions d'autrui, il trouverait aussi ce qu'il cherchait. « Voilà pourquoi, dit-il au chapitre v du livre I, j'ai entrepris non point tant d'exposer ces choses, avec autorité avec l'assistance et par l'ordre de Dieu, que de les apprendre moi-même en en parlant avec piété. » Il proteste dans l'exorde de son livre III, qu'il aurait volontiers renoncé à écrire cet ouvrage, si les difficultés qui regardent le mystère de la sainte Trinité avaient été suffisamment éclairées par les Latins, ou si les écrits des Pères grecs avaient été traduits dans la langue de ces derniers, ou enfin si d'autres personnes avaient voulu se

ADMONITIO
IN LIBROS DE TRINITATE.

Prolixum *de Trinitate* opus per annos non paucos in manibus habuit Augustinus; cum illud, ut ipse ad Aurelium scribit, juvenis inchoarit, senex ediderit. Quippe id facile intermittebat, quoties alii cuipiam incumbendum erat operi, quod pluribus profuturum existimabat; ratus istud operosius et minus utile quam pleraque alia, quod res minus necessarias et a paucioribus intelligendas contineret. Hunc laborem suscepit in eorum potissimum gratiam, qui fidei auctoritatem non recipientes, mysteriorum veritatem ratione demonstrari sibi volebant. Cum enim in sacrarum rerum meditatione, cui se maxime deditum vir sanctus in lib. I, cap. III, profitetur, plura in dies et altiora divino illustratus lumine detegeret, non patiebatur caritas ipsum, quæ ex Dei dono accepisset, aliis denegare. Sperabat si quidem fore, ut aliis ministrando quæ legerent ipse quoque proficeret, ac aliis cupiens respondere quærentibus, etiam ipse id quod quærebat inveniret. « Ergo suscepi, ait lib. I, cap. v, hæc, jubente atque adjuvante Domino Deo nostro, non tam cognita cum auctoritate disserere, quam ea cum pietate disserendo cognoscere. » Testatur in III libri exordio, stilum se perlibenter fuisse suppressurum, si res hujusmodi a Latinis invenirentur explicatæ, aut Græci qui de iis rebus tractarunt, essent latine redditi, aut alii denique curam respondendi quæs-

donner la peine de répondre aux difficultés qu'on lui proposait sur cette matière, « difficultés, dit-il, que je me trouve dans la nécessité de supporter, eu égard au rôle que j'ai à exercer au service du Christ. »

Voici en quel ordre il traite dans cet ouvrage les diverses questions et difficultés qui lui ont été proposées. I. Il établit l'unité et l'égalité de la suprême Trinité par les saintes Ecritures, et montre comment on doit entendre selon la foi catholique, les textes dont on abuse pour attaquer l'égalité du Fils.

II. Il affirme la même égalité de la Trinité, en prouvant qu'il ne s'ensuit rien de contraire à cette égalité, de ce qui est rapporté dans les saintes Ecritures, soit de la mission du Fils et du Saint-Esprit, soit des différentes apparitions de Dieu, et que la Trinité tout entière, de sa nature, immuable, invisible et partout présente, opère d'une manière inséparable dans quelque mission et quelque apparition que ce soit.

III. Il recherche si dans les apparitions de Dieu en question, il y a eu seulement création d'êtres corporels dans lesquels Dieu se serait montré aux regards des hommes, ou bien si ce sont des anges existant déjà auparavant, qui ont été envoyés pour parler au nom de Dieu, au moyen d'une forme corporelle empruntée à quelque créature corporelle, ou au moyen de leur propre corps à eux, qu'ils métamorphosaient en telle forme qu'il leur plaisait, en sorte que jamais l'essence divine n'aurait été vue en elle-même.

IV. Il enseigne dans quel but le Fils de Dieu a été envoyé, et que le Fils de Dieu, bien que moindre que le Père en tant qu'envoyé, n'est pas moindre que lui par la raison que le Père l'a envoyé, de même que le Saint-Esprit n'est moindre ni que le Père ni que le Fils, pour avoir été envoyé par l'un et par l'autre.

V. Il passe ensuite à la réfutation des arguments que les hérétiques tirent non plus des livres divins, mais de leur propre raison. Et d'abord il réfute ce qu'ils avancent, que l'engendré et l'engendrant, l'engendré et le non-engendré étant différents sont des substances

tionibus ipsi propositis, « quas, ait, pro persona mea quam in servitio Christi gero, necesse est me pati, » vellent suscipere.

Argumentum suum variasque propositas circa id quæstiones et difficultates hoc ordine pertractat. In libro I. Summæ Trinitatis unitatem et æqualitatem demonstrat ex Scripturis : earum testimonia quæ contra Filii æqualitatem perperam objectantur, quomodo interpretanda sint secundum catholicam fidem, ostendit.

II. Eamdem Trinitatis æqualitatem asserit, probans nihil obstare quæ de Filii missione ac Spiritus sancti, deque variis Dei apparitionibus dicuntur in Scripturis. Trinitatem enim totam in sua natura immutabilem, invisiblem, ubique præsentem, in missione qualibet vel apparitione inseparabiliter operari.

III. Quærit an in prædictis Dei apparitionibus corporea tantummodo creatura formata sit, in qua Deus humanis ostenderetur aspectibus, an angeli jam ante existentes ita sint missi, ut ex persona Dei loquerentur, sive per corporalem speciem de corporea creatura assumptam, sive per suum ipsorum corpus in quas vellent species conversum : ita ut ipsa Dei essentia nunquam per se ipsam visa fuerit.

IV. Docet ad quid missus sit Filius Dei. Cæterum Filium Dei, quamvis missione factus sit minor, non ideo esse minorem quia misit eum Pater, nec ideo minorem Spiritum sanctum quia et Pater eum misit et Filius.

V. Pergit ad refellenda hæreticorum argumenta illa, quæ jam non e divinis libris, sed e suo sensu proferunt. Ac primum quod objectant gignere et gigni, vel genitum esse et ingenitum,

différentes, en montrant que ces choses, en Dieu, ne se disent point quant à la substance, mais quant aux relations des personnes.

VI. Il demande à ceux qui attaquent l'égalité du Fils en se fondant sur ce que le Christ est appelé par l'Apôtre « la vertu et la sagesse de Dieu » si le Père est aussi sagesse. Puis étendant un peu sa réponse, il prouve de nouveau l'unité et l'égalité du Père, du Fils et du Saint-Esprit, et montre qu'on ne doit ni croire ni proclamer pour cela Dieu triple, mais Trinité. Puis il explique ce mot de saint Hilaire : « L'éternité dans le Père, l'espèce dans l'image, et l'usage dans le don. »

VII. Il résout une question dont la solution avait été ajournée et enseigne que le Père, le Fils et le Saint-Esprit ne font qu'une seule et même vertu, une seule et même sagesse, comme ils ne font qu'un seul et même Dieu, une seule et même essence. Il recherche ensuite en quel sens les Latins disent qu'en Dieu il y a une seule essence et trois personnes, et les Grecs, une seule essence et trois substances ou hypostases.

VIII. Il montre par la raison que non-seulement le Père n'est pas plus grand que le Fils, mais encore que l'un et l'autre ensemble ne sont point quelque chose de plus grand que le Saint-Esprit, et qu'en aucun cas ces deux personnes de la sainte Trinité ne sont ensemble plus grande que la troisième, et que les trois ensemble ne sont pas quelque chose de plus grand que chacune des trois en particulier. Il invite à comprendre la nature de Dieu, par l'intelligence de la vérité, par la connaissance du souverain bien et par l'amour de la justice qui se trouve placé dans notre âme, il veut surtout qu'on cherche à le connaître par la charité, vertu dans laquelle il fait remarquer comme trois vestiges de la Trinité.

IX. Il montre dans l'homme qui est l'image de Dieu, une sorte de trinité ; l'esprit, la connaissance qu'il a de soi, et l'amour dont il aime sa propre connaissance, trois choses égales entre elles et d'une seule et même substance.

---

quoniam diversa sunt, substantias esse diversas, refellit, ostendens ista de Deo non secundum substantiam dici, sed relative.

VI. In eos qui contra Filii æqualitatem disputant ex eo quod Christus ab Apostolo dictus sit « Dei virtus et Dei sapientia, » quæstionem proponit, an non et ipse Pater sapientia sit. Cujus tantisper dilata solutione, adhuc probat unitatem et æqualitatem Patris, Filii, ac Spiritus sancti ; et non Deum triplicem, sed Trinitatem dici et credi oportere. Tum explicat dictum Hilarii : « Æternitas in Patre, species in Imagine, usus in Munere. »

VII. Quæstionem, quæ dilata fuerat, resolvit, docetque Patrem, Filium, et Spiritum sanctum esse unam virtutem et unam sapientiam, non secus atque unum Deum et unam essentiam. Quærit postea quomodo dicatur in Deo, a Latinis « una essentia, tres personæ ; » a Græcis « una essentia, tres substantiæ vel hypostases. »

VIII. Ratione etiam reddita monstrat, non solum Patrem Filio non esse majorem, sed nec ambos simul aliquid majus esse quam Spiritum sanctum, nec quoslibet duos simul in eadem Trinitate majus aliquid quam unum, nec omnes simul tres majus aliquid quam singulos. Admonet ut ex veritatis intellectione, ex notitia summi boni, et ex insito amore justitiæ, intelligatur natura Dei ; præsertim vero ut ipsius cognitio quæratur per caritatem, in qua tria quædam velut Trinitatis vestigium inesse observat.

IX. Trinitatem in homine, qui imago Dei est, quamdam inveniri docet, mentem et notitiam qua se novit, et amorem quo se notitiamque suam diligit ; et hæc tria esse inter se æqualia et unius essentiæ.

X. Il trouve dans l'esprit de l'homme une autre trinité plus évidente encore : la mémoire l'intelligence et la volonté.

XI. Il remarque même dans l'homme extérieur, comme dans une vision corporelle, certains vestiges de la Trinité.

XII. Après avoir établi que la sagesse se distingue de la science, il montre que dans ce qui s'appelle proprement science, il y a une certaine trinité qui, tout en se rapportant à l'homme intérieur, ne doit pourtant pas encore s'appeler image de Dieu.

XIII. Il explique la trinité qu'il trouve dans la science par l'estime qu'on doit faire de la foi.

XIV. Au sujet de la sagesse de l'homme, il dit des choses pleines de vérité, que c'est par elle qu'il se rappelle, qu'il comprend et qu'il aime Dieu. Il montre que c'est en cela même que l'homme est l'image de Dieu dans son esprit, image qui maintenant se renouvelle par la connaissance de Dieu, et dans laquelle la ressemblance de Dieu sera parfaite quand la vision de Dieu le sera elle-même.

XV. Il résume rapidement tout ce qu'il a dit dans les livres précédents, et termine en montrant que cette Trinité, dont la vision parfaite est pour nous la vie bienheureuse, n'est vue maintenant de nous, que comme dans un miroir et en énigme, puisqu'elle n'est vue que par le moyen de l'image de Dieu qui est nous-mêmes.

Saint Augustin, dans ses *Rétractations*, place les livres *de la Trinité* parmi les ouvrages qu'il a composés vers l'an 401 de Jésus-Christ, parce que c'est à cette époque qu'il les a commencés. Dans sa lettre cxx *à Consentius*, en 410, il fait mention au n. 13 de son ouvrage *sur la Trinité* qu'il avait encore sur le métier et qu'il n'avait pu terminer à cause de l'importance du sujet et sa difficulté. Dans sa lettre CLXII *à Evodius*, en 414, il dit, au n. 2, qu'il n'a pas encore publié ses livres *sur la Trinité*, et dans sa lettre CLXIX au même, en date de la fin de l'année 415, il dit, au n. 1, qu'il ne les a pas encore terminés. On peut comprendre par sa

X. Aliam in hominis mente evidentiorem reperiri trinitatem, in memoria scilicet, intelligentia, et voluntate.

XI. Etiam in exteriori homine Trinitatis aliqua vestigia, veluti in corporali visione, deprehendi.

XII. Præmissa distinctione sapientiæ a scientia, ostendit in ea quæ proprie scientia dicitur, quamdam trinitatem : quæ licet ad interiorem hominem jam pertineat, nondum tamen imago Dei sit appellanda.

XIII. Repertam in scientia trinitatem exponit per commendationem fidei Christianæ.

XIV. De sapientia hominis vera dicit, qua videlicet meminit, intelligit, et diligit Deum : ostendit quod in eo ipso sit homo imago Dei secundum mentem; quæ quidem hic renovatur in agnitione Dei, tunc vero erit in ea imagine perfecta Dei similitudo, quando Dei perfecta erit visio.

XV. Quidquid in superioribus exposuit, compendiario sermone complectitur : ac postremo Trinitatem, in cujus perfecta visione nobis beata vita promittitur, ostendit a nobis hic videri tanquam per speculum et in ænigmate, dum videtur per imaginem Dei quod nos sumus.

Hosce libros *in Retractationibus* collocat inter opuscula circiter annum Christi 400 conscripta, quia illos eo tempore inchoavit. In epistola cxx *ad Consentium* anno 410 missa, n. 13, meminit operis *de Trinitate*, quod in manibus habebat, et ob argumenti præstantiam ac difficultatem nondum perficere potuerat. In CLXII *ad Evodium*, quæ ad annum 414 pertinet, scribit n. 2, se libros *de Trinitate* nondum edidisse : et in CLXIX, ad eumdem epistola, quæ exeunte anno 415 scripta est, se nondum illos complevisse n. 1 testatur. Ex epistola CXLIII *ad Marcellinum* data sub finem

lettre CXLIII *à Marcellin*, en date de la fin de 412, au n. 4, que ses amis le priaient de livrer ces livres au public, et que, au lieu de le faire, il les a gardés plus longtemps qu'ils ne le voulaient et ne le supportaient. On peut conjecturer par là, que la publication qui se fit de cet ouvrage avant même qu'il fût terminé, n'est point antérieure à 412. Il est certain qu'il s'en fit une seconde bien longtemps après; car saint Augustin lui-même, au n. 12 de son livre XIII, cite un passage du livre XII *de la cité de Dieu* qui n'est pas antérieur à l'année 416. Au livre XV, il cite son Traité XC sur saint Jean. Il renvoie à cet ouvrage saint Prosper, dans son livre *de la Prédestination des Saints*, c. VIII, pensant qu'il était déjà connu en Gaule.

Le sénateur Cassiodore parle avec éloge (*Institut.*, XVI), des quinze livres que saint Augustin « a écrits sur la sainte Trinité, avec une profondeur admirable et qu'on doit méditer avec attention et curiosité. » Le moine grec Maxime Planude a traduit ces livres de latin en grec. Il vivait sous Andronique l'Ancien vers l'an 1350. Démétrius Cydonius, qui vivait sous Jean Cantacuzène, traduisit aussi plusieurs chapitres de cet ouvrage. Possevin (*Apparat.*) assure que ces versions se trouvent conservées dans la bibliothèque du Vatican. Nous avons vu un Index des manuscrits grecs de la bibliothèque du Vatican qui se trouvait entre les mains de V. C. Antoine Faure, docteur en théologie de la faculté de Paris, ainsi qu'un autre index pareil dans un manuscrit de la Colbertine, portant le n. 5125, dans lesquels on lit : Τοῦ μακαριωτάτου Αὐγουστίνου ἐπισκόπου Ἱππῶνος περὶ Τριάδος Βίβλια πέντε πρὸς τοῖς δέκα, ἅπερ ἐκ τῆς Λατίνων διαλέκτου εἰς τὴν Ἑλλάδα μετήνεσκεν ὁ σοφώτατος καὶ τιμιώτατος μοναχῶν Μάξιμος Πλανούδης. Et encore : Τοῦ μακαρίου Αὐγουστίνου ἐπισκόπου Ἱππῶνος κεφάλαια ἐκ τῶν αὐτοῦ λόγων παρεκβληθέντα ἐκ τῆς Λατίνων διαλέκτου εἰς τὴν Ἑλλάδα μετήνεσκε Δημήτριος ὁ Κυδώνης. Voir Allatius (lib. II *de utriusque Eccles. consens.*, c. XVII, § 4.)

anni 412 licet intelligere n. 4 amicos ab eo flagitasse, ut hos libros publicaret ; ipsum contra diutius eos retinuisse, quam vellent et ferrent. Unde conjicias priorem ipsam publicationem, quæ opere necdum absoluto facta est, non præcessisse annum 412. Constat autem alteram nonnisi longo post tempore factam, cum ipse in libro XIII citet illud quod scripserat in XII *de Civitate Dei*, qui ante annum 416 perfectus non fuit. Libro XV citat Tractatum XC, *in Joannem*. Ad istud opus Prosperum remittit lib. *de Prædestinat. SS.*, c. VIII, ratus id jam in Galliis haberi.

Cassiodorus Senator *in Institut.*, c. 16, laudat quindecim libros, « quos Augustinus de sancta Trinitate mirabili profunditate conscripsit, curiosa intentione meditandos. » Eosdem libros e Latino sermone in Græcum transtulit Maximus Planudes monachus, qui sub Andronico seniore vivebat circiter an 1350. Demetrius vero Cydonius sub Joanne Cantacuzeno, capita aliquot vertit ex ejusdem sermonibus. Has versiones Romæ asservari in bibliotheca Vaticana, testatur Possevinus *in Apparatu*. Vidimus Indicem M. S. codd. Græc. biblioth. Vatic. qui est penes V. C. Antonium Faure Doct. Theolog. Paris. et similem alium in codice Colbertinæ bibliothecæ 5125, in quibus hæc leguntur : Τοῦ μακαριωτάτου Αὐγουστίνου ἐπισκόπου Ἱππῶνος περὶ Τριάδος Βίβλια πέντε πρὸς τοῖς δέκα, ἅπερ ἐκ τῆς Λατίνων διαλέκτου εἰς τὴν Ἑλλάδα μετήνεσκεν ὁ σοφώτατος καὶ τιμιώτατος μοναχῶν Μάξιμος Πλανούδης. Item : Τοῦ μακαρίου Αὐγουστίνου ἐπισκόπου Ἱππῶνος κεφάλαια ἐκ τῶν αὐτοῦ λόγων παρεκβληθέντα ἐκ τῆς Λατίνων διαλέκτου εἰς τὴν Ἑλλάδα μετήνεσκε Δημήτριος ὁ Κυδώνης. Vid. Allatium (lib. II *de utriusque Ecclesiæ consensione*, cap. XVII, § 4.)

LIVRE II DES RÉTRACTATIONS, CHAPITRE XV

1. J'ai écrit, dans l'espace de plusieurs années, quinze livres *sur la Trinité* de Dieu ; mais comme je n'avais pas encore terminé le douzième livre et que je les retenais plus longtemps que ne pouvaient le supporter ceux qui désiraient ardemment les avoir, ils m'ont été soustraits dans un état de correction moins satisfaisant qu'ils auraient dû et pu se trouver au moment où je les aurais publiés. L'ayant compris, comme il m'en restait d'autres exemplaires entre les mains, j'avais pris la résolution de ne point les rendre publics, mais de les garder tels qu'ils étaient, afin de raconter, dans un autre ouvrage, ce qui m'était arrivé. Cependant sur les instances de mes frères auxquelles je n'ai pu résister, j'ai corrigé ces livres autant que j'ai cru devoir le faire, complété et publié en les faisant précéder d'une lettre de moi au vénérable Aurèle, évêque de Carthage, dans laquelle, comme dans une sorte de prologue, j'expose ce qui m'est arrivé, ce qui m'est venu à la pensée de faire et ce que j'ai fait pour céder aux instances de la charité de mes frères.

2. Dans le livre onzième, en parlant de corps visible, j'ai dit : « Par conséquent aimer cet objet corporel, c'est s'égarer, » ce qui doit s'entendre de l'amour qui nous fait aimer un objet, de telle sorte, que quiconque l'aime ainsi se croie heureux. Car ce n'est point s'égarer que d'aimer la beauté corporelle pour la gloire du Créateur et de mettre ainsi son bonheur à jouir du Créateur même. J'ai dit encore dans un autre endroit : « Je ne me rappelle pas un oiseau à quatre pattes, parce que, en effet, je n'en ai jamais vu ; mais je vois facilement une semblable création de mon imagination, quand j'ajoute à une forme de volatile que j'ai vue deux autres pattes semblables à celles que j'ai vues également. » En m'exprimant ainsi, je n'ai point voulu parler des quadrupèdes ailés dont il est fait mention dans la loi. On ne compte point en effet comme des pattes, les deux jambes postérieures dont les sauterelles se servent pour sauter. L'Ecriture les range parmi les animaux purs et les distingue des volatiles impurs qui ne sautent point à l'aide de telles pattes ; tels sont les scarabées. Or, tous ces animaux ailés sont appelés quadrupèdes dans la loi.

3. Dans le livre douzième, l'explication que j'ai donnée de ces mots de l'Apôtre : « Quelque péché que commette l'homme, il est hors du corps, » (1 *Cor.*, vi, 18) ne me satisfait point, et je ne crois pas qu'on doive entendre ces autres paroles : « Mais celui qui commet le péché de fornication, pèche contre son propre corps, » comme si c'était ce que fait quiconque se conduit ainsi en

EX LIBRO RETRACTATIONUM II, CAPUT XV.

1. Libros *de Trinitate*, quæ Deus est, quindecim scripsi per aliquot annos. Sed cum eorum duodecimum nondum perfecissem, et eos diutius tenerem quam possent sustinere qui vehementer illos habere cupiebant, subtracti sunt mihi minus emendati quam deberent ac possent, quando eos edere voluissem. Quod postea quam comperi, quia et alia eorum apud nos exemplaria remanserant, statueram eos jam ipse non edere, sed sic habere, ut in alio aliquo opusculo meo quid mihi de his evenerit dicerem : urgentibus tamen fratribus, (*a*) quibus resistere non valui, emendavi eos quantum emendandos putavi, et complevi et edidi, adjungens eis a capite epistolam quam scripsi ad venerabilem Aurelium episcopum Carthaginensis ecclesiæ : quo tanquam prologo exposui et quid accidisset et quid facere mea cogitatione voluissem, et quid fratrum caritate compellente fecissem.

2. In quorum libro undecimo cum de corpore visibili agerem, dixi : « Quocirca id amare, alienari est. » Quod secundum eum amorem dictum est, quo aliquid sic amatur, ut eo fruendo existimet beatum se esse qui hoc amat. Nam non est alienari, in laudem Creatoris amare speciem corporalem, ut ipso Creatore fruens quisque vere beatus sit. Itemque in eodem, ubi dixi : « Nec avem quadrupedem memini, quia non vidi; sed phantasiam talem facillime intueor, dum alicui formæ volatili, qualem vidi, adjungo alios duos pedes, quales itidem vidi : » hæc dicens non potui recolere volatilia quadrupedia, quæ Lex commemorat. (*Levit.*, xi, 20.) Neque enim computat in pedibus duo posteriora crura quibus locustæ saliunt, quas dicit mundas, et ideo discernit eas ab immundis talibus volatilibus, quæ non saliunt illis cruribus, sicut sunt scarabæi. Omnia quippe hujusmodi volatilia quadrupeda vocantur in Lege.

3. In duodecimo velut expositio verborum Apostoli, ubi ait : « Omne peccatum quodcumque fecerit homo, extra corpus est, non mihi satisfacit : nec sic puto intelligendum quod dictum est : « Qui autem fornicatur,

---

(*a*) Mss. quatuor *quia*.

EXTRAIT DU LIVRE DES RÉTRACTATIONS.

vue des jouissances corporelles comme fin de son bonheur. Or, cela s'étend à beaucoup d'autres péchés que la fornication qui n'a lieu que dans les unions sexuelles illicites, les seuls dont il semble que l'Apôtre parlait en s'exprimant comme il l'a fait. Cet ouvrage, après la lettre dont je l'ai fait précéder plus tard, commence par ces mots : « Avant de lire notre traité sur la Trinité. »

Au bienheureux seigneur, saint frère et confrère en sacerdoce, le pape Aurèle, vénéré avec une très-sincère charité, Augustin, salut.

Dans ma jeunesse, j'ai commencé sur la Trinité qui est le Dieu souverain et véritable, des livres que je n'ai terminés que dans ma vieillesse. J'avais laissé ce travail, lorsque je m'étais aperçu qu'on m'avait soustrait ces livres avant qu'ils fussent terminés, retouchés et revus comme c'était mon intention ; car je m'étais proposé de les publier non les uns après les autres, mais tous ensemble, parce que les derniers se relient aux premiers par l'ensemble du travail. Comme, par le fait de ceux qui ont pu s'en procurer quelques-uns avant que je voulusse les publier, mes intentions ne pouvaient plus s'accomplir, j'avais laissé mon travail inachevé, avec l'intention de me plaindre de ce qui s'était passé dans quelque autre de mes écrits, et de faire savoir ainsi à tous ceux qu'il me serait possible, que ces livres n'avaient point été publiés par moi, mais m'avaient été soustraits avant que je les eusse jugés dignes de paraître. Cédant aux vœux ardents de plusieurs de mes frères, et surtout à vos ordres, j'ai fait en sorte, avec l'aide de Dieu, de terminer ce laborieux travail. J'envoie à votre Vénération, par le ministère de notre commun diacre et très-cher fils, ces livres corrigés non pas aussi bien que j'aurais voulu, mais que j'ai pu, pour ne point les rendre trop différents de ceux qui m'ont été soustraits et se trouvent entre les mains du public, et j'ai permis à quiconque le voudra, de les entendre lire, de les copier et de les lire. Si j'avais pu faire ce que je me proposais, tout en conservant le même fonds de pensées, ils seraient certainement beaucoup moins obscurs et plus faciles, autant du moins que l'auraient permis les difficultés de telles matières et mes propres ressources. Il se trouve des personnes qui ont les quatre ou cinq premiers livres sans leurs préfaces et le douzième inachevé ; mais si la présente édition arrive à leur connaissance, ils pourront corriger les premiers volumes s'ils le veulent. Je vous prie de faire placer ma lettre à part en tête de ces livres. Adieu, priez pour moi.

in corpus proprium peccat; » (1 *Cor.*, VI, 18) tanquam ille hoc faciat, qui propter adipiscenda ea quæ per corpus sentiuntur, ut in his finem boni sui ponat, aliquid agit. Hoc enim longe plura peccata complectitur, quam illa fornicatio quæ concubitu perpetratur illicito, de qua locutum, cum hoc diceret, Apostolum apparet. Hoc opus, excepta Epistola quæ postmodum ad ejus caput adjuncta est, sic incipit : « Lecturus hæc quæ de Trinitate disserimus. »

Domino beatissimo et sincerissima caritate venerando sancto fratri et consacerdoti papæ Aurelio, Augustinus in Domino salutem.

De Trinitate, quæ Deus summus et verus est, libros juvenis inchoavi, senex edidi. Omiseram quippe hoc opus, postea quam comperi præreptos mihi esse sive subreptos ante quam eos absolverem, et retractatos, ut mea dispositio fuerat, expolirem. Non enim singillatim, sed omnes simul edere ea ratione decreveram; quoniam præcedentibus consequentes inquisitione proficiente nectuntur. Cum ergo per eos homines, qui prius quam vellem ad quosdam illorum pervenire potuerunt, dispositio mea nequivisset impleri, interruptam dictationem reliqueram, cogitans hoc ipsum in aliquibus meis scriptis conqueri, ut scirent, qui possent, non a me fuisse eosdem libros editos, sed ablatos prius quam mihi editione mea digni viderentur. Verum multorum fratrum vehementissima postulatione, et maxime tua jussione compulsus, opus tam laboriosum, adjuvante Domino terminare curavi : eosque emendatos, non ut volui, sed ut potui, ne ab illis qui subrepti jam in manus hominum exierant, plurimum discreparent, venerationi tuæ per filium nostrum condiaconum carissimum misi, et cuicumque audiendos, describendos, legendosque permisi : in quibus si servari mea dispositio potuisset, essent profecto etsi easdem sententias habentes, multo tamen enodatiores atque planiores, quantum rerum tantarum explicandarum difficultas et facultas nostra pateretur. Sunt autem qui primos quatuor vel potius quinque etiam sine proœmiis habent, et duodecimum sine extrema parte non parva : sed si eis hæc editio potuerit innotescere, omnia si voluerint et valuerint, emendabunt. Peto sane ut hanc epistolam, seorsum quidem, sed tamen ad caput eorumdem librorum jubeas anteponi. Vale. Ora pro me.

QUINZE LIVRES [1]
SUR
LA TRINITÉ

LIVRE PREMIER

Saint Augustin dans ce livre établit l'unité et l'égalité de la suprême Trinité par les saintes Ecritures, et explique certains textes invoqués contre l'égalité du Fils.

CHAPITRE I.

Augustin écrit contre ceux qui abusent de la raison pour attaquer la foi de la Trinité

1. Avant de lire notre traité sur la Trinité, il faut qu'on sache bien que notre plume veille pour repousser les calomnies de ceux qui, méprisant ce principe de la foi, se trompent par un amour de la raison hors de saison et pervers. Plusieurs d'entre eux essaient de transporter aux choses incorporelles et spirituelles ce qu'ils ont appris des corporelles par l'expérience des sens du corps, ou que la nature du génie de l'homme, un soin diligent et les ressources de l'art leur ont fait découvrir, et veulent mesurer les choses de Dieu et s'en faire une idée par le moyen des choses corporelles. Il y en a aussi qui se forment de Dieu une idée, si toutefois ils ont, sur ce point, une idée quelconque, entièrement semblable à celle qu'ils ont de la nature et de la manière d'être de l'âme humaine, et, par suite de cette erreur, suivent dans leurs discussions, lorsqu'ils parlent de Dieu, des règles erronées et trompeuses. Enfin, il y a une troisième sorte de gens qui tâchent de s'élever au-dessus de l'univers créé certainement sujet au changement, pour porter toute leur attention sur la substance immuable qui n'est autre que Dieu; mais, ramenés en bas par le poids de leur condition mortelle, comme ils veulent paraître connaître ce qu'ils ignorent, et ne peuvent apprendre ce qu'ils ne savent point, ils affirment avec une excessive audace leurs présomptueuses opinions, et se ferment, à eux-mêmes, toutes les voies de

(1) Commencés vers l'an 401 et terminés vers l'an 416.

DE
TRINITATE LIBRI QUINDECIM

LIBER PRIMUS

In quo secundum Scripturas sacras ostenditur unitas ut æqualitas summæ Trinitatis, et quædam loca contra Filii æqualitatem allata diluuntur.

CAPUT PRIMUM.

Scribit contra eos qui ratione abutentes calumniantur fidem Trinitatis.

1. Lecturus hæc quæ de Trinitate disserimus, prius oportet ut noverit, stilum nostrum adversus eorum vigilare calumnias, qui fidei contemnentes initium, immaturo et perverso rationis amore falluntur. Quorum nonnulli ea quæ de corporalibus rebus, sive per sensus corporeos experta (*a*) noverunt, sive quæ natura humani ingenii et diligentiæ vivacitate vel artis adjutorio perceperunt, ad res incorporeas et spiritales transferre conantur, ut ex his illas metiri atque opinari velint. Sunt item alii qui secundum humani animi naturam vel affectum de Deo sentiunt, si quid sentiunt, et ex hoc errore, cum de Deo disputant, (*b*) sermoni suo distortas et fallaces regulas (*c*) figunt. Est item aliud hominum genus, eorum qui universam quidem creaturam, quæ profecto mutabilis est, nituntur transcendere, ut ad incommutabilem substantiam quæ Deus est, erigant intentionem; sed mortalitatis onere prægravati, cum et videri volunt scire quod nesciunt, et quod volunt scire non possunt, præsumptiones opinionum suarum audacius

(*a*) Mss. novemdecim *notaverunt*. — (*b*) Mss. duo Vat. *sermone*. — (*c*) *Figunt*, in Mss. quinque reperimus; in editis autem *fingunt*.

l'intelligence, parce qu'ils aiment mieux ne point corriger leur sentiment quoique mauvais, que d'en changer après l'avoir soutenu. Tel est donc le mal des trois sortes de personnes dont j'ai parlé : les unes conçoivent Dieu comme une substance corporelle, les autres le conçoivent tel que les êtres spirituels, comme l'âme, et les troisièmes s'en forment une idée qui n'a rien de commun avec les êtres corporels, non plus qu'avec les créatures spirituelles, mais qui ne laisse point pour cela d'être fausse et de s'éloigner d'autant plus de la vérité, au sujet de Dieu, que l'idée qu'ils s'en font n'a rien de commun ni avec le corps, ni avec les esprits faits et créés, ni avec le créateur lui-même. En effet, ceux qui se représentent, par exemple, Dieu blanc ou rouge, se trompent, bien que ces propriétés se trouvent dans les corps. De même si on se fait un Dieu qui tantôt oublie, tantôt se ressouvient, ou éprouve quelque chose de semblable, on n'est pas moins dans l'erreur, bien que tous ces phénomènes se rencontrent dans l'âme. Quant à ceux qui pensent que telle est la puissance de Dieu, qu'il a pu se donner l'être à lui-même, ils sont dans une erreur d'autant plus grande que non-seulement Dieu n'est point ainsi, mais que telles ne sont point non plus les créatures spirituelles ou corporelles, car il n'y a absolument rien qui se soit engendré soi-même et donné l'être.

2. Pour purifier l'esprit de l'homme de toutes ces erreurs, la sainte Ecriture, se mettant à la portée des petits, n'a pas fait de difficulté de recourir à des expressions désignant des objets existants, propres à nourrir, si je puis parler ainsi, et à élever, par degré, notre intelligence aux choses sublimes et divines. En effet, elle s'est servie de locutions empruntées aux choses corporelles pour parler de Dieu, par exemple : « Protégez-moi à l'ombre de vos ailes. » (*Psal.* xvi, 8.) Elle a transporté à Dieu, le sens de beaucoup de mots qui convenaient à la créature spirituelle, pour exprimer des choses qui n'étaient point ce que ces mots faisaient entendre, mais qu'on était obligé de rendre ainsi; exemple : « Je suis un Dieu jaloux. » (*Exod.*, xx, 5.) Et encore : « Je me repens d'avoir fait l'homme; » (*Genes.*, vi, 7) mais jamais elle n'a eu recours à des termes qui n'exprimassent rien d'existant véritablement, pour en faire des figures ou pour en voiler les énigmes. Aussi ceux qui tombent dans cette erreur et se détournent de la vérité, en se figurant un Dieu des choses qu'on ne peut trouver ni en lui ni dans aucune créature, se perdent-ils en conceptions aussi vaines et vaporeuses que funestes. L'Ecriture sainte se sert ordinairement de choses existant dans les créatures pour en faire comme des jouets d'enfants, par lesquels, elle excite les faibles à s'avancer, je dirai pas à pas, et d'une marche

affirmando, intercludunt sibimet intelligentiæ vias, magis eligentes sententiam suam non corrigere perversam, quam mutare defensam. Et hic quidem omnium morbus est trium generum quæ proposui; et eorum scilicet qui secundum corpus de Deo sapiunt, et eorum qui secundum spiritalem creaturam, sicuti est anima, et eorum qui neque secundum corpus, neque secundum spiritalem creaturam, et tamen de Deo falsa existimant, eo remotiores a vero, quo id quod sapiunt, nec in corpore reperitur, nec in facto et condito spiritu, nec in ipso Creatore. Qui enim opinatur Deum, verbi gratia, candidum vel rutilum, fallitur; sed tamen hæc inveniuntur in corpore. Rursus qui opinatur Deum nunc obliviscentem, nunc recordantem, vel si quid hujusmodi est, nihilo minus in errore est; sed tamen hæc inveniuntur in animo. Qui autem putat ejus esse potentiæ Deum, ut se ipsum ipse genuerit, eo plus errat, quod non solum Deus ita non est, sed nec spiritalis nec corporalis creatura : nulla enim omnino res est quæ se ipsam gignat ut sit.

2. Ut ergo ab hujusmodi falsitatibus humanus animus purgaretur, sancta Scriptura parvulis congruens, nullius generis rerum verba vitavit, ex quibus quasi gradatim ad divina atque sublimia noster intellectus velut nutritus assurgeret. Nam et verbis ex rebus corporalibus sumptis usa est, cum de Deo loqueretur; velut cum ait : « In tegmine alarum tuarum protege me. » (*Psal.* xvi, 8.) Et de spiritali creatura multa transtulit, quibus significaret illud quod ita non esset, sed ita dici opus esset; sicuti est : « Ego sum Deus zelans : » (*Exod.*, xx, 5) et : « Pœnitet me hominem fecisse. » (*Gen.*, vi, 7.) De rebus autem quæ omnino non sunt, non traxit aliqua vocabula, quibus vel figuraret locutiones, vel (*a*) spissaret ænigmata. Unde perniciosius et inanius evanescunt, qui tertio illo genere erroris seducuntur, hoc suspicando de Deo, quod neque in ipso, neque in ulla creatura inveniri potest. Rebus enim quæ in creatura inveniuntur, solet Scriptura divina velut infantilia oblectamenta formare, quibus infirmorum ad quæ-

(*a*) Editi *spiraret*. At Mss. plerique *spissaret*.

proportionnée à leur faiblesse, à la recherche des choses d'en haut, et à les éloigner en même temps des choses d'en bas. Mais il est rare que l'Ecriture nous parle de ce qui n'est propre qu'à Dieu et ne se trouve point dans une créature, comme dans ces mots adressés à Moïse : « Je suis celui qui est. » (*Exod.*, III, 14.) Et dans ceux-ci : « C'est celui qui est qui m'a envoyé à vous. » En effet, comme on peut dire également, en un certain sens, du corps et de l'âme qu'ils sont, l'Ecriture ne se serait point exprimée comme elle l'a fait, si elle n'avait voulu donner à entendre quelque chose dans un sens propre à Dieu. Il en est de même de ces mots de l'Apôtre : « Celui qui seul a l'immortalité ; »(1 *Tim.*, VI, 16) car l'âme aussi possédant une certaine immortalité, n'aurait point dit : « Seul il a l'immortalité, » s'il ne s'était agi de la vraie immortalité qui n'est autre que l'incommutabilité que nulle créature ne possède et qui est propre au Créateur seul. C'est ce que dit saint Jacques en ces termes : « Toute grâce excellente et tout don parfait vient d'en haut et descend du Père des lumières qui ne connaît ni changement ni l'ombre d'un moment. » (*Jacq.*, I, 17.) C'est également en ce sens que David s'écrie : « Vous les changerez et elles seront changées, mais vous, vous êtes toujours le même. » (*Psal.* CI, 27.)

3. Il est donc difficile de contempler et de bien connaître la substance de Dieu qui, sans éprouver aucun changement ne laisse point de faire des choses changeantes, et, sans aucun mouvement temporel, des choses temporelles ; voilà pourquoi il est nécessaire de purifier notre âme pour qu'elle puisse voir, d'une vue ineffable cet être ineffable ; mais, tant qu'elle n'est point encore purifiée, la foi nous nourrit et nous conduit par certaines voies très-praticables et nous rend aptes et habiles à le saisir ; c'est ce qui fait que l'Apôtre tout en disant que « dans le Christ se trouvent cachés tous les trésors de science et de sagesse, » (*Col.*, II, 3) ne laisse point cependant de le présenter à ceux mêmes qui ont déjà reçu, il est vrai, une seconde naissance par la grâce, mais qui, étant encore charnels et animaux, sont comme de petits enfants en Jésus-Christ ; toutefois, il ne la leur présente pas dans sa vertu divine par laquelle il est égal au Père, mais dans la faiblesse humaine selon laquelle il a été crucifié. En effet, il dit : « Car je n'ai point fait profession de savoir autre chose parmi vous que Jésus-Christ, et Jésus-Christ crucifié. » (I *Cor.*, II, 2.) Un peu plus loin il continue en ces termes : « Cependant, mes frères, je n'ai pu vous parler comme à des hommes spirituels, mais comme à des personnes charnelles, comme à de petits enfants en Jésus-Christ. Je ne vous ai nourris que de lait, non pas de viandes solides, parce que vous n'en étiez pas alors capables, et à présent même, vous ne l'êtes point encore. »

---

renda superiora et inferiora deserenda, pro suo modulo tanquam passibus moveretur affectus. Quæ vero proprie de Deo dicuntur, quæque in nulla creatura inveniuntur, raro ponit Scriptura divina ; sicut illud quod dictum est ad Moysen : « Ego sum qui sum : » et : « Qui est, misit me ad vos. » (*Exod.*, III, 14.) Cum enim esse aliquo modo dicatur et corpus et animus, nisi proprio quodam modo vellet intelligi, non id utique diceret. Et illud quod ait Apostolus : « Qui solus habet immortalitatem : » (I *Tim.*, VI, 16) cum et anima modo quodam immortalis esse dicatur et sit, non diceret, « solus habet, » nisi quia vera immortalitas incommutabilitas est, quam nulla potest habere creatura ; quoniam solius est Creatoris. Hoc et Jacobus dicit : « Omne datum optimum, et omne donum perfectum de sursum est descendens a Patre luminum, apud quem non est commutatio, nec momenti obumbratio. » (*Jac.*, I, 17.) Hoc et David : « Mutabis ea, et mutabuntur, tu vero idem ipse es. » (*Psal.* CI, 27.)

3. Proinde substantiam Dei sine ulla sui commutatione mutabilia facientem, et sine ullo suo temporali motu temporalia creantem, intueri et plene nosse difficile est : et ideo est necessaria purgatio mentis nostræ, qua illud ineffabile ineffabiliter videri possit : qua nondum præditi, fide nutrimur, et per quædam tolerabiliora, ut ad illud capiendum apti et habiles efficiamur, itinera ducimur. Unde Apostolus in Christo quidem dicit esse omnes thesauros sapientiæ et scientiæ absconditos (*Col.*, II, 3) : eum tamen quamvis jam gratia ejus renatis, sed adhuc carnalibus et animalibus, tanquam parvulis in Christo, non ex divina virtute in qua æqualis est Patri, sed ex humana infirmitate ex qua crucifixus est, commendavit. Ait namque : « Neque enim judicavi me scire aliquid in vobis nisi Jesum Christum, et hunc crucifixum. » (I *Cor.*, II, 1.) Deinde secutus ait : « Et ego in infirmitate et timore et tremore multo fui apud vos. » Et paulo post dicit eis : « Et ego, fratres, non potui vobis loqui quasi spiritalibus, sed quasi carnalibus. Quasi parvulis in Christo, lac potum dedi vobis, non escam : nondum enim poteratis ; sed nec adhuc quidem potestis. »

LIVRE I. — CHAPITRE II.

(1 Cor., III, 1.) Quand on dit cela à certaines gens, elles se fâchent et s'imaginent qu'on ne leur parle ainsi que par un sentiment de mépris. Aussi, la plupart du temps, aiment-elles mieux croire que ceux qui leur font entendre ces paroles parlent ainsi, parce qu'ils n'ont pas autre chose à leur dire, et ne s'imaginent pas que ce sont elles qui ne peuvent comprendre ce qu'on leur dit. Souvent même nous leur rapportons des raisons qui ne sont pas celles qu'elles nous demandent quand elles nous questionnent sur Dieu, parce qu'elles ne peuvent les goûter et que peut-être nous ne pouvons nous-même ni les saisir ni les leur présenter, mais qui montrent néanmoins combien elles sont inhabiles et inaptes à percevoir ce qu'elles demandent. Mais parce qu'elles n'entendent point ce qu'elles veulent ou se figurent soit que nous agissons de ruse avec elles, pour déguiser notre propre incapacité ou que nous sommes jaloux de leur capacité, il arrive qu'elles s'éloignent de nous l'âme pleine de trouble et d'indignation.

CHAPITRE II.

Comment il sera traité de la Trinité dans cet ouvrage.

4. C'est pourquoi, avec l'aide du Seigneur notre Dieu, nous allons entreprendre de montrer, ainsi qu'on nous le demande, et autant que nous le pourrons, comment la Trinité est le seul vrai Dieu, et que c'est avec beaucoup de raison qu'on dit, qu'on croit et que l'on comprend que le Père, le Fils et le Saint-Esprit, n'ont qu'une seule et même substance, une seule et même essence. Il ne faut pas que nos adversaires se croient le jouet de nos excuses, si je puis parler ainsi, mais connaissent par expérience, qu'en effet c'est là le souverain bien qui n'est vu que par les âmes les plus purifiées et que s'il ne peut être vu ni compris par eux, c'est parce que le regard trop faible de l'esprit de l'homme ne saurait se fixer sur une lumière aussi excellente, s'il n'a point été nourri par la justice de la foi. Mais d'abord il faut montrer, par l'autorité de la sainte Écriture, qu'il en est ainsi. Puis, s'il plaît au ciel et avec l'aide de Dieu, nous nous plierons peut-être si bien aux exigences de nos bavards et raisonneurs adversaires, plus fiers que capables, et atteints par conséquent d'une maladie bien dangereuse, que nous leur apporterons des raisons qui ne leur permettrons plus de douter, et les forcerons au contraire à s'en prendre plutôt à leur propre esprit, qu'à la vérité même ou à nos explications s'ils ne peuvent trouver ce qu'ils cherchent. Et, s'il leur reste encore quelques lambeaux d'amour et de crainte de Dieu, ils reviendront au principe et à l'ordre de la foi, et sentiront enfin quel avantage, c'est pour le salut, qu'il ait été préparé dans l'Église, une médecine qui guérisse dans les

---

(1 Cor., III, 1.) Hoc cum dicitur quibusdam irascuntur, et sibi contumeliose dici putant; et plerumque malunt credere eos potius, a quibus hoc audiunt, non habere quod dicant, quam se capere non posse quod dixerint. Et aliquando afferimus eis rationem, non quam petunt cum de Deo quærunt; quia nec ipsi eam valent sumere, nec nos fortasse vel apprehendere vel proferre : sed qua demonstretur eis quam sint inhabiles minimeque idonei percipiendo quod exigunt. Sed quia non audiunt quod volunt, aut callide nos agere putant ut nostram occultemus imperitiam, aut malitiose quod eis invideamus peritiam; atque ita indignantes perturbatique discedunt.

CAPUT II.

De Trinitate quomodo hoc in opere disserendum.

4. Quapropter adjuvante Domino Deo nostro suscipiemus et eam ipsam quam flagitant, quantum possumus, reddere rationem, quod Trinitas sit unus et solus et verus Deus, et quam recte Pater et Filius et Spiritus sanctus unius ejusdemque substantiæ vel essentiæ dicatur, credatur, intelligatur; ut non quasi nostris excusationibus illudantur, sed re ipsa experiantur, et esse illud summum bonum quod purgatissimis mentibus cernitur, et a se propterea cerni comprehendique non posse, quia humanæ mentis acies invalida in tam excellenti luce non figitur, nisi per justitiam fidei nutrita vegetetur. Sed primum secundum auctoritatem Scripturarum sanctarum, utrum ita se fides habeat, demonstrandum est. Deinde si voluerit et adjuverit Deus, istis garrulis ratiocinatoribus, elatioribus quam capacioribus, atque ideo morbo periculosiore laborantibus, sic fortasse serviemus, ut inveniant aliquid unde dubitare non possint, et ob hoc in eo quod invenire nequiverint, de suis mentibus potius quam de ipsa veritate, vel de nostris disputationibus conquerantur : atque ita si quid eis erga Deum vel amoris est vel timoris, ad initium fidei et ordinem redeant, jam sentientes quam salubriter in sancta Ecclesia medicina fidelium constituta sit, ut ad perceptionem incommutabilis ve-

TOM. XXVII.

fidèles par la pratique de la piété, la faiblesse de l'esprit et nous rende capables de percevoir l'immuable vérité, et empêche la témérité de nous précipiter dans une funeste erreur. Moi-même je n'aurai ni répugnance à chercher quand je serai dans le doute, ni honte à m'instruire quand je me sentirai dans l'erreur.

CHAPITRE III.

Prière de saint Augustin à ses lecteurs.

5. Que ceux donc qui liront ces lignes, marchent tous de front avec moi, quand ils partageront ma certitude; qu'ils cherchent avec moi, s'ils se trouvent dans les mêmes doutes, qu'ils reviennent à mon sens quand ils reconnaîtront qu'ils sont dans l'erreur, et qu'ils m'attirent au leur, si je reconnais que c'est moi qui me trompe. C'est ainsi que nous pourrons entrer ensemble dans les sentiers de la charité et tendre vers celui dont il est dit : « Cherchez sa face sans cesse. » (*Psal.* CIV, 4.) Voilà le pacte pieux et sûr que je veux faire, devant le Seigneur notre Dieu, avec tous ceux qui liront non-seulement ce traité, mais tous mes autres ouvrages, et particulièrement ceux où je fais des recherches sur l'unité de la Trinité qui est le Père, le Fils et le Saint-Esprit, attendu qu'en nul autre sujet l'erreur n'est plus dangereuse, en nul autre les recherches plus laborieuses, en nul autre les découvertes plus avantageuses. Si le lecteur en me lisant, trouve que je ne m'exprime pas bien parce qu'il ne me comprend point, son blâme ne doit tomber que sur la manière dont je rends ma pensée, non point sur ma foi; il est possible, en effet, qu'on eût pu être plus clair; toutefois, personne ne s'est jamais exprimé de manière à être compris de tout le monde, dans tout ce qu'il dit. Ceux donc à qui telle ou telle chose que je dirai ne plaira point, devront examiner s'ils comprennent les autres auteurs versés dans les choses et les questions que je traite, et qu'ils ne comprennent point chez moi. S'il en est ainsi, ils devront laisser là mon livre ou même, si ça leur fait plaisir, le rejeter loin d'eux, pour consacrer de préférence leurs soins et leur temps aux écrivains qu'ils comprennent. Néanmoins ils ne doivent pas croire que j'aurais mieux fait de me taire, puisque je ne pouvais m'exprimer d'une manière aussi claire et aussi nette que les auteurs qu'ils comprennent, car tout ce qu'écrit un auteur ne tombe point dans les mains de tous les lecteurs, et il se peut que ceux qui comprennent nos écrits, n'eussent jamais eu sous la main les ouvrages qui sont plus clairs que les miens, tandis qu'ils ont du moins les miens. Il est donc utile qu'il se fasse sur le même sujet des livres par des auteurs de différents styles,

---

ritatis imbecillem mentem observata pietas sanet, ne in opinionem noxiæ falsitatis temeritas inordinata præcipitet. Nec pigebit autem me, sicubi hæsito, quærere; nec pudebit, sicubi erro, discere.

CAPUT III.

Quid a suis lectoribus exposcat Augustinus.

5. Proinde quisquis hæc legit, ubi pariter certus est, pergat mecum; ubi pariter hæsitat, quærat mecum : ubi errorem suum cognoscit, redeat ad me; ubi meum, revocet me. Ita ingrediamur simul caritatis viam, tendentes ad eum de quo dictum est : « Quærite faciem ejus semper. » (*Psal.* CIV, 4.) Et hoc placitum pium atque tutum coram Domino Deo nostro cum omnibus (*a*) inierim, qui ea quæ scribo legunt, et in omnibus scriptis meis, maximeque in his ubi quæritur unitas Trinitatis, (*b*) Patris et Filii et Spiritus sancti; quia nec periculosius alicubi erratur, nec laboriosius aliquid quæritur, nec fructuosius aliquid invenitur. Quisquis ergo cum legit dicit : Hoc non bene dictum est, quoniam non intelligo; locutionem meam (*c*) reprehendit, non fidem : et forte vere potuit dici planius; verumtamen nullus hominum ita locutus est, ut in omnibus ab omnibus intelligeretur. Videat ergo cui hoc in sermone meo displicet, utrum alios in talibus rebus quæstionibusque versatos intelligat, cum me non intelligit : et si ita est, ponat librum meum, vel etiam, si hoc videtur, abjiciat; et eis potius quos intelligit, operam et tempus impendat. Non tamen propterea putet me tacere debuisse, quia non tam expedite ac dilucide quam illi quos intelligit, eloqui potui. Neque enim omnia quæ ab omnibus conscribuntur, in omnium manus veniunt : et fieri potest, ut nonnulli qui etiam hæc nostra intelligere valent, illos planiores non inveniant libros, et in istos saltem incidant. Ideoque utile est, plures a pluribus fieri diverso stilo, non diversa fide, etiam de quæstionibus eisdem, ut ad plurimos res ipsa perveniat; ad alios sic, ad alios au-

---

(*a*) Lov *interim*. Alii codices *inierim*. — (*b*) Sic Mss supra viginti. At editi habent : *Pater et Filius et Spiritus sanctus*. — (*c*) In excusis *reprehendat* : Sed melius in Mss. *reprehendit*.

non de foi, afin qu'il puisse arriver à la connaissance de plus de monde, à ceux-ci d'une manière, à ceux-là d'une autre. Quant à ceux qui se plaignent de ne rien comprendre à ces matières et qui n'ont jamais rien entendu aux ouvrages où elles sont traitées avec soin et avec talent, ils doivent faire intérieurement des vœux et des efforts pour en tirer quelque profit, au lieu de me chercher querelle et de me dire des injures pour me forcer au silence. Quant à ceux qui, en me lisant, pourront dire : Je le comprends, mais ce n'est point exact, je les engage à vouloir bien soutenir leur sentiment et me réfuter s'ils le peuvent. S'ils s'en acquittent avec charité et vérité, et me le font savoir, dans le cas où je serais encore de ce monde, je recueillerai par là des fruits abondants de ce travail ; s'ils ne peuvent me rendre ce service, je veux et ne demande pas mieux qu'ils le rendent à ceux à qui ils pourront. Quant à moi, je médite sur la loi du Seigneur, sinon le jour et la nuit, du moins à tous les instants qu'il m'est possible, et je couche par écrit le fruit de mes méditations, afin qu'il ne m'échappe point par l'oubli, et j'espère, par la miséricorde de Dieu, qu'il me fera persévérer dans toutes les vérités qui, pour moi, sont certaines; si j'ai un sentiment contraire à la vérité, il me le fera connaître aussi, soit par des inspirations intimes et de secrets avertissements, soit par ses paroles manifestes, ou les entretiens de mes frères. Voilà ce que je lui demande, tel est le vœu que je dépose entre ses mains, car il peut conserver en garde ce qu'il donne et rendre ce qu'il promet.

6. Je sais bien qu'il se trouvera des lecteurs à l'esprit pesant qui, dans certains passages de mes écrits, me croiront un sentiment que je n'ai point, ou ne me croiront pas la pensée que j'ai en effet. Mais tout le monde sait qu'on ne doit point m'imposer leur erreur. Sans doute c'est en paraissant me suivre qu'ils se sont égarés dans les sentiers de l'erreur, parce qu'ils n'ont pu me suivre quand je me frayais une route dans des endroits obscurs et d'épaisses broussailles. De même on ne saurait attribuer avec raison, à la sainte autorité des divines Ecritures la multitude d'erreurs si variées où sont tombés les hérétiques, bien qu'ils essaient tous d'appuyer leurs opinions aussi fausses que fallacieuses sur ces mêmes Ecritures? La loi du Christ, je veux dire la charité, m'engage et m'en fait même un devoir par le plus doux commandement; s'il arrive à quelqu'un de penser que, dans mes livres, j'ai émis une erreur que je n'ai point émise en effet, erreur agréable aux uns et réprouvée des autres, d'aimer mieux être repris par ceux qui blâment l'erreur, qu'ap-

---

tem sic. At si ille qui se ista non intellexisse conqueritur, nulla unquam de talibus rebus diligenter et acute disputata intelligere potuit; secum agat votis et studiis ut proficiat, non mecum querelis et conviciis ut taceam. Qui vero hæc legens dicit : Intelligo quidem quid dictum sit, sed non vere dictum est : asserat (a) si placet sententiam suam, et redarguat meam, si potest. Quod si cum caritate et veritate fecerit, mihique etiam (si (b) in hac vita maneo) cognoscendum facere curaverit, uberrimum fructum laboris hujus mei cepero. Quod si mihi non potuerit, quibus id potuerit, me volente ac libente præstiterit : ego tamen in lege Domini meditor (*Psal.* 1, 2), si non die ac nocte, saltem quibus temporum particulis possum ; et meditationes meas, ne oblivione fugiant, stilo alligo : sperans de misericordia Dei, quod in omnibus veris quæ certa mihi sunt, perseverantem me faciet; si quid autem aliter sapio, id quoque mihi ipse revelabit, sive per occultas inspirationes atque admonitiones, sive per manifesta eloquia sua, sive per fraternas sermocinationes. Hoc oro, et hoc depositum desideriumque meum penes ipsum habeo, qui mihi satis idoneus est et custodire quæ dedit, et reddere quæ promisit.

6. Arbitror sane nonnullos tardiores, in quibusdam locis librorum meorum opinaturos me sensisse quod non sensi, aut non sensisse quod sensi. Quorum errorem mihi tribui non debere quis nesciat, si velut me sequentes neque apprehendentes deviaverint in aliquam falsitatem, dum cogor per quædam densa et opaca viam carpere; quando quidem nec ipsis sanctis divinorum librorum (c) auctoritatibus ullo modo quisquam recte tribuerit tam multos et varios errores hæreticorum ; cum omnes ex eisdem Scripturis falsas atque fallaces opiniones suas conentur defendere ? Admonet me plane ac mihi jubet suavissimo imperio lex Christi, hoc est caritas, ut cum aliquid falsi in libris meis me sensisse homines putant quod ego non sensi, atque idipsum falsum alteri displicet, alteri placet, malim me reprehendi a reprehensore falsitatis, quam ab ejus laudatore laudari. Ab illo enim quamvis ego non recte, qui hoc non senserim, error

(a) Sexdecim Mss. *asserat ut placet.* — (b) Editi, *si dum.* Abest *dum* a Mss. — (c) Mss. tres a Vat. *auctoribus.*

prouvé de ceux qui la goûtent. En effet, les premiers ont raison de blâmer, sinon moi qui n'ai point eu le sentiment qu'ils me prêtent, du moins l'erreur qu'ils m'imputent, les seconds au contraire ne louent avec raison ni moi, à qui ils attribuent un sentiment que la vérité condamne, ni ce sentiment même que la vérité réprouve. Et maintenant je vais commencer le travail que j'entreprends au nom du Seigneur.

CHAPITRE IV.

Doctrine de la foi catholique sur la Trinité.

7. Tous ceux que j'ai pu lire ayant écrit avant moi sur la Trinité, qui n'est autre que Dieu même, interprètes catholiques des livres divins de l'Ancien et du Nouveau Testament, se sont uniquement proposé de montrer, d'après les saintes Écritures, que le Père, le Fils et le Saint-Esprit ne font qu'une unité divine par l'inséparable égalité d'une seule et même substance, et que, par conséquent, ce ne sont point trois Dieux, mais un seul Dieu, bien que le Père ait engendré le Fils et que le Fils ne soit point le Père, que le Fils ait été engendré par le Père et que le Père ne soit point le Fils, que le Saint-Esprit ne soit ni le Père ni le Fils, mais seulement l'Esprit du Père et du Fils, coégal lui-même avec le Père et le Fils et participant à l'unité de la Trinité. Cependant, pour eux, ce n'est point la Trinité qui naquit de la Vierge Marie, fut crucifiée et ensevelie sous Ponce-Pilate, ressuscita le troisième jour, et monta aux cieux, c'est seulement le Fils. Ce n'est point non plus la Trinité qui descendit sous la forme d'une colombe sur Jésus baptisé (*Matth.*, III, 16), et qui, le jour de la Pentecôte, après l'Ascension du Seigneur, en même temps que se faisait entendre un bruit venant du ciel, comme le ferait un vent violent, se reposa en langues de feu sur chacun des apôtres (*Act.*, II, 2), c'est seulement le Saint-Esprit. Ce n'est point non plus cette même Trinité qui a dit du haut du ciel : « Vous êtes mon fils ; » (*Marc*, I, 11) soit quand Jésus fut baptisé par Jean, soit sur la montagne, lorsque trois de ses disciples étaient avec lui (*Matth.*, XVII, 5), ou quand une voix se fit entendre disant : « Je l'ai glorifié et je le glorifierai encore. » (*Jean*, XII, 8.) C'est seulement le Père qui s'adressait au Fils, quoique le Père, le Fils et le Saint-Esprit, étant inséparables, opèrent d'une manière inséparable. Cette foi est ma foi, parce que c'est la foi catholique.

---

tamen ipse recte vituperatur : ab hoc autem nec ego recte laudor a quo existimor id sensisse quod vituperat veritas, nec ipsa sententia quam vituperat veritas. Ergo in nomine Domini susceptum opus aggrediamur.

CAPUT IV.

Quæ sit doctrina fidei catholicæ de Trinitate.

7. Omnes quos legere potui, qui ante me scripserunt de Trinitate, quæ Deus est, divinorum librorum veterum et novorum catholici tractatores, hoc intenderunt secundum Scripturas docere, quod Pater et Filius et Spiritus sanctus, unius ejusdemque substantiæ inseparabili æqualitate divinam insinuent unitatem; ideoque non sint tres dii, sed unus Deus : quamvis Pater Filium genuerit, et ideo Filius non sit qui Pater est; Filiusque a Patre sit genitus, et ideo Pater non sit qui Filius est; Spiritusque sanctus nec Pater sit nec Filius, sed tantum Patris et Filii Spiritus, Patri et Filio etiam ipse coæqualis, et ad Trinitatis pertinens unitatem. Non tamen eamdem Trinitatem natam de virgine Maria, et sub Pontio Pilato crucifixam et sepultam, tertio die resurrexisse, et in cœlum ascendisse, sed tantummodo Filium. Nec eamdem Trinitatem descendisse in specie columbæ super Jesum baptizatum (*Matth.*, III, 16); aut die Pentecostes post ascensionem Domini, sonitu facto de cœlo quasi ferretur flatus vehemens, et linguis divisis (*Act.*, II, 2) velut ignis sedisse super unumquemque eorum, sed tantummodo Spiritum sanctum. Nec eamdem Trinitatem dixisse de cœlo : « Tu es Filius meus, » (*Marc.*, I, 11) sive cum baptizatus est a Joanne, sive in monte quando cum illo erant tres discipuli (*Matth.*, XVII, 5); aut quando sonuit vox, dicens : « Et clarificavi et iterum clarificabo : » (*Joan.*, XII, 28) sed tantummodo Patris vocem fuisse ad Filium factam ; quamvis Pater et Filius et Spiritus Sanctus, sicut inseparabiles sunt, ita inseparabiliter operentur. Hæc et mea fides est, quando hæc est catholica fides.

CHAPITRE V.

Difficultés sur la Trinité : comment trois personnes ne font qu'un seul Dieu, et comment en opérant inséparablement les unes des autres, elles font certaines choses sans que toutes les trois le fassent.

8. Mais cette foi jette le trouble dans l'esprit de plusieurs quand ils entendent dire que le Père est Dieu, le Fils est Dieu, le Saint-Esprit est Dieu, et néanmoins que cette Trinité ne fait point trois Dieux, mais un seul Dieu; ils cherchent à le comprendre, surtout quand après avoir dit que la Trinité opère inséparablement dans tout ce qui est opération divine, on ajoute qu'il s'est fait entendre une voix du Père qui n'était point la voix du Fils, que le Fils seul est né, a souffert, est ressuscité et monté au ciel, de même que le Saint-Esprit seul est venu sous l'apparence d'une colombe. Ils veulent comprendre comment il se fait que la Trinité ait fait entendre cette voix qui n'est que la voix du Père, que la même Trinité ait créé cette chair dans laquelle le Fils seul est né de la Vierge, que cette même Trinité encore ait produit cette apparence de colombe sous laquelle il n'y a que le Saint-Esprit qui soit apparu; car s'il en était autrement, la Trinité n'opérerait point d'une manière inséparable, mais le Père ferait une chose, le Fils en ferait une autre et le Saint-Esprit ferait aussi la sienne, ou bien s'il y a des choses que les trois personnes font ensemble, et s'il y en a que chacune d'elles fait en particulier, la Trinité n'est plus inséparable. Encore une difficulté, c'est dans la Trinité un Saint-Esprit que ni le Père seul, ni le Fils seul, ni le Père et le Fils ensemble n'ont engendré, quoiqu'il soit l'Esprit de l'un et de l'autre. On se demande donc comment cela se fait et sur ce point on nous presse de questions; nous allons l'expliquer, du mieux que nous pourrons, si, par la grâce de Dieu, notre faiblesse a quelque lumière sur ces matières et nous n'imiterons point ceux que rongent l'envie. (*Sag.*, VI, 25.) Si nous disions que ces pensées ne nous sont pas habituelles, nous mentirions, et si nous reconnaissons qu'elles ne cessent d'être présentes à notre esprit, parce que l'amour de la vérité nous entraîne à sa recherche, on nous demande au nom de la charité de faire connaître ce que nous avons pu trouver dans nos réflexions. Ce n'est pas que j'aie déjà reçu ou que je sois parfait; si l'apôtre Paul peut s'exprimer ainsi, à combien plus forte raison ne puis-je penser, moi qui suis si fort au-dessous de lui, que j'ai saisi ces mystères? Mais, dans la faible mesure de mes forces, j'oublie ce qui est derrière moi. Je vais en avant et cours de toutes mes forces, afin de remporter le prix de la vocation qui nous vient d'en haut. Si après avoir par-

CAPUT V.

Difficultates de Trinitate, quomodo tres unus Deus, et inseparabiliter operantes præstent quædam sine invicem.

8. Sed in ea nonnulli perturbantur, cum audiunt Deum Patrem, et Deum Filium, et Deum Spiritum sanctum, et tamen hanc Trinitatem non tres Deos, sed unum Deum; et quemadmodum id intelligant quærunt : præsertim cum dicitur, inseparabiliter operari Trinitatem in omni re quam Deus operatur, et tamen quamdam vocem Patris sonuisse, quæ vox Filii non sit; in carne autem natum, et passum, et resurrexisse, et in cœlum ascendisse nonnisi Filium; in columbæ autem specie venisse nonnisi Spiritum sanctum : intelligere volunt, quomodo et illam vocem, quæ nonnisi Patris fuit, Trinitas fecerit; et illam carnem, in qua nonnisi Filius de Virgine natus est, eadem Trinitas creaverit; et illam columbæ speciem, in qua nonnisi Spiritus sanctus apparuit, illa ipsa Trinitas operata sit. Alioquin non inseparabiliter Trinitas operatur, sed alia Pater facit, alia Filius, alia Spiritus sanctus : aut si quædam simul faciunt, quædam sine invicem, jam non inseparabilis est Trinitas. Movet etiam quomodo Spiritus sanctus in Trinitate sit, quem nec Pater, nec Filius, nec ambo genuerint, cum sit Spiritus et Patris et Filii. Quia ergo quærunt ista homines, et tædio nobis sunt; si quid hinc ex dono Dei sapit infirmitas nostra, edisseramus eis ut possumus, neque cum invidia tabescente iter habeamus. (*Sap.*, VI, 25.) Si dicimus nihil nos de talibus rebus cogitare solere, mentimur : si autem fatemur (*a*) habitare ista in cogitationibus nostris, quoniam rapimur amore indagandæ veritatis, flagitant jure caritatis ut eis indicemus quid hinc excogitare potuerimus : non quia jam acceperim, aut perfectus sim (*Philip.*, III, 12), (nam si Paulus apostolus, quanto magis ego longe infra illius pedes jacens non me arbitror apprehendisse?) sed pro modulo meo, et ea quæ retro sunt obliviscor, et in anteriora me extendo, et secundum intentionem sequor ad palmam supernæ vocationis, quantum ejusdem viæ peregerim, et quo

---

(*a*) Vaticanus codex, *habere*. Alius Vatic. *haberi*.

couru une partie de la route, et sur le point de toucher au but, on veut que je dise ce que j'ai appris, la charité qui est libre me force de répondre à ces désirs. Mais il faut, et Dieu m'en fera la grâce, qu'en écrivant des livres pour ceux que pressent ces désirs, je fasse moi-même quelques progrès et que tout en voulant répondre aux questions qui me sont faites, je trouve moi-même ce que je cherche de mon côté. J'ai donc entrepris, sur l'ordre et avec l'aide du Seigneur notre Dieu, non pas tant d'exposer avec autorité ces mystères, comme si je les connaissais, que de les étudier en en parlant avec piété.

CHAPITRE VI.

Le Fils est vrai Dieu, de la même substance que le Père.

9. L'erreur de ceux qui prétendent que notre Seigneur Jésus-Christ n'est point Dieu, qu'il n'est point vrai Dieu, qu'il ne fait point un seul et même Dieu avant le Père, ou qu'il n'est point vraiment immortel parce qu'il est sujet au changement, se trouve on ne peut plus manifestement réfutée par l'accord unanime des textes divins tels que celui-ci : « Au commencement était le Verbe et le Verbe était en Dieu, et le Verbe était Dieu. » (*Jean*, I, 1.) Il est clair, en effet, que le Verbe de Dieu dont il est dit un peu plus loin : « Et le Verbe s'est fait chair et il a habité parmi nous, » par suite de son incarnation et de sa naissance d'une Vierge, dans le temps, est pour nous le Fils unique de Dieu. Or, l'Evangéliste ne se contente pas de dire qu'il est Dieu, il insinue qu'il est de la même substance que le Père, quand, après avoir dit : « Et le Verbe était Dieu, » il continue : « Il était au commencement en Dieu, toutes choses ont été faites par lui, » et par ces mots « toutes choses, » il entend tout ce qui a été fait, c'est-à-dire toutes les créatures. On voit clairement par là que celui par qui tout a été fait n'a point été fait lui-même. Or, s'il n'a point été fait, il n'est point une créature ; et s'il n'est point une créature, il est de la même substance que le Père ; attendu que toute substance qui n'est point Dieu est une substance créée, et que toute substance incréée est Dieu. Si le Fils n'est point de la même substance que le Père, il est donc une substance créée ; et s'il est une substance créée, tout n'a point été fait par lui. Or, tout a été fait par lui, il s'en suit donc qu'il est de la seule et même substance que le Père. Et par conséquent non-seulement il est Dieu, mais encore il est le vrai Dieu. C'est ce que le même saint Jean nous dit très-clairement dans son Epître : « Nous savons, dit-il, que le Fils de Dieu est venu et qu'il nous a donné l'intelligence,

---

pervenerim, unde mihi in finem reliquus cursus est, ut aperiam desideratur a me, illis desiderantibus quibus me servire cogit libera caritas. Oportet autem, et donabit Deus, ut eis ministrando quæ legant, ipse quoque proficiam, et eis cupiens respondere quærentibus, ipse quoque inveniam quod quærebam. Ergo suscepi hæc, jubente atque adjuvante Domino Deo nostro, non tam cognita cum auctoritate disserere, quam ea cum pietate disserendo cognoscere.

CAPUT VI.

Filium esse verum Deum ejusdem cum Patre substantiæ.

9. Qui dixerunt Dominum nostrum Jesum Christum non esse Deum, aut non esse verum Deum, aut non cum Patre unum et solum Deum, aut non vere immortalem, quia mutabilem, manifestissima divinorum testimoniorum et consona voce convicti sunt; unde sunt illa : « In principio erat Verbum, et Verbum erat apud Deum, et Deus erat Verbum. » (*Joan.*, I, 1.) Manifestum est enim quod Verbum Dei, Filium Dei unicum accipimus, de quo post dicit : « Et Verbum caro factum est, et habitavit in nobis, » propter nativitatem incarnationis ejus, quæ facta est in tempore ex Virgine. In eo autem declarat, non tantum Deum esse, sed etiam ejusdem cum Patre substantiæ, quia cum dixisset : « Et Deus erat Verbum : Hoc erat, inquit, in principio apud Deum, omnia per ipsum facta sunt, et sine ipso factum est nihil. » Neque enim dicit « omnia, » nisi quæ facta sunt, id est omnem creaturam. Unde liquido apparet ipsum factum non esse per quem facta sunt omnia. Et si factus non est, creatura non est : si autem creatura non est, ejusdem cum Patre substantiæ est. Omnis enim substantia quæ Deus non est, creatura est ; et quæ creatura non est, Deus est. Et si non est Filius ejusdem substantiæ cujus Pater; ergo facta substantia est : si facta substantia est, non omnia per ipsum facta sunt : at omnia per ipsum facta sunt : unius igitur ejusdemque cum Patre substantiæ est. Et ideo non tantum Deus, sed et verus Deus. Quod idem Joannes apertissime in epistola sua dicit : « Scimus quod Filius Dei venerit et dederit nobis intellectum ut cognoscamus verum Deum, et simus in vero Filio ejus Jesu

LIVRE I. — CHAPITRE VI.

afin que nous connussions le vrai Dieu, et que nous fussions en son vrai Fils; car c'est lui qui est le vrai Dieu et la vie éternelle. » (I *Jean*, v, 20.)

10. On comprend par là que ce n'est pas seulement du Père que l'apôtre Paul a dit : « Seul il a l'immortalité, » (I *Tim.*, vi, 16) mais du seul et unique Dieu, qui est la Trinité même. En effet, la vie éternelle même ne saurait être mortelle par suite d'un certain changement et par conséquent, c'est du Fils de Dieu qui est la vie éternelle, ainsi que du Père, qu'on entend ces paroles. « Seul il a l'immortalité. » Or, c'est en participant à cette vie éternelle, que nous devenons, nous aussi, à notre faible manière, participant de la vie éternelle. Mais il y a une différence entre la vie éternelle elle-même à laquelle nous participons, et nous qui, par cette participation, vivrons éternellement. Si l'Apôtre avait dit : Celui que doit faire paraître en son temps le Père qui est seul bienheureux, seul puissant, Roi des rois et Seigneur des seigneurs et qui seul possède l'immortalité (I *Tim.*, vi, 16), il ne s'en suivrait pas qu'on ne dût entendre ces paroles que du Père, à l'exclusion du Fils. En effet, le Fils lui-même, dans un autre endroit, ne se sépare point du Père lorsque, parlant par la bouche de la sagesse, car il est lui-même la sagesse de Dieu, il dit : « J'ai fait seule tout le tour du ciel; » (*Eccli.*, xxiv, 8) à plus forte raison, par conséquent, n'est-il point nécessaire de n'entendre que du Père, à l'exclusion du Fils, ces paroles : « Seul il possède l'immortalité? » D'autant plus qu'il est dit : « Je vous ordonne de garder les préceptes que je vous donne ici, en vous conservant sans tache et sans reproche, jusqu'à l'avénement glorieux de notre Seigneur Jésus-Christ, que doit faire paraître, en son temps, celui qui est bienheureux, qui seul est puissant, le Roi des rois et le Seigneur des seigneurs, qui seul possède l'immortalité, qui habite une lumière inaccessible, que nul des hommes n'a vu ni ne peut voir, et à qui est l'honneur et l'empire dans l'éternité. Amen. » (I *Tim.*, vi, 14 à 16.) Or, dans ce passage, le Père, non plus que le Fils ou le Saint-Esprit, ne se trouve nommé; il n'y est question que de celui qui « seul est puissant, Roi des rois et Seigneurs des seigneurs, » et qui n'est autre que l'unique et seul vrai Dieu, la Trinité même.

11. Peut-être bien cette manière de comprendre se trouve-t-elle obscurcie par ce qui suit, quand l'Apôtre ajoute : « Que nul des hommes n'a vu et ne peut voir, » parce que ces paroles s'entendent également de la divinité du Christ que les Juifs n'ont point vue, bien qu'ils aient vu et crucifié sa chair. Or, la Divinité ne peut en aucune façon être vue par un œil humain, mais elle est vue de cet œil, dont voient

---

Christo. Hic est verus Deus, et vita æterna. » (I *Joan.*, v, 20.)

10. Hinc etiam consequenter intelligitur non tantummodo de Patre dixisse apostolum Paulum : « Qui solus habet immortalitatem; » (I *Tim.*, vi, 16) sed de uno et solo Deo quod est ipsa Trinitas. Neque enim ipsa vita æterna mortalis est secundum aliquam mutabilitatem : ac per hoc Filius Dei, quia vita æterna est, cum Patre etiam ipse intelligitur, ubi dictum est : « Qui solus habet immortalitatem. » (I *Joan.*, v, 20.) Ejus enim vitæ æternæ et nos participes facti, pro modulo nostro immortales efficimur. Sed aliud est ipsa cujus participes efficimur, vita æterna, aliud nos qui ejus participatione vivemus in æternum. Si enim dixisset : Quem temporibus propriis ostendet Pater beatus et solus potens, Rex regum et Dominus dominantium, qui solus habet immortalitatem (I *Tim.*, vi, 15); nec sic inde separatum Filium oporteret intelligi. Neque enim quia ipse Filius alibi loquens voce Sapientiæ (ipse est enim Dei Sapientia), ait : « Gyrum cœli circuivi sola, » (*Eccli.*, xxiv, 8) separavit a se Patrem : quanto magis ergo non est necesse ut tantummodo de Patre præter Filium intelligatur, quod dictum est : « Qui solus habet immortalitatem, » (I *Tim.*, vi, 14) cum ita dictum sit : « Ut serves, inquit, mandatum sine macula, irreprehensibile usque in adventum Domini nostri Jesu Christi; quem temporibus propriis ostendet beatus et solus potens, Rex regum et Dominus dominantium; qui solus habet immortalitatem, et lucem habitat inaccessibilem; quem nemo hominum vidit, nec videre potest; cui est honor et gloria in sæcula sæculorum, amen. » In quibus verbis, nec Pater proprie nominatus est, nec Filius, nec Spiritus sanctus; sed « beatus et solus potens, » Rex regum et Dominus dominantium, » quod et unus est et solus et verus Deus ipsa Trinitas.

11. Nisi forte quæ sequuntur, perturbabunt hunc intellectum, quia dixit : « Quem nemo hominum vidit, nec videre potest : » cum hoc etiam ad Christum pertinere secundum ejus divinitatem accipiatur, quam non viderunt Judæi, qui tamen carnem viderunt et crucifixerunt. Videri autem (*a*) divinitas humano visu

---

(*a*) Sic in Mss. At in editis loco *divinitas* habetur *Trinitas*.

non point les hommes, mais ceux qui sont au delà des hommes. C'est donc avec raison qu'on entend par ces mots bienheureux et seul puissant Dieu même, c'est-à-dire la Trinité qui montre en son temps l'avénement de Notre-Seigneur Jésus-Christ. En effet, l'Apôtre a dit : « Seul il possède l'immortalité, » comme le Psalmiste a dit : « Lui seul opère des merveilles. » (*Ps.* LXXI, 18.) Or, je voudrais bien savoir de qui nos contradicteurs entendent ces paroles ; si c'est du Père seulement, comment sera vrai ce que le Fils même dit : « Car tout ce que fait le Père, le Fils le fait aussi comme lui ? » (*Jean*, V, 19.) De toutes les merveilles, en est-il de plus merveilleuses que de ressusciter et de vivifier les morts ? Or, le même Fils dit également : « Comme le Père ressuscite les morts et leur donne la vie, de même le Fils donne la vie à qui il lui plaît. » (*Ibid.*, 21.) Comment donc n'y aurait-il que le Père qui fît des merveilles, quand les paroles que je viens de citer ne permettent point d'entendre qu'il s'agit du Père seulement, non plus que du Fils seul, mais du seul vrai et unique Dieu, c'est-à-dire, du Père, du Fils et du Saint-Esprit ?

12. De même quand l'Apôtre dit encore : « Il n'y a néanmoins pour nous qu'un seul Dieu qui est le Père, de qui toutes choses tirent leur être, et en qui nous sommes nous-mêmes ; il n'y a qu'un seul Seigneur, par qui toutes choses ont été faites, comme c'est aussi par lui que nous sommes tout ce que nous sommes. » (1 *Cor.*, VIII, 5.) Qui doute qu'il parle de tout ce qui a été créé, de même que Jean quand il dit : « Tout a été fait par lui ? » (*Jean*, I, 3.) Je vous demande donc de qui saint Paul a dit dans un autre endroit : « Car tout est de lui, tout est par lui, et tout est en lui ; gloire soit à lui dans les siècles des siècles. Amen. » (*Rom.*, XI, 36.) Si c'est du Père, du Fils et du Saint-Esprit, en sorte que chaque membre de phrase ait rapport à chaque personne, que ces mots « de lui » doivent s'entendre du Père, « par lui » du Fils, et « en lui » du Saint-Esprit, il est manifeste que le Père, le Fils et le Saint-Esprit ne font qu'un seul Dieu, puisque l'Apôtre continue au singulier : « Gloire soit à lui dans les siècles des siècles. » Par là on voit donc qu'il a pris ce sens ; il ne dit point : O profondeur des trésors de la sagesse et de la science du Père ou du Fils ou du Saint-Esprit, mais « de la sagesse et de la science de Dieu ! que ses jugements sont incompréhensibles et ses voies impénétrables ! car qui a connu les desseins de Dieu ? ou qui est entré dans le secret de ses conseils ? ou qui lui a donné quelque chose, le premier pour prétendre en être récompensé ? car tout est de lui, tout est par lui, et tout est en lui. Gloire à lui dans les siècles des siècles. Amen. » (*Rom.*, XI, 33 à 36.) Si on ne veut entendre ces mots que du Père, comment se fait-il que tout

---

nullo modo potest : sed eo visu videtur, quo jam qui vident, non homines sed ultra homines sunt. Recte ergo ipse Deus Trinitas intelligitur beatus et solus potens, ostendens adventum Domini nostri Jesu Christi temporibus propriis. Sic enim dictum est : « Solus habet immortalitatem ; » (*Psal.* LXXI, 18) quomodo dictum est : « Qui facit mirabilia solus. » Quod velim scire de quo dictum accipiant : si de Patre tantum, quomodo ergo verum est, quod ipse Filius dicit : « Quæcumque enim Pater facit, hæc eadem et Filius facit similiter ? » (*Joan.*, V, 19.) An quidquam est inter mirabilia mirabilius quam resuscitare et vivificare mortuos ? Dicit autem idem Filius : « Sicut Pater suscitat mortuos et vivificat, sic et Filius quos vult vivificat. » (*Ibid.*, 21.) Quomodo ergo solus Pater facit mirabilia, cum hæc verba nec Patrem tantum, nec Filium tantum permittant intelligi, sed utique Deum unum verum solum, id est, Patrem et Filium et Spiritum sanctum ?

12. Item cum dicit idem Apostolus : « Nobis unus Deus Pater, ex quo omnia et nos in ipso ; et unus Dominus Jesus Christus, per quem omnia et nos per ipsum ; » (1 *Cor.*, VIII, 6) quis dubitet cum omnia quæ creata sunt dicere, sicut Joannes : « Omnia per ipsum facta sunt ? » (*Joan.*, I, 3.) Quæro itaque de quo dicat alio loco : « Quoniam ex ipso, et per ipsum, et in ipso sunt omnia : ipsi gloria in sæcula sæculorum, amen. » (*Rom.*, XI, 36.) Si enim de Patre et Filio et Spiritu sancto, ut singulis personis singula tribuantur : « Ex ipso, » ex Patre ; « per ipsum, » per Filium ; « in ipso, » in Spiritu sancto : manifestum quod Pater et Filius et Spiritus sanctus unus Deus est, quando singulariter intulit : « Ipsi gloria in sæcula sæculorum. » Unde enim cœpit hunc sensum, non ait : « O altitudo divitiarum sapientiæ et scientiæ » Patris, aut Filii, aut Spiritus sancti, sed « sapientiæ et scientiæ Dei ! Quam inscrutabilia sunt judicia ejus, et investigabiles viæ ejus ! Quis enim cognovit mentem Domini ? Aut quis consiliarius ejus fuit ? Aut quis prior dedit illi, et retribuetur ei ? Quoniam ex ipso, et per ipsum, et in ipso sunt omnia : ipsi gloria in sæcula sæculorum, amen. » Si au-

soit par le Père, d'après ce qui est dit dans cet endroit, et que tout soit par le Fils, selon ces paroles du même Apôtre aux Corinthiens : « Et il n'y a qu'un seul Seigneur Jésus-Christ par qui tout est, » (1 *Cor.*, VIII, 6) comme il est dit aussi dans l'Evangile de saint Jean : « Toutes choses ont été faites par lui ? » (*Jean*, I, 3.) Car s'il y a des choses qui ont été faites par le Père, et s'il y en a qui l'ont été par le Fils, toutes n'ont point été faites par le Père, ni toutes par le Fils. Mais si tout a été fait par le Père et tout par le Fils, les choses qui ont été faites par le Père sont les mêmes que celles qui ont été faites par le Fils. Par conséquent le Fils est égal au Père, et l'opération du Père et du Fils est une opération inséparable ; car si le Père a fait seulement le Fils que le Fils même n'a point fait, tout n'a point été fait par le Fils : Or, tout a été fait par le Fils. Il n'a donc point été fait lui-même pour faire ensuite avec le Père tout ce qui a été fait. Après tout, l'Apôtre n'omet point de parler du Verbe, car il dit très-clairement : « Ayant la forme et la nature de Dieu, il n'a point vu que ce fût pour lui une usurpation d'être égal à Dieu. » (*Philip.*, II, 6.) Or, par ce mot, Dieu, il veut parler du Père, de même que dans un autre endroit il dit : « Dieu est le chef de Jésus-Christ. » (1 *Cor.*, XI, 3.)

13. De même on a réuni sur le Saint-Esprit des textes dont ceux qui ont traité des mêmes matières que nous, avant nous, ont fait un abondant usage, pour montrer qu'il est Dieu aussi, non une créature. Or, s'il n'est point une créature, non seulement il est Dieu ; car les hommes mêmes ont été appelés des dieux ; (*Ps.* LXXXI, 6) mais il est le vrai Dieu. Par conséquent il est parfaitement égal au Père et au Fils et leur est cosubstantiel et coéternel dans l'unité de la Trinité. Le passage où il paraît surtout aussi clair que le jour, que le Saint-Esprit n'est point une créature, est celui où il nous est ordonné de ne point servir la créature, mais le Créateur (*Rom.*, I, 25), car en cet endroit il ne nous est point prescrit de le servir de la même manière que nous nous servons les uns les autres ; action qui se rend en grec par le mot δουλεύειν, mais de la manière dont on ne sert que Dieu et qui est rendue par le mot grec λατρεύειν. C'est de ce mot que sont appelés idolâtres ceux qui rendent aux idoles le culte qui n'est dû qu'à Dieu. C'est en effet en ce sens qu'il a été dit : « Vous adorerez le Seigneur votre Dieu et ne servirez que lui. » (*Deut.*, VI, 13 et *Matth.*, IV, 10.) Il se trouve même plus expressément indiqué en grec, car il est dit : λατρεύσεις. Or, s'il nous est défendu de rendre un pareil culte à la créature, il est dit en effet : « Vous adorerez le Seigneur votre Dieu et ne servirez que lui, » ce qui fait que l'Apôtre déteste ceux qui servent et honorent la créature plutôt que le Créateur (*Rom.*, I, 25), il s'ensuit

---

tem hoc de Patre tantummodo intelligi volunt, quomodo ergo omnia per Patrem sunt, sicut hic dicitur ; et omnia per Filium, sicut ad Corinthios ubi ait : « Et unus Dominus Jesus Christus, per quem omnia ; » (1 *Cor.*, VIII, 6) et sicut in Evangelio Joannis : « Omnia per ipsum facta sunt ? » (*Joan.*, I, 3.) Si enim alia per Patrem, alia per Filium, jam non omnia per Patrem, nec omnia per Filium. Si autem omnia per Patrem, et omnia per Filium ; eadem per Patrem, quæ per Filium. Æqualis est ergo Patri Filius, et inseparabilis operatio est Patris et Filii. Quia si vel Filium fecit Pater quem non fecit ipse Filius, non omnia per Filium facta sunt : at omnia per Filium facta sunt : ipse igitur factus non est ut cum Patre faceret omnia quæ facta sunt. Quanquam nec ab ipso verbo tacuerit Apostolus, et apertissime omnino dixerit : « Qui cum in Dei forma esset, non rapinam arbitratus est esse æqualis Deo : » (*Philip.*, II, 6) hic Deum proprie Patrem appellans, sicut alibi : « Caput autem Christi Deus. » (1 *Cor.*, XI, 3.)

13. Similiter et de Spiritu sancto collecta sunt testimonia, quibus ante nos qui hæc disputaverunt abundantius usi sunt, quia et ipse Deus, et non creatura. Quod si non creatura, non tantum Deus (nam et homines dicti sunt dii :) (*Psal.* LXXXI, 6) sed etiam verus Deus. Ergo Patri et Filio prorsus æqualis, et in Trinitatis unitate consubstantialis et coæternus. Maxime vero illo loco satis claret, quod Spiritus sanctus non sit creatura, ubi jubemur non servire creaturæ, sed Creatori (*Rom.*, I, 25 ; *Gal.*, V, 13) : non eo modo quo jubemur per caritatem servire invicem, quod est græce δουλεύειν ; sed eo modo quo tantum Deo servitur, quod est græce λατρεύειν. Unde idolatræ dicuntur qui simulacris eam servitutem exhibent quæ debetur Deo. Secundum hanc enim servitutem dictum est : « Dominum Deum tuum adorabis, et illi soli servies. » (*Deut.*, VI, 13 ; *Matth.*, IV, 10.) Nam et hoc distinctius in græca Scriptura invenitur ; λατρεύσεις enim habet. Porro si tali servitute creaturæ servire prohibemur, quando quidem dictum est : « Dominum Deum tuum adorabis, et illi soli servies ; » unde et Apostolus detestatur eos qui coluerunt, et servierunt

que le Saint-Esprit n'est point une créature, puisque tous les saints lui rendent un culte divin au témoignage de l'Apôtre qui dit : « C'est nous qui sommes les vrais circoncis, puisque nous servons l'Esprit de Dieu, » (*Philip.*, III, 3) en grec λατρεύοντες. Il n'y a, il est vrai, que quelques exemplaires latins qui portent : « Nous servons l'Esprit de Dieu. » Tous ou presque tous les exemplaires grecs donnent cette version. Dans plusieurs latins, on trouve non point, nous servons l'Esprit de Dieu, mais, « nous servons Dieu en esprit. » Ceux qui sont dans cette erreur et refusent de céder à une autorité plus grave, trouvent-ils également dans les divers manuscrits une variante à ce texte : « Ne savez-vous pas que votre corps est le temple du Saint-Esprit qui réside en vous et vous a été donné de Dieu ? » (I *Cor.*, VI, 19.) Y a-t-il folie ou sacrilége plus grand que d'oser dire que les membres du Christ sont le temple d'une créature, selon nos adversaires, moindre que le Christ lui-même? En effet, saint saint Paul dit quelque part : « Vos corps sont les membres du Christ. » (*Ibid.*, 15.) Or, si ceux qui sont les membres du Christ sont le temple du Saint-Esprit, le Saint-Esprit n'est point une créature, attendu qu'il ne peut point se faire que celui à qui nous offrons notre corps pour temple, ne doive point recevoir de nous le culte qu'on ne doit qu'à Dieu et que les Grecs appellent λατρεία? Aussi l'Apôtre conclut-il en ces termes : « Glorifiez donc Dieu dans votre corps. » (*Ibid.*, 20.)

CHAPITRE VII.

Comment le Fils est moindre que le Père, moindre que lui-même.

14. C'est par ces textes de l'Ecriture sainte et par des textes semblables dont nos devanciers, comme je l'ai dit, se sont abondamment servis pour repousser de pareilles calomnies et de telles erreurs de la part des hérétiques, que se trouvent établies l'unité de notre foi et l'égalité de la Trinité. Mais comme il y a beaucoup de choses dans les saints, au sujet de l'incarnation du Verbe de Dieu pour la réparation de notre salut, par laquelle l'homme Jésus-Christ a été le médiateur entre Dieu et les hommes, dites de manière à faire entendre que le Père est plus grand que le Fils ou même à le montrer tel, on a vu tomber dans l'erreur des hommes qui scrutent ces passages avec trop peu de soin ou qui n'embrassent pas avec assez d'attention tout l'ensemble des Ecritures; et ils ont été tentés de transporter ce qui est dit de Jésus-Christ, en tant qu'homme, à la substance qui était éter-

---

creaturæ, potius quam Creatori (*Rom.*, I, 25) : non est utique creatura Spritus sanctus, cui ab omnibus sanctis talis servitus exhibetur dicente Apostolo : « Nos enim sumus circumcisi, Spiritui Dei servientes, » (*Philip.*, III, 3) quod est in græco, λατρεύοντες. Plures enim codices etiam latini sic habent, « qui Spiritui Dei servimus : » græci autem omnes, aut pene omnes. In nonnullis autem exemplaribus latinis invenimus non « Spiritui Dei servimus, » sed « (*a*) spiritu Deo servimus. » Sed qui in hoc errant, et auctoritati graviori cedere detrectant, numquid et illud varium in codicibus reperiunt : « Nescitis quia corpora vestra templum (*b*) in vobis est Spiritus sancti, quem habetis a Deo ? » (I *Cor.*, VI, 19.) Quid autem insanius magisque sacrilegum est, quam ut quisquam dicere audeat membra Christi templum esse creaturæ minoris secundum ipsos, quam Christus est? Alio enim loco dicit : « Corpora vestra membra sunt Christi. » (*Ibid.*, 15.) Si autem quæ membra sunt Christi, templum est Spiritus sancti, non est creatura Spiritus sanctus : quia cui corpus nostrum templum exhibemus, necesse est ut huic eam servitutem debeamus, qua nonnisi Deo serviendum est, quæ appellatur λατρεία. Unde consequenter dicit : « Glorificate ergo (*c*) Deum in corpore vestro. » (*Ibid.*, 20.)

CAPUT VII.

Filius quomodo minor Patre ac se ipso.

14. His et talibus divinarum Scripturarum testimoniis, quibus, ut dixi, priores nostri copiosius usi, expugnaverunt hæreticorum tales calumnias vel errores, insinuatur fidei nostræ unitas et æqualitas Trinitatis. Sed quia multa in sanctis libris propter incarnationem Verbi Dei, quæ pro salute nostra reparanda facta est, ut mediator Dei et hominum esset homo Christus Jesus (1 *Tim.*, II, 5), ita dicuntur, ut majorem Filio Patrem significent, vel etiam apertissime ostendant ; erraverunt homines minus diligenter scrutantes vel intuentes universam seriem Scri-

---

(*a*) Triplicem hujusce loci lectionem affert rursum Augustinus in libro *ad Bonifacium* tertio, cap. VII. Ipsum eumdem locum in Latinis codicibus falsatorum perfidia mutatum fuisse, monet Ambrosius in lib. II, *de Spiritu sancto*, cap. VI. — (*b*) Editi *templum est qui in vobis est*. At Mss. *templum in vobis est*. Atque ita profert constanter Augustinus in superioribus libris contra Arianorum sermones et contra Maximinum. — (*c*) Editi addunt *et portate* : quod a Mss. et a Græco textu Apostoli abest.

nelle avant son incarnation et qui est toujours éternelle. Ces gens-là avancent que le Fils est moindre que le Père, parce qu'il est dit que le Seigneur même s'est exprimé ainsi : « Mon Père est plus grand que moi. » (*Jean*, XIV, 28.) Or, la vérité même nous montre qu'à prendre les choses en ce sens, le Fils est moindre que lui-même. En effet, comment ne serait-il pas moindre que lui-même quand il s'est anéanti lui-même en prenant la forme d'un esclave? (*Philip.*, II, 7.) Car il n'a point pris cette forme en perdant celle de Dieu dans laquelle il était égal à son Père. Si donc il a pris la forme d'esclave sans perdre celle de Dieu, si dans l'une comme dans l'autre il ne cesse point d'être le même Fils unique de Dieu le Père, si dans la forme de Dieu, il est égal au Père, et dans celle de l'homme Jésus-Christ, il est le médiateur de Dieu et des hommes (I *Tim.*, II, 5), qui ne comprend que dans sa forme de Dieu il est plus grand et dans celle d'esclave moindre que lui-même? Ce n'est donc point sans raison que l'Ecriture dit tout à la fois, en parlant du Fils, qu'il est égal au Père et que le Père est plus grand que lui; ce qui s'entend, sans aucune confusion, à raison de la forme de Dieu, dans le premier cas, et d'esclave dans le second. Or, la règle que nous donnons ici pour résoudre cette question par le moyen des saintes Ecritures, nous la tirons d'un chapitre d'une épître de l'apôtre saint Paul qui fait très-clairement cette distinction en disant : « Ayant la forme et la nature de Dieu, il n'a point cru que ce fût pour lui, une usurpation d'être égal à Dieu; mais il s'est anéanti lui-même, en prenant la forme et la nature d'esclave, en se rendant semblable aux hommes et étant reconnu pour homme par tout ce qui a paru de lui au dehors. » (*Philip.*, II, 6.) Ainsi le Fils de Dieu est, par sa nature, égal à Dieu le Père, et, par son enveloppe extérieure, moindre que lui-même. En effet, dans sa forme d'esclave, il est moindre que son Père, et, dans celle de Dieu qu'il possédait déjà avant de prendre la forme d'esclave, il est égal à son Père. Dans la première il est le Verbe « par qui tout a été fait, » (*Jean*, I, 3) et dans la seconde, « il a été formé d'une femme et s'est assujetti à la loi pour racheter ceux qui étaient sous la loi. » (*Gal.*, IV, 4.) C'est donc dans sa forme de Dieu qu'il a fait l'homme et c'est dans celle d'esclave qu'il a été fait homme; car si le Père seul, sans le Fils, avait fait l'homme, il ne serait point dit : « Faisons l'homme à notre image et à notre ressemblance. » (*Gen.*, I, 26.) Par conséquent, la forme de Dieu ayant pris celle de l'esclave, ce Dieu a les deux formes en même temps et l'homme les possède également l'une et l'autre; mais en tant que Dieu il les a l'une

pturarum, et ea quæ de Christo Jesu secundum hominem dicta sunt, ad ejus substantiam quæ ante incarnationem sempiterna erat, et sempiterna est, transferre conati sunt. Et illi quidem dicunt minorem Filium esse quam Pater est, quia scriptum est ipso Domino dicente : « Pater major me est. » (*Joan.*, XIV, 28.) Veritas autem ostendit secundum istum modum etiam se ipso minorem Filium. Quomodo enim non etiam se ipso minor factus est, qui semetipsum exinanivit formam servi accipiens? (*Phil.*, II, 7.) Neque enim sic accepit formam servi, ut amitteret formam Dei, in qua erat æqualis Patri. Si ergo ita accepta est forma servi, ut non amitteretur forma Dei, cum et in forma servi et in forma Dei idem ipse sit Filius unigenitus Dei Patris, in forma Dei æqualis Patri, in forma servi mediator Dei et hominum homo Christus Jesus (I *Tim.*, II, 5); quis non intelligat quod in forma Dei etiam ipse se ipso major est, in forma autem servi etiam se ipso minor est? Non itaque immerito Scriptura utrumque dicit, et æqualem Patri Filium, et Patrem majorem Filio. Illud enim propter formam Dei, hoc autem propter formam servi, sine ulla confusione intelligitur. Et hæc nobis regula per omnes sacras Scripturas dissolvendæ hujus quæstionis, ex uno capitulo epistolæ Pauli apostoli promitur, ubi manifestius ista distinctio commendatur. Ait enim : « Qui cum in forma Dei esset, non rapinam arbitratus est esse æqualis Deo; sed semetipsum exinanivit formam servi accipiens, in similitudinem hominum factus, et habitu inventus ut homo. » (*Philip.*, II, 6.) Est ergo Dei Filius Deo Patri natura æqualis, habitu minor. In forma enim servi quam accepit, minor est Patre : in forma autem Dei in qua erat etiam ante quam hanc accepisset, æqualis est Patri. In forma Dei, Verbum per quod facta sunt omnia (*Joan.*, I, 3) : in forma autem servi, factus ex muliere, factus sub Lege, ut eos qui sub Lege erant, redimeret. (*Gal.*, IV, 4.) Proinde in forma Dei fecit hominem; in forma servi factus est homo. Nam si Pater tantum sine Filio fecisset hominem, non scriptum esset : « Faciamus hominem ad imaginem et similitudinem nostram. » (*Gen.*, I, 26.) Ergo quia forma Dei accepit formam servi, utrumque Deus et utrumque homo : sed utrumque Deus propter accipientem Deum, utrumque autem homo propter acceptum hominem. Neque enim illa susceptione alterum eorum in alterum conver-

et l'autre, puisque la divinité a pris la forme d'esclave, et en tant qu'homme il les possède également toutes les deux, puisque l'humanité a été prise par Dieu; car, prendre et être pris, en ce cas, ne fait point que l'un des deux se soit changé ou converti en l'autre. Ainsi la divinité n'a point cessé d'être la divinité pour se changer en créature, ni la créature d'être créature, pour se changer en divinité.

CHAPITRE VIII.

Explication des passages des Ecritures mal interprétés, touchant la sujétion du Fils.

15. Quant à ce mot de l'Apôtre : « Lorsque toutes choses auront été assujetties au Fils, alors le Fils sera lui-même assujetti à celui qui lui aura assujetti toutes choses, » (I *Cor.*, xv, 28) il a été dit pour qu'on ne crût pas que dans le Verbe la forme extérieure du Christ, qui lui vient d'une créature humaine, devait, un jour, se convertir en la divinité même, ou pour parler plus exactement, en la déité qui n'est point une créature, mais qui est l'unité de la Trinité incorporelle, immuable, consubstantielle à elle-même, et coéternelle par nature. Ou bien si on prétend, or, c'est la pensée de plusieurs, que ces mots : « Et le Fils lui-même sera assujetti à celui qui lui aura assujetti toutes choses, » donnent à entendre que la créature, assujettie maintenant, se changera un jour et se convertira en la substance, en l'essence même du Créateur, c'est-à-dire que la substance de la créature deviendra la substance du Créateur, certainement on est forcé d'admettre que cela n'était pas encore accompli quand le Seigneur disait : « Mon Père est plus grand que moi; » (*Jean*, xiv, 28) car il s'exprimait ainsi, non-seulement avant d'être remonté au ciel, mais encore avant sa résurrection d'entre les morts, avant même sa passion. Ceux qui pensent que sa nature d'homme s'est changée et convertie en la substance de la déité et que c'est en ce sens qu'il a été dit : « Alors le Fils sera lui-même assujetti à celui qui lui aura assujetti toutes choses, » (I *Cor.*, xv, 28) comme si l'Apôtre avait dit : Alors le Fils de l'homme et la nature humaine prise par le Verbe de Dieu seront changées en la nature de celui qui lui a assujetti toutes choses ; changement que nos contradicteurs pensent devoir arriver lorsque, après le jour du jugement, il aura remis le royaume à Dieu le Père. Mais s'il en était ainsi, il s'ensuivrait encore que le Père est plus grand que la forme d'esclave prise par le Fils dans le sein de la Vierge. Si quelques-uns prétendent que la chose est ainsi, et que déjà l'homme Jésus-Christ est changé en la substance de Dieu, ne peuvent nier que la nature humaine subsistait encore quand le Fils de Dieu disait avant sa passion :

sum atque mutatum est : nec divinitas quippe in creaturam mutata est, ut desisteret esse divinitas ; nec creatura in divinitatem, ut desisteret esse creatura.

CAPUT VIII.

Scripturas de subjectione Filii sub Patre perperam intellectas explicat.

15. Illud autem quod dicit Apostolus : « Cum autem ei omnia subjecta fuerint, tunc et ipse Filius subjectus erit ei qui illi subjecit omnia, » (I *Cor.*, xv, 28) aut ideo dictum est, ne quisquam putaret habitum Christi, qui ex humana creatura susceptus est, conversum iri postea in ipsam divinitatem, vel ut certius expresserim, deitatem, quæ non est creatura, sed est unitas Trinitatis incorporea et incommutabilis et sibimet consubstantialis et coæterna natura. Aut si quisquam contendit, ut aliqui senserunt, ita dictum : « Et ipse Filius subjectus erit ei qui illi subjecit omnia, » ut ipsam subjectionem, commutationem et conversionem credat futuram creaturæ in ipsam substantiam vel essentiam Creatoris, id est ut quæ fuerat substantia creaturæ, fiat substantia Creatoris; certe vel hoc concedit, quod non habet ullam dubitationem, nondum hoc fuisse factum cum Dominus diceret : « Pater major me est. » (*Joan.*, xiv, 28.) Dixit enim hoc non solum ante quam ascendisset in cœlum, verum etiam ante quam passus resurrexisset a mortuis. Illi autem qui putant humanam in eo naturam in deitatis substantiam mutari atque converti, et ita dictum : « Tunc et ipse Filius subjectus erit ei qui illi subjecit omnia, » (I *Cor.*, xv, 28) ac si diceretur : Tunc et ipse Filius hominis et a Verbo Dei suscepta humana natura commutabitur in ejus naturam, qui ei subjecit omnia, tunc futurum putant, cum post diem judicii tradiderit regnum Deo et Patri. Ac per hoc etiam secundum istam opinionem adhuc Pater major est, quam quæ de virgine servi forma accepta est. Quod si aliqui et hoc affirmant, quod jam fuerit in Dei substantiam mutatus homo Christus Jesus; illud certe negare non possunt, quod adhuc natura hominis manebat, quando ante passionem

« Mon Père est plus grand que moi ; » il n'y a donc pas à douter un seul instant, que ces paroles signifient que le Père est plus grand que la forme d'esclave du Fils, bien que le Fils soit égal au Père dans sa forme de Dieu. Quant à ces paroles de l'Apôtre : « Mais quand l'Ecriture dit que tout lui est assujetti, il est indubitable qu'il en faut excepter celui qui lui a assujetti toutes choses, » (1 *Cor.*, xv, 27) si on les rapporte au Père qui assujettit tout à son Fils, on ne doit point croire pour cela que c'est le Fils qui s'est tout assujetti lui-même, comme le montre l'Apôtre en disant aux Philippiens : « Mais, pour nous, nous vivons déjà dans le ciel, comme en étant citoyens; c'est de là aussi que nous attendons le Sauveur, Notre-Seigneur Jésus-Christ, qui transformera notre corps tout vil et abject qu'il est, et le rendra conforme à son corps glorieux par l'opération de cette puissance par laquelle il peut s'assujettir toutes choses. » (*Philip.*, III, 20 et 21.) En effet, l'opération du Père est inséparable de celle du Fils. D'ailleurs ce n'est point le Père qui s'assujettit lui-même toutes choses, mais c'est le Fils qui assujettit tout à celui qui lui remet son royaume, et qui détruit tout empire, toute puissance et toute vertu, car c'est du Fils qu'il est dit : « Lorsqu'il aura remis son royaume à Dieu son Père, et qu'il aura détruit tout empire, toute domination et toute puissance, » (1 *Cor.*, xv, 24), attendu que c'est celui qui détruit, qui soumet.

16. N'allons point croire que le Christ se dépouille de son royaume en le livrant à son Père, comme l'ont pensé de vains bavards. En effet, quand il dit : « Il livrera son royaume à Dieu le Père, » il ne s'exclut point lui-même, puisqu'il ne fait qu'un seul et même Dieu avec le Père. Ce qui trompe les lecteurs des saintes Ecritures peu attentifs et les amateurs de chicane, ce sont ces mots « jusqu'à ce que ; » le texte est en effet ainsi conçu : « Car Jésus-Christ doit régner jusqu'à ce que son Père lui ait mis ses ennemis sous ses pieds, » (1 *Cor.*, xv, 25) comme s'il ne devait plus régner une fois que le Père lui aurait soumis ses ennemis. Ils ne comprennent point que ces paroles « jusqu'à ce que, » ont dans cette phrase le même sens que dans celle-ci : « Son cœur est puissamment affermi, il ne sera point ébranlé jusqu'à ce qu'il soit en état de jeter un regard de mépris sur ses ennemis ; » (*Ps.* CXI, 8) en effet, il ne sera point ébranlé quand il aura jeté sur eux ce regard. Qu'est-ce donc à dire : « Jusqu'à ce qu'il ait remis son royaume à Dieu son Père? » Est-ce que dès maintenant Dieu le Père n'a point ce royaume? Mais Jésus-Christ, le médiateur de Dieu et des hommes (I *Tim.*, II, 5), devant conduire tous les justes sur lesquels il règne à présent, parce

---

dicebat : « Quoniam Pater major me est : » (*Joan.*, xiv, 28) unde nulla cunctatio est secundum hoc dictum esse, quod forma servi major est Pater, cui in forma Dei æqualis est Filius. Nec quisquam cum audierit quod ait Apostolus : « Cum autem dixerit, quia omnia subjecta sunt ei, manifestum quia præter cum qui illi subjecit omnia, » (I *Cor.*, xv, 27) ita existimet de Patre intelligendum, quod subjecerit omnia Filio, ut ipsum Filium sibi omnia subjecisse non putet. Quod Apostolus ad Philippenses ostendit dicens : « Nostra autem conversatio in cœlis est ; unde et Salvatorem exspectamus Dominum Jesum Christum, qui transfigurabit corpus humilitatis nostræ conforme ut fiat corpori gloriæ suæ, secundum operationem suam qua possit etiam sibi subjicere omnia. » (*Phil.*, III, 20.) Inseparabilis enim operatio est Patris et Filii. Alioquin nec ipse Pater sibi subjecit omnia, sed Filius ei subjicit, qui ei regnum tradit, et evacuat omnem principatum et omnem potestatem et virtutem. De Filio quippe ista dicta sunt : « Cum tradiderit, inquit, regnum Deo et Patri, cum evacuaverit omnem principatum et omnem potestatem et virtutem. » (I *Cor.*, xv, 24.) Ipse enim subjicit, qui evacuat.

16. Nec sic arbitremur Christum traditurum regnum Deo et Patri, ut adimat sibi. Nam et hoc quidam vaniloqui crediderunt. Cum enim dicitur, « tradiderit regnum Deo et Patri, » non separatur ipse ; quia simul cum Patre unus Deus est. Sed divinarum Scripturarum (*a*) incuriosos et contentionum studiosos fallit verbum quod positum est, « donec. » Ita namque sequitur : « Oportet enim illum regnare, donec ponat omnes inimicos suos sub pedibus suis : » (*Psal.* CIX, 1 ; I *Cor.*, xv, 25) tanquam cum posuerit, non sit regnaturus. Nec intelligunt ita dictum, sicuti est illud : « Confirmatum est cor ejus, non commovebitur, donec videat super inimicos suos ; » (*Psal.* CXI, 8) non enim cum viderit, jam commovebitur. Quid ergo est : « Cum tradiderit regnum Deo et Patri ? » (I *Cor.*, xv, 42) quasi modo non habeat regnum Deus et Pater? Sed quia omnes justos, in quibus nunc regnat ex fide viventibus mediator Dei et hominum homo Christus

(*a*) Sic Mss. Editi autem *curiosos*.

qu'ils vivent de la foi, à la vue que l'Apôtre appelle une vision « face à face, » (I *Cor.*, XIII, 12) ces mots : « Quand il aura livré son royaume à Dieu le Père, » veulent dire : Quand il aura conduit les croyants à la contemplation de Dieu le Père. En effet, voici comment Jésus-Christ s'exprime : « Mon Père m'a remis toutes choses entre les mains, et nul ne connaît le Fils que le Père, comme nul ne connaît le Père que le Fils et celui à qui le Fils l'aura voulu révéler. » (*Matth.*, XI, 27.) Le Fils révélera donc le Père, après avoir anéanti toute principauté, toute puissance et toute vertu, et qu'il ne sera plus nécessaire de régir ces choses par leurs semblables, c'est-à-dire par les Principautés, par les Puissances et par les Vertus angéliques. C'est d'elles qu'on peut croire, sans s'écarter du sens des Ecritures, qu'il a été dit à l'épouse du Cantique des cantiques : « Nous vous ferons des similitudes d'or marquetées d'argent jusqu'à ce que le Roi soit dans sa retraite, » (*Cant.*, I, 11, *selon les Sept.*) c'est-à-dire jusqu'à ce que le Christ soit dans son secret séjour, car « votre vie est cachée, avec le Christ, en Dieu; lorsque le Christ qui est votre vie apparaîtra, vous paraîtrez aussi avec lui dans la gloire. » (*Col.*, III, 4.) Mais avant qu'il en soit ainsi, « maintenant nous ne voyons Dieu que comme en un miroir et en énigme, » c'est-à-dire dans les similitudes. « Mais » alors « nous le verrons face à face. » (I *Cor.*, XIII, 12.)

17. Cette contemplation nous est en effet promise comme la fin de toutes nos actions et la perfection éternelle de nos joies, car : « Nous sommes enfants de Dieu ; mais ce que nous serons un jour ne paraît pas encore. Nous savons que lorsque Jésus-Christ se montrera dans sa gloire, nous serons semblables à lui, parce que nous le verrons tel qu'il est ; » (I *Jean*, III, 2) nous contemplerons donc un jour, lorsque nous serons dans la vie éternelle, ce que Dieu exprime en ces termes en s'adressant à son serviteur Moïse : « Je suis celui qui est : Voici ce que vous direz aux enfants d'Israël : Celui qui est m'a envoyé vers vous. » (*Exod.*, III, 14.) Jésus dit en effet : « La vie éternelle consiste en effet à vous connaître, vous qui êtes le seul Dieu véritable et Jésus-Christ que vous avez envoyé. » (*Jean*, XVII, 3.) C'est ce qui aura lieu quand le Seigneur sera venu mettre en lumière ce qui était caché dans les ténèbres (I *Cor.*, IV, 5), lorsque les ombres de cette vie de mort et de corruption se seront évanouis. Alors se lèvera pour nous le matin dont le Psalmiste a dit : « Dès le matin je me présenterai devant vous et je vous contemplerai. » (*Ps.* V, 5.) C'est de cette contemplation que j'entends ces paroles : « Lorsqu'il aura remis son royaume à Dieu son Père, » (I *Cor.*, XV, 24) c'est-à-dire, quand il aura conduit à la contemplation de Dieu le Père les justes qui vivent maintenant de la foi et sur qui

---

Jesus (I *Tim.*, II, 5), perducturus est ad speciem, quam visionem dicit idem Apostolus, « facie ad faciem ; » ita dictum est : « Cum tradiderit regnum Deo et Patri, » (I *Cor.*, XIII, 12) ac si diceretur : Cum perduxerit credentes ad contemplationem Dei et Patris. Sic enim dicit : « Omnia mihi tradita sunt a Patre meo, et nemo novit Filium nisi Pater, et nemo novit Patrem nisi Filius et cui voluerit Filius revelare. » (*Matth.*, XI, 27.) Tunc revelabitur a Filio Pater, cum evacuaverit omnem principatum et omnem potestatem et virtutem (I *Cor.*, XV, 24), id est, ut necessaria non sit dispensatio similitudinum per angelicos principatus et potestates et virtutes. Ex quarum persona non inconvenienter intelligitur dici in Cantico canticorum ad sponsam : « Similitudines auri faciemus tibi cum distinctionibus argenti, quoad usque rex in recubitu suo est, » (*Cant.*, I, 2 sec. LXX) id est, quoad usque Christus in secreto suo est : quia « vita vestra abscondita est cum Christo in Deo : cum Christus apparuerit vita vestra, tunc et vos cum ipso apparebitis in gloria. » (*Col.*, III, 4.) Quod ante quam fiat,

« videmus nunc per speculum in aenigmate, » (I *Cor.*, XIII, 12) hoc est in similitudinibus, « tunc autem facie ad faciem. »

17. Hæc enim nobis contemplatio promittitur actionum omnium finis atque æterna perfectio gaudiorum : « Filii enim Dei sumus, et nundum apparuit quid erimus : scimus quia cum apparuerit, similes ei erimus, quoniam videbimus eum sicuti est. » (I *Joan.*, III, 2.) Quod enim dixit famulo suo Moysi : « Ego sum qui sum : hæc dices filiis Israel : Qui est misit me ad vos : » (*Exod.*, III, 14) hoc contemplabimur cum vivemus in æternum. Ita quippe ait : « Hæc autem est vita æterna, ut cognoscant te unum verum Deum et quem misisti Jesum Christum. » (*Joan.*, XVII, 3.) Hoc fiet cum venerit Dominus, et illuminaverit occulta tenebrarum (I *Cor.*, IV, 5), cum tenebræ mortalitatis hujus corruptionisque transierint. Tunc erit mane nostrum, de quo in Psalmo dicitur : « Mane adstabo tibi, et contemplabor. » (*Psal.* V, 5.) De hac contemplatione intelligo dictum : « Cum tradiderit regnum Deo et Patri : » (I *Cor.*, XV, 24) id est, cum

LIVRE I. — CHAPITRE VIII.

règne l'homme Jésus-Christ, le médiateur de Dieu et des hommes. Si je me trompe en cela, que celui dont le sentiment vaut mieux que le mien me redresse, quant à moi je ne vois point autre chose. En effet, nous ne chercherons rien de plus quand nous serons arrivés à cette contemplation qui n'est point notre partage, tant que notre joie n'est encore qu'en espérance, « car l'espérance qui se voit n'est plus une espérance ; en effet, qui est-ce qui espère ce qu'il voit déjà? Si nous espérons ce que nous ne voyons pas encore, nous l'attendons avec patience, » (*Rom.*, VIII, 24) jusqu'à ce que le roi soit dans le lieu de son repos. C'est alors que s'accomplira cette parole de l'Ecriture : « Vous me comblerez de joie par la vue de votre visage. » (*Ps.* XV, 10.) On ne cherchera plus rien après cette joie, parce qu'il n'y aura plus rien qu'on puisse chercher après cela. En effet, le Père nous sera montré et cela nous suffira. C'est ce qu'avait bien compris l'apôtre Philippe quand il disait au Seigneur : « Montrez-nous le Père et cela nous suffit ; » (*Jean*, XIV, 8) mais il n'avait point encore compris qu'il aurait pu dire de la même manière : Seigneur montrez-vous à nous et cela nous suffit ; c'est pour cela que le Seigneur lui répondit : « Il y a si longtemps que je suis avec vous, et vous ne me connaissez point ! Philippe, quiconque me voit, voit aussi mon Père. » (*Jean*, XIV, 8.) Et comme il voulait qu'il commençàt par vivre de la foi avant de pouvoir le voir, il continua ainsi : « Vous ne croyez point que je sois en mon Père et que mon Père soit en moi? » (*Ibid.*, 10) parce que « tant que nous habitons dans ce corps nous sommes éloignés du Seigneur, et hors de notre patrie, attendu que c'est par la foi que nous marchons, et que nous n'en jouissons point encore par une claire vue. » (II *Cor.*, V, 6 et 7.) La contemplation est en effet la récompense de la foi, récompense pour laquelle nos cœurs sont purifiés par la foi, selon ce mot de l'Ecriture : « Ayant purifié leurs cœurs par la foi. » (*Act.*, XV, 9.) La preuve qu'il faut pour cette contemplation que les cœurs soient purifiés, c'est qu'il est dit : « Bienheureux les cœurs purs, parce qu'ils verront Dieu. » (*Matth.*, V, 8.) C'est en cela que consiste la vie éternelle selon ce mot du Seigneur dans le Psaume : « Je le comblerai de jours et je lui ferai voir le salut que je lui destine. » (*Ps.* XC, 16.) Par conséquent soit que nous entendions ces paroles : Montrez-nous le Fils, ou celles-ci : « Montrez-nous le Père, » c'est la même chose, attendu que l'un ne peut être montré sans l'autre, puisqu'ils ne font qu'une seule et même chose, selon ce mot du Fils même : « Mon Père et moi ne faisons qu'un. » (*Jean*, X, 30.) Enfin à cause de leur inséparabilité, il suffit de dire ou que le Père seul, ou que le Fils seul

---

perduxerit justos, in quibus nunc ex fide viventibus regnat mediator Dei et hominum homo Christus Jesus (I *Tim.*, II, 5), ad contemplationem Dei et Patris. Si desipio hic, corrigat me qui melius sapit : mihi aliud non videtur. Neque enim quæremus aliud, cum ad illius contemplationem perveneримus, quæ nunc non est, quamdiu gaudium nostrum in spe est. « Spes autem quæ videtur, non est spes : quod enim videt quis, quid sperat? Si autem quod non videmus speramus, per patientiam expectamus, » (*Rom.*, VIII, 24) quoad usque rex in recubitu suo est. Tunc erit quod scriptum est : « Adimplebis me lætitia cum vultu tuo. » (*Psal.* XV, 10.) Illa lætitia nihil amplius requiretur : quia nec erit quod amplius requiratur. Ostendetur enim nobis Pater, et sufficiet nobis. Quod bene intellexerat Philippus, ut diceret Domino : « Ostende nobis Patrem, et sufficit nobis : » (*Joan.*, XIV, 8) sed nondum intellexerat, eo quoque modo idipsum se potuisse dicere : Domine ostende nobis te, et sufficit nobis. Ut enim hoc intelligeret, responsum ei a Domino est : « Tanto tempore vobiscum sum, et non cognovistis me. Philippe, qui vidit me, vidit et Patrem. » Sed quia volebat eum ex fide vivere ante quam illud posset vivere, secutus est, et ait : « Non credis, quia ego in Patre et Pater in me est? Quamdiu enim sumus in corpore, peregrinamur a Domino. Per fidem enim ambulamus, non per speciem. » (II *Cor.*, V, 6.) Contemplatio quippe merces est fidei, cui mercedi per fidem corda mundantur; sicut scriptum est : « Mundans fide corda eorum. » (*Act.*, XV, 9.) Probatur autem quod illi contemplationi corda mundentur, illa maxime sententia : « Beati mundicordes, quoniam ipsi Deum videbunt. » (*Matth.*, V, 8.) Et quia hæc est vita æterna dicit Deus in Psalmo : « Longitudine dierum replebo eum, et ostendam illi salutare meum. » (*Psal.* XC, 16.) Sive ergo audiamus : Ostende nobis Filium; sive audiamus : « Ostende nobis Patrem : » tantumdem valet; quia neuter sine altero potest ostendi. Unum quippe sunt, sicut et ipse ait : « Ego et Pater unum sumus. » (*Joan.*, X, 30.) Denique propter ipsam inseparabilitatem, sufficienter aliquando nominatur, vel Pater

doit nous remplir de joie par la vue de sa face.

18. Il ne faut pas conclure de là que l'Esprit de l'un et de l'autre, je veux dire l'esprit du Père et du Fils soit séparé d'eux. Cet esprit est appelé proprement : « L'esprit de vérité que ce monde ne peut recevoir. » (*Jean*, XIV, 17.) Or, notre joie ne sera pleine et entière, telle qu'il n'y aura rien au delà, que lorsque nous jouirons du Dieu Trinité à l'image de qui nous avons été faits. C'est pour cela que l'Ecriture parle quelquefois du Saint-Esprit comme s'il suffisait seul à notre bonheur, et il n'y suffit seul que parce qu'il ne peut être séparé du Père et du Fils ; de même que le Père seul y suffit aussi, parce qu'il ne peut être séparé du Fils et du Saint-Esprit, et que le Fils y suffit également seul, parce qu'il ne peut aller sans le Père et le Saint-Esprit. En effet, que veut-il dire quand il s'exprime ainsi : « Si vous m'aimez, gardez mes commandements, je prierai mon Père et il vous donnera un autre avocat, afin qu'il demeure éternellement avec vous. Ce sera l'esprit de vérité que le monde, » c'est-à-dire les amateurs de ce monde, « ne peut recevoir ? » (*Jean*, XIV, 15.) Car l'homme animal ne conçoit point les choses « qui sont de l'esprit de Dieu. » (1 *Cor.*, II, 14.) Il peut encore paraître que c'est parce que le Fils seul ne saurait suffire à notre bonheur, qu'il a été dit : « Je prierai mon Père, et il vous enverra un autre avocat. » Mais ce passage où il semble qu'il ne peut suffire à notre bonheur, doit s'entendre comme celui-ci : « Quand cet Esprit de vérité sera venu, il vous enseignera toute vérité. » (*Jean*, XVI, 13.) En effet, faut-il à cause de ce texte penser que le Fils n'enseigne point toute vérité, ou que le Saint-Esprit supplée à ce que le Fils n'a pu faire ? Ceux qui le prétendent, peuvent dire, si bon leur semble, que le Saint-Esprit qu'ils font moindre que le Fils est plus grand que lui. Serait-ce parce qu'il n'est point dit, seul il vous enseignera ou bien, nul autre que lui ne vous enseignera toute vérité, qu'ils permettent de croire que le Fils aussi enseigne toute vérité avec lui ? L'Apôtre aurait donc exclu le Fils de de la connaissance des choses de Dieu quand il dit : « Ainsi personne, si ce n'est l'Esprit de Dieu ne connaît les choses de Dieu ; » (1 *Cor.*, II, 11) et ces hommes pervers paraissent conclure de là que le Fils n'apprend aussi les choses de Dieu qu'à l'école du Saint-Esprit, comme le moindre s'instruit à l'école du plus grand ; car le Fils lui-même accorde tant au Saint-Esprit, qu'il va jusqu'à dire : « Parce que je vous ai dit ces choses, votre cœur se trouve rempli de tristesse, cependant je vous dis la vérité ; il vous est utile que je m'en aille ; car si je ne m'en vais point, l'avocat ne viendra point à vous. » (*Jean*, XVI, 6.)

---

solus, vel Filius solus adimpleturus nos lætitia cum vultu suo.

18. Nec inde separatur utriusque Spiritus, id est Patris et Filii Spiritus. Qui Spiritus sanctus proprie dicitur : « Spiritus veritatis, quem hic mundus accipere non potest. » Hoc est enim plenum gaudium nostrum, quo amplius non est, frui Trinitate Deo ad cujus imaginem facti sumus. Propter hoc aliquando ita loquitur (*Joan.*, XIV, 17) de Spiritu sancto tanquam solus ipse sufficiat ad beatitudinem nostram : et ideo solus sufficit, quia separari a Patre et Filio non potest ; sicut Pater solus sufficit, quia separari a Filio et Spiritu sancto non potest ; et Filius ideo sufficit solus, quia separari a Patre et Spiritu sancto non potest. Quid enim sibi vult quod ait? « Si diligitis me, mandata mea servate, et ego rogabo Patrem, et alium advocatum dabit vobis, ut vobiscum sit in æternum, Spiritum veritatis, quem hic mundus accipere non potest (*Joan.*, XIV, 15), id est dilectores mundi. « Animalis enim homo non percipit ea quæ sunt Spiritus Dei. » (1 *Cor.*, II, 14.) Sed adhuc potest videri ideo dictum : « Et ego rogabo Patrem et alium advocatum dabit vobis, » quasi non solus Filius sufficiat. Illo autem loco ita de illo dictum est tanquam solus omnino sufficiat : « Cum venerit ille Spiritus veritatis, docebit vos omnem veritatem. » (*Joan.*, XVI, 13.) Numquid ergo separatur hinc Filius, tanquam ipse non doceat omnem veritatem, aut quasi hoc impleat Spiritus sanctus quod minus potuit docere Filius ? Dicant ergo, si placet, majorem esse Filio Spiritum sanctum, quem minorem illo solent dicere. An quia non dictum est : Ipse solus, aut : Nemo nisi ipse vos docebit omnem veritatem, ideo permittunt ut cum illo docere credatur et Filius ? Apostolus ergo Filium separavit ab sciendis iis quæ Dei sunt, ubi ait : « Sic et quæ Dei sunt nemo sit, nisi Spiritus Dei : » (1 *Cor.*, II, 11) ut jam isti perversi possint ex hoc dicere, quod et Filium non doceat quæ Dei sunt nisi Spiritus sanctus, tanquam major minorem ; cui Filius ipse tantum tribuit, ut diceret : « Quia hæc locutus sum vobis, tristitia implevit cor vestrum : sed ego veritatem dico, expedit vobis ut ego eam ; nam si non abiero, advocatus non veniet ad vos. » (*Joan.*, XVI, 6).

CHAPITRE IX.

Quelquefois dans une seule personne on entend les trois personnes.

S'il s'est exprimé ainsi, ce n'est point à cause de l'inégalité du Verbe de Dieu et du Saint-Esprit, mais pour indiquer que la présence du Fils de l'homme parmi eux était un obstacle à la venue de celui qui n'était pas moindre que lui parce qu'il ne s'est point anéanti lui-même, comme le Fils, en prenant la forme de l'esclave. Il fallait donc qu'ils perdissent cette forme de vue, puisqu'ils prenaient ce qu'ils voyaient pour être tout le Christ. De là vient qu'il dit encore : « Si vous m'aimiez, vous vous réjouiriez de ce que je vais vers mon Père, attendu que mon Père est plus grand que moi. » (*Jean*, XIV, 28.) En d'autres termes, il faut que je retourne à mon Père, parce que tant que vous me voyez tel que je suis, vous pensez, d'après ce que vous voyez, que je suis plus petit que mon Père; et, tout occupés de la créature et de l'enveloppe extérieure que je me suis unies, vous ne comprenez point mon égalité avec mon Père. De là vient encore ce mot : « Ne me touchez point, car je ne suis pas encore remonté vers mon Père ; » (*Jean*, XX, 7) car le toucher délimite en quelque sorte ce que nous connaissons. Il ne voulait donc point qu'un cœur tout entier à lui crût d'après le témoignage du toucher, qu'il n'était rien de plus que ce qui paraissait en lui. Son retour vers son Père devait le montrer sous un jour tel qu'il parût égal au Père, puisque là est la fin de la vision qui nous suffit. Quelquefois aussi il est dit du Fils, qu'il nous suffit, et toute la récompense promise à notre amour et à nos désirs, consiste dans la vision du Fils. En effet, il dit lui-même : « C'est celui qui a reçu mes commandements et qui les garde, qui m'aime. Or, celui qui m'aime sera aimé de mon Père, et je l'aimerai aussi et je me découvrirai à lui. ». (*Jean*, XIV, 21.) Est-ce que, parce qu'il n'a point dit en cet endroit : Je leur découvrirai le Père, il a mis le Père de côté? Mais comme ce mot : « Mon Père et moi ne faisons qu'un, » (*Jean*, X, 30) est vrai, quand le Père se montre, le Fils qui est en lui se montre également, et quand le Fils se découvre, le Père qui est en lui, se fait voir également. Par conséquent, de même que lorsqu'il dit : « Et je me montrerai moi-même à lui, » on entend qu'il montrera également le Père, ainsi quand l'Ecriture dit : « Lorsqu'il aura remis le royaume à Dieu son Père, » (I *Cor.*, XV, 24) on comprend qu'il ne s'en dépouille point lui-même, attendu que lorsqu'il conduit ceux qui ont la foi, à la contemplation de Dieu le Père, il les conduit certainement

CAPUT IX.

In una persona interdum intelliguntur omnes.

Hoc autem dixit, non propter inæqualitatem Verbi Dei et Spiritus sancti, sed tanquam impedimento esset præsentia filii hominis apud eos, quo minus veniret ille qui minor non esset, quia semetipsum non exinanivit formam servi accipiens sicut Filius. (*Philip.*, II, 7.) Oportebat ergo ut auferretur ab oculis eorum forma servi, quam intuentes, hoc solum esse Christum putabant quod videbant. Inde est et illud quod ait : « Si diligeretis me, gauderetis utique, quoniam eo ad Patrem, quia Pater major me est : » (*Joan.*, XIV, 28) id est, propterea me oportet ire ad Patrem, quia dum me ita videtis, ex hoc quod videtis, æstimatis quia minor sum Patre, atque ita circa creaturam susceptumque habitum occupati, æqualitatem quam cum Patre habeo non intelligitis. Inde est et illud : « Noli me tangere, nondum enim ascendi ad Patrem. » (*Joan.*, XX, 17.) Tactus enim tanquam finem facit notionis. Ideoque nolebat in eo esse finem intenti cordis in se ut hoc quod videbatur tantummodo putaretur. Ascensio autem ad Patrem erat ita videri, sicut æqualis est Patri, ut ibi esset finis visionis, quæ sufficit nobis. Aliquando item de Filio solo dicitur, quod ipse sufficiat, et in ejus visione merces tota promittitur (a) dilectionis et desiderii nostri. Sic enim ait : « Qui habet mandata mea et custodit ea, ille est qui diligit me. Qui autem me diligit, diligetur a Patre meo, et ego diligam eum, et ostendam me ipsum illi. » (*Joan.*, XIV, 21.) Numquid hic, quia non dixit, ostendam illi et Patrem, ideo separavit Patrem? Sed quia verum est : « Ego et Pater unum sumus; » (*Joan.*, X, 30) cum Pater ostenditur, et Filius ostenditur, qui in illo est; et cum Filius ostenditur, etiam Pater ostenditur qui in illo est. Sicut ergo cum ait : « Et ostendam me ipsum illi, » (I *Cor.*, XV, 24) intelligitur quia ostendit et Patrem; ita et in eo quod dicitur : « Cum tradiderit regnum Deo et Patri, » intelligitur quia non adimit sibi. Quoniam cum perducet credentes ad contemplationem Dei et Patris, profecto perducet ad con-

(a) Editi *delectationis*. Melius Mss. *dilectionis*.

TOM. XXVII.

aussi à la contemplation de lui-même puisqu'il dit : « Et je me montrerai moi-même à lui. » Aussi Judas lui ayant dit : « Seigneur d'où vient que vous vous découvrirez à nous, et non pas au monde? » (*Jean*, xiv, 22) Jésus lui répondit : « Si quelqu'un m'aime il gardera ma parole, et mon Père l'aimera et nous viendrons à lui, et nous ferons en lui notre demeure. » (*Ibid.*, 23.) On voit par là qu'il ne se montre pas seul à celui qui l'aime, puisque c'est avec le Père qu'il vient à lui et établit en lui sa demeure.

19. Penserait-on par hasard que le Saint-Esprit est exclu de la demeure que le Père et le Fils font dans celui qui les aime? D'où vient alors ce qu'il a dit un peu plus haut, en parlant du Saint-Esprit : « Ce monde ne peut le recevoir parce qu'il ne le voit point. Mais vous, vous le connaissez, parce qu'il demeure avec vous et qu'il est en vous. » (*Jean*, xiv, 17.) Puisqu'il est dit : « Il demeure avec vous et il est en vous, » il s'ensuit qu'il n'est point exclu de la demeure du Père et du Fils. A moins peut-être qu'il se trouve des gens assez absurdes pour penser que le Saint-Esprit en voyant le Père et le Fils venir faire leur demeure dans celui qui les aime, s'éloignera comme pour faire place à de plus grands personnages que lui. Mais l'Ecriture va au-devant de cette pensée charnelle en disant un peu plus haut : « Quant à moi je prierai mon Père de vous donner un autre avocat afin qu'il demeure à jamais avec vous. » Il ne s'éloignera donc point quand viendront le Père et le Fils, mais il restera à jamais dans la même demeure qu'eux, attendu qu'il ne vient pas sans eux de même qu'ils ne viennent point sans lui. Mais à cause de l'insinuation de la Trinité, lors même qu'on attribue séparément dans le discours, certaines choses à l'une des personnes divines, et certaines autres à d'autres, cependant on n'entend point les choses comme si les personnes étaient séparées entre elles, puisque le Père, le Fils et le Saint-Esprit n'ont dans la Trinité qu'une seule et même unité, une seule et même substance, une seule et même déité.

CHAPITRE X.

En quel sens le Christ doit remettre son royaume à son Père.

20. Ainsi Notre-Seigneur Jésus-Christ remettra son royaume à Dieu le Père, sans exclure ni lui ni le Saint-Esprit de ce royaume lorsqu'il conduira les fidèles à la contemplation de Dieu, la fin de toutes nos bonnes actions, le repos éternel et la joie qui ne nous sera jamais ravie. (I *Cor.*, xv, 24.) C'est en effet ce qu'il veut

---

templationem suam, qui dixit : « Et ostendam illi me ipsum. » Et ideo consequenter cum dixisset illi Judas : « Domine, quid factum est, quia ostensurus es te nobis, et non huic mundo? » Respondit Jesus, et dixit illi : « Si quis diligit me, sermonem meum servabit, et Pater meus diliget illum, et ad eum veniemus, et mansionem apud eum faciemus. » (*Joan.*, xiv, 22.) Ecce quia non solum se ipsum ostendit ei a quo diligitur, quia simul cum Patre venit ad eum, et mansionem facit apud eum.

19. An forte putabitur mansionem in dilectore suo facientibus Patre et Filio exclusus esse ab hac mansione Spiritus sanctus? Quid est ergo quod superius ait de Spiritu sancto : « Quem hic mundus accipere non potest, quoniam non videt illum : nostis illum vos, quia vobiscum manet, et in vobis est. » (*Ibid.*, 17.) Non itaque ab hac mansione separatus est, de quo dictum est : « Vobiscum manet, et in vobis est. » Nisi forte quisquam sic absurdus est, ut arbitretur, cum Pater et Filius venerint ut mansionem apud dilectorem suum faciant, discessurum inde Spiritum sanctum, et tanquam locum daturum esse majoribus. Sed huic carnali cogitationi occurrit Scriptura : paulo quippe superius ait : « Et ego rogabo Patrem, et alium advocatum dabit vobis, ut vobiscum sit in æternum. » Non ergo discedet Patre et Filio venientibus, sed in eadem mansione cum ipsis erit in æternum; quia nec ille sine ipsis venit, nec illi sine ipso. Sed propter insinuationem Trinitatis, personis etiam singulis nominatis dicuntur quædam (*a*) separatim; non tamen aliis separatis intelliguntur, propter ejusdem Trinitatis unitatem unamque substantiam atque deitatem Patris et Filii et Spiritus sancti.

CAPUT X.

Quomodo Christus tradet regnum Deo et Patri.

20. Tradet itaque regnum Deo et Patri Dominus noster Jesus Christus (I *Cor.*, xv, 24), non se inde separato, nec Spiritu sancto, quando perducet credentes ad contemplationem Dei, ubi est finis omnium bonarum actionum, et requies sempiterna, et gau-

---

(*a*) Abest *separatim* a Mss.

dire quand il s'écrie : « Je vous verrai de nouveau, et votre cœur se réjouira et personne ne vous ravira votre joie. » (*Jean*, XVI, 22.) C'est de cette joie que Marie assise aux pieds du Seigneur, attentive à sa parole, dans un repos aussi complet que la vie présente le permet, était la figure anticipée de ce qui doit subsister toute l'éternité. Quant à Marthe sa sœur, tout entière à une activité nécessaire, bonne sans doute et utile, mais qui ne devait durer qu'un temps pour céder la place au repos, elle se reposait aussi dans la parole du Seigneur, et quand elle se plaignit que sa sœur ne l'aidait point, le Seigneur lui dit : « Marie a choisi la meilleure part qui ne lui sera point ravie. » Il ne dit point que la part active de Marthe fût une mauvaise part ; mais il disait de l'autre qu'elle est meilleure et qu'elle ne sera point enlevée à celle qui l'a choisie, car ce qui ne répond qu'à une nécessité passagère, passe avec elle ; mais la récompense des bonnes œuvres qui passent est un repos qui ne passe point. C'est donc dans cette contemplation que Dieu sera tout dans tous (I *Cor.*, XV, 28) : car on ne lui demandera point autre chose, il nous suffira d'être éclairé et de jouir de lui. Voilà pourquoi celui en qui l'Esprit saint prie avec des gémissements inénarrables (*Rom.*, VIII, 26), s'écrie : « Je n'ai demandé qu'une seule chose au Seigneur et je ne chercherai qu'elle, c'est d'habiter dans la maison du Seigneur tous les jours de ma vie, afin de contempler les délices du Seigneur. » (*Ps.* XXVI, 4.) Nous contemplerons, en effet, Dieu, Père, Fils et Saint-Esprit, quand le Médiateur de Dieu et des hommes, l'homme Jésus-Christ, aura remis son royaume entre les mains de Dieu le Père (I *Tim.*, II, 15) ; alors notre Médiateur et Intercesseur, Fils de Dieu et Fils de l'homme, ne priera plus pour nous. (I *Cor.*, XV, 24.) Quant à lui, en tant que prêtre, dans la forme d'esclave qu'il a prise pour nous, il sera assujetti à celui qui lui aura assujetti toutes choses, et à qui il a tout soumis ; de la sorte, en tant que Dieu est avec lui, il nous tiendra soumis et en tant que prêtre il lui sera soumis avec nous. Le Fils étant Dieu et homme, l'homme est plutôt une substance étrangère dans le Fils que le Fils dans le Père, de même que le corps uni à mon âme est une autre substance que mon âme, quoique uni à elle dans le même homme, substance plus différente d'elle que l'âme d'un autre homme.

21. Lors donc que le Fils aura remis son royaume à Dieu son Père, c'est-à-dire quand il aura conduit ceux qui croient et qui vivent de la foi et pour qui il prie maintenant en qualité de médiateur, à la contemplation après la pos-

---

dium quod nunquam auferetur a nobis. Hoc enim signat in eo quod ait : « Iterum videbo vos, et gaudebit cor vestrum, et gaudium vestrum nemo auferet a vobis ? » (*Joan.*, XVI, 22.) Hujus gaudii similitudinem præfigurabat Maria sedens ad pedes Domini, et intenta in verbum ejus (*Luc.*, X, 39), quieta scilicet ab omni actione, et intenta in veritatem secundum quemdam modum, cujus capax est ista vita, quo tamen præfiguraret illud, quod futurum est in æternum. Martha quippe sorore sua in necessitatis actione conversante, quamvis bona et utili, tamen cum requies successerit transitura, ipsa requiescebat in verbo Domini. Et ideo Dominus conquerenti Marthæ quod eam soror non adjuvaret, respondit : « Maria optimam partem elegit, quæ non auferetur ab ea. » Non partem malam dixit quod agebat Martha ; sed istam optimam quæ non auferetur. Illa enim quæ in ministerio indigentiæ est, cum indigentia ipsa transierit, auferetur. Boni quippe operis transituri merces est requies permansura. In illa igitur contemplatione Deus erit omnia in omnibus (I *Cor.*, XV, 28) ; quia nihil ab illo aliud requiretur, sed solo ipso illustrari perfruique sufficiet. Ideoque ille in quo Spiritus interpellat gemitibus inenarrabilibus (*Rom.*, VIII, 26) : « Unam, inquit, petii a Domino, hanc requiram, ut inhabitem in domo Domini per omnes dies vitæ meæ, ut contempler delectationem Domini. » (*Psal.* XXVI, 4.) Contemplabimur enim Deum Patrem et Filium et Spiritum sanctum, cum mediator Dei et hominum homo Christus Jesus tradiderit regnum Deo et Patri (I *Tim.*, II, 5 ; I *Cor.*, XV, 24), ut jam non interpellet pro nobis mediator et sacerdos noster, Filius Dei et Filius hominis (*Hebr.*, VII, 25) ; sed et ipse in quantum sacerdos est assumpta propter nos servi forma, subjectus sit ei qui illi subjecit omnia, et cui subjecit omnia ; ut in quantum Deus est cum illo nos subjectos habeat, in quantum sacerdos nobiscum illi subjectus sit. Quapropter cum Filius sit et Deus et homo, (*a*) alia substantia homo potius in Filio quam Filius in Patre : sicut caro animæ meæ, alia substantia est ad animam meam, quamvis in uno homine, quam anima alterius hominis ad animam meam.

21. Cum ergo tradiderit regnum Deo et Patri, id est, cum credentes et viventes ex fide, pro quibus nunc mediator interpellat, perduxerit ad contem-

---

(*a*) Sic meliores Mss. At editi *alia substantia Deus, alia homo, homo potius in Filio*, etc.

session de laquelle nous soupirons et nous gémissons, tout travail et tout gémissement prenant fin, il remettra son royaume aux mains de Dieu le Père et il ne priera plus pour nous. C'est ce qu'il a voulu nous faire entendre quand il a dit : « Je vous ai parlé de toutes ces choses en paraboles. Le temps viendra que je ne vous entretiendrai plus en paraboles mais que je vous parlerai ouvertement de mon Père. » (*Jean*, XVI, 25.) En d'autres termes, il n'y aura plus de paraboles quand on jouira de la vision face à face, s'il ajoute : « Je vous parlerai ouvertement de mon Père, » c'est comme s'il disait je vous montrerai manifestement le Père. Il dit : « Je vous parlerai, » parce qu'il est le Verbe du Père. Il poursuit après cela en ces termes : « En ce temps-là, vous demanderez en mon nom, et je ne dis point que je prierai mon Père pour vous, car mon Père vous aime lui-même parce que vous m'avez aimé et que vous avez cru que je suis sorti de Dieu. Je suis en effet sorti de mon Père et venu dans le monde ; à présent je quitte le monde de nouveau, et je m'en vais à mon Père. » (*Ibid.*, 26 à 28.) Qu'est-ce à dire : « Je suis sorti de mon Père, » sinon, j'ai paru moindre que lui, non pas dans la forme par laquelle je suis égal à lui, mais d'une autre manière, c'est-à-dire dans la créature que je me suis unie ? Qu'est-ce encore à dire : « Je suis venu en ce monde, » sinon j'ai montré aux yeux des pécheurs, des amateurs de ce monde, la forme d'esclave que j'ai prise quand je me suis anéanti ? Que veut-il dire encore par ces mots : « Je laisse le monde de nouveau, » sinon je soustrais aux regards des amants du monde ce qu'ils ont eu sous les yeux ? Et ces autres paroles : « Je m'en vais à mon Père, » quel en est le sens ? n'est-ce pas comme s'il disait : Je veux que ceux qui croient en moi comprennent que je suis égal à mon Père ? Ceux qui le croient seront trouvés dignes d'être conduits par la foi à la vue, c'est-à-dire à la vision même, là où il nous conduit quand il est dit qu'il remet son royaume entre les mains de son Père, car ce sont ceux qui croient en lui et qu'il a rachetés de son sang qui sont appelés son royaume et pour qui il intercède ; mais alors dans ce royaume-là où il est égal au Père, comme il se les attachera, il ne priera plus son Père pour eux. « Car, dit-il, mon Père lui-même vous aime. » S'il prie, c'est en tant qu'il est moindre que son Père, mais en tant qu'il lui est égal, il exauce nos prières avec son Père. Aussi ne se sépare-t-il point de l'action de celui dont il dit : « Car mon Père lui-même vous aime, » et il nous fait comprendre par là ce dont j'ai parlé plus haut, et que j'ai assez insinué, c'est-à-dire que, la plupart du temps, chaque personne de la Trinité

plationem, cui percipiendæ suspiramus et gemimus, et cum transierit labor et gemitus, jam non interpellabit pro nobis tradito regno Deo et Patri. Hoc significans ait : « Hæc (*a*) vobiscum locutus sum in similitudinibus : veniet hora, quando jam non in similitudinibus loquar vobis, sed manifeste de Patre nuntiabo vobis ; » (*Joan.*, XVI, 25) id est jam non erunt similitudines, cum visio fuerit facie ad faciem. Hoc est enim quod ait : « sed manifeste de Patre nuntiabo vobis ; » ac si diceret, manifeste Patrem ostendam vobis. « Nuntiabo » quippe ait, quia Verbum ejus est. Sequitur enim et dicit : « Illa die in nomine meo petetis, et non dico vobis, quia ego rogabo Patrem. Ipse enim Pater amat vos, quia vos me amastis, et credidistis quia a Deo exivi. Exivi a Patre, et veni in hunc mundum : iterum relinquo mundum, et vado ad Patrem. » Quid est : « A Patre exivi, » nisi in ea forma qua æqualis sum Patri, sed aliter, id est, in assumpta creatura minor apparui ? Et quid est : « Veni in hunc mundum, » nisi formam servi, quam me exinaniens accepi, etiam peccatorum qui mundum istum diligunt, oculis demonstravi ? Et quid est : « Iterum relinquo mundum, » nisi ab aspectu dilectorum mundi aufero quod viderunt ? Et quid est : « Vado ad Patrem, » nisi doceo me sic intelligendum a fidelibus meis, quomodo æqualis sum Patri ? Hoc qui credunt, digni habebuntur perduci a fide ad speciem, id est ad ipsam visionem, quo perducens dictus est tradere regnum Deo et Patri. Fideles quippe ejus quos redemit sanguine suo, dicti sunt regnum ejus, pro quibus nunc interpellat : tunc autem illic eos sibi faciens inhærere, ubi æqualis est Patri, non jam rogabit Patrem pro eis. « Ipse enim, inquit, Pater amat vos. » Ex hoc enim rogat, quo minor est Patre : quo vero æqualis est, exaudit cum Patre. Unde se eo quod dixit : « Ipse enim Pater amat vos, » utique ipse non separat ; sed secundum ea facit intelligi quæ supra commemoravi, satisque insinuavi, plerumque ita nominari unamquamque in Trinitate personam, ut et aliæ illic intelligantur. Sic itaque dictum est : « Ipse enim Pater amat vos, » ut con-

---

(*a*) Sex Mss. *Hæc vobis locutus sum.*

n'est nommée que pour donner à entendre les autres personnes. Ainsi ces paroles : « Car mon Père lui-même vous aime, » ont été prononcées de telle sorte que, par voie de conséquence nous entendions le Fils et le Saint-Esprit avec le Père ; ce n'est donc point à dire que celui qui n'a point épargné son propre Fils mais qui l'a livré pour nous tous (*Rom.*, VIII, 32), ne nous aime point, mais il nous aime sinon tels que nous sommes, du moins tels que nous serons un jour. Car tels ceux qu'il aime maintenant, tels il les conserve éternellement, ce qui aura lieu quand celui qui maintenant prie pour nous, remettra son royaume à Dieu le Père ; il ne priera plus alors pour nous parce que son Père nous aime. Or, pourquoi nous aime-t-il sinon à cause de la foi par laquelle nous croyons avant de voir ce qui nous est promis? Car c'est par elle que nous parviendrons à la claire vue, pour qu'il nous aime tels que son amour veut que nous soyons, non point tels que nous sommes lorsqu'il nous hait et qu'il nous engage et nous presse de ne pas demeurer toujours.

CHAPITRE XI.

Règle pour bien comprendre les Ecritures faisant le Fils tantôt égal au Père, tantôt moindre que lui.

22. C'est pourquoi en connaissant cette règle qui aide à comprendre les saintes Ecritures quand elles parlent du Fils, et à distinguer ce qui s'entend de la forme de Dieu, dans laquelle il est égal au Père, ou de la forme d'esclave qu'il a prise et dans laquelle il est moindre que le Père, on ne sera point troublé comme si les paroles des livres saints se contredisaient et étaient en opposition. En effet, dans la forme de Dieu le Fils et le Saint-Esprit sont égaux au Père, attendu que ni l'un ni l'autre ne sont des êtres créés comme nous l'avons déjà montré; mais dans la forme d'esclave il est moindre que le Père, et il dit lui-même : « Mon Père est plus grand que moi; » (*Jean*, XIV, 28) il est moindre que lui-même, attendu que c'est de lui qu'il est dit : « Il s'est anéanti lui-même, » (*Philip.*, II, 7) et moindre aussi que le Saint-Esprit, car il a dit : « A quiconque aura parlé contre le Fils de l'homme il sera pardonné, mais si quelqu'un parle contre le Saint-Esprit, son péché ne lui sera point remis. » (*Matth.*, XII, 32.) C'est par lui aussi qu'il a opéré des merveilles car il a dit : « Si c'est par l'Esprit de Dieu que je chasse les démons, il est certain que le royaume de Dieu est venu jusqu'à vous. » (*Luc*, XI, 20.) C'est lui encore qui dit dans Isaïe, en citant un passage de ce prophète qu'il ne fait point difficulté de s'appliquer en pleine synagogue, et qu'il montre accompli en sa personne : « L'Esprit du Seigneur s'est reposé sur moi; c'est pourquoi il m'a consacré par son onction, et il m'a en-

---

sequenter intelligatur et Filius et Spiritus sanctus : non quia modo nos non amat, qui proprio Filio non pepercit, sed pro nobis omnibus tradidit eum (*Rom.*, VIII, 32); sed tales nos amat Deus, quales futuri sumus, non quales sumus. Quales enim amat, tales in æternum conservat : quod tunc erit cum tradiderit regnum Deo et Patri, qui nunc interpellat pro nobis, ut jam non roget Patrem, quia ipse Pater amat nos. (I *Cor.*, XV, 24.) Quo autem merito, nisi fidei, qua credimus antequam illud quod promittitur videamus? Per hanc enim perveniemus ad speciem, ut tales amet, quales amat ut simus, non quales odit (a) quia sumus, et hortatur ac præstat ne tales esse semper velimus.

CAPUT XI.

Regula qua intelligitur Filius in Scripturis nunc æqualis, nunc minor.

22. Quapropter cognita ista regula intelligendarum Scripturarum de Filio Dei, ut distinguamus quid in eis sonet secundum formam Dei, in qua æqualis est Patri, et quid secundum formam servi quam accepit, in qua minor est Patre, non conturbabimur tanquam contrariis ac repugnantibus inter se sanctorum librorum sententiis. Nam secundum formam Dei æqualis est Patri et Filius et Spiritus sanctus, quia neuter eorum creatura est, sicut jam ostendimus : secundum autem formam servi, minor est Patre, quia ipse dixit : « Pater major me est : » (*Joan.*, XIV, 28) minor est se ipso, quia de illo dictum est : « Semetipsum exinanivit : » (*Philip.*, II, 7) minor est Spiritu sancto, quia ipse ait : « Qui dixerit blasphemiam in Filium hominis, remittetur ei, qui autem dixerit in Spiritum sanctum, non remittetur ei. » (*Matth.*, XII, 32.) Et in ipso virtutes operatus est, dicens : « Si ego in Spiritu Dei ejicio dæmonia, certe supervenit super vos regnum Dei. » (*Luc.*, XI, 20.) Et apud Isaiam dicit, quam lectionem ipse in Synagoga recitavit, et de se completam sine scrupulo dubitationis ostendit: « Spiritus, inquit, Domini super me,

(a) Editi *quia mali sumus.* Abest *mali* a Mss.

voyé prêcher l'Évangile aux pauvres et annoncer la délivrance aux captifs, » (*Luc*, IV, 18, et *Isa.*, LXI, 1) et le reste pourquoi il dit qu'il a été envoyé, et que l'Esprit du Seigneur repose sur lui. Dans sa forme de Dieu, c'est par lui que tout a été fait (*Jean*, I, 3), et dans celle d'esclave, lui-même a été formé d'une femme et est né sous la loi. (*Gal.*, IV, 4.) Dans la forme de Dieu, lui et le Père ne font qu'un (*Jean*, X, 30), dans celle d'esclave, il « n'est point venu faire sa volonté, mais la volonté de celui qui l'a envoyé ; » (*Jean*, VI, 38) dans la forme de Dieu, de même que le Père a la vie en lui, ainsi il a donné au Fils d'avoir aussi la vie, mais dans celle d'esclave son âme est triste jusqu'à la mort et il s'écrie : « Mon Père, si cela peut se faire, que ce calice passe loin de moi. » (*Matth.*, XXVI, 38.) Dans la forme de Dieu il est lui-même le vrai Dieu et la vie éternelle (I *Jean*, V, 20) ; dans celle d'esclave il s'est fait obéissant jusqu'à la mort et même jusqu'à la mort de la croix. (*Philip.*, II, 8.)

23. Dans la forme de Dieu, tout ce qu'a le Père il l'a aussi : « Tout ce qui vous appartient, dit-il, est à moi et tout ce qui est à moi est à vous, » (*Jean*, XVI, 15) dans celle d'esclave, sa doctrine n'est point sa doctrine, c'est la doctrine de celui qui l'a envoyé. (*Jean*, VII, 16.)

CHAPITRE XII.

En quel sens il est dit que le Fils ne connaît ni le jour ni l'heure que connaît le Père.

Et quand il dit : « Pour ce qui est du jour et de l'heure, personne ne les connaît, ni les anges qui sont au ciel, ni le Fils lui-même, il n'y a que le Père qui les connaisse, » (*Marc*, XIII, 32) il ne les connaît point, c'est-à-dire il fait qu'on ne les connaisse point ; en d'autres termes, il ne les connaît point pour les faire connaître à ses disciples. C'est en ce sens qu'il a été dit à Abraham : « Maintenant je connais que vous craignez Dieu, » (*Gen.*, XXII, 12) c'est-à-dire, maintenant je vous ai fait connaître, attendu que dans l'épreuve qu'il venait de subir, il s'est connu lui-même. En effet, le Fils devait les faire connaître à ses disciples en temps opportun, et c'est en parlant de ce temps à venir comme d'un temps déjà passé qu'il dit : « Je ne vous appellerai plus désormais serviteurs, parce que le serviteur ne sait ce que fait son maître ; mais je vous ai appelés mes amis, parce que je vous ai fait savoir tout ce que j'ai appris de mon Père. » (*Jean*, XV, 15). Or, il ne l'avait point fait encore, mais parce qu'il devait certainement le faire, il s'est exprimé comme s'il l'avait déjà fait. En effet, il leur dit : « J'ai encore bien des choses à vous dire, mais vous n'êtes pas en état

de les porter présentement. » (*Jean*, XVI, 12.) Or, parmi ces choses il faut comprendre celles qui concernent.« ce jour et cette heure ; » car l'Apôtre dit : « Je n'ai point fait profession de savoir autre chose parmi vous que Jésus-Christ, et Jésus-Christ crucifié. » (I *Cor.*, II, 2.) Il parlait à des gens qui ne pouvaient comprendre des choses plus élevées sur la divinité du Christ. Un peu plus loin il leur dit : « Je n'ai pas pu vous parler comme à des hommes spirituels, mais comme à des personnes charnelles. » (I *Cor.*, III, 1.) Ainsi il ne connaissait point, étant au milieu d'eux, ce qu'ils ne pouvaient apprendre de lui, il ne connaissait une chose que lorsqu'il devait la leur apprendre. Enfin il savait, parmi les parfaits, des choses qu'il ignorait au milieu des petits enfants ; il dit en effet : « Nous prêchons la sagesse aux parfaits. » (I *Cor.*, II, 6.) D'après cette façon de parler, ne savoir point une chose c'est la tenir cachée ; de même qu'on appelle aveugle une fosse cachée. Jamais il n'arrive que les saintes Écritures s'expriment d'une manière inusitée parmi les hommes, attendu qu'elles ne parlent que pour être entendues par eux.

24. C'est par rapport à la forme de Dieu qu'il a été dit : « Il l'a engendré avant toutes les collines, » (*Prov.*, VIII, 25) c'est-à-dire avant tout ce qu'il y a d'élevé parmi les créatures ; et encore : « Je vous ai engendré avant Lucifer, » (*Ps.* CIX, 3) en d'autres termes, avant tous les temps et toutes les choses du temps. Au contraire, c'est eu égard à la forme d'esclave qu'il est dit : « Le Seigneur m'a créé au commencement de ses voies. » (*Prov.*, VIII, 22.) De même que c'est eu égard à la forme de Dieu qu'il a dit : « Je suis la vérité, » (*Jean*, XIV, 6) et par rapport à celle d'esclave qu'il s'est écrié : « Je suis la voie. » (*Ibid.*) Comme c'est lui, le premier-né d'entre les morts, qui a frayé à son Église la voie conduisant au royaume de Dieu et à la vie éternelle, lui qui est le chef de l'Église pour communiquer l'immortalité au corps entier, voilà pourquoi il a été créé au commencement des voies de Dieu, dans son œuvre. Eu égard à sa forme de Dieu, il est le principe et il nous parle (*Jean*, VIII, 25), et c'est dans ce principe que Dieu a fait le ciel et la terre ; mais eu égard à sa forme d'esclave, il est l'Époux qui s'élance de son lit nuptial. (*Ps.* XVIII, 6.) Dans sa forme de Dieu, il est le premier-né de toutes créatures (*Col.*, I, 15), il est avant tous les êtres et toutes choses subsistant en lui (*ibid.*, 17) ; mais dans celle d'esclave il est le chef, la tête du corps qui s'appelle l'Église. (*Ibid.*, 18.) Dans sa forme de Dieu, il est le Seigneur de gloire. (l *Cor.*, II, 8.) Aussi est-il manifeste que c'est lui qui glorifie ses saints ; car « ceux qu'il a prédestinés, il les a aussi appelés et il les a justifiés ; et ceux qu'il a justifiés il les a glorifiés. » (*Rom.*, VIII, 30.) C'est en effet de lui qu'il a été dit : « Qu'il justifie l'impie, » (*Rom.*, III,

---

quæ intelligitur et « De die et hora. » Nam et Apostolus : « Neque enim judicavi me, inquit, scire aliquid in vobis nisi Christum Jesum, et hunc crucifixum. » (I *Cor.*, II, 2.) Eis enim loquebatur, qui capere altiora de Christi deitate non poterant. Quibus etiam paulo post dicit : « Non potui vobis loqui quasi spiritualibus, sed quasi carnalibus. » (I *Cor.*, III, 1.) Hoc ergo inter illos nesciebat, quod per illum scire non poterant. Et hoc solum se scire dicebat, quod eos per illum scire oportebat. Denique sciebat inter perfectos, quod inter parvulos nesciebat : ibi quippe ait : « Sapientiam loquimur inter perfectos. » (I *Cor.*, II, 6.) Eo namque genere locutionis nescire quisque dicitur quod occultat, quo dicitur fossa cæca quæ occulta est. Neque enim aliquo genere loquuntur Scripturæ, quod in consuetudine humana non inveniatur ; quia utique hominibus loquuntur.

24. Secundum formam Dei dictum est : « Ante omnes colles genuit me, » (*Prov.*, VIII, 25) id est, ante omnes altitudines creaturarum ; et : « Ante Luciferum genui te, » (*Psal.* CIX, 3) id est ante omnia tempora et temporalia : secundum formam autem servi dictum est : « Dominus creavit me in principio viarum suarum. » (*Prov.*, VIII, 22.) Quia secundum formam Dei dixit : « Ego sum veritas ; » (*Joan.*, XIV, 6) et secundum formam servi : « Ego sum via. » Quia enim ipse primogenitus a mortuis (*Apoc.*, I, 5) iter fecit Ecclesiæ suæ ad regnum Dei ad vitam æternam, cui caput est ad immortalitatem etiam corporis (*Col.*, I, 18), ideo creatus est in principio viarum Dei in opera ejus. Secundum formam enim Dei : « Principium est quod et loquitur nobis (*Joan.*, VIII, 25) ; in quo principio fecit Deus cœlum et terram : secundum autem formam servi : Sponsus procedens de thalamo suo. (*Psal.* XVIII, 6.) Secundum formam Dei (*Col.*, I, 15) : Primogenitus omnis creaturæ (*Ibid.*, 17), et ipse ante omnes est, et omnia in illo constant (*Ibid.*, 10) : secundum formam servi : Ipse est caput corporis Ecclesiæ. Secundum formam Dei (I *Cor.*, II, 8), Dominus est gloriæ. Unde manifestum est, quod ipse glorificet sanctos suos. « Quos enim prædestinavit, ipsos et vocavit ; et quos vocavit, ipsos et justificavit ;

26) de même que c'est de lui aussi qu'il est dit qu'il est juste et justifiant. Il justifie donc et il glorifie ceux qu'il a justifiés ; or, celui qui justifie et glorifie, est, je l'ai dit, le Seigneur de gloire. Cependant c'est dans sa forme d'esclave qu'il répondit à ceux de ses disciples qui se mettaient en peine de leur glorification : « Pour ce qui est d'être assis à ma droite ou à ma gauche, ce n'est point à moi à vous le donner ; mais cela est réservé pour ceux à qui mon Père l'a préparé. » (*Matth.*, xx, 23.)

25. Ce royaume préparé par le Père l'est également par le Fils, attendu que le Père et le Fils ne font qu'un. Nous avons, en effet, déjà montré, par plusieurs locutions usitées dans les Ecritures, que dans la Trinité, tout ce qui se dit de chacune des trois personnes s'entend de toutes les trois, à cause de l'inséparable opération d'une seule et même substance. (*Jean*, x, 30.) Ainsi en parlant du Saint-Esprit, le Fils a dit : « Lorsque je m'en serai allé je vous l'enverrai ; » (*Jean*, xvi, 7) il n'a point dit : Nous vous l'enverrons. Mais il s'est exprimé comme si le Fils seul devait l'envoyer, non le Père, tandis que dans un autre endroit il dit : « Je vous ai dit cela pendant que je suis encore avec vous, mais l'avocat qui est le Saint-Esprit que mon Père enverra en mon nom, vous enseignera toutes choses. » (*Jean*, xiv, 25.) En cet endroit, il s'exprime comme si c'était le Père seul non point lui en même temps qui dût l'envoyer. Or, quand il a dit : « A ceux pour qui il a été préparé par mon Père, » il s'est exprimé comme il le faisait dans cette dernière phrase, et il voulut que l'on comprît qu'il préparait avec le Père un siége glorieux à ceux qu'il voulait. Mais on dira peut-être que dans le passage où il parle du Saint-Esprit, il le fait de manière qu'en promettant de l'envoyer, il ne dit pas que le Père ne l'enverra point aussi, de même que dans l'autre passage, tout en annonçant que le Père doit l'envoyer, il ne dit pas qu'il ne doit point l'envoyer également lui-même, tandis que dans le texte en question il dit ouvertement : « Ce n'est point à moi de vous le donner, » (*Matth.*, xx, 23) et poursuit en disant que cela a été préparé par le Père. Or, comme nous l'avons établi plus haut, c'est en tant qu'ayant la forme d'esclave qu'il s'est exprimé ainsi, et on doit entendre ces paroles : « Ce n'est point à moi de vous le donner, » en ce sens qu'il n'est point au pouvoir de l'homme de le donner, afin qu'il soit bien compris que s'il le donne, c'est en tant qu'il est égal au Père. « Ce n'est point à moi de le donner, » dit-il, c'est-à-dire, ce n'est point en vertu de mon pouvoir d'homme que je donne ces choses : « Elles sont pour ceux pour qui mon Père les a préparées. » (*Jean*, xvi, 15.) Mais comprenez bien, vous qui entendez ces choses, que, si tout ce qu'a mon

---

quos autem justificavit, ipsos et glorificavit. » (*Rom.*, viii, 30.) De illo quippe dictum est, quod justificet impium (*Rom.*, iv, 5) : de illo dictum est, quod sit justus et justificans. (*Rom.*, iii, 26.) Si ergo quos justificavit, ipsos et glorificavit, qui justificat ipse et glorificat, qui est, ut dixi, Dominus gloriæ. Secundum formam tamen servi satagentibus discipulis de glorificatione sua, respondit : « Sedere ad dexteram vel ad sinistram meam non est meum dare vobis, sed quibus paratum est a Patre meo. » (*Matth.*, xx, 23.)

25. Quod autem paratum est a Patre ejus, et ab ipso Filio paratum est (*Joan.*, x, 30) : quia ipse et Pater unum sunt. Jam enim ostendimus in hac Trinitate per multos divinarum locutionum modos etiam de singulis dici quod omnium est, propter inseparabilem operationem unius ejusdemque substantiæ. Sicut et de Spiritu sancto dicit : « Cum ego iero, mittam illum ad vos. » (*Joan.*, xvi, 7.) Non dixit, mittemus ; sed ita quasi tantum Filius eum missurus esset, et non Pater ; cum alio loco dicat : « Hæc locutus sum vobis apud vos manens ; advocatus autem Spiritus sanctus, quem mittet Pater in nomine meo, ille vobis declarabit omnia. » (*Joan.*, xiv, 25.) Hic rursus ita dictum est, quasi non eum missurus esset et Filius, sed tantum Pater. Sicut ergo ista, ita et illud quod ait : « sed quibus paratum est a Patre meo : » cum Patre se intelligi voluit parare sedes gloriæ quibus vellet. Sed dicit aliquis : Illic cum de Spiritu sancto loqueretur, ita se missurum ait, ut non negaret Patrem missurum ; et alio loco ita Patrem, ut non negaret se missurum : hic vero aperte ait : « Non est meum dare ; » atque ita secutus, a Patre dixit ista præparata. Sed hoc est quod (*a*) præstruximus secundum formam servi dictum : ut ita intelligeremus : « Non est meum dare, » ac si diceretur : Non est humanæ potestatis hoc dare : ut per illud intelligatur hoc dare, per quod Deus æqualis est Patri. « Non est meum, inquit, dare, » id est, non humana potestate ista do, « sed quibus paratum est a Patre meo : »

(*a*) Ita in Mss. At in editis *præstrinximus*.

Père est à moi, cela aussi est à moi, et je l'ai préparé avec mon Père.

26. En effet, je vous demande en quel sens le Seigneur a dit : « Si quelqu'un n'écoute point mes paroles, ce n'est pas moi qui le jugerai. » (*Jean*, XII, 47.) Peut-être bien, en cet endroit a-t-il dit : « Ce n'est pas moi qui le jugerai, » comme il dit ailleurs : « Ce n'est pas à moi de le donner. » Mais voyons la suite de ces paroles : « Je ne suis point venu, dit-il, pour juger le monde, mais pour le sauver ; » (*ibid.*) puis : « Celui qui me méprise et ne reçoit point mes paroles, a un juge pour le juger ; » (*ibid.*, 48) nous pourrions comprendre qu'il s'agit du Père en cet endroit, s'il ne poursuivait : « Ce sera la parole même que je lui ai fait entendre qui le jugera au dernier jour. » Eh quoi, ne sera-ce point le Fils qui nous jugera, parce qu'il a dit : « Ce n'est pas moi qui le jugerai ? » Ne serait-ce pas non plus le Père, mais la parole que le Fils a fait entendre ? Ecoutez encore ce qui suit : « Car je n'ai point parlé de mon chef, dit-il, mais mon Père qui m'a envoyé m'a prescrit lui-même ce que je dois dire et de quoi je dois parler, et je sais que ce qu'il m'a ordonné est la vie éternelle. Les choses donc que je dis, je les dis comme mon Père me les a dites. » (*Ibid.*, 49 et 50.) Si donc ce n'est point le Fils qui juge mais la parole que le Fils a dite, cette parole du Fils ne juge que parce qu'elle n'est point sa parole mais celle du Père qui l'a envoyé et lui a prescrit ce qu'il devait dire et de quoi il devait parler ; il s'en suit que c'est le Père qui juge, le Père, dis-je, de qui est la parole que le Fils a dite ; or, la parole, le Verbe du Père n'est autre que le Fils même. En effet, l'ordre du Père et le Verbe du Père ne font point deux choses différentes, attendu qu'il appelle l'un et l'autre ordre et parole. Voyons donc si en disant : « Je n'ai point parlé de mon chef, » il n'aurait point voulu nous faire entendre qu'il n'est pas né de lui-même. En effet, si le Verbe du Père parle, il se parle lui-même puisqu'il est le Verbe, la parole du Père. Si donc il dit souvent : « Le Père m'a donné, » il veut par là nous faire entendre que le Père l'a engendré, et non point qu'il lui a donné quelque chose comme s'il n'eût point déjà existé auparavant, et qu'il n'eût rien possédé, mais qu'il lui a donné quelque chose pour l'avoir, et qu'il l'a engendré pour qu'il fût. Car il n'en est point du Fils avant qu'il s'incarnât et qu'il prît un corps, comme de la créature, en sorte que, pour lui, qui est le Fils unique, être et avoir fussent deux choses différentes ; être et avoir sont au contraire en lui une seule et même chose. C'est ce qui est rendu plus clairement encore dans ce passage, si on le comprend bien :

sed jam tu intellige, quia si omnia quæ habet Pater mea sunt (*Joan.*, XVI, 15), et hoc utique meum est, et cum Patre ista paravi.

26. Nam et illud quæro, quomodo dictum sit : « Si quis non audit verba mea, ego non judicabo illum. » (*Joan.*, XII, 47.) Fortassis enim ita hic dixit : « Ego non judicabo illum, » quemadmodum ibi : « Non est meum dare. » Sed quid hic sequitur ? « Non enim veni, inquit, ut judicem mundum, sed ut salvum faciam mundum : » (*Ibid.*, 48) deinde adjungit, et dicit : « Qui me spernit et non accipit verba mea, habet qui se judicet. » Hic jam intelligeremus Patrem, nisi adjungeret et diceret : « Verbum quod locutus sum, ipsum judicabit illum in novissimo die. » Quid igitur, jam nec Filius judicabit, quia dixit : « Ego non judicabo illum ? » nec Pater, sed verbum quod locutus est Filius ? Imo audi adhuc non sequitur : « Quia ego, inquit, non ex me locutus sum, sed qui me misit Pater, ille mandatum mihi dedit quid dicam, et quid loquar ; et scio quia mandatum ejus vita æterna est. Quæ ergo ego loquor, ita ut dixit mihi Pater, sic loquor. (*Ibid.*, 49.) Si ergo non judicat Filius, sed verbum quod locutus est Filius ; ideo autem judicat verbum quod locutus est Filius, quia non ex se locutus est Filius, sed qui misit eum Pater mandatum dedit ei quid dicat, et quid loquatur : Pater utique judicat, cujus verbum est quod locutus est Filius, atque ipsum Verbum Patris idem ipse est Filius. Non enim aliud est mandatum Patris, aliud Verbum Patris : nam et verbum hoc appellavit, et mandatum. Videamus ergo ne forte quod ait : « Ego non ex me locutus sum, » hoc intelligi voluerit : Ego non ex me natus sum. Si enim Verbum Patris loquitur, se ipsum loquitur, quia ipse est Verbum Patris. Plerumque enim dicit : « Dedit mihi Pater : » in quo vult intelligi quod eum genuerit Pater : non ut tanquam jam exsistenti et non habenti dederit aliquid ; sed dedisse ut haberet, genuisse ut esset. Non enim sicut creatura, ita Dei Filius ante incarnationem et ante assumptam creaturam, unigenitus per quem facta sunt omnia, aliud est, et aliud habet : sed hoc ipsum est, quod est id quod habet. Quod illo loco manifestius dicitur, si quis ad capiendum sit idoneus, ubi ait : « Sicut habet Pater vitam in semetipso, ita dedit Filio vitam habere in semetipso. » Neque enim jam exsistenti et

« De même que le Père a la vie en lui, ainsi a-t-il donné au Fils d'avoir aussi la vie en soi. » En effet, il ne faut pas l'entendre en ce sens, qu'il a commencé par exister et que le Père lui a donné la vie qu'il n'avait point afin qu'il l'eût en lui-même, puisque par le seul fait qu'il est, il est la vie. Par conséquent ces expressions : « Il a donné au Fils d'avoir la vie en soi, » il a engendré le Fils pour être la vie immuable, signifient la même chose que celle-ci : il est la vie éternelle. Ainsi le Verbe de Dieu étant Fils de Dieu, et ce Fils de Dieu étant vrai Dieu et la vie éternelle, selon ce que saint Jean a dit dans son Epître (I *Jean*, v, 20), pourquoi verrions-nous dans ces paroles du Seigneur : « C'est la parole que j'ai dite qui le jugera au dernier jour, » (*Jean*, XII, 48) autre chose que cette parole même, que le Verbe, le commandement du Père, commandement qui lui-même n'est autre chose que la vie éternelle ? car il dit : « Je sais que son commandement est la vie éternelle. »

27. Je cherche donc en quel sens nous devons prendre ces mots : « Ce n'est pas moi qui jugerai, mais ce sera la parole que j'ai dite qui jugera, » paroles qui semblent, par la suite du discours, avoir été dites comme s'il y avait : Ce n'est point moi qui jugerai, mais ce sera la parole du Père. Or, la parole, le Verbe du Père, c'est le Fils. Faudrait-il donc entendre ce passage comme s'il y avait : Ce n'est point moi qui jugerai, et pourtant c'est moi qui jugerai ? Or, comment cela pourrait-il être vrai, si on ne l'entend de cette manière : Ce n'est pas moi qui jugerai en vertu de la puissance que j'ai comme homme, car je suis Fils de l'homme, mais c'est moi qui jugerai en vertu de la puissance que j'ai comme Verbe, car je suis Fils de Dieu ? Autrement, s'il faut voir une contradiction, un non sens dans ces mots : Ce n'est point moi, et c'est moi qui jugerai, que dirons-nous de ceux-ci : « Ma doctrine n'est point ma doctrine ? » (*Jean*, VI, 16.) Puisque la doctrine qu'il appelle sienne, il dit qu'elle n'est point sienne. Comment cela peut-il être vrai, à moins qu'on n'entende que sous un rapport elle n'est point la sienne, et que sous un autre elle est la sienne ; qu'elle est sienne eu égard à sa forme de Dieu, et qu'elle n'est point sienne eu égard à sa forme d'esclave ? En effet, lorsqu'il dit : « Ma doctrine n'est point ma doctrine, c'est la doctrine de celui qui m'a envoyé, » il nous fait remonter jusqu'au Verbe même, attendu que la doctrine du Père, c'est le Verbe du Père, qui n'est autre que son Fils unique. Mais que signifient également ces paroles : « Ce n'est point en moi que croit celui qui croit en moi ? » (*Jean*, XII, 44.) Comment est-ce en lui, et n'est-ce point en lui ? Comment entendre des paroles si contradictoires, si complétement opposées : « Ce n'est point en moi

---

vitam non habenti dedit ut haberet vitam in semetipso, cum eo ipso quod est, vita (*a*) sit. Hoc est ergo, « dedit Filio vitam habere in semetipso, » genuit Filium (*b*) esse incommutabilem vitam, quod est vita æterna. Cum ergo Verbum Dei sit Filius Dei, et Filius Dei sit verus Deus et vita æterna, sicut in Epistola sua dicit Joannes (I *Joan.*, v, 20); etiam hic quid aliud agnoscimus, cum dicit Dominus : « Verbum quod locutus sum, ipsum judicabit eum in novissimo die : » (*Joan.*, XII, 48) et ipsum verbum, Patris verbum esse dicit et mandatum Patris, ipsumque mandatum vitam æternam ? « Et scio, inquit, quia mandatum ejus vita æterna est.

27. Quæro itaque quomodo intelligamus : « Ego non judicabo : sed verbum quod locutus sum judicabit : » quod ex consequentibus apparet ita dictum, ac si diceret : Ego non judicabo, sed verbum Patris, judicabit. Verbum autem Patris est ipse Filius Dei. Siccine intelligendum est : Ego non judicabo, sed ego judicabo ? Quomodo potest istud esse verum, nisi ita : Ego scilicet non judicabo ex potestate humana, quia Filius hominis sum ; sed ego judicabo ex potestate Verbi, quoniam Filius Dei sum. Aut si contraria et repugnantia videntur : Ego non judicabo, sed ego judicabo : quid illic dicemus, ubi ait : « Mea doctrina non est mea ? » (*Joan.*, VII, 16.) Quomodo mea, quomodo non mea ? Non enim dixit : Ista doctrina non est mea : sed : « Mea doctrina non est mea : » quam dixit suam, eamdem dixit non suam. Quomodo istud verum est, nisi secundum aliud suam dixerit, secundum aliud non suam ; secundum formam Dei suam, secundum formam servi non suam ? Cum enim dicit, « non est mea, sed ejus qui me misit, » ad ipsum Verbum nos facit recurrere. Doctrina enim Patris est Verbum Patris, qui est unicus Filius. Quid sibi et illud vult : « Qui in me credit, non in me credit ? » (*Joan.*, XII, 44.) Quomodo in ipsum, quomodo non in ipsum ? Quomodo tam contrarium sibique adversum potest intelligi ? « Qui in me credit, inquit, non in me credit, sed in eum qui me misit : » nisi ita intelli-

(*a*) Veteres aliqui codices, *vita æterna sit*. — (*b*) Am. et Er. omittunt *esse :* cujus loco unus e Vaticanis Mss. habet *ex se.*

que croit celui qui croit en moi, mais c'est en celui qui m'a envoyé, » à moins de les entendre en ce sens : Celui qui croit en moi, ne croit point en ce qu'il voit; car il ne faut point mettre notre espérance dans la créature, mais il croit en celui qui s'est uni la créature pour y apparaître aux yeux des hommes et pour purifier ainsi les cœurs, par la foi, afin d'arriver à le contempler en tant qu'il est égal au Père ? Aussi rapportant au Père l'intention de ceux qui croient quand il dit : « Ce n'est point en moi que croit celui qui croit en moi, » il ne veut point être séparé du Père, c'est-à-dire de celui qui l'a envoyé ; mais il veut qu'on croie en lui, comme on croit au Père dont il est l'égal. C'est ce qu'il dit ouvertement dans cet autre endroit : « Croyez en Dieu et croyez aussi en moi. » (*Jean*, xiv, 1.) Ce qui veut dire, croyez en moi comme vous croyez en Dieu, attendu que mon Père et moi ne faisons qu'un seul et même Dieu. De même donc que, dans l'endroit cité, il semble éloigner de lui la foi des hommes pour la reporter sur le Père, quand il dit : « Ce n'est point en moi que croit celui qui croit en moi, » tout en ne se séparant point de lui, ainsi en est-il quand il dit : « Ce n'est point à moi de le donner, mais cela est réservé à ceux pour qui mon Père l'a préparé, » (*Matth.*, xx, 23) et je pense qu'on voit clair comme le jour en quel sens il faut prendre ces deux phrases. Telle est également cette parole : « Ce n'est pas moi qui jugerai, » (*Jean*, xii, 47) quand c'est lui qui doit juger les vivants et les morts (II *Tim.*, iv, 1); comme il ne les jugera point en vertu de sa puissance d'homme, il recourt à sa divinité et porte en haut nos cœurs qu'il est venu relever ici-bas.

CHAPITRE XIII.

La manière de parler du Christ varie selon les natures différentes de son hypostase.

28. S'il n'était point en même temps Fils de l'homme à cause de la forme d'esclave qu'il s'est unie, et Fils de Dieu à cause de la forme de Dieu dans laquelle il est, l'apôtre saint Paul ne dirait point en parlant des princes de ce monde : « S'ils l'avaient connu, jamais ils n'auraient crucifié le Seigneur de gloire. (I *Cor.*, ii, 8.) C'est en effet dans sa forme d'esclave que, tout en étant Seigneur de gloire, il a été crucifié, car c'est la conséquence de l'emprunt fait à la nature humaine, que Dieu soit homme et que l'homme soit Dieu ; mais avec l'aide du Seigneur, tout lecteur pieux, prudent et diligent comprend ce qui se dit eu égard à l'un et à l'autre. En effet, nous venons de dire que c'est en tant que Dieu qu'il glorifie les siens, c'est-à-dire en tant qu'il est Seigneur de gloire ; cepen-

---

gas : Qui in me credit, non in hoc quod videt credit, ne sit spes nostra in creatura; sed in illo qui suscepit creaturam, in qua humanis oculis appareret, ut sic ad se æqualem Patri contemplandum per fidem corda mundaret? Ideoque ad Patrem referens intentionem credentium, et dicens : « Non in me credit, sed in eum qui me misit, » non utique se a Patre, id est ab illo qui eum misit, voluit separari : sed ut sic in eum crederetur, quomodo in Patrem cui est æqualis. Quod aperte alio loco dicit : (*a*) « Credite in Deum, et in me credite : » (*Joan.*, xiv, 1) id est : Sicut creditis in Deum, sic et in me ; quia ego et Pater unus Deus. Sicuti ergo hic, tanquam abstulit a se fidem hominum, et in Patrem transtulit, dicendo : « Non in me credit, sed in eum qui me misit, » a quo tamen se utique non separavit : sic etiam ubi ait : « Non est meum dare, sed quibus paratum est a Patre meo, » (*Matth.*, xx, 23), puto clarere secundum quid utrumque accipiendum sit. Tale est enim et illud : « Ego non judicabo ; » (*Joan.*, xii, 47) cum ipse judicaturus sit vivos et mortuos : sed quia non ex potestate humana (II *Tim.*, iv, 1), propterea recurrens ad deitatem, sursum erigit corda hominum, propter quæ sublevanda descendit.

CAPUT XIII.

De eodem Christo diversa prædicantur, ob diversas naturas hypostaseos.

28. Nisi tamen ipse idem esset Filius hominis propter formam servi quam accepit, qui est Filius Dei propter Dei formam in qua est, non diceret Paulus apostolus de principibus hujus sæculi : « Si enim cognovissent, nunquam Dominum gloriæ crucifixissent. » (I *Cor.*, ii, 8.) Ex forma enim servi crucifixus est. Talis est, et tamen Dominus gloriæ crucifixus est. Talis enim erat illa susceptio, quæ Deum hominem faceret, et hominem Deum. Quid tamen propter quid, et quid secundum quid dicatur, adjuvante Domino prudens et diligens et pius lector intelligit. Nam ecce diximus quia secundum id quod Deus est, glorificat suos, secundum hoc utique quod Dominus gloriæ est;

(*a*) Editis : *Creditis*. At Mss. constanter : *Credite in Deum.*

dant ce Seigneur de gloire a été crucifié, car il n'y a rien que d'exact à dire que Dieu a été crucifié, non point dans la vertu de sa divinité, mais dans la faiblesse de sa chair; de même que c'est en tant que Dieu qu'il juge, c'est-à-dire en vertu de son pouvoir de Dieu, non de son pouvoir d'homme; et pourtant l'homme doit juger un jour de même que le Seigneur de gloire a été crucifié; car il dit expressément : « Quand le Fils de l'homme viendra dans sa gloire, accompagné de tous les anges, toutes les nations se rassembleront devant lui, » (*Matth.*, xxv, 31) et le reste jusqu'à la sentence qui doit terminer ce jugement et qu'il prédit dans ce passage. Et même les Juifs, pour avoir persévéré dans leur malice, seront punis dans ce jugement, selon ce qui est écrit ailleurs : « Ils verront celui qu'ils ont percé de leurs coups. » (*Zach.*, xii, 10.) En effet, les bons et les méchants devant assister au jugement des vivants et des morts, il est hors de doute que les méchants ne pourront voir leur juge que dans la forme en laquelle il est Fils de l'homme; néanmoins ils le verront dans l'éclat dans lequel il doit juger, non point dans l'abaissement dans lequel il a été jugé; mais pour ce qui est de la forme dans laquelle il est égal au Père, il n'y a pas l'ombre de doute que les méchants ne la verront point; car ils n'ont point le cœur pur. « Or, bienheureux, est-il dit, les cœurs purs, parce qu'ils verront Dieu. » (*Matth.*, v, 8.) Cette vision, c'est la vision face à face promise comme une récompense suprême aux justes. (I *Cor.*, xiii, 12.) Elle aura lieu quand le Fils remettra son royaume à Dieu le Père. (I *Cor.*, xv, 24.) Il veut que nous comprenions dans ce royaume, la vision de sa forme, puisque toute créature, et par conséquent celle dans laquelle le Fils de Dieu s'est fait Fils de l'homme, sera soumise à Dieu; puisque c'est dans cette forme que le Fils doit se soumettre alors à celui qui lui a soumis toutes choses, afin que Dieu soit tout en tous. Autrement, si le Fils de Dieu qui sera notre juge dans la forme dans laquelle il est égal à son Père, apparaissait aussi dans cette forme aux yeux des impies quand il les jugera, que signifierait ce qu'il promet à celui qui l'aime le plus, quand il dit : « Et moi je l'aimerai et je me montrerai à lui? » (*Jean*, xiv, 21.) Ainsi le Fils de l'homme doit juger, non pas en vertu de sa puissance d'homme, mais en vertu de celle par laquelle il est Fils de Dieu; et, réciproquement, le Fils de Dieu doit juger non point en se montrant dans la forme dans laquelle il est Dieu égal au Père, mais dans celle dans laquelle il est Fils de l'homme.

29. Ainsi on peut dire en même temps, que c'est le Fils de l'homme, et que ce n'est point le Fils de l'homme qui doit nous juger; en effet

et tamen Dominus gloriæ crucifixus est, quia recte dicitur et Deus crucifixus, non ex virtute divinitatis, sed ex infirmitate carnis : sicut dicimus, quia secundum id quod Deus est judicat, hoc est ex potestate divina, non ex humana; et tamen ipse homo judicaturus est, sicut Dominus gloriæ crucifixus est : ita enim aperte dicit : « Cum venerit filius hominis in gloria sua, et omnes angeli cum eo, tunc congregabuntur ante eum omnes gentes : » (*Matth.*, xxv, 31) et cætera quæ de futuro judicio usque ad ultimam sententiam in eo loco prædicantur. Et Judæi, quippe qui in malitia perseverantes, in illo judicio puniendi sunt, sicuti alibi scriptum est, « videbunt in quem pupugerunt. » (*Zach.*, xii, 10.) Cum enim et boni et mali visuri sint judicem vivorum et mortuorum (*Joan.*, xix, 37), procul dubio eum videre mali non poterunt, nisi secundum formam qua filius hominis est; sed tamen in claritate in qua judicabit, non in humilitate in qua judicatus est. Cæterum illam Dei formam in qua æqualis est Patri, procul dubio impii non videbunt. Non enim sunt mundicordes : « Beati enim mundicordes; quoniam ipsi Deum videbunt. » (*Matth.*, v, 8.) Et ipsa visio est facie ad faciem (I *Cor.*, xiii, 12), (*a*) quæ summum præmium promittitur justis; et ipsa fiet, cum tradet regnum Deo et Patri (I *Cor.*, xv, 24); in quo et suæ formæ visionem vult intelligi, subjecta Deo universa creatura, et ipsa in qua Filius Dei filius hominis factus est. Quia secundum hanc et ipse Filius tunc subjectus illi erit, qui ei subjecit omnia, ut sit Deus omnia in omnibus. Alioquin si Filius Dei judex in forma qua æqualis est Patri, etiam impiis cum judicaturus est apparebit, quid est quod pro magno dilectori suo pollicetur dicens : « Et ego diligam eum, et ostendam me ipsum illi? » (*Joan.*, xiv, 21.) Quapropter filius hominis judicaturus est, nec tamen ex humana potestate, sed ex ea qua Filius Dei est : et rursus Filius Dei judicaturus est, nec tamen in ea forma apparens, in qua Deus est æqualis Patri, sed in ea qua filius hominis est.

29. Itaque utrumque dici potest, et filius hominis judicabit, et non filius hominis judicabit : quia filius hominis judicabit, ut verum sit quod ait : « Cum ve-

(*a*) Editio Er. et quidam Ms. *qua*.

le Fils de l'homme doit nous juger, pour qu'il soit vrai, comme il l'a dit, que « lorsque le Fils de l'homme apparaîtra, toutes les nations se rassembleront devant lui; » (*Matth.*, xxv, 31) et cependant ce n'est point le Fils de l'homme qui nous jugera, si ce mot doit être également vrai : « Ce n'est pas moi qui jugerai, » (*Jean*, xii, 47) ainsi que cet autre : « Je ne cherche point ma gloire, il y en a un autre pour la rechercher et pour juger. » (*Jean*, viii, 50.) Et même, en tant que, dans le jugement, ce n'est point la forme de Dieu, mais celle du Fils de l'homme qui apparaîtra, ce n'est point non plus le Père qui jugera. C'est en effet en ce sens qu'il est dit : « Le Père ne juge personne, mais il a donné tout pouvoir de juger à son Fils. (*Jean*, v, 22.) Ces paroles ont été dites dans le même sens que celles-ci rapportées plus haut : « C'est ainsi qu'il a donné au Fils d'avoir aussi la vie en lui-même, » pour faire entendre qu'il a engendré le Fils, ou comme celles-ci de l'Apôtre : « C'est pourquoi Dieu l'a élevé et lui a donné un nom qui est au-dessus de tout nom; » (*Philipp.*, ii, 9) car elles se rapportent au Fils de l'homme en tant qu'en sa qualité de Fils de Dieu il est ressuscité d'entre les morts. Dans la forme de Dieu, il est égal au Père; mais depuis qu'il s'est anéanti, en prenant la forme d'esclave, il agit, il souffre, il reçoit, dans cette forme d'esclave ce dont l'Apôtre parle ensuite quand il dit : « Il s'est rabaissé lui-même en se rendant obéissant jusqu'à la mort et jusqu'à la mort de la croix. C'est pourquoi Dieu l'a élevé et lui a donné un nom qui est au-dessus de tout nom, afin qu'au nom de Jésus tout genou fléchisse dans le ciel, sur la terre et dans les enfers, et que toute langue confesse que le Seigneur Jésus-Christ est dans la gloire de Dieu son Père. » (*Ibid.*, 8, 11.) A-t-il parlé dans ce sens ou dans l'autre quand il a dit : « Le Père a donné tout pouvoir de juger au Fils ? » (*Jean*, v, 22.) Cela ressort assez clairement de cette observation; s'il avait parlé dans le même sens que lorsqu'il a dit : « Le Père a donné au Fils d'avoir la vie en lui-même, » il n'aurait certainement pas dit : « Le Père ne juge personne; » attendu qu'en tant que le Père a engendré le Fils égal à lui, ce Fils juge avec lui. Il a donc parlé en ce sens que, dans le jugement, ce n'est point la forme de Dieu, mais celle du Fils de l'homme qui apparaîtra. Cela ne veut point dire que celui qui a donné tout pouvoir de juger au Fils ne nous jugera point, puisque le Fils dit en parlant de lui : « Il y en a un pour la rechercher et pour juger; » mais ces paroles : « Le Père ne juge personne, il a donné tout pouvoir de juger au Fils, » (*Jean*, v, 22) signifient : Personne ne verra le Père au jugement des vi-

---

nerit filius hominis, tunc congregabuntur ante eum omnes gentes; » (*Matth.*, xv, 31) et non filius hominis judicabit, ut verum sit quod ait : « Ego non judicabo; » (*Joan.*, xii, 47) et : « Ego non quæro gloriam meam, est qui quærat et judicet. » (*Joan.*, viii, 50.) Nam secundum id quod in judicio non forma Dei, sed forma filii hominis apparebit, nec ipse Pater judicabit. Secundum hoc enim dictum est : « Pater non judicat quemquam, sed omne judicium dedit Filio. » (*Joan.*, v, 22.) Quod utrum ex illa locutione dictum sit, quam supra commemoravimus, ubi ait : « Sic dedit Filio habere vitam in semetipso, » ut significaret quia sic genuit Filium : an ex illa (*a*) de qua loquitur Apostolus dicens : « Propter quod eum (*b*) suscitavit, et donavit illi nomen quod est super omne nomen. » (*Phil.*, ii, 9.) Hoc enim de filio hominis dictum est, secundum quem Dei Filius excitatus est a mortuis. Ille quippe in forma Dei æqualis Patri, (*c*) ex quo se exinanivit formam servi accipiens, in ipsa forma servi et agit, et patitur, et accipit, quæ consequenter contextit Apostolus : « Humiliavit se, factus obediens usque ad mortem, mortem autem crucis : propter quod et Deus illum exaltavit, et donavit ei nomen quod est super omne nomen, ut in nomine Jesu omne genu flectatur, cœlestium, terrestrium et infernorum, et omnis lingua confiteatur, quia Dominus Jesus Christus in gloria est Dei Patris. » Utrum ergo secundum illam, an secundum istam locutionem dictum sit, « omne judicium dedit Filio, » (*Joan.*, v, 22) satis hinc apparet, quia si secundum illud diceretur secundum quod dictum est : « Dedit Filio habere vitam in semetipso; » non diceretur : « Pater non judicat quemquam. » Secundum hoc enim quod æqualem Pater genuit Filium, judicat cum illo. Secundum hoc ergo dictum est, quod in judicio, non forma Dei, sed forma filii hominis apparebit. Non quia non judicabit qui dedit omne judicium Filio, cum de illo dicat Filius : « Est qui quærat et judicet : » (*Joan.*, viii, 50) sed ita est dictum : « Pater non judicat quemquam, et omne judicium dedit Filio; » (*Joan.*, v, 22) ac si diceretur : Patrem nemo videbit in judicio vivorum et mortuo-

---

(*a*) Mss. *an ex illa qua loquitur* : omisso *de*. — (*b*) Paulo post *ut* in Vulgata, *exaltavit* : juxta Græc. ὑπερύψωσει. — (*c*) Editi *ex quo*. Concinnius quidam Mss. *ex quo*.

vants et des morts, mais tous verront le Fils de l'homme; attendu que le Fils de l'homme doit être vu des impies quand ils lèveront les yeux pour contempler celui qu'ils ont percé de leurs coups. (*Zach.*, XII, 10.)

30. Comme je ne veux point paraître conjecturer plutôt que prouver ce que je dis, je vais citer un mot clair et manifeste du Seigneur même, pour montrer que ce qui lui a fait dire : « Le Père ne juge personne, mais il a donné tout pouvoir de juger au Fils, » c'est que le juge se montrera dans la forme de l'homme, forme qui n'est point celle du Père, mais du Fils, non point dans cette forme du Fils dans laquelle il est égal au Père, mais dans celle par laquelle il est moindre que lui, afin de paraître avec éclat aux yeux tant des bons que des méchants au jour du jugement. En effet, il dit un peu plus loin : « En vérité, je vous dis que celui qui écoute ma parole et qui croit en celui qui m'a envoyé, a la vie éternelle et il ne tombe point dans la condamnation, mais il est déjà passé de la mort à la vie. » (*Ibid.*, 24.) Cette vie éternelle n'est pas autre chose que la vision qui ne concerne point les méchants. Il poursuit encore en ces termes : « En vérité, en vérité, je vous dis que l'heure vient et qu'elle est déjà venue, que les morts entendront la voix du Fils de Dieu, et ceux qui l'entendront vivront. » (*Ibid.*, 25.) Tout homme pieux en entendant parler de l'incarnation du Seigneur croit donc qu'il est Fils de Dieu, c'est-à-dire accepte qu'il s'est fait pour nous moindre que le Père, dans la forme de l'esclave, mais ne laisse point de le croire égal au Père selon la forme de Dieu. Aussi le Seigneur poursuit-il et nous dit-il, en signalant cette vérité : « Car de même que le Père a la vie en lui-même, ainsi il a donné au Fils d'avoir la vie en lui-même aussi. » Puis il en vient à la vision de la gloire, dans laquelle il doit venir pour le jugement, vision qui sera commune aux justes et aux impies ; en effet, il continue ainsi : « Il lui a donné aussi le pouvoir de juger, parce qu'il est le Fils de l'homme. » Je pense qu'il n'y a rien de plus clair. En effet, le Fils de Dieu étant égal au Père, ne reçoit point le pouvoir de juger, il l'a invisiblement en partage avec le Père, mais il le reçoit pour que les bons et les méchants voient, quand il jugera, qu'il est Fils de l'homme ; car les méchants même verront le Fils de l'homme, quant à la vision de la forme de Dieu, elle ne sera accordée qu'aux cœurs purs, puisqu'ils doivent voir Dieu (*Matth.*, V, 8); en d'autres termes, elle ne sera accordée qu'aux âmes pieuses, à l'amour desquelles il l'a promis, il se montrera à elles. Aussi voyez la suite : « Ne vous étonnez point de cela, » dit-il. De quoi donc nous défend-il de nous étonner

---

rum, sed omnes Filium : quia et filius hominis est, ut possit et ab impiis videri, cum et illi videbunt in quem pupugerunt. (*Zach.*, XII, 10.)

30. Quod ne conjicere potius quam aperte demonstare videamur, proferamus ejusdem Domini certam manifestamque sententiam, qua ostendamus ipsam fuisse causam ut diceret : « Pater non judicat quemquam, sed omne judicium dedit Filio, » (*Joan.*, V, 22) quia judex in forma filii hominis apparebit, quæ forma non est Patris, sed Filii ; nec ea Filii in qua æqualis est Patri, sed in qua minor est Patre ; ut sit in judicio conspicuus et bonis et malis. Paulo enim post dicit : « Amen dico vobis, quia qui verbum meum audit, et credit ei qui misit me habet vitam æternam, et in judicium non veniet, sed transiet a morte in vitam. » (*Ibid.*, 24.) Hæc vita æterna est illa visio, quæ non pertinet ad malos. Deinde sequitur : « Amen, amen dico vobis, quia (*a*) veniet hora, et nunc est, cum mortui audient vocem Filii Dei, et qui audierint vivent. » (*Ibid.*, 25.) Et hoc proprium est piorum qui sic audiunt de incarnatione ejus, ut credant, quia Filius Dei est ; id est sic eum propter se factum accipiunt minorem Patre in forma servi, ut credant quia æqualis est Patri in forma Dei. Et ideo sequitur, et hoc ipsum commendans dicit : « Sicut enim Pater habet vitam in semetipso, ita dedit et Filio vitam habere in semetipso. » Deinde venit ad visionem suæ claritatis, in qua venturus est ad judicium, quæ visio communis erit et impiis et justis. Sequitur enim et dicit : « Et potestatem dedit ei (*b*) et judicium facere, quoniam filius hominis est, » Puto nihil esse manifestius. Nam quia Filius Dei est æqualis Patri, non accipit hanc potestatem judicii faciendi, sed habet illam cum Patre in occulto : accipit autem illam, ut boni et mali cum videant judicantem, quia filius hominis est. Visio quippe filii hominis exhibebitur et malis : nam visio formæ Dei nonnisi mundis corde, quia ipsi Deum videbunt (*Matth.*, V, 8), id est, solis piis quorum dilectioni hoc ipsum promittit, quia se ipsum ostendet illis. Et ideo vide quid sequatur : « Nolite mirari hoc, » inquit. Quid nos prohibet mirari, nisi illud quod re vera miratur omnis qui non

---

(*a*) Plures Mss. *venit*. — (*b*) Editi omittunt copulantem particulam *et* : quæ hic in Mss. et in Græco reperitur.

sinon de ce dont s'étonnent en effet tous ceux qui ne le comprennent point, c'est-à-dire de ce qu'il dit que le Père lui a donné tout pouvoir de juger, parce qu'il est Fils de l'homme, quand on s'attendait plutôt à lui entendre dire, parce qu'il est Fils de Dieu? Mais comme les méchants ne sauraient voir le Fils de l'homme en tant que, dans sa forme de Dieu, il est égal au Père, il faut que justes et pécheurs voient le juge des vivants et des morts, quand ils paraîtront devant lui, pour être jugés. Il dit donc : « Ne vous étonnez point de cela; car le temps viendra où tous ceux qui sont dans les sépulcres, entendront la voix du Fils de Dieu, et alors ceux qui auront fait de bonnes œuvres, sortiront de leurs tombeaux pour ressusciter à la vie ; mais ceux qui en auront fait de mauvaises, en sortiront pour ressusciter à leur condamnation dans le jugement. » (*Jean*, v, 28, 29.) Pour cela il fallait qu'il reçût cette puissance, puisqu'il est Fils de l'homme, afin que tous ceux qui ressusciteront le vissent dans la forme dans laquelle il peut être vu des hommes ; mais, parmi eux, les uns ressusciteront pour la vie éternelle, les autres pour la damnation. Or, qu'est-ce que cette vie éternelle sinon la vision refusée aux impies? « Afin qu'ils vous connaissent, » continue le Seigneur : « Vous qui êtes le seul Dieu véritable et Jésus-Christ que vous avez envoyé. » (*Jean*, xvii, 3.) Comment connaîtront-ils aussi Jésus-Christ sinon comme le seul vrai Dieu qui doit se montrer à eux, non point tel qu'il se montrera dans sa forme d'homme à ceux qui seront condamnés aux châtiments?

31. Vu dans cette vision dans laquelle il apparaît en tant que Dieu, il est bon pour ceux qui ont le cœur pur, car « le Dieu d'Israël est bon pour ceux qui ont le cœur droit. » (*Ps.* LXXII, 1.) Mais quand les méchants le verront comme juge, il ne leur paraîtra point bon, parce que dans le fond de leur cœur, ils ne se réjouiront point de le voir ; au contraire, toutes les tribus de la terre, c'est-à-dire tous les méchants et les infidèles se lamenteront (*Apoc.*, I, 7), voilà pourquoi à quelqu'un qui l'avait appelé bon maître, et qui lui demandait un conseil sur le moyen d'obtenir la vie éternelle, le Seigneur fit cette réponse : « Pourquoi me demandez-vous quel bien vous devez faire ? Il n'y a que Dieu qui soit bon. » (*Matth.*, xix, 17.) Cependant, dans un autre endroit, il dit lui-même que l'homme est bon ; voici ses paroles : « L'homme bon tire de bonnes choses du bon trésor de son cœur, et l'homme méchant en tire de mauvaises du mauvais trésor de son cœur. » (*Matth.*, xii, 35.) Mais comme cet homme le questionnait sur la vie éternelle et que la vie éternelle consiste dans la contemplation dans laquelle celui qui voit Dieu n'est point destiné aux châtiments éternels, mais à une joie sans fin, et qu'il ne

---

intelligit, ut ideo diceret Patrem dedisse ei potestatem et judicium facere, quia filius hominis est; cum magis quasi hoc expectaretur ut diceret, quoniam Filius Dei est? Sed quia Filium Dei secundum id quod in forma Dei æqualis est Patri videre iniqui non possunt; oportet autem ut judicem vivorum et mortuorum, cum coram judicabuntur, et justi videant et iniqui : « Nolite, inquit, hoc mirari, quoniam veniet hora in qua omnes qui in monumentis sunt audient vocem ejus : et prodient qui bona gesserunt, in resurrectionem vitæ ; qui autem mala gesserunt, in resurrectionem judicii. » (*Joan.*, v, 28.) Ad hoc ergo oportebat ut ideo acciperet illam potestatem, quia filius hominis est, ut resurgentes omnes viderent eum in forma, in qua videri ab omnibus potest ; sed alii ad damnationem, alii ad vitam æternam. Quæ est autem vita æterna nisi illa visio, quæ non conceditur impiis ? « Ut cognoscant te, inquit, unum verum Deum, et quem misisti Jesum Christum. » (*Joan.*, xvii, 3.) Quomodo et ipsum Jesum Christum, nisi quemadmodum unum verum Deum, qui ostendet se ipsum illis; non quomodo se ostendet etiam puniendis in forma filii hominis ?

31. Secundum illam visionem bonus est, secundum quam visionem Deus apparet mundis corde : quoniam « quam bonus Deus Israel rectis corde. » (*Psal.* LXXII, 1.) Quando autem judicem videbunt mali, non eis videbitur bonus; quia non ad eum gaudebunt corde, sed tunc se plangent omnes tribus terræ (*Apoc.*, I, 7), in numero utique malorum omnium et infidelium. Propter hoc etiam illi qui eum dixerat magistrum bonum, quærenti ab eo consilium consequendæ vitæ æternæ, respondit : « Quid me interrogas de bono? Nemo bonus nisi unus Deus. » (*Matth.*, xix, 17.) Cum et hominem alio loco dicat bonum ipse Dominus : « Bonus homo, inquit, de bono thesauro cordis sui profert bona, et malus homo de malo thesauro cordis sui profert mala. » (*Matth.*, xii, 35.) Sed quia ille vitam æternam quærebat, vita autem æterna est in illa contemplatione, qua non ad pœnam videtur Deus, sed ad gaudium sempiternum ; et non intelligebat cum quo loquebatur, qui tantummodo eum

comprenait point à qui il parlait, attendu qu'il le prenait seulement pour un enfant des hommes, Jésus lui dit : « Pourquoi me demandez-vous quel bien vous devez faire? » en d'autres termes : pourquoi interrogez-vous, sur le bien, cette forme que vous voyez, et m'appelez-vous bon maître d'après ce que vous voyez de moi? Cette forme est celle du Fils de l'homme, elle a été empruntée et elle doit apparaître au jugement, non pas seulement aux yeux des justes, mais encore à ceux des impies, et la vision de cette forme ne sera pas un bonheur pour ceux qui font mal. Mais il y a une vision de la forme qui m'est propre, selon laquelle je n'ai point cru que ce fût pour moi une usurpation d'être égal à Dieu; mais pour prendre celle que vous voyez, je me suis anéanti moi-même. (*Philip.*, II, 6.) Il n'y a donc que le seul Dieu, Père, Fils et Saint-Esprit qui n'apparaîtra que pour donner aux justes une joie qui ne leur sera jamais ôtée, joie future après laquelle soupire celui qui s'écriait : « Je n'ai demandé qu'une seule chose au Seigneur et je ne rechercherai qu'elle, c'est d'habiter dans la maison du Seigneur tous les jours de ma vie, afin de contempler les délices du Seigneur. » (*Ps.* XXVI, 4 et 8.) Il n'y a donc que ce seul Dieu qui soit bon, précisément à cause qu'on ne le verra point pour tomber dans le deuil et les larmes, mais seulement pour le salut et la vraie joie. C'est selon cette forme-là, si vous me comprenez bien, que je suis bon; mais si vous ne me comprenez que selon l'autre forme, pourquoi me demandez-vous quel bien vous devez faire? Si vous êtes du nombre de ceux qui jetteront les yeux sur la victime qu'ils ont percé de coups? (*Zach.*, XII, 10.) Cette vision même sera un mal pour eux, parce qu'elle sera un châtiment. Il est donc probable d'après tous les textes que j'ai rapportés plus haut, que le Seigneur a dit : « Pourquoi me demandez-vous le bien que vous devez faire? Personne n'est bon, si ce n'est Dieu, » parce que la vision de Dieu par laquelle nous contemplerons sa substance immuable et invisible à l'œil de l'homme, la seule qui soit promise aux justes, la seule dont l'Apôtre dise : « Face à face, » (I *Cor.*, XII, 12) la seule dont saint Jean parle en ces termes : « Nous serons semblables à lui, parce que nous le verrons tel qu'il est, » (I *Jean*, III, 2) la seule dont le prophète disait : « Je n'ai demandé qu'une chose au Seigneur, c'est de contempler les délices du Seigneur, » (*Ps.* XXVI, 4) et sur laquelle le Seigneur même s'exprime en ces termes : « Et moi je l'aimerai et je me montrerai à lui, » (*Jean*, XIV, 21) la seule, dis-je, en vue de laquelle nous purifions nos cœurs par la foi, afin de devenir des cœurs purs, attendu qu'il n'y a qu'eux qui verront le Seigneur, (*Matth.*, V, 8) et sur laquelle, quiconque, applique à sa recherche l'œil de l'amour, trouvera

---

filium hominis arbitrabatur : « Quid me interrogas, inquit, de bono? » id est : Istam formam quam vides, quid interrogas de bono, et vocas me secundum, quod vides magistrum bonum? Hæc forma filii hominis est, hæc forma accepta est, hæc forma apparebit in judicio, non tantum justis, sed et impiis, et hujus formæ visio non erit in bonum eis qui male agunt. Est autem visio formæ meæ, in qua cum essem, non rapinam arbitratus sum esse æqualis Deo, sed ut hanc acciperem me ipsum exinanivi. (*Philip.*, II, 6.) Ille ergo unus Deus Pater et Filius et Spiritus sanctus, qui non apparebit nisi ad gaudium quod non auferetur a justis; cui gaudio futuro suspirat qui dicit : « Unam petii a Domino, hanc requiram, ut inhabitem in domo Domini per omnes dies vitæ meæ, ut contempler delectationem Domini : » (*Psal.* XXVI, 4) unus ergo Deus ipse est solus bonus (*Matth.*, XIX, 17), (*a*) ob hoc, quia nemo eum videt ad luctum et planctum, sed tantum ad salutem et lætitiam veram. Secundum illam formam si me intelligis, bonus sum : si autem secundum hanc solam, quid me interrogas de bono? si inter illos (*b*) es qui videbunt in quem pupugerunt (*Zach.*, XII, 10); et ipsa visio malum eis erit, quia pœnalis erit. Ex ista sententia dixisse Dominum : « Quid me interrogas de bono? Nemo bonus nisi unus Deus, » his documentis quæ commemoravi probabile est, quia visio illa Dei qua contemplabimur incommutabilem atque humanis oculis invisibilem Dei substantiam, quæ solis sanctis promittitur, quam dicit apostolus Paulus, « facie ad faciem : » (I *Cor.*, XIII, 12) et de qua dicit apostolus Joannes : « Similes ei erimus, quoniam videbimus eum sicuti est : » (I *Joan.*, III, 2) et de qua dicitur : « Unam petii a Domino, ut contempler delectationem Domini : » (*Psal.* XXVI, 4) et de qua dicit ipse Dominus : « Et ego diligam eum, et ostendam me ipsum illi : » (*Joan.*, XIV, 21) et propter quam solam fide corda mundamus, ut simus beati mundicordes, quoniam ipsi Deum videbunt (*Matth.*, V, 8); et si qua alia de ista visione dicta sunt, quæ copio-

(*a*) In Mss. *ad hoc*. — (*b*) Omnes prope Mss. *eris*.

en foule, éparses dans toutes les saintes Ecritures, beaucoup d'autres phrases encore, où il est dit que Dieu est notre souverain bien pour l'obtention duquel il nous est prescrit de faire tout le bien que nous faisons. Mais quant à la vision du Fils de l'homme dont il est parlé d'avance dans les Ecritures, et qui aura lieu lorsque toutes les nations seront rassemblées et lui diront : « Seigneur, quand vous avons-nous vu souffrir de la faim et de la soif ? » (*Matth.*, xxv, 37) et le reste, ce ne sera point du tout un bien pour les méchants qui seront envoyés au feu éternel, et elle ne sera point le souverain bien pour les justes, puisque le Seigneur les appellera encore après cela à la possession du royaume qui leur a été préparé depuis le commencement du monde. Car s'il doit dire aux premiers : « Allez au feu éternel, » il dira aux seconds : « Venez les bénis de mon Père, prenez possession du royaume qui vous a été préparé, » (*ibid.*, 34) et, de même que ceux-là s'en iront au feu éternel, ainsi les justes iront dans la vie éternelle. Or, qu'est-ce que la vie éternelle, sinon « de vous connaître, » dit le Sauveur, « vous qui êtes le seul vrai Dieu, et Jésus-Christ que vous avez envoyé ? » (*Jean*, xvii, 3.) Mais alors ce sera dans cet éclat dont il dit en parlant à son Père : « J'en ai joui en vous avant que le monde fût. » (I *Cor.*, xv, 24.) En effet, c'est alors qu'il remettra son royaume à son Père, afin de faire entrer tout bon serviteur dans la joie de son Seigneur, de cacher ceux que Dieu possède, dans le secret de sa face et de les soustraire ainsi au trouble des hommes (*Ps.* xxx, 25), je veux parler de ceux qui se troubleront en entendant une pareille sentence. Le juste, au contraire, ne tremblera point en entendant ces méchantes paroles (*Ps.* cxi, 7), pourvu qu'il « soit mis en sûreté dans le tabernacle du Seigneur, » (*Ps.* xxx, 26) je veux dire dans la droite foi de l'Eglise catholique, contre les langues qui les attaquent, c'est-à-dire, contre les calomnies des hérétiques. Toutefois, s'il y a une autre manière d'entendre ces paroles du Seigneur : « Pourquoi me demandez-vous le bien que vous devez faire ? Il n'y a personne de bon si ce n'est Dieu, » (*Matth.*, xix, 17) pourvu qu'on ne croie point que la substance du Père est d'une plus grande bonté que celle du Fils, que cette substance selon laquelle il est le Verbe par qui tout a été fait, et que cette manière de les entendre ne s'écarte point de la saine doctrine, nous l'accepterons sans crainte, non-seulement celle-là, mais toutes les autres qui pourraient se trouver. Car les hérétiques sont convaincus d'erreur d'autant plus fortement qu'il y a plus d'issues ouvertes pour échapper à leurs piéges. Mais laissons pour un autre livre les considérations qui nous restent encore à faire.

---

sissime sparsa per omnes Scripturas invenit quisquis ad eam quærendam oculum amoris intendit : sola est summum bonum nostrum, cujus adipiscendi causa præcipimur agere quidquid recte agimus. Visio vero illa filii hominis quæ prænuntiata est, cum congregabuntur ante eum omnes gentes, et dicent ei : « Domine quando te vidimus esurientem et sitientem, » (*Matth.*, xxv, 37) et cætera, nec bonum erit impiis qui mittentur in ignem æternum, nec summum bonum erit justis. Adhuc enim vocat eos ad regnum, quod eis paratum est ab initio mundi. Sicut enim illis dicet : « Ite in ignem æternum; » ita istis : « Venite benedicti Patris mei, possidete paratum vobis regnum. » (*Ibid.*, 34.) Et sicut ibunt illi in ambustionem æternam, sic justi in vitam æternam. Quid est autem vita æterna, nisi « ut cognoscant te, inquit, unum verum Deum et quem misisti Jesum Christum ? » (*Joan.*, xvii, 3.) Sed jam in ea claritate de qua dicit Patri, « quam habui apud te prius quam mundus fieret. » Tunc enim tradet regnum Deo et Patri (I *Cor.*, xv, 24), ut intret servus bonus in gaudium Domini sui, et abscondat eos quos possidet Deus in abscondito vultus sui a conturbatione hominum (*Psal.* xxx, 21), eorum scilicet qui tunc conturbabuntur audientes illam sententiam : a quo auditu malo justus non timebit (*Psal.* cxi, 7), si modo protegatur in tabernaculo (*Psal.* xxx, 21); id est in fide recta catholicæ Ecclesiæ, a contradictione linguarum, id est a calumniis hæreticorum. Si vero est alius intellectus verborum Domini quibus ait : « Quid me interrogas de bono ? Nemo bonus nisi unus Deus ; » (*Matth.*, xix, 17) dum tamen non ideo credatur majoris bonitatis esse Patris quam Filii substantia, secundum quam Verbum est per quod facta sunt omnia, nihilque abhorret a sana doctrina : securi utamur, non uno tantum, sed quotquot reperiri potuerint. Tanto enim fortius convincuntur hæretici, quanto plures exitus patent ad eorum laqueos evitandos. Sed ea quæ adhuc consideranda sunt, ab alio jam petamus exordio.

TOM. XXVII.

LIVRE SECOND

Saint Augustin soutient encore l'égalité des trois personnes de la Trinité, et, en traitant de la mission du Fils et de celle du Saint-Esprit, en même temps que des diverses apparitions de Dieu, il montre que l'envoyé n'est pas moindre que celui qui l'envoie, par la raison que l'un envoie et que l'autre est envoyé, et que les personnes de la Trinité qui sont égales en toutes choses, également immuables, invisibles et partout présentes dans leur nature, opèrent d'une manière inséparable dans leur mission et dans leur apparition quelles qu'elles soient.

PRÉAMBULE.

1. Quand on cherche Dieu et qu'on applique son esprit à l'intelligence de la Trinité, dans la mesure du possible, eu égard à la faiblesse humaine, comme on ne rencontre que peines et difficultés, soit du côté de la pénétration même de l'esprit qui s'efforce de contempler une lumière inaccessible, soit du côté des manières de parler multiples et multiformes des saintes lettres, où il me semble qu'il n'y a, pour l'âme, qu'à s'anéantir, si elle veut goûter la grâce et la gloire du Christ ; quand, dis-je, après avoir dissipé toute obscurité, on est parvenu à quelque chose de certain, on doit se montrer très-indulgent pour ceux qui s'égarent dans la recherche d'un si grand secret. Mais il y a deux choses qu'on ne souffre que bien difficilement dans les erreurs des hommes, le parti pris avant que la vérité se fasse jour, et la défense du parti pris quand elle s'est fait jour. Si Dieu, comme je l'en prie et l'espère, me défend et me garde de ces deux vices on ne peut plus contraires à la découverte de la vérité et à l'étude des saintes et divines Ecritures, par le bouclier de sa bonne volonté et la grâce de sa miséricorde, je ne serai point paresseux à rechercher la substance de Dieu soit par le moyen de son Ecriture, soit par celui de la créature. Si l'une et l'autre sont proposées à notre attention c'est pour que nous recherchions, que nous aimions celui-là même qui a inspiré l'une et créé l'autre. Je n'aurai point peur d'exprimer ma pensée dans laquelle j'aimerai plus à être examiné par les hommes droits que je ne craindrai d'être en butte à la dent des méchants ; car la plus belle et la plus modeste des vertus, la charité, sent avec reconnaissance le regard de la colombe tomber sur elle ; quant à la dent des chiens, ou bien l'humilité qui est la plus circonspecte des vertus l'évite, ou bien la vérité qui est infiniment résistante la brise. Mais ce que je préfère avant tout, c'est d'être repris par n'importe qui, plutôt que d'être loué par l'erreur ou par la flatterie.

LIBER SECUNDUS

Rursum defendit Augustinus æqualitatem Trinitatis, et de Filii missione ac Spiritus sancti agens, variisque Dei apparitionibus, demonstrat non ideo minorem esse mittente qui missus est, quia ille misit, hic missus est : sed Trinitatem per omnia æqualem, pariter in sua natura immutabilem et invisibilem, et ubique præsentem, in missione seu apparitione qualibet inseparabiliter operari.

PROŒMIUM.

Cum homines Deum quærunt, et ad intelligentiam Trinitatis pro captu infirmitatis humanæ animum intendunt, experti difficultates laboriosas, sive in ipsa acie mentis conantis intueri inaccessibilem lucem, sive in ipsa multiplici et multimoda locutione litterarum sacrarum, ubi mihi non videtur nisi *(a)* adteri animam, ut Christi gratia glorificata *(b)* dulcescat : cum ad aliquid certum discussa omni ambiguitate pervenerint, facillime debent ignoscere errantibus in tanti pervestigatione secreti. Sed duo sunt quæ in errore hominum difficillime tolerantur, præsumptio prius quam veritas pateat, et cum jam patuerit præsumptæ defensio falsitatis. A quibus duobus vitiis nimis inimicis inventioni veritatis, et tractationi divinorum sanctorumque librorum, si me, ut precor et spero, Deus defenderit atque munierit scuto bonæ voluntatis suæ (*Psal.* v, 13) et gratia misericordiæ suæ, non ero segnis ad inquirendam substantiam Dei, sive per Scripturam ejus, sive per creaturam. Quæ utraque nobis ad hoc proponitur intuenda, ut ipse quæratur, ipse *(c)* diligatur, qui et illam inspiravit, et istam creavit. Nec trepidus ero ad proferendam sententiam meam, in qua magis amabo inspici a rectis, quam timebo mordere a perversis. Gratanter enim suscipit *(d)* oculum columbinum pulcherrima et modestissima caritas : dentem autem caninum vel evitat cautissima humilitas, vel retundit solidissima veritas : magisque optabo a quolibet reprehendi, quam sive ab errante, sive ab adulante

---

(a) Aliquot Mss. *alteri Adam.* — *(b)* Plures codices, *dilucescat.* — *(c)* Michaëliius codex, *intelligatur.* — *(d)* Plerique Mss. *osculum.*

Car quiconque aime la vérité, n'a à craindre aucune critique. D'ailleurs, celui qui nous critique est un ennemi ou un ami ; si c'est un ennemi et qu'il nous insulte, il faut le supporter, si c'est un ami et qu'il se trompe, il faut l'instruire ; mais s'il nous instruit il faut l'écouter. Quand celui qui nous loue est dans l'erreur, il confirme la nôtre, et s'il nous flatte il nous attire dans l'erreur. Par conséquent : « Que le juste me critique et me corrige avec charité, mais que l'huile du pécheur ne parfume et n'engraisse point ma tête. » (*Ps.* CXL, 5.)

CHAPITRE PREMIER.

Il y a deux règles pour comprendre les manières de parler du Fils de Dieu usitées dans les Ecritures.

2. Voilà pourquoi, bien que nous tenions très-fermement au sujet de Notre-Seigneur Jésus-Christ une règle qu'on retrouve partout dans les Ecritures, et que tous les doctes et catholiques interprètes de ces mêmes Ecritures ont donnée pour une règle canonique, d'après laquelle on comprend que si le Fils de Dieu est égal à son Père, eu égard à la forme dans laquelle il est, il se trouve en même temps moindre que son Père, eu égard à la forme d'esclave qu'il a prise, forme dans laquelle il est plus petit non-seulement que le Père, mais aussi que le Saint-Esprit, c'est peu, plus petit que lui-même, non point en tant qu'il a été, mais en tant qu'il est ; car, après avoir pris la forme d'esclave, il n'a point perdu celle de Dieu, comme nous l'apprennent les textes des Ecritures que nous avons rapportés dans le livre précédent, cependant il y a certaines expressions dans la parole de Dieu, employées dans de telles circonstances, qu'il y a lieu de douter à quelle règle on doit plutôt les rapporter ; si c'est à la règle d'après laquelle nous entendons que le Fils est moindre que le Père, mais considéré dans la nature qu'il a prise, ou bien à la règle d'après laquelle nous entendons que le Fils non-seulement n'est pas moindre que le Père, mais même lui est égal, bien qu'il ne laisse point d'être Dieu de Dieu, lumière de lumière ; car nous disons en parlant du Fils qu'il est Dieu de Dieu, quant au Père, nous disons seulement qu'il est Dieu, non point de Dieu. D'où il ressort clairement que le Fils a un autre de qui il est, et dont il est Fils, tandis que le Père n'a point un Fils de qui il soit, mais seulement pour qui il est Père. En effet, tout fils tient du père d'être fils, et n'est fils que pour le père, au contraire, nul père ne tient du fils d'être ce qu'il est, il n'est père que pour le fils.

3. On trouve donc dans les Ecritures saintes certaines expressions sur le Père et le Fils qui indiquent leur unité et leur égalité de substance. Telles sont les suivantes : « Mon Père et moi ne faisons qu'un, » (*Jean*, X, 30) et ces autres :

---

laudari. Nullus enim reprehensor formidandus est amatori veritatis. Etenim aut inimicus reprehensurus est, aut amicus : si ergo inimicus insultat, ferendus est : amicus autem si errat, docendus ; si docet, audiendus. Laudator vero et errans confirmat errorem, et adulans illicit in errorem. « Emendabit ergo me justus in misericordia et arguet me, oleum autem peccatoris non impinguabit caput meum. » (*Psal.* CXL, 5.)

CAPUT PRIMUM.

Regula duplex ad intelligendas Scripturarum locutiones de Filio Dei.

2. Quamobrem quanquam firmissime teneamus de Domino nostro Jesu Christo, et per Scripturas disseminatam (*Philip.*, II, 6), et a doctis catholicis earumdem Scripturarum tractatoribus demonstratam tanquam canonicam regulam, quomodo intelligatur Dei Filius et æqualis Patri secundum Dei formam in qua est, et minor Patre secundum servi formam quam accepit ; in qua forma non solum Patre, sed etiam Spiritu sancto, neque hoc tantum, sed etiam se ipso minor inventus est, non se ipso qui fuit, sed se ipso qui est ; quia forma servi accepta, formam Dei non amisit, sicut Scripturarum, quæ in superiore libro commemoravimus, testimonia docuerunt : sunt tamen quædam in divinis eloquiis ita posita, ut ambiguum sit ad quam potius regulam referantur, utrum ad eam qua intelligimus minorem Filium in assumpta creatura, an ad eam qua intelligimus, non quidem minorem esse Filium, sed æqualem Patri, tamen ab illo hunc esse Deum de Deo, lumen de lumine. Filium quippe dicimus Deum de Deo : Patrem autem Deum tantum, non de Deo. Unde manifestum est quod Filius habeat alium de quo sit, et cui Filius sit ; Pater autem non Filium de quo sit habeat, sed tantum cui Pater sit. Omnis enim filius de patre est quod est, et patri filius est : nullus autem pater de filio est quod est, sed filio pater est.

3. Quædam itaque ita ponuntur in Scripturis de Patre et Filio, ut indicent unitatem æqualitatemque substantiæ, sicuti est : «Ego et Pater unum sumus : »

« Ayant la forme et la nature de Dieu, il n'a pas cru que ce fût pour lui une usurpation d'être égal à Dieu, » (*Philip.*, II, 6) et beaucoup d'autres semblables. Il s'en trouve quelques-unes aussi tellement conçues qu'elles nous représentent le Fils comme plus petit que le Père, eu égard à sa forme d'esclave, c'est-à-dire, à raison de la créature, de la substance humaine et muable qu'il s'est unie, telles sont les suivantes : « Car mon Père est plus grand que moi, » (*Jean*, XIV, 28) et ces autres : « Mon Père ne juge personne, mais il a donné tout pouvoir de juger au Fils, » (*Jean*, V, 22) car un peu plus loin il fait voir que l'un est la conséquence de l'autre en disant : « Et il lui a donné aussi le pouvoir de juger parce qu'il est Fils de l'homme. » (*Ibid.*, 29.) Il y en a aussi quelques-unes telles que, sans représenter le Fils comme moindre que le Père ou comme égal à lui, elles le représentent seulement comme étant du Père ; c'est ainsi qu'il est dit : « De même que le Père a la vie en soi, ainsi il a donné au Fils d'avoir aussi la vie en soi, » (*ibid.*, 26) et encore : « Le Fils ne saurait rien faire de lui-même, il ne fait que ce qu'il voit faire à son Père. » (*Ibid.*, 19.) Si nous entendons ces paroles en ce sens que le Fils est moindre que le Père dans sa forme empruntée à la créature, il s'ensuivra que le Père a marché sur les eaux avant le Fils (*Matth.*, XIV, 26), ou qu'il a ouvert, avant lui, avec un mélange de boue et de salive, les yeux de quelque aveugle-né (*Jean*, IX, 6), et ainsi de tout ce que le Fils a fait quand il a paru en chair parmi les hommes, pour qu'il pût faire ce qu'il dit, que le Fils ne saurait rien faire de lui-même, qu'il ne fait que ce qu'il voit faire à son Père. Mais où trouver un homme assez insensé pour dire cela ? Il ne reste donc qu'une chose à dire, c'est que toutes ces manières de parler ne signifient rien sinon que la vie du Fils est incommuable comme celle du Père ; et que néanmoins il vient du Père ; que l'opération du Père et celle du Fils sont inséparables, ce qui n'empêche point toutefois que, pour le Fils, il tient l'opérer de celui de qui il tient l'être, c'est-à-dire du Père ; voilà comment le Fils voit le Père, en sorte que pour lui voir le Père c'est précisément la même chose qu'être le Fils. En effet, pour lui, être du Père, c'est-à-dire naître du Père, n'est point autre chose que voir le Père, de même que le voir opérer ce n'est pas autre chose pour lui qu'opérer avec lui, mais il ne fait point cela de lui-même parce qu'il ne reçoit point l'être de lui-même. Voilà comment le Fils fait les mêmes choses qu'il voit faire au Père, c'est parce qu'il tient l'être du Père. Les choses qu'il fait comme le Père, ne sont point autres que celles du Père, tel un peintre qui reproduirait les tableaux peints par un autre. Il ne fait point non plus les mêmes choses que le Père, mais d'une manière différente ; comme le corps par exemple, exprime les lettres que l'esprit a pensées ; mais

---

(*Joan.*, X, 30) et : «Cum in forma Dei esset, non rapinam arbitratus est esse æqualis Deo : » (*Phil.*, II, 6) et quæcumque talia sunt. Quædam vero ita, ut minorem ostendant Filium propter formam servi, id est propter assumptam creaturam mutabilis humanæque substantiæ, sicuti est quod ait : « Quoniam Pater major me est : » (*Joan.*, XIV, 28) et : « Pater non judicat quemquam, sed omne judicium dedit Filio. » (*Joan.*, V, 22.) Nam paulo post consequenter ait, « et potestatem dedit ei et judicium facere, quoniam filius hominis est. » (*Ibid.*, 27.) Quædam porro ita, ut nec minor nec æqualis tunc ostendatur, sed tantum quod de Patre sit intimetur, ut est illud : « Sicut habet Pater vitam in semetipso, sic dedit Filio vitam habere in semetipso : » (*Ibid.*, 26) et illud : « Neque enim potest Filius a se facere quidquam, nisi quod viderit Patrem facientem. » (*Ibid.*, 19.) Quod si propterea dictum acceperimus, quia in forma accepta ex creatura minor est Filius, consequens erit ut prior Pater super aquas ambulaverit (*Matth.*, XIV, 26), aut alicujus alterius cæci nati de sputo et luto oculos aperuerit (*Joan.*, IX, 6), et cætera quæ Filius in carne apparens inter homines fecit, ut posset ea facere qui dixit, non posse Filium a se facere quidquam, nisi quod viderit Patrem facientem : quis autem vel delirus ita sentiat ? Restat ergo ut hæc ideo dicta sint, quia incommutabilis est vita Filii sicut Patris, et tamen de Patre est ; et inseparabilis est operatio Patris et Filii, sed tamen ita operari Filio de illo est, de quo ipse est, id est de Patre ; et ita videt Filius Patrem, ut quo eum videt hoc ipso sit Filius. Non enim aliud illi est esse de Patre, id est nasci de Patre, quam videre Patrem ; aut aliud videre operantem, quam pariter operari : sed ideo non a se, quia non est a se. Et ideo quæ viderit Patrem facientem, hæc eadem facit et Filius similiter, quia de Patre est. Neque enim alia similiter, sicut pictor alias tabulas pingit, quemadmodum alias ab alio pictas videt ; nec eadem dissimiliter, sicut corpus easdem litteras exprimit, quas animus cogitavit : sed « quæcumque,

« tout ce que fait le Père, » est-il dit « le Fils le fait aussi comme lui ; » (*Jean*, v, 19) il dit « ce sont les mêmes choses, et il les fait comme le Père; » d'où il suit que l'opération du Père et celle du Fils sont égales et inséparables, mais c'est du Père que le Fils tient son opération. Aussi le Fils ne peut-il rien faire de lui-même, il ne fait que ce qu'il voit faire au Père. De cette règle par laquelle on voit que les Ecritures s'expriment de manière non à faire entendre que l'un est plus petit que l'autre, mais à montrer seulement quel Fils est le Fils et de qui il est Fils, plusieurs ont conclu que le Fils était déclaré moindre que le Père. Mais bon nombre de nos ignares, je dis ignares surtout en ces matières, en voulant qu'on entendît ces expressions dans le sens de la forme d'esclave, se troublent en voyant qu'ils ne sont pas suivis dans cette voie, par les hommes d'une intelligence droite. Pour n'être point dans ce cas, il faut tenir pour règle que le Fils n'est pas donné comme étant moindre que le Père, mais seulement comme recevant l'être du Père. Par là ces expressions montreraient non l'inégalité du Fils par rapport au Père, mais sa naissance.

CHAPITRE II.
Ces deux règles permettent d'entendre certaines expressions employées par rapport au Fils.

4. Les livres saints, comme je le disais en commençant, se servent donc de certaines expressions de manière à donner lieu de douter en quel sens on doit les entendre, si c'est en ce sens que le Fils est moindre que le Père par rapport à la créature qu'il s'est unie, ou bien qu'il lui est égal bien que venant de lui. Il me semble que dans le cas d'un pareil doute lorsqu'il n'est point possible d'expliquer et de distinguer le sens de l'Ecriture, on peut sans aucun danger entendre le texte en se reportant aux deux règles données. Tel est le passage où le Seigneur dit : « Ma doctrine n'est point ma doctrine, mais elle est la doctrine de celui qui m'a envoyé. » (*Jean*, VII, 16.) En effet, on peut l'entendre par rapport à la forme d'esclave, comme nous l'avons fait dans le livre précédent, ou de Dieu, dans laquelle tout en étant égal à Dieu il ne laisse point pourtant de recevoir l'être de lui. En effet, comme dans la forme de Dieu, le Fils n'est pas une chose, puis sa vie une autre chose, mais que sa vie n'est autre que le Fils même ; ainsi le Fils n'est point une chose et sa doctrine une autre chose, mais sa doctrine n'est pas autre chose que le Fils. D'où il suit que lorsqu'il est dit : « Le Père a donné la vie au Fils, » (*Jean*, v, 26) si on entend seulement que le Père a engendré le Fils qui n'est autre chose que la vie, ainsi quand il est dit : Le Père a donné au Fils sa doctrine, on entend avec juste raison, qu'il a engendré le Fils qui n'est

---

inquit, Pater facit, hæc eadem et facit Filius similiter. » (*Joan.*, v, 19.) Et « hæc eadem » dixit, et « similiter : » ac per hoc inseparabilis et par est operatio Patri et Filio, sed a Patre est Filio. Ideo non potest Filius a se facere quidquam, nisi quod viderit Patrem facientem. Ex hac ergo regula, qua ita loquuntur Scripturæ, ut non alium alio minorem, sed tantum velint ostendere quis de quo sit, nonnulli eum sensum conceperunt, tanquam minor Filius diceretur. Quidam autem nostri indoctiores, et in his minime eruditi, dum hæc secundum formam servi conantur accipere, et eos rectus intellectus non sequitur, perturbantur. Quod ne accidat, tenenda est hæc regula, qua non minor est Filius, sed quod de Patre sit intimatur : quibus verbis non inæqualitas, sed nativitas ejus ostenditur.

CAPUT II.
Ex utralibet regula intelligi quasdam locutiones de Filio.

4. Sunt ergo quædam in sanctis libris, ut dicere cœperam, ita posita, ut ambiguum sit quonam referenda sint, utrum ad illud quod propter assumptam creaturam minor est Filius; an ad illud, quod quamvis æqualis, tamen quia de Patre sit indicatur. Et mihi quidem videtur, si eo modo ambiguum est, ut explicari discernique non possit, ex utralibet regula sine periculo posse intelligi, sicut est quod ait : « Mea doctrina non est mea, sed ejus qui me misit. » (*Joan.*, VII, 16.) Nam et ex forma servi potest accipi, sicut jam in libro superiore tractavimus ; et ex forma Dei, in qua sic æqualis est Patri, ut tamen de Patre sit. In Dei quippe forma, sicut non est aliud Filius, aliud vita ejus, sed ipsa vita Filius est ; ita non est aliud Filius, aliud doctrina ejus, sed ipsa doctrina Filius est. Ac per hoc sicut id quod dictum est, « dedit Filio vitam, » (*Joan.*, v, 26) non aliud intelligitur quam genuit Filium qui est vita ; sic etiam cum dicitur : Dedit Filio doctrinam, bene intelligitur genuit Filium qui est doctrina : ut quod dictum est : « Mea doctrina non est mea, sed ejus qui me misit, » (*Joan.*, VII, 16) sic intelligatur, ac si dictum sit :

autre chose que sa doctrine, en sorte que ces mots : « Ma doctrine n'est point ma doctrine, mais c'est la doctrine de celui qui m'a envoyé, » (*Jean,* VII, 16) doivent s'entendre comme s'il y avait : Pour moi je ne tiens pas l'être de moi-même, mais de celui qui m'a envoyé.

CHAPITRE III.

Quand il s'agit du Saint-Esprit, il y a certaines expressions qui ne s'entendent que selon la seconde règle.

5. Quant au Saint-Esprit dont il n'a point été dit qu'il s'est anéanti lui-même en prenant la forme de l'esclave, le Seigneur en parle cependant en ces termes : « Lorsque l'Esprit de vérité dont je vous parle, sera venu, il vous enseignera toute vérité; car il ne parlera point de lui-même; mais il dira tout ce qu'il aura entendu, et il vous annoncera les choses à venir. C'est lui qui me glorifiera, parce qu'il prendra de ce qui est à moi, et il vous l'annoncera. » (*Jean,* XVI, 13 et 14.) S'il n'avait point fait suivre ces paroles immédiatement de celles-ci : « Tout ce qu'a mon Père est à moi; voilà pourquoi j'ai dit qu'il prendra de ce qui est à moi et vous l'annoncera, » (*ibid.,* 15) peut-être pourrait-on croire que le Saint-Esprit est né du Christ, comme celui-ci est né du Père. En effet, en parlant de soi, le Christ avait dit : « Ma doctrine n'est point ma doctrine, mais c'est la doctrine de celui qui m'a envoyé, » (*Jean,* VII, 16) et en parlant du Saint-Esprit il dit : « Il ne parlera point de lui-même; mais il dira tout ce qu'il aura entendu : » et encore : « Il prendra de ce qui est à moi et il vous l'annoncera; » (*Jean,* XVI, 13) mais comme il a donné la raison pour laquelle il a dit : « Il prendra de ce qui est à moi, » car il ajoute : « Or, tout ce qu'a mon Père est à moi; voilà pourquoi j'ai dit qu'il prendra de ce qui est à moi, » il ne reste plus qu'une chose à entendre c'est que le Saint-Esprit tient du Père l'avoir, comme le tient aussi le Fils. Comment cela, sinon de la manière que j'ai dite plus haut en rappelant ces paroles : « Mais lorsque le consolateur sera venu, cet esprit de vérité qui procède de mon Père et que je vous enverrai de la part du Père, il rendra témoignage de moi? » (*Jean,* XV, 26.) Comme il procède du Père, il n'est point dit qu'il parle de lui-même; et de même qu'il ne s'ensuit point que le Fils soit moindre que le Père, parce qu'il dit : « Le Fils ne saurait rien faire de lui-même, il ne fait que ce qu'il voit faire au Père; » (*Jean,* v, 19) car il ne dit point cela de sa forme de Dieu, comme je l'ai déjà fait voir, et ces paroles n'indiquent point qu'il soit moindre que le Père, mais bien qu'il tient l'être du Père, ainsi il ne s'ensuit point des paroles citées plus haut, que le Saint-Esprit soit moindre que les autres personnes divines, parce qu'il est dit de lui « qu'il ne par-

---

Ego non sum a me ipso, sed ab illo qui me misit.

CAPUT III.

De Spiritu sancto quædam ex altera tantum regula intelliguntur.

5. Nam et de Spiritu sancto, de quo non dictum est : Semetipsum exinanivit formam servi accipiens; ait tamen ipse Dominus : « Cum autem venerit ille Spiritus veritatis, docebit vos omnem veritatem. Non enim loquetur a semetipso, sed quæcumque audiet loquetur, et quæ ventura sunt annuntiabit vobis. Ille me clarificabit; quia de meo accipiet, et annuntiabit vobis. » (*Joan.,* XVI, 13.) Post hæc verba, nisi continuo secutus dixisset : « Omnia quæcumque habet Pater mea sunt ; propterea dixi, quia de meo accipiet, et annuntiabit vobis : » crederetur fortasse ita natus de Christo Spiritus sanctus, quemadmodum ille de Patre. De se quippe dixerat : « Mea doctrina non est mea, sed ejus qui me misit : » (*Joan.,* VII, 16) de Spiritu autem sancto : « Non enim loquetur a semetipso, sed quæcumque audiet loquetur : » (*Joan.,* XVI, 13) et : « Quia de meo accipiet et annuntiabit vobis. » Sed quia reddidit causam cur dixerit, « de meo accipiet; » ait enim : « Omnia quæcumque habet Pater, mea sunt; propterea dixi, quia de meo accipiet : » restat ut intelligatur etiam Spiritus sanctus de (*a*) Patris habere, sicut et Filius. Quomodo ? nisi secundum id quod supra diximus : « Cum autem venerit Paraclitus, quem ego mittam vobis a Patre, Spiritum veritatis qui a Patre procedit ille testimonium perhibebit de me. » (*Joan.,* XV, 26.) Procedendo itaque a Patre, dicitur non loqui a semetipso : et sicut non ex eo fit ut minor sit Filius quia dixit : « Non potest Filius a se facere quidquam, nisi quod viderit Patrem facientem : » (*Joan.,* v, 19) (Non enim hoc ex forma servi dixit, sed ex forma Dei, sicut jam ostendimus : hæc autem verba non indicant quod minor sit, sed quod de Patre sit :) ita non hinc efficitur ut minor sit Spiritus sanctus, quia dictum est de illo : « Non enim

---

(*a*) Editi *de Patre.* At Mss. *de Patris.* Sic exprimere solet Augustinus, id est, *de Patris,* aut *de ipsius :* ubi citat illud Filii : *De meo accipiet.*

lera point de lui-même, mais qu'il dira tout ce aura entendu, » (*Jean*, xvi, 13) car cela n'a été dit de lui qu'en tant qu'il procède du Père. Or, puisque le Fils tient l'être du Père, et que le Saint-Esprit procède du Père, pourquoi ne sont-ils point tous les deux appelés Fils, tous les deux engendrés, pourquoi l'un est-il Fils unique, et l'autre n'est-il ni Fils, ni engendré? Que le Fils soit engendré, c'est ce que je démontrerai dans un autre endroit si Dieu m'en fait la grâce et autant qu'il me donnera de le faire (1).

CHAPITRE IV.

La glorification du Fils par le Père n'implique point inégalité entre l'un et l'autre.

6. Cependant que ceux qui ont pensé que cela même favorise leur manière de voir, comme pouvant démontrer que le Père est plus grand que le Fils, puisque le Fils même a dit : « Mon Père, glorifiez-moi, » (*Jean*, xvii, 1) sortent maintenant de leur sommeil ; car le Saint-Esprit aussi le glorifie ; est-ce qu'il s'ensuit qu'il est également plus grand que lui? Mais si le Saint-Esprit ne glorifie le Fils que parce qu'il doit recevoir du Fils et qu'il ne doit recevoir du Fils que par la raison que tout ce que le Père a, le Fils l'a aussi (*Jean*, xvi, 14), il est manifeste que lorsque le Saint-Esprit glorifie le Fils, c'est le Père qui le glorifie. Par où l'on reconnaît que tout ce qu'a le Père, non-seulement est au Fils, mais encore au Saint-Esprit, puisque celui-ci a le pouvoir de glorifier le Fils que le Père glorifie. Si le glorifié est plus grand que le glorifiant, qu'on laisse au moins dans l'égalité ceux qui se glorifient l'un l'autre. Or, il est écrit que le Fils glorifie le Père : « Je vous ai glorifié sur la terre, dit-il. » (*Jean*, xvii, 4.) Il faut bien prendre garde de penser que le Saint-Esprit est plus grand que les deux autres personnes, par la raison qu'il glorifie le Fils que glorifie le Père, tandis qu'il n'est pas écrit qu'il soit lui-même glorifié ni par le Père, ni par le Fils.

CHAPITRE V.

Ni le Fils ni le Saint-Esprit ne sont moindres, parce qu'ils sont l'un et l'autre envoyés.

7. Nos adversaires, convaincus d'erreur sur ce point, se retournent d'un autre côté, et disent : Celui qui est envoyant est plus grand que l'envoyé ; par conséquent le Père est plus grand que le Fils, attendu que le Fils ne cesse de se présenter comme envoyé par son Père ; mais il est plus grand que le Saint-Esprit, puisque c'est de lui qu'il a parlé en ces termes : « Mon Père l'enverra en mon nom, » (*Jean*, xiv, 26) et le Saint-Esprit est plus petit que l'un et que l'autre,

---

(1) Voir plus loin, livre XV, chapitre xxv.

---

loquetur a semetipso, sed quæcumque audiet, loquetur : » (*Joan.*, xvi, 13) secundum hoc enim dictum est quod de Patre procedit. Cum vero et Filius de Patre sit, et Spiritus sanctus a Patre procedat, cur non ambo Filii dicantur, nec ambo geniti, sed ille unus Filius unigenitus, hic autem Spiritus sanctus nec filius nec genitus, quia si genitus utique Filius, alio loco si Deus donaverit et quantum donaverit disseremus.

CAPUT IV.

Glorificatio Filii a Patre non arguit inæqualitatem.

6. Verumtamen hic evigilent, si possunt, qui hoc etiam sibi suffragari putaverunt, quasi ad demonstrandum Patrem Filio majorem, quia dixit Filius : « Pater clarifica me. » (*Joan.*, xvii, 1.) Ecce et Spiritus sanctus clarificat eum : numquidnam et ipse major est illo? Porro autem si propterea Spiritus sanctus clarificat Filium quia de Filii accipiet (*Joan.*, xvi, 14), et ideo de ejus accipiet quia omnia quæ habet Pater ipsius sunt ; manifestum est, quia cum Spiritus sanctus glorificat Filium, Pater glorificat Filium. Unde cognoscitur, quod omnia quæ habet Pater non tantum Filii, sed etiam Spiritus sancti sunt, quia potens est Spiritus sanctus glorificare Filium, quem glorificat Pater. Quod si ille qui glorificat, eo quem glorificat major est ; sinant ut æquales sint qui se invicem glorificant. Scriptum est autem quod et Filius glorificet Patrem : « Ego te, inquit, glorificavi super terram. » (*Joan.*, xvii, 4.) Sane caveant ne putetur Spiritus sanctus major ambobus, quia glorificat Filium quem glorificat Pater, ipsum autem nec a Patre nec a Filio scriptum est glorificari.

CAPUT V.

Filius et Spiritus sanctus non ideo minor quia missus.

7. Sed in his convicti, ad illud se convertunt ut dicant : Major est qui mittit, quam qui mittitur : proinde major est Patre Filio, quia Filius a Patre se missum assidue commemorat : major est et Spiritu sancto, quia de illo dixit Jesus : « Quem mittet Pater

attendu que le Père l'envoie, comme je l'ai déjà dit plus haut, et que le Fils l'envoie aussi comme il le dit lui-même quand il s'exprime ainsi : « Mais si je m'en vais, je vous l'enverrai. » (*Jean*, XVI, 7.) Sur ce sujet, je demande d'abord à savoir d'où et où le Fils a été envoyé. Il dit lui-même : « Je suis sorti de mon Père et venu dans ce monde. » (*Jean*, XVI, 28.) Il suit de là, que sortir du Père, et venir dans ce monde, c'est ce qu'il faut entendre par être envoyé. D'où vient donc que le même Evangéliste dit, en parlant du Fils : « Il était en ce monde, ce monde a été fait par lui et le monde ne l'a point connu? » (*Jean*, I, 10.) Puis il ajoute : « Il est venu dans son propre héritage. » Certainement il est venu là où il a été envoyé. Or, si c'est en ce monde qu'il a été envoyé, parce qu'il est sorti du Père, qu'il soit venu en ce monde et qu'il fût dans ce monde, il s'ensuit qu'il a été envoyé là où il était. D'ailleurs quand il est écrit dans le Prophète que Dieu a dit : « Moi, je remplirai le ciel et la terre. » (*Jérém.*, XXIII, 24.) Si c'est le Fils qui a parlé ainsi, plusieurs veulent, en effet, que ce soit lui qui ait parlé aux prophètes ou dans les prophètes, où fut-il envoyé sinon là où il était? En effet, celui qui dit : « Je remplirai le ciel et la terre, » était partout. Si ces paroles, au contraire, sont du Père, où a-t-il pu se trouver sans son Verbe, sans sa sagesse « qui atteint d'un bout du monde à l'autre, avec force et qui dispose tout avec douceur? » (*Sag.*, VIII, 1.) Mais jamais il n'a pu exister sans son esprit : par conséquent si Dieu est présent partout, son Esprit l'est également, d'où il suit qu'il était là même où il a été envoyé. Aussi celui qui ne trouvant point un seul endroit où il pût fuir la face de Dieu s'écriait : « Si je monte au ciel vous y êtes, si je descends aux enfers, je vous y trouve, » (*Ps.* CXXXVIII, 8) pour faire entendre que Dieu est présent partout, commence-t-il par nommer son Esprit; car il dit : « Où irai-je pour me dérober à la présence de votre esprit? et où fuirai-je pour me cacher de votre visage? » (*Ibid.*, 7.)

8. Par conséquent, si le Fils et le Saint-Esprit n'ont été envoyés que là où ils étaient déjà, il faut chercher comment on doit comprendre cette mission, tant du Fils que du Saint-Esprit; car il n'y a que le Père dont on ne lise nulle part qu'il ait été envoyé. Or, voici ce que l'Apôtre écrit au sujet du Fils : « Mais lorsque le temps a été accompli, Dieu a envoyé son Fils formé d'une femme et assujetti à la loi, pour racheter ceux qui étaient sous la loi. » (*Galat.*, IV, 4.) « Il a envoyé, dit l'Apôtre, son Fils formé d'une femme. » Or, quel catholique ignore que par ce mot, une femme, l'Apôtre n'a point voulu indiquer la perte de la virginité, mais seulement

---

in nomine meo. » (*Joan.*, XIV, 26.) Et Spiritus sanctus utroque minor est; quia et Pater eum mittit, sicut commemoravimus, et Filius cum dicit : « Si autem abiero, mittam eum ad vos. » (*Joan.*, XVI, 7.) Qua in quæstione primum quæro, unde et (*a*) quo missus sit Filius. « Ego, inquit, a Patre exii, et veni in hunc mundum. » (*Ibid.*, 28.) Ergo a Patre exire, et venire in hunc mundum, hoc est mitti. Quid igitur est quod de illo idem ipse Evangelista dicit : « In hoc mundo erat, et mundus per eum factus est, et mundus eum non cognovit? » (*Joan.*, I, 10) deinde conjungit, « in sua propria venit. » Illuc utique missus est, quo venit : at si in hunc mundum missus est, quia exiit a Patre, et venit in hunc mundum, et in hoc mundo erat; illuc ergo missus est ubi erat. Nam et illud quod scriptum est in Propheta Deum dicere : « Cœlum et terram ego impleo; » (*Jerem*, XXIII, 24) si de Filio dictum est, (ipsum enim nonnulli volunt intelligi vel Prophetis vel in Prophetis locutum,) quo missus est, nisi illuc ubi erat? Ubique enim erat qui ait : « Cœlum et terram ego impleo. » Si autem de Patre dictum est, ubi esse potuit sine Verbo suo et sine Sapientia sua, quæ « pertendit a fine usque ad fortiter, et disponit omnia suaviter. » (*Sap.*, VIII, 1.) Sed neque sine Spiritu suo usquam esse potuit. Itaque si ubique est Deus, ubique est etiam Spiritus ejus. Illuc ergo et Spiritus sanctus missus est ubi erat. Nam et ille qui non invenit locum quo eat a facie Dei et dicit : « Si ascendero in cœlum, tu ibi es; si descendero in infernum, ades : » (*Psal.* CXXXVIII, 8) ubique volens intelligi præsentem Deum, prius nominavit Spiritum ejus. Nam sic ait : « Quo abibo ab Spiritu tuo, et quo a facie tua fugiam? » (*Ibid.*, 7.)

8. Quocirca si et Filius et Spiritus sanctus illuc mittitur ubi erat, quærendum est quomodo intelligatur ista missio, sive Filii, sive Spiritus sancti. Pater enim solus nusquam legitur missus. Et de Filio quidem ita scribit Apostolus : « Cum autem venit plenitudo temporis, misit Deus Filium suum, factum ex muliere, factum sub Lege, ut eos qui sub Lege erant redimeret. » (*Gal.*, IV, 4.) « Misit, inquit, Filium suum fac-

---

(*a*) Editi *et quomodo*. Castigantur ex Mss.

la différence du sexe, par une tournure propre à la langue hébraïque ? En disant donc : « Dieu a envoyé son Fils formé d'une femme, » il montre assez que le Fils a été envoyé là où il a été formé d'une femme. Par conséquent en tant que né de Dieu, il était déjà en ce monde, et c'est en tant que né de Marie, qu'il a été envoyé et qu'il est venu en ce monde. D'où il suit qu'il n'a point pu être envoyé par le Père sans le Saint-Esprit, non-seulement parce qu'on comprend que le Père quand il a envoyé le Fils, c'est-à-dire quand il l'a formé d'une femme, ne l'a point formé sans son Esprit, mais encore parce qu'il est dit dans l'Evangile, de la manière la plus claire et la plus manifeste à la Vierge Marie demandant : « Comment cela se fera-t-il ? Le Saint-Esprit surviendra en vous, et la vertu du Très-Haut vous couvrira de son ombre. » (*Luc*, I, 34, 35.) D'ailleurs c'est le Christ même qu'on entend dans le prophète Isaïe, parler ainsi de son avénement futur : « Et maintenant j'ai été envoyé par le Seigneur et par son Esprit. » (*Isa.*, XLVIII, 16.)

9. Peut-être ira-t-on jusqu'à me faire dire que le Fils s'est envoyé lui-même, attendu que la conception et l'enfantement de Marie sont l'opération de la Trinité qui crée tout ce qui est créé. Or, comment se fait-il, me diront-ils, que ce soit le Père qui l'a envoyé, s'il s'est envoyé lui-même ? Je commencerai par leur répondre en leur demandant de me dire, s'ils le peuvent, comment il se fait que le Père l'a sanctifié, s'il s'est sanctifié lui-même ? Car le Seigneur avance l'une et l'autre chose, et dit en effet : « Pourquoi dites-vous que je blasphème, moi que mon Père a sanctifié et envoyé dans le monde, parce que j'ai dit que je suis le Fils de Dieu. » (*Jean*, X, 36.) Et, dans un autre endroit : « Et, pour eux, je me sanctifie moi-même. » (*Jean*, XVII, 19.) Je demande également comment il se fait que c'est le Père qui l'a livré, s'il s'est livré lui-même ? Or, l'Apôtre nous dit l'un et l'autre. En effet, voici comment il s'exprime : « Il n'a point épargné son Fils, mais il l'a livré pour nous. » (*Rom.*, VIII, 32.) Or, il dit ailleurs en parlant de ce même Sauveur : « Il m'a aimé et il s'est livré lui-même pour moi. » (*Gal.*, II, 20.) Je pense qu'on me répondra, si on comprend bien ces choses, que la volonté du Père et celle du Fils ne font qu'une seule et même volonté, et que leur opération est inséparable. C'est donc ainsi qu'on doit comprendre que son incarnation et sa naissance d'une Vierge, incarnation et naissance dans lesquelles on entend qu'il a été envoyé, ont été faites d'une manière inséparable par une seule et même opération du Père et du Fils, sans en exclure le Saint-Esprit ; car il est dit ouvertement : « Elle se trouva grosse

tum ex muliere. » Quo nomine quis catholicus nesciat, non eum privationem virginitatis, sed differentiam sexus hebræo loquendi more significare voluisse ? Cum itaque ait : « Misit Deus Filium suum factum ex muliere, » satis ostendit eo ipso missum Filium quo factus est ex muliere. Quod ergo de Deo natus est, in hoc mundo erat : quod autem de Maria natus est, in hunc mundum missus advenit. Proinde mitti a Patre sine Spiritu sancto non potuit ; non solum quia intelligitur Pater cum eum misit, id est fecit ex femina, non utique sine Spiritu suo fecisse ; verum etiam quod manifestissime atque apertissime in Evangelio dicitur virgini Mariæ quærenti ab Angelo : « Quomodo fiet istud ? Spiritus sanctus superveniet in te, et virtus Altissimi obumbrabit tibi. » (*Luc.*, I, 34.) Et Matthæus dicit : « Inventa est in utero habens de Spiritu sancto. » (*Matth.*, I, 18.) Quanquam et apud Isaiam prophetam ipse Christus intelligitur de adventu suo futuro dicere : « Et nunc Dominus misit me et Spiritus ejus. » (*Isai*, XLVIII, 16.)

9. Fortasse aliquis cogat, ut dicamus etiam a se ipso missum esse Filium ; quia ille Mariæ conceptus et partus operatio Trinitatis est, qua creante omnia creantur. Et quomodo jam, inquit, Pater eum misit, si ipse se misit ? Cui primum respondeo, quærens ut dicat, si potest, quomodo Pater eum sanctificavit, si se ipse sanctificavit ? Utrumque enim idem Dominus ait : « Quem Pater, inquit, sanctificavit, et misit in hunc mundum, vos dicitis quia blasphemas, quoniam dixi, Filius Dei sum. » (*Joan.*, X, 36.) Alio autem loco ait : « Et pro eis sanctifico me ipsum. » (*Joan.*, XVII, 19.) Item quæro quomodo eum Pater tradidit, si se ipse tradidit ? Utrumque enim dicit apostolus Paulus : « Qui filio, inquit, proprio non pepercit, sed pro nobis omnibus tradidit illum. » (*Rom.*, VIII, 32.) Alibi autem de ipso Salvatore ait : « Qui me dilexit, et tradidit se ipsum pro me. » (*Gal.*, II, 20.) Credo respondebit, si hæc probe sapit, quia una voluntas est Patris et Filii, et inseparabilis operatio. Sic ergo intelligat illam incarnationem et ex virgine nativitatem, in qua Filius intelligitur missus, una eademque operatione Patris et Filii inseparabiliter esse factam, non utique inde separato Spiritu sancto, de quo aperte dicitur : « Inventa est in utero habens de Spiritu sancto. » (*Matth.*, I, 18.) Nam etiam si ita quæramus, enodatius fortassis quod dicimus apparebit :

par l'opération du Saint-Esprit. » (*Matth.*, I, 18.) Si nous cherchions dans ce sens, peut-être ce que nous disons paraîtrait-il plus clairement, à savoir comment Dieu a envoyé son Fils. Lui a-t-il ordonné de venir et le Fils est-il venu en obéissant à cet ordre, ou bien le Père l'a-t-il prié de venir ou l'a-t-il seulement engagé à venir? De quelque manière que le Père s'y soit pris, il est sûr qu'il l'a fait par le moyen de la parole; or, la parole, le Verbe de Dieu, n'est autre chose que le Fils même de Dieu. Ainsi le Père l'ayant envoyé d'un mot, il se trouve qu'il a été envoyé en même temps par le Père et par le Verbe, d'où il suit que le même Fils a été envoyé par le Père et par le Fils, attendu que le Verbe du Père n'est autre que son Fils. En effet, qui serait assez profondément plongé dans des pensées sacriléges pour croire que le Père n'a produit qu'un Verbe temporel, pour envoyer son Fils éternel et le faire apparaître dans le temps revêtu d'un corps? Mais il est sûr que c'est dans le Verbe même de Dieu, qui était au commencement en Dieu et qui était Dieu, je veux dire dans la sagesse même de Dieu, qu'il était avant le temps, au temps même où il devait se montrer dans la chair. Par conséquent, comme le Verbe était au commencement sans aucun commencement temporel, que le Verbe était en Dieu et que ce Verbe était Dieu, il se trouvait avant le temps dans ce Verbe, même au temps où le Verbe s'est fait chair pour habiter parmi nous. C'est lorsque cette plénitude des temps fut arrivée, que Dieu a envoyé son Fils, formé d'une femme, c'est-à-dire né dans le temps, pour que le Verbe apparût aux hommes dans la chair, et le Verbe était avant le temps dans le Verbe, même au temps où il devait se faire chair, car l'ordre des temps est dépourvu de temps dans l'éternelle sagesse de Dieu. Comme c'est le fait du Père et du Fils, que le Fils apparût dans la chair, on a dit, avec raison, que celui qui a apparu dans la chair, a été envoyé, et que celui qui n'a point apparu dans la chair, l'a envoyé, attendu que les choses qui se passent au dehors, sous les yeux du corps, sont produites par l'être intérieur d'une nature spirituelle, et qu'ainsi c'est avec raison qu'on dit qu'elles sont envoyées. Or, la forme humaine qui a été prise par le Verbe, est la personne du Fils, non point celle du Père. On dit donc que le Père qui est invisible, ainsi que le Fils qui est invisible avec le Père, ont envoyé le Fils, parce qu'ils ont fait le Fils visible. Mais si le Fils en devenant visible avait cessé d'être invisible avec le Père, en d'autres termes, si la substance invisible du Verbe s'était changée, avait passé, s'était transformée en une créature visible, on comprendrait que le Fils a été envoyé par le Père, de telle sorte qu'il se trouverait seul envoyé sans être en même temps envoyant avec le Père. Mais comme il a pris la forme de l'esclave sans que la forme immuable de Dieu laissât de sub-

---

Quomodo misit Deus Filium suum? Jussit ut veniret atque ille jubenti obtemperans venit, an rogavit, an tantummodo admonuit? Sed quodlibet horum sit, verbo utique factum est, Dei autem Verbum ipse est Dei Filius. Quapropter cum eum Pater verbo misit, a Patre et Verbo ejus factum est ut mitteretur. Ergo a Patre et Filio missus est idem Filius, quia Verbum Patris est ipse Filius. Quis enim se tam sacrilega induat opinione, ut putet temporale verbum a Patre factum esse, ut æternus Filius mitteretur et in carne appareret ex tempore? Sed utique in ipso Dei Verbo quod erat in principio apud Deum et Deus erat (*Joan.*, I, 2), in ipsa scilicet Sapientia Dei, sine tempore erat, quo tempore illam in carne apparere oporteret. Itaque cum sine ullo initio temporis in principio esset Verbum et Verbum esset apud Deum, et Deus esset Verbum ; sine ullo tempore in ipso Verbo erat, quo tempore Verbum caro fieret, et habitaret in nobis. (*Gal.*, IV, 4.) Quæ plenitudo temporis cum venisset, misit Deus Filium suum, factum ex muliere, id est factum in tempore, ut incarnatum Verbum hominibus appareret; quod in ipso Verbo sine tempore erat, in quo tempore fieret. Ordo quippe temporum in æterna Dei Sapientia sine tempore est. Cum itaque hoc a Patre et Filio factum esset, ut in carne Filius appareret, congruenter dictus est missus ille qui in ea carne apparuit; misisse autem ille qui in ea non apparuit. Quoniam illa quæ coram corporeis oculis foris geruntur, ab interiore apparatu naturæ spiritalis exsistunt, et propterea convenienter missa dicuntur. Forma porro illa suscepti hominis, Filii persona est, non etiam Patris. Quapropter Pater invisibilis una cum Filio secum invisibili, eumdem Filium visibilem faciendo misisse eum dictus est : qui si eo modo visibilis fieret, ut cum Patre invisibilis esse desisteret, id est, si substantia invisibilis Verbi in creaturam visibilem mutata et transiens verteretur, ita missus a Patre intelligeretur Filius, ut tantum missus, non etiam cum Patre mittens inveniretur. Cum vero sic accepta est forma servi, ut

sister, il est manifeste que son apparition dans le Fils est le fait du Père qui est invisible et du Fils qui est également invisible, en d'autres termes, que c'est par le Père qui est invisible et par le Fils qui est également invisible, que ce même Fils, devenu visible, a été envoyé. Pourquoi, dit-il, donc : « Je ne suis pas venu de moi-même? » (*Jean*, VIII, 42.) C'est en tant qu'ayant la forme d'esclave, par rapport à laquelle il a dit : « Pour moi, je ne juge personne, » (*Ibid.*, 15) qu'il s'est exprimé ainsi.

10. Si donc on dit que le Fils a été envoyé parce qu'il est apparu dans une créature corporelle, bien qu'intérieurement et dans sa nature spirituelle, il fût toujours invisible aux yeux des mortels, il nous est facile de comprendre à présent pourquoi on dit aussi du Saint-Esprit qu'il a été également envoyé. En effet, il s'est fait dans le temps une espèce de créature dans laquelle il put se montrer visiblement, soit lorsqu'il descendit sur le Seigneur même sous la forme corporelle d'une colombe, soit lorsque dix jours après son Ascension, il se fit tout à coup le jour de la Pentecôte un bruit comme celui d'un grand vent, et qu'il apparut comme des langues de feu qui se divisèrent et qu'il alla se reposer sur chacun des Apôtres. (*Act.*, II, 2.) Cette opération rendue visible, et offerte aux regards des hommes, a été appelée la mission du Saint-Esprit, non point que sa substance dans laquelle il est invisible et immuable, comme le Père et le Fils, ait elle-même apparu, mais parce que les cœurs des hommes émus par des visions extérieures, se trouvaient portés par la manifestation temporelle de l'Esprit qui venait à eux, à l'invisible éternité du même Esprit qui est toujours présent.

CHAPITRE VI.

Le Saint-Esprit ne s'est point uni la créature de la même manière que le Verbe s'est uni la chair.

11. S'il n'est dit nulle part que le Père est plus grand que le Saint-Esprit, ou que le Saint-Esprit est moindre que le Père, c'est parce que le Saint-Esprit ne s'est point uni la créature dans laquelle il pût apparaître, de la même manière que le Fils de Dieu s'est uni le Fils de l'homme pour que la personne même du Verbe de Dieu fût présente dans cette forme, aux regards des hommes. Ce n'était point pour que le Verbe de Dieu eût cette forme, de la même manière que l'ont eue les autres saints et sages personnages, mais il l'a eue d'une manière plus excellente que tous ceux qui ont participé avec lui, » (*Hebr.*, I, 9) non point que le Verbe eût quelque chose de plus que les autres saints et sages personnages, pour être d'une sagesse plus excellente que les autres, mais parce qu'il était le Verbe même. Autre chose est le Verbe

---

maneret incommutabilis forma Dei manifestum est, quod a Patre et Filio non apparentibus factum sit quod appareret in Filio, id est, ut ab invisibili Patre cum invisibili Filio, idem ipse Filius visibilis mitteretur. Cur ergo ait : « Et a me ipso non veni ? » (*Joan.*, VIII, 42.) Jam hoc secundum formam servi dictum est, secundum quam dictum est : « Ego non judico quemquam. » (*Ibid.*, 15.)

10. Si ergo missus dicitur in quantum apparuit foris in creatura corporali, qui intus in natura spiritali oculis mortalium semper occultus est, jam in promptu est intelligere etiam de Spiritu sancto cur missus et ipse dicatur. Facta est enim quædam creaturæ species ex tempore in qua visibiliter ostenderetur Spiritus sanctus, sive cum in ipsum Dominum corporali specie velut columba descendit (*Matth.*, III, 16), sive cum decem diebus peractis post ejus ascensionem, die Pentecostes factus est subito de cœlo sonus quasi ferretur flatus vehemens, et visæ sunt illis linguæ divisæ tanquam ignis, qui et insedit super unumquemque eorum. (*Act.*, II, 2.) Hæc operatio visibiliter expressa, et oculis oblata mortalibus missio Spiritus sancti dicta est ; non ut appareret ejus ipsa substantia, qua et ipse invisibilis et incommutabilis est, sicut Pater et Filius : sed ut exterioribus visis hominum corda commota, a temporali manifestatione venientis ad occultam æternitatem semper præsentis converterentur.

CAPUT VI.

Non sic assumpta creatura a Spiritu sancto, ut caro a Verbo.

11. Ideo autem nusquam scriptum est, quod Deus Pater major sit Spiritu sancto, vel Spiritus sanctus minor Deo Patre; quia non sic est assumpta creatura, in qua appareret Spiritus sanctus, sicut assumptus est Filius hominis, in qua forma ipsius Verbi Dei persona præsentaretur : non ut haberet Verbum Dei, sicut alii sancti sapientes, sed præ participibus suis (*Hebr.*, I, 9); non utique quod amplius habebat Verbum, ut esset quam cæteri excellentiore sapientia, sed quod ipsum Verbum erat. Aliud est enim Verbum

dans la chair, autre chose le Verbe fait chair; en d'autres termes, autre chose est le Verbe dans l'homme et autre chose est le Verbe fait homme. Or, le mot chair est mis pour homme dans ce passage : « Le Verbe s'est fait chair, » (*Jean*, I, 14) de même que dans cet autre : « Et toute chair verra également le salut de Dieu. » (*Luc*, III, 6.) En effet, ce n'est point de la chair sans âme et sans esprit qu'il s'agit là, mais ces mots, toute chair sont pour tout homme. Le Saint-Esprit ne s'est donc point uni la créature qu'il a prise pour apparaître, comme le Verbe s'est uni la chair et la forme humaine qu'il a prises dans le sein de la Vierge Marie. En effet, le Saint-Esprit n'a rendu bienheureux ni la colombe, ni le souffle impétueux, ni le feu, et ne se les est point unis pour l'éternité dans l'unité et l'habitude de sa personne. Ou bien la nature du Saint-Esprit serait muable et conversible, en sorte que toutes ces choses ne viendraient point de la créature, mais que lui-même se tournerait par le changement tantôt en ceci, tantôt en cela, de même que l'eau se change en glace. Mais ces choses ont apparu, comme elles l'ont dû, dans leur temps, la créature servant la volonté du Créateur, et se convertissant, se changeant au gré de celui-ci qui ne cessa point de demeurer le même en soi, pour le signifier et le démontrer, selon qu'il fallait qu'il le fût aux hommes. Aussi quoique cette colombe ait été appelée l'Esprit, et qu'il ait été dit au sujet de ce feu : « Il leur sembla voir des langues de feu qui se partagèrent et qui s'arrêtèrent sur chacun d'eux : aussitôt, ils commencèrent à parler diverses langues, selon que le Saint-Esprit leur donnait le don de les parler, » (*Act.* II, 3 et 4) pour montrer que ce feu de même que la colombe n'était autre chose que le Saint-Esprit, cependant nous ne pouvons point dire que le Saint-Esprit soit Dieu et colombe, ou Dieu et feu, de même que nous disons que le Fils est Dieu et homme, ni même comme nous disons que le Fils est l'Agneau de Dieu, non-seulement avec Jean-Baptiste quand il dit : « Voici l'Agneau de Dieu, » (*Jean*, I, 29) mais encore avec Jean l'Évangéliste, quand il vit l'Agneau tué, dans son Apocalypse. (*Apoc.*, v, 6.) Car cette vision prophétique n'a point été produite devant les yeux corporels par des formes corporelles, mais aux yeux de l'esprit par des images spirituelles de corps. Quant à cette colombe, au contraire, et à ce feu, tous ceux qui les virent les virent de leurs yeux. Il est vrai qu'au sujet du feu, on peut discuter la question de savoir s'ils l'ont vu de leurs yeux ou des yeux de l'esprit, à cause de la manière dont la phrase est conçue. En effet, l'auteur sacré ne dit point : Ils virent des langues divi-

---

in carne, aliud Verbum caro, id est, aliud est Verbum in homine, aliud Verbum homo. Caro enim pro homine posita est in eo quod ait : « Verbum caro factum est : » (*Joan.*, I, 14) sicut et illud : « Et videbit omnis caro pariter salutare Dei. » (*Luc.*, III, 6.) Non enim sine anima vel sine mente : sed ita omnis caro, ac si diceretur, omnis homo. Non ergo sic est assumpta creatura, in qua appareret Spiritus sanctus, sicut assumpta est caro illa et humana illa forma ex virgine Maria. Neque enim columbam beatificavit Spiritus, vel illum flatum, vel illum ignem, sibique et personæ suæ in unitatem habitumque conjunxit in æternum : aut vero mutabilis et convertibilis est natura Spiritus sancti, ut non hæc ex creatura fierent, sed ipse in illud atque illud mutabiliter verteretur, sicut aqua in glaciem. Sed apparuerunt ista, sicut opportune apparere debuerunt, creatura serviente Creatori, et ad nutum ejus incommutabiliter in se ipso permanentis, ad eum significandum et demonstrandum, sicut significari et demonstrari mortalibus oportebat, mutata atque conversa. Proinde quanquam illa columba Spiritus dicta sit (*Matth.*, III, 16), et de illo igne cum diceretur : « Visæ sunt illis, inquit, linguæ divisæ velut ignis, qui et insedit super unumquemque eorum, et cœperunt linguis loqui, quemadmodum Spiritus dabat eis pronuntiare, » (*Act.*, II, 3) ut ostenderet per illum ignem Spiritum demonstratum, sicut per columbam : non tamen ita possumus dicere, (*a*) Spiritum sanctum et Deum et columbam, aut et Deum et ignem, sicut dicimus Filium et Deum et hominem : nec sicut dicimus Filium agnum Dei, non solum Joanne Baptista dicente : « Ecce agnus Dei; » (*Joan.*, I, 29) sed etiam Joanne Evangelista vidente agnum occisum in Apocalypsi. (*Apoc.*, v, 6.) Illa quippe visio prophetica non est exhibita oculis corporeis per formas corporeas, sed in spiritu per spiritales imagines corporum. Columbam vero illam et ignem oculis viderunt, quicumque viderunt. Quamquam de igne disceptari potest, utrum oculis, an spiritu visus sit, propter verba sic posita. Non enim ait : Viderunt linguas divisas velut ignem; sed : « Visæ sunt eis. » (*Act.*, II, 3.) Non autem sub eadem

(*a*) Plures Mss. *unam personam Spiritum sanctum et Deum et columbam.*

sées comme du feu ; mais : « Il leur sembla voir. » (*Act.*, II, 3.) Or, cette phrase : il m'a semblé voir, n'a point pour nous ordinairement le même sens que celle-ci : J'ai vu dans la vision, par l'esprit, d'images corporelles; on a coutume de dire également : Il m'a semblé voir, et j'ai vu. Mais dans les choses qui ne sont perçues par les yeux qu'au moyen d'espèces corporelles, on ne dit pas ordinairement : il m'a semblé voir ; mais : j'ai vu. Par conséquent, au sujet de ce feu, on peut se demander comment il a été vu, si c'est d'une vue intérieure et en esprit, comme si on le voyait hors de soi, ou bien, si véritablement il a été vu au dehors, par les yeux du corps. Pour ce qui est de la colombe qui descendit du ciel, au rapport de l'Évangéliste, sous une apparence corporelle, nul n'a jamais révoqué en doute qu'elle ait été vue des yeux du corps. Nous ne pouvons point non plus dire que le Saint-Esprit est le feu ou la colombe, de la même manière que nous disons du Fils de Dieu qu'il est la pierre, il est écrit, en effet : « Or, la pierre c'était le Christ. » (I *Cor.*, X, 4.) Car cette pierre comptait déjà parmi les êtres créés, et c'est par manière d'action qu'elle a été appelée le Christ dont elle était la figure, de même que cette autre pierre que Jacob plaça sous sa tête et qu'il oignit ensuite pour en faire la figure du Seigneur. C'est de la même manière qu'Isaac était le Christ, quand il portait le bois destiné à son sacrifice. (*Gen.*, XXII, 6.) A ces créatures qui déjà existaient s'est ajoutée une certaine action figurative, et elles ne vinrent pas soudainement à l'existence uniquement pour être la figure des choses qu'elles représentent, comme cela a eu lieu pour la colombe et pour le feu qui me semblent plutôt avoir quelque rapport avec la flamme apparue à Moïse, dans le buisson ardent (*Exod.*, III, 2), et avec la colonne précédant le peuple dans le désert (*Exod.*, XIII, 21), ainsi qu'avec le tonnerre qui se fit entendre quand la loi fut donnée sur la montagne. (*Exod.*, XIX, 16.) En effet, ces espèces d'êtres corporels ne sont venus à l'existence que pour être des figures de quelque chose et passer.

CHAPITRE VII

Doute au sujet des apparitions divines.

12. C'est donc à cause de ces formes corporelles, qui ne vinrent à l'existence temporelle que pour signifier et montrer le Saint-Esprit comme il fallait qu'il le fût aux sens de l'homme, qu'on dit que le Saint-Esprit aussi a été envoyé, mais il n'a point été dit qu'il fût moindre que le Père, comme le Fils l'est à cause de sa forme d'esclave, parce que cette forme était inhérente à l'unité de la personne; quant à ces formes corporelles, elles n'ont apparu que pour un temps, afin de montrer ce qu'il était nécessaire de faire

---

significatione solemus dicere : Visum est mihi, qua dicimus : Vidi. Et in illis quidem spiritalibus visis imaginum corporalium solet dici, et Visum est mihi, et Vidi : in istis vero quæ per expressam corporalem speciem oculis demonstrantur, non solet dici : Visum est mihi ; sed : Vidi. De illo ergo igne potest esse quæstio, quomodo visus sit, utrum intus in spiritu tanquam foris, an vere foris coram oculis carnis. De illa vero columba quæ dicta est corporali specie descendisse, nullus unquam dubitavit, quod oculis visa sit. Nec sicut dicimus Filium petram, [scriptum est enim : « Petra autem erat Christus, » (I *Cor.*, X, 4)] ita possumus dicere Spiritum columbam vel ignem. Illa enim petra jam erat in creatura, et per actionis modum nuncupata est nomine Christi quem significabat ; sicut lapis ille, quem Jacob (a) positum ad caput (*Gen.*, XXVIII, 18) etiam unctione ad significandum Dominum assumpsit; sicut Isaac Christus erat, cum ad se immolandum ligna portabat. (*Gen.*, XXII, 6.) Accessit istis actio quædam significativa jam exsistentibus : non autem, sicut illa columba et ignis, ad hæc tantummodo significanda repente extiterunt. Magis ista similia mihi videntur flammæ illi quæ in rubo apparuit Moysi (*Exod.*, III, 2), et illi columnæ quam populus in eremo sequebatur (*Exod.*, XIII, 21), et fulguribus et tonitruis quæ fiebant cum Lex daretur in monte. (*Exod.*, XIX, 16.) Ad hoc enim illarum rerum corporalis exstitit species; ut aliquid significaret atque præteriret.

CAPUT VII.

Dubitatio de apparitionibus divinis.

12. Propter has ergo corporales formas, quæ ad eum significandum, et sicut humanis sensibus oportebat demonstrandum temporaliter exstiterunt, missus dicitur etiam Spiritus sanctus : non tamen minor Patre dictus est, sicut Filius propter formam servi ; quia illa forma servi inhæsit ad unitatem personæ, illæ vero species corporales ad demonstrandum quod

---

(a) Sic Am. Er. et Mss. At Lov. *posuit ad caput, etiam unctionem.*

voir, et cessèrent d'exister après cela. Pourquoi donc ne dit-on pas aussi du Père qu'il a été également envoyé, à cause des apparences corporelles, telles que le feu du buisson ardent, la colonne de nuée ou de feu, les foudres de la montagne et les autres choses qui ont apparu dans les circonstances où nous apprenons des Ecritures qu'il s'est entretenu avec les patriarches, si réellement il se montrait lui-même aux regards des hommes par ces manières de créatures et ces formes corporelles et accessibles à des yeux d'homme? Si c'était le Fils qui se montrait ainsi, pourquoi n'est-ce que si longtemps après, c'est-à-dire quand il a été formé d'une femme, selon ce mot de l'Apôtre : « Mais lorsque le temps a été accompli, Dieu a envoyé son Fils formé d'une femme, » (*Gal.*, IV, 4) qu'on dit qu'il a été envoyé, puisqu'il le fut, bien auparavant quand il apparaissait aux Prophètes par le moyen de ces formes changeantes d'êtres créés? Ou bien, si on n'a pu dire avec justesse qu'il était envoyé que lorsque le Verbe s'est fait chair, pourquoi dit-on que le Saint-Esprit a été envoyé, lui qui ne s'est jamais incarné comme le Fils? Si, au contraire, ces choses visibles qui nous sont signalées dans la loi et les prophètes ne nous montraient ni le Père, ni le Fils, mais seulement le Saint-Esprit, pourquoi ne dit-on également de lui, que maintenant qu'il a été envoyé tandis qu'il était, en effet, envoyé auparavant de toutes ces manières?

13. Dans cette question pleine d'obscurité, il faut d'abord rechercher, avec l'aide de Dieu, si c'est le Père, le Fils ou le Saint-Esprit, ou bien si c'est tantôt le Père, tantôt le Fils et tantôt le Saint-Esprit, ou enfin, sans aucune distinction de personnes, si c'est celui qui est appelé le seul et unique Dieu, c'est-à-dire la Trinité même, qui apparut aux patriarches par le moyen de ces formes d'êtres créés. Après cela, quelque chose que nous trouvions ou qui nous semble, nous rechercherons si les créatures dans lesquelles Dieu s'est montré aux regards des hommes selon qu'il a jugé à propos de leur apparaître alors, n'ont été formées que pour cette circonstance. Les anges eux-mêmes qui déjà existaient alors, furent-ils envoyés dans de telles conditions qu'ils parlassent au nom de Dieu, en empruntant à des créatures corporelles, leur apparence corporelle, pour accomplir leur ministère, selon qu'ils en avaient besoin, ou bien est-ce leur corps auquel ils sont loin d'être assujettis, qu'ils tiennent au contraire dans la sujétion et qu'ils gouvernent à leur gré, qu'ils ont changé et converti en vertu d'un pouvoir que le Créateur leur aurait départi, dans les formes et apparences qu'ils ont voulu et appropriées à leur action? Enfin nous verrons ce que nous avions résolu de

---

opus fuit ad tempus apparuerunt, et esse postea destiterunt. Cur ergo non et Pater dicitur missus per illas species corporales, ignem rubi, et columnam nubis vel ignis, et fulgura in monte, et si qua talia tunc apparuerunt, cum eum coram locutum Patribus, teste Scriptura didicimus, si per illos creaturæ modos et formas corporaliter expressas et humanis adspectibus præsentatas ipse demonstrabantur? Si autem Filius per ea demonstrabatur, cur tanto post dicitur missus, cum ex femina factus est, sicut Apostolus dicit : « Cum autem venit plenitudo temporis, misit Deus Filium suum factum ex muliere : » (*Gal.*, IV, 4) quando quidem et antea mittebatur, cum per illas creaturæ mutabiles formas Patribus apparebat? Aut si non recte posset dici missus, nisi cum Verbum caro factum est (*Joan.*, I, 14), cur missus dicitur Spiritus sanctus, cujus nulla talis incorporatio facta est? Si vero per illa visibilia quæ in Lege et Prophetis commendantur, nec Pater, nec Filius, (*a*) sed Spiritus sanctus ostendebatur, cur etiam ipse nunc dicitur missus, cum illis modis et antea mitteretur?

13. In hujus perplexitate quæstionis, adjuvante Domino primum quærendum est, utrum Pater, an Filius, an Spiritus sanctus; an aliquando Pater, aliquando Filius, aliquando Spiritus sanctus; an sine ulla distinctione personarum, sicut dicitur Deus unus et solus, id est ipsa Trinitas per illas creaturæ formas Patribus apparuerit. Deinde quodlibet horum inventum visumve fuerit, utrum ad hoc opus tantummodo creatura formata sit, in qua Deus sicut tunc opportuisse judicavit, humanis ostenderetur aspectibus; an Angeli qui jam erant ita mittebantur, ut ex persona Dei loquerentur, assumentes corporalem speciem de creatura corporea, in usum ministerii sui, sicut cuique opus esset; aut ipsum corpus suum cui non subduntur, sed subditum regunt, in species quas vellent accommodantes atque aptas actionibus suis mutantes atque vertentes secundum attributam sibi a Creatore potentiam. Postremo videbimus id quod quærere institueramus utrum Filius et Spiritus sanctus et antea mittebantur : et si mittebantur, quid inter illam missionem, et eam quam in

---

(*a*) Sola fere editio Lov. *nec Spiritus sanctus.*

chercher, à savoir si le Fils et le Saint-Esprit ont été envoyés auparavant, et, dans le cas ou ils l'ont été, la différence de cette première mission et de celle dont il est parlé dans l'Evangile; nous chercherons également si l'une des trois personnes a été envoyée avant que le Fils eût été formé de la vierge Marie, ou seulement quand le Saint-Esprit est apparu sous la forme visible de la colombe, ou des langues de feu.

CHAPITRE VIII.

La Trinité tout entière est invisible.

14. Laissons donc de côté la pensée toute charnelle d'une nature du Verbe de Dieu et de sa sagesse telle qu'en demeurant toujours la même en soi, ne laissant point de renouveler toutes choses (*Sap.*, VII, 27), et méritant de nous le nom de Fils de Dieu, non-seulement elle soit sujette au changement mais encore soit visible; car avoir de telles pensées c'est apporter un cœur par trop matériel à la recherche plus audacieuse que religieuse des choses de Dieu. En effet, l'âme étant une substance spirituelle, et créée comme tout le reste, n'a pu l'être que par celui par qui tout a été fait et sans qui rien n'a été fait. (*Jean*, I, 3.) Or, quoique sujette au changement, cependant elle n'est point visible, comme nos adversaires ont cru que l'était le Verbe et la sagesse même de Dieu par qui cette âme a été faite, bien que cette sagesse ne soit pas seulement invisible, ce que l'âme est comme elle, mais encore immuable, ce que n'est point l'âme. En effet, c'est son immutabilité que donnent à entendre ces paroles de la sagesse : « Demeurant toujours la même en soi, elle ne laisse point de renouveler toute chose. » (*Sap.*, VII, 21.) Mais nos contradicteurs voulant en quelque sorte prévenir la ruine de leur erreur en l'étayant par des témoignages puisés dans les saintes Ecritures, citent les paroles de l'Apôtre Paul, et n'entendent que du Père, non du Fils et du Saint-Esprit, ce passage qui s'applique au seul et unique Dieu, en qui on comprend la Trinité même : « Au roi des siècles, immortel, invisible, à l'unique Dieu, honneur et gloire dans les siècles des siècles, » (I *Tim.*, I, 17) de même que celui-ci : « Le seul bienheureux, le seul puissant, le Roi des rois et le Seigneur des seigneurs qui seul possède l'immortalité, qui habite une lumière inaccessible, que nul homme n'a vu et que nul ne peut voir. » (I *Tim.*, VI, 15.) Je pense avoir déjà dit assez longuement en quel sens on doit entendre ces paroles.

Evangelio legimus, distet : an missus non sit aliquis eorum, nisi cum vel Filius factus esset ex Maria virgine, vel cum Spiritus sanctus visibili specie sive in columba, sive in igneis linguis apparuit.

CAPUT VIII.
Tota Trinitas invisibilis.

14. Omittamus igitur eos, qui nimis carnaliter naturam Verbi Dei atque Sapientiam (*Sap.*, VII, 27), quæ in se ipsa manens innovat omnia, quem unicum Dei Filium dicimus, non solum mutabilem, verum etiam visibilem esse putaverunt. Hi enim multum crassum cor divinis rebus inquirendis audacius quam religiosius attulerunt. Anima quippe cum sit substantia spiritalis, cumque etiam ipsa facta sit, nec per alium fieri potuerit, nisi per quem facta sunt omnia, et sine quo factum est nihil (*Joan.*, I, 3), quamvis sit mutabilis, non est tamen visibilis : quod illi de Verbo ipso atque ipsa Dei Sapientia, per quam facta est anima, crediderunt; cum sit illa non invisibilis tantum quod et anima est, sed etiam incommutabilis quod anima non est. Eadem quippe incommutabilitas ejus commemorata est ut diceretur : « In se ipsa manens innovat omnia. » (*Sap.*, VII, 27.) Et isti quidem ruinam erroris sui divinarum Scripturarum testimoniis quasi fulcire conantes, adhibent Pauli apostoli sententiam; et quod dictum est de uno solo Deo, in quo ipsa Trinitas intelligitur, tantum de Patre, non et de Filio et de Spiritu sancto dictum accipiunt : « Regi autem sæculorum immortali, invisibili, soli Deo honor et gloria in sæcula sæculorum : » (1 *Tim.*, I, 17) et illud alterum : « Beatus et solus potens : Rex regum, et Dominus dominantium, qui solus habet immortalitatem et lucem habitat inaccessibilem, quem nemo hominum vidit, nec videre possibilem, » (1 *Tim.*, VI, 15.) Hæc quemadmodum intelligenda sint, jam satis nos disseruisse arbitror.

CHAPITRE IX.

Contre la pensée qu'il n'y a que le Père d'immortel et d'invisible.

15. Ceux qui veulent que ces paroles soient entendues, non point du Fils ou du Saint-Esprit, mais du Père seulement, disent que le Fils est visible, non point dans la chair qu'il a prise dans le sein d'une vierge, mais en lui-même avant cela. C'est lui, en effet, disent-ils, qui est apparu aux patriarches. Leur répond-on, si le Fils est visible par lui-même, il faut qu'il soit aussi mortel par lui-même, pour qu'il soit établi selon votre sens que ces mots : « Il a seul l'immortalité, » (I *Tim.*, VI, 16) ne doivent s'entendre que du Père, comme vous le voulez; car si le Fils n'est mortel qu'à cause du corps qu'il a pris, vous devez permettre qu'il ne soit visible que pour la même raison? ils répliquent que, selon eux, ce n'est point à cause de ce corps qu'il est mortel, mais que de même qu'il était visible ainsi il était mortel avant de l'avoir pris. En effet, si ce n'est qu'à cause de son corps qu'il est mortel, il s'ensuivra que le Père n'a plus seul et sans le Fils l'immortalité, puisque son Verbe par qui tout a été fait a l'immortalité. Il n'a point perdu son immortalité pour avoir pris une chair mortelle, puisqu'il n'en est pas ainsi même pour l'âme de l'homme qui ne meurt point avec son corps, selon ce mot du Seigneur : « Ne craignez point ceux qui font mourir le corps et ne peuvent donner la mort à l'âme. » (*Matth.*, X, 28.) Bien plus il faut dire encore, que le Saint-Esprit a pris aussi un corps, ce qui ne laisse point de mettre mon contradicteur dans l'embarras, car si le Fils n'est mortel que parce qu'il a pris un corps, ils ne peuvent soutenir qu'il n'y a que le Père, sans le Fils et sans le Saint-Esprit, d'immortel, puisque le Saint-Esprit n'a point pris de corps. Or, si le Saint-Esprit n'a point l'immortalité, il s'ensuit que ce n'est pas à cause de son corps que le Fils est mortel; si au contraire le Saint-Esprit possède aussi l'immortalité, ce n'est point du Père seul qu'il a été dit : « Il a seul l'immortalité. » Aussi nos adversaires se flattent-ils de prouver que le Fils fut mortel par lui-même avant l'incarnation, attendu que mutabilité peut assez bien se prendre pour synonyme de mortalité, et que c'est en ce sens qu'on dit de l'âme même qu'elle meurt; non parce qu'elle se change et se convertit en un corps ou en quelque autre substance, mais parce que tout ce qui est maintenant dans la substance d'une autre manière qu'auparavant, est réputé mort en tant qu'ayant cessé d'être ce qu'il était. Aussi, comme avant même d'être né de la vierge Marie, le Fils de Dieu est apparu aux patriarches, non sous une seule et même

CAPUT XI.

Contra eos qui credebant solum Patrem immortalem et invisibilem.

15. Verum illi qui ista non de Filio nec de Spiritu sancto, sed tantum de Patre accipi volunt, dicunt visibilem Filium, non per carnem de virgine assumptam, sed etiam antea per se ipsum. Nam ipse, inquiunt, apparuit oculis Patrum. Quibus si dixeris : Quomodo ergo visibilis per se ipsum Filius, ita et mortalis per se ipsum, ut constet vobis quod tantummodo de Patre vultis intelligi, quod dictum est : « Qui solus habet immortalitatem. » (I *Tim.*, VI, 16.) Nam si propter carnem susceptam mortalis est Filius, propter hanc sinite ut sit et visibilis. Respondent, nec propter hanc se mortalem Filium dicere; sed sicut et ante visibilem, ita et ante mortalem. Nam si propter carnem Filium dicunt esse mortalem, jam non Pater sine Filio solus habet immortalitatem; quia et Verbum ejus, per quod facta sunt omnia, habet immortalitatem. Neque enim quia carnem assumpsit mortalem, ideo amisit immortalitatem suam : quando quidem nec animæ humanæ hoc accidere potuit, ut cum corpore moreretur, dicente ipso Domino : « Nolite timere eos qui corpus occidunt, animam autem non possunt occidere : » (*Matth.*, X, 28) aut vero etiam Spiritus sanctus carnem assumpsit, de quo utique sine dubio turbabuntur, si propter carnem mortalis est Filius, quomodo accipiant Patrem tantummodo sine Filio et sine Spiritu sancto habere immortalitatem; quando quidem Spiritus sanctus non assumpsit carnem : qui si non habet immortalitatem, non ergo propter carnem mortalis est Filius : si autem habet Spiritus sanctus immortalitatem, non de Patre tantummodo dictum est : « Qui solus habet immortalitatem. » Quocirca ita se arbitrantur et ante incarnationem per se ipsum mortalem Filium posse convincere, quia ipsa mutabilitas non inconvenienter mortalitas dicitur, secundum quam et anima dicitur mori : non quia in corpus vel in aliquam alteram substantiam mutatur et vertitur, sed in ipsa sua substantia quidquid alio modo nunc est ac fuit, secundum id quod destitit esse quod erat, mortale deprehenditur. Quia itaque, inquiunt, ante quam natus esset Filius Dei de virgine Maria, ipse apparuit Patribus nostris, non in una eademque specie, sed multiformiter, aliter atque

forme, mais de bien des manières différentes, tantôt d'une façon, tantôt de l'autre, et était visible par lui-même, puisque n'ayant pas encore pris un corps, sa substance s'est manifestée clairement aux yeux des hommes, nos adversaires concluent qu'il était mortel parce qu'il était muable. Il en est de même du Saint-Esprit, qui apparut tantôt sous la forme d'une colombe, tantôt sous celle du feu. Aussi continuent-ils, n'est-ce point à la Trinité, mais uniquement et proprement au Père que conviennent ces paroles : « Au seul Dieu immortel invisible. » De même que celles-ci : « Seul il possède l'immortalité, et habite une lumière inaccessible. Nul homme ne l'a vu et nul ne peut le voir. »

16. Laissant donc de côté ceux qui ne pouvant connaître la substance invisible de l'âme, sont bien éloignés par conséquent de savoir que la substance du seul et unique Dieu, c'est-à-dire, du Père, du Fils et du Saint-Esprit demeure non-seulement invisible, mais encore immuable, et par conséquent se trouve en possession de la vraie et pure immortalité; convaincues que jamais Dieu Père, Fils ou Saint-Esprit, n'est apparu aux yeux des hommes, sinon par le moyen d'une créature corporelle soumise à sa puissance, nous rechercherons, dans la paix catholique et avec un zèle tout pacifique, sans laisser d'être prêts à nous corriger, si on nous répond avec raison et en frères, et à nous amender si même nous sommes mordus par un ennemi, pourvu qu'il ait la vérité pour lui, nous rechercherons, dis-je, si Dieu sans distinction de personnes, ou si quelqu'une des personnes de la Trinité seulement, ou enfin si chacune d'elles à son tour, si je puis parler ainsi, est apparue à nos pères, avant que le Christ vînt dans la chair.

CHAPITRE X.

Est-ce la Trinité tout entière, ou seulement l'une des personnes divines qui apparut aux patriarches.

17. Et d'abord, pour commencer par l'endroit de la Genèse où il est écrit que Dieu s'est entretenu avec l'homme formé par lui du limon de la terre, si, mettant de côté ce qui est représenté par cette figure, nous traitons ce fait de telle sorte que la foi s'en tienne à la lettre du récit, il semble que Dieu s'est entretenu alors avec l'homme sous une apparence d'homme. Sans doute, cela n'est pas expressément dans la Genèse, mais le contexte le fait comprendre surtout à l'endroit où il est rapporté que Adam, entendant la voix de Dieu qui se promenait dans le paradis terrestre, vers le soir, se cacha dans le bosquet situé au milieu du paradis terrestre, et, à cette question de Dieu : « Adam où es-tu ? » répondit : « J'ai entendu votre voix et je me suis caché devant votre face, parce que j'étais nu. » Or, je ne vois point comment

---

aliter, et visibilis est per se ipsum, quia nondum carne assumpta, substantia ejus conspicua mortalibus oculis fuit; et mortalis, in quantum mutabilis : ita et Spiritus sanctus, qui alias columba, alias ignis apparuit. Unde non Trinitati, aiunt, sed singulariter et proprie Patri tantummodo convenit quod dictum est : « Immortali, invisibili, soli Deo : » et : « Qui solus habet immortalitatem, et lucem inhabitat inaccessibilem, quem nemo hominum vidit, nec videre potest. »

16. Omissis ergo istis, qui nec anima substantiam invisibilem nosse potuerunt, unde longe remotum ab eis erat ut nossent unius et solius Dei, id est, Patris et Filii et Spiritus sancti, non solum invisibilem, verum et incommutabilem permanere substantiam, ac per hoc in vera et sincera immortalitate consistere : nos qui nunquam apparuisse corporeis oculis Deum nec Patrem, nec Filium, nec Spiritum sanctum dicimus, nisi per subjectam suæ potestati corpoream creaturam, in pace catholica pacifico studio requiramus, parati corrigi, si fraterne ac recte reprehendimur; parati etiam si ab inimico, vera tamen dicente, mordemur; utrum indiscrete Deus apparuerit Patribus nostris ante quam Christus veniret in carne, an aliqua ex Trinitate persona, an singillatim quasi per vices.

CAPUT X.

An indiscrete Deus Trinitas Patribus apparuerit, an aliqua ex Trinitate persona.

17. Ac primum in eo quod in Genesi scriptum est, locutum Deum cum homine quem de limo finxerat, si excepta figurata significatione, ut rei gestæ fides etiam ad litteram teneatur, ista tractamus, in specie hominis videtur Deus cum homine tunc locutus. Non quidem expresse hoc in libro positum est, sed circumstantia lectionis id resonat, maxime illo quod scriptum est, vocem Dei audivisse Adam deambulantis in paradiso ad vesperam, et abscondisse se in medio ligni quod erat in paradiso, Deoque dicenti : « Adam ubi es, » respondisse : « Audivi vocem tuam, et abscondi me a facie tua, quoniam nudus sum. »

TOM. XXVII.

14

prendre à la lettre cette promenade du Seigneur et son entretien avec Adam, s'il ne s'est montré sous une apparence d'homme. On ne peut pas dire, en effet, qu'il ne se produisit qu'une voix, puisque l'Ecriture dit que Dieu se promenait; on ne peut pas dire non plus que celui qui se promenait dans le paradis terrestre était invisible; car Adam répond qu'il s'est caché pour éviter la présence de Dieu. Quel était donc ce Dieu, était-ce le Père, ou le Fils, ou le Saint-Esprit? Ou bien était-ce Dieu sans aucune distinction de personnes, c'est-à-dire la Trinité même qui parlait à l'homme sous une apparence d'homme? Mais la manière de parler de l'Ecriture ne permet nulle part de passer d'une personne à une personne. Il semble en effet que celui qui parlait au premier homme est le même qui a dit : « Que la lumière soit, » et encore : « Que le firmament soit, » (*Gen.*, I, 3) et le reste selon chacun des jours de la création. Or, nous tenons ordinairement que c'est Dieu le Père qui a dit que tout ce qu'il voulait faire fût. Or, il a tout fait par le moyen de son Verbe que d'après la règle de la vraie foi nous tenons pour son Fils unique. Si donc c'est Dieu le Père qui a parlé au premier homme et s'est promené dans le paradis terrestre, vers le soir, si c'est de lui que voulait se cacher le pécheur, quand il se dérobait au milieu d'un bosquet du paradis terrestre, pourquoi ne point admettre que c'est lui aussi qui apparut à Abraham, à Moïse, et à tous ceux à qui il a voulu et de la manière qu'il a voulu, par le moyen d'une créature muable et visible, soumise à sa volonté, bien qu'il ne laisse point, quant à lui, de demeurer immuable et invisible dans sa propre substance? Mais il se peut que, sans l'indiquer, l'Ecriture eût passé d'une personne divine à l'autre, et qu'après avoir dit en parlant du Père qu'il a prononcé ces mots : « Que la lumière soit faite, » et le reste qu'il fit, selon l'Ecriture, par le moyen de son Verbe, elle ait voulu faire comprendre que c'est le Fils en cet endroit qui parle au premier homme, sinon en le disant ouvertement, du moins en le donnant à entendre aux lecteurs capables de le comprendre.

18. Que ceux qui se sentent de force à pénétrer par les yeux de l'esprit ce secret, et à voir clairement que le Père, ou le Fils, ou le Saint-Esprit ont pu seuls, au moyen de créatures visibles, apparaître aux yeux des hommes, persévèrent à scruter ces mystères, s'ils peuvent en même temps les expliquer et les traduire en paroles; mais pour le texte de l'Ecriture qui nous occupe en ce moment, et dans lequel on lit que Dieu s'est entretenu avec l'homme, le sens précis en est, ce me semble, impénétrable, d'autant plus qu'on ne voit pas clairement non plus, si Adam apercevait habituellement Dieu des yeux

---

(*Gen.*, III, 8.) Quomodo enim possit ad litteram intelligi talis Dei deambulatio et collocutio, nisi in specie humana, non video. Neque enim dici potest vocem solam factam ubi deambulasse dictus est Deus, aut eum qui deambulabat in loco non fuisse visibilem, cum et Adam dicat quod se absconderit a facie Dei. Quis erat ergo ille, utrum Pater, an Filius, an Spiritus sanctus? An omnino Deus indiscrete ipsa Trinitas, in forma hominis homini loquebatur? Contextio quidem ipsa Scripturæ nusquam transire sentitur a persona ad personam; sed ille videtur loqui ad primum hominem qui dicebat : « Fiat lux, » et « fiat firmamentum, » (*Gen.*, I, 3) et cætera per illos singulos dies; quem Deum Patrem solemus accipere, dicentem ut fiat quidquid facere voluit. Omnia enim per Verbum suum fecit, quod Verbum ejus unicum Filium ejus secundum rectam fidei regulam novimus. Si ergo Deus Pater locutus est ad primum hominem, et ipse deambulabat in paradiso ad vesperam, et ab ejus facie se in medio ligni paradisi peccator absconderat : cur jam non ipse intelligatur apparuisse Abrahæ et Moysi, et quibus voluit, et quemadmodum voluit, per subjectam sibi commutabilem atque visibilem creaturam, cum ipse in ipso atque in substantia sua qua est incommutabilis atque invisibilis maneat? Sed fieri potuit, ut a persona ad personam occulte Scriptura transiret, et cum Patrem dixisse narrasset : « Fiat lux, » et cætera quæ per Verbum fecisse commemoratur, jam (*a*) Filium indicaret loqui ad primum hominem, non aperte hoc explicans, sed eis qui possent intelligendum intimans.

18. Qui ergo habet vires, quibus hoc secretum possit mentis acie penetrare, ut ei liquido appareat vel posse etiam Patrem, vel non posse nisi Filium, et Spiritum sanctum, per creaturam visibilem humanis oculis apparere, pergat in hæc scrutanda, si potest etiam verbis enuntianda atque tractanda : res tamen, quantum ad hoc Scripturæ testimonium attinet, ubi Deus cum homine locutus est, quantum existimo, occulta est : quia etiam utrum soleret Adam corporeis oculis Deum videre, non evidenter apparet; cum præsertim magna sit quæstio, cujusmodi oculi

(*a*) Sic plerique Mss. At editi *per Filium indicat.*

du corps, et que d'ailleurs c'est une grande question de savoir de quelle manière les yeux de nos premiers parents s'ouvrirent après qu'ils eurent goûté du fruit défendu, puisqu'il est dit qu'ils étaient fermés avant qu'ils en eussent mangé. Serais-je téméraire si je disais que puisque l'Ecriture nous représente le paradis terrestre comme un lieu corporel, Dieu n'a pu s'y promener que dans une forme corporelle? En effet, peut-être peut-on dire qu'il s'est produit seulement des paroles que le premier homme a pu entendre, mais qu'il n'y a point eu de formes qu'il pût voir, et s'il est dit « qu'Adam se cacha pour se dérober à la face de Dieu, » (*Gen.*, III, 8) il ne s'ensuit pas qu'il vit ordinairement sa face. En effet, ne peut-on pas dire que tout en ne pouvant voir lui-même, il avait néanmoins peur d'être vu par celui dont il avait entendu la voix et dont il sentait la présence et la promenade dans le jardin? En effet, Caïn ne dit-il point à Dieu : « Je me déroberai à votre face? » (*Gen.*, IV, 14.) Or, cela ne nous oblige point à dire qu'il voyait Dieu habituellement des yeux du corps, dans une forme visible, bien qu'il eût entendu sa voix quand il l'interrogeait sur son crime et qu'il s'entretenait avec lui. De quelle nature était la parole dont Dieu se servait alors pour frapper les oreilles extérieures des hommes, particulièrement quand il s'adressait au premier de tous? c'est une chose bien difficile à savoir, et je n'entreprendrai point de la rechercher dans ce discours. Toutefois, s'il n'y avait que des sons et des paroles de produits, par lesquels une certaine présence sensible de Dieu était donnée à nos premiers parents, je ne sais pourquoi, dans le cas présent, je n'entendrais point la personne de Dieu le Père, d'autant plus que c'est cette personne qui nous est montrée ailleurs quand une voix se fit entendre au moment où Jésus apparut à ses trois disciples, sur la montagne, brillant de clarté, puis une autre fois quand la colombe descendit sur lui au sortir du baptême, et enfin lorsqu'il lui fut répondu quand il priait son Père de le glorifier : « Je vous ai glorifié et je vous glorifierai encore. » (*Jean*, XII, 28.) Non que cette voix ait pu se produire sans l'opération du Fils et du Saint-Esprit ; car la Trinité est inséparable dans son opération ; mais elle s'est produite de manière à ne montrer que la personne du Père ; de même, si la Trinité tout entière a opéré la forme humaine née de la Vierge Marie, cependant cette forme n'est que la personne du Fils, attendu que l'invisible Trinité n'a opéré que la personne visible de ce dernier. Rien ne nous empêche non-seulement de comprendre que ces paroles, adressées à Adam, ont été produites par la Trinité, mais encore de les prendre comme nous indiquant une des personnes de cette même Trinité. En effet, nous sommes bien contraints de n'entendre

---

eis aperti fuerint, quando vetitum cibum gustaverunt : hi enim ante quam gustassent, clausi erant. Illud (*a*) tamen non temere dixerim, si paradisum corporalem quemdam locum illa Scriptura insinuat, deambulare ibi Deum nisi in aliqua corporea forma nullo modo potuisse. Nam et solas voces factas quas audiret homo, nec aliquam formam videret, dici potest : nec quia scriptum est : « Abscondit se Adam a facie Dei ; » (*Gen.*, III, 8) continuo sequitur ut soleret faciem ejus videre. Quid si enim non quidem videre ipse poterat, sed videri ipse metuebat ab eo cujus vocem audierat, et deambulantis præsentiam senserat? Nam et Cain dixit Deo : « A facie tua abscondam me : » (*Gen.*, IV, 14) nec ideo fateri cogimur, eum solere cernere faciem Dei corporeis oculis, in qualibet forma visibili, quamvis de facinore suo vocem interrogantis secumque loquentis audisset. Cujusmodi autem loquela tunc Deus exterioribus hominum auribus insonaret, maxime ad primum hominem loquens (*Gen.*, III, 9), et invenire difficile est, et non hoc isto sermone suscepimus. Verumtamen si solæ voces et sonitus fiebant, quibus quædam sensibilis præsentia Dei primis illis hominibus præberetur, cur ibi personam Dei Patris non intelligam nescio : quando quidem persona ejus ostenditur et in ea voce, cum Jesus in monte coram tribus discipulis præfulgens apparuit (*Matth.*, XVII, 5) ; et in illa quando super baptizatum columba descendit (*Matth.*, III, 17), eique responsum est : « Et clarificavi, et iterum clarificabo. » (*Joan.*, XII, 28.) Non quia fieri potuit vox sine opere Filii et Spiritus sancti (Trinitas quippe inseparabiliter operatur); sed quia ea vox facta est, quæ solius personam Patris ostenderet : sicut humanam illam formam ex virgine Maria Trinitas operata est, sed solius Filii persona est ; visibilem namque Filii solius personam, invisibilis Trinitas operata est. Nec nos aliquid prohibet, illas voces factas ad Adam, non solum a Trinitate factas intelligere, sed etiam personam demonstrantes ejusdem

(*a*) Plures Mss. *Illud tantum*.

que la voix du Père, quand il est dit : « Celui-ci est mon Fils bien-aimé ; » (*Matth.*, III, 17) car on ne peut ni croire ni entendre que Jésus soit le Fils du Saint-Esprit, non plus que son propre Fils à lui-même. Et quand on a entendu ces autres paroles : « Je vous ai glorifié et je vous glorifierai encore, » (*Jean*, XII, 28) on ne peut reconnaître que la voix du Père, car c'était une réponse à cette parole du Seigneur : « Mon Père, glorifiez votre Fils, » qu'il ne pouvait adresser qu'au Père, non point au Saint-Esprit, dont il n'était point le Fils. Mais dans le passage où il est écrit : « Le Seigneur Dieu dit à Adam, » on ne peut dire pourquoi ce ne serait point la Trinité même qui aurait parlé.

19. Il en est de même de cet autre passage de l'Ecriture : « Et le Seigneur dit à Abraham : Sortez de votre pays, de votre parenté et de la maison de votre père, » (*Gen.*, XII, 1) on ne voit pas clairement s'il ne se produisit alors qu'une parole qui frappa les oreilles d'Abraham, où s'il apparut quelque chose à ses yeux. Il est vrai qu'un peu plus loin il est dit un peu plus clairement : « Et le Seigneur apparut à Abraham et lui dit : Je donnerai ce pays à votre race ; » mais en cet endroit il n'est pas dit sous quelle forme le Seigneur lui apparut, ni si c'était le Père, le Fils ou le Saint-Esprit qui lui apparut. A moins peut-être qu'on ne croie que c'est le Fils qui se fit voir à lui, parce qu'il n'est pas dit : Et Dieu lui apparut, mais : « Le Seigneur lui apparut ; » comme si le nom de Seigneur était proprement celui du Fils, d'après ce passage de l'Apôtre : « Car encore qu'il y en aient qui soient appelés dieux, soit dans le ciel soit sur la terre, et qu'ainsi il y ait plusieurs dieux et plusieurs seigneurs, il n'y a néanmoins, pour nous, qu'un seul Dieu qui est le Père, de qui toutes choses tirent leur être et qui nous a faits en lui, et il n'y a aussi qu'un seul Seigneur, qui est Jésus-Christ, par qui tout a été fait, comme c'est également par lui que nous sommes ce que nous sommes. » (I *Cor.*, VIII, 5, 6.) Mais comme, en bien des endroits, le Père se trouve aussi appelé Seigneur, par exemple dans ce passage : « Le Seigneur me dit : Vous êtes mon Fils, je vous ai engendré aujourd'hui, » (*Ps.* II, 7) et dans cet autre : « Le Seigneur dit à mon Seigneur : Asseyez-vous à ma droite, » (*Ps.* CIX, 1) et que le Saint-Esprit est également appelé Seigneur, par l'Apôtre disant : « Or, le Seigneur c'est l'Esprit, » (II *Cor.*, III, 17) et pour empêcher qu'on ne crût qu'il parlait du Fils et qu'il ne l'appelait esprit qu'à cause de sa substance incorporelle, poursuivant en ces termes : « Et là où est l'Esprit du Seigneur, là est aussi la liberté, » personne ne doute que l'Esprit du Seigneur ne soit le Saint-Esprit. Mais là encore on ne voit pas d'une manière évidente si c'est l'une des personnes de la Trinité ou Dieu même,

---

Trinitatis accipere. Ibi enim cogimur, nonnisi Patris accipere, ubi dictum est : « Hic est Filius meus dilectus. » (*Matth.*, III, 17.) Neque enim Jesus etiam Spiritus sancti filius, aut etiam suus filius credi aut intelligi potest. Et ubi sonuit : « Et clarificavi, et iterum clarificabo, » (*Joan.*, XII, 28) nonnisi Patris personam fatemur. Responsio quippe est ad illam Domini vocem qua dixerat : « Pater clarifica Filium tuum : » quod non potuit dicere nisi Deo Patri tantum, non et Spiritui sancto, cujus non erat filius. Hic autem ubi scriptum est : « Et dixit Dominus Deus ad Adam, » (*Gen.*, III, 9) cur non ipsa Trinitas intelligatur, nihil dici potest.

19. Similiter etiam quod scriptum est : « Et dixit Dominus ad Abraham : Exi de terra tua, et de cognatione tua, et de domo patris tui, » (*Gen.*, XII, 1) non est apertum, utrum sola vox facta sit ad aures Abrahæ, an et aliquid oculis ejus apparuerit. Paulo post autem aliquanto apertius dictum est : « Et visus est Dominus Abrahæ, et dixit illi, semini tuo dabo terram hanc. » (*Ibid.*, 7.) Sed nec ibi expressum est, in qua specie visus sit ei Dominus, aut utrum Pater, an Filius, an Spiritus sanctus ei visus sit. Nisi forte ideo putant Filium visum esse Abrahæ, quia non scriptum est, visus est ei Deus, sed : « Visus est ei Dominus. » Tanquam enim proprie videtur Filius Dominus vocari, dicente Apostolo : « Nam et si sunt qui dicuntur dii sive in cœlo sive in terra, sicuti sunt dii multi et domini multi, nobis tamen unus Deus Pater ex quo omnia et nos in ipso, et unus Dominus Jesus Christus per quem omnia et nos per ipsum. » (I *Cor.*, VIII, 5.) Sed cum et Deus Pater multis locis inveniatur dictus Dominus, sicuti est illud : « Dominus dixit ad me : Filius meus es tu, ego hodie genui te ; » (*Ps.* II, 7) et illud : « Dixit Dominus Domino meo, sede ad dexteram meam : » (*Ps.* CIX, 1) cum etiam Spiritus sanctus Dominus dictus inveniatur, ubi Apostolus ait : « Dominus autem Spiritus est ; » (II *Cor.*, III, 17) et ne quisquam arbitraretur Filium significatum, et ideo dictum spiritum propter incorpoream substantiam, secutus contexuit : « Ubi autem Spiritus Domini, ibi libertas : » Spiritum autem Domini Spiritum sanctum esse nemo dubitaverit.

c'est-à-dire de la Trinité, dont il a été dit : « Vous adorerez le Seigneur votre Dieu, et ne servirez que lui, » (*Deut.*, VI, 13) qui apparut à Abraham. Ce patriarche vit en effet trois hommes sous le chêne de Mambré, les invita à entrer chez lui, leur donna l'hospitalité et les servit à table. Toutefois l'Ecriture, en commençant le récit de ce fait, ne dit point : Il lui apparut trois hommes, mais : « Le Seigneur lui apparut ; » puis passant au récit de la manière dont le Seigneur lui était apparu, elle parle des trois hommes à qui Abraham adresse son invitation au pluriel, afin de leur rendre les devoirs de l'hospitalité, après cela il leur parle au singulier, comme s'il ne s'adressait qu'à une seule personne, de même il n'y en a qu'un qui promet à Abraham un fils de Sara, c'est celui à qui l'Ecriture donne le nom de Seigneur, comme au commencement de son récit quand elle dit : « Le Seigneur apparut à Abraham. » (*Gen.*, XVIII, 1.) Le patriarche les invite donc, et leur lave les pieds, puis il les accompagne à leur départ, comme si c'eussent été des hommes, mais il leur parle comme au Seigneur Dieu, soit quand un fils lui est promis, soit lorsqu'il apprend la destruction imminente de Sodome.

CHAPITRE XI.

Sur la même vision.

20. Ce passage de l'Ecriture ne demande point une petite attention ni une attention d'un moment. En effet, s'il n'était apparu qu'un seul homme, ceux qui prétendent que le Fils fut visible par le moyen de sa substance, longtemps avant de naître de la Vierge, ne manqueraient point de crier que c'était lui qui se montrait alors, attendu, disaient-ils, que ce n'est que du Père qu'il est dit : « Au seul Dieu invisible. » (1 *Tim.*, I, 17.) Cependant je pourrais leur demander comment il se fait qu'avant de s'être uni un corps, il s'est trouvé homme par tout ce qui paraissait de lui ou dehors (*Philipp.*, II, 7), puisqu'on lui lava les pieds et qu'on lui servit des aliments préparés pour un homme. Comment cela pouvait-il se passer ainsi dans un temps où il n'était encore que dans sa forme de Dieu, et qu'il ne regardait point comme une usurpation de se faire égal à Dieu ? S'était-il donc déjà anéanti lui-même, en prenant la forme d'un esclave, en se rendant semblable à l'homme et en se trouvant homme par tout ce qui paraissait de lui au dehors ? Mais, nous savons qu'il n'en a été ainsi pour lui que par sa naissance d'une Vierge. Comment donc avant cette naissance est-il apparu comme homme à Abraham ? N'était-ce point une forme véritable ? je pourrais me le demander, s'il n'était apparu qu'un seul homme à Abraham, et si on croyait que cet homme fût le Fils de Dieu ; mais comme il est apparu trois hommes et qu'il n'est point dit que

---

CAPUT XI.

De eadem visione.

Neque hic ergo evidenter apparet, utrum aliqua ex Trinitate persona, an Deus ipse Trinitas, de quo uno Deo dictum est : « Dominum Deum tuum adorabis, et illi soli servies, » (*Deut.*, VI, 13) visus fuerit Abrahæ. Sub ilice autem Mambre tres viros vidit, quibus et invitatis hospitioque susceptis et epulantibus ministravit. Sic tamen Scriptura illam rem gestam narrare cœpit, ut non dicat, visi sunt ei tres viri ; sed : « Visus est ei Dominus. » Atque inde consequenter exponens, quomodo ei visus sit Dominus, adtexit narrationem de tribus viris, quos Abraham per pluralem numerum invitat, ut hospitio suscipiat ; et postea singulariter sicut unum alloquitur ; et sicut unus ei de Sara Filium pollicetur, quem Dominum dicit Scriptura, sicut in ejusdem narrationis exordio : « Visus est, inquit, Dominus Abrahæ. » (*Gen.*, XVIII, 1.) Invitat ergo, et pedes lavat, et deducit abeuntes tanquam homines : loquitur autem tanquam cum Domino Deo, sive cum ei promittitur Filius, sive cum ei Sodomis imminens interitus indicatur.

20. Non parvam neque transitoriam considerationem postulat iste Scripturæ locus. Si enim vir unus visus fuisset, jam illi qui dicunt et prius quam de virgine nasceretur per suam substantiam visibilem Filium, quid alius quam ipsum esse clamarent? Quoniam de Patre, inquiunt, dictum est : « Invisibili soli Deo. » (1 *Tim.*, I, 17.) Et tamen possem adhuc quærere, quomodo ante susceptam carnem, habitu est inventus ut homo (*Phil.*, II, 7); quando quidem ei pedes loti sunt, et humanis epulis epulatus est? Quomodo istud fieri poterat, cum adhuc in forma Dei esset, non rapinam arbitratus esse æqualis Deo? Numquid enim jam semetipsum exinanierat, formam servi accipiens, in similitudine hominum factus, et habitu inventus ut homo? cum hoc quando fecerit per partum virginis noverimus. Quomodo igitur ante quam hoc fecisset, ut vir unus apparuit Abrahæ? An illa forma vera non erat? Possem ista quærere, si vir

l'un d'eux l'emportât sur les autres par la taille, l'âge ou la puissance, pourquoi ne pas croire que dans ce cas, l'Ecriture nous a insinué par le moyen d'une créature visible l'égalité de la Trinité et l'unité, l'identité de substances en trois personnes?

21. En effet, de peur qu'on ne vînt à croire que l'Ecriture nous indiquait, en parlant comme elle l'a fait, que l'un des trois personnages était plus grand que les deux autres, et qu'on devait tenir celui-là pour le Seigneur Fils de Dieu, et les deux autres pour ses anges, vu que s'il est apparu trois personnages, Abraham n'adresse la parole qu'à un seul, la sainte Ecriture va contre cette pensée et une telle opinion qui devaient se produire un jour, en rapportant un peu plus loin qu'il se présenta à Loth deux anges, et que ce juste qui mérita d'échapper à l'incendie de Sodome, n'adresse alors la parole qu'à un seul Seigneur. En effet, voici en quels termes s'exprime l'Ecriture : « Lorsque le Seigneur eut cessé de parler à Abraham, il se retira et Abraham retourna chez lui. » (*Gen.*, XVIII, 33.)

CHAPITRE XII.

Examen de la vision de Loth.

« Or, sur le soir deux anges vinrent à Sodome. » (*Gen.*, XIX, 12.) Il faut remarquer ici avec la plus grande attention ce que je me suis proposé de montrer. Il est certain que c'était aux trois personnages que s'adressait Abraham, et il les appelait seigneur au singulier. Peut-être, dira-t-on, en reconnaissait-il un des trois pour le Seigneur, et ne voyait-il que des anges dans les deux autres. Mais alors que signifie ce que l'Ecriture ajoute par forme de conséquence, en disant : « Lorsque le Seigneur eut cessé de parler avec Abraham, il se retira et Abraham retourna chez lui. Or, sur le soir deux anges vinrent à Sodome ? » (*Gen.*, XVIII, 33.) Est-ce que par hasard, il n'y eut que celui des trois qui était reconnu pour le Seigneur, qui s'en alla, et envoya-t-il les deux anges qui étaient avec lui, à Sodome, pour la détruire ? Voyons donc la suite du récit : « Sur le soir, » dit donc l'Ecriture, « deux anges vinrent à Sodome. Or, Loth était assis à la porte de la ville ; en les apercevant il se leva, alla au-devant d'eux, et les salua en s'inclinant jusqu'à terre, puis il leur dit : Mes Seigneurs, venez, je vous prie, dans la maison de votre serviteur. » (*Gen.*, XIX, 1, 2.) Il est manifeste que c'étaient deux anges, qu'ils furent invités, au pluriel, à accepter l'hospitalité, et que c'est par honneur que Loth les appela seigneurs, bien que peut-être il les prît pour des hommes.

CAPUT XII.

Visio Loth excutitur.

« Venerunt autem duo angeli in Sodomis vespere. » (*Gen.*, XIX, 1.) Hic attentius considerandum est, quod ostendere institui. Cum tribus certe loquebatur Abraham, et eum Dominum singulariter appellavit. Forte inquit aliquis, unum ex tribus agnoscebat Dominum, alios autem duos angelos ejus. Quid sibi ergo vult, quod consequenter dicit Scriptura : « Abiit autem Dominus post quam cessavit loquens ad Abraham, et Abraham reversus est ad locum suum : venerunt autem duo angeli in Sodomis vespere? » (*Gen.*, XVIII, 33.) An forte ille unus abscesserat, qui Dominus agnoscebatur in tribus, et duos angelos qui cum illo erant ad consumenda miserat Sodoma? Ergo sequentia videamus : « Venerunt, inquit, duo angeli in Sodomis vespere. Loth autem sedebat ad portam Sodomorum. Et cum vidisset eos Loth, surrexit in obviam illis, et adoravit in faciem super terram, et dixit : Ecce, Domini divertite in domum pueri vestri. » Hic manifestum est, et duos angelos fuisse, et in hospitium pluraliter invitatos, et honorifice appellatos Dominos, cum fortasse homines putarentur.

---

unus apparuisset Abrahæ, idemque Dei Filius crederetur. Cum vero tres viri visi sunt (*Gen.*, XVIII, 2), nec quisquam in eis vel forma, vel ætate, vel potestate major cæteris dictus est, cur non hic accipiamus visibiliter insinuatam per creaturam visibilem Trinitatis æqualitatem, atque in tribus personis unam camdemque substantiam?

21. Nam ne quisquam putaret sic intimatum unum in tribus fuisse majorem, et eum Dominum Dei Filium intelligendum, duos autem alios angelos ejus, quia cum tres visi sint, uni Domino illic loquitur Abraham, sancta Scriptura futuris talibus cogitationibus atque opinionibus contradicendo non prætermisit occurrere, quando paulo post duos angelos dicit venisse ad Loth (*Gen.*, XIX, 1), in quibus et ille vir justus qui de Sodomorum incendio meruit liberari, ad unum Dominum loquitur. Sic enim sequitur Scriptura dicens : « Abiit autem Dominus post quam cessavit loquens ad Abraham, et Abraham reversus est ad locum suum. » (*Gen.*, XVIII, 33.)

22. Mais ce qui fait encore une difficulté, c'est que si Loth, n'avait point reconnu en eux des anges de Dieu, il ne les aurait point adorés en s'inclinant jusqu'à terre. Pourquoi donc leur offre-t-il, comme à des hommes qui ont besoin de tels services, l'hospitalité et de la nourriture? Quelque secret qu'il y ait là-dessous, poursuivons ce qui est présentement l'objet de notre recherche. Deux personnages apparaissent, tous deux sont appelés anges, ils sont invités, au pluriel, par Loth s'adressant à eux comme s'ils étaient deux, jusqu'au moment où il sort de Sodome. Alors l'Ecriture poursuit en ces termes : « L'ayant donc fait sortir, ils le conduisirent hors de la ville et lui dirent : Sauvez votre vie, ne regardez point derrière vous, et ne vous arrêtez point dans les pays d'alentour, mais sauvez-vous sur la montagne, de peur que vous ne périssiez aussi vous-même avec les autres. Loth leur répondit : Seigneur, puisque votre serviteur a trouvé miséricorde devant vous, je vous prie, etc. » (*Gen.*, XIX, 17, 18.) Que signifie ce langage : « Seigneur, je vous prie, » si déjà celui qui était le Seigneur était parti et avait envoyé ses anges? Pourquoi cette parole : « Seigneur, je vous prie, » au lieu de mes seigneurs, au pluriel? Ou bien s'il ne voulait s'adresser qu'à l'un des deux, pourquoi l'Ecriture lui fait-elle tenir ce langage : « Loth leur dit : Seigneur, puisque votre serviteur a trouvé miséri- corde devant vous? » Est-ce que dans cet endroit l'emploi du pluriel désigne pour nous deux personnes, quand ces deux personnages interpellés comme ne faisant qu'un, ne nous donnent à entendre qu'un seul Seigneur Dieu, d'une seule et même substance? Mais quelles sont les deux personnes que nous comprenons d'après ce passage? Sont-ce celles du Père et du Fils, ou celles du Fils et du Saint-Esprit? Peut-être bien sont-ce ces dernières. En effet, ces deux personnages se donnent pour envoyés, ce qui convient comme nous l'avons dit, au Fils et au Saint-Esprit; attendu que nulle part dans les Ecritures, nous ne voyons que le Père ait été envoyé.

CHAPITRE XIII.

La vision de Moïse dans le buisson ardent.

23. Voici en quels termes est rapportée l'apparition du Seigneur à Moïse, quand ce dernier fut envoyé pour tirer le peuple d'Israël de la terre d'Egypte : « Cependant Moïse faisait paître les brebis de Jéthro, son beau-père, prêtre de Madian, et ayant un jour mené son troupeau dans le désert, il arriva à la montagne de Dieu appelée Choreb. Or, l'ange du Seigneur lui apparut dans une flamme de feu qui sortait d'un buisson. Il voyait le buisson brûler sans se consumer. Moïse dit donc : Il faut que j'aille reconnaître quelle est cette merveille que je vois, et

---

22. Sed rursum movet, quia nisi angeli Dei cognoscerentur, non adoraret Loth in faciem super terram. Cur ergo tanquam tali humanitate indigentibus, et hospitium præbetur et victus? Sed quodlibet hic lateat, illud nunc quod suscepimus exsequamur. Duo apparent, angeli(*a*) ambo dicuntur, pluraliter invitantur, tanquam cum duobus pluraliter loquitur, donec exeatur a Sodomis. Deinde sequitur Scriptura et dicit : « Et factum est post quam eduxerunt eos foras, dixerunt : Salvans salva animam tuam, ne respexeris retro, neque stes in hac universa regione : in montem vade, et ibi salvaberis, ne forte comprehendaris. Dixit autem Loth ad eos, rogo domine. quoniam invenit puer tuus ante te misericordiam, etc. » (*Gen.*, XIX, 17.) Quid est hoc quod dixit ad eos : « Rogo, domine, » si jam ille discesserat qui dominus erat, et angelos miserat? cur dicitur : « Rogo, domine, » et non : Rogo, domini? Aut si unum ex eis voluit appellare, cur ait Scriptura : « Dixit autem Loth ad eos : Rogo, domine, quoniam invenit puer tuus ante te misericordiam? » An et hic intelligimus in plurali numero duas personas? cum autem iidem duo tanquam unus compellantur, unius substantiæ unum Dominum Deum? Sed duas personas hic intelligimus? Patris et Filii, an Patris et Spiritus sancti, an Filii et Spiritus sancti? Hoc forte congruentius quod ultimum dixi. Missos enim se dixerunt, quod de Filio et de Spiritu sancto dicimus. Nam Patrem missum nusquam Scripturarum nobis occurrit.

CAPUT XIII.

Visio in rubo.

23. Moyses autem quando ad populum Israel ex Ægypto educendum missus est, sic ei Dominum apparuisse scriptum est : « Pascebat, inquit, oves Jethro soceri sui sacerdotis Madiam, et egit oves in desertum, et venit in montem Dei Choreb. Apparuit autem illi angelus Domini in flamma ignis de rubo. Et vidit quia in rubo arderet ignis, rubus vero non

---

(*a*) Unus e Vaticanis Mss. *Duo apparent Angeli, ambo dicuntur Domini.*

pourquoi ce buisson ne se consume point. Mais le Seigneur le voyant venir pour considérer ce qu'il voyait, l'appela du milieu du buisson, et lui dit : Je suis le Dieu de votre père, le Dieu d'Abraham, le Dieu d'Isaac et le Dieu de Jacob. » (*Exod.*, III, 1 à 6.) Ainsi, dans cet endroit, le même personnage est d'abord appelé ange du Seigneur, puis Dieu. Est-ce que le Dieu d'Abraham, le Dieu d'Isaac et le Dieu de Jacob n'est qu'un ange ? On peut donc fort bien entendre par là le Sauveur même dont l'Apôtre parle en ces termes : « De qui les patriarches sont les pères, et de qui est sorti, selon la chair, le Christ qui est Dieu au-dessus de tout, et béni dans tous les siècles. » (*Rom.*, IX, 5.) Il n'y a donc pas d'absurdité à entendre ici par le Dieu d'Abraham, le Dieu d'Isaac et le Dieu de Jacob, le Dieu qui est au-dessus de tout et béni dans tous les siècles des siècles. Mais pourquoi a-t-il d'abord été appelé ange du Seigneur, quand il apparut dans la flamme de feu qui s'élevait du buisson ? Est-ce parce que tout en étant un d'entre les anges, il remplissait par dispensation le rôle du Seigneur ? Ou bien n'était-ce qu'un emprunt fait à la créature, pour apparaître d'une manière visible dans cette circonstance et pour faire entendre des paroles accessibles à l'ouïe, et indiquer, comme il fallait, aux sens corporels de l'homme, la présence du Seigneur, par le moyen d'une créature soumise à sa volonté ? En effet, si c'était un ange, qui pourrait facilement affirmer que sa mission était d'annoncer la personne du Fils ou celle du Saint-Esprit ; celle du Père ou celle de la Trinité même, qui n'est autre qu'un seul et même Dieu, en sorte qu'il pût s'écrier : « Je suis le Dieu d'Abraham, le Dieu d'Isaac et le Dieu de Jacob ? » (*Exod.*, III, 6.) Car nous ne pouvons dire que le Dieu d'Abraham, le Dieu d'Isaac et le Dieu de Jacob soit le Fils de Dieu et ne soit point le Père. Ou bien osera-t-on prétendre que le Dieu d'Abraham, le Dieu d'Isaac, et le Dieu de Jacob, n'est point ou le Saint-Esprit, ou la Trinité même en qui nous croyons, et comprenons le seul Dieu ? En effet, le Dieu qui n'est pas un Dieu n'est point le Dieu de ces patriarches ; or, si non-seulement le Père est Dieu, comme les hérétiques même font profession de le croire, mais si le Fils l'est également, ainsi que les hérétiques, bon gré mal gré, sont contraints de le confesser, en entendant ce mot de l'Apôtre : « Il est Dieu au-dessus de tout et béni dans les siècles des siècles, » (*Rom.*, IX, 5) s'il en est de même du Saint-Esprit, toujours d'après le même Apôtre nous disant : « Glorifiez donc Dieu dans votre cœur, » (I *Cor.*, VI, 20) après avoir dit un peu plus haut : « Ne savez-vous point que vos corps sont en vous le temple du Saint-Es-

comburebatur; et ait Moyses : Ibo, et videbo visum istud, quod tam magnum vidi, quoniam non comburitur rubus. Cum ergo vidit Dominus, quia venit videre, clamavit (*a*) eum Dominus de rubo dicens : Ego sum Deus patris tui, Deus Abraham, et Deus Isaac, et Deus Jacob. » (*Exod.*, III, 4.) Et hic primo angelus Domini dictus est, deinde Deus. Numquid ergo angelus est Deus Abraham, et Deus Isaac, et Deus Jacob ? Potest ergo recte intelligi ipse Salvator, de quo dicit apostolus : « Quorum Patres, et ex quibus Christus secundum carnem, qui est super omnia Deus benedictus in sæcula. » (*Rom.*, IX, 5.) Qui ergo super omnia est Deus benedictus in sæcula, non absurde etiam hic ipse intelligitur Deus Abraham, et Deus Isaac, et Deus Jacob. Sed cur prius angelus Domini dictus est, cum de rubo in flamma ignis apparuit ; utrum quia unus ex multis angelis erat, sed per dispensationem personam Domini sui gerebat ? an assumptum erat aliquid creaturæ, quod ad præsens negotium visibiliter appareret, et unde voces sensibiliter ederentur, quibus præsentia Domini per subjectam creaturam corporeis etiam sensibus hominis sicut oportebat exhiberetur ? Si enim unus ex angelis erat, quis facile affirmare possit, utrum ei Filii persona nuntianda imposita fuerit, an Spiritus sancti, an Dei Patris, an ipsius omnino Trinitatis, qui est unus et solus Deus, ut diceret : « Ego sum Deus Abraham, et Deus Isaac, et Deus Jacob ? » (*Exod.*, III, 6.) Neque enim possumus dicere Deum Abraham, et Deum Isaac, et Deum Jacob, Filium Dei esse, et Patrem non esse; aut Spiritum sanctum, aut ipsam Trinitatem, quam credimus et intelligimus unum Deum, audebit aliquis negare Deum Abraham, et Deum Isaac, et Deum Jacob. Ille enim non est illorum Patrum Deus, qui non est Deus. Porro si non solum Pater Deus est, sicut omnes etiam hæretici concedunt; sed etiam Filius, quod velint nolint coguntur fateri, dicente Apostolo : « Qui est super omnia Deus benedictus in sæcula ; » (*Rom.*, IX, 5) et Spiritus sanctus, dicente ipso Apostolo : « Clarificate ergo Deum in corpore vestro ; » (I *Cor.*, VI, 20) cum supra diceret : « Nescitis quia corpora vestra tem-

(*a*) Editi *clamavit ad eum*. Particula *ad* abest a Mss. et a Græco LXX.

prit que vous tenez de Dieu, » (*ibid.*, 19) et si ces trois personnes sont un seul Dieu, ainsi que le croit la saine foi des catholiques; on ne voit pas très-bien quelle personne de la Trinité représentait cet ange, dans l'hypothèse où c'était un ange, ni s'il en représentait une, ni même s'il tenait la place de la Trinité, mais si c'était une créature empruntée pour l'usage d'une chose présente, pouvant apparaître aux yeux des hommes, parler à leurs oreilles, qui fût appelée ange du Seigneur, Seigneur et Dieu, on ne peut entendre par là non Dieu le Père, mais seulement le Fils ou le Saint-Esprit. Il est vrai que je n'ai pas souvenance d'avoir jamais vu, dans aucun endroit, le Saint-Esprit appelé ange, mais on pourrait comprendre qu'il fut tel en vertu de son œuvre, car il est dit de lui : « Il vous annoncera les choses à venir ; » (*Jean*, XVI, 13) or, le mot ange, en grec, veut dire annonceur, en latin. Quant au Seigneur Jésus-Christ, nous lisons très-clairement dans un Prophète qu'il a été appelé « l'Ange du grand conseil, » (*Isa.*, IX, 6) bien que le Saint-Esprit ainsi que le Fils de Dieu soit le Dieu et le Seigneur des anges.

CHAPITRE XIV.

Vision de Dieu dans la colonne de nuée et de feu.

24. De même quand Israël sortit de la terre d'Egypte, il est dit : « Or, le Seigneur marchait devant eux, le jour dans une colonne de nuée, et leur montrait le chemin ; la nuit dans une colonne de feu; jamais la colonne de nuée ne cessa de paraître pendant le jour ni la colonne de feu pendant la nuit. » (*Exod.*, XIII, 21 et 22.) Qui doute, en cet endroit, que c'est par une créature et même par une créature corporelle soumise à sa volonté, non point dans sa propre substance, que Dieu est apparu aux yeux des hommes? Mais il n'est pas aussi évident que ç'ait été le Père, ou le Fils, ou le Saint-Esprit, ou la Trinité même qui est un seul Dieu. On ne saurait non plus, je pense, le voir dans ce passage : « Et la majesté du Seigneur apparut dans la nuée, et le Seigneur parla à Moïse en ces termes : J'ai entendu les murmures des enfants d'Israël, etc. » (*Exod.*, XVI, 10.)

CHAPITRE XV.

De la vision de Dieu sur le Sinaï.

25. Parlons maintenant des nuées, des voix, des foudres, de la trompette et de la fumée qui se produisirent sur le mont Sinaï : or, il est dit : « Tout le mont Sinaï était couvert de fumée, parce que le Seigneur y était descendu au milieu des feux, la fumée s'en élevait en haut comme d'une fournaise, et tout le peuple eut l'âme consternée ; il se produisait des sons de

---

ptum in vobis est Spiritus sancti, quem habetis a Deo; » (*ibid.*, 19) et hi tres unus Deus, sicut catholica sanitas credit : non satis elucet quam in Trinitate personam, et utrum aliquam, an ipsius Trinitatis gerebat ille angelus, si unus ex cæteris angelis erat. Si autem in usum rei præsentis assumpta creatura est, quæ et humanis oculis appareret, et auribus insonaret, et appellaretur angelus Domini, et Dominus, et Deus : non potest hic Deus intelligi Pater, sed aut Filius, aut Spiritus sanctus. Quanquam Spiritus sanctus alicubi angelum dictum non recolam, sed ex opere possit intelligi : dictum enim de illo est : « Quæ ventura sunt annuntiabit vobis; » (*Joan.*, XVI, 13) et utique angelus græce, latine nuntius interpretatur : de Domino autem Jesu Christo evidentissime legimus apud Prophetam, quod « magni consilii angelus » dictus sit (*Is.*, IX, 6) : cum et Spiritus sanctus, et Dei Filius, sit Deus et Dominus angelorum.

CAPUT XVI.

De visione in columna nubis et ignis.

24. Item in exitu filiorum Israel de Ægypto scriptum est : « Deus autem præibat illos, die quidem in columna nubis, et ostendebat illis viam; nocte autem in columna ignis ; et non deficiebat columna nubis die et columna ignis nocte ante populum. » (*Exod.*, XIII, 21.) Quis et hic dubitet per subjectam creaturam eamdemque corpoream, non per suam substantiam, Deum oculis apparuisse mortalium; sed utrum Patrem, an Filium, an Spiritum sanctum, an ipsam Trinitatem unum Deum, similiter non apparet. Nec ibi hoc distinguitur, quantum existimo, ubi scriptum est : « Et majestas Domini apparuit in nube, et locutus est Dominus ad Moysen dicens : « Exaudivi murmur filiorum Israel, etc. » (*Exod.*, XVI, 10.)

CAPUT XV.

De visione in Sina.

25. Jam vero de nubibus et vocibus et fulguribus et tuba et fumo in monte Sina, cum diceretur : « Sina autem mons fumabat totus, propterea quod descendisset Deus in eum in igne, et ascendebat fumus tanquam fumus fornacis, et mente confusus est omnis populus vehementer, fiebant autem voces tubæ

trompette qui sortaient avec un très-grand éclat. Cependant Moïse parlait et Dieu lui répondait de sa voix. » (*Exod.*, xix, 18 et 19.) Un peu plus loin, quand la loi eut été donnée en dix commandements, l'Ecriture poursuit ainsi son récit : « Or, tout le peuple entendait ces voix et le son de la trompette et voyait les lampes et la montagne qui fumait. » (*Exod.*, xx, 18.) Un peu après, on lit : « Et le peuple tout entier se tenait à l'écart, quant à Moïse il entra dans le nuage obscur où était Dieu, et le Seigneur dit à Moïse, etc. » Que dirai-je à ce sujet, sinon qu'il n'y a personne d'assez sot pour croire que la fumée, le feu, la nuée, le nuage obscur et le reste, soient la substance du Verbe et de la sagesse de Dieu, qui n'est autre que le Christ, ou du Saint-Esprit; car pour Dieu le Père, les Ariens même n'ont jamais osé le dire. C'est donc à l'aide de la créature que le Créateur a fait toutes ces choses et les a rendues accessibles aux sens des hommes par une dispensation convenable. A moins peut-être que d'après ces mots : « Moïse entra dans la nuée obscure où était Dieu, » un esprit charnel ne pense que la nuée était ce que voyait le peuple, tandis que Moïse, au dedans de cette nuée, voyait de ses yeux de chair, le Fils même de Dieu que, dans leur délire, les hérétiques veulent avoir été vu dans sa substance. Certainement Moïse l'a vu de ses yeux de chair, si on peut voir avec des yeux de chair je ne dis pas seulement la sagesse de Dieu qui est le Christ, mais encore la sagesse même du premier sage venu. Ou bien parce qu'il est écrit, au sujet des vieillards : « Ils ont vu l'endroit où s'était arrêté le Dieu d'Israël, et son marche-pied paraissait un ouvrage de saphir et ressemblait au firmament du ciel, » (*Exod.*, xxix, 10) faut-il croire que le Verbe, la sagesse de Dieu, s'est arrêté de sa propre substance dans un espace de lieu terrestre, quand elle s'étend depuis un bout jusqu'à l'autre avec force, et dispose tout avec douceur, et que, par conséquent, le Verbe de Dieu, par qui tout a été fait, est sujet au changement, puisque tantôt il se contracte, tantôt il s'étend ? Que le Seigneur purifie le cœur de ses fidèles de semblables pensées. Mais comme je l'ai déjà dit bien souvent, c'est par le moyen d'une créature soumise à sa volonté, que nous sont montrées toutes ces choses visibles et sensibles, pour signifier le Dieu invisible et intelligible, non-seulement le Père, mais le Fils et le Saint-Esprit, de qui viennent toutes choses, par qui tout a été fait et en qui tout subsiste (*Rom.*, xi, 36), quoique ce qu'il y a d'invisible en Dieu, aussi bien son éternelle vertu que sa divinité, est devenu visible par les choses qui ont été faites. (*Rom.*, 1, 20.)

---

prodeuntes fortiter valde : Moyses loquebatur, et Deus respondebat ei voce. » (*Exod.*, xix, 18.) Et paulo post data lege in decem præceptis, consequenter dicitur : « Et omnis populus videbat voces et lampadas et voces tubæ et montem fumantem. » (*Exod.*, xx, 18.) Et paulo post : « Et stabat, inquit, omnis populus a longe, Moyses autem intravit in nebulam ubi erat Deus, et dixit Dominus ad Moysen, etc. » Quid hinc dicam, nisi quod nemo tam vecors est, qui credat fumum, ignem, nubes, et nebulam, et si qua hujusmodi, Verbi et sapientiæ Dei quod est Christus, vel Spiritus sancti esse substantiam? Nam de Patre Deo, nec Ariani hoc unquam ausi sunt dicere. Ergo creatura serviente Creatori facta sunt illa omnia, et humanis sensibus pro dispensatione congrua præsentata : nisi forte, quia dictum est : « Moyses autem intravit in nebulam ubi erat Deus, » (*ibid.*, 21) hoc arbitrabitur carnalis cogitatio, a populo quidem nebulam visam, intra nebulam vero Moysen oculis carneis vidisse Filium Dei, quem delirantes hæretici in sua substantia (*a*) visum volunt. Sane viderit eum Moyses oculis carneis, si oculis carneis potest videri, non modo sapientia Dei quod est Christus, sed vel ipsa cujuslibet hominis et qualiscumque sapientis : aut quia scriptum est de senioribus Israel, quia « viderunt locum ubi steterat Deus Israel, et quia sub pedibus ejus tanquam opus lapidis saphiri, et tanquam aspectus firmamenti cœli, » (*Exod.*, xxiv, 10) propterea credendum est Verbum et sapientiam Dei per suam substantiam in spatio loci terreni stetisse, quæ pertendit a fine usque ad finem fortiter, et disponit omnia suaviter (*Sap.*, viii, 1); et ita esse mutabile Verbum Dei, per quod facta sunt omnia (*Joan.*, i, 3), ut modo se contrahat, modo distendat : (mundet Dominus a talibus cogitationibus corda fidelium suorum); sed per subjectam, ut sæpe diximus, creaturam exhibentur hæc omnia visibilia et sensibilia, ad significandum invisibilem atque intelligibilem Deum, non solum Patrem, sed et Filium et Spiritum sanctum, ex quo omnia, per quem omnia, in quo omnia (*Rom.*, xi, 36) : quamvis invisibilia Dei a creatura mundi, per ea quæ facta sunt intellecta conspiciantur (*Rom.*, i, 20), sempiterna quoque virtus ejus ac divinitas.

(*a*) Unus e Vaticanis Mss. *visibilem*.

26. Mais pour ce qui a rapport au sujet que nous avons entrepris de traiter, je ne vois point, sur le mont Sinaï, comment conclure, d'après tout l'appareil de terreur qui frappait les regards des hommes, que ce fût proprement Dieu en tant que Trinité, ou le Père, ou le Fils, ou le Saint-Esprit qui parlait alors. Pourtant s'il m'est permis de conjecturer avec réserve, en hésitant, et sans avoir la témérité de l'affirmer, je me demande, dans l'hypothèse où l'on pourrait comprendre qu'il s'agit là d'une des personnes de la Trinité; pourquoi on ne comprendrait point de préférence le Saint-Esprit, puisqu'il est dit que la loi donnée sur cette montagne, et gravée sur des tables de pierre, a été écrite par le doigt de Dieu, expression par laquelle nous savons qu'est désigné le Saint-Esprit dans l'Evangile? (*Luc.*, XI, 20.) De plus il s'était passé cinquante jours depuis l'immolation de l'agneau et la célébration de la Pâque, jusqu'à celui où ces choses ont commencé à s'accomplir sur le mont Sinaï, comme on compte cinquante jours depuis la passion et la résurrection du Seigneur jusqu'au jour où vint le Saint-Esprit que le Fils avait promis, et à son arrivée dont nous lisons le récit dans les Actes des Apôtres, il se manifesta par des langues de feu qui se partagèrent pour aller se reposer sur chacun des apôtres. (*Act.*, II, 3.) Toutes choses ayant du rapport avec ce récit de l'Exode : « Or, le mont Sinaï était couvert de fumée, parce que le Seigneur y était descendu au milieu des feux. » Et un peu plus loin : « L'aspect de la majesté du Seigneur était, aux yeux des enfants d'Israël, comme un feu ardent sur le sommet de la montagne. » (*Exod.*, 19.) Ou bien peut-être tout cela s'est-il passé ainsi, parce que ni le Père, ni le Fils ne pouvaient se trouver représentés sans le Saint-Esprit, par qui il fallait que la loi fût écrite ; car nous savons que Dieu ne s'est point montré aux regards des hommes dans sa substance qui est invisible et immuable, mais par le moyen d'une espèce de créature. Pour ce qui est d'un signe spécial qui dénotât une des trois personnes de la Trinité, nos faibles moyens ne sauraient l'apercevoir.

CHAPITRE XVI.

Comment Moïse a vu Dieu.

27. Il y en a encore qui peuvent être embarrassés par ce passage de l'Ecriture : « Et le Seigneur parla à Moïse face à face, comme on parle à un ami, » (*Exod.*, XXXIII, 11) d'autant plus que Moïse dit un peu plus loin : « Si donc j'ai trouvé grâce devant vous, faites-moi voir votre visage, afin que je vous connaisse, et s'il est vrai que je trouve grâce devant vos yeux, regardez favorablement cette grande multitude

---

26. Sed quod attinet ad id quod nunc suscepimus, nec in monte Sina video quemadmodum appareat per illa omnia quæ mortalium sensibus terribiliter ostendebantur, utrum Deus Trinitas, an Pater, an Filius, an Spiritus sanctus proprie loquebatur. Veruntamen si quid hinc sine affirmandi temeritate modeste atque cunctanter conjectare conceditur, si una ex Trinitate persona potest intelligi, cur non Spiritum sanctum potius intelligimus, quando et tabulis lapideis lex ipsa quæ ibi data est, digito Dei scripta dicitur (*Exod.*, XXXI, 18), quo nomine Spiritum sanctum in Evangelio significari novimus. (*Luc.*, XI, 20.) Et quinquaginta dies numerantur ab occisione agni et celebratione Paschæ usque ad diem quo hæc fieri cœpta sunt in monte Sina, sicut post Domini passionem ab ejus resurrectione quinquaginta dies numerantur, et venit promissus a Filio Dei Spiritus sanctus. Et in ipso ejus adventu, quem in Apostolorum Actibus legimus (*Act.*, II, 3), per divisionem linguarum ignis apparuit, qui et insedit super unumquemque eorum : quod Exodo congruit, ubi scriptum est : « Sina autem mons fumabat totus, propterea quod descendit in eum Deus in igne : » (*Exod.*, XIX, 18) et aliquanto post : « Aspectus, inquit, majestatis Domini tanquam ignis ardens super verticem montis coram filiis Israel. » Aut si hæc ideo facta sunt, quia nec Pater, nec Filius illic eo modo præsentari poterant sine Spiritu sancto, quo ipsam legem scribi oportebat : Deum quidem, non per substantiam suam quæ invisibilis et incommutabilis manet, sed per illam speciem creaturæ illic apparuisse cognoscimus; sed aliquam ex Trinitate personam signo quodam proprio, quantum ad mei sensus capacitatem pertinet, non videmus.

CAPUT XVI.

Moyses quomodo viderit Deum.

27. Est etiam quo moveri plerique solent, quia scriptum est : « Et locutus est Dominus ad Moysen facie ad faciem, sicut quis loquitur ad amicum suum; » (*Exod.*, XXXIII, 11) cum paulo post dicat idem Moyses : « Si ergo inveni gratiam ante te, ostende mihi temetipsum manifeste, ut videam te, ut sim inveniens gratiam ante te, et ut sciam quia populus tuus est gens hæc. » (*Ibid.*, 13.) Et paulo post iterum dixit Moyses ad Dominum : « Ostende

qui est votre peuple. » (*Exod.*, XXXIII, 13.) Un peu après il dit encore : « Montrez-moi votre majesté. » (*Ibid.*, 18.) Qu'est-ce à dire en effet? dans tout ce qui s'est passé auparavant, on pensait que Dieu était vu dans sa propre substance, ce qui a fait croire à nos malheureux contradicteurs que le Fils de Dieu était visible par lui-même, non par le moyen d'une créature, et que si Moïse était entré dans la nue il semble ne l'avoir fait que pour montrer que tandis que lui-même au dedans de la nue contemplait Dieu face à face et entendait ses propres paroles, le peuple n'aperçut que la nuée obscure. Comment encore est-il dit : « Le Seigneur parla à Moïse face à face, comme on parle à un ami, » quand ce même Moïse dit ailleurs : « Si j'ai trouvé grâce devant vous, montrez-vous à moi ouvertement? » (*Exod.*, XXXIII, 13.) Evidemment il connaissait ce qu'il avait vu sous une forme corporelle, et ce qu'il demandait c'était la vision spirituelle de Dieu. En effet, l'entretien qui se faisait à haute voix se produisait de la même manière que si c'eût été l'entretien d'un ami parlant à son ami. Mais qui peut voir Dieu le Père, des yeux du corps? Qui même avec des yeux de chair peut voir l'Esprit de sagesse? Qu'a donc voulu dire Moïse quand il s'écriait : « Montrez-vous manifestement à moi, afin que je vous voie, » sinon, montrez-moi votre substance? Si Moïse n'avait point parlé ainsi, force serait bien à nous de supporter, n'importe comment, les sots personnages qui pensent, d'après les paroles et les faits rapportés plus haut, que la substance de Dieu fut accessible à ses yeux; mais comme il est montré ici avec la dernière évidence que son désir ne fut point exaucé, qui oserait dire que c'est Dieu même qui apparut aux yeux d'un mortel, par le moyen des formes qui frappèrent ses regards, non point par quelque créature servant à Dieu pour cela?

28. Le Seigneur dit encore un peu plus loin à Moïse : « Vous ne pourrez voir mon visage et vivre encore, car nul homme ne me verra sans mourir. Le Seigneur dit encore; il y a là près de moi un endroit, vous vous y tiendrez sur la pierre, et lorsque ma majesté passera je vous placerai dans l'ouverture de la pierre, puis je vous couvrirai de ma main, jusqu'à ce que je sois passé; j'ôterai ensuite ma main et vous me verrez par derrière, mais vous ne pourrez voir mon visage. » (*Exod.*, XXXIII, 20 à 23.)

CHAPITRE XVII.

Comment Moïse vit Dieu par derrière.

Ce n'est point sans quelque raison de conve-

mihi majestatem tuam. » (*Ibid.*, 18.) Quid est hoc, quod in omnibus quæ supra fiebant, Deus videri per suam substantiam putabatur, unde a miseris creditus est, non per creaturam, sed per se ipsum visibilis Filius Dei; et quod intraverat in nebulam Moyses, ad hoc intrasse videbatur, ut oculis quidem populi ostenderetur caligo nebulosa (*Exod.*, XX, 21), ille autem intus verba Dei tanquam ejus faciem contemplatus audiret; et quomodo dictum est : « Locutus est Dominus ad Moysen facie ad faciem, sicut quis loquitur ad amicum suum; » et ecce idem dicit : « Si inveni gratiam ante te, ostende mihi temetipsum manifeste? » (*Exod.*, XXXIII, 13.) Noverat utique quod corporaliter videbat, et veram visionem Dei spiritaliter requirebat. Locutio quippe illa quæ fiebat in vocibus, sic modificabatur, tanquam esset amici loquentis ad amicum. Sed Deum Patrem quis corporeis oculis videt? Et quod in principio erat Verbum, et Verbum erat apud Deum, et Deus erat Verbum, per quod facta sunt omnia (*Joan.*, I, 1), quis corporeis oculis videt? Et Spiritum sapientiæ quis corporeis oculis videt? Quid est autem : « Ostende mihi temetipsum manifeste ut videam te, » nisi, ostende mihi substantiam tuam? Hoc autem si non dixisset Moyses, utcumque ferendi essent stulti, qui putant per ea quæ supra dicta vel gesta sunt, substantiam Dei oculis ejus fuisse conspicuam : cum vero hic apertissime demonstretur, nec desideranti hoc fuisse concessum, quis audeat dicere per similes formas, quæ huic quoque visibiliter apparuerant, non creaturam Deo servientem, sed hoc ipsum quod Deus est cujusquam oculis apparuisse mortalium?

28. Et id quidem quod postea Dominus dicit ad Moysen : « Non poteris videre faciem meam, et vivere. Non enim videbit homo faciem meam et vivet. Et ait Dominus : Ecce locus penes me est, et stabis super petram, statim ut transiet mea majestas, et ponam te in (a) specula petræ; et tegam manu mea super te, donec transeam, et auferam manum meam, et tunc videbis posteriora mea; nam facies mea non apparebit tibi. » (*Exod.*, XXXIII, 20, 21, etc.)

CAPUT XVII.

Posteriora Dei quomodo visa.

Non incongruenter ex persona Domini nostri Jesu

(a) Editi hoc loco *in spelunca*. Sed aliis inferius locis, sicut ubique veteres plerique codices *in specula*.

nance que ce passage s'entend ordinairement de la personne de Notre-Seigneur Jésus-Christ; le derrière de Dieu ne serait donc pas autre chose que la chair de Jésus-Christ, dans laquelle il naquit de la Vierge, il mourut et ressuscita, soit qu'on lui ait donné ce nom, parce que la condition mortelle du Christ vint s'ajouter à son premier être, soit parce qu'il n'a daigné la prendre qu'à la fin des siècles, c'est-à-dire postérieurement. Quant à sa face, c'est la forme de Dieu, dans laquelle il ne crût point faire une usurpation, en se faisant égal à Dieu le Père, mais absolument personne ne peut voir cette forme et être encore en vie, soit parce que ce n'est qu'après la vie présente, pendant laquelle nous sommes en exil loin du Seigneur (II *Cor.*, v, 6), et dans l'état où le corps appesantit l'âme (*Sag.*, ix, 15), que nous verrons Dieu face à face, selon l'expression même de l'Apôtre. (I *Cor.*, xiii, 12.) C'est, en effet, de la vie présente que le Psalmiste a dit : « En vérité, tout homme qui vit sur la terre est une vanité, » (*Ps.* xxxviii, 6) et ailleurs : « Car nul homme vivant ne sera trouvé juste devant vous. » (*Ps.* cxlii, 2.) Dans la vie présente, en effet, selon saint Jean, « ce que nous serons un jour ne paraît pas encore, mais nous savons, » continue le même apôtre, « que, lorsque Jésus-Christ se montrera dans sa gloire, nous serons semblables à lui, parce que nous le verrons tel qu'il est. » (I *Jean*, iii, 2.) Il a voulu dire après cette vie, quand nous aurons payé notre dette et que nous recevrons la promesse de la résurrection; soit encore parce que maintenant en tant que nous entendons d'une manière spirituelle la sagesse divine par qui tout a été fait, nous mourons aux affections charnelles, et réputant le monde même mort pour nous, nous mourons aussi pour le monde, et nous dirons avec l'Apôtre : « Le monde est crucifié pour moi, et moi je le suis pour le monde. » (*Gal.*, vi, 14.) C'est, en effet, de cette mort qu'il parlait quand il disait : « Si donc vous êtes morts avec Jésus-Christ, pourquoi vous laissez-vous imposer des lois, comme si vous viviez dans ce monde? » (*Col.*, ii, 20.) Ce n'est donc point sans cause que personne ne pourra voir la face, je veux dire la manifestation même de la sagesse de Dieu, et être encore vivant. C'est, en effet, après la contemplation de cette face que soupire quiconque s'efforce d'aimer Dieu de tout son cœur, de toute son âme et de tout son esprit. (*Deut.*, vi, 5; et *Matth.*, xxii, 39.) C'est également pour cette contemplation qu'il édifie son prochain autant qu'il le peut, quiconque l'aime comme soi-même. C'est dans ces deux préceptes que se trouvent la loi et les prophètes. C'est aussi ce qui se trouve signifié dans Moïse lui-même. En effet, après avoir dit, à cause de

---

Christi præfiguratum solet intelligi, ut posteriora ejus accipiantur caro ejus, in qua de virgine natus est, et mortuus, et resurrexit, sive propter (a) posterioritatem mortalitatis posteriora dicta sint (*Exod.*, xxxiii, 23), sive quod eam prope in fine sæculi, hoc est, posterius suscipere dignatus est : facies autem ejus illa Dei forma, in qua non rapinam arbitratus est esse æqualis Deo Patri (*Phil.*, ii, 6), quam nemo utique potest videre et vivere (*Exod.*, xxxiii, 20); sive quia post hanc vitam, in qua peregrinamur a Domino (II *Cor.*, v, 6), et ubi corpus quod corrumpitur aggravat animam (*Sap.*, ix, 15), videbimus « facie ad faciem, » (I *Cor.*, xiii, 12) sicut dicit Apostolus : (De hac enim vita in Psalmis dicitur : « Verumtamen universa vanitas omnis homo vivens; » (*Psal.* xxxviii, 6) et iterum : « Quoniam non justificabitur coram te omnis vivens. » (*Psal.* cxlii, 2.) In qua vita etiam, secundum Joannem, « nondum apparuit quod erimus. Scimus autem, inquit, quia cum apparuerit, similes ei erimus; quoniam videbimus eum sicuti est. » (I *Joan.*, iii, 2.) Quod utique post hanc vitam intelligi voluit, cum mortis debitum solverimus, et resurrectionis promissum receperimus) : sive quod etiam nunc in quantum Dei sapientiam per quam facta sunt omnia, spiritaliter intelligimus, in tantum carnalibus affectibus morimur, ut mortuum nobis hunc mundum deputantes, nos quoque ipsi huic mundo moriamur, et dicamus quod ait Apostolus : « Mundus mihi crucifixus est, et ego mundo. » (*Gal.*, vi, 14.) De hac enim morte item dixit : « Si autem mortui estis cum Christo, quid adhuc velut viventes de hoc mundo decernitis? » (*Col.*, ii, 20.) Non ergo immerito nemo poterit faciem, id est, ipsam manifestationem sapientiæ Dei videre et vivere. Ipsa est enim species, cui contemplandæ suspirat omnis qui affectat Deum diligere ex toto corde, et ex tota anima, et ex tota mente (*Deut.*, vi, 5; *Matth.*, xxii, 39): ad quam contemplandam etiam quantum potest ædificat, qui diligit et proximum sicut se ipsum : in quibus duobus præceptis tota lex pendet et Prophetæ. Quod significatur etiam in ipso Moyse. Nam cum dixisset, propter dilectionem Dei qua præcipue

(a) Plerique Mss. *postremitatem.*

l'amour de Dieu dont il était consumé : « Si j'ai trouvé grâce en votre présence, montrez-vous à moi manifestement, afin que je sache si je trouve grâce devant vous, » (*Exod.*, XXXIII, 13) il poursuit en ces termes, à cause de son amour pour son peuple : « Afin que je sache que ce peuple est votre peuple. » C'est donc là la beauté qui ravit toute âme raisonnable, par le désir de la posséder, désir d'autant plus grand qu'il est plus pur, et d'autant plus pur que l'âme ressuscite pour les choses spirituelles, et elle ressuscite d'autant plus pour les choses spirituelles, qu'elle meurt davantage aux choses charnelles. Mais tant que nous continuons notre voyage loin de Dieu et que nous ne marchons que par la foi, non point encore par une claire vue (II *Cor.*, V, 6), nous ne devons voir par la foi le Christ que par derrière, c'est-à-dire, nous ne voyons de lui que sa chair, en d'autres termes, nous ne le voyons qu'en demeurant fermes sur le solide fondement de la foi, figuré par la pierre. C'est de cet observatoire plein de sécurité, c'est-à-dire de l'Eglise catholique, qu'il est dit : « Et sur cette pierre je bâtirai mon Eglise, » (*Matth.*, XVI, 18) que nous regardons cette chair. En effet, il est d'autant plus certain que nous aimons et désirons voir la face du Christ, que nous savons reconnaître dans sa chair, combien le Christ nous a aimés le premier.

29. Mais la foi même à la résurrection dans la chair, sauve et vivifie les hommes. « En effet, dit l'Apôtre, si vous croyez de cœur que Dieu l'a ressuscité d'entre les morts, vous serez sauvé, » (*Rom.*, X, 9) et ailleurs : « Il a été livré à la mort pour nos péchés et il est ressuscité pour notre justification. » (*Rom.*, IV, 25.) Par conséquent, le mérite de notre foi, c'est la résurrection du corps de Notre-Seigneur. Quant à la mort de sa chair sur la Croix de la Passion, ses ennemis même l'ont crue, mais ils ne croient point qu'il soit ressuscité. Pour nous, nous le croyons très-fermement, et nous le regardons comme du haut d'un rocher inébranlable, aussi est-ce avec une espérance certaine que nous attendons l'adoption divine qui sera la rédemption de notre corps (*Rom.*, VIII, 23); attendu que nous espérons qu'il arrivera dans les membres du Christ, ce que nous savons d'une foi saine, accompli en lui, comme en notre chef. Aussi ne veut-il être aperçu par derrière que lorsqu'il sera passé, afin qu'on croie à sa résurrection, car le mot hébreu pâque, signifie la même chose que passage. Aussi l'Evangéliste Jean dit-il : « Avant la fête de Pâque, Jésus sachant que son heure était venue de passer de ce monde à son Père. » (*Jean*, XIII, 1.)

30. Tous ceux qui croient cela, sans le croire toutefois dans l'Eglise catholique, mais seule-

---

flagrabat : « Si inveni gratiam in conspectu tuo, ostende mihi temetipsum manifeste, ut sim inveniens gratiam ante te; » (*Exod.*, XXXIII, 13) continuo propter dilectionem etiam proximi subjecit atque ait : « Et ut sciam quia populus tuus est gens hæc. » Illa est ergo species quæ rapit omnem animam rationalem desiderio sui, tanto ardentiorem quanto mundiorem, et tanto mundiorem quanto ad spiritalia resurgentem : tanto autem ad spiritalia resurgentem, quanto a carnalibus morientem. Sed dum peregrinamur a Domino, et per fidem ambulamus, non per speciem (II *Cor.*, V, 6), posteriora Christi, hoc est carnem, per ipsam fidem videre debemus, id est in solido fidei fundamento stantes, quod significat petra; et eam de tali tutissima specula intuentes, in catholica scilicet Ecclesia, de qua dictum est : « Et super hanc petram ædificabo Ecclesiam meam. » (*Matth.*, XVI, 18.) Tanto enim certius diligimus, quam videre desideramus faciem Christi, quanto in posterioribus ejus agnoscimus quantum nos prior dilexerit Christus.

29. Sed in ipsa carne fides resurrectionis ejus salvos facit, atque justificat. « Si enim credideris, inquit, in corde tuo, quia Deus illum suscitavit a mortuis, salvus eris. » (*Rom.*, X, 9.) Et iterum : « Qui traditus est, inquit, propter delicta nostra, et resurrexit propter justificationem nostram. » (*Rom.*, IV, 25.) Ideoque meritum fidei nostræ resurrectio corporis Domini est. Nam mortuam esse illam carnem in cruce passionis, etiam inimici ejus credunt, sed resurrexisse non credunt. Quod firmissime nos credentes, tanquam de petræ soliditate contuemur : unde certa spe adoptionem expectamus redemptionem corporis nostri (*Rom.*, VIII, 23) : quia hoc in membris Christi speramus, quæ nos ipsi sumus, quod perfectum esse in ipso tanquam in capite nostro fidei sanitate cognoscimus. Inde non vult nisi cum transierit videri posteriora sua, ut in ejus resurrectionem credatur. (*Exod.*, XXXIII, 23.) Pascha enim Hebræum verbum dicitur, quod transitus interpretatur. Unde et Joannes Evangelista dicit : « Ante diem festum Paschæ, sciens Jesus quia venit ejus hora, ut transeat de hoc mundo ad Patrem. » (*Joan.*, XIII, 1.)

30. Hoc autem qui credunt, nec tamen in Catholica, sed in schismate aliquo aut in hæresi credunt, non de loco qui est penes eum vident posteriora Do-

ment dans le schisme ou l'hérésie, ne voient point Dieu par derrière, de l'endroit placé près de lui. En effet, qu'est-ce que le Seigneur veut dire par ces mots : « Il y a là près de moi, un endroit, vous vous y tiendrez sur la pierre ? » (*Exod.*, XXXIII, 21.) Quel endroit sur la terre se trouve près du Seigneur, à moins que, par l'endroit placé près de lui, on n'entende ce qui le touche d'un contact spirituel ? En effet, quel endroit n'est point près du Seigneur, quand il atteint d'un bout du monde à l'autre, avec force et dispose tout avec douceur (*Sag.*, VIII, 1), quand le ciel est son trône, la terre l'escabeau de ses pieds, et lorsqu'il dit lui-même : « Quelle maison me bâtirez-vous, et où me donnerez-vous un lieu de repos ? N'est-ce pas ma main qui a créé toutes ces choses ? » (*Isa.*, LXVI, 1.) Mais par cet endroit près de lui où l'on se tient sur la pierre, on entend l'Eglise catholique même, c'est là que quiconque croit à la résurrection du Seigneur, voit d'une vue salutaire la pâque, c'est-à-dire le passage du Seigneur, il le voit par derrière, en d'autres termes, il voit son corps. « Et vous vous y tiendrez sur la pierre, aussitôt que passera ma gloire. » (*Exod.*, XXXIII, 21.) En effet, dès que la majesté du Seigneur a passé dans la gloire dont il fut entouré, lorsque ressuscitant d'entre les morts, il monta vers son Père, nous avons été affermis sur la pierre. Et Pierre lui-même se trouva affermi alors au point de prêcher avec hardiesse celui qu'il avait renié par crainte auparavant, bien que dès ce moment il se trouvât placé par sa prédestination, sur l'observatoire de la pierre, mais alors la main du Seigneur était encore posée sur lui, pour qu'il ne le vît point. (*Matth.*, XXVI, 70.) En effet, il devait le voir par derrière, mais le Seigneur n'était pas encore passé, je veux dire de la vie à la mort, et il n'avait point encore été glorifié par la résurrection.

31. Après cela on lit dans l'Exode : « Je vous couvrirai de ma main jusqu'à ce que je sois passé, puis je retirerai ma main, et alors vous me verrez par derrière. » (*Exod.*, XXXIII, 22.) Beaucoup d'Israélites dont Moïse était alors la figure, crurent en Notre-Seigneur, après la résurrection, comme s'ils le voyaient alors par derrière, parce qu'il avait retiré sa main de dessus leurs yeux. Aussi l'Evangéliste rappelle-t-il une prophétie pareille d'Isaïe : « Epaississez le cœur de ce peuple, bouchez-lui les oreilles, et appesantissez-lui les yeux. » (*Isa.*, VI, 10.) Enfin il n'y a rien d'absurde à croire que c'est de ce peuple qu'il est dit dans un psaume : « Car votre main s'est appesantie sur moi la nuit et le jour. » (*Ps.* XXXI, 4.) Peut-être par « le jour, » faut-il entendre le temps où il faisait des miracles manifestes, et nonobstant cela, n'était point reconnu par eux, et, par « la nuit, » le moment où il mourait dans sa Passion, alors

---

mini. Quid enim sibi vult quod ait Dominus : « Ecce locus est penes me, et stabis super petram ? » (*Exod.*, XXXIII, 21.) Quis locus terrenus est penes Dominum, nisi hoc est penes eum quod eum spiritaliter attingit ? Nam quis locus non est penes Dominum, qui attingit a fine usque ad finem fortiter, et disponit omnia suaviter (*Sap.*, VIII, 1) ; et cujus dictum est cœlum sedes, et terra scabellum pedum ejus (*Isai.*, LXVI, 1), et qui dixit : « Quam domum ædificabitis mihi, aut quis locus quietis meæ ? nonne manus mea fecit hæc omnia ? » (*Ibid.*) Sed videlicet intelligitur locus penes eum in quo statur super petram, ipsa Ecclesia catholica, ubi salubriter videt pascha Domini, id est transitum Domini, et posteriora ejus, id est corpus ejus, qui credit in resurrectionem ejus. « Et stabis, inquit, super petram, statim ut transiet mea majestas. » (*Exod.*, XXXIII, 21.) Re vera enim statim ut transiit majestas Domini in clarificatione Domini quæ resurgens ascendit ad Patrem, solidati sumus super petram. Et ipse Petrus tunc solidatus est, ut cum fiducia prædicaret, quem prius quam esset solidatus ter timore negaverat (*Matth.*, XXVI, 70), jam quidem prædestinatione positus in specula petræ, sed adhuc manu Domini sibi superposita ne videret. Posteriora enim ejus visurus erat, et nondum ille transierat, utique a morte ad vitam, nondum resurrectione clarificatus erat.

31. Nam et quod sequitur in Exodo, et dicit : « Tegam manu mea super te, donec transeam ; et auferam manum meam, et tunc videbis posteriora mea : » (*Exod.*, XXXIII, 22) post resurrectionem Domini crediderunt in eum, tanquam jam videntes posteriora ejus, remota manu ejus ab oculis suis. Unde et Isaiæ talem prophetiam Evangelista commemorat : « Incrassa cor populi hujus, et aures eorum oppila, et oculos eorum grava. » (*Isai.*, VI, 10 ; *Matth.*, XIII, 15.) Denique in Psalmo non absurde intelligitur ex eorum persona dici : « Quoniam die ac nocte gravata est super me manus tua. » (*Psal.* XXXI, 4.) « Die » fortasse, cum manifesta miracula faceret, nec ab eis agnosceretur : « nocte » autem, cum in passione moreretur,

que les Juifs tenaient pour certain qu'il avait été mis à mort, et qu'il avait disparu de dessus la terre, comme le premier homme venu. Mais comme, après être passé de manière à ce qu'ils ne le vissent que par derrière, l'apôtre Paul leur annonçant dans ses prédications qu'il fallait que le Christ souffrît et ressuscitât, ils furent pénétrés de sentiments de componction et de pénitence, il se produisit en eux après qu'ils eurent reçu le baptême, ce qui est dit au commencement d'un psaume : « Heureux ceux à qui leurs iniquités ont été remises et dont les péchés sont couverts. » (*Ps.* xxxi, 1.) Aussi après avoir dit : « Votre main s'est appesantie sur moi, » comme pendant le passage du Seigneur, afin que après cela, il pût la retirer, de manière qu'on le vît par derrière ; on entend une parole de douleur et de confession, un cri d'une âme qui reçoit la rémission de ses péchés par la foi à la résurrection du Seigneur. « Je me suis tourné vers vous, » dit le Psalmiste, « dans mon affliction, lorsque je me sentais percé par la pointe de l'épine. J'ai connu ma faute, et je n'ai point jeté un voile sur mon injustice. J'ai dit : Je confesserai contre moi mon iniquité au Seigneur, et vous m'avez remis l'impiété de mon cœur. » (*Ps.* xxxi, 4 à 6.) En effet, la chair ne doit point nous entourer d'un voile si épais que nous puissions croire la face du Seigneur invisible quand son dos ne le serait point, attendu que dans la forme d'esclave l'une et l'autre paraissaient très-visiblement, mais dans la forme de Dieu, que le ciel nous garde de penser à rien de pareil, et de croire que le Verbe, la sagesse de Dieu, ait une face d'un côté, et un dos de l'autre, comme le corps de l'homme, ou même de penser qu'il change d'aspect en se mouvant, selon les lieux ou les temps.

32. C'est pourquoi, si dans les paroles rapportées dans l'Exode et dans toutes les apparitions corporelles dont il y est fait mention, ce n'était que Notre-Seigneur Jésus-Christ qui se montrait aux hommes, ou bien si c'était tantôt le Christ, comme cela ressort de l'examen attentif de ce passage, tantôt le Saint-Esprit, comme nous porte à le croire ce que j'ai dit plus haut, il ne s'ensuit point que Dieu le Père ne soit jamais apparu sous telle ou telle forme. En effet, il y a eu dans ces temps-là beaucoup d'apparitions semblables, sans que soit le Père, soit le Fils, soit le Saint-Esprit se trouvent clairement nommés ou désignés, mais pourtant, à cause de certaines significations très-faciles à démontrer et de certains indices, il serait par trop téméraire d'avancer que Dieu le Père ne s'est jamais manifesté sous une forme visible, soit aux patriarches, soit aux prophètes. Ceux qui ont inventé cela ne pouvaient rapporter à l'unité de la Trinité ces paroles : « Mais au roi immortel des siècles, au seul Dieu invisible, » (I *Tim.*, I, 17)

---

quando certius putaverunt, sicut quemlibet hominem, peremptum et exstinctum. Sed quoniam cum transisset ut ejus posteriora viderentur, prædicante sibi apostolo Petro, quia oportebat Christum pati et resurgere (*Act.*, II, 37), compuncti sunt dolore pœnitentiæ, ut fieret in baptizatis quod in capite ejus Psalmi dicitur : « Beati quorum remissæ sunt iniquitates et quorum tecta sunt peccata : » (*Psal.* xxxi, 1) propterea cum dictum esset : « Gravata est super me manus tua, » tanquam Domino transeunte, ut jam removeret manum, et videruntur posteriora ejus, sequitur vox dolentis et confitentis, et ex fide resurrectionis Domini peccatorum remissionem accipientis ; « Conversus sum, inquit, in ærumna mea, cum infigeretur mihi spina. Peccatum meum cognovi, et injustitiam meam non operui. Dixi, pronuntiabo adversum me injustitiam meam Domino, et tu remisisti impietatem cordis mei. » (*Ibid.*, 4.) Neque enim tanto carnis nubilo debemus involvi, ut putemus faciem quidem Domini esse invisibilem, dorsum vero visibile : quando quidem in forma servi utrumque visibiliter apparuit (*Phil.*, II, 7) ; in forma autem Dei absit ut tale aliquid cogitetur : absit ut Verbum Dei et Sapientia Dei ex una parte habeat faciem, et ex alia dorsum, sicut corpus humanum, aut omnino ulla specie vel motione sive loco sive tempore commutetur.

32. Quapropter si in illis vocibus quæ fiebant in Exodo, et illis omnibus corporalibus demonstrationibus Dominus Jesus Christus ostendebatur ; aut alias Christus, sicut loci hujus consideratio persuadet ; alias Spiritus sanctus, sicut ea quæ supra diximus admonent : non hoc efficitur, ut Deus Pater nunquam tali aliqua specie Patribus visus sit. Multa enim talia visa facta sunt illis temporibus, non evidenter nominato et designato in eis vel Patre, vel Filio, vel Spiritu sancto ; sed tamen per quasdam valde probabiles significationes nonnullis indiciis existentibus, nimis temerarium sit dicere, Deum Patrem nunquam Patribus aut Prophetis per aliquas visibiles formas apparuisse. Hanc enim opinionem illi pepererunt, qui non potuerunt in unitate Trinitatis intelligere

non plus que celles-ci : « Nul homme ne l'a vu et nul ne peut le voir ; » (I *Tim.*, vi, 16) paroles que la saine foi entend de la substance même suprême, souverainement divine et immuable dans laquelle le Père, le Fils et le Saint-Esprit ne font qu'un seul et même Dieu. Or, ces visions d'un Dieu immuable se sont produites par le moyen de créatures muables, soumises à sa volonté, non point proprement tel qu'il est, mais figurativement, selon que le demandaient les circonstances des choses et des temps.

CHAPITRE XVIII.
Vision de Daniel.

33. Cependant je ne sais point comment nos contradicteurs s'expliquent que soit apparu à Daniel, l'Ancien des jours des mains de qui, le Fils de l'homme, fait homme à cause de nous, a reçu son royaume, et qui lui parle en ces termes dans un Psaume : « Vous êtes mon Fils, je vous ai engendré aujourd'hui, demandez-moi ce que vous voudrez, et je vous donnerai les nations en héritage, » (*Ps.* ii, 7 et *Ps.* viii, 8) et qui, en effet, a mis toutes choses à ses pieds. Si donc Daniel a vu dans une apparition corporelle, le Père donnant le royaume au Fils, et le Fils l'acceptant, comment peut-on dire que le Père n'est jamais apparu aux Prophètes et que c'est pour cette raison qu'on doit le regarder comme étant seul invisible et tel que nul ne l'a jamais vu et ne peut le voir ? Or, voici le récit de Daniel : « J'étais attentif à ce que je voyais, jusqu'à ce que des trônes eussent été placés et que l'Ancien des jours se fût assis. Son vêtement était blanc comme la neige, et les cheveux de sa tête étaient comme la laine la plus blanche et la plus pure. Son trône était de flammes ardentes et les roues de ce trône un feu brûlant. Un fleuve de feu coulait devant lui en le tirant ; un million le servaient et cent mille l'assistaient. Il ouvrit le jugement et les livres furent ouverts (*Dan.*, vii, 9 et 10) ; un peu plus loin il continue : « Je considérais ces choses dans une vision de nuit, et je vis comme le Fils de l'homme qui venait dans les nues du ciel et qui s'avança jusqu'à l'Ancien des jours, à qui ils le présentèrent. Il lui donna la puissance, l'honneur et le royaume ; tous les peuples, toutes les tribus, toutes les langues le serviront. Sa puissance est une puissance éternelle qui ne lui sera point ôtée, et son royaume ne sera jamais détruit. » (*Ibid.*, 13 et 14.) Voilà donc le Père qui donne et le Fils qui reçoit un royaume éternel, tous les deux présents aux yeux du Prophète sous une forme visible. Rien ne s'oppose donc à ce qu'on croie

---

quod dictum est : « Regi autem sæculorum immortali, invisibili soli Deo : » (I *Tim.*, i, 17) et : « Quem nemo hominum vidit, nec videre potest. » (I *Tim.*, vi, 16.) Quod de ipsa substantia summa summeque divina et incommutabili, ubi et Pater et Filius et Spiritus sanctus unus et solus Deus est, per sanam fidem intelligitur. Visiones autem illæ per creaturam commutabilem Deo incommutabili subditam factæ sunt, non proprie sicuti est, sed significative sicut pro rerum causis et temporibus oportuit, ostendentes Deum.

CAPUT XVIII.
Visio Danielis.

33. Quanquam nescio quemadmodum isti intelligant quod Danieli apparuerit Antiquus dierum, a quo filius hominis, quod propter nos esse dignatus est, accepisse intelligitur regnum, ab illo scilicet qui ei dicit in Psalmis : « Filius meus es tu, ego hodie genui te ; postula a me, et dabo tibi gentes hæreditatem tuam : » (*Psal.* ii, 7) et qui omnia subjecit sub pedibus ejus. (*Psal.* viii, 8.) Si ergo Danieli et Pater dans regnum, et Filius accipiens, apparuerunt in specie corporali ; quomodo isti dicunt, Patrem nunquam visum esse Prophetis, et ideo solum debere intelligi invisibilem quem nemo hominum vidit nec videre potest ? Ita enim narravit Daniel : « Aspiciebam, inquit, donec throni positi sunt, et Vetustus dierum sedebat, et indumentum ejus quasi nix album, et capillus capitis ejus quasi lana munda ; thronus ejus flamma ignis, rotæ ejus ignis flagrans, et flumen ignis (*a*) trahebat in conspectu ejus. Et mille millia deserviebant ei, et dena millia denum millium assistebant ei. Et judicium collocavit, et libri aperti sunt, » (*Dan.*, vii, 9) etc. Et paulo post : « Aspiciebam, inquit, in visione noctis, et ecce cum cœli nubibus, quasi filius hominis veniens erat, et usque ad Veterem dierum pervenit, et oblatus est ei. Et ipsi datus est principatus et honor, et regnum, et omnes populi, tribus, et linguæ ipsi servient. Potestas ejus, potestas æterna, quæ non præteribit, et regnum ejus (*b*) non corrumpetur. » (*Ibid.*, 13.) Ecce Pater dans, et Filius accipiens regnum sempiternum, et sunt ambo in conspectu prophetantis visibili specie. Non

---

(*a*) Editi *transibat*. Mss. prope omnes *trahebat* : juxta LXX εἵλκεν. — (*b*) Editi *quod non corrumpetur*. Abest *quod* a Mss. et a versione LXX.

TOM. XXVII.

que Dieu le Père soit apparu ordinairement aux hommes de cette manière.

34. Peut-être dira-t-on qu'il ne s'ensuit point que le Père soit visible pour être apparu en songe aux yeux d'un homme, tandis que le Fils et le Saint-Esprit sont visibles, puisque c'est bien éveillé que Moïse a vu tout ce qu'il a vu. Comme si c'était des yeux du corps que Moïse eût vu le Verbe, la sagesse de Dieu, ou comme si on pouvait voir ainsi l'âme humaine qui vivifie le corps, ou même seulement cet être corporel appelé vent. Combien moins peut-on voir l'Esprit de Dieu qui surpasse par l'excellence ineffable de sa substance tous les esprits d'hommes ou d'anges ? Faut-il être dans l'erreur pour oser dire que le Fils et le Saint-Esprit sont visibles aux yeux d'hommes éveillés, tandis que le Père ne peut se montrer qu'à des hommes endormis ! Comment donc entendent-ils du Père seulement ces paroles : « Personne ne l'a vu, et personne ne saurait le voir ? » (I *Tim.*, VI, 16.) Est-ce qu'en dormant les hommes cessent d'être hommes ? Ou bien celui qui peut faire une similitude de corps pour se montrer à des hommes plongés dans le sommeil, ne peut-il point faire une créature corporelle pour le représenter aux yeux d'hommes éveillés ? Car la substance par laquelle il est ce qu'il est, ne saurait se montrer sous une apparence corporelle, à un homme endormi, ni sous une forme corporelle à un homme éveillé. Ce que je dis de la substance du Père, je le dis également de celle du Fils et du Saint-Esprit. Certainement ceux que touche la vision d'hommes endormis, au point de leur faire croire que le Fils et le Saint-Esprit seuls, non le Père, sont apparus aux yeux des hommes, pour ne point transcrire ici l'immense étendue des pages saintes, non plus que les nombreuses manières de les interpréter, d'où il suit que nul homme sain d'esprit ne peut affirmer que jamais et en aucun endroit la personne du Père ne s'est rendue visible aux yeux d'hommes éveillés, oui, dis-je, pour ne point parler de tout cela que disent-ils du fait de notre père Abraham, certainement bien éveillé, puisqu'il s'occupait des devoirs de l'hospitalité, au moment où il est rapporté dans l'Ecriture que : « Le Seigneur apparut à Abraham, » et qui ne vit pas seulement une ou deux, mais trois personnes, dont rien ne fait entendre que l'une parût plus grande, ni plus maîtresse, ni plus entourée de gloire que les autres ?

35. C'est pourquoi ayant établi plus haut dans notre division en trois points (*Voir le chap.* VII), que nous commencerions par chercher si c'était le Père, le Fils ou le Saint-Esprit, ou bien si ce

---

ergo inconvenienter creditur etiam Pater Deus eo modo solere apparere mortalibus.

34. Nisi forte aliquis dicet, ideo non esse visibilem Patrem, quia in conspectu somniantis apparuit; ideo autem Filium visibilem et Spiritum sanctum, quia Moyses illa omnia vigilans vidit. Quasi vero Verbum et Sapientiam Dei viderit Moyses carnalibus oculis, aut videri spiritus vel humanus possit qui carnem istam vivificat, vel ipse corporeus qui ventus dicitur; quanto minus ille Spiritus Dei qui omnium hominum et Angelorum mentes ineffabili excellentia divinæ substantiæ supergreditur : aut quisquam tali præcipitetur errore, ut audeat dicere Filium et Spiritum sanctum etiam vigilantibus hominibus esse visibilem, Patrem autem nonnisi somniantibus. Quomodo ergo de Patre solo accipiunt : « Quem nemo hominum vidit, nec videre potest ? » (I *Tim.*, VI, 16.) An cum dormiunt homines, tunc non sunt homines ? Aut qui formare similitudinem corporis potest ad se significandum per visa somniantium, non potest formare ipsam corpoream creaturam ad se significandum oculis vigilantium ? cum ejus ipsa substantia qua est ipse quod est, nulla corporis similitudine dormienti, nulla corporea specie vigilanti possit ostendi : (a) sed non solum Patris, verum etiam Filii et Spiritus sancti. Et certe qui vigilantium visis moventur, ut non Patrem, sed tantum Filium vel Spiritum sanctum credant corporalibus hominum apparuisse conspectibus, ut omittam tantam latitudinem sanctarum paginarum, et tam multiplicem earum intelligentiam, unde nemo sani capitis affirmare debet, nusquam personam Patris per aliquam speciem corporalem vigilantium oculis demonstratam : sed ut hoc, ut dixi, omittam ; quid dicunt de patre nostro Abraham, cui certe vigilanti et ministranti, cum Scriptura præmisisset dicens : « Visus est Dominus Abrahæ, » (*Gen.*, XVIII, 1) non unus aut duo, sed tres apparuerunt viri, quorum nullus excelsior aliis eminuisse dictus est, nullus honoratius effulsisse, nullus imperiosius egisse ?

35. Quapropter quoniam in illa tripartita nostra distributione primum quærere instituimus, utrum Pater, an Filius, an Spiritus sanctus ; an aliquando Pater, aliquando Filius, aliquando Spiritus sanctus ; an sine ulla distinctione personarum, sicut dicitur, Deus unus et solus, id est Trinitas ipsa, per illas

---

(a) Tres Mss. *et non solum.*

fut tantôt le Père, tantôt le Fils et tantôt le Saint-Esprit, ou enfin, si sans aucune distinction de personnes, c'est, comme on dit le seul Dieu unique, c'est-à-dire la Trinité même, qui apparut par le moyen d'êtres créés aux patriarches, nous avons commencé par interroger, autant qu'il nous a paru nécessaire, les saintes Ecritures. L'examen modeste et prudent des divins secrets, ne nous a rien appris autre chose, je pense, qu'à ne point avancer avec témérité, laquelle des trois personnes divines est apparue aux patriarches ou aux prophètes dans un corps ou dans un semblant de corps, à moins que la teneur du récit ne donne quelques indices probables. Car, l'essence même, la substance ou la nature de ce qui est Dieu, quelque nom qu'on lui donne, et quel qu'il soit, ne peut être vue d'une manière corporelle. Toutefois, on doit croire que non-seulement le Fils, ou le Saint-Esprit, mais aussi le Père, peut se montrer à des sens mortels, sous une apparence ou un semblant de corps, par le moyen d'une créature soumise à sa volonté. Les choses étant ainsi, comme je ne veux point allonger outre mesure ce second volume, nous verrons la suite dans les autres.

LIVRE TROISIÈME

Augustin recherche si, dans les apparitions de Dieu dont il a été parlé plus haut, et qui se sont produites par des apparences corporelles, il y a eu simplement une créature de formée dont Dieu s'est servi pour le montrer aux yeux des hommes, quand il a jugé à propos de le faire, ou bien si ce sont les anges qui, existant intérieurement, empruntaient une apparence corporelle à des êtres corporels lorsqu'ils étaient envoyés pour parler au nom de Dieu ou s'ils changeaient leur propre corps dans telles apparences qu'ils voulaient, appropriées à leurs fonctions, en vertu d'un pouvoir reçu du Créateur. Mais quant à l'essence même de Dieu, elle n'a jamais été vue en elle-même.

PRÉAMBULE

Pourquoi Augustin écrit sur la Trinité.

On peut me croire, si on veut, j'aime bien mieux m'occuper à lire qu'à composer des livres, ceux qui ne veulent point le croire, peuvent, s'ils le veulent, s'en convaincre par expérience, en me donnant des livres qui répondent soit à mes recherches, soit aux questions que je suis obligé de subir à cause de mon rôle au service du Christ et de mon zèle à la défense de notre foi contre les erreurs des hommes charnels et

creaturæ formas Patribus apparuerit, interrogatis (*a*) quæ potuimus quantum sufficere visum est, sanctarum Scripturarum locis, nihil aliud, quantum existimo, divinorum sacramentorum modesta et cauta consideratio persuadet, nisi ut temere non dicamus quænam ex Trinitate persona cuilibet Patrum vel Prophetarum in aliquo corpore vel similitudine corporis apparuerit, nisi cum continentia lectionis aliqua probabilia circumponit indicia. Ipsa enim natura, vel substantia, vel essentia, vel quolibet alio nomine appellandum est idipsum quod Deus est, quidquid illud est, corporaliter videri non potest : per subjectam vero creaturam, non solum Filium, vel Spiritum sanctum, sed etiam Patrem corporali specie sive similitudine mortalibus sensibus significationem sui dare potuisse credendum est. Quæ cum ita sint, ne immoderatius progrediatur, secundi hujus voluminis longitudo, ea quæ restant, in consequentibus videamus.

LIBER TERTIUS

In quo quæritur, an in illis de quibus superiore libro dictum est, Dei apparitionibus, per corporeas species factis, tantummodo creatura formata sit, in qua Deus sicut tunc oportuisse judicavit, humanis ostenderetur aspectibus; an angeli qui jam antea erant ita mittebantur, ut ex persona Dei loquerentur, assumentes corporalem speciem de creatura corporea, aut ipsum corpus suum in species quas vellent accommodatas actionibus suis vertentes secundum attributam sibi a Creatore potentiam : ipsa autem Dei essentia nunquam per se ipsam visa fuerit.

PROŒMIUM.

Cur de Trinitate scribat.

Credant, qui volunt, malle me legendo quam legenda dictando laborare. Qui autem hoc nolunt credere, experiri autem et possunt et volunt, (*b*) dent quæ legendo vel meis inquisitionibus respondeantur vel interrogationibus aliorum, quas pro mea persona quam in servitio Christi gero, et pro studio quo

---

(*a*) Mss. duodecim, *interrogatisque prout potuimus.* — (*b*) Editi *denique.* Emendantur ex Mss.

animaux, et ils verront avec quelle facilité et quelle joie je cesserai ce travail, et donnerai congé à ma plume. Mais les ouvrages latins sur ce sujet, n'étant pas suffisamment répandus parmi nous, ou même comme il ne s'en trouve point du tout en cette langue, ou du moins qu'il est très-difficile de se les procurer, et d'un autre côté, l'usage du grec ne nous étant point assez familier pour nous permettre de lire en cette langue et de comprendre les ouvrages traitant de ces matières, quoique je ne doute point que tout ce que nous pouvons rechercher d'utile sur ce sujet, se trouve dans les livres des Grecs, dont on ne nous a donné que quelques passages traduits, je ne puis résister au vœu de mes frères, qui me demandent, en vertu du droit qui me fait leur esclave, de répondre à leurs louables désirs en Jésus-Christ. Ma plume et ma langue seront le double attelage que la charité pressera de son aiguillon. J'avouerai même qu'en écrivant, j'ai appris bien des choses que j'ignorais. Que mon travail ne semble pas superflu aux paresseux, ni aux hommes instruits, car il n'est pas de peu d'utilité à bien des paresseux et des ignorants et, entre autres, à moi-même. Les choses que les autres ont écrites sur ce sujet et que j'ai lues, ont éveillé mon attention et m'ont beaucoup aidé; aussi, avec la grâce du Dieu souverainement bon et seul suprême, j'espère pouvoir rechercher et traiter avec piété ce qui touche à la Trinité; c'est en cédant à ses inspirations que j'ai entrepris ce sujet et c'est avec son secours que je vais l'exposer. S'il n'existe pas d'autres ouvrages de ce genre, ceux qui voudront et pourront lire ce travail auront de quoi se satisfaire; s'il en existe déjà, il leur sera d'autant plus facile de les lire, qu'il y en aura plus de semblables.

2. Je désire pour tout ce que j'écris, trouver un lecteur pieux, et un critique entièrement libre, mais je le désire tout particulièrement pour ce travail où il faudrait à la grandeur de la question autant d'inventeurs qu'elle a de contradicteurs. Toutefois si je ne veux point que mon lecteur soit de mon avis quand même, je ne veux pas non plus qu'il se montre critique personnellement intéressé, je ne veux point que l'un m'aime plus que la foi catholique, ni que l'autre s'aime lui-même plus que la vérité catholique. Et de même que je dis à celui-là : Ne vous soumettez point servilement à mes écrits, comme si c'étaient les Ecritures canoniques mêmes, mais croyez sans hésiter ce que vous y rencontrez que vous ne croyiez point auparavant; quant à ce qui n'était point certain pour vous et que vous trouvez dans mes écrits, ne le tenez fermement pour certain que si vous le comprenez; ainsi je dis à celui-ci : N'entreprenez point de corriger

fidem nostram adversum errorem carnalium et animalium hominum (a) muniri inardesco, necesse est me pati : et videant quam facile ab isto labore me temperem, et quanto etiam gaudio stilum possim habere feriatum. Quod si ea quæ legimus de his rebus, sufficienter edita in Latino sermone aut non sunt, aut non inveniuntur, aut certe difficile a nobis inveniri queunt, Græcæ autem linguæ non sit nobis tantus habitus, ut talium rerum libris legendis et intelligendis ullo modo reperiamur idonei, quo genere litterarum ex iis quæ nobis pauca interpretata sunt, non dubito cuncta quæ utiliter quærere possumus contineri : fratribus autem non valeam resistere, jure quo eis servus factus sum flagitantibus, ut eorum in Christo laudabilibus studiis lingua ac stilo meo, quas bigas in me caritas agitat, maxime serviam ; egoque ipse multa quæ nesciebam, scribendo me didicisse confitear : non debet hic labor meus cuiquam pigro, aut multum docto videri superfluus, cum multis impigris multisque indoctis, inter quos etiam mihi, non parva ex parte sit necessarius. Ex his igitur quæ ab aliis de hac re scripta jam legimus, plurimum adminiculati et adjuti, ea quæ de Trinitate, uno summo summeque bono Deo, pie quæri et disseri posse arbitror, ipso exhortante quærenda atque adjuvante disserenda suscepi : ut si alia non sunt hujusmodi scripta, sit quod habeant et legant qui voluerint et valuerint; si autem jam sunt, tanto facilius aliqua inveniantur, quanto talia plura esse potuerint.

2. Sane cum in omnibus litteris meis, non solum pium lectorem, sed etiam liberum correctorem desiderem, multo maxime in his, ubi ipsa magnitudo quæstionis utinam tam multos inventores habere posset, quam multos contradictores habet. Verumtamen sicut lectorem meum nolo mihi esse (b) deditum, ita correctorem nolo sibi. Ille me non amet amplius quam catholicam fidem, iste se non amet amplius quam catholicam veritatem. Sicut illi dico : Noli meis litteris quasi Scripturis canonicis inservire, sed in illis et quod non credebas cum inveneris incunctanter crede, in istis autem quod certum non

(a) Lov. munire. — (b) Sola fere editio Lov. debitum.

LIVRE III. — PRÉAMBULE.

mes écrits d'après votre opinion ou votre jugement, mais d'après les livres saints ou par des raisons incontestables. Si vous y trouvez quelque vérité, ce n'est pas mon bien, parce qu'il est là, mais il deviendra le vôtre et sera le mien si nous le comprenons et l'aimons. Si au contraire vous y trouvez quelque erreur, cette erreur est mienne, parce que c'est moi qui me suis trompé, mais si nous l'évitons, elle ne sera ni vôtre ni mienne.

3. Ce second livre commencera donc au point où le second s'est arrêté. Nous en étions arrivé à démontrer que le Fils n'est pas moindre que le Père, par la raison que celui-là est envoyé et que celui-ci l'envoie, et que le Saint-Esprit non plus n'est pas moindre que le Fils et que le Père, parce qu'on lit dans l'Evangile qu'il est envoyé par l'un et par l'autre; lorsque nous avons entrepris de rechercher où était le Fils quand il a été envoyé en ce monde, attendu qu'il est venu en ce monde et « qu'il était déjà dans ce monde, » (*Jean*, I, 10) où était également le Saint-Esprit quand il a été, lui aussi, envoyé sur la terre, puisque « l'Esprit du Seigneur remplit l'univers, et que contenant toute chose, il connaît aussi tout ce qui se dit. » (*Sag.*, I, 7.) Le Seigneur aurait-il été envoyé, parce que de caché qu'il était, il est né dans la chair et qu'il est apparu du sein du Père aux yeux des hommes, dans la forme de l'esclave, comme s'il était sorti du sein paternel? En serait-il de même du Saint-Esprit, pour être apparu sous la forme corporelle d'une colombe et pour s'être divisé en langues de feu? En sorte que, pour eux, être envoyé ce serait s'être produit, dans une forme corporelle, aux yeux des hommes, d'un état spirituel invisible. Comme le Père n'a rien fait de pareil, est-ce pour cela qu'il a été dit de lui qu'il n'a point été envoyé, mais qu'il a envoyé? Après cela, j'ai recherché pourquoi il n'est jamais dit que le Père ait été envoyé, s'il s'est montré aussi aux patriarches par le moyen des formes corporelles apparues aux regards des anciens. Si c'était le Fils qui se montrait alors, pourquoi ne dit-on que si longtemps après qu'il a été envoyé, c'est-à-dire au moment où les temps se sont trouvés accomplis (*Gal.*, IV, 4) pour qu'il naquît d'une femme, puisque avant cela il était envoyé lorsqu'il apparaissait dans des formes corporelles? Ou bien s'il n'était exact de dire qu'il était envoyé que lorsque le Verbe s'est fait chair (*Jean*, I, 14) pourquoi lisons-nous que le Saint-Esprit qui ne s'est jamais incarné a été envoyé? Si, au contraire, dans ces antiques manifestations, ce n'étaient ni le Père ni le Fils, mais le Saint-Esprit qui se montrait, pourquoi donc ne dirait-on aussi que maintenant seulement, de lui, qu'il a été envoyé, puisqu'il l'a été de ces différentes manières si longtemps auparavant? Après cela nous avons

---

habebas, nisi certum intellexeris, noli firmiter retinere : ita illi dico : Noli meas litteras ex tua opinione vel contentione, sed ex divina lectione vel inconcussa ratione corrigere. Si quid in eis veri comprehenderis, exsistendo non est meum, at intelligendo et amando et tuum sit et meum : si quid autem falsi conviceris, errando fuerit meum, sed jam cavendo nec tuum sit nec meum.

3. Hinc itaque tertius hic liber sumat exordium, quo usque secundus pervenerat. Cum enim ad id ventum esset, ut vellemus ostendere, non ideo minorem Patre Filium, quia ille misit, hic missus est, nec ideo minorem utroque Spiritum sanctum, quia et ab illo et ab illo missus in Evangelio legitur : suscepimus hoc quaerere, cum illuc missus sit Filius, ubi erat, quia in hunc mundum venit, et « in hoc mundo erat; » (*Joan.*, I, 10) cum illuc etiam Spiritus sanctus, ubi et ipse erat, quoniam « Spiritus Domini replevit orbem terrarum, et hoc quod continet omnia scientiam habet vocis : » (*Sap.*, I, 7) utrum propterea missus sit Dominus, quia ex occulto in carne natus est, et de sinu Patris ad oculos hominum in forma servi tanquam egressus apparuit; ideo etiam Spiritus sanctus, quia et ipse corporali specie quasi columba visus est (*Matth.*, III, 16), et linguis divisis velut ignis (*Act.*, II, 3) : ut hoc eis fuerit mitti, ad aspectum mortalium in aliqua forma corporea de spiritali secreto procedere; quod Pater quoniam non fecit, tantummodo misisse, non etiam missus esse dictus sit. Deinde quaesitum est cur et Pater non aliquando dictus sit missus, si per illas species corporales quae oculis antiquorum apparuerunt ipse demonstrabatur. Si autem Filius tunc demonstrabatur, cur tanto post missus diceretur, cum plenitudo temporis venit (*Gal.*, IV, 4), ut ex femina nasceretur; quando quidem et antea mittebatur, cum in illis formis corporaliter apparebat. Aut si non recte missus diceretur, nisi cum Verbum caro factum est (*Joan.*, I, 14); cur Spiritus sanctus missus legatur, cujus incarnatio talis non facta est. Si vero per illas antiquas demonstrationes, nec Pater, nec Filius, sed Spiritus sanctus ostendebatur, cur etiam ipse nunc diceretur

fait une subdivision, pour traiter ces choses avec le plus de soin possible, et nous avons posé trois questions, dont la première a été traitée dans le second livre, et les deux autres nous restent à aborder maintenant. En effet, j'ai déjà trouvé dans mes recherches et démontré que, dans ces formes et ces visions antiques, ce n'est pas le Père seul, ni le Fils seul, ni le Saint-Esprit seul, qui ont apparu, mais que ce fut indifféremment tantôt le Seigneur Dieu en qui on estime la Trinité même, tantôt l'une des trois personnes de la Trinité que les circonstances du récit permettent de reconnaître à certains indices.

CHAPITRE PREMIER.
Ce qui reste encore à dire.

4. Maintenant donc donnons suite à nos recherches sur ce qui nous reste à étudier. Or, dans ma subdivision, j'ai placé, en second lieu, la question de savoir s'il a été fait une créature uniquement pour cette apparition, créature dans laquelle Dieu s'est rendu sensible aux regards des hommes, selon qu'il l'a jugé à propos; ou bien si les anges qui déjà existaient alors étaient envoyés parler au nom du Seigneur, en prenant à une créature corporelle, une apparence de corps pour le besoin du ministère qu'ils avaient à remplir, ou bien s'ils gouvernent leur propre corps soumis à leur volonté sans qu'ils lui soient soumis eux-mêmes, en les changeant et les convertissant selon les apparences voulues, choisies, accommodées et appropriées à leur action, en vertu d'un pouvoir qu'ils tiendraient du Créateur. Après avoir traité cette partie de la question, selon que le Seigneur m'en fera la grâce, il faudra voir enfin ce que nous avions indiqué comme le but de nos recherches; c'est-à-dire si le Fils et le Saint-Esprit étaient envoyés avant ce temps-là; et, dans l'hypothèse où ils l'ont été, quelle différence il y a entre cette mission et celle que nous lisons dans l'Evangile; et si ni l'un ni l'autre n'ont été envoyés, excepté quand le Fils s'est fait chair dans le sein de la Vierge Marie, et lorsque le Saint-Esprit apparut sous la forme visible, d'une colombe et de langues de feu.

5. Mais j'avoue que je ne me sens pas l'esprit de force à pénétrer si les anges, tout en conservant la spiritualité de leur corps dans lequel ils opèrent d'une manière cachée, empruntent aux éléments corporels qui leur sont inférieurs, quelque chose qu'ils s'adaptent, convertissent et changent, comme une sorte de vêtement, en toutes formes corporelles, et même en formes véritables, comme une vraie eau a été changée en

---

missus, cum illis modis et antea mitteretur? Deinde subdivisimus, ut hæc diligentissime tractarentur, et tripartitam fecimus quæstionem, cujus una pars in secundo libro explicata est, duæ sunt reliquæ, de quibus deinceps disserere aggrediar. Jam enim quæsitum atque tractatum est, in illis antiquis corporalibus formis et visis, non tantummodo Patrem, nec tantummodo Filium, nec tantummodo Spiritum sanctum apparuisse, sed aut indifferenter Dominum Deum qui Trinitas ipsa intelligitur, aut quamlibet ex Trinitate personam, quam lectionis textus indiciis circumstantibus significaret.

CAPUT PRIMUM.
Quid deinceps dicendum.

4. Nunc ergo primum quæramus quod sequitur. Nam secundo loco in illa distributione positum est, utrum ad hoc opus tantummodo creatura formata sit, in qua Deus, sicut tunc oportuisse judicavit, humanis ostenderetur aspectibus: an angeli qui jam erant, ita mittebantur, ut ex persona Dei loquerentur, assumentes corporalem speciem de creatura corporea in usum ministerii sui; aut ipsum corpus suum, cui non subduntur, sed subditum (*a*) regunt, mutantes atque vertentes in species quas vellent, accommodatas atque aptos actionibus suis, secundum attributam sibi a Creatore potentiam. Qua quæstionis parte, quantum Dominus dederit, pertractata, postremo videndum erit id quod instituteramus inquirere, utrum Filius et Spiritus sanctus et antea mittebantur: et si ita est, quid inter illam missionem et eam quam in Evangelio legimus distet, an missus non sit aliquis eorum, nisi cum vel Filius factus est ex Maria virgine, vel cum Spiritus sanctus visibili specie, sive in columba, sive in igneis linguis apparuit.

5. Sed fateor excedere vires intentionis meæ, utrum angeli manente spiritali sui corporis qualitate per hanc occultius operantes, assumant ex inferioribus elementis corpulentioribus, quod sibi coaptatum, quasi aliquam vestem mutent et vertant in quaslibet species corporales, etiam ipsas veras, sicut aqua vera in verum vinum conversa est a Domino (*Joan.*, II, 9); an ipsa propria corpora sua transforment in quod voluerint (*b*) accommodate ad id quod agunt. Sed

---

(*a*) Editi *gerunt.* Plerique Mss. *regunt.* — (*b*) Ita Mss. At editi *accommodata.*

un vrai vin par le Seigneur (*Jean*, II, 9), ou bien s'ils transforment leur propre corps en ce qu'ils veulent selon ce qu'ils ont à faire; mais, quoi qu'il en soit, toutes ces hypothèses n'ont aucun rapport avec la question. Et n'étant qu'un simple mortel, je ne puis arriver à savoir cela par ma propre expérience, comme les anges qui font ces choses-là, et qui les connaissent beaucoup mieux que je ne sais moi-même comment mon corps change au gré de ma volonté, ainsi que je l'ai expérimenté, soit en moi, soit dans les autres. Je ne dirai donc point pour le moment ma pensée sur ce sujet, d'après les textes même des saintes Ecritures, de peur d'être forcé de donner la preuve de ce que j'aurais avancé, et d'être entraîné beaucoup trop loin dans un sujet qui n'a point sa place nécessaire dans la question présente.

6. Ce qu'il faut voir, pour le moment, c'est si c'étaient des anges qui produisaient alors ces espèces de corps apparaissant aux yeux des hommes, ces voix retentissant à leurs oreilles, pendant que la créature sensible soumise à la volonté du Créateur se transformait selon qu'il en était besoin, comme il est écrit au livre de la Sagesse : « Car la créature vous étant soumise comme à son Créateur, redouble ses forts pour tourmenter les méchants, et s'adoucit pour contribuer au bien de ceux qui mettent leur confiance en vous. C'est pourquoi en se transformant alors en toutes sortes de goûts, elle obéissait à votre grâce qui est nourrice de tous, et s'accommodait ainsi à la volonté de ceux qui soupirent après vous. » (*Sag.*, XVI, 24, 25.) En effet, c'est par le moyen de la créature spirituelle que la puissance de la volonté de Dieu est parvenue à produire les effets visibles et sensibles des créatures corporelles. Car où la sagesse du Dieu tout-puissant n'opère-t-elle point ce qu'elle veut, quand elle atteint d'un bout du monde à l'autre avec force et dispose tout avec douceur? (*Sag.*, VIII, 1.)

CHAPITRE II.

La volonté de Dieu, cause première de tout changement corporel.

7. Mais il y a un autre ordre naturel dans la conversion et le changement des corps, qui bien que soumis lui-même à la volonté de Dieu, a cessé néanmoins, par l'habitude continuelle de les voir, d'exciter notre admiration. Tels sont les changements survenant à des intervalles très-courts ou du moins de peu de durée, dans le ciel, sur la terre, et dans la mer, soit par la naissance de certains êtres, ou par la mort de certains autres, soit par leurs apparitions, tantôt d'une manière, tantôt d'une autre. Il y en a qui, bien que venant dans l'ordre, cependant sont moins communs, parce qu'ils ne se produisent

---

quodlibet horum sit, ad præsentem quæstionem non pertinet. Et quamvis hæc, quoniam homo sum, nullo experimento possim comprehendere, sicut angeli qui hæc agunt, et magis ea norunt quam ego novi, quatenus mutetur corpus meum in (*a*) affectu voluntatis meæ, sive quod in me, sive quod ex aliis expertus sum : quid horum tamen ex divinarum Scripturarum auctoritatibus credam, nunc non opus est dicere, ne cogar probare, et fiat sermo longior de re qua non indiget præsens quæstio.

6. Illud nunc videndum est, utrum angeli tunc agebant, et illas corporum species apparentes oculis hominum, et illas voces insonantes auribus, cum ipsa sensibilis creatura ad nutum serviens Conditori, in quod opus erat pro tempore vertebatur, sicut in libro Sapientiæ scriptum est : « Creatura enim tibi factori deserviens extenditur in tormentum adversum injustos, et lenior fit ad bene faciendum iis qui in te confidunt. Propter hoc et tunc in omnia se transfigurans, omnium nutrici gratiæ tuæ deserviebat ad voluntatem horum qui te desiderabant. » (*Sap.*, XVI, 24.) Pervenit enim (*b*) potentia voluntatis Dei per creaturam spiritalem usque ad effectus visibiles atque sensibiles creaturæ corporalis. Ubi enim non operatur quod vult Dei omnipotentis sapientia, quæ pertendit a fine usque ad finem fortiter, et disponit omnia suaviter? (*Sap.*, VIII, 1.)

CAPUT II.

Voluntas Dei causa superior omnis corporeæ mutationis.

7. Sed alius est ordo naturalis in conversione et mutabilitate corporum, qui quamvis etiam ipse ad nutum Dei serviat, perseverantia tamen consuetudinis amisit admirationem : sicuti sunt quæ vel brevissimis, vel certe non longis intervallis temporum cœlo, terra, marique mutantur, sive nascentibus, sive occidentibus rebus, sive alias aliter atque aliter apparentibus : alia vero quamvis ex ipso ordine ve-

---

(*a*) Decem Mss. *in affectum*. — (*b*) Sic Mss. magno consensu. At editi *sapientia voluntatis Dei.*

qu'à de grands intervalles de temps. Sans doute ces choses excitent l'admiration de bien des gens, mais comprises par ceux qui étudient le spectacle de ce monde, elles semblent d'autant moins étonnantes qu'elles sont connues de plus de monde et se répètent plus souvent sous les yeux des générations qui se succèdent. Telles sont les éclipses des astres et certaines espèces d'astres qu'on voit rarement, les tremblements de terre, les monstres qui naissent parmi les animaux et mille choses semblables dont aucune ne se produit sans la volonté de Dieu, ce que la plupart des hommes ne voient point. Aussi a-t-il passé par la tête de vains philosophes, de les attribuer à d'autres causes, soit vraies, mais secondes, parce qu'ils ne pouvaient en apercevoir la cause première, supérieure à toutes les autres, je veux dire la volonté de Dieu, soit fausses, dont la pensée leur était suggérée, non par l'étude attentive des êtres et des mouvements corporels, mais par la prévention et l'erreur.

8. Je vais, si je puis, en donner quelques exemples pour rendre mes paroles plus claires. Ainsi dans le corps de l'homme il y a une masse de chair et une espèce de forme, un ordre et une distinction de membres et un certain équilibre qui fait la santé. Une âme habite dans ce corps et le gouverne, et cette âme est un être raisonnable; aussi, bien que muable, elle est cependant susceptible de participer à la sagesse immuable, et elle acquiert ainsi avec elle une sorte de ressemblance, comme dit le Psalmiste en parlant de tous les saints qui sont comme autant de pierres vivantes, dont est construite la Jérusalem céleste, notre mère éternelle, « cette Jérusalem qui est bâtie comme une ville et dont toutes les parties sont dans le même. » (*Ps.* CXXI, 3.) Par ces mots « le même, » il faut entendre le bien souverain et immuable qui n'est autre que Dieu, que sa sagesse et sa volonté. C'est de lui qu'il est question dans le psaume, où nous chantons : « Vous les changerez et elles seront changées ces choses, mais vous, vous êtes toujours le même. » (*Ps.* CI, 27.)

CHAPITRE III.

Représentons-nous donc par la pensée un sage dont l'âme raisonnable participe déjà à l'immuable et éternelle vérité qu'il consulte dans toutes ses actions; ne faisant rien s'il n'a vu en elle ce qu'il devait faire, en sorte que toujours soumis à elle et obéissant à ses inspirations, il ne fasse rien que de bien. Supposons que cet homme, après avoir consulté la souveraine raison de la divine justice dont il entend secrètement la voix, de l'oreille du cœur, s'est épuisé pour obéir à ses ordres, dans quelque œuvre de miséricorde : il tombe malade et consulte deux médecins : l'un lui dit que la cause de son mal

---

nientia, tamen propter longiora intervalla temporum minus usitata. Quæ licet multi stupeant, ab inquisitoribus hujus sæculi comprehensa sunt, et progressu generationum quo sæpius repetita et a pluribus cognita, eo minus mira sunt. Sicuti sunt defectus luminarium, et raro exsistentes quænam species siderum, et terræ motus, et monstruosi partus animantium, et quæcumque similia, quorum nihil fit nisi voluntate Dei, sed plerisque non apparet. Itaque licuit vanitati Philosophorum, etiam causis aliis ea tribuere, vel veris, sed proximis, cum omnino videre non possent superiorem cæteris omnibus causam, id est voluntatem Dei; vel falsis, et ne ab ipsa quidem pervestigatione corporalium rerum atque motionum, sed a sua suspicione et errore prolatis.

8. Dicam si potero quiddam, exempli gratia, quo hæc apertiora sint. Est certe in corpore humano quædam moles carnis, et formæ species, et ordo distinctioque membrorum, et temperatio valetudinis : hoc corpus inspirata anima regit, eademque rationalis; et ideo quamvis mutabilis, tamen quæ possit illius incommutabilis sapientiæ particeps esse, ut sit participatio ejus in idipsum, sicut in Psalmo scriptum est de omnibus sanctis, ex quibus tanquam lapidibus vivis ædificatur illa Jerusalem mater nostra æterna in cœlis. Ita enim canitur : « Jerusalem quæ ædificatur ut civitas, cujus participatio ejus in idipsum. » (*Psal.* CXXI, 3.) « Idipsum » quippe hoc loco illud summum et incommutabile bonum intelligitur, quod Deus est, atque sapientia voluntasque ipsius. Cui cantatur alio loco : « Mutabis ea, et mutabuntur, tu vero idem ipse es. » (*Psal.* CI, 27.)

CAPUT III.

Constituamus ergo animo talem sapientem, cujus anima rationalis jam sit particeps incommutabilis æternæque veritatis, quam de omnibus suis actionibus consulat, nec aliquid omnino faciat, quod non in ea cognoverit esse faciendum, ut ei subditus eique obtemperans recte faciat. Iste si consulta summa ratione divinæ justitiæ, quam in secreto audiret aure

réside dans la sécheresse du corps, le second au contraire qu'elle est tout entière dans une surabondance d'humeur; l'un donne la vraie cause du mal et l'autre se trompe, tous les deux néanmoins parlent des causes prochaines, c'est-à-dire, des causes corporelles. Mais si on remonte à la cause de cette sécheresse et qu'on la trouve dans un travail volontaire, on arrive dès lors à une cause supérieure venant de l'âme pour affecter le corps qu'elle régit; mais cette cause n'est point elle-même la première, car la cause première se trouve dans la sagesse immuable elle-même aux ordres de laquelle l'âme de cet homme sage s'est soumise avec charité et a obéi en entreprenant le travail volontaire dont nous avons parlé. Ainsi la cause première de son mal en réalité n'est pas autre que la volonté même de Dieu. Si au contraire pour faire ce travail pieux et entrepris dans une pensée de devoir, cet homme sage s'était adjoint des aides qui eussent pris part avec lui à cette bonne œuvre, bien que ce ne fût point en servant Dieu avec la même pensée, mais dans le but de parvenir ainsi à la récompense, objet de leurs désirs charnels, ou d'éviter des maux corporels, si, même il s'était fait aider par des bêtes de somme, dans le cas où l'accomplissement de l'œuvre entreprise pût se faire par le concours d'êtres dépourvus de raison ne mouvant point leurs membres, sous les fardeaux dont ils sont chargés, avec la pensée de tirer quoi que ce soit de cette bonne œuvre, mais seulement par instinct ou pour éviter les coups; bien plus si cet homme avait eu recours à des corps insensibles même, qu'il lui était nécessaire d'employer pour son œuvre, tels que le blé, par exemple, le vin, l'huile, les vêtements, l'argent, des cahiers et autres choses semblables, est-ce que dans tous ces êtres animés ou inanimés, occupés à la même œuvre, tout ce qui se mouvrait, s'userait, se réparerait, se réformerait, tout ce qui d'une manière, ou d'une autre, cédant à l'action du temps et des lieux, viendrait à changer, éprouverait ces changements visibles et toutes ces altérations par l'effet d'une autre cause que la volonté de Dieu invisible et immuable, agissant par le moyen de l'âme juste comme siége de la sagesse et se servant de tout, des anges méchants et irraisonnables, aussi bien que des corps animés et inspirés par eux, et même d'êtres privés de sensibilité, bien qu'elle ne mit d'abord en œuvre que l'âme bonne et sainte du juste soumise à la volonté pour l'accomplissement d'une œuvre pieuse et religieuse?

9. L'exemple que nous tirons de ce sage, bien que portant encore une chair mortelle, et ne

---

cordis sui, eaque sibi jubente, in aliquo officio misericordiæ corpus labore fatigaret, ægritudinemque contraheret, consultisque medicis ab alio diceretur causam morbi esse corporis siccitatem, ab alio autem humoris immoderationem : unus eorum veram causam diceret, alter erraret, uterque tamen de proximis causis, id est, corporalibus pronuntiaret. At si illius siccitatis causa quæreretur, et inveniretur voluntarius labor; jam ventum esset ad superiorem causam, quæ ab anima proficisceretur ad afficiendum corpus quod regit : sed nec ipsa prima esset; illa enim procul dubio superior erat in ipsa incommutabili Sapientia, cui hominis sapientis anima in caritate serviens, et ineffabiliter jubenti obediens, voluntarium laborem susceperat : ita non nisi Dei voluntas causa prima illius ægritudinis veracissime reperiretur. Jam vero si in labore officioso et pio adhibuisset ille sapiens ministros collaborantes secum in opere bono, nec tamen eadem voluntate Deo servientes, sed ad carnalium (a) cupiditatum suarum mercedem pervenire cupientes, vel incommoda carnalia devitantes; adhibuisset etiam jumenta, si hoc exigeret illius operis implendi procuratio, quæ utique jumenta irrationalia essent animantia, nec ideo moverent membra sub sarcinis, quod aliquid de illo bono opere cogitarent, sed naturali appetitu suæ voluptatis et devitatione molestiæ; postremo adhibuisset etiam ipsa corpora omni censu carentia, quæ illi operi essent necessaria, frumentum scilicet, et vinum, et oleum, vestem, nummum, codicem, et si qua hujusmodi; in his certe omnibus in illo opere versantibus corporibus, sive animatis sive inanimatis, quæcumque moverentur, attererentur, repararentur, exterminarentur, reformarentur, alio atque alio modo locis et temporibus affecta mutarentur, num alia esset istorum omnium visibilium et mutabilium factorum causa, nisi illa invisibilis et incommutabilis voluntas Dei per animam justam, sicut sedem sapientiæ, cunctis utens, et malis et irrationalibus animis, et postremo corporibus, sive quæ illis inspirarentur et animarentur, sive omni sensu carentibus, cum primitus uteretur ipsa bona anima et sancta, quam sibi ad pium et religiosum obsequium subdidisset?

9. Quod ergo de uno sapiente, quamvis adhuc mortale corpus gestante, quamvis ex parte vidente,

(a) Plures Mss. *carnalium voluntatum*. Duo, *voluptatum*.

voyant qu'en partie, on peut l'étendre à une maison tout entière où se trouverait une assemblée de personnes semblables à notre sage, à une ville et même à l'univers entier, si l'empire et le gouvernement des choses humaines étaient aux mains d'hommes sages, saints et parfaitement soumis à Dieu.

CHAPITRE IV.

Dieu se sert de toutes les créatures comme il veut, et il crée des êtres visibles pour se manifester lui-même.

Mais comme il n'en est point encore ainsi, car il faut que, dans notre exil, nous soyons d'abord exercés comme des êtres mortels, et façonnés par la vertu de mansuétude et de patience, dans les fléaux, nous devons penser à la patrie supérieure et céleste d'où nous sommes exilés. C'est là, en effet, que le Dieu qui, par sa volonté rend ses anges rapides comme le vent et fait d'eux des ministres aussi ardents que les flammes dévorantes (*Ps.* CIII, 4), est assis au milieu d'esprits unis entre eux par une paix et une amitié profondes, et façonnés à n'avoir qu'une seule volonté, par le feu spirituel de la charité, si on peut parler ainsi; il est là comme sur un trône élevé, saint et secret; on dirait que là est son temple, sa demeure. De là il se répand dans tous les êtres par certains mouvements réglés de la créature, d'abord par des mouvements spirituels, puis par des mouvements corporels, et se sert au gré immuable de sa pensée, de tout les êtres tant corporels qu'incorporels, et des esprits tant raisonnables que privés de raison, soit bons par l'effet de sa grâce, soit mauvais par suite de leur propre volonté. Mais de même que les corps plus matériels et inférieurs sont régis dans un certain ordre, par les corps plus subtils et supérieurs, ainsi tout corps est régi par un esprit de vie, tout esprit de vie irraisonnable par un esprit de vie raisonnable, tout esprit de vie raisonnable mais ayant péché et déserté son poste par un esprit de vie raisonnable, pieux et juste, et ce dernier par Dieu, ainsi toutes les créatures sont régies par leur créateur de qui, par qui et en qui elles ont été faites et établies (*Col.*, I, 16) : par ce moyen, la volonté de Dieu est la cause première et suprême de toutes les espèces et de tous les mouvements corporels. En effet, il ne se fait rien de visible, rien de sensible qui n'ait reçu de la cour invisible et intelligible du souverain Maître l'ordre ou la permission d'être selon l'ineffable justice des peines et des récompenses, des grâces et des rétributions dans cette sorte de république infiniment vaste et immense d'êtres créés.

posuimus exempli gratia, hoc de aliqua domo, ubi aliquorum talium societas est, hoc de civitate vel etiam de orbe terrarum licet cogitare, si penes sapientes sancteque ac perfecte Deo subditos sit principatus, et regimen rerum humanarum.

CAPUT VI.

Deus omnibus creaturis utitur ut vult, et visibilia facit ad se ipsum demonstrandum.

Sed hoc (*a*) quia nondum est : (oportet enim nos in hac peregrinatione prius mortaliter exerceri, et per vires mansuetudinis et patientiæ in flagellis erudiri :) illam ipsam supernam atque cœlestem, unde peregrinamur, patriam cogitemus. Illic enim Dei voluntas, qui facit angelos suos spiritus, et ministros suos ignem flagrantem (*Psal.* CIII, 4), in spiritibus summa pace atque amicitia copulatis, et in unam voluntatem quodam spiritali caritatis igne conflatis, tanquam in excelsa et sancta et secreta sede præsidens, velut in domo sua et in templo suo, inde se, quibusdam ordinatissimis creaturæ motibus, primo spiritalibus, deinde corporalibus, per cuncta diffundit, et utitur omnibus ad incommutabile arbitrium sententiæ suæ, sive incorporeis sive corporeis rebus, sive rationalibus sive irrationalibus spiritibus, sive bonis per ejus gratiam sive malis per propriam voluntatem. Sed quemadmodum corpora crassiora et inferiora per subtiliora et potentiora quodam ordine reguntur : ita omnia corpora per spiritum vitæ, et spiritus vitæ irrationalis per spiritum vitæ rationalem, et spiritus vitæ rationalis desertor atque peccator per spiritum vitæ rationalem pium et justum, et ille per ipsum Deum, ac sic universa creatura per Creatorem suum, ex quo et per quem et in quo etiam condita atque instituta est (*Col.*, I, 16) : ac per hoc voluntas Dei est prima et summa causa omnium corporalium specierum atque motionum. Nihil enim fit visibiliter et sensibiliter, quod non de interiore invisibili atque intelligibili aula summi imperatoris, aut jubeatur, aut permittatur, secundum ineffabilem justitiam præmiorum atque pœnarum, gratiarum et retributionum, in ista totius creaturæ amplissima quadam immensaque republica.

(*a*) Editio Lov. *Sed hoc quidem nondum est :* ac post verbum *erudiri*, addita particula, *ut*, sic connectit sequentia, *ut illam ipsam*, etc. Castigatur ex Mss.

10. Si donc l'apôtre saint Paul, quoique portant encore le fardeau d'un corps soumis à la corruption et alourdissant l'âme, et ne voyant encore qu'en énigme et en partie (I *Cor.*, XIII, 12), pressé du désir d'être dégagé des liens du corps et d'être avec le Christ (*Philip.*, I, 23), gémissant en son cœur dans l'attente de l'adoption divine qui doit être la rédemption de son corps (*Rom.*, VIII, 23), a pu prêcher le Seigneur Jésus au moyen de signes, tantôt par sa langue, tantôt par sa plume, dans ses lettres, d'autres fois par le mystère de son corps et de son sang, nous ne dirons point pour cela que la langue de l'apôtre, ses parchemins, son encre, les sons de sa voix qui le signifiaient, ni les lettres tracées sur le parchemin, soient le corps et le sang du Christ, nous n'appelons ainsi que ce qui produit des fruits de la terre, et consacré selon les rites, par une prière mystique, est reçu par nous, pour notre salut spirituel, en mémoire de la passion du Seigneur par nous. Quand la main des hommes a préparé cette espèce visible, elle n'est sanctifié pour devenir un aussi grand sacrement que par l'invisible opération de l'Esprit de Dieu ; car si tout dans cette œuvre s'accomplit par des mouvements corporels, il n'y a que Dieu qui opère en mettant en mouvement, avant tout, ses ministres invisibles, les âmes des hommes et les vertus suscitées des esprits cachés qui lui sont soumis; qu'y a-t-il d'étonnant si même dans des créatures telles que le ciel et la terre, la mer et l'air, Dieu fait les choses sensibles et visibles qu'il lui plaît, pour se signifier ou se montrer comme il faut, mais sans rendre apparente sa propre substance par laquelle il est immuable et plus sublime intérieurement et dans le secret, que tous les esprits créés par lui ?

CHAPITRE V.

Pourquoi les miracles ne sont point habituels.

11. La force divine qui gouverne toutes les créatures spirituelles et corporelles, appelle à certains jours de chaque année les eaux de la mer et les répand sur la face de la terre. Mais quand cela s'est produit à la prière de saint Elie, après une sérénité du ciel si continue et si longue que les hommes mouraient de faim (III *Reg.*, XVIII, 45), ceux à qui ce miracle était donné et dispensé, reconnurent la puissance de Dieu dans la pluie si abondante et si soudaine qui vint à tomber, bien que l'air ne présentât aucun signe ni la moindre apparence d'humidité, au moment où le serviteur de Dieu se mit en prière. De même c'est Dieu qui fait dans les airs la foudre et le tonnerre; mais parce qu'ils se produisirent d'une manière inaccoutumée sur

---

10. Si ergo apostolus Paulus, quamvis adhuc portaret sarcinam corporis, quod corrumpitur et aggravat animam, quamvis adhuc ex parte atque in ænigmate videret (*Sap.*, IX, 15), optans dissolvi et esse cum Christo (I *Cor.*, XIII, 12), et in semetipso ingemiscens, adoptionem expectans redemptionem corporis sui (*Phil.*, I, 23 ; *Rom.*, VIII, 23), potuit tamen significando prædicare Dominum Jesum Christum, aliter per linguam suam, aliter per epistolam, aliter per sacramentum corporis et sanguinis ejus (nec linguam quippe ejus, nec membranas, nec atramentum, nec significantes sonos lingua editos, nec signa litterarum conscripta pelliculis, corpus Christi et sanguinem dicimus, sed illud tantum quod ex fructibus terræ acceptum et prece mystica consecratum rite sumimus ad salutem spiritalem in memoriam pro nobis dominicæ passionis : quod cum per manus hominum ad illam visibilem speciem perducatur, non sanctificatur ut sit tam magnum sacramentum, nisi operante invisibiliter Spiritu Dei, cum hæc omnia quæ per corporales motus in illo opere fiunt, Deus operetur, movens primitus invisibilia ministrorum, sive animas hominum, sive occultorum spirituum sibi subditas servitutes) : quid mirum si etiam in creatura cœli et terræ, maris et aeris, facit Deus quæ vult sensibilia atque visibilia, ad se ipsum in eis sicut oportere ipse novit significandum et demonstrandum, non ipsa sua qua est apparente substantia, quæ omnino incommutabilis est, omnibusque spiritibus, quos creavit, interius secretiusque sublimior?

CAPUT V.

Miracula cur non consueta opera.

11. Ut enim divina totam spiritalem corporalemque administrante creaturam, omnium annorum certis diebus advocantur aquæ maris, et effunduntur super faciem terræ. Sed cum hoc orante sancto Elia factum est (III *Reg*, XVIII, 45), quia præcesserat tam continua et tam longa serenitas, ut deficerent fame homines, nec ea hora qua ille Dei servus oravit, aer ipse aliqua humida facie mox futuræ pluviæ signa prætulerat, consecutis tantis et tam velociter imbribus apparuit vis divina, quibus illud dabatur dispensabaturque miraculum. Ita Deus operatur solemnia fulgura atque tonitrua ; sed quia in monte Sina inu-

le Sinaï et que les voix qui se faisaient entendre ne formaient point un bruit confus, mais semblaient aux Hébreux leur donner des signes par des indices très-certains, c'étaient des miracles. (*Exod.*, XIX, 16.) Qui conduit l'humidité par les racines de la vigne jusqu'au raisin et fait le vin sinon Dieu qui seul donne l'accroissement quand l'homme plante et arrose? (I *Cor.*, III, 7.) Mais quand, à la volonté du Seigneur, l'eau s'est changée en vin avec une rapidité inusitée, c'était le fait de la puissance divine, même de l'aveu des sots. Qui revêt journellement les arbres de feuilles et de fleurs? n'est-ce pas Dieu? Mais quand la verge du grand prêtre Aaron se couvrit de fleurs (*Num.*, XVII, 8), c'était la divinité qui s'entretenait d'une certaine manière avec l'humanité doutante. Le bois et les corps des animaux naissent et se forment tous de la terre leur commune matière. Mais qui les produit, sinon celui qui a dit à la terre de les produire (*Gen.*, I, 24), et qui, du même mot qu'il créa, gouverne et administre ce qu'il a créé? Vient-il à changer tout à coup la matière et à en faire sur-le-champ de la verge de Moïse un serpent, c'est un miracle, parce que si l'objet était susceptible de changement, ce changement néanmoins était inusité. Qui anime tous les êtres vivants à leur naissance, sinon celui qui a animé ce serpent, à l'instant même, selon qu'il en était besoin?

CHAPITRE VI.

Ce qui fait le miracle, c'est une variété seulement.

Qui rendait aux cadavres leurs âmes quand les morts ressuscitaient, n'est-ce pas celui qui anime le corps dans le sein des mères et les fait naître pour mourir ensuite? Mais parce que toutes ces choses se font par une sorte de cours ininterrompu de choses qui passent, s'écoulent, et vont, par un chemin ordinaire, des ténèbres au jour, et du jour aux ténèbres, on dit qu'elles sont naturelles; se produisent-elles par un changement inusité, pour servir d'avertissement aux hommes, on les appelle miracles.

CHAPITRE VII.

Il s'est opéré de grands miracles par les ressources de la magie.

12. Ici j'aperçois une pensée qui peut se présenter à l'esprit des faibles : pourquoi ces merveilles se produisent-elles par les ressources de la magie? En effet, les mages de Pharaon ont fait aussi des serpents et autres choses semblables. (*Exod.*, VII, 12.) Mais ce qui est bien

---

sitato modo fiebant (*Exod.*, XIX, 16), vocesque illæ non strepitu confuso edebantur, sed eis quædam signa dari certissimis indiciis apparebat, miracula erant. Quis attrahit humorem per radicem vitis ad botrum, et vinum facit, nisi Deus, qui et homine plantante et rigante incrementum dat (I *Cor.*, III, 7)? Sed cum ad nutum Domini aqua in vinum inusitata celeritate conversa est (*Joan.*, II, 9), etiam stultis fatentibus divina declarata est. Quis arbusta fronde ac flore vestit solemniter nisi Deus? Verum cum floruit virga sacerdotis Aaron (*Num.*, XVII, 8), collocuta est quodam modo cum dubitante humanitate divinitas. Et lignis certe omnibus et omnium animalium carnibus formandis communis est terrena materies : et quis ea facit, nisi qui dixit ut hæc terra produceret (*Gen.*, I, 24), et in eodem verbo suo quæ creavit, regit atque agit? Sed cum eamdem materiam ex virga Moysi in carnem serpentis proxime ac velociter vertit (*Exod.*, IV, 3), miraculum fuit, rei quidem mutabilis, sed tamen inusitata mutatio. Quis autem animat quæque viva nascentia, nisi qui et illum serpentem ad horam, sicut opus fuerat, animavit?

CAPUT VI.
Sola varietas facit miraculum.

Et quis reddidit cadaveribus animas suas, cum resurgerent mortui (*Ezech.*, XXXVII, 8), nisi qui animat carnes in uteris matrum, ut oriantur morituri? (*a*) Sed cum fiunt illa continuato quasi quodam fluvio labentium manantiumque rerum, et ex occulto in promptum, atque ex prompto in occultum, usitato itinere transeuntium, naturalia dicuntur : cum vero admonendis hominibus inusitata mutabilitate ingeruntur, magnalia nominantur.

CAPUT VII.
Miracula magna per magicos artes.

12. Hic video quid infirmæ cogitationi possit occurrere, cur scilicet ista miracula etiam magicis

---

(*a*) Hic editi addunt : *Similiter et de communi materia, quæ in causis mundialibus consistit, subito ad tempus prodire arietem et columbam constituit, quibus unus vigor carneus et in tempore et ex tempore ascensionis et recessionis, non dispar, sed inusitatus apparuit.* Abest ab omnibus prope Mss.

plus admirable encore, c'est de voir comment la puissance des mages, qui avaient pu faire des serpents, se trouva tout à fait en défaut quand il s'est agi de mouches infiniment petites (*Exod.*, VIII, 18); les moucherons ne sont que de très-petites mouches, et c'est la troisième plaie dont le peuple superbe d'Egypte s'est vu affligé. Et bien alors les mages évidemment pris en défaut de puissance s'écrièrent : « Le doigt de Dieu est là ; » on peut comprendre par là que les anges transgresseurs, et les puissances des airs, qui ont été précipités du séjour qu'ils occupaient dans la pureté sublime des airs, et qui donnaient aux arts magiques le pouvoir de produire tous les effets qu'ils font, n'ont au fond de leurs ténèbres, espèce de prison proportionnée à leur état, d'autre pouvoir que celui qui leur est communiqué d'en haut. Or, ce pouvoir leur est donné, soit pour tromper les trompeurs, c'est ainsi qu'il a été accordé aux Egyptiens et aux mages, pour qu'ils parussent admirables par la séduction de ces mêmes esprits qui opéraient ces merveilles, et condamnables par la vérité de Dieu, soit pour avertir les fidèles de ne point désirer comme quelque chose de grand de faire de semblables merveilles, que les saintes Ecritures elles-mêmes nous disent produites encore afin d'exercer, d'éprouver et de manifester la patience des justes. En effet, n'est-ce point par un grand pouvoir de faire des miracles capables de frapper les regards, que Job perdit tout ce qu'il avait, la santé du corps, et jusqu'à ses enfants ?

CHAPITRE VIII.

Dieu seul crée les choses mêmes que les magiciens transforment par le moyen de leur art.

13. Il ne faut pas croire pour cela que la matière des choses visibles obéit à la volonté de ces anges transgresseurs, elle n'est soumise qu'à Dieu de qui les esprits rebelles tiennent leur pouvoir, en tant qu'il est assis comme un juge immuable sur son tribunal sublime et spirituel. En effet, aux esprits même impurs et condamnés, l'eau, le feu et la terre obéissent dans le creuset pour faire ce qu'ils veulent, mais toutefois autant que cela leur est permis. On ne saurait donc appeler ces mauvais anges créateurs, parce que les mages qui résistaient, par leur pouvoir, au serviteur de Dieu, ont produit des grenouilles et des serpent. (*Exod.*, VIII, 7, et VII, 12), attendu que ce ne sont point eux qui les ont créées. En effet, les germes de tout être visible et corporel, se trouvent invisiblement déposés dans les éléments corporels de ce monde. Les uns sont même déjà visibles à nos yeux, tels sont les germes venant de fruits et d'êtres vivants, il y en a d'autres aussi invisibles, ce sont

---

artibus fiant : nam et magi Pharaonis similiter serpentes fecerunt, et alia similia. (*Exod.*, VII, 12.) Sed illud amplius est admirandum, quomodo magorum illa potentia, quæ serpentes facere potuit, ubi ad muscas minutissimas ventum est, omnino defecit. (*Exod.*, VIII, 18.) Scyniphes enim musculæ sunt brevissimæ, qua tertia plaga superbus populus Ægyptiorum cædebatur. Ibi certe deficientes magi dixerunt : « Digitus Dei est (*a*) hoc. » Unde intelligi datur, ne ipsos quidem transgressores angelos et aereas potestates, in imam istam caliginem, tanquam in sui generis carcerem, ab illius sublimis æthereæ puritatis habitatione detrusas, per quas magicæ artes possunt quidquid possunt, valere aliquid, nisi data desuper potestate. Datur autem vel ad fallendos fallaces, sicut in Ægyptios, et in ipsos etiam magos data est, ut in eorum spirituum seductione viderentur admirandi a quibus fiebant, a Dei veritate damnandi; vel ad admonendos fideles, ne tale aliquid facere pro magno desiderent, propter quod etiam nobis Scripturæ auctoritate sunt prodita ; vel ad exercendam, probandam, manifestandamque justorum patientiam. Neque enim parva visibilium miraculorum potentia, Job cuncta quæ habebat amisit (*Job*, II), et filios, et ipsam corporis sanitatem.

CAPUT VIII.

Solus Deus creat etiam illa quæ magicis artibus transformantur.

13. Nec ideo putandum est istis transgressoribus angelis ad nutum servire hanc visibilium rerum materiam, sed Deo potius, a quo hæc potestas datur, quantum in sublimi et spiritali sede incommutabilis judicat. Nam et damnatis iniquis etiam in metallo servit aqua, et ignis et terra, ut faciant inde quod volunt, sed quantum sinitur. Nec sane creatores illi mali angeli dicendi sunt, quia per illos magi resistentes famulo Dei ranas et serpentes fecerunt; non enim ipsi eas creaverunt. (*Exod.*, VIII, 7; VII, 12.) Omnium quippe rerum quæ corporaliter visibiliterque nascuntur, occulta quædam semina in istis

---

(*a*) Editi *est hic*. Al. Mss. *est hoc : juxta Græc.* LXX.

les germes des germes que nous voyons, et d'où, sur l'ordre du Créateur, l'eau a fait naître les premiers poissons et les premiers volatils, et la terre les premiers êtres de son genre, et les premiers animaux de sa sorte. Car ces germes en éclatant en êtres de ce genre, n'ont point, en produisant leur effet, absorbé la force productrice tout entière dans les êtres produits; toutefois il arrive souvent que les conditions convenables pour éclore et produire des êtres selon leur espèce, font défaut à ces germes. Ainsi un petit bourgeon est un germe, car si on le met en terre il devient un arbre; mais ce petit bourgeon a lui-même pour semence une graine de son espèce, infiniment petite, à peine visible pour nous. Quant à la graine de cette même graine, bien que nous ne puissions la discerner de nos yeux, nous pouvons cependant par la raison conjecturer qu'elle est, attendu que s'il n'y avait point dans les éléments que nous avons sous les yeux, une certaine force de ce genre, on ne verrait point pousser de terre des germes qui ne s'y trouveraient point semés, de même qu'on ne verrait pas non plus cette multitude d'animaux qui sans fécondation de femelles par des mâles, naissent dans la terre ou dans l'eau et, en s'accouplant, produisent d'autres animaux, bien que produits eux-mêmes en l'absence de toute espèce de parents. Ainsi les abeilles ne conçoivent point les germes de leurs petits en s'accouplant, mais elles les ramassent avec leur bouche, comme s'ils étaient répandus par terre. Le Créateur des germes invisibles n'est autre que le Créateur même de toutes choses. Tous les êtres qui se montrent à nos yeux en naissant, reçoivent, de germes invisibles, le principe de l'accroissement, et prennent ensuite, en vertu des lois de leur origine, la grandeur qui leur convient et la distinction des formes qui leur est propre. De même donc que nous n'appelons point nos parents créateurs d'hommes, ni les cultivateurs, créateurs de céréales, bien que c'est avec le concours apparent de leurs mouvements que la vertu de Dieu opère intérieurement toutes les choses qu'ils produisent, de même il n'est pas permis de regarder les bons ou les mauvais anges comme des créateurs, si, en vertu de la subtilité de leurs sens et de leurs corps, ils connaissent les semences de choses qui nous sont inconnues, les répandent invisiblement dans certaines combinaisons d'éléments favorables, et fournissent à ces êtres l'occasion de naître et les moyens de grandir. Mais les bons anges ne font ces choses qu'autant que Dieu leur ordonne de les faire, et les mauvais anges ne les font injustement qu'autant que Dieu leur permet avec justice de les faire, car si les mauvais anges ont une volonté injuste, ils ne reçoivent jamais que

corporeis mundi hujus elementis latent. Alia sunt enim hæc jam conspicua oculis nostris ex fructibus et animantibus, alia vero illa occulta istorum seminum semina, unde jubente Creatore produxit aqua prima natatilia et volatilia, terra autem prima (a) sui generis germina, et prima sui generis animalia. (Gen., I, 20.) Neque enim tunc (b) in hujuscemodi fetus ita producta sunt, ut in eis quæ producta sunt vis illa consumpta sit : sed plerumque desunt congruæ temperamentorum occasiones, quibus erumpant, et species suas peragant. Ecce enim brevissimus surculus semen est, nam convenienter mandatus terræ arborem facit. Hujus autem surculi subtilius semen aliquod ejusdem generis granum est, et (c) huc usque nobis visibile. Jam vero hujus etiam grani semen quamvis oculis videre nequeamus, ratione tamen conjicere possumus : quia nisi talis aliqua vis esset in istis elementis, non plerumque nascerentur ex terra quæ ibi seminata non essent, nec animalia tam multa, nulla marium feminarumque commixtione præcedente, sive in terra, sive in aqua, quæ tamen crescunt et coeundo alia pariunt, cum illa nullis coeuntibus parentibus orta sint. Et certe apes semina filiorum non coeundo concipiunt, sed tanquam sparsa per terras ore colligunt. Invisibilium enim seminum creator, ipse creator est omnium rerum : quoniam quæcumque nascendo ad oculos nostros exeunt, ex occultis seminibus accipiunt progrediendi primordia, et incrementa debitæ magnitudinis distinctionesque formarum ab originalibus tanquam regulis sumunt. Sicut ergo nec parentes dicimus creatores hominum, nec agricolas creatores frugum, quamvis eorum extrinsecus adhibitis motibus ista creanda Dei virtus interius operetur : ita non solum malos, sed nec bonos angelos fas est putare creatores, si pro subtilitate sui sensus et corporis, semina rerum istarum nobis occultiora noverunt, et ea per congruas temperationes elementorum latenter spargunt, atque ita gignendarum rerum et accelerandorum incrementorum præbent occasiones. Sed nec boni hæc, nisi quantum Deus jubet, nec mali hæc injuste faciunt, nisi quantum juste ipse

---

(a) Quidam Mss. hoc priore loco prætereunt, *sui generis* — (b) Editi *tunc hujuscemodi fetus ita producti sunt.* At Mss. *tunc in hujuscemodi fetus* (id est ad gignendos fetus sui generis) *ita producta sunt.* — (c) In multis Mss. et *huc usque.*

justement le pouvoir d'agir, soit pour se punir eux-mêmes, soit pour punir les autres, pour le châtiment des méchants et la gloire des bons.

14. Voilà pourquoi l'Apôtre saint Paul distinguant l'action intérieure de Dieu qui crée et forme les êtres, de l'œuvre de la créature qui agit au dehors, a emprunté la comparaison suivante à l'agriculture : « C'est moi qui ai planté, c'est Apollon qui a arrosé, mais c'est Dieu qui a donné l'accroissement. » (I *Cor.*, III, 6.) Il en est de même de la vie chez nous; Dieu seul peut former notre âme en la justifiant, mais les hommes peuvent prêcher l'Évangile au dehors, par l'impulsion de la vérité, s'ils sont bons, et par occasion s'ils sont méchants. » (*Philip.*, I, 18.) Voilà comment Dieu opère intérieurement la création de choses visibles, quant aux opérations extérieures des bons ou des méchants, et même de quelque être animé que ce soit, il la produit à son commandement et suivant les dispositions de puissances et des appétences de commodités réglées par lui, qu'il fait servir à la nature des choses dans laquelle il crée tout, de même qu'il se sert de l'agriculture pour la terre. Je ne puis donc dire que les mauvais anges évoqués par l'art des magiciens ont été créateurs de grenouilles et de serpents (*Exod.*, VII, 12 et VIII, 7), de même que je ne puis dire que les hommes méchants sont créateurs de la moisson que je vois pousser par leurs soins.

15. De même Jacob ne fut point le créateur de la couleur dans ses brebis (*Gen.*, XXX, 41), pour avoir placé dans l'eau où elles buvaient au moment du rut, des baguettes de diverses couleurs (1). Les brebis n'ont point non plus créé les variations de couleur de leurs petits, parce qu'il s'est trouvé dans leur âme une image de couleurs différentes, produites dans leurs yeux par la vue de baguettes de différentes couleurs, image qui n'a pu affecter par l'effet du mélange que le corps animé par un esprit affecté de la même manière, et qui a influé sur les tendres éléments de leurs petits, au point d'en modifier la couleur. Mais ce qui fait que soit l'âme soit le corps soient affectés par une action réciproque, ce sont certaines raisons de convenance, qui vivent d'une manière immuable dans la souveraine sagesse même de Dieu, que nul espèce de lieu ne renferme, et qui, tout immuable qu'elle est, n'abandonne pourtant rien de ce qui est muable, par la raison qu'aucune de ces choses n'a été créée par d'autres que par lui. En effet, que des brebis naissent non des

(1) Voir à propos de ce fait, un peu plus loin, la pensée de saint Augustin, au livre XI, chapitre II, *de la Trinité*. Voir aussi au livre XII, chapitre XXV, et au livre XVIII, chapitre v, *de la Cité de Dieu*.

---

permittit. Nam iniqui malitia voluntatem (*a*) suam habet injustam, potestatem autem non nisi juste accipit, sive ad pœnam suam, sive ad aliorum, vel pœnam malorum, vel laudem bonorum.

14. Itaque apostolus Paulus discernens interius Deum creantem atque formantem, ab operibus creaturæ quæ admoventur extrinsecus, et de agricultura similitudinem assumens ait : « Ego plantavi, Apollo rigavit, sed Deus incrementum dedit. » (1 *Cor.*, III, 6.) Sicut ergo in ipsa vita nostram mentem justificando formare non potest nisi Deus, prædicare autem Evangelium extrinsecus et homines possunt, non solum boni per veritatem, sed etiam mali per occasionem (*Phil.*, I, 18) : ita creationem rerum visibilium Deus interius operatur, exteriores autem operationes sive bonorum sive malorum, vel angelorum vel hominum, sive etiam quorumcumque animalium, secundum imperium suum et a se impertitas distributiones potestatum et appetitiones commoditatum, ita rerum naturæ adhibet in qua creat omnia, quemadmodum terræ agriculturam. Quapropter ita non possum dicere angelos malos magicis artibus evocatos (*Exod.*, VII, 12), creatores fuisse ranarum atque serpentium (*ibid.*, VIII, 7), sicut non possum dicere homines malos creatores esse segetis, quam per eorum operam video exortam.

15. Sicut nec Jacob creator colorum in pecoribus fuit (*Gen.*, XXX, 41), quia bibentibus in conceptu matribus variatas virgas quas intuerentur apposuit. Sed nec ipsæ pecudes creatrices fuerunt varietatis prolis suæ, quia inhæserat animæ illarum discolor phantasia ex contuitu variarum virgarum per oculos impressa, quæ non potuit nisi corpus quod sic affecto spiritu animabatur, ex compassione commixtionis afficere, unde teneris fetuum primordiis (*b*) colore tenus aspergeretur. Ut enim sic ex semetipsis afficiantur, vel anima ex corpore vel corpus ex anima, (*c*) congruæ rationes id faciunt, quæ incommutabiliter vivunt in ipsa summa Dei sapientia, quam nulla spatia locorum capiunt, et cum ipsa sit incommutabilis, nihil eorum quæ vel commutabiliter sunt deserit, quia nihil eorum nisi per ipsam creatum est.

(*a*) Sic plerique ac meliores Mss. Editi vero *voluntatem habent injustam, potestatem autem nonnisi juste accipiunt.*— (*b*) Duo tantum Mss. *color exterius aspergeretur.* — (*c*) Plerique Mss. *congruentia rationis.*

baguettes, mais des agneaux, c'est un effet de l'immuable et invisible raison de la sagesse divine par laquelle tout a été créé ; mais que de la diversité des baguettes il soit résulté quelque chose pour la couleur de leurs petits, c'est le fait de l'âme de la brebis qui a été affectée au dehors, par les yeux, à l'époque où elle était pleine et qui a appliqué intérieurement en elle, à sa manière, la loi de la formation du corps des petits, loi qu'elle tenait de la puissance intime de son Créateur. Mais combien faut-il que la force d'une âme soit grande pour affecter et changer ainsi une matière corporelle, (car, bien qu'elle ne puisse être appelée créatrice du corps, puisque toute cause de substance muable et sensible, tout mode, tout nombre et tout poids qui fait qu'elle soit, et qu'elle ait telle ou telle nature, n'existe que par la vertu de la vie intelligible et immuable, placée au-dessus de tout, et atteignant jusqu'aux choses extrêmes placées le plus loin, c'est-à-dire aux choses terrestres), c'est ce qui demanderait de bien longs discours sans aucune utilité en cet endroit. Toutefois j'ai cru devoir rappeler ici le fait de Jacob (*Gen.*, xxx, 41), pour faire comprendre que si celui qui a disposé ainsi les baguettes dont il est parlé ne peut être appelé le créateur de la couleur des agneaux et des chevreaux, on ne peut non plus donner ce nom aux âmes des mères, qui ont reproduit, autant que la nature le leur a permis, dans les germes qu'elles avaient conçus dans la chair, l'image de la variété de couleurs dont elles avaient été affectées par les yeux du corps, on ne saurait à plus forte raison, dire que les mauvais anges, par qui les mages de Pharaon, ont opéré jadis leurs merveilles, aient créé leurs grenouilles et leurs serpents.

CHAPITRE IX.

Dieu, cause première de toutes choses.

16. Il y a en effet une différence entre créer un être et le gouverner dès le principe suprême et intime de toutes les causes, ce qui n'est le propre que du Créateur, et produire au dehors une opération, à l'aide de forces et de facultés venant de lui, et faire paraître à tel ou tel moment, de telle ou telle façon un être créé ; ces sortes d'êtres sont en effet en principe et primordialement produits par une certaine disposition des éléments, et, l'occasion donnée, ils paraissent au monde. Car de même que les mères sont grosses de leurs petits, ainsi le monde entier est gros des causes de la naissance des êtres ; or, ces causes n'ont été créées en lui que par la suprême essence en qui rien ne naît, rien ne meurt, rien ne commence, rien ne finit. Mais la mise extérieure en œuvre, des causes secondes,

---

Ut enim de pecoribus non virgæ, sed pecora nascerentur, fecit hoc incommutabilis et invisibilis ratio sapientiæ Dei, per quam creata sunt omnia : ut autem de varietate virgarum, pecorum conceptorum color aliquid duceret, fecit hoc anima gravidæ pecudis per oculos affecta forinsecus, et interius secum pro suo modulo formandi regulam trahens, quam de intima potentia sui Creatoris accepit. Sed quanta sit vis animæ ad afficiendam atque mutandam materiam corporalem, (cum tamen creatrix corporis dici non possit, quia omnis causa mutabilis sensibilisque substantiæ, omnisque modus et numerus et pondus ejus unde efficitur ut sit, et natura ita vel ita sit, ab intelligibili et incommutabili vita, quæ super omnia est, exsistit, et pervenit usque ad extrema atque terrena,) multus sermo est, neque nunc necessarius. Verum propterea factum Jacob de pecoribus commemorandum arbitratus sum (*Gen.*, xxx, 41), ut intelligeretur, si homo qui virgas illas sic posuit, dici non potest creator colorum in agnis et hædis ; nec ipsæ matrum animæ, quæ conceptam per oculos corporis phantasiam varietatis, seminibus carne conceptis, quantum natura passa est, asperserunt, multo minus dici posse ranarum serpentiumque creatores angelos malos, per quos magi Pharaonis tunc illa fecerunt.

CAPUT IX.

Causa originalis omnium a Deo.

16. Aliud est enim ex intimo ac summo causarum cardine condere atque administrare creaturam, quod qui facit, solus creator est Deus : aliud autem pro distributis ab illo viribus et facultatibus aliquam operationem forinsecus admovere, ut tunc vel tunc, sic vel sic exeat quod creatur. Ista quippe originaliter ac primordialiter in quadam textura elementorum cuncta jam creata sunt ; sed acceptis opportunitatibus prodeunt. Nam sicut matres gravidæ sunt fetibus, sic ipse mundus gravidus est causis nascentium : quæ in illo non creantur, nisi ab illa summa essentia, ubi nec oritur, nec moritur aliquid, nec incipit esse, nec desinit. Adhibere autem forinsecus (a) accedentes

---

(a) Sic Mss. At editi *accidentes.*

qui pour n'être point la nature, n'en sont pas moins mises en action selon la nature, ce qui fait que les êtres secrètement cachés dans son sein apparaissent et sont en quelque sorte créés au dehors, par le développement des mesures, des nombres et des poids qu'ils ont invisiblement reçus de celui qui dispose tout avec nombre, poids et mesure. (*Sap.*, XI, 21.) Non-seulement elle est possible aux mauvais anges, elle l'est même aux hommes de bien, comme je l'ai dit plus haut, en prenant l'agriculture pour exemple.

17. Mais si on ne veut point se laisser ébranler au sujet des animaux par une raison qui semblerait aller contre ce que j'ai dit, attendu qu'ils ont un esprit de vie et un instinct leur faisant rechercher ce qui est conforme à leur nature et éviter ce qui y est contraire, il faut ne point perdre de vue qu'il y a bien des gens sachant quelles herbes, quelles chairs, quels sucs ou humeurs de différentes choses il faut disposer de telle ou telle manière, broyer, piler ou mêler de telle ou telle façon, pour donner naissance à certains animaux; or, qui est assez insensé pour oser se dire le créateur de ces êtres? Qu'y a-t-il donc d'étonnant si un homme de rien est capable de connaître d'où naissent tels ou tels vers, telles ou telles mouches, les mauvais anges, à raison de la subtilité de sens qui pénètrent les semences les plus secrètes des éléments, sachent d'où naissent les grenouilles et les serpents et en procurent l'apparition, sans pour cela en être les créateurs, en ayant recours à des mouvements invisibles, à certaines opportunités de mélanges secrets et connus d'eux? Mais on n'éprouve aucune admiration pour ce que les hommes ont l'habitude de faire. Si par hasard on s'étonne de la rapidité avec laquelle se sont produits certains accroissements et des animaux sont nés, il faut faire attention à la manière dont les hommes les produisent en vertu de la puissance humaine. En effet, d'où vient que les mêmes petits vers naissent plus vite en été qu'en hiver, plus promptement dans les endroits chauds que dans les lieux froids? Mais les conditions requises sont d'autant plus difficilement mises en œuvre par les hommes, que leurs sens sont moins subtiles et leurs membres formés d'éléments terreux et pesants sont moins agiles. Aussi pour les anges bons ou mauvais, plus il est facile de réunir les éléments et les causes prochaines, plus leur rapidité à produire de semblables résultats nous frappent d'admiration.

18. Mais il n'y a de créateur que celui qui forme tous les êtres, en principe. Or, personne ne saurait le faire, que celui qui tient dans ses mains les poids, les nombres et les mesures de toutes choses; ce créateur c'est Dieu seul, de l'ineffable puissance de qui il dépend aussi que

---

causas, quæ tametsi non sunt naturales, tamen secundum naturam adhibentur, ut ea quæ secreto naturæ sinu abdita continentur, erumpant et foris creentur quodam modo explicando mensuras et numeros et pondera sua quæ in occulto acceperunt ab illo, qui omnia in mensura et numero et pondere disposuit (*Sap.*, XI, 21), non solum mali angeli, sed etiam mali homines possunt, sicut exemplo agriculturæ supra docui.

17. Sed ne de animalibus quasi diversa ratio moveat, quod habent spiritum vitæ cum sensu appetendi quæ secundum naturam sunt, vitandique contraria; etiam hoc est videre quam multi homines noverunt, ex quibus herbis, aut carnibus, aut quarumcumque rerum quibuslibet succis aut humoribus, vel ita positis, vel ita obrutis, vel ita contritis, vel ita commixtis, quæ animalia nasci soleant: quorum se quis tam demens audeat dicere creatorem? Quid ergo mirum, si quemadmodum potest nosse quilibet nequissimus homo, unde illi vel illi vermes muscæque nascantur; ita mali angeli pro subtilitate sui sensus in occultioribus elementorum seminibus norunt, unde ranæ serpentesque nascantur, et hæc per certas et notas temperationum opportunitates occultis motibus adhibendo faciunt creari, non creant? Sed illa homines quæ solent ab hominibus fieri, non mirantur. Quod si quisquam celeritates incrementorum forte miratur, quod illa animantia tam cito facta sunt: attendat, quemadmodum et ista pro modulo facultatis humanæ ab hominibus procurentur. Unde enim fit ut eadem corpora citius vermescant æstate quam hieme, citius in calidioribus quam in frigidioribus locis? Sed hæc ab hominibus tanto difficilius adhibentur, quanto desunt sensuum subtilitates, et corporum mobilitates in membris terrenis et pigris. Unde qualibuscumque angelis vicinas causas ab elementis contrahere, quanto facilius est, tanto mirabiliores in hujusmodi operibus eorum existunt celeritates.

18. Sed non est creator, nisi qui principaliter ista format. Nec quisquam hoc potest, nisi ille penes quem primitus sunt omnium quæ sunt mensuræ, numeri, et pondera : et ipse est unus creator Deus, ex cujus

ce que les anges peuvent faire s'il le leur permet, ils ne le sauraient faire dès qu'il ne leur permet plus. Il n'y a pas d'autre moyen d'expliquer pourquoi ils n'ont pu faire de très-petites mouches, après avoir produit des grenouilles et des serpents, que de dire qu'ils en étaient empêchés par un pouvoir plus grand que le leur, par le pouvoir de Dieu, par le Saint-Esprit, ainsi que les mages eux-mêmes l'ont reconnu et confessé en disant : « Le doigt de Dieu est là. » (*Exod.*, VIII, 19.) Mais que peuvent-ils, en vertu de leur nature, qu'ils cessent de pouvoir s'ils en sont empêchés, et que ne peuvent-ils faire par les conditions de leur nature, c'est ce dont il est difficile pour ne pas dire impossible à l'homme de se rendre compte, à moins qu'on n'ait reçu de Dieu le don que saint Paul appelle : « Le discernement des esprits. » (I *Cor.*, XII, 10.) Nous savons bien en effet qu'un homme peut marcher, et qu'il ne saurait le faire si on ne le lui permet point, mais il ne saurait voler quand même on le lui permettrait. Il en est de même de ces anges, ils peuvent faire certaines choses, si des anges plus forts qu'eux le leur permettent par un ordre exprès de Dieu ; mais il y a des choses qu'ils ne sauraient faire quand bien même ils n'en seraient point empêchés, par la raison que celui de qui ils tiennent tel ou tel mode de nature ne le leur permet point, de même que souvent il leur empêche par le moyen de ses anges de faire même ce dont il leur a donné le pouvoir.

19. Par conséquent, à l'exception de ce qui se fait dans l'ordre des choses de la nature par le cours ordinaire des temps, tel que le lever et le coucher des astres, la naissance et la mort des animaux, les innombrables diversités de semences et de germes, les nuages et les brouillards, la pluie et la neige, les éclairs et le tonnerre, la foudre et la grêle, les vents et le feu, le froid et la chaleur, et toutes les autres choses semblables ; à l'exception également des phénomènes qui dans le même genre sont rares, tels que les éclipses de lune, l'aspect divers des astres, les monstres, les tremblements de terre et autres choses semblables, à l'exception donc de toutes ces choses dont la cause première et suprême n'est autre que la volonté de Dieu, ce qui fait que dans un psaume après avoir rappelé plusieurs de ces phénomènes : « Le feu, la grêle, la neige, la glace et le souffle de la tempête, » (*Ps.* CXLVIII, 8) craignant qu'on n'attribue ces choses au hasard seulement ou à des causes corporelles ou même spirituelles, mais indépendantes de la volonté de Dieu, le Psalmiste ajoute : « Toutes choses que sa parole fait. »

---

ineffabili potentatu fit etiam ut quod possent hi angeli si permitterentur, ideo non possint quia non permittuntur. Neque enim occurrit alia ratio, cur non potuerint facere minutissimas muscas (*Exod.*, VIII, 18, et VII, 12), qui ranas serpentesque fecerunt, nisi quia major aderat dominatio (*a*) prohibentis Dei per Spiritum sanctum, quod etiam ipsi magi confessi sunt, dicentes : « Digitus Dei est hoc. » (*Exod.*, VIII, 19.) Quid autem possint per naturam, nec possint per prohibitionem, et quid per ipsius naturæ suæ conditionem facere non sinantur, homini explorare difficile est, imo vero impossibile, nisi per illud donum Dei, quod Apostolus commemorat dicens : « Alii dijudicatio spirituum. » (I *Cor.*, XII, 10.) Novimus enim hominem posse ambulare, et neque hoc posse si non permittatur, volare autem non posse etiamsi permittatur. Sic et illi angeli quædam possunt facere, si permittantur ab angelis potentioribus ex imperio Dei : quædam vero non possunt, nec si ab eis permittantur ; quia ille non permittit, a quo illis est talis naturæ modus, qui etiam per angelos suos et illa plerumque non permittit, quæ concessit ut possint.

19. Exceptis igitur illis, quæ usitatissimo transcursu temporum in rerum naturæ ordine corporaliter fiunt, sicuti sunt ortus occasusque siderum, generationes et mortes animalium, seminum et germinum innumerabiles diversitates, nebulæ et nubes, nives et pluviæ, fulgura et tonitrua, fulmina et grandines, venti et ignes, frigus et æstus, et omnia talia : exceptis etiam illis quæ in eodem ordine rara sunt, sicut defectus luminum, et species inusitatæ siderum, et monstra, et terræ motus, et similia : exceptis ergo istis omnibus, quorum quidem prima et summa causa non est nisi voluntas Dei : unde et in Psalmo, cum quædam hujus generis essent commemorata : « Ignis, grando, nix, glacies, spiritus tempestatis ; » (*Ps.* CXLVIII, 8) ne quis ea vel fortuitu, vel causis tantummodo corporalibus, vel etiam spiritalibus, tamen præter voluntatem Dei exsistentibus agi crederet, continuo subjecit : « Quæ faciunt verbum ejus. »

(*a*. Sic Mss. At editi *prohibendi* ; omisso *Dei*.

CHAPITRE X.

En combien de manières la créature est prise pour signifier quelque chose.

Et bien donc, comme j'avais commencé plus haut à le dire, à l'exception de ces choses, il y en a d'autres qui bien que provenant de la même matière corporelle, sont employées pour signifier quelque chose de la part de Dieu à nos sens, on les appelle proprement des miracles et des signes, mais la personne même de Dieu ne se trouve point dans toutes ces choses qui nous sont annoncées par le Seigneur Dieu. Si parfois elle s'y trouve, tantôt elle est représentée par un ange, tantôt par une espèce d'êtres qui n'est point celle des anges, bien que disposée pour son rôle par le ministère des anges. Et même quand elle se trouve dans une espèce qui n'a rien de l'ange, quelquefois elle existait déjà auparavant à l'état de corps, quand elle a été prise pour signifier telle ou telle chose par certains changements, quelquefois aussi cette espèce d'êtres naît exprès pour la circonstance et se dissout dès que le but est atteint. De même aussi quand les hommes annoncent une chose, il arrive parfois qu'ils font personnellement entendre eux-mêmes les paroles de Dieu, ainsi que cela a lieu quand ils commencent ainsi : « Le Seigneur a dit, » (*Jérém.*, xxxi, 1) ou bien de cette manière : « Voici ce que dit le Seigneur. » D'autres fois, ils ne commencent par rien de semblable et jouent le rôle même de Dieu, par exemple quand ils disaient : « Je vous donnerai l'intelligence et je vous placerai dans la voie où vous devez marcher. » (*Psal.* xxxi, 8.) Voilà comment non-seulement dans son langage, mais encore dans sa propre personne, un prophète a pour mission de remplir le rôle même de Dieu et de le représenter dans son ministère prophétique. Ainsi pour donner un exemple, le prophète qui divisa son manteau en douze parties, pour en donner dix au serviteur du roi Salomon qui devait être roi d'Israël (III *Reg.*, xi, 31), remplissait le rôle même de Dieu. Quelquefois aussi, des êtres qui n'étaient point le prophète, mais qui existaient déjà parmi les objets terrestres, étaient empruntées pour exprimer quelque chose de semblable. Tel est l'usage que Jacob, au sortir du songe où il avait eu une vision, fit de la pierre placée sous sa tête, pendant son sommeil (*Gen.*, xxviii, 18), d'autres fois, il est créé exprès pour un usage déterminé une espèce qui tantôt doit continuer à subsister, tel le serpent d'airain élevé dans le désert (*Nomb.*, xxi, 9) qui a pu subsister plus tard; tels encore les écrits, tantôt disparaît, une fois le mystère accompli; tel le pain eucharistique, qui se consomme par la réception du sacrement.

20. Mais comme ces choses sont connues des hommes, et qu'elles se font par le ministère des hommes, elles peuvent obtenir notre respect,

---

CAPUT X.
Quot modis creatura assumitur ad significandum.

Sed his, ut dicere cœperam, exceptis, alia sunt illa quæ quamvis ex eadem materia corporali, ad aliquid tamen divinitus annuntiandum nostris sensibus admoventur, quæ proprie miracula et signa dicuntur, nec in omnibus quæ nobis a Domino Deo annuntiantur, ipsius Dei persona suscipitur. Cum autem suscipitur aliquando, in angelo demonstratur, aliquando in ea specie quæ non est quod angelus, quamvis per angelum disposita ministretur : rursus cum in ea specie suscipitur quæ non est quod angelus, aliquando jam erat ipsum corpus, et ad hoc demonstrandum in aliquam mutationem assumitur; aliquando ad hoc exoritur, et re peracta rursus absumitur. Sicut etiam cum homines annuntiant, aliquando ex sua persona verba Dei loquuntur, sicuti cum præmittitur : « Dixit Dominus; » aut : « Hæc dicit Dominus; » (*Jerem.*, xxxi, 1) aut tale aliquid : aliquando autem nihil tale præmittentes, ipsam Dei personam in se suscipiunt, sicuti est : « Intellectum tibi dabo, et constituam te in via qua ingredieris. (*Ps.* xxxi, 8.) Sic non solum in dictis, verum etiam in factis, Dei persona significanda imponitur Prophetæ, ut eam gerat in ministerio prophetiæ; sicut ejus personam gerebat qui vestimentum suum divisit in duodecim partes, et ex eis decem servo regis Salomonis dedit, regi futuro Israel (III *Reg.*, xi, 31) : aliquando etiam res quæ non erat quod Propheta, et erat jam in terrenis rebus, in hujusmodi significationem assumpta est; sicut somnio viso Jacob evigilans fecit de lapide, quem dormiens habebat ad caput (*Gen.*, xxviii, 18) : aliquando ad hoc fit eadem species, vel aliquantulum mansura, sicut potuit serpens ille æneus exaltatus in eremo, sicut possunt et litteræ (*Num.*, xxi, 9); vel peracto ministerio transitura, sicut panis ad hoc factus in accipiendo sacramento consumitur.

20. Sed quia hæc hominibus nota sunt, quia per homines fiunt, honorem tanquam religiosa possunt

parce qu'elles tiennent à la religion, mais elles ne sauraient exciter notre étonnement comme miraculeuses ; aussi celles qui se font par le moyen des anges, nous semblent-elles d'autant plus admirables qu'elles nous sont plus difficiles et moins connues, bien que pour les anges elles soient faciles et connues, puisqu'elles leur sont propres. C'est en remplissant le rôle de Dieu qu'un ange parlait en ces termes à l'homme : « Je suis le Dieu d'Abraham, le Dieu d'Isaac et de Jacob, » (*Exod.*, III, 6) car l'Ecriture commence par dire : « Il lui apparut un ange du Seigneur ; » de même c'est également en remplissant le rôle de Dieu, qu'un homme a dit : « Ecoutez, mon peuple, et je vais vous parler, écoutez Israël, et je vous déclarerai ma volonté (*Ps.* LXXX, 9) ; je suis le Dieu votre Dieu. » (*Exod.*, VII, 10.) La verge de Moïse a été prise pour devenir un signe de quelque chose, mais c'est par le pouvoir d'un ange qu'elle s'est changée en serpent, et bien que ce pouvoir fasse défaut à l'homme, cependant une pierre a été prise par ce dernier pour une pareille signification. (*Gen.*, XXVIII, 18.) Entre le fait de l'ange et celui de l'homme, il y a une grande différence : dans l'un, il y a à admirer et à comprendre ; dans l'autre, il n'y a qu'à comprendre ; mais peut-être ce qu'il y a à comprendre dans l'un et l'autre cas est-il une seule et même chose, bien que les faits qui le font comprendre soient différents ; c'est comme si le nom du Seigneur était écrit avec de l'encre et avec de l'or ; l'encre est plus vile, l'or est plus précieux, mais le sens exprimé par l'une et par l'autre est le même. Aussi quoique la verge de Moïse changée en serpent (*Exod.*, IV, 3) signifie la même chose que la pierre de Jacob (*Gen.*, XXVIII, 18), cependant la pierre de Jacob signifiait quelque chose de mieux que les serpents des mages. En effet, si l'onction de la pierre signifie le Christ dans la chair où Dieu l'a oint d'une huile de joie, d'une manière plus excellente que tous ceux qui ont part à sa gloire (*Ps.* XLIV, 8), la verge de Moïse changée en serpent le représente obéissant jusqu'à la mort de la croix. (*Philipp.*, II, 8.) Aussi est-il dit : « De même que Moïse dans le désert a élevé en haut le serpent, de même il faut que le Fils de l'homme soit élevé en haut, afin que quiconque croit en lui ne périsse point ; mais qu'il ait la vie éternelle, » (*Jean*, III, 14) de même que ceux qui, dans le désert, levaient les yeux sur le serpent que Moïse avait élevé, ne périssaient point de la morsure des serpents (*Nomb.*, XXI, 9), ainsi « notre vieil homme a été crucifié avec lui, afin que notre corps de péché fût détruit en nous. » (*Rom.*, VI, 6.) Par le serpent, on entend la mort introduite dans le monde, au paradis terrestre, par le serpent, manière de parler qui consiste à prendre la cause pour l'effet. Ainsi la verge qui se change en serpent, c'est le

habere, stuporem tanquam mira non possunt. Itaque illa quæ per angelos fiunt, quo difficiliora et ignotiora, eo mirabiliora sunt nobis : illis autem tanquam suæ actiones notæ atque faciles. Loquitur ex persona Dei angelus homini, dicens : « Ego sum Deus Abraham, et Deus Isaac, et Deus Jacob ; » (*Exod.*, III, 6) cum Scriptura prædixisset : « Visus est ei angelus Domini : » loquitur et homo ex persona Domini, dicens : « Audi populus meus, et loquar tibi, Israel, et testificabor tibi ; Deus Deus tuus ego sum. » (*Ps.* LXXX, 9.) Assumpta est virga ad significationem, et in serpentem angelica facultate mutata est (*Exod.*, VII, 10) : quæ facultas cum desit homini, assumptus est tamen et ab homine lapis ad talem aliquam significationem. (*Gen.*, XXVIII, 18.) Inter factum angeli et factum hominis plurimum distat : illud et mirandum et intelligendum est, hoc autem tantummodo intelligendum. Quod ex utroque intelligitur, fortassis unum est ; at illa ex quibus intelligitur, diversa sunt : tanquam si nomen Domini et auro et atramento scribatur ; illud est pretiosius, illud vilius ; quod tamen in utroque significatur, idipsum est. Et quamvis idem significaverit ex virga Moysi serpens (*Exod.*, IV, 3), quod lapis Jacob (*Gen.*, XXVIII, 8) : melius tamen aliquid lapis Jacob, quam serpentes magorum. (*Exod.*, VII, 12.) Nam sicut unctio lapidis Christum in carne, in qua unctus est oleo exsultationis præ participibus suis (*Ps.* XLIV, 8) ; ita virga Moysi conversa in serpentem, ipsum Christum factum obedientem usque ad mortem crucis. (*Philip.*, II, 8.) Unde ait : « Sicut exaltavit Moyses serpentem in eremo, sic oportet exaltari Filium hominis, ut omnis qui credit in ipsum, non pereat, sed habeat vitam æternam : » (*Joan.*, III, 14) sicut intuentes illum serpentem exaltatum in eremo, serpentum morsibus non peribant. (*Num.*, XXI, 9.) « Vetus enim homo noster confixus est cruci cum illo, ut evacuaretur corpus peccati. » (*Rom.*, VI, 6.) Per serpentem enim intelligitur mors, quæ facta est a serpente in paradiso (*Gen.*, III, 5), modo locutionis per efficientem id quod efficitur demonstrante. Ergo virga in serpentem, Christus in mortem : et serpens rursus in virgam, Christus in

Christ destiné à la mort, et quand le serpent retourne à l'état de verge, c'est le Christ ressuscitant avec son corps qui est l'Eglise (Voir plus loin ch. xi), ce qui aura lieu à la fin des temps (*Col.*, i, 24) et est rendu par la queue du serpent que Moïse prit de sa main pour le faire redevenir verge. (*Exod.*, iv, 4.) Quant aux serpents des Mages, ce sont les morts du siècle qui, s'ils ne croient point au Christ, afin d'entrer dans son corps comme s'ils étaient dévorés par lui, ne pourront ressusciter en lui. La pierre de Jacob, ainsi que je l'ai dit, signifiait donc quelque chose de mieux que les serpents des mages, mais le fait des mages était bien plus surprenant que la pierre de Jacob. Tout cela ne fait rien à la signification des choses, c'est absolument comme si on écrivait le nom d'un homme avec de l'encre et celui de Dieu avec de l'or.

21. Quant aux nuées et aux flammes, qui sait comment les anges les ont produites ou empruntées pour signifier ce qu'elles annonçaient, quand bien même on admettrait que c'étaient le Seigneur ou le Saint-Esprit qui étaient représentés par ces formes corporelles? De même, les enfants ne savent point ce qu'on place sur l'autel, et consomme après la célébration du mystère de piété, ils ignorent où et comment cela se produit, pourquoi on le reçoit avec religion. Tant qu'ils n'apprennent point à le savoir par leur propre expérience ou par celle d'autrui, tant qu'ils ne voient ces choses que pendant la célébration des mystères, au moment où l'on offre et distribue ces mystères, si on leur dit avec autorité, de qui ces espèces sont le corps et le sang, ils croiront que le Seigneur est apparu sous ces mêmes espèces aux yeux des hommes, et que c'est du côté de ces espèces frappé de la lance que le sang a coulé. (*Jean*, xix, 34.) Mais il faut que je ne perde pas de vue jusqu'où peuvent aller mes forces et que j'engage mes frères à ne point oublier où s'étendent les leurs, si je ne veux pas que la faiblesse humaine ne dépasse les bornes au delà desquelles il n'est plus sûr de s'engager. En effet, si les anges opèrent les merveilles dont nous avons parlé, ou plutôt si Dieu les opère par leur moyen en les laissant agir, en leur ordonnant ou en les contraignant de les faire, du haut du trône invisible de son empire, ma vue n'est pas assez perçante pour pénétrer ce secret, ni ma raison assez confiante en elle-même pour entreprendre de l'éclairer ou pour chercher à le comprendre par les investigations de mon esprit, de manière à pouvoir répondre à toutes les questions qu'il est possible de me faire sur ces choses, avec la même certitude que si j'étais un ange, un prophète, ou un apôtre, « car les pensées des hommes sont timides et nos prévoyances sont incertaines ; attendu que le corps qui se corrompt appesantit l'âme ; et cette demeure terrestre abat l'esprit par la multiplicité des soins qu'elle réclame. Aussi ne comprenons-nous que difficilement ce

---

resurrectionem totus cum corpore suo, quod est Ecclesia, quod in fine temporis erit (*Col.*, i, 24), quem serpentis cauda significat, quam Moyses tenuit, ut rediret in virgam. (*Exod.*, iv, 4.) Serpentes autem magorum tanquam mortui sæculi, nisi credentes in Christum tanquam devorati in corpus ejus intraverint (*Exod.*, vii, 12), resurgere in illo non poterunt. Lapis ergo Jacob, ut dixi, melius aliquid significavit quam serpentes magorum (*Gen.*, xxviii, 18) : at enim factum magorum multo mirabilius. Verum hæc ita non præjudicant rebus intelligendis, tanquam si hominis nomen scribatur auro, et Dei atramento.

21. Illas etiam nubes et ignes quomodo fecerint vel assumpserint angeli ad significandum quod annuntiabant, etiam si Dominus vel Spiritus sanctus illis corporalibus formis ostendebatur, quis novit hominum ? sicut infantes nou noverunt quod in altari ponitur et peracta pietatis celebratione consumitur, unde vel quomodo conficiatur, unde in usum religionis assumatur. Et si nunquam discant experimento vel suo vel aliorum, et nunquam illam speciem rerum videant, nisi inter celebrationes sacramentorum cum offertur et datur, dicaturque illis auctoritate gravissima, cujus corpus et sanguis sit, nihil aliud credent, nisi omnino in illa specie Dominum oculis apparuisse mortalium, et de latere tali percusso, liquorem illum omnino fluxisse. (*Joan.*, xix, 34.) Mihi autem omnino utile est, ut meminerim virium mearum, fratresque meos admoneam ut et ipsi meminerint suarum, ne ultra quam tutum est humana progrediatur infirmitas. Quemadmodum enim hæc faciant angeli, vel potius Deus quemadmodum hæc faciat per angelos suos, et quantum fieri velit etiam per angelos malos, sive sinendo, sive jubendo, sive cogendo ex occulta sede altissimi imperii sui, nec oculorum acie penetrare, nec fiducia rationis enucleare, nec provectu mentis comprehendere valeo, ut tam certus hinc loquar ad omnia quæ requiri de his rebus possunt quam si essem angelus aut propheta, aut apostolus : « Cogitationes enim mortalium timidæ et in-

qui se passe sur la terre et nous ne discernons qu'avec peine ce qui est devant nos yeux. Qui pourra découvrir ce qui se passe dans ciel? » Et comme l'auteur de la sagesse continue en ces termes : « Qui pourra connaître votre pensée, ô mon Dieu, si vous ne donnez vous-même la sagesse et si vous n'envoyez votre Esprit saint du haut des cieux? » (*Sag.*, IX, 14 à 17) nous ne chercherons point à savoir ce qui se passe dans les cieux, ni dans quel ordre de choses le corps des anges, eu égard à leur dignité, et certaines de leurs actions corporelles se trouvent renfermés; mais en vertu de l'Esprit de Dieu qui nous a été envoyé d'en haut, et de sa grâce départie à nos âmes, j'ose avancer avec confiance que ni Dieu le Père, ni son Verbe, ni son esprit qui, tous trois ne font qu'un seul Dieu, n'est en lui-même, et dans ce qui fait qu'il est ce qu'il est, aucunement sujet au changement, et que, par conséquent, il s'en faut bien qu'il soit visible; car s'il y a des choses muables qui ne laissent point, que d'être invisibles, par exemple nos pensées, notre mémoire, nos volontés, et toutes les créatures incorporelles, il n'y a rien de visible qui ne soit en même temps muable.

CHAPITRE XI.

Jamais l'essence de Dieu n'est apparue en elle-même.

C'est pourquoi la substance, ou pour mieux dire, l'essence de Dieu, en quoi, selon la faible mesure et la mince parcelle de notre esprit, nous entendons le Père, le Fils et le Saint-Esprit n'étant, absolument parlant, muable en aucune manière, ne saurait non plus, par elle-même être visible d'aucune façon.

22. Il suit de là que toutes les visions où Dieu se rendait présent aux anciens, selon une dispensation en rapport avec ces temps-là, se sont produites par le moyen de créatures. Si nous ne voyons point comment il a produit ces visions aux yeux des anges mêmes qui lui servent de ministres, nous n'en craignons pas moins, et c'est pour cela que nous entreprenons de le dire, qu'elles se sont produites aux yeux des anciens, par le moyen des anges. Je ne dis point cela en m'appuyant sur mon propre jugement, car je ne voudrais point paraître à qui que ce fût plus savant que je ne le suis, mais je le dis en me tenant dans les bornes de la modération, selon la mesure de la foi que Dieu m'a départie. (*Rom.*, XII, 3.) Il y a, en effet, de ce que j'avance des preuves tirées des divines Ecritures dont l'esprit ne doit point s'écarter de peur qu'après avoir abandonné le solide fondement de la parole de Dieu, il ne se précipite dans les abîmes des conjectures où il n'a plus les sens du corps pour guides, ni la claire vue de la raison pour flambeau de la vérité. En effet, il est très-clairement écrit dans l'Epître aux Hébreux, lorsque

certæ providentiæ nostræ. Corpus enim quod corrumpitur, aggravat animam, et deprimit terrena inhabitatio sensum multa cogitantem. Et difficile æstimamus quæ in terra sunt, et quæ in perspectu sunt, invenimus cum labore : quæ in cœlis sunt autem, quis investigabit? » (*Sap.*, IX, 14.) Sed quia sequitur et dicit : « Sensum autem tuum quis scit, nisi tu dederis sapientiam, et miseris Spiritum sanctum tuum de altissimis : » (*Ibid.*, 17) quæ in cœlis sunt quidem, non investigamus, quo rerum genere et corpora angelica secundum propriam dignitatem, et eorum quædam corporalis actio continetur; secundum spiritum tamen Dei missum nobis de altissimis et impartitam ejus gratiam mentibus nostris, audeo fiducialiter dicere, nec Deum Patrem, nec Verbum ejus, nec Spiritum ejus, quod Deus unus est, per id quod est, atque idipsum est, ullo modo esse mutabilem ac per hoc multo minus esse visibilem. Quoniam sunt quædam quamvis mutabilia, non tamen visibilia, sicut nostræ cogitationes, et memoriæ, et voluntates, et omnis incorporea creatura : visibile autem quidquam non est, quod non sit mutabile.

CAPUT XI.
Essentia Dei nunquam per se apparuit.

Quapropter substantia, vel si melius dicitur, essentia Dei, ubi pro modulo nostro ex quantulacumque particula intelligimus Patrem et Filium et Spiritum sanctum, quando quidem nullo modo mutabilis est, nullo modo potest ipsa per semetipsam esse visibilis.

22. Proinde illa omnia quæ Patribus visa sunt, cum Deus illis secundum suam dispensationem temporibus congruam præsentaretur, per creaturam facta esse manifestum est. Et si nos latet quomodo ea ministris angelis fecerit, per angelos tamen esse facta, non ex nostro sensu dicimus, ne cuiquam videamur plus sapere, sed sapimus ad temperantiam (*Rom.*, XII, 3), sicut Deus nobis partitus est mensuram fidei, et credimus, propter quod et loquimur. Exstat enim auctoritas divinarum Scripturarum, unde mens nostra deviare non debet, nec relicto solidamento divini

l'Apôtre distinguait entre la dispensation du Nouveau Testament, de celle de l'Ancien, selon la convenance des siècles et des temps, que non-seulement ces manifestations visibles, mais même les paroles de Dieu étaient produites par des anges. Voici, en effet, comment il s'exprime : « Aussi qui est l'ange à qui le Seigneur ait jamais dit : Asseyez-vous à ma droite, jusqu'à ce que j'aie réduit vos ennemis à vous servir de marche-pied? Tous les anges ne sont-ils pas des esprits qui tiennent lieu de serviteurs et de ministres et qui sont envoyés pour exercer leur ministère en faveur de ceux qui doivent être héritiers du salut? » (*Hébr.*, I, 13 et 14.) Il nous montre par là que toutes ces choses non-seulement ont été faites par des anges, mais l'ont été pour nous, c'est-à-dire pour le peuple de Dieu à qui est promis l'héritage de la vie éternelle. Il dit de même aux Corinthiens : « Or, toutes ces choses qui leur arrivaient, aux anciens, étaient des figures, et elles ont été écrites pour notre instruction, à nous autres qui nous trouvons à la fin des temps. » (I *Cor.*, X, 11.) Après cela, comme c'était par le ministère des anges que la parole de Dieu se faisait alors entendre aux hommes, et que c'est maintenant par le Fils même qu'il nous parle, l'Apôtre tire la conséquence et continue : « Voilà pourquoi nous devons nous attacher avec encore plus d'exactitude aux choses que nous avons entendues, pour n'être pas comme des vases entr'ouverts, qui laissent écouler ce qu'on y met ; car si la loi qui a été annoncée par les anges, est demeurée ferme, et si toutes les violations de ses préceptes ainsi que toutes les désobéissances à ses prescriptions ont reçu la juste punition qui leur était due, comment pourrons-nous éviter cette punition si nous négligeons un tel salut? » Puis comme si on lui demandait de quel salut il veut parler, et qu'il voulût nous faire comprendre qu'il parle du Nouveau Testament, c'est-à-dire de la parole adressée aux hommes, non plus par les anges, mais par le Seigneur même, il poursuit en ces termes : « Si nous négligeons un tel salut qui, après avoir été d'abord annoncé par le Seigneur même, a été confirmé par ceux de nous qui l'ont entendu de sa propre bouche et à qui Dieu a rendu témoignage par des miracles, par des prodiges, par différents effets de sa puissance et par la distribution des grâces du Saint-Esprit qu'il a partagées comme il lui a plu. » (*Hébr.*, II, 1 à 4.)

23. Mais, dira-t-on, pourquoi est-il écrit : « Le Seigneur dit à Moïse, » au lieu de, un ange dit à Moïse? C'est parce que lorsque le héraut proclame les paroles du juge, on n'écrit point dans les Actes : le héraut a dit ; mais : le juge a dit. De même après que le prophète a parlé, quoique nous disions : le prophète a dit, nous voulons faire entendre que c'est le Seigneur qui a parlé ; sans effacer le prophète, nous faisons

---

eloquii per suspicionum suarum abrupta præcipitari, ubi nec sensus corporis regit, nec perspicua ratio veritatis elucet. Apertissime quippe scriptum est in epistola ad Hebræos, cum dispensatio Novi Testamenti a dispensatione Veteris Testamenti secundum congruentiam sæculorum ac temporum distingueretur, non tantum illa visibilia, sed ipsum etiam sermonem per angelos factum. Sic enim dicit : « Ad quem autem angelorum dixit aliquando : Sede ad dexteram meam, quo usque ponam inimicos tuos scabellum pedum tuorum? Nonne omnes sunt ministri spiritus, ad ministrationem missi, propter eos qui futuri sunt hæreditate possidere salutem? » (*Hebr.*, I, 13.) Hinc ostendit illa omnia non solum per angelos facta, sed etiam propter nos facta, id est, propter populum Dei, cui promittitur hæreditas vitæ æternæ. Sicut ad Corinthios etiam scriptum est : « Omnia hæc in figura contingebant illis ; scripta sunt autem ad correptionem nostram, in quos finis sæculorum obvenit. » (I *Cor.*, X, 11.) Deinde quia tunc per angelos, nunc autem per Filium sermo factus est, consequenter aperteque demonstrans : « Propterea, inquit, abundantius oportet attendere nos ea quæ audivimus, ne forte defluamus : si enim qui per angelos dictus est, sermo factus est firmus, et omnis prævaricatio et inobedientia justam accepit mercedis retributionem, quomodo nos effugiemus tantam negligentes salutem? » (*Heb.*, II, 1.) Et quasi quæreres quam salutem, ut ostenderet se de Novo Testamento jam dicere, id est, sermone qui non per angelos, sed per Dominum factus est : « Quæ cum initium accepisset, inquit, ut enarraretur per Dominum, ab iis qui audierunt in nos confirmata est, contestante Deo signis et portentis, et variis virtutibus, et Spiritus sancti divisionibus secundum suam voluntatem. »

23. Sed ait aliquis, cur ergo scriptum est : « Dixit Dominus ad Moysen : » et non potius : Dixit angelus ad Moysen? Quia cum verba judicis præco pronuntiat, non scribitur in Gestis : Ille præco dixit ; sed : Ille judex : sic etiam loquente Propheta sancto, etsi dicamus, Propheta dixit, nihil aliud quam Dominum dixisse intelligi volumus. Et si dicamus, Dominus

comprendre qui a parlé par sa bouche. D'ailleurs souvent l'Ecriture elle-même désigne le Seigneur par le mot ange; et, quand l'ange parle, elle dit, le Seigneur a parlé; comme je l'ai déjà fait remarquer. Mais pour ceux qui, en entendant l'Ecriture parler d'un ange, veulent que cet ange soit le Fils même de Dieu, parce qu'il a reçu le nom d'ange de la bouche d'un prophète, quand il annonce sa propre volonté et et celle de son Père, j'ai voulu m'appuyer sur cette épitre qui parle très-clairement non d'un ange, mais bien des anges qui ont annoncé la loi.

24. En effet, saint Etienne, dans les Actes des Apôtres, raconte les choses de la même manière que les livres de l'Ancien Testament. Il dit donc : « Mes frères et mes pères, écoutez : Le Dieu de gloire est apparu à notre père Abraham quand il était en Mésopotamie. » (*Act.*, VII, 2, et *Gen.*, XII, 1.) Mais pour qu'on ne croie point que le Dieu de gloire est apparu en tant que Dieu, aux yeux des mortels, saint Etienne poursuit en disant que c'est un ange qui apparut à Moïse. Voici, en effet, comment il s'exprime : « Cette parole fut cause que Moïse s'enfuit et il demeura comme étranger au pays de Madian où il eut deux fils. Quarante ans après, un ange du Seigneur lui apparut au désert de la montagne de Sina, dans la flamme d'un buisson, qui brûlait. Ce que Moïse apercevant, fut fort surpris de ce qu'il voyait. Et comme il s'approchait pour considérer ce que c'était, il entendit la voix du Seigneur qui lui dit : Je suis le Dieu de vos pères, le Dieu d'Abraham, le Dieu d'Isaac, et le Dieu de Jacob, et Moïse tout tremblant n'osait lever les yeux pour considérer ce que c'était. Alors le Seigneur lui dit : ôtez vos souliers de vos pieds, etc. » (*Act.*, VII, 29 à 33, et *Exod.*, II, 15, et III, 2.) Or, dans cet endroit saint Etienne appelle le même personnage ange et Seigneur, en même temps que Dieu d'Abraham, Dieu d'Isaac, et Dieu de Jacob, comme s'exprime la Genèse.

25. Peut-être dira-t-on que le Seigneur n'est apparu que par le ministère d'un ange à Moïse, et qu'il est apparu personnellement à Abraham. Ce n'est point à saint Etienne que nous le demanderons, mais interrogeons le livre où il a pris ce qu'il rapporte. De ce qu'il est écrit : « Et le Seigneur Dieu dit à Abraham, » puis un peu plus loin : « Le Seigneur Dieu apparut à Abraham, » s'ensuit-il que cela ne s'est point fait par le ministère d'un ange ? Dans un autre endroit il est dit de même : « Dieu lui apparut auprès du chêne de Mambré, comme il se tenait assis, sur le midi, à la porte de sa tente, »

dixit, Prophetam non subtrahimus, sed quis per cum dixerit admonemus. Et illa quidem Scriptura sæpe aperit angelum esse (a) Dominum, quo loquente idemtidem dicitur : Dominus dixit, sicut jam demonstravimus. Sed propter eos, qui cum Scriptura illic angelum nominat, ipsum per se ipsum Filium Dei volunt intelligi, quia propter annuntiationem paternæ ac suæ voluntatis a propheta dictus est angelus : propterea volui ex hac epistola manifestius testimonium dare, ubi non dictum est, per angelum ; sed, « per angelos. »

24. Nam et Stephanus in Actibus Apostolorum eo more narrat hæc, quo etiam in libris veteribus conscripta sunt : « Viri fratres et patres audite (*Act.*, VII, 2), inquit, Deus gloriæ apparuit Abrahæ patri nostro, cum esset in Mesopotamia. » (*Gen.*, XII, 1.) Ne quis autem arbitraretur tunc Deum gloriæ, per id quod in se ipso est, cujusquam oculis apparuisse mortalium, in consequentibus dicit, quod Moysi angelus apparuerit. « Fugit, inquit, Moyses in verbo isto, et factus est inquilinus in terra Madiam, ubi genuit filios duos. Et completis illic quadraginta annis apparuit illi in deserto montis Sina angelus Domini in flamma ignis in rubo. » (*Exod.*, II, 15.) « Moyses autem videns, mirabatur visum. Qui cum accederet considerare, facta est vox Domini dicens : Ego sum Deus patrum tuorum, Deus Abraham, et Deus Isaac, et Deus Jacob. Tremefactus autem Moyses, non audebat considerare. Dixitque illi Dominus : Solve calciamentum pedum tuorum, » etc. (*Exod.*, III, 2.) Hic certe et angelum et Dominum dicit, eumdemque Deum Abraham, et Deum Isaac, et Deum Jacob, sicut in Genesi scriptum est.

25. An forte quisquam dicturus est, quod Moysi per angelum apparuit Dominus, Abrahæ vero per se ipsum ? At hoc a Stephano non quæramus : ipsum librum unde Stephanus ista narravit, interrogemus. Numquid enim quia scriptum est : « Et dixit Dominus Deus ad Abraham : » (*Gen.*, XII, 1) et paulo post : « Et visus est Dominus Deus Abrahæ : » (*Gen.*, XVII, 1) propterea ista non per angelos facta sunt ? Cum alio loco similiter dicat : « Visus est autem ei Deus ad ilicem Mambre, sedenti ad ostium tabernaculi sui meridie : » (*Gen.*, XVIII, 1) et tamen conse-

(a) Plerique Mss. *Domini.*

(*Gen.*, xviii, 1) et cependant il poursuit un peu plus loin en ces termes : « Abraham levant les yeux et regardant aperçut trois hommes qui se tenaient debout auprès de lui ; » récit dont nous nous sommes déjà occupé. Or, comment ceux qui ne veulent point s'élever des paroles au sens qu'elles expriment, ou retombent si facilement du sens même des paroles aux paroles mêmes, pourront-ils expliquer que Dieu est apparu dans trois hommes, s'ils ne veulent point reconnaître des anges dans ces personnages, comme la suite nous l'apprend ? Parce qu'il n'y a point, au sujet de Moïse : Un ange lui est apparu, un ange lui a parlé, prétendra-t-on que c'est par un ange que la voix qu'entendit Moïse et l'apparition qu'il vit se sont produites à cause de la manière dont est conçu le récit de l'Ecriture, tandis que pour Abraham, comme il n'est point question d'un ange, ce serait Dieu même qui lui serait apparu et lui aurait parlé dans sa propre substance ? Mais comment faire si même pour le fait d'Abraham l'Ecriture a aussi parlé d'un ange ? Or, voici ce qu'on lit au sujet de l'ordre reçu par Abraham d'immoler son fils à Dieu : « Après cela, Dieu éprouva Abraham et lui dit : Abraham, Abraham ; celui-ci répondit : Me voici. Et Dieu lui dit : Prenez votre fils bien-aimé, Isaac, qui vous est cher, puis allez me l'immoler dans les terres hautes, en holocauste, sur la montagne que je vous indiquerai. » (*Gen.*, xxii, 1.) Il est bien question de Dieu en cet endroit, non d'un ange ; or, un peu plus loin l'Ecriture continue : « En même temps Abraham étendit la main et prit son glaive pour immoler son fils. Mais l'ange du Seigneur l'appela du haut du ciel et lui dit : Abraham, Abraham ; celui-ci répondit : Me voici. Et l'ange lui dit : N'abaissez point la main sur l'enfant et ne lui faites rien. » (*Ibid.*, 10 à 12.) Que répondre à cela ? Dira-t-on que c'est Dieu qui a donné à Abraham l'ordre d'immoler son fils, et que c'est un ange qui l'a empêché de le faire ; et que le père d'Isaac a obéi à l'ange lui ordonnant d'épargner son fils, en dépit de l'ordre de Dieu qui lui commandait de le lui sacrifier ? On ne peut que rire d'une pareille interprétation et la rejeter. Mais l'Ecriture même ne permet pas qu'on s'arrête à cette interprétation aussi basse qu'abjecte ; car elle continue aussitôt en ces termes : « Maintenant je connais que vous craignez Dieu, et je vois que vous n'avez point épargné votre fils à cause de moi, » c'est-à-dire à cause de celui qui avait ordonné le sacrifice, non d'un autre. Par conséquent le Dieu d'Abraham est le même que l'ange qui lui a parlé, ou plutôt c'était le Dieu d'Abraham qui lui parlait par cet ange. Mais écoutez la suite : on ne peut douter qu'il ne soit manifestement fait mention de l'ange en cet endroit :

---

quenter adjungat : « Respiciens autem oculis suis vidit, et ecce tres viri stabant (*a*) super eum ; » de quibus jam diximus. Quomodo enim poterunt isti, qui vel a verbis ad intellectum nolunt assurgere, vel facile se ab intellectu in verba præcipitant, quomodo poterunt explicare visum esse Deum in viris tribus, nisi eos, sicut etiam consequentia docent angelos fuisse fateantur? An quia non dictum est, Angelus ei loquutus est vel apparuit ; propterea dicere audebunt, Moysi quidem illam visionem ac vocem per angelum factam, quia ita scriptum est ; Abrahæ autem, quia commemoratio angeli non est facta, per substantiam suam Deum apparuisse atque sonuisse ? Quid quod nec apud Abraham de angelo tacitum est ? Nam ita legitur, cum immolandus filius ejus (*b*) præciperetur : « Et factum est post hæc verba, tentavit Deus Abraham, et dixit ad eum : Abraham, Abraham. Et ille dixit : Ecce ego. Et dixit ei : Accipe filium tuum dilectum, quem diligis, Isaac, et vade in terram excelsam, et offer eum ibi in holocaustum super unum montium quem tibi dixero. » (*Gen.*, xxii, 1.) Certe hic Deus, non angelus, commemoratus est : paulo post vero ita se habet Scriptura : « Extendens autem Abraham manum suam, sumpsit gladium, (*c*) occidere filium suum : et vocavit eum angelus Domini de cœlo, et dixit ei : Abraham, Abraham. Et dixit : Ecce ego. Et dixit : Ne injicias manum tuam super puerum, neque facias ei quidquam. » (*ibid.*, 10.) Quid ad hoc respondetur ? an dicturi sunt Deum jussisse ut occideretur Isaac, et angelum prohibuisse ; porro ipsum patrem adversum Dei præceptum, qui jusserat ut occideret, obtemperasse angelo ut parceret ? Ridendus et abjiciendus hic sensus est. Sed neque huic tam (*d*) crasso et abjecto ullum locum Scriptura esse permittit, continuo subjungens : « Nunc enim cognovi quia times Deum tu, et non pepercisti filio tuo dilecto propter me. » Quid est : « propter me ; » nisi propter eum qui occidi jusserat ? Idem igitur Deus Abrahæ qui angelus, an potius per angelum Deus ? Accipe se-

---

(*a*) Er. et Lov. hoc loco habent *propter eum.* Sed constanter Mss. ut supra lib. II, *contra Maximinum*, c. xxvi, n. 5, *super eum*. Græce apud lxx, ἐπάνω αὐτοῦ. — (*b*) Plerique Mss. *peteretur*. — (*c*) Editi *volens occidere*. Abest *volens* a Mss. et a Græco lxx. — (*d*) In Mss. *tam grosso*.

Veuillez faire attention au contexte : « Abraham levant les yeux vit un bélier qui était retenu par les cornes dans les branches d'un sabech; il quitta son fils, prit le bélier et l'offrit en holocauste à la place d'Isaac, puis il donna à cet endroit un surnom qui signifie le Seigneur a vu, ce qui fait qu'aujourd'hui on dit que sur cette montagne le Seigneur a été vu, » (*Ibid.*, 13 et 14) de la même manière qu'un peu auparavant Dieu avait dit par l'ange : « Maintenant je connais que vous craignez Dieu; » ce n'est pas à dire que Dieu ne connût qu'alors, mais qu'il a disposé les choses de manière qu'Abraham reconnût combien il avait de force d'âme pour lui obéir, puisqu'elle allait jusqu'à l'immolation de son fils unique. L'Ecriture en cet endroit recourt à une figure qui consiste à prendre l'effet pour la cause; c'est ainsi qu'on dit un froid paresseux pour un froid qui rend paresseux. L'Ecriture dirait donc que Dieu a connu parce qu'il a fait connaître à Abraham, qui aurait pu ignorer la force de sa foi si elle n'avait été mise à une telle épreuve. Aussi Abraham a-t-il appelé ce lieu : « Le Seigneur a vu, » c'est-à-dire lui a fait voir à lui-même. En effet, il continue aussitôt : « Ce qui fait qu'aujourd'hui on dit que le Seigneur a été vu sur cette montagne. » Ainsi voilà le même personnage appelé ange et Seigneur : pourquoi, sinon parce que le Seigneur a parlé par l'ange ? La suite du récit montre encore que l'ange parle d'une manière prophétique et fait voir à n'en pas douter que c'est Dieu qui parlait par la bouche de l'ange. « Et l'ange du Seigneur appela Abraham une seconde fois, du haut du ciel, et lui dit : Je jure par moi-même, dit le Seigneur, que puisque vous avez agi ainsi et que, pour m'obéir, vous n'avez point épargné votre fils unique, etc. » (*Ibid.*, 15 et 16.) Or, les prophètes ont aussi l'habitude de dire, quand le Seigneur parle par leur bouche : « Voici ce que dit le Seigneur. » Le Fils de Dieu qui disait en parlant de son Père, « le Seigneur dit, » ne serait-il aussi qu'un ange du Père ? Mais quoi, nos adversaires ne voient-ils point combien on peut les presser par les trois hommes qui apparurent à Abraham, quand l'Ecriture commence par dire que c'est « le Seigneur qui lui apparut ? » (*Gen.*, XVIII, 1.) Pour être appelés hommes, n'étaient-ce point des anges ? Qu'on lise Daniel, on verra ces mots : « Et voici l'homme Gabriel. » (*Dan.*, IX, 21.)

26. Mais pourquoi différer davantage de leur fermer la bouche par un autre texte des plus évidents et des plus graves, où il n'est plus question d'un ange au singulier, ou d'hommes au pluriel, mais où il est expressément parlé d'anges qui n'ont pas tenu un simple discours mais donné la loi même. Or, il est bien certain

quentia : certe jam hic angelus manifestissime expressus est ; attende tamen quid contexatur : « Respiciens Abraham oculis suis vidit, et ecce aries unus tenebatur in arbore sabech cornibus, et abiit Abraham, et accepit arietem, et obtulit eum holocaustum pro Isaac filio suo. Et cognominavit Abraham nomen loci illius, Dominus vidit, ut dicant hodie quod in monte Dominus visus est : » sicut paulo ante quod dixit Deus per angelum : « Nunc enim cognovi quia times Deum ; » non quia tunc Deus cognovisse intelligendus est, sed egisse ut per Deum ipse Abraham cognosceret quantas haberet vires cordis ad obediendum Deo usque ad immolationem unici filii : illo modo locutionis quo significatur per efficientem id quod efficitur, sicut dicitur frigus pigrum, quod pigros facit; ut ideo cognovisse diceretur, quia ipsum Abraham cognoscere fecerat, quem poterat latere fidei suae firmitas, nisi tali experimento probaretur. Ita et hic cognominavit Abraham nomen loci illius : « Dominus vidit : » id est, quod videri se fecit. Nam continuo secutus ait : « Ut dicant hodie quod in monte Dominus visus est. » Ecce idem angelus Dominus dicitur : quare, nisi quia per angelum Dominus ?

Jam vero in eo quod sequitur, prophetice omnino loquitur angelus, et prorsus aperit quod per angelum Deus loquatur. « Et vocavit, inquit, angelus Domini Abraham iterum de coelo, dicens : Per me juravi, dicit Dominus, pro eo quod fecisti hoc verbum, et non pepercisti filio tuo dilecto propter me, » etc. (*Gen.*, XXII, 15.) Haec certe verba ut dicat ille per quem loquitur Dominus : « Haec dicit Dominus, » etiam Prophetae solent habere. An Filius Dei de Patre ait : « Dicit Dominus, » et ipse est ille angelus Patris ? Quid ergo, de illis tribus viris nonne respiciunt quomodo urgeantur, qui visi sunt Abrahae, cum praedictum esset : « Visus est ei Dominus. » (*Gen.*, XVIII, 1.) An quia viri dicti sunt, non erant angeli? Danielem legant dicentem : « Ecce vir Gabriel. » (*Dan.*, IX, 21.)

26. Sed quid ultra differimus ora eorum evidentissimo atque gravissimo alio documento oppilare, ubi non angelus singulariter, nec viri pluraliter, sed omnino angeli dicuntur, per quos sermo non quilibet factus, sed lex ipsa data manifestissime ostenditur, quam certe nullus fidelium dubitat Deum dedisse Moysi ad subjugandum populum Israel, sed tamen

que pas un fidèle ne doute que c'est Dieu même qui l'a donnée à Moïse pour asservir le peuple d'Israël, bien qu'il ne l'ait donnée que par le ministère des anges. Voici en quels termes en parle saint Étienne : « Têtes dures, hommes incirconcis de cœur et d'oreilles, vous résistez toujours au Saint-Esprit, et vous êtes tels qu'ont été vos pères. Quel prophète vos pères n'ont-ils point persécuté ? Ils ont même tué ceux qui prédisaient l'avénement du juste dont vous venez d'être vous-mêmes les livreurs et les meurtriers, vous qui avez reçu la loi par le ministère des anges et qui ne l'avez point gardée. » (*Act.*, VII, 51 à 53.) Qu'y a-t-il de plus clair que cela, et s'appuyant sur une plus grande autorité ? C'est donc par la bouche des anges que la loi fut donnée à ce peuple et cette loi n'était que pour préparer et prédire l'avénement de Notre-Seigneur Jésus-Christ qui se trouvait d'une manière admirable et ineffable en tant que Verbe de Dieu, dans les anges, par la bouche de qui la loi était donnée. Voilà pourquoi il dit dans l'Évangile : « Si vous croyiez Moïse, vous me croiriez aussi, car c'est de moi qu'il a écrit. » (*Jean*, V, 46.) C'est donc par les anges que le Seigneur parlait alors, c'est par eux également que le Fils de Dieu, le médiateur entre Dieu et les hommes, qui devait naître de la race d'Abraham, disposait son avénement, afin de trouver des hommes qui le reçussent, qui se reconnussent pécheurs et dont l'inaccomplissement de la loi avait fait autant de transgresseurs. Aussi l'Apôtre dit-il aux Galates : « Pourquoi donc la loi exista-t-elle ? C'est à cause des prévarications, jusqu'à l'avénement de ce fils d'Abraham à qui la promesse avait été faite, et qui avait été disposé par les anges dans la main du médiateur, » (*Gal.*, III, 19) ou, en d'autres termes, disposé par les anges, dans sa propre main. En effet, il n'est pas né en vertu d'une condition, mais par sa propre puissance. Que celui que l'Apôtre appelle médiateur ne soit point un ange, mais le Seigneur Jésus-Christ lui-même, en tant qu'il a daigné se faire homme, c'est ce qui résulte de cet autre texte : « Il n'y a qu'un seul Dieu et qu'un seul médiateur entre Dieu et les hommes, c'est l'homme Jésus-Christ. » (I *Tim.*, II, 5.) De là vient la Pâque avec l'immolation de l'agneau ; de là tout ce qui dans la loi était la figure du Christ qui devait venir, souffrir, et ressusciter dans la chair, dans la loi dis-je, donnée par la bouche des anges en qui se trouvaient le Père, le Fils et le Saint-Esprit, et tantôt le Père seul, ou le Fils seul, ou le Saint-Esprit seul, tantôt Dieu sans aucune distinction de personnes, se manifestant en eux sous des formes visibles et sensibles, il est vrai, par le moyen de ses créatures, mais non point dans sa propre substance

---

per angelos datam. Ita Stephanus loquitur : « Dura cervice, inquit, et non circumcisi corde et auribus, vos semper Spiritui sancto restitistis, sicut et patres vestri. Quem Prophetarum non persecuti sunt patres vestri ? Et occiderunt eos qui prænuntiabant de adventu Justi, cujus nunc vos proditores et interfectores fuistis qui accepistis legem in edictis angelorum, nec custodistis. » (*Act.*, VII, 51.) Quid hoc evidentius, quid tanta auctoritate robustius ? In edictis quidem angelorum lex illi populo data est : sed Domini Jesu Christi per eam disponebatur et prænuntiabatur adventus ; et ipse tanquam Verbum Dei miro et ineffabili modo erat in angelis, in quorum edictis lex ipsa dabatur. Unde dicit in Evangelio : « Si crederetis Moysi, crederetis et mihi, de me enim ille scripsit. » (*Joan.*, V, 46.) Per angelos ergo tunc Dominus loquebatur (I *Tim.*, II, 5), per angelos Filius Dei, mediator Dei et hominum futurus ex semine Abrahæ suum disponebat adventum, ut inveniret a quibus reciperetur, confitentes se reos, quos lex non impleta fecerat transgressores. Unde et Apostolus ad Galatas dicit : « Quid ergo lex ? Transgressionis gratia (*a*) posita est, donec veniret semen cui promissum est, (*b*) dispositum per angelos in manu mediatoris : » (*Gal.*, III, 19) hoc est, dispositum per angelos in manu sua. Non enim natus est per conditionem, sed potestatem. Quod autem non aliquem ex angelis dicit mediatorem, sed ipsum Dominum Jesum Christum, in quantum homo fieri dignatus est, habes alio loco : « Unus, inquit, Deus, et unus mediator Dei et hominum, homo Christus Jesus. » (I *Tim.*, II, 5.) Hinc illud Pascha in interfectione agni : (*Exod.*, XII, 5) hinc illa omnia quæ de Christo venturo in carne atque passuro, sed et resurrecturo in lege figurantur, quæ data est in edictis angelorum, in quibus angelis erat utique et Pater, et Filius, et Spiritus sanctus (*Act.*, VII, 53 ; *Gal.*, III, 19) ; et aliquando Pater, aliquando Filius, aliquando Spiritus sanctus, aliquando sine ulla distinctione personæ Deus per illos figurabatur, etsi visibilibus et sensibilibus formis apparens, per creaturam tamen suam, non per substantiam, cui videndæ corda mundantur per

---

(*a*) Plures Mss. *proposita est*. Græce est προσετέθη. — (*b*) Editi *disposita*. At plerique Mss. *dispositum* : referendo ad semen.

que seuls verront les cœurs purifiés, par le moyen de toutes choses tombant sous les sens de la vue et de l'ouïe.

27. Mais c'est assez, je pense, avoir discuté et démontré, selon que nous le comprenons, ce que nous avions entrepris de faire voir dans ce livre, et il est établi d'abord par des arguments tirés de la raison, autant qu'il est possible à l'homme, ou du moins, à moi, de le faire et par de solides autorités autant que les oracles divins nous ont fourni des textes clairs dans les saintes Ecritures, que lorsqu'il est dit : Dieu est apparu à nos pères dans l'ancien temps, avant l'incarnation du Sauveur, les paroles qu'il fit entendre et les apparences corporelles sous lesquelles il s'est montré, ont été produites par les anges, soit parlant et agissant comme s'ils eussent été Dieu même en personne, ainsi que nous avons fait voir que les prophètes le faisaient ordinairement, soit en empruntant à la créature ce qu'ils n'étaient point par eux-mêmes, afin de montrer Dieu en figures aux hommes, les prophètes eux-mêmes n'ont point omis de se servir de ces sortes de signes ainsi que l'Ecriture nous l'apprend par de nombreux exemples. Il nous reste donc à voir en quelle manière quand le Seigneur est né d'une Vierge, que le Saint-Esprit est descendu sous la forme corporelle d'une colombe (*Matth.*, III, 16) qu'on vit des langues de feu et qu'on entendit un bruit qui venait du ciel, le jour de la Pentecôte après l'ascension du Seigneur, ce n'est point le Verbe même de Dieu dans sa propre substance par laquelle il est égal et coéternel au Père, ni l'esprit du Père et du Fils dans sa substance par laquelle il est aussi égal et coéternel aux deux autres personnes, mais une créature qui apparut de ces différentes manières aux sens corporels et mortels, et quelle différence il y a entre ces apparitions et ces propriétés du Fils de Dieu et du Saint-Esprit, bien que produites par des créatures visibles ; c'est ce que nous traiterons plus commodément dans un autre volume.

hæc omnia quæ oculis videntur, et auribus audiuntur.

27. Sed jam satis, quantum existimo, pro captu nostro disputatum et demonstratum est, quod in hoc libro susceperamus ostendere : constititque et probabilitate rationis quantum homo vel potius quantum ego potui, et firmitate auctoritatis quantum de Scripturis sanctis divina eloquia patuerunt, quod antiquis patribus nostris ante incarnationem Salvatoris, cum Deus apparere dicebatur, voces illæ ac species corporales per angelos factæ sunt ; sive ipsis loquentibus vel agentibus aliquid ex persona Dei, sicut etiam Prophetas solere ostendimus ; sive assumentibus ex creatura quod ipsi non essent, ubi Deus figurate demonstraretur hominibus, quod genus significationum nec Prophetas omisisse, multis exemplis docet Scriptura. Superest igitur jam ut videamus, cum et nato per virginem Domino, et corporali specie sicut columba descendente Spiritu sancto (*Matth.*, III, 16), visisque igneis linguis sonitu facto de cœlo die Pentecostes post ascensionem Domini (*Act.*, II, 3), non ipsum Dei Verbum per substantiam suam qua Patri æquale atque coæternum est, nec Spiritus Patris et Filii per suam substantiam qua et ipse utrisque æqualis atque coæternus est, sed utique (*a*) creatura quæ illis modis formari et exsistere potuit corporeis atque mortalibus sensibus apparuerit, quid inter illas demonstrationes et has proprietates Filii Dei et Spiritus sancti, quamvis per creaturam visibilem factas, intersit : quod ab alio volumine commodius ordiemur.

(*a*) Ita Mss. Editi vero *sed utique per creaturam.*

LIVRE QUATRIÈME

Saint Augustin explique pourquoi le Fils a été envoyé. Le Christ en mourant pour les pécheurs devait nous persuader avant tout combien Dieu nous a aimés, et quels il nous a aimés. Il convenait aussi très-bien que le Verbe vînt dans la chair pour nous purifier, afin que nous pussions contempler Dieu et nous attacher à lui. Sa mort simple et unique a détruit notre double mort. Saint Augustin explique ensuite comment le simple en Notre-Seigneur a répondu au double qui est en nous, pour notre salut ; puis il montre longuement la perfection du nombre sénaire que concourt à former le rapport même du simple au double. Il nous apprend comment tous les fidèles sont un, tous ensemble, par la vertu de l'unique médiateur de la vie, Jésus-Christ, par qui seul se fait la vraie purification de l'âme. D'ailleurs le Fils de Dieu, bien que devenu par sa mission moindre que son Père, à cause de la forme d'esclave qu'il a prise, n'est point pour cela moindre que le Père selon sa forme de Dieu, parce qu'il a été envoyé par lui ; il montre qu'il faut raisonner de même pour la mission du Saint-Esprit.

PRÉAMBULE.

C'est à Dieu qu'on doit demander la science de Dieu.

1. Le genre humain fait ordinairement un très-grand cas de la science des choses de la terre et de celles du ciel, mais les meilleurs, en cela, sont ceux qui préfèrent, à cette science, la science d'eux-mêmes ; bien plus l'esprit qui connaît sa faiblesse est bien plus digne de louange que celui qui, sans même jeter les yeux sur cette faiblesse, plonge ses regards dans la route des astres pour les étudier, ou, après les avoir apprises, ignore par quelle voie il doit s'avancer vers son salut et son propre affermissement. Mais quiconque éveillé par la chaleur du Saint-Esprit est déjà sorti de son sommeil pour aller à Dieu, et, dans son amour, s'est jugé vil à ses yeux, puis voulant mais ne pouvant arriver jusqu'à lui, a regardé dans son âme où Dieu fait, pour lui, briller sa lumière, s'y est découvert, et reconnaît que son état maladif ne saurait être comparé à la pureté de Dieu, celui-là dis-je trouve de la douceur à pleurer, à demander à Dieu d'avoir de plus en plus pitié de lui, jusqu'à ce qu'il dépouille toute sa misère, et à le prier, après avoir reçu le don gratuit du salut, au nom de son Fils unique, sauveur et illuminateur de l'homme. Celui qui agit ainsi et qui ressent ces tristesses-là, n'est point enflé par la science parce que la charité l'édifie (I *Cor.*, VIII, 1); il a en effet préféré sa science à la science, il a mieux aimé la science de son infirmité, que la science des remparts du monde, des fondements de la terre et des combles

LIBER QUARTUS

Explicat ad quid missus sit Filius Dei : Christo videlicet pro peccatoribus moriente persuadendum nobis fuisse in primis et quantum nos dilexerit Deus, et quales dilexerit. Opportune etiam ut ad contemplandum Deum et cohærendum Deo mundaremur, Verbum in carne venisse. Ipsius morte una et simplici duplicem nostram solutam esse; ubi edisserit quemadmodum simplum Salvatoris nostri duplo nostro concinat ad salutem, et de perfectione numeri senarii, in quem numerum ipsa simpli ad duplum ratio deducitur, fusius agit. Docet colligi omnes ex multis in unum per unum mediatorem vitæ Christum, per quem solum vera fit animæ purgatio. Cæterum Filium Dei, quamquam missione factus sit minor propter formam servi quam suscepit, non tamen ideo minorem Patre secundum formam Dei quia ab ipso missus est : eamdemque de Spiritus Sancti missione rationem esse demonstrat.

PROŒMIUM.

Scientia Dei a Deo petenda.

Scientiam terrestrium cœlestiumque rerum magni æstimare solet genus humanum : in quo profecto meliores sunt qui huic scientiæ præponunt nosse semetipsos; laudabiliorque est animus, cui nota est vel infirmitas sua, quam qui ea non respecta, vias siderum scrutatur etiam cogniturus, aut qui jam cognitas tenet, ignorans ipse qua ingrediatur ad salutem ac firmitatem suam. Qui vero jam evigilavit in Deum, Spiritus sancti calore excitatus, atque in ejus amore coram se viluit, ad eumque intrare volens nec valens, eoque sibi lucente attendit in se, invenitque se suamque ægritudinem illius munditiæ contemperari non posse cognovit; flere dulce habet, eumque deprecari, ut illius atque etiam misereatur, donec exuat totam miseriam, et precari cum fiducia, jam accepto gratuito pignore salutis, per ejus unicum Salvatorem hominis et illuminatorem : hunc ita (*a*) agentem et dolentem scientia non inflat, quia caritas ædificat (I *Cor.*, VIII, 1) : præposuit enim scientiam scientiæ, præposuit scire infirmitatem suam, magis quam scire mundi mœnia, fundamenta terra-

(*a*) Omnes prope Mss. *ita egentem.*

du ciel. En ajoutant cette science à l'autre, il n'a fait qu'y ajouter la douleur, qui naît pour l'exilé, du désir de rentrer dans sa patrie, et d'en revoir le bienheureux fondateur qui n'est autre que son Dieu. Seigneur mon Dieu, si je gémis parmi vos pauvres, dans cette dernière espèce d'hommes, au sein de la famille de votre Christ, accordez-moi de pouvoir rompre, dans mes réponses, votre pain à des hommes qui n'ont ni faim ni soif de la justice, mais qui sont rassasiés et se trouvent dans l'abondance. Ce qui les a rassasiés, ce sont leurs imaginations, non point votre vérité, qu'ils repoussent et qu'ils fuient pour tomber dans leur propre vanité. Certes je sens quelles fictions sans nombre se forge le cœur de l'homme; or, qu'est-ce que mon cœur, sinon un cœur d'homme? Mais voici ce que je demande au Dieu de mon cœur, de ne jamais donner, dans mes écrits, aucune de mes imaginations pour des vérités solides, et qu'il ne s'y trouve en fait de choses qui pourront venir de moi que ce qui pourra faire tourner le souffle de la vérité de mon côté, quoique je sois loin de sa face et de ses yeux et dans un lointain d'où je m'efforce de revenir, en suivant la voie que la divinité de son Fils unique a frayée par son humanité. Bien que je sois sujet au changement, je la bois cette vérité avec d'autant plus d'avidité que je ne vois rien en elle qui y soit sujet, ni selon les lieux, ni selon les temps, comme il arrive pour les corps, ni selon les temps seulement et selon des espèces de lieux, comme il en est des pensées de notre esprit; ni selon les temps seulement, sans même aucune image de lieux, comme cela a lieu pour les raisonnements de nos âmes. En effet, il n'y a que l'essence de Dieu, par laquelle Dieu est, qui n'ait absolument rien de muable, ni dans l'éternité, ni dans la vérité, ni dans la volonté; parce que en elle la vérité est éternelle, la charité est éternelle, et que la charité y est vraie et l'éternité vraie, de même que l'éternité y est chérie et la vérité aussi.

CHAPITRE PREMIER.

La connaissance de notre faiblesse est pour nous une perfection.

2. Mais comme nous ne nous trouvons qu'exilés de la joie immuable, sans pour cela en être séparés, comme les branches que l'on coupe d'un arbre ou qu'on en détache en les brisant, il arrive que nous recherchons jusqu'au sein des choses changeantes et temporelles où nous nous trouvons, l'éternité, la vérité et le bonheur, car nous ne voulons ni mourir, ni errer, ni être troublés, Dieu nous envoie des visions en rapport avec notre condition d'exilés, pour nous faire souvenir que ce n'est point ici-bas que se trouve ce que nous cherchons; mais que pour le trouver il nous faut d'ici retourner là-haut, si la

---

rum, et fastigia cœlorum : et hanc apponendo scientiam, apposuit dolorem (*Eccli.*, I, 18); dolorem peregrinationis suæ ex desiderio patriæ suæ et conditoris ejus beati Dei sui. In hoc genere hominum, in familia Christi tui, Domine Deus meus, si inter pauperes tuos gemo, da mihi de pane tuo respondere hominibus, qui non esuriunt et sitiunt justitiam (*Matth.*, v, 6), sed satiati sunt et abundant. Satiavit autem illos phantasma eorum, non veritas tua, quam repellendo resiliunt, et in suam vanitatem cadunt. Ego certe sentio quam multa figmenta pariat cor humanum : et quid est cor meum, nisi cor humanum? Sed hoc oro Deum cordis mei, ut nihil ex eis figmentis pro solido vero eructuem in has litteras, sed inde veniat in eas quidquid per me venire potuerit, unde mihi, quamvis projecto a facie oculorum suorum (*Psal.* xxx, 23), et de longinquo redire conanti, per viam quam stravit (a) humanitate divinitas Unigeniti sui, aura veritatis ejus aspergitur. Quam in tantum licet mutabilis haurio, in quantum in ea nihil mutabile video, nec locis et temporibus, sicut corpora; nec solis temporibus et quasi locis, sicut spirituum nostrorum cogitationes; nec solis temporibus, et nulla vel imagine locorum, sicut quædam nostrarum mentium ratiocinationes. Omnino enim Dei essentia, qua est, nihil mutabile habet, nec in æternitate, nec in veritate, nec in voluntate : quia æterna ibi est veritas, æterna caritas; et vera ibi est caritas, vera æternitas; et cara ibi est æternitas, cara veritas.

CAPUT PRIMUM.

Per agnitionem infirmitatis nostræ perficimur.

2. Sed quoniam exsulavimus ab incommutabili gaudio, nec tamen inde præcisi atque abrupti sumus, ut non etiam in istis mutabilibus et temporalibus æternitatem, veritatem, beatitudinem quæreremus : (nec mori enim, nec falli, nec perturbari volumus) missa sunt nobis divinitus visa congrua peregrinationi nostræ, quibus admoneremur, non hic

---

(a) Editi *humanitatis*. Melius Mss. *humanitate*.

patrie à laquelle nous tenons encore par quelque point, autrement nous ne chercherions pas ici-bas ce que nous y cherchons. Mais d'abord il fallait nous convaincre à quel point Dieu nous aimait, de peur que le désespoir ne nous empêchât de nous élever jusqu'à lui ; il fallait aussi nous montrer en quel état il nous a aimés, de peur que, dans notre orgueil, nous n'attribuassions son amour à nos mérites, que nous ne nous éloignassions de lui davantage, et que notre force ne vînt à défaillir. Il a donc agi avec nous de manière à nous faire plutôt avancer par la vertu de sa force, et à perfectionner ainsi, dans la faiblesse de notre humilité, la vertu de la charité. C'est ce que le Psalmiste nous donne à entendre quand il dit : « Vous avez, ô mon Dieu, séparé pour votre héritage une pluie toute volontaire ; il était tombé en défaillance, mais vous l'avez parfaitement fortifié. » (*Ps.* LXVII, 10.) Par cette pluie volontaire le Psalmiste ne veut point faire entendre autre chose que la grâce, mais la grâce donnée gratuitement, d'où lui vient le nom de grâce, non pas accordée à nos mérites, car s'il nous l'a donnée ce n'est point parce que nous en étions dignes ; mais parce qu'il l'a voulu. Si nous savons cela, nous ne serons point remplis de confiance en nous et c'est là ce qui s'appelle être faible : Mais notre force vient de celui qui a dit même à son apôtre : Ma grâce vous suffit, car ma puissance paraît davantage dans la faiblesse de l'homme. » (II *Cor.*, XII, 9.) Il fallait persuader à l'homme à quel point Dieu nous a aimés et ce que nous étions quand il nous a aimés ; à quel point, afin que nous ne désespérions pas, et ce que nous étions, afin que nous ne nous enorgueillissions point de son amour. Voilà comment l'Apôtre explique ce très-précieux passage : « Mais c'est en cela même que Dieu fait éclater son amour pour nous, puisque c'est lorsque nous étions encore des pécheurs, que Jésus-Christ est mort pour nous ; et maintenant que nous sommes justifiés par son sang nous serons à plus forte raison délivrés par lui de la colère de Dieu ; car si lorsque nous étions ennemis de Dieu, nous avons été réconciliés avec lui par la mort de son Fils, à plus forte raison étant maintenant réconciliés avec lui, serons-nous sauvés par la vie de ce même Fils. » (*Rom.*, V, 8 à 10.) Et dans un autre endroit, il dit encore : « Après cela que dirons-nous ? Si Dieu est pour nous qui sera contre nous ? Si Dieu n'a point même épargné son propre Fils, mais l'a livré pour nous tous, comment avec lui, ne nous donnera-t-il pas aussi toutes choses ? » (*Rom.*, VIII, 31.) Or, ce qu'on nous annonce maintenant comme un fait accompli, était montré comme un fait à venir aux anciens justes, afin que la même foi leur montrât leur faiblesse en les humiliant, et les fortifiât dans leur faiblesse.

---

esse quod quærimus, sed illuc (*a*) ab ista esse redeundum, unde nisi penderemus, hic ea non quæreremus. Ac primum nobis persuadendum fuit, quantum nos diligeret Deus, ne desperatione non auderemus erigi in eum. Quales autem dilexerit, ostendi oportebat, ne tanquam de meritis nostris superbientes, magis ab eo resiliremus et in nostra fortitudine magis deficeremus : ac per hoc egit nobiscum, ut per ejus fortitudinem potius proficeremus, atque ita in infirmitate humilitatis perficeretur virtus caritatis. Hoc significat in Psalmo, ubi ait : « Pluviam voluntariam segregans Deus hæreditati tuæ, et infirmata est, tu vero perfecisti eam. » (*Ps.* LXVII, 10.)Pluviam quippe voluntariam non nisi gratiam vult intelligi, non meritis redditam, sed gratis datam, unde et gratia nominatur : dedit enim eam, non quia digni eramus, sed quia voluit. Hoc cognoscentes, non fidentes in nobis erimus, et hoc est infirmari. Ipse vero perficit nos, qui etiam Paulo apostolo dixit : « Sufficit tibi gratia mea, nam virtus in infirmitate perficitur. » (II *Cor.*, XII, 9.) Persuadendum ergo erat homini quantum nos dilexerit Deus, et quales dilexerit : quantum, ne desperaremus ; quales, ne superbiremus. Hunc locum Apostolus pernecessarium sic explicat : « Commendat autem, inquit, suam caritatem Deus in nobis, quoniam cum adhuc peccatores essemus, Christus pro nobis mortuus est, multo magis justificati nunc in sanguine ipsius, salvi erimus ab ira per ipsum. Si enim cum inimici essemus, reconciliati sumus Deo per mortem Filii ejus, multo magis reconciliati salvi erimus in vita ipsius. » (*Rom.*, V, 81.) Item alio loco : « Quid ergo, inquit, dicemus ad hæc ? Si Deus pro nobis, quis contra nos ? Qui proprio filio non pepercit, sed pro nobis omnibus tradidit illum : quomodo non et cum illo nobis omnia donavit ? » (*Rom.*, VIII, 31.) Quod autem factum nobis annuntiatur, hoc futurum ostendebatur et antiquis justis, ut per eamdem fidem etiam ipsi humiliati infirmarentur, et infirmati perficerentur.

(*a*) Editi *ad ipsa*. At Mss. *ab ista*, scilicet peregrinatione.

3. Puis donc qu'il y a un Verbe de Dieu par qui tout a été fait et qui est l'immuable vérité, c'est en lui que toutes choses se trouvent ensemble principalement et d'une manière immuable, non point seulement les choses qui existent maintenant dans l'univers créé, mais encore toutes celles qui ont existé ou qui existeront un jour. Mais là elles ne sont ni passées ni futures, elles sont présentes, toutes sont vie, toutes ne font qu'un, ou plutôt là il n'y a qu'une chose et la vie est une; car si tout a été fait par lui, c'est en ce sens que tout ce qui a été fait dans les êtres créés, était vie en lui et que la vie n'y a point été créée, attendu qu'il n'est point dit : au commencement le Verbe a été fait, mais : Le Verbe était en Dieu, et le Verbe était Dieu, et tout a été fait par lui. (*Jean*, 1, 1.) Or, tout n'aurait point été fait par lui, si lui-même n'eût été avant tout, et n'eût point été sans avoir été fait. Et dans les choses qui ont été faites par lui, son corps même qui n'est point la vie, n'aurait point été fait par lui si la vie n'avait point été en lui avant qu'il fût fait. S'il a été fait par lui, c'est que la vie, et non point une vie quelconque, était déjà en lui, car la vie du corps c'est l'âme; or, elle aussi a été faite puisqu'elle est sujette au changement. Mais par qui a-t-elle été faite, sinon par le Verbe immuable de Dieu ? « Car tout a été fait par lui, » dit l'Evangéliste, « et rien n'a été fait sans lui. » Qu'est-ce donc à dire, « a été fait, » sinon « la vie était en lui, » non point une vie quelconque, « mais la vie était la lumière des hommes, » c'est-à-dire la lumière des âmes raisonnables par où les hommes diffèrent des bêtes et sont hommes. Il ne s'agit donc point de la lumière corporelle qui est la lumière du corps soit qu'elle brille du haut du ciel, soit qu'elle s'allume aux feux de la terre; non-seulement la lumière du corps de l'homme, mais la lumière qui éclaire le corps des animaux même, et jusqu'aux moindres vermiceaux. Car tous ces êtres voient la lumière qui luit ici-bas; mais c'était cette vie qui était la lumière des hommes; elle n'était point placée loin de chacun de nous, puisque « c'est en elle que nous vivons, que nous nous mouvons et que nous sommes. » (*Act.*, XVII, 27.)

CHAPITRE II.

Comment l'incarnation du Verbe nous rend habiles à percevoir la vérité.

4. Mais « la lumière luit dans les ténèbres et les ténèbres ne l'ont point comprise. » (*Jean*, I, 5.) Or, les ténèbres ce sont les âmes d'hommes insensés, qu'aveuglent une cupidité coupable et l'infidélité. C'est pour les soigner et les guérir que le Verbe, par qui tout a été fait, s'est fait

---

3. Quia igitur unum Verbum Dei est, per quod facta sunt omnia, quod est incommutabilis veritas, (*a*) ibi principaliter atque incommutabiliter sunt omnia simul, non solum quæ nunc sunt in hac universa creatura, verum etiam quæ fuerunt et quæ futura sunt. Ibi autem nec fuerunt, nec futura sunt, sed tantummodo sunt, et omnia vita sunt, et omnia unum sunt, et magis unum est et una vita est. Sic enim omnia per ipsum facta sunt, ut quidquid factum est in his, in illo vita sit, et facta non sit : quia in principio non factum est Verbum, sed erat Verbum apud Deum, et Deus erat Verbum, et omnia per ipsum facta sunt (*Joan.*, I, 1) : nec per ipsum omnia facta essent, nisi ipsum esset ante omnia, factumque non esset. In iis autem quæ per ipsum facta sunt, etiam corpus quod vita non est, per ipsum non fieret, nisi in illo ante quam fieret vita esset. Quod enim factum est, jam in illo vita erat, et non qualiscumque vita : nam et anima vita est corporis, sed et hæc facta est, quia mutabilis est; et per quid facta est, nisi per Dei Verbum incommutabile ? « Omnia enim per ipsum facta sunt, et sine ipso factum est nihil. » Quod ergo « factum est, » jam « in illo vita erat, » et non qualiscumque vita, sed « vita erat lux hominum : » lux utique rationalium mentium, per quas homines a pecoribus differunt, et ideo sunt homines. Non ergo lux corporea, quæ lux est carnium, sive de cœlo fulgeat, sive terrenis ignibus accendatur, nec humanarum tantum carnium, sed etiam belluinarum et usque ad minutissimos quosque vermiculos. Omnia enim hæc vident istam lucem : at illa vita lux hominum erat; nec longe posita ab unoquoque nostrum : in illa enim vivimus et movemur et sumus. (*Act.*, XVII, 27.)

CAPUT II.

Quomodo per Verbum incarnatum reddimur habiles percipiendæ veritati.

4. Sed « lux in tenebris lucet, et tenebræ eam non comprehenderunt. » (*Joan.*, I, 5.) Tenebræ autem sunt stultæ mentes hominum, prava cupiditate atque

---

(*a*) Sic Mss. plerique At editi *ubi principaliter* : et rursum paulo post : *Ubi autem*; pro *Ibi autem*.

chair, et a habité parmi nous; car nos lumières viennent de notre participation au Verbe, je veux dire à la vie qui est la lumière des hommes. Or, nous étions tout à fait inhabiles et rien moins que propres à cette participation, à cause de la souillure de nos péchés. Il fallait donc que nous nous purifiassions. Or, il n'y a qu'un moyen de purifier les hommes remplis de souillures et d'orgueil, c'est le sang du juste et les abaissements d'un Dieu, afin que pour contempler Dieu, ce que nous ne sommes point par notre nature, nous fussions purifiés par lui devenu ce que nous sommes par notre nature, et ce que nous ne sommes plus par le péché. En effet, par notre nature nous ne sommes point Dieu, par notre nature nous sommes hommes, et par le péché nous ne sommes point justes. Aussi Dieu s'étant fait homme juste intercède auprès de Dieu pour l'homme pécheur. Si le pécheur ne va point avec le juste, l'homme va avec l'homme. C'est donc en nous ajoutant la ressemblance de son humanité, qu'il nous a enlevé la dissemblance de notre iniquité, et en participant à notre condition mortelle, qu'il nous a faits participants de sa divinité. C'était justice en effet que la mort du pécheur, qui provenait de la nécessité de sa damnation, fût détruite par la mort du juste provenant de la volonté de sa miséricorde, puisque le simple en lui a rapport au double qui est en nous. En effet, ce rapport, cette convenance, cette proportion, cette consonnance, je voudrais trouver un mot plus juste encore, existant entre un et deux, a une grande importance dans tout composé, ou pour mieux dire dans toute harmonie de la créature, car je veux parler, le mot me revient maintenant, de cette coaptitude que les Grecs ont appelée Ἁρμονία. Ce n'est pas ici le lieu de montrer la puissance du rapport du simple au double. Ce rapport produit son effet au plus haut point chez nous, en qui il se trouve si profond et si naturel, grâce à qui, sinon à celui qui nous a créés? que les plus inhabiles ne sauraient ne point le sentir soit qu'ils chantent eux-mêmes, soit qu'ils écoutent les autres chanter. C'est en effet par ce rapport que les voix graves s'accordent avec les voix aiguës, au point que quiconque s'en écarte en chantant, non-seulement va contre la science de la musique que la plupart des gens ignorent, mais offense même violemment le sens de l'ouïe en nous. Mais pour démontrer cela, il faudrait un long discours; on peut s'en convaincre par ses propres oreilles, sur le monocorde régulier si on sait s'en servir.

---

infidelitate cæcatæ. Has ut curaret atque sanaret Verbum, per quod facta sunt omnia, caro factum est, et habitavit in nobis. Illuminatio quippe nostra participatio Verbi est, illius scilicet vitæ quæ lux est hominum. Huic autem participationi prorsus inhabiles, et minus idonei eramus, propter immunditiam peccatorum. Mundandi ergo eramus. Porro iniquorum et superborum una mundatio est sanguis justi et humilitas Dei : ut ad contemplandum Deum quod natura non sumus, per eum mundaremur factum quod natura sumus, et quod peccato non sumus. Deus enim natura non sumus : homines natura sumus justi peccato non sumus. Deus itaque factus homo justus, intercessit Deo pro homine peccatore. Non enim congruit peccator justo, sed congruit homini homo. Adjungens ergo nobis similitudinem humanitatis suæ, abstulit (a) dissimilitudinem iniquitatis nostræ : et factus particeps mortalitatis nostræ, fecit nos participes divinitatis suæ. Merito quippe mors peccatoris venius ex damnationis necessitate, soluta est per mortem justi venientem ex misericordiæ voluntate, dum simplum ejus congruit duplo nostro. Hæc enim congruentia, sive convenientia, vel concinentia, vel consonantia, vel si quid commodius dicitur, quod unum est ad duo, in omni compaginatione, vel si melius dicitur, coaptatione creaturæ, valet plurimum. Hanc enim coaptationem, sicut mihi nunc occurrit, dicere volui, quam Græci ἁρμονίαν vocant. Neque nunc locus est, ut ostendam quantum valeat consonantia simpli ad duplum, quæ maxima (b) in nobis reperitur, et sic nobis insita naturaliter : (a quo utique, nisi ab eo qui nos creavit?) ut nec imperiti possint eam non sentire, sive ipsi cantantes, sive alios audientes : per hanc quippe voces acutiores gravioresque concordant, ita ut quisquis ab ea dissonuerit, non scientiam, cujus expertes sunt plurimi, sed ipsum sensum auditus nostri vehementer offendat. Sed hoc ut demonstretur, longo sermone opus est : ipsis autem auribus exhiberi potest ab eo qui novit in regulari monochordo.

(a) Sic Mss. At editi *similitudinem iniquitatis nostræ*. — (b) Hic aliquot Mss. omittunt *in nobis*. Post, *reperitur*, editi ferebant, *ut sit nobis : corrupte*.

CHAPITRE III.

La mort et la résurrection du corps de Jésus-Christ quoique uniques, concordent pour notre salut avec la double mort et la double résurrection de notre corps et de notre âme.

5. Mais nous devons, autant que Dieu nous en fera la grâce, expliquer, ce qui pour le moment est en question, à savoir, comment le simple en Notre-Seigneur Jésus-Christ est en proportion, et, en quelque façon, en harmonie, pour le salut, avec le double qui est en nous. Ainsi, il est certain, et nul chrétien n'en doute, que nous sommes morts de la mort de l'âme et de la mort du corps; de la mort de l'âme par le péché et, par suite, de la mort du corps, comme peine du péché, par conséquent de la mort du corps également par le péché. Nos deux parties, je veux dire notre corps et notre âme, avaient donc besoin l'une et l'autre de résurrection pour se renouveler en mieux après avoir été changées en pis. Or, la mort de l'âme c'est l'impiété, et la mort du corps, c'est la corruption qui fait aussi que l'âme se sépare du corps. Car, de même que l'âme abandonnée de Dieu meurt, ainsi en est-il du corps que l'âme abandonne, il meurt : l'une devient insensée et l'autre tombe inanimée. Or, l'âme ressuscite par la pénitence, et, dans une chair encore mortelle, « le renouvellement de la vie commence par la foi, qui croit en celui qui justifie l'impie, s'augmente et se justifie de jour en jour, par les bonnes mœurs, à mesure que l'homme intérieur se renouvelle davantage. » (II *Cor.*, IV, 16.) Quant au corps, qui est comme l'homme extérieur, plus la vie présente se prolonge, plus il se corrompt par l'effet de l'âge, de la maladie, ou de différentes afflictions jusqu'à ce qu'il succombe à la dernière, appelée mort. Sa résurrection est différée jusqu'à la fin du monde, au moment où notre justification même sera terminée d'une manière ineffable. « Alors, nous serons semblables à Jésus-Christ, parce que nous le verrons tel qu'il est, » (I *Jean*, III, 2) tandis que maintenant, « tant que le corps qui se corrompt appesantit l'âme, » (*Sag.*, IX, 15) la vie tout entière de l'homme sur la terre n'est qu'une tentation (*Job*, VII, 1), nul vivant ne sera justifié devant les yeux de Dieu (*Ps.* CXLII, 2), en comparaison de la justice qui doit nous rendre égaux aux anges, et de la gloire qui sera révélée en nous. Qu'il faille distinguer entre la mort du corps et celle de l'âme, c'est ce que je n'ai point à démontrer par de nombreux textes, le Seigneur lui-même en ayant établi d'un seul mot dans l'Evangile la différence, que chacun peut aisément sentir quand il dit : « Laissez aux morts le soin d'ensevelir leurs morts. » (*Matth.*, VIII, 22.) Il est certain

CAPUT III.

Una mors et resurrectio corporis Christi, duplici nostræ morti ac resurrectioni corporis et animæ concinit ad salutem.

5. Verum quod instat in præsentia, quantum donat Deus, edisserendum est, quemadmodum simplum Domini et Salvatoris nostri Jesu Christi duplo nostro congruat, et quodam modo concinat ad salutem. Nos certe, quod nemo Christianus ambigit, et anima et corpore mortui sumus, anima propter peccatum, corpore propter pœnam peccati, ac per hoc et corpore propter peccatum. Utrique autem rei nostræ, id est, et animæ et corpori, medicina (a) et resurrectione opus erat, ut in melius renovaretur, quod erat in deterius commutatum. Mors autem animæ impietas est, et mors corporis corruptibilitas, per quam fit et animæ a corpore abscessus. Sicut enim anima Deo deserente, sic corpus anima deserente moritur : unde illa fit insipiens, hoc exanime. Resuscitatur enim anima per pœnitentiam, et in corpore adhuc mortali renovatio vitæ inchoatur a fide (*Rom.*, IV, 5), qua creditur in eum qui justificat impium, bonisque moribus augetur et roboratur de die in diem (II *Cor.*, IV, 16), cum magis magisque renovatur interior homo. Corpus vero tanquam homo exterior, quanto est hæc vita diuturnior, tanto magis magisque corrumpitur, vel ætate, vel morbo, vel variis afflictionibus, donec veniat ad ultimam (*subaud.* afflictionem) quæ ab omnibus mors vocatur. Ejus autem resurrectio differtur in finem; cum et ipsa justificatio nostra perficietur ineffabiliter. Tunc enim similes ei erimus, quoniam videbimus eum sicuti est. (I *Joan.*, III, 2.) Nunc vero quamdiu corpus quod corrumpitur aggravat animam (*Sap.*, IX, 15), et vita humana super terram tota tentatio est (*Job*, VII, 1), non justificabitur in conspectu ejus omnis vivens (*Psal.* CXLII, 2), in comparatione justitiæ qua æquabimur angelis, et gloriæ quæ revelabitur in nobis. De morte autem animæ a morte corporis distinguenda, quid plura documenta commemorem, cum Dominus in una sententia Evangelica utramque mortem cuivis facile

---

(a) Plures Mss. *medicina ex resurrectione.*

qu'on devait ensevelir le mort, mais il a voulu donner à entendre que ceux qui devaient le faire étaient par leur impiété et leur infidélité morts quant à l'âme, et tels que ceux que l'Apôtre éveille quand il s'écrie : « Levez-vous vous qui dormez, sortez d'entre les morts, et Jésus-Christ vous éclairera. » (*Ephés.*, v, 14.) C'est une mort semblable que détestait l'Apôtre quand il disait en parlant d'une veuve : « Celle qui passe sa vie dans les délices, est morte bien que vivante. » (I *Tim.*, v, 6.) Ainsi on dit de l'âme redevenue pieuse enfin, après avoir été impie, qu'elle est ressuscitée des morts par la justice de la foi, et qu'elle vit. Mais le corps, non-seulement doit mourir par l'effet de la retraite de l'âme, mais même dans certains endroits l'Ecriture dit qu'il est mort, à cause de l'extrême faiblesse de la chair et du sang, comme on le voit par ce mot de l'Apôtre : « Le corps est mort à cause du péché, mais l'esprit est vie à cause de la justice. » (*Rom.*, VIII, 10.) Or, cette vie est faite de la foi, attendu que : « Le juste vit de la foi. » (*Ibid.*, I, 17.) Mais qu'est-ce qui vient après ? « Si l'Esprit de celui qui a ressuscité Jésus d'entre les morts, habite en vous, celui qui a ressuscité Jésus-Christ d'entre les morts donnera aussi la vie à vos corps mortels, par son Esprit qui habite en vous. » (*Rom.*, VIII, 11.)

6. Notre-Seigneur a donc affecté sa mort simple au paiement de notre double mort, et pour opérer notre double résurrection, il a proposé et préposé en sacrement et en exemple la sienne qui est unique. Car il n'a été ni pécheur, ni impie, pour qu'il eût besoin d'être renouvelé dans son homme intérieur, comme si son esprit était mort, et d'être rappelé à la vie de la justice par une sorte de pénitence. Mais revêtu d'une chair mortelle, ne mourant et ne ressuscitant que dans cette chair, il s'harmonisa par cette seule mort et cette seule résurrection à nos deux morts et nos deux résurrections, attendu que dans l'une et dans l'autre se trouvaient un sacrement de l'homme intérieur et un exemple de l'homme extérieur. C'est, en effet, pour le sacrement de notre homme intérieur que ce mot, destiné à signifier la mort de notre âme, a été prononcé, non-seulement dans un psaume, mais encore sur la croix : « Mon Dieu, mon Dieu, pourquoi m'avez-vous abandonné ? » (*Ps.* XXI, 1, et *Matth.*, XXVII, 46, 72.) A ce mot se rapporte à merveille celui de l'Apôtre : « Sachant que notre vieil homme a été crucifié avec lui, afin que le corps du péché fût détruit en nous et que désormais nous ne fussions plus asservis au péché. » (*Rom.*, VI, 6,) Or, par le crucifiement de l'homme intérieur, on entend les douleurs de la pénitence et les souffrances salutaires de la con-

---

discernendam posuerit, ubi ait : « Sine mortuos sepelire mortuos suos. » (*Matth.*, VIII, 22.) Sepeliendum quippe corpus mortuum erat : sepultores autem ejus per (a) infidelitatis impietatem in anima mortuos intelligi voluit, quales excitantur cum dicitur : « Surge qui dormis, et exsurge a mortuis, et illuminabit te Christus. » (*Ephes.*, v, 14.) Detestatur autem quamdam mortem Apostolus, dicens de vidua : « Quæ autem in deliciis agit, vivens mortua est. » (I *Tim.*, v, 6.) Anima igitur jam pia, quæ fuit impia, propter justitiam fidei dicitur ex morte revixisse atque vivere. Corpus autem non tantum moriturum propter animæ abscessum qui futurus est, sed propter tantam infirmitatem carnis et sanguinis, quodam in loco in Scripturis etiam mortuum dicitur, loquente Apostolo : « Corpus quidem, inquit, mortuum est propter peccatum, spiritus autem vita est propter justitiam. » (*Rom.*, VIII, 10.) Hæc vita ex fide facta est (*Ibid.*, I, 17); quoniam « justus ex fide vivit. » (*Abac.*, II, 4.) Sed quid sequitur ? « Si autem Spiritus ejus, qui suscitavit Jesum a mortuis, habitat in vobis, qui suscitavit Christum Jesum a mortuis, vivificabit et mortalia corpora vestra per inhabitantem Spiritum ejus in vobis. » (*Rom.*, VIII, 11.)

6. Huic ergo duplæ morti nostræ Salvator noster impendit simplam suam : et ad faciendam utramque resuscitationem nostram, in sacramento et exemplo præposuit et proposuit unam suam. Neque enim fuit peccator aut impius, ut ei tanquam spiritu mortuo in interiore homine renovari opus esset, et tanquam resipiscendo ad vitam justitiæ revocari ; sed indutus carne mortali, et sola moriens, sola resurgens, ea sola nobis ad utrumque concinuit, cum in ea fieret interioris hominis sacramentum, exterioris exemplum. Interioris enim hominis nostri sacramento data est illa vox, pertinens ad mortem animæ nostræ significandam, non solum in Psalmo (*Psal.* XXI, 1), verum etiam in cruce : « Deus meus Deus meus, ut quid me dereliquisti ? » (*Matth.*, XXVII, 46.) Cui voci congruit Apostolus dicens : « Scientes quia vetus homo noster simul crucifixus est, ut evacuetur corpus peccati, ut ultra non serviamus peccato. »

(a) Am. et omnes fere Mss. *per infidelitatem impietatis.*

tinence, c'est par cette mort que la mort de l'impiété est mise à mort, cette mort dans laquelle Dieu nous a laissés. Voilà pourquoi par une telle croix s'évanouit le corps du péché, en sorte que nous n'abandonnions point au péché les membres de notre corps, pour servir d'armes à l'iniquité. (*Rom.*, VI, 13.) D'ailleurs, si l'homme intérieur se renouvelle de jour en jour, il n'en est pas moins vrai qu'il est vieux avant d'être renouvelé, car, c'est à l'intérieur que se passe ce que le même Apôtre nous recommande en ces termes : « Dépouillez-vous du vieil homme et revêtez-vous de l'homme nouveau, » (*Ephés.*, IV, 22) ce qu'il explique ensuite de cette manière : « Déposez donc le mensonge et parlez le langage de la vérité. » Or, où dépose-t-on le mensonge, sinon à l'intérieur, pour que celui qui parle le langage de la vérité dans son cœur, habite sur la montagne sainte? (*Ps.* XIV, 1.) Quant à la résurrection du corps du Seigneur, on voit qu'elle a rapport au sacrement de notre résurrection intérieure quand, après être ressuscité lui-même, il dit à la femme : « Ne me touchez point, car je ne suis pas encore remonté vers mon Père. » (*Jean*, XX, 17.) Ces paroles de l'Apôtre : « Mais si vous êtes ressuscités avec Jésus-Christ, recherchez ce qui est dans le ciel, où le Christ est assis à la droite de Dieu, n'ayez de goût que pour les choses du ciel, » (*Col.*, III, 1) se rapportent parfaitement à ce mystère, car c'est là précisément ne point toucher le Christ avant qu'il soit monté vers son Père, et n'avoir point du Christ des sentiments charnels. Quant à l'exemple de la mort de notre homme extérieur, la mort du corps du Seigneur s'y rapporte également, parce que, par une pareille passion, il a exhorté ses serviteurs tout particulièrement à ne pas craindre ceux qui tuent le corps, mais ne peuvent tuer l'âme. (*Matth.*, X, 28.) Voilà pourquoi l'Apôtre dit : « Pour accomplir dans ma chair ce qui reste à souffrir à Jésus-Christ. » (*Col.*, I, 24.) Et il se trouve que la résurrection du corps du Seigneur se rapporte à l'exemple de la résurrection de notre homme intérieur, parce qu'il a dit à ses disciples : « Touchez-moi et considérez qu'un esprit n'a ni chair ni os, comme vous voyez que j'en ai. » (*Luc*, XXIV, 39.) Aussi un de ses disciples portant la main sur ses cicatrices, s'est-il écrié : « Mon Seigneur et mon Dieu. » (*Jean*, XX, 28.) Et comme son corps paraissait entier, il fournit la preuve de ce que le Seigneur avait dit en exhortant les siens : « Il ne périra pas un cheveu de votre tête. » (*Luc*, XXI, 18.) En effet, d'où vient qu'il a dit d'abord : « Ne me touchez point, car je ne suis pas encore monté vers mon Père, »

(*Rom.*, VI, 6.) Crucifixio quippe interioris hominis pœnitentiæ dolores intelliguntur, et continentiæ quidam salubris cruciatus, per quam mortem mors impietatis perimitur, in qua nos (a) reliquit Deus. Et ideo per talem crucem evacuatur corpus peccati, ut jam non exhibeamus membra nostra arma iniquitatis peccato. (*Rom.*, VI, 13.) Quia et interior homo si utique renovatur de die in diem, profecto vetus est ante quam renovetur. (II *Cor.*, IV, 16.) Intus namque agitur quod idem Apostolus dicit : « Exuite vos veterem hominem, et induite novum. » (*Ephes.*, IV, 22.) Quod ita consequenter exponit : « Quapropter deponentes mendacium, loquimini veritatem. » Ubi autem deponitur mendacium, nisi intus, ut inhabitet in monte sancto Dei qui loquitur veritatem in corde suo? (*Psal.* XIV, 1.) Resurrectio vero corporis Domini ad sacramentum interioris resurrectionis nostræ pertinere ostenditur, ubi postquam resurrexit, ait mulieri : « Noli me tangere, nondum enim ascendi ad Patrem meum. » (*Joan.*, XX, 17.) Cui mysterio congruit Apostolus dicens : « Si autem consurrexistis cum Christo, quæ sursum sunt quærite, ubi Christus est ad dexteram Dei sedens, quæ sursum sunt sapite. » (*Col.*, III, 1.) Hoc est enim Christum non tangere, nisi cum ascenderit ad Patrem, non de Christo sapere carnaliter. Jam vero ad exemplum mortis exterioris hominis nostri Dominicæ carnis mors pertinet, quia per talem passionem maxime hortatus est servos suos, ut non timeant eos qui corpus occidunt, animam autem non possunt occidere. (*Matth.*, X, 28.) Propter quod dicit Apostolus : « Ut suppleam quæ desunt pressurarum Christi in carne mea. » (*Col.*, I, 24.) Et ad exemplum resurrectionis exterioris hominis nostri pertinere invenitur resurrectio corporis Domini, quia discipulis ait : « Palpate et videte, quia spiritus carnem et ossa non habet, sicut me videtis habere. » (*Luc.*, XXIV, 39.) Et unus ex discipulis etiam cicatrices ejus contrectans, exclamavit dicens : « Dominus meus et Deus meus. » (*Joan.*, XX, 28.) Et cum illius carnis tota integritas appareret, demonstratum est in ea quod suos exhortans dixerat : « Capillus capitis vestri non peribit. » (*Luc.*, XXI, 18.) Unde enim primo : « Noli me tangere, nondum enim ascendi ad Patrem meum. » :

(a) Editi *in qua nos non dereliquit Deus*. At melioris notæ Mss. *in qua nos reliquit* (sive *relinquit*) *Deus*; id est in morte et crucifixione interioris hominis nostri, doloribus videlicet pœnitentiæ ac continentiæ cruciatus.

(*Jean*, xx, 17) et qu'il se laisse toucher par ses disciples avant d'y être remonté, sinon pour nous insinuer par là le sacrement de l'homme intérieur, et nous donner un exemple de l'homme extérieur? Y aurait-il, par hasard, quelqu'un d'assez absurde et ennemi de la vérité, pour oser dire qu'il a été touché par les hommes avant d'être monté à son Père et que ce n'est qu'après y être monté qu'il a été touché par les femmes? C'est donc à cause de cet exemple de notre future résurrection dans notre corps qui nous a été donné d'avance dans la résurrection du Seigneur que l'Apôtre dit : « Jésus-Christ est les prémices, viennent ensuite ceux qui sont à lui et qui croient en lui, » (I *Cor.*, xv, 23) car dans cet endroit il était question de la résurrection du corps à l'occasion de laquelle il dit encore : « Il transfigura notre humble corps et le rendit conforme à son corps glorieux. » (*Philip.*, III, 21.) Par conséquent, la mort unique de notre Sauveur fut le salut de notre double mort, et son unique résurrection nous a assuré deux résurrections, car son corps nous a été administré par une sorte de convenance médicinale, dans l'une et l'autre chose, c'est-à-dire dans la mort et dans la résurrection, comme un sacrement de notre homme intérieur, et comme un exemple de notre homme extérieur.

CHAPITRE IV.

Le rapport du simple au double prend sa source dans la perfection du nombre sénaire.

7. Or, le rapport du simple au double prend naissance dans le nombre ternaire; en effet, un plus deux font trois, mais le total des nombres que je viens de nommer est le nombre six, en effet, un plus deux plus trois font six. Ce nombre est un nombre parfait, parce qu'il se compose de ses parties, ainsi il se décompose dans ces trois subdivisions, le sixième, le tiers et la demie, on ne peut trouver d'autre subdivision dans ce nombre, dont on puisse dire le *quotum*. Le sixième égale un, le tiers égale deux et la demie égale trois. Or, un, deux et trois complètent le nombre six. La sainte Ecriture elle-même signale la perfection de ce nombre à notre attention, particulièrement en ce que Dieu a achevé toutes ses œuvres en six jours, et que c'est le sixième jour que l'homme a été fait à l'image de Dieu. C'est également au sixième âge du monde que le Fils de Dieu est venu et s'est fait Fils de l'homme pour nous rétablir à l'image de Dieu. En effet, c'est cet âge qui s'écoule en ce moment, soit que les mille ans soient répartis entre chaque âge, soit que nous recherchions dans les divines Ecritures les époques du temps

(*Joan.*, xx, 17) et unde ante quam ascendat ad Patrem a discipulis tangitur, nisi quia illic insinuabatur interioris hominis sacramentum, hic præbebatur exterioris exemplum? An forte quisquam ita est absurdus atque adversus a vero, ut audeat dicere a viris eum tactum ante quam ascenderet, a mulieribus autem cum ascendisset? Propter hoc exemplum futuræ nostræ resurrectionis in corpore, quod præcessit in Domino, dicit Apostolus : « Initium Christus, deinde qui sunt Christi. » (I *Cor.*, xv, 23.) De corporis enim resurrectione illo loco agebatur, propter quam etiam dicit : (a) « Transfiguravit corpus humilitatis nostræ conforme corpori gloriæ suæ. » (*Phil.*, III, 21.) Una ergo mors nostri Salvatoris duabus mortibus nostris saluti fuit. Et una ejus resurrectio duas nobis resurrectiones præstitit, cum corpus ejus in utraque re, id est, et in morte et in resurrectione, et sacramento interioris hominis nostri, et exemplo exterioris, medicinali quadam convenientia ministratum est.

CAPUT IV.

Ratio simpli ad duplum ex perfectione senarii numeri.

7. Hæc autem ratio simpli ad duplum oritur quidem a ternario numero; unum quippe ad duo, tria sunt; sed hoc totum quod dixi, ad senarium pervenit; unum enim et duo et tria sex fiunt. Qui numerus propterea perfectus dicitur, quia partibus suis completur : habet enim illas tres, sextam, tertiam, dimidiam; nec ulla pars alia, quæ dici possit, quota sit, invenitur in eo. Sexta ergo ejus unum est, tertia duo, dimidia tria. Unum autem et duo et tria consummant eumdem senarium. Cujus perfectionem nobis sancta Scriptura commendat, in eo maxime quod Deus sex diebus perfecit opera sua, et sexto die factus est homo ad imaginem Dei. (*Gen.*, I, 27.) Et sexta ætate generis humani, Filius Dei vivit et factus est filius hominis, ut nos reformaret ad imaginem Dei. Ea quippe nunc ætas agitur, sive milleni anni

---

(a) Aliquot Mss. *Transfigurabit.*

insignes et mémorables, que nous placions le premier âge dans le temps écoulé depuis Adam jusqu'à Noé, que le second se termine à Abraham et après cela, selon la division de l'Evangéliste saint Matthieu, que nous allions d'Abraham à David, de David à la transportation du peuple en Babylonie, et de cette époque à l'enfantement de la vierge. Ces trois derniers âges ajoutés aux deux premiers font cinq; par conséquent le sixième âge a commencé à la naissance du Seigneur, et dure maintenant pour se continuer jusqu'à la fin inconnue du temps. On reconnaît que ce nombre senaire est une sorte de figure du temps en général, même dans le rapport de sa triple subdivision, en sorte que nous comptons un temps avant la loi, un second temps sous la loi, et un troisième temps sous la grâce. Or, c'est dans ce dernier temps que nous avons reçu le sacrement de la rénovation, pour que, à la fin du temps, renouvelés en toutes nos parties, par la résurrection de la chair, nous nous trouvions guéris de toutes les infirmités, non-seulement de l'âme, mais encore de la chair. C'est ce qui fait qu'on voit le type de l'Eglise dans la femme que le Seigneur a guérie et redressée, et que l'infirmité avait courbée sous le poids des liens dont Satan l'avait chargée. (*Luc*, XIII, 11.) C'est en effet, de ces ennemis cachés que gémissait le Psalmiste quand il s'écriait : « Ils ont courbé mon âme. » (*Ps.* LVI, 7.) Or, il y avait dix-huit ans que cette femme était atteinte de son infirmité, ce qui revient à trois fois six, et le nombre des mois de dix-huit, égale le cube du nombre six, attendu qu'il est égal à six multiplié par six, multiplié lui-même par six. Un peu auparavant se trouve dans l'Evangile l'histoire du figuier que trois années de suite accusaient de stérilité. (*Luc*, XIII, 6.) Mais on intercéda si bien pour lui qu'on le laissa debout encore pendant une année, afin que s'il produisait du fruit, tout fût bien pour lui, et que s'il n'en produisait point, il fût coupé. Or, les trois ans se rapportent à la subdivision ternaire dont j'ai parlé plus haut, et le nombre des mois de trois ans égale le carré de six, attendu qu'il n'est autre que six fois six.

8. Une année, si on en considère les douze mois entiers qui se composent de trente jours, telle est, en effet, la longueur du mois que les anciens avaient mesuré sur le cours de la lune, se rattache également au nombre six. En effet, un six posé au premier ordre qui se compose d'unités jusqu'à dix, vaut soixante placé au second ordre qui se compose de dizaines jusqu'à cent. Le nombre de soixante jours est donc le sixième de l'année, d'où il suit que si on multiplie le nombre soixante qui est comme le sénaire du second ordre, par le sénaire du premier ordre, on a six fois soixante, ce qui fait trois cent soixante jours, nombre auquel s'élèvent les jours des douze mois. Mais de même

---

singulis distribuantur ætatibus, sive in divinis litteris memorabiles atque insignes quasi articulos temporum vestigemus, ut prima ætas inveniatur ab Adam usque ad Noe, inde secunda usque ad Abraham : et deinceps sicut Matthæus Evangelista distinxit, ab Abraham usque ad David, a David usque ad transmigrationem in Babyloniam, atque inde usque ad virginis partum. Quæ tres ætates conjunctæ illis duabus, quinque faciunt. Proinde sextam inchoavit nativitas Domini, quæ nunc agitur usque ad occultum temporis finem. Hunc senarium numerum quamdam temporis gerere figuram, etiam in illa ratione tripartitæ distributionis agnoscimus, qua unum tempus computamus ante legem, alterum sub lege, tertium sub gratia. In quo tempore sacramentum renovationis accepimus : ut in fine temporis etiam resurrectione carnis omni ex parti renovati, ab universa, non solum animæ, verum etiam corporis infirmitate sanemur. Unde intelligitur illa mulier in typo Ecclesiæ a Domino sanata et erecta, quam curvaverat infirmitas alligante satana. (*Luc.*, XIII, 11.) De talibus enim occultis hostibus plangit illa vox Psalmi : « Curvaverunt animam meam. » (*Psal.* LVI, 7.) Hæc autem mulier decem et octo annos habebat in infirmitate, quod est ter seni. Menses autem annorum decem et octo inveniuntur in numero solidi quadrati senarii, quod est sexies seni, et hoc sexies. Juxta quippe est in eodem Evangelii loco, arbor quoque illa ficulnea, cujus miseram sterilitatem etiam tertius annus arguebat. (*Luc.*, XIII, 6.) Sed ita pro illa intercessum est, ut dimitteretur illo anno, ut si fructum ferret, bene; sin aliter, excideretur. Nam et tres anni ad eamdem tripartitam distributionem pertinent, et menses trium annorum quadratum senarium faciunt, quod est sexies seni.

8. Annus etiam unus, si duodecim menses integri considerentur, quos triceni dies complent (talem quippe mensem veteres observaverunt, quem circuitus lunaris ostendit), senario numero pollet. Quod enim valent sex in primo ordine numerorum, qui constat ex unis ut perveniatur ad decem; hoc valent sexaginta in secundo ordine, qui constat ex denis ut

que la révolution de la lune a donné le mois à l'homme, ainsi la révolution du soleil lui a donné l'année. Or, il s'en faut encore de cinq jours et un quart pour que le soleil ait accompli sa révolution et fait une année, et quatre quarts de jours font un jour qu'il faut intercaler tous les quatre ans à l'année qu'on appelle bissextile, si on ne veut point que l'ordre des temps soit changé. Et si nous considérons les cinq jours et un quart, nous y retrouverons encore une fraction du nombre six. En premier lieu, comme on a coutume de compter le tout, dès qu'il y a une partie du tout, on n'a plus seulement cinq jours mais bien six, à prendre le quart de jour pour un jour. En second lieu, les cinq jours sont le sixième d'un mois, et le quart d'un jour se compose de six heures, car le jour entier, c'est-à-dire compté avec la nuit, se compose de vingt-quatre heures, dont le quart qui est un quart de jour est de six heures. Voilà comment dans le cours même de l'année on retrouve encore le nombre sénaire.

CHAPITRE V.

On retrouve également le nombre sénaire dans l'édification du corps du Christ et dans la construction du temple de Jérusalem.

9. Ce n'est donc point sans raison que dans l'édification du corps du Seigneur dont il parlait en figure, quand il disait qu'il rétablirait en trois jours le temple que les Juifs auraient détruit, on entend le nombre sénaire comme s'il était mis pour une année. En effet, les Juifs s'écrièrent : « Ce temple a demandé quarante-six ans à construire. » (*Jean*, II, 19.) Or, quarante-six fois six font deux cent soixante-seize. Or, c'est le nombre de jours contenus dans neuf mois plus six jours, qui sont regardés comme dix mois pour les femmes enceintes, non point parce que toutes parviennent aux six jours complémentaires des neuf mois, mais parce que la perfection du corps du Seigneur se trouve avoir exigé ce nombre de jours pour arriver à terme, ainsi que l'autorité de l'Eglise l'a reçu des anciens. En effet, on croit qu'il a été conçu le 25 mars qui est aussi le jour de la Passion, et à ce compte-là, le sein virginal où il a été conçu et où nul autre homme ne reçut la vie, se rapporte au tombeau neuf où il fut déposé et où nul homme ne l'avait été auparavant et nul ne le fut après. (*Jean*, XIX, 41.) Or, la tradition le fait naître le 25 décembre. Si on fait le compte des jours écoulés entre une date et l'autre, on trouve le nombre de deux cent soixante-seize jours, nombre égal à quarante-six fois six. Or, quarante-six étant le nombre des années qu'a

perveniatur ad centum. Sexagenarius ergo numerus dierum, sexta pars anni est. Proinde per senarium primi versus (*a*) multiplicatur, tanquam senarius secundi versus, et fiunt sexies sexageni, trecenti et sexaginta dies, qui sunt integri duodecim menses. Sed quoniam sicut mensem circuitus lunæ ostendit hominibus, sic annus circuitu solis animadversus est; restant autem quinque dies et quadrans diei, ut sol impleat cursum suum annumque concludat : quatuor enim quadrantes faciunt unum diem, quem necesse est intercalari excursu quadriennio, quod bissextum vocant, ne temporum ordo turbetur : etiam ipsos dies quinque et quadrantem si consideremus, senarius numerus in eis plurimum valet. Primum, quia sicut fieri solet ut a parte totum computetur, non sunt jam dies quinque, sed potius sex, ut quadrans ille accipiatur pro die. Deinde quia in ipsis quinque diebus sexta pars mensis est : ipse autem quadrans sex horas habet. Totus enim dies, id est, cum sua nocte, viginti quatuor horæ sunt, quarum pars quarta, quæ est quadrans diei, sex horæ inveniuntur : ita in anni cursu senarius numerus plurimum valet.

(*a*) Editi *multiplicantur*. Melius Mss. *multiplicatur*; numerus videlicet senarius.

CAPUT V.

Senarius item in ædificatione corporis Christi ac templi Jerosolymitani commendatus.

9. Nec immerito in ædificatione corporis Dominici, in cujus figura templum a Judæis destructum triduo se resuscitaturum esse dicebat, numerus ipse senarius pro anno positus intelligitur. Dixerunt enim : « Quadraginta et sex annis ædificatum est templum. » (*Joan.*, II, 19.) Et quadragies sexies seni, fiunt ducenti septuaginta sex. Qui numerus dierum complet novem menses et sex dies, qui tanquam decem menses parientibus feminis imputantur : non quia omnes ad sextum diem post nonum mensem perveniunt, sed quia ipsa perfectio corporis Domini tot diebus ad partum perducta comperitur, sicut a majoribus traditum suscipiens Ecclesiæ custodit auctoritas. Octavo enim Kalendas aprilis conceptus creditur, quo et passus : ita monumento novo, quo sepultus est, ubi nullus erat mortuorum positus, nec ante, nec postea (*Joan.*, XIX, 41), congruit uterus virginis quo conceptus est, ubi nullus seminatus est morta-

exigées la construction du temple, c'est en un nombre de jours égal à quarante-six fois six que le corps du Seigneur qui a été détruit par sa passion et sa mort et qui est ressuscité trois jours après, a été fait. Il disait, en effet, en parlant du temple de son corps dont il est question ici, comme nous l'apprend un texte des plus clairs et des plus forts de l'Evangile : « De même que Jonas a passé trois jours et trois nuits dans le ventre de la baleine, ainsi le Fils de l'homme sera-t-il pendant trois jours et trois nuits dans les entrailles de la terre. » (*Jean*, II, 21, et *Matth.*, XII, 40.)

CHAPITRE VI.

Les trois jours de la résurrection nous offrent également le rapport du simple au double.

10. L'Ecriture nous apprend que ces trois jours n'ont point été des jours pleins et entiers; ainsi le premier jour se compose de la fin d'un jour, et le troisième du commencement d'un autre jour, il n'y a que celui du milieu, c'est-à-dire le second, qui fut un jour plein, un jour de vingt-quatre heures, dont douze de jour et douze de nuit. En effet, il a été condamné à la croix par les cris des Juifs, à la troisième heure du sixième du jour, qui est le jour d'avant le sabbat (*Jean*, XIX, 14); il fut attaché ensuite à la croix, à la sixième heure du jour, et rendit l'âme à la neuvième (*Matth.*, XXVII, 50), et il fut mis au sépulcre à une heure déjà avancée, selon les paroles de l'Evangile (*Marc*, XV, 42), ce qui veut dire à la fin du jour. Après cela, de quelque manière que vous vous y preniez, quand même vous en donneriez une autre raison pour ne point aller contre le récit de l'Evangéliste saint Jean, en comprenant qu'il a été attaché à la croix à la troisième heure du jour, vous n'avez toujours point le premier jour entier. La fin de ce jour est donc compté pour un jour entier, de même que le commencement du troisième jour, car la portion de nuit qui s'étend jusqu'au matin, à l'heure où la résurrection du Seigneur a été déclarée, appartient au troisième jour ; car, Dieu même qui a dit à la lumière de sortir brillante du sein des ténèbres (I *Cor.*, IV, 6), afin que, par la grâce du Nouveau Testament, la participation de la résurrection de Jésus-Christ, nous entendissions ces paroles : « Autrefois, vous étiez ténèbres, mais maintenant vous êtes lumière dans le Seigneur, » (*Ephés.*, V, 8) paroles par lesquelles il nous insinue en quelque manière, que le jour commence à la nuit, car de même que les premiers jours, à cause de la chute future de l'homme commencent au jour

---

lium. Natus autem traditur octavo Kalendas januarias. Ab illo ergo die usque ad istum computati. ducenti septuaginta et sex reperiuntur dies, qui senarium numerum quadragies sexies habent. Quo numero annorum templum ædificatum est, quia eo numero senariorum corpus Domini perfectum est, quod mortis passione destructum, triduo resuscitavit. Dicebat enim hoc de templo corporis sui, sicut evidentissimo et robustissimo Evangelii testimonio declaratur, quo ait : « Sicut fuit Jonas in ventre ceti tribus diebus et tribus noctibus, sic erit filius hominis in corde terræ tribus diebus et tribus noctibus. » (*Joan.*, II, 21 ; *Matth.*, XII, 40.)

CAPUT VI.

Triduum resurrectionis, in quo etiam apparet ratio simpli ad duplum.

10. Ipsum autem triduum non totum et plenum fuisse, Scriptura testis est (*Joan.*, XIX, 14 ; *Matth.*, XXVII, 50 ; *Marc.*, XV, 42) : sed primus dies a parte extrema totus annumeratus est; dies vero tertius a parte prima,(a) et ipse totus; medius autem inter eos, id est, secundus absolute totus viginti quatuor horis suis, duodecim nocturnis et duodecim diurnis. Crucifixus est enim primo Judæorum vocibus hora tertia, cum esset dies sexta sabbati. Deinde in ipsa cruce suspensus est hora sexta, et spiritum tradidit hora nona. Sepultus est autem cum jam sero factum esset, sicut sese habent verba Evangelii, quod intelligitur in fine diei. Unde libet ergo incipias, etiam si alia ratio reddi potest, quomodo non sit contra Evangelium Joannis, ut hora tertia ligno suspensus intelligatur : (a) totum diem primum non comprehendis. Ergo a parte extrema totus computabitur, sicut tertius a parte prima. Nox enim usque ad diluculum, quo Domini resurrectio declarata est, ad tertium diem pertinet : quia Deus qui dixit de tenebris lucem clarescere (II *Cor.*, IV, 6), ut per gratiam Novi Testamenti et participationem resurrectionis Christi audiremus : « Fuistis enim aliquando tenebræ, nunc autem lux in Domino : » (*Ephes.*, V, 8) insinuat nobis quodam modo quod a nocte dies sumat initium. Sicut enim primi dies propter futurum hominis lapsum a luce in noctem (*Gen.*, I) ; ita isti propter hominis reparationem a tenebris ad lucem

---

(a) Lov. *si totum diem.* Abest *si* ab aliis libris, et abesse debet.

pour finir à la nuit, ainsi les jours de la résurrection à cause de la réparation de l'homme se comptent de la nuit en allant vers le jour. Ainsi depuis l'heure de la mort jusqu'au matin de la résurrection, il y a quarante heures, si on compte aussi dans cet intervalle la neuvième heure. Or, à ce nombre se rapporte aussi la vie de Jésus-Christ sur la terre qui fut de quarante jours après sa résurrection. Or, ce nombre se trouve très-souvent répété dans les saintes Ecritures, pour nous insinuer le mystère de la perfection dans les quatre parties du monde. En effet, le nombre dix a une certaine perfection, et ce nombre multiplié par quatre donne quarante. Or, depuis le soir de la sépulture du Christ, jusqu'au matin de sa résurrection, on compte trente-six heures, nombre égal au carré de six, et rentrant dans le rapport du simple au double, rapport où se trouve la plus grande harmonie de tout rapport. En effet, douze est à vingt-quatre, dans le rapport de un à deux, et, réunis, douze et vingt-quatre font trente-six, c'est-à-dire une nuit entière avec un jour entier et une autre nuit entière, et cela ne va point sans la signification dont j'ai parlé plus haut. En effet, il n'y a rien d'absurde à comparer l'esprit au jour et le corps à la nuit, car le corps du Seigneur, dans sa mort et dans sa résurrection, est une figure de notre esprit, et un exemple de notre corps. Aussi retrouve-t-on ce rapport du simple au double, dans les trente-six heures, quand on compare douze à vingt-quatre. Les uns peuvent trouver des raisons, les autres en trouver d'autres pour expliquer l'emploi de ces nombres dans les Ecritures, et en donner de préférables à celles que j'ai moi-même indiquées, ou en trouver d'aussi probables ou de moins probables, mais prétendre que c'est par hasard qu'ils se rencontrent dans l'Ecriture, et qu'il n'y a dans leur emploi aucune raison mystique, il n'y a point d'homme assez sot et assez inepte pour cela. Quant à moi, la raison que j'ai donnée de ces nombres, je la tiens en partie de l'autorité de l'Eglise par le canal des Pères, en partie du témoignage des Ecritures, et en partie du rapport même des nombres et des similitudes. Or, nul homme de sens froid ne pense autrement que la raison, nul chrétien, autrement que les Ecritures, nul homme de paix, autrement que l'Eglise.

CHAPITRE VII.

Comment par le fait d'un seul médiateur nous ne faisons tous qu'un.

11. Ce sacrement, ce sacrifice, ce prêtre, ce Dieu, avant qu'il vînt envoyé par son Père et né d'une femme, tout ce qui est apparu à nos pères

---

computantur. Ab hora ergo mortis usque ad diluculum resurrectionis horæ sunt quadraginta, ut etiam ipsa hora nona connumeretur. Cui numero congruit enim vita ejus super terram post resurrectionem in quadraginta diebus. Et est iste numerus frequentissimus in Scripturis ad insinuandum mysterium perfectionis in quadripartito (*a*) mundo. Habent enim quamdam perfectionem decem, et ea quater multiplicata faciunt quadraginta. A vespere autem sepulturæ usque ad diluculum resurrectionis triginta sex horæ sunt, qui est quadratus senarius. Refertur autem ad illam rationem simpli ad duplum, ubi est coaptationis maxima consonantia. Duodecim enim ad viginti quatuor simplo ad duplum conveniunt, et fiunt triginta sex : nox tota cum die toto et nocte tota, neque hoc sine illo sacramento quod supra memoravi. Non absurde quippe spiritum diei comparamus, corpus autem nocti. Dominicum enim corpus in morte ac resurrectione, et spiritus nostri figuram, et corporis gerebat exemplum. Etiam sic ergo apparet illa ratio simpli ad duplum in horis triginta sex, cum duodecim conferuntur ad viginti quatuor. Et horum quidem numerorum causas, cur in Scripturis sanctis (*b*) positi sint, potest alius alias indagare, vel quibus istæ quas ego reddidi, præponendæ sint, vel æque probabiles, vel istis etiam probabiliores : frustra tamen eos esse in Scripturis positos, et nullas causas esse mysticas, cur illic isti numeri commemorentur, nemo tam stultus ineptusque contenderit. Ego autem quas reddidi, vel ex Ecclesiæ auctoritate a majoribus (*c*) traditas, vel ex divinarum testimonio Scripturarum, vel ex ratione numerorum similitudinumque collegi. Contra rationem nemo sobrius, contra Scripturas nemo Christianus, contra Ecclesiam nemo pacificus senserit.

CAPUT VII.

Quomodo per unum mediatorem ex multis colligamur in unum.

11. Hoc sacramentum, hoc sacrificium, hic sacerdos, hic Deus, ante quam missus veniret, factus ex

---

(*a*) Editi *in quadripartito modo :* mendose. — (*b*) Sic Mss. At editi *posita sint.* — (*c*) Plures Mss. *tradita.*

d'une manière sacrée et mystique, tant par le moyen de miracles opérés par les anges que par le moyen des merveilles angéliques, n'ont été que des images du Christ, en sorte que toute créature annonçât en quelque sorte, par les faits, la venue de celui seul en qui devait se trouver le salut de tous les hommes qu'il devait racheter de la mort. Car comme nous nous étions laissé entraîner loin du seul vrai Dieu suprême, en nous séparant de lui et en nous mettant en désaccord avec lui par notre impiété et notre iniquité, et que nous nous sommes égarés en une foule de rêveries, parce que nous étions détachés de lui par une multitude de choses, et attachés à une multitude d'autres, il fallait par un effet de la volonté du Dieu de miséricorde, que cette foule même de choses nous parlassent d'un seul, que cet unique, acclamé par une multitude d'autres, vînt, et que la venue de cet unique fût affirmé par tous les autres; il fallait aussi que nous-mêmes déchargés du poids de beaucoup de choses nous vinssions à cet unique, que morts dans notre âme par une multitude de péchés et devant mourir dans notre chair, à cause du péché, nous aimassions cet unique mort seul, sans péché pour nous tous, dans la chair; il fallait que, croyant à sa résurrection, et ressuscitant avec lui en esprit, par la foi, rendus un nous fussions justifiés dans ce seul juste; il fallait encore que nous ne désespérassions point de ressusciter un jour dans notre chair, après avoir vu notre tête unique précéder tous ses membres qui ne sont autres que nous. Purifiés maintenant en lui par la foi, et alors réintégrés par la vue directe, et réconciliés à Dieu par notre médiateur, nous devons nous attacher à lui seul, ne jouir que de lui, et ne plus faire qu'un à jamais.

CHAPITRE VIII.

Comment le Christ veut que nous ne soyons qu'un en lui.

12. C'est ainsi que le Fils, le Verbe de Dieu, en même temps Médiateur de Dieu et des hommes et Fils de l'homme, égal au Père par l'unité de sa divinité et participant à notre condition par notre humanité qu'il a prise, interpellant son Père, en tant qu'homme, sans passer sous silence qu'en tant que Dieu, il était un, avec son Père, dit entre autres choses : « Je ne prie pas seulement pour eux, mais encore pour tous ceux qui doivent croire en moi par leur parole ; afin que tous ensemble ils ne soient qu'un ; comme vous, mon Père, êtes en moi, et moi en vous, que de même ils ne soient qu'un en nous, afin que le monde croie que vous m'avez envoyé. Quant à moi je leur ai donné la gloire que vous m'avez donnée, afin qu'ils soient un comme nous sommes un. » (*Jean,* XVII, 20 à 22.)

---

femina, omnia quæ sacrate atque mystice patribus nostris per angelica miracula apparuerunt, sive quæ per ipsos facta sunt, similitudines hujus fuerunt, ut omnis creatura factis quodam modo loqueretur unum futurum in quo esset salus universorum a morte reparandorum. Quia enim ab uno vero Deo et summo per impietatis iniquitatem resilientes et dissonantes defluxeramus, et evanueramus in multa, discissi per multa et inhærentes in multis : oportebat nutu et imperio Dei miserantis, ut ipsa multa venturum conclamarent unum, et a multis conclamatus veniret unus, et multa contestarentur venisse unum; et a multis exonerati veniremus ad unum; et multis peccatis in anima mortui, et propter peccatum in carne morituri, amaremus sine peccato mortuum in carne pro nobis unum et in resuscitatum credentes, et cum illo per fidem spiritu resurgentes, justificaremur in uno justo facti unum : nec in ipsa carne nos resurrecturos desperaremus, cum multa membra intueremur præcessisse nos caput unum : in quo nunc per fidem mundati, et tunc per speciem redintegrati, et per mediatorem Deo reconciliati hæreamus uni, fruamur uno, permaneamus unum.

CAPUT VIII.

Quomodo Christus vult omnes in se unum esse.

12. Sic ipse Filius Dei, Verbum Dei, et idem ipse mediator Dei et hominum filius hominis (I *Tim.*, II, 5), æqualis Patri per divinitatis unitatem, et particeps (a) noster per humanitatis susceptionem, Patrem interpellans pro nobis per id quod homo erat (*Rom.*, VII, 34), nec tamen tacens quod Deus cum Patre unum erat, inter cætera ita loquitur : « Non pro his autem rogo, inquit, tantum, sed et pro eis qui credituri sunt per verbum eorum in me, ut omnes unum sint, sicut tu Pater in me, et ego in te, ut et ipsi in nobis unum sint, ut mundus credat, quia tu me misisti. Et ego claritatem, quam dedisti mihi, dedi eis, ut sint unum, sicut et nos unum sumus. »

(a) Sic Am. et plerique Mss. At Er. et Lov. *particeps nostri.*

CHAPITRE IX.

Il n'a point dit qu'eux et moi ne fassions qu'un ; bien que, en tant qu'il est la tête de l'Eglise et que l'Eglise soit son corps, il pût dire qu'eux et moi ne fassions sinon un seul tout, du moins un seul Christ, attendu que la tête et le corps ne font qu'un seul Christ (*Ephés.*, I, 22), mais montrant sa divine consubstantialité avec le Père, ce qui fait que dans un autre endroit il dit : « Mon Père et moi ne faisons qu'un, » (*Jean*, X, 30) montrant dis-je sa divine consubstantialité avec le Père en son genre, c'est-à-dire, dans la consubstantielle parité de la même nature, il veut que ses disciples soient un, mais en lui ; attendu qu'ils ne sauraient ne faire qu'un en eux-mêmes, puisqu'ils sont séparés les uns des autres par différentes voluptés, différentes passions, différentes souillures de péchés. Aussi sont-ils purifiés par le médiateur pour ne plus faire qu'un en lui ; non pas seulement par la même nature par laquelle tous les hommes d'hommes mortels deviennent égaux aux anges, mais encore par la même volonté conspirant avec un accord parfait à la même béatitude et façonnée par un certain feu de charité en un seul esprit. C'est le sens de ces mots : « Afin qu'ils soient un, comme nous-mêmes ne faisons qu'un ; » (*Jean*, XVII, 2) en sorte que de même que le Père et le Fils sont un, non-seulement par l'égalité de substance, mais encore par la volonté, ainsi ceux qui ont le Fils pour médiateur entre eux et Dieu, doivent ne faire qu'un, non-seulement en tant qu'ils sont de la même nature, mais encore en tant que réunis par le même amour. Après cela il nous indique qu'il est le médiateur par qui nous sommes réconciliés avec Dieu, quand il dit : « Je suis en eux et vous en moi, afin qu'ils soient consommés dans l'unité. » (*Ibid.*, 23.)

CHAPITRE X.

Si le Christ est le médiateur de la vie, le diable est le médiateur de la mort.

13. C'est là la vraie paix et, pour nous, une solide attache avec notre Créateur, quand nous sommes purifiés et réconciliés par le médiateur de la vie, de même que nous étions retirés loin de lui par le médiateur de la mort, en nous souillant et en nous éloignant de lui. En effet, de même que le diable orgueilleux a conduit à la mort l'homme qui s'enorgueillit, ainsi le Christ humble a ramené à la vie l'homme redevenu obéissant, parce que comme l'un est tombé pour s'être élevé et a entraîné avec lui l'homme qui a partagé ses sentiments, de même l'autre s'est relevé après s'être humilié, et a relevé

CAPUT XI.

Non dixit : Ego et ipsi unum ; quamvis per id quod Ecclesiæ caput est et corpus ejus Ecclesia, posset dicere, ego et ipsi, non unum, sed unus, quia caput et corpus unus est Christus (*Ephes.*, I, 22) : sed divinitatem suam consubstantialem Patri ostendens (*a*) (propter quod et alio loco dicit : « Ego et Pater unum sumus, ») (*Joan.*, x, 30) in suo genere, hoc est, in ejusdem naturæ consubstantiali parilitate, vult esse suos unum, sed in ipso ; quia in se ipsis non possent, dissociati ab invicem per diversas (*b*) voluptates et cupiditates et immunditias peccatorum : unde mundantur per mediatorem, ut sint in illo unum ; non tantum per eamdem naturam qua (*c*) omnes ex hominibus mortalibus æquales angelis fiunt, sed etiam per eamdem (*d*) in eamdem beatitudinem conspirantem concordissimam voluptatem, in unum spiritum quodam modo igne caritatis (*e*) conflatam. Ad hoc enim valet quod ait : « Ut sint unum, sicut et nos unum sumus : » (*Joan.*, XVII, 2) ut quemadmodum Pater et Filius, non tantum æqualitate substantiæ, sed etiam voluntate unum sunt ; ita et ii inter quos et Deum mediator est Filius (I *Tim.*, II, 5), non tantum per id quod ejusdem naturæ sunt, sed etiam per eamdem dilectionis societatem unum sint. Deinde idipsum quod mediator est, per quem reconciliamur Deo, sic indicat : « Ego, inquit, in eis, et tu in me, ut sint consummati in unum. » (*Joan.*, XVII, 23.)

CAPUT X.

Ut Christus mediator vitæ, ita diabolus mediator mortis.

13. Hæc est vera pax, et cum Creatore nostro nobis firma connexio, purgatis et reconciliatis per mediatorem vitæ, sicut maculati et alienati ab eo recesseramus per mediatorem mortis. Sicut enim diabolus superbus hominem superbientem perduxit ad mortem, ita Christus humilis hominem obedientem reduxit ad vitam : quia sicut ille elatus cecidit, et dejecit consentientem ; sic iste humiliatus surrexit, et

---

(*a*) Editi *ostendens hoc ait*. Abest *hoc ait* a Mss. — (*b*) Plures Mss. *voluntates*. — (*c*) Editi *homines ex hominibus :* minus bene. — (*d*) Sic Mss. Editi autem *per eamdem caritatem in eamdem beatitudinem conspirantes concordissima voluntate*. — (*e*) Quidam Mss. *conflati*.

l'homme qui croit en lui. Le diable n'étant pas arrivé lui-même où il conduisait l'homme, car s'il portait la mort de l'esprit dans son impiété, il n'avait pourtant point subi la mort du corps, parce qu'il n'avait point revêtu la chair, paraissait à l'homme un grand prince à la tête de ses légions de démons par qui il exerce son empire de faussetés, s'est assujetti l'homme qui, par un excès d'orgueil, se montrait plus avide de puissance que de justice, soit en l'enflant de plus en plus par une fausse philosophie, soit en le retenant dans ses filets par des sacriléges sacrés, dans lesquels il précipite les âmes déçues et trompées, dont ses faussetés magiques éveillent trop la curiosité et excitent trop vivement l'orgueil, tout en leur promettant cette purification de l'âme par le moyen de ce qu'on appelle τελετά, en se transfigurant en ange de lumière par une multitude de machinations comme signes et prodiges destinés à soutenir ses mensonges.

CHAPITRE XI.

On doit mépriser les miracles des démons.

14. Il est facile, en effet, aux esprits impurs, de faire, par le moyen de corps aériens, une foule de choses même du meilleur effet et capables d'exciter l'admiration des âmes appesanties par des corps terrestres. Car si des hommes revêtus d'un corps terrestre à l'aide de certains arts et par suite de certains exercices, font sous les yeux du public, dans les théâtres où se donnent des spectacles, tant de choses merveilleuses, que ceux qui n'ont jamais rien vu de pareil auraient peine à en croire le récit qu'on leur en ferait, qu'y a-t-il de si difficile pour le diable et pour ses anges à faire avec des éléments corporels, par le moyen de corps aériens, des choses étonnantes pour l'homme, ou de produire, par des inspirations secrètes, des fantômes et des images propres à mettre en défaut les sens des hommes, à les tromper soit dans leur sommeil, soit même dans l'état de veille, et à donner de nouveaux aliments à leur fureur? Mais de même qu'il peut se faire qu'un homme de vie et de mœurs meilleures que d'autres, regarde d'infâmes coquins marchant sur une corde ou faisant une multitude de choses incroyables par des mouvements de corps de toute sorte, sans pour cela éprouver le moindre désir de faire de même et sans penser que pour cela ces hommes vaillent mieux que lui, ainsi une âme pieuse et fidèle, non-seulement si elle voit, mais même si, à cause de la fragilité de la chair, elle réprouve avec horreur toutes les merveilles opérées par les démons, on ne concevra point pour cela du chagrin de ne pouvoir en faire de semblables, on ne s'avisera point de croire que les démons, à cause de ces merveilles, sont meilleurs qu'elle, d'autant plus qu'elle appartiendrait à la société

---

erexit credentem. Quia enim non pervenerat diabolus quo ipse perduxerat (mortem quippe spiritus in impietate gestabat, sed mortem carnis non subierat, quia nec indumentum susceperat), magnus homini videbatur princeps in legionibus dæmonum, per quos fallaciarum regnum exercet, sic hominem per elationis typhum, potentiæ quam justitiæ cupidiorem, aut per falsam philosophiam magis inflans, aut per sacra sacrilega irretiens, in quibus etiam magicæ fallaciæ, curiosiores superbioresque animas deceptas illusasque (a) præcipitans, subditum tenet; pollicens etiam purgationem animæ, per eas quas τελετάς appellant, transfigurando se in angelum lucis per multiformem machinationem in signis et prodigiis mendacii.

CAPUT XI.

Miracula quæ a dæmonibus fiunt spernanda.

14. Facile est enim spiritibus nequissimis aerea corpora facere multa quæ mirentur animæ terrenis corporibus aggravatæ, etiam melioris affectus. Si enim corpora ipsa terrena nonnullis artibus et exercitationibus modificata, in spectaculis theatricis tanta miracula hominibus exibent, ut ii qui nunquam viderunt talia narrata, vix credant : quid magnum est diabolo et angelis ejus, de corporeis elementis per aerea corpora facere quæ caro miretur; aut etiam occultis inspirationibus ad illudendos humanos sensus phantasmata imaginum machinari, quibus vigilantes dormientesve decipiat, vel furentes exagitet? Sed sicut fieri potest ut homo vita ac moribus melior, spectet nequissimos homines, vel in fune ambulantes, vel multimodis motibus corporum multa incredibilia facientes, nec ullo modo facere talia concupiscat, nec eos propterea sibi præponendos existimet : sic anima fidelis et pia, non solum si videat, verum etiam si propter fragilitatem carnis exhorreat miracula dæmonum, non ideo tamen aut non se posse talia dolebit, aut ob hoc illos meliores

(a) Sic plures Mss. Alii vero cum Am. *præcipitant, subditum tenens.* Er. et Lov. *præcipitat, subditum tenens.*

des saints, soit anges, soit hommes qui, par la vertu de Dieu à qui tout est soumis, ont fait beaucoup de choses plus grandes et qui n'avaient absolument rien de trompeur.

CHAPITRE XII.

Le diable est le médiateur de la mort, et le Christ le médiateur de la vie.

15. Ce n'est donc point par le moyen de sacriléges similitudes, de curiosités impies, et de consécrations magiques, que les âmes se purifient et se réconcilient avec Dieu ; attendu que le faux médiateur ne monte point aux régions supérieures, mais plutôt assiége et intercepte la voie qui y conduit, par les sentiments d'autant plus malins qu'ils sont plus orgueilleux qu'il inspire aux siens. Or, ces sentiments bien loin de pouvoir mouvoir les ailes des vertus pour s'envoler vers les cieux, sont bien plutôt capables d'ajouter encore au poids des vices, pour précipiter une âme dans une chute d'autant plus profonde qu'il lui semble à elle-même qu'elle s'est élevée plus haut. Aussi à l'exemple des mages avertis de Dieu et qu'une étoile avait amenés jusqu'auprès de l'humble Sauveur pour l'adorer (*Matth.*, II, 12), devons-nous retourner dans notre patrie, non point par le chemin par où nous sommes venus, mais par une autre route que le roi de l'humilité nous a enseignée et que le roi de l'orgueil, en lutte contre le roi de l'humilité, ne saurait assiéger. En effet, pour nous apprendre à adorer l'humble Christ, les cieux nous ont raconté la gloire de Dieu (*Ps.* XVIII, 5), quand leur voix s'est répandue par toute la terre et que leurs paroles se sont fait entendre jusqu'aux confins du monde. Ce qui nous a ouvert la voie de la mort c'est le péché en Adam. Car dit l'Apôtre : « C'est par un seul homme que le péché est entré dans le monde, ainsi que la mort par le péché, et qu'ainsi elle est passée dans tous les hommes par ce seul homme en qui tous ont péché. » (*Rom.*, V, 12.) Ce médiateur qui nous a enseigné cette voie, c'est le diable, c'est lui qui a conseillé le péché et qui nous a précipités dans la mort. Lui aussi d'ailleurs n'a apporté que sa mort unique pour opérer en nous une double mort. Car son impiété l'a fait mourir dans son esprit, mais il n'est point mort dans sa chair, et nous à qui il a persuadé son impiété, il a réussi à nous faire mériter les coups de la mort corporelle. Nous n'avons aspiré qu'à une seule chose, sous l'empire de mauvaises suggestions, mais la seconde a suivi par une juste condamnation. Voilà pourquoi il est écrit : « Ce n'est pas Dieu qui a fait la mort, » (*Sag.*, I, 13) parce que ce n'est pas lui qui en fut la cause ; mais pourtant c'est par un très-juste châtiment de sa part, que

esse judicabit ; cum (*a*) sit præsertim in societate sanctorum, qui per virtutem Dei cui cuncta subjecta sunt, et minime fallacia, et multo majora fecerunt, sive homines, sive angeli boni.

CAPUT XII.

Diabolus mortis, Christus vitæ mediator.

15. Nequaquam igitur per sacrilegas similitudines et impias curiositates et magicas consecrationes animæ purgantur et reconcilientur Deo : quia falsus mediator non trajicit ad superiora, sed potius obsidens intercludit viam per affectus, quos tanto maligniores, quanto superiores suæ (*b*) societatis inspirat : qui non possunt ad evolandum pennas nutrire virtutum, sed potius ad demergendum pondera exaggerare vitiorum, tanto gravius anima ruitura, quanto sibi videtur evecta sublimius. Proinde sicut magi fecerunt divinitus moniti (*Matth.*, II, 12), quos ad humilitatem Domini adorandam stella perduxit : ita et nos, non qua venimus, sed per aliam viam in patriam redire debemus, quam rex humilis docuit, et quam rex superbus humili regi adversarius obsidere non possit. Et nobis enim, ut adoremus humilem Christum, cœli enarraverunt gloriam Dei (*Ps.* XVIII, 5), cum in omnem terram exiit sonus eorum, et in fines orbis terræ verba eorum. Via nobis fuit ad mortem per peccatum in Adam. « Per unum quippe hominem peccatum intravit in mundum, et per peccatum mors ; et ita in omnes homines pertransiit, in quo omnes peccaverunt. » (*Rom.*, V, 12.) Hujus viæ mediator diabolus fuit, persuasor peccati, et præcipitator in mortem. Nam et ipse ad operandam duplam mortem nostram, simplam attulit suam. Per impietatem namque mortuus est in spiritu, carne utique mortuus non est : nobis autem et impietatem persuasit, et (*c*) per hanc ut in mortem carnis venire mereremur effecit. Unum ergo appetivimus iniqua suasione, alterum nos secutum est justa damnatione : propterea quippe scriptum est : « Deus mortem non fecit, » (*Sap.*, I, 13) quia causa mortis ipse non fuit : sed tamen per ejus retributionem (*d*) justissimam

---

(*a*) Editi *cum sint*. At Mss. *cum sit :* anima scilicet pia. — (*b*) Er. et plerique Mss, *societatis*. — (*c*) Omnes prope Mss. *et propter hanc*. — d) Sic plerique Mss. Editi vero *justissima mors*.

la mort est devenue le lot du pécheur. Il en est de même du juge, c'est lui qui condamne le coupable au supplice, mais la cause du supplice, ce n'est point la justice du juge, c'est la faute du coupable. Ainsi le médiateur de la mort n'est point allé lui-même où il nous a fait aller, je veux dire, à la mort de la chair, mais là même le Seigneur notre Dieu a placé pour nous le remède de la correction que le démon n'a point mérité d'obtenir, il l'y a placé par une disposition bien impénétrable de sa profonde justice divine. Mais afin que, comme c'est par un seul homme que la mort a été faite, ainsi ce fût par un seul homme également que la résurrection des morts se produisît, parce que les hommes évitaient plus ce qu'ils ne pouvaient éviter, je veux dire la mort du corps, plutôt que celle de l'âme, en d'autres termes, le châtiment que ce qui méritait le châtiment; et en effet, pour ce qui est de ne point pécher, il ne s'en met que peu ou point en peine, tandis qu'il fait tout ce qu'il peut pour ne point mourir, bien que ses efforts ne lui réussissent à rien, le médiateur de la vie nous montre combien peu la mort est à craindre, la mort dis-je que par suite de notre condition d'homme nous ne pouvons plus éviter, et combien au contraire l'impiété est à redouter, l'impiété, dis-je, dont on peut se garer par la foi, et en cela il se présente à notre rencontre pour nous aider à atteindre le but où nous tendons, mais non dans la voie où nous sommes engagés. En effet, nous allons à la mort par la voie du péché et lui par celle de la justice. Voilà pourquoi quand notre mort est la peine du péché, la sienne est une hostie pour le péché.

CHAPITRE XIII.

La mort du Christ fut spontanée.

16. C'est pourquoi l'âme étant préférable au corps, la mort de l'âme étant sa séparation de Dieu, et celle du corps sa séparation de l'âme; d'un autre côté, la mort du corps étant un châtiment, en ce sens que l'âme qui ne s'est séparée de Dieu que parce qu'elle l'a bien voulu, se sépare du corps malgré qu'elle en ait, et qu'après avoir quitté Dieu parce que tel a été son bon vouloir à elle, elle est contrainte de quitter le corps contre son gré, encore ne le quitte-t-elle point quand il lui plaît à moins qu'elle ne se fasse à elle-même une violence qui tue le corps; l'âme du médiateur nous a montré qu'il s'en faut bien que ce soit en punition du péché qu'il est allé jusqu'à la mort de la chair, puisque ce n'est pas malgré lui qu'il a laissé cette dernière, mais de son plein gré, quand il l'a voulu et de la manière qu'il l'a voulu. En effet, il était uni au Verbe; aussi dit-il : « J'ai le pouvoir de quitter ma vie, et j'ai le pouvoir de la reprendre, car personne ne me la ravit, c'est de moi-même

---

mors irrogata est peccatori. Sicut supplicium judex irrogat reo, causa tamen supplicii non est justitia judicis, sed meritum criminis. Quo ergo nos mediator mortis transmisit, et ipse non venit, id est, ad mortem carnis; ibi nobis Dominus Deus noster medicinam emendationis inseruit, quam ille non meruit, occulta et nimis arcana ordinatione divinæ altæque justitiæ. Ut ergo sicut per unum hominem mors, ita et per unum hominem fieret resurrectio mortuorum (*Rom.*, v, 12), quia magis vitabant homines quod evitare non poterant, mortem carnis, quam mortem spiritus, id est, magis pœnam quam meritum pœnæ (nam non peccare, aut non curatur, aut parum curatur; non mori autem quamvis non obtineatur, vehementer satagitur) : vitæ mediator ostendens, quam non sit mors timenda, quæ per humanam conditionem jam evadi non potest, sed potius impietas, quæ per fidem caveri potest, occurrit nobis ad finem quo venimus, sed non qua venimus. Nos enim ad mortem per peccatum venimus, ille per justitiam : et ideo cum sit mors nostra pœna peccati, mors illius facta est hostia pro peccato.

CAPUT XIII.

Mors Christi spontanea.

16. Quapropter cum spiritus corpori præponatur, morsque sit spiritus a Deo deseri, mors autem corporis a spiritu deseri; eaque sit pœna in morte corporis, ut spiritus quia volens deseruit Deum, deserat corpus invitus; ut cum spiritus Deum deseruerit quia voluit, deserat corpus etiam si noluerit; nec deserat cum voluerit, nisi aliquam sibi vim, qua ipsum corpus perimatur, intulerit : demonstravit spiritus mediatoris, quam nulla pœna peccati usque ad mortem carnis accesserit, quia non eam deseruit invitus, sed quia voluit, quando voluit, quomodo voluit. Quippe Dei Verbo ad unitatem commixtus (*a*) hinc ait : « Potestatem habeo ponendi animam meam, et po-

---

(*a*) Sic Mss. Editi vero *commixtus est homo : Hinc ait* male.

que je la quitte, et je la reprendrai une seconde fois. » (*Jean*, x, 18.) C'est ce qui, au témoignage même de l'Évangile, étonna beaucoup ceux qui étaient présents à sa mort, quand ils le virent expirer après avoir prononcé un mot par lequel il rendait la figure du péché. Car ceux qui étaient attachés à la croix ne mouraient que d'une mort fort lente; aussi, pour hâter la mort des deux voleurs et pouvoir détacher leurs corps de la croix avant le sabbat, leur rompit-on les jambes; quant au Seigneur, on fut fort étonné de le trouver déjà mort (*Jean*, xxix, 32), et nous voyons Pilate manifester cet étonnement quand on lui demanda le corps du Seigneur pour l'ensevelir. (*Marc*, xv, 44.)

17. Ce trompeur, qui n'a été pour l'homme qu'un médiateur de mort, et qui s'oppose à la vie sous le faux prétexte de purification par le moyen de rites sacrés et de sacrifices sacriléges qui servent à séduire les orgueilleux, n'ayant pu participer à notre mort ni ressusciter de la sienne, a pu rapporter sa mort unique à notre double mort, mais il n'a pu y rapporter une résurrection simple, dans laquelle fût le sacrement de notre rénovation et un exemple de sa résurrection qui doit avoir lieu à la fin du monde. Celui qui, vivant par l'esprit, a ressuscité sa propre chair qui était morte, est donc le seul vrai médiateur de la vie, et il a rejeté loin des âmes de ceux qui croient en lui le médiateur de mort qui était mort lui-même en esprit, afin qu'il ne régnât point au-dedans et se contentât d'attaquer au-dehors sans toutefois arriver à vaincre jamais. Il s'est même soumis à ses tentations (*Matth.*, iv, 1), afin d'être notre médiateur même pour les vaincre, non-seulement par son assistance, mais encore par son exemple. Après avoir commencé par essayer de pénétrer dans l'intérieur par toutes les entrées qui pouvaient l'y conduire, et s'être vu chasser après le baptême du Seigneur, il mit le comble dans le désert à toutes ses tentations et à ses sollicitations; car, mort par l'esprit, il ne put entamer celui qui était vivant par l'esprit, de quelque manière qu'il s'y prît, dans sa soif ardente de la mort des hommes, pour donner la mort qu'il pouvait donner, et bien que notre médiateur, qui est vivant, se fût exposé à ses coups par le côté mortel qu'il tenait de nous. Bien plus, là même où il a pu faire quelque chose, il s'est trouvé battu à plate couture, et en même temps qu'il recevait le pouvoir extérieur de mettre à mort le corps du Seigneur, il voyait périr son pouvoir intérieur par lequel il était maître de nous. En effet, il arriva que tous les liens d'une foule de péchés qui retenaient les hommes dans une multitude de morts, se sont trouvés brisés par la seule mort d'un seul, que nul péché

---

testatem habeo iterum sumendi eam. Nemo tollit eam a me, sed ego pono eam a me, et iterum sumo eam. » (*Joan.*, x, 18.) Et hoc maxime mirati sunt, sicut Evangelium loquitur, qui præsentes erant, cum post illam vocem, in qua figuram peccati nostri edidit, continuo tradidit spiritum. Longa enim morte cruciabantur ligno suspensi. Unde latronibus, ut jam morerentur, et de ligno ante sabbatum deponerentur, crura confracta sunt. (*Joan.*, xix, 32.) Ille autem quia mortuus inventus est, miraculo fuit. Hoc etiam Pilatum legimus fuisse miratum, cum ab ipso sepeliendum corpus Domini peteretur. (*Marc.*, xv, 44.)

17. Ille itaque deceptor, qui fuit homini Mediator ad mortem, falsoque se opponit ad vitam nomine purgationis per sacra et sacrificia sacrilega, quibus superbi seducuntur, quia nec participationem mortis nostræ habere potuit, nec resurrectionem suæ, simplam quidem suam mortem ad duplam nostram potuit adferre : simplam vero resurrectionem, in qua et sacramentum esset renovationis nostræ, et ejus quæ in fine futura est evigilationis exemplum, non utique potuit. Ille proinde qui spiritu vivus carnem suam mortuam resuscitavit, verus vitæ Mediator, illum spiritu mortuum et mortis Mediatorem a spiritibus in se credentium foras misit, ut non regnaret intrinsecus, sed forinsecus oppugnaret, nec tamen expugnaret. Cui se ipse quoque tentandum præbuit (*Matth.*, iv, 1), ut ad superandas etiam tentationes ejus Mediator esset, non solum per adjutorium, verum etiam per exemplum. At ille primitus ubi per omnes aditus ad interiora moliens irrepere, expulsus est, post baptisma in eremo completa omni tentatione illecebrosa, quia vivum spiritu mortuus non invasit, quoque modo avidus mortis humanæ convertit se ad faciendam mortem quam potuit, et permissus est in illud quod ex nobis mortale (*a*) vivus Mediator acceperat. Et ubi potuit aliquid facere, ibi ex omni parte devictus est, et unde accepit exterius potestatem Dominicæ carnis occidendæ, inde interior ejus potestas qua nos tenebat occisa est. Factum est enim ut vincula peccatorum multorum in multis

---

(*a*) Unus e Vaticanis Mss. *vitæ Mediator*.

n'avait précédée. Si le Seigneur a subi pour nous une mort qui ne lui était point due, ce fut pour empêcher que celle qui nous était due ne nous fût préjudiciable. Car ce n'est point par le fait d'un pouvoir étranger qu'il a été dépouillé de son corps, mais il s'en est dépouillé lui-même, attendu que pouvant ne point mourir s'il ne le voulait pas, il n'est mort évidemment que parce qu'il l'a bien voulu, et qu'ayant désarmé les principautés et les puissances, il en a triomphé, avec confiance, en lui-même. (*Col.*, II, 15.) En effet, par sa mort qui n'est autre qu'un véritable sacrifice offert pour nous, il a lavé, aboli, éteint toutes nos fautes qui étaient cause que ces principautés et ces puissances nous tenaient justement en leur pouvoir pour nous faire subir des supplices; et, par sa résurrection, il nous a appelés à la nouvelle vie pour laquelle nous étions prédestinés, il nous a justifiés après nous avoir appelés, et il nous a glorifiés après nous avoir justifiés. (*Rom.*, VIII, 30.) Ainsi le diable tenait, en son pouvoir et comme à juste titre, l'homme qui avait consenti à se laisser séduire, quand lui-même ne connaissait les liens de la corruption ni de la chair ni du sang, et il a perdu dans la mort même du corps son pouvoir sur l'homme qu'il dominait en maître, à cause de la fragilité même de son corps mortel, et avec un orgueil d'autant plus grand, qu'il semblait être lui-même plus riche et plus fort que l'homme qui était d'une pauvreté et d'une faiblesse excessives, semblable à un misérable couvert de haillons et rempli de misère. En effet, en s'attaquant au Rédempteur, il l'a forcé à descendre où il avait précipité le pécheur et où il n'avait pu le suivre dans sa chute. Voilà comment le Fils de Dieu a daigné se faire notre ami en partageant notre sort mortel, quand notre ennemi se croyait bien plus grand et bien meilleur que nous parce qu'il ne partageait point ce même sort avec nous. En effet, notre Rédempteur a dit : « Or, personne ne peut avoir un amour plus grand que celui qui fait donner sa vie pour ses amis. » (*Jean*, XV, 13.) Le diable se croyait même supérieur au Seigneur, qui a plié sous lui dans les tourments de sa passion, car c'est de lui que s'entend ce passage du psaume : « Vous l'avez abaissé un peu au-dessous des anges. » (*Ps.* III, 6.) Mais c'était afin que tandis que, malgré son innocence, il était mis à mort par cet être injuste, comme s'il eût agi contre nous selon le droit et la justice, il le vainquît avec infiniment de justice, rendît captive la captivité même qu'avait engendrée le péché, et nous délivrât de la captivité où nous étions tombés justement à cause du péché, en effaçant, par son sang juste mais injustement versé, la sentence de notre mort et en rachetant les pécheurs pour les justifier.

18. Voilà pourquoi encore le diable trompe

---

mortibus, per unius unam mortem quam peccatum nullum præcesserat, solverentur. Quam propterea Dominus pro nobis indebitam reddidit, ut nobis debita non noceret. Neque enim jure cujusquam potestatis exutus est carne, sed ipse se exuit. Nam qui posset non mori si nollet, procul dubio quia voluit mortuus est : et ideo principatus et potestates exemplavit, fiducialiter triumphans eas in semetipso. (*Col.*, II, 25.) Morte sua quippe uno verissimo sacrificio pro nobis oblato, quidquid culparum erat unde nos principatus et potestates ad luenda supplicia jure detinebant, purgavit, abolevit, exstinxit; et sua resurrectione in novam vitam nos prædestinatos vocavit, vocatos justificavit, justificatos glorificavit. (*Rom.*, VIII, 30.) Ita diabolus hominem, quem per consensionem seductum, tanquam jure integro possidebat, et ipse nulla corruptione carnis et sanguinis septus, per istam corporis mortalis fragilitatem, nimis egeno et infirmo, tanto superbior, quanto velut ditior et fortior, quasi pannoso et ærumnoso dominabatur, in ipsa morte carnis amisit. Quo enim cadentem non secutus impulit peccatorem, illuc descendentem persecutus compulit Redemptorem. Sic in mortis consortio Filius Dei nobis fieri dignatus est amicus, quo non perveniendo meliorem se nobis atque majorem putabat inimicus. Dicit enim Redemptor noster : « Majorem dilectionem nemo habet, quam ut animam suam ponat pro amicis suis. (*Joan.*, XV, 13.) Quocirca etiam ipso Domino se credebat diabolus superiorem, in quantum illi Dominus in passionibus cessit; quia et de ipso intellectum est quod in Psalmo legitur : « Minuisti eum paulo minus ab angelis : » (*Ps.* VIII, 6) ut ab iniquo velut æquo jure adversum nos agente, ipse occisus innocens eum jure æquissimo superaret, atque ita captivitatem propter peccatum factam captivaret (*Ephes.*, IV, 8), nosque liberaret a captivitate propter peccatum justa, suo (*a*) justo sanguine injuste fuso mortis chirographum delens, et justificandos redimens peccatores.

18. Hinc etiam diabolus adhuc suos illudit, quibus

(*a*) Sic Mss. At editi *suo proprio sanguine... justificando redimens peccatores*.

rompe les siens à qui ce faux médiateur s'impose comme s'ils devaient être purifiés, tandis qu'ils ne doivent être que plus profondément enfoncés, plongés dans le mal, par ses rites sacrés ; il les trompe dis-je, en persuadant bien facilement à leur orgueil de se moquer de la mort du Christ et de la mépriser : plus il est lui-même étranger à cette mort, plus il est regardé, par eux, comme saint et divin. Cependant bien peu des siens sont restés avec lui, depuis que les nations ont reconnu et ont bu avec une pieuse humilité le prix de leur rédemption, et, pleins de confiance en ce rachat, ont abandonné leur ennemi pour courir à leur rédempteur. Le diable ne sait pas comment la sagesse de Dieu, qui est infiniment excellente, en atteignant à toutes choses, avec force, et en les disposant toutes avec douceur, depuis un bout, celui d'en haut, le commencement de la créature spirituelle, jusqu'à l'autre bout, celui d'en bas, la mort du corps (*Sap.*, III, 1), se sert de lui, de ses embûches et de ses larcins, pour procurer le salut de ses fidèles. Quand je dis que la sagesse divine atteint partout, c'est à cause de sa pureté, et parce que rien de souillé ne se rencontre en elle. Quant au diable, qui est étranger à la mort de la chair, ce qui lui donne une démarche pleine d'orgueil, il lui est préparé une mort d'un autre genre dans les feux éternels du Tartare où les esprits pourront être tourmentés, non-seulement dans des corps terrestres, mais même dans des corps aériens. Quant aux hommes pleins d'orgueil pour qui le Christ est méprisable, parce qu'il est mort, quand par sa mort il nous a rachetés à un prix si élevé (I *Cor.*, VI, 20), et qui rendent cette mort avec les hommes, à la condition de la malheureuse nature que nous tenons du premier péché, ils seront précipités dans cette mort avec le démon, qu'ils n'ont préféré au Christ que parce qu'il les a précipités eux-mêmes dans une mort où il ne saurait tomber à cause de la différence de sa nature qui l'en tient à une très-grande distance, mais où le Sauveur est descendu à cause des hommes, dans son immense miséricorde. Et pourtant ces hommes ne font aucune difficulté de croire qu'ils sont meilleurs que les démons, et ils ne cessent de les couvrir de leurs malédictions et de leurs imprécations, bien qu'ils les sachent, sans aucun doute, à l'abri de la passion et de la mort du Christ, mort et passion pour lesquelles ils méprisent le Christ. Et ainsi ils ne veulent point considérer qu'il a pu se faire que le Verbe de Dieu, tout en demeurant en lui-même et étant par lui-même immuable en tout point, pouvait néanmoins souffrir quelque chose d'inférieur, pour avoir pris une nature inférieure, ce que ne pouvait le démon quelque impur qu'il soit, par la raison qu'il n'a point de corps terrestre. Voilà comment, bien que ces hommes soient meilleurs que les démons, cependant par la

se per sua sacra velut purgandis, et potius implicandis atque mergendis, falsus Mediator opponit, quod superbis facillime persuadet irridere atque contemnere mortem Christi, a qua ipse quanto est alienior, tanto ab eis creditur sanctior atque divinior. Qui tamen apud eum paucissimi remanserunt, agnoscentibus gentibus et pia humilitate bibentibus pretium suum, ejusque fiducia deserentibus hostem suum, et concurrentibus ad redemptorem suum. Nescit enim diabolus quomodo illo et insidiante et furente utatur ad salutem fidelium suorum excellentissima sapientia Dei (*Sap.*, VIII, 1), a fine superiore, quod est initium spiritalis creaturæ, usque ad finem inferiorem, quod est mors corporis, pertendens fortiter et disponens omnia suaviter. (*Sap.*, VII, 24.) Attingit enim ubique propter suam munditiam, et nihil inquinatum in eam incurrit. A morte autem carnis alieno diabolo, unde nimium superbus incedit, mors alterius generis præparatur in æterno igne tartari, quo non solum cum terrenis, sed etiam cum aereis corporibus excruciari spiritus possint. Superbi autem homines, quibus Christus, quia mortuus est, viluit; ubi nos tam magno emit (I *Cor.*, VI, 20), et istam mortem reddunt cum hominibus conditioni ærumnosæ naturæ, quæ trahitur a primo peccato, et in illam cum illo præcipitabuntur. Quem propterea Christo præposuerunt, quia eos in istam dejecit, quo per distantem naturam ipse non cecidit, et quo propter eos per ingentem misericordiam ille descendit : et tamen se dæmonibus esse meliores non dubitant credere, eosque maledictis omnibus insectari detestarique non cessant, quos certe alienos ab hujus mortis passione noverunt, propter quam Christum contemnunt. Nec sic volunt considerare, quam fieri potuerit, ut in se manens, nec per se ipsum ex ulla parte mutabile Dei Verbum, per inferioris tamen naturæ susceptionem aliquid inferius pati posset, quod immundus dæmon, quia terrenum corpus non habet, pati non possit. Sic cum sint ipsi dæmonibus meliores, tamen quia carnem portant, mori sic possunt, quem-

raison qu'ils ont un corps, peuvent mourir, tandis que les démons qui n'ont point de chair à porter, ne le sauraient. Ils présument beaucoup des victimes de leurs sacrifices, parce qu'ils ne comprennent pas encore qu'ils ne les offrent qu'à des esprits de mensonge et d'orgueil; ou si, dès maintenant, ils le comprennent, ils n'en pensent pas moins que l'amitié de ces esprits ennemis et jaloux peut leur être de quelque utilité, tandis que toute la pensée de ces esprits impurs n'est que de mettre obstacle à notre retour.

19. Ces hommes ne comprennent point que ces esprits infiniment orgueilleux ne sauraient goûter eux-mêmes le moindre plaisir aux honneurs des sacrifices qu'on leur offre, s'il n'était dû un vrai sacrifice au seul vrai Dieu pour qui ils veulent être adorés.

CHAPITRE XIV.

Le Christ est une victime très-parfaite pour nous purifier de nos vices.

D'ailleurs ce sacrifice ne peut s'offrir régulièrement que par un prêtre saint et juste, et ce qui est offert ne saurait être pris ailleurs que parmi ceux pour qui il est offert, il faut qu'il soit sans vice afin de pouvoir être offert pour purifier ceux qui sont chargés de vices. Quel prêtre est donc aussi juste et aussi saint que le Fils unique de Dieu, qui n'avait point besoin d'effacer, par un sacrifice, ni le péché originel, ni ceux qui se commettent dans la vie de l'homme? Et puis quelle victime plus convenable les hommes peuvent-ils choisir, pour eux, que la chair même de l'homme? Qu'y a-t-il aussi de plus propre à cette immolation qu'un corps mortel? Que se peut-il voir d'aussi pur pour purifier les hommes de leurs vices, qu'une chair formée et née du sein d'une Vierge, sans aucune des souillures de la concupiscence de la chair? Enfin qu'est-ce qui peut-être offert et reçu de plus agréable que la chair de notre sacrifice, qui n'est autre que le corps même de notre prêtre? En sorte que si dans tout sacrifice il y a quatre choses à considérer, à qui il est offert, par qui il est offert, ce qui est offert et pour qui il est offert, il se trouve que notre seul vrai médiateur, qui nous réconcilie avec Dieu par le sacrifice de paix, demeurait uni avec celui à qui il l'offrait, faisait un en lui-même ceux pour qui il l'offrait, était lui-même celui qui l'offrait, et n'était autre que la victime qu'il offrait.

admodum mori dæmones, qui non eam portant, non utique possunt. Et cum de (a) mortibus sacrificiorum suorum multum præsumant, quæ se fallacibus superbisque spiritibus immolare non sentiunt, aut si (b) jam sentiunt, aliquid sibi prodesse arbitrantur perfidorum et invidorum amicitiam, quorum intentionis nullum negotium est, nisi impeditio reditus nostri.

19. Non intelligunt, ne ipsos quidem superbissimos spiritus honoribus sacrificiorum gaudere potuisse, nisi uni vero Deo pro quo coli voluut, verum sacrificium deberetur.

CAPUT XIV.

Christus perfectissima victima pro mundandis vitiis nostris.

Neque id posse rite offerri, nisi per sacerdotem sanctum et justum; nec nisi ab eis accipiatur quod offertur, pro quibus offertur, atque id sine vitio sit, ut pro vitio sis mundandis possit offerri. Hoc certe omnes cupiunt, qui pro se offerri sacrificium Deo volunt. Quis ergo tam justus et sanctus sacerdos, quam unicus Filius Dei, qui non opus haberet per sacrificium sua purgare peccata, nec originalia (*Hebr.*, VII, 27), nec ex humana vita quæ adduntur? Et quid tam congruenter ab hominibus sumeretur quod pro eis offerretur, quam humana caro? Et quid tam aptum huic immolationi, quam caro mortalis? Et quid tam mundum pro mundandis vitiis mortalium, quam sine ulla contagione carnalis concupiscentiæ caro nata in utero et ex utero virginali? Et quid tam grate offerri et suscipi posset, quam caro sacrificii nostri, corpus effectum sacerdotis nostri? Ut quoniam quatuor considerantur in omni sacrificio, cui offeratur, a quo offeratur, quid offeratur, pro quibus offeratur, idem ipse unus verusque Mediator, per sacrificium pacis reconcilians nos Deo, unum cum illo maneret cui offerebat, unum in se faceret pro quibus offerebat, unus ipse esset qui offerebat, et quod offerebat.

(a) Editi *de ritibus sacrificiorum suorum.* — (b) In Mss. *aut si etiam.*

CHAPITRE XV.

Les orgueilleux pensent qu'ils peuvent se purifier eux-mêmes pour arriver à voir Dieu.

20. Il y en a qui pensent qu'ils peuvent se purifier par leurs propres forces pour contempler Dieu et s'attacher à lui, ce sont ceux surtout que souille l'orgueil. Or, il n'est point de vice contre lequel la loi divine s'élève davantage, et par lequel le plus orgueilleux des esprits, le médiateur entre les hommes et les choses basses, celui qui nous intercepte la voie conduisant aux choses élevées, reçoive un plus grand droit de domination, si on n'échappe à ses secrètes embûches, par une autre voie, ou si on ne triomphe de ses attaques ouvertes, par le peuple en défaillance, que figure Amalec, et des obstacles qu'il met à notre passage dans la terre promise, par la vertu de la croix du Seigneur, figurée par les bras étendus de Moïse. (*Exod.*, XVII, 3.) En effet, si les orgueilleux se promettent d'arriver à se purifier par leur propre force, c'est parce que plusieurs d'entre eux ont pu élever la vue de leur esprit au-dessus de toute créature, et atteindre, par un tout petit côté, à la lumière de l'immuable vérité, ce qui les porte à se moquer d'une foule de chrétiens qui, ne vivant encore que de la foi, n'ont pu en faire autant qu'eux. Mais que sert à l'orgueilleux de monter sur le bois de la croix, ce que son orgueil rougirait de faire et de regarder, de loin, sa patrie située au-delà des mers ? Ou quel mal y a-t-il pour l'humble de ne l'apercevoir que de loin, s'il y arrive sur le bois de la croix sur lequel l'orgueilleux dédaigne d'y être porté ?

CHAPITRE XVI.

Ce ne sont point les philosophes anciens qu'il faut consulter sur la résurrection et sur les choses futures.

21. Bien plus, ils nous reprochent même de croire la résurrection de la chair, et ils veulent qu'on s'en rapporte de préférence à eux sur ce point. Comme si, parce qu'ils n'ont pu comprendre la substance élevée au-dessus de tout et immuable, par la connaissance que les créatures nous en donnent (*Rom.*, I, 20), on devait les consulter sur le changement des choses muables, ou sur l'enchaînement des siècles. En effet, parce qu'ils parlent avec plus de vérité et persuadent à l'aide de documents très-certains, que c'est, par des raisons éternelles, que toutes les choses temporelles se font, ont-ils pu pour cela pénétrer du regard, ces raisons mêmes, en conclure, de leur connaissance, combien il y a de genres d'animaux, quels ont été dans le principe les germes de chacun d'eux, de quelle

---

CAPUT XV.

Superbi putantes se propria virtute posse purgari ad videndum Deum.

20. Sunt autem quidam qui se putant ad contemplandum Deum et inhærendum Deo virtute propria posse purgari : quos ipsa superbia maxime maculat. Nullum enim vitium est, cui magis divina lege resistatur, et in quod (a) majus accipiat dominandi jus ille superbissimus spiritus, ad ima Mediator, ad summa interclusor : nisi occulte insidians alia via devitetur; aut per populum deficientem, quod interpretatur Amalec (*Exod.*, XVII, 8), aperte sæviens, et ad terram promissionis repugnando transitum negans, per crucem Domini quæ Moysi manibus extensis est præfigurata, superetur. Hinc enim purgationem sibi isti virtute propria pollicentur, quia nonnulli eorum potuerunt aciem mentis ultra omnem creaturam transmittere, et lucem incommutabilis veritatis quantulacumque ex parte contingere : quod Christianos multos ex fide interim sola viventes, nondum potuisse derident. Sed quid prodest superbienti, et ob hoc erubescenti lignum conscendere, de longinquo prospicere patriam transmarinam ? Aut quid obest humili de tanto intervallo non eam videre, in illo ligno ad eam venienti, quo dedignatur ille portari ?

CAPUT XVI.

Philosophi veteres de resurrectione ac rebus futuris non consulendi.

21. Hi etiam resurrectionem carnis nos credere reprehendunt, sibique potius etiam de his rebus credi volunt. Quasi vero quia præcelsam incommutabilemque substantiam per illa quæ facta sunt intelligere potuerunt, propterea de conversione rerum mutabilium, aut de contexto sæculorum ordine consulendi sunt. Numquid enim quia verissime disputant, et documentis certissimis persuadent, æternis rationibus omnia temporalia fieri, propterea potuerunt in ipsis rationibus perspicere, vel ex ipsis colligere quot sint animalium genera, quæ semina sin-

(a) In editis *magis accipiat*.

manière s'est opéré leur accroissement, quels nombres se trouvent dans leur conception, leur naissance, leur âge et leur déclin, quels mouvements les portent à rechercher ce qui est conforme à leur nature et à fuir ce qui y est contraire? N'ont-ils point cherché à connaître toutes ces choses, non par le moyen de l'immuable sagesse, mais par l'histoire des lieux et des temps? N'ont-ils point cru ce qui avait été décrit et expérimenté par d'autres? Aussi n'y a-t-il pas lieu à s'étonner beaucoup qu'ils n'aient pu, par aucun moyen, sonder la série de siècles plus éloignés, ni apercevoir la borne autour de laquelle s'accomplit ce cours des siècles, pendant lesquels le genre humain s'écoule, comme emporté par un fleuve, non plus que son retour vers le terme dû à chacun, car les historiens n'ont pu décrire ces choses placées dans un avenir trop éloigné et qui n'ont encore été observées et racontées par personne. Et ces philosophes, bien que meilleurs que les autres, n'ont pu les contempler de l'œil de l'intelligence, dans ces mêmes raisons éternelles et suprêmes. Autrement, ils ne dirigeraient point leurs recherches sur les choses du même genre qui appartiennent au passé, ainsi que les historiens ont pu le faire, mais plutôt sur celles de l'avenir. Ceux qui ont pu le faire ont reçu, parmi eux, le nom de devins, et, parmi nous, celui de prophètes.

CHAPITRE XVII.

De combien de manières on connaît d'avance les choses à venir.

22. Il est vrai que le mot prophète n'est pas absolument étranger à leur littérature, mais ce qu'il importe de savoir, c'est s'ils conjecturent l'avenir par l'expérience qu'ils ont du passé, comme les médecins qui prévoient et consignent même dans leurs livres beaucoup de choses qu'ils ont expérimentées par eux-mêmes et mises en note; comme les cultivateurs ou les matelots qui annoncent beaucoup de choses d'avance; or, si ces prédictions se font longtemps avant l'événement, on les regarde comme des divinations; il en est de même s'il s'agit des choses à venir, déjà en voie d'accomplissement et aperçues de loin, à cause de la délicatesse de leurs sens, par ceux qui les voient et en annoncent l'arrivée; quand les puissances de l'air font cela, elles sont censées prédire l'avenir; c'est comme si quelqu'un placé sur le haut d'une montagne voyait une autre personne venir de loin, en annonçait d'avance l'arrivée à ceux qui sont tout près de là, mais en rase campagne; il y a encore des choses annoncées à certains hommes, pour eux-mêmes, ou pour qu'ils les annoncent à leur tour, ensuite à d'autres, après les avoir apprises de saints anges, à qui Dieu, par son Verbe et sa sagesse,

gulorum in exordiis, qui modus in incrementis, qui numeri per conceptus, per ortus, per ætates, per occasus, qui motus in appetendis quæ secundum naturam sunt, fugiendisque contrariis? Nonne ista omnia, non per illam incommutabilem sapientiam, sed per locorum ac temporum historiam quæsierunt, et ab aliis experta atque conscripta crediderunt? Quo minus mirandum est, nullo modo eos potuisse prolixiorum sæculorum seriem vestigare, et quamdam metam hujus excursus, quo tanquam fluvio genus decurrit humanum, atque inde conversionem ad suum cuique debitum terminum. Ista enim nec historici scribere potuerunt longe futura et a nullo experta atque narrata. Nec isti philosophi cæteris meliores in illis summis æternisque rationibus intellectu talia contemplati sunt: alioquin non ejusdem generis præterita quæ potuerunt (*a*) historici inquirerent, sed potius et futura prænoscerent: quod qui potuerunt, ab eis vates, a nostris prophetæ appellati sunt.

CAPUT XVII.

Futura quot modis præsciantur.

22. Quanquam et prophetarum nomen non omnino alienum est a litteris eorum : sed plurimum interest, utrum experimento præteritorum futura conjiciantur; sicut medici multa prævidendo, etiam litteris mandaverunt, quæ ipsi experta notaverunt; sicut denique agricolæ vel etiam nautæ multa prænuntiant (talia enim si ex longis intervallis temporum fiant, divinationes putantur); an vero jam ventura (*b*) processerint, et longe visa venientia nuntientur pro acuto sensu videntium, quod cum faciunt aereæ potestates divinare creduntur; tanquam si quisquam de montis vertice aliquem longe videat venientem, et proxime in campo habitantibus ante nuntiet: an ab angelis sanctis, quibus ea Deus per Verbum sapientiamque suam indicat, ubi et futura et præterita stant, vel quibusdam prænuntientur hominibus, vel ab eis audita rursus ad alios homines transmittan-

---

(*a*) Editi *historice*. Melius Mss. *historici*. — (*b*) Sola fere editio Lov. *præsenserint, et longe visa venientia nuntient :* minus bene.

les a fait connaître, en leur apprenant où se trouvent ces choses tant passées que futures; ou bien enfin, il y a les causes mêmes des choses à venir que l'intelligence de certains hommes, élevée par le saint Esprit, arrive à voir, non par le ministère des anges, mais par elle-même, là où elles se trouvent, c'est-à-dire dans la citadelle suprême des êtres. Or, les puissances de l'air entendent ces choses, soit que les anges, soit que les hommes les annoncent, et elles les entendent dans la mesure que juge à propos de les leur laisser entendre celui à qui toutes choses sont soumises. Il y a aussi beaucoup de choses qui sont annoncées d'avance par une sorte d'instinct et par un mouvement de l'esprit de gens qui ne les connaissent point. C'est ainsi que Pilate ne se doutait point de ce qu'il disait, et ne laissait pas néanmoins de prophétiser, parce qu'il était pontife. (*Jean*, XI, 51.)

23. Il n'y a donc point, pour nous, à consulter sur la succession des siècles et sur la résurrection des morts, les philosophes même ayant compris, autant qu'ils le pouvaient, l'éternité du Créateur en qui nous vivons, nous nous mouvons et nous sommes (*Act.*, XVII, 28), parce que, ayant connu Dieu par ses créatures, ils ne l'ont point glorifié comme Dieu et ne lui ont point rendu grâces, et sont devenus fous en se donnant le nom de sages. (*Rom.*, I, 21.) Comme ils n'étaient point capables de fixer constamment le regard pénétrant de leur esprit sur l'éternité de l'immuable et spirituelle nature, pour voir, dans la sagesse même du Créateur et du modérateur de l'univers, les révolutions des siècles qui déjà y étaient et y seront toujours présentes, ni de celles qui ne s'y trouvent qu'à l'état de futur mais ne seront jamais ; et pour y distinguer aussi les conversions en mieux, non-seulement des âmes, mais également des corps, jusqu'à la perfection de leur être. Comme ils n'étaient point aptes en aucune manière, à voir ces choses-là, ils n'ont pas même été trouvés dignes que de saints anges les leur annonçassent, soit extérieurement par le moyen des sens du corps, soit intérieurement par des révélations faites à leur esprit, comme elles ont été montrées à nos pères, qui étaient doués d'une vraie piété et qui nous les ont prédites en faisant ajouter foi par les faits qui arrivaient ainsi qu'ils les avaient prédits, soit qu'il fût question de miracles pour le présent ou de choses très-prochaines, et ont mérité cette autorité qui entraîne la foi aux choses d'un avenir éloigné, jusqu'à la fin des siècles. Les puissances orgueilleuses et trompeuses de l'air, quand même elles se trouvent avoir annoncé, par leurs devins, des choses qu'elles ont apprises des saints anges ou des saints prophètes, sur la société et la cité des saints, et sur le vrai Médiateur, ne l'ont fait que pour détourner, si elles le pouvaient, les

tur : an ipsorum hominum quorumdam mentes in tantum evehantur Spiritu sancto, ut non per angelos, sed per se ipsas futurorum (*a*) stantes causas in ipsa summa rerum arce conspiciant. Audiunt enim ista et aereæ potestates, sive angelis ea nuntiantibus, sive hominibus : et tantum audiunt, quantum opus esse ille judicat, cui subjecta sunt omnia. Multa etiam prædicuntur instinctu quodam et (*b*) impulso spiritu nescientium : sicut Caiphas nescivit quid dixit, sed cum esset Pontifex prophetavit. (*Joan.*, XI, 51.)

23. Ergo de successionibus sæculorum et de resurrectione mortuorum philosophos nec illos consulere debemus, qui Creatoris æternitatem, in quo vivimus, movemur et sumus, quantum potuerunt intellexerunt. (*Act.*, XVII, 28.) Quia per ea quæ facta sunt cognoscentes Deum, non sicut Deum glorificaverunt, aut gratias egerunt, sed dicentes se esse sapientes, stulti facti sunt. (*Rom.*, I, 21.) Et cum idonei non essent, in æternitate spiritalis incommutabilisque naturæ aciem mentis tam constanter infigere, ut in ipsa sapientia Creatoris atque Rectoris universitatis viderent volumina sæculorum, quæ ibi jam essent et semper essent, hic autem futura essent ut non essent; atque ut ibi viderent conversiones in melius, non solum animorum, sed etiam corporum humanorum usque ad sui modi perfectionem : cum ergo ad hæc ibi videnda nullo modo essent idonei, ne ad illud quidem digni habiti sunt, ut eis ista per sanctos angelos nuntiarentur; sive forinsecus per sensus corporis, sive interioribus revelationibus in spiritu expressis : sicut patribus nostris vera pietate præditis hæc demonstrata sunt, qui ea prædicentes, vel de præsentibus signis vel de proximis rebus, ita ut prædixerant, factis fidem facientes, auctoritatem cui de longe futuris usque in sæculi finem crederetur, habere meruerunt. Potestates autem aereæ superbæ atque fallaces, etiam si quædam de societate et civitate sanctorum et de vero Mediatore a sanctis Pro-

---

(*a*) Editi *instantes causas*. Melius Mss. *stantes causas*. Ex his Vaticanus quidam postea habet *in ipsa summa rerum arte conspiciant*. — (*b*) Plures Mss. *impulsu spiritus*.

fidèles de Dieu, vers leurs mensonges, par ces vérités qui leur sont étrangères. Quant à Dieu, il a fait cela par des hommes qui ne savaient point ce qu'ils faisaient, afin que la vérité retentit partout, pour aider les fidèles et pour témoigner contre les impies.

CHAPITRE XVIII.

Le Fils de Dieu s'est incarné, afin que, purifiés par la foi, nous pussions nous élever jusqu'à l'immuable vérité.

24. N'étant donc point aptes à saisir les choses éternelles, nous nous trouvions appesantis par les souillures du péché que nous avons contractées dans l'amour des choses temporelles, et qui nous ont été comme inoculées naturellement par le fait de la propagation de notre nature mortelle : il fallait donc que nous fussions purifiés. Or, nous ne pouvions l'être de manière à nous réunir aux choses éternelles, que par des choses temporelles auxquelles nous nous trouvions déjà mêlés. La santé est en effet bien loin de la maladie, mais le remède qui guérit ne saurait rendre la santé, s'il n'a quelque rapport avec le mal. Les inutilités temporelles déçoivent les malades, les utilités temporelles les reçoivent pour les guérir, et, après les avoir rendus à la santé, les font parvenir aux choses éternelles. Or, de même qu'une âme raisonnable, une fois purifiée, se doit à la contemplation des choses éternelles, ainsi quand elle est à purifier, elle doit ajouter foi aux choses temporelles. Un de ceux qui jadis ont passé pour sages parmi les Grecs, a dit : Ce que l'éternité est par rapport aux choses ayant eu un commencement, la vérité l'est par rapport à la foi. C'est là une pensée certainement pleine de vérité. Or, ce que nous appelons temporel, c'est ce qu'il entend par ces mots : les choses ayant eu un commencement. Et bien nous sommes du nombre de ces dernières, non-seulement par le corps, mais aussi par la mutabilité de nos âmes, attendu qu'on ne peut appeler proprement éternel, ce qui est sujet au changement, de quelque manière que ce soit. D'où il suit que nous sommes d'autant plus éloignés de l'éternité à proportion que nous sommes plus sujets au changement. Or, on nous promet la vie éternelle par la vérité, de la claire vue de laquelle, notre foi est à son tour d'autant plus éloignée que notre condition mortelle l'est davantage de l'éternité. Maintenant donc nous ajoutons foi aux choses qui se sont faites dans le temps, à cause de nous, et nous sommes purifiés par elle, afin que, lorsque nous serons arrivés au point de voir Dieu en face, de même que la vérité succède à la foi, ainsi l'éternité succède à notre mortalité. C'est pourquoi, comme notre foi doit devenir la vérité quand nous serons parvenus à ce qui nous est promis, or, ce qui nous est pro-

---

phetis vel angelis audita per suos vates dixisse reperiuntur, id egerunt, ut per hæc aliena vera etiam fideles Dei, si possent, ad sua falsa traducerent. Deus autem per nescientes id egit, ut veritas undique resonaret, fidelibus in adjutorium, impiis in testimonium.

CAPUT XVIII.

Filius Dei incarnatus est, ut per fidem mundati evehamur ad incommutabilem veritatem.

24. Quia igitur ad æterna capessenda idonei non eramus, sordesque peccatorum nos prægravabant temporalium rerum amore contractæ, et de propagine mortalitatis tanquam naturaliter inolitæ, purgandi eramus. Purgari autem ut contemperaremur æternis, non nisi per temporalia possemus, qualibus jam contemperati tenebamur. Sanitas enim a morbo plurimum distat : sed (a) media curatio, nisi morbo congruat, non perducit ad sanitatem. Inutilia temporalia decipiunt ægrotos, utilia temporalia suscipiunt sanandos, et trajiciunt ad æterna sanatos. Mens autem rationalis sicut purgata contemplationem debet rebus æternis, sic purganda temporalibus fidem. Dixit quidam et illorum qui quondam apud Græcos sapientes habiti sunt : Quantum ad id quod ortum est æternitas valet, tantum ad fidem veritas. Et profecto est vera sententia. Quod enim nos temporale dicimus, hoc ille quod ortum est appellavit. Ex quo genere etiam nos sumus, non tantum secundum corpus, sed etiam secundum animi mutabilitatem. Non enim proprie vocatur æternum, quod aliqua ex parte mutatur. In quantum igitur mutabiles sumus, in tantum ab æternitate distamus. Promittitur autem nobis vita æterna per veritatem, a cujus perspicuitate rursus tantum distat fides nostra, quantum ab æternitate mortalitas. Nunc ergo adhibemus fidem rebus temporaliter gestis propter nos, et per ipsam mundamur, ut cum ad speciem venerimus, quemadmodum succedit veritas fidei, ita mortalitati succedat æternitas. Quapropter quoniam fides nostra fiet veri-

---

(a) Editi *medici curatio*. Castigantur ex Mss.

mis, c'est la vie éternelle, et que la vérité, non point celle qui doit, un jour, prendre la place de notre foi, mais celle qui est toujours la vérité parce qu'en elle se trouve l'éternité, a dit : « Or, la vie éternelle consiste à vous connaître, vous qui êtes le seul Dieu véritable et Jésus-Christ que vous avez envoyé. » (*Jean,* XVII, 3.) Quand notre foi en voyant deviendra la vérité, alors l'éternité possédera notre mortalité qui aura changé. Mais en attendant qu'il en soit ainsi, et pour qu'il en soit ainsi, attendu que nous accommodons la foi, par laquelle nous croyons aux choses ayant eu un commencement, comme nous espérons la vérité de la contemplation, dans les choses éternelles, la vérité même coéternelle au Père, est née de la terre, quand le Fils de Dieu est venu en se faisant homme, pour que notre foi de la vie mortelle ne fût point en désaccord avec la vérité de la vie éternelle. Or, il se fit homme, en prenant en soi notre foi, après avoir pris notre condition mortelle, sans perdre son éternité. Car, ce que l'éternité est par rapport à ce qui a eu un commencement, la vérité l'est par rapport à la foi. Il fallait donc que nous fussions purifiés, pour que nous eussions une naissance qui demeurât éternelle, de peur que nous en ayons une dans la foi et une autre dans la vérité. Et quoique ayant eu un commencement cela ne nous suffirait point pour pouvoir passer aux choses éternelles, si nous n'étions transportés, par l'Éternel qui s'est associé à nous, en naissant comme nous, dans sa propre éternité. Aussi maintenant, notre foi s'est dirigée, en quelque façon, où nous avons vu mourir Celui en qui nous croyons, après avoir passé lui-même, par la naissance, la mort, la résurrection et l'ascension ; or, de ces quatre choses nous connaissions les deux premières en nous, car nous savons que les hommes naissent et meurent, les deux autres, je veux dire la résurrection et l'ascension, nous espérons, avec de justes raisons, qu'elles se produiront en nous, parce que nous croyons qu'elles ont eu lieu en lui. C'est pourquoi, lorsque notre foi sera parvenue à la vérité, notre naissance doit passer en lui, attendu que ce qui avait eu un commencement est passé à l'éternité. Voici en effet en quels termes il s'adresse aux croyants, pour qu'ils restent dans la vertu de foi, qu'après cela ils parviennent à la vérité, puis à l'éternité et soient délivrés de la mort : « Si vous demeurez dans ma parole, vous serez véritablement mes disciples. » (*Jean,* VIII, 31.) Puis, comme si ses disciples lui demandaient quel fruit ils en retireront, il poursuit en disant : « Et vous connaîtrez la vérité. » Et enfin, comme s'ils avaient repris : à quoi cela est-il bon pour des mortels ? il ajoute : « Et la

---

tas, cum ad id quod nobis credentibus promittitur pervenerimus : promittitur autem nobis vita æterna; et dixit Veritas, non quæ fiet sicut futura est fides nostra, sed quæ semper est Veritas, quia ibi est æternitas; dixit ergo Veritas : « Hæc est autem vita æterna, ut cognoscant te unum verum Deum, et quem misisti Jesum Christum : » (Joan., XVII, 3) cum fides nostra videndo fiet veritas, tunc mortalitatem nostram commutatam tenebit æternitas. Quod donec fiat, et ut fiat, quia rebus ortis accommodamus fidem credulitatis, sicut in æternis speramus veritatem contemplationis, ne fides mortalis vitæ dissonaret a veritate æternæ vitæ, ipsa Veritas Patri coæterna de terra orta est (Ps. LXXXIV, 12), cum Filius Dei sic venit ut fieret filius hominis, et ipse in se exciperet fidem nostram, qua nos perduceret ad veritatem suam, qui sic suscepit mortalitatem nostram, ut non amitteret æternitatem suam. Quantum enim ad id quod ortum est æternitas valet, tantum ad fidem veritas. Ita ergo nos purgari oportebat, ut ille nobis fieret ortus qui maneret æternus, (a) ne alter nobis esset in fide, alter in veritate. Nec ab eo quod orti sumus ad æterna transire possumus, nisi æterno per ortum nostrum nobis sociato ad æternitatem ipsius trajiceremur. Nunc itaque illuc quodam modo secuta est fides nostra, quo ascendit in quem credidimus, ortus, mortuus, resuscitatus, assumptus. Horum quatuor, duo priora noveramus. in nobis, scimus enim homines et oriri et mori : duo autem reliqua, id est resuscitari et assumi, juste in nobis futura speramus, quia in illo facta credidimus. Itaque in illo quia et id quod ortum erat transiit ad æternitatem, transiturum est et nostrum, cum fides pervenerit ad veritatem. Jam enim credentibus, ut in verbo fidei manerent, et inde ad veritatem, ac per h[oc] ad æternitatem perducti a morte liberarentur, ita loquitur : « Si manseritis in verbo meo, vere discipuli mei (b) eritis. » (Joan., VIII, 31.) Et quasi quæsierent : Quo fructu ? secutus ait : « Et cognoscetis veritatem. » Et rursus quasi dicerent : Quid prodest mortalibus veritas ? « Et veritas, inquit, liberabit vos. » Unde, nisi a morte, a corruptione, a mutabilitate ?

(*a*) Lov. *nec alter*. — (*b*) In Mss. *estis.*

vérité vous délivrera : » de quoi, sinon de la mort, de la corruption, de la mutabilité? car la vérité demeure immortelle, incorrompue et immuable. Mais la vraie immortalité, la vraie incorruptibilité, la vraie immuabilité, c'est l'éternité.

CHAPITRE XIX.

De quelle manière le Fils a été envoyé et prédit d'avance.

25. Voilà donc pour quelle fin, ou plutôt voilà donc ce que c'est que : le Fils de Dieu a été envoyé? Tout ce qui s'est fait dans le temps, dans les choses nées de l'éternité et se rapportant à l'éternité, dans le but d'établir la foi pour arriver à la contemplation de la vérité, a été des témoignages de cette mission ou la mission même du Fils de Dieu. Mais parmi ces témoignages les uns prédisaient la venue du Fils de Dieu et les autres attestent que le Fils de Dieu est venu ; car il fallait avoir toute la création comme témoin que celui par qui tout a été fait, s'est fait lui-même créature. S'il n'y avait pas eu beaucoup d'envoyés pour prédire d'avance qu'il y aurait un envoyé par excellence, on n'en aurait point retenu un après avoir renvoyé tous les autres ; et s'il n'y avait, de cela, des témoignages tels qu'ils parussent grands aux petits, on ne croirait point que c'est afin que grand lui-même il nous fît grands, qu'il a été envoyé petit parmi des petits. En effet, les œuvres du Fils de Dieu, le ciel, la terre et tout ce qui est en eux, sont incomparablement plus grandes, parce que toutes ces choses ont été faites par lui, que ne le sont les signes et les miracles produits pour lui servir de témoignage. Cependant, pour que les hommes qui sont petits crussent que toutes ces grandes choses ont été faites par lui, ils ont craint toutes ces petites choses comme si elles eussent été grandes.

26. Quand vint donc la plénitude des temps, Dieu envoya son Fils, né d'une femme et fait sous la loi (*Gal.*, IV, 4), tellement petit qu'il a été fait, et il l'a envoyé en ce sens qu'il a été fait ; si donc l'envoyant est plus grand et l'envoyé moindre, nous reconnaissons aussi que celui qui est fait est moindre et cela en tant que fait et qu'il est fait en tant qu'il est envoyé. Or, Dieu a envoyé son Fils né d'une femme, mais parce que tout a été fait par lui, non-seulement il n'a point été envoyé avant que d'avoir été fait, mais encore nous proclamons qu'il était égal à Celui qui l'a envoyé, avant que tout eût été fait par lui, bien que nous disions qu'étant envoyé il est moindre que Celui qui l'envoie. Comment donc a-t-il pu être vu des patriarches, avant la plénitude des temps où il a été envoyé, c'est-à-dire avant qu'il fût envoyé, alors que cer-

---

Veritas quippe immortalis, incorrupta, incommutabilis permanet. Vera autem immortalitas, vera incorruptibilitas, vera incommutabilitas, ipsa est æternitas.

CAPUT XIX.

Filius quomodo missus et prænuntiatus.

25. Ecce ad quod missus est Filius Dei, imo vero ecce quid est missum esse Filium Dei? Quæcumque propter faciendam fidem, qua mundaremur ad contemplandam veritatem, in rebus ortis ab æternitate prolatis et ad æternitatem relatis temporaliter gesta sunt, aut testimonia missionis hujus fuerunt, aut ipsa missio Filii Dei. Sed testimonia quædam venturum prænuntiaverunt, quædam venisse testata sunt. Factum quippe creaturam per quem facta est omnis creatura, omnem creaturam testem habere oportebat. Nisi enim multis missis prædicaretur unus, non multis dimissis teneretur unus. Et nisi talia essent testimonia quæ parvis magna esse viderentur, non crederetur, (a) ut magnos faceret magnus, qui ad parvos missus est parvus. Incomparabiliter enim majora Filii Dei facta sunt cœlum et terra et omnia quæ in eis sunt, quia omnia per ipsum facta sunt, quam signa et portenta quæ in ejus testimonium proruperunt. Sed tamen homines ut hæc magna per eum facta parvi crederent, illa parva tanquam magna tremuerunt.

26. Cum ergo venit plenitudo temporis, misit Deus Filium suum factum ex muliere, factum sub lege; usque adeo parvum, ut factum ; eo itaque missum, quo factum. Si ergo major mittit minorem, fatemur et nos factum minorem, et in tantum minorem in quantum factum, et in tantum factum in quantum missum. Misit enim Filium suum factum ex muliere (*Gal.*, IV, 4), per quem tamen quia facta sunt omnia, non solum priusquam factus mitteretur, sed priusquam essent omnia, eumdem mittenti confitemur æqualem, quem dicimus missum minorem. Quomodo ergo ante istam plenitudinem temporis, qua eum mitti oportebat, priusquam missus esset videri a Patribus potuit, cum eis angelica quædam

---

(a) Post *non crederetur*, editi addunt *ille ita magnus* : quod merito abest a Mss.

taines visions d'anges leur apparurent, puisqu'on ne pouvait pas encore le voir, attendu que n'étant pas envoyé il était égal au Père ? En effet, d'où vient qu'il dit à Philippe, qui comme les autres apôtres et ceux même qui l'ont crucifié le voyait dans la chair : « Il y a si longtemps que je suis avec vous, et vous ne me connaissez pas ; Philippe, quiconque m'a vu a vu le Père, » (*Jean*, XIV, 9) sinon de ce qu'on le voyait et on ne le voyait pas tout à la fois ? On le voyait en tant que fait et envoyé, on ne le voyait pas en tant que tout a été fait par lui. (*Jean*, I, 3.) D'où vient qu'il dit encore : « Quiconque a reçu mes commandements et les garde m'aime, et celui qui m'aime sera aimé de mon Père, et je l'aimerai aussi et je me découvrirai aussi à lui, » (*Jean*, XIV, 21) puisqu'à cette heure-là il était visible à tous les yeux, sinon parce que ce qu'il exposait à notre foi c'était la chair, que le Verbe fait chair dans la plénitude des temps avait dû prendre, tout en réservant pour l'éternité, à nos âmes purifiées par la foi, la contemplation du Verbe même par qui tout a été fait ? (*Jean*, I, 18.)

CHAPITRE XX.

Celui qui envoie et celui qui est envoyé sont égaux.

27. Mais si on dit que le Fils est envoyé du Père, en ce sens que celui-ci est le Père et celui-là le Fils, rien n'empêche que nous ne croyions le Fils égal, coéternel et consubstantiel au Père, sans laisser de croire néanmoins que le Fils a été envoyé par le Père. Non point parce que celui-ci est plus grand et celui-là plus petit, mais parce que l'un est le Père et l'autre le Fils, l'un est l'engendreur, l'autre l'engendré, l'un est le principe de l'envoyé, l'autre est l'envoyant, car le Fils est du Père et le Père n'est point du Fils. D'après cela on peut comprendre que le Fils est dit envoyé du Père, non-seulement parce que le Verbe s'est fait chair, mais qu'il a été envoyé précisément pour se faire chair (*Jean*, I, 14), et pour opérer par sa présence corporelle les choses qui ont été écrites ; c'est-à-dire que Celui qui a été envoyé non-seulement est l'homme en tant qu'il est le Verbe fait homme, mais qu'il est le Verbe même pour se faire homme, attendu qu'il n'a pas été envoyé en tant que puissance, substance, ou quelque autre chose que ce fût, inégal au Père, mais en tant que le Fils est du Père, non le Père du Fils, car le Verbe du Père c'est le Fils, il est aussi sa sagesse. Qu'y a-t-il donc d'étonnant s'il est envoyé, non point parce qu'il est inégal au Père, mais parce qu'il est « une sorte d'émanation pure de la clarté du Dieu tout-puissant ? »

visa demonstrarentur, quando nec jam missus sicut æqualis est Patri videbatur? Unde enim dicit Philippo, a quo utique sicut a cæteris, et ab ipsis a quibus crucifixus est in carne videbatur : « Tanto tempore vobiscum sum, et non cognovistis me; Philippe, qui me vidit, vidit et Patrem : » (*Joan.*, XIV, 9) nisi quia videbatur, et non videbatur? Videbatur sicut missus factus fuerat, non videbatur sicut per eum omnia facta erant. (*Joan.*, I, 3.) Aut unde etiam illud dicit : « Qui habet mandata mea et servat ea, ipse est qui diligit me ; et qui diligit me, diligetur a Patre meo, et ego diligam eum, et manifestabo ei me ipsum ; » (*Joan.*, XIV, 21) cum esset manifestus ante oculos hominum : nisi quia carnem, quod Verbum in plenitudine temporis factum erat, (*a*) suscipiendam nostræ fidei porrigebat; ipsum autem Verbum per quod omnia facta erant (*Joan.*, I, 18), purgatæ per fidem menti contemplandum in æternitate servabat?

CAPUT XX.
Mittens et missus æqualis.

27. Si autem secundum hoc missus a Patre Filius dicitur, quia ille Pater est, ille Filius, nullo modo impedit ut credamus æqualem Patri esse Filium et consubstantialem et coæternum, et tamen a Patre missum Filium. Non quia ille major est, ille minor : sed quia ille Pater, ille Filius; ille genitor, ille genitus; ille a quo est qui mittitur, ille qui est ab eo qui mittit. Filius enim a Patre est, non Pater a Filio. Secundum hoc jam potest intelligi, non tantum ideo dici missus Filius quia Verbum caro factum est (*Joan.*, I, 14), sed ideo missus ut Verbum caro fieret, et per præsentiam corporalem illa quæ scripta sunt operaretur; id est, ut non tantum homo missus intelligatur quod Verbum (*b*) factum est, sed et Verbum missum ut homo fieret : quia non secundum imparem potestatem vel substantiam vel aliquid quod in eo Patri non sit æquale missus est; sed secundum id quod Filius a Patre est, non Pater a Filio. Verbum enim Patris est Filius, quod et sapientia ejus dicitur. Quid ergo mirum si mittitur, non quia inæqualis est Patri, sed quia est « manatio quædam claritatis omnipotentis Dei (*c*) sincera? » Ibi autem quod manat et de quo manat unius ejusdemque substantiæ est. Neque enim sicut aqua de foramine terræ aut lapidis

---

(*a*) In Mss. *suscipienda*. — (*b*) Er. et Lov. *caro factum est.* Abest *caro* ab aliis libris. — (*c*) Mss. hic et infra constanter habent *sinceris.*

Or, en Dieu ce qui émane et ce dont il est émané sont d'une seule et même substance, non comme l'eau qui émane d'un trou de la terre ou de la pierre, mais comme la lumière qui émane de la lumière. En effet, s'il est dit qu'il est « la candeur de la lumière éternelle, » (*Sap.*, VII, 26) qu'est-ce que cela signifie, sinon qu'il est lumière de lumière éternelle? Qu'est-ce en effet que la candeur de la lumière, n'est-ce point une lumière? Elle est donc coéternelle avec la lumière dont elle est lumière. L'auteur a mieux aimé dire : « la candeur de la lumière, » que lumière de lumière, de peur que celle qui émane ne parût plus obscure que celle dont elle émane. En effet, quand on entend ces mots, cette lumière est la candeur de la lumière, il est plus facile de croire que cette dernière luit par l'effet de la première, plutôt que de penser qu'elle soit moins luisante que l'autre. Mais comme il n'y avait pas à faire craindre qu'on ne crût que la lumière engendrant soit moindre que la lumière engendrée, en effet, jamais aucun hérétique n'a osé le prétendre et il n'est pas à croire que jamais personne ose le soutenir, l'Ecriture va au-devant de la pensée qui pouvait incliner à croire que la lumière émanée était plus obscure que celle dont elle émane, et elle fait tomber ce soupçon d'un mot, quand elle dit : « Elle est la candeur de cette lumière, » c'est-à-dire de la lumière éternelle, et par là elle montre qu'elle est égale. Si elle est plus grande elle n'émane point d'elle; car elle ne saurait l'emporter sur celle qui l'a produite. Puis donc qu'elle est une émanation d'elle, elle n'est pas plus grande qu'elle; mais comme elle n'est point appelée son obscurité, mais sa candeur, elle n'est point plus petite qu'elle, elle lui est donc égale. Il ne faut pas non plus se laisser ébranler parce qu'il est dit : « Elle est une émanation pure du Dieu tout-puissant, » comme si elle n'était pas toute puissante elle-même, mais seulement une émanation du Tout-Puissant. En effet, peu après il est dit, à propos d'elle : « Et bien qu'elle soit une, elle peut tout. » (*Sap.*, VII, 27.) Or, qu'est-ce que être tout-puissant, sinon pouvoir tout? Elle est donc envoyée de Celui dont elle émane. C'est en effet ainsi qu'elle est demandée par Celui qui l'aimait et la désirait : « Envoyez-la-moi donc du ciel qui est votre sanctuaire, envoyez-la-moi du trône de votre grandeur et qu'elle travaille avec moi, » (*Sap.*, IX, 10) c'est-à-dire qu'elle m'apprenne à travailler afin que je ne peine point au travail; car ses travaux, à elle, ce sont les vertus. Mais elle est envoyée d'une autre manière, pour être avec l'homme que pour être homme elle-même. En effet, elle se porte dans les âmes saintes et en fait des amies et des prophètes de Dieu; c'est de cette manière qu'elle remplit les saints anges et opère par leurs moyens toutes les choses qui con-

---

manat; sed sicut lux de luce. Nam quod dictum est : « Candor est enim lucis æternæ : » (*Sap.*, VII, 26) quid aliud dictum est, quam lux est lucis æternæ? Candor quippe lucis, quid nisi lux est? Et ideo coæterna luci, de qua lux est. Maluit autem dicere : « Candor lucis, » quam lux lucis; ne obscurior putaretur ista quæ manat quam illa de qua manat. Cum enim auditur candor ejus esse ista, facilius est ut per hanc lucere illa, quam hæc minus lucere credatur. Sed quia cavendum non erat, ne minor lux illa putaretur quæ istam genuit (hoc enim nullus unquam hæreticus ausus est dicere, nec credendum est aliquem ausurum) : illi cogitationi occurrit Scriptura, qua posset videri obscurior lux ista quæ manat, quam illa de qua manat : quam suspicionem tulit, cum ait : « Candor est illius, » id est, lucis æternæ; atque ita ostendit æqualem. Si enim hæc minor est, obscuritas illius est, non candor illius. Si autem major est, non ex ea manat : non enim vinceret de qua genita est. Quia ergo ex illa manat, non est major quam illa : quia vero non est obscuritas illius, sed candor illius est, non minor; æqualis est ergo. Neque hoc movere debet, quia dicta est « manatio quædam claritatis omnipotentis Dei sincera : » tanquam ipsa non sit omnipotens, sed omnipotentis manatio. Mox enim de illa dicitur : « Et cum sit una, omnia potest. » (*Sap.*, VII, 27.) Quis est autem omnipotens, nisi qui omnia potest? Ab illo itaque mittitur, a quo emanat. Si enim (*a*) expetitur ab illo, qui amabat eam et desiderabat. « Emitte, inquit, illam de sanctis cœlis tuis, et mitte illam a sede magnitudinis tuæ, ut mecum sit, et mecum laboret, » (*Sap.*, IX, 10) id est, doceat me laborare, ne laborem. Labores enim ejus, virtutes sunt (*b*). Sed aliter mittitur ut sit cum homine, aliter missa est ut ipsa sit homo. In animas enim sanctas se transfert, atque amicos Dei et Prophetas constituit, sicut etiam implet sanctos Angelos, et omnia talibus ministeriis congrua per eos operatur. Cum autem venit plenitudo temporis (*Gal.*, IV, 4), missa est, non ut impleret Angelos, nec

---

(*a*) Am. et Mss. *Sic enim et petitur.* — (*b*) Hic apud Lov. additur *de quibus jam dictum est.*

viennent à leurs différents ministères. Mais, quand vint la plénitude des temps, elle fut envoyée (*Galat.*, IV, 4), non point pour remplir des anges, ni pour être ange, excepté en tant qu'elle annonçait les conseils du Père, qui n'étaient autres que ses propres conseils ; ni pour être avec ou dans les hommes, comme cela eut lieu autrefois pour les patriarches et les prophètes ; mais pour se faire chair elle-même, c'est-à-dire pour se faire homme. (*Jean*, I, 14.) C'était dans la révélation de ce sacrement encore à venir qu'était le salut des hommes sages et saints, nés de femmes avant que lui-même naquît d'une vierge, et c'est dans le Verbe fait chair et prêché aux hommes que se trouve le salut de tous ceux qui croient, qui espèrent et qui aiment, selon ce mot de l'Apôtre : « C'est quelque chose de grand que ce mystère d'amour qui est que Dieu s'est fait voir dans la chair, qu'il a été justifié par le Saint-Esprit, qu'il est apparu aux anges, qu'il a été prêché aux nations, cru dans le monde et reçu dans la gloire. » (I *Tim.*, III, 16.)

28. Le Verbe de Dieu est donc envoyé par Celui de qui il est le Verbe ; il est envoyé par Celui de qui il est né ; l'envoyant est l'engendrant, l'envoyé est l'engendré. Il est envoyé à quelqu'un quand il est connu et perçu par lui autant qu'il peut être connu et perçu, eu égard à la compréhension soit de celui qui s'avance vers Dieu, soit de l'âme raisonnable arrivée au terme de la perfection en Dieu. Ce n'est donc point en tant que né du Père, que le Fils est dit envoyé, mais c'est en tant que le Verbe fait chair est apparu à ce monde ; ce qui lui a fait dire : « Je suis sorti de mon Père et je suis venu dans le monde, » (*Jean*, XVI, 28) ou que dans le temps il est perçu par l'âme de quelqu'un, selon cette parole de l'Ecriture : « Envoyez-la-moi, afin qu'elle soit avec moi et qu'elle travaille avec moi. » En tant que né de l'Eternel, le Verbe est éternel, « car il est la candeur de la lumière éternelle. » (*Sap.*, VII, 26.) Mais quand on dit qu'il est envoyé dans le temps, cela veut dire qu'il est connu par quelqu'un. Et quand le Fils de Dieu s'est manifesté dans la chair, c'est alors qu'il a été envoyé en ce monde (I *Tim.*, III, 16) dans la plénitude des temps et qu'il est né d'une femme. (*Gal.*, IV, 4.) En effet, comme dans la sagesse de Dieu le monde ne pouvait point connaître Dieu par la sagesse, parce que la lumière luit dans les ténèbres et que les ténèbres ne l'ont point comprise (*Jean*, I, 5), il a plu à Dieu de sauver par la folie de la prédication ceux qui croiraient, afin que le Verbe se fît chair et qu'il habitât parmi nous. Mais quand il est perçu dans le temps par une âme qui a fait quelque progrès vers Dieu, on dit bien de lui qu'il est envoyé, mais on ne dit point qu'il est envoyé en ce monde ; car il n'apparaît point alors d'une ma-

---

ut esset Angelus, nisi in quantum consilium Patris annuntiabat, quod et ipsius erat; nec ut esset cum hominibus aut in hominibus, hoc enim et antea in Patribus et Prophetis; sed ut ipsum Verbum caro fieret, id est, homo fieret (*Joan.*, I, 14) : in quo futuro revelato sacramento, etiam eorum sapientium atque sanctorum salus esset, qui prius quam ipse de virgine nasceretur, de mulieribus nati sunt, et in quo facto atque prædicato salus sit omnium credentium, sperantium, diligentium. Hoc enim « magnum pietatis est sacramentum, quod manifestatum est in carne, justificatum est in spiritu, apparuit angelis, prædicatum est in gentibus, creditum est in mundo, assumptum est in gloria. » (I *Tim.*, III, 16.)

28. Ab illo ergo mittitur Dei Verbum, cujus est Verbum; ab illo mittitur de quo natum est : mittit qui genuit, mittitur quod genitum est. Et tunc unicuique mittitur, cum a quoquam cognoscitur atque percipitur, quantum cognosci et percipi potest pro captu vel proficientis in Deum, vel perfectæ in Deo animæ rationalis. Non ergo eo ipso quo de Patre natus est, missus dicitur Filius : sed vel eo quod apparuit huic mundo Verbum caro factum; unde dicit : « Exivi a Patre, et veni in hunc mundum : » (*Joan.*, XVI, 28) vel eo quod ex tempore cujusquam mente percipitur, sicut dictum est : « Mitte illam, ut mecum sit, et mecum laboret. » Quod ergo natum est ab æterno, æternum est. « Candor est enim lucis æternæ. » (*Sap.*, VII, 26.) Quod autem mittitur ex tempore, a quoquam cognoscitur. Sed cum in carne manifestatus est Filius Dei, in hunc mundum missus est, in plenitudine temporis (I *Tim.*, III, 16), factus ex femina. (*Gal.*, IV, 4.) Quia enim in sapientia Dei (I *Cor.*, I, 21) non poterat mundus cognoscere per sapientiam Deum; quoniam lux lucet in tenebris, et tenebræ eam non comprehenderunt (*Joan.*, I, 5) : placuit Deo per stultitiam prædicationis salvos facere credentes; ut Verbum caro fieret, et habitaret in nobis. Cum autem ex tempore cujusque profectus mente percipitur, mitti quidem dicitur, sed non in hunc mundum : neque enim sensibiliter apparet, id est, corporeis sensibus præsto est. Quia et nos secun-

nière sensible, c'est-à-dire il ne tombe point alors sous les sens. Il en est de même de nous, quand il nous arrive de comprendre par notre esprit quelque chose d'éternel autant que cela nous est possible, nous ne sommes point pour cela dans le monde de l'éternité; c'est comme pour les âmes de tous les justes qui vivent encore maintenant dans la chair, si elles goûtent les choses divines, elles ne sont point pour cela dans le monde de ces choses. Quant au Père, s'il est connu de quelqu'un dans le temps, on ne dit point qu'il est envoyé, attendu qu'il n'a pas de qui il soit ou de qui il procède; car si la sagesse dit : « Je suis sortie de la bouche du Très-Haut, » (*Eccli.*, XXIV, 5) et s'il est dit du Saint-Esprit « qu'il procède du Père, » (*Jean*, XV, 26) cela n'est dit nulle part du Père.

29. De même donc que le Père a engendré et le Fils a été engendré, ainsi le Père envoie et le Fils est envoyé. Mais de même aussi que l'engendrant et l'engendré ne font qu'un, ainsi l'envoyant et l'envoyé ne font qu'un, puisque le Père et le Fils ne font qu'un. Il en de même du Saint-Esprit qui ne fait également qu'un avec eux. En effet, de même que pour le Fils, être né c'est être du Père, ainsi être envoyé c'est pour lui être reconnu comme étant de lui. Et, de même que pour le Saint-Esprit être le don de Dieu, c'est la même chose que procéder du Père; ainsi être envoyé, c'est également être reconnu comme procédant du Père. Nous ne pouvons point dire que le Saint-Esprit ne procède point aussi du Fils, car ce n'est pas en vain qu'il est appelé en même temps l'Esprit du Père et l'Esprit du Fils. Et je ne vois pas quelle autre chose ce dernier a voulu faire entendre, lorsque, en soufflant sur la face de ses disciples, il leur dit : « Recevez le Saint-Esprit. » (*Jean*, XX, 22.) En effet, ce souffle corporel qui s'échappait du corps du Christ en produisant sur les sens l'impression d'un corps, n'était point la substance du Saint-Esprit, mais c'était une démonstration, par un signe parfaitement choisi, du fait que le Saint-Esprit procède non-seulement du Père, mais encore du Fils. Qui serait assez insensé, en effet, pour dire que le Saint-Esprit qu'il donna à ses Apôtres en soufflant sur eux, est autre que celui qu'il leur envoya après son ascension ? (*Act.*, II, 2.) Il n'y a qu'un seul Esprit de Dieu, un seul Esprit du Père et du Fils, un seul Esprit saint qui opère tout en tous. (I *Cor.*, XII, 6.) S'il a été donné deux fois, il faut voir là une signification dont nous parlerons en son lieu si le Seigneur nous en fait la grâce. En disant donc : « L'Esprit que je vous enverrai de mon Père, » (*Jean*, XV, 26) le Seigneur nous montre que cet Esprit est celui du Père et du Fils; car, après avoir dit : « L'Esprit que mon Père vous enverra, » il a ajouté : « En mon nom; » et pourtant il n'a point dit : Que mon Père vous

---

dum quod mente aliquid æternum quantum possumus capimus, non in hoc mundo sumus; et omnium justorum spiritus, etiam adhuc in hac carne viventium, in quantum divina sapiunt, non sunt in hoc mundo. Sed Pater cum ex tempore a quoquam cognoscitur, non dicitur missus : non enim habet de quo (*a*) sit, aut ex quo procedat. Sapientia quippe dicit : « Ego ex ore Altissimi prodivi. » (*Eccli.*, XXIV, 5.) Et de Spiritu sancto dicitur : « A Patre procedit : » (*Joan.*, XV, 26) Pater vero a nullo.

29. Sicut ergo Pater genuit, Filius genitus est : ita Pater misit, Filius missus est. Sed quemadmodum qui genuit et qui genitus est, ita et qui misit et qui missus est unum sunt; quia Pater et Filius unum sunt. (*Joan.*, X, 30.) Ita etiam Spiritus sanctus unum cum eis est; quia hæc tria unum sunt. Sicut enim natum esse est Filio, a Patre esse; ita mitti est Filio, cognosci quod ab illo sit. Et sicut Spiritui sancto donum Dei esse, est a Patre procedere; ita mitti, est est cognosci quia ab illo procedat. Nec possumus dicere quod Spiritus sanctus et a Filio non procedat : neque enim frustra idem Spiritus et Patris et Filii Spiritus dicitur. Nec video quid aliud significare voluerit, cum sufflans (*b*) in faciem discipulorum ait : « Accipite Spiritum sanctum. » (*Joan.*, XX, 22.) Neque enim flatus ille corporeus, cum sensu corporaliter tangendi procedens ex corpore, substantia Spiritus sancti fuit, sed demonstratio per congruam significationem, non tantum a Patre, sed et a Filio procedere Spiritum sanctum. Quis enim dementissimus dixerit, alium fuisse Spiritum quem sufflans dedit, et alium quem post ascensionem suam misit? (*Act.*, II, 2.) Unus enim est Spiritus Dei, Spiritus Patris et Filii, Spiritus sanctus qui operatur omnia in omnibus. (I *Cor.*, XII, 6.) Sed quod bis datus est, dispensatio certe significationis fuit, de qua suo loco quantum Dominus dederit disseremus. Quod ergo ait Dominus : « Quem ego mittam vobis a Patre : » (*Joan.*, XV, 26) ostendit Spiritum et Patris et Filii. Quia etiam cum dixisset : « Quem mittet Pater, » addidit,

---

(*a*) Editi *de quo missus sit.* Abest *missus* a Mss. — (*b*) Mss. non habent *in faciem discipulorum.*

enverra de moi, comme il avait dit : « L'Esprit que je vous enverrai de mon Père; » c'est certainement pour montrer que le Père est le principe de toute la divinité, ou si vous aimez mieux, de toute déité. L'Esprit qui procède du Père et du Fils est donc rapporté à Celui de qui le Fils est né. Et quand l'Evangéliste dit : « Le Saint-Esprit n'avait point encore été donné parce que Jésus n'avait point encore été glorifié, » (*Jean*, VII, 39) comment faut-il entendre ces paroles, sinon en ce sens que le don ou la mission du Saint-Esprit ne devait être certaine et telle qu'elle n'avait jamais été auparavant, qu'après la glorification du Christ? Car avant cette glorification, le Saint-Esprit avait été donné, mais non point de la même manière. En effet, si le Saint-Esprit n'a point été donné avant cette époque-là, de quel Esprit étaient donc remplis les prophètes quand ils parlaient? Car l'Ecriture dit ouvertement et montre en bien des endroits que c'est par le Saint-Esprit qu'ils ont parlé ; c'est ainsi par exemple qu'il a été dit, au sujet de Jean-Baptiste : « Il sera rempli du Saint-Esprit dès le ventre de sa mère, » (*Luc*, I, 15) et que Zacharie son père se trouve lui-même rempli du Saint-Esprit pour parler comme il l'a fait sous son inspiration (*Ibid.*, 67); c'était également de l'Esprit saint qu'était inspirée Marie pour faire les prédictions qu'elle fit au sujet du Seigneur qu'elle portait dans son sein (*Luc*, I, 46); c'est aussi remplis du Saint-Esprit que Siméon et Anne reconnaissaient la grandeur du Christ enfant. (*Luc*, II, 25.) Comment donc faut-il entendre que le Saint-Esprit n'était point encore donné parce que Jésus n'était pas encore glorifié, sinon en ce sens que le don, la donation, la mission du Saint-Esprit devait avoir dans son avénement même une certaine propriété qu'il n'avait point eue auparavant? En effet, nous ne voyons nulle part que les hommes aient parlé des langues nouvelles pour eux et qu'ils ne connaissaient point, après que le Saint-Esprit fût descendu en eux, comme il arriva alors (*Act.*, II, 4), quand il fallut montrer son arrivée par des signes sensibles, pour faire voir que tout l'univers et toutes les nations distinguées entre elles par des langues différentes devaient croire dans le Christ, par le don du Saint-Esprit, afin que cette parole du Psalmiste : « Il n'y a point de langue ni d'idiome dans lesquels leurs voix ne soient entendues, car leur parole a éclaté par toute la terre et s'est fait entendre jusqu'aux confins du monde, » (*Ps.* XVIII, 3 et 4) se trouvât accomplie.

30. Ainsi l'homme s'est trouvé uni et en quelque sorte mêlé au Verbe de Dieu dans l'unité de personne, quand, dans la plénitude des temps, le Fils de Dieu, fait d'une femme, a été envoyé en ce monde, afin d'être aussi Fils de l'homme à cause des enfants des hommes. Il

---

« in nomine meo; » non tamen dixit : Quem mittet Pater a me; quemadmodum dixit : « Quem ego mittam vobis a Patre : » videlicet ostendens quod totius divinitatis, vel si melius dicitur, deitatis, principium Pater est. Qui ergo a Patre procedit et Filio, ad eum refertur a quo natus est Filius. Et quod dicit Evangelista : « Spiritus nondum erat datus, quia Jesus nondum erat glorificatus : » (*Joan.*, VII, 39) quomodo intelligitur, nisi quia certa illa Spiritus sancti datio vel missio post clarificationem Christi futura erat, qualis nunquam antea fuerat. Neque enim antea nulla erat, sed talis non fuerat. Si enim antea Spiritus sanctus non dabatur, quo impleti Prophetæ locuti sunt? cum aperte Scriptura dicat, et multis locis ostendat, Spiritu sancto eos locutos fuisse : cum et de Joanne Baptista dictum sit : « Spiritu sancto replebitur jam inde ab utero matris suæ : » (*Luc.*, I, 15) et Spiritu sancto repletus Zacharias invenitur pater ejus (*Ibid.*, 67), ut de illo talia diceret; et Spiritu sancto Maria, ut talia de Domino quem gestabat utero prædicaret (*Luc.*, I, 46); Spiritu sancto Simeon et Anna, ut magnitudinem Christi parvuli agnoscerent (*Luc.*, II, 25) : quomodo ergo Spiritus nondum erat datus, quia Jesus nondum erat clarificatus, nisi quia illa datio, vel donatio, vel missio Spiritus sancti habitura erat quamdam proprietatem suam in ipso adventu, qualis antea nunquam fuit? Nusquam enim legimus, linguis quas non noverant homines locutos, veniente in se Spiritu sancto, sicut tunc factum est, cum oporteret ejus adventum signis sensibilibus demonstrari (*Act.*, II, 4), ut ostenderetur totum orbem terrarum atque omnes gentes in linguis variis constitutas, credituras in Christum per donum Spiritus sancti; ut impleretur quod in Psalmo canitur : « Non sunt loquelæ neque sermones, quorum non audiantur voces eorum, in omnem terram exivit sonus eorum, et in fines orbis terræ verba eorum. » (*Psal.* XVIII, 4.)

30. Verbo itaque Dei ad unitatem personæ copulatus, et quodam modo commixtus est homo, cum veniente plenitudine temporis missus est in hunc mundum factus ex femina Filius Dei (*Gal.*, IV, 4), ut esset

a pu auparavant figurer cette personne par une nature angélique, afin de l'annoncer d'avance, mais non point la faire à proprement parler, en sorte qu'elle fût cette personne même.

CHAPITRE XXI.

Le Saint-Esprit se montre d'une manière sensible. Coéternité des personnes de la Trinité.

Pour ce qui est de l'aspect sensible sous lequel le Saint-Esprit s'est fait voir, en empruntant la forme d'une colombe ou l'apparence de langues de feu, quand une créature soumise et assujettie à sa volonté rendait visible par ses formes et ses mouvements corporels sa substance immuable et coéternelle au Père et au Fils, sans toutefois s'unir à lui dans l'unité de personne, comme cela est arrivé pour le Verbe, je n'ose pas dire qu'il ne s'est rien produit de pareil à cela auparavant. Mais ce que je puis dire sans détour, c'est que le Père, le Fils et le Saint-Esprit sont d'une seule et même substance, Dieu créateur et Trinité toute-puissante dont l'œuvre est inséparable, mais ne peuvent se manifester d'une manière inséparable, par le moyen de créatures qui sont bien loin de leur être égales, et qui, par-dessus tout, sont corporelles, de même que par nos paroles mêmes, qui sont des sons corporels, le Père, le Fils et le Saint-Esprit ne peuvent être nommés qu'à des intervalles de temps propres à chacune des trois personnes et distincts entre eux par la durée que réclament les syllabes de chacun de leurs noms. En effet, dans leur substance par laquelle ils subsistent, les trois personnes ne font qu'un, Père, Fils et Saint-Esprit, sans aucun mouvement temporel, au-dessus de toute créature, et cela sans aucun intervalle de temps et de lieux; elles ne font en même temps qu'une seule et même chose d'une éternité à l'autre, comme l'éternité même qui ne va point sans vérité et sans charité. Mais dans mes paroles, le Père, le Fils et le Saint-Esprit sont séparés, ils ne peuvent se dire dans le même temps, et si on les représente par des caractères visibles, ils occupent chacun séparément leur place. Et, de même que lorsque je nomme ma mémoire, mon intelligence et ma volonté, chacun des noms que je prononce se rapporte à des choses particulières, et cependant chacun des trois noms est fait par ces trois choses, car il n'y en a pas un des trois que ma mémoire, mon intelligence et ma volonté n'aient coopéré à former; ainsi la Trinité a fait et la voix du Père, et la chair du Fils, et la colombe du Saint-Esprit (*Matth.*, III, 16), bien que chacune de ces trois choses soit rapportée à une personne distincte. Cet exemple montre d'une certaine manière com-

---

et filius hominis propter filios hominum. Hanc personam angelica natura figurare antea potuit, ut prænuntiaret; non expropriare, ut ipsa esset.

CAPUT XXI.

De sensibili demonstratione sancti Spiritus, et de coæternitate Trinitatis.

De sensibili autem demonstratione Spiritus sancti, sive per columbæ speciem (*Matth.*, III, 16), sive per linguas igneas (*Act.*, II, 3), cum ejus substantiam Patri et Filio coeternam pariterque incommutabilem subdita et serviens creatura temporalibus motibus et formis ostenderet, cum ad ejus personæ unitatem, sicut caro quod Verbum factum est (*Joan.*, I, 14), non copularetur, non audeo dicere nihil tale factum esse antea. Sed plane fidenter dixerim, Patrem et Filium et Spiritum sanctum unius ejusdemque substantiæ, Deum creatorem, Trinitatem omnipotentem inseparabiliter operari : sed ita non posse per longe imparem maximeque corpoream creaturam inseparabiliter demonstrari, sicut per voces nostras, quæ utique corporaliter sonant, non possunt Pater et Filius et Spiritus sanctus, nisi suis et propriis intervallis temporum certa separatione distinctis, quæ suæ cujusque vocabuli syllabæ occupant, nominari. In sua quippe substantia qua sunt, tria unum sunt, Pater et Filius et Spiritus sanctus, nullo temporali motu super omnem creaturam idipsum sine ullis intervallis, temporum vel locorum, et simul unum atque idem ab æternitate in æternitatem, tanquam ipsa æternitas quæ sine veritate et caritate non est : in meis autem vocibus separati sunt Pater et Filius et Spiritus sanctus, nec simul dici potuerunt, et in litteris visibilibus sua separatim locorum spatia tenuerunt. Et quemadmodum cum memoriam meam et intellectum et voluntatem nomino, singula quidem nomina ad res singulas referuntur, sed tamen ab omnibus tribus singula facta sunt; nullum enim horum trium nominum est, quod non et memoria et intellectus et voluntas mea simul operata sint : ita Trinitas simul operata est et vocem Patris, et carnem Filii, et columbam Spiritus sancti (*Matth.*, III, 16), cum ad personas singulas singula hæc referantur. Qua similitudine utcumque cognoscitur inseparabilem in se ipsa Trinitatem per visibilis creaturæ

ment la Trinité, inséparable en elle-même, se manifeste d'une manière distincte par des apparences de créatures visibles, et comment néanmoins l'opération de la Trinité est inséparable dans chacune des choses qui ont particulièrement pour but de manifester soit le Père, soit le Fils, soit le Saint-Esprit.

31. Si donc on me demande de quelle manière se sont produites les paroles, les formes sensibles et les apparences antérieures à l'incarnation du Verbe de Dieu et destinées à la préfigurer quand elle était encore à venir, je répondrai que Dieu les a produites par le ministère des anges, ce que je crois avoir suffisamment démontré par des textes de la sainte Ecriture elle-même. Mais si on me demande de quelle manière s'est faite l'incarnation elle-même, je répondrai que c'est le Verbe même de Dieu qui s'est fait chair (*Jean*, I, 14), c'est-à-dire homme, sans dire toutefois qu'il s'est changé et converti en ce qu'il s'est fait ; mais qu'il s'est fait chair de telle sorte qu'il n'y avait pas seulement dans le Verbe fait chair le Verbe de Dieu et une chair d'homme, mais qu'il s'y trouvait aussi une âme humaine, en sorte que le tout doit s'appeler Dieu à cause du Dieu et homme à cause de l'homme. Si cela est difficile à comprendre, il faut se purifier l'âme par la foi, s'abstenir de plus en plus de pécher, faire le bien et prier avec les gémissements des saints désirs, afin d'arriver, par le secours de Dieu, à le comprendre et à l'aimer. Mais, si on me demande de quelle manière s'est produite après l'incarnation du Verbe, soit la voix du Père, soit l'apparence corporelle sous laquelle le Saint-Esprit s'est montré, il ne fait pas un doute pour moi que ce ne soit par le ministère d'une créature ; mais est-ce par une créature uniquement corporelle et sensible, ou unie à un esprit raisonnable et intelligent (car c'est ainsi que plusieurs aiment à appeler ce que les Grecs rendent par le mot νοερόν), unie dis-je non point en unité de personne, (car qui pourrait dire que la créature quelle qu'elle fût, qui a produit la voix du Père, est Dieu le Père lui-même, ou que la créature quelle qu'elle fût dans laquelle le Saint-Esprit est apparu sous la forme d'une colombe ou de langues de feu, est le Saint-Esprit même, comme l'homme qui est né de la Vierge est le Fils de Dieu?) mais unie seulement pour être l'instrument d'une certaine signification selon que Dieu a jugé qu'il le fallait ; ou bien faut-il entendre autre chose, c'est bien difficile à savoir et il convient de ne rien affirmer en cela à la légère. Mais comment tout cela a-t-il pu se faire sans le concours d'une créature raisonnable et intelligente, c'est ce que je ne vois pas. Il n'est pas encore temps d'expliquer pourquoi je pense ainsi, autant du moins que le Seigneur me donnera la force de le montrer. Il me faut auparavant discuter et réfuter les raisonnements

---

speciem separabiliter demonstrari, et inseparabilem Trinitatis operationem etiam in singulis esse rebus, quæ vel ad Patrem, vel ad Filium, vel ad Spiritum sanctum demonstrandum proprie pertinere dicuntur.

31. Si ergo a me quæritur, quomodo factæ sint vel voces vel sensibiles formæ atque species ante incarnationem Verbi Dei, quæ hoc futurum præfigurarent : per Angelos ea Deum operatum esse respondeo ; quod etiam Scripturarum sanctarum testimoniis, quantum existimo, satis ostendi. Si autem quæritur, ipsa incarnatio quomodo facta sit : ipsum Verbum Dei dico carnem factum (*Joan.*, I, 14), id est, hominem factum, non tamen in hoc quod factum est conversum atque mutatum ; ita sane factum, ut ibi sit non tantum Verbum Dei et hominis caro, sed etiam rationalis hominis anima, atque hoc totum et Deus dicatur propter Deum et homo propter hominem. Quod si difficile intelligitur, mens fide purgetur, magis magisque abstinendo a peccatis, et bene operando, et orando cum gemitu desideriorum sanctorum, ut per divinum adjutorium proficiendo, et intelligat, et amet. Si autem quæritur, post incarnationem Verbi, quomodo facta sit vel vox Patris, vel species corporalis qua Spiritus sanctus demonstratus est : per creaturam quidem facta ista non dubito ; sed utrum tantummodo corporalem atque sensibilem, an adhibito spiritu etiam rationali vel intellectuali (hoc enim quibusdam placuit appellare, quod Græci dicunt νοερόν) : non quidem ad unitatem personæ (quis enim hoc dixerit, ut quidquid illud est creaturæ per quod sonuit vox Patris, ita sit Deus Pater, aut quidquid illud est creaturæ in quo per columbæ speciem vel per igneas linguas Spiritus sanctus demonstratus est, ita sit Spiritus sanctus, sicut est Dei Filius homo ille qui ex virgine factus est?) sed tantummodo ad ministerium peragendæ significationis, sicut oportuisse Deus judicavit : an aliquid aliud intelligendum sit, invenire difficile est, et temere affirmare non expedit. Quomodo tamen ista sine rationali vel intellectuali creatura potuerint fieri non video. Neque adhuc locus est explicare cur

que les hérétiques nous opposent en les empruntant non pas aux divines Écritures, mais à leur propre raison, et par lesquels ils pensent nous contraindre à reconnaître qu'on doit entendre comme ils le veulent les textes des Ecritures concernant le Père, le Fils et le Saint-Esprit.

32. Pour le moment je crois avoir suffisamment démontré que le Fils n'est pas moindre que le Père ni le Saint-Esprit moindre que l'un et l'autre, parce que le Père a envoyé le Fils, et que le Père et le Fils ont envoyé le Saint-Esprit; quand bien même on le trouverait dit dans l'Ecriture sainte soit à raison de la créature visible, soit plutôt à raison de la considération du premier principe, on ne devrait point l'entendre de l'inégalité, ou de l'imparité, ou de la dissemblance de substance; en effet si le Père avait voulu apparaître visiblement par le moyen d'une créature soumise à sa volonté, il serait de la plus grande absurdité de dire qu'il a été envoyé soit par le Fils qu'il a engendré, soit par le Saint-Esprit qui procède de lui. Tenons-nous-en donc à cela pour ce volume; plus tard, avec l'aide de Dieu, nous verrons quels sont les arguments captieux des hérétiques et comment on les réfute.

ita sentiam, quantum vires Dominus dederit. Prius enim sunt discutienda et refellenda hæreticorum argumenta, quæ non ex divinis libris, sed ex rationibus suis proferunt, quibus se vehementer cogere arbitrantur, testimonia Scripturarum quæ de Patre et Filio et Spiritu sancto, ita esse intelligenda ut ipsi volunt.

32. Nunc autem non ideo minorem Filium quia missus est a Patre, nec ideo minorem Spiritum sanctum quia et Pater eum misit et Filius, sufficienter quantum arbitror demonstratum est. Sive enim propter visibilem creaturam, sive potius propter principii commendationem, non propter inæqualitatem vel imparilitatem vel dissimilitudinem substantiæ in Scripturis hæc posita intelliguntur : quia etiam si voluisset Deus Pater per subjectam creaturam visibiliter apparere, absurdissime tamen aut a Filio quem genuit, aut a Spiritu sancto qui de illo procedit, missus diceretur. Iste igitur sit hujus voluminis modus : deinceps in cæteris adjuvante Domino, illa hæreticorum versutissima argumenta qualia sint, et quemadmodum redarguantur videmus.

LIVRE CINQUIÈME

Saint Augustin aborde les arguments que les hérétiques puisent, non plus dans l'Ecriture sainte, mais dans leur propre raison, et il réfute ceux à qui il ne semble pas que la substance du Fils soit la même que celle du Père, parce qu'ils pensent que tout ce qui est dit de Dieu est dit de sa substance. Ils soutiennent donc que engendrer et être engendré, ou bien encore être engendré et être non engendré, étant des choses différentes, les substances sont différentes. Saint Augustin leur montre que tout ce qui est dit de Dieu n'est point dit de sa substance, comme lorsqu'on dit qu'il est bon, qu'il est grand, ce qui a rapport à la substance ainsi que tout autre attribut de Dieu considéré en lui-même ; mais est dit relativement, c'est-à-dire, non pas par rapport à lui, mais par rapport à quelque chose qu'il n'est point ; ainsi, le Père est appelé ainsi par rapport au Fils, et le Seigneur n'est Seigneur que relativement à la créature qui lui est assujettie. Et dans les passages où quelque chose est dit à raison du temps dans un sens relatif, c'est-à-dire, relativement à quelque chose qu'il n'est pas lui-même, comme ces paroles : *Seigneur vous avez été fait notre refuge*, il ne s'ensuit point pour lui quelque chose qui le change, il demeure constamment immuable dans sa nature ou dans son essence.

CHAPITRE PREMIER.

Prière de saint Augustin à Dieu et au lecteur.

1. Sur le point d'entreprendre de parler de choses dont nul homme, et certainement moi-même comme les autres, ne saurait en aucune manière parler selon les pensées qu'on en a, bien que notre esprit, même quand il se dirige sur le Dieu en trois personnes, se sente bien inférieur à Celui à qui il pense, et ne le saisisse point tel qu'il est, mais comme il est écrit, ne le voie que comme il est vu d'hommes aussi grands que le fut saint Paul, c'est-à-dire seulement en énigme et comme dans un miroir (I *Cor.*, XIII, 12), je commence par demander au Seigneur notre Dieu, dont la pensée ne doit point sortir de notre esprit, mais dont nous ne saurions avoir des pensées dignes de lui, à qui on doit rendre en tout temps louanges et bénédiction, pour qui on manque d'expressions convenables quand on veut le nommer, je lui demande, dis-je, son secours pour comprendre et expliquer ce que je me propose, et son pardon s'il m'arrive de me tromper en quelque chose, car je ne perds point de vue ma volonté et encore moins ma faiblesse. Quant à ceux qui liront ces lignes, je leur demande également de me pardonner lorsqu'ils remarqueront que j'ai voulu plutôt que pu dire des choses qu'ils comprennent mieux que moi, ou que, à cause de la difficulté de m'exprimer, ils ne comprennent point du tout. Et moi à mon tour je leur pardonne quand ils ne pourront me comprendre parce qu'ils auront de la peine à me suivre.

LIBER QUINTUS

Venit ad hæreticorum argumenta illa quæ non ex divinis libris, sed ex rationibus suis proferunt : et eos refellit, quibus ideo videtur non eamdem Patris ac Filii esse substantiam, quia omne quod de Deo dicitur, secundum substantiam dici putant ; et propterea et gignere et gigni, vel genitum esse et ingenitum, quoniam diversa sunt, contendunt substantias esse diversas ; demonstrans, non omne quod de Deo dicitur secundum substantiam dici, sicut secundum substantiam dicitur bonus et magnus, et si quid aliud ad se dicitur ; sed dici etiam relative, id est non ad se, sed ad aliquid quod ipse non est, sicut Pater ad Filium dicitur, vel Dominus ad creaturam sibi servientem : ubi si quid relative, id est ad aliquid quod ipse non est, etiam ex tempore dicitur, sicuti est : *Domine refugium factus es nobis* ; nihil ei accidere quo mutetur, sed omnino ipsum in natura vel essentia sua immutabilem permanere.

CAPUT PRIMUM.

Quid a Deo, quid a lectore auctor exposcat.

Hinc jam exordiens ea dicere, quæ dici ut cogitantur vel ab homine aliquo, vel certe a nobis non omni modo possunt : quamvis et ipsa nostra cogitatio, cum de Deo Trinitate cogitamus, longe se illi de quo cogitat, imparem sentiat, neque ut est eum capiat, sed ut scriptum est, etiam a tantis quantus Paulus apostolus hic erat, per speculum et in ænigmate videatur (I *Cor.*, XIII, 12) : primum ab ipso Domino Deo nostro, de quo semper cogitare debemus, et de quo digne cogitare non possumus, cui laudando reddenda est omni tempore benedictio (*Psal.* XXXIII, 1), et cui enuntiando nulla competit dictio, et adjutorium ad intelligenda atque explicanda quæ intendo, et veniam precor sicubi offendo. Memor sum enim, non solum voluntatis, verum etiam infirmitatis meæ. Ab his etiam qui ista lecturi sunt, ut ignoscant peto, ubi me magis voluisse quam potuisse dicere adverterint, quod vel ipsi melius intelligunt, vel propter mei eloquii difficultatem non intelligunt : sicut ego eis ignosco, ubi propter suam tarditatem intelligere non possunt.

2. Nous nous pardonnerons bien facilement les uns aux autres, si nous savons, ou du moins si nous tenons fermement par la foi qu'on ne doit point mesurer ce qui est dit de la nature immuable et invisible, souverainement vivante et se suffisant à elle-même, à la mesure habituelle des choses visibles et changeantes, mortelles et indigentes. D'ailleurs, quand nous essayons de comprendre scientifiquement ce qui touche même nos sens corporels, ou ce que nous sommes dans notre homme intérieur, nous ne pouvons y réussir : et pourtant il n'y a point d'imprudence à la piété des fidèles à s'enflammer pour les choses divines et ineffables placées au-dessus de nous; je ne parle pas de la piété que le sentiment arrogant de ses forces enfle, mais de celle que la grâce même du Créateur et du Sauveur enflamme. En effet, par quelle conception l'homme saisit-il Dieu, lui qui ne saisit pas même sa propre intelligence par laquelle il veut saisir Dieu ? Mais s'il est arrivé à la saisir, il doit bien remarquer qu'il n'y a dans toute sa nature rien de meilleur que cette intelligence, et voir s'il distingue en elle quelques linéaments de formes, quelque éclat de couleurs, une grandeur qui s'accuse dans l'espace, une distance entre les parties qui la composeraient, une masse étendue, quelques mouvements d'un lieu à l'autre, ou quoi que ce soit du même genre. Il est certain que nous ne trouvons rien de semblable dans notre intelligence par laquelle nous concevons la Sagesse autant du moins que nous le pouvons. Nous ne devons donc point chercher dans un être meilleur que notre intelligence ce que nous ne saurions trouver dans cette même intelligence, qui est ce qu'il y a de meilleur en nous, et nous ne devons comprendre Dieu, si nous le pouvons et autant que nous le pouvons, que comme un être bon sans qualité, grand sans quantité, créateur sans indigence, placé au premier rang sans place, contenant tout sans dehors, tout entier partout sans lieu, éternel sans temps, faisant tous les êtres changeants sans changer lui-même, ne souffrant rien. Quiconque conçoit Dieu ainsi, bien que ne pouvant pas encore trouver absolument ce qu'il est, prend néanmoins un soin pieux, autant qu'il le peut, à ne penser de lui rien qui ne soit point lui.

CHAPITRE II.

Dieu seul est une essence immuable.

3. Cependant il n'y a point de doute qu'il ne soit une substance, ou, si vous l'aimez mieux, une essence, ce que les Grecs appellent οὐσία. En effet, de même que de *sapere* on a fait sapience, sagesse, et de savoir on a fait science, ainsi d'être on a fait essence. Or, qui est plus que Celui qui

---

2. Facilius autem nobis invicem ignoscimus, si noverimus, aut certe credendo firmum tenuerimus, ea quæ de natura incommutabili et invisibili summeque vivente ac sibi sufficiente dicuntur, non ex consuetudine visibilium atque mutabilium et mortalium vel egenarum rerum esse metienda. Sed cum in his etiam quæ nostris corporalibus adjacent sensibus, vel quod nos ipsi in interiore homine sumus, scientia comprehendendis laboremus, nec sufficiamus : non tamen impudenter in illa quæ supra sunt divina et ineffabilia, pietas fidelis ardescit; non quam suarum virium inflat arrogantia, sed quam gratia ipsius Creatoris et Salvatoris inflammat. Nam quo intellectu Deum capit homo, qui ipsum intellectum suum quo eum vult capere nondum capit? Si autem hunc jam capit, attendat diligenter nihil eo esse in sua natura melius, et videat utrum ibi videat ulla lineamenta formarum, nitores colorum, spatiosam granditatem, partium distantiam, molis distentionem, aliquas per locorum intervalla motiones, vel quid ejusmodi. Nihil certe istorum invenimus in eo, quo in natura nostra nihil melius invenimus, id est, in nostro intellectu, quo sapientiam capimus quantum capaces sumus. Quod ergo non invenimus in meliore nostro, non debemus in illo quærere, quod longe melius est meliore nostro : ut sic intelligamus Deum, si possumus, quantum possumus, sine qualitate bonum, sine quantitate magnum, sine indigentia creatorem, sine situ (*a*) præsidentem, sine habitu omnia continentem, sine loco ubique totum, sine tempore sempiternum, sine ulla sui mutatione mutabilia facientem, nihilque patientem. Quisquis Deum ita cogitat, etsi nondum potest omni modo invenire quid sit; pie tamen cavet, quantum potest, aliquid de eo sentire quod non sit.

CAPUT II.

Deus sola incommutabilis essentia.

3. Est tamen sine dubitatione substantia, vel si melius hoc appellatur, essentia, quam Græci οὐσίαν vocant. Sicut enim ab eo quod est sapere dicta est

---

(*a*) Sic Mss. At editi *præsentem.*

a dit à Moïse, son serviteur : « Je suis Celui qui suis, et vous direz aux enfants d'Israël : Celui qui est m'a envoyé à vous ? » (*Exod.*, III, 14.) Si les autres essences ou substances reçoivent des accidents qui produisent en elles des changements grands ou quelconques, en Dieu il ne peut rien se produire de semblable ; substance ou essence immuable ; tel est donc Dieu à qui certainement appartient seul, par excellence, l'être même d'où le mot essence a été formé. En effet, ce qui change ne conserve pas son être, et ce qui peut changer, quand même il ne changerait point, peut ne plus être ce qu'il était, aussi n'y a-t-il que de ce qui non-seulement ne change pas, mais encore ne peut absolument point changer, qu'on puisse dire sans scrupule qu'il est véritablement.

CHAPITRE III.

Réfutation de l'argument des ariens tiré des mots engendré et non engendré.

4. Aussi pour commencer par répondre aux adversaires de notre foi, sur les choses qui ne sont point dites comme elles sont pensées, et ne sont point pensées comme elles sont, ce que les Ariens regardent comme le piége le mieux inventé parmi tout ce qu'ils ont coutume d'accumuler contre la foi catholique, dans leurs disputes, est ceci : Tout ce qui se dit ou s'entend de Dieu, ne se dit et ne s'entend point selon l'accident mais selon la substance ; par conséquent être non engendré, pour le Père, s'entend de sa substance, et être engendré pour le Fils s'entend également de sa substance. Or, être non engendré et être engendré sont deux choses différentes ; par conséquent la substance du Père est différente de celle du Fils. Nous leur répondons : Si tout ce qui se dit de Dieu se dit selon sa substance, il s'en suit que ces paroles : « Mon Père et moi ne faisons qu'un, » (*Jean*, x, 30) ont été dites selon sa substance ; par conséquent la substance du Père ne fait qu'une avec celle du Fils. Ou bien si ces paroles n'ont point été dites selon la substance, il y a donc des choses qui se disent de Dieu sans se dire de sa substance, et alors nous ne sommes plus obligés d'entendre selon la substance ces expressions, non engendré et engendré. De même il est dit du Fils : « Il n'a pas cru que ce fût, pour lui, une usurpation d'être égal à Dieu : » (*Philip.*, II, 6) égal en quoi demanderons-nous ? Si ce n'est pas en substance, nos adversaires admettent donc qu'il peut se dire, de Dieu, quelque chose non quant à sa substance : qu'ils reconnaissent donc que ce n'est pas non plus quant à la substance que sont employés ces mots non engendré et engendré.

---

sapientia, et ab eo quod est scire dicta est scientia, ita ab eo quod est esse dicta est essentia. Et quis magis est, quam ille qui dixit famulo suo Moysi : « Ego sum qui sum : et dices filiis Israel : Qui est misit me ad vos? » (*Exod.*, III, 14.) Sed aliæ quæ dicuntur essentiæ sive substantiæ, capiunt accidentia, quibus in eis fiat vel magna vel quantacumque mutatio ; Deo autem aliquid ejusmodi accidere non potest ; et ideo sola est incommutabilis substantia vel essentia, qui Deus est, cui profecto ipsum esse, unde essentia nominata est, maxime ac verissime competit. Quod enim mutatur, non servat ipsum esse ; et quod mutari potest, etiam si non mutetur, potest quod fuerat non esse ; ac per hoc illud solum quod non tantum non mutatur, verum etiam mutari omnino non potest, sine scrupulo occurrit quod verissime dicatur esse.

CAPUT III.

Arianorum argumentum ex voce geniti et ingeniti desumptum diluitur.

4. Quamobrem ut jam etiam de iis quæ nec dicuntur ut cogitantur, nec cogitantur ut sunt, respondere incipiamus fidei nostræ adversariis : inter multa quæ Ariani adversus catholicam fidem solent disputare, hoc sibi maxime callidissimum machinamentum proponere videntur, cum dicunt : Quidquid de Deo dicitur vel intelligitur, non secundum accidens, sed secundum substantiam dicitur. Quapropter ingenitum esse Patri secundum substantiam est, et genitum esse Filio secundum substantiam est. Diversum est autem ingenitum esse, et genitum esse : diversa est ergo substantia Patris et Filii. Quibus respondemus : Si quidquid de Deo dicitur, secundum substantiam dicitur ; ergo quod dictum est : « Ego et Pater unum sumus, » (*Joan.*, x, 30) secundum substantiam dictum est. Una est igitur substantia Patris et Filii. Aut si hoc non secundum substantiam dictum est, dicitur ergo aliquid de Deo non secundum substantiam ; et ideo jam non cogimur secundum substantiam intelligere ingenitum et genitum. Item dictum est de Filio. « Non rapinam arbitratus est esse æqualis Deo : » (*Phil.*, II, 6) quærimus secundum quid æqualis? Si enim non secundum substantiam dicitur æqualis, admittunt ut dicatur aliquid de Deo, non secundum substantiam : admittant ergo non secundum substantiam dici ingenitum

Si au contraire les Ariens n'admettent point cela, par la raison qu'ils veulent que tout ce qui se dit de Dieu se dise de sa substance, il s'ensuit que le Fils est égal au Père selon la substance.

CHAPITRE IV.

L'accident accuse toujours un certain changement dans les choses.

5. Or, on ne donne ordinairement le nom d'accident qu'à ce qui peut se perdre par un changement de la chose à laquelle il est attaché; car bien qu'il y en ait qui donnent le nom d'accidents à certaines choses inséparables de leur objet, ce que les Grecs appellent ἀχώριστα, telles que la couleur noire dans les plumes du corbeau, cependant celles-ci perdent cette couleur, sinon tant qu'elles restent à l'état de plumes, du moins quand elles cessent d'être plumes. Ainsi donc la matière elle-même est sujette au changement, et par le fait que tel animal, telle plume, ou tel corps entier cesse d'exister, se change et se convertit en terre, ils perdent en même temps leur couleur. Cependant il y a des accidents qu'on appelle séparables, qui ne se perdent que par le changement de la chose non par la séparation, telle est la couleur noire pour les cheveux de l'homme, puisque tout en restant cheveux ils peuvent devenir blancs; c'est ce qu'on appelle un accident séparable; mais si on prête une soigneuse attention, on voit assez que ce n'est point par une séparation, une sorte d'émigration de quelque chose de la tête, quand elle blanchit, que le blanc succède au noir qui lui ferait place pour se porter ailleurs, mais que la qualité même de la couleur se convertit et se change à l'endroit même. Il n'y a donc point d'accident en Dieu, attendu qu'il n'y a rien en lui de susceptible de changer ou de se perdre. Mais si on se plaît à nommer accident ce qui tout en ne se perdant point, cependant s'accroît ou diminue, telle que la vie de l'âme, puisque tant que l'âme est âme, elle vit, et que ne cessant jamais d'être âme, elle ne cesse jamais de vivre, mais vit plus à mesure qu'elle est plus sage et vit moins à mesure qu'elle l'est moins, il se produit encore là un certain changement, non point en ce sens que la vie défaille comme la sagesse fait défaut à l'insensé, mais en ce sens qu'elle est moins vie. Or, il ne saurait rien exister de tel en Dieu, attendu qu'il est absolument immuable.

6. Ainsi, en Dieu, rien ne se dit selon l'accident, attendu qu'il n'y a point d'accident en lui, et pourtant tout ce qui se dit de lui ne se dit point selon la substance. Dans les êtres muables et créés, tout ce qui ne se dit point selon la substance, ne se dit que selon l'accident; car en eux tout est accident, c'est-à-dire tout peut ou se perdre ou diminuer, telles sont la grandeur et la qualité, et tout ce qui se dit relativement à une autre chose, telles que les amitiés, le

et genitum. Quod si propterea non admittunt, quia omnia de Deo secundum substantiam dici volunt, secundum substantiam Filius æqualis est Patri.

CAPUT IV.

Accidens arguit semper aliquam rei mutationem.

5. Accidens autem non solet dici, nisi quod aliqua mutatione ejus rei cui accidit amitti potest. Nam etsi quædam dicuntur accidentia inseparabilia, quæ Græce appellatur ἀχώριστα, sicut est plumæ corvi color niger : amittit cum tamen, non quidem quamdiu pluma est, sed quia non semper est pluma. Quapropter ipsa materies mutabilis est, et ex eo quod desinit esse illud animal vel illa pluma totumque illud corpus in terram mutatur et vertitur, amittit utique etiam illum colorem. Quamvis et accidens quod separabile dicitur, non separatione, sed mutatione amittatur; sicuti est capillis hominum nigritudo, quoniam dum capilli sunt possunt albescere, separabile accidens dicitur : sed diligenter intuentibus satis apparet, non separatione quasi emigrare aliquid a capite dum canescit, ut nigritudo inde candore succedente discedat et aliquo eat, sed illam qualitatem coloris ibi verti atque mutari. Nihil itaque accidens in Deo, quia nihil mutabile aut amissibile. Quod si et illud dici accidens placet, quod licet non amittatur, minuitur tamen vel augetur, sicuti est animæ vita : nam et quamdiu anima est, tamdiu vivit, et quia semper anima est, semper vivit; sed quia magis vivit cum sapit, minusque cum desipit, fit etiam hic aliqua mutatio, non ut desit vita, sicuti deest insipienti sapientia, sed ut minus sit : nec tale aliquid in Deo fit, quia omnino incommutabilis manet.

6. Quamobrem nihil in eo secundum accidens dicitur, quia nihil ei accidit; nec tamen omne quod dicitur, secundum substantiam dicitur. In rebus enim creatis atque mutabilibus quod non secundum substantiam dicitur, restat ut secundum accidens dicatur : omnia enim accidunt eis, quæ vel amitti possunt vel minui, et magnitudines et qualitates, et quod dicitur ad aliquid, sicut amicitiæ, propinqui-

voisinage, les servitudes, les similitudes, les égalités et autres choses semblables, le site et la manière d'être, les lieux et les temps, les actions et les passions.

CHAPITRE V.

En Dieu rien ne se dit selon l'accident, mais selon la substance ou relativement à autre chose.

Mais en Dieu rien ne se dit selon l'accident, parce que en lui il n'y a rien de muable; et pourtant tout ce qui se dit de Dieu ne se dit point selon la substance ; en effet il y a des choses qui se disent relativement à d'autres, ainsi il est dit Père par rapport à Fils, et Fils par rapport à Père, ce qui n'est point un accident, puisque l'un est toujours Père, et l'autre toujours Fils ; et quand on dit toujours, cela ne s'entend point à partir du moment où le Fils est né, comme si le Père ne cessait point d'être Père, parce que, à partir du moment où le Fils est né, ce dernier ne cesse point d'être Fils ; mais c'est en ce sens que depuis toujours le Fils est né et qu'il n'a jamais commencé d'être Fils. S'il avait commencé une fois d'être Fils, ou s'il devait un jour cesser de l'être, il serait appelé Fils selon l'accident. Si le Père n'était appelé Père que par rapport à lui, non par rapport à Fils, et de même si le Fils n'était appelé Fils que par rapport à lui, non point par rapport à Père, ce serait selon la substance que l'un serait appelé Père et l'autre Fils; mais comme le Père n'est appelé Père que parce qu'il a un Fils, et que le Fils n'est appelé Fils que parce qu'il a un Père, ce n'est point selon la substance qu'ils sont appelés ainsi, puisque ces noms de Père et de Fils ne leur sont point donnés par rapport à eux-mêmes, mais par rapport l'un à l'autre réciproquement ; ce n'est pas non plus selon l'accident, puisque si le Père est appelé Père, et le Fils Fils, ce que ces noms désignent est en eux éternel et immuable. Aussi quoiqu'il y ait une différence entre être Père et être Fils, la substance n'est point différente, attendu qu'ils ne sont point nommés ainsi quant à la substance, mais d'une manière relative : or, ce qui est relatif n'est point un accident parce qu'il n'est point muable.

CHAPITRE VI.

Réponse aux chicanes des hérétiques, sur les expressions inengendré et engendré.

7. Si les hérétiques pensent qu'on ne doit point se rendre à notre argumentation par la raison que si le Père n'est appelé Père que par rapport au Fils, et le Fils Fils que par rapport au Père, cependant c'est en eux-mêmes, non

tates, servitutes, similitudines, æqualitates, et si qua hujusmodi, et situs et habitus, et loca et tempora, et opera atque passiones.

CAPUT V.

In Deo nihil secundum accidens dicitur, sed secundum substantiam, aut secundum relationem.

In Deo autem nihil quidem secundum accidens dicitur, quia nihil in eo mutabile est; nec tamen omne quod dicitur, secundum substantiam dicitur. Dicitur enim ad aliquid, sicut Pater ad Filium, et Filius ad Patrem, quod non est accidens : quia et ille semper Pater, et ille semper Filius; et non ita semper quasi ex quo natus est Filius, ut ex eo quod nunquam desinat esse Filius, Pater non desinat esse Pater; sed ex eo quod semper natus est Filius, nec cœpit unquam esse Filius. Quod si aliquando esse cœpisset, aut aliquando esse desineret Filius, secundum accidens diceretur. Si vero quod dicitur Pater, ad se ipsum diceretur, non ad Filium ; et quod dicitur Filius, ad se ipsum diceretur, non ad Patrem; se- cundum substantiam diceretur et ille Pater, et ille Filius : sed quia et Pater non dicitur Pater nisi ex eo quod est ei Filius, et Filius non dicitur nisi ex eo quod habet Patrem, non secundum substantiam hæc dicuntur; quia non quisque eorum ad se ipsum, sed ad invicem atque ad alterutrum ista dicuntur : neque secundum accidens, quia et quod dicitur Pater, et quod dicitur Filius, æternum atque incommutabile est eis. Quamobrem quamvis diversum sit Patrem esse et Filium esse, non est tamen diversa substantia : quia (a) hoc non secundum substantiam dicuntur, sed secundum relativum; quod tamen relativum non est accidens, quia non est mutabile.

CAPUT VI.

Occurrit hæreticorum cavillationibus in eadem voce geniti et ingeniti.

7. Si autem huic sic putant resistendum esse sermoni, quod Pater quidem ad Filium dicitur et Filius ad Patrem, ingenitus tamen et genitus ad se ipsos dicuntur, non ad alterutrum : non enim hoc est di-

---

(a) Editi *hæc*. At Mss. *hoc*.

point relativement l'un à l'autre, qu'ils sont dits l'un engendré et l'autre inengendré ; attendu que dire inengendré n'est point pour cela dire Père, car s'il n'avait point engendré un Fils rien n'aurait empêché qu'il ne fût lui-même inengendré, et que si quelqu'un engendre un fils il ne s'ensuit pas qu'il soit lui-même inengendré ; en effet, les hommes engendrés d'hommes engendrent eux-mêmes d'autres hommes. Ils disent donc : le Père est appelé Père par rapport au Fils, le Fils est appelé Fils par rapport au Père, mais l'inengendré est inengendré par rapport à lui, de même que l'engendré n'est engendré que par rapport à lui. Or, si tout ce qui se dit d'un être par rapport à lui-même se dit selon sa substance, l'inengendré et l'engendré étant différents, il s'ensuit que leurs substances sont différentes. Si c'est là ce que disent les hérétiques, ils ne comprennent pas qu'ils avancent au sujet de l'inengendré une proposition qui mérite d'être examinée avec beaucoup de soin ; en effet, on n'est pas père parce qu'on est inengendré, ni inengendré parce qu'on est père, et, par conséquent, ce n'est point par rapport à quelque chose en général, mais par rapport à soi, que dans la pensée de chacun le mot inengendré est dit ; mais par un surprenant aveuglement, ils ne remarquent point que le mot engendré ne peut s'employer que relativement à un autre ; en effet, s'il y a fils c'est qu'il y a engendré, puisque le fils est un être engendré. Or, de même que fils a rapport à père, ainsi engendré a rapport à engendrant ; et de même que père se rapporte à fils, ainsi engendrant se rapporte à engendré. Aussi comprend-on que la notion d'engendrant est autre que celle d'engendré. Et si l'une et l'autre expression s'emploient pour Dieu le Père, celle-là pourtant ne s'emploie que par rapport à l'engendré, c'est-à-dire par rapport au Fils ; il est vrai que les hérétiques ne le nient point, mais ils soutiennent que s'il est appelé inengendré cette expression ne s'emploie que par rapport à lui. Ils disent donc : Si le Père est dit par rapport à soi, quelque chose que le Fils ne puisse être dit par rapport à lui-même, et, en général, tout ce qui est dit du Père par rapport à lui, Père, est dit selon sa substance : et c'est par rapport à lui qu'il est dit inengendré, ce que le Fils ne peut pas être dit ; donc c'est selon sa nature qu'il est dit inengendré, et comme cela ne peut se dire du Fils par rapport à lui, il n'est pas de la même substance que le Père. Il est répondu à ce sophisme de manière à contraindre ceux qui y ont recours, à dire selon quoi le Fils est dit égal au Père, si c'est selon ce qui se dit par rapport à lui, ou selon ce qui se dit par rapport au Père. Or, ce n'est point selon ce qui se dit par rapport au père, puisque le fils n'est appelé fils que par rapport au père, et que ce dernier n'est point fils mais est père, attendu que père

cere ingenitum, quod est Patrem dicere ; quia et si Filium non genuisset, nihil prohiberet eum dicere ingenitum : et si gignat quisque filium, non ex eo ipse ingenitus est ; quia geniti homines ex aliis hominibus, gignunt et ipsi alios. Inquiunt ergo : Pater ad Filium dicitur, et Filius ad Patrem, ingenitus autem ad se ipsum, et genitus ad se ipsum dicitur. Et ideo si quidquid ad se ipsum dicitur, secundum substantiam dicitur, diversum est autem ingenitum esse et genitum esse : diversa igitur substantia est. Hoc si dicunt, non intelligunt de ingenito quidem aliquid se dicere, quod diligentius pertractandum sit, quia nec ideo quisque pater quia ingenitus, nec ingenitus ideo quia pater, et propterea non ad aliquid, sed ad se dici putatur ingenitus : genitum vero mira cæcitate non advertunt dici non posse, nisi ad aliquid. Ideo quippe filius quia genitus, et quia filius utique genitus. Sicut autem filius ad patrem, sic genitus ad genitorem refertur; et sicut pater ad filium, ita genitor ad genitum. Ideo que alia notio est qua intelligitur genitor, alia qua ingenitus. Nam quamvis de Patre Deo utrumque dicatur, illud tamen ad genitum, id est, ad Filium dicitur, quod nec illi negant : hoc autem quod ingenitus dicitur, ad se ipsum dici perhibent. Dicunt ergo : Si aliquid ad se ipsum dicitur Pater, quod ad se ipsum dici non potest Filius, et quidquid ad se ipsum dicitur, secundum substantiam dicitur, et ad se ipsum dicitur ingenitus, quod dici non potest Filius ; ergo secundum substantiam dicitur ingenitus, quod Filius quia dici non potest, non ejusdem est substantiæ. Cui versutiæ respondetur ita, ut ipsi cogantur dicere secundum quid sit æqualis Patri Filius, utrum secundum id quod ad se dicitur, an secundum id quod ad Patrem dicitur. Non enim secundum id quod ad Patrem dicitur, quoniam ad patrem filius dicitur, ille autem non filius, sed pater est. Quia non sic ad se dicuntur pater et filius, quomodo amici aut vicini. Relative quippe amicus dicitur ad amicum ; et si æqualiter se diligunt, eadem in utroque amicitia est :

et fils ne se disent point comme on dit amis ou voisins. En effet, on dit ami relativement à un ami, et s'ils s'aiment également l'un l'autre, l'amitié entre eux est égale. C'est également d'une manière relative, que quelqu'un est appelé le voisin d'un autre ; et comme ils sont également voisins l'un par rapport à l'autre, car l'un n'est voisin de l'autre qu'autant que le second l'est du premier, le voisinage est égal pour l'un et pour l'autre. Mais comme ce n'est point relativement à Fils que le Fils est appelé Fils, mais relativement à Père, le Fils n'est point égal au Père selon ce qui est dit par rapport au Père, il ne reste donc à dire qu'il est égal au Père, que selon ce qui se dit par rapport à lui-même. Par conséquent, la substance de l'un et de l'autre est la même. Quand on dit du Père qu'il est inengendré, on ne dit pas ce qu'il est mais ce qu'il n'est point. Or, quand le relatif est nié, il n'est point nié selon la substance, puisque le relatif lui-même ne se dit point par rapport à la substance.

CHAPITRE VII.

Une préfixe négative ne change point le prédicament auquel elle s'ajoute.

8. C'est ce qu'il faut éclaircir par des exemples. Et d'abord on doit voir que le sens du mot engendré est le même que celui de fils; car le fils n'est fils que parce qu'il est engendré, et c'est parce qu'il est engendré qu'il est fils, aussi quand on dit inengendré on montre seulement que celui dont on parle n'est point fils ; mais si on dit également bien engendré et inengendré, l'usage qui permet de dire fils ne permet pas également de dire non fils. Cependant il ne manque rien à l'intelligence de la phrase si on dit non fils, de même que si on disait inengendré pour non engendré, on n'exprimerait pas autre chose. Il en est de même des mots voisin et ami, qui s'emploient d'une manière relative, et on ne peut point dire invoisin comme on dit ennemi. Par conséquent, on ne doit point considérer dans ces choses ce que l'usage permet ou ne permet point de dire, mais quel sens résulte clairement quand il s'agit de ces choses. Eh bien, ne disons donc pas inengendré, quoique le génie du latin nous permette de le dire, mais, à la place, disons non engendré qui a le même sens. Est-ce que par ce mot nous disons autre chose que non fils ? La particule négative ne fait donc point ici que ce qui se dit d'une manière relative, quand elle n'est point employée, se dise de la substance parce qu'elle est placée devant le mot fils ; la négation porte seulement sur ce qui était affirmé, avant qu'on l'employât, comme dans tous les autres prédicaments. De même quand on dit : c'est un homme, on désigne la substance.

---

et relative vicinus dicitur ad vicinum; et quia æqualiter sibi vicini sunt (quantum enim iste illi, tantum et ille huic vicinatur), eadem in utroque vicinitas. Quia vero Filius non ad Filium relative dicitur, sed ad Patrem ; non secundum hoc quod ad Patrem dicitur, æqualis est Filius Patri : restat ut secundum id æqualis sit, quod ad se dicitur. Quidquid autem ad se dicitur, secundum substantiam dicitur : restat ergo ut secundum substantiam sit æqualis. Eadem est igitur utriusque substantia. Cum vero ingenitus dicitur pater, non quid sit, sed quid non sit dicitur. Cum autem relativum negatur, non secundum substantiam negatur, quia ipsum relativum non secundum substantiam dicitur.

CAPUT VII.

Negatio addita non mutat prædicamentum.

8. Hoc exemplis planum faciendum est. Ac primum videndum est hoc significari cum dicitur genitus, quod significatur cum dicitur filius. Ideo enim filius, quia genitus; et quia filius, utique genitus. Quod ergo dicitur ingenitus, hoc ostenditur, quod non sit filius : sed genitus et ingenitus commode dicuntur, filius autem Latine dicitur, sed infilius ut dicatur non admittit loquendi consuetudo. Nihil tamen intellectui demitur, si dicatur non filius; quemadmodum etiam si dicatur non genitus, pro eo quod dicitur ingenitus, nihil aliud dicitur. Sic enim et vicinus et amicus relative dicuntur, nec tamen potest invicinus dici quomodo dicitur inimicus. Quamobrem non est in rebus considerandum quid vel sinat vel non sinat dici usus sermonis nostri, sed quis rerum ipsarum intellectus eluceat. Non ergo jam dicamus ingenitum, quamvis dici Latine possit; sed pro eo dicamus non genitum, quod tantum valet. Num ergo aliud dicimus quam non filium ? Negativa porro ista particula non id efficit, ut quod sine illa relative dicitur, eadem præposita substantialiter dicatur ; sed tantum negatur, quod sine illa aiebatur, sicut in cæteris prædicamentis. Velut cum dicimus : Homo est, substantiam designamus. Qui ergo dicit : Non

Celui donc qui dit : ce n'est point un homme, n'énonce pas une autre sorte de prédicament, il se contente de nier celui-là. De même donc que c'est selon la substance que je dis : c'est un homme; de même c'est selon la substance aussi que je dis avec négation : ce n'est point un homme. Si on me demande de quelle grandeur il est et que je réponde : il a quatre pieds, je parle selon la grandeur; si on dit : il n'a point quatre pieds, la négation tombe encore sur la grandeur. Il est blanc, l'affirmation se rapporte à la couleur; il n'est pas blanc, la négation tombe aussi sur la couleur. C'est un proche, mon affirmation tombe sur sa relation, il n'est point proche, ma négation tombe également sur sa relation. C'est par rapport à la situation que je dis : il est gisant; c'est également la situation que j'ai en vue quand je dis : il n'est point gisant. C'est par rapport à sa manière d'être extérieure que je dis : il est armé, et c'est encore par rapport à sa même manière d'être extérieure que je dis : il n'est point armé; mon expression aurait la même force si je disais : il est sans armes. C'est par rapport au temps que je dis : c'était hier; et c'est aussi par rapport au temps que je dis : ce n'était point hier. Lorsque je dis : il est à Rome, je parle du lieu, et c'est encore du lieu que je parle quand je dis : il n'est point à Rome. C'est par rapport à l'action que je dis : il bat; et c'est sur l'action que tombe aussi ma négation quand je dis : il ne bat point, pour montrer que ce n'est point ce qu'il fait. Quand je dis : il est battu, c'est par rapport au prédicament de la souffrance que je parle, et c'est également par rapport à ce prédicament que je parle quand je dis : il n'est point battu. En un mot, il n'y a absolument aucun prédicament selon lequel nous voulions affirmer quelque chose, et dont il ne soit évident que nous voulons nier également quelque chose quand il nous plaît de le faire précéder d'une particule négative. Puisqu'il en est ainsi, si c'était à la substance que se rapportât mon affirmation quand je dis : le fils, ce serait également à la substance que se rapporterait ma négation, quand je dis : non fils ; mais comme c'est sur une relation que tombe mon affirmation quand je dis : il est fils, c'est en effet relativement au père ; c'est donc aussi sur une relation que tombe ma négation quand je dis : il n'est pas fils, car c'est au père que je rapporte ma négation, je veux montrer qu'il n'a point de père. Si donc le mot fils a la même force que engendré, comme nous l'avons dit plus haut, on a donc exactement le même sens quand on dit inengendré que lorsqu'on dit non fils. C'est sur la relation que tombe notre négation quand nous disons non fils ; c'est donc également sur la relation qu'elle tombe quand nous disons inengendré. Or, inengendré, qu'est-ce à dire,

---

homo est, non aliud genus prædicamenti enuntiat, sed tantum illud negat. Sicut ergo secundum substantiam aio : Homo est : sic secundum substantiam nego, cum dico : Non homo est. Et cum quæritur, quantus sit; et aio : Quadrupedalis est, id est, quatuor pedum, secundum quantitatem aio : qui dicit : Non quadrupedalis est, secundum quantitatem negat. Candidus est, secundum qualitatem aio : Non candidus est, secundum qualitatem nego. Propinquus est, secundum relativum aio : Non propinquus est, secundum relativum nego. Secundum situm aio, cum dico : Jacet : secundum situm nego, cum dico : Non jacet. Secundum habitum aio, cum dico : Armatus est : secundum habitum nego, cum dico : Non armatus est. Tantumdem autem valet si dicam : Inermis est. Secundum tempus aio, cum dico : Hesternus est : secundum tempus nego, cum dico : Non hesternus est. Et cum dico : Romæ est, secundum locum aio : et secundum locum nego, cum dico : Non Romæ est. Secundum id quod est facere aio, cum dico : Cædit; si autem dicam : Non cædit, secundum id quod est facere nego, ut ostendam non hoc facere. Et cum dico : Vapulat, secundum prædicamentum aio quod pati vocatur : et secundum id nego, cum dico : Non vapulat. Et omnino nullum prædicamenti genus est, secundum quod aliquid aiere volumus, nisi ut secundum idipsum prædicamentum negare convincamur, si præponere negativam particulam voluerimus. Quæ cum ita sint, si substantialiter aierem, dicendo, Filius; sustantialiter negarem, dicendo : Non Filius. Quia vero relative aio, cum dico : Filius est; ad patrem enim refero : relative nego, si dicam : Non filius est; ad parentem enim eamdem negationem refero, volens ostendere quod ei parens non sit. At si quantum valet quod dicitur filius, tantumdem valet quod dicitur genitus, sicut prælocuti sumus; tantumdem ergo valet quod dicitur non genitus, quantum valet quod dicitur non filius. Relative autem negamus dicendo, non filius : relative igitur negamus dicendo, non genitus. Ingenitus porro quid est nisi non genitus? Non ergo receditur a relativo prædicamento, cum ingenitus dicitur.

sinon non engendré? On ne s'éloigne donc point du prédicament quand on dit inengendré. De même donc que ce n'est point par rapport à lui qu'un être est dit engendré, mais pour indiquer qu'il a un engendreur, ainsi quand on dit inengendré, ce n'est point par rapport à lui qu'on le dit, mais pour montrer qu'il ne vient point d'un engendreur. Les deux sens roulent donc sur le même prédicament, lequel indique une relation. Or, ce qui est affirmé relativement à autre chose, n'indique point une substance, de même quoiqu'il y ait une différence entre engendré et inengendré, cette différence n'indique pas une diversité de substance; car de même que fils a rapport à père, de même non fils a rapport à non père, ainsi nécessairement engendré a rapport à engendreur, et inengendré à inengendreur.

CHAPITRE VIII.

Tout ce qui se dit de Dieu, par rapport à la substance, se dit également de chacune des trois personnes et de la Trinité tout entière.

9. Retenons donc bien ceci avant tout, c'est que tout ce qui est affirmé de la très-excellente et divine sublimité par rapport à elle-même, l'est de sa substance, et ce qui n'est affirmé d'elle que par rapport à quelque chose, ne l'est point de sa substance, mais seulement de sa relation à une autre chose, retenons aussi que telle est la force de la substance dans le Père, le Fils et le Saint-Esprit, que tout ce qui est dit de l'un des trois par rapport aux trois, doit s'entendre, en somme, non pas au pluriel, mais au singulier. En effet, comme personne ne doute que c'est selon la substance qu'il est parlé quand on dit : le Père est Dieu, le Fils est Dieu, le Saint-Esprit est Dieu, et qu'on ne dit point que ce sont trois Dieux, mais seulement que la très-excellente Trinité n'est elle-même qu'un seul Dieu, ainsi quand on dit : le Père est grand, le Fils est grand, le Saint-Esprit est grand, ce ne sont point trois grands mais un seul grand. Car ce n'est pas seulement du Père, comme le pensent les hérétiques à tort, mais du Père, du Fils et du Saint-Esprit qu'il est dit dans l'Ecriture : « Vous êtes le seul Dieu grand. » (*Ps.* LXXXV, 10.) Le Père est bon, le Fils est bon, et le Saint-Esprit est bon; ce ne sont pas trois bons Dieux, il n'y a qu'un seul bon Dieu, dont il a été dit : « Nul n'est bon si ce n'est Dieu. » (*Luc*, XVIII, 19.) Aussi le Seigneur Jésus, pour empêcher que celui qui lui adressait la parole comme s'il n'eût été qu'un homme, en lui disant : « Bon maître, » ne le considérât que comme un homme, se garde-t-il bien de dire : Nul n'est bon si ce n'est le Père, mais : « Nul n'est bon si ce n'est Dieu; » attendu que dans le nom de Père, il n'y a proprement que le Père de nommé, tandis que dans celui de Dieu

---

Sicut enim genitus non ad se ipsum dicitur, sed quod ex genitore sit : ita cum dicitur ingenitus, non ad se ipsum dicitur, sed quod ex genitore non sit ostenditur. In eodem tamen prædicamento, quod Relativum vocatur, utraque significatio vertitur : quod autem relative pronuntiatur, non indicat substantiam : ita quamvis diversum sit genitus et ingenitus, non indicat diversam substantiam : quia sicut filius ad patrem, et non filius ad non patrem refertur; ita genitus ad genitorem, et non genitus ad non genitorem referatur necesse est.

CAPUT VIII.

Quidquid substantialiter de Deo dicitur, de singulis personis singulariter et simul de ipsa Trinitate dicitur.

9. Quapropter illud præcipue teneamus, quidquid ad se dicitur præstantissima illa et divina sublimitas, substantialiter dici; quod autem ad aliquid, non substantialiter, sed relative : tantamque vim esse ejusdem substantiæ in Patre et Filio, et Spiritu sancto, ut quidquid de singulis ad se ipsos dicitur, non pluraliter in summa, sed singulariter accipiatur. Quemadmodum enim Pater Deus est, et Filius Deus est, et Spiritus sanctus Deus est, quod secundum substantiam dici nemo dubitat : non tamen tres Deos, sed unum Deum dicimus eam ipsam præstantissimam Trinitatem. Ita magnus Pater, magnus Filius, magnus Spiritus sanctus : non tamen tres magni, sed unus magnus. Non enim de Patre solo, sicut illi perverse sentiunt; sed de Patre et Filio et Spiritu sancto scriptum est : « Tu es Deus solus magnus. » (*Ps.* LXXXV, 10.) Et bonus Pater, bonus Filius, bonus Spiritus sanctus : nec tres boni, sed unus est bonus, de quo dictum est : « Nemo bonus nisi unus Deus. » (*Luc.*, XVIII, 19.) Etenim Dominus Jesus, ne ab illo qui dixerat : « Magister bone, » tanquam hominem compellans, secundum hominem tantummodo intelligeretur, ideo non ait : Nemo bonus nisi solus Pater; sed : « Nemo bonus nisi unus Deus. » In Patris enim nomine, ipse per se Pater pronuntiatur : in Dei vero

se trouvent compris également le Fils et le Saint-Esprit, puisque la Trinité ne fait qu'un seul Dieu. La position et l'extérieur, les lieux et les temps se disent en Dieu non point au sens propre, mais au sens figuré et par similitude. En effet, il est dit qu'il est assis sur les chérubins (*Ps.* LXXIX, 2), ce qui a rapport à la position ; que l'abîme est comme son vêtement (*Ps.* CI, 6), ce qui a rapport à l'extérieur ; il est dit aussi : « Vos années ne finiront point, » (*Ps.* CI, 28) ce qui se rapporte au temps, et encore : « Si je monte au ciel vous y êtes, » (*Ps.* CXXXVIII, 8) ce qui regarde le lieu. Mais pour ce qui se rapporte à l'action, peut-être n'y a-t-il que de Dieu seul qu'on puisse le dire en toute vérité, car il n'y a que lui qui fait et qui ne soit point fait, et qui, quant à sa substance par laquelle il est, ne connaît point le patir. C'est pourquoi s'il y a le Père tout-puissant, le Fils tout-puissant, et le Saint-Esprit tout-puissant, il n'y a pourtant qu'un seul tout-puissant, « de qui, en qui, et par qui tout est, et à qui soit la gloire. » (*Rom.*, XI, 36.) Par conséquent, tout ce qui se dit de Dieu par rapport à Dieu, se dit également et au singulier, de chacune des trois personnes, c'est-à-dire du Père, du Fils et du Saint-Esprit, et aussi de la Trinité même, non pas au pluriel, mais au singulier, attendu que pour Dieu ce n'est pas autre chose d'être et d'être grand, pour lui, au contraire, être et être grand, c'est tout un ; par conséquent, de même que nous ne disons point qu'il y a trois essences, de même nous ne disons point qu'il y a trois grandeurs , mais qu'il n'y a qu'une essence et qu'une grandeur. Je dis essence, en grec οὐσία, mais nous disons plus communément substance.

10. Il est vrai que les hérétiques se servent aussi du mot hypostase ; mais je ne sais pas quelle différence ils veulent qu'il y ait entre *ousia* et *hypostase*, car la plupart de ceux qui traitent de ces choses en grec, ont coutume de dire μίαν οὐσίαν, τρεῖς ὑποστάσεις, c'est-à-dire une essence, trois substances.

CHAPITRE IX.

En Dieu il n'y a qu'une essence; les Grecs comptaient en lui trois hypostases et les Latins trois personnes.

Mais comme l'usage parmi nous a prévalu d'après notre manière de parler, de comprendre, par le mot essence, ce qu'on entend par celui de substance, nous n'osons point dire une seule essence et trois substances ; mais, nous disons une seule essence ou substance, et trois personnes, ainsi que se sont exprimés beaucoup d'auteurs latins d'une certaine auto-

---

et ipse et Filius et Spiritus sanctus, quia Trinitas unus Deus. Situs vero, et habitus, et loca, et tempora, non proprie, sed translate ac per similitudines dicuntur in Deo. Nam et sedere super Cherubim dicitur (*Psal.* LXXIX, 2); quod ad situm dicitur : et abyssum tanquam vestimentum amictus (*Psal.* CIII, 6); quod ad habitum; et : « Anni tui non deficient ; » (*Psal.* CI, 28) quod ad tempus; et : « Si ascendero in cœlum, tu ibi es ; » (*Psal.* CXXXVIII, 8) quod ad locum. Quod autem ad faciendum attinet, fortassis de solo Deo verissime dicatur : solus enim Deus facit et ipse non fit, neque patitur quantum ad ejus substantiam pertinet qua Deus est. Itaque omnipotens Pater, omnipotens Filius, omnipotens Spiritus sanctus : nec tamen tres omnipotentes, sed unus omnipotens, « ex quo omnia, per quem omnia, in quo omnia, ipsi gloria. » (*Rom.*, XI, 36.) Quidquid ergo ad se ipsum dicitur Deus, et de singulis personis (a) singulariter dicitur, id est, de Patre, et Filio, et Spiritu sancto et simul de ipsa Trinitate, non pluraliter, sed singulariter dicitur. Quoniam quippe non aliud est Deo esse, et aliud magnum esse, sed hoc idem illi est esse quod magnum esse : propterea sicut non dicimus tres essentias, sic non dicimus tres magnitudines, sed unam essentiam et unam magnitudinem. Essentiam dico, quæ οὐσία græce dicitur, quam usitatius substantiam vocamus.

10. Dicunt quidem et illi hypostasim ; sed nescio quid volunt interesse inter usiam et hypostasim : ita ut plerique nostri qui hæc græco tractant eloquio, dicere consueverint, μίαν οὐσίαν, τρεῖς ὑποστάσεις, quod est latine, unam essentiam, tres substantias.

CAPUT IX.

In Deo una essentia, tres Græcis hypostases, Latinis tres personæ.

Sed quia nostra loquendi consuetudo jam obtinuit, ut hoc intelligatur cum dicimus essentiam, quod intelligitur cum dicimus substantiam : non audemus dicere unam essentiam, tres substantias ; sed unam essentiam vel substantiam, tres autem personas, quemadmodum multi Latini ista tractantes et digni auctoritate dixerunt, cum alium modum aptiorem

---

(a) Plures Mss. *similiter dicitur*. Nonnulli *ter dicitur*.

rité, en traitant de ces choses, parce qu'ils ne trouvaient pas de manière plus propre d'exprimer par des paroles ce qui se comprend sans paroles. En réalité, le Père qui n'est point le Fils, et le Fils qui n'est point le Père, et le Saint-Esprit qui s'appelle aussi le don de Dieu, et qui n'est pas non plus ni le Père ni le Fils, sont réellement trois ; voilà pourquoi il est dit au pluriel : « Mon Père et moi nous ne faisons qu'un ; » le Seigneur ne dit pas mon Père et moi, c'est un, comme disent les sabelliens, mais « ne faisons qu'un. » Cependant si on demande que sont ces trois, la langue humaine se trouve dans une grande pénurie de mots ; et l'on dit ce sont trois personnes, moins pour dire ce que ce sont, que pour ne point garder le silence.

CHAPITRE X.

Ce qui ne convient absolument qu'à Dieu, comme l'essence ne se dit qu'au singulier non au pluriel.

11. De même donc que nous ne disons point trois essences, ainsi nous ne disons point trois grandeurs, ni trois grands. Dans les choses qui sont grandes par participation à la grandeur, c'est autre chose d'être et d'être grandes, telles qu'une grande maison, une grande montagne, une grande âme ; dans ces choses donc autre chose est la grandeur, autre chose ce qui est grand par cette grandeur, et certainement ce qui est la grandeur n'est point une grande maison. Mais la vraie grandeur c'est celle par laquelle non-seulement est grande une grande maison, est grande une grande montagne, mais par laquelle est grand tout ce qui est grand, en sorte que autre chose est la grandeur même, autre chose est ce qui est appelé grand par participation à la grandeur. La grandeur qui est grande dès le principe, l'est d'une manière bien plus excellente que les choses qui ne sont grandes que par participation à cette grandeur. Or, Dieu n'étant pas grand d'une grandeur qui ne soit point ce qu'il est lui-même, comme s'il participait à cette grandeur, quand il est grand, autrement cette grandeur serait plus grande que Dieu, or, il n'y a rien de plus grand que Dieu ; Dieu n'est donc grand que par la grandeur par laquelle il est lui-même la grandeur. Aussi de même que nous ne disons point trois essences, ainsi nous ne disons point non plus trois grandeurs ; car pour Dieu être, c'est la même chose qu'être grand. C'est pour la même cause que nous ne disons point trois grands, mais un seul grand, c'est parce que ce n'est point par participation à la grandeur que Dieu est grand, mais il est grand par lui-même qui est sa propre grandeur. Que cela soit dit de la bonté, de l'éternité et de la toute-puissance de Dieu, enfin de tous les prédicaments, sans exception, qui peuvent être affirmés de Dieu,

---

non invenirent, quo enuntiarent, verbis quod sine verbis intelligebant. Re vera enim cum Pater non sit Filius, et Filius non sit Pater, et Spiritus sanctus ille qui etiam donum Dei vocatur, nec Pater sit nec Filius, tres utique sunt. Ideoque pluraliter dictum est : « Ego et Pater unum sumus. » (*Joan.*, x, 30.) Non enim dixit, unum est, quod Sabelliani dicunt ; sed, « unum sumus. » Tamen cum quæritur quid tres, magna prorsus inopia humanum laborat eloquium. Dictum est tamen tres personæ, non ut illud diceretur, sed ne taceretur.

CAPUT X.

Quæ Deo absolute conveniunt ut essentia, de Trinitate singulariter dicuntur, non pluraliter.

11. Sicut ergo non dicimus tres essentias ; ita non dicimus tres magnitudines, neque tres magnos. In rebus enim quæ participatione magnitudinis magnæ sunt, quibus est aliud esse magnas esse, sicut magna domus, et magnus mons, et magnus animus ; in his ergo rebus aliud est magnitudo, aliud quod ab ea magnitudine magnum est, et prorsus non hoc est magnitudo qua ipsa est magna domus. Sed illa est vera magnitudo, quod non solum magna est domus quæ magna est, et qua magnus est mons quisquis magnus est ; sed etiam qua magnum est quidquid aliud magnum dicitur : ut aliud sit ipsa magnitudo, aliud ea quæ ab illa magna dicuntur. Quæ magnitudo utique primitus magna est, multoque excellentius quam ea quæ participatione ejus magna sunt. Deus autem quia non ea magnitudine magnus est quæ non est quod est ipse, ut quasi particeps ejus sit Deus cum magnus est ; alioquin illa erit major magnitudo quam Deus, Deo autem non est aliquid majus : ea igitur magnitudine magnus est qua ipse est eadem magnitudo. Et ideo sicut non dicimus tres essentias, sic nec tres magnitudines : hoc est enim Deo esse, quod est magnum esse. Eadem causa nec magnos tres dicimus, sed unum magnum : quia non participatione magnitudinis Deus magnus est, sed se ipso magno magnus est ; quia ipse sua est magnitudo. Hoc et de bonitate, et de æternitate, et de omnipotentia Dei

toutes les fois que ce n'est point affirmé de lui par manière de figure et de similitude, mais au sens propre, si, pourtant il peut être affirmé de Dieu quoi que ce soit au sens propre, par la bouche de l'homme.

CHAPITRE XI.
Ce qui se dit de la Trinité d'une manière relative.

12. Mais pour les choses qui proprement se disent séparément les unes des autres, dans la seule et même Trinité, elles ne se disent pas le moins du monde chacune par rapport à elle-même, mais par rapport les unes aux autres, ou par rapport à la créature, aussi est-il manifeste que ce n'est pas substantiellement mais relativement qu'elles se disent. En effet, si la Trinité est appelée seul Dieu, grand, bon, éternel, tout-puissant, et que ce même Dieu puisse s'appeler sa propre déité, sa propre grandeur, sa propre bonté, sa propre éternité, sa propre toute-puissance, on ne peut pas dire de la même manière que la Trinité est le Père, à moins que ce ne soit par figure relativement à la créature, à cause de son adoption au rang des enfants de Dieu. Cette parole de l'Ecriture : « Ecoutez Israël, le Seigneur votre Dieu est le seul et unique Seigneur, » (*Deut.*, VI, 4) ne doit point s'entendre à l'exclusion du Fils ou du Saint-Esprit, que nous tenons avec raison pour notre unique seigneur Dieu, et même pour notre Père, attendu qu'il nous régénère par sa grâce. Mais le Fils ne saurait en aucune manière être appelé Trinité. Quant au Saint-Esprit, selon ce qui est écrit : « Dieu est esprit, » (*Jean*, IV, 24) il peut se dire au sens général, attendu que le Père est esprit et le Fils également, de même que le Père est saint et le Fils aussi, par conséquent, le Père, le Fils et le Saint-Esprit étant un seul et même Dieu, et d'un autre côté Dieu étant saint et esprit, il s'ensuit que la Trinité peut également être appelée un Esprit saint ; toutefois le Saint-Esprit qui est dans la Trinité mais n'est point la Trinité, quand il est proprement désigné par le nom d'Esprit saint, est appelé ainsi d'une manière relative, c'est-à-dire par rapport au Père et au Fils, attendu que le Saint-Esprit est Esprit du Père et Esprit du Fils. Mais si cette relation n'apparaît point dans l'emploi même de ce nom, elle se montre clairement quand on la désigne sous le nom de don de Dieu ; en effet, il est le don du Père et du Fils, attendu qu'il procède du Père, comme le Seigneur le dit (*Jean*, XV, 26), et que l'Apôtre, en parlant évidemment du Saint-Esprit même, dit : « Quiconque n'a point l'Esprit du Christ, n'appartient point au Christ. » (*Rom.*, VIII, 9.) Lors donc que nous parlons du don du

donateur et du donateur du don, nous parlons de l'un par rapport à l'autre et réciproquement. Le Saint-Esprit est donc une sorte de communion ineffable du Père et du Fils, peut-être même n'est-il appelé du nom qu'il a que parce que ce nom peut parfaitement convenir tant au Père qu'au Fils. Ce qui est le nom propre par rapport à lui est nom commun par rapport aux deux autres, puisque le Père est Esprit, et le Fils Esprit aussi, de même que si le Père est saint, le Fils est également saint. Par conséquent, pour que la communion de ces deux personnes fût rendue par un mot qui leur convînt à l'une et à l'autre, le don de l'un et de l'autre a été appelé Esprit saint. La Trinité ne fait donc qu'un seul Dieu, unique, bon, grand, éternel, tout-puissant, et il est lui-même sa propre unité, sa déité, sa grandeur, sa bonté, son éternité, sa toute-puissance.

CHAPITRE XII.

Quelquefois les expressions manquent pour rendre les rapports mutuels.

13. Il ne faut pas voir une difficulté dans ce que nous avons dit que c'est d'une manière relative que le Saint-Esprit, non pas celui qui s'entend de la Trinité même, mais celui qui est dans la Trinité, est appelé Saint-Esprit d'une manière relative, par la raison qu'on ne voit point de mot qui lui soit réciproque. En effet, nous ne pouvons pas nous exprimer ici de la même manière que lorsque nous disons le serviteur du maître et le maître du serviteur, le fils du père et le père du fils, expressions qui ne s'emploient que l'une relativement à l'autre. Nous disons bien, en effet, le Saint-Esprit du Père, mais nous ne disons point le Père du Saint-Esprit, de peur qu'on ne comprenne que le Saint-Esprit est son Fils. De même nous disons bien le Saint-Esprit du Fils, mais non pas le Fils du Saint-Esprit, de peur que le Saint-Esprit ne soit regardé comme son Père. C'est que dans une multitude de relatifs il arrive qu'il ne se trouve point d'expression pour rendre le rapport réciproque des choses entre elles. En effet, qu'y a-t-il qui indique plus manifestement une relation que le mot gage, car le gage a évidemment rapport à ce dont il est le gage, et toujours un gage est gage de quelque chose ? Est-ce que après avoir dit le gage du Père et du Fils, nous pouvons dire réciproquement le Père du gage, le Fils du gage ? Quand nous disons le don du Père et du Fils, nous ne pouvons dire le Père du don ou le Fils du don ; mais pour que ces choses répondent réciproquement, nous disons le don du donateur et le donateur du don, parce que dans ce cas on a pu trouver un mot usité et qu'on ne l'a point pu dans l'autre cas.

Spiritu ait. Donum ergo donatoris, et donator doni, cum dicimus, relative utrumque ad invicem dicimus. Ergo Spiritus sanctus ineffabilis est quædam Patris Filiique communio; et ideo fortasse sic appellatur, quia Patri et Filio potest eadem appellatio convenire. Nam hoc ipse proprie dicitur, quod illi communiter: quia et Pater spiritus et Filius spiritus, et Pater sanctus et Filius sanctus. Ut ergo ex nomine quod utrique convenit, utriusque communio significetur, vocatur donum amborum Spiritus sanctus. Et hæc Trinitas unus Deus, solus, bonus, magnus, æternus, omnipotens : ipse sibi unitas, deitas, magnitudo, bonitas, æternitas, omnipotentia.

CAPUT XII.

In relativis mutuis interdum desunt vocabula.

13. Nec movere debet, quoniam diximus relative dici Spiritum sanctum, non ipsam Trinitatem, sed eum qui est in Trinitate, quia non ei videtur vicissim respondere vocabulum ejus ad quem refertur. Non enim, sicut dicimus servum domini et dominum servi, filium patris et patrem filii, quoniam iste relative dicuntur, ita etiam hic possumus dicere. Dicimus enim Spiritum sanctum Patris, sed non vicissim dicimus Patrem Spiritus sancti, ne filius ejus intelligatur Spiritus sanctus. Item dicimus Spiritum sanctum Filii, sed non dicimus Filium Spiritus sancti, ne pater ejus intelligatur Spiritus sanctus. In multis enim relativis hoc contingit, ut non inveniatur vocabulum, quo sibi vicissim respondeant quæ ad se referuntur. Quid enim tam manifeste relative dicitur quam pignus? Ad id quippe refertur cujus est pignus, et semper pignus alicujus rei pignus est. Num ergo cum dicimus pignus Patris et Fili, possumus vicissim dicere Patrem pignoris aut Filium pignoris? At vero cum dicimus donum Patris et Filii, non quidem dicere possumus Patrem doni, aut Filium doni ; sed ut hæc sibi vicissim respondeant, dicimus donum donatoris, et donatorem doni : quia hic potuit inveniri usitatum vocabulum, illic non potuit.

CHAPITRE XIII.

En quelle manière le mot principe se dit relativement dans la Trinité.

14. On dit donc d'une manière relative, le Père, et, en parlant de la même personne, on dit également d'une manière relative le principe, et le reste qui pourrait se rencontrer. Mais le Père n'est appelé Père que relativement au Fils, tandis qu'il est appelé le principe, relativement à tout ce qui est de lui. De même c'est relativement que le Fils est appelé Fils, et encore Verbe, image, et dans toutes ces appellations son nom se rapporte au Père, cependant le Père n'est appelé le Père à aucun de ces titres. Le Fils est aussi appelé principe; en effet, quand on lui dit : « Et vous, qui êtes-vous? » il répondit : « Je suis le principe qui vous parle. » (*Jean*, VIII, 25.) Est-il le principe du Père? En s'appelant principe, il a voulu se montrer créateur, il en est de même du Père qui est aussi le principe de la créature, puisque tout est de lui. Créateur se dit relativement à créature, de même que seigneur se dit relativement à serviteur. Aussi quand nous disons que le Père est le principe, et que le Fils est aussi le principe, nous ne parlons point de deux principes de la créature, attendu que le Père et le Fils ne sont en même temps qu'un seul et même principe par rapport à la créature, comme ils ne font qu'un seul et même créateur, un seul et même Dieu. Or, si tout ce qui, sans sortir de soi, engendre ou fait quelque chose, est un principe par rapport à la chose qu'il engendre ou qu'il opère, nous ne pouvons nier que le Saint-Esprit ne puisse être appelé également avec raison principe, attendu que nous ne le séparons point dans notre pensée, quand nous nommons le Créateur : or, il est écrit de lui qu'il opère (*Jean*, V, 36), ce qu'il fait certainement sans sortir de lui-même; car, il ne se convertit ni ne se change en rien de ce qu'il opère. Or, voyez quelles sont ses œuvres : « Les dons du Saint-Esprit qui se font connaître au dehors, dit saint Paul, sont donnés à chacun pour l'utilité; car l'un reçoit de l'Esprit le parler avec sagesse; un autre reçoit du même Esprit le parler avec science; un autre reçoit la foi par le même Esprit; un autre reçoit par le même Esprit la grâce de guérir les malades; un autre le don de faire des miracles; un autre celui de prophétie; un autre celui du discernement des esprits; un autre le don de parler diverses langues; un autre le don d'interpréter les langues. Or, c'est un seul et même Esprit qui opère toutes ces choses, et distribue à chacun selon qu'il lui plaît, » (I *Cor.*, XII, 7 à 11) c'est-à-dire selon qu'il plaît à Dieu. Car qui peut opérer de si grandes choses, s'il n'est Dieu? « Or, il n'y a qu'un seul et même Dieu qui opère tout cela. » (*Ibid.*, 6.) En effet, si on nous interroge en particulier sur le Saint-Esprit,

CAPUT XIII.

Principium quomodo in Trinitate relative dicatur.

14. Dicitur ergo relative Pater, idemque relative dicitur principium, et si quid forte aliud : sed Pater ad Filium dicitur, principium vero ad omnia quæ ab ipso sunt. Item dicitur relative Filius, relative dicitur et Verbum et Imago; et in omnibus his vocabulis ad Patrem refertur : nihil autem horum Pater dicitur. Et principium dicitur Filius : cum enim diceretur ei : « Tu quis es? » Respondit : « Principium quod et loquor vobis. » (*Joan.*, VIII, 25.) Sed numquid Patris principium? Creatorem se quippe ostendere voluit, cum se dixit esse principium; sicut et Pater principium est creaturæ, eo quod ab ipso sunt omnia. Nam et creator relative dicitur ad creaturam, sicut dominus ad servum. Et ideo cum dicimus, et Patrem principium, et Filium principium, non duo principia creaturæ dicimus; quia et Pater et Filius simul ad creaturam unum principium est, sicut unus creator, sicut unus Deus. Si autem quidquid in se manet et gignit aliquid vel ei operatur, principium est ei rei quam gignit, vel ei quam operatur, non possumus negare etiam Spiritum sanctum recte dici principium (*Joan.*, V, 36); quia non cum separamus ab appellatione creatoris : et scriptum est de illo quod operetur, et in se utique manens operatur; non enim in aliquid eorum quæ operatur, ipse mutatur et vertitur. Et quæ operatur, vide : « Unicuique autem, inquit, datur manifestatio Spiritus ad utilitatem. Alii quidem datur per Spiritum sermo sapientiæ, alii sermo scientiæ secundum eumdem Spiritum, alteri autem fides in eodem Spiritu, alii donatio curationum in uno Spiritu, alii operatio virtutum, alii prophetia, alii dijudicatio spirituum; alii genera linguarum. Omnia autem hæc operatur unus atque idem Spiritus, dividens propria unicuique prout vult, » (I *Cor.*, XII, 7) utique sicut Deus. Quis enim tanta illa potest operari nisi Deus? « Idem autem Deus qui operatur omnia in omnibus. » (*Ibid.*, 6.)

nous répondons avec une parfaite vérité qu'il est Dieu, et qu'il ne fait qu'un seul Dieu avec le Père et le Fils. Ainsi en parlant de Dieu on dit qu'il est le principe, non pas deux ou trois principes par rapport aux créatures.

CHAPITRE XIV.

Le Père et le Fils ne font qu'un seul et même principe par rapport au Saint-Esprit.

15. Si, relativement l'un à l'autre, dans la Trinité, celui qui engendre est principe par rapport à celui qu'il engendre, le Père est principe par rapport au Fils, attendu qu'il l'engendre. Mais le Père est-il aussi principe par rapport au Saint-Esprit, parce qu'il est dit que ce dernier « procède du Père, » ce n'est pas une petite question. En effet, s'il en est ainsi, il sera le principe non-seulement de la chose qu'il engendre ou qu'il fait, mais encore de celle qu'il donne. Et là on voit clairement, autant du moins que cela est possible, ce qui fait ordinairement une difficulté pour bien des gens, à savoir pourquoi le Fils n'est pas aussi Saint-Esprit, quoique le Saint-Esprit soit comme lui du Père, ainsi qu'on le lit dans l'Evangile. En effet, il en sort non pas par voie de naissance, mais par voie de don (*Jean*, xv, 26); c'est même ce qui fait qu'il n'est point appelé fils, c'est parce qu'il ne naît point du Père, comme le Fils unique, et il n'est point non plus amené, comme nous, à naître en adoption, par la grâce de Dieu. Ce qui est né du Père se rapporte seulement au Père, quand on dit le Fils, c'est le Fils du Père qu'on veut dire, non point notre fils à nous : mais ce qui est donné, se rapporte en même temps à celui qui donne et à celui à qui il est donné; aussi le Saint-Esprit est-il l'Esprit non-seulement du Père et du Fils qui nous l'ont donné, mais encore de nous qui l'avons reçu ; c'est de la même manière que le salut est appelé le salut du Seigneur qui le donne, et en même temps notre salut à nous qui le recevons. (*Ps.* iii, 9.) L'Esprit est donc en même temps l'Esprit de Dieu qui le donne et notre Esprit à nous qui le recevons. Il n'est point notre Esprit dans le sens de l'esprit par lequel nous existons, car l'esprit de l'homme c'est l'esprit qui est en lui; mais il est notre Esprit d'une autre manière, de la manière dont nous disons : « Donnez-nous notre pain. » (*Matth.*, vi, 11.) Il est vrai pourtant aussi que nous avons également reçu l'esprit qui s'appelle l'esprit de l'homme; car comme dit l'Apôtre : « Qu'avez-vous que vous n'ayez reçu ? » (1 *Cor.*, iv, 7.) Mais autre chose est ce que nous avons reçu pour être, autre est ce que nous avons reçu pour être saint. Aussi est-il écrit de saint Jean, qu'il devait venir dans l'esprit et la vertu d'Elie (*Luc*, i, 17); or, l'esprit d'Elie c'est le Saint-Esprit que reçut Elie. C'est ce qu'il faut encore

---

Nam et sigillatim si interrogemur de Spiritu sancto, verissime respondemus, quod Deus sit; et cum Patre et Filio simul unus Deus est. Unum ergo principium ad creaturam dicitur Deus, non duo vel tria principia.

CAPUT XIV.

Pater et Filius unicum principium Spiritus sancti.

15. Ad se autem invicem in Trinitate, si gignens ad id quod gignit principium est, Pater ad Filium principium est, quia (a) gignit eum. Utrum autem et ad Spiritum sanctum principium sit Pater, quoniam dictum est : « De Patre procedit, » non parva quæstio est. Quia si ita est, non jam principium ei tantum rei erit quam gignit aut facit, sed etiam ei quam dat. Ubi et illud elucescit, ut potest, quod solet multos movere, cur non filius sit etiam Spiritus sanctus, cum et ipse a Patre exeat, sicut in Evangelio legitur. (*Joan.*, xv, 26.) Exiit enim, non quomodo natus, sed quomodo datus; et ideo non dicitur filius, quia neque natus est sicut Unigenitus, neque factus ut per Dei gratiam in adoptionem nasceretur, sicuti nos. Quod enim de Patre natum est, ad Patrem solum refertur cum dicitur Filius, et ideo Filius Patris, non et noster : quod autem datum est, et ad eum qui dedit refertur, et ad eos quibus dedit ; itaque Spiritus sanctus, non tantum Patris et Filii qui dederunt, sed etiam noster dicitur qui accepimus : sicut dicitur, Domini salus qui dat salutem (*Psal.* iii, 9), eadem etiam nostra salus est qui accepimus. Spiritus ergo et Dei est qui dedit, et noster qui accepimus. Non ille spiritus noster quo sumus, quia ipse spiritus est hominis qui in ipso est : sed alio modo iste noster est, quo dicimus et : « Panem nostrum da nobis. » (*Matth.*, vi, 11.) Quanquam et illum spiritum qui hominis dicitur, utique accepimus : « Quid enim habes, inquit quod non accepisti ? » (1 *Cor.*, iv, 7.) Sed aliud est quod accepimus ut essemus, aliud quod accepimus ut sancti essemus. Unde scriptum est et de Joanne, quod in spiritu et virtute Eliæ veni-

(a) In Mss. *quia genuit eum.*

comprendre au sujet de Moïse, quand le Seigneur lui dit : « Je prendrai de votre esprit et je le leur donnerai; » (*Nomb.*, XI, 17) c'est-à-dire, je leur donnerai du Saint-Esprit que je vous ai déjà donné à vous. Si donc ce qui est donné a pour principe celui par qui il est donné, attendu qu'il n'a point reçu d'un autre ce qui procède de lui, il faut avouer que le Père et le Fils sont le principe du Saint-Esprit, mais ne sont point ses deux principes. De même que le Père et le Fils ne font qu'un seul et même Dieu relativement à la créature, un seul et même Créateur, un seul et même Seigneur, ainsi relativement au Saint-Esprit, ils ne font qu'un seul et même principe; mais par rapport à la créature, le Père, le Fils et le Saint-Esprit ne font qu'un seul et même principe, comme ils ne font qu'un seul et même Créateur, un seul et même Seigneur.

CHAPITRE XV.

Le Saint-Esprit était-il don avant d'être donné.

16. On va plus loin, et on demande si, comme le Fils a non-seulement ce qui fait qu'il devient Fils en naissant, mais encore ce qui fait qu'il est, de même le Saint-Esprit, par le fait qu'il est donné, a non-seulement ce qui fait qu'il est un don, mais encore ce qui fait qu'il est ; c'est-à-dire s'il existait avant que d'être donné, et s'il était sans être un don, ou bien, si par le fait que Dieu devait le donner, il était un don avant d'être donné. Mais s'il ne procède que quand il est donné, il s'ensuit que sa procession n'aurait point eu lieu avant que l'être auquel il pût être donné existât lui-même ; comment pourrait-il, s'il n'existe qu'autant qu'il est donné, être la substance même, comme le Fils qui a la substance même faisant non-seulement qu'il est Fils en naissant, ce qui n'est qu'une relation, mais encore qu'il est, absolument parlant? Est-ce que le Saint-Esprit procède toujours, non point de tout temps, mais de toute éternité, et, comme il ne procédait que pour être un don, était-il un don déjà avant même qu'il fût donné? Car, don n'a pas le même sens que donné. En effet, le don peut exister avant même d'être donné, mais on ne peut dire donné que de ce qui effectivement a été donné.

CHAPITRE XVI.

Ce qui se dit de Dieu dans le temps, n'exprime pas un accident en lui, mais une relation.

17. Il ne faut pas voir une difficulté dans ce qu'on dit que le Saint-Esprit, bien que coéternel au Père et au Fils, a été quelque chose dans le

---

ret (*Luc.*, I, 17) : dictus est Eliæ spiritus, scilicet Spiritus sanctus quem accepit Elias. Hoc et de Moyse intelligendum est, cum ait ei Dominus : « Tollam de spiritu tuo, et dabo eis : » (*Num.*, XI, 17) hoc est, dabo illis de Spiritu sancto, quem jam tibi dedi. Si ergo et quod datur, principium habet eum a quo datur, quia non aliunde accepit illud quod ab ipso procedit; fatendum est Patrem et Filium principium esse Spiritus sancti, non duo principia : sed sicut Pater et Filius unus Deus, et ad creaturam relative unus creator et unus Dominus, sic relative ad Spiritum sanctum unum principium : ad creaturam vero Pater et Filius et Spiritus sanctus unum principium, sicut unus creator et unus Dominus.

CAPUT XV.

An Spiritus sanctus esset donum et ante quam daretur.

16. (a) Ulterius autem quæritur, utrum quemadmodum Filius non hoc tantum habeat nascendo ut Filius sit, sed omnino ut sit; sic et Spiritus sanctus eo quo datur habet, non tantum ut donum sit, sed omnino ut sit : utrum ergo erat ante quam daretur, sed nondum erat donum; an eo ipso quo daturus erat eum Deus, jam donum erat et ante quam daretur. Sed si non procedit nisi cum datur, nec procederet utique prius quam esset cui daretur; quomodo jam erat ipsa substantia, si non est nisi quia datur : sicut Filius non tantum ut sit Filius, quod relative dicitur, sed omnino ut sit (b) ipsam substantiam nascendo habet? An semper procedit Spiritus sanctus et non ex tempore, sed ab æternitate procedit; sed quia sic procedebat ut esset donabile, jam donum erat, et ante quam esset cui daretur? Aliter enim intelligitur cum dicitur donum, aliter cum dicitur donatum. Nam donum potest esse et ante quam detur; donatum autem nisi datum fuerit nullo modo dici potest.

CAPUT XVI.

Quod de Deo ex tempore dicitur, relative dicitur, non accidentaliter.

17. Nec moveat quod Spiritus sanctus cum sit coæternus Patri et Filio, dicitur tamen aliquid ex

---

(a) Am. et plures Mss. *Interius*. Tres alii Mss. *Interim*. — (b) Plerique Mss. *ipsa substantia*.

temps, tel, par exemple, que donné. Car si l'Esprit saint est don de toute éternité, il n'a été donné que dans le temps. En effet, si on n'est appelé Seigneur que lorsqu'on commence à avoir un esclave, cette appellation, qui indique un rapport, n'est aussi appliquée à Dieu que dans le temps, attendu que la créature n'est point éternelle; or, c'est de la créature qu'il est le Seigneur. Comment donc obtiendrons-nous que ce qui est relatif ne soit point accidentel en Dieu, attendu qu'il n'y a point pour Dieu d'accident temporel, puisqu'il n'est pas sujet au changement, comme nous l'avons établi au commencement de ce traité? Voilà donc l'être Seigneur qui n'est point éternel en Dieu, si nous ne voulons être forcés de dire que la créature est éternelle, puisqu'il ne pourrait être Seigneur de toute éternité si la créature ne lui était soumise également de toute éternité; car de même qu'il ne saurait y avoir d'esclave là où il n'y a point de maître, de même il ne saurait y avoir de maître là où il n'y a point d'esclave. Mais quiconque se rencontrera pour dire qu'il n'y a que Dieu qui certainement soit éternel, et que les temps ne sauraient être éternels, parce qu'ils sont sujets à des variations et à des changements, mais que pourtant ils n'ont point commencé dans le temps, car le temps n'a point existé avant les temps, et par conséquent ce n'est point dans le temps qu'il est arrivé à Dieu d'être Seigneur, puisque d'ailleurs il était le Seigneur des temps, qui bien certainement n'ont point commencé d'être dans le temps; que répondra-t-il au sujet de l'homme qui a été fait dans le temps, et dont Dieu n'était point le Seigneur avant qu'il fût? Assurément c'est dans le temps qu'il est arrivé à Dieu d'être le Seigneur de l'homme; certainement enfin, pour faire disparaître toute chicane, c'est dans le temps que Dieu a commencé d'être le Seigneur, soit de vous, soit de moi qui ne datons que d'hier. Ou bien, si cela semble encore incertain, à cause de la question de l'âme qui est obscure, l'est-ce également pour le fait qu'il est devenu le Seigneur d'Israël? Je ne cherche pas si déjà la nature de l'âme que ce peuple avait existait alors; quoi qu'il en soit de cela, ce peuple même n'existait pas auparavant, et on sait quand il a commencé d'être. Enfin, pour être le Seigneur de cet arbre, de ce champ de blé, c'est dans le temps que cela lui est arrivé, puisque ces êtres n'existent que depuis peu de temps. Je veux bien que la matière dont ils sont composés existât auparavant, cependant autre chose est d'être le Seigneur de la matière, autre chose de l'être d'une nature faite. En effet, le temps où l'homme fut le maître du bois n'est pas le temps où il fut le maître de l'arche, bien que celle-ci ait été faite de bois, lequel bois n'existait pas encore que déjà le maître du bois existait. Comment donc obtiendrons-nous qu'il ne soit rien affirmé de Dieu selon l'accident, si ce n'est parce qu'il

tempore, veluti hoc ipsum quod donatum diximus. Nam sempiterne Spiritus donum, temporaliter autem donatum. Nam et si dominus non dicitur, nisi cum habere incipit servum, etiam ista appellatio relativa ex tempore est Deo : non enim sempiterna creatura est, cujus est ille dominus. Quomodo ergo obtinebimus nec ipsa relativa esse accidentia, quoniam nihil accidit Deo temporaliter, quia non est mutabilis, sicut in exordio hujus disputationis tractavimus. Ecce Dominum esse non sempiternum habet, ne cogamur etiam sempiternam creaturam dicere, quia illa sempiterne non dominaretur, nisi etiam ista sempiterne famularetur. Sicut autem non potest esse servus qui non habet dominum, sic nec dominus qui non habet servum. Et quisquis exstiterit qui æternum quidem Deum solum dicat, tempora autem non esse æterna propter varietatem et mutabilitatem, sed tempora tamen non in tempore esse cœpisse (non enim erat tempus ante quam inciperent tempora, et ideo non in tempore accidit Deo ut Dominus esset, quia ipsorum temporum Dominus erat, quæ utique non in tempore esse cœperunt) : quid respondebit de homine, qui in tempore factus est, cujus utique Dominus non erat ante quam esset cui esset? Certe vel ut Dominus hominis esset, ex tempore accidit Deo : et ut omnis auferri videatur controversia, certe ut tuus Dominus esset, aut meus, qui modo esse cœpimus, ex tempore accidit Deo. Aut si et hoc propter obscuram quæstionem animæ videtur incertum, quid ut esset Dominus populi Israel? Quia etsi jam erat animæ natura, quam ille populus habebat, quod modo non quærimus; tamen ille populus nondum erat, et quando esse cœpit apparet. Postremo ut Dominus esset hujus arboris et hujus segetis, ex tempore accidit, quæ modo esse cœperunt. Quia etsi materies ipsa jam erat, aliud est tamen dominum esse materiæ, aliud esse dominum jam factæ naturæ. Alio enim tempore est etiam homo dominus ligni, et alio tempore dominus est arcæ, quamvis ex ipso ligno fabricatæ, quod utique non erat, cum ligni

n'arrive, à sa nature, rien de tel qui puisse y causer un changement, et que les choses qui arrivent avec quelque changement du côté des êtres dont elles sont affirmées, soient des accidents relatifs. Ainsi ami se dit par rapport à un autre, car il ne saurait commencer d'être ami, qu'il ne commence d'aimer; il se fait donc en lui un certain changement de volonté pour qu'il soit dit ami. Une pièce de monnaie quand elle s'appelle prix, n'a ce nom que par rapport à une autre chose, et pourtant elle n'a point éprouvé de changement quand elle a commencé d'être le prix de quelque chose; non plus que lorsqu'on l'a appelée gage, ou qu'on lui a donné tout autres noms pareils. Si donc une pièce de monnaie peut être désignée si souvent d'une manière relative, sans qu'elle éprouve aucun changement en elle, et sans que, soit au moment où elle commence à être appelée d'un nom, soit au moment où elle cesse d'avoir ce nom, il s'opère le moindre changement dans sa forme ou sa nature par laquelle elle est pièce de monnaie, combien plus facilement devons-nous accepter au sujet de l'immuable substance de Dieu qu'il soit affirmé d'elle, par rapport à la créature, quelque chose d'une manière relative, de telle manière que tout en commençant dans le temps à être l'objet d'une telle affirmation, il soit bien entendu cependant qu'il ne se trouve rien d'accidentel dans la substance même de Dieu, et que ce qu'il y a d'accidentel ne se trouve que dans la créature par rapport à laquelle se produit l'affirmation. « Seigneur, dit le Prophète, vous êtes devenu mon refuge. » (*Ps.* LXXXIX, 1.) C'est donc relativement que Dieu est appelé notre refuge ; c'est en effet par rapport à nous qu'il est refuge, et il n'est notre refuge que lorsque nous nous réfugions en lui. Est-ce que alors il se fait, dans sa nature, quelque chose qui n'y était point avant que nous nous réfugiassions en lui ? C'est donc en nous que se fait un certain changement ; en effet, nous étions pires avant de nous réfugier en lui, et nous devenons meilleurs en nous y réfugiant ; mais, en lui, il n'y a absolument aucun changement. De même il commence à être notre Père quand nous sommes régénérés par sa grâce, parce qu'il nous a donné le pouvoir de devenir enfants de Dieu. (*Jean.*, I, 12.) Notre substance se trouve donc changée en mieux, quand nous devenons ses enfants, de même il commence aussi à devenir notre Père, mais sans aucun changement du côté de sa substance. Ainsi il est manifeste que lorsque Dieu commence à être l'objet, dans le temps, d'une affirmation dont il n'était pas l'objet auparavant, cette affirmation est relative ; elle ne se produit point selon un accident de Dieu parce qu'il lui serait arrivé quelque chose, mais bien selon un accident de l'être par rapport auquel Dieu commence à être l'objet d'une affirmation quelconque. Si le juste commence à être ami de Dieu, c'est le

dominus jam esset. Quomodo igitur obtinebimus nihil secundum accidens dici Deum, nisi quia ipsius naturæ nihil accidit quo mutetur, ut ea sint accidentia relativa, quæ cum aliqua mutatione rerum de quibus dicuntur, accidunt. Sicut amicus relative dicitur; neque enim esse incipit, nisi cum amare cœperit : fit ergo aliqua mutatio voluntatis, ut amicus dicatur. Nummus autem cum dicitur pretium, relative dicitur, nec tamen mutatus est cum esse cœpit pretium : neque cum dicitur pignus, et si qua sunt similia. Si ergo nummus potest nulla sui mutatione totiens dici relative, ut neque cum incipit dici, neque cum desinit, aliquid in ejus natura vel forma qua nummus est mutationis fiat; quanto facilius de illa incommutabili Dei substantia debemus accipere, ut ita dicatur relative aliquid ad creaturam, ut quamvis temporaliter incipiat dici, non tamen ipsi substantiæ Dei accidisse aliquid intelligatur, sed illi creaturæ ad quam dicitur. « Domine, inquit, refugium factus es nobis. » (*Ps.* LXXXIX, 1.) Refugium ergo nostrum Deus relative dicitur, ad nos refertur, et tunc refugium nostrum fit, cum ad eum refugimus : numquid tunc fit aliquid in ejus natura, quod ante quam ad eum refugeremus non erat? In nobis ergo fit aliqua mutatio : deteriores enim fuimus ante quam ad eum refugeremus, et efficimur ad eum refugiendo meliores : in illo autem nulla. Sic et pater noster esse incipit, cum per ejus gratiam regeneramur, quoniam dedit nobis potestatem filios Dei fieri. (*Joan.*, I, 12.) Substantia itaque nostra mutatur in melius, cum filii ejus efficimur : simul et ille pater noster esse incipit, sed nulla commutatione suæ substantiæ. Quod ergo temporaliter dici incipit Deus quod antea non dicebatur, manifestum est relative dici : non tamen secundum accidens Dei quod ei aliquid acciderit, sed plane secundum accidens ejus ad quod dici aliquid Deus incipit relative. Et quod amicus Dei justus esse incipit, ipse mutatur : Deus autem absit ut temporaliter (*a*) ali-

(*a*) Sic Mss. Editi autem *aliquando diligat*.

juste qui change, car le ciel me garde de dire que Dieu aime quelqu'un dans le temps, comme si c'était d'un amour nouveau qui n'existait point auparavant en lui, en qui le présent même est passé et le futur déjà fait. Il a donc aimé les siens avant même l'établissement du monde (*Ephés.*, I, 4), de même qu'il les a prédestinés. Mais quand ils se convertissent et le trouvent, alors on dit qu'ils commencent à être aimés de lui, mais c'est pour parler de manière à être compris des hommes. De même quand on le dit irrité contre les méchants et pacifique pour les bons, ce sont eux qui changent, non pas lui. C'est ainsi que la lumière est insupportable pour les yeux malades et douce pour les yeux bien portants; toutefois cela n'a pas lieu par suite de quelque changement en elle, mais bien d'un changement en eux.

LIVRE SIXIÈME

Saint Augustin examine en quel sens l'Apôtre appelle Jésus-Christ *la vertu de Dieu et la sagesse de Dieu*, et si le Père n'est pas lui-même la sagesse, mais seulement le Père de la sagesse, ou si la sagesse a engendré la sagesse. Avant de décider cette question, il prouve l'unité et l'égalité du Père, du Fils et du Saint-Esprit, et montre que toutefois ce n'est pas un Dieu triple, mais un Dieu Trinité qu'il faut croire. Enfin il explique ce mot de saint Hilaire : *L'éternité est dans le Père, la ressemblance dans l'image et l'usage dans le don.*

CHAPITRE PREMIER.

D'après l'Apôtre, le Fils est la vertu et la sagesse de Dieu le Père.

1. Plusieurs pensent qu'il y a une difficulté à comprendre que le Père, le Fils et le Saint-Esprit sont égaux à cause d'un passage où il est écrit que « le Christ est la vertu de Dieu et la sagesse de Dieu, » (1 *Cor.*, I, 14) ce qui ne semble pas indiquer une égalité entre eux, attendu que le Père n'est lui-même ni vertu ni sagesse, mais seulement le Père de la vertu et de la sagesse.

En effet, ce n'est pas avec un médiocre intérêt qu'on se demande ordinairement en quel sens Dieu est appelé Père de la vertu et de la sagesse. Car l'Apôtre dit que le « Christ est la vertu, la sagesse de Dieu. » Quelques-uns des nôtres sont partis de là pour raisonner ainsi contre les Ariens, mais seulement contre ceux qui se sont d'abord élevés eux-mêmes contre la foi catholique. Car pour ce qui est d'Arius même, on prétend qu'il a dit : S'il est Fils, il est né; s'il est né, il fut un temps où il n'était pas fils; parce qu'il ne comprenait point que, en Dieu,

---

quem diligat, quasi nova dilectione quæ in illo ante non erat, apud quem nec præterita transierunt, et futura jam facta sunt. Itaque omnes sanctos suos ante mundi constitutionem dilexit (*Ephes.*, I, 4), sicut prædestinavit : sed cum convertuntur et inveniunt illum, tunc incipere ab eo diligi dicuntur, ut eo modo dicatur quo potest humano affectu capi quod dicitur. Sic etiam cum iratus malis dicitur, et placidus bonis, illi mutantur, non ipse : sicut lux infirmis oculis aspera, firmis lenis est, ipsorum scilicet mutatione, non sua.

LIBER SEXTUS

In quo proposita quæstione, quomodo dictus sit Christus ore Apostolico, *Dei virtus et Dei sapientia*, disputatur utrum Pater non sit ipse sapientia, sed tantum sapientiæ Pater, an sapientia sapientiam genuerit : et dilata paulisper solutione, probatur unitas et æqualitas Patris et Filii ac Spiritus sancti : et non Deum triplicem, sed Trinitatem credi oportere. Illud postremo loco explicatur Hilarii dictum : *Æternitas in Patre, species in imagine, usus in munere.*

CAPUT PRIMUM.

Filius secundum Apostolum virtus et sapientia Dei Patris.

1. Æqualitatem Patris et Filii et Spiritus sancti putant nonnulli ex hoc impediri quo minus intelligatur, quia scriptum est : « Christum Dei virtutem et Dei sapientiam : » (1 *Cor.*, I, 24) ut ideo non videatur æqualitas, quia non est Pater ipse virtus et sapientia, sed genitor virtutis et sapientiæ. Et re vera non mediocri intentione quæri solet, quomodo dicatur Deus virtutis et sapientiæ Pater. Ait enim Apostolus : « Christum Dei virtutem et Dei sapientiam. » Et hinc nonnulli nostri adversum Arianos hoc modo ratiocinati sunt, eos dumtaxat qui prius se adversum catholicam fidem extulerunt. Nam ipse Arius dixisse fertur : Si Filius est, natus est; si natus est, erat

être né c'est être éternel, en sorte que le Fils est coéternel avec le Père, de même que l'éclat qui est produit par le feu et se répand partout, est contemporain du feu, et serait coéternel avec lui, si le feu lui-même était éternel. Aussi quelques Ariens du lendemain ont-ils rejeté cette pensée et ont-ils reconnu que le Fils de Dieu n'a point commencé dans le temps. Mais dans les discussions que les nôtres soutenaient contre ceux qui disaient : Il fut un temps où le Fils de Dieu n'existait pas, plusieurs recouraient à cet argument : Si le Fils de Dieu est la vertu et la sagesse de Dieu et que Dieu n'ait jamais été sans sa vertu et sa sagesse, le Fils est donc coéternel avec Dieu : or, l'Apôtre dit que « le Christ est la vertu et la sagesse de Dieu, » et d'un autre côté il serait insensé de prétendre que Dieu fût un temps sans avoir sa vertu et sa sagesse, il n'y a donc point eu de temps où le Fils de Dieu n'existait point.

2. Ce raisonnement amène forcément à dire que Dieu le Père n'est sage que parce qu'il a la sagesse qu'il a engendrée, non pas parce qu'il est la sagesse même. Ensuite, s'il en est ainsi, comme on dit du Fils qu'il est Dieu de Dieu, lumière de lumière, il faut voir si on pourrait dire également de lui qu'il est sagesse de sagesse, supposé que Dieu le Père ne fût pas la sagesse même, mais fût seulement le Père de la sagesse.

Si nous acceptons cela, pourquoi ne serait-il point le Père de sa grandeur, de sa bonté, de son éternité, de sa toute-puissance, de manière qu'il ne fût point lui-même sa propre grandeur, sa propre bonté, sa propre éternité, sa propre toute-puissance, mais qu'il ne fût grand qu'en vertu de la grandeur qu'il a engendrée, bon qu'en vertu de la bonté engendrée par lui, éternel et tout-puissant qu'en vertu de l'éternité et de la toute-puissance nées de lui, de même qu'il n'est point lui-même sa propre sagesse, mais n'est sage que par la sagesse engendrée par lui. Il n'y a pas à craindre certainement que nous soyons amenés à dire qu'il y a beaucoup de Fils de Dieu, je ne parle pas des êtres créés qu'il a adoptés, de fils dis-je coéternels avec le Père, s'il est le Père de sa grandeur, de sa bonté, de son éternité et de sa toute-puissance. En effet, il est facile de répondre à cette fausse accusation, qu'il ne s'ensuit pas de ce qu'il y a beaucoup de choses de nommées, il soit le Père de beaucoup de fils coéternels, de même qu'il ne s'ensuit pas qu'il soit le Père de deux fils, parce que le Christ est appelé la vertu et la sagesse de Dieu (1 *Cor.*, I, 24), attendu que la vertu est la même chose que la sagesse, et la sagesse la même chose que la vertu ; or, il en est de même des autres attributs, en sorte que la grandeur est la même chose que la vertu, et ainsi de tous

---

tempus quando non erat filius : non intelligens etiam natum esse Deo sempiternum esse, ut sit coæternus Patri Filius, sicut splendor qui gignitur ab igne atque diffunditur, coævus est illi, et esset coæternus, si esset ignis æternus. Unde quidam posteriores Ariani abjecerunt istam sententiam, fassique sunt, non ex tempore cœpisse Filium Dei. Sed inter disputationes quas habebant nostri adversum eos, qui dicebant : Erat tempus quando non erat Filius, hanc etiam nonnulli ratiocinationem inserebant : Si Dei Filius virtus et sapientia Dei est, nec unquam Deus sine virtute et sapientia fuit, coæternus est Deo Patri Filius : dicit autem Apostolus : « Christum Dei virtutem et Dei sapientiam, » et Deum aliquando non habuisse virtutem aut sapientiam, dementis est dicere : non igitur erat tempus quando non erat Filius.

2. Quæ ratiocinatio ad id cogit, ut dicamus Deum Patrem non esse sapientem, nisi habendo sapientiam quam genuit, non existendo per se Pater (*a*) ipsa sapientia. Deinde si ita est, Filius quoque ipse sicut dicitur Deus de Deo, lumen de lumine, videndumest utrum possit sapientia de sapientia dici, si non est Deus Pater ipsa sapientia, sed tantum genitor sapientiæ. Quod si tenemus, cur non et magnitudinis suæ, et bonitatis, et æternitatis, et omnipotentiæ suæ genitor sit, ut non ipse sit sua magnitudo, et sua bonitas, et sua æternitas, et sua omnipotentia, sed ea magnitudine magnus sit quam genuit, et ea bonitate bonus, et ea æternitate æternus, et ea omnipotentia omnipotens quæ de illo nata est, sicut non (*b*) ipse sua sapientia est, sed ea sapientia sapiens est quæ de illo nata est. Nam illud non est formidandum, ne cogamur multos filios Dei dicere, præter adoptionem creaturæ, coæternos Patri, si magnitudinis suæ genitor est, et bonitatis, et æternitatis, et omnipotentiæ. Huic enim calumniæ facile respondetur, sic non effici, quia multa nominata sunt, ut ille multorum filiorum coæternorum sit pater ; quemadmodum non efficitur, ut duorum sit, cum dicitur Christus Dei virtus et Dei sapientia. (1 *Cor.*, I, 24.) Eadem quippe virtus quæ sapientia, et eadem sapientia quæ virtus est : (*c*) ita igitur etiam de cæteris, ut eadem

(*a*) Plures Mss. *ipse*. — (*b*) Aliquot Mss. *sicut non ipse ipsa sua sapientia est*. — (*c*) Editi *Itane igitur*. Castigantur ex Mss.

LIVRE VI. — CHAPITRE II.   309

les autres attributs que nous avons cités plus haut ou qu'il serait encore possible de citer.

CHAPITRE II.

Ce qui se dit et ce qui ne peut se dire en même temps du Père et du Fils.

3. Mais, s'il n'est fait de Dieu en lui-même d'autres affirmations que celles qui se rapportent à Fils, telles que celles de Père, d'engendreur, de principe du Fils, si en même temps l'engendrant est nécessairement principe par rapport à celui qu'il engendre, toute autre affirmation touchant le Père s'entend avec le Fils, ou plutôt dans le Fils, soit qu'il soit dit grand de la grandeur qu'il a engendrée, juste de la justice qu'il a mise au monde, bon de la bonté née de lui, puissant de la puissance et de la vertu qui lui doivent la vie, sage enfin de la sagesse dont il est le Père. Mais le Père n'est point appelé la grandeur même, il n'est que le Père de la grandeur. Au contraire pour le Fils, comme c'est en lui-même qu'il est appelé Fils, appellation qu'il ne partage point avec le Père, mais qu'il a relativement au Père, n'est pas de la même manière grand en lui-même, mais il est grand avec le Père dont il est lui-même la grandeur. De même l'appellation de sage, il la partage avec le Père, dont il est lui-même la sagesse; il en est également ainsi de l'appellation de sage que le Père partage avec le Fils, parce qu'il est sage de la sagesse qu'il a engendrée. Ainsi toute appellation qui a rapport à l'un et à l'autre des deux, ne se dit point de l'un sans l'autre, en d'autres termes, tout ce qui se dit selon leur substance se dit de tous les deux en même temps. S'il en est ainsi, il s'ensuit que Dieu le Père ne va point sans le Fils, et que Dieu le Fils ne va point non plus sans le Père, et que tous les deux sont Dieu en même temps. Quant à ces paroles : « Dans le principe était le Verbe, » (*Jean*, I, 1) elles s'entendent en ce sens : dans le Père était le Verbe, ou bien, si ces mots : « dans le principe, » sont mis pour avant toutes choses, ce qui suit : « Et le Verbe était en Dieu, » ne s'entend que du Fils, non point du Père et du Fils, comme s'ils ne faisaient ensemble qu'un seul Verbe. Il en est en effet du Verbe comme de l'image, or, ce ne sont point le Père et le Fils ensemble qui sont l'image, mais le Fils seul est l'image du Père, comme il est le Fils du Père. Quant à ces paroles qui viennent après : « Et le Verbe était en Dieu, » il y a bien des raisons pour qu'on les entende comme s'il y avait le Verbe, qui n'est autre que le Fils, était en Dieu qui n'est pas le Père seulement, mais qui est Dieu Père et Fils en même temps. Qu'y a-t-il de surprenant qu'on puisse parler ainsi de deux choses certainement bien

---

sit magnitudo quæ virtus, et si qua alia, quæ vel supra commemorata sunt, vel commemorari adhuc possunt.

CAPUT II.

Quæ de Patre et Filio simul dicuntur, quæ non.

3. Sed si non dicitur in se ipso nisi quod ad Filium dicitur, id est, pater, vel genitor, vel principium ejus; si etiam gignens ei quod de se gignit, consequenter principium est; quidquid (*a*) autem aliud dicitur, cum Filio dicitur, vel potius in Filio, sive magnus ea magnitudine quam genuit, sive justus ea justitia quam genuit, sive bonus ea bonitate quam genuit, sive potens ea potentia vel virtute quam genuit, sive sapiens ea sapientia quam genuit : magnitudo autem ipsa non dicitur Pater, sed magnitudinis generator : Filius vero sicut in se ipso dicitur Filius, quod non cum Patre dicitur, sed ad Patrem non sic et in se ipso magnus, sed cum Patre cujus ipse magnitudo est : sic et sapiens cum Patre dicitur, cujus ipsa sapientia est; sicut ille sapiens cum Filio, quia ea sapientia sapiens est quam genuit : quidquid ergo ad se dicuntur, non dicitur alter sine altero, id est, quidquid dicuntur quod substantiam eorum ostendat, ambo simul dicuntur. Si hæc ita sunt, jam ergo nec Deus est Pater sine Filio, nec Filius Deus sine Patre, sed ambo simul Deus. Et quod dictum est : « In principio erat Verbum; » (*Joan.*, I, 1) in Patre erat Verbum, intelligitur : aut si « in principio » sic dictum est, ac si diceretur, ante omnia; quod sequitur : « Et Verbum erat apud Deum, » Verbum quidem solus Filius accipitur, non simul Pater et Filius, tanquam ambo unum Verbum : (Sic enim verbum quomodo imago, non autem Pater et Filius simul ambo imago, sed Filius solus imago Patris, quemadmodum et Filius; non enim ambo simul filius,) quod vero adjungitur : « Et Verbum erat apud Deum ; multum est ut sic intelligatur, Verbum quod solus est Filius, erat apud Deum, quod non solus est Pater, sed Pater et Filius simul Deus. Sed quid mirum, si in duabus quibusdam rebus longe inter se diversis potest hoc dici ? Quid enim tam di-

(*a*) Huc revocamus particulam *autem*, quæ in ante editis temere expuncta fuerat.

différentes l'une de l'autre? Y a-t-il en effet choses plus différentes que le corps et l'âme? Cependant on peut dire l'âme était en l'homme, c'est-à-dire dans l'homme, bien que l'âme ne soit point le corps, et que l'homme soit en même temps corps et âme. Ce qui vient après : « Et le Verbe était Dieu, » doit donc s'entendre aussi de cette manière : Le Verbe qui n'est point le Père, était Dieu avec le Père. Disons-nous donc, dans le même sens, que le Père est le générateur de sa grandeur, c'est-à-dire le générateur de sa vertu ou le générateur de sa sagesse; tandis que le Fils est sa grandeur, sa vertu et sa sagesse, et que tous deux ensemble sont un Dieu grand, tout-puissant et sage? Comment donc le Fils est-il Dieu de Dieu, lumière de lumière? Car ce ne sont point le Père et le Fils qui sont en même temps Dieu de Dieu, il n'y a que le Fils qui soit Dieu de Dieu, c'est-à-dire qui soit du Père. Ils ne sont pas non plus tous les deux lumière de lumière, mais le Fils seul est lumière de la lumière qui est le Père. A moins peut-être que ce soit pour insinuer et inculquer plus brièvement que le Fils est coéternel avec le Père, qu'il est dit : Dieu de Dieu, lumière de lumière, et autres choses semblables, comme s'il y avait, ce que le Fils n'est point sans le Père, il l'est de ce que le Père n'est point sans le Fils, en d'autres termes, il est lumière, laquelle lumière n'est point sans le Père, de lumière qui est le Père et laquelle lumière n'est point sans le Fils ; en sorte que, lorsqu'on dit : Dieu, ce que le Fils n'est point sans le Père, et de Dieu, ce que le Père n'est point sans le Fils, on comprend bien que l'engendrant n'a point précédé ce qu'il a engendré. S'il en est ainsi, il n'y a qu'une chose dont on ne puisse dire du Père et du Fils, ceci de cela, c'est la chose qu'ils ne sont point l'un et l'autre en même temps. Ainsi on ne peut dire Verbe du Verbe ; parce que le Père et le Fils ne sont pas Verbe tous deux ensemble, il n'y a que le Fils qui soit le Verbe. De même on ne peut pas dire image d'image, parce que le Père et le Fils ne sont pas non plus image tous deux ensemble ; on n'en peut pas dire davantage Fils de Fils, parce que le Père et le Fils ne sont point Fils tous deux ensemble ; voilà pourquoi il est dit : « Mon Père et moi ne faisons qu'un, » (*Jean*, x, 30) ces mots « ne faisons qu'un, » sont dit en ce sens : ce qu'il est, lui, je le suis également, mais selon l'essence, non pas d'une manière relative.

CHAPITRE III.

L'unité d'essence du Père et du Fils ressort de ces paroles : Nous ne faisons qu'un.

4. Je ne sais point si on trouve dans les Ecritures ces mots : « ne font qu'un, » appliqués à des êtres de nature différente. S'ils se trouvent

versum, quam animus et corpus? Potest tamen dici : Animus erat apud hominem, id est, in homine : cum animus non sit corpus, homo autem animus simul et corpus sit. Et etiam quod consequenter scriptum est : « Et Deus erat Verbum, » sic intelligatur : Verbum quod non est Pater, Deus erat simul cum Patre. Itane ergo dicimus, ut Pater sit generator magnitudinis, hoc est generator virtutis, vel generator sapientiæ suæ : Filius autem magnitudo, virtus, et sapientia : Deus vero magnus, omnipotens, sapiens ambo simul? Quomodo ergo Deus de Deo, lumen de lumine? Non enim simul ambo Deus de Deo, sed solus Filius de Deo, scilicet Patre : nec ambo simul lumen de lumine, sed solus Filius de lumine Patre. Nisi forte ad insinuandum et brevissime inculcandum quod coæternus est Patris Filius, ita dictum est : Deus de Deo : et lumen de lumine, et si quid hoc modo dicitur, ac si diceretur : Hoc quod non est Filius sine Patre, de hoc quod non est Pater sine Filio, id est, hoc lumen quod lumen non est sine Patre, de hoc lumine Patre quod lumen non est sine Filio : ut cum dicitur, Deus quod non est Filius sine Patre, et de Deo quod non est Pater sine Filio, perfecte intelligatur quod non præcessit genitor illud quod genuit. Quod si ita est, hoc solum de eis dici non potest, illud de illo, quod simul ambo non sunt. Sicut Verbum de verbo dici non potest, quia non simul ambo verbum, sed solus Filius : nec imago de imagine, quia non simul ambo imago : nec Filius de filio, quia non simul ambo filius, secundum quod dicitur : « Ego et Pater unum sumus. » « Unum sumus, » (*Joan.*, x, 30) enim dictum est : Quod ille, hoc et ego secundum essentiam, non secundum relativum.

CAPUT III.

Unitatem essentiæ Patris et Filii haberi ex verbis : Unum sumus.

4. Et nescio utrum inveniatur in Scripturis dictum, « unum sunt, » quorum est diversa natura. Si autem aliqua plura ejusdem naturæ sint, et diversa sentiant, non sunt unum in quantum diversa sentiunt.

plusieurs êtres de même nature mais de sentiments différents, ils ne font point qu'une seule et même chose, en tant qu'ils ont des sentiments différents. En effet, si ceux pour qui priait Jésus-Christ n'eussent fait qu'un, par la raison que tous étaient hommes, le Seigneur n'aurait point dit : « Qu'ils soient un, comme nous ne faisons qu'un, » quand il recommandait ses disciples à son Père. Pour ce qui est de Paul et d'Apollon, comme tous deux étaient hommes, et tous deux partageaient les mêmes sentiments, l'Apôtre a dit : « Celui qui plante et celui qui arrose ne font qu'un. » (I *Cor.*, III, 8.) Comme il est dit ne font qu'un, sans que cet un soit défini, et comme plusieurs ne font qu'un; cela signifie qu'ils ont la même nature et la même essence, et qu'ils ne sont séparés ni de nature ni de sentiments. Mais quand cet un est défini, cela peut signifier que plusieurs êtres ont contribué à n'en faire qu'un, bien qu'ils fussent de natures différentes. Ainsi le corps et l'âme ne font certainement pas un, qu'y a-t-il en effet de plus différent l'un de l'autre ? Si on ajoute, ou si on ne sous-entend quel est cet un, c'est-à-dire si c'est un homme ou un animal. Aussi l'Apôtre dit-il : « Quiconque s'unit à une courtisane ne fait qu'un seul corps avec elle, » (I *Cor.*, VI, 16) non pas, il ne fait qu'un, ou il n'est qu'un ; mais il ajoute le mot « corps, » comme s'ils formaient l'un et l'autre par leur union, un seul corps de deux corps différents, d'un corps d'homme et d'un corps de femme. Et, continue-t-il : « quiconque s'attache au Seigneur ne fait qu'un esprit avec lui, » (*Ibid.*, 17) il ne dit point quiconque s'attache au Seigneur ne fait qu'un, ou qu'un Seigneur avec lui, mais il dit ne fait « qu'un esprit. » En effet, l'esprit de l'homme et celui de Dieu diffèrent de nature, mais par l'union avec le Seigneur il se fait un seul esprit de deux esprits différents, mais dans des conditions telles que l'Esprit de Dieu soit bienheureux et parfait sans l'esprit de l'homme, tandis que l'esprit de l'homme ne l'est qu'avec Dieu. Ce n'est pas non plus sans raison, je pense, que tout en disant de telles choses dans l'Evangile, selon saint Jean, et en les répétant si souvent, au sujet de l'unité même, soit de son unité avec son Père, ou de la nôtre entre nous, le Seigneur n'a dit nulle part, afin qu'eux et nous ne soyons qu'un, mais « afin qu'ils ne soient qu'un, comme nous ne faisons qu'un nous-mêmes. » Ainsi le Père et le Fils ne font qu'un, d'une unité de substance, mais un seul Dieu, un seul grand, un seul puissant, comme nous l'avons établi dans ce traité.

5. D'où vient donc que le Père est plus grand que le Fils ? S'il est plus grand, c'est par sa grandeur qu'il l'est, mais comme sa grandeur c'est son Fils ; or, certainement il n'est pas plus grand que Celui qui l'a engendré, ni plus grand que la grandeur par laquelle il est grand ; il est donc égal au Père; mais d'où lui vient cette égalité, sinon de Celui par qui il est, et pour qui

---

Nam si jam unum essent ex eo quod homines erant, non diceret : «Ut sint unum, sicut nos unum,» (*Joan.*, XVII, 22) cum suos discipulos Patri commendaret. At vero Paulus et Apollo, quia et ambo homines, et idem sentiebant : « Qui plantat, inquit, et qui rigat unum sunt. » (I *Cor.*, III, 8.) Cum ergo sic dicitur unum, ut non addatur quid unum, et plura unum dicantur, eadem natura atque essentia, non dissidens nec dissentiens significatur. Cum vero additur quid unum, potest aliquid significari ex pluribus unum factum, quamvis diversis natura. Sicut anima et corpus non sunt utique unum; quid enim tam diversum? nisi addatur aut subintelligatur quid unum, id est, unus homo, aut unum animal. Inde Apostolus : « Qui adhæret meretrici, inquit, unum corpus est :» (I *Cor.*, VI, 16) non dixit, unum sunt, aut unum est; sed addidit, « corpus, » tanquam ex duobus diversis masculino et feminino unum corpus adjunctione compositum. Et : « Qui adhæret Domino, inquit, unus spiritus est : » (*Ibid.*, 17) non dixit : Qui adhæret Domino, unus est, aut unum sunt; sed addidit, « spiritus. » Diversi sunt enim natura, spiritus hominis, et spiritus (*a*) Dei ; sed inhærendo fit unus spiritus ex diversis duobus, ita ut sine humano spiritu beatus sit Dei spiritus atque perfectus, beatus autem hominis spiritus non nisi cum Deo. Nec frustra, ut existimo, cum tanta in Evangelio secundum Joannem et totiens diceret Dominus de ipsa unitate, vel sua cum Patre, vel nostra invicem nobiscum (*Joan.*, XVII, 20); nusquam dixit : Ut nos et ipsi unum : sed : « Ut unum sint, sicut et nos unum sumus. » Pater ergo et Filius unum sunt, utique secundum unitatem substantiæ, et unus Deus est, et unus magnus, et unus sapiens, sicut tractatum est.

5. Unde ergo major Pater? Si enim major, magnitudine major : cum autem magnitudo Filius ejus sit, nec ille utique major est eo qui se genuit, nec ille major est ea magnitudine qua magnus est : ergo

(*a*) Plures Mss. *et Spiritus Deus*.

être n'est pas autre chose que d'être grand? Ou si c'est par l'éternité que le Père est plus grand, le Fils ne lui est point égal en toute chose. En effet, d'où lui viendrait son égalité? Si on me dit que c'est de sa grandeur, il n'y a point de grandeur égale, là où elle est moins éternelle, et ainsi du reste. Est-ce par hasard par la vertu qu'il est égal au Père, et ne le serait-il point en sagesse? Mais comment une vertu moins sage peut-elle être égale à une vertu plus sage? Est-ce en sagesse qu'il égale le Père, sans l'égaler en vertu? Mais comment une sagesse qui a moins de vertu peut-elle égaler celle qui en a plus? Il ne reste donc à dire que ceci, c'est que s'il y a une seule chose où il ne soit égal au Père, il ne saurait lui être égal en toutes choses. Mais l'Ecriture nous crie: « Il n'a point cru que ce fût pour lui une usurpation d'être égal à Dieu. » (*Philipp.*, II, 6.) Quelque ennemi qu'on soit de la vérité, pour peu qu'on se sente retenu par l'autorité de l'Apôtre, on est forcé de confesser que le Fils est égal à Dieu le Père en toutes choses. Choisissez la chose que vous voudrez, on vous montrera par ce même raisonnement qu'il est égal dans toutes les choses qui s'affirment de sa substance.

CHAPITRE IV.

6. En effet, il en est de même des vertus qui se rencontrent dans l'âme de l'homme, quand même on les entendrait les uns d'une manière et les autres de l'autre, cependant elles sont inséparables entre elles, en sorte que tous ceux qui sont égaux par exemple en force, sont égaux en prudence, en tempérance et en justice. En effet, si on dit que tels hommes sont égaux en force, mais que l'un d'eux l'emporte en prudence sur l'autre, il s'ensuit que la force de celui-là est moins prudente que la force de celui-ci, et, par conséquent, que ces deux hommes ne sont point égaux en force, puisque la force de l'un est plus prudente que la force de l'autre. On trouverait qu'il en est de même des autres vertus, si on les passait toutes en revue de la même manière, car il n'est pas question des forces du corps, mais de la force de l'âme. A combien plus forte raison, par conséquent, en est-il ainsi, dans la substance immuable et éternelle, qui est incomparablement plus simple que l'âme humaine? Car, pour l'âme de l'homme ce n'est pas la même chose d'être et d'être forte, prudente, juste ou tempérante; elle peut en effet exister en tant qu'âme, et n'avoir aucune de ces vertus. Mais pour Dieu c'est tout un, d'être et d'être fort, juste ou sage, et tout ce qu'on peut affirmer de cette multiplicité simple ou de cette multiple simplicité, qui en désigne la substance. C'est pourquoi on pourrait dire Dieu de Dieu, en

---

æqualis. Nam unde æqualis, si non eo quo est, cui non est aliud esse, et aliud magnum esse? Aut si æternitate Pater major est, non est æqualis Filius quacumque re. Unde enim æqualis? Si magnitudine dixeris, non est par magnitudo, quæ minus æterna est, atque ita cætera. An forte in virtute æqualis est, in sapientia vero non est æqualis? Sed quomodo est æqualis virtus quæ minus sapit? An in sapientia æqualis est, in virtute autem non est æqualis? Sed quomodo æqualis est sapientia, quæ minus potens est. Restat ergo ut si in ulla re æqualis non est, in omnibus non sit æqualis. At Scriptura clamat: « Non rapinam arbitratus est esse æqualis Deo. » (*Philip.*, II, 6.) Cogitur ergo quivis adversarius veritatis, qui (a) modo tenetur Apostolica auctoritate, in qualibet vel una re æqualem Deo Filium confiteri. Eligat quam voluerit: hinc ei ostendetur in omnibus esse æqualem, quæ de substantia ejus dicuntur.

CAPUT IV.

6. Sic enim virtutes quæ sunt in animo humano, quamvis alio atque alio modo singulæ intelligantur, nullo modo tamen separantur ab invicem, ut quicumque fuerint æquales, verbi gratia, in fortitudine, æquales sint et prudentia, et temperantia, et justitia. Si enim dixeris æquales esse istos fortitudine, sed illum præstare prudentia; sequitur ut hujus fortitudo minus prudens sit, ac per hoc nec fortitudine æquales sunt, quando est illius fortitudo prudentior. Atque ita de cæteris virtutibus invenies, si omnes eadem consideratione percurras. Non enim de viribus corporis agitur, sed de animi fortitudine. Quanto ergo magis in illa incommutabili æternaque substantia incomparabiliter simpliciore quam est animus humanus, hæc ita se habent? Humano quippe animo non hoc est esse quod est fortem esse, aut prudentem, aut justum, aut temperantem: potest enim esse animus, et nullam istarum habere virtutem. Deo autem hoc est esse quod est fortem esse, aut justum esse, aut sapientem esse, et si quid de illa simplici multiplicitate, vel multiplici simplicitate dixeris, quo substantia ejus significetur. Quam-

---

(a) Editi *qui aliquo modo*. At Mss. *qui modo* id est saltem.

un tel sens que cette manière de parler convînt à chacune des deux personnes, non point pourtant en ce sens que le Père et le Fils fussent tous les deux à la fois deux Dieux, mais en ce sens qu'ils ne font qu'un seul Dieu. En effet, ils sont unis l'un à l'autre au point de ne faire qu'un, comme il arrive même à des substances diverses et distantes, ainsi que l'Apôtre l'affirme. En effet, seul le Seigneur est un Esprit, et, de son côté, l'esprit seul de l'homme est aussi un esprit, cependant si ce dernier s'attache au Seigneur, il ne fait qu'un seul esprit avec lui (I *Cor.*, VI, 17); à combien plus forte raison là où existe une union tout à fait inséparable et éternelle, ne semblerait-il point absurde de dire le Fils des deux en quelque sorte, quand on dit le Fils de Dieu? Si ce qui est appelé Dieu, ne se dit que de l'un et de l'autre en même temps, soit que ce qui est dit de Dieu indiquant sa substance, n'est dit que des deux en même temps, ou de la Trinité même. Que ce soit donc ou ceci ou cela, qui soit à discuter maintenant avec soin, c'est assez pour le moment de voir que le Fils n'est pas du tout égal au Père, s'il lui est trouvé inégal, en quoi que ce soit qui ait rapport à la désignation de sa substance, comme nous l'avons déjà montré. Mais l'Apôtre dit qu'il est égal en toutes choses à son Père (*Philipp.*, II, 6), et qu'il est d'une seule et même substance avec lui.

CHAPITRE V.

Le Saint-Esprit est aussi égal au Père et au Fils en toutes choses.

7. C'est pourquoi le Saint-Esprit aussi se trouve dans la même unité et la même égalité de substance. En effet, qu'il s'agisse soit de l'unité, soit de la sainteté, soit de la charité des deux premières personnes, ou qu'il y ait unité parce qu'il y a charité, et qu'il y ait charité parce qu'il y a sainteté, il est manifeste qu'il n'y a point une des deux personnes qui soit celle par laquelle l'une est unie à l'autre, par laquelle l'engendré soit aimé de l'engendrant et aime celui qui l'a engendré, et par laquelle ces deux personnes conservent non par participation, mais par leur essence, non par un don d'un supérieur quelconque, mais par leur propre don, l'unité d'esprit dans le lien de la paix. (*Ephés.*, IV, 3.) C'est ce qu'il nous est ordonné d'imiter par la grâce, par rapport à Dieu et par rapport à nous-mêmes. C'est dans ces deux préceptes que se trouvent la loi tout entière et les prophètes. (*Matth.*, XXII, 40.) Ces trois êtres sont donc ainsi un seul Dieu unique, grand, sage, saint et bienheureux; quant à nous c'est de lui, par lui et en lui que nous sommes heureux; car c'est par sa grâce que nous ne faisons qu'un entre nous, et que nous ne sommes qu'un même esprit avec lui,

CAPUT V.

Spiritus sanctus etiam Patri et Filio æqualis in omnibus.

7. Quapropter etiam Spiritus sanctus in eadem unitate substantiæ et æqualitate consistit. Sive enim sit unitas amborum, sive sanctitas, sive caritas, sive ideo unitas quia caritas, et ideo caritas quia sanctitas, manifestum est quod non aliquis duorum est quo uterque conjungitur, quo genitus a gignente diligatur, generatoremque suum diligat, sintque non participatione, sed essentia sua, neque dono superioris alicujus, sed suo proprio servantes unitatem spiritus in vinculo pacis. (*Ephes.*, IV, 3.) Quod imitari per gratiam, et ad Deum, et ad nos ipsos jubemur. In quibus duobus præceptis tota Lex pendet et Prophetæ. (*Matth.*, XXII, 40.) Ita sunt illa tria, Deus unus, solus, magnus, sapiens, sanctus, beatus. Nos autem ex ipso, et per ipsum, et in ipso beati; quia ipsius munere inter nos unum, cum illo autem unus spiritus, quia agglutinatur anima nostra post eum. Et

obrem sive ita dicatur Deus de Deo, ut et singulis hoc nomen conveniat, non tamen ut ambo simul duo dii, sed unus Deus sit. Ita enim sibi cohærent, (*a*) quemadmodum et in distantibus diversisque substantiis fieri Apostolus testis est. Nam et solus Dominus spiritus est, et solus hominis spiritus unus spiritus est, tamen si hæreat Domino unus spiritus est (I *Cor.*, VI, 17): quanto magis ibi, ubi est omnino inseparabilis atque æterna connexio, ne absurde dici videatur quasi filius amborum, cum dicitur Filius Dei, si id quod dicitur Deus, non nisi de ambobus dicitur simul : sive quidquid de Deo dicitur quod substantiam ejus indicet, non nisi de ambobus simul, imo de ipsa simul Trinitate dicitur. Sive ergo hoc, sive illud sit, quod diligentius discutiendum est, nunc unde agitur satis est videre, nullo modo Filium æqualem esse Patri, si in aliquo scilicet quod pertineat ad significandam ejus substantiam inæqualis invenitur, sicut jam ostendimus. Apostolus autem dixit æqualem. In omnibus ergo æqualis est Patris Filius (*Phil.*, II, 6), et est unius ejusdemque substantiæ.

(*a*) Plerique *Mss. quod etiam in distantibus.*

c'est parce que notre âme est attachée à lui. Or, ce nous est un bien d'être attachés à Dieu, car il perdra tous ceux qui s'éloignent de lui. (*Ps.* LXXII, 28.) L'Esprit saint a donc quelque chose de commun avec le Père et le Fils, quelle que soit cette chose. Mais cette communion est consubstantielle et coéternelle ; s'il était plus exact de lui donner le nom d'amitié, je le veux bien, mais il serait plus juste de l'appeler charité. Elle est aussi une substance, attendu que Dieu est une substance et que « Dieu est charité, » (I *Jean*, IV, 16) ainsi qu'il est écrit. Mais comme la substance est en même temps avec le Père et le Fils, de même aussi elle est en même temps grande, en même temps bonne, en même temps sainte, et tout ce qu'on pourrait encore affirmer de ces deux personnes en elles-mêmes ; attendu que pour Dieu ce ne sont point deux choses d'être et d'être grand, bon, et le reste, comme nous l'avons montré plus haut. En effet, si la charité se trouve là moins grande que la sagesse, la sagesse est aimée moins qu'elle n'est. Il s'ensuit donc qu'elle est égale, en sorte que la sagesse est aimée autant qu'elle est. Or, la sagesse est égale au Père, comme nous l'avons établi plus haut, il s'ensuit donc que le Saint-Esprit est aussi égal au Père. Mais s'il lui est égal, il le lui est en toutes choses, à cause de la souveraine simplicité de cette substance. Ils ne sont donc pas plus que trois, l'un aimant celui qui est de lui, l'autre aimant celui de qui il est, puis la charité même. En effet, si la charité n'était rien, comment serait-il dit que « Dieu est charité ? » (I *Jean*, IV, 16.) Si ce n'est point une substance, comment Dieu est-il une substance ?

CHAPITRE VI.

Comment Dieu est-il une substance simple et multiple.

8. Si on me demande comment il se fait que cette substance est en même temps simple et multiple, on devra remarquer avant tout pourquoi la créature est multiple, non point véritablement simple. Et d'abord le corps universel se compose de parties, en sorte qu'il s'y trouve des parties plus grandes et des parties plus petites les unes que les autres, et que le tout est plus grand que quelque partie que ce soit, si grande qu'elle soit. En effet, le ciel et la terre sont des parties de la masse du monde, de l'univers ; et la terre toute seule, ainsi que le ciel tout seul, se composent de parties innombrables ; le tiers de la terre est moindre que le reste, et la moitié est moindre que le tout. Le corps entier du monde, ainsi qu'on appelle ordinairement les deux parties dont il se compose, je veux dire le ciel et la terre, est plus grand que le ciel seul ou que la terre seule. Puis dans chaque corps, autre chose est la grandeur, autre chose la couleur, autre chose encore la figure. En effet, la

---

nobis hærere Deo bonum est (*Psal.* LXXII, 28), quia perdet omnem qui fornicatur ab eo. Spiritus ergo sanctus commune aliquid est Patris et Filii, quidquid illud est. At ipsa communio, consubstantialis et coæterna : quæ si amicitia convenienter dici potest, dicatur ; sed aptius dicitur caritas. Et hæc quoque substantia, quia Deus substantia, et « Deus caritas, » (I *Joan.*, IV, 16) sicut scriptum est. Sicut autem substantia simul cum Patre et Filio, ita simul magna, et simul bona, et simul sancta, et quidquid aliud ad se dicitur : quoniam non aliud est Deo esse, et aliud magnum esse vel bonum esse, et cætera, sicut supra ostendimus. Si enim minus magna est ibi caritas quam sapientia, minus quam est diligitur sapientia : æqualis est igitur, ut quanta est sapientia tantum diligatur : est autem sapientia æqualis Patri, sicut supra disputavimus : æqualis est igitur etiam Spiritus sanctus ; et si æqualis, in omnibus æqualis propter summam simplicitatem quæ in illa substantia est. Et ideo non amplius quam tria sunt, unus diligens eum qui de illo est, et unus diligens eum de quo est, et ipsa dilectio. Quæ si nihil est, quomodo « Deus dilectio est ? » (I *Joan.*, IV, 16.) Si non est substantia, quomodo Deus substantia est?

CAPUT VI.

Quomodo Deus substantia simplex et multiplex.

8. Si autem quæritur quomodo simplex et multiplex sit illa substantia : animadvertenda est primo creatura quare sit multiplex, nullo autem modo vere simplex. Et prius corpus universum utique partibus constat ; ita ut sit ibi alia pars major, alia minor, et majus sit universum quam pars quælibet aut quantalibet. Nam et cœlum et terra partes sunt universæ mundanæ molis : et sola terra, et solum cœlum innumerabilibus partibus constat, et in tertia sui parte minor est quam in cætera, et in dimidia minor quam in tota ; et totum mundi corpus quod duabus plerumque partibus appellari solet, id est, cœlum et terra, utique majus est quam solum cœlum aut sola terra. Et in unoquoque corpore aliud est

grandeur peut diminuer pendant que la couleur demeure la même, ainsi que la figure ; et la couleur peut changer, bien que la grandeur et la figure demeurent sans changement ; de même la figure peut ne pas rester la même, le tout demeurant aussi grand et de la même couleur qu'auparavant. Il en est de même de toutes les autres propriétés qui s'affirment simultanément d'un même corps, elles peuvent changer toutes ensemble, ou chacune en particulier et séparément les unes des autres. Voilà ce qui prouve que la nature des corps est multiple et n'est aucunement simple. Quant à la créature spirituelle, telle que l'âme, il est vrai qu'elle est beaucoup plus simple en comparaison du corps, mais elle est multiple sans comparaison avec le corps, et n'est point non plus simple elle-même. Si elle est plus simple que le corps, c'est parce qu'elle ne se répand point dans l'espace comme le corps, mais qu'elle est dans chaque corps en particulier, tout entière dans chaque corps tout entier, et tout entière dans chaque partie du corps. Aussi quand il se fait quelque chose dans la moindre partie du corps, dont l'âme puisse s'apercevoir, s'en aperçoit-elle tout entière, bien que cela ne se passe point dans le corps tout entier, c'est qu'il ne peut échapper à elle tout entière. Et cependant comme pour l'âme ce n'est point la même chose d'être ingénieuse, inhabile, douée de pénétration ou de mémoire, et que pour elle autre chose soit la cupidité, autre chose la crainte, autre chose la joie, autre chose la tristesse, et que parmi ces choses les unes puissent se trouver sans les autres, plus que les autres, ou moins que les autres, qu'il puisse s'en rencontrer d'innombrables et d'une manière innombrable dans la nature de l'âme, il est manifeste que cette nature n'est pas simple, mais qu'elle est multiple, attendu que rien de ce qui est simple n'est sujet au changement, et que toute créature y est sujette.

CHAPITRE VII.

Quant à Dieu, il est appelé il est vrai d'une manière multiple, grand, bon, sage, bienheureux, vrai, et de tous autres noms qui ne semblent point indignes de lui être donnés ; toutefois sa grandeur n'est autre que sa sagesse, car s'il est grand, ce n'est point par sa masse, mais par sa vertu. Sa bonté aussi est la même chose que sa sagesse et que sa grandeur, de même que sa vérité n'est point différente de tous ses autres attributs ; en lui il n'y a point de différence entre être heureux, être grand, être sage, être vrai, être bon, et être simplement.

9. Mais, de ce que Dieu est Trinité il ne s'ensuit pas qu'il soit triple pour cela ; car, s'il en était ainsi, le Père seul, ou le Fils seul, seraient moindres que le Père et le Fils ensemble. Il est vrai qu'on ne voit pas comment on pourrait dire le Fils seul ou le Père seul, puisque le Père est

---

magnitudo, aliud color, aliud figura. Potest enim et diminuta magnitudine manere idem color et cadem figura, et colore mutato manere cadem figura et cadem magnitudo, et figura eadem non manente tam magnum esse et eodem modo coloratum : et quæcumque alia simul dicuntur de corpore, possunt et simul et plura sine cæteris commutari. Ac per hoc multiplex esse convincitur natura corporis, simplex autem nullo modo. Creatura quoque spiritalis, sicut est anima, est quidem in corporis comparatione simplicior : sine comparatione autem corporis multiplex est, etiam ipsa non simplex. Nam ideo simplicior est corpore, quia non mole diffunditur per spatium loci, sed in unoquoque corpore, et in toto tota est, et in qualibet ejus parte tota est; et ideo cum fit aliquid in quavis exigua particula corporis quod sentiat anima, quamvis non fiat in toto corpore, illa tamen tota sentit, quia totam non latet: sed tamen etiam in anima cum aliud sit artificiosum esse, aliud inertem, aliud acutum, aliud memorem, aliud cupiditas, aliud timor, aliud lætitia, aliud tristitia, possintque et alia sine aliis, et alia magis, alia minus, innumerabilia et innumerabiliter in animæ natura inveniri; manifestum est non simplicem, sed multiplicem esse naturam. Nihil enim simplex mutabile est, omnis autem creatura mutabilis.

CAPUT VII.

Deus vero multipliciter quidem dicitur magnus, bonus, sapiens, beatus, verus, et quidquid aliud non indigne dici videtur : sed eadem magnitudo ejus est, quæ sapientia ; non enim mole magnus est, sed virtute : et eadem bonitas quæ sapientia et magnitudo, et eadem veritas quæ illa omnia : et non est ibi aliud beatum esse, et aliud magnum, aut sapientem, aut verum, aut bonum esse, aut omnino ipsum esse.

9. Nec quoniam Trinitas est, ideo triplex putandus est : alioquin minor erit Pater solus, aut Filius solus, quam simul Pater et Filius. Quanquam non invenia-

toujours, et d'une manière inséparable avec le Fils, et le Fils avec le Père, non pas que tous les deux soient le Père, ou tous les deux le Fils, mais parce qu'ils sont toujours l'un par rapport à l'autre, et jamais ni l'un ni l'autre n'est seul. Mais comme nous disons que la Trinité même ne fait qu'un seul Dieu, bien qu'elle ne laisse point d'être constamment avec les saints esprits et les saintes âmes, et que nous disons seulement qu'elle est Dieu, attendu que ces esprits et ces âmes ne font point un Dieu avec lui, ainsi nous disons que le Père seul est Père, non point parce qu'il est séparé du Fils ; mais parce qu'ils ne sont point tous les deux ensemble le Père.

CHAPITRE VIII.

Quoique le Père seul, le Fils seul, ou le Saint-Esprit également seul, soient aussi grands que le Père, le Fils et le Saint-Esprit ensemble, on ne doit pas dire que Dieu est triple. En effet, si les corps grandissent par voie d'adjonction, et si celui qui s'attache à sa femme ne fait plus qu'un seul corps avec elle, cependant ce corps est plus grand que le corps de l'homme seul ou de la femme seule. Dans les choses spirituelles, quand le moindre s'attache au plus grand, comme serait la créature par rapport au Créateur, l'un devient plus grand qu'il n'était, mais non pas l'autre, attendu que dans les choses qui ne sont point grandes par leur masse, être plus grand c'est être meilleur. Or, l'âme d'une créature devient meilleure quand elle s'attache au Créateur que lorsqu'elle ne s'y attache point, et elle est plus grande dans ce cas, parce qu'elle est meilleure. « Celui donc qui s'attache au Seigneur ne fait qu'un seul esprit avec lui, » (I *Cor.*, vi, 17) mais pour cela le Seigneur ne devient pas plus grand, bien que celui qui s'attache à lui le devienne. Dans Dieu même, quand le Fils qui est égal au Père s'attache au Père qui est égal au Fils, ou quand le Saint-Esprit, qui est égal au Père et au Fils, s'attache au Père et au Fils, il n'en résulte pas un Dieu plus grand que chacune des trois personnes, attendu qu'il n'y a pas moyen que cette perfection s'accroisse. Or, tant le Père que le Fils ou le Saint-Esprit est parfait, et le Père, le Fils et le Saint-Esprit ne font qu'un Dieu parfait, un Dieu Trinité, plutôt qu'un Dieu triple.

CHAPITRE IX.

Quand on dit un seul Dieu, *est-ce une seule personne ou sont-ce trois personnes.*

10. Comme nous avons montré comment on peut dire que le Père seul est Père, attendu que dans le Père il n'y a que le Père, il faut examiner cette proposition, que le seul vrai Dieu n'est pas seulement le Père, mais est le Père, le Fils et le Saint-Esprit. En effet, à cette question,

---

tur quomodo dici possit, aut Pater solus, aut Filius solus ; cum semper atque inseparabiliter et ille cum Filio sit, et ille cum Patre : non ut ambo sint Pater, aut ambo Filius ; sed quia semper in invicem, neuter solus. Quia vero dicimus et Deum solum ipsam Trinitatem, quamvis semper sit cum spiritibus et animabus sanctis ; sed solum dicimus quod Deus est, quia non et illi cum illo Deus sunt : ita solum Patrem dicimus Patrem, non quia separatur a Filio, sed quia non simul ambo Pater sunt.

CAPUT VIII.

Cum itaque tantus est solus Pater, vel solus Filius, vel solus Spiritus sanctus, quantus est simul Pater et Filius et Spiritus sanctus, nullo modo triplex dicendus est. Corpora quippe adjunctione sua crescunt. Quamvis enim qui adhæret uxori suæ, unum corpus sit : majus tamen corpus fit, quam si solius viri esset, aut solius uxoris. In rebus autem spiritualibus, cum minor majori adhæresceit, sicut creatura Creatori, illa fit major quam erat, non ille. In iis enim quæ non mole magna sunt, hoc est majus esse quod est melius esse. Melior autem fit spiritus alicujus creaturæ, cum adhæret Creatori, quam si non adhæreat ; et ideo etiam major quia melior. « Qui ergo adhæret Domino, unus spiritus est : » (I *Cor.*, vi, 17) sed tamen Dominus non ideo fit major, quamvis fiat ille qui adhæret Domino. In ipso igitur Deo cum adhæret æquali Patri Filius æqualis, aut Spiritus sanctus Patri et Filio æqualis, non fit major Deus quam singuli eorum ; quia non est quo crescat illa perfectio. Perfectus autem sive Pater, sive Filius, sive Spiritus sanctus, et perfectus Deus Pater et Filius et Spiritus sanctus : et ideo Trinitas potius quam triplex.

CAPUT IX.

An una vel tres simul personæ dicantur solus Deus.

10. Et quoniam ostendimus quomodo possit dici solus Pater, quia non nisi ipse ibi Pater ; consideranda est illa sententia qua dicitur, Deum verum

le Père seul est-il Dieu ? comment répondrait-on négativement, si on ne disait que le Père certainement est Dieu, mais qu'il n'est point seul Dieu, que le seul Dieu est Père, Fils et Saint-Esprit. Mais que faisons-nous de ce témoignage du Seigneur qui disait au Père, et ne s'adressait qu'à lui qu'il nommait par son nom de Père : « Or, la vie éternelle la voici, c'est de vous connaître vous qui êtes le seul vrai Dieu ? » Les Ariens entendent ordinairement ces paroles en ce sens, que le Fils de Dieu n'est pas vrai Dieu. Si nous les écartons, il nous faut voir si nous sommes obligés de comprendre ces paroles adressées au Père, « c'est de vous connaître vous qui êtes le seul vrai Dieu, » comme si le Fils avait voulu insinuer qu'il n'y a que le Père qui soit vrai Dieu, de peur que nous ne comprenions que Dieu ce n'est autre chose que les trois personnes ensemble, le Père, le Fils et le Saint-Esprit. Est-ce que ce n'est pas sur la parole du Seigneur que nous disons que le Père est un vrai Dieu, que le Fils est un vrai Dieu, et que le Saint-Esprit est aussi un vrai Dieu, et que le Père, le Fils et le Saint-Esprit tout ensemble, c'est-à-dire la Trinité même à la fois, sont non pas trois vrais Dieux, mais un seul vrai Dieu ? Est-ce que, parce qu'il a ajouté : « Et Jésus-Christ que vous avez envoyé, » il faut sous-entendre ces mots : Est aussi un vrai Dieu, et que l'ordre de la phrase serait : « C'est de vous connaître, vous, et Jésus-Christ que vous avez envoyé pour un vrai Dieu ? » Pourquoi donc ne dit-il rien du Saint-Esprit ? serait-ce parce qu'il s'ensuit de ce que partout où il est parlé de l'un qui est attaché à l'autre, dans une union si grande que par elle, les deux ne font plus qu'un, il faille entendre par cela même le lien de paix même qui fait cette union, bien qu'il n'en soit pas fait mention ? Et en effet, dans cet endroit, l'Apôtre semble comme passer aussi le Saint-Esprit sous silence, et pourtant il ne laisse point d'être entendu qu'il est aussi parlé de lui, là où il dit : « Tout est à vous, mais vous, vous êtes au Christ, et le Christ est à Dieu, » (I *Cor.*, III, 22) et ailleurs : « Le chef de la femme c'est l'homme, le chef de l'homme c'est le Christ, et le chef du Christ c'est Dieu. » (I *Cor.*, XI, 3.) Mais si Dieu ne se conçoit autrement que dans les trois personnes ensemble, comment le chef du Christ est-il Dieu, c'est-à-dire comment ce chef du Christ est-il la Trinité, puisque le Christ est dans la Trinité pour qu'elle soit Trinité ? Est-ce que ce qui est le Père avec le Fils, est chef par rapport à ce qui est le Fils seul ? Car c'est avec le Fils que le Père est Dieu, et il n'y a que le Fils dans le Christ, d'autant plus que c'est le Verbe fait chair qui parle, dans

---

solum non esse Patrem solum, sed Patrem et Filium et Spiritum sanctum. Si quis enim interroget, Pater solus utrum sit Deus : quomodo respondebitur non esse, nisi forte ita dicamus, esse quidem Patrem Deum, sed non eum esse solum Deum ; esse autem solum Deum, Patrem et Filium et Spiritum sanctum ? Sed quid agimus de illo testimonio Domini ? Patri enim dicebat, et Patrem nominaverat ad quem loquebatur, cum ait : « Hæc est autem vita æterna, ut cognoscant te unum verum Deum. » Quod quidem Ariani sic solent accipere, quasi non sit Filius verus Deus. Quibus exclusis, videndum est an intelligere cogamur, cum dictum est Patri : « Ut cognoscant te unum verum Deum ; » (*Joan.*, XVII, 3) tanquam hoc insinuare voluerit, quia et solus Pater Deus verus est, ne non intelligeremus Deum, nisi ipsa tria simul, Patrem et Filium et Spiritum sanctum. Num ergo ex Domini testimonio, et Patrem unum verum Deum dicimus, et Filium unum verum Deum, et Spiritum sanctum unum verum Deum, et simul Patrem et Filium et Spiritum sanctum, id est, simul ipsam Trinitatem, non tres veros Deos, sed unum verum Deum ? An quoniam addidit : « Et quem misisti Jesum Christum ; » subaudiendum est, unum verum Deum ; et ordo verborum est : « Ut te et quem misisti Jesum Christum, cognoscant unum verum Deum ? » Cur ergo tacuit de Spiritu sancto ? An quoniam sequens est, ut ubicumque nominatur unum tanta pace uni adhærens, ut per hanc utrumque unum sit, jam ex hoc intelligatur, etiam ipsa pax, quamvis non commemoretur ? Nam et illo loco Apostolus videtur quasi prætermittere Spiritum sanctum, et tamen etiam ibi intelligitur, ubi ait : « Omnia sunt vestra, vos autem Christi, Christus autem Dei. » (I *Cor.*, III, 22.) Et iterum : « Caput mulieris vir, caput viri Christus, caput autem Christi Deus. » (I *Cor.*, XI, 3.) Sed rursus si Deus non nisi omnia simul tria, quomodo caput Christi Deus, id est, caput Christi Trinitas, cum in Trinitate sit Christus ut sit Trinitas ? An quod est Pater cum Filio, caput est ei quod est solus Filius ? Cum Filio enim Pater Deus, solus autem Filius Christus est : maxime quia jam Verbum caro factum loquitur, secundum quam (*a*) humilitatem ejus etiam major est Pater, sicut dicit : « Quoniam

---

(*a*) Ita plerique Mss. At editi *humanitatem.*

l'abaissement selon lequel le Père est plus grand que lui, comme il le dit lui-même : « Mon Père est plus grand que moi, » (*Jean*, XIV, 28) en sorte que, être Dieu même, ce qui est un pour lui avec le Père, ce soit être le chef de l'homme Médiateur (I *Tim.*, II, 5), ce qu'il est seul lui-même. Car, si nous disons avec raison que l'âme est le principal dans l'homme, c'est-à-dire comme le chef, la tête de la substance de l'homme, quoique l'homme même ne soit homme qu'avec son âme, pourquoi ne serait-il pas beaucoup plus juste et beaucoup plus utile de dire que le Verbe, qui avec le Père est Dieu, est le chef du Christ, bien que l'Homme-Christ ne puisse s'entendre que du Verbe qui s'est fait chair ? Mais, comme je l'ai déjà dit, nous étudierons cela plus tard, avec plus de soin. Pour ce moment, nous avons démontré, aussi brièvement que nous l'avons pu, l'égalité et l'unité identique de substance de la Trinité, afin que, de quelque manière que cette question que nous avons réservée pour une discussion plus profonde et plus attentive se trouve résolue, rien ne nous empêche de proclamer l'égalité du Père, du Fils et du Saint-Esprit.

CHAPITRE X.

Attributs donnés par saint Hilaire à chacune des trois personnes, dans son livre II De la Trinité.

11. Un auteur voulant insinuer en peu de mots ce qui est propre à chacune des personnes de la Trinité a dit : « L'éternité est dans le Père, la ressemblance dans l'image, et l'usage dans le don. » (HILAR., liv. II *de la Trinité.*) Et comme c'est un homme qui ne jouit pas d'une mince autorité dans l'explication des Ecritures, et dans les assertions de foi, car c'est Hilaire qui a écrit cela dans ses livres, j'ai recherché autant que je l'ai pu, le sens caché de ces expressions, Père, image, don, éternité, ressemblance et usage, et je crois ne m'être pas éloigné de sa pensée, dans le mot éternité, en comprenant que le Père n'a point de père de qui il soit, tandis que le Fils a, du Père, qu'il est, et de plus qu'il est coéternel avec lui. En effet, si l'image rend parfaitement l'objet dont elle est l'image, c'est elle qui est comparée à lui, non pas lui qui est comparée à elle. Dans cette image il parle de la ressemblance, je crois, à cause de sa beauté, elle est en effet si bien proportionnée, c'est la première égalité, la première similitude, elle ne s'écarte en rien de son modèle, elle ne lui est inégale en rien, dissemblable en rien, au contraire elle répond trait pour trait à Celui dont elle est l'image. Là se trouve la première vie, la vie suprême, car, pour elle, ce n'est pas une chose de vivre et une autre chose d'être, mais c'est une seule et même chose d'être et de vivre ; là aussi est la première et suprême intelligence, en effet, pour elle, être intelligente et vivre ne font pas deux,

Pater major me est : » (*Joan.*, XIV, 28) ut hoc ipsum Deum esse, quod illi cum Patre unum est, caput sit hominis Mediatoris (1 *Tim.*, II, 3), quod ipse solus est. Si enim mentem recte dicimus principale hominis, id est, tanquam caput humanæ substantiæ, cum ipse homo cum mente sit homo, cur non multo congruentius, multoque magis Verbum cum Patre quod simus Deus est, caput est Christi, quamvis Christus homo nisi cum Verbo quod caro factum est, intelligi non possit? Sed hoc, ut jam diximus, aliquanto diligentius postea considerabimus. Nunc autem æqualitas Trinitatis et una eademque substantia, quantum breviter potuimus, demonstrata est, ut quoquo modo se habet ista quæstio, quam discutiendam acriore intentione distulimus, nihil impediat quo minus fateamur summam æqualitatem Patris et Filii et Spiritus sancti.

CAPUT X.

Attributa per Hilarium singulis personis, in lib. II De Trinit.

11. Quidam cum vellet brevissime singularum in Trinitate personarum insinuare propria : « Æternitas, inquit, in Patre, species in Imagine, usus in Munere. » Et quia non mediocris auctoritatis in tractatione Scripturarum, et assertione fidei vir exstitit, Hilarius enim hoc in libris suis posuit, horum verborum, id est, Patris, et Imaginis, et Muneris, æternitatis, et speciei, et usus, abditam scrutatus intelligentiam quantum valeo, non eum secutum arbitror in æternitatis vocabulo, nisi quod Pater non habet Patrem de quo sit, Filius autem de Patre est ut sit, atque ut illi coæternus sit. Imago enim si perfecte implet illud cujus imago est, ipsa coæquatur, ei non illud imagini suæ. In qua imagine speciem nominavit, credo, propter pulchritudinem, ubi jam est tanta congruentia, et prima æqualitas, et prima similitudo, nulla in re dissidens, et nullo modo inæqualis, et nulla ex parte dissimilis, sed ad identidem respondens ei cujus imago est. Ubi est prima et summa vita, cui non est aliud vivere et aliud esse, sed idem est esse et vivere : et primus ac summus intellectus, cui non est aliud vivere et aliud intelli-

mais comprendre, c'est vivre, c'est être ; c'est tout un. Comme le Verbe parfait, à qui ne manquerait rien, c'est une citadelle du Dieu tout-puissant et sage, remplie de toutes les raisons vivantes et intellectuelles, qui toutes ne font qu'un en elle, comme elle est elle-même un de un avec qui elle est un. C'est en elle que Dieu connaît toutes les choses qu'il a faites par elle, aussi, quand les temps passent et se succèdent, rien ne passe, rien ne succède dans la science de Dieu. Car si les choses que Dieu a créées sont connues de lui, ce n'est pas parce qu'il les a créées, on pourrait plutôt dire qu'elles ont été faites par lui, même susceptibles de changer, parce qu'il les connaît d'une manière immuable. Cet embrassement ineffable du Père et de son image, n'existe donc point sans une certaine jouissance, sans charité, sans joie, cette dilection, cette délectation, cette félicité ou béatitude, si toutefois on peut trouver dans la langue humaine une expression pour la rendre dignement, a été appelée l'usage par notre auteur, et, dans la Trinité, c'est le Saint-Esprit qui n'a point été engendré, mais qui est la douceur de Celui qui engendre, et de Celui qui est engendré, et qui inonde de l'abondance de ses grâces toutes les créatures, à proportion de leur aptitude à les recevoir, pour qu'elles tiennent leur rang et demeurent en repos à leur place.

12. Toutes les choses créées par l'art divin montrent en elles une certaine unité, une certaine beauté, un certain ordre. En effet, quelles que soient ces choses, elles font chacune un tout, telles sont les natures de corps et celles d'âmes ; elles sont formées avec une certaine apparence, telles sont les figures et les propriétés des corps, telles sont aussi les sciences et les arts propres aux âmes ; elles demandent ou tiennent un certain ordre, tels sont le poids et la place des corps, les amours ou les délectations des âmes. Il faut donc que, apercevant et comprenant le Créateur par la vue des choses créées, nous comprenions la Trinité, dont les traces apparaissent dans les créatures, selon qu'il est convenable. En effet, c'est dans cette Trinité suprême que se trouve l'origine, la plus parfaite beauté et bienheureuse félicité de toutes choses. Ainsi, ces trois choses semblent être déterminées réciproquement l'une par rapport aux autres, et sont infinies en elles-mêmes. Mais ici-bas, dans les choses corporelles, une seule chose n'est point autant que deux ensemble, et deux sont plus qu'une seule. Au reste, dans cette suprême Trinité, une seule personne est autant que les trois ensemble, et deux ne sont pas plus qu'une. Elles sont infinies en elles-mêmes. Chacune des trois personnes est dans chacune des trois personnes, et chacune est dans toutes les trois, et toutes

---

gere, sed id quod est intelligere, hoc vivere, hoc esse est, unum omnia : tanquam Verbum perfectum, cui non desit aliquid, et ars quædam omnipotentis atque sapientis Dei, plena omnium rationum viventium (*a*) incommutabilium ; et omnes unum in ea, sicut ipsa unum de uno, cum quo unum. Ibi novit omnia Deus quæ fecit per ipsam, et ideo cum decedant et succedant tempora, non decedit aliquid vel succedit scientiæ Dei. Non enim hæc quæ creata sunt, ideo sciuntur a Deo, quia facta sunt : ac non potius ideo facta sunt vel mutabilia, quia immutabiliter ab eo sciuntur. Ille igitur ineffabilis quidam complexus Patris et imaginis non est sine (*b*) perfruitione, sine caritate, sine gaudio. Illa ergo dilectio, delectatio, felicitas vel beatitudo, si tamen aliqua humana voce digne dicitur, usus ab illo appellatus est breviter, et est in Trinitate Spiritus sanctus, non genitus, sed genitoris, genitique suavitas, ingenti largitate atque ubertate perfundens omnes creaturas pro captu earum, ut ordinem suum teneant et locis suis acquiescant.

12. Hæc igitur omnia, quæ arte divina facta sunt, et unitatem quamdam in se ostendunt, et speciem, et ordinem. Quidquid enim horum est, et unum aliquid est, sicut sunt naturæ corporum, et ingenia animarum ; et aliqua specie formatur, sicut sunt figuræ vel qualitates corporum, ac doctrinæ vel artes animarum ; et ordinem aliquem petit aut tenet, sicut sunt pondera vel collocationes corporum, atque amores aut delectationes animarum. Oportet igitur ut Creatorem per ea quæ facta sunt intellectum conspicientes, Trinitatem intelligamus, cujus in creatura quomodo dignum est apparet vestigium. In illa enim Trinitate summa origo est rerum omnium et perfectissima pulchritudo, et beatissima delectatio. Itaque illa tria, et (*c*) ad se invicem determinari videntur, et in se infinita sunt. Sed hic in rebus corporeis, non tantum est res una quantum tres simul, et plus aliquid sunt duæ quam una res : cæterum in illa summa Trinitate tantum est una quantum tres simul, nec plus aliquid sunt duæ quam una. Et in se infinita sunt. Ita et singula sunt in singulis, et omnia

(*a*) Plures Mss. *et incommutabilium*. — (*b*) In Mss. *perfectione* vel *perfunctione*. — (*c*) Mss. *a se invicem*.

sont dans toutes, et toutes ne font qu'un. Que celui qui voit cela, même en partie ou dans un miroir et en énigme, se réjouisse de connaître Dieu (I *Cor.*, XIII, 12), qu'il l'honore comme Dieu, et lui rende grâce. Que celui qui ne le voit point s'efforce par la piété d'arriver à le voir, au lieu de le calomnier dans son aveuglement. Car il n'y a qu'un seul Dieu, et cependant ce Dieu est Trinité. Il ne faut pas non plus admettre d'une manière confuse ces paroles : « De qui, par qui, en qui sont toutes choses, » (*Rom.*, XI, 36) et ce n'est point à plusieurs Dieux, mais « à lui seul que doit revenir la gloire, dans les siècles des siècles. Amen. »

LIVRE SEPTIÈME

Saint Augustin expose, dans ce livre, la question qui avait été différée dans le livre précédent, à savoir que Dieu le Père qui a engendré un Fils qui est vertu et sagesse, non-seulement est le Père de la vertu et de la sagesse, mais est lui-même vertu et sagesse. Il en est de même de l'Esprit saint. Il montre que néanmoins il n'y a pas trois vertus, ni trois sagesses, mais une seule vertu et une seule sagesse, comme il n'y a qu'un seul Dieu et une seule essence. Ensuite en quel sens les Latins disent qu'il y a en Dieu *une seule essence et trois personnes*, et les Grecs, qu'il y a *une seule essence et trois substances ou hypostases*; il fait voir que cette manière de parler est dans ces deux langues le résultat d'une nécessité de répondre à cette question : que sont ces trois que nous confessons, avec vérité, en les appelant Père, Fils et Saint-Esprit.

CHAPITRE PREMIER.

Retour à cette question : chacune des trois personnes de la sainte Trinité est-elle sagesse par elle-même ?

1. Et maintenant, recherchons avec le plus de soin possible, autant que Dieu nous en fera la grâce, si, dans la Trinité, chaque personne peut, en elle-même et indépendamment des deux autres, être appelée Dieu grand, sage, vrai, tout-puissant, juste, ou de tout autre nom qui puisse se dire de Dieu, non pas d'une manière relative, mais absolue, ou bien si ces attributs ne sont affirmés que lorsqu'il est entendu qu'on parle de la Trinité. En effet, il y a lieu, à cause de ces paroles de l'Ecriture : « Le Christ vertu et sagesse de Dieu, » (I *Cor.*, I, 24) de demander si Dieu le Père est tellement Père de sa sagesse et de sa vertu, qu'il ne soit sage que par la sagesse qu'il a engendrée, et puissant par la vertu dont il est Père, et si, étant toujours puissant

---

in singulis, et singula in omnibus, et omnia in omnibus, et unum omnia. Qui videt hoc vel ex parte, vel per speculum et in ænigmate (I *Cor.*, XIII, 12), gaudeat cognoscens Deum, et sicut Deum honoret, et gratias agat : qui autem non videt, tendat per pietatem ad videndum, non per cæcitatem ad calumniandum. Quoniam unus est Deus, sed tamen Trinitas. Nec confuse accipiendum est : « Ex quo omnia, per quem omnia, in quo omnia : » (*Rom.*, XI, 36) nec diis multis, sed « ipsi gloria in sæcula sæculorum, Amen. »

LIBER SEPTIMUS

In quo superioris libri quæstio, quæ dilata fuerat, explicatur, quod videlicet Deus Pater qui genuit Filium virtutem et sapientiam, non solum sit virtutis et sapientiæ Pater, sed etiam ipse virtus et sapientia : similiter et Spiritus sanctus. Nec tamen tres esse virtutes aut tres sapientias, sed unam virtutem et unam sapientiam, sicut unum Deum et unam essentiam, ostenditur. Deinde quæritur quomodo dicatur in Deo, a Latinis *una essentia, tres personæ*, a Græcis *una essentia, tres substantiæ vel hypostases* : et utrumque elocutionis necessitate dici monstratur, ut ne omnino taceremus interrogati quid tres sint, quos tres esse veraciter confitemur, Patrem scilicet, et Filium, et Spiritum sanctum.

CAPUT PRIMUM.

Redit ad quæstionem an quælibet Trinitatis persona per se sit sapientia.

1. Jam nunc quæramus diligentius, quantum dat Deus, quod paulo ante distulimus : Utrum et singula quæque in Trinitate persona possit et per non ipsam non cum cæteris duabus dici Deus, aut magnus, aut sapiens, aut verus, aut omnipotens, aut justus, et si quid aliud dici de Deo potest, non relative, sed ad se ipsum; an vero non dicantur ista, nisi cum Trinitas intelligitur. Hoc enim quæstionem facit, quia scriptum est : « Christum Dei virtutem et Dei sapientiam : » (I *Cor.*, I, 24) utrum ita sit pater sapientiæ atque virtutis suæ, ut hac sapientia sapiens sit quam genuit, et hac virtute potens quam genuit : et quia semper potens et sapiens, semper genuit virtutem

LIVRE VII. — CHAPITRE I.

et sage, il a toujours engendré la vertu et la sagesse. Nous avons déjà dit, s'il en est ainsi, pourquoi il n'est point le Père de la grandeur par laquelle il est grand, de la bonté par laquelle il est bon, de la justice par laquelle il est juste, et des autres attributs qu'on peut lui donner. Ou bien si tous ces attributs exprimés par des mots différents sont compris dans la même sagesse et la même vertu, en sorte que grandeur soit la même chose que vertu, bonté la même chose que sagesse, et, réciproquement, sagesse la même chose que vertu, comme nous l'avons déjà recherché, si j'ai bonne mémoire, en sorte que lorsque je cite un de ces attributs, on doive l'entendre comme si je les énumérais tous, on demande donc si le Père en particulier est sage, et s'il est lui-même sa propre sagesse, et s'il est sage comme il est disant ; car il est disant par rapport au Verbe qu'il a engendré, non point par rapport au verbe qui se prononce, qui sonne à nos oreilles et qui passe ; mais par rapport au Verbe qui était en Dieu, et qui était Dieu, et par qui tout a été fait (*Jean*, I, 1); par rapport au Verbe égal à lui, et par lequel il se dit lui-même toujours, et d'une manière immuable. Car il n'est pas lui-même Verbe, non plus que Fils ni image. Mais le disant, si j'excepte les sons temporels du nom de Dieu qui se produisent dans les créatures, car ils sonnent et ils passent, le disant donc qui s'adresse au Verbe coéternel, n'est point compris comme étant seul avec lui-même, mais comme étant avec le Verbe même, sans qui il ne saurait être disant. En est-il de sage comme de disant, en sorte qu'il en soit aussi de la sagesse comme du Verbe, et que ce soit tout un d'être le Verbe et d'être la sagesse ; en est-il de même également du Verbe et de la vertu, en sorte que Verbe et vertu soient tout un, et ne soit dit que d'une manière relative, comme Fils et image, en sorte que le Fils ne soit point puissant ou sage seul avec lui seul, mais avec la vertu et la sagesse qu'il a engendrées ; de même que le Père n'est point disant seul à seul avec lui seul, mais par et avec le Verbe qu'il a engendré ; et de même grand de la grandeur qu'il a engendrée ? Et s'il n'est pas grand par une chose, et Dieu par une autre chose, mais s'il est grand parce qu'il est Dieu, attendu que, pour lui, être grand et être Dieu ne sont pas deux choses différentes, il s'ensuit qu'il n'est pas non plus Dieu seul à seul avec lui-même, mais qu'il l'est par et avec la déité qu'il a engendrée, en sorte que le Fils est la déité du Père, comme il est la sagesse et la vertu du Père, le Verbe et l'image du Père. Et comme pour lui ce ne sont pas deux choses différentes, d'être et d'être Dieu, le Fils serait ainsi l'essence du Père, comme il est son Verbe et son image. Par suite, si on en excepte ce par quoi il est Père, le Père ne serait quelque chose que parce qu'il a un Fils. En sorte que non-

---

et sapientiam. Dixeramus enim si ita est, cur non et magnitudinis suæ pater sit qua magnus est, et bonitatis qua bonus, et justitiæ qua justus, et alia si qua sunt. Aut si hæc omnia pluribus vocabulis in eadem sapientia et virtute intelliguntur, ut ea sit magnitudo quæ virtus, ea bonitas quæ sapientia, et ea rursus sapientia quæ virtus, sicut jam tractavimus, meminerimus, cum aliquid horum nomino, sic accipiendum esse, ac si omnia commemorem. Quæritur ergo an Pater etiam singulus sit sapiens, atque ipsa sibi ipse sapientia, an ita sit sapiens quomodo dicens. Verbo enim quod genuit dicens est ; non verbo quod profertur, et sonat, et transit ; sed Verbo quod erat apud Deum, et Deus erat Verbum, et omnia per ipsum facta sunt (*Joan.*, I, 1) : Verbo æquali sibi quo semper atque incommutabiliter dicit se ipsum. Non est enim ipse verbum, sicut nec filius, nec imago. Dicens autem, exceptis illis temporalibus vocibus Dei, quæ in creatura fiunt ; nam sonant, et transeunt : dicens ergo illo coæterno Verbo, non singulus intelligitur, sed cum ipso Verbo, sine quo non est utique dicens. Itane et sapiens sicut dicens, ut ita sit sapientia, sicut Verbum, et hoc sit Verbum esse quod est esse sapientiam ; hoc etiam esse virtutem, ut virtus et sapientia et Verbum idem sit, et relative dicatur, sicut Filius et imago : atque ille non singulus potens, vel sapiens, sed cum ipsa virtute et sapientia quam genuit ; sicut non singulus dicens, sed eo Verbo, et cum eo Verbo quod genuit ; atque ita magnus ea et cum ea magnitudine quam genuit ? Et si non aliud magnus, alio Deus, sed eo magnus quo Deus, quia non aliud illi est magnum esse, aliud Deum esse : consequens est, ut nec Deus singulus, sed ea et cum ea deitate quam genuit, ut sic sit Filius deitas Patris, sicut sapientia et virtus Patris, et sicuti est Verbum et imago Patris. Et quia non aliud illi est esse, aliud Deum esse, ita sit etiam essentia Patris Filius, sicuti est Verbum et imago ejus. Ac per hoc etiam excepto eo quod Pater est, non sit aliquid Pater, nisi quiaest ei Filius : ut non tantum id quod dicitur Pater, quod manifestum est eum non ad se ipsum, sed ad Filium relative dici, et

seulement il est ce qu'on entend par Père, titre qui manifestement n'a point rapport à lui, mais ne lui est donné que relativement au Fils, puisqu'il n'est Père que parce qu'il a un Fils, mais que, ce qu'il est par rapport à lui-même, il ne l'est que parce qu'il a engendré son essence. Car, comme il n'est grand que par la grandeur qu'il a engendrée, ainsi n'est-il que par l'essence qu'il a engendrée, attendu que pour lui, être n'est pas une chose, et être grand une autre chose. Serait-il donc ainsi le Père de sa propre essence, comme il l'est de sa propre grandeur, comme il l'est de sa propre vertu, de sa propre sagesse? car en lui, grandeur c'est vertu, et essence c'est grandeur.

2. Cette dispute est née de ce qu'il est écrit que « le Christ est la vertu et la sagesse de Dieu. » (I *Cor.*, 1, 24.) Nous nous trouvons donc, quand nous voulons parler de choses ineffables, dans l'étroite alternative, ou de dire que le Christ n'est point la vertu et la sagesse de Dieu, et d'aller ainsi avec autant d'impiété que d'impudence, contre la parole de l'Apôtre, ou de reconnaître qu'en effet le Christ est la vertu et la sagesse de Dieu, mais que son Père n'est point le Père de sa propre vertu et de sa propre sagesse, ce qui n'est pas moins impie, attendu que de cette manière il ne serait pas non plus le père du Christ, puisque le Christ est la vertu et la sagesse du Père, ou que le Père ne serait plus ni fort ni sage de sa vertu et de sa sagesse, chose que personne n'oserait avancer. Ou bien, il faudrait comprendre que dans le Père autre chose est d'être, et autre chose d'être sage, en sorte qu'il ne s'ensuit point qu'il est sage par le seul fait qu'il est, comme on l'entend ordinairement de notre âme, qui tantôt est dépourvue de sagesse, et tantôt en est douée, ainsi qu'il convient à une nature muable, à une nature qui n'est ni souverainement ni parfaitement simple, ou bien que le Père n'est point quelque chose par rapport à soi, et que toute affirmation le concernant non-seulement en tant qu'il est Père, mais même en tant qu'il est simplement, n'est qu'une affirmation relative au Fils. Comment donc le Fils sera-t-il de la même essence que le Père, puisque non-seulement il n'est pas même une essence, mais encore il n'est pas du tout relativement à soi, et que l'être en lui n'a de rapport qu'au Fils? En effet, le Père et le Fils sont d'autant plus d'une seule et même substance, que Père et Fils sont une seule et même substance, attendu que, pour le Père, l'être même ne se rapporte point à lui, mais au Fils qu'il a engendré essence, et par laquelle essence il est lui-même tout ce qu'il est. Ni l'un ni l'autre n'est donc par rapport à soi, mais tant l'un que l'autre n'est affirmé que relativement à l'autre. Est-ce que le Père seul, non-seulement en tant qu'il est appelé Père, mais en tant qu'il est dit quoique ce soit, ne l'est que

---

ideo Patrem quia est ei Filius; sed omnino ut sit quod ad se ipsum est, ideo sit quia genuit essentiam suam. Sicut enim magnus est, non nisi ea quam genuit magnitudine : ita et est non nisi ea quam genuit essentia; quia non est aliud illi esse, aliud magnum esse. Itane igitur pater est essentiæ suæ, sicut pater est magnitudinis suæ, sicut pater est virtutis ac sapientiæ suæ? Eadem quippe ejus magnitudo quæ virtus, et eadem essentia quæ magnitudo.

2. Hæc disputatio nata est ex eo quod scriptum est : « Christum » esse « Dei virtutem et Dei sapientiam. » (I *Cor.*, 1, 24.) Quapropter in cas angustias sermo coarctatur, cum ineffabilia fari cupimus, ut aut dicamus Christum non esse Dei virtutem et Dei sapientiam, atque ita impudenter et impie resistamus Apostolo : aut Christum quidem Dei virtutem et Dei sapientiam esse fateamur, sed ejus Patrem non esse patrem virtutis et sapientiæ suæ, quod non minus impium est; sic enim nec Christi erit pater, quia Christus Dei virtus et Dei sapientia est : aut non esse Patrem virtute sua potentem, neque sapientia sua sapientem, quod quis audeat dicere? aut aliud in Patre intelligi esse, aliud sapientem esse, ut non hoc ipso sit quo sapiens est, quod de anima intelligi solet, quæ alias incipiens, alias sapiens est, velut natura mutabilis, et non summe perfecteque simplex : aut Patrem non esse aliquid ad se ipsum, et non solum quod Pater est, sed omnino quod est, ad Filium relative dici. Quomodo ergo ejusdem essentiæ Filius cujus Pater, quando quidem ad se ipsum nec essentia est, nec omnino est ad se ipsum, sed etiam esse ad Filium illi est? At enim multo magis unius ejusdemque essentiæ, quia una eademque essentia Pater et Filius; quando quidem Patri non ad se ipsum est ipsum esse, sed ad Filium, (*a*) quam essentiam genuit, et qua essentia est quidquid est. Neuter ergo ad se est, et uterque ad invicem relative dicitur : at Pater solus non solum quod Pater dicitur, sed omnino quidquid dicitur, relative ad Filium dicitur; ille au-

(*a*) Duo Mss. *quem.*

relativement au Fils, tandis que ce dernier l'est dit aussi relativement à lui-même? Et s'il en est ainsi, qu'est-il dit relativement à lui-même? Est-il dit essence même? Mais l'essence du Père c'est le Fils, de même qu'il est la vertu et la sagesse du Père, le Verbe du Père et l'image du Père. Ou bien, si c'est par rapport à lui-même que le Fils est appelé essence, le Père n'est plus une essence, mais seulement le Père de l'essence, il n'est plus par rapport à lui-même, mais il est par l'essence même qu'il a engendrée, de même que c'est par la grandeur qu'il a engendrée qu'il est grand. C'est donc par rapport à lui-même que le Fils est appelé la grandeur, il en est de même des appellations vertu, sagesse, Verbe et image. Or, qu'y a-t-il de plus absurde que de prétendre que c'est par rapport à elle-même qu'une image est appelée image? Si le Verbe et l'image ne sont pas le même que la vertu et la sagesse, mais que les deux premiers termes ne soient employés que d'une manière relative, et les deux derniers par rapport à soi, non à autre chose, le Père commence à ne plus être sage par la sagesse qu'il a engendrée, attendu qu'il ne peut être dit lui-même d'une manière relative à cette sagesse, non plus que celle-ci ne peut être dite relativement à lui, car tout ce qui est relatif est corrélatif. Il ne reste donc plus à dire qu'une chose, c'est que le Fils est appelé essence par rapport au Père. Mais il naîtrait de là le sens le plus inopiné, c'est que l'essence même ne serait plus essence, et que lorsqu'on dirait essence, ce ne serait plus l'essence, mais une relation qui serait indiquée. De même que quand on dit maître, on ne parle point d'une essence, mais d'un relatif qui se rapporte à esclave; mais quand on dit homme ou quelque chose de semblable, qui se dit par rapport à soi, non point relativement à autre chose, c'est de l'essence qu'on veut parler. Lors donc qu'en parlant d'un homme on dit maître, le mot homme indique l'essence, le mot maître la relation, car l'homme se dit par rapport à soi, le maître par rapport à l'esclave, et pour en revenir à ce que nous disions, si le mot essence ne s'emploie que dans le sens relatif, l'essence n'est plus essence. Ajoutez à cela que toute essence employée au sens relatif, est de plus quelque chose encore, indépendamment du relatif, tels sont l'homme appelé maître, et l'homme appelé esclave, le cheval dit de somme, et la pièce de monnaie appelée arrhes. Les mots homme, cheval, pièce de monnaie, se disent des êtres en eux-mêmes, et expriment des substances ou des essences; les mots maître, esclave, bête de somme et arrhes ne s'emploient que dans un sens relatif. Mais s'il n'y avait point d'homme, c'est-à-dire s'il n'existait point une certaine substance, il n'y aurait point possibilité d'appliquer le relatif maître; si le cheval n'était point une substance on ne pourrait lui appliquer l'expression relative de bête de somme. De même, si la pièce de monnaie n'était point une substance,

tem dicitur (a) et ad se? et si ita est, quid dicitur ad se? an ipsa essentia? Sed Patris essentia est Filius, sicut Patris virtus et sapientia, sicut Verbum Patris et imago Patris : aut si essentia dicitur ad se Filius, Pater autem non est essentia, sed genitor essentiæ, non est autem ad se ipsum, sed hac ipsa essentia quam genuit, sicut hac ipsa magnitudine magnus quam genuit; ergo et magnitudo dicitur ad se Filius, ergo et virtus, et sapientia et Verbum, et imago. Quid autem absurdius, quam imaginem ad se dici? Aut si non idipsum est imago et Verbum, quod est virtus et sapientia, sed illa relative dicuntur, hæc autem ad se, non ad aliud; incipit non ea sapientia quam genuit, sapiens esse Pater, quia non potest ipse ad eam relative dici, et illa ad eum relative non dici. Omnia enim quæ relative dicuntur, ad invicem dicuntur. Restat itaque ut etiam essentia Filius relative dicatur ad Patrem. Ex quo conficitur inopinatissimus sensus, ut ipsa essentia non sit essentia; vel certe cum dicitur essentia, non essentia, sed relativum indicetur. Quomodo cum dicitur dominus, non essentia indicatur, sed relativum quod refertur ad servum; cum autem homo dicitur, vel aliquid tale, quod ad se, non ad aliud dicitur, tunc indicatur essentia. Homo ergo cum dominus dicitur, ipse homo essentia est, dominus vero relative dicitur : homo enim ad se dicitur, dominus ad servum; hoc autem unde agimus, si essentia ipsa relative dicitur, essentia ipsa non est essentia. Huc accedit, quia omnis essentia quæ relative dicitur, est etiam aliquid excepto relativo : sicut homo dominus et homo servus, et equus jumentum, et nummus arrha; homo et equus et nummus ad se dicuntur, et substantiæ sunt vel essentiæ; dominus vero et servus et jumentum et arrha, ad aliquid relative dicuntur. Sed si non esset homo, id est aliqua substantia, non esset qui relative dominus diceretur : et si non esset equus quædam essentia, non esset quod jumentum relative

(a) Editi *ad Patrem et ad se? et si ita est, quid dicitur* in *Filio ad se?* At Mss. carent verbis *ad Patrem et in Filio.*

on ne pourrait pas non plus lui appliquer l'expression relative d'arrhes. Par conséquent, si le mot Père ne désigne pas aussi quelque chose en soi, il n'y a absolument pas moyen de l'employer d'une manière relative. En effet, il n'en est pas de lui comme de la couleur qui se rapporte à l'objet coloré, et qui n'est point appelée couleur en soi, mais toujours par rapport à l'objet coloré; mais quant à cet objet dont la couleur est la couleur, quand bien même en tant que désigné comme un objet coloré, il se rapporterait à la couleur, cependant en tant qu'il est appelé corps, c'est par rapport à lui-même qu'il est appelé ainsi. On doit donc penser, d'une certaine manière, que le Père n'est pas appelé Père par rapport à soi, et que tout ce qui est affirmé de lui ne l'est que par rapport au Fils, tandis que le Fils c'est par rapport à lui-même et par rapport au Père, qu'il est appelé une grandeur grande, une vertu puissante, et que ce n'est que par rapport à lui seulement qu'il est appelé grandeur et vertu du Père qui est grand et puissant, grandeur et vertu par lesquelles le Père est grand et puissant. Il n'en est donc pas ainsi, mais l'un et l'autre sont une substance et une seule et même substance. Mais de même qu'il est absurde de dire que la blancheur n'est pas blanche, ainsi l'est-il de prétendre que la sagesse n'est point sage, et de même que c'est par rapport à elle-même que la blancheur est dite blanche, ainsi est-ce également par rapport à elle-même que la sagesse est dite sage. Mais la blancheur du corps n'est pas une essence, c'est le corps même qui est une essence, tandis que la blancheur est une qualité du corps, aussi est-ce de la blancheur que le corps est appelé blanc; mais pour le corps ce n'est pas une seule et même chose d'être et d'être blanc. Car en lui autre chose est la forme, autre chose la couleur, et l'une et l'autre se trouvent non en soi, mais dans une certaine masse de matière qui n'est elle-même ni la forme ni la couleur, mais qui est formée et colorée. Au contraire, la sagesse est sage, et c'est par elle-même qu'elle l'est, et comme toute âme n'est sage que par sa participation à la sagesse, lorsqu'elle vient à cesser d'être sage, la sagesse ne laisse point de demeurer sagesse en elle-même, et ne change point parce que l'âme change dans le sens de la folie. Il n'en est pas pour celui qui est fait sage par elle, de la même manière que pour la blancheur dans le corps qui est blanc par elle. En effet, quand le corps vient à changer en une autre couleur, sa blancheur bien loin de continuer à subsister, disparaît tout à fait. Si le Père qui a engendré la sagesse n'est sage que par elle, et si, pour lui, ce n'est pas une seule et même chose d'être et d'être sage, son Fils est une qualité pour lui, ce n'est plus sa race, et on ne voit plus là la souveraine simplicité. Mais bien s'en

---

diceretur : ita si nummus non esset aliqua substantia, nec arrha posset relative dici. Quapropter si et Pater non est aliquid ad se ipsum, non est omnino qui relative dicatur ad aliquid. Non enim sicut ad aliquid coloratum refertur color ejus, nec omnino ad se dicitur color, sed semper alicujus colorati est; illud autem cujus color est, etiam si eo quod coloratum dicitur ad colorem refertur, tamen id quod corpus dicitur, ad se dicitur : ullo modo ita putandum est Patrem non dici aliquid ad se ipsum, sed quidquid dicitur ad Filium dici; eumdem vero Filium (a) et ad se ipsum dici, et ad Patrem, cum dicitur magnitudo magna et virtus potens, utique ad se ipsum, et magnitudo atque virtus magni et potentis Patris, qua Pater magnus et potens est. Non ergo ita, sed utrumque substantia, et utrumque una substantia. Sicut autem absurdum est dicere, candidum non esse candorem; sic absurdum est dicere, sapientem non esse sapientiam : et sicut candor ad se ipsum candidus dicitur, ita et sapientia ad se ipsam dicitur sapiens. Sed candor corporis non est essentia; quoniam ipsum corpus essentia est, et illa ejus qualitas : unde et ab ea dicitur candidum corpus, cui non hoc est esse quod candidum esse. Aliud enim ibi forma, et aliud color; et utrumque non in se ipso, sed in aliqua mole, quæ moles nec forma, nec color est, sed formata et colorata. Sapientia vero et sapiens est, et se ipsa sapiens est. Et quoniam quæcumque anima participatione sapientiæ fit sapiens, si rursus desipiat, manet tamen in se sapientia, nec cum anima fuerit in (f. in stultam) stultitiam commutata, illa mutatur : non ita est in eo qui ex ea fit sapiens, quemadmodum candor in corpore quod ex illo candidum est. Cum enim corpus in alium colorem fuerit mutatum, non manebit candor ille, sed omnino esse desinet. Quod si et Pater qui genuit sapientiam, ex ea fit sapiens, neque hoc est illi esse quod sapere, qualitas ejus est Filius, non proles ejus,

---

(a) Apud Er. et Lov. corrumpitur sensus addita particula *ergo* et prava inducta vocum interpunctione in hunc modum : *et ad se ipsum dici, et ad Patrem. Cum ergo dicitur magnitudo magna.*

faut qu'il en soit ainsi ; car il y a véritablement là une essence au suprême degré de simplicité, c'est donc là une seule et même chose d'être et d'être sage. Mais si là, c'est une seule et même chose d'être et d'être sage, le Père n'est pas sage par la sagesse qu'il a engendrée, autrement ce n'est pas lui qui aurait engendré la sagesse, mais la sagesse qui aurait engendré le Père. Car que disons-nous autre chose, quand nous disons que pour lui, être et être sage c'est tout un, sinon qu'il est sage dès lors qu'il est? En conséquence, la cause qui fait qu'il est sage est la même qui fait qu'il est. Aussi, si la sagesse qu'il a engendrée est cause qu'il est sage, elle est cause également que la sagesse existe. Ce qui ne peut être qu'en l'engendrant ou en le faisant. Mais il n'y a personne pour dire jamais que la sagesse est la nourrice et la créatrice du Père. En effet, que peut-il se dire de plus insensé? Donc le Père aussi est lui-même sagesse, et le Fils n'est appelé la sagesse du Père, que de la même manière qu'il est appelé la lumière du Père ; en d'autres termes, de même qu'il est lumière de lumière, et que l'un et l'autre sont lumière, ainsi doit-on entendre qu'il est sagesse de sagesse, et que l'un et l'autre sont sagesse; d'où il suit que l'un et l'autre ne font qu'une seule et même essence, attendu que, pour lui, être et être sage c'est tout un ; car ce que le sage est à la sagesse, le puissant à la puissance, l'éternel à l'éternité, le juste à la justice, le grand à la grandeur, l'être l'est par rapport à l'essence. Et comme pour cette simplicité ce ne sont pas deux choses d'être et d'être sage, la sagesse se confond en elle avec l'essence.

CHAPITRE II.

Le Père et le Fils ne font ensemble qu'une seule et même sagesse, comme ils ne font qu'une seule et même essence, sans toutefois ne faire ensemble qu'un seul et même Verbe.

3. Le Père et le Fils ne font donc ensemble qu'une seule et même essence, une seule et même grandeur, une seule et même vérité, une seule et même sagesse ; mais le Père et le Fils ne font pas tous deux ensemble un seul et même Verbe, parce qu'ils ne font pas non plus tous deux ensemble un seul et même Fils ; car de même que Fils se rapporte à Père, et ne se dit pas par rapport à soi, ainsi Verbe, quand le Fils est appelé ainsi, se rapporte à celui dont il est Verbe, attendu qu'il est Verbe par cela même qu'il est Fils, et Fils par cela même qu'il est Verbe. Puis donc que le Père et le Fils ensemble ne font point un seul Fils, il s'ensuit que le Père et le Fils ensemble ne font point non plus un seul et unique Verbe, d'eux deux à la fois. Voilà pourquoi aussi il n'est pas le Verbe par cela qu'il est sagesse, attendu que Verbe ne se dit point par rapport à soi, mais seulement par

---

et non ibi erit jam summa simplicitas. Sed absit ut ita sit : quia vere ibi est summe simplex essentia : hoc ergo est ibi esse quod sapere. Quod si hoc ibi esse quod sapere, non per illam sapientiam quam genuit sapiens est Pater ; alioquin non ipse illam, sed illa eum genuit. Quid enim aliud dicimus, cum dicimus, hoc illi est esse quod sapere, nisi eo est quo sapiens est ? Quapropter quæ causa illi est ut sapiens sit, ipsa illi causa est ut sit : proinde si sapientia quam genuit, causa illi est ut sapiens sit, etiam ut sit ipsa illi causa est. Quod fieri non potest, nisi gignendo eum aut faciendo. Sed neque genitricem, neque conditricem Patris ullo modo quisquam dixerit sapientiam. Quid enim insanius ? Ergo et Pater (*a*) ipse sapientia est : et ita dicitur Filius sapientia Patris, quomodo dicitur lumen Patris ; id est, ut quemadmodum lumen de lumine, et utrumque unum lumen ; sic intelligatur sapientia de sapientia, et utrumque una sapientia : ergo et una essentia ; quia hoc est ibi esse quod sapere. Quod enim est sapientiæ sapere,

(*a*) Sic bene multi Mss. At editi *ipsa*.

et potentiæ posse, et æternitati æternam esse, justitiæ justam esse, magnitudini magnam esse, hoc est essentiæ ipsum esse. Et quia in illa simplicitate non est aliud sapere quam esse, eadem ibi sapientia est quæ essentia.

CAPUT II.

Pater et Filius simul una sapientia, sicut una essentia, tametsi non simul unum Verbum.

3. Pater igitur et Filius simul una essentia, et una magnitudo, et una veritas, et una sapientia. Sed non Pater et Filius simul ambo unum Verbum, quia non simul ambo unus Filius. Sicut enim Filius ad Patrem refertur, non ad se ipsum dicitur ; ita et Verbum ad eum cujus Verbum est refertur, cum dicitur Verbum. Eo quippe Filius quo Verbum, et eo Verbum quo Filius. Quoniam igitur Pater et Filius simul non utique unus Filius, consequens est ut Pater et Filius simul non amborum unum Verbum. Et propterea non eo Verbum quo sapientia ; quia

rapport à celui dont il est Verbe, de même que Fils se dit par rapport à Père ; mais il est sagesse par le fait qu'il est essence, et comme il n'y a qu'une essence, il n'y a aussi qu'une sagesse. Mais comme le Verbe aussi est sagesse, mais n'est pas sagesse par ce qui fait qu'il est Verbe, attendu que Verbe s'entend dans un sens relatif, tandis que sagesse s'entend dans le sens d'essence ; nous devons comprendre quand on dit le Verbe, comme si on disait la sagesse née pour être en même temps Fils et image. Et quand on prononce ces deux mots : « la sagesse née, » l'un d'eux, « née, » donne à entendre qu'il s'agit du Verbe, de l'image, du Fils de Dieu ; or, dans tous ces noms il n'est point question d'essence, attendu qu'ils ne s'emploient que dans un sens relatif ; mais l'autre mot « sagesse, » se disant aussi par rapport à elle-même, attendu que c'est par elle que le sage est sage, donne à entendre qu'il s'agit de l'essence, et dans ce cas être est synonyme d'être sage. Si donc le Père et le Fils ne font ensemble qu'une seule et même sagesse, c'est parce qu'ils ne font qu'une seule et même essence, et que chacun d'eux est sagesse de sagesse, comme il est essence d'essence. Ainsi ce n'est point parce que le Père n'est pas le Fils, et que le Fils n'est pas le Père, ou parce que l'un est non-engendré, tandis que l'autre a été engendré, qu'ils ne font pas une seule et même essence, attendu que ces différents noms ne désignent en eux que des choses relatives. Mais l'un et l'autre ne font ensemble qu'une seule et même sagesse, une seule et même essence, parce que en eux, être et être sage ne font qu'un. Mais ils ne sont point tous les deux à la fois Verbe ou Fils, parce que être et être le Verbe ou le Fils ne font pas qu'un, comme nous l'avons déjà fait assez voir, en disant que ces expressions ne présentent qu'un sens relatif.

CHAPITRE III.

Pourquoi les Ecritures nous désignent-elles plus particulièrement le Fils par le mot sagesse, puisque le Père et le Saint-Esprit sont également sagesse ?

4. D'où vient donc que dans les Ecritures il n'est presque jamais parlé de la sagesse que pour la montrer engendrée ou créée de Dieu ? Engendrée, quand il est question de celle par qui tout a été fait, créée ou faite, par exemple dans les hommes, lorsqu'ils se convertissent et s'éclairent à la sagesse qui n'est ni créée ni faite, mais qui a été engendrée, attendu que dans ces hommes elle devient quelque chose qu'on appelle leur sagesse ; ou bien encore quand les saintes Ecritures déclarent et racontent que : « Le Verbe s'est fait chair, et qu'il a habité parmi nous. » (*Jean*, I, 14.) C'est en effet ainsi que le Christ s'est fait sagesse, c'est en se fai-

---

Verbum non ad se dicitur, sed tantum relative ad eum cujus Verbum est, sicut Filius ad Patrem : sapientia vero eo quo essentia. Et ideo quia una essentia, una sapientia. Quoniam vero et Verbum (*a*) sapientia est, sed non eo verbum quo sapientia ; Verbum enim relative, sapientia essentialiter intelligitur : id dici accipiamus cum dicitur Verbum, ac si dicatur, nata sapientia, ut sit et Filius et imago. Et hæc duo cum dicuntur, id est, « nata sapientia, » in uno eorum eo quod est « nata, » et Verbum, et imago, et Filius intelligatur, et in his omnibus nominibus non ostendatur essentia, quia relative dicuntur : at in altero quod est « sapientia, » quoniam et ad se dicitur, se ipsa enim sapiens est, etiam essentia demonstretur et hoc ejus esse quod sapere. Unde Pater et Filius simul una sapientia, quia una essentia, et singillatim sapientia de sapientia, sicut essentia de essentia. Quapropter, non quia Pater non est Filius, et Filius non est Pater, aut ille ingenitus, ille autem genitus, ideo non una essentia : quia his nominibus relativa eorum ostenduntur. Uterque autem simul una sapientia, et una essentia, ubi hoc est esse quod sapere : non autem simul uterque Verbum aut Filius, quia non hoc est esse quod Verbum aut Filium esse : sicut jam satis ostendimus ista relative dici.

CAPUT III.

Sapientiæ nomine cur Filius potissimum insinuetur in Scripturis, cum et Pater et Spiritus sanctus sit sapientia.

4. Cur ergo in Scripturis nunquam fere de sapientia quidquam dicitur, nisi ut ostendatur a Deo genita vel creata ? genita scilicet, per quam facta sunt omnia : creata vero vel facta, sicut in hominibus, cum ad eam quæ non creata et facta, sed genita est, convertuntur et illustrantur ; in ipsis enim fit aliquid quod vocetur eorum sapientia : vel illud Scripturis prænuntiantibus aut narrantibus, quod « Verbum caro factum est, et habitavit in nobis ; » (*Joan.*, I, 14) hoc modo enim Christus facta sapientia est, quia factus est homo. An propterea non loquitur in illis libris

---

(*a*) Hic apud Lov. additum, *et*.

sant homme. Serait-ce que la sagesse ne parle point dans ces livres, ou n'en est-il rien dit, que pour montrer qu'elle est née de Dieu, ou qu'elle a été faite par lui, bien que le Père lui-même soit aussi sagesse, et parce que nous devons avoir l'œil sur elle et l'imiter, attendu que c'est par son imitation que nous sommes formés? Car le Père la parle afin qu'elle soit son Verbe, non pas de la même manière qu'est proférée par la bouche une parole qui retentit dans l'air, ou qui est dans la pensée avant d'être parlée; car cette parole, ce Verbe s'accomplit dans des espaces de temps, tandis que l'autre Verbe est éternel, et c'est en nous éclairant qu'il nous dit sur lui et sur le Père ce qu'il faut dire aux hommes. Aussi est-ce pour cela qu'il parle ainsi : « Personne ne connaît le Fils sinon le Père, et personne ne connaît le Père, sinon le Fils, et celui à qui le Fils a bien voulu le révéler, » (*Matth.*, XI, 27) attendu que c'est par le Fils que le Père fait ses révélations, je veux dire, c'est par son Fils. Car si la parole, le verbe temporel et transitoire que nous proférons se manifeste elle-même d'abord, et manifeste ensuite ce dont nous parlons, à combien plus forte raison en est-il de même du Verbe de Dieu, par qui tout a été fait? Or, le Verbe montre de la même manière, le Père, comme il est le Père, attendu que le Verbe lui-même est ainsi, et est ce qu'est le Père, en tant que la sagesse est essence ; car en tant que Verbe, il n'est point ce qu'est le Père, puisque le Verbe n'est point le Père, et que Verbe est relatif, comme Fils, ce que n'est point le Père. Et voilà pourquoi le Christ est la vertu et la sagesse de Dieu (I *Cor.*, I, 24), c'est parce qu'il est lui-même vertu et sagesse de vertu et de sagesse qui sont le Père, comme il est lumière de lumière qui est le Père, et source de vie dans Dieu le Père, lui-même source de vie. Il est dit en effet : « La source de vie est en vous, et c'est dans votre lumière que nous verrons la lumière, » (*Ps.* XXXV, 10) attendu que, « comme le Père a la vie en lui-même, ainsi il a donné au Fils d'avoir la vie en lui-même ; » (*Jean*, V, 26) et ailleurs : « Et il était la vraie lumière qui illumine tout homme venant en ce monde ; » (*Jean*, I, 9) or, cette lumière « c'était le Verbe en Dieu, » mais, « le Verbe était Dieu ; or, Dieu est lumière, et il n'y a nulles ténèbres en lui, » (I *Jean*, I, 5) mais c'est une lumière spirituelle, non pas une lumière corporelle ; cependant ce n'est pas une lumière spirituelle en ce sens qu'elle ait été produite par illumination, et dans le sens où il a été dit aux Apôtres : « Vous êtes la lumière du monde ; » (*Matth.*, V, 14) mais, c'est la lumière qui éclaire tout homme venant en ce monde, c'est la suprême sagesse même, qui est Dieu, dont nous parlons en ce moment. Le Fils est donc sagesse de sagesse, qui est le Père, comme il est lumière de lumière, Dieu de Dieu,

---

sapientia, vel de illa dicitur aliquid, nisi quod eam de Deo natam ostendat, aut factam, quamvis sit et Pater (*a*) ipse sapientia, quia illa nobis sapientia commendanda erat et imitanda, cujus imitatione formamur. Pater enim eam dicit, ut Verbum ejus sit; non quomodo profertur ex ore verbum sonans, aut ante pronuntiationem cogitatur; spatiis enim temporum hoc completur, illud autem æternum est, et illuminando dicit nobis et de se et de Patre, quod dicendum est hominibus. Ideoque ait : « Nemo novit Filium nisi Pater, et nemo novit Patrem nisi Filius, et cui voluerit Filius revelare : » (*Matth.*, XI, 27) quia per Filium revelat Pater, id est, per Verbum suum. Si enim hoc verbum quod nos proferimus temporale et transitorium, et se ipsum ostendit, et illud de quo loquimur : quanto magis Verbum Dei, per quod facta sunt omnia ? Quod ita ostendit Patrem sicuti est Pater : quia et ipsum ita est, et hoc est quod Pater, secundum quod sapientia est et essentia. Nam secundum quod Verbum, non hoc est quod Pater : quia Verbum non est Pater, et Verbum relative dicitur, sicut Filius, quod utique non est Pater. Et ideo Christus virtus et sapientia Dei (I *Cor.*, I, 24), quia de Patre virtute et sapientia etiam ipse virtus et sapientia est, sicut lumen (*b*) de Patre lumine, et fons vitæ apud Deum Patrem, utique fontem vitæ. « Quoniam apud te, inquit, est fons vitæ, et in lumine tuo videbimus lumen : » (*Psal.* XXXV, 10) quia « sicut Pater habet vitam in semetipso, sic dedit Filio habere vitam in semetipso : » (*Joan.*, V, 26) et « erat lumen verum quod illuminat omnem hominem venientem in hunc mundum, » (*Joan.*, I, 9) et lumen hoc « Verbum erat apud Deum, » sed « et Deus erat Verbum. Deus autem lumen est, et tenebræ in eo non sunt ullæ : » (I *Joan.*, I, 5) lumen vero non corporale, sed spiritale : neque ita spiritale, ut illuminando factum sit, quemadmodum dictum est Apostolis : « Vos estis lumen mundi ; » (*Matth.*, V, 14) sed lumen quod illuminat omnem hominem, ea ipsa et summa sapientia Deus, unde nunc agimus. Sapien-

---

(*a*) Sola fere editio Lov. *ipsa*. — (*b*) Lov. *lumen Dei*. Abest *Dei* ab aliis libris.

et de telle sorte que le Père, considéré à part, est lumière, et le Fils, également considéré à part, est aussi lumière, de même que pris à part le Père est Dieu, ainsi que le Fils, pris également à part, est Dieu ; par conséquent, le Père pris à part est sagesse, et le Fils, pris à part aussi, est également sagesse. Et, de même que le Père et le Fils ensemble ne font qu'une seule et même lumière, un seul et même Dieu, ainsi ne font-ils l'un et l'autre qu'une seule et même sagesse. Mais le Fils « nous a été donné de Dieu pour être notre sagesse, notre justice et notre sanctification, » (I *Cor.*, I, 30) parce que c'est dans le temps, c'est-à-dire c'est dans un certain temps que nous nous convertissons à lui, afin de rester avec lui éternellement. C'est aussi dans un certain temps que lui-même, « le Verbe s'est fait chair, et qu'il a habité parmi nous. » (*Jean*, I, 14.)

5. Aussi voilà pourquoi, lorsque dans l'Ecriture, il est dit ou raconté quelque chose de la sagesse, soit qu'elle parle elle-même, soit qu'il soit parlé d'elle, c'est surtout du Fils que la pensée nous est insinuée. A l'exemple de cette image, ne nous éloignons point de Dieu, attendu que nous aussi nous sommes l'image de Dieu, non pas une image égale, car nous avons été faits du Père par le Fils, et nous ne sommes point nés du Père comme celui-ci ; nous ne sommes une image que parce que nous sommes éclairés par la lumière, il est l'image du Père, parce qu'il est la lumière même qui éclaire, voilà pourquoi cette image qui est sans modèle, est pour nous un modèle. En effet, cette image n'imite point un modèle qui le rapproche du Père, dont il est absolument inséparable, puisqu'il est absolument une seule et même chose avec celui dont il est. Mais nous, c'est à force d'efforts que nous imitons un modèle qui demeure, que nous suivons un modèle qui est stable, et que, marchant en lui, nous nous avançons vers lui, attendu qu'il nous a été donné comme voie temporelle, par le moyen de l'humilité, lui qui est notre demeure éternelle par sa divinité. Comme égal à Dieu, et dans la forme de Dieu, il donne un exemple aux esprits intellectuels demeurés purs, et qui ne sont pas tombés par l'orgueil, voulant se donner également comme exemple de retour, à l'homme déchu qui, à cause de la souillure des péchés et la peine de sa mortalité, ne pouvait voir Dieu, il s'est anéanti lui-même, non pas en changeant sa divinité, mais en prenant notre nature changeante (*Philipp.*, II, 7), et après avoir pris la forme de l'esclave (I *Tim.*, I, 15), il est venu à nous en ce monde, bien qu'il fût déjà dans ce monde, puisque ce monde a été fait par lui (*Jean*, I, 10), afin de servir d'exemple, dans le ciel, à ceux qui voient Dieu, et ici-bas, à ceux

---

tia ergo Filius de sapientia Patre, sicut lumen de lumine, et Deus de Deo, ut et singulus Pater lumen, et singulus Filius lumen ; et singulus Pater Deus, et singulus Filius Deus : ergo et singulus Pater sapientia, et singulus Filius sapientia. Et sicut utrumque simul unum lumen, et unus Deus, sic utrumque una sapientia. Sed Filius « factus est nobis sapientia a Deo, et justitia et sanctificatio, » (I *Cor.*, I, 30) quia temporaliter nos ad eum convertimus, id est, ex aliquo tempore, ut cum illo maneamus in æternum. Et ipse ex quodam tempore « Verbum caro factum, est, et habitavit in nobis. » (*Joan.*, I, 14.)

5. Propterea igitur cum pronuntiatur in Scripturis, aut enarratur aliquid de sapientia, sive dicente ipsa, sive cum de illa dicitur, Filius nobis potissimum insinuatur. Cujus imaginis exemplo et nos non discedamus a Deo, quia et nos imago Dei sumus : non quidem æqualis, facta quippe a Patre per Filium, non nata de Patre sicut illa. Et nos (*a*) quia illuminamur lumine, illa vero quia lumen illuminans : et ideo illa sine exemplo nobis exemplum est. Neque enim imitatur præcedentem aliquem ad Patrem a quo nunquam est omnino separabilis, quia idipsum est quod ille de quo est. Nos autem nitentes imitamur manentem, et sequimur stantem, et in ipso ambulantes tendimus ad ipsum : quia factus est nobis via temporalis per (*b*) humilitatem, quæ mansio nobis æterna est per divinitatem. Quoniam quippe spiritibus mundis intellectualibus, qui superbia non lapsi sunt, in forma Dei et Deo æqualis et Deus præbet exemplum : ut se idem exemplum redeundi etiam lapso præberet homini, qui propter immunditiam peccatorum pœnamque mortalitatis Deum videre non poterat, semetipsum exinanivit (*Philipp.*, II, 7), non mutando divinitatem suam, sed nostram mutabilitatem assumendo ; et formam servi accipiens (I *Tim.*, I, 15), venit ad nos in hunc mundum (*Joan.*, I, 10), qui in hoc mundo erat, quia mundus per eum factus est ; ut exemplum sursum videntibus Deum, exemplum deorsum mirantibus hominem, exemplum sanis ad permanendum, exemplum infirmis ad convalescendum, exemplum

(*a*) Unus e Vaticanis Mss. *Et nos lumen, quia*. — (*b*) Lov. ad marginem *al. humanitatem.*

LIVRE VII. — CHAPITRE III.

qui admirent l'homme, à ceux qui se portent bien pour persévérer dans leur bonne santé, à ceux qui se portent mal pour revenir à la santé, aux mourants pour ne point craindre, aux morts pour ressusciter, et tenir ainsi toujours le premier rang en tout. (*Col.*, I, 18.) L'homme, en effet, ne devait suivre que Dieu pour aller à la félicité, mais il ne pouvait sentir Dieu ; mais en suivant Dieu fait homme, il pouvait suivre en même temps un modèle qu'il pouvait sentir et qu'il devait suivre. Aimons-le donc et attachons-nous à lui, par la charité répandue dans nos cœurs, par le Saint-Esprit qui nous a été donné. (*Rom.*, v, 5.) Il ne faut donc point s'étonner si, à cause de l'exemple que nous donne, pour nous reformer sur l'image de Dieu, celui qui est une image du Père égale au Père, l'Ecriture nous parle du Fils, que nous suivons en vivant avec sagesse, quand elle nous parle de la sagesse, quoique le Père aussi soit sagesse, comme il est lumière, comme il est Dieu.

6. L'Esprit saint, comment ne serait-il point aussi sagesse, puisqu'il est lumière, attendu que Dieu est lumière ? (I *Jean*, I, 5.) Si on le regarde comme la charité suprême qui unit les deux autres personnes, et qui nous unit tous au-dessous d'elles, titre qu'il n'est pas indigne de lui donner, puisqu'il est écrit : « Dieu est charité ? » (I *Jean*, IV, 8) ou, s'il faut le nommer d'une autre manière, distinctement et proprement, l'essence de l'Esprit saint, étant Dieu il est lumière, et étant lumière il est sagesse. Or, que le Saint-Esprit soit Dieu, c'est ce que l'Ecriture nous crie par la bouche de l'Apôtre nous disant : « Ne savez-vous pas que vous êtes le peuple de Dieu ? » (I *Cor.*, III, 16) et ajoutant aussitôt que « l'Esprit de Dieu habite en vous. » Or, c'est comme Dieu qu'il habite en son temple, car ce n'est point comme ministre que l'Esprit de Dieu habite dans le temple de Dieu, l'Apôtre dit en effet d'une manière plus claire encore dans un autre endroit : « Ne savez-vous pas que vos corps sont le temple du Saint-Esprit, que vous tenez de Dieu, et que vous ne vous appartenez pas ? car vous avez été achetés à un grand prix ; glorifiez donc Dieu dans votre corps. » (I *Cor.*, VI, 19.) Or, qu'est-ce que la sagesse, sinon une lumière spirituelle et immuable ? Sans doute, le soleil qui nous éclaire est une lumière, mais c'est une lumière corporelle ; les créatures spirituelles sont également une lumière, mais non pas une lumière immuable. Le Père est donc lumière, le Fils est lumière, le Saint-Esprit est lumière, mais ils ne font pas ensemble trois lumières, ils ne font qu'une seule et unique lumière. Voilà pourquoi aussi le Père est sagesse, le Fils est sagesse, et le Saint-Esprit est sagesse, mais ils ne font pas ensemble trois sagesses, ils ne font qu'une seule et même sagesse. Et parce que pour eux, être et être sages ne font qu'un,

---

morituris ad non timendum, exemplum mortuis ad resurgendum esset, in omnibus ipse primatum tenens. (*Col.*, I, 18.) Quia enim homo ad beatitudinem sequi non debebat nisi Deum, et sentire non poterat Deum, sequendo Deum hominem factum sequeretur simul, et quem sentire poterat, et quem sequi debebat. Amemus ergo eum et inhæreamus illi, caritate diffusa in cordibus nostris per Spiritum sanctum, qui datus est nobis. (*Rom.*, v, 5.) Non igitur mirum, si propter exemplum quod nobis ut reformemur ad imaginem Dei præbet imago æqualis Patri, cum de sapientia Scriptura loquitur, de Filio loquitur, quem sequimur vivendo sapienter : quamvis et Pater sic sapientia, sicut lumen et Deus.

6. Spiritus quoque sanctus sive sit summa caritas utrumque conjungens nosque subjungens, quod ideo non indigne dicitur quia scriptum est : « Deus caritas est, » (I *Joan.*, IV, 8) quomodo sit lumen, quoniam « Deus lumen est ? » (I *Joan.*, I, 5) sive alio modo essentia Spiritus sancti singillatim ac proprie nominanda est ; quoniam Deus est, utique lumen est : et quoniam lumen est, utique sapientia est : Deum autem esse Spiritum sanctum, Scriptura clamat apud Apostolum qui dicit : « Nescitis quia templum Dei estis ? » (I *Cor.*, III, 16.) Statimque subjicit : Et : « Spiritus Dei habitat in vobis. » Deus enim habitat in templo suo. Non enim tanquam minister habitat Spiritus Dei in templo Dei, cum alio loco evidentius dicat : « Nescitis quia corpora vestra templum in vobis est Spiritus sancti, quem habetis a Deo, et non estis vestri ? Empti enim estis pretio magno : glorificate ergo Deum in corpore vestro. » (I *Cor.*, VI, 19.) Quid est autem sapientia, nisi lumen spiritale et incommutabile ? Est enim et sol iste lumen, sed corporale est ; et spiritalis creatura lumen, sed non incommutabile. Lumen ergo Pater, lumen Filius, lumen Spiritus sanctus : simul autem non tria lumina, sed unum lumen. Et ideo sapientia Pater, sapientia Filius, sapientia Spiritus sanctus ; et simul non tres sapientiæ, sed una sapientia : et quia hoc est ibi esse quod sapere, una essentia Pater et Filius et Spiritus

le Père, le Fils et le Saint-Esprit ne font qu'une seule et même substance. Pour eux, être et être Dieu ne font pas deux choses, le Père, le Fils et le Saint-Esprit ne font donc qu'un seul Dieu.

CHAPITRE IV.

Comment les Grecs ont été amenés à dire trois hypostases et les Latins trois personnes.

7. C'est donc pour parler de choses ineffables, et afin d'exprimer d'une certaine façon ce que nous ne pouvons rendre en aucune manière, que les Grecs qui partagent notre foi ont dit : il y a une essence et trois substances, tandis que les Latins ont dit, il n'y a qu'une seule essence ou substance, et trois personnes, parce que, ainsi que nous l'avons déjà dit plus haut (Liv. V, chap. II et VIII), dans notre langue, c'est-à-dire en latin, le mot essence ne s'entend pas ordinairement dans un autre sens que le mot substance, et pourvu qu'on comprenne au moins d'une manière énigmatique ce qui se dit, il a plu de se servir de ces expressions, afin de dire quelque chose, quand on demanderait qu'est-ce que ces trois, dont la vraie foi proclame l'existence, quand elle dit que le Père n'est point le Fils, et que le Saint-Esprit, qui n'est autre que le don de Dieu, n'est ni le Père ni le Fils. Lors donc qu'on nous demande quels sont ces trois, et qu'on nous dit trois quoi, nous nous évertuons à trouver quelque nom spécial ou général qui embrasse ces trois choses, et il ne s'en présente point d'autre à notre esprit, parce que la suréminence de la divinité dépasse de beaucoup la faculté du langage usuel. En effet, quand il s'agit de Dieu, la pensée est plus vraie que la parole, et la réalité est plus vraie encore que la pensée. Quand nous disons que Jacob n'est point Abraham, et qu'Isaac n'est ni Abraham ni Jacob, nous disons par là même que ce sont trois hommes, et nous avons un mot spécifique au pluriel, pour les nommer, et un mot générique, si nous disons que ce sont trois animaux, car les anciens ont défini l'homme, un animal raisonnable et mortel. Ou bien, comme nos Ecritures s'expriment ordinairement, si nous disons que ce sont trois âmes, car on se plaît à désigner le tout, le corps et l'âme qui sont tout l'homme, par le nom de la partie la plus noble, c'est-à-dire de l'âme. Voilà pourquoi il a été dit qu'il y eut soixante-quinze âmes pour soixante-quinze hommes qui descendirent en Egypte avec Jacob. (*Gen.*, XLVI, 27 et *Deut.*, X, 22.) De même quand je dis votre cheval n'est pas le mien, et qu'un troisième cheval, qui appartient à un autre maître, n'est ni à moi ni à vous, je dis bien qu'il y en a trois, et si on me demande trois quoi, je réponds trois chevaux, en me servant d'un nom spécifique, ou trois animaux en employant un nom générique. De même quand nous disons

---

sanctus. Nec aliud est ibi esse quam Deum esse : unus ergo Deus Pater et Filius et Spiritus sanctus.

CAPUT IV.

Qua necessitate Græci tres hypostases dixerint, Latini tres personas.

7. Itaque loquendi causa de ineffabilibus, ut fari aliquo modo possemus, quod effari nullo modo possumus, dictum est a nostris Græcis una essentia, tres substantiæ : a Latinis autem una essentia vel substantia, tres personæ; quia sicut jam diximus non aliter in sermone nostro, id est, Latino, essentia quam substantia solet intelligi. Et dum intelligatur saltem in ænigmate quod dicitur, placuit ita dici, ut diceretur aliquid cum quæreretur quid tria sint, quæ tria esse fides vera pronuntiat, cum et Patrem non dicit esse Filium, et Spiritum sanctum quod est donum Dei nec Patrem dicit esse nec Filium. Cum ergo quæritur quid tria, vel quid tres, conferimus nos ad inveniendum aliquod speciale vel generale nomen, quo complectamur hæc tria, neque occurrit animo, quia excedit supereminentia divinitatis usitati eloquii facultatem. Verius enim cogitatur Deus quam dicitur, et verius est quam cogitatur. Cum enim dicimus non eumdem esse Jacob qui est Abraham, Isaac autem nec Abraham esse nec Jacob, tres esse utique fatemur, Abraham, Isaac et Jacob. Sed cum quæritur quid tres, respondemus tres homines, nomine speciali eos pluraliter appellantes; generali autem, si dicamus tria animalia : homo enim, sicut veteres definierunt, animal est rationale, mortale : aut sicut Scripturæ nostræ loqui solent, tres animas, cum a parte meliore totum appellari placet, id est, ab anima, (et corpus et animam, quod est totus homo). Ita quippe dictum est in Ægyptum descendisse cum Jacob animas septuaginta quinque (*Gen.*, XLVI, 27), pro tot hominibus. Item cum dicimus equum tuum non eum esse qui meus est, et tertium alicujus alterius nec meum esse nec tuum, fatemur tres esse : et interroganti quid tres, respondemus tres equos nomine speciali,

qu'un bœuf n'est pas un cheval, et qu'un chien n'est ni un cheval ni un bœuf, nous citons trois êtres, mais si on nous demande que sont ces trois êtres, nous ne les désignons plus par un nom spécifique, en disant trois chevaux, ou trois bœufs, ou trois chiens, puisque ces trois êtres ne sont pas de la même espèce, mais nous disons, en recourant à un nom générique, ce sont trois animaux, ou bien, par un mot exprimant un genre plus étendu encore, ce sont trois substances, ou trois créatures, ou trois natures. Mais tout ce qui s'énonce au pluriel par un seul nom spécifique, peut également s'énoncer par un seul nom générique ; si nous disons en effet trois chevaux, qui est le terme spécifique, nous disons aussi trois animaux ; quant au cheval, au bœuf et au chien, nous disons seulement que ce sont trois animaux ou trois substances, expressions génériques, ou nous les désignons par tout autre nom générique, s'il y en a pour les désigner, mais nous ne pouvons les appeler tous les trois chevaux, bœufs ou chiens, parce que ces noms sont des noms d'espèces. Nous énonçons donc, par un seul nom au pluriel, les êtres qui ont quelque chose de commun que ce nom même exprime. Ainsi Abraham, Isaac et Jacob ont de commun qu'ils sont hommes, aussi dit-on que ce sont trois hommes. Le cheval, le bœuf et le chien ont aussi de commun ce qui fait l'animal, aussi dit-on que ce sont trois animaux. De même s'il s'agit de lauriers, nous disons trois lauriers, tandis que s'il s'agit d'un laurier, d'un myrte et d'un olivier, nous disons seulement trois arbres, trois substances ou trois natures. Il en est de même de trois pierres qui sont aussi trois corps, mais une pierre, du bois et du fer ne sont que trois corps, on pourrait les désigner par un nom plus étendu encore, s'il s'en trouvait un. Le Père, le Fils et le Saint-Esprit faisant trois, il nous faut chercher trois quoi, et ce que ces trois ont de commun. Or, ils n'ont point de commun, ce qui fait que le Père est Père, en sorte qu'ils soient Pères les uns par rapport aux autres, comme les amis, mot qui se dit réciproquement de tous les amis, ont de commun qu'ils sont amis les uns pour les autres, et peuvent être dits trois amis. Mais il n'en est pas de même ici, attendu que dans la Trinité le Père seul est Père ; et même il n'est point le Père des deux autres, mais seulement du Fils unique. Il n'y a pas non plus trois Fils, puisque dans la Trinité le Père n'est point le Fils, non plus que le Saint-Esprit. Il n'y a pas non plus trois Esprits saints, puisque le Saint-Esprit, qui est appelé aussi par une expression qui le désigne proprement, le don de Dieu, n'est ni le Père ni le Fils. Que sont donc ces trois ? Si ce sont trois personnes, ils ont de commun ce qui fait la personne. Ce nom sera

generali autem tria animalia. Item cum dicimus bovem non esse equum, canem vero nec bovem esse nec equum, tria quædam dicimus : et percontantibus quid tria, non jam speciali nomine dicimus tres equos, aut tres boves, aut tres canes, quia non eadem specie continentur : sed generali tria animalia, sive superiore genere tres substantias, vel tres creaturas, vel tres naturas. Quæcumque autem plurali numero enuntiantur specialiter uno nomine, etiam generaliter enuntiari possunt uno nomine. Non autem omnia quæ generaliter nomine uno appellantur, etiam specialiter appellare uno nomine possumus. Nam tres equos, quod est nomen speciale, etiam animalia tria dicimus : equum vero et bovem et canem, animalia tria tantum dicimus vel substantias, quæ sunt generalia nomina, et si quid aliud de his generaliter dici potest ; tres vero equos, aut boves, aut canes, quæ speciali vocabula sunt, non ea possumus dicere. Ea quippe uno nomine quamvis pluraliter enuntiamus quæ communiter habent illud quod eo nomine significatur. Abraham quippe et Isaac et Jacob commune habent id quod est homo ; itaque dicuntur tres homines : equus quoque et bos et canis, commune habent id quod est animal ; dicuntur ergo tria animalia. Ita tres aliquas lauros, etiam tres arbores dicimus ; laurum vero et myrtum et oleam, tantum tres arbores vel tres substantias, aut tres naturas : atque ita tres lapides, etiam tria corpora ; lapidem vero et lignum et ferrum, tantum tria corpora, vel si quo etiam superiore generali nomine dici possunt. Pater ergo et Filius et Spiritus sanctus, quoniam tres sunt, quæramus quid tres sint, et quid commune habeant. Non enim commune illis est id quod Pater est, ut invicem sibi sint patres ; sicut amici, cum relative ad alterutrum dicantur, possunt dici tres amici, quod invicem sibi sunt. Non autem hoc ibi, quia tantum Pater ibi pater ; nec duorum pater, sed unici Filii. Nec tres filii, cum Pater ibi non sit filius, nec Spiritus sanctus. Nec tres Spiritus sancti, quia et Spiritus sanctus propria significatione qua etiam donum Dei dicitur, nec Pater, nec Filius. Quid igitur tres? Si enim tres personæ, commune est eis id quod persona est : ergo speciale hoc aut generale nomen est eis, si consuetudinem loquendi respicimus. Sed ubi est naturæ nulla diversitas, ita gene-

donc pour eux un nom spécifique ou un nom générique, si nous faisons attention à la manière habituelle de parler. Mais là où il n'y a aucune différence de nature, le nom générique qui peut servir à désigner plusieurs êtres, peut également les désigner en tant que spécifique. En effet, la différence de nature fait que le laurier, le myrte et l'olivier, ou le cheval, le bœuf et le chien, ne peuvent se désigner par un nom spécifique, et qu'on ne peut dire trois lauriers ou trois bœufs, mais ils le peuvent par un nom générique, trois arbres, trois animaux. Mais dans la Trinité, où il n'y a aucune différence d'essence, il faut que les trois êtres qui la composent aient un nom spécifique, et c'est ce qui ne se trouve pas cependant. En effet, le mot personne est un nom générique, en tant qu'il peut aussi désigner l'homme quelque grande distance qu'il y ait entre l'homme et Dieu.

8. Après cela si nous disons, en nous servant d'un terme générique, trois personnes, parce que toutes trois ont de commun ce qui fait la personne, autrement on ne pourrait les appeler ainsi, de même qu'on ne les appelle point tous les trois Fils, attendu qu'ils n'ont pas de commun ce qui fait le Fils, pourquoi ne dirions-nous pas aussi trois Dieux? Ainsi c'est assurément parce que le Père est une personne, que le Fils est aussi une personne, et que le Saint-Esprit est également une personne, que nous disons trois personnes, pourquoi donc, puisque le Père est Dieu, le Fils est Dieu, et le Saint-Esprit est Dieu, ne sont-ce pas trois Dieux? Ou bien encore, comme c'est par une union ineffable que ces trois ne font ensemble qu'un seul et même Dieu, pourquoi ne font-ils pas aussi une seule personne, en sorte que nous ne puissions dire trois personnes, quoique nous disions de chacun des trois en particulier que c'est une personne, comme nous ne pouvons dire trois Dieux, bien que nous appelions Dieu chacun en particulier, le Père, le Fils, le Saint-Esprit? Est-ce parce que nulle part l'Ecriture ne dit qu'il y a trois Dieux? mais nous ne trouvons nulle part, non plus, que l'Ecriture parle de trois personnes. Est-ce que c'est parce que l'Ecriture ne dit ni trois, ni une personne, en parlant de ces trois qui se trouvent dans la Trinité, car si nous lisons quelque part la personne du Seigneur, nous ne lisons point la personne Seigneur, que la nécessité du discours et de la dispute autorise à dire trois personnes, par la raison que si l'Ecriture ne le dit point, du moins elle ne s'oppose point à ce qu'on le dise? Si nous disions trois Dieux, l'Ecriture nous contredirait en nous disant : « Ecoutez Israël, le Seigneur votre Dieu est le seul Dieu. » (*Deut.*, VI, 4.) Pourquoi donc n'est-il pas non plus permis de dire trois essences, car si l'Ecriture ne le dit pas, du moins elle ne s'oppose point non plus à ce qu'on le dise? En effet si le mot essence est un nom spécifique, commun aux trois, pourquoi ne point les appeler trois

raliter enuntiantur aliqua plura, ut etiam specialiter enuntiari possint. Naturæ enim differentia facit, ut laurus et myrtus et olea, aut equus et bos et canis, non dicantur speciali nomine, istæ tres lauri, aut illi tres boves; sed generali, et istæ tres arbores, et illa tria animalia. Hic vero ubi nulla est essentiæ diversitas, oportet ut speciale nomen habeant hæc tria, quod tamen non invenitur. Nam persona generale nomen est, in tantum ut etiam homo possit hoc dici, cum tantum intersit inter hominem et Deum.

8. Deinde in ipso generali vocabulo, si propterea dicimus tres personas, quia commune est eis id quod persona est : (alioquin nullo modo possunt ita dici, quemadmodum non dicuntur tres filii, quia non commune est eis id quod est filius :) cur non etiam tres deos dicimus? Certe enim quia Pater persona, et Filius persona, et Spiritus sanctus persona, ideo tres personæ : quia ergo Pater Deus, et Filius Deus, et Spiritus sanctus Deus, cur non tres dii? Aut quoniam propter ineffabilem conjunctionem hæc tria simul unus Deus; cur non etiam una persona, ut ita non possimus dicere tres personas, quamvis singulam quamque appellemus personam, quemadmodum non possumus dicere tres deos, quamvis quemque singulum appellemus Deum, sive Patrem, sive Filium, sive Spiritum sanctum? An quia Scriptura non dicit tres deos? Sed nec tres personas alicubi Scripturam commemorare invenimus. An quia nec tres, nec unam personam Scriptura dicit hæc tria, (legimus enim personam Domini, non personam Dominum) propterea licuit loquendi et disputandi necessitate tres personas dicere, non quia Scriptura dicit, sed quia Scriptura non contradicit? Si autem diceremus tres deos, contradiceret Scriptura dicens : « Audi Israel, Dominus Deus tuus Deus unus est. » (*Deut.*, VI, 4.) Cur ergo et tres essentias non licet dicere, quod similiter Scriptura, sicut non dicit, ita nec contradicit? Nam essentia si speciale nomen est commune tribus, cur non dicantur tres essentiæ, sicut Abraham, Isaac et Jacob,

essences, comme Abraham, Isaac et Jacob sont appelés trois hommes, parce que le mot homme est le nom spécifique commun à tous les hommes? Si le mot essence n'est point un nom spécifique, mais un nom générique, attendu qu'il désigne également un homme, une bête, un arbre, un astre et un ange, pourquoi les trois de la Trinité ne sont-ils pas appelés trois substances, de même que trois chevaux sont appelés trois animaux, et trois lauriers, trois arbres et trois pierres, trois corps? Si c'est à cause de l'unité de la Trinité qu'on ne dit point trois essences, mais une essence, pourquoi donc, à cause de la même unité de la Trinité, ne dit-on point aussi une substance ou une personne, au lieu de trois substances et trois personnes? car si le nom d'essence leur est commun au point que chacun des trois est appelé une essence, le nom de substance et de personne leur est également commun. On doit entendre ce que nous disons là du mot personne, dans notre manière de parler du mot substance, employé par les Grecs : en effet, ils disent trois substances et une seule essence, comme nous disons trois personnes et une seule essence, ou une seule substance.

9. Que reste-t-il donc à dire, sinon que c'est pour céder à une nécessité de langage, qu'on a accepté ces mots dont on sentait le besoin dans les nombreuses disputes à soutenir contre les piéges et les erreurs des hérétiques ? En effet, dans son indigence, l'homme cherchant à exprimer par la parole, pour le faire comprendre à l'intelligence de son semblable, ce qu'il tient au sujet du Seigneur Dieu créateur, dans le secret de son âme, soit par une pieuse foi, soit par le travail d'une intelligence quelconque, n'a point osé dire trois essences, de peur de donner à entendre qu'il y avait quelque différence au sein de cette égalité suprême. D'un autre côté, on ne pouvait pas dire qu'il n'y a pas trois quelque chose, car c'est en le niant que Sabellius est tombé dans l'hérésie. En effet, on sait avec la plus grande certitude, par la sainte Ecriture, une chose qu'on doit croire avec piété, et qu'on perçoit d'une manière indubitable de l'œil de l'âme, c'est qu'il y a un Père, un Fils et un Saint-Esprit, que le Fils n'est pas le même que le Père, et que le Saint-Esprit n'est ni le Père ni le Fils. On s'est demandé de quel nom désigner ces trois quelque chose, et on les a appelées substances ou personnes, noms par lesquels on a voulu faire entendre qu'il n'y a point de différence entre ces trois quelque chose, tout en ne voulant point nier qu'ils subsistassent chacun séparément, en sorte que non-seulement on comprend qu'il y a là unité, par le seul fait qu'on dit qu'il n'y a qu'une essence, mais encore Trinité, par le fait qu'on dit que ces trois quel-

---

tres homines, quia homo speciale nomen est commune omnibus hominibus ? Si autem speciale nomen non est essentia, sed generale, quia homo, et pecus, et arbor, et sidus, et angelus essentia dicitur; cur non dicuntur istæ tres essentiæ, sicut tres equi dicuntur tria animalia, et tres lauri dicuntur tres arbores, et tres lapides tria corpora ? Aut si propter unitatem Trinitatis non dicuntur tres essentiæ, sed una essentia ; cur non propter eamdem unitatem Trinitatis non dicuntur tres substantiæ vel tres personæ, sed una substantia et una persona? Quam enim est illis commune nomen essentiæ, ita ut singulus quisque dicatur essentia, tam illis commune est vel substantiæ vel personæ vocabulum. Quod enim de personis secundum nostram, hoc de substantiis secundum Græcorum consuetudinem, ea quæ diximus, oportet intelligi. Sic enim dicunt illi tres substantias, unam essentiam, quemadmodum nos dicimus tres personas, unam essentiam vel substantiam.

9. Quid igitur restat, nisi ut fateamur loquendi necessitate (a) parta hæc vocabula, cum opus esset copiosa disputatione adversum insidias vel errores hæreticorum? Cum enim conaretur humana inopia loquendo proferre ad hominum sensus, quod in secretario mentis pro captu tenet de Domino Deo creatore suo, sive per piam fidem, sive per qualemcumque intelligentiam, timuit dicere tres essentias, ne intelligeretur in illa summa æqualitate ulla diversitas. Rursus non esse tria quædam, non poterat dicere, quod Sabellius quia dixit, in hæresim lapsus est. Certissime quippe de Scripturis cognoscitur quod pie credendum est, et (b) aspectu mentis indubitata perceptione perstringitur, et Patrem esse, et Filium et Spiritum sanctum, nec Filium esse eumdem qui Pater est, nec Spiritum sanctum eumdem esse vel Patrem vel Filium. Quæsivit quid tria diceret : et dixit substantias sive personas, quibus nominibus non diversitatem intelligi voluit, sed singularitatem noluit ; ut non solum ibi unitas intelligatur ex eo quod dicitur una essentia, sed et trinitas ex eo quod dicuntur tres substantiæ vel personæ. Nam si hoc est Deo esse quod subsistere, ita non

---

(a) Aliquot Mss. *partita*. — (b) Sic Mss. Editi autem *et aspectus mentis*.

que chose sont trois substances ou trois personnes. En effet, si pour Dieu, être et subsister est une seule et même chose, on ne devait pas dire trois substances, pour qu'on ne dît point trois essences, de même que comme c'est une seule et même chose pour Dieu, d'être et d'être sage, nous ne disons pas plus trois sagesses que nous ne disons trois essences. De même aussi, parce que pour Dieu c'est une seule et même chose d'être et d'être Dieu, nous ne saurions dire non plus trois essences que trois Dieux. Mais si pour Dieu, être et subsister sont deux choses, comme ce sont deux choses pour lui d'être et d'être Père, ou Seigneur, attendu que en tant qu'il est, il est par rapport à soi, tandis que, en tant que Père, il n'est appelé ainsi que par rapport à Fils, de même que, en tant que Seigneur, il n'est Seigneur que par rapport à la créature qui le sert; c'est donc d'une manière relative qu'il subsiste, comme c'est d'une manière relative qu'il engendre et qu'il est Seigneur. Ainsi la substance ne sera point une substance, parce que ce mot n'exprime qu'une relation. Car de même que c'est du mot être que vient essence, ainsi est-ce du mot subsister que nous avons fait substance. Or, il est absurde de dire que la substance indique une relation, attendu que toute chose subsiste par rapport à soi. A combien plus forte raison en est-il ainsi de Dieu ?

CHAPITRE V.

C'est un abus de parler de substance en Dieu, le mot propre est essence.

10. Et pourtant est-il convenable de dire de Dieu qu'il subsiste ? Ce mot en effet se comprend bien en parlant des choses dans lesquelles, comme dans un sujet, se trouvent les attributs qu'on dit être dans un certain sujet, telles que la couleur et la forme dans le corps. Le corps subsiste, et c'est pour cela qu'il est une substance ; mais la couleur et la forme se trouvent dans le corps qui subsiste, qui est sujet, indépendamment d'elles, qui ne sont point des substances, mais dans une substance ; aussi, si la couleur ou la forme viennent à cesser, elles n'enlèvent point au corps son être corporel, parce que pour le corps, être n'est point avoir telle ou telle couleur, telle ou telle forme. On donne donc proprement le nom de substances aux choses qui ne sont ni muables ni simples. Mais Dieu, s'il subsiste de manière à pouvoir être désigné proprement par le mot substance, il y a en lui quelque chose comme dans un sujet, il n'est donc plus un être simple, pour qui être serait la même chose que d'être tout ce qui se dit de lui par rapport à lui, tel que grand, tout-puissant, bon, et tout ce qui peut, sans inconvenance, se dire de semblable de Dieu. Or, il n'est pas permis de dire que Dieu subsiste et soit sans la bonté, que

erant dicendæ tres substantiæ, ut non dicuntur tres essentiæ : quemadmodum quia hoc est Deo esse quod sapere, sicut non tres essentias, ita nec tres sapientias dicimus. Sic enim quia hoc illi est Deum esse quod est esse, tam tres essentias quam tres deos dici fas non est. Si autem aliud est Deo esse, aliud subsistere, sicut aliud Deo esse, aliud Patrem esse vel Dominum esse; quod enim est, ac se dicitur : Pater autem ad Filium et Dominus ad servientem creaturam dicitur : relative ergo subsistit, sicut relative gignit et relative dominatur. Ita jam substantia non erit substantia, quia relativum erit. Sicut enim ab eo quod est esse appellatur essentia, ita ab eo quod est subsistere substantiam dicimus. Absurdum est autem, ut substantia relative dicatur : omnis enim res ad se ipsam subsistit; quanto magis Deus?

CAPUT V.
In Deo substantia abusive dicitur, essentia proprie.

10. Si tamen dignum est ut Deus dicatur subsistere : de his enim rebus recte intelligitur, in quibus subjectis sunt ea quæ in aliquo subjecto esse dicuntur, sicut color aut forma in corpore. Corpus enim subsistit, et ideo substantia est : illa vero in subsistente atque subjecto corpore, quæ non substantiæ sunt, sed in substantia ; et ideo si esse desinat, vel ille color, vel illa forma, non adimunt corpori esse corpus, quia non hoc ei est esse, quod illam vel illam formam coloremve retinere. Res ergo mutabiles neque simplices, proprie dicuntur substantiæ. Deus autem si subsistit ut substantia proprie dici possit, inest in eo aliquid tanquam in subjecto, et non est simplex, cui hoc sit esse quod illi est (*a*) quidquid aliud de illo ad illum dicitur, sicut magnus, omnipotens, bonus, et si quid hujusmodi de Deo non incongrue dicitur : nefas est autem dicere ut subsistat et subsit Deus bonitati suæ, atque illa bonitas non substantia sit vel potius essentia, neque ipse Deus sit bonitas sua, sed in illo sit tanquam in subjecto : unde manifestum est Deum abusive sub-

(*a*) Editi *et quidquid aliud*. Abest *et* a Mss.

cette bonté n'est pas une substance, ou plutôt une essence, et que Dieu n'est point lui-même sa propre bonté, mais que sa bonté se trouve en lui comme en un sujet. On voit par là manifestement qu'il y a abus à appeler Dieu une substance, pour donner à entendre par un mot plus usité, que c'est une essence, seule expression vraie et propre, au point qu'il faille peut-être dire qu'il n'y a que Dieu qui soit une essence. En effet, il n'y a que lui qui soit véritablement, parce qu'il est immuable, aussi est-ce par ce nom qu'il se désigne à son serviteur Moïse, quand il dit : « Je suis Celui qui est, et vous leur direz : Celui qui est m'a envoyé vers vous. » (*Exod.*, III, 14.) Cependant, soit qu'on l'appelle essence, ce qui est la manière propre de le désigner, soit que, par abus, on lui donne le nom de substance, dans l'un et l'autre cas, il s'appelle ainsi par rapport à lui, non par rapport à quoi que ce soit; d'où il suit que, pour Dieu, être et subsister n'est qu'un, voilà pourquoi la Trinité, ne faisant qu'une seule et même essence, ne fait également qu'une seule et même substance. Pourtant il est peut-être plus juste de dire trois personnes que trois substances.

CHAPITRE VI.

Pourquoi on ne dit pas que si dans la Trinité il n'y a qu'une seule personne, il y a trois essences.

11. Mais de peur qu'il ne semble que c'est dans notre sens que j'abonde, poussons encore plus loin nos recherches. Il est vrai que les Grecs auraient pu dire, s'ils l'avaient voulu, tout aussi bien trois personnes, ou trois personnages, que trois substances et trois hypostases, mais ils ont préféré cette dernière manière de parler, qui va peut-être mieux au génie de leur langue. En effet, pour le mot personnes, c'est le même raisonnement à faire, attendu que pour Dieu ce n'est pas une chose d'être, et une autre chose d'être une personne, c'est exactement la même chose. En effet, si être se dit par rapport à lui, et que personne ne se dise que d'une manière relative, il faudra que pour nous ces mots trois personnes, Père, Fils et Saint-Esprit, aient le même sens que ces mots trois amis, trois proches, trois voisins, ce qui présente un sens relatif, et ne veut point dire que chacun d'eux soit cela par rapport à soi. Aussi n'importe lequel de ces amis, proches ou voisins, est l'ami, le proche ou le voisin des deux autres, puisque ces expressions ne présentent qu'un sens relatif. Quoi donc, aime-t-on mieux que nous disions que le Père est la personne du Fils et du Saint-Esprit, ou que le Fils est la personne du Père et du Saint-Esprit, ou que le Saint-Esprit est la personne du Père et du Fils? Mais jamais le mot personne n'est usité en ce sens nulle part, et quand au sujet de la Trinité, nous disons la personne du Père, nous ne disons pas autre chose que la substance du Père. Par conséquent, de même que

stantiam vocari, ut nomine usitatiore intelligatur essentia, quod vere ac proprie dicitur; ita ut fortasse solum Deum dici oporteat essentiam. Est enim vere solus, quia incommutabilis est, idque nomen suum famulo suo Moysi enuntiavit, cum ait : « Ego sum qui sum : et dices ad eos : Qui est misit me ad vos. » (*Exod.*, III, 14.) Sed tamen sive essentia dicatur quod proprie dicitur, sive substantia quod abusive, utrumque ad se dicitur, non relative ad aliquid. Unde hoc est Deo esse quod subsistere ; et ideo si una essentia Trinitas, una etiam substantia. Fortassis igitur commodius dicuntur tres personæ, quam tres substantiæ.

CAPUT VI.
Cur in Trinitate non dicatur una persona, et tres essentiæ.

11. Sed ne nobis (*a*) videar suffragari, hoc quoque requiramus. Quanquam et illi, si vellent, sicut di-cunt tres substantias, tres hypostases, possent dicere tres personas, tria prosopa. Illud autem maluerunt, quod forte secundum linguæ suæ consuetudinem aptius diceretur. Nam et in personis eadem ratio est : non enim aliud est Deo esse, aliud personam esse, sed omnino idem. Nam si esse ad se dicitur, persona vero relative ; sic dicamus tres personas, Patrem et Filium et Spiritum sanctum, quemadmodum dicuntur aliqui tres amici, aut tres propinqui, aut tres vicini, quod sint ad invicem, non quod unusquisque eorum sit ad se ipsum. Quapropter quilibet ex eis amicus est duorum cæterorum, aut propinquus aut vicinus, quia hæc nomina relativam significationem habent. Quid ergo ? num placet ut dicamus Patrem personam esse Filii et Spiritus sancti, aut Filium personam esse Patris et Spiritus sancti, aut Spiritum sanctum personam esse Patris et Filii ? Sed neque persona ita dici alicubi solet, neque in hac Trinitate cum dicimus personam

---
(*a*) Sic Am. Er. et aliquot Mss. At Lov. *videat*. Nonnulli Mss. *videatur*.

la substance du Père est le Père même, non ce par quoi il est le Père, mais ce par quoi il est, ainsi la personne du Père n'est pas autre chose que le Père, car c'est par rapport à lui-même qu'il est appelé Père, non par rapport au Fils ou au Saint-Esprit; de même que c'est par rapport à lui-même qu'il est appelé Dieu et grand, bon et juste, et de tout autre nom semblable. Et, de même que pour lui c'est la même chose d'être et d'être Dieu, d'être grand et d'être bon, ainsi est-ce également pour lui une seule et même chose que d'être et d'être une personne. Pourquoi donc ne disons-nous point que tous les trois ne font ensemble qu'une seule et même personne, comme nous disons qu'ils font une seule et même essence, un seul et même Dieu, mais trois personnes, quand nous ne disons ni trois Dieux, ni trois essences, sinon parce que nous voulons qu'il y ait un mot en particulier qui serve à exprimer le sens par lequel on entend la Trinité, afin de ne pas demeurer absolument muets, si on nous demande qu'est-ce que ces trois que nous professons? En effet, si l'essence est un genre, et la substance ou la personne une espèce, comme plusieurs le pensent, je reviens sur ce que j'ai dit plus haut, qu'il faut les appeler trois essences, comme on les appelle trois substances ou trois personnes, comme on dit trois chevaux et trois animaux, bien que cheval soit l'espèce, et animal le genre. Mais dans ce cas, l'espèce ne se met pas au pluriel, tandis que le genre demeure au singulier, comme si on disait trois chevaux ne font qu'un animal, mais de même qu'on dit trois chevaux, en se servant du nom spécifique, ainsi on dit trois animaux en employant le nom générique. Si on prétend que le nom de substance ou de personne ne signifie point une espèce, mais quelque chose de singulier, un individu, en sorte que le mot substance ou personne ne se dirait point de la même manière que se dit homme, qui est un nom commun à tous les hommes, mais comme on dit cet homme, tel que Abraham, Isaac ou Jacob, ou tout autre homme présent qu'on pourrait désigner du doigt. Or, voici comment le même raisonnement les presserait encore. En effet, de même que Abraham, Isaac et Jacob sont appelés trois individus, ainsi sont-ils appelés trois hommes, et trois âmes. Pourquoi donc le Père, le Fils et le Saint-Esprit, si nous en parlons au point de vue du genre, de l'espèce et de l'individu, ne sont-ils pas appelés de même trois essences, comme ils sont appelés trois substances ou personnes? Mais, ainsi que je l'ai dit, je ne veux point m'arrêter à cela, et je dis seulement, si l'essence est un genre, quand il n'y a qu'une seule essence, cette essence n'a plus d'espèces; de même que, par exemple, il y a le genre ani-

---

Patris, aliud dicimus quam substantiam Patris. Quo circa substantia Patris ipse Pater est, non quo Pater est, sed quo est; ita et persona Patris, non aliud quam ipse Pater est : ad se quippe dicitur persona, non ad Filium vel Spiritum sanctum; sicut ad se dicitur Deus et magnus, et bonus, et justus, et si quid aliud hujusmodi. Et quemadmodum hoc illi est esse quod Deum esse, quod magnum, quod bonum esse; ita hoc illi est esse, quod personam esse. Cur ergo non hæc tria simul unam personam dicimus, sicut unam essentiam et unum Deum, sed tres dicimus personas, cum tres deos aut tres essentias non dicamus, nisi quia volumus vel unum aliquod vocabulum (a) servire huic significationi qua intelligitur Trinitas, ne omnino taceremus interrogati, quid tres, cum tres esse fateremur? Nam si genus est essentia, species autem substantia sive persona, ut nonnulli sentiunt, omitto illud quod jam dixi, oportere appellari tres essentias, ut appellantur tres substantiæ vel personæ, sicut appellantur tres equi, eademque animalia tria, cum sit species equus, ani-

mal genus. Neque enim species ibi pluraliter dicta est, et genus singulariter, tanquam diceretur tres equi unum animal : sed sicut tres equi speciali nomine, ita tria animalia generali nomine. Quod si dicunt substantiæ vel personæ nomine non speciem significari, sed aliquid singulare atque individuum; ut substantia vel persona non ita dicatur sicut dicitur homo, quod commune est omnibus hominibus, sed quomodo dicitur hic homo, velut Abraham, velut Isaac, velut Jacob, vel si quis alius qui etiam digito præsens demonstrari possit : sic quoque illos eadem ratio consequetur. Sicut enim dicuntur Abraham, Isaac et Jacob tria individua, ita tres homines, et tres animæ. Cur ergo et Pater et Filius et Spiritus sanctus, si secundum genus et speciem et individuum etiam ista disserimus, non ita dicuntur tres essentiæ, ut tres substantiæ seu personæ? Sed hoc, ut dixi, omitto : illud dico, si essentia genus est, una essentia jam non habet species; sicut quia genus est animal, unum animal jam non habet species. Non sunt ergo tres species unius es-

(a) Plures Mss. *servare.*

mal, mais un animal pris seul n'a plus d'espèces. Le Père, le Fils et le Saint-Esprit ne sont donc point trois espèces d'une seule essence. Si au contraire l'espèce est une essence, comme l'homme est une espèce, il s'ensuit que ce que nous appelons trois substances ou personnes, ont en commun la même espèce, de même que Abraham, Isaac et Jacob ont en commun l'espèce qui s'appelle homme, mais si le nom d'homme se partage entre Abraham, Isaac et Jacob, il ne s'ensuit pas qu'un homme puisse se subdiviser en plusieurs hommes en particulier ; il ne le saurait absolument pas, attendu qu'un homme n'est qu'un homme. Pourquoi donc une essence se subdivise-t-elle entre trois substances ou trois personnes ? car si l'essence est une espèce, comme l'homme, il en est d'une seule essence, comme d'un seul homme. Est-ce que c'est dans le même sens où nous disons de trois hommes en particulier qui ont le même sexe, la même constitution corporelle, le même esprit, qu'ils ont une seule et même nature, attendu que s'ils sont trois hommes, néanmoins ils n'ont qu'une seule et même nature, que nous disons dans le sujet qui nous occupe, trois substances ne font qu'une seule essence, ou trois personnes ne font qu'une seule substance ou une seule essence ? Après tout, cela est la même chose, attendu que les anciens qui ont parlé latin, ne connaissant pas encore ces noms qui ne sont pas depuis long-temps en usage, je veux parler des mots d'essence et de substance, disaient à la place, nature. Ce n'est donc pas au point de vue du genre ni de l'espèce que nous employons ces mots, mais nous nous en servons dans le sens de matière commune et identique. Comme si, du même or, on faisait trois statues, nous dirions que ces trois statues sont un même or, et pourtant nous ne dirions point que l'or est un genre, dont les statues sont des espèces ; ni que l'or est une espèce, dont les statues sont des individus, attendu qu'aucune espèce ne dépasse ses individus, pour embrasser autre chose qui se trouve en dehors. En effet, si je définis ce que c'est que l'homme, or, ce nom est le nom d'une espèce, tous les hommes qui sont des individus, se trouvent renfermés dans la même définition, et rien de ce qui n'est point homme ne s'y rapporte. Au contraire, quand je donne la définition de l'or, il n'y a point que des statues, si elles sont d'or, mais il y a aussi des bagues, et tout ce qui se fait d'or, qui se rapporteront à l'or ; et même si on ne faisait rien avec cet or, les statues pour cela n'en seront pas moins des statues. De même, aucune espèce n'excède la définition de son genre. Car si je définis l'animal, comme le cheval est une espèce du genre animal, tout cheval est un animal ; mais toute statue n'est point de l'or. Aussi, quoique en parlant de ces trois statues d'or, nous disions avec justesse

---

sentiæ, Pater et Filius et Spiritus sanctus. Si autem species est essentia, sicut species est homo, tres vero illæ quas appellamus substantias sive personas, sic eamdem speciem communiter habent, quemadmodum Abraham, Isaac et Jacob speciem quæ homo dicitur, communiter habent; non sicut homo subdividitur in Abraham, Isaac et Jacob, ita unus homo et in aliquos singulos homines subdivisi potest; omnino enim non potest, quia unus homo jam singulus homo est. Cur ergo una essentia in tres substantias, vel personas subdividitur. Nam si essentia species est sicut homo, sic est una essentia sicut unus homo : an sicut dicimus aliquos tres homines ejusdem sexus, ejusdem temperationis corporis, ejusdemque animi, unam esse naturam ; tres enim sunt homines, sed una natura : sic etiam ibi dicimus tres substantias unam essentiam, aut tres personas unam substantiam vel essentiam ? Hoc vero utcumque simile est, quia et veteres qui Latine locuti sunt, ante quam haberent ista nomina, quæ non diu est ut in usum venerunt, id est essentiam vel substantiam, pro his naturam dicebant. Non itaque secundum genus et species ista dicimus ; sed quasi secundum communem eamdemque materiam. Sicut ex eodem auro si fierent tres statuæ, diceremus tres statuas unum aurum, nec tamen diceremus genus aurum, species autem statuas; nec aurum speciem, statuas vero individua. Nulla quippe species individua sua transgreditur, ut aliquid extra comprehendat. Cum enim definiero quid sit homo, quod est nomen speciale, singuli quique homines qui sunt individua eadem definitione continentur, nec aliquid ad eam pertinet quod homo non sit. Cum vero aurum definiero non solæ statuæ, si aureæ fuerint, sed et annuli, et si quid aliud de auro fuerit, ad aurum pertinebit, et si nihil inde fiat, aurum dicitur, quia etiam si non sint aureæ, non ideo non erunt statuæ. Item nulla species excedit definitionem generis sui. Cum enim definiero animal, quoniam generis hujus species est equus, omnis equus animal est, non autem statua omnis aurum est. Ideo quamvis in tribus statuis aureis, recte dicamus tres statuas unum

que ces trois statues sont de l'or, cependant nous ne le disons point comme si nous entendions que l'or est le genre dont les statues sont des espèces. Il en est donc de même, quand nous disons que la Trinité, c'est-à-dire trois personnes ou trois substances, est une seule essence et un seul Dieu, nous ne le disons point en ce sens, que ce sont trois êtres quelconques qui subsisteraient de la même matière, quand bien même ce quelque chose se trouverait partagé entre ces trois êtres, car il n'y a absolument quoi que ce soit de cette essence en dehors de la Trinité. Cependant nous disons trois personnes ayant la même essence, ou trois personnes ne faisant qu'une seule et même essence ; mais nous ne disons point trois personnes faites de la même essence, comme s'il y avait là quelque autre chose qui fût l'essence, et autre chose qui fût la personne, comme nous pouvons dire trois statues faites du même or, car autre chose est d'être de l'or, autre chose être des statues. Quand on dit que trois hommes ne font qu'une seule et même nature, ou que trois hommes sont de la même nature, on pourrait tout aussi bien dire trois hommes appartenant à la même nature, attendu qu'il peut exister trois autres hommes semblables appartenant à la même nature ; mais dans l'essence de la Trinité, il ne peut absolument point exister une autre personne de la même essence. Ensuite, dans ces choses, un seul homme n'est pas autant que trois hommes ensemble, et même deux hommes à la fois sont quelque chose de plus qu'un seul homme ; dans des statues, d'ailleurs égales entre elles, il y a plus d'or dans trois que dans une seule, et il y a moins d'or dans une que dans deux. Mais il n'en est pas de même en Dieu ; car le Père, le Fils et le Saint-Esprit ensemble ne font pas une essence plus grande, et ces trois substances ou personnes à la fois, si on peut parler ainsi, sont égales à chacune en particulier. Voilà ce que l'homme animal ne comprend pas, car il ne peut se représenter par la pensée que des masses et des espaces soit grands, soit petits, par le moyen de conceptions qui sont comme les images des corps voltigeant dans son esprit.

12. Mais en attendant qu'il soit purifié de son impureté, que l'homme croie en Dieu Père, Fils et Saint-Esprit, Dieu unique, seul, grand, tout-puissant, bon, juste, miséricordieux, créateur de toutes les choses visibles et invisibles, et tout ce qui peut se dire de lui, sans manquer au respect qui lui est dû et à la vérité, eu égard aux facultés de l'homme. En entendant dire que le Père est un seul Dieu, qu'il n'en sépare point le Fils ou le Saint-Esprit ; car le Père ne fait un seul Dieu qu'avec celui avec qui il est un seul et même Dieu ; et quand nous entendons dire que le Fils est un seul Dieu, on doit l'entendre sans aucune séparation du Père ou du Saint-Esprit. Quand

---

aurum ; non tamen ita dicimus, ut genus aurum, species vero statuas intelligamus. Nec sic ergo Trinitatem dicimus tres personas vel substantias, unam essentiam et unum Deum, tanquam ex una materia tria quædam subsistant, etiam si quidquid illud est, in his tribus explicatum sit. Non enim aliquid aliud ejus essentiæ est præter istam Trinitatem : tamen tres personas ejusdem essentiæ, vel tres personas unam essentiam dicimus : tres autem personas ex eadem essentia non dicimus, quasi aliud ibi sit quod essentia est, aliud quod persona ; sicut tres statuas ex eodem auro possumus dicere ; aliud enim illic est esse aurum, aliud esse statuas. Et cum dicuntur tres homines una natura, vel tres homines ejusdem naturæ, possunt etiam dici tres homines ex eadem natura, quia ex eadem natura et alii tres tales homines possunt existere : in illa vero essentia Trinitatis, nullo modo alia quælibet persona ex eadem essentia potest existere. Deinde in his rebus non tantum est unus homo, quantum tres homines simul ; et plus sunt aliquid homines duo, quam unus homo : et in statuis æqualibus plus auri est tres simul quam singulæ, et minus auri est una quam duæ. At in Deo non ita est : non enim major essentia est Pater et Filius et Spiritus sanctus simul, quam solus Pater aut solus Filius ; sed tres simul illæ substantiæ sive personæ, si ita dicendæ sunt, æquales sunt singulis : quod animalis homo non percipit. Non enim potest cogitare nisi moles et spatia, vel minuta vel grandia, volitantibus in animo ejus phantasmatibus tanquam imaginibus corporum.

12. Ex qua immunditia donec purgetur, credat in Patrem et Filium et Spiritum sanctum, unum Deum, solum, magnum, omnipotentem, bonum, justum, misericordem, omnium visibilium et invisibilium conditorem, et quidquid de illo pro humana facultate digne vereque dici potest. Neque cum audierit Patrem solum Deum, separet inde Filium, aut Spiritum sanctum ; cum eo quippe solus Deus, cum quo et unus Deus est ; quia et Filium cum audimus solum Deum, sine ulla separatione Patris aut Spiri-

dira qu'il n'y a qu'une seule essence, que ce ne soit point en pensant qu'il y a là une chose plus grande ou meilleure qu'une autre, ou différente par quelque endroit. Cependant ce n'est pas que le Père soit le Fils et le Saint-Esprit, ni que tout ce qui se dit des uns par rapport aux autres, se dise également de chacun d'eux ; ainsi le Verbe ne se dit que du Fils, et le Don ne se dit que du Saint-Esprit ; voilà pourquoi ils admettent le pluriel comme nous le voyons dans l'Evangile, où il est écrit : « Mon Père et moi ne faisons qu'une même chose, » (*Jean*, x, 30) et où tout en disant : « ne faisons qu'une même chose, » il ne laisse pas de dire : « ne faisons : Une même chose, » se rapporte à l'essence en ce qu'ils ne font qu'un seul et même Dieu ; « nous ne faisons, » se rapporte au sens relatif d'après lequel l'un est Père, l'autre Fils. Quelquefois il n'est point parlé de l'unité d'essence, et il n'est fait mention que de ce qui est relatif, et alors c'est au pluriel. « Mon Père et moi nous viendrons vers lui, et nous habiterons en lui. » (*Jean*, xiv, 23.) « Nous viendrons et nous habiterons, » au pluriel, parce qu'il y a auparavant : « Mon Père et moi, » c'est-à-dire le Père et le Fils, appellations qui ne se disent qu'au sens relatif. Quelquefois les appellations relatives sont passées sous silence, comme dans cet endroit de la Genèse : « Faisons l'homme à notre image et ressemblance. » (*Gen.*, i, 26.) «Faisons à notre » est au pluriel, or, on ne peut l'entendre que dans le sens relatif. En effet, ce n'étaient pas des dieux qui devaient faire l'homme, et ce n'est pas non plus à l'image et ressemblance de dieux qu'ils devaient le faire, mais c'étaient le Père, le Fils et le Saint-Esprit qui devaient le faire, à l'image du Père, du Fils et du Saint-Esprit, pour qu'il fût une image de Dieu. Or, Dieu est Trinité. Mais comme cette image de Dieu n'était point du tout faite égale à son modèle, attendu qu'elle n'est pas née de lui, mais qu'elle n'a été que créée par lui, et pour être une image de lui, de là vient qu'il n'a été fait qu'à son image. En d'autres termes, l'homme n'est point fait à l'image de Dieu en ce sens qu'il soit son pareil, mais seulement en ce sens qu'il approche de lui par une certaine ressemblance. Ce n'est pas en effet par un mouvement dans l'espace qu'on se rapproche de Dieu, mais par une certaine similitude, de même que c'est en cessant de lui ressembler qu'on s'éloigne de lui. Il y en a qui font encore cette distinction, et qui veulent que l'image ce soit le Fils, tandis que l'homme ne serait point image, mais à l'image. Mais l'Apôtre les réfute en disant : « Quant à l'homme, il ne doit point se voiler la tête, attendu qu'il est l'image et la gloire de Dieu. » (I *Cor.*, xi, 7.) Il ne dit pas : à l'image, mais : « l'image. » Cependant

---

tus sancti oportet accipere. Atque ita dicat unam essentiam, ut non existimet aliud alio, vel majus, (*a*) vel melius, vel aliqua ex parte diversum. Non tamen ut Pater ipse sit et Filius et Spiritus sanctus, et quidquid aliud ad alterutrum singula dicuntur; sicut Verbum quod non dicitur nisi Filius, aut Donum quod non dicitur nisi Spiritus sanctus : propter quod etiam pluralem numerum admittunt, sicut in Evangelio scriptum est : « Ego et Pater unum sumus. Et unum dixit, et sumus : » (*Joan.*, x, 30) « unum, » secundum essentiam, quod idem Deus ; « sumus, » secundum relativum, quod ille Pater, hic Filius. Aliquando et taceatur unitas essentiæ, et sola pluraliter relativa commemoratur. « Veniemus ad eum ego et Pater, et habitabimus apud eum. » (*Joan.*, xiv, 23.) « Veniemus et habitabimus, » pluralis numerus est, quia prædictum est : « Ego et Pater, » id est Filius et Pater, quæ relative ad invicem dicuntur. Aliquando latenter omnino, sicut in Genesi : « Faciamus hominem ad imaginem et similitudinem nostram. » (*Gen.*, i, 26.) Et « faciamus, et nostram, » pluraliter dictum est, et nisi ex relativis accipi non (*b*) oportet. Non enim ut facerent dii, aut ad imaginem et similitudinem deorum ; sed ut facerent Pater et Filius et Spiritus sanctus, ad imaginem Patris et Filii et Spiritus sancti, ut subsisteret homo imago Dei. Deus autem Trinitas. Sed quia non omnino æqualis fiebat illa imago Dei, tanquam non ab illo nata, sed ab eo creata, hujus rei significandæ causa, ita imago est ut ad imaginem sit : id est, non æquatur parilitate, sed quadam similitudine accedit. Non enim locorum intervallis, sed similitudine acceditur ad Deum, et dissimilitudine receditur ab eo. Sunt enim qui ita distinguunt, ut imaginem velint esse Filium : hominem vero non imaginem, sed ad imaginem. Refellit autem eos Apostolus dicens : « Vir quidem non debet velare caput, cum sit imago et gloria Dei : » (1 *Cor.*, xi, 7) Non dixit, ad imaginem ; sed « imago. » Quæ tamen imago, cum alibi dicitur : « Ad imaginem, » non

---

(*a*) Quidam Mss. loco *vel melius*; substituunt *vel minus*. Plures vero utrumque habent *vel minus, vel melius*. — (*b*) Sic Mss. Editi vero *non potest*.

ce mot image, puisqu'il est dit ailleurs, « à l'image, » ne s'entend pas comme s'il se disait du Fils, la seule image égale au Père, autrement Dieu n'aurait pas dit : « à notre image, » en effet, comment aurait-il pu dire « à notre, » puisque le Fils n'est que l'image du Père? C'est donc, comme je l'ai déjà dit, parce que l'image n'est point une parité, qu'il a été dit de l'homme qu'il est fait « à l'image » de Dieu (*Gen.*, I, 26); le mot « notre, » indique que l'homme allait être une image de la Trinité, non point en ce sens qu'il fût égal à la Trinité, comme le Fils l'est au Père, mais une image approchante, comme je l'ai déjà dit, par une certaine similitude ; de même que, en parlant d'êtres éloignés les uns des autres, on dit qu'ils sont voisins, non pas par la place qu'ils occupent, mais par suite d'une certaine imitation. C'est à cela que se rapportent ces paroles : « Transformez-vous par le renouvellement de votre Esprit. » (*Rom.*, XII, 2.) C'est aux mêmes hommes que s'adressent ces autres paroles : « Soyez donc les imitateurs de Dieu, mes bien chers fils. » (*Ephés.*, V, 1.) C'est en effet de l'homme nouveau qu'il est dit : « Il se renouvelle selon l'image de Dieu qui l'a créé. » (*Col.*, III, 10.) Ou si l'on aime mieux, pour répondre au besoin de la dispute, laisser de côté les noms relatifs et admettre un nom pluriel, pour qu'on puisse répondre par un seul mot quand cette question est faite, trois quoi? et dire trois substances ou trois personnes, il faut qu'on ait soin d'exclure toute pensée de masse, d'intervalle, de distance consistant dans une différence si petite qu'on voudra qui permettrait de comprendre qu'il y a là une chose plus petite que l'autre, de quelque manière qu'une chose puisse être moindre que l'autre, en sorte qu'il n'y ait ni confusion de personnes, ni distinction telle qu'il en résulte une inégalité quelconque. Si l'intelligence ne peut arriver à comprendre cela, que la foi l'accepte jusqu'au jour où celui qui a dit par un prophète : « Si vous ne croyez, vous ne comprendrez pas, » (*Isaïe*, VII, 9) éclaire nos cœurs.

quasi ad Filium dicitur, quæ imago æqualis est Patri, alioquin non diceret « ad imaginem nostram. » Quomodo enim « nostram, » cum Filius solius Patris imago sit? Sed propter imparem, ut diximus, similitudinem dictus est homo « ad imaginem : » (*Gen.*, I, 26) et ideo « nostram, » ut imago Trinitatis esset homo; non Trinitati æqualis sicut Filius Patri, sed accedens, ut dictum est, quadam similitudine; sicut in distantibus significatur quædam vicinitas, non loci, sed cujusdam imitationis. Ad hoc enim et dicitur : « Reformamini in novitate mentis vestræ. » (*Rom.*, XII, 2.) Quibus item dicit : « Estote itaque imitatores Dei, sicut filii carissimi. » (*Ephes.*, V, 1.) Novo enim homini dicitur : « Qui renovatur in agnitionem Dei, secundum imaginem ejus qui creavit eum. » (*Col.*, III, 10.) Aut si jam placet propter disputandi necessitatem, etiam exceptis nominibus relativis, pluralem numerum admittere, ut uno nomine respondeatur, cum quæritur, quid tria, et dicere tres substantias sive tres personas, nullæ moles aut intervalla cogitentur, nulla distantia quantulæcumque dissimilitudinis, (a) ut ibi intelligatur aliud alio vel paulo minus, quocumque modo minus esse aliud alio potest, ut neque personarum sit confusio, nec talis distinctio qua sit impar aliquid. Quod si intellectu capi non potest, fide teneatur, donec illucescat in cordibus ille qui ait per Prophetam : « Nisi credideritis, non intelligetis. » (*Is.*, VII, 9.)

(a) Plures Mss. *aut ibi* : et quidam *aut ubi*.

LIVRE HUITIÈME

Saint Augustin fait voir, et en donne la raison, que non-seulement le Père n'est pas plus grand que le Fils, mais encore que le Père et le Fils ensemble ne sont pas plus grands que le Saint-Esprit, que deux quelconque des trois Personnes de la Trinité ne sont point plus grandes qu'une seule, et que même les trois ensemble ne font point un tout plus grand que chacune des trois en particulier. Après cela il fait en sorte que par l'intelligence de la vérité, la notion du souverain bien et de l'amour que nous ressentons au dedans de nous pour la justice qui fait que même l'âme qui n'est point encore juste aime celle qui l'est déjà, on comprenne la nature même de Dieu; il insiste tout particulièrement sur la nécessité de rechercher la connaissance de Dieu par la charité qui, dans les Ecritures, est appelée Dieu; il trouve même dans cette charité une sorte d'image de la Trinité.

PRÉLUDE.

Résumé de ce qui a été dit plus haut.

1. Nous avons dit plus haut que, à proprement parler, toute appellation relative d'une personne de la Trinité par rapport à l'autre, telle que Père et Fils, et le don de l'un et de l'autre qui est le Saint-Esprit, est propre à chacune de ces personnes. En effet, le Père n'est pas la Trinité, le Fils n'est point non plus la Trinité, et le Don ne l'est pas davantage. Toute appellation propre à chacune des trois personnes ne se dit point au pluriel de trois, mais ne se dit qu'au singulier, c'est la Trinité même. Ainsi le Père est Dieu, le Fils est Dieu, le Saint-Esprit est Dieu; le Père est bon, le Fils est bon, le Saint-Esprit est bon; le Père est tout-puissant, le Fils est tout-puissant, et le Saint-Esprit est tout-puissant, cependant cela ne fait ni trois Dieux, ni trois bons, ni trois tout-puissants; mais ne fait qu'un seul Dieu, bon, tout-puissant, qui est la Trinité même. Il en est de même de toute appellation non relative d'une personne à l'autre, et qui se dit de chacune des trois personnes, attendu qu'elle ne se dit qu'au point de vue de l'essence, parce que dans la Trinité, être est la même chose qu'être grand, bon, sage, et tout ce que peut être appelée une des trois personnes en soi, et la Trinité même. Si on dit trois personnes ou trois substances, ce n'est point pour donner à entendre une diversité d'essence, mais c'est pour pouvoir répondre par un seul terme à cette question : qu'est-ce que ces trois êtres, ou : qu'est-ce que ces trois choses ? Mais telle est l'égalité des trois personnes dans la Trinité, que non-seulement le Père n'est point plus grand que le Fils, en ce qui est de la divinité, mais que le Père et le Fils ensemble ne sont point

LIBER OCTAVUS

In quo ratione reddita monstrat, non solum Patrem Filio non esse majorem, sed nec ambos simul aliquid majus esse quam Spiritum sanctum, nec quoslibet simul in eadem Trinitate majus esse aliquid quam unum, nec omnes simul tres majus aliquid esse quam singulos. Deinde agit ut et ex veritatis intellectione, et ex notitia summi boni, et ex insito amore justitiæ propter quam diligitur animus justus ab animo etiam nondum justo, intelligatur ipsa natura Dei; maxime vero admonet ut Dei cognitio quæratur per caritatem, quæ in Scripturis Deus dicitur; qua in caritate etiam Trinitatis vestigium quoddam inesse observat.

PROŒMIUM.

Epilogus superius dictorum.

1. Diximus alibi, ea dici proprie in illa Trinitate distincte ad singulas personas pertinentia, quæ relative dicuntur ad invicem, sicut Pater et Filius, et utriusque Donum Spiritus sanctus : non enim Pater Trinitas, aut Filius Trinitas, aut Trinitas Donum. Quod vero ad se dicuntur singuli, non dici pluraliter tres, sed (a) unum ipsam Trinitatem : sicut Deus Pater, Deus Filius, Deus Spiritus sanctus; et bonus Pater, bonus Filius, bonus Spiritus sanctus; et omnipotens Pater, omnipotens Filius, omnipotens Spiritus sanctus : nec tamen tres dii, aut tres boni, aut tres omnipotentes; sed unus Deus, bonus, omnipotens ipsa Trinitas; et quidquid aliud non ad invicem relative, sed ad se singuli dicuntur. Hoc enim secundum essentiam dicuntur, quia hoc est ibi esse, quod magnum esse, quod bonum esse, quod sapientem esse, et quidquid aliud ad se unaquæque ibi persona, vel ipsa Trinitas dicitur. Ideoque dici tres personas', vel tres substantias, non ut aliqua intelligatur diversitas essentiæ, sed ut vel uno aliquo vocabulo responderi possit, cum dicitur quid tres, vel quid tria; tantamque esse æqualitatem in ea Trinitate, ut non solum Pater non sit major quam Filius, quod attinet ad divinitatem, sed nec Pater et Filius simul

(a) Sic plerique Mss. At editi *sed unam ipsam Trinitatem.*

quelque chose de plus grand que le Saint-Esprit, ni qu'aucune des trois personnes prise à part n'est pas moindre que la Trinité même tout entière. Voilà ce qui a été dit, et si, en revenant sur ces matières, on se répète souvent, on en acquiert du moins une connaissance plus intime. Mais pourtant il faut y apporter une mesure, et prier Dieu, avec une très-grande dévotion et piété, de nous ouvrir l'intelligence, de nous dépouiller de tout esprit de contention, afin que notre esprit puisse voir l'essence de la vérité, sans aucune entrave matérielle, sans aucun changement. Maintenant donc, autant que le Créateur lui-même nous en fera la grâce, dans son admirable miséricorde, appliquons-nous à ce qui va suivre et que nous allons étudier d'une manière plus intime encore que ce qui précède, bien que ce soient les mêmes choses, et tenons pour règle de ne point laisser échapper à la fermeté de notre foi ce qui n'est pas encore devenu clair pour notre intelligence.

CHAPITRE PREMIER.

Preuve tirée de la raison montrant que, dans la Trinité, les trois personnes ensemble ne font point un tout plus grand que chacune d'elles en particulier.

2. Nous disons donc que, dans la Trinité, deux ou trois personnes ensemble ne font point un tout plus grand que l'une d'elles séparément;

si notre habitude charnelle d'entendre les choses ne saisit pas cela, il n'y en a point d'autre cause que parce que notre esprit qui sent comme il peut les vérités créées, ne saurait percevoir la vérité même par laquelle celles-là ont été créées. S'il le pouvait, la lumière du jour qui nous éclaire ne serait pas plus claire que ce que nous avons dit. En effet, dans la substance de la vérité, attendu qu'il n'y a qu'elle qui soit véritablement, la plus grande est celle qui est plus véritablement. Or, un être intelligible et immuable n'est point plus vrai qu'un autre être également intelligible et immuable, parce que l'un et l'autre sont immuablement éternels; et, dans ce cas, ce qui est appelé grand n'est grand que par cela même qu'il est. Aussi, dès que la grandeur est la vérité même, tout ce qui est plus grand est nécessairement plus vrai; d'où il suit que tout ce qui n'est point plus vrai, n'est pas non plus plus grand. Or, ce qui est plus vrai est bien évidemment ce qui a plus de vérité, de même que ce qui est plus grand est ce qui a plus de grandeur; par conséquent, dans ce cas, être plus grand c'est être plus vrai. Or, le Père et le Fils ensemble ne font point un tout plus vrai que le Père seul ou que le Fils seul; par conséquent le Père et le Fils ensemble ne font pas un tout plus grand que chacun d'eux en particulier. Et comme le Saint-Esprit est véri-

majus aliquid sint quam Spiritus sanctus, aut singula quæque persona quælibet trium minus aliquid sit quam ipsa Trinitas. Dicta sunt hæc, et si sæpius versando repetantur, familiarius quidem innotescunt : sed et modus aliquis adhibendus est, Deoque supplicandum devotissima pietate, ut intellectum aperiat, et studium contentionis absumat, quo possit mente cerni essentia veritatis, sine ulla mole, sine ulla (a) mobilitate. Nunc itaque, in quantum ipse adjuvat Creator mire misericors, attendamus hæc, quæ (b) modo interiore quam superiora tractabimus, cum sint eadem : servata illa regula, ut quod intellectui nostro nondum eluxerit, a firmitate fidei non dimittatur.

CAPUT PRIMUM.

In Deo non esse majus quid tres quam unam personam, ratione monstratur.

2. Dicimus enim non esse in hac Trinitate majus aliquid duas aut tres personas quam unam earum,

quod non capit consuetudo carnalis, non ob aliud, nisi quia vera quæ creata sunt sentit ut potest; veritatem autem ipsam qua creata sunt non potest intueri : nam si posset, nullo modo esset lux ista corporea manifestior quam hoc quod diximus. In substantia quippe veritatis, quoniam sola vere est, non est major aliqua, nisi quæ (c) verius est. Quidquid autem intelligibile atque incommutabile est, non aliud alio verius est, quia æque incommutabiliter æternum est : nec quod ibi magnum dicitur, aliunde magnum est, quam eo (d) quo vere est. Quapropter ubi magnitudo ipsa veritas est, quidquid plus habet magnitudinis, necesse est ut plus habeat veritatis : quidquid ergo plus veritatis non habet, non habet plus etiam magnitudinis. Porro quidquid plus habet veritatis, profecto verius est, sicut majus est quod plus habet magnitudinis : hoc ergo ibi est majus quod verius. Non autem verius est Pater et Filius simul, quam singulus Pater, aut singulus Filius. Non igitur majus aliquid utrumque simul, quam

---

(a) In Mss. *mutabilitate*. — (b) Editi *quæ modo tam interiora*. At Mss. *quæ modo interiore*; id est ratione magis intima atque subtiliore. Remensis codex habet *quæ modo interiore quam superiore*. — (c) Quatuor Mss. *verior est*. — (d) Plerique Mss. *quod vere est*.

tablement aussi, le Père et le Fils ensemble ne font point quelque chose de plus grand que lui, parce qu'ils ne font point quelque chose de plus vrai. Egalement, le Père et le Saint-Esprit ensemble ne surpassent point le Fils en vérité, car ils ne sont pas plus véritablement que lui, ils ne le surpassent point non plus en grandeur. Ainsi le Fils et le Saint-Esprit sont ensemble quelque chose d'aussi grand que le Père seul, parce qu'ils sont aussi véritablement que lui. De même aussi la Trinité est quelque chose d'aussi grand que chacune des trois personnes qui se trouvent en elle, car il n'y a point plus grand, puisqu'il n'y a point plus vrai en elle où la vérité même c'est la grandeur; attendu que dans l'essence de la vérité, c'est la même chose d'être et d'être vrai, et comme c'est une seule et même chose aussi d'être et d'être grand, il s'ensuit que c'est une même chose encore d'être grand et d'être vrai. Par conséquent il suit nécessairement de là, que ce qui, dans la Trinité, est également vrai, est aussi également grand.

CHAPITRE II.

Il faut éloigner toute pensée charnelle pour comprendre comment Dieu est vérité.

3. Dans les choses corporelles il peut se faire que ce lingot d'or soit aussi vrai que cet autre lingot d'or, et pourtant que celui-là soit plus grand que celui-ci, parce que, dans ce cas, la grandeur n'est pas la même chose que la vérité, attendu que pour un lingot d'or autre chose est d'être, et autre chose d'être grand. Il en est de même de la nature de l'âme ; ce qui fait qu'on la dit grande, n'est point ce qui fait qu'on la dit véritable; car on peut avoir une âme vraie sans avoir une grande âme, parce que l'essence du corps et de l'âme n'est point celle de la vérité, comme la Trinité est un Dieu, unique, seul, grand, vrai, véritable et vérité. Si nous essayons de nous en faire une idée, autant qu'il le permet et qu'il nous en fait la grâce, nous ne saurions le concevoir touché et embrassé par un espace local, comme s'il s'agissait de trois corps, ni composé d'un assemblage de corps, comme les fables nous représentent le triple Géryon ; nous devons au contraire rejeter sans hésiter, de notre esprit, tout ce qui se présenterait à lui dans des conditions telles qu'il y eût quelque chose de plus grand dans les trois personnes ensemble, que dans chacune d'elles en particulier, et de moins grand dans une d'elles que dans les deux autres. Tout ce qui est corporel se trouve donc ainsi rejeté, mais dans les choses spirituelles on ne devra point non plus tenir pour Dieu tout ce que l'esprit aura conçu comme étant muable. Il ne s'agit pas en effet pour nous d'une connaissance de mince importance, quand de ce lieu si bas où nous nous trouvons, nous aspirons à

---

singulum eorum. Et quoniam æque vere est etiam Spiritus sanctus, nec Pater et Filius simul majus aliquid est quam ipse, quia nec verius est. Pater quoque et Spiritus sanctus simul, quoniam veritate non superant Filium, non enim verius sunt; nec magnitudine superant. Atque ita Filius et Spiritus sanctus simul tam magnum aliquid sunt quam Pater solus, quia tam vere sunt. Sic et ipsa Trinitas tam magnum est, quam unaquæque ibi persona. Non enim ibi major est, quæ verior non est, ubi est ipsa veritas magnitudo. Quia in essentia veritatis, hoc est verum esse quod est esse; et hoc est esse quod est magnum esse, hoc est ergo magnum esse, quod verum esse. Quod igitur ibi æque verum est, etiam æque magnum sit necesse est.

CAPUT II.

Respuenda omnis corporalis cogitatio, ut Deus capiatur quomodo Deus est veritas.

3. In corporibus autem fieri potest, ut æque verum sit hoc aurum atque illud, sed majus hoc sit quam illud, quia non eadem ibi est magnitudo quæ veritas; aliudque illi est aurum esse, aliud magnum esse. Sic et in animi natura, secundum quod dicitur magnus animus, non secundum hoc dicitur verus animus. Animum enim verum habet etiam qui non est magnanimus : quando quidem corporis et animi essentia, non est ipsius veritatis essentia, sicut est Trinitas Deus unus, solus, magnus, verus, verax, veritas. Quem si cogitare conamur, quantum sinit et donat, nullus cogitetur per locorum spatia contactus aut complexus, quasi trium corporum ; nulla compago juncturæ, sicut tricorporem Geryonem fabulæ ferunt : sed quidquid animo tale occurrerit, ut majus sit in tribus quam in singulis, minusque in uno quam in duobus, sine ulla dubitatione respuatur : ita enim respuitur omne corporeum. In spiritalibus autem omne mutabile quod occurrerit, non putetur Deus. Non enim parvæ notitiæ pars est, cum de profundo isto in illam summitatem respiramus, si ante quam scire possimus quid sit Deus, possu-

nous élever à une telle hauteur, si avant de pouvoir savoir ce qu'est Dieu, nous pouvons du moins savoir ce qu'il n'est pas. Or, il est bien certain qu'il n'est ni la terre, ni le ciel, ni quelque chose qui soit comme le ciel et la terre, ni rien de semblable à ce que nous voyons dans le ciel, ni même rien de semblable à ce que nous ne voyons point, et qui peut-être se trouve dans le ciel. Et si, par un effort de l'imagination ou de la pensée, vous augmentez la lumière du soleil autant que vous le pourrez, en sorte qu'elle soit ou plus grande ou plus éclatante mille fois plus qu'elle ne l'est, ou un nombre de fois innombrable, ce n'est pas Dieu encore. Si on se représente les anges, de purs esprits qui animent des corps célestes, et qui les changent ou les tournent à leur gré pour servir Dieu, et si on les réunit tous en un seul, bien qu'il y en ait des milliers de mille, on n'aura pas encore Dieu. Si on se représente ces mêmes esprits sans corps, ce qui est bien difficile à une pensée charnelle, ce n'est pas encore Dieu. Ainsi vois, si tu le peux, ô mon âme qu'appesantit un corps sujet à la corruption, et qu'alourdissent des pensées terrestres aussi nombreuses que variées (*Sag.*, IX, 15), oui, vois, si tu le peux, Dieu est vérité. En effet, il est écrit que « Dieu est lumière, » (I *Jean*, I, 5) non point telle que celle que voient les yeux de ton corps, mais telle que celle que

voient les yeux de ton cœur, quand tu entends ces paroles : Dieu est vérité. Ne vas pas chercher qu'est-ce que la vérité, car aussitôt s'élèveront devant toi les ténèbres des images corporelles et les nuages des imaginations qui troubleront la sérénité qui de prime-abord a lui à tes yeux, quand je prononçais ce mot vérité. Si tu le peux, demeure dans la première impression que tu as ressentie, comme on est frappé d'un éclair, quand ce mot vérité a été prononcé devant toi; mais tu ne le peux pas, et tu retombes dans les choses auxquelles tu es habituée, dans les choses de la terre. Mais quel poids, je te le demande, te fait ainsi tomber, si ce n'est celui des attaches de la cupidité produites par les souillures que tu as contractées et les erreurs de ton exil?

CHAPITRE III.

Comment on connaît que Dieu est le souverain bien.

4. Mais vois encore, si tu le peux, ô mon âme, certainement tu n'as d'amour que pour le bien; ainsi la terre est un bien avec l'élévation de ses montagnes, les pentes plus douces de ses collines et l'étendue de ses plaines, c'est un bien aussi qu'un domaine bien situé et fertile, c'est un bien encore qu'une maison bien divisée, ample et bien éclairée, c'est aussi un bien que des corps d'animaux doués de vie, c'est un bien

---

mus jam scire quid non sit. Non est enim certe, nec terra, nec cœlum, nec quasi terra et cœlum, nec tale aliquid quale videmus in cœlo, nec (*a*) quidquid tale non videmus et est fortassis in cœlo. Nec si augeas imaginatione cogitationis lucem solis, quantum potes, sive quo sit major, sive quo sit clarior, millies tantum, aut innumerabiliter, neque hoc est Deus. Nec (*f. si cogitentur*) sicut cogitantur Angeli mundi spiritus cœlestia corpora inspirantes, atque ad arbitrium quo serviunt Deo mutantes atque versantes, nec si omnes, cum sint millia millium, in unum collati unus fiant, nec tale aliquid Deus est. (*Apoc.*, V, 11.) Nec si eosdem spiritus sine corporibus cogites, quod quidem carnali cogitationi difficillimum est. Ecce vide, si potes, o anima prægravata corpore quod corrumpitur, et onusta terrenis cogitationibus multis et variis (*Sap.*, IX, 15); ecce vide, si potes : Deus veritas est. Hoc enim scriptum est : « Quoniam Deus lux est : » (I *Joan.*, 1, 5) non quomodo isti oculi vident, sed quomodo videt cor, (*b*) cum audis : Veritas est. Noli

quærere quid sit veritas, statim enim se opponent caligines imaginum corporalium et nubila phantasmatum, et perturbabunt serenitatem, quæ primo ictu diluxit tibi, cum dicerem Veritas. Ecce in ipso primo ictu quo velut coruscatione perstringeris, cum dicitur Veritas, mane si potes : sed non potes; relaberis in ista solita atque terrena. Quo tandem pondere, quæso, relaberis, nisi sordium contractarum cupiditatis visco et peregrinationis erroribus?

CAPUT III.

Quomodo cognoscatur Deum esse summum bonum.

4. Ecce iterum vide, si potes. Non amas certe nisi bonum, quia bona est terra altitudine montium et temperamento collium et planitie camporum, et bonum prædium amœnum ac fertile, et bona domus paribus membris disposita et ampla et lucida, et bona animalia animata corpora, et bonus aer modestus et salubris, et bonus cibus suavis atque aptus

---

(*a*) Sic Am. et Mss. At Er. et Lov. *nec tale aliquid quidquid non videmus.* — (*b*) Editi *cum audit.* At Mss. *cum audis.* Germanensis cod. *Cum enim audis.*

qu'un air tempéré et salubre, c'est un bien qu'une nourriture agréable et propre à entretenir la santé, c'est un bien que la santé sans douleur et sans fatigue, c'est un bien que la face de l'homme également bien prise dans ses proportions, que le sourire épanouit, et que des teintes brillantes colorent, c'est un bien que l'âme d'un ami avec la douceur d'un mutuel accord et la fidélité de l'affection, c'est un bien qu'un homme juste, c'est un bien que les richesses, parce qu'elles nous tirent aisément d'affaire, c'est un bien que le ciel avec son soleil, sa lune et ses étoiles, c'est un bien que les anges avec leur sainte obéissance, c'est un bien que la parole qui instruit avec douceur, qui avertit à propos celui qui l'écoute, c'est un bien qu'une poésie avec l'harmonie de sa mesure et la gravité de ses pensées. Que dirai-je de beaucoup, beaucoup d'autres choses encore? Ceci est un bien, cela est encore un bien; mais ôte ceci et cela, et vois le bien lui-même, si tu peux, et tu verras Dieu qui n'est pas le bien par le fait d'un autre bien, mais qui est le bien même de tout bien. En effet, dans tous les biens que je viens de citer, et dans une multitude d'autres qu'on peut voir ou concevoir, nous ne pourrions point dire que l'un est meilleur que l'autre, quand nous en jugeons avec vérité, si la notion du bien même ne se trouvait imprimée en nous, cette notion dis-je d'après laquelle nous approuvons certaines choses, et nous préférons un bien à un autre bien. C'est donc Dieu qu'il faut aimer, ce n'est pas tel ou tel bien, mais c'est le bien même. En effet, le bien que l'âme doit rechercher, ce n'est pas un bien au-dessus duquel elle s'élève dans son vol par son jugement, mais auquel elle s'attache en l'aimant. Or, quel est ce bien, si ce n'est Dieu? Ce n'est pas l'âme qui est un bien, ce n'est point l'ange qui est un bien, le bien ce n'est point le ciel, mais le bien c'est le bien. Peut-être est-il plus facile comme cela de voir ce que je veux dire. Car lorsque j'entends dire, par exemple, que l'âme est un bien, comme il y a là deux mots de prononcés, il s'ensuit que de ces deux mots je comprends deux choses, l'une qu'il y a une âme, et l'autre qu'elle est un bien. Mais pour être, l'âme elle-même n'a certainement rien fait, attendu qu'elle n'était point encore pour faire qu'elle fût; mais pour que l'âme soit bonne, je vois qu'elle doit y travailler par sa volonté; non pas que par cela même que l'âme est, elle ne soit pas un certain bien, car pourquoi dit-on avec une très-grande vérité, qu'elle est meilleure que le corps? Mais si elle n'est pas encore appelée bonne, c'est parce qu'il lui reste l'action de la volonté par laquelle elle devient meilleure, attendu que si elle néglige cette action, elle est justement trouvée en faute, et c'est avec raison alors qu'on dit qu'elle n'est pas bonne. En effet, elle se place à une certaine distance de l'âme qui fait cette action, et si l'une est louable de la faire,

---

valetudini, et bona valetudo sine doloribus et lassitudine, et bona facies hominis dimensa pariliter et affecta hilariter et luculenter colorata, et bonus animus amici consensionis dulcedine et amoris fide, et bonus vir justus, et bonæ divitiæ, quia facile expediunt, et bonum cœlum cum sole et luna et stellis suis, et boni angeli sancta obedientia, et bona locutio suaviter docens et congruenter (a) monens audientem, et bonum carmen canorum numeris et sententiis grave. Quid plura et plura? Bonum hoc et bonum illud: tolle hoc et illud, et vide ipsum bonum, si potes: ita Deum videbis, non alio bono bonum, sed bonum omnis boni. Neque enim in his omnibus bonis, vel quæ commemoravi, vel quæ alia cernuntur sive cogitantur, diceremus aliud alio melius cum vere judicamus, nisi esset nobis impressa notio ipsius boni, secundum quod et probaremus aliquid, et aliud alii præponeremus. Sic amandus est Deus, non hoc et illud bonum, sed ipsum bonum. Quærendum enim bonum animæ, non cui supervolitet judicando, sed cui hæreat amando: et quid hoc nisi Deus? Non bonus animus, aut bonus angelus, aut bonum cœlum; sed bonum bonum. Sic enim forte facilius advertitur quid velim dicere. Cum enim audio, verbi gratia, quod dicitur animus bonus, sicut duo verba sunt, ita ex eis verbis duo quædam intelligo: aliud quo animus est, aliud quo bonus. Et quidem ut animus esset, non egit ipse aliquid; nou enim jam erat quod ageret ut esset: ut autem si bonus animus, video agendum esse voluntate; non quia idipsum quo animus est, non est aliquid boni; nam unde jam dicitur, et verissime dicitur corpore melior? sed ideo nondum dicitur bonus animus, quoniam restat ei actio voluntatis, qua sit præstantior; quam si neglexerit, jure culpatur, recteque dicitur non bonus animus. Distat enim ab eo qui hoc agit: et quia ille laudabilis profecto iste qui hoc non agit, vituperabilis est. Cum vero agit hoc studio, et fit bonus ani-

(a) Plures Mss. *movens.*

certainement l'autre est blâmable de ne la point faire. Mais lorsqu'elle fait cette action de la volonté avec zèle, elle devient bonne ; mais à moins qu'elle ne se tourne vers quelque chose qui n'est pas elle, elle ne peut arriver là. Mais de quel côté l'âme se tournera-t-elle pour devenir bonne, sinon vers le bien, en l'aimant, en le désirant, en l'atteignant? Si elle s'en détourne, elle n'a plus où se retourner quand elle veut se corriger.

5. Ainsi il n'y aurait pas de biens muables, s'il n'y avait un bien immuable. Lors donc que vous entendez dire : ceci est bon et cela est bon, en parlant de choses qui pourraient également n'être pas appelées bonnes, si vous pouvez, sans le secours de ces biens qui ne sont des biens que parce qu'ils participent à un bien, percevoir le bien même dont la participation les rend bons, car vous comprenez ce bien quand vous entendez dire ceci est bon, cela est bon ; si donc vous pouvez, laissant ces biens-là de côté, percevoir le bien lui-même, vous percevez Dieu, et si vous vous attachez à lui par l'amour, à l'instant même vous êtes bienheureux. Mais c'est une honte quand on n'aime les autres biens que parce que ce sont des biens, de ne point aimer, en s'attachant à eux, le bien même par lequel ils sont des biens. Et ce bien même, je veux dire l'âme, en tant qu'elle n'est qu'une âme, même lorsqu'elle n'est pas encore rendue bonne par la manière dont elle se tourne vers le bien immuable, cette âme, dis-je, qui en tant qu'elle n'est qu'une âme, nous plaît au point que nous la préférons, si nous comprenons bien ce qu'elle est, à toute lumière corporelle, ne nous plaît point par elle-même, mais par l'art avec lequel elle a été faite. Or, nous ne la trouvons digne d'éloge que pour avoir été faite par celui seul qui semble avoir dû la faire. Or, celui-là c'est la vérité, c'est le bien simple ; car ce n'est pas autre chose que le bien même, et par conséquent le souverain bien. En effet, un bien ne peut s'accroître ou diminuer que quand il n'est un bien que par un autre bien. C'est donc vers ce bien-là que l'âme se tourne pour être bonne, vers ce bien dis-je de qui elle tient qu'elle est âme. La volonté est donc d'accord avec la nature pour que l'âme se perfectionne dans le bien, quand le bien aimé par la conversion de la volonté est celui de qui vient que l'âme ne se perd pas, même quand la volonté se détourne de lui. En effet, si en se détournant du souverain bien, l'âme perd d'être une bonne âme, elle ne perd point d'être une âme ; or, cela même est un bien meilleur que le corps. Ce que la volonté perd, c'est donc ce qu'elle acquiert. Car déjà l'âme était une âme, pour vouloir se tourner du côté de celui par qui elle est, mais qui n'était point encore, pour vouloir être avant qu'elle fût. Notre

---

mus, nisi se ad aliquid convertat quod ipse non est, non potest hoc assequi. Quo se autem convertat ut fiat bonus animus, nisi ad bonum, cum hoc amat et appetit et adipiscitur? Unde se si rursus avertat, fiatque non bonus, hoc ipso quo se avertit a bono, nisi maneat in se illud bonum unde se avertit, non est quo se iterum, si voluerit emendare, convertat.

5. Quapropter nulla essent mutabilia bona, nisi esset incommutabile bonum. Cum itaque audis bonum hoc et bonum illud, quæ possunt alias dici etiam non bona, si potueris sine illis quæ participatione boni bona sunt, perspicere ipsum bonum cujus participatione bona sunt ; simul enim et ipsum intelligis, cum audis hoc aut illud bonum : si ergo potueris illis detractis per se ipsum perspicere bonum, perspexeris Deum. Et si amore inhæseris, continuo beatificaberis. Pudeat autem, cum alia non amentur nisi quia bona sunt, eis inhærendo non amare bonum ipsum unde bona sunt. Illud etiam, quod animus, tantum quia est animus, etiam nondum eo modo bonus quo se convertit ad incommutabile bonum, sed ut dixi, tantum animus, cum ita nobis placet ut eum omni etiam luci corporeæ cum bene intelligimus præferamus, non in se ipso nobis placet, sed in illa arte qua factus est. Inde enim approbatur factus, ubi videtur fuisse faciendus. Hæc est veritas, et simplex bonum : non enim est aliud aliquid ipsum bonum, ac per hoc etiam summum bonum. Non enim minui vel augeri bonum potest, nisi quod ex alio bono bonum est. Ad hoc se igitur animus convertit ut bonus sit, a quo habet ut animus sit. Tunc ergo voluntas naturæ congruit ut perficiatur in bono animus, cum (a) illud bonum diligitur conversione voluntatis, unde est et illud quod non amittitur nec aversione voluntatis. Avertendo enim se a summo bono, amittit animus ut sit bonus animus ; non autem amittit ut sit animus, cum et hoc jam bonum sit corpore melius : hoc ergo amittit voluntas, quod voluntas adipiscitur. Jam enim erat animus, qui converti ad id vellet a quo erat : qui autem vellet esse ante quam esset nondum erat. Et hoc est bonum

(a) Aliquot Mss. *ad illud bonum dirigitur.*

bien à nous c'est donc de voir si elle a dû ou doit être tout ce que nous comprenons qu'elle a dû et doit être, et de voir encore qu'elle n'aurait pu être, si elle n'avait pas dû être ce que nous ne comprenons pas bien comment elle a dû être. Ce bien donc n'est point placé loin de chacun de nous, car c'est en lui que nous vivons, que nous nous mouvons et que nous sommes. (*Act.*, XVII, 27.)

CHAPITRE IV.

Pour pouvoir aimer Dieu, il faut commencer par le connaître d'une foi exempte d'erreur.

6. Mais il faut vous tourner par l'amour vers ce bien, et nous attacher à lui afin de jouir de la présence de celui par qui nous sommes et sans qui nous ne pourrions être. Car pendant que c'est « par la foi que nous marchons vers lui, non pas encore par une claire vue, » (II *Cor.*, v, 7) nous ne voyons pas encore Dieu de la manière que le même apôtre dit : « Face à face. » (I *Cor.*, XIII, 12.) Mais si dès maintenant nous ne l'aimons pas, jamais nous ne le verrons ainsi. Or, qui aime ce qu'il ne connaît pas ? On peut bien connaître une chose sans l'aimer, mais aimer ce qu'on ignore, je me demande si on le peut, attendu que si ce n'est point possible, nul n'aime Dieu avant de le connaître. Or, qu'est-ce que connaître Dieu sinon le voir des yeux de l'esprit, et le percevoir fermement ? Car ce n'est pas un corps pour être recherché des yeux du corps. Mais avant que nous puissions regarder et percevoir Dieu, comme il peut être regardé et perçu, ce qui n'est donné qu'aux cœurs purs, car, « bienheureux les cœurs purs parce qu'ils verront Dieu, » (*Matth.*, v, 8) si on ne l'aime par la foi, le cœur ne peut se purifier pour devenir apte, propre à le voir. Où se trouvent en effet ces trois choses, la foi, l'espérance et la charité, pour l'édification desquelles dans notre âme s'élèvent tous les matériaux des livres saints, si ce n'est dans l'âme qui croit ce qu'elle ne voit pas encore, et qui espère et aime ce qu'elle croit? On aime donc ce qu'on ne connaît point, mais toutefois on le croit. Mais ce dont il faut se garder, c'est que l'âme en croyant ce qu'elle ne voit point, ne se forge quelque chose qui n'est point, et n'espère et n'aime quelque chose qui soit faux. S'il en était ainsi, ce ne serait pas la charité procédant d'un cœur pur, d'une conscience bonne, et d'une foi sans feinte (1 *Tim.*, I, 5), qui est la fin même du précepte selon ce que dit le même apôtre.

7. Il est nécessaire, quand nous croyons de certaines choses corporelles que nous lisons ou que nous entendons rapporter, mais que nous

---

nostrum, ubi videmus utrum esse debuerit aut debeat, quidquid esse debuisse aut debere comprehendimus ; et ubi videmus esse non potuisse nisi esse debuisset, quidquid etiam quomodo esse debuerit (*a*) non comprehendimus. (*Act.*, XVII, 27.) Hoc ergo bonum non longe positum est ab unoquoque nostrum : in illo enim vivimus, et movemur, et sumus.

CAPUT IV.

Deus prius fide non errante cognoscendus, ut amari possit.

6. Sed dilectione standum est ad illud et inhærendum illi, ut præsente perfruamur a quo sumus, quo absente nec esse possemus. Cum enim « per fidem adhuc ambulamus, non per speciem, » (II *Cor.*, v, 7) nondum utique videmus Deum, sicut idem ait : « facie ad faciem : » (I *Cor.*, XIII, 12) quem tamen nisi nunc jam diligamus, nunquam videbimus. Sed quis diligit quod ignorat ? Sciri enim aliquid et non diligi potest : diligi autem quod nescitur, quæro utrum possit ; quia si non potest, nemo diligit Deum ante quam sciat. Et quid est Deum scire, nisi eum mente conspicere, firmeque percipere ? Non enim corpus est, ut carneis oculis inquiratur. Sed et prius quam valeamus conspicere atque percipere Deum, sicut conspici et percipi potest, quod mundicordibus licet : « Beati enim mundicordes, quia ipsi Deum videbunt : » (*Matth.*, v, 8) nisi per fidem diligatur, non poterit cor mundari, quo ad eum videndum sit aptum et idoneum. Ubi sunt enim illa tria, propter quæ in animo ædificanda omnium divinorum librorum machinamenta consurgunt, fides, spes, caritas (I *Cor.*, XIII, 13), nisi in animo credente quod nondum videt, et sperante atque amante quod credit ? Amatur ergo et qui ignoratur ; sed tamen creditur. Nimirum autem cavendum est, ne credens animus id quod non videt, fingat sibi aliquid quod non est, et speret diligatque quod falsum est. Quod si fit, non erit caritas de corde puro et conscientia bona et fide non ficta (I *Tim.*, I, 5), quæ finis præcepti est, sicut idem Apostolus dicit.

7. Necesse est autem, cum aliqua corporalia lecta vel audita quæ non vidimus, credimus, fingat sibi aliquid animus in lineamentis formisque corporum,

---

(*a*) Editi *non comprehendimus :* omissa particula negante, quæ reperitur in Mss.

ne voyons pas, que l'esprit se les représente à l'aide de lignes et de formes corporelles, selon qu'elles se représentent à l'esprit, soit qu'elles soient véritablement ainsi, ce qui est bien rare, soit qu'elles ne le soient point; ce n'est pas cependant qu'il y ait quelque avantage à les tenir par la foi, mais cela nous sert pour quelque chose d'utile qui nous est insinué par là. En effet, qui est-ce qui en lisant ou en entendant lire les écrits de l'apôtre Paul, ou ce qui a été écrit à son sujet, ne se représente pas, en esprit, la face de ce même apôtre, ainsi que celle de tous ceux dont les noms sont cités dans ces écrits? Et, dans la multitude d'hommes à qui ces lettres sont connues, quand les uns se représentent les traits et la figure de ces corps d'une manière et les autres d'une autre, on ne sait pas qui approche le plus de la ressemblance dans sa pensée. Aussi notre foi ne s'occupe-t-elle point de la figure corporelle de ces hommes, elle ne s'occupe d'eux que parce qu'ils ont vécu de telle ou telle manière, par la grâce de Dieu, et ont fait les choses que l'Ecriture nous rapporte. C'est là ce qu'il est utile de croire, voilà ce qu'il ne faut pas cesser d'espérer et de rechercher. Les traits de la figure de Notre-Seigneur même varient et se façonnent selon la différence d'une multitude de pensées, cependant ils ne font qu'une figure, quelle qu'ait été cette figure. Mais dans la foi que nous avons de Notre-Seigneur Jésus-Christ, ce qu'il y a de salutaire, ce n'est point l'image que notre esprit se fait de lui, laquelle est peut-être bien loin de la vérité, mais c'est ce que nous pensons de lui en tant que revêtu de l'apparence de l'homme. Car nous avons une notion de la nature humaine, je dirai, régulièrement fixée en nous, d'après laquelle tout ce que nous voyons de semblable est pour nous un homme ou une forme d'homme.

CHAPITRE V.

C'est sur cette notion que se forme notre pensée, quand nous voyons que Dieu s'est fait homme pour nous, afin de nous servir de modèle d'humilité, et pour nous montrer l'amour de Dieu pour nous. Car ce qu'il nous est avantageux de croire et de retenir fermement et inébranlablement dans notre cœur, c'est que l'humilité avec laquelle Dieu est né d'une femme et a été mis à mort par les hommes au milieu de tant d'ignominies, est le suprême remède pour nous guérir de l'enflure de notre orgueil et le profond mystère par lequel le lien du péché a été dénoué. C'est de la même manière aussi que nous croyons, du Dieu tout-puissant, la vertu de ses miracles et de sa résurrection, parce que nous connaissons ce que c'est que la toute-puissance, et nous nous faisons une idée de ces faits d'après les espèces et les genres de choses qui se trou-

---

sicut occurrerit cogitanti, quod aut verum non sit, aut etiam si verum est, quod rarissime potest accidere : non hoc tamen fide ut teneamus quidquam prodest, sed ad aliud aliquid utile, quod per hoc insinuatur. Quis enim legentium vel audientium quæ scripsit apostolus Paulus, vel quæ de illo scripta sunt, non fingat animo et ipsius Apostoli faciem, et omnium quorum ibi nomina commemorantur? Et cum in tanta hominum multitudine quibus illæ litteræ notæ sunt, alius aliter lineamenta figuramque illorum corporum cogitet, quis propinquius et similius cogitet, utique incertum est. Neque ibi occupatur fides nostra, qua facie corporis fuerint illi homines; sed tantum quia per Dei gratiam ita vixerunt, et ea gesserunt, quæ Scriptura illa testatur : hoc et utile est credere, et non desperandum, et appetendum. Nam et ipsius Dominicæ facies carnis, innumerabilium cogitationum diversitate variatur et fingitur, quæ tamen una erat, quæcumque erat. Neque in fide nostra quam de Domino Jesu Christo habemus, illud salubre est quod sibi animus fingit, longe fortasse aliter quam res se habet, sed illud quod secundum speciem de homine cogitamus : habemus enim quasi regulariter infixam humanæ naturæ notitiam, secundum quam quidquid tale aspicimus, statim hominem esse cognoscimus vel hominis formam.

CAPUT V.

Secundum hanc notitiam cogitatio nostra informatur, cum credimus pro nobis Deum hominem factum, ad humilitatis exemplum, et ad demonstrandum erga nos dilectionem Dei. Hoc enim nobis prodest credere, et firmum atque inconcussum corde retinere, humilitatem qua natus est Deus ex femina et a mortalibus per tantas contumelias perductus ad mortem, summum esse medicamentum quo superbiæ nostræ sanaretur tumor, et altum sacramentum quo peccati vinculum solveretur. Sic et virtutem miraculorum ipsius et resurrectionis ejus, quoniam novimus quid sit omnipotentia, de omnipotente Deo credimus, et secundum species et genera rerum vel

vent dans la nature ou que nous avons recueillies par notre propre expérience, de telle sorte pourtant que notre foi ne soit point une foi feinte. Car nous ne connaissons point le visage de la Vierge Marie, de qui il est né miraculeusement, sans qu'elle eût été touchée par un homme, ni corrompue dans cet enfantement même. Nous n'avons pas vu non plus les traits corporels de Lazare, ni Béthanie, ni son sépulcre, ni la pierre que Jésus fit enlever quand il le ressuscita, non plus que le monument nouvellement creusé dans le roc d'où il s'est ressuscité lui-même, ni la montagne des Oliviers d'où il s'est élevé dans le ciel, et, qui que nous soyons, qui n'avons pas vu ces lieux, nous ne savons pas s'ils sont tels que nous nous les représentons, bien plus nous pensons même qu'ils ne sont pas tels ; car lorsqu'il nous arrive de voir de nos propres yeux l'aspect d'un endroit, d'un homme, ou d'un corps quelconque, dont nous nous faisions une idée en esprit, quand notre pensée se portait sur ces objets, avant que nous les eussions vus, nous ne sommes pas peu surpris, tant il arrive rarement pour ne point dire presque jamais, qu'il en soit comme nous nous le figurions. Néanmoins nous croyons à ces choses très-fermement, parce que les pensées que nous en avons se rapportent à des notions spécifiques et génériques qui sont certaines pour nous. En effet, nous croyons que Jésus-Christ est né d'une Vierge qui s'appelait Marie. (*Luc*, II, 7.) Quant à ce que c'est qu'une vierge, que naître, qu'un nom propre, ce n'est pas l'objet de notre foi, mais nous savons très-bien ce que c'est. Mais Marie a-t-elle eu telle ou telle figure qui se présente à notre esprit, quand on parle d'elle, ou quand elle nous revient en mémoire ? nous n'en savons absolument rien, et nous ne le croyons pas. Aussi peut-on dire là, sans blesser la foi, peut-être avait-elle telle figure, peut-être aussi ne l'avait-elle point, mais personne ne peut dire sans blesser la foi chrétienne, peut-être le Christ est-il né d'une Vierge.

8. Comme nous désirons comprendre, autant que cela nous est donné, l'éternité, l'égalité et l'unité de la Trinité, nous devons croire avant de comprendre, et nous devons veiller, de peur que notre foi ne soit feinte, car c'est de la même Trinité que nous devons jouir pour que nous vivions heureux. Or, si nous n'avons en ce qui la concerne qu'une foi fausse, notre espérance sera vaine et notre charité ne sera point pure. Comment donc aimons-nous cette Trinité que nous ne connaissons pas ? Est-ce par le moyen d'une notion spécifique et générique d'après laquelle nous aimons l'apôtre Paul ? Il a pu sans doute n'avoir point le visage qui se présente à notre esprit quand nous pensons à lui, c'est ce que nous ne savons pas le moins du monde, mais ce que nous savons c'est qu'il est un homme.

---

natura insita vel experientia collecta, de factis hujuscemodi cogitamus, ut non ficta sit fides nostra. Neque enim novimus faciem virginis Mariæ, ex qua ille a viro intacta neque in ipso partu corrupta mirabiliter natus est. Nec quibus membrorum lineamentis fuerit Lazarus, nec Bethaniam, nec sepulcrum lapidemque illum quem removeri jussit cum eum resuscitaret vidimus, nec monumentum novum excisum in petra unde ipse resurrexit, nec montem Oliveti unde ascendit in cœlum : neque omnino scimus, quicumque ista non vidimus, an ita sint ut ea cogitamus ; imo vero probabilius existimamus non esse ita. Namque cum alicujus facies vel loci vel hominis vel cujuslibet corporis eadem occurrerit oculis nostris, quæ occurrebat animo, cum eam prius quam videremus cogitabamus, non parvo miraculo movemur ; ita raro et pene nunquam accidit : et tamen ea firmissime credimus, quia secundum specialem generalemque notitiam quæ certa nobis est, cogitamus. Credimus enim Dominum Jesum Christum natum de virgine quæ Maria vocabatur. (*Luc.*, II, 7.) Quid sit autem virgo, et quid sit nasci, et quid sit nomen proprium non credimus, sed prorsus novimus. Utrum autem illa facies Mariæ fuerit quæ occurrerit animo cum ista loquimur aut recordamur, nec novimus omnino, nec credimus. Itaque hic salva fide licet dicere, forte talem habebat faciem, forte non talem : forte autem de virgine natus est Christus, nemo salva fide Christiana dixerit.

8. Quamobrem quoniam Trinitatis æternitatem, et æqualitatem, et unitatem, quantum datur, intelligere cupimus, prius autem quam intelligamus credere debemus, vigilandumque nobis est, ne ficta sit fides nostra : eadem quippe Trinitate fruendum est, ut beate vivamus ; si autem falsum de illa crediderimus, inanis erit spes, et non casta caritas : quomodo igitur eam Trinitatem quam non novimus, credendo diligimus ? An secundum specialem generalemve notitiam, secundum quam diligimus apostolum Paulum ? Qui etiam si non ea facie fuit quæ nobis occurrit de illo cogitantibus, et hoc penitus ignoramus, novimus tamen quid sit homo. Ut enim longe non

Et, pour ne pas aller plus loin, c'est ce que nous sommes nous-mêmes, et il est manifeste qu'il l'a été aussi, et que son âme a vécu, comme celle de mortels, unie à son corps. Nous croyons donc pour ce qui le concerne ce que nous trouvons en nous, selon le genre et l'espèce, qui comprennent également toute la nature humaine. Que connaissons-nous donc de l'excellence de la Trinité, soit au point de vue de l'espèce, soit au point de vue du genre, comme s'il y avait beaucoup de Trinités pareilles, dont nous aurions pu connaître plusieurs par expérience, de manière à croire, par une règle de similitude, que la Trinité en question est telle que celle dont nous aurions une notion spécifique et générique, imprimée dans notre esprit, et à aimer ainsi une chose que nous croyons sans la connaître encore, par comparaison avec une autre chose que nous connaissons? Or, il n'en est pas du tout ainsi. Est-ce que nous pouvons aimer, en croyant en elle, la Trinité que nous ne voyons pas, et dont nous n'avons jamais vu la pareille, comme nous aimons dans Notre-Seigneur Jésus-Christ, le ressuscité d'entre les morts, quoique jamais nous n'ayons vu personne de ressuscité? Mais nous savons parfaitement ce que c'est que vivre et que mourir, car nous vivons, nous, et nous avons vu des morts et des mourants, nous connaissons cela par expérience. Or, qu'est-ce que ressusciter sinon revivre, c'est-à-dire revenir de la mort à la vie? Lors donc que nous disons et croyons la Trinité, nous savons bien ce que c'est que la Trinité, parce que nous savons ce que c'est que trois, mais nous ne la comprenons pas. En effet, quand nous le voulons, nous avons facilement trois, pour ne point parler d'autres moyens, en levant trois doigts. Est-ce que nous aimons non point ce qui fait toute espèce de trinités, mais ce qui est la Trinité divine? En ce cas, ce que nous aimons dans la Trinité, c'est qu'elle est Dieu. Mais nous n'avons jamais vu, nous ne connaissons aucun autre Dieu; attendu qu'il n'y a qu'un Dieu, le seul que nous n'avons point encore vu, et que nous aimons en croyant en lui. Mais on demande par suite de quelle ressemblance ou de quelle comparaison avec des choses connues, nous aimons un Dieu qui ne nous est pas encore connu.

CHAPITRE VI.

Comment celui qui n'est pas encore juste connaît la justice qu'il aime.

9. Revenez avec moi, et voyons pourquoi nous aimons l'Apôtre. Est-ce par hasard, pour sa forme humaine que nous connaissons parfaitement, parce que nous croyons qu'il fût homme? Non certes, car s'il en était ainsi il n'y aurait plus de Paul pour nous à aimer, puisque cet homme-là n'est plus, car son âme est séparée de

eamus, hoc sumus : et illum hoc fuisse, et animam ejus corpori copulatam mortaliter vixisse manifestum est. Hoc ergo de illo credimus, quod invenimus in nobis, juxta speciem vel genus, quo humana omnis natura pariter continetur. Quid igitur de illa excellentia Trinitatis sive specialiter sive generaliter novimus, quasi multæ sint tales trinitates, quarum aliquas experti sumus, ut per regulam similitudinis impressam vel specialem vel generalem notitiam, illam quoque talem esse credamus; atque ita rem quam credimus et nondum novimus, ex paritate rei quam novimus diligamus? Quod utique non ita est. An quemadmodum diligimus in Domino Jesu Christo, quod resurrexit a mortuis, quamvis inde neminem unquam resurrexisse viderimus, ita Trinitatem quam non videmus, et qualem nullam unquam vidimus, possumus credendo diligere? Sed quid sit mori, et quid sit vivere, utique scimus : quia et vivimus et mortuos ac morientes aliquando vidimus et experti sumus. Quid est autem aliud resurgere, nisi revivescere, id est, ex morte ad vitam redire? Cum ergo dicimus et credimus esse Trinitatem, novimus quid sit Trinitas, quia novimus quid sint tria; sed non hoc diligimus. Nam id ubi volumus, facile habemus, ut alia omittam, vel micando digitis tribus. An vero diligimus, non quod omnis trinitas, sed quod Trinitas Deus? Hoc ergo diligimus in Trinitate, quod Deus est : sed Deum nullum alium vidimus, aut novimus; quia unus est Deus, ille solus quem nondum vidimus; et credendo diligimus. Sed ex qua rerum notarum similitudine vel comparatione credamus, quo etiam nondum notum Deum diligamus, hoc quæritur.

CAPUT VI.

Quomodo nundum justus justum cognoscat quem diligit.

9. Redi ergo mecum, et consideremus cur diligamus Apostolum. Numquidnam propter humanam speciem, quam notissimam habemus, eo quod credimus eum hominem fuisse? Non utique : alioquin nunc non est quem diligamus, quando quidem homo

son corps. Mais ce que nous aimons en lui, nous voyons que cela vit encore maintenant, car ce que nous aimons c'est une âme juste. Par suite de quelle règle spécifique et générique, sinon parce que nous savons ce que c'est qu'une âme, et ce que c'est que le juste? Quant à l'âme, si nous n'avons pas tout à fait tort de dire que nous connaissons ce que c'est, c'est parce que nous en avons une, car jamais nous ne l'avons vue de nos yeux, et nous n'avons pas pu non plus en concevoir une notion générique et spécifique par la ressemblance d'autres âmes que nous aurions vues, mais, comme je l'ai dit, c'est plutôt parce que nous en avons une aussi. En effet, qu'est-ce qui se sait et se sent aussi intimement être soi-même que ce par quoi tout le reste se sent, je veux dire l'âme? Quant aux mouvements du corps par lesquels nous sentons qu'il y en a d'autres que nous qui vivent, nous les connaissons par nous-mêmes, par notre propre ressemblance, attendu que nous aussi nous mouvons notre corps, en vivant, comme nous voyons ces corps se mouvoir. Quand un corps en vie se meut, il ne s'ouvre point, en effet, à nos yeux, une porte pour nous laisser voir l'âme, qui ne saurait être vue des yeux du corps; mais nous sentons que, dans cette masse, se trouve quelque chose de pareil à ce qui se rencontre en nous pour mouvoir de même notre masse, et cela c'est la vie, c'est l'âme. Ce n'est point, si je puis parler ainsi, le propre de la prudence et de la raison humaine, car les bêtes aussi se sentent vivre, non-seulement elles se sentent elles-mêmes, mais elles se sentent aussi réciproquement les unes les autres, et elles nous sentent nous-mêmes. Elles ne voient point non plus nos âmes, mais elles les sentent par les mouvements de notre corps, et cela à l'instant même et très-facilement, par une sorte d'harmonie naturelle. Ainsi nous connaissons l'âme du premier venu, par notre propre âme, et nous croyons d'après la nôtre, à celle que nous ne voyons point. Non-seulement nous sentons une âme, mais encore nous pouvons savoir ce que ce c'est qu'une âme en considérant la nôtre, attendu que nous aussi nous avons une âme. Mais qu'est-ce que le juste, où en avons-nous pris la connaissance? Car nous avons dit que si nous aimons l'Apôtre, ce n'est pas pour une autre raison, sinon que son âme est juste. Nous connaissons donc et ce que c'est que le juste, et ce que c'est qu'une âme. Mais comme je l'ai dit, c'est d'après nous-mêmes que nous connaissons ce que c'est qu'une âme, parce qu'il y en a une en nous. Mais où avons-nous appris ce que c'est que le juste, si nous ne sommes pas justes? S'il n'y a que les justes qui connaissent le juste, il n'y a aussi que le juste qui aime le juste; en effet, on ne peut aimer un homme qu'on croit juste, seulement par la raison qu'on le croit juste, si on ne sait pas ce que c'est

---

ille jam non est; anima enim ejus a corpore separata est. Sed in quod in illo amamus, etiam nunc vivere credimus : amamus enim animum justum. Ex qua ergo generali aut speciali regula, nisi quia scimus, et quid sit animus, et quid sit justus. Et animus quidem quid sit, non incongrue nos dicimus ideo nosse, quia et nos habemus animum. Neque enim unquam oculis vidimus, et ex similitudine visorum plurium notionem generalem specialemve percepimus; sed potius, ut dixi, quia et nos habemus. Quid enim tam intime scitur, seque ipsum esse sentit, quam id quo etiam cætera sentiuntur, id est, ipse animus? Nam et motus corporum, quibus præter nos alios vivere sentimus, ex similitudine agnoscimus : quia et nos ita movemus corpus vivendo, sicut illa corpora moveri advertimus. Neque enim cum corpus vivum movetur, aperitur ulla via oculis nostris ad videndum animum, rem quæ oculis videri non potest : sed illi moli aliquid inesse sentimus, quale nobis inest ad movendum similiter molem nostram, quod est vita et anima. Neque quasi humanæ prudentiæ rationisque proprium est. Et bestiæ quippe sentiunt vivere, non tantum se ipsas, sed etiam se invicem atque alterutrum, et nos ipsos. Nec animas nostras vident, sed ex motibus corporis, idque statim et facillime quadam conspiratione naturali. Animum igitur cujuslibet et ex nostro novimus, et ex nostro credimus quem non novimus. Non enim tantum sentimus animum, sed etiam scire possumus quid sit animus consideratione nostri : habemus enim animum. Sed quid sit justus, unde novimus? Dixeramus enim nos Apostolum non alia causa diligere, nisi quod sit justus animus. Novimus ergo et quid sit justus, sicut et quid sit animus. Sed quid sit animus, ut dictum est, novimus ex nobis : inest enim animus nobis. Quid autem sit justus unde novimus, si justi non sumus? Quod si nemo novit quid sit justus nisi qui justus est, nemo diligit justum nisi justus : non enim potest diligere quem justum esse credit, ob hoc ipsum quia justum esse credit, si quid sit justus ignorat; secundum quod superius demonstravimus, neminem diligere

que le juste, d'après ce que j'ai dit plus haut, qu'on n'aime point ce qu'on ne connaît ou qu'on ne voit point, si ce n'est par suite d'une règle puisée dans une notion générique ou spécifique. Mais si on n'aime le juste que quand on est juste, comment voudra-t-on être juste si on ne l'est point encore? Car nul ne veut être ce qu'il n'aime point. Ainsi quiconque n'est pas encore juste doit, pour être juste, vouloir être juste; mais pour le vouloir il faut aimer le juste; il suit de là que, celui qui n'est pas encore juste, aime le juste. Or, on ne saurait aimer le juste si on ne sait ce que c'est que le juste. Donc celui même qui n'est pas encore juste, sait ce que c'est que d'être juste. Où l'a-t-il appris? l'a-t-il vu de ses yeux? Est-ce qu'il y a des corps justes, comme il y en a de blancs, de noirs, de ronds et de carrés? Qui oserait le dire? Or, on ne voit par les yeux du corps, que les corps. Dans l'homme il n'y a de juste que l'âme, et quand on dit qu'un homme est juste, c'est de son âme qu'on parle, non de son corps. La justice est une certaine beauté de l'âme qui fait que les hommes sont beaux, quand bien même ils seraient contrefaits ou difformes de corps. Mais de même qu'on ne voit point l'âme des yeux du corps, de même on ne saurait voir sa beauté. Où donc celui qui n'est point encore juste a-t-il vu le juste et aime-t-il le juste pour être juste lui-même? Est-ce qu'il s'échappe des mouvements du corps des signes auxquels tel ou tel homme paraisse juste? Mais où celui qui ne sait pas ce que c'est que le juste, a-t-il appris que ces signes sont les signes du juste? Il les connaît donc ces signes. Mais où apprenons-nous ce que c'est que le juste, même lorsque nous ne sommes pas encore justes? Si c'est hors de nous que nous l'apprenons, c'est dans quelque corps que nous l'apprenons. Mais ce n'est point là une chose du corps. C'est donc en nous que nous apprenons ce que c'est que le juste. En effet, ce n'est point ailleurs que je le trouve, quand je cherche à l'exprimer, ce n'est qu'en moi. Si je demande à un autre ce que c'est que le juste, il cherche en lui-même ce qu'il doit répondre, et quiconque a pu répondre d'une manière exacte sur ce point, a trouvé en lui ce qu'il devait répondre. Quand je veux nommer Carthage, je cherche au dedans de moi, pour la nommer, et je trouve, en moi, une idée de Carthage; mais je l'ai reçue par le corps, c'est-à-dire par les sens du corps, parce que j'ai été présent de ma personne à Carthage, que je l'ai vue, que je l'ai sentie, que je l'ai retenue dans ma mémoire, pour retrouver en moi le mot dont j'ai besoin quand je veux la nommer. L'idée de Carthage dans ma mémoire c'est le nom de Carthage, non pas ce son de trois syllabes qu'on entend quand on prononce le mot Carthage, ou même quand on pense, en silence, à ce nom dans un espace de temps, mais c'est le mot que

---

quod credit et non videt, nisi ex aliqua regula notitiæ generalis sive specialis. Ac per hoc si non diligit justum nisi justus, quomodo volet quisque justus esse qui nondum est? Non enim vult quisquam esse quod non diligit. Ut autem sit justus qui nondum est, volet utique justus esse : ut autem velit, diligit justum. Diligit ergo justum et qui nondum justus est. Diligere autem justum non potest, qui quid sit justus, ignorat. Proinde novit quid sit justus, etiam qui nondum est : ubi ergo novit ? num oculis vidit ? An ullum corpus justum, velut album, aut nigrum, aut quadrum, aut rotundum ? quis hoc dixerit? At oculis non vidit nisi corpora. Justus autem in homine non est, nisi animus : et cum homo justus dicitur, ex animo dicitur, non ex corpore. Est enim quædam pulchritudo animi justitia, qua pulchri sunt homines, plerique etiam qui corpore distorti atque deformes sunt. Sicut autem animus non videtur oculis, ita nec pulchritudo ejus. Ubi ergo novit quid sit justus, qui nondum est, atque ut sit diligit justum? An signa quædam per motum corporis emicant, quibus ille aut ille homo esse justus apparet? Sed unde novit illa signa esse animi justi, nesciens quid omnino sit justus? Novit ergo. Sed ubi novimus quid sit justus, etiam cum justi nondum sumus? Si extra nos novimus, in corpore aliquo novimus. Sed non est ista res corporis. In nobis igitur novimus quid sit justus. Non enim alibi hoc invenio, cum quæro ut hoc eloquar, nisi apud me ipsum : et si interrogem alium quid sit justus, apud se ipsum quærit quid respondeat ; et quisquis hinc verum respondere potuit, apud se ipsum quid responderet invenit. Et Carthaginem quidem cum eloqui volo, apud me ipsum quæro ut eloquar, et apud me ipsum invenio phantasiam Carthaginis : sed eam per corpus accepi, id est per corporis sensum, quoniam præsens in ea corpore fui, et eam vidi atque sensi, memoriaque retinui, ut apud me invenirem de illa verbum, cum eam vellem dicere. Ipsa enim phantasia ejus in memoria mea verbum ejus, non sonus iste trisyllabus cum Carthago nominatur, vel etiam tacite nomen ipsum per spatia temporum

je vois dans mon âme, lorsque je profère de vive voix ce nom de trois syllabes, ou même avant que je le profère. De même quand je veux nommer Alexandrie que je n'ai jamais vue, ce qui se présente aussitôt à moi, c'est l'idée de cette ville. Après avoir entendu dire à bien du monde et cru que c'est une grande ville, je m'en suis tracé, dans mon esprit, selon le récit qui m'en a été fait, l'image que j'ai pu, et cette image, c'est son nom au-dedans de moi, quand je veux la nommer, avant même que je profère les cinq syllabes dont est composé le nom qui est connu de presque tout le monde. Cependant s'il m'était possible de prendre cette image dans mon âme pour la mettre sous les yeux de ceux qui connaissent Alexandrie, il est certain que tous diraient que ce n'est point elle ; ou s'ils disaient : c'est elle, j'en serais bien étonné, et la regardant dans mon âme, je parle de l'image qui est comme une peinture de cette ville, je ne saurais point qu'elle est l'image de cette ville, mais je m'en rapporterais à ceux qui l'auraient vue et s'en souviendraient. Or, ce n'est pas de la même manière que je cherche ce que c'est que le juste, ni que je le trouve, ni que je le vois quand je prononce ce mot ; ce n'est point non plus ainsi qu'on m'applaudit quand je suis déclaré juste, ni que j'applaudis moi-même quand j'entends parler d'un juste, comme si je n'avais jamais rien vu de pareil de mes yeux, ou que je l'eusse appris par quelqu'un de mes sens, ou que je l'eusse entendu de la bouche de ceux qui l'auraient appris de cette façon-là. En effet, quand je dis sciemment : l'âme qui distribue à chacun ce qui lui appartient avec science et raison, dans sa vie et dans ses mœurs, est juste, je ne pense point à quelque chose d'absent, comme Carthage, ni je ne me représente point, de mon mieux, quelque chose d'éloigné, comme Alexandrie, qu'elle soit ou ne soit point telle que je me la figure ; mais je vois quelque chose de présent, je le vois en moi, bien que je ne sente pas moi-même ce que je vois, et bien des gens trouveront que c'est bien, s'ils m'entendent le dire. Or, quiconque m'entend et approuve sciemment ce que je dis, le voit aussi en lui, quand bien même il ne serait point ce qu'il voit. Mais quand c'est un juste qui dit cela, il voit et il dit ce qu'il est lui-même. Et où le voit-il, n'est-ce pas en lui ? Mais cela n'est point étonnant, où pourrait-il se voir, en effet, si ce n'est en lui ? Ce qui est étonnant c'est qu'une âme voie en soi ce qu'elle n'a jamais vu ailleurs, qu'elle le voie vrai, qu'elle voie l'âme même vraiment juste, et qu'elle soit elle-même une âme, et que l'âme qu'elle voit en elle-même ne soit point juste. Est-ce qu'il y aurait une autre âme juste dans son âme qui n'est point encore juste ? Et s'il n'y en a point, quelle est donc celle qu'elle voit ainsi en elle, quand elle voit et dit ce que c'est qu'une âme juste, sans le voir ail-

cogitatur; sed illud quod in animo meo cerno, cum hoc trisyllabum voce profero, vel ante quam proferam. Sic et Alexandriam cum eloqui volo quam nunquam vidi, præsto est apud me phantasma ejus. Cum enim a multis audissem et credidissem magnam esse illam urbem, sicut mihi narrari potuit, finxi animo meo imaginem ejus quam potui : et hoc est apud me verbum ejus, cum eam volo dicere, ante quam voce quinque syllabas proferam, quod nomen ejus fere omnibus notum est. Quam tamen imaginem si ex animo meo proferre possem ad oculos hominum qui Alexandriam noverunt, profecto aut omnes dicerent, non est ipsa ; aut si dicerent, ipsa est, multum mirarer, atque intuens in animo meo ipsam, id est imaginem quasi picturam ejus, ipsam tamen esse nescirem, sed eis crederem qui visam tenerent. Non autem ita quæro quid sit justus, nec ita invenio, nec ita intueor, cum id eloquor ; nec ita probor, cum audior ; nec ita probo, cum audio ; quasi tale aliquid oculis viderim, aut ullo corporis sensu didicerim, aut ab eis qui ita didiciscent audierim. Cum enim dico et sciens dico : Justus est animus qui scientia atque ratione in vita ac moribus sua cuique distribuit, non aliquam rem absentem cogito, sicut Carthaginem, aut fingo ut possum, sicut Alexandriam, sive ita sit, sive non ita : sed præsens quiddam cerno, et cerno apud me, etsi non sum ipse quod cerno, et multi si audiant approbabunt. Et quisquis me audit atque scienter approbat, apud se et ipse hoc idem cernit, etiam si non sit et ipse quod cernit. Justus vero cum id dicit, id quod ipse est cernit et dicit. Et ubi etiam iste cernit, nisi apud se ipsum ? Sed hoc mirum non est : ubi enim se cerneret, nisi apud se ipsum ? Illud mirabile est, ut apud se animus videat quod alibi nusquam vidit, et verum videat, et ipsum verum justum animum videat, et sit ipse animus et non sit justus animus, quem apud se ipsum videt. Num est alius animus justus in animo nondum justo ? Aut si non est, quem ibi videt, cum videt et dicit quid sit animus justus, nec alibi quam in se ipso videt, cum ipse non sit animus justus ? An illud quod videt, veritas est in-

leurs qu'en elle-même, tandis qu'elle-même n'est point une âme juste? Est-ce que ce qu'elle voit ce serait la vérité intérieure présente à l'âme qui a la force de la considérer? Car tout le monde n'a point cette force, et ceux qui l'ont, ne sont pas toujours non plus tout ce qu'ils voient, c'est-à-dire des âmes justes, quoique pouvant voir et dire ce que c'est qu'une âme juste. Comment pourront-ils le devenir si ce n'est en s'attachant à la forme même qu'ils considèrent, afin d'arriver par là à être formés et à devenir des âmes justes qui non-seulement voient et disent que l'âme juste est celle qui, avec science et raison, dans sa vie et dans ses mœurs, rend à chacun ce qui lui appartient, et aussi afin de vivre eux-mêmes dans la justice et dans de bonnes mœurs, en rendant à chacune ce qui lui est dû, en sorte qu'ils ne doivent plus rien à personne, sinon l'amour que les hommes se doivent les uns aux autres? (*Rom.*, XII, 8.) Or, comment s'attache-t-on à cette forme, sinon par l'amour? Pourquoi donc aimons-nous quelqu'un que nous croyons juste et n'aimons-nous point la forme même où nous voyons ce que c'est que l'âme juste, afin de pouvoir être justes aussi nous-mêmes? Est-ce que si nous ne l'aimions point cette forme, nous n'aimerions point celui que nous aimons d'après elle, mais, tant que nous ne sommes point justes, l'aimons-nous moins qu'il ne le faudrait pour pouvoir être justes? L'homme qu'on croit juste est donc aimé d'après cette forme et cette vérité que voit et que comprend au dedans de soi quiconque l'aime; mais quant à cette forme même et à cette vérité, il n'y a point ailleurs autre chose qu'elle qui la fasse aimer. En effet, nous ne trouvons rien qui lui ressemble si ce n'est elle qui fasse que même inconnue de nous, nous l'aimions en croyant qu'elle est, parce que nous connaîtrions quelque chose de semblable à elle; car tout ce que vous pourriez voir qui lui ressemblerait, ne serait autre chose qu'elle-même; mais il n'y a rien qui lui ressemble, attendu qu'elle est seule telle qu'elle est. Celui donc qui aime les hommes, ne doit les aimer que parce qu'ils sont justes, ou pour qu'ils soient justes. C'est aussi de cette manière-là qu'il doit s'aimer lui-même, ou parce qu'il est juste ou pour le devenir, car c'est par ce moyen-là qu'il aimera son prochain comme lui-même sans aucun péril. Quiconque s'aime autrement, s'aime injustement, attendu qu'il ne s'aime que pour être injuste. Il ne s'aime donc que pour être mauvais et par conséquent il ne s'aime pas, car « quiconque aime l'iniquité hait son âme. » (*Ps.* x, 6.)

---

terior præsens animo qui eam valet intueri? Neque omnes valent : et qui intueri valent, hoc etiam quod intuentur non omnes sunt, hoc est, non sunt etiam ipsi justi animi, sicut possunt videre ac dicere, quid sit justus animus. Quod unde esse (*a*) poterunt, nisi inhærendo eidem ipsi formæ quam intuentur, ut inde formentur et sint justi animi, non tantum cernentes et dicentes justum esse animum qui scientia atque ratione in vita ac moribus sua cuique distribuit, sed etiam ut ipsi juste vivant justeque morati sint, sua cuique distribuendo, ut nemini quidquam debeant, nisi ut invicem diligant. (*Rom.*, XIII, 8.) Et unde inhæretur illi formæ, nisi amando? Cur ergo alium diligimus quem credimus justum, et non diligimus ipsam formam ubi videmus quid sit justus animus, ut et nos justi esse possimus? An vero nisi et istam diligeremus, nullo modo eum diligeremus quem diligimus ex ista, sed dum justi non sumus, minus eam diligimus quam ut justi esse valeamus? Homo ergo qui creditur justus, ex ea forma et veritate diligitur; quam cernit et intelligit apud se ille qui diligit : ipsa vero forma et veritas non est quomodo aliunde diligatur. Neque enim invenimus aliquid tale præter ipsam, ut eam cum incognita est credendo diligamus, ex eo quod jam tale aliquid novimus. Quidquid enim tale aspexeris, ipsa est : et non est quidquam tale, quoniam sola ipsa talis est, qualis ipsa est. Qui ergo amat homines, aut quia justi sunt, aut ut justi sint, amare debet. Sic enim et semetipsum amare debet, aut quia justus est, aut ut justus sit : sic enim diligit proximum tanquam se ipsum sine ullo periculo. Qui enim aliter se diligit, injuste se diligit, quoniam se ad hoc diligit ut sit injustus : ad hoc ergo ut sit malus, ac per hoc jam non se diligit. « Qui enim diligit iniquitatem, odit animam suam. » (*Psal.* x, 6.)

(*a*) Editi *potuerunt*. Melius Mss. *poterunt*.

CHAPITRE VII.
Vraie dilection par laquelle on parvient à la connaissance de la Trinité.

10. Aussi dans la question qui nous occupe en ce moment, c'est-à-dire dans la question de la Trinité ou de la connaissance de Dieu, ce que nous avons à voir avant tout, c'est ce qu'il faut entendre par la vraie dilection, ou plutôt par la dilection; attendu qu'on ne doit appeler de ce nom que la vraie dilection, autrement c'est cupidité qu'il faudrait dire. Aussi est-ce par un abus de langage qu'on dit que les gens cupides aiment, de même que c'est par un abus de langage qu'on fait désirer synonyme d'aimer. Or, la vraie dilection consiste à vivre en justes en nous attachant à la vérité, et par conséquent à mépriser toutes les choses mortelles par cet amour des hommes qui fait que nous voulons qu'ils vivent en justes. C'est en effet de cette manière que nous pourrons être prêts à mourir utilement pour nos frères, ainsi que Notre-Seigneur Jésus-Christ nous a appris à le faire par son exemple. Car n'y ayant que deux préceptes dans lesquels se trouvent compris la loi et les prophètes (*Matth.*, XXII, 40), l'amour de Dieu et l'amour du prochain, ce n'est pas sans raison que souvent l'Ecriture ne parle que d'une au lieu de deux dilections, c'est ainsi, par exemple, qu'elle parle du précepte de l'amour de Dieu, comme dans ces paroles : « Nous savons que tout contribue au bien de ceux qui aiment Dieu, » (*Rom.*, VIII, 23) et dans celles-ci : « Quiconque aime Dieu est connu de lui, » (I *Cor.*, VIII, 3) et dans ces autres : « Parce que l'amour de Dieu a été répandu dans nos cœurs par le Saint-Esprit qui nous a été donné, » (*Rom.*, V, 5) et dans beaucoup d'autres encore; attendu que quiconque aime Dieu, fera nécessairement ce que Dieu ordonne, et plus il l'aime, plus il le fait; par conséquent il aimera aussi son prochain, parce que Dieu le lui ordonne. D'autres fois l'Ecriture ne nous parlera que de l'amour du prochain, comme dans cette phrase : « Portez les fardeaux les uns des autres, et vous accomplirez ainsi la loi du Christ, » (*Gal.*, VI, 2) et dans celle-ci : « Car toute la loi est renfermée dans cet unique précepte : vous aimerez votre prochain comme vous-même, » (*Gal.*, V, 14) et dans cette autre de l'Evangile : « Faites aux autres hommes tout ce que vous voulez qu'ils vous fassent eux-mêmes, c'est là toute la loi et les prophètes. » (*Matth.*, VII, 12.) On trouve encore plusieurs autres passages dans les saintes lettres, où il semble qu'il n'y ait que l'amour du prochain de prescrit pour la perfection, et où il n'est point parlé de l'amour de Dieu, bien que ce soit dans ces deux préceptes que se trouvent

---

CAPUT VII.
De vera dilectione, per quam ad Trinitatis cognitionem pervenitur.

10. Quapropter non est præcipue videndum in hac quæstione, quæ de Trinitate nobis est, et de cognoscendo Deo, nisi quid sit vera dilectio; imo vero quid sit dilectio. Ea quippe dilectio dicenda est, quæ vera est; alioquin cupiditas est: atque ita cupidi abusive dicuntur diligere, quemadmodum cupere abusive dicuntur qui diligunt. Hæc est autem vera dilectio, ut inhærentes veritati juste vivamus: et ideo contemnamus omnia (*a*) mortalia præ amore hominum, quo eos volumus juste vivere. Ita enim et mori pro fratribus utiliter parati esse poterimus, quod nos Dominus Jesus Christus exemplo suo docuit. Cum enim duo præcepta sint in quibus tota Lex pendet et Prophetæ (*Matth.*, XXII, 40), dilectio Dei et dilectio proximi; non immerito plerumque Scriptura pro utroque unum ponit: sive tantum Dei, sicuti est illud : « Scimus quoniam diligentibus Deum omnia cooperantur in bonum : » (*Rom.*, VIII, 28) et iterum : « Quisquis autem diligit Deum, hic cognitus est ab illo : » (I *Cor.*, VIII, 3) et illud : « Quoniam caritas Dei diffusa est in cordibus nostris per Spiritum sanctum qui datus est nobis : » (*Rom.*, V, 5) et alia multa ; quia et qui diligit Deum, consequens est ut faciat quod præcepit Deus, et in tantum diligit in quantum facit: consequens ergo est ut et proximum diligat, quia hoc præcepit Deus: sive tantum proximi dilectionem Scriptura commemorat, sicut est illud : « Invicem onera vestra portate, et sic adimplebitis legem Christi : » (*Gal.*, VI, 2) et illud : « Omnis enim lex in uno sermone impletur, in eo quod scriptum est : Diliges proximum tuum tanquam te ipsum : » (*Gal.*, V, 14) et in Evangelio : « Omnia quæcumque vultis ut faciant vobis homines, ita et vos facite illis; hæc enim est Lex et Prophetæ. » (*Matth.*, VII, 12.) Et pleraque alia reperimus in litteris sanctis, in quibus sola dilectio proximi ad perfectionem præcipi videtur, et taceri de dilectione Dei; cum in utroque præcepto Lex pen-

---
(*a*) In Mss. *temporalia*.

la loi et les prophètes. Cela vient de ce que quiconque aime le prochain, ne peut faire autrement que d'aimer avant tout l'amour même; or, « c'est Dieu qui est l'amour même et quiconque demeure dans l'amour demeure en Dieu. » (I *Jean*, IV, 16.) La conséquence est donc qu'il aimera Dieu avant tout.

11. Aussi ceux qui cherchent Dieu par les puissances qui président au monde ou aux parties du monde, sont arrachés à lui et rejetés bien loin de lui, non pas par des intervalles de lieux mais par la diversité des sentiments. En effet, ils tâchent d'aller à lui à l'extérieur et ils abandonnent leur intérieur où Dieu se trouve. C'est pourquoi s'ils viennent à entendre parler de quelque puissance sainte et céleste, où même s'ils en conçoivent seulement l'idée, ils désirent en produire les actes que la faiblesse humaine admire, mais ils n'en imitent point la piété qui seule procure le repos divin. Ils aiment mieux, en effet, dans leur orgueil, pouvoir faire ce que font les anges, que de travailler avec dévotion à devenir ce que sont les anges; car nul saint ne se félicite de sa propre puissance, mais il se glorifie de la puissance de celui de qui il tient tout le pouvoir qu'il lui est donné d'exercer, et il sait qu'il y a bien plus de puissance à s'unir au Tout-Puissant par une pieuse volonté, qu'à pouvoir, par un acte de sa propre puissance et de sa propre volonté, des choses capables de faire trembler ceux qui ne peuvent en faire de pareilles. Aussi le Seigneur Jésus-Christ lui-même, en faisant de semblables merveilles afin d'en enseigner de bien plus importantes à ceux qui l'admiraient, et de tourner vers les choses éternelles et intérieures, des hommes qui n'avaient d'attention que pour les extraordinaires et temporelles, et n'étaient tenus en suspens que par elles, disait : « Venez à moi, vous tous qui êtes fatigués et qui êtes chargés, et je vous soulagerai; prenez mon joug sur vous. » (*Matth.*, XI, 28, 29.) Il ne disait point non plus : Apprenez de moi que je ressuscite des morts enfermés depuis quatre jours dans le tombeau, mais : « Apprenez de moi que je suis doux et humble de cœur; » c'est que, en effet, une humilité solide est bien plus forte et plus sûre qu'une élévation qui ne s'appuie que sur le vent. Aussi poursuit-il en ces termes : « Et vous trouverez le repos pour vos âmes, » attendu que « la charité ne s'enfle pas, » (I *Cor.*, XIII, 4) et que « Dieu est charité, » (I *Jean*, IV, 8) et que « ceux qui demeureront fidèles à son amour, demeureront aussi attachés à lui, » (*Sag.*, III, 9) rappelés qu'ils seront du bruit extérieur vers les joies silencieuses. Ainsi « Dieu est charité, » pourquoi donc aller et courir vers les hauteurs les plus élevées des cieux ou les plus profonds abîmes de la terre à la recherche de celui qui est en nous, si nous voulons être en lui?

---

deat et Prophetæ. Sed et hoc ideo, quia et qui proximum diligit, consequens est ut et ipsam præcipue dilectionem diligat : « Deus autem dilectio est, et qui manet in dilectione, in Deo manet. » (I *Joan.*, IV, 16.) Consequens ergo est ut præcipue Deum diligat.

11. Quapropter qui quærunt Deum per istas Potestates, quæ mundo præsunt vel partibus mundi, auferuntur ab eo longeque jactantur; non intervallis locorum, sed diversitate affectuum : exterius enim conantur ire, et interiora sua deserunt, quibus interior est Deus. Itaque etiam si aliquam sanctam cœlestem Potestatem vel audierint, vel utcumque cogitaverint, facta magis ejus appetunt quæ humana miratur infirmitas, non imitantur pietatem qua divina requies comparatur. Malunt enim superbe hoc posse quod angelus, quam devote hoc esse quod angelus. Non enim sanctus quisquam potestate sua gaudet, sed ejus a quo habet posse quidquid congruenter potest : et novit potentius esse conjungi Omnipotenti pia voluntate, quam propria (*a*) potestate et voluntate posse, quod contremiscant qui talia non possunt. Itaque ipse Dominus Jesus Christus talia faciens, ut mirantes doceret ampliora, et temporalibus insolitis intentos atque suspensos ad æterna atque interiora converteret : « Venite, inquit, ad me omnes qui laboratis et onerati estis, et reficiam vos; tollite jugum meum super vos. » (*Matth.*, XI, 28.) Et non ait : Discite a me quia quatriduanos mortuos suscito : sed ait : « Discite a me quia mitis sum et humilis corde. » Potentior est enim et tutior solidissima humilitas, quam ventosissima celsitudo. Et ideo sequitur dicens : « Et invenietis requiem animabus vestris. » (I *Cor.*, XIII, 4.) « Dilectio enim non inflatur : » (I *Joan.*, IV, 8) et « Deus dilectio est : » « et fideles in dilectione acquiescent illi, » (*Sap.*, III, 9) revocati a strepitu qui foris est ad (*b*) gaudia silentia. Ecce « Deus dilectio est : » ut quid imus et currimus in sublimia cœlorum et ima terrarum, quærentes eum qui est apud nos, si nos velimus esse apud eum?

(*a*) In ante editis omissum erat *potestate et*. — (*b*) Editi *ad gaudia silentii*. At Mss. plures *ad gaudia silentia*. Alii *ad gaudii silentia*.

CHAPITRE VIII.

Celui qui aime son frère aime Dieu, parce qu'il aime la charité même qui vient de Dieu et qui est Dieu.

12. Qu'on ne dise point je ne sais ce que c'est qu'aimer. Si on aime son frère, on aime la charité même, car on connaît plus la charité par laquelle on aime que le frère même qu'on aime. On peut donc ainsi connaître Dieu mieux qu'on ne connaît son frère; oui il est plus connu, parce qu'il est plus présent; il est plus connu, parce qu'il est plus intérieur; il est plus connu, parce qu'il est plus certain. Embrassez donc la charité qui est Dieu, et, par la charité, embrassez Dieu même. C'est cette charité qui réunit, par les liens de la sainteté, tous les bons anges et tous les serviteurs de Dieu ; c'est elle aussi qui unit réciproquement eux à nous et nous à eux, et qui nous unit à elle. Par conséquent, plus nous sommes exempts de l'enflure de l'orgueil, plus nous sommes pleins de la charité. Or, de qui est plein, sinon de Dieu même, celui qui est plein de la charité? Pour moi je vois la charité, et, autant que je le puis, je la considère des yeux de l'esprit et je crois à ce que me dit l'Ecriture que « Dieu est charité, et que quiconque demeure dans la charité demeure en Dieu; » (I *Jean*, IV, 16) mais quand je vois la charité, je ne vois point pour cela la Trinité. Mais que dis-je ? tout au contraire, on voit la Trinité quand on voit la charité. Mais je veux vous engager, si je puis, à vous voir voir. Que la charité seulement s'en mêle pour nous porter vers le bien ; car lorsque nous aimons la charité, nous l'aimons aimant quelque chose, précisément parce que la charité aime quelque chose. Qu'aime donc la charité, pour pouvoir être aimée elle-même? car il n'y a point charité s'il n'y a amour de quelque chose. Si c'est elle qu'elle aime, il faut qu'elle aime quelque chose pour que la charité s'aime. Car de même que la parole désigne quelque chose, elle se désigne aussi elle-même, mais la parole ne se désigne pas elle-même sans désigner qu'elle désigne quelque chose. Ainsi la charité s'aime ; mais si elle ne s'aime pas aimant quelque chose, elle ne s'aime point charité. Qu'aime donc la charité sinon ce que nous aimons nous-mêmes par la charité? Or, pour commencer par le prochain, ce que nous aimons c'est notre frère ; et remarquons combien l'apôtre Jean nous recommande la charité fraternelle : « Celui qui aime son frère, nous dit-il, demeure dans la lumière, et il n'y a point de scandale en lui. » (I *Jean*, II, 10.) Il est manifeste qu'il a placé la perfection de la justice dans la charité fraternelle, car celui en qui il n'y a point de scandale, est évidemment parfait. Cependant saint Jean semble avoir passé l'amour de Dieu sous silence,

---

CAPUT VIII.

Quod qui fratrem diligit, Deum diligat, quia amat ipsam dilectionem quæ ex Deo est, et Deus est.

12. Nemo dicat : Non novi quid diligam. Diligat fratrem, et diliget eamdem dilectionem. Magis enim novit dilectionem qua diligit, quam fratrem quem diligit. Ecce jam potest notiorem Deum habere quam fratrem : plane notiorem, quia præsentiorem; notiorem, quia interiorem; notiorem, quia certiorem. Amplectere dilectionem Deum, et dilectione amplectere Deum. Ipsa est dilectio quæ omnes bonos angelos, et omnes Dei servos consociat vinculo sanctitatis, nosque et illos conjungit invicem nobis, et subjungit sibi. Quanto igitur saniores sumus a tumore superbiæ, tanto sumus dilectione pleniores : et quo, nisi Deo plenus est, qui plenus est dilectione ? At enim caritatem video, et quantum possum eam mente conspicio, et credo Scripturæ dicenti, quoniam « Deus caritas est, et qui manet in caritate, in Deo manet : » (I *Joan.*, IV, 16) sed cum illam video, non in ea video Trinitatem. Imo vero vides Trinitatem, si caritatem vides. Sed commonebo, si potero, ut videre te videas : adsit tantum ipsa, ut moveamur caritate ad aliquod bonum. Quia cum diligimus caritatem, aliquid diligentem diligimus, propter hoc ipsum quia diligit aliquid. Ergo quid diligit caritas, ut possit etiam ipsa caritas diligi ? Caritas enim non est, quæ nihil diligit. Si autem se ipsam diligit, diligat aliquid oportet, ut (a) caritatem se diligat. Sicut enim verbum indicat aliquid, indicat etiam se ipsum, sed non se verbum indicat, nisi se aliquid indicare indicet : sic et caritas diligit quidem se, sed nisi se aliquid diligentem diligat, non caritatem se diligit. Quid ergo diligit caritas, nisi quod caritate diligimus ? Id autem, ut a proximo provehamur, frater est. Dilectionem autem fraternam quantum commendet Joannes apostolus, attendamus : « Qui diligit, inquit, fratrem suum, in lumine manet, et scandalum in eo non est. » (I *Joan.*, II, 10.) Manifestum est quod justitiam perfectionem in fratris dilectione posuerit : nam in quo scandalum

---

(a) Sola fere editio Lov. *ut caritate.*

ce qu'il n'aurait jamais fait s'il ne voulait pas donner à entendre que dans la charité fraternelle se trouve l'amour de Dieu. En effet, il s'en explique un peu plus loin en ces termes très-clairs : « Mes bien-aimés, aimons-nous les uns les autres, car l'amour vient de Dieu et quiconque aime est né de Dieu et connaît Dieu. Quiconque n'aime pas, n'a pas connu Dieu, puisque Dieu est charité. » (I *Jean*, IV, 7.) Ce contexte montre assez ouvertement que l'Apôtre déclare, avec sa grande autorité, que la charité fraternelle, car c'est la charité fraternelle qui fait que nous nous aimons les uns les autres, non-seulement vient de Dieu, mais encore est Dieu. Lors donc que la charité par laquelle nous aimons notre frère, c'est Dieu même par qui nous l'aimons, il ne peut pas se faire que nous n'aimions point d'une manière toute particulière la charité même qui nous fait aimer notre frère. On conclut de là que ces deux préceptes ne peuvent point aller l'un sans l'autre. Puisque « Dieu est charité, » il est certain que c'est aimer Dieu que d'aimer la charité ; or, il ne peut se faire qu'on aime son frère si on n'aime la charité. Voilà pourquoi il dit un peu après : « Celui qui n'aime point son frère qu'il voit, ne saurait aimer Dieu qu'il ne voit point, » (I *Jean*, IV, 20) puisque la cause qui fait qu'on ne voit point Dieu, c'est qu'on n'aime point son frère. En effet, quiconque n'aime point son frère, n'est point dans la charité, et quiconque n'est point dans la charité n'est point en Dieu, puisque Dieu est charité. Or, quiconque n'est point en Dieu, n'est point dans la lumière, attendu que « Dieu est lumière et qu'il n'y a point de ténèbres en lui. » (I *Jean*, I, 5.) Faut-il s'étonner après cela que celui qui n'est point dans la lumière, ne voie point la lumière, c'est-à-dire, ne voie point Dieu parce qu'il est dans les ténèbres ? Quant à son frère, s'il le voit, c'est d'un œil humain par lequel il ne saurait voir Dieu. Mais s'il aimait d'un amour spirituel celui qu'il voit d'un œil humain, il verrait Dieu qui est charité, mais il le verrait de l'œil intérieur dont il peut être vu. Ainsi, comment celui qui n'aime point son frère qu'il voit, pourrait-il voir Dieu, qu'il ne voit point, précisément par la raison que Dieu est charité et que celui qui n'aime point son prochain manque de charité ? Il ne faut pas après cela se laisser arrêter par la question de savoir combien nous devons de charité au prochain et combien aussi nous en devons à Dieu. Nous en devons à Dieu incomparablement plus qu'à nous-mêmes, mais à notre frère nous n'en devons pas autant qu'à nous. Or, pour nous, nous nous aimons d'autant plus que nous aimons Dieu davantage. C'est donc de l'unique et même charité que nous aimons Dieu et le pro-

---

non est, utique perfectus est. Et tamen videtur dilectionem Dei tacuisse : quod nunquam faceret, nisi quia in ipsa fraterna dilectione vult intelligi Deum. Apertissime enim in eadem epistola paulo post ita dicit : « Dilectissimi, diligamus invicem, quia dilectio ex Deo est : et omnis qui diligit, ex Deo natus est, et cognoscit Deum. Qui non diligit, non cognovit Deum, quia Deus dilectio est. » (I *Joan.*, IV, 7.) Ista contextio satis aperteque declarat, eamdem ipsam fraternam dilectionem, (nam fraterna dilectio est, qua diligimus invicem,) non solum ex Deo, sed etiam Deum esse (*a*) tanta auctoritate prædicari. Cum ergo de dilectione diligimus fratrem, de Deo diligimus fratrem : nec fieri potest ut eamdem dilectionem non præcipue diligamus, qua fratrem diligimus. Unde colligitur, duo illa præcepta non posse esse sine invicem. Quoniam quippe « Deus dilectio est ; » Deum certe diligit, qui diligit dilectionem : dilectionem autem necesse est ut diligat, qui diligit fratrem. Et ideo paulo post ait : « Non potest Deum diligere quem non videt, qui fratrem quem videt non diligit : » (I *Joan.*, IV, 20) quia hæc illi causa est non videndi Deum, quod non diligit fratrem. Qui enim non diligit fratrem, non est in dilectione : et qui non est in dilectione, non est in Deo, quia Deus dilectio est. Porro qui non est in Deo, non est in lumine : quia « Deus lumen est, et tenebræ in eo non sunt ullæ. » (I *Joan.*, I, 5.) Qui ergo non est in lumine, quid mirum si non videt lumen, id est, non videt Deum, quia in tenebris est? Fratrem autem videt humano visu, quo videri Deus non potest. Sed si eum quem videt humano visu, spiritali caritate diligeret, videret Deum qui est ipsa caritas visu interiore quo videri potest. Itaque qui fratrem quem videt non diligit, Deum, quem propterea non videt, quia Deus dilectio est, qua caret qui fratrem non diligit, quomodo potest diligere ? Nec illa jam quæstio moveat, quantum fratri caritatis debeamus impendere, quantum Deo : incomparabiliter plus quam nobis Deo, fratri autem quantum nobis ipsis : nos autem ipsos tanto magis diligimus, quanto magis diligimus Deum. Ex una

---

(*a*) Editi post *Deum esse*, inserunt *quam videmus*. Sed hæ voces a Mss. absunt.

chain ; mais nous aimons Dieu pour lui, tandis que nous n'aimons le prochain et nous que pour Dieu.

CHAPITRE IX.

Nous sommes portés à l'amour des justes par l'amour même de la forme immuable de la justice.

13. Qu'est-ce qui nous enflamme, je vous le demande, quand nous entendons ou que nous lisons ces paroles : « Voici maintenant le temps favorable, voici maintenant le jour du salut. Nous prenons garde de donner à personne aucun sujet de s'offenser ; mais en toutes choses, nous nous rendons recommandables, nous qui sommes les ministres de Dieu, par une grande patience dans les maux, dans les nécessités et dans les plus extrêmes afflictions, dans les plaies, dans les prisons, dans les séditions, dans les travaux, dans les veilles et dans les jeûnes, par la pureté, par la science, par une douceur persévérante, par la bonté, par les fruits du Saint-Esprit, par une charité sincère, par la parole de la vérité, par la force de Dieu, par les armes de la justice, pour combattre à droite et à gauche, dans l'honneur et dans l'ignominie, dans la bonne comme dans la mauvaise réputation, comme des séducteurs quoique étant sincères et véritables, comme inconnus bien que connus de tous, comme toujours mourant et vivant néanmoins toujours, comme châtiés, mais non jusqu'à perdre la vie, comme tristes, bien qu'étant toujours dans la joie, comme pauvres, bien que nous en enrichissions plusieurs ; comme n'ayant rien, bien que nous possédions tout? » (II *Cor.*, VI, 2 à 10.) Oui, qu'est-ce qui nous enflamme d'amour pour l'apôtre Paul, quand nous lisons ces choses, si ce n'est la conviction qu'il a vécu ainsi ? Or, si nous croyons que des ministres de Dieu doivent vivre ainsi, ce n'est point pour l'avoir entendu dire à quelqu'un, mais c'est pour l'avoir entendu au dedans de nous, ou plutôt c'est pour l'avoir vu au-dessus de nous dans la vérité même. Nous croyons donc qu'il a vécu ainsi, et nous l'aimons par suite de ce que nous voyons en nous. Si nous n'aimions d'une manière toute particulière cette forme que nous croyons stable et immuable, nous ne l'aimerions point, lui, parce que nous tenons de foi que sa vie, quand il était dans sa chair, fut conforme et adaptée à cette forme. Mais je ne sais comment il se fait que nous sommes excités à l'amour de cette forme même par la foi qui nous fait croire qu'il a vécu ainsi et que nous ne sommes pas du tout non plus sans quelque espérance de pouvoir également, nous qui sommes hommes, vivre nous-mêmes comme certains hommes ont vécu, en sorte que nous le désirions ardemment et le demandions avec confiance dans nos prières. Voilà

igitur eademque caritate Deum proximumque diligimus : sed Deum propter Deum, nos autem et proximum propter Deum.

CAPUT IX.

In dilectionem justorum accendimur ex ipsa dilectione incommutabilis formæ justitiæ.

13. Quid enim est, quæso, quod exardescimus, cum audimus et legimus : « Ecce nunc tempus acceptabile, ecce nunc dies salutis : nullam in quoquam dantes offensionem, ut non reprehendatur ministerium nostrum ; sed in omnibus commendantes nosmetipsos ut Dei ministros, in multa patientia, in tribulationibus, in necessitatibus, in angustiis, in plagis, in carceribus, in seditionibus, in laboribus, in vigiliis, in jejuniis, in castitate, in scientia, in longanimitate, in bonitate, in Spiritu sancto, in caritate non ficta, in verbo veritatis, in virtute Dei : per arma justitiæ, a dextris et a sinistris, per gloriam et ignobilitatem, per infamiam et bonam famam ; ut seductores, et veraces ; ut qui ignoramur, et cognoscimur ; quasi morientes, et ecce vivimus ; ut coerciti, et non mortificati ; ut tristes, semper autem gaudentes ; sicut egeni, multos autem ditantes ; tanquam nihil habentes, et omnia possidentes. « (II *Cor.*, VI, 2.) Quid est quod accendimur in dilectionem Pauli apostoli, cum ista legimus, nisi quod credimus eum ita vixisse ? Vivendum tamen sic esse Dei ministris, non de aliquibus auditum credimus, sed intus apud nos, vel potius supra nos in ipsa veritate conspicimus. Illum ergo quem sic vixisse credimus, ex hoc quod videmus diligimus. Et nisi hanc formam, quam semper stabilem atque incommutabilem cernimus, præcipue diligeremus, non ideo diligeremus illum, quia ejus vitam, cum in carne viveret, huic formæ coaptatam et congruentem fuisse, fide retinemus. Sed nescio quomodo amplius et in ipsius formæ caritatem excitamur, per fidem qua credimus vixisse sic aliquem ; et spem, qua nos quoque ita posse vivere, qui homines sumus, ex eo quod aliqui homines ita vixerunt, minime desperamus, ut hoc et desideremus ardentius, et fidentius precemur. Ita et ipsorum vitam facit a nobis diligi formæ illius dilectio, secundum quam vixisse creduntur, et illorum vita credita in

comment l'amour de cette forme nous fait aimer la vie que nous croyons qu'ils ont menée, et comment cette même vie nous enflamme d'un amour plus ardent encore pour cette même forme, en sorte que plus nous aimons Dieu ardemment, plus nous le voyons avec certitude et sérénité; parce que, en Dieu, nous voyons l'immuable forme de la justice selon laquelle nous croyons que l'homme est obligé de vivre. Par conséquent la foi est bonne en même temps pour nous conduire à la connaissance et à l'amour de Dieu, non pas comme s'il était tout à fait inconnu, ou comme s'il n'était pas encore aimé, mais pour nous le faire connaître plus clairement et nous le faire aimer plus fermement.

CHAPITRE X.
Il y a dans la charité trois choses qui sont comme un vestige de la Trinité.

14. Mais qu'est-ce que la dilection ou charité que la divine Ecriture loue et recommande au point où elle le fait, sinon l'amour du bien? Or, l'amour est le fait d'un être aimant, et l'amour aime quelque chose. Voilà donc trois choses, le sujet de l'amour, l'objet de l'amour et l'amour. Qu'est-ce donc que l'amour? N'est-ce point une sorte de vie qui unit ou désire unir deux êtres? Et ces deux êtres ce sont celui qui aime et celui qui est aimé. Il en est ainsi même dans les amours extérieures et charnelles, mais pour puiser à une source plus pure et plus limpide, foulons la chair aux pieds et montons jusqu'à l'âme. Qu'est-ce que notre âme aime dans un ami, n'est-ce point son âme? Là se trouvent donc trois choses, celui qui aime, celui qui est aimé et l'amour. Il ne nous reste plus qu'à nous élever encore, et à rechercher plus haut dans la mesure donnée à l'homme. Mais que notre attention se repose un peu à ce point, non pas pour croire qu'elle a déjà trouvé ce qu'elle cherche; mais de même qu'il y a souvent des endroits où l'on doit chercher quelque chose, non point où la chose soit déjà trouvée, mais où l'on trouve de quoi chercher; ainsi qu'il nous suffise d'avoir dit ce qui précède, afin de pouvoir continuer ce qui nous reste à dire, en partant comme d'un nouveau commencement.

camdem formam flagrantiorem excitat caritatem : ut quanto flagrantius diligimus Deum, tanto certius sereniusque videamus : quia in Deo conspicimus incommutabilem formam justitiæ, secundum quam hominem vivere oportere judicamus. Valet ergo fides ad cognitionem et ad dilectionem Dei, non tanquam omnino incogniti, aut omnino non dilecti; sed quo cognoscatur manifestius, et quo firmius diligatur.

CAPUT X.
Tria quædam in caritate, velut vestigium Trinitatis.

14. Quid est autem dilectio vel caritas, quam tantopere Scriptura divina laudat et prædicat, nisi amor boni? Amor autem alicujus amantis est, et amore aliquid amatur. Ecce tria sunt, amans, et quod amatur, et amor. Quid est ergo amor, nisi quædam vita duo aliqua copulans, vel copulare appetens, amantem scilicet, et quod amatur? Et hoc etiam in (*a*) externis carnalibusque amoribus ita est : sed ut aliquid purius et liquidius hauriamus, calcata carne ascendamus ad animum. Quid amat animus in amico, nisi animum? Et illic igitur tria sunt, amans, et quod amatur, et amor. Restat etiam hinc ascendere, et superius ista quærere, quantum homini datur. Sed hic paululum requiescat intentio, non ut se jam existimet invenisse quod quærit, sed sicut solet inveniri locus, ubi quærendum est aliquid, nondum illud inventum est, sed jam inventum est ubi quæratur : ita hoc dixisse suffecerit, ut tanquam ab articulo alicujus exordii cætera contexamus.

(*a*) Am. Er. et Mss. *in extremis.*

LIVRE NEUVIÈME

Dans l'homme, qui est une image de Dieu, se trouve une sorte de trinité : l'âme, la connaissance qu'elle a d'elle-même et l'amour qu'elle ressent pour elle et pour la connaissance qu'elle a d'elle-même. Ces trois choses sont égales entre elles et sont d'une seule et même substance.

CHAPITRE PREMIER.

Comment doit-on procéder dans ses recherches sur la Trinité.

1. Ce que nous cherchons, c'est bien certainement la Trinité, non pas une trinité quelconque, mais la Trinité qui est Dieu, le seul, le véritable, le souverain Dieu. Attendez donc encore, vous qui entendez ces choses ; car nous cherchons encore et il ne serait pas juste de gourmander celui qui est occupé d'une pareille recherche, pourvu toutefois que ce soit dans une foi très-ferme qu'il recherche une chose qu'il est très-difficile de connaître et très-difficile d'exprimer. Mais ce serait justice de réprimander celui qui se hâterait d'affirmer, si on voyait et si on enseignait mieux que lui. Il est dit : « Cherchez Dieu et votre âme aura la vie. » (*Ps.* LXVIII, 33.) Mais de peur qu'on ait la témérité de croire qu'on a trouvé ce qu'on cherche, il est dit : « Cherchez toujours sa face. » (*Ps.* CIV, 4.) L'Apôtre a dit aussi : « Si quelqu'un se persuade qu'il sait quelque chose, il ne sait pas même encore de quelle manière il doit savoir, car si on aime Dieu on est connu de lui. » (I *Cor.*, VIII, 2, 3.) Il ne dit point, on connaît Dieu, c'eût été une présomption pleine de danger, mais il dit : « On est connu de lui. » De même, dans un autre endroit, après avoir dit : « Mais à présent que vous connaissez Dieu, » il se reprend aussitôt et dit : « Ou plutôt que vous êtes connu de lui, » (*Galat.*, IV, 9) et ailleurs il dit encore : « Mes frères, je ne pense point avoir encore atteint où je tends, mais tout ce que je fais maintenant, c'est que, oubliant ce qui est derrière moi, et m'avançant vers ce qui est devant moi, je cours incessamment vers le bout de la carrière pour remporter le prix de la félicité du ciel, à laquelle Dieu nous a appelés par Jésus-Christ, tout ce que nous sommes donc de parfaits, soyons-le dans ce sentiment. » (*Philip.*, III, 13, 15.) Or, par la perfection en cette vie, il n'entend pas autre chose que l'oubli de ce qui est derrière lui et la marche en avant vers le but qui nous est proposé, car la pensée de celui qui cherche est très-sûre. Mais pour être droite, l'intention doit procéder de la foi, attendu qu'une foi certaine commence, en une certaine façon, la connaissance ; mais cette con-

LIBER NONUS

Trinitatem in homine, qui imago Dei est, quamdam inesse, mentem scilicet, et notitiam qua se novit, et amorem quo se notitiamque suam diligit : atque hæc tria æqualia inter se, et unius ostenduntur esse essentiæ.

CAPUT PRIMUM.

De Trinitate quomodo inquirendum.

Trinitatem certe quærimus, non quamlibet, sed illam Trinitatem, quæ Deus est, verusque ac summus et solus Deus. Exspecta ergo quisquis hæc audis : adhuc enim quærimus, et talia quærentem nemo juste reprehendit ; si tamen in fide firmissimus quærat, quod aut nosse aut eloqui difficillimum est. Affirmantem vero cito justeque reprehendit, quisquis melius vel videt vel docet. « Quærite inquit, Deum, et vivet anima vestra. » (*Psal.* LXVIII, 33.) Et ne quisquam se tanquam apprehendisse temere gaudeat : « Quærite, inquit, faciem ejus semper. » (*Psal.* CIV, 4.) Et Apostolus : « Si quis se, inquit, putat aliquid scire, nondum scit quemadmodum scire oporteat. Quisquis autem diligit Deum, hic cognitus est ab illo. » (I *Cor.*, VIII, 2.) Nec sic quidem dixit, cognovit illum ; quæ periculosa præsumptio est : sed, « cognitus est ab illo. » Sic et alibi cum dixisset : « Nunc autem cognoscentes Deum ; » (*Galat.*, IV, 9) statim corrigens, « imo cogniti, inquit, a Deo : » maximeque illo loco : « Fratres, inquit, ego me ipsum non arbitror apprehendisse : unum autem, quæ retro oblitus, in ea quæ ante sunt extentus, secundum intentionem sequor ad palmam supernæ vocationis Dei in Christo Jesu. Quotquot ergo perfecti, hoc sapiamus. » (*Phil.*, III, 13.) Perfectionem in hac vita dicit, non aliud quam ea quæ retro sunt oblivisci, et in ea quæ ante sunt extendi secundum intentionem. Tutissima est enim quærentis intentio, donec apprehendatur illud quo tendimus et quo extendimur. Sed ea recta intentio est, quæ proficiscitur

naissance ne deviendra sûre qu'après cette vie, alors que nous verrons Dieu face à face. (I *Cor.*, XIII, 12.) Que notre sagesse soit donc de savoir que la disposition de chercher la vérité est plus sûre que celle de présumer que les choses inconnues sont connues. Cherchons donc comme cherchent des personnes qui doivent trouver, et trouvons comme trouvent ceux qui doivent chercher encore, car il est dit : « L'homme qui est arrivé à la fin de cette recherche ne fait que commencer. » (*Eccli.*, XVIII, 6.) Dans les choses qu'on doit croire n'ayons point assez peu de foi pour douter, et dans les choses qu'il s'agit de comprendre n'ayons pas la témérité d'affirmer ; dans les premières il faut nous en tenir à l'autorité, et, dans les secondes il faut rechercher la vérité. Ainsi pour ce qui a rapport à la question qui nous occupe, croyons que le Père, le Fils et le Saint-Esprit ne font qu'un seul Dieu, auteur et modérateur de toute créature ; ne croyons point que le Père soit le Fils, ni que le Saint-Esprit soit le Fils ou le Père, mais croyons la trinité des personnes qui se rapportent l'une à l'autre et l'unité de substance égale. Mais cherchons à comprendre cela en demandant son secours à celui-là même que nous voulons comprendre, et désirons l'expliquer, autant que Dieu nous aura fait la grâce de le comprendre, avec un soin si grand et une piété si remplie de sollicitude, que s'il nous arrive de dire une chose pour une autre, nous ne disions pourtant rien d'indigne ; s'il nous arrive par exemple de dire, en parlant du Père, quelque chose qui ne convient point au Père, que cela convienne pourtant soit au Fils soit au Saint-Esprit, soit à la Trinité même ; de même s'il nous arrive de dire, en parlant du Fils, quelque chose qui ne convienne pas proprement au Fils, que cela convienne au moins au Père, au Saint-Esprit ou à la Trinité même ; et encore s'il nous arrive de dire, en parlant du Saint-Esprit, quelque chose qui ne convienne point proprement au Saint-Esprit, que cela du moins ne soit pas étranger au Père ni au Fils, ou du moins à l'unique Dieu qui n'est autre que la Trinité. Comme lorsque en ce moment nous désirons voir si la très-excellente charité dont nous parlons, est proprement le Saint-Esprit. Si elle ne l'est point, ou bien c'est le Père qui est charité, ou c'est le Fils, ou du moins c'est la Trinité même, car nous ne pouvons aller contre la foi la plus certaine, et à la très-forte autorité de l'Ecriture qui nous dit : « Dieu est charité. » (I *Jean*, IV, 16.) Toutefois nous ne devons jamais par une sacrilége erreur, nous éloigner de la vérité au point d'affirmer, en parlant de la Trinité, quelque chose qui ne convienne point au Créateur, mais qui conviendrait plutôt à la créature ou qui ne serait qu'une vaine fiction.

a fide. Certa enim fides utcumque inchoat cognitionem : cognitio vero certa non perficietur, nisi post hanc vitam, cum videbimus facie ad faciem. (I *Cor.*, XIII, 12.) Hoc ergo sapiamus, ut noverimus tutiorem esse affectum vera quærendi, quam incognita pro cognitis præsumendi. Sic ergo quæramus tanquam inventuri : et sic inveniemus, tanquam quæsituri. « Cum enim consummaverit homo, tunc incipit. » (*Eccli.*, XVIII, 6.) De credendis nulla infidelitate dubitemus, de intelligendis nulla temeritate affirmemus : in illis auctoritas tenenda est, in his veritas exquirenda. Quod ergo ad istam quæstionem attinet, credamus Patrem et Filium et Spiritum sanctum esse unum Deum, universæ creaturæ conditorem atque rectorem : nec Patrem esse Filium, nec Spiritum sanctum vel Patrem esse vel Filium : sed Trinitatem relatarum ad invicem personarum, et unitatem æqualis essentiæ. Hoc autem quæramus intelligere, ab eo ipso, quem intelligere volumus, auxilium precantes, et quantum tribuit quod intelligimus explicare tanta cura et sollicitudine pietatis cupientes, ut etiam si aliquid aliud pro alio dicimus, nihil tamen indignum dicamus. Ut si quid, verbi gratia, de Patre dicimus, quod Patri proprie non conveniat, aut Filio conveniat, aut Spiritui sancto, aut ipsi Trinitati : et si quid de Filio, quod Filio proprie non congruat, saltem congruat Patri, aut Spiritui sancto, aut Trinitati : item si quid de Spiritu sancto, quod proprietatem Spiritus sancti non deceat, non tamen alienum sit à Patre aut à Filio, aut ab uno Deo ipsa Trinitate. Veluti nunc cupimus videre utrum illa excellentissima caritas proprie Spiritus sanctus sit : quod si non est, aut Pater est caritas, aut Filius, aut ipsa Trinitas ; quoniam resistere non possumus certissimæ fidei, et validissimæ auctoritati Scripturæ dicentis : « Deus caritas est : » (I *Joan.*, IV, 16) non tamen debemus deviare sacrilego errore, ut aliquid de Trinitate dicamus quod non Creatori, sed creaturæ potius conveniat, aut inani cogitatione fingatur.

CHAPITRE II.

Il faut considérer trois choses dans la charité.

2. Puisqu'il en est ainsi, nous devons faire attention aux trois choses qu'il nous semble que nous avons trouvées. Nous ne parlons pas encore des choses d'en haut, du Dieu Père, Fils et Saint-Esprit, mais nous parlons de cette image inégale, sans doute, à son modèle, mais pourtant image, je veux dire, de l'homme ; car il est plus habituel et peut-être plus facile à la faiblesse de notre esprit de considérer cette image. Ainsi, dans moi-même qui fais en ce moment ces recherches, quand j'aime quelque chose, il y a trois choses, il y a moi, ce que j'aime et mon amour. Car je n'aime point l'amour et je n'aime point ce qui aime; en effet, il n'y a point d'amour là où il n'y a rien d'aimé. Il y a donc trois choses, l'aimant, l'aimé et l'amour. Mais si je n'aimais que moi, n'y en aurait-il plus que deux, ce que j'aime et mon amour? Car l'aimant et l'aimé ne font qu'un, quand on s'aime soi-même, de même que aimer et être aimé, sont une seule et même chose, quand on s'aime soi-même; en effet, c'est dire deux fois la même chose que de dire, il s'aime ou il est aimé par soi. Alors, en effet, aimer et être aimé ne font point deux choses différentes, de même que aimant et aimé ne font point deux personnes distinctes. Mais par la même raison l'amour et ce qui est aimé font deux, attendu que lorsqu'on s'aime soi-même, il n'y a amour que lorsque l'amour même est aimé. Or, autre chose est s'aimer soi-même, autre chose aimer son amour; car l'amour ne saurait être aimé que si déjà il aime quelque chose, puisque là où rien n'est aimé il n'y a point d'amour. Lors donc que quelqu'un s'aime, il y a deux choses, l'amour et ce qui est aimé; car en ce cas celui qui aime et celui qui est aimé ne font qu'un. Il ne semble pas conséquent de dire après cela, que partout où il y a amour, il y a trois choses. Laissons de côté, dans ces considérations, toutes les autres choses dont l'homme se compose, et pour trouver clairement, autant que cela est possible en ces matières, ce que nous cherchons maintenant, ne parlons que de l'âme. L'âme donc, quand elle s'aime, nous découvre deux choses, l'âme et son amour. Or, qu'est-ce que s'aimer sinon vouloir se posséder pour jouir de soi? Or, quand l'âme se désire elle-même autant qu'elle est, la volonté en elle est égale à elle, et l'amour est égal au sujet aimant. Si l'amour est une substance, ce n'est certainement pas un corps, mais un esprit; mais l'âme non plus n'est pas un corps, elle est un esprit. Or, l'amour et l'âme ne font point deux esprits, mais un seul et même esprit, ni deux essences, mais une seule et même essence, et pourtant ces deux choses, quelles

CAPUT II.
Consideranda tria illa quæ reperiuntur in caritate.

2. Quæ cum ita sint, attendamus ista tria, quæ invenisse nobis videmur. Nondum de supernis loquimur, nondum de Deo Patre et Filio et Spiritu sancto ; sed de hac impari imagine, attamen imagine, id est homine : familiarius enim eam et facilius fortassis intuetur mentis nostræ infirmitas. Ecce ego qui hoc quæro, cum aliquid amo tria sunt, ego, et quod amo, et ipse amor. Non enim amo amorem, nisi amantem amem : nam non est amor, ubi nihil amatur. Tria ergo sunt, amans, et quod amatur, et amor. Quid si non amem nisi me ipsum, nonne duo erunt, quod amo, et amor? Amans enim et quod amatur, hoc idem est, quando se ipse amat : sicut amare et amari, eodem modo idipsum est, cum se quisque amat. Eadem quippe res bis dicitur, cum dicitur, amat se, et amatur a se. Tunc enim non est aliud atque aliud, amare et amari; sicut non est alius atque alius, amans et amatus. At vero amor, et quod amatur, etiam sic duo sunt. Non enim cum quisque se amat amor est, nisi cum amatur ipse amor. Aliud est autem amare se, aliud est amare amorem suum. Non enim amatur amor, nisi jam aliquid amans : quia ubi nihil amatur, nullus est amor. Duo ergo sunt, cum se quisque amat, amor et quod amatur. Tunc enim amans et quod amatur unum est. Unde videtur non esse consequens, ut ubicumque amor fuerit, jam tria intelligantur. Auferamus enim ab hac consideratione cætera quæ multa sunt, quibus homo constat : atque ut hæc quæ nunc requirimus, quantum in his rebus possumus, liquido reperiamus, de sola mente tractemus. Mens igitur cum amat se ipsam, duo quædam ostendit, mentem et amorem. Quid est autem amare se, nisi sibi præsto esse velle ad fruendum se ? Et cum tantum se vult esse, quantum est, par menti voluntas est, et amanti amor æqualis. Et si aliqua substantia est amor, non est utique corpus, sed spiritus : nec mens corpus, sed spiritus est. Neque tamen amor et mens duo spiritus, sed unus spiritus ; nec

qu'elles soient, le sujet aimant et l'amour, n'en font qu'une, quand même on dirait que ce qui est aimé c'est l'amour. Or, ces deux choses se disent relativement l'une à l'autre. En effet, le sujet aimant se rapporte à l'amour et l'amour se rapporte au sujet aimant; car le sujet qui aime, n'aime que par l'effet d'un certain amour, et l'amour est le fait d'un sujet aimant. Mais pour ce qui est de l'âme et de l'esprit, ce n'est point d'une manière relative qu'ils se disent, mais ils indiquent une essence. Ce n'est pas, en effet, parce que l'âme et l'esprit se disent d'un homme que l'âme et l'esprit sont; ce qui le prouve, c'est que si on met de côté ce qui fait que l'âme ou l'esprit est un homme, nom qui désigne une âme unie à un corps, c'est-à-dire si on met de côté le corps, il reste encore l'âme et l'esprit; mais si on supprime le sujet aimant, il n'y a plus d'amour, et si on supprime l'amour il n'y a plus de sujet aimant. Ainsi en tant qu'ils se rapportent l'un à l'autre, ils font deux choses, mais en tant qu'ils sont affirmés en eux-mêmes, chacun d'eux est esprit, et tous les deux ensemble ne font qu'un esprit; chacun d'eux est âme, et tous les deux ensemble ne font qu'une seule et même âme. Où donc est la Trinité en ce cas? Appliquons-nous autant que nous le pouvons, invoquons la lumière éternelle et contemplons en nous, autant qu'il nous est permis de le faire, l'image de Dieu.

CHAPITRE III.

Image de la Trinité dans l'âme de l'homme qui se connaît et s'aime lui-même.

3. Or, l'âme ne saurait s'aimer elle-même si elle ne se connaît; en effet, comment aimer ce qu'on ignore? Ou bien, si on prétend que c'est par une notion spécifique ou générique que l'âme se croit telle qu'elle a éprouvé que sont les autres, et que c'est pour cela qu'elle s'aime elle-même, on avance la chose la plus sotte du monde. En effet, comment l'âme connaîtrait-elle une âme si elle ne se connaissait point elle-même? Car si l'œil du corps voit les autres yeux et ne se voit point lui-même, l'âme ne connaît point les autres âmes tant qu'elle s'ignore elle-même. En effet, c'est par les yeux du corps que nous voyons les corps, parce qu'ils touchent les rayons qui émanent d'eux, et tout ce que nous voyons. Mais nous ne pouvons les replier et les réfléchir sur eux-mêmes, que lorsque nous jetons les regards sur des miroirs. Mais cette digression est aussi subtile qu'obscure, tant qu'il n'est point démontré d'une manière bien évidente, que les choses se passent ou ne se passent point ainsi. Mais de quelque manière que se comporte la force par laquelle nous voyons au moyen des yeux, pour ce qui est de cette force même, qu'elle consiste en rayons ou que

---

essentiæ duæ, sed una : et tamen duo quædam unum sunt, amans et amor; sive sic dicas, quod amatur et amor. Et hæc quidem duo relative ad invicem dicuntur. Amans quippe ad amorem refertur, et amor ad amantem. Amans enim aliquo amore amat, et amor alicujus amantis est. Mens vero et spiritus non relative dicuntur, sed essentiam demonstrant. Non enim quia mens et spiritus alicujus hominis est, ideo mens et spiritus (a) est. Retracto enim eo quod homo est, quod adjuncto corpore dicitur; retracto ergo corpore, mens et spiritus manet : retracto autem amante, nullus est amor; et retracto amore, nullus est amans. Ideoque quantum ad invicem referuntur, duo sunt : quod autem ad se ipsa dicuntur, et singula spiritus, et simul utrumque unus spiritus; et singula mens, et simul utrumque una mens. Ubi ergo trinitas? Attendamus quantum possumus, et invocemus lucem sempiternam, ut illuminet tenebras nostras, et videamus in nobis quantum sinimur imaginem Dei.

(a) Sic Mss. At editi *et spiritus manet.*

CAPUT III.

Trinitatis imago in mente hominis noscentis se et amantis.

3. Mens enim amare se ipsam non potest, nisi etiam se noverit : nam quomodo amat quod nescit? Aut si quisquam dicit ex notitia generali vel speciali mentem credere se esse talem, quales alias experta est, et ideo amare se ipsam, insipientissime loquitur. Unde enim mens aliquam mentem novit, si se non novit? Neque enim ut oculus corporis videt alios oculos, et se non videt; ita mens novit alias mentes, et ignorat semetipsam. Per oculos enim corporis corpora videmus, quia radios qui per eos emicant et quidquid cernimus tangunt, refringere ac retorquere in ipsos non possumus, nisi cum specula intuemur. Quod subtilissime obscurissimeque disseritur, donec apertissime demonstretur, vel ita se rem habere, vel non ita. Sed quoquo modo se habeat vis, qua per oculos cernimus; ipsam certe vim,

ce soit autre chose, nous ne pouvons le voir par nos yeux; mais nous recherchons ce que c'est par l'âme, et c'est aussi par l'âme que nous le saisissons. De même donc que l'âme ne reçoit de notions des choses corporelles que par les sens du corps, ainsi n'en reçoit-elle des incorporelles que par elle-même. C'est donc aussi par elle-même qu'elle se connaît, puisqu'elle est un être incorporel ; car si elle ne se connaît point elle ne peut s'aimer.

CHAPITRE IV.

L'âme, son amour et sa connaissance d'elle-même font trois choses, mais trois choses égales, et ces trois choses n'en font qu'une.

4. Or, de même que dans l'âme qui s'aime, son amour et elle font deux choses, ainsi dans l'âme qui se connaît, l'âme et la connaissance qu'elle a d'elle-même font également deux choses ; d'où il suit que l'âme, son amour et sa connaissance font trois choses, ces trois choses ne font qu'un, et quand elles sont parfaites elles sont égales entre elles. En effet, si elle s'aime moins qu'elle est, par exemple si l'âme de l'homme ne s'aime que dans la mesure où elle devrait aimer son corps, comme elle est plus que son corps, elle pèche et son amour pour elle n'est point un amour parfait. De même si elle s'aime plus qu'elle n'est, par exemple si elle s'aime elle-même autant qu'on doit aimer Dieu, comme elle est incomparablement moins que Dieu, elle pèche encore, dans ce cas, et elle pèche excessivement, et l'amour qu'elle a pour elle n'est point parfait. Mais elle pèche avec une perversité et une iniquité bien plus grande, quand elle aime son corps autant qu'on doit aimer Dieu. De même la connaissance qu'elle a d'elle, si elle est moindre qu'elle qui est connue, et moindre qu'elle peut être, n'est point une connaissance parfaite ; mais si elle est trop grande, alors la nature qui connaît est plus grande en elle que la nature qui est connue; de même que la connaissance du corps est plus grande que le corps même qui est connu par cette connaissance. En effet, cette connaissance est une sorte de vie dans la raison de l'être qui connaît ; or, le corps n'est point une vie. Toute vie quelle qu'elle soit est plus grande que quelque corps que ce soit, non pas au point de vue de la masse, mais au point de vue de la force. Mais l'âme, quand elle se connaît, ne se surpasse point par sa connaissance, car si c'est elle qui connaît c'est elle aussi qui est connue. Lors donc qu'elle se connaît tout entière elle-même, et qu'elle ne connaît pas autre chose avec elle, la connaissance qu'elle a d'elle-même est égale à elle, attendu que cette connaissance n'est point d'une autre nature qu'elle, puisque c'est elle qu'elle connaît. Quand elle se perçoit tout entière, mais rien de plus avec elle, elle n'est ni plus grande ni plus petite qu'elle-même. C'est donc avec raison que nous avons dit que ces

sive sint radii, sive aliud aliquid, oculis cernere non valemus ; sed mente quærimus, et si fieri potest, etiam hoc mente comprehendimus. Mens ergo ipsa sicut corporearum rerum notitias per sensus corporis colligit, sic incorporearum per semetipsam. Ergo et semetipsam per se ipsam novit, quoniam est incorporea. Nam si non se novit, non se amat.

CAPUT IV.

Tria unum et æqualia, mens ipsa, et amor, et notitia ejus.

4. Sicut autem duo quædam sunt, mens et amor ejus, cum se amat : ita quædam duo sunt, mens et notitia ejus, cum se novit. Igitur ipsa mens et amor et notitia ejus, tria quædam sunt, et hæc tria unum sunt : et cum perfecta sunt, æqualia sunt. Si enim minus se amat quam est, ut verbi gratia, tantum se amet hominis mens, quantum amandum est corpus hominis, cum plus sit ipsa quam corpus ; peccat, et non est perfectus amor ejus. Item si amplius se amat quam est, velut si tantum se amet, quantum amandus est Deus, cum incomparabiliter minus sit ipsa quam Deus ; etiam sic nimium peccat, et non perfectum habet amorem sui. Majore autem perversitate et iniquitate peccat, cum corpus tantum amat, quantum amandus est Deus. Item notitia si minor est, quam est illud quod noscitur, et plene nosci potest, perfecta non est. Si autem major est, jam superior est natura quæ novit, quam illa quæ nota est : sicut major est notitia corporis, quam ipsum corpus quod ea notitia notum est. Illa enim vita quædam est in ratione cognoscentis : corpus autem non est vita. Et vita quælibet quolibet corpore major est, non mole, sed vi. Mens vero cum se ipsam cognoscit, non se superat notitia sua ; quia ipsa cognoscit, ipsa cognoscitur. Cum ergo se totam cognoscit, neque secum quidquam aliud, par illi est cognitio sua : quia neque ex alia natura est ejus cognitio cum se ipsam cognoscit. Et cum se totam

trois choses si elles sont parfaites, sont par cela même égales.

5. Tout cela nous avertit aussi, si nous pouvons le voir d'une manière ou d'une autre, que ces choses existent dans l'âme, qu'elles y sont comme enveloppées, et se développent pour être senties et comptées substantiellement, ou, pour me servir de ce mot, essentiellement, non point comme dans un sujet, ainsi que cela arrive pour la couleur ou la figure, dans un corps ou pour toute autre qualité ou quantité, car tout ce qui est tel n'excède point le sujet dans lequel il se trouve. En effet, la couleur ou la figure de tel corps ne peuvent être la couleur et la figure de tel autre corps. Au contraire l'âme peut de l'amour dont elle s'aime aimer autre chose qu'elle. De même l'âme ne se connaît pas seulement, mais elle connaît beaucoup d'autres choses encore. Par conséquent l'amour et la connaissance ne sont point dans l'âme comme dans un sujet, mais ils y existent substantiellement comme l'âme elle-même ; car bien qu'ils se disent relativement l'un à l'autre, cependant ils sont, chacun en soi, une substance. Il n'en est point comme de la couleur et du coloré qui se disent l'un par rapport à l'autre, de telle sorte que la couleur est dans le sujet coloré sans avoir en soi une substance propre, car si le corps coloré est une substance, la couleur elle-même n'en est pas une. Il en est de même de deux amis ; ce sont en même temps deux hommes, c'est-à-dire deux substances, mais si en tant qu'hommes ils ne sont point appelés ainsi l'un par rapport à l'autre, en tant qu'amis c'est relativement l'un à l'autre qu'ils sont appelés amis.

6. Et de même quoique la substance soit aimant ou sachant, que la science soit substance et que l'amour soit substance, et que ces mots aimant et amour, ou science et sachant soient employés d'une manière relative, comme le mot amis, tandis que les mots âme ou esprit n'expriment rien de relatif, de même que le mot hommes n'exprime non plus rien de relatif, il ne s'ensuit pas cependant que de même que hommes et amis peuvent être pris séparément l'un de l'autre, il en soit ainsi des mots aimant et amour, ou des mots sachant et science. Car outre que les amis semblent pouvoir être séparés de corps, sinon de cœur, en tant qu'ils sont amis, cependant il peut se faire qu'un ami commence même à haïr son ami et, par le fait, cesse d'être ami, à l'insu de l'autre et même tandis que l'autre demeure encore ami ; tandis que si l'amour dont l'âme s'aime vient à cesser, en même temps l'âme elle-même cessera aussi d'être aimante. Il en est de même de la science par laquelle l'âme se connaît, si elle cesse d'être, en même temps l'âme cessera de se connaître ; de même de la tête d'un homme qui a encore sa tête est sa tête, et que tête et homme se disent en ce cas d'une manière relative l'un à l'autre, quoique ces mots expriment des substances, car

nihilque amplius percipit, nec minor nec major est. Recte igitur diximus, hæc tria cum perfecta sunt, esse consequenter æqualia.

5. Simul etiam admonemur, si utcumque videre possumus, hæc in anima existere, et tanquam involuta evolvi ut sentiantur et dinumerentur substantialiter, vel, ut ita dicam, essentialiter, non tanquam in subjecto, ut color, aut figura in corpore, aut ulla alia qualitas aut quantitas. Quidquid enim tale est, non excedit subjectum in quo est. Non enim color iste aut figura hujus corporis potest esse et alterius corporis. Mens autem amore quo se amat, potest amare et aliud præter se. Item non se solum cognoscit mens, sed et alia multa. Quamobrem non amor et cognitio tanquam in subjecto insunt menti ; sed substantialiter etiam ista sunt, sicut ipsa mens : quia etsi relative dicuntur ad invicem, in sua tamen sunt singula quæque substantia. Nec sicut color et coloratum relative ita dicuntur ad invicem, ut color in subjecto colorato sit, non habens in se ipso propriam substantiam ; quoniam coloratum corpus substantia est, ille autem in substantia : sed sicut duo amici etiam duo sunt homines, quæ sunt substantiæ ; cum homines non relative dicantur, amici autem relative.

6. Sed item quamvis substantia sit amans vel sciens, substantia sit scientia, substantia sit amor, sed amans et amor, aut sciens et scientia relative ad se dicantur, sicut amici ; mens vero aut spiritus non sint relativa, sicut nec homines relativa sunt : non tamen sicut amici homines possunt seorsum esse ab invicem, sic amans et amor, aut sciens et scientia. Quanquam et amici corpore videntur separari posse, non animo, in quantum amici sunt : verumtamen fieri potest, ut amicus amicum etiam odisse incipiat, et eo ipso amicus esse desinat, nesciente illo, et adhuc amante. Amor autem quo se mens amat, si esse desinat, simul et illa desinet esse amans. Item notitia qua se mens novit, si esse desinat, simul et illa nosse se desinet. Sicut caput capitati alicujus

la tête est un corps ainsi qu'un homme qui a sa tête, et si la tête disparaît il n'y a plus d'homme ayant sa tête. Ainsi ces substances peuvent être séparées l'une de l'autre par amputation tandis que les autres ne le peuvent point.

7. S'il y a des corps qui ne peuvent se séparer ni par amputation ni par division, cependant s'ils n'étaient point composés de leurs parties, ils ne seraient point des corps. La partie se dit donc relativement au tout, mais le tout n'est le tout que par la réunion de toutes ses parties. Mais comme le corps est en même temps une partie et un tout, ces parties du corps non-seulement se disent d'une manière relative mais elles se disent encore d'une manière substantielle. Peut-être donc l'âme est-elle un tout, et l'amour dont elle s'aime, la science dont elle se connaît sont-elles en quelque sorte des parties de ce tout qui ne serait un tout qu'avec ces deux parties, ou bien y a-t-il trois parties dont le tout se compose? Mais il n'y a point de partie qui embrasse le tout dont elle est partie : or, quand l'âme se connaît tout entière, elle se connaît parfaitement, et la connaissance qu'elle a d'elle-même se trouve dans le tout d'elle. Et lorsqu'elle s'aime parfaitement, elle s'aime tout entière, et son amour d'elle-même se trouve aussi dans le tout d'elle. Est-ce qu'on doit penser que l'âme, son amour et sa science font un tout de trois choses ensemble, comme un mélange d'eau, de vin et de miel ne fait qu'un seul et même breuvage, un seul tout, de chacun des trois, et cependant trois choses, puisqu'il n'y a point une goutte de ce breuvage qui ne renferme les trois choses, car ces parties ne sont point jointes seulement comme le seraient de l'eau et de l'huile, mais sont intimement mêlées entre elles; les trois choses du mélange sont bien trois substances et le mélange même des trois n'est qu'une substance? Mais l'eau, le vin et le miel ne font pas une seule et même substance, bien que du mélange de ces trois choses résulte l'unique substance du breuvage. Comment ces trois choses ne font-elles pas une seule et même substance, c'est ce que je ne vois point, tandis que l'âme s'aime elle-même et se connaît elle-même, et que ces trois choses, l'âme, la connaissance et son amour sont telles que ce n'est point de l'une quelconque des deux autres que l'âme soit ou aimée ou connue. Si elles étaient confondues toutes les trois ensemble par suite d'une sorte de mélange, elles ne feraient point trois, et elles ne pourraient point se rapporter l'une à l'autre. De même que si d'un seul et même morceau d'or, on fait trois anneaux semblables, bien que liés entre eux, ils se rapportent l'un à l'autre parce qu'ils sont semblables, car tout semblable est semblable à quelque chose ; il y a trinité d'an-

---

utique caput est, et relative ad se dicuntur, quamvis etiam substantiæ sint : nam et caput corpus est, et capitatum ; et si non sit (a) caput, nec capitatum erit. Sed hæc præcisione ab invicem separari possunt, illa non possunt.

7. Quod si sunt aliqua corpora, quæ secari omnino et dividi nequeunt : tamen nisi partibus suis constarent, corpora non essent. Pars ergo ad totum relative dicitur ; quia omnis pars alicujus totius pars est, et totum omnibus partibus totum est. Sed quoniam et pars corpus est, et totum ; non tantum ista relative dicuntur, sed etiam substantialiter sunt. Fortassis ergo mens totum est, et ejus quasi partes amor quo se amat, et scientia qua se novit, quibus duabus partibus illud totum constat ? An tres sunt æquales partes, quibus totum unum completur ? Sed nulla pars totum, cujus pars est, complectitur : mens vero cum se totam novit, hoc est perfecte novit, per totum ejus est notitia ejus ; et cum se perfecte amat ; totam se amat, et per totum ejus est amor ejus. Num ergo sicut ex vino et aqua et melle una fit potio, et singula per totum sunt, et tamen tria sunt : (nulla enim pars est potionis, quæ non habeat hæc tria ; non enim juncta, velut si aqua et oleum essent, sed omnino commixta sunt ; et substantiæ sunt omnes, et totus ille liquor una quædam est ex tribus confecta substantia :) tale aliquid arbitrandum est esse simul hæc tria, mentem, amorem, notitiam ? Sed non unius substantiæ sunt, aqua, vinum, et mel, quamvis ex eorum commixtione fiat una substantia potionis. Quomodo autem illa tria non sint ejusdem substantiæ, non video ; cum mens ipsa se amet, atque ipsa se noverit ; atque ita sint hæc tria, ut non alteri alicui rerum mens vel amata vel nota sit. Unius ergo ejusdemque essentiæ necesse est hæc tria sint : et ideo si tanquam commixtione confusa essent, nullo modo essent tria, nec referri ad invicem possent. Quemadmodum si ex uno eodemque auro tres annulos similes facias, quamvis connexos sibi, referuntur ad invicem, quod similes sunt ; omnis enim similis alicui similis est ; et trinitas annulorum est, et unum aurum : at si mis-

(a) Editi *et si non sit corpus*. At Mss. *caput*.

neaux et unité d'or. Mais si on les mêle ensemble et que chacun des trois se trouve confondu dans sa masse d'or, cette trinité disparaît, il n'en subsiste plus rien, et non-seulement il ne sera plus question que d'un seul morceau d'or, comme il en était question dans les trois anneaux ensemble, mais il n'y aura plus trois choses d'or.

CHAPITRE V.

Chacune des trois choses, l'âme, sa connaissance et son amour, est une en soi, et cependant chacune des trois est tout entière dans toutes les trois.

8. Mais dans ces trois choses, quand l'âme se connaît et s'aime, on trouve une trinité, l'âme, l'amour et la connaissance, sans aucun mélange, sans aucune confusion, bien que chacune des trois soit une en soi, et, par rapport aux autres, se trouve tout entière dans toutes les trois, ou chacune dans les deux autres, ou les deux autres dans chacune. Ainsi toutes sont dans toutes. En effet, l'âme est en elle-même, attendu que c'est en elle-même qu'elle est appelée âme, bien que ce soit par rapport à sa connaissance qu'elle soit dite connaissant, connue ou cognoscible ; de même c'est par rapport à l'amour dont elle s'aime qu'elle est dite aimant, aimée ou aimable. Quant à la connaissance, bien qu'elle se rapporte à l'âme qui connaît ou qui est connue, cependant c'est par rapport à elle-même qu'elle est dite connaissant ou connue, attendu que la connaissance par laquelle l'âme se connaît n'est point inconnue à elle-même. Pour ce qui est de l'amour, bien qu'il se rapporte à l'âme aimant dont il est l'amour, cependant cet amour, par rapport à lui-même, subsiste aussi en lui-même, attendu que l'amour aussi est aimé, et il ne l'est que par l'amour, c'est-à-dire par lui-même. Ainsi chacune des trois est tout entier en soi ; mais chacun d'eux aussi est dans les autres, attendu que l'âme aimant est dans l'amour, et l'amour est dans la connaissance de l'âme aimant et la connaissance dans l'âme connaissant. Chacune des trois se trouve ainsi dans les deux autres deux à deux, car l'âme qui se connaît et s'aime est dans son amour et dans sa connaissance, l'amour de l'âme qui s'aime et se connaît est dans l'âme et dans sa connaissance, et la connaissance de l'âme qui se connaît et s'aime est dans l'âme et dans l'amour, attendu que c'est elle connaissant qu'elle aime, et elle aimant qu'elle connaît. Et par ce moyen-là, ces choses se trouvent deux à deux dans chacune d'elles, puisque l'âme qui se connaît et s'aime, est dans son amour avec sa connaissance et dans sa connaissance avec son amour. L'amour aussi lui-même et la connaissance sont ensemble dans l'âme qui s'aime et se connaît. Nous avons déjà montré plus haut comment ces trois choses sont tout entières dans les trois, puisque c'est elle-même tout entière que l'âme aime, elle tout

---

ceantur sibi, et per totam singuli massam suam conspergantur, intercidet illa trinitas, et omnino non erit ; ac non solum unum aurum dicetur, sicut in illis tribus annulis dicebatur, sed jam nulla aurea tria.

CAPUT V.

Ea tria esse singula in se ipsis, et invicem tota in totis.

8. At in illis tribus, cum se novit mens et amat se, manet trinitas, mens, amor, notitia ; et nulla commixtione confunditur : quamvis et singula sint in semetipsis, et invicem tota in totis, sive singula in binis, sive bina in singulis. Itaque omnia in omnibus. Nam et mens est utique in se ipsa, quoniam ad se ipsam mens dicitur : quamvis noscens, vel nota, vel noscibilis ad suam notitiam relative dicatur ; amans quoque et amata vel amabilis ad amorem referatur, quo se amat. Et notitia quamvis referatur ad mentem cognoscentem vel cognitam, tamen et ad se ipsam nota et noscens dicitur : non enim sibi est incognita notitia, qua se mens ipsa cognoscit. Et amor quamvis referatur ad mentem amantem, cujus amor est, tamen et ad se ipsum est amor, ut sit etiam in se ipso : quia et amor amatur, nec alio nisi amore amari potest, id est se ipso. Ita sunt hæc singula in se ipsis. In alternis autem ita sunt, quia et mens amans in amore est, et amor in amantis notitia, et notitia in mente noscente. Singula in binis ita sunt, quia mens quæ se novit et amat, in amore et notitia sua est ; et amor amantis mentis seseque scientis, in mente notitiaque ejus est ; et notitia mentis se scientis et amantis in mente atque in amore ejus est, quia scientem se amat, et amantem se novit. Ac per hoc et bina in singulis, quia mens quæ novit et amat, cum sua notitia est in amore, et cum suo amore in notitia : amor *(a)* quoque ipse et notitia simul sunt in mente, quæ se amat et novit. Tota vero in totis quemadmodum sint, jam supra ostendimus, cum se totam mens amat, et totam

(a) Editi *amor quippe.* Concinnius Mss. *amor quoque.*

entière qu'elle connaît, que c'est son amour tout entier qu'elle connaît et que c'est sa connaissance tout entière qu'elle aime, quand ces trois choses sont parfaites les unes par rapport aux autres. Aussi est-ce d'une manière admirable que ces trois choses sont inséparables les unes des autres, bien que pourtant chacune des trois, prise à part, soit une substance, et que toutes les trois prises ensemble soient une substance ou une essence puisqu'elles sont dites toutes les trois relativement l'une aux autres.

CHAPITRE VI.

Autre est la connaissance d'une chose dans cette chose même, autre est-elle dans la vérité éternelle elle-même.

9. Mais quand l'âme humaine se connaît et s'aime elle-même, elle ne connaît et n'aime point quelque chose d'immuable; en effet, tout homme en étudiant ce qui se passe en lui-même énonce autrement son âme que lorsqu'il définit l'âme humaine d'après une idée spécifique ou générique. Aussi quand un homme me parle de son âme et me dit qu'il comprend ceci ou cela, ou qu'il ne le comprend pas, qu'il veut ou ne veut point ceci ou cela, je le crois; mais quand il me dit une vérité sur l'âme humaine au point de vue spécifique ou au point de vue générique, je reconnais que c'est vrai et je l'approuve. D'où il résulte manifestement que chacun voit en soi certaines choses touchant lesquelles un autre homme le croira sur parole bien qu'il ne le voie point cependant, et voit dans la vérité même certaines autres choses qu'un autre peut voir aussi bien que lui; or, les premières changent selon les temps et les secondes sont établies dans une immuable éternité. Or, ce n'est pas pour avoir vu beaucoup d'âmes des yeux du corps, que nous recueillons par voie de similitude une notion générique ou spécifique de l'âme humaine; mais nous voyons l'inviolable vérité avec laquelle nous définissons parfaitement autant que nous le pouvons, non pas en quel état se trouve l'âme de chaque homme en particulier, mais ce qu'elle doit être pour les raisons éternelles.

10. De là vient que pour les conceptions des choses corporelles que nous devons aux sens du corps et qui se trouvent en quelque sorte infuses dans notre mémoire, et à l'aide desquelles nous créons par l'effet de l'imagination des choses que nous n'avons point vues, soit autrement qu'elles ne sont, soit, par hasard, telles qu'elles sont effectivement; c'est par des règles tout à fait autres et placées d'une manière immuable au-dessus de notre âme que nous les approuvons en nous-mêmes ou que nous les désapprouvons, quand il nous arrive d'approuver ou de désapprouver justement quelque chose. Ainsi, quand je me rappelle les murailles de Carthage que j'ai

---

novit, et totum amorem suum novit, totamque amat notitiam suam, quando tria ista ad se ipsa perfecta sunt. Miro itaque modo tria ista inseparabilia sunt a semetipsis, et tamen eorum singulum quodque substantia est, et simul omnia una substantia vel essentia, cum relative dicantur ad invicem.

CAPUT VI.
Alia notitia rei in ipsa re, alia in ipsa æterna veritate.

9. Sed cum se ipsam novit humana mens, et amat se ipsam, non aliquid incommutabile novit et amat : aliterque unusquisque homo loquendo enuntiat mentem suam, quid in se ipso agatur attendens; aliter autem humanam mentem speciali aut generali cognitione definit. Itaque cum mihi de sua propria loquitur, utrum intelligat hoc aut illud, an non intelligat, et utrum velit, an nolit hoc aut illud, credo : cum vero de humana specialiter aut generaliter verum dicit, agnosco et approbo. Unde manifestum est, aliud unumquemque videre in se, quod sibi alius dicenti credat, non tamen videat : aliud autem in ipsa veritate, quod alius quoque possit intueri : quorum alterum mutari per tempora, alterum incommutabili æternitate consistere. Neque enim oculis corporeis multas mentes videndo, per similitudinem colligimus generalem vel specialem mentis humanæ notitiam : sed intuemur inviolabilem veritatem, ex qua perfecte, quantum possumus, definiamus, non qualis sit uniuscujusque hominis mens, sed qualis esse sempiternis rationibus debeat.

10. Unde etiam phantasias rerum corporalium per corporis sensum haustas, et quodam modo infusas memoriæ, ex quibus etiam ea quæ non visa sunt, ficto phantasmate cogitantur, sive aliter quam sunt, sive fortuitu sicuti sunt, aliis omnino regulis supra mentem nostram incommutabiliter manentibus, vel approbare apud nosmetipsos, vel improbare convincimur, cum recte aliquid approbamus aut improbamus. Nam et cum recolo Carthaginis mœnia quæ

vues, et quand je m'imagine celles d'Alexandrie que je n'ai point vues, et que préférant ces formes imaginaires à d'autres formes, je le fais d'une manière raisonnable, j'agis sous l'empire et les lumières d'un jugement supérieur de la vérité solidement établi sur les règles tout à fait incorruptibles qui lui sont propres; et s'il arrive que ce jugement soit comme voilé par le nuage, si je puis parler ainsi, des images corporelles, cependant il n'en est ni entouré complétement ni troublé.

11. Mais il y a une différence pour moi à me trouver comme séparé d'un ciel pur par l'interposition de tel ou tel nuage obscur, ou, comme il arrive sur les très-hautes montagnes, quand on jouit entre la terre et le ciel, d'un air pur, de voir au-dessus de sa tête la lumière la plus pure et sous ses pieds les nuées les plus sombres. Or, qu'est-ce qui allume au dedans de moi les flammes de l'amour fraternel, quand j'entends parler d'un homme qui a enduré, pour la beauté et la fermeté de la foi, des tourments cruels? Si on me le désigne du doigt, j'éprouve le besoin de me rapprocher de lui, de faire sa connaissance, de me lier à lui d'amitié. Aussi si l'occasion m'en est donnée, je m'approche de lui, je lui adresse la parole, je lie conversation avec lui, je lui exprime mes sentiments à son égard par toutes les paroles possibles, et je désire qu'il éprouve à son tour pour moi et me témoigne les mêmes sentiments; je vais, par la foi, car je ne puis en si peu de temps découvrir et scruter son intérieur, jusqu'à l'embrasser en esprit. J'éprouve donc pour cet homme fidèle et fort un amour chaste et fraternel. Mais si au milieu de notre entretien il m'avoue, ou me laisse voir de quelque manière que ce soit, sans s'en douter, qu'il croit de Dieu des choses qui ne conviennent point, que même il espère trouver en lui quelque chose de charnel, et que c'est pour cette erreur qu'il a enduré ce qu'il a souffert, ou même que c'est dans le désir et l'espérance d'obtenir de l'argent, ou par un vain amour de la gloire humaine, aussitôt l'amour dont je me sentais porté pour lui s'offense, se replie en quelque sorte, se détache de cet homme indigne de lui, mais demeure attaché à la forme à laquelle je l'avais cru conforme et qui me l'avait fait aimer. Si je l'aime encore, par hasard, ce ne peut être que pour qu'il devienne tel que je l'avais cru, quand j'ai découvert qu'il n'en était rien. Or, dans cet homme il n'y a rien de changé, mais pourtant il peut changer pour devenir tel que j'avais pensé qu'il était. Mais ce qui a changé, c'est dans mon âme, l'estime que je faisais de lui, et qui est maintenant autre qu'elle n'était auparavant, et mon amour est le même; mais, par l'ordre de la justice immuable d'en haut, il

---

vidi, et cum fingo Alexandriæ (*subaudi*, mœnia) quæ non vidi, easdemque imaginarias formas quasdam quibusdam præferens, rationabiliter præfero, viget et claret de super judicium veritatis, ex sui juris incorruptissimis regulis firmum est: et si corporalium imaginum quasi quodam nubilo subtexitur, non tamen involvitur atque confunditur.

11. Sed interest utrum ego sub illa vel in illa caligine, tanquam a cœlo perspicuo secludar; an sicut in altissimis montibus accidere solet, inter utrumque aere libero fruens, et serenissimam lucem supra, et densissimas nebulas subter aspiciam. Nam unde in me fraterni amoris inflammatur ardor, cum audio virum aliquem pro fidei pulchritudine et firmitate acria tormenta tolerasse? Et si mihi digito ostendatur ipse homo, studeo mihi conjungere, notum facere, amicitia colligare. Itaque si facultas datur, accedo, alloquor, sermonem confero, affectum meum in illum quibus verbis possum exprimo, vicissimque in eo fieri quem in me habeat atque exprimi volo, spiritalemque complexum credendo molior, quia pervestigare tam cito et cernere penitus ejus interiora non possum. Amo itaque fidelem et fortem virum amore casto atque germano. Quod si mihi inter nostras loquelas fateatur, aut (*a*) incautus aliquo modo sese indicet, quod vel de Deo credat incongrua, atque in illo quoque carnale aliquid desideret, et pro tali errore illa pertulerit, vel speratæ pecuniæ cupiditate, vel inani aviditate laudis humanæ; statim amor ille, quo in eum ferebar, offensus, et quasi repercussus, atque ab indigno homine ablatus, (*b*) in ea forma permanet, ex qua eum talis credens amaveram. Nisi forte ad hoc amo jam, ut talis sit, cum talem non esse compererim. At in illo homine nihil mutatum est: mutari tamen potest, ut fiat quod cum jam esse credideram. In mente autem mea mutata est utique ipsa existimatio, quæ de illo aliter se habebat, et aliter habet: idemque amor ab intentione perfruendi ad intentionem consulendi, incommutabili de super justitia jubente deflexus

---

(*a*) Apud Lov. *incautius*. — (*b*) Editi *non in ea forma permanet*, addita contra mentem Augustini particula negante, qua nostri omnes carebant Mss.

s'est détourné du désir de jouir de cet homme, pour se porter vers la pensée de lui donner des conseils. Mais quant à la forme même de la vérité stable et immuable dans laquelle je voulais jouir d'un homme que je croyais bon, et dans laquelle je lui conseille de le devenir, elle éclaire de la même lumière de l'incorruptible et très-pure raison le regard de mon âme, et de l'imperturbable éternité les nuages épais de ma conception que je vois d'en haut, quand je songe à ce même homme que j'avais cru. De même quand je me représente dans mon esprit un arc admirablement tourné que j'ai vu à Carthage, par exemple, cet objet annoncé à l'âme par les yeux, et déposé dans la mémoire, produit une vue imaginaire. Mais je vois, par les yeux de l'âme, autre chose qui fait que cet objet me plaît et d'après quoi je le corrigerais s'il ne me plaisait point. Ainsi c'est d'après cette forme de l'éternelle vérité que nous jugeons des objets, et c'est elle que nous percevons des regards de l'âme raisonnable. Mais pour ce qui est de ces objets mêmes, ou bien ils sont présents et nous les touchons de nos sens corporels, ou ils sont absents et nous en retrouvons les images fixées dans notre mémoire, ou bien enfin nous en imaginons de pareils par voie de ressemblance à l'aide de ces images, et nous les faisons tels que nous les construirions nous-mêmes si nous le voulions et que nous le pussions. C'est tout différent de nous figurer en esprit les images des corps, ou de voir les corps par le moyen du corps et de saisir par la simple intelligence la raison et l'art ineffablement beaux de ces mêmes figures, art et raison placés bien au-dessus de la portée de vue de notre âme.

CHAPITRE VII.

Nous concevons et nous enfantons un verbe intérieur à la vue des choses dans l'éternelle vérité.

12. C'est donc dans l'éternelle vérité de qui tout a été fait, que nous voyons de l'œil de l'âme la forme selon laquelle nous sommes et d'après laquelle nous faisons tout ce que nous faisons en nous ou dans les corps avec la droite et vraie raison ; conservant ainsi une notion vraie des choses, nous avons une sorte de verbe au dedans de nous, et en le prononçant intérieurement nous l'enfantons, mais il ne s'éloigne pas de nous en naissant. Lorsque nous parlons à d'autres, nous mettons au service du verbe qui demeure en nous le ministère de notre voix ou de quelque signe corporel, afin de produire, dans l'esprit de l'auditeur, par une sorte de commémoration sensible, quelque chose de tout pareil à ce qui ne s'éloigne point de notre esprit quand nous parlons. Nous ne faisons donc rien,

---

est. Ipsa vero forma inconcussæ ac stabilis veritatis, et in qua fruerer homine bonum eum credens, et in qua consulo ut bonus sit, eadem luce incorruptibilis sincerissimæque rationis et meæ mentis aspectum, et illam phantasiæ nubem, quam de super cerno, cum eumdem hominem quem videram cogito, imperturbabili (a) æternitate perfundit. Item cum arcum pulchre ac æquabiliter intortum, quem vidi, verbi gratia, Carthagine, animo revolvo, res quædam menti nuntiata per oculos, memoriæque transfusa, imaginarium conspectum facit. Sed aliud mente conspicio, secundum quod mihi opus illud placet ; unde etiam, si displiceret, corrigerem. Itaque de istis secundum illam (*subaudi* formam æternæ veritatis) judicamus, et illam cernimus rationalis mentis intuitu. Ista vero aut præsentia sensu corporis tangimus, aut imagines absentium fixas in memoria recordamur, aut ex earum similitudine talia fingimus, qualia nos ipsi, si vellemus atque possemus, etiam opere moliremur : aliter figurantes animo imagines corporum, aut per corpus corpora videntes ; aliter autem rationes artemque ineffabiliter pulchram talium figurarum super aciem mentis simplici intelligentia capientes.

CAPUT VII.

Verbum intus ex rebus in æterna veritate conspectis concipimus et gignimus.

12. In illa igitur æterna veritate, ex qua temporalia facta sunt omnia, formam secundum quam sumus, et secundum quam vel in nobis vel in corporibus vera et recta ratione aliquid operamur, visu mentis aspicimus : atque inde conceptam rerum veracem notitiam, tanquam verbum apud nos habemus, et dicendo intus gignimus : nec a nobis nascendo discedit. Cum autem ad alios loquimur, verbo intus manenti ministerium vocis adhibemus, aut alicujus signi corporalis, ut per quamdam commemorationem sensibilem tale aliquid fiat etiam in animo audientis, quale de loquentis animo non recedit. Nihil itaque agimus per membra corporis in factis

---

(*a*) Sic Am. et Mss. magno consensu: At Er. et Lov. *æquitate perfundit.*

par les membres de notre corps, dans les paroles et dans les actes, par lesquels nous approuvons ou désapprouvons les mœurs des hommes que nous ne devancions par notre verbe intérieur; car il n'est personne qui, agissant avec volonté, fasse quelque chose que ce soit, qu'il ne l'ait parlée auparavant dans son cœur.

13. Or, ce verbe est conçu par l'amour soit du Créateur soit de la créature, je veux dire de l'immuable vérité ou de la changeante nature.

de nos frères, mais dans le Seigneur, et n'ayons point l'audace de nous détacher de lui pour nous renvoyer à nous-même, et de nous relâcher en quelque sorte pour descendre. Quant au verbe, il naît quand une fois pensé il nous plaît soit pour pécher soit pour bien faire. Il y a donc une sorte d'amour mitoyen qui unit notre verbe et notre âme d'où il naît, et qui se lie lui-même avec eux sans aucune confusion, lui troisième, dans un embrassement incorporel.

CHAPITRE VIII.

En quoi la cupidité et la charité diffèrent.

Il est donc conçu ou par la cupidité ou par la charité; ce n'est point à dire qu'on ne doive point aimer la créature; mais si l'amour dont on l'aime est rapporté au Créateur, ce n'est plus de la cupidité, c'est de la charité; car il n'y a cupidité que lorsqu'on aime la créature pour elle-même. Alors elle n'aide point celui qui se sert d'elle, mais elle le corrompt par la jouissance. Puis donc que la créature est ou égale ou inférieure à nous, si elle est inférieure nous devons nous en servir pour aller à Dieu, si elle est égale à nous, nous devons en jouir, mais seulement en Dieu. Car de même que vous ne devez point jouir même de vous en vous, mais en Dieu, ainsi en est-il de celui que vous aimez comme vous-même. Jouissons donc de nous et

CHAPITRE IX.

Dans l'amour des choses spirituelles, le verbe naît là où il est conçu, ce qui n'a point lieu dans l'amour des choses charnelles.

14. Or, pour le verbe, être conçu et naître, c'est une seule et même chose, puisque la volonté se repose dans la notion même; c'est ce qui a lieu dans l'amour des choses spirituelles. En effet, quiconque connaît parfaitement et aime parfaitement la justice est déjà juste, quand bien même il n'y aurait pour lui aucune nécessité d'agir au dehors d'après cette justice, par les membres du corps. Au contraire, dans l'amour des choses charnelles et temporelles, de même que dans les produits des accouplements d'animaux, autre chose est la conception du verbe, autre chose son enfantement. En effet, dans cet ordre de choses, ce qui se conçoit par la concupiscence naît par l'acquisition, parce

dictisque nostris, quibus vel approbantur vel improbantur mores hominum, quod non verbo apud nos intus edito prævenimus. Nemo enim volens aliquid facit, quod non in corde suo prius dixerit.

13. Quod verbum amore concipitur, sive creaturæ, sive Creatoris, id est, aut naturæ mutabilis, aut incommutabilis veritatis.

fratribus in Domino fruamur, et inde nos nec ad nosmetipsos remittere, et quasi relaxare deorsum versus audeamus. Nascitur autem verbum, cum excogitatum placet, aut ad peccandum, aut ad recte faciendum. Verbum ergo nostrum et mentem de qua gignitur, quasi medius amor conjungit, seque cum eis tertium complexu incorporeo, sine ulla confusione constringit.

CAPUT VIII.

Cupiditas et caritas quo differunt.

Ergo aut cupiditate, aut caritate : non quo non sit amanda creatura; sed si ad Creatorem refertur ille amor, non jam cupiditas, sed caritas erit. Tunc enim est cupiditas, cum propter se amatur creatura. Tunc non utentem adjuvat, sed corrumpit fruentem. Cum ergo aut par nobis, aut inferior creatura sit, inferiore utendum est ad Deum, pari autem fruendum, sed in Deo. Sicut enim te ipso, non in te ipso frui debes, sed in eo qui fecit te; sic etiam illo quem diligis tanquam te ipsum. Et nobis ergo et

CAPUT IX.

In amore spiritalium verbum natum idem quod conceptum : secus in amore carnalium.

14. Conceptum autem verbum et natum idipsum est, cum voluntas in ipsa notitia conquiescit, quod fit in amore spiritalium. Qui enim, verbi gratia, perfecte novit, perfecteque amat justitiam, jam justus est, etiam si nulla exsistat secundum eam forinsecus per membra corporis operandi necessitas. In amore autem carnalium temporaliumque rerum, sicut in ipsis animalium fetibus, alius est conceptus verbi, alius partus. Illic enim quod cupiendo conci-

qu'il ne suffit point à l'avarice de connaître et d'aimer l'or, si elle ne le possède; de même qu'il ne suffit point de savoir, d'aimer se nourrir ou avoir des rapports avec un autre sexe si on ne le fait point; non plus que de connaître et d'aimer les honneurs et les empires s'ils ne viennent point. Mais toutes ces choses, même quand on les possède, ne suffisent point encore. Il est dit : « Quiconque boira de cette eau aura encore soif, » (Jean, IV, 13) et, dans un psaume : « Il a conçu la douleur et il a enfanté l'iniquité. » (Ps. VII, 15.) Le Psalmiste dit que l'on conçoit la douleur, ou le travail, quand on conçoit qu'il ne suffit pas de connaître et de vouloir; mais la privation consume l'âme et la rend malade tant qu'elle n'est point arrivée à ces choses et qu'elle ne les a pas comme enfantées. Aussi le latin, se sert-il élégamment pour exprimer que les choses sont enfantées, trouvées ou comprises, de mots qui ont pour racine commune l'expression enfantement. C'est parce que « lorsque la concupiscence a conçu, elle enfante le péché. » (Jacq., I, 15.) Aussi le Seigneur s'écrie-t-il : « Venez à moi, vous tous qui travaillez et qui êtes chargés, » (Matth., XI, 28) et, dans un autre endroit : « Malheur aux femmes enceintes ou nourrices dans ces jours-là. » (Matth., XXIV, 19.) Aussi comme il rapportait à l'enfantement du verbe toutes les actions bonnes ou mauvaises, il dit : « Vous êtes jugé par votre bouche et condamné par vos propres lèvres. » (Matth., XII, 37) voulant faire entendre par ces mots, votre bouche, non-seulement la bouche visible du corps, mais encore la bouche intérieure de la pensée et du cœur.

CHAPITRE X.

N'y a-t-il que la notion qu'on aime qui soit le verbe de l'âme?

15. On se demande donc avec raison si toute notion est verbe ou s'il n'y a que la notion qu'on aime qui le soit. En effet, nous connaissons aussi les choses que nous haïssons; mais on ne peut pas dire qu'elles aient été ni conçues ni enfantées par l'esprit, quand elles nous déplaisent; attendu que le mot concevoir ne convient pas à toutes les choses qui nous touchent, de quelque manière qu'elles nous touchent. Mais il y en a qui n'étant que connues ne sont pas appelées verbes; telles sont celles dont nous parlons en ce moment. En effet, en même temps que c'est dans un sens que sont appelées verbes les paroles qui occupent un certain espace de temps par les syllabes dont ils sont composés, qu'on les articule à haute voix ou qu'on se contente de les penser, c'est dans un sens tout autre que tout ce qui nous est connu, est appelé un verbe imprimé dans notre âme, tant qu'il peut être tiré de la mémoire et défini, quoique la chose même qu'exprime le mot nous déplaise,

---

pitur, adipiscendo nascitur. Quoniam non sufficit avaritiæ nosse et amare aurum, nisi et habeat; neque nosse et amare vesci, aut concumbere, nisi etiam id agat; neque nosse et amare honores et imperia, nisi proveniant. Quæ tamen omnia, nec adepta sufficiunt. « Qui enim biberit ex hac, inquit, aqua, sitiet iterum. » (Joan., IV, 13.) Ideoque et in Psalmo : « Concepit, inquit, dolorem, et peperit iniquitatem. » (Psal. VII, 15.) Dolorem vel laborem dicit concipi, cum ea concipiuntur quæ nosse ac velle non sufficit, et inardescit atque ægrotat animus indigentia, donec ad ea perveniat, et quasi pariat ea. Unde eleganter in Latina lingua parta dicuntur et reperta atque comperta, quæ verba quasi a partu ducta resonant. Quia « concupiscentia cum conceperit, parit peccatum. » (Jacob., I, 15.) Unde Dominus clamat : « Venite ad me omnes qui laboratis et onerati estis. » (Matth., II, 18.) Et alio loco : « Væ prægnantibus et mammantibus in illis diebus. » (Matth., XXIV, 19.) Cum itaque ad partum verbi referret omnia vel recte facta vel peccata : « Ex ore, inquit, tuo justificaberis, et ex ore tuo condemnaberis : » (Matth., XII, 37) os volens intelligi, non hoc visibile, sed interius invisibile cogitationis et cordis.

CAPUT X.

An sola notitia amata sit verbum mentis.

15. Recte ergo quæritur, utrum omnis notitia verbum, an tantum amata notitia. Novimus enim et ea quæ odimus : sed nec concepta, nec parta dicenda sunt animo, quæ nobis displicent. Non enim omnia quæ quoquo modo tangunt concipiuntur : (a) sed alia ut tantum nota sint, non tamen verba dicantur; sicut ista de quibus nunc agimus. Aliter enim dicuntur verba quæ spatia temporum syllabis tenent, sive pronuntientur, sive cogitentur; aliter omne quod notum est, verbum dicitur animo impressum, quamdiu de memoria proferri et definiri potest, quamvis res ipsa displiceat; aliter cum placet quod

(a) In editis male omissum erat *sed alia*.

et c'est encore dans un autre sens qu'il est employé lorsque ce que l'esprit a conçu lui plaît. C'est de ce genre de verbe qu'il faut entendre ces paroles de l'Apôtre : « Personne ne dit : Seigneur Jésus, si ce n'est dans le Saint-Esprit, » (I *Cor.*, XII, 3) bien que, selon l'autre notion du mot verbe, ceux même dont le Seigneur a dit : « Tous ceux qui disent : Seigneur, Seigneur, n'entreront point dans le royaume des cieux, » (*Matth.*, VII, 21) le disent. Cependant quand les choses que nous haïssons nous déplaisent avec raison, et sont improuvées de nous justement, cette improbation est approuvée, elle plaît, et elle est un verbe, car ce n'est point la notion du vice qui nous déplaît, mais c'est le vice même. En effet, de savoir et de définir ce que c'est que l'intempérance, me plaît, et c'est le verbe de ce vice. C'est ainsi que dans les arts il y a des vices qui sont connus, dont la connaissance est justement louée, quand le connaisseur discerne la présence et l'absence de la vertu, comme le oui et le non, l'être et le non être; cependant être privé de la vertu et tomber dans le vice, est chose condamnable. Définir la tempérance et en prononcer le mot, cela a rapport à la morale; mais être intempérant, cela a rapport à ce qui est condamné par la morale. De même que savoir et définir ce que c'est qu'un solécisme est du ressort de l'art de parler, mais commettre cette faute, cela se rapporte à ce que ce même art condamne. Le verbe, tel que nous voulons en ce moment le discerner et le faire comprendre, est donc une connaissance avec amour. Par conséquent, lorsque l'âme se connaît et s'aime, son verbe lui est uni par l'amour, et comme elle aime sa connaissance et connaît son amour; son verbe est dans l'amour, son amour dans son verbe et tous les deux sont en même temps dans l'âme aimant et disant.

16. Mais toute connaissance conforme à l'idée est semblable à la chose qu'elle connaît. Or, il y a aussi une autre connaissance au point de vue privatif, que nous articulons aussi lorsque nous improuvons cet état privatif ; cette improbation du privatif est l'approbation de l'idée, et voilà pourquoi elle est applaudie elle-même.

CHAPITRE XI.

Quand l'âme se connaît elle-même, son image ou son verbe est égale à elle.

L'esprit a donc un certain portrait de l'idée qu'il connaît, soit que cette idée lui plaise, soit que l'absence de cette idée lui déplaise. Voilà pourquoi en tant que nous connaissons Dieu, nous lui sommes semblables ; mais nous ne lui ressemblons point d'une ressemblance adéquate, attendu que nous ne le connaissons point autant qu'il se connaît lui-même. Et de même que, lorsque par les sens du corps nous apprenons à

---

mente concipitur. Secundum quod genus verbi accipiendum est quod ait Apostolus : « Nemo dicit Dominus Jesus, nisi in Spiritu sancto : » (I *Cor.*, XII, 3) cum secundum aliam verbi notionem dicant hoc et illi, de quibus ipse Dominus ait : « Non omnis qui dicit mihi, Domine, Domine, intrabit in regnum cœlorum. » (*Matth.*, VII, 21.) Verumtamen cum et illa, quæ odimus, recte displicent, recteque improbantur, approbatur eorum improbatio, et placet, et verbum est. Neque vitiorum notitia nobis displicet, sed ipsa vitia. Nam placet mihi quod novi et definio quid sit intemperantia; et hoc est verbum ejus. Sicuti sunt in arte nota vitia, et recte approbatur eorum notitia, cum discernit cognitor speciem privationemque virtutis, sicut aiere et negare, esse et non esse : attamen virtute privari atque in vitium deficere, damnabile est. Et definire intemperantiam, verbumque ejus dicere, pertinet ad artem morum : esse autem intemperantem, ad id pertinet quod illa arte culpatur. Sicut nosse ac definire quid sit solæcismus, pertinet ad artem loquendi : facere autem vitium, est quod eadem arte reprehenditur. Verbum est igitur, quod nunc discernere ac insinuare volumus, cum amore notitia. Cum itaque se mens novit et amat, jungitur ei amore verbum ejus. Et quoniam amat notitiam et novit amorem, et verbum in amore est, et amor in verbo, et utrumque in amante atque dicente.

16. Sed omnis secundum speciem notitia, similis est ei rei quam novit. Est enim alia notitia secundum privationem, quam cum improbamus, loquimur. Et hæc privationis improbatio speciem laudat, ideoque approbatur.

CAPUT XI.

Mentis se ipsam noscentis imaginem seu verbum genitum ipsi æquale esse.

Habet ergo animus nonnullam speciei notæ similitudinem, sive cum ea placet, sive cum ejus privatio displicet. Quocirca in quantum Deum novimus, similes sumus : sed non ad æqualitatem similes, quia nec tantum eum novimus, quantum ipse se. Et

connaître le corps, il s'en fait dans notre esprit une sorte de représentation qu'on appelle conception de la mémoire, car ce ne sont point les corps mêmes, mais leur ressemblance, qui sont dans notre esprit quand nous pensons à eux, aussi quand nous louons les unes pour les autres nous trompons-nous, puisque c'est se tromper que louer l'un pour l'autre, cependant l'imagination d'un corps dans notre âme est meilleure que cette espèce même de corps, en tant qu'elle se trouve dans une nature meilleure, je veux dire dans la substance vitale, telle qu'est notre âme. Ainsi quand nous connaissons Dieu, quoique nous soyons rendus meilleurs que nous n'étions avant de le connaître, et surtout que cette connaissance, si elle nous plaît et si elle est aimée de nous comme elle mérite de l'être, est un verbe et devient même une sorte d'image de Dieu, cependant elle est inférieure parce qu'elle se trouve dans une nature inférieure, puisque l'âme est une créature et que Dieu est le créateur. D'où on conclut que, lorsque l'âme se connaît et s'approuve, la connaissance qu'elle a d'elle-même est tellement son verbe, qu'il lui est absolument égal et semblable, c'est quelque chose d'identique avec elle ; attendu que cette connaissance n'est point d'une essence inférieure comme le corps, ni d'une essence supérieure comme Dieu ; et comme cette connaissance a quelque rapport de ressemblance avec la chose qu'elle connaît, c'est-à-dire dont elle est la connaissance, elle l'a parfaite et égale à ce qu'est l'âme même connaissant et connue. Par conséquent elle en est en même temps l'image et le verbe, attendu que c'est d'elle qu'elle vient quand elle la connaît d'une manière adéquate, et ce qui est engendré se trouve égal à ce qui l'engendre.

CHAPITRE XII.

Pourquoi, tandis que la connaissance de l'âme est fille de l'âme, son amour n'est-il point également son fils?

17. Que dire donc de l'amour ? ne sera-t-il point une image ? ne sera-t-il point un verbe ? ne sera-t-il point engendré ? En effet, pourquoi l'âme engendre-t-elle sa connaissance, quand elle se connaît, et n'engendrerait-elle point son amour, quand elle s'aime ? Car si c'est parce qu'elle est cognoscible qu'elle est la cause de sa connaissance, elle doit être la cause de son amour parce qu'elle est aimable. Pourquoi donc n'a-t-elle point engendré l'une et l'autre, c'est ce qu'il est difficile de dire. En effet, cette même question en ce qui touche la souveraine Trinité elle-même, le Dieu créateur tout-puissant, à l'image de qui l'homme a été créé, fait ordinairement difficulté aussi pour ceux même que la vérité de Dieu invite à la foi par le ministère de la parole humaine, à savoir pourquoi le Saint-

---

quemadmodum cum per sensum corporis discimus corpora, fit eorum aliqua similitudo in animo nostro, quæ phantasia memoriæ est : non enim omnino ipsa corpora in animo sunt, cum ea cogitamus; sed eorum similitudines : itaque cum eas pro illis approbamus, erramus ; error namque est pro alio alterius approbatio : melior est tamen imaginatio corporis in animo, quam illa species corporis, in quantum hæc in meliore natura est, id est in substantia vitali, sicuti animus est : ita cum Deum novimus, quamvis meliores efficiamur quam eramus ante quam nossemus, maximeque cum eadem notitia etiam placita digneque amata verbum est, fitque aliqua Dei similitudo illa notitia; tamen inferior est, quia in inferiore natura est; creatura quippe animus : Creator autem Deus. Ex quo colligitur, quia cum se mens ipsa novit atque approbat, sic est eadem notitia verbum ejus, ut ei sit par omnino et æquale, atque identidem : quia neque inferioris essentiæ notitia est, sicut corporis ; neque superioris, sicut Dei. Et cum habeat notitia similitudinem ad eam rem quam novit, hoc est, cujus notitia est ; hæc habet perfectam et æqualem, qua mens ipsa, quæ novit, est nota. Ideoque et imago et verbum est, quia de illa exprimitur, cum cognoscendo eidem coæquatur, et est gignenti æquale quod genitum est.

CAPUT XII.

Cur sicut notitia mentis est proles, non etiam amor partus ejusdem sit.

17. Quid ergo amor? non erit imago? non verbum? non genitus? Cur enim mens notitiam suam gignit, cum se novit; et amorem suum non gignit, cum se amat? Nam si propterea est notionis suæ causa, quia noscibilis est : amoris etiam sui causa est, quia est amabilis. Cur utrumque itaque non genuerit, difficile est dicere. Hæc enim quæstio etiam de ipsa summa Trinitate, omnipotentissimo creatore Deo, ad cujus imaginem homo factus est, solet movere homines, quos veritas Dei per humanam locutionem invitat ad fidem, cur non Spiritus

Esprit n'est pas également entendu et cru engendré de Dieu le Père, en sorte qu'on l'appelle aussi Fils? C'est ce que nous essayons de rechercher, du mieux que nous pouvons, dans l'âme humaine, afin de diriger, par la vue d'une image inférieure dans laquelle notre nature elle-même nous répond d'une manière plus familière, comme si elle était interrogée, l'œil de notre âme que l'exercice a fortifié, de la créature illuminée à la lumière immuable; si toutefois c'est la vérité même qui nous a appris que, de même que le Verbe de Dieu est Fils, ce dont nul chrétien ne doute, ainsi le Saint-Esprit est charité. Revenons donc à cette image qui est une créature, c'est-à-dire à l'âme raisonnable que nous devons interroger et considérer avec soin, et dans laquelle se trouve existant une connaissance temporelle de certaines choses qui n'existaient point auparavant, et un amour de certains objets qui n'étaient point aimés auparavant, connaissance et amour qui nous découvriront plus distinctement ce que nous devons dire, attendu que pour expliquer notre pensée, les choses prises dans l'ordre des temps offrent plus de facilité pour diriger notre discours.

18. Avant tout il doit donc être manifeste qu'il peut y avoir des choses cognoscibles, c'est-à-dire pouvant être connues, qui cependant ne le sont point, tandis qu'il est impossible qu'on sache quelque chose qui ne soit point cognoscible. De là il suit clairement qu'on doit tenir pour certain que toute chose que nous connaissons engendre en nous une connaissance d'elle-même. Or, toute connaissance est engendrée par le connaissant et le connu. Par conséquent, lorsque l'âme se connaît elle-même, elle seule engendre sa connaissance, puisque alors le connaissant et le connu ne sont autres qu'elle-même. Or, elle était cognoscible pour elle-même, avant même qu'elle se connût, mais sa connaissance n'était pas en elle puisqu'elle ne se connaissait point elle-même. Si donc elle se connaît, elle engendre une connaissance d'elle-même égale à elle-même; car elle ne se connaît pas moins qu'elle n'existe, et la connaissance qu'elle a d'elle-même n'est pas d'une autre essence qu'elle, non-seulement parce que c'est elle qui se connaît, mais encore parce que ce qu'elle connaît c'est elle-même, comme je l'ai dit plus haut. Que dirons-nous donc de son amour, pourquoi ne paraîtra-t-il point aussi, quand elle s'aime elle-même, qu'elle a également engendré l'amour qu'elle a pour elle? En effet, elle était aimable pour elle, avant même qu'elle s'aimât, parce qu'elle pouvait s'aimer, de même qu'elle était cognoscible pour elle, avant même qu'elle se connût, parce qu'elle pouvait se connaître. En effet, si elle n'eût point été cognoscible pour elle, jamais elle n'eût pu se connaître; de même si elle n'avait point été aimable pour elle-même,

---

quoque sanctus a Patre Deo genitus vel creditur vel intelligitur, ut filius etiam ipse dicatur? Quod nunc in mente humana utcumque investigare conamur, ut ex inferiore imagine, in qua nobis familiarius natura ipsa nostra, quasi interrogata, respondeat, exercitatiorem mentis aciem ab illuminata creatura ad lumen incommutabile dirigamus: si tamen veritas ipsa persuaserit, sicut Dei Verbum Filium esse nullus Christianus dubitat, ita caritatem esse Spiritum sanctum. Ergo ad imaginem illam, quæ creatura est, hoc est ad rationalem mentem diligentius de hac re interrogandam considerandamque redeamus, ubi temporaliter exsistens nonnullarum rerum notitia, quæ antea non erat, et aliquarum rerum amor, quæ antea non amabantur, distinctius nobis aperit quid dicamus: quia et ipsi locutioni temporaliter (a) dirigendæ, facilior est ad explicandum res, quæ in ordine temporum comprehenditur.

18. Primo itaque manifestum sit, posse fieri, ut sit aliquid scibile, id est, quod sciri possit, et tamen nesciatur: illud autem fieri non posse, ut sciatur quod scibile non fuerit. Unde liquido tenendum est, quod omnis res quamcumque cognoscimus, congenerat in nobis notitiam sui. Ab utroque enim notitia paritur, a cognoscente et cognito. Itaque mens cum se ipsam cognoscit, sola parens est notitiæ suæ: et cognitum enim et cognitor ipsa est. Erat autem sibi ipsa noscibilis, et ante quam se nosset: sed notitia sui non erat in ea, cum se ipsa non noverat. Quod ergo cognoscit se, parem sibi notitiam sui gignit: quia non minus se novit quam est, nec alterius essentiæ est notitia ejus, non solum quia ipsa novit, sed etiam quia se ipsam, sicut supra diximus. Quid ergo de amore dicendum est, cur non etiam cum se amat, ipsum quoque amorem sui genuisse videatur? Erat enim amabilis sibi, et ante quam se amaret, quia poterat se amare: sicut erat sibi noscibilis, et ante quam se nosset, quia poterat se nosse. Nam si non sibi esset noscibilis, nunquam se nosse potuisset: ita si non sibi esset amabilis, nunquam se

(a) Plerique Mss. *digerendæ*.

jamais elle n'aurait pu s'aimer. Pourquoi donc ne dit-on point aussi qu'en s'aimant elle-même elle a engendré son amour, comme on dit qu'en se connaissant elle a engendré sa connaissance? Ne serait-ce point pour montrer manifestement que le principe de l'amour est ce dont il procède; car il procède de l'âme même qui est aimable pour elle avant même qu'elle s'aime, et qui est ainsi le principe de son amour par lequel elle s'aime? Mais si on ne dit point qu'il est engendré par elle, comme on le dit de la connaissance par laquelle elle se connaît, n'est-ce point parce que la connaissance a déjà découvert ce qu'on appelle engendré ou trouvé et qui souvent précède la recherche qui doit se reposer en cela comme en sa fin? En effet, la recherche est un appétit de découvrir ou, en d'autres termes, de trouver. Or, ce qu'on trouve est comme enfanté; mais où est-ce semblable à ce qui est enfanté, sinon dans la connaissance elle-même? C'est là, en effet, que cela se trouvant comme exprimé est formé. En effet, bien que les choses qu'on trouve en cherchant existent avant qu'on les cherche, la connaissance que nous regardons comme le produit d'un enfantement n'existait point auparavant. Or, l'appétit qui se trouve dans la recherche procède du chercheur, et en dépend en quelque sorte, et ne se repose point dans le terme où il tend, aussi longtemps que ce qu'on cherche, une fois trouvé, n'est point uni au chercheur. Cet appétit, je veux dire cette recherche, bien qu'il ne semble point être de l'amour, n'en est pas moins aimé par le fait même qu'il est connu, car ce qui se fait alors a pour but de le faire connaître; cependant c'est quelque chose du même genre. On ne peut pas l'appeler volonté, attendu que quiconque cherche veut trouver, et si ce qu'on cherche se rapporte à la connaissance, quiconque cherche veut connaître. S'il le veut ardemment et instamment, on dit qu'il en a le plus grand désir, (*studet*), expression dont on se sert ordinairement pour rendre l'ardeur avec laquelle on poursuit l'étude et l'acquisition de certaines doctrines. Il y a donc un certain appétit qui précède l'enfantement de l'âme, duquel, par la recherche et la trouvaille de ce que nous voulons savoir, naît un fruit qui est la connaissance même, et par suite si l'appétit par lequel est conçue et enfantée la connaissance ne saurait être appelé avec justesse enfantement et fils, le même appétit par lequel on soupire après la connaissance d'une chose, devient l'amour de la chose connue, quand il tient et embrasse le fruit paisible de son sein, je veux parler de la connaissance, et l'unit à ce qui lui a donné naissance. C'est une sorte d'image de la Trinité que l'âme même, sa connaissance qui est son enfantement et son verbe, et l'amour qui vient en troisième lieu; ces trois choses ne font qu'une et sont une seule et même substance. L'enfante-

---

amare potuisset. Cur itaque amando se non genuisse dicatur amorem suum, sicut cognoscendo se genuit notitiam suam? (*a*) An eo quidem manifeste ostenditur hoc amoris esse principium, unde procedit : ab ipsa quippe mente procedit, quæ sibi est amabilis ante quam se amet; atque ita principium est amoris sui, quo se amat : sed ideo non recte dicitur genitus ab ea, sicut notitia sui qua se novit, quia notitia jam inventum est, quod partum vel repertum dicitur, quod sæpe præcedit inquisitio eo fine quietura? Nam inquisitio est appetitus inveniendi, quod idem valet si dicas, reperiendi. Quæ autem reperiuntur, quasi pariuntur : unde proli similia sunt, ubi nisi in ipsa notitia? Ibi enim quasi expressa formantur. Nam etsi jam erant res quas quærendo invenimus, notitia tamen ipsa non erat, quam sicut prolem nascentem deputamus. Porro appetitus ille, qui est in quærendo, procedit a quærente, et pendet quodam modo, neque requiescit fine quo intenditur, nisi id quod quæritur inventum quærenti copuletur. Qui appetitus, id est, inquisitio, quamvis amor esse non videatur, (*b*) quo id quod notum est, amatur; hoc enim adhuc ut cognoscatur agitur : tamen ex eodem genere quiddam est. Nam voluntas jam dici potest, quia omnis qui quærit invenire vult; et si id quæritur quod ad notitiam pertineat, omnis qui quærit nosse vult. Quod si ardenter atque instanter vult, studere dicitur : quod maxime in assequendis atque adipiscendis quibusque doctrinis dici solet. Partum ergo mentis antecedit appetitus quidam, quo id quod nosse volumus quærendo et inveniendo, nascitur proles ipsa notitia : ac per hoc appetitus ille quo concipitur pariturque notitia, partus et proles recte dici non potest, idemque appetitus quo inhiatur rei cognoscendæ, fit amor cognitæ, dum tenet atque amplectitur placitam prolem, id est, notitiam, gignentique conjungit. Et est quædam imago Trinitatis, ipsa mens, et notitia ejus, quod est proles ejus ac de se ipsa verbum ejus, et amor tertius, et hæc tria unum atque una substantia. Nec minor proles,

(*a*) Editi : *In eo quidem.* Emendantur ex Mss. — (*b*) Plures Mss. *quia quod notum est amatur.*

ment n'est pas moindre que l'âme, pourvu qu'elle se connaisse autant qu'elle est, et l'amour n'est pas moindre non plus, pourvu que l'âme s'aime autant qu'elle se connaît et autant qu'elle est.

LIVRE DIXIÈME

Saint Augustin fait voir encore une autre trinité dans l'âme de l'homme, il la trouve dans sa mémoire, son entendement et sa volonté, et elle lui paraît beaucoup plus claire que la précédente.

CHAPITRE PREMIER.

L'amour de l'âme studieuse, c'est-à-dire de l'âme qui désire savoir, n'a point pour objet une chose inconnue d'elle.

1. Et maintenant, pour expliquer cela d'une manière plus claire et plus concluante encore, il faut apporter une attention plus soutenue. Et d'abord comme nul ne peut aimer une chose absolument inconnue, il faut examiner avec beaucoup de soin quel est l'objet de l'amour des hommes studieux, c'est-à-dire des hommes qui ne possèdent point encore, mais qui désirent acquérir un certain savoir. Dans ces choses dont l'usage ne permet point de dire qu'on est studieux, l'amour qu'elles inspirent vient ordinairement de ce qu'on en entend dire, quand l'esprit s'enflamme du désir de les voir et d'en jouir, par suite de la réputation de beauté dont elles jouissent, attendu que généralement l'âme connaît les beautés des corps, parce qu'elle en a vu beaucoup et que, intérieurement, nous avons une règle pour juger les choses auxquelles nous aspirons au dehors de nous. Les choses étant ainsi, l'amour que nous ressentons n'a point pour objet une chose absolument inconnue, puisque le genre nous en est ainsi connu. Quand nous aimons un homme de bien dont le visage même nous est inconnu, c'est d'après la connaissance de ses vertus que nous l'aimons, et ses vertus nous les connaissons dans la vertu même. Mais ce qui nous excite à connaître les doctrines, la plupart du temps, c'est l'autorité de ceux qui en parlent avec éloge et qui nous les recommandent; et pourtant si nous n'avions quelque notion de telle ou telle doctrine imprimée légèrement dans notre âme, nous ne ressentirions aucun désir de l'apprendre. En effet, qui consacrerait le moindre soin ou le moindre effort à l'étude de la rhétorique, par exemple, s'il ne savait auparavant qu'elle est la science de bien dire? Il arrive quelquefois aussi que nous connaissons par ouï-dire ou par notre propre expérience le but d'une science, et que, par suite,

dum tantum se novit mens quanta est : nec minor amor dum tantum se diligit quantum novit et quanta est.

LIBER DECIMUS

In quo trinitatem aliam in hominis mente inesse ostenditur, eamque longe evidentiorem apparere in memoria, intelligentia et voluntate.

CAPUT PRIMUM.

Amorem studentis animi, id est, scire cupientis, non esse amorem ejus rei quam nescit.

Nunc ad ea ipsa consequenter enodatius explicanda limatior accedat intentio. Ac primum quia rem prorsus ignotam amare omnino nullus potest, diligenter intuendum est cujusmodi sit amor studentium, id est, non jam scientium, sed adhuc scire cupientium quamque doctrinam. Et in his quippe rebus in quibus non usitate dicitur studium, solent exsistere amores ex auditu, dum cujusque pulchritudinis fama ad videndum ac fruendum animus accenditur, quia generaliter novit corporum pulchritudines, ex eo quod plurimas vidit, et inest intrinsecus unde approbetur, cui forinsecus inhiatur. Quod cum fit, non rei penitus incognitæ amor excitatur, cujus genus ita notum est. Cum autem virum bonum amamus, cujus faciem non vidimus, ex notitia virtutum amamus, quas novimus in ipsa veritate. Ad doctrinas autem cognoscendas, plerumque nos laudantium atque prædicantium accendit auctoritas : et tamen nisi breviter impressam cujusque doctrinæ haberemus in animo notionem, nullo ad eam discendam studio flagraremus. Quis enim sciendæ, verbi gratia, Rhetoricæ ullam curam et operam impenderet, nisi ante sciret eam dicendi esse scientiam? Aliquando etiam ipsarum doctrinarum fines auditos expertosve miramur, et ex hoc inardescimus facul-

nous ressentons le plus vif désir d'acquérir par l'étude le moyen de pouvoir y atteindre nous-mêmes. Si, par exemple, on raconte à un homme qui ne connaît point les lettres, qu'il y a une science à l'aide de laquelle chacun peut envoyer à une personne fort éloignée de lui, des paroles tracées en silence par la main, et que ces paroles sont recueillies par celui à qui elles sont envoyées, non point par le moyen des oreilles, mais par celui des yeux, si on le lui fait voir, est-ce que, dans son désir de connaître par quel moyen il pourra en faire autant, il n'est point porté de toute l'ardeur de son âme vers ce but à atteindre, mais qu'il tient déjà pour connu? Voilà comment s'enflamment les désirs des gens studieux; car on ne saurait en aucune manière aimer ce qu'on ne connaît absolument pas.

2. De même aussi, si on entend un signe inconnu, comme le son d'un mot dont on ignore la signification, on désire savoir ce qu'il veut dire, ou pour signifier quelle chose ce son a été établi; par exemple, si on entend ce mot, *temetum*, et qu'on ignore ce qu'il signifie, on en cherche le sens. Il faut donc d'abord qu'on sache que ce son est un signe, c'est-à-dire n'est pas une vague émission de voix, mais un son signifiant quelque chose. Si ce mot de trois syllabes n'était déjà connu de nous et n'avait imprimé dans notre âme par le sens de l'ouïe son espèce articulée, que rechercherions-nous de plus en

lui qui nous le fasse mieux connaître, puisque toutes les lettres qui le composent et tous les intervalles de ce son articulé nous sont connus, si en même temps que nous savons que ce mot n'est qu'un signe, nous n'éprouvions le désir de savoir de quelle chose il est le signe? Par conséquent, plus il nous est connu, s'il ne nous l'est pas entièrement, plus l'âme désire connaître de ce mot ce qu'il lui en reste à connaître. En effet, si on savait seulement que ce son est un mot, mais qu'on ne sût point qu'il est le signe de quelque chose, on ne chercherait rien au delà de ce qu'on aurait perçu par les sens, autant qu'on pouvait le percevoir. Mais parce qu'on sait que non-seulement c'est un mot, mais encore que c'est un signe, on veut le connaître parfaitement. Or, on ne connaît jamais bien un signe tant qu'on ne connaît point ce dont il est le signe. Peut-on dire que celui qui, poussé par un ardent désir, cherche à le savoir et s'y applique avec feu et ardeur, est sans amour? Or, qu'aime-t-il? Il est bien sûr, en effet, qu'il ne peut aimer que quelque chose de connu; il n'aime point ces trois syllabes qu'il connaît déjà. Que ce qu'il aime en elle, ce soit que pour lui elles signifient quelque chose, ce n'est pas ce dont il s'agit maintenant, car ce n'est pas ce qu'il cherche à savoir; mais ce que nous cherchons c'est ce qu'il aime dans ce qu'il brûle d'apprendre et que certainement il

tatem comparare discendo, qua ad eos pervenire possimus. Tanquam si litteras nescienti dicatur quamdam esse doctrinam, qua quisque valeat, quamvis longe absenti, verba mittere manu facta in silentio, quæ rursus ille cui mittuntur, non auribus, sed oculis colligat, idque fieri videat; nonne, dum concupiscit nosse quo id possit, omni studio circa illum finem movetur, quem jam notum tenet? Sic accenduntur studia discentium : nam quod quisque prorsus ignorat, amare nullo pacto potest.

2. Ita etiam signum si quis audiat incognitum, veluti verbi alicujus sonum, quo quid significetur ignorat, cupit scire quidnam sit, id est, sonus ille cui rei commemorandæ institutus sit : veluti si audiat cum dicitur temetum, et ignorans quid sit requirat. Jam itaque oportet ut noverit signum esse, id est, non esse inanem illam vocem, sed aliquid ea significari : alioquin jam notum est hoc trisyllabum, et articulatam speciem suam impressit animo per sensum aurium : quid amplius in eo

requiratur, (a) quo magis innotescat, cujus omnes litteræ omniaque soni spatia nota sunt; nisi quia simul innotuit signum esse, movitque sciendi cupiditatem, cujus rei signum sit? Quo igitur amplius notum est, sed non plene notum est, eo cupit animus de illo nosse quod reliquum est. Si enim tantummodo esse istam vocem nosset, eamque alicujus rei signum esse non nosset, nihil jam quæreret, sensibili re, quantum poterat, sentiendo percepta. Quia vero non solum esse vocem, sed et signum esse jam novit, perfecte id nosse vult. Neque ullum perfecte signum noscitur, nisi cujus rei signum sit cognoscatur. Hoc ergo qui ardenti cura quærit ut noverit, studioque accensus insistit, num potest dici esse sine amore? Quid igitur amat? Certe enim amari aliquid nisi notum non potest. Neque enim ille istas tres syllabas amat, quas jam notas habet. Quod si hoc in eis amat, quia scit eas significare aliquid; non inde nunc agitur, non enim hoc nosse quærit : sed in eo quod scire studet, quid amet in-

(a) Aliquot Mss. *quod.*

ne sait pas encore. Aussi ce qui nous étonne qu'il l'aime, c'est que nous savons fort bien qu'on ne peut aimer que ce qu'on connaît. Il aime donc quelque chose, et ce ne peut être que parce qu'il connaît et voit, dans les raisons des choses, quelle est la beauté de la science qui comprend la connaissance de tous les signes et quelle est l'utilité du savoir par lequel les hommes en société se communiquent les uns aux autres leurs sentiments, pour que la société des hommes ne soit point pire pour eux que la solitude s'ils n'échangeaient point leurs pensées par la parole. C'est donc cette espèce belle et utile que l'âme voit, connaît et aime, et c'est elle que tout homme qui recherche le sens de tous les mots qu'il ne connaît point a le désir d'imprimer en soi, autant que possible. Car autre chose est de la voir dans la lumière de la vérité, autre chose de la voir dans ses facultés. On voit, en effet, dans la lumière de la vérité, combien il est grand et bon d'entendre et de parler toutes les langues de tous les peuples, de n'être étranger pour aucune d'elles, et de ne paraître étranger dans son langage pour aucun d'eux. La beauté de cette connaissance se voit par la pensée, et c'est une chose connue qu'on aime en l'aimant, une chose qui est vue et qui enflamme le zèle de ceux qui veulent l'apprendre, au point de les occuper d'elle, de les faire soupirer après elle dans tout ce qu'ils font pour acquérir la faculté de la comprendre et d'embrasser déjà par l'usage ce qu'ils ne connaissent encore que par la raison, en sorte que plus on a d'espoir d'arriver à cette faculté, plus on éprouve d'amour et d'ardeur à la poursuivre ; car on travaille avec d'autant plus de force à acquérir les connaissances qu'on brûle du désir d'avoir, qu'on a plus d'espérance d'y arriver. En effet, quand on ne nourrit pas l'espérance d'acquérir une chose, ou l'on n'éprouve pour elle qu'un amour bien tiède, ou même on ne l'aime point du tout, quoique l'on voie qu'elle est belle. Ainsi comme à peu près tous les hommes désespèrent d'arriver à la connaissance de toutes les langues, chacun s'applique surtout à apprendre celle de son pays. Et si on ne se sent pas capable de l'apprendre dans la perfection, il n'y a pourtant personne d'assez indifférent pour cette connaissance qui ne veuille point, en entendant un mot inconnu pour lui, savoir ce qu'il signifie, qui ne cherche à le savoir et ne l'apprenne, s'il peut. Or, tant qu'il cherche à le savoir, il est animé du désir de l'apprendre et il semble aimer une chose inconnue, ce qui pourtant n'est pas. En effet, cette espèce touche son âme, qui la connaît et y pense, et dans laquelle brille pour elle ce qu'il y a de beau dans l'union des esprits qui entendent et échangent entre eux des mots connus d'eux, et cette espèce en-

---

quirimus, quod profecto non dum novit : et propterea miramur cur amet, quoniam firmissime novimus amari nisi nota non posse. Quid ergo amat, nisi quia novit atque intuetur in rationibus rerum quæ sit pulchritudo doctrinæ, qua continentur notitiæ signorum omnium ; et quæ sit utilitas in ea peritia, qua inter se humana societas sensa communicat, ne sibi hominum cœtus deteriores sint quavis solitudine, si cogitationes suas colloquendo non misceant. Hanc ergo speciem decoram, et utilem cernit anima, et novit, et amat ; eamque in se perfici studet, quantum potest, quisquis vocum (a) significantium quæcumque ignorat, inquirit. Aliud est enim quod eam in veritatis luce conspicit, aliud quod in sua facultate concupiscit. Conspicit namque in luce veritatis quam magnum et quam bonum sit omnes omnium gentium linguas intelligere ac loqui, nullamque ut (b) alienigena audire, et a nullo ita audiri. Cujus notitiæ decus cogitatione jam cernitur, amaturque res nota ; quæ ita conspicitur, atque inflammat studia discentium, ut circa eam moveantur, eique inhient in omni opera, quam impendunt consequendæ tali facultati, ut etiam usu amplectantur quod ratione prænoscunt : atque ita quisque, cui facultati spe propinquat, ei ferventius amore inardescit. Eis doctrinis quippe studetur vehementius, quæ capi posse non desperantur. Nam cujus rei adipiscendæ spem quisque non gerit, aut tepide amat, aut omnino non amat, quamvis quam pulchra sit videat. Quocirca quia omnium linguarum scientia fere ab omnibus desperatur, suæ gentis quisque maxime studet, ut noverit. Quod si et illi ad perfectum percipiendæ se non sufficere sentit, nemo tamen tam desidiosus est hujus notitiæ, qui non cum audierit incognitum verbum, velit nosse quid illud sit, et si potest, quærat ac discat. Quod dum quærit, utique in studio discendi est, et videtur amare rem incognitam, quod non ita est. Species namque illa tangit animum, quam novit et cogitat, in qua elucet decus consociandorum animorum in vocibus notis audiendis at-

---

(a) Sic Am. Er. et Mss. At Lov. *significantiam quamcumque ignorat.* — (b) Ita Am. et Mss. At Er. et Lov. *ut alienigenam.* Forte legendum *nullumque ut alienigenam.*

flamme de zèle celui qui cherche une chose que sans doute il ignore, mais qui voit néanmoins et aime une forme connue par laquelle il peut parvenir au but de ses recherches. Ainsi, par exemple, si à cette question : qu'est-ce que le *temetum*, car c'est le mot que j'ai pris pour exemple, on vous répond : qu'est-ce que cela vous fait ? vous répliquez : c'est que je crains d'entendre quelqu'un prononcer ce mot, et de ne le point comprendre, ou de le lire quelque part et de ne pas savoir ce que celui qui l'a écrit a voulu dire. Qui lui dira : Ne comprenez pas ce que vous entendez, n'apprenez point ce que vous lisez ? Car la beauté de cet art, par lequel les pensées intimes des hommes se manifestent par la prononciation de mots qui en sont les signes, frappe les yeux de presque tous les esprits raisonnables. C'est donc à cause de cette beauté qu'on connaît et qu'on aime parce qu'on la connaît, qu'on recherche avec ardeur la signification d'un mot inconnu. Aussi en entendant dire et en apprenant que *temetum* est le nom qu'on donnait autrefois au vin, et que ce nom a cessé d'être employé dans la langue en usage maintenant parmi nous, on le regardera comme pouvant être nécessaire peut-être pour comprendre certains livres anciens. Mais si on tient ces livres mêmes pour inutiles, peut-être alors ne jugera-t-on point ce mot digne d'être confié à la mémoire, parce qu'on voit qu'il n'a aucun rapport avec l'espèce de science que l'on connaît, que l'on considère des yeux de l'esprit et qu'on aime.

3. Ainsi tout amour d'une âme studieuse, c'est-à-dire d'une âme désireuse d'apprendre quelque chose qu'elle ne sait point, n'est pas l'amour de la chose qu'elle ne connaît point, mais de la chose qu'elle connaît et en vue de laquelle elle veut apprendre ce qu'elle ne sait pas. Ou bien s'il s'agit d'un homme si curieux que ce ne soit point pour une autre cause connue qu'il soit entraîné, mais par le seul amour de connaître ce qu'il ne connaît point, il faut distinguer ce curieux-là de ce qu'on entend par un homme studieux ; d'ailleurs ce n'est point l'inconnu qu'il aime, on pourrait même dire plus justement qu'il hait l'inconnu puisqu'il ne veut plus qu'il y en ait pour lui, quand il veut tout connaître. Mais de peur qu'on ne nous pose une question trop difficile en nous disant qu'il est aussi impossible à un homme de haïr ce qu'il ne connaît pas qu'il le lui est d'aimer ce qu'il ignore, nous n'allons point à l'encontre de ces vérités-là ; mais il faut entendre qu'on ne dit pas la même chose lorsqu'on dit de quelqu'un : il aime à connaître l'inconnu que quand on dit : il aime l'inconnu. En effet, il peut arriver qu'on aime à savoir les choses inconnues, mais qu'on aime l'inconnu, c'est impossible. Ce n'est pas sans raison qu'on place dans cette phrase, savoir,

que reddendis : eaque accendit studio quærentem quidem quod ignorat, sed notam formam, quo id pertineat, intuentem et amantem. Itaque si quærenti verbi gratia, quid sit temetum, (hoc enim exempli causa posueram,) dicatur : Quid ad te pertinet ? respondebit : Ne forte audiam loquentem, et non intelligam, aut uspiam forte id legam, et quid scriptor senserit, nesciam. Quis tandem huic dicat : Noli intelligere quod audis, noli nosse quod legis ? Omnibus enim fere animis rationalibus in promptu est ad videndum hujus peritiæ pulchritudo, qua hominum inter se cogitata, significantium vocum enuntiatione noscuntur : propter hoc notum decus, et ob hoc amatum quia notum, studiose quæritur verbum illud ignotum. Itaque cum audierit atque cognoverit temetum a veteribus vinum appellatum, sed jam ex usu loquendi quem nunc habemus, hoc vocabulum emortuum, propter nonnullos fortasse veterum libros sibi necessarium deputabit. Si autem et illos supervacaneos habet, forte jam nec dignum

quod memoriæ commendet existimat, quia videt ad illam speciem doctrinæ quam notam mente intuetur atque amat, minime pertinere.

3. Quamobrem omnis amor studentis animi, hoc est volentis scire, quod nescit, non est amor ejus rei quam nescit, sed ejus quam scit, propter quam vult scire quod nescit. Aut si tam curiosus est, ut non propter causam aliam notam, sed solo amore rapiatur incognita sciendi ; discernendus quidem est ab studiosi nomine iste curiosus, sed nec ipse amat incognita, imo congruentius dicitur, odit incognita, quæ nulla esse vult, dum vult omnia cognita. Sed ne quisquam nobis difficiliorem referat quæstionem, asserens tam non posse quemquam odisse quod nescit, quam non potest amare quod nescit, non resistimus (a) veris : sed intelligendum est, non hoc idem dici cum dicitur, amat scire incognita, ac si diceretur, amat incognita. Illud enim fieri potest, ut amet quisque scire incognita : ut autem amet incognita, non potest. Non enim frustra ibi est posi-

(a) Sic plerique Mss. Editi vero, *non resistimus verbis.*

attendu que ce qu'aime quiconque aime à savoir l'inconnu, ce n'est point l'inconnu, mais le savoir même. Si on ne le connaissait, jamais personne ne pourrait dire avec confiance qu'il sait ou qu'il ne sait point. En effet, non-seulement il faut que celui qui dit : je sais, et dit vrai, sache ce que c'est que savoir, mais encore il faut aussi que celui qui dit : je ne sais point, s'il dit vrai et s'il parle avec assurance, sache bien ce que c'est que savoir, puisqu'il distingue entre savoir et ne pas savoir quand après s'être considéré il dit avec vérité : je ne sais pas ; et comme il sait alors qu'il dit vrai en parlant ainsi, où l'a-t-il appris s'il ne sait point ce que c'est que savoir ?

CHAPITRE II.
Personne n'aime l'inconnu.

4. Nul homme studieux, nul homme curieux n'aime donc l'inconnu, même quand il est poussé par le plus ardent désir de savoir ce qu'il ne sait point. En effet, ou bien ce qu'il aime lui est déjà connu dans son genre, et il désire le connaître encore soit dans une chose en particulier, soit dans certaines choses particulières qu'il ne connaît pas encore, mais dont on lui a peut-être parlé et dont il se crée dans l'esprit une forme imaginaire qui excite son amour pour cette même chose. Mais comment se crée-t-il cette forme sinon à l'aide de choses déjà connues? Et pourtant s'il trouve que la forme dont on lui a parlé est différente de celle qu'il s'est faite dans son esprit et qu'il connaît parfaitement dans sa pensée, peut-être ne l'aimera-t-il point ; mais s'il l'aime il aura commencé à le faire par où il a commencé à la connaître, car cette autre forme qui était aimée existait, un peu auparavant, pour l'esprit qui avait la coutume de se la représenter à lui-même. Mais s'il trouve la forme que la renommée lui avait fait connaître semblable à celle qu'il s'était créée, en sorte qu'il puisse lui dire : déjà je t'aimais ; il n'aimait point alors une forme inconnue, puisqu'il la connaissait dans sa ressemblance. Ou bien c'est dans l'espèce de la raison éternelle que nous voyons quelque chose et que nous l'aimons, et quand nous l'aimons exprimé dans l'effigie d'une chose temporelle, et que nous le croyons sur la parole de ceux qui le connaissent par expérience, ce n'est pas quelque chose d'inconnu que nous aimons, comme je l'ai déjà suffisamment établi plus haut. Ou bien, nous aimons quelque chose de connu et en vue de quoi nous cherchons à connaître une autre chose inconnue, et ce n'est point l'amour de ce dernier inconnu qui nous tient, mais de la chose connue à laquelle nous savons que l'inconnu se rapporte et qui nous pousse à connaître ce que nous ignorons et recherchons encore, comme je le disais un peu

tum scire : quoniam qui scire amat incognita, non ipsa incognita, sed ipsum scire amat. Quod nisi haberet cognitum, neque scire se quisquam posset fidenter dicere, neque nescire. Non solum enim qui dicit scio, et verum dicit, necesse est ut quid sit scire sciat : sed etiam qui dicit nescio, idque fidenter et verum dicit, et scit verum se dicere, scit utique quid sit scire : quia et discernit ab sciente nescientem, cum veraciter se intuens dicit nescio : et cum id se scit verum dicere, unde sciret, si quid sit scire nesciret?

CAPUT II.
Nemo prorsus amat incognita.

4. Quilibet igitur studiosus, quilibet curiosus non amat incognita, etiam cum ardentissimo appetitu instat scire quod nescit. Aut enim jam genere notum habet quod amat, idque nosse expetit, etiam in aliqua re singula, vel in singulis rebus, quæ illi nondum notæ forte laudantur, fingitque animo imaginariam formam qua excitetur in amorem. Unde autem fingit, nisi ex iis quæ jam noverat? Cujus tamen formæ animo figuratæ atque in cogitatione notissimæ, si eam quæ laudabatur dissimilem invenerit, fortasse non amabit. Quod si amaverit, ex illo amare incipiet ex quo didicit. Paulo ante quippe alia erat quæ amabatur, quam sibi animus formans exhibere consueverat. Si autem illi formæ similem invenerit quam fama prædicaverat, cui vere possit dicere : Jam te amabam, nec tunc utique amabat incognitam, quam in illa similitudine noverat. Aut in specie sempiternæ rationis videmus aliquid et ibi amamus, quod cum expressum in aliqua rei temporalis effigie, illis qui experti sunt laudantibus et credimus, et amamus, non aliquid amamus incognitum, unde jam supra satis disseruimus : aut aliquid notum amamus, propter quod ignotum aliquid quærimus : cujus ignoti amor nequaquam nos tenet, sed illius cogniti, quo pertinere novimus, ut illud etiam quod adhuc ignotum quærimus, noverimus : sicut de incognito verbo paulo ante locutus sum. Aut ipsum scire quisque amat,

plus haut en parlant d'un mot inconnu. Ou bien, c'est le savoir même qu'on aime, le savoir qui ne saurait être inconnu de quiconque désire savoir. C'est pour ces causes-là qu'on semble aimer l'inconnu quand on veut apprendre quelque chose qu'on ne sait point, et il n'est pas possible de dire qu'on soit alors sans amour vu l'ardeur avec laquelle on cherche à savoir. Il me semble avoir montré à quiconque envisage la vérité avec soin qu'il en est tout à fait autrement et que jamais on n'aime l'inconnu. Mais comme les exemples que j'ai donnés sont empruntés à ceux qui désirent connaître quelque chose qu'ils ne sont pas eux-mêmes, il faut voir si par hasard il n'apparaîtrait point un nouveau genre quand l'âme elle-même désire se connaître.

CHAPITRE III.

L'âme n'est point inconnue à elle-même quand elle s'aime.

5. Qu'est-ce donc que l'âme aime quand elle cherche avec ardeur à se connaître, tant qu'elle est inconnue pour elle? Car c'est maintenant l'âme même qui cherche à se connaître et qui est enflammée par ce désir. Elle aime donc, mais qu'aime-t-elle? Elle-même? Comment cela se peut-il puisqu'elle ne se connaît pas encore et que personne ne saurait aimer ce qu'il ne connaît pas? Est-ce que le bruit public lui a parlé de son espèce, comme nous entendons communément parler des personnes absentes? Peut-être bien, n'est-ce point elle qu'elle aime, mais ce qu'elle se figure d'elle, et il se peut que ce qu'elle aime ainsi soit bien différent de ce qu'elle est en effet. Ou bien si l'âme s'est fait d'elle-même, à elle-même, une image ressemblante, et par là s'aime elle-même avant de se connaître, quand elle aime cette image, parce qu'elle voit dans cette image quelque chose qui lui ressemble, elle connaît donc les autres âmes pour se faire une idée d'elle-même, et c'est par la notion du genre âme qu'elle est connue de soi. Pourquoi donc, quand elle connaît les autres âmes, ne se connaît-elle point elle-même, puisque rien ne peut-être plus présent qu'elle pour elle? Si c'est par la même raison que les yeux des autres sont plus connus de nos yeux que nos yeux mêmes, qu'elle cesse donc de se chercher puisqu'elle ne doit point se trouver; car jamais les yeux ne se verront eux-mêmes, excepté dans un miroir, et il n'y a pas à croire qu'on pourra trouver quoi que ce soit dans les choses corporelles, où l'âme pourra se voir comme en un miroir. Est-ce que c'est dans la raison de la vérité éternelle qu'elle voit combien il est beau de se connaître elle-même, qu'elle aime ce qu'elle voit et désire le produire en elle? Attendu que si elle n'est point connue à elle-même, cependant elle connaît quel bien c'est de se connaître. Mais ce qui est bien étonnant c'est qu'elle ne se connaisse pas encore

quod nulli scire aliquid cupienti esse incognitum potest. His causis videntur amare incognita, qui scire aliquid volunt quod nesciunt, et propter ardentiorem quærendi appetitum sine amore esse dici non possunt. Sed quam se res aliter habeat, neque omnino quidquam ametur incognitum, arbitror me persuasisse verum diligenter intuentibus. Sed quia exempla quæ dedimus, eorum sunt, qui aliquid quod ipsi non sunt nosse cupiunt; videndum est ne forte aliquod novum genus appareat, cum se ipsa mens nosse desiderat.

CAPUT III.

Quod mens amet se ipsam non incognitam sibi.

5. Quid ergo amat mens, cum ardenter se ipsam quærit ut noverit, dum incognita sibi est? Ecce enim mens semetipsam quærit ut noverit, et inflammatur hoc studio. Amat igitur: sed quid amat? Se ipsam? Quomodo, cum se nondum noverit, nec quisquam possit amare quod nescit? An ei fama prædicavit speciem suam, sicut de absentibus solemus audire? Forte ergo se non amat, sed quod de se fingit, hoc amat, longe fortasse aliud quam ipsa est: aut si se mens sui similem fingit, et ideo cum hoc figmentum amat, se amat ante quam noverit; quia id quod sui simile est intuetur: novit igitur alias mentes ex quibus se fingat, et genere ipso sibi nota est. Cur ergo cum alias mentes novit, se non novit, cum se ipsa nihil sibi possit esse præsentius? Quod si ut oculis corporis magis alii oculi noti sunt, quam ipsi sibi; non se ergo quærat nunquam inventura. Nunquam enim se oculi præter specula videbunt: nec ullo modo putandum est etiam rebus incorporeis contemplandis tale aliquid adhiberi, ut mens tanquam in speculo se noverit. An in ratione veritatis æternæ videt quam speciosum sit nosse semetipsam, et hoc amat quod videt, studetque in se fieri? quia quamvis sibi nota non sit, notum tamen ei est quam bonum sit, ut sibi nota sit. Et hoc quidem permirabile est, nondum se nosse, et

elle-même et qu'elle sache combien il est beau de se connaître. Est-ce qu'elle verrait une fin excellente, c'est-à-dire, la sécurité et son bonheur, par le moyen d'un ressouvenir secret qui ne l'a point quittée quand elle s'en est allée dans son lointain voyage, et croirait-elle qu'elle ne peut parvenir à cette fin si elle ne se connaît point elle-même? Ce serait ainsi qu'en aimant cela elle chercherait ceci, et qu'en aimant le premier qui lui est connu, elle serait portée pour l'obtenir, à chercher ce qu'elle ignore. Mais pourquoi le souvenir de sa béatitude a-t-il pu durer tandis que le souvenir d'elle-même ne l'a pu; et se connaîtrait-elle, elle qui veut parvenir à cette fin, autant qu'elle connaît cette fin à laquelle elle veut parvenir? Est-ce que lorsqu'elle aime à se connaître, ce n'est point elle-même qu'elle ne connaît point encore qu'elle aime, mais le savoir en lui-même? Et ne souffrirait-elle cruellement que de se voir privée de cette science par laquelle elle veut embrasser toutes choses? Mais elle sait ce que c'est que savoir, et en aimant ce qu'elle connaît elle désire en même temps se connaître elle-même. Où donc a-t-elle appris son connaître si elle ne se connaît point elle-même? En effet, elle sait qu'elle sait autre chose et qu'elle ne se sait point elle-même; car c'est par là qu'elle sait même ce que c'est que savoir. Comment se fait-il donc qu'elle se sait sachant quelque chose quand elle ne se sait point elle-même? Car ce n'est point une autre âme qu'elle sait sachant, c'est elle-même. Elle se connaît donc elle-même. Après cela quand elle se cherche pour se savoir, elle se sait déjà se cherchant. Donc elle se connaît déjà elle-même. C'est pourquoi elle ne peut point s'ignorer entièrement elle-même, puisque en sachant qu'elle ne se sait point, c'est elle-même qu'elle sait. Mais si elle se sait ne se sachant point, ce n'est donc point elle qu'elle cherche à connaître. Par conquent, par ce fait même qu'elle se cherche, il est démontré qu'elle est plutôt connue qu'inconnue à elle-même; car elle sait qu'elle se cherche et ne se connaît point quand elle se cherche pour se connaître.

6. Que dirons-nous donc? Dirons-nous qu'elle se connaît en partie et qu'en partie elle ne se connaît point? Je ne dis point qu'elle se sache tout ce qu'elle est, mais je dis qu'elle se sait tout entière; aussi quand elle sait quelque chose d'elle-même, comme elle ne peut se savoir que tout entière, elle se sait elle-même tout entière. Or, elle se sait sachant quelque chose, et elle ne peut rien savoir qu'elle ne se sache tout entière. Elle se sait donc elle-même tout entière. Après tout, qu'y a-t-il de plus connu d'elle que le fait qu'elle vit?

CHAPITRE IV.

Or, elle ne peut être une âme et ne point être

---

quam pulchrum sit se nosse, jam nosse. An aliquem finem optimum, id est securitatem et beatitudinem suam videt, per quamdam occultam memoriam, quæ in (a) longinqua eam progressam non deseruit, et credit ad eumdem finem, nisi se ipsam cognoverit, se pervenire non posse? Ita dum illud amat, hoc quærit: et notum amat illud, propter quod quærit ignotum. Sed cur memoria beatitudinis suæ potuit, et memoria sui cum ea perdurare non potuit, ut tam se nosset quæ vult pervenire, quam novit illud quo vult pervenire? An cum se nosse amat, non se quam nondum novit, sed ipsum nosse amat; acerbiusque tolerat se ipsam deesse scientiæ suæ, qua vult cuncta comprehendere? Novit autem quid sit nosse, et dum hoc amat quod novit, etiam se cupit nosse. Ubi ergo nosse suum novit, si se non novit? Nam novit quod alia noverit, se autem non noverit: hinc enim novit et quid sit nosse. Quo pacto igitur se aliquid scientem scit, quæ se ipsam nescit? Neque enim alteram mentem scientem scit, sed se ipsam. Scit igitur se ipsam. Deinde cum se quærit ut noverit, quærentem se jam novit. Jam se ergo novit. Quapropter non potest omnino nescire se, quæ dum se nescientem scit, se utique scit. Si autem se nescientem nesciat, non se quærit ut sciat. Quapropter eo ipso quo se quærit, magis se sibi notam quam ignotam esse convincitur? Novit enim se quærentem atque nescientem, dum se quærit ut noverit.

6. Quid ergo dicemus? an quod ex parte se novit, ex parte non novit? Sed absurdum est dicere, non eam totam scire quod scit. Non dico totum scit; sed quod scit, tota scit. Cum itaque aliquid de se scit, quod nisi tota non potest, (b) totam se scit. Scit autem se aliquid scientem, nec potest quidquam scire nisi tota. Scit se igitur totam. Deinde quid ejus ei tam notum est, quam se vivere?

CAPUT IV.

Non potest autem et mens esse, et non vivere,

(a) Plerique Mss. *in longinquum*. — (b) Nonnulli Mss. *tota se scit*.

vivante, quand de plus, elle est intelligente. En effet, les âmes même des bêtes vivent, mais elles n'ont point l'intelligence. De même donc que l'âme est âme tout entière, ainsi vit-elle tout entière. Or, elle sait qu'elle vit, elle se sait donc tout entière. Enfin, quand elle cherche à se connaître, déjà elle sait qu'elle est une âme; autrement elle ne saurait pas même qu'elle se cherche et il se pourrait qu'elle cherchât une chose pour une autre. Il pourrait se faire, en effet, qu'elle ne fût point une âme, et que par suite, en cherchant à connaître une âme, elle ne se cherchât point elle-même. C'est pourquoi, comme l'âme en cherchant ce qu'est une âme sait que c'est elle-même qu'elle cherche; il s'ensuit qu'elle sait pertinemment qu'elle-même est une âme. Or, si elle sait d'elle-même qu'elle est une âme et si elle est toute âme, elle se connaît elle-même tout entière. Mais voici qu'elle ne sait point qu'elle est une âme quand elle se cherche, elle ne sait plus qu'une chose, c'est qu'elle se cherche. Elle peut donc ainsi chercher une chose pour une autre, si elle ne sait point cela; mais pour ne point chercher une chose pour l'autre, il est hors de doute qu'elle sait ce qu'elle cherche. Mais si elle sait ce qu'elle cherche et si elle se cherche elle-même, elle se connaît donc elle-même. Que cherche-t-elle donc encore? si elle se connaît seulement en partie, et qu'elle cherche encore quelque chose, ce n'est point elle-même, ce n'est qu'une partie d'elle-même qu'elle cherche. Car pour elle, lorsqu'il est question d'elle, c'est d'elle tout entière qu'il est parlé. Ensuite, comme elle sait qu'elle ne s'est point encore trouvée tout entière, elle sait qu'elle est sa grandeur quand elle est tout entière. De cette manière elle cherche donc ce qui lui manque, comme nous avons coutume de chercher pour nous remettre dans l'esprit quelque chose qui nous est sorti de la mémoire, mais qui n'en est point sorti tout à fait, puisque nous pouvons reconnaître quand il nous revient que c'est ce que nous cherchions. Mais comment l'esprit peut-il revenir à l'esprit, comme si l'esprit pouvait n'être point dans l'esprit? Ajoutez à cela que si après s'être retrouvé en partie, l'esprit ne se cherche plus tout entier, cependant il est toujours tout entier à se chercher. Il est donc tout entier présent pour lui; mais il y a quelque chose qui ne l'est point puisqu'il le cherche encore; c'est en effet ce qu'il cherche qui lui manque, non point lui qui cherche. Puis donc que l'esprit tout entier se cherche, il ne lui manque rien de lui. Ou bien, s'il n'est point tout entier quand il se cherche, et si c'est la partie de lui-même qui est trouvée qui cherche la partie qui n'est point encore trouvée, ce n'est donc point lui-même que l'esprit cherche puisque nulle partie de lui ne se cherche. En effet, la partie qui a été trouvée ne se cherche point, et la partie qui n'a pas encore été trouvée ne se cherche pas non plus elle-même, puisqu'elle est cherchée par celle qui déjà a été trouvée. Par conséquent,

quando habet etiam amplius ut intelligat : nam et animæ bestiarum vivunt, sed non intelligunt. Sicut ergo mens tota mens est, sic tota vivit. Postremo cum se nosse mens quærit, mentem se esse jam novit : alioquin utrum se quærat ignorat, et aliud pro alio forsitan quærat. Fieri enim potest ut ipsa non sit mens, atque ita dum mentem nosse quærit, non se ipsam quærat. Quapropter quoniam cum quærit mens quid sit mens, novit quod se quærat, profecto novit quod ipsa sit mens. Porro si hoc in se novit quod mens est, et tota mens est, totam se novit. Sed ecce non se noverit esse mentem, cum autem se quærit, hoc tantummodo noverit quod se quærat. Potest enim etiam sic aliud pro alio quærere, si hoc nescit : ut autem non quærat aliud pro alio, procul dubio novit quid quærat. At si novit quid quærat, et se ipsam quærit, se ipsam utique novit. Quid ergo adhuc quærit? Quod si ex parte se novit, ex parte autem adhuc quærit, non se ipsam, sed partem suam quærit. Cum enim ea ipsa dicitur, tota dicitur. Deinde quia novit nondum se a se inventam totam, novit quanta sit tota. Atque ita quærit quod deest, quemadmodum solemus quærere, ut veniat in mentem quod excidit, nec tamen penitus excedit; quia potest recognosci, cum venerit, hoc esse quod quærebatur. Sed quomodo mens veniat in mentem, quasi possit mens in mente non esse? Huc accedit, quia si parte inventa, non se totam quærit, tamen tota se quærit. Tota ergo sibi præsto est, et quid adhuc quæratur non est : hoc enim deest quod quæritur, non illa quæ quærit. Cum itaque tota se quærit, nihil ejus deest. Aut si non tota se quærit, sed pars quæ inventa est quærit partem quæ nondum inventa est; non se ergo mens quærit, cujus se nulla pars quærit. Pars enim quæ inventa est, non se quærit : pars autem quæ nondum inventa est, nec ipsa se quærit, quoniam ab ea quæ jam inventa est

comme l'esprit n'est point tout entier se cherchant, et que nulle de ses parties ne se cherche elle-même, l'esprit ne se cherche point du tout lui-même.

CHAPITRE V.
Pourquoi est-il ordonné à l'âme de se connaître elle-même?

7. Pourquoi donc est-il ordonné à l'âme de se connaître elle-même? Je crois que cela signifie qu'elle doit penser à elle et vivre selon sa nature; c'est-à-dire, tendre à s'ordonner elle-même selon sa propre nature; j'entends qu'elle doit se placer au-dessous de celui à qui elle doit se soumettre, et au-dessus des choses auxquelles elle doit se préférer; au-dessous de celui par qui elle doit être régie, et au-dessus des choses qu'elle doit régir. Car il y a bien des choses qu'elle fait par un entraînement mauvais, comme si elle s'oubliait. En effet, elle voit certaines choses qui sont belles en elles-mêmes, dans la belle nature qui n'est autre que Dieu, et quand elle devrait se tenir ferme pour jouir de ces choses, comme elle veut se les attribuer et ne pas ressembler à Dieu par Dieu, mais être par elle-même ce qu'il est, elle se détourne de lui, elle est ébranlée et tombe de plus en plus dans le moins qu'elle prend pour le plus, parce que non-seulement elle ne se suffit point à elle-même, mais encore rien ne lui suffit plus depuis qu'elle s'éloigne de celui qui seul lui suffit. Aussi l'indigence et la difficulté font-elles qu'elle est trop appliquée à ses propres actions et aux délectations agitées qu'elle en recueille. Voilà comment par le désir d'acquérir des connaissances par le moyen des choses qui sont du dehors dont elle aime le genre de connaissance, mais qu'elle sent qu'on peut perdre si on ne la conserve à force de soins, elle perd toute sécurité, et pense dès lors d'autant moins à elle, qu'elle est plus certaine de ne point se perdre. Aussi, comme c'est autre chose de ne se point connaître et autre chose de ne point penser à soi; (en effet, nous ne saurions dire qu'un homme instruit dans plusieurs sciences ne sait point la grammaire, parce qu'il ne pense point à cette science quand sa pensée se porte sur l'art de la médecine;) puis donc qu'il y a une différence entre ne se point connaître et ne point penser à soi, telle est la force de l'amour que les choses auxquelles l'âme a longtemps pensé avec amour et s'est étroitement attachée par le lien de l'application, l'entraînent avec elles lors même qu'elle revient d'une certaine façon à penser à elle. Et comme les choses qu'elle a aimées au dehors par les sens du corps, sont elles-mêmes des corps, qu'elle se trouve enlacée à elles par une longue habitude, et ne peut emporter ces choses corporelles avec elle au dedans d'elle, comme dans une région de nature incorporelle,

---

parte quæritur. Quocirca quia nec tota se mens quærit, nec pars ejus ulla se quærit, se mens omnino non quærit.

CAPUT V.
Animæ cur præceptum ut se cognoscat.

7. Ut quid ergo ei præceptum est, ut se ipsam cognoscat? Credo ut se ipsam cogitet, et secundum naturam suam vivat, id est, ut secundum naturam suam ordinari appetat, sub eo scilicet cui subdenda est, supra ea quibus præponenda est; sub illo a quo regi debet, supra ea quæ regere debet. Multa enim per cupiditatem pravam, tanquam sui sit oblita, sic agit. Videt enim quædam intrinsecus pulchra, in præstantiore natura quæ Deus est : et cum (a) stare debeat ut eis fruatur, volens ea sibi tribuere, et non ex illo similis illius, sed ex se ipsa esse quod ille est, avertitur ab eo, moveturque et labitur in minus et minus, quod putat amplius et amplius : quia nec ipsa sibi, nec ei quidquam sufficit recedenti ab illo qui solus sufficit : ideoque per egestatem ac difficultatem fit nimis intenta in actiones suas et inquietas delectationes quas per eas colligit : atque ita cupiditate acquirendi notitias ex iis quæ foris sunt, quorum cognitum genus amat et sentit amitti posse, nisi impensa cura teneatur, perdit securitatem, tantoque se ipsam minus cogitat, quanto magis secura est quod se non possit amittere. Ita cum aliud sit non se nosse, aliud non se cogitare : (neque enim multarum doctrinarum peritum, ignorare grammaticam dicimus, cum eam non cogitat, quia de medicinæ arte tunc cogitat :) cum ergo aliud sit non se nosse, aliud non se cogitare, tanta vis est amoris, ut ea quæ cum amore diu cogitaverit, eisque curæ glutino inhæserit, attrahat secum etiam cum ad se cogitandam quodam modo redit. Et quia illa corpora sunt, quæ foris per sensus carnis adamavit, corumque diuturna quadam familiaritate implicata est, nec secum potest introrsum tanquam in regionem incorporeæ naturæ ipsa corpora inferre, imagines

---

(a) Editi *instare debeat*. At Mss. *stare* : cui verbo mox illud infra respondet, *et labitur in minus*.

elle en roule les images en elle et les emporte avec elle après les avoir faites en elle et d'elle; car pour les former elle leur donne une partie de sa substance; mais elle conserve quelque chose qui lui permet de juger librement de l'espèce de telles images, et ce quelque chose, c'est plutôt l'âme, je veux dire l'intelligence raisonnable qui se réserve pour juger. Car nous sentons que ces parties de l'âme qui se forment par les images des corps nous sont communes avec les bêtes.

CHAPITRE VI.

Fausse opinion que l'âme a d'elle-même.

8. Mais l'âme se trompe quand elle s'unit à ces images avec un tel amour qu'elle va jusqu'à penser qu'elle est quelque chose de pareil. En effet, elle se conforme à ces choses, d'une certaine manière, non point par son être, mais par la pensée; non en ce qu'elle se croit elle-même une image, mais bien en ce qu'elle se croit cela même dont elle a l'image en soi. Car il y a toujours en elle le jugement qui lui fait discerner le corps qu'elle laisse dehors de l'image qu'elle en porte en elle; à moins que, lorsque ces images se produisent, elles ne soient senties par elle comme étant hors d'elle, et ne soient point pensées au-dedans d'elle, comme il arrive ordinairement aux personnes qui dorment, qui sont ivres ou tombées en extase.

CHAPITRE VII.

Opinions des philosophes sur la substance de l'âme.

9. Aussi quand elle se croit quelque chose de tel, elle se croit corps. Mais parce qu'elle a conscience du pouvoir par lequel elle régit le corps, il en résulte que quelques écrivains se sont demandé quelle partie du corps était la plus importante dans le corps, et ont pensé que c'était l'âme, ou même que le corps était tout âme. Aussi les uns ont-ils dit que c'était le sang, les autres la cervelle, et ceux-là le cœur, bien différents dans leur langage de l'Ecriture qui dit : « Je vous confesserai, Seigneur, de tout mon cœur, » (*Ps.* IX, CX, et CXXXVII) et ailleurs : « Vous aimerez le Seigneur votre Dieu de tout votre cœur. » (*Deut.*, VI, 5, et *Matth.*, XXII, 37.) C'est en effet par abus, ou plutôt par extension, que ce mot a passé du corps à l'âme, et que précisément cette partie du corps que nous apercevons dans notre poitrine entr'ouverte, on l'a regardée comme étant l'âme. Il y en a d'autres qui ont pensé qu'elle était formée par le concours et la réunion des corpuscules infiniment petits et déliés appelés atomes, d'autres ont dit que sa substance était de l'air, d'autres du feu. Ceux-ci

eorum convolvit, et rapit factas in semetipsa de semetipsa. Dat enim eis formandis quiddam substantiæ suæ : servat autem aliquid quo libere de specie talium imaginum judicet, et hoc est magis mens, id est rationalis intelligentia, quæ servatur ut judicet. Nam illas animæ partes quæ corporum similitudinibus informantur, etiam cum bestiis nos communes habere sentimus.

CAPUT VI.

Fallax mentis de se ipsa existimatio.

8. Errat autem mens, cum se istis imaginibus tanto amore conjungit, ut etiam se esse aliquid hujusmodi existimet. Ita enim conformatur eis quodam modo, non id existendo, sed putando : non quo se imaginem putet; sed omnino illud ipsum cujus imaginem secum habet. Viget quippe in ea judicium discernendi corpus quod foris relinquit, ab imagine quam de illo secum gerit : nisi cum ita exprimuntur eædem imagines tanquam foris sentiantur, non intus cogitentur, sicut dormientibus, aut furentibus, aut in aliqua ecstasi accidere solet.

CAPUT VII.

Philosophorum opiniones de animæ substantia.

9. Cum itaque se tale aliquid putat, corpus esse se putat. Et quia sibi bene conscia est principatus sui quo corpus regit; hinc factum est ut quidam quærerent quid corporis amplius valeret in corpore, et hoc esse mentem, vel omnino totam animam existimarent (*a*). Itaque alii sanguinem, alii cerebrum, alii cor, non sicut Scriptura dicit : « Confitebor tibi, Domine, in toto corde meo : » (*Psal.* IX, XC, CXXXVII) et : « Diliges Dominum Deum tuum ex toto corde tuo : » (*Deut.*, VI, 5; *Matth.*, XXII, 37) hoc enim abutendo vel transferendo vocabulum ducitur a corpore ad animam : sed ipsam omnino particulam corporis quam in visceribus dilaniatis videmus, eam esse putaverunt. Alii ex minutissimis individuisque corpusculis, quas atomos dicunt, concurrentibus in se

(*a*) Hic editi addunt, *ut Empedocles et Ericates opinati sunt :* quod omnino abest a Mss.

ont avancé qu'elle n'est point une substance, parce qu'ils ne pouvaient concevoir d'autre substance que le corps, et qu'ils ne trouvent point qu'elle fût un corps, mais dans leur opinion elle n'est autre chose que le tempérament même de notre corps, le lien qui rapproche les parties primordiales dont cette chair est comme un faisceau. Aussi tous ces hommes l'ont-ils tenue pour mortelle, attendu que dans la supposition qu'elle fût un corps, ou un composé corporel, elle ne pouvait demeurer éternellement. Quant à ceux qui pensèrent que sa substance est une vie n'ayant absolument rien de corporel, attendu qu'ils ont trouvé qu'elle est la vie qui anime et vivifie tout corps vivant, ils se sont efforcés, pour être conséquents, de prouver chacun selon ses forces, que l'âme est immortelle, attendu que la vie ne peut manquer de la vie. Car pour ce qui est de je ne sais quel cinquième corps que certains auteurs ont ajouté aux quatre éléments bien connus de ce monde, et dont ils ont fait l'âme, je ne pense pas qu'il y ait lieu de nous y arrêter ici. En effet, ou bien ils donnent le nom de corps à ce que nous appelons de ce nom, et dont la partie dans l'espace est moindre que le tout, alors il faut les compter parmi ceux qui ont cru que l'âme est corporelle, ou bien s'ils donnent le nom de corps à toute substance en général, ou du moins à toute substance muable, bien qu'ils sachent que toute substance n'est point renfermée dans l'espace, en longueur, largeur et profondeur, il n'y a pas à engager la lutte avec eux sur une question de mot.

10. Dans toutes ces opinions chacun voit que la nature de l'âme est une substance et n'est point corporelle, c'est-à-dire qu'elle n'occupe point dans l'espace un lieu moins étendu par une portion d'elle-même moins grande, et plus grand par une portion plus grande. En même temps on doit voir que ceux qui pensent que l'âme est corporelle, ne se trompent point parce que l'âme leur est inconnue, mais parce qu'ils y ajoutent ce sans quoi ils ne peuvent concevoir une nature. En effet, ils pensent que tout ce qu'ils sont obligés de concevoir sans les conceptions de corps n'existe absolument point. Aussi en ce cas-là l'âme ne se chercherait-elle point comme s'il lui manquait quelque chose. En effet, qu'y a-t-il de plus présent à la pensée que ce qui est présent à l'âme? Ou qu'y a-t-il de plus présent à l'âme que l'âme même? Aussi ce qu'on appelle inventer, si nous remontons à la racine du mot, ne signifie-t-il pas autre chose que ceci : venir dans ce qu'on cherche? Voilà pourquoi ce qui se présente comme de soi-même à l'esprit ne s'appelle point ordinairement une invention, bien qu'on puisse dire que ce soient des connaissances, attendu que nous ne nous dirigions

---

atque cohærentibus, eam confici crediderunt. Alii aerem, alii ignem substantiam ejus esse dixerunt. Alii eam nullam esse substantiam, quia nisi corpus nullam substantiam poterant cogitare, et eam corpus esse non inveniebant : sed ipsam temperationem corporis nostri vel compagem primordiorum, quibus ista caro tanquam connectitur, esse opinati sunt. Eoque hi omnes eam mortalem esse senserunt, quia sive corpus esset, sive aliqua compositio corporis, non posset utique immortaliter permanere. Qui vero ejus substantiam vitam quamdam nequaquam corpoream, quando quidem vitam omne vivum corpus animantem ac vivificantem esse repererunt ; consequenter et immortalem, quia vita carere vita non potest, ut quisque potuit, probare conati sunt. Nam de quinto illo nescio quo corpore, quod notissimis quatuor hujus mundi elementis quidam conjungentes, hinc animam esse dixerunt, hoc loco diu disserendum non puto. Aut enim hoc vocant corpus quod nos, cujus in loci spatio pars toto minor est, et in illis annumerandi sunt qui mentem corpoream esse crediderunt : aut si vel omnem substantiam, vel omnem mutabilem substantiam corpus appellant, cum sciant non omnem locorum spatiis aliqua longitudine et latitudine et altitudine contineri, non cum eis de vocabuli quæstione pugnandum est.

10. In his omnibus sententiis quisquis videt mentis naturam et esse substantiam, et non esse corpoream, id est, non minore sui parte minus occupare loci spatium, majusque majore : simul oportet videat eos qui opinantur esse corpoream, non ob hoc errare, quod mens desit eorum notitiæ ; sed quod adjungunt ea, sine quibus nullam possunt cogitare naturam. Sine phantasiis enim corporum quidquid (a) jussi fuerint cogitare, nihil omnino esse arbitrantur. Ideoque non se, tanquam sibi desit, mens requirat. Quid enim tam cognitioni adest, quam id quod menti adest? aut quid tam menti adest, quam ipsa mens? Unde et ipsa quæ appellatur inventio, si verbi originem retractemus, quid aliud resonat, nisi quia invenire est in id venire quod quæritur. Propterea quæ quasi ultro in mentem veniunt, non usi-

(a) Editi *visi fuerint*. At Mss. *jussi fuerint*.

point en esprit vers ces choses par la recherche, de manière que nous puissions les inventer, c'est-à-dire venir en elles(1). C'est pourquoi de même que l'esprit cherche aussi les choses qu'on cherche des yeux du corps ou de tout autre sens corporel, car c'est l'esprit lui-même qui dirige l'attention des sens du corps, et trouve quand les sens du corps tombent sur ce qu'il recherche, ainsi trouve-t-il les autres choses qu'il ne doit point connaître par l'intermédiaire des sens corporels, mais par lui-même, et il se trouve soit dans une substance supérieure, je veux dire en Dieu, soit dans les autres parties de l'âme, comme lorsqu'il juge des images même des corps, car l'âme les trouve imprimées au dedans d'elle-même par le moyen du corps.

CHAPITRE VIII.

Comment l'âme doit se rechercher en elle-même.

11. C'est donc une question surprenante que de savoir comment l'âme doit se chercher et se trouver, où elle doit aller se chercher ou venir pour se trouver. En effet, qu'y a-t-il qui soit autant dans l'âme que l'âme? Mais comme elle est dans les choses auxquelles elle pense avec amour, dans des choses sensibles, je veux dire corporelles, et s'y est habituée avec amour, elle ne peut plus être en elle-même sans les images de ces choses. C'est de là que naît pour elle sa honteuse erreur, elle ne peut plus séparer d'elle-même les images des choses qu'elle a perçues par les sens, pour arriver à ne voir qu'elle seule, car ces choses se sont attachées à elle d'une manière surprenante par le liant de l'amour, et son impureté consiste précisément en ce que, quand elle s'efforce de se penser elle-même seule, elle pense qu'elle est ce sans quoi elle ne saurait se penser. Aussi quand il lui est ordonné de se connaître, elle ne doit point se chercher comme si elle avait été ravie à elle, mais elle doit retrancher d'elle ce qu'elle s'est ajouté. En effet, elle est, quant à elle, plus intérieure non-seulement que les choses sensibles qui sont manifestement hors d'elle, mais encore que les images de ces choses qui se trouvent dans une certaine partie de l'âme que les bêtes mêmes possèdent, bien qu'elles manquent de l'intelligence qui est le propre de l'esprit. L'âme étant donc à l'intérieur, sort en quelque sorte d'elle-même, quand elle lance son affection et son amour sur ces choses comme sur les vestiges d'une multitude de choses auxquelles elle a prêté attention. Or, ces vestiges s'impriment, en quelque sorte, dans la mémoire, quand les choses corporelles du dehors font une impression sur les sens, en sorte que même en l'absence de ces choses, les images s'en trouvent cependant présentes à la pensée.

(1) Saint Augustin joue ici sur le mot *invenire* d'où vient *invention*, d'une manière impossible à rendre en français.

---

tate dicuntur inventa, quamvis cognita dici possint; quia non in ea quærendo tendebamus, ut in ea veniremus, hoc est, ea inveniremus. Quapropter sicut ea quæ oculis aut ullo alio corporis sensu requiruntur, ipsa mens quærit; (ipsa enim etiam sensum carnis intendit, tunc autem invenit, cum in ea quæ requiruntur idem sensus venit :) sic alia quæ non corporeo sensu internuntio, sed per se ipsam nosse debet, cum in ea venit, invenit; aut in superiore substantia, id est in Deo, aut in cæteris animæ partibus, sicut de ipsis imaginibus corporum cum judicat; intus enim in anima eas invenit per corpus impressas.

CAPUT VIII.

Quomodo se ipsam anima inquirat.

11. Ergo se ipsam quemadmodum quærat et inveniat, mirabilis quæstio est, quo tendat ut quærat, aut quo veniat ut inveniat. Quid enim tam in mente quam mens est? Sed quia in iis est quæ cum amore cogitat, sensibilibus autem, id est corporalibus, cum amore assuefacta est, non valet sine imaginibus eorum esse in semetipsa. Hinc ei oboritur erroris dedecus, dum rerum sensarum imagines secernere a se non potest, ut se solam videat. Cohæserunt enim mirabiliter glutino amoris : et hæc est ejus immunditia, quoniam dum se solam nititur cogitare, hoc se putat esse sine quo se non potest cogitare. Cum igitur ei præcipitur, ut se ipsam cognoscat, non se tanquam sibi detracta sit quærat; sed id quod sibi addidit detrahat. Interior est enim ipsa, non solum quam ista seusibilia quæ manifeste foris sunt, sed etiam quam imagines eorum quæ in parte quadam sunt animæ, quam habent et bestiæ, quamvis intelligentia careant, quæ mentis est propria. Cum ergo sit mens interior, quodam modo exit a semetipsa, cum in hæc quasi vestigia multarum intentionum exserit amoris affectum. Quæ vestigia tanquam imprimuntur memoriæ, quando hæc quæ foris sunt corporalia sentiuntur, ut etiam cum absunt ista, præsto sint tamen imagines eorum cogitantibus. Cognoscat ergo semetipsam, nec quasi absentem se

L'âme devra donc se connaître et ne point se chercher comme étant absente, mais fixer sur elle-même l'attention de sa volonté par laquelle elle se répand sur toutes les autres choses, s'établir en elle, se penser elle-même. C'est ainsi qu'elle verra qu'elle n'a jamais été sans s'aimer et jamais sans se connaître, mais en aimant avec elle autre chose qu'elle, elle s'est confondue avec cette chose et accrue en quelque sorte de cette chose même. Voilà comment en embrassant diverses choses comme si elles n'en faisaient qu'une, elle a pensé qu'il n'y en avait qu'une là où il y en avait plusieurs bien différentes.

CHAPITRE IX.

L'âme se connaît dès lors qu'elle comprend le précepte de se connaître.

12. L'âme ne doit donc point chercher à se voir comme si elle était absente, mais s'appliquer à se discerner comme étant présente. Il ne faut pas non plus qu'elle se connaisse comme si elle eût été inconnue à elle-même, mais il faut qu'elle se distingue de ce qu'elle connaît d'autre qu'elle. En effet, quand elle entend ces paroles : connais-toi toi-même, comment se mettra-t-elle en peine d'agir, si elle ne sait point ou ce que signifie ces mots : connais-toi, ou ces autres : toi-même? Mais si elle connaît le sens des uns et des autres, elle se connaît donc elle-même, attendu qu'il n'est point dit à l'âme : connais-toi, toi-même, comme on dit : connais les chérubins et les séraphins; en effet, pour ces êtres qui sont absents, nous y croyons en tant qu'ils nous sont présentés comme étant des puissances célestes. Ce n'est pas non plus dans le même sens que lorsqu'il est dit à l'âme : connais la volonté de cet homme que nous ne saurions ni sentir de quelque manière que ce fût, ni comprendre sans le secours de certains signes corporels, et même en ce cas il arrive que nous croyons la comprendre plutôt encore que nous ne la comprenons. Ce n'est point davantage dans le sens où l'on dit à quelqu'un : voyez votre figure, ce qu'il ne peut faire que dans un miroir, attendu que notre figure même est soustraite à nos regards, puisqu'elle ne se trouve point placée de manière à ce que nous puissions les diriger sur elle. Mais quand on dit à l'âme : connais-toi toi-même, du même coup où elle comprend ces mots : toi-même, elle se connaît, et cela par la raison qu'elle est présente à elle-même. Mais si elle ne comprend point ce qui lui est dit alors, elle ne le fait point. Par conséquent ce qu'il lui est prescrit de faire, c'est ce qu'elle fait dès lors qu'elle comprend ce qui lui est prescrit.

13. L'âme ne doit donc point ajouter autre chose au fait de se connaître quand elle entend le précepte de se connaître elle-même, car elle sait avec certitude que c'est à elle que ces paroles

---

quærat, sed intentionem voluntatis qua per alia vagabatur, statuat in (*a*) semetipsam, et se cogitet. Ita videbit quod nunquam se non amaverit, nunquam nescierit : sed aliud secum amando cum eo se confudit et concrevit quodam modo ; atque ita dum sicut unum diversa complectitur, unum putavit esse quæ diversa sunt.

CAPUT IX.

Mens eo ipso se cognoscit, quo intelligit præceptum se cognoscendi.

12. Non itaque velut absentem se quærat cernere, sed præsentem se curet discernere. Nec se quasi non norit cognoscat, sed ab eo (*b*) quod alterum novit dignoscat. Ipsum enim quod audit : Cognosce te ipsam , quomodo agere curabit, si nescit, aut quid sit cognosce, aut quid sit te ipsam? Si autem utrumque novit, novit et se ipsam : quia non ita dicitur menti : Cognosce te ipsam, sicut dicitur : Cognosce Cherubim et Seraphim : de absentibus enim illis credimus, secundum quod cœlestes quædam potestates esse prædicantur. Neque sicut dicitur : Cognosce voluntatem illius hominis : quæ nobis nec ad sentiendum ullo modo, nec ad intelligendum præsto est, nisi corporalibus signis editis; et hoc ita, ut magis credamus, quam intelligamus. Neque ita ut dicitur homini : Vide faciem tuam : quod nisi in speculo fieri non potest. Nam et ipsa nostra facies absens ab aspectu nostro est, quia non ibi est quo illa dirigi potest. Sed cum dicitur menti : Cognosce te ipsam, eo ictu quo intelligit quod dictum est, te ipsam , cognoscit se ipsam; nec ob aliud, quam eo quod sibi præsens est. Si autem quod dictum est non intelligit, non utique facit. Hoc igitur ei præcipitur ut faciat, quod cum ipsum præceptum intelligit, facit.

13. Non ergo adjungat aliud ad id quod se ipsam cognoscit, cum audit ut se ipsam cognoscat. Certe enim novit sibi dici, sibi scilicet quæ est, et vivit, et intelligit. Sed est et cadaver, vivit et pecus : intelli-

---

(*a*) Plerique Mss. *in se ipsa*. — (*b*) Sic Mss. At editi *eo quo*.

s'adressent, à elle dis-je qui est, vit et comprend. Il est vrai, un cadavre même est, un animal vit, mais ni le cadavre ni l'animal ne comprennent. L'âme donc sait qu'elle est et qu'elle vit comme est et vit une intelligence.

CHAPITRE X.

Par conséquent, lorsque par exemple l'âme pense qu'elle est de l'air, elle pense que de l'air est intelligent. Or, elle sait bien pourtant qu'elle est intelligente, elle, mais elle ne sait point, elle pense seulement qu'elle est de l'air. Elle doit donc mettre de côté ce qu'elle pense être et voir ce qu'elle sait qu'elle est, et qu'il lui reste ce dont n'ont jamais douté ceux même qui ont pensé que l'âme est tel ou tel corps. En effet, toutes les âmes ne pensent point qu'elles sont de l'air, il y en a qui pensent être du feu, d'autre de la cervelle, celles-ci tel corps, celles-là tel autre, comme je l'ai dit plus haut; mais toutes savent qu'elles comprennent, qu'elles sont et qu'elles vivent, mais le fait de comprendre, elles le rapportent à ce qu'elles comprennent, tandis que le fait d'être et de vivre, elles le rapportent à elles-mêmes. Nul ne doute que personne ne comprend s'il n'est vivant, et que personne ne vit s'il n'est. Par conséquent il suit de là que ce qui comprend est et vit, mais non point à la manière dont est un cadavre qui ne vit point, ni dont vit une âme qui ne comprend point, mais d'une certaine manière propre et plus excellente. De même elles savent qu'elles veulent et elles savent également que cela est impossible à quiconque ne serait point et ne vivrait point. Il en est de même de la volonté que l'âme rapporte à ce qu'elle veut, par cette même volonté. Elle sait aussi qu'elle se souvient, et elle sait en même temps que personne ne se souvient s'il n'est et s'il ne vit; mais quant à la mémoire, nous la rapportons à ce que nous nous remémorons par elle. De ces trois choses, il y en a donc deux, la mémoire et l'intelligence qui renferment la connaissance et la science d'une multitude de choses; quant à la volonté elle est là pour nous faire jouir et tirer parti pour notre usage de cette multitude de choses. En effet, nous ne jouissons que de ce que nous connaissons et dans quoi la volonté charmée se repose pour elle-même. Nous ne faisons usage que des choses que nous rapportons à une autre chose dont nous voulons jouir. Et la vie des hommes n'est vicieuse et coupable que parce qu'elle en fait un mauvais usage et jouit mal des choses. Mais ce n'est point maintenant le temps de parler de cela.

14. Comme il ne s'agit pour le moment que de la nature de l'âme, laissons de côté, dans nos réflexions, les notions qui se puisent au dehors par le moyen des sens corporels et appliquons toute notre attention aux choses que nous avons

git autem nec cadaver, nec pecus. Sic ergo se esse et vivere scit, quomodo est et vivit intelligentia.

CAPUT X.

Cum ergo verbi gratia, mens aerem se putat, aerem intelligere putat, se tamen intelligere scit: aerem autem se esse non scit, sed putat. Secernat quod se putat, cernat quod scit: hoc ei remaneat, unde ne illi quidem dubitaverunt, qui aliud atque aliud corpus esse mentem putaverunt. Neque enim omnis mens aerem se esse existimat, sed aliæ ignem, aliæ cerebrum, aliæque aliud corpus, et aliud aliæ, sicut supra commemoravi: omnes tamen se intelligere noverunt, et esse, et vivere; sed intelligere ad id quod intelligunt referunt, esse autem et vivere ad se ipsas. Et nulli est dubium, nec quemquam intelligere qui non vivat, nec quemquam vivere qui non sit. Ergo consequenter et esse et vivere id quod intelligit, non sicuti est cadaver quod non vivit, nec sicuti vivit anima quæ non intelligit, sed proprio quodam eodemque præstantiore modo. Item velle se sciunt, neque hoc posse quemquam qui non sit et qui non vivat, pariter sciunt: itemque ipsam voluntatem referunt ad aliquid, quod ea voluntate volunt. Meminisse etiam se sciunt; simulque sciunt quod nemo meminisset, nisi esset ac viveret: sed et ipsam memoriam ad aliquid referimus, quod ea meminimus. Duobus igitur horum trium memoria et intelligentia multarum rerum notitia atque scientia continentur: voluntas autem adest, per quam fruamur eis vel utamur. Fruimur enim cognitis, in quibus voluntas ipsis propter se ipsa delectata conquiescit: utimur vero eis quæ ad aliud referimus quo fruendum est. Nec est alia vita hominum vitiosa atque culpabilis, quam male utens et male fruens. De qua re non est nunc disserendi locus.

14. Sed quoniam de natura mentis agitur, removeamus a consideratione nostra omnes notitias quæ capiuntur extrinsecus per sensus corporis, et ea quæ posuimus omnes mentes de se ipsis nosse cer-

dit que toute âme sait en ce qui est d'elle et tient pour certain. Or, tous les hommes doutent si l'air a la propriété de vivre, de se souvenir, de comprendre, de vouloir, de penser, de savoir et de juger; si le feu, le cerveau, le sang, les atomes, et, en dehors des quatre éléments communément admis, je ne sais quel cinquième autre élément, l'ensemble et l'équilibre de notre chair, sont capables de pareils phénomènes; et quand l'un a essayé d'affirmer l'une de ces choses, un autre en a affirmé une autre; mais en attendant, qui pourrait douter qu'il vit, qu'il se souvient, qu'il comprend, qu'il veut, qu'il pense, qu'il sait et qu'il juge? d'autant plus que s'il doute, c'est qu'il vit, et s'il doute pourquoi il doute, c'est qu'il se souvient, et que s'il doute, il comprend qu'il doute; s'il doute, il veut être certain; s'il doute, il pense; s'il doute, il sait qu'il ne sait pas; s'il doute, il juge qu'il ne doit point donner témérairement son assentiment. Quiconque, par conséquent, doute de tout le reste, ne peut douter de tout cela, attendu que si tout cela n'était point, il ne pourrait pas même douter.

15. Ceux qui pensent que l'âme est soit un corps, soit une harmonie, soit un équilibre du corps, veulent que toutes ces choses soient dans un sujet pour que l'âme, qu'ils pensent être de l'air, du feu, ou tout autre corps, soit une substance; mais pour ce qui est de l'intelligence, elle se trouverait dans ce corps comme une qualité de ce corps, en sorte que le corps serait le sujet et l'intelligence serait dans le sujet; le sujet, ce serait pour eux l'âme même qu'ils pensent être un corps, et l'intelligence serait dans le sujet, de même que les autres choses dont nous avons parlé plus haut et que nous tenons pour certaines. L'opinion de ceux qui, sans dire que l'âme est un corps, pensent néanmoins qu'elle est une harmonie, un équilibre du corps, ne s'éloigne guère de la pensée des premiers. En effet, la différence qui les sépare, c'est que tandis qu'ils prétendent que c'est l'âme même qui est une substance et forme le sujet en qui se trouverait l'intelligence, les premiers disent que c'est l'âme même qui est dans le sujet, c'est-à-dire dans le corps dont elle fait l'harmonie et l'équilibre. Aussi, pour être conséquents, ne peuvent-ils penser autre chose, sinon que l'intelligence se trouve aussi dans le même sujet corporel?

16. Tous ces gens-là ne remarquent point que notre âme se connaît même quand elle se cherche, comme je l'ai déjà montré. Or, on ne peut, en aucune façon, avancer qu'une chose est connue, quand on n'en connaît point la substance. Aussi quand l'âme se connaît, elle connaît sa substance, et quand elle ne doute point de soi, c'est de sa substance qu'elle ne doute point. Or, elle ne doute point de soi comme le prouve ce que j'ai rapporté plus haut. Elle n'est pas absolument sûre qu'elle soit de l'air ou du

---

tasque esse, diligentius attendamus. Utrum enim aeris sit vis vivendi, reminiscendi, intelligendi, volendi, cogitandi, sciendi, judicandi; an ignis, an cerebri, an sanguinis, an atomorum, an præter usitata quatuor elementa quinti nescio cujus corporis, an ipsius carnis nostræ compago vel temperamentum hæc efficere valeat, dubitaverunt homines : et alius hoc, alius aliud affirmare conatus est. Vivere se tamen et meminisse, et intelligere, et velle, et cogitare, et scire, et judicare quis dubitet? Quando quidem etiam si dubitat, vivit : si dubitat unde dubitet, meminit; si dubitat, dubitare se intelligit; si dubitat, certus esse vult; si dubitat, cogitat; si dubitat, scit se nescire; si dubitat, judicat non se temere consentire oportere. Quisquis igitur aliunde dubitat, de his omnibus dubitare non debet : quæ si non essent, de ulla re dubitare non posset.

15. Hæc omnia, qui vel corpus vel compositionem seu temperationem corporis esse mentem putant, in subjecto esse volunt videri, ut substantia sit aer, vel ignis, sive aliquod aliud corpus, quod mentem putant; intelligentia vero ita insit huic corpori, sicut qualitas ejus : ut illud subjectum sit, hæc in subjecto; subjectum scilicet mens quam corpus esse arbitrantur, in subjecto autem intelligentia, sive quid aliud eorum quæ certa nobis esse commemoravimus. Juxta opinantur etiam illi qui mentem ipsam negant esse corpus, sed compaginem aut temperationem corporis. Hoc enim interest, quod illi mentem ipsam dicunt esse substantiam, in quo subjecto sit intelligentia : isti autem ipsam mentem in subjecto esse dicunt, corpore scilicet cujus compositio vel temperatio est. Unde consequenter etiam intelligentiam quid aliud quam in eodem subjecto corpore existimant?

16. Qui omnes non advertunt, mentem nosse se etiam cum quærit se, sicut jam ostendimus. Nullo modo autem recte dicitur sciri aliqua res, dum ejus ignoratur substantia. Quapropter cum se mens novit, substantiam suam novit; et cum de se certa est, de substantia sua certa est. Certa est autem de se, sicut convincunt ea quæ supra dicta sunt. Nec omni-

feu, un corps ou quelque chose de corporel. Elle n'est donc rien de tout cela, et tout ce qui lui est ordonné quand il lui est prescrit de se connaître, se résume tout entier à être sûre qu'elle n'est rien de ce dont elle n'est pas sûre et à être bien certaine de cette seule chose, c'est qu'elle n'est certaine que de son être. Car c'est ainsi qu'elle se croit du feu ou de l'air et tout ce qu'elle se croit être de corporel. Il serait absolument impossible qu'elle pensât ce qu'elle est de la même manière qu'elle pense ce qu'elle n'est pas. En effet, c'est par une conception de l'imagination qu'elle pense toutes ces choses, l'air, le feu, tel ou tel corps, telle partie de corps ou telle harmonie et équilibre corporels, et qu'on prétend qu'elle est non tout cela, mais quelque chose de cela. Mais si elle était quelqu'une de ces choses, elle penserait cette chose d'une manière autre qu'elle ne pense le reste des autres choses, c'est-à-dire elle ne se le représenterait point par un travail de l'imagination, comme on se représente les choses absentes qui ont été perçues par les sens du corps, soit en elle-même, soit dans des sujets du même genre qu'elle. Mais elle se le représenterait d'une présence intérieure non simulée, mais vraie, car il n'y a rien qui lui soit plus présent qu'elle, comme elle le pense vivant et se souvenant, comprenant et voulant. En effet, elle connaît toutes ces choses en elle et ne les imagine point comme si elle les avait perçues par quelqu'un de ses sens, en dehors d'elle, ainsi qu'elle perçoit toutes les choses corporelles. Si, de la pensée de toutes ces choses, elle ne se forme à elle-même rien de tel qu'elle croie y ressembler, il n'y a plus que ce qui lui reste d'elle-même qui soit elle.

CHAPITRE XI.

C'est dans la mémoire, l'intelligence et la volonté que s'observent le génie, la science et l'usage.

17. Mettant donc un peu à l'écart toutes les autres choses dont l'âme est certaine en ce qui est d'elle, considérons en particulier et traitons ces trois facultés, la mémoire, l'intelligence et la volonté. C'est en effet dans ces trois facultés qu'on lit ordinairement la tournure d'esprit que promet chaque enfant. En effet, plus la mémoire d'un enfant est tenace et facile, son intelligence pénétrante, son ardeur à l'étude grande, plus aussi son esprit est remarquable. De même lorsqu'on s'enquiert de la science de quelqu'un, on ne s'informe point de la ténacité et de la facilité de sa mémoire, ni de la pénétration de son intelligence, mais on demande ce qu'il a retenu et ce qu'il comprend. Et comme un esprit n'est pas tenu pour aussi digne de louange qu'il est instruit, mais que l'on considère aussi à quel point il est bon, on ne fait pas tant attention à l'étendue de sa mémoire et de son intelligence

---

no certa est, utrum aer, an ignis sit, an aliquod corpus, vel aliquid corporis. Non est igitur aliquid eorum : totumque illud quod se jubetur ut noverit, ad hoc pertinet ut certa sit, non se esse aliquid eorum de quibus incerta est, idque solum esse se certa sit, quod solum esse se certa est. Sic enim cogitat ignem aut aerem, et quidquid aliud corporis cogitat. Neque ullo modo fieri posset, ut ita cogitaret id quod ipsa est, quemadmodum cogitat id quod ipsa non est. Per phantasiam quippe imaginariam cogitat hæc omnia, sive ignem, sive aerem, sive illud vel illud corpus, partemve illam, seu compaginem temperationemque corporis; nec utique ista omnia, sed aliquid horum esse dicitur. Si quid autem horum esset, aliter id quam cætera cogitaret, non scilicet per imaginale figmentum, sicut cogitantur absentia, quæ sensu corporis facta sunt, sive omnino ipsa, sive ejusdem generis aliqua; sed quadam interiore, non simulata, sed vera præsentia : (non enim quidquam ille est se ipsa præsentius :) sicut cogitat vivere se et meminisse et intelligere et velle se. Novit enim hæc in se, nec imaginatur quasi extra se illa sensu tetigerit, sicut corporalia quæque tanguntur. Ex quorum cogitationibus si nihil sibi affingat, ut tale aliquid esse se putet, quidquid ei de se remanet hoc solum ipsa est.

CAPUT XI.

In memoria, intelligentia, et voluntate observatur ingenium, doctrina, et usus.

17. Remotis igitur paulisper cæteris, quorum mens de se ipsa certa est, tria hæc potissimum considerata tractemus, memoriam, intelligentiam, voluntatem. In his enim tribus inspici solent etiam ingenia parvulorum cujusmodi præferant indolem. Quanto quippe tenacius et facilius puer meminit, quantoque acutius intelligit, et studet ardentius, tanto est laudabilioris ingenii. Cum vero de cujusque doctrina quæritur, non quanta firmitate ac facilitate meminerit, vel quanto acumine intelligat; sed quid meminerit, et quid intelligat quæritur. Et quia

qu'à la nature de sa volonté; on ne se demande point avec quelle ardeur il veut, mais d'abord ce qu'il veut, puis à quel point il le veut. En effet, on ne doit louer un esprit qui aime avec passion, que lorsque ce qu'il aime mérite d'être passionnément aimé. Lors donc qu'on parle de ces trois choses, le génie, la science et l'usage, ce que l'on considère avant tout en elles, c'est d'abord ce dont un individu est capable par la mémoire, par l'intelligence et par la volonté; en second lieu, à quoi sa mémoire et son intelligence sont arrivées par le fait d'une volonté appliquée; enfin l'usage qu'il a fait de la volonté, mettant en œuvre ce qui se trouve dans la mémoire et l'intelligence, soit qu'elle rapporte cet acquis à quelque fin particulière, soit qu'elle se repose avec bonheur dans cet acquis sans autre fin ultérieure. En effet, user d'une chose, c'est employer cette chose au gré de la volonté, et en jouir, c'est s'en servir avec la satisfaction qui vient non de l'espérance, mais de cette chose même. Il suit de là que quiconque jouit d'une chose se sert de cette chose, puisqu'il l'emploie au gré de sa volonté pour la seule fin de la jouissance qu'il y trouve; mais quiconque use d'une chose n'en jouit point pour cela, si, par exemple, la chose qu'il emploie au gré de sa volonté, il ne l'emploie point pour cette chose même, mais en vue d'une autre chose où tendent ses désirs.

18. Ces trois choses, la mémoire, l'intelligence et la volonté n'étant pas trois vies, mais une seule vie, ni trois âmes, mais une seule et même âme, ne font point non plus par conséquent trois substances, mais une seule et même substance. En effet, quand on fait, dans le discours, mémoire synonyme de vie, d'âme, de substance, c'est en elle-même qu'on l'envisage, mais quand on ne parle que de la mémoire, c'est par rapport à quelque chose qu'on lui donne ce nom. Il en est de même de l'intelligence et de la volonté, attendu que c'est également par rapport à quelque chose qu'elles sont dites intelligence et volonté. Mais ces mots : vie, âme, essence ne se prennent jamais qu'en soi. Voilà pourquoi ces trois choses ne font qu'une seule et même chose, par ce fait qu'elles ne font qu'une seule et même vie, une seule et même âme, une seule et même essence, et tout ce qui se dit de chacune de ces choses prises à part et considérées en elles-mêmes, se dit également de toutes ensemble, non pas au pluriel, mais au singulier. Elles sont trois en ce qu'elles se rapportent l'une à l'autre, mais si elles n'étaient point toutes trois égales, non-seulement chacune d'elles à chacune des deux autres, mais encore à toutes trois en même temps, elles ne se contiendraient point réciproquement les unes les autres. Or, non-seulement chacune des trois prise à part est contenue par chacune des deux autres prises à part, mais

non tantum quam doctus sit, consideratur laudabilis animus, sed etiam quam bonus : non tantum quid meminerit et quid intelligat, verum etiam quid velit attenditur : non quanta flagrantia velit, sed quid velit prius, deinde quantum velit. Tunc enim laudandus est animus vehementer amans, cum id quod amat vehementer amandum est. Cum ergo dicuntur hæc tria, ingenium, doctrina, usus, primum horum consideratur in illis tribus, quid possit quisque memoria, (*a*) intelligentia, et voluntate. Secundum eorum consideratur, quid habeat quisque in memoria, et intelligentia, quo studiosa voluntate pervenerit. Jam vero usus tertius in voluntate est, pertractante illa quæ in memoria et intelligentia continentur, sive ad aliquid ea referat, sive eorum fine delectata conquiescat. Uti enim, est assumere aliquid in facultatem voluntatis : frui est autem, uti cum gaudio, non adhuc spei, sed jam rei. Proinde omnis qui fruitur, utitur; assumit enim aliquid in facultatem voluntatis, cum fine delectationis : non autem omnis qui utitur, fruitur; (*b*) si id quod in facultatem voluntatis assumit, non propter illud ipsum, sed propter aliud appetivit.

18. Hæc igitur tria, memoria, intelligentia, voluntas, quoniam non sunt tres vitæ, sed una vita; nec tres mentes, sed una mens : consequenter utique nec tres substantiæ sunt, sed una substantia. Memoria quippe, quæ vita et mens et substantia dicitur, ad se ipsam dicitur : quod vero memoria dicitur, ad aliquid relative dicitur. Hoc de intelligentia quoque et de voluntate dixerim : et intelligentia quippe et voluntas ad aliquid dicuntur. Vita est autem unaquæque ad se ipsam, et mens, et essentia. Quocirca tria hæc eo sunt unum, quo una vita, una mens, una essentia : et quidquid aliud ad se ipsa singula dicuntur, etiam simul, non pluraliter, sed singulariter dicuntur. Eo vero tria, quo ad se invicem referuntur : quæ si æqualia non essent, non solum singula singulis, sed etiam omnibus singula, non utique se invicem caperent. Neque enim

(*a*) Septem Mss. omittunt, *intelligentia et voluntate.* — (*b*) Sic Mss. At editis *sed id.*

encore toutes trois sont contenues dans chacune des trois considérées séparément. En effet, je me souviens que j'ai mémoire, intelligence et volonté, je comprends que je comprends, que je veux et que je me souviens, et je veux vouloir, me souvenir et comprendre, et je me souviens en même temps de ma mémoire tout entière, de mon intelligence tout entière et de ma volonté tout entière. En effet, ce que je ne me remémore point dans ma mémoire, n'est point dans ma mémoire. Or, rien n'est tant dans la mémoire que la mémoire même, je me la remémore donc tout entière. Il en est de même de tout ce que je comprends, je sais que je comprends, et je sais également que je veux tout ce que je veux. Or, c'est tout ce que je sais que je me remémore; je me remémore donc mon intelligence tout entière et ma volonté tout entière. De même quand je comprends ces trois choses, je les comprends tout entières à la fois, car en fait de choses intelligibles, il n'y a que celles que je ne connais point, que je ne comprends point. Mais je ne me remémore pas davantage les choses que j'ignore et je ne les veux pas non plus, d'où il suit que toutes les choses intelligibles que je ne comprends pas, je ne me les rappelle ni ne les veux point non plus. Mais s'il y a des choses intelligibles que je me rappelle et que je veuille, il s'ensuit que je les comprends. Ma volonté aussi embrasse mon intelligence et ma mémoire tout entières, quand je me sers de tout ce que je comprends et me remémore. Aussi toutes ces trois facultés étant embrassées à la fois tout entières par chacune d'elles séparément, chacune d'elles considérée en particulier est égale en son entier à chacune des autres tout entières, et chacune d'elles est tout entière égale à toutes les autres, en sorte que, à elles trois, elles ne sont qu'un, qu'une vie, qu'une âme, qu'une essence.

CHAPITRE XII.

L'âme est une image de la Trinité dans sa mémoire, son intelligence et sa volonté.

19. Et maintenant n'est-il pas temps de nous élever de toutes les forces de notre intention à cette haute et suprême essence dont l'âme humaine n'est qu'une imparfaite image, il est vrai, mais dont néanmoins elle est l'image? Est-ce qu'il y a lieu encore à les nommer séparément dans l'âme, par suite des choses que nous percevons au dehors, par le moyen des sens du corps, à cause de la place où se trouve imprimée dans le temps la connaissance des choses corporelles? En effet, nous avons trouvé que l'âme même est dans sa propre mémoire et dans sa propre intelligence, à tel point que se connaissant et se voulant toujours elle-même, il est manifeste que toujours elle se comprend et

tantum a singulis singula, verum etiam a singulis omnia capiuntur. Memini enim me habere memoriam, et intelligentiam, et voluntatem; et intelligo me intelligere, et velle, atque meminisse; et volo me velle, et meminisse, et intelligere; totamque meam memoriam, et intelligentiam, et voluntatem simul memini. Quod enim memoriæ meæ non memini, non est in memoria mea. Nihil autem tam in memoria, quam ipsa memoria est. Totam igitur memini. Item quidquid intelligo, intelligere me scio, et scio me velle quidquid volo: quidquid autem scio memini. Totam igitur intelligentiam, totamque voluntatem meam memini. Similiter cum hæc tria intelligo, tota simul intelligo. Neque enim quidquam intelligibilium non intelligo, nisi quod ignoro. Quod autem ignoro, nec memini, nec volo. Quidquid itaque intelligibilium non intelligo, consequenter etiam nec memini, nec volo. Quidquid autem intelligibilium memini et volo, consequenter intelligo. Voluntas etiam mea totam intelligentiam totamque memoriam meam capit, dum toto utor quod intelligo et memini. Quapropter quando invicem a singulis et tota omnia capiuntur, æqualia sunt tota singula totis singulis, et tota singula simul omnibus totis, et hæc tria unum, una vita, una mens, una essentia.

CAPUT XII.

Mens imago Trinitatis in sui ipsius memoria, intelligentia et voluntate.

19. Jam ne igitur ascendendum est qualibuscumque intentionis viribus ad illam summam et altissimam essentiam, cujus impar imago est humana mens, sed tamen imago? an adhuc eadem tria distinctius declaranda sunt in anima, per illa quæ extrinsecus sensu corporis capimus, ubi temporaliter imprimitur rerum corporearum notitia? Mentem quippe ipsam in memoria et intelligentia et voluntate suimetipsius talem reperiebamus, ut quoniam semper se nosse semperque se ipsam velle comprehendebatur, simul etiam semper sui meminisse, semperque se ipsam intelligere et amare compre-

s'aime elle-même, bien qu'elle ne se voie point toujours dans la pensée distincte des choses qui ne sont point, et que, par suite, il soit difficile de distinguer, en elle, la mémoire et l'intelligence qu'elle a d'elle-même. En effet, c'est comme si ces deux facultés ne faisaient point deux, mais une seule et même chose comprise sous deux mots différents, ce qui paraît surtout là où ces deux facultés sont intimement unies et que l'une ne précède l'autre d'aucun intervalle de temps. On ne sent point de même que l'amour même existe quand son absence ne le trahit point, attendu que toujours l'amour suppose l'existence d'un objet aimé. Aussi cela doit-il paraître clair aux intelligences mêmes les plus lentes, quand il s'agit des choses qui s'ajoutent à l'esprit avec le temps, et qui lui arrivent dans le temps, quand elle se remémore des choses qu'elle ne se rappelait point auparavant, et quand elle voit des choses qu'elle ne voyait point précédemment, et quand elle aime des choses qu'elle n'aimait point avant cela. Mais le développement de ces pensées exige un nouveau livre à cause de la longueur de celui-ci.

LIVRE ONZIÈME

Il se montre même dans l'homme extérieur une sorte d'image de la Trinité. Et d'abord dans les choses qu'on voit au dehors, il y a le corps qui est vu, la forme qui s'en imprime dans l'œil de celui qui le regarde, et l'acte de la volonté qui unit l'un et l'autre. Ensuite dans l'esprit même on remarque encore une autre trinité, qui y est comme introduite par les choses perçues au dehors, je veux parler de trois faits d'une seule et même substance, de l'image du corps qui se trouve dans la mémoire, de son information quand le regard de la pensée se tourne vers elle, enfin de l'acte de la volonté qui réunit l'un et l'autre. On dit que cette autre trinité se rapporte aussi à l'homme extérieur parce qu'elle est produite en lui par les objets que ses sens perçoivent hors de lui.

CHAPITRE PREMIER.

Traces de la Trinité même dans l'homme extérieur.

1. Il n'est douteux pour personne que de même que l'homme intérieur est doué d'intelligence, ainsi l'homme extérieur est doué de sens corporels. Essayons donc, si nous pouvons, de rechercher quelques vestiges de la Trinité, même dans cet homme extérieur, non point pourtant qu'il soit de la même manière que l'homme in-

---

LIBER UNDECIMUS

Trinitatis imago quædam monstratur etiam in exteriore homine : primo quidem in his quæ cernuntur extrinsecus, ex corpore henderetur; quamvis non semper se cogitare discretam ab eis quæ non sunt, quod ipsa est : ac per hoc difficile in ea dignoscitur memoria sui, et intelligentia sui. Quasi enim non sint hæc duo, sed unum duobus vocabulis appelletur, sic apparet in ea re ubi valde ista conjuncta sunt, et aliud alio nullo præceditur tempore : amorque ipse non ita sentitur esse, cum eum non prodit indigentia, quoniam (a) semper præsto est quod amatur. Quapropter etiam tardioribus dilucescere hæc possunt, dum ea tractantur quæ ad animum tempore accedunt, et quæ illi temporaliter accidunt, cum meminit quod antea non meminerat, et cum videt quod antea non videbat, et cum amat quod antea non amabat. Sed aliud hæc tractatio jam poscit exordium, propter hujus libelli modum.

scilicet quod videtur, et forma quæ inde in acie cernentis imprimitur, et utrumque copulantis intentione voluntatis : tametsi hæc tria neque inter se æqualia sint, neque unius substantiæ. Deinde in ipso animo ab his quæ extrinsecus sensa sunt, velut introducta observatur altera trinitas, seu tria quædam unius substantiæ, imaginatio corporis quæ in memoria est, et inde informatio cum ad eam convertitur acies cogitantis, et utrumque conjungens intentio voluntatis : quæ nimirum altera trinitas ad exteriorem quoque hominem pertinere dicitur, quod de corporibus illata sit quæ sentiuntur extrinsecus.

CAPUT PRIMUM.

Vestigium Trinitatis etiam in exteriore homine.

1. Nemini dubium est, sicut interiorem hominem intelligentia, sic exteriorem sensu corporis præditum. Nitamur igitur, si possumus, in hoc quoque exteriore indagare qualecumque vestigium Trinitatis, non quia et ipse eodem modo sit imago Dei. (*Col.*, III, 10.) Manifesta est quippe Apostolica sententia, quæ interiorem hominem renovari (b) in Dei agnitione declarat secundum imaginem ejus qui

---

(a) Editi *non semper*. Delenda particula negans, quæ abest a Mss. — (b) Nonnulli Mss. *in Dei agnitionem.*

térieur une image de Dieu. Le langage de l'Apôtre déclare en effet manifestement que l'homme intérieur se renouvelle dans la connaissance de Dieu (*Col.*, III, 10), selon l'image de celui qui l'a créé, puisque dans un autre endroit il dit : « Et si notre homme extérieur se corrompt, cependant l'intérieur se renouvelle de jour en jour. » (II *Cor.*, IV, 16.) Cherchons donc même dans cet homme qui se corrompt, du mieux qu'il nous sera possible, une image de la Trinité, sinon parfaitement rendue, du moins peut-être assez facile à reconnaître. Après tout, ce n'est pas sans raison qu'il est appelé homme extérieur, il n'en serait pas ainsi s'il n'y avait en lui une certaine ressemblance avec l'homme intérieur. D'ailleurs par suite de l'ordre même de notre condition, ordre qui fait que nous sommes créés charnels et mortels, il nous est plus facile et plus habituel de sonder les choses visibles que les intelligibles, quoique les unes soient extérieures et les autres intérieures, que les premières soient perçues par les sens corporels, et les autres comprises par l'esprit, et que nous-mêmes nous ne soyons point des esprits sensibles, je veux dire corporels, mais intelligibles, puisque nous sommes vie ; cependant, comme je l'ai dit, il s'est fait une telle habitude dans les corps, et notre attention retombe hors de soi dans les choses corporelles, d'une manière si surprenante, que si elle se trouve enlevée à l'incertitude des choses corporelles, pour se porter vers l'esprit d'une manière beaucoup plus certaine et plus stable, elle revient vers celles-là, et recherche son repos là même d'où lui vient sa faiblesse. Il faut faire quelques sacrifices à cette maladie, afin que si nous essayons parfois de distinguer plus commodément les choses intérieures de l'esprit, pour les insinuer plus aisément, nous puisions dans les choses corporelles extérieures des arguments tirés de la similitude. Ainsi donc c'est par les sens corporels extérieurs dont il est doué, que l'homme intérieur perçoit les corps ; or, ces sens, comme il est facile de le remarquer, sont au nombre de cinq ; ce sont la vue, l'ouïe, l'odorat, le goût et le toucher. Mais ce serait beaucoup, et cela n'est point nécessaire, d'interroger ces cinq sens sur ce que nous cherchons à savoir. En effet, ce que l'un d'eux nous apprend, se passe de même dans les autres. Arrêtons-nous donc de préférence au témoignage de la vue ; ce sens est en effet le plus excellent, et, eu égard à sa différence générique, il est le plus voisin de la vision de l'esprit.

CHAPITRE II.

Il y a une sorte de trinité dans le fait de la vision.

2. Lors donc que nous voyons un corps, il faut discerner et considérer trois choses, ce qui est très-facile, premièrement la chose même que

---

creavit eum : cum et alio loco dicat : « Et si exterior homo noster corrumpitur, tamen interior renovatur de die in diem. » (II *Cor.*, IV, 16.) In hoc ergo qui corrumpitur, quæramus, quemadmodum possumus, quamdam Trinitatis effigiem, et si non expressiorem, tamen fortassis ad dignoscendum faciliorem. Neque enim frustra et iste homo dicitur, nisi quia inest ei nonnulla interioris similitudo. Et illo ipso ordine conditionis nostræ, quo mortales atque carnales effecti sumus, facilius et quasi familiarius visibilia quam intelligibilia pertractamus : cum ista sint exterius, illa interius, et ista sensu corporis sentiamus, illa mente intelligamus ; nosque ipsi animi non sensibiles simus, id est, corpora, sed intelligibiles, quoniam vita sumus : tamen, ut dixi, tanta facta est in corporibus consuetudo, et ita in hæc miro modo relabens foras se nostra projecit intentio, ut cum ab incerto corporum ablata fuerit, ut in (*a*) spiritum multo certiore ac stabiliore cognitione figatur, refugiat ad ista, et ibi appetat requiem unde traxit infirmitatem. Cujus ægritudini congruendum est : ut si quando interiora spiritalia accommodatius distinguere atque facilius insinuare conamur, de corporalibus exterioribus similitudinum documenta capiamus. Sensu igitur corporis exterior homo præditus sentit corpora : et iste sensus, quod facile advertitur, quinquepertitus est, videndo, audiendo, olfaciendo, gustando, tangendo. Sed et multum est, et non necessarium, ut omnes hos quinque sensus id quod quærimus interrogemus. Quod enim nobis unus eorum renuntiat, etiam in cæteris valet. Itaque potissimum testimonio utamur oculorum. Is enim sensus corporis maxime excellit, et est visioni mentis pro sui generis diversitate vicinior.

CAPUT II.

Trinitas quædam in visione.

2. Cum igitur aliquod corpus videmus, hæc tria, quod facillimum est, consideranda sunt et digno-

---

(*a*) Plerique Mss. *ut in spiritu.*

nous voyons, une pierre, une flamme, ou tout autre objet capable d'être perçu par l'œil, et ayant certainement pu exister avant même qu'il fût vu; en second lieu, la vision qui n'était point avant le moment où nous avons senti que cet objet était placé sous notre sens; en troisième lieu, ce qui, dans l'objet vu, retient le sens de la vue, tant qu'il est vu, je veux dire, l'attention de l'esprit. Or, non-seulement ces trois choses sont manifestement distinctes, mais encore différent de nature. Et d'abord le corps visible est d'une tout autre nature que le sens de la vue qui, en se dirigeant sur lui, produit la vision. La vision elle-même, qu'est-ce autre chose que l'information du sens par la chose sentie? Il est vrai, si on éloigne l'objet sensible, la vision n'existe plus et ne saurait en aucune manière se produire telle qu'elle se produit, s'il n'y avait point un corps qui pût être vu; cependant le corps par lequel est informé le sens de la vue, quand il est vu, n'est pas du tout de la même substance que la forme même qu'il imprime dans le sens de la vue et qu'on appelle vision. En effet, le corps vu est de sa nature divisible, mais le sens de la vue qui existait déjà dans l'être vivant, même avant qu'il vît ce qu'il pouvait voir, quand il rencontrerait quelque chose de visible, ou la vision même qui s'opère dans le sens de la vue par l'action d'un objet visible, quand les parties de cet objet sont réunies et qu'il est vu, le sens, dis-je, ou la vision, c'est-à-dire le sens formé au dehors, appartient à la nature de l'être animé, laquelle est tout à fait autre que l'objet vu ou senti, et par lequel le sens de la vue n'est point formé de manière qu'il y ait sens, mais de manière qu'il y ait vision. En effet, si le sens de la vue n'existait point en nous avant l'objet sensible, nous ne différerions point des aveugles, tant que nous ne verrions rien, soit à cause des ténèbres, soit parce que nous aurions les yeux fermés. Or, il y a entre nous et eux cette différence, que même quand nous ne voyons rien, nous avons la faculté de voir qu'on appelle le sens de la vue; les aveugles, au contraire, ne l'ont point cette faculté, et si on dit qu'ils sont aveugles, ce n'est que parce qu'ils manquent de ce sens. De même l'attention de l'esprit qui tient appliqué notre sens sur l'objet que nous voyons et qui unit l'un à l'autre, diffère de nature non-seulement avec l'objet visible, attendu que l'une est spirituelle, tandis que l'autre est corporel, mais encore avec le sens de la vue et de la vision, car l'attention est le fait de l'esprit seulement, tandis que le sens de la vue n'est appelé sens corporel, que parce que les yeux mêmes sont des membres du corps, et si le corps sans l'âme ne sent rien, l'âme mêlée au corps sent par le moyen d'un

scenda. Primo ipsa res quam videmus, sive lapidem, sive aliquam flammam, sive quid aliud quod videri oculis potest; quod utique jam esse poterat, et ante quam videretur: deinde visio quæ non erat, prius quam rem illam objectam sensui sentiremus: tertio quod in ea re quæ videtur, quamdiu videtur, sensum detinet oculorum, id est, animi intentio. In his igitur tribus, non solum est manifesta distinctio, sed etiam discreta natura. Primum quippe illud corpus visibile longe alterius naturæ est, quam sensus oculorum, quo sibimet incidente fit visio. Ipsaque visio quid aliud, quam sensus ex ea re quæ sentitur informatus apparet? Quamvis re visibili detracta nulla sit, nec ulla omnino esse possit talis visio, si corpus non sit quod videri queat: nullo modo tamen ejusdem substantiæ est corpus quo formatur sensus oculorum, cum idem corpus videtur, et ipsa forma quæ ab eodem imprimitur sensui, quæ visio vocatur. Corpus enim (a) visum in sua natura separabile est: sensus autem qui jam erat in animante, etiam prius quam videret quod videre posset, cum in aliquid visibile incurreret, vel visio quæ fit in sensu ex visibili corpore, cum jam conjunctum est et videtur; sensus ergo vel visio, id est, sensus formatus extrinsecus, ad animantis naturam pertinet, omnino aliam quam est illud corpus quod videndo sentimus, quo sensus non ita formatur ut sensus sit, sed ut visio sit. Nam sensus et ante objectum rei sensibilis nisi esset in nobis, non distaremus a cæcis, dum nihil videmus, sive in tenebris, sive clausis luminibus. Hoc autem distamus, quod nobis inest et videntibus, quo videre possimus, qui sensus vocatur: illis vero non inest; nec aliunde, nisi quod eo carent, cæci appellantur. Itemque illa animi intentio, quæ in ea re quam videmus sensum tenet, atque utrumque conjungit, non tantum ab ea re visibili natura differt; quando quidem iste animus, illud corpus est: sed ab ipso quoque sensu atque visione: quoniam solius animi est hæc intentio: sensus autem oculorum non ob aliud sensus corporis dicitur, nisi quia et ipsi oculi membra sunt corporis: et quamvis non sentiat corpus exanime;

(a) Codices aliquot *a visu.*

instrument corporel qui s'appelle sens. Ce sens il est vrai est intercepté, est éteint par la souffrance du corps quand on est rendu aveugle, mais l'esprit demeure le même, et son attention, même après avoir perdu les yeux, et n'ayant plus le sens corporel qu'elle puisse appliquer et attacher au corps en regardant au dehors, et fixer sur lui son regard, cependant, par l'effort même qu'elle fait après qu'on lui a ravi ce sens corporel, elle montre qu'elle n'a pu ni périr ni diminuer. En effet, le désir de voir reste toujours le même, qu'il soit ou non possible de le satisfaire. Par conséquent, ces trois choses, le corps vu, la vision même et l'attention de l'esprit qui unit l'une à l'autre, sont manifestement distinctes, non-seulement à cause des propriétés de chacune des trois, mais encore par la différence de leurs natures.

3. Et dans ces choses, bien que le sens ne procède pas de l'objet corporel vu, mais du corps même de l'être animé qui sent et à qui l'âme se trouve associée d'une manière admirable et propre à elle, cependant la vision est engendrée de l'objet corporel vu, en d'autres termes, le sens même est formé, en sorte que ce n'est plus seulement le sens qui peut être entier même dans les ténèbres, pourvu que les yeux soient en bon état, mais le sens informé qu'on appelle vision. La vision est donc engendrée de l'objet visible et de l'être qui le voit, de telle sorte que le sens de la vue appartienne à quiconque voit, et l'attention soit le propre fait de quiconque arrête ses regards et considère un objet. Néanmoins cette information des sens qui s'appelle vision n'est imprimée que par le corps vu, c'est-à-dire par la chose visible; si on l'ôte, la forme qui se trouvait dans le sens, tant que l'objet vu était présent, cesse d'exister; mais le sens lui-même qui existait avant qu'il sentît quelque chose, subsiste toujours; de même que dans l'eau le vestige d'un objet demeure aussi longtemps que cet objet y est plongé; si on l'en retire, le vestige s'efface, bien que l'eau qui subsistait aussi avant qu'elle prît la forme de cet objet, demeure. Aussi ne pouvons-nous point dire que l'objet visible engendre le sens, mais il engendre la forme qui est comme sa ressemblance produite dans le sens de la vue, quand nous percevons quelque chose par les yeux. Mais ce n'est pas par le même sens que nous discernons la forme du corps que nous voyons et celle qui s'en trouve produite dans le sens de la vue; leur union est si grande qu'on ne voit pas moyen de les distinguer l'une de l'autre. Mais la raison nous fait comprendre que nous ne saurions sentir s'il ne se produit dans notre sens une certaine ressemblance du corps regardé. En effet, quand un anneau est imprimé dans la cire,

---

anima tamen commixta corpori per instrumentum sentit corporeum, et idem instrumentum sensus vocatur. Qui etiam passione corporis, cum quisque excæcatur interceptus exstinguitur, cum idem maneat animus, et ejus intentio, luminibus amissis, non habeat quidem sensum corporis quem videndo extrinsecus corpori adjungat atque in eo viso figat aspectum, nisu tamen ipso indicet se ademto corporis sensu, nec perire potuisse, nec minui. Manet enim quidam videndi appetitus integer, sive id possit fieri, sive non possit. Hæc igitur tria, corpus quod videtur, et ipsa visio, et quæ utrumque conjungit intentio, manifesta sunt ad dignoscendum, non solum propter propria singulorum, verum etiam propter differentiam naturarum.

3. Atque in his cum sensus non procedat ex corpore illo quod videtur, sed ex corpore sentientis animantis, cui anima suo quodam miro modo contemperatur: tamen ex corpore quod videtur gignitur visio, id est, sensus ipse formatur; ut jam non tantum sensus qui etiam in tenebris esse integer potest, dum est incolumitas oculorum, sed etiam sensus informatus sit, quæ visio vocatur. Gignitur ergo ex re visibili visio, sed non ex sola, nisi adsit et videns. Quocirca ex visibili et vidente gignitur visio, ita sane ut ex vidente sit sensus oculorum, et aspicientis atque intuentis intentio : illa tamen informatio sensus, quæ visio dicitur, a solo imprimatur corpore quod videtur, id est a re aliqua visibili : qua detracta, nulla remanet forma quæ inerat sensui, dum adesset illud quod videbatur : sensus tamen ipse remanet, qui erat et prius quam aliquid sentiretur; velut in aqua vestigium tamdiu est, donec ipsum corpus quod imprimitur inest; quo ablato nullum erit, cum remaneat aqua, quæ erat et antequam illam formam corporis caperet. Ideoque non possumus quidem dicere quod sensum gignat res visibilis : gignit tamen formam velut similitudinem suam, quæ fit in sensu, cum aliquid videndo sentimus. Sed formam corporis quod videmus, et formam quæ ab illa in sensu videntis fit, per eumdem sensum non discernimus; quoniam tanta conjunctio est, ut non pateat discernendi locus. Sed ratione colligimus nequaquam nos potuisse sentire, nisi fieret in sensu nostro aliqua similitudo conspecti corporis. Neque enim cum annulus ceræ imprimitur,

on ne peut pas dire qu'il n'y a point d'image faite parce qu'on ne la voit que lorsque l'anneau est enlevé; mais parce qu'après qu'on a séparé la cire de l'anneau, ce qui a été fait reste et peut être vu, il est facile de nous persuader que la forme de l'anneau existait déjà dans la cire, même avant que l'une fût séparée de l'autre. Si on plongeait l'anneau dans un liquide, on n'en apercevrait aucune image dans ce liquide quand on en aurait retiré l'anneau; néanmoins la raison ne devrait point laisser de comprendre que, dans ce liquide, se trouvait, avant que l'anneau en fût retiré, une forme de cet anneau produite par sa présence, qu'on doit distinguer de la forme même de l'anneau qui produit celle qui doit disparaître dès que l'anneau sera retiré du liquide, quoique l'autre forme par laquelle cette dernière forme était produite, demeure dans l'anneau. Ainsi en est-il du sens de la vue; il ne s'ensuit point qu'il n'a point l'image de l'objet vu tant qu'il est vu, parce que dès que cet objet est ôté, cette image ne subsiste plus. Et par là il est extrêmement difficile de montrer aux esprits un peu lents qu'il se forme dans le sens de la vue, une image de l'objet visible au moment où nous le voyons, et que cette forme n'est autre chose que la vision.

4. Mais s'il s'en trouve qui, par hasard, aient fait attention à ce que je vais rappeler, ils ne se donneront point tant de peine pour cette recherche. Ordinairement quand nous avons arrêté les yeux pendant un peu de temps sur des corps lumineux, et que nous les fermons ensuite, il se présente encore à nous des sortes de couleurs vives qui prennent, en changeant, différentes teintes, perdent de plus en plus leur éclat, et finissent par disparaître. On doit les regarder comme les restes de la forme produite dans notre sens, quand il voyait cet objet lumineux, laquelle change peu à peu en s'éteignant par degrés. En effet, si nous venons à jeter les yeux sur les barreaux de fenêtres treillagées, il arrive souvent qu'ils nous paraissent empreints des mêmes couleurs, ce qui montre manifestement que l'objet que nous avons considéré auparavant a imprimé cette image dans notre sens. Cette image existait donc au moment où nous voyions l'objet, elle était même et plus claire et plus profonde; mais elle était tellement liée avec l'espèce de l'objet que nous avions eu sous les yeux, que nous ne pouvions distinguer l'une de l'autre; or, cette image même n'était autre chose que la vision. De même quand je regarde un simple flambeau, et qu'en imprimant à mes rayons visuels une certaine déviation, je crois voir deux flambeaux, il y a à deux visions, bien qu'il n'y ait qu'un seul objet de vu; cela vient de ce que les rayons visuels qui partent respectivement de chacun de mes yeux sont affectés séparément, parce que je ne les laisse point se diriger également et parallèlement sur l'objet que je veux considérer, de manière à ne produire

---

ideo nulla imago facta est, quia non discernitur, nisi cum fuerit separata. Sed quoniam post ceram separatam manet quod factum est ut videri possit, propterea facile persuadetur, quod inerat jam ceræ forma impressa ex annulo et ante quam ab illa separaretur. Si autem liquido humori adjungeretur annulus, eo detracto nihil imaginis appareret : nec ideo tamen discernere ratio non deberet, fuisse in illo humore, ante quam detraheretur, annuli formam factam ex annulo, quæ distinguenda est ab ea forma quæ in annulo est, unde ista facta est quæ detracto annulo non erit, quamvis illa in annulo maneat unde ista facta est. Sic sensus oculorum non ideo non habet imaginem corporis quod videtur quamdiu videtur, quia eo detracto non remanet. Ac per hoc tardioribus ingeniis difficillime persuaderi potest, formari in sensu nostro imaginem rei visibilis, cum eam videmus, et eamdem formam esse visionem.

4. Sed qui forte adverterint quod commemorabo, non ita in hac inquisitione laborabunt. Plerumque cum diuscule attenderimus quæque luminaria, et deinde oculos clauserimus, quasi versantur in conspectu quidam lucidi colores varie sese commutantes, et minus minusque fulgentes, donec omnino desistant : quos intelligendum est reliquias esse formæ illius quæ facta erat in sensu, cum corpus lucidum videretur, paulatimque et quodam modo gradatim deficiendo variari. Nam et insertorum fenestrarum cancelli, si eos forte intuebamur, sæpe in illis apparuere coloribus; ut manifestum sit, hanc affectionem nostro sensui ex ea re quæ videbatur impressam. Erat ergo etiam cum videremus, et illa erat clarior et expressior; sed multum conjuncta cum specie rei ejus quæ cernebatur, ut discerni omnino non posset; et ipsa erat visio. Quin etiam cum lucernæ flammula modo quodam divaricatis radiis oculorum quasi geminatur, duæ visiones fiunt, cum sit res una quæ videtur. Singillatim quippe afficiuntur iidem radii de suo quisque oculo emicantes, dum non sinuntur in illud corpus intuendum pariter con-

qu'une seule vision avec les deux yeux. Aussi si je viens à fermer un œil, ce ne sont plus deux flammes que je vois, je n'en aperçois plus qu'une comme il n'y en a qu'une en effet. Or, pourquoi, lorsque je ferme l'œil gauche, cessé-je de voir la forme qui se trouvait à droite, et, réciproquement, en fermant l'œil droit, celle de gauche s'évanouit-elle? C'est une étude et une recherche qui seraient bien longues et qui n'importent point au sujet présent. En effet, pour ce qui se rapporte à la question qui nous occupe, s'il ne se produisait dans notre sens une image on ne peut plus ressemblante de l'objet que nous voyons, l'image du flambeau ne se doublerait point, quand on la considère avec les deux yeux, après avoir fait en sorte d'en séparer les rayons visuels par une certaine manière de regarder, car de quelque manière qu'on tourne, qu'on presse ou qu'on dévie celui des deux yeux qu'on voudra, il est absolument impossible d'arriver à voir double un objet unique.

5. Rappelons-nous, puisqu'il en est ainsi, comment ces trois choses bien que différentes par leur nature, je veux parler de la forme du corps vu, de l'image qui s'en imprime dans notre sens, de la vue, qu'on appelle vision ou sens formé, et de la volonté de l'âme qui applique notre sens à un objet sensible et tient en lui la vision même, forment une sorte d'unité. La première de ces trois choses, je veux dire l'objet visible, n'appartient pas à la nature de l'être animé, à moins que ce ne soit notre propre corps que nous voyons; la seconde, au contraire, y appartient tellement que c'est dans notre corps qu'elle se produit, et par le corps dans l'âme. En effet, elle se produit dans le sens de la vue qui n'existe ni sans le corps ni sans l'âme. Quant à la troisième, elle appartient tout entière à l'âme, parce que c'est la volonté même. Mais quelque différentes que soient les substances de ces trois choses, elles concourent néanmoins à faire toutes trois une telle unité, que ce n'est pas sans quelque peine que la raison distingue les deux premières de la dernière; c'est-à-dire, la forme de l'objet vu et l'image qui s'en produit dans le sens de la vue et qu'on appelle vision. Mais la volonté a une telle force pour réunir ces deux choses qu'elle applique le sens à l'objet vu, pour être formé par lui, et quand il est formé, le retient dans cette chose; si la violence de la volonté est telle qu'on puisse l'appeler amour, cupidité, ou passion, elle affecte profondément le reste même du corps de l'animal, et si elle ne vient se heurter contre une matière trop lente et trop dure, elle le change en une espèce et une couleur semblables. On peut voir le petit corps du caméléon prendre avec une étonnante facilité les teintes des couleurs qu'il voit. Quant aux autres animaux, s'ils ont un corps qui ne se prête point à ces changements,

TOM. XXVII.

juncteque concurrere, ut unus fiat ex utroque contuitus. Et ideo si unum oculum clauserimus, non geminum ignem, sed sicuti est unum videbimus. Cur autem sinistro clauso illa species desinit videri quæ ad dextrum erat, vicissimque dextro clauso illa intermoritur quæ ad sinistrum erat, et longum est et rei præsenti non necessarium modo quærere atque disserere. Quod enim ad susceptam quæstionem satis est, nisi fieret in sensu nostro quædam imago simillima rei ejus quam cernimus, non secundum oculorum numerum flammæ species geminaretur, cum quidam cernendi modus adhibitus fuerit, qui possit concursum separare radiorum. Ex uno quippe oculo quolibet modo deducto, aut impresso, aut intorto, si alter clausus est, dupliciter videri aliquid quod sit unum nullo pacto potest.

5. Quæ cum ita sint, tria hæc quamvis diversa natura, quemadmodum in quamdam unitatem contemperantur meminerimus, id est, species corporis quæ videtur, et impressa ejus imago sensui quod est visio sensusve formatus, et voluntas animi quæ rei sensibili sensum admovet, in eoque ipsam visionem tenet. Horum primum, id est, res ipsa visibilis non pertinet ad animantis naturam, nisi cum corpus nostrum cernimus. Alterum autem ita pertinet, ut in corpore fiat, et per corpus in anima : fit enim in sensu, qui neque sine corpore est, neque sine anima. Tertium vero solius animæ est, quia voluntas est. Cum igitur horum trium tam diversæ substantiæ sint, tamen in tantam coeunt unitatem, ut duo priora vix intercedente judice ratione discerni valeant; species videlicet corporis quod videtur, et imago ejus quæ sit in sensu, id est, visio. Voluntas autem tantam vim habet copulandi hæc duo, ut et sensum formandum admoveat ei rei quæ cernitur, et in ea formatum teneat. Et si tam violenta est, ut possit vocari amor, aut cupiditas, aut libido, etiam cæterum corpus animantis vehementer afflicit : et ubi non resistit pigrior duriorque materies, in similem speciem coloremque commutat. Licet videre corpusculum camæleontis ad colores quos videt facillima conversione variari. Aliorum autem animalium quia

leurs petits reproduisent souvent les désirs qu'ont eus leurs mères, quand elles ont regardé quelque chose avec une grande délectation. Car plus les éléments primordiaux de leurs germes sont tendres et impressionnables, plus ils sont aptes à suivre efficacement l'intention de l'âme de la mère, et l'image produite en elle par l'objet qu'elle a considéré avec un ardent désir. On pourrait en citer de nombreux exemples, il suffira d'en rapporter un seul, tiré des livres qui méritent le plus de confiance; c'est le fait de Jacob forçant des brebis et des chèvres à avoir des petits d'une autre couleur, en mettant devant elles des baguettes de couleurs différentes dans les canaux où elles allaient s'abreuver, afin qu'elles les vissent à l'époque où elles devenaient pleines.

6. Mais l'âme raisonnable vit d'une manière difforme quand elle vit selon la trinité de l'homme extérieur; je veux dire, quand elle accommode aux choses qui forment au dehors le sens du corps, non pas une volonté louable par laquelle elle les rapporte à quelque chose d'utile, mais une cupidité honteuse par laquelle elle s'attache à ces choses.

CHAPITRE III.

Après avoir ôté l'espèce de l'objet qui produisait la sensation corporelle, il reste encore dans la mémoire une image de cet objet, sur lequel la volonté peut à son gré reporter ses regards, pour être formée par elle intérieurement, comme le sens était formé extérieurement par la présence d'un objet sensible. Voilà comment se produit la trinité composée de la mémoire, de la vision interne et de la volonté unissant celle-ci à celle-là. Quand ces trois choses n'en font plus qu'une, on dit que c'est une pensée, mot dont la racine rappelle cette union (1). Ces trois choses ne sont point non plus de substances différentes; en effet, il n'y a plus là l'objet sensible qui se distingue absolument de la nature de l'animal, le sens corporel ne s'y trouve point non plus formé pour que la vision se produise, et la volonté elle-même n'agit point de manière à appliquer à un objet sensible le sens à former, et à l'y retenir attaché une fois formé; mais à l'espèce de l'objet corporel qui produisait une sensation au dehors, succède la mémoire retenant cette même espèce que l'âme boit par le sens du corps; et à la vision qui était au dehors quand le sens était formé par l'objet sensible, succède au dedans une vision semblable, quand la vue de l'esprit se forme par ce que la mémoire a retenu, et qu'on pense à des objets corporels qui sont absents. Quant à la volonté, de

(1) Saint Augustin fait venir le mot *cogitatio*, que nous traduisons par *pensée*, du mot *coactus*; aussi ce passage de notre Père est-il intraduisible en français.

non est ad conversionem facilis corpulentia, fetus plerumque produnt libidines matrum, quid cum magna delectatione conspexerint. Quam enim teneriora, atque ut ita dixerim, formabiliora sunt primordia seminum, tam efficaciter et capaciter sequuntur intentionem maternæ animæ, et quæ in ea facta est phantasiam per corpus quod cupide aspexit. Sunt exempla quæ copiose commemorari possint : sed unum sufficit de fidelissimis libris, quod fecit Jacob, ut oves et capræ varios coloribus parerent (*Gen.*, xxx, 39), supponendo eis variata virgulta in canalibus aquarum, quæ potantes intuerentur eo tempore quo conceperant.

6. Sed anima rationalis deformiter vivit, cum secundum trinitatem exterioris hominis vivit, id est, cum ad ea quæ forinsecus sensum corporis formant, non laudabilem voluntatem qua hæc ad utile aliquid referat, sed turpem cupiditatem qua his inhærescat, accommodat.

CAPUT III.

Quia etiam detracta specie corporis quæ corporaliter sentiebatur, remanet in memoria similitudo ejus, quo rursus voluntas convertat aciem, ut inde formetur intrinsecus, sicut ex corpore objecto sensibili sensus extrinsecus formabatur. Atque ita fit illa trinitas ex memoria, et interna visione, et quæ utrumque copulat voluntate. Quæ tria cum in unum coguntur, ab ipso coactu cogitatio dicitur. Nec jam in his tribus diversa substantia est. Neque enim aut corpus illud sensibile ibi est, quod omnino discretum est ab animantis natura, aut sensus corporis ibi formatur ut fiat visio, aut ipsa voluntas id agit ut formandum sensum sensibili corpori admoveat, in eoque formatum detineat : sed pro illa specie corporis quæ sentiebatur extrinsecus, succedit memoria retinens illam speciem quam per corporis sensum combibit anima; proque illa visione quæ foris erat cum sensus ex corpore sensibili formaretur, succedit intus similis visio, cum ex eo quod memoria tenet, formatur acies animi, et absentia corpora cogitantur : voluntasque ipsa quomodo foris corpori objecto formandum sensum admovebat, formatumque jungebat, sic aciem recordantis animi convertit

même qu'elle appliquait au dehors à un objet corporel le sens à former et l'y joignait une fois formé, ainsi tourne-t-elle la vue de l'esprit qui se souvient vers la mémoire, afin de former l'une par ce que l'autre a retenu et de produire dans la pensée une vision toute semblable. Mais de même que la raison distinguait l'espèce visible par laquelle le sens du corps était formé, et l'image de cet objet produite dans le sens une fois formé, pour qu'il y eût vision, (autrement elles seraient tellement unies qu'elles seraient censées ne faire qu'une seule et même chose;) ainsi la conception qui se produit, lorsque l'esprit pense une espèce d'objet corporel précédemment vu, se composant de l'image du corps que la mémoire a retenue, et de celle qui se forme sur cette image dans l'œil de l'esprit qui se souvient, semble une espèce tellement une et simple, qu'elle ne se trouve composée, si je puis parler ainsi, que pour le jugement de la raison, nous faisant comprendre qu'autre chose est ce qui reste dans la mémoire, même quand nous le pensons d'ailleurs, et autre chose ce qui se produit quand nous nous le rappelons, c'est-à-dire, quand nous rentrons dans notre mémoire et que nous y retrouvons la même espèce. Si elle n'y était plus, nous dirions que nous l'avons tellement oubliée qu'il nous est absolument impossible de nous la rappeler. Si la vue du souvenir n'était point produite par ce qui était resté dans la mémoire, il n'y aurait aucun moyen que la vision de la pensée se produisît; mais l'union de ces deux phénomènes, de l'image que la mémoire retient et de celle qui en est tirée pour former la vue du souvenir, étant de la plus grande ressemblance, il s'ensuit qu'elles ne paraissent faire qu'une seule et même image. La vue de la pensée se détourne-t-elle de cette image et cesse-t-elle de contempler ce qui se voyait dans la mémoire, il ne reste plus rien de la forme imprimée dans cette même vue de la pensée, mais elle se reformera de nouveau à la même source, si la vue de l'esprit se reporte une seconde fois vers cette image, pour faire une autre pensée. Cependant ce qu'elle a laissé dans la mémoire y demeure, et c'est vers cela qu'elle revient quand nous nous le rappelons; en y revenant elle se trouve formée par elle et ne fait plus qu'une seule et même chose avec ce qui l'a formée.

CHAPITRE IV.

7. Mais si la volonté qui porte tantôt ici, tantôt là, la vue de l'esprit à former, et qui, une fois formée, l'unit à l'objet qui l'a formée, se tourne tout entière vers la conception intérieure de l'objet et détourne tout à fait la vue de l'esprit de la présence des corps qui entourent les sens de tous côtés et des sens corporels eux-mêmes, pour la reporter entièrement sur l'i-

ad memoriam, ut ex eo quod illa retinuit, ista formetur, et (*a*) sit in cogitatione similis visio. Sicut autem ratione discernebatur species visibilis qua sensus corporis formabatur, et ejus similitudo quæ fiebat in sensu formato ut esset visio; (alioquin ita erant conjunctæ, ut omnino una eademque putaretur:) sic illa phantasia, cum animus cogitat speciem visi corporis, cum constet ex corporis similitudine quam memoria tenet, et ex ea quæ inde formatur in acie recordantis animi; tamen sic una et singularis apparet, ut duo quædam esse non inveniantur nisi judicante ratione, qua intelligimus aliud esse illud quod in memoria manet, etiam cum aliunde cogitamus, et aliud fieri cum recordamur, id est, ad memoriam redimus, et illic invenimus eamdem speciem. Quæ si jam non ibi esset, ita oblitos nos esse diceremus, ut omnino recolere non possemus. Si autem acies recordantis non formaretur ex ea re quæ erat in memoria, nullo modo fieret visio cogitantis : sed utriusque conjunctio, id est, ejus quam memoria tenet, et ejus quæ inde exprimitur ut formetur acies recordantis, quia simillimæ sunt, veluti unam facit apparere. Cum autem cogitantis acies aversa inde fuerit, atque id quod in memoria cernebatur destiterit intueri, nihil formæ quæ impressa erat in eadem acie remanebit : atque inde formabitur, quo rursus conversa fuerit ut alia cogitatio fiat. Manet tamen illud quod reliquit in memoria, quo rursus cum id recordamur convertatur, et conversa formetur, atque unum cum eo fiat unde formatur.

CAPUT IV.

7. Voluntas vero illa quæ hac atque illac fert et refert aciem formandam, conjungitque formatam, si ad interiorem phantasiam tota confluxerit, atque a præsentia corporum quæ circumjacent sensibus, atque ab ipsis sensibus corporis, animi aciem omnino averterit, atque ad eam quæ intus cernitur imaginem penitus converterit, tanta (*b*) offenditur simili-

---

(*a*) Plerique Mss. *et fit.* — (*b*) Plures Mss. *offunditur.* Et nonnulli *confunditur.*

mage qui se voit au dedans de l'âme, elle trouve une telle ressemblance entre l'image corporelle et celle qui vient de la mémoire, que la raison même ne saurait plus distinguer si c'est le corps placé au dehors qui est vu, ou seulement quelque chose de pareil qui se trouve dans la pensée. Car il arrive quelquefois que trop attiré ou trop effrayé par la pensée des choses visibles, on fait entendre tout à coup des exclamations pareilles à celles qu'on produirait si on se trouvait réellement au milieu de semblables actions ou passions. Je me rappelle même avoir entendu dire à quelqu'un qu'il voyait ordinairement d'une manière si saisissante et si palpable en quelque façon une forme de corps de femme, qu'il en était impressionné comme s'il avait eu commerce avec elle et qu'il s'ensuivait en lui un écoulement des organes de la génération. L'âme a autant de force sur son corps et autant d'empire pour modifier ou changer son vêtement qu'en a l'homme de changer le manteau qui le couvre. Ce qui se passe quand nous sommes le jouet des images qui nous apparaissent en songe, est du même genre d'affection. Mais il y a une grande différence entre ce qui se passe dans les sens assoupis du corps, comme cela arrive chez ceux qui sont endormis, ou ce qui a lieu dans ceux dont l'équilibre intérieur est troublé, dans les gens furieux, par exemple, chez les personnes atteintes d'aliénation mentale, chez les devins et les prophètes, quand l'attention de l'esprit se trouve portée par une sorte de nécessité vers les images que lui présente la mémoire, soit une force cachée, par l'effet d'une sorte de mélange spirituel d'une substance également spirituelle, et ce qui se passe quelquefois dans des hommes parfaitement sains et éveillés, quand la pensée se trouvant occupée, la volonté se détourne des sens, et forme la vue de l'âme par diverses images d'objets sensibles, absolument de la même manière que si elle était impressionnée par ces objets sensibles eux-mêmes. Ce n'est pas seulement quand la volonté se tourne avec un ardent désir vers ces objets que se produisent ces impressions d'images, mais cela arrive encore lorsque l'esprit n'est amené que par la pensée d'éviter quelque chose ou de se tenir sur ses gardes à considérer les choses qu'il doit fuir. De là vient que non-seulement le désir, mais la crainte fait éprouver aux sens les impressions des objets sensibles et affecte la vue de l'âme par des images de choses sensibles. Aussi plus la crainte ou le désir sont grands, plus la forme de la vue de l'âme vive est, soit qu'il y ait sensation produite par un objet corporel présent dans l'endroit où l'on est, soit qu'il y ait pensée par suite de l'image d'un objet corporel conservée dans la mémoire. Ce qu'un objet corporel est, dans l'espace, par rapport au sens cor-

---

tudo speciei corporalis expressa ex memoria, ut nec ipsa ratio discernere sinatur, utrum foris corpus ipsum videatur, an intus tale aliquid cogitetur. Nam interdum homines nimia cogitatione rerum visibilium vel illecti, vel territi, etiam ejusmodi repente voces ediderunt, quasi re vera in mediis talibus actionibus sive passionibus versarentur. Et memini me audisse a quodam, quod tam expressam et quasi solidam speciem feminei corporis in cogitando cernere soleret, ut ei se quasi misceri sentiens, etiam genitalibus flueret. Tantum habet virium anima in corpus suum, et tantum valet ad indumenti qualitatem vertendam atque mutandam, quomodo homo afficiatur indutus, qui cohæret indumento suo. Ex eodem genere affectionis etiam illud est, quod in somnis per imagines ludimur. Sed plurimum differt, utrum sopitis sensibus corporis, sicuti sunt dormientium, aut ab interiore compage turbatis, sicuti sunt furentium, aut alio quodam modo alienatis, sicuti sunt divinantium vel prophetantium, animi intentio quadam necessitate incurrat in eas quæ occurrunt imagines, sive ex memoria, sive alia aliqua occulta vi, per quasdam spiritales mixturas similiter spiritalis substantiæ; an sicut sanis atque vigilantibus interdum contingit, ut cogitatione occupata voluntas se avertat a sensibus, atque ita formet animi aciem variis imaginibus sensibilium rerum, tanquam ipsa sensibilia sentiantur. Non tantum autem cum appetendo in talia voluntas intenditur, fiunt istæ impressiones imaginum; sed etiam cum devitandi et cavendi causa rapitur animus in ea contuenda quæ fugiat. Unde non solum cupiendo, sed etiam metuendo, infertur vel sensus ipsis sensibilibus, vel acies animi formanda imaginibus sensibilium. Itaque aut metus aut cupiditas quanto vehementior fuerit, tanto expressius formatur acies, sive sentientis ex corpore quod in loco adjacet, sive cogitantis ex imagine corporis quæ memoria contineatur. Quod ergo est ad corporis sensum aliquod corpus in loco, hoc est ad animi aciem similitudo corporis in memoria: et quod est aspicientis visio ad eam speciem corporis ex qua sensus forma-

porel, l'image de cet objet, dans la mémoire, l'est par rapport à la vue de l'esprit; ce qu'est la vision de l'œil, par rapport à la forme de l'objet corporel par laquelle le sens est formé, la vision de la pensée l'est par rapport à l'image de l'objet corporel qui se trouve dans la mémoire, et qui forme la vue de l'esprit, et ce qu'est l'intention de la volonté par rapport à l'objet corporel vu et la vision qui doit y être unie, pour faire une sorte d'unité de ces trois choses, bien que d'une nature différente, la même intention de la volonté l'est par rapport à l'image, de l'objet corporel se trouvant dans la mémoire, qu'elle doit unir et la vision de la pensée, je veux dire la forme que l'œil de l'âme a prise en revenant à la mémoire; en sorte que là encore se produit une sorte d'unité de trois choses, non plus distinctes entre elles par une nature différente, mais bien d'une seule et même substance, puisque tout cela est intérieur et ne fait ensemble qu'un seul et même esprit.

8. Mais de même que lorsque la forme et l'espèce d'un objet corporel ont péri, la volonté ne peut plus y ramener le sens de la vue; ainsi quand l'image que la mémoire porte en elle se trouve effacée par l'oubli, il n'y a plus moyen pour la volonté d'y ramener l'œil de l'âme par le souvenir pour le former.

CHAPITRE V.

Mais comme l'âme peut se représenter non-seulement les choses oubliées, mais encore celles qu'elle n'a point senties et qu'elle ne connaît point par elle-même, en augmentant, diminuant, changeant et combinant à son gré celles qui ne sont point sorties de sa mémoire, souvent elle en imagine comme étant de telle ou telle manière, quand elle sait bien qu'il n'en est rien, ou quand elle ignore s'il en est en effet ainsi. Dans ce genre d'opérations, il faut prendre garde soit de mentir dans le but de tromper, soit de s'en tenir à de simples opinions pour se tromper soi-même. Si on évite ces deux maux, il n'y a plus de danger pour l'âme dans les fantômes de son imagination, de même qu'il n'y en a aucun dans les objets sensibles qu'on connaît par sa propre expérience et qu'on retient dans sa mémoire, si on ne les désire point avec passion dans le cas où ils nous plaisent, ou si on ne les fuit point d'une manière honteuse, dans le cas où ils nous blessent. Lors donc que la volonté, mettant de côté les seconds, se vautre avec avidité dans les premiers, elle devient impure, et, dans ces conditions, si ces objets sont présents, la pensée en est pernicieuse, et s'ils sont absents, la pensée en est plus pernicieuse encore. On vit donc mal alors et d'une vie déréglée, selon la trinité de l'homme extérieur, attendu que ce n'est que pour l'usage des objets sensibles que cette trinité a enfanté celle qui, tout en produisant ses images à l'intérieur, ne laisse pas néanmoins d'imaginer les choses du

tur, hoc est visio cogitantis ad imaginem corporis in memoria constitutam ex qua formatur acies animi : et quod est intentio voluntatis ad corpus visum visionemque copulandam, ut fiat ibi quædam unitas trium, quamvis eorum sit diversa natura ; hoc est eadem voluntatis intentio ad copulandam imaginem corporis quæ est in memoria, et visionem cogitantis, id est, formam quam cepit acies animi rediens ad memoriam : ut fiat et hic quædam unitas ex tribus, non jam naturæ diversitate discretis, sed unius ejusdemque substantiæ ; quia hoc totum intus est, et totum unus animus.

8. Sicut autem cum forma et species corporis interierit, non potest ad eam voluntas sensum revocare cernentis : ita cum imago quam memoria gerit, oblivione deleta est, non erit quo aciem animi formandam voluntas recordando retorqueat.

CAPUT V.

Sed quia prævalet animus, non solum oblita, verum etiam non sensa nec experta confingere, ea quæ non exciderunt augendo, minuendo, commutando, et pro arbitrio componendo, sæpe imaginatur quasi ita aliquid sit, quod aut scit non ita esse, aut nescit ita esse. In quo genere cavendum est, ne aut mentiatur ut decipiat, aut opinetur ut decipiatur. Quibus duobus malis evitatis, nihil ei obsunt imaginata phantasmata : sicut nihil obsunt experta sensibilia et retenta memoriter, si neque cupide appetantur si juvant, neque turpiter fugiantur si offendunt. Cum autem in his voluntas relictis melioribus avida volutatur, immunda fit : atque ita et cum adsunt perniciose, et cum absunt perniciosius cogitantur. Male itaque vivitur et deformiter secundum trinitatem hominis exterioris : quia et illam trinitatem, quæ licet interius imaginetur, exteriora tamen imaginatur, sensibilium corporaliumque utendorum causa peperit. Nullus enim eis uti posset etiam bene, nisi sensarum rerum imagines memoria tenerentur : et nisi pars maxima voluntatis in supe-

dehors. En effet, nul ne saurait faire de ces objets un bon usage, si les images des objets qui ont frappé les sens n'étaient conservées par la mémoire, si la plus grande partie de la volonté n'habite pas dans le lieu le plus élevé et le plus intime de notre être, et si cette même volonté qui nous est donnée se repose soit dans les objets extérieurs, soit même dans les images qui s'en reproduisent au dedans de nous, sans en tirer quoi que ce soit qu'elle fasse servir à une vie meilleure et plus vraie, et à la fin en vue de laquelle elle pense que toutes ces choses doivent être mises en œuvre, que faisons-nous autre chose que ce que l'Apôtre nous défend de faire quand il dit : « Ne vous conformez point au siècle présent? » (*Rom.*, XII, 2.) Cette trinité-là n'est donc point l'image de Dieu; elle n'est produite en effet que par le moyen du sens corporel dans l'âme même et tirée du dernier ordre des créatures, c'est-à-dire, de la créature corporelle à laquelle l'âme est supérieure, pourtant cette trinité ne manque pas absolument de toute ressemblance. En effet, qu'y a-t-il, qui selon son genre et dans une nature qui lui est propre, n'ait point quelque ressemblance avec Dieu, puisque c'est Dieu qui a fait toutes choses très-bonnes, ce qui ne peut-être ainsi que parce que lui-même est souverainement bon? Par conséquent, par cela même que tout ce qui est, est bon, il a une ressemblance éloignée, je le veux bien, mais pourtant une ressemblance quelconque avec le souverain bien; si cette ressemblance est naturelle, elle est belle et selon l'ordre, si au contraire, cette ressemblance est vicieuse, elle est laide et pervertie. En effet, les âmes jusque dans leurs péchés, ne recherchent par une liberté orgueilleuse, dévoyée, et si je puis parler ainsi, asservie, rien autre chose qu'une certaine ressemblance avec Dieu. Aussi n'aurait-il pas été possible de persuader à nos premiers parents de pécher, si on ne leur avait dit : « Vous serez comme des dieux. » (*Gen.*, III, 5.) Sans doute on ne saurait dire que tout ce qu'il y a dans les créatures de semblable en quelque chose à Dieu soit son image, mais du moins peut-on le dire de la créature qui seule n'a que Dieu au-dessus d'elle; car cette créature-là vient certainement de lui, puisque entre elle et lui il n'y a aucune autre nature.

9. Dans le fait de la vision, je veux dire de la forme qui se produit dans le sens de la vue, la forme de l'objet corporel d'où la première vient est comme le père. Mais ce père n'est pas un vrai père, d'où il suit que son fils n'est point non plus un vrai fils. En effet, ce dernier n'est pas, rigoureusement parlant, engendré par le premier, puisqu'il y a autre chose qui s'ajoute à l'objet corporel, pour en former ce fils, ce quelque chose c'est le sens de la vue. Par conséquent aimer cet objet corporel c'est donc s'égarer. Aussi la volonté qui unit l'un à l'autre, comme qui dirait le père au fils, est plus spirituelle qu'ils ne le sont l'un et l'autre. En effet, l'objet corporel qu'on voit n'est pas du tout

---

rioribus atque interioribus habitet, eaque ipsa quæ commodatur, sive foris corporibus, sive intus imaginibus eorum, nisi quidquid in eis capit ad meliorem verioremque vitam referat, atque in eo fine cujus intuitu hæc agenda judicat, acquiescat, quid aliud facimus, nisi quod nos Apostolus facere prohibet, dicens : « Nolite conformari huic sæculo? » (*Rom.*, XII, 2.) Quapropter non est ista trinitas imago Dei : ex ultima quippe, id est corporea creatura, qua superior est anima, in ipsa anima fit per sensum corporis. Nec tamen est omnino dissimilis : quid enim non pro suo genere ac pro suo modulo habet similitudinem Dei, quando quidem Deus fecit omnia bona valde (*Eccli.*, XXXIX, 21), non ob aliud nisi quia ipse summe bonus est? In quantum ergo bonum est quidquid est, in tantum scilicet, quamvis longe distantem, habet tamen nonnullam similitudinem summi boni; et si naturalem, utique rectam et ordinatam; si autem vitiosam, utique turpem atque perversam. Nam et animæ in ipsis peccatis suis non nisi quamdam similitudinem Dei, superba et præpostera, et, ut ita dicam, servili, libertate sectantur. Ita nec primis parentibus nostris persuaderi peccatum posset, nisi diceretur : « Eritis sicut dii. » (*Gen.*, III, 5.) Non sane omne quod in creaturis aliquo modo simile est Deo, etiam ejus imago dicenda est : sed illa sola qua superior ipse solus est. Ea quippe de illo prorsus exprimitur, inter quam et ipsum nulla interjecta natura est.

9. Visionis igitur illius, id est formæ quæ fit in sensu cernentis, quasi parens est forma corporis ex qua fit. Sed parens illa non vera ; unde nec ista vera proles est : neque enim omnino inde gignitur, quoniam aliquid aliud adhibetur corpori, ut ex illo formetur, id est sensus videntis. Quocirca id amare, alienari est. Itaque voluntas quæ utrumque conjungit quasi parentem et quasi prolem, magis spiritalis est quam utrumlibet illorum. Nam corpus illud

spirituel ; la vision qui se produit dans ce sens est bien un mélange de quelque chose de spirituel, puisqu'elle ne peut se produire sans le secours de l'âme, mais elle n'est point tout entière spirituelle, puisque le sens qui est formé alors est corporel. La volonté qui unit l'un à l'autre est reconnue, ainsi que je l'ai dit, pour être plus spirituelle que les deux autres, voilà pourquoi elle commence à rappeler l'idée du Saint-Esprit dans cette trinité. Mais elle a plus de rapport avec le sens formé qu'avec l'objet corporel par qui le sens est formé. En effet, le sens appartient à un être animé et la volonté à l'âme, non point à la pierre ou à tout autre objet corporel vu. Par conséquent elle ne procède point de cet objet comme d'un père, elle ne procède pas davantage de cette espèce de fils, je veux dire de la vision et de la forme qui se trouvent dans le sens. En effet, avant qu'il y eût vision, la volonté existait déjà, car c'est elle qui a appliqué le sens à former à la vue de l'objet corporel. Cet objet, il est vrai, ne lui plaisait point encore, comment lui aurait-il plu puisqu'il n'était pas encore vu? Quand il plaît, la volonté est en repos. Nous ne pouvons donc point dire que la volonté soit comme le fils de la vision, puisqu'elle était avant la vision, nous ne pouvons pas non plus la regarder comme le père, si je puis parler ainsi, puisque la vision est le fait et le produit non de la volonté, mais de la vue de l'objet corporel.

10. Peut-être pourrions-nous dire avec justesse que la vision est la fin et le repos de la volonté, quand elle ne se propose rien au delà. En effet, si elle ne veut pas autre chose, c'est parce qu'elle voit ce qu'elle voulait voir.

CHAPITRE VI.

Toutefois ce n'est point là ce qu'on peut appeler la volonté de l'homme, dont la fin ne saurait être que la béatitude, mais en attendant la volonté de voir ne s'étend point au delà et n'a pas d'autre fin que la vision, soit qu'elle rapporte cela à autre chose, soit qu'elle ne le rapporte point. En effet, si elle ne rapporte point la vision à autre chose, et si elle n'a voulu que voir, il n'y a pas lieu à disputer pour savoir comment montrer que la fin de la volonté est la vision, la chose est manifeste ; mais si elle la rapporte à autre chose, elle veut donc autre chose, en ce cas ce ne sera plus la volonté de voir, ou si c'est la volonté de voir, ce n'est point la volonté de voir tel ou tel objet. C'est comme si quelqu'un voulait voir une cicatrice pour s'assurer par là qu'il y a eu blessure, ou voulait voir une fenêtre pour regarder par cette fenêtre les passants. Toutes ces volontés-là et celles qui leur ressemblent, ont des fins qui se rapportent à la fin de

---

quod cernitur, omnino spiritale non est. Visio vero quæ fit in sensu, habet admixtum aliquid spiritale, quia sine anima fieri non potest. Sed non totum ita est : quoniam ille qui formatur, corporis sensus est. Voluntas ergo quæ utrumque conjungit, magis, ut dixi, spiritalis agnoscitur, et ideo tanquam personam Spiritus insinuare incipit in illa trinitate. Sed magis pertinet ad sensum formatum, quam ad illud corpus unde formatur. Sensus enim animantis et voluntas animæ est, non lapidis aut alicujus corporis quod videtur. Non ergo ab illo quasi parente procedit ; sed nec ab ista quasi prole, hoc est, visione ac forma quæ in sensu est. Prius enim quam visio fieret, jam erat voluntas, quæ formandum sensum cernendo corpori admovit : sed nondum erat placitum. Quomodo enim placeret, quod nondum erat visum ? Placitum autem quieta voluntas est. Ideoque nec quasi prolem visionis possumus dicere voluntatem, quia erat ante visionem ; nec quasi parentem, quia non ex voluntate, sed ex viso corpore formata et expressa est.

10. Finem fortasse voluntatis et requiem possumus recte dicere visionem, ad hoc duntaxat unum (a). Neque enim propterea nihil aliud volet, quia videt aliquid quod volebat.

CAPUT VI.

Non itaque omnino ipsa voluntas hominis, cujus finis non est nisi beatitudo, sed ad hoc unum interim (b) voluntas videndi finem non habet nisi visionem, sive id referat ad aliud, sive non referat. Si enim non refert ad aliud visionem, sed tantum voluit ut videret : non est disputandum quomodo ostendatur finem voluntatis esse visionem ; manifestum est enim. Si autem refert ad aliud, vult utique aliud, nec jam videndi voluntas erit : aut si videndi, non hoc videndi. Tanquam si velit quisque videre cicatricem, ut inde doceat vulnus fuisse ; aut si velit videre fenestram, ut per fenestram videat transeuntes : omnes istæ atque aliæ tales voluntates, suos proprios fines habent, qui referuntur ad finem illius

---

(a) Hic editi addunt *scilicet videndum corpus*. — (b) Addunt editi *scilicet subjectum* : quod a Mss. abest.

la volonté par laquelle nous voulons vivre heureux et parvenir à une vie ne se rapporte point à elle-même à autre chose, et suffisant seule, par elle-même, à celui qui l'aime. La volonté de voir a donc pour fin la vision, et la volonté de voir telle ou telle chose a pour fin la vision de cette chose. Ainsi la volonté de voir une cicatrice tend à sa fin, c'est-à-dire à la vue d'une cicatrice, ce qui est au delà ne se rapporte point à elle; car la volonté de s'assurer par là qu'il y a eu blessure, est une autre volonté, bien que rattachée à la première; sa fin est de s'assurer qu'il y a eu blessure. De même la volonté de voir une fenêtre a pour fin la vue d'une fenêtre; car c'est une autre volonté se rattachant à celle-ci, que celle de voir, par cette fenêtre, les passants; la fin de cette seconde volonté est de voir les passants. Or, les volontés sont droites et sont toutes liées les unes aux autres, si celle à laquelle toutes les autres se rapportent est bonne; si, au contraire, elle est mauvaise, toutes les autres sont mauvaises. Par conséquent le lien des volontés droites est comme la voie de ceux qui montent à la béatitude et qui la parcourent en quelque sorte à pas certains, tandis que les embarras des volontés mauvaises et dévoyées sont comme une chaîne dont sera lié celui qui agit d'après elles, pour être jeté dans les ténèbres extérieures. (*Matth.*, XXII, 13.) Bienheureux donc ceux qui chantent par leurs mœurs et leurs actions le cantique du degré, et malheur à ceux qui traînent leurs péchés derrière eux comme une longe. (*Isa.*, V, 18.) Or, il en est du repos de la volonté que nous appelons la fin de la volonté, si cette fin se rapporte à une autre fin, comme de ce que nous pourrions appeler le repos du pied pendant la marche, lorsqu'il se pose dans un endroit pour que l'autre pied puisse tendre au but où l'on se dirige en marchant. Mais si une chose plait au point que la volonté s'y repose avec un certain plaisir, ce n'est pas encore la fin à laquelle elle tend, mais cette fin se rapporte à une autre fin, en sorte qu'elle n'est pas censée la patrie du citoyen, mais comme un lieu de repos, une demeure de voyageur.

CHAPITRE VII.

Autre trinité dans la mémoire de l'homme qui repasse une vision dans son esprit.

11. Mais maintenant il s'agit d'une autre trinité plus intérieure que celle qui se trouve dans les choses sensibles et dans les sens, mais qui néanmoins en est conçue, non quand le sens du corps est formé par l'objet corporel, mais quand la vue de l'esprit l'est par la mémoire, quand la forme de l'objet corporel, perçu au dehors par les sens, est demeurée dans la mémoire même.

voluntatis qua volumus beate vivere, et ad eam pervenire vitam quæ non referatur ad aliud, sed amanti per se ipsam sufficiat. Voluntas ergo videndi, finem habet visionem : et voluntas hanc rem videndi, finem habet hujus rei visionem. Voluntas itaque videndi cicatricem, finem suum expetit, hoc est visionem cicatricis, et ad eam ultra non pertinet : voluntas enim probandi vulnus fuisse, alia voluntas est, quamvis ex illa religetur, cujus item finis est probatio vulneris. Et voluntas videndi fenestram, finem habet visionem : altera est enim quæ ex ista nectitur voluntas, per fenestram videndi transeuntes, cujus item finis est visio transeuntium. *(a)* Recte autem sunt voluntates et omnes sibimet religatæ, si bona est illa quo cunctæ referuntur : si autem prava est, pravæ sunt omnes. Et ideo rectarum voluntatum connexio iter est quoddam ascendentium ad beatitudinem, quod certis velut passibus agitur : pravarum autem atque distortarum voluntatum implicatio, vinculum est quo alligabitur qui hoc agit, ut projiciatur in tenebras exteriores. (*Matth.*, XXII, 13.) Beati ergo qui factis et moribus cantant canticum graduum : et væ iis qui trahunt peccata, sicut restem longam. (*Isa.*, V, 18.) Sic est autem requies voluntatis quem dicimus finem, si adhuc refertur ad aliud, quemadmodum possumus dicere requiem pedis esse in ambulando, cum ponitur unde alius innitatur *(b)* quo passibus pergitur. Si autem aliquid ita placet, ut in eo cum aliqua delectatione voluntas acquiescat; nondum est tamen illud quo tenditur, sed et hoc refertur ad aliud, ut deputetur non tanquam patria civis, sed tanquam refectio, vel etiam mansio viatoris.

CAPUT VII.

Trinitas alia in memoria recogitantis de visione.

11. Jam vero in alia trinitate, interiore quidem quam est ista in sensibilibus et sensibus, sed tamen quæ inde concepta est, cum jam non ex corpore sensus corporis, sed ex memoria formatur acies animi, cum in ipsa memoria species inhæserit cor-

---

(a) Sic Mss. At editi : *Recte autem sunt voluntates omnes sibimet religata.* — (b) In Mss. *cum passibus pergitur.*

Dans cette trinité, la forme qui se trouve dans la mémoire est comme le père de celle qui se produit dans la conception de la pensée. En effet, elle se trouvait dans la mémoire avant même d'être dans notre pensée, de même que l'objet corporel était en son lieu avant même d'être perçu par nos sens et qu'il y eût vision. Mais lorsqu'elle est dans la pensée, la forme qui est comme le fils de celle que la mémoire a retenue, est exprimée dans la vue de la pensée de celle que la mémoire a retenue et se forme par le ressouvenir. Mais ni l'une n'est un vrai père, ni l'autre un vrai fils; car la vue de l'esprit qui se forme de la mémoire quand nous pensons quelque chose que nous nous rappelons, ne procède point de la forme dont nous nous souvenons pour l'avoir vue, puisque nous ne saurions nous souvenir des choses si nous ne les avions vues; mais la vue de l'esprit qui se forme par le ressouvenir était aussi avant que nous vissions l'objet corporel que nous nous rappelons, à combien plus forte raison existait-elle avant même que nous eussions confié cet objet à la garde de la mémoire? Aussi quoique la forme produite dans la vue de l'homme se ressouvenant provienne de celle qui se trouve dans la mémoire, cependant cette vue elle-même ne vient point d'elle, elle existait avant elle. D'où il suit que si l'une n'est point vraiment père, l'autre n'est point vraiment fils; mais la première qui est une sorte de père, et l'autre qui est une sorte de fils, suggèrent la pensée d'une autre chose qui fait voir avec plus de certitude et de facilité quelque chose de plus intérieur et de plus vrai.

12. Il est plus difficile à présent de distinguer si la volonté, unissant la vision à la mémoire, n'est point le père ou le fils de l'une ou de l'autre des deux, et ce qui fait la difficulté c'est la parilité et l'égalité d'une même substance et d'une même nature. En effet, il n'en est pas là, comme dans ce qui se passe au dehors, où il est facile de distinguer le sens formé de l'objet corporel tombant sous le sens, et la volonté de l'un et de l'autre, à cause de la différence de nature qui distingue ces trois choses entre elles et dont nous avons assez longuement parlé plus haut. En effet, quoique cette trinité dont nous nous occupons en ce moment ait été introduite du dehors dans l'esprit, cependant c'est au dedans qu'elle se produit et elle n'est autre chose en soi que la nature même de l'esprit. Comment donc pouvoir démontrer que la volonté n'est ni une sorte de père, ni une sorte de fils de l'image corporelle retenue par la mémoire, ou de l'image que nous puisons dans celle-là quand nous nous rappelons, puisque, dans la pensée, la volonté les unit tellement l'une à l'autre, qu'elles ne paraissent plus que comme si elles ne faisaient qu'une et ne sauraient

---

poris quod forinsecus sensimus, illam speciem quæ in memoria est, quasi parentem dicimus ejus quæ fit in phantasia cogitantis. Erat enim in memoria et prius quam cogitaretur a nobis, sicut erat corpus in loco et prius quam sentiretur, ut visio fieret. Sed cum cogitatur ex illa quam memoria tenet, exprimitur in acie cogitantis, et reminiscendo formatur ea species, quæ quasi proles est ejus quam memoria tenet. Sed neque illa vera parens, neque ista vera proles est. Acies quippe animi quæ formatur ex memoria cum recordando aliquid cogitamus, non ex ea specie procedit quam meminimus visam; quando quidem (a) eorum meminisse non possemus, nisi vidissemus : acies autem animi quæ reminiscendo formatur, erat etiam prius quam corpus quod meminimus videremus, quanto magis prius quam id memoriæ mandaremus? Quanquam itaque forma quæ fit in acie recordantis, ex ea fiat quæ inest memoriæ; ipsa tamen acies non inde exsistit, sed erat ante (b) istam. Consequens est autem, ut si non est illa vera parens, nec ista vera sit proles. Sed et illa quasi parens, et ista quasi proles aliquid insinuant, unde interiora atque veriora exercitatius certiusque videantur.

12. Difficilius jam plane discernitur, utrum voluntas quæ memoriæ copulat visionem, non sit alicujus eorum sive parens sive proles : et hanc discretionis difficultatem facit ejusdem naturæ atque substantiæ parilitas et æqualitas. Neque enim sicut foris facile discernebatur formatus sensus a sensibili corpore, et voluntas ab utroque, propter naturæ diversitatem quæ inest ab invicem omnibus tribus, de qua satis supra disseruimus, ita et hic potest. Quamvis enim hæc trinitas, de qua nunc quæritur, forinsecus invecta est animo; intus tamen agitur, et non est quidquam ejus præter ipsius animi naturam. Quo igitur pacto demonstrari potest, voluntatem nec quasi parentem, nec quasi prolem esse, sive corporeæ similitudinis quæ memoria continetur, sive ejus quæ inde cum recordamur exprimitur, quando utrumque in cogitando ita copulat, ut tanquam unum singulariter appareat, et discerni nisi ratione

---

(a) Lov. *ejus*. At editi alii et Mss. *eorum* : id est, et corporis visi et speciei memoriæ commendatæ. — (b) Aliquot Mss. *ante ista*.

être distinguées l'une de l'autre que par la raison? Et d'abord il faut voir ceci, c'est qu'il ne saurait y avoir volonté de se ressouvenir, si nous ne retenions dans les replis de notre mémoire, en totalité ou en partie, la chose que nous voulons nous rappeler. En effet, la volonté de nous souvenir de ce que nous avons oublié de tout point ne nous vient jamais, attendu que si nous voulons nous rappeler quelque chose, c'est que nous nous rappelons déjà que cette chose est ou a été dans notre mémoire. Par exemple, si je veux me rappeler ce dont j'ai soupé hier, ou bien je me rappelle déjà que j'ai soupé, ou si je ne me souviens pas même de cela, certainement je me rappelle au moins quelque chose qui a rapport à l'heure même du souper, ou tout au moins je me rappelle le jour d'hier, et, dans ce jour, l'heure où l'on soupe ordinairement, de même que je me rappelle ce que c'est que souper. En effet, si je ne me rappelais rien de pareil, je ne pourrais point vouloir me rappeler ce dont j'ai soupé hier soir. On peut comprendre par là, que la volonté de se rappeler procède des choses conservées dans la mémoire, ajoutées à celles qui se tirent des premières en regardant par le souvenir, c'est-à-dire qu'elle procède de l'union d'une chose que nous nous rappelons et d'une vision produite, par elle, dans l'œil de la pensée. Mais la volonté qui réunit l'une et l'autre, recherche encore une autre chose comme voisine et contiguë par rapport au souvenir. Il y a donc autant de sortes de trinités qu'il y a de souvenirs, attendu qu'il n'y a point un seul souvenir où ne se rencontrent ces trois choses, ce qui se trouve renfermé dans la mémoire, même avant que la pensée se porte dessus, ce qui se produit dans la pensée quand cela est vu, et la volonté qui unit l'un et l'autre, laquelle vient troisième de l'une et de l'autre en se faisant elle-même quelque chose d'un. Est-ce à dire plutôt qu'on reconnaît tellement une sorte de trinité une, dans ce genre, que nous appelions en général une, toute espèce de formes corporelles se trouvant cachées dans la mémoire, et que nous appelions encore une, la vision générale de l'âme se rappelant et pensant ces choses, double unité à l'union de laquelle s'unit la volonté qui leur sert de copule, en sorte qu'il résulte un certain tout unique composé de ces trois choses?

CHAPITRE VIII.

Mais comme l'œil de l'âme ne saurait embrasser d'un seul regard tout ce que la mémoire conserve, les trinités de pensées alternent entre elles en se cédant et en se succédant, et c'est ainsi que cette trinité devient innombrablement innombrable. Elle n'est cependant point infinie,

non possit? Atque illud primum videndum est, non esse posse voluntatem reminiscendi, nisi vel totum, vel aliquid rei ejus quam reminisci volumus, in penetralibus memoriæ teneamus. Quod enim omni modo et omni ex parte obliti fuerimus, nec reminiscendi voluntas exoritur : quoniam quidquid recordari volumus, recordati jam sumus in memoria nostra esse vel fuisse. Verbi gratia : Si recordari volo quid heri cœnaverim, aut recordatus jam sum cœnasse me, aut si et hoc nondum, certe circa ipsum tempus aliquid recordatus sum, si nihil aliud, ipsum saltem hesternum diem, et ejus eam partem qua cœnari solet, et quid sit cœnare. Nam si nihil tale recordatus essem, quid heri cœnaverim, recordari velle non possem. Unde intelligi potest, voluntatem reminiscendi ab iis quidem rebus quæ memoria continentur procedere, adjunctis simul eis quæ inde per recordationem cernendo exprimuntur, id est, ex copulatione rei cujusdam quam recordati sumus, et visionis quæ inde facta est in acie cogitantis cum recordati sumus. Sed ipsa quæ utrumque copulat voluntas, requirit et aliud quod quasi vicinum est atque contiguum recordanti. Tot igitur hujus generis trinitates, quot recordationes, quia nulla est earum ubi non hæc tria sint, illud quod in memoria reconditum est etiam ante quam cogitetur, et illud quod fit in cogitatione cum cernitur, et voluntas utrumque conjungens, et ex utroque ac tertia se ipsa unum aliquid complens? An potius ita cognoscitur una quædam in hoc genere trinitas, ut unum aliquid generaliter dicamus quidquid corporalium specierum in memoria latet, et rursus unum aliquid generalem visionem animi talia recordantis atque cogitantis, quorum duorum copulationi tertia conjungitur copulatrix voluntas, ut sit hoc totum unum quiddam ex quibusdam tribus.

CAPUT VIII.

Sed quoniam non potest acies animi simul omnia quæ memoria tenet, uno aspectu contueri alternant vicissim cedendo ac succedendo trinitates cogitationum, atque ita fit ista innumerabiliter numerosissima trinitas : nec tamen infinita, si numerus in memoria reconditarum rerum non excedatur. Ex quo enim cœpit unusquisque sentire corpora quolibet

si elle n'excède point le nombre des choses conservées dans la mémoire. Or, dès que l'homme commence à sentir les corps par un de ses sens corporels, quand même il pourrait y ajouter tous ceux dont il ne se souvient plus, le nombre de ces choses n'en serait pas moins certain et déterminé, bien qu'il fût innombrable ; car nous appelons innombrables non-seulement les choses infinies, mais encore celles qui étant finies excèdent néanmoins les facultés de quiconque veut les compter.

13. Mais ici on peut quelquefois faire une remarque très-manifeste, c'est que autre chose est ce que la mémoire tient renfermé, et autre chose ce que la pensée de l'homme qui se souvient en tire, bien que l'un et l'autre se trouvant unis, il semble que ce ne soit qu'une seule et même chose. En effet, nous ne pouvons nous rappeler les formes des corps, que selon le nombre où nous les avons senties, telles que nous les avons senties, et selon que nous les avons senties ; car c'est par les sens du corps que l'âme les boit dans la mémoire. Cependant les visions de la pensée proviennent de choses qui se trouvent dans la mémoire, ce qui n'empêche point toutefois qu'elles ne se multiplient et ne varient d'une manière innombrable et tout à fait infinie. Ainsi je ne me souviens que d'un seul soleil, parce que je n'en ai vu qu'un, comme de fait il n'y en a qu'un. Mais si je le veux, j'en pense deux, trois, autant que je veux ; mais c'est toujours de la même mémoire par laquelle je me souviens d'un soleil que se forme la vue de l'esprit qui en pense plusieurs. Je me le rappelle de la même grandeur que je l'ai vu, car si je me le rappelais plus grand ou plus petit que je ne l'ai vu, je ne me rappellerais point ce que j'ai vu, par conséquent je ne me rappellerais point. Mais comme c'est un souvenir, je me le rappelle aussi grand que je l'ai vu ; toutefois je puis en penser un plus grand ou plus petit, si je le veux. Je me le rappelle aussi comme je l'ai vu ; mais je le pense, courant si je veux, arrêté là où je veux, venant d'où je veux et allant où je veux. Je puis même me le représenter carré, quoique je me souvienne l'avoir vu rond ; de telle couleur qu'il me plaira, bien que je n'aie jamais vu de soleil vert, et que par conséquent je ne puis me rappeler un tel soleil. Ce que je dis du soleil, je le dis de même du reste. Or, ces formes de choses étant corporelles et sensibles, l'esprit s'égare quand il pense qu'elles sont au dehors de même qu'il les imagine intérieurement dans la pensée, ou quand ayant cessé d'être au dehors, elles sont encore conservées dans la mémoire, ou bien quand ce que nous nous rappelons se forme d'une autre façon, non point par la foi du souvenir, mais par la variété de la pensée.

14. Il arrive bien souvent il est vrai que nous croyons les personnes qui nous racontent des

---

corporis sensu, etiam si posset adjungere quorum oblitus est, certus ac determinatus profecto numerus foret, quamvis innumerabilis. Dicimus enim innumerabilia, non solum infinita, sed etiam quæ ita finita sunt, ut facultatem numerantis excedant.

13. Sed hinc adverti aliquanto manifestius potest, aliud esse quod reconditum memoria tenet, et aliud quod inde in cogitatione recordantis exprimitur quamvis cum fit utriusque copulatio, unum idemque videatur : quia meminisse non possumus corporum species, nisi tot quot sensimus, et quantas sensimus, et sicut sensimus : ex corporis enim sensu cas in (a) memoriam combibit animus : visiones tamen illæ cogitantium ex iis quidem rebus quæ sunt in memoria, sed tamen innumerabiliter atque omnino infinite multiplicantur atque variantur. Unum quippe solem memini, quia sicuti est, unum vidi : si voluero autem, duos cogito, vel tres, vel quotquot volo; sed ex eadem memoria qua unum memini formatur acies multos cogitantis. Et tantum memini, quantum vidi. Si enim majorem vel minorem memini, quam vidi, jam non memini quod vidi, et ideo nec memini. Quia vero memini, tantum memini, quantum vidi, vel majorem tamen pro voluntate cogito, vel minorem : et ita memini, ut vidi; cogito autem sicut volo currentem, et ubi volo stantem, unde volo et quo volo venientem. Quadrum etiam mihi cogitare, in promptu est, cum meminerim rotundum ; et cujuslibet coloris, cum solem viridem nunquam viderim, et ideo nec meminerim : atque ut solem, ita cætera. Hæ autem rerum formæ, quoniam corporales atque sensibiles sunt, errat quidem animus, cum eas opinatur eo modo foris esse, quomodo intus cogitat, vel cum jam interierunt foris, et adhuc in memoria retinentur, vel cum aliter etiam, quod meminimus, non recordandi fide, sed cogitandi varietate formatur.

14. Quanquam sæpissime credamus etiam vera narrantibus, quæ ipsi sensibus perceperunt. Quæ cum in ipso auditu quando narrantur cogitamus, non vi-

(a) Nonnulli Mss. *in memoria.*

choses vraies qu'elles ont perçues elles-mêmes par leurs propres sens. En même temps que nous entendons ces choses de la bouche de celui qui nous les rapporte, nous les pensons ; il ne semble pas que notre œil intérieur se replie sur la mémoire, pour opérer la vision de la pensée; car si nous nous représentons ces choses par la pensée, ce n'est point d'après notre propre souvenir, mais d'après le récit qui nous en est fait par un autre. Il ne semble pas dans ce cas-là que se produise la trinité qui se rencontre quand la forme cachée dans ma mémoire et la vision de l'esprit se la rappelant se trouvent réunies par la volonté troisième. En effet, ce n'est point ce qui était caché dans ma mémoire que je pense, mais c'est ce que j'entends quand on me raconte quelque chose. Je ne veux point parler des mots mêmes dont se sert celui qui parle, de peur qu'on ne pense que je suis allé dans la trinité, qui se trouve tout entière au dehors dans les choses sensibles et dans les sens ; mais je me représente par la pensée les formes de corps que le narrateur indique par ses paroles et les sons de sa voix, formes que je me représente par la pensée, non point parce que je me les rappelle, mais parce que je les entends. Mais si nous considérons les choses avec plus d'attention, on ne sort point même en ce cas des limites de la mémoire. En effet, je ne saurais comprendre le narrateur, si je ne me souvenais pas du genre de chacun des objets dont il me parle, bien que ce soit la première fois que je les entends groupés comme ils le sont dans son récit. Quand on me parle par exemple d'une montagne dépouillée de forêts et couverte d'oliviers, il faut que je me rappelle, moi à qui on en parle, l'idée de montagnes, l'idée d'oliviers et l'idée de forêts ; si je les ai oubliées, je ne sais absolument point ce dont il me parle, et son récit n'éveille dans mon esprit aucune image. Voilà comment il se fait que tout homme qui se représente par la pensée des objets corporels, soit qu'il les invente lui-même, soit qu'il entende ou qu'il lise, quelqu'un lui racontant des choses passées ou lui prédisant des choses à venir, doit recourir à sa mémoire et y trouver le mode et la mesure de toutes les formes qu'il considère dans sa pensée ; car on ne peut se représenter par la pensée ni une couleur, ni une forme de corps qu'on n'a jamais vues, ni un son qu'on n'a jamais entendu, ni une saveur qu'on n'a jamais ressentie, ni une odeur qu'on n'a jamais flairée, ni un contact de corps qu'on n'a jamais touché ! Mais si on ne se représente par la pensée un objet corporel, que lorsqu'on l'a senti, puisqu'on ne peut se rappeler un objet corporel qu'on n'a point senti, il y a dans l'âme un mode de penser, de même qu'il y a dans les sens un mode de sentir. En effet, le sens reçoit la forme du corps que nous sentons, la mémoire la reçoit du sens, et l'œil de la pensée la reçoit de la mémoire.

15. Or, de même que la volonté applique le

---

detur ad memoriam retorqueri acies, ut fiant visiones cogitantium : neque enim ea nobis recordantibus, sed alio narrante cogitamus : atque illa trinitas non hic videtur expleri, quæ fit cum species in memoria latens et visio recordantis tertia voluntate copulantur. Non enim quod latebat in memoria mea, sed quod audio, cogito, cum aliquid mihi narratur. Non ipsas voces loquentis dico, ne quisquam putet in illam me exisse trinitatem, quæ foris in sensibilibus et in sensibus agitur : sed eas cogito corporum species, quas narrans verbis sonisque significat, quas utique non reminiscimur, sed audiens cogito. Sed si diligentius consideremus, nec tunc exceditur memoriæ modus. Neque enim vel intelligere possem narrantem, si ea quæ dicit, et si contexta tunc primum audirem, non tamen generaliter singula meminissem. Qui enim mihi narrat, verbi gratia, aliquem montem silva exutum, et oleis indutum, ei narrat qui meminerim species et montium et silvarum et olearum ; quas si oblitus essem, quid diceret omnino nescirem, et ideo narrationem illam cogitare non possem. Ita fit, ut omnis qui corporalia cogitat, sive ipse aliquid confingat, sive audiat, aut legat, vel præterita narrantem, vel futura prænuntiantem, ad memoriam suam recurrat, et ibi reperiat modum atque mensuram omnium formarum quas cogitans intuetur. Nam neque colorem quem nunquam vidit, neque figuram corporis, nec sonum quem nunquam audivit, nec saporem quem nunquam gustavit, nec odorem quem nunquam olfecit, nec ullam contrectationem corporis quam nunquam sensit, potest quisquam omnino cogitare. At si propterea nemo aliquid corporale cogitat nisi quod sensit, quia nemo meminit corporale aliquid nisi quod sensit, sicut in corporibus sentiendi, sic in memoria est cogitandi modus. Sensus enim accipit speciem ab eo corpore quod sentimus, et a sensu memoria, a memoria vero acies cogitantis.

15. Voluntas porro sicut adjungit sensum corpori, sic memoriam sensui, sic cogitantis aciem memoriæ.

LIVRE XI. — CHAPITRE VIII.

sens à l'objet corporel, ainsi applique-t-elle la mémoire au sens, et l'œil de la pensée à la mémoire. Et la même volonté qui concilie et unit ces choses, les sépare et les désunit. Mais c'est par un mouvement du corps qu'elle sépare les sens du corps des objets corporels sensibles, pour que nous ne sentions rien, ou que nous ne sentions plus; ainsi nous détournons les yeux de ce que nous ne voulons point voir, ou nous les fermons; ainsi encore nous fermons les oreilles aux sons et le nez aux odeurs. De même aussi en fermant la bouche ou en en rejetant ce qui s'y trouve, nous nous empêchons de sentir les saveurs. Dans le toucher également, ou nous éloignons l'objet corporel afin de ne point toucher ce que nous ne voulons point, ou bien si nous le touchions déjà, nous le repoussons et le rejetons loin de nous. Voilà comment la volonté agit par les mouvements du corps, pour empêcher que nos sens corporels ne s'appliquent aux choses sensibles, ce qu'elle fait autant que cela lui est possible; car, lorsque dans cette action elle rencontre quelque difficulté à cause de la condition de notre nature servile et mortelle, il s'ensuit une souffrance, et il ne reste plus à la volonté qu'une chose à faire, la supporter. C'est ce qu'il est facile de remarquer, puisqu'il nous semble bien souvent que nous n'avons point entendu telle ou telle personne parler, parce que nous pensions à autre chose. Cependant, il n'en est point ainsi, nous l'avons bien entendue, mais nous ne nous en souvenons plus, parce que ses paroles n'ont fait que passer par notre sens de l'ouïe, pendant que notre volonté, dont l'action le fixe ordinairement dans notre mémoire, était occupée ailleurs. Aussi serait-il plus exact de dire, quand quelque chose de pareil nous arrive, non point que nous n'avons pas entendu, mais bien que nous ne nous rappelons point. Il arrive aussi à ceux qui lisent, cela m'est arrivé souvent à moi-même, après avoir lu une page ou une lettre, de ne savoir point ce qu'ils ont lu, et de recommencer. Cela vient de ce que l'action de notre volonté n'a point appliqué notre mémoire au sens du corps, en même temps qu'elle appliquait ce sens à la lecture des lettres. De même ceux qui marchent en ayant leur volonté appliquée à autre chose, ne savent point par où ils ont passé; s'ils n'avaient point vu, ils n'auraient point passé par là, ou bien ils ne l'auraient fait qu'en tâtant avec une grande attention, surtout s'ils étaient passés par des endroits tout à fait inconnus; mais comme ils ont marché avec facilité, c'est qu'ils voyaient par où ils marchaient; mais comme leur mémoire ne s'appliquait point au sens de la vue, de même que leur vue s'appliquait aux endroits par où ils passaient, ils ne purent point du tout se rappeler ce qu'ils avaient vu, bien qu'il y eût fort peu de temps qu'ils l'eussent vu. Détourner l'œil de l'esprit de ce qui est dans la mémoire, ce n'est donc pas autre chose que vouloir n'y point penser.

Quæ autem conciliat ista atque conjungit, ipsa etiam disjungit ac separat, id est, voluntas. Sed a sentiendis corporibus motu corporis separat corporis sensus, ne aliquid sentiamus, aut ut sentire desinamus : veluti cum oculos ab eo quod videre nolumus, avertimus, vel claudimus : sic aures a sonis, sic nares ab odoribus. Ita etiam vel os claudendo, vel aliquid ex ore respuendo a saporibus aversamur. In tactu quoque vel subtrahimus corpus ne tangamus quod nolumus, vel si jam tangebamus, abjicimus aut repellimus. Ita motu corporis agit voluntas, ne sensus corporis rebus sensibilibus copuletur. Et agit hoc quantum potest : nam cum in hac actione propter conditionem servilis mortalitatis difficultatem patitur, cruciatus est consequens, ut voluntati nihil reliqui fiat, nisi tolerantia. Memoriam vero a sensu voluntas avertit, cum in aliud intenta non ei sinit inhærere præsentia. Quod animadvertere facile est, cum sæpe coram loquentem nobis aliquem aliud cogitando non audisse nobis videmur. Falsum est autem : audivimus enim, sed non meminimus, subinde per aurium sensum labentibus vocibus alienato nutu voluntatis, per quem solent infigi memoriæ. Verius itaque dixerimus, cum tale aliquid accidit, non meminimus, quam non audivimus. Nam et legentibus evenit, et mihi sæpissime, ut perlecta pagina vel epistola, nesciam quid legerim, et repetam. In aliud quippe intento nutu voluntatis, non sic est adhibita memoria sensui corporis, quomodo ipse sensus adhibitus est litteris. Ita et ambulantes intenta in aliud voluntate, nesciunt qua transierint : quod si non vidissent, non ambulassent, aut majore intentione palpando ambulassent, præsertim si per incognita pergerent : sed quia facile ambulaverunt, utique viderunt : quia vero non sicut sensus oculorum locis quacumque pergebant, ita ipsi sensui memoria jungebatur, nullo modo id quod viderunt etiam recentissimum meminisse potuerunt. Jam porro ab eo quod in memoria est, animi aciem velle avertere, nihil est aliud quam non inde cogitare.

CHAPITRE IX.

La forme engendre la forme.

16. Dans cette distribution, lorsque nous commençons par la forme d'un objet corporel et que nous parvenons jusqu'à celle qui se produit dans l'œil de la pensée, il se présente quatre formes qui naissent comme successivement les unes des autres, la seconde de la première, la troisième de la seconde, et la quatrième de la troisième. En effet, de la forme de l'objet corporel qui tombe sous le sens de la vue naît la forme produite dans le sens de la vue; de celle-ci naît la forme produite dans la mémoire, et de cette dernière celle qui se produit dans l'œil de la pensée. Ainsi, la volonté unit-elle trois fois ce que j'appellerai le Père avec le Fils ; une première fois, quand elle unit la forme de l'objet corporel avec celle que cette même forme engendre dans le sens corporel ; puis, quand elle unit cette dernière forme avec celle qui en naît dans la mémoire, et, en troisième lieu, quand elle unit cette seconde forme avec celle qui en est produite dans l'œil de la pensée. Mais l'union du milieu, qui est la seconde, étant plus près, ne ressemble pas tant à la première que la troisième. Il y a en effet deux visions, une du sens et l'autre de la pensée; mais pour qu'il puisse y avoir vision de la pensée, il faut qu'il y ait dans la mémoire quelque chose de semblable, produit par la vision du sens, vers quoi l'œil de l'âme puisse se tourner dans la pensée, comme l'œil du corps se tourne en regardant vers l'objet corporel. Voilà pourquoi j'ai voulu faire voir qu'il y a deux trinités dans ce genre de phénomènes ; l'une quand la vision du sens se forme d'après l'objet corporel, l'autre quand la vision de la pensée se forme d'après la mémoire. Je n'ai point voulu en admettre une intermédiaire, parce qu'on n'appelle point ordinairement vision le fait par lequel la forme qui se produit dans le sens de la vue est confiée à la mémoire. Cependant la volonté ne se montre dans toutes ces opérations, que pour unir ce que j'appellerai le père au fils ; et par conséquent, de quelque endroit qu'elle procède, elle ne peut être appelée ni le père ni le fils.

CHAPITRE X.

L'imagination ajoute aux objets même que nous n'avons pas vus, comme elle ajoute à ceux que nous avons vus.

17. Mais si nous ne nous souvenons que de ce que nous avons senti, et si nous ne pensons que ce que nous nous rappelons, pourquoi, bien souvent, ce que nous pensons est-il faux, puisque ce que nous nous rappelons certainement ne l'est point? N'est-ce pas parce que la volonté que je me suis efforcé de montrer, autant que

---

CAPUT IX.

Species a specie vicissim gignitur.

16. In hac igitur distributione cum incipimus a specie corporis, et pervenimus usque ad speciem quæ fit in contuitu cogitantis, quatuor species reperiuntur quasi gradatim natæ altera ex altera : secunda de prima, tertia de secunda, quarta de tertia. A specie quippe corporis quod cernitur, exoritur ea quæ fit in sensu cernentis, et ab hac ea quæ fit in memoria, et ab hac ea quæ fit in acie cogitantis. Quapropter voluntas quasi parentem cum prole ter copulat : primo speciem corporis cum ea quam gignit in corporis sensu; et ipsam rursus cum ea quæ fit ex illa in memoria ; atque istam quoque tertio cum ea quæ ex illa paritur in cogitantis intuitu. Sed media copula quæ secunda est, cum sit vicinior, non tam similis est primæ quam (a) tertia. Visiones enim duæ sunt, una sentientis, altera cogitantis : ut autem possit esse visio cogitantis, ideo fit in memoria de visione sentientis simile aliquid, quo se ita convertat in cogitando acies animi, sicut se in cernendo convertit ad corpus acies oculorum. Propterea duas in hoc genere trinitates volui commendare : unam cum visio sentientis formatur ex corpore ; aliam cum visio cogitantis formatur ex memoria. Mediam vero nolui, quia ibi non solet visio dici, cum memoriæ commendatur forma, quæ fit in sensu cernentis. Ubique tamen voluntas non apparet, nisi copulatrix quasi parentis et prolis. Et ideo undecumque procedat, nec parens nec proles dici potest.

CAPUT X.

Etiam non visis addit imaginatio quæ in aliis vidimus.

17. At enim si non meminimus, nisi quod sensimus, neque cogitamus, nisi quod meminimus, cur plerumque falsa cogitamus, cum ea quæ sensimus non utique falso meminerimus : nisi quia voluntas

---

(a) Plures Mss. *quam tertiæ.*

je l'ai pu, comme la faculté qui unit ou qui sépare ces sortes de choses, conduit selon son bon plaisir la vue de la pensée à former, à travers les endroits obscurs de la mémoire, et la pousse à prendre ici et là de quoi composer, à l'aide des choses que nous rappelons, des pensées de choses que nous ne nous rappelons point. Toutes ces choses se réunissant en une seule vision, ne font quelque chose de faux que parce que cela ne se trouve point au dehors dans la nature des objets corporels, ou ne semble point tiré de la mémoire, puisque nous ne nous rappelons point avoir rien senti de pareil? En effet, qui a jamais vu un cygne noir? Mais, de ce que personne n'en a vu, personne ne peut-il s'en représenter un par la pensée? Il est bien facile, en effet, de revêtir de la couleur noire que nous avons vue dans d'autres corps, la figure que nous connaissons pour l'avoir vue aussi. Comme nous avons perçu l'une et l'autre par les sens, nous les connaissons également l'une et l'autre. Je ne me rappelle pas un oiseau à quatre pattes, parce qu'en effet je n'en ai jamais vu; mais je vois facilement une semblable création de mon imagination, quand j'ajoute à une forme de volatile que j'ai vue deux autres pattes semblables à celles que j'ai vues également. Ainsi, quand nous nous représentons par la pensée des choses que nous réunissons ensemble et que nous nous souvenons d'avoir vues séparément, il semble que nous ne nous représentons point par la pensée des choses que nous nous rappelons, quoique ce ne soit qu'à l'aide de la mémoire que nous fassions cela, et que ce soit en elle que nous puisions tout ce dont nous faisons à notre gré des composés multiples et variés. Il en est de même des grandeurs corporelles que nous n'avons jamais vues; c'est sans le secours de la mémoire que nous nous les représentons en pensée. En effet, quand nous nous figurons très-grande la masse de certains corps, nous l'étendons ordinairement aussi loin que peut atteindre notre regard. La raison peut aller au delà, mais la conception ne la suit point. En effet, la raison peut bien nous suggérer la pensée d'un nombre infini, mais l'œil de celui qui pense à des objets corporels n'a jamais perçu de nombre infini. La même raison nous apprend que les corps les plus petits sont divisibles à l'infini, et pourtant lorsqu'on sera arrivé aux parcelles les plus ténues et les plus menues qu'on se rappellera avoir vues, on ne peut plus voir au delà des parcelles plus ténues et plus menues encore, bien que la raison ne cesse point de passer outre et de diviser toujours. Ainsi, nous ne nous représentons par la pensée que les corps dont nous nous souvenons, ou que ceux qui sont composés des corps que nous nous rappelons avoir vus.

illa quam conjunctricem ac separatricem hujuscemodi rerum jam quantum potui demonstrare curavi, formandam cogitantis aciem per abscondita memoriæ ducit ut libitum est, et ad cogitanda ea quæ non meminimus, ex eis quæ meminimus, aliud hinc, aliud inde, ut sumat impellit : quæ in unam visionem coeuntia faciunt aliquid quod ideo falsum dicatur, quia vel non est foris in rerum corporearum natura, vel non de memoria videtur expressum, cum tale nihil nos sensisse meminimus? Quis enim vidit cygnum nigrum? et propterea nemo meminit : cogitare tamen quis non potest? Facile est enim illam figuram, quam videndo cognovimus, nigro colore perfundere, quem nihilo minus in aliis corporibus vidimus : et quia utrumque sensimus, utrumque meminimus. Nec avem quadrupedem memini, quia non vidi : sed phantasiam talem facillime intueor, dum alicui formæ volatili qualem vidi, adjungo alios duos pedes quales itidem vidi. Quapropter dum conjuncta cogitamus, quæ singillatim sensa meminimus, videmur non id quod meminimus cogitare; cum id agamus moderante memoria, unde sumimus omnia quæ multipliciter ac varie pro nostra voluntate componimus. Nam neque ipsas magnitudines corporum, quas nunquam vidimus, sine ope memoriæ cogitamus. Quantum enim spatii solet occupare per magnitudinem mundi noster obtutus, in tantum extendimus quaslibet corporum moles, cum eas maximas cogitamus. Et ratio quidem pergit in ampliora, sed phantasia non sequitur. Quippe cum infinitatem quoque numeri ratio renuntiet, quam nulla visio corporalia cogitantis apprehendit. Eadem ratio docet minutissima etiam corpuscula infinite dividi, cum tamen ad tenuitates vel minutias perventum fuerit, quas visas meminimus, exiliores minutioresque phantasias jam non possumus intueri, quamvis ratio non desinat persequi ac dividere. Ita nulla corporalia, nisi aut ea quæ meminimus, aut ex iis quæ meminimus, cogitamus.

CHAPITRE XI.

Le nombre, le poids et la mesure.

18. Mais parce qu'on peut se représenter par la pensée, en un certain nombre, les objets qui ont été imprimés seuls dans la mémoire, il semble que la mesure se rapporte à la mémoire et le nombre à la vision. En effet, si la multiplicité de semblables visions est innombrable, cependant, dans la mémoire, chacune d'elle a sa mesure infranchissable; d'où il suit que la mesure est dans la mémoire et que le nombre paraît être dans la vision. De même si les corps visibles n'ont qu'une certaine mesure, le sens de la vue, de la part de tous ceux qui le regardent, s'y applique en très-grand nombre de fois, en sorte que là où il n'y a qu'un seul objet visible, il se forme dans ceux qui le regardent de nombreuses visions; c'est au point que même quand il n'y a qu'une seule personne qui le regarde, comme elle a deux yeux, elle peut souvent voir double un objet unique, comme nous l'avons déjà dit plus haut. Il y a donc une certaine mesure, dans les objets d'où naissent les visions, et c'est dans les visions elles-mêmes que se trouvent le nombre. Quant à la volonté qui unit ces choses, les ordonne, et les joint en une sorte d'unité, comme elle ne place, en s'y reposant, l'appétit de sentir ou de penser que dans les objets d'où se forment les visions, elle est comme le poids. Je voudrais faire voir que ces trois choses, le nombre, le poids et la mesure se rencontrent dans tous les autres objets. Mais pour le moment, j'ai montré, du mieux que j'ai pu, que la volonté, unissant l'objet visible et la vision, qui sont comme le Père et le Fils, soit dans la sensation soit dans la pensée, ne saurait elle-même être appelée ni le Père, ni le Fils. A présent il est temps pour moi de rechercher cette même trinité dans l'homme intérieur, et de laisser l'homme animal et charnel dont je me suis tant occupé jusqu'à ce moment et qu'on appelle l'homme extérieur, pour pénétrer dans l'homme intérieur. Là j'espère pouvoir trouver que nous sommes l'image de Dieu au point de vue de la trinité, pourvu que nous soyons aidés dans nos efforts par celui dont toutes choses et la sainte Ecriture après elles, nous apprennent qu'il a tout disposé avec nombre, poids et mesure. (*Sag.*, XI, 21.)

CAPUT XI.

Numerus, pondus, mensura.

18. Sed quia numerose cogitari possunt quæ sigillatim sunt impressa memoriæ, videtur ad memoriam mensura, ad visionem vero numerus pertinere. Quia licet innumerabilis sit multiplicitas talium visionum, singulis tamen in memoria præscriptus est intransgressibilis modus. Mensura igitur in memoria, in visionibus numerus apparet : sicut in ipsis corporibus visibilibus mensura quædam est, cui numerosissime coaptatur sensus (*a*) videntium, et ex uno visibili multorum cernentium formatur adspectus; ita ut etiam unus propter duorum oculorum numerum plerumque unam rem geminata specie videat, sicut supra docuimus. In his ergo rebus unde visiones exprimuntur, quædam mensura est : in ipsis autem visionibus numerus. Voluntas vero quæ ista conjungit et ordinat, et quadam unitate copulat, nec sentiendi aut cogitandi appetitum nisi in his rebus unde visiones formantur, acquiescens collocat, ponderi similis est. Quapropter hæc tria, mensuram, numerum, pondus, etiam in cæteris omnibus rebus animadvertenda prælibaverim. Nunc interim voluntatem copulatricem rei visibilis atque visionis quasi parentis et prolis, sive in sentiendo, sive in cogitando, nec parentem nec prolem dici posse, quomodo valui et quibus valui demonstravi. Unde tempus admonet, hanc eamdem trinitatem in interiore homine requirere, atque ab isto de quo tamdiu locutus sum animali atque carnali, qui exterior dicitur, introrsus tendere. Ubi speramus invenire nos posse secundum trinitatem imaginem Dei, conatus nostros illo ipso adjuvante, quem omnia, sicut res ipsæ indicant, ita etiam sancta Scriptura in mensura et numero et pondere disposuisse testatur. (*Sap.*, XI, 21.)

(*a*) Plerique Mss. *sensus videndi.*

LIVRE DOUZIÈME

Après avoir commencé par établir une distinction entre la science et la sagesse, saint Augustin montre dans ce qu'on entend proprement par science une sorte de trinité d'un ordre inférieur, sans doute, mais propre à la science; bien qu'elle se rapporte déjà à l'homme intérieur, cependant on ne doit point encore la regarder ni l'appeler image de Dieu.

CHAPITRE PREMIER.

De l'homme extérieur et de l'homme intérieur.

1. Voyons maintenant où se trouve une sorte de démarcation entre l'homme extérieur et l'homme intérieur. Tout ce que nous avons dans l'âme de commun avec la bête est rapporté, avec juste raison, à l'homme extérieur. En effet, tout l'homme extérieur ne se trouve point uniquement dans le corps, mais il faut y ajouter encore une certaine vie vivifiant l'ensemble du corps et tous les sens dont l'homme est pourvu pour sentir les choses extérieures ; quand les images de ces choses que les sens ont perçues et qui sont fixées dans la mémoire, repassent devant nos yeux par le souvenir, ce qui a lieu alors se rapporte encore à l'homme extérieur. Or, dans toutes ces choses, nous ne différons des animaux que parce que par la forme de notre corps, nous ne sommes point penchés vers la terre, mais nous nous tenons droits. Par là celui qui nous a faits nous avertit de ne point ressembler aux animaux, par la meilleure partie de nous-mêmes, je veux dire, par notre âme, quand nous en différons tellement par le port de notre corps; et de ne point jeter notre âme dans les choses même sublimes du corps, attendu que rechercher le repos de la volonté dans ces choses, c'est encore abaisser l'âme. Mais comme le corps est naturellement élevé vers les choses élevées parmi les corps, je veux dire vers les choses célestes, ainsi l'âme qui est une substance spirituelle doit s'élever vers les choses élevées parmi les choses spirituelles, non point par un mouvement d'orgueil, mais un pieux sentiment de justice.

CHAPITRE II.

De tous les êtres animés, l'homme seul perçoit les raisons éternelles des objets corporels.

2. Les bêtes peuvent aussi percevoir par les sens du corps les objets corporels placés hors d'eux, se les rappeler après les avoir fixés dans leur mémoire, et, parmi eux, rechercher ceux qui leur plaisent et fuir ceux qui leur déplaisent ;

LIBER DUODECIMUS

In quo præmissa distinctione sapientiæ a scientia, in ea quæ proprie scientia nuncupatur, quævo inferior est, prius quædam sui generis trinitas ostenditur : quæ licet ad interiorem hominem jam pertineat, nondum tamen imago Dei vel appellanda vel putanda.

CAPUT PRIMUM.

Homo exterior et interior qualis.

Age nunc videamus ubi sit quasi quoddam hominis exterioris interiorisque confinium. Quidquid enim habemus in animo commune cum pecore, recte adhuc dicitur ad exteriorem hominem pertinere. Non enim solum corpus homo exterior deputabitur, sed adjuncta quadam vita sua, qua compages corporis et omnes sensus vigent, quibus instructus est ad exteriora sentienda : quorum sensorum imagines infixæ in memoria, cum recordando revisuntur, res adhuc agitur ad exteriorem hominem pertinens.

TOM. XXVII.

Atque in his omnibus non distamus a pecore, nisi quod figura corporis non proni, sed erecti sumus. Qua in re admonemur ab eo qui nos fecit, ne meliore nostri parte, id est, animo similes pecoribus simus, a quibus corporis erectione distamus. Non ut in ea quæ sublimia sunt in corporibus animum projiciamus ; nam vel in talibus quietem voluntatis appetere, prosternere est animum. Sed sicut corpus ad ea quæ sunt excelsa corporum, id est, ad cœlestia naturaliter erectum est, sic animus qui substantia spiritalis est, ad ea quæ sunt in spiritalibus excelsa erigendus est, non elatione superbiæ, sed pietate justitiæ.

CAPUT II.

Æternas rationes in corporalibus homo solus animantium percipit.

2. Possunt autem et pecora et sentire per corporis sensus extrinsecus corporalia, et ea memoriæ fixa reminisci, atque in eis appetere conducibilia, fugere incommoda : verum ea notare, ac non solum natu-

quant à les noter, les retenir non-seulement après les avoir trouvés dans la nature, mais encore après les avoir à dessein confiés à la mémoire, les y imprimer de nouveau par la pensée et le souvenir quand ils tombent dans l'oubli, en sorte que de même que la pensée se forme de ce que la mémoire porte dans son sein, ainsi ce qui se trouve déjà gravé dans la mémoire s'y fortifie par la pensée; composer aussi et considérer des visions feintes en prenant ici et là et en cousant ensemble en quelque sorte des souvenirs puisés à cette source, de la même manière que dans ces sortes de conceptions, le vraisemblable se distingue du vrai, non-seulement en choses spirituelles, mais aussi en choses corporelles; tout cela, dis-je, et tout ce qui est du même genre, bien que se trouvant et se passant dans les choses sensibles et dans celles que l'âme en tire par le moyen des sens du corps, n'est pourtant point étranger à la raison, ni commun aux bêtes et aux hommes. Mais il est d'une raison plus élevée de juger de ces choses corporelles selon des raisons incorporelles et éternelles. Si ces raisons n'étaient point au-dessus de l'âme de l'homme, elles ne seraient certainement point immuables, et s'il ne s'y ajoutait quelque chose de nous, nous ne pourrions point juger des choses corporelles d'après elles. Or, nous jugeons des choses corporelles d'après le rapport des dimensions et des figures, rapport que l'esprit sait immuable.

CHAPITRE III.

C'est dans un seul et même esprit que se trouvent la raison supérieure faite pour la contemplation et la raison inférieure faite pour l'action.

3. Quant à ce quelque chose de nous qui se trouve dans l'action des choses corporelles et temporelles dont nous avons à traiter, et qui est tel qu'il ne nous est point commun avec les bêtes, c'est assurément quelque chose de raisonnable, mais appartenant à cette substance raisonnable de notre esprit par laquelle nous sommes placés sous la vérité intelligible et immuable, comme produits et destinés pour faire et gouverner les choses inférieures. Car de même que dans tous les animaux, il ne s'est point trouvé pour l'homme d'autre aide semblable à lui, que celui qui ayant été tiré de lui lui fut donné pour femme; ainsi notre esprit par lequel nous discutons la vérité d'en haut et intérieure, n'a pour l'usage des choses corporelles, en ce qui est de la nature humaine, aucun aide semblable à lui dans les parties de l'âme que nous avons de communes avec les bêtes. Aussi ce quelque chose de raisonnable qui est en nous et qui n'est point séparé pour

---

raliter rapta, sed etiam de industria memoriæ commendata retinere, et in oblivionem jamjamque labentia recordando atque cogitando rursus imprimere, ut quemadmodum ex eo quod gerit memoria cogitatio formatur, sic et hoc ipsum quod in memoria est cogitatione firmetur : fictas etiam visiones, hinc atque inde recordata quælibet sumendo et quasi assuendo, componere, inspicere, quemadmodum in hoc rerum genere quæ veri similia sunt, discernantur a veris, non spiritalibus, sed ipsis corporalibus : hæc atque husjusmodi quamvis in sensibilibus, atque in eis quæ inde animus per sensum corporis traxit agantur atque versentur, non sunt tamen rationis expertia, nec hominibus pecoribusque communia. Sed sublimioris rationis est judicare de istis corporalibus secundum rationes incorporales et sempiternas : quæ nisi supra mentem humanam essent, incommutabiles profecto non essent, atque (*a*) his nisi subjungeretur aliquid nostrum, non secundum eas possemus judicare de corporalibus. Judicamus autem de corporalibus ex ratione dimensionum atque figurarum, quam incommutabiliter manere mens novit.

CAPUT III.
Ratio superior quæ ad contemplationem, et interior quæ ad actionem pertinet, in mente una.

3. Illud vero nostrum quod in actione corporalium atque temporalium tractandorum ita versatur, ut non sit nobis commune cum pecore, rationale quidem est, sed ex illa rationali nostræ mentis substantia, qua subhæremus intelligibili atque incommutabili veritati, tanquam ductum et inferioribus tractandis gubernandisque deputatum est. Sicut enim in omnibus pecoribus non inventum est viro adjutorium simile illi, nisi detractum de illo in conjugium formaretur : ita menti nostræ qua supernam et internam consulimus veritatem, nullum est ad usum rerum corporalium, quantum naturæ hominis satis est, simile adjutorium ex animæ partibus quas communes cum pecoribus habemus. Et ideo quiddam rationale nostrum, non ad unitatis divortium sepa-

---

(*a*) Editi *in his*. Abest *in* a plerisque Mss.

faire divorce avec l'unité, mais qui est comme dérivé pour venir en aide de la société, se partage pour l'accomplissement de son œuvre. Et de même qu'il n'y a plus qu'une seule chair formée de deux chairs dans l'union de l'homme et de la femme, ainsi n'y a-t-il qu'une seule nature de l'esprit qui embrasse soit notre intelligence et notre action, soit notre conseil et notre exécution, soit notre raison et notre appétit raisonnable, soit ce qu'on pourrait désigner d'une manière plus précise, d'une tout autre manière; en sorte que de même que de l'homme et de la femme il a été dit : « Ils seront deux en une seule chair, » (*Gen.*, II, 24) ainsi il puisse être dit également des deux fonctions de l'âme dont nous parlons : elles sont deux dans une seule âme.

CHAPITRE IV.

La trinité et l'image de Dieu ne se trouvent que dans cette partie de l'âme qui a rapport à la contemplation des choses éternelles.

4. Quand nous parlons de la nature de l'esprit humain, nous ne parlons que d'une seule chose, et nous n'en faisons deux choses, pour les deux fonctions dont j'ai parlé plus haut, que par les offices qu'elle remplit. Aussi lorsque nous cherchons la trinité en elle, c'est dans l'âme tout entière que nous la cherchons, sans séparer son action raisonnable dans les choses temporelles de sa contemplation des choses éternelles, de manière à chercher un troisième terme pour compléter la trinité. Mais il faut trouver la trinité dans la nature tout entière de l'âme, de manière que si l'action des choses temporelles, pour laquelle il faille un aide qui ne puisse se trouver que dans une sorte de dérivé de l'âme propre à administrer ces choses inférieures, fait défaut, nulle part on ne puisse trouver une trinité dans une âme divisée, et, supposé déjà fait le partage dont nous avons parlé, qu'on ne trouve non-seulement la trinité, mais encore l'image de Dieu dans ce quelque chose qui a rapport à la contemplation des choses éternelles. Pour ce qui est de la partie de l'âme dérivée dans l'action des choses temporelles, quand même on pourrait y trouver une trinité, on ne saurait du moins y trouver une image de Dieu.

CHAPITRE V.

Il y a une opinion qui trouve une image de la Trinité dans l'union de l'homme et de la femme et dans le fruit de cette union.

5. Aussi ceux qui pensent qu'on peut trouver une trinité image de Dieu en trois personnes, pour ce qui a rapport à la nature humaine, dans l'union de l'homme et de la femme et dans le fruit qui naît de cette union, ne me semblent pas avoir une pensée acceptable. Dans cette

ratum, sed in auxilium societatis quasi derivatum, in sui operis dispertitur (*a*) officium. Et sicut una caro est duorum in masculo et femina, sic intellectum nostrum et actionem, vel consilium et exsecutionem, vel rationem et appetitum rationalem, vel si quo alio modo significantius dici possunt, una mentis natura complectitur : ut quemadmodum de illis dictum est : « Erunt duo in carne una; » (*Gen.*, II, 24) sic de his dici possit, duo in mente una.

CAPUT IV.

Trinitas et imago Dei in ea sola parte mentis quæ pertinet ad contemplationem æternorum.

4. Cum igitur disserimus de natura mentis humanæ, de una quadam re disserimus, nec eam in hæc duo quæ commemoravi, nisi per officia geminamus. Itaque cum in ea quærimus trinitatem, in tota quærimus, non separantes actionem rationalem in temporalibus a contemplatione æternorum, ut

(*a*) Omnes prope Mss. *officio*. Quidam *officia*.

tertium aliquid jam quæramus quo trinitas impleatur. Sed in tota natura mentis ita trinitatem reperiri opus est, ut si desit actio temporalium, cui operi necessarium sit adjutorium, propter quod ad hæc inferiora administranda derivetur aliquid mentis, in una nusquam dispertita mente trinitas inveniatur : et facta jam ista distributione, in eo solo quod ad contemplationem pertinet æternorum, non solum trinitas, sed etiam imago Dei; in hoc autem quod derivatum est in actione temporalium, etiam si trinitas possit, non tamen imago Dei possit inveniri.

CAPUT V.

Opinio fingens imaginem Trinitatis in conjugio masculi et feminæ ac eorum prole.

5. Proinde non mihi videntur probabilem afferre sententiam, qui sic arbitrantur trinitatem imaginis Dei in tribus personis, quod attinet ad humanam naturam, posse reperiri, ut in conjugio masculi et

opinion, l'homme rappellerait la personne du Père, ce qui sort de lui pour naître rappellerait la personne du Fils, la femme rappellerait ainsi la troisième personne, celle du Saint-Esprit, attendu qu'elle procède de l'homme dont elle n'est ni le fils ni la fille (*Gen.*, II, 22), et que de sa conception naît le fruit de leur union. Or, le Seigneur a dit en parlant du Saint-Esprit, qu'il procède du Père, et cependant il n'est point le Fils. Dans cette opinion erronée, il n'y a qu'une chose de présentée d'une manière acceptable, c'est que, par l'origine de la femme, quand elle a été faite, il est assez clairement démontré selon la foi de la sainte Ecriture, que tout ce qui vient d'une personne et fait une autre personne ne peut point être appelé fils, puisque c'est de la personne de l'homme que vient celle de la femme, et que pourtant la femme n'est point appelée fille de l'homme. Le reste est tellement absurde, et même tellement faux, qu'il est de la plus grande facilité de le réfuter. En effet, je ne veux point faire ressortir ce qu'il y a de choquant dans la pensée qui fait du Saint-Esprit la mère du Fils de Dieu et l'épouse du Père; car on pourrait peut-être répondre que cette idée ne présente quelque chose de choquant que dans les choses charnelles où il ne s'agit que de conceptions et d'enfantements charnels. Il est vrai que ces pensées peuvent être fort chastes elles-mêmes pour les âmes pures à qui tout est pur (*Tit.*, I, 15), tandis que pour les hommes impurs et infidèles dont l'âme et la conscience sont souillées, il y a une telle impureté en toutes choses, que plusieurs parmi eux sont choqués à la pensée d'un Christ né d'une vierge selon la chair. Mais dans les choses spirituelles et élevées, où il n'y a rien de corruptible et d'altérable, rien de né dans le temps, ni de formé d'un être informe, s'il arrive qu'on parle de quelque chose de semblable, à l'image de quoi les créatures inférieures ont pu être faites, bien qu'à une distance très-considérable, cela ne doit point troubler la pureté et la prudence de qui que ce soit au point de le faire tomber dans une pernicieuse erreur, sous prétexte d'éviter une vaine horreur. Il faut s'habituer dans les choses corporelles à si bien retrouver la trace des choses spirituelles, que lorsqu'on se met ensuite à monter de nouveau, sous la conduite de la raison, pour arriver jusqu'à l'immuable vérité par qui toutes ces choses ont été faites, on n'y traîne point avec soi, jusque vers ces hauteurs, ce qu'on méprise dans les bas fonds des choses corporelles. Et, en effet, on n'a point rougi de prendre la sagesse pour épouse quoique le nom d'épouse rappelle à la pensée le souvenir d'un commerce corruptible dans la procréation des

feminæ atque in eorum prole compleatur : quod quasi vir ipse Patris personam intimet, Filii vero quod de illo ita processit ut nasceretur, atque ita (*a*) tertiam personam velut Spiritus dicunt esse mulierem, quæ ita de viro processit, ut non ipsa esset filius aut filia, quamvis ea concipiente proles nasceretur. Dixit enim Dominus de Spiritu sancto, quod a Patre procedat (*Joan.*, XV, 26), et tamen Filius non est. In hujus igitur opinionis errore, hoc solum probabiliter affertur, quod in origine factæ feminæ, secundum sanctæ Scripturæ fidem satis ostenditur, non omne quod de aliqua persona ita exsistit, ut personam alteram faciat, filium posse dici; quando quidem de viri persona exstitit persona mulieris, nec tamen ejus filia dicta est. Cætera sane ita sunt absurda, imo vero ita falsa, ut facillime redarguantur. Omitto enim quale sit, Spiritum sanctum matrem Filii Dei putare et conjugem Patris : fortassis quippe respondeatur hæc in carnalibus habere offensionem, dum corporei conceptus partusque cogitantur. Quanquam et hæc ipsa castissime cogitent, quibus mundis omnia munda sunt (*Tit.*, I, 15) : immundis autem et infidelibus, quorum polluta sunt et mens et conscientia, ita nihil est mundum, ut quosdam eorum etiam de virgine secundum carnem natus Christus offendat. Sed tamen in spiritalibus illis summis, ubi non est aliquid violabile aut corruptibile, nec natum ex tempore, nec ex informi formatum, si qua dicuntur talia, ad quorum similitudinem etiam ista inferioris creaturæ genera, quamvis longe remotissime facta sunt, non debent cujusquam sobriam perturbare prudentiam, ne cum vanum devitat horrorem, in perniciosum incurrat errorem. Assuescat in corporalibus ita spiritalium reperire vestigia, ut cum inde sursum versus duce ratione ascendere cœperit, ut ad ipsam incommutabilem veritatem per quam sunt facta ista perveniat, non secum ad summa pertrahat quod contemnit in infimis. Nec enim erubuit quidam, uxorem sibi eligere sapientiam, quia nomen uxoris in prole gignenda corruptibilem concubitum ingerit cogitanti : aut vero ipsa sapientia sexu (*b*) femina est,

(*a*) Editi *ad tertiam*. At Mss. carent particula *ad* — (*b*) Editi *feminea est*.

enfants, peut-être bien après tout, la sagesse est-elle femme elle-même par le sexe, puisque tant en grec qu'en latin, elle a un nom du genre féminin.

CHAPITRE VI.

Pourquoi doit-on rejeter cette opinion ?

6. Nous ne faisons donc point difficulté d'accepter cette opinion, parce que nous n'osons penser que la sainte, inviolable et immuable charité, qui tire son être de Dieu, bien qu'elle ne le tire pas à la manière dont un fils le tire de son père, est l'épouse de Dieu le Père, pour enfanter le Verbe par qui tout a été fait; mais nous la rejetons, parce que la divine Ecriture nous en montre la fausseté avec évidence. En effet, Dieu a dit : « Faisons l'homme à notre image et à notre ressemblance. » (*Gen.*, I, 26.) Un peu plus loin il est dit : « Et Dieu fit l'homme à l'image de Dieu. » (*Ibid.*, 27.) Certainement le mot « notre » qui ne s'emploie que pour un pluriel, ne serait point exact, si l'homme n'était fait qu'à l'image de l'une des personnes divines, soit du Père, soit du Fils, soit du Saint-Esprit; mais comme il était fait à l'image de la Trinité, il est dit : « A notre image. » Mais de peur qu'on ne pensât qu'il fallait croire trois dieux, tandis que la même Trinité ne fait qu'un seul et même Dieu, il est dit : « Et Dieu fit l'homme à l'image de Dieu, » comme s'il était dit : il le fit à son image.

7. Car, dans les saintes lettres, ces manières de parler sont usitées, et quelques auteurs, tout en professant la foi catholique, les entendent avec si peu de soin et de réflexion qu'ils prennent ces paroles : « Dieu fit l'homme à l'image de Dieu, » comme s'il y avait : Le Père fit à l'image du Fils. Ils veulent ainsi prouver que le Fils est également appelé Dieu dans les Ecritures saintes, comme s'il manquait d'autres textes très-vrais et très-clairs où le Fils non-seulement est appelé Dieu, mais encore vrai Dieu. Et en voulant par ce texte résoudre une autre difficulté, ils s'embarrassent tellement eux-mêmes qu'ils ne peuvent plus se dégager. En effet, si le Père a fait l'homme à l'image du Fils, en sorte que l'homme ne soit point l'image du Père, mais seulement du Fils, le Fils n'est donc point semblable au Père. Mais si la foi et la piété enseignent, comme elles le font en effet, que le Fils est semblable au Père d'une égalité d'essence, il s'ensuit nécessairement que ce qui est fait à l'image du Fils l'est également à celle du Père. D'ailleurs, si ce n'est point à son image mais à celle du Fils, que le Père a fait l'homme, pourquoi ne dit-il point : « Faisons l'homme à votre image et à votre

---

(a) Hic editi addunt *hominem*.

ressemblance, » mais, « à notre ressemblance, » si ce n'est parce que c'était l'image de la Trinité qui s'opérait dans l'homme, en sorte que l'homme fût l'image du seul vrai Dieu, puisque la Trinité même n'est autre chose que le seul vrai Dieu? Il y a des locutions pareilles en quantité innombrable dans les Ecritures, mais il suffira de celles que nous allons citer. Il est dit dans les Psaumes : « Le salut vient du Seigneur; c'est vous, mon Dieu, qui bénissez votre peuple ; » (*Ps.* III, 9) comme si ces paroles ne s'adressaient point au Seigneur, mais à un autre Dieu que celui de qui il était dit : « Le salut vient du Seigneur. » Ailleurs encore on lit : « C'est par vous que je serai délivré de la tentation et c'est par mon Dieu que, plein d'espérance, je passerai à travers le mur, » (*Ps.* XVII, 30) comme si c'était à un autre que le prophète eût dit : « C'est par vous que je serai délivré de la tentation. » Dans un autre endroit il est dit : « Les peuples tomberont à vos pieds, car vos flèches sont dans le cœur des ennemis du Roi; » (*Ps.* XLIV, 6) c'est comme s'il y avait, dans le cœur de vos ennemis. En effet, celui à qui il disait : « Les peuples tomberont à vos pieds, » c'est Notre-Seigneur Jésus-Christ, le même qu'il voulait faire entendre par ces mots : « dans le cœur des ennemis du Roi. » Ces locutions sont plus rares dans les écrits du Nouveau Testament. Cependant l'Apôtre, dans son Epitre aux Romains, dit : « Touchant son Fils qui lui est né, selon la chair, du sang de David, qui a été prédestiné pour être Fils de Dieu par sa puissance, selon l'Esprit de sanctification et par la résurrection des morts de Notre-Seigneur Jésus-Christ, » (*Rom.*, I, 3) et s'exprime là comme s'il avait parlé d'un autre plus haut. Qu'est-ce en effet que ce Fils de Dieu prédestiné par la résurrection des morts de Jésus-Christ, sinon ce même Jésus-Christ prédestiné pour être le Fils de Dieu par sa puissance ? Par conséquent, de même que dans cet endroit quand nous entendons ces mots : « Le Fils de Dieu par la vertu de Jésus-Christ, » ou ceux-ci : « Le Fils de Dieu selon l'esprit de sanctification de Jésus-Christ, » ou enfin ceux-ci : « Le Fils de Dieu par la résurrection des morts de Jésus-Christ, » quand il aurait pu dire, d'une manière plus usitée, par sa vertu, ou selon l'Esprit de sanctification, ou par la résurrection de ses morts, ou par sa résurrection à lui; nous ne sommes point forcés de croire qu'il s'agit d'une autre personne, mais que c'est de la même personne, c'est-à-dire de la personne de Jésus-Christ Notre-Seigneur, le Fils de Dieu, qu'il est question. De même quand nous entendons ces mots : « Dieu a fait l'homme à l'image de Dieu, » (*Gen.*, I, 27) bien que l'auteur sacré aurait pu dire, dans une manière de parler plus usitée, à son image, cependant nous ne sommes point forcés de penser qu'il s'agit d'une autre personne de la Trinité, mais bien

« nostram; » nisi quia Trinitatis imago fiebat in homine, ut hoc modo esset homo imago unius veri Dei, quia ipsa Trinitas unus verus Deus est? Locutiones autem sunt innumerabiles tales in Scripturis, sed has protulisse suffecerit. Est in Psalmis ita dictum : « Domini est salus, et super populum tuum benedictio tua : » (*Psal.* III, 9) quasi alteri dictum sit, non ei de quo dixerat : « Domini est salus. » Et iterum : « A te, inquit, eruar a tentatione, et in Deo meo (*a*) sperans transgrediar murum : » (*Psal.* XVII, 30) quasi alteri dixerit : « A te eruar a tentatione. » Et iterum : « Populi sub te cadent in (*b*) corde inimicorum regis : » (*Psal.* XLIV, 6) ac si diceret, in corde inimicorum tuorum. Ei quippe regi dixerat, id est, Domino nostro Jesu Christo : « Populi sub te cadent : » quem regem intelligi voluit, cum diceret, « in corde inimicorum regis. » Rarius ista in novi Testamenti litteris inveniuntur. Sed tamen ad Romanos Apostolus : « De Filio suo, inquit, qui factus est ei ex semine David secundum carnem, qui prædestinatus est Filius Dei in virtute secundum Spiritum sanctificationis ex resurrectione mortuorum Jesu Christi Domini nostri : » (*Rom.*, I, 3) tanquam de alio supra diceret. Quid est enim Filius Dei prædestinatus ex resurrectione mortuorum Jesu Christi, nisi ejusdem Jesu Christi qui prædestinatus est Filius Dei in virtute? Ergo quomodo hic cum audivimus : « Filius Dei in virtute Jesu Christi, » aut « Filius Dei secundum Spiritum sanctificationis Jesu Christi, » aut « Filius Dei ex resurrectione mortuorum Jesu Christi; » cum dici potuisset usitate, in virtute sua, aut secundum Spiritum sanctificationis suæ, aut ex resurrectione mortuorum ejus, vel mortuorum suorum; non cogimur intelligere aliam personam, sed unam camdemque, scilicet Filii Dei Domini nostri Jesu Christi. Ita cum audimus : « Fecit Deus hominem ad imaginem Dei : » (*Gen.*, I, 27) quamvis posset usitatius dici, ad imaginem suam : non tamen cogimur aliam personam intelligere in Trinitate, sed ipsam unam camdemque Trinitatem,

---

(*a*) Plures Mss. omittunt *sperans*. — (*b*) Editi *in corda*. At Mss. *in corde* : et sic Augustinus, Enarrat. in eumdem Psal. XLIV.

qu'il n'est question que de la Trinité même qui est un seul Dieu et à l'image de qui l'homme a été créé.

8. Puisqu'il en est ainsi, si nous prenons cette même image de la Trinité, non dans un seul homme, mais dans trois hommes qui seraient le père, la mère et le fils, il s'ensuit que l'homme n'a point été fait à l'image de Dieu avant qu'il eût une femme et que, par leur union, ils se fussent donné un fils, puisqu'il n'y eut trinité qu'à ce moment-là. Peut-être dira-t-on : Il y avait déjà trinité alors, attendu que si ce n'était point encore dans sa propre forme que la femme existait, cependant déjà par la nature de son origine elle était dans le côté de l'homme, et le fils se trouvait dans ses organes génitaux. Pourquoi donc après avoir dit : « Dieu fit l'homme à l'image de Dieu, » (*Gen.*, I, 27) l'Ecriture poursuit-elle en ces termes : « Dieu le fit, et il les fit mâle et femelle, et il les bénit ? » Ou bien pourquoi parle-t-elle ainsi, s'il faut admettre cette distinction dans ces paroles : « Et Dieu fit l'homme, » puis ajouter ensuite : « Il le fit à l'image de Dieu, » et y revenir une troisième fois en disant : « Il les fit mâle et femelle, » car il y en a qui ont craint de dire : Il le fit mâle et femelle, de peur de donner à entendre quelque chose de monstrueux, tel que les êtres qu'on appelle hermaphrodites, bien qu'on eût pu comprendre sans se tromper qu'il était question de l'un et de l'autre, au singulier, dans le même sens qu'il a été dit : « Ils seront deux dans une seule chair. » Pourquoi donc, comme j'avais commencé à le dire, l'Ecriture, en parlant de la nature de l'homme faite à l'image de Dieu, ne fait-elle mention que du mâle et de la femelle? Car pour compléter l'image de la Trinité, elle aurait dû ajouter le fils, bien qu'à cette époque, il ne se trouvât encore que dans les organes génitaux de son père, de même que la femme n'existait encore que dans son côté. Est-ce que par hasard la femme était déjà faite, et l'Ecriture avait-elle embrassé dans une courte expression ce qu'elle devait expliquer avec plus de soin en disant plus tard comment il avait été fait ; et n'aurait-elle point pu parler du fils parce qu'il n'était pas encore né ; comme si le Saint-Esprit n'avait pu embrasser cela dans la même expression, quitte pour dire plus loin que le fils était né, de même qu'il raconta, en son lieu, après coup, comment la femme avait été tirée du côté de l'homme, ce qui ne l'a point empêché de la nommer à sa place.

CHAPITRE VII.

Comment l'homme est l'image de Dieu.

9. Nous ne devons donc point entendre que l'homme a été fait à l'image de la souveraine Trinité, c'est-à-dire à l'image de Dieu, en ce

---

est unus Deus, et ad cujus imaginem factus est homo.

8. Quæ cum ita sint, si eamdem Trinitatis imaginem, non in uno, sed in tribus hominibus acceperimus, patre et matre et filio, non erat ergo ad imaginem Dei factus homo ante quam uxor ei fieret, et ante quam filium propagarent ; quia nondum erat trinitas. An dicit aliquis : Jam trinitas erat, quia etsi nondum forma propria, jam tamen originali natura et mulier erat in latere viri, et filius in lumbis patris? Cur ergo cum Scriptura dixisset : « Fecit Deus hominem ad imaginem Dei ; » (*Gen.*, I, 27) contexuit dicens : « Fecit Deus eum, masculum et feminam fecit eos, et benedixit eos ? » Vel si ita distinguendum est : « Et fecit Deus hominem ; » ut deinde inferatur, « ad imaginem Dei fecit illum ; » et tertia subjunctio sit, « masculum et feminam fecit eos. » Quidam enim timuerunt dicere : Fecit eum masculum et feminam, ne quasi monstruosum aliquid intelligeretur, sicuti sunt quos hermaphroditos vocant : cum etiam sic non mendaciter possit intelligi utrumque in numero singulari, propter id quod dictum est : « Duo in carne una. » Cur ergo, ut dicere cœperam, in natura hominis ad imaginem Dei facta præter masculum et feminam non commemorat Scriptura? Ad implendam quippe imaginem Trinitatis debuit addere et filium, quamvis adhuc in lumbis patris constitutum, sicut mulier erat in latere. An forte jam facta erat et mulier ; et Scriptura brevi complexione constrinxerat, quod postea quemadmodum sit factum, diligentius explicaret; et propterea filius commemorari non potuit, quia nondum erat natus ; quasi et hoc non poterat ea brevitate complecti Spiritus sanctus, suo loco postea natum filium narraturus, sicut mulierem de viri latere assumptam suo postmodum loco narravit (*Gen.*, II, 22), et tamen hic eam nominare non prætermisit ?

CAPUT VII.

Homo imago Dei, quomodo.

9. Non itaque ita debemus intelligere hominem factum ad imaginem summæ Trinitatis, hoc est ad

sens que cette image se trouve dans trois hommes, d'autant plus que l'Apôtre nous dit que c'est l'homme qui est fait à l'image de Dieu, et que c'est pour cela qu'il lui défend de se voiler la tête, ce qu'il prescrit au contraire de faire à la femme, en s'exprimant ainsi : « Pour ce qui est de l'homme il ne doit point se couvrir la tête, parce qu'il est l'image et la gloire de Dieu; au lieu que la femme est la gloire de l'homme. » (I *Cor.*, XI, 7.) Que dirons-nous à cela? Si la femme concourt pour sa part à faire l'image de la Trinité, comment se fait-il qu'après qu'elle a été tirée de son côté, l'homme soit encore appelé l'image de Dieu ? Ou bien si la personne de l'homme en trois personnes peut être appelée pour cela l'image de Dieu, comme cela a lieu dans la suprême Trinité elle-même où chaque personne est Dieu ; pourquoi la femme n'est-elle point aussi l'image de Dieu ? car c'est parce qu'elle ne l'est pas qu'il lui est ordonné de se voiler la tête, chose qu'il est défendu à l'homme de faire, parce qu'il est l'image de Dieu.

10. Mais il faut voir comment ce que dit l'Apôtre que l'homme, non la femme, est l'image de Dieu, n'est point en contradiction avec ce qui est écrit dans la Genèse : « Dieu fit l'homme, il le fit à l'image de Dieu, il les fit mâle et femelle, et il les bénit. » (*Gen.*, I, 27.) C'est la nature humaine même qu'elle dit faite à l'image de Dieu ; or, cette nature comprend les deux sexes,
et elle ne sépare point la femme de l'idée qu'elle veut qu'on ait de l'image de Dieu. En effet, après avoir dit que Dieu fit l'homme à l'image de Dieu elle dit : « Il le fit mâle et femelle, » ou selon une autre vision : « Il les fit mâle et femelle. » Comment donc avons-nous entendu dire à l'Apôtre que c'est l'homme qui est l'image de Dieu, d'où vient qu'il est défendu à l'homme de se couvrir la tête, non point à la femme, à qui au contraire cela est prescrit ? (I *Cor.*, XI, 7.) On ne peut, je crois, l'expliquer que de la manière que j'ai déjà dite, en parlant de la nature de l'âme humaine; c'est-à-dire en ce sens que c'est la femme avec l'homme qui est l'image de Dieu, en sorte que c'est la substance humaine en son entier qui serait cette image. Mais en tant qu'elle est considérée comme un aide pour l'homme, elle n'est plus l'image de Dieu, attendu que ce côté-là n'appartient qu'à elle; mais pour ce qui est de l'homme seul, il est l'image de Dieu aussi pleine et entière qu'il est un lui-même uni à la femme. Comme je l'ai déjà dit de la nature de l'âme humaine, si elle contemple tout entière la vérité, elle est l'image de Dieu ; mais quand il y en a une partie de distraite et de dérivée, par une certaine attention, vers l'action des choses temporelles, bien que par le côté où elle voit et consulte la vérité, elle soit l'image de Dieu, cependant par le côté où elle s'applique à l'action des choses inférieures, elle n'est point

imaginem Dei, ut eadem imago in tribus intelligatur hominibus : præsertim cum Apostolus virum dicat esse imaginem Dei, et propterea velamentum ei capitis demat, quod mulieri adhibendum monet, ita loquens : « Vir quidem non debet velare caput, cum sit imago et gloria Dei. Mulier autem gloria viri est. » (I *Cor.*, XI, 7.) Quid ergo dicemus ad hæc? Si pro sua persona mulier adimplet imaginem Trinitatis, cur ea detracta de latere viri adhuc ille imago dicitur? Aut si et una persona hominis ex tribus potest dici imago Dei, sicut in ipsa summa Trinitate, et unaquæque persona Deus est, cur et mulier non est imago Dei? Nam et propterea caput velare præcipitur, quod ille quia imago Dei est prohibetur. (*Ibid.*, 5.)

10. Sed videndum est quomodo non sit contrarium quod dicit Apostolus, non mulierem, sed virum esse imaginem Dei, huic quod scriptum est in Genesi : « Fecit Deus hominem, ad imaginem Dei fecit eum, masculum et feminam fecit eos, et benedixit eos. » (*Gen.*, I, 27.) Ad imaginem Dei quippe naturam ipsam humanam factam dicit, quæ sexu utroque com-
pletur, nec ab intelligenda imagine Dei separat feminam. Dicto enim quod fecit Deus hominem ad imaginem Dei : « Fecit eum, inquit, masculum et feminam : » vel certe alia distinctione, « masculum et feminam fecit eos. » Quomodo ergo per Apostolum audivimus virum esse imaginem Dei, unde caput velare prohibetur, mulierem autem non, et ideo ipsa hoc facere jubetur? (I *Cor.*, XI, 7.) Nisi, credo, illud quod jam dixi, cum de natura humanæ mentis agerem, mulierem cum viro suo esse imaginem Dei, ut una imago sit tota illa substantia : cum autem ad adjutorium distribuitur, quod ad eam ipsam solam attinet, non est imago Dei; quod autem ad virum solum attinet, imago Dei est tam plena atque integra, quam in unum conjuncta muliere. Sicut de natura humanæ mentis diximus, quia et si tota contempletur veritatem, imago Dei est; et cum ex ea distribuitur aliquid, et quadam intentione derivatur ad actionem rerum temporalium, nihilo minus ex qua parte conspectam consulit veritatem, imago Dei est; ex qua vero intenditur in agenda inferiora, non est

l'image de Dieu. Aussi comme plus elle s'étend vers ce qui est éternel, plus elle se forme, par suite de cela, à l'image de Dieu, on ne doit rien faire pour la retenir, pour l'empêcher de tendre de ce côté et la forcer à modérer son élan ; voilà pourquoi l'homme ne doit point se couvrir la tête. Mais comme dans l'action de la raison qui s'occupe des choses corporelles et temporelles, il y a un grand danger pour l'âme de descendre trop bas, elle doit avoir une puissance sur sa tête ; c'est ce qu'indique le voile qui signifie qu'elle doit être contenue. Ce sens pieux et sacré est agréable aux saints anges. Quant à Dieu, il ne voit point les choses dans le temps, et il ne se produit rien de nouveau en lui par la vision ou par la science, quand il se fait quelque chose dans le temps et d'une manière qui passe, comme sont affectés les sens charnels des animaux et des hommes, et même les sens célestes des anges.

11. En effet, en faisant si clairement la distinction des deux sexes, mâle et femelle, l'apôtre saint Paul a voulu nous présenter la figure mystérieuse de quelque chose de plus caché, comme on peut le comprendre à ce qu'il dit dans un autre endroit, qu'une vraie veuve est désolée quand elle se trouve sans enfants et petits enfants, et que néanmoins elle doit espérer dans le Seigneur et persévérer dans la prière le jour et la nuit (I *Tim.*, v, 5) ; il montre par là que la femme qui a été séduite et est tombée dans la prévarication, se sauve néanmoins par les enfants qu'elle met au monde, « pourvu, ajoute-t-il, qu'ils demeurent dans la foi, dans la charité, dans la sainteté, et dans une vie bien réglée, » (I *Tim.*, II, 15) comme si une bonne veuve pouvait avoir quelque chose à craindre soit pour n'avoir point eu d'enfants, soit parce que les enfants qu'elle a eus n'ont point voulu persévérer dans le bien. Mais comme ce qu'on entend par bonnes œuvres sont comme les enfants de notre vie, dans le sens du mot vie, tel qu'on l'entend, quand on demande au sujet de quelqu'un quelle a été sa vie, c'est-à-dire comment il s'est acquitté des choses du temps, et que les Grecs appellent βίον, non pas ζωὴν, et que ces bonnes œuvres se rencontrent surtout dans ce qu'on entend par œuvres de miséricorde, œuvres qui ne servent de rien soit aux païens, soit aux Juifs qui ne croient point dans le Christ, non plus qu'aux hérétiques et aux schismatiques en qui ne se trouvent ni la foi, ni la charité, ni la sanctification qui ne va point sans la sobriété, on voit manifestement ce que l'Apôtre a voulu faire entendre. Aussi si on ne prend dans un sens figuré et mystique et si on ne rapporte à quelque mystère caché ce qu'il dit de l'obligation pour la femme de se voiler la tête, son langage est vain.

12. D'ailleurs, non-seulement la raison appuyée sur la plus exacte vérité, mais encore

---

imago Dei. Et quoniam quantumcumque se extenderit in id quod æternum est, tanto magis inde formatur ad imaginem Dei, et propterea non est cohibenda, ut se inde con'ineat ac temperet ; ideo vir non debet velare caput. Quia vero illi rationali actioni quæ in rebus corporalibus temporalibusque versatur, periculosa est nimia in inferiora progressio ; debet habere potestatem super caput, quod indicat velamentum quo significatur esse cohibenda. Grata est enim sanctis Angelis sacrata et pia significatio. Nam Deus non ad tempus videt, nec aliquid novi fit in ejus visione atque scientia, cum aliquid temporaliter ac transitorie geritur, sicut inde afficiuntur sensus vel carnales animalium et hominum, vel etiam cœlestes Angelorum.

11. In isto quippe manifesto sexu masculi et feminæ apostolus Paulus occultioris cujusdam rei figurasse mysterium, vel hinc intelligi potest, quod cum alio loco dicat, veram viduam esse desolatam, sine filiis et nepotibus, et tamen eam sperare debere in Dominum, et persistere in orationibus nocte et die (I *Tim.*, v, 5) : hic indicat mulierem seductam in prævaricatione factam, salvam fieri per filiorum generationem. Et addidit : « Si permanserint in fide et dilectione et sanctificatione cum sobrietate. » (I *Tim.*, II, 15.) Quasi vero possit obesse bonæ viduæ, si vel filios non habuerit, vel ii quos habuerit, in bonis operibus permanere noluerint. Sed quia ea quæ dicuntur opera bona, tanquam filii sunt vitæ nostræ, secundum quam quæritur cujus vitæ sit quisque, id est, quomodo agat hæc temporalia, quam vitam Græci non ζωὴν, sed βίον vocant; et hæc opera bona maxime in officiis misericordiæ frequentari solent; opera vero misericordiæ nihil prosunt, sive Paganis, sive Judæis qui Christo non credunt, sive quibuscumque hæreticis vel schismaticis ubi fides et dilectio et sobria sanctificatio non invenitur : manifestum est quid Apostolus significare voluerit; ideo figurate ac mystice, quia de velando mulieris capite loquebatur (I *Cor.*, XI, 7), quod nisi ad aliquod secretum sacramenti referatur, inane remanebit.

12. Sicut enim non solum veracissima ratio, sed

l'autorité de l'Apôtre même, nous apprend que ce n'est point quant à la forme de son corps que l'homme a été fait à l'image de Dieu, mais quant à son âme raisonnable. C'est en effet une pensée vaine et honteuse, que de penser que Dieu est renfermé et circonscrit dans des lignes de membres corporels. Or, est-ce que le même Apôtre ne dit pas : « Renouvelez-vous dans l'intérieur de votre âme, et revêtez-vous de l'homme nouveau qui a été créé selon Dieu ? » (*Ephés.*, IV, 23) et ailleurs, en termes plus clairs encore : « Dépouillant le vieil homme avec ses œuvres revêtez-vous de l'homme nouveau qui, par la connaissance de Dieu, se renouvelle selon l'image de celui qui l'a créé. » (*Col.*, III, 9, 10.) Si donc nous nous renouvelons dans l'intérieur de notre âme, et que l'homme qui se renouvelle par la connaissance de Dieu selon l'image de celui qui l'a créé est un homme nouveau, on ne peut douter que ce n'est point selon le corps, ni selon une partie quelconque du corps, mais selon l'âme raisonnable où peut exister la connaissance de Dieu, que l'homme a été fait à l'image de celui qui l'a créé. C'est dans ce renouvellement aussi que nous devenons enfants de Dieu par le baptême du Christ et que revêtant l'homme nouveau, c'est le Christ que nous revêtons par la foi. Et qui donc priverait les femmes de ce partage quand elles sont avec nous cohéritières de la grâce, et que, dans un autre endroit, le même Apôtre nous dit : « Puisque vous êtes tous enfants de Dieu, par la foi en Jésus-Christ, car vous tous qui avez été baptisés dans le Christ, vous avez été revêtus du Christ. Et il n'y a plus maintenant ni de juif, ni de gentil, ni d'esclave ni de libre, ni d'homme ni de femme, mais vous n'êtes tous qu'un en Jésus-Christ ? » (*Gal.*, III, 26, 29.) Est-ce que les femmes fidèles auraient perdu leur sexe ? Mais comme les hommes sont renouvelés à l'image de Dieu dans cette partie d'eux-mêmes qui n'a point de sexe, l'homme est de même fait à l'image de Dieu dans cette partie de son être qui n'a point de sexe, c'est-à-dire dans le fond de son âme. Pourquoi donc l'homme ne doit-il point se voiler la tête, attendu qu'il est l'image et la gloire de Dieu, tandis que la femme doit se voiler, attendu qu'elle n'est que la gloire de l'homme, comme si la femme ne se renouvelait point aussi dans l'intérieur de son âme, quand l'homme se renouvelle par la connaissance de Dieu, selon l'image de celui qui l'a créé ? Mais comme c'est par le sexe du corps qu'elle diffère de l'homme, l'Apôtre a pu avec raison figurer par ce voile corporel cette partie de la raison qui se plie au gouvernement des choses temporelles, en sorte qu'elle ne demeurerait point l'image de Dieu, si ce n'est dans cette partie par laquelle l'âme humaine s'attache

---

etiam ipsius Apostoli declarat auctoritas, non secundum formam corporis homo factus est ad imaginem Dei, sed secundum rationalem mentem. Cogitatio quippe turpiter vana est, quæ opinatur Deum membrorum corporalium lineamentis circumscribi atque finiri. Porro autem nonne idem beatus Apostolus dicit : « Renovamini spiritu mentis vestræ, et induite novum hominem eum qui secundum Deum creatus est ? » (*Ephes.*, IV, 23.) Et alibi apertius : « Exuentes vos, inquit, veterem hominem cum actibus ejus, induite novum qui renovatur in agnitionem Dei secundum imaginem ejus qui creavit eum. » (*Coloss.*, III, 9.) Si ergo spiritu mentis nostræ renovamur, et ipse est novus homo qui renovatur in agnitionem Dei secundum imaginem ejus qui creavit eum, nulli dubium est, non secundum corpus, neque secundum quamlibet animi partem, sed secundum rationalem mentem, ubi potest esse agnitio Dei, hominem factum ad imaginem ejus qui creavit eum. Secundum hanc (*a*) autem renovationem efficimur etiam filii Dei per baptismum Christi, et induentes novum hominem, Christum utique induimus per fidem. Quis est ergo qui ab hoc consortio feminas alienet, cum sint nobiscum gratiæ cohæredes ; et alio loco idem Apostolus dicat : « Omnes enim filii Dei estis per fidem in Christo Jesu. Quicumque enim in Christo baptizati estis, Christum induistis. Non est Judæus neque Græcus, non est servus neque liber, non est masculus neque femina : omnes enim vos unum estis in Christo Jesu. » (*Gal.*, III, 26.) Numquidnam igitur fideles feminæ sexum corporis amiserunt ? Sed quia ibi renovantur ad imaginem Dei, ubi sexus nullus est, ibi factus est homo ad imaginem Dei, ubi sexus nullus est, hoc est in spiritu mentis suæ. Cur ergo vir propterea non debet caput velare, quia imago est et gloria Dei (I *Cor.*, XI, 7) ; mulier autem debet, quia gloria viri est, quasi mulier non renovetur spiritu mentis suæ, qui renovatur in agnitionem Dei secundum imaginem ejus qui creavit illum ? Sed quia sexu corporis distat a viro, rite potuit in ejus corporali velamento figurari pars illa rationis, quæ ad temporalia gubernanda deflectitur, ut non

(*a*) Er. et Lov. *Secundum hanc igitur.* At Am. et Mss. *autem*: concinnius.

à la considération et à l'étude des raisons éternelles, partie qu'il est manifeste que non-seulement les hommes, mais aussi les femmes possèdent.

13. Ainsi c'est dans leurs âmes que se trouve leur commune nature, et c'est dans leurs corps qu'est figurée la distribution de l'âme même qui n'est qu'une.

CHAPITRE VIII.

Perte de l'image de Dieu.

Quand on s'élève à certains degrés intérieurs de la considération, par le moyen des parties de l'âme, la raison où on peut déjà reconnaître l'homme intérieur, commence où commence aussi à se rencontrer quelque chose qui cesse de nous être commun avec les bêtes. Si cet homme intérieur, sur les pas de cette partie de la raison à qui est déléguée l'administration des choses temporelles, vient à tomber trop profondément dans les choses extérieures pour s'y trop adonner, du consentement de sa tête, c'est-à-dire de l'autre partie d'elle-même qui préside aux spéculations du conseil, comme étant la portion visible de l'âme, il vieillit au milieu de tous ses ennemis, je veux dire au milieu des démons qui, avec leur prince, le diable, sont jaloux de sa vertu. Et la vision des choses éternelles lui est ravie, à lui qui est la tête, ainsi qu'à son épouse qui mange le fruit défendu (*Gen.*, III, 6), en sorte qu'il perd même la lumière de ses yeux. (*Ps.* XXXVII, 11.) Voilà comment, dépouillés l'un et l'autre de la claire lumière de la vérité, mais ayant les yeux de la conscience ouverts pour voir à quel point ils sont déshonorés et enlaidis, ils unissent les unes aux autres les bonnes paroles, unissant les fruits des bonnes œuvres, comme des feuilles de deux fruits, sous les fruits eux-mêmes, afin de couvrir au moins leur honte par l'apparence de bonnes paroles tout en vivant mal.

CHAPITRE IX.

14. Car l'âme qui aime son propre pouvoir, descend de l'universel qui est commun, à la partie privée; et quand l'orgueil, qui aime les divisions, qu'on appelle le commencement du péché et qui, en suivant la conduite de Dieu dans l'universalité des créatures, aurait pu très-bien être gouverné par ses lois, se met à désirer quelque chose de plus que le tout et veut le gouverner selon ses lois à lui, il tombe dans le souci de la partie; car il n'y a rien de plus que l'universel; voilà comment il devient moindre en désirant plus, et pourquoi aussi l'avarice est appelée la racine de tous les maux. (I *Tim.*, VI, 10.) Il ad-

---

maneat imago Dei, nisi ex qua parte mens hominis æternis rationibus conspiciendis vel consulendis (*a*) adhærescit, quam non solum masculos, sed etiam feminas habere manifestum est.

13. Ergo in eorum mentibus communis natura cognoscitur, in eorum vero corporibus ipsius unius mentis distributio figuratur.

CAPUT VIII.

Deflexus ab imagine Dei.

Ascendentibus itaque introrsus quibusdam gradibus considerationis per animæ partes, unde incipit aliquid occurrere, quod non sit nobis commune cum bestiis, inde incipit ratio, ubi homo interior jam possit agnosci. Qui etiam ipse si per illam rationem cui temporalium rerum administratio delegata est, immoderato progressu nimis in exteriora prolabitur, consentiente sibi capite suo, id est, non eam cohibente atque refrenante illa quæ in specula consilii præsidet quasi virili portione, inveteratur inter inimicos suos vir-

tutis invidos dæmones cum suo principe diabolo (*Psal.* VI, 8) : æternorumque illa visio ab ipso etiam capite cum conjuge vetitum manducante subtrahitur (*Gen.*, III, 6), ut lumen oculorum ejus non sit cum illo : ac sic ab illa illustratione veritatis ambo nudati, atque apertis oculis conscientiæ ad videndum quam inhonesti atque indecori remanserint, tanquam folia dulcium fructuum, sed sine ipsis fructibus, ita sine fructu boni operis bona verba contexunt, ut male viventes quasi bene loquendo contegant turpitudinem suam.

CAPUT IX.

14. Potestatem quippe suam diligens anima, a communi universo ad privatam partem prolabitur : et apostatica illa superbia, quod initium peccati dicitur (*Eccli.*, X, 15), cum in universitate creaturæ Deum rectorem secuta, legibus ejus optime gubernari potuisset, plus aliquid universo appetens, atque id sua lege gubernare molita, quia nihil est amplius universitate, in curam partilem truditur, et sic ali-

---

(*a*) Editio Lov. *adhæserit*.

ministre par son propre corps qu'il ne possède que comme une partie, le tout où il aspire à faire quelque chose en propre, en dépit des lois par lesquelles le tout s'administre; voilà comment, charmé par les formes et les mouvements corporels qu'il n'a point intérieurement en lui, il se trouve enveloppé de leurs images qu'il a fixées dans sa mémoire, et souillé honteusement par une fornication qui est tout entière dans l'imagination ; il rapporte tous ses offices aux fins pour lesquelles il recherche avec curiosité, par les sens du corps, les choses corporelles et temporelles, et, dans l'excès de son enflure, affecte d'être plus élevé que les autres âmes adonnées aux sens corporels, ou bien se plonge dans le gouffre fangeux de la volupté charnelle.

CHAPITRE X.

15. Mais lorsqu'une âme, dans sa bonne volonté pour percevoir les choses intérieures et supérieures, que possèdent, non point seuls, mais en commun, tous ceux qui aiment ces sortes de choses, et qu'ils possèdent sans aucune étroitesse et aucune envie, avec un chaste amour, pense à son propre intérêt ou à l'intérêt des autres, quand bien même elle se tromperait en quelque chose à cause de son ignorance des choses temporelles alors qu'elle agit dans le temps, et quand elle ne procéderait point dans son action de la manière qu'elle le devrait, sa sensation n'est qu'une tentation humaine. Et c'est un grand point de passer la vie que nous menons à présent comme des gens qui reviennent de voyage, de manière à ne connaître que des tentations humaines. (I *Cor.*, x, 13.) Ce péché, en effet, est hors de notre corps et n'est point réputé une fornication, voilà pourquoi il obtient facilement son pardon. (I *Cor.*, vi, 18.) Mais lorsque pour nous procurer des choses qui ne se sentent que par le corps, lorsque c'est pour le plaisir de connaître par expérience, de l'emporter sur les autres ou de toucher les choses, et parce qu'on place en elles la fin de son bonheur, qu'on fait une chose, quelle que soit cette chose, il est honteux de la faire ; c'est pécher par fornication contre son propre corps, tant parce qu'on introduit au dedans de soi les simulacres trompeurs des choses corporelles, que parce qu'on en compose d'imaginaires par une vaine méditation, en sorte que rien ne lui semble divin que ce qui ressemble à cela, dans son particulier, cette âme avare est grosse d'erreurs, et, prodigue, elle est vide de forces. Elle ne s'abandonnerait point de prime-abord à une fornication si honteuse et si misérable, mais il est dit : « Quiconque méprise les petites choses, tombera peu à peu. » (*Eccli.*, xix, 1.)

---

quid amplius concupiscendo minuitur; unde et avaritia dicitur radix omnium malorum (I *Tim.*, vi, 10) : totumque illud ubi aliquid proprium contra leges, quibus universitas administratur, agere nititur, per corpus proprium gerit, quod partiliter possidet : atque ita formis et motibus corporalibus delectata, quia intus ea secum non habet, cum eorum imaginibus, quas memoriæ fixit, involvitur, et phantastica fornicatione turpiter inquinatur, omnia officia sua ad eos fines referens, quibus curiose corporalia ac temporalia per corporis sensus quærit, aut tumido fastu aliis animis corporeis sensibus deditis esse affectat excelsior, aut cœnoso gurgite carnalis voluptatis immergitur.

CAPUT X.

15. Cum ergo bona voluntate ad interiora et superiora percipienda, quæ non privatim, sed communiter ab omnibus qui talia diligunt, sine ulla angustia vel invidia casto possidentur amplexu, vel sibi vel aliis consulit; etsi fallatur in aliquo per ignorantiam temporalium, quia et hoc temporaliter gerit, et modum agendi non tenet quem debebat, humana tentatio est. Et magnum est hanc vitam sic degere, quam velut viam redeuntes carpimus, ut tentatio nos non apprehendat nisi humana. (I *Cor.*, x, 13.) Hoc enim peccatum extra corpus est, nec fornicationi deputatur, et propterea facillime ignoscitur. (I *Cor.*, vi, 18.) Cum vero propter adipiscenda ea quæ per corpus sentiuntur, propter experiendi vel excellendi vel contrectandi cupiditatem, ut in his finem boni sui ponat, aliquid agit, quidquid agit, turpiter agit; et fornicatur in corpus proprium peccans, et corporearum rerum fallacia simulacra introrsus rapiens, et vana meditatione componens, ut ei nec divinum aliquid (*a*) nisi tale, videatur privatim avara fetatur erroribus, et privatim prodiga inanitur viribus. Nec ad tam turpem et miserabilem fornicationem (*b*) simul ab exordio prosiliret : sed sicut scriptum est : « Qui modica spernit, paulatim decidet. » (*Eccli.*, xix, 1.)

(*a*) Er. et Lov. *ut ei nec divinum aliquid placeat, nisi tale videatur.* Melius Am. et Mss. verbo *placeat* expuncto, *ut ei nec divinum aliquid, nisi tale,* (id est nisi quod ejus generis est de quo dicit,) *videatur.* — (*b*) Sic Am. et plures Mss. Alii vero cum Er. et Lov. *semel.*

CHAPITRE XI.

Image de la bête dans l'homme.

16. De même que la couleuvre ne marche point à pas visibles, mais rampe par les efforts très-divisés de ses écailles, ainsi le mouvement glissant de la chute entraîne peu à peu ceux qui se négligent et commencent par un désir désordonné de la ressemblance de Dieu, et conduit l'homme jusqu'à la ressemblance de la bête. Voilà d'où vient que nos premiers parents, dépouillés de leur première robe, ont mérité de revêtir leur condition mortelle de tuniques de peau. Le vrai honneur de l'homme, c'est d'être l'image et la ressemblance de Dieu, image qui ne se conserve que pour celui par qui elle est imprimée. D'où il suit qu'on est d'autant plus étroitement uni à Dieu, qu'on aime moins ce qui nous est propre à nous-mêmes. Mais le désir de faire l'essai de notre pouvoir fait déchoir l'homme en quelque sorte volontairement, en l'abaissant vers lui-même comme vers un moyen terme. Aussi quand il veut comme Dieu, n'avoir personne au-dessus de lui, il tombe de ce moyen terme qu'il occupe et sa punition est de descendre au plus bas, c'est-à-dire à ce qui fait le bonheur des bêtes. Voilà comment quand son honneur est d'être l'image de Dieu, sa honte est de ressembler aux bêtes : « L'homme était élevé en honneur, il ne l'a point compris ; aussi a-t-il été comparé aux bêtes qui n'ont point de raison et leur est-il devenu semblable. » (*Ps.* XLVIII, 13.) Par où donc pourrait-il passer pour descendre d'une si grande hauteur à un tel abaissement s'il ne passait par lui-même qui tient le milieu ? En effet, après avoir négligé la charité de la sagesse qui demeure toujours la même (I *Cor.*, VIII, 1), il désire la science qui se trouve dans l'expérience des choses sensibles et temporelles ; cette science enfle et n'édifie point, son esprit accablé comme par son propre poids, déchoit de la béatitude et, par cette expérience de son état mitoyen, apprend, à ses propres dépens, quelle distance sépare le bien qu'il a quitté du mal qu'il a commis ; il ne peut plus revenir, parce qu'il a gaspillé et perdu ses forces, si la grâce de son Créateur ne l'appelle à la pénitence et ne lui pardonne ses fautes. En effet, qui délivrera une malheureuse âme de ce corps de mort (*Rom.*, VII, 24), si ce n'est la grâce de Dieu, par Jésus-Christ notre Sauveur ? Nous parlerons de cette grâce en son lieu, autant qu'il nous en fera lui-même la grâce.

CAPUT XI.

Imago pecudis in homine.

16. Quomodo enim coluber non apertis passibus, sed squamarum minutissimis nisibus repit; sic lubricus deficiendi motus negligentes minutatim occupat, et incipiens a perverso appetitu similitudinis Dei, pervenit ad similitudinem pecorum. (*Gen.*, III, 21.) Inde est quod nudati stola prima, pelliceas tunicas mortalitate meruerunt. Honor enim hominis verus est imago et similitudo Dei, quæ non custoditur nisi (*a*) ad ipsum a quo imprimitur. Tanto magis itaque inhæretur Deo, quanto minus diligitur proprium. Cupiditate vero experiendæ potestatis suæ, quodam nutu suo ad se ipsum tanquam ad medium proruit. Ita cum vult esse sicut ille sub nullo, et ab ipsa sui medietate pœnaliter ad ima propellitur, id est, ad ea quibus pecora lætantur : atque ita cum sit honor ejus similitudo Dei, dedecus autem ejus similitudo pecoris, « homo in honore positus non intellexit, comparatus est jumentis insipientibus, et similis factus est eis. » (*Psal.* XLVIII, 13.) Qua igitur tam longe transiret a summis ad infima, nisi per medium sui ? Cum enim neglecta caritate sapientiæ, quæ semper eodem modo manet, concupiscitur scientia ex mutabilium temporaliumque experimento, inflat, non ædificat (I *Cor.*, VIII, 1) : ita prægravatus animus quasi pondere suo a beatitudine expellitur, et per illud suæ medietatis experimentum pœna sua discit, quid intersit inter bonum desertum malumque commissum, nec redire potest effusis ac perditis viribus, nisi gratia Conditoris sui ad pœnitentiam vocantis et peccata donantis. Quis enim infelicem animam liberabit a corpore mortis hujus, nisi gratia Dei per Jesum Christum Dominum nostrum ? (*Rom.*, VII, 24.) De qua gratia suo loco, (*b*) quantum ipse præstiterit, disseremus.

(*a*) Aliquot Mss. *nisi ab ipso.* — (*b*) Plerique Mss. et editio Am. *quando.*

CHAPITRE XII.

Il y a dans le fond de l'homme une sorte de mariage secret.

17. Nous allons maintenant, autant que Dieu nous aidera de sa grâce, traiter de cette partie de la raison à laquelle se rapporte la science, c'est-à-dire, la connaissance des choses temporelles et muables nécessaire à la conduite des actions de cette vie. De même que dans le couple visible des deux premiers êtres humains qui ont été créés, ce n'est point le serpent qui mange du fruit de l'arbre défendu, et qu'il se contente seulement de conseiller d'en manger, et que la femme n'en mangea point seule, mais en donna à son mari et qu'ils en mangèrent ensemble (*Gen.*, III, 6), bien qu'il n'y eût qu'elle qui se fût entretenue avec le serpent et qui eût été séduite par lui; ainsi dans cette sorte de mariage caché et secret qui se retrouve et se reconnaît au fond de tout homme, le mouvement charnel, ou plutôt, s'il m'est permis de m'exprimer ainsi, le mouvement sensuel de l'âme; ce mouvement qui se rapporte aux sens du corps et qui nous est commun avec les bêtes, est séparé de la raison de la sagesse. En effet, c'est par les sens du corps que les objets corporels sont sentis, tandis que c'est par la raison de la sagesse que les choses éternelles, immuables et spirituelles sont comprises. Or, l'appétit est voisin de la science, puisque c'est des objets mêmes corporels perçus par les sens du corps, que raisonne la science dite science d'action; elle en raisonne bien quand elle en rapporte la connaissance à la fin du souverain bien, et mal au contraire, quand elle en jouit comme de biens tels qu'elle se repose en eux dans une fausse béatitude. Lors donc que ce sens charnel ou animal suggère à l'attention de l'esprit occupé par la vivacité du raisonnement, dans les choses temporelles et corporelles, à raison de l'obligation où il est d'agir, certains attraits qui, le portant à jouir de lui, c'est-à-dire, d'une sorte de bien propre et privé, non pas de cette espèce de bien public et commun qui est le bien immuable, est comme le serpent qui s'adresse à la femme. Consentir à cet attrait, c'est manger du fruit de l'arbre défendu. Mais si ce consentement se renferme dans la seule délectation de la pensée, les membres sont si bien retenus par l'autorité d'un conseil supérieur, qu'ils ne se prêtent point à être les armes de l'iniquité pour le péché. (*Rom.*, VI, 13.) On doit alors, je pense, tenir ce qui se passe comme si la femme seule avait mangé du fruit défendu. (*Gen.*, III, 6.) Mais, si en consentant au mauvais usage des choses perçues par les sens du corps,

CAPUT XII.

In interiore homine quoddam secretum conjugium.

17. Nunc de illa parte rationis ad quam pertinet scientia, id est, cognitio rerum temporalium atque mutabilium navandis vitæ hujus actionibus necessaria, susceptam considerationem, quantum Dominus adjuvat, peragamus. Sicut enim in illo manifesto conjugio duorum hominum qui primi facti sunt, non manducavit serpens de arbore vetita, sed tantummodo manducandum persuasit (*Gen.*, III, 6): mulier autem non manducavit sola, sed viro suo dedit, et simul manducaverunt; quamvis cum serpente sola locuta, et ab eo sola seducta sit : ita et in hoc quod etiam in homine uno geritur, et dignoscitur occulto quodam secretoque conjugio carnalis, vel, ut ita dicam, qui in corporis sensus intenditur, sensualis animæ motus, qui nobis pecoribusque communis est, seclusus est a ratione sapientiæ. Sensu quippe corporis corporalia sentiuntur : æterna vero et incommutabilia spiritalia ratione sapientiæ intelliguntur. Rationi autem scientiæ appetitus vicinus est : quando quidem de ipsis corporalibus quæ sensu corporis sentiuntur, ratiocinatur ea quæ scientia dicitur actionis; si bene, ut eam notitiam referat ad finem summi boni; si autem male, ut eis fruatur tanquam bonis talibus in quibus falsa beatitudine conquiescat. Cum ergo huic intentioni mentis, quæ in rebus temporalibus et corporalibus propter actionis officium ratiocinandi vivacitate versatur, carnalis ille sensus vel animalis ingerit quamdam illecebram fruendi se, id est, tanquam bono quodam privato et proprio, non tanquam publico atque communi quod est incommutabile bonum, tunc velut serpens alloquitur feminam. Huic autem illecebræ consentire, de ligno prohibito manducare est. Sed iste consensus si sola cogitationis delectatione contentus est, superioris vero auctoritate consilii ita membra retineantur, ut non exhibeantur iniquitatis arma peccato (*Rom.*, VI, 13) : sic habendum existimo velut cibum vetitum mulier sola comederit. (*Gen.*, III, 6.) Si autem in *(a)* consensione male utendi rebus quæ

(a) Editio Lov. *in consensionem.*

on se résout à un péché qu'on commettrait effectivement dans son corps si on en avait le pouvoir, c'est comme qui dirait la femme donnant à son mari du fruit défendu pour lui en faire manger avec elle. Car l'âme ne saurait se déterminer à pécher, non-seulement par des complaisances de pensées, mais même par des actes efficaces, si l'attention de l'esprit en qui repose le pouvoir suprême de mettre les membres en mouvement pour l'action, ou d'en arrêter le concours, ne cède et ne sert à une mauvaise action.

18. Quand l'esprit ne se plaît aux choses défendues que dans la seule pensée, non pas en se déterminant à les commettre, mais seulement en s'y appliquant et en prenant plaisir à y faire attention, au lieu d'en rejeter d'abord la pensée, on ne peut douter que ce ne soit un péché, mais bien moindre que si l'on s'était résolu à l'accomplir par l'action. C'est pourquoi nous devons demander à Dieu le pardon de ces sortes de pensées et lui dire en nous frappant la poitrine : « Seigneur, pardonnez-nous nos péchés, » (*Matth.*, VI, 12) faire ce qui est dit après et ajouter dans notre prière : « Comme nous pardonnons nous-mêmes à ceux qui nous ont offensés. » Car ce n'est plus comme dans les deux premiers êtres humains, où chacun agissait pour soi, en sorte que s'il n'y avait eu que la femme seule qui eût mangé du fruit défendu, elle eût été seule aussi frappée par la peine de la mort; on ne peut donc point dire de même que si, dans l'homme, il n'y a que la pensée qui se repaisse de délectations illicites dont elle devrait se détourner à l'instant, sans se déterminer à faire le mal, mais en se contentant seulement d'y penser avec complaisance, que, ce que j'appellerai la femme, en ce cas, pourrait être condamnée sans son mari; bien s'en faut qu'on puisse le croire, car il n'y a là qu'une seule personne, il n'y a qu'un seul homme, et il sera condamné tout entier, à moins que ces péchés de pensée non accompagnés de la volonté d'en venir à l'acte, mais dans lesquels on recherche seulement le plaisir qu'y trouve l'esprit, ne soient remis par la grâce du Médiateur.

19. Tout ce que nous venons de dire en recherchant dans l'âme de tout homme une sorte de couple rationnel comprenant la contemplation et l'action, avec des offices propres à chacune des deux, sans préjudice toutefois de l'unité de l'esprit, et sans vouloir porter atteinte à l'histoire que la divine autorité nous laisse des deux premiers êtres humains, je veux dire de l'homme et de la femme de qui le genre humain est issu, doit s'entendre uniquement dans le sens qui nous fait comprendre que l'Apôtre, en n'attribuant l'image de Dieu qu'à l'homme sans l'accorder également à la femme, a voulu, tout

per sensum corporis sentiuntur, ita decernitur quodcumque peccatum, ut si potestas sit, etiam corpore compleatur : intelligenda est illa mulier dedisse viro suo secum simul edendum illicitum cibum. Neque enim potest peccatum non solum cogitandum suaviter, verum etiam efficaciter perpetrandum mente decerni, nisi et illa mentis intentio, penes quam summa potestas est membra in opus movendi, vel ab opere cohibendi, malæ actioni cedat et serviat.

18. Nec sane cum sola cogitatione mens oblectatur illicitis, non quidem decernens esse facienda, tenens tamen et volvens libenter quæ statim ut attigerunt animum respui debuerunt, negandum est esse peccatum, sed longe minus quam si et opere statuatur implendum. Et ideo de talibus quoque cogitationibus venia petenda est, pectusque percutiendum, atque dicendum : « Dimitte nobis debita nostra : » (*Matth.*, VI, 12) faciendumque quod sequitur, atque in oratione jungendum, « sicut et nos dimittimus debitoribus nostris. » Neque enim sicut in illis duobus primis hominibus personam suam quisque portabat, et ideo si sola mulier cibum edisset illicitum, sola utique mortis supplicio plecteretur, ita dici potest in homine uno, si delectationibus illicitis, a quibus se continuo deberet avertere cogitatio, libenter sola pascatur, nec facienda decernantur mala, sed tantum suaviter in recordatione teneantur; quasi mulierem sine viro posse damnari : absit hoc credere. Hæc quippe una persona est, unus homo est, totusque damnabitur, nisi hæc quæ sine voluntate operandi, sed tamen cum voluntate animum talibus oblectandi, solius cogitationis sentiuntur esse peccata, per Mediatoris gratiam remittantur.

19. Hæc itaque disputatio qua in mente uniuscujusque hominis quæsivimus quoddam rationale conjugium contemplationis et actionis, officiis per quædam singula distributis, tamen in utroque mentis unitate servata, salva illius veritatis historia, quam de duobus primis hominibus viro scilicet ejusque muliere (*Gen.*, III, 24), de quibus propagatum est genus humanum, divina tradit auctoritas, ad hoc tantummodo audienda est, ut intelligatur Apostolus imaginem Dei viro tantum tribuendo (I *Cor.*, XI, 7), non etiam feminæ, quamvis in diverso sexu

en distinguant entre le sexe des deux êtres humains, signifier quelque chose qu'on devait chercher à retrouver même dans un seul homme.

CHAPITRE XIII.

Opinion de ceux qui ont pensé que l'homme désigne l'âme et la femme les sens du corps.

20. Je n'ignore point qu'il s'est trouvé, avant nous, certains défenseurs remarquables de la foi catholique et des explicateurs de la parole de Dieu qui ont prétendu, quand ils recherchaient ces deux choses dans un seul et même homme dont ils regardaient l'âme entière en tant que bonne, comme une sorte de paradis, que l'homme c'était l'âme et la femme les sens du corps. D'après cette distinction qui ferait de l'homme l'âme et de la femme les sens du corps, tout s'expliquerait parfaitement quand on traite de ces choses et qu'on les considère, s'il n'était dit dans les Ecritures que comme il ne se trouvait dans tous les animaux et les oiseaux nul aide semblable à l'homme, c'est alors qu'il lui fut fait une femme de l'une de ses côtes. C'est ce qui m'a empêché de penser qu'il fallait voir dans la femme les sens du corps qui nous sont communs avec les bêtes; mais j'ai voulu trouver quelque chose que n'eussent point les bêtes. J'ai donc cru qu'on devait plutôt regarder le serpent, dont nous lisons qu'il est plus sage que tous les animaux de la terre, comme représentant les sens du corps, attendu que de tous les biens naturels que nous avons de communs avec les êtres dépourvus de raison, celui qui l'emporte par la vivacité, ce sont les sens, non point ceux dont il est dit dans l'Epître aux Hébreux : « La nourriture solide est pour les parfaits, pour ceux dont l'esprit par une sainte habitude et un long exercice a habitué leurs sens à discerner le bien du mal; » (*Hebr.*, v, 14) car ces sens de la nature raisonnable ont rapport à l'intelligence, mais les cinq sens corporels par lesquels non-seulement nous, mais les bêtes, comme nous, nous percevons les formes et les mouvements des corps.

21. Mais qu'il faille entendre de l'une de ces deux manières ou de tout autre ce que dit l'Apôtre, quand il avance que l'homme est l'image et la gloire de Dieu, tandis que la femme est la gloire de l'homme (I *Cor.*, XI, 7), il paraît cependant que lorsque nous vivons selon Dieu, notre âme appliquée attentivement aux choses invisibles de Dieu doit se former et profiter de son éternité, de sa vérité et de sa charité; mais un certain quelque chose de notre attention raisonnable, sans quoi cette vie même n'existe point, je veux dire cette même âme que nous avons, doit se diriger du côté de l'usage

duorum hominum, aliquid tamen significare voluisse quod in uno homine quæreretur.

CAPUT XIII.

Opinio eorum qui viro mentem, muliere sensum corporis significari senserunt.

20. Nec me fugit, quosdam qui fuerunt ante nos egregii defensores catholicæ fidei et divini eloquii tractatores, cum in homine uno, cujus universam animam bonam quemdam paradisum esse senserunt, duo ista requirerent, virum mentem, mulierem vero dixisse corporis sensum. Et secundum hanc distributionem qua vir ponitur mens, sensus vero corporis mulier, videntur apte omnia convenire, si considerata tractentur : nisi quod in omnibus bestiis et volatilibus scriptum est non esse inventum viro adjutorium simile illi (*Gen.*, II, 20), et tunc est ei mulier facta de latere. Propter quod ego non putavi pro muliere sensum corporis esse ponendum, quem videmus nobis et bestiis esse communem; sed aliquid volui quod bestiæ non haberent : sensumque corporis magis pro serpente intelligendum existimavi, qui legitur sapientior omnibus pecoribus terræ. (*Gen.*, III, 1.) In eis quippe naturalibus bonis, quæ nobis et irrationabilibus animantibus videmus esse communia, vivacitate quadam sensus excellit : non ille de quo scriptum est in Epistola quæ est ad Hebræos, ubi legitur, « perfectorum esse solidum cibum, qui per habitum exercitatos habent sensus ad separandum bonum a malo; » (*Hebr.*, v, 14) illi quippe sensus naturæ rationalis sunt ad intelligentiam pertinentes : sed iste sensus quinque pertitus in corpore, per quem non solum a nobis, verum etiam a bestiis corporalis species motusque sentitur.

21. Sed sive isto, sive illo, sive aliquo alio modo accipiendum sit, quod Apostolus virum dixit imaginem et gloriam Dei, mulierem autem gloriam viri (I *Cor.*, XI, 7) : apparet tamen cum secundum Deum vivimus, mentem nostram in invisibilia ejus intentam, ex ejus æternitate, veritate, caritate, proficienter debere formari : quiddam vero rationalis intentionis nostræ, hoc est ejusdem mentis, in usum mutabilium corporaliumque rerum, sine quo hæc vita non agitur, dirigendum; non ut

que nous devons faire des choses muables et corporelles, non point pour que nous devenions conformes au siècle présent en mettant notre fin dans de tels biens, et en détournant de ce côté-là notre appétit de la béatitude ; mais pour ne faire qu'en vue d'acquérir les biens éternels tout ce que nous faisons en tant qu'êtres raisonnables, dans l'usage des biens temporels, et passer par ceux-ci pour ne nous attacher qu'à ceux-là.

CHAPITRE XIV.

Différence entre science et sagesse.

Car la science ne sort point de ses limites, si ce qui, en elle, enfle toujours ou habituellement est vaincu par l'amour des choses éternelles, par la charité, dis-je, qui n'enfle pas, mais, comme nous le savons, édifie ; sans la science, en effet, on ne saurait avoir les vertus même par lesquelles on mène une vie droite et on gouverne si bien cette vie misérable, qu'on parvient à la vie éternelle qui est la vie vraiment bienheureuse.

22. Il y a cependant une grande distance entre la contemplation des biens éternels et le bon usage des choses temporelles ; la première appartient à la sagesse et le second à la science. Il est vrai que ce qu'on entend par sagesse peut aussi s'appeler science, comme il arrive dans le passage où l'Apôtre s'exprime ainsi : « Je n'ai de science maintenant qu'en partie, mais alors je connaîtrai comme je suis connu ; » (1 *Cor.*, XIII, 12) or, par cette science il veut certainement faire entendre la science de la contemplation de Dieu, qui sera la récompense suprême des saints. Cependant quand il dit : « L'un reçoit de l'Esprit le don de parler avec sagesse, l'autre reçoit du même Esprit le don de parler avec science, » (1 *Cor.*, XII, 8) il distingue évidemment entre l'une et l'autre, bien qu'il n'explique point en cet endroit la différence qu'il y a entre les deux, ni à quel signe on peut les distinguer. Mais après avoir remué la masse énorme des saintes Ecritures, j'ai trouvé, dans le livre de Job, ces paroles de ce saint homme : « La piété est la sagesse, et s'abstenir du mal est la science ; » (*Job*, XXVIII, 28) la différence indiquée là nous donne à comprendre que la sagesse se rapporte à la contemplation et la science à l'action ; car dans cet endroit, Job emploie le mot piété pour le culte de Dieu, en grec θεοσέβεια ; c'est le mot, en effet, qui rend cette pensée dans les exemplaires grecs. Or, qu'y a-t-il, dans les choses éternelles, de plus excellent que Dieu de qui seul la nature est immuable ? Et puis, qu'est-ce que le culte de Dieu, sinon l'amour de Dieu, cet amour qui fait que dès maintenant nous désirons le voir, nous croyons et nous espérons que nous

---

(a) *conformemur huic sæculo* (*Rom.*, XII, 2), *finem constituendo in bonis talibus, et in ea detorquendo beatitudinis appetitum ; sed ut quidquid in usu temporalium rationabiliter facimus, æternorum adipiscendorum contemplatione faciamus, per ista transeuntes, illis inhærentes.*

CAPUT XIV.

Inter sapientiam et scientiam quid distet.

Habet enim et scientia modum suum bonum, si quod in ea inflat vel inflare adsolet, æternorum caritate vincatur, quæ non inflat, sed ut scimus ædificat. Sine scientia quippe nec virtutes ipsæ, quibus recte vivitur, possunt haberi, per quas hæc vita misera sic gubernetur, ut ad illam quæ vere beata est, perveniatur æternam.

22. Distat tamen ab æternorum contemplatione actio qua bene utimur temporalibus rebus, et illa sapientiæ, hæc scientiæ deputatur. Quamvis enim et illa quæ sapientia est, possit scientia nuncupari, sicut et Apostolus loquitur, ubi dicit : « Nunc scio ex parte, tunc autem cognoscam sicut et cognitus sum ; » (1 *Cor.*, XIII, 12) quam scientiam profecto contemplationis Dei vult intelligi, quod sanctorum erit præmium summum : tamen ubi dicit : « Alii quidem datur per Spiritum sermo sapientiæ, alii sermo scientiæ secundum eumdem Spiritum ; » (1 *Cor.*, XII, 8) hæc utique duo sine dubitatione distinguit, licet non ibi explicet quid intersit, et unde possit utrumque dignosci. Verum scripturarum sanctarum multiplicem copiam scrutatus, invenio scriptum esse in libro Job, eodem sancto viro loquente : « Ecce pietas est sapientia, abstinere autem a malis est scientia. » (*Job*, XXVIII, 28.) In hac differentia intelligendum est ad contemplationem sapientiam, ad actionem scientiam pertinere. Pietatem quippe hoc loco posuit Dei cultum, quæ Græce dicitur θεοσέβεια. Nam hoc verbum habet ista sententia in codicibus Græcis. Et quid est in æternis excellentius quam Deus, cujus solius immutabilis est natura ? Et quis cultus ejus, nisi amor ejus, quo

---

(a) Plures Mss. *conformetur*.

TOM. XXVII.

le verrons un jour, que plus nous faisons de progrès, plus nous le voyons dès maintenant dans un miroir, comme en énigme, pour le voir un jour manifestement? Car c'est ce que veut dire l'apôtre Paul, quand il dit : « Face à face; » (I *Cor.*, XIII, 12) c'est également le sens de ces paroles de saint Jean : « Mes bien-aimés, nous sommes déjà enfants de Dieu; mais ce que nous serons un jour, ne paraît pas encore. Nous savons que lorsque Jésus-Christ se montrera dans sa gloire, nous serons semblables à lui, parce que nous le verrons tel qu'il est. » (I *Jean*, III, 2.) Dans ces phrases et dans les phrases semblables il me semble qu'il est question de la sagesse. Pour ce qui est de s'abstenir du mal que Job appelle la science (*Job*, XXVIII, 28), c'est évidemment la science des choses du temps. En effet, c'est dans le temps que nous sommes dans le mal dont nous devons nous abstenir, pour parvenir aux biens éternels. C'est pourquoi tout ce que nous faisons avec prudence, force, tempérance et justice, se rapporte à cette science ou à cette règle de conduite par laquelle se dirige notre action dans le mal à éviter et le bien à rechercher; c'est aussi par la science de l'histoire que nous apprenons dans des exemples tout ce qu'on doit éviter ou imiter, ainsi que les connaissances nécessaires des choses appropriées à notre usage.

23. Quand donc on parle de ces choses, je pense qu'on doit établir, entre le don de parler avec science et le don de parler avec sagesse, cette différence, qu'à celle-ci se rapportent les choses qui n'ont point été, qui ne sont point devant être, mais qui sont et dont à cause de l'éternité dans laquelle elles sont, on dit qu'elles ont été, qu'elles sont et qu'elles seront sans aucun changement de temps. En effet, ces choses n'ont pas été de manière à cesser d'être, de même qu'elles ne sont point devant être, comme si elles n'étaient point déjà; mais elles ont toujours eu et elles auront toujours le même être. En effet, elles demeurent non point à la manière des corps fixés dans des espaces locaux, mais dans la nature incorporelle, les intelligibles sont présents aux yeux de l'âme, de la même manière que dans l'espace les choses visibles ou tangibles le sont aux sens du corps. Mais non-seulement les raisons intelligibles et incorporelles des choses sensibles et placées dans l'espace demeurent sans occuper elles-mêmes un espace local, mais encore les raisons intelligibles sinon sensibles des mouvements qui se produisent dans le temps, se trouvent elles-mêmes sans mouvement temporel. Il y a peu de gens qui peuvent s'élever à ces raisons par la pénétration de leur esprit, et quand on y arrive, autant du moins que cela se peut faire, celui

---

nunc desideramus eum videre, credimusque et speramus nos esse visuros; et quantum proficimus videmus nunc per speculum in ænigmate, tunc autem in manifestatione? Hoc est enim quod ait apostolus Paulus, « facie ad faciem. » (I *Cor.*, XIII, 12.) Hoc etiam quod Joannes : « Dilectissimi, nunc filii Dei sumus, et nondum apparuit quid erimus ; scimus quia cum apparuerit, similes ei erimus, quoniam videbimus eum sicuti est. » (I *Joan.*, III, 2.) De his atque hujusmodi (a) sermo ipse mihi videtur esse sermo sapientiæ. Abstinere autem a malis, quam Job scientiam dixit esse (*Job*, XXVIII, 28), rerum procul dubio temporalium est. Quoniam secundum tempus in malis sumus, a quibus abstinere debemus, ut ad illa bona æterna veniamus. Quamobrem quidquid prudenter, fortiter, temperanter et juste agimus, ad eam pertinet scientiam sive disciplinam, qua in evitandis malis bonisque appetendis actio nostra versatur; et quidquid propter exempla vel cavenda, vel imitanda, et propter quarumque rerum quæ nostris accommodata sunt usibus necessaria documenta, historica cognitione colligimus.

23. De his ergo sermo cum fit, eum scientiæ sermonem puto, discernendum a sermone sapientiæ, ad quam pertinet ea quæ nec fuerunt, nec futura sunt, sed sunt, et propter eam æternitatem in qua sunt, et fuisse et esse et futura esse dicuntur, sine ulla mutabilitate temporum. Non enim sic fuerunt ut esse desinerent, aut sic futura sunt quasi nunc non sint : sed idipsum esse semper habuerunt, semper habitura sunt. Manent autem, non tanquam in spatiis locorum fixa veluti corpora : sed in natura incorporali sic intelligibilia præsto sunt mentis aspectibus, sicut ista in locis visibilia vel contrectabilia corporis sensibus. Non autem solum rerum sensibilium in locis positarum sine spatiis localibus manent intelligibiles incorporalesque rationes, verum etiam motionum in temporibus transeuntium sine temporali transitu stant etiam ipsæ utique intelligibiles, non sensibiles. Ad quas mentis acie pervenire paucorum est; et cum pervenitur, quantum fieri potest, non in eis manet ipse perventor, sed

(a) Codices quidam *atque hujusmodi sermonibus ipse mihi*, etc.

qui y arrive n'y demeure point, mais comme si sa vue même était éblouie, il en est repoussé, et il se fait une pensée qui ne passe point d'une chose qui passe. Cependant, cette pensée, en passant par l'enseignement par lequel l'esprit est instruit, se grave dans la mémoire, afin que forcé de passer outre à cette vue, l'esprit ait où il puisse revenir. Si la pensée ne revenait point à la mémoire et n'y retrouvait point ce qu'elle y a mis en dépôt, elle serait ramenée comme ne la connaissant pas du tout, de la même manière qu'elle y avait été menée la première fois et elle la retrouverait où elle l'avait trouvée d'abord, je veux dire dans la vérité incorporelle, d'où elle le transcrivait de nouveau dans la mémoire, pour l'y fixer. Car la pensée de l'homme par exemple ne demeure point dans la mémoire comme y demeure la raison immuable et incorporelle du carré, si tant est qu'on puisse arriver à cette idée sans la conception d'un espace local. Ou bien encore, si on perçoit la mesure d'un son musical et artificiellement produit qui passe avec des intervalles de temps, néanmoins ce même chant persistant sans aucun intervalle de temps, dans un silence aussi secret que profond, peut être imaginé au moins aussi longtemps qu'il peut être entendu, et cependant ce que le regard de l'esprit a pu lui ravir en passant, et déposer dans la mémoire comme la bouche fait passer dans le ventre ce qu'elle a mangé, il pourra par le souvenir, le ruminer en quelque sorte et faire passer dans l'enseignement ce qu'il aura appris ainsi. Mais si l'oubli l'a complétement effacé, on reviendra de nouveau, sous la conduite de la science vers ce qui s'était complétement évanoui, et on le retrouvera ainsi tel qu'il était.

CHAPITRE XV.

Contre une réminiscence de Platon et de Pythagore.

24. Voilà pourquoi Platon, cet illustre philosophe, s'est efforcé de prouver que les âmes des hommes ont vécu ici-bas, même avant d'animer les corps qu'elles ont maintenant, et que c'est de là que leur vient ce qu'elles apprennent; elles se rappellent les choses connues auparavant plutôt qu'elles n'en connaissent de nouvelles. En effet, il cite je ne sais quel enfant qui étant interrogé sur la géométrie, répondit comme s'il avait été très-versé dans cette science. Cela vient de ce qu'étant interrogé pas à pas et avec méthode, il voyait ce qu'il fallait voir et il disait ce qu'il voyait. Mais si c'eût été un ressouvenir de choses qu'il aurait connues auparavant tous ou presque tous les enfants ne pourraient point répondre ainsi quand ils sont interrogés de la même manière, car tous n'ont point été géo-

---

veluti (*a*) acie ipsa reverberata repellitur, et fit rei non transitoriæ transitoria cogitatio. Quæ tamen cogitatio transiens per disciplinas quibus eruditur animus, memoriæ commendatur, ut sit quo redire possit, quæ cogitur inde transire : quamvis si ad memoriam cogitatio non redíret, atque quod commendaverat ibi inveniret, velut rudis ad hoc sicut ducta fuerat duceretur, idque inveniret ubi primum invenerat, in illa scilicet incorporea veritate, unde rursus quasi descriptum in memoria figeretur. Neque enim sicut manet, verbi gratia, quadrati corporis incorporalis et incommutabilis ratio, sic in ea manet hominis cogitatio; si tamen ad eam sine phantasia spatii localis potuit pervenire. Aut si alicujus artificiosi et musici soni per moras temporis transeuntis numerositas comprehendatur, sine tempore stans in quodam secreto altoque silentio, tamdiu saltem cogitari potest quamdiu potest ille cantus audiri : tamen quod inde rapuerit etsi transiens mentis aspectus, et quasi glutiens in (*b*) ventrem ita in memoria reposuerit, poterit recordando quodam modo ruminare, et in disciplinam quod sic didicerit trajicere. Quod si fuerit omnimoda oblivione deletum, rursus doctrina duce ad id venietur quod penitus exciderat, et sic invenietur ut erat.

CAPUT XV.

Contra reminiscentiam Platonis et Pythagoræ.

24. Unde Plato ille philosophus nobilis persuadere conatus est vixisse hic animas hominum, et ante quam ista corpora gererent : et hinc esse quod ea quæ discuntur, reminiscuntur potius cognita, quam cognoscuntur nova. Retulit enim, puerum quemdam nescio quæ de (*c*) geometrica interrogatum, sic respondisse, tanquam esset illius peritissimus disciplinæ. Gradatim quippe atque artificiose interrogatus, videbat quod videndum erat, dicebatque quod viderat. Sed si recordatio hæc esset rerum ante cognitarum, non utique omnes vel pene omnes, cum illo modo interrogarentur, hoc possent. Non enim omnes in priore vita geometræ fuerunt, cum

---

(*a*) Plures Mss. *acies*. — (*b*) Mss. *in ventre*. — (*c*) Sic Mss. Editi vero *de geometria*.

mètres dans leur première vie, puisqu'on en compte si peu parmi les hommes, que c'est à peine si on en trouve quelques-uns; mais il est à croire plutôt que la nature de l'âme intellectuelle a été faite de telle sorte que, par une disposition du Créateur, dans les choses intelligibles de l'ordre naturel, elle voit les choses qui s'enchaînent ainsi les unes aux autres, dans une sorte de lumière incorporelle de la même nature qu'elle, de même que l'œil du corps voit les choses placées autour de lui dans la lumière corporelle dont il est capable de recevoir l'impression et pour laquelle il a été créé. En effet, si le même enfant discerne le blanc du noir sans le secours d'un maître, ce n'est pas parce qu'il connaissait ces couleurs avant d'être créé dans cette chair. D'ailleurs pourquoi n'y a-t-il que pour les choses intelligibles qu'il puisse arriver que bien interrogé, on fasse une réponse conforme à ce que réclame chaque science, quand bien même on ignorerait cette science? Pourquoi personne ne peut-il en faire autant pour les choses sensibles, s'il ne les a pas vues dans son corps, ou s'il ne les a pas apprises de ceux qui les ont vues, ou par les écrits ou par les discours d'un autre? Car il ne faut pas croire ceux qui prétendent que Pythagore de Samos se rappelait certaines choses de ce genre, qu'il avait connues par expérience à l'époque où il vivait sur cette terre dans un autre corps; il ne faut pas croire davantage certaines autres personnes qui racontent que la même chose est arrivée à d'autres hommes. Tous ces souvenirs sont faux et ressemblent à ceux que souvent nous éprouvons en songes quand il nous semble nous rappeler que nous avons fait ou vu des choses que nous n'avons ni vues ni faites le moins du monde. L'âme de ces gens-là même éveillés est affectée de la même manière, sous l'influence des esprits malins et trompeurs dont l'occupation consiste à semer et à affermir de fausses opinions, par les révolutions des âmes, pour tromper les hommes; on peut le conjecturer par ceci : c'est que si véritablement des hommes se rappellent des choses qu'ils auraient vues auparavant, tandis qu'ils étaient ici-bas dans d'autres corps, cela arriverait à bien des gens, à peu près à tout le monde, puisqu'on suppose que tous les hommes deviennent sans cesse de morts vivants et de vivants morts, comme ils deviennent d'éveillés endormis et d'endormis éveillés.

23. Si donc ce qui distingue la sagesse de la science, c'est que la connaissance intellectuelle des choses éternelles, se rapporte à la sagesse, tandis que la connaissance rationnelle des choses temporelles se rapporte à la science; il n'est point difficile de prononcer sur ce qu'on doit

---

tam rari sint in genere humano, ut vix possit aliquis inveniri : sed potius credendum est mentis intellectualis ita conditam esse naturam, ut rebus intelligibilibus naturali ordine, disponente Conditore, subjuncta sic ista videat in quadam luce sui generis incorporea, quemadmodum oculus carnis videt quæ in hac corporea luce circumjacent, cujus lucis capax eique congruens est creatus. Non enim et ipse ideo sine magistro alba et nigra discernit, quia ista jam noverat ante quam in hac carne crearetur. Denique cur de solis rebus intelligibilibus id fieri potest, ut bene interrogatus quisque respondeat quod ad quamque pertinet disciplinam, etiamsi ejus ignarus est? Cur hoc facere de rebus sensibilibus nullus potest, nisi quas isto vidit in corpore constitutus, aut eis quæ noverant indicantibus credidit, seu litteris cujusque, seu verbis. Non enim acquiescendum est eis qui Samium Pythagoram ferunt recordatum fuisse talia nonnulla quæ (a) fuerat expertus, cum hic alio jam fuisset in corpore : et alios nonnullos narrant alii, ejusmodi aliquid in suis mentibus passos : quas falsas fuisse memorias, quales plerumque experimur in somnis, quando nobis videmur reminisci quasi egerimus aut viderimus, quod nec egimus omnino nec vidimus; et eo modo affectas esse illorum mentes etiam vigilantium, instinctu spirituum malignorum atque fallacium, quibus curæ est de revolutionibus animarum falsam opinionem ad decipiendos homines firmare vel serere, ex hoc conjici potest, quia si vere illa recordarentur quæ hic in aliis antea positi corporibus viderant, multis ac pene omnibus id contingeret : quando quidem ut de vivis mortuos, ita de mortuis vivos, tanquam de vigilantibus dormientes, et de dormientibus vigilantes, sine cessatione fieri suspicantur.

23. Sic ergo hæc est sapientiæ et scientiæ recta distinctio, ut ad sapientiam pertineat æternarum rerum cognitio intellectualis, ad scientiam vero temporalium rerum cognitio rationalis; quid cui præponendum sive postponendum sit, non est difficile judicare. Si autem alia est adhibenda discretio, qua

(a) Editi *non fuerat*. Abest *non* a Mss.

préférer à l'autre ou placer après l'autre. Mais s'il faut établir encore une autre distinction ; pour reconnaître l'une de l'autre, l'Apôtre nous montre combien évidemment ces deux choses diffèrent entre elles, quand il dit : « L'un reçoit de l'Esprit le don de parler le langage de la sagesse ; un autre reçoit du même Esprit le don de parler le langage de la science. » (I *Cor.*, XII, 8.) Cependant la plus évidente différence entre l'une et l'autre, c'est que l'une est une connaissance intellectuelle des choses éternelles, l'autre une connaissance rationnelle des choses temporelles, et personne n'hésite à déclarer la première préférable à la seconde. Lors donc que nous laissons les choses qui sont de l'homme extérieur, et que nous désirons nous élever intérieurement par-dessus des choses qui nous sont communes avec les bêtes, avant d'arriver à la connaissance des choses intelligibles et suprêmes qui sont éternelles, nous rencontrons la connaissance des choses temporelles. Tâchons donc de trouver même dans cette connaissance-là, si nous le pouvons, une certaine trinité, comme nous en trouvions une dans les sens des corps et dans les objets qui, par eux, sont entrés à l'état d'images dans notre âme ou dans notre esprit, en sorte qu'à la place des objets corporels que nous atteignons par nos sens, hors de nous, nous ayons au-dedans de nous les images de ces objets corporels imprimées dans notre mémoire, images dont se forme l'imagination, par l'effet de la volonté qui vient troisième unir les deux premières. De même que se formait au dehors la vue des yeux que la volonté, pour en faire la vision, appliquait à un objet visible, et unissait l'une à l'autre, en s'ajoutant encore elle-même troisième en ce cas. Mais il ne faut point faire entrer cela dans ce livre, afin de pouvoir en faire plus convenablement l'objet de nos recherches, si Dieu nous aide, dans le livre suivant, et réserver à ce même livre l'exposé de tout ce que nous aurons trouvé sur ce point.

---

dignoscantur hæc duo, quæ procul dubio distare Apostolus docet, dicens : « Alii datur quidem per Spiritum sermo sapientiæ, alii sermo scientiæ secundum eumdem Spiritum : » (I *Cor.*, XII, 8) tamen etiam istorum duorum quæ nos possumus evidentissima differentia est, quod alia sit intellectualis cognitio æternarum rerum, alia rationalis temporalium, et huic illam præponendam esse ambigit nemo. Relinquentibus itaque nobis ea quæ sunt exterioris hominis, et ab eis quæ communia cum pecoribus habemus introrsum ascendere cupientibus, ante quam ad cognitionem rerum intelligibilium atque summarum quæ sempiternæ sunt veniremus, temporalium rerum cognitio rationalis occurrit. Etiam in hac igitur inveniamus, si possumus, aliquam trinitatem, sicut inveniebamus in sensibus corporis, et in iis quæ per eos in animam vel spiritum nostrum imaginaliter intraverunt ; ut pro corporalibus rebus quas corporeo foris positas attingimus sensu, intus corporum similitudines haberemus impressas memoriæ, ex quibus cogitatio formaretur, tertia voluntate utrumque jungente : sicut formabatur foris acies oculorum, quam voluntas ut visio fieret adhibebat rei visibili, et utrumque jungebat, etiam illic ipsa se admovens tertiam. Sed non est hoc coarctandum in hunc librum, ut in eo qui sequitur, si Deus adjuverit, convenienter possit inquiri, et quod inventum fuerit explicari.

LIVRE TREIZIÈME

Suite de la dissertation sur la science, dans laquelle, bien que distincte de la sagesse, saint Augustin a commencé dans le livre précédent à rechercher une sorte de trinité ; il profite de l'occasion pour faire l'éloge de la foi chrétienne et expliquer comment elle est une et commune. Tous les hommes veulent être heureux, mais tous n'ont point la foi par laquelle on parvient au bonheur. Cette foi n'est autre que la foi dans le Christ qui est ressuscité, dans sa chair, d'entre les morts, et personne ne peut être délivré de la domination du diable par la rémission des péchés, que par lui. Saint Augustin montre longuement que ce n'est point par la puissance, mais par la justice, que le diable a dû être vaincu par le Christ. Enfin quand les paroles de cette foi sont confiées à la mémoire, il se trouve dans l'âme une sorte de trinité, attendu qu'il y a dans la mémoire les sons de ces paroles, même quand l'homme n'y pense point; de ces sons se forme en lui la vue du souvenir quand il y pense; et enfin sa volonté quand il s'en souvient et qu'il y pense réunit les premiers à la seconde.

CHAPITRE PREMIER.

Saint Augustin entreprend d'établir la distinction de la science et de la sagesse sur les textes de l'Ecriture.

1. Dans le livre douzième qui précède, j'ai fait tous mes efforts pour marquer quelle différence il y a entre l'office de l'âme raisonnable dans les choses temporelles, auxquelles se rapportent non-seulement nos connaissances mais encore nos actions, et l'office bien plus excellent de cette même âme, dans la contemplation des choses éternelles, laquelle n'est finie que par la connaissance. Mais je crois plus commode de rapporter ici quelques passages des saintes Ecritures, afin de rendre ces deux choses plus saisissables.

2. Voici en quels termes saint Jean commence son Evangile : « Au commencement était le Verbe, et le Verbe était en Dieu et le Verbe était Dieu ; il était au commencement avec Dieu. Toutes choses ont été faites par lui, et rien de ce qui a été fait, n'a été fait sans lui. En lui était la vie, et la vie était la lumière des hommes; et la lumière luit dans les ténèbres et les ténèbres ne l'ont point comprise. Il y eut un homme envoyé de Dieu qui s'appelait Jean. Cet homme vint pour servir de témoin, pour rendre témoignage à la lumière, afin que tous crussent par lui. Il n'était pas la lumière, mais il était venu pour rendre témoignage à la lumière ; et celui-ci était la vraie lumière qui illumine tout homme venant en ce monde. Il était dans le monde et le monde a été fait par lui, et cependant le monde ne l'a point connu. Il est

LIBER TERTIUS DECIMUS

Prosequitur de scientia, in qua videlicet, etiam ut a sapientia distinguitur, trinitatem quamdam inquirere libro superiore cœpit, qua occasione hic fidem Christianam commendans, explicat quomodo credentium sit fides una et communis. Tum beatitudinem omnes velle, nec tamen omnium esse fidem qua ad beatitudinem pervenitur. Hanc autem fidem in Christo esse definitam qui in carne resurrexit a mortuis, nec nisi per illum liberari quemquam a diaboli dominatu per remissionem peccatorum : et fuse ostendit diabolum non potentia, sed justitia vinci a Christo debuisse. Tandem hujus verba fidei dum memoriæ mandantur, inesse quamdam in animo trinitatem, quia et in memoria sunt verborum soni, etiam quando homo inde non cogitat; et inde formatur acies recordationis ejus, quando de his cogitat; et demum voluntas recordantis atque cogitantis utrumque conjungit.

CAPUT PRIMUM.

Sapientiæ et scientiæ officia ex Scripturis discernere aggreditur.

1. In Libro superiore hujus operis duodecimo satis egimus discernere rationalis mentis officium in temporalibus rebus, ubi non sola cognitio, verum et actio nostra versatur, ab excellentiore ejusdem mentis officio, quod contemplandis æternis rebus impenditur, ac sola cognitione finitur. Commodius autem fieri puto, ut de Scripturis sanctis aliquid interseram, quo facilius possit utrumque dignosci.

2. Evangelium suum Joannes Evangelista sic exorsus est : « In principio erat Verbum, et Verbum erat apud Deum, et Deus erat Verbum : hoc erat in principio apud Deum. Omnia per ipsum facta sunt, et sine ipso factum est nihil : quod factum est in ipso vita erat, et vita erat lux hominum, et lux in tenebris lucet, et tenebræ eam non comprehenderunt. Fuit homo missus a Deo, cui nomen erat Joannes : hic venit in testimonium, ut testimonium perhiberet de lumine, ut omnes crederent per illum. Non erat ille lux, sed ut testimonium perhiberet de lumine. Erat lux vera quæ illuminat omnem hominem venientem in hunc mundum. In mundo erat, et mundus per ipsum factus est, et mundus eum non cognovit. In propria venit, et sui eum non rece-

LIVRE XIII. — CHAPITRE I.

venu dans son propre héritage, et les siens ne l'ont point reçu ; mais il a donné le pouvoir de devenir enfants de Dieu, à tous ceux qui l'ont reçu, c'est-à-dire à ceux qui croient en son nom, qui ne sont point nés du sang, ni de la volonté de la chair, ni de la volonté de l'homme, mais de Dieu même. Et le Verbe s'est fait chair et il a habité parmi nous, et nous avons vu sa gloire, sa gloire dis-je, comme elle convient à la grandeur du Fils unique du Père, qui est plein de grâce et de vérité. » (*Jean*, I, 1 à 14.) Dans tout ce que je viens de citer de l'Evangile, le commencement a rapport à ce qui est immuable et éternel, à ce dont la contemplation nous rend bienheureux ; la fin rappelle les choses éternelles mêlées avec les choses temporelles. Dans ce passage, certaines choses se rapportent à la science et certaines autres à la sagesse, selon la distinction que nous avons établie dans notre douzième livre. En effet, ces paroles : « Au commencement était le Verbe, et le Verbe était en Dieu, et le Verbe était Dieu ; il était au commencement avec Dieu. Toutes choses ont été faites par lui, et rien de ce qui a été fait, n'a été fait sans lui. En lui était la vie, et la vie était la lumière des hommes, et la lumière luit dans les ténèbres et les ténèbres ne l'ont point comprise, » demandent une vie contemplative, et tout cela veut être vu de l'œil intellectuel de l'âme. Plus on s'avance loin en cette chose, plus il est hors de doute qu'on s'avancera dans la sagesse ; mais ces paroles : « La lumière luit dans les ténèbres et les ténèbres ne l'ont point comprise, » réclamaient de la foi pour croire ce qui ne se voyait point. En effet, par ténèbres, l'Evangéliste voulait faire entendre les cœurs des mortels qui se détournent de cette lumière et sont inhabiles à la considérer. Voilà pourquoi il ajoute : « Il y eut un homme envoyé de Dieu qui s'appelait Jean. Cet homme vint pour servir de témoignage à la lumière afin que tous crussent par lui. » Cela s'est passé dans le temps et se rapporte à la science de la connaissance de l'histoire. Quant à cet homme appelé Jean, nous nous le représentons dans l'image qui se trouve imprimée dans notre mémoire, par la connaissance de la nature humaine. Et c'est ainsi que se le représentent tant ceux qui croient que ceux qui ne croient point ces choses ; car les uns et les autres savent ce que c'est qu'un homme dont ils ont appris à connaître l'être extérieur, je veux dire, le corps, par les yeux du corps ; quant à l'être intérieur, je veux dire à l'âme, ils ont appris à la connaître en eux-mêmes, attendu qu'ils sont hommes et qu'ils la tiennent pour connue d'eux par le commerce qu'ils ont avec les hommes, en sorte qu'ils peuvent se représenter ce dont l'Evangéliste parle quand il dit : « Il y eut un homme appelé Jean, » car pour ce qui est des noms, ils les connaissent aussi pour les

---

perunt. Quotquot autem receperunt eum, dedit eis potestatem filios Dei fieri, iis qui credunt in nomine ejus : qui non ex sanguinibus, neque ex voluntate carnis, neque ex voluntate viri, sed ex Deo nati sunt. Et Verbum caro factum est, et habitavit in nobis. Et vidimus gloriam ejus, gloriam quasi unigeniti a Patre, plenum gratiæ et veritatis. » (*Joan.*, I, 1.) Hoc totum quod ex Evangelio posui, in præcedentibus suis partibus habet quod immutabile ac sempiternum est, cujus contemplatio nos beatos facit : in consequentibus vero permixta cum temporalibus commemorantur æterna. Ac per hoc aliqua ibi ad scientiam pertinent, aliqua ad sapientiam, sicut in libro duodecimo nostra præcessit distinctio. Nam : « In principio erat Verbum, et Verbum erat apud Deum, et Deus erat Verbum : hoc erat in principio apud Deum. Omnia per ipsum facta sunt, et sine ipso factum est nihil : quod factum est in ipso vita erat, et vita erat lux hominum, et lux in tenebris lucet, et tenebræ eam non comprehenderunt : » contemplativam vitam requirit, et intellectuali mente cernendum est. Qua in re quanto magis quisque profecerit, tanto fiet sine dubitatione sapientior. Sed propter id quod ait : « Lux lucet in tenebris, et tenebræ eam non comprehenderunt : » fide utique opus erat, qua crederetur quod non videretur. Tenebras quippe intelligi voluit, aversa ab hujusmodi luce eamque minus idonea contueri corda mortalium : propter quod adjungit et dicit : « Fuit homo missus a Deo, cui nomen erat Joannes ; hic venit in testimonium, ut testimonium perhiberet de lumine, ut omnes crederent per illum. » Hoc jam temporaliter gestum est, et ad scientiam pertinet, quæ cognitione historica contineatur. Hominem autem Joannem in phantasia cogitamus, quæ de humanæ naturæ notitia impressa est nostræ memoriæ. Et hoc eodem modo cogitant, sive qui ista non credunt, sive qui credunt. Utrisque enim notum est quid sit homo, cujus exteriorem partem, id est, corpus per corporis lumina didicerunt : interiorem vero, id est, animam in se ipsis, quia et ipsi homines sunt, et per humanam conversationem cognitam tenent : ut

avoir prononcés eux-mêmes et entendu prononcer. Quant à ce que l'Evangéliste ajoute : « Envoyé de Dieu, » c'est par la foi que ceux qui le tiennent, le tiennent. Ceux qui ne le tiennent point par la foi ou bien sont dans le doute à ce sujet, ou s'en rient dans leur incrédulité. Cependant les uns et les autres, s'ils ne sont pas du nombre des gens absolument dépourvus de sagesse, et qui disent au fond de leur cœur : « Il n'y a point de Dieu, » (*Ps.* XIII, 1) en entendant ces paroles, ils se font une idée de l'une et de l'autre chose, c'est-à-dire de ce que c'est que Dieu et de ce que c'est que d'être envoyé de Dieu, s'ils ne s'en font point une idée conforme à la vérité, du moins ils s'en font l'idée qu'ils peuvent.

3. Mais c'est d'une autre manière que nous connaissons la foi même que chacun de nous voit dans son cœur s'il croit, ou n'y voit point s'il ne croit pas. Nous ne nous représentons point les êtres absents comme les objets corporels que nous voyons des yeux du corps, et par leurs images que nous possédons dans notre mémoire; nous ne nous les représentons point non plus comme les objets que nous n'avons pas vus et dont nous nous faisons, par l'imagination, du mieux que nous pouvons, une image que nous déposons dans notre mémoire où nous revenons par le souvenir quand nous voulons les voir, ou plutôt en voir les images quelconques que nous y avons fixées. L'homme en vie que nous voyons dans notre pensée, n'est pas non plus tel que l'homme vivant, de l'âme duquel, bien que nous ne la voyions point, nous nous faisons une idée d'après la nôtre, et que nous tenons pour vivant à cause des mouvements de son corps, ainsi que nous avons appris à reconnaître un homme en vie en le voyant. Ce n'est point de la même manière que celui qui a la foi voit sa foi dans son cœur, mais il tient qu'il l'a d'une science très-certaine et sa conscience le lui dit. Aussi, bien qu'il nous soit prescrit de croire parce que nous ne pouvons voir ce qu'il nous est ordonné de croire, cependant pour ce qui est de la foi même, quand elle est en nous, nous la voyons en nous; car si les objets de la foi sont absents, la foi de ces objets est présente; si les choses de la foi sont au dehors, la foi de ces choses est au dedans; si les choses de la foi ne se voient point, la foi de ces choses se voit, et cependant elle se fait dans le temps, dans le cœur des hommes; et si de fidèles ils deviennent infidèles, la foi périt en eux. Il n'est point rare que la foi se donne à des êtres faux; nous disons, en effet : on a eu foi en tel ou tel, et il a trompé. Une telle foi, si tant est qu'on puisse l'appeler de ce nom, périt dans nos cœurs, sans qu'il y ait faute, quand la vérité se découvre et la chasse. La foi des choses vraies passe également à la vue des choses et cela même

---

possint cogitare quod dicitur : « Fuit homo cui nomen erat Joannes : » quia et nomina sciunt loquendo et audiendo. Quod autem ibi est, « missus a Deo; » fide tenent qui tenent : et qui fide non tenent, aut dubitatione ambigunt, aut infidelitate derident. Utrique tamen, si non sunt ex numero nimis insipientium, qui dicunt in corde suo : « Non est Deus, » (*Psal.* XIII, 1) hæc audientes verba, utrumque cogitant, et quid sit Deus, et quid sit mitti a Deo, et si non sicut res se habent, at certe sicut valent.

3. Fidem porro ipsam quam videt quisque in corde suo esse, si credit, vel non esse, si non credit, aliter novimus : non sicut corpora quæ videmus oculis corporeis, et per ipsorum imagines quas memoria tenemus, etiam absentia cogitamus : nec sicut ea quæ non vidimus, et ex iis quæ vidimus cogitatione utcumque formamus, et memoriæ commendamus, quo recurramus cum voluerimus, ut illic ea, vel potius qualescumque imagines eorum quas ibi fiximus, similiter recordatione cernamus : nec sicut hominem vivum, cujus animam etiamsi non videmus, ex nostra conjicimus, et ex motibus corporalibus hominem vivum, sicut (a) videndo didicimus, intuemur etiam cogitando. Non sic videtur fides in corde in quo est ab eo cujus est : sed eam tenet certissima scientia, clamatque conscientia. Cum itaque propterea credere jubeamur, quia id quod credere jubemur, videre non possumus; ipsam tamen fidem quando inest in nobis, videmus in nobis : quia et rerum absentium præsens est fides, et rerum quæ foris sunt intus est fides, et rerum quæ non videntur videtur fides, et ipsa tamen temporaliter fit in cordibus hominum : et si ex fidelibus, infideles fiunt, perit ab eis. Aliquando autem et rebus falsis accommodatur fides : loquimur enim sic, ut dicamus : Habita est ei fides, et decepit. Qualis fides, si tamen et ipsa dicenda est fides, non culpabiliter de cordibus perit, quando eam inventa veritas pellit. Optabiliter autem rerum verarum

(a) Plures Mss. *vivendo.*

répond à tous nos vœux; toutefois on ne peut pas dire qu'elle a péri, quand on voit les choses qu'on croyait. Mais faut-il encore lui donner le nom de foi, quand la foi est définie dans l'épître aux Hébreux et qu'on l'appelle « une conviction de choses qui ne se voient point? » (*Hébr.*, xi, 1.)

4. Et dans les paroles qui suivent : « Cet homme est venu pour servir de témoin, pour rendre témoignage à la lumière, afin que tous crussent par lui, » l'action, comme je l'ai déjà dit, est temporelle. En effet, c'est dans le temps qu'il est rendu témoignage de choses même éternelles, c'est-à-dire de la lumière intelligible. C'est pour lui rendre témoignage que vint Jean qui « n'était pas la lumière, mais il était venu pour rendre témoignage à la lumière. » L'Evangéliste ajoute en effet : « Et celui-ci était la vraie lumière qui illumine tout homme venant en ce monde. Il était dans le monde et le monde a été fait par lui, et le monde ne l'a point connu. Il vint dans son propre héritage et les siens ne l'ont point reçu. » Quiconque entend le latin comprend le sens de ces paroles d'après les choses qu'il sait déjà. Or, parmi ces choses, les unes nous sont connues par les sens du corps, tel est l'homme, tel est le monde, dont la grandeur saute à tous les yeux, tels sont les mots même qui expriment ces choses; car l'ouïe est également un sens corporel; les autres ne nous sont connues que par la raison de l'esprit, tel est ce que dit l'Evangéliste : « Et les siens ne l'ont point reçu, » car par là on entend qu'ils n'ont point cru en lui. Or, nous ne savons pas ce que c'est que de croire en quelqu'un par les sens du corps, mais par la raison de l'esprit. Quant aux mots mêmes, nous en connaissons, je ne dis pas le sens, mais le sens en partie par le moyen du sens et en partie par le moyen de la raison de l'esprit. D'ailleurs ces mêmes paroles, ce n'est pas dans le cas présent que nous les entendons pour la première fois; mais nous les avions déjà entendues auparavant; et non-seulement nous connaissions et avions ces expressions dans la mémoire, mais nous y avions aussi le sens qu'elles rendent et c'est là que nous les avons reconnues. En effet, si ce mot de deux syllabes, « monde, » quand on le prononce, étant un son, quelque chose de corporel qui nous est connu par le corps, c'est-à-dire par notre oreille, le sens de ce mot nous est également connu par le corps, c'est-à-dire par les yeux du corps. Car le monde en tant qu'il est connu, n'est connu que de ceux qui voient. Mais pour ce mot de trois syllabes, « ils crurent, » étant quelque chose de corporel, passe aussi en nous au moyen du son qui le rend, par l'oreille de notre corps; quant à sa signification, elle ne

in easdem res fides transit. Non enim dicendum est : Perit, quando ea, quæ credebantur, videntur. Numquid enim aduuc fides dicenda est, cum definita sit in epistola ad Hebræos fides, dictumque sit eam esse « convictionem rerum quæ non videntur? » (*Hebr.*, xi, 1.)

4. Deinde quod sequitur : « Hic venit in testimonium, ut testimonium perhiberet de lumine, ut omnes crederent per illum : » actio, ut diximus, temporalis est. Temporaliter enim testimonium perhibetur etiam de re sempiterna, quod est intelligibile lumen. De quo ut testimonium perhiberet, venit Joannes : qui « non erat lux, sed ut testimonium perhiberet de lumine. » Adjungit enim : « Erat lux vera quæ illuminat omnem hominem venientem in hunc mundum. In mundo erat, et mundus per ipsum factus est, et mundus eum non cognovit. In propria venit, et sui eum non receperunt. » Hæc verba omnia, qui Latinam linguam sciunt, ex rebus intelligunt quas noverunt. Quarum aliquæ nobis innotuerunt per corporis sensus, sicut homo, sicut ipse mundus, cujus tam evidentem magnitudinem cernimus, sicut eorumdem verborum soni ; nam et auditus sensus est corporis : aliquæ autem per animi rationem, sicut id quod dictum est : « Et sui eum non receperunt : » intelligitur enim, non in eum crediderunt ; quod quid sit, nullo corporis sensu, sed animi ratione cognovimus. Ipsorum etiam verborum, non (*a*) sonos, sed significationes, partim per corporis sensum, partim per animi rationem didicimus. Nec ea verba nunc primum audivimus : sed quæ jam audieramus ; et non solum ipsa, verum etiam quæ significarent, cognita memoria tenebamus, et hic agnovimus. Hoc enim nomen dissyllabum cum dicitur, « mundus, » quoniam sonus est, res utique corporalis per corpus innotuit, id est, per aurem : sed etiam quod significat per corpus innotuit, id est, per oculos carnis. Mundus quippe in quantum notus est, videntibus notus est. At hoc verbum quatuor syllabarum quod est, « crediderunt, » sono suo, quoniam corpus est, per aurem carnis illabitur : quod autem significat,

---

(*a*) Editi *non solum sonos*. Abest *solum* a Mss

nous est point connue par un sens quelconque du corps, mais par la raison de l'esprit. En effet, si nous ne savions par l'esprit ce que c'est que « ils crurent, » nous ne comprendrions point ce que ne firent point ceux dont il est dit : « Et les siens ne crurent point en lui. » Ainsi le son du mot retentit au dehors, aux oreilles du corps et va toucher le sens de l'ouïe. De même la forme de l'homme nous est connue intérieurement, et, au dehors, se présente à nos sens corporels dans les autres hommes, aux yeux quand on la voit, aux oreilles quand on l'entend, au toucher quand on la touche et quand on la tient; elle a aussi son image dans notre mémoire, image incorporelle sans doute, mais image semblable au corps. L'admirable beauté du monde lui-même est là, hors de nous, présente à nos yeux, tombant aussi sous le sens du toucher, si nous en touchons quelque chose; mais elle a aussi au dedans de nous, dans notre mémoire, son image à laquelle nous recourons quand nous nous le représentons en imagination, soit derrière des murailles qui nous tiennent enfermés, soit même au sein des ténèbres. Mais nous avons assez parlé déjà dans le livre onzième de cet ouvrage, de ces images des choses corporelles, images incorporelles sans doute, mais néanmoins reproduisant la ressemblance des corps et ayant rapport à la vie de l'homme extérieur; maintenant nous traitons de l'homme intérieur, de sa science des choses temporelles et muables; si une chose même, une de celles qui se rapportent à l'homme extérieur, devient l'objet d'un regard attentif de cette science, ce doit être pour qu'il en ressorte un enseignement qui aide la science de la raison; et par là l'usage raisonnable que nous faisons des choses qui nous sont communes avec les animaux sans raison, se rapporte à l'homme intérieur, et on ne saurait dire avec justice qu'elle nous est commune avec ces derniers.

CHAPITRE II.

La foi est une chose du cœur non du corps, comment elle est commune et une pour tous les croyants.

5. La foi dont je suis amené, par suite de la disposition de mon sujet, à parler un peu longuement dans ce livre, est celle que possèdent les hommes qu'on appelle fidèles, elle manque à ceux qu'on appelle infidèles tels qu'étaient les gens qui n'ont point reçu le Fils de Dieu quand il vint dans son héritage. Bien que ce soit par l'ouïe qu'elle existe en nous, elle ne se rapporte pourtant pas au sens du corps appelé l'ouïe, attendu qu'elle n'est point un son ; elle ne se rapporte pas davantage aux yeux du corps, puisqu'elle n'est ni une couleur ni une forme, ni au sens du toucher, puisqu'elle n'a rien de corpo-

nullo corporis sensu, sed animi ratione cognoscitur. Nisi enim quid sit, « crediderunt, » per animum nossemus, non intelligeremus quid non fecerint illi de quibus dictum est : « Et sui eum non receperunt. » Sonus ergo verbi forinsecus instrepit auribus corporis, et attingit sensum qui vocatur auditus. Species quoque hominis et in nobis ipsis nobis nota est, et forinsecus in aliis adest corporis sensibus, oculis cum videtur, auribus cum auditur, tactui cum tenetur et tangitur : habet etiam in memoria nostra imaginem suam, incorporalem quidem, sed corpori similem. Mundi denique ipsius mirabilis pulchritudo forinsecus præsto est, et aspectibus nostris, et ei sensui qui dicitur tactus, si quid ejus attingimus : habet etiam ipse intus in memoria nostra imaginem suam, ad quam recurrimus, cum eum vel septi parietibus, vel etiam in tenebris cogitamus. Sed de his imaginibus rerum corporalium, incorporalibus quidem, habentibus tamen similitudines corporum, et ad vitam exterioris hominis pertinentibus, jam satis in undecimo libro locuti sumus. Nunc autem agimus de homine interiore, et ejus scientia, ea quæ rerum est temporalium et mutabilium : in cujus intentionem cum assumitur aliquid, etiam de rebus ad exteriorem hominem pertinentibus, ad hoc assumendum est ut aliquid inde doceatur quod rationalem adjuvet scientiam : ac per hoc rerum quas communes cum animantibus irrationalibus habemus, rationalis usus ad interiorem hominem pertinet; nec recte dici potest cum irrationalibus animantibus eum nobis esse communem.

CAPUT II.

Fides res cordis, non corporis, quomodo communis et una omnium credentium.

5. Fides vero de qua in hoc libro aliquanto diutius disputare certa dispositionis nostræ ratione compellimur, quam qui habent, fideles vocantur, et qui non habent, infideles, sicut qui venientem in propria Dei Filium non receperunt, quamvis ex auditu in nobis facta sit, non tamen ad eum sensum corporis pertinet qui appellatur auditus, quoniam non est sonus; nec ad oculos hujus carnis, quoniam non est color aut corporis forma ; nec ad eum qui dicitur tactus, quoniam corpulentiæ nihil habet ; nec ad

rel, ni à aucun autre sens du corps, vu que c'est une chose du cœur non du corps. Elle n'est point hors de nous, mais elle est dans le plus intime de notre être. Nul homme non plus ne la voit dans un autre, mais chacun la voit en soi. Enfin on peut la feindre par un semblant de foi, et on peut croire qu'elle existe là où elle n'existe pas. Chacun donc voit sa propre foi en soi ; mais il la croit dans les autres ; il ne la voit point, et il la croit d'autant plus fermement qu'il connaît mieux les fruits qu'elle produit ordinairement par la charité. (*Gal.*, v, 6.) Ainsi cette foi est commune à tous ceux dont l'Evangéliste dit, en poursuivant son récit : « Mais il a donné le pouvoir de devenir enfants de Dieu à tous ceux qui l'ont reçu, c'est-à-dire à ceux qui croient en son nom, qui ne sont point nés du sang, ni de la volonté de la chair, ni de la volonté de l'homme, mais de Dieu même, » (*Jean*, I, 12, 13) elle ne leur est point commune de la même manière que l'est une forme corporelle, commune à voir pour tous les yeux sous lesquels elle se trouve, car cette forme unique informe en quelque sorte la vue de tous ceux qui la voient ; mais elle est commune dans les sens où l'on peut dire que la figure humaine est commune à tous les hommes ; car cela se dit sans empêcher toutefois que chacun ait la sienne propre. Sans doute nous disons avec une parfaite vérité, que c'est par une seule et même doctrine que la foi des fidèles est imprimée dans le cœur de tous ceux qui croient la même chose ; mais autre chose est l'objet de la foi, autre chose la foi elle-même ; celui-là le trouve dans les choses qui sont, qui ont été ou qui seront, celle-ci dans l'âme même des fidèles, et n'est visible que pour celui en qui elle est, il est vrai qu'elle se trouve aussi dans les autres, mais ce n'est point la même foi, c'est une foi semblable. Car si elle est une, ce n'est point numériquement, mais génériquement, toutefois à cause de la ressemblance et l'absence de toute espèce de différence, nous ne disons point qu'il y a plusieurs fois, mais qu'il n'y en a qu'une. En effet, quand nous voyons deux hommes parfaitement semblables, nous disons, c'est le même visage, et pourtant nous admirons le visage de chacun des deux. Il est donc plus facile de dire que beaucoup d'âmes étaient les âmes de chacun de ceux dont nous lisons dans les Actes des Apôtres, qu'ils n'avaient qu'une âme (*Act.*, IV, 32), que d'oser dire, dans l'endroit où l'Apôtre dit : « Une seule foi, » (*Ephés.*, IV, 5) qu'il y avait autant de fois que de fidèles. Et pourtant celui qui a dit : « O femme, votre foi est grande, » (*Matth.*, XV, 28) et, dans un autre endroit : « Homme de peu de foi, pourquoi avez-vous douté ? » (*Matth.*, XIV, 31) indique bien que chacun a sa foi. Mais on dit

---

ullum omnino sensum corporis, quoniam cordis est res ista, non corporis ; nec foris est a nobis, sed in intimis (*a*) nobis ; nec eam quisquam hominum videt in alio, sed unusquisque in semetipso. Denique potest et simulatione confingi, et putari esse in quo non est. Suam igitur quisque fidem apud se ipsum videt : in altero autem credit esse eam, non videt ; et tanto firmius credit, quanto fructus ejus magis novit, quos operari solet fides per dilectionem. (*Gal.*, v, 6.) Quamobrem omnibus de quibus Evangelista subjungit et dicit : « Quotquot autem receperunt eum, dedit eis potestatem filios Dei fieri, iis qui credunt in nomine ejus, qui non ex sanguinibus, neque ex voluntate carnis, neque ex voluntate viri, sed ex Deo nati sunt, » (*Joan.*, I, 12) fides ista communis est : non sicut aliqua corporis forma communis est ad videndum omnium oculis quibus præsto est ; ex ipsa quippe una omnium cernentium quodam modo informatur aspectus : sed sicut dici potest omnibus hominibus esse facies humana communis ; nam hoc ita dicitur, ut tamen singuli suas habeant. Ex una sane doctrina impressam fidem credentium cordibus singulorum qui hoc idem credunt verissime dicimus : sed aliud sunt ea quæ creduntur, aliud fides qua creduntur. Illa quippe in rebus sunt quæ vel esse vel fuisse vel futuræ esse dicuntur : hæc autem in animo credentis est, ei tantum conspicua cujus est ; quamvis sit et in aliis, non ipsa, sed similis. Non enim numero est una, sed genere : propter similitudinem tamen et nullam diversitatem magis unam dicimus esse quam multas. Nam et duos homines simillimos cum videmus, unam faciem dicimus et miramur amborum. Facilius itaque dicitur multas animas fuisse singulas utique singulorum, de quibus legimus in Actibus Apostolorum (*Act.*, IV, 32), quod eis fuerit anima una ; quam ubi dixit Apostolus : « Una fides, » (*Ephes.*, IV, 5) tot eas audet quisquam dicere quot fideles. Et tamen qui dicit : « O mulier, magna est fides tua : » (*Matth.*, XV, 28) et alteri : « Modicæ fidei, quare dubitasti ? » (*Matth.*, XIV, 31) suam cuique esse significat. Sed ita dicitur eadem credentium fides una, quemadmodum

(*a*) Sic Mss. At editi *in intimis nostris*.

que la foi de ceux qui croient les mêmes choses est une, de la même manière qu'on dit que la volonté de gens qui veulent les mêmes choses est une, bien que dans tous ceux qui veulent ainsi la même chose, chacun ait sa volonté visible pour lui-même, et que la volonté des autres lui soit cachée, bien qu'il veuille la même chose, et si elle se manifeste par quelques signes, on la croit plutôt qu'on ne la voit. Mais chacun ayant conscience de lui-même, ne croit certainement pas que la volonté de son voisin est sa volonté à lui, mais il voit très-clairement cette volonté.

CHAPITRE III.

Certaines volontés qui sont les mêmes dans tous les hommes sont connues à chacun d'eux en particulier.

6. Tel est le rapport intime existant entre tous les êtres d'une même nature ayant vie et faisant usage de la raison, que bien que l'on ignore ce que veut l'autre, il y a cependant certaines volontés communes à tous, qui sont connues de chacun d'eux en particulier. Quoique tout homme en particulier ne sache point ce que veut un autre homme, cependant, en certaines choses, il peut savoir ce que tous veulent. C'est ce qui a donné lieu à cette plaisanterie fort divertissante d'un comédien qui promit un jour, au théâtre, de dire aux assistants à la prochaine représentation ce à quoi ils pensaient et ce qu'ils voulaient tous, et qui, au jour dit, en présence d'un plus grand concours d'assistants que l'attente amenait et qui se tenaient en suspens et silencieux, leur dit, à ce que rapporte l'histoire : Vous voulez acheter bon marché et vendre cher. Dans ce mot d'un homme futile, d'un comédien, tous ne laissèrent point de reconnaître leur conscience, et applaudirent avec un entrain admirable à cette parole d'une vérité qui sautait aux yeux de tout le monde, mais à laquelle pourtant ils ne s'attendaient point. Or, pourquoi, à la promesse de cet homme de dire quelle était la volonté de tous les assistants, se manifesta-t-il une telle attente, sinon parce que l'homme ignore les volontés des autres hommes? Mais notre comédien ignorait-il aussi cette volonté ? Est-ce qu'elle échappe même à personne ? Pourquoi n'échappe-t-elle à personne, sinon parce qu'il y a des choses que chacun peut conjecturer avec raison dans les autres, d'après ce qui se passe en lui-même, sous l'action ou l'influence du vice ou de la nature? Mais autre chose est voir sa propre volonté, autre chose conjecturer la volonté d'autrui, même d'après les données les plus certaines. En effet, pour ce qui est de Constantinople, par exemple, j'en tiens la fondation pour aussi certaine, parmi les choses humaines, que celle de Rome, bien que j'aie vu celle-ci de mes propres yeux et que je ne connaisse de la première que ce que j'en sais sur la foi de témoignages étrangers. Quant à notre

---

eadem volentium voluntas una : cum et in ipsis qui hoc idem volunt, sua voluntas sit cuique conspicua, alterius autem lateat, quamvis idem velit ; et si aliquibus signis sese indicet, creditur potius quam videtur. Unusquisque autem sui animi conscius non credit utique hanc esse suam, sed plane pervidet voluntatem.

CAPUT III.
Voluntates quædam eædem omnium singulis notæ.

6. Est quædam sane ejusdem naturæ viventis et ratione utentis tanta conspiratio, ut cum lateat alterum quid alter velit, nonnullæ tamen sint voluntates omnium etiam singulis notæ : et cum quisque homo nesciat quid homo alius unus velit, in quibusdam rebus possit scire quid omnes velint. Unde illa cujusdam mimi facetissima prædicatur urbanitas, qui cum se promisisset in theatro quid in animo haberent, et quid vellent omnes, aliis ludis esse dicturum, atque ad diem constitutum ingenti exspectatione major multitudo conflueret, suspensis et silentibus omnibus, dixisse perhibetur: Vili vultis emere, et caro vendere. In quo dicto levissimi scenici, omnes tamen conscientias invenerunt suas, eique vera ante oculos omnium constituta, et tamen improvisa dicenti, admirabili favore plauserunt. Cur autem tam magna exspectatio facta est illo promittente omnium voluntatem se esse dicturum, nisi quia latent hominem aliorum hominum voluntates? Sed numquid ista latuit istum? Numquid quemquam latet? Qua tandem causa, nisi quia sunt quædam quæ non inconvenienter in aliis de se quisque conjiciat, compatiente vel conspirante vitio seu natura? Sed aliud est videre voluntatem suam, aliud, quamvis certissima conjectura, conjicere alienam. Nam conditam Romam tam certum habeo in rebus humanis quam Constantinopolim, cum Romam viderim oculis meis, de illa vero nihil noverim, nisi quod aliis testibus credidi. Et minus quidem ille vel se ipsum intuendo, vel alios quoque experiendo, vili

comédien, la certitude qu'il avait acquise en se considérant lui-même ou en étudiant les autres que c'était une disposition commune à tous les hommes de vouloir acheter bon marché et vendre cher était moins grande; car cette disposition étant réellement un vice, chacun peut acquérir une justice telle, ou si bien tomber dans un vice contraire, qu'il résiste à ce vice et en triomphe. En effet, je connais moi-même un homme à qui on offrait un livre à acheter, en le lui faisant, par ignorance de sa valeur, bien au-dessous de son prix, donner au vendeur étonné juste ce qu'il valait, ce qui faisait une somme beaucoup plus grande. D'ailleurs ne peut-il se trouver un homme assez prodigue pour céder à vil prix ce que ses parents lui ont laissé et payer bien cher la satisfaction de ses passions? Cette sorte de prodigalité n'est pas incroyable, je pense, et si on cherchait des gens qui en fussent atteints, on en trouverait certainement, peut-être même sans en chercher en rencontrerait-on qui, par une prodigalité plus que comique, protesteraient contre la proposition et le dire de notre comédien, en payant fort cher des choses honteuses et vendant des champs à vil prix. Nous en connaissons aussi qui, par générosité, ont acheté du blé fort cher pour le revendre à bas prix à leurs concitoyens. Le poète Ennius, a dit aussi : Tous les mortels désirent être loués; certainement il a conjecturé d'après ce qui se passait en lui ou dans les hommes qu'il fréquentait, qu'il en est ainsi dans les autres, et c'est d'après cela qu'il semble avoir dit que telle est la volonté de tous les hommes. Si le comédien avait dit : Vous désirez tous être loués, nul de vous ne veut être blâmé, il semble qu'il aurait encore exprimé la volonté de tout le monde. Cependant il y en a qui, haïssant leurs propres vices, se déplaisent à eux-mêmes dans ces vices, ne voudraient point être loués en eux et même remercient de leur bienveillance ceux qui les leur reprochent, quand ils le font pour les en corriger. Mais si notre comédien avait dit : Vous voulez tous être heureux, vous ne voulez point être malheureux, il aurait dit une chose que personne n'aurait pu ne point trouver dans sa volonté ; car rien de ce que nous désirons au fond du cœur ne s'éloigne de cette volonté, qui est assez connue pour être la volonté de tous les hommes et pour se trouver dans tous les cœurs.

CHAPITRE IV.

S'il n'y a qu'une volonté parmi les hommes pour le bonheur, il y en a une multitude de différentes quant à la manière de l'acquérir.

7. Il y a lieu de s'étonner en voyant que lorsqu'il n'y a, parmi les hommes, qu'une seule volonté, pour obtenir et conserver le bonheur, il y en ait une telle variété, une telle divergence au sujet du bonheur lui-même ; ce n'est pas que

velle emere, et caro vendere, omnibus id credidit esse commune. Sed quoniam re vera vitium est, potest quisque adipisci ejusmodi justitiam, vel alicujus alterius vitii quod huic contrarium est incurrere pestilentiam, qua huic resistat et vincat. Nam scio ipse hominem, cum venalis codex ei fuisset oblatus, pretiique ejus ignarum et ideo quiddam exiguum poscentem cerneret venditorem, justum pretium quod multo amplius erat, nec opinanti dedisse. Quid si etiam sit quisquam nequitia tanta possessus, ut vili vendat quæ dimiserunt parentes, et caro emat quæ consumant libidines? Non est, ut opinor, incredibilis ista luxuries : et si quærantur tales, reperiantur, aut etiam non quæsisti fortassis occurrant, qui nequitia majore quam theatrica, propositioni vel pronuntiationi theatricæ insultent, magno pretio stupra emendo, parvo autem rura vendendo. Largitionis etiam gratia novimus quosdam emisse frumenta carius, et vilius vendidisse suis civibus. Illud etiam quod vetus poeta dixit Ennius : Omnes mortales sese laudarier optant : profecto et de se ipso et de iis quos expertus fuerat, conjecit in aliis, et videtur pronuntiasse hominum omnium voluntates. Denique si et mimus ille dixisset : Laudari omnes vultis, nemo vestrum vult vituperari : similiter quod esset omnium voluntatis dixisse videretur. Sunt tamen qui vitia sua oderint, et in quibus sibi displicent ipsi, nec ab aliis se laudari velint, gratiasque agant objurgantium benevolentiæ, cum ideo vituperantur ut corrigantur. At si dixisset : Omnes beati esse vultis, miseri esse non vultis, dixisset aliquid quod nullus in sua non agnosceret voluntate. Quidquid enim aliud quisquam latenter velit, ab hac voluntate quæ omnibus et in omnibus hominibus satis nota est, non recedit.

CAPUT IV.

Beatitudinis habendæ voluntas una omnium, sed de ipsa beatitudine varietas magna voluntatum.

7. Mirum est autem cum capessendæ atque retinendæ beatitudinis voluntas una sit omnium, unde tanta exsistat de ipsa beatitudine rursus varietas

tous n'en veuillent, mais tous ne le connaissent point ; en effet, si tous le connaissaient, les uns ne penseraient point le trouver dans la vertu de l'âme, les autres dans les délices du corps, ceux-ci dans l'une et les autres en même temps, ceux-là et bien d'autres encore, ici ou là. Car chacun a placé le bonheur de sa vie dans ce qui lui donne le plus de jouissances. Comment se fait-il donc que tous aiment avec une très-grande ardeur une chose que tous ne connaissent point? Qui peut aimer ce qu'il ignore? comme je l'ai déjà dit dans les livres précédents (1). Pourquoi donc le bonheur est-il aimé de tous et cependant n'est point connu de tous? Est-ce que par hasard, la divergence viendrait de ce que si tout le monde sait quel il est, tout le monde ne sait point où il est? Comme s'il s'agissait d'un lieu de ce monde où chacun devrait vouloir vivre s'il veut vivre heureux, et non point de chercher où est le bonheur comme on cherche quel il est. Car s'il consiste dans les voluptés corporelles, celui-là est heureux qui jouit de ces voluptés; s'il se trouve dans la vertu de l'âme, celui-là est heureux qui jouit de cette vertu ; et s'il se trouve dans ces deux choses en même temps, on est heureux quand on jouit tout à la fois de l'une et de l'autre. Aussi quand l'un dit : vivre heureux c'est jouir des voluptés corporelles, que l'autre reprend : vivre heureux c'est posséder la vertu de l'âme, n'est-il pas vrai ou que l'un et l'autre ignorent ce que c'est que le bonheur de la vie, ou du moins que tous les deux ne le savent point? Comment se fait-il donc qu'ils l'aiment tous les deux si on ne peut aimer ce qu'on ne connaît pas? Est-ce qu'il n'y aurait que fausseté dans ce que nous avons établi comme très-véritable et très-certain, que tous les hommes veulent vivre heureux? En effet, si vivre heureux, par exemple, c'est vivre selon la vertu de l'âme, comment celui qui ne veut point vivre ainsi, veut-il vivre heureux? Ne serait-il pas plus vrai de dire, cet homme ne veut point vivre heureux, puisqu'il ne veut point vivre selon la vertu, seul moyen de vivre heureux? Ce n'est donc point tout le monde qui veut vivre heureux, il n'y a même que très-peu de gens qui le veuillent, si ce n'est point vivre heureux que de ne point vivre selon la vertu de l'âme, puisqu'il y en a beaucoup qui ne veulent point vivre ainsi. Ce serait donc à tort que le fameux académicien Cicéron même n'aurait point hésité, bien que les Académiciens doutent de tout, à commencer son dialogue avec Hortensius par un point dont nul ne doutait, en plaçant en tête de son entretien cette assertion : Nous voulons tous être heureux? Loin de nous la pensée de dire qu'une telle proposition est fausse. Mais quoi donc? faudrait-il le dire, si vivre heureux

(1) Voir livre VIII, chap. IV et suivant, et livre X, chap. I et suivant.

atque diversitas voluntatum : non quod aliquis eam nolit, sed quod non omnes eam norint. Si enim omnes eam nossent, non ab aliis putaretur esse in virtute animi, aliis in corporis voluptate, aliis in utraque, et aliis atque aliis alibi atque alibi. Ut enim eos quæque res maxime delectavit, ita in ea constituerunt vitam beatam. Quomodo igitur ferventissime amant omnes, quod non omnes sciunt? Quis potest amare quod nescit? sicut jam de hac re in libris superioribus disputavi. Cur ergo beatitudo amatur ab omnibus, nec tamen scitur ab omnibus? An forte sciunt omnes ipsa quæ sit, sed non omnes sciunt ubi sit, et inde contentio est? Quasi vero de aliquo mundi hujus agatur loco, ubi debeat quisque velle vivere, qui vult beate vivere, ac non ita quæratur ubi sit beatitudo, sicut quæritur quæ sit? Nam utique si in corporis voluptate est, ille beatus est qui fruitur corporis voluptate : si in virtute animi, ille qui hac fruitur : si in utraque, ille qui fruitur utraque. Cum itaque alius dicit, beate vivere est voluptate corporis frui; alius autem, beate vivere est virtute animi frui : nonne aut ambo nesciunt quæ sit beata vita, aut non ambo sciunt? Quomodo ergo ambo amant eam, si nemo potest amare quod nescit? An forte falsum est quod pro verissimo certissimoque posuimus, beate vivere omnes homines velle? Si enim beate vivere est, verbi gratia, secundum animi virtutem vivere ; quomodo beate vivere vult, qui hoc non vult? Nonne verius dixerimus : Homo iste non vult beate vivere, quia non vult secundum virtutem vivere, quod solum est beate vivere? Non igitur omnes beate vivere volunt, imo pauci hoc volunt, si non est beate vivere, nisi secundum virtutem animi vivere, quod multi nolunt. Itane falsum erit, unde nec ipse, (cum Academicis omnia dubia sint,) Academicus ille Cicero dubitavit, qui cum vellet in Hortensio dialogo ab aliqua re certa, de qua nullus ambigeret, sumere suæ disputationis exordium : Beati certe, inquit, omnes esse volumus? Absit ut hoc falsum esse dicamus. Quid igitur? an dicendum est etiamsi nihil sit aliud beate vivere, quam secundum virtutem animi vivere,

n'était point autre chose que vivre selon la vertu de l'âme, et que celui qui ne veut point vivre ainsi veuille cependant vivre heureux? Cela semblerait par trop absurde, car ce serait comme si nous disions, celui qui ne veut point vivre heureux, veut vivre heureux. Qui pourrait entendre et supporter une telle contradiction? Et pourtant il faut y arriver, s'il est vrai que tout le monde veut vivre heureux, mais ne veut point vivre de la seule manière qu'il est possible de vivre heureux.

CHAPITRE V.

Continuation du même sujet.

8. Est-ce que par hasard ce qui pourrait nous tirer de cette difficulté c'est d'avoir avancé que chacun place le bonheur de la vie dans ce qui le charme davantage, Epicure dans la volupté, Zénon dans la vertu, et les autres dans d'autres choses, comme si nous disions que vivre heureux c'est vivre selon son plaisir, d'où il suivrait qu'il n'est pas faux de dire que tout le monde veut vivre heureux, attendu que tout le monde veut vivre de la manière qui lui plaît? En effet, si cette parole avait été prononcée dans le théâtre, tous les assistants auraient trouvé cela dans le fond de leurs volontés. Mais Cicéron, après s'être fait cette difficulté, y répond de manière à faire rougir ceux qui seraient de cet avis. En effet, il dit : « Ce ne sont plus les philosophes, mais tous ceux qui sont portés à la dispute, qui disent qu'il n'y a d'heureux que ceux qui vivent au gré de leur volonté; » c'est ce que nous disons nous-même quand nous disons de la manière qui-leur plaît. Mais il ajoute bientôt après : « Cela est faux; car vouloir ce qui ne convient pas est le comble du malheur; et ce n'est point un malheur aussi grand alors de ne point obtenir ce qu'on veut, que d'obtenir ce qu'il ne faut pas. » Il ne se peut rien dire de mieux ni de plus vrai. En effet, qui serait assez aveugle des yeux de l'âme, assez étranger à tout l'éclat de l'honneur et assez plongé dans les ténèbres de la honte pour appeler heureux un homme qui vit dans le crime et la honte, et qui n'étant arrêté par personne, puni, repris du moins par personne qui osât le faire, bien plus étant applaudi par beaucoup de monde, attendu comme dit l'Ecriture, « que le pécheur est loué dans les désirs déréglés de son âme et le méchant est béni, » (*Ps.* IX, 3) accomplit toutes les volontés les plus criminelles et les plus scélérates, par la raison qu'il vit comme il veut, quand au contraire, lors même qu'il serait malheureux, il le serait pourtant moins s'il n'avait rien pu avoir de ce qu'il était coupable de vouloir? Car la volonté mauvaise même seule rend l'homme malheureux, mais il le devient

---

tamen et qui hoc non vult, beate vult vivere? Nimis quidem hoc videtur absurdum. Tale est enim ac si dicamus : Et qui non vult beate vivere, beate vult vivere. Istam repugnantiam quis audiat, quis ferat? Et tamen ad hanc contrudit necessitas, si et omnes beate velle vivere verum est, et non omnes sic volunt vivere, quomodo solum beate vivitur.

CAPUT V.
De eadem re.

8. An forte illud est quod nos ab his angustiis possit eruere, ut quoniam diximus ibi quosque posuisse beatam vitam quod eos maxime delectavit, ut voluptas Epicurum, virtus Zenonem, sic alium aliquid aliud, nihil dicamus esse beate vivere, nisi vivere secundum delectationem suam, et ideo falsum non esse quod omnes beate vivere velint, quia omnes ita volunt ut quemque delectat? Nam et hoc populo si pronuntiatum esset in theatro, omnes id in suis voluntatibus invenirent. Sed hoc quoque Cicero cum sibi ex adverso proposuisset, ita redarguit, ut qui hoc sentiunt, erubescant. Ait enim : « Ecce autem non Philosophi quidem, sed prompti tamen ad disputandum, omnes aiunt esse beatos, qui vivant ut ipsi velint : » hoc est quod nos diximus, ut quosque delectat. Sed mox ille subjecit : « Falsum id quidem. Velle enim quod non deceat, idipsum miserrimum est : nec tam miserum est non adipisci quod velis, quam adipisci velle quod non oporteat. » Praeclarissime omnino atque verissime. Quis namque ita sit mente caecus, et ab omni luce decoris alienus, ac tenebris dedecoris involutus, ut eum qui nequiter vivit ac turpiter, et nullo prohibente, nullo ulciscente, et nullo saltem reprehendere audente, insuper et laudantibus plurimis, quoniam sicut ait Scriptura divina : « Laudatur peccator in desideriis animae suae, et qui iniqua gerit, benedicitur, » (*Psal.* IX, 3) implet omnes suas facinorosissimas et flagitiosissimas (*a*) voluntates, ideo beatum dicat, quia vivit ut vult : cum profecto quamvis et sic miser esset, minus tamen esset, si nihil eorum quae perperam voluisset

---

(a) Sic Am. Er. et aliquot Mss. At editio Lov. *voluptates*.

davantage par le pouvoir d'accomplir les désirs de sa volonté mauvaise. Aussi comme il est vrai que tous les hommes veulent être heureux, que c'est même la seule chose qu'ils recherchent avec le plus ardent amour, et pour laquelle ils désirent tout le reste, et que nul ne peut aimer ce qu'il ne connaît point du tout ou ce dont il ne sait point ce que c'est, et qu'on ne peut ignorer ce qu'est une chose qu'on sait bien qu'on veut, il s'ensuit que tous les hommes connaissent le bonheur de la vie. D'ailleurs tout homme heureux a ce qu'il veut, bien qu'il ne soit pas vrai que tous ceux qui ont ce qu'ils veulent soient heureux; au contraire, ceux qui n'ont point ce qu'ils veulent ou qui n'ont que ce qu'ils sont coupables de vouloir, ne sont point heureux. Par conséquent, on est heureux quand on a ce qu'on veut et qu'on ne veut rien de mal.

CHAPITRE VI.

D'où vient, quand tout le monde veut le bonheur, qu'on choisisse plutôt ce qui en éloigne.

9. Le bonheur de la vie étant dans ces deux choses, et parce qu'il est connu de tous les hommes, leur est cher à tous, quelle pensons-nous être la cause pour laquelle les hommes, quand ils ne peuvent allier ces deux choses, choisissent plutôt d'avoir tout ce qu'ils veulent que de vouloir bien quand même ils ne pourraient l'avoir? Est-ce que c'est la dépravation du genre humain qui fait que les hommes, bien que sachant qu'on ne saurait être heureux quand on n'a point ce qu'on veut, ni quand on a ce qu'on a mal fait de vouloir, mais qu'on ne l'est que si on a ce qu'on a voulu et que ce qu'on a voulu est bon, et qu'on ne veut rien de mal, choisissent de ces deux choses qui constituent le bonheur de la vie, s'il ne leur est point donné de les avoir toutes les deux, de préférence celle qui les éloigne le plus du bonheur de la vie (car on en est bien plus loin quand on possède ce qu'on a eu tort de désirer, que lorsqu'on ne le possède point), tandis qu'on devrait choisir et mettre avant tout le bien vouloir, lors même qu'on n'obtiendrait pas l'objet désiré pour le bien? Car celui qui veut justement tout ce qu'il veut, n'est pas loin d'être heureux; il le sera dès qu'il aura obtenu tout ce qu'il veut. Ce n'est point le mal assurément, mais le bien qui fait le bonheur quand il le fait; or, on a déjà un bien qu'on ne doit point tenir pour peu considérable, dans la volonté même qui est bonne, quand on ne met son bonheur que dans les biens dont la nature humaine est capable, non dans la perpétration ou l'acquisition de rien de mal, quand on ne recherche avec prudence, tempérance, force et justice d'âme, que des biens

habere potuisset? Etiam mala enim voluntate vel sola quisque miser efficitur : sed miserior potestate, qua desiderium malæ voluntatis impletur. Quapropter quoniam verum est, quod omnes homines esse beati velint, idque unum ardentissimo amore appetant, et propter hoc cætera quæcumque appetunt; nec quisquam potest amare quod omnino quid vel quale sit nescit, nec potest nescire quid sit, quod velle se scit; sequitur ut omnes beatam vitam sciant. Omnes autem beati habent quod volunt, quamvis non omnes qui habent quod volunt continuo sint beati; continuo autem miseri, qui vel non habent quod volunt, vel id habent quod non recte volunt. Beatus igitur non est, nisi qui et habet omnia quæ vult, et nihil vult male.

CAPUT VI.

Cur cum omnes velint beatitudinem, id eligatur potius, quo ab ea receditur.

9. Cum ergo ex his duobus beata vita constet, atque omnibus nota, omnibus cara sit, quid putamus esse causæ, cur horum duorum, quando utrumque non possunt, magis eligant homines, ut omnia quæ volunt habeant, quam ut omnia bene velint etiam si non habeant? An ipsa est pravitas generis humani, ut cum eos non lateat, nec illum beatum esse qui quod vult non habet, nec illum qui quod male vult habet, sed illum qui et habet quæcumque vult bona, et nulla vult mala, ex his duobus quibus beata vita perficitur, quando utrumque non datur, id eligatur potius, unde magis a beata vita receditur; (longius quippe ab illa est quicumque adipiscitur male concupita, quam qui non adipiscitur concupita;) cum potius eligi debuerit voluntas bona, atque præponi, etiam non adepta quæ appetit? Propinquat enim beato, qui bene vult quæcumque vult, et quæ adeptus cum fuerit beatus erit. Et utique non mala, sed bona beatum faciunt, quando faciunt : quorum bonorum habet aliquid jam, idque non parvi æstimandum, eam ipsam scilicet voluntatem bonam, qui de bonis quorum capax est humana natura, non de ullius mali perpetratione vel adeptione gaudere desiderat, et bona, qualia et in hac misera vita esse possunt, prudenti, temperanti, forti, et justa mente sectatur, et quantum datur

tels qu'on peut les trouver dans cette vie malheureuse, et qu'on n'en jouit qu'autant qu'il est donné d'en jouir, en sorte qu'on ne laisse point d'être bon soi-même jusque dans le malheur, pour être heureux lorsque tous les maux seront finis et tous les biens accomplis.

CHAPITRE VII.

La foi est nécessaire au bonheur de l'homme, qui ne sera atteint que dans la vie future.

10. Il suit de là que dans cette vie toute pleine d'erreurs et de maux, ce qu'il y a de plus nécessaire, c'est la foi par laquelle on croit en Dieu. Car il est impossible de trouver pour l'homme une autre source de biens quels qu'ils soient, mais surtout de biens au sein desquels il soit bon et par lesquels il devienne heureux, qu'en Dieu. Mais ce n'est que lorsque quittant cette vie, celui qui y est fidèle et bon au milieu des maux dont elle est pleine sera passé à la vie bienheureuse, qu'il lui sera donné en vérité de vivre comme il le veut, chose qui ne peut être maintenant en aucune manière. En effet, il ne voudra point vivre mal dans cette félicité, il ne voudra pas non plus des choses qui n'existeront point, et ce qu'il voudra ne fera point défaut. Tout ce qu'il aimera il l'aura et il ne désirera pas ce qui ne sera point à sa portée. Tout ce qui se trouvera dans cette vie, sera bon ; le Dieu suprême sera le souverain bien, et il se donnera à ceux qui l'aiment pour faire leur bonheur; mais ce qui mettra le comble à ce bonheur, c'est qu'on sera certain qu'il durera toujours. Les philosophes se sont fait à la vérité, chacun selon son bon plaisir, une vie bienheureuse à eux, afin de pouvoir, comme par leur propre vertu, une chose qu'ils étaient hors d'état de faire par la condition commune des mortels, vivre comme ils voulaient. Ils sentaient bien qu'il n'y a pas d'autre moyen d'être heureux que d'avoir ce qu'on veut, et de ne point avoir à endurer ce qu'on ne veut point. Mais qui ne voudrait voir une vie de bonheur quelle qu'elle soit, qui lui plaît et que, pour cela, il appelle une vie heureuse, tellement en son pouvoir qu'il lui fût possible de la rendre éternelle? Or, qui en est là ? qui veut souffrir les peines qu'il supporte avec force, quand bien même il voudrait et pourrait les supporter s'il les souffre ? qui voudrait vivre dans les tourments, quand bien même il pourrait, en y conservant la justice, par la patience, y vivre d'une manière digne de louanges? Ceux qui ont supporté ces maux, soit en désirant avoir, soit en craignant de perdre ce qu'ils aimaient d'un amour mauvais ou louable, les regardaient comme devant passer, car il y a bien des hommes qui se sont dirigés avec force par des maux passagers vers des biens durables. Certainement ils étaient heureux

---

assequitur, ut etiam in malis sit bonus, et finitis malis omnibus atque impletis bonis omnibus sit beatus.

CAPUT VII.

Fides necessaria, ut aliquando sit homo beatus, quod nonnisi in futura vita consequetur.

10. Ac per hoc in ista mortali vita erroribus ærumnisque plenissima, præcipue fides est necessaria, qua in Deum creditur. Non enim quæcumque bona, maximeque illa quibus quisque fit bonus, et illa quibus fiet beatus, unde nisi a Deo in hominem veniant, et homini accedant, inveniri potest. Cum autem ex hac vita ab eo qui in his miseriis fidelis et bonus est, ventum fuerit ad beatam, tunc erit vere quod nunc esse nullo modo potest, ut sic homo vivat quomodo vult. Non enim volet male vivere in illa felicitate, aut volet aliquid quod deerit, aut deerit quod voluerit. Quidquid amabitur, aderit : nec desiderabitur quod non aderit. Omne quod ibi erit, bonum erit, et summus Deus summum bonum erit, atque ad fruendum amantibus præsto erit; et quod est omnino beatissimum, ita semper fore certum erit. Nunc vero fecerunt (*a*) quidem sibi Philosophi, sicut eorum cuique placuit, vitas beatas suas, ut quasi propria virtute possent, quod communi mortalium conditione non poterant, sic scilicet vivere ut vellent. Sentiebant enim aliter beatum esse neminem posse, nisi habendo quod vellet, et nihil patiendo quod nollet. Quis autem non qualemcumque vitam qua delectatur, et ideo beatam vocat, vellet sic esse in sua potestate, ut eam posset habere perpetuam? Et tamen quis ita est? Quis vult pati molestias quas fortiter toleret, quamvis eas velit possitque tolerare si patitur? Quis velit in tormentis vivere, etiam qui potest in eis per patientiam tenendo justitiam laudabiliter vivere? Transitura cogitaverunt hæc mala, qui ea pertulerunt, vel cupiendo habere, vel timendo amittere quod amabant, sive nequiter sive laudabiliter. Nam multi per

---

(*a*) Editi loco *quidem*, habebant *quidam*.

TOM. XXVII.

en espérance, même quand ils se trouvaient au sein de ces maux passagers, par lesquels ils tendaient vers des biens durables. Mais celui qui n'est heureux qu'en espérance, n'est point encore heureux, car il attend, dans la patience, un bonheur qu'il ne possède point encore. Quant à celui qui est au milieu des tourments sans aucune espérance de ce genre, sans aucune récompense de cette sorte, quelque patience qu'il déploie, il n'est pas véritablement heureux, mais fortement malheureux; car on ne peut pas dire qu'il n'est point malheureux, en alléguant qu'il le serait davantage, s'il manquait de patience dans ses maux. S'il ne souffre point dans son corps ce qu'il ne veut point souffrir, il ne faut pas dire, même alors, qu'il soit heureux; car il ne vit point comme il veut. En effet, pour ne point parler du reste, il y a des peines, et il y en a d'innombrables, qui n'atteignent point le corps et ne s'attaquent qu'à l'âme, dont nous voudrions bien voir notre vie exempte; on voudrait par exemple, si on le pouvait, avoir un corps si bien portant et exempt de tous maux, qu'on n'eût à souffrir de ce côté aucune affliction et qu'on le possédât en son pouvoir, ou du moins qu'on l'eût incorruptible. Mais comme il n'en est ainsi pour personne, et qu'on vit dans l'incertitude, il est évident qu'on ne vit point comme on veut. Car quoique prêt à recevoir avec force et à supporter, d'une âme égale, toutes les adversités qui peuvent survenir, on aime mieux pourtant qu'il n'en arrive point et si on le peut on fait en sorte qu'il en soit ainsi; de cette manière on est prêt aux deux alternatives, c'est-à-dire, tout en désirant l'une autant qu'il est en soi, et en évitant l'autre, on est prêt à supporter volontiers même ce qu'on voulait éviter, si c'est ce qui arrive, parce que ce qu'on voulait n'a pu se faire. On supporte donc les choses pour n'en être point accablé, mais on voudrait n'avoir point à les supporter. Comment donc vit-on alors comme on veut? Est-ce parce que c'est par la volonté qu'on est fort pour supporter des choses qu'on voudrait n'avoir point vues fondre sur soi? Il s'en suivrait donc qu'on veut alors ce qu'on peut, parce qu'on ne peut point ce qu'on veut. Voilà tout le bonheur, dirai-je risible, ne devrais-je point dire plutôt misérable, des mortels orgueilleux qui se vantent de vivre comme ils veulent, parce que c'est par un acte de leur volonté qu'ils souffrent avec patience ce qu'ils voudraient ne leur être point arrivé. C'est en effet, disent-ils, la sage maxime de Térence : Si ce que vous voulez, dit ce poëte, ne se peut point, veuillez ce que vous pouvez. (TÉRENT. *And.*, scen. 1, act. II.) Qui dit que cette parole manque de justesse? mais ce conseil est celui qu'on donne à un malheureux, pour l'empêcher de l'être davantage. Mais à un homme heureux, tels que tous veulent être, on ne peut dire avec justesse et vérité : ce que vous

transitoria mala, ad bona permansura fortiter tetenderunt. Qui profecto spe beati sunt, etiam cum sunt in transitoriis malis, per quæ ad bona non transitura perveniunt. Sed qui spe beatus est, nondum beatus est : expectat namque per patientiam beatitudinem quam nondum tenet. Qui vero sine ulla spe tali, sine ulla tali mercede cruciatur, quantamlibet adhibeat tolerantiam, non est beatus veraciter, sed miser fortiter. Neque enim propterea miser non est, quia miserior esset, si etiam impatienter miseriam sustineret. Porro si ista non patitur, quæ nollet pati in suo corpore, nec tunc quidem beatus habendus est, quoniam non vivit ut vult. Ut enim alia omittam, quæ corpore illæso ad animi pertinent offensiones, sine quibus vivere vellemus, et sunt innumerabilia; vellet utique si posset ita salvum atque incolume habere corpus, et nullas ex eo pati molestias, ut id haberet in potestate, aut in ipsius incorruptione corporis : quod quia non habet, ac pendet (a) in incerto, profecto non vivit ut vult. Quamvis enim per fortitudinem sit paratus excipere, et æquo ferre animo quidquid adversitatis acciderit; mavult tamen ut non accidat, et si possit facit; atque ita paratus est in utrumque, ut quantum in ipso est alterum optet, alterum vitet, et si quod vitat, incurrerit, ideo volens ferat, quia fieri non potuit quod volebat. Ne opprimatur ergo sustinet : sed premi nollet. Quomodo ergo vivit ut vult? An quia volens fortis est ad ferenda quæ nollet illata? Ideo igitur id vult quod potest, quoniam quod vult non potest. Hæc est tota, utrum ridenda, an potius miseranda, superborum beatitudo mortalium, gloriantium se vivere ut volunt, quia volentes patienter ferunt, quæ accidere sibi nolunt. Hoc est enim, aiunt, quod sapienter dixit Terentius : Quoniam non potest id fieri quod vis, id velis quod possis. Commode hoc dictum esse, quis negat? Sed consilium est datum misero, ne esset miserior. Beato autem, quales se esse omnes volunt, non recte nec vere dicitur : Non potest fieri quod vis. Si enim

(a) Mss. *ac pendet incerto* : omissa particula *in*.

voulez ne peut se faire; car s'il est heureux, tout ce qu'il veut est possible, puisqu'il ne veut rien qui ne soit possible. Mais cette vie n'appartient pas à notre condition mortelle, et elle ne peut se trouver que là où il y aura immortalité. Si elle ne pouvait jamais être accordée à l'homme, c'est en vain que le bonheur lui-même serait cherché, puisqu'il ne peut exister s'il n'est immortel.

CHAPITRE VIII.
Point de félicité si elle n'est immortelle.

11. Tous les hommes voulant donc être heureux ne peuvent le vouloir véritablement sans vouloir être immortels, car ils ne sauraient être heureux s'il en est autrement. D'ailleurs si on leur adresse sur l'immortalité la même question que sur le bonheur, ils répondent tous qu'ils veulent être immortels. Mais ce n'est plus qu'un bonheur vaille que vaille, ayant plutôt le nom que la réalité du bonheur, qu'on recherche en cette vie, dès qu'on n'espère point l'immortalité sans laquelle le vrai bonheur ne saurait exister. En effet, celui-là est heureux, comme je l'ai déjà dit plus haut, et comme je l'ai assez fortement établi, qui vit comme il veut, et qui ne veut rien de mal. Or, personne ne fait mal de vouloir l'immortalité, si sa nature, par le don de Dieu, en est capable; si elle en est incapable, elle l'est également du bonheur. Pour vivre heureux, il faut donc vivre. Or, comment la vie bienheureuse peut-elle être le partage de l'homme que la vie même abandonne à sa mort? Quand la vie l'abandonne, il le veut, ou il ne le veut point, ou bien il n'a de vouloir ni pour ni contre. S'il ne le veut point, comment la vie qu'il veut mais ne peut avoir, peut-elle être une vie bienheureuse? Car si nul n'est heureux quand il n'a point ce qu'il veut, combien moins le sera-t-il si ce n'est plus seulement son honneur, ses biens, ou tout autre chose, mais la vie même qui l'abandonne malgré lui, puisque alors il n'y aura même plus de vie pour lui? Aussi quoiqu'il n'ait plus de sentiment pour être malheureux, puisque si la vie bienheureuse s'est envolée loin de lui, c'est parce que la vie même l'a quitté tout entière, il ne laisse point d'être malheureux aussi longtemps qu'il a le sentiment, parce qu'il sait que, malgré lui, même ce qu'il aime plus que tout le reste et à cause de tout le reste doit périr. La vie ne peut donc point être en même temps pour l'homme une vie bienheureuse et l'abandonner malgré lui; puisqu'il n'y a point de bonheur pour quiconque est blessé dans sa volonté, par conséquent elle rend d'autant plus malheureux celui qu'elle abandonne malgré lui qu'elle le rendrait malheureux même si elle se présentait à lui contre son gré. Si au contraire

---

beatus est, quidquid vult fieri potest; quia non vult quod fieri non potest. Sed non est mortalitatis hujus hæc vita, nec erit nisi quando et immortalitas erit. Quæ si nullo modo dari homini posset, frustra etiam beatitudo quæreretur; quia sine immortalitate non potest esse.

CAPUT VIII.
Beatitudo sine immortalitate non potest esse.

11. Cum ergo beati esse omnes homines velint, si (*a*) vere volunt, profecto et esse immortales volunt : aliter enim beati esse non possent. Denique et de immortalitate interrogati, sicut et de beatitudine, omnes eam se velle respondent. Sed qualiscumque beatitudo, quæ potius vocetur quam sit, in hac vita quæritur, imo vero fingitur, dum immortalitas desperatur, sine qua vera beatitudo esse non potest. Ille quippe beate vivit, quod jam superius diximus, et astruendo satis fiximus, qui vivit ut vult, nec male aliquid vult. Nemo autem male vult immortalitatem, si ejus humana capax est Deo donante natura : cujus si non capax est, nec beatitudinis capax est. Ut enim homo beate vivat, oportet ut vivat. Quem porro morientem vita ipsa deserit, beata vita cum illo manere qui potest? Cum autem deserit, aut nolentem deserit procul dubio, aut volentem, aut neutrum. Si nolentem, quomodo beata vita est, quæ ita est in voluntate, ut non sit in potestate? Cumque beatus nemo sit aliquid volendo nec habendo, quanto minus est beatus qui non honore, non possessione, non qualibet alia re, sed ipsa beata vita nolens deseritur, quando ei nulla vita erit? Unde etsi nullus sensus relinquitur, quo sit misera, (propterea enim beata vita discedit, quoniam tota vita discedit :) miser est tamen, quamdiu sentit, quia scit se (*b*) nolente consumi propter quod cætera et quod præ cæteris diligit. Non igitur potest vita et beata esse, et (*c*) nolentem deserere : quia beatus nolens nemo fit; ac per hoc quanto magis nolentem deserendo miserum facit, quæ si nolenti præsto esset miserum faceret. Si autem volentem deserit, etiam sic quomodo beata vita erat, quam

(*a*) Am. et Mss. *si verum volunt.* — (*b*) Sin Mss. At editi *nolentem :* minus recte. — (*c*) Editio Lov. *volentem deserere.* Castigatur ex editis aliis et Mss.

elle est d'accord avec sa volonté quand elle le quitte, en ce cas encore, comment une vie qu'il voulait voir périr quand il l'avait pourrait-elle être la vie bienheureuse? Il ne reste plus qu'une chose à dire, c'est que dans son cœur l'homme bienheureux n'a de volonté ni pour ni contre, en d'autres termes, qu'il ne veut ni ne veut pas que la vie bienheureuse le quitte lorsque, à la mort, la vie tout entière l'abandonne, et qu'il est disposé à supporter l'une ou l'autre chose d'une âme égale. Mais cette vie-là encore n'est point non plus la vie bienheureuse, puisqu'elle est telle qu'elle n'est plus digne d'être aimée par celui-là même qu'elle rendrait bienheureux. Comment serait-ce une vie bienheureuse que celle que n'aime point un bienheureux? Ou bien comment serait-ce l'aimer que de voir avec indifférence qu'elle subsiste ou qu'elle périsse? A moins peut-être que les vertus que nous aimons uniquement à cause de la béatitude n'osent nous porter à ne point aimer la béatitude même. Si elles le font, nous cessons de les aimer elles-mêmes, puisque nous n'aimons plus la béatitude pour laquelle seule nous les aimions. Enfin comment cette proposition si bien approfondie, si bien examinée, si bien éclairée, si certaine, tout le monde veut être heureux, sera-t-elle vraie, si ceux-là même qui sont déjà heureux ne veulent ni ne veulent point être heureux? Ou si ceux qui sont heureux veulent, comme la vérité le crie, comme les y pousse la nature au fond de qui le Créateur souverainement bon et immuablement heureux a placé ce sentiment, s'ils veulent, dis-je, être heureux, il est évident qu'ils ne veulent point ne pas être heureux. Mais s'ils ne veulent point ne pas être heureux, il est hors de doute qu'ils ne veulent point voir se consumer et périr ce qui fait qu'ils sont heureux. Ils ne peuvent être heureux qu'autant qu'ils sont vivants, ils ne veulent donc point voir périr ce qui fait qu'ils vivent. Par conséquent, quiconque est ou désire être bienheureux, désire être immortel. Or, ce n'est point vivre heureux que de manquer de ce qu'on veut; par conséquent, nulle vie ne saurait être véritablement heureuse, si elle n'est éternelle.

12. Mais la nature humaine est-elle capable de comprendre que tel doit être le bonheur qu'elle déclare digne de ses désirs? Ce n'est point une petite question; mais avec la foi qui se trouve dans tous ceux à qui Jésus a donné le pouvoir de devenir enfants de Dieu, ce n'en est plus une.

CHAPITRE IX.

Ce n'est point par des raisonnements humains, mais par le secours de la foi que nous apprenons que la béatitude doit vraiment être éternelle.

De tous les hommes qui se sont efforcés de trouver cela par la force du raisonnement, c'est

---

(a) perire voluit qui habebat? Restat ut dicant neutrum esse in animo beati, id est, cum deseri a beata vita, cum per mortem deserit tota vita, nec nolle nec velle, ad utrumque enim parato et æquo corde consistere. Sed nec ista beata est vita, quæ talis est, ut quem beatum facit, amore ejus indigna sit. Quomodo enim est beata vita, quam non amat beatus? Aut quomodo amatur, quod utrum vigeat, an pereat, indifferenter accipiatur? Nisi forte virtutes, quas propter solam beatitudinem sic amamus, persuadere nobis audent, ut ipsam beatitudinem non amemus. Quod si faciunt, etiam ipsas utique amare desistimus, quando illam propter quam solam istas amavimus, non amamus. Deinde quomodo erit vera illa (b) perspecta, tam examinata, tam eliquata, tam certa sententia, beatos esse omnes homines velle, si ipsi qui jam beati sunt, beati esse nec nolunt, nec volunt? Aut si volunt, ut veritas clamat, ut natura compellit, cui summe bonus et immutabiliter beatus Creator indidit hoc : si volunt, inquam, beati esse qui beati sunt, beati non esse utique nolunt. Si autem beati non esse nolunt, procul dubio nolunt consumi et perire quod beati sunt. Nec nisi viventes beati esse possunt : nolunt igitur perire quod vivunt. Immortales ergo esse volunt, quicumque vere beati vel sunt vel esse cupiunt. Non autem vivit beate, cui non adest quod vult : nullo modo igitur esse poterit vita veraciter beata, nisi fuerit sempiterna.

12. Hanc utrum capiat humana natura, quam tamen desiderabilem confitetur, non parva quæstio est. Sed si fides adsit, quæ inest eis quibus dedit potestatem Jesus filios Dei fieri, nulla quæstio est.

CAPUT IX.

Non humanis argumentationibus, sed fidei auxilio didicimus beatitudinem futuram esse vere sempiternam.

Humanis quippe argumentationibus hæc invenire conantes, vix pauci magno præditi ingenio, abun-

---

(a) In Mss. *fuire*. — (b) Editi *perfecta*. Melius Mss. *perspecta*.

à peine si un petit nombre doués d'un grand génie, riches en loisir, versés dans les sciences les plus subtiles, ont pu arriver seulement à se mettre sur la voie de l'immortalité de l'âme; mais pour la vie bienheureuse de cette âme, ils n'en ont point trouvé une stable, c'est-à-dire vraie; car ils ont dit que même après avoir joui de cette béatitude, elle retombait dans les misères de cette vie. Ceux parmi eux qui ont rougi de cette pensée et qui ont cru qu'on devait placer l'âme purifiée et privée de son corps dans une félicité éternelle, sont tombés de leur côté, au sujet de l'éternité du monde, dans un tel sentiment qu'ils se sont chargés de combattre eux-mêmes leur propre opinion sur l'âme. Il serait trop long de le montrer ici; mais je pense l'avoir assez montré dans le livre douzième de la *Cité de Dieu*. Que l'homme tout entier, c'est-à-dire, l'homme en tant que composé d'un corps et d'une âme, doive être immortel et par cela même vraiment bienheureux; la foi nous le promet, en s'appuyant non sur des arguments humains, mais sur l'autorité de Dieu. Voilà pourquoi après avoir dit dans l'Evangile, que Jésus « a donné le pouvoir de devenir enfants de Dieu à ceux qui l'ont reçu, » et avoir expliqué en peu de mots ce que c'est que le recevoir, en disant : « A ceux qui croient en son nom, » après avoir ajouté encore de quelle manière ils deviendraient enfants de Dieu, en disant : « Ils ne sont point nés du sang, ni de la volonté de la chair, ni de la volonté de l'homme, mais de Dieu, » l'Evangéliste ne voulant pas que la faiblesse humaine dont nous sommes les témoins et que nous portons en nous, désespérât d'atteindre à une pareille excellence, ajoute aussitôt : « Et le Verbe s'est fait chair et il a habité parmi nous, » afin de nous faire accepter le contraire qui nous paraissait incroyable. En effet, si le Fils de Dieu, par un sentiment de miséricorde pour les enfants des hommes, s'est fait lui-même fils de l'homme; or, c'est ce que signifient ces paroles : « Et le Verbe s'est fait chair et il a habité parmi nous » autres hommes; combien est-il plus facile de croire que nous qui sommes enfants des hommes par notre nature, nous devenons enfants de Dieu par la grâce et que nous habitons en Dieu, en qui seul et de qui seul les bienheureux peuvent être participants de son immortalité, ce dont le Fils de Dieu, voulant nous convaincre, s'est fait lui-même participant de notre mortalité?

CHAPITRE X.

Il n'y avait point de moyen plus convenable de délivrer l'homme de sa misérable condition d'être mortel que l'incarnation du Verbe.

13. Aussi à ceux qui disent : Dieu était-il tel-

---

dantes otio, doctrinisque subtilissimis eruditi, ad indagandam solius animæ immortalitatem pervenire potuerunt. Cui tamen animæ beatam vitam non invenerunt stabilem, id est veram : ad miserias eam quippe vitæ hujus etiam posse beatitudinem redire dixerunt. Et qui eorum de hac erubuerunt sententia, et animam purgatam in (a) sempiterna beatitudine sine corpore collocandam putaverunt, talia de mundi retrorsus æternitate sentiunt, ut hanc de anima sententiam suam ipsi redarguant : quod hic longum est demonstrare, sed in libro duodecimo *de civitate Dei*, satis a nobis est, quantum arbitror, explicatum. Fides autem ista totum hominem immortalem futurum, qui utique constat ex anima et corpore, et ob hoc vere beatum, non argumentatione humana, sed divina auctoritate promittit. Et ideo cum dictum esset in Evangelio, quod Jesus « dederit potestatem filios Dei fieri iis qui cum receperunt; » (*Joan*., 1, 12) et quid sit recepisse cum, breviter fuisset expositum, dicendo, « credentibus in nomine ejus; » quoque modo filii Dei fierent, esset adjunctum : « Qui non ex sanguinibus, neque ex voluntate carnis, neque ex voluntate viri, sed ex Deo nati sunt; » ne ista hominum quam videmus et gestamus infirmitas tantam excellentiam desperaret, illico annexum est : « Et Verbum caro factum est, et habitavit in nobis; » ut a contrario suaderetur quod incredibile videbatur. Si enim natura Dei Filius propter filios hominum misericordia factus est hominis filius, hoc est enim : « Verbum caro factum est, et habitavit in nobis » hominibus : quanto est credibilius, natura filios hominis gratia Dei filios Dei fieri, et habitare in Deo, in quo solo et de quo solo esse possunt beati participes immortalitatis ejus effecti; propter quod persuadendum Dei Filius particeps nostræ mortalitatis effectus est?

CAPUT X.

Incarnatione Verbi convenientior non fuit modus alius liberandi hominis a mortalitatis miseria.

13. Eos itaque qui dicunt : Itane defuit Deo modus

(a) Editi *in sempiternam beatitudinem.*

lement à court de tout autre moyen de délivrer les hommes de la misérable condition mortelle où ils se trouvent, qu'il dût vouloir que son Fils unique, qui est Dieu coéternel avec lui, se fît homme, en se revêtant d'une âme et d'un corps humains, et que, fait homme, il souffrît la mort? N'est-il pas si difficile de répondre et d'affirmer que le moyen dont Dieu a daigné se servir pour nous sauver par le Médiateur entre Dieu et les hommes, l'Homme-Christ Jésus, est bon et n'est point indigne de la grandeur de Dieu; bien plus il n'est point mal aisé de faire voir que si Dieu ne manquait point d'autres moyens faciles, car tout est également facile à sa puissance, néanmoins il n'y en avait point de plus approprié à notre misère, et il n'était pas non plus nécessaire qu'il y en eût. En effet, qu'y avait-il de plus nécessaire pour relever notre espérance et les âmes des hommes abattues par la condition de leur mortalité, pour les délivrer du désespoir d'atteindre à l'immortalité, que de nous faire voir quel cas Dieu faisait de nous et quel amour il avait pour nous? Quelle preuve plus claire et plus manifeste que celle si grande qui nous en a été donnée; quand le Fils de Dieu qui est bon d'une immuable bonté, tout en demeurant en lui-même ce qu'il était auparavant, nous empruntait pour nous ce qu'il n'était point, sans détriment pour sa propre nature, et daignait partager la nôtre, commençait par supporter nos maux, sans l'avoir aucunement mérité, et nous comblait de ses dons, avec une largesse dont nous n'étions pas dignes, sans aucun mérite de notre part, ou plutôt nonobstant tous nos démérites précédents, une fois que nous crûmes combien Dieu nous aime et que nous espérâmes ce dont nous désespérions?

14. Et même ce que nous appelons nos mérites n'est autre chose que ses dons. En effet, la foi n'a opéré par la charité que lorsque « l'amour de Dieu a été répandu dans nos cœurs par le Saint-Esprit qui nous a été donné. » (*Rom.*, v, 5.) Or, le Saint-Esprit ne nous a été donné qu'après que Jésus-Christ fût entré dans sa gloire par la résurrection (*Jean*, xx, 22), car il avait promis de nous l'envoyer alors (*Jean*, vii, 39), et ce n'est qu'alors qu'il nous l'envoya (*Jean*, xv, 26), attendu que c'est alors, comme il est écrit et comme il avait été prédit, « qu'il est monté en haut, qu'il a mené avec lui une grande multitude de captifs et qu'il a répandu ses dons sur les hommes. » (*Ephés.*, iv, 8.) Ce sont ces dons qui sont nos mérites par lesquels nous parvenons au souverain bien de l'immortelle béatitude. « Or, c'est en cela, dit l'Apôtre, que Dieu fait éclater son amour pour nous, puisque c'est lorsque nous étions encore des pécheurs que Jésus-Christ est mort pour nous

alius, quo liberaret homines a miseria mortalitatis hujus ut unigenitum Filium Deum sibi coæternum, hominem fieri vellet, induendo humanam animam et carnem, mortalemque factum mortem perpeti? parum est sic refellere, ut istum modum quo nos per Mediatorem Dei et hominum hominem Christum Jesum Deus liberare dignatur, asseramus bonum et divinæ congruum dignitati: verum etiam ut ostendamus non alium modum possibilem Deo defuisse, cujus potestati cuncta æqualiter subjacent, sed sanandæ nostræ miseriæ convenientiorem modum alium non fuisse, nec esse oportuisse. Quid enim tam necessarium fuit ad erigendam spem nostram, mentesque mortalium conditione ipsius mortalitatis abjectas, ab immortalitatis desperatione liberandas, quam ut demonstraretur nobis quanti nos penderet Deus, quantumque diligeret? Quid vero hujus rei tanto isto indicio manifestius atque præclarius, quam ut Dei Filius immutabiliter bonus, in se manens quod erat, et a nobis pro nobis accipiens quod non erat, præter (a) suæ naturæ detrimentum, nostræ dignatus inire consortium, prius sine ullo malo suo merito mala nostra perferret; ac sic jam credentibus quantum nos diligat Deus, et quod desperabamus jam sperantibus, dona in nos sua sine ullis bonis meritis nostris, imo præcedentibus et malis meritis nostris, indebita largitate conferret?

14. Quia et ea quæ dicuntur merita nostra, dona sunt ejus. Ut enim fides per dilectionem operatur (*Gal.*, v, 6), « caritas Dei diffusa est in cordibus nostris per Spiritum sanctum qui datus est nobis. » (*Rom.*, v, 5.) Tunc est autem datus, quando est Jesus resurrectione clarificatus. (*Joan.*, xx, 22, vii, 39; xv, 26.) Tunc enim eum se missurum esse promisit et misit: quia tunc, sicut de illo scriptum est, et ante prædictum: « Ascendit in altum, captivavit captivitatem, dedit dona hominibus. » (*Ephes.*, iv, 8; *Psal.* lxvii, 19.) Hæc dona sunt merita nostra, quibus ad summum bonum (b) immortalis beatitudinis pervenimus. « Commendat autem, inquit, Apostolus, caritatem suam Deus in nobis, quoniam cum adhuc peccatores essemus, Christus pro nobis mor-

---

(a) Er. et Lov. *præter animæ suæ naturæ*, etc. Abest *animæ* a Mss. et editione Am.— (b) Sic Mss. Editi vero *immortalitatis et beatitudinis*.

dans le temps destiné de Dieu. Aussi maintenant que nous sommes justifiés par son sang, nous serons à plus forte raison délivrés par lui de la colère de Dieu. » (*Rom.*, v, 8, 9.) Puis il ajoute et continue : « Car si lorsque nous étions ennemis de Dieu, nous avons été réconciliés avec lui par la mort de son Fils, à plus forte raison étant maintenant réconciliés avec lui, serons-nous sauvés par la vie de ce même Fils. » (*Rom.*, v, 10.) Ceux qu'il avait commencé par appeler des pécheurs, il les appelle ensuite des ennemis de Dieu; ceux qu'il a commencé par dire justifiés par le sang de Jésus-Christ, il les dit ensuite réconciliés par la mort du Fils de Dieu, et ceux qu'il déclare d'abord sauvés de la colère de Dieu par lui, il les déclare ensuite sauvés par sa propre vie. Avant cette grâce nous n'étions donc point des pécheurs quelconques, mais nous nous trouvions dans de tels péchés que nous étions ennemis de Dieu. Mais si d'abord le même Apôtre, en termes en quelque sorte plus doux, nous appelle pécheurs et ennemis de Dieu, il se sert d'une expression bien autrement forte quand il dit : « En effet, si lorsque nous étions encore faibles, Jésus-Christ est mort dans le temps destiné de Dieu pour des impies, » (*Rom.*, v, 6) et il donne le nom d'impies à ceux qu'il n'avait d'abord appelés que faibles. La faiblesse paraît quelque chose de léger, mais pourtant quelquefois elle est telle qu'elle s'appelle impiété. S'il n'y avait point eu faiblesse en nous, nous n'aurions pas eu besoin du médecin, car celui que les Hébreux appellent Jésus, les Grecs Σωτήρ, nous l'appelons Sauveur, en latin *Salvator*. Le latin ne possédait point ce mot auparavant, mais il pouvait l'avoir et il l'eut quand il le voulut. Mais la phrase précédente où l'Apôtre dit : « C'est lorsque nous étions encore faibles que Jésus-Christ est mort pour des impies, » se rattache aux deux suivantes dans l'une desquelles il nous a appelés pécheurs et dans l'autre ennemis de Dieu, comme s'il avait voulu attribuer à chacun d'eux ce qui s'y rapportait, par le mot faibles désigner les pécheurs, et par le mot impies, les ennemis de Dieu.

CHAPITRE XI.

Difficulté : comment sommes-nous justifiés par le sang du Fils de Dieu?

15. Mais qu'est-ce à dire : « Justifiés par son sang? » Quelle force y a-t-il dans ce sang, je vous prie, pour que ceux qui croient soient justifiés par lui? Qu'est-ce à dire encore : « Réconciliés par la mort de son Fils ? » Est-ce que tandis que le Père était irrité contre nous, il lui a suffi de voir mourir son Fils pour nous pour l'apaiser à notre égard? Est-ce que ce Fils était lui-même si bien apaisé à notre égard qu'il dai-

---

tuus est. Multo magis justificati nunc in sanguine ipsius, salvi erimus ab ira per ipsum. » (*Rom.*, v, 8.) Adhuc addit, et dicit : « Si enim cum inimici essemus, reconciliati sumus Deo per mortem Filii ejus, multo magis reconciliati salvi erimus in vita ipsius. » (*Rom.*, v, 10.) Quos peccatores dixit prius, hos posterius inimicos Dei; et quos prius justificatos in sanguine Jesu Christi, eos posterius reconciliatos per mortem Filii Dei; et quos prius salvos ab ira per ipsum, eos postea salvos in vita ipsius. Non ergo ante istam gratiam quoquo modo peccatores, sed in talibus peccatis fuimus, ut inimici essemus Dei. Superius autem idem Apostolus nos peccatores et inimicos Dei, duobus identidem nominibus appellavit, uno velut mitissimo, alio plane atrocissimo, dicens : « Si enim Christus cum infirmi essemus adhuc juxta tempus pro impiis mortuus est. » (*Rom.*, v, 6.) Quos infirmos, eosdem impios nuncupavit. Leve aliquid videtur infirmitas; sed aliquando talis est, ut impietas nominetur. Nisi tamen infirmitas esset, medicum necessarium non haberet : qui est Hebraice Jesus, Græce σωτήρ, nostra autem locutione Salvator. Quod verbum Latina lingua antea non habebat, sed habere poterat, sicut potuit quando voluit. Hæc autem Apostoli sententia præcedens, ubi ait : « Adhuc cum infirmi essemus juxta tempus pro impiis mortuus est, » cohæret his duabus sequentibus, quarum in una dixit peccatores, in alia inimicos Dei, tanquam illis singulis reddiderit singula, peccatores ad infirmos, inimicos Dei referens ad impios.

CAPUT XI.

Difficultas quomodo justificati sumus in sanguine Filii Dei.

15. Sed quid est, « justificati in sanguine ipsius? » Quæ vis est sanguinis hujus, obsecro, ut in eo justificentur credentes? Et quid est, « reconciliati per mortem Filii ejus? » Itane vero, cum irasceretur nobis Deus Pater, vidit mortem Filii sui pro nobis, et placatus est nobis? Numquid ergo Filius ejus usque adeo nobis jam placatus erat, ut pro nobis etiam

gnât mourir pour nous, tandis que le Père était tellement fâché contre nous, que si son Fils ne fût point mort pour nous, il ne se serait point apaisé à notre égard? Qu'est-ce à dire encore, quand le même docteur des nations s'écrie dans un autre endroit : « Après cela que devons-nous dire? si Dieu est pour nous qui sera contre nous? Puisque Dieu n'a pas même épargné son propre Fils, mais l'a livré pour nous tous, comment avec lui ne nous donnera-t-il pas aussi toutes choses? » (*Rom.*, VIII, 31.) Est-ce que si le Père n'avait point déjà été apaisé à notre égard, il eût épargné son Fils et ne l'eût point livré pour nous? Ne semble-t-il point que ces deux pensées se contredisent? Dans l'une, le Fils meurt pour nous, et le Père se réconcilie avec nous par la mort de son Fils; dans l'autre, au contraire, il semblerait que c'est le Père qui nous a aimés d'abord et que c'est lui qui, pour nous, n'a point épargné son Fils et, pour nous, l'a livré à la mort. Mais je vois que Dieu nous a aimés, non-seulement avant que son Fils mourût pour nous, mais encore avant qu'il eût créé le monde, j'en ai la preuve dans ces paroles de l'Apôtre même : « C'est ainsi qu'il nous a élus en lui, avant la création du monde, par l'amour qu'il nous a porté. » (*Éphés.*, I, 4.) Et le Fils, ce n'est point comme malgré lui qu'il s'est livré, quand son Père ne l'a point épargné pour nous, car c'est de lui que parle l'Apôtre quand il dit :

« Il m'a aimé et s'est livré lui-même pour moi. » (*Gal.*, II, 20.) Le Père, le Fils et le Saint-Esprit qui procède de l'un et de l'autre, opèrent donc ensemble, également et d'un commun accord; cependant c'est par le sang de Jésus-Christ que nous avons été justifiés et c'est par sa mort que nous sommes réconciliés avec Dieu. Comment cela se fait-il, c'est ce que je vais expliquer ici autant que je le pourrai et aussi longuement qu'il me semblera devoir le faire pour que ce soit assez.

CHAPITRE XII.

Tous les hommes, par le péché d'Adam, ont été livrés au pouvoir du diable.

16. Par le fait d'une certaine justice de Dieu, le genre humain a été livré au pouvoir du diable, par la transmission originelle du péché du premier homme, à tous les hommes naissant de l'union des deux sexes, la dette de nos premiers parents liant toute sa postérité. Cette transmission est signifiée une première fois dans la Genèse, quand après ces paroles adressées au serpent : « Tu mangeras la terre, » il a été dit à l'homme : « Tu es terre et tu retourneras en la terre. » (*Gen.*, III, 14, 19.) Ces mots : « Tu retourneras en la terre, » sont une prédiction de la mort du corps, car l'homme ne devait point éprouver la mort, s'il fût demeuré dans l'état de

---

dignaretur mori : Pater vero usque adeo adhuc irascebatur, ut nisi Filius pro nobis moreretur, non placaretur? Et quid est quod alio loco idem ipse doctor gentium : « Quid, inquit, ergo dicemus ad hæc? Si Deus pro nobis, quis contra nos? Qui proprio Filio suo non pepercit, sed pro nobis omnibus tradidit illum. Quomodo non etiam cum illo omnia nobis donavit? » (*Rom.*, VIII, 31.) Numquid nisi jam placatus esset Pater, proprio Filio non parcens pro nobis eum traderet? Nonne videtur hæc illi velut adversa esse sententia? In illa moritur pro nobis Filius, et reconciliatur nobis Pater per mortem ejus : in hac autem tanquam prior nos dilexerit Pater, ipse propter nos Filio non parcit, ipse pro nobis eum tradit ad mortem. Sed video quod et antea Pater dilexit nos, non solum ante quam pro nobis Filius moreretur, sed ante quam conderet mundum, ipso teste Apostolo qui dicit : « Sicut elegit nos in ipso ante mundi constitutionem. » (*Ephes.*, I, 4.) Nec Filius Patre sibi non parcente pro nobis velut invitus est traditus, quia et de ipso dictum est :

« Qui me dilexit, et tradidit semetipsum pro me. » (*Gal.*, II, 20.) Omnia ergo simul et Pater et Filius et amborum Spiritus pariter et concorditer operantur : tamen justificati sumus in Christi sanguine, et reconciliati sumus Deo per mortem Filii ejus (*Rom.*, V, 9) : et quomodo id factum sit, ut potero, etiam hic quantum satis videbitur explicabo.

CAPUT XII.

Omnes propter Adæ peccatum traditi in potestatem diaboli.

16. Quadam justitia Dei in potestatem diaboli traditum est genus humanum, peccato primi hominis in omnes utriusque sexus commixtione nascentes originaliter transeunte, et parentum primorum debito universos posteros obligante. Hæc traditio prius in Genesi significata est, ubi cum serpenti dictum esset : « Terram manducabis : » (*Gen.*, III, 14) homini dictum est : « Terra es, et in terram ibis. » (*Ibid.*, 19.) Eo quod dictum est, « in terram ibis, »

justice où il fut créé; les autres paroles qui s'adressent à lui, tandis qu'il est encore en vie : « Tu es terre, » montrent que l'homme a été changé en pire. En effet, ces paroles : « Tu es terre » rappellent celles-ci : « Mon esprit ne demeurera point dans ces hommes, parce qu'ils ne sont que chair, » (*Gen.*, VI, 3) et, en les prononçant, Dieu montra que l'homme était livré à celui à qui il avait dit : « Tu mangeras la terre. » L'Apôtre nous le dit d'une manière plus claire encore dans ces lignes : « Il vous a aussi rendu la vie, lorsque vous étiez morts par vos dérèglements et vos péchés, dans lesquels vous avez autrefois vécu selon la coutume de ce monde, selon le prince des puissances de l'air, cet esprit qui exerce maintenant son pouvoir sur les enfants de l'incrédulité; car nous avons tous été autrefois dans les mêmes désordres, en vivant selon nos passions charnelles et nous abandonnant aux désirs de la chair et de notre esprit, et nous étions par la nature enfants de colère, aussi bien que les autres. » (*Ephés.*, II, 1 à 3.) Les enfants de l'incrédulité sont les infidèles; or, qui ne l'a point été avant d'être fidèle ? Par conséquent, tous les hommes, depuis l'origine, sont sous le prince des puissances de l'air qui exerce maintenant son pouvoir sur les enfants de l'incrédulité. Et quand je dis, depuis l'origine, c'est pour parler comme l'Apôtre qui dit, qu'il a été lui aussi comme les autres par la nature, mais entendons-le bien, par la nature en tant que dépravée par le péché, non pas en tant que créée droite dès le commencement. Mais la manière dont l'homme a été livré au pouvoir du diable ne doit point s'entendre en ce sens que ce soit Dieu qui ait fait cela, ou qui ait ordonné que ce fût, mais en ce sens qu'il n'a fait que le permettre, bien que justement; car dès qu'il abandonne le pécheur, l'auteur du péché prend à l'instant sa place. Toutefois, Dieu n'a point abandonné sa créature de manière à ne point lui montrer qu'il est son Dieu créateur et vivificateur, un Dieu sachant donner même à ses créatures devenues mauvaises des biens nombreux au milieu des maux et du châtiment, car « sa colère n'a point arrêté le cours de ses miséricordes, » (*Ps.* LXXVI, 10) et il n'a point laissé l'homme échapper à la loi de son propre pouvoir quand il a permis qu'il passât au pouvoir du diable, attendu que le diable lui-même n'est point soustrait au pouvoir du Tout-Puissant, non plus qu'à sa bonté. En effet, n'est-ce point par lui qui donne la vie à tous les êtres, que les mauvais anges même vivent de la vie qu'ils ont, quelle que soit cette vie ? Si donc les péchés que l'homme commet le font passer, par l'effet de la juste colère de Dieu, sous le pouvoir du diable, certainement la rémission des péchés par la bienveillante réconciliation de Dieu, l'arrache à ce même pouvoir.

---

mors corporis prænuntiata est, quia nec ipsam fuerat experturus, si permansisset ut factus est rectus : quod vero viventi ait : « Terra es; » ostendit totum hominem in deterius commutatum. Tale est enim : « Terra es : » quale istud : « Non permanebit spiritus meus in hominibus istis, quoniam caro sunt. » (*Gen.*, VI, 3.) Tunc ergo demonstravit eum ei traditum, cui dictum fuerat : « Terram manducabis. » Apostolus autem apertius hoc prædicat, ubi dicit : « Et vos cum essetis mortui delictis et peccatis vestris, in quibus aliquando ambulastis secundum sæculum mundi hujus, secundum principem potestatis aeris spiritus hujus qui nunc operatur in filiis diffidentiæ, in quibus et nos omnes aliquando conversati sumus in desideriis carnis nostræ, facientes voluntates carnis et affectionum : et eramus natura filii iræ, sicut et cæteri. » (*Ephes.*, II, 1.) Filii diffidentiæ sunt infideles, et quis hoc non est ante quam fidelis fiat ? Quocirca omnes homines ab origine sub principe sunt potestatis aeris, qui operatur in filiis diffidentiæ. Et quod dixi ab origine, hoc est quod dicit Apostolus, naturam et se fuisse sicut cæteros : natura scilicet ut est depravata peccato, non ut recta creata est ab initio. Modus autem iste quo traditus est homo in diaboli potestatem, non ita debet intelligi, tanquam hoc Deus fecerit, aut fieri jusserit : sed quod tantum permiserit, juste tamen. Illo enim deserente peccantem, peccati auctor illico invasit. Nec ita sane Deus deseruit creaturam suam, ut non se illi exhiberet Deum creantem et vivificantem, et inter pœnalia mala etiam bona malis multa præstantem. Non enim continuit in ira sua miserationes suas. Nec hominem a lege suæ potestatis amisit, quando in diaboli potestate esse permisit; quia nec ipse diabolus a potestate omnipotentis alienus est, sicut neque a bonitate. Nam et maligni angeli unde qualicumque subsisterent vita, nisi per eum qui vivificat omnia ? Si ergo commissio peccatorum per iram Dei justam hominem subdidit diabolo, profecto remissio peccatorum per reconciliationem Dei benignam eruit hominem a diabolo.

CHAPITRE XIII.

Ce n'est point par la puissance, mais par la justice que l'homme devait être arraché à la puissance du diable.

17. Ce n'est point par sa puissance, mais bien par sa justice, que Dieu doit vaincre le diable. Car qu'y a-t-il de plus puissant que ce qui est tout-puissant? Ou quelle est la créature dont la puissance peut être comparée à celle du Créateur? Mais quand le diable, par l'effet de sa perversité, fut devenu ambitieux de la puissance, il est devenu en même temps transfuge et ennemi déclaré de la justice; et les hommes marchent d'autant plus sur ses traces que négligeant davantage ou même allant jusqu'à haïr la justice, ils ambitionnent la puissance et se félicitent s'ils l'obtiennent ou s'enflamment de plus grands désirs de l'obtenir. Il a plu à Dieu, pour arracher l'homme au pouvoir du diable, de vaincre ce dernier non par la puissance, mais par la justice, en sorte que les hommes qui imiteraient le Christ, cherchassent à vaincre de même le diable non par la puissance, mais par la justice. Ce n'est pas que la puissance doive être fuie comme un mal, mais c'est qu'il faut observer l'ordre d'après lequel la justice est la première. En effet, quelle peut être la puissance d'êtres mortels? Qu'ils cultivent la justice, et la puissance leur sera donnée avec l'immortalité. Comparée à cette puissance, celle des hommes qu'on appelle puissants sur la terre, quelque grande qu'elle soit, n'est qu'une faiblesse risible, et dès que les méchants semblent avoir une grande puissance, c'est pour creuser la fosse sous les pas du pécheur. Quant au juste, il s'exprime ainsi dans ses chants : « Heureux l'homme que vous avez vous-même instruit, Seigneur, et à qui vous avez vous-même enseigné votre loi, afin que vous adoucissiez les maux qu'il a à souffrir pendant les jours mauvais, jusqu'à ce qu'on ait creusé une fosse sous les pieds du pécheur. Car le Seigneur ne rejettera point son peuple, et il n'abandonnera point son héritage, jusqu'à ce que sa justice fasse éclater son jugement et que tous ceux qui ont le cœur droit paraissent devant elle. » (*Ps.* XCIII, 12, 15.) Quand sera venu le temps jusqu'où est différée la puissance du peuple de Dieu, le Seigneur ne rejettera point son peuple et n'abandonnera point son héritage. Quels que soient les traitements pénibles et indignes qu'il endure dans sa faiblesse et dans son abaissement, jusqu'au jour où la justice qui est maintenant le lot de la faiblesse des hommes pieux, se change en jugement, c'est-à-dire recevra la puissance de juger, ce qui attend les justes à la fin du monde, lorsque la puissance viendra en son rang, après la justice qui l'aura précédée. La puissance unie à la justice, ou la

CAPUT XIII.

Non potentia, sed justitia eruendus homo fuit a diaboli potestate.

17. Non autem diabolus potentia Dei, sed justitia superandus fuit. Nam quid omnipotente potentius? Aut cujus creaturæ potestas potestati Creatoris comparari potest? Sed cum diabolus vitio perversitatis suæ factus sit amator potentiæ, et desertor oppugnatorque justitiæ; sic enim et homines eum tanto magis imitantur, quanto magis neglecta, vel etiam perosa justitia, potentiæ student, ejusque vel adeptione lætantur, vel inflammantur cupiditate : placuit Deo, ut propter eruendum hominem de diaboli potestate, non potentia diabolus, sed justitia vinceretur, atque ita et homines imitantes Christum, justitia quærerent diabolum vincere, non potentia. Non quod potentia quasi mali aliquid fugienda sit : sed ordo servandus est, quo prior est justitia. Nam quanta potentia potest esse mortalium? Teneant ergo mortales justitiam, potentia immortalibus dabitur. Cui comparata quantalibet eorum hominum, qui potentes vocantur in terra, ridicula infirmitas invenitur, et ibi foditur peccatori fovea, ubi videntur mali plurimum posse. Cantat autem justus et dicit : « Beatus homo quem tu erudieris Domine, et de lege tua docueris eum : ut mitiges ei a diebus malignis, donec fodiatur peccatori fovea. Quoniam non repellet Dominus plebem suam, et hæreditatem suam non derelinquet : quoad usque justitia convertatur in judicium, et qui habent eam, omnes recto sunt corde. » (*Psal.* XCIII, 12.) Hoc ergo tempore quo differtur potentia populi Dei, non repellet Dominus plebem suam, et hæreditatem suam non derelinquet; quantalibet acerba et indigna ipsa humilis atque infirma patiatur, quoad usque justitia quam nunc habet infirmitas piorum, convertatur in judicium, hoc est, judicandi accipiat potestatem : quod justis in fine servatur, cum præcedentem justitiam ordine suo fuerit potentia subsecuta. Potentia quippe adjuncta justitiæ, vel justitia (*a*) accedens potentiæ, judiciariam potestatem facit. Pertinet autem justitia ad vo-

---
(*a*) Am. et plerique Mss. *accedente potentia*. Et nonnulli *accedente potentiæ*.

justice s'ajoutant à la puissance constitue la puissance judiciaire. Or, la justice se rapporte à la bonne volonté ; aussi les anges ont-ils dit à la naissance du Christ : « Gloire à Dieu, au plus haut des cieux, et, sur la terre, paix aux hommes de bonne volonté. » (*Luc*, II, 14.) Quant à la puissance, elle doit venir après la justice, non point la précéder. Voilà pourquoi on la place parmi les choses secondes ou prospères, car elles sont appelées ainsi *secunda*, du mot suivre, *sequi*. Comme il y a deux choses, ainsi que je l'ai dit plus haut, qui font l'homme heureux, vouloir selon le bien et pouvoir ce qu'on veut, il ne doit point s'y trouver ce genre de perversité signalée dans le même endroit de notre discussion, qui consisterait, pour l'homme, à choisir celle qu'il lui plairait des deux choses qui font le souverain bonheur, et à négliger de vouloir ce qu'il faut, puisqu'il doit commencer par avoir une bonne volonté, et n'avoir qu'ensuite une grande puissance. Or, la bonne volonté doit être purifiée des vices qui ne peuvent avoir pour effet, sur l'homme, s'il est vaincu par eux, que de lui faire vouloir le mal, et dès lors comment sa volonté sera-t-elle une bonne volonté ? Il faut donc souhaiter que la puissance nous soit accordée dès maintenant, mais contre les vices. Or, ce n'est point pour vaincre les vices, mais leurs semblables, que les hommes veulent la puissance. Pourquoi cela, sinon pour que, véritablement vaincus, ils ne remportent qu'une fausse victoire et pour n'être vainqueurs que dans l'opinion des mortels, non en réalité ? Que l'homme veuille être prudent, qu'il veuille être fort, qu'il veuille être tempérant, qu'il veuille être juste, et qu'il ne désire la puissance qu'afin de pouvoir être tout cela, qu'il ambitionne d'être puissant au fond de son cœur et même, d'une manière admirable, puissant contre lui, mais pour lui. Quant aux autres choses, qu'il veut d'une volonté bonne, mais qu'il ne peut avoir, telles que l'immortalité et la vraie et complète félicité, qu'il ne cesse de les désirer et qu'il les attende avec patience.

CHAPITRE XIV.

Par la mort qu'il n'avait point méritée, le Christ a délivré les hommes de la mort qu'ils avaient méritée.

18. Quelle est donc la justice qui a vaincu le diable ? Laquelle cela peut-il être sinon celle de Jésus-Christ ? Comment a-t-il été vaincu ? car bien que le démon ne trouvât en Jésus-Christ rien qui fût digne de mort, cependant il le fit périr. Et certainement c'est justice que les débiteurs qu'il tenait asservis s'en aillent délivrés, en croyant en celui qu'il a tué sans qu'il eût mérité la mort. Voilà pourquoi il est dit que nous sommes justifiés par le sang du Christ (*Rom.*, v, 9), c'est ainsi, en effet, que le sang innocent a été versé pour la rémission de nos péchés. Aussi dans les Psaumes, se proclame-t-il libre

---

luntatem bonam : unde dictum est ab Angelis nato Christo : « Gloria in excelsis Deo, et in terra pax hominibus bonæ voluntatis. » (*Luc.*, II, 14.) Potentia vero sequi debet justitiam, non præire : ideo et in rebus secundis ponitur, id est prosperis : secundæ autem a sequendo sunt dictæ. Cum enim beatum faciant, sicut superius disputavimus, duæ res, bene velle, et posse quod velis, non debet esse illa perversitas, quæ in eadem disputatione notata est, ut ex duabus rebus quæ faciunt beatum, posse quod velit homo eligat, et velle quod oportet negligat ; cum prius debeat habere voluntatem bonam, magnam vero postea potestatem. Bona porro voluntas purganda est a vitiis, a quibus si vincitur homo, ad hoc vincitur ut male velit, et bona jam voluntas ejus quomodo erit ? Optandum est itaque ut potestas nunc detur, sed contra vitia, propter quæ vincenda potentes nolunt esse homines, et volunt propter vincendos homines : ut quid hoc, nisi ut vere victi falso vincant, nec sint veritate, sed opinione victo-
res ? Velit homo prudens esse, velit fortis, velit temperans, velit justus, atque ut hæc veraciter possit, potentiam plane optet, atque appetat ut potens sit in se ipso, et miro modo adversus se ipsum pro se ipso. Cætera vero quæ bene vult, et tamen non potest, sicut est immortalitas, et vera ac plena felicitas, desiderare non cesset, et patienter exspectet.

CAPUT XIV.

Christi mors indebita, liberavit obnoxios morti.

18. Quæ est igitur justitia, qua victus est diabolus ? Quæ, nisi justitia Jesu Christi ? Et quomodo victus est ? Quia cum in eo nihil morte dignum inveniret, occidit eum tamen. Et utique justum est ut debitores quos tenebat, liberi dimittantur, in eum credentes quem sine ullo debito occidit. Hoc est quod justificari dicimur in Christi sanguine. (*Rom.*, v, 9.) Sic quippe in remissionem peccatorum nostrorum innocens sanguis ille effusus est. Unde se

entre les morts (*Ps.* LXXXVII, 6); il est en effet le seul qui soit mort libre de la dette de la mort. De là vient encore que dans un autre psaume, il dit : « J'ai payé ce que je n'ai point pris, » (*Ps.* LXVIII, 5) voulant faire comprendre par là que le péché est un vol, attendu que c'est une usurpation contre le droit. Voilà pourquoi encore il dit de sa bouche mortelle, comme nous le lisons dans l'Evangile : « Voilà le prince de ce monde qui vient, mais il n'a rien trouvé en moi, » (*Jean*, XIV, 30) c'est-à-dire il n'y a trouvé aucun péché, « mais c'est afin que le monde connaisse que j'aime mon Père et que je fais ce que mon Père m'a ordonné; levez-vous donc et sortons d'ici. » Or, il partit de là pour sa passion et afin de payer ce qu'il ne devait point, pour nous qui étions les vrais débiteurs. Est-ce que le diable aurait été vaincu par ce droit plein de justice si le Christ avait voulu le combattre sur le terrain de la puissance non de la justice ? Mais il ajourna l'exercice de sa puissance pour commencer par faire ce qu'il fallait. Voilà pourquoi il était nécessaire qu'il fût Dieu et homme; car s'il n'avait point été homme, il n'aurait pu être mis à mort, et s'il n'avait point été Dieu, on ne croirait point qu'il n'a pas voulu faire une chose qu'il avait le pouvoir de faire, mais qu'il n'a point pu faire ce qu'il voulait, et nous ne penserions point qu'il a voulu faire passer la justice avant la puissance, mais que la puissance lui a manqué. Mais à présent ce qu'il a souffert pour nous est d'un homme, parce qu'il était homme ; or s'il n'avait point voulu, il aurait pu ne point souffrir cela, parce qu'il était Dieu en même temps. La justice a donc été rendue agréable par son abaissement, parce qu'il eût eu dans la divinité une puissance assez grande pour ne point souffrir toutes ces choses s'il ne l'avait point voulu. Voilà comment par sa mort, ce Dieu si puissant, nous recommande la justice à nous qui sommes mortels et sans force, et nous promet la patience. Il fit en effet l'une des deux choses en mourant et l'autre en ressuscitant. Car quoi de plus juste que d'aller jusqu'à la mort de la croix pour la justice ? et quoi de plus puissant que de ressusciter d'entre les morts et de monter au ciel dans la même chair dans laquelle il avait été mis à mort ? Il vainquit donc le diable d'abord par la justice et ensuite par la puissance ; par la justice, attendu que n'ayant point commis le péché il fut mis à mort par le démon avec la plus grande injustice; par la puissance, attendu que mort il ressuscita pour ne plus mourir jamais. (*Rom.*, VI, 9.) Mais il aurait également vaincu le diable par sa puissance quand bien même il n'aurait pu être mis à mort par lui, quoique ce soit le fait d'une puissance plus grande, de vaincre la mort même en ressuscitant, que d'y échapper en vivant. Mais il y a autre chose qui fait que nous sommes

---

dicit in Psalmis in mortuis liberum. (*Psal.* LXXXVII, 6.) Solus enim a debito mortis liber est mortuus. Hinc et in alio Psalmo dicit : « Quæ non rapui, tunc exsolvebam : » (*Psal.* LXVIII, 5) rapinam volens intelligi peccatum, quia usurpatum est contra licitum. Unde per os etiam carnis suæ, sicut in Evangelio legitur, dicit : « Ecce venit princeps mundi hujus, et in me nihil invenit, » (*Joan.*, XIV, 30) id est, nullum peccatum : « sed ut sciant omnes, inquit, quia voluntatem Patris mei facio, surgite eamus hinc. » Et pergit inde ad passionem, ut pro debitoribus nobis quod ipse non debebat exsolveret. Numquid isto jure æquissimo diabolus vinceretur, si potentia Christus cum illo agere, non justitia voluisset ? Sed postposuit quod potuit, ut prius ageret quod oportuit. Ideo autem illum esse opus erat, et hominem, et Deum. Nisi enim homo esset, non posset occidi : nisi Deus esset, non crederetur noluisse quod potuit, sed non potuisse quod voluit ; nec ab eo justitiam potentiæ prælatam fuisse, sed ei defuisse potentiam putaremus. Nunc vero humana pro nobis passus est, quia homo erat : sed si (*a*) noluisset, etiam hoc non pati potuisset, quia et Deus erat. Ideo gratior facta est in humilitate justitia, quia posset si noluisset humilitatem non perpeti tanta in divinitate potentia : ac sic a moriente tam potente, nobis mortalibus impotentibus, et commendata est justitia, et promissa potentia. Horum enim duorum unum fecit moriendo, alterum resurgendo. Quid enim justius, quam usque ad mortem crucis pro justitia pervenire ? (*Marc.*, XV et XVI.) Et quid potentius, quam resurgere a mortuis, et in cœlum cum ipsa carne in qua est occisus ascendere ? Et justitia ergo prius, et potentia postea diabolum vicit : justitia scilicet, quia nullum peccatum habuit, et ab illo injustissime est occisus ; potentia vero, quia revixit mortuus, numquam postea moriturus. (*Rom.*, VI, 9.) Sed potentia diabolum vicisset, etiam si ab illo non potuisset occidi : quamvis majoris sit potentiæ etiam ipsam mortem vincere resurgendo, quam vitare vivendo.

(*a*) Sic Mss. At editi *voluisset*.

justifiés dans le sang du Christ, quand nous sommes ravis au pouvoir du diable par la rémission des péchés, et cela a rapport à ce que le Christ a vaincu le diable non par sa puissance, mais par sa justice ; en effet, ce n'est point dans son immortelle puissance, mais dans la faiblesse qu'il a empruntée à notre chair mortelle, qu'il fut crucifié ; il est vrai que c'est en parlant de cette faiblesse que l'Apôtre a dit : « Ce qui paraît en Dieu une faiblesse est plus fort que la force des hommes. » (I *Cor.*, I, 25.)

CHAPITRE XV.
Suite du même sujet.

19. Il n'est donc point difficile de voir le diable vaincu quand celui qui a été mis à mort par lui est ressuscité. Mais ce qui est plus grand et plus profond pour l'intelligence, c'est de voir le diable vaincu au moment même où il lui semblait qu'il remportait la victoire, c'est-à-dire, quand le Christ a été mis à mort. C'est alors en effet que ce sang, le sang d'un homme qui n'avait point commis le péché, fut répandu pour la rémission de nos péchés, en sorte que ceux que le diable avait justement sous son pouvoir, parce qu'il les tenait dans les liens de la mort à cause des péchés qu'ils avaient commis, il se trouvait forcé par la justice de les laisser en liberté à cause de celui qu'il venait de frapper injustement de la peine de mort, bien qu'il n'eût commis aucun péché. C'est par cette justice qu'il a été vaincu, et de ce lien que s'est vu enchaîné ce fort, dépouillé de tous ses vases qui dans ses mains avec lui et avec ses anges avaient été des vases de colère, pour être changés en vases de miséricorde. (*Marc*, III, 27.) Ce sont en effet les paroles mêmes que l'apôtre Paul nous raconte lui avoir été adressées, du ciel, par Notre-Seigneur Jésus-Christ, le jour où il fut appelé par lui. En effet entre autres choses qu'il entendit, il nous rapporte ce discours : « Car je vous ai apparu afin de vous établir ministre et témoin des choses que vous avez vues et de celles aussi que je vous montrerai en apparaissant de nouveau, et je vous délivrerai des mains de ce peuple, et de celles des Gentils, au sein desquels je vous envoie maintenant ouvrir les yeux des aveugles, afin qu'ils se détournent des ténèbres et de la puissance de Satan vers Dieu, et qu'ils reçoivent la rémission de leurs péchés, et aient part à l'héritage des saints en partageant leur foi en moi. » (*Act.*, XXVI, 16 à 18.) Aussi le même Apôtre exhortant les fidèles à rendre grâces à Dieu le Père, s'exprime-t-il ainsi : « Il nous a arrachés à la puissance des ténèbres et nous a transférés dans le royaume de son Fils bien-aimé en qui nous sommes rachetés et nous avons obtenu la rémission de nos péchés. » (*Col.*, I, 13.) Or, pour ce rachat, c'est le sang du Christ qui a été donné en paiement

---

Sed aliud est propter quod justificamur in Christi sanguine, cum per remissionem peccatorum eruimur a diaboli potestate : hoc ad id pertinet, quod a Christo justitia diabolus vincitur, non potentia. Ex infirmitate quippe quam suscepit in carne mortali, non ex immortali potentia crucifixus est Christus : de qua tamen infirmitate ait Apostolus : « Quod infirmum est Dei, fortius est hominibus. » (I *Cor.*, I, 25.)

CAPUT XV.
De eodem.

19. Non est itaque difficile, videre diabolum victum, quando qui ab illo occisus est resurrexit. Illud est majus, et ad intelligendum profundius, videre diabolum victum, quando sibi vicisse videbatur, id est, quando Christus occisus est. Tunc enim sanguis ille, quoniam ejus erat qui nullum habuit omnino peccatum, ad remissionem nostrorum fusus est peccatorum, ut quia eos diabolus merito tenebat, quos peccati reos conditione mortis obstrinxit, hos per eum merito dimitteret, quem nullius peccati reum immerito poena mortis affecit. Hac justitia victus, et hoc vinculo vinctus est fortis, ut vasa ejus eriperentur, quæ apud eum cum ipso et angelis ejus fuerant vasa iræ, et in vasa misericordiæ verterentur. Hæc quippe verba ipsius Domini nostri Jesu Christi de coelo ad se facta (*Rom.*, IX, 22), cum primum vocatus est, narrat apostolus Paulus. Nam inter cætera quæ audivit, etiam hoc sibi dictum sic loquitur : « Ad hoc enim tibi apparui, ut constituam te ministrum et testem eorum quæ a me vides, quibus etiam præeo tibi, liberans te de populo et de gentibus, in quas ego mitto te aperire oculos cæcorum, ut avertantur a tenebris, et a potestate satanæ ad Deum, ut accipiant remissionem peccatorum, et sortem quæ in sanctis, et fidem quæ in me est. » (*Act.*, XXVI, 16.) Unde et exhortans idem Apostolus credentes ad gratiarum actionem Deo Patri : « Qui eruit nos, inquit, de potestate tenebrarum, et transtulit in regnum Filii caritatis suæ, in quo habemus redemptionem in remissionem peccatorum. » (*Col.*,

pour nous, si je puis parler ainsi; mais en l'acceptant, le diable n'en devint pas plus riche, il se vit seulement garrotté, et nous, nous étions dégagés de ses liens, et il ne pouvait plus charger de nouveau des chaînes du péché pour les entraîner avec lui dans le gouffre d'une seconde et éternelle mort, ceux que le Christ, libre de toute dette, avait rachetés au prix de son sang injustement versé. (*Apoc.*, XXI, 8.) Mais la mort avait atteint ceux mêmes qui appartenaient à la grâce du Christ, qui avaient été prédestinés et élus avant la création du monde (1 *Pier.*, I, 20), tant que le Christ n'était point mort pour eux, non point de la mort de l'esprit, mais de celle du corps.

CHAPITRE XVI.

Les restes de la mort et les maux de ce siècle tournent à l'avantage des élus.

20. Car bien que la mort de la chair soit la suite de la faute originelle du premier homme, cependant le bon usage qu'en ont fait certains hommes a produit les glorieux martyrs. Aussi non-seulement la mort en elle-même, mais encore tous les maux de ce siècle, les souffrances et les peines des hommes, bien que n'étant que la conséquence du péché en général, et particulièrement du péché originel, qui est cause que la vie même s'est trouvée enlacée dans les liens de la mort, n'ont point laissé que de devoir subsister même après la rémission des péchés, afin que l'homme combattît contre eux, pour la vérité, que la vertu des fidèles eût occasion de s'exercer, et que l'homme nouveau se préparât par un nouveau testament à un siècle nouveau au milieu des maux du siècle présent, en supportant avec patience les misères qu'a méritées la vie présente, quand elle a été condamnée, et en se félicitant prudemment de ce qu'elles finiront un jour, puis en attendant avec foi et patience la béatitude qui doit être sans fin le partage d'une vie délivrée de toutes ces misères. Car le diable dépouillé de son empire et exclu des cœurs des hommes damnés et infidèles sur lesquels, bien que damné lui-même, il étendait son royaume, n'a plus la permission de les combattre dans cette vie mortelle, qu'autant que le lui permet le juge bon pour eux, dont les saintes lettres parlent en ces termes par la bouche d'un Apôtre : « Dieu est fidèle et il ne permettra point que vous soyez tentés au-dessus de vos forces ; mais il vous fera tirer de l'avantage de la tentation même, afin que vous puissiez persévérer. » (I *Cor.*, X, 13.) Or, ces maux que les fidèles supportent avec piété, leur servent à expier leurs péchés, à exercer et éprouver leur justice, ou à montrer la misère de cette vie, et à leur faire désirer plus ardemment, et rechercher

1, 13.) In hac redemptione tanquam pretium pro nobis datus est sanguis Christi, quo accepto diabolus non ditatus est, sed ligatus : ut nos ab ejus nexibus solveremur, nec quemquam secum eorum quos Christus ab omni debito liber indebite fuso suo sanguine redemisset, peccatorum retibus involutum traheret ad secundæ ac sempiternæ mortis exitium (*Apoc.*, XXI, 8) : sed hactenus morerentur ad Christi gratiam pertinentes, præcogniti et prædestinati et electi ante constitutionem mundi (I *Pet.*, I, 20), quatenus pro illis ipse mortuus est Christus, carnis tantum morte, non spiritus.

CAPUT XVI.

Reliquiæ mortis et sæculi mala cedunt in bonum electis.

20. Quamvis enim et ipsa mors carnis de peccato primi hominis originaliter venerit, tamen bonus ejus usus gloriosissimos martyres fecit. Et ideo non solum ipsa, sed omnia sæculi hujus mala, dolores laboresque hominum, quanquam de peccatorum, et maxime de peccati originalis meritis veniant, unde facta est et ipsa vita vinculo mortis obstricta, tamen et remissis peccatis remanere debuerunt, cum quibus homo pro veritate certaret, et unde exerceretur virtus fidelium : ut novus homo per testamentum novum, inter mala hujus sæculi novo sæculo præpararetur, miseriam quam meruit vita ista damnata sapienter tolerans, et quia finietur prudenter gratulans ; beatitudinem vero quam liberata vita futura sine fine habitura est, fideliter et patienter exspectans. Diabolus enim a dominatu et a cordibus fidelium foras missus, in quorum damnatione atque infidelitate licet damnatus etiam ipse regnabat, tantum pro conditione mortalitatis hujus adversari sinitur, quantum eis expedire novit, de quo sacræ litteræ personant per os Apostolicum : « Fidelis Deus, qui non permittet vos tentari supra id quod potestis, sed faciet cum tentatione etiam exitum, ut possitis sustinere. » (I *Cor.*, X, 13.) Prosunt autem ista mala quæ fideles pie perferunt, vel ad emendanda peccata, vel ad exercendam probandamque justitiam, vel ad demonstrandam vitæ hujus miseriam, ut illa ubi erit beatitudo vera atque perpetua, et desideretur ardentius, et instantius inquiratur. Sed circa eos ista servantur, de quibus Apostolus

avec plus de persévérance la vie qui ne connaît que la vraie et éternelle béatitude. Mais en eux s'observe ce que l'Apôtre nous dit en parlant d'eux : « Nous savons que tout contribue au bien de ceux qui aiment Dieu et qu'il a appelés selon son décret pour être saints. Car ceux qu'il a connus dans sa prescience, il les a aussi prédestinés pour être conformes à l'image de son Fils, afin qu'il fût l'aîné entre plusieurs frères. Et ceux qu'il a prédestinés, il les a aussi appelés, et ceux qu'il a appelés, il les a justifiés, et ceux qu'il a justifiés, il les a aussi glorifiés. » (*Rom.*, VIII, 27 à 30.) Nul de ces prédestinés ne périra avec le démon, nul ne demeurera jusqu'à la mort sous le pouvoir du diable. Puis on lit ces paroles que j'ai déjà rappelées plus haut (voir chap. II) : « Après cela, que devons-nous dire ? Si Dieu est pour nous, qui sera contre nous ? Car, puisque Dieu n'a point épargné son propre Fils, mais qu'il l'a livré pour nous tous, comment avec lui ne nous donnera-t-il point aussi toutes choses ? » (*Ibid.*, 31 et 32.)

24. Pourquoi donc le Christ ne serait-il point mort ? Bien plus, pourquoi, laissant de côté tous les autres moyens innombrables dont il pouvait se servir, dans sa toute-puissance, pour nous délivrer, n'aurait-il point choisi la mort de préférence, dès que sa divinité n'en était ni diminuée ni altérée en quoi que ce que fût, et l'humanité seule qu'il avait prise, devait procurer un si grand bienfait aux hommes, en permettant qu'une mort temporelle imméritée fût infligée au Fils éternel de Dieu qui était en même temps Fils de l'homme, mort par laquelle il devait les délivrer de la mort éternelle qu'ils avaient méritée ? Le diable retenait nos péchés et, par eux, nous retenait justement dans la mort. Mais celui qui n'avait point de péché, remit ces péchés et il fut injustement conduit à la mort par le démon. Le sang du Christ eut tant de vertu que celui qui lui avait infligé pour un temps une mort qu'il n'avait point méritée, ne put plus retenir dans les liens d'une mort éternelle méritée ceux qui se sont trouvés revêtus du Christ. Aussi : « Est-ce en cela même que Dieu a fait éclater son amour pour nous, puisque c'est quand nous étions encore pécheurs que Jésus-Christ est mort pour nous dans le temps destiné de Dieu ; maintenant que nous sommes justifiés par son sang, nous serons à plus forte raison délivrés par lui de la colère de Dieu. » (*Rom.*, V, 8 et 9.) L'Apôtre dit : « Nous sommes justifiés par son sang, » justifiés, en ce sens que nous avons été délivrés de tous nos péchés ; or, nous avons été délivrés de tous nos péchés parce que le Fils de Dieu qui n'en avait commis aucun, a été mis à mort pour nous. « Nous serons donc sauvés de la colère de Dieu par lui, » de la colère de Dieu dit l'Apôtre, laquelle n'est autre chose que sa juste vengeance ; car il n'en est point de

---

dicit : « Scimus quoniam diligentibus Deum omnia cooperantur in bonum, iis qui secundum propositum vocati sunt sancti. Quoniam quos ante præscivit, et prædestinavit conformes (*a*) imaginis Filii sui, ut sit ipse primogenitus in multis fratribus. Quos autem prædestinavit, illos et vocavit ; et quos vocavit, illos et justificavit ; quos autem justificavit, ipsos et glorificavit. » (*Rom.*, VIII, 27.) Horum prædestinatorum nemo cum diabolo peribit, nemo usque ad mortem sub diaboli potestate remanebit. Deinde sequitur quod jam supra commemoravi : « Quid ergo dicemus ad hæc ? Si Deus pro nobis, quis contra nos ? Qui Filio proprio non pepercit, sed pro nobis omnibus tradidit illum, quomodo non et cum illo omnia nobis donavit ? » (*Rom.*, VIII, 31.)

24. Cur ergo non fieret mors Christi ? Imo cur non prætermissis aliis innumerabilibus modis, quibus ad nos liberandos uti posset omnipotens, ipsa potissimum eligeretur ut fieret ; ubi nec de divinitate ejus aliquid imminutum est aut mutatum, et de humanitate suscepta tantum beneficii collatum est hominibus, ut a Dei Filio sempiterno eodemque hominis filio mors temporalis indebita redderetur, qua eos a sempiterna morte debita liberaret ? Peccata nostra diabolus tenebat, et per illa nos merito figebat in morte. Dimisit ea ille qui nus non habebat, et ab illo immerito est perductus ad mortem. Tanti valuit sanguis ille, ut neminem Christo indutum in æterna morte debita detinere debuerit, qui Christum morte indebita vel ad tempus occidit. « Commendat ergo caritatem suam Deus in nobis : quoniam cum adhuc peccatores essemus, Christus pro nobis mortuus est. Multo magis justificati nunc in sanguine ipsius, salvi erimus ab ira per ipsum. » (*Rom.*, V, 8.) « Justificati, inquit, in sanguine ipsius : justificati plane in eo quod a peccatis omnibus liberati : liberati autem a peccatis omnibus quoniam pro nobis est Dei Filius, qui nullum habebat, occisus. « Salvi ergo erimus ab ira per ipsum : » ab ira utique Dei, quæ nihil est aliud quam justa vindicta. Non enim sicut hominis,

---

(*a*) Hic editi addunt *fieri* : quod a Mss. et a Græco textu Apostoli abest.

Dieu comme des hommes en qui la colère est une émotion de l'âme ; la colère de Dieu est celle dont la sainte Ecriture parle, quand s'adressant au Seigneur, elle lui dit : « Mais vous, Seigneur des vertus, vous jugez avec tranquillité. » (*Sag.*, XII, 18.) Si la juste vindicte divine a reçu un tel nom, il n'y a donc de réconciliation avec lui, ce qui s'entend dans un bon sens, que lorsque cette colère est finie ? Nous n'étions pas non plus ennemis de Dieu d'une autre manière que les péchés ne sont ennemis de la justice, une fois remises, ces inimitiés sont finies et ceux que Dieu lui-même justifie sont réconciliés avec sa justice. Toutefois il les a aimés même quand ils étaient ses ennemis, puisqu'il n'a point épargné son propre Fils, mais l'a livré pour nous tous, alors que nous étions encore ses ennemis. C'est donc avec raison que l'Apôtre poursuit en ces termes : « Car si lorsque nous étions ennemis de Dieu, nous avons été réconciliés avec lui par la mort de son Fils, » (*Rom.*, V, 10) par qui nous a été faite la rémission de nos péchés, « à plus forte raison étant maintenant réconciliés avec lui, serons-nous sauvés par la vie de ce même Fils ; » nous serons donc sauvés par sa vie, parce que nous avons été réconciliés par sa mort. En effet, qui peut douter qu'il donnera sa vie à ses amis quand il leur a donné sa mort lorsqu'ils étaient ses ennemis ? « Non-seulement, » poursuit l'Apôtre, « nous sommes réconciliés, mais nous nous glorifions même en Dieu par Jésus-Christ Notre-Seigneur, par qui nous avons obtenu maintenant cette réconciliation. » (*Ibid.*, 11.) « Non-seulement, » dit-il, « nous serons sauvés, mais encore nous nous glorifions, » non point en nous, mais, « en Dieu, » non point par nous, mais « par Notre-Seigneur Jésus-Christ, par qui nous avons obtenu maintenant cette réconciliation, » suivant l'explication que nous en avons donnée plus haut. Après cela l'Apôtre ajoute : « Car comme le péché est entré dans le monde par un seul homme, et la mort par le péché, et qu'ainsi la mort est passée dans tous les hommes, par ce seul homme en qui tous ont péché, » (*Ibid.*, 12) et le reste où il parle avec étendue des deux hommes, de l'un, le premier Adam, dont le péché et la mort sont devenus, pour sa postérité, comme des maux héréditaires, et de l'autre, le second Adam qui non-seulement est homme, mais Dieu, et qui ayant payé pour nous ce qu'il ne devait point, nous a délivrés des dettes qui nous venaient de notre Père et de nous. Par conséquent, comme ce n'est qu'à cause du premier que le diable retenait tous les hommes nés de la concupiscence charnelle et viciée d'Adam, il est juste, à cause du second, qu'il laisse en liberté tous les hommes régénérés par sa grâce spirituelle et immaculée.

animi perturbatio est ira Dei : sed illius ira est, cui dicit alio loco sancta Scriptura : « Tu autem Domine virtutum cum tranquillitate judicas. » (*Sap.*, XII, 18.) Si ergo justa divina vindicta tale nomen accepit, etiam reconciliatio Dei quæ recte (*a*) intelligitur, nisi cum talis ira finitur ? Nec inimici eramus Deo, nisi quemadmodum justitiæ sunt inimica peccata, quibus remissis tales inimicitiæ finiuntur, et reconciliantur (*b*) justo quos ipse justificat. Quos tamen etiam inimicos utique dilexit : quando quidem proprio Filio non pepercit (*Rom.*, VIII, 32), sed pro nobis omnibus, cum adhuc inimici essemus, tradidit eum. Recte ergo Apostolus secutus adjunxit : « Si enim cum inimici essemus, reconciliati sumus Deo per mortem Filii ejus, » (*Rom.*, V, 10) per quam facta est illa remissio peccatorum ; « multo magis reconciliati salvi erimus in vita ipsius. » In vita salvi, qui per mortem reconciliati. Quis enim dubitet daturum amicis vitam suam, pro quibus inimicis dedit mortem suam ? « Non solum autem, inquit, sed et gloriamur in Deo per Dominum nostrum Jesum Christum, per quem nunc reconciliationem accepimus. » « Non solum, » ait, salvi erimus, « sed et gloriamur : » nec in nobis, sed « in Deo : » nec per nos, sed « per Dominum nostrum Jesum Christum, per quem nunc reconciliationem accepimus : » secundum ea quæ superius disputata sunt. Deinde subjungit Apostolus : « Propter hoc sicut per unum hominem peccatum in hunc mundum intravit et per peccatum mors, et ita in omnes homines mors pertransiit, in quo omnes peccaverunt : » et cætera, in quibus prolixius de duobus hominibus disputat, uno eodemque primo Adam, per cujus peccatum et mortem tanquam hæreditariis malis posteri ejus obligati sumus ; altero autem secundo Adam, qui non homo tantum, sed etiam Deus est, quo pro nobis solvente quod non debebat, a debitis et paternis et propriis liberati sumus. Proinde quoniam propter unum illum tenebat diabolus omnes per ejus vitiatam carnalem concupiscentiam generatos, justum est ut propter hunc unum dimittat omnes per ipsius immaculatam gratiam spiritalem regeneratos.

(*a*) Editio Lov. *non intelligitur* : perperam addita negante particula, qua editiones aliæ et Mss. carent. — (*b*) Sic Mss. At editi pro *jus'o* habent *Deo*.

CHAPITRE XVII.

Autres avantages de l'Incarnation.

22. Il y a encore beaucoup de choses à considérer et à méditer avec profit pour le salut dans l'incarnation du Christ qui déplaît aux orgueilleux. L'une d'elles, c'est la connaissance donnée à l'homme du rang qu'il occupait parmi les choses que Dieu a faites, puisque la nature humaine a pu s'unir à Dieu de manière à ne faire qu'une seule personne des deux substances et, par suite, même de trois, de Dieu, de l'âme et du corps, en sorte que les esprits malins qui se placent entre nous et Dieu comme pour nous venir en aide, mais en réalité pour nous tromper, ne sauraient oser se préférer à l'homme, sous prétexte qu'ils n'ont point de corps ; mais surtout ne sauraient lui persuader de les adorer comme des dieux, parce qu'ils semblaient immortels, depuis que le Fils de Dieu a daigné mourir dans cette même chair. Ensuite il résulte encore, du fait de l'incarnation, que la grâce de Dieu nous est rendue recommandable dans l'Homme-Christ, sans aucun mérite précédent de sa part ; car cet homme ne s'est rendu digne par aucun mérite précédent de s'unir lui-même aussi intimement avec le vrai Dieu et de ne faire plus avec lui qu'une seule personne ; mais du jour où il a commencé à être homme, il est Dieu, voilà pourquoi il est dit : « Le Verbe s'est fait chair. » (*Jean*, I, 14.) De là encore vient que l'orgueil de l'homme, son plus grand obstacle pour s'unir à Dieu, peut nous être reproché et être guéri en nous par une si grande humilité de Dieu. L'homme apprend encore là combien il s'est éloigné de Dieu, et de quel secours ce peut lui être pour le guérir de ses maux, de revenir à un tel Médiateur qui, en tant que Dieu, secourt les hommes par sa divinité, et, en tant qu'homme, se rapproche de lui par sa faiblesse. Quel plus grand exemple d'obéissance pouvait-il nous être donné, à nous qui avions péri par notre désobéissance, que Dieu le Fils obéissant jusqu'à la mort de la croix à son Père ? (*Philip.*, II, 3.) Où la récompense de cette obéissance pourrait-elle paraître mieux que dans la chair d'un tel Médiateur, ressuscité pour la vie éternelle ? Il y allait aussi de la justice et de la bonté du Créateur, que le diable fût vaincu par la même créature raisonnable qu'il se félicitait d'avoir lui-même vaincue venant de la souche même qu'il tenait tout entière en son pouvoir par un seul homme qui en avait vicié l'origine.

CAPUT XVII.

Alia incarnationis commoda.

22. Sunt et alia multa quæ in Christi incarnatione, quæ superbis displicet, salubriter intuenda atque cogitanda sunt. Quorum est unum, quod demonstratum est homini, quem locum haberet in rebus quas condidit Deus : quando quidem sic Deo conjugi potuit humana natura, ut ex duabus substantiis fieret una persona, ac per hoc jam ex tribus, Deo, anima et carne : ut superbi illi maligni spiritus, qui se ad decipiendum quasi ad adjuvandum medios interponunt, non ideo se audeant homini præponere, quia non habent carnem : et maxime quia et mori in eadem carne dignatus est Filius Dei, ne ideo illi tanquam deos se coli persuadeant, quia videntur esse immortales. Deinde ut gratia Dei (*a*) nobis sine ullis præcedentibus meritis in homine Christo commendaretur : quia nec ipse ut tanta unitate Deo vero conjunctus una cum illo persona Filius Dei fieret, ullis est præcedentibus meritis assecutus : sed ex quo homo esse cœpit, ex illo est et Deus : unde dictum est : « Verbum caro factum est. » (*Joan.*, I, 14.) Etiam illud est, ut superbia hominis quæ maxime impedimento est ne inhæreatur Deo, per tantam Dei humilitatem redargui posset atque sanari. Discit quoque homo quam longe recesserit a Deo, et quid illi valeat ad medicinalem dolorem, quando per talem Mediatorem redit, qui hominibus et Deus divinitate subvenit, et homo infirmitate convenit. Quod autem majus obedientiæ nobis præberetur exemplum, qui per inobedientiam perieramus, quam Deo Patri Deus Filius obediens usque ad mortem crucis ? (*Philip.*, II, 3.) Quid, præmium ipsius obedientiæ ubi ostenderetur melius, quam in carne tanti Mediatoris, quæ ad vitam resurrexit æternam ? Pertinebat etiam ad justitiam bonitatemque Creatoris, ut per eamdem rationalem creaturam superaretur diabolus, quam se superasse gaudebat, et de ipso genere venientem, quod genus origine vitiata per unum tenebat universum.

(*a*) Editi *in nobis*. Emendantur ex Mss.— (*b*) Hic editi addunt *id est, ipse homo assumptus, mox ut homo etiam Deus* : quæ verba non sunt in Mss.

CHAPITRE XVIII.

Pourquoi le Fils de Dieu prit un corps et une âme de la descendance d'Adam et dans le sein d'une vierge.

23. Certainement pour être le médiateur entre Dieu et les hommes, Dieu pouvait ne point prendre un corps et une âme de la race de cet Adam qui avait chargé le genre humain de chaînes par son péché, de même qu'il ne prit point, dans un autre genre, cet Adam même qu'il a créé. Il pouvait donc de la même manière ou de tout autre qu'il lui eût plu, créer un autre corps et une autre âme pour vaincre le vainqueur du premier homme; mais il jugea préférable de prendre un corps et une âme dans le genre même qui avait été vaincu, pour vaincre l'ennemi du genre humain; mais il les prit dans le sein d'une vierge, conçus de l'Esprit saint, non de la chair; c'est la foi non la passion qui a prévenu cette conception. Elle ne fut point accompagnée de la concupiscence dans laquelle sont déposées et conçues les formes des autres hommes qui traînent après eux ce péché originel; la concupiscence écartée, c'est par la foi non par le rapprochement des sexes que la sainte virginité est devenue féconde, en sorte que le fruit qui devait naître de la souche du premier homme, n'en eut que le genre sans en avoir le crime d'origine. En effet, ce n'était point une nature viciée par la contagion de la transgression qui naissait alors, c'était l'unique remède de tous et de tels vices. Il naissait homme, dis-je, mais il n'avait et ne devait jamais avoir aucun péché, pour que par lui fussent régénérés et délivrés du péché tous ceux qui ne pouvaient naître sans péché. Car bien que la chasteté conjugale ne fasse rien de mal en cédant à la concupiscence de la chair qui enflamme les sens, cependant cette dernière a des mouvements dans lesquels la volonté n'est pour rien qui montrent qu'elle n'existait point dans le paradis terrestre, avant le péché, ou du moins qu'elle n'était point ce qu'elle est maintenant, si elle a existé, et ne résistait point à la volonté. Or, maintenant elle se fait tellement sentir et secoue si bien la loi de l'esprit, qu'en dehors même de la pensée d'avoir des enfants, elle nous fait éprouver des mouvements qui ne tendent qu'à cette fin, qu'on apaise en leur cédant, mais par un péché, et qu'on ne refrène si on n'y cède point que par les efforts d'une volonté contraire. Or, qui peut douter que ces deux choses n'aient été également inconnues dans le paradis terrestre, avant le péché? Car l'honnête qui y régnait ne faisait rien de contraire à la décence, et la félicité qu'on y goûtait ne souffrait aucune révolte. Il fallait donc que cette même concupiscence de la chair fût tout à fait étrangère à la conception de la vierge, alors qu'elle devint

CAPUT XVIII.

Cur Filius Dei hominem suscepit de genere Adæ, et ex virgine.

23. Poterat enim utique Deus hominem aliunde suscipere, in quo esset mediator Dei et hominum (I *Tim.*, II, 5), non de genere illius Adam, qui peccato suo genus obligavit humanum; sicut ipsum quem primum creavit, non de genere creavit alicujus. Poterat ergo vel sic, vel alio quo vellet modo creare unum alium de quo vinceretur victor prioris: sed melius judicavit, et de ipso quod victum fuerat genere assumere hominem Deus, per quem generis humani vinceret inimicum; et tamen ex virgine, cujus conceptum spiritus, non caro; fides, non libido prævenit. (*Luc.*, I, 35.) Nec interfuit carnis concupiscentia, per quam seminantur et concipiuntur cæteri, qui trahunt originale peccatum: sed ea penitus remotissima, credendo, non concumbendo sancta est fecundata virginitas; ut illud quod nascebatur ex propagine primi hominis, tantummodo generis, non etiam criminis originem duceret. Nascebatur namque non transgressionis contagione vitiata natura, sed omnium talium vitiorum sola medicina. Nascebatur homo, inquam, nullum habens, nullum habiturus omnino peccatum, per quem renascerentur liberandi a peccato, qui nasci non possent sine peccato. Quamvis enim carnali concupiscentia, quæ inest genitalibus membris, bene utatur castitas conjugalis; habet tamen motus non voluntarios, quibus ostendit vel nullam se in paradiso ante peccatum esse potuisse, vel non talem fuisse si fuit, ut aliquando resisteret voluntati. Nunc autem illam talem esse sentimus, ut repugnans legi mentis, etiam si nulla est causa generandi, stimulos ingerat coeundi: ubi si ei ceditur, peccando satietur; si non ceditur, dissentiendo frenetur: quæ duo aliena fuisse a paradiso ante peccatum, dubitare quis possit? Nam neque illa honestas faciebat aliquid indecorum, nec illa felicitas patiebatur aliquid impacatum. Oportebat itaque ut ista carnalis concupiscentia nulla ibi esset omnino, quando concipiebatur virginis partus,

mère d'un fils en qui l'auteur de la mort ne devait rien trouver qui fût digne de mort, bien qu'il dût le faire tomber sous les coups de la mort, dans une victoire où il devait lui-même être vaincu par la mort de l'auteur de la vie. Vainqueur du premier Adam, et tenant le genre humain captif, il a été vaincu par le second Adam et a vu échapper de ses mains le peuple chrétien, qu'a sauvé de la perte du genre humain occasionnée par le crime de l'homme celui qui était étranger au péché, bien qu'il ne le fût point au genre humain lui-même, et ainsi le trompeur du genre humain a été vaincu par le genre qu'il avait vaincu par le péché. Il en a été fait ainsi pour que l'homme ne s'enorgueillît point, mais pour que « s'il se glorifie il le fasse dans le Seigneur. » (II *Cor.*, x, 17.) Car celui qui a été vaincu n'était qu'un simple homme, et il ne fut vaincu que parce qu'il voulut dans son orgueil être Dieu ; au contraire celui qui a vaincu était Dieu et homme, et s'il remporta la victoire, bien que né d'une vierge, c'est parce que Dieu, au lieu de conduire l'homme qu'il s'était uni, comme il conduit les autres saints, se conduisit lui-même humblement en homme. Or, tous ces dons de Dieu, et tous les autres qu'il serait trop long de rechercher et d'exposer maintenant dans le sujet qui nous occupe, n'existeraient pas si le Verbe ne s'était point fait chair.

CHAPITRE XIX.

Ce qui se rapporte soit à la science, soit à la sagesse dans l'incarnation du Verbe.

24. Or, toutes les choses que le Verbe fait chair pour nous a faites et endurées dans le temps et sur la terre, se rapportent, selon la démonstration que nous en avons donnée plus haut, à la science non à la sagesse. Pour ce qui regarde le Verbe qui est sans temps et sans lieu, il est coéternel avec le Père et tout entier présent partout. Quiconque est capable de parler avec vérité de lui autant que cela se peut, fera entendre des paroles de sagesse, et c'est par ce Verbe fait chair, qui n'est autre que Jésus-Christ, qu'il est en possession des trésors de science et de sagesse. En effet, dans son épître aux Colossiens, l'Apôtre s'exprime ainsi : « Car je suis bien aise que vous sachiez combien grands sont l'affection et le soin que j'ai pour vous, pour ceux qui sont à Laodicée et pour tous ceux qui ne connaissent même point mon visage et qui ne m'ont jamais vu, afin que leurs cœurs soient consolés, et qu'étant unis ensemble par la charité, ils soient remplis de toutes les richesses d'une parfaite intelligence pour connaître le mystère de Dieu le Père et de Jésus-Christ son Fils, en qui tous les trésors de la sagesse et de la science sont renfermés. » (*Coloss.*, II, 1 à 3.) Or, qui peut savoir à quel

in quo nihil dignum morte fuerat inventurus, et cum tamen occisurus auctor mortis, auctoris vitæ morte vincendus : victor primi Adam et tenens genus humanum, victus a secundo Adam et amittens genus Christianum, liberatum ex humano genere ab humano crimine, per eum qui non erat in crimine, quamvis esset ex genere ; ut deceptor ille ab eo vinceretur genere, quod vicerat crimine. Et hoc ita gestum est, ut homo non extollatur sed « qui gloriatur, in Domino glorietur. » (II *Cor.*, x, 17.) Qui enim victus est, homo tantum erat ; et ideo victus est, quia superbe Deus esse cupiebat : qui autem vicit, et homo erat et Deus ; et ideo sic vicit natus ex virgine, quia Deus humiliter, non quomodo alios sanctos, regebat illum hominem, sed gerebat. Hæc tanta Dei dona, et si qua alia sunt, quæ de hac re nobis et quærere nunc et disserere longum est, nisi Verbum caro fieret, nulla essent.

CAPUT XIX.

Quid ad scientiam, quid ad sapientiam pertineat in Verbo incarnato.

24. Hæc autem omnia quæ pro nobis Verbum caro factum temporaliter et localiter fecit et pertulit, secundum distinctionem quam demonstrare suscepimus, ad scientiam pertinent, non ad sapientiam. Quod autem Verbum est sine tempore et sine loco, est Patri coæternum et ubique totum, de quo si quisquam potest quantum potest veracem proferre sermonem, sermo ille erit sapientiæ : ac per hoc Verbum caro factum, quod est Christus Jesus, et sapientiæ thesauros habet et scientiæ. Nam scribens Apostolus ad Colossenses : « Volo enim vos scire, inquit, quantum certamen habeam pro vobis, et pro iis qui sunt Laodiciæ, et quicumque non viderunt faciem meam in carne, ut consolentur corda eorum, copulati in caritate et in omnibus divitiis plenitudinis intellectus ad cognoscendum mysterium Dei, quod est Christus Jesus, in quo sunt omnes thesauri

point l'Apôtre connaissait ces trésors, à quel point il y avait pénétré profondément, et à quelles connaissances il s'était avancé en y puisant? Pour moi, toutefois, selon ce qu'il a écrit encore quand il a dit : « Or, ces dons du Saint-Esprit qui se font connaître au dehors, sont donnés à chacun pour l'utilité; car l'un reçoit de l'Esprit saint le don de parler le langage de la sagesse, un autre reçoit du même Esprit celui de parler le langage de la science, » (I *Cor.*, xii, 7) si ces deux dons diffèrent l'un de l'autre au point que la sagesse soit pour les choses divines et la science pour les choses humaines; je trouve ces deux ordres de choses dans le Christ; quiconque croit en lui, les trouvera avec moi. Et lorsque je lis : « Le Verbe s'est fait chair, et il a habité parmi nous, » dans le Verbe j'entends le vrai Fils de Dieu, dans la chair je reconnais le vrai Fils de l'homme, l'un et l'autre unis ensemble par l'ineffable abondance de la grâce, en une seule personne qui est celle de l'Homme-Dieu. Voilà pourquoi l'Évangéliste poursuit en ces termes : « Et nous avons vu sa gloire, sa gloire, dis-je, comme il convient au Fils unique du Père qui est plein de grâce et de vérité. » (*Jean*, 1, 14.) Si nous rapportons la grâce à la science et la vérité à la sagesse, je pense que nous ne nous éloignerons pas beaucoup de la distinction que nous avons établie entre ces deux choses. En effet, dans les choses qui naissent dans le temps, on trouve le comble de la grâce dans le fait que l'homme est uni à Dieu en unité de personne, et pour ce qui est des choses éternelles, c'est avec raison qu'on attribue au Verbe de Dieu la souveraine vérité. Que ce soit le même qui soit le Fils unique du Père, plein de grâce et de vérité, cela s'est fait afin que celui pour qui nous nous purifions par la même foi, pour le contempler dans les choses éternelles, fût le même que celui qui appartient aux choses nées dans le temps pour nous. Quant aux principaux philosophes gentils qui ont pu apercevoir ce qu'il y a d'invisible en Dieu, par la connaissance que ses créatures nous en donnent (*Rom.*, i, 20), comme c'est sans le secours du Médiateur, c'est-à-dire, sans le secours de l'Homme-Christ, à la venue de qui ils n'ont point cru, lorsque les prophètes la leur prédisaient, ou que les apôtres la leur annonçaient, qu'ils cultivaient la philosophie, ils ont retenu, dans leur iniquité, la vérité captive, comme l'Apôtre le leur disait. Ils ne pouvaient en effet, dans l'abaissement où ils se trouvaient, que chercher des moyens de s'élever jusqu'aux choses sublimes, par celles qu'ils avaient comprises. Voilà comment ils sont tombés entre les mains des démons qui les ont trompés et qui leur ont fait attribuer la gloire due au seul Dieu incorruptible aux images de l'homme corruptible, d'oiseaux même, de quadrupèdes et de

sapientiæ et scientiæ absconditi. » (*Coloss.*, ii, 1.) Quatenus noverat Apostolus thesauros istos, quantum eorum penetraverat, et in eis ad quanta pervenerat, quis potest nosse? Ego tamen secundum id quod scriptum est : « Unicuique autem nostrum datur manifestatio Spiritus ad utilitatem, alii quidem datur per Spiritum sermo sapientiæ, alii sermo scientiæ secundum eumdem Spiritum, » (I *Cor.*, xii, 7) si ita inter se distant hæc duo, ut sapientia divinis, scientia humanis attributa sit rebus, utrumque agnosco in Christo, et mecum omnis ejus fidelis. Et cum lego : « Verbum caro factum est, et habitavit in nobis; » in Verbo intelligo verum Dei Filium, in carne agnosco verum hominis filium, et utrumque simul in unam personam Dei et hominis ineffabili gratiæ largitate conjunctum. Propter quod sequitur et dicit : « Et vidimus gloriam ejus, gloriam quasi unigeniti a Patre, plenum gratiæ et veritatis. » (*Joan.*, i, 14.) Si gratiam referamus ad scientiam, veritatem ad sapientiam, puto nos ab illa duarum istarum rerum distinctione, quam commendavimus, non abhorrere. In rebus enim per tempus ortis, illa summa gratia est, quod homo in unitate personæ conjunctus est Deo : in rebus vero æternis summa veritas recte tribuitur Dei Verbo. Quod vero idem ipse est Unigenitus a Patre plenus gratiæ et veritatis, id actum est ut idem ipse sit in rebus pro nobis temporaliter gestis, cui per eamdem fidem mundamur, ut eum stabiliter contemplemur in rebus æternis. Illi autem præcipui gentium philosophi, qui invisibilia Dei per ea quæ facta sunt intellecta conspicere potuerunt (*Rom.*, i, 20), tamen quia sine Mediatore, id est, sine homine Christo philosophati sunt, quem nec venturum Prophetis, nec venisse Apostolis crediderunt, veritatem detinuerunt, sicut de illis dictum est, in iniquitate. Non potuerunt enim in his (*a*) rerum infimis constituti, nisi quærere aliqua media per quæ ad illa quæ intellexerant sublimia pervenirent : atque ita in deceptores dæmones inciderunt, per quos factum est ut immuta-

(*a*) Plures Mss. *rebus.*

reptiles (*Ibid.*, 23); car ils ont fait ou adoré des idoles qui avaient toutes ces formes. Notre science c'est donc le Christ, et notre sagesse, le même Christ; c'est lui qui nous donne la foi des choses temporelles, et lui aussi qui nous montre la vérité des éternelles. C'est par lui que nous allons à lui, et par la science que nous tendons à la sagesse : nous ne nous éloignons point toutefois du seul et même Christ, en qui sont cachés tous les trésors de la science et de la sagesse. Mais pour le moment nous ne parlons que de la science, nous parlerons de la sagesse plus tard, s'il nous en fait la grâce. Mais ne prenons point ces deux dons en ce sens que nous ne puissions appeler sagesse la science des choses humaines, ou science la sagesse qui se rapporte aux choses divines; car dans une plus large acception des mots, l'une et l'autre peuvent s'appeler science ou sagesse. Cependant l'Apôtre n'aurait point dit dans son épître : « L'un reçoit le don de parler le langage de la sagesse, et l'autre celui de parler le langage de la science, » (I *Cor.*, XII, 8) si chacun des objets dont nous avons parlé dans la distinction faite par nous, n'était désigné par un nom qui lui fût propre.

CHAPITRE XX.
Résumé de ce livre.

25. Voyons ce que ce long développement a produit, ce qu'il a amené et le point où il nous a conduit. Il est dans la nature de tous les hommes de vouloir être heureux, mais tous les hommes n'ont point la foi qui, en purifiant le cœur conduit à la félicité. Il suit de là, que c'est par cette dernière que tout le monde ne veut point, qu'on doit tendre à la première que nul ne peut ne point vouloir. C'est dans leur cœur que tous les hommes voient qu'ils veulent être heureux, et tout dans la nature humaine conspire tellement vers ce but, que quiconque juge des dispositions de l'âme d'autrui en ce point par celles de son âme à lui, ne saurait se tromper. Après tout, nous savons tous que c'est ce que veut tout homme. Il y en a beaucoup qui désespèrent de pouvoir être immortels, bien que nul ne puisse devenir d'une autre manière ce que tous désirent, c'est-à-dire heureux; cependant, ils voudraient aussi être immortels s'ils le pouvaient, mais en ne croyant point comme ils le pourraient, ils ne vivent point de manière à pouvoir être immortels. La foi est donc nécessaire à tout ce qu'il y a de bien dans la nature humaine qui se compose d'un corps et d'une âme, pour arriver à la béatitude. Or, la même foi nous enseigne que la foi qui nous conduit au bonheur se trouve définie dans le Christ ressuscité dans sa chair d'entre les morts pour ne plus mourir désormais (*Rom.*, VI, 9), que c'est par lui seul aussi qu'on peut être arraché à la

---

rent gloriam incorruptibilis Dei, in similitudinem imaginis incorruptibilis hominis et volucrum et quadrupedum et serpentium. In talibus enim formis etiam idola instituerunt, sive coluerunt. Scientia ergo nostra Christus est, sapientia quoque nostra idem Christus est. Ipse nobis fidem de rebus temporalibus inserit, ipse de sempiternis exhibet veritatem. Per ipsum pergimus ad ipsum, tendimus per scientiam ad sapientiam : ab uno tamen eodemque Christo non recedimus, in quo sunt omnes thesauri sapientiæ et scientiæ absconditi. (*Col.*, II, 3.) Sed nunc de scientia loquimur, post de sapientia, quantum ipse donaverit, locuturi. Nec ista duo sic accipiamus, quasi non liceat dicere, vel istam sapientiam quæ in rebus humanis est, vel illam scientiam quæ in divinis. Loquendi enim latiore consuetudine, utraque sapientia, utraque scientia dici potest. Nullo modo tamen scriptum esset apud Apostolum : « Alii datur sermo sapientiæ, alii sermo scientiæ : » (I *Cor.*, XII, 8) nisi et proprie singulis nominibus hæc singula vocarentur, de quorum distinctione nunc agimus.

CAPUT XX.
Quid actum in hoc libro.

25. Jam itaque videamus quid sermo iste prolixus effecerit, quid collegerit, quo pervenerit. Beatos esse se velle, omnium hominum est : nec tamen omnium est fides, qua cor mundante ad beatitudinem pervenitur. Ita fit ut per istam quam non omnes volunt, ad illam tendendum sit quam nemo potest esse qui nolit. Beatos esse se velle, omnes in corde suo vident, tantaque est in hac re naturæ humanæ conspiratio, ut non fallatur homo qui hoc ex animo suo de animo conjicit alieno : denique omnes id velle nos novimus. Multi vero immortales se esse posse desperant, cum id quod omnes volunt, id est beatus nullus esse aliter possit : volunt tamen etiam immortales esse, si possent; sed non credendo quod possint, non ita vivunt ut possint. Necessaria ergo est fides, ut beatitudinem consequamur, omnibus humanæ naturæ bonis, id est, et animi et corporis. Hanc autem fidem in Christo esse definitam, qui in

domination du diable, par la rémission des péchés, et que dans le parti du diable il ne peut y avoir qu'une vie malheureuse, et malheureuse à jamais, une vie méritant le nom de mort plutôt que celui de vie. J'ai parlé le mieux que j'ai pu de cette foi, dans ce livre, autant que le temps m'a permis de le faire, bien que je me sois déjà fort longuement étendu sur ce sujet dans le livre quatrième de cet ouvrage (voir ch. XIX); mais dans le premier cas j'en ai parlé à un point de vue et dans ce livre, à un autre; dans le quatrième livre, pour montrer comment le Christ a été envoyé par le Père, dans la plénitude des temps (*Gal.*, IV, 4), à cause de ceux qui prétendent que celui qui envoie et celui qui est envoyé ne peuvent être égaux par nature, et dans celui-ci pour distinguer entre la science active et la sagesse contemplative.

26. Il nous a paru bon, en nous élevant comme par degrés dans l'une et dans l'autre, de rechercher dans l'homme intérieur une sorte de trinité de son genre, comme nous en avions cherché une auparavant dans l'homme extérieur, afin de parvenir après avoir exercé notre esprit dans l'étude de ces choses inférieures à cette autre Trinité qui est Dieu, pour la contempler, si toutefois cela nous est possible, dans les limites de notre faible nature, du moins en énigme et comme dans un miroir. (I *Cor.*, XIII, 12.) Quiconque n'a retenu les termes de cette foi que comme des mots qu'on retient par cœur sans savoir ce qu'ils signifient, comme les personnes qui ne comprennent ni le grec, ni le latin, ou toute autre langue, retiennent par cœur des expressions grecques, latines ou autres, n'a-t-il point dans son esprit une sorte de trinité? En effet, dans sa mémoire se trouvent les sons qui rendent ces mots, même quand il n'y songe point; c'est là que se forme la vue du souvenir, quand on pense à ces sons, et l'acte de la volonté de l'âme qui se souvient et qui pense réunit l'une à l'autre. Cependant quand quelqu'un fait tout cela, nous ne disons point qu'il agit selon la trinité de son homme intérieur, mais bien de son homme extérieur, attendu qu'il ne se rappelle que cela, et ne le considère que quand il veut, et autant qu'il veut, ce qui se rapporte au sens du corps appelé l'ouïe; ce qu'il forme dans son imagination n'est autre chose que des images d'objets corporels, c'est-à-dire, de sons. Si au contraire il retient et repasse dans son esprit ce que ces mots signifient, alors il fait quelque chose de l'homme intérieur; pourtant on ne peut ni dire ni penser qu'il vit selon la trinité de l'homme intérieur, s'il n'aime point ce qui s'y trouve prêché, prescrit et promis. Car il peut bien aussi ne les retenir et ne les repasser dans sa mémoire que parce qu'il les tient pour fausses

---

carne resurrexit a mortuis (*Rom.*, VI, 9), non moriturus ulterius : nec nisi per illum quemquam liberari a diaboli dominatu, per remissionem peccatorum : in cujus diaboli partibus necesse est miseram esse vitam, eamdemque perpetuam, quæ mors est potius dicenda quam vita, eadem fides habet. De qua et in hoc libro, sicut potui, pro spatio temporis disputavi, cum jam et in quarto libro hujus Operis multa de hac re dixerim; sed ibi propter aliud, hic propter aliud : ibi scilicet ut ostenderem, cur et quomodo Christus in plenitudine temporis a Patre sit missus (*Gal.*, IV, 4), propter eos qui dicunt, cum qui misit, et eum qui missus est, æquales natura esse non posse; hic autem ad distinguendam activam scientiam a contemplativa sapientia.

26. Placuit quippe velut gradatim ascendentibus in utraque requirere apud interiorem hominem quamdam sui cujusque generis trinitatem, sicut prius apud exteriorem quæsivimus; ut ad illam Trinitatem quæ Deus est, pro nostro modulo, si tamen vel hoc possumus, saltem in ænigmate et per speculum contuendam exercitatione in his inferioribus rebus mente veniamus. Hujus igitur verba fidei quisquis in solis vocibus memoriæ commendaverit, nesciens quid significent; sicut solent qui Græce nesciunt, Græca verba tenere memoriter, vel Latina similiter, vel cujusque alterius linguæ, qui ejus ignari sunt : nonne habet quamdam in suo animo trinitatem? quia et in memoria sunt illi verborum soni, etiam quando inde non cogitat; et inde formatur acies recordationis ejus, quando de his cogitat; et voluntas recordantis atque cogitantis utrumque conjungit. Nullo modo tamen dixerimus istum, cum hoc agit, secundum trinitatem interioris hominis agere, sed potius exterioris : quia id solum meminit, et quando vult, (*a*) quantum vult intuetur, quod ad sensum corporis pertinet, qui vocatur auditus, nec aliud quam corporalium rerum, id est sonorum, tali cogitatione imagines versat. Si autem quod verba illa significant, teneat et recolat; jam quidem aliquid interioris hominis agit : sed nondum dicendus vel putandus est vivere secundum interioris

(*a*) Lov. *et quantum vult.*

et s'efforce même de les réfuter. Par conséquent, la volonté qui dans ce cas unit les choses que la mémoire conservait et celles qui par elles se trouvent imprimées dans la vue de l'imagination, accomplit sans doute une sorte de trinité, puisqu'elle vient elle-même en troisième lieu ; mais la vie n'est point réglée sur cette trinité-là, quand les choses qui sont regardées comme fausses ne plaisent point. Mais quand elles sont réputées vraies et qu'on aime en elles ce qu'il y a à aimer, alors on vit selon la trinité de l'homme intérieur. Mais comment aimer ce qu'on ignore et qu'on ne fait que croire? Cette question a déjà été traitée dans les livres précédents (voir liv. VIII, chap. VIII et suiv., liv. XIII, chap. I et suiv.), et nous avons trouvé qu'on n'aime point ce qu'on ignore complétement, et que lorsqu'on prétend aimer des choses qu'on ne connaît point, c'est ce qu'il y a de connu en elles que l'on aime. Nous ne terminerons point, pour le moment, ce livre, sans rappeler que le juste vit de la foi (*Habac.*, II, 4) qui opère par la charité (*Rom.*, I, 17 ; *Gal.*, V, 6), en sorte que les vertus même par lesquelles on vit avec prudence, force, tempérance et justice, se rapportent toutes à la foi, elles ne sauraient autrement être de sûres vertus. Cependant ces vertus-là ne font point tellement tout en cette vie qu'il n'y soit quelquefois nécessaire d'y remettre certains péchés ; or, cela ne peut se faire que par celui qui a vaincu par son sang le prince des pécheurs. Toutes les connaissances qui passent de cette foi et de ce genre de vie dans l'âme de l'homme fidèle, quand elles sont renfermées dans la mémoire et regardées de l'œil du souvenir, quand de plus elles plaisent à la volonté, rappellent une certaine trinité de leur genre. Mais l'image de Dieu dont je parlerai dans la suite, avec son assistance, ne se trouve point dans cette trinité. C'est ce qui se verra mieux quand j'aurai montré où elle est, ce que le lecteur ne doit se promettre de trouver que dans le livre suivant.

---

hominis trinitatem, si ea non diligat quæ ibi prædicantur, præcipiuntur, promittuntur. Potest enim etiam ad hoc tenere atque cogitare, ut falsa esse existimans, conetur etiam redarguere. Voluntas ergo illa, quæ ibi conjungit ea quæ memoria tenebantur, et ea quæ inde in acie cogitationis impressa sunt, implet quidem aliquam trinitatem, cum ipsa sit tertia : sed non secundum eam vivitur, quando illa quæ cogitantur velut falsa non placent. Cum autem vera esse creduntur, et quæ ibi diligenda sunt diliguntur, jam secundum trinitatem interioris hominis vivitur : secundum hoc enim vivit quisque quod diligit. Quomodo autem diligantur quæ nesciuntur, sed (*a*) tantum creduntur? Jam quæstio ista tractata est in superioribus libris, et inventum neminem diligere quod penitus ignorat; ex iis autem quæ nota sunt diligi, quando diligi dicuntur ignota. Nunc librum istum ita claudimus, ut admoneamus, quod justus ex fide vivit (*Habac.*, II, 4) : quæ fides per dilectionem operatur (*Rom.*, I, 17), ita ut virtutes quoque ipsæ quibus prudenter, fortiter, temperanter, justeque vivitur (*Gal.*, V, 6), omnes ad eamdem referantur fidem : non enim aliter poterunt veræ esse virtutes. Quæ tamen in hac vita non valent tantum, ut aliquando non sit hic necessaria qualiumcumque remissio peccatorum : quæ non fit nisi per eum, qui sanguine suo vicit principem peccatorum. Ex hac fide et tali vita quæcumque notiones sunt in animo fidelis hominis, cum memoria continentur, et recordatione inspiciuntur, et voluntati placent, reddunt quamdam sui generis trinitatem. Sed imago Dei, de qua in ejus adjutorio post loquemur, nondum in ipsa est : quod tunc melius apparebit, cum demonstratum fuerit ubi sit ; quod in futuro volumine lector exspectet.

(*a*) Sic Mss. At Er. et Lov. *sed tamen.*

LIVRE QUATORZIÈME

Quelques vérités sur la sagesse de l'homme. Augustin montre que l'image de Dieu dans l'âme de l'homme, ne réside point à proprement parler dans des choses transitoires, telles que la mémoire, l'intelligence et l'amour soit de la foi temporelle elle-même, soit de l'âme se repliant sur elle, mais dans des choses permanentes, et qu'elle se perfectionne quand l'âme se renouvelle, dans la connaissance de Dieu, selon l'image de celui qui a créé l'homme à sa ressemblance et acquiert ainsi la sagesse qui comprend la contemplation des choses éternelles.

CHAPITRE PREMIER.

Que faut-il entendre par la sagesse dont il doit être question ici?

1. Nous avons maintenant à parler de la sagesse, non point de celle de Dieu qui, nul n'en doute, n'est autre que Dieu même; car son Fils unique est appelé aussi la sagesse de Dieu; mais nous allons parler de la sagesse de l'homme, de la vraie sagesse qui est selon Dieu et qui constitue le véritable et principal culte qu'on lui rend, appelé en grec θεοσέβεια. Nos auteurs, ainsi que je l'ai déjà dit, voulant aussi exprimer cette sagesse par un seul mot, l'ont appelée piété, parce que la piété se traduit ordinairement en grec par θεοσέβεια; mais le mot θεοσέβεια ne pouvant se rendre exactement par un seul mot, se trouve mieux traduit par deux et se rend plutôt par les mots culte de Dieu. Telle est la sagesse de l'homme ainsi que je l'ai montré dans le livre douzième de cet ouvrage, par l'autorité des Ecritures, attendu que dans le livre du serviteur de Dieu, Job, on lit que la sagesse dit à l'homme : « La sagesse c'est la piété, et la science est de s'abstenir du mal, » (*Job*, XXVIII, 28) ou bien, selon la manière de plusieurs de traduire le mot grec ἐπιστήμην, « la discipline. » Cette expression venant d'un mot qui signifie apprendre, on peut donc entendre aussi par là la science; car on n'apprend ce qu'on apprend que pour le savoir. Il est vrai que le mot discipline se prend encore dans le sens de pénitence que chacun s'inflige pour ses péchés, afin de s'en corriger. C'est en ce sens que ce mot se trouve employé dans ce passage de l'Apôtre aux Hébreux : « Où est l'enfant à qui son père ne donne point la discipline? » (*Hébr.*, XII, 7) et non moins clairement dans cet autre endroit de la même épître : « Car toute discipline, quand on la reçoit, semble de nature à causer non de la joie mais de la tristesse, mais ensuite elle fait recueillir dans une paix profonde les fruits de la justice à ceux qui auront été ainsi exercés par elle. » (*Ibid.*, 11.) Dieu est donc la sagesse suprême; mais le

---

LIBER DECIMUS QUARTUS

De sapientia hominis vera dicit, ostendens imaginem Dei, quod est homo secundum mentem, non proprie in transeuntibus, veluti in memoria, intellectu, et amore, sive ipsius temporalis fidei, sive etiam mentis circa se ipsam versantis, sed in permanentibus rebus collocatam, ac eam tunc perfici, cum mens renovatur in agnitione Dei secundum imaginem ejus qui creavit hominem ad imaginem suam, et sic percipit sapientiam, ubi contemplatio est æternorum.

CAPUT PRIMUM.

Quæ sit sapientia de qua hic agendum.

1. Nunc de sapientia nobis est disserendum : non de illa Dei, quæ procul dubio Deus est; nam sapientia Dei Filius ejus unigenitus dicitur (*Eccli.*, XXIV, 5) : sed loquemur de hominis sapientia, vera tamen quæ secundum Deum est, et verus ac præcipuus cultus ejus est, quæ uno nomine θεοσέβεια Græce appellatur. Quod nomen nostri, sicut jam commemoravimus, volentes et ipsi uno nomine interpretari, pietatem dixerunt, cum pietas apud Græcos θεοσέβεια usitatius nuncupetur : θεοσέβεια vero quia uno verbo perfecte non potest, melius duobus interpretatur, ut dicatur potius Dei cultus. Hanc esse hominis sapientiam quod et in duodecimo hujus Operis volumine jam posuimus, Scripturæ sanctæ auctoritate monstratur, in libro Dei servi Job, ubi legitur Dei sapientiam dixisse homini : « Ecce pietas est sapientia, abstinere autem a malis, scientia; » (*Job*, XXVIII, 28) sive etiam, ut nonnulli de Græco ἐπιστήμην interpretati sunt, « disciplina » : quæ utique a discendo nomen accepit, unde et scientia dici potest. Ad hoc enim quæque res discitur, ut sciatur. Quamvis alia notione, in iis quæ pro peccatis suis mala quisque patitur ut corrigatur, dici soleat disciplina. Unde illud est in epistola ad Hebræos : « Quis enim est filius, cui non det disciplinam pater ejus? » (*Hebr.*, XII, 7.) Et illud evidentius in eadem : « Omnis enim ad tempus disciplina non gaudii videtur esse, sed tristitiæ : postea vero fructum pacificum iis qui per eam certarunt, reddet justitiæ. » (*Ibid.*, 11.) Deus ergo ipse summa

culte de Dieu est la sagesse de l'homme, et c'est d'elle que nous parlons maintenant; car « la sagesse de ce monde est une folie devant Dieu. » (I *Cor.*, III, 19.) C'est donc en parlant de la sagesse qui se confond avec le culte de Dieu que la sainte Ecriture a dit : « La multitude des sages fait le salut du monde. » (*Sag.*, VI, 26.)

2. Mais s'il faut être sage pour parler de la sagesse, comment allons-nous faire? Oserons-nous bien faire profession de sagesse, pour que notre entretien sur la sagesse ne soit point une impudence? Ne serons-nous point effrayé par l'exemple de Pythagore? Comme il n'osait se dire sage, il aima mieux se dire philosophe, c'est-à-dire, ami de la sagesse. Ce mot inventé par lui plut dans la suite à ceux qui sont venus après lui, et à quelque point qu'on crût soi-même ou qu'on parût aux autres exceller dans la connaissance des choses qui se rapportent à la sagesse, on ne s'appela jamais autrement que philosophe. Est-ce qu'il ne s'en est pas trouvé un seul parmi ces hommes qui osât se dire sage, parce qu'ils pensaient que le sage est un homme sans péché? Ce n'est point ce que dit l'Ecriture qui s'exprime ainsi : « Reprenez le sage et il vous aimera. » (*Prov.*, IX, 8.) Evidemment elle suppose qu'il peut avoir des péchés puisqu'elle pense qu'il peut être repris. Quant à moi, je n'ose pas non plus me dire sage, il me suffit, et personne ne peut me refuser cela, de parler de la sagesse, ce qui est le propre du philosophe, c'est-à-dire, de l'ami de la sagesse. En effet, ceux qui ont mieux aimé s'appeler amis de la sagesse plutôt que sages, n'ont point laissé pour cela de parler de la sagesse.

3. Ceux qui ont parlé de la sagesse l'ont définie ainsi : la sagesse est la science des choses divines et humaines. Ce qui m'a permis de dire aussi, dans le livre précédent, qu'on pouvait donner également le nom de science et de sagesse à la connaissance de ces deux ordres de choses. Cependant d'après la distinction que l'Apôtre établit en disant : « A l'un est donné le don de parler avec sagesse, à l'autre celui de parler avec science, » (I *Cor.*, XII, 8) il faut définir séparément l'un et l'autre et réserver proprement le nom de sagesse à la connaissance des choses divines, et celui de science à la connaissance des choses humaines. J'ai parlé de cette dernière dans le livre treizième, sans toutefois mettre dans le lot de cette science toutes les connaissances que l'homme peut avoir dans les choses humaines; car il y a beaucoup de vanité superflue et de curiosités funestes dans ces connaissances-là, mais ce qui seulement contribue à faire naître, à nourrir, à défendre, à fortifier la foi très-salutaire qui conduit à la vraie béatitude. Cette science n'est point le partage

---

sapientia, cultus autem Dei sapientia est hominis, de qua nunc loquimur. Nam « sapientia hujus mundi stultitia est apud Deum. » (1 *Cor.*, III, 19.) Secundum hanc itaque sapientiam, quæ Dei cultus est, ait sancta Scriptura : « Multitudo sapientium sanitas est orbis terrarum. » (*Sap.*, VI, 26.)

2. Sed si de sapientia disputare sapientum est, quid agemus? Numquidnam profiteri audebimus sapientiam, ne sit nostra de illa impudens disputatio? Nonne terrebimur exemplo Pythagoræ? qui cum ausus non fuisset sapientem profiteri : Philosophum potius, id est amatorem sapientiæ se esse respondit : a quo id nomen exortum ita deinceps posteris placuit, ut quantalibet de rebus ad sapientiam pertinentibus doctrina quisque vel sibi vel aliis videretur excellere, non nisi Philosophus vocaretur. An ideo sapientem profiteri talium hominum nullus audebat, quia sine ullo peccato putabant esse sapientem? Hoc autem nostra Scriptura non dicit, quæ dicit : « Argue sapientem, et amabit te. » (*Prov.*, IX, 8.) Profecto enim judicat habere peccatum, quem censet arguendum. Sed ego nec sic quidem sapientem me audeo profiteri : satis est mihi, quod etiam ipsi negare non possunt, esse etiam Philosophi, id est amatoris sapientiæ, de sapientia disputare. Non enim hoc illi facere destiterunt, qui se amatores sapientiæ potius quam sapientes esse professi sunt.

3. Disputantes autem de sapientia, definierunt eam dicentes : Sapientia est rerum humanarum divinarumque scientia. Unde ego quoque in libro superiore utrarumque rerum cognitionem, id est divinarum atque humanarum, et sapientiam et scientiam dici posse non tacui. Verum secundum hanc distinctionem qua dixit Apostolus : « Alii datur sermo sapientiæ, alii sermo scientiæ; » (I *Cor.*, XII, 8) ista definitio dividenda est, ut rerum divinarum scientia proprie sapientia nuncupetur, humanarum autem proprie scientiæ nomen obtineat : de qua volumine tertio decimo disputavi, non utique quidquid sciri ab homine potest in rebus humanis, ubi plurimum supervacaneæ vanitatis et noxiæ curiositatis est, huic scientiæ tribuens, sed illud tantummodo quo fides saluberrima, quæ ad veram beatitudinem ducit, gignitur, nutritur, defenditur, roboratur : qua scientia non pollent fideles plurimi, quamvis pol-

de beaucoup de fidèles, bien que beaucoup parmi eux soient doués de la foi même. En effet, autre chose est de savoir ce que l'homme doit croire pour acquérir la vie bienheureuse, qui ne peut être qu'une vie éternelle, autre chose de savoir comment ce qu'il croit peut être utile aux bons et doit être défendu contre les méchants; or, c'est là proprement ce que l'Apôtre semble appeler science. Lorsque j'en ai parlé plus haut, j'ai eu soin de recommander par-dessus tout la foi; j'ai commencé par distinguer, en peu de mots, les choses éternelles des temporelles, et j'ai parlé dans ce livre des choses temporelles. Mais en me réservant pour ce livre de parler des choses éternelles, j'ai néanmoins fait voir que la foi même temporelle des choses éternelles habite temporellement dans le cœur des fidèles, et ne laisse point d'être nécessaire pour acquérir les biens même éternels. J'ai montré aussi que la foi des choses temporelles, que l'Eternel a faites pour nous et qu'il a souffertes dans son humanité dont il s'est revêtu dans le temps et qu'il a élevée à l'éternité, sert également à la même acquisition des biens éternels. J'ai fait voir encore que les vertus mêmes par lesquelles on vit cette vie mortelle, avec prudence, force, tempérance et justice, ne sont point de vraies vertus, si elles ne se rapportent point à la même foi, bien que temporelle laquelle conduit aux biens éternels.

CHAPITRE II.

On trouve dans la possession, la contemplation et l'amour de la foi temporelle, une sorte de trinité qui n'est point encore l'image de Dieu.

4. C'est pourquoi, puisqu'il est écrit que « pendant que nous habitons dans ce corps, nous sommes éloignés du Seigneur et hors de notre patrie, attendu que c'est seulement par la foi que nous marchons, non pas encore par une claire vue, » (II *Cor.*, v, 6) il s'ensuit évidemment que tant que le juste vit de la foi (*Rom.*, I, 17), bien qu'il vive selon l'homme intérieur, et que, par le moyen de cette même foi temporelle, il s'efforce de s'élever vers la vérité et de tendre vers les biens éternels, cependant dans la conservation, dans la contemplation et dans l'amour de cette même foi temporelle, on ne retrouve point encore une trinité telle qu'on puisse enfin l'appeler l'image de Dieu; il y aurait à craindre que cette image ne semblât placée dans des choses temporelles, quand elle ne doit l'être que dans les éternelles. En effet, quand l'âme de l'homme voit sa foi, par laquelle il croit ce qu'il ne voit point, il ne voit point quelque chose d'éternel; car ce qui cessera d'être, quand cet exil, qui nous tient éloignés de Dieu dans notre course et pendant lequel nous sommes contraints de ne nous avancer qu'à la lueur de la foi, finira par laisser la place à la

leant ipsa fide plurimum. Aliud est enim scire tantummodo quid homo credere debeat propter adipiscendam vitam beatam, quæ non nisi æterna est : aliud autem scire quemadmodum hoc ipsum et piis opituletur, et contra impios defendatur, quam proprio appellare vocabulo scientiam videtur Apostolus. De qua prius cum loquerer, ipsam præcipue fidem commendare curavi, a temporalibus æterna breviter ante distinguens, atque ibi de temporalibus disserens : æterna vero in hunc librum differens, etiam de rebus æternis fidem temporalem quidem, et temporaliter in credentium cordibus habitare, necessariam tamen propter adipiscenda ipsa æterna esse monstravi. Fidem quoque de temporalibus rebus, quas pro nobis æternus fecit, et passus est in homine, quem temporaliter gessit, atque ad æterna provexit, ad eamdem æternorum adeptionem prodesse disserui: virtutesque ipsas, quibus in hac temporali mortalitate prudenter, fortiter, temperanter, et juste vivitur, nisi ad eamdem, licet temporalem fidem, quæ tamen ad æterna perducit, referantur, veras non esse virtutes.

CAPUT II.

In fidei temporalis retentione, contemplatione ac dilectione trinitas quædam, sed nondum proprie imago Dei.

4. Quapropter, quoniam sicut scriptum est : « Quamdiu sumus in corpore, peregrinamur a Domino, per fidem enim ambulamus, non per speciem : » (II *Cor.*, v, 6) profecto quamdiu justus ex fide vivit, quamvis secundum hominem interiorem vivat, licet per eamdem temporalem fidem ad veritatem nitatur, et tendat ad æterna, tamen in ejusdem fidei temporalis retentione, contemplatione, dilectione, nondum talis est trinitas, ut Dei jam imago dicenda sit : ne in rebus temporalibus constituta videatur, quæ constituenda est in æternis. Mens quippe humana cum fidem suam videt, qua credit quod non videt, non aliquid sempiternum videt. Non enim semper hoc erit, quod utique non erit, quando ista peregrinatione finita, qua peregrinamur a Domino, ut per fidem ambulare necesse sit, species illa

claire vue qui nous fera voir Dieu face à face (I *Cor.*, XIII, 12), n'est point pour durer toujours. Si maintenant nous ne voyons point clairement, néanmoins comme nous avons la foi, nous mériterons de voir et nous nous réjouissons de la pensée que nous serons conduits par la foi à la claire vue. Or, ce ne sera plus alors la foi par laquelle on doit croire ce qu'on ne voit point. Nous souvenant de cette vie mortelle qui alors sera écoulée, et nous rappelant par la mémoire, que nous avons autrefois cru des choses que nous ne voyions point, notre foi se trouvera au nombre des choses finies et passées et ne comptera plus parmi les choses présentes et demeurant à jamais; d'où il suit que la trinité qui se remarque dans le souvenir, la contemplation et l'amour d'une foi présente et qui demeure quant à présent, se trouvera alors au nombre des choses passées, finies et ne subsistant plus. De là il résulte, que si déjà cette trinité est une image de Dieu, il faut la voir non pas dans des choses qui subsistent toujours, mais dans des choses qui passent.

CHAPITRE III.

Mais il s'en faut bien que, la nature de l'âme étant immortelle, elle cesse jamais d'être à partir du premier instant où elle a commencé, et que ce qu'elle a de meilleure en elle,

ne persévère point avec son immortalité. Or, qu'y a-t-il de meilleur de créé dans sa nature, que d'avoir été faite à l'image de son créateur? (*Gen.*, I, 27.) Ce n'est donc point dans la conservation, la contemplation et l'amour de la foi, mais dans ce qui subsistera toujours, qu'il faut trouver ce qu'on doit appeler l'image de Dieu.

5. Faut-il que nous recherchions encore avec plus de soin et en allant plus avant dans la difficulté si les choses sont ainsi? On peut dire en effet que cette trinité ne périt point parce que la foi elle-même cesse d'exister, attendu que de même que maintenant nous la tenons dans notre mémoire, nous la voyons par la pensée et nous l'aimons par la volonté, ainsi il y aura encore même trinité quand ce sera par la mémoire que nous nous rappellerons que nous l'avons possédée jadis, que nous la ferons revivre devant nos yeux et que, par un acte de la volonté venant en troisième lieu, nous unirons la possession au ressouvenir. En effet, si en passant par notre mémoire, elle n'y avait point laissé comme un vestige d'elle-même, il est évident que nous ne retrouverions point dans notre souvenir quelque chose à quoi nous recourrions, en nous rappelant qu'elle est passée et en unissant par un acte de volonté qui vient en troisième lieu, les deux premiers souvenirs, c'est-à-dire ce qui se trouvait dans notre mémoire, même quand nous n'y pensions point, et la forme que la pensée y donne.

succedet, per quam videbimus facie ad faciem (I *Cor.*, XIII, 12) : sicut modo non videntes, tamen quia credimus, videre merebimur, atque ad speciem nos per fidem perductos esse gaudebimus. Neque enim jam fides erit, qua credantur quæ non videntur ; sed species, qua videantur quæ credebantur. Tunc ergo etsi vitæ hujus mortalis transactæ meminerimus, et credidisse nos aliquando quæ non videbamus, memoriter recoluerimus, in præteritis atque transactis deputabitur fides ista, non in præsentibus rebus semperque manentibus : ac per hoc etiam trinitas ista, quæ nunc in ejusdem fidei præsentis ac manentis memoria, contuitu, dilectione consistit, tunc transacta et præterita reperietur esse, non permanens. Ex quo colligitur, ut si jam imago Dei est ista trinitas, etiam ipsa non in eis quæ semper sunt, sed in rebus sit habenda transeuntibus.

CAPUT III.

Absit autem ut cum animæ natura sit immortalis, nec ab initio quo creata est, unquam deinceps esse desistat, id quo nihil melius habet, non cum ejus immortalitate perduret. Quid vero melius in ejus natura creatum est, quam quod ad sui Creatoris imaginem facta est? (*Gen.*, I, 27.) Non igitur in fidei retentione, contemplatione, dilectione, quæ non erit semper, sed in eo quod semper erit, invenienda est quam dici oportet imaginem Dei.

5. An adhuc utrum ita se res habeat, aliquanto diligentius atque abstrusius perscrutabimur? Dici enim potest, non perire istam trinitatem, etiam cum fides ipsa transierit : quia sicut nunc eam et memoria tenemus, et cogitatione cernimus, et voluntate diligimus ; ita etiam tunc cum eam nos habuisse memoria tenebimus, et recolemus, et hoc utrumque tertia voluntate jungemus, eadem trinitas permanebit. Quoniam si nullum in nobis quasi vestigium transiens reliquerit, profecto nec in memoria nostra ejus aliquid habebimus quo recurramus eam præteritam recordantes, atque id utrumque intentione tertia copulantes, et quod erat scilicet in memoria,

Mais celui qui prétend cela, ne remarque point qu'il y a maintenant même une autre trinité quand nous avons la foi présente, que nous la voyons et que nous l'aimons en nous, et qu'il y en aura une seconde alors, c'est-à-dire quand nous contemplerons par le ressouvenir non plus cette trinité-là même, mais comme une image, un vestige de cette trinité laissé enfoui dans notre mémoire, et lorsque nous unirons par la volonté troizième, ces deux choses, je veux dire ce qui se trouvait conservé dans notre mémoire et l'impression qui s'en produit dans l'œil de notre ressouvenir. Mais pour rendre cela intelligible, prenons un exemple parmi les choses corporelles, dont nous avons assez longuement parlé dans le livre onzième. (V. liv. XI, chap. II, et suiv.) En effet, en nous élevant des objets inférieurs aux choses supérieures, ou plutôt en rentrant des choses extérieures aux choses intérieures, nous trouvons une première trinité dans l'objet corporel vu, dans l'œil de celui qui le voit lequel est informé, et dans l'acte de la volonté qui unit l'un à l'autre. Nous pouvons trouver une trinité semblable à celle-là, quand la foi qui est en nous, comme un objet corporel est dans un lieu, se trouve placée elle-même dans notre mémoire où se forme l'image du souvenir, de même que l'œil de celui qui regarde un objet corporel est informé par cet objet. A ces deux premiers phénomènes, s'ajoute pour compléter la trinité la volonté troisième, qui rapproche et unit la foi placée dans la mémoire, et une certaine image de cette foi imprimée dans le regard du souvenir. De même que dans la trinité de la vision corporelle, l'acte de la volonté unit la forme de l'objet corporel vu avec la conformation de ce corps reproduite dans l'œil de celui qui le voit. Supposons donc que cet objet corporel qui était vu a péri et qu'il n'en reste plus nulle part quoi que ce soit à quoi recourre la vue pour le voir, est-ce que parce que l'image de l'objet corporel qui a passé et qui n'existe plus demeure dans la mémoire, où la vue du souvenir va se former, que la volonté troisième vient réunir l'un à l'autre, on doit dire que c'est la même trinité qui s'était produite quand la forme de l'objet corporel contenu dans l'espace était vue ? Evidemment non, c'en est une toute différente ; car sans compter que la première était extérieure, tandis que la seconde est intérieure, la première était produite par la forme d'un objet corporel actuellement présent, tandis que la seconde l'est par la forme d'un objet passé. De même dans la chose qui nous occupe maintenant et pour laquelle nous avons cru devoir recourir à un exemple, la foi qui se trouve actuellement dans notre âme, comme cet objet corporel se trouvait dans un lieu, produit par une sorte de

---

non inde cogitantibus nobis, et quod inde cogitatione formatur. Sed qui hoc dicit, non discernit aliam nunc esse trinitatem, quando præsentem fidem tenemus, videmus, amamus in nobis ; aliam tunc futuram, quando non ipsam, sed ejus velut imaginarium vestigium in memoria reconditum, recordatione contuebimur, et duo hæc, id est, quod erat in memoria retinentis, et quod inde imprimitur in acie recordantis, tertia voluntate jungemus. Quod ut possit intelligi, sumamus exemplum de corporalibus rebus, de quibus in libro undecimo satis locuti sumus. Nempe ab inferioribus ad superiora ascendentes, vel ab exterioribus ad interiora ingredientes, primam reperimus trinitatem in corpore quod videtur, et acie videntis quæ cum videt, inde formatur, et in voluntatis intentione quæ utrumque conjungit. Huic trinitati similem constituamus, cum fides quæ nunc inest nobis, tanquam corpus illud in loco, ita in nostra memoria constituta est, de qua informatur cogitatio recordantis, sicut ex illo corpore acies intuentis : quibus duobus, ut trinitas impleatur, annumeratur tertia voluntas, quæ fidem in memoria constitutam et quamdam ejus effigiem in contuitu recordationis impressam connectit et conjungit; sicut in illa corporalis trinitate visionis, formam corporis quod videtur, et conformationem quæ fit in cernentis aspectu, conjungit intentio voluntatis. Faciamus ergo corpus illud quod cernebatur, interisse dilapsum, nec ejus remansisse aliquid in ullo loco, ad quod videndum recurrat aspectus : numquid quia imago rei corporalis jam transactæ atque præteritæ remanet in memoria, unde informetur (*a*) recordantis obtutus, atque id utrumque tertia voluntate jungatur, eadem trinitas esse dicenda est, quæ fuerat quando species in loco positi corporis videbatur? Non utique, sed prorsus alia : nam præter quod illa erat extrinsecus, hæc intrinsecus : illam profecto faciebat species præsentis corporis, hanc imago præteriti. Sic et in hac re, de qua nunc agimus, et propter quam putavimus adhibendum illud exemplum, fides quæ nunc in animo nostro est, velut illud corpus in loco, dum tenetur, aspicitur,

(*a*) Mss. *cogitantis obtutus.*

trinité tant qu'elle est conservée, regardée et aimée; mais cette trinité ne sera plus quand cette foi aura cessé d'être elle-même dans l'âme, comme l'objet corporel en question, dans l'endroit qu'il occupait. Celle qui existera alors, quand nous nous rappellerons qu'elle s'est trouvée en nous, mais qu'elle n'y est plus, est certainement une autre trinité. En effet, ce qui fait cette trinité c'est la chose même présente et fixée dans l'âme de celui qui croit, tandis que celle qui se produira alors, c'est l'imagination de cette chose passée, laissée dans la mémoire de l'âme qui se la rappelle.

6. Or, ce n'est point cette trinité qui n'existe pas encore maintenant, qui sera l'image de Dieu, de même que ce n'est point non plus celle qui cessera d'exister alors; mais c'est dans l'âme de l'homme, je dis, dans son âme raisonnable et intellectuelle qu'il faut trouver l'image placée d'une manière immortelle dans son immortalité.

CHAPITRE IV.

On doit chercher l'image de Dieu dans l'âme immortelle et raisonnable de l'homme.

De même que c'est dans une certaine mesure que l'âme est dite immortelle, car elle a aussi sa mort quand elle manque de la vie bienheureuse qui est ce qu'on doit proprement appeler la vie de l'âme, mais elle est dite immortelle parce que, même au comble du malheur, elle ne laisse point de vivre d'une certaine vie; ainsi bien que la raison ou l'intelligence tantôt soit endormie en elle, tantôt paraisse plus ou moins grande, cependant jamais l'âme humaine n'est sans être raisonnable et intelligente, d'où il suit que si c'est en tant que telle qu'elle a été faite à l'image de Dieu, c'est-à-dire en tant qu'elle peut se servir de sa raison ou de son intelligence pour comprendre et considérer Dieu, il est certain que depuis le premier moment de l'existence d'une nature si grande et si merveilleuse, quand même cette image serait tellement affaiblie qu'elle n'existerait presque plus, ou bien obscure et difforme, ou brillante et parfaite, elle ne laisse point d'être cette image. Aussi la divine Ecriture, ayant pitié de sa difformité, dit-elle : « Quoique l'homme passe comme une image, néanmoins il ne laisse point de se troubler en vain, il amasse des trésors et il ne sait point pour qui il les accumule. » (*Ps.* XXXVIII, 7 et 8.) Elle ne dirait point de l'image de Dieu qu'elle se trouble en vain, si elle ne la voyait devenue difforme, mais elle montre assez clairement que cette difformité ne saurait avoir la force de lui enlever ce qui fait qu'elle est l'image de Dieu, quand elle dit : « Quoique l'homme passe comme une image. » Cette pensée peut donc s'entendre

---

amatur, quamdam efficit trinitatem : sed non ipsa erit, quando fides hæc in animo, sicut corpus illud in loco, jam non erit. Quæ vero tunc erit, quando eam recordabimur in nobis fuisse, non esse, alia profecto erit. Hanc enim quæ nunc est, facit res ipsa præsens et animo credentis affixa : at illam quæ tunc erit, facies rei præteritæ imaginatio in recordantis memoria derelicta.

6. Nec illa igitur trinitas, quæ nunc non est, imago Dei erit; nec ista imago Dei est, quæ tunc non erit : sed ea est invenienda in anima hominis, id est rationali, sive intellectuali, imago Creatoris, quæ immortaliter immortalitati ejus est insita.

CAPUT IV.

In immortalitate animæ rationalis quærenda imago Dei.

Nam sicut ipsa immortalitas animæ secundum quemdam modum dicitur; habet quippe et anima mortem suam, cum vita beata caret, quæ vera animæ vita dicenda est; sed immortalis ideo nuncupatur, quoniam qualicumque vita, etiam cum miserrima est, nunquam desinit vivere : ita quamvis ratio vel intellectus nunc in ea sit sopitus, nunc parvus, nunc magnus appareat, nunquam nisi rationalis et intellectualis est anima humana; ac per hoc si secundum hoc facta est ad imaginem Dei quod uti ratione atque intellectu ad intelligendum et conspiciendum Deum potest, profecto ab initio quo esse cœpit ista tam magna et mira natura, sive ita obsoleta sit hæc imago, ut pene nulla sit, sive obscura atque deformis, sive clara et pulchra sit, semper est. Denique deformitatem dignitatis ejus miserans divina Scriptura : « Quanquam, inquit, in imagine (a) ambulat homo, tamen vane conturbatur : thesaurizat, et nescit cui congregabit ea. » (*Psal.* XXXVIII, 7.) Non itaque vanitatem imagini Dei tribueret, nisi deformem cerneret factam. Nec tantum valere illam deformitatem, ut auferat quod imago est, satis ostendit dicendo : « Quanquam in imagine ambulat homo. » Quapropter ex utraque parte veraciter pronuntiari po-

---

(a) Editi *in imagine Dei*. Abest *Dei* a Mss.

de deux manières, car de même qu'il a été dit : « Quoique l'homme passe comme une image, » ainsi on pourrait dire : Quoique l'homme ne laisse point de se troubler en vain, cependant il passe comme une image. En effet, bien que sa nature soit grande, néanmoins elle a pu être viciée parce qu'elle n'est suprême, et quoiqu'elle ait pu être viciée, parce qu'elle n'est point la nature suprême, cependant étant capable de la nature suprême et d'en être faite participante, elle est une grande nature. Cherchons donc dans cette image de Dieu, une trinité de son genre, avec le secours de celui qui nous a faits à son image. Car nous ne pourrons autrement chercher ces choses d'une manière utile au salut, ni rien trouver selon la sagesse qui vient de lui. Mais si le lecteur a encore présent à la mémoire et se rappelle tout ce que j'ai écrit de l'esprit ou de l'âme de l'homme, dans les livres précédents, et particulièrement dans le dixième, ou s'il prend la peine de se reporter à l'endroit où j'en ai parlé, il ne sentira point ici le besoin d'un travail plus long sur la recherche d'une chose de cette importance.

7. Nous avons donc dit, entre autres choses, dans le livre dixième, que l'âme de l'homme se connaît elle-même. En effet, elle ne connaît rien tant que ce qui lui est présent à elle-même : or, rien n'est plus présent à l'âme que l'âme même. J'ai produit d'autres arguments encore, tant qu'il m'a paru nécessaire, pour le prouver d'une manière bien certaine.

CHAPITRE V.

L'âme des enfants se connaît-elle elle-même?

Que dirons-nous donc de l'âme des enfants quand ils sont encore si petits et plongés dans une si complète ignorance de toutes choses que tout homme, pour peu qu'il ait quelques connaissances, a horreur des ténèbres où se trouve plongée l'âme de ces enfants? Faut-il croire qu'elle se connaît aussi elle-même, mais qu'étant par trop attentive aux choses qu'elle commence à sentir par le moyen des sens corporels, avec un plaisir d'autant plus grand qu'il est plus nouveau, si elle ne peut s'ignorer elle-même, du moins elle ne peut point se penser elle-même? Quant à la violence avec laquelle elle est absorbée par les choses sensibles du dehors, on peut s'en faire une idée par ce fait qu'elle est si avide de boire, par les yeux, la lumière qui nous éclaire, que si, par mégarde ou par ignorance de ce qui peut en résulter, on place un flambeau, pendant la nuit, dans un endroit où se trouve couché un enfant, et du côté où il peut tourner les yeux, bien qu'il ne puisse tourner la tête de ce même côté, il sera tellement impossible de détourner ses yeux de cette lumière que nous savons que plusieurs enfants sont devenus louches parce que

---

test ista sententia, ut quemadmodum dictum est : « Quanquam in imagine ambulat homo, tamen vane conturbatur; » ita dicatur : Quanquam vane conturbatur homo, tamen in imagine ambulat. Quanquam enim magna natura sit, tamen vitiari potuit, quia summa non est : et quanquam vitiari potuerit, quia summa non est, tamen quia summæ naturæ capax est, et esse particeps potest, magna natura est. Quæramus igitur in hac imagine Dei quamdam sui generis trinitatem, adjuvante ipso qui nos fecit ad imaginem suam. Non enim aliter possumus hæc salubriter investigare, et secundum sapientiam quæ ab illo est aliquid invenire : sed ea quæ in superioribus libris, et maxime in decimo, de anima humana vel mente diximus, si lectoris vel memoria teneantur atque recolantur; vel diligentia in eisdem locis in quibus conscripta sunt, recenseantur, non hic desiderabit prolixiorem de re tantæ inquisitione sermonem.

7. Inter cætera ergo in libro decimo diximus, hominis mentem nosse semetipsam. Nihil enim tam novit mens, quam id quod sibi præsto est : nec menti magis quidquam præsto est, quam ipsa sibi. Et alia, quantum satis visum est, adhibuimus documenta, quibus hoc certissime probaretur.

CAPUT V.
Infantium mens an se noverit.

Quid itaque dicendum est de infantis mente, ita adhuc parvuli et in tam magna demersi rerum ignorantia, ut illius mentis tenebras mens hominis quæ aliquid novit exhorreat? An etiam ipsa se nosse credenda est, sed intenta nimis in eas res, quas per corporis sensus tanto majore, quanto noviore cœpit delectatione sentire, non ignorare se potest, sed cogitare se non potest? Quanta porro intentione in ista quæ foris sunt sensibilia feratur, vel hinc solum conjici potest, quod lucis hujus hauriendæ sic avida est, ut si quisquam minus cautus aut nesciens quid inde possit accidere, nocturnum lumen posuerit ubi jacet infans, in ea parte ad quam jacentis oculi

leurs yeux ont conservé la direction que l'habitude leur a fait prendre quand ils étaient tendres et mous. Il en est de même des autres sens, autant que cet âge le permet, l'âme des petits enfants s'y emprisonne si je puis parler ainsi, à tel point que tout ce qui peut ou les blesser ou les flatter par le corps, est pour eux l'unique objet d'une violente répulsion ou d'un vif élan, et qu'ils ne pensent point à ce qui est au dedans d'eux, et ne sauraient être avertis d'y faire attention parce qu'ils ne connaissent pas même les signes par lesquels ils pourraient être avertis; or, parmi ces signes la parole se place au premier rang, et ils l'ignorent absolument comme tout le reste. Nous avons déjà montré dans le même livre (v. liv. X, chap. v), qu'il y a une différence entre ne se point connaître et ne se point imaginer soi-même.

8. Mais laissons de côté un âge qu'on ne peut questionner sur ce qui se passe au dedans de lui, et dont nous n'avons conservé nous-mêmes aucun souvenir. Qu'il nous suffise à ce sujet de la certitude que dès qu'un homme pourra avoir quelques pensées sur la nature de son âme, et trouver ce qui est la vérité, il ne le trouvera point ailleurs qu'en lui. Or, il ne trouvera point alors quelque chose qu'il ne connaissait point, mais une chose à laquelle il ne pensait point. En effet, que savons-nous si nous ne savons point ce qu'il y a dans notre âme, puisque tout ce que nous savons nous ne pouvons le savoir que par l'âme?

CHAPITRE VI.

Toutefois, telle est la force de la pensée que l'âme ne se place en quelque façon devant elle, que quand elle se pense elle-même. D'où il suit qu'il est si vrai qu'il n'y a point autre chose dans les yeux de l'esprit que ce qu'il pense, que l'âme même qui pense toutes nos pensées, ne saurait être présente à elle-même autrement qu'en se pensant. Mais comment se fait-il que lorsqu'elle ne se pense point, elle ne soit point présente à elle-même, quand elle ne peut jamais être sans elle, comme si elle était une chose et la vue d'elle-même une autre chose, c'est ce que je ne puis trouver. On peut bien dire, sans absurdité, qu'il en est ainsi de l'œil du corps, attendu que l'œil est attaché à sa place dans le corps, tandis que son regard se porte vers les choses qui sont hors de lui, et s'élève même jusqu'aux astres. L'œil n'est point en sa propre présence, puisqu'il ne se voit point lui-même, à moins qu'il ne se regarde dans un miroir, comme je l'ai déjà dit. Or, il n'en est pas ainsi quand l'âme par sa pensée se place elle-même sous ses propres regards. Est-ce à dire que c'est une partie de l'âme qui voit une autre partie d'elle-même, quand elle se voit par la pensée, de même que c'est par d'autres membres de notre corps,

---

possint retorqueri, nec cervix possit inflecti, sic ejus inde non removeatur aspectus, ut nonnullos ex hoc etiam strabones fieri noverimus, eam formam tenentibus oculis, quam teneris et mollibus consuetudo quodam modo infixit. Ita et in alios corporis sensus, quantum sinit illa ætas, intentione se quasi coarctant animæ parvulorum, ut quidquid per carnem offendit aut allicit, hoc solum abhorreant vehementer aut appetant : sua vero interiora non cogitent, nec possint admoneri ut hoc faciant; quia nondum admonentis signa noverunt, ubi præcipuum locum verba obtinent, quæ sicut alia prorsus nesciunt. Quod autem aliud sit non se nosse, aliud non se cogitare, jam in eodem volumine ostendimus.

8. Sed hanc ætatem omittamus, quæ nec interrogari potest quid in se agatur, et nos ipsi ejus valde obliti sumus. Hinc tantum certos nos esse suffecerit, quod cum homo de animi sui natura cogitare potuerit, atque invenire quod verum est, alibi non inveniet, quam penes se ipsum. Inveniet autem, non quod nesciebat, sed unde non cogitabat. Quid enim scimus, si quod est in nostra mente nescimus; cum omnia quæ scimus, non nisi mente scire possimus?

CAPUT IV.

Tanta est tamen cogitationis vis, ut nec ipsa mens quodam modo se in conspectu suo ponat, nisi quando se cogitat : ac per hoc ita nihil in conspectu mentis est, nisi unde cogitatur, ut nec ipsa mens, qua cogitatur quidquid cogitatur, aliter possit esse in conspectu suo, nisi se ipsam cogitando. Quomodo autem quando se non cogitat in conspectu suo non sit, cum sine se ipsa nunquam esse possit, quasi aliud sit ipsa aliud conspectus ejus, invenire non possum. Hoc quippe de oculo corporis non absurde dicitur : ipse quippe oculus loco suo fixus est in corpore, aspectus autem ejus in ea quæ extra sunt tenditur, et usque in sidera extenditur. Nec est oculus in conspectu suo; quando quidem non conspicit se ipsum, nisi speculo objecto, unde jam locuti sumus : quod non fit utique quando se mens in suo conspectu sui co-

et ces membres sont nos yeux, que nous voyons nos autres membres qui peuvent se trouver en notre présence? Se peut-il dire ou penser rien de plus absurde? Où donc l'âme va-t-elle se prendre, si ce n'est en elle? et en quel lieu se place-t-elle en sa propre présence, si ce n'est encore en elle? Elle ne serait donc point là où elle était quand elle n'était point en sa présence, puisque placée en tel endroit elle en aurait été tirée pour un autre. Mais si elle change de place en tant qu'elle doit se voir, où demeurera-t-elle en tant qu'elle se regarde? Serait-elle donc comme double pour être ici et là, c'est-à-dire ici pour être vue, et là pour être voyant, en sorte qu'en elle, elle est ce qui voit, et, devant elle, elle est ce qui est vu? Si on consulte la vérité, elle ne nous répond rien de pareil, attendu que quand nous pensons de cette manière, nous ne nous représentons point autre chose que des images feintes du corps; car il est bien certain pour un grand nombre d'âmes, que l'âme n'est point un corps, et on peut sur ce point leur demander la vérité. Par conséquent, il ne reste plus à dire que la vue de l'âme est quelque chose qui se rapporte à sa nature, et que c'est vers elle qu'elle se porte par une sorte de retour incorporel, et non point comme dans un espace matériel. Quand elle se pense elle-même et quand elle ne se pense point, elle n'est point certainement en sa propre présence, et sa vue ne se forme point sur elle-même, cependant elle se connaît comme étant à elle-même sa propre mémoire. De même l'homme très-versé dans plusieurs connaissances a dans sa mémoire tout ce qu'il sait, mais n'a présent à son esprit que ce à quoi il pense, tout le reste est caché dans une sorte de notion mystérieuse qu'on appelle la mémoire. Voici donc comment nous voyons là une trinité et placions dans la mémoire ce dont se forme le regard de la pensée; venait ensuite la forme même, cette sorte d'image imprimée par l'objet informant, puis ce qui unit l'un à l'autre, l'amour ou la volonté. Lors donc que l'âme se considère dans sa propre pensée, elle se comprend et se reconnaît, elle engendre de sa propre intelligence et sa propre connaissance. Car c'est parce qu'elle est connue qu'une chose incorporelle est vue, et elle n'est connue que parce qu'elle est comprise. Certainement quand l'âme se voit elle-même comprise par elle-même dans sa pensée, elle n'engendre point la connaissance de soi qu'elle a alors, comme si elle eût été inconnue à elle-même auparavant, mais elle ne se connaissait que comme on connaît les trois choses qui se trouvent renfermées dans la mémoire, quand bien même on ne penserait point à ces choses; nous disons, en effet, d'un homme qu'il connaît les lettres même quand

gitatione constituit. Numquid ergo alia sua parte aliam partem suam videt, cum se conspicit cogitando, sicut aliis membris nostris, qui sunt oculi, alia membra nostra conspicimus, quæ in nostro possunt esse conspectu? Quid dici absurdius vel sentiri potest? Unde igitur aufertur mens, nisi a se ipsa? et ubi ponitur in conspectu suo, nisi ante se ipsam? Non ergo ibi erit ubi erat, quando in conspectu suo non erat; quia hic posita, inde sublata est. Sed si conspicienda migravit, conspectura ubi manebit? An quasi geminatur, ut et illic sic et hic, id est, et ubi conspicere, et ubi conspici possit; ut in se sit conspiciens, ante se conspicua? Nihil horum nobis veritas consulta respondet : quoniam quando isto modo cogitamus, non nisi corporum fictas imagines cogitamus, quod mentem non esse paucis certissimum est mentibus, a quibus potest de hac re veritas consuli. Proinde restat, ut aliquid pertinens ad ejus naturam sit conspectus ejus, et in eam, quando se cogitat, non quasi per loci spatium, sed incorporea conversione revocetur : cum vero non se cogitat, non sit quidem in conspectu suo, nec de illa suus formetur obtutus, sed tamen noverit se tanquam ipsa sit sibi memoria sui. Sicut multarum disciplinarum peritus ea quæ novit, ejus memoria continentur, nec est inde aliquid in conspectu mentis ejus, nisi unde cogitat; cætera in arcana quadam notitia sunt recondita, quæ memoria nuncupatur. Ideo trinitatem sic commendabamus, ut illud unde formatur cogitantis obtutus, in memoria poneremus; ipsam vero conformationem, tanquam imaginem quæ inde imprimitur; et illud quo utrumque conjungitur, amorem seu voluntatem. Mens igitur quando cogitatione se conspicit, intelligit se et recognoscit : gignit ergo hunc intellectum, et cognitionem suam. Res quippe incorporea intellecta conspicitur, et intelligendo cognoscitur. Nec ita sane gignit istam notitiam suam mens, quando cogitando intellectam se conspicit, tanquam sibi ante incognita fuerit : sed ita sibi nota erat, quemadmodum notæ sunt res quæ memoria continentur, etiam si non cogitentur : quoniam dicimus hominem nosse litteras, etiam cum de aliis rebus, non de litteris cogitat. Hæc autem duo, gignens et genitum, dilectione tertia copulantur, quæ nihil est aliud quam voluntas fruendum aliquid appetens vel tenens.

au lieu de penser aux lettres il pense à tout autre chose. Or, ces deux choses, l'engendrant et l'engendré, se trouvent unies par la charité troisième, qui n'est que la volonté recherchant et retenant l'objet dont elle doit jouir. Aussi ai-je pensé à désigner la trinité de l'âme par les trois mots : mémoire, intelligence et volonté.

9. Mais comme vers la fin du même dixième livre, j'ai dit que l'âme se souvient toujours d'elle-même, se comprend et s'aime toujours, bien qu'elle ne se pense pas toujours distincte des choses qui ne sont point elle, il faut chercher de quelle manière l'intelligence se rapporte à la pensée. Quant à la connaissance dans l'âme d'une chose quelconque, même quand elle ne pense pas à cette chose-là, il faut voir aussi comment elle se rapporte à la mémoire ; car s'il en est ainsi, elle n'avait point les trois choses qui consistent pour elle à se souvenir d'elle-même, à se comprendre et à s'aimer elle-même : mais elle se souvenait seulement d'elle-même, et ce n'est que plus tard, quand elle a commencé à se penser, qu'elle s'est comprise et aimée.

CHAPITRE VII.

Exemple pour éclaircir le fait avancé plus haut.

Considérons donc, avec beaucoup de soin, l'exemple que j'ai cité plus haut, pour montrer qu'autre chose est ne pas connaître, autre chose ne point penser, et qu'il peut arriver qu'un homme connaisse quelque chose qu'il ne pense pas, quand d'ailleurs il ne pense point à cette chose. Ainsi un homme versé dans une ou plusieurs connaissances, ne laisse point, quand il ne pense qu'à l'une d'elles, de posséder l'autre ou les autres connaissances qu'il a. Mais pouvons-nous dire avec justesse : tel musicien connaît certainement la musique, mais il ne la comprend pas en ce moment, parce qu'il ne pense pas musique, et il aime la géométrie à cette heure, parce qu'il pense géométrie en ce moment ; est-ce que cela n'est pas également absurde ? Nous dirons fort bien : un tel que vous voyez disputer sur la géométrie est aussi un musicien consommé ; car il se souvient de son art, il le comprend et l'aime ; mais bien qu'il le connaisse et l'aime, il n'y pense point en ce moment, puisque sa pensée est à la géométrie dont il parle. Cela nous apprend qu'il se trouve dans un endroit caché de notre âme certaines connaissances de diverses choses qui se produisent au dehors d'une certaine manière, et se placent en quelque sorte d'une façon plus ouverte en présence de l'âme quand on pense à elles ; en effet, l'âme trouve alors qu'elle se rappelle, qu'elle comprend et qu'elle aime ces choses même auxquelles elle ne pensait point quand sa pensée était occupée ailleurs. Mais pour ce qui est des choses auxquelles nous ne pensons point depuis

---

Ideoque etiam illis tribus nominibus insinuandam mentis putavimus trinitatem, memoria, intelligentia, voluntate.

9. Sed quoniam mentem semper sui meminisse, semperque se ipsam intelligere et amare, quamvis non semper se cogitare discretam ab eis quæ non sunt quod ipsa est, circa ejusdem libri decimi finem diximus : quærendum est quonam modo ad cogitationem pertineat intellectus ; notitia vero cujusque rei, quæ inest menti, etiam quando non de ipsa cogitatur, ad solam dicatur memoriam pertinere. Si enim hoc ita est, non habebat hæc tria, ut et sui meminisset, et se intelligeret, et amaret : sed meminerat tantum sui, et postea cum cogitare se cœpit, tunc se intellexit atque dilexit.

CAPUT VII.
Exemplo res declaratur.

Quapropter diligentius illud consideremus exemplum, quod adhibuimus, ubi ostenderetur aliud esse rem quamque non nosse, aliud non cogitare : fierique posse, ut noverit homo aliquid quod non cogitat, quando aliunde, non inde cogitat. Duarum ergo vel plurium disciplinarum peritus, quando unam cogitat, aliam vel alias etiam si non cogitat, novit tamen. Sed numquid recte possumus dicere : Iste musicus novit quidem musicam, sed nunc eam non intelligit, quia nunc non cogitat ; intelligit autem nunc geometricam, hanc enim nunc cogitat ? Absurda est, quantum apparet, ista sententia. Quid etiam illa, si dicamus : Iste musicus novit quidem musicam, sed nunc eam non amat, quando eam non cogitat ; amat autem nunc geometricam, quoniam nunc ipsam cogitat : nonne similiter absurda est ? Rectissime vero dicimus : Iste quem perspicis de geometrica disputantem, etiam perfectus est musicus : nam et meminit disciplinæ ejus, et intelligit eam et diligit : sed quamvis eam noverit et amet, nunc illam non cogitat, quoniam geometricam de qua disputat, cogitat. Hinc admonemur esse nobis in abdito mentis quarumdam rerum quasdam notitias, et tunc

longtemps et auxquelles nous ne pouvons penser que lorsque nous sommes excités à le faire, je ne sais point de quelle même et étonnante manière il se fait, si je puis parler ainsi, que nous ne savons point que nous les savons. Enfin celui qui remet un autre en mémoire, peut dire, sans crainte de se tromper, à celui qu'il remet en mémoire : Vous savez cela, mais vous ne savez pas que vous le savez; je vais vous le rappeler et vous allez voir que vous savez ce que vous pensiez ne point savoir. C'est ce que font les lettres d'un écrit au sujet de choses que le lecteur, guidé par la raison, trouve vraies, quand il les lit, non point qu'il croit vraies sur la foi de celui qui les lui raconte, comme quand on lit une histoire; mais qu'il trouve vraies, soit en lui-même, soit dans la lumière de l'âme qui n'est autre que la vérité. Tout homme qui ne peut, même quand on l'avertit, voir ces choses, est plongé bien avant dans un grand aveuglement du cœur, dans les ténèbres de l'ignorance, et a besoin d'un secours étonnant de Dieu pour pouvoir parvenir à la vraie sagesse.

10. Voilà donc pourquoi j'ai voulu apporter un exemple, pour montrer comment la vue du souvenir se forme sur les choses qui sont conservées dans la mémoire, et qu'il se produit, dès que l'homme pense quelque chose de semblable à ce qui était en lui, là où il se souvenait avant de penser; parce qu'on saisit plus facilement ce qui se passe dans le temps, et, quand le père précède d'un espace de temps, ce qui nuit de lui. Car si nous nous reportons à la mémoire intérieure de l'âme par laquelle elle se souvient d'elle-même, et à son intelligence intérieure par laquelle elle se comprend, et à sa volonté intérieure par laquelle elle s'aime, là où ces trois choses sont toujours ensemble, et n'ont cessé d'être depuis qu'elles ont commencé d'être, soit qu'il fût pensé à elles, soit qu'il n'y fût point pensé, on verra que l'image de cette trinité se rapporte à la mémoire. Mais comme il ne saurait y avoir verbe sans pensée, nous pensons en effet tout ce que nous disons, même dans un langage intérieur qui n'appartient à la langue d'aucun peuple, c'est plutôt dans ces trois phénomènes que se reconnaît cette image, je veux dire, dans la mémoire, dans l'intelligence et dans la volonté. Par intelligence, j'entends, en ce moment, la faculté par laquelle nous comprenons en tant qu'être pensant, c'est-à-dire quand notre pensée se trouve formée par le retour des choses qui étaient dans notre mémoire, mais auxquelles nous ne pensions point. Par volonté, amour ou dilection, j'entends ce qui unit le produit de la mémoire à celui de l'intelligence et qui est, en quelque sorte, commun à l'une à l'autre. Par ce moyen-là, il est arrivé que j'ai pu dans mon

quodam modo procedere in medium, atque in conspectu mentis velut apertius constitui, quando cogitantur : tunc enim se ipsa mens, et meminisse, et intelligere, et amare invenit, etiam unde non cogitabat, quando aliud cogitabat. Sed unde diu non cogitaverimus, et unde cogitare nisi commoniti non valemus, id nos nescio quo eodemque miro modo, si potest dici, scire nescimus. Denique recte ab eo qui commemorat, ei quem commemorat dicitur : Scis hoc, sed scire te nescis : commemorabo, et invenies te scientem quod te nescire putaveras. Id agunt et litteræ, quæ de his rebus conscriptæ sunt, quas res duce ratione veras esse invenit lector : non quas veras esse credit ei qui scripsit, sicut legitur historia; sed quas veras esse etiam ipse invenit, sive apud se, sive in ipsa mentis luce veritate. Qui vero nec admonitus valet ista contueri, magna cæcitate cordis, tenebris ignorantiæ demersus est altius, et mirabiliore divina ope indiget, ut possit ad veram sapientiam pervenire.

10. Propter hoc itaque volui de cogitatione adhibere qualecumque documentum, quo posset ostendi quomodo ex iis quæ memoria continentur, recordantis acies informetur, et tale aliquid gignatur ubi homo cogitat, quale in illo erat ubi ante cogitationem meminerat : quia facilius dignoscitur, quod tempore accedit, et ubi parens prolem spatio temporis antecedit. Nam si nos referamus ad interiorem mentis memoriam qua sui meminit, et interiorem intelligentiam qua se intelligit, et interiorem voluntatem qua se diligit, ubi hæc tria simul semper sunt, et semper simul fuerunt ex quo esse cœperunt, sive cogitarentur, sive non cogitarentur; videbitur quidem imago illius trinitatis et ad solam memoriam pertinere : sed quia ibi verbum esse sine cogitatione non potest; (cogitamus enim omne quod dicimus, etiam illo interiore verbo quod ad nullius gentis pertinet linguam;) in tribus potius illis imago ista cognoscitur, memoria scilicet, intelligentia, voluntate. Hanc autem nunc dico intelligentiam, qua intelligimus cogitantes, id est, quando eis repertis quæ memoriæ præsto fuerant, sed non cogitabantur, cogitatio nostra formatur; et eam voluntatem, sive amorem, vel dilectionem, quæ istam prolem parentemque conjungit, et quodam modo utrisque communis est. Hinc factum est, ut etiam per exteriora sensibilia quæ per oculos carnis videntur, legentium

onzième livre diriger la marche un peu lente du lecteur, au moyen des objets extérieurs qu'on voit des yeux du corps, et, ensuite, entrer avec lui dans la puissance de l'homme intérieur par laquelle il raisonne des choses temporelles, en la distinguant de celle bien supérieure, par laquelle il contemple les choses éternelles. Voilà ce que j'ai fait dans deux livres; dans le douzième, j'ai fait voir la différence qu'il y a entre l'une et l'autre aptitude de l'homme, dont l'une est supérieure et l'autre inférieure et doit se soumettre à la supérieure. Dans le treizième livre, j'ai traité, avec autant de vérité et aussi brièvement que j'ai pu, du rôle de la faculté inférieure qui consiste à recueillir la science salutaire des choses humaines pour agir dans cette vie mortelle de manière à obtenir la vie éternelle; car je n'ai point renfermé dans un seul livre quelque chose d'aussi multiple, d'aussi abondant, et qui a été traité dans de longues et nombreuses discussions par tant et de si grands auteurs, et j'ai fait voir que là aussi se trouve une trinité, mais non pas encore celle qu'on peut appeler l'image de Dieu.

CHAPITRE VIII.

Il faut maintenant rechercher dans la principale partie de l'âme quelle est l'image de la Trinité.

11. Nous sommes arrivés maintenant à ce point de notre travail, où nous avons à étudier ce qu'il y a de principal dans l'âme de l'homme, ce par quoi il connaît ou peut connaître Dieu, afin d'y trouver l'image de ce dernier. Car bien que l'âme humaine ne soit point de la même nature que Dieu, cependant l'image de sa nature, en comparaison de laquelle nulle n'est meilleure, doit se chercher et se trouver en nous, dans cette partie de notre nature au prix de laquelle nous n'avons non plus rien de meilleur en nous. Mais auparavant il nous faut considérer l'âme en elle-même avant qu'elle participe à Dieu, et c'est en elle que nous devons trouver son image, car nous avons déjà dit plus haut que pour avoir perdu sa participation à Dieu, l'âme n'en a pas moins conservé l'image de Dieu, bien qu'affaiblie et défigurée. Car si elle est l'âme de Dieu, c'est précisément en ce qu'elle est capable de lui, et qu'elle peut participer à lui, bien tellement grand qu'il ne peut exister que parce qu'elle est son image. Ainsi donc il est établi que l'âme se souvient d'elle, qu'elle se comprend et s'aime; si nous saisissons cela nous saisissons la trinité, non point celle qui est Dieu, mais celle qui déjà est l'image de Dieu. Ce n'est point du dehors que la mémoire a reçu ce qu'elle retient, ce n'est point non plus au dehors que l'intelligence a trouvé ce qu'elle pût regarder, comme il arrive pour l'œil du corps, et ce n'est

ducerem tarditatem, in undecimo scilicet libro; atque inde cum eis ingrederer ad hominis interioris eam potentiam qua ratiocinatur de temporalibus rebus, (a) differens illam principaliter dominantem qua contemplatur æternas : atque id duobus voluminibus egi, duodecimo utrumque discernens, quorum unum est superius, alterum inferius, quod superiori subditum esse debet; tertio decimo autem de munere inferioris, quo humanarum rerum scientia salubris continetur, ut in hac temporali vita id agamus quo consequamur æternam, quanta potui veritate ac brevitate disserui : quando quidem rem tam multiplicem atque copiosam, multorum atque magnorum disputationibus multis magnisque celebratam, uno strictim volumine inclusi, ostendens etiam in ipsa trinitatem, sed nondum quæ Dei sit imago dicenda.

CAPUT VII.

Trinitas quæ imago Dei, jam quærenda in principali mentis parte.

11. Nunc vero ad eam jam pervenimus disputationem, ubi principale mentis humanæ, quo novit Deum vel potest nosse, considerandum suscepimus, ut in eo reperiamus imaginem Dei. Quamvis enim mens humana non sit ejus naturæ cujus est Deus : imago tamen naturæ ejus qua natura melior nulla est, ibi quærenda et invenienda est in nobis, quo etiam natura nostra nihil habet melius. Sed prius mens in se ipsa consideranda est ante quam sit particeps Dei, et in ea reperienda est imago ejus. Diximus enim eam etsi amissa Dei participatione obsoletam atque deformem, Dei tamen imaginem permanere. Eo quippe ipso imago ejus est, quo ejus capax est, ejusque particeps esse potest; quod tam magnum bonum, nisi per hoc quod imago ejus est, (b) non potest. Ecce ergo mens meminit sui, intelligit se, diligit se : hoc si cernimus, cernimus trinitatem, nondum quidem Deum, sed jam imaginem Dei. Non forinsecus accepit memoria quod teneret, nec foris invenit quod aspiceret intellectus, sicut corporis oculus : nec ista duo, velut formam corporis, et eam quæ inde facta est in acie contuentis, voluntas foris

---

(a) Editi, *disserens*. Castigantur ex Mss. — (b) Editi *intelligi non potest*. Abest *intelligi* a Mss.

pas davantage au dehors d'elle que la volonté unit ces deux phénomènes, comme elle unit la forme du corps et celle produite d'après celle-là dans l'œil de l'homme qui regarde. Et la pensée, quand elle s'est tournée vers l'image de l'objet corporel vu au dehors, ne l'a point trouvée, si je puis parler ainsi, prise ailleurs et renfermée dans la mémoire, pour en former ensuite la vue du souvenir par le fait de la volonté troisième venant unir l'une et l'autre ensemble, comme nous avons montré que cela se passait dans les trinités qui se remarquent dans les choses corporelles, ou qui se trouvent en quelque sorte transportées, par les sens du corps, des objets corporels au dedans de l'âme, toutes choses dont j'ai parlé dans le livre onzième; elle ne l'a point non plus trouvée telle qu'elle était ou paraissait être quand nous traitions de la science déjà passée dans les œuvres de l'homme intérieur, et qu'il a fallu distinguer de la sagesse; aussi ce que nous savons est-il comme adventice dans l'âme, soit qu'il y soit apporté par les connaissances historiques, tels que les actes et les paroles qui se produisent dans le temps et passent, soit qu'il se rencontre à son lieu et à sa place dans la nature des choses, soit qu'il naisse dans l'homme même où il n'était point auparavant, par l'enseignement des autres ou par nos propres pensées, comme la foi dont nous avons beaucoup parlé dans le livre treizième, et comme les vertus par lesquelles, si elles sont vraies, on vit bien dans cette vie mortelle pour vivre heureux dans l'immortelle qui nous est promise d'en haut. Toutes ces choses-là et les choses semblables ont, dans le temps, leur ordre dans lequel nous apparaissait plus aisément la trinité de la mémoire, de la vision et de l'amour. Quelques-unes de ces choses arrivent avant d'être connues de ceux qui les apprennent, car elles sont cognoscibles avant d'être connues et elles produisent dans ceux qui les apprennent la connaissance d'elles-mêmes. Mais les choses qui ont passé avec le temps, existent à leur place, bien que les choses passées ne soient plus, et qu'il ne reste plus que certains signes de leur passage, qu'on ne peut voir ou entendre sans qu'elles soient connues en tant qu'ayant été et étant passées. Quant à ces signes mêmes, ils sont aussi soit à leur place, comme les monuments funèbres des morts et autres semblables, soit dans des écrits dignes de foi, telle que toute histoire d'une autorité grave et estimée, soit dans l'âme de ceux qui les connaissent; ils sont déjà connus pour eux, et ils sont cognoscibles pour les autres dont ils ont prévenu la science, et qui peuvent les apprendre de la bouche de ceux à qui ils sont connus. Toutes ces choses, même quand on les apprend, font une sorte de trinité, par leur forme qui était cognoscible avant d'être connue, et par la connaissance de quiconque les

junxit : nec imaginem rei quæ foris visa est, quodam modo raptam et in memoria reconditam cogitatio cum ad eam converteretur, invenit, et inde (a) formatus est recordantis obtutus, jungente utrumque tertia voluntate : sicut in eis ostendebamus trinitatibus fieri, quæ in rebus corporalibus reperiebantur, vel ex corporibus per sensum corporis introrsus quodam modo trahebantur; de quibus omnibus in libro undecimo disseruimus : nec sicut fiebat vel apparebat, quando de illa scientia disserebamus, jam in hominis interioris operibus constituta, quæ distinguenda fuit a sapientia ; unde quæ sciuntur, velut adventitia sunt in animo, sive cognitione historica illata, ut sunt facta et dicta, quæ tempore peraguntur et transeunt, vel in natura rerum suis locis et regionibus constituta sunt, sive in ipso homine quæ non erant oriuntur, aut aliis docentibus aut cogitationibus propriis, sicut fides, quam plurimum in libro tertio decimo commendavimus; sicut virtutes, quibus, si veræ sunt, in hac mortalitate ideo bene vivitur, ut beate in illa quæ divinitus promittitur immortalitate vivatur. Hæc atque hujusmodi habent in tempore ordinem suum, in quo nobis trinitas memoriæ visionis et amoris facilius apparebat. Nam quædam eorum præveniunt cognitionem discentium. Sunt enim cognoscibilia, et ante quam cognoscantur, suique cognitionem in discentibus gignunt. Sunt autem vel in locis suis, vel quæ tempore prætierunt : quamvis quæ prætierunt, non ipsa sint, sed eorum quædam signa præteritorum, quibus visis vel auditis cognoscantur fuisse atque transisse. Quæ signa vel in locis sita sunt, sicut monumenta mortuorum, et quæcumque similia : vel in litteris fide dignis, sicut est omnis gravis et approbandæ auctoritatis historia : vel in animis eorum qui ea jam noverunt; eis quippe jam nota, et aliis utique sunt noscibilia, quorum scientiam prævenerunt, et qui ea nosse, illis quibus nota sunt docentibus, possunt. Quæ omnia, et quando discuntur, quamdam faciunt trinitatem, specie sua

(a) Plures Mss. *inde informatus est.*

apprend, unie à cette forme, connaissance qui commence à être quand cette forme est apprise, et par la volonté troisième, qui unit la forme et la connaissance. Mais lorsqu'elles sont connues, il se produit encore une autre trinité quand elles sont rappelées par le souvenir; il se produit alors au dedans de l'âme, par les images imprimées dans la mémoire, pendant que ces choses s'apprenaient, puis par l'information de la pensée quand la mémoire replie son regard vers ces mêmes choses, et enfin par la volonté qui, elle troisième, vient réunir les deux premières. Quant aux choses naissant dans l'âme où elles n'étaient point auparavant, comme la foi et les autres choses semblables, bien qu'elles semblent adventices, puisqu'elles sont semées dans l'âme par l'enseignement, cependant elles ne sont ni placées ni faites au dehors comme le sont les choses crues, mais elles ont commencé absolument au dedans de l'âme. En effet, la foi n'est point ce qui est cru, mais ce par quoi il est cru. L'un est cru, l'autre est vu. Cependant comme elle a commencé dans l'âme qui était âme avant que la foi eût commencé à se trouver en elle, la foi semble être quelque chose d'adventice, et elle sera rangée au nombre des choses passées, lorsque la claire vue lui succédant, elle cessera d'exister elle-même. Maintenant par sa présence, et en tant qu'elle est retenue dans l'âme, qu'elle y est vue, et aimée, elle produit une trinité, elle en produira alors une autre, par une sorte de vestige d'elle-même qu'elle aura laissé dans l'âme en passant, comme je l'ai déjà dit plus haut.

CHAPITRE IX.

La justice et les autres vertus cessent-elles de subsister dans la vie future?

12. C'est une question de savoir si les vertus par lesquelles il est bien vécu dans cette vie mortelle, cessent aussi d'exister quand elles ont conduit l'âme aux biens éternels, par la raison qu'elles commencent à exister dans cette dernière, qui bien qu'étant avant elles et sans elles n'en était pas moins une âme. Il a semblé à plusieurs qu'elles devaient cesser, et quand on affirme qu'il en sera ainsi au moins pour trois d'entre elles, pour la prudence, la force et la tempérance, il ne semble pas que cette opinion doive être comptée pour rien. Quant à la justice elle est immortelle, et au lieu de cesser en nous elle s'y perfectionnera plutôt. Cependant en parlant de ces quatre vertus, un homme d'une grande éloquence, Tullius, dit dans son Hortensius : « S'il nous est donné, quand nous quitterons cette vie, d'en vivre une autre éternelle dans les îles fortunées, comme les fables nous le disent, à quoi pourrait servir l'éloquence puisqu'il n'y aura plus de jugements, de quoi même serviraient les vertus mêmes? Nous n'au-

---

quæ noscibilis fuit etiam ante quam nosceretur, eique adjuncta cognitione discentis quæ tunc esse incipit quando discitur, ac tertia voluntate quæ utrumque conjungit. Et cum cognita fuerint, alia trinitas, dum recoluntur, sit jam interius in ipso animo, ex iis imaginibus quæ cum discerentur sunt impressæ in memoria, et informatione cogitationis ad ea converso recordantis aspectu, et ex voluntate quæ tertia duo ista conjungit. Ea vero quæ oriuntur in animo ubi non fuerunt, sicut fides, et cætera hujusmodi, etsi adventitia videntur, cum doctrina inseruntur; non tamen foris posita vel foris peracta sunt, sicut illa quæ creduntur; sed intus omnino in ipso animo esse cœperunt. Fides enim non est quod creditur, sed qua creditur : et illud creditur, illa conspicitur. Tamen quia esse cœpit in animo, qui jam erat animus ante quam in illo ista esse cœpisset, adventitium quiddam videtur, et in præteritis habebitur, quando succedente specie jam esse destiterit : aliamque nunc trinitatem facit per suam præsentiam, retenta, conspecta, dilecta; aliam tunc faciet per quoddam sui vestigium, quod in memoria præteriens dereliquerit, sicut jam supra dictum est.

CAPUT IX.

An justitia et cæteræ virtutes desinant in futura vita.

12. Utrum autem tunc etiam virtutes, quibus in hac mortalitate bene vivitur, quia et ipsæ incipiunt esse in animo, qui cum sine illis prius esset, tamen animus erat, desinant esse cum ad æterna perduxerint, nonnulla quæstio est. Quibusdam enim visum est desituras : et de tribus quidem, prudentia, fortitudine, temperantia, cum hoc dicitur, non nihil dici videtur : justitia vero immortalis est, et magis tunc perficietur in nobis, quam esse cessabit. De omnibus tamen quatuor magnus auctor eloquentiæ Tullius in Hortensio dialogo disputans : « Si nobis, inquit, cum ex hac vita emigraverimus, in beatorum insulis immortale ævum, ut fabulæ ferunt, degere liceret, quid opus esset eloquentia, cum judicia nulla fierent; aut ipsis etiam virtutibus? Nec enim

rons plus besoin, en effet, de la vertu de force, puisque nous ne nous trouverons plus en présence d'aucune peine ni d'aucun péril; nous n'aurons que faire de la vertu de justice, puisqu'il n'y aura plus rien à envier au prochain; ni de la tempérance pour régler des passions qui n'existeront plus, ni de la prudence même puisqu'il n'y aura plus à choisir entre les biens et les maux. Nous serons donc heureux par la connaissance de la nature et par la science qui seule rend la vie des dieux mêmes digne de louanges. On peut comprendre par là que tout le reste se rapporte à la nécessité et que cela seul dépend de la volonté. » (CICÉRON, *Hortensius*.) Voilà comment ce grand orateur, en prêchant la philosophie, rappelait ce qu'il avait appris de la bouche des philosophes, l'expliquait avec autant de clarté que de douceur et ne trouvait les quatre vertus nécessaires que dans cette vie pleine de peines et d'erreurs, mais il n'en voit plus aucune de nécessaire après elle, s'il nous est donné de vivre où l'on jouit de la vie bienheureuse; les âmes des bons seront heureuses par la connaissance seule et par la science, c'est-à-dire par la contemplation de la nature, en comparaison de laquelle il n'y a rien de meilleur, rien de plus aimable. Cette nature c'est celle qui a créé et fait toutes les autres natures. Mais si se montrer soumis à la conduite de cette nature est le propre de la justice, la justice est tout à fait immortelle, et elle ne cessera point d'exister même dans la vie bienheureuse, elle sera telle et si grande qu'elle ne saurait être ni plus parfaite ni plus grande. Peut-être bien y aura-t-il place aussi dans cette vie bienheureuse, pour les trois autres vertus, pour la prudence bien qu'il n'y ait plus aucun danger d'erreur, pour la force bien qu'il n'y ait plus de maux à supporter, pour la tempérance bien qu'il n'y ait plus de luttes de la part des passions, et dans ce cas, la prudence consisterait à ne préférer, à n'égaler même aucun bien à Dieu, la force à s'attacher très-fermement à lui, la tempérance à ne trouver de charme dans aucune jouissance mauvaise. Pour ce qui est des fonctions présentes de la justice qui consistent à secourir les malheureux, de celles de la prudence à éviter les embûches, de la force à supporter les maux de la vie, de la tempérance à réprimer les mouvements désordonnés, elles n'existeront plus là où il n'y aura plus absolument rien de mal. Par conséquent les œuvres de ces vertus nécessaires à la vie présente, de même que la foi à laquelle on doit les rapporter passeront au rang des choses qui ont été. Mais elles font une autre trinité maintenant que nous les possédons, les voyons et les aimons présentes; elles en feront une autre quand nous trouverons, par certains vestiges d'elles-mêmes qu'elles auront laissés dans la mémoire, en passant, qu'elles ne sont plus, mais qu'elles ont

---

fortitudine egeremus, nullo proposito aut labore aut periculo; nec justitia, cum esset nihil quod appeteretur alieni; nec temperantia, quæ regeret eas quæ nullæ essent libidines; nec prudentia quidem egeremus, nullo delectu proposito bonorum et malorum. Una igitur essemus beati cognitione naturæ et scientia, qua sola etiam deorum est vita laudanda. Ex quo intelligi potest, cætera necessitatis esse, unum hoc voluntatis. » (*Ex Ciceronis Hortensio*.) Ita ille tantus Orator, cum philosophiam prædicaret, recolens ea quæ a philosophis accæperat, et præclare ac suaviter explicans, in hac tantum vita, quam videmus ærumnis et erroribus plenam, omnes quatuor necessarias dixit esse virtutes : nullam vero earum, cum ex hac vita emigraverimus, si liceat ibi vivere ubi vivitur beate; sed bonos animos sola beatos esse cognitione et scientia, hoc est contemplatione naturæ (*a*) qua nihil est melius et amabilius : ea est natura, quæ creavit omnes cæteras, instituitque naturas. Cui regenti esse subditum, si justitiæ est, immortalis est omnino justitia : nec in illa esse beatitudine desinet, sed talis ac tanta erit, ut perfectior et major esse non possit. Fortassis et aliæ tres virtutes, prudentia sine ullo jam periculo erroris, fortitudo sine molestia tolerandorum malorum, temperantia sine repugnatione libidinum, erunt in illa felicitate : ut prudentiæ sit nullum bonum Deo præponere vel æquare, fortitudinis ei firmissime cohærere, temperantiæ nullo defectu noxio delectari. Nunc autem quod agit justitia in subveniendo miseris, quod prudentia in præcavendis insidiis, quod fortitudo in perferendis molestiis, quod temperantia in coercendis delectationibus pravis, non ibi erit, ubi nihil omnino mali erit. Ac per hoc ista virtutum opera, quæ huic mortali vitæ sunt necessaria, sicut fides ad quam referenda sunt, in præteritis habebuntur : et aliam nunc faciunt trinitatem, cum ea præsentia tenemus, aspicimus, amamus; aliam tunc factura sunt, cum ea non esse, sed fuisse, per quædam eorum vestigia, quæ

(*a*) Plerique Mss. *in qua nihil est melius et amabilius ea natura, quæ creavit*. Quidam *quia nihil est melius*, etc.

été, attendu qu'il y aura alors trinité quand ces vestiges, quels qu'ils soient, seront retenus par la mémoire, reconnus avec vérité, et que ces deux phénomènes seront unis par la volonté troisième.

CHAPITRE X.

Comment se produit une trinité dans l'âme qui se souvient d'elle-même, qui se comprend et s'aime elle-même.

13. Dans la science de toutes les choses temporelles dont nous venons de parler, certains cognoscibles précèdent la connaissance dans l'ordre des temps. Par exemple, les objet sensibles au nombre des choses existantes avant d'être connus, et ce qui s'apprend par l'histoire : il y en a qui commencent d'être en même temps que d'être connus, par exemple, quand un objet visible qui n'existait point du tout auparavant, naît sous nos yeux, il est évident qu'il ne précède point la connaissance que nous en avons, ou le son produit où il a quelqu'un pour l'entendre, car le son et l'audition dans ce cas commencent et cessent ensemble. Cependant ce sont les cognoscibles, tant ceux qui précèdent, dans l'ordre des temps, la connaissance que nous en avons, que ceux qui commencent simultanément avec elle, qui engendrent la connaissance, non point la connaissance qui engendre les cognoscibles. La connaissance produite, si nous repassons, dans notre mémoire où elles sont déposées, les choses que nous connaissons, il n'est personne qui ne voie que le fait de leur retenue dans la mémoire est antérieur à la vision du souvenir, et à l'union que la volonté troisième fait de l'une et de l'autre. Or, dans l'âme il n'en est pas ainsi; car elle n'est point adventice pour elle, comme si cette âme même qui ne serait point encore âme venait d'ailleurs dans cette même âme qui serait déjà âme, ou si elle ne venait point d'ailleurs, passait du non être à l'être en elle-même existant déjà, ou bien encore si elle se voyait elle-même placée dans sa propre mémoire, en se souvenant d'elle-même, après s'être connue, comme si elle ne s'était point trouvée en elle avant de se connaître, tandis que certainement, depuis qu'elle a commencé d'être, elle n'a jamais cessé ni de se souvenir d'elle-même ni de se comprendre et de s'aimer elle-même, comme nous l'avons déjà fait voir. Par conséquent, lorsque par la pensée, elle se replie sur elle, il se produit une trinité dans laquelle on peut déjà connaître le verbe, car elle se forme de la pensée, par l'opération de la volonté unissant la pensée au souvenir. C'est donc là de préférence qu'on doit reconnaître l'image que nous cherchons.

prætereundo in memoria derelinquent, reperiemus : quia et tunc trinitas erit, cum illud qualecumque vestigium et memoriter retinebitur, et agnoscetur veraciter, et hoc utrumque tertia voluntate jungetur.

CAPUT X.

Quomodo mente sui recordante seque intelligente ac diligente trinitas fiat.

13. In omnium istarum, quas commemoravimus, temporalium rerum scientia, quædam cognoscibilia cognitionem interpositione temporis antecedunt; sicut sunt ea sensibilia, quæ jam erant in rebus, ante quam cognoscerentur; vel ea omnia, quæ per historiam cognoscuntur : quædam vero simul esse incipiunt; velut si aliquid visibile, quod omnino non erat, ante nostros oculos oriatur, cognitionem nostram utique non præcedit; aut si aliquid sonet, ubi adest auditor, simul profecto incipiunt esse, simulque desinunt et sonus et ejus auditus. Verumtamen sive tempore præcedentia, sive simul esse incipientia cognoscibilia cognitionem gignunt, non cognitione gignuntur. Cognitione vero facta, cum ea quæ cognovimus, posita in memoria recordatione revisuntur, quis non videat priorem esse tempore in memoria retentionem, quam in recordatione visionem, et hujus utriusque tertia voluntate junctionem? Porro autem in mente non ita est : neque enim adventitia sibi ipsa est, quasi ad se ipsam quæ jam erat, venerit aliunde eadem ipsa quæ non erat; aut non aliunde venerit, sed in se ipsa quæ jam erat, nata sit ea ipsa quæ non erat; (*a*) sicut in mente quæ jam erat, oritur fides quæ non erat : aut post cognitionem sui recordando se ipsam velut in memoria sua constitutam videt, quasi non ibi fuerit ante quam se ipsam cognosceret; cum profecto ex quo esse cœpit, nunquam sui meminisse, nunquam se intelligere, nunquam se amare destiterit, sicut jam ostendimus. Ac per hoc quando ad se ipsam cogitatione convertitur, fit trinitas, in qua jam et verbum quæ possit intelligi : formatur quippe ex ipsa (*b*) cogitatione, voluntate utrumque jungente. Ibi ergo magis agnoscenda est imago quam quærimus.

(*a*) Hic editi addunt, *sicut in ipso homine quæ non erant oriuntur, aut aliis docentibus, aut cogitationibus propriis, sicut fides, sicut virtutes*. Verba huc male translata ex capite VIII, supra pag. 484, lin. 16. — (*b*) Sic plerique Mss. Editi vero, *ex ipsa cognitio*.

CHAPITRE XI.

Y a-t-il aussi mémoire des choses présentes?

14. Mais on dira peut être : il n'y a pas mémoire, dans le fait de l'âme se souvenant d'elle, puisqu'elle est toujours présente à elle. La mémoire en effet se rapporte au passé non au présent. Et certains auteurs, entre autres Tullius, en traitant des vertus, ont divisé la prudence en ces trois facultés, la mémoire, l'intelligence et la prévoyance. La mémoire pour les choses du passé, l'intelligence pour celles du présent et la prévoyance pour celles de l'avenir, laquelle n'est certaine que dans ceux qui prévoient l'avenir, don qui n'appartient pas à l'homme, à moins qu'il ne lui soit donné d'en haut, comme aux prophètes. Aussi l'auteur de la sagesse dit-il, en parlant de l'homme : « Les pensées des hommes sont timides, et nos prévoyances sont incertaines. » (*Sag.*, IX, 14.) La mémoire est sûre des choses passées, et l'intelligence des présentes, mais des présentes incorporelles, attendu que les corporelles ne sont présentes que pour les yeux du corps. Mais ceux qui prétendent que la mémoire n'est point des choses présentes, doivent faire attention à ce qui a été dit dans les écrits mêmes des hommes du siècle, qui ont plus de souci de l'arrangement des mots que de la vérité des choses. « Ulysse ne le souffrit point, et le roi d'Ithaque ne s'oublia point dans une telle extrémité. » (*Eneid.*, III, 628 et 629.) Quand Virgile dit qu'Ulysse ne s'est point oublié, que veut-il faire entendre sinon qu'il s'est souvenu de lui ? D'où il suit que puisqu'il était présent à lui-même, il ne pouvait se souvenir de lui que si la mémoire se rapporte aux choses présentes. Aussi de même qu'on donne le nom de mémoire, à propos des choses passées, à cette faculté qui permet de se les rappeler et de s'en souvenir, ainsi dans les choses qui sont présentes telle que l'âme par rapport à elle-même, on peut donner le nom de mémoire sans tomber dans l'absurde à cette faculté par laquelle il lui est possible de se comprendre par sa propre pensée et de réunir l'un et l'autre ensemble par l'amour d'elle-même.

CHAPITRE XII.

La trinité dans l'âme est l'image de Dieu par le fait qu'elle se rappelle, comprend et aime Dieu qui n'est autre chose que la sagesse.

15. Cette trinité de l'âme n'est donc point l'image de Dieu parce que l'âme se souvient d'elle-même, se comprend et s'aime elle-même, mais aussi parce qu'elle peut se rappeler, comprendre et aimer celui par qui elle a été faite. Quand elle le fait elle devient sage, mais si elle

CAPUT XI.
An et præsentium sit memoria.

14. Sed dicet aliquis : Non est ista memoria, qua mens sui meminisse perhibetur, quæ sibi semper est præsens. Memoria enim præteritorum est, non præsentium : nam quidam cum de virtutibus agerent, in quibus est etiam Tullius, in tria ista prudentiam diviserunt, memoriam, intelligentiam, providentiam : memoriam scilicet præteritis, intelligentiam præsentibus, providentiam rebus tribuentes futuris, quam non habent certam nisi præscii futurorum ; quod non est munus hominum, nisi detur de super, ut prophetis. Unde Scriptura sapientiæ de hominibus (*a*) aiens : « Cogitationes, inquit, mortalium timidæ, et incertæ providentiæ nostræ. » (*Sap.*, IX, 14.) Memoria vero de præteritis, et intelligentia de præsentibus certa est, sed præsentibus utique (*b*) incorporalibus rebus : nam corporales corporalium præsentes sunt aspectibus oculorum. Sed qui dicit memoriam non esse præsentium, attendat quemadmodum dictum sit in ipsis sæcularibus litteris, ubi majoris fuit curæ verborum integritas quam veritas rerum : Nec talia passus Ulysses oblitusve sui est Ithacus, discrimine tanto. (*Æneid.*, II.) Virgilius enim cum sui non oblitum diceret Ulyssem, quid aliud intelligi voluit, nisi quod meminerit sui ? Cum ergo sibi præsens esset, nullo modo sui meminisset, nisi ad res præsentes memoria pertineret. Quapropter sicut in rebus præteritis ea memoria dicitur, qua fit ut valeant recoli et recordari : sic in re præsenti quod sibi est mens, memoria sine absurditate dicenda est, qua sibi præsto est ut sua cogitatione possit intelligi, et utrumque sui (*c*) amore conjungi.

CAPUT XII.
Trinitas in mente eo est imago Dei, quo meminit, intelligit et diligit Deum, quod est sapientia.

15. Hæc igitur trinitas mentis non propterea Dei est imago, quia sui meminit mens, et intelligit ac diligit se : sed quia potest etiam meminisse, et

---

(*a*) Plures Mss. *agens.* — (*b*) Am. Er. et plerique Mss. *corporalibus.* — (*c*) Sola fere editio Lov. *amori.*

ne le fait point, quand même elle se souviendrait d'elle-même, se comprendrait et s'aimerait, elle est le contraire de sage. Qu'elle se souvienne donc de son Dieu, à l'image de qui elle a été faite, qu'elle le comprenne et qu'elle l'aime, et, pour le dire en deux mots, qu'elle honore Dieu qui n'a point été fait, mais qui l'a faite capable de le comprendre, et dont elle peut-être participante, c'est pour cela qu'il est écrit : « Le culte de Dieu, voilà la sagesse. » (*Job*, XXVIII, 28.) Elle ne sera point sage par sa propre lumière, mais par sa participation à cette lumière suprême et elle régnera heureuse là où elle régnera éternellement; car pour que la sagesse de l'homme soit la vraie sagesse, il faut qu'elle soit aussi la sagesse de Dieu, c'est alors en effet qu'elle est la vraie sagessse; tant qu'elle n'est que la sagesse de l'homme, elle est une vaine sagesse. Mais il n'en est point de même de la sagesse par laquelle Dieu même est sage ; car ce n'est point par participation à lui-même qu'il est sage, comme l'âme l'est par sa participation à Dieu. De même ce qu'on appelle la justice de Dieu, ce n'est pas seulement cette justice par laquelle il est juste en lui-même mais celle qu'il donne à l'homme quand il justifie l'impie, et dont l'Apôtre parle quand, à propos de certaines gens, il dit : « Ignorant la justice de Dieu et s'efforçant d'établir leur justice, ils ne sont point soumis à celle de Dieu. » (*Rom*., X, 3.) C'est ainsi qu'on peut dire également de certains hommes. Ils ignorent ce que c'est que la sagesse de Dieu, et s'efforçant d'établir leur propre sagesse, ils ne sont point soumis à celle de Dieu.

16. Il y a donc une nature qui n'a point été faite et qui a fait toutes les autres natures, grandes et petites, mais qui l'emporte, sans le moindre doute, sur toutes celles qu'il a faites, et par conséquent sur elle-même dont nous parlons, je veux dire, sur la nature intelligente et raisonnable qui est l'âme humaine faite à l'image de celui qui l'a créée. Or, cette nature qui l'emporte sur les autres, c'est Dieu. Et même, « il n'est point placé loin de chacun de nous, » comme dit l'Apôtre qui ajoute : « Car c'est en lui que nous vivons, que nous nous mouvons et que nous sommes. » (*Act.*, XVII, 27.) S'il entendait parler du corps, dans ce cas-là, cela pourrait aussi bien s'entendre de ce monde corporel, car c'est là que corporellement parlant, nous vivons aussi, nous nous mouvons et nous sommes. Aussi ces paroles doivent-elles s'entendre de l'âme qui a été faite à l'image de Dieu, d'une manière plus excellente, invisible sans doute mais pourtant intelligible. D'ailleurs qu'est-ce qui n'est point en celui dont les divines Ecritures ont dit : « Car tout est par lui, tout est de lui, et tout est en lui ? » (*Rom*., XI, 36.) Mais si tout est en lui, en qui peut vivre tout ce qui vit, se mouvoir tout ce qui se meut, si ce n'est en celui en qui tout

---

intelligere, et amare a quo facta est. Quod cum facit, sapiens ipsa fit. Si autem non facit, etiam cum sui meminit, seseque intelligit ac diligit, stulta est. Meminerit itaque Dei sui, ad cujus imaginem facta est, eumque intelligat atque diligat. Quod ut brevius dicam, colat Deum non factum, cujus ab eo capax est facta, et cujus particeps esse potest, propter quod scriptum est : « Ecce Dei cultus est sapientia : » (*Job*, XXVIII, 28) et non sua luce, sed summæ illius lucis participatione sapiens erit, atque ubi æterna, ibi beata regnabit. Sic enim dicitur ista hominis sapientia, ut etiam Dei sit. Tunc enim vera est : nam si humana est, vana est. Verum non ita Dei qua sapiens est Deus. Neque enim participatione sui sapiens est, sicut mens participatione Dei. Sed quemadmodum dicitur etiam justitia Dei, non illa solum qua ipse justus est, sed quam dat homini cum justificat impium, quam commendans Apostolus ait de quibusdam : « Ignorantes enim Dei justitiam, et suam justitiam volentes constituere, justitiæ Dei non sunt subjecti : » (*Rom*., X, 3) sic etiam dici potest de quibusdam : Ignorantes Dei sapientiam, et suam volentes constituere, sapientiæ Dei non sunt subjecti.

16. Est igitur natura non facta, quæ fecit omnes cæteras magnas parvasque naturas, eis quas fecit sine dubitatione præstantior; ac per hoc hac etiam de qua loquimur, rationali et intellectuali, quæ hominis mens est, ad ejus qui eam fecit imaginem facta. Illa autem cæteris natura præstantior Deus est. Et quidem « non longe positus ab unoquoque nostrum, » (*Act.*, XVII, 27) sicut Apostolus dicit, adjungens :« In illo enim vivimus, et movemur, et sumus. » Quod si secundum corpus diceret, etiam de isto corporeo mundo posset intelligi. Nam et in illo secundum corpus vivimus, movemur, et sumus. Unde secundum mentem quæ facta est ad ejus imaginem, debet hoc accipi, excellentiore quodam, eodemque non visibili, sed intelligibili modo. Nam quid non est in ipso, de quo divine scriptum est : « Quoniam ex ipso et per ipsum et in ipso sunt omnia? » (*Rom*., XI, 36.) Proinde si in ipso sunt omnia, in quo tandem possunt vivere quæ vivunt, et moveri quæ moventur,

est? Cependant tous les hommes ne sont point avec lui, de la même manière que celui qui lui parlait ainsi : « Quant à moi je suis toujours avec vous, » (*Ps.* LXXII, 23) de même qu'il n'est point non plus avec tous les hommes de la même manière que nous disons : Le Seigneur est avec vous. C'est donc, pour l'homme, une grande misère, de ne point être avec celui sans qui il ne peut être ; car il est hors de doute qu'il ne peut point ne pas être avec celui en qui il est, et pourtant s'il ne se souvient point de lui, s'il ne le comprend et ne l'aime point, il n'est point avec lui. C'est ce que chacun oublie complétement et nul n'en peut être averti.

CHAPITRE XIII.

Comment on peut oublier Dieu ou se souvenir de lui.

17. Empruntons aux choses visibles un exemple de ce que je viens de dire. Quelqu'un que vous ne reconnaissez pas vous dit : vous me connaissez, et pour vous remettre sur la voie, il vous dit où, quand et comment vous l'avez connu, et après avoir rassemblé tous les signes qui doivent vous rafraîchir la mémoire, si vous ne le reconnaissez pas encore, si vous l'avez tellement oublié que son souvenir se soit complétement effacé de votre esprit, il ne vous reste plus autre chose à faire qu'à croire, comme il vous le dit, que vous l'avez connu autrefois, ou de ne le point croire, si celui qui vous parle n'est point digne de foi. Mais si vous vous rappelez l'avoir connu, évidemment le souvenir vous en revient, et vous retrouvez dans votre mémoire ce que l'oubli n'y avait point complétement effacé. Revenons au sujet pour lequel j'ai dû prendre un exemple dans les choses ordinaires de la vie. Entre autres le psaume IX s'exprime ainsi : « Que les pécheurs soient précipités dans les enfers, tous peuples qui oublient Dieu, » (*Psal.* IX, 18) et le vingt-et-unième reprend : « Tous les confins de la terre se souviendront et se convertiront au Seigneur. » (*Psal.* XXI, 28.) Ces nations n'avaient donc point oublié Dieu au point de ne point se souvenir de lui si on le leur remet en mémoire. Mais en oubliant Dieu, comme si elles avaient oublié leur propre vie, elles étaient tombées dans la mort, c'est-à-dire dans les enfers; mais en se ressouvenant de lui elles se convertissent au Seigneur, elles semblent revivre en se rappelant leur vie, qui pour elles était tombée dans l'oubli. On lit encore dans le psaume XCIII : « Comprenez maintenant peuples insensés, vous qui avez perdu la raison, commencez à devenir sages. Celui qui a fait l'oreille n'entendra-t-il point ? » (*Ps.* XCIII, 8) et le reste. Cela s'adressait aux peuples qui, faute de comprendre Dieu, ne disaient sur lui que des paroles vaines.

---

nisi in quo sunt? Non tamen omnes cum illo sunt eo modo quo ei dictum est : « Ego semper tecum. » (*Psal.* LXXII, 23.) Nec ipse cum omnibus eo modo quo dicimus : Dominus vobiscum. Magna itaque hominis miseria est cum illo non esse, sine quo non potest esse. In quo enim est, procul dubio sine illo non est : et tamen si ejus non meminit, eumque non intelligit, nec diligit, cum illo non est. Quod autem quisque penitus obliviscitur, nec commoneri ejus utique potest.

CAPUT XIII.

Quomodo Dei oblivisci et meminisse quis possit.

17. De visibilibus rebus ad hanc rem sumamus exemplum. Dicit tibi quispiam quem non recognoscis : Nosti me : et ut commoneat, dicit ubi, quando, quomodo tibi innotuerit : omnibusque adhibitis signis quibus in memoriam revoceris, si non recognoscis, ita jam oblitus es, ut omnis illa notitia penitus deleta sit animo : nihilque aliud restat, nisi ut credas ei qui tibi hoc dicit, quod aliquando eum noveras; aut ne hoc quidem, si fide dignus tibi esse qui loquitur non videtur. Si autem reminisceris, profecto redis in memoriam tuam, et in ea invenis quod non fuerat penitus oblivione deletum. Redeamus ad illud propter quod adhibuimus humanæ conversationis exemplum. Inter cætera Psalmus IX : « Convertantur, inquit, peccatores in infernum, omnes gentes quæ obliviscuntur Deum. » (*Psal.* IX, 18.) Porro autem XXI : « Commemorabuntur, inquit, et convertentur ad Dominum universi fines terræ. » (*Psal.* XXI, 28.) Non igitur sic erant oblitæ istæ gentes Deum, ut ejus nec commemoratæ recordarentur. Obliviscendo autem Deum, tanquam obliviscendo vitam suam, conversæ fuerant in mortem, hoc est, in infernum. Commemoratæ vero convertuntur ad Dominum, tanquam reviviscentes reminiscendo vitam suam, cujus eas habebat oblivio. Item legitur in XCIII : « Intelligite nunc qui insipientes estis in populo, et stulti aliquando sapite : Qui plantavit aurem non audiet? » (*Psal.* XCIII, 8) et cætera. Eis enim dictum est, qui Deum non intelligendo, de illo vana dixerunt.

CHAPITRE XIV.

L'âme s'aimant comme elle doit s'aimer, aime Dieu, et si elle n'aime point Dieu, on doit dire qu'elle se hait elle-même.

18. On trouve plusieurs textes, dans les divines Ecritures, qui se rapportent à l'amour de Dieu. Mais il y a deux choses ici à comprendre comme étant l'une la conséquence de l'autre, c'est qu'on n'aime point celui dont on ne se souvient point, non plus que celui qu'on ne connaît point du tout. De là vient ce commandement, le premier et le plus connu de tous : « Vous aimerez le Seigneur votre Dieu. » (*Deut.*, VI, 5.) Aussi l'âme humaine a-t-elle été ainsi faite qu'elle ne peut jamais s'oublier elle-même, jamais ne se point comprendre, jamais ne se point aimer. Mais comme quiconque hait un autre, cherche à lui nuire, on peut dire avec vérité de l'âme qui se fait du mal à elle-même, qu'elle se hait; en effet, c'est bien sans le savoir qu'elle se veut du mal quand elle ne pense point que ce qu'elle veut lui soit nuisible; cela n'empêche point qu'elle ne se veuille du mal quand elle veut quelque chose qui lui est nuisible; voilà pourquoi il est écrit : « Quiconque aime l'iniquité, hait son âme. » (*Ps.* X, 6.) Celui donc qui sait s'aimer aime Dieu, et tout homme qui n'aime point Dieu, quand même il s'aimerait, ce qu'il est naturellement porté à faire, ne laisse pas cependant de pouvoir très-justement être représenté comme se haïssant lui-même, puisqu'il fait ce qui lui est contraire et qu'il se poursuit lui-même comme s'il était son propre ennemi. Assurément c'est une erreur horrible de la part des hommes de ne faire, pour la plupart, que ce qui leur est pernicieux, tout en se voulant tous du bien. En décrivant un mal pareil qui affligeait les muets animaux, le poète s'écriait : « Grands dieux, réservez aux hommes pieux un meilleur sort, et gardez cette erreur pour nos ennemis : les animaux se déchiraient eux-mêmes les membres à belles dents. » (VIRG., *Georg.*, III, 513 et 514.) Pourquoi, puisqu'il ne s'agissait que d'un mal qui s'attaquait au corps, l'appelle-t-il une erreur, sinon parce que tout animal ayant reçu de la nature un instinct qui le porte à se conserver autant qu'il peut, la maladie qui sévissait sur les animaux était telle qu'elle les portait à se déchirer les membres qu'ils voulaient pourtant voir sauvés du mal? Mais lorsque l'âme aime Dieu, et par conséquent, comme je l'ai déjà dit, se souvient de lui et le comprend, il est bien de lui prescrire, au sujet du prochain, de l'aimer comme elle s'aime elle-même. En effet, elle ne s'aime point mal, mais bien, quand elle aime Dieu; car c'est en participant à Dieu que non-seulement elle en est l'image, mais encore qu'elle se rajeunit après avoir vieilli, qu'elle se reforme après s'être déformée, qu'elle est ren-

---

CAPUT XIV.

Mens se recte diligendo diligit Deum, quem si non diligat, se ipsam odisse dicenda est.

18. De dilectione autem Dei plura reperiuntur in divinis eloquiis testimonia. Ibi enim et illa duo consequenter intelliguntur, quia nemo diligit cujus non meminit, et quod penitus nescit. Unde illud est notissimum præcipuumque præceptum : « Diliges Dominum Deum tuum. » (*Deut.*, VI, 5.) Sic itaque condita est mens humana, ut nunquam sui non meminerit, nunquam se non intelligat, nunquam se non diligat. Sed quoniam qui odit aliquem, nocere illi studet; non immerito et mens hominis, quando sibi nocet, odisse se dicitur. Nesciens enim sibi vult male, dum non putat sibi obesse quod vult : sed tamen male sibi vult, quando id vult quod obsit sibi; unde illud scriptum est : « Qui diligit iniquitatem, odit animam suam. » (*Psal.* X, 6.) Qui ergo se diligere novit, Deum diligit : qui vero non diligit Deum, etiam si se diligit, quod ei naturaliter indi- tum est, tamen non inconvenienter odisse se dicitur, cum id agit quod sibi adversatur, et se ipsum tanquam suus inimicus insequitur. Qui profecto est error horrendus, ut cum sibi omnes prodesse velint, multi non faciant nisi quod eis perniciosissimum sit. Similem morbum mutorum animalium cum Poeta describeret : « Dii, inquit, meliora piis, errorem-que hostibus illum. Discissos nudis laniabant dentibus artus. » (VIRG., *Georg.*, III.) Cum morbus ille corporis fuerit, cur dixit errorem, nisi quia omne animal cum sibi natura conciliatum sit, ut se custodiat quantum potest, talis ille erat morbus, ut ea quorum salutem appetebant, sua membra laniarent? Cum autem Deum diligit mens, et sicut dictum est, consequenter ejus meminit, eumque intelligit, recte illi de proximo suo præcipitur, ut eum sicut se diligat. Jam enim se non diligit perverse, sed recte, cum Deum diligit, cujus participatione imago illa non solum est, verum etiam ex vetustate renovatur, ex deformitate reformatur, ex infelicitate beatificatur. Quamvis enim se ita diligat, ut si alterutrum

duc bienheureuse après être tombée dans le malheur. Car bien qu'elle s'aime d'un amour tel, que dans le cas où on l'obligerait à choisir, elle aimerait mieux perdre tout ce qui est inférieur à elle, que de périr cependant en abandonnant celui qui est au-dessus d'elle et par qui seul elle pourrait conserver sa force, dont elle pourrait jouir comme étant sa lumière, et à qui s'adressent ces paroles du Psalmiste : « C'est en vous que je conserverai ma force, » (*Ps.* LVIII, 10) et encore : « Approchez-vous de lui afin que vous soyez éclairés; » (*Ps.* XXXIII, 6) elle est devenue si faible et est tombée dans de telles ténèbres, qu'elle tombe bien malheureusement d'elle-même dans les choses qui ne sont point elle, et auxquelles elle est même supérieure, entraînée qu'elle est, par des amours qu'elle ne peut plus vaincre et par des erreurs dont elle ne voit point comment se tirer. Aussi le pénitent dont Dieu enfin a eu pitié, s'écrie-t-il dans les psaumes : « Toute ma force m'a quitté et même la lumière de mes yeux n'est plus avec moi. » (*Ps.* XXXVII, 11.)

19. Mais dans ces grands maux de faiblesse et d'erreur, l'âme n'a pu perdre ni le souvenir, ni l'intelligence, ni l'amour de soi qui lui sont naturels; voilà pourquoi il a pu être dit, comme je l'ai rapporté plus haut : « Bien que l'homme passe comme une image, néanmoins il ne laisse pas de se troubler en vain. Il amasse des trésors et il ne sait pas pour qui il les amasse. » (*Ps.* XXXVIII, 7.) Pourquoi amasse-t-il des trésors, sinon parce que sa force l'a quitté, cette force par laquelle possédant Dieu, il ne manquait de rien? Et pourquoi ne sait-il point pour qui il les amasse, si ce n'est parce que la lumière de ses yeux n'est plus avec lui? Aussi ne voit-il point ce que dit la vérité même quand elle s'écrie : « Insensé que tu es, on s'en va te redemander ton âme cette nuit même, et pour qui sera ce que tu as amassé? » (*Luc*, XII, 20.) Cependant parce que bien que tel, l'homme passe comme une image, l'âme de l'homme a le souvenir, l'intelligence et l'amour d'elle-même. S'il était dévoilé à l'homme qu'il ne peut plus avoir l'une et l'autre chose, et s'il lui était permis de choisir entre les deux, de perdre soit les trésors qu'il a amassés, soit son âme, qui serait assez dépourvu de cœur pour préférer ses trésors à son âme? Sans doute les trésors peuvent souvent pervertir l'âme, mais l'âme qui n'est point pervertie par les trésors peut vivre beaucoup plus facilement et plus indépendante sans aucun trésor. Or, qui peut posséder le moindre trésor, si ce n'est par son âme? En effet, si un enfant, bien que né au sein de la richesse et maître de tout ce qui lui appartient en droit, ne possède cependant rien, tant que son âme est endormie; comment donc pourrait-on posséder quoi que ce fût, quand on a perdu son âme? Mais pourquoi

proponatur, malit omnia quæ infra se diligit perdere, quam perire : tamen superiorem deserendo, ad quem solum posset custodire fortitudinem suam, eoque frui lumine suo, cui canitur in Psalmo : « Fortitudinem meam ad te custodiam; » (*Psal.* LVIII, 10) et in alio : « Accedite ad eum, et illuminamini : » (*Psal.* XXXIII, 6) sic infirma et tenebrosa facta est, ut a se quoque ipsa, in ea quæ non sunt quod ipsa, et quibus superior est ipsa, infelicius laberetur per amores, quos non valet vincere, et errores a quibus non videt qua redire. Unde jam Deo miserante pœnitens clamat in Psalmis : « Deseruit me fortitudo mea, et lumen oculorum meorum non est mecum. » (*Psal.* XXXVII, 11.)

19. Non tamen in his tantis infirmitatis et erroris malis amittere potuit naturalem memoriam, intellectum, et amorem sui : propter quod merito dici potuit quod supra commemoravi : « Quanquam in imagine ambulat homo, tamen vane conturbatur. Thesaurizat, et nescit cui congregabit ea. » Cur enim thesaurizat, nisi quia fortitudo ejus deseruit eum, per quam Deum habens, rei nullius indigeret? Et cur nescit cui congregabit ea, nisi quia lumen oculorum ejus non est cum eo? Et ideo non videt quod Veritas ait : « Stulte, hac nocte animam tuam repetunt abs te, hæc quæ præparasti cujus erunt? » (*Luc.*, XII, 20.) Verumtamen quia etiam talis in imagine ambulat homo, et habet memoriam, et intellectum, et amorem sui, hominis mens : si ei manifestaretur quod utrumque habere non posset, et unum e duobus permitteretur eligere, alterum perditurus, aut thesauros quos congregavit, aut mentem; quis usque adeo non habet mentem, ut thesauros mallet habere quam mentem? Thesauri enim mentem possunt plerumque subvertere : at mens quæ non thesauris subvertitur sine ullis thesauris facilius et expeditius potest vivere. Quis vero ullos thesauros, nisi per mentem poterit possidere? Si enim puer infans, quamvis ditissimus natus, cum sit dominus omnium quæ jure sunt ejus, nihil possidet mente sopita; quonam tandem modo quisquam quidquam mente possidebit amissa? Sed de

parler de trésors dont tout homme si un pareil choix lui était donné, aimerait mieux être privé que de son âme, quand personne ne les préfère, personne ne les compare même aux yeux du corps, par lesquels non quelques hommes seulement, comme cela a lieu pour l'or, mais tous les hommes possèdent le ciel ; car on possède par les yeux tout ce qu'on voit facilement par eux. Qui donc, dans l'impossibilité de conserver les uns et les autres en même temps et dans la nécessité de les perdre les uns ou les autres, ne préférerait point perdre ses trésors plutôt que ses yeux ? Et pourtant si on lui demande, en y mettant la même condition, lequel des deux il aime mieux perdre, ses yeux ou son âme, qui ne voit que par son âme même il aimera mieux perdre ses yeux que son âme ? En effet, l'âme même privée des yeux du corps, n'en est pas moins toujours une âme d'homme, tandis que les yeux d'un corps sans âme ne sont que des yeux de bêtes. Or, qui n'aime mieux être homme même aveugle des yeux du corps, que bête voyant clair ?

20. Je suis entré dans ces détails, afin que les esprits les moins subtils, sous les yeux ou aux oreilles de qui ces écrits pourraient parvenir, soient amenés, en quelques mots, par moi, à remarquer à quel point l'âme même faible et dans l'erreur s'aime, lors même qu'elle s'aime mal ou qu'elle recherche les choses au-dessous d'elle. Or, elle ne pourrait point s'aimer si elle ne se connaissait pas, c'est-à-dire, si elle ne se souvenait point d'elle et ne se comprenait point. Cette image de Dieu en elle, la rend si puissante, qu'elle peut s'attacher à celui dont elle est l'image ; car elle est ainsi placée dans l'ordre des natures, sinon des lieux, qu'il n'y a que Dieu qui soit au-dessus d'elle. Lorsque enfin elle s'attachera tout à fait à lui, elle ne fera plus qu'un seul esprit avec lui, selon le témoignage même de l'Apôtre qui dit : « Celui qui demeure attaché au Seigneur, est un même esprit avec lui, » (I *Cor.*, VI, 17) en participant à la nature, à la félicité et à la vérité de Dieu, non point en augmentant ni cette nature, ni cette vérité, ni cette félicité. Il vivra donc sans aucun changement dans cette nature divine, quand il y sera attaché dans le bonheur, et tout ce qu'il verra alors sera immuable. C'est alors, selon la promesse de la divine Ecriture, que ses désirs seront rassasiés de biens immuables, de la Trinité même, son Dieu dont il est l'image. Et de peur que désormais cette image ne s'altère, elle sera cachée dans le secret de sa face et comblée d'une telle abondance par lui, qu'elle n'éprouvera plus jamais de plaisir à pécher. Mais pour le moment quand l'âme se voit, elle ne voit rien d'immuable.

---

thesauris quid loquor, quod eis quilibet hominum, si talis optio proponatur, mavult carere quam mente ; cum eos nemo præponat, nemo comparet luminibus corporis, quibus non ut aurum rarus quisque homo, sed omnis homo possidet cœlum : per lumina enim corporis quisque possidet quidquid libenter videt. Quis ergo si tenere utrumque non possit, et alterutrum cogatur amittere, non thesauros quam oculos malit ? Et tamen si ab eo simili conditione quæratur, utrum oculos malit amittere, an mentem, quis mente non videat eum oculos malle quam mentem ? Mens quippe sine oculis carnis humana est, oculi autem carnis sine mente belluini sunt. Qui porro non hominem se malit esse etiam carne cæcum, quam belluam videntem ?

20. Hæc dixi, ut etiam tardiores, quamvis breviter, commonerentur a me, in quorum oculos vel aures hæ litteræ venerint, quantum mens diligat se ipsam etiam infirma et errans, male diligendo atque sectando quæ sunt infra ipsam. Diligere porro se ipsam non posset, si se omnino nesciret, id est, si sui non meminisset ; nec se intelligeret : qua in se imagine Dei tam potens est, ut ei cujus imago est valeat inhærere. Sic enim ordinata est naturarum ordine, non locorum, ut supra illam non sit nisi ille. Denique cum illi penitus adhæserit, unus erit spiritus : cui rei attestatur Apostolus, dicens : « Qui autem adhæret Domino, unus spiritus est : » (I *Cor.*, VI, 17) accedente quidem ista ad participationem naturæ, veritatis, et beatitudinis illius, non tamen crescente illo in natura, veritate et beatitudine sua. In illa itaque natura, cum feliciter adhæserit, (a) immutabiliter vivet, et immutabile videbit omne quod viderit. Tunc, sicut ei divina Scriptura promittit, (*Psal.* CII, 5) satiabitur in bonis desiderium ejus, bonis immutabilibus, ipsa Trinitate Deo suo cujus imago est : et ne uspiam deinceps violetur, erit in abscondito vultus ejus, tanta ubertate ejus impleta, ut eam nunquam peccare delectet. Se ipsam vero nunc quando videt, non aliquid immutabile videt.

(a) Mss. omittunt *immutabiliter vivet*.

CHAPITRE XV.

Bien que l'âme espère la béatitude, ce n'est cependant point de cette béatitude perdue, mais de Dieu et des règles de la justice qu'elle se souvient.

21. L'âme ne doute point de cela parce qu'elle est malheureuse et qu'elle désire être heureuse; or, elle n'espère point qu'il en sera ainsi pour une autre raison que parce qu'elle est elle-même, muable. En effet, si elle n'était point muable, elle ne pourrait pas plus devenir de malheureuse heureuse, que d'heureuse malheureuse. Or, qui l'aurait faite malheureuse sous le Seigneur tout-puissant et bon, sinon son propre péché et la justice de son Seigneur? et qu'est-ce qui la fera heureuse, si ce ne sont son propre mérite et la récompense de son Seigneur? Mais son mérite c'est une grâce de celui même dont la récompense sera sa félicité. En effet, elle ne peut se donner la justice, puisqu'elle l'a perdue. L'homme l'avait reçue quand il a été fait, mais il l'a perdue quand il a péché. Il reçoit donc la justice qui lui sert à mériter la félicité. Aussi est-ce avec une complète vérité que l'Apôtre lui dit quand il s'enorgueillit de sa justice comme d'un bien qui lui est propre : « Qu'avez-vous que vous n'ayez reçu? Si vous l'avez reçu, pourquoi vous en glorifier comme si vous ne l'aviez point reçu? » (I *Cor.*, IV, 7.) Mais quand il se souvient bien de son Seigneur, après en avoir reçu l'Esprit, il sent parfaitement, car il l'apprend d'un maître intérieur, que ce n'est que par un effet de l'amour gratuit de Dieu qu'il peut se relever et que ce n'est que par un effet de sa défaillance volontaire qu'il a pu tomber. Sans doute, il ne se souvient point de sa félicité, car elle a été, elle n'est plus, et il en a complétement perdu la mémoire, aussi ne peut-il en retrouver le moindre souvenir. Sur ce point, il s'en rapporte aux paroles dignes de foi de son Dieu, paroles mises en écrit par le prophète du Seigneur, qui lui parlent de la félicité du paradis terrestre, et lui apprennent dans les récits de l'histoire le premier état heureux de l'homme, puis son état malheureux. Mais il se souvient de son Seigneur Dieu, parce qu'il est toujours et qu'on ne peut dire qu'il a été et qu'il n'est plus, ni qu'il est et qu'il n'a point été ; mais comme il n'arrivera jamais qu'il ne soit point, ainsi n'est-il jamais arrivé qu'il n'a point été. Il est même partout, tout entier, voilà pourquoi c'est en lui que notre âme est, vit et se meut, ce qui fait qu'elle peut se souvenir de lui. Ce n'est point qu'elle se le rappelle pour l'avoir connu en Adam, ou partout ailleurs, avant cette vie corporelle, ou bien encore au moment où elle a été créée pour être envoyée dans le corps qu'elle habite à présent; elle ne se souvient, en effet,

---

CAPUT XV.

Anima tametsi beatitudinem speret, non tamen reminiscitur beatitudinis amissæ, sed Dei reminiscitur et regularum justitiæ.

21. Quod ideo certe non dubitat, quoniam misera est, et beata esse desiderat : nec ob aliud fieri sperat hoc posse, nisi quia est mutabilis. Nam si mutabilis non esset, sicut ex beata (*a*) misera, sic ex misera beata esse non posset. Et quid eam fecisset miseram sub omnipotente et bono Domine, nisi peccatum suum et justitia Domini sui? Et quid eam faciet beatam, nisi meritum suum et præmium Domini sui? Sed et meritum ejus gratia est illius, cujus præmium erit beatitudo ejus. Justitiam quippe dare sibi non potest, quam perditam non habet. Hanc enim cum homo conderetur, accepit; et peccando utique perdidit. Accipit ergo justitiam, propter quam beatitudinem accipere mereatur. Unde veraciter ei dicitur ab Apostolo, quasi de suo bono superbire incipienti : « Quid enim habes, quod non accepisti? Si autem accepisti, quid gloriaris quasi non acceperis? » (I *Cor.*, IV, 7.) Quando autem bene recordatur Domini sui, Spiritu ejus accepto, sentit omnino, quia hoc dicit intimo magisterio, nonnisi ejus gratuito affectu posse se surgere, nonnisi suo voluntario defectu cadere potuisse. Non sane reminiscitur beatitudinis suæ : fuit quippe illa et non est, ejusque ista penitus oblita est; ideoque nec commemorari potest. Credit autem de illa fide dignis litteris Dei sui, per ejus Prophetam conscriptis, narrantibus de felicitate paradisi, atque illud primum et bonum hominis et malum historica traditione indicantibus. Domini autem Dei sui reminiscitur. Ille quippe semper est, nec fuit et non est, nec est et non fuit : sed sicut nunquam non erit, ita nunquam non erat. Et ubique totus est : propter quod ista in illo et vivit, et movetur, et est (*Act.*, XVII, 28) : et ideo reminisci ejus potest. Non quia hoc recordatur, quod eum noverat in Adam, aut alibi alicubi ante hujus corporis vitam, aut cum primum facta est ut insereretur huic corpori : nihil enim horum omnino reminiscitur :

(*a*) In editis *ex beata vita*. Abest *vita* a Mss.

de rien de tout cela, toutes ces choses sont tombées pour elle dans le plus complet oubli. Mais elle se le rappelle pour se convertir au Seigneur, comme vers la lumière qui ne laissait point de l'éclairer encore d'une certaine manière, même depuis qu'elle s'était détournée de lui. De là vient en effet que les méchants même pensent à l'éternité, et qu'en beaucoup de choses ils distribuent avec justesse la louange ou le blâme aux hommes à cause de leurs mœurs. Or, d'après quelles règles jugent-ils ainsi sinon par celles qui leur montrent les choses sous le point de vue du genre de vie que chacun devrait mener, bien qu'eux-mêmes ne vivent point de cette manière-là ? Mais où voient-ils ces règles ? Ce n'est point dans leur propre nature, quoiqu'il ne soit pas douteux qu'ils les voient des yeux de leur esprit, et que, s'il est certain que leurs âmes sont changeantes, ils n'en voient pas moins que ces règles sont immuables, et chacun d'eux pourra le voir de même ; ils ne le voient point non plus dans une sorte de manière d'être de leur âme puisque ces règles sont des règles de justice et qu'il est certain que leur âme n'est point juste. Mais où ces règles sont-elles écrites, où l'âme connaît-elle ce qui est juste et ce qui est injuste, où voit-elle qu'on doit avoir ce qu'elle ne possède point elle-même ? Où donc sont-elles écrites sinon dans le livre de la lumière qu'on appelle la vérité ? Car c'est de là que vient toute loi juste et qu'elle est transportée non point en passant d'un lieu dans un autre, mais par une sorte d'impression dans le cœur de tout homme qui opère la justice, comme l'image de l'anneau passe de l'anneau à la cire sans pourtant quitter l'anneau. Quant à l'homme qui n'opère point la justice et ne laisse point de voir ce qu'il faut faire, il tourne le dos à cette lumière, mais il ne laisse point d'être touché par elle. Quant à l'homme qui ne voit pas même comment on doit vivre, il a sans doute une excuse plus grande que les autres s'il pèche, puisqu'il ne transgresse pas une loi connue de lui, mais il ne laisse pas d'être aussi lui-même un jour touché par les rayons de cette lumière qui est présente partout, quand averti de ses fautes il les confesse.

CHAPITRE XVI.

Comment l'image de Dieu se reforme dans l'homme.

22. Quant à ceux qui, rappelés à eux-mêmes, se convertissent au Seigneur, de la difformité par laquelle les passions du monde les avaient rendus conformes au siècle présent, ils sont reformés par le Seigneur, en entendant cette parole de l'Apôtre qui leur dit : « Ne vous conformez point au siècle présent ; mais réformez-vous par le renouvellement de votre esprit, » (*Rom.*, XII, 2) en sorte que cette image com-

---

quidquid horum est, oblivione deletum est. Sed commemoratur, ut convertatur ad Dominum, tanquam ad eam lucem qua etiam cum ab illo averteretur quodam modo tangebatur. Nam hinc est quod etiam impii cogitant æternitatem, et multa recte reprehendunt recteque laudant in hominum moribus. Quibus ea tandem regulis judicant, nisi in quibus vident quemadmodum quisque vivere debeat, etiamsi nec ipsi eodem modo vivant? Ubi eas vident? Neque enim in sua natura, cum procul dubio mente ista videantur, eorumque mentes constet esse mutabiles, has vero regulas immutabiles videat, quisquis in eis et hoc videre potuerit ; nec in habitu suæ mentis, cum illæ regulæ sint justitiæ, mentes vero eorum constet esse injustas. Ubinam sunt istæ regulæ scriptæ, ubi quid sit justum et injustum agnoscit, ubi cernit habendum esse quod ipse non habet ? Ubi ergo scriptæ sunt, nisi in libro lucis illius quæ veritas dicitur? unde omnis lex justa describitur, et in cor hominis qui operatur justitiam, non migrando, sed tanquam imprimendo transfertur ; sicut imago ex annulo et in ceram transit, et annulum non relinquit. Qui vero non operatur, et tamen videt quid operandum sit, ipse est qui ab illa luce avertitur, a qua tamen tangitur. Qui autem nec videt quemadmodum sit vivendum, excusabilius quidem peccat, quia non est transgressor (*a*) cognitæ legis : sed etiam ipse splendore aliquotiens ubique præsentis veritatis attingitur, quando admonitus confitetur.

CAPUT XVI.

Imago Dei quomodo reformatur in homine.

22. Qui vero commemorati convertuntur ad Dominum ab ea deformitate, qua per cupiditates sæculares conformabantur huic sæculo, reformantur ex illo, audientes Apostolum dicentem : « Nolite conformari huic sæculo, sed reformamini in novitate mentis vestræ ; » (*Rom.*, XII, 2) ut incipiat illa imago ab illo reformari, a quo formata est. Non enim re-

---

(*a*) Sic Am. Er. et plures Mss. At Lov. *cognitæ legis.*

mence à être reformée par celui qui l'a formée. En effet, elle ne peut se reformer elle-même comme elle a pu se déformer. L'Apôtre dit encore ailleurs : « Renouvelez-vous dans l'esprit de votre âme, et revêtez-vous de l'homme nouveau qui est créé selon Dieu, dans une vraie justice et une vraie sainteté. » (*Ephés.*, IV, 23.) Ce qu'il rend par ces mots : « L'homme qui a été créé selon Dieu, » est rendu ailleurs par ceux-ci : « A l'image de Dieu. » Mais, par son péché, l'homme a perdu la justice et la sainteté; voilà pourquoi il est devenu une image difforme et incolore; il la retrouve quand il est reformé et renouvelé. Pour ce qui est de ces mots : « Dans l'esprit de votre âme, » il ne faut point les entendre comme si l'esprit et l'âme étaient deux choses différentes, car toute âme est un esprit, sans que pour cela tout esprit soit une âme. En effet, Dieu même est un esprit (*Jean*, IV, 24) qui ne peut se renouveler, attendu qu'il ne peut vieillir. On prend aussi dans l'homme le mot esprit dans un autre sens que le mot âme; l'esprit, dans ce sens, est cette partie de notre âme à laquelle se rapportent les images et les similitudes du corps; c'est de l'esprit entendu, ainsi que saint Paul dit aux Corinthiens : « Si je prie dans une langue, mon esprit prie, mais mon âme est sans fruit. » (I *Cor.*, XIV, 14.) L'Apôtre entend parler là d'une langue dans laquelle il ne comprend point ce qu'il dit, il ne peut cependant en articuler les paroles que si les images des mots qui se prononcent dans le temps devancent dans la pensée de l'esprit les sons que la bouche articule. L'âme de l'homme est aussi appelée un esprit, c'est ainsi que dans l'Evangile il est dit : « Ayant incliné la tête, il rendit l'esprit, » (*Jean*, XIX, 30) ce qui veut dire : il mourut de la mort du corps en rendant l'âme. Il est même parlé de l'esprit des bêtes, ainsi qu'on le voit très-clairement dans le livre de Salomon ayant pour titre l'Ecclésiaste; on y lit, en effet : « Qui sait si l'esprit des enfants des hommes monte en haut, et si celui des bêtes descend en bas vers la terre? » (*Ecclé.*, III, 21.) On voit encore dans la Genèse l'écrivain sacré raconter que le déluge a fait mourir toute chair qui « avait en soi un esprit de vie. » (*Gen.*, VII, 22.) Le mot esprit est pris aussi pour le vent, chose très-évidemment corporelle; c'est dans ce sens qu'on lit dans les Psaumes : « Le feu, la grêle, la neige, la glace, l'esprit des tempêtes. » (*Ps.* CXLVIII, 8.) Le mot esprit s'emploie donc en bien des sens; l'Apôtre a pris ici cette expression dans le sens d'âme. De même quand il dit : « Dans le dépouillement du corps de la chair, » (*Col.*, II, 11) il ne veut point faire entendre deux choses, comme si la chair et le corps de la chair étaient deux, mais comme le mot corps s'entend de beaucoup de choses qui n'ont point de chair, il y a en effet bien des corps sans chair, des

---

formare se ipsam potest, sicut potuit deformare. Dicit etiam alibi : « Renovamini spiritu mentis vestræ, et induite novum hominem, eum qui secundum Deum creatus est in justitia et sanctitate veritatis. » (*Ephes.*, IV, 23.) Quod ait, « secundum Deum creatum : » hoc alio loco dicitur, « ad imaginem Dei. » Sed peccando justitiam et sanctitatem veritatis amisit ; propter quod hæc imago deformis et decolor facta est : hanc recipit, cum reformatur et renovatur. Quod autem ait, « spiritu mentis vestræ; » non ibi duas res intelligi voluit, quasi aliud sit mens, aliud spiritus mentis : sed quia omnis mens spiritus est, non autem omnis spiritus mens est. Est enim spiritus et Deus (*Joan.*, IV, 24) : qui renovari non potest, quia nec veterascere potest. Dicitur etiam spiritus in homine, qui mens non sit, ad quem pertinent imaginationes similes corporum : de quo dicit ad Corinthios, ubi dicit : « Si autem oravero lingua, spiritus meus orat, mens autem mea infructuosa est. » (I *Cor.*, XIV, 14.) Hoc enim ait, quando id quod dicitur, non intelligitur : quia nec dici potest, nisi corporalium vocum imagines sonum oris spiritus cogitatione præveniant. Dicitur et hominis anima spiritus : unde est in Evangelio : « Et inclinato capite tradidit spiritum; » (*Joan.*, XIX, 30) quo significata est mors corporis, anima exeunte. Dicitur spiritus etiam pecoris, quod in Ecclesiaste libro Salomonis apertissime scriptum est, ubi ait : « Quis scit spiritus filiorum hominum si ascendet ipse sursum, et spiritus pecoris si descendet ipse deorsum in terram? » (*Eccle.*, III, 21.) Scriptum est etiam in Genesi, ubi dicit diluvio mortuam universam carnem, quæ « habebat in se spiritum vitæ. » (*Gen.*, VII, 22.) Dicitur spiritus etiam ventus, res apertissime corporalis : unde illud in Psalmis : « Ignis, grando, nix, glacies, spiritus tempestatis. » (*Psal.* CXLVIII, 8.) Quia ergo tot modis dicitur spiritus, « spiritum mentis » dicere voluit eum spiritum, quæ mens vocatur. Sicut ait etiam idem Apostolus : « In exspoliatione corporis carnis. » (*Col.*, II, 11.) Non duas utique res intelligi voluit, quasi aliud sit caro, aliud corpus carnis : sed quia corpus multarum

corps célestes et des corps terrestres, il a dit le corps de la chair pour le corps qui est chair, de même il dit : « L'esprit de l'âme, » pour l'esprit qui est une âme. Dans un autre endroit encore il a nommé d'une manière plus ouverte encore l'image, lorsque prescrivant la même chose en d'autres termes, il dit : « Dépouillant le vieil homme avec ses œuvres, revêtez-vous de l'homme nouveau qui se renouvelle, par la connaissance de Dieu, selon l'image de celui qui l'a créé. » (*Col.*, III, 9.) Ce qu'on lit dans un autre endroit : « Revêtez-vous de l'homme nouveau qui a été créé selon Dieu, » (*Ephés.*, IV, 24) on le retrouve dans ce passage : « Revêtez-vous de l'homme nouveau qui se renouvelle selon l'image de celui qui l'a créé. » (*Col.*, III, 10.) Dans un endroit l'Apôtre dit : « Selon Dieu, » et dans l'autre : « Selon l'image de celui qui l'a créé, » de même que au lieu de ces mots : « Par la vraie justice et la vraie sainteté, » il s'est servi de ceux-ci : « Par la connaissance de Dieu. » Le renouvellement et la réformation de l'âme dont nous parlons, se font donc selon Dieu, c'est-à-dire selon l'image de Dieu. S'il est dit : « Selon Dieu, » c'est pour qu'on ne pense point qu'elle se fait selon une autre créature, et il est dit aussi : « Selon l'image de Dieu, » afin de faire comprendre que ce renouvellement se fait où se trouve l'image de Dieu, c'est-à-dire dans l'âme.

Nous disons de même que le juste, le fidèle qui quitte son corps est mort selon le corps, non point selon l'esprit. Or, qu'est-ce à dire, mort selon le corps, sinon que s'il est mort, c'est quant au corps ou par le corps, non point quant à l'âme ou par l'âme? Ou bien encore si nous disons : il est beau de corps, il est fort de corps, non selon l'âme, qu'est-ce à dire sinon que s'il est beau et fort, c'est par le corps, non par l'âme? Nous avons un nombre infini de locutions pareilles. Par conséquent, ne prenons point ces mots : « Selon l'image de celui qui l'a créé, » comme s'il s'agissait d'une autre image selon laquelle il se renouvelle, non point de l'image même qui se renouvelle.

CHAPITRE XVII.

Comment l'image de Dieu se renouvelle dans l'âme jusqu'à ce que sa ressemblance avec Dieu soit rendue parfaite par la béatitude.

23. Certainement ce renouvellement de l'âme ne s'accomplit point à l'instant même de sa conversion, comme se fait en un instant, sa rénovation dans le baptême, par la rémission de tous ses péchés, puisqu'il n'en reste pas un si petit qu'il soit sans être remis. Mais de même qu'autre chose est de n'avoir plus la fièvre, autre chose d'être remis de la faiblesse, suite de la fièvre, et encore, de même que ce n'est point

rerum nomen est, quarum nulla caro est; (nam multa sunt excepta carne corpora cœlestia, et corpora terrestria :) corpus carnis dixit, corpus quæ caro est. Sic itaque « spiritum mentis » eum spiritum quæ mens est. Alibi quoque apertius etiam imaginem nominavit, scilicet aliis verbis idipsum præcipiens : « Exspoliantes vos, inquit, veterem hominem cum actibus ejus, induite novum hominem, qui renovatur in agnitione Dei secundum imaginem ejus qui creavit eum. » (*Col.*, III, 9.) Quod ergo ibi legitur : « Induite novum hominem qui secundum Deum creatus est : » (*Ephes.*, IV, 24) hoc isto loco : « Induite novum hominem, qui renovatur secundum imaginem ejus qui creavit eum. » (*Col.*, III, 10.) Ibi autem ait, « secundum Deum : » hic vero, « secundum imaginem ejus qui creavit eum. » Pro eo vero quod ibi posuit, « in justitia et sanctitate veritatis; » hoc posuit hic, « in agnitione Dei. » Fit ergo ista renovatio reformatioque mentis secundum Deum, vel secundum imaginem Dei. Sed ideo dicitur « secundum Deum, » ne secundum aliam creaturam fieri putetur : ideo autem « secundum imaginem Dei, » ut in ea re intelligatur fieri hæc renovatio, ubi est

imago Dei, id est in mente. Quemadmodum dicimus, secundum corpus mortuum, non secundum spiritum, eum qui de corpore fidelis et justus abscedit. Quid enim dicimus secundum corpus mortuum, nisi corpore vel in corpore, non anima vel in anima mortuum? Aut si dicamus, secundum corpus est pulcher, aut secundum corpus fortis, non secundum animum : quid est aliud, quam corpore, non animo pulcher aut fortis est? Et innumerabiliter ita loquimur. Non itaque sic intelligamus, « secundum imaginem ejus qui creavit eum, » (*Ibid.*) quasi alia sit imago secundum quam renovatur, non ipsa quæ renovatur.

CAPUT XVII.

Imago Dei in mente quomodo renovetur, donec perfecta sit in ea similitudo Dei in beatitudine.

23. Sane ista renovatio non momento uno fit ipsius conversionis, sicut momento uno fit illa in baptismo renovatio remissione omnium peccatorum : neque enim vel unum quantulumcumque remanet quod non remittatur. Sed quemadmodum aliud est carere febribus, aliud ab infirmitate, quæ febribus

la même chose d'extraire du corps le trait qui s'y est enfoncé, et d'opérer, par une cure heureuse, la guérison de la blessure qu'il y a faite; ainsi le premier degré de guérison pour l'âme consiste à éloigner ce qui est pour elle une cause de langueur, cela se fait par la rémission de tous ses péchés; le second, de guérir cette même langueur, ce qui s'opère peu à peu par des progrès accomplis dans le renouvellement de cette image. Ce sont ces deux degrés qui nous sont montrés dans le psaume où nous lisons : « C'est lui qui se montre disposé à vous pardonner vos iniquités; » (*Ps.* CII, 3) c'est ce qui a lieu dans le baptême, puis le Psalmiste ajoute : « C'est lui aussi qui guérit toutes vos infirmités, » (*Ibid.*) ce qu'il fait par des retouches quotidiennes quand cette image est en voie de renouvellement. L'Apôtre nous a parlé de cela d'une manière très-ouverte quand il nous a dit : bien que dans nous, « l'homme extérieur se détruise, néanmoins l'homme intérieur se renouvelle de jour en jour; » (II *Cor.*, IV, 16) car s'il se renouvelle par la connaissance de Dieu, c'est par la vraie justice et la vraie sainteté, ainsi que nous l'apprennent les propres paroles de l'Apôtre que j'ai rapportées plus haut. Celui donc qui se renouvelle, de jour en jour, en faisant des progrès dans la connaissance de Dieu, dans la vraie justice et la vraie charité, transporte son amour des choses temporelles aux éternelles, des choses visibles aux intelligibles, des choses de la chair à celles de l'esprit et s'applique avec beaucoup de soin à refréner ses passions et à en diminuer les ardeurs pour ce qui est de celles-là, pour les attacher par les liens de la charité à celles-ci. Mais il ne le fait que dans la mesure qui lui est donné de le faire par l'assistance de Dieu, car c'est un mot tombé de ses lèvres divines que celles-ci : « Sans moi vous ne pouvez rien faire. » Lorsque le dernier jour de cette vie mortelle trouve un homme conservant la foi du Médiateur dans ces progrès et ces retouches, cet homme doit être conduit au Dieu qu'il a adoré et reçu par les saints anges pour être perfectionné par lui, pour recouvrer un corps incorruptible à la fin des siècles, non pour le châtiment, mais pour la gloire, car la ressemblance de Dieu se trouvera parfaite dans cette image, quand sera parfaite la vision même de Dieu dont l'apôtre Paul a dit : « Nous ne voyons Dieu maintenant que comme en un miroir, et en des énigmes; mais alors nous le verrons face à face; » (1 *Cor.*, XIII, 12) et ailleurs : « Ainsi nous tous, contemplant sans voile qui nous couvre le visage, la gloire du Seigneur, nous sommes transformés en la même image et nous avançons de clarté en clarté, comme illuminés par l'Esprit du Seigneur; » (II *Cor.*, III, 18) c'est là ce qui se produit de jour en jour dans ceux qui font des progrès dans le bien.

24. L'apôtre Jean a dit : « Mes bien-aimés, nous sommes déjà enfants de Dieu; mais ce que nous

---

facta est, revalescere : itemque aliud est infixum telum de corpore demere, aliud vulnus quod eo factum est secunda curatione sanare : ita prima curatio est causam removere languoris, quod per omnium fit indulgentiam peccatorum ; secunda ipsum sanare languorem, quod fit paulatim proficiendo in renovatione hujus imaginis : quæ duo demonstrantur in Psalmo, ubi legitur : « Qui propitius fit omnibus iniquitatibus tuis ; » (*Psal.* CII, 3) quod sit in baptismo : deinde sequitur : « Qui sanat omnes languores tuos ; » quod fit quotidianis accessibus, cum hæc imago renovatur. De qua re Apostolus apertissime locutus est, dicens : « Et si exterior homo noster corrumpitur, sed interior renovatur de die in diem. » (II *Cor.*, IV, 16.) Renovatur autem in agnitione Dei, hoc est, in justitia et sanctitate veritatis : sicut sese habent Apostolica testimonia quæ paulo ante commemoravi. In agnitione igitur Dei, justitiaque et sanctitate veritatis, qui de die in diem proficiendo renovatur, transfert amorem a temporalibus ad æterna, a visibilibus ad intelligibilia, a carnalibus ad spiritalia ; atque ab istis cupiditatem frenare atque minuere, illisque se caritate alligare diligenter insistit. Tantum autem facit, quantum divinitus adjuvatur. Dei quippe sententia est : « Sine me nihil potestis facere. » In quo profectu et accessu tenentem Mediatoris fidem cum dies vitæ hujus ultimus quemque comperirit, perducendus ad Deum quem coluit, et ab eo perficiendus excipietur ab Angelis sanctis, incorruptibile corpus in fine sæculi non ad pœnam, sed ad gloriam recepturus. In hac quippe imagine tunc perfecta erit Dei similitudo, quando Dei perfecta erit visio. De qua dicit Apostolus Paulus : « Videmus nunc per speculum in ænigmate, tunc autem facie ad faciem. » (1 *Cor.*, XIII, 12.) Item dicit : « Nos autem revelata facie gloriam Domini speculantes, in eamdem imaginem transformamur de gloria in gloriam, tanquam a Domini spiritu : » (II *Cor.*, III, 18) hoc est, quod fit de die in diem bene proficientibus.

24. Apostolus autem Joannes : « Dilectissimi, in-

serons un jour ne paraît pas encore; nous savons que lorsque Jésus-Christ se montrera dans sa gloire, nous serons semblables à lui, parce que nous le verrons tel qu'il est, » (I *Jean*, III, 2) par où il paraît que l'image de Dieu reproduira sa pleine ressemblance quand elle jouira de sa pleine vision.

CHAPITRE XVIII.

Faut-il entendre les paroles de saint Jean dans le sens de notre future ressemblance avec le Fils de Dieu, même au point de vue de l'immortalité du corps?

Il est vrai que ces paroles de saint Jean peuvent aussi s'entendre de l'immortalité du corps. Nous serons en effet, de ce côté-là aussi, semblables à Dieu, mais seulement en tant que Fils, car il n'y a que le Fils dans la Trinité qui ait pris un corps dans lequel il mourut et ressuscita et qu'il conduisit dans les cieux. Car c'est encore en cela que l'homme est appelé l'image du Fils de Dieu, image dans laquelle nous aurons comme lui un corps immortel, étant rendus conformes, par ce côté, non point à l'image du Père ou du Saint-Esprit, mais seulement du Fils, attendu qu'il n'y a que de lui qu'on lit, et de lui qu'on tient d'une foi très-saine « le Verbe s'est fait chair. » (*Jean*, I, 14.) Ce qui a fait dire à l'Apôtre : « Ceux qu'il a connus dans sa prescience, il les a aussi prédestinés pour être conformes à l'image de son Fils, afin qu'il fût l'aîné entre plusieurs frères, » (*Rom.*, VIII, 29) le premier-né d'entre les morts, selon le même Apôtre (*Col.*, I, 18); car c'est par la mort que sa chair a été semée dans le mépris, et est ressuscitée dans la gloire. (I *Cor.*, XV, 43.) C'est encore en pensant à cette image du Fils, à qui nous nous conformons dans le corps par l'immortalité, que nous faisons ce que dit le même Apôtre : « Portons l'image de ce Jésus qui est dans le ciel, comme nous avons porté l'image de ce même Jésus sur la terre, » (I *Cor.*, XV, 49) c'est-à-dire, tenons d'une foi véritable et d'une espérance certaine et ferme, qu'après avoir été mortels selon Adam, nous devons être immortels selon le même Jésus-Christ. C'est ainsi en effet, que nous pouvons porter son image, non point dans la vision, mais par la foi, non point en effet, mais en espérance; car en s'exprimant ainsi l'Apôtre parlait de la résurrection de la chair.

CHAPITRE XIX.

Le passage de saint Jean doit plutôt s'entendre de notre parfaite ressemblance avec la Trinité dans la vie éternelle.

25. Mais comme il a été dit au sujet de l'i-

---

quit, nunc filii Dei sumus, et nondum apparuit, quid erimus : scimus autem quia cum apparuerit, similes ei erimus, quoniam videbimus eum sicuti est. » (I *Joan.*, III, 2.) Hinc apparet tunc in ista imagine Dei fieri ejus plenam similitudinem, quando ejus plenam perceperit visionem.

CAPUT XVIII.

Sententia Joannis an intelligenda de futura nostra similitudine cum Filio Dei ipsa etiam immortalitate corporis.

Quanquam possit hoc a Joanne Apostolo etiam de immortalitate corporis dictum videri. Et in hac quippe similes erimus Deo, sed tantummodo Filio, quia solus in Trinitate corpus accepit, in quo mortuus resurrexit, atque id ad superna pervexit. Nam dicitur etiam ista imago Filii Dei, in qua sicut ille immortale corpus habebimus, conformes facti in hac parte, non Patris imaginis aut Spiritus sancti, sed tantummodo Filii, quia de hoc solo legitur, et fide (a) sanissima accipitur : « Verbum caro factum est. » (*Joan.*, I, 14.) Propter quod Apostolus : « Quos ante,

(a) Sic Am. et Mss. At Er. et Lov. *sanctissima*.

inquit, præscivit et prædestinavit conformes fieri imaginis Filii sui, ut sit ipse primogenitus in multis fratribus. » (*Rom.*, VII, 29.) Primogenitus utique a mortuis secundum eumdem Apostolum, qua morte seminata est caro ejus in contumelia, resurrexit in gloria. » (*Col.*, I, 18.) Secundum hanc imaginem Filii, cui per immortalitatem conformamur in corpore, etiam illud agimus quod dicit idem Apostolus : « Sicut portavimus imaginem terreni, portemus et imaginem ejus qui de cœlo est : » (I *Cor.*, XV, 49) ut scilicet qui secundum Adam mortales fuimus, secundum Christum immortales nos futuros, fide vera et spe certa firmaque teneamus. Sic enim nunc eamdem imaginem portare possumus, nondum in visione, sed in fide; nondum in re, sed in spe. De corporis quippe resurrectione tunc loquebatur Apostolus, cum hæc diceret.

CAPUT XIX.

Joannes potius intelligendus de perfecta nostra similitudine cum Trinitate in vita æterna.

25. At vero illa imago, de qua dictum est : « Fa-

mage en question : « Faisons l'homme à notre image et ressemblance, » (*Gen.*, I, 26) non pas à mon image ou à la vôtre; nous croyons que l'homme a été fait à l'image de la Trinité, et nous avons poussé dans ce sens nos recherches le plus loin qu'il nous a été possible. Voilà pourquoi on doit entendre, de l'image prise en ce sens, ce que dit l'apôtre Jean quand il s'exprime ainsi : « Nous serons semblables à lui, parce que nous le verrons tel qu'il est, » (I *Jean*, III, 2) attendu qu'il parle en ce cas de celui dont il dit plus haut : « Nous sommes les enfants de Dieu. » Quant à l'immortalité de la chair, elle sera rendue parfaite au moment de la résurrection dont parle l'Apôtre quand il dit : « En un clin d'œil au son de la dernière trompette, car la trompette sonnera, les morts ressusciteront dans un état incorruptible et alors nous serons changés. » (I *Cor.*, XV, 52.) En effet, c'est en un clin d'œil, avant le jugement que ressuscitera dans la force, l'incorruptibilité et la gloire un corps spirituel qui maintenant, corps animal, est semé dans la faiblesse, la corruption et l'abaissement. Quant à l'image qui se renouvelle dans l'esprit de son âme, par la connaissance de Dieu, non au dehors, mais à l'intérieur, de jour en jour elle sera rendue parfaite par la vision même qui se produira alors après le jugement face à face, tandis que maintenant elle ne fait quelques progrès que dans un miroir et en énigme. (I *Cor.*, XIII, 12.) C'est à raison de ce perfectionnement qu'on doit entendre ce mot : « Nous serons semblables à lui, parce que nous le verrons tel qu'il est. » (I *Jean*, III, 2.) Ce don nous sera fait au moment où il nous sera dit : « Venez les bien-aimés de mon Père, possédez le royaume qui vous a été promis, » (*Matth.*, XXV, 34) car alors l'impie sera fait disparaître pour qu'il ne voie point la clarté du Seigneur, au moment où ceux qui seront placés à la gauche iront dans les supplices éternels pendant que ceux de droite iront dans la vie éternelle. « Or, la vie éternelle, » comme le dit la vérité même, « consiste à vous connaître, vous qui êtes le seul Dieu véritable et Jésus-Christ que vous avez envoyé. » (*Jean*, XVII, 3.)

26. Cicéron nous recommandant à la fin de son dialogue d'Hortensius, la sagesse contemplative à laquelle, je crois, les livres saints donnent proprement le nom de sagesse, pour la distinguer de la science, sagesse qui convient à l'homme, mais que l'homme ne peut tenir que de celui par la participation de qui l'âme raisonnable et intelligente peut être rendue vraiment sage, s'exprime ainsi : « En nous appliquant jour et nuit à ces recherches, en fortifiant notre intelligence qui est comme l'œil de l'âme, et en prenant garde de la laisser jamais s'affai-

---

ciamus hominem ad imaginem et similitudinem nostram; » (*Gen.*, I, 26) quia non dictum est, ad meam, vel ad tuam; ad imaginem Trinitatis factum hominem credimus, et quanta potuimus investigatione comprehendimus. Et ideo secundum hanc potius et illud intelligendum est quod ait apostolus Joannes : « Similes ei erimus, quoniam videbimus eum sicuti est : » (I *Joan.*, III, 2) quia et de illo dixit de quo dixerat : « Filii Dei sumus. » Et immortalitas carnis illo perficietur momento resurrectionis, de quo ait Apostolus Paulus : « In ictu oculi, in novissima tuba, et mortui resurgent incorrupti, et nos immutabimur. » (I *Cor.*, XV, 52.) In ipso namque ictu oculi ante judicium resurget in virtute, in incorruptione, in gloria corpus spiritale, quod nunc seminatur in infirmitate, corruptione, contumelia corpus animale. Imago vero quæ renovatur in spiritu mentis in agnitione Dei, non exterius, sed interius de die in diem, ipsa perficietur visione, quæ tunc erit post judicium facie ad faciem, nunc autem proficit per speculum in ænigmate. (I *Cor.*, XIII, 12.) Propter cujus perfectionem dictum intelligendum est : « Similes ei erimus, quoniam videbimus eum sicuti est. » (I *Joan.*, III, 2.) Hoc enim (*a*) donum tunc nobis dabitur, cum dictum fuerit : « Venite benedicti Patris mei, possidete paratum vobis regnum. » (*Matth.*, XXV, 34.) Tunc quippe tolletur impius, ut non videat claritatem Domini (*Isa.*, XXVI, 10), quando ibunt sinistri in supplicium æternum, euntibus dextris in vitam æternam. « Hæc est autem, » sicut ait Veritas, « vita æterna, ut cognoscant te, inquit, unum verum Deum, et quem misisti Jesum Christum. » (*Joan.*, XVII, 3.)

26. Hanc contemplativam sapientiam, quam proprie puto in litteris sanctis a scientia distinctam sapientiam nuncupari, dumtaxat hominis, quæ quidem illi non est, nisi ab illo cujus participatione vere sapiens fieri mens rationalis et intellectualis potest : Cicero commendans in fine dialogi Hortensii : « Quæ nobis, inquit, dies noctesque considerantibus acuentibusque intelligentiam, quæ est mentis acies, caventibusque ne quando illa hebescat, id est in philo-

---

(*a*) Nonnulli Mss. *bonum*.

blir, nous avons tout lieu d'espérer que, si l'organe du sentiment et de la pensée est mortel et périssable, il nous sera doux de mourir après avoir rempli toutes les conditions de l'existence humaine, et qu'au lieu de voir dans l'anéantissement un malheur, nous l'accepterons comme le repos de la vie; si au contraire, comme le prétendent les anciens philosophes qui sont aussi les plus grands et les plus célèbres, nous avons une âme immortelle et divine, il faut croire que plus elle aura été active dans cette vie, c'est-à-dire, occupée de la sagesse et du désir d'apprendre, moins elle se sera mêlée aux erreurs et aux passions humaines, plus il lui sera facile de s'élever et de remonter au ciel. » Puis terminant ainsi, et résumant son discours, il poursuit en ces termes : « Ainsi pour en finir de ce discours, voulons-nous terminer en paix une existence tout occupée de ces hautes recherches? Voulons-nous passer promptement de cette demeure dans une autre infiniment plus heureuse? Voilà dans les deux cas les études vers lesquelles doivent se tourner tous nos soins et toutes nos pensées. » Là je m'étonne qu'un homme d'un si grand génie promette à des hommes vivant dans la philosophie qui les rend heureux, en leur faisant contempler la vérité, une fin heureuse après avoir rempli toutes les conditions de l'existence humaine, si l'organe du sentiment et de la pensée est mortel et périssable; comme si la mort et la destruction de ce siège du sentiment et de la pensée était la mort de quelque chose que nous n'aimions point, ou plutôt de quelque chose que nous haïssions du fond de l'âme, pour que cette mort nous fût agréable. Mais cela il ne l'avait point appris des philosophes qu'il comble de louanges; cette pensée sentait la nouvelle Académie, où l'on se plaisait à douter des choses même les plus manifestes. Quant aux philosophes, comme il le reconnaît lui-même, je dis les plus grands et de beaucoup les plus illustres, ils lui avaient appris que les âmes sont immortelles. En effet, c'est avec bien de la raison que des âmes éternelles sont excitées par ces paroles à se trouver dans leur voie, quand viendra le terme de cette vie, je veux dire, occupées de la sagesse et du désir d'apprendre, et de ne point se mêler ni se fourvoyer dans les vices et dans les erreurs des hommes afin que leur retour vers Dieu soit plus facile. Mais cette voie des âmes qui consiste dans l'amour et la recherche de la vérité, ne suffit pas à ceux qui sont malheureux, c'est-à-dire à tous les hommes qui n'ont que la raison sans la foi du Médiateur, ainsi que je me suis appliqué à le faire voir autant que je l'ai pu dans les livres précédents de cet ouvrage, et particulièrement dans le quatrième et dans le treizième.

---

sophia viventibus magna spes est : aut si hoc quod sentimus et sapimus mortale et caducum est, jocundum nobis perfunctis muneribus humanis occasum, neque molestiam exstinctionem, et quasi quietem vitæ fore : aut si, ut antiquis philosophis hisque maximis longeque clarissimis placuit, æternos animos ac divinos habemus, sic existimandum est, quo magis hi fuerint semper in suo cursu, id est, in ratione et investigandi cupiditate, et quo minus se admiscuerint atque implicuerint hominum vitiis et erroribus, hoc his faciliorem ascensum et reditum in cœlum fore. » Deinde addens hanc ipsam clausulam, (a) repetendoque sermonem finiens : « Quapropter, inquit, ut aliquando terminetur oratio, si aut exstingui tranquille volumus, cum in his artibus vixerimus, aut si ex hac in aliam haud paulo meliorem domum sine mora demigrare, in his studiis nobis omnis opera et cura ponenda est. » Hic miror hominem tanti ingenii, perfunctis muneribus humanis, hominibus in philosophia viventibus, quæ contemplatione veritatis beatos facit, jocundum promittere occasum, si hoc quod sentimus et sapimus mortale et caducum est : quasi hoc moriatur et intercidat quod non diligebamus, vel potius quod atrociter oderamus, ut jucundus nobis sit ejus occasus. Verum hoc non didicerat a philosophis, quos magnis laudibus prædicat : sed ex illa nova Academia, ubi ei dubitare etiam de rebus manifestissimis placuit, ista sententia redolebat. A philosophis autem, sicut ipse confitetur, maximis longeque clarissimis, æternos animos esse acceperat. Æterni quippe animi non inconvenienter hac exhortatione excitantur, ut in suo cursu reperiantur, cum venerit vitæ hujus extremum, id est, in ratione et investigandi cupiditate, minusque se admisceant atque implicent hominum vitiis et erroribus, ut eis facilior sit regressus ad Deum. Sed iste cursus qui constituitur in amore atque investigatione veritatis, non sufficit miseris, id est, omnibus cum ista sola ratione mortalibus sine fide Mediatoris : quod in libris superioribus hujus Operis, maxime in quarto et tertio decimo quantum potui, demonstrare curavi.

(a) Mss. *repetendo, sermonemque finiens.*

LIVRE QUINZIÈME

Récapitulation brève et sommaire des quatorze livres précédents. La dissertation est enfin arrivée à ce point que c'est dans les choses même éternelles, incorporelles et immuables dont la contemplation nous est promise comme étant la vie bienheureuse, qu'il faut chercher la Trinité qui est Dieu. Cette Trinité nous ne la voyons maintenant que comme dans un miroir et dans une énigme, tant que nous ne la voyons que dans l'image de Dieu qui n'est autre que nous, mais image d'une ressemblance obscure et difficile à distinguer. Il en est de même aussi du verbe de notre âme, et de l'amour qui se trouve uni à notre verbe par la volonté; ils peuvent servir, bien que ce ne soit point sans quelque difficulté, à cause de la disparité énorme qui existe entre notre verbe et le Verbe de Dieu, à nous faire conjecturer et à nous expliquer la génération de ce dernier ainsi que la procession du Saint-Esprit.

CHAPITRE PREMIER.

Dieu est au-dessus de l'âme.

1. En voulant exercer le lecteur dans les choses qui sont faites pour nous faire connaître celui par qui elles ont été créées, nous sommes enfin parvenus à son image, qui est l'homme vu dans ce qui le place au-dessus de tous les autres animaux; c'est-à-dire, dans sa raison, ou dans son intelligence et dans toutes les autres facultés qu'on peut citer dans une âme raisonnable et intelligente se rapportant à ce qu'on entend par esprit ou par cœur, expressions dont plusieurs auteurs latins se sont servis pour distinguer dans leur manière de parler, ce qui excelle dans l'homme et ne se trouve point dans l'animal, de l'âme qui est commune à l'un et à l'autre. Si donc, nous cherchons au-dessus de cette nature, quelque chose de vrai, nous trouvons Dieu, c'est-à-dire, une nature non point créée mais créatrice. Est-ce la Trinité? c'est ce que nous devons enfin démontrer non-seulement par l'autorité de la divine Ecriture à ceux qui croient, mais encore, si nous le pouvons, à l'aide même des lumières de la raison à tout homme seulement intelligent. Pourquoi ajouté-je ces mots, si nous le pouvons? la chose elle-même le fera comprendre beaucoup mieux que moi, lorsque nous aurons commencé nos recherches sur ce sujet, dans ce travail.

CHAPITRE II.

On ne doit cesser de chercher Dieu tout incompréhensible qu'il soit.

2. Ce Dieu que nous cherchons, nous aidera, je l'espère, pour que notre travail ne soit point infructueux et que nous comprenions comment

---

LIBER QUINTUS DECIMUS

Principio quid in singulis quatuordecim superioribus libris dictum sit, exponit breviter ac summatim, eoque demum pervenisse disputationem docet, ut Trinitas quæ Deus est jam in ipsis rebus æternis, incorporalibus et immutabilibus, in quarum perfecta contemplatione nobis beata vita promittitur, inquiratur. Hanc vero Trinitatem ostendit hic videri a nobis tanquam per speculum et in ænigmate, dum videtur per imaginem Dei, quod nos sumus, ut in similitudine obscura et ad perspiciendum difficili. Sic et ex verbo mentis nostræ Verbi divini generationem, nonnisi difficulter, propter eam quæ inter utrumque verbum interesse observatur disparitas quam maxima; et ex dilectione quæ a voluntate adjungitur, Spiritus sancti processionem conjici utcumque et explicari posse demonstrat.

CAPUT PRIMUM.

Supra mentem Deus.

1. Volentes in rebus quæ factæ sunt ad cognoscendum eum a quo factæ sunt, exercere lectorem, jam pervenimus ad ejus imaginem, quod est homo, in eo quo cæteris animalibus antecellit, id est ratione vel intelligentia, et quidquid aliud de anima rationali vel intellectuali dici potest, quod pertineat ad eam rem quæ mens vocatur vel animus. Quo nomine nonnulli auctores linguæ Latinæ, id quod excellit in homine, et non est in pecore, ab anima quæ inest et pecori, suo quodam loquendi more distinguunt. Supra hanc ergo naturam si quærimus aliquid, et verum quærimus, Deus est, natura scilicet non creata, sed creatrix. Quæ utrum sit Trinitas, non solum credentibus, divinæ Scripturæ auctoritate; verum etiam intelligentibus, aliqua, si possimus, ratione jam demonstrare debemus. Cur autem si possumus dixerim, res ipsa cum quæri disputando cœperit, melius indicabit.

CAPUT II.

Deus incomprehensibilis semper quærendus.

2. Deus quippe ipse quem quærimus adjuvabit, ut spero, ne sit infructuosus labor noster, et intelligamus quemadmodum dictum sit in Psalmo sacro : « Lætetur cor quærentium Dominum, quærite Domi-

il est dit dans un psaume sacré : « Que le cœur de ceux qui cherchent le Seigneur se réjouisse ; cherchez le Seigneur et fortifiez-vous, cherchez sa face sans cesse. » (*Ps.* CIV, 3, 4.) Or, il semble que ce qu'on cherche sans cesse, on ne le trouve jamais ; comment donc le cœur de ceux qui se livrent à cette recherche se réjouira-t-il, comment ne s'attristera-t-il point plutôt, s'ils ne peuvent pas trouver ce qu'ils cherchent ? Le Psalmiste ne dit pas en effet : que le cœur de ceux qui trouvent, mais « de ceux qui cherchent le Seigneur, » se réjouisse. Et pourtant le prophète Isaïe nous assure qu'on peut trouver le Seigneur si on le cherche, quand il dit : « Cherchez le Seigneur, et dès que vous l'aurez trouvé invoquez-le, et quand il se sera approché de vous, que l'impie quitte ses voies et l'injuste ses pensées. » (*Isa.*, LV, 6, 7.) Si on peut le trouver quand on le cherche, pourquoi est-il dit : « Cherchez sa face, sans cesse ? » Est-ce que par hasard il faudrait encore le chercher quand on l'aura trouvé ? Oui, car ce qu'on doit chercher ce sont des choses incompréhensibles, et il ne faut point croire qu'on n'a rien trouvé, quand on a trouvé combien est incompréhensible ce qu'on cherchait. Pourquoi donc chercher ainsi, si on a trouvé que ce qu'on cherche est incompréhensible, sinon parce qu'on ne doit point s'arrêter, tant qu'on fait quelques progrès, dans la recherche même de choses incompréhensibles

et qu'on devient meilleur à mesure qu'on cherche un tel bien qu'on ne cherche que pour le trouver et qu'on ne trouve que pour le chercher ? En effet, on le cherche pour le trouver avec plus de douceur, et on le trouve pour le chercher avec plus d'ardeur. C'est en ce sens qu'il faut entendre ce mot de la Sagesse dans le livre de l'Ecclésiastique : « Ceux qui me mangent auront encore faim, et ceux qui me boivent auront encore soif de moi. » (*Eccli.*, XXIV, 29.) Manger et boire c'est trouver, avoir faim et soif c'est chercher encore. La foi cherche, l'intelligence trouve, aussi le prophète dit-il : « Si vous ne croyez, vous ne comprendrez point. » (*Isa.*, VII, 9.) D'un autre côté, l'intelligence cherche encore celui qu'elle a trouvé, « car Dieu a jeté ses regards du haut du ciel sur les enfants des hommes, » chantons-nous dans un psaume sacré, « afin de voir s'il en trouvera quelqu'un qui ait de l'intelligence et qui cherche Dieu. » (*Ps.* XIII, 3.) C'est donc pour chercher Dieu que l'homme doit être intelligent.

3. Ainsi nous nous serons assez remis en mémoire les choses que Dieu a faites, afin de connaître, par elles, celui qui les a faites ; « car ce qu'il y a d'invisible en Dieu, est devenu visible, depuis la création du monde, par la connaissance que ses créatures nous en donnent. » (*Rom.*, I, 20.) Voilà pourquoi le livre de la Sagesse reprend : « Ceux qui n'ont pu comprendre,

---

num, et confirmamini, quærite faciem ejus semper. » (*Psal.* CIV, 3.) Videtur enim, quod semper quæritur, nunquam inveniri : et quomodo jam lætabitur, et non potius contristabitur cor quærentium, si non potuerint invenire quod quærunt ? Non enim ait : Lætetur cor invenientium, sed « quærentium Dominum. » Et tamen Dominum Deum inveniri posse dum quæritur, testatur Isaias propheta, dum dicit : « Quærite Dominum, et mox ut inveneritis, invocate eum : et cum appropinquaverit vobis, derelinquat impius vias suas, et vir iniquus cogitationes suas. » (*Isa.*, LV, 6.) Si ergo quæsitus inveniri potest, cur dictum est : « Quærite faciem ejus semper ? » An et inventus forte quærendus est ? Sic enim sunt incomprehensibilia requirenda, ne se existimet nihil invenisse, qui quam sit incomprehensibile quod quærebat, potuerit invenire. Cur ergo sic quærit, si incomprehensibile comprehendit esse quod quærit, nisi quia cessandum non est, quamdiu in ipsa incomprehensibilium rerum inquisitione proficitur, et

melior meliorque fit quærens tam magnum bonum, quod et inveniendum quæritur, et quærendum invenitur ? Nam et quæritur ut inveniatur dulcius, et invenitur ut quæratur avidius. Secundum hoc accipi potest, quod dictum est in libro Ecclesiastico dicere sapientiam : « Qui me manducant, adhuc esurient ; et qui bibunt me, adhuc sitient. » (*Eccl.*, XXIV, 29.) Manducant enim et bibunt, quia inveniunt ; et quia esuriunt ac sitiunt, adhuc quærunt. Fides quærit, intellectus invenit : propter quod ait Propheta : « Nisi credideritis, non intelligetis. » (*Isa.*, VII, 9.) Et rursus intellectus eum quem invenit adhuc quærit : « Deus enim respexit super filios hominum, » (*Psal.* XIII, 2) sicut in Psalmo sacro canitur, « ut videret si est intelligens aut requirens Deum. » Ad hoc ergo debet homo esse intelligens, ut requirat Deum.

3. Satis itaque (*a*) remorati fuerimus in iis quæ Deus fecit, ut per ea cognosceretur ipse qui fecit : « Invisibilia enim ejus a creatura mundi per ea quæ facta sunt intellecta conspiciuntur. » (*Rom.*, I, 20.)

(*a*) Ita Mss. Editi vero, *rememorati fuimus.*

par les biens visibles, le souverain Etre, et n'ont point reconnu le Créateur par la vue de ses ouvrages, mais se sont imaginé que le feu, le vent, l'air le plus subtil, le chœur des étoiles, l'abîme des eaux, ou le soleil et la lune étaient les dieux qui gouvernent le monde; s'ils les ont crus des dieux, parce qu'ils étaient charmés de leur beauté, qu'ils conçoivent, par là, combien celui qui en est le dominateur doit être plus beau encore; car c'est l'auteur de toute beauté qui a donné l'être à toutes ces choses. S'ils ont admiré le pouvoir et les effets de ces créatures, qu'ils comprennent par là combien est encore plus puissant celui qui les a créés. Car la grandeur et la beauté de la créature pouvaient faire connaître et rendre visible le Créateur. » (*Sag.*, XIII, 1 à 5.) J'ai rapporté ces paroles du livre de la Sagesse, de peur que quelque fidèle ne pense que c'est en vain et en pure perte que j'ai commencé par chercher, dans les créatures, par le moyen de certaines trinités de leur genre, pour m'élever par degré, si je puis parler ainsi, jusqu'à l'âme de l'homme, des traces de la Trinité que nous cherchons quand nous cherchons Dieu.

CHAPITRE III.

Analyse succincte de tous les livres précédents.

4. Mais comme nous avons été amené, par les nécessités de cette dissertation et du raisonnement, à parler, dans les quatorze livres qui précèdent, de beaucoup de choses que nous ne pouvons considérer toutes ensemble, pour arriver, par une pensée rapide, au but que nous voulons atteindre, je vais faire en sorte, autant que je le pourrai, avec l'aide de Dieu, de réunir en quelques mots et sans discussion tout ce que j'ai développé et discuté dans les livres précédents, pour le faire connaître, et, considérant tout cela comme sous un seul coup d'œil de l'âme, je ferai voir, non pas comment chaque raisonnement a établi certaines choses, mais les choses mêmes qui se sont trouvées établies, afin que les prémisses ne soient point si éloignées des conséquences, que l'examen de celles-ci efface le souvenir de celles-là, ou du moins, si cela arrivait, qu'il fût possible en relisant ce qui a été dit de se rappeler ce qui aurait pu s'échapper de la mémoire.

5. Dans le premier livre on a montré par les saintes Ecritures l'unité et l'égalité de la souveraine Trinité. Dans le second, le troisième et le quatrième, j'ai continué le même sujet; mais ces trois livres ont été remplis par une étude attentive de la mission du Fils et de celle du Saint-Esprit, et il a été démontré que l'envoyé n'est pas moindre que l'envoyant, par la raison que l'un est envoyé et que l'autre envoie, at-

---

Unde arguuntur in libro Sapientiæ, qui « de iis quæ videntur bona, non potuerunt scire eum qui est, neque operibus attendentes agnoverunt artificem, sed aut ignem, aut spiritum, aut citatum aerem, aut gyrum stellarum, aut violentiam aquarum, aut luminaria cœli, rectores orbis terrarum deos putaverunt : quorum quidem si specie delectati hæc deos putaverunt, sciant quanto Dominator eorum melior est. Speciei enim generator ea creavit. Aut si virtutem et operationem eorum mirati sunt, intelligant ab his quanto qui hæc constituit fortior est. A magnitudine enim speciei et creaturæ cognoscibiliter poterat horum Creator videri. » (*Sap.*, XIII, 1.) Hæc de libro Sapientiæ propterea posui, ne me fidelium quispiam frustra et inaniter existimet in creatura prius per quasdam sui generis trinitates quodam modo gradatim, donec ad mentem hominis pervenirem, quæsisse indicia summæ illius Trinitatis, quam quærimus cum Deum quærimus.

CAPUT III.

Omnium superiorum librorum breviarium.

4. Sed quoniam disserendi et ratiocinandi necessitas per quatuordecim libros multa nos dicere compulit, quæ cuncta simul aspicere non valemus, ut ad id quod apprehendere volumus, ea celeri cogitatione referamus : faciam quantum Domino adjuvante potuero, ut quidquid in singulis voluminibus ad cognitionem disputatione perduxi, remota disputatione breviter congeram, et tanquam sub uno mentis aspectu, non quemadmodum res quæque persuasit, sed ipsa quæ persuasa sunt ponam : ne tam longe sint a præcedentibus consequentia, ut oblivionem præcedentium faciat inspectio consequentium; aut certe si fecerit, cito possit quod exciderit relegendo recolligi.

5. In primo libro secundum Scripturas sacras unitas et æqualitas summæ illius Trinitatis ostenditur. In secundo et tertio et quarto eadem : sed de Filii missione et Spiritus sancti diligenter quæstio pertractata, tres libros fecit; demonstratumque est non ideo minorem mittente qui missus est, quia ille misit, hic missus est, cum Trinitas quæ per omnia æqualis est, pariter quoque in sua natura immutabilis et invisibilis et ubique præsens inseparabiliter operetur. In quinto propter eos quibus ideo videtur

LIVRE XV. — CHAPITRE III.

tendu que la Trinité égale en toute chose, également immuable et invisible de sa nature et présente partout, opère d'une manière inséparable. Dans le cinquième livre, pour répondre à ceux à qui il semble que le Fils n'a pas la même substance que le Père, parce que tout ce qui se dit de Dieu ne se dit, selon eux, que quant à la substance, d'où ils prétendent que engendrant et engendré, ou engendré et inengendré, étant tout à fait différents, les substances sont différentes, j'ai fait voir que tout ce qui se dit de Dieu ne se dit point quant à la substance, de même qu'on dit quant à la substance qu'il est bon et grand, et tout ce qui peut se dire de Dieu en soi, mais qu'il y a des choses qui ne se disent point de Dieu par rapport à lui-même, mais par rapport à quelque chose qui n'est point lui ; c'est ainsi que Père se dit par rapport à Fils, ou Seigneur, par rapport à la créature qui est soumise à lui ; d'où il suit que s'il se dit de lui quelque chose d'une manière relative, c'est-à-dire par rapport à quelque chose qui ne soit point lui, et se dise de lui dans le temps, comme : « Seigneur, vous êtes devenu notre refuge, » (*Ps.* LXXXIX, 1) il ne lui arrive rien qui le change, il demeure absolument le même et immuable dans sa nature et dans son essence. Dans le sixième livre, j'ai discuté le sens de ces mots de l'Apôtre, au sujet du Christ : « Il est la vertu de Dieu et la sagesse de Dieu, » (I *Cor.*, I, 24) de manière pourtant à réserver pour plus tard une étude plus approfondie de la même question ; j'ai recherché si celui de qui le Christ est engendré n'est point aussi lui-même sagesse, ou s'il n'est seulement que le Père de la sagesse, ou enfin si la sagesse a engendré la sagesse. Mais à quelque opinion qu'on dût s'arrêter sur ce sujet, j'ai montré dans ce même livre que la Trinité est égale, qu'elle ne fait point un Dieu triple, mais une Trinité, ni que le Père et le Fils étaient quelque chose de double par rapport au Saint-Esprit qui serait simple ; et enfin que les trois personnes ne sont pas plus que l'une d'elles. J'ai aussi traité la question de savoir comment se doivent entendre ces paroles de l'évêque Hilaire : « L'éternité est dans le Père, l'espèce dans l'image et l'usage dans le don. » Au septième livre, j'ai repris la question précédemment ajournée, à savoir que Dieu qui a engendré le Fils, non-seulement est le Père de la vertu et de la sagesse, mais est lui-même vertu et sagesse, et de même quant au Saint-Esprit, sans que pourtant ils soient ensemble trois vertus et trois sagesses, mais une seule vertu et une seule sagesse, comme ils ne font qu'un seul Dieu et une seule essence. Après cela, j'ai cherché comment on dit trois personnes et une seule essence, ou avec quelques grecs : une seule essence et trois substances ; et j'ai trouvé que c'est par suite de la nécessité d'avoir une expression,

---

non eamdem Patris et Filii esse substantiam, quia omne quod de Deo dicitur, secundum substantiam dici putant, et propterea gignere et gigni, vel genitum esse et ingenitum, quoniam diversa sunt, contendunt substantias esse diversas, demonstratur non omne quod de Deo dicitur secundum substantiam dici, sicut secundum substantiam dicitur bonus et magnus, et si quid aliud ad se dicitur ; sed dici etiam relative, id est non ad se, sed ad aliquid quod ipse non est ; sicut Pater ad Filium dicitur, vel Dominus ad creaturam sibi servientem : ubi si quid relative, id est, ad aliquid quod ipse non est, etiam ex tempore dicitur, sicuti est : « Domine refugium factus est nobis, » (*Ps.* LXXXIX, 1) nihil ei accidere quo mutetur, sed omnino ipsum in natura vel essentia sua immutabilem permanere. In sexto quomodo dictus sit Christus ore Apostolico : « Dei virtus et Dei sapientia, » (I *Cor.*, I, 24) sic disputatur, ut differatur eadem quæstio diligentius retractanda : utrum a quo est genitus Christus, (*a*) non sit ipse sapientia, sed tantum sapientiæ suæ pater, an sapientia sapientiam genuerit. Sed quodlibet horum esset, etiam in hoc libro apparuit Trinitatis æqualitas, et non Deus triplex, sed Trinitas nec quasi aliquid duplum esse Patrem et Filium ad simplum Spiritum sanctum ; ubi nec tria plus aliquid sunt quam unum horum. Disputatum est etiam quomodo possit intelligi quod ait Hilarius episcopus (*b*) : « Æternitas in Patre, species in Imagine, usus in Munere. » In septimo quæstio quæ dilata fuerat, explicatur, ita ut Deus qui genuit Filium, non solum sit Pater virtutis et sapientiæ suæ, sed etiam ipse virtus atque sapientia : sic et Spiritus sanctus : nec tamen simul tres sint virtutes aut tres sapientiæ, sed una virtus et una sapientia, sicut unus Deus et una essentia. Deinde quæsitum est, quomodo dicantur una essentia, tres personæ, (*c*) vel a quibusdam Græcis una essentia, tres substantiæ : et inventum est elocutionis necessitate dici, ut aliquo uno nomine enuntiarentur, cum quæritur, quid tres sint, quos tres esse

(*a*) Quidam codex, *eadem non sit ipse sapientia*. — (*b*) Sola editio Lov. *episcopus sanctus*. — (*c*) In Mss. *vel ut a quibusdam*.

un mot, quand nous confessons, avec vérité, que le Père, le Fils et le Saint-Esprit font trois, pour répondre à cette question : trois quoi ? Dans le huitième livre, il a été rendu clair par les raisons que j'en ai données, pour les personnes intelligentes, que, dans la substance de la vérité, non-seulement le Père n'est point plus grand que le Fils, et que le Père et le Fils ensemble ne sont point quelque chose de plus grand que le Saint-Esprit tout seul, ou que quelques personnes que ce soit des trois prises deux à deux ne sont point, dans la même Trinité, quelque chose de plus grand que l'une quelconque d'entre elles, et que toutes les trois ensemble ne sont pas quelque chose de plus grand que l'une des trois considérée séparément. Après cela, j'ai fait remarquer que, par la vérité qui est vue et comprise, par le souverain bien de qui est tout bien, et par la justice à cause de laquelle une âme juste est aimée d'une âme qui n'est point encore juste, on doit entendre, autant que cela est possible, la nature non-seulement incorporelle, mais encore immuable qui n'est autre que Dieu, de même que par la charité que les saintes Ecritures appellent Dieu (I *Jean*, IV, 16) et par laquelle la Trinité même commence à apparaître d'une manière quelconque aux personnes intelligentes, comme il s'en montre une dans l'amant, l'objet aimé et l'amour. C'est dans le neuvième livre que la question se pose de l'image de Dieu qui n'est autre que l'homme, quant à son âme ; je trouve, en effet, une sorte de trinité en elle, je veux dire l'âme elle-même, la connaissance par laquelle elle se connaît, et l'amour par lequel elle unit ensemble soi et la connaissance qu'elle a de soi. Or, ces trois choses sont égales entre elles, et j'ai montré qu'elles sont d'une seule et même substance. Dans le dixième, j'ai traité le même sujet avec plus de soin et d'une manière plus subtile, et je suis arrivé à trouver dans l'âme une trinité d'elle-même plus évidente que l'autre, dans sa mémoire, son intelligence, et sa volonté. Mais parce qu'on a découvert en même temps que jamais l'âme n'a pu être dans le cas de n'avoir point souvenance d'elle-même, de ne se point comprendre et de ne se point aimer, bien qu'elle ne se pense point toujours elle-même, et, quand elle se pense, ne se distingue pas toujours, dans sa pensée, des choses corporelles ; la discussion, au sujet de la Trinité dont elle est l'image, s'est trouvée différée, pour tâcher de découvrir une trinité dans les choses même corporelles qui tombent sous nos yeux, et d'exercer l'esprit du lecteur à la distinguer. Dans le onzième livre, on a donc pris le sens de la vue, dans lequel on pût reconnaître quand bien même on ne pourrait le nommer dans les quatre autres sens, ce qu'on aurait trouvé, et ainsi on a vu apparaître une trinité de l'homme extérieur, ressortant des choses vues au dehors, c'est-à-dire de l'objet corporel vu, de la forme de ce corps s'imprimant dans l'œil de celui qui le voit, et de

veraciter confitemur, Patrem scilicet, et Filium, et Spiritum sanctum. In octavo ratione etiam reddita intelligentibus clarum est in substantia veritatis, non solum Patrem Filio non esse majorem, sed nec ambos simul aliquid majus esse quam solum Spiritum sanctum, aut quoslibet duos in eadem Trinitate majus esse aliquid quam unum, aut omnes simul tres majus aliquid esse quam singulos. Deinde per veritatem quæ intellecta conspicitur, et per bonum summum a quo est omne bonum, et per justitiam propter quam diligitur animus justus ab animo etiam nondum justo, ut natura non solum incorporalis, verum etiam incommutabilis quod est Deus, quantum fieri potest, intelligeretur admonui : et per caritatem, quæ in Scripturis sanctis Deus dicta est (I *Joan.*, IV, 16), per quam cœpit utcumque etiam Trinitas intelligentibus apparere, sicut sunt amans, et quod amatur, et amor. In nono ad imaginem Dei, quod est homo secundum mentem, pervenit disputatio : et in ea quædam trinitas invenitur, id est mens, et notitia qua se novit, et amor quo se notitiamque suam diligit ; et hæc tria æqualia inter se, et unius ostenduntur esse essentiæ. In decimo hoc idem diligentius subtiliusque tractatum est, atque ad id perductum, ut inveniretur in mente evidentior trinitas ejus, in memoria scilicet et intelligentia et voluntate. Sed quoniam et hoc compertum est, quod mens nunquam esse ita potuerit, ut non sui meminisset, non se intelligeret, et diligeret, quamvis non semper se cogitaret, cum autem cogitaret, non se a corporalibus rebus eadem cogitatione discerneret ; dilata est de Trinitate, cujus hæc imago est, disputatio, ut in ipsis etiam corporalibus visis inveniretur trinitas, et distinctius in ea lectoris exerceretur intentio. In undecimo ergo electus est sensus oculorum, in quo id quod inventum esset, etiam in cæteris quatuor sensibus corporis et non dictum posset agnosci : atque ita exterioris hominis trinitas, primo in iis quæ cernuntur extrinsecus, ex corpore scilicet quod videtur, et forma quæ inde in

l'intention de la volonté unissant l'un et l'autre. Mais on a vu clairement que ces trois choses ne sont ni égales entre elles, ni d'une seule et même substance. Puis j'ai trouvé une autre trinité dans l'âme même, comme si elle y était introduite par les choses perçues au dehors par les sens, dans laquelle les trois mêmes choses apparaissaient de la même substance, je veux parler de l'image de l'objet corporel qui est dans la mémoire, puis de l'information quand l'œil de la pensée se tourne vers cette image, et enfin de l'intention de la volonté unissant l'un et l'autre ensemble. Mais j'ai trouvé que cette trinité se rapporte à l'homme extérieur, parce qu'elle a été apportée dans l'âme par les objets corporels qui se sentent au dehors. Dans le douzième livre, il a semblé qu'il y avait lieu à distinguer la sagesse de la science, et à rechercher d'abord, dans ce qui s'appelle proprement science, parce qu'elle est inférieure à la sagesse, une trinité de son genre qui, pour se rapporter déjà à l'homme intérieur, ne doit pourtant pas encore être appelée ni regardée comme étant l'image de Dieu. Cela est traité encore dans le treizième livre, par la recommandation de la foi chrétienne. Or, dans le quatorzième livre, il est parlé de la vraie sagesse de l'homme, c'est-à-dire de celle qui lui est donnée par la grâce de Dieu, dans le fait de sa participation à ce même Dieu, distincte de la science; et la discussion a été conduite jusqu'au point de montrer une trinité dans l'image de Dieu, c'est-à-dire dans l'homme quant à son âme qui se renouvelle par la connaissance de Dieu, selon l'image de celui qui a créé l'homme à son image (*Gen.*, I, 27), lequel homme perçoit la sagesse là où est la contemplation des choses éternelles.

CHAPITRE IV.

Ce que l'univers créé nous enseigne au sujet de Dieu.

6. Maintenant donc, recherchons la Trinité qui est Dieu, dans les choses mêmes éternelles, incorporelles et immuables, dont la contemplation parfaite fait la vie bienheureuse qui nous est promise et qui ne peut qu'être éternelle. Non-seulement l'autorité des livres divins nous enseigne que Dieu est, mais tout l'univers créé qui nous entoure, et dont nous faisons nous-mêmes partie, proclame un Créateur très-excellent qui nous a donné une âme et une raison naturelles, lesquelles nous font voir qu'on doit préférer les choses vivantes à celles qui ne vivent point, les choses douées de sens à celles qui n'en sont point douées, les choses intelligentes à celles qui ne le sont pas, les immortelles aux mortelles, les puissantes aux impuissantes, les justes aux injustes, les belles aux difformes, les

---

acie cernentis imprimitur, et utrumque copulantis intentione voluntatis, apparuit. Sed hæc tria non inter se æqualia, nec unius esse substantiæ claruerunt. Deinde in ipso animo, ab iis quæ extrinsecus sensa sunt velut introducta inventa est altera trinitas, ubi apparerent eadem tria unius esse substantiæ, imaginatio corporis quæ in memoria est, et inde informatio cum ad eam convertitur acies cogitantis, et utrumque conjungens intentio voluntatis. Sed ideo ista trinitas ad exteriorem hominem reperta est pertinere, quia de corporibus illata est quæ sentiuntur extrinsecus. In duodecimo discernenda visa est sapientia ab scientia, et in ea quæ proprie scientia nuncupatur, quia inferior est, prius quædam sui generis trinitas inquirenda : quæ licet ad interiorem hominem jam pertineat, nondum tamen imago Dei vel appellanda sit vel putanda. Et hoc agitur in tertio decimo libro per commendationem fidei Christianæ. In quarto decimo autem de sapientia hominis vera, id est (*a*) Dei munere in ejus ipsius Dei participatione donata, quæ ab scientia distincta est, disputatur : et eo pervenit disputatio, ut trinitas appareat in imagine Dei, quod est homo secundum mentem, quæ renovatur in agnitione Dei secundum imaginem ejus qui creavit hominem ad imaginem suam (*Col.*, III, 10; *Gen.*, I, 27), et sic percipit sapientiam ubi contemplatio est æternorum.

CAPUT IV.

Quid universa natura nos de Deo doceat.

6. Jam ergo in ipsis rebus æternis, incorporalibus et incommutabilibus, in quarum perfecta contemplatione nobis beata, quæ nonnisi æterna est, vita promittitur, Trinitatem quæ Deus est inquiramus. Neque enim divinorum librorum tantummodo auctoritas esse Deum prædicat, sed omnis quæ nos circumstat, ad quam nos etiam pertinemus, universa ipsa rerum natura proclamat, habere se præstantissimum Conditorem, qui nobis mentem rationemque naturalem dedit, qua viventia non viventibus, sensu prædita non sentientibus, intelligentia non intelli-

---

(*a*) Sic Mss. At Er. et Lov. *id est de munere ejus in ipsius*, etc. Am. *id est de munere in ejus ipsius*, etc.

bonnes aux mauvaises, les incorruptibles aux corruptibles, les immuables aux muables, les invisibles aux visibles, les incorporelles aux corporelles, les heureuses aux malheureuses. Et, par conséquent, comme il n'y a point l'ombre d'un doute que nous plaçons le Créateur au-dessus de tout, il faut que nous proclamions qu'il est la vie suprême, qu'il sent et comprend tout, qu'il ne saurait ni mourir, ni se corrompre, ni changer, ni être un corps, mais qu'il est un esprit, le plus puissant de tous, le plus juste, le plus beau, le meilleur et le plus heureux.

CHAPITRE V.

Combien il est difficile de démontrer la Trinité par les ressources de la raison naturelle.

7. Or, tout ce que je viens de dire, ainsi que ce qui se pourrait dire de pareil, dans le langage de l'homme, qui fût digne de Dieu, convient en même temps à la Trinité tout entière qui est un seul Dieu, et à chacune des trois personnes de la même Trinité. En effet, qui oserait dire que soit le seul Dieu, qui n'est autre que la Trinité même, soit le Père, soit le Fils, soit le Saint-Esprit, n'est point vivant, qu'il ne sent ou ne comprend rien, ou bien que dans la nature même dans laquelle ils sont déclarés égaux entre eux, l'un d'eux est mortel, corrup-tible, muable ou corporel; ou bien qui oserait nier que quelqu'un des trois soit tout-puissant, très-juste, très-beau, très-bon et bienheureux? Mais si ces choses et toutes les autres semblables peuvent se dire, si la Trinité même, et, dans la Trinité, si chaque personne peut être l'objet d'une pareille affirmation, où et comment la Trinité apparaîtra-t-elle? Ramenons donc ces nombreuses affirmations à un petit nombre. Or, ce qu'on appelle la vie en Dieu n'est autre que son essence et sa nature; par conséquent, Dieu ne vit point autrement que par sa vie, ce qu'il est lui-même par rapport à soi. Mais cette vie n'est pas telle que celle qui se trouve dans un arbre, où il n'y a ni intelligence ni sens; elle n'est point non plus semblable à celle des bêtes, car la vie des bêtes a des sens au nombre de cinq, mais n'a point d'intelligence. Au contraire la vie qui est Dieu, sent et comprend toutes choses, et elle sent par l'esprit non par le corps puisque Dieu est esprit. (*Jean*, IV, 24.) Mais Dieu ne sent point par le corps comme les animaux qui ont un corps, attendu qu'il n'est point composé d'un corps et d'une âme, et par conséquent cette simple nature sent comme elle comprend et comprend comme elle sent, sens et intelligence sont pour elle une seule et même chose. Ce n'est point non plus de telle sorte qu'il cesse ou commence un jour d'être, car il

gentibus, immortalia mortalibus, impotentibus potentia, injustis justa, speciosa deformibus, bona malis, incorruptibilia corruptibilibus, immutabilia mutabilibus, invisibilia visibilibus, incorporalia corporalibus, beata miseris præferenda videamus. Ac per hoc quoniam rebus creatis Creatorem sine dubitatione præponimus, oportet ut eum et summe vivere, et cuncta sentire atque intelligere, et mori, corrumpi, mutarique non posse, nec corpus esse, sed spiritum omnium potentissimum, justissimum, speciosissimum, optimum, beatissimum fateamur.

CAPUT V.

Quam difficile demonstrare ratione naturali Trinitatem.

7. Sed hæc omnia quæ dixi, et quæcumque alia simili more locutionis humanæ digne de Deo dici videntur, et universæ Trinitati quæ est unus Deus, et personis singulis in eadem Trinitate conveniunt. Quis enim vel unum Deum, quod est ipsa Trinitas, vel Patrem, vel Filium, vel Spiritum sanctum, audeat dicere, aut non viventem, aut nihil sentientem vel intelligentem, aut in ea natura qua inter se prædicantur æquales, quemquam esse eorum mortalem sive corruptibilem, sive mutabilem, sive corporeum; aut quisquam ibi neget aliquem potentissimum, justissimum, speciosissimum, optimum, beatissimum? Si ergo hæc atque hujusmodi omnia, et ipsa Trinitas, et in ea singuli dici possunt, ubi aut quomodo Trinitas apparebit? Redigamus itaque prius hæc plurima ad aliquam paucitatem. Quæ vita enim dicitur in Deo, ipsa est essentia ejus atque natura. Non itaque Deus vivit nisi vita quod ipse sibi est. Hæc autem vita non talis est qualis inest arbori, ubi nullus est intellectus, nullus est sensus. Nec talis qualis inest pecori : habet enim vita pecoris sensum quinque pertitum, sed intellectum habet nullum : at illa vita quæ Deus est, sentit atque intelligit omnia; et sentit mente, non corpore, quia spiritus est Deus. (*Joan.*, IV, 24.) Non autem sicut animalia quæ habent corpora, per corpus sentit Deus : non enim ex anima constat et corpore : ac per hoc simplex illa natura sicut intelligit sentit, sicut sentit intelligit; idemque sensus qui intellectus est illi. Nec ita ut aliquando esse desistat aut cœpe-

est immortel, et ce n'est pas en vain qu'il a été dit de lui que seul il a l'immortalité (I *Tim.*, vi, 16), car l'immortalité en lui est une véritable immortalité, puisque dans sa nature, il n'y a aucun changement. C'est même la vraie éternité, sans commencement et sans fin, que celle par laquelle il est immortel, et par conséquent incorruptible. On ne dit donc qu'une seule et même chose, soit qu'on dise que Dieu est éternel, ou qu'il est immortel, ou qu'il est incorruptible, ou qu'il est immuable. De même quand on dit qu'il est vivant et intelligent, ce qui signifie aussi sage, c'est une seule et même chose que l'on dit; car il n'a point reçu la sagesse par laquelle il fût sage, mais il est la sagesse même. Il en faut dire autant de sa vie et de sa vertu, c'est une seule et même chose avec sa vertu ou sa puissance, une seule et même chose aussi avec sa beauté, qui font qu'on dit qu'il est puissant et beau. Qu'y a-t-il en effet de plus puissant et de plus beau que la sagesse qui atteint avec force depuis un bout jusqu'à l'autre, et dispose tout avec douceur? (*Sag.*, viii, 1.) Et la bonté et la justice, est-ce que dans la nature de Dieu, elles sont aussi séparées que dans ses œuvres, comme si c'étaient deux qualités distinctes en Dieu, que la justice et la bonté? Non certes, mais la justice est bonté, et la bonté est béatitude. On dit que Dieu est incorporel ou dépourvu de corps afin qu'il soit bien cru et entendu qu'il est un esprit non un corps.

8. Par conséquent, si nous disons, éternel, immortel, incorruptible, immuable, vivant, sage, puissant, beau, juste, bon, heureux, esprit, ce dernier terme semblerait comme désigner seulement une substance, tandis que les autres exprimeraient des qualités de cette substance; mais il n'en est pas de même dans cette nature simple et ineffable. En effet, tout ce qui, dans elle, semble dit comme autant de qualités, doit s'entendre de sa substance ou de son essence. Il s'en faut bien, en effet, que dit de Dieu, le mot esprit désigne la substance et le mot bon seulement une qualité; ils désignent l'un et l'autre la substance. Il en est de même de toutes les autres appellations que nous avons citées et dont nous avons beaucoup parlé déjà dans les livres précédents. Prenons un des quatre adjectifs, éternel, immortel, incorruptible et immuable que j'ai énumérés et exposés tout à l'heure, attendu que tous quatre ne désignent qu'une seule et même chose; prenons, pour que notre attention ne se trouve point partagée entre beaucoup de choses, le premier de tous, éternel. Faisons de même pour les quatre qui viennent après, c'est-à-dire, pour vivant, sage, puissant et beau. Et comme il y a dans l'animal

rit : immortalis est enim. Nec frustra de illo dictum est, quod solus habeat immortalitatem (I *Tim.*, vi, 16) : nam immortalitas ejus vere immortalitas est, in cujus natura nulla est commutatio. Ipsa est etiam vera æternitas qua est immutabilis Deus, sine initio, sine fine; consequenter et incorruptibilis. Una ergo eademque res dicitur, sive dicatur æternus Deus, sive immortalis, sive incorruptibilis, sive immutabilis : itemque cum dicitur, vivens, et intelligens, quod est utique sapiens, hoc idem dicitur. Non enim percepit sapientiam qua esset sapiens, sed ipse sapientia est. Et hæc vita, eademque virtus vel potentia, eademque species, qua potens, atque speciosus dicitur. Quid enim potentius et speciosius sapientia, quæ attingit a fine usque ad finem fortiter, et disponit omnia suaviter? (*Sap.*, viii, 1.) Bonitas etiam, atque justitia, numquid inter se in natura Dei, sicut in ejus operibus distant, tanquam duæ diversæ sint qualitates Dei, una bonitas, alia justitia? Non utique : sed quæ justitia ipsa bonitas, et quæ bonitas ipsa beatitudo. Incorporalis autem vel incorporeus ideo dicitur Deus, ut spiritus credatur vel intelligatur esse, non corpus.

8. Proinde si dicamus, æternus, immortalis, incorruptibilis, immutabilis, vivus, sapiens, potens, speciosus, justus, bonus, beatus, spiritus, horum omnium novissimum quod posui quasi tantummodo videtur significare substantiam, cætera vero hujus substantiæ qualitates : sed non ita est in illa ineffabili simplicique natura. Quidquid enim secundum qualitates illic dici videtur, secundum substantiam vel essentiam est intelligendum. Absit enim ut spiritus secundum substantiam dicatur Deus, et bonus secundum qualitatem : sed utrumque secundum substantiam. Sic omnia cætera quæ commemoravimus, unde in superioribus libris multa jam diximus. De quatuor igitur primis quæ modo a nobis enumerata atque digesta sunt, id est, æternus, immortalis, incorruptibilis, immutabilis, unum aliquid eligamus; quia unum quatuor ista significant, sicut jam disserui; ne per multa distendatur intentio, et illud potius quod positum est prius, id est, æternus. Hoc faciamus et de quatuor secundis, quæ sunt, vivus, sapiens, potens, speciosus. Et quoniam vita qualiscumque inest et pecori, cui sapientia non inest; duo vera ista, sapientia scilicet atque potentia, ita

même une sorte de vie, bien qu'il n'ait point de sagesse, ces deux derniers, sagesse et puissance, sont néanmoins si bien comparables dans l'homme, que l'Ecriture sainte dit : « Mieux vaut le sage que le fort; » (*Sag.*, VI, 1) quant au mot beau, il s'emploie ordinairement en parlant même du corps; prenons donc des quatre expressions que nous avions choisies, le mot sage, bien que ces quatre choses ne puissent être dites inégales en Dieu, attendu que si ce sont quatre noms, ils ne désignent pourtant qu'une seule et même chose. Pour ce qui est de la troisième division de ces mots comprenant les quatre derniers, bien que ce soit une seule et même chose en Dieu, qu'être juste, bon et bienheureux, une seule et même chose d'être esprit et d'être juste, bon et bienheureux; cependant comme, dans les hommes, un esprit peut n'être pas bienheureux, qu'il peut être juste et bon et n'être pas encore bienheureux, tandis qu'un esprit bienheureux est certainement juste et bon, choisissons de préférence ce qui, même parmi les hommes, ne peut jamais aller sans les trois autres, c'est-à-dire le mot bienheureux.

CHAPITRE VI.
Comment la Trinité se trouve dans la simplicité même de Dieu.

9. Quand nous disons, éternel, sage, bienheureux, ces trois choses sont la Trinité à laquelle nous donnons le nom de Dieu; car nous avons réduit les douze mots cités plus haut à ce petit nombre de trois; peut-être bien pourrions-nous de même ramener ces trois mots à un seul. En effet, si dans la nature de Dieu c'est une seule et même chose que sagesse et puissance, ou vie et sagesse, pourquoi ne serait-ce pas aussi, dans la nature de Dieu, une seule et même chose que éternité et sagesse, ou béatitude et sagesse? Et par conséquent, comme il n'y avait aucun inconvénient à remplacer ces douze mots par les trois que nous avons retenus, quand nous avons réduit cette multitude de mots à ce petit nombre, de même il n'y en a aucun non plus à ce que au lieu de ces trois mots nous n'en retenions qu'un auquel nous avons montré qu'on pouvait de la même manière, ramener les deux autres. Quel mode de discussion, quelle force et quelle puissance d'intelligence, quelle vivacité de raison, quelle pénétration de pensée nous montrera, pour ne point parler des autres noms, comment ce que nous appelons la sagesse en Dieu est la Trinité? Car il n'en est pas de Dieu comme de nous, il ne tient pas la sagesse d'un autre, comme nous la tenons de lui, il est lui-même sa propre sagesse, attendu que sa sagesse n'est autre que sa puissance ni autre que son essence, puisque pour lui, être c'est la même

---

sunt inter se in homine comparata, ut sancta Scriptura diceret : « Melior est sapiens quam fortis; » (*Sap.*, VI, 1) speciosa porro etiam corpora dici solent : unum ex his quatuor (*forte* æqualibus) quod eligimus, sapiens eligatur : quamvis hæc quatuor in Deo non (*a*) inæqualia dicenda sint; nomina enim quatuor, res autem una est. De tertiis vero ultimus quatuor, quamvis in Deo idem sit justum esse quod bonum, quod beatum, idemque spiritum esse quod justum et bonum et beatum esse : tamen quia in hominibus potest esse spiritus non beatus, potest et justus et bonus nondum beatus; qui vero beatus est, profecto et justus et bonus et spiritus est : hoc potius eligamus quod nec in hominibus esse sine illis tribus potest, quod est beatus.

CAPUT VI.
Quomodo in ipsa simplicitate Dei sit Trinitas.

9. (*b*) Num igitur cum dicimus, æternus, sapiens, beatus, hæc tria sunt Trinitas, quæ appellatur Deus? Redigimus quidem illa duodecim in istam paucitatem trium : sed eo modo forsitan possumus et hæc tria in unum aliquod horum. Nam si una eademque res in Dei natura potest esse sapientia et potentia, aut vita et sapientia; cur non una eademque res esse possit in Dei natura æternitas et sapientia, aut beatitudo et sapientia? Ac per hoc sicut nihil intererat utrum illa duodecim, an ista tria diceremus, quando illa multa in istam redegimus paucitatem : ita nihil interest utrum tria ista dicamus, an illud unum in cujus singularitatem duo cætera similiter redigi posse monstravimus. Quis itaque disputandi modus, quænam tandem vis intelligendi atque potentia, quæ vivacitas rationis, quæ acies cogitationis ostendet, ut alia jam taceam, hoc unum quod sapientia dicitur Deus, quomodo sit Trinitas? Neque enim sicut nos de illo percipimus sapientiam, ita Deus de aliquo : sed sua est ipse sapientia; quia non est aliud sapientia ejus, aliud essentia, cui hoc est esse quod sapientem esse. Dicitur quidem in Scripturis sanctis Christus Dei virtus, et Dei sapien-

---

(*a*) Plures Mss. *non æqualia*. Melius, si tamen supra pro *quod eligimus*, legendum sit *æqualibus*. — (*b*) Ita Mss. At editi : *Nunc igitur*.

chose qu'être sage. Sans doute, dans les saintes Ecritures, le Christ est appelé la vertu de Dieu et la sagesse de Dieu, mais nous avons établi dans le livre septième qu'on ne doit point entendre ce mot en ce sens que ce serait le Fils de Dieu qui rendrait sage le Père, et la raison s'est avancée jusqu'à ce point que le Fils soit sagesse de sagesse, comme il est lumière de lumière, Dieu de Dieu. Nous n'avons pas pu non plus trouver autre chose, quant au Saint-Esprit, sinon qu'il est aussi lui-même sagesse, et que les trois personnes font ensemble une seule et même sagesse, comme elles ne font qu'un seul et même Dieu, une seule et même essence. Comment donc entendons-nous que la sagesse qui est Dieu est Trinité? Je n'ai pas dit comment le croyons-nous, car cela ne doit point faire question parmi les fidèles, mais s'il y a une autre manière de voir par l'intelligence, ce que nous croyons, quelle est cette autre manière?

10. Si nous recherchons dans quel livre la Trinité a commencé à se montrer à notre intelligence, il se trouve que c'est dans le huitième. C'est dans ce livre, en effet, que nous avons tenté, du mieux que nous avons pu, d'élever, dans la discussion, l'attention de notre esprit, à l'intelligence de cette nature immuable et imposante qui n'est point notre propre esprit. Nous la regardâmes cependant comme si elle ne se fût point trouvée loin de nous, mais qu'elle fût au-dessus de nous, sinon par le lieu qu'elle occupe, du moins par son importance même aussi vénérable qu'admirable, et de manière qu'elle semblât être en nous par la présence de sa lumière. Mais dans cette nature ne nous apparaissait encore aucune Trinité, parce que nous ne possédons pas encore une vue de l'esprit assez ferme, pour la chercher à l'éclat de cette lumière; seulement comme il ne se trouvait là aucune masse de matière où il nous fallût croire que la grandeur de deux ou de trois personnes fût plus grande que celle d'une seule, nous voyions tant bien que mal. Mais quand nous arrivâmes à la charité que les saintes Ecritures appellent Dieu même (I *Jean*, IV, 16), peu à peu la Trinité commença à luire à nos yeux, dans l'objet aimant, l'objet aimé et l'amour; mais parce que cette lumière ineffable offusquait nos regards et que la faiblesse de notre esprit était convaincue qu'elle ne pourrait pas encore s'habituer à elle, pour reposer notre attention des fatigues de son travail, nous avons dirigé la course que nous avions déjà commencée vers une étude plus familière, celle de notre propre esprit selon lequel l'homme a été fait à l'image de Dieu, et ensuite nous nous sommes arrêtés depuis le neuvième livre jusqu'au quatorzième, aux créatures parmi lesquelles nous comptons nous-mêmes, afin de voir ce qu'il y a d'invisible en Dieu, et qui est devenu visible depuis la créa-

---

tia (I *Cor.*, I, 24): sed quemadmodum sit intelligendum, ne Patrem Filius videatur facere sapientem, in libro septimo disputatum est; et ad hoc ratio pervenit, ut sic sit Filius sapientia de sapientia, quemadmodum lumen de lumine, Deus de Deo. Nec aliud potuimus invenire Spiritum sanctum, nisi et ipsum esse sapientiam, et simul omnes unam sapientiam, sicut unum Deum, unam essentiam. Hanc ergo sapientiam quod est Deus, quomodo intelligimus esse Trinitatem? Non dixi, quomodo credimus; nam hoc inter fideles non debet habere quæstionem : sed si aliquo modo per intelligentiam possumus videre quod credimus, quis iste erit modus?

10. Si enim recolamus ubi nostro intellectui cœperit in his libris Trinitas apparere, octavus occurrit. Ibi quippe, ut potuimus, disputando erigere tentavimus mentis intentionem ad intelligendam illam præstantissimam immutabilemque naturam, quod nostra mens non est. Quam tamen sic intuebamur, ut nec longe a nobis esset, et supra nos esset, non loco, sed ipsa sui venerabili mirabilique præstantia, ita ut apud nos esse suo præsenti lumine videretur. In qua tamen nobis adhuc nulla Trinitas apparebat, quia non ad eam quærendam in fulgore illo firmam mentis aciem (a) tenebamus : tantum quia non erat aliqua moles, ubi credi oporteret magnitudinem duorum vel trium plus esse quam unius, cernebamus utcumque. Sed ubi ventum est ad caritatem, quæ in sancta Scriptura Deus dicta est (I *Joan.*, IV, 16), eluxit paululum Trinitas, id est, amans, et quod amatur, et amor. Sed quia lux illa ineffabilis nostrum reverberabat obtutum, et ei nondum posse contemperari nostræ mentis quodam modo convincebatur infirmitas, ad ipsius nostræ mentis, secundum quam factus est homo ad imaginem Dei (*Gen.*, I, 27), velut familiariorem considerationem, reficiendæ laborantis intentionis causa, iter cœptum dispositumque reflexius : et inde in creatura, quod nos sumus, ut invisibilia Dei per ea quæ facta sunt conspicere intellecta possumus (*Rom.*,

(a) Aliquot Mss. *tendebamus.*

tion du monde par la connaissance que les créatures nous en ont donnée. (*Rom.*, I, 20.) Arrivés à ce point, nous voulons, mais nous ne pouvous pas nous élever jusqu'à la contemplation de la Trinité qui n'est autre que Dieu même, par notre intelligence exercée autant et peut-être même plus qu'il n'était nécessaire, dans les choses inférieures. Mais est-ce que de même que nous voyons d'une manière très-certaine les trinités qui se produisent au dehors, par les objets corporels, soit quand nous pensons aux choses mêmes que nous avons perçues au dehors par les sens, soit quand nous percevons par les lumières manifestes de la raison et nous renfermons dans la science les choses qui naissent dans notre esprit sans toutefois appartenir aux sens du corps, telles que la foi, les vertus qui sont l'art de la conduite de la vie, soit quand l'âme même par laquelle nous connaissons tout ce que nous affirmons avec vérité connaître, se connaît ou se pense elle-même, soit quand elle voit quelque chose qui n'est point elle, et qui est éternel et immuable; est-ce que, de même, dis-je, que dans toutes ces choses nous voyons, d'une manière très-certaine, ces trinités, parce qu'elles se produisent ou se trouvent en nous, quand nous nous rappelons ces choses, quand nous les considérons ou les voulons, ainsi nous voyons également la Trinité qui est Dieu, parce que du regard de l'intelligence, nous le voyons là comme parlant, et nous voyons aussi le Verbe, je veux dire, nous voyons le Père et le Fils, et la charité qui procède de l'un et de l'autre et est commune à tous les deux, je veux dire le Saint-Esprit? Est-ce que ces trinités qui se rapportent à nos sens, ou à notre esprit, nous les voyons plutôt que nous ne les croyons, tandis que nous croyons que Dieu est Trinité plutôt que nous ne le voyons? S'il en est ainsi, il est clair que ce qu'il y a d'invisible en Dieu ne nous est point devenu visible, depuis la création du monde, par la connaissance que les créatures nous en ont donnée; ou s'il y en a une partie qui soit devenue visible pour nous, nous ne voyons point dans cette partie la Trinité, et il y a là des choses que nous pouvons voir et d'autres que nous devons croire, même quand nous ne les voyons pas. Or, le livre huitième nous a montré que nous voyons un bien immuable qui n'est point nous, et le quatorzième nous a excité à regarder ce bien immuable; quand nous parlions de la sagesse que l'homme ne tient que de Dieu. Pourquoi donc ne reconnaissons-nous point là aussi la Trinité? Est-ce que la sagesse qui est appelée Dieu, ne se comprend point, ne s'aime point? Qui le dira? ou qui ne voit que là où la science fait défaut, il n'y a point de sagesse? Ou bien faut-il penser que la sagesse qui est Dieu, soit tout le reste et ne soit point elle-même, ou bien aime tout le

---

I, 20), immorati sumus a nono usque ad quartum decimum librum. Et ecce jam quantum necesse fuerat, aut forte plus quam necesse fuerat, exercitata in inferioribus intelligentia, ad summam Trinitatem quæ Deus est, conspiciendam nos erigere volumus, nec valemus. Num enim sicut certissimas videmus trinitates, sive quæ forinsecus de rebus corporalibus fiunt, sive cum ea ipsa quæ forinsecus sensa sunt cogitantur, sive cum illa quæ oriuntur in animo, nec pertinent ad corporis sensus, sicut fides, sicut virtutes quæ sunt artes agendæ vitæ, manifesta ratione cernuntur et scientia continentur, sive cum mens ipsa qua novimus quidquid nosse nos veraciter dicimus, sibi cognita est, vel se cogitat, sive cum aliquid quod ipsa non est, æternum atque incommutabile conspicit; num ergo sicut in his omnibus certissimas videmus trinitates, quia in nobis fiunt vel in nobis sunt, cum ista meminimus, aspicimus, volumus, ita videmus etiam Trinitatem Deum, quia et illic intelligendo conspicimus tanquam dicentem, et verbum ejus, id est, Patrem et Filium, atque inde procedentem caritatem utrique communem, scilicet Spiritum sanctum? An trinitates istas ad sensus nostros vel ad animum pertinentes videmus potius quam credimus, Deum vero esse Trinitatem credimus potius quam videmus? Quod si ita est, profecto quod invisibilia ejus per ea quæ facta sunt nulla intellecta conspicimus; aut si ulla conspicimus, non in eis conspicimus Trinitatem, et est illic quod conspiciamus, est quod etiam non conspectum credere debeamus. Conspicere autem nos immutabile bonum, quod nos non sumus, liber octavus ostendit, et quartus decimus cum de sapientia quæ homini ex Deo est loqueremur admonuit. Cur itaque ibi non agnoscimus Trinitatem? An hæc sapientia quæ Deus dicitur, non se intelligit, non se diligit : Quis hoc dixerit? aut quis est qui non videat, ubi nulla scientia est, nullo modo esse sapientiam? Aut vero putandum est, sapientiam quæ Deus est, esse alia et nescire se ipsam, vel diligere alia nec diligere se ipsam? Quæ si dici sive credi stultum et impium est; ecce ergo Trinitas, sapientia scilicet, et notitia

reste et ne s'aime point elle-même? S'il y a impiété et folie à dire ou à croire ces choses, il s'ensuit donc que la Trinité c'est la sagesse, la connaissance de soi et l'amour de soi; nous trouvons, en effet, une pareille trinité dans l'homme, à savoir, l'âme, la connaissance qu'elle a d'elle-même et l'amour dont elle s'aime.

CHAPITRE VII.
Il n'est pas facile de saisir la Trinité divine d'après les trois trinités dont il a été parlé.

11. Mais ces trois choses se trouvent dans l'homme de telle sorte qu'elles ne font pas elles-mêmes l'homme. En effet, l'homme, comme le définissent les anciens, est un animal raisonnable et mortel; d'où il suit que ces choses sont ce qu'il y a d'excellent dans l'homme, mais ne sont point l'homme. De plus une seule personne, c'est-à-dire chaque homme a ces trois choses dans son âme. Si nous définissions l'homme une substance raisonnable composée d'un corps et d'une âme, il n'est plus douteux que l'homme a une âme qui n'est point un corps et un corps qui n'est point une âme, d'où il suit que ces trois choses ne sont point l'homme, mais à l'homme ou dans l'homme. Aussi faites abstraction de son corps, pour ne penser qu'à son âme, son esprit est quelque chose de lui, de même que sa tête, son œil ou sa figure; mais tous ces organes ne doivent point être regardés comme des corps. Ce n'est donc point l'âme, mais ce qui excelle dans l'âme qu'on appelle l'intelligence. Or, pouvons-nous dire que la Trinité se trouve en Dieu comme quelque chose de Dieu, et n'est point Dieu lui-même? Tout homme pris séparément, appelé l'image de Dieu, non quant à tout ce qui appartient à sa nature, mais seulement quant à son âme, est une personne, et n'est l'image de la Trinité que dans son âme. Quant à la Trinité dont il est l'image, elle n'est pas autre chose, dans son entier, que Dieu, pas autre chose dans son tout que la Trinité; et il n'y a rien qui appartienne à la nature de Dieu, qui n'appartienne en même temps à cette Trinité, et ses trois personnes sont d'une seule substance, mais non point à la manière que chaque homme pris séparément est une personne.

12. Mais encore, dans ce point de rapprochement il y a une grande distance; car que nous nommions l'âme dans l'homme, la connaissance et son amour, ou bien sa mémoire, son intelligence et sa volonté, nous ne nous rappelons quoi que ce soit de l'âme, que par sa mémoire, nous n'en comprenons et n'en aimons rien que par son intelligence et par sa volonté. Au contraire, dans la Trinité dont il s'agit, qui osera dire que le Père ne se comprend lui-même, ne comprend

---

sui, et dilectio sui. Sic enim et in homine invenimus trinitatem, id est mentem, et notitiam qua se novit, et dilectionem qua se diligit.

CAPUT VII.
Haud facile posse ex dictis trinitatibus deprehendi Trinitatem Deum.

11. Sed hæc tria ita sunt in homine, ut non ipsa sint homo. Homo est enim, sicut veteres definierunt, animal rationale mortale. Illa ergo excellunt in homine, non ipsa sunt homo. Et una persona, id est singulus quisque homo, habet illa tria in mente (a). Quod si etiam sic definiamus hominem, ut dicamus: Homo est substantia rationalis constans ex anima et corpore; non est dubium hominem habere animam quæ non est corpus, habere corpus quod non est anima. Ac per hoc illa tria non homo sunt, sed hominis sunt, vel in homine sunt. Detracto etiam corpore, si sola anima cogitetur, aliquid ejus est mens, tanquam caput ejus, vel oculus, vel facies: sed non hæc ut corpora cogitanda sunt. Non igitur anima, sed quod excellit in anima mens vocatur. Nunquid autem possumus dicere Trinitatem sic esse in Deo, ut aliquid Dei sit, nec ipsa sit Deus? Quapropter singulus quisque homo, qui non secundum omnia quæ ad naturam pertinent ejus, sed secundum solam mentem imago Dei dicitur, una persona est, et imago est Trinitatis in mente. Trinitas vero illa cujus imago est, nihil aliud est tota quam Deus, nihil est aliud tota quam Trinitas. Nec aliquid ad naturam Dei pertinet, quod ad illam non pertineat Trinitatem: et tres personæ sunt unius essentiæ, non sicut singulus quisque homo una persona.

12. Itemque in hoc magna distantia est, quod sive mentem dicamus in homine, ejusque notitiam, et dilectionem, sive memoriam, intelligentiam, voluntatem, nihil mentis meminimus nisi per memoriam, nec intelligimus nisi per intelligentiam, nec amamus nisi per voluntatem. At vero in illa Trinitate quis audeat dicere Patrem, nec se ipsum, nec Filium, nec Spiritum sanctum intelligere nisi per Fi-

(a) In Mss. additur *vel mentem.*

TOM. XXVII.

le Fils ou le Saint-Esprit que par le Fils, ou n'aime que par le Fils, tandis que, par lui-même, il ne ferait que se souvenir de lui ou du Fils ou du Saint-Esprit; et, de même, que ce n'est que par le Père que le Fils se souvient tant de lui-même que du Père, que ce n'est que par le Saint-Esprit qu'il aime, et que, par lui-même, il ne peut que se comprendre et comprendre le Père et le Saint-Esprit; et encore, que ce n'est aussi que par le Père que le Saint-Esprit se souvient, tant du Père que du Fils et de lui-même, que ce n'est que par le Fils qu'il se comprend et qu'il comprend et le Père et le Fils, que, par lui-même, il ne peut que s'aimer et aimer le Père et le Fils, comme si le Père était sa propre mémoire et la mémoire du Fils et du Saint-Esprit, tandis que le Fils serait sa propre intelligence à lui et l'intelligence du Père et du Saint-Esprit et que le Saint-Esprit serait son propre amour à soi, et l'amour du Père et du Fils; qui oserait affirmer, parler même de pareilles choses dans la Trinité? Car s'il n'y a que le Fils qui soit intelligence pour lui-même, pour le Père et pour le Saint-Esprit, cela revient à cette absurdité que le Père ne serait point sage de son propre fonds, mais de celui de son Fils, et que, au lieu que ce soit la sagesse qui eût enfanté la sagesse, ce serait par la sagesse enfantée du Père qu'il serait sage lui-même; car là où l'intelligence fait défaut, il ne saurait y avoir sagesse, et par conséquent si le Père n'est pas intelligence pour lui-même, et que ce soit le Fils qui soit intelligence pour le Père, il est évident que c'est le Fils qui fait le Père intelligent. Mais si, pour Dieu, être c'est être sage, et si, pour lui, essence et sagesse sont la même chose, ce n'est plus le Fils qui vient du Père, ce qui pourtant est la vérité, mais plutôt le Père qui tient du Fils son essence, ce qui est on ne peut plus absurde et plus faux. Il est bien certain que cette absurdité nous l'avons discutée, montrée et rejetée dans le livre septième. (V. liv, VII, c. I, II, III.) Dieu le Père est donc sage, de cette sagesse par laquelle il est lui-même sa propre sagesse, et le Fils est la sagesse du Père, de la même sagesse qui est le Père, dont il a été engendré Fils. D'où il suit, par conséquent aussi, que le Père est intelligent de l'intelligence qui est sienne, attendu qu'il ne saurait être sage s'il n'était point intelligent. Quant au Fils, il est l'intelligence du Père, engendré de l'intelligence même qui est le Père. On peut en dire tout autant et avec justesse de la mémoire. En effet, comment serait sage quelqu'un qui ne se souvient de rien, ou qui ne se souvient pas de soi? Par conséquent, le Père étant sagesse, et le Fils étant sagesse aussi, le Fils se souvient de soi de même que le Père se souvient de lui-même, et comme le Père se souvient de soi et du Fils, non par la mémoire du Fils, mais par la

---

lium, vel diligere nisi per Spiritum sanctum, per se autem meminisse tantummodo vel sui vel Filii vel Spiritus sancti; eodemque modo Filium nec sui nec Patris meminisse nisi per Patrem, nec diligere nisi per Spiritum sanctum, per se autem non nisi intelligere et Patrem et se ipsum et Spiritum sanctum; similiter et Spiritum sanctum per Patrem meminisse et Patris et Filii et sui, et per Filium intelligere et Patrem et Filium et se ipsum, per se autem non nisi diligere et se et Patrem et Filium: tanquam memoria sit Pater et sua et Filii et Spiritus sancti, Filius autem intelligentia et sua et Patris et Spiritus sancti, Spiritus vero sanctus caritas et sua et Patris et Filii: quis hæc in illa Trinitate opinari vel affirmare præsumat? Si enim solus ibi Filius intelligit, (a) et sibi et Patri et Spiritui sancto, ad illam reditur absurditatem, ut Pater non sit sapiens de se ipso, sed de Filio; nec sapientia sapientiam genuerit, sed ea sapientia Pater dicatur sapiens esse quam genuit. Ubi enim non est intelligentia, nec sapientia potest esse : ac per hoc si Pater non intelligit ipse sibi, sed Filius intelligit Patri, profecto Filius Patrem sapientem facit. Et si hoc est Deo esse quod sapere, et ea illi essentia est quæ sapientia, non Filius a Patre, quod verum est; sed a Filio potius habet Pater essentiam, quod absurdissimum atque falsissimum est. Hanc absurditatem nos in libro septimo discussisse, convicisse, abjecisse certissimum est. Est ergo Deus Pater sapiens, ea qua ipse sua est sapientia, et Filius sapientia Patris de sapientia est Pater, de quo genitus est Filius. Quocirca consequenter est et intelligens Pater ea qua ipse sua est intelligentia; neque enim esset sapiens qui non esset intelligens: Filius autem intelligentia Patris de intelligentia genitus quod est Pater. Hoc et de memoria non inconvenienter dici potest. Quomodo est enim sapiens qui nihil meminit, vel sui non meminit? Proinde quia sapientia Pater, sapientia Filius, sicut (b) sui meminit Pater, ita et Filius : et sicut sui et Filii meminit Pater, memoria non Filii, sed sua;

(a) Hic editi addunt u: intelligentia sit : quod abest a Mss. — (b) Sic Mss. At editi sibi meminit.

LIVRE XV. — CHAPITRE VII.

sienne propre, ainsi le Fils se souvient tant de soi que du Père, non par la mémoire du Père, mais par sa mémoire à lui. De même encore, qui oserait dire qu'il y a sagesse là où il n'y a point d'amour? On voit donc par là que le Père est son propre amour à lui-même de la même manière qu'il est sa propre mémoire et sa propre intelligence. Voilà donc que ces trois choses, la mémoire, l'intelligence et l'amour ou volonté, dans la suprême et immuable essence qui est Dieu, ne sont point le Père, le Fils et le Saint-Esprit, mais sont le Père tout seul. Comme le Fils aussi est sagesse engendrée de sagesse, si le Père n'est pas intelligence pour lui, non plus que le Saint-Esprit, de même le Père n'est point mémoire pour lui ni le Saint-Esprit amour pour lui, mais il est tout cela lui-même pour soi. En effet, il est lui-même sa propre mémoire, sa propre intelligence, son propre amour; mais en tant qu'il est cela, il est du Père de qui il est engendré. De même le Saint-Esprit, comme il est sagesse procédant de sagesse, n'a point le Père pour mémoire, ni le Fils pour intelligence, et soi-même pour amour, car il ne serait pas non plus sagesse si c'était un autre qui se souvînt pour lui, un autre qui fût intelligent pour lui, et qu'il ne fît pour lui-même qu'être amour. Il a aussi ces trois choses et il les a de telle sorte que lui-même est ces trois choses. Toutefois, il tient d'être tel de la source dont il procède.

13. Quel homme peut donc comprendre la sagesse par laquelle Dieu connaît tout, en sorte que, pour lui, le passé n'est point passé, ni l'avenir un objet d'attente comme s'il n'était point encore et devait arriver, mais toutes choses tant les passées que les futures, sont présentes avec celles du présent, et ne sont point l'objet de pensées séparées, de pensées qui passent des unes aux autres, mais sont toutes ensemble sous un seul et même regard; quel homme, dis-je, comprendra cette sagesse qui est en même temps prudence et science, quand nous ne pouvons pas même comprendre la nôtre propre? Sans doute, nous pouvons tant bien que mal apercevoir ensemble les choses qui tombent sous nos sens ou sous l'œil de notre intelligence, mais celles qui ne sont plus présentes et qui pourtant l'ont été, c'est par la mémoire que nous les connaissons, celles du moins que nous n'avons point oubliées. Nous ne tirons point les choses passées des futures, mais les futures des passées, et encore ne les en tirons-nous point avec une connaissance ferme et solide, car certaines de nos pensées futures que nous voyons devant nous en quelque sorte et comme si elles étaient plus manifestement et plus certainement proches, c'est par la mémoire que nous les voyons, quand nous le pouvons et autant que nous le pouvons. Or, la mémoire se rapporte non pas aux choses futures, mais aux passées. Nous pouvons en

---

ita sui et Patris meminit Filius, memoria non Patris, sed sua. Dilectio quoque ubi nulla est, quis ullam dicat esse sapientiam? Ex quo colligitur ita esse Patrem dilectionem suam, ut intelligentiam et memoriam suam. Ecce ergo tria illa, id est, memoria, intelligentia, dilectio sive voluntas in illa summa et immutabili essentia quod est Deus, non Pater et Filius et Spiritus sanctus sunt, sed Pater solus. Et quia Filius quoque sapientia est genita de sapientia, sicut nec Pater ei, nec Spiritus sanctus ei intelligit, sed ipse sibi; ita nec Pater ei meminit, nec Spiritus sanctus ei diligit, sed ipse sibi : sua enim est et ipse memoria, sua intelligentia, sua dilectio; sed ita se habere, de Patre illi est, de quo natus est. Spiritus etiam sanctus quia sapientia est procedens de sapientia, non Patrem habet memoriam, et Filium intelligentiam, et se dilectionem; neque enim sapientia esset si alius ei meminisset, eique alius intelligeret, ac tantummodo sibi ipse diligeret : sed ipse habet hæc tria, et ea sic habet, ut hæc ipsa ipse sit. Verumtamen ut ita sit, inde illi est unde procedit.

13. Quis ergo hominum potest istam sapientiam qua novit Deus omnia, ita ut nec ea quæ dicuntur præterita, ibi prætereant, nec ea quæ dicuntur futura, quasi desint expectentur ut veniant, sed et præterita et futura cum præsentibus sint cuncta præsentia; nec singula cogitentur, et ab aliis ad alia cogitando transeatur, sed in uno conspectu simul præsto sint universa : quis, inquam, hominum comprehendit istam sapientiam, camdemque prudentiam, eamdemque scientiam; quando quidem a nobis nec nostra (a) comprehenditur? Ea quippe quæ vel sensibus vel intelligentiæ nostræ adsunt, possumus utcumque conspicere : ea vero quæ absunt, et tamen adfuerunt, per memoriam novimus, quæ obliti non sumus. Nec ex futuris præterita, sed futura ex præteritis, non tamen firma cognitione conjicimus. Nam quasdam cogitationes nostras, quas futuras velut manifestius atque certius proximas (b) quasi prospicimus, memoria faciente id agimus,

---

(a) Editi *comprehenduntur*. Melius Mss. *comprehenditur*. — (b) Am. *proximas quasdam*. Nonnulli Mss. *proximas quasque*.

faire l'expérience dans les discours ou les chants que nous répétons d'un bout à l'autre de mémoire ; en effet, si, par la pensée, nous ne prévoyions point ce qui va suivre, nous ne pourrions les réciter. Et pourtant pour le prévoir, ce n'est point la prévoyance qui nous vient en aide, mais la mémoire ; car jusqu'à ce que nous soyons arrivés à la fin de ce que nous récitons, ou chantons, nous ne proférons pas un mot que nous n'ayons prévu et considéré d'avance. Cependant quand nous agissons ainsi, on ne dit pas que nous agissons avec prévoyance, mais que nous parlons ou chantons de mémoire, et ce n'est point la prévoyance qu'on vante ordinairement dans ceux qui excellent le plus dans cette sorte d'exercice, mais la mémoire. Nous savons et nous en sommes sûrs que tout cela se passe dans notre esprit ou par l'opération de notre esprit ; mais comment se passent-elles ? plus nous appliquons notre attention à le découvrir, plus la parole nous manque, et notre attention n'a point besoin d'être bien longue pour que notre intelligence arrive à quelque chose de clair, quand bien même notre langue ne pourrait le rendre. Pensons-nous avec la faiblesse si grande de notre esprit, pouvoir saisir si la prévoyance est la même chose que la mémoire et l'intelligence, en Dieu qui ne voit point dans sa pensée les choses les unes après les autres, mais qui les embrasse et les connaît toutes à la fois par une seule, éternelle, immuable et ineffable vision ? Aussi dans cette difficulté et dans ces embarras doit-on s'écrier : Dieu vivant, « la connaissance que vous avez de ce qui est en moi est admirable, elle est telle que je ne puis y atteindre. » (*Ps.* CXXXVIII, 6.) En effet, c'est d'après ce qui est en moi que je comprends combien est admirable et incompréhensible la science par laquelle vous m'avez fait, puisque je ne puis me comprendre moi-même qui suis votre œuvre, et pourtant un feu s'est embrasé dans ma méditation (*Ps.* XXXVIII, 4) et me pousse à chercher sans cesse votre face. (*Ps.* CIV, 4.)

CHAPITRE VIII.

En quel sens l'Apôtre dit que pour le moment nous ne voyons Dieu que dans un miroir.

14. Je sais que la sagesse est une substance incorporelle, et une lumière dans laquelle se voient toutes les choses qui ne sont point perçues des yeux du corps, et pourtant un homme aussi grand et aussi spirituel que saint Paul a dit : « Nous ne voyons Dieu maintenant que comme en un miroir, et en des énigmes ; mais alors nous le verrons face à face. » (I *Cor.*, XIII, 12.) Si nous cherchons qui est et ce qu'est ce miroir, une pensée se présente à nous aussitôt,

cum agere valemus quantum valemus, quæ videtur non ad ea quæ futura sunt, sed ad præterita pertinere. Quod licet experiri in eis dictis vel canticis, quorum seriem memoriter reddimus. Nisi enim prævideremus cogitatione quod sequitur, non utique diceremus. Et tamen ut prævideamus, non providentia nos instruit, sed memoria. Nam donec finiatur omne quod dicimus, sive canimus, nihil est quod non provisum prospectumque proferatur. Et tamen cum id agimus, non dicimur providenter, sed memoriter canere vel dicere ; et qui hoc in multis ita proferendis valent plurimum, non solet eorum providentia, sed memoria prædicari. Fieri ista in animo vel ab animo nostro novimus, et certissimi sumus : quomodo autem fiant, quanto attentius voluerimus advertere, tanto magis noster et sermo succumbit, et ipsa non perdurat intentio, ut ad liquidum aliquid nostra intelligentia, et si non lingua, perveniat. Et putamus nos, utrum Dei providentia eadem sit quæ memoria et intelligentia, qui non singula cogitando aspicit, sed una, æterna et immutabili atque ineffabili visione complectitur cuncta quæ novit, tanta mentis infirmitate posse comprehendere ? In hac igitur difficultate et angustiis libet exclamare ad Deum vivum : « Mirificata est scientia tua ex me ; invaluit, et non potero ad illam. » (*Psal.* CXXXVIII, 6.) Ex me quippe intelligo quam sit mirabilis et incomprehensibilis scientia tua, qua me fecisti ; quando nec me ipsum comprehendere valeo quem fecisti : et tamen in meditatione mea exardescit ignis, ut quæram faciem tuam semper. (*Psal.* XXXVIII, 4 ; CIV, 4.)

CAPUT VIII.

Deum nunc videri a nobis per speculum, quomodo dicat Apostolus.

14. Incorporalem substantiam scio esse sapientiam, et lumen esse in quo videntur quæ oculis carnalibus non videntur : et tamen vir tantus tamque spiritalis : « Videmus nunc, inquit, per speculum in ænigmate, tunc autem facie ad faciem. » (I *Cor.*, XIII, 12.) Quale sit et quod sit hoc speculum si quæramus, profecto illud occurrit, quod in speculo nisi imago non cernitur. Hoc ergo facere conati sumus, ut per imaginem hanc quod nos sumus,

c'est que dans un miroir, on ne voit qu'une image. Nous nous sommes donc efforcés d'arriver à voir, par cette image qui n'est autre que nous-mêmes, du mieux que nous avons pu, celui par qui nous avons été faits, comme on voit dans un miroir. C'est le sens de ces autres paroles de l'Apôtre : « Mais nous tous débarrassés du voile qui nous couvre le visage, et contemplant la gloire du Seigneur, nous sommes transformés en la même image, et nous avançons de gloire en gloire, comme poussés par l'Esprit du Seigneur. » (II *Cor.*, III, 18.) « Contemplant, » dit-il, voyant comme dans un miroir, mais non point regardant d'un observatoire. Le texte grec sur lequel ont été traduites les paroles de l'Apôtre, ne permettent ici aucune ambiguïté. En effet, en grec, le mot qui signifie miroir, instrument où se peignent les images des choses, est tout à fait différent, par le son, du mot observatoire, lieu élevé d'où on regarde au loin, et on voit clairement que l'Apôtre, dans cet endroit, parle d'un miroir, non pas d'un observatoire, d'où « nous contemplons la gloire de Dieu. » Mais quand il dit : « Nous sommes transformés en la même image, » il est clair qu'il veut faire entendre l'image de Dieu, car il dit : « Dans la même image, » évidemment celle que nous contemplons. Or, cette même image est aussi la gloire de Dieu, comme le même Apôtre le dit ailleurs lorsqu'il s'exprime ainsi : « Quant à l'homme, il ne doit point se voiler la tête, puisqu'il est l'image et la gloire de Dieu, » (I *Cor.*, XI, 7) paroles sur lesquelles nous nous sommes déjà étendu au livre douzième. Il dit donc : « Nous sommes transformés, » nous sommes changés d'une forme en une autre et nous avons passé d'une forme obscure en une forme brillante, attendu que même obscure elle est néanmoins encore l'image de Dieu; or, si elle est son image, évidemment elle est aussi sa gloire dans laquelle l'homme a été créé l'emportant sur tous les autres animaux. C'est, en effet, de la nature humaine qu'il a été dit : « Quant à l'homme, il ne doit point se voiler la tête, attendu qu'il est l'image et la gloire de Dieu. » Cette nature, très-excellente parmi les choses créées, se trouve changée d'une forme difforme en une belle forme, quand elle est justifiée de son impiété par son Créateur. Car jusque dans son impiété même, plus ses vices sont damnables, plus certainement sa nature est louable. Voilà pourquoi l'Apôtre ajoute : « De gloire en gloire, » de la gloire de la foi dans la gloire de la forme, de la gloire d'être enfants de Dieu, dans la gloire de lui être semblables, attendu que nous le verrons tel qu'il est. (I *Jean*, III, 2.) S'il dit : « Comme poussés par l'Esprit du Seigneur, » c'est pour montrer que c'est de la grâce de Dieu que nous vient le don d'une transformation si désirable.

---

videremus utcumque a quo facti sumus, tanquam per speculum. Hoc significat etiam illud quod ait idem Apostolus : « Nos autem revelata facie gloriam Domini speculantes, in camdem imaginem transformamur de gloria in gloriam, tanquam a Domini spiritu. » (II *Cor.*, III, 18.) « Speculantes » dixit, per speculum videntes, non de specula prospicientes. Quod in Graeca lingua non est ambiguum, unde in Latinam translatae sunt Apostolicae litterae. Ibi quippe speculum ubi apparent imagines rerum, a specula de cujus altitudine longius aliquid intuemur, etiam sono verbi distat omnino, satisque apparet Apostolum a speculo, non a specula dixisse, « gloriam Domini speculantes. » Quod vero ait : « In eamdem imaginem transformamur : » utique imaginem Dei vult intelligi, eamdem dicens, istam ipsam scilicet, id est, quam speculamur; quia eadem imago est et gloria Dei, sicut alibi dicit : « Vir quidem non debet velare caput suum, cum sit imago et gloria Dei : » (I *Cor.*, XI, 7) de quibus verbis jam in libro duodecimo disseruimus. « Transformamur » ergo dicit, de forma in formam mutamur, atque transimus de forma obscura in formam lucidam; quia et ipsa obscura, imago Dei est; et si imago, profecto etiam gloria, in qua homines creati sumus, praestantes caeteris animalibus. De ipsa quippe natura humana dictum est : « Vir quidem non debet velare caput, cum sit imago et gloria Dei. » Quae natura in rebus creatis excellentissima, cum a suo Creatore ab impietate justificatur, a deformi forma formosam transfertur in formam. Est quippe et in ipsa impietate, quanto magis damnabile vitium, tanto certius natura laudabilis. Et propter hoc addidit, « de gloria in gloriam : » (II *Cor.*, III, 18) de gloria creationis in gloriam justificationis. Quamvis possit hoc et aliis modis intelligi, quod dictum est, « de gloria in gloriam : » de gloria fidei in gloriam speciei; de gloria qua filii Dei sumus (I *Joan.*, III, 2), in gloriam qua similes ei erimus, quoniam videbimus eum sicuti est. Quod vero adjunxit, « tanquam a Domini spiritu : » ostendit gratia Dei nobis conferri tam optabilis transformationis bonum.

CHAPITRE IX.

De l'énigme et des figures de mots.

15. Tout cela soit dit à cause de ce que l'Apôtre dit que maintenant nous ne voyons Dieu que « dans un miroir. » Mais comme il ajoute : « en énigme, » c'est un mot inconnu de beaucoup de ceux qui ne sont point instruits dans les belles lettres, dont la connaissance comporte une certaine notion des modes de parler que les Grecs appellent tropes, mot grec dont nous nous servons nous-mêmes dans notre langue; car, de même que nous disons plus volontiers *schêmes* que figures de rhétorique, ainsi employons-nous plus volontiers le mot tropes que le mot modes. Mais il serait fort difficile et du dernier pédant de citer en notre langue le nom de chacune de ces façons de parler, ou tropes, en donnant à chaque façon particulière, son nom propre. Aussi plusieurs de nos traducteurs ne voulant pas recourir au mot grec ont-ils rendu ces paroles de l'Apôtre : « Tout ceci est une allégorie, » (*Gal.*, IV, 24) par une circonlocution et ont dit : « Toutes ces choses en font entendre une autre. » Or, il y a plusieurs espèces de ce trope, c'est-à-dire, d'allégories, et l'une d'elles s'appelle énigme. Or, la définition d'un mot générique embrasse nécessairement toutes les espèces du genre. Ainsi de même que tout cheval est un animal sans que tout animal soit un cheval, ainsi toute énigme est une allégorie, mais toute allégorie n'est point une énigme. Qu'est-ce donc qu'une allégorie, sinon un trope dans lequel une chose en fait entendre une autre, comme dans ce passage de l'Epître aux Thessaloniciens : « Ne dormons donc pas comme les autres, mais veillons et gardons-nous de l'ivresse. Car ceux qui dorment, dorment durant la nuit, et ceux qui s'enivrent, s'enivrent durant la nuit; mais nous qui sommes du jour, gardons-nous de cette ivresse. » (I *Thess.*, V, 6.) C'est là une allégorie, non une énigme, car à moins d'avoir l'esprit bien lourd, on comprend de suite le sens de ces paroles. Une énigme, au contraire, pour la définir en peu de mots, est une allégorie obscure, telle que celle-ci : la sangsue avait trois filles (*Prov.*, XXX, 15), et autres semblables. Mais quand l'Apôtre a parlé d'allégorie, il ne l'a point fait consister dans les mots, mais dans les faits; comme lorsqu'il nous a montré qu'il fallait voir les deux Testaments dans les deux enfants d'Abraham, dont l'un était fils d'une esclave et l'autre de la femme libre, ce qui n'est pas seulement un mot mais un fait demeuré obscur jusqu'à ce qu'il l'eût expliqué. Ainsi l'allégorie qui est le nom générique, pourrait dans ce cas particulier prendre le nom spécifique d'énigme.

CAPUT IX.

De ænigmate et tropicis locutionibus.

15. Hæc dicta sunt propter quod ait Apostolus, nunc « per speculum » nos videre. Quia vero addidit, « in ænigmate : » multis hoc incognitum est qui eas litteras nesciunt, in quibus est doctrina quædam de locutionum modis, quos Græci tropos vocant, eoque Græco vocabulo etiam nos utimur pro Latino. Sicut enim schemata usitatius dicimus quam figuras, ita usitatius dicimus tropos quam modos. Singulorum autem modorum sive troporum nomina, ut singula singulis referantur, difficillimum est et insolentissimum Latine enuntiare. Unde quidam interpretes nostri, quod ait Apostolus, « quæ sunt in allegoria, » (*Gal.*, IV, 24) nolentes Græcum vocabulum ponere, circum loquendo interpretati sunt dicentes, « quæ sunt aliud ex alio significantia. » Hujus autem tropi, id est allegoriæ, plures sunt species, in quibus est etiam quod dicitur ænigma. Definitio autem ipsius nominis generalis, omnes etiam species complectatur necesse est. Ac per hoc sicut omnis equus animal est, non omne animal equus est : ita omne ænigma allegoria est, non omnis allegoria ænigma est. Quid ergo est allegoria, nisi tropus ubi ex alio aliud intelligitur, quale illud est ad Thessalonicenses : « Itaque non dormiamus sicut et cæteri : sed vigilemus, et sobrii simus. Nam qui dormiunt nocte dormiunt, et qui inebriantur nocte ebrii sunt : nos autem qui diei sumus, sobrii simus. » (I *Thess.*, V, 6.) Sed hæc allegoria non est ænigma. Nam nisi multum tardis iste sensus in promptu est. Ænigma est autem, ut breviter explicem, obscura allegoria, sicuti est : Sanguisugæ erant (*a*) tres filiæ : et quæcumque similia. Sed ubi allegoriam nominavit Apostolus (*Gal.*, IV, 24), non in verbis eam reperit, sed in facto, cum e duobus filiis Abrahæ, uno de ancilla, altero de libera, quod non dictum, sed etiam factum fuit, duo Testamenta intelligenda monstravit; quod ante quam exponeret, obscurum fuit : proinde allegoria talis, quod est generale nomen, posset specialiter ænigma nominari.

(*a*) Quidam codices *duæ filiæ.*

16. Mais il n'y a pas que ceux qui ignorent les belles-lettres, et à qui on apprend ce que sont les tropes, qui cherchent ce que l'Apôtre a dit que nous voyons maintenant en énigme; ceux même qui le savent désirent néanmoins apprendre quelle est cette énigme dans laquelle nous voyons Dieu maintenant; mais la pensée que nous trouverons dans cette phrase : « Maintenant nous ne voyons Dieu que dans un miroir, » puis dans cette autre « en énigme, » (I *Cor.*, XIII, 12) est une seule et même pensée, car elle est entière dans ces mots : « Maintenant nous ne voyons Dieu que dans un miroir, en énigme. » Par conséquent, il me le semble du moins, de même que par l'expression miroir, il a voulu faire entendre l'image, ainsi par le mot énigme, il a voulu dire une certaine ressemblance, mais une ressemblance obscure et difficile à apercevoir. Quoique par ces mots miroir et énigme, on pense comprendre que l'Apôtre parle de ressemblances quelconques propres à faire comprendre Dieu de la manière que cela est possible, cependant il n'y a rien de plus propre à atteindre ce but que ce qui n'est point en vain appelé son image. On ne s'étonnera donc point de nous voir faire tous nos efforts pour voir Dieu d'une vue quelconque, même dans le genre de vie qu'il nous a été donné de vivre en ce monde, c'est-à-dire, dans un miroir et en énigme; car le mot d'énigme ne serait point prononcé ici, s'il s'agissait d'une vision facile, et ce qui fait la grandeur de l'énigme c'est qu'elle nous cache ce que nous ne pouvons point voir. En effet, qui ne voit point sa propre pensée? Et qui voit sa propre pensée, je ne dis point des yeux du corps, mais de la vue même intérieure? Qui ne la voit point et qui la voit? Car la pensée est une sorte de vision de l'âme, que les objets corporels qui doivent être perçus des yeux du corps ou sentis par les autres sens soient présents, ou qu'ils ne le soient point et qu'on n'en perçoive que les images, par la pensée, ou bien qu'il n'y ait rien de tout cela, mais seulement que l'objet de notre pensée ne soit ni quelque chose de corporel, ni des ressemblances de choses corporelles, telles que les vertus et les vices, telle que la pensée elle-même; ou encore, que notre pensée se porte sur les choses qui nous sont transmises par l'enseignement et par les sciences libérales, ou que nous voyions par la pensée les causes supérieures et les raisons de toutes ces choses dans la nature immuable, ou enfin que nos pensées n'aient pour objet que les choses mauvaises, vaines et fausses, sans le concours de nos sens ou par suite d'un consentement qui s'égare.

16. Sed quia non soli qui eas litteras nesciunt, quibus discuntur tropi, quærunt quid dixerit Apostolus, nunc in ænigmate nos videre, verum etiam qui sciunt, tamen quod sit illud ænigma ubi nunc videmus, nosse desiderant; ex utroque invenienda una est sententia, et ex illo scilicet, quod ait : « Videmus nunc per speculum; » (I *Cor.*, XIII, 12) et ex isto quod addidit, « in ænigmate. » Una est enim cum tota sic dicitur : « Videmus nunc per speculum in ænigmate. » Proinde, quantum mihi videtur, sicut nomine speculi imaginem voluit intelligi; ita nomine ænigmatis quamvis similitudinem, tamen obscuram, et ad perspiciendum difficilem. Cum igitur speculi et ænigmatis nomine quæcumque similitudines ab Apostolo significatæ intelligi possint, quæ accommodatæ sunt ad intelligendum Deum, eo modo quo potest; nihil tamen est accommodatius quam id quod imago ejus non frustra dicitur. Nemo itaque miretur etiam in isto modo videndi qui concessus est huic vitæ, per speculum scilicet in ænigmate, laborare nos ut quomodocumque videamus. Nomen quippe hic non sonaret ænigmatis, si esset facilitas visionis. Et hoc est grandius ænigma, ut non videamus quod non videre non possumus. Quis enim non videt cogitationem suam? et quis videt cogitationem suam, non oculis carnalibus dico, sed ipso interiore conspectu? Quis non eam videt, et quis eam videt? Quando quidem cogitatio visio est animi quædam, sive adsint ea quæ oculis quoque corporalia videantur, vel cæteris sentiantur sensibus, sive non adsint, et eorum similitudines cogitatione cernantur; sive nihil eorum, sed ea cogitentur quæ nec corporalia sunt, nec corporalium similitudines, sicut virtutes et vitia, sicut ipsa denique cogitatio cogitatur; sive illa quæ per disciplinas traduntur liberalesque doctrinas; sive istorum omnium causæ superiores atque rationes in natura immutabili cogitentur; sive etiam mala et vana, ac falsa cogitemus, vel non consentiente sensu, vel errante consensu.

CHAPITRE X.

Du verbe de l'âme dans lequel, comme dans un miroir et dans une énigme, nous voyons le Verbe de Dieu.

17. Nous allons parler maintenant des choses connues auxquelles nous pensons et que nous avons dans notre connaissance même quand nous n'y pensons point, soit qu'elles appartiennent à la science contemplative, que nous appelons proprement sagesse, ou à la science active à laquelle, d'après ce que j'ai dit plus haut, on doit réserver proprement le nom de science, l'une et l'autre sont en même temps le fait d'un seul et même esprit et ne font qu'une seule et même image de Dieu. Mais quand il s'agit de l'inférieure des deux, distinctement et à part de l'autre, alors on ne saurait l'appeler image de Dieu bien qu'on trouve encore en elle une certaine image de la Trinité, ainsi que je l'ai fait voir dans le livre treizième. (Voir liv. XIII, ch. I et XX.) Nous parlons maintenant de toute la science de l'homme dans laquelle nous connaissons toutes les choses qui nous sont connues et qui sont vraies, autrement elles ne nous seraient point connues; car on ne connaît point une chose fausse, on ne connaît rien d'elle si ce n'est qu'elle est fausse, car il est vrai qu'elle est fausse. Nous ne parlons donc maintenant que des choses connues de nous auxquelles nous pensons et que nous connaissons quand même nous n'y pensons point, mais si nous voulons en parler, nous ne pouvons certainement le faire sans penser à elles. En effet, bien que cette parole ne s'entende point, celui qui pense ne laisse point de parler dans son âme. De là vient qu'il est dit au livre de la Sagesse : « Les méchants ont dit en eux-mêmes, dans l'égarement de leurs pensées; » (*Sag.*, II, 1) or, l'auteur explique de quelle manière « ils ont dit en eux-mêmes, » quand il ajoute : « dans l'égarement de leurs pensées. » De même dans l'Evangile, lorsque les pharisiens en entendant le Seigneur dire au paralytique : « Ayez confiance, mon fils, vos péchés vous sont remis, dirent en eux-mêmes : cet homme blasphème. » (*Matth.*, IX, 2.) Qu'est-ce à dire, en effet, « ils dirent en eux-mêmes, » si ce n'est dans leur pensée? Après cela l'Evangéliste poursuit : « Et Jésus ayant vu leurs pensées, leur dit : pourquoi pensez-vous le mal dans vos cœurs? » Tel est le récit de saint Matthieu, et voici comment saint Luc rapporte le même fait : « Les scribes et les pharisiens se mirent à penser en disant : quel est donc cet homme qui profère des blasphèmes? Qui peut remettre les péchés, si ce n'est Dieu seul? Mais comme Jésus connut leurs pensées, il leur répondit en disant : Quelles pensées avez-vous dans votre cœur? » (*Luc*, V, 21) ce que le livre de la Sagesse rend par ces mots : « Ils dirent dans l'égarement de leurs pensées, »

CAPUT X.

De verbo mentis, in quo tanquam speculo et ænigmate videmus Verbum Dei.

17. Sed nunc de iis loquamur quæ nota cogitamus, et habemus in notitia etiam si non cogitemus, sive ad contemplativam scientiam pertineant, quam proprie sapientiam (*a*), sive ad activam, quam proprie scientiam nuncupandam esse disserui. Simul enim utrumque mentis est unius, et imago Dei una. Cum vero de inferiore distinctius et seorsum agitur, tunc non est vocanda imago Dei, quamvis et tunc in ea nonnulla reperiatur similitudo illius Trinitatis, quod in tertio decimo volumine ostendimus. Nunc ergo simul de universa scientia hominis loquimur, in qua nobis nota sunt quæcumque sunt nota : quæ utique vera sunt, alioquin nota non essent. Nemo enim falsa novit, nisi cum falsa esse novit : quod si novit, verum novit : verum est enim quod illa falsa sint. De his ergo nunc disserimus quæ nota cogitamus et nota sunt nobis etiam si non cogitentur a nobis. Sed certe si ea dicere velimus, nisi cogitata non possumus. Nam etsi verba non sonent, in corde suo dicit utique qui cogitat. Unde illud est in libro Sapientiæ : « Dixerunt apud se cogitantes non recte. » (*Sap.*, II, 1.) Exposuit enim quid sit : « Dixerunt apud se, » cum addidit, « cogitantes. » Huic simile est in Evangelio, quod quidam Scribæ cum audissent a Domino dictum paralytico : « Confide fili, remittuntur tibi peccata tua : dixerunt intra se : Hic blasphemat. » (*Matth.*, IX, 2.) Quid est enim, « dixerunt intra se, » nisi cogitando? Denique sequitur : « Et cum vidisset Jesus cogitationes eorum dixit : Ut quid cogitatis mala in cordibus vestris? » Sic Matthæus. Lucas autem hoc idem ita narrat : « Cœperunt cogitare Scribæ et Pharisæi, dicentes : Quis est hic qui loquitur blasphemias? Quis potest dimittere peccata, nisi solus Deus? Ut cognovit autem cogitationes eorum Jesus, respondens dixit ad illos : Quid cogitatis in cordibus vestris? » (*Luc.*,

---

(*a*) In excusis additum hic erat *dicimus*.

l'Évangile l'exprime ici par ces paroles : « Ils se mirent à penser en disant; » car dans l'un comme dans l'autre cas, il est indiqué que c'est dans leur cœur qu'ils disaient cela, c'est-à-dire, que c'est en pensée qu'ils parlaient. Ils dirent en effet en eux-mêmes, et il leur fut répondu : « Quelles pensées avez-vous dans votre cœur? » De même pour ce riche dont le champ avait produit des fruits en abondance, « il pensait en lui-même, » dit le Seigneur, « et se disait. » (*Luc*, XII, 17.)

18. Certaines pensées sont donc des discours de l'âme où le Seigneur lui-même nous apprend qu'il se trouve une bouche quand il nous dit : « Ce n'est point ce qui entre dans la bouche qui souille l'homme, mais c'est ce qui sort de sa bouche, voilà ce qui souille l'homme. » (*Matth.*, XV, 12.) Dans cette phrase il parle de deux bouches dans l'homme, l'une du corps, l'autre du cœur; car ce par quoi les Juifs pensaient que l'homme est souillé, entre en lui par la bouche du corps, tandis que ce qui d'après le Seigneur, souille l'homme, sort de la bouche de son cœur. Voilà en effet, comment il s'explique lui-même un peu plus loin sur ce sujet en présence de ses disciples. « Et vous aussi vous êtes encore sans intelligence? Vous ne comprenez pas que tout ce qui entre dans la bouche, se rend dans le ventre et est rejeté dans un lieu secret? » Bien évidemment, dans cet endroit, il parle de la bouche du corps; mais dans la phrase suivante il montre la bouche du cœur en disant : « Au contraire, ce qui sort de la bouche vient du cœur, et c'est là ce qui souille l'homme. Or, ce qui sort du cœur, ce sont les pensées mauvaises, » etc. Quoi de plus clair que cette exposition? Mais de ce que nous disons que les pensées sont des discours de l'âme, il ne s'ensuit point qu'elles ne sont point aussi des visions provenant des visions de la connaissance, quand elles sont vraies. Car lorsque ces choses se passent au dehors, par le moyen du corps, autre chose est le discours, autre chose est la vision; mais au dedans de nous, quand nous pensons, l'un et l'autre ne font qu'un. De même l'audition et la vision sont deux faits séparés l'un de l'autre, dans les sens du corps; mais pour l'âme voir n'est point une chose et entendre n'en est point une autre, et par conséquent, tandis que le discours extérieur ne tombe point sous le sens de la vue, mais plutôt sous celui de l'ouïe, les discours intérieurs, c'est-à-dire les pensées, se voient, comme dit le Seigneur dans l'Évangile, non point s'entendent. « Ils dirent donc en eux-mêmes, » rapporte l'Évangéliste : « cet homme blasphème. » Puis il ajoute : « Et Jésus ayant vu leurs pensées. » (*Matth.*, IX, 3.) Il vit donc ce qu'ils disaient. C'est par sa pensée qu'il vit leurs pensées qu'ils se croyaient seuls à voir.

v, 21.) Quale est in libro Sapientiæ : « Dixerunt cogitantes : » (*Sap.*, II, 7) tale hic est : « Cogitaverunt dicentes. » Et illic enim et hic ostenditur, intra se atque in corde suo dicere, id est cogitando dicere. Dixerunt quippe intra se, et dictum est eis : « Quid cogitatis? » Et de illo divite cujus uberes fructus ager attulit, ait ipse Dominus : « Et cogitabat intra se, dicens. » (*Luc.*, XII, 17.)

18. Quædam ergo cogitationes locutiones sunt cordis, ubi et os esse Dominus ostendit, cum ait : « Non quod intrat in os coinquinat hominem, sed quod procedit ex ore, hoc coinquinat hominem. » (*Matth.*, XV, 12.) Una sententia duo quædam hominis ora complexus est, unum corporis, alterum cordis. Nam utique unde illi hominem putaverant inquinari, in os intrat corporis : unde autem Dominus dixit inquinari hominem, de cordis ore procedit. Ita quippe exposuit ipse quod dixerat. Nam paulo post de hac re discipulis suis : « Adhuc et vos, inquit, sine intellectu estis? Non intelligitis, quia omne quod in os intrat, in ventrem vadit, et in secessum emittitur? » Hic certe apertissime demonstravit os corporis. At in eo quod sequitur os cordis ostendens : « Quæ autem, inquit, procedunt de ore, de corde exeunt, et ea coinquinant hominem. De corde enim exeunt cogitationes malæ etc. » Quid hac expositione lucidius? Nec tamen quia dicimus locutiones cordis esse cogitationes, ideo non sunt etiam visiones exortæ de notitiæ visionibus, quando veræ sunt. Foris enim cum per corpus hæc fiunt, aliud est locutio, aliud visio : intus autem cum cogitamus, utrumque unum est. Sicut auditio et visio duo quædam sunt inter se distantia in sensibus corporis, in animo autem non est aliud atque aliud videre et audire : ac per hoc cum locutio foris non videatur, sed potius audiatur, locutiones tamen interiores, hoc est cogitationes visas dixit a Domino sanctum Evangelium, non auditas : « Dixerunt, inquit, intra se : Hic blasphemat. » (*Matth.*, IX, 3.) Deinde subjunxit : « Et cum vidisset Jesus cogitationes eorum. » Vidit ergo quæ dixerunt. Vidit enim cogitatione sua cogitationes eorum, quas illi soli se putabant videre.

19. Ainsi quiconque peut comprendre la parole, non-seulement avant qu'elle se produise par des sons, mais aussi avant que les images de ces sons se produisent elles-mêmes dans la pensée, or c'est là quelque chose qui n'appartient à aucune langue, je veux dire à aucune de celles qui sont appelées langues parmi les hommes, telle qu'est la langue latine pour nous; quiconque, dis-je, peut comprendre cette parole, peut déjà voir, par ce miroir et dans cette énigme, une certaine ressemblance du Verbe dont il a été dit : « Au commencement était le Verbe, et le Verbe était en Dieu et le Verbe était Dieu. » (*Jean*, i, 1.) Il est nécessaire, en effet, quand nous disons la vérité, c'est-à-dire quand nous parlons de choses que nous savons, que de la science même que nous possédons par la mémoire, naisse un verbe qui est absolument de la même nature que la science dont il naît; car la pensée formée de la chose que nous savons, est un verbe que nous proférons dans notre cœur. Ce mot n'est ni grec, ni latin, et n'appartient à aucune langue; mais quand il est nécessaire d'exprimer notre connaissance, dans une des langues que nous parlons, on prend un signe pour le rendre, le plus souvent c'est un son que perçoivent les oreilles, quelquefois c'est un signe qui tombe sous les yeux, pour rendre sensibles, par ces signes corporels, même aux sens du corps, la parole que nous portons dans notre âme. En effet, faire un signe, qu'est-ce autre chose en quelque sorte que de parler d'une manière visible? On en trouve une preuve dans un passage des saintes Ecritures : en effet on lit dans l'évangile selon saint Jean : « En vérité, en vérité, je vous le dis; un de vous me trahira. Les disciples se regardaient donc les uns les autres, ne sachant de qui il voulait parler. Or, il y avait un des disciples qui reposait sur le sein de Jésus et que Jésus aimait, Simon Pierre lui fit donc un signe et lui dit : Quel est celui dont il parle? » (*Jean*, xiii, 21.) Voilà donc qu'il dit par un signe ce qu'il n'osait exprimer à haute voix. Mais ces signes corporels et tous ceux qui leur ressemblent, nous les produisons pour des yeux ou des oreilles présents et pour lesquels nous parlons; mais il a été inventé des lettres par lesquelles nous pussions parler même à des absents. Ces lettres sont les signes des sons, tandis que les sons eux-mêmes dans nos discours, sont les signes des choses que nous pensons.

CHAPITRE XI.

La ressemblance quelle qu'elle soit du Verbe divin doit être recherchée, non point dans notre verbe à nous extérieur et sensible, mais dans notre verbe intérieur et mental.

20. C'est donc au verbe qui sonne au dehors

---

19. Quisquis igitur potest intelligere verbum, non solum ante quam sonet, verum etiam ante quam sonorum ejus imagines cogitatione volvantur; hoc enim est quod ad nullam pertinet linguam, earum scilicet quæ linguæ appellantur gentium, quarum nostra Latina est : quisquis, inquam, hoc intelligere potest, jam potest videre per hoc speculum atque in hoc ænigmate aliquam Verbi illius similitudinem, de quo dictum est : « In principio erat Verbum, et Verbum erat apud Deum, et Deus erat Verbum. » (*Joan.*, i, 1.) Necesse est enim cum verum loquimur, id est, quod scimus loquimur, ex ipsa scientia quam memoria tenemus, nascatur verbum quod ejusmodi sit omnino, cujusmodi est illa scientia de qua nascitur. Formata quippe cogitatio ab ea re quam scimus, verbum est quod in corde dicimus : quod nec Græcum est, nec Latinum, nec linguæ alicujus alterius; sed cum id opus est in eorum quibus loquimur perferre notitiam, aliquod signum quo significetur assumitur. Et plerumque sonus, aliquando etiam nutus, ille auribus, ille oculis exhibetur, ut per signa corporalia etiam corporis sensibus verbum quod mente gerimus innotescat. Nam et innuere quid est, nisi quodam modo visibiliter dicere? Est in Scripturis sanctis hujus sententiæ testimonium; nam in Evangelio secundum Joannem ita legitur : « Amen, amen dico vobis, quia unus ex vobis tradet me. Aspiciebant ergo ad invicem discipuli, hæsitantes de quo diceret. Erat ergo unus ex discipulis ejus recumbens in sinu Jesu, quem diligebat Jesus : innuit ergo huic Simon Petrus, et dicit ei; Quis est de quo dicit? » (*Joan.*, xiii, 21.) Ecce innuendo dixit, quod sonando dicere non audebat. Sed hæc atque hujusmodi signa corporalia sive auribus sive oculis præsentibus quibus loquimur exhibemus : inventæ sunt autem litteræ, per quas possemus et cum absentibus colloqui : sed ista signa sunt vocum, cum ipsæ voces in sermone nostro earum quas cogitamus signa sint rerum.

CAPUT XI.

Verbi divini similitudo qualiscumque in verbo nostro non exteriore ac sensibili, sed in interiore ac mentali quærenda.

20. Proinde verbum quod foris sonat, signum est verbi quod intus lucet, cui magis verbi competit

et qui est le signe du verbe brillant au-dedans que convient plus particulièrement le nom de verbe. En effet, le verbe que notre bouche articule n'est que le son de notre verbe, et il n'est appelé verbe lui-même qu'à cause de celui par lequel il est emprunté pour paraître au dehors. En effet, notre verbe intérieur se fait en quelque sorte voix de notre corps, en empruntant le son par lequel il se manifeste aux hommes, de même que le Verbe de Dieu s'est fait chair en prenant la chair dans laquelle il pût se manifester aux sens des hommes. Et comme notre verbe se fait voix mais ne se change point en voix, ainsi le Verbe de Dieu s'est fait chair, il est vrai, mais ne s'est point changé en chair, tant s'en faut. (*Jean*, I, 14.) C'est donc en prenant, l'un une voix, l'autre une chair, non point en se confondant avec l'une ou avec l'autre, que notre verbe d'un côté se fait voix, et que le Verbe divin, de Dieu, s'est fait chair. C'est pourquoi quiconque désire parvenir à la ressemblance quelle qu'elle soit du Verbe de Dieu, ressemblance qui diffère de lui encore en beaucoup de choses, ne doit point s'arrêter à considérer notre verbe quand il se traduit par le son dans nos oreilles, ni quand il se produit par la voix, ni quand il est seulement pensé en silence ; car les verbes de toutes les langues parlées sont pensés en silence, les poésies aussi se récitent intérieurement sans que la bouche de notre corps les articule. Mais non-seulement le nombre des syllabes, les modes même de nos chansons, étant des choses corporelles se rapportant au sens du corps que nous appelons l'ouïe, sont présents, par certaines de leurs images incorporelles, pour ceux qui en font l'objet de leurs pensées et qui les roulent en silence dans leur esprit. Mais il faut dépasser toutes ces choses pour parvenir au verbe de l'homme dont la ressemblance quelle qu'elle soit nous fasse voir tant bien que mal le Verbe de Dieu, comme en une énigme ; non point le verbe qui s'est fait entendre à tel ou tel prophète et dont il est dit : « Cependant la parole de Dieu se répandait et les fidèles se multipliaient, » (*Act.*, VI, 7) et ailleurs : « La foi vient donc de ce qu'on a ouï, et on a ouï parce que la parole de Jésus-Christ a été annoncée, » (*Rom.*, X, 17) et encore : « Lorsque vous eûtes entendu la parole de Dieu que nous vous prêchions, vous l'avez reçue non comme la parole des hommes, mais comme la parole de Dieu ainsi qu'elle l'est véritablement. » (I *Thess.*, II, 13.) Il y a une quantité innombrable d'endroits dans les saintes Ecritures, où il est parlé de même de la parole de Dieu qui se répand dans le cœur par la bouche des hommes en empruntant les accents de langues aussi nombreuses que différentes. On l'appelle parole de Dieu, parce qu'elle enseigne une doctrine divine, non point humaine. Mais le Verbe de Dieu que nous

---

nomen. Nam illud quod profertur carnis ore, vox verbi est : verbumque et ipsum dicitur, propter illud a quo ut foris appareret assumptum est. Ita enim verbum nostrum vox quodam modo corporis fit, assumendo eam in qua manifestetur sensibus hominum ; sicut Verbum Dei caro factum est, assumendo eam in qua et ipsum manifestaretur sensibus hominum. Et sicut verbum nostrum fit vox, nec mutatur in vocem : ita Verbum Dei caro quidem factum est (*Joan.*, I, 14), sed absit ut mutaretur in carnem. Assumendo quippe illam, non in eam se consumendo, et hoc nostrum vox fit, et illud caro factum est. Quapropter quicumque cupit ad qualemcumque similitudinem Verbi Dei, quamvis per multa dissimilem, pervenire, non intueatur verbum nostrum quod sonat in auribus, nec quando voce profertur, nec quando silentio cogitatur. Omnium namque sonantium verba linguarum etiam in silentio cogitantur, et carmina percurruntur animo, tacente ore corporis nec solum numeri syllabarum, verum etiam modi cantilenarum, cum sint corporales, et ad eum, qui vocatur auditus, sensum corporis pertinentes, per incorporeas quasdam imagines suas præsto sunt cogitantibus, et tacite cuncta ista volventibus. Sed transeunda sunt hæc, ut ad illud perveniatur hominis verbum, per cujus qualemcumque similitudinem sicut in ænigmate videatur utcumque Dei Verbum : non illud quod factum est ad illum vel illum Prophetam, et de quo dictum est : « Verbum autem Dei crescebat et multiplicabatur : » (*Act.*, VI, 7) et de quo iterum dictum est : « Igitur fides ex auditu, auditus autem per verbum Christi : » (*Rom.*, X, 17) et iterum : « Cum accepissetis a nobis verbum auditus Dei, accepistis non ut verbum hominum, sed sicuti est vere verbum Dei. » (I *Thess.*, II, 13.) Et innumerabilia similiter in Scripturis dicuntur de Dei verbo, quod in sonis multarum diversarumque linguarum per corda et ora disseminatur humana. Ideo autem verbum Dei dicitur, quia doctrina divina traditur, non humana. Sed illud Verbum Dei quærimus qualitercumque per hanc similitudinem nunc videre, de quo dictum est : « Deus erat Verbum : »

cherchons maintenant à voir par son image, c'est celui dont il a été dit : « Le Verbe était Dieu, » (*Jean*, I, 1) et encore : « Tout a été fait par lui, » et, de nouveau : « Le Verbe s'est fait chair, » puis ailleurs : « Le Verbe de Dieu, au plus haut des cieux est la source de la sagesse. » (*Eccli.*, I, 5.) Il faut donc remonter jusqu'à ce verbe humain, à ce verbe d'un être raisonnable, à ce verbe de l'image de Dieu non point née de Dieu mais faite par Dieu, à ce verbe qui ne se produit point en un son, que l'imagination ne conçoit point sous l'image d'un son, qui ne peut point ne pas appartenir à une langue quelconque, mais qui précède tous les signes par lesquels il peut être rendu et est engendré de la science demeurant dans l'âme, quand cette science est parlée intérieurement, telle qu'elle est. La vision de la pensée est très-semblable à celle de la science. Car lorsqu'elle est dite par un son ou par un signe corporel, elle n'est point dite telle qu'elle est, mais telle qu'elle peut être vue ou entendue par le corps. Lors donc que ce qui est dans la science est dans le verbe, alors le verbe est vrai, il est vérité, telle qu'elle est attendue par l'homme, en sorte que ce qui est en celle-là se trouve aussi en celui-ci, et que ce qui n'est point dans la science ne se trouve point dans le verbe. C'est là que se reconnaissent ces paroles : « Oui, oui, non, non. » (*Matth.*, v, 37.) Voilà comment, la ressemblance de l'image créée s'approche de la ressemblance de l'image née par laquelle Dieu le Fils est déclaré substantiellement semblable, en toutes choses, à son Père. Il faut encore remarquer dans cette énigme cette ressemblance du Verbe de Dieu, en ce que de même qu'il est dit de ce dernier : « Toutes choses ont été faites par lui, » (*Jean*, I, 3) où il est dit que Dieu a tout fait par son Verbe unique, ainsi n'y a-t-il aucune œuvre de l'homme qui ne soit dite avant d'être faite, dans son cœur, ce qui a donné naissance à ce dicton : « Le verbe est le commencement de toute œuvre. » (*Eccli.*, XXXVII, 20.) Mais également ici, quand le Verbe est vrai, il est le principe d'une œuvre bonne. Or, le verbe est vrai quand il est engendré de la science de bien faire, en sorte qu'il soit encore l'expression « oui, oui, non, non, » et que si la science est la science de bien vivre, le verbe soit le verbe de bien faire, si non, non ; autrement un tel verbe ne serait qu'un mensonge, non la vérité, et par conséquent un péché, non une œuvre bonne. C'est dans cette ressemblance de notre verbe que se trouve l'image du Verbe de Dieu attendu qu'il peut arriver que notre verbe soit sans qu'il s'en suive une œuvre, mais il ne peut y avoir œuvre qu'il n'y ait eu verbe auparavant. De même le Verbe de Dieu a pu être quand il n'existait encore aucune créature, mais nulle créature ne pouvait être que par lui par qui tout a été fait.

---

de quo dictum est : « Omnia per ipsum facta sunt : » (*Joan.*, I) de quo dictum est : « Verbum caro factum est : » de quo dictum est : « Fons sapientiæ Verbum Dei in excelsis. » (*Eccli.*, I, 5.) Perveniendum est ergo ad illud verbum hominis, ad verbum rationalis animantis, ad verbum non de Deo natæ, sed a Deo factæ imaginis Dei, quod neque prolativum est in sono, neque cogitativum in similitudine soni, quod alicujus linguæ esse necesse sit, sed quod omnia quibus significatur signa præcedit, et gignitur de scientia quæ manet in animo, quando eadem scientia intus dicitur, sicuti est. Simillima est enim visio cogitationis, visioni scientiæ. Nam quando per sonum dicitur, vel per aliquod corporale signum, non dicitur sicuti est, sed sicut potest videri audirive per corpus. Quando ergo quod in notitia est, hoc est in verbo, tunc est verum verbum, et veritas, qualis exspectatur ab homine, ut quod est in ista, hoc sit et in illo ; quod non est in ista, non sit et in illo : hic agnoscitur : « Est est, Non non. » (*Matth.*, v, 37.) Sic accedit, quantum potest, ista similitudo imaginis factæ ad illam similitudinem imaginis natæ, qua Deus Filius Patri per omnia substantialiter similis prædicatur. Animadvertenda est in hoc ænigmate etiam ista Verbi Dei similitudo, quod sicut de illo Verbo dictum est : « Omnia per ipsum facta sunt, » (*Joan.*, I, 3) ubi Deus per unigenitum Verbum suum prædicatur universa fecisse ; ita hominis opera nulla sunt, quæ non prius dicantur in corde : unde scriptum est : « Initium omnis operis verbum. » (*Eccli.*, XXXVII, 20.) Sed etiam hic cum verum verbum est, tunc est initium boni operis. Verum autem verbum est, cum de scientia bene operandi gignitur, ut etiam ibi servetur : « Est est, Non non : » ut si est in ea scientia qua vivendum est, sit et in verbo per quod operandum est ; si non, non : alioquin mendacium erit verbum tale, non veritas ; et inde peccatum, non opus rectum. Est et hæc in ista similitudine verbi nostri similitudo Verbi Dei, quia potest esse verbum nostrum quod non sequatur opus ; opus autem esse non potest, nisi præcedat verbum : sicut Verbum Dei potuit esse nulla exsis-

Voilà pourquoi ce n'est ni Dieu le Père, ni le Saint-Esprit, ni la Trinité même, mais le seul Fils qui n'est autre que le Verbe de Dieu, qui s'est fait homme (*Jean*, I, 14), bien que la Trinité tout entière l'ait fait homme, afin que notre verbe suivant et imitant l'exemple du Verbe de Dieu, nous vécussions saintement, c'est-à-dire sans avoir aucun mensonge dans la contemplation et dans l'opération de notre verbe, et même ce doit être là un jour la perfection de cette image ; pour y arriver, un bon maître nous instruit de la foi chrétienne et de la science de la piété, afin que voyant disparaître de devant notre face le voile de la loi qui est l'ombre des choses futures, nous considérions la gloire du Seigneur, en le contemplant dans un miroir, et nous soyons transformés dans la même image, en avançant de gloire en gloire, comme poussés par l'esprit du Seigneur, selon ce que j'ai déjà dit plus haut en expliquant ces paroles. (II *Cor.*, III, 18.)

21. Lors donc que cette image sera parfaitement renouvelée par cette transformation, nous serons semblables à Dieu, parce que nous le verrons, non plus dans un miroir, mais tel qu'il est, selon ce mot de l'apôtre saint Paul : « Face à face, » maintenant au contraire, qui pourra nous dire toute la différence qu'il y a à le voir dans ce miroir, dans cette énigme, enfin dans cette ressemblance telle qu'elle ? Je vais essayer de le faire de mon mieux en touchant aux points qui peuvent nous le faire voir.

CHAPITRE XII.

Combien grande est la différence qui distingue notre verbe et notre science à nous, du Verbe et de la science de Dieu.

Et d'abord notre science elle-même dont se forme notre pensée, dans la vérité, quand nous ne parlons que de ce que nous savons, de quelle nature peut-elle être et à quel point peut-elle s'élever dans l'homme le plus habile et le plus docte que nous puissions concevoir ? Si nous mettons de côté les choses qui viennent dans notre esprit par les sens du corps, pour qui il y en a tant qui sont autrement qu'elles ne paraissent, que serré de trop près par leur apparence de vérité, un fou même se croit sain d'esprit, ce qui a poussé la philosophie de l'académie à douter de tout et l'a fait tomber ainsi dans une folie des plus misérables ; en mettant, dis-je, de côté ce qui vient dans l'âme par le moyen des sens du corps, que reste-t-il que nous sachions comme nous savons que nous sommes vivants ? Or, dans ce fait nous ne craignons certes pas de nous tromper par quelque vraisemblance, attendu

---

tente creatura; creatura vero nulla esse posset, nisi per ipsum per quod facta sunt omnia. Ideoque non Deus Pater, non Spiritus sanctus, non ipsa Trinitas, sed solus Filius, quod est Verbum Dei, caro factum est (*Joan.*, I, 14); quamvis Trinitate faciente ! sequente atque imitante verbo nostro ejus exemplum, recte viveremus, hoc est, nullum habentes in verbi nostri vel contemplatione vel operatione mendacium. Verum hæc hujus imaginis est quandoque futura perfectio. Ad hanc consequendam nos erudit magister bonus fide Christiana pietatisque doctrina, ut revelata facie a Legis velamine quod est umbra futurorum, gloriam Domini speculantes, per speculum scilicet intuentes (II *Cor.*, III, 18), in eamdem imaginem transformemur de gloria in gloriam tanquam a Domini spiritu, secundum superiorem de his verbis disputationem.

21. Cum ergo hac transformatione ad perfectum fuerit hæc imago renovata, similes Deo erimus, quoniam videbimus eum, non per speculum, sed sicuti est (I *Joan.*, III, 2) : quod dicit apostolus Paulus, « facie ad faciem. » (I *Cor.*, XIII, 12.) Nunc vero in hoc speculo, in hoc ænigmate, in hac qualicumque similitudine, quanta sit etiam dissimilitudo, quis potest explicare ? Attingam tamen aliqua, ut valeo, quibus id possit adverti.

CAPUT XII.

Dissimilitudo quam maxima inter verbum ac scientiam nostram et Verbum scientiamque divinam.

Primo ipsa scientia, de qua veraciter cogitatio nostra formatur, quando quæ scimus loquimur, qualis aut quanta potest homini provenire, quamlibet peritissimo atque doctissimo? Exceptis enim quæ in animum veniunt a sensibus corporis, in quibus tam multa aliter sunt quam videntur, ut eorum veri similitudine nimium constipatus, sanus sibi esse videatur qui insanit; unde Academica philosophia sic invaluit, ut de omnibus dubitans multo miserius insaniret : his ergo exceptis quæ a corporis sensibus in animum veniunt, quantum rerum remanet quod ita sciamus, sicut nos vivere scimus? in quo prorsus non metuimus, ne aliqua veri similitudine forte fallamur, quoniam certum est etiam eum qui fallitur vivere; nec in eis visis (*a*) hoc

---

(*a*) Ita Mss. At editi *hæc habentur :* male.

qu'il est certain que celui-même qui se trompe, vit. Et dans cette vue, il n'y a pas lieu à faire les objections qu'on fait pour les objets extérieurs, c'est-à-dire que pour cela, l'œil se trompe comme il se trompe quand il lui semble que le rameau plongé dans l'eau est rompu, ou quand il semble à ceux qui passent en bateau, que ce sont les tours qui changent de place, et mille autres choses semblables qui sont tout autrement qu'elles ne paraissent, attendu que ce dont je parle n'est point perçu par l'œil du corps. La science par laquelle nous savons que nous vivons est une science intime qui ne permet point au philosophe de l'académie de pouvoir dire : peut-être dormez-vous, sans vous en douter et n'est-ce qu'en rêve que vous voyez. Qui ne sait en effet que ce que voient ceux qui rêvent ressemble très-fort à ce que voient ceux qui sont éveillés ? Mais quand on est sûr de la science de sa propre vie, on ne dit point alors : je sais que je suis éveillé, mais bien : je sais que je suis vivant; soit donc qu'il dorme ou qu'il veille, il vit, et, dans cette science, il ne peut être trompé par des songes, attendu que pour dormir et pour avoir des songes, il faut être vivant. Le philosophe de l'académie ne peut point répondre à cela : mais peut-être êtes-vous fou et ne le savez-vous point, par la raison que ce que voient les fous ressemble absolument à ce que voient les gens sains : car pour être fou il faut être vivant. Aussi ne répond-il point aux philosophes de l'académie : je sais que je ne suis point fou ; mais : je sais que je suis en vie. D'où il suit que jamais quiconque dit qu'il sait qu'il vit ne peut ni se tromper ni mentir. Par conséquent qu'on objecte à celui qui dit : je sais que je vis, des milliers d'espèces différentes de fausses vues, il n'en a rien à craindre, puisque même celui qui se trompe, vit. Mais s'il n'y a que ces seules choses qui appartiennent à la science de l'homme, elles sont bien peu nombreuses. Il est vrai que dans ce seul genre de choses certaines, ces dernières se multiplient à tel point que non-seulement elles cessent d'être peu nombreuses, mais encore qu'elles se trouvent s'étendre à l'infini. En effet, celui qui dit : Je sais que je vis, dit qu'il sait une chose : si donc il dit : je sais que je sais que je vis : il en dit deux, mais par le fait qu'il sait ces deux choses, son savoir en fait une troisième, et on peut en ajouter ainsi une quatrième, une cinquième, une quantité innombrable, s'il le faut. Mais comme on ne peut ni comprendre une série de nombres innombrables en y ajoutant toujours une unité, ni le dire d'une façon innombrable, il y a une chose qu'on comprend et qu'on dit avec la plus entière certitude; d'abord qu'il en est ainsi, et ensuite qu'on ne peut ni comprendre ni dire le nombre infini de cette série. On peut encore faire la même remarque au sujet de la certitude de la volonté. En effet, qui ne prendrait point pour une impudence cette réponse qui lui serait faite, quand il affirme qu'il

---

habetur, quæ objiciuntur extrinsecus, ut in eo sic fallatur oculus, quemadmodum fallitur cum in aqua remus videtur infractus, et navigantibus turres moveri, et alia sexcenta quæ aliter sunt quam videntur; quia nec per oculum carnis hoc cernitur. Intima scientia est qua nos vivere scimus, ubi ne illud quidem Academicus dicere potest : Fortasse dormis, et nescis, et in somnis vides. Visa quippe somniantium simillima esse visis vigilantium quis ignorat? Sed qui certus est de vitæ suæ scientia, non in ea dicit : Scio me vigilare; sed : Scio me vivere : sive ergo dormiat, sive vigilet, vivit. Nec in ea scientia per somnia falli potest; quia et dormire et in somnis videre, viventis est. Nec illud potest Academicus adversus istam scientiam dicere : Furis fortassis et nescis; quia sanorum visis simillima sunt etiam visa furentium : sed qui furit vivit. Nec contra Academicos dicit : Scio me non furere; sed : Scio me vivere. Nunquam ergo falli nec mentiri potest, qui se vivere dixerit scire. Mille itaque fallacium visorum genera objiciantur ei qui dicit : Scio me vivere : nihil horum timebit, quando et qui fallitur vivit. Sed si talia sola pertinent ad humanam scientiam, perpauca sunt; nisi quia in unoquoque genere ita multiplicantur, ut non solum pauca non sint, verum etiam reperiantur per infinitum numerum tendere. Qui enim dicit : Scio me vivere, unum aliquid scire se dicit : proinde si dicat : Scio me scire me vivere; duo sunt jam, hoc vero quod scit hæc duo, tertium scire est : sic potest addere et quartum, et quintum, et innumerabilia, si sufficiat. Sed quia innumerabilem numerum vel comprehendere singula addendo, vel dicere innumerabiliter non potest, hoc ipsum certissime comprehendit ac dicit, et verum hoc esse, et tam innumerabile, ut vere ejus infinitum numerum non possit comprehendere ac dicere. Hoc et in voluntate certa similiter adverti potest. Quis est enim cui non impudenter respondeatur : Forte falleris, dicenti : Volo beatus esse? Et si dicat : Scio me hoc velle et hoc me scire scio; jam his duobus et

veut être heureux : peut-être vous trompez-vous? S'il ajoute je sais que je le veux et je sais que je le sais, cela fait deux choses qu'il sait, auxquelles on peut en ajouter une troisième, c'est qu'il sait ces deux choses, et une quatrième, c'est-à-dire qu'il sait qu'il sait ces deux choses, et continuer ainsi de suite à l'infini. De même si quelqu'un dit : je ne veux point me tromper; est-ce qu'il ne sera pas vrai qu'il se trompe ou non, qu'il ne veut point se tromper? Il faudrait être bien impudent pour lui dire : peut-être vous trompez-vous? puisque de quelque manière qu'il se trompe, il n'en demeure pas moins certain qu'il ne se trompe point quand il dit qu'il ne veut point se tromper. Mais s'il dit qu'il sait cela, il ajoute le nombre qu'il voudra de choses connues, et il voit que ce nombre est infini. En effet, celui qui dit : Je ne veux point me tromper, je sais que je ne le veux point, et je sais que je sais que je ne le veux point, il peut en partant de là nous montrer, bien que dans une façon de parler peu commode, un nombre infini. On en trouve encore d'autres à opposer aux philosophes de l'académie qui soutiennent que l'homme ne peut rien savoir. Mais il faut nous borner, d'autant plus que ce n'est point le but que nous nous sommes proposé dans cet ouvrage. Il y a sur ce sujet trois livres que nous avons écrits au commencement de notre conversion, quiconque pourra et voudra les lire, et en comprendra la lecture, ne sera bien certainement guère ébranlé par les nombreux arguments inventés par les philosophes de l'académie contre les perceptions de la vérité. Car comme il y a deux sortes de choses qui sont sues, celle des choses que l'esprit perçoit par le moyen des sens du corps, l'autre de celles qu'il perçoit par lui-même ; ces philosophes ont beaucoup dit contre les sens du corps, mais n'ont pu faire révoquer en doute certaines perceptions, très-sures par elles-mêmes de choses vraies, telle que celle-ci quand je dis : je sais que je vis. Mais loin de nous la pensée de douter que les choses que nous avons apprises par le témoignage des sens, soient vraies; c'est en effet par eux que nous connaissons le ciel et la terre et les choses qui nous y sont connues, autant que celui qui a fait ces choses et nous, a voulu que nous les connussions. Loin de nous encore la pensée de nier que nous sachions les choses que nous apprenons par le témoignage d'autrui; autrement nous ne saurions point que l'océan existe, nous ignorerions l'existence de pays et de villes qu'une renommée générale nous dit exister ; nous ne saurions point qu'il y a eu des hommes que nous ne connaissons ainsi que leurs œuvres que par le récit des historiens; nous ignorerions tout ce qui nous est appris journellement de partout et qui nous est assuré par des preuves consonnantes et conformes ; enfin nous ne saurions en quels lieux ou de quels

---

tertium potest addere, quod hæc duo sciat; et quartum, quod hæc duo scire se sciat, et similiter in infinitum numerum pergere. Item si quispiam dicat : Errare nolo; nonne sive erret sive non erret, errare tamen cum nolle verum erit? Quis est qui huic non impudentissime dicat : Forsitan falleris? cum profecto ubicumque fallatur, falli se tamen nolle non fallitur. Et si hoc scire se dicat, addit quantum vult rerum numerum cognitarum, et numerum esse perspicit infinitum. Qui enim dicit : Nolo me falli, et hoc me nolle scio, et hoc me scire scio, jam etsi non commoda elocutione, potest hinc infinitum numerum ostendere : et alia reperiuntur, quæ adversus Academicos valeant, qui nihil ab homine sciri posse contendunt. Sed modus adhibendus est, præsertim quia in Opere isto non hoc suscepimus. Sunt inde libri tres nostri, primo nostræ conversionis tempore conscripti, quos qui potuerit et voluerit legere, lectosque intellexerit, nihil eum profecto quæ ab eis contra perceptionem veritatis argumenta multa inventa sunt, permovebunt. Cum enim duo sint genera rerum quæ sciuntur, unum earum quæ per sensus corporis percipit animus, alterum earum quæ per se ipsum : multa illi Philosophi garrierunt contra corporis sensus; animi autem quasdam firmissimas per se ipsum perceptiones rerum verarum, quale illud est quod dixi : Scio me vivere, nequaquam in dubium vocare potuerunt. Sed absit a nobis ut ea quæ per sensus corporis didicimus, vera esse dubitemus : per eos quippe didicimus cœlum et terram, et ea quæ in eis nota sunt nobis, quantum ille qui et nos et ipsa condidit, innotescere nobis voluit. Absit etiam ut scire nos negemus, quæ testimonio didicimus aliorum : alioquin esse nescimus Oceanum ; nescimus esse terras atque urbes, quas celeberrima fama commendat ; nescimus fuisse homines et opera eorum, quæ historica lectione didicimus ; nescimus quæ quotidie undecumque nuntiantur, et indiciis consonis (a) contestantibusque firmantur; postremo nescimus in quibus locis, vel ex quibus

(a) Plerique Mss. *constantibusque.*

hommes nous sommes nés, puisque nous ne croyons toutes ces choses que d'après le témoignage des hommes. Si c'est le comble de la folie de dire cela, il faut reconnaître que le témoignage non-seulement de nos propres sens, mais encore des sens des autres a ajouté bien des choses à notre savoir.

22. Toutes ces choses tant celles que l'esprit de l'homme connaît par lui-même, que celles qu'il connaît par les sens de son corps et qu'il perçoit par le témoignage des autres, il les retient enfermées dans le trésor de sa mémoire : et c'est d'elles que s'engendre un vrai verbe quand nous disons ce que nous savons ; mais un verbe antérieur à tout son, à toute pensée de son. Alors, en effet, ce verbe est tout à fait semblable à la chose connue d'où est engendrée son image, car c'est de la vision de la science que naît la vision de la pensée laquelle est un verbe qui n'appartient à aucune langue, un verbe vrai d'une chose vraie, qui n'a rien de lui-même, mais qui a tout de la science dont il naît. Il importe peu de l'époque où celui qui dit ce qu'il sait l'a appris ; car quelquefois il le dit dès qu'il l'apprend, pourvu toutefois que ce verbe soit vrai, c'est-à-dire soit né de choses connues.

CHAPITRE XIII.

Mais est-ce que Dieu le Père de qui est né le Verbe Dieu de Dieu, est-ce que Dieu le Père dans sa sagesse à lui qui n'est autre que lui, apprend certaines choses par les sens de son corps et en apprend d'autres par lui-même? Qui dit cela s'il pense que Dieu non-seulement n'est point un animal raisonnable, mais encore est au-dessus de l'âme raisonnable, autant qu'il peut être l'objet d'une pensée de la part de ceux qui le placent au-dessus de tous les animaux et de toutes les âmes, bien qu'ils ne le voient que dans un miroir, en énigme et par conjecture, non pas encore face à face, tel qu'il est ? Est-ce que Dieu le Père sait, non par le témoignage d'un corps qu'il n'a point, mais par lui-même, il l'a appris ailleurs de quelque autre, ou a eu besoin, pour le savoir, de témoins ou de messagers qui le lui apprissent? Non certes, car cette perfection se suffit à elle-même pour savoir tout ce qu'elle sait. Sans doute il a des messagers, je veux parler des anges, non point pour qu'ils lui annoncent ce qu'il ne sait point, car il n'y a rien qu'il ne sache, mais leur bonheur à eux c'est de voir sa vérité dans ses œuvres, et quand on dit qu'ils lui annoncent quelque chose, ce n'est point pour l'en instruire, mais pour en être instruits eux-mêmes par lui par le moyen de son Verbe et sans le secours d'aucun son corporel. Ils annoncent aussi ce qu'il veut, et sont envoyés à qui il veut, et tout ce qu'ils enten-

hominibus fuerimus exorti ; quia hæc omnia testimoniis credidimus aliorum. Quod si absurdissimum est dicere ; non solum nostrorum, verum etiam et alienorum corporum sensus plurimum addidisse nostræ scientiæ confitendum est.

22. Hæc igitur omnia, et quæ per se ipsum, et quæ per sensus sui corporis, et quæ testimoniis aliorum percepta scit animus humanus, thesauro memoriæ condita tenet, ex quibus gignitur verbum verum, quando quod scimus loquimur ; sed verbum ante omnem sonum, ante omnem cogitationem soni. Tunc enim est verbum simillimum rei notæ, de qua gignitur et imago ejus, quoniam de visione scientiæ visio cogitationis exoritur, quod est verbum linguæ nullius, verbum verum de re vera, nihil de suo habens, sed totum de illa scientia de qua nascitur. Nec interest quando id didicerit, qui quod scit loquitur, aliquando enim statim ut discit, hoc dicit, dum tamen verbum sit verum, id est, de notis rebus exortum.

CAPUT XIII.

Sed numquid Deus Pater, de quo natum est Verbum de Deo Deus ; numquid ergo Deus Pater in illa sapientia quod est ipse sibi, alia didicit per sensum corporis sui, alia per se ipsum? Quis hoc dicat, qui non animal rationale, sed supra animam rationalem Deum cogitat, quantum ab eis cogitari potest, qui eum omnibus animalibus et omnibus animis præferunt, quamvis per speculum et in ænigmate conjiciendo videant, nondum facie ad faciem sicuti est? Numquid Deus Pater ea ipsa, quæ non per corpus, quod est ei nullum, sed per se ipsum scit, aliunde ab aliquo didicit, aut nuntiis vel testibus, ut ea sciret, indiguit? Non utique : ad omnia quippe scienda quæ scit, sufficit sibi illa perfectio. Habet quidem nuntios, id est angelos, non tamen qui ei quæ nescit annuntient ; non enim sunt ulla quæ nesciat : sed bonum eorum est de operibus suis ejus consulere veritatem ; et hoc est quod ei dicuntur nonnulla nuntiare, non ut ipse ab eis discat, sed ut ab illo ipsi per Verbum ejus sine corporali sono. Nuntiant etiam quod voluerit, ab eo missi ad quos voluerit, totum ab illo per illud Verbum ejus audientes, id est, in ejus veritate invenientes quid sibi faciendum, quid, quibus, et quando nuntiandum

dent ils le tiennent de lui par le moyen de son Verbe, c'est-à-dire ils trouvent dans sa vérité ce qu'ils doivent faire, ce qu'ils doivent annoncer, à qui et quand ils doivent l'annoncer. Nous aussi nous le prions, mais nous ne lui apprenons point nos besoins. « Car, dit son Verbe, votre Père sait ce qui vous est nécessaire, avant même que vous le lui demandiez. » (*Matth.*, VI, 8.) Et cela il ne l'a point appris à une époque, pour le savoir, mais avant tout commencement, il a connu d'avance toutes les choses qui doivent se faire dans le temps, et de toutes ces choses, il sait celles que nous lui demanderons, quand nous les lui demanderons, de même que ceux qu'il doit exaucer ou ne point exaucer et les choses qu'il doit leur accorder ou leur refuser. Ses créatures tant corporelles que spirituelles ne sont point connues de lui parce qu'elles sont, mais sont, parce qu'elles sont connues de lui, car il a connu tout ce qu'il a dû créer, et c'est parce qu'il l'a connu, qu'il l'a créé, non point parce qu'il l'a créé qu'il l'a connu, et il ne l'a point connu d'une manière créé et d'une autre manière devant être créé, car sa sagesse n'en a rien reçu, mais tout cela étant quand et comme il fallait qu'il fût, la sagesse demeura telle qu'elle était. Voici ce qui est écrit dans le livre de l'Ecclésiastique : « Avant d'être créées, toutes choses étaient connues de lui et il en est de même après qu'elles l'ont été. » (*Eccli.*, XXIII, 29.) « De même, » dit l'auteur de ce livre, non autrement, « de même donc qu'elles étaient connues de lui avant que d'être créées, ainsi le sont-elles après avoir été créées. » Par conséquent il y a une grande différence entre notre science et cette science. Mais ce qu'est la science de Dieu sa sagesse l'est également, et ce qui est sa sagesse, son essence et sa substance le sont aussi, attendu que dans l'admirable simplicité de cette nature ce n'est point autre chose d'être sage et d'être; pour elle, être c'est être sage, comme nous l'avons dit bien souvent dans les livres précédents. Mais notre science à nous est amissible et recouvrable en maintes choses, parce que, pour nous, ce n'est pas la même chose d'être que de savoir et d'être sages, puisque nous pouvons être quand même nous ne saurions rien, et que nous ne serions point sages par les choses que nous aurions apprises ailleurs. Aussi de même que notre science diffère de la science de Dieu, de même notre verbe qui naît de notre science diffère-t-il du Verbe de Dieu qui est né de l'essence du Père. Il en est de même que si je parlais de la science du Père, de la sagesse du Père, ou pour parler plus juste, du Père science, du Père sagesse.

CHAPITRE XIV.

Le Verbe de Dieu est en toutes choses égal au Père de qui il est.

23. Par conséquent le Verbe Fils unique de

---

sit. Nam et nos oramus eum, nec tamen necessitates nostras docemus eum. « Novit enim, » ait Verbum ejus : « Pater vester quid vobis necessarium sit, prius quam petatis ab eo. » (*Matth.*, VI, 8.) Nec ista ex aliquo tempore cognovit, ut nosset : sed futura omnia temporalia, atque in eis etiam quid et quando ab illo petituri fueramus, et quos et de quibus rebus vel exauditurus vel non exauditurus esset, sine initio ante præscivit. Universas autem creaturas suas, et spiritales et corporales, non quia sunt ideo novit; sed ideo sunt quia novit. Non enim nescivit quæ fuerat creaturus. Quia ergo scivit, creavit; non quia creavit, scivit. Nec aliter ea scivit creata, quam creanda : non enim ejus sapientiæ aliquid accessit ex eis; sed illis exsistentibus sicut oportebat, et quando oportebat, illa mansit ut erat. Ita et scriptum est in libro Ecclesiastico : « Ante quàm crearentur, omnia nota sunt illi ; sic et post quam consummata sunt. » (*Eccli.*, XXIII, 29.) « Sic, » inquit non aliter, et « ante quam crearentur, et post quam consummata sunt, sic ei nota sunt. » Longe est ergo huic scientiæ scientia nostra dissimilis. Quæ autem scientia Dei est, ipsa et sapientia ; et quæ sapientia, ipsa essentia sive substantia. Quia in illius naturæ simplicitate mirabili, non est aliud sapere, aliud esse; sed quod est sapere, hoc est et esse, sicut et in superioribus libris sæpe jam diximus. Nostra vero scientia in rebus plurimis propterea et amissibilis est et receptibilis, quia non hoc est nobis esse quod scire vel sapere : quoniam esse possumus, etiam si nesciamus, neque sapiamus ea quæ aliunde didicimus. Propter hoc sicut nostra scientia illi scientiæ Dei, sic et nostrum verbum quod nascitur de nostra scientia, dissimile est illi Verbo Dei quod natum est de Patris essentia. Tale est autem ac si dicerem, de Patris scientia, de Patris sapientia, vel quod est expressius, de Patre scientia, de Patre sapientia.

CAPUT XIV.

Verbum Dei per omnia æquale Patri de quo est.

23. Verbum ergo Dei Patris unigenitus Filius, per

Dieu le Père, est égal et semblable en toutes choses au Père, étant Dieu de Dieu, lumière de lumière, sagesse de sagesse, essence d'essence. Il est absolument ce qu'est le Père, mais n'est point le Père, puisque l'un est Fils et l'autre Père. Il suit de là qu'il connaît tout ce que connaît le Père, mais c'est du Père que lui vient le savoir, comme c'est du Père que lui vient l'être, attendu que là être et connaître est une seule et même chose. Et de même que l'être n'est point communiqué du Fils au Père, ainsi en est-il également du connaître. Par conséquent, c'est comme en se disant lui-même que le Père a engendré le Verbe qui lui est égal en toutes choses. En effet, il ne se serait point dit lui-même entièrement et parfaitement s'il y avait dans son Verbe quelque chose de plus ou de moins dans le Verbe qu'en lui-même. C'est là que se retrouve au suprême degré le « oui, oui, non, non. » Voilà pourquoi aussi le Verbe est vraiment vérité; c'est parce que tout ce qui se trouve dans la science dont il a été engendré se trouve aussi en lui, et que ce qui n'y est point n'est point non plus en lui. Jamais ce Verbe ne peut rien avoir de faux, parce qu'il est immuable comme l'est celui de qui il tient l'être; car « le Fils ne peut rien faire de lui-même, il ne fait que ce qu'il voit faire à son Père. » (*Jean*, v, 19.) S'il ne peut rien de faux, c'est puissance, c'est une force, en lui, non une faiblesse, de ne pouvoir être une fausse vérité. Ainsi Dieu le Père connaît toutes choses en lui-même, et il les connaît en son Fils, mais en lui il les connaît comme lui-même, et dans son Fils il les connaît en tant qu'elles sont son Verbe qui tient l'être de toutes les choses qui sont en lui. Il en est de même pour le Fils, il connaît toutes choses, mais il les connaît en lui-même comme il connaît celles qui sont nées des choses que le Père connaît en lui-même; et il les connaît dans le Père, comme celles dont sont nées les choses que le Fils connaît en lui-même, le Père et le Fils se savent donc réciproquement l'un l'autre; mais l'un sait l'autre en l'engendrant et le Fils sait le Père en naissant de lui, et chacun d'eux voit en même temps toutes les choses qui sont dans leur science, dans leur sagesse, et dans leur essence, non point en particulier et séparément, comme si leurs regards se portaient alternativement de l'un chez l'autre et de ce dernier chez le premier, et tour à tour d'ici ou de là sur une chose ou sur une autre, en sorte qu'il ne pourrait voir certaines choses sans cesser de voir les autres, mais comme je l'ai dit, chacun des deux voit toutes choses en même temps et il n'en est point une seule qu'il ne voie constamment.

24. Mais comme notre verbe à nous, celui qui n'a ni son ni image de son, mais qui est le verbe de la chose que nous nommons au dedans de

---

omnia Patri similis et æqualis, Deus de Deo, lumen de lumine, sapientia de sapientia, essentia de essentia; est hoc omnino quod Pater, non tamen Pater; quia iste Filius, ille Pater. Ac per hoc novit omnia quæ novit Pater : sed ei nosse de Patre est, sicut esse. Nosse enim et esse (*a*) ibi unum est. Et ideo Patri sicut esse non est a Filio, ita nec nosse. Proinde tanquam se ipsum dicens Pater genuit Verbum sibi æquale per omnia. Non enim se ipsum integre perfecteque dixisset, si aliquid minus aut amplius esset in ejus Verbo quam in ipso. Ibi summe illud agnoscitur : « Est est, Non non. » (II *Cor.*, 1, 19.) Et ideo Verbum hoc vere veritas est : quoniam quidquid est in ea scientia de qua genitum est, et in ipso est; quod autem in ea non est, nec in ipso est. Et falsum habere aliquid hoc Verbum nunquam potest : quia immutabiliter sic se habet, ut se habet de quo est. « Non enim potest Filius a se facere quidquam, nisi quod viderit Patrem facientem. » (*Joan.*, v, 19.) Potenter hoc non potest, nec est infirmitas ista, sed firmitas, qua falsa esse non potest veritas. Novit itaque omnia Deus Pater in se ipso, novit in Filio : sed in se ipso tanquam se ipsum, in Filio tanquam Verbum suum, quod est de his omnibus quæ sunt in se ipso. Omnia similiter novit et Filius, in se scilicet, tanquam ea quæ nata sunt de iis quæ Pater novit in se ipso : in Patre autem, tanquam ea de quibus nata sunt, quæ ipse Filius novit in se ipso. Sciunt ergo invicem Pater et Filius : sed ille gignendo, iste nascendo. Et omnia quæ sunt in eorum scientia, in eorum sapientia, in eorum essentia, unusquisque eorum simul videt; non particulatim aut singillatim, velut alternatim conspectu hinc illuc, et inde huc, et rursus inde vel inde in aliud atque aliud, ut aliqua videre non possit nisi non videns alia : sed, ut dixi, simul omnia videt, quorum nullum est quod non semper videt.

24. Verbum autem nostrum illud quod non habet sonum neque cogitationem soni, sed ejus rei (*b*) quam

---

(*a*) Ita Mss. At editi *illi unum est*. — (*b*) Hic Mss. addunt, *quod intus lucet, cui may s verbi competit nomen.* Sumptum est ex initio capitis XI.

nous en la voyant, n'appartient par conséquent à aucune langue, et par suite ressemble par cette énigme au Verbe de Dieu qui est Dieu, et naît de notre science de même que le Verbe de Dieu est né de la science du Père, il faut que nous ayons le courage de regarder combien ce verbe tel qu'il est étant le nôtre, et que nous trouvons doué d'une certaine ressemblance avec le Verbe de Dieu, est différent de ce dernier, autant qu'il est possible de le dire.

CHAPITRE XV.

Dissemblance du Verbe de Dieu et de notre verbe à nous.

Est-ce que notre verbe à nous ne naît que de notre science? Ne disons-nous pas beaucoup de choses que nous ne savons pas? Et ne les disons-nous point, je ne dis pas en doutant, mais en pensant qu'elles sont vraies, bien que si par hasard elles se trouvent telles, c'est dans les choses même dont nous parlons, non point dans notre verbe qu'elles le sont, attendu que le verbe n'est vrai que lorsqu'il est engendré d'une chose sue? D'où il suit, que notre verbe est faux non pas seulement quand nous mentons, mais encore quand nous nous trompons. Lorsque nous doutons, notre verbe n'est pas encore de la chose dont nous doutons, mais il est le verbe de notre doute même, car bien que nous ne sachions point si ce dont nous doutons est vrai, cependant nous savons que nous doutons, et, par conséquent, lorsque nous le disons, notre verbe est vrai, puisque nous ne disons qu'une chose que nous savons. Mais quoi, ne pouvons-nous pas mentir aussi? Quand nous le faisons, c'est le voulant et le sachant que nous avons un verbe faux, mais c'est un verbe vrai que nous mentons, attendu que nous le savons; et lorsque nous avouons que nous avons menti, nous disons vrai, puisque nous ne disons qu'une chose que nous savons. Nous savons, en effet, que nous avons menti. Mais le Verbe qui est Dieu et plus puissant que nous ne peut point faire cela, attendu « qu'il ne peut faire que ce qu'il voit faire à son Père; » (*Jean*, v, 19) il ne parle point de lui-même, mais c'est du Père qu'il dit tout ce qu'il dit, puisque le Père ne dit uniquement que son Verbe. Or, c'est une grande puissance dans le Verbe de Dieu de ne pouvoir mentir, attendu qu'il ne peut y avoir en lui « le oui et le non, » et qu'il n'y a que le « oui, oui, non, non. » (II *Cor.*, i, 19.) Mais on ne saurait appeler verbe le verbe qui n'est pas vrai. Je le veux bien, j'y consens volontiers. Mais quoi, lorsque notre verbe est vrai et que, pour cela, on l'appelle avec raison verbe, est-ce que, de même qu'on peut l'appeler vision de vision, ou science de science, ainsi on peut le nommer science de science, comme on le dit et on doit le dire au

---

videndo intus dicimus, et ideo nullius linguae est; atque inde utcumque simile est in hoc aenigmate illi Verbo Dei, quod etiam Deus est, quoniam sic et hoc de nostra nascitur, quemadmodum et illud de scientia Patris natum est : nostrum ergo tale verbum, quod invenimus esse utcumque illi simile, quantum sit etiam dissimile sicut a nobis dici potuerit, non pigeat intueri.

CAPUT XV.
Quanta dissimilitudo verbi nostri et Verbi divini.

Numquid verbum nostrum de sola scientia nostra nascitur? Nonne multa dicimus etiam quae nescimus? Nec dubitantes ea dicimus, sed vera esse arbitrantes : quae forte si vera sunt, in ipsis rebus de quibus loquimur, non in verbo nostro vera sunt; quia verbum verum non est, nisi quod de re quae scitur, gignitur. Falsum est ergo isto modo verbum nostrum, non cum mentimur, sed cum fallimur. Cum autem dubitamus, nondum est verbum de re de qua dubitamus, sed de ipsa dubitatione verbum est. Quamvis enim non noverimus an verum sit unde dubitamus, tamen dubitare nos novimus : ac per hoc cum hoc dicimus, verum verbum est; quoniam quod novimus dicimus. Quid quod etiam mentiri possumus? Quod cum facimus, utique volentes et scientes falsum verbum habemus : ubi verum verbum est mentiri nos; hoc enim scimus. Et cum mentitos nos esse confitemur, verum dicimus; quod scimus enim dicimus; scimus namque nos esse mentitos. Verbum autem illud quod est Deus et potentius est nobis, hoc non potest. « Non enim potest facere quidquam, nisi quod viderit Patrem facientem : » (*Joan.*, v, 19) et non a se ipso loquitur, sed a Patre illi est omne quod loquitur, cum ipsum Pater unice loquitur : et magna illius verbi potentia est, non posse mentiri; quia non potest esse illic « Est et non, « sed » Est est : Non non. » (II *Cor.*, i, 19.) At enim nec verbum dicendum est, quod verum non est. Sit ita, libens assentior. Quid, cum verum est verbum nostrum, et ideo recte verbum vocatur,

suprême degré du Verbe de Dieu? Pourquoi en serait-il ainsi? car pour nous ce n'est pas une seule et même chose d'être et de connaître. Nous connaissons, en effet, bien des choses qui ne vivent, en quelque sorte, que par la mémoire, meurent de même par l'oubli ; et quand, par suite, elles ne sont plus à notre connaissance, nous ne laissons point d'être encore, et quand notre science a péri en s'échappant de notre esprit, nous, cependant, nous vivons.

25. Quand on considère que les choses que nous savons de manière qu'elles ne peuvent jamais nous échapper, puisqu'elles sont constamment présentes et touchent à la nature même de notre âme, comme de savoir que nous vivons, car cette science-là persévère autant de temps que vit l'âme elle-même, et comme l'âme vit toujours, elle dure toujours aussi ; quand on pense, dis-je, que cette chose-là et toutes les choses pareilles qu'on peut trouver, et dans lesquelles on doit surtout considérer l'image de Dieu, bien qu'étant constamment connues, cependant ne sont pas constamment l'objet de nos pensées ; il est bien difficile de trouver comment on pourrait dire que notre verbe est sempiternel, puisque c'est par notre pensée même que notre verbe est dit. Il est en effet donné à l'âme de vivre toujours et de savoir toujours qu'elle vit, mais elle ne pense pas toujours qu'elle vit ni qu'elle sait qu'elle vit, parce que dès qu'elle s'occupe d'une chose ou d'une autre, elle cesse de penser à cela, bien qu'elle ne cesse point de le savoir. Il arrive de là que s'il peut y avoir dans l'âme une science sempiternelle, l'âme ne peut sempiternellement penser à cette science, et comme notre verbe intime ne peut s'appeler vrai qu'en tant qu'il est dit par notre pensée, il n'y a que de Dieu qu'on puisse comprendre qu'il ait un Verbe sempiternel et éternel comme lui. A moins peut-être qu'on ne doive dire que la possibilité même de la pensée, car dès qu'une chose est sue, quand bien même on n'y penserait point actuellement, peut cependant devenir véritablement l'objet de notre pensée, est un verbe perpétuel, au même titre que la science est elle-même perpétuelle. Mais comment est-il un verbe quand il n'est pas encore formé dans la vision de la pensée? Comment sera-t-il semblable à la science dont il naît, s'il n'en a point la forme et s'il n'est appelé verbe que parce qu'il peut l'avoir? Car c'est comme si on disait qu'on doit l'appeler Verbe parce qu'il peut être verbe. Mais qu'est-ce à dire, il peut être appelé verbe, et à cause de cela il est digne du nom de verbe? Oui, qu'est-ce que ce quelque chose de formable, mais non encore formé, sinon quelque chose de notre esprit que nous agitons tantôt dans un sens tantôt dans un autre, par un mouvement rapide, quand

numquid sicut dici potest vel visio de visione, vel scientia de scientia, ita dici potest essentia de essentia, sicut illud Dei Verbum maxime dicitur maximeque dicendum est? Quid ita? quia non hoc est nobis esse, quod est nosse. Multa quippe novimus quæ per memoriam quodam modo vivunt, ita et oblivione quodam modo moriuntur : atque ideo cum illa jam non sint in notitia nostra, nos tamen sumus ; et cum scientia nostra animo lapsa perierit a nobis, nos tamen vivimus.

25. Illa etiam quæ ita sciuntur, ut nunquam excidere possint, quoniam præsentia sunt, et ad ipsius animi naturam pertinent, ut est illud quod nos vivere scimus : (manet enim hoc quamdiu animus manet, et quia semper manet animus, et hoc semper manet :) id ergo et si qua reperiuntur similia, in quibus imago Dei potius intuenda est, etiamsi semper sciuntur, tamen quia non semper etiam cogitantur, quomodo de his dicatur verbum sempiternum, cum verbum nostrum nostra cogitatione dicatur, invenire difficile est. Sempiternum est enim animo vivere, sempiternum est scire quod vivit : nec tamen sempiternum est cogitare vitam suam, vel cogitare scientiam vitæ suæ : quoniam cum aliud atque aliud cœperit, hoc desinet cogitare, quamvis non desinat scire. Ex quo fit, ut si potest esse in animo aliqua scientia sempiterna, et sempiterna esse non potest ejusdem scientiæ cogitatio, et verbum verum nostrum intimum nisi nostra cogitatione non dicitur, solus Deus intelligatur habere Verbum sempiternum sibique cœternum. Nisi forte dicendum est, ipsam possibilitatem cogitationis, quoniam id quod scitur, etiam quando non cogitatur, potest tamen veraciter cogitari, verbum esse tam perpetuum, quam scientia ipsa perpetua est. Sed quomodo est verbum, quod nondum in cogitationis visione formatum est? Quomodo erit simile scientiæ de qua nascitur, si ejus non habet formam, et ideo jam vocatur verbum quia potest habere? Tale est enim ac si dicatur, ideo jam vocandum esse verbum quia potest esse verbum. Sed quid est quod potest esse verbum, et ideo jam dignum est verbi nomine? Quid est, inquam, hoc formabile nondumque formatum, nisi quiddam mentis nostræ, quod hac atque hac volubili quadam motione jactamus, cum a nobis nunc hoc, nunc illud, sicut inventum fuerit

nous pensons tantôt ceci, tantôt cela, selon que ça se trouve ou se présente? Et il devient vrai verbe, quand ce quelque chose dont j'ai dit tout à l'heure, que nous l'agitions dans un mouvement rapide, parvient à l'état de chose que nous connaissons et se forme sur cette connaissance en en prenant toute la ressemblance, en sorte que toute chose sue est une chose pensée, je veux dire, est dite sans aucun son, sans aucune imagination de son qui appartienne à quelque langue que ce soit. Par conséquent si nous accordons, pour ne point sembler disputer sur une question de mots, qu'on doit appeler verbe ce quelque chose de notre esprit qui peut se former de notre science, même avant qu'il en soit formé, parce que, pour ainsi dire, il est formable, qui ne voit quelle différence il y a ici entre ce verbe et le Verbe de Dieu qui est si bien en la forme de Dieu, qu'il n'a point été formable avant d'être formé et qu'il n'a point pu être un instant informe, mais a toujours été forme simple et simplement égale à celui de qui il est égal d'une manière admirable?

CHAPITRE XVI.

Aussi ce verbe est-il appelé le Verbe de Dieu, non point la pensée de Dieu, de peur qu'on ne croie qu'il y a en Dieu quelque chose de suscep-tible d'être agité et qui reçoive tantôt une forme, tantôt une autre, pour devenir verbe, et puisse la perdre et se trouver en quelque sorte comme une chose informe qu'on roule dans sa pensée. Il connaissait bien la force des mots et il avait bien senti toute la portée de la pensée, cet écrivain remarquable qui dit dans un de ses vers : « Il roule dans son esprit les événements divers de la guerre, » (*Enéide*, x, 159) c'est-à-dire, il pense. Ce n'est donc point à la pensée de Dieu, mais au Verbe de Dieu qu'est donné le nom de Fils de Dieu; car notre pensée en parvenant à ce que nous savons et en en recevant la forme est notre véritable verbe. Aussi doit-on entendre le Verbe de Dieu sans la pensée de Dieu, pour bien comprendre qu'il s'agit d'une forme simple qui n'a rien de formable, pouvant être encore informe. Il est bien vrai que les Ecritures saintes parlent de pensées de Dieu, mais c'est une manière de dire semblable à celle qui nous parle de l'oubli de Dieu, qui certainement n'existe pas en Dieu en tant que propriété divine.

26. C'est pourquoi, y ayant une telle différence entre Dieu et le Verbe de Dieu, dans l'énigme dans laquelle cependant il se trouve une certaine ressemblance, il faut reconnaître aussi que lors même que nous serons semblables à lui, quand nous le verrons tel qu'il est, or, en

vel occurrerit, cogitatur? Et tunc fit verum verbum, quando illud quod nos dixi volubili motione jactare, ad id quod scimus (*a*) pervenit, atque inde formatur, ejus omnimodam similitudinem capiens, ut quomodo res quæque scitur, sic etiam cogitetur, id est, sine voce, sine vocis cogitatione, quæ profecto alicujus linguæ est, (*b*) sic in corde dicatur. Ac per hoc etiam si concedamus, ne de controversia vocabuli laborare videamur, jam vocandum esse verbum quiddam illud mentis nostræ quod de nostra scientia formari potest, etiam prius quam formatum sit, quia jam, ut ita dicam, formabile est; quis non videat, quanta hic sit dissimilitudo ab illo Dei Verbo, quod in forma Dei sic est, ut non antea fuerit formabile prius quam formatum, nec aliquando esse possit informe, sed sit forma simplex et simpliciter æqualis ei de quo est, et cui mirabiliter coæterna est?

CAPUT XVI.

Quapropter ita dicitur illud Dei Verbum, ut Dei cogitatio non dicatur, ne aliquid esse quasi volubile credatur in Deo, quod nunc accipiat, nunc recipiat formam, ut verbum sit, eamque possit amittere, atque informiter quodam modo volutari. Bene quippe noverat verba, et vim cogitationis inspexerat locutor egregius, qui dixit in carmine : Secumque volutat eventus belli varios (*Æneid.*, x) : id est, cogitat. Non ergo ille Dei Filius cogitatio Dei, sed Verbum Dei dicitur. Cogitatio quippe nostra perveniens ad id quod scimus, atque inde formata, verbum nostrum verum est. Et ideo Verbum Dei sine cogitatione Dei debet intelligi, ut forma ipsa simplex intelligatur, non habens aliquid formabile quod esse etiam possit informe. Dicuntur quidem etiam in Scripturis sanctis cogitationes Dei, sed eo locutionis modo, quod ibi etiam oblivio Dei dicitur, quæ utique ad proprietatem in Deo nulla est.

26. Quamobrem cum tanta sit nunc in isto ænigmate dissimilitudo Dei et Verbi Dei, in qua tamen nonnulla similitudo comperta est : illud quoque fatendum est, quod etiam cum similes ei erimus,

---
(*a*) Editi *pervenerit*. Concinnius Mss. *pervenit*. — (*b*) Ita Mss. At editi *si*.

parlant ainsi, il est évident que celui de qui sont ces paroles, a en vue la différence présente, nous ne serons point égaux à lui par nature, attendu que toujours la nature faite est moindre que la nature factrice. Mais alors notre verbe ne sera point un faux verbe, attendu que nous ne connaîtrons ni le mensonge, ni l'erreur. Peut-être même ne roulerons-nous point non plus nos pensées en les portant d'une chose sur une autre, et embrasserons-nous toute notre science d'un seul coup d'œil. Cependant quand il en sera ainsi, et s'il en est ainsi, il sera formé une créature qui était formable, et il ne manquera plus rien à la forme à laquelle elle devait parvenir; toutefois elle ne saurait être égalée à la simplicité où il n'y a rien de formable qui soit formé ou reformé, mais ou tout est forme, où il n'y a point de substance informe ou formée, mais une substance éternelle et immuable.

CHAPITRE XVII.

En quel sens l'Esprit saint est appelé charité; est-il seul charité?

27. Nous avons assez parlé du Père et du Fils, en tant que nous pouvons le voir dans le miroir que nous avons sous les yeux et dans l'énigme présente; il faut maintenant, autant que par la grâce de Dieu il nous sera donné de lumière sur ce point, traiter du Saint-Esprit. L'Esprit saint dont nous parlent les saintes Ecritures, n'est l'Esprit ni du Père seul, ni du Fils seul, mais de l'un et de l'autre en même temps, et nous suggère la pensée de la charité commune dont le Père et le Fils s'aiment réciproquement. Mais pour nous exercer, la parole divine nous donne à chercher avec le plus grand zèle, non point des choses faciles à trouver, mais qu'on doit chercher dans le secret où elles sont cachées et tirer de leur obscurité. L'Ecriture n'a donc point dit : Le Saint-Esprit est charité; si elle l'avait dit elle aurait fait disparaître une grande partie de la question qui nous occupe; mais elle a dit : « Dieu est charité, » (I *Jean*, IV, 16) afin de nous laisser dans l'incertitude et de nous forcer à chercher si c'est Dieu le Père qui est charité, ou Dieu le Fils, ou Dieu le Saint-Esprit, ou le Dieu Trinité. Car nous ne saurions prétendre que s'il a été dit que Dieu est charité, c'est parce que la charité n'est point une substance qui soit susceptible du nom de Dieu, mais un don de Dieu au sens de cette parole adressée à Dieu lui-même : « Car vous êtes ma patience, » (*Ps.* LXX, 5) qui n'a point été dite en ce sens que notre patience soit la substance de Dieu, mais seulement en ce sens qu'elle nous vient de Dieu,

---

quando videbimus cum sicuti est (I *Joan.*, III, 2), (quod utique qui dixit, hanc procul dubio quæ nunc est dissimilitudinem attendit,) nec tunc natura illi erimus æquales. Semper enim natura minor est faciente quæ facta est. Et tunc quidem verbum nostrum non erit falsum, quia neque mentiemur, neque fallemur : fortassis etiam volubiles non erunt nostræ cogitationes ab aliis in alia euntes atque redeuntes, sed omnem scientiam nostram uno simul conspectu videbimus : tamen cum et hoc fuerit, si et hoc fuerit, formata erit creatura quæ formabilis fuit, ut nihil jam desit ejus formæ, ad quam pervenire deberet ; sed tamen coæquanda non erit illi simplicitati, ubi non formabile aliquid formatum vel reformatum est, sed forma; neque informis, neque formata, ipsa ibi æterna est immutabilisque substantia.

CAPUT XVII.

Quomodo Spiritus sanctus dicatur caritas, et an solus.

27. Satis de Patre et Filio, quantum per hoc speculum atque in hoc ænigmate videre potuimus, locuti sumus. Nunc de Spiritu sancto, quantum Deo donante videre conceditur, disserendum est. Qui Spiritus sanctus secundum Scripturas sanctas, nec Patris solius est, nec Filii solius, sed amborum : et ideo communem, qua invicem se diligunt Pater et Filius, nobis insinuat caritatem. Ut autem nos exerceret sermo divinus, non res in promptu sitas, sed in abdito scrutandas et ex abdito eruendas, majore studio fecit inquiri. Non it*a*que dixit Scriptura : Spiritus sanctus caritas est; quod si dixisset, non parvam partem quæstionis istius abstulisset : sed dixit : « Deus caritas est; » (I *Joan.*, IV, 16) ut incertum sit, et ideo requirendum, utrum Deus Pater sit caritas, an Deus Filius, an Deus Spiritus sanctus, an Deus ipsa Trinitas. Neque enim dicturi sumus, non propterea Deum dictam esse caritatem, quod ipsa caritas (*a*) sit ulla substantia, quæ Dei digna sit nomine ; sed quod donum sit Dei, sicut dictum est Deo : « Quoniam tu es patientia mea : » (*Psal.* LXX, 5) neque enim propterea dictum est, quia Dei substantia est nostra patientia ; sed quod ab ipso

(*a*) Editi *quod ipsa caritas nulla substantia*. Castigantur ex Mss.

comme on le lit ailleurs en ces termes : « Car c'est de lui que me vient ma patience. » (*Ps.* LXI, 6.) La manière même de parler de l'Ecriture rejette ce sens. En effet, ces paroles : « Vous êtes ma patience, » sonnent de même que celles-ci : « Seigneur, vous êtes mon espérance, » (*Ps.* XC, 9) et ces autres : « Mon Dieu est ma miséricorde, » (*Ps.* LVIII, 18) et beaucoup d'autres semblables. Mais il n'a point été dit : Seigneur, vous êtes ma charité; ou : Vous êtes ma charité; ou bien encore : O Dieu qui êtes ma charité; mais il a été dit : « Dieu est charité, » comme il est dit : « Dieu est esprit. » (*Jean*, IV, 24.) Quiconque ne sent point la différence, doit demander de ces paroles, non l'explication à nous, mais l'intelligence à Dieu; car pour nous, nous ne trouvons rien de plus clair à dire.

28. « Dieu donc est charité, » et nous cherchons si ces paroles sont dites du Père, du Fils, du Saint-Esprit, ou de la Trinité même, puisque la Trinité n'est point trois Dieux, mais un seul Dieu. Or, déjà j'ai fait voir un peu plus haut, dans ce livre, qu'il ne faut pas voir la Trinité qui est Dieu comme les trois choses que nous avons montrées subsistantes dans la trinité de notre esprit, en sorte que le Père serait comme la mémoire des trois personnes, le Fils l'intelligence des trois personnes, et le Saint-Esprit la charité des trois mêmes personnes ; comme si le Père n'avait en partage ni l'intelligence et l'amour, et que le Fils eût l'intelligence et le Saint-Esprit l'amour pour lui, tandis que le Père lui-même ne serait que sa propre mémoire à lui et la mémoire des deux autres; et que le Fils n'eût ni la mémoire ni l'amour en partage, et que ce fût le Père qui eût la mémoire et le Saint-Esprit la charité pour lui, tandis que le Fils ne serait que sa propre intelligence à lui-même et l'intelligence des deux autres; et que de même pour le Saint-Esprit, qu'il n'eût point non plus la mémoire, ni l'intelligence en partage, mais que le Père eût la mémoire et le Fils l'intelligence pour lui, tandis que lui-même serait sa propre charité à lui, et la charité des deux autres; mais il faut plutôt la voir cette même Trinité en ce sens que toutes les trois personnes ensemble et chacune d'elles en particulier ont ces trois choses dans leur nature; en elles il n'y a pas séparation entre ces trois choses, comme en nous où la mémoire est une chose, l'intelligence une autre, et la dilection ou charité encore une autre, mais elles ne font qu'un tout qui a la valeur des trois choses, telle qu'est la sagesse même; telle est la nature de chacune des trois personnes divines qu'elles sont ce qu'elles ont, comme n'étant qu'une substance simple et immuable. Si donc ces choses sont comprises, et autant qu'il nous est permis de voir et de conjecturer dans un sujet de cette importance, si la vérité de tout cela a paru clairement, je ne sais point pourquoi, de même que tant le Père que le Fils et le Saint-

---

nobis est, sicut alibi legitur : « Quoniam ab ipso est patientia mea. » (*Psal.* LXI, 6.) Hunc quippe sensum facile refellit Scripturarum ipsa locutio. Tale est enim : « Tu es patientia mea ; » quale est : « Tu es Domine spes mea ; » (*Psal.* XC, 9) et « Deus meus misericordia mea ; » (*Psal.* LVIII, 18) et multa similia. Non est autem dictum : Domine caritas mea ; aut : Tu es caritas mea ; aut : Deus caritas mea : sed ita dictum est : « Deus caritas est ; » (I *Joan.*, IV, 16) sicut dictum est : « Deus spiritus est. » (*Joan.*, IV, 24.) Hoc qui non discernit, intellectum a Domino, non expositionem quærat a nobis : non enim apertius quidquam possumus dicere.

28. « Deus ergo caritas est : » utrum autem Pater, an Filius, an Spiritus sanctus, an ipsa Trinitas, quia et ipsa non tres dii, sed unus est Deus, hoc quæritur. Sed jam in hoc libro superius disputavi : non sic accipiendam esse Trinitatem quæ Deus est, ex illis tribus quæ in trinitate nostræ mentis ostendimus, ut tanquam memoria sit omnium trium Pater, et intelligentia omnium trium Filius, et caritas omnium trium Spiritus sanctus, quasi Pater nec intelligat sibi nec diligat, sed ei Filius intelligat, et Spiritus sanctus ei diligat, ipse autem sibi et illis tantum meminerit; et Filius nec meminerit nec diligat sibi, sed meminerit ei Pater, et diligat ei Spiritus sanctus, ipse autem et sibi et illis tantummodo intelligat ; itemque Spiritus sanctus nec meminerit nec intelligat sibi, sed meminerit ei Pater, et intelligat ei Filius, ipse autem et sibi et illis non nisi diligat : sed sic potius, ut omnia tria et omnes et singuli habeant in sua quisque natura. Nec distent in eis ista, sicut in nobis aliud est memoria, aliud est intelligentia, aliud dilectio sive caritas : sed unum aliquid sit quod omnia valeat, sicut ipsa sapientia ; et sic habeatur in uniuscujusque natura, ut qui habet, hoc sit quod habet, sicut immutabilis simplexque substantia. Si ergo hæc intellecta sunt, et quantum nobis in rebus tantis videre vel conjectare concessum est, vera esse claruerunt, nes-

Esprit est appelé sagesse et que tous trois ensemble ne font point trois sagesses mais une seule sagesse; ainsi le Père, le Fils et le Saint-Esprit soient appelés charité, de telle sorte que tous trois ne fassent qu'une seule et même charité; car c'est de la même manière que le Père est Dieu, le Fils est Dieu, et le Saint-Esprit est Dieu, et que tous trois ne font qu'un seul Dieu.

29. Et pourtant ce n'est pas en vain que dans la Trinité on ne donne le nom de Verbe de Dieu qu'au Fils, celui de Don de Dieu qu'au Saint-Esprit, et qu'il n'y ait que du Père qu'on dise que le Verbe a été engendré et que le Saint-Esprit procède principalement. Je dis principalement parce qu'il procède également du Fils. Or, le Père a donné cela au Fils, non pas comme s'il eût existé déjà sans l'avoir, mais tout ce qu'il a donné au Verbe unique, il le lui a donné en l'engendrant. Il l'a donc engendré de telle sorte que le Don commun procédât aussi de lui et que le Saint-Esprit fût l'Esprit de l'un et de l'autre en même temps. Il ne faut donc point prendre dans un sens transitoire, mais considérer avec soin cette distinction de l'indivisible Trinité. C'est en effet ainsi, qu'on a pu appeler proprement le Verbe de Dieu sagesse de Dieu, bien que le Père et le Saint-Esprit fussent également sagesse. Si donc la charité doit être le nom propre de quelqu'une des trois personnes, à laquelle convient-il mieux qu'au Saint-Esprit? Mais c'est en ce sens que dans cette nature simple et suprême, la substance ne soit point une chose et la charité une autre; mais que la substance même soit charité, et que la charité soit substance, tant dans le Père, que dans le Fils et dans le Saint-Esprit, et que néanmoins ce soit proprement le Saint-Esprit qui prenne le nom de charité.

30. De même le mot loi désigne quelquefois tout l'ensemble des saintes Ecritures de l'Ancien Testament. En effet, l'Apôtre en citant ce passage du prophète Isaïe : « Je parlerai à ce peuple en des langues étrangères et inconnues, » (*Isa.*, XXVIII, 11) commence par dire : « Il est écrit dans la Loi. » (I *Cor.*, XIV, 21.) Le Seigneur lui-même dit également : « Il est écrit dans leur Loi : ils m'ont haï sans sujet, » (*Jean*, XV, 25) paroles qui se lisent dans les Psaumes. (*Ps.* XXXIV, 19.) D'autres fois, par le mot Loi, on entend proprement celle qui a été donnée par le ministère de Moïse, et c'est en ce sens qu'il est dit : « La Loi et les prophètes jusques à Jean, » (*Matth.*, XI, 13) et ailleurs : « Toute la Loi et les prophètes sont renfermés dans ces deux commandements. » (*Matth.*, XXII, 40.) Or, en cet endroit c'est évidemment la Loi donnée

---

cio cur non sicut sapientia et Pater dicitur et Filius et Spiritus sanctus, et simul omnes non tres, sed una sapientia; ita et caritas et Pater dicatur et Filius et Spiritus sanctus, et simul omnes una caritas. Sic enim et Pater Deus, et Filius Deus, et Spiritus sanctus Deus, et simul omnes unus Deus.

29. Et tamen non frustra in hac Trinitate non dicitur Verbum Dei nisi Filius, nec donum Dei nisi Spiritus sanctus, nec de quo genitum est Verbum et de quo procedit principaliter Spiritus sanctus nisi Deus Pater. Ideo autem addidi, principaliter, quia et de Filio Spiritus sanctus procedere reperitur. Sed hoc quoque illi Pater dedit, non jam existenti et nondum habenti : sed quidquid unigenito Verbo dedit, gignendo dedit. Sic ergo eum genuit, ut etiam de illo Donum commune procederet, et Spiritus sanctus spiritus esset amborum. Non est igitur accipienda transeunter, sed diligenter intuenda inseparabilis Trinitatis ista distinctio. Hinc enim factum est, ut proprie Dei Verbum etiam Dei sapientia diceretur, cum sit sapientia et Pater et Spiritus sanctus. Si ergo proprie aliquid horum trium caritas nuncupanda est, quid aptius quam ut hoc sit Spiritus sanctus? Id scilicet in illa (*a*) simplici summaque natura, non sit aliud substantia, et aliud caritas; sed substantia ipsa sit caritas, et caritas ipsa sit substantia, sive in Patre, sive in Filio, sive in Spiritu sancto, et tamen proprie Spiritus sanctus caritas nuncupetur.

30. Sicut Legis nomine aliquando simul omnia veteris Instrumenti sanctarum scripturarum significantur eloquia. Nam ex propheta Isaia testimonium ponens Apostolus, ubi ait : « In aliis linguis et in aliis labiis loquar populo huic : » (*Isa.*, XXVIII, 11; I *Cor.*, XIV, 21) præmisit tamen : « In lege scriptum est. » Et ipse Dominus : « In Lege, inquit, eorum scriptum est, quia oderunt me gratis : » (*Joan.*, XV, 25) cum hoc legatur in Psalmo. (*Psal.* XXXIV, 19.) Aliquando autem proprie vocatur Lex, quæ data est per Moysen, secundum quod dictum est : « Lex et Prophetæ usque ad Joannem. » (*Matth.*, XI, 13.) Et : « In his duobus præceptis tota Lex pendet et Prophetæ. » (*Matth.*, XXII, 40.) Hic utique proprie Lex appellata est, de monte Sina. Prophetarum autem

---

(*a*) Editi *in illa Trinitatis*. Vox *Trinitatis* abest a Mss.

sur le mont Sinaï qui est proprement désignée par le mot loi. Cependant dans un autre endroit le Seigneur dit lui-même : « Il fallait que tout ce qui a été écrit de moi dans la Loi, dans les prophètes et dans les Psaumes s'accomplit. » (*Luc*, XXIV, 44.) Là encore il a voulu faire entendre la même chose par le mot prophète, outre les Psaumes. La Loi s'entend donc en général des prophètes et des Psaumes, et au propre, de celle qui a été donnée par Moïse. De même on entend communément par les prophètes, les prophètes et l'auteur des Psaumes mais au propre on sépare l'auteur des Psaumes, des prophètes. On peut montrer par beaucoup d'autres exemples encore qu'il y a bien des mots de choses qui se prennent en général, et qui se disent au propre, de certaines seulement, à moins qu'on ne veuille, en choses claires, éviter des longueurs de discours. J'ai fait cette remarque, de peur qu'on ne pense que c'est improprement que nous donnons au Saint-Esprit le nom de charité, attendu que Dieu le Père et Dieu le Fils peuvent également être appelés charité.

31. De même donc que c'est proprement le Verbe unique de Dieu que nous appelons du nom de sagesse, bien que généralement parlant, le Père et le Saint-Esprit soient aussi eux-mêmes sagesse; ainsi est-ce le Saint-Esprit que nous désignons proprement par le nom de charité, bien que généralement parlant, le Père et le Fils soient aussi charité. Mais le Verbe de Dieu, je veux dire le Fils unique de Dieu a été ouvertement appelé sagesse de Dieu par l'Apôtre lui-même quand il dit : « Le Christ est la vertu de Dieu et la sagesse de Dieu. » (I *Cor.*, I, 24.) Quant au Saint-Esprit, si nous parcourons avec attention les écrits de l'apôtre saint Jean, nous trouvons en quel endroit il a été appelé charité, c'est lorsque après avoir dit : « Mes bien-aimés, aimez-vous les uns les autres, car l'amour vient de Dieu, » il poursuit en ces termes : « Tout homme qui aime est né de Dieu, celui qui n'aime point, ne connaît point Dieu, car Dieu est amour. » (I *Jean*, IV, 7.) Il a voulu montrer par là que la charité qu'il appelle Dieu est celle qu'il dit venir de Dieu. Par conséquent, la dilection est Dieu de Dieu. Mais comme le Fils aussi est né de Dieu le Père, et que le Saint-Esprit également procède de Dieu le Père, on se demande avec raison laquelle de ces deux personnes nous devons de préférence regarder comme celle dont il est dit que Dieu est charité. En effet, il n'y a que le Père qui soit appelé Dieu, de manière qu'il ne soit point Dieu de Dieu, et par conséquent, la charité qui est Dieu de telle sorte qu'elle soit Dieu de Dieu, est ou le Fils ou le Saint-Esprit. Mais après avoir parlé, dans les lignes suivantes, de la charité de Dieu, non point de celle par laquelle nous l'aimons, mais de celle par laquelle « lui-même nous a aimés et nous a envoyé son Fils

---

nomine etiam Psalmi significati sunt : et tamen alio loco ipse Salvator : « Oportebat, inquit, impleri omnia quæ scripta sunt in Lege et Prophetis et Psalmis de me. » (*Luc.*, XXIV, 44.) Hic rursus Prophetarum nomen, exceptis Psalmis, intelligi voluit. Dicitur ergo Lex universaliter cum Prophetis et Psalmis, dicitur et proprie quæ per Moysen data est. Item dicuntur communiter Prophetæ simul cum Psalmis, dicuntur et proprie præter Psalmos. Et multis aliis exemplis doceri potest, multa rerum vocabula, et universaliter poni, et proprie quibusdam rebus adhiberi, nisi in re aperta vitanda sit longitudo sermonis. Hoc ideo dixi, ne quisquam propterea nos inconvenienter existimet caritatem appellare Spiritum sanctum, quia et Deus Pater et Deus Filius potest caritas nuncupari.

31. Sicut ergo unicum Dei Verbum proprie vocamus nomine sapientiæ, cum sit universaliter et Spiritus sanctus et Pater ipse sapientia : ita Spiritus sanctus proprie nuncupatur vocabulo caritatis, cum sit universaliter caritas et Pater et Filius. Sed Dei Verbum, id est, unigenitus Dei Filius aperte dictus est Dei sapientia, ore Apostolico, ubi ait : « Christum Dei virtutem et Dei sapientiam : » (I *Cor.*, I, 24) Spiritus autem sanctus ubi sit dictus caritas invenimus, si diligenter Joannis apostoli scrutemur eloquium ; cui cum dixisset : « Dilectissimi, diligamus invicem, quia dilectio ex Deo est : » secutus adjunxit : « Et omnis qui diligit, ex Deo natus est : qui non diligit, non cognovit Deum, quia Deus dilectio est. » (I *Joan.*, IV, 7.) Hic manifestavit eam se dixisse dilectionem Deum, quam dixit ex Deo. Deus ergo ex Deo est dilectio. Sed quia et Filius ex Deo Patre natus est, et Spiritus sanctus ex Deo Patre procedit, quem potius eorum hic debeamus accipere dictum esse dilectionem Deum, merito quæritur. Pater enim solus ita Deus est, ut non sit ex Deo : ac per hoc dilectio quæ ita Deus est, ut ex Deo sit, aut Filius est, aut Spiritus sanctus. Sed in consequentibus cum Dei dilectionem commemorasset, non qua

en sacrifice pour nos péchés, » et en avoir pris occasion de nous exhorter à nous aimer aussi les uns les autres, pour que Dieu demeure ainsi en nous, attendu qu'il avait dit que Dieu est charité, voulant aussitôt nous parler d'une manière plus explicite sur ce sujet il s'exprime de la sorte : « C'est donc en ceci que nous reconnaissons que nous demeurons en lui, et que lui demeure en nous, c'est qu'il nous a faits participants de son Esprit. » (*Ibid.*, 13.) C'est donc le Saint-Esprit dont il nous a faits participants qui fait que nous demeurons en Dieu et que lui demeure en nous. Or, c'est la charité qui fait cela. Enfin, un peu plus loin, après avoir répété et redit : « Dieu est charité, » il poursuit aussitôt en ces termes : « Et celui qui demeure dans la charité, demeure en Dieu et Dieu demeure en lui, » ce qui lui avait fait dire auparavant : « C'est donc en ceci que nous reconnaissons que nous demeurons en lui, et que lui demeure en nous, c'est qu'il nous a faits participants de son Esprit. » C'est donc de l'Esprit saint qu'il est parlé quand il est dit : « Dieu est charité. » Par conséquent, lorsque le Saint-Esprit qui procède de Dieu est donné à l'homme, il l'enflamme de l'amour de Dieu et du prochain, et c'est lui qui est la charité. L'homme, en effet, n'aurait point l'amour de Dieu s'il ne le tenait de Dieu même. Voilà pourquoi le même Apôtre dit encore un peu plus loin : « Quant à nous, aimons-le, car nous a aimés le premier. » (*Ibid.*, 19.) L'apôtre saint Paul dit aussi : « La charité de Dieu a été répandue dans nos cœurs par le Saint-Esprit qui nous a été donné. » (*Rom.*, x, 5.)

CHAPITRE XVIII.

Il n'y a pas de don de Dieu plus excellent que la charité.

32. Il n'y a point de don de Dieu plus excellent que celui-là ; c'est le seul qui fasse la séparation des enfants du royaume éternel de ceux de la perdition éternelle. Il nous est donné d'autres dons par le Saint-Esprit, mais, sans la charité, ils ne servent de rien. Aussi quiconque n'a point reçu par le Saint-Esprit un tel don qui lui fasse aimer Dieu et le prochain, ne passera point de la gauche à la droite. Le Saint-Esprit n'est appelé proprement Don, qu'à cause de la charité ; et quiconque n'a point la charité, n'est qu'un airain sonore et une timbale retentissante, quand bien même il parlerait la langue des hommes et des anges (I *Cor.*, xiii, 1) ; aurait-il reçu le don de prophétie, sût-il tous les mystères, eût-il toute science en partage, possédât-il toute foi au point de transporter les montagnes, ce n'est rien ; distribuerait-il tous ses biens aux pauvres, et livrerait-il son corps pour être brûlé,

---

nos eum, sed qua « Ipse dilexit nos, et misit Filium suum (*a*) litatorem pro peccatis nostris, » et hinc exhortatus esset ut et nos invicem diligamus, atque ita Deus in nobis maneat, quia utique dilectionem Deum dixerat, statim volens de hac re apertius aliquid eloqui : « In hoc, inquit, cognoscimus quia in ipso manemus, et ipse in nobis, quia de Spiritu suo dedit nobis. » (*Ibid.*, 13.) Spiritus itaque sanctus de quo dedit nobis, facit nos in Deo manere, et ipsum in nobis : hoc autem facit dilectio. Ipse est igitur Deus dilectio. Denique paulo post cum hoc ipsum repetiisset atque dixisset : « Deus dilectio est : » continuo subjecit : « Et qui manet in dilectione, in Deo manet, et Deus manet in eo. » Unde supra dixerat : « In hoc cognoscimus quia in ipso manemus, et ipse in nobis, quia de Spiritu suo dedit nobis. » Ipse ergo significatur ubi legitur : « Deus dilectio est. » Deus igitur Spiritus sanctus qui procedit ex Deo, cum datus fuerit homini, accendit eum in dilectionem Dei et proximi, et ipse dilectio est. Non enim habet homo unde Deum diligat, nisi ex Deo. Propter quod paulo post dicit : « Nos diligamus eum, quia ipse prior dilexit nos. » (*Ibid.*, 19.) Apostolus quoque Paulus : « Dilectio, inquit, Dei diffusa est in cordibus nostris, per Spiritum sanctum qui datus est nobis. » (*Rom.*, v, 5.)

CAPUT XVIII.

Nullum Dei donum caritate excellentius.

32. Nullum est isto Dei dono excellentius. Solum est quod dividit inter filios regni æterni et filios perditionis æternæ. Dantur et alia per Spiritum sanctum munera, sed sine caritate nihil prosunt. Nisi ergo tantum impertiatur cuique Spiritus sanctus, ut eum Dei et proximi faciat amatorem, a sinistra non transfertur ad dexteram. Nec Spiritus proprie dicitur Donum, nisi propter dilectionem : quam qui non habuerit, si linguis hominum loquatur et angelorum, sonans æramentum est et cymbalum tinniens (I *Cor.*, xiii, 1) : et si habuerit prophetiam, et scierit omnia sacramenta, et omnem scientiam, et si habuerit omnem fidem, ita ut montes transferat,

---

(*a*) Editi *liberatorem*, at Mss. *litatorem* : Græce, I *Joan.*, iv, 10, ἱλασμόν.

cela ne lui servirait de rien. Quel bien est-ce donc que celui sans lequel de tels biens ne peuvent conduire personne à la vie éternelle? Au contraire, la dilection ou la charité, car ce sont deux noms différents d'une seule et même chose, conduit au royaume éternel celui qui l'a, quand bien même il n'aurait point le don des langues, ni celui de prophétie, qu'il ne connaîtrait point tous les mystères et n'aurait point toute science, ne distribuerait point tout son bien aux pauvres soit parce qu'il n'en aurait point à leur distribuer, soit que le besoin l'empêcherait de le faire, et ne livrerait point son corps pour être la proie des flammes parce qu'il n'y a pas lieu de souffrir un tel martyre; c'est au point que la foi elle-même ne saurait être utile que par la charité. Elle peut bien exister sans la charité, mais elle ne peut servir sans elle. Voilà pourquoi l'Apôtre dit : « En Jésus-Christ, ni la circoncision ni l'incirconcision ne servent de rien, il n'y a que la foi qu'anime la charité qui serve, » (*Gal.*, v, 6) distinguant ainsi cette foi de celle par laquelle les démons eux-mêmes croient aussi et tremblent. La charité qui est de Dieu est donc Dieu, elle est proprement le Saint-Esprit, par qui est répandue dans nos cœurs la charité qui est Dieu et par laquelle toute la Trinité habite en nous. (*Rom.*, v, 5.) C'est pourquoi le Saint-Esprit tout étant Dieu est appelé avec beaucoup de raison le Don de Dieu. (*Act.*, VIII, 20.) Or, par ce Don que faut-il entendre proprement, si ce n'est la charité qui conduit à Dieu, et sans laquelle tout autre don de Dieu quel qu'il soit ne conduit point à lui ?

CHAPITRE XIX.

L'Esprit saint est appelé don de Dieu dans les Ecritures.

33. Mais faut-il prouver aussi que le Saint-Esprit a été appelé le Don de Dieu dans les saintes Lettres ? Si c'est ce qu'on attend de nous, nous avons les propres paroles du Seigneur Jésus-Christ qui dit dans l'évangile selon saint Jean : « Si quelqu'un a soif, qu'il vienne à moi et qu'il boive, car quiconque croit en moi verra sortir de son cœur des eaux vives, comme dit l'Ecriture. » Or, l'évangéliste poursuivant ajoute : « Il entendait parler de l'Esprit saint que devaient recevoir ceux qui croiraient en lui. » (*Jean*, VII, 37 à 39.) C'est ce qui faisait dire aussi à l'apôtre Paul : « Et tous, nous avons bu un seul et même esprit. » (1 *Cor.*, x, 4.) Mais on demande si cette eau a été appelée don de Dieu dans le même sens que le Saint-Esprit. De même que nous venons de trouver que l'eau dont il est parlé dans ce texte est le Saint-Esprit, ainsi trouvons-nous ailleurs, dans l'Evangile même, que cette eau a été appelée le don de Dieu. En

---

nihil est : et si distribuerit omnem substantiam suam, et si tradiderit corpus suum ut ardeat, nihil ei prodest. Quantum ergo bonum est, sine quo ad æternam vitam neminem bona tanta perducunt ! Ipsa vero dilectio sive caritas, (nam unius rei est utrumque nomen,) si habeat eam qui non loquitur linguis, nec habet prophetiam, nec omnia scit sacramenta omnemque scientiam, nec distribuit omnia sua pauperibus, vel non habendo quod distribuat, vel aliqua necessitate prohibitus, nec tradit corpus suum ut ardeat, si talis passionis nulla tentatio est, perducit ad regnum, ita ut ipsam fidem non faciat utilem nisi caritas. Sine caritate quippe fides potest quidem esse, sed non et prodesse. Propter quod et apostolus Paulus : « In Christo, inquit, Jesu neque circumcisio, neque præputium aliquid valet, sed fides quæ per dilectionem operatur : » (*Galat.*, v, 6) sic eam discernens ab ea fide, qua et dæmones credunt et contremiscunt. Dilectio igitur quæ ex Deo est et Deus est, proprie Spiritus sanctus est, per quem diffunditur in cordibus nostris Dei caritas (*Rom.*, v, 5), per quam nos tota inhabitat Trinitas. Quocirca rectissime Spiritus sanctus, cum sit Deus, vocatur etiam Donum Dei. (*Act.*, VIII, 20.) Quod Donum proprie quid nisi caritas intelligenda est, quæ perducit ad Deum, et sine qua quodlibet aliud donum Dei non perducit ad Deum ?

CAPUT XIX.

Spiritus sanctus dictus Dei donum in Scripturis.

33. An et hoc probandum est, Dei Donum dictum esse in sacris litteris Spiritum sanctum? Si et hoc expectatur, habemus in Evangelio secundum Joannem Domini Jesu Christi verba dicentis : « Si quis sitit, veniat ad me, et bibat. Qui credit in me, sicut dicit Scriptura : Flumina de ventre ejus fluent aquæ vivæ. » (*Joan.*, VII, 37.) Porro Evangelista secutus adjunxit : « Hoc autem dixit de Spiritu, quem accepturi erant credentes in eum. » Unde dicit etiam Paulus Apostolus : « Et omnes unum Spiritum potavimus. » (1 *Cor.*, x, 4.) Utrum autem donum Dei sit appellata aqua ista, quod est Spiritus sanctus, hoc quæritur. Sed sicut hic invenimus hanc aquam Spiritum sanctum esse, ita invenimus alibi in ipso Evangelio hanc aquam donum Dei appellatam. Nam

effet, dans son entretien avec la Samaritaine, sur le bord du puits, le Seigneur lui ayant dit : « Donnez-moi à boire, » et la Samaritaine ayant répondu que les Juifs n'ont point de rapport avec les Samaritains, Jésus répartit en disant : « Si vous connaissiez le Don de Dieu et qui est celui qui vous dit : Donnez-moi à boire, vous lui en auriez sans doute demandé vous-même, et il vous aurait donné une eau vive. Cette femme lui dit: Seigneur, vous n'avez point avec quoi puiser et le puits est profond, d'où pourriez-vous donc avoir cette eau vive ? » et le reste. « Jésus lui répondit quiconque boit de cette eau aura encore soif, au lieu que celui qui boira de l'eau que je lui donnerai n'aura jamais soif, mais l'eau que je lui donnerai, deviendra en lui une fontaine d'eau qui rejaillira jusque dans la vie éternelle. » (*Jean*, IV, 7 à 14.) Comme cette eau vive, selon l'explication même de l'Apôtre, n'est autre que le Saint-Esprit, il est hors de doute que le Saint-Esprit est le Don de Dieu dont le Seigneur dit dans le passage que je viens de citer : « Si vous connaissiez le Don de Dieu, et qui est celui qui vous dit : Donnez-moi à boire, vous lui en auriez sans doute demandé vous-même, et il vous aurait donné une eau vive. » Car ce qu'il dit ailleurs : « Il sortira de son cœur des fleuves d'eau vive, » (*Jean*, VII, 38) revient à ce qu'il dit en cet endroit : « Mais l'eau que je lui donnerai deviendra, en lui, une fontaine d'eau qui rejaillira jusque dans l'éternité. » (*Jean*, IV, 14.)

34. L'apôtre Paul dit aussi : « La grâce a été donnée à chacun de nous, selon la mesure du don du Christ, » (*Ephés.*, IV, 7) et pour nous montrer que le don du Christ c'est le Saint-Esprit, il poursuit en ces termes : « C'est pourquoi il est monté en haut, il a mené une grande multitude de captifs et a répandu ses dons sur les hommes. » (*Ibid.*, 3.) Or, il est bien connu que le Seigneur Jésus, après sa résurrection d'entre les morts, étant monté au ciel, a donné le Saint-Esprit dont furent remplis ceux qui avaient cru en lui, lesquels se mirent à parler les langues de tous les pays. Il ne faut point s'arrêter à ce qu'il y a « ses dons, » au lieu de son don, car cela vient de ce qu'il a emprunté ce texte au Psalmiste ; voici en effet ce qu'on lit dans un psaume : « Vous êtes monté en haut, vous avez pris un grand nombre de captifs et vous avez reçu vos dons parmi les hommes. » (*Ps.* LXVII, 19.) Telle est en effet la leçon de plusieurs exemplaires, surtout des exemplaires grecs ; c'est aussi la version que nous tenons de l'hébreu. L'Apôtre a donc dit : « ses dons, » au lieu de : son don, comme le prophète ; mais quoique le prophète ait dit : « Vous avez reçu vos dons parmi les hommes, » l'Apôtre a préféré dire : « Il a répandu ses dons sur les hommes, » afin que des deux expressions dont l'une est

---

Dominus idem quando cum muliere Samaritana ad puteum loquebatur, cui dixerat : « Da mihi bibere ; » (*Joan.*, IV, 7, etc.) cum illa respondisset, quod Judæi non couterentur Samaritanis ; respondit Jesus, et dixit ei : « Si scires Donum Dei, et quis est qui dicit tibi : Da mihi bibere, tu forsitan petisses ab eo, et dedisset tibi aquam vivam. Dicit ei mulier, Domine neque in quo haurias habes, et puteus altus est, unde ergo habes aquam vivam ? » et cætera. « Respondit Jesus, et dixit ei : Omnis qui biberit ex hac aqua, sitiet iterum ; qui autem biberit ex aqua quam ego dabo ei, non sitiet in æternum, sed aqua quam ego dabo ei, fiet in eo fons aquæ salientis in vitam æternam. » Quia ergo hæc aqua viva, sicut Evangelista exposuit : Spiritus est sanctus, procul dubio Spiritus Donum Dei est, de quo hic Dominus ait : « Si scires Donum Dei, et quis est qui dicit tibi: Da mihi bibere, tu forsitan petisses ab eo, et dedisset tibi aquam vivam. » Nam quod ibi ait : « Flumina de ventre ejus fluent aquæ vivæ : » (*Joan.*, VII, 38) hoc isto loco : « Fiet in eo, inquit, fons aquæ salientis in vitam æternam. » (*Joan.*, IV, 14.)

34. Paulus quoque Apostolus : « Unicuique, inquit, nostrum datur gratia secundum mensuram donationis Christi. » (*Ephes.*, IV, 7.) Atque ut donationem Christi Spiritum sanctum ostenderet, secutus adjunxit : « Propter quod dicit : Ascendit in altum, captivavit captivitatem, dedit dona hominibus. » (*Ibid.*, 8.) Notissimum est autem : Dominum Jesum, cum post resurrectionem a mortuis ascendisset in cœlum, dedisse Spiritum sanctum, quo impleti qui crediderant, linguis omnium gentium loquebantur. Nec moveat quod ait, « dona, » non donum : id enim testimonium de Psalmo posuit. Hoc autem in Psalmo ita legitur : « Ascendisti in altum, captivasti captivitatem, accepisti dona in hominibus. » (*Psal.* LXVII, 19.) Sic enim plures codices habent, et maxime Græci, et ex Hebræo sic interpretatum habemus. « Dona » itaque dixit Apostolus, quemadmodum Propheta, non donum. Sed cum Propheta dixerit, « accepisti dona in hominibus : » Apostolus maluit dicere, « dedit dona hominibus: » ut ex

d'un prophète et l'autre d'un apôtre, et qui ont l'une et l'autre l'autorité de la parole de Dieu, il ressortit un sens complet. En effet, l'une et l'autre expression sont également vraies, il a donné aux hommes et il a reçu parmi les hommes. Il a donné aux hommes, comme la tête donne à ses membres, et il a reçu parmi les hommes ; parce qu'il est lui-même dans ses membres ; ses membres ce sont ceux pour qui il s'écriait du haut du ciel : « Saul, Saul, pourquoi me persécutez-vous? » (*Act.*, IX, 4) ce sont ceux dont il disait : « Quand vous l'avez fait à un des moindres des miens, c'est à moi que vous l'avez fait. » (*Matth.*, XXV, 40.) Le Christ même a donc donné du haut du ciel, et reçu sur la terre. Or, le prophète et l'apôtre se sont servis l'un et l'autre également du mot dons au pluriel, parce que par le don qui est le Saint-Esprit, sont donnés en commun, à tous les membres du Christ, beaucoup de dons qui sont propres à chacun de ces membres ; car tous n'ont point tous les dons, mais ceux-ci ont certains dons, et ceux-là en ont d'autres, bien que tous aient le don même, le Saint-Esprit, de qui dérivent en chacun les dons qui lui sont propres. En effet, après avoir, dans un autre endroit, cité beaucoup de dons, l'Apôtre continue en disant : « Or, c'est un seul et même Esprit qui opère toutes ces choses et qui distribue à chacun ses dons selon qu'il lui plaît, » (I *Cor.*, XII, 11) parole qui se retrouve également dans l'épître aux Hébreux, où il est dit : « Dieu attestant par des miracles, des prodiges et par différents effets de sa puissance, et par les distributions des dons du Saint-Esprit. » (*Hébr.*, II, 4.) Après avoir dit ailleurs : « Il est monté en haut, il a emmené une grande multitude de captifs et il a donné ses dons aux hommes, » il poursuit en ces termes : « Mais qu'est-ce à dire : il est monté, sinon parce qu'il était descendu auparavant dans les parties les plus basses de la terre ? Or, celui qui est descendu est le même qui est monté au-dessus de tous les cieux, afin de remplir toutes choses. C'est donc lui qui a donné à son Eglise quelques-uns pour être apôtres, d'autres pour être prophètes, d'autres pour être prédicateurs de l'Evangile et d'autres enfin pour être pasteurs et docteurs. » (*Ephés.*, IV, 8 à 11.) Voilà pourquoi il se sert du mot dons, au pluriel, c'est parce que, comme il le dit ailleurs : « Est-ce que tous sont apôtres ? est-ce que tous sont prophètes ? » (I *Cor.*, XII, 29) et le reste. Mais ici il ajoute : « Afin que les uns et les autres travaillent à la perfection des saints, aux fonctions de leur ministère, à l'édification du corps du Christ. » (*Ephés.*, IV, 12.) C'est là la maison qui, selon ce que chantait le Psalmiste, est édifiée après la captivité (*Ps.* CXXVI, 1), attendu que ceux qui ont été ravis au diable qui les retenait captifs, sont les matériaux dont est édifiée la maison du Christ qui a nom l'Eglise.

---

utroque scilicet verbo, uno Prophetico : Apostolico altero, quia in utroque est divini sermonis auctoritas, sensus plenissimus redderetur. Utrumque enim verum est, et quia dedit hominibus, et quia accepit in hominibus. Dedit hominibus, tanquam caput membris suis : accepit in hominibus idem ipse utique in membris suis, propter quæ membra sua clamavit de cœlo : « Saule, Saule, quid me persequeris? » (*Act.*, IX, 4) et de quibus membris suis ait : « Quando uni ex minimis meis fecistis, mihi fecistis. » (*Matth.*, XXV, 40.) Ipse ergo Christus, et dedit de cœlo, et accepit in terra. Porro autem dona ob hoc ambo dixerunt, et Propheta et Apostolus, quia per donum, quod est Spiritus sanctus, in commune omnibus membris Christi multa dona, quæ sunt quibusque propria, dividuntur. Non enim singuli quique habent omnia, sed hi illa, alii alia : quamvis ipsum donum a quo cuique propria dividuntur omnes habeant, id est, Spiritum sanctum. Nam et alibi cum multa dona commemorasset : « Omnia, inquit, hæc operatur unus atque idem Spiritus, dividens propria unicuique prout vult. » (I *Cor.*, XII, 11.) Quod verbum et in Epistola quæ ad Hebræos est invenitur, ubi scriptum est : « Attestante Deo signis et ostentis et variis virtutibus, et Spiritus sancti distributionibus. » (*Hebr.*, II, 4.) Et hic cum dixisset : « Ascendit in altum, captivavit captivitatem, dedit dona hominibus. Quod autem ascendit, ait, quid est, nisi quia et descendit in inferiores partes terræ ? Qui descendit, ipse est et qui ascendit super omnes cœlos, ut adimpleret omnia. Et ipse dedit quosdam quidem Apostolos, quosdam autem Prophetas, quosdam vero Evangelistas, quosdam autem pastores et doctores. » (*Ephes.*, IV, 2.) Ecce quare dicta sunt dona : quia, sicut alibi dicit : « Numquid omnes Apostoli? numquid omnes Prophetæ, » (I *Cor.*, XII, 29) et cætera. Hic autem adjunxit : « Ad consummationem sanctorum in opus ministerii, in ædificationem corporis Christi. » (*Ephes.*, IV, 2.) Hæc est domus, quæ, sicut Psalmus canit, ædificatur post captivitatem (*Psal.* CXXVI, 1) : quoniam qui sunt a diabolo eruti, a quo captivi te-

C'est là la multitude de captifs qu'a faite celui qui a vaincu le diable, et, de peur que ce dernier n'entraînât, avec lui, dans les supplices éternels, ceux qui devraient être les membres d'un chef saint, il l'a chargé d'abord des liens de sa justice, et ensuite de ceux de sa puissance. C'est donc le diable lui-même qui est appelé la captivité qu'a faite esclave celui qui est monté en haut, et qui a donné aux hommes ou reçu parmi eux des dons.

35. L'apôtre Pierre, comme nous le voyons dans le livre canonique où sont retracés les Actes des Apôtres, en parlant du Christ, aux Juifs dont le cœur était touché et qui disaient : « Frères, montrez-nous ce que nous devons faire, » s'exprime ainsi : « Faites pénitence et que chacun de vous soit baptisé au nom du Seigneur Jésus-Christ pour la rémission des péchés, et vous recevrez le don du Saint-Esprit. » (*Act.*, II, 37.) On lit encore, dans le même livre, que Simon le Magicien voulut donner de l'argent aux apôtres, pour obtenir d'eux le pouvoir qu'ils avaient de donner le Saint-Esprit par l'imposition des mains. Pierre lui répondit : « Que votre argent périsse avec vous, pour avoir cru que le don de Dieu puisse s'acquérir à prix d'argent. » (*Act.*, VIII, 20.) Dans un autre endroit du même livre, Pierre s'adressant à Corneille et à ceux qui étaient avec lui, pour lui annoncer et lui prêcher le Christ, l'Ecriture dit : « Pierre parlait encore, lorsque le Saint-Esprit descendit sur tous ceux qui écoutaient la parole, et tous les fidèles circoncis qui étaient venus avec lui furent frappés d'étonnement en voyant que le don du Saint-Esprit se répandait aussi sur les Gentils; car ils les entendaient parler diverses langues et glorifier Dieu. » (*Act.*, X, 44 à 46.) Plus tard, Pierre qui avait baptisé des incirconcis, parce que avant même qu'ils fussent baptisés, le Saint-Esprit était descendu en eux pour dénouer ainsi le nœud de cette question, dit, après d'autres choses, en rendant compte de ce qu'il avait fait aux frères de Jérusalem que cette nouvelle avait émus : « Quand j'eus commencé à leur parler, le Saint-Esprit descendit sur eux, comme il était descendu sur nous au commencement. Je me souviens alors de cette parole du Seigneur : Jean a baptisé dans l'eau, mais vous serez baptisés dans le Saint-Esprit. Puis donc que Dieu leur a donné le même don qu'à nous qui avons cru au Seigneur Jésus-Christ, qui étais-je, moi, pour empêcher Dieu de leur donner le Saint-Esprit ? » (*Act.*, XI, 15 à 17.) Il y a ainsi beaucoup d'autres textes des Ecritures qui s'accordent à nous présenter le Saint-Esprit comme un Don de Dieu, en tant qu'il est donné à ceux qui par lui aiment

nebantur, de his ædificatur (*a*) domus Christi, quæ domus appellatur Ecclesia. Hanc autem captivitatem ipse captivavit, qui diabolum vicit. Et ne illa quæ futura erant sancti capitis membra in æternum supplicium secum traheret, eum justitiæ prius, deinde potentiæ vinculis alligavit. Ipse itaque diabolus est appellata captivitas, quam captivavit qui ascendit in altum, et dedit dona hominibus, vel accepit in hominibus.

35. Petrus autem apostolus, sicut in eo libro Canonico legitur, ubi scripti sunt Actus Apostolorum, loquens de Christo, commotis corde Judæis, et dicentibus : « Quid ergo faciemus, fratres, monstrate nobis : » dixit ad eos : « Agite pœnitentiam, et baptizetur unusquisque vestrum in nomine Domini Jesu Christi, in remissionem peccatorum, et accipietis donum Spiritus sancti. » (*Act.*, II, 37.) Itemque in eodem libro legitur : Simonem magum Apostolis dare voluisse pecuniam, ut ab eis acciperet potestatem, qua per impositionem manus ejus daretur Spiritus sanctus. Cui Petrus idem : « Pecunia, inquit, tua tecum sit in perditionem, quia donum Dei æstimasti te per pecunias possidere. » (*Act.*, VIII, 20.) Et alio ejusdem libri loco, cum Petrus Cornelio et eis qui cum eo fuerant loqueretur, annuntians et prædicans Christum, ait Scriptura : « Adhuc loquente Petro verba hæc, cecidit Spiritus sanctus super omnes qui audiebant verbum, et obstupuerunt qui ex circumcisione fideles simul cum Petro venerant, quia et in nationes donum Spiritus sancti effusum est. Audiebant enim illos loquentes linguis, et magnificantes Deum. » (*Act.*, X, 44.) De quo facto suo quod incircumcisos baptizaverat, quia prius quam baptizarentur, ut nodum quæstionis hujus auferret, in eos venerat Spiritus sanctus, cum Petrus postea redderet rationem fratribus qui erant Jerosolymis, et hac re audita movebantur, ait post cætera : « Cum cœpissem autem loqui ad illos, cecidit Spiritus sanctus in illos, sicut et in nos in initio. Memoratusque sum verbi Domini, sicut dicebat, quia Joannes quidem baptizavit aqua, vos autem baptizabimini Spiritu sancto. Si igitur æquale donum dedit illis, sicut et nobis qui credidimus in Dominum Jesum Christum : ego quis eram qui possem prohibere Deum non dare illis Spiritum sanctum ? » (*Act.*, XI, 15.) Et multa alia sunt testimonia Scriptu-

(*a*) Mss. *ædificatur corpus Christi.*

Dieu ; mais il serait trop long de les réunir tous. D'ailleurs quand y en aurait-il assez pour ceux à qui les textes que je viens de rapporter ne suffisent point ?

36. Mais il faut faire remarquer à ceux qui voient le Saint-Esprit appelé Don de Dieu, que lorsqu'ils entendent ces mots, « le Don du Saint-Esprit, » ils doivent reconnaître la même tournure de phrase que dans ces mots : « Dans la dépouille du corps de la chair ; » (*Coloss.*, II, 11) car de même que le corps de la chair n'est pas autre chose que la chair, ainsi le Don du Saint-Esprit n'est pas autre chose que le Saint-Esprit. Il n'est donc le Don de Dieu qu'en tant qu'il est donné à ceux à qui il est donné. En soi-même, il est Dieu, bien qu'il ne soit donné à personne, attendu qu'il était Dieu coéternel au Père et au Fils avant même d'être donné à qui que ce fût. Mais de ce que les deux autres personnes le donnent et que lui soit donné, il ne s'ensuit pas qu'il soit moindre qu'elles, car il est donné comme don de Dieu de telle façon qu'il se donne aussi lui-même comme Dieu. On ne peut pas dire, en effet, qu'il n'est pas maître de lui-même, quand il est dit de lui : « L'Esprit souffle où il veut, » (*Jean*, III, 8) et, dans l'Apôtre, au passage que j'ai rapporté plus haut : « C'est un seul et même Esprit qui opère toutes ces choses, distribuant à chacun ses dons, comme il lui plaît. »
(I *Cor.*, XII, 11.) Dans ce cas le donné n'est point de condition inférieure, tandis que les donnant seraient d'une condition supérieure, mais il y a concorde entière entre le donné et les donnant.

37. C'est pourquoi si la sainte Ecriture proclame que « Dieu est charité, » (I *Jean*, IV, 16) et que cette charité soit de Dieu et produit en nous pour effet que nous demeurions en Dieu et que lui-même demeure en nous, et que nous reconnaissions par là qu'il nous a fait participants de son esprit, c'est le Saint-Esprit qui est le Dieu charité. Après cela si, dans les dons de Dieu, il n'y en a point de plus grand que la charité, et si, en même temps, nul don de Dieu n'est plus grand que l'Esprit saint, qu'y a-t-il de plus conséquent que de dire qu'il est lui-même charité, lui dont il est dit qu'il est Dieu et de Dieu ? Et si la charité par laquelle le Père aime le Fils et le Fils aime le Père, montre d'une manière ineffable la communion de ces deux personnes, qu'y a-t-il de plus convenable que de dire que celui-là est proprement appelé charité qui est l'Esprit commun de l'une et l'autre personne ? Ce qu'il y a en effet de plus sensé à croire et à comprendre, c'est qu'il n'y a point que le Saint-Esprit qui est charité dans la Trinité, mais pourtant que ce n'est point sans raison qu'il est appelé proprement charité, à cause de ce qui a été dit. De même que, dans la Tri-

---

rarum, quæ concorditer attestantur Donum Dei esse Spiritum sanctum, in quantum datur eis, qui per eum diligunt Deum. Sed nimis longum est cuncta colligere. Et quid eis satis est, quibus hæc quæ diximus satis non sunt ?

36. Sane admonendi sunt, quando quidem Donum Dei jam vident dictum Spiritum sanctum, ut cum audiunt « Donum Spiritus sancti, » illud genus locutionis agnoscant, quod dictum est, « in expoliatione corporis carnis. » (*Col.*, II, 11.) Sicut enim corpus carnis nihil est aliud quam caro : sic Donum Spiritus sancti nihil est aliud quam Spiritus sanctus. In tantum ergo Donum Dei est, in quantum datur eis quibus datur. Apud se autem Deus est, etsi nemini detur, quia Deus erat Patri et Filio coæternus ante quam cuiquam daretur. Nec quia illi dant, ipse datur, ideo minor est illis. Ita enim datur sicut Donum Dei, ut etiam se ipsum det sicut Deus. Non enim dici potest non esse suæ potestatis, de quo dictum est : « Spiritus ubi vult spirat. » (*Joan.*, III, 8.) Et apud Apostolum quod jam supra commemoravi :
« Omnia hæc operatur unus atque idem Spiritus, dividens propria unicuique prout vult. » (I *Cor.*, XII, 11.) Non est illic conditio dati et dominatio dantium, sed concordia dati et dantium.

37. Quapropter (*a*) si sancta Scriptura proclamat : « Deus caritas est ; » illaque ex Deo est, et in nobis id agit ut in Deo maneamus, et ipse in nobis, et hoc inde cognoscimus, quia de Spiritu suo dedit nobis, ipse Spiritus est Deus caritas. (I *Joan.*, IV, 16.) Deinde si in donis Dei nihil majus est caritate, et nullum est majus donum Dei quam Spiritus sanctus, quid consequentius quam ut ipse sit caritas, qui dicitur et Deus et ex Deo ? Et si caritas qua Pater diligit Filium et Patrem diligit Filius, ineffabiliter communionem demonstrat amborum, quid convenientius quam ut ille dicatur caritas proprie, qui Spiritus est communis ambobus ? Hoc enim sanius creditur vel intelligitur, ut non solus Spiritus sanctus caritas sit in illa Trinitate, sed non frustra proprie caritas nuncupetur, propter illa quæ dicta sunt. Sicut non solus est in illa Trinitate, vel spiritus vel

---

(*a*) In Mss. *sicut* forte pro *si ut*.

nité, il n'est point seul Esprit ou saint, puisque le Père et le Fils sont aussi esprits et que le Père et le Fils sont saint, comme cela ne fait aucun doute pour la piété, cependant ce n'est pas en vain qu'on lui donne proprement le nom d'Esprit saint; car par la même raison qu'il est commun aux deux autres personnes, il est appelé proprement ce qu'il est en commun pour les deux autres personnes. Autrement si, dans la Trinité, il n'y a que le Saint-Esprit qui soit charité, il se trouve que le Fils n'est pas le Fils du Père seulement, mais encore du Saint-Esprit. En effet, s'il est dit et si on lit dans une multitude innombrable d'endroits que le Fils est Fils unique de Dieu le Père, c'est de telle sorte, cependant, que ce que l'Apôtre dit de Dieu le Père : « Qu'il nous a arrachés à la puissance des ténèbres et nous a transférés dans le royaume du Fils de sa charité, » (*Col.*, 1, 13) ne laisse point d'être vrai. Il ne dit point de son Fils, bien que s'il l'eût dit, il l'eût fait avec infiniment de vérité, attendu qu'il l'a dit en effet fort souvent et avec beaucoup de vérité ; mais il dit : « Du Fils de sa charité. » Le Fils est donc aussi Fils du Saint-Esprit, si dans la Trinité il n'y a que le Saint-Esprit qui soit charité, si cela est par trop absurde, il ne reste plus à dire autre chose sinon que le Saint-Esprit n'est point seul charité, en ce sens que, pour des raisons que nous avons assez longuement exposées, ce soit lui qui, proprement, soit appelé de ce nom. Pour ce qui est de ces expressions, « du Fils de la charité, » on ne doit point les entendre autrement que comme s'il y avait de son Fils bien-aimé, ou enfin que le Fils de sa substance ; car la charité du Père, dans sa nature ineffablement simple, n'est pas autre chose que sa nature même et sa substance, comme nous l'avons dit déjà bien souvent, et n'avons point honte de le répéter. Il suit donc de là que le Fils de sa charité n'est pas autre que celui qui a été engendré de sa substance.

CHAPITRE XX.

Contre Eunomius qui prétend que le Fils de Dieu n'est point le fils de sa nature, mais de sa volonté.

38. On ne peut donc que rire de la dialectique d'Eunomius de qui sont venus tous les hérétiques appelés Eunomiens. N'ayant pu comprendre et n'ayant point voulu croire que le Verbe unique du Père par qui tout a été fait, est Fils de Dieu par nature, c'est-à-dire a été engendré de la substance même du Père, prétend qu'il n'est point le fils de la substance ou de l'essence, mais de la volonté de Dieu, voulant faire entendre par là qu'en Dieu, la volonté par laquelle il engendrait son Fils, était un accident, sans

sanctus, quia et Pater spiritus, et Filius spiritus, et Pater sanctus, et Filius sanctus, quod non ambigit pietas : et tamen iste non frustra proprie dicitur Spiritus sanctus. Quia enim est communis ambobus, id vocatur ipse proprie quod ambo communiter. Alioquin si in illa Trinitate solus Spiritus sanctus est caritas, profecto et Filius non solius Patris, verum etiam Spiritus sancti Filius invenitur. Ita enim locis innumerabilibus dicitur et legitur Filius unigenitus Dei Patris, ut tamen et illud verum sit quod Apostolus ait de Deo Patre : « Qui eruit nos de potestate tenebrarum, et transtulit in regnum Filii caritatis suæ. » (*Col.*, 1, 13.) Non dixit: Filii sui; quod si diceret, verissime diceret, quemadmodum quia sæpe dixit, verissime dixit : sed ait : « Filii caritatis suæ. » Filius ergo est etiam Spiritus sancti, si non est in illa Trinitate caritas Dei nisi Spiritus sanctus. Quod si absurdissimum est, restat ut non solus ibi sit caritas Spiritus sanctus, sed propter illa, de quibus satis disserui, proprie sic vocetur : quod autem dictum est : « Filii caritatis suæ, » nihil aliud intelligatur, quam Filii sui dilecti, quam Filii postremo substantiæ suæ. Caritas quippe Patris quæ in natura ejus est ineffabiliter simpli, nihil est aliud quam ejus ipsa natura atque substantia, ut sæpe jam diximus, et sæpe iterare non piget. Ac per hoc Filius (*a*) caritatis ejus nullus est alius, quam qui de substantia ejus est genitus.

CAPUT XX.

Contra Eunomium dicentem Filium Dei non naturæ, sed voluntatis esse Filium.

38. Quocirca ridenda est dialectica Eunomii, a quo Eunomiani hæretici exorti sunt : qui cum non potuisset intelligere, nec credere voluisset, unigenitum Dei Verbum, per quod facta sunt omnia (*Joan.*, 1, 3) : Filium Dei esse natura, hoc est, de substantia Patris genitum : non naturæ vel substantiæ suæ sive essentiæ dixit esse filium, sed filium voluntatis Dei, accidentem scilicet Deo volens asserere voluntatem qua gigneret Filium : videlicet ideo quia nos aliquid

(*a*) Apud Lov. *Filius caritate ejus.*

doute parce que quand nous voulons quelque chose, nous ne le voulions point auparavant, comme si ce n'était point à cause de cela que notre nature est tenue pour muable, ce que le ciel nous préserve de croire quand il s'agit de Dieu. Ce n'est point pour une autre raison, en effet, qu'il est écrit : « Les pensées du cœur de l'homme sont nombreuses, mais le dessein de Dieu demeure ferme; » (*Prov.*, XIX, 21) c'est pour que nous comprenions ou que nous croyions que de même que Dieu est éternel, ainsi son dessein est éternel et par conséquent immuable comme lui. Or, ce qui peut se dire avec une très-grande vérité des pensées, se peut également des volontés. Il y a beaucoup de volontés dans le cœur de l'homme, tandis que la volonté du Seigneur demeure éternellement. Quelques-uns, pour ne point dire le Verbe unique de Dieu Fils de son conseil ou de sa volonté, ont prétendu qu'il n'est autre que le conseil ou la volonté même du Père. Mais il est mieux de dire, je pense, qu'il est conseil de conseil et volonté de volonté, comme il est substance de substance, sagesse de sagesse, de peur de dire, avec l'absurdité que j'ai déjà réfutée, que c'est le Fils qui fait le Père sage ou voulant, si le Père n'a point le conseil et la volonté dans sa propre substance. C'est une réponse sans doute ingénieuse que celle qui fut faite à un hérétique demandant dans une question pleine d'embûches si Dieu a engendré son Fils le voulant ou sans le vouloir; car si on répondait : ce fut sans le vouloir, il s'ensuivait pour Dieu un état malheureux des plus absurdes; si au contraire on disait : ce fut le voulant, à l'instant même l'hérétique tirait de cet aveu, comme s'appuyant sur une raison invincible, la conséquence qu'il se proposait que le Fils n'est point Fils de la nature, mais de la volonté de Dieu. Mais celui à qui cette question était adressée répondit avec beaucoup de présence d'esprit en demandant à son tour à l'hérétique, si c'était le voulant ou sans le vouloir que Dieu le Père est Dieu; en sorte que si l'hérétique répondait que c'est sans le vouloir, il s'ensuivait pour Dieu un état malheureux qu'il est d'une folie extrême d'admettre; si au contraire il répondait que c'est le voulant, on lui répliquait, il est donc également Dieu par sa volonté non par sa nature. Que restait-il à faire à cet hérétique, sinon de garder le silence, et de se voir pris lui-même dans les liens insolubles de sa propre question. Mais s'il faut dire que la volonté de Dieu, dans la Trinité, est proprement une personne, ce nom convient plutôt au Saint-Esprit, comme celui de charité. Car qu'est-ce autre chose que la charité sinon la volonté ?

39. Je m'aperçois que, dans ce livre, j'ai établi, d'après les saintes Écritures, au sujet du Saint-Esprit, un point qui suffit pour quiconque sait déjà que le Saint-Esprit est Dieu, qu'il n'est

---

aliquando volumus, quod antea non volebamus; quasi non propter ista mutabilis intelligatur nostra natura, quod absit ut in Deo esse credamus. Neque enim ob aliud scriptum est : « Multæ cogitationes in corde viri, consilium autem Domini manet in æternum : » (*Prov.*, XIX, 21) nisi ut intelligamus sive credamus, sicut æternum Deum, ita æternum ejus esse consilium, ac per hoc immutabile, sicut ipse est. Quod autem de cogitationibus, hoc etiam de voluntatibus verissime dici potest : Multæ voluntates in corde viri, voluntas autem Domini manet in æternum. Quidam ne Filium consilii vel voluntatis Dei dicerent unigenitum Verbum, ipsum consilium seu voluntatem Patris idem Verbum esse dixerunt. Sed melius, quantum existimo, dicitur consilium de consilio, et voluntas de voluntate, sicut substantia de substantia, sapientia de sapientia : ne absurditate illa quam jam refellimus, Filius dicatur Patrem facere sapientem vel volentem, si non habet Pater in substantia sua consilium vel voluntatem. Acute sane quidam respondit hæretico versutissime interroganti, utrum Deus Filium volens an nolens genuerit : ut si diceret nolens, absurdissima Dei miseria sequeretur; si autem volens, continuo quod velut invicta ratione concluderet, non naturæ esse filium, sed voluntatis. At ille vigilantissime vicissim quæsivit ab eo, utrum Deus Pater volens an nolens sit Deus : ut si responderet, nolens, sequeretur illa miseria quam de Deo credere magna insania est; si autem diceret, volens, responderetur ei : Ergo et ipse Deus est sua voluntate, non natura. Quid ergo restabat, nisi ut obmutesceret, et sua interrogatione obligatum insolubili vinculo se videret. Sed voluntas Dei si et proprie dicenda est aliqua in Trinitate persona, magis hoc nomen Spiritui sancto competit, sicut caritas. Nam quid est aliud caritas, quam voluntas ?

39. Video me de Spiritu sancto in isto libro secundum Scripturas sanctas hoc disputasse, quod fidelibus sufficit scientibus jam Deum esse Spiritum sanctum, nec alterius substantiæ, nec minorem quam est Pater et Filius, quod in superioribus libris secun-

point d'une autre substance que les deux autres personnes, ni moindre que le Père et que le Fils, ainsi que nous l'avons enseigné comme une vérité, d'après les mêmes Ecritures, dans les livres précédents. Quant aux créatures que Dieu a faites, nous avons, autant que nous l'avons pu, engagé ceux qui demandent raison de telles choses à voir et à comprendre, du mieux qu'ils pourront, ce qu'il y a d'invisible en Dieu, par les choses qui ont été créées, et surtout par la nature raisonnable et intellectuelle faite à son image et, dans laquelle, comme dans un miroir, ils verraient, s'ils pouvaient, et autant qu'ils le pourraient, la Trinité qui est Dieu, dans notre mémoire, notre intelligence et notre volonté, trois choses que chacun peut constamment voir établies naturellement de Dieu dans son âme, dans laquelle il se rappelle par la mémoire, voit par l'intelligence, embrasse par la dilection combien grand est ce qui nous permet de nous rappeler, de voir et de désirer la nature même éternelle et immuable, et nous fait retrouver clairement l'image de la suprême Trinité. Pour se rappeler cette suprême Trinité, pour la voir et pour l'aimer, on doit consacrer toute sa vie à se la rappeler, à la contempler et à l'aimer. Toutefois on doit bien se garder de comparer cette image, œuvre de la Trinité, mais qui s'est elle-même défigurée par sa propre faute, à cette même Trinité et de la croire, en tout point, semblable à elle, mais plutôt quelque grande qu'il trouve cette ressemblance, il doit aussi voir dans cette image une grande différence, ainsi que je l'en ai averti autant qu'il m'a semblé devoir le faire.

CHAPITRE XXI.

De la ressemblance trouvée entre le Père et le Fils avec notre mémoire et notre intelligence.

40. Je me suis appliqué, du mieux que j'ai pu, à montrer, non de manière à le faire voir face à face (I *Cor.*, XIII, 12), mais par une sorte de conjecture, au moyen de l'image dont je viens de parler et en énigme, dans la mémoire et dans l'intelligence de notre âme, Dieu le Père et Dieu le Fils, c'est-à-dire Dieu le Père qui a dit, en quelque sorte, dans son Verbe éternel comme lui, tout ce qu'il a substantiellement, et Dieu le Verbe du Père, Dieu lui-même qui n'a substantiellement ni plus ni moins que ce qui se trouve dans celui qui l'a engendré non pas mensongèrement, mais véritablement; et j'ai attribué à la mémoire tout ce que nous savons, quand bien même nous n'en ferions point l'objet de notre pensée, et à l'intelligence, d'une manière qui lui est propre, l'information de la pensée. Car c'est surtout lorsque nous pensons le vrai que

dum easdem Scripturas verum esse docuimus. De creatura etiam quam fecit Deus, quantum valuimus, admonuimus eos qui rationem de rebus talibus poscunt, ut invisibilia ejus per ea quæ facta sunt (*Rom.*, I, 20), sicut possent, intellecta conspicerent, et maxime per rationalem vel intellectualem creaturam, quæ facta est ad imaginem Dei, per quod velut speculum, quantum possent, si possent, cernerent Trinitatem Deum, in nostra memoria, intelligentia, voluntate. Quæ tria in sua mente naturaliter divinitus instituta quisquis vivaciter perspicit, et quam magnum sit in ea, unde potest etiam sempiterna immutabilisque natura recoli, conspici, (*a*) concupisci, reminiscitur per memoriam, intuetur per intelligentiam, amplectitur per dilectionem, profecto reperit illius summæ Trinitatis imaginem. Ad quam summam Trinitatem reminiscendam, videndam, diligendam, ut eam recordetur, eam contempletur, ea delectetur, totum debet referre quod vivit. Verum ne hanc imaginem ab eadem Trinitate factam, et suo vitio in deterius commutatam, ita eidem comparet Trinitati, ut omni modo existimet similem; sed potius in qualicumque ista similitudine magnam quoque dissimilitudinem cernat, quantum esse satis videbatur admonui.

CAPUT XXI.

De proposita similitudine Patris et Filii in memoria et intelligentia nostra.

40. Sane Deum Patrem, et Deum Filium, id est, Deum genitorem qui omnia quæ substantialiter habet, in coæterno sibi Verbo suo dixit quodam modo, et ipsum Verbum ejus Deum, qui nec plus nec minus aliquid habet etiam ipse substantialiter, quam quod est in illo qui Verbum non mendaciter sed veraciter genuit, quemadmodum potui, non ut illud jam facie ad faciem, sed per hanc similitudinem in ænigmate quantulumcumque conjiciendo videretur in memoria et intelligentia mentis nostræ, significare curavi : memoriæ tribuens omne quod scimus, etiam si non inde cogitemus, intelligentiæ

(*a*) Editi addunt hic verbum *amplecti*.

tableau de même que cette peinture est désigné sous le nom d'image.

CHAPITRE XXIII.

Suite de la différence entre la trinité qui est dans l'homme et la Trinité qui est Dieu.

Mais la suprême Trinité qui l'emporte incomparablement sur toutes choses, est tellement indivisible que pendant que la trinité de l'homme ne saurait être appelée l'homme, l'autre est appelée et est en effet un seul Dieu, elle n'est point dans un seul Dieu, mais un seul Dieu. Et si l'image qui est l'homme avec ses trois facultés, ne fait qu'une seule personne, il n'en est pas ainsi de la Trinité suprême, mais elle fait trois personnes, le Père du Fils, le Fils du Père, et le Saint-Esprit du Père et du Fils. Car bien que la mémoire de l'homme, surtout celle que n'ont point les bêtes, c'est-à-dire, celle dans laquelle les choses intelligibles sont tellement contenues qu'elles n'y sont point venues par les sens du corps, ait à sa manière, dans cette image de la Trinité, une ressemblance certainement imparfaite, mais pourtant une ressemblance quelconque avec le Père; que, de même, l'intelligence de l'homme qui se forme de sa mémoire, par l'attention de sa pensée, quand il parle de ce qu'il sait, et qu'il articule, dans son cœur, un verbe qui n'appartient à aucune langue, ait, dans sa grande disparité, une certaine ressemblance avec le Fils; et que l'amour de l'homme qui procède de la science et qui unit ensemble la mémoire et l'intelligence comme étant commun lui-même au Père et au Fils, ce qui fait qu'il n'est pris ni pour le Père ni pour le Fils, ait, dans cette image, une ressemblance quelconque, certainement bien éloignée avec le Saint-Esprit, cependant, si dans l'image de la Trinité dont nous parlons, ces trois facultés ne sont point un homme, mais à un homme, il n'en est pas de même dans la suprême Trinité dont elle est l'image, en qui ces trois choses ne sont pas à un seul Dieu, mais sont un seul Dieu et font non point une seule personne mais trois personnes. Mais ce qui est admirablement ineffable ou ineffablement admirable, c'est que tandis que l'image de la Trinité ne fait qu'une seule personne, et la Trinité même en fait trois, cependant cette Trinité de trois personnes est plus indivisible que la trinité qui ne fait qu'une seule personne. En effet, la nature de la divinité, ou pour mieux dire de la déité, est ce qu'elle est, et est immuablement et toujours égale en ses personnes; il n'a point été un temps où elle n'était point, ou bien où elle était autrement, et il n'y en aura point où elle ne sera plus, ou bien où elle sera différemment. Au contraire, les

---

est; sed propter picturam quæ in ea est, simul et tabula nomine imaginis appellatur.

CAPUT XXIII.

Prosequitur disparitatem trinitatis quæ in homine est a Trinitate quæ Deus est.

Verum in illa summa Trinitate, quæ incomparabiliter rebus omnibus antecellit, tanta est inseparabilitas, ut cum trinitas hominum non possit dici unus homo; in illa unus Deus et dicatur et sit, nec in uno Deo sit illa Trinitas, sed unus Deus. Nec rursus quemadmodum ista imago quod est homo habens illa tria una persona est, ita est illa Trinitas : sed tres personæ sunt, Pater Filii, et Filius Patris et Spiritus Patris et Filii. Quamvis enim memoria hominis, et maxime illa quam pecora non habent, id est, qua res intelligibiles ita continentur, ut non in eam per sensus corporis venerint, habeat pro modulo suo in hac imagine Trinitatis incomparabiliter quidem imparem, sed tamen qualemcumque similitudinem Patris; itemque intelligentia hominis, quæ per intentionem cogitationis inde formatur, quando quod scitur dicitur, et nullius linguæ cordis verbum est, habeat in sua magna disparilitate nonnullam similitudinem Filii; et amor hominis de scientia procedens, et memoriam intelligentiamque conjungens, tanquam parenti prolique communis, unde nec parens intelligitur esse, nec proles, habeat in hac imagine aliquam, licet valde imparem, similitudinem Spiritus sancti : non tamen, sicut in ista imagine Trinitatis non hæc tria unus homo, sed unius hominis sunt, ita in ipsa summa Trinitate cujus hæc imago est, (a) unius Dei sunt illa tria, sed unus Deus est, et tres sunt illæ, non una persona. Quod sane mirabiliter ineffabile est, vel ineffabiliter mirabile, cum sit una persona hæc imago Trinitatis, ipsa vero summa Trinitas tres personæ sint, inseparabilior est illa Trinitas personarum trium, quam hæc unius. Illa quippe in natura divinitatis, sive id melius dicatur deitatis, quod est, hoc est, atque incommutabiliter inter se ac semper æqualis est :

(a) Mss. *non unius Dei* : cum negante particula, quæ merito omissa videtur in Mss.

trois facultés qui se rencontrent dans l'image imparfaite, se trouvent séparées maintenant entre elles, en cette vie, sinon par des espaces de lieux, parce qu'elles ne sont point corporelles, cependant par des grandeurs ; car comme il n'y a en elles aucune matière, nous ne voyons point que, dans tel homme, la mémoire est plus grande que l'intelligence, ou que, dans tel autre, c'est le contraire ; que, dans celui-ci, la mémoire et l'intelligence sont moindres que l'amour, qu'elles soient égales ou inégales entre elles. Aussi arrive-t-il que l'une quelconque de ces facultés l'emporte sur les deux autres, ou que deux quelconques d'entre elles l'emportent sur la troisième, ou que chacune d'elles l'emporte sur chacune des autres, ou que les plus grandes l'emportent sur les moindres. Et quand, égales entre elles, elles seront guéries de toute langueur, cela ne fera point que la chose qui, par un effet de la grâce, ne devra plus changer, devienne égale à celle qui est immuable par sa nature, attendu que la créature n'est point égale au créateur, et qu'elle changera quand elle se verra guérie de toutes ses langueurs.

44. Mais quand sera venue la vision face à face qui nous est promise, nous verrons cette Trinité non-seulement incorporelle, mais encore souverainement indivisible et véritablement immuable, beaucoup plus clairement et plus certainement que nous ne voyons maintenant son image qui est nous, et cependant ceux qui voient dans ce miroir et dans cette énigme, comme il nous est accordé de voir en cette vie, ce ne sont point ceux qui voient dans leur âme les choses que nous avons exposées et recommandées à l'attention, mais ceux qui voient cette sorte d'image de manière à pouvoir rapporter de quelque manière que ce soit ce qu'ils voient à celui dont c'est l'image, et, par l'image qu'ils aperçoivent en regardant attentivement, le voir au moins par conjecture puisqu'ils ne peuvent pas encore le voir face à face. Car l'Apôtre ne dit point : Nous voyons maintenant le miroir ; mais : « Nous voyons maintenant par le moyen d'un miroir. » (I *Cor.*, XIII, 12.)

CHAPITRE XXIV.

C'est avec le secours de la foi que maintenant nous voyons la Trinité par le moyen d'un miroir, pour arriver à la voir plus tard, d'une manière plus claire, dans la vision face à face qui nous est promise.

Ceux donc qui voient leur âme, comme on peut la voir, et, dans elle, la Trinité dont j'ai parlé du mieux que j'ai pu en de nombreuses manières, et toutefois ne croient ou ne comprennent point qu'elle soit l'image de Dieu, ne voient encore que le miroir ; mais ils sont si éloignés de voir dans ce miroir celui qu'on doit y voir, qu'ils ne savent même pas que le miroir

nec aliquando non fuit, aut aliter fuit; nec aliquando non erit, aut aliter erit. Ista vero tria quæ sunt in impari imagine, etsi non locis quoniam non sunt corpora, tamen inter se nunc in ista vita magnitudinibus separantur. Neque enim quia moles nullæ ibi sunt, ideo non videmus in alio majorem esse memoriam quam intelligentiam, in alio contra : in alio duo hæc amoris magnitudine superari, sive sint ipsa duo inter se æqualia, sive non sint. Atque ita a singulis bina, et a binis singula, et a singulis singula, a majoribus minora vincuntur. Et quando inter se æqualia fuerint ab omni languore sanata, nec tunc æquabitur rei natura immutabili ea res quæ per gratiam non mutabitur : quia non æquatur creatura Creatori, et quando ab omni languore sanabitur, (*a*) mutabitur.

44. Sed hanc non solum incorporalem, verum etiam summe inseparabilem vereque immutabilem Trinitatem, cum venerit visio quæ facie ad faciem repromittitur nobis, multo clarius certiusque videbimus, quam nunc ejus imaginem quod nos sumus: per quod tamen speculum et in quo ænigmate qui vident, sicut in hac vita videre concessum est, non illi sunt qui ea quæ digessimus et commendavimus in sua mente conspiciunt (I *Cor.*, XIII, 12); sed illi qui eam tanquam imaginem vident, ut possint ad eum cujus imago est, quomodocumque referre quod vident, et per imaginem quam conspiciendo vident, etiam illud videre conjiciendo, quoniam nondum possunt facie ad faciem. Non enim ait Apostolus : Videmus nunc speculum : sed : « Videmus nunc per speculum. » (*Ibid.*)

CAPUT XXIV.

Trinitas per speculum nunc videtur auxilio fidei, ut postea clarius videri possit in promissa visione facie ad faciem.

Qui ergo vident suam mentem, quomodo videri potest, et in ea trinitatem istam de qua multis modis ut potui disputavi, nec tamen eam credunt vel intelligunt esse imaginem Dei : speculum quidem vident, sed usque adeo non vident per speculum qui

---

(*a*) In excusis omissum fuerat, *mutabitur*.

qu'ils voient est un miroir, c'est-à-dire, une image. S'ils le savaient, peut-être sentiraient-ils qu'ils doivent chercher, et en attendant, voir d'une manière quelconque, par le moyen de ce miroir, celui de qui est ce miroir, avec un cœur purifié par une foi non feinte, afin de pouvoir considérer un jour face à face celui qu'on ne voit maintenant que dans un miroir. Après avoir méprisé la foi qui purifie les cœurs, que font-ils, en comprenant les disputes les plus subtiles concernant la nature de l'âme humaine, que de se faire condamner par le témoignage même de leur propre intelligence dont ils ne pourraient certes pas se servir pour arriver même à peine à quelque chose de certain, s'ils n'étaient enveloppés de ténèbres qui sont leur châtiment et chargés d'un corps sujet à la corruption, et qui appesantit leur âme. Pourquoi enfin sont-ils sous le coup de ce malheur, si ce n'est à cause du péché? Aussi avertis par la grandeur d'un tel mal, ils devraient suivre l'Agneau qui a ôté les péchés du monde.

CHAPITRE XXV.

Car lorsque des intelligences bien plus lourdes que celles-là et qui appartiennent à cet Agneau viennent, à la fin de cette vie, à être débarrassées des liens du corps, les puissances ennemies n'ont aucun droit sur elles pour les retenir, parce qu'elles ont été vaincues, ces puissances ennemies, par cet Agneau qu'elles ont mis à mort bien qu'il fût exempt de la dette du péché, et qui a remporté sur elles la victoire d'abord par la justice de son sang, avant de la remporter par la force de sa puissance. Aussi délivrés de la puissance du diable, ces intelligences sont reçues par les saints anges, et délivrées de tous maux, par le médiateur entre les hommes et Dieu, l'Homme Jésus-Christ (I *Tim.*, II, 5), car au témoignage unanime des divines Ecritures, tant de l'Ancien que du Nouveau Testament, tant de celles qui ont prédit que de celles qui ont prêché le Christ, il n'est point d'autre nom sous le ciel par lequel il faille que les hommes soient sauvés. (*Act.*, IV, 12.) Une fois purifiées, ces intelligences sont placées dans un lieu de bonheur, en attendant qu'elles recouvrent leurs corps qui alors seront incorruptibles, et deviendront un ornement non plus un fardeau; car la volonté du Créateur très-bon et très-sage est que l'esprit de l'homme pieusement soumis à Dieu, possède dans la félicité son corps soumis aussi, et que cette félicité demeure sans fin.

45. Là nous verrons la vérité sans aucune difficulté, et nous en jouirons dans la plus grande clarté et la plus grande certitude. Nous ne chercherons plus rien, en mettant en œuvre les ressources du raisonnement, mais nous

---

est per speculum nunc videndus, ut nec ipsum speculum quod vident sciant esse speculum, id est, imaginem. Quod si scirent, fortassis et eum cujus est hoc speculum, per hoc quærendum et per hoc utcumque interim videndum esse sentirent, fide non ficta corda mundante, ut facie ad faciem possit videri (1 *Tim.*, I, 5), qui per speculum nunc videtur. Qua fide cordium mundatrice contempta, quid agunt intelligendo quæ de natura mentis humanæ subtilissime disputantur, nisi ut ipsa quoque intelligentia sua teste damnentur? In qua utique non laborarent, et vix ad certum aliquid pervenirent, nisi pœnalibus tenebris involuti et onerati corpore corruptibili quod aggravat animam. (*Sap.*, IX, 15.) Quo tandem merito inflicto malo isto nisi peccati? Unde tanti mali magnitudine admoniti, sequi deberent Agnum qui tollit peccatum mundi. (*Joan.*, I, 29.)

CAPUT XXV.

Ad eum namque pertinentes etiam longe istis in-

(a) Sic Am. et Mss. At Er. et Lov. *cogitatione corruptionis.*

genio tardiores, quando fine hujus vitæ resolvuntur a corpore, jus in eis retinendis non habent invidæ potestates. Quas ille Agnus sine ullo ab eis peccati debito occisus, non potentia potestatis prius quam justitia sanguinis vicit. Proinde liberi a diaboli potestate, suscipiuntur ab Angelis sanctis, a malis omnibus liberati per Mediatorem Dei et hominum hominem Jesum Christum (I *Tim.*, II, 5) : quoniam consonantibus divinis Scripturis, et veteribus et novis, et per quas prænuntiatus et per quas annuntiatus est Christus, non est aliud nomen sub cœlo, in quo oportet homines salvos fieri. (*Act.*, IV, 12.) Constituuntur antem purgati ab omni (a) contagione corruptionis in placidis sedibus, donec recipiant corpora sua, sed jam incorruptibilia, quæ ornent, non onerent. Hoc enim placuit optimo et sapientissimo Creatori, ut spiritus hominis Deo pie subditus, habeat feliciter subditum corpus, et sine fine permaneat ista felicitas.

45. Ibi veritatem sine ulla difficultate videbimus, eaque clarissima et certissima perfruemur. Nec ali-

verrons, de l'œil de l'âme en contemplation, pourquoi le Saint-Esprit n'est point le Fils, puisqu'il procède du Père. Dans cette lumière, ce ne sera plus une question. Il est vrai qu'ici-bas, elle m'a paru, pour mes propres ressources, et semblera, en effet, si difficile, je n'en doute point, à quiconque lira ces pages avec autant de soin que d'intelligence, que, lorsque dans le second livre de cet ouvrage, je promettais de traiter ce sujet dans un autre endroit, toutes les fois que j'ai voulu trouver dans la créature humaine quelque chose qui ressemblât à cela, la parole n'a point suivi, d'une manière suffisante, ma pensée quelle qu'elle fût; et pourtant je sentais que cette pensée faisait plus d'efforts qu'elle n'avait de succès. J'ai trouvé, dans la personne humaine, une image de la souveraine Trinité, et, dans cet être changeant, j'ai tenté de montrer, surtout dans mon livre neuvième, même par des intervalles temporels, les trois choses dont j'ai parlé, afin qu'il fût plus facile de les comprendre; mais ces trois choses dans une seule personne n'ont pu convenir, comme le demandait la raison de l'homme attentif, aux trois personnes de la Trinité, ainsi que je l'ai montré dans le livre quinzième.

CHAPITRE XXVI.

Après cela, dans cette suprême Trinité qui est Dieu, il n'y a aucun intervalle de temps qui puisse permettre de montrer ou de rechercher si le Fils a commencé par naître du Père, et si ce n'est que plus tard que le Saint-Esprit a procédé de l'un et de l'autre, car la sainte Ecriture l'appelle l'Esprit de l'un et de l'autre. En effet, c'est de lui que l'Apôtre dit : « Mais parce que vous êtes enfants de Dieu, il a envoyé dans vos cœurs l'Esprit de son Fils, » (*Gal.*, IV, 6) et c'est également de lui que parle le Fils quand il dit : « Car ce n'est point vous qui parlez, c'est l'Esprit de votre Père qui parle en vous. » (*Matth.*, X, 20.) Il y a une multitude d'autres textes des divins oracles qui prouvent que l'Esprit du Père et du Fils est proprement celui qui, dans la Trinité, est appelé le Saint-Esprit, et dont le Fils même a dit : « Je vous l'enverrai de mon Père, » (*Jean*, XV, 26) et ailleurs : « Mon Père vous l'enverra en mon nom. » (*Jean*, XIV, 26.) Quant à la procession de l'une et l'autre personne de la Trinité, voici comment elle se trouve enseignée : le Fils dit : « Il procède du Père. » Et, après sa résurrection d'entre les morts, quand il apparut à ses disciples, il souffla sur eux en disant : « Recevez le Saint-Esprit, » (*Jean*, XX, 22) pour montrer qu'il procède aussi de lui. Il était d'ailleurs « la vertu qui sortait de lui, » comme on lit dans l'Evangile, et qui « guérissait tous les malades. » (*Luc*, VI, 19.)

quid quæremus mente ratiocinante, sed contemplante cernemus, quare non sit Filius Spiritus sanctus, cum de Patre procedat. In illa luce nulla erit quæstio : hic vero ipsa experientia tam mihi apparuit esse difficilis, quod et illis qui hæc diligenter atque intelligenter legent procul dubio similiter apparebit, ut cum me in secundo hujus Operis libro alio loco inde dicturum esse promiserim, quotienscumque in ea creatura quæ nos sumus, aliquid illi rei simile ostendere volui, qualemcumque intellectum meum sufficiens elocutio mea secuta non fuerit : quamvis et in ipso intellectu conatum me senserim magis habuisse quam effectum. Et in una quidem persona quod est homo invenisse imaginem summæ illius Trinitatis, et in re mutabili tria ut facilius intelligi possint, etiam per temporalia intervalla maxime in libro nono monstrare voluisse. Sed tria unius personæ, non sicut humana poscit intentio, tribus illis personis convenire potuerunt, sicut in hoc libro quinto decimo demonstravimus.

CAPUT XXVI.

Deinde in illa summa Trinitate quæ Deus est, intervalla temporum nulla sunt, per quæ possit ostendi aut saltem requiri, utrum prius de Patre natus sit Filius, et postea de ambobus processerit Spiritus sanctus. Quoniam Scriptura sancta Spiritum eum dicit amborum. Ipse est enim de quo dicit Apostolus : « Quoniam autem estis filii, misit Deus Spiritum Filii sui in corda vestra. » (*Gal.*, IV, 6.) Et ipse est de quo dicit idem Filius : « Non enim vos estis qui loquimini, sed Spiritus Patris vestri qui loquitur in vobis. » (*Matth.*, X, 20.) Et multis aliis divinorum eloquiorum testimoniis comprobatur Patris et Filii esse Spiritum, qui proprie dicitur in Trinitate Spiritus sanctus : de quo item dicit ipse Filius : « Quem ego mittam vobis a Patre : » (*Joan.*, XV, 26) et alio loco : « Quem mittet Pater in nomine meo. » (*Joan.*, XIV, 26.) De utroque autem procedere sic docetur, quia ipse Filius ait : « De Patre procedit. » Et cum resurrexisset a mortuis et apparuisset discipulis suis, insufflavit et ait : « Accipite Spiritum sanctum, » (*Joan.*, XX, 22) ut eum etiam de se procedere ostenderet. Et ipsa est « virtus » quæ « de illo exibat, » sicut legitur in Evangelio, « et sanabat omnes. » (*Luc.*, VI, 19.)

46. Mais d'où vient que Jésus-Christ a donné d'abord le Saint-Esprit sur la terre après sa résurrection, et l'a envoyé ensuite du haut du ciel? c'est, je pense, parce que c'est par le don même du Saint-Esprit qu'est répandue dans nos cœurs la charité qui nous fait aimer Dieu et le prochain (*Jean*, xx, 22), selon les deux préceptes qui embrassent la loi tout entière et les prophètes. (*Matth.*, xxii, 40.) C'est pour nous marquer cela, que le Seigneur Jésus nous a donné deux fois le Saint-Esprit, une fois sur la terre, à cause de l'amour du prochain, et une seconde fois du haut du ciel, à cause de l'amour de Dieu. Si, par hasard, il est donné une autre raison, pour expliquer pourquoi le Saint-Esprit a été donné deux fois, nous ne devons pourtant point hésiter à croire que l'Esprit saint qui a été donné quand Jésus souffla sur ses apôtres, est le même que celui dont il dit bientôt après : « Allez, baptisez toutes les nations, au nom du Père, du Fils et du Saint-Esprit, » (*Matth.*, xxviii, 19) paroles où il nous recommande surtout la Trinité. C'est donc lui qui a été donné aussi du haut du ciel le jour de la Pentecôte, c'est-à-dire, dix jours après que le Seigneur fut remonté au ciel. Comment donc celui qui donne le Saint-Esprit ne serait-il point Dieu? Mais que dis-je? quel Dieu n'est pas celui qui donne un Dieu? car ce n'est point un de ses disciples qui a donné le Saint-Esprit; ces derniers se contentaient de prier le Saint-Esprit de descendre sur ceux à qui ils imposaient les mains; mais ils ne le donnaient point eux-mêmes. L'Eglise conserve encore la même manière de faire dans ses évêques. D'ailleurs, Simon le Magicien, qui offrit de l'argent aux apôtres ne leur dit pas : Donnez-moi le pouvoir de donner le Saint-Esprit, mais : Donnez-moi le pouvoir que « ceux à qui j'imposerai les mains, reçoivent le Saint-Esprit, » (*Act.*, viii, 19) car l'Ecriture ne dit point: Simon voyant que les apôtres donnaient le Saint-Esprit, mais : « Simon voyant que le Saint-Esprit était donné par l'imposition des mains. » (*Ibid.*, 18.) Voilà pourquoi le Seigneur Jésus lui-même, non content de donner le Saint-Esprit en tant que Dieu, le reçut aussi en tant qu'homme, et c'est pour cela qu'il est dit de lui qu'il est rempli de grâce et plein du Saint-Esprit. (*Jean*, i, 14.) C'est de lui que l'Ecriture dit encore d'une manière plus claire dans les Actes des Apôtres : « Attendu que Dieu l'a oint du Saint-Esprit, » (*Act.*, x, 38) non pas avec une huile visible, mais par le don de la grâce qui est signifié par l'huile visible et dont l'Eglise oint ceux qu'elle baptise. Le Christ ne fut pas oint du Saint-Esprit au moment où cet Esprit descendit sur lui sous la forme d'une colombe, après son baptême (*Matth.*, iii, 16), car, c'est de son corps, je veux dire, de

---

46. Quid vero fuerit causæ, ut post resurrectionem suam, et in terra prius daret, et de cœlo postea mitteret Spiritum sanctum (*Joan.*, xx, 22), hoc ego existimo, quia per ipsum donum diffunditur caritas in cordibus nostris (*Act.*, ii, 4; *Rom.*, v, 5), qua diligimus Deum et proximum, secundum duo illa præcepta in quibus tota Lex pendet et Prophetæ. (*Matth.*, xxii, 40.) Hoc significans Dominus Jesus, bis dedit Spiritum sanctum, semel in terra propter dilectionem proximi, et iterum de cœlo propter dilectionem Dei. Et si forte alia ratio reddatur de Spiritu sancto his dato, eumdem tamen Spiritum sanctum datum, cum insufflasset Jesus, de quo mox ait : « Ite baptizate omnes gentes in nomine Patris et Filii et Spiritus sancti, » (*Matth.*, xxviii, 19) ubi maxime commendatur hæc Trinitas, ambigere non debemus. Ipse est igitur qui de cœlo etiam datus est die Pentecostes (*Act.*, ii, 4), id est, post dies decem quam Dominus ascendit in cœlum. Quomodo ergo Deus non est qui dat Spiritum sanctum? Imo quantus Deus est qui dat Deum? Neque enim aliquis discipulorum ejus dedit Spiritum sanctum. Orabant quippe ut veniret in eos quibus manum imponebant, non ipsi eum dabant. Quem morem in suis præpositis etiam nunc servat Ecclesia. Denique et Simon magus offerens Apostolis pecuniam (*Act.*, viii, 19), non ait : Date et mihi hanc potestatem, ut dem Spiritum sanctum : « Sed quicumque, inquit, imposuero manus, accipiat Spiritum sanctum. » Quia neque Scriptura superius dixerat : Videns autem Simon quod Apostoli darent Spiritum sanctum : sed dixerat : « Videns autem Simon quod per impositionem manuum Apostolorum daretur Spiritus sanctus. » (*Ibid.*, 18.) Propter hoc et Dominus ipse Jesus Spiritum sanctum non solum dedit ut Deus, sed etiam accepit ut homo; propterea dictus est plenus gratia et Spiritu sancto. (*Joan.*, i, 14.) Et manifestius de illo scriptum est in Actibus Apostolorum : « Quoniam unxit eum Deus Spiritu sancto. » (*Act.*, x, 38.) Non utique oleo visibili, sed dono gratiæ, quod visibili significatur unguento, quo baptizatos unguit Ecclesia. Nec sane tunc unctus est Christus Spiritu sancto, quando super eum baptizatum velut columba descendit (*Matth.*, iii, 16) : tunc enim corpus suum, id est, Ecclesiam suam præfigurare dignatus est, in qua præcipue baptizati accipiunt Spiritum sanctum : sed ista mys-

son Eglise, qu'il daigna être la figure, en ce moment, de l'Eglise, dis-je, en qui ceux qui sont baptisés reçoivent le Saint-Esprit; mais on doit comprendre qu'il reçut cette onction mystique et invisible au moment où le Verbe s'est fait chair (*Jean*, I, 14), c'est-à-dire, au moment où la nature humaine, sans aucun mérite de bonnes œuvres précédent, fut unie par Dieu au Verbe dans le sein de la Vierge, de sorte qu'elle ne fit plus qu'une seule personne avec lui. Voilà pourquoi nous le proclamons né du Saint-Esprit et de la Vierge Marie; ce serait le comble de l'absurde de croire qu'il ne reçut le Saint-Esprit qu'à l'âge de trente ans, car il avait cet âge lorsque Jean le baptisa (*Luc*, III, 21) : s'il vint au baptême sans aucun péché, il n'y vint pas sans le Saint-Esprit. En effet, s'il est écrit de son précurseur et serviteur Jean : « Il sera rempli du Saint-Esprit dès le ventre de sa mère, » (*Luc*, I, 15) parce que tout en étant conçu par l'opération de son père, il ne laissa point cependant de recevoir le Saint-Esprit, une fois qu'il fut formé dans le sein de sa mère, que faut-il penser et croire de l'Homme-Christ, dont la chair n'a point été l'œuvre d'une conception charnelle, mais d'une conception spirituelle? S'il est écrit à son sujet qu'il reçut du Père la promesse du Saint-Esprit (*Act.*, II, 33), et qu'il l'a répandu, on voit là ses deux natures humaine et divine : il l'a reçu en tant qu'homme et il l'a répandu en tant que Dieu. Quant à nous, nous pouvons, dans une certaine mesure, recevoir ce don, mais nous ne pouvons le répandre sur les autres; pour que cette effusion se fasse, nous invoquons sur les hommes le Dieu par qui elle se fait.

47. Ne pourrions-nous pas chercher si déjà le Saint-Esprit procédait du Père quand naquit le Fils, ou s'il n'en procédait pas encore, et s'il ne procéda du Père et du Fils qu'après la naissance de celui-ci, là où il n'y a aucun temps, comme nous avons pu chercher, là où le temps se trouve, si la volonté procède d'abord de l'âme de l'homme, pour voir ensuite à quel objet on doit donner le nom de Fils, Fils dont l'engendrement et la naissance perfectionnent la volonté, laquelle en se reposant dans cette fin devient, après avoir été le désir qui cherche, l'amour qui jouit et qui procède de l'un et de l'autre, je veux dire de l'âme qui engendre et de la notion qui est engendrée, comme qui dirait du Père et du Fils? On ne peut point faire de semblables recherches, là où rien ne commence dans le temps, pour se perfectionner ensuite dans le temps. Que celui donc qui peut comprendre la génération du Fils engendré par le Père en dehors du temps, comprenne la procession du Saint-Esprit procédant de l'un et de l'autre également en dehors du temps. Et que celui qui

---

tica et invisibili unctione tunc intelligendus est unctus, quando Verbum Dei caro factum est (*Joan.*, I, 14), id est, quando humana natura sine ullis præcedentibus bonorum operum meritis (*a*) Deo Verbo est in utero virginis copulata, ita ut cum illo fieret una persona. Ob hoc eum confitemur natum de Spiritu sancto et virgine Maria. Absurdissimum est enim, ut credamus eum cum jam triginta esset annorum, (ejus enim ætatis a Joanne baptizatus est) accepisse Spiritum sanctum (*Luc*, III, 21) : sed venisse illum ad baptisma, sicut sine ullo omnino peccato, ita non sine Spiritu sancto. Si enim de famulo ejus et præcursore ipso Joanne scriptum est : « Spiritu sancto replebitur jam inde ab utero matris suæ, » (*Luc.*, I, 15) quoniam quamvis seminatus a patre, tamen Spiritum sanctum in utero formatus accepit : quid de homine Christo intelligendum est vel credendum, cujus carnis ipsa conceptio non carnalis, sed spiritalis fuit? In eo etiam quod de illo scriptum est, quod acceperit a Patre promissionem Spiritus sancti et effuderit (*Act.*, II, 33), utraque natura monstrata est, et humana scilicet et divina : accepit quippe ut homo, effudit ut Deus. Nos autem accipere quidem hoc donum possumus pro modulo nostro, effundere autem super alios non utique possumus; sed ut hoc fiat, Deum super eos a quo hoc efficitur invocamus.

47. Numquid ergo possumus quærere utrum jam processerat de Patre Spiritus sanctus quando natus est Filius, an nondum processerat, et illo nato de utroque processit, ubi nulla sunt tempora ; sicut potuimus quærere ubi invenimus tempora, voluntatem prius de humana mente procedere, ut quæratur quod inventum proles vocetur ; qua jam parta seu genita, voluntas illa perficitur, eo fine requiescens, ut qui fuerat appetitus quærentis, sit amor fruentis, qui jam de utroque, id est, de gignente mente et de genita notione tanquam de parente ac prole procedat? Non possunt prorsus ista ibi quæri, ubi nihil ex tempore inchoatur, ut consequenti perficiatur in tempore. Quapropter qui potest intelligere sine tempore generationem Filii de Patre, intelligat sine tempore processionem Spiritus sancti de utroque. Et

(*a*) Sic Mss. At editi, *Dei Verbo.*

peut comprendre par ce que dit le Fils : « Comme le Père a la vie en lui-même, il a aussi donné au Fils d'avoir la vie en lui-même, » (*Jean*, v, 26) non pas que le Fils était sans vie quand le Père lui donna la vie, mais parce que le Père a engendré le Fils en dehors du temps, de sorte que la vie que le Père a donnée au Fils en l'engendrant, est coéternelle avec la vie du Père qui l'a donnée, comprenne aussi que de même que le Père a en lui-même ce qui fait que le Saint-Esprit procède de lui, il a donné aussi au Fils ce qui fait que le même Saint-Esprit procède aussi de ce dernier, et le tout en dehors du temps ; et que si on dit que le Saint-Esprit procède du Père, c'est de manière à ce qu'il soit bien compris qu'il procède aussi du Fils, et que c'est du Père que l'être est au Fils. En effet, si tout ce qu'il a il le tient du Père, c'est du Père qu'il tient ce qui fait que le Saint-Esprit procède aussi de lui. Mais il ne faut concevoir là par la pensée aucun temps avant et après, attendu qu'il n'y en a pas du tout. Comment donc ne serait-il point du dernier absurde de dire que le Saint-Esprit est le Fils des deux autres personnes, lorsque, de même que la génération du Père, sans aucun changement de nature, donne au Fils son essence, sans commencement de temps, ainsi la procession du Saint-Esprit, de l'une et de l'autre personne, sans aucun changement de nature donne aussi à ce dernier son essence sans aucun commencement de temps? En effet, si lorsque nous ne disons point le Saint-Esprit engendré, cependant nous n'osons point le dire inengendré, c'est de peur que par cette expression, il ne se trouve quelqu'un qui soupçonne ou deux Pères dans la Trinité, ou deux personnes qui ne viendraient point de la troisième. Il n'y a que le Père qui ne vienne point d'un autre, voilà pourquoi il est le seul qui soit appelé inengendré, sinon dans les Ecritures, du moins dans le langage de la discussion et par ceux qui, sur un pareil sujet, s'expriment du mieux qu'ils peuvent. Quant au Fils, il est né du Père ; pour le Saint-Esprit, il procède, en principe, du Père, et par le don du Père, mais sans aucun intervalle de temps, en commun des deux premières personnes. Il serait appelé Fils du Père et du Fils, si ce qui répugne au bon sens de tout homme sain de raison, le Père et le Fils l'eussent engendré. Le Saint-Esprit n'a donc point été engendré par eux deux, mais il procède de l'un et de l'autre.

CHAPITRE XXVII.

Réponse suffisant pour le moment à résoudre la question de savoir pourquoi le Saint-Esprit n'est point engendré et pourquoi le Père seul est appelé inengendré.

48. Mais parce que dans cette Trinité coéter-

---

qui potest intelligere in eo quod ait Filius : « Sicut habet Pater vitam in semetipso, sic dedit Filio vitam habere in semetipso ; » (*Joan.*, v, 26) non sine vita existenti jam Filio vitam Patrem dedisse, sed ita eum sine tempore genuisse, ut vita quam Pater Filio gignendo dedit, coæterna sit vitæ Patris qui dedit : intelligat sicut habet Pater in semetipso ut de illo procedat Spiritus sanctus, sic dedisse Filio ut de illo procedat idem Spiritus sanctus, et utrumque sine tempore ; atque ita dictum Spiritum sanctum de Patre procedere, ut intelligatur, quod etiam procedit de Filio, de Patre esse (*a*) Filio. Si enim quidquid habet, de Patre habet Filius ; de Patre habet utique ut et de illo procedat Spiritus sanctus. Sed nulla ibi tempora cogitentur, quæ habent prius et posterius : quia omnino nulla ibi sunt. Quomodo ergo non absurdissime Filius diceretur amborum, cum sicut Filio præstat essentiam sine initio temporis, sine ulla mutabilitate naturæ de Patre generatio, ita Spiritui sancto præstet essentiam sine ullo initio temporis, sine ulla mutabilitate naturæ de utroque processio?

(*a*) Editi *esse et Filio*. Expunximus *et* auctoritate Mss.

Ideo enim cum Spiritum sanctum genitum non dicamus, dicere tamen non sudemus ingenitum, ne in hoc vocabulo vel duos Patres in illa Trinitate, vel duos qui non sunt de alio quispiam suspicetur. Pater enim solus non est de alio, ideo solus appellatur ingenitus, non quidem in Scripturis, sed in consuetudine disputantium, et de re tanta sermonem qualem valuerint proferentium. Filius autem de Patre natus est : et Spiritus sanctus de Patre principaliter, et ipso sine ullo temporis intervallo dante, communiter de utroque procedit. Diceretur autem Filius Patris et Filii, si, quod abhorret ab omnium sanorum sensibus, eum ambo genuissent. Non igitur ab utroque est genitus, sed procedit ab utroque amborum Spiritus.

CAPUT XXVII.

Quid hic sufficiat ad solutionem quæstionis, cur Spiritus non dicatur genitus, et cur solus Pater ingenitus.

48. Verum quia in illa coæterna, et æquali et incorporali et ineffabiliter immutabili atque insepara-

nelle, égale, incorporelle, ineffablement immuable et indivisible, il est très-difficile de distinguer la génération de la procession, qu'il suffise, en attendant, à ceux qui ne peuvent aller plus loin, de ce que nous avons dit sur ce sujet dans un sermon destiné aux oreilles des fidèles. (V. *Traité* xcix *sur saint Jean*, 3.) En effet, après avoir entre autres choses enseigné, par les textes des saintes Ecritures, que l'Esprit saint procède de l'une et de l'autre personne, je disais : si le Saint-Esprit procède du Père et du Fils, pourquoi le Fils a-t-il dit : « Il procède du Père? » (*Jean*, vii, 16.) Pourquoi, pensez-vous qu'il ait parlé ainsi, sinon parce que de même qu'il a l'habitude de lui rapporter ce qui est à lui, il lui rapporte aussi ce dont il est lui-même? De là vient qu'il dit : « Ma doctrine n'est point ma doctrine, mais c'est la doctrine de celui qui m'a envoyé. » (*Jean*, vii, 16.) Si donc, en cet endroit, on entend sa doctrine à lui par cette doctrine qu'il déclare cependant n'être pas sienne mais être la doctrine de son Père, à combien plus forte raison doit-il être entendu que le Saint-Esprit procède également de lui, dans le passage où il dit : « Il procède du Père, » mais sans dire pourtant il ne procède point de moi? C'est de celui de qui le Fils tient d'être Dieu, car il est Dieu de Dieu, qu'il tient aussi que le Saint-Esprit procède de lui, et par conséquent, c'est aussi du Père que le Saint-Esprit tient de procéder du Fils comme il procède du Père. Et là nous comprenons, autant qu'il est possible à des êtres tels que nous, pourquoi on ne dit pas du Saint-Esprit qu'il est né, mais plutôt qu'il procède; attendu que si le Saint-Esprit était aussi appelé Fils, il serait le fils des deux autres personnes, ce qui est on ne peut plus absurde, attendu qu'il ne peut y avoir de fils de deux êtres que s'ils sont père et mère et le ciel nous garde de soupçonner jamais rien de pareil entre Dieu le Père et Dieu le Fils. Quant aux enfants des hommes, ils ne procèdent pas non plus en même temps de leur père et de leur mère, mais quand ils procèdent du père dans la mère, ils ne procèdent point alors de la mère, et quand ils procèdent de la mère au jour qui nous éclaire, ils ne procèdent plus alors du père. Or, l'Esprit saint ne procède pas du Père dans le Fils, ni du Fils à la créature pour la sanctifier, mais il procède en même temps du père et du Fils, bien que le Père ait donné au Fils que le Saint-Esprit procède aussi bien de lui, qu'il procède du Père. Nous ne pouvons pas dire, en effet, que le Saint-Esprit n'est point la vie, quand le Père est la vie et le Fils aussi la vie (*Jean*, v, 26), et par conséquent, de même que le Père qui a la vie en soi, a donné aussi au Fils d'avoir la vie également en soi, ainsi lui a-t-il donné que la vie procédât de lui, comme elle procède du Père. J'ai rapporté ici ces pa-

---

bili Trinitate difficillimum est generationem a processione distinguere, sufficiat interim eis qui extendi non valent amplius, id quod de hac re in Sermone quodam proferendo ad aures populi Christiani diximus, dictumque conscripsimus. Inter cætera enim cum per Scripturarum sanctarum testimonia docuissem de utroque procedere Spiritum sanctum : Si ergo, inquam, est de Patre et de Filio procedit Spiritus sanctus, cur Filius dixit : « De patre procedit? » cur putas, nisi quemadmodum solet ad eum referre et quod ipsius est, de quo et ipse est? Unde et illud est quod ait : « Mea doctrina non est mea, sed ejus qui me misit. » (*Joan.*, vii, 16.) Si igitur hic intelligitur ejus doctrina, quam tamen dixit non suam, sed Patris; quanto magis illic intelligendus est et de ipso procedere Spiritus sanctus, ubi sic ait : « De Patre procedit, » ut non diceret : De me non procedit? A quo autem habet Filius ut sit Deus, (est enim de Deo Deus) ab illo habet utique ut de illo etiam procedat Spiritus sanctus : ac per hoc Spiritus sanctus, ut etiam de Filio procedat sicut procedit de Patre, ab ipso habet Patre. Hic utcumque etiam illud intelligitur, quantum a talibus quales nos sumus intelligi potest, cur non dicatur natus esse, sed potius procedere Spiritus sanctus; quoniam si et ipse Filius diceretur, amborum utique filius diceretur : quod absurdissimum est. Filius quippe nullus est duorum, nisi patris et matris. Absit autem ut inter Deum Patrem, et Deum Filium aliquid tale suspicemur. Quia nec filius hominum simul et ex patre et ex matre procedit : sed cum in matrem procedit ex patre, non tunc procedit ex matre; et cum in hanc lucem procedit ex matre, non tunc procedit ex patre. Spiritus autem sanctus non de Patre procedit in Filium, et de Filio procedit ad sanctificandam creaturam, sed simul de utroque procedit : quamvis hoc Pater Filio dederit, ut quemadmodum de se, ita de illo quoque procedat. Neque enim possumus dicere quod non sit vita Spiritus sanctus, cum vita Pater, vita sit Filius (*Joan.*, v, 26) : ac per hoc sicut Pater cum habeat vitam in semetipso, dedit et Filio vitam habere in

roles de mon sermon dans lequel je m'adressais non à des hommes qui n'avaient point la foi, mais à des personnes qui en étaient douées.

49. Mais pourquoi ceux qui ne sont point capables de contempler cette image et de voir combien vraies sont toutes ces choses qui se trouvent dans notre âme, c'est-à-dire, comment les trois facultés dont j'ai parlé ne font point trois personnes; mais une seule personne, la personne de l'homme à qui elles appartiennent ne s'en rapportent-ils point, au sujet de cette suprême Trinité qui est Dieu, à ce qu'on en trouve dans les livres sacrés, plutôt que d'en demander une raison très-claire que l'âme de l'homme, à cause de sa pesanteur et de sa faiblesse ne peut comprendre? Certainement s'ils s'en rapportaient sans hésiter aux saintes Ecritures, comme à des témoins très-véridiques, ils feraient si bien, à force de prières, de recherches et de sainte vie, qu'ils arriveraient à comprendre, c'est-à-dire, à voir des yeux de l'âme, autant qu'il est possible, ce qu'ils tiennent de foi. Qui pourrait empêcher cela, ou plutôt qui pourrait ne point engager à cela? S'ils pensent devoir nier ces choses parce qu'ils ne peuvent les voir des yeux aveugles de leur esprit, les aveugles de naissance devraient nier également l'existence du soleil. La lumière luit donc dans les ténèbres (*Jean*, I, 5), si les ténèbres ne la reçoivent point, qu'elles commencent par être illuminées par le don de Dieu, pour être fidèles et deviennent elles-mêmes lumière, en comparaison des infidèles, et puis, après avoir commencé par poser ce fondement, qu'elles s'élèvent pour voir ce qu'elles croient et elles le pourront voir un jour. Il y a des choses que nous croyons et qui sont telles qu'elles ne sauraient être vues : en effet, on ne verra plus jamais le Christ attaché à la croix; mais si on ne croit que cela s'est fait et a été vu, de sorte qu'on ne peut plus espérer ni que ce sera de nouveau ni qu'on le reverra, on ne saurait parvenir au Christ tel qu'on doit le voir sans fin. Mais pour ce qui se rapporte à cette nature suprême, ineffable, incorporelle et immuable qu'on ne peut voir d'une certaine façon que des yeux de l'intelligence, jamais l'œil de l'âme ne s'exercera mieux à la voir, sous la conduite de la foi seulement, que dans ce que l'homme même a, dans sa nature, de meilleur que les autres êtres animés, de meilleur même que les autres parties de son âme, je veux dire dans son esprit, à qui a été départie une certaine vue des choses invisibles, et à qui aussi dans l'espèce de lieu supérieur et intérieur où il préside avec honneur, tous les sens du corps rapportent tout ce dont il doit juger; qui enfin ne connaît point de supérieur à la conduite de qui il doive se soumettre, si ce n'est Dieu.

semetipso, sic ei dedit vitam procedere de illo, sicut et procedit de ipso. Hæc de illo Sermone in hunc librum transtuli, sed fidelibus, non infidelibus loquens.
49. Verum si ad hanc imaginem contuendam, et ad videnda ista quam vera sint, quæ in eorum mente sunt, nec tria sic sunt ut tres personæ sint, sed omnia tria hominis sunt quæ una persona est, minus idonei sunt : cur non de illa summa Trinitate, quæ Deus est, credunt potius quod in sacris litteris invenitur, quam poscunt liquidissimam reddi sibi rationem, quam ab humana mente tarda scilicet infirmaque non capitur? Et certe cum inconcusse crediderint Scripturis sanctis tanquam veracissimis testibus, agant orando et quærendo et bene vivendo ut intelligant, id est, ut quantum videri potest, videatur mente quod tenetur fide. Quis hoc prohibeat, imo vero ad hoc quis non hortetur? Si autem propterea negandum putant ista esse, quia ea non valent cæcis mentibus cernere; debent et illi qui ex nativitate sua cæci sunt, esse solem negare. Lux ergo lucet in tenebris (*Joan*., I, 5) : quod si eam tenebræ non comprehendunt, illuminentur Dei dono prius ut sint fideles, et incipiant esse lux in comparatione infidelium : atque hoc præmisso fundamento ædificentur ad videnda quæ credunt, ut aliquando possint videre. Sunt enim quæ ita creduntur, ut videri jam omnino non possint. Non enim Christus iterum in cruce videndus est : sed nisi hoc credatur quod ita factum atque visum est, ut futurum ac videndum jam non speretur, non pervenitur ad Christum, qualis sine fine videndus est. Quantum vero attinet ad illam summam, ineffabilem, incorporalem, immutabilemque naturam per intelligentiam utcumque cernendam, nusquam se melius, regente dumtaxat fidei regula, acies humanæ mentis exercet, quam in eo quod ipse homo in sua natura melius cæteris animalibus, melius etiam cæteris animæ suæ partibus habet, quod est ipsa mens : cui quidam rerum invisibilium tributus est visus, et cui tanquam in loco superiore atque interiore honorabiliter præsidenti, judicanda omnia nuntiant etiam corporis sensus; et qua non est superior cui subdita regenda est, nisi Deus.

50. Mais dans toutes les choses que j'ai dites jusqu'à présent, je n'ose me flatter d'avoir rien dit qui fût digne de cette ineffable Trinité, je dois bien plutôt reconnaître que j'ai été bien faible dans l'admirable connaissance de cette Trinité, et que je n'ai pu m'élever jusqu'à elle. (*Ps.* CXXXVIII, 6.) O vous, mon âme, où vous sentez-vous être, où êtes-vous, où vous tenez-vous, jusqu'à ce que toutes vos langueurs soient guéries (*Ps.* CII, 3), par celui qui s'est montré propice à toutes vos iniquités? Sans doute vous reconnaissez que vous êtes dans cette hôtellerie où le Samaritain a conduit celui qu'il a trouvé laissé à demi-mort par les blessures que les voleurs lui avaient faites. (*Luc*, X, 33.) Et cependant, vous avez vu bien des vérités, non point de ces yeux qui distinguent les objets corporels avec leur couleur, mais de ceux dont parlait celui qui, dans sa prière, s'écriait : « Que mes yeux voient la justice. » (*Ps.* XVI, 2.) Vous avez donc vu bien des vérités et vous les avez discernées de la lumière dont les rayons brillant à vos yeux, vous les ont fait apercevoir; levez les yeux vers cette lumière même, et arrêtez-les sur elle, si vous le pouvez. C'est ainsi, en effet, que vous verrez ce qui sépare la nativité du Verbe de Dieu de la procession du Don de Dieu et a fait dire au Fils unique, non pas que le Saint-Esprit est né du Père, car en ce cas il eût été son frère, mais qu'il procède du Père. Aussi, bien que le Saint-Esprit soit une sorte de lien consubstantiel et commun entre le Père et le Fils, n'a-t-il point été appelé le Fils, mais l'Esprit de l'un et de l'autre? Mais vous ne pouvez arrêter vos yeux sur ce point et voir cela clairement et distinctement, ô mon âme, vous ne le pouvez, je le sais; mais je vous dis, je me dis à moi-même : je sais ce que je ne puis faire. Cependant ce regard vous a montré en vous-même trois facultés dans lesquelles vous pouvez reconnaître une image de cette Trinité que vous ne sauriez contempler d'un regard ferme et assuré; il vous a fait voir qu'il y a un vrai verbe en vous, quand il naît de votre science, c'est-à-dire, quand nous nous disons ce que nous savons, bien que nous n'articulions alors ou que nous n'ayons même dans la pensée aucun mot d'une langue parlée par les hommes, mais par le seul fait que notre pensée se forme de ce que nous savons, et qu'il y a dans la vue de la pensée une image très-ressemblante de celle que contenait notre mémoire, la volonté ou l'amour, venant troisième unir les deux premières qui sont comme le Père et le Fils. Que la volonté de son côté procède de la pensée, car nul ne veut une chose dont il ignore l'existence ou dont il ne sait ce que c'est, et que pourtant, cette volonté ne soit point une image de la

---

50. Verum inter hæc quæ multa jam dixi, et nihil illius summæ Trinitatis ineffabilitate dignum me dixisse audeo profiteri, sed confiteri potius mirificatam scientiam ejus ex me invaluisse, nec posse me ad illam, o tu anima mea ubi te esse sentis, ubi jaces, ubi (*a*) stas, donec ab eo qui propitius factus est omnibus iniquitatibus tuis, sanentur omnes languores tui? (*Psal.* CII, 3.) Agnoscis te certe in illo esse stabulo (*Luc.*, X, 33), quo Samaritanus ille perduxit eum quem reperit (*b*) multis a latronibus inflictis vulneribus semivivum. Et tamen multa vera vidisti, non his oculis quibus videntur corpora colorata, sed eis pro quibus orabat qui dicebat : « Oculi mei videant æquitatem. » (*Psal.* XVI, 2.) Nempe ergo multa vera vidisti, eaque discrevisti ab illa luce qua tibi lucente vidisti : attolle oculos in ipsam lucem, et eos in eam fige, si potes. Sic enim videbis quid distet nativitas Verbi Dei a processione Doni Dei, propter quod Filius unigenitus non de Patre genitum, alioqui frater ejus esset, sed procedere dixit Spiritum sanctum. Unde cum sit communio quædam consubstantialis Patris et Filii amborum Spiritus, non amborum, quod absit, dictus est filius. Sed ad hoc dilucide perspicueque cernendum; non potest ibi aciem figere; scio, non potes. Verum dico, mihi dico, quid non possim scio : ipsa tamen tibi ostendit in te tria illa, in quibus tu summæ ipsius, quam fixis oculis contemplari nondum vales, imaginem Trinitatis agnosceres. Ipsa ostendit tibi verbum verum esse in te, quando de scientia tua gignitur; id est, quando quod scimus dicimus; quamvis nullius gentis lingua significantem vocem vel proferamus vel cogitemus, sed ex illo quod novimus cogitatio nostra formetur; sitque in acie cogitantis imago simillima (*c*) cogitationis ejus quam memoria continebat, ista duo scilicet velut parentem ac prolem tertia voluntate sive dilectione jungente. Quam quidem voluntatem de cogitatione procedere, nemo enim vult quod omnino quid vel quale sit nescit, non tamen esse cogitationis imaginem, et ideo

---

(*a*) Mss. quidam, *ubi jaces, ubi habitas, aut ubi stas donec*, etc. Alii plerique, *ubi jaces, ubi habitas, donec*, etc. — (*b*) Sic plures Mss. At editi *a multis latronibus*. — (*c*) Omnes prope Mss. *cognitionis ejus*. Et infra, *cognitione procedere*. Ac paulo post, *cognitionis imaginem*.

pensée, ce qui nous donne, dans cette chose accessible à l'intelligence, une idée de la différence qu'il y a entre nativité et procession, attendu que ce n'est point la même chose de voir par la pensée et de désirer, non plus que de jouir par la volonté ; c'est ce que voit et distingue quiconque le peut faire. Vous l'avez pu, vous aussi, ô mon âme, bien que vous ayez été et que vous soyez encore incapable d'expliquer, dans un langage suffisant, ce que vous avez à peine entrevu dans les nuages des similitudes corporelles qui ne cessent de se présenter à la pensée des hommes. Mais cette lumière qui n'est point ce que vous êtes, vous, ô mon âme, vous a fait voir que autre chose sont ces ressemblances corporelles d'objets corporels, autre chose la vérité que nous contemplons des yeux de l'intelligence après avoir écarté ces images ; ces choses et d'autres également vraies, c'est cette lumière qui vous les a fait apercevoir de vos yeux intérieurs. Qu'est-ce donc qui vous empêche de fixer vos regards sur cette lumière et de la contempler, si ce n'est votre faiblesse ? Et d'où vient-elle cette faiblesse, sinon de votre iniquité ? Qui donc vous guérira de toutes vos langueurs si ce n'est celui qui s'est fait indulgent pour toutes vos iniquités ? Terminons donc enfin ici ce livre plutôt par une prière que par la dispute.

CHAPITRE XXVIII.

Conclusion de ce livre par une prière et par une excuse de sa longueur.

51. Seigneur notre Dieu, nous croyons en vous, Père Fils et Saint-Esprit ; car la vérité n'aurait point dit : « Allez, baptisez toutes les nations, au nom du Père, et du Fils et du Saint-Esprit, » (*Matth.*, XXVIII, 20) si vous n'étiez Trinité, et le Seigneur ne nous aurait point ordonné de nous faire baptiser au nom d'un être qui n'eût point été le Seigneur Dieu. Il ne nous serait point dit non plus, de votre bouche même : « Ecoutez, Israël, le Seigneur votre Dieu est un, » (*Deut.*, VI, 4) si vous n'étiez Trinité en même temps que vous n'êtes qu'un seul Seigneur Dieu. Et si vous étiez vous-même Dieu le Père, en même temps que vous seriez Jésus-Christ votre Fils et votre Verbe, et votre propre Don le Saint-Esprit, nous ne lirions point dans le livre de la Vérité : « Dieu a envoyé son Fils. » (*Gal.*, V, 4.) Et vous, ô Fils unique, vous n'auriez pas dit, en parlant du Saint-Esprit : « Mon Père vous l'enverra en mon nom, » (*Jean*, III, 17) et ailleurs : « Je vous l'enverrai de la part de mon Père. » (*Jean*, XV, 26.) Dirigeant toute mon attention vers cette règle de la foi, autant que je l'ai pu, et

---

quamdam in hac re intelligibili nativitatis et processionis insinuari distantiam, quoniam non hoc est cogitatione conspicere quod appetere, vel etiam perfrui voluntate, cernit discernitque qui potest. Potuisti et tu, quamvis non potueris neque possis explicare sufficienti eloquio, quod inter nubila similitudinum corporalium, quae cogitationibus humanis occursare non desinunt, vix vidisti. Sed illa lux quæ non est quod tu, et hoc tibi ostendit, aliud esse illas incorporeas similitudines corporum, et aliud esse verum, quod eis reprobatis intelligentia contuemur : hæc et alia similiter certa oculis tuis interioribus lux illa monstravit. Quæ igitur causa est, cur acie fixa ipsam videre non possis, nisi utique infirmitas ? (*a*) Et quid tibi eam fecit, nisi iniquitas ? Quis ergo sanat omnes languores tuos (*Psal.* CII, 3), nisi qui propitius fit omnibus iniquitatibus tuis ? Librum itaque istum jam tandem aliquando precatione melius quam disputatione concludam.

CAPUT XXVIII.

Conclusio libri, cum precatione et excusatione de multiloquio.

51. Domine Deus noster, credimus in te Patrem, et Filium, et Spiritum sanctum. Neque enim diceret Veritas : « Ite baptizate omnes gentes in nomine Patris et Filii et Spiritus sancti, » (*Matth.*, XXVIII, 20) nisi Trinitas esses. Nec baptizari nos juberes Domine Deus, in ejus nomine, qui non sit Dominus Deus. Neque diceretur voce divina : « Audi Israel, Dominus Deus tuus unus est : » (*Deut.*, VI, 4) nisi Trinitas ita esses, ut unus Dominus Deus esses. Et si tu Deus Pater ipse esses, et Filius verbum tuum Jesus Christus ipse esses, et donum vestrum Spiritus sanctus (*Gal.*, V, 4), non legeremus in litteris veritatis : « Misit Deus Filium suum. » (*Joan.*, III, 17.) Nec tu, o Unigenite, diceres de Spiritu sancto : « Quem mittet Pater in nomine meo, » (*Joan.*, IV, 26) et : « Quem ego mittam vobis a Patre. » (*Joan.*, XV, 26.) Ad hanc regulam fidei dirigens intentionem meam,

---

(*a*) Plerique Mss. *Et quis tibi eam fecit, nisi utique iniquitas?*

autant que vous m'en avez donné la force, je vous ai cherché et j'ai désiré voir des yeux de l'intelligence ce que j'ai cru ; j'ai beaucoup travaillé, beaucoup discuté. Seigneur mon Dieu, mon unique espérance, exaucez-moi, de peur que je ne me fatigue et que je ne veuille plus vous chercher, mais au contraire que je cherche ardemment votre face. (*Ps.* CIV, 4.) Donnez-moi des forces pour vous chercher, vous qui m'avez fait vous trouver et qui m'avez donné l'espérance de vous trouver tous les jours davantage. Ma force et ma faiblesse sont en votre présence, soutenez l'une, guérissez l'autre. Devant vous sont aussi ma science et mon ignorance, recevez-moi quand j'entrerai là où vous m'avez ouvert la porte, et ouvrez-moi celle que vous me tenez encore fermée et à laquelle je frappe. Que je me souvienne de vous, que je vous comprenne, que je vous aime. Augmentez ces trois choses en moi en attendant que vous me reformiez tout entier. Je sais qu'il est écrit : « Dans les longs discours on ne peut échapper au péché ; » (*Prov.*, x, 19) mais plaise à vous, que je ne parle que pour prêcher votre parole, et que pour dire vos louanges; alors non-seulement j'échapperai au péché, mais j'acquerrai de solides mérites, quelques nombreux discours que je fasse en ce cas. Car un homme qui est devenu bienheureux par vous, n'aurait point ordonné un péché à un frère, à son fils dans la foi, en lui disant dans une de ses épîtres : « Annoncez la parole de Dieu, pressez les hommes à temps et à contre-temps. » (II *Tim.*, IV, 2.) Dira-t-on que celui qui annonçait non-seulement à temps mais à contre-temps votre parole, ne parle pas beaucoup, Seigneur? Mais ce n'était point beaucoup, parce qu'il fallait qu'il parlât autant. Délivrez-moi, ô mon Dieu, des longs discours que je souffre au dedans de moi, dans ma malheureuse âme qui se tient en votre présence, et qui a recours à votre miséricorde ; car si ma langue garde le silence, mes pensées ne font point de même. Encore si je n'avais de pensées que celles qui vous plaisent, je ne vous prierais point alors de me délivrer de ces longs discours; mais il y a beaucoup de mes pensées qui sont, vous les connaissez, des pensées comme en ont les hommes, des pensées vaines par conséquent. (*Ps.* CXIII, 11.) Accordez-moi la grâce de ne point y consentir, et si quelquefois elles me charment, faites que je ne laisse point de les réprouver et ne permettez pas que je m'y arrête, que je m'y endorme en quelque sorte. C'est peu, pour moi, qu'il n'en passe jamais rien dans mes actes, mais il faut que, par votre protection, ma science au moins et ma conscience en soient pures. Un sage a dit, en parlant de vous, dans son livre ayant pour titre particulier l'Ecclésiastique : « Nous multiplions les discours et nous n'arrivons pas à dire ce que nous vou-

---

quantum potui, quantum me posse fecisti, quæsivi te, et desideravi intellectu videre quod credidi, et multum disputavi, et laboravi. Domine Deus meus, una spes mea, exaudi me, ne fatigatus nolim te quærere, sed quæram faciem tuam semper ardenter. (*Psal.* CIV, 4.) Tu da quærendi vires, qui (*a*) invenire te fecisti, et magis magisque inveniendi te spem dedisti. Coram te est firmitas et infirmitas mea : illam serva, istam sana. Coram te est scientia et ignorantia mea : ubi mihi aperuisti, suscipe intrantem; ubi clausisti, aperi pulsanti. Meminerim tui, intelligam te, diligam te. Auge in me ista, donec me reformes ad integrum. Scio scriptum esse : « In multiloquio non effugies peccatum. » (*Prov.*, x, 19.) Sed utinam prædicando verbum tuum, et laudando te tantummodo loquerer : non solum fugerem peccatum, sed meritum bonum acquirerem, quamlibet multum sic loquerer. Neque enim homo a te beatus, peccatum præciperet germano in fide filio suo, cui scripsit dicens : « Prædica verbum, insta opportune, importune. » (II *Tim.*, IV, 2.) Numquid dicendum est istum non multum locutum, qui non solum opportune, verum etiam importune verbum tuum, Domine, non tacebat? Sed ideo non erat multum, quia tantum erat necessarium. Libera me Deus a multiloquio, quod patior intus in anima mea misera in conspectu tuo, et (*b*) confugiente ad misericordiam tuam. Non enim cogitationibus taceo, etiam tacens vocibus. Et si quidem non cogitarem nisi quod placeret tibi, non utique rogarem ut me ab hoc multiloquio liberares. Sed multæ sunt cogitationes meæ, tales quales nosti, cogitationum hominum, quoniam vanæ sunt. (*Psal.* XCIII, 11.) Dona mihi non eis consentire, et si quando me delectant, eas nihilo minus improbare, nec in eis velut dormitando immorari. Nec in tantum valeat apud me, ut aliquid in opera mea procedat ex illis, sed ab eis mea saltem sit tuta sententia, tuta conscientia, te tuente. Sapiens quidam cum de te loqueretur in libro suo, qui Ecclesiasticus proprio nomine jam vocatur :

(*a*) In Mss. *invenire te fecisti*. — (*b*) Editi *et confugientem*. Plures vero Mss. *confugiente* : omissa particula *et*.

lons, mais l'abrégé de tout, c'est lui. » (*Eccli.*, XLIII, 29.) Quand nous serons parvenus à vous, « tous ces discours que nous multiplions sans jamais arriver à dire ce que nous voulons, » prendront fin; vous resterez seul pour être tout en tous et nous n'aurons plus qu'un mot sur les lèvres, sans fin, ne louant plus que vous seul, et étant devenus nous-mêmes un avec vous. (I *Cor.*, XV, 28.) Seigneur, Dieu unique, Dieu Trinité, si j'ai dit, dans ces livres, quelque chose que j'aie puisé en vous, que tous ceux qui sont à vous le reconnaissent; mais si j'y ai mis du mien, pardonnez-le-moi, et que les vôtres me le pardonnent aussi. Amen.

« Multa, inquit, dicimus, et non pervenimus, et consummatio sermonum universa est ipse. » (*Eccli.*, XLIII, 29.) Cum ergo pervenerimus ad te, cessabunt « multa » ista quæ « dicimus, et non pervenimus; » et manebis unus omnia in omnibus : et sine fine dicemus unum laudantes te in unum, et in te facti etiam nos unum. (I *Cor.*, XV, 28.) Domine Deus une, Deus Trinitas, quæcumque dixi in his libris de tuo, agnoscant et tui : si qua de meo, et tu ignosce, et tui. Amen.

APPENDICE

DU

TOME HUITIÈME DE L'ÉDITION DES BÉNÉDICTINS

OU SE TROUVENT COMPRIS

LES OPUSCULES SUIVANTS FAUSSEMENT ATTRIBUÉS A S. AUGUSTIN

Traité contre les cinq hérésies.
Discours contre les Juifs, les païens et les ariens.
Dispute entre l'Eglise et la Synagogue.
Livre de la foi, contre les manichéens, attribué à Evodius.
Mémoire vulgairement attribué à saint Augustin, sur la manière de recevoir les manichéens convertis.
Livre reconnu pour être d'Evodius, évêque de Tapse, contre l'arien Félicien, sur la foi de la Trinité.
Questions sur la Trinité et sur la Genèse, d'Alcuin.
Deux livres sur l'Incarnation du Verbe, adressés à Janvier, tirés des œuvres d'Origène.
Livre de la Trinité et de l'unité de Dieu.
Livre de l'essence de la divinité.
Dialogue de l'unité de la sainte Trinité.
Livre des dogmes de l'Eglise.

APPENDIX

IN QUO

SUBDITITIA ISTHÆC OPUSCULA EXHIBENTUR.

Tractatus contra quinque hæreses.
Sermo contra Judæos, Paganos et Arianos.
Dialogus de altercatione Ecclesiæ et Synagogæ.
De fide contra Manichæos liber Evodio tributus.
Commonitorium (vulgo Augustini) de recipiendis Manichæis qui convertuntur.
Contra Felicianum Arianum de fide Trinitatis liber Evodio Tapsitano episcopo restitutus.
Quæstiones de Trinitate et de Genesi, ex Alcuino decerptæ.
De Incarnatione Verbi ad Januarium libri duo, collecti ex Origene.
Liber de Trinitate et unitate Dei.
De essentia Divinitatis.
Dialogus de unitate sanctæ Trinitatis.
Liber de Ecclesiasticis dogmatibus.

AVERTISSEMENT SUR LE TRAITÉ SUIVANT

Le traité *contre les cinq hérésies* a été regardé par Erasme comme l'œuvre d'un homme d'esprit et de savoir, mais ce critique a douté qu'il fût de saint Augustin, à moins, dit-il, qu'il ne l'ait composé étant encore jeune. Les docteurs de Louvain n'ont fait aucune difficulté de l'attribuer à Augustin, et Bellarmin, ainsi que plusieurs autres, en ont fait de même, en s'appuyant sur l'autorité de Bède, qui, dans son *Commentaire sur le premier chapitre de l'Epître de saint Paul aux Romains*, cite quelques endroits du quatrième et cinquième chapitre de ce traité. On trouve, en effet, ces passages attribués à saint Augustin, non-seulement dans une édition de Bède plus étendue et qui est plutôt de Flore de Lyon, mais encore dans une autre collection de commentaires plus courte de Bède sur saint Paul, que nous avons entre les mains et qui n'a pas encore été imprimée. On ne peut douter néanmoins que ce traité n'ait été composé dans le temps que l'arianisme dominait en Afrique, et que ceux de ce parti employaient les tourments et les caresses pour attirer à eux les catholiques, pendant que les évêques orthodoxes étaient ou en exil, ou en fuite, ou enlevés par la mort. Au chapitre VI, l'auteur s'écrie : « Où êtes-vous, sources de larmes ? A quels cultivateurs m'adressé-je ? les uns sont morts, les autres sont en fuite. » Au chapitre VII, il continue : « Le disciple d'Arius s'élève comme un adversaire, il crie, il chicane, il combat, il amasse la foule, il engage la lutte contre le Christ. Celui-ci répand son sang pour nous racheter, celui-là sème l'argent pour nous perdre. » On lit la même chose dans le *Sermon II aux Catéchumènes*, n. 24, et dans le *Sermon sur les temps barbares*, n. 10 ; et nous avons déjà fait remarquer que tout cela convient très-bien au temps de la persécution des Vandales qui sévit après la mort de saint Augustin. De plus la diction n'est pas aussi soignée ni le style aussi sérieux qu'on est habitué à les trouver dans saint Augustin ; par exemple, quand l'auteur nous dit au chapitre III, que Dieu le Père eut pour épouse quand il a engendré son Fils la bonne volonté. Ajoutez à cela que c'est aux Donatistes que saint Augustin écrivait et que notre auteur, dans son chapitre VI, dit aux Ariens : « S'il nous est échu à tous les deux un héritage, qu'avons-nous à nous quereller ? Possédons-le ensemble, nous sommes frères, etc. » Nous croyons donc que dans ce cas, Bède, comme cela lui est arrivé dans la conférence apocryphe avec Pascentius, que nous avons reportée à l'appendice du tome II, a été induit en erreur par d'anciens manuscrits qui attribuent ce traité à saint Augustin. Bellarmin dit qu'il est noté dans l'*Index* de Possidius ; oui, mais c'est dans l'*Index*

ADMONITIO IN SUBSEQUENTEM SERMONEM

Tractatum *adversus quinque Hæreses*, quem Erasmus hominis eruditi quidem, et arguti et facundi esse censuerat, non tamen Augustini, « nisi forte, ait, juvenis scripsit, » Augustino sine cunctatione adjudicant Lovanienses et Bellarminus, aliique auctoritate Bedæ, qui ex capite ejusdem Tractatus quarto et quinto citat quædam in caput primum epistolæ Pauli ad Romanos. Ea de facto verba nomine Augustini citata reperiuntur non solum in vulgata Bedæ collectione illa auctiore, quæ verius est Flori Lugdunensis, sed etiam in altera certa Bedæ, quæ penes nos est breviori in Paulum collectio, nondum typis edita. Verum sermo iste dictus eo tempore deprehenditur, quo Africa tenebatur Arianorum dominatu, quando jam orthodoxis pastoribus, aliis exilio seu fuga, aliis morte sublatis, hæretici Catholicos et concertationibus sollicitabant, et largitionibus pecuniave corrumpere tentabant. In capite VI : « Ubi estis, inquit, fontes lacrymarum ? Quibus agricolis loquor ? Alii sunt mortui, alii fugati. » Et cap. VII : « Adversatur, (Arianus) clamat, litigat, pugnat, turbas congregat, contra Christum dimicat. Ille sanguinem fudit, ut redimat : iste pecuniam spargit, ut perimat. » Similia leguntur in Sermone II *ad Catechumenos*, n. 24 et Sermone *de tempore barbarico*, n. 10, quæ tomo VI, in tempus Vendalicæ persecutionis post Augustini mortem excitatæ convenire observavimus. Præterea dictio nec satis accurata, nec tam seria est, quam solet esse Augustini. Exempli gratia in cap. III, Deo Patri ad gignendum Filium conjugis vice fuisse bonam voluntatem docet. Ad hæc quod Augustinus in Donatistas scripsit, id auctor in Arianos torquet cap. VI. « Quare litigamus ? Si una nobis est hæreditas, simul possideamus, fratres sumus. » etc. Credimus itaque Bedam hic, quemadmodum et in subditita Collatione cum Pascentio, quam in secundi tomi Appendicem rejecimus, deceptum esse errore veterum codicum qui hunc Tractatum Augustino assignant. In *Indice* Possidii notatum dicit Bellarminus, in eo videlicet, quem

interpolé qu'a édité Jean Ulimmérius ; mais il ne se trouve dans aucun des autres exemplaires tant imprimés que manuscrits de l'*Index* de Possidius, que nous avons pu voir. Nous avons collationné et contrôlé ce traité sur dix exemplaires qui se trouvent au Vatican, dont un est d'Allemagne, un de la bibliothèque de Saint-Michel, un de la bibliothèque de Reims, un de Saint-Evroult, un de Saint-Arnoul, un de Citeaux, un de Fossat, un de la Colbertine, un du V. C. de Monseigneur de Maran à Toulouse, un de Saint-Gatien de Tours, et un de l'Eglise de Lyon; dans tous il a pour titre : *Libelle contre les cinq hérésies*, ou *contre cinq sortes d'ennemis*, parce qu'il est dirigé contre les païens, les juifs, les manichéens, les sabelliens et les ariens.

interpolatum edidit Joannes Ulimmerius : nusquam vero in cæteris, tum editis, tum scriptis, quæ videre nobis licuit. Possidiani *Indicis* exemplaribus invenitur. Recognovimus Tractatum et emendavimus ad codices Vaticanos decem, ad Germanensem unum, ad Michaelinum, ad Remigianum, ad Ebrulphensem, ad Arnulphensem, ad Cisterciensem, ad Fossatensem, ad Colbertinum, ad codicem V. C. Domini de Maran Tholosani, ad Turonensem S. Gatiani, et ad alium Ecclesiæ Lugdunensis codicem, in quibus inscribitur *Libellus adversus quinque hæreses*, sive *contra quinque hostium genera* : quia nempe est contra Paganos, Judæos, Manichæos, Sabellianos et Arianos.

TRAITÉ
CONTRE LES CINQ HÉRÉSIES
OU CONTRE CINQ SORTES D'ENNEMIS

CHAPITRE PREMIER.

Je suis débiteur, non de la nécessité, j'en conviens, mais de la charité, ce qui est bien davantage ; mais mon créancier ne se montre pas plus exigeant pour me contraindre à payer ma dette que je ne suis, en qualité de débiteur, prêt à la payer. Mais aidez-moi de vos prières, afin que je satisfasse à mes engagements ; que le Dieu tout-puissant accorde la grâce à mes paroles, et que je remplisse l'attente de vos cœurs et de vos oreilles. Si vous daignez vous en souvenir, vous qui étiez présents alors, nous avons dit qu'il y a cinq sortes d'ennemis ; nous avons demandé quelque temps de répit avant de les attaquer, afin de pouvoir préparer les armes qui nous étaient nécessaires. Le jour promis est arrivé, et nous voici nous-même prêt au combat, avec l'aide du Seigneur. Celui qui nous a inspiré l'audace de l'attaque couronnera notre lutte par la victoire. Ce n'est ni le nombre des ennemis, ni la forme des combattants qui nous fera reculer, non plus que leurs armes brillantes, mais semblables à des armes de verre, qui nous glaceront d'épouvante. Goliath était grand et robuste, pourvu d'armes terribles et soutenu par une grande foule de compagnons, David seul, bien que jeune adolescent et sans armes, l'a étendu par

ADVERSUS QUINQUE HÆRESES
SEU
CONTRA QUINQUE HOSTIUM GENERA
TRACTATUS

CAPUT PRIMUM.

Debitor sum, fateor non necessitate cogente, sed quod est vehementius, caritate. (*a*) Non tam ad compellendum potest esse molestus exactor, quam ad reddendum devotus est debitor. Sed ut impleam quod promisi, adjuvate me sanctis orationibus vestris, ut Deus omnipotens det gratiam sermonibus meis, et satisfaciam piis mentibus et auribus vestris. Si meminisse dignamini qui in tempore adfuistis, quinque hostium genera esse diximus : contra quæ expugnanda inducias postulavimus, ut necessaria arma præparare possemus. Promissus dies illuxit, nos quoque impigre ad certamen Domino adjuvante processimus. Adjutorium nostrum a Domino, qui fecit cœlum et terram. (*Psal.* CXXIII, 8.) Donabit certanti victoriam, qui certandi dedit audaciam. Non nos hostium turba, non nos bellantium revocet forma, non quasi (*b*) vitrea, fulgentis terreant arma. Goliam magnum, robustum, armis terribilibus, ingentique (*c*) turba munitum,

(*a*) Al. compellendum non potest esse molestus *exactor*, quando ad reddendum, etc. — (*b*) Mss. *quasi fulgens vitrea terreat armatura*. — (*c*) Mss. *forma munitum*.

TRAITÉ CONTRE LES CINQ HÉRÉSIES.

terre d'un seul coup de pierre et a jeté le désordre dans tout le camp des étrangers et les mit en fuite. (I *Rois*, xvii, 49.) Or, cette pierre lancée de la main de David contre Goliath, que signifiait-elle, sinon le Christ qui devait venir de la race de David contre le diable?

A l'œuvre donc, maintenant, et faisons connaître les cinq sortes d'ennemis que nous avons annoncées. Les païens disent : Qu'est-ce à dire que vous ayez horreur de nous et nous rejetiez comme adorant plusieurs dieux? Est-ce que vous-mêmes vous ne dites point que le Dieu que vous nous prêchez a un Fils, et ne prétendez-vous pas que ce Fils lui est né sans le concours d'un autre sexe? Les Juifs reprennent : Comment n'adorez-vous qu'un seul Dieu, quand vous prétendez que l'homme que nos pères ont crucifié est le Seigneur, et obtenez des mortels qu'ils le vénèrent et l'adorent avec vous comme Fils de Dieu? Les manichéens s'écrient: C'est un fantôme que ce Seigneur Christ, qui, dit-on, a pu naître, du sein d'une femme, car il n'est pas convenable, ajoutent-ils, de croire qu'une telle majesté a passé par les souillures et les impuretés d'une femme. Les sabelliens, qu'on appelle aussi patripassiens, disent : Père et Fils ne font qu'un seul et même Dieu, attendu que le Père est le même que le Fils ; en effet, si nous disions le contraire, on nous appellerait polythéistes. Les ariens crient de leur côté : Autre est le Père, autre est le Fils ; mais le Fils est moindre que le Père. Comment se peut-il, en effet, que l'engendré soit égal à l'engendrant?

CHAPITRE II.
Confiance contre les hérétiques.

Telles sont les questions de l'erreur, semblables à des phalanges ennemies rangées en bataille. Contre ces armées pestiférées, prenez, mes très-saints frères, les armes de Dieu, afin de tenir bon dans ces jours mauvais et de demeurer parfaits en toutes choses. (*Ephés.*, vi, 13.) Ceignez vos reins de la vérité, que personne ne tremble, que personne n'ait peur. Il y a la cuirasse de la justice, le bouclier de la foi pour recevoir et amortir les flèches embrasées des ennemis. Il y a le casque du salut, l'épée de l'espoir qui est la parole de Dieu. Tout fidèle soldat du Christ qui se précautionnera de ces armes, ne redoutera personne et ne fuira point le combat, effrayé par les temps. Allons, mes frères, la lutte va commencer, l'action s'engage, l'ennemi nous presse, il prépare ses traits, il s'apprête à les lancer, que personne n'ait peur. Nos rangs sont plus nombreux que les leurs, nous comptons parmi les nôtres Moïse, ce grand ami de Dieu, qui, pour vaincre l'ennemi dans la bataille, lève les mains au ciel et nous montre dès lors une image de la croix du Christ ; c'est lui qui, sur l'ordre de Dieu, d'un seul coup de sa verge, a changé les flots mobiles et gonflés de la mer, sur ses côtes sinueuses, en une plaine aride devant les pas du peuple. Avec nous est Josué, chef du peuple d'Israël après Moïse ; un guerrier très-fort, dont le nom indiquait aussi le Sauveur. Par sa puissance et sa confiance en Dieu, il a arrêté le jour et l'a empêché d'arriver au but de sa course, et a ordonné à la nuit de ne point avancer. Il a vaincu les rois des nations, non pas les uns après les autres, mais tous ensemble ; il les a faits captifs, les a humiliés, les a mis à mort. Avec nous est David, au bras plein de force, que dirai-je? le serviteur de Dieu, l'élu de Dieu, l'ami de Dieu, le père de Dieu. Il avait appris, et il s'était instruit, non-

---

David solus, puer parvus, atque inermis, uno lapidis ictu prostravit, totaque Allophylorum castra turbavit atque fugavit. (I *Reg.*, xvii, 49.) Quid autem aliud petra contra Goliam manu David missa, nisi Christum contra diabolum ex semine David venturum significavit?

Aggrediamur jam, et errorum quæ diximus quinque genera proponamus. Pagani dicunt : Quid est quod nos exhorretis atque abjicitis tanquam multos colentes deos? Ecce et vos Deum, quem prædicatis colendum, filium habere dicitis, eumque sine alterius commixtione sexus natum esse confingitis. Judæi dicunt : Quomodo unum colitis Deum, quando et hominem quem patres nostri crucifixerunt (*a*) Dominum dicentes, hominibus extorquetis ut tanquam Filium Dei vobiscum venerentur et colant? Manichæi dicunt, phantasma esse, quod dicitur Dominum Christum feminæo potuisse nasci ex utero. Non enim dignum est, inquiunt, ut tanta majestas per sordes et squalores feminæ transisse credatur. Sabelliani, iidem Patripassiani, dicunt : Unus est Deus Pater et Filius ; quoniam qui Pater, ipse est et Filius. Nam si aliter dixerimus, dicemur multicolæ. Ariani dicunt : Alius est Pater, alius est Filius, sed minor est Filius. Quomodo enim fieri potest, ut genitori genitus exsistat æqualis?

CAPUT II.
Fiducia adversus hæreticos.

Ecce sunt errorum propositæ quæstiones, quasi hostium compositæ acies. Contra istas acies pestiferas, sanctissimi fratres, assumite arma Dei, ut possitis resistere in die malo, et in omnibus perfecti stare. Accingimini lumbos in veritate : nemo trepidet, nemo formidet. Est lorica justitiæ, est scutum fidei, in quo sagittæ malignorum igneæ excipiantur et exstinguantur. Est galea salutis, est gladius spiritus, quod est verbum Dei. Quisquis fidelium Christi militum hic fuerit armis munitus, non cujusquam formidabit personam, non terrore temporis a certamine revocabitur. Eia Fratres, certamen in promptu est, fervet opus, urget adversarius, spicula parat, jacere tentat, nemo expavescat. Fratres, plures sunt nobiscum quam cum illis. Nobiscum est Moyses ille magnus amicus Dei, qui ut hostem vinceret prælaintem, manus ad cœlum extendit, jam tunc figuram crucis Christi ostendens : ipse divino imperio, tumentis ponti (*b*) volventes flexuosis sinibus undas, uno virgæ percussu trajiciendo populo aridos vertit in campos. Nobiscum est Jesus post Moysen populi dux Israelitici, fortissimus præliator, cujus

---

(*a*) Plures Mss. *Deum*. — (*b*) Antiquiores Mss. *volventis fluctuosissimas undas*.

seulement « à épargner les sujets soumis et à vaincre les orgueilleux, » (*Enéid.*, vi) mais encore à faire preuve de vertu et à conserver la patience. C'est lui qui poursuivant ses ennemis ne se montrait point acharné à leur perte, et quand il les vainquait, n'avait rien d'impie. Avec nous tant d'autres saints encore, en grand nombre, ayant tous prévu et prédit l'avenir. Il n'y a donc rien qui puisse vous effrayer ; seulement attendez, écoutez et priez, que vos prières pour moi soient plus soutenues et plus nombreuses. Mais ne nous attardons pas davantage, entrons enfin en matière.

CHAPITRE III.
Témoignages empruntés à Hermès et à la Sibylle.

Que dis-tu, ô païen? Tu dis que Dieu, s'il lui plut d'avoir un fils, a dû recourir au mariage, et que s'il lui a répugné de le faire, il n'a point eu de fils. Or, quel être égal à Dieu pouvait-il se trouver qui s'unit à lui par le mariage et lui donnât un fils? D'ailleurs, comme tu dis, si Dieu a un fils, ce n'est plus un seul Dieu qui est l'objet de notre culte. Qu'allons-nous devenir? Le trait lancé par l'étranger a porté coup, comment répliquer? Quelque trait que nous lui lancions à notre tour, quand même il porterait coup, n'avance à rien. Pourquoi cela? parce qu'il est dur. Comme quoi est-il dur? comme la pierre ; il adore les idoles, et il est écrit : « Que ceux qui les font leur deviennent semblables, avec tous ceux qui mettent leur confiance en elles. » (*Ps.* CXIII, 8.) Il ne reçoit pas les saintes Ecritures. Cherchons donc une pierre à lui lancer, afin qu'en étant atteint, il se brise, que brisé, il se réduise en miettes, et que réduit en miettes, il se change en poudre, que réduit en poudre, il soit détrempé de l'eau du ciel, que détrempé de l'eau du ciel, il soit semé, que semé, il porte des fruits, non point de ceux qui sont jetés au feu et brûlés, mais de ceux qui sont serrés dans les greniers. Hermès, en notre langue Mercure, a écrit un livre ayant pour titre λόγος τέλειος, c'est-à-dire le Verbe parfait ; c'est un grand titre qu'a ce livre, mais c'est parce que celui dont il parle est grand. En effet, quoi de plus parfait que le Verbe, qui seul est libre entre les morts? (*Psal.* LXXXVII, 5). Ecoutons donc ce que Mercure nous dit du Verbe parfait. Le Seigneur, dit-il, le Créateur de tous les dieux, a fait un second Seigneur. Un peu plus loin il reprend, pour expliquer ce qu'il a dit : L'ayant donc fait le premier, seul et unique, il lui parut bon et rempli de tous les biens. Combien il était plein de tous biens, l'évangéliste Jean nous le dira : « Nous avons tous reçu, dit-il, de sa plénitude, grâce pour grâce. » (*Jean*, I, 16.) Il lui a donc paru bon et rempli de tous les biens. Mercure poursuit : Et il se réjouit. A qui témoignait-il sa joie, ou avec qui se réjouit-il? Que la Sagesse même de Dieu qui est le Fils de Dieu nous le dise : « C'est avec moi qu'il se réjouissait. » (*Prov.*, VI.) Il se réjouit donc et il l'aima beaucoup comme son fils unique. Après avoir commencé par l'appeler le premier fait, il finit par le nommer fils unique ; dans un autre endroit il dit encore : Le Fils de Dieu

---

etiam nomen indicat Salvatorem : ipse potentia sua et divina fiducia, diem, sui cursus metas ne perageret, statuit ; et nocti ne accederet imperavit. Ipse gentium reges, non singillatim, sed congregatim superavit, captivavit, humiliavit, occidit. Nobiscum est David manu fortis : quid dicam? servus Dei, electus Dei, amicus Dei, parens Dei : noverat et bene noverat, non solum « parcere subjectis et debellare superbos, » (*Æneid.*, VI) verum etiam virtutes ostendere et patientiam custodire. Ipse (*a*) inimicos suos cum persequeretur, non perniciosus, et cum vinceret, non exstitit impius. Nobiscum sunt alii atque alii sancti viri, qui omnia futura præviderunt et prædixerunt. Non est ergo quod terreat vos : et tantum exspectate, audite et orate, intentior et (*b*) auctior circa me vestra sit oratio. Non diutius immoremur, jam quæ proposuimus prosequamur.

CAPUT III.
Ex Hermete et Sibylla.

Quid dicis Pagane? Deus, inquis, si delectatus est filio, indiguit conjugio : si horruit conjugium, solus est sine filio. Quid enim poterat inveniri simile Deo, quod conjungeretur Deo, et pareret filium Deo? Deinde si, ut dicitis, habet Deus filium, jam non unum colitis Deum. Quid agimus? Ab Allophylo telum missum excepimus, quid remittemus? Quodlibet miserimus telum, licet pervenial ad illum, nihil prodest. Quare? Quia durus est? Quantum durus est? Lapideus est : idola colit ; et scriptum est : « Similes illis fiant omnes qui faciunt ea, et omnes qui confidunt in eis. » (*Psal.* CXIII, 8.) Sanctas Scripturas non accipit. Quæramus ergo lapidem quo perculiatur, ut percussus quassetur, quassatus comminuatur, comminutus in pulverem convertatur, conversus in pulverem complunatur, complutus seratur, satus faciat fructum, non qui igne consumatur, sed qui in horreo recondatur. Hermes, qui Latine Mercurius dicitur, scripsit librum qui λόγος τέλειος appellatur, id est, Verbum perfectum : magnum nomen libri hujus, quia magnus est de quo scriptus est. Quid enim perfectius Verbo, qui solus est inter mortuos liber? (*Psal.* LXXXVII, 5.) Audiamus quid loquatur Mercurius de Verbo perfecto : Dominus, inquit, et omnium factor deorum, secundum fecit Dominum. Et post pauca, ut ostenderet quid dixerit, repetiit et dixit : Quoniam ergo hunc fecit primum, et solum et (*c*) unum : bonus autem ei visus est et plenissimus omnium bonorum. Quantum plenissimus Joannes evangelista dicat : « De plenitudine ejus nos omnes accepimus, gratiam pro gratia. » Bonus autem ei visus est, et plenissimus omnium bonorum. Et sequitur : Lætatus est. Cui, vel cum quo lætatus est? Dicat ipsa Sapientia Dei, Filius Dei : « Ego eram cui adgaudebat. » (*Joan*, I, 16 ; *Prov.*, VIII.) Ergo : Lætatus est, et valde dilexit tanquam unigenitum suum. Quem primo factum dixit, postea unigenitum appellavit. Item alio loco sic

---

(*a*) Turonensis Ms. *inimicis suis, dum persequeretur ab eis* — (*b*) Aliquet Mss. *acutior*. Quidam alii *altior*. — (*c*) Quidam Mss. *et verum*. Aliqui *et bonum*.

béni et de la bonne volonté, dont le nom ne saurait être articulé par une bouche humaine. O païen, tu cherchais l'épouse de Dieu ? Ecoute Mercure, tends le front, et reçois la pierre, tombe pour te relever, sois brisé pour redevenir fort, sois détruit pour être réédifié. Que le coup de la pierre ne coupe point la peau du front, qu'il ne le rompe point une veine d'où coule le sang, qu'il ne fasse point une blessure profonde, mais qu'il fasse le signe de la croix. Tu veux savoir quelle fut l'épouse de Dieu ? Rejette de ton cœur, je t'en prie, toute malice impure ; l'épouse de Dieu, c'est sa bonne volonté. Comment se fait-il que le Père soit Dieu, que le Fils soit Dieu et que ce ne soient point des dieux, mais un seul Dieu, c'est ce que je ne dois point discuter avec toi, attendu que si tu ne le crois point tu ne saurais le comprendre. Cependant Mercure parle de Dieu Fils de Dieu. Atteint de cette pierre, que le sacrilége cesse d'être de pierre. Ecoutons aussi ce que la Sibylle, leur prêtresse, dit également de lui. Dieu, dit-elle, a donné aux hommes un autre Dieu à adorer. Autant qu'il me paraît, les paroles de Mercure et celles de la Sibylle sont également la condamnation de Sabellius. En effet, Mercure dit que le Père est Dieu et que le Fils est Dieu, et la Sibylle dit un autre Dieu. Sabellius ne dit pas un autre, attendu qu'il prétend que le Père est la même chose que le Fils. C'est une bien bonne chose si du même coup nous atteignons, non pas un ennemi seulement, mais tous ceux que peut atteindre la pierre que nous aurons lancée. La Sibylle dit encore : Reconnais que ton Seigneur est le Fils de Dieu. Ce vers confond le juif aussi bien que le païen. Dans un autre endroit, elle appelle le Fils de Dieu σύμβουλον, c'est-à-dire conseil ou con-

seiller. Or, le prophète a dit : « Il sera appelé de son nom, l'admirable, le conseiller, le Dieu fort et puissant. » (*Isa.*, ix.) C'est contre l'arien que vont ces paroles, car en prétendant que le Fils de Dieu est moindre que le Père, il soutient quelquefois que Dieu n'a point eu de Fils. Or, s'il fut sans fils, il fut sans conseil. Voilà à quels périls nous courons. Mais comme jamais Dieu ne fut sans son conseil, quoi que prétende l'arien, jamais le Père n'a pu être sans Fils. Que fais-tu, ô païen ? Ouvre les oreilles, ne sois point comme le sourd aspic qui se bouche l'oreille pour ne point entendre la voix de l'enchanteur. (*Ps.* LVII, 5.) Ce ne sont pas mes auteurs à moi que je te cite, c'est ton Mercure à qui vous donnez un rang si élevé parmi vos dieux, et rendez un culte si grand que vous donnez même son nom à un des jours de la semaine. Ecoute-le, c'est lui qui te convaincra, lui qui te terrassera, et lorsqu'il t'aura vaincu, cède-lui et crois-moi. Mercure a dit : Dieu a aimé son Fils unique ; il a dit aussi : Le Fils de Dieu béni et de sa bonne volonté ; et pour n'avoir point à supporter l'ennui d'une question, il poursuit de lui-même en disant : Son nom ne saurait être articulé par une bouche humaine. Que dis-tu donc, ô Mercure, que le nom du Fils de Dieu ne peut être prononcé par les hommes ? Prononce-le donc, toi qui n'es point un homme, mais qui passe pour un dieu aux yeux des hommes. Or, le Père parle à son Fils en disant : il est. Qui cela ? le Saint-Esprit qui est le discours inénarrable de la sagesse du Fils. N'est-ce pas ce que signifient ces paroles : « Au commencement était le Verbe ? » (*Jean*, I, 1.) Dis-moi, Hermès, ce discours de la sagesse a-t-il une mère ? Il poursuit : Il est du seul Seigneur Dieu, du Dieu qui règne sur

---

dixit : Filius benedicti Dei atque bonæ voluntatis, cujus nomen non potest humano ore narrari. Quærebas Paganæ conjugem Dei ? Audi Mercurium : para frontem, et excipe lapis lapidem : cade, ut erigaris ; frangere, ut confirmeris ; destruere, ut ædificeris ; ictus lapidis non cutem dividat frontis, non tamen rumpat sanguinis, non aperiat foveam vulneris ; sed signum faciat crucis. Conjugem Dei quæris ? Abjiciatur ex corde tuo, rogo, impura pravitas. Conjux Dei bona voluntas est. Quomodo autem Pater sit Deus, et Filius Deus, nec tamen duo dii, sed unus sit Deus, tecum disputare non debeo ; quia nisi credideris, intelligere nullatenus poteris. Et tamen Filium Dei (*a*) Deum fatetur Mercurius. Hoc lapide percussus, lapideus desinat esse sacrilegus. Audiamus quid etiam Sibylla vates eorum de eodem dicat : Alium, inquit, dedit Deus (*b*) filiis hominum colendum. Quantum apparet, in his sententiis Mercurii et Sibyllæ, Sabellius etiam judicatur. Mercurius et Patrem Deum dicit et Filium : et Sibylla dicit Deum alium. Sabellius dicit non alium, quia eumdem Patrem asserit esse quem Filium. Optimum valde est, si modo non unum tantum, sed etiam ad quantoscumque missus pervenire potuerit adversarios, uno ictu perculiamus. Item Sibylla dicit : Ipsum tuum cognosce (*c*) Dominum Dei filium esse. Versus iste et Paganum increpat et Judæum. Alio loco Filium Dei σύμβουλον appellat, id est,

consilium, vel consiliarium. Et Propheta dicit : « Vocabitur nomen ejus, Admirabilis, Consiliarius, Deus fortis et potens. » (*Isai.*, IX.) Hic Arianus arguitur, qui cum dicit minorem Dei Filium, dicit aliquando Deum non habuisse filium. Et si fuit sine filio, fuit sine consilio. Ecce ad quanta pericula provocamur. Sed quia Deus nunquam fuit sine consilio, etiam contradicente Ariano, nunquam Pater potuit esse sine filio. Quid agis Pagane ? Aperi aures, noli esse sicut aspis surda, quæ obturat aurem ne audiat vocem incantantis. (*Psal.* LVII, 5.) Non tibi meos auctores profero, tuus est Mercurius, cui inter deos tantus honor cultusque a vobis delatus est, ut ejus nomine diem vocaretis. Ipsum audi, ipse te convincat, ipse expugnet, ut cum te viceris, illi cedas, et mihi credas. Mercurius dixit : Dilexit Deus Unigenitum suum. Ipse dixit : Filius benedicti Dei atque bonæ voluntatis. Et ne de ejus nomine tædium interrogationis sustineret, secutus adjunxit : Cujus nomen non potest humano ore narrari. Quid tu Mercuri, ab hominibus dicis nomen Dei Filii narrari non posse ? A te narretur, qui non homo, sed deus ab hominibus æstimaris. Loquitur autem ad Filium suum dicens : Est autem. Quis ? Filii inenarrabilis sermo sapientiæ (*d*) Sanctus sanctus. Nonne hoc est : « In principio erat Verbum ? » (*Joan.*, I, 1.) Dic Hermes, sermo iste sapientia habet matrem ? Sequitur : De solo Deo Domino

(*a*) Mss. *Dominum*. — (*b*) Aliquot Mss. *fidelibus hominibus*. — (*c*) Al. *Deum*. — (*d*) Al. *Spiritus sanctus*.

tous les mortels ; et comme il ne peut être recherché par les hommes, il ajoute ces mots : Il est au-dessus des hommes. C'est donc parce qu'il est au-dessus des hommes que je ne saurais dire le nom du Fils de Dieu, attendu que je ne suis pas Dieu moi-même. Que les hommes, comme hommes, disent que je ne suis pas, moi je sais que je suis ; le discours de la sagesse ne vient que de Dieu ; par conséquent, ô païen, ne pense pas, ne feins pas de croire qu'il y a eu là un mariage humain. Il est de Dieu seul, et il est au-dessus des hommes. La Sibylle te confond en te disant : Reconnais que le Fils de Dieu même ton Seigneur est Dieu, lui, non un autre, non Mars, non Jupiter, non Mercure, mais celui-là même que confesse Mercure. Pourquoi vous étonner, ô chrétien, que de telles paroles sortent de telles bouches sur le Père et sur le Fils ? « Les démons mêmes croient et tremblent. » (*Jac.*, II, 19.) En effet, en voyant passer le Seigneur, ils se sont écriés, comme il est dit dans l'Évangile : « Nous vous connaissons, vous êtes le Fils de Dieu, vous êtes venu avant le temps nous tourmenter. » (*Marc*, I, 24.) Plaise à Dieu que les hommes reconnaissent en lui un Sauveur, comme les démons y ont reconnu un juge !

CHAPITRE IV.

Témoignages tirés de l'Ancien Testament.

Que dit le Juif? Pour nous, il n'y a qu'un Dieu, après lui, nous n'en connaissons point d'autres. Quant à celui que vous appelez le Christ, c'est un homme, non un Dieu, que nos pères ont mis à mort. Voilà bien ce que je disais tout à l'heure : Plaise à Dieu que les hommes reconnaissent en lui un Sauveur, comme les démons y reconnaissent un juge? Les démons l'ont vu et ont tremblé, les hommes le virent et le mirent à mort. Les démons l'ont confessé, les hommes l'ont persécuté. Quel malheur, quelle profonde misère de se trouver au-dessous des démons mêmes ! Mais les hommes croient et les démons périssent, les hommes sont sauvés, les démons sont châtiés. Ce changement est une grâce de la main du Très-Haut, non point chez l'homme une présomptueuse confiance dans ses propres forces. Mais je n'ai point de mal à me donner contre ce juif, contre lui combattent ses propres livres, la Loi et les Prophètes, et de deux choses l'une, ou bien vaincu, il s'humiliera et sera sauvé, ou bien persévérant dans son orgueil et son entêtement, il sera puni. Dieu a dit à Moïse : « Voici que j'envoie mon ange pour marcher devant vous, pour vous garder durant le chemin, et vous introduire dans le lieu que je vous ai préparé, observez-le, écoutez sa voix, ne pensez pas pouvoir le mépriser. » (*Exod.*, XXIII, 20.) Tu entends parler un ange, mais comprends qu'il s'agit du Seigneur, et ne crois pas pouvoir le mépriser. Ecoute encore un mot qui te fera trembler : « Ne pensez pas pouvoir le mépriser, » est-il dit, pourquoi cela ? « parce qu'il ne vous pardonnera point quand vous aurez péché, et que mon nom est en lui. » Quel est donc l'être si grand à qui Dieu donne sa puissance et son nom ? « C'est le Seigneur même des vertus, le Roi de gloire. » (*Ps.* XXIII, 10.) Mais comment prouvons-nous que lorsqu'il est dit un ange, il faille entendre un Dieu ? La preuve s'en offre à toi dans le livre ayant pour titre la Genèse : « Deux anges, y est-il dit, vinrent le soir à Sodome, Loth était assis à la porte de la ville. En les apercevant, il se leva et alla à leur rencontre. » (*Gen.*, XIX, 1.) Bref, il les reçut et leur rendit tous les de-

---

est, omnibus dominante Deo mortalibus. Et quia ab hominibus indagari non potest, addit et dicit: Super homines est. Ergo quia super homines est, nomen Filii Dei narrare non possum, quia deus non sum : dicant homines quasi homines quod non sum, ego agnosco quod sum. Sermo sapientiæ de solo Deo est. Non ergo ibi Pagane humanum suspiceris aut fingas fuisse conjugium : de solo Deo est, et super homines est. Increpat te Sibylla dicens: Ipsum tuum cognosce Dominum Dei Filium esse Deum : ipsum, non alium, non Martem, non Jovem, non Mercurium ; sed quem confitetur Mercurius. Quid miraris Christiane, quod talia isti de Patre et Filio dicant? « Et dæmones credunt, et contremiscunt. » (*Jac.*, II, 19.) Nempe in Evangelio transeunte Domino dicunt : « Novimus qui sis, Filius Dei, venisti ante tempus torquere nos. » (*Marc.*, I, 24.) Utinam quomodo dæmones judicem, sic homines agnoscerent salvatorem.

CAPUT IV.

Ex veteri Testamento.

Quid dicit Judæus? Unus est nobis Deus, præter ipsum non alium novimus. Illum vero quem dicitis Christum, patres nostri non Deum, sed hominem occiderunt. Nempe hoc est quod dixi : Utinam quomodo dæmones judicem, sic homines agnoscerent salvatorem. Ecce dæmones viderunt, et tremuerunt : homines viderunt, et occiderunt. Dæmones confessi sunt : homines persecuti sunt. Quæ infelicitas est et quanta miseria, imparem etiam dæmonibus inveniri? Item homines credunt, dæmones pereunt : homines salvantur, dæmones puniuntur. Sed hæc immutatio gratia est dexteræ excelsi (*Psal.* LXXVI, 11), non præsumptio hominis de suis viribus confidentis. Contra istum vero Judæum non laboro : pugnant contra illum codices sui, pugnant Lex et Prophetæ : et aut victus et humiliatus salvabitur, aut superbus et pertinax punietur. Dixit Dominus ad Moysen : « Ecce ego mitto angelum meum qui præcedat te, et custodiat in via, et introducat in locum quem paravi. Observa eum, et audi vocem ejus, nec contemnendum putes. » (*Exod.*, XXIII, 20.) Audisti angelum, agnosce Dominum : nec contemnendum esse putes. Audi adhuc quod metuas : « Ne, inquit, contemnendum putes : » Quare? « Quia non dimittet cum peccaveris, et est nomen meum in illo. » Quis est ille tam magnus, cui Deus et potestatem suam dedit et nomen? « Dominus virtutum ipse est rex gloriæ. » (*Psal.* XXIII, 10.) Et unde probamus, quod cum dicitur angelus, debeat intelligi Deus? Habes in libro qui appellatur Genesis : « Venerunt, inquit, duo angeli Sodomam vespere, sedente Loth pro foribus civitatis : quos cum vidisset, surrexit,

voirs de l'hospitalité, comme à des voyageurs. En récompense de son hospitalité, il fut sauvé du péril qui menaçait la ville, il échappa à un incendie dans le temps et mérita une récompense pour l'éternité. Apprenez, chrétiens, à exercer l'hospitalité sans distinction de personne, de peur que celui à qui vous aurez fermé la porte, à qui vous aurez refusé les devoirs de l'humanité, ne soit le Christ même. Mais ne nous éloignons pas plus longtemps de notre sujet. Les anges vinrent à Loth et lui dirent. Remarquez bien et notez qu'il est dit que ce sont des anges qui lui parlèrent. Que lui dirent donc ces anges? « Sauvez votre vie, ne regardez point derrière vous, » (Gen., xix, 17) attendu que « quiconque met la main à la charrue et regarde en arrière, n'est point propre au royaume de Dieu. » (Luc, ix, 62.) « Ne vous arrêtez point, » continuent les anges, « dans le pays aux alentours, » c'est-à-dire, ne vous attachez point aux plaisirs de la terre. « Mais sauvez-vous sur la montagne; » que Dieu soit votre espérance si vous ne voulez périr vous-même avec Sodome. Loth leur répondit. Remarquez cet homme clairvoyant, non point aveugle comme les juifs et les sabelliens, ni aux yeux malades, comme les ariens, mais un homme ayant des yeux sains, comme les chrétiens catholiques. Il vit des anges et il comprit que c'était le Seigneur. Que dit-il à ces anges? « Loth leur dit : Mon Seigneur, puisque votre serviteur a trouvé grâce devant vous, et que vous faites éclater votre miséricorde à mon égard pour me sauver la vie! » (Gen., xix, 19.) Voilà une grande chose, quand je veux frapper le juif par ces armes. Moïse, cet homme plein de force, a brandi la hache de la parole, et l'a lancée de manière à aller atteindre ce sabellien en passant à travers le corps du juif, et à frapper l'arien même. Que faites-vous, ô saint homme Loth ? vous voyez des anges, non pas un ange, mais deux anges, et vous dites : « Mon Seigneur ! » Vous ne vous adressez qu'à un seul, vous n'en priez qu'un seul, et ne craignez-vous pas de paraître manquer de déférence pour l'autre? Bien loin de là, me répond-il. Arrière, juifs, arrière, sabelliens, car vous ne voyez pas clair. Arrière, ariens, vous ne voyez qu'à peine. C'est moi qui vois clair, et je ne méprise point ce que je vois, parce que je vois clair et je ne me trompe point. Je vois deux anges, je les vois égaux. Je n'en prie qu'un, je ne manque de déférence pour aucun d'eux, parce que je ne sépare point le Père du Fils. En effet, pour que vous compreniez bien que je ne me trompe pas quand je les prie tous les deux comme ne faisant qu'un, voyez s'il y en a deux ou s'il n'y en a qu'un qui réponde à mes prières. Loth avait demandé à trouver un refuge et à passer sa vie dans une petite ville du voisinage, il est répondu à cette prière; voyons combien sont ceux qui lui répondent. Voici en quels termes le livre poursuit ce récit : « Il lui répondit, » (Gen., xix, 21) comme si la réponse n'était faite que par un seul. Mais continuons et voyons la suite : « L'ange répondit : J'accorde encore cette grâce à la prière que vous me faites, de ne point détruire la ville pour laquelle vous me parlez. Hâtez-vous donc de vous sauver en ce lieu-là, parce que je ne pourrai rien faire jusqu'à ce que vous y soyez entré. » (Gen., xix, 21 et 22.) Tu le vois, ô juif, il est parlé d'un ange, et c'est Dieu? Tu l'entends, ô arien, l'Ecriture parle de deux qui sont le Père et le Fils, elle ne dit pas, cela va contre les sabelliens, que le Père est la même chose que le Fils, mais elle dit le Père et le Fils? Tu entends ce qui a été dit :

---

et ivit obviam eis. » (Gen., xix, 1.) Quid plura? Suscepit, et obsecutus est eis tanquam peregrinis. Consuetudine hospitalitatis liberatus a periculo civitatis, et temporale evasit incendium, et æternum consecutus est præmium. Discite Christiani, sine discretione exhibere hospitalitatem, ne forte cui domum clauseritis, cui humanitatem negaveritis, ipse sit Christus. Non amplius evagemur a proposita actione. Angeli venerunt ad Loth, et dixerunt. Videte et advertite, quia angeli loqui dicuntur. Quid dixerunt angeli? « Salva animam tuam, noli respicere post tergum? » (Gen., xix, 17.) Quia « nemo poneus manum super aratrum, et retro respiciens, aptus est regno Dei. » (Luc., ix, 62.) « Neque stes in omni circa regione; » terrenis non inhæreas voluptatibus. « sed in monte salvum te fac; » spes tua Deus sit, ne et tu simul pereas cum Sodomitis. Dixitque Loth ad eos. Videte hominem videntem, non cæcum, sicut Judæi et Sabelliani; non lippientem, sicut Ariani : sed oculos sanos habentem, sicut catholici Christiani. Angelos vidit, et Dominum intellexit. Quid dixit angelis? « Dixitque Loth ad eos : Domine mi, quia invenit servus tuus gratiam ante te, et magnificasti misericordiam tuam, quam fecisti mecum, ut salvares animam meam. » (Gen., xix, 19) Magna res, cum volo Judæum ferire sic, Moyses fortissimus vir hastam verbi sui vibravit, et misit, ut per Judæum ad Sabellianum transiret, Arianumque percuteret. Quid agis Loth sancte? Angelos vides, et non unum, sed duos, et dicis : « Domine mi. » Ad unum verba facis, unum precaris, et non metuis ne alteri injuriam facere videaris? Absit, inquit. Recedite Judæi, recedite Sabelliani, quia non videtis : recidite Ariani, quia parum videtis. Ego video, et quod video, quia video, nec contemno, nec erro. Duos video, æquales video. Unum rogo, nulli injuriam facio : quia Patrem a Filio non divido. Nam ut intelligatis me non falli, cum duos tanquam unum deprecor, videte utrum duo, an unus meis respondeat precibus. Petiit ut in modica civitate et proxima refugium haberet et viveret. Respondetur ei. Videamus quot sunt qui respondent. Verba libri subsequuntur : « Dixitque ad eum : » (Gen., xix, 21) quasi responsio singularis est. Adhuc sequere, videamus. « Ecce etiam in hoc suscepi preces tuas, ut non subvertam urbem, pro qua locutus es. Festina, et salvare ibi : quia non potero facere quidquam, donec ingrediaris illuc. » Vides Judæe, et dici angelum, et esse Deum? Audis Ariane duos, Patrem et Filium, dicentem : nec tamen eumdem Patrem quem Filium, propter Sabellianos; sed Patrem et Filium? Audis quid dictum est? « Suscepi preces tuas. » Audis quid dicit? « Non subvertam urbem. » Audis : « Non potero facere quidquam? » Judæus legat angelum, intelligat

« J'accorde encore cette grâce à la prière que vous me faites, » tu l'entends, « de ne point détruire la ville pour laquelle vous me parlez, » tu l'entends, « parce que je ne pourrai rien faire ? » Que le juif lise ange et comprenne Dieu ; que le sabellien lise qu'ils sont venus au nombre de deux ; que l'arien lise qu'un seul répondit, et qu'ils se gardent bien de mépriser ces paroles, que bien plutôt ils fuient leur erreur s'ils ne veulent point tomber dans le feu. Mais, pour montrer mieux encore que le mot ange doit s'entendre comme s'il y avait Dieu, voyons la suite de cette leçon : « Alors, » est-il dit, « le Seigneur, de la part du Seigneur, fit descendre du ciel, sur Sodome et sur Gomorrhe, une pluie de soufre et de feu. » Qu'est-ce à dire, « le Seigneur de la part du Seigneur, » sinon le Fils de la part du Père ? De même que dans un autre endroit il y a : « Le Seigneur dit à mon Seigneur, » (*Ps* cix, 1) c'est-à-dire le Père dit à son Fils : « Asseyez-vous à ma droite jusqu'à ce que j'aie réduit vos ennemis à vous servir de marchepied. » Il est dit encore dans l'Exode : « L'ange du Seigneur apparut à Moïse dans une flamme de feu qui sortait du milieu d'un buisson, et il voyait le buisson brûler sans se consumer. Moïse se dit donc : Il faut que j'aille voir cette merveilleuse vision et pourquoi ce buisson ne se consume point. Mais le Seigneur le voyant venir pour considérer ce qu'il apercevait, l'appela du milieu du buisson. » (*Exod.*, III, 2 à 4.) Voilà donc encore l'ange appelé le Seigneur, et il poursuit en ces termes : « Moïse, Moïse, celui-ci répondit : Qui êtes-vous, Seigneur ? Dieu repartit : N'approchez point d'ici avant d'avoir ôté les souliers de vos pieds, parce que l'endroit où vous êtes est une terre sainte. » Mais écoutez encore ce qu'il dit : « Je suis le Dieu de vos pères, le Dieu d'Abraham, le Dieu d'Isaac et le Dieu de Jacob. » Voilà pourquoi le juif, en entendant ange, doit comprendre Seigneur, et craindre Dieu. Quant au sabellien, il doit confesser le Père, mais de manière à ne point nier le Fils, et pour l'arien il doit confesser le Père et le Fils sans faire ce dernier moindre que le Père. Jésus de Navé, comme le dit le livre qui porte son nom, faisait la guerre aux ennemis et s'apprêtait à les attaquer, quand il aperçut debout devant lui un homme qui tenait une épée nue à la main. Il s'avance vers lui et lui dit : « Etes-vous des nôtres, ou bien êtes-vous un ennemi ? Je ne suis point un ennemi, dit-il, mais je suis le chef de l'armée du Seigneur, et je viens d'arriver ici à l'instant. » (*Jos.*, v, 13.) Alors Josué se prosterna jusqu'à terre et l'adora. Et maintenant, ô juif, marche sur les pas de ton chef. Il voit, il interroge, il adore. La vision a quelque chose de général ; on voit, en effet, aussi bien ce qu'on ne connaît point que ce que l'on connaît, voilà pourquoi je dis que la vision a quelque chose de général. La question suppose l'ignorance, l'adoration, la foi. Que voit-il ? un homme. Quel est cet homme ? c'est celui dont la venue était prédite contre les nations ennemies, était désirée, était attendue. « (C'est un homme, est-il dit, et qui le reconnaîtra ?) » Qui est ce prince de l'armée du Seigneur ? Ne serait-ce pas celui qui répondit quand on lui demanda qui il était : « Je suis le principe, moi qui vous parle ? » (*Jean*, VIII, 25.) Pourquoi vous troubler, ô Josué ? « Pourquoi les nations ont-elles frémi, et les peuples ont-ils formé de vains projets contre le Seigneur et contre son Christ ? » (*Ps.* II, 1.) Vous apercevez un

---

Deum ; Sabellianus legat duos venisse ; Arianus legat unum respondisse : et non contemnant, sed errorem fugiant, ne ad ignem perveniant. Sed ut plenius ostendamus dictum angelum debere intelligi Deum, hujus lectionis sequentia recitemus. « Igitur, inquit, Dominus pluit super Sodomam et Gomorrham sulphur et ignem a Domino de cœlo. » (*Gen.*, XIX, 24.) Quid est : « Dominus a Domino, » (*Ps.* CIX, 1) nisi Filius a Patre ? Sicut et alio loco : « Dixit Dominus Domino meo, » id est, Pater Filio suo : « Sede ad dexteram meam, donec ponam inimicos tuos scabellum pedum tuorum. » Item in Exodo : « Apparuit, inquit, Moysi angelus Domini in flamma ignis de rubo, et vidit quoniam rubus ardebat igni, rubus autem non cremabatur. Et dixit Moyses : (*a*) Transeo, et videbo hoc grande visum, cur utique non cremaretur rubus. Cum vidisset autem Dominus, quia accedit videre, vocavit eum Dominus de rubo. » (*Exod.*, III, 2.) Ecce ipse angelus ipse Dominus. Et sequitur dicens : « Moyses, Moyses. Et ille dixit : (*b*) Quis es Domine ? Ait illi Dominus. Ne accesseris huc, nisi solveris calceamenta de pedibus tuis : locus enim in quo stas, terra sancta est. » Adhuc audi quid dixerit ei : « Ego sum Deus patrum tuorum, Deus Abraham, Deus Isaac, Deus Jacob. » Et ideo Judæus sic audiat angelum, ut intelligat Dominum, et timeat Deum : Sabellianus sic confiteatur Patrem, ut non neget Filium : Arianus sic confiteatur Patrem et Filium, ut non minuat Filium. Jesus etiam Nave, sicut liber dicit, qui ejus scriptus est nomine, cum adversus hostes dimicaret, in ipso constitutus procinctu, vidit virum stantem contra se, et evaginatum tenentem gladium : perrexitque ad eum, et ait : « Noster es, an adversariorum ? » (*Jos.*, v, 13) Qui respondit : « Nequaquam, sed sum princeps exercitus Domini, et nunc adveni. » Cecidit autem Jesus pronus in terram, et adoravit. Et nunc sequere Judæa ducem tuum. Videt, interrogat, et adorat. Visio communionem habet : videtur enim et quod agnoscitur, et quod non cognoscitur. Ergo visio communionem habet, interrogatio ignorationem, adoratio fidem. Quem videt ? Hominem. Quis est homo iste ? Ipse est cujus contra inimicas gentes prænuntiabatur, desiderabatur, exspectabatur adventus. « [Et (*c*) homo est, inquit, et quis cognoscet eum ?] » Quis est princeps exercitus Domini ? Nonne ipse est, qui in Evangelio interrogatus quis esset, respondit : « Principium, qui et loquor vobis ? » (*Joan.*, VIII, 25.) Quid turbaris Jesu ? « Quare fremuerunt gentes, et populi meditati sunt inania adversus Dominum et adversus Christum ejus ? » (*Ps.* II, 1.) Vides armatum, noli metuere : non contra te venio, sed pro te : quia « non sum

---

(*a*) Al. *Vadam*. — (*b*) Al. *Quid*. — (*c*) Id abest a Mss.

homme armé, ne craignez point, ce n'est point contre vous que je viens, mais c'est pour vous, « attendu que je ne suis envoyé que vers les brebis perdues de la maison d'Israël. » (*Matth.*, xv, 24.) Mais, ô Josué, qui voyez-vous, qui interrogez-vous et qui adorez-vous? Ecoutez : Je vois un homme, j'interroge cet homme que je vois, j'en entends un que je ne vois pas, et j'adore non pas ce que je vois, mais ce que je crois, car « la foi vient par l'ouïe, or, on n'entend que parce que la parole a été annoncée. » (*Rom.*, x, 17.) Que cherchez-vous donc? Faites attention et poursuivez. Je vois un homme, mais ce que je comprends est bien au-dessus des enfants des hommes. Je ne sais ce qui brille à nos yeux et quel éclat resplendit devant moi comme du sein des ténèbres. Je vais à lui, parce qu'il vient à moi, et je veux sonder cette grande merveille que je vois. Celui que je vois est un homme, et il n'est pas un homme; que dis-je, il est un homme à cause du manichéen, et plus qu'un homme à cause du juif. Continuez, ô mon Josué, poursuivez, ô mon chef. Pourquoi cela, sinon parce que lorsque vous me cherchez, vous m'obtenez? Voici donc que je viens, et je trouve un homme, mais je ne sais ce que je comprends là-dessous; c'est obscur pour moi, je ne vois pas bien encore. Moïse s'est voilé la face, son voile m'empêche de voir, la vérité m'est cachée. Je ne reconnais point ce que c'est, il faut que je le questionne. Dites-moi, ô homme : « Etes-vous des nôtres, ou bien êtes-vous un ennemi? » Si c'est un ennemi, c'est un homme, c'est un adversaire. Si c'est un des nôtres, c'est un homme, et c'est le Sauveur. Que Josué interroge Jésus, que le premier Jésus interroge le second, mais pourtant ce sera le moindre qui interrogera le plus grand, celui qui décroît qui interrogera celui qui grandit, la figure qui interrogera la vérité, ou plutôt, c'est la figure qui comprendra la vérité, et le jour luira, et les ténèbres temporelles se dissiperont. Voici que je viens, je sais « qu'un esprit n'a ni chair ni os. » (*Luc*, xxiv, 39.) Je touche une chair, je cherche et j'aperçois un homme armé. Le mystère est encore caché à mes yeux. J'interroge un homme, j'entends un Verbe, j'écarte le voile, j'adore Dieu. Le fait pour Josué d'avoir vu et de n'avoir point reconnu, était le signe de la nation furieuse des Juifs, qui jamais n'aurait crucifié le Seigneur de gloire, si en le voyant elle l'eût reconnu. Le fait d'avoir, en entendant, cru et adoré, était le signe de cet autre peuple dont il est écrit : « Un peuple que je ne connaissais point m'a été assujetti, et il m'a obéi aussitôt qu'il a entendu ma voix. » (*Ps.* xvii, 45.) Ecoute encore, toi qui dis que Dieu n'a point engendré un Fils, écoute ce que Dieu le Père dit par la bouche d'Isaïe le prophète : « Et moi qui fais engendrer les autres, est-ce que je n'engendrerai point, dit le Seigneur? » (*Isa.*, lxvi, 9.) C'est moi qui donne au reste des êtres le pouvoir de se reproduire, dit le Seigneur votre Dieu, demeurerai-je stérile? A qui a-t-il été dit : « Vous êtes mon Fils, je vous ai engendré aujourd'hui? » (*Ps.* ii, 7.) Qu'as-tu à me lancer des traits et à ricaner, ô arien, quand tu entends ce mot : « aujourd'hui? » En Dieu il n'y a jamais de lendemain, jamais il n'a connu la veille, c'est un aujourd'hui perpétuel. L'année ne tourne point dans le cercle des mois, ni le mois dans la succession et la décroissance des jours, les heures ne changent point, les temps et les moments ne varient point, là où le jour ne connaît point de terme et n'a point de commencement. Que le juif entende encore ce que Dieu

missus nisi ad oves perditas domus Israel. » (*Matth.*, xv, 24.) Quid est Jesu quod vides, interrogas, et adoras? Audi : Hominem video; interrogo quem video; audio quem non video; adoro, non quod video, sed quod credo « quia fides ex auditu, auditus autem per verbum Dei. » (*Rom.*, x, 17.) Quid ergo quæris? Adverte, et sequere : Hominem video, sed præ filiis hominum est quod intelligo. Nescio quid mihi coruscat, et tanquam de latebris fulgidum aliquid splendet. Vado ad eum, quia venit ad me : perscrutabor quod video hoc tam grande visum. Quem video, et homo est, et non est homo. Imo, et homo est, propter Manichæum; et plus quam homo est, propter Judæum. Perge Jesus meus, dux meus, perge. Quare, nisi quia cum tu me inquiris, me acquiris? Ecce venio, hominem invenio : intus nescio quid intelligo; obscurum est, nondum video : tecta est facies Moysi, velamen impedit aciem, latet veritas. (*Exod.*, xxxiv, 33.) Non agnosco quid sit, opus est interrogatione. Dic tu homo : « Noster es, an adversariorum? » Si adversariorum est, et homo est, et inimicus est : si noster est, et homo est, et Salvator est. « Post me venit, sed ante me factus est. » (*Joan.*, i, 30.) Si Jesus est, et Salvator est. Interroget Jesus Jesum, interroget prior posteriorem, sed tamen minor majorem; interroget deficiens crescentem : figura interroget veritatem; imo figura intelligat verita- tem : ut lucescat dies, et removeantur tenebræ temporales. Ecce venio, scio, « quia spiritus carnem et ossa non habet; » (*Luc.*, xxiv, 39) palpo carnem : quæro, intueor armatum. Adhuc latet mysterium. Interrogo virum, audio verbum, removeo velum, adoro Deum. In eo quod Jesus vidit, nec cognovit, furiosam gentem Judæorum significabat, quæ si videns cognovisset, nunquam Dominum gloriæ crucifixisset (I *Cor.*, ii, 8) : in eo autem quod audiendo credidit et adoravit, istum significabat populum, de quo scriptum est : « Populus quem non cognovi, servivit mihi, in auditu auris obaudivit mihi. » (*Ps.* xvii, 45.) Audi adhuc qui negas Deum genuisse Filium, audi quid dicit Pater per Isaiam prophetam : « Numquid ego, qui alios parere facio, ipse non pariam, dicit Dominus? » (*Isa.*, lxvi, 9.) Ego qui generationes cæteris tribuo, sterilis remanebo, dicit Dominus Deus tuus? Cui dictum est : « Filius meus es tu, ego hodie genui te. » (*Ps.* ii, 7.) Quid me stimulas Ariane, et irrides cum audis, « hodie? » Apud Deum nunquam crastinus, nunquam hesternus dies est, sed semper hodie : non mensium circulis volvitur annus, non succedentibus ac decedentibus transigitur mensis diebus, non horæ mutantur, non variantur tempora vel momenta, ubi dies nec termino concluditur, nec initio inchoatur. Audiat adhuc Judæus quid per prophetam dicat Dominus, audiat Arianus : audiant et omnes

dit par la bouche du prophète, que l'arien l'entende également, que tous ceux qui pensent ou que Dieu n'a point de Fils, ou s'il en a un que ce Fils est moindre que lui, prêtent aussi l'oreille. « C'est moi, » dit-il, qui suis Dieu, « et il n'y en a point d'autre que moi. » (*Isa.*, XLV, 22.) Mais que devient votre Fils, Seigneur, si vous êtes le seul Dieu ? Ecoute encore, pourquoi tant te hâter ? « Je l'ai juré par moi-même. » Là où il y a serment, il n'y a plus lieu à douter. « Je l'ai juré par moi-même, un Verbe de justice va sortir de ma bouche, » voilà le Fils. « Un Verbe de justice va sortir de ma bouche et n'y rentrera point. » Qu'est-ce à dire, « n'y rentrera point ? » Pour que le sabellien ne puisse dire que le Père est la même chose que le Fils, le Verbe une fois sorti de la bouche n'y rentrera plus, attendu que le Père est le Père, et le Fils est le Fils. Que tous ces hérétiques qu'aucun respect ne retient, gardent donc un peu de silence. Que le Seigneur complète sa pensée et, alors, ou bien le Fils de Dieu n'aura plus d'adversaire, ou s'il en a, cet adversaire sera confondu. « Un Verbe de justice va sortir de ma bouche et n'y rentrera point ; tout genou se courbera devant moi, et toute langue me confessera. » (*Isa.*, XLV, 23.) Et le Fils ? Entends donc que c'est dans le Seigneur qu'il est dit : « La suprême justice et l'empire sont à moi. » (*Ibid.*, 25.) Allons, courage, et qu'y a-t-il après cela ? « Tous ceux qui s'opposent à lui, s'approcheront de lui, et seront couverts de confusion. » Allez, maintenant, vous tous, païens, hérétiques, juifs, opposez-vous au Fils de Dieu et combattez contre lui ; vous vous approcherez de lui et vous serez confondus, vous tous qui luttez contre lui.

Nous n'avons pas peu parlé du Fils de Dieu au point de vue de la divinité, et nous n'avons point épargné, autant que nous l'avons pu, les ennemis qui lui résistent ; maintenant, j'en veux venir à son incarnation ; mais l'impur manichéen me barre la route. Pourquoi ? Parce qu'il ne veut pas que le Fils de Dieu soit appelé en même temps Fils de l'homme. Mais où donc est-il écrit : « Cieux envoyez d'en haut votre rosée, et que les nuées fassent descendre le Juste, comme une pluie salutaire, que la terre s'ouvre et que la justice naisse en même temps. C'est moi, le Seigneur qui l'ai créé ? » (*Ibid.*, 8.) Ailleurs on lit encore : « Voici qu'un petit enfant nous est né et qu'un Fils nous a été donné. Il portera sur ses épaules le signe de sa principauté, et il sera appelé l'Admirable, le Conseiller, le Dieu fort, le Père du siècle futur, le Prince de la paix. » (*Isa.*, IX, 6.) Ailleurs encore on lit : « Une vierge concevra et elle enfantera un fils qui sera appelé Emmanuel. » (*Isa.*, VII, 14 ; *Matth.*, I, 23.) On me fait remarquer que mon intention était de combattre non le juif, mais le manichéen ; or, contre le manichéen, il faut des armes nouvelles, non pas des armes anciennes. Pourquoi ? Parce qu'il ne reçoit pas l'Ancien Testament, mais le Nouveau. Mais moi qui ai entrepris la lutte contre le juif et le manichéen à la fois, j'ai besoin de prendre mes armes partout, d'autant plus que les nouvelles sont faites avec les anciennes, celles-ci ne sont donc point à dédaigner, pour ne porter que celles-là, car des ennemis différents tombent sous le coup d'armes différentes. Je dois donc observer cette marche et ne point négliger de puiser dans les prophètes quand je parle de l'Evangile.

qui Filium Dei aut non esse, aut esse minorem dicunt. « Ego, inquit, Deus, et non est alius. » (*Isa.*, XLV, 22.) Et quid de Filio, Domine, si tu solus es Deus ? Audi adhuc, quid festinas ? « In memetipso juravi. » Ubi est juratio, nulla est dubitatio. « In memetipso juravi : Egredietur de ore meo justitiæ verbum. » Ecce habes Filium : « Egredietur de ore meo justitiæ verbum, et non revertetur. » Quid est, « non revertetur ? » Ne Sabellianus dicat quia ipse est Filius qui Pater, egressum verbum non revertetur : quia Pater, Pater est ; Filius, Filius dicit. Sileat aliquantulum hæreticorum loquacitas, nullam habens verecundiam : impleat Dominus sententiam : et Filio Dei aut nullus adversabitur, aut qui adversarius exstiterit, confundetur. « Egredietur, inquit, de ore meo justitiæ verbum et non revertetur : quia mihi curvabitur omne genu, et confitebitur omnis lingua. » (*Isa.*, XLV, 23.) Et Filius quid ? Audi ergo in Domino dici : « Meæ sunt summæ justitiæ et imperium. » (*Ibid.*, 25.) Age ergo, et quid postea ? « Ad eum venient, et confundentur omnes qui repugnant ei. » Ite nunc omnes Pagani, Hæretici, Judæi, adversamini, et repugnate Filio Dei : ad eum venietis, et confundemini omnes qui repugnatis ei.

Non parum de Filio Dei secundum divinitatem locuti sumus, et resistentibus in quantum potuimus adversariis non pepercimus : nunc volo ad ejus incarnationem accedere, et Manichæus obsistit impurus. Quare ? Quia Dei Filium non vult dici etiam hominis filium. Et ubi est quod scriptum est : « Rorate cœli desuper, et nubes pluant justum ; aperiatur terra, et germinet Salvatorem ; et justitia oriatur simul, ego Dominus creavi eum ? » (*Ibid.*, 8.) Item : « Ecce parvulus natus est nobis ; et filius datus est nobis : et factus est principatus super humerum ejus et vocabitur nomen ejus, Admirabilis, Consiliarius, Deus fortis, pater futuri sæculi, Princeps pacis. » (*Isa.*, IX, 6.) Item : « Ecce virgo concipiet in utero, et pariet filium, et vocabitur nomen ejus Emmanuel. » (*Isa.*, VII, 14 ; *Matth.*, I, 23.) Dicit aliquis : Cum Manichæo certare disposueras, non cum Judæo. Contra Manichæum nova tela sunt necessaria, non antiqua. Quare ? Quia Novum, non Vetus accipit Testamentum. Sed mihi, qui contra utrosque suscepi certamen, undique arma sunt necessaria : maxime, quia ista nova ex veteribus fabricata sunt : ergo nec illa abjicienda, et ista portanda sunt. Diversis enim telis diversi concidunt adversarii. (1) Ordo itaque iste servandus est, ut loquens de Evangelio, non sileam de Prophetis.

(1) Beda in *Rom.*, I.

CHAPITRE V.

Mais pour moi, dit le manichéen, je ne reçois ni Moïse ni les prophètes. Que dis-tu donc de l'apôtre Paul qui s'exprime ainsi au commencement de son épître aux Romains : « Paul, serviteur de Jésus-Christ, apôtre par la vocation divine, séparé et destiné pour annoncer l'Evangile de Dieu qu'il avait promis longtemps d'avance par ses prophètes dans les saintes Ecritures, touchant son Fils qui lui est né du sang de David, selon la chair? » (*Rom.*, I, 1 à 3.) Entends-tu ? L'Evangile ne serait point prêché par les apôtres, s'il n'avait pas été promis auparavant par les prophètes. Tu l'entends ? Le Fils de Dieu en tant que Dieu s'est fait Fils de l'homme de la race de David, en tant qu'homme. Le prophète a dit : « Cieux, envoyez d'en haut votre rosée, et que les nuées fassent descendre le Juste comme une pluie salutaire. » Qu'un ange vienne et prédise le Verbe. « Que la terre s'ouvre ; » que Marie l'entende, «et qu'elle germe le Sauveur ; » qu'elle enfante Jésus. Le prophète a dit : « Une Vierge concevra et elle enfantera un fils qui sera appelé Emmanuel. » L'Evangéliste racontant cela, continua et expliqua le sens de ces paroles en disant : « Dieu avec nous. » (*Matth.*, I, 23.) C'est en vain, ô manichéen, que tu tâches de lutter contre les prophètes. Voici ce que dit l'Apôtre : « Touchant son Fils, qui lui est né du sang de David, selon la chair. » (*Rom.*, I, 1.) Ce que les prophètes avaient prévu et prédit, les apôtres l'ont vu et prêché. Celui qui était déjà a été fait. Qu'était-il ? Qu'a-t-il été fait ? Il était le Verbe et il a été fait chair. Il était Dieu, et il a été fait homme ; il était Fils de Dieu, et il a été fait Fils de l'homme. Il a pris l'humanité et n'a point perdu sa divinité. Il s'est fait humble, et est demeuré élevé ; il est né homme, et n'a point cessé d'être Dieu. Il est né petit, il était grand sans qu'on le vît. Que celui qui accepte volontiers que Dieu soit né, ne se montre point difficile pour recevoir l'enfantement d'une Vierge. Le Dieu qui a créé l'homme devenu Fils de l'homme te dit : Qu'est-ce qui te choque dans ma naissance ? Je n'ai point été conçu dans un mouvement de la passion. C'est moi qui ai fait la Mère de qui je devais naître ; c'est moi qui me suis préparé ma voie et qui l'ai purifiée. Cette femme que tu méprises, ô manichéen, est ma Mère, mais elle a été faite de mes mains. Si j'ai pu me souiller quand je l'ai faite, j'ai pu me souiller en naissant d'elle. Mais de même que sa virginité n'a rien souffert de mon passage, de même ma majesté n'a point été souillée en demeurant en elle. Si les rayons du soleil peuvent dessécher les ordures d'un cloaque, ils ne sauraient être souillés par elles. A combien plus forte raison la splendeur de la lumière éternelle, où ne se rencontre aucune souillure, peut rendre pur tout ce qu'elle atteint de ses rayons, mais ne peut se souiller elle-même ? Insensé, d'où viendraient ces souillures dans une mère vierge, qui n'a point connu l'approche de l'homme comme père de son enfant ? D'où viendraient des taches dans celle qui a conçu sans connaître les mouvements de la concupiscence, et qui a enfanté en demeurant étrangère à la douleur ? D'où viendraient des souillures dans une demeure dont nul habitant ne s'est approché ? Il n'y a que celui qui l'a faite et construite qui y soit

CAPUT V.

Sed ego, inquit Manichæus, nec Moysen accipio, nec Prophetas. (*a*) Quid ais de Paulo apostolo, qui in exordio Epistolæ suæ ad Romanos scripsit : « Paulus servus Jesu Christi vocatus Apostolus, segregatus in Evangelium Dei, quod ante promiserat per Prophetas suos in Scripturis sanctis de Filio suo, qui factus est ei ex semine David secundum carnem? » (*Rom.*, I, 1.) Audis quia Evangelium (*b*) per Apostolos non exhiberetur, nisi per Prophetas ante promitteretur? Audis quia Filius Dei secundum divinitatem, factus est Filius hominis ex semine David secundum carnem? Quid est enim, in quo Prophetæ contrarii sunt Evangelio? Dixit Propheta : « Rorate cœli desuper et nubes pluant justum : » (*Isa.*, XLV, 8) veniat angelus, prædicet verbum. « Aperiatur terra; » audiat Maria : « et germinet Salvatorem; » pariat Jesum. Propheta dixit : « Ecce virgo in utero concipiet, et pariet filium; et vocabitur nomen ejus Emmanuel. » (*Isa.*, VII, 14.) Hoc etiam Evangelista cum diceret, secutus est, et exposuit dicens : « Nobiscum Deus. » (*Matth.*, I, 23.) Frustra Manichæe conaris adversari Prophetis. Ecce Apostolus dicit : « De Filio suo qui factus est ei de semine David secundum carnem. » (*Rom.*, I, 3.) Quod Prophetæ præviderunt et prædixerunt, hoc Apostoli viderunt et prædicaverunt. Qui erat, factus est. Quid erat? quid factus est? Verbum erat, caro factus est : Deus erat, homo factus est : Filius Dei erat, Filius hominis factus est. Suscepit humanitatem, non amisit divinitatem : factus humilis, mansit sublimis : natus est homo, non destitit esse Deus : natus est parvulus, latens magnus : qui libenter amplectitur Deum natum, non (*c*) horreat virginis partum. Dicit tibi Deus creator hominis, filius hominis : Quid est quod te permovet in mea nativitate? Non sum libidinis conceptus cupiditate. Ego matrem, de qua nascerer, feci ; ego viam meo itineri præparavi atque mundavi. Hanc quam despicis Manichæe, mater est mea, sed manu fabricata est mea. Si potui (*1*) inquinari cum eam facerem, potui inquinari cum ex ea nascerer. Sicut transitu meo illius non est corrupta virginitas, sic mea ibi non est maculata majestas. Si solis radius cloacarum sordes desiccare novit, eis inquinari non novit : quanto magis splendor lucis æternæ, in quo nihil inquinamenti incurrit, quocumque radiaverit, mundare potest, ipse pollui non potest? Stulte, unde sordes in virgine matre, ubi non est concubitus cum homine patre? Unde sordes in ea, quæ nec concipiendo libidinem, nec pariendo est passa dolorem ? Unde sordes in domo, ad quam habitator nullus accessit? Solus ad eam fabricator et dominus ejus venit, vestem quam non

---

(1) Colbertinus cod. *fatigari.*
(*a*) Mss. et Beda, *Et quid agis.* — (*b*) Beda et antiquiores Mss. omittunt *per Apostolos.* — (*c*) Mss. *non abhorret.*

venu, et qui s'y soit couvert d'un vêtement qu'il n'avait point auparavant, en la laissant close comme il l'avait trouvée. De même que seul il est né libre entre les morts (*Ps.* LXXXVII, 5), de même, seule la Mère dont il est né a conservé sa pureté intacte. Eve pour avoir désobéi a mérité un châtiment, Marie en obéissant a obtenu la grâce : la première, pour avoir goûté au fruit défendu, a été maudite ; la seconde, en croyant à la parole de l'ange, a été bénie ; l'une nous a valu la mort, l'autre nous a enfanté la vie. Que fais-tu donc, ô manichéen ? Tu presses le chrétien et tu ne défends point le Christ. Que ton impure vanité garde le silence, parce que la vérité a été pure dans la naissance.

CHAPITRE VI.

Contre les Ariens.

Je voudrais poursuivre encore le manichéen, mais je rencontre sur ma route un ennemi, l'arien, plein de confiance dans sa force et se glorifiant de sa puissance. Mais déjà en répondant aux autres, nous avons parlé pour lui; toutefois, en procédant avec ordre, voyons maintenant quels traits il lance. Il ne faut pas nous effrayer de la puissance de qui que ce soit, « car toute chair n'est que du foin. » (*Ps.* XLVIII, 7.) Tous les jours vous voyez pousser du foin, tous les jours vous en voyez fleurir, de qui avez-vous peur ? C'est la production des terres abandonnées. Je ne fais point le procès aux cultivateurs, mais je cherche des cultivateurs. Où êtes-vous, en ce moment, ô bons cultivateurs ? Que faites-vous ? Pourquoi vous livrez-vous au repos ? Vous voyez de combien de mauvaises herbes cette terre est remplie : ici des épines, là des chardons, ailleurs du foin : brûlez les épines, arrachez les chardons, coupez le foin, semez de bons grains, ne craignez point l'hiver. Si l'iniquité est abondante, que votre charité s'enflamme en attendant. Semez en hiver pour récolter en été. Mais à qui parlé-je ? Où êtes-vous, sources de larmes ? à quels cultivateurs m'adressé-je ? les uns sont morts, les autres sont en fuite, la terre a été abandonnée à la main d'un impie, la tribulation et la nécessité ont fondu sur nous. Seigneur, assistez-nous dans nos tribulations, afin que le salut de l'homme ne soit pas vain, mais vrai. Que dis-tu, ô arien ? Réponds, je te prie, à mes questions. Ne méprise point un enfant, il n'a point une grande taille qui le flatte, il n'a point de grandes armes qui le protègent, une pierre lancée par lui perce le front qui porte le casque. Réponds donc à nos questions : Tu crois en Dieu le Père tout-puissant ? J'y crois, répond-il. Tu crois en Jésus-Christ, son Fils unique, Notre-Seigneur ? J'y crois, dit-il. Tu crois au Dieu homme, Jésus-Christ conçu du Saint-Esprit et né de la vierge Marie ? J'y crois, dit-il. C'est bien fait à toi. Encore une question. Le Fils est-il Dieu, comme le Père est Dieu ? Oui. Le Père est-il distinct du Fils ? Certainement. Le Fils est-il égal au Père ? Il lui est égal. Que reste-t-il à dire ; voilà qu'il a répondu à toutes mes questions. Quand il dit qu'il croit que le Père est Dieu et que le Fils est Dieu, il se range de mon côté contre les païens. Quand il croit que le Christ Dieu et homme a été conçu du Saint-Esprit et est né de la Vierge Marie, il est avec moi contre le juif et le manichéen. Et quand il croit que le Père est distinct du Fils, il se joint à moi contre le sabellien. Alors, si tu es avec moi en toutes choses, qu'a-

---

habebat, induit; eamque sicut invenit, clausam reliquit. Sicut ille natus est solus inter mortuos liber (*Psal.* LXXXVII, 5) : sic istius, ex qua natus est, matris pudor solus est integer. Eva inobediens meruit pœnam, Maria obediendo consecuta est gratiam : illa gustando prohibitum maledicta, hæc credendo angelo est benedicta : illa nobis mortem contulit, hæc vitam nobis peperit. Quid agis Manichæe ? Christianum premis, non Christum defendis. Taceat immunda vanitas, quia (*a*) munda nata est veritas.

CAPUT VI.

Contra Arianos.

Vellem adhuc Manichæum persequi, sed infestum patior Arianum, qui confidit in virtute sua, et gloriatur in potentia sua. Jam quidem cum aliis responderemus, nec ipsi tacuimus : sed etiam nunc servato ipsius ordine, videamus quæ spicula jaciat. Nullius terreat persona potentis : « Omnis caro fœnum. » (*Psal.* XLVIII, 7 ; *Isa*, XL, 6.) Vides quotidie fœnum crescere, vides florere, quid expavescis ? Tales fructus deserta germinat terra. Agricolas non accuso, sed quæro. Ubi (*b*) modo estis o boni agricolæ ? Quid agitis ? quare vacatis ? Videtis quot malis ista plena sit terra : hinc spinæ, hinc tribuli, hinc fœnum surgit. Spinas incendite, tribulos eradicate, fœnum secate, bona semina spargite, non vos terreat hyems : et si abundat iniquitas, tamen vestra ferveat caritas. Serite hyeme, quod metatis æstate. Sed quibus dico ? Ubi estis fontes lacrymarum ? Quibus agricolis loquor ? Alii sunt mortui, alii fugati : terra tradita est in manu impii, tribulatio et necessitas invenerunt nos. (*Job*, IX, 24 ; *Ps.* LIX.) Domine da nobis auxilium de tribulatione, ut salus hominis non sit vana, sed vera. Quid dicis Ariane ? Interroganti quæso respondeas. Nolo despicias parvulum, non te grandis forma juvat, non magna protegent arma, unius lapidis ictus frontem penetrat galeatam. Dic mihi ergo quod te interrogo : Credis in Deum Patrem omnipotentem ? Credo, inquit. Credis in Jesum Christum Filium ejus Dominum nostrum ? Credo, inquit. Credis Deum et hominem Jesum Christum natum de Spiritu sancto ex virgine Maria ? Credo, inquit. Bene facis. Adhuc interrogo : Sicut Pater Deus est, et Filius Deus est ? Ita. Alius est Pater, alius Filius ? Et maxime. Æqualis est Patri Filius ? Æqualis, inquit. Quid restat ? Ecce ad omnia quæ interrogavi, respondit. In eo quod credere se dicit Deum Patrem et Deum Filium, contrarius est mecum Pagano. In eo quod credit Christum Deum et hominem natum de Spiritu sancto ex virgine Maria, mecum est contra Judæum et Manichæum. In eo quod credit alium esse Patrem, alium Filium, mecum

---

(*a*) Quidam Mss. *mundo*. — (*b*) Mss. *Ubi mihi estis*.

vons-nous à nous quereller ? S'il nous est échu à tous les deux un héritage, possédons-le ensemble, nous sommes frères. « Quelle joie et quel bonheur pour des frères d'habiter ensemble. » (*Ps.* cxxiii, 1.) Pourquoi y a-t-il une nouvelle construction devant le mur ? Eveillons-nous ensemble pour veiller à notre héritage. Notre héritage est un bel héritage. (*Ps.* xv, 6.) Nous avons des envieux, nous avons des ennemis qui veulent aussi le posséder, non pas avec nous, mais contre nous. Que personne n'en revendique rien pour soi seul, cet héritage nous a été laissé à condition d'être possédé indivis entre nous, et de n'être point morcelé. Amassons du fruit ensemble, de peur de le perdre en le divisant. La pauvreté me rend inquiet, je vous prie donc de vouloir bien ne point amasser dehors sans moi, de peur que vous ne dissipiez ; « car quiconque n'amasse point avec moi, dissipe. » (*Luc*, xi, 23.) Il semble que j'ai oublié avec qui j'ai affaire ; mais je ne l'ai point oublié, c'est à l'arien, que je voudrais voir catholique, que je m'adresse. On me dira : il a répondu à tout ce que vous avez voulu, et, dans ses réponses, on ne trouve rien de contraire, que demandez-vous de plus ? Attendez, mon frère, ne vous hâtez point de juger, j'ai encore une question à faire, ne vous pressez pas tant de vous fier à lui, si sa réponse est claire, elle cache un venin. Qu'as-tu dit mon frère ? Le Fils est-il égal au Père ? Il lui est égal, dis-tu. C'est bien, attention maintenant, et on va voir apparaître ce qui était demeuré caché. En quel sens dis-tu que le Fils est égal au Père, est-ce en opération ou par son origine ? par sa puissance ou par son éternité ? Serait-ce par hasard dans l'un et l'autre sens ? Bien s'en faut, réponds-tu. Il est égal au Père en opération et en pouvoir, non point en éternité. En effet, comment se pourrait-il que l'engendré fût égal à celui qui est inengendré ? Voilà où se montre celui qui marchait à mes côtés comme ayant part au même héritage que moi, la ruse qui était demeurée cachée s'est montrée au jour. Il était censé vouloir posséder avec moi, mais il veut partager. Je ne le laisserai point faire, je résisterai au contraire de toutes mes forces. Les lois ordonnent d'obéir en toutes choses à la volonté du testateur. Tout héritier qui veut aller contre la volonté du testateur, doit être privé de l'héritage. Mais les lois sont-elles muettes au milieu des armes ? Non certes, car si on se donne du mal, si on combat, ce n'est que pour obtenir la soumission aux lois. J'invoque un testament, je cite les propres paroles du testateur ; s'il faut partager l'héritage, c'est là que nous le verrons, mais s'il ne doit point y avoir de partage, je te résiste en m'appuyant sur le testament lui-même. Ecoute ce que porte le testament : « Je vous donne ma paix, je vous laisse ma paix, » (*Jean*, xiv, 27) voilà l'héritage. Quel est le testateur ? Lis le testament et tu le verras. En parlant du Seigneur, le prophète a dit : « Sa grandeur éclatera jusqu'aux extrémités du monde, c'est lui qui sera notre paix. » (*Mich.*, v, 4 et 5.) Gloire à Dieu au plus haut des cieux, et, sur la terre, paix aux hommes, » non point à ceux qui divisent la sainte unité, mais « aux hommes de bonne volonté. » (*Luc*, ii, 14.) C'est lui qui est l'héritage, lui aussi qui est le testateur, et c'est lui que vous cherchez à diviser. Pourquoi voulez-vous partager l'unité ? Si vous divisez l'unité, vous n'aurez plus d'entier. O hérésie d'Arius, courtisane non moins impie que cruelle, rougis en pensant au jugement de Salomon. (III *Reg.*, iii, 26.) Une courtisane ne voulut point permettre qu'on fît deux parts de son fils, de peur de perdre cet enfant seul vivant, conçu

---

est contra Sabellianum. Age, si mecum es in omnibus, quare litigamus ? Si una nobis est hæreditas, simul possideamus, fratres sumus : « Ecce quam bonum et jucundum habitare fratres in unum : » (*Ps.* cxxiii, 1.) Quare est nova fabrica ante murum ? Simul ad custodiam nostræ hæreditatis invigilemus. Hæreditas nostra præclara est nobis. (*Ps.* xv, 6.) Habemus invidos, habemus inimicos : et ipsi possidere volunt, non nobiscum, sed contra nos. Nemo sibi usurpet aliquid : hæreditas ista sic est nobis dimissa, ut indivisa possideatur, non partibus dissipetur. Simul fructum colligamus, ne dividendo perdamus. Paupertas sollicitum me facit, rogo te noli foras præter me colligere, ne incipias spargere. « Qui enim mecum non colligit, spargit. » (*Luc.*, xi, 23.) Quasi oblitus sum, cum quo agebam : sed non suum oblitus, interrogo Arianum, quem desidero esse catholicum. Dicit aliquis : Ad omnia quæ voluisti respondit, in responsionibus illius nihil invenitur adversum : quid amplius quæris ? Exspecta frater, noli facile judicare, habeo adhuc quod interrogem : noli cito te illi committere, responsio claret, virus latet. Quid dixisti frater ? Æqualis est Patri Filius ? Æqualis, inquis. Eia modo vigila, modo manifestabitur quod latebat. Quomodo dicis æqualem Patri Filium ? operatione, an origine ? potestate, an æternitate ? an forte in utroque ? Absit, inquis. Operatione et potestate æqualis est, non æternitate : quomodo enim fieri potest, ut genitus sit æqualis ingenito ? En adest ille qui mecum quasi cohæres ambulabat, dolus apparuit qui latebat. Mecum possidere putabatur, vult dividere : sed non permitto ; prorsus resisto. Leges habent ut testatoris voluntati in omnibus pareatur : si quis contra voluntatem testatoris facere voluerit, careat hæreditate. Sed silent leges inter arma ? Non prorsus : ad hoc laboratur, ad hoc pugnatur, ut legibus serviatur. Testamentum profero, verba testatoris recito : si est quod dividatur, ibi invenio : si non est quod dividatur, de ipso testamento tibi resisto. Audi quid habet testamentum : « Pacem meam do vobis, pacem relinquo vobis. » (*Joan.*, xiv, 27.) Hæc est hæreditas. Et quis est ipse testator ? Lege testamentum, et invenies. Cum Propheta de Domino loqueretur, ait : « Magnificabitur usque ad terminos orbis terræ, et erit ipse pax. » (*Mich.*, v, 4.) « Gloria in excelsis Deo, et in terra pax hominibus, » (*Luc.*, ii, 14) non divisoribus sanctæ unitatis, sed « hominibus bonæ voluntatis. » Ipse est hæreditas, ipse est testator, ipsum quæris dividere. Quid partiris unum ? Si unum divideris, integrum nihil habebis. O Ariana hæresis, crudelis et impia meretrix, erubesce judicante Salomone. (III *Reg.*, iii, 26.) Meretrix, ne unum vivum, ne undecumque conceptum, jamque partum perderet, non permisit dividi filium suum;

je ne sais de quel père, et déjà mis au monde, et toi tu veux partager le Seigneur ton Dieu? Toute courtisane qu'elle fût, elle se montra néanmoins animée de sentiments humains, parce qu'elle était mère; mais toi, tu es courtisane sans laisser d'être dépourvue de tout sentiment humain, parce que tu n'es point mère; tu étouffes le fruit de ses entrailles, et tu rassembles des enfants que tu n'as point mis au monde. Comment nourrirais-tu un enfant étranger, quand tu livres le tien à la mort? Tes entrailles se sont endurcies et celles de la courtisane de Salomon ont tressailli de crainte. Que dit-elle : « Donnez-lui l'enfant, ne le coupez point en deux; » c'est mon fils, mais j'aime mieux le voir entier entre ses mains, que de le pleurer mort et en morceaux. C'est mon fils, dit-elle, mais que lui servirait à cet enfant que je fusse sa mère, si je lui ôte une vie que je n'ai point donnée? Je voudrais bien éloigner des lèvres de mon enfant les mamelles de cette femme cruelle, mais je crains plus encore l'épée du juge. Donnez-lui mon enfant, il est né mien, mais qu'il passe tout entier entre ses mains et que le sentiment maternel demeure en moi. Donnez-lui mon enfant sans le partager, ne lui ravissez point la vie qui anime ses membres, qu'il demeure entier puisqu'on ne m'a point arraché les sentiments d'une mère. Que dit-elle? « Donnez-lui mon enfant, ne le coupez point en deux. » Et moi je dis de même : possède Dieu tout entier, ô hérésie d'Arius, ne le partage point en deux. Non, dit-elle, mais si vous voulez avoir la paix sans trouble, partagez l'héritage. Mais comment ferai-je ce partage? Le Père est-il plus grand et le Fils moindre? O partage, ô justice, ô égalité! l'une des deux parts est plus grande, l'autre plus petite. Je ne consens point à ce partage, je ne veux point de partage, parce que je ne romps point la paix en deux, car si la paix est rompue, il n'y a plus de paix. Mais comment la paix peut-elle se trouver entière chez vous qui n'avez point la foi entière? Aussi, comme tu ne veux point posséder l'héritage avec moi et que tu aspires à diviser ta paix, tu ne peux obtenir l'héritage. Enfin si, selon ta coutume, ce n'est point la paix que tu as à cœur, mais la perfidie, vas interroger le juge, et voyons quelle sera la réponse. Tu as un juge ordinaire, je ne veux pas que tu me présentes tantôt telle puissance, tantôt telle autre, tirée de différents côtés. Ce qu'il me faut, ce n'est point un homme d'armes, mais un homme de loi. Où pourrai-je en trouver un, me réponds-tu? Où le trouveras-tu point? Ecoute le Prophète qui dit : « Le Seigneur est notre juge, le Seigneur est notre législateur. » (Isaïe, XXXIII, 22.) Ne vas pas croire que tu peux mépriser ce juge, écoute en effet ce qui suit : « Le Seigneur est notre roi, c'est lui qui nous sauvera. » Voilà un juge, et si ce n'est point assez, voilà notre roi devant toi; car pour être dans le ciel il n'a point quitté la terre. Il dit, en effet : « Je remplis la terre et les cieux » (Jérém., XXIII) et « je suis avec vous jusqu'à la consommation des siècles. » (Matth., XXVIII.) Il est donc avec nous sans cesser d'être avec son Père, attendu qu'il n'a pas plus quitté son Père quand il est descendu sur la terre, qu'il ne nous a quittés nous-mêmes quand il est remonté vers son Père. Adresse-toi à lui, dis-lui : « Seigneur, dites à mon frère de partager l'héritage avec moi. » (Luc, XII, 13.) Entends la réponse de Dieu, écoute un juste juge, prête l'oreille au langage de la paix qui a horreur des procès. Que dit-il? « Mon ami, qui m'a établi juge ou qui m'a donné le pouvoir de faire un partage entre vous? » (Luc, XII, 13.) Tu veux parta-

---

et tu dividis Dominum Deum tuum? Illa etsi meretrix, tamen pia, quia mater : tu et meretrix et impia, quia non mater; quod paris præfocas, quod non paris congregas. Quomodo alienum lactas, quæ tuum necas? Viscera tua duruerunt, illius tremuerunt. Quid dixit? « Date illi puerum, et nolite dividere eum : » Filius meus est; sed melius apud illam integrum gaudeo vivum, quam divisum lugeam mortuum. Filius meus est, inquit; sed quid prodero mater puero, si vitam quam non confero, aufero : volo illius crudelis a parvulo repellere ubera, sed magis cogor judicis timere machæram. Date illi filium meum : meus est natus; sed migret ad illam totus, apud me maneat affectus. Date illi puerum totum, non auferatur vita membrorum : non dividatur integritas, mihi non eripitur pietas. Quid dixit : « Date illi puerum, et nolite dividere eum? » Ecce et ego dico, totum posside, et noli dividere Deum. Non, inquit : sed si vis habere pacem sine præjudicio, divide hæreditatem. Et quomodo habeo dividere? Pater major est, Filius minor? O partes, o justitia, o (a) æqualitas. Una pars major est, alia minor. Non consentio, non facio partem; quia non divido pacem. Si enim fracta fuerit pax, jam non erit pax. Sed quomodo apud te pax illibata esse potest, apud quem fides integra non est? Unde quia mecum non vis possidere, et pacem vis dividere, hæreditatem non potes obtinere. Postremo si more tuo non paci, sed perfidiæ studes, vade interpella judicem, videamus quid tibi dicturus est. Habes judicem ordinarium; nolo mihi adducas ex diversis partibus alias atque alias potestates. Non mihi armiger, sed legifer necessarius est. Et ubi, inquis, istum invenio? Ubi autem eum non invenies? Audi Prophetam dicentem : « Dominus judex noster, Dominus legifer noster. » (Isa., XXXIII, 22.) Nec contemnendum judicem putes; audi quid sequitur : « Dominus rex noster, Dominus ipse salvabit nos. » Ecce habes judicem. Si parum est, et rex noster ante te est. Sic est in cœlo, ut non deserat terram. « Cœlum, inquit, et terram ego impleo. » (Jerem., XXIII.) « Vobiscum sum omnibus diebus usque ad consummationem sæculi. » (Matth., XXVIII.) Et nobiscum est, et cum Patre est : quia nec Patrem dimisit, cum ad nos descendit; nec nos deseruit, cum ad Patrem ascendit. Ipsum interpella, ipsi dic : « Domine, dic fratri meo ut dividat mecum hæreditatem. » (Luc, XII, 13.) Audi responsum divinum, audi judicem justum; audi pacem, fugientem litem : quid ait? « Amice, quis me constituit judicem aut divisorem inter vos? » Vis divi-

(a) Plures Mss. o æquitas.

ger la paix en deux, et c'est la paix elle-même que tu prends pour juge ? Je ne veux point être ton juge, je suis la paix, je ne sais point ce que c'est que plaider ; je ne me trouve que parmi ceux qui sont d'accord, je fuis les plaideurs. Si, lorsque tu étais en inimitié avec mon Père, je t'ai réconcilié avec lui par moi, comment donc me sépareras-tu de mon Père ? Quand tu étais bien loin, je suis venu pour te ramener ; quand tu errais au milieu des montagnes et des forêts, je suis allé te chercher, je t'ai trouvé au milieu des bois et des rochers : tu te heurtais à tous les rocs, tu t'y accrochais, parce que tu adorais la pierre et le bois. Et, pour que tu ne fusses point déchiré par la dent avide des loups et des bêtes sauvages, je t'ai recueilli, je t'ai placé sur mes épaules, je t'ai rapporté à mon Père, je me suis donné du mal, j'ai répandu des sueurs, j'ai laissé couronner ma tête d'épines, j'ai tendu les mains aux clous et une lance m'a ouvert le flanc. C'est au prix, je ne dis point de ces injures, mais de ces durs traitements que je t'ai acquis ; j'ai versé mon sang, j'ai déposé mon âme, afin de pouvoir t'unir à moi, et toi tu me divises en morceaux? Ecoute la réponse qui fut faite au disciple qui connaissait le Fils et cherchait à connaître le Père; Philippe disait au Seigneur : « Seigneur, faites-nous voir le Père et il nous suffit. » (Jean, xiv, 8.) Est-ce que cet apôtre ne séparait pas aussi le Fils du Père ? Nous vous connaissons déjà, disait-il, mais nous ne connaissons point votre Père. Mais que voulez-vous, ô Philippe? « Montrez-nous le Père et cela nous suffit. » Le Seigneur lui répond ; si tu veux, ô arien, entendre la réponse, tu as erré avec l'apôtre, reviens avec lui, et que le reproche qui lui est fait soit le remède qui te guérisse de ton mal. Que dit donc le Seigneur ? « Il y a tant de temps que je suis avec vous, et vous ne me connaissez point, Philippe ; » (Jean, xxiv, 9) je suis venu vous rapprocher de mon Père, ne cherchez pas à me séparer de lui. Que cherchez-vous, comme s'il était autre que moi? « Quiconque me voit, voit aussi mon Père. » L'union est telle entre nous, la ressemblance est si grande, la charité tellement parfaite, que moi je suis dans mon Père et que mon Père est en moi. Je comprends, ô sabellien, ce que tu dis au fond de ton cœur, tu te hâtes ou de me confondre avec l'arien, ou de me séparer de lui ; mais quand je lui réponds à lui, au nom du Père, du Fils et du Saint-Esprit, qui ne font point trois Dieux, mais un seul Dieu, ma réponse ne passe point au-dessus de ta tête. Qu'a dit le Seigneur ? « Quiconque me voit, voit aussi mon Père. » A-t-il dit : Quiconque me voit, voit le Père, ou : Je suis en même temps le Fils et le Père ? Il a dit : « Je suis dans mon Père et mon Père est en moi ; quiconque me voit, voit aussi le Père. » La présence du simple mot aussi, montre qu'il y a une distinction à établir entre le Père et le Fils, et prouve en même temps, ô sabellien, que tu n'as ni le Père ni le Fils. Réponds-moi, ô arien, tu dis que le Père est Dieu ? Très-certainement. Et le Fils qu'est-il ? Il est également Dieu. Comment le sais-tu ? C'est parce qu'il a dit par la bouche du prophète qui prédisait sa venue dans la chair : « Dites à ceux qui ont le cœur abattu : prenez courage, ne craignez point, voici notre Dieu qui vient nous venger et rendre aux hommes ce qu'ils méritent. Oui, Dieu va venir lui-même et il nous sauvera. » (Isa., xxxv, 4.) Reconnais en lui ce que tu prétends y reconnaître, si tu ne te poses point en adversaire du prophète. Que dis-tu donc du Père? Qu'il est Dieu. Et du Fils? Qu'il est Dieu. Le Fils est-il coéternel avec le Père ? Non. D'après toi, le

---

dere pacem : et quæris habere judicem pacem? Judex tuus nolo esse, ego pax sum, litigare non novi : consentientibus assideo, litigantes fugio. Si tu cum esses inimicus Patri meo, reconciliavi te per me, quomodo ergo a Patre meo separabis me? Ego cum esses longe, veni ut reducerem te : cum inter montes et silvas errares, quæsivi te : inter lapides et ligna inveni te : in lapidibus offendebas, ipsis adhærebas, quia ligna et lapides adorabas. Et ne luporum ferarumque avido ore laniareris, collegi te, humeris meis portavi te, patri meo reddidi te, laboravi, sudavi, caput meum spinis supposui, manus meas clavis objeci, lancea latus meum aperuit : tot non dicam injuriis, sed et asperitatibus laceratus sum : sanguinem meum fudi, animam meam posui, ut mihi conjungerem te, et tu dividis me? Audi quid respondeatur discipulo, qui Filium noverat, et Patrem quærebat. Ait Philippus Domino : « Domine ostende nobis Patrem, et sufficit nobis. » (Joan., xiv, 8.) Numquid non et ipse Filium separabat a Patre? Jam te, inquit, novimus, sed Patrem tuum non novimus. Et quid vis? « Ostende nobis Patrem, et sufficit nobis. » Et Dominus ad eum. Si vis Ariane audire, errasti cum Apostolo, redi cum Apostolo : sit illius objurgatio etiam tua curatio. Quid ait Dominus? « Tanto tempore, inquit, vobiscum sum, et non cognovistis me? (Joan., xxiv, 9) Philippe : » ego veni Patri meo te applicare, tu noli me separare : quid quæris quasi alterum præter me? « Qui me vidit, vidit et Patrem. » Tanta in nobis est unitas, tanta similitudo, tanta caritas, ut ego in Patre sim, et Pater in me. Sentio Sabelliane quid mussitas, aut in Ariano me concludere, aut ab Ariano avocare festinas. Sed in nomine Patris et Filii et Spiritus sancti ; non trium, sed unius Dei; cum illi respondeo, te non prætereo. Quid dixit Dominus? « Qui me vidit, vidit et Patrem. » Numquid dixit : Qui vidit me, vidit Patrem : aut : Ego sum Filius simul et Pater? Sed dixit : « Ego in Patre, et Pater in me : » et : « Qui me vidit, vidit et Patrem. » Interpositio unius syllabæ, quæ dicitur « et, » discernit et Patrem, discernit et Filium; teque demonstrat nec Patrem habere, nec Filium. Dic mihi Ariane. Patrem dicis Deum? Et maxime. Quid Filium? Ipsum quoque Deum confiteor. Unde agnoscis? Quia cum prænuntiaretur in carne venturus, de ipso Propheta dixit : « Dicite : Pusillanimes confortamini : nolite timere, ecce Deus noster ultionem adducet retributionis ; Deus ipse veniet, et salvabit nos » (Isa., xxxv, 4.) Agnosce, in eo quod te agnoscere dicis, si Prophetæ non adversaris. Quid ergo dicis de Patre? Deus est. Quid Filius? Deus est. Coæternus est Patri Filius? Non. Ergo erat tempus, quando non erat Filius, secundum te. Si erat tempus quando non erat Filius, ergo fuit tempus

temps aurait donc déjà existé quand le Fils n'était pas encore. Si le temps existait quand le Fils n'était pas encore, ce n'est donc point le Fils qui a fait le temps. Mais si le Fils n'a point fait le temps, tout n'a donc point été fait par lui, puisque le temps existait déjà quand le Fils a été fait. Si le temps était avant que le Fils fût, l'évangéliste Jean n'aurait pas dû dire : « Au commencement était le Verbe, » (Jean, I, 1) mais : Au commencement était le temps. Jean dit : « Tout a été fait par lui; » mais l'arien dit le contraire. Réponds-moi donc, ô arien, comment sais-tu que le temps était déjà quand le Fils n'était pas encore? Peut-être vas-tu me répondre, et Jean lui-même où a-t-il appris que le Verbe était au commencement? C'est qu'il a reposé sur le sein du Seigneur et là il a puisé ce qu'il buvait dans le festin du Christ, à savoir que le Verbe était au commencement. Cependant, dis-moi, quand au commencement était le Verbe, ou quand Jean reposait sur le sein du Seigneur et apprenait du Verbe du Seigneur que le Verbe était au commencement et que le Verbe était Dieu, où était Arius? Je ne sais pas si tu oseras dire qu'il était là, mais on sait sa vie et on connaît sa mort, aussi n'oses-tu avancer d'Arius comme du Verbe, qu'il a été et qu'il est, attendu qu'alors Arius n'était point et que maintenant il n'est plus. Mais pour mettre Arius de côté, écoute ce que dit Salomon : « Le Seigneur a fait les régions et les contrées habitables sous le soleil. Lorsqu'il préparait les cieux, j'étais auprès de lui, » et, un peu plus loin : « J'étais là, et je réglais toutes choses avec lui, j'étais là quand il jetait les solides fondements de la terre, j'étais là pour être témoin de sa joie. » (Prov., VIII, 26, 27 et 30.) Mais, dis-tu, il s'agit du temps et si le Fils fut avant le temps. Ecoute le Prophète : « Dès le temps, » (Isa., XLVIII, 16) nous dit-il. Qu'est-ce à dire, « dès le temps? » Cela veut-il dire dès que le temps a commencé d'être? Non pas, ô arien, non pas, mais : « Dès le temps, j'étais présent avant qu'il fût fait. » Ainsi il était là, présent, avant que le temps fût fait. Cherche maintenant quand n'était point encore celui qui était avant que le temps fût. « Au commencement était le Verbe. » Les Grecs ont un mot plus juste, λόγος, qui signifie en même temps le Verbe et la raison. Tu vois donc bien que celui dont tu oses dire qu'il n'était pas encore, a toujours été. Ou si tu prétends que Dieu fut un jour sans son Verbe ou sans sa raison, ce n'est plus au Fils seulement que tu t'attaques, mais au Père en même temps. « Pour moi, est-il dit, je suis sorti de la bouche du Très-Haut. » (Ecclé., XXIV, 5.) Qui parle ainsi? C'est le Verbe. Et ce Verbe qu'est-il? Jean va nous le dire : « Le Verbe était Dieu. » Par conséquent le Verbe et celui dont le Verbe est le Verbe ne font point deux, mais un. Non point, dis-tu, attendu que le Verbe est postérieur à celui dont il est le Verbe, d'où il suit clairement que le Fils est moindre que le Père. Tu nies donc que le Fils est Dieu. Je ne dis pas cela, reprends-tu, je dis que le Père est Dieu et que le Fils est Dieu, mais que le Père est plus grand que le Fils et le Fils moindre que le Père. Combien de temps le Père a-t-il été plus grand que le Fils et le Fils plus petit que le Père? Dis-le moi, car je m'aperçois que tu veux compter dans l'éternité. De combien d'années Dieu le Père a-t-il précédé son Fils? Où as-tu lu le jour de la naissance du Fils de Dieu? Je dis du Fils de Dieu, non point du Fils de Dieu et de l'homme. Où donc as-tu lu sa naissance? Avec quel ma-

quod non fecit Filius. Si fuit tempus quod non fecit Filius, non omnia per ipsum facta sunt : jam enim erat tempus, quando non erat Filius. Si erat tempus, quando non erat Filius, Joannes evangelista non debuerat dicere : « In principio erat Verbum : » (Joan., I, 1) sed : In principio erat tempus. Joannes dicit : « Omnia per ipsum facta sunt : » sed Arianus contradicit. Dic Ariane : Unde scis quia erat tempus, quando non erat Filius? An forte dicturus es : Et Joannes unde scit, quia in principio erat Verbum? Quia super pectus Domini discumbebat, et inde hauriebat quia in convivio Christi bibebat, quia in principio erat Verbum. Tamen dic mihi : Quando in principio erat Verbum (Joan., I, 1), vel quando Joannes super pectus Domini recumbebat (Joan., XIII, 23), et a Verbo Domini discebat, quia Verbum erat in principio, et Verbum Deus erat : Arius ubi erat? Nescio; si audes dicere ibi erat. Notum est cuim et legitur quo tempore natus est, meritoque sit damnatus. Notum est etiam quomodo vixerit, quomodo mortuus fuerit : et ideo non audes dicere de Ario, sicut de Verbo : Et fuit, et est : quia nec tunc fuit Arius, nec modo est. Sed ut in omnibus excludatur Arianus, audi quid per Salomonem dicatur : « Dominus fecit regiones et fines inhabitabiles sub cœlo. Cum pararet cœlum, aderam illi. » (Prov., VIII, 26, 27.) Et post pauca : « Eram ego apud illum cuncta disponens : ego eram quando faciebat fortia fundamenta terræ : ego eram cui adgaudebat. » (Ibid., 30.) Sed dicis, de tempore agitur; utrum fuerit Filius ante quam esset tempus. Audi ipsum per Prophetam dicentem. « Ex tempore, » (Isa., XLVIII, 16) inquit. Quid est : « Ex tempore? » Numquid ex quo tempus esse cœpit? Non sic, impie Ariane; non sic : sed : « Ex tempore, ante quam fieret, ibi eram. » Ecce ante quam fieret tempus, ibi erat. Quære jam quando non erat, qui ante tempora erat. « In principio erat Verbum. » Melius Græci dicunt λόγος. Λόγος quippe verbum significat et rationem. Vides ergo quia semper erat, de quo tu audes dicere, non erat. Aut si dicis Deum aliquando sine verbo, aut sine ratione fuisse, jam non Filio tantum, sed et Patri adversarius eris. « Ego, inquit, ex ore Altissimi prodii. » (Eccl., XXIV, 5.) Quis dicit? Verbum. Et Verbum hoc quid est? Joannes dicat : « Deus erat Verbum. » Et Verbum ergo, et cujus erat Verbum, non duo, sed unum sunt. Non, inquis : quia verbum posterius est eo cujus est verbum : unde apparet Filium Patre esse minorem. Negas itaque Filium Dei esse Deum. Non nego, inquis : et Patrem Deum dico, et Filium Deum; sed Patrem majorem, Filium minorem. Quamdiu Pater major, Filius minor? Dic mihi, quia video te calculari velle æternitatem : quot annis præcedit Deus Pater Filium suum? Ubi diem nativitatis Filii Dei legisti? Filii Dei dico, non dico Filii Dei et hominis. Ubi ergo diem nativitatis ipsius legisti? Cum

thématicien as-tu calculé la constellation sous laquelle est né le Créateur, et en as-tu tiré son horoscope? Quelles époques, quelles heures, quels moments, quels nombres, quelles minutes as-tu groupés ensemble comme étant ceux de la naissance de celui qui a tout créé? Que ta superstition, car je ne puis dire ta religion, que ta superstition hérétique se tienne donc tranquille, il n'y a point de calcul qui puisse fixer le jour de la naissance du Christ, car quand on entend parler de l'éternité qui n'a point de commencement, on n'y va point chercher un âge. Si le Père est Dieu, et le Fils est Dieu, si le Père est plus grand et le Fils moindre, alors il n'y a plus qu'un seul Dieu; mais il y a deux Dieux. S'il y a deux Dieux, qu'est-ce donc que le Seigneur disait par la bouche de son prophète : « Avant moi il ne s'est point formé de Dieu, et, après moi, il ne s'en formera point? » (*Isa.*, XLIII, 1.) Que dis-tu, ô arien? A qui attribues-tu ces paroles? Si c'est le Père, qui a dit : « Avant moi il ne s'est point formé de Dieu, et après moi il ne s'en formera point, » il s'en suivra ou bien que le Père n'est point Dieu ou que c'est le Fils qui ne l'est point. En effet, s'il s'était contenté de dire : « Avant moi il ne s'est point formé de Dieu, » sans ajouter : « Et, après moi, il ne s'en formera point, » il serait libre à toi d'attribuer ces paroles au Père seulement. Mais comme il y a : « Après moi il ne s'en formera point, » d'après toi, ainsi que je l'ai dit, il nie que lui, le Père et que le Fils soient Dieu. De même si ces paroles sont du Fils, il nie que son Père soit Dieu et Père. En effet, s'il ne disait point : « Avant moi il ne s'est point formé de Dieu, » et s'il se contentait de dire : « Après moi, il n'y en aura point, » on pourrait peut-être soutenir, à la rigueur, que le Fils a tenu ce langage; mais comme il dit : « Avant moi, il ne s'est point formé de Dieu, et, après moi, il n'y en aura point, » il dit que son Père n'est ni Dieu ni Père. Si, au contraire, ces paroles sont du Père, qu'est-ce qui dit et à qui dit-il : « Vous êtes mon Fils, je vous ai engendré aujourd'hui? » (*Ps.* II, 7.) Est-ce que par hasard, ce qu'à Dieu ne plaise, il faudrait accuser Dieu de mensonge? Mais si ce sont les paroles du Fils, qui est-ce qui dit et de qui dit-il : « Mon Père ne cesse point d'agir? » (*Jean*, V, 17.) Faudrait-il le regarder comme étant injurieux et ingrat pour le Père? Mais est-ce que, s'il était ingrat, il lui serait dit : « Demandez-moi et je vous donnerai les nations pour votre héritage et j'étendrai votre domaine jusqu'aux extrémités du monde? » (*Ps.* II, 8.) Est-ce que par hasard le prophète ne savait pas ce qu'il disait, ou bien aurait-il eu l'intention de tromper, ou, pour parler plus doucement d'un prophète, doit-on croire qu'il a feint un dialogue entre les deux personnages, c'est-à-dire entre le Père et le Fils, et que le Père ayant dit : « Avant moi, il ne s'est point formé de Dieu, » le Fils aurait repris en disant : Et après moi il n'y en aura point de formé? Est-ce un jeu, une comédie, ou bien est-ce de choses divines qu'il s'agit ici pour nous? O crime! ô douleur! assez, assez, hérétique impiété, parce que tu ne comprends pas Dieu, tu nous provoques au blasphème. Ce n'est pas là ce qu'enseigne la sainte Eglise. Le Père est Père; le Fils est Fils, et de même que jamais celui-ci n'a été Père, de même celui-là n'a jamais été Fils. Tous les deux sont éternels, ils n'ont point eu de commencement et n'auront jamais de fin. Ce que le Père dit, le Fils le dit, parce que le Verbe est le Verbe du Père; et ce que le Fils dit, le Père le dit, parce que le Père est le Père du Verbe. C'est le Verbe même qui dit : « Les pa-

---

quo mathematico creatoris siderum constellationem quæsisti, atque tractasti? Quæ tempora, quas horas, quæ momenta, quos numeros, quas (*a*) minutas momentorum nativitatis illius, qui omnia condidit, collegisti? Conquiescat rogo, conquiescat hæretica tua, non religio, sed superstitio : de Christi initio deficit calculatio. Quia cum auditur sine initio æternitas, nulla ibi quæritur ætas. Si Pater Deus, et Filius Deus, Pater major, Filius minor : jam non unus Deus, et duo Dii. Si duo Dii sunt, quid est ergo quod dicit Dominus per Prophetam : « Ante me non est formatus Deus, et post me non erit? » (*Isa.*, XLIII, 1.) Quid dicis Ariane? Cui istas deputas voces? Si Patris sunt, dicendo : « Ante me non est formatus Deus, et post me non erit : » aut ipse Pater non erit, aut Filius Deus non erit. Si enim hoc tantum diceret : « Ante me non est formatus Deus? » nec adderet, « et post me non erit : » liberum tibi erat hæc verba Patri tantummodo applicare. Cum autem sequitur et dicit, « post me non erit : » secundum te, ut dixi, et se Patrem et Filium negat Deum. Item si Filii sunt hæc verba, Patrem suum et Deum negat et Patrem. Si enim non diceret : « Ante me non est formatus Deus; » sed tantum diceret, « post me non erit : » posset forsitan dici Filium illud fuisse locutum. Modo autem cum dicit : « Ante me non est formatus Deus, et post me non erit : » Patrem suum nec Deum dicit esse, nec Patrem. Item si Patris sunt hæc verba : quis dicit, cui dicit : « Filius meus es tu, ego hodie genui te? » (*Ps.* II, 7.) An forte, quod absit, mendacii arguendus est Deus? Sed si Filii verba sunt, quis dicit, de quo dicit: « Pater meus usque modo operatur? » (*Joan.*, V, 17.) An forte et injuriosus Patri judicandus est, et ingratus? Sed numquid ingrato diceretur : « Postula a me, et dabo tibi gentes hæreditatem tuam, et possessionem tuam terminos terræ? » (*Ps.* II, 8.) An forte Propheta aut quid diceret nescivit, aut fallere voluit; aut ut mitius aliquid de Propheta dicamus, finxisse credendus est sibi duos confabulantes, id est, Patrem et Filium; et Patre dicente : « Ante me non est formatus Deus, » adjunxit et Filio dicendo : « Et post me non erit? » Mimica sunt (*b*) et jocularia quæ agimus, an divina? O scelus! proh dolor! parce, parce hæretica impietas. Cum tu Deum non capias, nos quoque ad blasphemiam provocas. Non hoc docet sancta Ecclesia. Pater, Pater est; Filius, Filius est : et ille nunquam non fuit Pater, et iste nunquam non fuit Filius : ambo æterni, nec cœperunt esse, nec desistunt. Quod Pater loquitur, Filius loquitur, quia

---

(*a*) Plures Mss. *minutias*. — (*b*) Mss. omittunt *et jocularia*.

roles que je vous dis, ce n'est pas moi qui vous les dis. » (*Jean*, xiv, 10.) Accordez, je vous prie, au Créateur ce qu'il a lui-même donné à la créature, et, dans la créature, comprenez le Créateur si vous le pouvez. Ainsi le feu et son éclat sont deux choses, dont l'une provient de l'autre et ne va pas sans l'autre : le feu est le Père, l'éclat est le Fils. Celui-ci pourrait dire, s'il avait le don de la parole : si je luis, ce n'est pas moi qui luis, mais celui qui m'a envoyé, c'est lui qui ma donné de luire. C'est, en effet, le feu qui envoie l'éclat. Et de même que le Fils dit, en parlant de Dieu le Père : « Le Père est avec moi, » (*Jean*, xvi, 32) ainsi l'éclat du feu pourrait dire également : le feu est avec moi. Eteignez le feu, il n'y aura plus d'éclat. Si donc le feu et son éclat sont père et fils, l'un, père sans épouse et l'autre, fils sans mère et ne peuvent se séparer l'un de l'autre, et de plus l'un venant de l'autre, l'un ne peut cependant commencer sans l'autre, manière d'être accordée à la créature par le Créateur. Que ne peut le Créateur lui-même ? Que le païen approche, que le sabellien arrive, que l'arien se présente, qu'ils contemplent tous la lumière et voient en elle ce qu'ils ne peuvent voir en Dieu. Je ne manque pas de respect, si, voulant montrer, par quelque partie, la puissance du Créateur, je me sers de la ressemblance si éloignée du feu ou d'un flambeau. Il est écrit, en effet : « Votre parole est une lampe qui éclaire mes pieds, Seigneur, et une lumière qui éclaire mes sentiers. » (*Ps.* cxviii, 105.) D'un autre côté, il a été dit de Dieu : « C'est un feu dévorant. » (*Deut.*, iv, 24.) Approchez-vous donc, considérez attentivement ce flambeau et dissipez vos sottes ténèbres. Que le païen ouvre les yeux, et il verra là un père et un fils, bien qu'il n'y ait point de mariage, il y verra aussi comment ce fils est né ; si tu n'es pas frappé d'aveuglement, vois-y cela ; cherche quelque chose de mitoyen entre le feu et son éclat, s'il n'y en a point, il n'y a pas non plus de mariage. N'essaie pas de chercher ce quelque chose de mitoyen, si tu ne veux point te brûler plus que les doigts. Que le sabellien s'approche aussi et qu'il voie deux en un, le feu et son éclat. Est-ce que l'éclat du feu ne peut pas dire avec justesse : Je suis dans le feu et le feu est en moi, de même que le Fils a dit : « Je suis dans le Père et le Père est en moi. » (*Jean*, xiv, 10.) Que l'arien s'approche aussi, et qu'il voie à son tour l'un naissant de l'autre, sans, toutefois, que celui-là puisse naître sans celui-ci : aucun des deux n'est le premier, aucun des deux n'est le second, le Père et le Fils, je veux dire le feu et son éclat, sont contemporains ; le premier ne peut être sans le second, de même que le second ne peut exister sans le premier. Après tout, si cela te fait plaisir, approche ta main, sépare l'un de l'autre et montre-moi le feu sans son éclat, ou l'éclat du feu, sans le feu. Non, non, garde-t'en bien, tu ne réussirais qu'à brûler, sans pouvoir séparer l'un de l'autre. Or, de même que le feu et l'éclat du feu sont l'un de l'autre, sans toutefois, que l'un puisse exister sans l'autre, ainsi Dieu le Père et Dieu le Fils sont l'un de l'autre, et, cependant, ne peuvent point être l'un sans l'autre. Pour eux, il n'y a point eu naissance, mais il y a une seule et même éternité, une seule et même substance. Le feu et sa splendeur appartiennent au temps ; mais Dieu le Père et Dieu le Fils sont éternels. Je dis : « Sont, » parce qu'il y a Père et Fils, mais je dis : « Dieu, » au singulier, parce qu'ils ne font qu'un.

Verbum Patris est : et quod Filius loquitur, Pater loquitur, quia Pater Verbi est. Ipsum Verbum dicit : « Verba quæ ego loquor, a me ipso non loquor. » (*Joan.*, xiv, 10.) Concedite quæso Creatori quod ipse præstitit creaturæ, in creatura si potestis capite Creatorem. Ecce ignis et splendor duo sunt, alter ex altero est, nec sine altero alter est : ignis pater, splendor filius. Ipse, si posset, diceret : Quod luceo, non a me ipso luceo, sed qui me misit, ipse mihi dedit ut luceam. Ignis enim splendorem mittit. Et sicut Filius de Deo Patre dicit : « Pater mecum est : » (*Joan.*, xvi, 32) ita et splendor dicere posset : Ignis mecum est. Extingue ignem, splendor nusquam parebit. Si ergo ignis et splendor, pater et filius, unus sine conjuge pater, alius sine matre filius est ; nec dividi alter ab altero potest ; et cum sit alter ex altero, initium tamen alterius esse non potest sine altero ; hoc autem posse, a Creatore tributum est creaturæ : quid potest ipse Creator ? Accedat Paganus, accedat Sabellianus, accedat Arianus : contemplentur lucernam, in ipsa videant quod in Deo videre non possunt. Non facio injuriam, si aliqua ex parte tanti Creatoris cupiens ostendere potestatem, ignis sive lucernæ afferam tantillam similitudinem. Scriptum est enim : « Lucerna pedibus meis verbum tuum, Domine, et lumen semitis meis. » (*Psal.* cxviii, 105.) Et de Deo dictum est : « Ignis consumens. » (*Deut.*, iv, 24 ; *Hebr.*, xii, 29.) Accedite ergo, et lucernam diligenter considerate, vestrasque fatuas tenebras removete. Paganus intueatur, et illic sine conjugio esse Patrem discat et Filium, et quomodo natus est Filius : et si cæcus non es, ibi vide ; inter ignem et splendorem quære medium. Si nullum est medium, nullum est conjugium. Noli velle perscrutari medium, ne magnum patiaris incendium. Accedat Sabellianus, videat duos in unum, ignem et splendorem. Numquid non recte dicere potest splendor : Ego in igne, et ignis in me : « sicut » et Filius dicit : « Ego in Patre, et Pater in me ? » (*Joan.*, xiv, 10.) Accedat et Arianus, videat et ipse alterum ex altero, nec tamen nasci posse alterum sine altero : nemo eorum prior, nemo posterior ; coævi sunt pater et filius, splendor et ignis : nec ignis sine splendore, nec splendor sine igne esse potest. Aut certe, si placet, mitte manum, divide alterum ab altero : ostende mihi ignem sine splendore, vel splendorem sine igne. Absit, absit : ardere tantummodo poteris, separare alterum ab altero non poteris. Sicut enim ignis et splendor alter ex altero est, nec tamen esse alter sine altero potest : ita Pater Deus et Filius Deus alter ex altero est, nec tamen esse alter sine altero potest. Non illis ortus qui non est, sed æternitas atque substantia una est. Ignis et splendor temporales sunt : Pater autem et Filius Deus æterni sunt. « Sunt » dico, quia Pater et Filius : « Deus » dico, quia unum sunt. Dualitas in prole, unitas in deitate. Alterum facit unius

La dualité est dans la production l'un de l'autre ; l'unité est dans la déité. La naissance de l'un fait qu'il y a deux ; mais la divinité fait qu'il n'y a qu'un. Quand je dis : « Le Fils, » c'est de l'autre que je parle ; mais quand je dis : « Dieu, » c'est d'un que je parle. Le Fils est l'autre, mais il n'est pas autre, attendu qu'il est Dieu. Rougissez, ariens. Les bourreaux de Pilate n'ont pas osé déchirer la tunique d'un homme déjà jugé et attaché à la croix, et vous, vous faites tous vos efforts pour diviser la charité de Dieu qui est assis dans le ciel, que dis-je, pour diviser Dieu même qui est charité ? Mais faites des efforts, oui, efforcez-vous, autant que vous le pourrez, vous êtes déjà tombés au fond de l'enfer ; car jamais vous ne réussirez à déchirer cette tunique. Le Seigneur dit encore, par la bouche du Prophète : « Il n'y a point d'autre Dieu que moi. Je suis le Dieu juste, et personne ne vous sauvera que moi. » (*Isa.*, XLV, 21.)

CHAPITRE VII.
Contre Sabellius.

Sur ce, le sabellien triomphe, car pour montrer que le Père et le Fils ne font qu'un et sont la même chose, il pense que les arguments que je viens de produire font sa force. Au contraire, les ariens, pour prouver que le Père est autre et le Fils autre, produisent d'autres arguments et s'écrient : Il est tellement vrai que le Père est autre et le Fils est autre, que l'un est plus grand et l'autre est plus petit, que le Père dit au Fils : « Je vous ai donné pour être la lumière des nations, » (*Isa.*, XLIX, 6) et que le Fils de son côté s'exprime ainsi : « Mon Père m'a envoyé. » (*Jean*, VIII, 19.) Autant que je puis le comprendre, cette lumière des nations est si claire, si éclatante, que les hérétiques ne pouvant ni la comprendre, ni la regarder, en sont aveuglés, et ne sauraient marcher à cette lumière, et ne pourraient plutôt que s'égarer. L'arien dit une chose, le sabellien en dit une autre. Quelle guerre est-ce là ? Qu'est-ce que le catholique répondra à cela ? Les armes, dit-il, qui portent coup, sont à moi. C'est pour moi que l'arien et le sabellien combattent. Ils dirigent leurs armes l'un contre l'autre, mais c'est pour moi qu'ils s'attaquent. Puissent-ils se vaincre l'un l'autre ; que l'un, pourtant, ne passe pas dans le camp de l'autre, mais vienne à moi. Je vais produire, moi aussi, un argument qui va les atteindre tous les deux. Quant à toi, arien, tu dis que celui qui envoie est plus grand que celui qui est envoyé. Et bien moi, je vais te poser une question : Qui est le plus grand de celui qui précède, ou de celui qui est précédé ? Et encore, qui est le plus grand, de celui à qui on prépare la voie, ou de celui qui la prépare, de celui à qui on rend service, ou de celui qui rend le service ? Certainement, si vous posez cette question aux hommes, ils vous répondront que le plus grand est celui qui est précédé, celui à qui on prépare la voie, ou celui à qui on rend service. Tu veux prouver par là que le Fils est moindre que le Père, parce qu'il a été envoyé ; et moi je vais te montrer que celui qui envoie, précède celui qui est envoyé par lui, mais je ne dis pas que l'un est plus grand que l'autre, parce que je n'ose dire que l'un est moindre que l'autre. Le prophète Isaïe a dit : « Voici ce que dit le Seigneur au Christ, mon Seigneur, que j'ai pris par la main pour soumettre les nations devant sa face. » Ainsi le Père se trouve déjà le compagnon de son Fils qu'il envoie. Mais poursuis la lecture : « Pour mettre les rois en fuite, pour ouvrir devant lui toutes les portes, en sorte qu'il n'y en ait aucune qui lui soit fermée. » (*Isa.*, XLV, 1.) Voici donc celui qui

---

nativitas, sed unum ostendit esse divinitas. Cum dico : « Filius, » alter est : cum dico, « Deus, » unus est. Alius est, quia Filius est : aliud non est, quia Deus est. Erubescite Ariani. Tunicam hominis jam judicati in cruce pendentis carnifices Pilati non sunt ausi conscindere (*Joan.*, XIX, 24) : et vos conamini caritatem Dei in cœlo sedentis, imo ipsam caritatem Deum dividere ? Sed conamini ; quantum potestis, conamini, vos jam in infernum ruistis : nam illam tunicam nunquam rumpetis. Item per Prophetam Dominus dicit : « Non est Deus absque me : Deus justus et salvans non est præter me. » (*Isai.*, XLV, 21.)

CAPUT VII.
Contra Sabellium.

Hic Sabellianus exsultat. Ut enim unum eumdemque Patrem ostendat et Filium, talibus se testimoniis credit muniri. Contra Ariani, ut probent alium esse Patrem, alium Filium, alia proferunt testimonia, et dicunt : In tantum alius est Pater, alius Filius, et alius major, alius minor ; ut Pater dicat Filio : « Dedi te in lucem gentium ; » (*Isa.*, XLIX, 6) et Filius dicat : « Pater misit me. » (*Joan.*, VIII, 19.) Quantum intelligo, lux ista gentium tam clara est atque perspicua, ut hæretici eam comprehendere non valentes atque perspicere, unde cæcati, non in eam possint ambulare, sed potius oberrare. Arianus aliud, Sabellianus aliud. Quale bellum ? Quid ad hæc Catholicus ? Arma, inquit, quæ portant, mea sunt : mihi militant ; ambo contra se pugnant, sed pro me : utinam ambo deficiant, et non alter ad alterum transeat, sed ad me. Proferam et ego aliquid, unde utrique percutiantur. Tu Ariane dicis, majorem esse qui mittit, minorem qui mittitur : interrogo te et ego : Quis est major, qui præcedit, an qui præceditur ? Item quis est major, cui præparatur aliquid venienti, au qui præparat : cui exhibetur officium, an qui exhibet ? Utique si hominum genus interroges, respondebit illum esse majorem, qui præceditur, cui præparatur, vel cui officium exhibetur. Tu inde vis probare minorem Filium, quia missus est : ego ostendo eum qui misit, præcedere illum quem misit : nec alterum eorum dico majorem, quia non audeo dicere vel minorem. Isaias propheta dicit : « Hæc dicit Dominus Christo meo Domino, cujus apprehendi dexteram, ut subjiciam ante faciem ejus gentes. » (*Isai.*, XLV, 1.) Ecce jam Filio misso comes est Pater. Adhuc sequere : « Et dorsa regum vertam, et aperiam ante cum januas, et portæ non clau-

envoie qui se fait le précurseur. Or, quel est le plus grand ou le supérieur qui ouvre la porte à moins grand que lui? ou bien, comment pourra-t-il lui ouvrir la porte, s'il ne le précède au moins un peu? Ecoute encore, le prophète dit : « Il n'y en aura aucune qui lui soit fermée. » Comment cela? « Je marcherai devant vous. » (*Ibid.*, 2.) Tu vois que celui qui envoie accompagne et précède en même temps. Il envoie, mais ne reste pas à l'écart. Que dis-je, il ne reste point à l'écart? il précède même. Après cela, dis-moi quel est le plus grand, quel est le principal; car pour moi, je ne vois absolument aucune différence, mais, ce qui me frappe les yeux, c'est plutôt l'égalité. Le Fils dit en parlant du Père : « Il m'a envoyé. » (*Jean*, VIII, 19.) Le Père dit au Fils : « J'irai devant vous. » Il ne saurait y avoir de place ici pour la discorde et la calamité, c'est là le signe de l'égalité, non de l'inégalité. Mais poursuis encore, afin qu'on voie plus clairement qui est-ce qui parle et à qui la parole est adressée. Je marcherai devant vous, et j'humilierai les grands de la terre. Approche aussi, toi païen, et écoute ce que dit le prophète. Je n'ai pas écrit ce que j'ai voulu écrire pour mon usage, le livre dans lequel cela se trouve écrit, est dans la bibliothèque du juif. C'est mon ennemi qui est mon témoin. Demande-lui ce livre, ouvre-le, lis-le, et crois-y. Le prophète dit donc : « Je mettrai les rois en fuite et j'humilierai les grands de la terre. » Ne vois-tu pas les rois de la terre qui autrefois persécutaient les chrétiens, devenus maintenant chrétiens eux-mêmes? Ne vois-tu pas ceux qui humiliaient l'Eglise, s'humilier pour entrer dans l'Eglise? Ne vois-tu pas qu'il a maintenant pour défenseurs ceux qu'il avait autrefois pour persécuteurs? « Je marcherai devant vous, est-il dit, et j'humilierai les grands de la terre. Je romprai les portes d'airain, et je briserai les gonds de fer. Je vous donnerai des trésors qui sont cachés et des richesses inconnues, afin que vous sachiez que je suis le Seigneur, le Dieu d'Israël, qui vous ai appelé par votre nom. » (*Isa.*, XLV, 2 et 3.) Que le sabellien l'entende, c'est Dieu qui parle, et c'est à Dieu qu'il adresse la parole. Cela fait donc deux, celui qui parle, et celui à qui il est parlé. Mais que l'arien écoute à son tour : « C'est moi qui suis Dieu et il n'y en a pas d'autre que moi. » (*Ibid.*, 5.) Il y a bien longtemps que je m'escrime contre ces deux hérésies, et je suis presque fatigué. Venez, mon Seigneur Jésus, vous qui êtes le combattant très-fort, le prince des armées du Seigneur, vous qui avez vaincu le diable et le siècle. « Prenez vos armes et votre bouclier, et levez-vous pour venir à mon secours. » (*Ps.* XXXIV, 2.) Au moment où il allait marcher au combat pour vaincre le monde dans le monde, il pria, non pas comme s'il eût manqué de vertu, puisqu'il est tout-puissant, mais afin de nous donner une leçon d'humilité, car c'est ce qu'il s'était proposé en venant. Que dit-il? « Mon Père, glorifiez votre Fils. » (*Jean*, XVII, 1.) Sur ce, l'arien maudit de s'écrier : Vous voyez donc bien qu'il est moindre que le Père, et qu'il n'aurait point de gloire s'il ne demandait à son Père de le glorifier? Attends, ô homme, pourquoi tant te hâter? Tu ne regardes que l'homme, or, dans cette forme, il est moindre non-seulement que le Père, mais même que les anges (*Ps.* VIII, 6), on ne voit que l'homme, le Dieu est caché. Tu ne me montres que l'humble mortel; mais ouvre les yeux, et vois le Dieu dans sa grandeur, il n'est pas moindre que les anges, mais égal au Père. « Mon Père, dit-il, glorifiez votre Fils, »

dentur. » Ecce ille qui miserat, præcursor factus est. Quis enim major aut superior, ante minorem januas operit? vel quomodo id faciat, nisi paululum quoque præcesserit? Audi adhuc : « Et portæ, inquit, non claudentur. » (*Ibid.*, 1.) Quomodo? « Ego ante te ibo. » Vides quia qui miserat, et comitatur, et præcedit : mittit, et non discedit. Parum est quia non discedit, insuper et præcedit. Jam tu discerne qui sit major, qui potior : ego enim nullam discretionem video, sed potius æqualitatem conspicio. Filius dicit de Patre : « Misit me. » (*Joan.*, VIII, 19.) Pater Filio dicit : « Ego ante te ibo. » Recedat de medio discordiosa calamitas : æqualitas hoc exhibet, non disparilitas. Adhuc sequere, ut clarius appareat quis cui dicat : « Ego ante te ibo, et gloriosos terræ humiliabo. » Hic esto et tu Pagane. Audi quid dicat Propheta. Non mihi ego quod volui scripsi : codex, in quo hæc scripta leguntur, in armario Judæi habetur. Inimicus meus testis est meus; ah ipso quære : aperi, lege, et crede. « Dorsa, inquit, regum vertam, et gloriosos terræ humiliabo. » Nonne reges terræ vides, qui ante persequebantur Christianos, nunc esse Christianos? Nonne vides eos qui humiliabant Ecclesiam, humiles intrare in Ecclesiam? Nonne nunc vides ipsos habere defensores, quos ante habebat persecutores? « Ego, inquit, ante te ibo, et gloriosos terræ humiliabo. Portas æreas conteram, et vectes ferreos confringam. Et dabo tibi thesauros absconditos, et arcana secretorum, ut scias quia ego sum Deus, qui voco nomen tuum, Deus Israel. » (*Isæ*, XLV, 2.) Audiat Sabellianus, Deus dicit, Deo dicit. Ego duo sunt, qui dicit, et cui dicit. Audiat et Arianus : « Ego Deus, et non est alius extra me. » (*Ibid.*, 5.) Diu est ex quo contra istas duas hæreses certando laboro, et pene sum fatigatus. Veni Domine meus Jesu præliator fortissime, princeps exercitus Domini, qui diabolum vicisti et sæculum. « Apprehende arma et scutum, et exsurge in adjutorium mihi. » (*Psal.* XXXIV, 2.) Processurus ad prælium, et victurus in mundo mundum, oravit; non tanquam virtutis impotens, cum esset omnipotens; sed ut nobis, propter quod venerat, humilitatis magisterium exhiberet. Et quid dixit? « Pater clarifica Filium tuum. » (*Joan.*, XVII, 1.) Modo Arianus maledictus dicit : Vides quia minor est, et claritatem non haberet, nisi Patrem petisset? Exspecta homo, quid festinas? Tu hominem vides, in qua forma non solum Patre, sed et angelis minor est (*Psal.* VIII, 6) : homo paret, Deus latet. Tu mihi ostendis hominem humilem : aperi oculos, et vide Deum sublimem, non angelis minorem, sed Patri æqualem. « Pater, inquit, Filium tuum clarifica : » ecce minorem. Adhuc sequere : « Ut et Filius tuus clarificet te : » ecce æqualem. Invenimus Filium agnoscentem Patrem, atque orantem, eique con-

le voilà moindre ; mais poursuis : « Afin que votre Fils vous glorifie à son tour, » le voilà égal. Nous avons trouvé un Fils connaissant le Père, le priant, uni à lui, et non ingrat envers lui, comme on le pensait. Voyons ce que le Père dit du Fils : « Jésus prit avec lui Pierre, Jacques et Jean, son frère, » ce sont les propres paroles de l'Evangile, « et il les conduisit à l'écart, sur une haute montagne, et il fut transfiguré devant eux. Sa face devint resplendissante comme le soleil, ses vêtements devinrent blancs comme la neige, et ils virent Moïse et Elie s'entretenant avec lui. » (*Matth.*, xvii, 1.) Moïse et Elie, la Loi et les prophètes ; ils parlaient avec lui, parce qu'ils avaient parlé de lui, ils montraient celui qu'ils avaient prédit, ils manifestaient celui qu'ils avaient prophétisé. Ils parlaient, que disaient-ils, à ton avis ? Ils parlaient pour convaincre les juifs, pour convertir les païens, pour confondre les manichéens, pour écraser les hérétiques, 'pour confirmer les catholiques. Ce qui parlait, c'était la Loi et la grâce, la dureté et la douceur, la terreur et la mansuétude, le précepte et l'aide, l'instrument qui ampute et le médecin, l'ombre et la lumière, le héraut et le juge, la sentence et la miséricorde. Mais qu'est-ce qui vient après cela. « Pierre, prenant la parole, dit à Jésus, Seigneur, nous sommes bien ici, si vous le voulez faisons-y trois tentes, une pour vous, une pour Moïse, et une pour Elie. » (*Ibid.*, 4.) Que dis-tu, ô saint Pierre ? Le monde est dans les douleurs de l'enfantement et tu demandes le secret ? Tu vois tant de nations qui se sont réunies en un seul peuple, et tu cherches le repos ? Tu vois les ténèbres du monde et tu veux cacher la lumière ? « On n'allume point un flambeau pour le placer sous le boisseau, mais sur un chandelier afin qu'il éclaire tous ceux qui sont dans la maison. » (*Matth.*, v, 15.) Cette maison, c'est le monde entier, le flambeau s'est allumé quand le Verbe s'est incarné ; le chandelier, c'est le bois de la croix, et le flambeau qui éclaire du haut du chandelier, c'est le Christ suspendu à la croix. « On n'allume point un flambeau pour le placer sous le boisseau, mais sur le chandelier, afin qu'il éclaire tous ceux qui sont dans la maison. » Tu as vu, toi, à nous de voir à notre tour. Il y a des ténèbres, n'allons point nous heurter contre les païens, n'allons point nous égarer parmi les hérétiques, que le flambeau brille à nos yeux, et que le Verbe en chair nous instruise. Voyons ce que dit l'Evangéliste, voyons si le conseil de Pierre a été suivi. L'Evangéliste continue : « Pierre parlait encore, lorsqu'une nuée brillante les couvrit, et voilà que de cette nuée une voix disait : » Ecoutons tous, que personne ne se bouche les oreilles. Que les païens qui sourient, écoutent aussi ; que les juifs qui persécutent, prêtent l'oreille, que les hérétiques avec leurs raisonnements pleins de chicane et d'erreurs, soient attentifs ; que les chrétiens, les chrétiens surtout, les fidèles serviteurs de Dieu, fassent attention, que les derniers écoutent afin de s'instruire, et les autres pour se corriger. Que disait la voix qui parlait de la nue ? « Celui-ci est mon Fils bien-aimé en qui j'ai mis toutes mes complaisances. » (*Matth.*, iii, 17.) Où êtes-vous, vous tous qui êtes contraires au Fils de Dieu ? Le Père dit : « Celui-ci est mon Fils, » et tu dis : Dieu n'a point de Fils. Toi, païen, pourquoi te tiens-tu dehors et murmures-tu ? Entre dans l'école de Dieu, ouvre les oreilles de ton cœur, entends la

---

junctum, non ut putabatur ingratum. Videamus quid de Filio dicat et Pater. « Assumpsit Jesus Petrum et Jacobum et Joannem fratrem ejus (Evangelii verba sunt), et duxit illos in montem excelsum seorsum, et transfiguratus est ante eos. Et resplenduit facies ejus sicut sol, vestimenta autem ejus facta sunt alba sicut nix. Et ecce apparuit illis Moyses et Elias cum eo loquentes. » (*Matth.*, xvii, 1.) Moyses et Elias, Lex et Prophetæ : loquebantur cum illo, quia locuti erant de illo ; ostendebant quem prædixerant, manifestabant quem prophetaverant. Loquebantur : putas, quid loquebantur ? Ut Judæi convincerentur, Pagani converterentur, Manichæi confunderentur, hæretici comprimerentur, Catholici confirmarentur. Loquebatur lex et gratia, asperitas et lenitas, terror et mansuetudo, præceptum et adjutorium, ferramentum et medicus, umbra et lux, præco et judex, sententia et misericordia. Et quid post hæc ? « Respondens autem Petrus dixit ad Jesum : Domine, bonum est nobis hic esse, si vis faciamus hic tria tabernacula, tibi unum, Moysi unum, et Eliæ unum. » (*Ibid.*, 4.) Quid dicis sancte Petre ? Mundus (*a*) parturit, et tu secretum petis ? Vides ergo tot gentes in (*b*) unum convenisse, et tu requiem quæris ? Vides tenebras mundi, et tu lumen abscondis ? « Nemo accendit lucernam : et ponit eam sub modio, sed super candelabrum, ut luceat omnibus qui in domo sunt. » (*Matth.*, v, 15.) Ista domus totus est mundus : lucernæ accensio, Verbi est incarnatio : candelabrum autem, crucis est lignum : lucerna in candelabro lucens, Christus in cruce pendens. « Nemo accendit lucernam, et ponit eam sub modio, sed super candelabrum, ut luceat omnibus qui in domo sunt. » Vidisti tu, videamus et nos. Tenebræ sunt, non offendamus in Paganis, non erremus in hæreticis : luceat nobis lucerna, doceat nos Verbum in carne. Videamus quid dicit Evangelista, utrum assimissum est consilium Petri : « Adhuc, inquit, eo loquente, ecce nubes lucida obumbravit eos. Et ecce vox de nube dicens. » Omnes audiamus, nemo aures claudat. Audiant Pagani irrisores, audiant Judæi persecutores, audiant Manichæi phantasmatum somniatores, audiant hæretici erronei litigatores ; audiant, et maxime audiant etiam Catholici, fideles Dei cultores. Isti audiant ut instruantur, illi ut corrigantur : aut isti audiant ne seducantur, illi ut puniantur. Quid dicit vox de nube ? « Hic est Filius meus dilectus in quo mihi bene complacui. » (*Matth.*, iii, 17 ; et xvii, 5.) Ubi estis qui adversamini Filio Dei ? Pater dicit : « Hic est Filius meus : » et tu dicis : Non habet Filium Deus. Tu Pagane, quid stas foris et murmuras ? Intra huc in scholam Dei, aperi aures cordis tui, audi vocem Domini, et disce Filium Dei. Quid agetis Judæi, qui occidistis Filium Dei ? Quo fugietis, ubi vos abscondetis ? Qui montes, quæ

(*a*) Quatuor Mss. *perit.* — (*b*) Quidam Mss. *in malum.*

voix du Seigneur, et apprends qu'il y a un Fils de Dieu. Qu'allez-vous faire, ô juifs, vous qui avez fait mourir le Fils de Dieu? Où allez-vous fuir, où vous cacherez-vous? Quelles montagnes, quels rochers vont tomber sur vous? « Quand même vous vous cacheriez dans les cavernes des rochers, je vous en tirerai, dit le Seigneur. » (*Jérém.*, XLIX, 16.) Mais, vous aussi, venez, entrez, écoutez mes conseils, ne désespérez pas, « parce que il restera plusieurs biens à l'homme pacifique. » (*Ps.* XXXVI, 37.) Vous avez été cruels, vous avez donné la mort, vous avez répandu le sang du Christ, vous êtes en danger, vous n'avez pas cru au Fils de Dieu. Qu'avez-vous donc à faire aujourd'hui, sinon de croire et d'être baptisés, et de boire le sang que vous avez versé? Ne frémissez point d'horreur, c'est le sang d'un médecin qui a été versé, et il est devenu le médicament de votre frénésie. Pourquoi hésitez-vous? « Goûtez et voyez combien le Seigneur est doux. » (*Ps.* XXXIII, 9.) Et toi, disciple de Manès, jusqu'à quand resteras-tu dans tes songes creux? Eveille-toi, et regarde, la nue tonne. Que dit ce tonnerre? « Celui-ci est mon Fils bien-aimé. » (*Matth.*, III, 17.) Vois sur la terre un vrai homme, et entends du haut du ciel, un vrai Dieu. Vois sur la terre le Fils de l'homme, entends du haut du ciel que c'est le Fils de Dieu. Reconnais que l'un et l'autre sont vrais, c'est-à-dire, que Dieu et l'homme, le Fils de Dieu et le Fils de l'homme ne font qu'un seul et même Dieu et homme. Reconnais l'homme, et tu apaiseras le Dieu. Prends garde de te heurter contre la pierre, si tu ne veux qu'elle ne t'écrase, qu'elle ne te frappe de mort; attendu que tous tes rêves ne sont que vanité, tandis que ce que Dieu dit dans son tonnerre est vérité. Et toi, disciple de Sabellius, entends aussi, entends le Père du haut du ciel, vois le Fils sur la terre, et ne dis pas que le Père est la même chose que le Fils. Entends également, disciple d'Arius, et cesse d'errer au sujet du Père et du Fils, sois au contraire partisan de l'unité et vois la divinité. Seigneur, nous allons écouter ce que vous dites de votre Fils. « Celui-ci est mon Fils. » Vois le Fils de l'homme sur la terre, entends du haut du ciel qu'il est le Fils de Dieu. « Mon Fils bien-aimé en qui j'ai mis toutes mes complaisances. » Et quoi encore? « Ecoutez-le. » Grâce à Dieu. Le précepte de Dieu est connu, et les conseils de Pierre sont écartés. Grâce à vous, ô mon Dieu, grâce à vous, Trinité une et vraie, une et trine vérité, trine et une unité, grâce à vous, Dieu le Père, qui nous avez montré votre Fils et m'avez donné à moi un maître qui m'instruise. Arrière le disciple de Sabellius, arrière le disciple d'Arius, arrière toutes les autres pestes, arrière enfin toute doctrine d'iniquité, que ce soit Dieu, non Arius qui nous instruise; que ce soit le Fils de Dieu, non l'adversaire de son Fils qui nous donne ses enseignements. Parlez, mon Seigneur Jésus, instruisez-moi, et j'apprendrai ce que je dois enseigner. Le disciple de Sabellius dit : Le Fils et le Père c'est tout un. Le disciple d'Arius reprend : Autre est le Père, autre le Fils; le Père est plus grand que le Fils, et le Fils est moindre que le Père. Il s'élève comme un adversaire, il crie, il chicane, il combat, il amasse la foule, il engage la lutte contre le Christ. Celui-ci répand son sang pour nous racheter, celui-là sème l'argent pour nous perdre. Il se creuse une caverne (1) où il étouffe le catholique, appelle le chrétien païen (2), rebaptise celui qui a été déjà baptisé, en dépit de

---

(1) Par cette caverne il faut entendre l'Eglise des Ariens, comme on le voit au chapitre XX, du sermon suivant.
(2) Les Ariens adressaient à celui qu'ils devaient baptiser cette question : Etes-vous chrétien? et il répondait non. De là vient ce que saint Augustin dit contre les Donatistes, dans son explication du Psaume XXXIX, n° 1 et dans celle du Psaume CXLV, n° 16.

---

petræ super vos casuræ sunt? « Et si in cavernis petrarum vos absconderitis, inde extraham vos, dicit Dominus. » *Jerem.*, XLIX, 16.) Sed et vos venite, intrate, consilium meum audite, desperare nolite : « quoniam sunt reliquiæ homini pacifico. » (*Psal.* XXXVI, 37.) Sævistis, occidistis, sanguinem Christi fudistis, in periculo estis, Filio Dei increduli fuistis. Quid ergo facere nunc habetis, nisi ut credentes baptizemini, et bibatis sanguinem quem fudistis? Non est quod horreatis : fusus est sanguis medici, et factus est medicamentum phrenetici. Quid dubitatis? « Gustate, et videte, quoniam suavis est Dominus. « (*Psal.* XXXIII, 9.) Quid tu Manichæe, quamdiu phantasmata somniabis? Evigila, et vide, (*a*) nubila tonant. Quid tonant? « Hic est Filius meus dilectus. » Vide in terra hominem verum, audi de cœlo Deum verum ; vide in terra hominis Filium, audi de cœlo Dei esse Filium. (*Matth.*, III, 17; XVII, 5.) Utrumque verum esse cognosce, id est, Deum et hominem, Filium Dei et Filium hominis unum eumdemque esse Deum et hominem. Agnosce hominem, et placabis Deum. Cave ne offendas in petra, et mortis patiaris ruinam : quia quod tu somnias, vanitas est; quod Deus tonat, veritas est. Audi tu Sabelliane, audi de cœlo Patrem, vide in terra Filium, et noli dicere : Idem est Pater qui Filius. Audi et tu Ariane, et in Patre et in Filio noli errare, sed (*b*) sequere unitatem, et vide divinitatem. Domine, audiamus quid dicis de Filio tuo : « Hic est, inquit, Filius meus. » Vide in terra hominis Filium, audi de cœlo Dei esse Filium. « Meus dilectus in quo mihi bene complacui. » Et quid? « Ipsum audite. » Deo gratias. Intonuit præceptum Dei, et remotum est consilium Petri. Gratias tibi Deus, gratias tibi vera et una Trinitas, una et trina veritas, trina et una unitas, gratias tibi Deus Pater, qui et Filium tuum ostendisti, et mihi (*c*) doctorem dedisti. Recedat Sabellianus, recedat Arianus, recedat cæteræ pestes, recedat omnis iniqua doctrina. Doceat Deus, non Arius : doceat Dei Filius, non Filii adversarius. Dic Domine meus Jesu, doce, discam quod doceam. Sabellianus dicit : Ipse est Pater qui Filius. Arianus dicit : Alius est Pater, alius Filius ; Pater major, Filius minor. Adversatur, clamat, litigat, pugnat, turbas congregat, contra Christum dimicat. Ille sanguinem fudit, ut redimat : iste pecuniam spargit, ut perimat. Speluncam fabricat, illi catholicum præfocat, Christianum vocat Paganum, baptizato ingerit baptismum, contra id quod

---

(*a*) Plures Mss. *nubecula tonat.* — (*b*) Quidam Ms. *sed quære et vide divinitatem. Sequere Domine.* — (*c*) Plures Mss. *ducem.*

cette parole : « Celui qui a été lavé n'a plus besoin de l'être de nouveau. (*Jean*, XIII, 10.) Cet homme crie : Je suis chrétien, pourquoi dis-tu que je suis ce que je ne suis pas ? Il crie : Je suis fidèle, et le disciple d'Arius réplique : Reçois cet argent de ma main, le chrétien reprend : Mais je suis déjà racheté, et l'arien riposte : Prends cet or que je te donne. Que me donnes-tu, ou que m'enlèves-tu ? Tu me donnes de l'argent pour m'enlever la grâce, tu me donnes de l'argent pour m'ôter la vie; tu me paies pour me ravir le bénéfice de mon rachat. Que veux-tu acheter d'un homme qui ne s'appartient plus? Le prix donné pour moi, ce n'est point de l'or, c'est le sang du Christ. Tu ne me séduiras pas, tu ne me tromperas point, quelque somme que tu me donnes, tu ne saurais m'enlever mon prix. Que ton argent périsse avec toi (*Act.*, VIII, 20), car mon prix est inappréciable. Cet homme crie : Je suis fidèle, et toi tu souffles sur lui. Il crie : J'ai été baptisé au nom du Père, du Fils et du Saint-Esprit, et tu souffles sur lui. Que réserves-tu donc au chrétien, dont tu chasses par ton souffle le Père, le Fils et le Saint-Esprit? Est-ce que par hasard tu nous aurais importé, des côtes d'outre-mer, une nouvelle foi, un nouveau baptême, un nouveau Dieu? Dites-moi, Paul, mon saint docteur, instruisez-moi, vous qui êtes versé dans la science du droit divin, vous l'ami de l'Epoux. Cet homme n'est arrivé que depuis peu de temps, il bouleverse le monde et déchire l'unité de la foi, il divise la Trinité, il s'efforce de rebaptiser celui qui ne partage point sa croyance, que dois-je faire ? C'est vous qui m'avez engendré dans le Seigneur Jésus lui-même, par l'Evangile, c'est dans le Christ que j'ai été baptisé. Est-ce que, par hasard, il y aurait un autre baptême ou une autre foi ? A Dieu ne plaise, me répondez-vous. « Il n'y a qu'une seule foi, un seul baptême, un seul Dieu et Père de tous les hommes. » (*Ephés.*, IV, 5.) Si donc il n'y a qu'une foi, ou plutôt, puisqu'il n'y a qu'une foi, un baptême et un Dieu Père de tous les hommes, je crois depuis longtemps, je suis baptisé depuis longtemps, j'ai déjà Dieu pour Père, pourquoi souffrirai-je l'homicide disciple d'Arius? A mon secours, mon Seigneur Jésus, ceignez votre épée à votre côté, ô Dieu très-puissant. (*Ps.* XLIV, 6.) O le plus puissant de tous les êtres, sortez, tuez-les en eux, afin qu'ils vivent en vous, et qu'ils cessent de me persécuter. Les disciples de Sabellius vous font disparaître, ceux d'Arius vous diminuent, mais vous, que dites-vous de vous-même? Le Père nous a dit de vous écouter, lorsque nous vous écoutons, c'est vous que nous écoutons; du même coup transpercez vos deux adversaires. Qu'ils périssent, dit-il, ces hommes aux paroles vaines, ces séducteurs des âmes, ces disciples d'Arius et de Sabellius, car « pour moi et pour mon Père nous ne sommes qu'un. » (*Jean*, X, 30.) Il n'a pas dit mon Père et moi c'est moi, mais : « Mon Père et moi ne faisons qu'un. » Quand je dis « un, » c'est à l'adresse du disciple d'Arius; quand « je dis nous ne sommes, » c'est pour celui de Sabellius. Que le disciple d'Arius ne divise pas cet « un, » et que celui de Sabellius n'efface pas ce « nous sommes; » mais que tous les deux viennent, et qu'ils ne fassent plus eux-mêmes qu'un en nous, comme mon Père et moi ne faisons qu'un. Si donc le Père et le Fils ne sont qu'un, ou plutôt, puisque très-certainement ils ne sont qu'un, non pas deux Dieux, mais un seul Dieu, ce n'est pas une parole de comédie que ces mots du prophète, mais une vérité quand il fait dire au Seigneur : « Avant moi, il n'a

scriptum est : « Qui semel lotus est, non indiget denuo lavari. » (*Joan.*, XIII, 10.) Clamat homo : Christianus sum, quid me dicis esse quod non sum? Clamat : Fidelis sum : et ille dicit : Accipe a me pecuniam. Clamat : Redemptus sum : et ille dicit : Accipe a me aurum. Quid das, aut quid aufers? Das pecuniam, ut auferas gratiam : das pecuniam, ut auferas vitam : das pretium, ut anferas quod emptus sum. Quid emis ab empto? Pretium meum, non aurum, sed sanguis Christi est : non me seducis, non me decipis ; quantumcumque mihi conferas, non mihi tollis pretium meum. Pecunia tua tecum sit in perditionem : nam pretium meum non habet pretium. Clamat homo : Fidelis sum, et tu exsufflas. Clamat : In nomine Patris et Filii et Spiritus sancti baptizatus sum, et exsufflas. Quid ergo Christiano reservas, in quo Patrem et Filium et Spiritum sanctum exsufflas? An forte novam fidem, novum baptizma, novum Deum de transmarinis partibus advexisti? Dic meus doctor sancte Paule, doce divini juris perite, sponsi amice, homo iste modo venit, mundum subvertit, et fidei unitatem scindit : Trinitatem dividit, non sibi consentientem rebaptizare contendit, quid facio? In ipso Jesu per Evangelium tu me genuisti, in Christo baptizatus sum. (1 *Cor.*, IV, 15.) An forte est aliud baptisma aut alia fides? Absit, inquis. « Una fides, unum baptisma, unus Deus et Pater omnium. » (*Ephes.*, IV,5.) Si ergo una fides est, imo quia et una est fides, unum baptisma, unus Deus et Pater omnium : jam credidi, jam baptizatus sum, jam Deum habeo Patrem ; quare homicidam patior Arianum? Subveni Domine meus Jesu, et accingere gladium tuum circa femur potentissime. (*Psal.* XLIV, 4) Omnium potentissime egredere, occide eos in se, ut vivant in te, desinant persequi me. Sabelliani te subtrahunt, Ariani te minuunt : tu quid dicis de te? Pater dixit ut te audiamus : cum te audiamus, ipsum audimus : uno ictu utrosque percute adversarios. Pereant, inquit, vaniloqui, et mentis seductores, Arianus et Sabellianus : nam : « Ego et Pater unum sumus. » (*Joan.*, X, 30.) Non dixit, ego et Pater unum sum : sed : « Ego et Pater unum sumus. » Quod dico, « unum, » audiat Arianus : quod dico, « sumus, » audiat Sabellianus. Non dividat Arianus, « unum : » non deleat Sabellianus, « sumus : » (*Joan.*, XVII, 11) sed ambo veniant, et sint etiam ipsi in nobis unum, sicuti ego et Pater unum sumus. Ergo si Pater et Filius unum sunt, imo quia indubitanter unum sunt, non duo dii, sed unus Deus : non (*a*) mimicum aliquid Propheta scripsit, sed verum dixit, Domino dicente : « Ante

(*a*) Editi *iniquum*. Melius Mss. *mimicum*.

point été formé de Dieu, et il n'y en aura point de formé après moi. » (*Isa.*, XLIII, 11.) La vérité nous a enseigné la vérité, et, de son glaive à deux tranchants, il a tué toute erreur. Si les hérétiques regimbent encore, que les catholiques écoutent la sentence qu'ils doivent suivre.

CHAPITRE VIII.
Conclusion.

Vous avez entendu ce que le Père dit du Fils, vous avez également entendu ce que le Fils dit de lui-même et du Père : « Si quelqu'un vous prêche un autre évangile que celui que vous avez reçu, qu'il soit anathème. » (*Gal.*, I, 8.) J'ai dit, du Père et du Fils ce que j'ai pu, et autant que je l'ai pu, si toutefois j'ai pu en parler d'une manière digne d'eux. Je n'ai point dit un mot du Saint-Esprit, mais je ne le sépare point des deux autres; car tout ce que j'ai dit du Père et du Fils, c'est également du Saint-Esprit que je l'ai dit, attendu qu'il est en eux et avec eux, un Dieu égal et unique, non pas un Dieu moindre ou un troisième Dieu. Que pourrai-je ajouter de plus, fatigué comme je le suis, et en parlant à des auditeurs fatigués comme moi? Quiconque sépare le Saint-Esprit, du Père et du Fils, quant à l'éternité, à la substance ou à la communion, quiconque nie que le Saint-Esprit est du Père et du Fils, est plein de l'esprit immonde et vide de l'Esprit saint. Car si Dieu est appelé charité (I *Jean.*, IV, 8), c'est parce qu'il ne divise point l'unité en morceaux, et qu'il la resserre au contraire, d'une manière ineffable. En effet, la Trinité même est un seul Dieu, c'est la tour pleine de force en face de l'ennemi, et elle garde pour les siècles des siècles, ceux qui croient en elle. Ainsi soit-il.

me non est formatus Deus, et post me non erit. » Docuit veritas veritatem, et gladio bis acuto omnem peremit errorem. Si adhuc hæretici reluctantur, audiant Catholici definitivam sententiam, quam sequantur.

CAPUT VIII.
Conclusio.

Audistis Patrem quid dixerit de Filio, audistis Filium quid de Patre dixerit vel de se. « Si quis vobis evangelizaverit præter id quod accepistis, anathema sit. » Diximus de Patre et Filio quod potuimus, et quantum potuimus, si tamen aliquid digne potuimus. De Spiritu sancto tacuimus, sed non cum separavimus : quidquid enim de Patre et Filio diximus, etiam de Spiritu sancto diximus. Est enim in illis et cum illis æqualis et unus, non minor, aut tertius Deus. Quid aliud dicam fatigatis fatigatus ? Qui Spiritum sanctum a Patre et Filio æternitate et substantia vel communione separat, et qui negat Spiritum sanctum non esse Patris et Filii, plenus est spiritu immundo, vacuus Spiritu sancto. Ideo enim Deus dicitur caritas (I *Joan.*, IV, 8), quia non partibus dividit unitatem, sed ineffabiliter coagulat Trinitatem. Ipsa est enim Trinitas unus Deus, turris fortitudinis a facie inimici (*Psal.* LV, 4), qui in se credentes custodit in sæcula sæculorum. Amen.

AVERTISSEMENT SUR LE SERMON SUIVANT

Ce sermon a été également écrit du temps où florissait l'arianisme, à l'époque où personne n'osait résister à ces hérétiques, ni disputer contre eux, et où ils s'efforçaient de détourner de la foi les catholiques par des promesses, par des récompenses, par la force et la violence même. « Tu parais grand à tes propres yeux parce que tu discutes sans que personne te réplique, et que nul n'assiste comme juge à la dispute. Puis parce que le temps favorise ton erreur, tu te crois quelque chose, quand tu n'es rien. Séduit toi-même, tu ne désires rien tant que de séduire beaucoup d'hommes, les uns à prix d'argent, les autres par la force. » C'est en ces termes que l'auteur de ce sermon s'exprime dans son chapitre VII. On peut comparer ce sermon avec le précédent, chapitre VII, page 584, où l'Eglise des Ariens est appelée une caverne, comme on verra notre au-

ADMONITIO IN SUBSEQUENTEM SERMONEM

Iste quoque Sermo sub Arianorum dominatu habitus est, eo tempore quo hæreticis illis disputantibus, et catholicos, alios pollicitatione ac præmio, alios vi potentiaque deducere a fide nitentibus obsistere nullus audebat. « Magnus tibi videris, » ait Concionator, cap. VII, « quia disputas nullo tecum altercante, nullo judice præsidente. Et dum suffragatur tempus errori tuo, existimas te aliquid esse, cum nihil sis : et seductus multos seducere concupiscis, aliquos pecunia, aliquos potentia. » Id confer cum superiore Sermone cap. VII, pag. 584, quo etiam loco Arianorum Ecclesiam « speluncam » dictam, ut hic cap. XXII observabis. De implenda professione renuntiationis baptizati admonentur, cap. III et IV, non secus atque in subdititiis Sermo-

teur l'appeler également au chapitre XXII. Il rappelle aux baptisés l'obligation d'accomplir la profession qu'ils ont faite de renoncer au démon, chapitres III et IV, à peu près de la même manière que le fait l'auteur des sermons apocryphes adressés aux catéchumènes, sur le symbole, et qu'on trouve dans le tome XXII. Nous avons omis beaucoup de passage semblables soit à ceux-là, soit au sermon qui précède. Il y en a beaucoup qui sont empruntés à saint Augustin. Ainsi celui-ci, tiré du chapitre XVIII : « Si c'est à la puissance de la magie qu'il doit d'être adoré après sa mort, était-il magicien avant que d'être né ? » est du livre I, sur l'*Accord des Evangiles*, chapitre XI ; de même ce passage du chapitre XIII : « Qu'est-ce à dire, c'est au milieu des deux animaux que vous êtes reconnu, sinon c'est au milieu des deux Testaments, ou au milieu des deux larrons, ou au milieu de Moïse et d'Elie quand ils s'entretenaient avec lui sur la montagne ? » appartient au livre XVIII *de la Cité de Dieu*, chapitre XXXII ; c'est de là aussi qu'ont été pris les vers sibyllins cités dans ce sermon. De même que saint Grégoire, dans son homélie XXXIII *sur l'Evangile*, notre auteur a emprunté à saint Augustin cet exorde de son sermon : « Quand il nous siérait plutôt de pleurer que de parler. » Il a encore de commun avec le même saint Grégoire dans son homélie X *Sur la Convenance des Evangiles* plusieurs autres phrases de son chapitre XVII. Dans son chapitre XV, il dit que Virgile a rendu témoignage au Christ dans ce vers : « Déjà descend des cieux une nouvelle race d'hommes ; » or saint Augustin, dans sa lettre CIV à *Nectaire*, n. 11, appelle cette bucolique avec beaucoup plus de raison « un poëme écrit à la louange d'un grand, qui n'est autre que Pollion. » Bernard de Vinding, dans la critique de saint Augustin, fait ressortir la barbarie de la diction de ce sermon, et y relève comme ineptes plusieurs passages qui n'étaient tels que parce qu'ils appartenaient à des éditions vicieuses et qui ont été corrigés dans celle-ci, sur un manuscrit de Reims, datant de huit cents ans et dans lequel ce sermon est intitulé *Sermon de saint Augustin sur le Symbole*, sur trois manuscrits du Vatican, sur un de l'abbaye de Saint Quentin de Beauvais, sur un de Corbie, etc.

nibus *de Symbolo ad Catechumenos*, tom. XXII. Alia loca illis, vel superiori Sermoni similia præterimus. Multa porro sunt delibata ex Augustino : illud, cap. XVIII. « Numquid si magicis artibus fecit ut coleretur mortuus, magus erat ante quam natus? » est libri I *de Consensu Evang.*, cap. XI. Item illud, cap. XIII. « Quid est : In medio duum animalium cognosceris, nisi aut in medio duorum Testamentorum, aut in medio duorum latronum, aut in medio Moysi et Eliæ cum eo in monte sermocinantium ? » ductum est ex lib. XVIII, *de Civitate Dei*, cap. XXXII. Inde etiam translati huc Sibyllini versus. Cum Gregorio *in Evangel.* homil., XXXIII, id usurpat Concionator in Sermonis exordio : « Cum potius expediat flere magis quam aliquid dicere. » Itemque alia quædam, cap. XVII, habet cum ejusdem homil. X, *in Evang. Convenientia*. n cap. XV, dicit Virgilium poetam versu illo. « Jam nova progenies cœlo demittitur alto, » testimonium Christo perhibuisse : quod Augustinus in Epistola CIV, *ad Nectarium*, n. 11, longe verius appellat « carmen adulatorium, dictum viro nobili, scilicet Pollioni. Dictionis barbariem monstrat Bernardus Vindingus in critico Augustiniano, et nonnulla velut inepta reprehendit, sed quæ Editionum erant vitia, correcta hic ex Remigiano annorum octingentorum codice, in quo inscribitur *Sermo sancti Augustini de Symbolo* : ex Vaticanis tribus, ex uno Bellovacensi abbatiæ S. Quintini, ex Corbeiensi, etc.

SERMON SUR LE SYMBOLE

CONTRE

LES JUIFS, LES PAIENS

ET LES ARIENS

Chapitre premier. — *Veilles chrétiennes.* — Les épreuves et les angoisses du temps présent ainsi que les devoirs de notre charge nous défendent, nos très-chers frères, de garder le silence, quand il nous siérait beaucoup mieux de pleurer que de parler. Mais craignant s'il arrive quelque malheur à l'arche du Seigneur, qu'on ne nous dise : « Serviteur méchant et paresseux, vous deviez administrer mes capitaux afin que, à mon retour, je les reprisse avec les intérêts, » (*Matth.*, xxv, 26) je supplie votre charité de daigner recevoir ce que le père de famille vous donnera par notre ministère. C'est un mot de l'Apôtre : « La nuit est fort avancée et le jour s'approche : quittez donc les œuvres de ténèbres et revêtez-vous des armes de lumière. » (*Rom.*, xiii, 12.) Après avoir dissipé les obscurités de la nuit et chassé les ténèbres des péchés, qu'un rayon de la vraie lumière brille dans nos cœurs, car le motif qui nous rassemble actuellement en si grand nombre nous oblige de vous rendre compte de la nuit qui vient de s'écouler et de vous montrer le vrai et éternel salut que nous puisons dans la réception du grand Sacrement de ce jour. Or, si nous jetons les yeux sur les œuvres de la nuit qui vient de s'écouler, si avec la grâce de Dieu, nous pouvons exposer ce que nous avons fait, nous trouverons que pendant cette nuit nous n'avons point fait des œuvres de ténèbres, mais des œuvres de lumière. En effet, nous reconnaîtrons que nos sens ne se sont point appesantis dans les douceurs du sommeil, que nos âmes n'ont point été le jouet de vains fantômes et que nos corps même, amollis par la douce chaleur du lit, ne se sont point reposés dans un profond sommeil. Mais par la veille, les prières, le chant des psaumes et la lutte contre le démon notre ennemi, nous avons senti une grande lumière descendre dans nos âmes et nous avons, pendant la nuit, accompli des œuvres du jour. En effet, qu'avons-nous fait cette nuit? Nous avons chassé le démon de vos âmes et y avons fait entrer le Christ. Qu'avons-nous fait cette nuit? Nous avons fait prisonnier celui qui vous tenait captifs. Qu'avons-nous fait cette nuit? Nous avons chassé de vos cœurs les ténèbres que le démon y avait accumulées, et nous vous avons montré qu'on doit aller puiser à la source de la vraie lumière. Que s'est-il passé cette nuit? Celui qui est la vraie force est venu et il a chargé de chaînes le fort armé, et a emporté toutes les richesses de la maison. (*Matth.*, xii.) Qu'est-il

---

CONTRA

JUDÆOS, PAGANOS ET ARIANOS

SERMO DE SYMBOLO

Caput primum. — *Christianæ vigiliæ.* — Inter pressuras atque angustias præsentis temporis et nostræ officia servitutis cogimur, Dilectissimi, non tacere, quum potius expediat flere magis quam aliquid dicere : verumtamen ne quid minus lucri arcæ Dominicæ accedens, dicatur nobis : « Serve nequam et piger, tu erogares pecuniam meam, et ego veniens cum usuris exigerem eam : » (*Matth.*, xxv, 26) peto Caritatem vestram, ut quæ ipse pater familias per nos vobis ministraverit, libenter accipere digneamini. Apostoli verba sunt : « Nox præcessit, dies autem appropinquavit : deponentes ergo opera tenebrarum induite vos arma lucis. » (*Rom.*, xiii, 12.) Expulsa itaque noctis caligine, effugatisque tenebris peccatorum, radius veri luminis fulgeat in cordibus nostris. Exigit enim a nobis ratio hujus tantæ congregationis, et noctis transactæ vobis reddere rationem, et istius diei de tanto sacramento percepto veram sempiternamque demonstrare salutem. Si enim (*a*) opera transactæ noctis consideremus, et quid egerimus, Domino donante, explicare valuerimus, inveniemus nos in nocte, non opera noctis, sed diei peregisse. Neque enim delectatione somni sopitos sensus nostros agnovimus, nec phantasmatibus animas nostras illusas, nec ipsa corpora stramentorum calore depressa in alto sopore requies inclinavit : sed vigilando, orando, psallendo, contra adversarium diabolum dimicando, et magnam lucem infusam cordibus nostris sensimus, et in nocte opera diei peregimus. Quid enim egimus in hac nocte ? Diabolum fugavimus, Christum introduximus. Quid egimus in hac nocte ? Captivatorem captivavimus. Quid egimus in hac nocte ? Tenebras diabolicas de cordibus vestris exclusivimus, lumen verum hauriendum esse demonstravimus. Quid actum est in hac nocte ? Veniens vera fortitudo alligavit fortem, et vasa domus ejus diripuit. (*Matth.*, xii.) Quid actum est in hac nocte ? Exstirpata est superbia, introducta est

---

(*a*) Sic Mss. At Lov. *de opere transactæ noctis consideremus.*

arrivé cette nuit? L'orgueil a été déraciné, et l'humilité a été mise à sa place. Que s'est-il fait cette nuit? Le prince de tous les vices a été chassé, et la source de tous les biens a été reçue. Vous voyez, mes bien-aimés, quels biens sont préparés pour vous et de quel poids, de quel fardeau de péchés vous avez été déchargés par celui qui vous appelle, afin que vous preniez son joug qui est doux et son fardeau qui est léger. » Déposez donc les œuvres de ténèbres, et revêtez-vous des armes de lumière. » (*Matth.*, XI, 29.) Qu'est-ce à dire? Apprenez-le par les paroles du symbole que vous venez de recevoir et qui vous a été expliqué. Qu'est-ce à dire : « Déposez les armes des ténèbres, » sinon, renoncez au démon, à ses pompes et à ses anges? et que signifient ces mots : « Revêtez-vous des armes de lumière, » sinon « croyez en Dieu le Père tout-puissant? »

CHAPITRE II. — *Qu'est-ce que le diable?* — Et d'abord, mes très-chers frères, voyons qui est ou quel est ce diable, quelles sont les pompes auxquelles il faut renoncer pour déposer les œuvres de ténèbres, après cela j'entretiendrai votre charité, autant que Dieu m'en fera la grâce, de Dieu le Père tout-puissant, qui est la vraie lumière. Qu'est-ce que le diable? Un ange séparé de Dieu par l'orgueil, un ange qui ne s'est point tenu ferme dans la vérité, qui est l'auteur du mensonge, qui s'est trompé lui-même et qui a désiré en tromper un autre. Il est devenu l'ennemi du genre humain, l'inventeur de la mort, le fondateur de l'orgueil, la racine de la malice, la tête des crimes, le prince de tous les vices, et le conseilleur des honteuses voluptés. Cet ange, considérant le premier homme, Adam notre père à tous, et voyant que tout en étant fait du limon de la terre, il était à l'image de Dieu, orné de pureté, paré par la tempérance, entouré de la charité, revêtu d'immortalité; jaloux et envieux de ce que l'homme né de la terre avait reçu tous ces dons qu'il savait avoir perdus lui-même par son orgueil, tout ange qu'il était, cet homicide insatiable se sentit aussitôt dévoré par l'envie, et il dépouilla nos premiers parents de tous ces dons et de tous ces biens considérables, et de plus, il les asservit. En effet, mes bien chers frères, après avoir enlevé à l'homme tous ces biens, la pureté, la continence, la charité, l'immortalité, et l'avoir laissé nu et dans la honte, le diable se moquant de lui dans les haillons dont il s'était revêtu, le soumit à son empire et chargea des mêmes chaînes sa race tout entière. En effet, Adam se couvrit de misérables lambeaux de vêtements, quand il se vit dépouillé de sa pureté par le démon, et ceint d'impureté, dépouillé de la tempérance et devenu intempérant, dépouillé de la charité et rendu mauvais, dépouillé de l'immortalité et livré en pâture à la mort. Ah! qu'a-t-il perdu et qu'a-t-il reçu en échange? Il a même condamné ses descendants à ces honteux haillons.

CHAPITRE III. — *Qu'est-ce que renoncer à Satan?* — Renonçons à ce fâcheux héritage, car nous sommes devenus orphelins; si quelqu'un de nous néglige de renoncer, avant la venue du bourreau, à un héritage aussi détestable, où il n'y a que des haillons venant du diable, de renoncer dis-je, à ses pompes et à ses anges, lorsque le juge viendra, comme il est dit dans l'Evangile, ce débiteur sera livré au bourreau, et le bourreau précipitera le débiteur en prison.

---

humilitas. Quid actum est in hac nocte? Princeps omnium vitiorum expulsus est, fons omnium bonorum susceptus est. Videtis dilectissimi, quæ bona habeatis præparata, et ex quo onere, vel ex quibus sarcinis peccatorum relevamini, ab isto qui vos vocat ut suscipiatis jugum ejus lene, et sarcinam ejus levem : « Deponentes itaque opera tenebrarum, induite vos arma lucis. » (*Matth.*, XI, 29.) Quid sit hoc, ex verbis Symboli quod modo accepistis, vobis expositum esse cognoscite. Quid est : « Deponite opera tenebrarum : » (*Rom.*, XIII, 12) nisi : Renuntiate diabolo, pompis, et angelis ejus? Et quid est : « Induite vos arma lucis : » nisi : « Credite in Deum Patrem omnipotentem? »

CAPUT II. — *Diabolus qui sit.* — Prius tamen : Dilectissimi, discutiamus, qui sit, vel quid sit diabolus, et quæ sint pompæ ejus, quibus renuntiantes, opera deponimus tenebrarum : tunc demum de Deo Patre omnipotente, qui est vera lux, quantum ipse donaverit, Caritati vestræ dicemus. Quid est diabolus? Angelus per superbiam separatus a Deo, qui non stetit in veritate, auctor mendacii, et a semetipso deceptus, qui alterum decipere concupivit. Iste adversarius effectus humani generis, inventor mortis, superbiæ institutor, radix malitiæ, scelerum caput, princeps omnium vitiorum, persuasor etiam turpium (*a*) voluptatum. Hic dum illum primum, Adam scilicet, patrem omnium nostrum intueretur, videretque hominem ex limo terræ ad imaginem Dei factum, pudicitia ornatum, temperantia compositum, caritate circumdatum, immortalitate vestitum, æmulus atque invidus hæc hominem terrenum accepisse, quod ipse dum esset angelus per superbiam cognoscitur amisisse, invidit statim insatiabilis homicida, eosque nostros primos parentes illis donis, ac tantis bonis exspoliavit, insuper et peremit. Namque, Dilectissimi, cum tanta bona homini diabolus abstulisset, pudicitiam, continentiam, caritatem, immortalitem, eumque nudatum ac turpem reddidisset, obsitum suis pannis deridens cum, suo dominio obstrinxit, atque ex illo vinculo omnem prolem ejus sibimet obligavit. Turpes enim pannos suscepit Adam, quando a diabolo exspoliatus pudicitia, accinctus est impudicitia; amissa temperantia, intemperans effectus est; perdita caritate, malus inventus est; exspoliatus immortalitate, morti propinatus est. Heu quid perdidit, et quid accepit? (*b*) Ad hos etiam turpissimos pannos suos posteros obligavit.

CAPUT III. — *Renuntiare satanæ, quid.* — Renuntiemus huic damnosæ hæreditati : pupilli effecti sumus. Ante quam exactor veniat, tam pessimæ hæreditati, in qua sunt panni diaboli, pompæ scilicet et angelis ejus si quis renuntiare neglexerit; cum judex venerit, sicut Evangelium loquitur, tradetur debitor exactori, exactor autem debitorem in carcerem trudet. « Amen dico tibi, » ait Dominus, « non exies inde donec reddas novissimum

---

(*a*) Sic Mss. At editi *cogitationum.* — (*b*) Editi alias : *Ad hoc enim per turpissimos pannos.*

« En vérité, je vous le dis, » s'écrie le Seigneur, « vous ne sortirez point de là que vous n'ayez acquitté la dernière obole. » (*Matth.*, v, 26.) C'est donc du genre humain tout entier que la sainte Ecriture vous parle, comme d'un pauvre et d'un orphelin, quand elle dit à Dieu : « C'est à vous que le soin du pauvre a été laissé ; c'est vous qui serez le protecteur de l'orphelin. » (*Ps.* ix, 14.) Puis, vous montrant quel est son ennemi, le même Psalmiste continue en disant : « Brisez donc le bras du pécheur et du méchant. » Vienne donc un homme charitable et il montrera quelque compassion à ce pauvre et à cet orphelin ; car cet orphelin subit les traitements que lui inflige un ennemi féroce et rusé, et il manque de force dans sa propre cause, car son ennemi l'a chargé des chaînes de ses mauvaises actions. Donnons à cet orphelin d'habiles défenseurs et assurons-lui le secours des apôtres, qui sont comme les jurisconsultes du ciel. Qu'y a-t-il à faire auprès de tels défenseurs pour un tel coupable? Eh bien donc, Pierre, Paul, Jean, et vous autres saints conseillers du vrai Juge, amis de la puissance souveraine, je vais exposer devant vous, une cause que vous connaissez parfaitement, c'est celle de ce pauvre et de cet orphelin, je veux dire, du genre humain, qui se trouve engagé par le billet qu'a souscrit son père, et retenu dans les liens de son ennemi : il ne peut lui être venu en aide que par votre conseil. Daignez donc donner une consultation prise en commun par vous à son sujet et nous dire ce qui semble dans cette affaire, qu'on doit faire pour la liberté de ce malheureux. La même dette pèserait aussi sur vous si la grâce ne vous était venue en aide. Maintenant que vous êtes délivrés, soyez libérateurs. Faites

connaître le conseil que vous avez reçu de votre Juge, afin que ce captif, qui est retenu dans les chaînes, le suive, et par le moyen de votre défense, parvienne de la malheureuse servitude à la vraie liberté. Voici la réponse qu'ils nous font tous : Qu'ils fassent ce que nous avons fait. Que doit-il donc faire, je vous prie? Qu'ils renoncent au diable, à ses pompes et à ses anges : tel est le pernicieux héritage auquel nous sommes forcés de renoncer. Vous voyez, mes très-chers frères, quel est l'avis de nos défenseurs.

Chapitre IV. — *Relaps après le baptême.* — Que chacun donc soit sur ses gardes, de peur que s'il ne renonce pas entièrement à cet héritage, après sa profession, le diable ne reconnaisse en lui ses haillons, et que le coupable que le Christ a voulu délivrer par sa grâce ne commence à être retenu à jamais. Que ceux qui ne veulent point se corriger après avoir reçu la grâce, et qui retournent de nouveau à leurs anciennes voluptés ne se flattent pas; car nous sommes dans l'attente du jour du jugement, et nous verrons apparaître le Juge très-équitable qui n'a de considération pour personne, quelque puissant qu'il soit, et dont nul ne pourra corrompre l'entourage à prix d'or et d'argent. Toutes les âmes comparaîtront alors pour être traitées, chacune selon les œuvres bonnes ou mauvaises qu'elle aura faites pendant qu'elle était revêtue de son corps. (II *Cor.*, v, 10.) Or, il y aura là aussi présent le démon notre ennemi; on rappellera les paroles de notre profession, et si chacun de vous se trouve en tel état qu'il soit sorti de cette vie avec une dette inacquittée, notre ennemi tressaillera d'allégresse sous les yeux du Juge très-sévère, se proclamera notre vainqueur, et

quadrantem. » (*Matth.*, v, 26.) Omne itaque genus humanum tanquam pauperem et pupillum commendat Scriptura divina, dicens Deo : « Tibi derelictus est pauper, pupillo tu eris adjutor. » (*Psal.* ix, 14) Ejusque adversarium diabolum demonstrans, secutus adjuvit : « Contere brachium peccatoris et maligni. » Adsit itaque aliquis homo pius, et aliquam misericordiam huic pupillo et pauperi exhibeat. Ferocem enim atque callidum adversarium patitur, et hic pupillus in causa sua deficit; quoniam eum suus adversarius pravis actibus obligavit. Adhibeamus huic pupillo idoneos defensores, et Apostolorum (*a*) tanquam juriperitorum cœlestium ei patrocinium subrogemus. Quid est agendum apud tales pro tali? Apud vos itaque Petre, Paule, Joannes, cæterique sancti consiliarii veri judicis, amici summæ potestatis, causam exponimus, quam optime nostis, hujus pauperis et pupilli, generis scilicet humani, qui ex paterno chirographo debitor inventus reus, atque constrictus ab adversario detinetur : non est aliud, quemadmodum huic subveniatur, nisi ex vestro consilio. Quid itaque in hoc negotio vestræ serenitati videatur pro hujus miseri libertate, ex communi tractatu (*b*) unitam pro eo dignamini proferre sententiam. Et vos enim astrinxerat hæc obligatio, nisi vobis gratia subveniret. Liberati (*c*) liberate :

consilium quod a vero judice accepistis, promite, ut hoc sequatur qui captivus detinetur, atque ex mala servitute per vestram defensionem ad (*d*) veram perveniat libertatem. Et hæc est vox omnium : Quod fecimus faciat. Quid obsecro facturus est? Renuntiet diabolo, pompis et angelis ejus : hæc est illa damnosa hæreditas, cui renuntiare compellimur. Videtis Dilectissimi qualem sententiam protulerunt nostri defensores.

Caput IV. — *Relapsus a baptismo.* — Vigilet itaque unusquisque, ne non ex toto renuntians post professionem, apud eum diabolus suos pannos recognoscat : et incipiat reus semper detineri, quem Christus voluit sua gratia liberare. Nec sibi blandiantur, qui post gratiam acceptam corrigi nolunt, atque rursus ad illas suas pristinas redeunt voluptates. Exspectatur enim dies judicii, aderit ille æquissimus judex, qui nullius potentis personam accipiet, cujus palatium auro argentove nemo corrumpet. Astabunt omnes animæ, ut referat unaquæque secundum ea quæ per corpus gessit, sive bonum, sive malum. (II *Cor.*, v, 10.) Præsto enim erit et adversarius diabolus : recitabuntur verba professionis nostræ. Et si talis inventus fuerit quisque, ut debitor ex hac vita migret; exsultabit ille adversarius in conspectu (*e*) severissimi judicis, superiorem se esse clamans, agens talem

---

(*a*) Mss. et *Apostolorum chorum*, *tanquam juris peritorum cœlestium et adjutorium eorum et patrocinium subrogemus*. — (*b*) Alias editi *utinam pro eo dignemini*. — (*c*) Sic Mss. At editi *libertate*. — (*d*) Mss. *ad vestram*. — (*e*) Alias editi *serenissimi*.

défendra ainsi sa cause devant un tel Juge : ô Juge infiniment juste, dira-t-il, jugez selon la justice : décidez que cette âme qui n'a point voulu être à vous est à moi; qu'elle est à moi et qu'elle doit être damnée avec moi. Après avoir renoncé à mon héritage, pourquoi s'est-elle emparée de mes haillons? Qu'avait-elle à faire de l'impudicité à laquelle elle avait renoncé? Qu'avait-elle à faire, de l'intempérance, de l'avarice, de la colère, de l'orgueil et du reste? Enfin, Juge très-équitable, cette âme qui s'est enfuie de moi pour passer dans votre camp, je l'ai surprise ensuite avec les miens à qui elle avait renoncé, j'ai retenu cette âme qui s'était fourvoyée chez moi, elle était déjà en quelque sorte en ma possession quand je me suis emparé d'elle. Après tout que faisait-elle dans le cirque, et pourquoi se partageait-elle à elle-même en cet endroit les transports furieux, les procès, les cris insensés, les vaines victoires qui lui étaient devenus étrangers? Qu'avait-elle à voir au théâtre, après avoir renoncé aux voluptés honteuses? Qu'avait-elle à aller contempler de ses yeux les cruautés de l'amphithéâtre? Elle s'est amassé un trésor de colère pour le jour des colères. Voilà les choses à moi appartenantes qu'elle a voulu envahir après y avoir renoncé, elle a voulu être à moi, et elle a désiré mes biens. Jugez, jugez, vous le plus juste Juge, celle que vous avez daigné racheter à si haut prix a voulu plus tard se lier à mon égard. Pourra-t-elle, mes très-chers frères, seulement ouvrir la bouche, l'âme qui se trouvera telle, après sa profession, qu'il y aura justice à ce qu'elle soit adjugée au diable? Voyez ce que vous avez à faire, mes frères, voyez ce que vous avez à faire, et comment vous garderez votre possession. Nous vous conjurons par ce Juge lui-même, par toutes les puissances célestes qui nous entendent, vous exhortent et reçoivent votre profession, de ne point recevoir en vain la grâce de Dieu, mais de la recevoir avec un cœur pur, une vertu entière et une foi parfaite, en renonçant à un si diabolique héritage et en le méprisant si vous ne voulez demeurer pauvres ou orphelins.

Chapitre V. — *Unité de la triade.* — Croyez « en Dieu, le Père tout-puissant. » Si vous changez de Père, changez d'héritage. Qui est ce Père tout-puissant? Nous qui avons la foi, nous savons que par la grâce, Dieu est le Père de nous tous et du monde entier; mais nous cherchons aussi son propre Fils par la substance, attendu que avant que le monde fût formé par lui, il était Père. S'il était Père, de qui l'était-il? Certainement il avait un Fils né de lui, demeurant avec lui, qui était ce qu'il était lui-même sans être lui-même, puisque l'un est Père et l'autre Fils. Mais le Père tout-puissant a engendré de soi un Fils tout-puissant et tellement égal à soi qu'il demeurât en lui et qu'il y eût le Père du Fils et le Fils du Père, Dieu de Dieu, jour de jour, lumière de lumière, sans toutefois qu'il y eût deux Dieu, ou deux jours, ou deux lumières; mais un seul Dieu, un seul jour, une seule lumière. Vous ne pouvez le comprendre en le voyant, comprenez-le en le croyant. Purifiez les yeux de votre cœur, ou plutôt que la lumière que vous désirez voir, purifie elle-même votre cœur, afin qu'il soit dégagé des ténèbres du péché, car : « Bienheureux les cœurs purs attendu qu'ils verront Dieu. » (*Matth.*, v, 8.) Dirigez donc avec attention le regard des yeux de votre cœur et voyez, prêtez l'oreille de l'âme et entendez.

causam apud talem judicem : Æquissime, inquit, judex, juste judica : « justitia et judicium præparatio sedis tuæ. » (*Psal.* LXXXVIII, 15.) Judica meum esse, qui tuus esse noluit : meus est, mecum damnandus est. Post renuntiationem ut quid invasit pannos meos? Quid apud cum impudicitia faciebat, cui ipse renuntiaverat? Quid intemperantia, quid avaritia, quid ira, quid superbia, quid cætera mea? Postremo, Æquissime, fugientem a me, confugientem ad te, postea cum meis quibus renuntiaverat apprehendi, invasorem detinui : in ipsa quodam modo mea possessione a me apprehensus est. Quid enim in circo faciebat, atque ibi (*a*) furias, lites, insanas voces, inanesque victorias, tum jam a se alienas sibimet dividebat? Quid in theatro faciebat renuntiator turpium voluptatum ? Quid in amphitheatro crudelitates suis oculis intuendo? Thesaurizavit sibi iram in die iræ. (*Rom.*, II, 5.) Hæc omnia mea post renuntiationem invasit, meus esse voluit, et mea concupivit. Judica, judica, Æquissime : quoniam quem tu dignatus es tanto pretio liberare, ipse mihi se postmodum voluit obligare. Poterit, Dilectissimi, os aperire is qui post professionem suam talis invenitur, ut juste diabolo addicatur ? Videte quid agatis, filii mei, fratres mei, videte quid agatis, quomodo hanc professionem vestram custodiatis. Contestamur vos per ipsum judicem omnesque potestates cœlestes, quæ et nos audiunt admonentes, et vos excipiunt profitentes, ne in vacuum gratiam Dei accipiatis (II *Cor.*, VI, 1), sed corde integro, tota virtute, perfecta fide renuntiantes atque spernentes tam damnosam diabolicam hæreditatem, ne pupilli vel pauperes remaneatis.

Caput V. — *Triadis unitas.* — Credite « in Deum Patrem omnipotentem. » Mutantes Patrem, mutate hæreditatem. Quis est iste Pater omnipotens? Patrem quidem Deum, qui credimus, nostrum atque totius mundi cognoscimus esse per gratiam : sed et proprium ejus Filium quærimus per substantiam : quam ante et quam ab illo mundus formaretur, Pater erat. Si Pater erat, cujus Pater erat? Erat ei utique Filius ex ipso cum ipso, hoc quod ipse, sed non ipse; quoniam ille Pater, hic Filius : quoniam omnipotens Pater omnipotentem Filium genuit de se, ita æqualem sibi, ut totus maneret in se, et esset Pater Filii, et Filius Patris, Deus ex Deo, dies ex die, lumen ex lumine : nec tamen duo dii, aut duo dies, aut duo luminaria; sed unus Deus, unus dies, unum lumen. Non cœpis videndo, intellige credendo : munda oculos cordis; imo potius ipsa lux quam desideras videre, mundet cor tuum, ut sit a peccatorum tenebris mundatum : « Beati enim, mundo corde, quia ipsi Deum videbunt. » (*Matth.*, v, 8.) Ecce extende aciem oculi cordis et vide, et aurem cordis accommoda et audi.

(*a*) Corbeiensis Ms. *furiosas lites.*

Père et Fils, deux mots pour vos oreilles; mais le Fils disant lui-même : « Je suis dans mon Père et mon Père est en moi. » (Jean, xiv, 10.) Or, le Verbe n'est autre que le Fils du Père, et le Père n'a jamais été sans son Verbe, puisque, « Au commencement était le Verbe, et le Verbe était en Dieu, et le Verbe était Dieu, et il était dès le commencement en Dieu; » (Jean., i, 1) ce Verbe Fils étant dans le Père, et le Père dans le Fils qui est son Verbe, il s'ensuit qu'il n'y a point deux Dieux, mais qu'il n'y a qu'un seul Dieu. Jour de jour, ces mots semblent indiquer deux jours, mais comme le Fils dit lui-même dans l'Evangile, en s'adressant aux juifs : « Abraham votre père a désiré voir mon jour, il l'a vu et s'en est réjoui, » (Jean., viii, 56) et comme d'un autre côté Abraham en voyant trois hommes sous le chêne de Mambré ne les appela point tous trois seigneurs, mais les salua tous ensemble du nom de seigneur comme s'il ne parlait qu'à un, comme si tous trois ne faisaient qu'un seul jour, de là vient que, dans son Evangile, le Seigneur voulant faire entendre que le Père et le Fils ne font qu'un seul et même jour, répond à Philippe qui demandait après le Père comme après un second jour, quand il voyait déjà le jour dans le Fils, pour lui montrer de quel œil il devait chercher à voir l'unité de Dieu; car alors il n'avait encore fixé ses regards que sur son humanité, et dit à cet apôtre : « Philippe, quiconque me voit, voit aussi mon Père, » car mon Père et moi ne sommes point deux jours, mais un seul et même jour, si vous pouvez saisir ce jour éternel, saisissez-le.

Chapitre VI. — *La Trinité est incompréhensible.* — Lumière de lumière, ces noms sonnent comme s'ils désignaient deux lumières, mais loin de nous de le croire, si nous ne voulons tomber dans l'erreur des manichéens qui croient que le soleil qui nous éclaire n'est autre chose que le Christ; mais nous croyons que le Verbe du Père est le soleil de justice, indivisible, égal au Père, demeurant avec le Père, et disposant toutes choses avec lui. Nous voyons que le Père fait toutes choses par son Fils, établit la machine du monde par son Verbe; nous croyons que le Fils est venu à nous, mais sans quitter le Père, demeurant toujours avec lui, n'étant jamais sans lui; illuminant et éclairant tout à la fois de lui-même et de son Père, rayonnant et éclatant, mais ne faisant point deux lumières, n'en faisant, au contraire, qu'une seule. Il dit, en effet : « Mon Père et moi ne sommes qu'un. » (Jean, x, 30.) C'est du Verbe même, le Fils unique, que le prophète David a dit : « Le Seigneur n'a parlé qu'une fois, je les ai entendus tous les deux. » (Ps. lxi, 12.) Comment Dieu n'a-t-il parlé qu'une fois et l'a-t-on entendu deux, sinon parce que le Verbe intransgressible procédant du cœur du Père, a pris un corps pour devenir homme, dans le sein de sa mère? Il est venu et il a demeuré parmi nous, il est venu, mais ne s'est point éloigné du Père. Ainsi, Dieu en parlant une fois, a fait apparaitre toute notre machine du monde; puis sa voix a retenti une seconde fois, et il est devenu notre paix pour effacer nos inimitiés dans la chair. (Ephés., ii, 14.) C'est pour n'avoir point regardé ce Verbe, cette lumière, que le disciple d'Arius ose dire que le Fils est moindre que le Père, quand nous confessons qu'il lui est égal. Il veut, dans sa révolte insensée, disputer du Verbe qui demeure dans le cœur du Père, quand il ne peut le comprendre lui-même. Hérétique insensé, commence par revenir à toi,

Pater enim et Filius duo sonant, sed cum ipse Filius dicit: « Ego in Patre, et Pater in me est. » (Joan., xiv, 10.) Verbum enim Patris est Filius : Pater autem nunquam fuit sine Verbo : quoniam : « In principio erat Verbum, et Verbum erat apud Deum, et Deus erat Verbum : hoc erat in principio apud Deum. » (Joan., i, 1.) Hoc Verbum Filius cum est in Patre, et Pater in Filio suo Verbo suo : non ergo duo dii, sed unus est Deus. Dies ex die, duos videntur significare dies : sed cum ipse Filius in Evangelio dicit Judæis : « Abraham pater vester cupivit videre diem meum, et vidit, et lætatus est. » (Joan., viii, 56.) Abraham autem tres videns viros sub quercu Mambre, non tres appellavit dominos, sed unum in omnibus appellavit Dominum, tanquam tres diem unum. Unde ipse Dominus in Evangelio, unum volens intelligi (a) diem Patrem et Filium, Philippo requirenti Patrem tanquam alterum (b) diem, quoniam jam Filium videbat (c) diem, ostendens quo oculo quærere deberet videre Dei unitatem, quia oculum carnis fixerat in humanitatem : « Philippe, inquit, qui me vidit, vidit et Patrem. » Ego enim et Pater, non duo (d) dies, sed unus. Si potes capere, cape sempiternum (e) diem.

Caput VI. — *Trinitas incomprehensibilis.* — Lumen de lumine duo sonare videntur luminaria : sed absit a nobis, ne nos error Manichæorum comprehendat, qui istum solem æstimant esse Christum : sed nos solem justitiæ credimus Verbum Patris, inseparabilem, æqualem, cum Patre manentem, et omnia cum illo disponentem : Patrem per Filium omnia facientem, fabricam mundi per Verbum suum construentem, Filium ad nos venientem, nec Patrem descerentem; semper cum illo, nusquam sine illo; illuminantem, et de se et de illo splendentem, radiantem, coruscantem : non duo luminaria, sed unum lumen. « Ego enim, ait, et Pater unum sumus. » (Joan., x, 30.) De ipso Verbo unigenito ait propheta David : « Semel locutus est Deus, duo hæc audivi. » (Psal. lxi, 12.) Quomodo semel locutus est Deus, et secundo sonuit, nisi quia Verbum intransgressibile procedens de corde Patris, suscepit carnem, ut esset homo, ex utero matris? Venit, et mansit : ad nos venit, et a Patre non recessit. Ecce per hoc quod semel locutus est Deus, surrexit omnis fabrica nostra : per hoc quod secundo sonuit, factus est pax nostra, ut solveret inimicitias in carne. (Eph., ii, 14.) Hoc Verbum, hoc lumen non respiciens Arianus, audet dicere Filium minorem, quem nos confitemur æqualem : insana contumacia vult de Verbo in corde Patris manente disputare, cum semetipsum non valeat intelligere. Insane Hæretice prius redi ad te, considera te totum, si potes comprehendere te : et tunc disputa de illo qui fecit et

(a) Al. *Deum.* — (b) Al. *Deum.* — (c) Al. *Deum.* — (d) Al. *dii.* — (e) Al. *Deum.*

considère-toi tout entier si tu peux te comprendre et, après cela, dispute sur celui qui t'a fait et qui m'a fait. Vois donc combien celui qui, d'un seul coup de pierre, perça le front orgueilleux de Goliath, était loin d'avoir des pensées trop hautes, comme, au contraire, cet homme plein d'humilité cherchait à connaître Dieu dans la simplicité de son cœur. (I *Rois*, XVII, 49.) Oui, vois combien il s'en fallait qu'il s'enorgueillit dans ses pensées, il considéra ce qui était fait en lui, il jeta un regard attentif sur son âme, sur la constitution de son corps, il discuta ce qu'il était au dedans de lui et par quelle partie de lui-même il gouvernait ce corps matériel qui n'est point dépourvu de beauté, comment l'âme habitait en maîtresse dans ce vase de boue, rempli de tels trésors de sagesse, de science et de prudence, où encore se trouvaient tant de si grands et si précieux biens, quelle place occupait l'âme en qui il n'y a point de lieu, et enfin, comment d'une seule et même source s'écoulait chaque vertu sans diminution pour le réservoir qui la répand et d'où elle sort. Il vit tout cela, il considéra ces choses, il voulut, mais ne put la comprendre et il s'écria en s'adressant à Dieu : « La science que vous avez de moi est admirable, elle est si élevée que je ne pourrai jamais la concevoir, » (*Ps.* CXXXVIII, 6) ce qui revient à dire : Quand pourrai-je vous comprendre, vous si grand, lorsque je suis incapable de me comprendre moi-même, moi qui suis si bas placé et si petit? Voyez encore un autre homme également humble qui considère la mesure de sa faiblesse, et qui bien loin de s'élever dans ses pensées, s'incline, au contraire vers l'humilité. Il dit, en effet : « Qui a compté le sable de la mer, les gouttes de la pluie, et les jours de la durée du monde? Qui a mesuré la hauteur du ciel, l'étendue de la terre et la profondeur de l'abîme? Qui a pénétré la sagesse de Dieu, laquelle précède toutes choses? » (*Eccl.*, I, 2 et 3.) Voilà donc ce que dit le prophète, ou plutôt ce que le Seigneur même dit par la bouche de son prophète, nul n'a pénétré la sagesse de Dieu. Or, c'est le Christ qui est la sagesse et la vertu de Dieu. (I *Cor.*, I, 24.) Nul homme n'a pu pénétrer la sagesse de Dieu en tant qu'elle est Dieu; aussi : « Qui est-ce qui racontera la naissance du Fils de Dieu, » (*Isa.*, LIII, 8) en tant que comme Fils de Dieu il est né du Père sans avoir de mère?

CHAPITRE VII. — *Contre les disciples d'Arius.* — Dis-moi donc, ô hérétique, toi qui oses dire que la sagesse de Dieu est moindre que le Père, dis-moi quelle est la hauteur du ciel, la largeur de la terre, la profondeur de l'abîme? Donne-moi si tu peux le dénombrement des gouttes de la pluie, des grains de sable de la mer et des jours du monde; dis-moi le nombre des cheveux de ta tête, car il est écrit : « Tous les cheveux de votre tête sont comptés; » (*Matth.*, x, 30) explique-moi aussi tous ces êtres inférieurs, et je croirai alors que tu as pu pénétrer les êtres supérieurs. Mais tu ne saurais le faire, tu n'en es point capable. L'Esprit de Dieu qui vous a prévus longtemps d'avance, te convainc; car c'est par l'esprit de vérité non d'erreur qu'étaient animés ceux qui ont écrit et senti les choses que nous avons rapportées plus haut. Mais toi, ô hérétique, quand tu es incapable d'expliquer ces choses, tu oses disputer de la sagesse même de Dieu qui ne saurait être pénétrée; et tu parais grand à tes propres yeux, parce que tu discutes sans que personne te réplique et que nul n'assiste à la dispute comme juge. Puis, parce que le temps favorise ton erreur, tu te crois

me et te. Vide quam non altum sapiebat, sed in simplicitate cordis Deum nosse quærebat ille humilis, qui in uno lapide superbam frontem dejecit Goliæ. (1 *Reg.*, XVII, 49.) Vide quam non altum sapiebat : consideravit enim quid in se ipso ageretur; consideravit animam, suam, inspexit suam fabricam, discussit se intus quid esset, et ex qua parte molem tam pulchram gubernaret, atque in vasculo luteo quæ habitaret domina anima, plena tantis thesauris sapientiæ, scientiæ, prudentiæ : ubi illic essent tanta, tam pretiosa, tam grandia : quæ loca anima obtineret, in qua nullus est locus : atque ex uno fonte quomodo procederent singulæ virtutes sine diminutione et exeuntis et profundentis. Vidit hæc, consideravit hæc, voluit nec valuit comprehendere, (*a*) exclamavit Deo dicens : « Mirificata est scientia tua ex me; invaluit, et non potero ad illam. » (*Psal.* CXXXVIII, 6.) Hoc fuit dicere : Quando te possum comprehendere tam magnum, qui me ipsum non valeo explicare extremum et parvum? Videte et alium humilem requirentem modulum suæ infirmitatis, et non excedentem, sed ad humilia inclinantem : « Arenam inquit, maris, et pluviæ guttas, et dies sæculi quis dinumeravit? Altitudinem cœli, et latitudinem terræ, et profundum abyssi quis mensus est? Sapientiam Dei præcedentem omnia quis investigavit? » (*Eccli.*, I, 2.) Ecce Propheta dicit, imo ipse Dominus qui loquebatur per Prophetam, quod sapientiam Dei nullus investigavit. (I *Cor.*, I, 24.) Christus est enim Dei virtus et Dei sapientia. Nullus secundum divinitatem potuit investigare Dei sapientiam : quia secundum id quod Filius natus est de Patre sine matre, « nativitatem ejus quis enarrabit? » (*Isai.*, LIII, 8.)

CAPUT VII. — *Contra Arianos.* — Dic mihi Hæretice, qui audes dicere quod minor sit Dei sapientia : dic mihi, altitudo cœli quanta sit, latitudo terræ, profundum abyssi? Numera si potes pluviæ guttas, arenam maris, et dies sæculi : tuorum etiam numerum capillorum, (quoniam « omnes capilli capitis vestri numerati sunt, ») (*Matth.*, X, 30) demonstra mihi; atque explica parva ista inferiora, et tunc tibi credam posse te investigare superiora. Sed non potes, non vales. Spiritus Dei te convincit, qui vos hæreticos ante prævidit. Qui enim ista quæ superius diximus, conscripserunt atque senserunt, spiritu agebantur veritatis, non erroris. Tu autem hæretice, cum hæc non vales explicare, audes de ipsa quæ investigari non potest, Dei sapientia disputare : et magnus tibi videris, quia disputas nullo altercante tecum,

(*a*) Sic Mss. At editi *comprehendere se et exclamavit.*

quelque chose quand tu n'es rien ; séduit toi-même, tu ne désires rien tant que de séduire beaucoup d'hommes, les uns à prix d'argent, les autres par la force, tu les rassembles tous autour de toi, pour les perdre tous avec toi. Le travail que tu as entrepris là n'est point utile au salut, c'est plutôt un travail de damnation. En effet, en enseignant de telles choses, que dis-je, non pas en enseignant, mais en blasphémant ainsi, tu es convaincu de faire injure, non pas à quelque puissant du monde, mais à Dieu même, dans son propre Fils. Le Père est plus grand que le Fils, le Fils est moindre que le Père. Le Père est meilleur que le Fils, le Fils est inférieur au Père. Voilà des paroles injurieuses que jamais homme sage n'entendra volontiers, s'il est convaincu que le Fils n'a rien de meilleur que lui, ou d'égal à lui. C'est de là que vient ce mot du prophète : « Un père trouve sa joie dans un fils sage, il le voit tant qu'il vit, et, à sa mort il ne s'attriste point. En effet, quand ce père meurt, il ne semble pas mort, attendu qu'il a laissé après lui un autre lui-même. » (*Eccl.*, xxx, 4.) Le prophète dit donc qu'un fils sage est semblable à son père, et toi, hérétique, tu oses dire que la sagesse même, c'est-à-dire le Fils de Dieu, n'est pas semblable à son Père ? Le prophète dit que ce père, bien que mort, vit dans son fils, parce qu'il a laissé un fils semblable à lui, et toi, tu oses dire que la vie éternelle même, c'est-à-dire le Fils de Dieu, est séparé du Père qui ne meurt jamais ?

CHAPITRE VIII. — *Egalité des personnes divines.* — Mais répliques-tu, que dois-je faire ? le Fils lui-même a dit : « Mon Père est plus grand que moi. » (*Jean*, xiv, 28.) C'est parce que tu comprends mal ces paroles qu'elles sonnent mal à tes oreilles, quoi-qu'elles soient bien dites. En effet, c'est lui aussi qui a dit, que dis-je, c'est lui qui a confirmé, oui c'est lui qui a dit : « Mon Père est plus grand que moi, » c'est le Fils, dis-je, qui s'est exprimé ainsi. Mais remarque quand il a parlé de la sorte, c'est après avoir pris la nature humaine qu'il a tenu ce langage. Il a dit : « Mon Père est plus grand que moi, » alors qu'il disait aussi : « Mon âme est triste jusqu'à la mort. » (*Matth.*, xxvi, 38.) Il parlait ainsi : « Mon Père est plus grand moi, » quand il pleurait, quand il connaissait la fatigue, la faim, la soif. Il disait : « Mon Père est plus grand que moi, » alors que l'Ecriture disait de lui : « Il a été abaissé un peu au-dessous des anges. » (*Ps.* viii, 6.) Est-ce que votre orgueil insensé pousse l'irrévérence au point d'oser dire que le Verbe de Dieu qui demeure dans le Père, est moindre que le Père au sein même de cette divinité ? O hérétique, si tu n'oses tenir ce langage, conserve ces degrés, et ton erreur périra. Le Fils est dans le Père et égal avec le Père, parce qu'il est éternel avec le Père qui est éternel et demeure toujours avec le Père qui demeure toujours. Envoyé et venant à nous, il est égal au Père, mais quand il a pris un corps, il est devenu moindre, non-seulement que le Père, mais que les anges mêmes. Egal au Père, dans sa forme de Dieu, il est moindre que le Père dans sa forme d'esclave, égal au Père quand il crée les anges, il est moindre que le Père quand il fait des anges des hommes. Egal au Père quand il crée le monde, il est moindre que le Père quand il répare le monde qui s'était perdu, égal au Père quand il donne la vie éternelle, il est moindre que lui quand il partage notre mort.

nullo judice præsidente. Et dum suffragatur tempus errori tuo, existimas te aliquid esse, cum nihil sis : seductus multos seducere concupiscis, aliquos pecunia, aliquos potentia : tales tibi congregas, quos plurimos tecum perdas. Non est hic tibi labor utilis ad salutem, sed potius ad perniciem. Talia enim docendo, imo non docendo, sed potius blasphemando, non cuilibet potenti, sed ipso Deo Patri in ejus Filio facere demonstraris injurias. Major est Pater, minor est Filius : melior est Pater, inferior Filius. Has contumelias nec homo quilibet sapiens libenter accipiat, qui filium meliorem se ipso, aut parem habere contendit. Unde est etiam illud dictum Propheticum : « Lætatus est pater in filio sapiente, in vita sua vidit, et in obitu ejus non est contristatus. Mortuus enim est pater, et tanquam non est mortuua : similem enim reliquit post se. » (*Eccli.*, xxx, 4.) Ecce Propheta dicit, sapientem filium hominis esse similem patri, et tu hæretice audes dicere ipsam sapientiam, id est Dei Filium Patri esse dissimilem ? Propheta dicit, mortuum hominem patrem in eo quod filium similem reliquit, vivere in filio : et tu audes ipsam sempiternam vitam, quod est Dei Filius, separare ab illo qui nunquam moritur Patre ?

CAPUT VIII. — *Æqualitas personarum.* — Et quid, inquis, facturus sum ? Ipse dixit : « Pater major me est. » Quia non intelligis, ideo tibi male sonat quod bene dixit Nam ipse dixit ; imo et confirmavit. Prorsus ipse dixit : « Pater major me est : » (*Joan.*, xiv, 28) ipse Filius dixit. Sed vide quando hoc dixit : in susceptione humanæ naturæ positus hoc dixit. Tunc dixit : « Pater major me est : » quando dixit : « Tristis est anima mea usque ad mortem. » (*Matth.*, xxvi, 38.) Tunc dixit : « Pater major me est : » quando flevit, quando lassatus est, quando esurivit, quando sitivit. Tunc dixit : « Pater major me est : » (*Psal.* viii, 6) quando cum dicit Scriptura minoratum paulo minus ab angelis. Numquid enim etiam hic insana superbia ita irreverens progreditur vestra, ut Verbum Dei manens apud Patrem, audeat in ipsa illa divinitate positus dicere angelis esse minorem ? Si non audes hæretice hoc dicere, serva hos gradus, et periet error tuus : Filius apud Patrem, et cum Patre æqualis, quoniam sempiternus cum sempiterno, semper manens cum semper manente : æqualis missus, (*a*) et veniens : in susceptione hominis minor, non solum Patre, verum etiam angelis : æqualis in forma Dei, minor in forma servi : æqualis cum Patre creans angelos ; minor Patre homines faciens angelos : (*b*) æqualis cum Patre novum construens mundum ; minor, Patre perditum reparans mundum : æqualis cum Patre, vitam largiens æternam ; minor Patre, mortem suscipiens nostram.

(*a*) Mss. et veniens in susceptionem. — (*b*) Quidam Mss. minor Patre novum construens mundum.

Chapitre IX. — *Naissance du Christ.* — Nous croyons donc que le Fils de Dieu qui dans la divinité, est égal au Père, est devenu moindre que lui quand il a pris un corps, de la famille de David, selon la chair, comme dit l'Apôtre. (*Rom.*, 1, 3.) C'est, en effet, de la famille de David qu'était la Vierge Marie qui le conçut du Saint-Esprit, et dans le sein de qui le Verbe prit un corps en devenant notre médiateur, en tant qu'il est tout homme et tout Dieu, en tant que le Verbe, l'âme et le corps ne font qu'un seul et même Christ. C'est ce que l'ordre de ce mystère nous rappelle quand, après avoir dit que nous croyons en Dieu le Père tout-puissant, « nous croyons aussi en son Fils Jésus-Christ, conçu du Saint-Esprit et né de la Vierge Marie. » Cette naissance trouble toutes les pensées des hommes, attendu que c'est la vertu de Dieu qui a fait cette naissance. En effet, quand est-ce que la notion de la manière dont les hommes sont conçus nous permet d'admettre qu'une vierge conçoive, qu'elle demeure vierge après avoir enfanté, qu'un fils apparaisse et que l'intégrité de la vierge ne soit point altérée? Nul homme ne peut réunir ces conditions dans sa naissance, mais le Christ a pu le faire, parce qu'il n'était pas seulement homme, mais Dieu et homme lui qui a voulu naître homme, parce que tous les hommes avaient péri. Le premier et plus grand miracle de ce Médiateur, le miracle qui n'appartient qu'à lui seul, c'est d'être né dans une telle condition que, tout en venant apprendre à bien des hommes à faire des miracles qu'il opérait par lui-même ou par les autres, il eut cependant un miracle qui ne fut propre qu'à lui, qui n'avait usurpé lui-même rien qui appartint aux autres. Seul, en effet, il est né d'une vierge, parce que seul il fut conçu du Saint-Esprit, non pas dans les embrassements d'un homme et d'une femme, seul il emplit sans corruption le sein de sa mère, parce que seul il est monté pour nous, au-dessus des cieux, afin de s'asseoir à la droite de son Père. Les disciples ont reçu de lui le pouvoir de faire de grands et nombreux miracles, et ils en ont usé; cependant nul d'entre eux n'est représenté ni vu comme étant né d'une vierge ou conçu du Saint-Esprit, il n'y a que celui qui, Créateur unique des temps, s'est trouvé créé lui-même dans le temps, en s'appropriant la nature humaine entière qu'il avait créée, afin de s'en servir en quelque sorte, lui le Rédempteur, pour réparer notre ruine. Il est Fils de Dieu et Fils de l'homme, Fils de Dieu dans le cœur de son Père, Fils de l'homme dans le sein de sa mère; c'est le même Christ qui est sorti du sein d'une vierge, comme un époux sort de la chambre nuptiale. Dans ce sein virginal des noces spirituelles ont été célébrées, le Dieu s'est uni à la chair, et la chair s'est unie à Dieu, afin qu'il sortît de cette union un seul Christ Dieu et homme.

Chapitre X. — *Cruauté d'Hérode.* — Il sortit donc du sein de la Vierge, comme un époux de la chambre nuptiale, et à ses noces l'univers entier sembla tressaillir d'allégresse. En effet, le chœur des anges annonce qu'elles sont un signe de paix pour les hommes de bonne volonté, parce que celui qui était Fils de Dieu s'est fait aussi Fils de l'homme en prenant ce qu'il n'était point, mais sans perdre ce qu'il était auparavant. A ces noces, les cieux font paraître une nouvelle étoile, pendant que ce nouvel époux produit en lui-même une lumière aussi éclatante que

---

CAPUT IX. — *Christi nativitas.* — Hunc itaque Filium credimus Dei in susceptione hominis minorem, in divinitate Patri æqualem, factum, sicut Apostolus dicit, ex semine David secundum carnem. Ex semine enim David virgo Maria, qua de Spiritu sancto concipiente, et in cujus utero Verbum carne suscepta, nobis factus est mediator homo totus et Deus, Verbum, et anima, et caro unus Christus. Hoc quippe nobis etiam ordo hujus sacramenti declarat, quod postea quam credimus in Deum Patrem omnipotentem, « credimus et in Filium ejus Jesum Christum, (*a*) de Spiritu sancto natum ex virgine Maria. » Et hæc nativitas perturbat omnem cogitationem humanam; quoniam virtus est cam operata divina. Nam quando admittit ratio nostræ generationis, ut virgo concipiens, virgo post partum permaneat, Filius videatur, et integritas inviolata servetur? Hoc non potest implere quilibet homo natus : ille autem potuit, quia non erat solus homo, sed Deus et homo; qui propterea voluit nasci homo, quia perierat omnis homo. Primum itaque miraculum magnum hujus mediatoris ac singulare fuit, quod sic natus est : ut ille qui veniebat multos docere facere miracula, quæ ipse per se et per illos faciebat, haberet tamen aliquid proprium qui nihil usurpaverat alienum. Solus enim de virgine natus est, quia solus sine amplexu maris et feminæ de Spiritu sancto conceptus est : solus sine corruptione implevit uterum matris, quia solus pro nobis super cœlos ascendit, ut sederet ad dexteram Patris. Acceperunt ab illo discipuli ut facerent multa et magna miracula, et fecerunt : nec tamen quispiam prædicatur aut creditur de virgine natus, aut de Spiritu sancto conceptus, nisi ille unus qui creator temporum inventus in tempore est etiam ipse creatus, suscipiens quam integram formaverat humanam naturam, ut per ipsam quodam modo (*b*) redemptor nostram repararet ruinam. Et hic Dei Filius, et hominis Filius; Dei Filius in corde Patris, hominis Filius in utero matris : idem ipse unus Christus, qui processit ex utero virginali tanquam sponsus de thalamo suo. In quo utero virginales nuptiæ sunt celebratæ, Deusque conjunctus est carni, et caro cohæsit Deo, ut esset unus Christus Deus et homo.

CAPUT X. — *Crudelitas Herodis.* — Hinc ergo procedens voluit sponsus de thalamo suo, ad cujus nuptias commota universa exsultare visa est creatura. Namque angelorum chorus ex his nuptiis pacem designat hominibus bonæ voluntatis : quia qui erat Dei Filius, factus est et hominis Filius; suscipiens quod non erat, non amittens quod erat. His nuptiis cœli novam stellam, novum atque splendidum lumen illo ipso sponso in se operante producunt; ut lumen verum sedentibus in umbra mortis

---

(*a*) Editi addunt *conceptum*, quod abest a Mss. — (*b*) Mss. omittunt *redemptor*.

nouvelle, et ils annoncent ainsi la naissance de la vraie lumière à ceux qui étaient assis à l'ombre de la mort, et célèbrent en leur langage, si je puis parler ainsi, la sortie de cet Epoux qu'ils savaient ne s'être fait homme mortel que pour rendre l'homme immortel. Les mages, du bout du monde, viennent vers cet Epoux; l'âme émue ils le cherchent, appelés du ciel, ils offrent des présents, ils ne voient pas encore l'Enfant qui vient de naître, mais ils désirent, sur les indices que l'étoile leur donne, adorer le Roi. A la nouvelle des noces de ce Roi nouveau-né, Hérode se trouble, les Juifs se troublent avec lui et ne comprennent point qu'il s'agit du Roi de la nature entière. Hérode cherche à perdre le Roi enfant dont il apprend la naissance, de peur que s'il le laisse grandir, il ne perde sa couronne; quant aux Juifs comme ils ne veulent point avoir le Fils de Dieu pour roi, ils indiquent à Hérode le lieu de sa naissance, et tous ensemble, Hérode et les Juifs, se trouvent d'accord dans la même volonté de mettre cet enfant à mort. Hérode ayant appris, par le récit des Juifs, où il pourrait trouver le Christ pour le faire périr, appelle les mages, s'enquiert auprès d'eux de l'époque où l'étoile leur est apparue, et, les envoyant à Bethléem, leur dit : « Allez, informez-vous soigneusement de cet enfant afin que j'aille aussi l'adorer. » (*Matth.*, II. 8.) O lèvres trompeuses ! Pourquoi rouler de mauvais desseins au fond de ton cœur ? Ta langue, en effet, profère des paroles, mais ta conscience en fait entendre d'autres. Tu te trompes toi-même en nourrissant de pareilles pensées, et tu t'égares ; tu te trompes et tu trompes. Mais c'est en vain que la fourberie est éveillée pour le mal, ce n'est pas à toi qu'on demande la vérité, comme il n'est que trop juste. Les mages entendent tes paroles, ils entendent sans doute une chose dans ces mots qui retentissent au dehors, mais ils ne savent pas que tu penses autre chose au dedans de ton âme, ils continuent leur route, mais ils ne reviendront plus vers toi ; car celui qui se rit de tes desseins insensés, les avertit en secret, il ordonne aux mages de faire ce que le vrai Roi leur a ordonné, non pas ce que le faux roi leur conseille dans sa perfidie. L'Evangéliste nous dit « qu'ils s'en retournèrent dans leur pays par un autre endroit. » Mais toi, ô Hérode, comprenant que tu étais joué par les mages, tu as voulu faire périr tous les enfants de la contrée où il était né, afin d'être sûr de faire mourir le seul enfant que tu cherchais. Mais notre Epoux qui sort de sa chambre nuptiale, afin de tirer une louange parfaite de la bouche des petits enfants, de ceux qui sont à la mamelle (*Ps.* VIII, 4), permit que ta volonté fût suivie d'exécution, pour qu'un âge qui ne pouvait point encore confesser le Christ de sa propre bouche, le confessât par le témoignage de sa mort, qu'on vît dans son jour ton immense cruauté, et que la troupe des enfants vînt en groupe aux noces du céleste Epoux. Réponds-moi, Hérode, si le Christ t'offusque parce que tu as appris de la bouche des mages qu'il doit régner un jour, en quoi t'ont offusqué les princes des Juifs qui partageaient tes sentiments envers le Christ et que tu as frappés d'une atroce affliction dans leurs enfants, en les mettant à mort ? Quant au Christ, tu n'as pas pu l'atteindre. Mais pourquoi m'arrêter plus longtemps à te parler ? C'est aux Juifs, oui, c'est aux Juifs eux-mêmes, que je veux m'adresser, aux Juifs, dis-je, qui ne voulant point reconnaître le Christ enfant, ont vu périr leurs propres enfants avec lui. Sans doute, Hérode

nuntiarent natum, et veluti lingua sua laudarent hunc sponsum procedentem, quem sciebant ad hoc suscepisse hominem mortalem, ut faceret immortalem. Ad hunc sponsum Magi ab extremo terræ veniunt, commoniti requirunt, vocati munera offerunt, infantem natum necdum quidem videntes, sed stella indice regem (*a*) adorare cupientes. Ex his nuptiis regis nati turbatus Herodes, perturbati et Judæi regem totius creaturæ non intelligentes. Quærit Herodes quem audit regem natum infantem perdere, ne illo crescente posset regnum amittere : Judæi nolentes habere Dei Filium regem, ubi Christus nasceretur Herodi produnt, atque de unius infantis nece utrorumque voluntas astringitur. Post quam Herodes Judæis narrantibus didicit, ubi Christus occidendus posset inveniri, vocans ad se Magos, tempus ab eis inquisivit stellæ, missisque in Bethleem ait : « Ite, diligenter inquirite de puero, ut et ego veniens adorem eum. » (*Matth.*, II, 8.) O labia dolosa! ut quid in corde et corde loqueris mala? Aliud enim habet tua lingua, aliud clamat conscientia. Te ipsum decipis talia cogitando, erras, fallis et falleris. Frustra in malo (*b*) vigilat falsitas : non a te, sicut decet, inquiritur veritas. Ecce audiunt te Magi, aliud quidem foris dicentem, sed nesciunt te intus aliud cogitantem, et pergunt ita ut ad te amplius non revertantur. Ille enim eos admonebat, qui insipientiam tuam deridens, hoc Magos facere præcepit quod rex jusserat verus, non quod subdole persuaserat falsus. « Per aliam, » inquit Evangelista, « viam regressi sunt in regionem suam. » Verum cum a Magis te delusum sensisses, Herodes, voluisti omnes infantes terræ illius perdere, ut unum quem quærebas posses occidere. Sed ille sponsus noster, qui processit de thalamo suo (*Psal.* XVIII, 6), ut ex ore infantium et lactentium perficeret laudem, scivit te implere voluntatem tuam, ut ætas quæ lingua propria Christum non poterat confiteri, (*c*) testimonio mortis suæ confiteretur, et crudelitas immanis demonstraretur tua, et ad nuptias cœlestis sponsi infantium congregaretur turba. Dic Herodes, si te Christus ideo offendit, quia ejus Magis annuntiantibus audisti regnum, quid te offenderunt hi qui tecum adversus Christum sentiebant principes Judæorum, quorum filios interficiens ipsos magis atrocissima pœna in suis filiis afflixisti? Nam Christum minime invenire potuisti. Sed quid tecum diutius agam? Ipsos, ipsos conveniam Judæos, qui dum infantem Christum noluerunt agnoscere, filios suos (*d*) cum illo compulsi

(*a*) Mss. *videre*.— (*b*) Corb. Ms. *vigilas*.— (*c*) Quidam Mss. *testimonium mortis suæ*, (vel *morte sua*) *præberet et incredulitas immanis*, etc. — (*d*) Editi pro illa.

votre ami, les a frappés et livrés à la mort, mais le Christ leur a donné la vie éternelle, ce Christ, dis-je, que maintenant encore vous appelez votre ennemi.

Chapitre XI. — *Contre les Juifs.* — Oui, c'est à vous que je m'adresse, ô Juifs, à vous qui, jusqu'à ce jour, avez renié le Fils de Dieu. N'est-ce pas vous qui vous écriiez, quand vous lui voyiez faire des miracles, et qui disiez pour l'éprouver : « Jusques à quand tiendrez-vous nos esprits en suspens ? Si vous êtes le Christ, dites-le nous ouvertement. » (*Jean*, x, 24.) Et lui vous renvoyait à ses miracles et vous disait : « Les œuvres que je fais rendent témoignage de moi, » car c'étaient les faits non les paroles qui devaient rendre témoignage du Christ. Mais vous, ne reconnaissant point le Sauveur qui opérait le salut au milieu de votre pays, vous vous enfonciez davantage dans le mal et disiez : « Vous vous rendez témoignage à vous-même, votre témoignage n'est pas vrai. » (*Jean*, viii, 13.) Que vous répondait-il à cela, vous n'avez pas voulu le remarquer. Il disait : « N'est-il pas écrit dans votre Loi, que le témoignage de deux hommes est vrai ? » (*Ibid.*, 17.) Prévaricateurs de la Loi, faites donc attention à la Loi. Vous demandez un témoignage sur le Christ, dans votre Loi il est écrit que le témoignage de deux témoins est vrai, il va sortir de votre Loi même, non pas seulement deux, mais plusieurs témoins du Christ qui confondront ceux qui écoutent la Loi et ne l'observent pas. Parlez, Isaïe, rendez témoignage au Christ. « Une vierge concevra, dit-il, et elle enfantera un fils qui sera appelé Emmanuel, ce qui signifie Dieu avec nous. » (*Isa.*, vii, 14.) Qu'un autre témoin s'ajoute à celui-là, à vous, ô Jérémie, de nous parler du Christ. « C'est lui, répond-il, qui est notre Dieu, et nul autre ne subsistera devant lui si on le compare avec ce qu'il est. C'est lui qui a trouvé toutes les voies de la vraie science, et qui l'a donnée à Jacob, son serviteur, et à Israël, son bien-aimé. Après cela il a été vu sur la terre et il a conversé avec les hommes. » (*Baruch*, iii, 36 à 38.) Voilà deux témoins tirés de votre Loi, deux témoins capables, et leurs témoignages, malgré leur accord, ne font aucune impression sur votre cœur.

Chapitre XII. — *Textes de Daniel.* — Mais citons encore d'autres témoins du Christ tirés de la loi, pour briser les fronts de nos ennemis plus durs que la pierre. Vienne donc le saint prophète Daniel ; il est jeune encore, si on ne compte que les années ; mais c'est un vieillard par la science et la douceur, qu'il convainque tous les faux témoins, et de même qu'il a confondu les impudiques vieillards, qu'il confonde également par son témoignage les ennemis du Christ. Saint prophète Daniel, parlez, dites-nous ce que vous savez du Christ. « Lorsque le Saint des Saints sera venu, dit-il, l'onction cessera. » (*Dan.*, ix, 24.) Pourquoi en présence de celui à qui vous insultiez en disant : « C'est vous qui rendez témoignage de vous-même, votre témoignage n'est pas vrai, » (*Jean*, viii, 13) votre onction a-t-elle cessé sinon parce qu'il est lui-même le Saint des Saints qui est venu ? Si, comme vous le dites, il n'est pas encore venu, et si on attend encore la venue du Saint des Saints, montrez-nous votre onction. Si au contraire, ce qui est vrai, votre onction a cessé, reconnaissez que le Saint des Saints est venu. C'est lui, en effet, qui est la pierre détachée de la montagne sans le secours d'aucune main qui l'en ait séparée

---

sunt amittere : quos quidem occidit mortique propinavit Herodes vester amicus; sed his mortalitatem æternamque vitam donavit Christus, quem vestrum etiam nunc dicitis inimicum.

Caput XI. — *Contra Judæos.* — Vos, inquam, convenio, o Judæi, qui usque in hodiernum diem negatis Filium Dei. Nonne vox vestra illa est, quando eum videbatis miracula facientem, atque tentantes dicebatis : « Quo usque animas nostras suspendis ? Si tu es Christus, dic nobis palam. » (*Joan.*, x, 24.) Ille autem ad considerationem miraculorum vos mittebat dicens : « Opera quæ ego facio, ipsa testimonium de me perhibent : » ut Christo testimonium dicerent, non verba, sed facta. Vos autem non agnoscentes Salvatorem, qui operabatur salutem in medio terræ vestræ, adjiciebatis in malo aistis : « Tu de te ipso testimonium dicis, testimonium tuum non est verum. » (*Joan.*, viii, 13.) Sed ad hæc ille quid vobis responderit, advertere noluistis. « Nonne scriptum est, inquit, in Lege vestra, quod duorum hominum verum sit testimonium ? » (*Ibid.*, 17.) Prævaricatores Legis, intendite Legem. Testimonium quæritis de Christo : in Lege vestra scriptum est, quod duorum hominum testimonium verum sit; procedant de Lege vestra, non tantum duo, sed etiam plures testes Christi, et convincant auditores Legis, nec factores. Dic Isaia testimonium Christo. « Ecce, inquit, virgo in utero concipiet et pariet filium, et vocabitis nomen ejus Emmanuel, quod est interpretatum, nobiscum Deus. » (*Isai.*, vii, 14.) Accedat et alius testis : dic et tu Jeremia testimonium Christo ? « Hic est, inquit, Deus noster, et non æstimabitur alius absque illo, qui invenit omnem viam scientiæ, et dedit eam Jacob puero suo et Israel dilecto suo. Post hæc in terris visus est, et cum hominibus conversatus est. » (*Baruch*, iii, 36.) Ecce duo testes idonei ex Lege vestra, ex quorum testimonio non sunt compuncta corda vestra.

Caput XII. — *Ex Daniele.* — Sed alii atque alii ex Lege Christi testes introducantur, ut frontes durissimæ inimicorum conterantur. Veniat et ille Daniel sanctus, juvenis quidem ætate, senior vero scientia ac mansuetudine (*Dan.*, xiii, 47), convincat omnes falsos testes : sicut convicit seniores impudicos, ita suo testimonio Christi conterat inimicos. Dic sancte Daniel, dic de Christo quod nosti. « Cum venerit, inquit, Sanctus sanctorum, cessabit unctio. » (*Dan.*, ix, 24.) Quare illo præsente cui insultantibus dicebatis : « Tu de te ipso testimonium dicis, testimonium tuum non est verum, » (*Joan.*, viii, 13) cessavit unctio vestra, nisi quia ipse est qui venerat Sanctus sanctorum ? Si, ut vos dicitis, nondum venit, sed exspectatur ut veniat Sanctus sanctorum, demonstrate unctionem : si autem, quod verum est, cessavit unctio vestra, agnoscite venisse sanctum sanctorum.

(*Dan.*, II, 34), c'est-à-dire, le Christ né de la Vierge sans le secours d'aucunes mains qui le reçussent, et qui s'est accru au point de devenir une grande montagne et de remplir l'univers entier, c'est de cette montagne que le Prophète a dit : « Venez, montons sur la montagne du Seigneur; » (*Isa.*, II, 3) c'est d'elle également que parle David quand il dit : « C'est une montagne grasse que la montagne de Dieu, pourquoi croyez-vous qu'il y a d'autres montagnes grasses, une autre montagne où il a plu à Dieu d'habiter? » (*Ps.* LXVII, 16.) En effet, lorsque le Seigneur Christ lui-même demandait à ses disciples ce qu'on disait du Fils de l'homme, ils répondirent : « Les uns disent que c'est Elie, d'autres que c'est Jérémie, il y en a qui prétendent que c'est Jean-Baptiste ou un des prophètes. » (*Matth.*, XVI, 14.) Il leur repartit : « Pourquoi croyez-vous qu'il y a d'autres montagnes grasses, une montagne où il a plû à Dieu d'habiter? » C'est lui que Pierre reconnut quand il dit : « Vous êtes le Christ le Fils du Dieu vivant. » (*Ibid.*, 17.) Il reconnut la montagne, il monta sur cette montagne, il rendit témoignage à la vérité, et il fut aimé de la vérité. Pierre fut fondé sur la pierre pour qu'il reçût la mort en mourant par amour pour celui que la crainte lui avait fait renier trois fois.

CHAPITRE XIII. — *Textes tirés de la Loi et des Prophètes.* — Et vous Moïse, le législateur, le chef du peuple d'Israël, rendez aussi témoignage au Christ. « Dieu vous suscitera, du milieu de vos frères, un prophète. Toute âme qui n'écoutera pas ce prophète sera exterminée du milieu de son peuple. » (*Deut.*, XVIII.) Or, écoutez dans l'Evangile le Christ se donner le nom de prophète : « Un prophète, dit-il, n'est sans honneur que dans sa patrie et dans sa maison. »

(*Matth.*, XIII, 57.) Que le saint prophète David, le témoin fidèle, de la race de qui est issu celui à qui la loi et les prophètes rendent témoignage, approche aussi et qu'il nous parle également du Christ. « Tous les rois de la terre, dit-il, l'adoreront, et toutes les nations le serviront. » (*Ps.* LXXI, 11.) Qui servent-elles, répondez David, qui servent-elles? Voulez-vous entendre qui elles servent? « Le Seigneur a dit à mon Seigneur : Asseyez-vous à ma droite, jusqu'à ce que je place vos ennemis sous vos pieds en guise d'escabeau. » (*Ps.* CIX, 1.) Ailleurs il dit, d'une manière plus expresse, et en l'appelant par son nom : « Pourquoi les nations se sont-elles soulevées avec un grand bruit, et pourquoi les peuples ont-ils formés de vains projets? Les rois de la terre se sont assemblés, et les princes se sont unis contre le Seigneur et contre son Christ. » (*Ps.* II, 1, 2.) Appelons encore un autre témoin, et vous, prophète Habacuc, rendez aussi témoignage au Christ. « Seigneur, dit-il, j'ai entendu votre parole, et j'ai été saisi de crainte. J'ai considéré vos œuvres, ô mon Dieu, et j'ai été saisi d'admiration. » (*Habac.*, III, 2.) Quelles œuvres de Dieu ce prophète a-t-il considérées avec une admiration mêlée de crainte? Serait-ce la construction de ce monde qu'il vit avec une crainte mêlée d'étonnement? Non, non. Mais écoute ce qui lui inspire ce sentiment d'admiration et de crainte : « C'est au milieu de deux animaux que vous êtes reconnu, est-il dit : Vos œuvres, ô mon Dieu : Le Verbe s'est fait chair. C'est au milieu des deux animaux que vous êtes reconnu. » Qui cela? Jusqu'à quel point d'abaissement êtes-vous descendu? Vous m'avez rempli de stupeur, parce que vous, le Verbe par qui tout a été fait, avez reposé dans une étable. « Le bœuf reconnaît son maître et l'âne l'étable de celui à qui il

appartient. » (*Isa.*, I, 3.) C'est au milieu des deux animaux que vous êtes reconnu ; » qu'est-ce à dire, « c'est au milieu des deux animaux que vous êtes reconnu, » sinon c'est au milieu des deux Testaments, ou au milieu des deux larrons, ou au milieu de Moïse et d'Elie, quand ils s'entretiennent avec lui sur la montagne? « Le Verbe, » est-il dit, « s'est mis en marche et est sorti par les champs. » (*Habac.*, III, 5.) Et Jérémie reprend, de son côté : « Après cela il s'est montré sur la terre, et il a conversé parmi les hommes. » (*Baruch*, III, 38.) Voilà comment les témoins de la vérité se rencontrent dans leur témoignage et comment ils confondent les témoins de la fausseté. Cela vous suffit-il, ô Juifs, ou bien, pour votre confusion demanderons-nous encore d'autres témoins de votre race à la loi et aux prophètes, pour rendre témoignage à celui à qui, dans l'égarement de votre esprit, vous insultiez en disant : « Vous vous rendez témoignage à vous-même, votre témoignage n'est pas vrai? » (*Jean*, VIII, 17.) Si je voulais rassembler tout ce que la loi et les prophètes ont dit sur le Christ, le temps me manquerait avant que je les eusse épuisés.

CHAPITRE XIV. — *Témoignage de Siméon et de Zacharie.* — Cependant je vais faire paraître, devant vous, un vieillard issu de la même race que vous, mais qui n'est pas demeuré dans votre erreur, saint Siméon qui a mérité de rester en cette vie jusqu'à l'âge le plus avancé afin de voir luire la vraie lumière. Déjà les années qu'il avait vécues le pressaient de partir, mais il retardait de le faire, pour voir celui dont il savait la venue prochaine. Ce vieillard averti par l'Esprit saint qu'il ne mourrait point avant de voir le Christ de Dieu, et sachant qu'il était né se rendit au temple. Dès qu'il l'aperçut dans les bras de sa mère qui le portait, il le prit dans ses mains. Le vieillard portait l'enfant, mais c'est le Christ qui guidait le vieillard. Celui qui était porté dirigeait les pas de celui qui le portait et empêchait qu'il ne quittât ce monde avant l'accomplissement de la promesse qui lui avait été faite. Mais en attendant, ennemis du Christ, je me trompe, ennemis de vous-mêmes, remarquez qui ce vieillard a confessé. Se mettant à bénir Dieu, il s'écria : « Maintenant Seigneur, vous pouvez laisser aller votre serviteur en paix selon votre parole; car mes yeux ont vu votre salut. » (*Luc*, II, 29.) Que les parents de Jean, que Zacharie et Elisabeth qui ont eu une jeunesse stérile et une vieillesse féconde, rendent aussi témoignage au Christ. Qu'ils nous disent ce qu'ils pensent du Christ, et qu'ils nourrissent pour le Christ un témoin digne de lui. Ils disent donc en s'adressant à leur propre enfant au moment de sa naissance : « Tu seras appelé le prophète du Très-Haut; car tu marcheras devant la face du Seigneur pour lui préparer les voies. » (*Luc*, I, 17.) Quant à Elisabeth, voici en quels termes elle s'adresse à la Vierge mère : « D'où me vient ce bonheur que la mère de mon Seigneur vienne à moi? Car dès que le son de votre voix, quand vous m'avez saluée, a frappé mes oreilles, mon enfant a tressailli de joie dans mon sein. » (*Luc*, I, 43.) En effet, Jean comprenant que c'est la mère de son Seigneur qui s'approche de sa mère à lui, bien que renfermé dans les étroites limites du sein d'Elisabeth, salue par un mouvement celui qu'il ne pouvait saluer de la voix. Que dira plus tard ce même Jean, le précurseur et l'ami, le serviteur aussi humble que fidèle, le digne témoin

---

asinus præsepe domini sui. In medio duum animalium cognosceris. » (*Isa.*, I, 3.) Quid est : « In medio duum animalium cognosceris : » nisi aut in medio duorum Testamentorum, aut in medio duorum latronum, aut in medio Moysi et Eliæ cum eo in monte sermocinantium? « Ambulavit, inquit, verbum, et exivit in campos. Verbum caro factum est, et habitavit in nobis. » (*Habac.*, III, 5.) Hoc et Jeremias ait : « Post hæc in terris visus est, et cum hominibus conversatus est. » (*Baruch*, III, 38.) Ecce quomodo conveniunt sibi testes veritatis : ecce quomodo convincunt filios falsitatis. Sufficiunt vobis ista, o Judæi, an adhuc ad vestram confusionem ex Lege et ex gente vestra alios introducemus testes, ut illi testimonium perhibeant, cui perdita mente insultantes dicebatis : « Tu de te ipso testimonium perhibes, testimonium tuum non est verum? » (*Joan.*, VIII, 17.) Quod si velim ex Lege et ex Prophetis omnia quæ de Christo dicta sunt colligere, facilius me tempus quam copia deserit.

CAPUT XIV. — *Simeonis et Zachariæ testimonium.* — Verumtamen senem illum ex gente vestra natum, sed in errore vestro non relictum, Simeonem sanctum in medium introducam : qui meruit decrepitus teneri in hac luce quo usque videret veram lucem. Quem quidem jam ætas compellebat ire : sed exspectabat suscipere, quem sciebat venire. Is iste senex admonitus esset a sancto Spiritu, quod non ante moreretur quam videret Christum Dei, natumque cognoscens, perrexit ad templum. (*Luc.*, II, 26) Ubi vero eum portari matris manibus vidit, et divinum infantiam pia senectus agnovit, tulit infantem in manibus suis. Ille quidem Christum infantem ferebat, sed senem Christus regebat. Portabatur qui portabatur, ne ille ante promissum a corpore solveretur. Quid tamen dixerit, quem confessus fuerit, advertite inimici, non Christi, sed vestri. Benedicens Deum exclamavit senex ille, et dixit : « Nunc dimittis Domine servum tuum secundum verbum tuum in pace : quia viderunt oculi mei salutare tuum. » (*Luc.*, II, 29.) Illi parentes Joannis, Zacharias et Elisabeth, juvenes steriles, in senecta fecundi, dicant etiam ipsi testimonium Christo. Dicant de Christo quid sentiant, et testem idoneum Christo nutriant. Aiunt enim suo parvulo nato : « Tu puer propheta Altissimi vocaberis : præibis enim ante faciem Domini parare vias ejus. » (*Luc.*, I, 17.) Ipsique matri et virgini Elisabeth ait : « Unde mihi hoc, ut veniat mater Domini mei ad me? Ecce enim ut facta est vox salutationis tuæ in auribus meis, exsultavit in gaudio infans in utero meo. » (*Luc.*, I, 43) Intelligens enim Joannes matrem Domini sui venisse ad suam matrem, inter ipsas angustias uteri adhuc positus, motu salutavit, quem voce non poterat. Qui postea ipse Joannes præcursor et amicus, humilis et fidelissimus servus, testis

de celui à qui il rend témoignage, l'homme qui l'emporte tellement en grandeur sur tous ceux qui sont nés de la femme, qu'il était pris pour ce qu'il n'était pas? En effet, les Juifs pensaient qu'il était le Christ; mais lui, criait à haute voix qu'il ne l'était point et disait : « Je ne suis pas celui que vous croyez, mais voici qu'il en vient un après moi, à qui je ne suis pas digne de dénouer les cordons des souliers. » (*Luc*, III, 16.) O fidèle témoin, ô ami de l'époux véritable, combien vous seriez-vous humilié si vous aviez dit que vous étiez digne de dénouer les cordons de sa chaussure! Mais en vous en reconnaissant indigne, vous allez contre les faux témoins des Juifs. Or, vous avez parlé ainsi avant même que vous eussiez vu le Christ; aussi que ses ennemis qui ne veulent point entendre, prêtent néanmoins l'oreille à ce que vous dites, quand ce même Christ grand et humble en même temps, voulant remplir la mission qu'il s'était donnée, vint à vous pour recevoir de vous le baptême, bien qu'il n'eût commis aucun péché, qu'ils entendent ce que vous répondez, qui vous reconnaissez en lui, quel témoignage vous lui rendez : « Voici l'Agneau de Dieu, dit-il, voici celui qui ôte le péché du monde, » (*Jean*, I, 29 et 36) et plus loin : « Vous venez recevoir le baptême de mes mains, c'est moi qui devrais être baptisé par vous. » (*Matth.*, III, 14.) Le serviteur reconnaît son Seigneur; celui qui avait été lié des liens du péché originel reconnaît celui qui était libre du lien de tout péché; le héraut reconnaît le juge, la créature son créateur, le paranymphe l'époux; car c'est encore un mot du même Jean que celui-ci : « C'est celui qui a l'épouse qui est l'époux; quant à l'ami de l'époux il est là debout, il l'écoute, et il se réjouit d'entendre la voix de l'époux. » (*Jean*, III, 29.)

Chapitre XV. — *Témoignages puisés dans les livres des païens*. — De tels témoins, ces témoignages puisés dans votre loi, recueillis au sein de votre nation, vous suffisent-ils, ô Juifs? Oserez-vous dire encore d'un cœur impudent, que ce sont des hommes d'une autre nation, d'une autre race qui devraient rendre témoignage au Christ? Si vous l'osez, le Christ vous répondra lui-même : « Je n'ai été envoyé qu'aux brebis perdues de la maison d'Israël. » (*Matth.*, xv, 24.) Mais comme saint Paul vous en fait le reproche dans les Actes des Apôtres : « Vous étiez les premiers à qui il fallait annoncer la parole de Dieu, mais puisque vous la rejetez et que vous vous jugez vous-mêmes indignes de la vie éternelle, nous nous en allons présentement aux Gentils. » (*Act.*, XIII, 46.) Montrons-leur néanmoins quelques témoignages en faveur du Christ, puisés chez les païens, car la vérité n'a point cessé de crier bien haut, même par la langue de ses ennemis. Quand votre poëte le plus fameux disait dans ses vers : « Déjà descend des cieux une nouvelle race d'hommes, » (*Bucol.*, IV, 7) ne rendait-il point témoignage au Christ? On pourrait en douter si je n'avais à vous montrer parmi les Gentils d'autres témoins de poids, et qui nous donneront de nombreux témoignages. Je ne veux point laisser de côté un roi qui a dompté et captivé votre orgueil, je veux parler de Nabuchodonosor, roi de Babylone. Dis-nous donc, ô Nabuchodonosor, ce que tu as vu dans la fournaise où tu avais eu l'injustice de faire jeter les trois jeunes hommes, dis-nous ce qui t'a été révélé : « N'avons-nous pas, dit-il, jeté trois hommes liés au milieu de la fournaise? Oui prince, lui répond-on. J'en vois quatre

---

idoneus effectus, tanto major in natis mulierum, quanto existimabatur esse quod non erat? Christum enim cum esse Judæi credebant : sed ille non se esse clamabat, dicens : « Quem me suspicamini esse, non sum ego, sed ecce venit post me, de cujus pedibus non sum ego dignus solvere corrigiam calceamenti ejus. » (*Marc.*, I, 7; *Luc.*, III, 16.) O fidelis testis, et amice veri sponsi, quantum te humiliavisses si ad corrigiam calceamenti ejus solvendam dignum te esse dixisses? Sed dum ad hoc non te dignum dicis, Judæis falsis testibus contradicis. Et hæc a te dicta sunt ante quam Christum videres : qui cum ad te ipse venit excelsus humilis implendæ dispensationis suæ gratia, ut a te baptizaretur qui nullum habebat omnino peccatum, quid responderis, quem cognoveris, quale testimonium protuleris, audiant inimici qui audire nolunt : « Ecce, inquit, agnus Dei, ecce qui tollit peccatum mundi. » (*Joan.*, I, 29; *Ibid.*, 36.) Et adjecit : « Tu ad me venis baptizari : ego a te debeo baptizari. » (*Matth.*, III, 14.) Agnovit servus Dominum : agnovit peccati originalis vinculis obligatus ab omni nexu peccati liberum : agnovit præco judicem, agnovit creatura creatorem, agnovit paranymphus sponsum. Nam et hæc vox Joannis est : « Qui habet sponsam, sponsus est. Amicus autem sponsi stat et audit eum, et gaudio gaudet propter vocem sponsi. » (*Joan.*, III, 29.)

(*a*) Mss. *impudentia nimia*.

Caput XV. — *Ex libris Ethnicorum*. — Sufficiunt vobis ista o Judæi, sufficiunt vobis tanti testes, testimonia ex Lege vestra, ex gente vestra? An adhuc (*a*) impudenti animo audebitis dicere, quod alterius gentis vel nationis homines Christo deberent testimonium perhibere? Sed si hoc dicitis, respondet quidem ille vobis : « Non sum missus, nisi ad oves quæ perierunt domus Israel. » (*Matth.*, xv, 24.) Sed sicut vos in Actibus Apostolorum increpat Paulus : « Vobis primum oportuerat annuntiari verbum Dei, sed quia repulistis illud, nec vos dignos vitæ æternæ judicastis, ecce, inquit, convertimur ad gentes : » (*Act.*, XIII, 46) demonstremus etiam nos ex gentibus testimonium Christo fuisse prolatum; quoniam veritas non tacuit clamando etiam per linguas inimicorum suorum. Nonne quando poeta ille facundissimus inter sua carmina : « Jam nova progenies cœlo demittitur alto, » (Virg., *Eclog.* 4) dicebat : Christo testimonium perhibebat? In dubium hoc veniat, nisi alios ex gentibus idoneos testes pluraque dicentes in medium introducam. Illum regem qui vestram superbiam captivando perdomuit, Nabuchodonosor, regem scilicet Babylonis non prætermittam. Dic Nabuchodonosor quid in fornace, quo tres viros justos injuste immiseras, vidisti; dic, dic quid tibi fuerit revelatum. « Nonne, inquit, tres viros misimus in fornacem ligatos? Et aiunt ei : Vere rex. Ecce, inquit,

néanmoins qui marchent sans être liés, au milieu du feu, qui sont incorruptibles dans les flammes, le quatrième est semblable au Fils de Dieu. » (*Dan.*, III, 91.) O étranger, d'où te vient ce langage ? Qui t'a parlé du Fils de Dieu ? Quelle loi, quel prophète t'en a dit un mot ? Il n'est pas encore venu au monde, et tu reconnais sa ressemblance comme s'il était né. Où as-tu appris cela ? qui te l'a enseigné ? N'est-ce pas le feu divin qui t'a illuminé intérieurement et qui t'a mis en état de rendre ainsi témoignage au Fils de Dieu, dans le temps où les Juifs ses ennemis étaient en captivité dans ton royaume ?

CHAPITRE XVI. — *Témoignages puisés dans les vers Sybillins.* — Mais comme il est dit que c'est sur le témoignage de deux ou trois témoins que repose la vérité, ainsi que le Seigneur vous le rappelle en ces termes, quand il confond votre incrédulité : « Il est écrit dans votre loi, que le témoignage de deux personnes sera jugé véritable, » (*Jean*, VIII, 17; *Deut.*, XVII, 6) il va être cité un troisième témoin appartenant aux Gentils, pour que le témoignage de la vérité se trouve fortifié de tout point. Rappelons donc ici ce que la Sibylle a prédit aussi du Christ dans ses vers, et d'une pierre frappons en même temps le front des Juifs et des païens, frappons dis-je de leur propre épée tous les ennemis du Christ, comme David a frappé Goliath de la sienne. Ecoutez ce qu'elle dit (1) :

ORACLE DE LA SIBYLLE.

Signe du jugement ; la terre se couvrira de sueur.

Le roi des siècles va descendre du ciel et c'est dans sa chair qu'il comparaîtra pour juger l'univers. Puis Dieu se montrera aux yeux de l'incrédule et du fidèle, dans sa gloire avec ses saints, au dernier terme des âges. Et les âmes paraîtront aussi revêtues de leur chair, à son tribunal, pendant que la terre demeurera inculte et ensevelie sous les ronces. Les hommes rejetteront loin d'eux leurs biens et leurs trésors. Le feu va dévorer la terre, et gagnant la mer et le ciel, briser les portes du sombre averne. Une pure lumière revêtira les corps des saints et les coupables seront livrés à d'éternelles flammes. Découvrant ses actes cachés, chacun révélera les secrets de son cœur; Dieu ouvrira les consciences à la lumière, ce sera l'heure des gémissements, l'heure où tous grinceront les dents. Le soleil est déchu de sa gloire, et le chœur des astres s'éteint. Le ciel disparaît, la clarté de la lune est éclipsée. Il abaissera les collines, et élèvera les vallées de leurs profondeurs. Il n'y aura plus rien de grand ni d'élevé parmi les choses humaines. Les montagnes descendront au niveau des plaines. Les flots azurés de la mer cesseront tous, la terre brisée périra. Le feu dévorera les fontaines et les fleuves. Alors du haut des cieux, la trompette fera planer sur le monde un son lugubre, dont le gémissement annoncera le crime, le malheur et les épreuves diverses. La terre s'entr'ouvrant laissera voir le chaos du Tartare. Là, tous les rois, jusqu'au dernier, paraîtront devant le Seigneur. Les cieux laisseront tomber un torrent de feu et de soufre.

Toutes ces prédictions sur la naissance, la passion, la résurrection et le second avènement du Sauveur

(1) Les vers dont on va lire la traduction, forment par leur première lettre en latin, un acrostyche des mots suivants Ιησους χρειστος θεου υιος σωτηρ, mots grecs dont les lettres initiales réunies forment le fameux Ιχθυς qui a eu une si grande importance mystique dans les premiers siècles de l'Eglise.

ego video quatuor viros solutos deambulantes in medio ignis, et corruptio nulla est in eis, et aspectus quarti similis est Filio Dei. » (*Dan.*, III, 91.) O alienigena, unde tibi hoc ? Quis tibi annuntiavit Filium Dei ? quæ Lex, quis Propheta ? Nondum quidem mundo nascitur, et similitudo nascentis a te cognosceris. Unde tibi hoc ? Quis tibi istud annuntisvit, nisi quia sic te divinus ignis intus illuminavit, ut cum illic apud te captivi tenerentur inimici Judæi, sic diceres testimonium Filio Dei ?

CAPUT XVI. — *De Sibyllinis vaticiniis.* — Sed quia in ore duorum vel trium testium stat omne verbum, sicut ipse Dominus confutans vestram contumaciam : « In lege, inquit, vestra scriptum est, quod duorum hominum testimonium verum sit : » (*Deut.*, XVII, 6; *Joan.*, VIII, 17) etiam ex gentibus tertius testis introducatur, ut testimonium veritatis omni ex parte roboretur. Quid Sibylla vaticinando etiam de Christo clamaverit, in medium proferamus, ut ex uno lapide utrorumque frontes percutiantur, Judæorum scilicet atque Paganorum, atque suo gladio, sicut Golias, Christi omnes percutiantur inimici : audite quid dixerit :

VATICINIUM SIBYLLÆ.

Ι — Judicii signum, tellus sudore madescet.
Η — Et cœlo rex adveniet per sæcla futurus.

Σ — Scilicet in carne præsens ut judicet orbem.
Ο — Unde Deum cernent, increduli atqud fidelis
Υ — Celsum cum sanctis, ævi jam termino in ipso.
Σ — Sic animæ cum carne aderunt, quas judicat ipse.
Χ — Cum jacet incultus densis in vepribus orbis.
Ρ — Rejicient simulacra viri, cunctam quoque gazam.
Ε — Exuret terras ignis, pontumque, polumque
Ι — Inquirens tetri portas effringet averni.
Σ — Sanctorum sed enim cunctæ lux libera carni
Τ — Tradetur, fontes æternaque flamma cremabit.
Ο — Occultos actus retegens, tunc quisque loquetur
Σ — Secreta atque Deus reserabit pectora luci.
Τ — Tunc erit et luctus, stridebunt dentibus omnes.
Ε — Eripitur solis jubar, et chorus interit astris.
Ο — Volvetur cœlum, lunaris splendor obibit.
Υ — Dejiciet colles, valles extollet ab imo.
Ι — Non erit in rebus hominum sublime vel altum.
Ο — Jam æquantur campis montes et cerula ponti.
Σ — Omnia cessabunt, tellus confracta peribit.
Σ — Sic pariter fontes torrentur, fluminaque igni.
Ω — Sed tuba tunc sonitum tristem demittet ab alto
Τ — Orbe gemens facinus miserum variosque labores,
Η — Tartareumque chaos monstrabit terra dehiscens.
Ρ — Et coram hic Domino reges sistentur ad unum.
Ρ — Recidet e cœlis ignisque et sulphuris amnis.

Hæc de Christi nativitate, passione et resurrectione,

ont été faites en de telles conditions que si on veut prendre les lettres grecques correspondant à la première de chaque vers on trouve Ἰησοῦς χριστὸς θεοῦ υἱὸς σωτήρ, c'est-à-dire, « Jésus-Christ Fils de Dieu, Sauveur. » La traduction latine reproduit les mêmes mots par les initiales de chaque vers, bien qu'il n'ait pas été possible de rendre les lettres grecques par une lettre latine semblable.

Mais écoutez avec la plus grande attention, d'autres vers sibyllins qui nous montrent plus ouvertement encore la passion du Christ.

« Il tombera entre les mains injustes des infidèles ;
» leurs mains incestueuses donneront des soufflets à
» Dieu, et leur bouche impure le couvrira de cra-
» chats empoisonnés. Lui se contentera de présenter
» aux verges son dos innocent. Il recevra des souf-
» flets en silence, afin que nul ne reconnaisse quel
» Verbe il est, d'où il vient, afin qu'il parle aux en-
» fers, et soit couronné d'une couronne d'épines.
» Ils lui donnèrent du fiel à manger et du vinaigre
» à boire. Voilà le festin d'inhospitalité qu'ils lui
» serviront. Insensé! tu n'as pas reconnu ton Dieu
» qui se joue de la raison des mortels et tu l'as
» couronné d'épines et abreuvé d'un fiel amer! Le
» voile du temple se déchirera, et, au milieu du jour,
» il y aura une ténébreuse nuit de trois heures. Il
» mourra de mort et s'endormira d'un sommeil de
» trois jours. Et, revenu des enfers, le premier, il
» reparaîtra à la lumière, et montrera en lui-même
» aux élus, les prémices de la résurrection. »

CHAPITRE XVII. — O Juifs, ennemis du Christ, je crois que vous vous trouvez, à présent, tellement écrasés par cette masse de témoins, que vous ne devez rien cher-

cher de plus. Vous qui, connaissant tout ce qui a été dit ou écrit du Christ, disiez, dans un excès de folie ou plutôt de démence et avec un front impudent, à la vérité même : « C'est vous qui vous rendez témoignage à vous-même, votre témoignage n'est pas vrai. » (Jean, VIII, 13.) Toutefois pour que la lumière de la vérité brille davantage, que toutes les créatures viennent, après tant de témoins au témoignage éclatant, rendre également témoignage à leur Créateur. Le ciel ne l'a-t-il point fait quand un nouvel astre, à l'apparition d'un rejeton nouveau de l'homme, indiqua aux Gentils, comme de la voix et du doigt, à sa manière, qu'un homme Dieu était né? La mer n'a-t-elle pas eu aussi son témoignage, quand, oubliant en quelque sorte sa nature liquide, elle se montra solide et reçut la marque des pas de son Seigneur, afin que cette parole prophétique : « Vous vous êtes tracé un chemin dans la mer, vous avez marché au milieu des eaux, » (Ps. LXXVI, 20) se trouvât accomplie. Ce même élément, comme pour montrer la différence qu'il y a entre la créature et le Créateur, aurait englouti, dans ses ondes, le serviteur du Christ qui voulut marcher à sa surface, si le Seigneur de toutes choses n'eût tendu la main à Pierre qui s'enfonçait dans les flots. (Matth., XIV, 31.) La terre n'a-t-elle point rendu son témoignage, le jour où mouillée de la salive du Seigneur, elle rendit la vue à un aveugle-né, quand le Christ en frotta les yeux de cet infortuné (Jean, IX, 7), et que le Créateur de la terre, qui avait auparavant tiré l'homme tout entier du limon de la terre, répara de ce même limon ce que son œuvre avait d'altéré? Et les enfers eux-mêmes n'ont-ils point rendu témoignage au Christ, quand,

---

atque secundo ejus adventu ita dicta sunt, ut si quis in Græco capita horum versuum discernere voluerit, inveniat Ἰησοῦς χριστὸς (a) θεοῦ υἱὸς σωτήρ : id est : « Jesus Christus Dei Filius salvator. » Quod et in Latinum translatis eisdem versibus apparet, præter quam quod Græcarum litterarum proprietas non adeo potuit observari.

Alios versus Sibyllinos Christi passionem apertius demoustrantes, intentissime audite.

« In manus (b), inquit, iniquas infidelium postea veniet.
» Dabunt autem Deo alapas manibus incestis. Et impurato
» ore expuent venenatos sputus. Dabit vero ad verbera
» simpliciter sanctum dorsum. Et colaphos accipiens ta-
» cebit, ne quis agnoscat : Quod verbum, vel unde venit,
» ut inferis loquatur. Et corona spinea coronatur. Ad
» cibum autem fel, et ad sitim acetum dederunt. Inhos-
» pitalitatis hanc monstrabunt mensam. Ipsa enim insi-
» piens tuum Deum non intellexisti : Ludentem morta-
» lium (c) mentibus, sed spinis Coronasti, et horridum
» fel miscuisti. Templi vero velum scindetur, et die Medio
» nox erit tenebrosa nimis tribus horis. Et morte morie-
» tur, tribusque diebus somno suscepto: Et tunc (d) a
» mortuis regressus ad lucem veniet. Primus resurrec-
» tionis (e) initium revocatus ostendet. »

CAPUT XVII. — Credo jam vos, o inimici Judæi, tantis testibus ita obrutos confutatosque, ut nihil ultra quærere

debeatis : qui ipsi veritati nimia insipientia vel potius amentia, cum omnia nossetis quæ de Christo essent dicta atque conscripta, inverecunda fronte dicebatis : « Tu de te ipso testimonium dicis, testimonium tuum non est verum. » (Joan., VIII, 13.) Verumtamen ut divinæ majestatis veritas lucescat, supra tot testium præclaras voces, suo Creatori universa creatura testimonium se dixisse proclamet. Nonne cœlum testimonium dixit, quando novum sidus in nova hominis progenie, velut lingua et digito, quo potuit, natum Deum hominem gentibus demonstravit? Nonne mare testimonium dixit, quando oblitus quodam modo naturæ suæ liquidus humor, soliditate suscepta, sui Domini portavit impressa vestigia : ut impleretur illud quod dictum est : « In mari est via tua et semitæ tuæ in aquis multis. » (Psal. LXXVI, 20.) Quod elementum servum Christi supra se ambulare cupientem, ut demonstraret quantum interesset inter creaturam et creatorem, labili unda Petrum absorbuisset, nisi Dominus rerum, mergenti Petro manum porrexisset. (Matth., XIV, 31.) Nonne terra testimonium dixit, quando ejus conspersa saliva (Joan., IX, 7), ex ea cæci nati oculos inunguens, lumen non videnti (f) restituit : et fabrica quod minus habuit, ex limo terræ artifex reparavit, qui totum hominem de limo terræ ante formavit? Nonne inferna Christo testimonium perhibuerunt, quando jure

---

(a) Editi υἱὸς θεοῦ. Emendantur ex Mss. — (b) Ut in superioribus, ita et in his versibus sequimur veteres codices, a quibus longe recedebant editi. — (c) Mss. sensibus. — (d) Nss. ab inferis. — (e) Mss. principio revocatus ostenso. — (f) Quidam Mss. exhibuit.

perdant tous leurs droits, ils rendirent sain et sauf, à la voix et sur l'ordre même de leur Seigneur, Lazare qu'ils avaient reçu pour le dévorer et qu'ils conservèrent sans altération pendant quatre jours entiers? Mais quoi ne puis-je citer la lumière même du jour en témoignage contre votre impudence, contre votre démence pleine de férocité? Comme vous le pensiez, le Christ que vous mettiez à mort n'était qu'un pur homme; quand même il n'eût été que cela, vous auriez dû vous tenir sur vos gardes et prendre soin de maintenir vos mains pures du sang innocent. Quel fut donc l'aveuglement de votre cœur, pour que vous n'ayez point été frappés de terreur par des ténèbres telles que celles qui vous environnèrent en plein jour et quand la lumière disparut au milieu de ses clairs rayons? La nuit se trouva enfermée dans le jour, ou plutôt, la nuit prit la place du jour, et la nature ne conserva point son cours ordinaire; le ciel se couvrit de ténèbres, la terre versa des pleurs, le voile du temple se déchira, les pierres se fendirent, les enfers s'ouvrirent, presque toutes les créatures ont tressailli d'épouvante à la mort du Christ. (*Matth.*, XXVII, 45.) Et cependant, les yeux de votre cœur ne se sont point trouvés ouverts par de telles merveilles! O Juifs, les démons qui s'étaient emparés de vos cœurs disaient : « Nous savons qui vous êtes : « Pourquoi êtes-vous venus nous tourmenter avant le temps, » (*Marc*, I, 24) et vous vous disiez : « C'est vous qui vous rendez témoignage à vous-même, votre témoignage n'est point vrai. » (*Jean*, VIII, 13.)

CHAPITRE XVIII. — *Témoignages tirés des événements.* — Mais c'est sans comprendre ce que vous faisiez que vous avez apporté un appui à notre propre cause. C'est pour nous d'ailleurs que votre milice a combattu, et c'est parce que celui qui était venu afin de mourir pour nous, avait prévu longtemps d'avance comme Dieu ces cris insensés : « Crucifiez-le, crucifiez-le, » (*Luc*, XXIII, 21) qu'il n'a point été effrayé, comme homme, de les entendre. Quel mal vous êtes-vous donné pour corrompre son disciple Judas à prix d'argent, et pour acheter le Christ, méchants acquéreurs d'un vendeur méchant comme vous, non pour le posséder, mais pour faire un affreux trafic pour vos âmes, quand vous répandiez le sang de notre salut? Que de peine avez-vous prise, pour peser, par la calomnie et en mettant le nom de César en avant, sur le juge qui se lavait les mains de votre crime, afin de le forcer à faire ce que vous vouliez? (*Matth.*, XXVII, 24.) Que de choses vous avez faites pour que le Christ fût mis à mort et le larron relâché? (*Ibid.*, 20.) Que n'avez-vous point fait, pour que le Christ fût couvert d'opprobres, couronné d'épines, attaché à la croix, percé d'une lance? (*Marc*, XV, 17; *Jean*, XIX, 34.) Que de cris poussés, que de sueur répandue, que de mal pris! Mais toute cette peine que vous vous êtes donnée a tourné à notre profit. Enfin c'est par vous que le Christ est mis à mort, et c'est pour nous qu'il ressuscite; par vous qu'il est attaché à la croix, retenu sur ce bois par des clous; et c'est par nos chefs, les disciples, qu'il est retrouvé au milieu d'eux, les portes closes. (*Jean*, XX, 19; *Matth.*, XXVIII, 12 et 13.) Vous avez voulu, à prix d'argent, corrompre les soldats et étouffer la résurrection du Christ, et voici que maintenant sa résurrection est prêchée dans tout le monde, et vous avez perdu tout ce que vous avez donné. Vous n'avez pas pu faire ce que vous vouliez, aussi

---

suo perdito, Lazarum quem dissolvendum acceperant, integrum per quatriduum reservarunt, ut incolumem redderent, quem vocem Domini sui jubentis audirent (*Joan.*, XI, 43)? Quid in ipsa ejus passione, nonne contra vestram impudentiam ferocemque amentiam ipsam quodam modo publicam lucem testem citabo? Sicut putabatis, homo tantum a vobis interficiebatur Christus : quod et si tantum esset, vobis parcere debuistis, ut manus vestras alienas redderetis a sanguine innocentis. Quæ cœcitas infusa est cordibus vestris, ut nec illa vos tanta deterreret medio die solis obscuritas, et inter ejus radios claros amputata lux? Nox (*a*) recondita in diem : imo nox usurpavit diem, nec cursum sui ordinis natura servavit; sed obtenebratur cœlum, luget terra, velum templi conscinditur, petræ scinduntur, inferna reserantur, omnis pene creatura expavescit mortem Christi. (*Matth.*, XXVII, 45.) Nec tamen in his tantis aperti sunt oculi cordis vestri? O Judæi, dæmones qui vestra corda possederunt, dixerunt : « Scimus qui sis, quid venisti ante tempus perdere nos? » (*Marc.*, I, 24.) Et vos : « Tu de te ipso testimonium dicis, testimonium tuum non est verum. » (*Joan.*, VIII, 13.)

CAPUT XVIII. — *Ex eventis.* — Sed non intelligentes actiones vestras, egistis causas nostras. Denique nostræ saluti militavit vestra malitia : ille enim qui ad hoc venerat ut pro nobis moreretur, insanas voces : « Crucifige, crucifige » (*Luc.*, XXIII, 21) clamantium, ut homo non expavit, quia ut Deus eas ante prævidit. Quantum laborastis, ut discipulum Judam pecunia corrumperetis, et a malo venditore mali emptores Christum non possidendum compararetis, nundinas malas agentes animæ vestræ, quando fundebatis pretium salutis nostræ? Quantum laborastis, ut judicem a vestro scelere manus lavantem, calumniis, Cæsaris nomine opposito (*Matth.*, XXVII, 24); opprimeretis, ut id impleret quod fieri volebatis? Quantum laborastis, ut Christus occideretur, et latro dimitteretur? Quantum laborastis, ut Christus contumelias pateretur, spinis coronaretur, in ligno suspenderetur (*Marc.*, XV, 17), lancea perfoderetur? Quantum clamastis, quantum sudastis, quantum laborastis? Sed omnis iste labor vester fructus est noster. (*Joan.*, XIX, 34.) Denique a vobis Christus occiditur, nobis resurgit : a vobis in ligno suspenditur, clavisque confixus in cruce detinetur, et a ducibus nostris discipulis suis in medio eorum clausis januis invenitur. (*Joan.*, XX, 19.) Pecunia milites corrumpendo Christi resurrectionem opprimere voluistis (*Matth.*, XXVIII, 12, 13), et ecce ejus resurrectio toto mundo jam celebratur, et quod dedistis, totum perdidistis. Implere non potuistis quod voluistis : audite jam quod audire non vultis. « Die tertio a mortuis resurgens,

---

(*a*) Mss. *respondit.*

entendez maintenant ce que vous ne vouliez point entendre alors : « Etant ressuscité le troisième jour, il s'est élevé dans les cieux et il est assis à la droite du Père. » (*Marc*, XVI, 19 ; *Luc*, XXIV, 51.) Il vous a dispersés par tout le monde, afin que vous portiez partout, vous-mêmes, toutes les prophéties et tout ce qui a été dit sur sa naissance, sa passion, sa résurrection et son ascension, et que, semblables à des chandeliers de bois qui ne sentent pas ce qu'ils font, vous teniez partout vous-mêmes le flambeau de la loi aux yeux des gentils. Sachez, en outre, que tout cela s'est fait ainsi pour que les Gentils ne disent point que toutes ces choses que nous leur annonçons sont de notre invention. David a prédit cette même dispersion de votre peuple, quand il a dit : « Ne les faites point mourir, de peur qu'ils n'oublient votre loi ; mais dispersez-les par votre puissance. » (*Ps.* LVIII, 12.) Votre dispersion actuelle rend donc elle-même témoignage au Christ à qui vous disiez : « C'est vous qui vous rendez témoignage à vous-même, votre témoignage n'est point vrai. » (*Jean*, VIII, 13.) Voilà comment le témoignage d'ennemis confond d'autres ennemis qui prétendent que c'est par le secours de la magie que le Christ a fait tous les miracles qu'il a opérés. Ils disent en effet que c'est grâce à la puissance de la magie, qu'il faut attribuer le fait d'être adoré après sa mort. Approchez, ô Juifs ennemis du Christ, apportez les écrits des prophètes, afin qu'ils servent à confondre d'autres ennemis qui sont les païens ; car il a envoyé longtemps avant qu'il fût né des prophètes qui ont prédit tout ce dont nous avons parlé plus haut. Après cela jugez, vous qui avez le jugement droit ; si c'est à la puissance de la magie qu'il doit être adoré après sa mort, était-il magicien avant que d'être né ? Soyez confondus et corrigez-vous, vous qui pensez, dites et croyez de pareilles choses du Christ. Soyez confondus, ô Juifs, vous qui, tenant entre vos mains le flambeau de la loi, éclairez aux autres, tandis que vous ne levez point vous-mêmes les yeux vers cette lumière, et attendez même encore que vienne celui qui doit venir. Il viendra sans doute, mais il ne viendra point comme vous le voulez, il viendra dans les airs ce Christ que vous avez mis à mort et qui n'était coupable d'aucun péché, il viendra manifestement en Dieu, vous le verrez juger, lui que vous avez méprisé quand il faisait des miracles. Quelle sera alors votre conscience, quand il vous refusera toute patience « parce qu'il vous trouvera mort dans l'âme, « lui qui doit venir juger les vivants et les morts. »

CHAPITRE XIX. — *Contre les disciples d'Arius.* — Nous croyons « au Saint-Esprit » que nous tenons pour Dieu, égal au Père et au Fils, demeurant dans le Père et le Fils, inséparable du Père et du Fils, régnant avec le Père et le Fils. La Trinité est une et le Saint-Esprit qui opère tout en tous est la troisième personne de la Trinité. Les disciples d'Arius, dans leurs blasphèmes contre le Saint-Esprit, veulent qu'il soit moindre que le Père et que le Fils. Ils ne reviennent point de leur erreur, en entendant ces terribles paroles de l'Evangile : « Quiconque aura parlé contre le Fils de l'homme, il lui sera pardonné ; mais si quelqu'un parle contre le Saint-Esprit, il ne lui sera pardonné ni en ce siècle ni en l'autre. » (*Matth.*, XII, 32.) Qu'est-ce à dire, ô disciple d'Arius ? Sens-tu jusqu'où va ton impiété ? Tu dis un mot contre le Fils de l'homme, puisque tu dis qu'il

---

assumptus in cœlum, sedet ad dexteram Patris : » (*Marc.*, XVI, 19 ; *Luc.*, XXIV, 51) dispersit vos per universas terras, ut ubique prophetias de ejus nativitate, passione, resurrectione, ascensione, quæcumque dicta sunt, vos perferatis, atque lucernam Legis, tanquam lignea candelabra sensu carentia, gentibus ministretis. Quod propterea factum esse cognoscite, ne gentes hæc omnia quæ aguntur, dum prædicantur, a nobis dicerent fuisse conficta. Hanc etiam ipsam vestram dispersionem fuisse prædictam, David propheta declarat dicens : « Ne occideris eos, ne quando obliviscantur legis tuæ, sed disperge eos in virtute tua. » (*Psal.* LVIII, 12.) Dispersio ergo hæc vestra testimonium perhibet Christo, cui dixisti : « Tu de te ipso testimonium dicis, testimonium tuum non est verum : » (*Joan.*, VIII, 13) ut ex vestro testimonio inimicorum, alii inimici confundantur, qui Christum magicis artibus fecisse dicunt quæcumque fecit miracula. Nam et hoc quod mortuus colitur, magicæ potentiæ deputandum esse contendunt. Proferte codices propheticos : O Judæi Christi inimici, ut ex ipsis alii Pagani convincantur inimici. Prophetas longe ante quam nasceretur ante se præmisit, qui omnia quæ superius diximus, prædixerunt. Hinc jam judicate qui recta sapitis : Numquid si magicis artibus fecit ut coleretur et mortuus, (*a*) magus erat ante quam natus ? Confundimini, corrigimini qui talia de Christo vel sentitis, vel creditis, vel dicitis. Confundimini et vos Judæi, qui lucernam Legis in manibus habentes, aliis lumen præbetis, et vos in eam intendere non curatis, sed exspectatis quidem et vos ut veniat qui venturus est. Et veniet : sed non sicut vultis veniet ; veniet excelsus ille qui a vobis interfectus est, nullius criminis reus : manifestus veniet Deus, et videbitis judicantem, quem contempsistis miracula facientem. Qualis erit tunc vestra conscientia, cum vobis ille nullam jam exhibebit patientiam, quia vos invenit in anima mortuos, qui « venturus est judicare vivos et mortuos. »

CAPUT XIX. — *Contra Arianos.* — Credimus « in Spiritum sanctum, » quem nos credimus Deum, æqualem Patri et Filio, manentem in Patre et Filio, inseparabilem a Patre et Filio, regnantem cum Patre et Filio. Trinitas una, et tertia in unitate persona Spiritus sanctus, qui operatur omnia in omnibus. Hunc et Ariani blasphemantes, Patre Filioque volunt esse minorem. Nec eorum errorem ille Evangelicus revocat timor dicens : « Si quis dixerit verbum in Filium hominis, remittetur illi : si quis autem dixerit verbum in Spiritum sanctum, non remittetur illi, nec hic, nec in futuro sæculo. » (*Matth.*, XII, 32.) Quid est Ariane ; sentisne quo progressa fuerit immanitas tua ? Dicis verbum in Filium hominis, quia secundum divinitatem Filium Dei asseris esse minorem.

(*a*) Sic Mss. juxta Aug., lib. I, *de consensu Evang.*, c. XI. At. editi *magos miserat.*

est Fils de Dieu moindre que son Père quant à la divinité. Tu parles également contre le Saint-Esprit en disant que, dans cette unité indivise, il est moindre que le Fils de Dieu. Si tu parles ainsi du Verbe et du Saint-Esprit, tes péchés ne seront remis ni en ce monde ni en l'autre, et tu te flattes d'effacer les péchés des autres en les rebaptisant? Pour nous, nous tenons que la rémission de tous les péchés est un don du Saint-Esprit, et nous avons pour nous le témoignage de la vérité même qui a dit à ses disciples après sa résurrection : « Recevez le Saint-Esprit, les péchés seront remis à ceux à qui vous les remettrez. » (*Jean*, xx, 23.) Mais vous, par une sacrilége audace, vous, dis-je, à qui le Christ, par le don du Saint-Esprit, a remis, dans le baptême, tous vos péchés, tant le péché originel que vos péchés actuels, vous ressoufflez sur ceux qui ont déjà été baptisés dans le Christ et vous en chassez le Saint-Esprit, et vous travaillez non point à laver une tache, mais à en ajouter de nouvelles ; non à délivrer, mais à engager dans de nouvelles entraves; non à vivifier, mais à mortifier. Il ne faut point s'étonner si vous faites tous les jours ces ruines, vous qui n'avez point voulu poser comme fondement de votre édifice la pierre entière qui est le Christ. La vérité sépare ses enfants de votre erreur, et les choie et les nourrit non point de la même manière que toi qui les flattes pour les tromper et les tuer.

CHAPITRE XX. — *La résurrection.* — Sachez, mes très-chers frères, qu'il n'y a que dans l'Eglise *catholique* que se trouve la vraie foi, la paix fraternelle, le salut éternel. Or, elle n'est point placée dans un coin, mais elle est partout. Quiconque se sépare d'elle et va grossir les rangs des hérétiques, sera traité comme un esclave fugitif, non comme un enfant adoptif, et il ne ressuscitera point pour « la vie éternelle, » mais bien plutôt pour la damnation ; car si la résurrection est promise aux méchants comme aux bons, selon ce mot de l'Apôtre : « Nous ressusciterons tous, néanmoins nous ne serons pas tous changés. » (I *Cor.*, xv, 51.) Or, à quoi bon ressusciter, mes frères, si nous ne changeons point? Or, quiconque n'aura point été changé dans cette vie, se trouvera condamné par le juste Juge. Et le damné qui n'a point voulu remporter la palme de la victoire sur son ennemi qui est le diable, n'obtient point la vie éternelle. Que sert, mes bien-aimés, que le diable ne retienne point quelqu'un par ces sortes de chaînes dans le culte des idoles, s'il le retient captif et enchaîné dans la glu de l'hérésie? Quiconque veut parvenir à la vie éternelle, doit veiller avec force contre tous les pièges du diable, car l'autre vie n'aura rien de semblable à celle-ci.

CHAPITRE XXI. — *Différence entre la vie temporelle et la vie éternelle.* — Or, votre charité doit savoir quelle différence il y a entre cette vie et l'autre. Ici la fausseté, là la vérité ; ici le trouble, là la possession assurée ; ici la pire des amertumes, là une éternelle douceur ; ici un périlleux orgueil, là une allégresse pleine de sécurité ; ici la crainte que celui qui est ami ne devienne ennemi, là celui qui est ami l'est à jamais, parce qu'il n'y a point place pour l'ennemi ; ici pour toute espèce de bien l'appréhension de le perdre, là tout ce que vous avez reçu sera conservé par celui qui fait que vous ne passiez point et que vous ne perdiez point ce que vous avez reçu ; ici la mort, là la vie ; ici le deuil, là la joie ; ici tout ce que Dieu a créé, là Dieu même pour tous et en tous,

---

Dicis verbum in Spiritum sanctum, in ipsa illa individua unitate etiam Filio esse minorem. Dicendo tale verbum de Verbo, tale verbum de Spiritu sancto, non remittuntur nec hic nec in futuro sæculo peccata tua, et tu rebaptizando polliceris dimittere aliena? Nos donum Spiritus sancti agnoscimus esse remissionem omnium peccatorum, suffragante nobis ipsa veritate, quæ post resurrectionem suam ait discipulis suis : Accipite Spiritum sanctum, si cui remiseritis peccata, remittuntur illi. » (*Joan.*, xx, 23.) Vos autem sacrilego ausu, quibus jam Christus dono Spiritus sancti per baptismum et originalia et propria cuncta dimisit omnino peccata, in jam baptizatis exsufflatis Christum, respuitis Spiritum sanctum ; et renatum non abluere, sed sordidare ; non liberare, sed obligare ; non vivificare, sed mortificare contenditis. Nec mirum si has ruinas quotidie fabricatis, qui petram integram Christum in fundamento habere noluistis. A vestro errore separat veritas filios suos, quos sic fovet ut nutriat, non sicut tu blandiendo decipit ut occidat.

CAPUT XX. — *Resurrectio.* — « Apud Catholicam, » Dilectissimi, noveritis tantum esse veram fidem, germanam pacem, perpetuam salutem. Non enim in angulo est, sed ubique tota est. Si quis ab ea discesserit atque hæreticorum se errori tradiderit, ut fugitivus servus judicabitur, non ut filius adoptivus : nec ad « vitam æternam » resurget, sed potius ad damnationem. Quoniam bonis malisque promittitur resurrectio : « Omnes quidem resurgemus, » ait Apostolus, « sed non omnes immutabimur. » (I *Cor.*, xv, 51.) Et quid prodest : Fratres mei, resurgere, et non immutari? Qui enim in illa vita non fuerit immutatus, a justo judice invenietur esse damnatus. Damnatus autem æternam non consequutur vitam, qui de adversario diabolo victricem (*a*) noluit accipere palmam. Quid enim prodest, Dilectissimi, quod non illis vinculis in idolorum cultu quempiam diabolus tenet, et visco hæreticorum captum detentumque possidet? Qui vult ad æternam vitam pervenire, contra omnes diaboli laqueos debet fortiter invigilare. Non enim qualis est ista vita, talis invenietur et illa.

CAPUT XXI. — *Differentia temporalis vitæ et æternæ.* — Quantum autem distat inter hanc et illam, debet nosse Caritas vestra. Hic falsitas, ibi veritas : hic perturbatio, illic fida possessio : hic pessima amaritudo, illic sempiterna dulcedo : hic periculosa elatio, illic secura exsultatio : hic timetur ne qui erat amicus, efficiatur subito inimicus ; illic semper manet amicus, quia nullus illuc admittitur inimicus : hic quidquid est bonum, timetur ne pereat ; illic quidquid acceperis, ab illo servabitur qui facit ut nec tu transeas, et quod acceperis non amittas : hic mors, ibi vita : hic luctus, ibi gaudium : hic omnia

(*a*) Am. Er. et quidam Mss. *non valuit.*

et ainsi de tout ce qu'on peut citer de bon, si pourtant on peut en citer. Car la langue de l'homme ne suffit pas à louer ce que le sens des hommes ne saurait comprendre. C'est là que nous irons, mes frères, et là nous verrons ce que l'œil ne voit point ici, là nous entendrons ce que l'oreille n'entend point ici (I *Cor.*, II, 9); là nous comprendrons ce que le cœur de l'homme n'a pu comprendre ici, nous le verrons, nous en jouirons, et nous en serons comblés d'une joie inénarrable. (I *Pier.*, 1, 8.) Et quelle joie sera-ce là où il n'y aura aucune crainte ? Quelle joie quand vous verrez compagnon des anges, participer au royaume des cieux, régner avec le roi, tout posséder sans rien convoiter, être riche sans avarice, être économe sans argent, juger sans successeur, régner sans crainte des barbares, et vivre de la vie éternelle sans appréhender la mort !

CHAPITRE XXII. — *La voie de la patrie*. — Mais pour arriver à ces biens, ne perdons point la voie très-sûre qui nous y conduit. Dans sa tête, le Fils est égal au Père, et demeure dans celui qui demeure ; dans son corps, il est moindre que son Père, et parcourt cette voie, comme un géant. La tête c'est le Christ, le corps c'est l'Eglise. Ne nous séparons point de lui en croyant de lui quelque chose d'autre, comme font les hérétiques ; ne nous séparons point non plus d'elle en nous en éloignant par nos mauvaises mœurs. C'est elle qui est la vraie mère, la mère charitable et chaste, parée, au dedans, de la dignité de son mari, sans se farder au dehors d'une manière honteuse, du mensonge trompeur. Qu'un nom autre que le sien, si on en invente un, ne vous sépare pas de cette mère, qu'une autre espèce d'Eglise ne vous trompe point. L'épouse du Christ n'est pas une épouse qui ne connaisse point son époux, c'est une laide épouse que celle qui s'efforce de voiler par ses paroles la beauté de son époux, et c'est en vain qu'elle se donne le nom d'Eglise. Je te vois bien sans doute, ô toi, caverne trompeuse et décevante parce que tu as été déçue, je vois que tu composes tes dehors sur les traits d'une autre. Pourquoi te composes-tu ainsi ? Pourquoi te charges-tu de tant de parures ? Pourquoi faire parade de tes franges ? Qu'as-tu à essayer à t'égaler à la vraie épouse ? L'Epoux ne t'accueille point parce que tu n'es point l'épouse. Tu prétends être belle et tu te félicites de ton or et de tes nombreux ornements. L'Epoux te répond, celui qui l'emporte en beauté sur tous les enfants des hommes te répond : « Tu a pris les airs d'une courtisane, tu es devenue impudente en toutes choses. » (*Jérém.*, III, 4.) Si tu demandes pourquoi cela ? il te répond, parce que tu te composes un maintien d'épouse et tu dis faussement que l'époux est ton époux. « Tu as pris les airs d'une courtisane, tu es devenue impudente en toutes choses. » Tu ne m'as point appelé comme Père, « or, mon Père et moi ne faisons qu'une même chose. » (*Jean*, x, 30.) Tu ne m'as pas appelé « comme Père, » et comme « prince de la virginité. » Ce sont les paroles que le Christ prononce par la bouche du prophète. Si j'étais, en effet, le prince de la virginité, je conserverais ta pureté, comme j'ai gardé pure ma mère ; mais parce que tu ne me reconnais pas comme prince de ta virginité, et que tu ne me tiens pas pour égal au Père, ni moi non plus je ne

---

quæ creavit Deus, illic ipse pro omnibus et in omnibus Deus : et quæ digna dicuntur, si tamen aliqua dicuntur. Non enim sufficit humana lingua laudare, quod sensus mortalium non valet comprehendere. Veniemus illuc, Fratres mei, et ibi videbimus quod oculus hic non vidit (I *Cor.*, II, 9) : ibi audiemus quod auris hic non audivit : ibi intelligemus quod cor humanum comprehendere hic non valuit, videntes fruentesque exsultabimus inenarrabili gaudio. (I *Pet.*, 1, 8.) Et quale gaudium erit, ubi nullus timor erit? Quale gaudium erit, cum te videris socium esse angelorum, participem regni cœlorum, regnare cum rege, nihil concupiscendo omnia possidere, sine avaritia divitem, sine pecunia administrantem, sine successore judicantem, sine metu Barbarorum regnantem, sine morte in æterna vita viventem ?

CAPUT XXII. — *De via ad patriam*. — Sed ut ad ista veniamus, viam tutissimam quæ illuc perducit non dimittamus. Quæ est hæc via? Christus ex toto se, ex capite et ex corpore. Ex capite, æqualis Filius, in manente manens : ex corpore minor, via istam ut gigas velociter transiens. (*Psal.* XVIII, 6.) Caput et corpus, Christus et Ecclesia. Nec ab illo separamur, aliquid aliud de illo, sicut hæretici, credendo; nec ab ista, pravis nostris moribus declinando. Hæc est mater vera, pia mater et casta, intrinsecus sui viri dignitate ornata, non forinsecus mendacio fallente turpiter colorata. Non vos ab ista matre nomen confictum seducat alienum, non vos ecclesiæ species aliena decipiat. Sponsa Christi non est quæ virum suum non cognoscit : turpis est quæ tanti viri speciem suis sermonibus fuscare contendit : frustra (*a*) sibi ecclesiæ nomen imponit. Video equidem te, o spelunca subdola, decipiens, quia decepta : video quidem quod aptes formam tuam sub specie aliena. Quid te componis ? quid tantum te exornas? quid fimbrias tuas expandis ? quid te contra veram sponsam æquare contendis ? Non te recipit sponsus, quia non es sponsa. Sed pulchram te esse dicis, et de auro atque ornamentis plurimis gloriaris. Respondet tibi sponsus, respondet tibi speciosus forma præ filiis hominum : « Species fornicariæ facta est tibi, irreverens facta es in omnibus. » Quod si dixeris, quare ? Respondet, quia sub specie sponsæ componis te, et mentiris sponsum tuum esse me. « Species fornicariæ facta est tibi, irreverens facta es in omnibus. » Non sicut Patrem appellasti me : « Ego enim et Pater unum sumus. » Non sicut « Patrem » appellasti me, et « principem virginitatis tuæ. » Verba sunt Christi per Prophetam. Si enim ego essem princeps virginitatis tuæ, servarem integritatem tuam, sicut integram servavi matrem meam. Quia ergo nec principem virginitatis tuæ, nec Patri me agnoscis æqualem, nec ego te agnosco virginem. Noli te

---

(*a*) Editio Lov. *Frustra tibi Ecclesiæ nomen imponis, Judæa subdola*. Editio Er. *Frustra tunc Ecclesiæ nomen imponet, Judæa specie subdola*. Editio Amerbach. *imposuit Judæo spelunca subdolosa*. Castigantur ex Mss. Porro *Spelunca* hic Arianorum Ecclesia vocatur, ut etjam in superiore Tractatu cap. VII.

te regarde point comme une vierge. Ne te vante pas davantage d'être ce que tu n'es point, reconnais ta honte; Arius t'a ravi ta virginité, tu n'es donc plus l'épouse puisque tu n'es plus pure. C'est en vain que tu t'appelles épouse, il n'est point ton époux; car le Christ ne veut point d'une laide veuve pour épouse. Reviens, reviens, toi qui as été répudiée, reviens, toi qui as été couverte de confusion, reviens, toi qui t'es vue violée par les ruses du serpent; reviens, toi qui ne t'es point composé ton air dans la divinité des cieux, mais qui n'es entourée que des assertions humaines, reviens. Tu peux te tromper toi-même, mais tu ne peux tromper l'Epoux, car il sait, lui, quelle épouse il doit chercher, il reconnaît quelle épouse il appelle. La mère vit toujours, pourquoi veux-tu te faire passer pour la belle-mère? Tu ne peux, non, tu ne saurais chasser la belle maîtresse, quand tu n'es toi-même qu'une laide esclave. « Tu as pris des airs de courtisane. » En effet, tu n'as point conservé ta foi pour un seul époux, toi qui ne conserves point l'unité catholique. Quant à cet époux, il cherche une mère qui soit véritablement mère pour élever ses enfants avec amour, non point une laide marâtre qui fasse périr par ses ruses des enfants qui ne sont point à elle. Vois quelle est cette vraie mère qui te supporte encore, bien que tu étouffes ses enfants et que tu couvres son époux d'injures. Elle te tolère, parce qu'elle fait preuve de la même patience que son époux et qu'elle espère respirer l'air de la liberté, afin que son humilité soit vengée par lui, attendu que la charité de son mari la possède. Or, il vit et règne avec Dieu le Père, et le Saint-Esprit, dans les siècles des siècles.

Ainsi soit-il.

amplius jactare esse quod non es : agnosce turpitudinem tuam : Arius abstulit integritatem tuam. Non es igitur sponsa, quia non es integra. Frustra enim illum sponsum vocas, qui non est tuus : turpem enim viduam non accipit Christus. Redi, redi repudiata, redi confusa, redi serpentinis fraudibus violata; redi, non in divinitate cœlesti composita, sed humanis assertionibus circumventa, redi : fallere temetipsam potes, fallere sponsum non potes. Novit enim ille quam quærat, agnoscit ille quam vocat. Semper vivit mater : noverca, quid te supponis? Non potes, non potes excludere pulchram dominam, cum sis ipsa turpis ancilla. « Species fornicariæ facta est tibi. » Non enim servasti uni viro fidem, quæ catholicam non tenes unitatem. Ille enim sponsus matrem quærit veram, quæ pie suos filios nutriat; non turpem, quæ alienos fraudulenter occidat. Vide quæ est hæc mater vera, quæ adhuc te tolerat suos filios præfocantem, suo viro injurias irrogantem. Tolerat, quia patientiam exhibet sui sponsi, et exspectat auras libertatis, ut vindicetur ab eo ejus humilitas, quoniam eam viri sui obtinet caritas. Ipse est enim qui vivit et regnat cum Deo Patre et cum Spiritu sancto in sæcula sæculorum. Amen.

DISPUTE DIALOGUÉE

ENTRE

LA SYNAGOGUE ET L'ÉGLISE [1]

Censeurs, vous me voyez chargé de la cause de deux matrones devant vous; je vais exposer cette double affaire en y mettant toutes mes forces, afin que quelle que soit la décision que nous obtiendrons de votre jugement, l'une des deux s'y soumette. J'expose le droit dans votre assemblée, et je produis des écrits. Qu'on suive la loi, attendu qu'il s'agit d'une possession. Je ne tarderai pas non plus à dérouler les sentences qui s'appuient sur une sanction impériale, afin que quelle que soit la vérité que l'ordre des choses mette en lumière, le sentiment de votre assemblée soit promulgué selon la loi qui nous a été donnée par Dieu. Une de ces matrones surprise, il y a un certain temps, en adultère, a souillé son droit

[1] Il n'y a rien, dans ce dialogue, qui rappelle la phrase de saint Augustin. L'auteur semble avoir été soit un courtisan soit un jurisconsulte.

DE ALTERCATIONE
ECCLESIÆ ET SYNAGOGÆ
DIALOGUS

Duarum matronarum vobis censoribus causam videor suscepisse, utraque negotia magnis lateribus pauditurus, ut quidquid ex judicio vestro veritas expostulata diremerit, id una de duabus observet. Idcirco in hoc cœtu vestro jus recito, tabulas offero. Lege agatur, quia de possessione contentio est : et revolvere imperiali sanctione sententias non morabor, ut quidquid veritatis ordo perspexerit, juxta legem divinitus datam confessus vestri sententia promulgetur. Una quibusdam temporibus adulterio deprehensa possessionis nostræ præcoqua pervasione jura temeraverat : alia merito castitatis per senten-

par une occupation prématurée de nos biens; l'autre à raison de sa chasteté, et grâce à la sentence du donateur, a repris ce qu'elle possédait à la première qui vous semblera, si vous en croyez vos oreilles, dépouillée violemment de plusieurs choses qu'elle possédait autrefois dans le siècle par une fraude secrète. Elle est pressée tous les jours de rendre ce qu'elle retient, et maintenant encore elle doit autant qu'elle a rendu, car nous réclamons tout, absolument tout ce qu'elle défend à titre de possession. Si donc vous voulez connaître la physionomie de la cause et considérer de face notre parabole, dame Synagogue, femme jadis puissante et riche en or, s'est emparée des nations, des contrées de la terre, qui sont notre héritage, notre possession, en vertu d'un droit auguste. Nous avons réclamé aussitôt, il est fait droit à nos prières, nous sommes incontinent remis en jouissance de notre fonds, et notre possession se retrouve assise sur notre bon droit. Toutefois nous ne voulions point renoncer à toutes ces parures que cette femme inquiète a usurpées. Comme on la pressait de les rendre, elle ne s'est point pressée de le faire; maintenant donc notre mère de famille, c'est-à-dire l'Eglise, s'adresse en ces termes à cette autre mère de famille veuve, c'est-à-dire à la Synagogue.

L'Eglise. Exposez vos mérites, et moi je ferai l'exposé des miens.

La Synagogue. Tous les prophètes sont venus à moi, vous ne pouvez dire le contraire.

L'Egl. Il est certain que les prophètes ne sont allés vers vous que comme on se rend à l'hôtel, pour y rester quelque temps. Mais je prouve que les jeunes imitateurs de mon Epoux, je veux dire, les messagers chargés de porter les lettres du Christ et de transmettre ses ordres, ont été assassinés par vous, dans un mouvement de jalousie. Est-ce que si c'était chez vous qu'ils fussent venus, un seul d'entre eux aurait pu être mis à mort par vous? Mais comme c'est chez moi qu'ils venaient, ne pouvant, dans votre jalousie, supporter de recevoir des hommes qui m'appartenaient, vous les avez frappés à coup d'épée et de bâton.

La Synag. Si j'ai fait cela, mon péché n'a rien que de juste et d'honnête, car je connaissais le Roi dont j'avais souvent reçu des lettres; et vous qu'il recherchait vous n'habitez que les forêts, et demeurez à la manière des peuples barbares dans les champs, au milieu des vallées, dans une chaumière située à l'écart, loin de toute communication. A-t-on jamais vu personne qui sentit plus son paysan que vous? Je crois même que vous marchiez à la manière des pâtres, derrière des troupeaux de brebis bêlantes, avec les nations contre lesquelles j'ai eu si souvent à combattre; tandis que le sceptre en main et entourée de légions, je régnais en manteau de pourpre à Jérusalem. J'étais maîtresse de l'empire romain, j'ai tué les rois, les soldats et les généraux des nations étrangères. Le Perse et l'Indien m'apportaient de l'or, des perles, de l'ivoire, de l'argent, de la soie, et toutes sortes de richesses. Mais vous, vous n'êtes qu'une habitante des montagnes, une femme de la campagne, propre seulement à soigner les bestiaux; vous passiez votre vie besogneuse au fond d'étroites vallées; on vous voyait sortir comme un paquet de dessous de vastes rochers; le creux d'une roche était jadis votre retraite, vous vous nourrissiez de petit lait et faisiez vos délices des fruits du vaciet et du gland du chêne. C'est moi qui ai tué le Pharaon sur ses chars, l'Egyptien, le Chananéen, le Jébuséen, le Céthéen et Phérèséen.

L'Egl. Je reconnais la vérité de ce que vous dites,

tiam donatoris, possidentem illam quæ auribus vestris videtur exacta, nonnulla apud sæculum prius clandestina fraude privaverat: redhibitione compellitur quotidie reddere; et adhuc quantum reddiderat debet. Totum enim, quidquid possessioni defenderat, abjuramus. Ergo si causæ faciem, si frontem parabolæ vultis audire: Gentes hæreditatem nostram, possessionem, et terminos terræ nobis augustali jure concessam, potens quondam, dives auro mulier Synagoga pervasit. Mox supplicavimus, preces retinemus in manibus, introductio protinus fundi, habita possessio in nostro jure consistit. Revolvi nolumus tamen, quidquid ornamentorum mulier inquieta pervasit. Quæ cum postularetur ut redderet, lentius quam deberet exsolvit. Nunc ergo ad hanc matrem familias et viduam, nostra mater familias, hoc est ad Synagogam.

Ecclesia dixit: Recita quid merueris, et ego quid meruero, recitabo.

Synagoga respondit: Prophetæ ad me omnes venerunt, quod tu diffiteri non poteris.

Eccl. dixit: Certum est quod Prophetæ, dum ad te veniunt, remorandi pro tempore velut ad hospitam cucurrerunt: nam probo eosdem sponsi mei juvenes metatores, scilicet Christi gerulos litterarum, mandatorum etiam portitores, invidiæ causa a te fuisse interfectos. Numquid si ad te venissent, a te quispiam eorum potuisset occidi? Sed quia ad me veniebant, causa zeli homines meos recipi cum non sustineres, gladio et fustibus affecisti.

Synag. respondit: Etiamsi istud quod asseris feci, recte et honeste peccavi: quia ego regem noveram, cujus litteras frequenter acceperam: et tu silvicola quærebaris, quæ Barbarorum ritu, rure, collibus, intra invia vel secreta agresti quomdam tugurio commanebas. Nam quid te aliquando rusticius fuit? Tu cum gentibus, cum quibus ego sæpo pugnavi, pastorali more balantia credo pecora sequerabis; ego sceptro et legionibus fulta, apud Jerosolymam purpureo amictu regnabam; ego Romanum possidebam imperium; ego reges, milites, et alienigenarum gentium duces occidi; mihi Persa et Indus aurum, gemmas, ebur, argentum et sericum, totasque opes advexit: tu montana, rustica, apta pecoribus; tu pressis in vallibus tantum diversabare sollicita; tu ex vasta rupe condensior, cui rimosus lapis timidum quondam præstabat hospitium, lac de caseo, vaccinia cum glande mandebas: ego Pharaonem in suis curribus, ego Ægyptios, ego Chananæos, Jebusæos, et Cethæos, et Pheresæos reges occidi.

Eccl. dixit: Recognosco quæ loqueris, et laudes tuas diffiteri non possum. Scio quia urbis tuæ et ambitiosa

DISPUTE DIALOGUÉE ENTRE LA SYNAGOGUE ET L'ÉGLISE.

et je ne puis m'inscrire en faux contre les louanges que vous vous donnez. Je sais que vous avez vu votre ville dotée de forum spacieux et de capitoles élevés. L'impression de vos armes, d'éclatants boucliers, des épieux, des épées, des traits qu'on lançait de loin, le bruit sourd des troupes à cheval et tous vos ornements ont renversé dans la poussière de grands généraux et des tyrans. Je connais votre puissance que Jérusalem étalait dans un luxe triomphant. Je sais, en effet, que le monde romain s'est ému jadis devant vous, et que tout le pays du monde païen a tremblé en votre présence. Mais vous ne devez point avoir oublié ce que vous avez fait à Sichem pour une seule femme nommée Dina ; vous avez, à la façon des brigands, massacré des hommes désarmés et qui n'étaient défendus que par l'éclat de leur innocence.

LA SYNAG. Le pouvoir dans la main de quiconque a l'empire admet et se permet ces audaces de liberté. Allez-vous croire que j'ai failli pour avoir souillé sous moi l'empire qui il m'a plû, ou si, par hasard, j'ai mis à mort ceux qui se sont révoltés contre moi? Celui qui m'a donné l'empire m'a accordé en même temps le droit de faire tout ce qui me plairait dans ce haut rang. D'ailleurs, dites-moi, est-ce que celui qui règne connait des lois dans son empire, et quand on a tout, n'est-il pas impossible qu'on n'étende point son empire partout où l'on veut?

L'ÉGL. Quant à moi, ce qui me comble de joie d'avoir été placée dans une haute position, c'est que je suis devenue plus grande que les grands et que j'ai terrassé l'empire des rois, et que vous-même, qui, autrefois, fûtes reine et dans la pourpre, vous êtes étendue à mes pieds. Celui qui a fini par étendre son sceptre sur celle qui autrefois s'était vue reine, est le Roi des rois. Oui, vous avez été reine, je le reconnais, l'empire romain lui-même s'est courbé devant vous, les rois et les princes sont tombés en votre présence, et quand vous avez livré la bataille, votre ennemi a succombé et est devenu captif. Ne vous fâchez pas, si après avoir été reine autrefois, vous semblez maintenant être devenue mon esclave.

LA SYNAG. Puisque vous vous vantez à ce point, prouvez que je suis la servante, et je vous reconnais pour la maîtresse.

L'ÉGL. J'ai des tablettes, je cite les paroles mêmes d'un testament qu'un de vos prophètes a écrit un jour et a signé en présence d'Aaron, comme magistrat.

LA SYNAG. Je connais ce testament qui a été écrit sous mon règne, mais je voudrais bien savoir en quel endroit celui qui a dicté ce livre a ordonné que je fusse esclave.

L'ÉGL. Lisez ce qui a été dit à Rebecca au moment où elle enfanta. « Il y a deux nations puissantes dans vos entrailles, deux peuples sortiront de votre sein et se diviseront l'un contre l'autre ; l'un de ces peuples surmontera l'autre, et l'aîné sera assujetti au plus jeune. » (*Gen.*, xxv, 23.) Vous venez bien de dire tout à l'heure que vous êtes l'aînée, que vous avez régné, triomphé, tenu le sceptre, porté la pourpre, tandis que moi, votre cadette, je me cachais jadis au fond des vallées, ou que j'habitais dans le creux des rochers. Vous brilliez alors dans l'or, les parures, le lin, la soie, et les pierres précieuses, et moi, plus jeune que vous, je ne vivais que de laitage. J'avais des brebis et des troupeaux de gros bétail, vous aviez, vous, des soldats. Voilà pourquoi tandis que je suis la cadette et la plus pauvre, vous qui êtes mon aînée et plus grande que moi, vous êtes sous mon joug et vous devez accepter de servir un peuple moindre que vous.

---

fora et Capitolia celsa vidisti: armorum tuorum impressio, et fulgentia clypeorum signa, spicula, enses, jacula missorum telorum, expressus equestrium exercituum gemitus, magnos ornatus duces et tyrannos stravit. Scio potentiam tuam, quam Jerosolyma illa pompatili fastu ructuabat. Scio enim quia tibi quondam Romanus orbis intremuit, et terra gentium palpitavit. Sed memor esse debes quid propter unam mulierem Dinam feceris in Sichem : imbelles homines, et innocentiæ suæ honore fulgentes, latronum ritu vastasti. (*Gen.*, XXXIV, 26.)

SYNAG. respondit : Potestas regni permissæ libertatis accepit audaciam. Numquid in eo peccasse me credis, si sub imperio meo maculavi quos volui, aut meos forsitan rebelles occidi? Qui potestatem regnandi dederat, faciendi utique quidquid vellem indulserat dignitati. Aut dic mihi : si legem non habet qui proprio regnat imperio, et qui possidet totum, necesse est ut regni potentiam quocumque volet extendat.

ECCL. dixit : In eo gaudeo me sublimatam, quod celsis celsior sum facta, et regna regnantium disjeci : et ecce sub pedibus meis purpurata quondam regina versaris. Ille est enim rex regum, qui eidem imperare cœperit, quæ se viderit aliquando regnasse. Regnasti, fateor : Romana tibi terra subjacuit, reges et principes ceciderunt; et si quando conflixeras, captivus hostis succubuit. Noli irasci, si tu quæ fueras domina, mihi facta videaris ancilla.

SYNAG. respondit : Quia te tanto præconia declarasti, proba ancillam, et dominam recognosco.

ECCL. dixit : Habeo tabulas, recito testamentum, quod scriba quondam tuus vates scripsit, et Aaron magistratu præsente signavit.

SYNAG. respondit : Scio testamentum sub regno meo conscriptum, sed volo discere ubi me dictator voluminis servire mandavit.

ECCL. dixit : Lege quid Rebeccæ sit dictum, cum pareret (*Gen.*, XXV, 23) : Duæ gentes in utero tuo sunt, et duo populi de ventre tuo dividentur, et populus populum superabit, et major serviet minori. Certe majorem te paulo ante dixisti regnasse, triumphasse, sceptrum tenuisse, purpuram possedisse; me minusculam vallibus delituisse quondam, vel in collibus habitasse saxorum, te auro, ornamento, bysso, serico, gemmis clariusse nobilibus, me minorem pecorum lacte vixisse. Ego oves et pecora, tu militem possidebas. Inde est quod ego minor atque pauperior tu, major et dives subjugati mihi, eligas populo servitura minori.

La Synag. Je reconnais le titre du testament, je vois les lettres que j'ai moi-même serrées dans mon trésor et dans ma bibliothèque. Mais dites-moi comment suis-je votre esclave quand je reconnais que mes enfants sont encore libres? Ils vaquent au négoce, ils sont libres de naviguer, ils ne connaissent point d'entraves, nul n'a tracé dans sa vigne le fossé de la dure nécessité, je ne sais point si je vous suis soumise à titre d'esclave.

L'Égl. Vous vous rappelez le testament, vous en reconnaissez l'écriture, et vous ne convenez pas encore que vous êtes esclave!

La Synag. Prouvez-moi vous-même ce que vous avancez. Je reconnais Moïse, je l'écoute et ne puis me soustraire à son autorité; mais je ne puis savoir comment je suis votre esclave.

L'Égl. Vous ne pouvez pas vous changer, vous niez toujours, vous trompez sans cesse, constamment vous vous plaignez de fausseté. Certainement vous avez dit que vous avez été reine autrefois, quand le peuple d'Israël avait l'empire; si vous êtes reine encore, je reconnais que vous êtes libre et que vous ne m'êtes point assujettie par les lois de l'esclavage. Mais, au contraire, si c'est le peuple chrétien qui règne sur le peuple d'Israël, il est évident que vous êtes esclave, non libre, vous que je vois chargée des chaînes de l'esclavage. Regardez les étendards élevés au milieu des légions, remarquez le nom du Sauveur, notez que les empereurs sont adorateurs du Christ, et considérez que vous êtes chassée du trône, puis reconnaissez que selon la foi du testament vous êtes mon esclave. Vous me payez tribut, vous ne participez point à l'empire, vous ne pouvez posséder de préfecture. Il n'est pas permis à un juif d'être comte, il lui est défendu d'entrer au sénat; vous n'avez pas même une préfecture et vous n'êtes point admise dans l'armée. Vous n'allez point vous asseoir à la table des riches; vous avez perdu l'ordre de la grâce, tout vous est interdit et le peu que nous vous permettons de manger, c'est uniquement pour vous laisser vivre d'une vie misérable. Si donc vous êtes privée de ce qu'il y a de plus élevé, de ce qui est au premier rang, lisez ce qui a été dit à Rébecca quand elle mettait au monde deux enfants à la fois : « Il y a deux nations dans vos entrailles, deux peuples sortiront de votre sein, et se diviseront l'un contre l'autre. L'un de ces peuples surmontera l'autre, et l'aîné sera assujetti au plus jeune. »

La Synag. Après tout qu'avais-je fait pour que la divinité me précipitât du trône et me privât de l'empire?

L'Égl. Si à la gravité de votre faute répondait un châtiment d'esclave égal en gravité, ce serait la mort qui vous serait due, et vous ne seriez plus ni esclave ni libre. En effet, pendant que Moïse recevait pour la première fois sur le mont Sina les deux tables de la loi où était gravé le Décalogue, vous, de votre côté, vous demandiez contre Dieu des idoles et disiez à Aaron : Faites-nous des dieux qui marchent devant nous.

La Synag. Je reconnais que dans cette circonstance je me suis égarée, mais aussi la mort ne tarda point à frapper jusqu'au dernier tous ceux qui avaient demandé des idoles. Qu'ont donc fait les fils de ceux-là, si leurs pères qui avaient commis cette faute ont reçu sur-le-champ le châtiment de leur faute?

L'Égl. Je tiens pour certain ce que vous avez lu;

Synag. respondit : Recognosco titulum testamenti, video litteras quas ipsa in thesauro meo et in bibliotheca servavi. Sed dicito mihi, quomodo tibi servio, quæ adhuc filios meos liberos esse recognosco. Vacant negotiis, navigandi potestas est libera, compedes nesciunt, nullus vineam laboriosæ necessitatis fossura discerpit, nescio an tibi sim servitute subjecta.

Eccl. dixit : Testamentum recolis, apices recognoscis, et adhuc non recipis servitutem.

Synag. respondit : Dic tu mihi quod asseris. Recognosco Moysen, audio, et refugere non possum : sed qualiter tibi serviam scire non possum.

Eccl. dixit : Mutare te non potes semper negas et fallis, semper de falsitate contendis. Certe regnasse te ante dixisti, cum populus Israël (a) locum tenuisset imperii. Si adhuc reguas, liberam te esse cognosco, et necdum mihi servitute subjectam. Alioquin si recte populo Israel Christianus populus regnat, constat te ancillam esse, non liberam, quam video servituti subjectam. Respice in legionibus signa, nomen salvatoris intende, Christicolas imperatores adverte, et considera te de regno esse discussam : et nobis juxta Testamenti fidem quod servas, confitere : tributum mihi solvis, ad imperium non accedis, habere non potes præfecturam. Judæum esse Comitem non licet; senatum tibi introire prohibetur; præfecturam nescis; ad militiam non admitteris; mensas divitum non attingis; charismatis ordinem perdidisti : totum tibi non licet; vel etiam ad manducandum, ut vel male viveres, paucula condonamus. Ergo si iis quæ summa, quæ prima sunt, caruisti, lege quid Rebeccæ sit dictum, cum geminos pareret: « Duæ gentes in utero tuo sunt, et duo populi de ventre tuo dividentur, et populus populum superabit, et major serviet minori. »

Synag. respondit : Quid tamen feceram, ut me divinitas de regno discuteret, et privaret imperio?

Eccl. dixit : Si tu ut graviter peccasti, tam gravis pœna sit servitutis sub interitu mortis debitæ, nec ancilla potes esse, nec libera. Nam cum primum Moyses in monte Sina charaxatas decalogo duplices tabulas accepisset, vos contra Deum idola poposcistis, dicentes ad Aaron : Fac nobis deos qui nos antecedant.

Synag. respondit : Hic me miseram errasse cognosco : sed mox eos qui idola poposcerunt, usque ad ultimam mortem damnationis pervasit interitus. Quid ergo posteri fecerunt, si mox illi seniores qui istud admiserant, pœnam suæ merita susceperunt? (*Exod.*, XXXII, 1.)

Eccl. dixit : Certum habeo quod legisti : sed quæ legeris retinere non poteris, et ipsum agnosco. Sed recole

---

(a) Alias *latum tenuisset imperium.*

mais vous ne pourrez retenir ce que vous lirez, et moi je le tiens également pour sûr et certain. Mais revenez à ce qui est écrit : « Les enfants de leurs enfants annonceront que les péchés de leurs parents se multiplieront dans leurs enfants, et je ne les leur allégerai point. » (*Jérém.*, XXXII, 29.) Ailleurs un autre a dit : « Ce sont les pères qui ont mangé les raisins verts, et ce sont les dents de leurs fils qui ont été agacées. » (*Ezéch.*, XVIII, 2.)

LA SYNAG. Le Christ dont vous vous faites gloire, sous le sceptre de qui vous tenez l'empire, a commencé par venir vers moi ou du moins il est venu dans mon peuple.

L'ÉGL. Il était convenable que la divine Providence prévînt ainsi tout ce qui devait être établi ; car si le Christ avait commencé par venir à moi de préférence et avait voulu vous répudier dès le premier moment de sa naissance, vous pourriez dire aujourd'hui : Il n'est point venu vers moi, je n'ai pas eu connaissance de ce que je devais adorer. S'il avait daigné se montrer aussi au milieu de mon peuple, je confesserais celui que les prophètes ont appelé Dieu. Il est venu vers vous, il a ressuscité vos morts par l'empire de ses vertus, il a fait parler les muets, il a rendu l'usage de leurs pieds aux boiteux, la vue aux aveugles, des membres déliés aux paralytiques, des lépreux à la santé. Et dans votre esprit profane vous avez dit qu'il n'était point le Dieu que vous aviez lu. Aussi, comme je me rappelle que le Sauveur et Seigneur a commencé par venir à vous, je reviens à la charge par ce qui fait votre gloire. Lisez ce que Esdras a dit au nom du Sauveur. « Je suis venu chez les miens, et les miens ne m'ont point reçu. Que vous ferai-je, ô Jacob ? Judas n'a point voulu m'écouter, je me transporterai dans une autre nation. » Vous voyez par là que vous ne devez point vous glorifier d'avoir vu le Christ ; car la plus grande cause de votre crime c'est de voir celui que vous devez servir et de mépriser celui à qui vous devez le service. Vous pourriez peut-être vous défendre si vous disiez : Je ne connais pas le Seigneur, j'ai ignoré que les prophètes eussent menti. Mais les prophètes ont parlé, et quand vous eûtes reconnu à ses merveilles celui que les prophètes avaient annoncé dans leurs chants, et que vous eûtes blasphémé contre lui dans vos misérables réfutations, vous voyez que vous ne pouvez vous excuser d'un pareil crime.

LA SYNAG. Sans doute les prophètes ont annoncé sa venue, mais ils l'ont appelé l'oint de Dieu, un enfant saint né d'une vierge, mais j'ignorais complètement que le Seigneur viendrait par cette voie.

L'ÉGL. C'est donc avec raison que le prophète Isaïe a dit : « Allez et dites à ce peuple : Vous entendrez de vos oreilles et vous ne comprendrez point ; vous verrez de vos yeux et vous ne discernerez point. Car ce peuple s'est endurci le cœur, il s'est bouché les oreilles et il a fermé les yeux, pour ne point voir, ne point entendre, ne point comprendre et ne point revenir, de peur que je ne le guérisse. » (*Isa.*, VI, 9.) Jérémie dit à son tour : « Ils m'ont abandonné, moi qui suis une source d'eaux vives, et ils se sont creusé des lacs qui ne pouvaient retenir l'eau. » (*Jérém.*, II, 13.) Mais pourquoi le Prophète ajoute-t-il : « Le milan connaît, dans le ciel, quand son temps est venu, la tourterelle, l'hirondelle et la cigogne ainsi que les passereaux savent distinguer la saison de leur passage ; mais mon peuple ne m'a point connu ? » (*Jérém.*, VIII, 7.) Vous avez lu aussi, je pense, dans Salomon, ces paroles : « Les méchants

---

scriptum : « Et annuntient filii filiorum suorum, quoniam peccata parentum eorum in filiis creverunt, et non laxabo illis, dicit Dominus. » (*Jerem.*, XXXII, 29.) Et alibi ait : « Parentes uvas acerbas manducaverunt, et filiis dentes stupuerunt. » (*Ezech.*, XVIII, 2.)

SYNAG. respondit : In quo tibi plaudis, sub cujus regno imperium tenes, prius ad me, vel in populo meo Christus advenit.

ECCL. dixit : Sic erat dignum, ut totum quidquid fuerat adstruendum, divina sapientia præveniret. Si enim ad me Christus principaliter advenisset, et te sub adventu ipso primæ nativitatis repudiare voluisset, hodie diceres : Non venit ad me, nescivi quid colerem ; nam si et in populo meo dignatus fuisset accedere, quem Prophetæ Deum dixerant, confiterer. Ad te venit, mortuos tuos virtutum imperio suscitavit, loquaces præstitit mutos, gressibus reddidit claudos, cæcos oculavit, paralyticos absolutis artubus expedivit, leprosos sanitati restituit, et non esse Deum, quem Deum legeras, profana mente dixisti. Idcirco, quia dixisti Salvatorem et Dominum prius ad te venisse recolo, et elogio tuo rursus contendo. Lege quid tibi Esdras ex persona Salvatoris scripsit : « Ad meos veni, et me mei non receperunt. Quid tibi faciam Jacob ? Noluit me audire Juda, transferam me ad aleram gentem. Unde vides te non debere gloriari quod videris Christum. » Major enim causa criminis est videre cui servias, et contemnere cui debeas servitutem. Defenderes forsitan te, si diceres : Non novi Dominum, nescivi Prophetas fuisse mentitos. Attamen et Prophetæ dixerunt, et ipsum Dominum quem Prophetæ cecinerant, cum suis mirabilibus agnovisses, et miserabili refutatiuncula blasphemasses ; vides te sub tanti criminis reatu excusare non posse.

SYNAG. respondit : Dixerant quidem Prophetæ esse venturum, sed unctum Dei, sed puerum sanctum de virgine. Unde an ipse Dominus venire velit, penitus ignorabam.

ECCL. dixit : Recte ergo Isaias ait : « Vade et dic populo isti : Aure audietis, et non intelligetis ; et videntes videbitis, et non cognoscetis. Incrassavit enim cor populi hujus, et auribus graviter audierunt, et oculos suos clauserunt, ne forte videant oculis, et auribus audiant, et corde intelligant, et revertantur, et curem illos. » (*Isa.*, VI, 9.) Nam et Jeremias ait : « Me dereliquerunt fontem aquæ vivæ, effoderunt sibi lacus detritos, et non potuerunt aquam portare. » (*Jerem.*, II, 13.) Et quid adjecit idem Propheta ? Milvus cognovit tempus suum, turtur et hirundo, grues, passeres custodierunt tempora introitus sui ; populus autem meus me non cognovit. » (*Jerem.*, VIII, 7.) Nam et in Salomone credo quod legeris, qui ait : « Quærunt me mali, et non invenient : odio enim habue-

me cherchent et ne me trouvent point, parce qu'ils ont eu la sagesse en haine et n'ont point reçu la parole du Seigneur. » (*Prov.*, I.) Vous voyez donc bien que vous avez éloigné le Dieu Fils de Dieu de vos yeux pleins de blasphèmes et de votre cœur profane. Si donc vous lisez Isaïe, si vous lisez les prophètes, vous entendez fréquemment le Christ appelé Dieu; en effet, c'est lui qui a dit, pour ne vous répondre qu'au sujet de la Vierge et de son Fils, ainsi que vous l'avez dit vous-même : Une Vierge enfantera un Fils qui sera appelé Emmanuel, nom qui signifie, Dieu avec nous. (*Isa.*, VII, 14.) David a dit également : Voilà pourquoi, ô Dieu, votre Dieu vous a oint (*Ps.* XLIV, 8), et dans la Genèse, il y a : Dieu fit l'homme à son image. (*Gen.*, I, 27.)

LA SYNAG. Je ne veux pas que ces passages vous jettent dans une pareille satisfaction, mais revenez à des considérations qui, je pense, sont toutes en ma faveur. Remarquez bien que vous ne recevez point la loi, et que vous n'avez point mérité d'avoir la circoncision qui nous sépare des Gentils. Voilà comment j'ai mon signe à moi et ne perds point la loi que Moïse a promulguée.

L'EGL. Vous affirmez que vous recevez la loi, or cette loi c'est celle de l'Ancien Testament; mais moi c'est la loi nouvelle de l'Evangile que je reçois, et pour que vous sachiez bien que la nouvelle a supprimé l'ancienne, lisez Isaïe qui vous dit : « Toutes ces choses de l'ancien temps ont passé, maintenant tout est renouvelé, du nouveau va paraître. » (*Isa.*, XLIII, 18.) Car pour ce qui est de la circoncision que vous dites avoir reçue en signe de salut, je vais vous montrer aujourd'hui que votre folie a été déçue. En effet, si l'éternité était assurée par la circoncision, vous voyez que vous n'avez reçu que la tête sans les pieds, et que vous êtes privée d'un œil ou d'un pied, vous n'avez vécu que par la moitié de votre être, l'autre moitié était morte. En effet, si vous prétendez que votre peuple devait être sauvé par ce signe de votre souffrance, que feront vos jeunes filles, que deviendront vos veuves, les mères même de la Synagogue, si vous dites que le signe de la circoncision était le moyen de salut accordé à votre peuple? Il ne faut donc point avoir de femmes juives, puisque si les hommes offrent matière à la circoncision, les femmes ne sont point dans le même cas. Vous voyez donc que d'après vous, il n'y a que les hommes circoncis qui soient juifs, quant aux femmes, elles ne sont ni juives, ni chrétiennes, ce sont pour moi des païennes. Ecoutez donc, je vous instruis très-clairement sur le signe de la circoncision, si vous aviez pu la recevoir, vous n'auriez pas laissé ce prodige se perdre dans votre empire. Remarquez ce que dit Jérémie : « Voici ce que le Seigneur dit aux habitants de Juda et de Jérusalem : Renouvelez-vous entre vous d'un vrai renouvellement, et ne semez point au milieu des épines, circoncisez-vous pour votre Dieu, mais que votre circoncision soit une circoncision du cœur. » (*Jérém.*, IV, 3.) C'est ce que dit également Moïse que vous suiviez aussi, bien que ce fût pour moi qu'il portât la loi : « A la fin des temps, Dieu circoncira votre cœur, ainsi que le cœur de vos enfants pour vous faire aimer le Seigneur votre Dieu. » (*Deut.*, XXX, 6.) Saint Paul reprend de son côté : « Vous avez été circoncis, mais d'une circoncision qui n'est pas l'œuvre de la main et qui ne consiste pas dans le dépouillement de votre chair, mais dans la circoncision du Christ. » (*Coloss.*, II, 11.) Que répondre à cela, ô Synagogue? La circoncision recommandée c'était donc celle du cœur non de la chair, c'est-à-

---

runt sapientiam, sermonem autem Domini non receperunt. Vides ergo te Deum Dei Filium blasphemis oculis et profano pectore rejecisse. » (*Prov.*, I.) Ergo si legis Isaiam, legis Prophetas, Deum Christum frequenter audisti : sic enim ait, ut tibi et de virgine, et de filio, sicut ipsa dixisti, respondeam : Pariet virgo filium, et vocabitur nomen ejus Emmanuel, quod interpretatur, nobiscum Deus. (*Isa.*, VII, 14.) Et David ait : Deus unxit te Deus, Deus tuus. (*Psal.* XLIV, 8.) Et in Genesi sic ait : Et fecit Deus hominem ad imaginem suam. (*Gen.*, I, 27.)

SYNAG. respondit : Nolo te in tanto plausu efferant lectiones : sed ad illud convertere, quod mihi arbitror profuturum. Respice te nec legem accepisse, nec circumcisionem meruisse, in quo signo gentilitas segregatur. Inde est quod et signum meum habeo, et legem quam Moyses protulit, non amitto.

ECCL. dixit : Legem te accepisse testaris, sed legem veteris Testamenti : ego autem Evangeliorum novam legem accepi. Et ut scias veterem novitate compressam, lege Isaiam qui tibi ait : « Illa vetera transierunt, ecce facta sunt nova, nunc orientur. » (*Isa.*, XLIII, 18.) Nam quod dicis te in salutem populi, circumcisionis signaculum accepisse, hodie probostultitiam tuam fuisse deceptam. Si ergo per circumcisionem æternitas donabatur, vides te caput accepisse, non pedes, et uno oculo vel una manu fuisse truncatam ; mediam vixisse, et mediam fuisse emortuam. Nam si dicis populum tuum in signo tuæ passionis esse salvandum, quid facient virgines tuæ, quid facient viduæ, quid matres etiam Synagogæ, si circumcisionis signum populo ad æternam vitam profecisse testaris? Ergo Judeas feminas habere non decet, viri enim circumciduntur, mulieres autem præputium non admittunt : ergo salvæ esse non possunt, si circumcisione salvamini. Vides ergo te viros, hoc est circumcisos habere posse Judæos, mulieres autem, quæ circumcidi non possunt, nec Judæas, nec Christianas, sed Paganas esse profiteor. Audi, doceo te clarissime circumcisionis insignia, quam circumcisionem si accipere potuisses, nunquam prodigium de regno perpeti cecidisses. Respice quod Jeremias ait : « Hæc dicit Dominus viris Judæis qui habitatis in Jerusalem : Renovamini inter vos novitate, et ne seminaveritis in spinis : circumcidite Deo vestro, et circumcidite præputium cordis vestri. » (*Jerem.*, IV, 3.) Quod et ipse Moyses ait, quem tu similiter sequebaris, licet mihi mandata portaret : « Erit, inquit, in novissimis diebus, circumcidet Deus cor tuum, et cor seminis tui ad Dominum Deum tuum amandum. » (*Deut.*, XXX, 6.) Et apostolus Paulus ait : « Circumcisi estis circumcisione non manu facta, non in exspoliatione carnis, sed in circumcisione Christi. » (*Colos.*, II, 11.) Quid ad hæc dicimus Synagoga? Ecce

dire, ce que vous deviez retrancher c'étaient les vices du cœur, c'étaient les passions qu'il fallait couper, c'était la tête de l'idolâtrie que vous deviez trancher, c'était la tunique de la fornication que vous deviez déchirer en deux ; car, selon le mot du prophète : Vous vous êtes prostituée à la pierre et au bois. (*Jérém.*, III, 9.) Vous voyez donc bien que ce n'est point un signe de salut, que vous avez reçu la circoncision, mais plutôt en signe de pudeur et de honte. Vous pensez en effet, qu'il y a un signe dans une chose qui est cachée par les vêtements et qu'on ne fait point voir par pudeur et qu'on sait n'être dû qu'à sa femme ; car j'ai vu bien souvent vos femmes, la tête nue et dépouillée de ses cheveux, condamnées par leurs fonctions à vivre avec les ânes. Si c'est un signe de salut que cette marque parce qu'elle se porte dans le membre qui fait la honte de l'adultère, qui souille la jeune fille qu'il opprime, on ne doit point condamner la femme qui s'est livrée à un jeu honteux sur le membre circoncis en signe de salut, ni punir l'homme qui a rejeté loin de lui la femme adultère opprimée même au point d'en mourir, par le signe salutaire de la circoncision. Je ne sais pas s'il a pu y avoir un signe de salut dans le membre dont toutes les fautes sont condamnées. Quant à mon peuple, il porte sur le front le signe du salut qui défend l'homme tout entier, je veux dire les hommes et les femmes, il le défend, dis-je, ainsi placé en haut et sur la partie de son corps la plus élevée, par une liberté chaste et publique.

LA SYNAG. Je voudrais bien savoir où vous avez reçu ce signe qui se place sur le front, ou quel prophète a fait un signe de sanctification, de ce signe dont vous parlez et qui se porte sur le front.

L'ÉGL. Vous avez la parole du prophète Ezéchiel qui s'écrie au nom de la majesté divine : « Allez, coupez, que votre œil soit sans pitié, n'ayez même aucune compassion pour les vieillards ; jeunes gens, jeunes filles, petits enfants, femmes, tuez tout jusqu'à extermination ; mais ne tuez pas ceux sur le front de qui vous verrez le signe écrit. » (*Ezéch.*, IX, 5.) Le même prophète dit la même chose dans un autre endroit : « Passez au milieu de la ville de Jérusalem, et marquez ce signe sur le front des hommes qui gémissent et qui sont dans la douleur de voir toutes les abominations qui se font au milieu d'eux. » (*Ibid.*, 4.) Dans l'Apocalypse on lit de même : « Je vis l'Agneau qui se tenait sur la montagne, et avec lui, cent quarante-quatre mille personnes qui portaient son nom et le nom de son Père écrits sur leurs fronts. » (*Apoc.*, XIV, 1.) Vous voyez donc qu'il m'a été donné un signe, c'est le signe de la croix que la Passion du Sauveur a embellie quand il vous eut répudiée et chassée.

LA SYNAG. Quand je vous ai demandé quel est le signe que vous portez sur le front, vous m'avez parlé du signe de la croix, comme si les prophètes les plus anciens eussent parlé de signes avant que le Sauveur fût venu. Dites-moi donc si vous avez lu quelque part que le Christ devait souffrir et être attaché à une croix.

L'ÉGL. Ecoutez, ô Synagogue, mais écoutez pour votre punition, non pour votre instruction. Remarquez la loi, et vous verrez en quel endroit le Sauveur a, par ses mains étendues, prophétiquement préfiguré la croix. Voici en effet, le langage que tient Isaïe, au nom du Sauveur. « J'ai tendu mes mains pendant tout le jour vers un peuple incrédule, plein de contradiction à mon égard et qui ne marche

---

non carnis, sed cordis circumcisio mandabatur, scilicet ut vitia cordis incideres, ut libidinem desecares, ut idolatriæ caput auferres, ut tunicam fornicationis scinderes. Quia ait Propheta : In lapide mœchata es et in ligno. (*Jerem.*, III, 9.) Vides ergo te non accepisse in signum salutis circumcisionem, sed in signum potius pudoris et turpitudinis. Nam putas signum esse quod vestitu tegitur, quod præ verecundia non profertur, quod uxori tantummodo debitum esse cognoscitur ; quia officina et mulieres tuas depilato capite ac decalvato in asinis sæpe vidi damnatas. Utique si signum salutis est illud quod adulteram stupravit, quod virginem vitiando compressit, mulier quæ de circumcisionis salute sibi turpiter lusit, damnari non debet ; nec illi puniri, qui adulteram de salutifero circumcisionis signo compressam vel in mortem rejecit. Nescio an illic signum salutis esse potuisset, unde facinoris admissa damnantur. Populus autem meus signum salutis in fronte gestando, totum hominem, viros ac mulieres, de alto signaculi, casta de sublimibus et publica libertate defendit.

SYNAG. respondit : Vellem addiscere ubi signum frontis acceperis, vel quis propheta signum istud quod dicis, hoc est signum frontis, signaculo sanctificationis inciderit.

ECCL. dixit : Habes Ezechielem prophetam, qui ex præ-

sentia majestatis exclamat : « Ite et cædite, et nolite parcere oculis vestris. Nolite miseriri senioribus juvenes, virgines, parvulos et mulieres interficite usque ad internecionem ; omnem autem super quem signum scriptum est in fronte, ne tetigeritis. » (*Ezech.*, IX, 5.) Idem quoque ipse Propheta sic ait : « Vade per mediam Jerusalem, et notabis signum super frontem virorum, qui ingemiscunt et mœrent ob iniquitates quæ fiunt in medio ipsorum. » (*Ibid.*, 4.) Item in Apocalypsi : « Vidi agnum stantem in monte Sion, et cum eo centum quadraginta quatuor millia, et habebant nomen ejus, et nomen patris ejus scriptum in frontibus suis. » (*Apoc.*, XIV, 1.) Vides ergo signum mihi datum, et insigne crucis, quam, dimissa te atque derelicta, passio Salvatoris ornavit.

SYNAG. respondit : De signo frontis interrogata, crucis signaculum proposuisti, quasi vero ante quam Salvator veniret, vates antiquissimi insignia prædicaverint. Et ideo dicite mihi, si legisti quod Christus passurus esset, et in cruce penderet.

ECCL. dixit : Audi Synagoga, et non ut docearis, sed ut puniaris, adverte legem, et invenies ubi Salvator manibus extensis crucem figuraliter prophetavit. Et sic enim Isaias ex persona Salvatoris ait : « Expandi manus meas tota die ad plebem contumacem et contradicentem mihi, quæ ambulavit vias non bonas, sed post peccata sua. »

pas dans de bonnes voies, mais qui suit la voie de ses péchés. » (*Isa.*, LXV, 2.) Quant à Jérémie, voici ses paroles : « Venez, mettons du bois dans son pain. » (*Jérém.*, XI, 19.) Dans le Deutéronome, car vous vous servez du Pentateuque; on lit : « Votre vie sera comme en suspens devant vos yeux, le jour et la nuit. » (*Deut.*, XXVIII, 66.) Quant à l'auteur des Psaumes il reprend en ces termes : « J'ai crié vers vous, Seigneur, durant tout le jour, et j'ai étendu mes mains vers vous. » (*Ps.* LXXXVII, 10.) Dans le livre des Nombres, un livre de votre loi, que vous avez reçu avant moi, il est dit en ces termes que le Christ serait suspendu et attaché à une croix : « Ce n'est point comme un homme que Dieu est suspendu, et ce n'est point comme un fils de l'homme qu'il est exposé aux menaces. » (*Nomb.*, III, 19.) Un Prophète dit ailleurs : « C'est du haut du gibet que le Seigneur a régné. » (*Ps.* XCV, 10.) Voilà les miracles de la Passion, voilà le miroir de la lumière, voilà les injustes mensonges de votre peuple qui est allé jusqu'à attacher à la croix le Fils de Dieu qui est Dieu lui-même.

LA SYNAG. Je me rappelle tous ces faits et je reconnais aussi ces paroles; mais faites donc attention à ce que vous êtes, vous qui m'adressez des reproches; vous n'êtes qu'une paysanne, vous viviez autrefois au milieu des montagnes, vous étiez étrangère à la loi de Dieu et vous viviez de la vie des Gentils. Quant à moi, je vivais au sein de la loi, c'est à moi que les Prophètes sont venus et à moi qu'ils apportaient les commandements et les préceptes.

L'ÉGL. Ecoutez, Synagogue; veuve, écoutez; femme délaissée, prêtez l'oreille. Je suis ce que vous n'avez pu être, je suis reine et c'est moi qui vous ai fait descendre du trône, je suis l'épouse qui suis venue du fond des bois et du milieu des montagnes, après avoir abandonné les idoles. Comme dit votre patriarche : L'odeur qui sort de mon fils est semblable à celle du champ plein de fleurs que le Seigneur a comblé de ses bénédictions. (*Gen.*, XXVII, 27.) D'où venez-vous, avec du lait, ô vierge; d'où venez-vous, avec des fleurs, jeune fille sans souillure; d'où venez-vous, vous qui sortez d'une épaisse forêt, simple femme, à la pâle figure, au manteau blanc de neige? Mon époux, qui est beau plus que tous les enfants des hommes, le Roi des rois, qui a placé une mitre sur ma tête et m'a de suite vêtue de pourpre, m'a reçue à mon arrivée.

LA SYNAG. Comment pourrez-vous prouver que vous êtes l'épouse et qu'on voit, dans l'Ecriture, que le Christ est l'époux?

L'ÉGL. Si c'était vers moi principalement que les prophètes fussent accourus, vous diriez aujourd'hui que vous n'avez point connu la loi, que vous n'avez point eu de prophète et que vous n'avez pas su ce qui était écrit. Sachez donc que c'est par vos propres prophètes que vous devez être confondue. Ecoutez donc ce que les prophètes ont dit au sujet de l'épouse et de l'époux. Voici quel langage tenait Joël : « Faites éclater la trompette en Sion, ordonnez un jeûne saint, et donnez le signal de la prière, rassemblez le peuple, sanctifiez votre assemblée, faites venir les anciens, réunissez les petits enfants et ceux qui sont à la mamelle, que l'époux sorte de son lit et que l'épouse s'avance de sa chambre nuptiale. » (*Joël, passim.*) Car je tiens pour certain que vous êtes cette Jérusalem dont sortent l'époux et l'épouse, selon ces mots de David : « Et lui-même, semblable à un époux qui sort de sa chambre nuptiale, s'est élancé, comme un géant, pour parcourir sa route; il s'est élancé du haut du ciel, » (*Ps.* XVIII, 6) et il va jusqu'à l'autre extrémité, en sorte que personne ne

(*Isa.*, LXV, 2.) Nam et Jeremias ait : « Venite mittamus lignum in panem ejus. » (*Jerem.*, XI, 19.) Et in Deuteronomio, quia Pentateucho utebaris : Et erit, inquit, vita tua pendens ante oculos tuos die et nocte. (*Deut.*, XXVIII, 66.) Sic et Psalmidicus refert : Exclamavi ad te Domine, tota die expandi ad te manus meas. (*Psal.* LXXXVII, 10.) Nam in Numeris, hoc est, in lege tua, quam tu prior acceperas, quod Christus suspensus esset et in cruce penderet, sic ait : « Non quasi homo Deus suspenditur, neque quasi filius hominis minas patitur. » (*Num.*, III, 19.) Et alibi Propheta ait : « Dominus regnavit a ligno. » (*Psal.* XCV, 10.) Ecce miracula passionis, ecce speculum lucis, ecce populi tui iniqua commenta, ut Deum Dei Filium in crucem suspenderent.

SYNAG. respondit : Facta recolo, et dicta similiter recognosco, sed quæ tu es quæ me increpare videaris. Tu rustica, tu aliquando montana, tu Dei legibus aliena, quæ gentilico more vivebas : ego in lege versabar, ad me Prophetæ venerunt, mihique jussa et præcepta portabant.

ECCL. dixit : Audi Synagoga, audi vidua, audi derelicta : ego sum quod tu esse non potuisti, ego sum regina quæ te de regno deposui, ego sum sponsa quæ derelictis idolis de silva et de monte descendi : ut ait Patriarcha tuus : Ecce odor filii mei sicut odor agri pleni quem benedixit Dominus. (*Gen.*, XXVII, 27.) Unde venis virgo cum lacte, cum floribus intemerata juvencula, opaco de nemore, civis simplex, læta, pallio nivali composita? Sponsus meus speciosus præ filiis hominum, rex regum, qui caput meum mitra composuit, ac me protinus purpuravit, venientem excepit.

SYNAG. respondit. Qualiter istud poteris comprobare, quod et tu sponsa sis, et Christus in lege videatur sponsus.

ECCL. dixit : Si ad me principaliter Prophetæ cucurrissent, hodie diceres ignorasse legem, non habuisse Prophetas, nescire te quid esset scriptum. De tuis igitur Prophetis revincendam te recognosce. Audi ergo quid Prophetæ de sponso et sponsa mandaverint. Nam sic Joel propheta ait : « Canite tuba in Sion, sanctificate jejunium, et indicite orationem, aggregate populum, sanctificate Ecclesiam, excipite majores natu, colligite parvulos et lactentes : procedat sponsus de cubiculo suo, et sponsa de thalamo suo. » (*Joel.*, II, 1.) Nam certum habeo quod tu illa es Jerusalem, de qua et sponsus et sponsa, ut ait David : Et ipse tanquam sponsus procedens de thalamo suo, exsultavit ut gigas ad currendam viam, a summo cœlo egressio ejus (*Psal.* XVIII, 6) : et occursus ejus

se dérobe à sa chaleur. Dans son Apocalypse, saint Jean dit : « Venez et je vous montrerai l'épouse qui a l'Agneau pour époux, et il me transporta en esprit sur une grande et haute montagne, et il me montra la grande ville de Jérusalem qui descendait du ciel et qui avait l'éclat même de Dieu. » (*Apoc.*, XXI, 10.) Voici encore comment le même saint Jean s'exprime ailleurs : « Le Seigneur Dieu tout-puissant va régner, réjouissons-nous, soyons dans l'allégresse, donnons-lui l'éclat de la gloire. Car les noces de l'Agneau sont arrivées et son épouse se tient prête. » Vous voyez donc que j'ai été appelée épouse et fiancée par la loi ; fiancée, parce que j'engage ma foi au Seigneur qui est mon Sauveur : épouse, parce que je lui donnerai des enfants conçus par le baptême, par l'opération de l'Esprit, et nés du bain gonflé de mon sein. Dans l'enfantement d'une race plus agréable, l'esprit et l'âme sont unis par une société nuptiale.

La Synag. Je voudrais savoir, de peur que vous ne pensiez que je l'ai oublié, et pour vous montrer que je scrute tout, ce que signifie ce que vous prétendez que le Prophète a dit et que le Deutéronome a dit avec lui : Votre vie sera suspendue devant vos yeux le jour et la nuit.

L'Égl. Si je m'efforce de ne point rester muette et de parler, ce n'est point pour vous apprendre quelque chose ; mais de peur que mon silence ne tire pour vous la ligne du doute, voilà pourquoi je vous convaincs par votre propre Testament. Or, le Seigneur est demeuré suspendu, le jour et la nuit, à la croix, c'est-à-dire, le vendredi toute la journée, et la nuit du vendredi jusqu'au samedi ; temps pendant lequel vous avez dit que la loi défendait qu'un homme demeurât suspendu au gibet. Il faut, en attendant que ces paroles vous semblent avoir été dites pour vous, ainsi qu'il vous l'a déjà paru, arrêter les yeux, en effet, dans l'intérêt de la vérité et pour le nœud du dogme, sur ce que nous disons : « Votre vie, dit l'auteur du Deutéronome, sera suspendue devant vos yeux le jour et la nuit. » Or, le mot jour comprend un jour et une nuit ; c'est l'obscurité de la nuit qui distingue la lumière du jour de la subite horreur des ténèbres. De même que lorsque le Sauveur était suspendu à la croix, depuis la sixième heure du jour, des ténèbres se répandirent sur la terre, jusqu'à la neuvième heure ; la nuit fit disparaître la lumière du jour et une obscurité sinistre et lamentable aveugla le jour. Vous voyez donc bien que dans le même jour, il y a eu le jour et la nuit. C'est donc avec raison que le même auteur, à cause de la Passion, dit dans le Deutéronome : « Et votre vie sera suspendue devant vos yeux, le jour et la nuit. »

La Synag. Mais s'il a été suspendu, s'il a été attaché à la croix, s'il a été mis à mort, comment est-il ressuscité ? Comment prétendez-vous donc qu'il est vivant, qu'il est ressuscité et qu'il est assis dans le ciel, à la droite du Père ? Apprenez-moi, s'il a vaincu la mort, s'il est ressuscité, lui qu'on a vu mis à mort, mais apprenez-le-moi de telle sorte que vous me prouviez par les prophètes ce que vous me direz.

L'Égl. Écoutez, malheureuse, écoutez, ô la plus infortunée des femmes, écoutez, ô femme parricide, vous qui doutez encore de la mort du Christ et de sa résurrection. Lisez ce que David, parlant au nom du Christ, a dit dans le psaume quinzième : « Vous ne laisserez point mon âme dans l'enfer, et vous ne souffrirez point que votre saint éprouve la corruption. » Or, quel est ce saint, sinon le Christ ? Quel est cet incorruptible, sinon le Fils de Dieu ? Selon ce qu'il

usque ad summum ejus, nec est qui se abscondat a calore ejus. Et in Apocalypsi Joannes ait : « Veni, ostendam tibi novam nuptam, sponsam agni. Et eduxit me in spiritu in montem magnum, et ostendit mihi civitatem sanctam Jerusalem descendentem de cœlo, habentem claritatem Dei. » Sic etiam ipse Joannes ait : « Regnabit Dominus Deus omnipotens, exsultemus et lætemur, demus ei claritatem : quoniam venerunt agni nuptiæ, et uxor ejus se præparavit. » (*Apoc.*, XXI, 10.) Vides ergo et sponsam et uxorem dictam fuisse per legem : sponsam, quod spondeo fidem me redditurum Domino salvatori ; uxorem, quod per conceptum baptismi spiritu maritante, filios uteri mei lavacro turgente producam. In quo puerperio generationis gratioris, spiritus et anima nuptiali societate junguntur.

Synag. respondit : Illud scire desidero, ne forte putes me oblitam fuisse quod dixeris, totum ut videar scrutari, quid est quod Prophetam dixisse contendis, quid est quod ait in Deuteronomio : Et erit pendens vita tua ante oculos tuos die et nocte. (*Deut.*, XXVIII, 66.)

Eccl. dixit : Non quod te doceam, eloqui vel effari contendo : sed ne taciturnitas dubitationis lineam ducat : ac per hoc de tuo te Testamento convinco. Salvator enim die et nocte pependit in cruce, hoc est, sexta feria per diem, et hujus diei per noctem usque ad sabbatum, quo dixisti juxta legem hominem in ligno non licere pendere. Hæc tibi interim ; ut feceris, dicta esse videantur : nam ad causam veritatis, et ad dogmatis nodum illud contemplare quod dicimus : « Et erit, inquit, vita tua pendens ante oculos tuos die ac nocte. » (*Matth.*, XXVII, 45.) In una enim die fuit dies et nox. Lucem diei subito tenebrarum horrore nocturna caligo distinxit : sicut Salvator cum suspenderetur in ligno, ab hora diei sexta usque ad horam nonam tenebræ factæ sunt, nox lumen abstulit, et totam diem feralis et luctuosa caligo cæcavit. Vides ergo in una die et diem fuisse, et noctem. Merito propter hanc idem passionem in Deuteronomio ait : « Et erit vita tua pendens ante oculos tuos die et nocte. »

Synag. respondit : Ergo si in cruce suspensus est, si pependit, si occisus est, quomodo resurrexit ? Quomodo tu illum asseris vivere, resurrexisse, et in cœlis in dextera Patris residere ? Doce ergo me, si mortem vicit, si resurrexit, qui videtur occisus : ita tamen ut mihi quæ dicis, de Prophetis assignes.

Eccl. dixit : Audi misera, audi infelicissima, audi mulier parricida, quæ adhuc de Christi morte, de resurrectione subdubitas. Lege quid dixerit ex persona Salvatoris David in Psalmo quinto decimo : « Non derelinques animam meam in inferno, nec dabis sanctum tuum videre corruptionem. » Quis est sanctus, nisi Christus ? Quis est

dit au psaume vingt-neuvième : « Seigneur, vous avez ramené mon âme des enfers; » et dans le psaume troisième : « Je me suis endormi, j'ai pris du sommeil et je suis ressuscitée, parce que le Seigneur m'a reçu. » Le même David, parlant au nom du Père au Fils, dit encore : « Levez-vous, vous qui êtes ma gloire, levez-vous. Je me lèverai de grand matin. » (Ps. LVI, 9.) Par ces mots de grand matin, il faut entendre dans trois jours, après lesquels ayant foulé la mort aux pieds et ayant condamné les enfers, il doit revenir plein de vie du milieu des morts, selon ce mot du Prophète : « Les pleurs se répandent le soir, la joie viendra au matin. » (Ps. XXIX, 6.)

LA SYNAG. Je vous ai fait une question et vous me renvoyez à tout autre chose. Je sais qu'il est ressuscité, je n'ignore pas qu'il a triomphé de l'enfer; mais vous avez dit que le Seigneur est ressuscité le troisième jour; j'ignore s'il en a été ainsi.

L'ÉGL. Je vois que vous avez de la mémoire, mais vous ne voulez point, pour faire pénitence, confesser ce que vous savez. L'erreur tue votre conscience, le crime vous ôte la mémoire. Apprenez donc que le Christ est ressuscité des enfers le troisième jour, pour nous donner la vie. Lisez le prophète Osée, il vous dira : « Il nous a rendu la vie le troisième jour. » (Osée, VI, 3.) On lit dans le Deutéronome : « Le Seigneur dit à Moïse : Descendez, sanctifiez le peuple, sanctifiez-le aujourd'hui et demain, qu'il lave ses vêtements et se tienne prêt pour après-demain, c'est-à-dire, pour le jour qui vient après demain; car le troisième jour le Seigneur descendra sur le mont Sina. » (Exod., XIX, 10.) Dans l'Évangile on lit : « Cette race méchante et adultère demande un miracle, il ne lui en sera point donné d'autre que le miracle de Jonas. Car de même que Jonas demeura trois jours et trois nuits dans le ventre de la baleine, ainsi le Fils de l'homme demeurera trois jours et trois nuits dans le sein de la terre. » (Matth., XII, 39; Luc, XI, 13.)

LA SYNAG. Je le reconnais, ce que vous me racontez, avec les prophéties à l'appui, est vrai. A présent, je voudrais bien savoir où est, où se cache le Christ qui est ressuscité du sein de la terre. Je voudrais bien apprendre si, d'après les prophètes, il a encore quelque pouvoir après sa passion ou après sa mort, car j'ai lu que pour sauver le peuple, c'est l'oint de Dieu, Elie, qui devait venir.

L'ÉGL. Malheureuse, confessez donc ce que vous ne sauriez nier et entendez ce que la vérité ne peut céler. La liberté tout entière de la lumière s'est étendue jusqu'aux cieux. Lisez Daniel qui vous dit : « Je considérais ces choses dans une vision de nuit, et je vis comme le Fils de l'homme qui venait et qui s'avança jusqu'à l'Ancien des jours. Il s'arrêta en sa présence et ceux qui se trouvaient là le présentèrent. Et on lui donna un pouvoir de roi, en sorte que tous les rois de la terre, suivant leur race, et toute illustration le servissent. Son pouvoir est éternel, il ne lui sera point ravi, son règne l'est également et il ne sera jamais détruit. » (Dan., VII, 13 et 14.)

LA SYNAG. Je ne puis nier que l'oint du Seigneur, c'est-à-dire le Christ, n'ait la gloire ; mais dites-moi si après sa passion et sa résurrection il a pu obtenir et conserver cette gloire.

L'ÉGL. Lisez le prophète Isaïe, il vous dira en parlant au nom du Sauveur : « Maintenant je vais me

---

incorruptus, nisi Filius Dei ? Sicut ait in Psalmo vigesimo nono : « Domine deduxisti ab inferis animam meam. » Item in Psalmo tertio : « Ego dormivi, et somnum cepi, et exsurrexi, quoniam Dominus suscepit me. » Et idem rursus David ex persona Patris ad Filium ait : « Exsurge gloria mea, exsurge : exsurgam diluculo. » (Psal. LVI, 9.) Nam « diluculo, » quod ait, hoc est post diem tertiam, calcata morte inferisque damnatis, recidust vivus ex mortuis venturus, ut ait Propheta : « Ad vesperam demorabitur fletus, et ad matutinum lætitia. » (Psal. XXIX, 6.)

SYNAG. respondit : Aliud interrogaveram, et aliud immisisti : de resurrectione cognovi, et quod inferos superavit addidici : sed quoniam dixisti die tertia resurrexisse Dominum salvatorem, quod an fuerit factum, ignoro.

ECCL. dixit : Scio quia memor es : sed poenitentiae causa non vis confiteri quod nosti. Error macerat conscientiam, et crimen memoriam tollit. Audi ergo Christum ab inferis, ut nos vivificaret, die tertia resurrexisse. Lege Oseam prophetam, qui ait: Vivificavit nos die tertia. (Ose., VI, 3.) Et in Deuteronomio sic ait : « Dixit Dominus ad Moysen: Descende, et sanctifica populum meum, sanctifica illos hodie et cras, et lavent vestem suam, et sint parati in perendinum diem, id est, in diem ultra crastinum. Die enim tertia descendet Dominus in monte Sina. » (Exod., XIX, 10.) Et in Evangelio sic ait : « Progenies nequam et adultera signum petit, et signum non dabitur ei, nisi signum Jonæ prophetæ. Quomodo enim Jonas fuit in ventre ceti tribus diebus et tribus noctibus, ita erit filius hominis tribus diebus et tribus noctibus in corde terræ. » (Matth., XII, 39; Luc., XI, 13.)

SYNAG. respondit : Recognosco, vera sunt quæ mihi testa prophetia narrantur. Nunc scire desidero ubi sit, ubi lateat Christus, qui de terra resurrexit : volo enim videre, si postea per Prophetas aliquid post passionem vel post resurrectionem habeat potestatis. Legi enim, ad salvandum populum venturum esse Eliam unctum Dei.

ECCL. dixit : Ergo misera, quod negare non potes, confitere ; et audi omnia quæ veritas celare non potest : tota se usque ad cœlos claritatis libertas extendit. Lege Danielem qui ait : « Videbam in visione noctis, et ecce in nubibus cœli quasi filius hominis veniens venit usque ad veterem dierum, et stetit in conspectu ejus, et qui assistebant obtulerunt eum. Et data est ei potestas regia, et omnes reges terræ per genus, et omnis claritas serviens ei : et potestas ejus æterna, quæ non auferetur; et regnum ejus æternum, quod non corrumpetur. » (Dan., VII, 13.)

SYNAG. respondit : Gloriam habere unctum Dei, hoc est Christum, negare non possum : sed hoc mihi dicito, si postea quam passus est, et resurrexit, gloriam istam adipisci potuit et tenere.

ECCL. dixit : Lege Isaiam prophetam, qui ex persona Salvatoris ait : « Nunc exsurgam, dicit Dominus, nunc

DISPUTE DIALOGUÉE ENTRE LA SYNAGOGUE ET L'ÉGLISE.

lever, signaler ma grandeur et faire éclater ma puissance. Et vous allez voir maintenant, et vous serez confondu, la force de votre esprit sera vaine, le feu vous consumera. » (*Isa.*, XXXIII, 10.) De son côté, David s'exprime en ces termes : « Le Seigneur a dit à mon Seigneur : Asseyez-vous à ma droite jusqu'à ce que je réduise vos ennemis à vous servir de marchepied. Le Seigneur fera sortir, de Sion, le sceptre de votre puissance, et vous régnerez au milieu de vos ennemis. » (*Ps.* CIX, 1 à 3.)

LA SYNAG. Il est donc Dieu et Fils de Dieu.

L'ÉGL. Oui, sotte que vous êtes. Quiconque est engendré d'un homme est homme, de même celui qui est né de Dieu est évidemment Dieu.

LA SYNAG. Je ne m'en rapporte point à vos assertions, j'ai besoin de me sentir convaincue par la loi ; car ce n'est pas vous, mais les prophètes que je désire entendre.

L'ÉGL. Jetez les yeux sur ce que dit l'auteur des Psaumes et vous verrez que le Sauveur est le Seigneur Dieu. Il dit en effet : « Que le Seigneur se lève et que ses ennemis soient dissipés, et que ceux qui le haïssent, fuient devant sa face. Comme la fumée disparaît, qu'ils disparaissent de même, et comme la cire fond au feu, que les pécheurs périssent aussi devant la face de Dieu. » (*Ps.* LXVII, 1 et 2.) « Chantez les louanges de Dieu, faites retentir des cantiques à la gloire de son nom; préparez la voie à celui qui monte vers le couchant, le Seigneur est son nom. » (*Ibid.*, 4.) « Il fait sortir, par sa puissance, ceux qui sont dans les liens, ceux qui habitent dans des sépulcres. » (*Ibid.*, 7.) Ailleurs, le même David dit : « Levez-vous, Seigneur, jugez la terre, parce que vous devez avoir toutes les nations pour votre héritage. » (*Ps.* LXXXI, 8.) Dans un autre endroit il dit encore : « Le Seigneur Dieu des dieux a parlé. » (*Ps.* XLIX, 1.) Et encore : « Une vierge enfantera un fils, et lui donnera le nom d'Emmanuel qui signifie Dieu avec nous. » (*Matth.*, 1, 23.) « Voilà pourquoi, ô Dieu, votre Dieu vous a oint. » (*Ps.* XLIV, 8.) Vous le voyez, il est Dieu, Seigneur et roi.

LA SYNAG. Je reconnais qu'il est Dieu et Seigneur, mais je veux que vous me montriez qu'il est Roi.

L'ÉGL. O la plus sotte des femmes, si vous confessez qu'il est Dieu, ne devez-vous point reconnaître qu'il est Roi? Est-ce qu'il peut être Dieu s'il ne règne? Tout royaume est aux pieds de Dieu, et tout ce que comporte un royaume, la majesté de Dieu l'a en propre. Vous doutez donc qu'il soit roi quand vous reconnaissez qu'il est Dieu?

LA SYNAG. Cela ne fait point de doute pour moi, mais je veux que ce me soit montré par la vérité que reconnaît Israël.

L'ÉGL. Lisez David et vous trouverez dans le psaume LXXI : « O Dieu, donnez au roi vos jugements et au fils du roi, votre justice. » (*Ps.* LXXI, 1.) Au psaume LXXII, il est dit : « Cependant Dieu qui est notre roi depuis tant de siècles, a opéré notre salut au milieu de la terre. » (*Ps.* LXXII, 12.) Au psaume II, David dit : « Pour moi, j'ai été établi roi par lui sur Sion, sa montagne sainte, afin que j'annonçasse ses préceptes. » (*Ps.* II, 6.) On lit dans Malachie : « Je suis un grand roi, dit le Seigneur, et je rendrai mon nom illustre parmi les nations. » (*Malac.*, I, 14.) Dans le psaume XCVI, il est dit : « Le Seigneur a établi son règne, que la terre tressaille d'allégresse, que toutes les îles s'en réjouissent. » (*Ps.* XCVI, 1.) Ailleurs on lit encore : « Mon cœur a produit une excellente parole, c'est au roi que je consacre mes ouvrages. » (*Ps.* XLIV, 2.)

---

clarificabor et exaltabor, nunc videbitis, nunc intelligetis, nunc confundemini, vana erit fortitudo spiritus vestri, ignis vos consumet. » (*Isa.*, XXXIII, 10.) Sed et David ait: «Dixit Dominus Domino meo, sede a dextris meis : donec ponam inimicos tuos, scabellum pedum tuorum. Virgam virtutis tuæ emittet Dominus ex Sion, et dominaberis in medio inimicorum tuorum. » (*Psal.* CIX, 1.)

SYNAG. respondit : Ergo et Deus et Filius Dei.

ECCL. dixit : Utique stulta. Qui de homine gignitur, homo est : ita et qui de Deo oritur, Deus profecto signatur.

SYNAG. respondit: Non assertionibus credo, sed lege revinci desidero. Non enim te, sed Prophetas audire contendo.

ECCL. dixit : Respicice quod Psalmidicus ait, et scies Dominum Deum esse Salvatorem. Exsurgat, inquit, Deus, et dissipentur inimici ejus, et effugiant qui oderunt eum a facie ejus. « Sicut deficit fumus deficiant, et sicut tabescit cera a facie ignis, sic pereant peccatores a facie Dei. » (*Psal.* LXVII, 2.) « Cantate Deo, psallite nomini ejus, viam facite ei qui ascendit super occasum, Dominus nomen est illi. Qui produxit vinctos in fortitudine, qui habitant in monumentis. » (*Psal.* XXXVII, 22.) Et rursus idem David : « Exsurge Domine et judica terram, quoniam tu hæreditabis in omnibus gentibus. » Et alibi: « Deus deorum Dominus locutus est. » (*Psal.* XLIX, 1.) «Et pariet virgo filium, et vocabitur nomen ejus Emmanuel, quod est interpretatum, nobiscum Deus. » (*Matth.*, I, 23.) « Et propterea unxit te Deus, Deus tuus. » (*Psal.* XLIV, 8.) Habes ergo et Deum, et Dominum, et Regem.

SYNAG. respondit : Et Deum et Dominum recognosco, sed Regem mihi probari desidero.

ECCL. dixit : Stultissima mulierum, si Deum confiteris, Regem fateri non debes ? aut numquid Deus potest esse, nisi regnaverit? Omne regnum sub pedibus Dei jacet; et quidquid regna tenent, majestas possidet Dei. Ergo Regem dubitas, quem Deum profecto cognoscis?

SYNAG. respondit : Non quidem dubito, sed volo mihi Israel veritate signari.

ECCL. dixit : Lege David, et invenies in Psalmo septuagesimo primo : « Deus judicium tuum regi da, et justitiam tuam filio Regis. Et in Psalmo septuagesimo secundo ait : « Deus autem Rex noster ante sæcula, operatus est salutem in medio terræ. » Et in Psalmo secundo : « Ego autem constitutus sum Rex ab eo super Sion montem sanctum ejus, annuntians imperium ejus. » Et apud Malachiam sic ait : « Rex magnus sum ego, dicit Dominus, et nomen meum illustrabo apud gentes. » (*Malac.*, I, 14.) Et in Psalmo nonagesimo sexto : « Dominus regnavit, exsultet terra, lætentur insulæ multæ. » (*Psal.* XLIV, 2.) Et alibi : « Eructuavit cor meum verbum bonum, dico ego opera mea regi. »

La Synag. Vous êtes allée au-devant de tous mes désirs, je ne puis rien répondre, et je me vois condamnée non point par vos assertions, mais par la loi.

L'Égl. Interrogez-moi sur ce que vous voudrez et je ne me servirai pour vous convaincre que de votre propre testament.

La Synag. Vous affirmez que, pour vous, il n'est point douteux que le Christ soit le Dieu même d'Abraham, d'Isaac et de Jacob. Or, Abraham était juif, comment donc pouvez-vous dire que je dois être condamnée?

L'Égl. C'est bien, vous commencez à échanger maintenant des paroles d'entretien et à toucher de votre main les membres du Seigneur, sous les plis de la parabole, et sous le sens détourné des mots. Or, Pierre et Paul, qui sont mes prédicateurs, étaient juifs, mais après vous avoir délaissée, ils se sont rendus à la source de la vie et à la grâce éternelle. Quant à Abraham que vous venez de nommer, après avoir été païen, il brisa ses idoles et vola ainsi vers l'amitié de la divine majesté; puis devenu ami de son Dieu et échappé sain et sauf de son idolâtrie, il se dirigea vers vous, mais Dieu lui a ordonné ensuite de se séparer de vous pour retourner vers les Gentils, c'est-à-dire pour revenir vers moi. En effet, voici en quels termes s'exprime la Genèse: « Le Seigneur Dieu dit à Araham: Sortez de votre pays, de votre parenté, et de la maison de votre père et venez dans la terre que je vous montrerai. Je ferai sortir de vous un grand peuple, je vous bénirai, je rendrai votre nom célèbre. » (*Gen.*, XII, 1 et 2.) Vous le voyez donc; il a été ordonné à Abraham de sortir de votre pays, de votre parenté, et de la maison de votre père, pour se rendre dans le pays des Gentils, devenir leur roi et avoir un grand nom. C'était encore en la personne du Sauveur que Isaac bénit Jacob et lui dit: « Les nations vous serviront, les princes vous adoreront, vous serez le Seigneur de vos frères et les enfants de votre mère vous rendront un culte. » (*Gen.*, XXVII, 29.)

La Synag. Tous les peuples viendront donc à vous, et moi qui ai compté tant de et si illustres enfants, je serai délaissée et dédaignée, moi qui suis mère de tant de peuples. Mais c'est encore par la loi que vous devez me prouver qu'il a été dit dans la loi que vous devrez avoir plus d'enfants que moi.

L'Égl. Tantôt vous fléchissez et tantôt votre ancienne raideur reparaît, et vous revenez bien vite à votre malice. Or, le Seigneur a dit: « Prenez un espace plus grand pour dresser vos tentes, étendez le plus que vous pourrez les peaux qui les couvrent, rendez-en les cordages plus longs et affermissez-en bien les pieux. Étendez-vous encore à gauche et à droite, votre postérité aura les nations pour héritage, et elle habitera les villes qui sont désertes en ce moment. Ne craignez point, si vous êtes maudite, car votre confusion ne sera point éternelle. » (*Isa.*, LIV, 2 à 4.) J'ai donc été maudite, quand je marchais à la suite des idoles; j'ai été couverte de confusion quand j'ignorais les commandements de Dieu; j'ai été stérile, parce que je n'avais point le baptême qui me permit d'élever des enfants pour l'empire de la majesté divine; mais à présent, je suis riche en enfants, et, par Notre-Seigneur Jésus-Christ, j'ai acquis les royaumes éternels. Aussi est-ce avec raison que dans le livre Βασιλειῶν, c'est-à-dire dans le livre des Rois, il est dit: La femme stérile a eu sept enfants et celle qui avait eu beaucoup d'enfants est devenue stérile. (I *Reg.*, II, 5.) L'apôtre Jean écrit aux sept églises. (*Apoc.*, II, 11.) Jacob eut deux femmes, dont l'aînée,

---

Synag. respondit: Prævenisti me, respondere nihil possum: non assertione verborum, sed Lege videor esse damnata.

Eccl. dixit: Interroga quæcumque volueris, et ego te de tuo Testamento revincam.

Synag. respondit: Certe dicis te diffiteri non posse, quod Christus Deus sit Abrahæ, Deus Isaac, et Deus Jacob. Utique Abraham Judæus fuit, quomodo ergo me dicis damnandam?

Eccl. dixit: Bene, quod jam cœpisti reciprocare sermones, et de obliquitate verborum per flexuras parabolarum membra palpare. Nam et Petrus et Paulus prædicatores mei, Judæi fuerunt, sed derelicta te, ad fontem vitæ æternamque gratiam convenerunt. Nam Abraham, quem nominasti, cum paganus esset, et idola confringeret, sic ad divinæ majestatis amicitias convolavit, inde incolumis jam Dei amicus, ad te rursus accessit: sed et postmodum a te ad gentes, hoc est ad nos, iterum redire mandavit. Sic enim in Genesi ait: « Dixit, inquit, Dominus Deus Abrahæ: Exi de terra tua, et de cognatione tua, et de domo patris tui, et vade in illam terram, quam tibi ostendero, et faciam te in gentem magnam, et benedicam te, et magnificabo nomen tuum. » (*Gen.*, XII, 1.) Vides ergo Abrahæ præceptum, ut exiret de terra tua, et de cognatione tua, et de domo patris tui; et veniret ad terram gentium, et princeps fieret super gentes, et magnum nomen acciperet. Nam et in figura Salvatoris benedixit Isaac Jacob: « Servient tibi, inquit, gentes, et adorabunt te principes, et eris dominus fratribus tuis, et adorabunt te filii matris tuæ. » (*Gen.*, XXVII, 29.)

Synag. respondit: Ergo omnes ad te venerunt, et ego, quæ tot et tantos filios habui, et filiorum multitudine gloriata sum, ut derelicta despicior, quæ fui mater populis: aut si tibi ut plures filios habeas in Lege mandatum est, probare debes ex Lege.

Eccl. dixit: Nunc flecteris, nunc te antiquus rigor extollit, mox et ad malitiam replicaris. Dicit enim Dominus: « Dilata locum tabernaculi tui, et aulæorum tuorum longas fac mensuras, et palos tuos confirma: adhuc in dextram tuam, et in sinistram extende: et semen tuum gentes possidebit, et civitates desertas inhabitabis. Noli timere, quia devicta es; neque vereberis, quia maledicta es: quoniam confusionem æternam oblivisceris. » (*Isa.*, LIV, 2.) Fui quidem maledicta, cum idola sequerer; fui confusa, cum divinitatis mandata nescirem; fui sterilis, quia baptismum non habebam, quo imperio majestatis filios enutrirem: nunc exaltata sum in filios, et per Dominum Christum æterna regna suscepi. Merito et in Βασιλειῶν id est, regnorum, ait: Sterilis peperit septem, et quæ plurimos filios habebat, infirmata est. (I *Reg.*, II, 5.)

Lia, qui avait les yeux malades, était l'image de la Synagogue, et la plus jeune, la belle Rachel, était l'image de l'Eglise (*Gen.*, XXIX, 23 et 28) : celle-ci demeura longtemps stérile, mais plus tard elle eut des enfants et fut bénie. C'est avec raison aussi que la Genèse a dit : « Le Seigneur dit à Rebecca : Il y a deux nations dans votre sein ; deux peuples sortiront de vos entrailles et seront divisés, l'un des deux l'emportera sur l'autre, et l'aîné servira le plus jeune. » (*Gen.*, XXV, 23.) On lit encore dans le prophète Osée : « Je n'appellerai plus mon peuple, mon peuple, ni ma bien-aimée, ma bien-aimée, » etc. (*Osé.*, II, 24.)

Et Apostolus ad septem ecclesias epistolas mittit. (*Apoc.*, II, 11.) Et Jacob accepit uxores duas, majorem Liam, oculis infirmioribus, typum Synagogæ ; et minorem speciosam Rachel, typum Ecclesiæ (*Gen.*, XXIX, 23 ; *Ibid.*, 28) : quæ et sterilis diu mansit, et postea peperit, et benedicta est. Merito ait in Genesi : « Et dixit Dominus ad Rebeccam : Duæ gentes in utero tuo sunt, et duo populi de ventre tuo dividentur ; » (*Gen.*, XXV, 23) et populus populum superabit, et major serviet minori. Item apud Osee prophetam : « Vocabo, inquit, non populum meum, populum meum, et non dilectam, dilectam, etc. » (*Ose.*, II, 24.)

AVERTISSEMENT SUR LE LIVRE SUIVANT

Ce livre, dans les éditions antérieures, est attribué mais à tort, ainsi que le prouvent Bellarmin, Vinding et d'autres encore, à saint Augustin. En effet, il ne se trouve point relaté au nombre de ses opuscules, ni dans ses *Rétractations* non plus que dans l'*Index* de Possidius. Le style en est d'ailleurs différent de celui de saint Augustin, de même que la méthode de discussion est moins forte que la sienne. Cependant l'auteur s'est étudié à imiter saint Augustin et lui emprunte non-seulement son sentiment, mais quelquefois ses propres paroles. Celles qui appartiennent à ce Père dans ce livre sont tirées particulièrement du livre qu'il a écrit contre les Manichéens *Sur la nature du bien*. Dans les anciens manuscrits, ce livre se trouve immédiatement après le Traité *Sur la Foi et le Symbole*, dont il n'est séparé que par une note qu'on voit conçue en ces termes dans un manuscrit de Fossat, qui remonte à huit cents ans : « Fin du traité sur Jésus-Christ Fils de Dieu. Traité d'Aurèle Augustin évêque, sur la Foi catholique. Commencement des traités contre les Manichéens. » Il est difficile de savoir par la ponctuation et la place des mots si ces mots *sur la Foi catholique* sera pportent au traité précédent ou au suivant. C'est, je crois, ce défaut de ponctuation qui a fait attribuer le livre suivant à saint Augustin avec le titre Traité *de la Foi*. Ce titre convenait très-bien au traité précédent et ne convient pas du tout au traité suivant, c'est au premier, en effet, que d'autres manuscrits le font rapporter, et ces manuscrits sont ceux où la ponctuation est plus exacte, particulièrement celui de Corbie *sur la Foi*, auquel Sirmond attribue ce livre à Evodius évêque d'Uzale, dans son *Histoire prédestinienne*, chapitre I. En effet, après la conclusion qui se trouve placée en ces termes à la fin du livre précédent : « Fin du traité d'Aurèle Augustin *sur la Foi catholique*, en Notre-Seigneur Jésus-Christ, Fils de Dieu, » il y a un espace

ADMONITIO IN SUBSEQUENTEM LIBRUM

Augustino in ante editis tribuitur, sed falso, uti probant Bellarminus, Vindingus, et alii. Non enim recensetur inter illius opuscula, nec in *Retractationibus*, nec in Possidii *Indice*. Stilus quoque ab Augustiniano diversus est, ac debilior disputandi ratio. Sed Augustinum tamen imitari auctor studuit, ejusque non modo sensus, sed ipsa interdum verba ex eo præsertim libro qui *De natura boni* contra Manichæos scriptus est, expressit. In antiquis codicibus reperitur proximo loco post Augustini Tractatum *De Fide et Symbolo*, interjecta adnotatione, quæ in Fossatensi annorum octingentorum codice sic habet : « Explicit in Christo Jesu Filio Dei. Tractatus Aurelii Augustini episcopi de fide Catholica. Incipit adversus Manichæos. » Ubi spectata vocum interpunctione haud facile definias an ille *De Fide Catholica* Tractatus appelletur qui « Explicit, » an qui « Incipit. » Atque inde factum putamus ut liber subsequens tribueretur Augustino, et *De Fide* inscriberetur. Verum isthæc inscriptio præcedenti libro bene conveniebat, non subsequenti, et eam ad præcedentem pertinere indicant alii Mss. codices, in quibus est accuratior interpunctio ; maxime vero vetustissimus Corbeiensis, cujus auctoritate hunc librum Evodii Uzalensis episcopi esse Sirmondus *In Historia prædestinatiana*, cap. I, dicit. Quippe ab illa quæ præcedenti libro apponitur clausula : « Explicit in Domino Christo

vide d'environ sept lignes, et, de l'autre côté de la page, on voit à part, le titre du livre suivant, conçu en ces termes : *Traité du même contre les Manichéens.* Est-ce du même ou est-ce d'Evodius, c'est ce qu'on ignore. Le manuscrit de la Colbertine, ainsi que plusieurs autres s'accordent en ce point avec celui de Corbie, à exprimer un doute sur l'auteur de ce traité, et à ne savoir si on doit l'attribuer à Augustin ou à Evodius.

Filio Dei Tractatus Aurelii Augustini de fide Catholica, » relicto septem circiter versuum spatio vacuo, exhibetur seorsim in alterius folii capite titulus subsequentis libri, hunc in modum : « Incipit ejusdem contra Manichæos. Utrum ejusdem, utrum sancti Euvodii ignoratur. » Corbeiensi codici consentit Colbertinus, aliique nonnulli MSS. eamdem de auctore Augustino et Evodio dubitationem præferentes.

LE LIVRE DE LA FOI
CONTRE LES MANICHÉENS

ATTRIBUÉ A EVODIUS

Chapitre I. — Il n'y a qu'un seul Dieu, Père, Fils et Saint-Esprit, invisible, incompréhensible, inénarrable, inviolable, au-dessus de toute souillure, qui seul possède l'immortalité, qui habite une lumière inaccessible (1 *Tim.*, vi, 16), étant lui-même la vraie lumière, la vie et la vérité, un Dieu bon, suprême et doué de tout ce que la langue des hommes peut dire de meilleur, et qu'elle ne peut exprimer d'une certaine manière, que s'il lui en donne le moyen. Un Dieu de qui et par qui sont toutes choses (*Col.*, i, 16), les Trônes, les Dominations, les Principautés et les Puissances ; par qui et en qui tout a été créé, comme le voient dans l'un et l'autre Testament ceux qui le cherchent avec humilité et piété. A lui, gloire, honneur et puissance dans les siècles des siècles. Ainsi soit-il.

Chapitre II. — A ce Dieu, le manichéen oppose je ne sais quel prince des ténèbres qu'il proclame également inengendré et sans auteur qui l'ait créé. Or, s'il est inengendré et incréé, il est immortel par lui-même ; mais s'il est immortel par lui-même, il n'y aura plus que Dieu seul qui ait l'immortalité en partage et l'Apôtre a menti quand il a dit en parlant de Dieu, que seul il possède l'immortalité. Mais comme l'Apôtre n'est point un menteur, il n'y a que Dieu qui ait l'immortalité, et, par conséquent, seul il peut donner tant aux corps qu'aux âmes l'immortalité.

Chapitre III. — Il est donc faux d'avancer avec le manichéen que je ne sais quelle nature du mal avec son prince n'a point d'auteur et est inengendré. D'ailleurs, si Dieu est inengendré, et que, d'un autre côté, la nation des ténèbres soit également inengendrée, il n'y aura rien de contraire entre inengendré et inengendré, voyant et voyant, régnant

DE FIDE CONTRA MANICHÆOS

LIBER UNUS

EVODIO TRIBUTUS

Caput primum. — Unus Deus Pater et Filius, et Spiritus sanctus, invisibilis, incomprehensibilis, inenarrabilis, inviolabilis, incoinquinabilis, qui solus habet immortalitatem et lucem habitat inaccessibilem (1 *Tim.*, vi, 16) ; ipse lumen verum, vita et veritas, bonus, summus, et quæcumque de illo humanus sermo poterit enuntiare ; quæ tamen ab illo dantur, ut aliquo modo dici possint : ex quo omnia, per quem omnia (*Col.*, i, 16), sive Sedes, sive Dominationes, sive Principatus, sive Potestates ; et omnia per ipsum et in ipso creata sunt, sicut in utroque Testamento humilibus et pie quærentibus manifestatur : ipsi gloria et honor et potestas in sæcula sæculorum, Amen.

Caput II. — Huic Manichæus adversarium esse dicit nescio quem gentis principem tenebrarum, quem etiam asserit ingenitum, nec habere auctorem a quo creatus sit. Et utique si ingenitus et non creatus est, per se ipsum est immortalis : et si per se immortalis est, non erit Deus qui habeat solus immortalitatem ; et erit jam mendax Apostolus qui dicit de Deo, quod solus habeat immortalitatem. (1 *Tim.*, vi, 16.) Sed quia Apostolus mendax non est, Deus solus habet immortalitatem. Et ideo solus potest et animis et quibus vult corporibus præstare immortalitatem.

Caput III. — Falsum est ergo quod Manichæus asserit, nescio quam mali naturam cum principe suo non habere auctorem, sed esse ingenitam. Deinde si ingenitus Deus, ingenita etiam nunc gens tenebrarum, non

et régnant, vivant et vivant, éternel et éternel. Mais si le mal est le contraire du bien, le bien différera donc en quelque chose du mal; cependant comme il sera uni et d'accord avec lui en beaucoup de choses, le mal ne sera plus purement le mal, puisqu'il aura tant de points communs avec Dieu. Si les manichéens disent qu'il est inengendré en soi, ils ne disent rien. Car inengendré et inengendré, éternel et éternel, en tant que inengendrés et éternels ne seront jamais contraires l'un à l'autre. Car de ce que l'empereur est grand dans son pouvoir, et que le dernier des esclaves par son emploi est méprisable, il ne s'ensuit point que ce dernier n'est point un homme, par la raison que l'empereur en est un.

Chapitre IV. — Mais si on demande qu'est-ce que le mal, on n'a, pour le savoir, qu'à prêter l'oreille à l'Apôtre qui dit : « C'est l'amour des richesses qui est la racine de tous les maux, et quelques-uns, en cédant à ce désir, se sont égarés de la foi, et se sont embarrassés dans une multitude d'afflictions et de peines. » (I *Tim*., VI, 10.)

Chapitre V. — Or, l'amour des richesses dans l'homme ne vient point de la nature mais de la volonté, voilà pourquoi l'Apôtre dit : « Et quelques-uns, en cédant à ce désir. » En effet, ce qu'on ne possède que parce qu'on a cédé au désir de le posséder, on ne le posséderait point si on ne cédait à ce désir. Le Seigneur voulant nous montrer que cela dépend de la volonté de l'homme dit : « Ou dites que l'arbre est bon, puisque le fruit en est bon, ou dites que l'arbre étant mauvais, le fruit aussi en est mauvais. » (*Matth*., XII, 33.) Aussi dans les Actes écrits par Leucius, que les disciples de Manès acceptent, lit-on : « Car ni les fictions spécieuses ni la montre simulée, non plus que la coaction des choses visibles ne procèdent de notre propre nature, mais de l'homme qui s'est rendu par son propre fait pire qu'il n'était en cédant à la séduction. » Manès lui-même n'a pu faire autrement que de reconnaître que c'est par leur propre volonté que les âmes même qu'il prétend appartenir à la substance divine, ont péché. Il dit, en effet, dans le livre II du Trésor : « Quant à ceux qui, par leur propre négligence, ne se sont point laissé purifier de la souillure des esprits dont il a été parlé plus haut, ne se sont que peu soumis aux commandements de Dieu pris dans leur ensemble, n'ont point voulu observer pleinement la loi qui leur a été donnée par leur libérateur, et ne se sont point conduits comme il convenait, etc. », dans l'épître du Fondement, il dit encore : « Les âmes qui, par l'amour du monde, se sont laissé égarer de leur première nature lucide, sont devenues ennemies de la sainte lumière, se sont armées ouvertement pour la ruine des saints éléments, et se sont soumises à l'esprit de feu, qui ont par leur hostilité et leurs persécutions, affligé la sainte Église, et les élus qui, en elle, étaient observateurs des célestes préceptes, ces âmes-là sont exclues de la béatitude et de la gloire de la terre sainte, et comme elles se sont laissé vaincre par le mal, elles persévéreront dans la même souche du mal et se verront interdit tout accès dans cette terre pacifique et dans les régions immortelles. Il en sera ainsi pour elles parce qu'elles se sont tellement adonnées aux œuvres mauvaises qu'elles se sont dé-

erit contrarium ingenitum et ingenitum, videns et videns, regnans et regnans, vivens et vivens, æternum et æternum. Et si contrarium est bono malum, ex aliqua ergo parte discordabit bonum a malo : ex multa vero conjunctum et concordans erit, et jam non erit merum malum, habendo tanta communia cum Deo. Si vero dicunt : Ingenitum est in suo; nihil dicunt. Nam ingenitum et ingenitum, æternum et æternum, in quantum ingenita et æterna sunt, nunquam erunt contraria. Num enim quia imperator in sua potestate magnus est, et mediastinus in operatione sua contemptibilis est, ideo mediastinus non erit homo, quia homo est imperator?

Caput IV. — Sed si quisquam quærit quid sit malum, audiat Apostolum dicentem : « Radix omnium malorum est cupiditas, quam quidam appetentes a fide aberraverunt, et inseruerunt se doloribus multis. » (I *Tim*., VI, 10.)

Caput V. — Cupiditas autem in unoquoque homine est, non naturalis, sed voluntaria : ideoque dixit, « quam quidam appetentes. » Quod enim appetendo habetur, si non appeteretur, non haberetur. Nam et Dominus ostendens quod in hominis potestate sit, ait : « Aut facite arborem bonam, et fructum ejus bonum; aut facite arborem malam, et fructum ejus malum. » (*Matth*., XII, 33.) In Actibus etiam conscriptis a (*a*) Leucio, quos ipsi accipiunt, sic scriptum est : « Etenim speciosa figmenta et ostentatio simulata et coactio visibilium, ne quidem ex propria natura procedit, sed ex eo homine qui per se ipsum deterior effectus est per seductionem. » Ipse etiam Manichæus non potuit nisi fateri animas, etiam quas dicit ad Dei substantiam pertinere, propria voluntate peccare. Nam sic in secundo Thesauri libro dixit : « Hi vero qui negligentia sua a labe prædictorum spirituum purgari se minime permiserint, mandatisque divinis ex integro parum obtemperaverint, legemque sibi a suo liberatore datam servare plenius noluerint, neque ut decebat sese gubernaverint, » etc. Item in epistola Fundamenti sic dicit de illis animabus, « quæ mundi amore errare se a priore lucida sua natura passæ sunt, atque inimicæ lumini sancto exstiterunt, aperteque in perniciem sanctorum elementorum se armarunt, et igneo spiritui obsecutæ sunt, infesta etiam persecutione sua sanctam Ecclesiam atque electos in eadem constitutos cœlestium præceptorum observatores afflixerunt, a beatitudine et gloria terræ sanctæ arcentur. Et quia a malo superari passæ sunt, in eadem mali stirpe perseverabunt, pacifica illa terra et regionibus immortalibus sibimet interdictis. Quod ideo illis eveniet, quia ita iniquis operibus se obstrinxerunt, ut a vita et libertate sanctæ lucis alienarentur. Non igitur

(*a*) In excusis *a Leontio*. In Vaticano codice *a Locutio*. In Corbeiensi, Cisterciensi et aliis quibusdam Mss. *a Leucio*. Confer lib. II, de Actis cum Felice, cap. VI.

tournées de la vue et de la liberté de la sainte lumière. Elles ne pourront donc point être reçues dans ces royaumes pacifiques, mais elles seront fichées dans cet horrible globe auquel il est même nécessaire de donner une garde. Voilà comment ces âmes s'attacheront aux choses qu'elles auront aimées, et, abandonnées dans ce même globe de ténèbres, elles chercheront cela par leurs mérites. Car elles ne se sont pas mises en peine de connaître ces choses quand elles étaient à venir, et ne s'en sont point séparées, quand le temps de le faire leur était accordé. »

CHAPITRE VI. — Je vous le demande, quand vous entendez ces paroles, doutez-vous encore que Manès a été contraint d'avouer que le péché fût un acte de la volonté? En effet, il ne le dit pas une fois, mais il le dit de tant de manières différentes, qu'il pourrait, par ces paroles, tirer de son sommeil l'homme le plus profondément endormi. En effet, il se sert de ces expressions : « Par leur négligence... Elles ne se sont point laissé... Elles ne se sont que peu soumises... Elles n'ont point voulu observer... Elles se sont soumises à... Elles se sont laissé vaincre... Elles se sont données aux œuvres... Elles recherchent cela par leurs propres mérites... Elles ne se sont pas mises en peine de connaître ces choses, quand elles étaient à venir et ne s'en sont point séparées. » Après cela ferez-vous difficulté de dire qu'on pèche par sa propre volonté?

CHAPITRE VII. — Le même auteur dit encore dans la même épître : « Quant à la lumière perdue, c'est-à-dire aux âmes pécheresses, » et vous, vous dites que ce qui pèche, c'est seulement la nation des ténèbres? Mais, que dirai-je de cet homme qui, bien que dans l'erreur, a été amené par l'évidence de la vérité à s'exprimer ainsi, quand vous ne voulez pas comprendre Notre-Seigneur Jésus-Christ lui-même, disant qu'un feu a été préparé pour les pécheurs, pour le diable et ses anges (*Matth.*, XXV, 41), qu'il veut faire regarder comme étant tous pécheurs? Car il n'y a point d'injustice en Dieu, pour qu'il condamne ceux qui n'ont fait absolument aucun mal.

CHAPITRE VIII. — En effet, qu'est-ce que pécher, sinon ne point demeurer ferme dans les préceptes de la vérité, ou dans la vérité elle-même? Mais si les pécheurs n'agissent point avec volonté, leur châtiment est injuste. Quant aux anges, l'Apôtre nous montre qu'ils paraîtront aussi au jugement, quand il nous dit : « Ignorez-vous que nous jugerons les anges mêmes. » (I *Cor.*, VI, 3.) Or, ils ne paraîtraient point au jugement pour y être jugés, s'ils n'avaient un rapport avec le péché qui les rend coupables, et ils ne pourraient être jugés justement. Car les hommes justes ne doivent point juger les anges justes à qui ils seront eux-mêmes semblables; mais ils doivent juger des anges pécheurs.

CHAPITRE IX. — Il est donc en notre pouvoir de céder au désir des richesses, voilà pourquoi, le mal aussi est en notre pouvoir. Nous avons donc en notre pouvoir ce qui ne doit point se trouver dans notre volonté. Le mal ne saurait être ni une nature, ni une substance, ni une vie, parce que ces choses sont des biens en tant qu'ils sont. Si nous disons de quelques êtres qu'ils sont naturellement mauvais, c'est à cause de l'origine du vieux péché dans lequel maintenait naît notre mortalité. Tout ce qui a nom mal, dans l'homme, est donc péché ou châtiment. Le péché est fait par une âme raisonnable, qui est en

---

poterunt recipi in regna illa pacifica, sed configentur in prædicto horribili globo, cui etiam necesse est custodiam adhiberi. Unde adhærebunt his rebus animæ eædem quas dilexerunt, (*a*) relictæ in eodem tenebrarum globo, suis meritis id sibi conquirentes. Neque enim futura hæc cognoscere studuerunt, atque ab iisdem, cum tempus dabatur, se segregaverunt.

CAPUT VI. — Rogo vos, ubi audiuntur hæc verba, dubitatis adhuc Manichæum adactum esse confiteri, esse peccatum propriæ voluntatis? Non enim unum verbum inde dixit, sed tam multa, ut (*b*) quemvis gravi somno mersum excitaret. Dixit, « negligentia sua : » dixit, « minime permiserint : » dixit, « parum obtemperaverint : » dixit : « servare noluerint. » Item dixit, « obsecutæ sunt : » dixit, « se superari passæ sunt : » dixit, « se obstrinxerunt : » dixit, « suis meritis id sibi conquirentes : » dixit : « Neque enim futura hæc cognoscere studuerunt, atque ab iisdem, cum tempus dabatur, se segregaverunt : » et vos dubitatis dicere propria voluntate peccari?

CAPUT VII. — Iterum ipse dicit in eadem epistola : « Lucis autem succisivam partem, hoc est, animas peccatrices : » et vos non dicitis peccare nisi gentem tenebrarum? Sed quid de isto loquar, qui quamvis erraret, tamen evidentissima veritate hoc coactus est dicere;

cum ipsum Dominum nostrum Jesum Christum nolitis intelligere dicentem, ignem præparatum esse peccatoribus, diabolo et angelis ejus (*Matth.*, XXV, 41), quos omnes voluit intelligi peccatores? Non enim injustitia est apud Deum, ut damnet eos qui omnino nihil peccaverunt.

CAPUT VIII. — Peccare enim quid aliud est, nisi in veritatis præceptis vel in ipsa non stare veritate? Quod si non voluntate faciunt peccatores, injuste judicantur. Pertinere autem et angelos ad judicium, Apostolus ostendit dicens : « Nescitis quoniam angelos judicabimus? » (I *Cor.*, VI, 4.) Non autem pertinerent ad judicium quo judicantur, si non pertinerent ad peccatum quo rei fiunt, nec possent merito judicari. Non enim homines justi de justis angelis judicaturi sunt, quibus similes erunt, sed utique de peccatoribus. Malefacti sui ergo per cupiditatem quisque auctor est.

CAPUT IX. — Est ergo in potestate ut sit cupiditas? et ideo etiam malum in potestate est. In potestate ergo est, quod in voluntate esse non debet : malum enim non potest esse natura, nec substantia, nec vita; quia hæc bona sunt, in quantum sunt. Sed et si aliquos naturaliter dicimus malos, propter originem veteris peccati dicimus, in quo jam nostra mortalitas nascitur. Totum itaque quod vocatur malum in hominibus, pec-

(*a*) Vaticanus Ms. *relicta luce*. — (*b*) In Mss. *ut quamvis*.

possession du libre arbitre de sa volonté ; le châtiment nous est infligé par la justice divine qui ne fait rien d'injuste. C'est contre ces vérités que les manichéens aboient avec leur aveuglement habituel, et quand on leur prouve que le mal n'est point une nature, mais qu'il est au pouvoir de l'homme de faire bien ou mal, ils disent que la volonté de l'âme n'est point libre, et ils ne voient point leur aveuglement.

Chapitre X. — En effet, qui ne crie qu'il est insensé de donner des préceptes à un être qui n'est point libre de faire ce qu'on lui ordonne, et qu'il est inique de condamner quiconque n'a point le pouvoir de faire ce qu'on lui prescrit ? Les malheureux, ils ne comprennent point qu'ils attribuent ces injustices et ces iniquités à Dieu. Mais qu'y a-t-il de vrai sinon que, d'un côté, le Seigneur donne des préceptes, et, de l'autre, que les âmes sont douées de liberté et de volonté, que le mal n'est point une nature mais un abandon des préceptes de Dieu, et que le jugement de Dieu qui condamne les pécheurs est un juste jugement ?

Chapitre XI. — Cependant le même Manès dit que « Dieu est riche en toutes sortes de biens, et que dans son brillant empire il ne se trouve ni indigent ni infirme, » et il ajoute après cela que « les siècles pleins de splendeur ne peuvent être ébranlés ou renversés par qui que ce soit, » et il poursuit un peu plus loin en disant : « Mais le Père de la lumière bienheureuse, savait qu'une grande souillure et une grande dévastation qui devaient se lever des ténèbres, menaçaient les saints siècles, s'il ne leur apportait quelque divinité remarquable, illustre et douée de puissance pour vaincre et détruire en même temps la race des ténèbres, et procurer par l'extinction de cette dernière, le repos aux habitants de la lumière. »

Chapitre XII. — Il suit de là évidemment que jamais les royaumes du Dieu de Manès n'ont pu être ni ébranlés ni renversés ; car s'ils ont pu l'être, Manès a menti quand il a dit que ces royaumes ne peuvent être ébranlés par personne. Et s'ils ont été renversés par la nécessité ou par la crainte, c'est qu'il n'est pas Dieu puisqu'il a pu être ainsi ébranlé. Nous voyons, en effet, le Dieu de Manès, d'après le même Manès, accablé par le mal de la nécessité, lorsque les siècles se sont trouvés menacés par la souillure et la dévastation, et qu'il n'avait plus d'autre parti à prendre pour lui, que d'envoyer au combat une partie de lui-même pour acheter à ce prix le repos des habitants de la lumière. Mais cette partie de lui-même, c'est-à-dire cette lumière de lumière, ce bien de bien, ce saint de saint, cet éternel d'éternel, ce Dieu de Dieu, ce tout-puissant de tout-puissant, s'est trouvée corrompue, mortifiée, mêlée dans tous les corps du monde, depuis les plus élevés jusqu'aux plus bas, depuis le ciel jusqu'aux excréments, en sorte que les courtisanes les plus honteuses dans les théâtres et dans les endroits les plus infâmes, détruisent Dieu même, opprimé en elles, au point de ne pouvoir peut-être point être délivré. Manès dit, en effet, à la fin de son épître, dont nous avons déjà cité un chapitre, que la partie de Dieu qui est entrée dans ce mélange, ne saurait être rappelée tout entière à sa première liberté.

Chapitre XIII. — Voilà la victoire, voilà le triomphe tels que les a faits le Dieu de Manès. Car, après avoir perdu, comme le dit Manès lui-même, une partie de

---

catum est et pœna. Peccatum fit ab anima rationali, cui liberum voluntatis arbitrium est : et pœna infligitur justitia Dei, quæ nihil facit injuste. Adversus hæc solita cæcitate Manichæi latrant, et cum convincuntur naturam non esse malum, sed in potestate esse hominis facere bene aut male, dicunt non esse animæ liberam voluntatem, et non vident cæcitatem suam.

Caput X. — Quis enim non clamet stultum esse, præcepta dare ei, cui liberum non est quod præcipitur facere; et iniquum esse, eum damnare cui non fuit potestas jussa complere? Et has injustitias et iniquitates miseri non intelligunt Deo se ascribere. Sed quid verum est, nisi et Dominum dare præcepta, et animas liberæ esse voluntatis, et malum naturam non esse, sed esse aversionem a Dei præceptis, et esse justum judicium Dei quo damnet peccantes?

Caput XI. — Interea cum dicat idem Manichæus : « Deum omnibus bonis abundantem, nullo in regnis ejus insignibus indigente aut infirmo constituto, ita etiam fundata ejusdem splendidissima sæcula, ut a nullo unquam concuti vel moveri possint : » in alio loco paulo post subjungit, et dicit : « Lucis vero beatissimæ Pater sciens labem magnam ac vastitatem quæ ex tenebris surgeret, adversus sua sancta impendere sæcula, nisi aliquod eximium ac præclarum et virtute potens numen opponat, quo superet simul ac destruat stirpem tenebrarum, qua exstincta quies lucis incolis pararetur. »

Caput XII. — Certe ergo a nullo unquam concuti vel moveri potuerunt regna Dei Manichæi. Si enim potuerunt, mentitus est dicendo, non posse regna illa ab aliquo concuti. Et si concussa sunt necessitate, aut timore, non erit Deus, qui sic concuti potuit. Nam videmus Deum Manichæi secundum eumdem Manichæum malo necessitatis pressum, cum labes ac vastitas adversus sæcula ejus impenderet, aliudque quod faceret non haberet, partem suam ad pugnam dedisse ut vel hoc modo quietem lucis incolis compararet. Ipsa vero pars ejus, hoc est, de lumine lumen, de bono bonum, de sancto sanctum, de æterno æternum, de Deo Deus, de omnipotente omnipotens, corrupta sit, mortificata sit, commixta sit per omnia mundi corpora a summo usque ad imum, a cœlo usque ad stercora, ut et meretrices in theatris et in locis turpioribus turpiores haberent in se oppressum Deum, qui liberari forte non possit. Dicit enim in fine ipsius epistolæ, unde unum capitulum jam posuimus, ipsam Dei partem quæ commixta est, non totam posse revocari ad pristinam libertatem.

Caput XIII. — Ecce victoria, ecce triumphus, qualem fecit Manichæi Deus. Nam post amissam partem suam in luctu est, sicut Manichæus idem dicit : velum contra se habet, quod dolorem ejus temperet, ne corruptionem

lui-même dans le chagrin, ce Dieu a placé une sorte de voile sur sa face, pour tempérer sa douleur en lui dérobant la vue de l'état de corruption où est tombée une partie de lui-même. Car, aujourd'hui encore, la substance divine dont il parle, est soumise à la nation des ténèbres, comme l'argile au potier. Tout cela se trouve écrit dans le premier livre de leur Trésor.

Chapitre XIV. — Mais en attendant, quelle turpitude entre toutes les turpitudes Manès n'a-t-il point écrite dans son septième livre où il s'exprime ainsi : « Alors ce bienheureux Père qui a des nefs lucides pour hôtelleries et pour demeures selon les grandeurs, apporte à cette partie de lui-même, en vertu de la clémence qui lui est naturelle, un secours qui la ravit aux obstacles impies, aux étreintes et aux angoisses de la substance vitale, et la remet en liberté. Aussi, par un signe invisible de sa tête, il transfigure ses propres vertus qui se trouvent dans cette nef très-brillante, et il les contraint d'obéir aux puissances adverses qui ont été placées chacune dans un espace des cieux. Comme il y en a de l'un et de l'autre sexe parmi elles, il ordonne aux susdites vertus de se montrer sous la forme de jeunes gens nus aux yeux du genre opposé des vertus femelles, et sous la forme de belles jeunes filles aux vertus mâles, car il sait que toutes ces puissances ennemies se laissent très-aisément prendre à cause de la concupiscence mortelle et on ne peut plus ordurière, innée en elle, et se rendent esclaves des formes les plus belles qui se montrent à leurs yeux et se dissolvent par ce moyen. Or, il faut que vous sachiez que notre bienheureux Père est exactement lui-même ce que sont les vertus que, pressé par la nécessité, il change en jeunes gens et en jeunes filles d'une beauté sans tache. Il s'en sert comme de ses armes et, par elles accomplit sa volonté. »

Chapitre XV. — « Chacune de ces vertus divines qui sont placées en regard des genres infernaux, à l'instar d'un couple uni, font à l'instant même avec entrain et facilité ce qu'elles ont pensé, ce sont des nefs pleines et brillantes. Aussi quand une raison veut que ces mêmes vertus saintes apparaissent aux vertus mâles, elles montrent à l'instant leurs traits sous les dehors de très-belles jeunes filles. Mais quand elles ont affaire aux vertus femelles, laissant de côté l'extérieur de jeunes filles, elles se présentent sous les traits de jeunes hommes nus. A la vue de ces beaux corps, leur ardeur et leur concupiscence s'allument, et, par ce moyen, le lien de leurs détestables pensées se rompt, et l'âme vivante qui se trouvait renfermée dans leurs membres, saisissent cette occasion pour s'échapper en liberté et pour se mêler au plus pur de l'air, où, complétement purifiées, et montent dans des nefs lumineuses qui sont préparées pour les recevoir et les transporter dans leur patrie. »

Chapitre XVI. — « Mais ce qui porte encore les souillures du genre opposé monte par fraction au moyen du feu et de la chaleur, et se mêle aux arbres et aux autres végétaux ainsi qu'à toutes les moissons et se teint de couleurs diverses, et de même que des figures de jeunes filles et de jeunes hommes sortent de cette nef grande et très-lumineuse, pour se montrer aux puissances contraires qui vivent dans les cieux et qui ont une nature de feu, et que par l'as-

partis suæ videat. Hodie enim divina quam commemorat substantia, subjacet genti tenebrarum, ut lutum figulo. Hoc in primo libro Thesauri eorum scriptum est.

Caput XIV. — Qualis interea turpitudo, quam in eodem Thesauro inter cætera turpia in septimo libro scripsit, sic dicens : « Tunc beatus ille Pater, qui lucidas naves habet diversoria et habitacula (a) secundum magnitudines, pro inusita sibi clementia fert opem, qua exuitur et liberatur ab impiis retinaculis et angustiis atque angoribus suæ vitalis substantiæ. Itaque invisibili suo nutu illas suas virtutes, quæ in clarissima hac navi habentur, transfigurat, easque parere facit adversis potestatibus, quæ in singulis cœlorum tractibus ordinatæ sunt. Quæ quoniam ex utroque sexu masculorum ac feminarum consistunt, ideo prædictas virtutes partim specie puerorum (b) investium parere jubet generi adverso feminarum, partim virginum lucidarum forma generi contrario masculorum : sciens eas omnes hostiles potestates, propter ingenitam sibi lethalem et spurcissimam concupiscentiam facillime capi, atque iisdem speciebus pulcherrimis quæ apparent mancipari, hocque modo dissolvi. Sciatis autem hunc eumdem nostrum beatum Patrem hoc idem esse, quod etiam sint virtutes, quas ob necessariam causam transformat in puerorum et virginum intemeratam similitudinem. Utitur autem his tanquam propriis armis, atque per eas suam complet voluntatem. »

Caput XV. — « Harum vero virtutum divinarum, quæ ad instar conjugii contra inferna genera statuuntur, quæque alacritate ac facilitate id quod cogitaverint, momento eodem efficiunt, plenæ sunt lucidæ naves. Itaque cum ratio poposcerit ut masculis appareant eædem sanctæ virtutes, illico etiam suam effigiem virginum pulcherrimarum habitu demonstrant. Rursum cum ad feminas ventum fuerit, postponentes speciem virginum, puerorum investium speciem ostendunt. Hoc autem visu decoro illarum ardor et concupiscentia crescit, atque hoc modo vinculum pessimarum cogitationum earum solvitur, vivaque anima quæ eorumdem membris tenebatur, hac occasione laxata evadit, et suo purissimo aeri miscetur : ubi penitus ablutæ animæ ascendunt ad lucidas naves, quæ sibi ad evectionem atque ad suæ patriæ transfretationem sunt præparatæ. »

Caput XVI. — « Id vero quod adhuc adversi generis maculas portat, per æstum atque calores particulatim descendit, atque arboribus cæterisque plantationibus ac satis omnibus miscetur, et coloribus diversis inficitur. Et quo pacto ex ista magna et clarissima navi figuræ puerorum et virginum parent contrariis potestatibus

---

(a) Laudunensis Ecclesiæ codex : *secum magnitudinis*. Corbeiensis cum editione Am. *secum magnitudines*. In libro de natura boni, c. XLIV, legitur *seu magnitudines*. — (b) Corbeiensis cod. a secunda manu *puerorum in vestitu*.

pect de ces belles formes une portion de la vie qui se rencontre dans leurs membres, se trouve dégagée et ramenée par la chaleur vers la terre, de même cette très-haute vertu qui habite dans la nef des eaux vitales apparaît sous la forme de jeunes gens et de saintes jeunes filles, par le ministère de leurs anges, aux puissances dont la nature est froide et humide et qui sont placées dans les cieux ; mais à celles qui sont femelles, elles apparaissent sous la forme de jeunes hommes, et aux jeunes hommes sous la forme de jeunes filles. Par ce changement et cette diversité de personnes divines de la plus grande beauté, les princes mâles ou femelles de la race froide et humide se dissolvent, et ce qu'il y a en eux de vital s'enfuit, ce qui reste, abandonné à lui-même, retombe vers la terre par l'effet du froid et se mêle à toutes les espèces d'êtres qui sont sur la terre. »

Chapitre XVII. — Qui ne rira point, ou plutôt qui ne se sentira point saisi de douleur et d'horreur pour cet homme qui débite des choses si horribles et si exécrables sur la substance divine ? Ainsi, d'après votre erreur et votre constitution, il ne pouvait être venu autrement en aide tous les jours à la substance de la lumière éternelle, à une portion de Dieu, qui se trouvait en captivité, au sein des calamités et des malheurs, dans la gêne, les souillures et les immondices, qu'autant que le Père bienheureux qui a des nefs brillantes pour hôtellerie, et que vous appelez le troisième légat, et sa très-haute vertu changerait ses vertus en êtres de sexes différents. Vous prétendez, à la vérité, que ces vertus sont sans souillures, mais néanmoins elles sont telles que, pour leur honte, elles enflamment réciproquement les unes dans les autres, par leur beauté, à la manière des courtisanes, la concupiscence mortelle et ordurière des princes des ténèbres ; car vous n'avez pas encore trouvé le vrai qui vous fît dire un jour d'une manière plus honnête une si grande beauté. Et pourquoi font-ils cela ? C'est afin que par l'excitation de leurs passions, la substance divine trouve une occasion de se voir libre. Qu'est-à-dire, sinon que c'est par les organes de la génération des démons que la majesté divine trouve le moyen de s'échapper ?

Chapitre XVIII. — Grand Dieu, venez au secours d'esprits qui croient ces turpitudes et qui suivent ces doctrines infâmes. Qui n'aurait point horreur de ces choses, je vous le demande ? Qui est assez aveugle, je vous prie, pour croire à cela ?

Mais que ceux même qui suivent Manès me répondent : si Dieu est incorruptible, ou si toute la nature du souverain bien est inviolable, immaculable, inaccessible, incoïnquinable, incompréhensible, qu'est-ce que la nature du mal pouvait faire à cette nature si supérieure, si elle ne voulait point entrer en lutte avec elle, afin de ne point être contrainte à une aussi honteuse extrémité ? Voilà ce que j'ai dit : qu'est-ce que la nation des ténèbres pouvait faire à Dieu, s'il ne voulait point en venir aux mains avec elle ? Si on me répond : elle ne pouvait rien lui faire, je demande à savoir pourquoi aujourd'hui une portion de lui-même, c'est-à-dire, une portion de Dieu, se trouve plongée au milieu des calamités, de la gêne, dans la captivité et dans l'assujettissement au point de n'être délivrée que par un moyen aussi honteux, et, même à ce prix, de ne pouvoir être délivrée tout entière, et que le Père lui-même soit plongé dans la peine à cause de cette portion de lui-même ; peine et afflic-

---

quæ in cœlis degunt, quæque igneam habent naturam, atque ex isto aspectu decoro, vitæ pars quæ in earumdem membris habetur, laxata deducitur per calores in terram : eodem modo etiam illa altissima virtus quæ in navi vitalium aquarum habitat, similitudine puerorum ac virginum sanctarum per suos angelos apparet his potestatibus, quarum natura frigida est atque humida, quæque in cœlis ordinatæ sunt. Et quidem his quæ feminæ sunt, in ipsis forma puerorum apparet, masculis vero virginum. Hac vero mutatione et diversitate personarum divinarum ac pulcherrimarum, humidæ frigidæque stirpis principes masculi seu feminæ solvuntur, atque id quod in ipsis est vitale, fugit : quod vero resederit, laxatum deducitur ad terram per frigora, et cunctis terræ generibus admiscetur. »

Caput XVII. — Quis non rideat, vel potius doleat et detestetur istum hominem, tam horrenda et exsecrabilia de divina substantia dicentem ? Ergo substantiæ lucis æternæ, parti Dei, in captivitate, in calamitatibus, in ærumnis, in pressuris, in sordibus atque immunditia, secundum vestrum errorem, vestram constitutionem, non poterat aliter quotidie subveniri, nisi beatus Pater, qui naves lucidas habet diversoria, quem tertium legatum appellatis, et virtus altissima virtutes suas in diversi sexus naturam commutet : quas quidem intemeratas dicitis, sed tamen ut meretricum more pulchritudine sua principum tenebrarum lethalem et spurcissimam concupiscentiam confusæ (a) invicem accendant. Non enim invenistis verum, quo tantam pulchritudinem aliquando honestius diceretis. Et qua causa hoc faciunt ? Ut eis in libidinibus concitatis, occasionem liberationis reperiat substantia divina. Quid aliud sonat, nisi ut etiam per genitalia dæmoniorum vias evadendi inveniat divina majestas ?

Caput XVIII. — Deus magne, subveni animis ista turpia credentibus, ista nefanda sectantibus. Quis hæc non exhorreat, rogo vos ? quis tam cæcus est ut ista credat, rogo vos ?

Sed certe respondeatur mihi ab iis qui ipsum Manichæum sequuntur : Si Deus incorruptibilis est, vel omnis natura summi boni inviolabilis, immaculabilis, inadibilis, incoïnquinabilis, incomprehensibilis, quid poterat facere mali natura huic tantæ naturæ, si nollet cum illa pugnare, ne ad tantum dedecus deduceretur ? Hoc dixi : Quid factura erat Deo gens tenebrarum, si nollet cum illa pugnare ? Si mihi dicitur : Nihil : quæro cur hodie ejus pars, hoc est, Dei, in calamitatibus, in pressuris, in captivitate, in subjectione sit constituta, ut tam turpiter etiam liberetur, et nec sic liberari tota possit ; vel ipse Pater, ut luctum habeat memoratæ

(a) Sic Vaticanus Ms. Cisterciensis vero et Corb. *confudit, invicem accendant*. Er. et Lov. *confusæ et invitæ accendant*.

tion dont Manès parle très-ouvertement dans ses livres?

Chapitre XIX. — Quelqu'un me répond : « Il ne pouvait lui être rien fait, mais il a livré bataille pour montrer qu'il avait la prescience des pensées des princes des ténèbres, et pour faire voir qu'il ne craignait rien. » Comment, s'il a pu voir les pensées des princes des ténèbres et ne craindre personne, n'a-t-il point vu le deuil qui le menaçait à cause du malheur d'une portion de lui-même, et dont il souffre aujourd'hui? Jamais il ne recouvrera entièrement cette portion de lui-même, attendu qu'il en reste toujours quelque chose, comme Manès le dit, qui ne pourra point se purifier et qui sera condamné à jamais au globe des ténèbres. Grande prescience, ou plutôt, grande ignorance et malheureuse infirmité; voilà, en un mot, pourquoi il ne craignait personne. Certainement s'il ne pouvait point se défendre lui-même, il aurait dû prier qu'on l'épargnât de peur qu'une telle sainteté et Celui qui est la gloire de tous les ornements ne tombât dans un tel déshonneur.

Chapitre XX. — Il a été dit encore par quelqu'un : « La nation des ténèbres ne pouvait rien lui faire, mais c'est lui qui ne voulut point supporter quelque chose de mauvais à ses confins et qui a envoyé quelqu'un pour le combattre. » A cela j'ai répondu : S'il en est comme vous le dites, c'est Dieu même qui serait trouvé plutôt mauvais puisqu'il a voulu détruire une chose voisine de lui, mais ne pouvant lui nuire. Car lorsqu'il pense pouvoir faire quelque chose de bon, pour étendre son empire dans le royaume du mal qui ne lui nuisait en rien, il ne prévit pas d'abord le malheur qui devait accabler tous les jours la portion de lui-même dont nous avons parlé, et que après cela, il ne pourrait jamais la faire rentrer dans la plénitude de sa première liberté.

Chapitre XXI. — Mais comme il n'est pas possible de répondre à cette objection, ils nous opposent leur impéritie ordinaire. Qu'est-ce que les Juifs auraient pu faire au Christ, s'il n'avait point voulu souffrir par leurs mains? Oh! plût au ciel qu'ils pussent voir ce qu'ils verraient facilement, s'ils n'étaient aveuglés par les ténèbres de l'esprit de contention, ce que c'est que d'être accablé par la nécessité d'un mal imminent, comme ils assurent que leur Dieu l'était et quel service de miséricordieuse bonté la sagesse et la vertu de Dieu Notre-Seigneur Jésus-Christ a daigné rendre au genre humain dans sa volonté et son ineffable puissance, par l'humanité qu'il a prise dans le sein d'une vierge, afin de donner aux hommes dans un homme un exemple de patience. Il fallait en effet, et c'était justice, que les hommes vainquissent par la patience de l'humilité la difficulté qui leur venait de la faiblesse de la chair, attendu qu'ils étaient tombés dans cette faiblesse par l'orgueil, comme nos Ecritures nous l'apprennent, en Adam le premier homme. Est-ce que vous pouvez dire que c'est parce qu'il y avait des hommes à qui Dieu voulait enseigner la patience qu'il a voulu souffrir de si grands maux, de la part de la nation des ténèbres, comme le Seigneur en a souffert de la part des Juifs? Ou bien pouvez-vous dire que Dieu s'est uni une nature passible dans laquelle il pût souffrir de la nation des ténèbres tout ce qu'elle pouvait lui faire endurer sans que lui-même éprouvât aucun changement dans sa substance; comme le

partis suæ causa, quem luctum Manichæus in suis libris apertissime prædicat?

Caput XIX. — Ait quidam : « Nihil ei fieri poterat, sed ut ostenderet præscientiam se habere cogitationum principum tenebrarum, et monstraret nihil se timere, propterea pugnavit. » Cui ego dixi : Qui potuit cogitationes principum tenebrarum videre, ac neminem timere, quare non vidit luctum sibi imminentem de partis suæ infelicitate, quam hodie patitur? Quam partem suam nunquam recipiet integram, quia remanet inde aliquid, sicut ipse dicit, quod purgari non poterit, et in globo tenebrarum in æternum damnabitur. Magna præscientia, vel potius inscientia, et misera infirmitas, hoc est totum quod neminem timebat. Certe si se tueri aliquo modo non poterat, rogaret ut sibi parceretur, ne ad tantum dedecus integritas illa et decus omnium ornamentorum perduceretur.

Caput XX. — Item dictum est a quodam : « Nihil ei poterat facere gens tenebrarum, sed ipse noluit pati rem malam circa fines suos, et misit qui eam debellaret. » Cui ego dixi : Si ita est ut dicis, ipse potius invenitur malus, qui rem vicinam nihil ei nocentem delere voluit. Et sicut malus in illam, sic crudelis in suam, aut ignarus futuræ calamitatis ejus. Cum enim putat rem bonam se posse perficere, ut in regno mali, quod ei non nocebat, regionem suam extenderet, prius non prævidit infelicitatem, quæ memoratam partem ejus quotidie prematur; deinde quod eam totam nunquam in pristinam libertatem recipere poterit.

Caput XXI. — Sed cum huic objectioni responderi minime possit, solitam imperitiam opponunt : Quid facturi erant Judæi Christo, si nollet ab eis pati? O utinam videre possent, quod facile viderent, nisi per nebulas contentionis excæcarentur, quid sit imminentis mali premi necessitate, quam Deum suum passum asseverant; et quid sit misericordiæ benignissimum officium, quam sapientia et virtus Dei Dominus Jesus Christus voluntate et ineffabili potestate, per hominem quem suscepit ex virgine, generi humano exhibere dignatus est, ut hominibus per hominem patientiæ demonstraret exemplum. Oportebat enim, et hoc justum erat, ut homines per patientiam humilitatis vincerent difficultatem infirmitatis carnis suæ : quia in eam per elationem superbiæ ceciderant, sicut in Adam primo homine nostra Scriptura indicat. Numquid et vos potestis dicere, quia erant aliqui homines quos Deus volebat docere patientiam, propterea voluit a gente tenebrarum tanta mala pati, quemadmodum Dominus a Judæis? Aut numquid potestis dicere, quia suscepit aliquam naturam passibilem Deus, in qua pateretur a gente tenebrarum quidquid ei facere potuit, ut tamen ipse in sua substantia nulla ex parte mutaretur; sicut

Verbe de Dieu qui est le Fils de Dieu, immuable ainsi que son Père, s'est uni l'homme mortel, afin que, sa divinité demeurant intacte et inviolée, il enseignât, dans sa chair, aux hommes, à vaincre la mort par la patience et leur montrât par sa résurrection le changement en mieux qui doit s'opérer dans leur faible chair.

Chapitre XXII. — Lors donc qu'il était invisible par lui-même, il apparut visible dans l'homme qu'il a daigné s'unir dans le sein d'une vierge, comme nous le lisons dans l'Evangile. (*Luc.*, ii.) L'Apôtre dit aussi : « Il a été fait d'une femme. » (*Gal.*, iv, 4.) Nos hérétiques reprennent : pourquoi l'Apôtre ne dit-il point né d'une Vierge? ne comprenant point que c'est la manière de parler habituelle des saintes Ecritures; c'est ainsi qu'il est dit à propos d'Eve : « Dieu en fit la femme, » (*Gen.*, ii, 22) même avant qu'il la montrât à l'homme. Après tout ce n'est point improprement que Marie est appelée femme après son enfantement; mais elle était vierge parce qu'elle ne connaissait point le contact de l'homme et que sa virginité n'a point été altérée pour avoir enfanté. Si l'Ange et Elisabeth ont dit à Marie : « Vous êtes bénie entre toutes les femmes, » (*Luc*, i, 42) cela ne peut donner matière à une question, attendu qu'en effet elle a été bénie entre toutes les femmes. Qu'on ne dise point : de même que des anges ont apparu, ainsi il eut un corps pour ne point naître d'une femme. Que répondrez-vous si on vous dit : Où avez-vous lu que le Christ est venu dans la chair? Ne répondrez-vous point que c'est dans l'Evangile? Alors on vous dira : C'est là aussi qu'il est écrit que le Christ est né d'une Vierge. Mais avec votre indignité ordinaire, vous répondrez que l'Ecriture même est fausse. Vous ne voyez point que tout aveugle semblable à vous peut faire comme vous et répondre que tout ce que vous dites vrai est faux, et que ce que vous dites faux est vrai. Et voilà comment vous ouvrez la porte toute grande à toutes les erreurs et à tous les crimes des hommes, en sorte que quiconque le voudra et trouvera quelque plaisir à le faire, recevra les saintes Ecritures en en rejetant tout ce que dans son ignorance et sa susceptibilité il jugera mauvais; en sorte que, avec votre règle erronée, il n'y aura plus moyen de corriger de telles gens.

Chapitre XXIII. — Recevez les Ecritures canoniques dans leur entier, si vous voulez demeurer vous-mêmes intacts; car si vous compreniez ou croyiez certainement ce que l'Apôtre a dit : que c'est par la femme que notre race a été trompée, il dit en effet : « J'appréhende que, de même que le serpent séduisit Eve par ses artifices, vos esprits aussi ne se corrompent; » (II *Cor.*, xi, 3) vous pourriez comprendre qu'il était nécessaire que notre espèce fût également sauvée par une femme, afin que de même que c'est par la femme que la mort a été faite, ce fût aussi par la femme que la vie fût recouvrée, et qu'on vit par là que ce n'était point la créature en tant qu'elle est femelle qu'on doit accuser, puisque c'est Dieu qui l'a créée, mais la volonté par laquelle Eve a péché.

Mais les Manichéens n'osent point croire que la puissance incoïnquinable et ineffable de la Majesté divine est née du sein d'une Vierge, de peur qu'elle ne fût souillée par son sang, quoiqu'il eût habité dans les apôtres et dans beaucoup de saintes femmes et qu'il habite encore maintenant dans ceux qui certainement ont un corps et du sang. S'il a pu contracter une souillure dans le sein de Marie, il a pu en contracter également dans les autres; s'il ne peut

Verbum Dei, qui est Filius Dei, etiam ipse sicut Pater incommutabilis, suscepit hominem mortalem, ut integra et inviolata deitate, in carne mortali doceret mortales per patientiam mortem vincere, et ipsius infirmæ carnis futuram in melius commutationem resurrectione monstraret.

Caput XXII. — Cum ergo esset per seipsum invisibilis, visibilis in homine apparuit, quem femina suscipere dignatus est, ut in Evangelio legimus. (*Luc.*, ii.) Dixit Apostolus, « factum de muliere. » (*Gal.*, iv, 4.) Et isti dicunt : Quare non ait ex virgine? non intelligentes quod consuete dicitur secundum proprietatem linguæ Scripturarum, sicut de Eva dictum est : « Formavit eam in mulierem, » (*Gen.*, ii, 22) ante quam vel ostenderetur viro. Quamvis Maria non incongrue propter partum dicitur mulier : virgo vero, quod virilem nescierit conventionem, neque pariendo virginitas ejus corrupta sit. Quod autem angelus et Elisabeth dixerunt Mariæ : « Benedicta tu inter mulieres : » (*Luc.*, i, 42) nulla quæstio est, quia re vera benedicta est virgo inter mulieres. Sed ne dicatis : Sicut Angeli apparuerunt, sic haberet corpus, ut de femina nasceretur. Quid si vobis dicatur : Ubi legistis Christum in carne venisse? Nonne dicturi estis : In Evangelio? Respondetur ergo vobis : Ibi scriptum est : Christum natum de virgine. Sed solita fœditate dicetis scripturam ipsam falsam esse. Nec videtis aliquem similem vobis cæcum hoc posse facere, ut ea quæ vos dixeritis vera, ille falsa esse dicat; et quæ dicitis falsa, ille vera esse dicat : ac sic aperiatis januas omni hominum errori vel sceleri, ut unusquisque prout voluerit vel delectatus fuerit ipsas divinas Scripturas accipiat, respuat vero quæ non intelligens et offensus putaverit mala, et non jam inveniatur hac regula erroris vestri, unde tales corrigantur.

Caput XXIII. — Accipite integre canonicas Scripturas, si integri esse desideratis. Si enim intelligeretis vel crederetis certe quod Apostolus dixit, per feminam genus nostrum fuisse deceptum; ait enim : « Timeo ne sicut serpens Evam seduxit astutia sua, sic et vestræ mentes corrumpantur : » (II *Cor.*, xi, 3) possetis intelligere per feminam nostrum genus oportuisse liberari; ut quoniam per feminam mors facta est, per feminam vita recuperaretur : atque ita demonstraretur non ipsam creaturam femineam esse culpandam, cujus est Deus conditor; sed voluntatem, qua Eva peccavit.

Sed timent Majestatis illam incoïnquinabilem et ineffabilem potentiam in virginis utero credere fuisse, ne sanguine ejus pollueretur : cum et in Apostolis et multis dignis feminis et habitaverit, et nunc habite, qui utique corpora habent, et sanguinem habent. Si enim in Maria

être souillé dans ceux-ci, il ne peut point l'être non plus dans Marie, dans les entrailles de qui la sagesse de Dieu s'est uni un corps.

CHAPITRE XXIV. — Certainement les Manichéens ne nieront point que Manès lui-même naquit d'un père et d'une mère, et d'après vos erreurs, vous ne nierez point que son âme ne soit le Dieu tout-puissant; car, par un orgueil étonnant, il se vante d'avoir été pris lui-même par son génie, c'est-à-dire par le Saint-Esprit. Mais, si Manès est le génie du Saint-Esprit, il est le Saint-Esprit, il est Dieu même tout-puissant, en tant que Saint-Esprit. Or, ce même Manès a eu un corps, dans lequel si le Saint-Esprit ou l'âme, le génie du Saint-Esprit, a reçu quelque souillure, il s'ensuit qu'ils adorent un Dieu susceptible de souillures: Si au contraire, jamais Dieu n'est souillé, or, la lumière même des corps célestes descendait jusque sur la terre et n'en éprouvait aucune souillure, car il est manifeste que le soleil qui nous éclaire et devant lequel les Manichéens fléchissent le genou, répand ses rayons sur toute espèce de fumiers et de malpropretés sans qu'ils en contractent aucune souillure; qu'ils cessent donc de blasphémer et prient Dieu de les délivrer de leurs erreurs. En effet, si une substance incoïnquinable ne contracte aucune souillure, ce n'est point parce qu'elle ne touche rien, mais c'est parce qu'elle demeure dans sa pureté quel que soit l'objet qu'elle touche. De même appelons-nous invulnérable et impénétrable un corps qu'on ne frappe point avec un instrument de fer? N'est-ce point plutôt le corps qu'on ne peut percer ni le frappant? Par conséquent, ce qui prouve que le Fils de Dieu n'a pu être souillé par le sang d'une femme, c'est qu'il est né d'une femme, bien plutôt que s'il n'en était point né et s'il avait évité le contact de ses membres. En effet, s'il en eût été ainsi, il semblerait qu'il a jugé qu'il pouvait en être souillé et c'est avec moins de confiance que nous pourrions dire qu'il est incoïnquinable. Mais au contraire il a conservé la virginité en voulant naître d'une vierge, et il n'y avait qu'une vierge que pût choisir pour mère celui qui avait déjà un père dans les cieux.

CHAPITRE XXV. — Ils répliquent: Pourquoi le Christ a-t-il donc renié sa mère, quand il lui dit: « Femme, qu'y a-t-il de commun entre vous et moi? » (Jean, II, 4) et quand il répondit en ces termes, lorsqu'on lui annonçait qu'elle voulait le voir: « Qui est ma mère et qui sont mes frères? » (Matth., XII, 48) et a mieux aimé les placer dans ceux qui faisaient la volonté de son Père? Il agissait ainsi, pour nous apprendre par son exemple à renier nos parents terrestres pour Dieu; car nul sentiment terrestre ne doit faire obstacle à quiconque fait l'œuvre de Dieu. En effet, s'il s'ensuivait qu'on n'eût point de mère, parce qu'on a renié sa mère, il s'ensuivrait aussi que Pierre et les autres apôtres n'avaient point de pères, puisque Jésus leur dit: « N'appelez aussi personne votre père sur la terre, car vous n'avez qu'un Père qui est dans les cieux. » (Matth., XXIII, 9.) Or, ce qu'il les engage à faire par rapport au père qu'ils avaient sur la terre, il a commencé par le faire lui-même pour sa mère. Voici donc ce que nous disons, c'est que la sagesse de Dieu en se faisant homme n'a point été souillée, mais a pris avec miséricorde la nature humaine pour le salut des hommes, afin de devenir, selon le mot de l'Apôtre : « L'Homme-Christ Jésus, médiateur de

---

coinquinari potuit, et in omnibus potuit : si autem non potuit in illis, utique nec in Maria potuit, in cujus visceribus susceptionem corporis operata est Dei sapientia.

CAPUT XXIV. — Certe ipsum Manichæum de patre atque de matre natum fuisse non negabunt, cujus animam secundum suum errorem Deum esse omnipotentem similiter non negabunt : qui se mitra superbia assumptum a genio gloriatur, hoc est, a Spiritu sancto esse gloriatur. Et utique si genius est Spiritus sancti, et ipse sanctus Spiritus est, et ipse Deus omnipotens, ut Spiritus sanctus : qui tamen Manichæus carnem habuit, in qua si coinquinatus est Spiritus sanctus aut ejus anima genius Spiritus sancti, coinquinabilem Deum colunt. Si vero nusquam Deus coinquinatur; cum etiam lux corporum cœlestium usque ad terras perveniat, et non coinquinetur, cum manifestum sit solem istum, cui genu flectunt, in omnibus stercoribus et putoribus radios suos expandere, et eis nusquam coinquinari : desinant blasphemare, et rogent Deum ut ab errore liberentur. Incoinquinabilis enim substantia non ideo non coinquinatur, quia nihil attingit; sed quia permanet in sua munditia, qualecumque sit quidquid attigerit. Sicut corpus invulnerabile aut impenetrabile numquid illud dicimus quod non percutitur ferro ? sed potius quod etiam cum percutitur non penetratur. Et ideo magis probatur Filius Dei non posse de sanguine femineæ coinquinari, quia per feminam natus est, quam si non per feminam nasceretur et membra illa devitasset : videretur enim judicasse, posse se inde pollui, et minus a nobis fidenter incoinquinabilis diceretur. Consecravit autem virginitatem, quia de virgine nasci voluit : et sola illi mater in terris eligenda erat ad suscipiendum hominem, qui jam patrem habebat in cœlis.

CAPUT XXV. — Sed dicunt : Quare ergo negavit matrem suam, quando ei dixit : « Quid mihi et tibi est, mulier ? » (Joan., II, 4.) Et quando, cum ei nuntiatum esset, quod eum vellet videre, respondit : « Quæ est mater mea, aut qui sunt fratres mei, » (Matth., XII, 48) ac eos potius in hunc affectum computavit, qui facerent voluntatem Patris ejus ? Quia exemplo suo nos docebat negandos esse terrenos parentes propter Deum. Opera enim divina facienti terrenus affectus obstrepere non debebat. Nam si propterea non habebat matrem, quia negavit matrem ; nec Petrus et cæteri Apostoli habebant patres, quia monuit eos, dicens : « Et patrem ne vocaveritis vobis super terram; unus est enim Pater vester qui in cœlis est. » (Matth., XXIII, 9.) Quod ergo eos monuit de patre terreno, hoc de matre prior fecit. Hoc ergo dicimus : Sapientiam Dei suscipiendo hominem non esse coinquinatam, sed misericorditer ob hominum salutem hominem suscepisse, ut fieret, sicut Apostolus

Dieu et des hommes. » (1 Tim., II, 3.) Il ne put, en effet, répondre par un mensonge au doute de son disciple à qui il a dit : « Je suis la vérité, » (Jean, XIV, 6) quand il lui présenta les cicatrices de ses blessures pour qu'il les touchât de sa propre main (Jean, XX, 27); car comment pourrions-nous avoir foi en lui pour quoi que ce fût, s'il avait menti ainsi à son disciple? Loin de nous un pareil blasphème, et Dieu veuille ne point retenir à jamais dans les liens de leur faute ceux qui osent avancer ou croire de pareilles choses; qu'ils se réveillent enfin, et comprennent quelle perversité et quel crime il y a à les croire.

Chapitre XXVI. — Quant à nous, nous croyons que le Seigneur s'est uni un homme véritable, en qui, lui qui est invisible, il a apparu visiblement aux hommes, a vécu parmi les hommes, a souffert des hommes ce que l'homme peut souffrir, a appris aux hommes ce dont ils doivent s'éloigner, ce qu'ils doivent supporter et où ils doivent tendre. Or, tout cela, il ne l'a point fait contraint par la nécessité, aussi dit-il lui-même : « Voici pourquoi mon Père m'aime, c'est parce que je quitte ma vie pour la reprendre. Personne ne me la ravit, mais c'est de moi-même que je la quitte. J'ai le pouvoir de la quitter et celui de la reprendre. » (Jean, X, 17.) Ce n'est donc point contraint par la nécessité du mal qu'il la quitte; il a voulu, en effet, que tout ce qui s'est passé dans sa passion se fît pour l'instruction de la nature de l'homme, non point pour défendre la sienne. De même que nous qui sommes composés d'un corps et d'une âme, si nous sommes invisibles quant à l'âme, nous sommes visibles quant au corps, et que tout ce que nous recevons visiblement d'honneur et de bienfait, ainsi que tout ce que nous souffrons d'injure ou de mépris, nous devons le rapporter nécessairement à notre âme qui est invisible, comme au sujet principal, attendu qu'elle règne sur le corps même, et qu'étant immortels quant à l'âme, nous ne sommes point réputés morts, bien que notre corps soit mort, ainsi le Seigneur a-t-il souffert dans la chair, dans la forme d'esclave qu'il a daigné prendre, les ignominies, les liens, les fouets et la mort même qu'il est manifeste qu'il endura, en sorte qu'on doit croire que la vérité a tout fait avec vérité, et rien avec fausseté, car c'est par son propre pouvoir et sa propre volonté que le Verbe s'est fait chair, qu'il est né, qu'il a souffert, qu'il est mort et ressuscité, rien ne le contraignant à cela, tout étant le fait de sa volonté et de sa puissance. Aucune portion de sa nature divine non plus que de la nature humaine qu'il a prise n'a jamais été ravie par un être plus fort, aucune n'a jamais été captive, comme aucune ne pourra jamais être prise, si ce n'est par ceux qui voudront s'unir à lui avec un cœur pur par le moyen de la foi. Ce n'est point comme le dieu de Manès qui, pressé par le mal de la nécessité, est encore, ils ne peuvent le nier, plongé en partie au sein des misères et des calamités.

Chapitre XXVII. — Comprenez bien, si vous le pouvez, toute la distance qu'il y a même parmi les hommes, entre la nécessité et la volonté. Si quelqu'un, par exemple, est jeté en prison, par l'ordre de la justice, à cause de ses fautes, et qu'il se trouve un saint qui vienne dans son cachot pour le consoler et le délivrer, est-ce qu'ils se trouveront l'un et l'autre en prison pour la même cause? L'un y a été jeté, l'autre y est venu; l'un subit un châtiment,

---

dicit : « Mediator Dei et hominum homo Christus Jesus. » (1 Tim., II, 3.) Non enim dubitanti discipulo suo mentiri potuit, qui dicit : « Ego sum veritas, » (Joan., XIV, 6) quando cicatrices vulnerum suorum, ut etiam manu tangeret, præbuit. (Joan., XX, 27.) Quomodo enim huic in aliquo securi fidem haberemus, si discipulo suo sic mentitus esset? Absit talis blasphemia : ne eos ipsos in sempiternum reos teneat, qui hoc audent asserere aut credere : sed evigilent aliquando, et intelligant quam nefaria perversitate ista credantur.

Caput XXVI. — Nos autem Dominum verum hominem suscepisse credimus, et in ipso visibiliter invisibilem hominibus apparuisse, in ipso inter homines conversatum fuisse, in ipso ab hominibus humana pertulisse, in ipso homines docuisse a quibus esset recedendum, quid esset perferendum, quo esset tendendum. Totum autem hoc nulla fecit necessitate. Unde ipse dicit : « Propter hoc me Pater diligit, quia ego pono animam meam, ut iterum sumam illam. Nemo tollit eam a me, sed ego pono eam a me ipso potestatem habeo ponendi eam, et potestatem habeo iterum sumendi eam. » (Joan., X, 17.) Non ergo mali necessitate amisit eam. Voluit enim, ut illa quæ in passione ejus facta sunt, omnia fierent ad humanam naturam docendam, non ad suam tuendam. Sicut enim nos qui ex anima et corpore constamus, cum simus invisibiles secundum animam, visibiles autem secundum corpus, omnia quæ visibiliter sive honoris et beneficiorum accipimus, sive contumeliæ vel injuriæ patimur, ad animam quæ invisibilis est, tanquam ad principem necesse est ut referamus, quia ipsa corpori principatur; nam et cum simus secundum animam immortales, cum mortui corpori fuerimus, nos mortui dicimur : ita et Dominus secundum carnem et formam servi quam suscipere dignatus est, et contumelias passus, et vincula, et flagella, et mortuus esse manifestatur; ut omnia veridice Veritas, et nihil falso fecisse credatur : quia potestate ac voluntate Verbum caro factum est, et natus, et passus, et mortuus est, et resurrexit, nulla sua necessitate, sed voluntate et potestate : cujus nulla pars aliquando deprædata, nulla nunc usque captiva est, non solum divinæ, sed nec ipsius mortalis quam suscepit : sed nec unquam capi poterit, nisi ab eis qui ei per fidem voluerint mundo corde conjungi. Non sicut deus Manichæi, qui necessitatis malo pressus, hodie hic ex parte, quod negare non possunt, in miseriis et calamitatibus volutatur.

Caput XXVII. — Intelligite sane, si potestis, etiam inter ipsos homines quantum distet inter necessitatem et voluntatem. Si quis, verbi gratia, merito peccati sui in carcerem jubente justitia mittatur, alius adsit vir sanctus, qui eumdem carcerem ingrediatur propter illius consolationem aut liberationem, numquid ambo in carcere

l'autre fait une œuvre de miséricorde. Celui-ci y est entré quand il a voulu, et il en est sorti quand il lui a plu, celui-là ne pourra être délivré à aucun titre, à moins qu'il ne lui soit pardonné. Or, les hommes peuvent faire cela et accordent librement un bienfait, tandis qu'ils ne désirent aucun avantage pour eux-mêmes.

Chapitre XXVIII. — Réfléchissez donc à présent si Dieu peut subir quelque nécessité, quand les hommes peuvent faire du bien par leur propre volonté, sans y être conduits par aucune récompense, ni poussés par aucune nécessité. Dieu ne souffre donc aucune nécessité, et ce n'est jamais par la nécessité qu'il fait ce qu'il fait, mais par l'effet de sa souveraine et ineffable volonté et par sa puissance.

Vous n'auriez donc point dû, particulièrement dans votre erreur, nous opposer cette contradiction et nous dire : Qu'est-ce que les Juifs auraient pu faire au Christ, s'il n'avait point voulu souffrir par leurs mains? attendu que suivant les blasphèmes du même Manès, le Christ n'a point eu de corps, et n'a rien enduré de la part des Juifs. En effet, voici ce qu'il dit dans son épître du Fondement : « Car l'ennemi qui a espéré crucifier le même Sauveur père des justes, fut crucifié lui-même, au moment même où une chose se faisait, tandis qu'une autre chose paraissait. » C'est donc le prince même des ténèbres qui fut attaché à la croix, qui porta une couronne d'épines avec ses compagnons, et qui eut un manteau de pourpre; qui but du fiel et du vinaigre, qu'ils pensaient avoir été bus par le Seigneur. Enfin tout ce que ce dernier sembla souffrir, est tombé sur les princes des ténèbres, et ce furent eux aussi qui furent blessés par les clous et par la lance.

Chapitre XXIX. — Pourquoi donc nous faites-vous cette objection et nous dites-vous : Qu'est-ce que les Juifs auraient fait au Christ, s'il n'avait point voulu souffrir par leurs mains? puisque votre pensée sur ce sentiment est tel, que vous pensez que ce n'est point Dieu qui a souffert quelque chose dans son corps, mais le prince même des ténèbres qui a tout enduré. Comment pouvez-vous donc vous faire une arme de ces choses contre notre foi?

Chapitre XXX. — Car, pour nous, nous croyons que, ainsi qu'il est dit dans l'Evangile, le Christ a voulu souffrir et a souffert quand il l'a voulu; car ce n'est point quand les Juifs l'ont voulu, qu'ils lui ont fait la passion; ils voulaient, en effet, se saisir de lui et le mettre à mort, et, dans leur volonté, déjà ils avaient commis ce crime qu'ils tâchaient d'accomplir et s'étaient rendus coupables du plus immense forfait, parce qu'ils voulaient l'accomplir, quand bien même ils ne l'eussent point fait. Cependant c'est lui qui a eu le pouvoir de déposer sa vie, et c'est quand il a voulu qu'il leur a permis de le faire (*Jean*, x, 17), puisqu'il aurait pu ordonner à des légions d'anges de faire périr les Juifs (*Matth.*, xxvi, 53), ou les tuer tous d'un seul mot.

Chapitre XXXI. — Notre-Seigneur Jésus-Christ a donc souffert dans l'homme qu'il s'était uni, mais les Juifs ne retiennent point aujourd'hui le moindre membre du corps mortel qu'il avait pris, comme nous l'avons dit plus haut. Or, quant à votre Dieu, ô manichéens, pressé par la souillure et la dévastation qui le menaçaient, il ne s'est point présenté, de sa libre volonté, au combat, mais contraint par la nécessité; et il ne le fit point pour opérer un bien, mais pour tâcher de résister. Mais il s'est trouvé dévoré et

---

ex una causa constituti sunt? Ille missus est, ille ingressus : ille pœnam patitur, ille misericordiam facit. Ille ingressus est cum voluit, egressus est quando voluit : ille nisi interveniente indulgentia nullo jure poterit liberari. Et hoc homines facere possunt, et præstant libere beneficium, cum aliquando sibi nihil cupiant præstari.

Caput XXVIII. — Cogitate ergo jam si Deus potest pati aliquam necessitatem, cum possint homines bene facere voluntate, nulla mercede conducti, nulla necessitate compulsi. Nullam ergo necessitatem patitur Deus, neque necessitate facit quæ facit, sed summa et ineffabili voluntate ac potestate.

Et tamen vos maxime secundum errorem vestrum non debuistis opponere istam contradictionem, qua dicitis, Quid facturi erant Judæi Christo, si nollet ab eis pati? quia secundum ejusdem Manichæi blasphemias, Christus carnem non habuit, nec aliquid a Judæis passus est. Sic enim in epistola Fundamenti dicit : « Inimicus quippe, qui eumdem Salvatorem justorum patrem crucifixisse se speravit, ipse est crucifixus, quo tempore aliud actum est, atque aliud ostensum. » Princeps itaque tenebrarum affixus est cruci, idemque spineam coronam portavit cum suis sociis, et vestem coccineam habuit; acetum etiam et fel bibit, quod quidam Dominum potasse arbitrati sunt : atque omnia quæ hic sustinere visus est, tenebrarum ducibus irrogata sunt, qui clavis etiam et lancea vulnerati sunt.

Caput XXIX. — Ut quid ergo opponitis, dicentes : Quid facturi erant Judæi Christo, si nollet ab eis pati? cum de passione ipsius ita sentiatis, ut non ipsum Deum passum aliquid in corpore suo, sed principem tenebrarum illa omnia passum putetis? Contra fidem autem nostram quomodo ista opponitis?

Caput XXX. — Nos enim credimus, ut in Evangelio scriptum est, quia Christus voluit pati, et quando voluit passus est. Non enim quando voluerunt Judæi, passionem ipsam fecerunt. Volebant quidem tenere et occidere, et secundum voluntatem suam jam perfecerant scelus, quod conabantur, et jam rei erant immanissimi peccati, quia volebant, etiam si nihil fecissent : tamen ille qui potestatem habuit ponendi animam suam, quando voluit eos facere permisit; qui legionibus Angelorum potuit jubere, ut Judæi perirent, vel uno verbo suo omnes interimere. (*Joan.*, x, 17; *Matth.*, xxvi, 53).

Caput XXXI. — Dominus ergo Christus secundum hominem quem susceperat, passus est : et nullum membrum ejus hodie tenetur a Judæis vel mortalis corporis quod susceperat, sicut supra diximus. Nam deus vester, o Manichæi, labe ac vastitate impendente pressus est, nec libera voluntate processit ad pugnam, sed necessitate compulsus est : nec præstare aliquid voluit, sed

mélangé dans sa propre substance, non point dans un corps d'emprunt, et il se trouve en partie retenu aujourd'hui captif, et il le sera, en partie, éternellement dans le fameux globe. Et pourtant qui pourra supporter des blasphèmes aussi incroyables que ceux que ces hérétiques ne font aucune difficulté d'articuler au sujet de la passion du Seigneur?

Chapitre XXXII. — Tous les apôtres, toutes les langues raisonnables crient que c'est le Seigneur Christ qui a souffert; toute foi saine confesse que c'est le Christ qui a souffert pour nous; et l'inique Manès assure de son côté que ce sont les démons qui ont enduré tous les tourments de la passion. Il ne dit point qu'ils ont souffert parce que le Seigneur a triomphé d'eux, et nous a appris à en triompher, à notre tour, par la patience; mais parce qu'ils nient que le Christ Notre-Seigneur ait eu un corps. Nous leur disons : S'il n'avait point un corps mortel, qu'était ce que les Juifs ont pris? Qu'était ce qui fut suspendu à la croix? Qu'était ce qui a été attaché au gibet avec des clous? Qu'était ce qui a été percé d'une lance et d'où s'est écoulé du sang avec de l'eau? Si tout cela n'a que paru se faire, mais ne s'est point fait ainsi, c'étaient des fantômes. Or, c'est un crime de le penser.

Chapitre XXXIII. — Mais si ces choses ont vraiment été faites, vous prétendez qu'elles ne se sont point passées dans la chair mortelle, mais dans la substance divine même, et vous faites la substance divine muable, visible pour les yeux de chair, palpable à des mains de chair et vulnérable au fer. Or, c'est encore un crime de croire de pareilles choses. Voilà comment, d'un côté, Manès craint de dire que ces choses n'ont point eu lieu, et d'un autre côté, il craint également de dire qu'elles se sont passées dans la substance divine, et il ne veut point le confesser, parce qu'il ne peut point comprendre comment le Fils de Dieu, par qui tout a été fait, s'est uni à l'homme avec sa chair sans aucun changement et sans aucune souillure de la substance divine. Il a été amené à dire que c'est non le Christ, mais le prince des ténèbres avec ses compagnons qui a enduré toutes ces choses. Vous ne craignez pas qu'il vous dise, malheureux que vous êtes, au jugement dernier : J'ai délivré ceux pour qui j'ai souffert, allez, et que celui à qui vous attribuez mes souffrances vous délivre.

Chapitre XXXIV. — Vous dites avec une grande erreur, mais pourtant vous dites que le Christ naît tous les jours, souffre tous les jours, meurt tous les jours. Serait-ce en ceux qui croient et souffrent des tribulations et la mort pour lui? Non, répondent les manichéens; mais c'est dans les concombres, dans les poireaux, dans les laitues et dans les autres plantes du même genre. Grands ridicules et grand aveuglement! Plus haut c'était par les souffrances des démons, maintenant c'est par celles des légumes que les hommes sont sauvés.

Chapitre XXXV. — Lorsque nous leur disons : Qu'est-ce que la nation des ténèbres aurait pu faire à Dieu, s'il n'avait point voulu se battre avec elle? ils nous répondent : il ne pouvait être rien fait à un Dieu incorruptible. En effet, si quelqu'un veut par exemple déchirer de ses ongles une boule de verre massif, il ne pourra point lui faire grand mal avec ses ongles. Mais s'ils inventaient une substance divine telle que toute cruauté de la nation des ténèbres fût, par rapport à elle, ce que sont les

---

resistere conabatur. Qui etiam in sua substantia, non in suscepto mortali corpore, devoratus atque commixtus est : qui ex parte hodie tenetur, ex parte in globo semper tenebitur. Et tamen quis ferat tam incredibiles blasphemias, quas isti de ipsa passione Domini proferre non dubitant?

Caput XXXII. — Omnes Apostoli, omnes linguæ rationales Dominum Christum passum esse clamant; omnis sana fides Christum pro nobis passum confitetur : et Manichæus iniquus dæmones illas passiones asserit pertulisse. Non enim propterea dicit eos passos, quia de ipsis Dominus triumphavit, et de ipsis nos per patientiam triumphare docuit : sed quia Dominum Christum negant habuisse carnem mortalem. Quibus dicimus : Si non habebat carnem mortalem, quid erat quod tenuerunt Judæi? quid erat quod in cruce pendebat? quid confixum erat clavis in ligno? quid est percussum lancea, unde sanguis et aqua profluxit? Si enim visa sunt tantum fieri et facta non sunt, phantasmata erant : quod nefas est credere.

Caput XXXIII. — Si autem vere facta sunt, non tamen in carne mortali, sed in ipsa divina substantia facta esse dicitis, mutabilem esse dicitis divinam substantiam, et visibilem carneis oculis, et palpabilem carneis manibus, et vulnerabilem ferro : quæ rursus nefas est credere. Et ideo dum timet dicere Manichæus, quia ista facta non sunt; et iterum timet dicere, quia in divina substantia facta sunt; et non vult confiteri, quia nec intelligere potuit, quomodo Filius Dei per quem facta sunt omnia, sine aliqua mutatione vel coinquinatione divinæ substantiæ suæ, hominem cum carne susceperit : coactus est dicere, quia non Christus, sed princeps tenebrarum cum suis sociis illa omnia passus est. Miseri non timetis ne dicatur vobis in judicio : Ego eos liberavi, pro quibus passus sum; ite, ille vos liberet, cui meas ascribitis passiones?

Caput XXXIV. — Dicitis magno errore, sed tamen dicitis, Christum quotidie nasci, quotidie pati, quotidie mori. Numquid forte in iis qui credunt, et pro nomine ipsius tribulationes mortemque patiuntur? Non, inquiunt, sed in cucurbitis, et in porris, et in portulaca, et in cæteris hujusmodi rebus. Magna ridicula, magna cæcitas : superius passionibus dæmonum, hic passionibus olerum homines liberantur a peccatis.

Caput XXXV. — Item cum eis dicimus : Quid factura erat Deo gens tenebrarum, si nollet cum illa pugnare? Dicunt : Nihil fieri potuit Deo incorruptibili. Non enim si quis, verbi gratia, sphæram vitream solidam unguibus lacerare voluerit, aliquid ei unquam faciet sævitia unguium suorum. Sed si vel talem substantiam divinam isti esse fingerent, ut omnis sævitia gentis tenebrarum talis ad illam esset, quales sunt ungues lacerantis ad

ongles de celui qui veut déchirer un globe de verre massif, le dieu de Manès ne souffrirait point aujourd'hui un chagrin de l'ablation violente ou de la perte d'une partie de son être, partie qu'ils prétendent connaître, son principe, son milieu et sa fin, soit qu'elle se trouve placée dans les fruits, soit que ce soit dans les herbes, c'est-à-dire dans les melons, les betteraves et autres choses semblables.

CHAPITRE XXXVI. — Mais ils prétendent que lorsque cette portion de leur Dieu entra dans la chair, elle perdit toute intelligence, et que si un maître a été envoyé aux hommes, c'est parce que cette portion de Dieu est devenue sotte en eux, et que s'il n'a point été envoyé aux melons, c'est parce qu'ils ont une âme sage. Qui pourrait jamais penser que ces choses sont crues par des hommes et sont dites parmi des hommes? Mais pourtant, comment se fait-il que la substance de votre Dieu ne souffre aucun mal quand elle est liée dans les fruits et aveuglée dans la chair, ou lorsque voulant revenir à son tout elle se voit rejetée vers la terre par la nation des ténèbres? Mais s'il ne lui arrive ou s'il ne lui est arrivé aucun mal, tout ce que Manès a dit dans son épître du Fondement, dans cette épître qui est la tête de toutes ses fables vaines, est faux; ainsi que tout ce qu'il a dit dans son Trésor qui n'est qu'un trésor de turpitudes et de blasphèmes, ou dans tous les livres où il n'affirme, avec tant de loquacité, rien autre chose que l'infortune de la substance de Dieu qu'il prétend mêlée aux princes des ténèbres, et que la tristesse des vertus divines à cause de la grande préoccupation qu'a cette portion de la divinité de se voir délivrée. Car, par le fait, la substance de Dieu n'a pu et ne pourra jamais rien souffrir de mal; elle n'a aucun ennemi, qui puisse corrompre une portion d'elle inengendrée; mais ce sont les hommes qui sont les ennemis de Dieu, ou plutôt qui sont leurs propres ennemis à eux-mêmes, en ne se soumettant point aux préceptes de Dieu, et en corrompant non point Dieu, mais eux-mêmes par leurs passions.

CHAPITRE XXXVII. — Quant à la concorde des deux Testaments, si vous vouliez la considérer d'un œil simple, ô manichéens, vous l'apercevriez bien facilement. En effet, vous venez vous heurter avec rage contre ces paroles : « L'Esprit de Dieu était porté sur les eaux, » (Gen., I, 2) et contre celles-ci : « Dieu vit que c'était bon, » (Gen., I, 10) puis contre celles-là : « Adam où es-tu? » (Gen., III, 9) et contre ces autres : « Le Dieu jaloux, » (Exod., XX, 9) et encore : « Il est un feu dévorant, » (Deut., IV, 24) ou bien : « Il est mon glaive, » et beaucoup d'autres pareilles, parce que vous ne considérez point qu'il pourrait s'en trouver un autre assez aveugle pour vouloir reprendre ce mot du Seigneur dans l'Evangile : « Vous ne jurerez point par le ciel parce qu'il est le trône de Dieu, ni par la terre, parce qu'elle est l'escabeau de ses pieds, » (Matth., V, 35) et pour dire ce que vous dites vous-mêmes ordinairement dans votre étonnante démence, où était Dieu avant que le ciel et la terre fussent? ou à propos de ce mot : « Jésus fut étonné, » (Luc, VII, 9) quand on a coutume de s'étonner que de ce qu'on ne connaît point, tandis que pour voir que quelque chose est bon, c'est le fait non d'un être qui ne sait point, mais d'un être qui se complaît dans ce qu'il a fait. Il y a encore ce mot prononcé par le Seigneur : « Qui m'a touché? » (Luc, VIII, 45) et au sujet de Lazare : « Où l'avez-vous mis ? » (Jean, X, 34) et cet autre : « Je ne suis point venu apporter la paix sur la terre, mais le glaive, » (Matth., X, 34) puis celui-ci : « Je suis venu apporter le feu dans le

---

sphæram vitream, non deus Manichæi hodie luctum pateretur de partis suæ abscissione vel amissione : quam partem dicunt, cum in fructibus vel in herbis fuerit, id est, in melone, vel beta, vel talibus rebus, et principium suum et medietatem et finem nosse.

CAPUT XXXVI. — Cum autem ad carnem venerit, omnem intelligentiam amittere : ut propterea magister hominibus missus sit, quia stulta in illis facta est pars Dei; et propterea non sit missus melonibus, quia sapientem habeat animam. Quis ista credat vel ab hominibus aliquando, vel inter homines posse dici? Sed tamen quomodo nihil mali patitur substantia dei vestri, cum et in pomis ligatur, et in carne excæcatur, vel cum volens redire dejicitur ad terras a gente tenebrarum? Sed si nihil ei mali contigit vel contingit, falsa omnia sunt quæ Manichæus dixit in epistola Fundamenti, quæ caput est omnium vanarum fabularum; vel in Thesauro, qui Thesaurus est omnium turpitudinum et blasphemiarum, vel in cæteris omnibus libris, in quibus tanta loquacitate nihil aliud quam infelicitatem substantiæ Dei, quam commixtam dicit principibus tenebrarum, et in divinis virtutibus tristitiam, propter illam magnam sollicitudinem ut liberetur, affirmat. Nam re vera nihil mali, aut potuit, aut poterit pati substantia Dei; nec aliquem habet inimicum, qui ejus partem ingenitam corrumpat : sed homines sunt Deo vel potius sibi inimici, non obtemperando præceptis Dei, et cupiditatibus se potius corrumpendo, non Deum.

CAPUT XXXVII. — Duorum vero Testamentorum concordiam simplici oculo intendere si velletis, o Manichæi, facillime videretis. Rabide enim ferimini in id quod scriptum est : « Spiritus Dei ferebatur super aquam. » (Gen., I, 2.) Et : « Vidit Deus quia bonum est. » (Gen., I, 10.) Et : « Adam ubi es? » (Gen., III, 9.) Et : « Deus zelans; » (Exod., XX, 5) et « ignis edax; » (Deut., IV, 24) et « gladius meus : » (Deut., XXXII, 42) et cætera talia : non considerantes, quia si alius ita cæcus sit, ut reprehendere velit illud Domini quod in Evangelio dictum est : « Non jurabis per cœlum, quoniam sedes est Dei; neque per terram, quoniam scabellum est pedum ejus; » (Matth., V, 35) et hoc dicat quod vos mira dementia dicere soletis : Ubi erat Deus ante quam esset cœlum et terra? Aut quod scriptum est : « Et miratus est Jesus : » (Luc., VII, 9) cum mirari nemo soleat, nisi de re quæ illi erat incognita : videre autem quia bonum est, non sit ignorantis, sed qui placuit ei quod fecit. Aut illud quod scriptum est dicente Domino : « Quis me tetigit? » (Luc., VIII, 45.) Et de Lazaro : « Ubi posuistis eum? » (Joan., XI, 34.) Et : « Ego veni non pacem mittere super terram, sed gladium. » (Matth., X, 34.) Et : « Ignem

monde, » (*Luc*, xii, 49) et celui-là : « Je suis venu pour que ceux qui ne voient point, voient, et que ceux qui voient deviennent aveugles, (*Jean*, ix, 39) et cet autre : « Vendez ce que vous avez et achetez-vous des glaives. » (*Luc*, xxii, 36.) Il y a encore cette parole de l'Apôtre : « Je vous jalouse d'une jalousie de Dieu, » (II *Cor.*, xi, 2) et cette autre : « La colère de Dieu se révélera du haut du ciel sur toute impiété, » (*Rom.*, i, 8) et une multitude innombrable d'autres paroles ou actions du Seigneur même ou des apôtres que des hommes qui ne les comprennent point pourront avoir l'extrême folie de blâmer. En effet, les avares et les libertins peuvent prendre autrement qu'il ne les a dites ces paroles du Seigneur, que celui qui renoncera à ce qu'il possède en retrouvera le centuple en ce siècle même ; ou si quelqu'un renonce à sa femme, à sa servante, ou même à ses maîtresses pour le Seigneur, non point par amour de la justice, mais dans l'espoir d'en avoir un jour un plus grand nombre. On peut aussi n'entendre qu'avec horreur ces paroles, faute de les bien comprendre : « Si quelqu'un ne mange ma chair et ne boit mon sang, il n'aura point la vie en lui. » (*Jean*, vi, 54.) Car pour ce qui est de cette parole : « Quiconque dira à son frère, vous êtes un fou, sera condamné au feu de l'enfer. » (*Matth.*, v, 22.) Si les fous disent : pour cette injure on menace de l'enfer, l'Être plein de miséricorde qui pardonne les péchés, est-ce que ceux qui parlent ainsi n'ignorent point où ils ont la tête, et pourtant il leur semble bien qu'ils disent quelque chose ? Et puis comment a-t-il, ce Dieu, livré tant d'âmes aux démons pour être mises à mort dans ce troupeau de porcs, (*Luc*, viii, 32) quand vous dites que les âmes de pourceaux sont pareilles à celles des hommes ? Enfin comment a-t-il pu d'un mot dessécher un figuier sur lequel il cherche des fruits avant la saison, sans en trouver, puisque vous dites que cet arbre même a une âme intelligente ?

CHAPITRE XXXVIII. — Voilà pourtant à quels excès peuvent se laisser aller, en parlant de la parole de Dieu, des hommes aveugles et iniques à qui vous ressemblez, vous qui, par ignorance, venez vous heurter contre les faits et les paroles mystiques des livres anciens et avez la témérité de trouver mauvais ce que vous ne comprenez pas. Mais quand ces mêmes choses vous sont opposées dans le Nouveau Testament, vous dites qu'elles ont un sens divin et spirituel. Mais pour ce qui est des saintes lettres de l'Ancien Testament, vous dites qu'on ne peut les prendre dans un sens figuré, quand le Seigneur lui-même y a vu des figures et que l'apôtre Paul écrit que tout est arrivé en figure au peuple hébreu. (I *Cor.*, x, 11.) Car en nous montrant lui-même la règle, il en a expliqué bien des passages. Mais vous direz peut-être, dans votre langage plein de vanité, comme c'est votre habitude, et dans votre cœur obtus, en contredisant Dieu même et en dépit de l'autorité de l'Apôtre, que les choses de l'Ancien Testament ne sont point susceptibles d'explication, qu'il n'y a que le Nouveau Testament qui puisse en admettre. Et vous ne faites pas attention que vous n'avez absolument rien à dire, si d'autres impies vous répondent que c'est plutôt l'Ancien Testament qu'on doit entendre en figures, et qu'on ne saurait le faire du Nouveau. Or, tout esprit sain qui, en considérant l'un et l'autre Testament, découvrira dans l'un certaines choses qui peuvent admettre une interprétation, n'hésitera point à reconnaître qu'elles peuvent en admettre également dans l'autre. Votre impéritie ou plutôt votre malice éclate au grand jour. Remarquez,

veni mittere in mundum. » (*Luc.*, xii, 49.) Et : « Veni ut qui non vident videant, et qui vident cæci fiant. » (*Joan.*, ix, 39.) Et : « Vendite res vestras, et emitte vobis gladios. » (*Luc.*, xxii, 3.) Et Apostolus : « Zelo Dei vos zelo. » (II *Cor.*, xi, 2.) Et : « Revelabitur ira Dei de cœlo super omnem impietatem : » (*Rom.*, i, 18) et cætera innumerabilia ab ipso Domino, vel ab Apostolis dicta vel facta, quæ insanissime poterunt homines accusare non intelligentes. Nam et avari vel flagitiosi possunt aliter accipere quod Dominus ait, ut si quis dimiserit quæ habet, septuplum, aut etiam centuplum in hoc sæculo accipiat (*Matth.*, xix, 29); aut si aliquis uxorem, ancillam, vel etiam meretrices dimittere propter Dominum velit, spe illius multiplicationis faciat; non amore justitiæ. Possunt etiam horrere, male intelligentes quod ait : « Si quis non manducaverit carnem meam, et biberit sanguinem meum, non habebit in se vitam. » (*Joan.*, vi, 54.) Nam quod ait : « Qui dixerit fratri suo fatue, reus erit gehennæ ignis : » (*Matth.*, v, 22) si dicant stulti : Ecce pro convicio gehennam minatur, quem dicitis misericordem ignoscere peccata : nonne ignorant ubi caput habeant, et tamen aliquid sibi videntur dicere? Aut quomodo tam multas animas necandas dæmonibus in porcis tradidit (*Luc.*, viii, 32), cum tales animas dicatis esse porcorum quales sunt hominum? (*Marc.*, xi, 13.) Aut quomodo arborem, in qua fructus, quia non erat tempus, non invenit, verbo aridam fecit, quam animam intelligentem dicitis habere?

CAPUT XXXVIII. — Ecce quanta iniquissimi et cæci homines de divinis eloquiis possunt dicere, sicut vos in ea quæ mystice facta sunt vel dicta in veteribus libris ignorantes ferimini, ut temere accusetis quod non intelligitis. Hæc autem cum de Novo Testamento vobis objecta fuerint, dicitis divina et spiritalia significare : Veteris autem Testamenti sanctas litteras figurate posse accipi negatis, cum et ipse Dominus figurate inde quædam dixerit, et apostolus Paulus omnia illi populo in figura contigisse scribat. (I *Cor.*, x, 11.) Nam et ipse regulam monstrans, multa inde exposuit. Sed forte dicitis, solita vanitate et obtuso corde contra Deum vel Apostoli auctoritate loquentes, Veteris Testamenti dicta exponi prorsus non posse, solum autem Novum in talibus exponi posse. Et non consideratis non vos habere quid dicere, si ab aliis impiis vobis dicatur, Vetus potius exponi posse, Novum non posse. Mens autem sana utrumque Testamentum considerans, quæcumque in uno invenerit expositionem admittere, sine dubio in altero declarabit. Multum apparet imperitia vestra, vel potius malitia. Attendite in actibus Leucii, quos sub nomine Apostolorum scribit, qualia sint quæ accipitis de Maximilla uxore Egetis : quæ

dans les actes que Leucius a écrits sous le nom des apôtres, quelles choses vous acceptez de Maximilla, épouse d'Egète ; comme elle ne voulait point rendre le devoir conjugal à son mari, bien que l'Apôtre eût dit : « L'homme rendra le devoir conjugal à sa femme et la femme à son mari, » (I *Cor.*, VII, 3) elle mit, à sa place, auprès de son mari, sa servante Euclie ; après l'avoir rendue attrayante, comme il est dit dans ces actes, à force de toilette et de fard, elle se la substitua pendant la nuit pour remplir son rôle de telle façon que son mari, qui l'ignorait, se conduisit avec elle-même comme si c'eût été sa propre femme. Il est encore rapporté dans ce livre, que la même Maximilla, en compagnie d'Iphidamie, étant allée entendre l'apôtre André, un très-joli petit enfant, en qui Leucius veut qu'on voie Dieu même ou tout au moins un ange, les recommanda à l'apôtre André qui se rendit au prétoire d'Egète, et étant entré dans leur chambre à coucher, imita des voix de femmes, comme si Maximilla se fût trouvée prise de l'incommodité ordinaire à son sexe, et qu'Iphidamie eût répondu à ses paroles. En entendant ces voix, Egète pensa que ces deux femmes se trouvaient dans la chambre et se retira. Que dites-vous à cela, je vous prie ? Pourquoi Maximilla n'a-t-elle pas craint de recourir aux honteux appas de sa servante pour lier des âmes dans la chair ? Et quand vous croyez que ce jeune enfant a honteusement menti, comment pourra-t-on ajouter foi à ce que vous direz, puisque en mentant vous-mêmes vous prétendez ne faire qu'imiter votre Seigneur ?

Mais avec la témérité dont vous êtes pleins, criez-vous encore contre les livres de l'Ancien Testament plutôt que d'essayer d'apprendre ce que vous ne savez point au lieu d'en dire du mal ? Considérez quels miracles s'y trouvent rapportés. Si vous aimez les miracles du Nouveau Testament, c'est là qu'on voit d'abord des morts ressuscités et des lépreux guéris, ainsi que beaucoup d'autres choses qu'on ne peut apprendre si on les étudie avec soin et avec piété, sans que la foi soit édifiée. Si ce sont les bons préceptes qui vous charment, c'est encore dans le Nouveau Testament que se trouvent pour la première fois les deux commandements de l'amour, l'accord de Dieu et du prochain que le Seigneur exalte si fort, c'est là qu'il est dit qu'on doit quitter maisons, parents, enfants, et le reste, pour le Seigneur (*Matth.*, XIX, 29) ; là qu'il est recommandé de ne point rendre le mal pour le mal, de prier pour ses ennemis, de pardonner à un ennemi, de présenter la joue au soufflet qu'on veut nous donner, et tous les autres préceptes du Nouveau Testament, qui non-seulement se trouvent consignés là, mais encore ont été observés avec tout le soin possible par les saints.

CHAPITRE XXXIX. — Est-ce que votre malice pourra dire que tout ce que ces écrits renferment de bon et de magnifique est faux et interpolé, et qu'il n'y a de vrai que ce que vous trouvez mal parce que vous ne le comprenez pas ? Or, vous devez remarquer que d'autres impies pourraient faire comme vous au sujet du Nouveau Testament et réputer mal tout ce qu'ils n'y comprennent point, le condamner et dire qu'il n'y a que cela qui y soit vrai et prétendre que toutes les choses manifestement magnifiques qui s'y trouvent sont des faussetés que des personnes aimant le Seigneur ont placées dans ces livres, de peur que tout n'y semblât à fuir. En sorte que ce serait vous aussi bien que ces personnes-là, que dans leur égal aveuglement, il faudrait fuir comme étant jugés et condamnés. Enfin, veillez, cessez vos blasphèmes et

---

cum nollet marito debitum reddere, cum Apostolus dixerit : « Uxori vir debitum reddat, similiter et uxor viro : » (I *Cor.*, VII, 3) illa supposuerit marito suo ancillam suam Eucliam nomine, exornans eam, sicut ibi scriptum est, adversariis lenociniis et fucationibus, et eam nocte pro se vicariam supponens, ut ille nesciens, cum ea tanquam cum uxore concumberet. Ibi etiam scriptum est, quod cum eadem Maximilla et Iphidamia simul issent ad audiendum apostolum Andream, puerulus quidam speciosus, quem vult Leucius vel Deum, vel certe Angelum intelligi, commendaverit eas Andreæ apostolo : et perrexerit ad prætorium Egetis, et ingressus cubiculum eorum, finxerit vocem muliebrem, quasi Maximillæ murmurantis de doloribus sexus feminei, et Iphidamiæ respondentis. Quæ colloquia cum audisset Egetes, credens eas ibi esse, discesserit. Quid ad hoc dicitis, rogo vos ? Quare non timuit Maximilla per turpissimum lenocinium ancillæ suæ ligare animas in carne ? Cum autem illum puerulum tam turpiter credatis esse mentitum, quis vobis credat loquentibus, quando si mentiamini, Dominum vos dicitis imitari ?

Sed vos temeritate pleni adhuc irruite in veteres libros, ut quæ nescitis, potius accusare quam discere laboretis. Considerate quæ ibi miracula sint. Si miraculis Novi Testamenti delectamini, ibi mortui primo suscitati, ibi leprosi primo mundati, et alia multa quæ diligenter et pie quærentibus ad ædificandam fidem innotescunt. Si autem bonis præceptis delectamini, ibi primitus scripta sunt illa duo præcepta, quæ sublimiter Dominus laudat de diligendo Deo et proximo (*Matth.*, XXII, 37) : ibi dimittenda domus, parentes, filii, et cætera propter Dominum (*Ibid.*, XIX, 29) : ibi non reddendum malum pro malo, ibi orandum pro inimicis (*Rom.*, XII, 17), ibi inimico ignoscendum, ibi tradenda maxilla ad accipiendam alapam (*Matth.*, V, 44 ; *Luc.*, VI, 27 ; *Matth.*, V, 39) : et quæcumque in Novo Testamento præcepta sunt, non solum ibi mandata, sed etiam a sanctis viris omni vigilantia completa.

CAPUT XXXIX. — Numquid et hoc poterit dicere malitia vestra, quæcumque bona et magnifica ibi scripta sunt, falsa esse et apposita, illa vero quæ non intelligentes putatis mala, ea tantummodo vera esse ? Debetis enim advertere, aliquos similiter impios ita de Novo Testamento facere posse, ut quæcumque ibi sunt quæ non intelligentes putaverint mala, ea reprehendant, et dicant ipsa ibi esse sola vera ; illa autem omnia quæ ibi aperte magnificata sunt, dicant esse falsa, atque ab amatoribus Domini apposita, ne omnia viderentur fugienda : ut et vos et illi tali cæcitate percussi, jam judicati et damnati fugiamini. Tandem vigilate, et a blasphemiis conquies-

recevez l'autorité de toutes les Ecritures canoniques. Si vous pensez être chrétiens, ne blâmez pas ce que vous ne comprenez pas, désirez plutôt en avoir l'intelligence.

Chapitre XL. — Et puis qu'est-ce que vous avez encore à nier la résurrection de la chair? L'apôtre Paul vous crie : « Le corps maintenant, comme une semence, est mis en terre plein de corruption, et il ressuscitera incorruptible; il est mis en terre tout difforme, et il ressuscitera tout glorieux; il est mis en terre tout privé de mouvement, et il ressuscitera plein de vigueur; il est mis en terre comme un corps tout animal, et il ressuscitera comme un corps glorieux. » (I *Cor.*, xv, 42 à 44.) Et vous, vous vous écriez de votre côté que le corps de l'homme ne peut ressusciter et que c'est le prince des ténèbres qui le possède, bien que le même Apôtre appelle notre chair les membres du Christ et le temple du Saint-Esprit. « Ne savez-vous point, dit-il, en effet, que nos corps sont les membres du Christ? » (I *Cor.*, vi, 15.) Il est certain qu'il n'en parle point ainsi en tant qu'ils sont affaiblis par la corruption présente, laquelle est la conséquence de la peine du péché originel, mais il en parle au point de vue de l'adoption de la résurrection future, comme il dit ailleurs : « Nous gémissons en nous-mêmes en attendant l'adoption divine qui sera la résurrection de notre corps. » (*Rom.*, viii, 23.) Ailleurs il compare aussi notre corps à l'Eglise quand, au sujet du mariage, il dit : « Nul ne hait sa propre chair, au contraire il la nourrit et l'entretient, comme Jésus-Christ l'Eglise. » (*Ephés.*, v, 29.) Si donc, dans un autre endroit, il dit : « La chair a des désirs contraires à ceux de l'esprit, et l'esprit en a de contraires à ceux de la chair; » (*Gal.*, v, 17) ce n'est point pour condamner la chair et nous la faire regarder comme une ennemie, mais c'est plutôt pour nous engager à nous la soumettre pour concevoir et enfanter de bonnes œuvres et pour servir l'esprit comme une bonne épouse. Or, il dit que cela ne peut se faire qu'avec la grâce de Dieu par Notre-Seigneur Jésus-Christ. Ce qui nous résiste en effet dans la chair, ce n'est point sa nature, mais c'est le châtiment qu'elle endure, attendu que c'est le péché qui nous a faits mortels. En effet, le même Apôtre dit encore ailleurs : « Votre corps est le temple du Saint-Esprit qui habite en vous. » (I *Cor.*, vi, 19.) Et cependant comme la chair est appelée du foin (*Isa.*, xl, 6), à cause de la faiblesse présente, vous croyez que saint Jean a fait de l'or du foin, et vous ne croyez pas que le Dieu tout-puissant puisse faire un corps spirituel d'un corps animal? Car à cause du changement même de la chair qui doit arriver un jour, attendu que Dieu doit faire un corps céleste de cette même chair, quand nous serons égaux aux anges de Dieu; l'Apôtre dit avec beaucoup de vérité : « La chair et le sang ne posséderont point le royaume de Dieu. » (I *Cor.*, xv, 50.)

Mais il ne faut pas s'étonner que vous soyez aveugles au point de penser qu'il n'est pas possible que ces choses soient faites par le Dieu tout-puissant, puisque vous prétendez que le monde même et tout ce qui a été fait, Dieu n'a pu le faire que par une grande et misérable nécessité et ne l'aurait point fait s'il n'avait eu une matière qui lui servit à créer le monde pour pouvoir en dégager un jour une portion de lui-même.

Chapitre XLI. — Choisissez donc maintenant le parti que vous voulez suivre; un Dieu faible, impuissant qui, dans le besoin d'une portion de son être re-

---

cite, atque omnium sanctarum canonicarum Scripturarum, si Christiani esse cogitatis, auctoritatem recipite; et quæ non intelligitis, accusare nolite, sed potius eorum intellectum desiderate.

Caput XL. — Nam quale est etiam illud, quod resurrectionem carnis negatis? Paulus apostolus clamat : « Seminatur in corruptione, resurget in incorruptione; seminatur in contumelia, surget in gloria; seminatur in infirmitate, surget in virtute; seminatur corpus animale, surget corpus spiritale. » (I *Cor.*, xv, 42.) Et vos contra reclamatis, carnem hominis non posse resurgere, et eam tenebrarum principem habere auctorem : cum eamdem Apostolus membra Christi et templum Spiritus sancti esse dicat : « Nescitis, inquit, quia corpora vestra membra sunt Christi? » (I *Cor.*, vi, 15.) Quod non utique secundum infirmitatem præsentis corruptionis, quæ de peccati originalis pœna descendit, sed secundum adoptionem futuræ resurrectionis dicit : sicut alibi ait : « Et ipsi in nobis ingemiscimus, adoptionem exspectantes, resurrectionem corporis nostri. » (*Rom.*, viii, 23.) Alibi etiam eamdem carnem Ecclesiæ comparavit, cum de conjugio loqueretur, dicens : « Nemo enim unquam carnem suam odio habet; sed nutrit et fovet eam, sicut Christus Ecclesiam. » (*Ephes.*, v, 29.) Quod ergo alio loco dicit : « Caro concupiscit adversus spiritum, spiritus autem adversus carnem; » (*Gal.*, v, 17) non carnem damnat, ut eam tanquam inimicam existimemus : sed admonet potius, ut subjugemus nobis eam ad bona opera concipienda, et parienda, ut velut conjux spiritui serviat : quod dicit non posse fieri, nisi gratia Dei per Jesum Christum Dominum nostrum. Non enim natura carnis, sed pœna ejus nobis reluctatur; quia peccato meruimus esse mortales. Nam iterum dicit : « Corpus vestrum templum est in vobis Spiritus sancti. » (I *Cor.*, vi, 19.) Et tamen cum ipsa caro propter præsentem infirmitatem fœnum appelletur (*Isa.*, xl, 6); creditis Joannem de fœno aurum fecisse, et non creditis Deum omnipotentem de corpore animali spiritale corpus facere posse? Nam propter ipsam commutationem carnis, quæ futura est, quoniam de ista carne cœleste corpus Deus facturus est (*Matth.*, xxii, 30), quando erimus æquales Angelis Dei, propterea verissime dicit idem Apostolus : « Caro et sanguis regnum Dei non possidebunt. » (I *Cor.*, xv, 50.)

Sed non mirum quod ita cæci estis, ut non posse ab omnipotente Deo ista fieri putetis : cum etiam dicatis mundum, vel omnia quæ facta sunt, non potuisse aliter facere Deum, nisi magna et miserabili necessitate, et nisi esset materia quæ illum ad operationem mundi adjuvaret, ut inde posset partem suam liberare.

Caput XLI. — Eligite ergo nunc quid sequi velitis,

tenue dans la misère, fut aidé, pour faire le monde, par une matière que lui-même n'a point faite, ou un Dieu tout-puissant qui, sans y être contraint par aucune nécessité et n'agissant que par sa propre volonté et avec un souverain pouvoir, « n'a eu qu'à parler et toutes choses ont été faites, qu'à commander et tout a été créé, » (*Ps.* xxxii, 9 et *Gen.*, i, 3) « et qui appelle ce qui n'est point comme ce qui est. » (*Rom.*, iv, 17.)

Chapitre XLII. — Pour vous donc qui avez été trompés par l'impiété de Manès, fuyez, hâtez-vous tandis qu'il en est temps, de peur de mériter la damnation éternelle de la bouche de ce juste Juge. Repentez-vous de vos péchés, si vous voulez être délivrés, et ne prêtez point l'oreille aux discours des manichéens qui disent : Nous autres, nous ne péchons point, c'est-à-dire nous sommes des âmes de lumière ; mais la nation des ténèbres pèche. Car s'il en est ainsi, pourquoi nous effraient-ils pour nous forcer à croire à eux ? Ils ne peuvent dire que l'infidélité n'est point un péché, puisqu'il est écrit que « celui qui ne croit pas est déjà jugé. » (*Jean*, iii, 18.)

Chapitre XLIII. — Si donc l'infidélité est un péché et si en même temps il n'y a que la nation des ténèbres qui pèche, il s'ensuit que toute portion de la lumière est exempte de péché ; ils reviennent donc tous au royaume, parce qu'ils ne pèchent point ; et il n'y a rien à craindre pour une âme quelconque, puisqu'elle ne fait point de péché. Il n'y a donc que fausseté dans ce que dit Manès, à savoir qu'une portion successive de la lumière, c'est-à-dire les âmes pécheresses, est condamnée à la garde du globe, afin de procurer enfin une certaine sécurité aux royaumes de Dieu qui se trouvent en danger. Il est donc nécessaire qu'une portion de la lumière pèche si ce n'est une portion des ténèbres ; mais si c'est une portion de la lumière, c'est Dieu qui pèche. Or, c'est un crime de le prétendre. Si au contraire c'est une portion des ténèbres qui pèche, c'est elle qui est appelée au royaume des cieux par celui qui a dit : « Je ne suis pas venu appeler les justes, mais les pécheurs, attendu que ce ne sont pas ceux qui se portent bien, mais ceux qui sont malades qui ont besoin du médecin. » (*Matth.*, ix, 13.) Mais cette divinité de divinité, cette lumière de lumière, étant dégénérée, est associée à jamais à la nation des ténèbres.

Chapitre XLIV. — O détestable erreur de ceux qui croient de pareilles choses ! je voudrais pourtant que vous fissiez attention, je voudrais que vous voulussiez voir qu'il ne peut se faire que celui que vous dites souverainement mauvais par nature ne peut devenir mauvais ; attendu que quelque chose qu'il fasse, il la fait de telle sorte qu'il ne saurait s'écarter de sa nature, ni la faire autrement, et, par conséquent, il ne pèche point. Mais s'il ne fait aucun péché, il ne fait aucun mal ; d'où il suit que s'il ne fait aucun mal, il n'est point mauvais. Il ne reste donc plus à dire que ceci, c'est que c'est une portion de Dieu par laquelle on entend Dieu et que vous appelez l'âme, qui seule est coupable de tous les péchés et vous faites retomber sur votre dieu tout ce que vous avez l'extrême folie de tenir pour blâmable. Mais que dire la vérité ? Que le corps étant un être inanimé ne peut pécher par lui-même, et que l'âme, si elle est irraisonnable, ne peut point pécher non plus, attendu qu'elle n'est point apte à recevoir les préceptes de la raison, ni à parvenir à la béatitude, mais ne peut que conserver, dans son rang, l'ordre de la nature qu'elle a reçu. Quant à l'âme raisonnable, au contraire, comme elle peut percevoir

---

Deum minus potentem et infirmum, qui necessitate partis suæ in miseria constitutæ, a materia quam ipse non fecerat, ut mundum faceret adjutus est : an Deum omnipotentem qui nulla necessitate, sed propria voluntate et summa potestate, « dixit et facta sunt, mandavit et creata sunt : » (*Psal.* xxxii, 9; *Gen.*, i, 3) « Qui vocat ea quæ non sunt, tanquam ea quæ sunt. » (*Rom.*, iv, 17.)

Caput XLII. — Vos ergo homines, qui ista impietate Manichæi estis decepti, fugite, festinate dum licet, ne damnationem æternam ab illo justo judice mereamini. Pœniteat vos peccatorum vestrorum, si cupitis liberari ; et nolite audire Manichæos dicentes : Non peccamus nos, hoc est, animæ lucis, sed peccat gens tenebrarum. Si enim ita est, quare nos terrent, ut eis credamus ? Non enim possunt dicere, quia infidelitas non est peccatum : cum scriptum sit : « Qui non credit, jam judicatus est. » (*Joan.*, iii, 18.)

Caput XLIII. — Si ergo infidelitas peccatum est, et non peccat nisi gens tenebrarum, restat ut ab omni peccato pars lucis immunis inveniatur. Omnes ergo ad regnum redeunt, quia ipsi non peccant : et nihil timendum est alicui animæ, quia nihil peccat : et falsa sunt quæ Manichæus dicit, succisivam lucis partem, hoc est, animas peccatrices damnari ad custodiam globi, ut aliqua securitas divinis regnis in periculo constitutis tandem aliquando comparetur. Necesse est ergo ut aut pars lucis peccet, aut pars tenebrarum. Sed si pars lucis peccat, Deus peccat, quod nefas est dicere : si autem pars tenebrarum peccat, ipsa vocatur ad regnum per eum qui dixit : « Non veni vocare justos, sed peccatores ; quia non est opus sanis medicus, sed male habentibus. » (*Matth.*, ix, 13.) Illa autem divinitas de divinitate, et lux de lumine, tenebrarum generi degenerans in æternum sociatur.

Caput XLIV. — O detestandum mentis errorem talia credentium ! Vellem tamen ut attenderetis, et videre velletis, eum quem naturaliter summum malum esse dicitis, non posse fieri ut malus sit. Quoniam si quidquid facit, sic facit ut a natura sua recedere et aliter facere non possit, prorsus nihil peccat : si autem nihil peccat, nihil mali facit : et ideo si nihil mali facit, non est utique malus. Restat itaque ut pars Dei, quæ Deus intelligitur, quam animam dicitis, sola sit rea omnium peccatorum, et omnia illa quæ accusanda insanissime putatis, in deum vestrum refundatis. Sed quid veritas clamat ? Corpus cum examine est peccare non posse, sed per ipsum posse peccari : animam vero, irrationalem quidem peccare non posse, quia nec præcepta rationis potest accipere, neque ad beatitudinem pervenire, sed in suo gradu servare ordinem naturæ quem acceperit : rationalem autem, quia potest recte factorum rationabilia præcepta percipere,

les préceptes raisonnables des actes, et, par des actes bien faits, parvenir à la béatitude éternelle, si elle ne le veut point, est justement condamnée à l'enfer, attendu que ce qui la sépare de Dieu, ce n'est que sa volonté mauvaise.

Chapitre XLV. — Lisez, ô manichéens, et discutez tout cela avec toute la vigilance possible, oui, lisez et discutez de plus en plus, mais avec un esprit juste, non avec un cœur hostile. Lisez cela en y apportant votre attention; car cet écrit s'élèvera comme un témoin contre vous, au jugement futur, si reconnaissant comme vrai ce qui vient d'être dit, vous ne vous êtes point rendus en courant de toutes vos forces dans le sein de l'Église catholique, qui seule enseigne la vérité.

Chapitre XLVI. — Jugez donc enfin, ô manichéens, et choisissez qui vous voulez suivre; est-ce le Père inengendré, le Fils unique et le Saint-Esprit communs à l'un et à l'autre dans l'unité du Père et du Fils, un seul Dieu tout-puissant, incorruptible, inaccessible, immuable, vrai, bon, saint, clément, juste, qui n'a point de parties, attendu qu'il est un, et dont aucune parcelle ne peut être séparée de lui, puisqu'il est indivisible, en qui rien ne peut changer, parce qu'il est tout entier immuable, un Dieu en qui quoi que ce soit de la substance ne peut même légèrement se corrompre, parce qu'il est tout entier incorruptible; un Dieu qui a voulu, et toutes les choses qui existent ont été faites, tant celles qui ont la vie que celles qui ont l'intelligence? Il est la souveraine substance, la souveraine vie, la souveraine vérité; il a ordonné, et tous les biens ont été placés en leur lieu et à leur temps; il a daigné placer la créature raisonnable au-dessus de toutes les créatures, il a daigné parler à cette créature déchue volontairement par orgueil de ses lois, et qui s'est mise à la poursuite des choses visibles, et lui montrer par ses ministres, ou par lui-même, dans sa miséricorde, certains exemples, certains miracles visibles, et lui donner des préceptes qui lui permissent de se relever et de se renouveler pour la vie éternelle. Enfin le Dieu que vous préférez est-il le Dieu que prêche la foi catholique?

Chapitre XLVII. — Ou bien préférez-vous le Dieu qu'on dit à tort exempt de corruption, puisque plus tard il se trouve accablé par le mal de la nécessité; un Dieu craintif, puisqu'en se voyant menacé de souillure et de dévastation, il s'est senti forcé à la guerre; un Dieu plein d'ignorance, s'il n'a pas pu voir ce qui devait arriver à une portion de son être; un Dieu cruel, s'il prévoyant le malheur qui devait fondre sur une partie de lui-même, et pouvant demeurer en pleine sécurité avec elle, il n'a pas laissé de l'envoyer à une lutte misérable; un Dieu mauvais, si, pendant qu'il ne pouvait lui être rien fait par la nature du mal, il s'est efforcé néanmoins de la détruire; un Dieu téméraire, qui a osé en venir aux mains avec cette nature par qui une partie de lui-même devait être réduite en captivité, et être souillée à jamais; un Dieu changeant, puisque déjà il est changé en partie; un Dieu corruptible, puisque tantôt il est dans le sang des courtisanes, tantôt il meurt, tantôt il blasphème, et tantôt commet toute espèce de crimes, attendu qu'il est par quelque partie de lui-même mêlé à toutes ces choses; un Dieu pleurant, et la face cachée par un voile de tristesse; un Dieu soumis à l'empire du démon, comme l'argile au potier, et contraint par la nécessité à un rôle si honteux qu'il se change tantôt en jeunes hommes et tantôt en jeunes filles, pour enflammer les pas-

---

et recte factis ad æternam beatitudinem pervenire, si hoc peccando noluerit, juste ad inferiora damnari; quia inter ipsam et Deum non separat nisi voluntas prava.

Caput XLV. — Legite Manichæi, et omni vigilantia ista discutite, et magis magisque legite atque discutite, sed animo æquo, non animo inimico. Legite illud attendentes, quia erit vobis in futuro judicio ista scriptura testis, si agnoscentes vera esse quæ dicta sunt, ad sinum matris Ecclesiæ catholicæ, quæ sola veritatem docet, omni cursu non festinaveritis.

Caput XLVI. — Judicate tandem aut eligite Manichæi, quem sequi vultis, Patrem ingenitum, Filium unigenitum, Spiritum sanctum in Patris et Filii unitate communem, unum Deum omnipotentem, incorruptibilem, inadibilem, incommutabilem, verum, bonum, sanctum, clementem, justum, qui non habet partes, quia unus est; neque ejus particula separari ab eo potest, quia inseparabilis est; neque aliquid ejus immutari potest, quia totus incommutabilis est; neque vel leviter quodlibet ejus substantiæ corrumpi potest, quia totus incorruptibilis est: qui voluit, et facta sunt omnia quæcumque sunt, quæcumque vivunt, quæcumque intelligunt; ipse enim summa substantia, summa vita, summa veritas est: qui præcepit, et ordinata sunt omnia suis locis et temporibus bona; qui rationalem creaturam omni cæteræ creaturæ præficere dignatus est; qui ei per superbiam a suis legibus voluntate lapsæ et visibilia sequenti, misericorditer per suos ministros ac per se ipsum signis quibusdam visibiliter et exemplis et præceptis demonstratis quibus consurgere valeret, atque ad æternam vitam renovaretur, loqui dignatus est: quem prædicat Catholica fides.

Caput XLVII. — An illum Deum qui falso dicitur incorruptus, quia postea invenitur malo necessitatis oppressus; timidum, quia imminente labe ac vastitate compulsus ad bellum est; ignorantiæ plenum, si suæ parti quid contingere posset, videre non potuit; crudelem, si prævidens miseriam futuram partis suæ, et qui cum ea securus posset quiescere, tamen eam misit ad miserabilem pugnam; malum, si cum sibi fieri a malo natura nihil posset, tamen conatus est eam ipse delere; temerarium, qui ausus est congredi cum ea, a qua ejus pars et captiva teneretur, et in sempiternum macularetur; commutabilem, quia jam ex parte mutatus est: corruptibilem, quia jam ex parte meretricantem, ex parte mentientem, ex parte blasphemantem, scelera omnia ex parte facientem, quia his omnibus ex parte commixtus est; lugentem, velo luctuoso tectum; subjacentem dæmoniis ut lutum figulo, et usque ad turpem personam necessitate perductum, ut in pueros et virgines transfiguratus dæmonum libidinem

sions des démons, le dieu enfin que prêche Manès? Ah! si c'est possible, que votre conscience renie un tel dieu, à la voix du vrai Dieu éternel qui se fait entendre à vous, qui doit nous juger tous, oui, reniez ce dieu qui seul de tous ceux que je vous ai dépeints existe pour vous.

CHAPITRE XLVIII. — Mais si ce que nous disons est vrai, regardez enfin, et voyez dans quelle mort vous vous trouvez placés. Soyez humbles si vous voulez être sauvés, ne parlez plus avec orgueil et impiété, puisque vous assurez que vos âmes sont des portions de lui-même, car Dieu n'est point plus petit dans une partie et plus grand dans une autre. Mais dites-vous plutôt : Dieu est immuable, nous autres nous sommes muables; Dieu est incorruptible, et nous, nous sommes corrompus par nos passions; Dieu est incoïnquinable, et nous, nous sommes souillés par nos péchés; Dieu est la sagesse même, et nous nous ne sommes que des insensés qui nous, efforçons de parvenir à la sagesse; Dieu est la vie même éternelle et bienheureuse, et nous, par nos péchés, nous sommes malheureux, et nous souhaitons de devenir heureux, nous ne faisons donc point partie de lui ; car si vous êtes, si vous êtes portions de lui, et que vous souffriez tant de maux, il ne reste plus qu'une chose à dire, c'est qu'il souffre lui-même toutes ces choses dans une partie de lui-même et qu'il pourrait subir de plus indignes traitements encore que ceux qu'il lui arrive d'essuyer, s'il ne pourvoyait à son salut au prix de votre misère. Voyez donc ce que vous êtes, si vous êtes portions de lui, vous êtes Dieu; si vous avez été engendrés par lui, vous êtes encore Dieu comme lui, pourquoi alors vous souillez-vous par tant de corruption et de péchés? Mais si vous avez été faits par lui, confessez-le, et vous ne serez plus manichéens.

CHAPITRE XLIX. — Manès prétend qu'il y a deux natures, l'une bonne, l'autre mauvaise ; la bonne a fait le monde, la mauvaise est ce dont le monde a été fait. Mais si c'est Dieu qui vous a faits, Manès n'a point trouvé de quelle matière Dieu vous a faits. Car s'il vous a faits de lui-même, vous êtes ce qu'il est, vous ne devriez donc point être souillés par une aussi grande corruption de péchés, comme je l'ai déjà dit. Si, au contraire, il vous a faits d'une autre matière que lui, vous n'avez aucun rapport avec lui, car, en ce cas, il vous a faits de la même matière que le monde. S'il ne vous a faits ni de lui-même ni d'une autre matière que lui, mais s'il vous a faits par un simple acte de sa toute-puissance, et que vous ayez été faits ainsi, dites-le à Manès et renoncez à son erreur. Or, il convient au Tout-Puissant de faire ce qu'il veut, de la manière que l'Eglise catholique le proclame en ces termes : « Il a parlé, et les choses se sont faites, il a ordonné, et elles ont été créées. » (*Ps.* XXXII, 9.) Dites-vous : Nous ne sommes point des portions de lui, mais nous sommes ses œuvres. Dites-vous : Si Dieu a souffert la nécessité et n'a pu s'échapper de ses étreintes qu'au détriment d'une portion de lui-même, qui pourra jamais se sauver de pareilles nécessités, ou qui sera jamais protégé par un Dieu qui ne peut pas se protéger lui-même? Ou bien quand pourra-t-il me délivrer de cette nécessité, quand il n'a pu me garder dans ses royaumes intacts? Car ce n'est point parce que j'avais péché, mais c'est pour que je péchasse qu'il m'en a chassé. Quand pourra-t-il me faire du bien à moi misérablement détenu dans des royaumes

accenderet, quem prædicat Manichæus. Aut certe, si potest, neget conscientia vestra, teste vobis vero Deo æterno, qui omnes judicaturus est, unum istorum vobis ipsis negate.

CAPUT XLVIII. — Si autem vera sunt quæ dicimus, tandem respicite, tandem videte, in qua estis morte constituti. Humiles estote, si optatis liberari, et nolite superbe et impie dicere, vos ipsos esse Deum omnipotentem. Hoc enim dicitis, cum animas vestras partes ejus esse asseveratis : non enim Deus in parte major, in parte minor est. Sed potius dicite vobis : Deus incommutabilis est, nos commutabiles sumus : Deus incorruptibilis est, nos cupiditatibus nostris corrumpimur : Deus incoinquinabilis est, nos peccatis nostris coinquinamur : Deus ipsa sapientia est, nos stulti ad sapientiam pervenire conamur : Deus ipsa æterna et beata vita est, nos peccatis nostris miseri sumus, et optamus fieri beati : non ergo sumus pars substantiæ ejus. Si enim partes ejus estis, et hæc tanta patimini, restat ut et ipse jam ex parte hæc omnia patiatur, et amplius pati potuerit, quod ejus contingit parti, nisi per vestram miseriam sibi provideret. Videte vos ergo quid estis : si partes ejus, Deus estis; si geniti ab illo estis, similiter Deus estis : quid tanta peccatorum corruptione turpamini? Si autem facti ab illo estis, hoc confitemini, et non jam eritis Manichæi.

(*a*) Cisterciensis Ms. *ipse.*

CAPUT XLIX. — Manichæus enim duas dicit esse naturas, unam bonam et alteram malam : bonam quæ fecit mundum, malam de qua factus est mundus. Si autem vos Deus fecit, non invenit Manichæus unde vos Deus fecerit. Si enim de se ipso vos fecit, hoc estis quod ipse. Non ergo debuistis tanta peccatorum corruptione turpari, sicut jam dictum est. Si autem de alieno vos fecit, non ad illum pertinetis; quia sic vos fecit quomodo mundum. Si autem nec de se ipso, nec de alieno vos fecit, sed tantum omnipotentia sua voluit, et facti estis: hoc dicite Manichæo, et renuntiate ejus errori. Sic decet enim omnipotentem facere quæ voluerit, sicut Catholica dicit: «Ipse dixit, et facta sunt; ipse mandavit, et creata sunt.» (*Psal.* XXXII, 9.) Dicite vobis: Non sumus partes ejus, sed sumus opera ejus. Dicite vobis: Si Deus necessitate passus est, et evadere aliter non potuit, nisi partis suæ pateretur detrimentum; quis aliquando poterit de talibus necessitatibus liberari, aut quis erit qui protegatur a Deo non valente se ipsum protegere? Aut quando me de hac necessitate captivitatis poterit liberare, qui me in integris regnis custodire non potuit. Non enim peccantem me inde dimisit, sed ad peccata (*a*) ipsa me misit. Aut quando mihi in alienis miserabiliter constituto prodesse poterit, qui ut sibi prodesset, me ad tantam perniciem dedit, ne pugnaret. Si incorruptibilis est ipse Deus, quid ei factura

étrangers, lui qui pour se faire du bien à lui-même, m'a abandonné à une telle adversité, afin qu'il n'eût point lui-même de combat à livrer? Si Dieu est incorruptible, que pouvait lui faire la nature du mal, supposé qu'il n'eût point voulu combattre avec elle pour que moi-même je ne fusse point dans les tourments où je me trouve en ce moment? Ou quelle n'est pas l'injustice de me voir condamné au globe, tandis que c'est moi qui supporte tant de choses afin qu'il soit quelque peu tranquille? Certainement, puisque je suis ce qu'il est, puisque je suis une portion de lui, comme il n'y a dans ses royaumes insignes ni infirme, ni indigent, je souffrirai à mon tour cette misère, afin d'arriver un jour moi-même à jouir du repos, et que ces royaumes puissent être un jour pacifiés et sans péril. Il est vrai qu'il est à craindre que la nature du mal ne puisse être gardée enfermée dans ce globe. Si elle a corrompu des royaumes incorruptibles, et si elle a violé la substance inviolable de Dieu, comment cette portion de lumière, comment les âmes pécheresses qui après avoir été viciées sont attachées faibles et infirmes dans le globe qu'elles doivent garder, comment ne seront-elles point absorbées par cette nature mauvaise au point de pouvoir troubler de nouveau les royaumes de Dieu tout entier, sans qu'il se trouve personne qui puisse s'y opposer? En effet, qui osera maintenant se présenter au combat, quand il a été tenu une conduite si indigne envers la portion de la nature du bien, qui s'était avancée pour combattre, que ses citoyens se trouvent condamnés à jamais, pour le repos de ce Dieu, à la garde éternelle du globe? Ou bien si elle ne peut rompre le globe pour parvenir à ce toit lumineux qui abrite les âmes des damnés, quel besoin y a-t-il qu'elle soit couverte par la damnation des membres de Dieu? Si, au contraire, elle peut rompre ce globe, qui pourra résister impunément à une nature qui a blessé ceux qui étaient intacts? Loin de nous un blasphème aussi grave et aussi abominable. Ne laissez point prononcer une pareille iniquité à vos oreilles, ne vous exposez point au contact d'une chose aussi mortelle. Fuyez Manès, et volez de toute l'ardeur de vos désirs vers les mamelles de la vérité catholique.

erat illa mali natura, si nollet cum illa pugnare, ne nunc ego sic cruciarer? Aut quæ ista injustitia, ut ad globum damner, cum ille ut modo aliquantulum securus sit, ego hæc tanta sustineam? Certe quoniam et ego sum quod ipse, quoniam pars ejus sum, nullo in regnis ejus insignibus indigente aut infirmo constituto, vicibus istam miseriam patiamur, ut et ego aliquantulum requiescam, et regna illa sine periculo possint esse peccata. Quanquam timendum sit ne ista natura mali nec in globo ipso inclusa custodiri possit. Si enim incorrupta regna corrupit, et inviolatam Dei substantiam violavit; quomodo pars illa lucis, hoc est, animæ peccatrices, quæ vitiatæ globo custodiendo infiguntur infirmæ ac debiles, quomodo non absorbentur ab ea, ut iterum regna illa divina nullo jam valente obsistere tota conturbet? Quis enim jam audeat procedere ad bellum, quando cum illa parte quæ processerat tam inique actum est, ut (a) pro ejus requie sui cives ad sempiternam globi custodiam damnarentur? Aut si non potest perrumpere globum, ut ad lucidum illud tectorium damnatarum animarum perveniat, quid opus eam est contegi divinorum damnatione membrorum? Si autem potest perrumpere globum, quis ei resistet saucius, qui integros sauciavit? Absit tam gravis et tam abominanda blasphemia. Nolite istam iniquitatem ad aures vestras admittere : nolite tali negotio mortifero vos implicare. Fugite Manichæum, et ad veritatis Catholicæ ubera toto desiderio convolate.

(a) Idem codex *ut ejus requie succines ad sempiternam*, etc. Alii Mss. *ut ejus requie nulli sui cives*.

AVERTISSEMENT SUR LE MÉMOIRE SUIVANT

On a publié ce mémoire sous le nom d'Augustin, dans l'Appendice au tome X des œuvres de ce saint, de l'édition de 1586. Vers la même époque, il fut également publié, dans l'Appendice du tome V des *Annales ecclésiastiques*, par les soins de Baronius qui l'avait extrait d'un manuscrit du collége de Saint-Gervais de Paris. Nous le publions de nouveau après l'avoir soigneusement collationné avec un exemplaire de la bibliothèque de la reine Christine, ainsi qu'avec les Anathèmes d'un converti du manichéisme que le P. Sirmond a publiés dans le tome I *des Conciles de Gaule*.

ADMONITIO IN COMMONITORIUM SUBSEQUENS

Sub Augustini nomine vulgatum est in Appendice ad X Tomum operum S. Augustini editionis perfectæ anno 1586. Circa idem tempus fuit etiam procurante Baronio in Tomi V, *Annalium Ecclesiasticorum* Appendice publicatum ex vetere codice Gervasiani collegii Parisiensis. Nunc demum prodit recognitum diligentius ad exemplar quod in bibliotheca Reginæ Christinæ asservatur, nec non ad Prosperi cujusdam ex Manichæis conversi Anathematismos, quos edidit Sirmondus in tom. I *Conciliorum Galliæ*.

MÉMOIRE

VULGAIREMENT ATTRIBUÉ

A SAINT AUGUSTIN, ÉVÊQUE DE L'ÉGLISE CATHOLIQUE

SUR LA CONDUITE A TENIR A L'ÉGARD DE CEUX

QUI SE CONVERTISSENT DU MANICHÉISME

Lorsque les manichéens qui se convertissent et se repentent de leur criminelle erreur, auront anathématisé les erreurs de Manès dans la forme indiquée plus bas, et que chacun d'eux, après avoir donné, par écrit, sa confession de foi et sa pénitence, et anathématisé ses erreurs, demandera à occuper une place dans l'Eglise, au rang des catéchumènes ou des pénitents, si l'évêque agrée et reçoit sa déclaration écrite, il lui remettra une lettre avec la date du jour et du consulat, afin qu'il n'ait point à être inquiété pour le passé, à raison soit des lois publiques, soit de la discipline de l'Eglise. Si, à partir de ce jour quelques indices montrent qu'il est encore manichéen, on lui fera sentir la sévérité de la justice avec laquelle on doit traiter de tels hommes, tout chrétien devra, selon la doctrine de l'Apôtre, fuir sa société, lui retirer son amitié et éviter toute espèce de rapports avec lui. (*Tit.*, III, 20.) Quant à ceux qui auront reçu une lettre de leur évêque, ils seront recommandés aux bons catholiques de leur voisinage, ou demeurant avec eux, soit clercs soit laïques, qui veilleront à ce qu'ils assistent fréquemment à la prédication de la parole de Dieu, et leur serviront de témoins. Il ne faudra point les admettre trop facilement au baptême, s'ils sont encore catéchumènes, non plus qu'à la pénitence, s'ils sont au rang des pénitents, excepté le cas de mort, ou lorsque l'évêque saura par ceux à qui on les aura recommandés, qu'ils ont subi un temps d'épreuve.

Voici donc en quelle forme ceux qui se corrigeront de cette erreur devrons l'anathématiser.

I. Anathème à quiconque croit qu'il y a deux natures de principes différents, l'une bonne qui est Dieu, l'autre mauvaise, que Dieu n'a point créée, laquelle a elle-même ses chefs ainsi que ses maux, dont Dieu ne serait point l'auteur.

II. Anathème à quiconque croit que ces deux natures se sont fait la guerre l'une à l'autre, et qu'une portion de la nature de Dieu s'est trouvée mêlée, dans cette guerre, avec les princes des ténèbres, et toutes les nations qui font partie de la nature mauvaise, qu'elle est retenue par eux dans l'esclavage, l'oppression et la souillure, ce qui fait croire que la

COMMONITORIUM

vulgo

S. AUGUSTINI EPISCOPI ECCLESIÆ CATHOLICÆ

QUOMODO SIT AGENDUM

CUM MANICHÆIS QUI CONVERTUNTUR

Cum Manichæi, qui convertuntur, et quos pœnitet hujus nefandissimi erroris, anathemaverint eamdem hæresim secundum formam infra scriptam, libellumque dederit unusquisque eorum confessionis et pœnitentiæ suæ atque anathematis eorum, petens in Ecclesia vel Catechumeni, vel Pœnitentis locum, si libellus ejus Episcopo placuerit, eumque susceperit, det ei epistolam cum die et consule, ut neque de superiore tempore aliquam molestiam, vel publicis legibus, vel disciplina ecclesiastica patiatur. Et post ipsum diem, si aliquibus indiciis Manichæus apparuerit, sentiat justitiæ severitatem, quæ talibus adhibenda est : id est, ut ab ejus consortio, vel amicitia, vel quacumque societate Christiani se abstineant (*Tit.*, III, 10), secundum apostolicam (1) disciplinam. Commendentur autem, qui epistolas ab Episcopo acceperint, religiosis Catholicis vicinis, vel cohabitatoribus suis, sive clericis, sive laicis, per quorum erga se (2) curam frequentent ad audientiam sermonis Dei, et quorum testimonio possint innotescere : nec facile admittantur ad baptismum, si Catechumeni sunt, nec ad reconciliationem, si pœnitentiæ locum acceperint, nisi periculo mortis urgente, vel si eos aliquanto tempore probatos esse cognoverit Episcopus, per eorum testimonium, quibus fuerint commendati.

Forma ergo secundum quam debent hanc hæresim, qui corriguntur, anathemare, ista est.

I. Qui credit duas esse naturas, diversis principiis existentes, unam bonam quod est Deus, alteram malam quam non creavit Deus, habentem principes suos et mala sua quæ non creavit Deus, anathema sit.

II. Qui credit duas naturas bellum inter se gessisse, et partem naturæ Dei in eodem bello principibus tenebrarum et omnibus gentibus ad malam naturam pertinentibus fuisse permixtam, et ab eis (3) teneri colligatam,

---

(1) Al. *auctoritatem.* — (2) Al. *erga se securam frequenter audientiam sermonis Dei,* etc. — (3) Al. *tenebris.*

nature de Dieu est susceptible de changement et de souillure.

III. Anathème à quiconque croit qu'une portion de Dieu est détenue, liée et souillée dans les démons, dans tous les êtres vivants et dans toutes les espèces de plantes, et qu'elle est dégagée et purifiée par les aliments que mangent les disciples de Manès appelés élus, en sorte qu'il faudrait croire qu'une partie de Dieu se trouve détenue et souillée dans les concombres, les melons, les racines, les poireaux, et dans les plus viles herbes, et que c'est en mangeant ces choses que les élus, parmi les manichéens, lui viennent en aide.

IV. Anathème à quiconque croit que le premier homme qui a été appelé Adam n'a point été fait par Dieu, mais a été engendré par les princes des ténèbres, en sorte qu'une portion de Dieu qui se trouvait captive dans leurs membres, serait détenue plus abondamment et plus largement dans la terre; qu'il a été créé quand les princes des ténèbres mâles après s'être accouplés avec les princesses femelles, et avoir donné les fruits de leur union au principal prince des ténèbres qui les mangea tous, puis s'accoupla avec sa femme et eut ainsi d'elle Adam, liant en lui une grande partie de Dieu qui s'était trouvée liée dans les êtres nés des princes des ténèbres et que ceux-ci lui avaient donnés à dévorer.

V. Anathème à quiconque croit que les princes des ténèbres sont liés dans le ciel retenant la substance vitale, c'est-à-dire, une portion de Dieu, liée en eux dans la gêne et les angoisses, et qu'elle est délivrée de leurs membres lorsque le Père bienheureux qui a les nefs brillantes, c'est-à-dire, le soleil et la lune pour hôtellerie et pour demeure, transfigura ses propres vertus en belles femmes qu'il expose à la convoitise des princes mâles des ténèbres et en beaux jeunes gens qu'il expose également à la concupiscence des princesses des ténèbres, afin que par l'effet de cette même concupiscence, la substance vitale, c'est-à-dire, une portion de Dieu, se délie de leurs liens, et soit purifiée après s'être dégagée de leurs membres.

VI. Anathème à quiconque croit qu'une portion de Dieu qui n'aura point pu être entièrement délivrée et purifiée de son mélange avec la nation des ténèbres sera éternellement damnée et fichée dans un horrible globe où se trouve enfermée la nation des ténèbres.

VII. Anathème à quiconque croit que la loi qui a été donnée par le ministère de Moïse, n'a point été donnée par le bon et vrai Dieu, et que les prophètes du peuple d'Israël qui se trouvent dans le Canon des saintes Ecritures de l'Eglise catholique n'ont point non plus parlé par l'Esprit du bon et vrai Dieu.

VIII. Anathème à quiconque croit que le Fils de Dieu, Notre-Seigneur Jésus-Christ, n'a point eu un véritable corps, qu'il n'est point né de la Vierge Marie, qu'il n'a point véritablement souffert la mort, qu'il n'est point ressuscité d'entre les morts, qu'il fut seulement un esprit sans corps, mais qu'il est apparu de manière à faire croire qu'il avait un corps qu'il n'avait point, et contredit ainsi l'Evangile où on lit que le Seigneur même a dit : « Voyez mes mains et mes pieds, touchez-les et voyez qu'un esprit n'a ni os ni chair comme vous voyez que j'en ai; » (*Luc*, XXIV, 39) anathème donc à quiconque tout en confessant que le Christ est Dieu, le fait de manière

---

oppressam, inquinatam, quod et credi facit naturam Dei esse mutabilem et coinquinabilem, anathema sit.

III. Qui credit partem Dei ligatam et inquinatam teneri in dæmonibus, et in omnibus animalibus, (1) fruticumque generibus, et per escas Manichæorum Electorum solvi atque purgari, ut credatur pars Dei polluta teneri in cucumeribus, et melonibus, et radiculis, et porris, et quibusque vilissimis herbulis, et ei subveniri cum ab Electis Manichæorum ista comeduntur, anathema sit.

IV. Qui credit hominem primum, qui est appellatus Adam (*Gen.*, II), non a Deo factum, sed a principibus tenebrarum genitum, ut pars Dei, quæ in eorum membris captiva tenebatur, copiosius et abundantius in terra teneretur, et isto modo creatum, cum masculi et feminæ principes tenebrarum concubuissent, et fetus suos majori principi tenebrarum dedissent, et ille omnes comedisset, et cum sua conjuge concubuisset, atque ita ex illa Adam generasset, ligans in illo magnam partem Dei, quæ ligata fuerat in omnibus fetibus principum tenebrarum, quos ei manducandos dederunt, anathema sit.

V. Qui credit principes tenebrarum ligatos esse in cœlo habentes in se colligatam in angustiis atque angoribus vitalem substantiam, hoc est partem Dei, quæ liberari de membris eorum, cum beatus Pater, qui lucidas naves habet diversoria et habitacula, id est solem et lunam, virtutes suas transfigurat in feminas pulchras quas opponit concupiscendas masculis principibus tenebrarum, et in masculos pulchros quos opponit concupiscendos feminis principibus tenebrarum, ut per ipsam concupiscentiam solvatur ex eis vitalis substantia, id est pars Dei, et ex eorum membris liberata purgetur, anathema sit.

VI. Qui credit partem Dei, quæ de commixtione gentis tenebrarum non potuerit liberari atque purgari, damnari et in æternum affligi horribili globo, ubi includitur gens tenebrarum, anathema sit.

VII. Qui credit legem, quæ data est per Moysen, non esse a (2) bono et vero Deo datam, nec Spiritu Dei boni et veri locutos Prophetas, qui fuerunt in populo Israel, et in canone Scripturarum divinarum habentur apud catholicam Ecclesiam, anathema sit.

VIII. Qui credit non habuisse veram carnem Filium Dei Dominum Jesum Christum, neque natum esse de virgine Maria, neque veram mortem fuisse perpessum, et a mortuis (3) resurrexisse, sed tantum modo spiritum fuisse sine carne, sic autem apparere voluisse, ut caro putaretur, quæ non erat, atque hoc modo contradicit Evangelio, ubi legitur Domino ipso dicente : « Videte manus meas et pedes meos, palpate, et videte quia spiritus ossa et carnem non habet, sicut me videtis habere : » (*Luc.*, XXIV, 39) qui ergo sic confitetur Christum Deum, ut

(1) Al. *fructuumque*. — (2) Al. *ab uno*. — (3) Al. *revixisse*.

à nier qu'il soit en même temps un homme véritable et entier.

IX. Anathème à quiconque croit que Manès ou Manichée qui a prêché et enseigné toutes les choses décrites plus haut et dignes d'anathème et de condamnation, a eu le Saint-Esprit Paraclet, attendu que ce n'est point l'Esprit de vérité mais l'esprit de fausseté qui a pu enseigner toutes ces choses.

Et, en particulier, anathème à Manès ou Manichée qui a enseigné, laissé par écrit, persuadé à de malheureux hommes qu'ils devaient croire toutes les impiétés décrites ci-dessus et autres fables sacrilèges et damnables, et qui cédait en agissant ainsi à des esprits séducteurs et aux doctrines des démons, aux paroles mensongères.

Forme de la lettre que l'évêque donne aux convertis.

Comme vous vous repentez d'avoir été auditeur des Manichéens, ainsi que vous l'avez confessé, en disant : anathème à leur erreur dont la foi catholique seule vous sauve ; vous aurez cette lettre pour la montrer à tous ceux qui penseraient devoir vous reprocher l'erreur du passé quant à ce qui a rapport à cette secte criminelle. Ecrite tel jour sous tel consulat.

Quant aux élus qui se prétendent convertis à la foi catholique, lors même qu'ils anathématiseraient leur hérésie, dans la forme susdite, il ne faut pas leur donner facilement de telles lettres. Ils devront rester avec des serviteurs de Dieu soit clercs, soit laïques, dans un monastère ou dans un hôpital jusqu'à ce qu'il soit devenu évident qu'ils ont renoncé complètement à leur erreur. Alors on les baptisera, s'ils n'ont point été baptisés, ou on les réconciliera s'ils ont pris rang parmi les pénitents ; ils ne devront point recevoir trop vite leurs lettres, ni s'éloigner des endroits où ils auront été recommandés.

verum et integrum etiam hominem neget, anathema sit.

IX. Qui credit Manem sive Manichæum, qui supra scripta omnia, quæ anathemate et damnatione sunt digna, prædicavit et docuit, Spiritum sanctum habuisse paraclitum, cum ea omnia docere non potuerit Spiritus veritatis, sed spiritus falsitatis, anathema sit.

Et præcipue ipse Manes sive Manichæus, qui omnes (1) supra scriptas impietates et alias sacrilegas damnabilesque fabulas docuit et conscripsit, et credendas miseris persuasit, intendens spiritibus seductoribus et doctrinis dæmoniorum mendaciloquorum, anathema sit.

Item forma epistolæ, quam dat episcopus conversis, ista est.

Quoniam te Manichæorum Auditorem pœnitet fuisse,

(1) Al. *spiritus impietatis.*

sicut ipse confessus es, anathema dicens blasphemiis et impiissimæ atque immundissimæ hæresi eorum, ex qua te non nisi fides Catholica salvum facit : habebis hanc Epistolam adversus eos, qui tibi temporis præteriti errorem, quantum ad istam nefariam pertinet sectam, objiciendum putaverint, quæ scripta est die illo et consule illo.

Electis vero eorum, qui se converti dicunt ad Catholicam fidem, etiamsi et ipsi secundum superiorem formam eamdem hæresim anathemaverint, non facile dandæ sunt litteræ : sed cum Dei servis esse debebunt, sive clericis, sive laicis in monasterio vel xenodochio, donec appareant penitus ipsa superstitione caruisse, et tunc vel baptizentur, si non fuerint baptizati, vel reconcilientur, si pœnitentiæ locum acceperint : nec acceptis cito litteris, loca in quibus fuerant commendati, deserant.

AVERTISSEMENT SUR LE LIVRE SUIVANT

Erasme a déclaré un jour qu'il n'est point probable que ce dialogue soit d'Augustin, qui n'en fait aucune mention dans ses *Rétractations*. En effet dans les *Actes ecclésiastiques*, dit-il, on a coutume d'indiquer l'endroit où la chose se passe, et d'indiquer ce qu'a fait celui qui pose les questions, ou celui qui y répond. Ajoutez à cela que les Ariens ne se tiennent pas ordinairement aussi facilement pour battus, dans les discussions, que le fait ici Félicien. De plus saint Augustin, est plus serré dans la citation des saintes Ecritures, qu'il ne l'est ici. Enfin Erasme fait remarquer la différence de la phrase, et conclut que c'est quelque savant qui, pour exercer son esprit, a feint

ADMONITIO IN SUBSEQUENTEM LIBRUM

Pronuntiavit olim Erasmus, non esse probabile hunc dialogum esse Augustini, cujus non meminit in libris *Retractationum*. Nam et *Actis ecclesiasticis*, inquit, solet addi locus, interdum etiam quid fecerit qui proponit, aut qui respondet. Ad hæc, non solent Ariani tam facile concedere in disputando, quam hic facit Felicianus. Præterea densior est Augustinus in citandis Scripturis, quam hic est. Notat postremo Erasmus phraseos dissonantiam, et concludit eruditum aliquem exercendi ingenii gratia finxisse dialogum : quod

LE LIVRE SUR L'UNITÉ DE LA TRINITÉ, CONTRE L'ARIEN FÉLICIEN.

ce dialogue, comme nous voyons que saint Jérôme le fit. Mais sans tenir compte de cette critique d'Erasme, ceux de Louvain ont fait imprimer ce dialogue parmi les œuvres et sous le nom de saint Augustin, par la raison que Bède le reconnaît pour être de lui, dans son commentaire *sur saint Paul*, chapitre I de la première aux Corinthiens, ainsi que Lanfranc dans son ouvrage *contre Béranger*. On peut ajouter à ces auteurs, Alcuin dans son livre I *contre Elipand*, et Pierre Lombard dans sa sentence III, dist. XXI, chapitre *Sicut* et dist. XXII, chapitre *Et utique*. Mais pour ce qui est de Bède, il est certain que la collection du vrai Bède sur saint Paul, que nous avons inédite dans la bibliothèque de Saint-Germain, manque abolument du passage du livre qui est cité comme étant de saint Augustin, dans la collection publiée dont nous avons souvent fait remarquer que l'auteur est Flore. Il n'y a rien d'étonnant qu'on ait cru ce livre de saint Augustin, attendu qu'il en porte en effet le nom dans les plus anciens manuscrits et que d'ailleurs il peut très-bien se faire que son véritable auteur l'ait attribué à dessein à ce Père. C'est en effet, ce que nous avons déjà eu occasion de faire remarquer dans l'appendice au tome II, comme ayant été fait plus d'une fois par Vigile de Tapse pour sa *Dispute avec Pascentius*. Pierre-François Chifflet, a découvert que c'est le même Vigile qui est l'auteur de la *Dispute* suivante *avec Félicien*, ce qu'il prouve non-seulement par la ressemblance du style de cette dispute avec les autres livres *contre Eutychès*, qui sont certainement de Vigile, mais aussi parce que dans un manuscrit fort ancien de l'abbaye de Dijon, manuscrit qui remonte selon nous à huit cents environ, il est sous le nom de Vigile. Ce même Vigile, dans la préface de ses livres *contre Varimade*, rappelle qu'il a réuni en un seul ouvrage ses livres *sur l'Unité de la Trinité*, dans lesquels il répondait aux propositions du contradicteur, non point en s'appuyant sur l'autorité des textes, mais, « à la manière d'un campagnard, » c'est-à-dire comme s'il n'avait eu aucune notice des saintes Lettres. D'ailleurs le nom d'Optat à qui ce livre est adressé dans les éditions imprimées, fait complétement défaut dans le manuscrit de Dijon, ainsi que dans les manuscrits qui font le plus autorité. Cependant quelques manuscrits portent *de l'Unité de la Trinité, à Optat*, et la préface commence par ces mots. « Vous m'avez forcé, mon cher fils Optat. »

factum et ab Hieronymo videmus. Dissimulata vero hac Erasmi censura Lovanienses librum hunc excudi curarunt inter genuina opera et cum nomine Augustini, quia videlicet ipsius esse agnoscit Beda vulgatus in Paulum ad I Cor., I et Lanfrancus in opere *contra Berengarium* : quibus adjungi potest Alcuinus, lib. I *contra Elip.*, et Petrus Lomb., in III sent., dist. XXI, cap. *Sicut*, et dist. XXII, cap. *Et utique*. Sed quod ad Bedam, certe Bedæ veri collectio in Paulum, quam in bibliotheca Germanensi habemus nondum vulgatam, caret prorsus eo loco libri hujus qui in collectione vulgata, cujus auctorem esse Florum sæpe notavimus, citatur tanquam Augustini. Nihil autem mirum quod Augustini creditus est liber, ejus revera nomine in vetustissimis codicibus prænotatus, et forte ipsi a vero illius auctore certis de causis suppositus. Id scilicet a Vigilio Tapsensi factitatum observavimus admonitione in *Altercationem cum Pascentio*, in Appendice Tomi II. Hunc eumdem Vigilium subsequentis *cum Feliciano Altercationis* auctorem detexit demonstravitque Petrus Franciscus Chiffletius, non solum ob similitudinem stili cum indubitantis Vigilii *contra Eutychem* libris, sed etiam quia in Divionensis Abbatiæ codice antiquo (quem quidem ante annos circiter octingentos scriptum putamus) Vigilii nomen præfert. Vigilius ipse in præfatione librorum *contra Varimadum*, digestos a se in unum corpus *de unitate Trinitatis* libellos memorat, ubi adversarii propositionibus, non testimoniorum auctoritate, sed « rustico, » ut ait, « sermone, » id est, quasi sacrarum litterarum rudis respondebat. Cæterum Optati nomen, cui directus liber notatur in editis, abest a Divionensi codice et ab aliis melioris notæ. In quibusdam tamen Mss. et titulus habet : *De unitate Trinitatis ad Optatum*, et præfatio : « Extorsisti mihi, dilectissime fili Optate. »

LE LIVRE SUR L'UNITÉ DE LA TRINITÉ

CONTRE

FÉLICIEN, DISCIPLE D'ARIUS

ATTRIBUÉ A VIGILE

Chapitre premier. — Vous m'avez forcé, mon très-cher fils Optat, à montrer que je me rappelle mon titre de prêtre, en écrivant quelque chose sur l'unité de la Trinité qui est toujours le Dieu parfait et suprême, et vous avez réussi à l'obtenir de moi, par toutes sortes de moyens, bien que, convaincu de ma propre faiblesse, je me fusse souvent excusé de le faire, en me disant que les religieux devaient recevoir et les prêtres ne devaient point refuser aux fidèles la raison de la foi commune; de peur que les uns en ne la recevant point, ne commencent à être facilement trompés par les infidèles, ou que les autres, s'ils ne donnent point ce qu'on attend d'eux, ne semblent enfouir le trésor de la foi dans la terre d'une stérile habileté, si je puis m'exprimer ainsi, plutôt que de le distribuer aux membres du Christ. Voilà pourquoi je m'avoue vaincu par ces motifs dignes d'être pris en considération; je ne veux point paraître abandonner sans armes les fidèles aux objections des méchants, en les laissant dépourvus des moyens de défense qu'on trouve dans la vérité, aux attaques des infidèles. Mais parce que dans ces sortes de questions, certaines obscurités se présentent souvent au courant du discours, il m'a paru bon de renfermer dans les bornes resserrées de ce livre l'entretien qui vient d'avoir lieu entre Félicien et moi,
en plaçant avant chaque phrase les lettres initiales des noms des personnages afin de les distinguer l'un de l'autre.

Chapitre II. — Il y a quelques jours, nous trouvant assis ensemble, il commença en ces termes : Entre autres choses qui me choquent dans vos conférences, il n'y en a pas de pire, à mon sens, que votre usage de donner à des gens ignorants des préceptes de foi, non point en leur apportant la raison qui leur fasse comprendre les choses, mais plutôt en leur citant quelques textes, avec une certaine ostentation. Nul n'ignore qu'il y a dans ce procédé au moins une certaine rusticité, pour ne point dire une certaine ruse. D'abord si celui qu'on instruit croit déjà à ces livres, il se soumet sans lutter, s'il n'y croit point, il arrivera nécessairement qu'il vous contredira ainsi que les textes qui lui seront apportés en guise d'affirmations. Aussi la voie qui me paraît la meilleure pour instruire c'est de donner d'abord la raison de la foi sans se mettre en peine des textes; puis quand on a affaire à un homme que la raison a convaincu, on lui ouvre le chemin des Écritures qui répondront à ses doutes. Ce ne sera pas à tort; en effet, si ces textes sont reçus parce qu'ils ne manquent point de raison, cette dernière peut suffire par elle-même, puisque ce n'est que par elle

---

CONTRA

FELICIANUM ARIANUM

DE UNITATE TRINITATIS, LIBER UNUS

VIGILIO RESTITUTUS

Caput primum. — Extorsisti mihi, dilectissime fili, ut de unitate Trinitatis, quæ perfectus Deus semper ac summus est, officii non immemor sacerdotalis, aliquid scriberem; idque a me, cum propriæ infirmitatis conscius sæpius excusarem, multis modis exegisti; asserens communis fidei rationem, et religiosos accipere, et sacerdotes debere fidelibus non negare; ne aut illi dum non accipiunt, incipiant ab infidelibus facile decipi, aut ab his cum desiderata non tribuunt, cœlestis thesaurus Christi membris non expendi, sed in terra quodam modo sterili peritiæ videatur abscondi. Itaque victum me fateor probabilibus causis, ne inermes tradere videar obsistentibus malis, dum adversus infideles non instruuntur munimine veritatis. Verum quia in hujusmodi quæstionibus quædam obscuritas continua oratione frequenter incurritur, idcirco id mihi visum est, ut eum sermonem qui inter me et Felicianum nuper est habitus, prænotatis propter personarum discretionem principalibus nominum litteris, præsentis libelli brevitate complecterer.

Caput II. — Nam cum ante hos dies pariter sederemus, tum ille : Inter alia, inquit, quæ me in vestris disputationibus frequenter offendunt, nihil deterius puto, quam quod sic præcepta fidei rudibus traditis, ut non de intelligendarum rerum ratione, sed potius de quadam testimoniorum ostentatione colloquentibus præscribatis. Quod ut non dicam vafrum, interim quam rusticum sit, nullus ignorat. Primum quod si is qui edocetur libris jam credidit, obtemperat iste, non repugnat : alioquin non magis tibi quam iisdem testimoniis quæ pro affirmato ingeruntur, necesse est contradicat. Et ideo melior mihi ad docendum videtur hæc via, qua primum fidei ratio sine testimoniis redditur : post ratione convicto, iter illud Scripturis respondentibus expolitur. Et non immerito : si enim testimonia hæc eo probantur, quod ratione non careant,

qu'elle semble élever l'édifice des textes. Dans le cas contraire, qui peut courber la tête sous le joug d'une foi raisonnable sur des textes manquant de raison, quand bien même on les supposerait divins? Je supporterais, je l'avoue, cette méthode de discussion dans d'autres à qui l'inhabileté ferait une nécessité de recourir à des ressources étrangères, parce qu'ils ne pourraient se soutenir par eux-mêmes; mais de votre part, je ne puis, en aucune façon, admettre qu'il en soit ainsi, attendu que je vois que la science de la foi ne vous manque pas plus que le don de la parole.

Je repris : Ne croyez pas que je sois assez séduit par les louanges que vous me donnez pour me montrer injuste envers les saints qui nous ont précédés. Jamais je ne mettrai une confiance présomptueuse dans la sagesse de la parole, de peur d'anéantir la croix de Jésus-Christ (I *Cor.*, I, 17); mais satisfait de l'autorité des Ecritures, je m'étudie à être simple plutôt qu'à être vain. Mais vous dites qu'on est mieux instruit par la raison que par l'autorité. Quoi donc? Quelle raison pourrez-vous apporter si vous avez à prêcher l'enfantement d'une vierge, si vous ne niez point que la vue a été rendue à des aveugles, si vous montrez que des hommes déjà enterrés sont revenus d'entre les morts? Si donc la raison de ces choses est aussi incompréhensible que la vérité en est sûre, il est plus aisé de croire en matière de foi, sur des témoignages, que de remonter aux raisons. Cependant comme il n'y a rien de trop illogique dans la distinction que vous établissez entre ces deux choses, puisqu'en admettant d'abord la raison vous consentez à recevoir des textes ensuite, je me propose de suivre dans cette discussion une marche que vous approuverez.

CHAPITRE III. — FÉLICIEN. En conséquence, puisque nous avons du loisir, abordons la question de votre homousion, qui a été bien souvent agitée non-seulement entre nous, mais encore entre nos pères. Et pour que notre entretien ne s'égare pas trop, prenez, comme vous avez l'habitude de le faire, le rôle de poseur de questions et demandez-moi raison de ma foi à condition de rendre raison de la vôtre en réponse à mes questions.

AUGUSTIN. Prenant donc alors la parole je lui dis : Est-il vrai, comme je vous l'entends dire souvent, que celui qui est homousion au Père n'est point le Fils?

FÉL. Cela est vrai, et jamais on ne pourra me persuader que l'inengendré est l'engendré, je craindrais de paraître dire que le Père est le Fils.

AUG. Il n'en est pas ainsi, et il n'est point non plus dans ma pensée que l'inengendré est le même que l'engendré; mais plutôt que l'inengendré est une seule et même chose avec l'engendré.

FÉL. Mais comment prétendez-vous que l'inengendré n'est point le même que l'engendré, si vous pensez que tous les deux sont un non point deux?

AUG. Je remarque que vous n'avez pas fait attention à la force des mots; car lorsque je dis que tous les deux sont un, je ne sépare point du tout la substance du vrai Père de celle du vrai Fils, et quand je dis que le Père n'est point le Fils, je distingue la personne de l'un et celle de l'autre, par la propriété de chacune d'elles. Ainsi, si vous me questionnez sur la substance, la Trinité est un seul Dieu; si vous me parlez de la personne, le Fils est autre que le Père.

FÉL. Comment donc dites-vous que le Père et le Fils sont une seule et même chose, et en même temps, que le Fils est autre que le Père?

potest per se illa sufficere, quæ etiam hæc non nisi per se ipsam videtur adstruere. Sin contra : quis potest irrationabilibus testimoniis, licet illa divina fingantur, rationabilis fidei colla submittere? Et illam quidem disputandi viam, fateor, in aliis tolerarem, quos imperitiæ necessitas, quia per se stare non queunt, cogit ad aliena confugere : in te vero idcirco nullo modo prorsus ista perpetior, quia eloquentiam pariter cum scientia fidei tibi video non deesse.

Tum ego : Non usque adeo, inquam, me duci putes laudibus meis, ut injuriam faciam præcedentibus sanctis. Nec præsumam incongruitate verbi, ne evacuetur crux Christi (I *Cor.*, I, 17) : sed Scripturarum auctoritate contentus, simplicitati obedire potius studeo quam tumori. Sed melius, inquis, ratione quis quam testimoniis edocetur. Quid ergo? quam rationem afferre potes, si partum prædicas virginis, si redditos oculos non negas cæcis, si sepultos redisse ostendis a mortuis? Si ergo horum et incomprehensibilis ratio, et veritas prompta est; facilius in negotiis fidei testimoniis creditur, quam ratio vestigatur. Verum quia non nimis inconsequenter duo ista discernis, cum ratione præmissa etiam testimonia non omittis : idcirco in hac disputatione id me fateor secuturum, quod ipse probaveris.

CAPUT III. — FELICIANUS. Ergo, inquit, quoniam otiosi sumus, ad homousii vestri quæstionem, de quo non inter nos tantum, sed etiam inter majores nostros plerumque tractatum est, veniamus. Et ne longius evagetur oratio, ipse jam, ut soles, personam proponentis assume, et a nobis rationem nostræ fidei, quærentibus vicissim redditurus, inquire.

Tum ego : Dic mihi, inquam, verum ne sit quod te audio dicere, Patri homousion non esse Filium?

FEL. Verum est, nec persuaderi mihi potest id ingenitum esse quod genitum, ne eumdem Patrem videar prædicare quem Filium.

AUGUSTINUS. Non ita est : nam ne mihi quidem istud in animo est, eumdem ingenitum esse quem genitum; sed id potius ingenitum esse quod genitum.

FEL. Et quomodo non eumdem ingenitum dicis esse quem genitum, si utrumque unum putas esse, non alterum?

AUG. Animadverto vim te penitus non attendisse verborum : nam dum utrumque unum dico, substantiam veri Patris ac veri Filii ex toto non separo : et dum non eumdem Patrem quem Filium prædico, utriusque personam servata uniuscujusque proprietate discerno. Itaque si substantiam quæris, ipsa Trinitas unus est Deus : si personam, alter est Filius.

FEL. Et quomodo et idem esse dicis, et alterum Filium,

Aug. Ils sont une seule et même chose par la communauté de la substance, et le Fils est autre que le Père par la propriété de la personne.

Fél. Je ne sais comment il se fait qu'on croie l'unité de substance quand on ne dit pas qu'il y a aussi unité de personne.

Aug. Non, dis-je, il n'y a point qu'une seule personne, puisqu'il y en a une qui a engendré et une autre qui a été engendrée; mais cela n'empêche point que la substance du Père et du Fils ne soit une, puisqu'on nous enseigne que la substance du Fils n'est point venue au monde différente de la substance du Père qui l'a engendrée.

Fél. Je voudrais bien que vous me rendissiez s'il vous plaît cela clair par un exemple plus facile.

Aug. Dans ces choses incompréhensibles, on n'a point facilement des exemples à apporter dans la dispute. Cependant, autant que faire se pourra, je tâcherai de ne point faillir même en cela. Prenons donc un père ayant un fils. Ils ont l'un et l'autre ceci de commun, c'est qu'ils sont hommes, mais l'un a en propre d'être le fils, et l'autre d'être le père; car dans l'un et dans l'autre la personne se distingue, mais sans entraîner la négation de l'humanité, puisque l'un engendre et l'autre est engendré, et que tant celui qui engendre que celui qui est engendré ne laisse point d'être appelé homme.

Chapitre IV.— Fél. Je voudrais que vous me dissiez si l'engendré est séparé ou non de l'inengendré, depuis le commencement?

Aug. Il n'est point d'intelligence spirituelle qui reçoive comme une vérité que le Père soit séparé du Fils, je ne dis pas par un intervalle de temps, c'est-à-dire de jours et de nuits, mais par un espace de temps ou d'âge quelconque.

Fél. S'il en est ainsi vous reconnaissez deux inengendrés. Comment donc pensez-vous qu'il y a personne du Père et personne du Fils, lorsque par la signification de l'inengendré qui est commune à l'un et à l'autre, les deux personnes semblent se confondre?

Aug. C'est précisément sur ce point que vos pères ont bâti un sophisme de calomnie qui n'est pas mince, mais que la simplicité catholique doit, en attendant, résoudre par le secours de cette même Trinité. Je dis donc que le Père est inengendré et que le Fils est engendré, mais je ne dis point pour cela que l'engendré n'est point coéternel avec l'inengendré, je dis seulement que le Père est inengendré, parce qu'il ne procède point d'un autre, et que ce Fils est engendré parce qu'il n'existe pas par lui-même. L'un et l'autre n'ont point en commun d'être nés, non plus que de ne point être engendrés, mais ils ont de commun de ne pouvoir être séparés l'un de l'autre par aucun intervalle de temps. C'est pourquoi si vous me demandez ce qui est propre au Père, il me suffit de vous dire qu'il est seul à n'avoir point de père; si vous me demandez le propre du Fils, je vous dirai qu'il n'a point de fils; mais nous tenons pour une et coéternelle la divinité du Père et du Fils.

Fél. Quant à moi, je ne vois pas pourquoi vous réunissez ces choses en ce moment; car bien que vous disputiez contre moi avec la subtilité d'Aristote, pourtant il ne peut se faire que celui qui est engendré ne soit séparé de celui qui l'engendre par aucune antériorité de temps.

Aug. Je sais bien, comme le dit Aristote, que cet entretien se trouve dans une position délicate. Ce-

---

Aug. Idem, inquam, communione substantiæ, alterum proprietate personæ.

Fél. Nescio quo pacto una creditur esse substantia, cum non una dicatur esse persona.

Aug. Non est, inquam, nisi una persona, quia una genuisse, et altera dicitur genita : et est tamen nati et gignentis non diversa substantia, quia non dissimilis generanti docetur exorta.

Fél. Velim quæso exemplo mihi faciliore dicta dilucides.

Aug. In rebus quidem incomprehensibilibus exempla non suppetunt disputanti: tamen in quantum fieri potest, etiam in hac parte non deero. Ecce igitur homo pater hominem filium : est quidem commune utriusque quod homo est, uni tamen quod filius, alteri proprium videtur esse quod pater est; nam in utroque sic persona discernitur, ut communis humanitas non negetur, dum unus gignit, alius gignitur; æque autem homo et qui genuit dicitur, et ille qui gignitur.

Caput IV. — Fél. Illud certe dicas velim, genitus ab ingenito utrum initio separetur, an non?

Aug. Ne id quidem spiritalis intelligentiæ veritate recipitur, ut Pater a Filio interventu, non dico temporis, quod diebus constat ac noctibus, sed cujuslibet ævi vel (a) ætatis spatio separetur.

Fél. Hoc si ita est, duo fateris ingenita. Et quomodo altera Patris, altera Filii putatur esse persona, cum per significationem communis ingeniti utraque videatur esse confusa?

Aug. In hoc quidem a majoribus vestris non mediocris calumniæ sophisma contexitur, tamen per auxilium ipsius Trinitatis catholica necesse est simplicitate solvatur. Patrem namque ingenitum, Filium genitum dico, nec ideo tamen genitum ingenito coæternum esse non prædico, eo tantum docens ingenitum Patrem, quia non processit ex altero; eo genitum Filium, quia non exstitit ex se ipso. Non est commune utrique nasci, non est commune, non gigni : et commune tamen est alterum ab altero interventu medii temporis non divelli. Itaque si proprium Patris quæris, sufficit quia solus non habet patrem; si Filii, satis est quod non habet prolem : unam autem et coæternam Patris et Filii dicimus deitatem.

Fél. Quantum ad me attinet, non video quid ista nunc colligas. Nam quamvis Aristotelica mecum subtilitate contendas, fieri tamen non potest, ut eum qui genitus est, ab eo qui genuit nulla ævi intercedentis antiquitate discernas.

Aug. Scio equidem, ut ille ait, quam in difficili loco versetur oratio : tamen verendum nobis nihil est, qui

---

(a) Ita omnes Mss. At Er. et Lov. vel æternitatis.

pendant il n'y a rien à craindre pour nous qui rendons témoignage à Dieu, avec l'assistance du Saint-Esprit. Que dirons-nous donc? Y a-t-il dans le Père où n'y a-t-il pas quelque chose qu'on ne puisse tenir pour inengendré? S'il y a quelque chose de tel, ce n'est point en tout point, mais plutôt en partie qu'il doit être dit inengendré, autrement le Fils n'aurait point commencé à un moment, car si la paternité du Père n'a point eu de commencement, on ne peut trouver un commencement au Fils. Si on dit que le Fils a eu un commencement, on ne pourra dire que la paternité du Père soit éternelle. Comment, en ce cas, sera-t-il vrai, comme vous le dites, que tout dans le Père est inengendré, puisque vous croyez qu'il n'a commencé à avoir le nom de Père qu'au moment où vous dites que le Fils a commencé lui-même, et que vous ne cessez de répéter que le Père ne peut être appelé Père tant que le Fils n'existe pas?

Fél. Je ne suis pas si sot que de placer le temps avant le Fils, mais il est certain que ce qui est engendré a un commencement.

Aug. Quoi donc, vous prétendez qu'il n'y a rien qui se place entre le Père et le Fils?

Fél. Très-certainement.

Aug. Comment donc niez-vous que le Fils soit coéternel avec le Père, puisque vous reconnaissez que rien ne se place entre le Père et le Fils, de peur que ce quelque chose qui se placerait entre eux deux ne fût pas tant un entre deux qu'une troisième chose?

Fél. Comme vous m'enlacez de toutes parts avec votre art de la dispute, je vais vous exposer en deux mots ce qui a été dit par nos pères. Ils disent donc toutes les fois qu'il est question du commencement du Fils et de l'éternité du Père, qu'il était quand il n'était point et qu'il n'était point avant qu'il naquit.

Chapitre V. — Aug. Autant que je puis le voir, vous conservez l'erreur de votre mauvaise crédulité, il n'y a que les mots de changés. En effet, vous avez dit : « Il était quand il n'était pas. » Ces mots : « Il était, » les rapportez-vous au temps ou au Fils? Si c'est au temps, c'est-à-dire à une sorte d'espace de l'éternité antérieure à la naissance du Fils, vous voilà forcément retombé dans votre premier blasphème, quand vous placiez en tiers, une sorte de temps, entre le Père et le Fils, et vous dites que, avant le Fils, il y avait le Père et le temps, que le Fils ne vient qu'après ces deux êtres, et le Saint-Esprit après les trois. Si nous admettons que le Fils n'a pu être engendré sans le temps, voyez jusqu'où s'étend ce que nous disons. En effet, si le Fils n'est point sans le temps, il est certain qu'on ne peut pas ne point dire qu'il a été engendré dans un lieu. Cela admis, il faudra donc dire que, avant le Fils et le Saint-Esprit, il y a le lieu, qui est aussi, en quelque sorte, coéternel avec le Père. S'il en est ainsi, si le Fils n'a pu naître sans lieu et sans temps, en quel lieu et en quel temps direz-vous que le lieu et le temps eux-mêmes ont été faits? Si vous répondez en aucun temps et en aucun lieu, voilà donc le lieu et le temps qui peuvent être faits sans temps et sans lieu. Si vous dites qu'ils ont été faits en un certain temps et en un certain lieu, nous avons de nouveau un temps et un lieu, pour l'origine desquels nous aurons encore à rechercher un autre temps et un autre lieu. Si quelque chose a pu se faire sans temps ni lieu, en sorte que vous disiez que le temps n'a point été fait dans un temps, ni le lieu dans un lieu, je ne sais par quelle témérité vous soutenez

---

per adjutorium sancti Spiritus, testimonium dicimus Deo. Quid ergo dicemus? Estne aliquid in Patre quod negetur ingenitum, an non? Si est, non in toto, sed in parte potius dicatur ingenitus; alioquin non ex tempore cœpit esse Filius. Nam si paternitas non cœpit Patris, initium inveniri non potest prolis. Si initium dicitur prolis, non æterna paternitas docebitur Patris. Et quomodo stabit, quia totum in Patre docetis ingenitum, qui ipsius paternitatis nomen habere putatis initium, cum cœpisse ex tempore dicitis Filium, quo nondum exstante Patrem dici non potest vocitatum?

Fel. Non sum tam stultus ut tempus præferam Filio, sed initium dari certum est genito.

Aug. Quid ergo, inter Patrem et Filium dicis medium nihil fuisse?

Fel. Ita prorsus.

Aug. Quomodo igitur negas Patri Filium cœæternum, qui inter Patrem et Filium fateris esse nihil medium, ne idipsum non medium tam constet esse quam tertium?

Fel. Quoniam me disputandi arte concludis, id quod a majoribus nostris dictum est, breviter explicabo. Aiunt enim, quotiens de initio Filii et Patris æternitate tractatur : Erat quando non erat, et ante quam nasceretur non erat.

(a) Er. et Ms. omittunt *sine his.*

Caput V. — Aug. Quantum adverto, manente malæ credulitatis errore sola verba mutata sunt. Dixisti namque : « Erat quando non erat. » « Erat » istud ad ævum pertinere vultis, an ad Filium? Si ad ævum, id est, velut quoddam ante Filii nativitatem æternitatis spatium; ecce ad superiorem blasphemiam necessitate delaberis, cum inter Patrem et Filium, tertium quoddam tempus immittis, dicisque, quia erat ante Filium Pater et tempus, post hæc duo Filius, post tria ista Spiritus. Quod si admittimus, ut sine tempore gigni non potuerit Filius; vide quam late pateant ista quæ dicimus. Nam si non sine tempore est Filius, certe nec nisi in loco dicendus est genitus. Hoc admisso, ante Filium et Spiritum sanctum coævus quodam modo Patri dicatur et locus. Quod si ita est, quod sine loco et tempore nasci non potuerit Filius, in quo loco, aut in quo tempore factum locum dicis et tempus? Si in nullo, ecce sine tempore et loco fieri potuit tempus et locus. Si in aliquo, idipsum videtur tempus et locus, in cujus origine similiter et locus requiratur et tempus. Quod si usque adeo sine tempore et loco fieri aliquid potuit, ut nec in loco locum, nec in tempore factum doceas tempus; nescio qua temeritate contendas, quod nasci (a) sine his non potuerit Filius, qui quantum ad sanam fidem, et locum docetur

que le Fils n'a pu naître sans ces deux conditions, quand pour ce qui se rapporte à la saine foi, il est dit que c'est lui qui a fait et le temps et le lieu. Mais assez sur ce point, revenons maintenant à ce que vous prétendez avoir été dit par vos pères. « Il était, dites-vous, quand il n'était point. » Si vous rapportez ces mots, « il était, » au temps, nous voilà avec un temps avant le Fils ; si vous les rapportez au Fils, jamais le Fils n'a été sans être, car il était déjà quand il n'était point, ce Fils par qui on dit que le temps a été fait. Mais vous continuez : « Il n'a point été avant qu'il naquît. » Qui, je vous prie, n'a point été avant qu'il naquît ? Si c'est le Fils, voilà que, par l'intelligence même, vous dites que le Fils a été avant le temps. Si, au contraire, c'est le temps qui n'était point avant que le Fils naquît, il s'ensuit qu'on doit dire le Fils coéternel avec le Père, puisqu'il n'y a point eu de temps entre l'un et l'autre, d'autant plus que, entre autres choses, d'après le témoignage des évangélistes, c'est le Fils, est-il dit, qui a fait le temps. Mais peut-être y a-t-il quelqu'un qui pense que c'est du Père qu'il a été dit : « Il était quand le Fils n'était point, » mais la suite de la phrase ne peut convenir à cette manière de comprendre, puisqu'il est dit : « Et il n'a point été avant qu'il naquît ; » attendu que le Père existant toujours par lui-même, vous ne pouvez dire qu'il soit né ; on dit qu'il est sans commencement. Ainsi ces paroles : « Il était quand il n'était point » engendré, ne peuvent se rapporter au Père.

Fél. Comme vous ne me fatiguez pas qu'un peu, avec votre argumentation qui, à mon avis, est d'une subtilité à laquelle je ne m'attendais pas, je vous prie en conséquence, de me montrer, si faire se peut, par un exemple facile à comprendre, que ce que vous vous efforcez de m'enseigner est possible. Autrement je ne pourrai le croire, quand bien même je me sentirais écrasé par le raisonnement que le Fils est coéternel avec le Père, à moins que vous n'en veniez à dire ou que tous les deux sont engendrés ou que tous les deux sont Pères.

Aug. Puisque vous me poussez à chercher des comparaisons en matière de choses incomparables, voyons donc quelle est la puissance du feu qui donne constamment éclat et vapeur. L'un et l'autre naissent du feu et cependant le feu ne se trouve jamais sans aucun d'eux. Ces trois choses ne s'engendrent point l'une l'autre, attendu que ce n'est point de l'éclat que viennent ni le feu ni la vapeur, ce n'est point non plus de la vapeur que naissent l'éclat et le feu, mais c'est toujours du feu que sont engendrés l'éclat et la vapeur. Les choses étant ainsi, voyez-vous que même parmi les créatures il y a naissance de certaines choses, sans qu'on puisse assigner un temps pendant lequel l'engendrant a été sans l'engendré ? Si donc nous voyons cela dans des choses visibles, pourquoi ne dirions-nous point quelque chose de semblable du Père, du Fils et du Saint-Esprit quant à l'éternité qui leur est commune et indifférente ? Il n'est pas nécessaire que nous disions également inengendrés le Père, le Fils et le Saint-Esprit, parce que nous prétendons qu'il n'y a aucune des trois personnes qui soit séparée des deux autres par quelque espace de temps que ce soit, puisqu'il y a des êtres engendrés d'autres êtres, sans que pour cela on puisse dire qu'ils sont également engendrés, ou qu'ils existent indépendamment les uns des autres. Mais à quoi bon multiplier les exemples de ce genre, quand on peut juger, du reste, par le témoignage d'un petit nombre ?

fecisse et tempus. Sed de hoc satis ; nunc quod a majoribus vestris dictum prædicas, repetamus. « Erat, inquis, quando non erat. » Si « erat » istud, ad tempus referas, ecce ante Filium tempus : si ad Filium, nunquam non erat Filius ; erat enim jam (a) quando non erat Filius ; a quo factum dicitur tempus. Sed « ante quam nasceretur, inquis, non fuit. » Quis quæso non fuit ante quam nasceretur ? Si Filius, ecce ipso intellectu ante Filium fuisse dicitur tempus. Si autem ante quam nasceretur Filius, non erat tempus, sequitur ut dicatur Patri Filius coæternus, inter quem et Patrem nullum fuisse dicitur tempus ; maxime cum inter cætera Evangelistis attestantibus, etiam tempus fecisse dicatur Filius. Sed forte de Patre dictum aliquis putet : « Erat quando non erat Filius. » Cui sententiæ secula non concinunt, quibus dicitur, « et ante quam nasceretur non erat : » nam per se Pater semper existens etiam a vobis dici non potest natus, qui non ab initio docetur exortus ; et in Patrem cadere non potest : « Erat quando non erat » genitus.

Fél. Quoniam me verbis, ut mea fert opinio, inopinata subtilitate certantibus non mediocriter defatigas, idcirco quæso, ut si fieri potest, exemplo cujuslibet rei, possibile id esse quod docere conaris, ostendas. Neque enim aliter credere possum, licet vi (b) orationis oppressus, coæternum esse genitum Patri, nisi aut utrumque genitum, aut utrumque Patrem dixeris sibi.

Aug. Quoniam me ad incomparabilium rerum exempla compellis, idcirco quæ sit ignis potentia videamus, ex quo semper splendor, semper est vapor. Utrumque de eo nascitur, nec ideo tamen ignis sine horum quolibet aliquatenus inveniri. Hæc tria non se invicem gignunt, quia non de splendore ignis et vapor, aut de vapore ignis et splendor, sed de igne splendor et vapor semper est genitus. Quæ cum ita sint, videsne etiam in creaturis posse aliquid nasci, nec ostendi tamen tempus, quo id de quo natum est sine genito potuerit inveniri ? Si ergo visibilibus exemplis ista perspicimus, cur non de Patre Filio et Spiritu sancto, quantum ad communem dumtaxat atque indifferentem æternitatem, similia prædicemus ? Neque enim ideo necesse est Patrem et Filium et Spiritum sanctum æque dicamus ingenitos, quia nullum ab altero ævo interveniente dicimus separatum : cum etiam ex aliis rebus quædam genita, nec ideo tamen aut æque gignentia, aut sine invicem docentur existentia. Sed quid prodest horum multa colligere, cum paucorum testimoniis etiam cætera liceat æstimare.

(a) Sic Mss. At Lov erat enim jam Filius quando non erat tempus. — (b) Er. et Lov. rationis.

CHAPITRE VI. — FÉL. Comme vous jetez le trouble dans mes pensées qui étaient fondées sur l'autorité de nos pères qui nous ont précédés, je voudrais bien que vous me dissiez votre sentiment sur la nature, c'est-à-dire sur la substance même du Fils de Dieu. Car, si comme vous avez la coutume de le dire, il est homousion au Père, il s'ensuit qu'il est à lui-même son propre Père en quelque façon, autrement il ne pourrait être consubstantiel à son Père. L'un des nôtres avait en effet l'habitude de se moquer de l'homousion, en disant, si le Fils ne vient pas d'un autre, mais est né de lui-même, d'un qu'il était, il s'est en quelque façon partagé en deux, puisqu'on dit que l'engendrant n'est pas autre chose que l'engendré.

AUG. Pendant que vous prétendez que je manie l'arme d'Aristote, vous me semblez vous être réfugié vous-même dans les lacets des dialecticiens, mais comme nous nous appuyons sur la vérité de notre foi, tout cela ne peut nous effrayer. Quoi donc? Vous dites, je crois, que le Fils n'a pu naître de la substance du Père, si nous ne voulons point paraître diviser par la génération du Fils, le Père qui est inengendré. S'il en est ainsi, c'est à tort qu'on croit au Fils qui, entre autres choses, ne serait point engendré du Père, c'est-à-dire, de la même substance que la sienne, mais fait d'une substance étrangère. Pour rendre cela plus accessible à l'intelligence, je vais l'expliquer de mon mieux. Il y a les enfants adoptifs et les enfants naturels. Ceux qui sont fils par la génération, sont fils dès le commencement et sont toujours de propres fils; les premiers, au contraire, ont commencé par être étrangers, ils ne sont devenus fils que par la suite lorsqu'on les a vus acquérir une famille par l'adoption. Auxquels comparerons-nous donc le Fils de Dieu? Si c'est aux enfants adoptifs, il sera auprès du Père semblable à nous; si c'est aux enfants propres, il faudra dire qu'il a reçu l'être de la substance de celui qui l'a engendré. Mais, me direz-vous, la substance du Père se trouve partagée en deux, si le Fils n'est engendré substantiellement que du Père. Or, les choses mêmes visibles nous font voir combien cela est insensé. En effet, quel est le père, même charnel, qui s'est jamais trouvé partagé en deux pour avoir engendré un fils? Si la division ne se rencontre même pas là où il y a corps, car jamais personne n'a perdu la moitié de soi-même pour avoir engendré un fils, comment dites-vous que le Fils n'a pu naître sans altérer l'intégrité du Père? Mais qu'est-il besoin d'en dire davantage? Ceux qui scindent la naissance et la génération du Fils de Dieu, se trouvent, si je ne me trompe, en présence de cette alternative, ou le Fils vient du Père, ou bien il vient du néant, ou il vient d'un autre, ou il vient de lui-même. Voyons, je vous prie, la conséquence de ces hypothèses. S'il est né de lui-même, c'est improprement qu'on appelle fils quelqu'un qui n'est point né, mais est inengendré. S'il est né du néant, il est une créature comme les autres, non point l'auteur des créatures; s'il est né d'un autre, il n'est plus le fils de celui que nous disons, mais de je ne sais plus quel père inconnu. Si on ne peut pas trouver une cinquième alternative après ces quatre-là, et qu'on ne puisse sans un blasphème évident accepter les trois que nous venons de discuter, il ne reste plus à dire qu'une chose, c'est qu'il a été engendré substantiellement du Père; attendu que, comme nous l'avons dit, on ne peut trouver une cinquième issue, et qu'en dehors de la première hypothèse on ne peut en accepter aucune, puisqu'il n'est ni une créature, ni le fils d'un autre père, et qu'il ne peut être appelé Père inengendré.

CAPUT VI. — FEL. Quoniam sententiam meam, præcedentium patrum auctoritate fundatam, nova disputandi arte conturbas : idcirco velim mihi dicas de natura Filii Dei, id est, de substantia ipsa quid sentias. Si enim ut dicere vos soletis, homousion est Patri, ipse quodam modo Pater est sibi, alioquin consubstantialis esse non potest genitori. Nam quidam nostrum homousii opinionem ridere sic solebat, dicens : Si non extrinsecus, sed ex eodem ipso prolatus est Filius, in duos quodam modo divisus est unus, quando quidem non aliud gignens dicitur esse quam genitus.

AUG. Dum nos Aristotelica dicis arte contendere, ipse ad dialecticorum videris laqueos confugisse. Sed nos fidei veritate confisos nequaquam possunt ista terrere. Quid igitur? dicis ex substantia credo Patris nasci Filium nequivisse, ne ingenitum Patrem Filii videamur generatione dividere. Quod si ita est, male creditur Filius, qui non ex Patre, id est, non ex eodem ipso genitus, sed extrinsecus factus inter alia prædicatur. Quod ut sit intellectu facilius, id ipsum pro posse explicabo. Filiorum namque adoptivi alii, naturales alii sunt. Ii qui geniti, ab initio filii semper ac proprii : illi primo alieni, post filii, cum per adoptionem in familiam videntur adscisci. Quibus ergo comparandus est Filius Dei? Si adoptivis, erit apud Patrem similis nobis : si propriis, ex substantia substitisse dicendus est genitoris. Sed in duo, inquis, substantia paterna dividitur, si ex solo Patre substantialiter Filius generatur. Hoc quam stultum sit, etiam visibilia ipsa nos docent. Quis enim unquam vel carnalium patrum gignendo divisus est? Quod si nec in conditionem corporis cadit ipsa divisio, nemo enim sic genuit filium, ut se perderet medium, et salva integritate Patris non potuisse nasci dicitis Filium? Sed quid plura? Nativitatem Filii Dei ortumque rimantibus, hæc, ni fallor, occurrunt, id est, ut aut ex Patre sit, aut ex nihilo, aut ex altero, aut ex se ipso. Horum quæso consequentiam videamus. Si ex se ipso; non recte filius dicitur, qui non natus, sed ingenitus prædicatur : si ex nihilo; creatura cum cæteris, non creaturæ auctor ostenditur : si ex altero; non ejus cui credimus, sed nescio cujus incogniti patris filius prædicatur. Quod si præter quatuor hæc non inveniri potest quintum, nec de his propter evidens blasphemiam tria prædicari penitus possunt : restat ut substantialiter de Patre sit genitus; quia, ut diximus, nec inveniri quintus, nec præter primum de his doceri potest aliquis modus : utpote cum nec creatura, nec alterius patris filius, nec ut Pater dicatur ingenitus.

Fél. Comme si j'avais parlé d'une cinquième hypothèse après ces quatre ou que je me sois prononcé pour une des trois dont vous venez de parler. Si je dis que le Fils n'est point issu de la substance du Père, je ne le fais pourtant point de manière à nier qu'il ait été engendré de sa volonté.

Aug. Vous vous trouvez acculé à l'une des trois hypothèses dont nous avons parlé plus haut. En effet, quand nous demandons quelle est la substance du Fils que vous prétendez n'être point engendré substantiellement du Père, il est hors de doute que vous le confondez avec ces autres êtres tirés du néant, puisque nous ne saurions prétendre qu'il y a des créatures même corruptibles, sans dire que Dieu a voulu par son ineffable dispensation et a pu les créer par sa puissance singulière ; or, nous savons que la volonté est ce par quoi il a plu à Dieu, et la puissance est ce par quoi le pouvoir est soumis au Seigneur.

Fél. La puissance du Père ne suffit donc point pour que le Fils existe ?

Aug. Comme si je parlais de la puissance du Père, non point de la vérité même de son titre de Père. Est-ce qu'il a mieux aimé se dire le Père de celui qu'il a voulu ressembler non à lui-même, mais aux créatures ? Vous êtes donc contraint de reconnaître que le Fils, s'il est né et s'il est Dieu, est né de la substance du Père, ou de nier en même temps qu'il est Dieu et qu'il est Fils, si au lieu d'être créé de la substance du Père, il n'a été créé d'aucune substance, seulement par l'opération de la volonté et de la puissance du Père, comme cela a lieu dans les autres créatures.

Chapitre VII. — Fél. Comme vous m'amenez forcément à faire une telle confession, je ne veux point taire ce que nos anciens ont coutume de dire. Or, ils prétendent que le Fils est une créature, mais parfaite et qui peut dominer toutes les autres créatures.

Aug. Je suis heureux de voir que vous rejetez par une confession manifeste le venin intime d'un enseignement irréligieux ; mais en attendant vous n'opposez rien qui semble digne d'être cru. En effet, toute substance de choses corruptibles en soi, créée par la volonté du Dieu tout-puissant, est une créature, par le seul fait ou qu'elle n'existe pas encore, ou qu'elle n'a point toujours existé. Voyons si cette définition convient au Fils de Dieu. Or, le Fils de Dieu, par le fait qu'il est issu de la vérité d'une nature indifférente, n'est pas né dissemblable de celui de qui il est, c'est-à-dire de celui qui l'a engendré. Il y a donc, si je ne me trompe, entre le Fils et la créature, cette première différence, c'est que le Fils est engendré substantiellement du Père, et que la créature vient non de la substance de celui qui l'a créée, mais de sa seule volonté et de sa seule puissance ; elle est de plus corruptible, par sa nature, à moins qu'elle ne soit conservée par la grâce. Le Fils est incorruptible, car on voit qu'en naissant il a une substance incorruptible d'un Père incorruptible. Le Fils est, en toutes choses, semblable au Père, et la créature est différente de son Créateur. Le Fils ne passe point du non-être à l'être, voilà pourquoi jamais il ne passera non plus de l'être au non-être ; tandis que la créature passe du non-être à l'être, et, par conséquent, pour ce qui est d'elle, par la condition même de son origine, elle passe de l'être au non-être.

Fél. Je ne vois pas que vous cachez dans ces

Fel. Quasi vero ego aut præter hæc quintum, aut de his tribus aliquid prædicarim : qui sic non ex substantia Patris exstitisse Filium dico, ut tamen ex ejus voluntate non negem genitum.

Aug. In unum de supradictis consequentia ipsa detruderis. Cum enim de Filii substantia requirimus, quem tu ex Patre substantialiter genitum non fateris, sine dubio inter alia ex nihilo factum esse contendis : quando quidem nec corruptibiles creaturas dicimus subsistere, nisi ut has Deum et voluisse per ineffabilem dispensationem, et potuisse per singularem potentiam dicamus efficere; dum et voluntatem fuisse novimus qua placuit Deo, et potestatem qua posse subjacet Domino.

Fel. Ergo ad exstantiam Filii potestas paterna non sufficit ?

Aug. Quasi ego de potestate Patris, et non de ipsa paternitatis veritate contendam. An ei se dici maluit Patrem, quem non sibi, sed creaturis voluit esse consimilem ? Et ideo fatendum tibi est, ex substantia Patris extitisse Filium, si et natus et Deus est ; aut Filium pariter et Deum negare, si non ex paterna substantia, sed ex nulla, operante tantum, sicut etiam in aliis creaturis, Patris voluntate et potestate creatus est.

Caput VII. — Fel. Quoniam me ad ejusmodi confessionem necessitate compellis, id quod a majoribus nostris dici assolet, non tacebo. Aiunt enim, creaturam esse Filium, sed perfectam, et quæ dominari possit omnibus creaturis.

Aug. Gaudeo quidem quod (a) irreligiosæ prædicationis intimum virus manifesta confessione prodideris : nihil tamen quod credulitate dignum videatur, opponis. Creatura namque est, ex eo quod adhuc non est, aut aliquando non fuit, rei cujuslibet corruptibilis, quantum in se est, per omnipotentis Dei voluntatem facta substantia. Hæc definitio utrum in Dei cadat Filium teneamus. Nam Filius in eo quod est, indifferentis naturæ veritate prolatus est ; qui ex eo qui est, id est ex gignente, non dissimilis natus est : et ideo inter Filium et creaturam primum, ni fallor, ista discretio est, quia ille ex Patre substantialiter gignitur, creatura non ex substantia facientis, sed ex sola voluntate ac potestate perficitur. Ista corruptibilis per naturam, nisi fuerit servata per gratiam : ille incorruptibilis, qui nascendo incorruptibilem ex incorruptibili Patre videtur habere substantiam. Filius per omnia similis Patri : dissimilis creatura factori. Ille non ex eo quod non est, in id quod est ; et propterea numquam in illud non est, ex eo quod est : illa ex eo quod non est, in id quod est ; et propterea quantum ad se attinet, ex eo quod est, in id quod non est, sui ortus conditione revertitur.

Fel. Non video quid arcano hujus obscuritatis invol-

(a) Mss. *quod prædicationis initio intimum virus.*

obscurs replis, aussi ferez-vous bien d'expliquer d'une manière un peu plus intelligible ce que vous avez avancé, selon moi, d'incompréhensible.

Aug. J'ai donc dit en parlant du Fils et en le distinguant de ce qu'on entend par une créature, qu'il n'est point passé du non-être à l'être. Cela revient à dire qu'il n'a point été tiré du néant et il ne doit jamais se résoudre par la propriété de sa nature de l'être dans le non-être, c'est-à-dire de ce qu'il est dans le néant. Au contraire, la créature passe du non-être à l'être, par où il est montré qu'elle est tirée du néant. Voilà pourquoi, par sa nature, elle doit, en tant qu'elle n'est que créature, retourner de l'être au non-être, à moins qu'une grâce perpétuelle ne la conserve. Il suit de là que jamais le Fils ne cessera d'être, puisqu'il est présenté comme étant éternel par sa substance. Voilà ce qui proprement, non pas par suite d'une injustice, doit le faire distinguer de la condition de toutes les créatures qui ont été faites par lui.

Chapitre VIII. — Fél. Quoique vous serriez de bien près mon intelligence par la nouvelle subtilité de choses, je ne sais pourtant comment vous pouvez dire que le Fils soit coéternel avec le Père, lorsque selon la manière ordinaire de parler et d'après les lois même de la nature l'engendrant semble être avant l'engendré.

Aug. Si nous jugeons l'auteur de la créature par les lois des créatures, quand nous disons que le Père est antérieur au Fils, pourquoi, d'après la même loi de la nature, ne disons-nous point que le Fils, avec le temps, est plus fort que le Père, attendu que les progrès ne feraient pas défaut à l'un une fois né, et que la vieillesse apporterait à l'autre les injures de la faiblesse? Si la raison même ne peut admettre cela, cessons d'appliquer à Dieu la loi de l'intelligence corporelle, si nous ne voulons point dire que l'artisan est semblable à ses œuvres; d'autant plus que nous pouvons montrer, d'après ce qui est évident chez nous, même ce qui est secret. En effet, de même que sans exemple une mère a enfanté son auteur, ainsi faut-il croire que le Père a engendré d'une manière ineffable un Fils qui est coéternel avec lui. D'une mère est né un fils qui était avant elle d'un père qui n'a jamais été un moment sans être. La foi doit le croire et l'intelligence ne point rechercher à le comprendre, de peur que, si elle ne le trouve point, elle ne le regarde comme incroyable, ou si elle le trouve, elle cesse de le regarder comme un fait unique. Or, le Christ est né d'une mère, et néanmoins la pudeur de la mère n'a rien eu à souffrir du commerce de l'homme; elle a enfanté vierge, parce qu'elle a conçu vierge, et, sans suivre les lois de la nature, le Christ a pris un corps intact dans le corps intact de la mère. Si donc par une nouvelle manière, un nouvel exemple, on nous enseigne qu'il est né d'un corps, selon la chair, qu'y a-t-il d'étonnant s'il n'est point sorti du sein de son Père, en suivant les lois des enfantements humains? Ce Fils engendré d'elle seule n'a diminué en rien la substance de sa mère, et nous savons que le corps du Fils naquit sans aucun préjudice pour le corps de celle qui l'a mis au monde, et on croirait qu'il a diminué la substance incorporelle du Père, quand il est déclaré engendré pour être sorti de ce même Père substantiellement et incorporellement? Si donc nous jugeons la nature des choses avec l'intelligence pour guide, nous sommes obligés d'accorder un commencement, si nous ad-

---

veris : et ideo recte facies, si id quod a te, ut mea fert opinio, incomprehensibiliter dictum est, intelligibilius explicaveris.

Aug. Dixi, inquam, de Filio, cum eum a creaturæ definitione discernerem, quoniam is non ex eo quod non est, in id quod est : quod tale est ac si dicerem, non ex nihilo factus est. Et propterea nunquam in id quod non est, ex eo quod est; id est, nunquam in nihilum, ex eo ipso quod est, naturæ suæ proprietate solvendus est. Creatura vero, ex eo quod non est, in id quod est : quo ostenditur, quia ex nihilo prolata est. Et propterea quantum ad se attinet, ex eo quod est, in id quod non est; id est, in nihilum, nisi (f. perpetuam) perpetua gratia fecerit, naturæ suæ qualitate vertenda est. Ergo nunquam non erit Filius, qui substantialiter docetur esse perpetuus; et hoc ut pote proprio, a conditione omnium creaturarum, quæ per ipsum factæ sunt, non injuria noscitur separandus.

Caput VIII. — Fel. Licet intelligentiam meam nova rerum subtilitate perstringas : nescio tamen quo pacto dicas, quod coæternus Patri sit Filius : cum et communi loquendi modo et naturæ lege prior gigneus videatur esse quam genitus.

Aug. Si naturæ auctorem creaturarum legibus æstimamus, dum anteriorem esse Patrem Filio prædicamus : cur non eadem naturæ lege, fortiorem Patre Filium per accessum temporis dicimus; dum nec huic desunt crementa nascenti, et imbecillitatis injuriam senectus ingerit Patri? Quod si hoc ratio ipsa non recipit, omittamus in Deo corporalis intelligentiæ legem, si operibus suis similem dicamus esse factorem : maxime cum ex eo quod apud nos evidens est, etiam id quod in occulto est possimus ostendere. Sicut enim sine exemplo mater genuit auctorem suum : sic ineffabiliter Pater genuisse credendus est coæternum sibi Filium. De matre natus est qui ante jam fuit : de Patre qui aliquando non defuit. Hoc fides credat, intelligentia non requirat : ne aut non inventum putet incredibile, aut repertum non credat singulare. Ecce enim de matre natus est Christus, nec ideo est per contractum viri matris pudor imminutus. Virgo peperit, quia virgo concepit : et non servato rerum ordine, ex integro matris corpore integrum corpus Christus assumpsit. Si ergo novo more, nullo exemplo, secundum carnem natus docetur ex corpore : quid mirum si non secundum consuetudinem humani partus processit ex Patre? Non minuit substantiam matris, ex sola genitus Filius; et sine damno corporis ejus parientis, natum filii novimus corpus : et minuisse incorporalem Patris substantiam creditur, cum ex eodem ipso substantialiter atque incorporaliter prolatus, dicitur genitus? Ergo si naturam rerum intelligentia duce perpendimus; demus initium, si non negamus occasum. Alioquin ideo Filium

mettons une fin. Mais d'un autre côté, si nous ne disons point que le Fils a un commencement, c'est parce que nous ne le tenons point pour éternel par l'effet de la grâce, mais par le fait de la nature. En somme, il peut être dit moindre ou plus grand de trois manières, par l'âge, la taille et la puissance. Par l'âge, il est plus vieux qu'un enfant, par la taille, il est plus grand qu'un jeune enfant, par la puissance, il est plus fort qu'un faible. Voyons s'il y a quelque chose de tel dans le Fils; il n'est pas moindre que son Père par l'âge, puisqu'il est certain que dès le principe qui est le Père, le Fils est lui-même principe; il n'est pas moindre que le Père quant à la taille, puisqu'on ne peut dire de lui autre chose, sinon qu'il est Dieu; il n'est pas non plus moindre que lui en puissance, puisque nous savons que tout a été fait par lui.

CHAPITRE IX. — FÉL. Je voudrais savoir comment il se fait que la dignité du Père est passée au Fils, tandis que l'humilité du Fils n'est point passée au Père.

AUG. Des exemples quotidiens nous apprennent que ce n'est point selon la nature que nous disons maintenant ces choses. Supposons un roi dont le fils ayant déposé les insignes de la majesté royale a pris l'uniforme de soldat sujet de son père, et par suite d'une certaine dispensation de ce dernier et pour le salut de ses compagnons, essuie les injures des rebelles; est-ce que, parce que en vertu de sa naissance, une part du pouvoir royal lui revient, il s'ensuit également que l'injure faite au fils remonte à celui qui l'a engendré, non point par un effet de compassion, mais par la propriété même de la passion? Assurément il n'en est pas ainsi, parce qu'il est certain que ce n'est point le Père qui est né du Fils, mais le Fils qui est né du Père. Voilà pourquoi nous disons que tout ce qui en eux se rapporte à la communauté de nature, est semblable entre eux, mais que ce qui arrive par accident à l'un des deux, est propre à chacun d'eux. Par conséquent le Fils, en naissant, a avec le Père tout ce qu'est le Père; mais le Père n'a point avec le Fils tout ce que ce dernier a souffert en particulier. Ce n'est point une chose commune à tous les deux, que l'un soit né homme de l'homme, mais c'est un accident spécial que, souvent, sans aucun préjudice de la nature qui est commune, ni l'un ni l'autre ne le possède dans l'autre, ainsi qu'on l'enseigne. La substance du Père est une et sa personne est une, lorsque cette dernière engendre, il est hors de doute, on le sait, qu'elle n'est point différente de la nature, mais elle est autre, et on n'enseigne point qu'elle soit autre chose que la première, quand on enseigne qu'elle est commune et propre en même temps. Elle est commune, dis-je, par l'unité de substance; et elle est propre par la distinction de la personne. Aussi quoique celle qui est née existe en soi, il ne s'ensuit point que tout ce qui lui arrive passe nécessairement dans l'engendrant, comme passe à l'engendré tout ce qui est propre et substantiel dans l'engendrant; car si la divinité du Père est communiquée au Fils par la génération même, les soucis, les tristesses, la pauvreté, la mort, l'humiliation du Fils ne passent point de même au Père. Cela n'est point ainsi parce que bien que ce soit de l'unique substance du Père qu'il y en ait eu une toute semblable à cette substance d'engendrée, cependant parce que cette substance existe déjà en elle-même, tout ce qui survient à celle-ci d'ailleurs n'est point regardé comme étant commun aux deux, mais comme étant propre à cette dernière. Si donc telle est la condition du genre humain, qu'il n'arrive jamais que la substance du Fils soit telle-

non habere dicamus initium, quia non per gratiam, sed per naturam fatemur esse perpetuum. Ad summum, major et minor tribus modis dici potest; id est, ætate, forma, potentia : ætate, senior puero; forma, longior parvo; potentia, fortior imbecillo. Videamus utrum aliquid horum accidat Filio : nam nec ætate minor est, quem de principio Patre constat exstitisse principium; nec forma, quem non aliud fas est prædicare quam Deum; nec potentia, a quo totum novimus esse perfectum.

CAPUT IX. — FEL. Scire cupio quo pacto et ad Filium transiit dignitas Patris, et ad Patrem non recurrit humilitas prolis.

AUG. Non secundum naturam ista nunc dici, quotidianarum rerum exempla nos docent. Ecce enim putemus aliquem regem ac regis filium depositis regiæ majestatis insignibus, subjecti militis indumenta suscipere, et propter certam patris dispensationem ac sociorum salutem, rebellium contumelias sustinere : numquid quia ad hunc participium regiæ potestatis, certum est nativitate decurrere, idcirco ad eum qui genuit, injuriam filii non compatiendi affectu, sed ipsa passionis proprietate certum est pervenire? Non ita est, quia non ex Filio patrem, sed ex patre Filium certum est natum esse. Et propterea totum inter eos simile dicimus quod pertinet ad communionem naturæ : illud proprium quod per accidens uni noscitur evenisse personæ. Habet ergo nascendo totum Filius cum Patre quod Pater est; sed non cum Filio Pater quidquid specialiter ipse perpessus est. Non utrisque commune est, quod ex homine natus est homo, sed accidens speciale, quod plerumque sine præjudicio communis naturæ neuter habere docetur in altero. Una est patris substantia, una persona. Hæc cum genuit, ex hac sine dubio non diversa noscitur exstitisse, sed altera; quæ non aliud docetur esse quam prima, dum et communis docetur et propria : communis, inquam, unitate substantiæ; propria, discretione personæ. Cum ergo in se exstet illa quæ nata est, non quidquid huic acciderit ad gignentem necessario transit, sicut ad nascentem quidquid proprium ac substantiale gignentis constat esse, pervenit. Non enim sicut Filio ipsa generatione collata est divinitas Patris, sic ad Patrem refertur cura, ægritudo, paupertas, mors, humilitas prolis. Quod ideo non fit, quia quamvis de una, id est, Patris substantia fuerit similis genita : tamen quia jam in se ipsa exstat, quæcumque huic extrinsecus ingeruntur, non communia dicuntur esse, sed propria. Si ergo humani generis ista conditio est, ut non usque adeo filii ab eo qui genuit in aliud unquam mutata

ment changée en autre chose de la substance de celui qui l'a engendré, qu'elle ne puisse plus être la même substance, mais est une autre substance, cependant quelque nombreuses que soient les choses qui s'ajoutent du dehors au Fils, sa nature demeure néanmoins toujours commune avec le Père. Qu'est-ce qu'il est digne pour nous de croire au sujet de Dieu et de son Fils, que convient-il d'en dire? Bien que, selon la gloire simple de leur majesté indivisible, leur nature ne soit point différente, cependant c'est par le Fils en particulier qu'un corps a été pris, afin qu'il fût humilié dans l'infirmité de notre chair, lui qui ne pouvait rien souffrir dans la divinité de la substance commune. L'homme fils de l'homme n'a point pris une autre nature, et quoiqu'il souffre dans la même nature qui lui est commune avec le Père, cependant ses opprobres n'atteignent point le Père. Dieu le Père est cru humilié passivement dans le Fils, bien que ce n'est point dans la nature qui est commune au Père et au Fils, mais plutôt dans la nôtre qu'il a seul prise, qu'il est cru avoir enduré la perfidie des Juifs. En somme, qu'est-ce, je vous prie de me le dire, qui était suspendu à la croix; qu'est-ce qui a été blessé, dit-on, par une lance? Est-ce une chair passible, ou la substance de la divinité? Si, prédicateur profane d'un être incorporel, vous dites que c'est la majesté divine, on voit que vous croyez Dieu corruptible, si vous dites que c'est une chair passible, cette chair n'est point commune au Fils avec le Père, pour que la croix puisse le toucher par elle.

CHAPITRE X. — FÉL. Pendant que, semblable à un torrent, vous renversez tout ce qui vous est opposé par nous, en paroles, ce n'est plus un seul Christ, mais deux Christ que vous nous prêchez. Ce n'est point sans raison que je vous fais cette remarque, car si en lui, la divinité n'a absolument rien souffert; c'est qu'il y eut un autre Christ selon la chair; autrement par suite de la divinité commune au Père et au Fils, la passion du Fils aurait atteint le Père lui-même.

AUG. Il n'en est rien, car je ne confonds point votre Sauveur, et je ne le divise point non plus. Je ne le confonds point, car je me garde bien de dire qu'il n'a eu qu'une chair incorporelle et imaginaire, ou une divinité charnelle et mortelle; je ne le divise point, car je n'ai garde d'introduire un Fils de Dieu le Père selon la chair et un autre Fils selon la majesté divine; attendu que c'est le même Fils de Dieu qui est sorti du Père sans commencement et qui a daigné naître d'une vierge dans le temps. Impassible dans sa nature divine, il a souffert dans la nôtre quand il a daigné revêtir, dans le sein d'une femme, son incompréhensible majesté du manteau de la chair, si je puis parler ainsi. La personne du Médiateur est une si sa substance n'est point une; oui, dis-je, sa personne est une, en sorte qu'on ne peut pas dire qu'il n'y a point qu'un seul Christ, et il n'y a point qu'une seule substance, de peur que, si on mettait de côté la dispensation du Médiateur, on ne vit plus en lui que le Fils de Dieu ou le Fils de l'homme. Je n'étends donc point dans le Christ la chair qu'il a prise à la perpétuité de la génération divine, de même que je n'enferme point l'immensité de la divinité dans l'âge d'une naissance corporelle; attendu que c'est celui qui, dans la divinité, est l'auteur des choses, qui, dans la chair, est le Rédempteur des hommes; celui qui, en lui-même est impassible, mais a souffert dans son corps; car en naissant, de chaque nature, semblable à celle qui l'a engendré, il a tellement reproduit les propriétés de

---

substantia est, ut non eadem possit esse, sed altera; dum extrinsecus filio accidentibus multis, manet nihilo minus natura communis : quid nos de Deo atque ejus Filio dignum est credere, quid decet prædicare? quorum quamvis secundum indivisæ majestatis simplicem gloriam non sit natura dissimilis, specialiter tamen a Filio corpus assumptum est; ut humiliaretur in infirmitate carnis nostræ, qui pati nihil poterat in communis divinitate substantiæ. Non assumit homo hominis filius alteram naturam, et cum in eadem quæ cum patre communis est patiatur, ad patrem tamen non transmittit injuriam : et humiliatus in Filio Deus Pater passibiliter creditur, cum non in eadem ipsa quæ utrisque communis est, sed in nostra potius, quam solus ipse suscepit, Judæorum creditur pertulisse perfidiam. Ad summum, quid precor est quod pendebat in cruce? Quid est quod lancea dicitur vulnerasse? Caro passibilis, an substantia deitatis? Si majestatem profanus incorporei prædicator assumpseris, corruptibilem Deum videris credere : si passibilem carnem, non est communis ista cum Patre, ut per hanc eum possit crux illa contingere.

CAPUT X. — FEL. Dum torrentis modo omnia quæ a nobis sunt dicta præcipitas, duos admodum Christos, non unum prædicas. Et non immerito, nam si in eo nihil penitus divinitas pertulit, secundum hominem Christus alius fuit : alioquin per affectum communis deitatis, etiam ad Patrem passio ipsa pervenit.

AUG. Non ita est, ego enim Salvatorem nostrum non confundo, non divido : non confundo, ne aut incorpoream et imaginariam carnem, aut carnalem et mortalem prædicem deitatem : non separo, ne Dei Patris unum secundum carnem, et alteram secundum majestatem introducere videar prolem : quia idem Dei Filius et sine initio processit ex Patre, et secundum tempus nasci est dignatus ex virgine. Impassibilis in suo, passus in nostro, dum incomprehensibilem majestatem velut quodam indumento carnis vestire est dignatus (1) ex utero. Una Mediatoris persona, non una substantia : una, inquam, persona, ne sit non unus Christus; non una substantia, ne Mediatoris dispensatione submota, aut Dei tantum dicatur, aut hominis filius. Non ergo in Christo susceptam carnem perpetuitate divinæ generationis extendo; nec immensam deitatem corporei ortus ætate concludo : quia idem in divinitate auctor est rerum, qui in carne redemptor est hominum : idem impassibilis in se, qui passus in corpore; dum sic utriusque naturæ proprietatem vere ex

---

(1) Chiffletius *dignatus est. Ex utroque una*, etc.

chacune de ces deux natures, qu'il est constant, d'un côté, qu'il a reçu une vraie chair de sa mère, et qu'il tient, de son père, une divinité indifférente. Ces deux natures se trouvant unies en une seule personne par l'incompréhensible dispensation du Médiateur, qui a conservé à chacune d'elles ce qui lui est propre, en même temps qu'il a uni, à ce qu'elles avaient de propre, des choses qui leur étaient étrangères. Il leur a conservé ce qu'elles ont en propre, puisqu'il n'a point perdu l'immensité de la divinité, et n'a point non plus mis de côté la faiblesse de la chair. Et il a uni, à ce qu'elles avaient qui leur fût propre, des choses étrangères, puisque ce même Christ qui est indivisible est mis à mort en vertu de la propriété de sa chair et ne demeure point dans les enfers, en vertu de la propriété de sa divinité. Par le fait du corps qui lui est propre, il a connu la mort, et par le fait de sa divinité qui lui est également propre, il a rendu sa chair éternelle. Il n'est donc pas exact de dire que le Père a souffert dans le Fils, attendu que c'est dans sa chair qui ne lui est point commune avec le Père, que le Fils a souffert. Aussi son corps a-t-il été glorifié avec la majesté divine, de même que cette majesté, d'après ce qui nous est enseigné, a été humiliée dans la chair. Mais ce qui est sûr, c'est que nous ne prêchons point ces deux choses de deux Christ, comme vous le pensez, nous ne le prêchons que d'un seul et même Christ que nous reconnaissons après l'enfantement de la vierge pour Dieu et homme.

Chapitre XI. — Fél. Si le Christ est né de la Vierge, comment donc le faites-vous coéternel avec le Père?

Aug. Nous avons en effet sur ce point également maille à partir avec d'autres hérétiques; aussi pour que l'explication de la vérité ne soit pas trop difficile, commençons par exposer la cause de l'erreur. C'est en effet, en partant du principe d'une crédulité mauvaise, que les délires d'une manière différente de comprendre se scindent en deux, si je puis parler ainsi. Les partisans de ces deux erreurs ont cela de commun que, pour eux, le Christ n'a eu qu'une naissance, non point deux. Mais les uns ne reçoivent que sa naissance principale par laquelle il est né Dieu de Dieu avant toutes choses, les autres, au contraire, ne tiennent pour dogme qui leur est propre que sa naissance, par laquelle ce Seigneur est né de la vierge, c'est le dogme qui les distingue. En conséquence de ce grain mal semé, ils tombent les uns et les autres dans le gouffre d'un semblable blasphème. En effet, ceux qui ne le croient point né d'une vierge détruisent par une sorte d'aveuglement d'incrédulité judaïque toute la foi des évangiles, toute l'utilité du baptême, toute les prédications des apôtres, en un mot, toute l'autorité du Nouveau Testament. Aussi ne doit-on point les regarder comme reconnaissant la majesté du Fils de Dieu, puisqu'ils rejettent le mystère du Médiateur, par lequel le Père a voulu le faire connaître aux nations. D'un autre côté, ceux qui enseignent qu'il n'est point né du Père, avant tout commencement, mais qu'il est né seulement d'une vierge dans le temps, ne le tiennent point pour le Créateur de toutes choses, ni pour le Seigneur semblable au Père en puissance et en majesté. En effet, comment sera-t-il regardé, comme ayant fait toutes choses, s'il est certain que tout existait avant sa naissance? Ou bien, comment parler de sa divinité s'il n'existait point encore, lorsque tout a été fait? Comment encore peut-on croire sa divinité éternelle, s'il n'a point toujours

---

utraque gignenti similis natus expressit, ut et veram carnem suscepisse eum constet ex matre, et indifferentem deitatem habere constet ex Patre. Quibus in unam personam incomprehensibili Mediatoris dispensatione conjunctis, servavit singulis propria, sed conjunxit propriis aliena : servavit propria, dum non amisit immensitatem deitatis, et infirmitatem non respuit carnis : conjunxit propriis aliena, dum idem atque inseparabilis Christus, et proprio carnis occiditur, et proprio deitatis apud inferos non tenetur : proprio carnis gustavit vita mortem, proprio deitatis perpetuam reddidit carnem. Non ergo recte dicitur : In Filio Pater est passus : quoniam in carne quæ ei non est cum Patre communis, passus est Filius. Itaque glorificata est caro majestate, dum majestas humiliata docetur in carne. Sed utrumque, non de duobus Christis, sicut putas, sed de uno atque eodem ipso, quem post partum virginis Deum et hominem novimus, nos certum est prædicare.

Caput XI. — Fel. Si ergo ex virgine natus est Christus, quomodo Deo Patri dicitur coæternus?

Aug. De hoc quidem nobis etiam adversus alios diversa contentio est; et ideo ne difficilior sit explanatio veritatis, causam primum proponemus erroris. Nam ab uno malæ credulitatis orsi principio, in duo quodam modo intelligentiæ dissimilis deliramenta (a) finduntur. Est namque utrisque commune, unam Christi nativitatem, non duas prædicare. Sed alii illam principalem, qua ante omnia ex Deo natus est Deus; alii hanc tantum, qua ex virgine processit hic Dominus, proprii dogmatis definitione recipiunt; qui per consequentiam male jacti seminis, in similis blasphemiæ barathrum ceciderunt. Ecce enim qui ex virgine non credunt natum, omnem Evangeliorum fidem, omnem baptismatis utilitatem, omnem Apostolorum prædicationem, et ad summum omnem novi Testamenti auctoritatem, velut quadam Judaicæ incredulitatis cæcitate subvertunt. Et ideo ne ipsam majestatem quidem Dei Filii cognovisse putandi sunt: quia sacramentum Mediatoris, quo eum innotescere Pater gentibus voluit, abjecerunt. At vero hi qui non ex Patre ante omne initium, sed ex tempore virginis partu natum esse contendunt, non eum Creatorem omnium, non Dominum omnipotentia Patri ac majestate consimilem didicerunt. Quomodo enim fecisse putabitur cuncta, ante cujus ortum fuisse certum est universa? Aut quomodo ejus divinitas est (b) profitenda, quo necdum nato facta sunt singula? Vel quomodo ejus divinitas cre-

(a) Sic aliquot Mss. At editi *funduntur*. — (b) Quidam Mss. *probanda*.

été Dieu, comme son Père, s'il n'a commencé à être Dieu que dans le temps? Ceux-ci sont donc amenés, par une conséquence nécessaire, à nier le mystère du Médiateur, puisqu'ils ne prêchent point un Christ Dieu et homme, un Christ né dans l'éternité et dans le temps, un Christ plein de force et de faiblesse, un Christ Fils du Père avant toutes choses et semblable au Père et vrai fils d'une mère, au milieu de toutes choses déjà existantes ; un Christ non point imaginaire, mais Fils de l'homme, un Christ manifestement visible, non pas seulement apparent. D'où il résulte qu'on ne doit pas même tenir qu'ils connaissent Dieu dans la chair, puisqu'ils ne le croient point né du Père avant qu'il ait pris un corps. Vous voyez donc par là, comment il se fait que, bien que les moyens soient différents, l'erreur commence de même et aboutit aux mêmes conséquences. Quant à nous, nous défendons de telle sorte les deux naissances, que nous ne supprimons point l'une en affirmant l'autre. En effet, nous ne condamnons point la naissance temporelle par l'éternité de la première de ces deux naissances, non plus que nous n'enfermons la naissance éternelle dans les bornes étroites de la temporelle, car nous savons que le Fils du vrai Dieu est inséparable et que la chair de ce vrai Fils de Dieu est une très-véritable chair. Nous ne disons point que la divinité du Christ a commencé quand la Vierge l'a conçu, ni sa chair au moment où la monade par excellence a enfanté, par une sorte d'enfantement ineffable, sans le secours du temps, une monade qui ne diffère absolument en rien d'elle et qu'on tient pour une monade. La majesté toute-puissante du Christ n'a point eu horreur de sa faiblesse volontaire, et sa faiblesse corporelle n'a point éteint non plus sa toute-puissance. Je sais que la divinité du Fils de Dieu est descendue aux enfers par l'effet de la propriété de sa chair, et je sais que cette même chair est montée au ciel par le mérite de la divinité. S'il a eu faim, ce n'est point proprement en tant que Dieu, mais c'est en tant que Dieu qu'il a rassasié tant de milliers d'hommes avec quelques pains. (*Matth.*, xiv, 21.) Ce n'est point en vertu d'une propriété de la chair qu'il a marché à pieds secs sur les ondes frémissantes; mais c'est en vertu de la propriété de cette même chair qu'il a essuyé les crachats, les soufflets et les fouets. Cependant c'est un seul et même Christ qui a souffert si souvent les injures, et qui n'a point été englouti au fond de la mer. De là il suit que nous disons que la divinité a été affectée dans le Médiateur de Dieu et des hommes par le traitement qui a atteint le corps qu'il s'est uni, de même que nous savons que la chair a été glorifiée dans la majesté de la divinité. Le Christ qui est mort est donc le même Christ qui est ressuscité ; toutefois ces deux choses ne procèdent point d'un seul et même principe, mais chacune d'elles d'un principe particulier ; mais c'est toujours un seul et même Christ qui, dans sa perfection, a accompli ces deux choses, puisque c'est le Christ un et indivisible qui a accompli ces choses si diverses : en tant que l'un, il a connu la mort, en tant que l'autre, il a ressuscité les morts. Voilà comment le vrai Médiateur de Dieu et de l'homme s'est montré Dieu et homme, sans qu'il fût en deux personnes, ni que les deux substances fussent confondues. Le Fils de Dieu est entré dans le sein de la Vierge, afin de naître une seconde fois, lui qui déjà auparavant avait eu une naissance ; il s'unit l'homme entier

---

ditur esse perpetua, cum non semper ut Patris, sed ex tempore prædicatur effecta? Negant igitur etiam hi quodam modo Mediatoris consequentium rerum necessitate mysterium ; (*a*) quia non Deum et hominem, non ex æternitate et tempore, non ex virtute et ex infirmitate, non ex Patre ante omnia Patri similem Filium et ex matre inter omnia verum, non imaginarium, hominis filium, in manifesto, non per veri similitudinem, natum prædicant Christum. Quo fit, ut ne in carne quidem nosse putandi sint Deum, quem ante assumptionem carnis de Patre non putant genitum. Vides igitur quo pacto inter hos, licet discrepantibus mediis, idem tamen initium, idem exitus docetur erroris. Nos contra sic nativitatem utramque defendimus, ut neutram alterius affirmatione tollamus : nam nec temporalem primæ illius perpetuitate damnamus, nec æternam hujus temporalis brevitate concludimus ; scientes veri Dei inseparabilem prolem, et hujus veræ prolis postea verissimam carnem; non tunc fatentes Christi divinitatem cœpisse cum virgo concepit ; nec tunc cœpisse carnem, cum ineffabili quodam partu monas illa, sine intercapedine medii temporis, in nullo differentem monadem, nisi quod monas docetur esse, genuit. Non infirmitatem voluntariam Christi omnipotens ejus majestas exhorruit, non omnipotentiam infirmitas corporalis exstinxit. Scio ad inferos divinitatem Filii Dei descendisse proprietate carnis, scio ad cœlum ascendisse carnem merito deitatis. Non est Dei proprium, quod famem sensit : sed Dei proprium est, quod paucis panibus tot millia hominum (*b*) satiavit. Non est proprium carnis, quod super frementes undas siccis pedibus ambulavit: sed carnis est proprium, quod sputa, palmas, flagella sustinuit. Unus tamen atque idem Christus est, qui et injurias totiens pertulit, et actus in profundo non mersit. Ex hoc pacto in Mediatore Dei et hominum, injuria assumpti corporis affectam (*c*) fatemur deitatem, sicut majestate deitatis glorificatam novimus carnem. Ergo Christus mortuus est, qui et resurrexit : nec ideo tamen utrumque ex uno, sed ex singulis singula, in utroque tamen perfectus ipse complevit, dum unus atque inseparabilis tam diversa complevit : uno mortem gustavit, altero mortuos suscitavit : sicque se Deum et hominem utriusque verus Mediator, nec geminata persona, nec substantia confusa monstravit. Ingressus est virginis uterum Dei Filius, ut iterum nasceretur ante jam genitus : suscepit totum hominem, qui jam habebat a Patre plenissimam deitatem. Non dissimilis genitori, cum nasce-

---

(*a*) Hic Am. Er. et Lov. omittunt *non*. Restituit Chiffletius, sed relictis postea Mss. ita cum Am. Er. et Lov. habet : *non ex æternitate sed ex tempore, non ex virtute sed ex infirmitate; non ex Patre ante omnia Patri similem Filium, sed ex matre inter omnia non verum sed imaginarium.* — (*b*) In Mss. *Saginavit.* — (*c*) Sic Mss. At Am. Er. et Lov. *non fateor.*

quand déjà il tenait, de son Père, une très-pleine divinité. Il n'est point différent de son Père, en tant que né éternel de l'Eternel, ni différent de l'homme en tant qu'il naît d'une mère pour mourir un jour. Mais en attendant, il est le même en tant qu'éternel de son propre fond et mortel du nôtre. Voilà comment est né, de Dieu et de l'homme, un Christ non imparfait mais très-complet, dans la diversité de propriétés, de même que nous disons que chaque homme parfait se compose d'un corps et d'une âme. Le corps n'est point un homme et l'âme un autre homme, bien que le corps et l'âme soient l'un une chose et l'autre une autre, mais le corps et l'âme ne font qu'un seul et même homme. De même le corps et l'âme ne font point une seule et même chose, parce que l'homme se compose de l'un et de l'autre; car ces deux êtres ne confondent point leur substance dans l'unité de personne, de même qu'elles ne doublent point la personne dans la diversité de la substance, puisqu'on sait qu'ils ne composent ensemble qu'un seul homme. Ils ne perdent point leurs propriétés, mais parce qu'ils se trouvent réunis en un tout unique et indivisible, ce qui leur est propre à chacun semble devenu commun à tous les deux. L'âme dans le corps est affectée par les souffrances de ce dernier, et le corps est fatigué par les pensées de l'âme; cependant l'un est propre au corps seulement et l'autre à l'âme; mais quand cela se produit dans l'homme qui est un, cela paraît commun au corps et à l'âme. C'est ainsi que, après l'enfantement de la Vierge, il n'y a pas eu un Fils de Dieu et un Fils de l'homme, mais un seul et même Christ Fils de Dieu et de l'homme. Et de même que, dans un homme, le corps et l'âme sont l'un une chose et l'autre une autre; ainsi dans le Médiateur de Dieu et des hommes, autre chose est le Fils de Dieu et autre chose le Fils de l'homme, mais toutefois de l'un et de l'autre se compose le Seigneur Christ. Je dis qu'autre chose est le Fils de Dieu, et autre chose le Fils de l'homme, à cause de la différence des substances, mais il n'y a point autre et autre au point de vue de l'unité de personne.

CHAPITRE XII. — FÉL. Dans ce que vous m'aviez dit précédemment, vous m'aviez amené à croire à la naissance du Christ, sans préjudice de la virginité de sa mère; mais puisque les concessions obtenues de moi par la force des discours ne peuvent durer, il s'ensuit que lorsque je reporte mes regards d'un œil inquiet sur ma proposition, il ne me semble pas encore que j'aie trouvé ce que je cherche dans vos paroles. Ainsi je ne sais comment vous pouvez m'enseigner la naissance temporelle de celui que vous dites être déjà coéternel avec le Père. En effet, la naissance est comme le mouvement d'une chose qui n'existe pas avant d'être née, et tend à être par le bienfait de la naissance. D'où il suit que le Christ qui déjà existait, n'a pu naître, et que s'il a pu naître, c'est qu'il n'existait point.

AUG. Vous nous poussez, par la nouvelle curiosité qui vous dicte ces questions, à nous lancer dans la recherche de choses incompréhensibles, mais aussi ce que vous désirez connaître ne pourra être expliqué qu'après que j'aurai tracé quelques traits par des exemples. Permettez-moi donc de donner pour assurée une chose qui appartient à une autre question; mais n'allez pas croire que je veuille expliquer ce que je crois, quand je vais citer tout à l'heure cette chose, non point pour la foi de cette même chose, mais pour en faire voir une autre; mais pensez que, pour le présent, je crois de manière à ce

---

retur ex æterno perpetuus : non dissimilis homini, cum ex matre nascitur moriturus. Idem tamen et æternus in suo, et moriturus in nostro; dum utrumque continet ex se ipso, et neutrum perdit ex altero. Sicque ex Deo et homine non (a) imperfectus, sed in diversa proprietate plenissimus natus est Christus, sicut ex anima et corpore unusquisque hominum docetur esse perfectus. Non alius homo corpus, alius animus : quamvis aliud animus, aliud corpus, unus tamen atque idem homo et corpus docetur et animus. Rursum non unum atque idipsum corpus et animus, quia ex utroque homo factus est unus. Non enim hæc aut substantiam confundunt in unitate personæ, aut personam geminant diversitate substantiæ, quando quidem unus ex his homo noscitur exstitisse. Non perdunt propria : sed quia in unum atque inseparabile convenerunt, ex propriis videntur facta communia. Afficitur in corpore mens doloribus corporis, fatigatur corpus cogitationibus mentis : et unum tamen horum proprium est corporis, alterum mentis; quod dum uni homini acciderit, et corporis commune videtur, et mentis. Sic post partum virginis, non alius Dei, et alius hominis, sed idem Christus Dei et hominis filius fuit. Et sicut in uno homine aliud animus, aliud corpus : sic in Mediatore Dei et hominum, aliud Dei Filius, aliud hominis fuit; unus tamen ex utroque Christus Dominus fuit. Aliud, inquam, pro discretione substantiæ : non (b) alius, pro unitate personæ.

CAPUT XII. — FEL. In superioribus quidem me ad credendam Christi ex matre nativitatem salva perpetuitate compuleras : sed quia contra rationem vi orationis extorta non in nobis possunt esse continua; idcirco cum ad propositionem meam sollicita intentione respicio, necdum mihi videor in his quæ a te dicta sunt invenisse quod quæro. Nescio enim quomodo natum doceatis ex tempore, quem coæternum Patri dicitis jam fuisse. Nasci enim est velut quidam motus rei non exstantis ante quam nascatur, id agens beneficio nativitatis ut sit. Quo colligitur Christum qui erat, nasci non potuisse : si nasci potuit, non fuisse.

AUG. Ad inquisitionem nos incomprehensibilium rerum nova interrogandi curiositate compellis : et ideo non nisi quibusdam exemplorum lineamentis poterit explicari quod quæris. Patere igitur me pro affirmato afferre rem alterius quæstionis : qui cum eam non pro fide sui, sed pro alterius ostensione nunc profero, non in ea me conjicias explicare quod credo; sed ita me credere ad præ-

---

(a) Aliquot Mss. *non imperfectis sed in diversa proprietate plenissimis.* — (b) Am. Er. et Lov. *non aliud* male.

que vous puissiez comprendre plus facilement ce que je vais dire. Supposons donc que, comme beaucoup le prétendent, il y a dans le monde une âme générale qui vivifie toutes les semences par un mouvement ineffable, sans être elle-même à l'état concret dans les êtres engendrés, mais en donnant la vie à ceux qui doivent être engendrés. Lorsque cette âme est entrée dans un sein passible pour y disposer la matière à ses fins, elle fait de la personne de cette chose une seule personne avec elle-même, bien qu'il soit constant qu'elle n'a point la même substance qu'elle, et il arrive par l'opération de cette âme et l'aptitude de cette matière à subir cette opération, qu'il naît un seul homme de ces deux substances, bien qu'on enseigne que l'âme et le corps sont l'un une chose et l'autre une autre chose, et nous disons alors que l'âme qui est venue donner la vie dans le sein de la mère à l'être conçu par elle, est née de ce sein. Nous disons donc qu'elle est née de la mère, parce que c'est dans elle qu'elle s'est unie un corps avec lequel elle pût naître, non point qu'elle n'eût point existé du tout, quant à ce qui la concerne avant d'être née. Et dans ce cas, si vous considérez avec soin, dans la manière de parler quotidienne, la force des mots, notre proposition exprime des choses contraires, et nous affirmons des choses qui se contredisent, et cependant il est certain que ce que nous disons alors est vrai. Nous savons que l'âme naît de la mère avec le corps, mais nous voyons aussi qu'on fait l'âme antérieure à la mère. La mère engendre l'âme dans son fils, mais en même temps, dans la mère elle-même, ce qui vit ce n'est pas autre chose que l'esprit, sans lequel la mère qui enfante ne pourrait elle-même exister. Si donc nous recherchons l'origine de la puissance animante, elle est avant la mère, et cependant elle semble à son tour née de la mère avec son enfant. L'âme, dis-je, par laquelle la mère est elle-même animée, est avant la mère, et d'un autre côté la mère par qui l'âme semble née dans son fils est antérieure à l'âme, la mère ne change point l'âme en chair, ni le corps en âme, mais celui qui crée le corps et l'âme et de l'homme tout entier tire du sein de la mère une chair animée, il a, de même, par une sorte d'analogie qui fait de deux substances différentes un seul et même homme, réuni l'un et l'autre dans une union indissoluble sans confondre ni l'une ni l'autre par la participation de l'une avec l'autre. Voilà donc comment, ou plutôt c'est d'une manière bien plus incompréhensible et plus sublime que le Fils de Dieu est né en prenant dans une mère un homme parfait, lui qui, par une toute-puissance unique, est pour tous les êtres engendrés, non-seulement la faculté, mais encore la cause qui les fait naître; c'est, dis-je, dans l'homme, que Dieu est né d'une vierge, de la même manière que nous disons que l'âme naît avec le corps. Ce n'est point à dire que la substance de l'un et de l'autre ne fasse qu'une seule et même substance, mais c'est en ce sens que les deux substances ne font qu'une seule et même personne. Le corps n'est point un homme et l'âme un autre homme, mais le corps et l'âme ne font qu'un seul et même homme. De même après l'enfantement de la Vierge, le Fils de Dieu et le Fils de l'homme ne sont point deux fils différents, mais ne font qu'un seul et même Christ, Fils de Dieu et de l'homme. Comme dans l'homme autre chose est le corps, autre chose l'âme, ainsi dans le Médiateur autre chose est le Fils de Dieu, autre chose celui de l'homme, bien que ce soit sous un point de vue qu'il

---

sens puta, ut intelligere facilius possis ista quæ dixero. Fingamus ergo, sicut plerique volunt, esse in mundo animam generalem, quæ sic ineffabili motu semina cuncta vivificet, ut non sit concreta cum genitis, sed vitam præstet ipsa gignendis. Nempe cum hæc in uterum passibilem, materiam (*a*) ad usus suos formatura pervenerit, unam secum facit esse personam ejus rei, quam non eamdem constat habere substantiam : et fit operante anima et patiente materia, ex duabus substantiis unus homo; cum aliud anima doceatur, aliud caro : sicque animam nasci fatemur ex utero, quam ad uterum venientem vitam dicimus contulisse concepto. Nasci, inquam, ex matre dicitur, quia ex hac sibi corpus aptavit, in quo nasci posset : non quia ante quam nasceretur, quantum ad se attinet, ipsa penitus non fuisset. Et hic si verborum vim, quotidiani sermonis contemplator attendas, contraria proponimus, (*b*) oppugnantia prædicamus : ex quibus tamen verum constat esse quod dicimus. Ex matris utero cum corpore scimus animam nasci : sed etiam matre priorem videmus animam prædicari. In filio mater animam gignit, sed tamen etiam in ipsa matre non nisi animus vivit, sine quo ne ipsa quidem potest esse quæ genuit. Itaque si originem animantis potentiæ requiramus, prior est matre, et ex hac rursus nata videtur esse cum sobole : prior, inquam, anima, per quam mater est animata; prior mater, per quam in filio nata videtur et anima : sed non mater in carnem animam vertit, nec carnem in animam commutavit; sed animatam carnem de utero matris, idem carnis et animæ et totius hominis Creator exhibuit : qui per dispensationem analogiæ diversa jungentis in uno atque eodem homine, et utrumque insolubili unitate conjunxit, et neutrum ex alterius participatione confudit. Sic ergo, imo multo incomprehensibilius atque sublimius natus est susceptione perfecti hominis de matre Filius Dei, qui est per omnipotentiam singularem genitis omnibus, non facultas tantum, sed et causa nascendi : secundum hominem, inquam, de virgine natus est Deus; eo pacto quo cum corpore nasci docetur et animus : non quia utriusque una sit substantia, sed quia ex utroque fit una persona : non alius homo corpus, et alius animus; sed unus homo corpus et animus. Sic post partum virginis, non alius Dei filius et alius hominis; sed idem Christus Dei et hominis filius. Et sicut in uno homine aliud corpus, aliud animus : sic in uno Mediatore aliud Dei, aliud hominis filius; sed idem tamen et non alius Dei quam hominis filius, quamvis propter aliud

---

(*a*) Aliquot Mss. *ad partus suos*. — (*b*) Am. Er. et Mss. *oppugnanda*.

TOM. XXVII.

42

soit Fils de Dieu et sous un autre point de vue Fils de l'homme. Nous ne disons point que le Fils de Dieu a commencé avec le corps, de peur qu'on ne croie que la divinité est née dans le temps ; ce n'est point non plus de toute éternité que nous reconnaissons la chair du Fils de Dieu, pour ne point penser que ce n'est pas un vrai corps d'homme, mais une sorte d'image qu'il s'est unie. La vérité de la chair n'absorbe point la majesté du Fils de Dieu, non plus que l'immensité de la divinité n'absorbe la vérité de la chair, et tandis que l'une rayonne par ses vertus, l'autre se fait connaître par nos infirmités. Mais c'est un seul et même Christ indivisible qui est humilié dans ce qu'il a pris, et qui est glorifié dans ce qui lui est propre, puisqu'il ne dédaigne point d'être exposé aux mauvais traitements et ne laisse point de garder l'égalité de son Père. Marie a donc enfanté et n'a pas enfanté le Fils de Dieu. Elle l'a enfanté quand le Christ est né d'elle selon la chair, elle ne l'a point enfanté en tant que le Fils de Dieu est né sans commencement de son Père ; elle l'a enfanté quand le Verbe est sorti chair de son sein pour habiter parmi nous, et elle ne l'a point enfanté en tant que dès le commencement le Verbe qui a donné naissance à toutes choses était Dieu. (*Jean*, I, 14.) Ne cherchez donc point à donner pour origine au Verbe de Dieu l'enfantement de la Vierge, et ne dites point que le corps qui est né de la Vierge est coéternel avec la divinité, attendu que le Médiateur de Dieu et des hommes, l'homme Jésus-Christ, est coéternel avec le Père par sa première naissance, et participe à notre temps par sa seconde ; dans la première il est auteur du temps, et dans la seconde il participe au nôtre.

Chapitre XIII. — Fél. Comme vous avez traité du mystère du Médiateur avec une raison pleine de clarté et d'une manière suffisante pour amener chacun à croire, je vous prie de m'expliquer ce qu'il faut penser de l'âme du Christ ; car nos pères nous ont toujours enseigné que c'est la présence du Fils même de Dieu qui a animé le corps du Christ, en guise d'une âme commune, et qu'il n'a point eu besoin de l'accession de l'esprit vital, attendu que la source de vie qui se trouvait en lui a pu lui conférer le don de vivre.

Aug. Nous pourrions appuyer sur des textes des saintes Ecritures ce que l'autorité de l'Eglise catholique définit et prescrit dans cette question ; mais comme ce n'est point d'après les textes des livres, et que c'est seulement par la raison qu'il nous a plu de discuter toutes choses, nous réserverons pour une autre époque les monuments des Ecritures, comme nous l'avons déjà fait plus haut, et nous traiterons la question de l'âme comme nous avons traité les autres. Pour le faire plus facilement, recherchons quelle cause a porté notre Sauveur à s'unir l'homme, par une courte lecture d'un seul passage de l'Apôtre ; quand nous l'aurons trouvée, nous passerons sans aucune difficulté aux conséquences de la question précédente. Dans l'origine donc, Dieu fit l'homme d'un corps et d'une âme. L'homme ayant transgressé les préceptes de la loi, reçut, en quelque façon, après avoir touché illégitimement à l'arbre défendu, la sentence d'une peine capitale. Reformé dans l'état dont il était déchu par la seule grâce de son auteur, il put revenir à son premier état, par une sorte de droit de rappel ; de même l'homme qui se précipite de haut par un acte de sa volonté, avait en

---

Dei, et propter aliud hominis filius. Non ab initio carnis cœpisse dicimus Filium Dei, ne temporalem credat aliquis deitatem : non ab æterno Filii Dei novimus carnem, ne non veritatem humani corporis, sed quamdam eum suscepisse putemus imaginem. Neque enim consumit majestatem Filii Dei, veritas carnis; aut veritatem carnis, immensitas deitatis ; dum unum radiat virtutibus suis, aliud doceatur infirmitatibus nostris. Unus autem atque inseparabilis Christus et humiliatur in assumptis, et glorificatur in propriis ; cum et affici non dedignatur injuriis, et æqualitatem custodit genitoris. Genuit ergo Maria et non genuit Filium Dei : genuit, quando ex ipsa secundum carnem natus est Christus ; non genuit, quando de Patre sine initio exstitit Filius : genuit, quando ex hac Verbum caro processit (*Joan.*, I, 14), ut habitaret in nobis; non genuit quando in principio erat Deus Verbum, quod originem præstitit universæ. Nolite ergo partu virginis determinare originem Dei Verbi : nolite de virgine genitum corpus coæternum dicere deitati ; quia Mediator Dei et hominum homo Christus Jesus (I *Tim.*, II, 5) prima nativitate coæternus est Patri, secunda particeps temporis nostri ; in illa auctor temporis, in ista particeps est ætatis.

Caput XIII. — Fel. Quoniam de mysterio Mediatoris perspicua ratione, et ad credendum cuivis sufficienter tractasti : idcirco quæso ut mihi quid etiam de anima Christi sentiendum sit, jubeas explicari. Ita enim a majoribus nostris semper est traditum, quod Christi corpus ac vicem animæ communis, ipsius Filii Dei habitus animarit; nec accessione vitalis spiritus indigens fuerit, cui inhabitans fons vitæ potuit conferre quod vixit.

Aug. Possumus quidem id quod in hac quæstione catholicæ auctoritatis definitione præscribitur, divinorum voluminum testimoniis edocere : sed quia nunc non librorum (*a*) indicio, sed sola ratione placuit cuncta discutere, idcirco in aliud tempus Scripturarum monumenta reservantes, sicut superius factum est, sic etiam de animæ inquisitione tractabimus. Quod ut fieri facilius possit, quæ Salvatori nostro suscipiendi hominis causa fuerit, una tantum Apostoli lectione subjecta breviter inquiramus : qua inventa, sine aliqua difficultate etiam ad hæc, quæ hujus præcedentis sunt consequentia, transibimus. Ab initio igitur ex corpore et anima Deus hominem fecit : qui legis præcepta transgressus, post usurpationem interdictæ arboris, sententiam quodam modo pœnæ capitalis excepit. Hic ad eum statum a quo lapsus est, non nisi auctoris sui gratia reformatus, postliminii quodam modo jure potuit remeare : sicut qui se de excelso in præceps voluntate demiserit, in sua quidem habuit potestate quod fecit, sed jam suo arbitrio certum est non

(*a*) Quidam Mss. *judicio.*

soi le pouvoir de faire ce qu'il a fait, mais le fait de sa chute n'est certainement plus au pouvoir de son libre arbitre. Aussi est-ce par le bienfait d'un autre que se relève celui qui est tombé par sa propre faute. On ne peut pourtant pas dire qu'il n'est point tombé par son fait, quand bien même on saurait qu'il ne s'est relevé que par l'assistance d'un autre, et il ne s'ensuit pas qu'il s'est relevé de lui-même, parce qu'il est certain qu'il n'est point tombé par le fait d'un autre. Mais nous traiterons cela ailleurs, pour le moment, revenons à notre sujet. Le vénérable Paul, après avoir dit que le Christ est né selon la chair afin que, « comme le péché est entré dans le monde par un seul homme, et la mort, par le péché, et qu'ainsi la mort est passée dans tous les hommes en qui tous ont péché, » (*Rom.*, v, 12) continue en ces termes un peu plus loin : « Mais il n'en est pas de la grâce comme du péché. Car, si par le péché d'un seul plusieurs sont morts, la miséricorde et le don de Dieu se sont répandus beaucoup plus abondamment sur plusieurs, par la grâce d'un seul homme qui est Jésus-Christ. Il n'en est pas du don de Dieu comme du mal arrivé par un seul homme qui a péché, car, nous avons été condamnés par le jugement de Dieu pour un seul péché, au lieu que nous sommes justifiés par la grâce après plusieurs péchés. Si donc à cause du péché d'un seul, la mort a régné par un seul homme, à plus forte raison ceux qui reçoivent l'abondance de la grâce, et du don, et de la justice, régneront-ils dans la vie par un seul homme, qui est Jésus-Christ. De même donc que c'est par le péché d'un seul que tous les hommes sont tombés dans la condamnation, ainsi c'est par la justice d'un seul que tous les hommes reçoivent la justification de la vie. Car, comme plusieurs sont devenus pécheurs par la désobéissance d'un seul, ainsi plusieurs seront rendus justes par l'obéissance d'un seul. » (*Rom.*, v, 15 à 19.) Le Christ est donc venu sauver ce qui avait péri. (*Luc*, xix, 10.) Commençons par voir ce qui avait péri par la transgression commise par l'auteur de notre race, et après cela nous pourrons savoir facilement ce que le Seigneur a pu sauver en venant. Ce que nous avons à chercher c'est donc qui a accepté la loi de son Créateur, car on ne peut nier que c'est celui qui l'a méprisée qui a péché. Or, celui qui a méprisé les ordres de son Créateur, c'est celui qui a fait ce qu'il avait défendu de faire. L'Ecriture dit : « Le Seigneur fit un commandement à Adam et lui dit : Mangez de tous les fruits des arbres du paradis, mais ne mangez point du fruit de l'arbre de la science du bien et du mal, car le jour où vous en mangerez, vous mourrez très-certainement. » (*Gen.*, ii, 16 et 17.) Cherchons donc maintenant si l'homme tout entier a reçu cette loi ; car si, comme le dit le livre de la Genèse, c'est l'homme qui est composé d'un corps et d'une âme qui a reçu cette loi, c'est lui tout entier qui a péché en la transgressant, et s'il a péché tout entier en la transgressant, il a péri alors tout entier par le vice de son péché. Or, s'il a péché tout entier, il a eu besoin tout entier du secours du Sauveur, et s'il a eu besoin tout entier du secours du Sauveur, c'est lui tout entier que le Christ a sauvé en venant. Mais s'il l'a sauvé tout entier en venant, il n'est point corps sans âme, mais il prit un corps et une âme dont se compose l'homme entier et dans lesquels on voit qu'il a péché. En effet, si tout l'homme péchant, le Christ ne prit que la chair, l'âme est restée encore sujette et sans aucune espérance au châ-

---

subjacere quod (*a*) cadit. Surgit itaque beneficio alieno, qui cecidit vitio proprio. Nec ideo non suo dicendus est cecidisse, quia alieno noscitur surgere; nec propterea suo surrexisse, quia non alieno certum est cecidisse. Sed de hoc alias, nunc ad propositum redeamus. Dicit ergo venerabilis Paulus, quoniam idcirco secundum carnem natus est Christus; ut «sicut per unum hominem peccatum in hunc mundum intravit, et per peccatum mors, et ita in omnes homines pertransiit, in quo omnes peccaverunt. » Et paulo post : « Sed non sicut delictum, ita et gratia. Si enim unius delicto multi mortui sunt, multo magis gratia Dei et donum in gratia unius hominis Jesu Christi in plures abundavit. Et non sicut per unum peccatum, ita et donatio. Nam judicium ex uno in condemnationem, gratia autem ex multis delictis in justificationem. Si enim unius delicto mors regnavit per unum, multo magis abundantiam gratiæ et donum justitiæ accipientes in vita regnabimus per unum Jesum Christum. Igitur sicut per unius delictum in omnes homines in condemnationem; sic et per unius justitiam in omnes homines in justificationem vitæ. Sicut enim per inobedientiam unius hominis peccatores constituti sunt multi, ita et per unius obauditionem justi constituuntur multi. » (*Rom.*, v, 12.) Venit ergo Christus salvum facere quod perierat. (*Luc.*, xix, 10.) Prius ergo videamus, quid illud est, quod protoplasti transgressione perierit, et ex hoc facile scire poterimus, quid Dominus veniendo salvare potuerit. Requirendum igitur nobis est, quisnam legem Creatoris acceperit : ille enim sine dubio peccavit, qui præcepta contempsit; ille præcepta contempsit, qui quod prohibebatur admisit. Dicit autem Scriptura : « Præcepit Dominus Adæ, dicens : Ab omni ligno quod est in paradiso manducabitis, de ligno autem scientiæ boni et mali, non manducabitis de eo : qua die autem manducaveritis, morte moriemini. » (*Gen.*, ii, 16.) Quæramus ergo nunc, utrum hanc legem totus homo acceperit ? Si enim, ut in libro Geneseos continetur, ex corpore et anima jam perfectus accepit, totus transgrediendo peccavit ; et si totus transgrediendo peccavit, totus peccati sui vitio tunc periit. Si autem totus periit, totus beneficio Salvatoris indiget : et si totus beneficio Salvatoris indiget, totum Christus veniendo salvavit : et si totum veniendo salvavit, non corpus absque anima ; sed corpus et animam, quibus constat totus homo, et quibus peccasse anima videtur assumpsit. Nam si toto homine peccante, solam ejus carnem Christus assumpsit, anima pœnæ primæ illius transgressionis

(*a*) Am. Er. et Lov. *quod surgat.*

timent de cette première transgression. S'il en est ainsi, je ne sais quel bien la personne du Médiateur nous a procuré, lorsque ne rachetant point ce qu'il y a de meilleur dans tout notre être, il ne prit que notre chair qui est brute par elle-même, et qui, sans l'âme, ne saurait même sentir le bien qui lui est fait. Cependant je voudrais savoir de la bouche de ces prédicateurs pourquoi, en prenant notre chair, le Médiateur n'a point pris notre âme, ce ne peut être que parce que sachant qu'elle n'était point coupable, il a cru qu'elle n'avait aucun besoin de médecin, ou bien parce que la trouvant étrangère à lui, il ne lui a point fait le don de la racheter ; ou encore parce que la jugeant atteinte d'un mal incurable, il ne put la guérir, ou enfin, parce que la trouvant vile et la voyant impropre à toute espèce d'usage, il l'a dédaignée. Deux de ceux qui blasphèment ainsi contre le Créateur même de l'homme sont victimes de l'incrédulité de leur esprit, car les uns croient Dieu impuissant et les autres ne le tiennent point pour le Dieu de tous les êtres. En effet, comment peut-on le tenir pour tout-puissant, s'il n'a pu rendre la santé à l'âme dont l'état est désespéré ? Ou comment est-il le Dieu de tous les êtres, s'il n'a point fait notre âme ? Dans les deux autres cas, ou bien on ignore la cause de l'âme, ou bien on ne mesure point le mérite du Rédempteur. Faut-il, en effet, penser que celui qui tente d'exclure du péché d'une volontaire transgression l'âme douée de la raison qu'elle a en elle, précisément afin de recevoir cette loi, comprend la cause de l'âme ? Ou bien celui qui prétend que l'âme a été dédaignée à cause de sa bassesse, et que la chair qui n'a point été créée comme l'âme du souffle de Dieu, mais tirée du limon de la terre, ne connaît guère sa noblesse.

Mais si aucun de ces sentiments sur l'âme n'est juste, croyons que notre Rédempteur a pris l'homme tout entier, de peur que notre âme ne nous semble déchue en quelque chose d'un bienfait éternel. Oh ! douleur ! le Christ, dit-on, ne s'est uni que notre chair et n'est point venu chercher notre âme ! Si, contemplateur intelligent des choses, vous regardez avec attention l'origine du corps et de l'âme, la substance de l'âme est plus précieuse que celle du corps, et si vous regardez la faute de la transgression, la cause de l'âme est plus grande que celle du corps, parce qu'elle est intelligente. Quant à moi, je sais que le Christ est parfait en sagesse, et je ne doute point qu'il ne soit très-charitable, il n'a donc point dédaigné premièrement la meilleure des deux substances, celle qui est capable de prudence, et il a pris celle qui, en second lieu, avait été le plus blessée, car il ne convient pas à la sagesse, quand il s'agit de deux substances qui sont également siennes, d'aimer plus la moins douée de sagesse, de même qu'il ne sied point à une parfaite charité de n'être point venue au secours de celle des deux qui en a le plus besoin.

CHAPITRE XIV. — FÉL. Je reconnais que j'ai compris tout ce que vous avez dit plus haut, non-seulement de raisonnable, mais encore de très-vrai et je ne disconviens pas que je l'approuve ; toutefois j'ignore comment vous dites que la divinité du Christ a connu la mort. Est-ce parce que ce que vous en avez dit n'était pas clair, ou bien est-ce parce que je n'ai pas pu vous suivre à cause de la pesanteur de mon intelligence, je ne le sais ; mais je n'oserais croire que cette source de la vie, de qui tout ce qui vit tient la vie, eût perdu, pendant les trois jours que son corps est demeuré dans le sépulcre, la pro-

sine aliqua spe etiam nunc addicta permansit. Quod si ita est, nescio quid nobis Mediatoris persona contulerit, quæ melius nostrum ex toto non redimens, brutam per se carnem, et quæ sine anima no beneficium quidem ejus posset sentire, suscepit. Vellem tamen ab hujusmodi prædicatoribus quærere, cur accepta carne animam dispensatio Mediatoris omiserit : nisi forte aut innoxiam sciens medicinæ indigentem esse non credideril, aut a se alienam putans, redemptionis beneficio non donarit, aut ex toto insanabilem judicans, curare nequiverit, aut ut vilem et quæ nullis usibus apta videretur, abjecerit. Horum duo in ipsum totius hominis Creatorem blasphemi spiritus incredulitate desipiunt. Nam primo impotentem, secundo quod omnium Deum crediderunt. Quomodo enim docetur Omnipotens, si curare non potuit desperatam ? aut quomodo omnium Deus, si non ipse fecit animam nostram ? Duobus vero aliis, uno animæ causa nescitur, altero meritum non (a) metitur. Aut intelligere causam putandus est animæ, qui eam ad accipiendam legem, habitu insitæ rationis instructam, a peccato voluntariæ transgressionis nititur separare ? Aut quomodo ejus generositatem novit, qui ignobilitatis vitio dicit esse despectam, prælata carne, quam non statu Dei sicut animam,

sed de limo terræ constat esse plasmatam. Si autem nihil horum de anima recte sentitur, credamus quia suscepit Redemptor noster hominem totum, ne intercidere quodam modo animæ nostræ videamur beneficium sempiternum. Proh dolor, carnem, inquit, solam Christus assumpsit, animam non quæsivit. Hic si originem utriusque quarus rerum contemplator attendas, pretiosior est animæ substantia : si transgressionis culpam, propter intelligentiam, pejor est causa. Ego autem Christum et perfectum sapientia scio, et piissimum esse non dubito, quorum primo meliorem et prudentiæ capacem non despexit, secundo eam quæ magis fuerat vulnerata suscepit. Neque enim aut sapientiæ convenit, de duobus æque suis insipientissimam plus amare ; aut perfectæ pietati, magis indigentem non juvisse.

CAPUT XIV. — FEL. Omnia quidem quæ a te non rationabiliter tantum, sed etiam veraciter dicta sunt, et intellexisse me in præcedentibus fateor, et probasse non nego : Christi autem divinitas quo pacto mortem sensisse dicatur, ignoro. De quo utrum tu obscure aliquid dixeris, an ego sufficienter dicta ingenii tarditate assequi non potuerim, nescio : Neque enim credere ausim, quod fons ille vitæ, a quo habent universa quod vivunt, per tri-

(a) Chiffletius et quidam Mss. *non videtur*.

priété de la nature, au point, s'il est permis de parler ainsi, de perdre dans ses sens ensevelis tout mouvement de substance vitale, et de s'être séparé, pour la rédemption du genre humain, non-seulement de son Père, mais encore de tous les ornements de la gloire spirituelle.

AUG. Loin, bien loin de l'esprit des fidèles le seul soupçon que le Christ ait connu notre mort au point que la vie eût perdu la vie, autant que cela se peut ; car s'il en était ainsi, comment pourrions-nous dire que pendant ces trois jours quelque chose a eu vie, dans le cas où nous croirions que la source même de la vie s'est desséchée ? La divinité du Christ n'a donc senti la mort que parce qu'il participe aux affections humaines qu'il a prises de son propre mouvement, mais il n'a point perdu la puissance de sa nature par laquelle il vivifie tout. C'est ainsi que, en mourant, il ne s'est point séparé dans le sépulcre de la chair qu'il avait formée, en naissant, dans le sein d'une vierge. Ainsi donc, dans les deux cas, c'est-à-dire dans sa naissance et dans sa mort, le Seigneur n'a point été contraint par un autre, mais il a voulu de son propre mouvement, afin qu'il fût bien constant qu'il a souffert ce qu'il a fait ; mais il ne s'ensuit point, de ce qu'il le faisait, qu'il ne le souffrît pas, ni qu'il ne le fît point parce que ce n'est point un autre qui souffrait. Car si vous considérez le mystère de l'incarnation du Seigneur, tout en réservant la coopération de l'indivise Trinité, il fut lui-même dans cet abaissement actif et passif, actif, car c'est de son plein gré qu'il naquit et de son plein gré qu'il souffrit ; passif, parce que c'est lui seul, sans qu'un autre le lui fît subir, qui fut le sujet en qui ces deux choses se passèrent. Il a fait sa chair dans le sein de sa mère, voilà l'actif du passif ; c'est lui qui a daigné naître, voilà le passif de l'actif ; mais cela ne fait qu'une seule personne, la personne de l'actif et du passif, sauf les propriétés des deux substances. Il est donc mort, mais sans que la vie se retirât de lui, de même qu'il souffrit sans que sa puissance pérît. « Personne ne lui ravit son âme, » parce que, « il a le pouvoir de la quitter et celui de la reprendre. » (*Jean*, x, 18.) Vous avez aussi dans ces mots : « Il donne sa vie pour ses amis, » l'actif du passif et le passif de l'actif. Pour terminer par une conclusion générale, toutes les fois que le Christ souffre quelque chose dans sa chair, c'est le passif de l'actif ; mais parce qu'il ne souffre ce qu'il souffre que de son plein gré et sans que ce lui soit imposé par un autre, il est l'actif du passif. Il ne vint donc point en Marie par un mouvement qui le faisait passer d'un lieu dans un autre, mais pour être enfanté il emplit par une manifestation ineffable de sa puissance, le sein de sa mère, sans rien retrancher, pour cela, à la plénitude de sa propre substance qui fait qu'il est tout entier ce qu'il est. Il n'a point quitté son Père pour venir dans la Vierge, car il est partout tout entier, partout parfait, attendu que la simplicité d'un être incorporel n'admet aucune division, et que la plénitude ne connaît point le mot de partie. Il était donc au même instant, tout entier dans l'enfer, et tout entier dans le ciel ; là souffrant les injures qui sont propres à la chair, ici ne laissant point la gloire de sa divinité. Aux enfers, il était la résurrection des morts, et, dans les cieux, la vie des vivants ; vraiment mort et vraiment vivant, en lui l'emprunt de notre condition mortelle amena la mort, et la divi-

---

duum quo in sepulcro corpus jacuit, usque eo a naturæ suæ proprietate deciderit, ut si dici fas est, sepultis sensibus omnem substantiæ vitalis (a) motum amitteret, et propter redemptionem humani generis non Patrem tantum, sed et omnia spiritalis gloriæ ornamenta desereret.

AUG. Absit, absit a fidelibus ista suspicio, ut sic Christus senserit mortem nostram, ut quantum in se est, vita perderet vitam. Nam si hoc ita esset, quomodo illo triduo potuisse dicimus aliquid vivere, si vitæ fontem credimus aruisse ? Sensit igitur mortem divinitas Christi, participatione humani affectus quem sponte sua susceperat, non naturæ suæ potentiam perdidit, per quam cuncta vivificat. Sic in sepulcro carnem suam commoriendo non descruit, sicut in utero virginis connascendo formavit : et sic in utroque et nasci et mori, non coactus ab altero, sed sponte Dominus voluit, ut hoc cum constet pertulisse quod fecit : nec ideo non patientem, quia ipse faciebat ; nec ideo non facientem quia non alius tolerabat. Nam si Dominicæ incarnationis mysterium salva individuæ Trinitatis cooperatione consideres, idem sibi in hac humilitate auctor et opus est : idem auctor, quia sponte nascitur, sponte patitur ; idem opus, quia utrumque licet non alio cogente, solus tamen ipse perpetitur. Fecit carnem in utero matris ; habes auctorem operis : ipse in hac nasci dignatus est ; habes opus auctoris : una tamen persona est, salva utriusque proprietate substantiæ, et auctoris et operis. Sic ergo mortuus est non discedente vita, sicut passus est non pereunte potentia. « Nemo aufert animam ejus ab eo ; quia potestatem habet ponendi, et potestatem assumendi eam ; » habes etiam hic auctorem operis : « ponit animam pro amicis suis ; » (*Joan*., x, 18) habes opus auctoris. Quod ut generali definitione concludam : quotiens in carne Christus aliquid patitur, opus auctoris est : sed quia idipsum sua potestate, non alio cogente perpetitur, ipse auctor est operis. Non ergo ad Mariam locali motu divinitatis venit, sed ineffabili potentiæ suæ manifestatione et uterum matris gignendus implevit : et quod totum est substantiæ suæ plenitudine non privavit. Non dimisit patrem cum venit ad virginem, ubique totus, ubique perfectus, quia nec divisionem incorporei simplicitas recipit, et partis nomen plenitudo non novit. Erat ergo uno atque eodem tempore ipse totus etiam in inferno, totus in cœlo : Illic patiens injurias carnis, hic non relinquens gloriam deitatis. Erat apud inferos resurrectio mortuorum, erat super cœlos vita viventium. Vere mortuus, vere vivus : in quo et mortem susceptio mortalitatis excepit, et vitam divinitas servata non perdidit. Quotiescumque ergo hæc quæ a Christo humiliter sunt tolerata, consideras, ipsum auctorem vo-

---

(a) Ita Chiffletius et Mss. At Lov. *motum amitteret*. Am. et Er. *naturam*.

nité qu'il conserva toujours ne perdit point la vie. Toutes les fois donc que vous considérez les choses que le Christ a endurées avec humilité, vous devez reconnaître en lui l'auteur de sa passion volontaire ; comme cela, il arrivera que tandis que l'abaissement est attribué au patient, la force est réservée à l'agent. On doit enseigner que soit qu'il souffre dans sa faiblesse, soit qu'il agisse dans sa force, c'est toujours et au même moment le même Christ. Mais de peur que vous ne croyiez encore que, dans la mort du Fils de Dieu, nous ne reconnaissions quelque insensibilité, il n'est pas hors de propos de rechercher ce qu'on pense de la mort, qui fait sans doute que la vie abandonne notre corps, non point qu'elle périsse elle-même ; car l'âme en s'en allant ne perd point sa force, mais elle abandonne ce qu'elle avait vivifié, et, autant qu'il est en elle, fait la mort d'un autre, mais ne la reçoit point elle-même ; elle fait, dis-je, la mort d'un autre, en ne vivifiant plus ce qu'elle quitte, mais sans perdre elle-même ce qui fait qu'elle vit. Aussi la mort de l'homme n'est pas autre chose que la destruction de la chair qui perd le sentiment dont elle n'était point douée par elle-même, et retourne dans la terre d'où elle a été tirée, dès que la force de la puissance vivifiante s'est éloignée d'elle. Vous me direz : la mort est le contraire de la vie ; je le reconnais, mais elle n'appartient pas à cette sorte de contraires qui se détruisent par l'opposition de substance existante ; mais plutôt à ces sortes de contraires qui ne peuvent subsister ensemble dans un même sujet et sont engendrés par la privation ou la présence d'une seule et même substance. Tels sont, par exemple, le jour et la nuit ; car ces deux contraires sont donnés comme étant du genre de ceux dont nous parlons,

attendu qu'il semble qu'il n'y a de substance que pour l'un des deux, non point pour tous les deux en même temps. Ainsi nous disons qu'il est jour lorsque le soleil est sur la terre. Or, il est constant que le soleil est une substance ; lorsque après avoir fourni sa carrière journalière, il se cache aux yeux des hommes, il fait la nuit par sa retraite ; il la fait, dis-je, en faisant cesser la lumière, non point en recevant en lui-même une substance de la nuit. C'est pourquoi la nuit et le jour semblent n'être produits que par une seule substance, mais non point d'une seule et même manière. En effet, elle fait le jour en venant et la nuit en se retirant. Aussi confondons-nous bien souvent la division, je ne dirai point irréligieuse seulement, mais sotte des manichéens qui veulent séparer les biens et les maux en en faisant des substances qui existent également, nous leur montrons le grand astre dont nous savons que la présence fait le jour et nous les forçons à nous apprendre eux-mêmes ce que serait l'astre des ténèbres, si on peut parler ainsi, qui serait substantiellement la nuit. Mais nous parlerons ailleurs de ces hommes qui semblent affirmer comme existants des êtres qui n'existent pas, comme cause ce qui n'est que conséquence, ou comme contraires des faits qui sont communs. Tout homme qui voit des yeux de la foi ne peut agiter ces choses sans confondre avec facilité, par la raison, toutes leurs machines. Il en est donc, ainsi que nous avions commencé à le dire, de l'âme comme du soleil, elle donne la vie au corps quand elle vient dans ce corps, et elle lui donne la mort lorsqu'elle s'en éloigne. Mais si on ne veut point penser qu'elle est consumée elle-même par la mort, il faut écouter ce qu'en dit le Seigneur dans les évangiles, avec une autorité générale. « Ne crai-

---

luntariæ passionis agnoscas. Ita fiet, ut dum humilitas patienti, facienti virtus ascribitur; idem Christus uno atque eodem tempore cum patitur infirmus, cum facit omnipotens doceatur. Sed ne adhuc in morte Filii Dei aliquam insensibilitatem nos credatis accipere, importunum non est quæ de morte sensa sint investigare : in qua sine dubio (a) destituit corpus vita nostra non perit; dum discedens anima non vim suam perdit, sed quod vivificaverat hoc dimittit; et quantum in se est, alterius mortem facit, ipsa non recipit. Facit, inquam, non vivificando quod deserit, non amittendo quod vivit. Itaque hominis mors nihil aliud quam carnis occasus est : a qua cum vis potentiæ vivificantis abscesserit, in terram de qua sumpta est, amissis quos non per se ipsam habuit sensibus redit. Atqui contraria, inquis, vitæ mors est. Fateor : sed non ex eo genere contrariorum, quæ exsistentis substantiæ oppositione se perimunt; sed ex eorum potius quæ dum cuilibet accidunt, simul quidem esse non possunt, sed unius tantum substantiæ habitu ac privatione gignuntur. Sicut, verbi gratia, noctem docemus ac diem : nam et hæc ejusdem generis docentur esse contraria, cum non utriusque, sed unius tantum videatur esse substantia. Ecce enim diem dicimus esse, cum sol

est super terram : solem autem constat esse substantiam. Hic cum, peracto diurni temporis cursu, ab humani visus contemplatione discesserit, noctem discedendo mox facit. Facit, inquam, subtrahendo copiam luminis, non in se recipiendo substantiam noctis. Itaque una lucis substantia et noctem facere videtur et diem, sed non uno modo. Nam diem cum venit, noctem efficit, cum recedit. Unde et Manichæorum non irreligiosam tantum verum etiam stultam divisionem, qua bona a malis æque exstantibus nituntur separare substantiis, plerumque confundimus; ostendentes eis luminare majus, quo fieri novimus diem ; et cogentes ut et ipsi similiter nos docerent, quod esset, si dici fas est, tenebrale majus, quo substantialiter fieri crederemus et noctem. Sed de his alias, qui per stultitiam blasphemi dogmatis, aut pro exstantibus non exstantia, aut pro principalibus consecuta, aut pro contrariis videntur affirmare communia. Quæ si quis fidei oculis non privatus excusserit, omnes eorum machinas facili ratione confundit. Ergo, ut dicere cœperamus, anima non aliter quam sol vitam tribuit carni cum venerit, mortem efficit cum recedit. Quam ne quis putet corporis morte consumi, audiat quid de hoc Dominus in Evangeliis generali auctoritate definiat : « Nolite, inquit, timere eos qui

---

(a) Ita Chiffletius et Mss. At Am. Er. et Lov. *destitutum corpus vita animam nostram non perimit.*

LE LIVRE SUR L'UNITÉ DE LA TRINITÉ, CONTRE L'ARIEN FÉLICIEN.

gnez point, dit-il, ceux qui tuent le corps, mais ne peuvent tuer l'âme; craignez plutôt celui qui peut tuer le corps et l'âme dans la géhenne du feu. » (*Matth.*, x, 28.) Ainsi il est certain que l'âme survit au corps frappé de mort, et par conséquent il s'ensuit nécessairement que les âmes ne sont point éteintes par la mort du corps. S'il en est ainsi, on vit encore par l'âme, même quand on est mort par le corps. Or, si ce sentiment appliqué à chacun de nous est juste, comment peut-on dire que la source même de la vie a perdu la puissance de vivifier pour avoir participé à la mort de l'homme? Mais, direz-vous, le corps et l'âme peuvent être frappés de mort dans la géhenne du feu. Et d'abord je dirai que cela ne va point contre nous, attendu que cette mort ne semble pas être la mort de la condition humaine, mais la mort du crime. En effet, il nous est dit que, en l'absence de toute faute, nous ne devons point craindre les hommes qui pouvant tuer le corps, ne sauraient pourtant frapper l'âme de mort; et puis j'ajouterai que cela n'étant possible qu'à Dieu, nous ne pensons point que son Fils unique l'a mérité de lui à cause de sa communauté de nature et de son égalité de substance. Le Sauveur a donc pris la condition de notre mort, mais non pas de manière à la rendre pire, en lui permettant, contre ce qui se passe d'habitude, d'étendre son empire sur l'âme; mais, au contraire, en prouvant qu'elle ne pouvait en quoi que ce fût nuire ni à la vie ni à l'âme de tous les justes.

Chapitre XV. — Mais supposons, quoique les Evangiles disent le contraire, que les âmes meurent; est-ce que pour notre Sauveur, quand bien même il n'eût point repoussé la mort à ces différents titres, il n'y a point un troisième titre spécial, dans sa majesté divine, que la mort n'a pu atteindre? En somme, voyons ce qu'il lui a permis quand il était placé sur la croix : « Aujourd'hui, dit-il, vous serez avec moi dans le paradis. » (*Luc*, xxiii, 43.) « Aujourd'hui, » dit-il, non point dans trois jours, lorsque je ressusciterai mon corps du sépulcre, ni lorsque je montrerai en moi les prémices de la résurrection future. Qui, croyons-nous, a fait entendre ces paroles, est-ce la majesté divine, est-ce l'âme, est-ce le corps? Quant au corps, nul n'ignore qu'il fut mis au sépulcre; il ne reste donc que la majesté divine ou l'âme à qui elles conviennent. Mais, dira quelqu'un, nous croyons que ce cri fut un cri de la divinité, non point de l'âme. Mais que pensons-nous de celui à qui le ciel était promis? « Aujourd'hui, dit-il au larron, vous serez avec moi dans le paradis. » Or, la mort commune a absorbé le corps du larron jusqu'à la résurrection future. C'est donc à son âme que le Seigneur fit cette promesse et accorda cette grâce. Si donc après la mort du corps, l'âme est aussitôt appelée au ciel, croirons-nous à présent qu'il se trouve un homme assez impie pour oser dire que l'âme de notre Sauveur s'est trouvée pendant trois jours dans les enfers, à la merci de la mort qui avait frappé son corps? Mais, me direz-vous, quel autre a, comme le Christ, à l'approche de sa passion, gémi et poussé ce cri : « Mon âme est triste jusqu'à la mort? » (*Matth.*, xxvi, 38.) Triste jusqu'à la mort, à cause de sa liaison avec le corps qu'elle a pris, non point après la mort, puisque la divinité, à qui elle est unie, promet la béatitude. Cette mort n'est point le commencement de l'affliction, mais elle en est la fin; après elle, les afflic-

---

corpus occidunt, animam autem non possunt occidere; sed timete eum potius qui animam et corpus potest occidere in gehenna ignis. » (*Matth.*, x, 28.) Ergo superstite anima corpus constat occidi, et propterea consequens necessario non est, animas corporum internecione consumi : hoc si ita est, etiam post mortem corporis nihilominus mentibus vivitur. Quod si de unoquoque nostrum recte sentitur, quomodo fons vitæ propter participationem humanæ mortis vivificandi potentiam perdidisse jactatur? Sed potest, inquis, anima et corpus occidi in gehenna ignis. Quod adversum nos primum idcirco non facit, quia mors ista non conditionis videtur esse, sed criminis. Nam remota culpa jubemur homines non timere, qui cum possint corpus, animam tamen negantur occidere. Dehinc, quoniam hoc Deo tantum esse dicitur possibile, de quo Filium suum unigenitum et communione naturæ et æqualitate potentiæ non hoc credimus meruisse. Suscepit ergo Salvator conditionem mortis nostræ, sed non ita ut deteriorem faceret, cum præter consuetudinem dominari eam permittebat animæ; sed potius ut nihil hanc obesse animæ pariter justorum omnium probasset et vitæ.

Caput XV. — Sed fingamus, licet Evangeliis reclamantibus, animas interire : nonne in Salvatore nostro, licet in his mortem non repellente, tertium tamen atque speciale majestas est, quam non potuit mors humana contingere? Ad summam videamus, in cruce positus quid promisit? « Hodie, inquit, mecum eris in paradiso. » (*Luc.*, xxiii, 43.) « Hodie, » inquit, non post triduum, cum carnem meam de sepulcri requie suscitavero : non cum in me primitias futuræ resurrectionis ostendero. Cujus putamus hæc vox est majestatis, mentis, an corporis? Corpus autem in (*a*) sepulcro fuisse, nullus ignorat : restat ut divinati vel menti vox ista conveniat. Sed dicit aliquis : Divinitatis hanc, non animæ Christi credimus vocem. Et quid in eo cui promittebatur accipimus? « Hodie, » inquit latroni, « mecum eris in paradiso : » cujus corpus usque ad futuram resurrectionem mors communis inclusit. Anima igitur est, cui Dominus hoc promisit et præstitit. Si igitur mortuo corpore ad paradisum anima mox vocatur, quemquam ne adhuc tam impium credimus, qui dicere audeat, quoniam anima Salvatoris nostri triduo illo corporeæ mortis apud inferos custodiæ mancipetur? Et quis, inquis, est alius qui instante passione sicut Christus ingemuit, dicens : « Tristis est anima mea usque ad mortem. » (*Matth.*, xxvi, 38.) Tristis usque ad mortem, propter affectum susceptæ carnis; non post mortem, cum beatitudinem spondet societas deitatis. Non initium mœroris mors ista, sed finis est : nec incipiunt post hanc justorum flagella, sed desinunt; cum impe-

---

(*a*) Chiffletius et Mss. *in spelæo*.

tions des justes ne commencent point, elles finissent, au contraire, puisqu'ils déposent alors ce qui faisait obstacle à la matière flottante, et commencent enfin à saisir leur auteur, dans la contemplation d'une intelligence plus complète.

Chapitre XVI. — Ainsi donc, me dites-vous, le Fils de Dieu n'a point reçu les coups de la mort dans son âme et il ne les a point ressentis dans sa majesté divine? Que disiez-vous donc qu'il souffrit? Oui, il a souffert et senti la mort, mais parce qu'il a partagé la maladie des autres non point parce qu'il était lui-même blessé! Il l'a sentie comme le sentent tous les hommes qui, après la mort du corps, vivent dans leur âme, non pas comme la sentent les impies qui sont frappés de la double mort dans la géhenne de l'enfer, ainsi que le dit le même Seigneur. Je sais bien qu'il y en a qui définissent la mort commune de cette manière, et disent qu'elle n'est pas autre chose qu'une sorte de séparation, comme qui dirait une sorte de déchirement des choses qui par leur accord font la vie. Si telle est la mort qu'elle ne consume point les choses qui étaient unies ensemble, mais qu'elle les divise pour les restituer chacune à leur principe, que dirons-nous de l'âme du Sauveur qui, je ne dis point à cause de la divinité qui habitait en elle et de sa justice singulière, mais du moins à cause du sort commun de la mort, a pu délaisser son corps pendant trois jours, sans périr elle-même?

Chapitre XVII. — Vous répliquez : L'âme du Christ ni sa divinité n'ont donc point été dans les enfers? Elles y ont été, vous répondrai-je, car je ne vois pas qu'il eût pu ressusciter autrement sa chair, si je disais que la puissance de Dieu ne s'est point trouvée dans les enfers, comme s'il en eût été absent.

Toutefois, il ne faut point qu'on croie que je localise la présence de Dieu dont nous disons à cause de la preuve manifeste de son opération, qu'il s'est trouvé dans tel ou tel endroit, puisqu'il n'y en a point où il ne soit présent. Il reposait mort, quant à sa chair, dans le sépulcre, il ressuscitait les morts dans l'enfer et donnait la vie à tout dans les cieux. Il n'a point quitté le monde pour remonter au ciel, et il n'avait point quitté le ciel pour venir sur la terre, mais il remplit tout entier et en même temps tout l'univers, et si, par la manifestation de ses œuvres, il a paru davantage en un endroit qu'en un autre, il a refusé aux indignes la connaissance de sa présence, et ne leur a point accordé que son immense divinité fût loin d'eux.

Chapitre XVIII. — Voulez-vous savoir mon sentiment touchant la mort du Médiateur? Voici le résumé de tout ce que le cours des questions incidentes m'a fait émettre dans le discours qui précède. C'est que je crois que le Fils de Dieu est mort, non pour subir le châtiment d'une injustice qu'il n'a point eue du tout, mais selon la loi de la nature qu'il a prise pour la rédemption du genre humain. Il est mort de la mort dont il est dit : « Quel homme vit et ne verra point la mort? » (*Ps.* LXXXVIII, 49) non point de celle dont Isaïe a dit : « Quant aux morts ils ne verront point la vie; » (*Isa.*, LXVI) mais de cette mort qui, d'après la nature, est commune à tous les hommes, non point de celle qui est spéciale aux méchants. Croyons donc que c'est en cela que se trouve, en quelque sorte, la force et la puissance de la semence par laquelle il doit, par son âme, réparer les âmes, et, par sa chair, ressusciter, à l'approche du jugement, notre chair à tous. Tandis que vivifiant

---

dimenta materiæ fluctuantis (*a*) exponunt, et auctorem suum plenioris intelligentiæ contemplatione jam capiunt.

Caput XVI. — Ergo, inquis, mortem Dei Filius et in anima non pertulit, et in majestate non sensit? quid ergo dicebas esse quod pertulit? Sensit prorsus et pertulit; sed participatione morbi alieni, non proprietate vulneris sui. Sensit sicut omnes sentiunt, qui moriente carne mentibus vivunt : non sicut impii, qui in utraque, sicut idem ait, gehennæ ignibus occiduntur. Quidam sane communem mortem etiam hoc pacto definiunt, dicentes, nihil aliud hanc esse, quam cum diversarum rerum consensu vitam facientium, velut per discidium quoddam ab invicem fuerit facta dissensio. Hæc si hominis mors est quæ non consumit juncta, sed dividit, dum origini suæ utrumque restituit, quid de Salvatoris anima nunc dicemus, quæ ut non dicam propter inhabitantem divinitatem, et propter justitiam singularem, certe propter communem moriendi sortem corpus illo triduo sic potuit deserere, ut ipsa non posset penitus interire?

Caput XVII. — Non ergo, inquis, apud inferos Christi anima, non divinitas fuit? Fuit inquam : neque aliter eum video potuisse resuscitare carnem suam, si apud inferos prædicem velut absentis Dei non fuisse potentiam. Nec tamen ideo localem nos Dei credat aliquis præsen-

tiam prædicare, de quo ista propter manifestationem certi operis dicimus, quia alicubi fuit qui ubique non defuit. Jacebat quantum ad carnem mortuus in sepulcro, mortuos resuscitabat in inferno, vitam tribuens universis in cœlo : non mundum dimittens ad cœlos ascendit, nec cœlum deserens ad terram venit, sed uno atque eodem tempore totum totus implevit, qui alicubi manifestatione operum plus parens, agnitionem præsentiæ suæ indignis negavit, non immensæ deitatis absentiam procuravit.

Caput XVIII. — Vis nosse de hac Mediatoris morte quid sentiam : Omnium quæ a me in superioribus incidentium quæstionum necessitate dispersa sunt, prorsus ista sententia est, qua credo mortuum esse Filium Dei, non secundum pœnam injustitiæ quam ex toto non habuit, sed secundum legem naturæ quam pro humani generis redemptione suscepit; illa morte de qua dicitur : « Quis est homo qui vivet, et non videbit mortem? » (*Psal.* LXXXVIII, 49) non illa de qua Isaias dicit : « Mortui autem vitam non videbunt. » (*Isa.*, LXVI.) Illa quæ secundum naturam generalis est cunctis, non illa quæ specialis est malis. Putemus ergo in hoc esse quodam modo vim ac potentiam seminis, qua et anima animas reparet; et carne omnium nostrum carnem judicio imminente resuscitet : dum per operationem propriæ deitatis cuncta

---

(*a*) Sola editio Lov. *deponunt.*

toutes choses par l'opération de sa propre divinité, du seul grain qui est l'homme qu'il s'est uni, il doit rendre à son Père une moisson innombrable. C'est alors qu'il séparera le bon grain de l'ivraie, quand il commencera à rendre aux justes la récompense qu'ils ont méritée.

vivificans, ex uno suscepti hominis grano, innumerabilem Patri redditurus est messem. Tunc separaturus est a zizaniis segetem, cum justis cœperit reddere mercedem. (*Matth.*, XIII, 30.)

QUESTIONS

SUR

LA TRINITÉ ET LA GENÈSE

TIRÉES D'ALCUIN

Question I. — Comment Dieu est-il vraiment un et trois?
Réponse. Un en substance, trois en personnes.
II. — Demande. Qu'est-ce qui est propre à chaque personne de la sainte Trinité?
Rép. Le Père a en propre, d'être seul Père, et de ne tenir l'être que de lui-même, non d'un autre. Le Fils a en propre, d'être seul engendré par le Père seul, étant coéternel avec lui et consubstantiel à lui. Le propre du Saint-Esprit c'est de n'être ni engendré ni inengendré, mais de procéder également du Père et du Fils.
III. — Dem. Pourquoi ne peut-on dire du Saint-Esprit ni qu'il est engendré, ni qu'il est inengendré?
Rép. Parce que s'il était dit inengendré comme le Père, il y aurait deux Pères, et si on disait qu'il est engendré, on pourrait croire qu'il y a deux Fils dans la sainte Trinité.

IV. — Dem. Est-ce le Père seul, ou le Fils seul, ou le Saint-Esprit seul qu'on doive appeler pleinement et parfaitement Dieu en lui-même?
Rép. Le Père est pleinement Dieu en lui-même, de même le Fils est pleinement Dieu, et le Saint-Esprit est tenu aussi pour pleinement Dieu.
V. — Dem. Si chaque personne est pleinement Dieu en soi-même, pourquoi ne disons-nous point que le Père, le Fils et le Saint-Esprit sont trois Dieux?
Rép. C'est parce que le Père, le Fils et le Saint-Esprit ne font qu'une seule et même substance, non pas trois substances. Et l'unité de substance nous empêche de dire ou de croire qu'il y a trois Dieux.
VI. — Dem. Quand nous disons trois personnes, le Père, le Fils et le Saint-Esprit, pourquoi ne peut-on dire trois Dieux, ni trois tout-puissants, ni trois bons, ni trois grands?
Rép. Parce que Dieu, tout-puissant, grand, bon et

QUÆSTIONES

DE TRINITATE ET DE GENESI

EX ALCUINO DESCRIPTÆ

Quæstio I. — Quomodo Deus vere sit unitas et vere trinitas.
Responsio : Unitas in substantia, trinitas in personis.
II. — Interrogat. Quid sit proprium uniuscujusque personæ in sancta Trinitate.
Resp. Proprium est Patris quod solus est Pater, et quod ab alio non est nisi a se. Proprium est Filii, quod a Patre genitus est solus a solo, coæternus et consubstantialis genitori. Proprium est Spiritus sancti, quod nec ingenitus nec genitus est, sed a Patre et Filio æqualiter procedens.
III. — Int. Quare Spiritus sanctus non debet ingenitus vel genitus dici?

Resp. Quia si ingenitus diceretur sicut Pater, duo Patres : si genitus, duo Filii æstimari possent in sancta Trinitate.
IV. — Int. Utrum solus Pater, aut solus Filius, aut Spiritus sanctus per se plenus Deus et perfectus dici debeat?
Resp. Utique Pater per se est plenus Deus, similiter et Filius plenus Deus, et Spiritus sanctus plenus Deus creditur.
V. — Int. Si unaquæque persona per se plenus Deus dici potest, quare non tres deos dicimus Patrem et Filium et Spiritum sanctum ?
Resp. Quia una substantia est Pater et Filius et Spiritus sanctus, et non tres substantiæ. Proinde unitas substantiæ tres deos prohibet dicere vel credere.
VI. — Int. Dum tres personas dicimus, Patrem et Filium et Spiritum sanctum, quare non tres deos, nec tres omnipotentes, nec tres bonos, nec tres magnos dicere fas est ?
Resp. Quia Deus, et omnipotens, et magnus, et bonus, et æternus, substantialia nomina sunt, et ad se dicuntur :

éternel, sont des noms de substance et se disent absolument ; voilà pourquoi il n'est point permis de les employer au pluriel, mais seulement au singulier. Et tout nom qui signifie la substance de Dieu ou son essence ne doit s'employer qu'au singulier. Quant aux noms Père, Fils et Saint-Esprit, ce sont des noms relatifs ; voilà pourquoi on dit avec justesse qu'ils font trois personnes.

VII. — Dem. Comment sont-ils relatifs ?

Rép. D'après la dialectique, on appelle relatifs, des noms qui marquent un rapport d'une chose à une autre ; tel est le mot seigneur, qui indique un rapport à serviteur et serviteur, à seigneur ; tel le mot père, qui a rapport à fils, et fils, qui a rapport à père ; car lorsque je dis père, je fais entendre qu'il y a fils, puisqu'il n'y a point de père à moins qu'il n'y ait un fils dont il soit père : de même il n'y a point de fils, s'il n'y a un père dont il soit le fils.

VIII. — Dem. Le Saint-Esprit exprime-t-il un rapport ou une substance ?

Rép. Il exprime un rapport, puisque l'Esprit est esprit de quelqu'un, mais en lui on ne retrouve point la même règle de rapport que dans les noms de père et de fils.

IX. — Dem. Pourquoi la règle du rapport du Saint-Esprit n'est-elle pas la même que celle des mots père et fils ?

Rép. C'est parce que les noms de père et de fils expriment un rapport réciproque, en sorte que lorsque nous disons le père c'est le père du fils, et quand nous disons le fils c'est le fils du père. On ne peut trouver une double conversion semblable dans le nom du Saint-Esprit.

X. — Dem. Comment se fait-il que la relation du Saint-Esprit ne puisse être l'objet d'une semblable conversion ?

Rép. C'est parce que nous pouvons dire avec une égale justesse que le Saint-Esprit est l'Esprit du Père et du Fils ; mais nous ne pouvons convertir la proposition et dire, le Père du Saint-Esprit comme nous disons le Père du Fils, de peur que nous ne semblions croire qu'il y a deux Fils dans la sainte Trinité. De même nous ne pouvons dire le Fils du Saint-Esprit, comme nous disons le Fils du Père, de peur de donner à entendre qu'il y a deux Pères dans la sainte Trinité. Nous disons donc, l'Esprit saint du Père et du Fils sans conversion réciproque de ces noms relatifs.

XI. — Dem. Les opérations de la sainte Trinité sont-elles inséparables ?

Rép. Oui, tout ce que la Trinité opère c'est d'une manière inséparable ; attendu que l'opération de la Trinité est une, de même que sa substance, son essence et sa volonté sont une.

XII. — Dem. Faut-il dire que la sainte Trinité est divisible ou indivisible dans les personnes, puisque le Père est un, le Fils est un, et le Saint-Esprit est un ?

Rép. Il est vrai que le Père est autre que le Fils en tant que personne, de même que le Fils est autre que le Père en tant que personne, et que le Saint-Esprit est autre que le Père et que le Fils également en tant que personne ; toutefois, celui-ci ou celui-là n'est point autre en tant que nature, que divinité ou qu'essence. Vous ne pouvez point dire Père, sans donner à entendre Fils, ni dire Esprit saint, sans faire entendre de qui est cet Esprit. Ainsi, on doit dire que la sainte Trinité est absolument indivisible, aussi bien dans les personnes que dans les opérations.

ideo non licet ea plurali numero dicere, sed singulari : et omne nomen quod substantiam Dei vel essentiam significat, semper singulari numero proferendum est. Pater autem, et Filius, et Spiritus sanctus, relativa sunt nomina ; et ideo tres personæ recte dicuntur.

VII. — Int. Quomodo relativa ?

Resp. Secundum dialecticam relativa nomina sunt, quæ ad aliud aliquid referuntur ; sicut dominus ad servum, et servus ad dominum ; pater ad filium, filius ad patrem. Prorsus cum dico patrem, filium significo, quia non est pater, nisi filius sit cui sit pater : item non est filius, nisi pater sit cui sit filius.

VIII. — Int. Utrum Spiritus sanctus relative vel substantialiter dicatur ?

Resp. Utique relative, quia spiritus alicujus spiritus est : sed non sicut in Patre et Filio relationis regula tenetur in eo.

IX. — Int. Quare æqualem non habet relationis regulam Spiritus sanctus, sicut Pater et Filius ?

Resp. Quia circumferri potest Patris et Filii nomen ad invicem, ut si dicamus Pater Filii Pater, et Filius Patris Filius : non ita duplicem relationis circumversio in nomine sancti Spiritus inveniri potest.

X. — Int. Qua necessitate accidit, ut ita non circumferri possit Spiritus sancti relatio ?

Resp. Quia recte dicere possumus Spiritum sanctum Patris et Filii Spiritum ; sed converso ordine non possumus dicere, Patrem Spiritus sancti, sicut dicimus Patrem Filii, ne duo Filii in sancta Trinitate æstimarentur. Item non possumus dicere, Filium Spiritus sancti, sicut dicimus Filium Patris, ne duo Patres in sancta Trinitate intelligantur. Dicimus itaque Spiritum sanctum Patris et Filii, sine reciprocatione conversionis nominum relativorum.

XI. — Int. Utrum inseparabilia sint opera sanctæ Trinitatis ?

Resp. Utique quidquid operatur Trinitas sancta, inseparabiliter hæc eadem operatur, quia una est Trinitatis operatio, sicut una est substantia, essentia, et voluntas.

XII. — Int. Utrum sancta Trinitas in personis separabilis sive inseparabilis dicenda est, dum alius est Pater, alius Filius, alius Spiritus sanctus ?

Resp. Vere alius est Pater quam Filius in persona, sicut Filius alius est in persona quam Pater, et Spiritus sanctus alius in persona quam Pater et Filius : non tamen aliud ille vel ille in natura, vel in deitate, aut in essentia. Nec enim Patrem potes dicere, nisi Filium intelligas : nec Spiritum sanctum, nisi intelligas cujus Spiritus sit. Quocirca omni modo inseparabilis est sancta Trinitas, sicut in operibus, sic etiam in personis dicenda.

XIII. — Dem. Ces mots : « Qui seul fait des merveilles, » (*Ps.* LXXI, 18) et ceux-ci de l'Apôtre : « Qui seul a l'immortalité, » (I *Tim.*, VI, 16) ne se rapportent-ils qu'à la personne du Père ?

Rép. Il ne faut point n'entendre que la personne du Père, quand il est parlé de Dieu seul, soit dans l'Ancien soit dans le Nouveau Testament, ou quand il est dit que c'est Dieu seul qui a ou qui fait telle ou telle chose ; mais on doit entendre ces mots de la Trinité tout entière qui est un seul Dieu tout-puissant, ayant fait tout ce qu'il y a dans le ciel et sur la terre.

XIV. — Dem. En quel sens l'Evangéliste saint Jean dit-il : « Jamais personne n'a vu Dieu, » (*Jean*, I, 18) et le Seigneur dit-il lui-même ailleurs : « Bienheureux ceux qui sont purs de cœur, parce qu'ils verront Dieu, » (*Matth.*, v, 8) et l'Apôtre dit-il que « Dieu est invisible ? » (I *Tim.*, I, 17.)

Rép. Dieu peut être vu, c'est-à-dire, peut être compris, avec le don de la grâce, soit par les anges, soit par les âmes des Saints ; mais quant à la pleine nature de la divinité, il n'est ni ange ni saint qui ait pu la comprendre parfaitement, voilà pourquoi il est dit de Dieu qu'il est incompréhensible.

XV. — Dem. La récompense suprême promise aux Saints, l'éternelle vision de Dieu est-elle telle que tous le verront et le comprendront également ?

Rép. Les anges et les âmes des saints ne voient pas maintenant et ne verront pas du tout plus tard, après la résurrection, Dieu d'une manière égale ; ils ne le voient et ne le verront seulement que selon la grâce que leur en fera le donateur, et l'étendue de leurs mérites ; toutefois, chacun aura dans sa vision un bonheur suffisant et proportionné à ses mérites, il ne cherchera pas plus qu'il aura, et il ne s'affligera point d'avoir moins qu'il ne voudrait.

XVI. — Dem. En Dieu, y a-t-il une différence entre être, vivre, comprendre et pouvoir ?

Rép. Nullement. En Dieu, être n'est point une chose et vivre une autre, comprendre n'est point une chose et pouvoir une autre ; attendu que par le fait que Dieu est, il vit, par le fait qu'il vit, il comprend, par le fait qu'il comprend, il peut, et par le fait qu'il peut, il est ; car la nature de Dieu étant simple, c'est pour lui tout un, d'être, de vivre, de comprendre et d'être tout-puissant. Mais il n'en va pas de même en nous, car autre chose pour notre nature, est de vivre, autre chose de comprendre, autre chose de pouvoir ; mais en Dieu tout cela est une seule et même chose.

XVII. — Dem. Est-ce que, de même que, en parlant du Fils on dit : lumière de lumière, Dieu de Dieu, on peut dire tout-puissant de tout-puissant, bon de bon, grand de grand ? etc.

Rép. Nous devons tenir en règle générale que tous les noms de nature peuvent se dire également du Père et du Fils ; c'est-à-dire, de même qu'on dit Dieu de Dieu, lumière de lumière, de même on doit dire tout-puissant de tout-puissant, bon de bon, grand de grand ; mais il n'en est pas de même des noms exprimant des rapports.

XVIII. — Dem. Mais comment doit-on dire quand on se sert de noms exprimant des relations ?

Rép. Nous ne pouvons dire Verbe de Verbe, parce que le mot Verbe est un nom relatif qui ne convient qu'au Fils, comme nous disons Dieu de Dieu, ce qu

---

XIII. — Int. Si ad solam Patris personam pertineat quod dicitur : « Qui facit mirabilia magna solus ? » (*Psal.* LXXI, 18.) Et Apostolus : « Qui solus habet immortalitatem ? » (I *Tim.*, VI, 16.)

Resp. Nullatenus ad solam Patris personam pertinet, dum dicitur solus Deus, sive in novo, sive in veteri Testamento, et quod Deus solus sive hoc sive illud habeat vel faciat : sed ad totam Trinitatem sanctam, quæ est unus Deus omnipotens, omnia faciens quæ in cœlo et in terra.

XIV. — Int. Quomodo beatus Joannes Evangelista dicit : « Deum nemo vidit unquam ? » (*Joan.*, I, 18.) Et ipse Dominus in alio loco : « Beati mundo corde, quoniam ipsi Deum videbunt ? » (*Matth.*, v, 8.) Et Apostolus « invisibilem Deum » dicit ? (I *Tim.*, I, 17.)

Resp. Videri enim potest Deus, id est, intelligi secundum suæ donum gratiæ, sive ab Angelis, sive ab animabus sanctorum : plenam verò divinitatis naturam nec Angelus quilibet, nec Sanctorum aliquis perfecte intelligere poterit : ideo incomprehensibilis dicitur Deus.

XV. — Int. Quod sanctis summum promittitur præmium æterna Dei visio, an æqualiter videbunt vel intelligent ?

Resp. Nullatenus æqualiter omnes vel Angeli vel animæ sanctorum Deum vel nunc vident, vel post resurrectionem videbunt : sed secundum donatoris dispensationem et meritorum qualitatem. Unusquisque tamen sufficientem in ejus visione suis meritis habebit beatitudinem, nec plus quæret quam habebit, nec se minus habere quam volet dolebit.

XVI. — Int. An aliquid distet in Deo, esse, vivere, intelligere, posse ?

Resp. Nullatenus aliud est in Deo esse, aliud vivere, vel aliud intelligere, vel aliud posse : quia Deus eo ipso quo est, vivit ; et eo quo vivit, intelligit ; et eo quo intelligit, potest ; et eo quo potest, est : quia simplex deitatis natura unum habet esse, vivere, intelligere, et omnia potest. Sed non est ita in nobis, dum aliud est in natura nostra vivere, aliud intelligere, aliud posse. In Deo vero hæc omnia unum atque idem sunt.

XVII. — Int. Utrum de Filio sicut dicitur : Lumen de lumine, Deus de Deo, potest dici omnipotens de omnipotente, bonus de bono, magnus de magno, et cætera talia ?

Resp. Regulariter utique tenere debemus, quod omnia naturæ nomina æqualiter de Filio dici possunt sicut de Patre : id est, sicut dicitur Deus de Deo, lumen de lumine ; ita dicendum est, omnipotens de omnipotente, bonus de bono, magnus de magno : sed non ita in relativis.

XVII. — Int. Sed quomodo in relativis nominibus dicendum est ?

Resp. Non possumus dicere Verbum de Verbo, quia relativum nomen est Verbum, quod solus est Filius, sicut

n'est point le Fils seul. Nous ne pouvons pas dire non plus image d'image, car il n'y a que le Fils qui soit image, comme nous disons lumière de lumière (II *Cor.*, iv, 4; *Coloss.*, i, 15), ce qui n'est point le Fils seul, attendu que le mot lumière est un nom de substance.

XIX. — Dem. Est-ce que le Père est une lumière et le Fils une autre lumière?

Rép. Nullement. Le Père n'est point une lumière et le Fils une autre lumière, mais ils ne font l'un et l'autre qu'une seule et même lumière, comme ils ne font qu'une seule et même substance. Voilà pourquoi on dit avec justesse, lumière de lumière, comme on dit Dieu de Dieu; attendu que de même que le Père et le Fils ne font qu'un seul et même Dieu, ainsi ne font-ils qu'une seule et même lumière.

XX. — Dem. Nous lisons dans l'Apôtre que le Christ est la vertu de Dieu et la sagesse de Dieu (I *Cor.*, i, 24), est-ce que le Père n'a point la sagesse et la vertu en soi, ne l'a-t-il que dans son Fils que l'Apôtre appelle la sagesse de Dieu et la vertu de Dieu.

Rép. Plusieurs détruisent l'hérésie d'Arius en disant, qu'il est impie de croire que Dieu le Père a jamais été sans sa sagesse ou sans sa vertu. Mais il est mieux de comprendre que le Père est sagesse et vertu, bien plus, que le Saint-Esprit est sagesse et vertu, que ce ne sont point cependant trois vertus ni trois sagesses, attendu que sagesse est un nom de substance comme le nom vertu. Et en Dieu il n'y a point de différence entre être, être sage et être puissant, mais c'est une seule et même chose en Dieu que d'être, d'être sage et d'être puissant.

XXI. — Dem. La charité n'est-elle propre qu'à la personne du Saint-Esprit, puisque l'Apôtre dit : « Dieu est charité, » (I *Jean*, iv, 16) et qu'on lit qu'il est la dilection du Père et du Fils?

Rép. La charité ne s'entend point du Saint-Esprit, en ce sens que le Père et le Fils ne soient point aussi charité, le Père est charité et le Fils est charité. Il n'y a pourtant point trois charités, mais une seule charité; mais parce que le Saint-Esprit est appelé proprement le don de Dieu, et qu'il n'y a point de don de Dieu plus grand que la charité, bien plus, que sans ce don, nul autre ne peut conduire l'homme à la béatitude éternelle, c'est donc justement que le Saint-Esprit est appelé charité.

XXII. — Dem. Les impies ont-ils les dons de Dieu?

Rép. Ils les ont certainement par le moyen de celui qui illumine tout homme venant en ce monde (*Jean*, i, 9); c'est, en effet, en lui que nous sommes, que nous nous mouvons et que nous vivons, car les dons de Dieu sont des biens pour ceux qui s'en servent bien, voilà pourquoi la charité est un don unique dans les saints, puisque c'est par elle que les enfants de Dieu se distinguent des enfants des hommes.

XXIII. — Dem. Pourquoi, si Dieu est tout entier présent partout, dit-on qu'il habite plutôt dans le ciel que sur la terre?

Rép. Parce que la connaissance de la divinité est plus grande dans les saints anges et dans les âmes des saints, lorsqu'ils sont auprès de Dieu dans le ciel que lorsqu'ils sont sur la terre, car de même que dans ce corps mortel, il y en a qui comprennent plus la divine majesté, et d'autres qui la comprennent moins, ainsi dit-on que Dieu est plus connu dans le ciel que sur la terre, parce que sa substance

dicimus Deum de Deo, quod non est solus Filius : nec Imaginem de Imagine, quia solus est Filius Imago; sicut dicimus Lumen de Lumine, quod non est solus Filius, quia substantiale nomen est lumen.

XIX. — Int. Numquid aliud lumen est Pater, et aliud Filius?

Resp. Nequaquam aliud, sed unum lumen est Pater et Filius, sicut una substantia. Ideo recte dicitur lumen de lumine, sicut Deus de Deo. Sicut enim unus est Deus Pater et Filius, ita unum lumen.

XX. — Int. Legimus Apostolo dicente : Christum Dei esse virtutem et Dei sapientiam (I *Cor.*, i, 24), numquid Pater non habet in se sapientiam, vel virtutem, nisi in Filio, quem Apostolus sapientiam Dei et virtutem nominavit?

Resp. Plurimi ita Arianam destruunt impietatem, dicentes impium esse credere unquam Deum Patrem esse sine sua sapientia, aut sine sua virtute. Sed melius est intelligere Patrem esse sapientiam et virtutem; imo et Spiritum sanctum sapientiam et virtutem : non tamen tres virtutes, nec tres sapientias; quia sapientia substantiale nomen est, sicut virtus. Nec aliud est in Deo esse, aliud sapere, aliud posse : sed unum est Deo esse, sapere, posse.

XXI. — Int. Utrum ad solam sancti Spiritus personam pertineat caritas, dum Apostolus dicit : « Deus caritas est, » (I *Joan.*, iv, 16) qui dilectio Patris et Filii esse legitur?

Resp. Nullatenus ita Spiritus sanctus caritas intelligitur, quasi non sit Pater et Filius caritas. Sicut Spiritus sanctus est caritas, ita et Pater est caritas, et Filius est caritas: non tamen tres caritates, sed una caritas. Sed quia Spiritus sanctus donum Dei proprie dicitur (*Act.*, ii, 38; viii, 20), et nullum Dei donum caritate majus est, imo sine eo nullum donum ad perpetuam hominum deducere poterit beatitudinem, proinde Spiritus sanctus proprie dicitur caritas. (*Rom.*, v, 5.)

XXII. — Int. Numquid impii dona Dei habent?

Resp. Habent utique per eum, qui illuminat omnem hominem venientem in hunc mundum. (*Joan.*, i, 9.) In eo enim sumus, movemur, et vivimus. (*Act.*, xvii, 28.) Bona sunt enim dona Dei eis qui bene utuntur illis. Ideo caritas singulare est in sanctis donum, in qua Filii Dei discernuntur a filiis impietatis.

XXIII. — Int. Quare si Deus totus ubique est, in coelo dicitur magis habitare quam in terra?

Resp. Quia major est cognitio in sanctis Angelis animabusque Sanctorum divinitatis; cum sint apud Deum in coelis, quam in terris : sicut enim in hoc mortali corpore quidam magis intelligunt divinam substantiam, quidam minus: ita et in coelo magis dicitur Deus esse quam in

est plus pleinement comprise par les habitants du ciel que par ceux de la terre.

XXIV. — Dem. Si le Père, le Fils et le Saint-Esprit ne font qu'une seule et même substance, pourquoi ne dit-on que du Fils qu'il s'est incarné ?

Rép. Parce que autre est la personne du Père, autre celle du Fils, autre celle du Saint-Esprit. Or, il n'y a que la personne du Fils qui se soit incarnée, mais toute la Trinité, dont les opérations sont indivisibles, a opéré cette même incarnation.

XXV. — Dem. Puisqu'on a coutume de chanter dans le symbole catholique que le Fils de Dieu a été incarné du Saint-Esprit et de la Vierge Marie, pourquoi ne l'appelle-t-on pas Fils du Saint-Esprit comme on l'appelle Fils de la bienheureuse Vierge ?

Rép. C'est que le Fils de Dieu n'est pas né de l'un comme il est né de l'autre. De celle-ci, en effet, c'est-à-dire de la sainte Vierge, le Fils de Dieu est né comme d'une mère, et il n'est point né de celui-là, c'est-à-dire du Saint-Esprit comme d'un père, de peur qu'on ne comptât deux pères dans la sainte Trinité.

XXVI. — Dem. Si la nature du Père et celle du Fils ne sont qu'une seule et même nature et que le Fils incarné soit pleinement et parfaitement Dieu, comment se fait-il que le Père ne se soit point incarné et fait homme ?

Rép. Le Fils est pleinement et parfaitement Dieu, et seul il s'est incarné et fait homme. Le feu est aussi une seule substance, mais dans le feu le calorique produit certains effets et la lumière en produit d'autres ; cela n'empêche point que ce soit la seule et même nature du feu qui fasse les deux choses, le calorique et la lumière.

XXVII. — Dem. La divinité a-t-elle été conçue, est-elle née, a-t-elle souffert et fait tout ce qui est connu pour être propre à l'humanité, avec la chair ?

Rép. Certainement la divinité a été conçue dans la conception de la chair, est née dans la naissance de la chair, a senti par la participation de la sensibilité humaine, la mort qu'elle a reçue parce qu'elle l'a bien voulu, et sans perdre la puissance de sa nature par laquelle elle vivifie tout. C'est lui qui a été l'agent quand il est né, et qu'il a souffert de son plein gré, et c'est lui aussi qui a été le patient, car seul il fit l'un et l'autre, bien que sans y être contraint par qui que ce fût, et cependant seul aussi il a souffert l'une et l'autre chose, tout en conservant à sa divinité son impassibilité.

XXVIII. — Dem. Dans quelle nature dit-il : « J'ai le pouvoir de déposer mon âme ? » (*Jean*, x, 8.)

Rép. Toute l'autorité des œuvres qui sont dans le Christ vient de sa divinité. Cependant, c'est à la chair qu'il convient de tenir ce langage : « J'ai le pouvoir de déposer mon âme, » non à la divinité. Car la divinité n'a point quitté l'âme après se l'être unie dans le sein de la Vierge, tandis que le corps a quitté l'âme quand le Christ a rendu l'esprit sur la croix.

XXIX. — Dem. Comment concilier ces paroles de la Genèse : « Dieu s'est reposé de toutes ses œuvres le septième jour, » (*Gen.*, ii, 2) et celles-ci de l'Evangile : « Mon Père opère toujours, et moi j'opère aussi ? » (*Jean*, v, 17.)

Rép. Dieu s'est reposé de faire de nouvelles créatures, non de gouverner celles qu'il avait faites. Voilà comment il faut entendre dans le premier texte qu'il a été Créateur pendant six jours, et dans

---

terra, quia plenius ejusdem substantia intelligitur ab inhabitatoribus cœli quam terræ incolis.

XXIV. — Int. Si una substantia est Pater et Filius et Spiritus sanctus, quare solus Filius incarnatus dicitur ?

Resp. Quia alia est persona Filii, alia Patris, alia Spiritus sancti. Et sola quidem persona Filii, incarnata est, operante tamen eamdem incarnationem tota sancta Trinitate, cujus opera sunt inseparabilia.

XXV. — Int. Dum in Symbolo catholico cantari solet Dei Filium de Spiritu sancto et Maria virgine incarnatum : quare non dicitur Filius Spiritus sancti, sicut dicitur beatæ Virginis ?

Resp. Non utique sic de illo sicut de illa natus est Filius Dei. De illa siquidem, id est, sancta Virgine natus est Filius Dei sicut de matre : non de illo, id est, Spiritu sancto, sicut de patre, ne duo patres dicerentur in sancta Trinitate.

XXVI. — Int. Si una natura est Patris et Filii, et Filius incarnatus plenus est Deus et perfectus, quomodo non Pater incarnatus est ?

Resp. Filius plenus est Deus et perfectus, qui solus incarnatus est, et homo factus est. Nam ignis una substantia est, sed aliud in igne facit calor, aliud lux. Lux illuminat, calor calefacit : una tamen ignis natura utrumque facit et calorem et lucem.

XXVII. — Int. Utrum divinitas cum carne concepta et nata et passa est, et cætera quæ humanitatis propria esse noscuntur ?

Resp. Utique divinitas suæ carnis conceptione concepta est, et nativitate nata, sensitque participatione humani affectus mortem, quam sponte susceperat, non naturæ suæ potentiam perdens, per quam cuncta vivificat. Et ipse auctor qui sponte natus est, sponte passus est. Et idem opus, quia utrumque unus, licet non alio cogente, solus tamen ipse perpetitur, salva divinitatis impassibilitate.

XXVIII. — Int. Ex qua natura dicit : « Potestatem habeo ponendi animam meam ? » (*Joan.*, x, 8.)

Resp. Omnium quæ in Christo sunt operum auctoritas ex divinitate est : tamen carni convenit dicere : « Potestatem habeo ponendi animam meam, » non divinitati. Divinitas enim non dimisit animam postquam assumpsit eam in utero virginis, caro dimisit dum emisit spiritum in cruce Christus.

XXIX. — Int. Quomodo conveniat quod in Genesi legitur : « Requievit Deus die septimo ab omnibus operibus suis : » (*Gen.*, ii, 2) et in Evangelio : « Pater meus usque modo operatur, et ego operor ? » (*Joan.*, v, 17.)

Resp. Requievit a novarum conditione creaturarum, non a conditarum gubernatione. Et ideo Deus tunc crea-

le second qu'il gouverne les natures du monde tout entier.

XXX. — Dem. Combien de sortes de créatures raisonnables Dieu a-t-il faites ?

Rép. Deux, la nature humaine et la nature angélique ; à celle-ci il a donné le ciel pour demeure, et à celle-là la terre pour séjour.

XXX. — Dem. Pourquoi la Genèse garde-t-elle le silence sur le péché des anges, tandis qu'elle nous fait connaître celui de l'homme ?

Rép. Parce que Dieu n'a point prédestiné de guérir les blessures que les anges se sont faites, tandis qu'il a prédestiné de guérir celles de l'homme.

XXXII. — Dem. Pourquoi le péché du plus grand des anges a-t-il été sans remède, tandis que celui de l'homme ne l'est point ?

Rép. Parce que l'ange a été l'inventeur de son propre crime, tandis que l'homme a été séduit par la ruse d'un autre être. Et puis, plus l'ange était élevé en gloire, plus sa ruine a été grande, l'homme, au contraire, plus il a été fragile dans sa nature, plus il a obtenu facilement son pardon.

XXXIII. — Pourquoi l'homme a-t-il été créé maître de son pouvoir ?

Rép. Pour qu'il ne dût qu'à lui-même soit la vie soit la mort. S'il avait été soumis à la nécessité, alors il n'aurait eu ni la gloire de ses bonnes œuvres, ni le châtiment de ses mauvaises actions, il eût été comme tous les animaux.

---

tor in sex dierum creatione putandus est, nunc vero gubernator in totius mundi naturis.

XXX. — Int. Quot creaturas rationales condidit Deus ?

Resp. Duas, angelicam et humanam, et cœlum angelis, et terram hominibus habitationem.

XXXI. — Int. Quare angelicum peccatum silentio in Genesi absconditum est, et hominis patefactum est ?

Resp. Quia angelicum vulnus Deus non prædestinavit curare, hominis vero sanare prædestinavit.

XXXII. — Int. Cur summi angeli peccatum insanabile fuit, et hominis sanabile ?

Resp. Quia angelus sui sceleris inventor fuit, homo vero alterius fraude seductus. Item quanto sublimior angelus in gloria, tanto major in ruina. Homo vero quanto fragilior in natura, tanto facilior ad veniam.

XXXIII. — Int. Cur homo suæ potestatis creatus auctor est ?

Resp. Ut ipse sibi auctor esset ad vitam, sive ad mortem. Si vero necessitati esset subjectus, tunc nec boni operis haberet gloriam, nec mali pœnam, sed esset quasi unus ex pecoribus.

DEUX LIVRES

SUR

L'INCARNATION DU VERBE

ADRESSÉS A JANVIER

Tirés de l'ouvrage d'Origène, intitulé DES PRINCIPES, *d'après la version de Ruffin.*

LIVRE PREMIER

CHAPITRE PREMIER (1). — Les principes qui nous sont donnés d'une manière manifeste par la prédication des apôtres sont les suivants. Premièrement, il y a un Dieu qui a créé et disposé toutes choses, et qui a fait que tout fût quand rien n'était. Ce Dieu est depuis la première créature depuis l'établissement du monde, le Dieu de tous les justes, le Dieu d'Adam, d'Abel, de Loth, d'Enos, d'Enoch, de Noé, de Sem, d'Abraham, d'Isaac, de Jacob, des douze patriarches, de Moïse et des prophètes. Ce même Dieu, ainsi qu'il l'avait promis par les prophètes, a envoyé Notre-Seigneur Jésus-Christ pour appeler d'abord Israël, puis tous les Gentils après la perfidie d'Israël. Ce Dieu juste et bon, le Père de Notre-Seigneur Jésus-Christ, a donné lui-même la loi et les prophètes ainsi que les Evangiles, il est le Dieu des apôtres ainsi que de l'Ancien et du Nouveau Testament. Puis après cela, comme Jésus-Christ qui est venu avant toute créature, est né du Père, après avoir servi le Père en tout ministère, car c'est « par lui que toutes choses ont été faites, » (*Jean*, 1, 3) il s'est, dans ces derniers temps, réduit à rien lui-même et fait homme, il s'est incarné quand il était Dieu, et devenu homme il est demeuré ce qu'il était, c'est-à-dire Dieu. Il prit un corps semblable au nôtre avec cette seule différence qu'il est né de la Vierge et du Saint-Esprit. Et parce que ce Jésus-Christ est né et a souffert en vérité, non point dans un fantôme, il est mort en vérité, selon la mort commune. Il ressuscita aussi en vérité d'entre les morts, et, après sa résurrection, il conversa avec ses disciples puis remonta au ciel. Ensuite il envoya le Saint-Esprit qui est égal au Père et au Fils par sa nature, son rang et sa dignité. Il nous a été encore enseigné que ce même Esprit saint a inspiré chacun des saints, des prophètes et des apôtres, il n'y a point eu un autre Esprit saint pour les anciens et un autre pour ceux qui ont été inspirés depuis l'avènement du Christ, voilà ce qui est très-manifestement prêché dans l'Eglise.

(1) Tiré de la préface du livre I *Des principes*.

DE INCARNATIONE VERBI
AD JANUARIUM
LIBRI DUO

Collecti ex Origenis opere PERI ARCHON, *juxta versionem Ruffini.*

LIBER PRIMUS

CAPUT PRIMUM. — Species (*a*) vero eorum quæ per prædicationem Apostolicam manifeste traduntur, istæ sunt. Primo quod unus est Deus qui omnia creavit atque composuit, quique cum nihil essent, esse fecit universa. Deus a prima creatura et conditione mundi omnium justorum, Deus Adam, Abel, Seth, Enos, Enoch, Noe, Sem, Abraham, Isaac, Jacob, duodecim Patriarcharum, Moysi et Prophetarum. Et quod (*b*) hic Deus in novissimis diebus, sicut per Prophetas suos ante promiserat, misit Dominum Jesum Christum, primo quidem vocaturum Israel, secundo vero etiam gentes post perfidiam populi Israel. Hic Deus justus et bonus pater Domini nostri Jesu Christi, Legem et Prophetas et Evangelia ipse dedit, qui et Apostolorum Deus est, et veteris ac Novi Testamenti. Tum deinde quia Jesus Christus qui venit ante omnem creaturam, natus ex Patre est : qui cum in omni conditione Patri ministraret, (per ipsum namque omnia facta sunt,) (*Joan.*, I, 3), novissimis temporibus se ipsum exinaniens homo factus est, incarnatus est cum Deus esset, et homo factus mansit quod erat Deus. Corpus assumpsit nostro corpori simile, eo solo differens, quod natum ex virgine et Spiritu sancto est. Et quoniam hic Deus Jesus Christus natus et (*c*) passus est in veritate, non per phantasiam, communem hanc mortem vere mortuus est. Vere enim et a mortuis resurrexit, et post resurrectionem conversatus cum discipulis suis assumptus est. Tum demum natura, honore ac dignitate (*d*) Patri ac Filio sociatum tradidit Spiritum sanctum. Sane quod iste Spiritus sanctus unumquemque sanctorum vel Prophetarum vel Apostolorum inspiraverit, et non alius spiritus in veteribus, alius vero in his qui in adventu Christi inspirati sunt, fuerit, manifestissime in Ecclesia prædicatur.

(*a*) Hic addimus vero ex Mss. Vaticano et Victorino : quod etiam apud Origenem legitur. — (*b*) Vict. Ms. *hoc*. — (*c*) Ms. Vict. *passus in veritate et non per phantasiam communicavit hanc mortem vere mortuus. Vere enim.* — (*d*) Mss. omittunt *Patri ac Filio*.

CHAPITRE II. — *Libre arbitre et origine des âmes.* — Après cela, lorsque l'âme de l'homme, qui a une substance et une vie propres, aura quitté ce monde, elle sera traitée en raison de ses mérites, et possédera l'héritage de la vie et de la béatitude éternelles, si ses actes le lui ont mérité, ou bien elle sera punie d'un supplice éternel si les souillures de ses crimes l'y ont condamnée. Mais viendra le temps de la résurrection des morts, alors que « le corps qui maintenant est, comme une semence, mis en terre plein de corruption, ressuscitera incorruptible, et mis en terre difforme, ressuscitera glorieux. » (1 *Cor.*, xv, 42.) Il est aussi défini dans les instructions de l'Église, comme un dogme, que toute âme raisonnable est douée de libre arbitre et de volonté, qu'elle a à lutter contre le diable, contre les anges et les vertus contraires, parce qu'ils s'efforcent de la charger de péchés, tandis que nous, si nous vivons droitement et sagement, nous faisons tous nos efforts pour nous en dépouiller. D'où il est conséquent de comprendre que nous ne sommes point sujets à la nécessité, et que nous ne saurions, si nous ne le voulons point, être contraints en aucune manière à faire soit le bien, soit le mal. En effet, si nous sommes en possession de notre libre arbitre, certaines vertus peuvent bien nous attaquer pour nous porter au péché, et d'autres nous aider au salut, mais nous ne sommes contraints par aucune nécessité à faire soit bien, soit mal. C'est pourtant ce que pensent ceux qui prétendent que le cours et la marche des astres sont la cause des actes des hommes, non-seulement de ce qui arrive en dehors du libre arbitre, mais encore de ce qui se trouve placé en notre pouvoir. Quant à l'âme, tire-t-elle son origine de la semence humaine, en sorte que la raison même ou sa substance se trouve enfermée dans le germe du corps, ou bien ont-elles une autre origine, et cette origine est-elle un fait de génération ou n'en est-elle point un, ou bien vient-elle d'ailleurs dans le corps, ou n'en vient-elle pas, c'est ce qu'on ne peut savoir par un enseignement assez manifeste.

CHAPITRE III. — *État du diable.* — Quant à ce qui concerne le diable, les anges et les vertus contraires, l'enseignement de l'Église nous apprend qu'ils existent, mais ne nous fait point connaître assez clairement ni ce qu'ils sont, ni comment ils sont. Cependant plusieurs pensent que le diable a été un ange, et que devenu apostat il a persuadé au plus grand nombre d'anges qu'il put de suivre son parti, et ce sont ces anges que maintenant on appelle les anges du diable.

CHAPITRE IV. — *Commencement et fin du monde.* — L'enseignement de l'Église nous apprend encore que ce monde a été créé, qu'il fut un temps où il a commencé d'être, et qu'un temps viendra où il cessera d'exister, à cause de sa corruption. Mais qu'y a-t-il eu avant ce monde et qu'y aura-t-il après, c'est ce qui n'est point clair pour beaucoup, attendu que sur ce point l'Église n'a point d'enseignement certain.

CHAPITRE V. — *Sens caché des Écritures.* — Elle enseigne encore que les saintes Écritures ont été dictées par l'Esprit de Dieu et qu'elles ont un sens, non pas seulement celui qui paraît clairement, mais un autre qui échappe à beaucoup. Car elles sont la forme de certains mystères et les images de choses divines. Sur ce point, toute l'Église n'a qu'un senti-

---

CAPUT II. — *Animæ liberum arbitrium et origo.* — Post hæc anima quod jam substantiam vitamque habens propriam, cum ex hoc discesserit mundo, pro suis meritis dispensabitur, sive vitæ æternæ ac beatitudinis hæreditate potitura, si hoc ei sua gesta præstiterint : sive æterno supplicio mancipanda, si in hoc eamdem scelerum culpa detorserit. Sed et erit tempus resurrectionis mortuorum, cum corpus hoc « quod nunc in corruptione seminatur, surget in incorruptione, et quod seminatur in ignominia, surget in gloria. » (1 *Cor.*, xv, 42.) Est et illud definitum in Ecclesiastica prædicatione, omnem animam esse rationalem, liberi arbitrii et voluntatis : esse quoque ei certamen adversus diabolum et angelos ejus contrariasque virtutes, ex eo quod peccatis eam illi onerare contendant, nos vero si recte consulteque vivamus, ab hujuscemodi labe nos exuere conemur. Unde et consequens est intelligere, non nos necessitati esse subjectos, ut omnino etiam si (*a*) nolimus, vel bona vel mala agere cogamur. Si enim nostri arbitrii sumus, impugnare nos fortasse possunt aliquæ virtutes ad peccatum, et aliæ juvare ad salutem : non tamen necessitate cogimur, vel recte agere vel male; quod fieri arbitrantur hi qui stellarum cursum et motus, causam dicunt humanorum esse gestorum, non solum eorum quæ extra arbitrii accidunt libertatem, sed eorum quæ in nostra posita sunt potestate. De anima vero utrum ex seminis traduce ducatur, ita ut ratio ipsius, vel substantia inserta ipsis corporalibus seminibus habeatur : an vero aliud habeat initium : et hoc ipsum initium si est genitum, aut non genitum : vel certe si extrinsecus corpori inditur, nec ne, non satis manifesta prædicatione distinguitur.

CAPUT III. — *De diaboli statu.* — De diabolo quoque et angelis ejus contrariisque virtutibus Ecclesiastica prædicatio docuit, quoniam sint quidem hæc : quæ autem sint, aut quomodo sint, non satis clare exposuit. Apud plurimos tamen ista habetur opinio, quod angelus fuerit iste diabolus, et apostata effectus quam plurimos angelorum secum declinare persuaserit, qui et nunc usque angeli ipsius nuncupantur.

CAPUT IV. — *Mundi principium et finis.* — Est et præterea illud in Ecclesiastica prædicatione, quod mundus iste factus sit, et a certo tempore cœperit, et sit pro ipsa sui corruptione solvendus. Quid tamen ante hunc mundum fuerit, aut quid postmodum erit, non jam pro manifesto multis innotuit. Non enim evidens de his in Ecclesiastica prædicatione sermo profertur.

CAPUT V. — *Scripturæ sensus arcanus.* — Tum demum quod per Spiritum Dei Scripturæ conscriptæ sint, et sensum habeant, non eum solum qui in manifesto est, sed et alium quemdam latentem quam plurimos. Formæ

(*a*) Victorinus cod. *volumus.*

ment, c'est que toute loi est spirituelle, mais que tout ce que la loi inspire n'est point connu des hommes, et n'est connu que de ceux à qui la grâce en est faite par le don du Saint-Esprit et par une parole de sagesse et de science (1).

CHAPITRE VI. — *Les bons anges.* — L'Eglise prêche encore qu'il y a des anges de Dieu et de bonnes vertus qui le servent pour consommer le salut des hommes. Mais quand, en quel état, et comment ces anges ont-ils été créés, c'est ce qui n'est pas bien clair.

CHAPITRE VII. — *Comment on doit rechercher la vérité.* — Il faut donc tenir cela pour élémentaire et fondamental, selon ce précepte : « Allumez-vous le flambeau de la science. » Que quiconque désire se faire une série et un corps, en raisonnant d'après toutes ces choses, afin de rechercher à propos de chaque chose ce que c'est au juste, en s'appuyant sur des assertions qu'on ne peut rejeter et de former, comme je l'ai dit, un seul corps, le fasse à l'aide d'exemples et d'affirmations qu'il aura trouvés dans les saintes Ecritures, ou qu'il aura lui-même découverts par voie de raisonnement, dans la recherche de la vérité et dans la source de la droiture.

CHAPITRE VIII (2). — *Le Fils est né sans commencement.* — Nous tenons toujours que Dieu le Père est Père de son Fils unique né de lui et tirant de lui son être, sans aucun commencement ; ce qui s'entend non-seulement de tout commencement qui se distingue par certains espaces de temps, mais encore de celui que l'âme seule peut apercevoir en se repliant sur elle-même et voir, si je puis parler ainsi,

de l'œil de l'intellect pur et de l'âme. On doit donc croire que la sagesse a été engendrée en dehors de tout ce qu'on peut appeler commencement et entendre par là. C'est donc dans cette même existence de la sagesse, attendu qu'en elle se trouvait toute vertu et toute déformation des créatures à venir, que sont formés d'avance et prédisposés par la vertu de la prescience les commencements des choses qui arrivent ensuite. C'est pour ces choses même qui se trouvaient comme décrites et préfigurées pour les créatures dans la sagesse même, que la sagesse déclare, par la bouche de Salomon, qu'elle a elle-même été créée comme étant le commencement des voies de Dieu, attendu qu'elle contenait en elle-même soit les commencements, les raisons ou les espèces de toute chose créée. Mais la manière dont nous entendons que la sagesse est le commencement des voies de Dieu, et le sens auquel on dit qu'elle a été créée formant et contenant en elle les espèces et les raisons de la créature est le sens auquel nous devons entendre également qu'elle est le Verbe de Dieu, en ce sens qu'elle découvre elle-même à toutes les autres créatures, c'est-à-dire à tous les êtres créés, la raison des mystères et des secrets de Dieu qui se trouve renfermé dans la sagesse de Dieu, et elle est dite Verbe de Dieu comme qui dirait l'interprète des secrets de sa pensée. Saint Jean, au commencement de son évangile, définissant proprement Dieu, dit : « Et le Verbe était Dieu et il était au commencement en Dieu. » (*Jean*, I, 1 et 2.) Que celui qui donne un commencement au Verbe de Dieu ou à la sagesse de Dieu, doit voir s'il ne profère pas plutôt une impiété contre Dieu le Père lui-même qui est inengendré, en

---

(1) Il y a ici plusieurs choses d'Origène omises. — (2) La suite est tirée du ch. II, liv. 1 *Des principes.*

---

enim sunt hæ quæ describuntur sacramentorum quorumdam, et divinarum rerum imagines : de quo totius Ecclesiæ una sententia est, esse quidem omnem Legem spiritualem ; non tamen ea quæ spirat Lex esse hominibus nota, nisi iis solum quibus gratia Spiritus sancti in verbo sapientiæ ac scientiæ condonatur.

CAPUT VI. — *Boni angeli.* — Est etiam illud in Ecclesiastica prædicatione, esse angelos Dei quosdam et virtutes bonas, quæ ei ministrant ad salutem hominum consummandam : sed quando isti creati sint, vel quales aut quomodo sint, non satis in manifesto distinguitur.

CAPUT VII. — *Quomodo indaganda veritas.* — Oportet igitur velut elementis ac fundamentis hujusmodi uti secundum mandatum, quod dicit : « Illuminate vobis lumen scientiæ : » omnis qui cupit seriem quamdam, et corpus ex horum omnium ratione perficere, ut manifestis et necessariis assertionibus de singulis quibusque quid sit in vero rimetur, et unum, ut diximus, corpus efficiat, exemplis et affirmationibus, vel iis quas in sanctis Scripturis invenerit, vel quas consequenter ipsius indagine ac recti tenore repererit.

CAPUT VIII. — *Filius absque initio natus.* — Nos semper Deum Patrem novimus unigeniti Filii sui, et ipso quidem nati, et quod est ab ipso trahentis, sine ullo tamen initio : non solum eo quod aliquibus temporum spatiis distingui potest, sed ne illo quidem, quod sola

apud semetipsam mens intueri solet, et nudo, ut ita dixerim, intellectu atque animo conspicari. Extra omne ergo quod vel dici vel intelligi potest initium, generatam esse Sapientiam credendum est. In hac ipsa ergo sapientiæ subsistentia, quia omnis virtus ac deformatio futuræ inerat creaturæ, vel eorum quæ principaliter existunt, vel eorum quæ accidunt consequenter virtute præscientiæ præformata atque disposita : pro iis ipsis quæ in ipsa sapientia velut descripta ac præfigurata fuerant creaturis, se ipsa per Salomonem dicit creatam esse Sapientia initium viarum Dei (*Prov.*, VIII, 22), continens scilicet in semetipsa universæ creaturæ vel initia, vel rationes, vel species. Quali autem modo intelleximus Sapientiam initium viarum Dei esse, et quomodo creata esse dicitur, species scilicet in se et rationes totius præformans et continens creaturæ, hoc modo etiam Verbum Dei eam esse intelligendum est : per hoc quod ipsa cæteris omnibus, id est, universæ creaturæ, mysteriorum et arcanorum rationem, quæ utique intra Dei Sapientiam continetur, aperiat : et per hoc Verbum dicitur, quod sit tanquam arcanorum mentis interpres. Joannes in initio Evangelii sui propria definitione Deum esse definiens Verbum, dicit : « Et Deus erat Verbum, et hoc erat in initio apud Deum. » (*Joan.*, I, 1.) Qui autem dat initium Verbo Dei vel Sapientiæ Dei, intuere ne magis in ipsum ingenitum Patrem impietatem suam jactet, cum eum neget semper

niant qu'il ait toujours été Père, qu'il a engendré le Verbe et qu'il a eu la sagesse dans tous les temps et les siècles antérieurs, ou tout ce qu'on peut dire.

CHAPITRE IX. — *Raisons exemplaires dans le Verbe.* — Le Fils est donc la vérité, la vie et la voie de tout ce qui est. Et cela est juste. En effet, comment les choses qui ont été faites pourraient-elles vivre si ce n'est par la vie? ou comment ce qui est pourrait-il subsister par la vérité, s'il ne descendait de la vérité? Ou bien comment les substances pourraient-elles être raisonnables, si le Verbe ou la raison ne les précédaient? Comment encore pourraient-elles être sages, si la sagesse n'existait point. Le Verbe de Dieu et sa Sagesse s'est fait la voie. Or, il n'est appelé voie que parce qu'elle conduit au Père ceux qui la suivent en marchant. Par conséquent tout ce que nous dirons de la sagesse de Dieu, pourra très-bien se prendre ou se comprendre en ce sens que le Fils de Dieu est la vie, et encore qu'il est le Verbe, et aussi qu'il est la vérité et qu'il est la voie, et enfin qu'il est la résurrection ; car toutes ces dénominations lui ont été données à cause de ses opérations et de ses vertus; et, dans aucune d'elles on ne peut, même dans un sens très-peu profond, entendre rien de corporel ou qui semble avoir de la grandeur une manière d'être ou une couleur.

CHAPITRE X. — *La pensée de la naissance du Verbe est inimaginable.* — Mais parce que les enfants des hommes qu'on voit parmi nous, ainsi que les petits des autres êtres animés, répondent aux germes de ceux qui les ont engendrés, ou même des mères dans le sein desquelles ils ont été formés et nourris et tiennent d'eux tout ce qu'ils prennent et apportent avec eux quand ils viennent à paraître à la lumière du jour; il y aurait crime, et il n'est point permis de le faire, à égaler Dieu le Père dans la génération de son Fils unique, et dans la substance de ce dernier à quelque homme ou à quelque animal qui engendre des petits. Mais il est de toute nécessité et en même temps digne de Dieu de faire une exception, car on ne peut trouver aucune comparaison entre lui et ces êtres, non-seulement dans les choses, mais encore par la pensée, par les sens, de manière à ce que l'esprit de l'homme puisse saisir comment il arrive qu'un Dieu inengendré soit le Père d'un Fils engendré. Il en est, en effet, de la génération éternelle et sempiternelle comme de l'éclat qui est engendré de la lumière; car ce n'est point par l'adoption de l'esprit que le Fils est fait au dehors, mais c'est par sa nature qu'il est Fils. Voyons néanmoins comment ce que nous disons là se trouve confirmé par l'autorité des saintes Ecritures. Saint Paul dit que le Fils unique « est l'image du Dieu invisible et le premier né de toutes créatures. » (*Coloss.*, I, 15.) Dans sa lettre aux Hébreux, il dit en parlant du Fils qu'il « est la splendeur de la gloire et la figure expresse de sa substance. » (*Heb.*, I, 3.) Nous trouvons néanmoins aussi dans le livre de la Sagesse qu'on attribue à Salomon une description de la sagesse de Dieu ainsi conçue : « C'est une vapeur de la vertu de Dieu, » et l'Ἀπόρροια, c'est-à-dire « une très-pure émanation de la gloire du Tout-Puissant. » (*Sag.*, VII, 25.) Aussi ne peut-il se trouver rien de souillé en elle. « Elle est la splendeur de la lumière éternelle et le miroir sans tache de l'opération intérieure de Dieu et l'image de sa bonté. » (*Ibid.*, 26.) Or, nous disons la sagesse de Dieu, comme nous avons dit plus haut la substance qui n'a point ailleurs qu'en

---

Patrem fuisse, et genuisse Verbum, et habuisse Sapientiam in omnibus anterioribus vel temporibus vel sæculis, vel si quid illud est quod nominari potest.

CAPUT IX. — *Rationes exemplares in Verbo.* — Hic ergo Filius, etiam omnium quæ sunt, veritas est, et vita, et via. Et recte. Nam quomodo viverent quæ facta sunt, nisi ex vita? Vel quomodo veritate constarent ea quæ sunt, nisi ex veritate descenderent? Vel quomodo rationales esse possent substantiæ, nisi verbum vel ratio præcederet? Vel quomodo possent esse sapientes, nisi esset sapientia? Via factum est Verbum Dei et Sapientia, quæ via idcirco dicitur, quod ad Patrem ducit eos qui incedunt per eam. Quæcumque ergo dixerimus de Sapientia Dei, hæc etiam convenienter aptabuntur, et intelligentur pro eo quod Filius Dei vita est, et pro eo quod verbum est, et pro eo quod veritas est, et pro eo quod via est, et pro eo quod resurrectio est : quia hæ omnes appellationes ex operibus ejus ac virtutibus nominatæ sunt; et in nulla harum vel levi opinione intelligi corporale aliquid potest, vel quod magnitudinem designare videatur, vel habitum, vel colorem.

CAPUT X. — *Incogitabilis Verbi nativitas.* — Verum quoniam ii qui apud nos filii hominum videntur vel cæterorum animalium, semini eorum a quibus seminati sunt, respondent, vel etiam earum in quarum utero formantur ac nutriuntur, habentes ex his quidquid illud est quod in lucem hanc assumunt ac deferunt processuri : infandum est et illicitum, Deum Patrem in generatione unigeniti Filii sui, atque in substantia ejus exæquare alicui vel hominum vel aliorum animantium generanti. Sed necesse est exceptum aliquid esse et Deo dignum, cujus nulla prorsus comparatio, non in rebus solum, sed ne in cogitatione quidem vel sensu inveniri potest, ut humana cogitatio possit apprehendere, quomodo ingenitus Deus Pater efficitur unigeniti Filii. Est ita namque æterno ac sempiterna generatio, sicut splendor generatur ex luce. Non enim per adoptionem spiritus, Filius fit extrinsecus : sed natura Filius est. Videamus tamen quomodo hæc quæ dicimus etiam divinæ Scripturæ auctoritate muniantur. Ait apostolus Paulus, unigenitum Filium « imaginem esse invisibilis Dei, et primogenitum eum esse totius creaturæ. » (*Colos.*, I, 15.) Ad Hebræos vero scribens de eo dicit, quod sit « splendor gloriæ, et figura expressa substantiæ ejus. » (*Hebr.*, I, 3.) Invenimus etiam nihilominus in Sapientia, quæ dicitur Salomonis, descriptionem quamdam de Dei sapientia, hoc modo scriptam : « Vapor est enim, inquit, virtutis Dei, et ἀπόρροια, id est, emanatio gloriæ omnipotentis purissima. » (*Sap.*, VII, 25.) Ideo quoque nihil commaculatum in eam incidere potest. « Splendor est enim lucis æternæ, et speculum immaculatum inoperationis Dei, et imago bonitatis ejus. » (*Ibid.*, 26.) Sapientiam vero Dei dicimus, sicut superius

lui le principe de toutes choses, d'où elle soit née. Or, cette sagesse étant celui qui seul est Fils par nature, est, à cause de cela, appelée aussi le Fils unique.

CHAPITRE XI. — *Le Verbe image du Père*. — Voyons ce qu'il faut entendre par ces mots, image du Dieu invisible, afin de pouvoir découvrir en quel sens on dit avec justesse que Dieu est le Père de son Fils. Considérons premièrement ce que les hommes appellent ordinairement une image. Quelquefois on donne le nom d'image à ce qu'on a l'habitude de peindre ou de sculpter sur une matière quelconque telle que le bois ou la pierre. D'autres fois on dit d'un être né d'un autre qu'il est l'image de ce dernier, quand les traits de celui qui a été engendré rappellent les traits de celui qui l'a engendré. Je pense que c'est dans le premier sens qu'il faut entendre ce qu'on dit du premier homme, qu'il a été créé à l'image et à la ressemblance de Dieu ; nous nous occuperons plus particulièrement de ce premier homme, avec la grâce de Dieu, quand nous expliquerons ce passage de la Genèse. La seconde acception peut être appliquée à l'image du Fils de Dieu dont nous nous occupons en ce moment, même entendue en ce sens qu'il est l'image invisible du Dieu invisible. C'est ainsi que nous disons, d'après l'histoire, que Seth, fils d'Adam, fut l'image de son père. On lit, en effet : « Adam engendra Seth à son image et selon son espèce. » (*Gen.*, v, 3.) Cette image contient l'unité de la nature et de la substance du Père et du Fils. En effet, si tout ce que fait le Père, le Fils le fait également (*Jean*, v, 19), en ce sens que le Fils a fait toutes choses de même que le Père, l'image du Père se trouve attirée dans le Fils qui est né de lui comme la volonté procède de l'âme. Voilà pourquoi je pense qu'il suffit de la volonté du Père pour que ce qu'il veut subsiste. En effet, quand il veut quelque chose, il ne se sert point d'un autre moyen que celui qui lui est fourni par le conseil de sa volonté. La substance du Fils est engendrée du Père, en sorte qu'il faut qu'il soit reçu surtout par ceux qui ne veulent rien accepter d'inengendré, c'est-à-dire de non-né, que Dieu le Père tout seul. Il faut remarquer, en effet, si on ne veut point tomber dans les fables absurdes de ceux qui se dépeignent à eux-mêmes certaines productions, afin de voir des parties dans la nature de Dieu, et de diviser Dieu le Père autant qu'il est en eux, tandis qu'il y a non-seulement une extrême impiété, mais encore une profonde folie, à avoir même le plus léger soupçon qu'il peut en être ainsi dans une substance incorporelle, et qu'il n'est pas du tout conforme aux lois de l'intelligence de concevoir la possibilité de divisions substantielles dans une nature incorporelle. C'est donc plutôt de la manière que la volonté procède de l'âme sans y faire aucune partie et sans en être ni séparée ni divisée, qu'on doit penser que le Père a engendré le Fils, c'est-à-dire son image, en sorte que de même qu'il est invisible dans sa nature, ainsi il a engendré une image invisible ; car le Fils c'est le Verbe, voilà pourquoi on ne doit rien comprendre de sensible en lui. Il est aussi la sagesse, et, dans la sagesse, on ne doit pas non plus rien soupçonner de corporel. « Il est la vraie lumière qui éclaire tout homme venant en ce monde ; » (*Jean*, I, 9) mais qui n'a rien de commun avec la lumière du

diximus, subsistentiam habentem non alibi nisi in eo qui est initium omnium, ex quo nata est. Quæ sapientia, quia ipse est qui est solus natura filius, idcirco et unigenitus dicitur.

CAPUT XI. — *Verbum imago Patris*. — Videamus sane quid intelligi debeat etiam de hoc, quod imago invisibilis Dei dicitur, ut per hoc advertamus quomodo Deus recte Pater dicitur Filii sui. Et consideremus primo ex iis quæ consuetudine hominum imagines appellari solent. Imago interdum dicitur ea quæ in materia aliqua, id est, ligni vel lapidis depingi vel sculpi solet. Interdum imago dicitur ejus qui genuit is qui natus est, cum (*a*) in illo similitudinem lineamenta ejus qui genuit in eo qui natus est mentiuntur. Puto ergo posse priori quidem exemplo aptari eum qui ad imaginem et similitudinem Dei primus factus est hominum, de quo diligentius, Deo favente, cum locum ipsum in Genesi exponere cœperimus, videbimus. Secundæ vero comparationi imago Filii Dei, de quo nunc sermo est, comparari potest, etiam secundum hoc quod invisibilis Dei invisibilis imago est. Sicut secundum historiam dicimus imaginem Adæ esse filium ejus Seth. (*Gen.*, v, 3.) Ita enim scriptum est : « Et genuit Adam Seth secundum imaginem suam, et secundum speciem suam. » (*Joan.*, v, 19.) Quæ imago etiam naturæ ac substantiæ Patris ac Filii continet unitatem. Si enim omnia quæ fecit Pater, hæc et Filius similiter facit; in eo quod ita fecit omnia Filius sicut Pater, imago Patris deformatur in Filio, qui utique natus ex eo est velut quædam voluntas (*b*) ex mente procedens. Et ideo ego arbitor, quod sufficere debeat voluntas Patris ad subsistendum hoc quod vult Pater. Volens enim non alia via utitur, nisi quæ consilio voluntatis profertur. Ita ergo et Filii ab eo subsistentia generatur, quod necesse est in primis suscipi ab his qui nihil ingenitum, id est, innatum præter solum Deum fatentur Patrem. Observandum namque est, ne quis incurrat in illas absurdas fabulas eorum qui prolationes quasdam sibi ipsis depingunt, ut divinam naturam in partes vocent, et Deum Patrem, quantum in se est, dividant : cum hoc de incorporea natura vel leviter suspicari non solum extremæ impietatis sit, verum etiam ultimæ insipientiæ, nec omnino vel intelligentiam consequens, ut incorporeæ naturæ substantialis divisio possit intelligi. Magis ergo sicut voluntas procedit ex mente, et neque partem mentis aliquam secat, neque ab ea separatur vel dividitur, tali quidem specie putandus est Pater Filium genuisse, imaginem scilicet suam : ut sicut ipse invisibilis est per naturam, ita imaginem quoque invisibile » genuerit. Verbum enim est Filius, et ideo nihil in eo sensibile intelligendum est. Sapientia est, et in sapientia nihil corporeum suspicandum est. « Lumen est verum, quod illuminat omnem hominem venientem in hunc mundum : » (*Joan.*, I, 9) sed nihil

(*a*) Mss. *nulla similitudinum*. Orig. *in nullo*. — (*b*) Mss. addunt *ejus*.

soleil qui nous éclaire (1). Notre Sauveur est donc l'image invisible de Dieu le Père. Par rapport au Père lui-même, il est la vérité, par rapport à nous à qui il révèle le Père, il est l'image par laquelle nous connaissons le Père, « que personne ne connaît si ce n'est le Fils et ceux à qui le Fils a bien voulu le révéler. » (*Matth.*, xi, 27.) Or, il le révèle par ce fait qu'étant en lui-même compris, il s'ensuit que le Père l'est également selon ce qu'il a dit lui-même : « Celui qui m'a vu a vu aussi le Père. » (*Jean*, xiv, 9.)

CHAPITRE XII. — *Le Christ est la figure de la substance du Père.* — Mais comme nous avons cité le discours où saint Paul dit, en parlant du Christ, « qu'il est la splendeur de la gloire du Père et la figure exprimée de sa substance, » (*Hébr.*, i, 3) voyons ce qu'il faut entendre par là. « Dieu est lumière, » (I *Jean*, i, 5) selon le mot de saint Jean. Le Fils unique est donc l'éclat de la lumière, procédant de lui sans se séparer de lui, comme l'éclat procède de la lumière, et éclairant toute créature. C'est en effet en ce sens que nous avons dit plus haut comment il est la vie et la voie qui conduit au Père, et comment il est le Verbe, interprétant les secrets de la sagesse et les mystères de la science, et les exposant aux créatures raisonnables, de même qu'il est aussi la vérité, ou la vie, ou la résurrection. Conséquemment, nous devons entendre qu'il est aussi l'œuvre de l'éclat. En effet, c'est par l'éclat que nous savons et sentons ce que c'est que la lumière. Cet éclat en se présentant aux faibles yeux des mortels plus doux et plus calme, et nous apprenant, nous habituant peu à peu à supporter la clarté de la lumière, quand il aura fait disparaître de devant nos regards ce qui nuit à la vue et nous empêche de voir, selon ce mot du Seigneur : « Retirez la poutre de votre œil, » (*Matth.*, vii, 3) rend nos yeux capables de percevoir l'éclat de la lumière, et devient ainsi, en une certaine façon, le médiateur des hommes et de la lumière. Mais comme il n'est pas seulement appelé l'éclat de la gloire par l'Apôtre, mais encore « la figure exprimée de sa substance » ou « de sa subsistance, » il ne me semble pas oiseux pour l'intelligence de voir en quel sens il est dit que cette autre figure est la figure de sa substance, indépendamment de la substance ou de la subsistance même de Dieu, quoi que ce soit qu'il appelle ainsi substance ou subsistance. Prenez garde si, par hasard, il ne serait point dit du Fils Dieu qui est appelé aussi le Verbe et la Sagesse de Dieu, et qui seul connaît le Père et le révèle à ceux qu'il lui plaît, c'est-à-dire à ceux qui ont été capables de sa parole et de sa sagesse, qu'il est la figure de sa substance ou de sa subsistance, en ce sens qu'il fait comprendre et connaître Dieu ; c'est-à-dire en tant que la sagesse commence par décrire en elle-même ce qu'elle veut révéler aux autres et qui leur permet de connaître et de comprendre Dieu. Peut-être est-ce là ce qui est appelé la figure exprimée de la substance de Dieu. Mais pour comprendre plus pleinement encore comment le Sauveur est la figure de la substance ou de la subsistance de Dieu, prenons un exemple qui, bien que ne rendant pas pleinement et proprement la chose dont nous parlons, du moins nous paraisse choisi à

---

(1) Ce passage a été traduit autrement par saint Jérôme dans sa lettre LIX, à Avitus, ch. i, et par saint Augustin dans son traité XLII, *Sur les hérésies.*

habet commune ad solis hujus lumen. Imago ergo est invisibilis Dei Patris Salvator noster : quantum ad ipsum quidem Patrem veritas, quantum autem ad nos quibus revelat Patrem, imago est per quam cognoscimus Patrem, « quem nemo alius novit nisi Filius, et cui voluerit Filius revelare. » (*Matth.*, xi, 27.) Revelat autem per hoc quod ipse intelligitur. A quo enim ipse fuerit intellectus, consequenter intelligitur et Pater, secundum hoc quod ipse dixit : « Qui vidit me, vidit et Patrem. »

CAPUT XII. — *Christus figura substantiæ paternæ.* — Sed quoniam sermonem Pauli inseruimus de Christo dicentis, iu eo quod ait : « quia splendor est gloriæ Dei, et figura expressa substantiæ ejus : » (*Hebr.*, i, 3) quid de hoc sentiendum sit, videamus. « Deus lux est, » secundum Joannem. Splendor ergo lucis est unigenitus Filius (I *Joan.*, i, 5), ex ipso inseparabiliter, velut splendor ex luce procedens, et illuminans universam creaturam. Secundum hoc namque superius exposuimus, quomodo via sit et ducat ad Patrem : et quomodo Verbum sit, arcana sapientiæ et scientiæ mysteria interpretans, ac proferens rationabili creaturæ : quomodo etiam veritas, vel vita est, vel (*a*) resurrectio est. Consequenter intelligere debemus etiam splendoris opus. Per splendorem namque quid sit lux ipsa cognoscitur et sentitur. Qui splendor fragilibus se et infirmis mortalium oculis placidius ac lenius offerens, et paulatim velut docens et assuescens claritatem luminis pati, cum ab eis dimoverit omne quod visum obducit et impedit, secundum quod dixit Dominus : « Ejice trabem de oculo tuo, » (*Matth.*, vii, 3) capaces eos efficit ad suscipiendam gloriam lucis, etiam in hoc velut quidam mediator hominum ac lucis effectus. Verum quoniam non solum splendor gloriæ esse dicitur ab Apostolo, sed et « figura expressa substantiæ vel subsistentiæ ejus ; » (*Hebr.*, i, 3) non mihi videtur otiosi esse intellectus, advertere quomodo alia præter ipsam Dei substantiam vel subsistentiam, quæcumque illa substantia vel subsistentia dicitur, figura substantiæ ejus esse dicatur. Et vide ne forte quoniam Filius Dei, qui et Verbum ejus et Sapientia dicitur, qui et solus novit Patrem, et revelat quibus vult (*Matth.*, xi, 27) : id est, qui capaces verbi ipsius et sapientiæ atque fuerint, secundum hoc ipsum quod intelligi atque cognosci Deum facit, figuram substantiæ vel subsistentiæ ejus dicatur exprimere : id est, cum in semetipsa primum describit Sapientia quæ revelare vult cæteris, ex quibus ab illis cognoscitur et intelligitur Deus : et hæc dicatur figura expressa substantiæ Dei. Ut autem plenius adhuc intelligatur quomodo Salvator figura est substantiæ vel subsistentiæ Dei, utamur etiam exemplo, quod quamvis rem non plene nec proprie significet de qua agimus, tamen

---

(*a*) Mss. *oratio*, f. pro *ratio*.

cette fin de nous faire comprendre comment le Fils de Dieu, qui était en la forme de Dieu, en s'anéantissant lui-même a voulu, par son propre anéantissement même, nous montrer la plénitude de sa divinité. (*Philip.*, II, 6.) Par exemple, si on avait fait une statue qui, par sa grandeur, remplît la terre entière et ne pût être vue par personne à cause de sa grandeur, et qu'on fit une autre statue qui, sauf la grandeur, fût absolument semblable en tout à la première, sous le rapport de la disposition des membres, des traits du visage, de l'aspect et de la matière, à cette fin, que ceux qui ne pourraient embrasser d'un regard la grande statue dans son immensité, en voyant celle-ci, comprissent qu'ils ont vu la première, en ce sens que la seconde reproduirait tout, c'est-à-dire les signes des membres, les traits du visage, l'aspect même et la matière de la première avec une ressemblance parfaite ; c'est pour une ressemblance analogue que le Fils de Dieu, se rapetissant de son égalité avec le Père et nous donnant le moyen d'arriver à sa connaissance, est devenu la figure exprimée de sa substance, en sorte que nous qui ne pourrions point considérer la gloire de la pure lumière dans la grandeur de son éclat, par le fait qu'il s'est rendu splendeur pour nous, nous avons pu prendre le moyen d'arriver à contempler la lumière divine, par l'aspect de sa splendeur. Que cette comparaison de statues à laquelle j'ai eu recours, comme s'il s'agissait de choses corporelles, ne soit point étendue à autre chose qu'à ce qui nous fait comprendre que le Fils de Dieu, enfermé dans les étroites limites de la forme d'un corps d'homme, désignait par la similitude des œuvres et de la vertu, la grandeur immense et invisible de Dieu le Père,

alors qu'il disait à ses disciples : « Quiconque m'a vu a vu le Père, » (*Jean*, XIV, 9) et ailleurs : « Mon Père et moi ne faisons qu'une seule et même chose. » (*Jean*, X, 30.) C'est dans ce même sens qu'il faut entendre encore ces expressions : « Mon Père est en moi et moi je suis en lui. » (*Jean*, XIV, 10.)

CHAPITRE XIII. — *Le Fils est la vapeur de la vertu de Dieu.* — Voyons maintenant en quel sens il faut entendre ce que nous lisons dans le livre de la Sagesse de Salomon qui s'exprime ainsi au sujet de la sagesse : « C'est une vapeur de la vertu de Dieu, » et l'Ἀπόρροια, c'est-à-dire, « une très-pure émanation de la gloire du Tout-Puissant, la splendeur de la lumière éternelle et le miroir sans tache de l'opération intérieure de Dieu et l'image de sa bonté. » (*Sag.*, VII, 25.) En définissant ces cinq choses sur Dieu, il indique qu'il y a dans la sagesse de Dieu certaines choses de chacune d'elles. Il parle de la vertu de Dieu, de sa gloire, de la lumière éternelle, de l'opération intérieure et de la bonté. Il dit que la sagesse est une vapeur non point de la gloire du Tout-Puissant, ni de l'éternelle lumière, ni de l'opération intérieure du Père, ni de sa bonté, attendu qu'il ne convenait pas d'appliquer à ces choses le nom de vapeur ; mais il dit avec une entière propriété de termes, que la sagesse est une vapeur de la vertu de Dieu. Par vertu de Dieu, il faut entendre cette vertu par laquelle il est plein de force, il crée, contient et gouverne toutes les choses visibles et invisibles, attendu qu'elle suffit à tout ce dont il est la Providence, parce qu'elle est en quelque sorte unie à tout et présente en tout. C'est donc la vapeur de cette vertu tout entière, si grande et si immense, et si je puis parler ainsi, la vapeur même faite dans sa

---

ad hoc solum videatur assumptum, quod exinaniens se Filius qui erat in forma Dei (*Philip.*, II, 6), per ipsam sui exinanitionem studuit nobis divinitatis plenitudinem demonstrare. Verbi gratia : Si facta esset aliqua statua talis quæ magnitudine sui universum orbem terræ teneret, et pro sui immensitate considerari a nullo posset, fieret autem alia statua membrorum habitu ac vultus lineamentis, specie ac materia per omnia similis absque magnitudinis immensitate, pro eo ut qui illam immensam considerare atque intueri non possent, hanc videntes illam se vidisse considerent, pro eo quod omnia, id est membrorum vel vultus lineamenta, vel ipsam speciem materiamque similitudine prorsus indiscreta servaret. Tali quadam similitudine exinaniens se Filius Dei de æqualitate Patris, et viam nobis cognitionis ejus ostendens figura expressa substantiæ ejus efficitur : ut qui in magnitudine (*a*) claritatis suæ positam gloriam meræ lucis non poteramus aspicere, per hoc quod splendor nobis efficitur, intuendæ divinæ lucis viam, per splendoris capiamus aspectum. Comparatio sane de statuis quasi in rebus (*b*) corporalibus posita, ad nihil aliud recipiatur quam ad hoc, quod Filius Dei brevissime insertus humani corporis formæ, ex operum virtutisque similitudine, Dei Patris in se immensam atque invisibilem magnitudinem designabat, per hoc quod dicebat ad discipulos suos, quia « Qui vidit me, vidit et Patrem. » (*Joan.*, XIV, 9.) Et : « Ego et Pater unum sumus. » (*Joan.*, X, 30.) Quibus et illud simile intelligendum est quod ait, quia « Pater in me, et ego in eo. » (*Joan.*, XIV, 10.)

CAPUT XIII. — *Filius vapor virtutis divinæ.* — Videamus nunc etiam illud qualiter sentiendum est, quod in Sapientia Salomonis scriptum legimus, qui ita ait de Sapientia, quia « Vapor est quidam virtutis Dei, et ἀπόρροια, id est, emanatio omnipotentis gloriæ purissima, et splendor lucis æternæ, et speculum immaculatum inoperationis sive virtutis Dei, et imago bonitatis ejus. » (*Sap.*, VII, 25.) Quinque igitur hæc de Deo definiens, ex singulis quibusque certa quædam inesse sapientiæ Dei designat. Virtutem namque Dei nominat, et gloriam, et lucem æternam, et inoperationem, et bonitatem. Ait autem sapientiam vaporem esse, non gloriæ omnipotentis, neque æternæ lucis, nec inoperationis Patris, nec bonitatis ejus ; neque enim conveniens erat alicui horum ascribi vaporem : sed cum omni proprietate ait virtutis Dei vaporem esse sapientiam. Intelligenda est ergo virtus Dei, qua viget, qua omnia visibilia et invisibilia vel instituit, vel continet, vel gubernat ; quia ad omnia sufficiens est quorum providentiam gerit, (*c*) quia velut unita omnibus adest. Hujus ergo totius virtutis tantæ et tam immensæ vapor, et, ut ita dixerim, vigor ipse in propria subsis-

---

(*a*) Mss. *divinitatis suæ.* — (*b*) Mss. *materiolibus.* — (*c*) Mss. *quibus.*

propre subsistance, bien qu'elle procède de la vertu même comme la volonté procède de l'âme; cependant la volonté même de Dieu est néanmoins faite vertu de Dieu. C'est donc une autre vertu subsistant proprement par elle-même qui est faite, comme dit l'Écriture, une vapeur de la vertu première et inengendrée de Dieu et tirant de là tout ce qu'elle est. Mais il n'y a point de temps où elle n'ait point été; car si on veut dire qu'elle n'a point existé précédemment et que ce n'est que plus tard qu'elle est venue à l'existence, on devra dire le motif pour lequel le Père qui la fait subsister ne l'a point fait subsister précédemment. S'il lui a donné un commencement auquel cette vapeur est sortie de la vertu de Dieu, nous demanderons de nouveau pourquoi ce commencement n'est point venu avant celui qu'on indique? Et remontant ainsi de question en question aux commencements précédents, nous arriverons à comprendre que Dieu pouvant et voulant toujours, il n'a jamais été convenable et jamais il n'a pu exister un motif qu'il n'eût pas toujours ce qu'il voulait de bien. Par là on montre que cette vapeur de la vertu de Dieu a toujours existé, et qu'elle n'a d'autre commencement que Dieu même, attendu qu'il ne convenait point qu'elle eût un autre commencement que le Dieu même dont elle naît. Mais suivant le mot de l'Apôtre qui dit que « le Christ est la vertu de Dieu, » (I Cor., I, 24) on ne doit plus dire la vapeur de la vertu de Dieu, mais la vertu de vertu. Mais qu'il ne semble pas à quelqu'un que l'appellation de tout-puissant soit antérieure en Dieu à la naissance de la sagesse, par laquelle il est appelé Père; car la très-pure sagesse qui est appelée l'aporrhéa de la gloire du Tout-Puissant,

n'est autre que le Fils de Dieu. Que celui qui veut en douter écoute ce que l'Écriture divine dit en termes manifestes : « Vous avez tout fait, Seigneur, dans la sagesse, » (Ps. CIII, 24) et ce que l'Évangile nous enseigne, « que tout a été fait par lui et que rien n'a été fait sans lui, » (Jean, I, 3) et il comprendra par là, que le nom de tout-puissant ne saurait être antérieur en Dieu à celui de Père. C'est aussi par le Fils que le Père est tout-puissant; mais parce qu'il est dit que c'est de la gloire du Tout-Puissant que la sagesse est une émanation, il est donné à comprendre par là, que la sagesse qui fait que Dieu est appelé tout-puissant est en société avec la gloire du Tout-Puissant. C'est par la sagesse qui n'est autre que le Christ que Dieu tient la domination de toutes choses, non-seulement par l'autorité qui domine, mais encore par le service volontaire des sujets. Mais afin que vous sachiez bien que la toute-puissance du Père et celle du Fils ne font qu'une seule et même toute-puissance, de même qu'il ne fait avec le Père qu'un seul et même Dieu et Seigneur, écoutez encore comment saint Jean s'exprime dans l'Apocalypse : « Voilà ce que dit le Seigneur Dieu, qui est, qui était et qui doit venir, le tout-puissant. » (Apoc., I, 8.) Celui qui doit venir quel est-il sinon le Christ? Et de même que personne ne doit s'offusquer en entendant dire que pendant que le Père est Dieu, le Sauveur est également Dieu, de même quand on dit que le Père est tout-puissant, nul ne doit être choqué d'entendre dire que le Fils de Dieu aussi est tout-puissant. En effet, c'est de cette manière que se trouvera vrai ce qu'il dit lui-même à son Père : « Tout ce qui est à vous est à moi, et tout ce qui est à moi est à vous, et je suis

tentia effectus, quamvis ex ipsa virtute velut voluntas ex mente procedat; tamen et ipsa voluntas Dei nihilo minus Dei virtus efficitur. Efficitur ergo virtus altera in sua proprietate subsistens, ut ait sermo Scripturæ, vapor quidam primæ et ingenitæ virtutis Dei : hoc quidem quod est, inde trahens. Non est autem quando non fuerit. Si enim quis dicere voluerit quasi prius non exstiterit, sed postea ad subsistentiam venerit : dicat causam quare, qui eam subsistere fecit Pater, hoc ante non fecerit. Quod si aliquod initium semel dederit, quo initio vapor iste ex virtute Dei processerit; iterum interrogabimus, quare non et ante illud quod dixit initium? Et ita semper de anterioribus inquirentes, et verbo interrogationis ascendentes, perveniemus in illum intellectum, ut quoniam et poterat Deus semper et volebat, nunquam vel decuerit, vel causa aliqua exsistere potuerit, ut non hoc quod bonum volebat semper habuerit. Ex quo ostenditur semper fuisse vaporem istum virtutis Dei, nullum habentem initium nisi ipsum Deum. Non enim decebat aliud esse initium, nisi ipsum unde est et nascitur, Deum. Secundum Apostolum vero dicentem, quia « Christus Dei virtus est : » (I Cor., I, 24) jam non solum vapor virtutis Dei, sed virtus ex virtute dicenda est. Ne autem videatur alicui anterior esse in Deo omnipotentis appellatio nativitate sapientiæ, per quam Pater vocatur, quoniam dicta est aporrhæa omnipotentis gloriæ purissima esse sapientia,

qui est Filius Dei : audiat qui hæc ita vult suspicari, quod manifeste pronuntiat Scriptura divina, dicens, quia « Omnia in sapientia fecisti. » (Psal. CIII, 24.) Et Evangelium docet, quia « Omnia per ipsum facta sunt, et sine ipso factum est nihil. » (Joan., I, 3.) Et intelliget ex hoc, quia non potest antiquior esse in Deo appellatio omnipotentis quam Patris. Per Filium etenim omnipotens est Pater. Sed quoniam gloriam dixit esse omnipotentis, cujus gloriæ aporrhæa est sapientia, hoc intelligi datur, quod etiam in omnipotentiæ gloria societatem habeat sapientia, per quam Deus omnipotens dicitur. Per sapientiam quæ est Christus, tenet Deus omnium potentatum, non solum dominantis auctoritate, verum etiam subjectorum spontaneo famulatu. Ut autem unam eamdemque omnipotentiam Patris ac Filii esse cognoscas, sicut unus atque idem est cum Patre Deus et Dominus; audi hoc modo Joannem in Apocalypsi dicentem : « Hæc dicit Dominus Deus, qui est, qui erat, et qui venturus est omnipotens. » (Apoc., I, 8.) Qui enim venturus est, quis est alius nisi Christus? Et sicut nemo debet offendi cum Deus sit Pater, quod etiam Salvator Deus est : ita et cum omnipotens dicitur Pater, nullus debet offendi quod etiam Filius Dei omnipotens dicitur. Hoc namque modo verum erit illud quod ipse dicit ad Patrem, quia « Omnia mea tua sunt, et tua mea, et glorificatus sum in eis. » (Joan., XVII, 10.) Si ergo omnia quæ Patris sunt Christi

glorifié en cela. » (*Jean*, XVII, 10.) Si donc tout ce qu'est le Père, le Christ l'est aussi, entre autres choses qu'est le Père, il est tout-puissant, il est hors de doute que le Fils unique de Dieu doit également être tout-puissant pour que le Fils ait tout ce qu'a le Père. « Et, continue-t-il, j'ai été glorifié en cela. En effet, au nom de Jésus tout genou fléchit dans le ciel, sur la terre et dans les enfers, et toute langue confessera que le Seigneur Jésus est dans la gloire de Dieu le Père. » (*Philipp.*, II, 10.) Par conséquent, l'émanation de la gloire de Dieu en tant qu'il est tout-puissant, c'est l'émanation de la toute-puissance et de la gloire de Dieu qui est glorifiée comme étant sa pure et limpide sagesse. Mais pour mieux faire comprendre encore ce que c'est que la gloire de la toute-puissance, nous ajoutons encore ceci : Dieu le Père est tout-puissant par cela même qu'il tient toutes choses en son pouvoir, c'est-à-dire, le ciel, la terre, la mer et tout ce qu'ils renferment. Or, il exerce sa puissance sur toutes ces choses par son Verbe, attendu que tout genou, au nom de Jésus, fléchit dans le ciel, sur la terre et dans les enfers. Si tout genou fléchit au nom de Jésus, il est hors de doute qu'il est tout-puissant et que tout lui est soumis, et que c'est lui qui exerce l'empire sur toutes choses et par lui que tout est soumis au Père; car c'est par le moyen de la sagesse, c'est-à-dire, par le Verbe et la raison, non par la force et la nécessité, que tout lui est soumis. Voilà pourquoi c'est en tant qu'il obtient tout qu'il est sa propre gloire, et telle est la très-pure et très-limpide gloire de la toute-puissance que tout lui soit soumis avec raison et sagesse, non par la force et la nécessité.

(1) Il y a encore quelques lignes d'Origène de passées en cet endroit.

CHAPITRE XIV. — *Gloire, splendeur et* Ἐνέργεια. — Il était assez convenable qu'on l'appelât la très-pure et très-limpide gloire de la sagesse, pour la distinguer de la gloire qui n'est ni pure ni limpide. Toute créature convertible et muable, quand bien même elle serait glorifiée dans les œuvres de justice ou de sagesse, par cela même qu'elle n'a qu'une justice et une sagesse accidentelles, et que ce qui est accidentel peut cesser d'être, ne peut être présentée comme ayant une gloire pure et limpide. Quant à la sagesse de Dieu qui est le Fils unique, comme elle est en tout point inconvertible et immuable, et que tout bien en lui est substantiel et ne saurait ni être converti en un autre ni changer, on dit en conséquence que sa gloire est pure et limpide (1). Mais on appelle proprement éternel et sempiternel ce qui n'a point eu de commencement et ne peut jamais cesser d'être ce qu'il est. C'est ce qui est indiqué en saint Jean, là où il dit : « Dieu est la lumière. » (I *Jean*, I, 5.) La splendeur de cette lumière est sa sagesse, non pas seulement en ce sens que la lumière est sempiternelle, mais en ce sens que sa sagesse est en même temps la splendeur éternelle de son éternité. Si on comprend bien ce langage, il signifie manifestement que la substance du Fils descend du Père lui-même, mais non dans le temps, ni à partir d'un certain commencement, si ce n'est comme je l'ai dit, d'un commencement qui est Dieu même. On dit aussi que la sagesse est le miroir sans tache de l'opération intérieure de Dieu le Père; il faut donc commencer par comprendre ce que c'est que l'opération intérieure de la vertu de Dieu. C'est une certaine vigueur, si je puis parler ainsi, par laquelle le Père agit à

sunt, inter omnia vero quæ est Pater, est etiam omnipotens, sine dubio etiam unigenitus Dei Filius esse debet omnipotens, ut omnia quæ habet Pater, etiam Filius habeat. « Et glorificatus sum, inquit, in eis : In nomine enim Jesu omne genu flectetur, cœlestium, terrestrium, et infernorum, et omnis lingua confitebitur, quia Dominus Jesus in gloria est Dei Patris. » (*Philip.*, II, 10.) Igitur aporrhæa gloriæ Dei, secundum hoc quod omnipotens est, pura ac limpida ipsa sapientia est Dei glorificata tanquam aporrhæa omnipotentiæ vel gloriæ. Ut autem manifestius intelligatur quæ sit gloria omnipotentiæ, etiam hæc addimus. Deus Pater omnipotens est, eo quod potentatum omnium teneat id est, cœli et terræ, maris et omnium quæ in eis sunt. Horum autem potentatum gerit per Verbum suum : quoniam in nomine Jesu omne genu flectitur, cœlestium, terrestrium, et infernorum. Si omne genu flectitur Jesu, sine dubio Jesus est (*a*) omnipotens, cui subjecta sunt omnia : et ipse est qui potentatum agit in omnibus, et per quem subjecta Patri sunt omnia. Per sapientiam namque, id est, verbo et ratione, non vi et necessitate subjecta sunt. Et ideo in eo ipso quod obtinet omnia, gloria sua est : et hæc est omnipotentiæ purissima ac limpidissima gloria, cum ratione ac sapientia, non vi aut necessitate, cuncta subjecta sunt.

(*a*) Mss. omitt. *Omnipotens*. — (*b*) Mss. *virtutis inoperationis*.

CAPUT XIV. — *Gloria et splendor et* ἐνέργεια. — Purissima vero ac limpidissima gloria sapientiæ satis convenienter dictum est, ad distinctionem ejus gloriæ quæ non pura nec sincera gloria dicitur. Omnis enim natura quæ convertibilis et commutabilis est, etiamsi glorificetur in operibus justitiæ vel sapientiæ, per hoc ipsum quod accidentem habet justitiam vel sapientiam, et quod accidit etiam discedere potest, gloria ejus sincera ac limpida dici non potest. Sapientia vero Dei, quæ est unigenitus Filius, quoniam in omnibus inconvertibilis est et incommutabilis, et substantiale in eo omne bonum est, quod utique mutari ac converti nunquam potest, idcirco pura ejus ac sincera gloria ejus prædicatur. Sempiternum vel æternum proprie dicitur quod neque initium ut esse habuit, nec cessare unquam potest esse quod est. Hoc autem designatur apud Joannem cum dicit, quia « Deus lux est. » Splendor autem lucis ejus, sapientia sua est, non solum secundum id quod sempiterna lux est, ita ut æternus et æternitatis splendor sit sapientia sua. Quod si integre intelligatur, manifeste declarat, quia substantia Filii ab ipso Patre descendit, sed non temporaliter, neque ab ullo alio initio, nisi, ut diximus, ab ipso Deo. Sed et speculum immaculatum (*b*) paternæ inoperationis Dei esse sapientia nominatur. Ergo inoperatio virtutis Dei quæ sit, prius intelligenda est, quæ est vigor quidam, ut ita

l'intérieur, soit lorsqu'il crée, soit lorsqu'il pourvoit, soit lorsqu'il juge, soit enfin lorsqu'il dispose et disperse chaque chose en son temps. Car de même que tous les mouvements et les actes que fait quiconque regarde un miroir se reproduisent acte pour acte, mouvement pour mouvement, dans l'image que reflète le miroir, sans incliner plus dans un sens que dans un autre, ainsi la sagesse veut-elle être entendue, quand elle est appelée le miroir sans tache de la vertu d'opération intérieure de Dieu. C'est ce que le Seigneur Jésus-Christ qui est la sagesse de Dieu dit en parlant de lui-même, que « toutes les œuvres que fait le Père, le Fils les fait également, » (*Jean*, v, 19) et dans un autre endroit : « Le Fils ne peut faire de lui-même que ce qu'il voit faire au Père. » (*Ibid.*) Le Fils ne différant donc en rien du Père et n'étant en rien autre que ce qu'il est lui-même par la vertu des opérations, et l'opération du Fils n'étant point autre que celle du Père, mais le mouvement étant un et identique dans les deux, si je puis parler ainsi, on l'a donc appelé miroir sans tache, afin de faire comprendre par là, qu'il n'y a aucune différence entre le Fils et le Père, attendu que l'Evangile ne dit point que le Fils fait des choses semblables à celles que fait le Père, mais fait les mêmes choses de la même manière que le Père.

CHAPITRE XV. — *Le Fils image de la bonté de Dieu.* — Il nous reste à voir ce qu'il faut entendre par ces mots : il est l'image de la bonté de Dieu. Or, par là, on doit comprendre, je pense, la même chose que ce que j'ai dit plus haut de l'image qui est formée dans le miroir. En effet, la bonté principale, dont le Fils qui est appelé l'image du Père en toutes choses, est né, on ne peut en douter, est le Père, car il n'y a point dans le Fils une seconde bonté après celle qui est dans le Père. Aussi est-ce avec raison que le Sauveur lui-même dit dans l'Evangile : « Nul n'est bon si ce n'est Dieu, » (*Marc*, x) paroles qui donnent à entendre que le Fils n'est point d'une autre bonté mais de la bonté qui est dans le Père. Il est appelé avec raison l'image, parce qu'il ne vient point d'ailleurs que de cette bonté principale, et que la bonté qui est dans le Père n'est point une autre bonté que celle qui se voit dans le Fils et qu'il n'y a ni différence ni distance de bonté dans le Fils par rapport au Père. Voilà pourquoi on ne doit point voir une sorte de blasphème dans ce qui a été dit, que « nul n'est bon si ce n'est Dieu, » en ce sens que soit le Fils, soit le Saint-Esprit ne seraient point bons, mais comme je l'ai dit plus haut, on doit tenir que la bonté principale est dans Dieu le Père, de qui le Fils n'est pas né et le Saint-Esprit ne procède point sans avoir en soi, on ne saurait en douter, la nature de la bonté qui se trouve dans la source dont est né le Fils et d'où procède le Saint-Esprit. S'il est question, après cela, de quelques autres biens dans les saintes Ecritures, tels que l'ange, l'homme, un serviteur, un trésor, le cœur des hommes, si même un arbre est appelé bon, c'est par un abus que le nom de biens est donné à ces êtres, qui n'ont qu'une bonté accidentelle non point substantielle.

CHAPITRE XVI. — *Dignité de l'Esprit saint.* — Il faudrait bien du temps et de la peine pour recueillir toutes les appellations du Fils de Dieu ; pour dire, par exemple, comment il est la vraie lumière, la porte, la justice, la justification, la rédemption, et une mul-

---

dixerim, per quem inoperatur Pater, vel cum creat, vel cum providet, vel cum judicat, vel cum singula quæque in tempore suo disponit atque dispensat. Sicut enim in speculo omnibus motibus atque omnibus actibus, quibus is qui speculum intuetur movetur vel agit, iisdem ipsis etiam ea imago quæ per speculum deformatur actibus vel motibus commovetur, vel agit, in nullo prorsus declinans ; ita enim sapientia de se vult intelligi, cum speculum immaculatum paternæ virtutis inoperationis Dei nominatur : sicut et Dominus Jesus Christus, qui sapientia Dei est, de semetipso pronuntiat, dicens, quia « Opera quæ facit Pater, hæc etiam et Filius facit similiter. » (*Joan.*, v, 19.) Et iterum dicit, quoniam « Non potest Filius a semetipso facere quidquam, nisi quod viderit Patrem facientem. » (*Ibid.*) Quoniam ergo in nullo prorsus Filius a Patre virtute operum immutatur ac differt, nec aliud est opus Filii quam Patris, sed unus atque idem, ut ita dicam, etiam motus in omnibus est : idcirco cum speculum immaculatum nominavit ; ut per hoc nulla dissimilitudo Filii intelligatur a Patre, cum in Evangelio Filius non dicatur similia facere, sed eadem similiter facere.

CAPUT XV. — *Filius imago bonitatis divinæ.* — Superest, quid sit imago bonitatis ejus inquirere : in quo eadem, ut opinor, intelligi convenit, quæ superius de imagine ea quæ per speculum formatur expressimus. Principalis namque bonitas sine dubio Pater est, ex qua Filius natus, qui per omnia imago dicitur. Non enim alia aliqua secunda bonitas exsistit in Filio, præter eam quæ est in Patre. Unde et recte ipse Salvator in Evangelio dicit, quia « Nemo bonus, nisi unus Deus. » (*Marc.*, x.) Quo scilicet per hoc intelligatur Filius non esse alterius bonitatis, sed illius solius quæ in Patre est : cujus recte imago appellatur ; quia neque aliunde est nisi ex ipsa principali bonitate, nec altera bonitas quam ea quæ in Patre est, videtur in Filio ; neque aliqua dissimilitudo aut distantia bonitatis in Filio est. Propter quod non debet velut blasphemiæ aliquod genus putari in eo quod dictum est, quia « Nemo bonus nisi unus Deus : » ut propterea putetur, vel Christus vel Spiritus sanctus negari quod bonus sit : sed, ut superius diximus, principalis bonitas in Deo Patre sentienda est, ex quo vel Filius natus, vel Spiritus sanctus procedens, sine dubio bonitatis naturam in se fert, quæ in eo fonte de quo vel natus est Filius, vel procedens est Spiritus sanctus. Jam vero si qua alia bona in Scripturis dicuntur, vel angelus, vel homo, vel servus, vel thesaurus, vel cor hominum, vel arbor bona : hæc omnia abusive dicuntur, accidentem, non substantialem in se continentia bonitatem.

CAPUT XVI. — *Spiritus sancti dignitas.* — Multum autem est, et alterius vel operis vel temporis, congregare omnes Filii Dei appellationes : verbi causa, quomodo vel lumen verum est, vel ostium, vel justitia, vel sanctificatio, vel redemptio, et alia innumerata ; et quibus ex

titude innombrable d'autres choses pareilles, et pour expliquer pour quelles causes et pour quelles vertus, ou par suite de quels effets, chacun de ces noms lui a été donné ; aussi satisfaits de ce que nous avons dit plus haut, recherchons à présent le reste. Voyons donc maintenant le plus rapidement possible ce qui concerne le Saint-Esprit. Et d'abord quiconque est d'accord de quelque manière que ce soit pour reconnaître qu'il y a une Providence, proclame que le Dieu qui a créé et disposé toutes choses est inengendré, et comprend qu'il est le Père de l'univers. Qu'il ait un Fils, nous ne sommes point les seuls à le proclamer, bien que cela paraisse assez extraordinaire et incroyable à tous les hommes qui chez les Grecs et les barbares semblent mériter le nom de philosophes. Cependant plusieurs d'entre eux semblent avoir eu un sentiment de l'existence de ce Fils, quand ils prétendent que tout a été créé par un mot, c'est-à-dire par une raison de Dieu. Quant à nous, suivant la foi de l'enseignement que nous tenons pour divinement inspiré, nous ne pensons point qu'il soit au pouvoir de personne d'avancer une raison plus haute et plus divine, au sujet du Fils de Dieu, et de la faire entrer dans la connaissance des hommes, si ce n'est celle qui nous vient de l'Ecriture, seule inspirée par le Saint-Esprit, je veux dire par les écrits des apôtres et ceux des évangélistes, non point par la loi et les prophètes, ainsi que le Christ même l'a dit. Quant à la substance du Saint-Esprit, nul ne peut concevoir le moindre doute, excepté ceux qui sont versés dans la loi et les prophètes, ou ceux qui professent de croire en Jésus-Christ. Car, pour ce qui est de Dieu le Père, bien que personne ne puisse en parler dignement, cependant il est possible d'en prendre une certaine intelligence par la connaissance des choses visibles, ainsi que par celles que l'âme humaine sent naturellement, et de plus, il est possible de le confirmer par des textes de l'Ecriture sainte. Quant à ce qui est du Fils de Dieu, bien que personne ne connaisse le Fils, si ce n'est le Père (*Matth.*, XI, 27), cependant les divines Ecritures forment l'esprit de l'homme aux sentiments qu'il doit avoir de lui, non-seulement le Nouveau mais aussi l'Ancien Testament est rempli d'actes et de paroles de saints qui sont des figures se rapportant au Christ, qui nous permettent de distinguer tant la nature humaine qu'il s'est unie que la nature divine. Quant à l'Esprit saint, beaucoup de passages des Ecritures nous enseignent son existence. Ainsi David dans le psaume cinquantième dit : « Ne retirez point de moi votre Esprit. » (*Ps.* I, 13.) On lit dans Daniel : « L'Esprit saint qui est en vous. » (*Dan.*, IV, 5 *et passim*.) Dans le Nouveau Testament nous avons beaucoup de passages qui nous parlent de lui, d'abord quand il est rapporté que le Saint-Esprit est descendu sur Jésus (*Matth.*, III, 16), puis quand il est dit que le Seigneur souffla sur les apôtres après sa résurrection, en s'exprimant ainsi : « Recevez le Saint-Esprit. » (*Jean*, XX, 22.) L'ange aussi dit à Marie : « Le Saint-Esprit surviendra en vous. » (*Luc.*, I, 35.) Quant à saint Paul, il nous enseigne « qu'on ne peut pas dire Seigneur Jésus, si ce n'est dans le Saint-Esprit, » (I *Cor.*, XII, 3) et, dans les Actes des Apôtres, nous voyons que le Saint-Esprit se donnait dans le baptême par l'imposition des mains des apôtres. (*Act.*, VIII, 17.) C'est d'après tous ces textes que nous disons que la substance du Saint-Esprit est d'une telle autorité et d'une telle dignité, que le baptême qui est si salutaire ne se confère qu'au nom de la Trinité la plus

excellente de toutes, c'est-à-dire au nom du Père, du Fils et du Saint-Esprit, et dans l'association du Saint-Esprit au Père qui est inengendré, et au Fils qui est engendré. Qui donc, ne se sentira point frappé d'une telle majesté du Saint-Esprit en sachant que, tandis que ceux qui disent un mot contre le Fils de l'homme peuvent espérer leur pardon, ceux, au contraire, qui blasphèment contre le Saint-Esprit, ne sauraient avoir leur pardon ni dans la vie présente ni dans la vie future?

CHAPITRE XVII. — *Le mot Esprit employé par les Ecritures.* — Mais, en attendant, nous n'avons pu jusqu'à présent, trouver un seul mot dans les saintes Ecritures qui dit que le Saint-Esprit fût un être fait ou créé, pas même de la même manière que nous avons fait remarquer plus haut que Salomon le fait en parlant de la sagesse, ni dans les termes que nous avons démontrés devoir s'entendre de la vie, du Verbe et des autres appellations du Fils de Dieu. L'Esprit de Dieu qui était porté sur les eaux, ainsi qu'il est écrit (*Gen.*, I, 2), au commencement du monde, n'est autre, je pense, que le Saint-Esprit même, selon ce qu'il m'est donné de comprendre, et aussi comme je l'ai fait voir en montrant que dans l'explication de ces passages ils ne doivent point se prendre au pied de la lettre comme un fait historique, mais dans un sens spirituel. Quelques-uns de nos prédécesseurs ont fait remarquer dans le Nouveau Testament, que toutes les fois qu'il est parlé du Saint-Esprit, sans qualificatif qui fasse connaître de quel esprit il est parlé, on doit entendre ce mot du Saint-Esprit. Tel est, par exemple, le passage suivant : « Les fruits de l'Esprit sont, au contraire, la charité, la joie, la paix, » (*Gal.*, v, 22) et dans cet autre : « Après avoir commencé par l'Esprit, finirez-vous par la chair? » (*Gal.*, III, 3.) Nous pensons qu'on peut observer la même différence dans l'Ancien Testament. Tel est l'endroit où il est dit : « Il donne l'Esprit au peuple qui remplit la terre et l'Esprit à ceux qui la foulent aux pieds. » (*Isa.*, XLII, 5.) Il est, en effet, hors de doute, que quiconque foule la terre, je veux dire les choses terrestres et corporelles aux pieds, participe au Saint-Esprit et le reçoit de Dieu. Car de même qu'il est dit en parlant du Fils : « Nul ne connaît le Père, si ce n'est le Fils et celui à qui le Fils veut bien le révéler, » (*Matth.*, XI, 27) l'Apôtre enseigne également de son côté, au sujet du Saint-Esprit que « Dieu nous a fait des révélations par son Esprit, attendu que l'Esprit de Dieu pénètre tout, même les profondeurs de Dieu. » (I *Cor.*, II, 10.) D'un autre côté, le Sauveur parlant dans l'Evangile des doctrines divines et trop élevées que les disciples n'étaient point encore capables de comprendre, s'exprime en ces termes en s'adressant à ses apôtres : « J'ai encore beaucoup de choses à vous dire, mais vous n'êtes pas en état de les porter présentement ; mais lorsque l'Esprit saint consolateur qui procède du Père sera venu, il vous enseignera toute chose et vous rappellera ce que je vous ai dit. » (*Jean*, XVI, 13.)

CHAPITRE XVIII. — *Influx et diverses opérations du Saint-Esprit.* — Il faut savoir aussi que de même que le Fils, qui seul connaît le Père, le fait connaître à qui il veut, ainsi le Saint-Esprit, qui seul sonde les plus profonds mystères de Dieu, les révèle à qui il

gnitatis Spiritus sancti substantiam, ut salutare baptisma non aliter nisi excellentissimæ (*a*) omnium Trinitatis auctoritate, id est, Patris et Filii et Spiritus sancti cognominatione compleatur, et ingenito Deo Patri et unigenito ejus Filio nomen quoque Spiritus sancti copuletur. Quis ergo non stupescat quanta majestas sit Spiritus sancti, cum qui dixerit Verbum in Filium hominis, audeat sperare posse veniam, cum vero qui in Spiritum sanctum blasphemaverit, veniam non habere, neque in præsenti sæculo, neque in futuro.

CAPUT XVII. — *Spiritus vocabulum in Scripturis.* — Verumtamen usque ad præsens, nullum sermonem in Scripturis sanctis invenire potuimus, per quem Spiritus sanctus factura esse vel creatura diceretur, ne in eo quidem modo quo de sapientia referre Salomonem supra edocuimus, vel (*b*) quæ de vita vel verbo aliisque appellationibus Filii Dei intelligenda esse tractavimus. Spiritus igitur Dei qui super aquas ferebatur, sicut scriptum est, in principio facturæ mundi, puto quod non sit alius quam Spiritus sanctus, secundum quod ego intelligere possum : sicut et cum ipsa loca exponeremus, ostendimus, non tamen secundum historiam, sed secundum intelligentiam spiritualem. Quidam sane ex prædecessoribus nostris in Novo Testamento observaverunt, quod sicubi spiritus nominatur sine adjectione ea quæ designet qualis sit spiritus, de Spiritu sancto debere intelligi : ut putat « Fructus autem spiritus est, caritas, gaudium, pax, » (*Gal.*, v, 22) etc. Item et ibi : « Cum cœperitis spiritu, carne consummamini. » (*Gal.*, III, 3.) Nos vero etiam in vetere Testamento putamus distinctionem istam posse servari : sicut cum dicit : « Qui dat spiritum populo qui est super terram, et spiritum his qui calcant eam. » (*Isa.*, XLII, 5.) Sine dubio enim omnis qui calcat terram, id est, terrena et corporalia, particeps est Spiritus sancti, a Deo cum accipiens. Sicut enim de Filio dicitur, quia « Nemo novit Patrem, nisi Filius, et cui voluerit Filius revelare : » (*Matth.*, XI, 27) hæc eadem etiam de Spiritu sancto docet Apostolus, cum ait : « Nobis autem revelavit Deus per Spiritum suum. Spiritus enim omnia scrutatur, etiam alta Dei. » (I *Cor.*, II, 10.) Sed et rursus in Evangelio de divinis ac profundioribus doctrinis commemoraus Salvator, quæ nondum capere poterant discipuli sui, ita ait ad Apostolos : « Adhuc multa habeo vobis dicere, sed non potestis illa (*c*) portare modo : cum autem venerit consolator Spiritus sanctus, qui a Patre procedit, ille vos docebit omnia, et commonebit omnia quæ dixi vobis. » (*Joan.*, XVI, 13.)

CAPUT XVIII. — *De Spiritus sancti influxibus et variis operationibus.* — Et ita (*d*) sciendum est, quod sicut Filius qui solus cognoscit Patrem, revelat cui vult ; ita et Spiritus sanctus, qui solus scrutatur etiam alta Dei, revelat Deum cui vult. « Spiritus enim ubi vult

---

(*a*) Orig. *Omnitrinitatis.* — (*b*) Mss. *quo.* — (*c*) Mss. *modo capere.* — (*d*) Mss. *sentiendum.*

veut, « car l'Esprit souffle où il lui plaît. » (*Jean*, III, 8.) Il ne faut pas croire, en effet, que le Saint-Esprit ne connaît que par la révélation du Fils; en effet, s'il n'a connu le Père que par la révélation du Fils, il s'ensuit qu'il est passé d'un état d'ignorance à un état de science. Or, il y a une folie et une impiété égales à confesser le Saint-Esprit et à lui attribuer de l'ignorance. Car il n'a point commencé par être tout autre chose avant d'être le Saint-Esprit, pour parvenir, de progrès en progrès, à être le Saint-Esprit, en sorte qu'on puisse oser dire que le Saint-Esprit, quand il n'était pas encore le Saint-Esprit, ignorait le Père, et qu'après avoir acquis la connaissance du Père, il est devenu le Saint-Esprit. Mais s'il était Saint-Esprit, jamais il n'eût compté comme Esprit saint dans l'unité de la Trinité, c'est-à-dire du Père inconvertible et de son Fils, si ce n'est parce que toujours il a été Saint-Esprit. Et quand nous nous servons de ces mots : toujours, et il était, ou de toute autre expression ayant rapport au temps, il faut les prendre simplement, non pas à la rigueur; attendu que le sens de ces mots a rapport au temps. Mais si les choses dont nous parlons sont nommées dans le temps par le cours même du discours, néanmoins, par leur nature, elles sont placées au-dessus de toute intelligence de sens temporel. Dieu le Père donne l'être à toutes les personnes; et la participation du Christ, en tant qu'il est Verbe et raison, fait que ces choses soient raisonnables. Il suit de là que ces choses sont dignes de louange ou de blâme, attendu qu'elles sont capables de vertu ou de malice. Voilà pourquoi par conséquent il y a la grâce du Saint-Esprit, c'est afin que les choses qui ne sont point saintes substantiellement, le soient par la participation au Saint-Esprit. Elles tiennent donc du Père l'être, du Fils, d'être raisonnables, et du Saint-Esprit, d'être saintes, et après avoir été sanctifiées par le Saint-Esprit, elles sont rendues capables du Christ en tant qu'il est la justice de Dieu. Ceux qui se sont ainsi avancés vers ce degré par la sanctification du Saint-Esprit, obtiennent néanmoins ensuite le don de sagesse, selon la vertu de l'opération intérieure de Dieu. C'est, je pense, ce que saint Paul veut dire par ces mots : « Les uns reçoivent le don de parler avec sagesse, les autres reçoivent du même Esprit le don de parler avec science. » (I *Cor.*, XII, 8.) Puis, indiquant les différentes sortes de grâces, il rapporte tous les dons à la source de tout et dit : « Il y a, à la vérité, diversité de grâces, mais il n'y a qu'un même Esprit qui opère tout en tous. » Aussi l'opération du Père qui est de donner l'être à tous, se trouve être plus éclatante et plus magnifique. Quand chacun, par la participation du Christ en tant qu'il est la sagesse, la science et la sanctification, fait quelques progrès et s'élève aux degrés les plus hauts de la perfection, et lorsque par le fait que par la participation du Saint-Esprit, quelqu'un est sanctifié et rendu plus pur et plus saint, il reçoit plus dignement la sagesse que le don de science, en sorte qu'après avoir fait disparaître toutes les taches de la purification, de la pollution et de l'ignorance, il accomplit un tel progrès de sainteté et de pureté, que ce qu'il a reçu de Dieu, pour être, est tel, qu'il est digne de Dieu qui lui a donné d'être purement et

---

spirat. » (*Joan.*, III, 8.) Neque enim putandum est, quod etiam Spiritus Filio revelante cognoscit. Si enim Filio revelante cognoscit Patrem Spiritus sanctus, ergo ex ignorantia ad scientiam venit : quod utique et impium pariter et stultum est, Spiritum sanctum confiteri, et ignorantiam ei ascribere. Non enim cum aliquid aliud esset ante quam Spiritus sanctus, per profectum venit in hoc ut Spiritus sanctus esset : ut quis audeat dicere, quia tunc quidem cum nondum esset Spiritus sanctus, ignorabat Patrem, postea vero quam recepit scientiam, etiam Spiritus sanctus effectus est. Quod si esset, nunquam utique in unitate Trinitatis, id est, Dei Patris (*a*) inconvertibilis, et Filii ejus, etiam Spiritus sanctus haberetur, nisi quia et ipse semper erat Spiritus sanctus. Hoc sane quod dicimus, vel « semper, » vel « erat, » vel si quod aliud tale temporalis significationis nomen adsciscimus, simpliciter et cum venia accipiendum est : quoniam nominum quidem horum significationes temporales sunt; ecce autem de quibus loquimur, tractatu quidem sermonis temporaliter nominantur, natura autem sui omnem intelligentiam sensus temporalis excedunt. Deus Pater omnibus præstat ut sint : participatio vero Christi secundum id quod verbum vel ratio est, facit ea esse rationabilia. Ex quo consequens est, ea vel laude digna esse, vel culpa, quia et virtutis et malitiæ sunt capacia. Propter hoc consequenter adest etiam gratia Spiritus sancti, ut ea quæ substantialiter sancta non sunt, participatione ipsius sancta efficiantur. Cum ergo primo ut sint habeant ex Deo Patre; secundo, ut rationabilia sint habeant ex Verbo; tertio ut sancta sint, habeant ex Spiritu sancto : rursus Christi secundum hoc quod justitia Dei est, capacia efficiuntur ea quæ jam sanctificata ante fuerint per Spiritum sanctum. Et qui in hunc gradum profecere per sanctificationem Spiritus sancti, consequuntur nihilo minus donum sapientiæ secundum virtutem inoperationis Spiritus Dei. Et hoc puto Paulum dicere, cum ait, « quibusdam dari sermonem sapientiæ, aliis sermonem scientiæ secundum eumdem Spiritum. » (I *Cor.*, XII, 8.) Et designans unamquamque discretionem donorum, refert omnia ad universitatis fontem, et dicit : « Divisiones enim inoperationum sunt, sed unus Deus, qui operatur omnia in omnibus. » Unde et inoperatio Patris, quæ esse præstat omnibus, clarior ac magnificentior invenitur : cum unusquisque per participationem Christi, secundum id quod sapientia est, et secundum id quod scientia est sanctificatio est, proficit, et in altiores profectuum gradus venit : et per hoc quod participatione Spiritus sancti sanctificatus est quis, purior ac sincerior effectus, dignius recipit sapientiam ac scientiæ gratiam; ut depulsis omnibus expurgatarum pollutionis atque ignorantiæ maculis, tantum profectum sinceritatis ac puritatis accipiat, ut hoc quod accepit a Deo ut esset, tale sit quale Deo dignum est, qui ut esset utique pure præstitit

(*a*) Mss. omitt. *inconvertibilis.*

avec perfection, et que ce qui est soit aussi digne que celui qui l'a fait être. Voilà comment quiconque est tel que celui qui l'a fait a voulu qu'il fût, recevra de Dieu le don de percevoir que la vertu subsiste toujours et demeure éternellement. Pour qu'il en soit ainsi et pour que les choses qui ont été faites avec sagesse par lui puissent être constamment et inséparablement en présence de celui qui est, il faut les instruire, les élever et les amener à la perfection, par la confirmation et la sanctification sans fin du Saint-Esprit, par laquelle seule elles peuvent comprendre. Voilà donc comment, par l'opération incessante en nous du Père, du Fils et du Saint-Esprit qui se produit par tous les degrés du progrès, nous arriverons peut-être un jour à contempler à peu près la vie sainte et bienheureuse. Lorsque, après bien des luttes, nous aurons pu arriver à cette vie bienheureuse, nous devons y demeurer dans un tel état, que jamais le dégoût de cette vie ne nous atteindra, et qu'au contraire, plus nous aurons part à cette béatitude, plus le désir s'en développera en nous, ou s'y augmentera, puisque nous deviendrons plus capables de comprendre ou de retenir d'une manière plus ardente et toujours plus capable le Père, le Fils et le Saint-Esprit. Si la satiété vient à gagner un jour un de ceux qui se trouvent placés au degré suprême et parfait, je ne pense point qu'il s'évanouisse et tombe tout à coup, mais il descendra nécessairement peu à peu et par parties, en sorte qu'il pourra se faire parfois que s'il arrive qu'il y ait une chute rapide et qu'on se repente aussitôt puis qu'on rentre en soi-même, ce ne sera point une chute complète, mais on reculera, on reviendra à son premier état, et on devra rétablir ce qui n'était tombé que faute de soins. Car le Fils unique de Dieu qui était le Verbe et la sagesse du Père, alors qu'il avait dans son Père, la gloire qu'il eut avant que le monde fût, s'est anéanti lui-même, et, en prenant la forme de l'esclave, s'est fait obéissant jusqu'à la mort, afin d'enseigner l'obéissance à ceux qui ne pouvaient obtenir le salut que par l'obéissance, en accomplissant d'abord en lui-même ce qu'il voulait être accompli par les autres. Voilà pourquoi non-seulement il s'est fait obéissant à son Père, jusqu'à la mort de la croix, mais encore à la fin des siècles, il embrassera dans son sein tous ceux que son Père lui a soumis, et qui arrivent au salut par lui, quand il est dit d'eux et de lui en eux qu'il est soumis au Père, attendu que tout subsiste en lui, et qu'il est la tête de toutes choses ainsi que la plénitude de ceux qui obtiennent le salut. C'est ce que l'Apôtre dit de lui en ces termes : « Lorsque toutes choses auront été assujetties au Fils, alors le Fils sera lui-même assujetti à celui qui lui aura assujetti toutes choses, afin que Dieu soit tout en tous. » (I *Cor.*, xv, 28.) Mais je ne sais comment il se fait que les hérétiques, ne comprenant point le sens de l'Apôtre renfermé dans ces paroles, critiquent le mot de sujétion dans le Fils. Si on recherche le sens propre de ce nom, on pourrait le trouver facilement par les contraires. En effet, si être soumis n'est pas un bien, il faut que le contraire, c'est-à-dire ne point être soumis, en soit un; car c'est ce que le discours de Paul, selon ce qu'ils veulent, semble indiquer, quand il dit : « Lorsque

ac perfecte, ut tam dignum sit id quod est, quam est ille qui id esse fecit. Ita namque et virtutem semper esse, atque in æternum manere percipiet a Deo is qui talis est, qualem eum voluit esse ille qui fecit. Quod ut accidat, et ut indesinenter atque inseparabiliter assistant ei qui est, ea quæ ab ipso facta sunt sapientiæ, id opus est instruere atque erudire ea et ad perfectionem adducere Spiritus sancti confirmatione atque indesinenti sanctificatione, per quam solum capere possunt. Ita ergo indesinenti erga nos opera Patris et Filii et Spiritus sancti per singulos quosque profectuum gradus (a) instaurata, vix forte aliquando intueri possumus sanctam et beatam vitam. In quam cum post multos agones pervenire potuerimus, ita perdurare debemus, ut nulla unquam nos boni illius satietas capiat, sed quanto magis de illa beatitudine percipiemus, tanto magis in nobis vel dilatetur desiderium ejus, vel augeatur, dum semper ardentius ac capacius Patrem et Filium et Spiritum sanctum vel capimus, vel tenemus. Si autem satietas aliquando cœperit aliquem ex his, qui in summo perfectoque constiterint gradu, non arbitror quod ad subitum quis evacuetur atque decidat; sed paulatim et per partes defluere eum necesse est : ita ut fieri possit interdum, ut si brevis lapsus aliquis acciderit, et cito resipiscat, atque in se revertatur, non penitus ruere, sed revocare pedem, et redire ad statum suum, ac rursum statuere posse id quod per negligentiam fuerat elapsum. Nam unigenitus Filius Dei qui erat Verbum et Sapientia Patris, cum esset in ea gloria apud Patrem, quam habuit ante quam mundus esset, exinanit semetipsum, et formam servi accipiens efficitur obediens usque ad mortem : ut obedientiam doceret eos qui non aliter, nisi per obedientiam, salutem consequi potuerant, in semetipso prius complens, quod ab aliis volebat impleri. Idcirco non solum usque ad mortem crucis Patri obediens factus est, verum etiam in consummationem sæculi, in semetipso complectens omnes quos subjicit Patri, et qui per eum veniunt ad salutem; cum et ipsi et in ipsis ipse quoque subjectus dicitur Patri : dum omnia in ipso constant, et ipse est caput omnium, et ipse est salutem consequentium plenitudo. Hoc ergo est quod de eo dicit Apostolus : « Cum autem ei omnia subjecta fuerint, tunc et ipse Filius subjectus erit ei qui sibi subdidit omnia, ut sit Deus omnia in omnibus. » (I *Cor.*, xv, 28.) Verum nescio quo pacto hæretici non intelligentes Apostoli sensum, qui in his verbis continetur, subjectionis in Filio nomen infament : cujus appellationis proprietas si requiratur, ex contrariis facile poterit inveniri. Nam si subjectum esse, non est bonum; restat ut illud quod contrarium est, bonum sit, id est, non esse subjectum. Sermo namque Apostoli, secundum quod isti volunt, hoc videtur ostendere, dum dicit : « Cum autem subjecta fuerint ei omnia, tunc et ipse Filius subjectus erit ei qui sibi subdidit omnia : »

(a) Origen. *instaurato corde*.

toutes choses lui auront été assujetties, alors le Fils lui-même sera assujetti à celui qui lui aura assujetti toutes choses, » comme qui dirait celui qui maintenant n'est point soumis au Père, lui sera soumis après que le Père aura commencé par lui soumettre toutes choses à lui. Mais je m'étonne comment cela peut se comprendre que quelqu'un qui n'est pas soumis tant que toutes choses ne lui sont point soumises à lui-même, doive se soumettre précisément lorsque tout lui sera soumis, quand il sera le roi de toutes choses et qu'il aura l'empire sur tout l'univers, tandis qu'il n'a point été soumis auparavant. Les hérétiques qui pensent ainsi ne savent point que la sujétion du Christ au Père montre la béatitude de notre perfection et fait connaître la palme de l'œuvre qu'il a entreprise, quand il offre à son Père, non pas seulement la somme du pouvoir de régner et de régir qu'il avait améliorée dans toutes les créatures, mais encore les institutions de l'obéissance et de la sujétion du genre humain corrigées et réparées. Si donc cette sujétion du Fils au Père est bonne et salutaire, il s'ensuit rigoureusement qu'on doit tenir pour utile et salutaire aussi la sujétion au Fils de Dieu de ses propres ennemis; en sorte que, de même que, lorsqu'on dit que le Fils de Dieu est soumis au Père, on déclare que le rétablissement de toutes créatures est parfait; ainsi quand on dit que les ennemis du Fils de Dieu lui sont soumis, on entend par là le salut en Notre-Seigneur de ceux qui lui sont soumis et le rétablissement de ceux qui étaient perdus. Mais cette soumission s'accomplira de certaines manières, par certains enseignements et dans certains temps, c'est-à-dire sans qu'aucune nécessité pousse à cette sujétion; le monde entier sera soumis à Dieu, non point par le moyen de la violence, mais par la parole, la raison, l'instruction, la provocation des bons, des institutions excellentes, des menaces convenables et autorisées, qui pèseront justement sur ceux qui méprisent le soin et l'intérêt de leur salut et de leur bonheur. Enfin, nous autres hommes, lorsque nous élevons des enfants ou que nous façonnons des serviteurs, à l'âge où ils sont encore incapables de raison, nous les contraignons par la menace et la crainte, et lorsqu'ils ont l'intelligence du bon, de l'utile et de l'honnête, alors laissant de côté les paroles menaçantes, nous recourons au langage de la raison et les amenons à se rendre à tout ce qui est bien. Mais comment le libre arbitre dans toutes les créatures raisonnables étant sauf, chacun doit-il se conduire, c'est-à-dire comment doit-il, à l'aide des châtiments et de certaines corrections, forcer au salut ceux que la parole de Dieu trouvera ou rendra tout disposés à l'entendre et capables de la recevoir, ceux que cette même parole ne doit toucher que plus tard, à qui elle est même tout à fait cachée, à qui elle est bien loin de se faire entendre, qui même jusqu'alors méprisent la parole de Dieu qui leur est annoncée et prêchée, comment, dis-je, doit-il exiger et presser la conversion de ces hommes-là, à qui également offrira-t-il certaines occasions de salut, en sorte qu'il lui arrive parfois que d'un seul mot et rien que par l'exposé de la foi, de rendre certain un salut qui était douteux, enfin pour quels motifs et dans quelles occasions cela se peut-il faire; quelle vue aura eu la divine sagesse, ou quels mouvements de bons propos apercevra-t-elle pour dispenser toutes ces choses à une âme, c'est ce qui n'est connu que de Dieu, ainsi que de son Fils unique

ut quasi is qui nunc Patri subjectus non sit, tunc subjectus futurus sit, cum prius ei Pater universa subjecerit. Sed miror quomodo hoc intelligi possit, ut qui nondum subjectis sibi omnibus non est ipse subjectus, tunc cum subjecta sibi fuerint omnia, cum rex omnium fuerit, et potestatem tenuerit universorum, tunc eum subjiciendum putent, cum subjectus ante non fuerit : non intelligentes quod subjectio Christi ad Patrem beatitudinem nostræ perfectionis ostendit, et suscepti ab eo operis palmam declarat; cum non solum regendi atque regnandi summam, quam in universa emendaverat creatura, verum etiam obedientiæ et subjectionis correcta reparataque humani generis Patri offerat instituta. Si ergo bona et salutaris accipitur ista subjectio, qua subjectus esse dicitur Filius Patri; valde consequens et cohærens est, ut et inimicorum, quæ dicitur Filio Dei esse subjectio, salutaris quædam intelligatur esse et utilis : ut sicut cum dicitur Filius Patri subjectus, perfecta universæ creaturæ restauratio declaratur; ita cum Filio Dei inimici dicuntur esse subjecti, subjectorum salus in eo intelligatur et reparatio perditorum. Verum certis quibusque et modis et disciplinis et temporibus subjectio ista complebitur, id est, non necessitate aliqua ad subjectionem cogente, nec per vim subditus fiet omnis mundus Deo, sed verbo, ratione, doctrina, provocatione meliorum, institutis optimis, comminationibus quoque dignis et competentibus, quæ juste immineant his qui salutis et utilitatis suæ curam sanitatemque contemnunt. Denique etiam nos homines, vel cum servos vel filios erudimus, dum adhuc per ætatem rationis incapaces sunt, minis eos et metu coercemus : cum vero boni et utilis et honesti intelligentiam ceperint, tunc jam cessante verborum metu, verbo atque ratione suasi, ad omnia quæ bona sunt, acquiescunt. Quomodo autem servata omnibus rationabilibus creaturis arbitrii libertate, unusquisque debeat dispensari, id est, quos velut jam paratos et capaces sermo Dei et inveniat et instruat, quos autem interim differat, a quibus vero penitus occultetur, et longe eorum a se fieri dispenset auditum, quo usque rursum contemnentes indicatum sibi et prædicatum verbum Dei correptionibus quibusdam et castigationibus illatis perurgeat ad salutem, conversionemque eorum quodam modo exigat et extorqueat; quibus vero etiam occasiones quasdam præstet salutis, ita ut interdum etiam ex responsione sola fide prolata indubitatam quis ceperit salutem : quibus hæc ex causis, vel quibus occasionibus fiant; quid vel introspiciens divina sapientia, vel quos motus propositi eorum videns hæc universa dispenset, soli Deo cognitum est, et Unigenito ejus per quem creata ac reparata sunt universa, et Spiritui sancto per quem cuncta sanctificantur, qui ab

par qui tout a été créé et réparé, et du Saint-Esprit par qui tout est sanctifié, du Saint-Esprit, dis-je, qui procède du Père et du Fils et à qui soit la gloire dans les siècles éternels.

LIVRE SECOND

TIRÉ DES MÊMES ÉCRITS D'ORIGÈNE.

Nous disons que Dieu est partout et en tout, parce que rien ne peut être vide de Dieu, mais pourtant en parlant ainsi, nous ne voulons point dire qu'il soit actuellement tout en toutes choses. Il y a donc à rechercher avec beaucoup de soin ce que l'on veut dire quand pour exprimer la perfection de la béatitude et la fin des choses, on dit non-seulement que Dieu est en tout, mais encore qu'il est tout. Que faut-il entendre par ce tout que Dieu doit être en toutes choses, voilà ce que nous avons à rechercher. Quant à moi, je pense que ces mots : Dieu est tout en toutes choses, ne signifient pas autre chose que ceci : il est tout en chaque chose. Or, il sera tout en chaque chose de cette manière, que tout ce que l'âme raisonnable, purifiée de la souillure de tous vices et dégagée tout à fait de tout nuage de malice, peut sentir, comprendre ou penser, Dieu est tout cela, et qu'il n'y a absolument rien que Dieu qu'elle sente, que Dieu qu'elle pense, que Dieu qu'elle voie, que Dieu qu'elle possède, enfin que tout mouvement en elle, c'est Dieu. Il n'y a plus là de distinction du bien et du mal, attendu que le mal ne se trouve nulle part. Pour elle, Dieu est tout et il ne s'attache à lui aucun mal. Elle ne désire plus manger du fruit de l'arbre de la science du bien et du mal, une fois qu'elle est toujours dans le bien et que Dieu est tout pour elle. Voilà donc comment la fin, ramenée au commencement, et l'issue des choses rapportées à leurs principes feront reparaître l'état qu'a eu la nature raisonnable quand elle n'avait pas besoin de manger du fruit de l'arbre de la science du bien et du mal. Et tout sentiment de malice étant écarté et ramené à sa pureté et à son intégrité premiers, Dieu seul qui est le seul Dieu bon sera tout pour cette âme, non pas dans quelques êtres seulement ou dans un grand nombre d'êtres, mais il sera tout dans tous les êtres. Et comme il n'y aura plus ni mort ni aiguillon de la mort, ni mal nulle part, alors véritablement Dieu sera tout en tous.

QUESTION XIX. — *Comment le Fils doit-il être soumis au Père ?* — Après avoir passé en revue ce qui précède, du mieux que nous avons pu, nous avons à résumer chaque question afin de rappeler ce que nous avons dit sur chacune, et avant tout nous devons commencer par rappeler ce que nous avons dit du Père, du Fils et du Saint-Esprit. Dieu le Père étant indivisible et inséparable du Fils, le Fils n'a point été engendré de lui, comme quelques-uns le pensent, par voie de production externe. En effet, si le Fils est une production externe du Père, comme le mot production externe exprime une génération semblable à celle des hommes ou des animaux,

ipso Patre (*a*) et Filio procedit, cui est gloria in æterna sæcula.

LIBER SECUNDUS
Ex Origenis itidem libris decerptus.

Ubique et in omnibus dicimus esse Deum, pro eo quod nihil potest esse vacuum Deo : non tamen ita esse dicimus, ut omnia sit nunc in quibus est. Unde diligentius intuendum est, quale est hoc quod perfectionem beatitudinis rerumque finem significat, quod non solum in omnibus Deus esse dicitur, sed etiam omnia esse dicitur Deus. Quæ sunt ergo ista omnia, quæ Deus futurus sit in omnibus, inquiramus. Et ego quidem arbitror, quia hoc quod in omnibus omnia esse dicitur Deus, significet etiam in singulis eum omnia esse. Per singulos autem omnia erit hoc modo, ut quidquid rationabilis mens expurgata omnium vitiorum fece, atque omni penitus exersa nube malitiæ, vel sentire, vel intelligere, vel cogitare potest, omnia Deus sit; nec ultra jam aliud aliquid nisi Deum sentiat, Deum cogitet, Deum videat, Deum teneat, omnis motus suus Deus sit : non enim jam ultra mali bonique discretio; quia nusquam malum : omnia enim ei Deus est, cui jam non adjacet malum ; nec ultra ex arbore sciendi bonum et malum edere concupiscet, qui semper in bono est, et cui omnia Deus est. Sic ergo finis ad principium reparatus, et rerum exitus collatus initiis, restituet illum statum quem tunc habuit natura rationalis, cum de ligno sciendi bonum et malum edere non egebat : et amoto omni malitiæ sensu et ad sincerum purumque deterso, solus Deus qui est unus bonus, hic ei fiet omnia, et non in paucis aliquibus vel pluribus, sed ut in omnibus ipse sit omnia : et cum jam nusquam mors nusquam aculeus mortis, nusquam omnino malum, tunc vere Deus omnia in omnibus erit.

QUÆSTIO XIX. — *Quomodo Filius Patri subjiciendus.* — Tempus est jam decursis his prout potuimus, quæ supra dicta sunt, nunc commemorationis gratia eorum quæ sparsim diximus, recapitulare singula : et primo omnium de Patre et Filio et Spiritu sancto repetere. Deus Pater cum et (*b*) indivisibilis sit, et inseparabilis a Filio, non per prolationem ab eo, ut quidam putant, generatus est Filius. Si enim prolatio est Filius Patris, prolatio vero dicitur quæ talem significat generationem, qualis animalium vel hominum solet esse progenies; necessario corpus est, et is qui protulit, et is qui

(*a*) Mss. non habent *et Filio* : nec Origenes. — (*b*) Mss. *invisibilis*.

il s'ensuit nécessairement qu'il y a corps tant du côté de celui qui produit que de celui qui est produit. Or, nous ne disons point, comme le pensent certaines hérétiques, qu'une portion de Dieu le Père est passée dans le Fils, ou que ce dernier a été créé de rien par le Père, c'est-à-dire, en dehors de sa propre substance, en sorte que du non-être il eût passé à l'être; mais en mettant de côté tout sens d'être corporel, nous disons que c'est d'un Dieu invisible et incorporel que le Verbe, la sagesse a été engendrée sans aucun phénomène corporel, absolument comme la volonté qui procède de l'âme. Il ne semblera pas non plus y avoir de l'absurdité à dire que le Fils est fils de la charité, si en même temps on le tient pour fils de la volonté de la même manière. Mais saint Jean de son côté nous apprend que « Dieu est lumière, » (I *Jean*, I, 5) et saint Paul nous dit que « le Fils est la splendeur du Père. » (*Hébr.*, I, 3.) De même donc que la lumière ne va jamais sans son éclat, ainsi ne peut-on comprendre le Fils sans le Père, il est d'ailleurs encore appelé la figure exprimée de sa substance, son Verbe et sa sagesse. Comment donc peut-on dire qu'il y eût un temps où il n'était point où il n'a point été? Ce n'est pas dire autre chose sinon qu'il y eut un temps où la vérité n'existait point, où la sagesse n'était point encore, où la vie ne subsistait point, puisque c'est en toutes ces choses que se trouve la perfection de la substance de Dieu le Père, car on ne peut abstraire ces choses de lui ni les séparer de sa substance. Bien qu'elles offrent plusieurs sujets distincts à l'esprit, en réalité néanmoins et en substance, elles ne font qu'une seule et même chose en quoi se trouve la plénitude de la divinité. Quand nous disons qu'il n'y a point eu de temps où il n'existait point, il faut encore prendre ces mots avec un certain correctif et ne point croire que ces expressions « quand » et « jamais » impliquent un sens de durée temporelle quelconque; car tout ce qui se dit du Père, du Fils et du Saint-Esprit doit s'entendre au-dessus de toute durée temporelle, de tout siècle, de toute éternité. Il n'y a de vraie Trinité que celle qui dépasse tout sens d'intelligence non-seulement temporelle, mais même éternelle, le reste qui est en dehors de la Trinité, se mesure par les siècles et par la durée temporelle. Par conséquent, on ne doit point croire que ce Fils de Dieu en tant que Verbe de Dieu qui était dès le principe en Dieu, est renfermé dans un lieu, non plus que en tant que sagesse, que vie, que justice, que sanctification, que rédemption; car tout cela n'a pas besoin d'un lieu pour pouvoir agir ou opérer, mais on doit les entendre par rapport à ceux qui participent à sa vertu et à son opération intérieure. Si on dit que, par ceux qui sont participants du Verbe de Dieu, de sa sagesse, de sa vérité, de sa vie, il semble que le Verbe et la sagesse de Dieu sont localisés en un endroit, on doit répondre qu'il n'est point douteux que le Christ en tant que Verbe et sagesse, etc., était en Paul. Voilà pourquoi il disait : « Est-ce que vous voulez éprouver la puissance du Christ qui parle par ma bouche ? » (II *Cor.*, XIII, 3) et ailleurs : « Je vis, non ce n'est pas moi qui vis, mais c'est Jésus-Christ qui vit en moi. » (*Gal.*, II, 20.) Mais en même temps qu'il était dans Paul, peut-on douter qu'il fût également dans Pierre, dans Jean et dans chacun des autres saints, non-seulement dans

---

prolatus est. Non enim dicimus, sicut hæretici putant, partem aliquam substantiæ Dei in Filium versam, aut ex nullis subsistentibus Filium creatum a Patre, id est, extra substantiam suam, ut fuerit aliquando, quando non fuerit : sed abscisso omni sensu corporeo, ex invisibili et incorporeo Deo Verbum et Sapientiam genitam dicimus absque ulla corporali passione, velut si voluntas procedat e mente. Nec absurdum videbitur cum dicatur Filius caritatis, si hoc modo etiam voluntatis putetur. Sed et Joannes indicat, quia « Deus lux est : » (I *Joan.*, I, 5) et Paulus designat ; quia « Filius splendor lucis æternæ sit. » (*Hebr.*, I, 3.) Sicut ergo nunquam lux sine splendore esse potuit, ita nec Filius quidem sine Patre intelligi potest; qui et figura expressa substantiæ ejus, et verbum, et sapientia dicitur. Quomodo ergo potest dici, quia fuit aliquando, quando non erat vel fuerat Filius? Nihil enim aliud est dicere, nisi quia fuit, aliquando, quando veritas non erat, quando sapientia non erat, quando vita non erat : cum in his omnibus perfecte Dei Patris substantia censeatur. Non enim ab eo dirimi hæc, vel ab ejus possunt unquam substantia separari. Quæ quidem quamvis intellectu multa esse dicantur : re tamen et substantia unum sunt, in quibus est plenitudo divinitatis. Hoc autem ipsum quod dicimus, quia nunquam fuit quando non fuit, cum venia accipiendum est, ne et hæc ipsa nomina temporalis vocabuli significantiam gerant, id est, « quando, » vel « nunquam : » supra omne autem tempus, et supra omnia sæcula, et supra omnem æternitatem intelligenda sunt ea quæ de Patre et Filio et Spiritu sancto dicuntur. Hæc enim sola Trinitas est, quæ omnem sensum intelligentiæ, non solum temporalis, verum etiam æternalis excedit : cætera vero quæ sunt extra Trinitatem, in sæculis et in temporibus metienda sunt. Hunc igitur Filium Dei secundum hoc quod Verbum est Deus, qui erat in principio apud Deum (*Joan.*, I, 1), nemo consequenter putet in loco aliquo contineri, neque secundum quod sapientia est, neque secundum quod vita est, vel justitia, vel sanctificatio, vel redemptio : hæc enim omnia non indigent loco, ut agere qui vel operari possint, sed pro his qui virtutis ejus inoperationisque participant, hæc singula intelligenda sunt. Si vero quis dicat, per eos qui participes sunt Verbi Dei, vel sapientiæ ejus, vel veritatis, vel vitæ, etiam ipsum Verbum et sapientiam videri in (*a*) loco esse : Respondendum est ei, quia dubium non est, quod Christus secundum quod verbum et sapientia est, et cætera omnia, erat in Paulo. Propter quod dicebat : « An experimentum quæritis ejus qui in me loquitur Christus ? » (II *Cor.*, XIII, 3.) Et iterum : « Vivo autem jam non ego, vivit vero in me Christus. » (*Gal.*, II, 20.) Tunc ergo cum esset in Paulo, quis dubitabit quod similiter erat in Petro, et in Joanne, et in singulis quibusque sanctorum,

(*a*) Mss. *in omni loco.*

ceux qui sont sur la terre, mais encore dans ceux qui sont dans le ciel? Il y aurait en effet, de l'absurdité à dire qu'il était dans Paul et dans Pierre, et qu'il n'était point dans l'archange Michel et dans Gabriel. D'où il résulte manifestement que la divinité du Fils de Dieu n'était point enfermée en un lieu particulier, autrement il n'eût été que dans ce lieu et non point dans un autre; mais de même que, en vertu de la majesté de sa nature incorporelle, il n'est enfermé dans aucun lieu, de même on comprend qu'il ne se trouve absent d'aucun. Il n'y a qu'une seule différence à faire dans la manière de comprendre cela, c'est que s'il est présent dans les êtres les plus divers, en Pierre et en Paul, comme nous le disions, dans l'archange Michel ou Gabriel, cependant il n'est point de la même manière en tous ces êtres. En effet, il est d'une manière plus pleine et plus claire, et, si je puis le dire, plus ouverte dans les archanges que dans les autres saints; ce qui résulte manifestement de ce que, lorsque les saints sont arrivés à la perfection suprême, on dit qu'ils sont devenus semblables et égaux aux anges, selon l'expression même de l'Evangile. (*Matth.*, XXII, 30.) Il résulte donc de là, que le Christ ne se trouve en chacun qu'autant que le comportent ses mérites. Après avoir repris avec exactitude et en quelques mots, toutes ces choses au sujet de la Trinité, il nous reste à rappeler également que c'est par le Fils qu'il est dit que tout a été créé, « tout ce qu'il y a dans le ciel et sur la terre, les choses visibles et invisibles, les Trônes, les Dominations, les Principautés et les Puissances, que tout a été créé en lui et par lui; que lui-même est avant toutes choses, et que tout existe pour lui qui est la tête de toutes choses. »

Saint Jean ne dit rien que de conforme à cela dans son Evangile, quand il s'exprime ainsi : « Tout a été fait par lui, et sans lui, rien n'a été fait. » (*Jean*, I, 3.) Quant à David, il dit en parlant de la Trinité tout entière à propos de la création de l'univers : « C'est par la parole du Seigneur que les cieux ont été affermis, et c'est le souffle de sa bouche qui a produit toute leur vertu. » (*Ps.* XXXII, 6.) Après cela, nous pourrons parler en sa place, de l'avénement corporel et de l'incarnation du Fils unique de Dieu. Mais là, il ne faut pas entendre les choses en ce sens que toute la majesté de sa divinité se soit renfermée dans les bornes d'un tout petit corps, en sorte que, tout le Verbe de Dieu et sa sagesse, que toute sa vérité substantielle et sa vie, soit séparée du Père, ou se trouve resserrée et circonscrite dans l'étroit espace de ce corps et qu'elle n'opère nulle part ailleurs hors de là. Mais sur les deux choses, l'amour doit nous dicter cette confession, qu'il ne manque rien à la divinité dans le Christ, et que la substance du Père qui est présente partout, ne peut être réputée, divisée en aucune façon. C'était quelque chose de pareil que disait saint Jean-Baptiste, quand il disait à la foule, bien que Jésus ne fût point là : « Il y en a un au milieu de nous que vous ne connaissez point : il doit venir après moi, et je ne suis pas digne de dénouer les cordons de ses souliers. » (*Jean*, I, 26.) Certainement il ne pouvait point dire d'un absent au sens de sa présence corporelle, qu'il était là au milieu d'eux puisqu'il ne s'y trouvait point présent de corps. Ces paroles montrent donc que le Fils de Dieu était tout entier dans son corps et tout entier partout. Cependant, il ne faut point qu'on pense que, par là, nous affirmons que pen-

---

et non solum in his qui in terris sunt, verum etiam et in his qui in coelis sunt? Absurdum namque est dicere, quia in Petro quidem et in Paulo erat Christus, in Michaele vero archangelo et in Gabriele non erat. Ex quo manifeste deprehenditur, quia divinitas Filii Dei non in loco aliquo concludebatur; alioquin in ipso tantum fuisset, et in altero non fuisset : sed secundum incorporeæ naturæ majestatem, cum in nullo loco concludatur, in nullo rursum deesse intelligitur. Verum illa sola intelligenda est differentia quod etiam si sit in diversis, sicut diximus in Petro, vel in Paulo, vel Michaele, vel Gabriele, non tamen in universis similiter est. Plenius enim et clarius, et ut ita dixerim, apertius in Archangelis est, quam in aliis sanctis viris. Quod ex eo manifestum est, quia cum ad summam perfectionem pervenerint sancti quique, dicuntur Angelis similes effici vel æquales, secundum Evangelicam sententiam. (*Matth.*, XXII, 30.) Unde constat, in singulis quibusque tantum effici Christum, quantum ratio indulserit meritorum. His igitur nobis de Trinitatis fide breviter repetitis, consequens est etiam illud pariter admonere, quod per Filium creata dicuntur omnia, « quæ in coelis sunt, et quæ in terra, visibilia et invisibilia, sive Throni, sive Dominationes, sive Principatus, sive Potestates, omnia per ipsum et in ipso creata sunt : et ipse est ante omnes, et omnia illi constant qui est caput. » Quibus consona etiam Joannes in Evangelio dicit, quia « Omnia per ipsum facta sunt, et sine ipso factum est nihil. » (*Joan.*, I, 3.) David vero totius Trinitatis mysterium in universorum conditione significans, ait : « Verbo Domini coeli firmati sunt, et spiritu oris ejus omnis virtus eorum. » (*Psal.* XXXII, 6.) Post hæc vero competenter admonebimus de adventu corporali et incarnatione unigeniti Filii Dei : in quo non ita sentiendum est, quod omnis deitatis ejus majestas intra brevissimi corporis claustra conclusa sit, ita ut omne Verbum Dei et sapientia ejus, ac substantialis veritas et vita, vel a Patre divulsa sit, vel intra corporis illius coercita et circumscripta brevitatem, nec usquam præterea ubique operata. Sed inter utrumque tanta pietatis debet esse confessio, ut neque aliquid deitatis in Christo defuisse credatur, et nulla penitus a paterna substantia, quæ ubique est, facta putetur divisio. Tale namque aliquid etiam Baptista Joannes indicat, cum corporaliter absente Jesu dicebat ad turbas : « Medius vestrum stat quem vos nescitis, qui post me venit, cujus non sum dignus solvere corrigiam calceamentorum. » (*Joan.*, I, 26.) Quod utique dici non poterat, de eo qui absens erat, quantum ad præsentiam corporalem pertinet, quod medius staret eorum inter quos corporaliter non aderat. Unde ostenditur, quia et in corpore totus, et ubique totus aderat Filius Dei. Ne quis tamen non existimet per hoc illud affirmare, quod pars aliqua deitatis Filii Dei fuerit in

dant qu'une portion de la divinité du Fils de Dieu était dans le Christ, le reste était ailleurs et partout; il n'y a que ceux qui ignorent ce que c'est que la nature d'une substance incorporelle et invisible, qui puissent avoir un pareil sentiment, attendu qu'il est impossible de faire une division dans un être incorporel. Mais le Christ est en tout, partout et au-dessus de tout, de la manière que nous avons déjà dit plus haut, c'est-à-dire, en tant qu'il est pris pour la sagesse, le Verbe, la vie, ou la vérité, conception qui, sans aucun doute, exclut toute espèce de lieu. Le Dieu Fils de Dieu voulant donc apparaître aux yeux des hommes et converser avec les hommes pour le salut des hommes, s'unit, non-seulement un corps d'homme, ainsi que plusieurs le pensent, mais aussi une âme semblable, par sa nature, à nos âmes à nous, et, par son dessein et sa vertu, semblable à lui-même, et telle qu'elle pût accomplir, sans manquer en quoi que ce fût, toutes les volontés et les dispensations du Verbe et de la sagesse. Qu'il ait eu une âme, c'est ce que nous indiquent, d'une façon manifeste, ces paroles du Sauveur même dans l'Evangile : « Personne ne me ravit l'âme; mais c'est de moi-même que je la quitte; » *(Jean*, x, 18) et ces autres : « Et j'ai le pouvoir de la quitter et celui de la reprendre; » *(Ibid.)* puis celles-ci encore « Mon âme est triste jusqu'à la mort; » *(Matth.,* xxvi, 38) et enfin ces dernières : « A présent mon âme est troublée. » *(Jean,* xii, 27.) Par ces mots, l'âme triste et troublée, on ne doit point entendre le Verbe de Dieu, qui dit avec l'autorité d'un Dieu : « J'ai le pouvoir de la reprendre. » Toutefois nous ne disons point que le Fils de Dieu se trouvait dans cette âme de la même manière que dans l'âme de Pierre, de Paul et des autres saints, en qui on croit que le Christ parle comme il le fait en Paul. Mais au sujet de tous ces saints, il faut penser avec l'Ecriture que : « Nul n'est exempt de toute souillure pas même si sa vie ne date que d'un jour. » *(Job*, xxv, 4.) Quant à l'âme qui fut dans le Christ, elle a choisi le bien avant de connaître le mal, et, comme elle a aimé la justice et n'a eu que de la haine pour l'iniquité, son Dieu l'a ointe d'une huile de joie d'une manière plus excellente que tous ceux qui ont part à sa gloire. *(Ps.* xliv, 8.) Elle s'est donc trouvée ointe d'une huile de joie, quand elle a été unie au Verbe de Dieu par un lien immaculé. Par suite de cela, elle fut la seule vivante, incapable de péché, parce qu'elle fut la seule bien et pleinement capable du Fils de Dieu. Voilà pourquoi elle ne fait qu'un avec lui, est désignée par les mêmes noms que lui, et enfin est appelée Jésus-Christ, par qui tout a été fait. *(Jean,* i, 3.) C'est encore de cette âme, je pense, qui a reçu en elle la sagesse tout entière, ainsi que la vie et la vérité de Dieu, que l'Apôtre a dit ce mot : « Votre vie est cachée en Dieu avec Jésus-Christ, car lorsque le Christ qui est votre vie viendra à paraître, vous paraîtrez aussi avec lui dans sa gloire. » *(Coloss.,* iii, 3.) De quel autre, en effet, que du Christ doit-on entendre ces paroles? De qui est-il dit qu'il est caché en Dieu et qu'il doit apparaître un jour, sinon de celui qui a été oint d'une huile de joie, qui en a été engraissé, c'est-à-dire, qui a été substantiellement rempli de Dieu, en qui on dit que maintenant il est caché? Si le Christ est proposé en exemple à tous les fidèles, c'est, en effet, pour que de même que toujours, avant même qu'il connût le mal, il a choisi le bien, aimé la justice, haï l'iniquité,

---

Christo, reliqua pars alibi vel ubique : quod illi sentire possum, qui naturam substantiæ incorporeæ atque invisibilis ignorant. Impossibile namque est de incorporeo divisionem aliquam fieri. Sed in omnibus et per omnia et super omnia est, eo modo quo superius diximus : id est, quo vel sapientia, vel verbum, vel vita, vel veritas intelligatur, per quem intellectum omnis sine dubio conclusio localis excluditur. Volens igitur Filius Dei Deus pro salute generis humani apparere hominibus, et inter homines conversari, suscepit non solum corpus humanum, ut quidam putant, sed et animam, nostrarum quidem animarum similem per naturam, proposito vero et virtute similem sibi, et talem quali omnes voluntates et dispensationes verbi et sapientiæ indeclinabiliter posset implere. Quod autem habuerit animam, manifestissime in Evangelio designat ipse Salvator, dicens : « Nemo tollit a me animam meam, sed ego pono eam a me. » *(Joan.,* x, 18.) Et iterum : « Potestatem habeo ponendi animam meam, et potestatem habeo iterum sumendi eam. » *(Matth.,* xxvi, 38.) Et rursum : « Tristis est anima mea usque ad mortem. » Et iterum : « Nunc anima mea turbata est. » *(Joan.,* xii, 27.) Neque enim tristis et turbata anima, Verbum Dei intelligendum est, quod ex auctoritate deitatis dicit : « Potestatem habeo ponendi animam meam. » Nec tamen ita dicimus fuisse Filium Dei in illa anima, sicut fuit in anima Petri vel Pauli cæterorumque sanctorum, in quibus Christus similiter ut in Paulo loqui creditur. Sed de illis omnibus illud sentiendum est quod Scriptura dicit, quia « Nemo mundus a sorde, nec si unius diei fuerit vita ejus. » *(Job,* xxv, 4.) Hæc vero anima quæ in Christo fuit, prius quam sciret malum, elegit bonum *(Isa.,* vii, 15) : et quia dilexit justitiam, et odio habuit iniquitatem, propterea unxit eam Deus oleo lætitiæ præ participibus suis. *(Psal.* xliv, 8.) Oleo ergo lætitiæ unguitur, cum Verbo Dei immaculata fœderatione conjuncta est : et per hoc sola omnium animarum peccati incapax fuit, quia Filii Dei bene et plene capax fuit : ideoque et unum cum ipso est, atque ejus vocabulis nuncupatur, et Jesus Christus appellatur, per quem omnia facta esse dicuntur. *(Joan.,* i, 3.) De qua anima, quoniam totam in se sapientiam Dei et veritatem vitamque receperat, etiam illud arbitror dixisse Apostolum, quod ait, quoniam « Vita vestra abscondita est cum Christo in Deo : cum autem Christus apparuerit vita vestra, tunc et vos apparebitis cum ipso in gloria. » *(Coloss.,* iii, 3.) Quis enim alius hic intelligendus est Christus, qui in Deo absconditus dicitur, et postea apparitorus, nisi ille qui oleo lætitiæ unctus, refertus, id est, substantialiter Deo repletus est, in quo nunc absconditus dicitur? Propterea enim et omnibus credentibus ad exemplum Christus exponitur : quia sicut ille semper, et ante quam sciret omnino malum, elegit bonum, et dilexit justitiam, et

et que Dieu, à cause de cela, l'a oint d'une huile de joie; de même chacun de nous, même après sa chute et ses erreurs, se purifie de ses souillures, à la vue de l'exemple qui lui est proposé, et suivant le guide qui le dirige dans la voie, s'engage dans les sentiers escarpés de la vertu; afin que si, par ce moyen, autant que cela se peut faire, il participe à la nature divine en l'imitant, il en soit de lui selon ce mot : « Quiconque dit qu'il demeure dans le Christ doit marcher comme le Christ a marché. » (I *Jean*, II, 6.) Ce Verbe donc, cette sagesse dont l'imitation nous rend sages ou raisonnables, se fait toute à tous, pour nous gagner tous, elle est faible dans les faibles, pour gagner les faibles. Et c'est parce que le Christ se fait faible, qu'il est dit de lui : « Car encore qu'il ait été crucifié selon sa faiblesse, il vit néanmoins maintenant par la vertu de Dieu. » (II *Cor.*, XIII, 4.) C'est à ce sujet que saint Paul dit aux Corinthiens qui étaient faibles, que parmi eux, il ne connaît que Jésus-Christ, mais Jésus crucifié. (I *Cor.*, II, 2.) Plusieurs veulent que ce soit de l'âme même que parle saint Paul, quand il dit à propos du corps qu'il prit dans le sein de Marie : « Comme il a la forme et la nature de Dieu, il n'a point cru que ce fût pour lui une usurpation d'être égal à Dieu; mais il s'est anéanti lui-même, en prenant la forme et la nature de l'esclave, » (*Philipp.*, II, 6) afin, nul n'en peut douter, de la réparer sur la forme de Dieu par de très-bons exemples et d'excellentes institutions et de la rappeler dans la plénitude dont il était déchu par son anéantissement. De même qu'un homme devient fils adoptif de Dieu par sa participation au Fils de Dieu, et est rendu sage par sa participation à la sagesse qui est en Dieu, ainsi est-il rendu saint et spirituel par sa participation au Saint-Esprit; car c'est une seule et même chose de participer au Saint-Esprit, et de participer au Père et au Fils, attendu que la nature de la Trinité est une et incorporelle. Par conséquent, le Fils de Dieu, par qui toutes choses, tant les visibles que les invisibles, ont été faites, ainsi que nous l'avons appris plus haut, a fait toute chose, selon l'expression de l'Ecriture et aime tout ce qu'il a fait; car étant lui-même l'image invisible du Dieu invisible, il a fait invisiblement participer à lui toutes les créatures raisonnables, en sorte que chacune d'elles participât à lui dans la proportion où elle lui demeurerait attachée par le lien de l'amour. Mais comme, à raison de la faculté du libre arbitre, les âmes étaient différentes les unes des autres, au point que les unes avaient pour leur auteur un amour plus ardent, les autres en ressentaient un plus faible et moins vif, l'âme dont Jésus disait : « Personne ne me ravit mon âme, » (*Jean*, X, 18) étant inséparablement et indissolublement unie à lui, en tant que Verbe et sagesse de Dieu, que vérité et vraie lumière, et le recevant tout entier en elle tout entière, et tombant elle-même dans sa lumière et sa splendeur, elle est devenue avec lui principalement un seul esprit, selon la promesse que l'Apôtre fait à ceux qui devraient l'imiter, quand il leur dit : « Quiconque s'unit au Seigneur ne fait qu'un esprit avec lui. » (I *Cor.*, VI, 17.) C'est donc par le moyen de cette substance qui réunit Dieu et la chair, car il n'était point possible que la nature de Dieu s'unit à un corps sans quelque chose qui les rapproche, qu'est né, comme nous l'avons dit, l'Homme-Dieu; c'est dis-je, par le moyen de cette substance mi-

---

odio habuit iniquitatem, et propterea unxit eum Deus oleo lætitiæ : ita et unusquisque vel post lapsum vel post errorem expurget se a maculis, exemplo proposito, et habens itineris ducem, arduam viam virtutis incedat : ut si forte per hoc in quantum fieri potest, per imitationem ejus particeps efficiatur divinæ naturæ, sicut scriptum est, quia « Qui dicit se in Christo manere, debet sicut ille ambulavit et ipse ambulare. » (I *Joan.*, II, 6.) Hoc ergo Verbum et hæc sapientia, per cujus imitationem, vel sapientes, vel rationabiles dicimur, omnibus fit omnia, ut omnes lucrifaciat, et fit infirmis infirmus, ut infirmos lucrifaciat. Et quia infirmus efficitur, propter hoc dicitur de eo : « Etiam si crucifixus est ex infirmitate, sed vivit ex virtute Dei. » (II *Cor.*, XIII, 4.) De quo Corinthiis qui infirmi erant, Paulus nihil se scire indicat inter ipsos, nisi Jesum Christum, et hunc crucifixum. (I *Cor.*, II, 2.) Quidam autem volunt de ipsa anima dictum videri, cum primum de Maria corpus assumpsit, etiam illud quod Apostolus dicit: « Qui cum in forma Dei esset, non rapinam arbitratus est esse se æqualem Deo, sed semetipsum exinanivit formam servi accipiens : » (*Philip.*, II, 6) quo eam sine dubio in formam Dei melioribus exemplis et institutionibus repararet, atque in eam plenitudinem unde se exinaniverat, revocaret. Sicut autem participatione Filii Dei quis in filium adoptatur, et participatione sapientiæ in Deo sapiens efficitur : ita et participatione Spiritus sancti, sanctus et spiritalis efficitur. Unum enim atque idem est Spiritus sancti participium sumere, quod est Patris et Filii; quippe cum una et incorporea natura sit Trinitatis. Igitur unigenitus Filius Dei, per quem omnia facta esse visibilia et invisibilia, in superioribus sermo disputationis edocuit, secundum Scripturæ sententiam, et fecit omnia, et quæ fecit diligit. Nam cum invisibilis Dei ipse sit imago invisibilis, participationem sui universis rationabilibus creaturis invisibiliter præbuit, ita ut tantum ex eo unusquisque participii sumeret, quanto erga eum dilectionis inhæsisset affectu. Verum cum pro liberi arbitrii facultate varietas unumquemque ac diversitas habuisset animorum, ut alius ardentiore, alius tenuiore et exiliore erga suum auctorem amore teneretur : illa anima, de qua dixit Jesus, quia « Nemo aufert a me animam meam, » (*Joan.*, X, 18) inseparabiliter atque indissociabiliter inhærens, ut pote Verbo et sapientiæ Dei et veritati ac luci veræ, et tota totum recipiens, atque in ejus lucem splendoremque ipsa cedens, facta est cum ipso principaliter unus spiritus. Sicut et Apostolus his, qui eam imitari deberent, promittit, quia : « Qui se jungit Domino, unus spiritus est. » (I *Cor.*, VI, 17.) Hac ergo substantia animæ inter Deum carnemque mediante (non enim possibile erat Dei naturam corpori sine mediatore misceri) nascitur, ut diximus, Deus homo, illa substantia media existente, cui utique contra

toyenne entre les deux, à qui il n'était point contre nature de prendre un corps. De son côté cette âme, étant une substance raisonnable, put, sans aller contre sa nature, recevoir celui en qui, ainsi que je l'ai dit plus haut, elle s'était déjà jetée tout entière, comme dans le Verbe, la sagesse et la vérité. Aussi est-ce avec justice que par le fait qu'elle était tout entière dans le Fils de Dieu, ou qu'elle comprenait le Fils de Dieu tout entier en elle, qu'elle a été elle-même appelée, avec la chair qu'elle s'était unie, le Fils de Dieu, la vertu de Dieu et la sagesse de Dieu. D'un autre côté, le Fils de Dieu par qui tout a été créé est appelé Jésus-Christ et Fils de l'homme ; on dit, en effet, en parlant de lui, que le Fils de Dieu est mort, en tant qu'ayant une nature qui pouvait recevoir la mort, et en parlant du Fils de l'homme, qu'il doit venir dans la gloire de Dieu le Père, avec tous les saints anges. Voilà pourquoi dans toutes les Ecritures, la nature divine est désignée par des noms qui ne conviennent qu'à la nature humaine, aussi bien que la nature humaine par des noms qui sont propres aux appellations de Dieu. Car c'est de lui plutôt que de tout autre qu'on peut dire qu'il est écrit : « Ils seront deux dans une seule chair, » (*Gen.*, II, 24) et encore : « Ils ne font plus deux, ils ne font qu'une seule chair. » (*Matth.*, XIX, 5.) On doit tenir que le Verbe de Dieu est dans une seule chair avec l'âme, bien plus encore que l'homme avec la femme ; mais il fait aussi un seul esprit avec Dieu, expression qui lui convient bien mieux qu'à l'âme qui s'est unie à Dieu par l'amour, de manière à ce qu'on puisse dire avec vérité qu'elle ne fait qu'un seul esprit avec lui, d'après ces paroles du Prophète : « Vous avez aimé la justice et haï l'iniquité ; voilà pourquoi, ô Dieu, votre Dieu vous a oint d'une huile de joie, d'une manière bien plus parfaite que tous ceux qui ont part à votre gloire. » (*Ps.* XLIX, 8.) C'est donc à raison de son amour que cette âme est ointe d'une huile de joie, c'est-à-dire, que cette âme est faite un seul Christ, avec le Verbe de Dieu. Etre oint d'une huile de joie, ne s'entend pas autrement qu'être rempli du Saint-Esprit. Quand le Prophète ajoute : d'une manière plus parfaite que ceux qui ont part à votre gloire, c'est pour montrer que la grâce du Saint-Esprit ne lui a point été donnée à elle comme elle l'a été aux prophètes, mais que la plénitude substantielle du Verbe même de Dieu se trouvait en elle, selon ce mot de l'Apôtre : « En qui habite corporellement toute la plénitude de la divinité. » (*Coloss.*, II, 9.) Enfin, c'est à cause de cela encore qu'il ne dit pas seulement : « Vous avez aimé la justice, » mais qu'il ajoute : « et haï l'iniquité ; » car haïr l'iniquité, c'est la même chose que ce que l'Ecriture dit en s'exprimant ainsi au sujet du Sauveur : « Il n'a point fait le péché et il ne s'est point trouvé une parole de ruse dans sa bouche, » (I *Pierre*, II, 22) ou bien de cette autre manière : « Il a éprouvé comme nous toutes sortes de tentations, hormis le péché, » (*Hébr.*, IV, 15) ou que ce qu'il dit lui-même en parlant de soi : « Car voilà le prince de ce monde qui vient et ne trouve en moi rien qui lui appartienne. » (*Jean*, XIV, 30.) Or, toutes ces manières de parler indiquent qu'il n'y a eu aucun péché en lui. Pour faire entendre d'une manière plus claire encore, que jamais le péché n'a trouvé d'accès en lui, le Prophète dit : « Avant même que cet enfant sût appeler son père et sa mère, il s'est détourné de l'iniquité. » (*Isa.*, VIII, 4.) Si ces paroles semblent difficiles à entendre, par la raison que nous avons montrée plus haut, qu'il y a

---

naturam non erat corpus assumere. Sed neque rursum anima illa, ut pote substantia rationalis, contra naturam habuit capere, in quem, ut superius diximus, velut verbum et sapientiam et veritatem tota jam cesserat : unde et merito pro eo quod vel tota esset in Filio Dei, vel totum in se caperet Filium Dei, etiam ipsa, cum ea quam assumpserat carne, Dei Filius, et Dei virtus, et Dei sapientia appellatur. Et rursum Dei Filius ; per quem omnia creata sunt, Jesus Christus et filius hominis nominatur : nam et Filius Dei mortuus esse dicitur, pro ea scilicet natura, quæ mortem utique recipere poterat : et filius hominis appellatur, qui venturus in gloria Dei Patris cum sanctis Angelis prædicatur. Et hac de causa per omnem Scripturam, tam divina natura humanis vocabulis appellatur, quam humana natura nuncupationis divinæ insignibus decoratur. Magis enim de hoc, quam de ullo alio dici potest, quod scriptum est, quia « Erunt ambo in carne una, » (*Gen.*, II, 24) et « jam non sunt duo, sed una caro. » (*Matth.*, XIX, 5.) Magis verbum Dei cum anima in carne una esse, quam vir cum uxore putandus est : sed et unus spiritus esse cum Deo, cui magis convenit, quam huic animæ, quæ se ita Deo per dilectionem junxit, ut cum eo unus spiritus merito dicatur, Propheta dicente : « Dilexisti justitiam, et odisti iniquitatem, propterea unxit te Deus Deus tuus oleo lætitiæ præ participibus tuis. » (*Psal.* XLIV, 8.) Dilectionis ergo merito unguitur oleo lætitiæ, id est, anima cum Verbo Dei Christus efficitur. Ungui namque oleo lætitiæ, non aliud intelligitur quam Spiritu sancto repleri. Quod autem præ participibus dixit, indicat, quia non gratia Spiritus, sicut Prophetis, ei data est, sed ipsius Verbi Dei in ea substantialis inerat plenitudo, sicut Apostolus dixit : « In quo inhabitat omnis plenitudo divinitatis corporaliter. » (*Coloss.*, II, 9.) Denique propter hoc, non solum dixit : « Dilexisti justitiam : » (*Isa.*, LIII, 9) sed addidit, « et odisti iniquitatem. » (I *Petr.*, II, 22.) Odisse enim iniquitatem, illud est quod Scriptura dicit de eo : « Qui peccatum non fecit, nec inventus est dolus in ore ejus. » (I *Joan.*, III, 5.) Et quod ait : « Tentatum per omnia pro similitudine absque peccato. » (*Hebr.*, IV, 15.) Et iterum ipse dicit de se : « Ecce venit princeps mundi hujus et in me non invenit quidquam. » (*Joan.*, XIV, 30.) Quæ omnia nullum in eo peccati sensum indicant exstitisse. Quod ut Propheta evidentius designaret, quia nunquam in eum iniquitatis sensus intrasset, ait : « Prius quam sciret puer vocare patrem aut matrem, avertit se ab iniquitate. » (*Isa.*, VIII, 4.) Quod si alicui difficile videbitur, pro eo quod rationabilem animam esse in Christo supra ostendimus, cum utique naturam animarum boni malique capacem

dans le Christ une âme raisonnable, lorsque nous avons fait voir par de nombreux arguments, dans le cours de toutes nos disputes, que la nature des âmes est capable du bien et du mal, voici comment cette difficulté disparaîtra. Je pense donc que c'est parce que le prophète Jérémie comprenait quelle est en lui la nature de la sagesse de Dieu et quelle est aussi la nature qu'elle s'est unie pour le salut du monde, qu'il a dit : « Le Seigneur Christ à qui nous avons dit que c'est à son ombre que nous vivrons parmi les Gentils, est le souffle de notre bouche. » (*Thren.*, IV, 20.) En effet, de même que l'ombre de notre corps est inséparable de ce corps, et en fait et reproduit tous les gestes et les mouvements sans aucune interruption, je pense que c'est parce qu'il voulait nous montrer l'œuvre et le mouvement de l'âme du Christ qui lui était étroitement unie, et qui accomplissait tout à son gré et suivant sa propre volonté, qu'il a appelé ombre du Christ, celle sous laquelle nous devons vivre parmi les nations. C'est en effet, dans le mystère de cette union, que vivent les nations, qui en l'imitant parviennent au salut, par la foi. Lorsque David dit : « Souvenez-vous, Seigneur, de l'opprobre que j'ai souffert, quand ils m'ont reproché avec honte d'avoir changé votre Christ, » (*Ps.* LXXXVIII, 51) il me semble indiquer la même chose. Est-ce que Paul sentait autrement quand il disait : « Notre vie est cachée en Dieu avec Jésus-Christ, » (*Coloss.*, III, 3) et ailleurs : « Voulez-vous faire l'expérience que c'est le Christ qui parle en moi ? » (II *Cor.*, XIII, 3.) Et maintenant, il dit que le Christ est caché en Dieu. L'intelligence de cette manière de parler n'est point facile, à moins qu'on ne pense qu'il s'agisse ici d'un être tel que celui que nous avons dit plus haut, désigné par le mot du Prophète, l'ombre du Christ. Peut-être bien aussi, cela excède-t-il la portée de l'intelligence de l'homme. Ou plutôt, ce qui est plus vrai, on dit souvent qu'une masse de métal qu'on voit dans une fournaise est toute de feu, parce qu'on ne voit plus autre chose que du feu dans cette masse ; mais s'il nous arrive d'y porter la main et de la toucher, on ressent la force non du fer mais du feu. De même pour l'âme qui, comme le fer dans le feu, est toujours dans le Verbe, toujours dans la sagesse, toujours en Dieu, tout ce qu'elle sent, tout ce qu'elle fait, tout ce qu'elle comprend est Dieu. Aussi, ne peut-on dire qu'elle soit convertible ou muable puisqu'elle tiendra son inconvertibilité de son union incessante avec le Verbe de Dieu, comme celle du fer avec le feu. On doit croire qu'une certaine chaleur du Verbe de Dieu s'est fait sentir à tous les saints, mais on doit croire que le feu divin lui-même s'est reposé substantiellement dans cette âme et que de lui un peu de chaleur a passé aux autres. Enfin quand le Psalmiste dit : « O Dieu, votre Dieu vous a oint d'une huile de joie, d'une manière plus parfaite que ceux qui participent à votre gloire, » (*Ps.* XLIV, 8) il montre que cette âme est ointe d'une huile de joie, c'est-à-dire, du Verbe de Dieu et de la sagesse de Dieu, d'une autre manière que ceux qui participent à sa gloire, c'est-à-dire, que les saints prophètes et les apôtres ; c'est de ceux-ci, en effet, qu'il est dit qu'ils courent dans l'odeur de ses parfums (*Cant.*, I, 3) ; mais son âme à lui a été le vase de l'huile de joie, dont la bonne odeur rendait dignes ceux qui y participaient, je veux dire les prophètes et les apôtres. De même donc que, autre chose est l'odeur, autre chose la

per omnes disputationes nostras frequenter ostendimus, hoc modo hujus rei explanabitur difficultas. Arbitror sane etiam Jeremiam prophetam intelligentem quæ sit in eo natura Dei sapientiæ, quæ etiam hæc quam pro salute mundi susceperat, dixisse : « Spiritus vultus nostri Christus Dominus, cui diximus, quod in umbra ejus vivemus in gentibus. » (*Thren.*, IV, 20.) Pro eo enim quod sicut umbra corporis nostri inseparabilis est a corpore, et indeclinabiliter motus ac gestus corporis suscipit ac gerit, puto cum animæ Christi opus ac motum qui ei inseparabiliter inhærebat, et (*a*) pro nutu ejus ac voluntate cuncta perpetrabat, ostendere volentem, umbram Christi Domini hanc vocasse, in qua umbra nos viveremus in gentibus. In hujus namque assumptionis sacramento gentes vivunt, quæ imitantes eam per fidem veniunt ad salutem. Sed et David dicens : « Memor esto opprobrii mei Domine, quo exprobraverunt me in commutationem Christi tui : » (*Psal.* LXXXVIII, 51) similia mihi videtur ostendere. Et Paulus quid aliud sentit, cum dicit : « Vita nostra abscondita est cum Christo in Deo ? » (*Coloss.*, III, 3.) Et quid enim in alio loco dicit : « An (*b*) experimentum quæritis ejus qui in me loquitur Christus ? » (II *Cor.*, XIII, 3.) Et nunc Christum in Deo dicit absconditum : cujus rei intellectus est difficilis, nisi talis aliquis judicetur, qualem per umbram Christi a Propheta significatum esse, supra diximus. Fortassis etiam hoc sensum humanæ mentis excedit. Quin imo, quod verius est, massam, sicut in fornacibus sæpe fieri oculis deprehendimus, totam ignem effectam dicimus ; quia nec aliud in ea nisi ignis cernitur : sed et si quis contingere atque contrectare attentaverit, non ferri, sed ignis vim sentiet. Hoc ergo modo etiam illa anima, quæ quasi ferrum in igne, sic semper in Verbo, semper in sapientia, semper in Deo posita est : omne quod agit, quod sentit, quod intelligit Deus est. Et ideo nec convertibilis, nec mutabilis dici potest, quæ inconvertibilitatem ex Verbi Dei unitate desinenter ignita possidebit. Ad omnes denique sanctos calor aliquis Verbi Dei putandus est pervenisse : in hac autem anima ignis ipse divinus substantialiter requievisse credendus est, ex quo ad cæteros calor aliquis venerit. Denique quod dixit, quia « Unxit te Deus Deus tuus oleo lætitiæ præ participibus tuis : » (*Psal.* XLIV, 8) ostendit quod ista anima aliter oleo lætitiæ, id est, Verbo Dei et sapientia unguitur, et aliter participes ejus (*Cant.*, I, 3), id est, sancti Prophetæ et Apostoli. Illi enim in odore unguentorum ejus cucurrisse dicuntur : ista vero anima vasculum unguenti ipsius fuit, ex cujus fragrantia participantes digni quique Prophetæ fiebant et Apostoli. Sicut ergo alius est unguenti odor

(*a*) Mss. *pro motu*. — (*b*) Mss. *An doctrinam*. Origenes : *An documentum*.

substance d'un parfum, de même autre chose est le Christ et autre chose ceux qui participent à sa gloire. Mais de même que si le vase qui contient la substance même d'un parfum ne saurait recevoir aucune sorte de puanteur, mais qu'il peut se faire que ceux qui ont part à sa bonne odeur, s'ils viennent à s'éloigner un peu trop de cette senteur, contractent une mauvaise odeur; ainsi l'âme du Christ, comme le vase dans lequel il y a la substance même de la bonne odeur était dans l'impossibilité de recevoir une odeur contraire; mais ceux qui participent à sa bonne odeur seront d'autant plus imprégnés et remplis de cette bonne odeur qu'ils se tiendront plus près de lui. De cette manière, toute difficulté de cette sorte sera levée. On ne peut douter que son âme n'ait été de la même nature que celle de toutes les âmes, autrement on ne pourrait dire qu'elle fût une âme, si elle n'en n'était pas véritablement une. Mais comme il est donné à toutes les âmes de pouvoir choisir entre le bien et le mal, l'âme du Christ a choisi d'aimer la justice de telle manière qu'elle demeurât inconvertiblement et inséparablement unie à elle, en sorte que la fermeté du dessein, l'immensité du sentiment et la chaleur d'un amour inextinguible fissent disparaître tout sentiment de changement, et que ce qui était placé dans le libre arbitre se trouvât changé en une seconde nature par l'effet d'un long usage. Voilà comment on doit croire que dans le Christ il y a eu une âme humaine et raisonnable et qu'on ne peut penser qu'elle eût ni le sens ni la possibilité du péché. Cependant pour arriver à donner une explication plus pleine encore de cette chose, il ne semble pas absurde de recourir à un exemple, bien que dans une chose aussi ardue et aussi difficile, il n'est pas facile de trouver des exemples commodes, cependant citons-en un sans aucun préjugé. Le fer est un métal capable de chaud et de froid; si donc une masse de fer se trouvait constamment placée dans le feu, y recevant le feu par tous les pores et toutes les veines, et devenant de feu tout entière, dirons-nous que cette masse qui par sa nature est de fer, ainsi placée dans le feu et sans cesse embrasée, peut jamais recevoir le froid? Que d'autres exemples trouvons-nous encore en grand nombre dans les saintes Ecritures, tirés de l'ombre, tel que dans ce passage de l'Evangile de saint Luc, où Gabriel dit à Marie : « L'Esprit du Seigneur descendra sur vous et vous couvrira de son ombre. » (*Luc*, I, 35.) Quant à l'Apôtre, il dit en parlant de la Loi, que ceux qui sont circoncis selon la chair, servent à la ressemblance et à l'ombre des choses du ciel. (*Hébr.*, VIII, 5.) Ailleurs il est dit : « Est-ce que notre vie n'est point une ombre sur la terre? » (*Job*, VIII, 9.) Si donc la loi qui est sur la terre est une ombre et que toute notre vie sur la terre soit aussi une ombre, et que ce soit à l'ombre du Christ que nous vivions au milieu des Gentils, il faut voir si la vérité de toutes ces ombres n'est point comme dans la révélation, où les saints mériteront de voir non plus dans un miroir et en énigme, mais face à face, la gloire de Dieu, les causes de toutes choses et la vérité. C'est en parlant du gage de cette vérité, déjà reçu par le moyen du Saint-Esprit, que l'Apôtre disait : « Si nous avons autrefois connu le Christ selon la chair, nous ne le connaissons plus ainsi maintenant. » (II *Cor.*, v, 16.) Voilà, en atten-

---

et alia unguenti substantia, ita aliud est Christus et aliud participes sui. Et sicut vas ipsum quod substantiam continet unguenti, nullo genere potest aliquid recipere fœtoris, hi vero qui ex odore ejus participant, si se paulo longius a fragrantia ejus removerint, possibile est ut incidentem recipiant fœtorem : ita anima Christi velut vas in quo inerat substantia unguenti, impossibile fuit ut contrarium reciperet odorem; participes vero ejus quam proximi fuerint vasculo, tam odoris erunt participes et capaces. Hoc modo hujus rei explanabitur difficultas. Naturam quidem animæ illius hanc fuisse, quæ est omnium animarum, non potest dubitari : alioquin nec dici anima potuit, si vere non fuit anima. Verum quoniam boni malique eligendi facultas omnibus præsto est, hæc anima quæ Christi est, ita elegit diligere justitiam, ut pro immensitate dilectionis ei inconvertibiliter atque inseparabiliter adhæreret : ita ut propositi firmitas, et affectus immensitas, et dilectionis inexstinguibilis calor omnem sensum conversionis abscinderet : ut quod in arbitrio erat positum, longi usus affectu jam versum sit in naturam. Ita et fuisse quidem in Christo humana et rationabilis anima credenda est, et nullum sensum vel possibilitatem eam habuisse peccati. Ad pleniorem tamen rei explanationem non videtur absurdum, si etiam similitudine aliqua utamur : licet in re tam ardua tamque difficili, ne exemplis quidem uti commodis copia est, tamen ut absque aliquo præjudicio dicamus : Ferri metallum capax est, et frigoris et caloris. Si ergo massa aliqua ferri semper in igne sit posita, omnibus suis poris omnibusque venis igneum recipiens, et tota ignis effecta, si neque ab ea ignis cesset aliquando, neque ipsa ab igne separetur, numquid dicemus hanc quæ natura quidem ferri massa est, in igne positam et indesinenter ardentem posse aliquando frigus recipere? Sed et quam plurima alia in Scripturis divinis de umbræ significantia videmus inserta : ut illud in Evangelio secundum Lucam, cum dicit Gabriel ad Mariam : « Spiritus Domini veniet super te, et virtus Altissimi obumbrabit tibi. » (*Luc.*, I, 35.) Et Apostolus de lege dicit (*Hebr.*, VIII, 5), quia similitudini et umbræ deserviunt cœlestium, hi qui carnalem habent circumcisionem. Et alibi dicitur : « Nonne vita nostra umbra est super terram? » (*Job*, VIII, 9.) Si ergo et lex quæ super terram est, umbra est, et vita omnis nostra quæ est super terram, umbra est, et in umbra Christi vivemus inter gentes : videndum est ne omnium harum veritas umbrarum in illa revelatione noscatur, cum jam non per speculum, et in ænigmate, sed facie ad faciem (I *Cor.*, XIII, 12), sancti quique, et gloriam Dei, et rerum causas ac veritatem speculari merebuntur: cujus veritatis accepto jam pignore per Spiritum sanctum, dicebat Apostolus: « Et si cognovimus Christum secundum carnem aliquando, sed nunc jam non novimus. » (II *Cor.*, V, 16.) Hæc interim nobis ad præsens de rebus tam difficili-

dant, ce qui a pu se présenter pour le moment à notre esprit dans la discussion de choses si difficiles, je veux dire de l'incarnation et de la divinité du Christ. Si un autre peut trouver quelque chose de mieux à dire, et des textes plus évidents des saintes Ecritures à citer à l'appui de ces assertions, qu'on préfère ce qu'il dira à ce que j'ai dit ici moi-même.

bus disputantibus, id est, de incarnatione et deitate Christi, occurrere potuerunt. Si quis sane melius aliquid potuerit invenire, et evidentioribus de Scripturis sanctis assertionibus confirmare quæ dicit, illa potius quam hæc recipiantur.

AVERTISSEMENT SUR LE LIVRE SUIVANT

Ce livre était autrefois distribué en treize chapitres, dont les deux derniers renfermaient presque tout entier le livre de saint Augustin *contre le Discours des Ariens*, mais un peu abrégé et même altéré en plusieurs endroits, ainsi que les paroles de ces hérétiques qui s'y trouvaient relatées sans aucun signe qui le fît reconnaître. Les premiers chapitres contenaient quelques questions du *Dialogue d'Orose*, rapporté dans l'appendice du tome VI, mais tronquées et corrompues; aussi est-il plus exact de dire que ce livre est composé de fragments du dialogue et non point le dialogue d'extraits de ce livre. Dans la partie du dialogue reproduite ici, on trouve quelques endroits de saint Augustin, en particulier celui qui se lit au chapitre III, et dans la question IX du dialogue : « Si le Saint-Esprit était appelé fils, il serait appelé le fils des deux autres personnes ; or, il n'y a point de fils de ces deux personnes, si ce n'est, etc. » Or, ce passage est emprunté au traité XCIX *sur saint Jean*, et au livre XV *de la Trinité*. Dans un autre endroit de ce même chapitre III, on cite encore quelques autres passages très-courts, empruntés au livre II *de la Trinité*. Enfin au chapitre IV, il y a un passage tiré du livre des *Questions du Nouveau Testament*, q. XCIII. Ce livre des questions se trouve reproduit dans l'appendice de la première partie du tome III.

ADMONITIO IN SUBSEQUENTEM LIBRUM

Distributus olim fuit in tredecim capita, quorum posteriora novem contractum interpolatumque omnem fere librum Augustini *contra sermonem Arianorum*, dictis eorumdem hæreticorum sine distinctione positis, continebant. Capita autem priora quæstiones aliquot *Dialogi Orosii* qui in VI Tomi Appendice est, decurtatas et depravatas referunt, ut veri similius sit hunc librum ex Dialogo, quam ex hoc libro Dialogum locupletatum fuisse. In ea porro Dialogi parte quæ huc translata est, verba Augustini nonnulla reperies : illud exempli gratia quod hic legitur in cap. III, et in quæstione Dialogi IX. « Si Spiritus filius diceretur, amborum filius diceretur : nullus autem filius est duorum, nisi » etc., descriptum est ex Tractatu XCIX *in Joan.*, et ex lib. **XV**, *de Trinitate*. Altera parte capitis ejusdem tertii exhibentur breviora quædam excerpta ex libro II *de Trinitate*. Tandem caput quartum sumptum est *ex libro Quæstionum de Novo Testamento*, q. XCIII, qui quæstionum liber in Appendice primæ partis Tomi III exstat.

LE LIVRE
DE
LA TRINITÉ ET DE L'UNITÉ DE DIEU

CHAPITRE PREMIER (1). — Les premiers mots de la Genèse nous montrent évidemment la personne du Fils unique, elle s'exprime en effet ainsi : « Dans le principe Dieu fit le ciel et la terre. » (*Gen.*, I, 1.) Or, qui devons-nous entendre par ces mots, le principe, sinon le Fils de Dieu? Ne répondit-il point lui-même aux Juifs qui lui demandaient qui il était : « Je suis le principe, moi qui vous parle? » (*Jean*, VIII, 25.) Le principe c'est donc le Fils. C'est par le Fils que le Père a fait le ciel et la terre, ainsi que saint Jean le rapporte en ces termes : « Tout a été fait par lui et rien n'a été fait sans lui. » (*Jean*, I, 3.) Le Fils de Dieu est Fils de Dieu par nature, non par adoption, selon ce mot de l'Ecriture : « Je vous ai engendré avant Lucifer. » (*Ps.* CIX, 3.) Dieu le Père n'a pas de sein comme l'homme, et on ne doit point le croire corporel ; par son sein il veut donc faire entendre sa substance, c'est d'elle qu'est né le Fils. Le Père a engendré ce qu'il est lui-même, Dieu a engendré Dieu, la lumière a engendré la lumière, de même que l'homme engendre l'homme, et un chien un chien. Jamais on n'a vu un homme engendrer un chien. Par conséquent, ce n'est point du néant, ni d'une substance autre que lui, mais c'est de lui-même qu'il a engendré son Fils.

Une foi droite ne dit point que le Saint-Esprit est inengendré ni qu'il est engendré; en effet, si nous disons qu'il est inengendré, nous semblons dire qu'il y a deux Pères, si nous le disons engendré, on nous accusera de dire qu'il y a deux Fils. Mais ce que la foi certaine tient pour vérité, c'est qu'il n'est ni inengendré, ni engendré, mais qu'il procède de l'un et de l'autre, c'est-à-dire, du Père et du Fils. Pour appuyer cela sur des textes, entendez le Seigneur lui-même dire à ses disciples : « Lorsque sera venu le Paraclet, Esprit de vérité, que je vous enverrai de mon Père, et qui procède du Père, il vous rendra témoignage de moi : » (*Jean*, XV, 26) et ailleurs, le même Seigneur Jésus-Christ, voulant montrer à ses disciples, après sa résurrection, que le Saint-Esprit procède de lui, comme il procède de son Père, dit, en soufflant sur eux : « Recevez le Saint-Esprit. » (*Jean*, XX, 22.) Le Saint-Esprit est donc un seul et même esprit du Père et du Fils, l'Esprit des deux en même temps. Aussi qu'il soit l'Esprit du Père, c'est ce que le Seigneur lui-même, notre Sauveur enseigne à ses disciples en ces termes : « Ce n'est pas vous qui parlez, mais l'Esprit de votre Père qui parle en vous, » (*Matth.*, X, 20) et qu'il soit en même temps l'Esprit du Fils, c'est ce que l'apôtre Paul

(1) Extrait de la question I, du dialogue entre Orose et saint Augustin.

DE
TRINITATE ET UNITATE DEI
LIBER UNUS

CAPUT 1. — Personam geniti Filii principium Geneseos evidenter ostendit : ait enim : « In principio fecit Deus cœlum et terram. » (*Gen.*, I, 1.) Quem alium principium intelligendum putamus, nisi Filium? Ipse enim de se interrogantibus Judæis quis esset, respondit : « Principium qui et loquor vobis. » (*Joan.*, VIII, 25.) Ergo principium Filius. Per Filium fecit Deus cœlum et terram, sicut Joannes Evangelista narrat : « Omnia per ipsum facta sunt, et sine ipso factum est nihil. » (*Joan.*, I, 3.) Filius Dei natura est Filius, non adoptione, sicut scriptum est : « Ante luciferum genui te. » (*Psal.* CIX, 3.) Deus Pater uterum non habet sicut nos, aut corporeus esse credendus est : sed per uterum substantiam intelligi voluit, de qua natus est Filius. Quod est Pater, hoc genuit : Deus Deum, lux lucem ; sicut homo hominem gignit, et canis canem. Nunquam visum est ut homo gigneret canem. Ac per hoc Pater non de nihilo, neque de aliqua alia substantia, sed de se ipso genuit Filium.

Spiritum sanctum neque ingenitum, neque genitum fides recta declarat : quia si dixerimus ingenitum, duos Patres affirmare videbimur ; si autem genitum, duos Filios credere culpamur. Sed quod certa fides tenet, nec ingenitus, nec genitus, sed ab utroque procedens, id est, a Patre et a Filio. Et ut hoc testimoniis approbemus, ipsum Dominum nostrum Jesum Christum ad Discipulos audi dicentem : « Cum veneret, inquit : Paracletus, quem ego mittam vobis a Patre, Spiritus veritatis, qui a Patre procedit, ille testimonium perhibebit de me. » (*Joan.*, XV, 26.) Et rursum ipse Dominus Jesus Christus post resurrectionem suam, ut ostenderet a se procedere Spiritum sanctum, sicut et a Patre, insufflans in Discipulos suos, ait : « Accipite Spiritum sanctum. » (*Joan.*, XX, 22.) Unus est ergo Spiritus Patris et Filii, unus amborum Spiritus. Igitur quod Patris sit Spiritus, ipse Dominus et Salvator noster Discipulis suis ait : « Non enim vos estis qui loquimini, sed Spiritus Patris vestri, qui loquitur in vobis. » (*Matth.*, X, 20.) Et quod idem et Filii sit Spiritus, Paulus apostolus testis est : « Si quis autem, inquit, Spiritum

nous atteste quand il dit : « Quiconque n'a point l'Esprit du Christ, n'est point de lui. » (*Rom.*, VIII, 9.)

CHAPITRE II (1). — Il est hors de doute que c'est le Père qu'on doit entendre par le mot Dieu, et que c'est le Fils qu'on désigne par celui de principe. Certainement après avoir dit : « Dans le principe Dieu fit le ciel et la terre, » (*Gen.*, I, 1) et qu'elle ajoute : « Et l'Esprit de Dieu était porté sur les eaux, » l'Ecriture signale une troisième personne dans la Trinité. Si ce n'eût pas été une troisième personne, jamais Notre-Seigneur Jésus-Christ n'aurait dit à ses disciples : « Allez, baptisez toutes les nations au nom du Père, du Fils et du Saint-Esprit, » (*Matth.*, XXVIII, 19) et, après le baptême du Seigneur par Jean, dans le Jourdain, il ne se serait point produit dans le ciel une voix disant : « Celui-ci est mon Fils bien-aimé en qui j'ai mis toutes mes complaisances, » (*Matth.*, III, 17) et on ne dirait point que le Saint-Esprit est descendu et s'est arrêté sur le Sauveur, sous la forme d'une colombe. Nous comprenons donc selon les saintes Ecritures trois personnes, c'est-à-dire, que le Père est un, le Fils un, et le Saint-Esprit un, non pas une autre chose, attendu que c'est par la substance qu'ils sont un. Nous distinguons les personnes sans séparer la divinité. (2) Que le Père, le Fils et le Saint-Esprit soient d'une seule et même substance, c'est ce que le bienheureux apôtre Paul nous montre dans ce qu'il écrit, au sujet du Fils, dans sa lettre aux Romains. Il s'exprime en effet, ainsi : « De qui les patriarches sont les pères et de qui est sorti, selon la chair, le Christ même qui est Dieu au-dessus de tout et béni dans tous les siècles. » (*Rom.*, IX, 5.) Ailleurs, dans l'Evangile selon saint Jean, le Sauveur dit aussi : « La vie éternelle consiste à vous connaître, vous qui êtes le seul Dieu véritable, et Jésus-Christ que vous avez envoyé, » (*Jean*, XVII, 3) c'est-à-dire à vous connaître pour vrai et unique Dieu, vous d'abord et Jésus-Christ que vous avez envoyé. Dans un autre endroit l'Ecriture dit encore : « Afin que nous soyons en son vrai Fils Jésus-Christ, c'est lui qui est le vrai Dieu et la vie éternelle. » (I *Jean*, V, 20.) Puis, pour montrer qu'il est égal au Père, le Seigneur dit luimême : « Mon Père et moi ne faisons qu'une seule chose, » (*Jean*, X, 30) par la nature, non en tant que personnes. Dans un autre endroit il est dit encore : « Les Juifs cherchaient à faire mourir Jésus, nonseulement parce qu'il violait le sabbat, mais encore parce qu'il appelait Dieu son Père, en se faisant égal à Dieu. » (*Jean*, V, 18.) Et saint Paul continue : « Quand il avait la forme et la nature de Dieu, il n'a point cru que ce fût une usurpation pour lui d'être égal à Dieu. » (*Philipp.*, II, 6.) Il ne pouvait y avoir usurpation là où il y avait égalité de nature ; cette égalité n'était point usurpée mais native, il ne l'a point ravie mais il l'a eu véritablement. Quant au Saint-Esprit, les Actes des Apôtres nous enseignent très-clairement qu'il est Dieu : « Ananie, dit Pierre, pourquoi Satan a-t-il tenté votre cœur de mentir à l'Esprit saint ? » et un peu après : « Ce n'est point aux hommes, mais à Dieu que vous avez menti. » Dans l'Evangile selon saint Jean on lit : « Dieu est esprit, » (*Jean*, IV, 24) et saint Paul écrivant aux Corinthiens, leur dit : « Ne savez-vous pas que votre corps est le temple du Saint-Esprit qui réside en vous et qui vous a été donné de Dieu ; et ne savez-vous pas que vous ne vous appartenez plus à vous-mêmes ? » (I *Cor.*, VI, 19.) Le même saint

(1) De la question I, du *Dialogue d'Orose*. — (2) De la question III, du même Dialogue.

Christi non habet, hic non est ejus. » (*Rom.*, VIII, 9.)

CAPUT II. — Procul dubio in nomine Dei, Pater; in nomine principii, Filius intelligendus est. Profecto cum dixisset : « In principio fecit Deus cœlum et terram : » et subsecutus adjunxit : « Et Spiritus Dei ferebatur super aquas : » qui est tertia in Trinitate persona. Igitur si non esset trina persona, nunquam Dominus noster Jesus Christus diceret Discipulis suis : « Ite baptizate omnes gentes in nomine Patris et Filii et Spiritus sancti. » (*Matth.*, XXVIII, 19.) Nec baptizato Domino a Joanne in Jordane fieret vox de cœlo, dicens : « Hic est Filius meus dilectus, in quo mihi bene complacui : » (*Matth.*, III, 17) nec Spiritus sanctus in specie columbæ descendisse super eum, et mansisse diceretur. Ideo tres personas secundum Scripturas sanctas intelligimus, id est, alium esse Patrem, alium Filium, qui genitus est a Patre, alium Spiritum sanctum : non aliud, quia substantia unum sunt. Personas distinguimus, non deitatem separamus. Quod autem Pater et Filius et Spiritus sanctus de una substantia sit, beatus Paulus apostolus de Filio ad Romanos scribens demonstrat : « Quorum Patres, inquit, et ex quibus Christus secundum carnem, qui est super omnia Deus benedictus in sæcula. » (*Rom.*, IX, 5.) Et iterum in Evangelio secundum Joannem : « Ut cognoscant te solum verum unum Deum, et quem misisti Jesum Christum : » (*Joan.*, XVII, 3) id est, te, et quem misisti Jesum Christum, verum unum Deum. Et rursus Scriptura dicit : « Ut simus in vero Filio ejus Jesu Christo, ipse est verus Deus et vita æterna. » (I *Joan.*, V, 20.) Et ut æqualitatem suam ostenderet, ait ipse Dominus : « Ego et Pater unum sumus ; » (*Joan.*, X, 30) scilicet natura, non persona. Et iterum inquit : « Propterea quærebant Judæi interficere Jesum, quia non solum solvebat sabbatum, sed et Patrem suum dicebat Deum, æqualem se faciens Deo. » (*Joan.*, V, 18.) Et rursus Paulus inquit : « Qui cum in forma Dei esset, non rapinam arbitratus est esse se æqualem Deo. » (*Philip.*, II, 6.) Non poterat esse rapina, ubi æqualis erat natura ; non erat usurpata, sed nata ; non rapuit, quia vere habuit. Spiritum vero sanctum Deum, Acta Apostolorum apertissime docent : « Anania, » inquit Petrus, « cur tentavit Satanas cor tuum, mentiri te Spiritui sancto ? » Et infra : « Non hominibus mentitus es, sed Deo. » (*Act.*, V, 3.) Et in Evangelio inquit secundum Joannem : « Dominus Spiritus est. » (*Joan.*, IV, 24.) Paulus ad Corinthios scribens, ait : « Nescitis quia corpora vestra templum sunt Spiritus sancti, qui in vobis est, quem habetis a Deo, et non estis vestri ? » (I *Cor.*, VI, 19.) Idem Paulus : « Empti enim estis pretio magno, glorificate et portate Deum in corpore vestro. » (*Ibid.*, 20.)

Paul reprend ailleurs : « Car vous avez été achetés à un grand prix ; glorifiez donc et portez Dieu dans votre corps. » (Ibid., 20.) Le Père, dis-je, est Dieu, le Fils est Dieu, le Saint-Esprit est Dieu ; ce ne sont point trois Dieux, mais un seul Dieu, comme le dit Moïse en ces termes : « Ecoutez Israël, le Seigneur votre Dieu est un seul Dieu. » (Deut., VI, 4.) Par conséquent, comme nous disons non point trois Dieux, ni trois essences, de même ne disons-nous point trois sagesses, ni trois esprits. En effet, si on nous demande de chaque personne, le Père est-il sagesse, le Fils ou le Saint-Esprit sont-ils sagesse, nous répondons : le Père est sagesse, le Fils est sagesse, le Saint-Esprit est sagesse : ce ne sont point trois sagesses, ni trois esprits ; mais une seule sagesse et un seul esprit, comme ce ne sont qu'une seule substance et une seule essence ; car ce qu'est l'être pour le Père, ce l'est également pour le Fils sagesse et pour le Saint-Esprit.

Et (1) quoique le Père, le Fils et le Saint-Esprit soient égaux, cependant le Fils dit : « Mon Père est plus grand que moi, » (Jean, XIV, 28) et ailleurs : « Je ne suis pas venu faire ma volonté, mais la volonté de celui qui m'a envoyé, » (Matth., XXVI, 39) et dans un autre endroit : « Mon Père, si c'est possible, que ce calice s'éloigne de moi. » Enfin dans un autre passage : « Ma doctrine n'est pas ma doctrine, mais la doctrine de celui qui m'a envoyé. » (Jean, VII, 6.) Tout cela, ainsi que tout ce que dit le Fils, a été dit et doit s'entendre au sens de la forme d'esclave qu'il a prise. Lors donc que le premier homme a été créé par Dieu et doué par lui du libre arbitre, il reçut un commandement, et s'il observait ce que Dieu lui ordonnait, il ne devait mourir ni de la mort du corps ni de celle de l'âme ; mais lui désobéissant à Dieu et enflé d'orgueil, céda aux suggestions du serpent et méprisa les commandements de Dieu ; telle fut la cause qui lui fit encourir le péril de mort. Par ce seul homme toute la nature humaine a été viciée, est devenue sujette au péché et à la mort. Aussi l'apôtre saint Paul dit-il : « Le péché est entré dans le monde par un seul homme et la mort y est entrée par le péché, et ainsi la mort est passée dans tous les hommes en qui tous ont péché. » (Rom., V, 12.) « De même donc que c'est par le péché d'un seul que tous les hommes sont tombés dans les condamnations, ainsi c'est par la justice d'un seul que tous les hommes reçoivent la justification de la vie. » (Ibid., 18.) Ailleurs le même Apôtre dit : « Le premier homme est le terrestre formé de la terre, et le second est le céleste descendu du ciel. » (I Cor., XV, 47.) Je l'appelle céleste parce qu'il n'est point né d'un germe humain, mais qu'il a été pris, pour notre salut, dans le sein de la Vierge Marie, par le don de Dieu, ainsi que saint Jean nous l'atteste en ces termes : « Et le Verbe s'est fait chair et il a habité parmi nous. » (Jean, I, 14.) Le Verbe s'est fait chair, mais ne s'est point changé en chair en cessant d'être ce qu'il était, il a commencé à être ce qu'il n'était point. En effet, il prit une chair, mais ne se changea point en chair. Par cette chair, nous entendons l'homme tout entier, je veux dire, son corps et son âme raisonnable. Et comme le premier homme était mort quant au corps et à l'âme, de même aussi il fallut qu'il fût vivifié, corps et âme, par le médiateur de Dieu et des hommes, l'homme Jésus-Christ. C'est donc, ainsi que nous l'avons dit plus haut, au sens de la forme d'esclave empruntée

---

(1) De la question IV, du *Dialogue d'Orose et d'Augustin.*

Pater, inquam, Deus, Filius Deus, Spiritus sanctus Deus : non tres dii, sed unus est Deus, ut Moyses dicit : « Audi Israel, Dominus Deus tuus, unus est Deus. » (Deut., VI, 4.) Ac per hoc sicut dicimus, non tres deos, non tres essentias ; ita nec tres sapientias, nec tres spiritus. Nam interrogati de singulis personis, si sit Pater sapientia, vel Filius, vel Spiritus sanctus : respondemus, Pater est sapientia, Filius est sapientia, Spiritus sanctus est sapientia : non tres sapientiæ, nec tres spiritus ; sed una sapientia, et unus spiritus ; quia unus substantia, et una essentia : quia hoc illi Patri est esse, quod Filio sapientiæ et Spiritui sancto est esse.

Et cum æquales sint Pater et Filius et Spiritus sanctus Filius tamen dicit : « Pater major me est. » (Joan., XIV, 28.) Et : « Non veni voluntatem meam facere, sed voluntatem ejus qui me misit. » (Joan., VI, 38, 40.) Et : « Pater, si possibile est, transeat a me calix iste. » (Matth., XXVI, 39.) Et : « Mea doctrina non est mea, sed ejus qui me misit. » (Joan., VII, 16.) Ista omnia, et alia quæ dicit Filius, secundum formam servi quam assumpsit, intelligenda et dicta sunt. Igitur cum primus homo conditus esset a Deo, et libero arbitrio muneraretur, præceptumque ei positum esset, ut si custodisset quæ ei Deus præceperat, morte non corporis, nec animæ moreretur : sed ille inobediens mandato Dei, atque elatus superbia, suasioni serpentis obediens, mandata contempsit. Et hæc causa exstitit ut mortis periculum incurreret ; et ab illo uno homine omnis humana natura vitiata, atque peccato obnoxia, mortalis exsisteret. Unde apostolus Paulus inquit : « Per unum hominem peccatum introivit in mundum, et per peccatum mors : et ita in omnes homines mors pertransivit, in quo omnes homines peccaverunt. Quia sicut per unum hominem omnes homines in condemnationem ceciderunt, ita et per unius justitiam omnes homines in justitiam vitæ surrexerunt. » (Rom., V, 12.) Et iterum : « Primus homo de terra terrenus, secundus homo de cœlo cœlestis. » (I Cor., XV, 47.) Cœlestem itaque dico, quia non ex humano conceptus semine, sed de Maria virgine, pro nostra salute, assumptus a Filio Dei, sicut Joannes testatur : « Et Verbum caro factum est, et habitavit in nobis. » (Joan., I, 14.) Verbum caro factum est, non in carnem mutatum, ut desisteret esse quod erat, sed cœpit esse quod non erat : sumpsit enim carnem, non convertit in carnem. Carnem istam a parte totum hominem intelligimus, id est, carnem et animam rationalem : ut primus homo et carne et anima mortuus fuerat, ita etiam oportuit ut per Mediatorem Dei et hominum hominem Christum Jesum et carne et anima vivificaretur. Ergo, ut supra diximus, secundum assumptionis

par lui, qu'il a dit : « Mon Père est plus grand que moi. » (*Jean*, XIV, 28.) (1) On ne doit point croire que le Fils de Dieu et le Fils de l'homme fassent deux fils, attendu qu'il n'y a point deux fils mais un seul. Celui qui était Fils de Dieu s'est fait Fils de l'homme dans l'unité de personne. Et de même que l'âme et le corps ne font qu'un homme, ainsi le Verbe et l'homme ne font qu'un seul Christ. Nous admettons deux substances dans le Fils de Dieu qui est un, la substance divine et la substance humaine, mais non point deux personnes. Si nous admettions deux personnes, nous introduirions aussi deux Fils de Dieu, et alors ce n'est plus la Trinité qu'on aurait mais une quaternité, ce dont bien s'en faut; car en tant qu'il est Dieu il est égal au Père, présent partout, tout entier dans le ciel, tout entier sur la terre, et n'est renfermé dans aucun lieu. En tant qu'il est homme, il a souffert, il est mort, il est ressuscité, il est monté au ciel, il est assis à la droite du Père et il viendra pour juger les vivants et les morts; de même qu'on le vit aller au ciel, dans la même forme et dans la même substance corporelle, qu'il a douée de l'immortalité sans la dépouiller de sa nature. (2) Bien qu'il n'y ait qu'une substance divine, ce n'est point la personne du Père, ni celle du Saint-Esprit, mais la seule personne du Fils qui prit un corps. Et pour que nous le comprenions bien, je me servirai de comparaisons. Certainement, pour arriver à comprendre le Créateur par la créature, il en est de même de la raison dans notre âme, et bien que l'une et l'autre ne fassent qu'une seule et même chose, cependant l'âme fait une chose, et la raison en fait une autre. C'est par l'âme que nous sommes en vie, et par la raison que nous sommes sages. De

même le Père, le Fils et le Saint-Esprit ne faisant qu'une seule et même substance, la Trinité tout entière a fait l'homme, mais elle ne se l'unit point tout entière, il n'y a que la personne du Fils. (3) Ce n'est par le fait ni de la nécessité, ni de sa volonté, que le Père a engendré le Fils ; ce n'est point par le fait de la nécessité, parce qu'il n'y a point de nécessité en Dieu; ce n'est point non plus par le fait de la volonté, attendu que la volonté ne saurait devancer la sagesse laquelle est le Fils. Par conséquent, être sage d'une manière raisonnable est antérieur à vouloir d'une manière raisonnable; ce n'est donc point par un acte de la volonté ni par le fait de la nécessité, mais naturellement, par sa seule sagesse que le Père a engendré le Fils. (4) « De même que le Père a la vie en soi, ainsi a-t-il donné au Fils d'avoir la vie en lui-même. » (*Jean*, V, 26.) Nous savons que le Fils ne tient pas l'être de lui-même mais a été engendré du Père, et que le Père n'a été engendré par nul autre et n'a reçu la vie de personne. Le Père a donné la vie au Fils en engendrant la vie qu'il a en soi; ce n'est pas à dire que le Fils ait existé auparavant sans la vie, et qu'il n'ait reçu la vie que plus tard, comme nous, qui ayant perdu la vie par le péché, la recevons par la grâce du Sauveur. Voilà pourquoi nous disons en parlant de lui : le Fils a reçu la vie du Père, parce qu'il a été engendré de lui, le Père ne lui a point donné la vie qu'il n'avait point, mais il la lui a donnée en l'engendrant.

CHAPITRE III (5). — Comme nous avons prouvé par le raisonnement et par des textes, que la sujétion du Fils au Père ne vient pas de ce qu'il est moindre que lui quant à la substance, mais quant à la forme

(1) De la question V, du *Dialogue d'Orose*. — (2) De la question VI, du du même dialogue. — (3) De la question VII, du même dialogue. (4) De la question VIII, du même dialogue. — (5) De la question IX, du même dialogue.

formam carnis dictum est : « Pater major me est. » (*Joan.*, XIV, 28.) Non est credendum posse Filium Dei et Filium hominis duos filios esse : quia non sunt duo filii, sed unus. Nam ille qui erat Filius Dei, factus est Filius hominis in unitate personæ. Ut anima et caro unus est homo, ita verbum et homo unus est Christus. Duas substantias accipimus in uno Filio Dei, unam deitatis, aliam humanitatis, non duas personas. Et si dixerimus duas personas, introducemus etiam duos Filios Dei : et jam tunc non erit Trinitas, sed quaternitas, quod absit. Profecto enim per id quod est Deus, et æqualis Patri, et ubique præsens est, et in cœlo est totus, et in terra totus, et in nullo continetur loco : per id quod homo, et passus et mortuus, et resurrexit et ascendit in cœlum, sedetque ad dexteram Patris, et sic veniet ad judicandum vivos et mortuos, quemadmodum est ire visus in cœlum, in eadem forma carnis atque substantia; cui profecto immortalitatem dedit, naturam non abstulit. Licet una substantia sit, neque persona Patris, neque Spiritus sancti, sed sola Filii suscepit carnem. Et ut hoc intelligamus, comparationibus utar. Certe (ut ex creatura intelligas Creatorem) sic in anima est ratio : et cum sint unum, aliud anima agit, aliud ratio : anima vivimus, ratione sapimus : ita Pater et

Filius et Spiritus sanctus cum sint una substantia, tota Trinitas operata est hominem, quem non tota Trinitas asssumpsit, sed sola Filii persona. Nec voluntate, nec necessitate genuit Pater Filium. Non necessitate, quia necessitas in Deo non est : non voluntate, quia voluntas præire sapientiam non potest, quæ est Filius. Igitur prius est rationabiliter sapere, quam rationabiliter velle. Unde nec voluntate nec necessitate, sed naturaliter sola sapientia Pater genuit Filium. « Sicut Pater vitam habet in semetipso, sic dedit Filio habere vitam in semetipso. » (*Joan.*, V, 26.) Scimus Filium Dei a semetipso non esse, sed a Patre genitum esse : Patrem vero a nullo genitum esse, a nullo vitam accepisse. Dedit Pater Filio vitam, gignendo vitam quam Pater habuit in se. Non quod prius fuerit Filius sine vita, et postea acceperit vitam; sicut nos qui per peccatum amisimus vitam, et per gratiam Salvatoris recepimus vitam. Ideo de eo dicitur, Filius a Patre accepit vitam, quia non a se ipso est genitus : non existenti dedit, sed gignendo.

CAPUT III. — Quoniam et oratione et testimoniis persuasimus de subjectione Filii, quia non secundum substantiam minor, sed secundum formam servi quam assumpsit : sed ut missus esse dicatur, aliquid dicere volumus. Scimus sicut Filius non secundum substantiam

d'esclave qu'il a empruntée, nous voulons maintenant dire quelques mots de sa mission. Nous savons que de même que ce n'est point selon la substance qu'on dit du Fils qu'il a été envoyé ou qu'il est moindre, de même ce n'est point à cause de la forme de colombe ou de langues de feu qu'on dit du Saint-Esprit qu'il a été envoyé. Ce n'est point, en effet, dans la substance dans laquelle il est égal au Père, qu'il est apparu, mais comme on l'a dit, par le moyen d'une créature soumise à sa volonté. En effet, le Saint-Esprit n'a point pris la colombe ou les langues de feu, comme le Fils a pris l'homme pour y demeurer à jamais uni; mais ces apparitions ont été produites par le moyen de créatures inférieures, pour manifester le Saint-Esprit et disparaître ensuite; car jamais l'incompréhensible et immuable divinité qui est le Dieu Trinité n'aurait pu être vu des yeux du corps, si ce n'est, comme on l'a dit, par le moyen d'une créature soumise à sa volonté. Il y a cette différence entre le Fils engendré et le Saint-Esprit procédant, que le Fils de Dieu vient du Père en tant qu'il naît de lui, non point en tant qu'il est donné par lui, tandis que le Saint-Esprit est du Père et du Fils, non pas en tant qu'il naît de l'un et de l'autre, mais en tant qu'il est donné par l'un et par l'autre. Le Fils ne naît que du Père, non du Saint-Esprit; le Saint-Esprit est de l'un et de l'autre, je veux dire, du Père et du Fils; car (1) si le Saint-Esprit était appelé Fils, il serait le fils des deux autres personnes; or, il n'y a jamais fils de deux personnes, là où il n'y a point père et mère; or, Dieu nous garde de penser qu'il y ait quelque chose de tel entre Dieu le Père et Dieu le Fils, et d'ailleurs le fils même de l'homme n'est point né d'un père et d'une mère; quand il procède du père il n'a point de mère, et quand il procède de sa mère pour venir au jour, il n'a point de père. Quant au Saint-Esprit, il ne procède point du Père au Fils et du Fils à la créature pour la sanctifier, mais il procède en même temps de l'un et de l'autre.

(2) Saint Jean dit que le Saint-Esprit « ne parle point de lui-même, mais doit dire ce qu'il a entendu; » (*Jean*, XVI, 13) mais s'il ne parle point de lui-même, c'est parce qu'il n'est point de lui-même. Le Père n'est né de nul autre, le Fils est engendré du Père et le Saint-Esprit procède du Père et du Fils; voilà pourquoi il ne parle point de lui-même, mais ne doit dire que des choses qu'il a entendues. Pour lui, entendre c'est être, mais il ne tient point l'être de lui-même, il le tient du Père; voilà pourquoi il ne doit dire que ce qu'il aura entendu. (3) Qu'est-ce à dire que le Saint-Esprit intercède pour nous, selon ce mot de saint Paul aux Romains : « Car nous ne savons pas ce que nous devons demander à Dieu dans nos prières, pour le prier comme il faut, mais le Saint-Esprit lui-même prie pour nous avec des gémissements ineffables, et celui qui pénètre le fond des cœurs entend bien quel est le désir de l'Esprit, parce qu'il ne demande pour les saints que ce qui est conforme à la volonté de Dieu ? » (*Rom.*, VIII, 26.) Cette façon de parler qui se retrouve souvent dans les saintes Ecritures est semblable à celle dont Dieu se sert en s'adressant à Abraham quand il lui dit : « Maintenant je connais que vous craignez Dieu, » (*Gen.*, XXII, 12) c'est-à-dire, je vous ai fait connaître, selon ce mot de l'Apôtre : « Maintenant connaissant Dieu, ou plutôt étant connus de lui. » (*Gal.*, IV, 9.) En effet, tout est présent pour Dieu avant même d'arriver, l'avenir est présent comme s'il était déjà accompli; de même donc que

---

(1) Paroles de saint Augustin dans le Traité XCIX, sur *saint Jean*, n. 9. — (2) De la question XI, du *Dialogue d'Orose*. — (3) De la question XII, du même dialogue.

---

dicitur missus, seu minor : ita nec Spiritus sanctus propter columbam vel ignem missus dicitur : scilicet quia non in ea substantia, qua æqualis est Patri, apparuit, sed, ut dictum est, per subjectam creaturam. Non enim sicut Filius hominem assumpsit, ut in æternum permaneat, sic Spiritus sanctus columbam vel ignem : sed illæ factæ visiones de creatura inferiore ad manifestandum Spiritum, esse postea destiterunt. Nunquam enim illa incomprebensibilis immutabilisque divinitas, quæ est Trinitas Deus, ab oculis carnalibus videri potest, nisi, ut dictum est, per subjectam creaturam. Inter genitum Filium et processionem Spiritus sancti hoc distat, quod Filius Dei sic est de Patre, quomodo natus, non quomodo datus : Spiritus vero sanctus sic est de Patre et Filio, non quomodo natus, sed quomodo datus. Filius natus solius est Patris, non Spiritus sancti. Amborum est spiritus, id est, Patris et Filii : quia si Spiritus Filius diceretur, amborum Filius diceretur. Nullus autem Filius est duorum nisi patris et matris : quod absit ut inter Deum Patrem et Filium quis suspicetur, quia nec filius hominis simul et ex patre et matre procedit : sed cum procedit ex patre, non tunc procedit ex matre; et cum procedit ex matre in hanc lucem, non tunc procedit et ex patre. Spiritus vero sanctus non de Patre procedit in filium, et de filio procedit ad sanctificandam creaturam, sed simul de utroque procedit.

De eo quod a Joanne dicitur, quod Spiritus sanctus « non loquitur a semetipso, sed quæcumque audiet, loquetur : » (*Joan.*, XVI, 13) non loquitur a semetipso, quia non est a se ipso: Pater enim a nullo est natus, Filius a Patre est genitus, Spiritus sanctus a Patre et Filio procedens : ideo non loquitur a se ipso : sed quæcumque audiet, loquetur. Audire illi esse est, a se non est, sed a Patre : ideo quæcumque audiet, loquetur. Quid sit quod Spiritus sanctus pro nobis interpellare dicitur, quod dicit Paulus ad Romanos scribens : « Nam quid oremus sicut oportet, nescimus, sed ipse spiritus postulat pro nobis gemitibus inenarrabilibus. Qui autem scrutatur corda, scit quid desideret Spiritus, quia secundum Deum postulat pro sanctis. » (*Rom.*, VIII, 26.) Modus iste locutionis, qui frequenter in Scripturis sanctis invenitur, est sicut Deus dicit ad Abraham : « Nunc cognovi, quoniam timeas Deum, » (*Gen.*, XXII, 12) hoc est, cognoscere te feci : sicut dicit Apostolus : « Nunc cognoscentes Deum, imo cogniti a Deo. » (*Gal.*, IV, 9.) Nempe omnia in præsentia Dei sunt ante quam fiant; præsentia sunt futura, quasi

lorsque saint Paul dit : « Nous sommes connus de Dieu, » c'est comme s'il disait, Dieu fait que nous connaissions Dieu ; ainsi dans cet endroit il dit que le Saint-Esprit gémit pour nous, c'est-à-dire, nous fait pousser des gémissements en répandant en nous l'amour de Dieu et du prochain, c'est ainsi qu'on dit un jour joyeux, pour un jour qui rend les hommes joyeux. (1) Le Père n'est représenté nulle part comme ayant été envoyé. Quant à la mission du Fils, voici en quels termes l'Apôtre la décrit : « Mais lorsque le temps a été accompli, Dieu a envoyé son Fils formé d'une femme et assujetti à la loi, pour racheter ceux qui étaient sous la loi. » (*Gal.*, IV, 4 et 5.) Que le Fils de Dieu, né de la Vierge Marie, soit venu dans le monde, c'est ce que nous atteste l'Evangéliste quand il nous dit : « Il était dans le monde et le monde a été fait par lui. » (*Jean*, I, 10.) Quant à lui-même, il nous dit : « Je suis sorti de mon Père et venu dans ce monde. » (*Jean*, XVI, 28.) L'Evangéliste dit encore : « Et le monde ne l'a point connu, » puis il ajoute : « Il est venu dans son propre domaine. » (*Jean*, I, 11.) Il fut envoyé là où il est venu ; mais il était déjà dans ce monde où il fut envoyé. Or, il n'y a point de doute pour un catholique que cette mission est l'œuvre de la sainte Trinité. (2) Il n'est dit nulle part que le Père soit plus grand que le Saint-Esprit, ou que le Saint-Esprit soit moindre que Dieu le Père, parce qu'il n'en est rien. Comme la personne de sa divinité a été prise par le Fils de Dieu dans le sein de la Vierge Marie, pour faire la personne de son humanité, elle a été uni pour toujours l'unité et l'extérieur. Bien que le Saint-Esprit soit apparu sous une apparence de colombe ou de langue de feu, nous ne pouvons pourtant point appeler l'Esprit saint Dieu et colombe, non plus que Dieu et langues de feu, comme nous appelons le Fils Dieu et homme. (3) C'est donc à cause de ces formes corporelles sous lesquelles le Saint-Esprit est apparu, qu'on le dit envoyé ; mais on ne peut dire à cause des mêmes formes, qu'il est moindre que le Père, comme on le dit du Fils, à cause de la forme d'esclave qui lui est attachée d'une manière perpétuelle, dans l'unité de personne. Ces formes corporelles de colombe, par exemple, ou de langues de feu, ont apparu à un moment, pour montrer ce dont il était besoin, et ont cessé d'exister après cela. (4) Est-ce que les créatures n'ont point dû apparaître changées et transformées comme il convenait, et asservies à la volonté du Créateur, qui demeure immuablement le même au dedans de lui, pour le signifier et le démontrer aux hommes ?

CHAPITRE IV (5). — Quelques-uns doutent ordinairement si les apôtres ont eu le Saint-Esprit pendant le temps qu'ils étaient avec le Seigneur Christ, et s'appuient sur ces paroles de l'Evangéliste : « Le Saint-Esprit n'était point encore donné, parce que Jésus n'était point encore glorifié, » (*Jean*, VII, 39) et ces autres : « Si vous m'aimez, observez mes commandements ; et moi je prierai mon Père et il vous donnera un autre Paraclet, l'Esprit de vérité, pour qu'il soit à jamais avec vous, cet Esprit que le monde ne peut recevoir parce qu'il ne le voit point et qu'il ne le connaît point. Mais vous, vous le voyez et vous le connaissez, parce qu'il demeure en vous et qu'il est avec vous. » (*Jean*, XIV, 15.) On lit aussi,

(1) Du livre II, *de la Trinité*, de saint Augustin, c. v. — (2) Ibid., ch. VI. — (3) Ibid., ch. VII. — (4) Ibid., ch. VI. — (4) Question XCXIII, du *Nouveau Testament*.

jam facta sint : quomodo dicit, « cogniti a Deo, » nisi faciente Deo ut cognoscamus Deum : sic et hic scribitur Spiritus sanctus gemere pro nobis, id est, gementes nos facere, infundendo nobis caritatem in Deum et proximum : sicut legitur : Lætus dies, quia lætos homines facit. Pater solus nusquam legitur missus : sed missionem Filii ita scribit Apostolus : « Cum autem venerit plenitudo temporis, misit Deus Filium suum natum ex muliere, factum sub lege, ut eos qui sub lege erant, redimeret. » (*Gal.*, IV.) Quod Filius Dei natus de Maria virgine, venit in mundum, testatur Evangelista, dicens : « In mundo erat, et mundus per ipsum factus est. » (*Joan.*, I, 10.) Et ipse ait : « Ego a Patre exivi, et veni in hunc mundum. » (*Joan.*, XVI, 28.) Item Evangelista dicit : « Et mundus eum non cognovit. » Deinde subjungit : « In sua propria venit. » (*Joan.*, I, 11.) Illuc utique missus est, quo venit : sed in hunc mundum est missus, ubi erat : quæ missio tamen esse opus sanctæ Trinitatis, nulli sit catholico dubitandum. Nusquam scriptum est, quod Deus Pater major sit Spiritu sancto, vel Spiritus sanctus minor Deo Patre, quia non ita est. Quia persona divinitatis suæ assumpta est a Filio Dei ex virgine Maria, in personam suæ humanitatis, unitatem habitumque conjunxit in æternum. Quamvis Spiritus sanctus apparuisset in specie columbæ vel ignis, non possumus tamen dicere Spiritum sanctum Deum et columbam, aut Deum et ignem, sicut dicimus Filium Deum et hominem. Propter has igitur corporales formas, in quibus apparuit Spiritus sanctus, missus dicitur : non propter has minor Patre dici potest ; sicut Filius propter formam servi, quæ inhæsit illi ad unitatem personæ perpetualiter. Illæ vero species corporales, ut est columbæ vel ignis, ad demonstrandum quod opus fuit, ad tempus apparuerunt, et post postea destiterunt. Nonne apparere debuerunt creaturæ sicut oportuit, servientes Creatori ad nutum ejus, qui incommutabiliter in se ipso permanet, ad eum significandum et demonstrandum, sicut significari et demonstrari mortalibus oportebat, mutatæ atque conversæ ?

CAPUT IV. — A quibusdam dubitari solet, an Spiritum sanctum habuerunt Apostoli illo tempore, quo fuerunt cum Christo Domino, secundum quod Evangelista dicit : « Spiritus nondum erat datus, quia Jesus nondum erat glorificatus. » (*Joan.*, VII, 39.) Et in alio loco ait : « Si diligitis me, præcepta mea servate : et ego rogabo Patrem, et alium Paracletum dabit vobis, ut vobiscum sit in æternum, Spiritum veritatis ; quem mundus non potest accipere ; quia non videt eum, neque cognoscit eum. Vos autem videtis eum, et cognoscitis eum ; quia apud vos manet, et vobiscum est. » (*Joan.*, XIV, 15.) Et etiam post resurrectionem suam legitur insufflasse et dixisse

qu'après sa résurrection le Seigneur souffla sur ses disciples et leur dit : « Recevez le Saint-Esprit. » (*Jean*, xx, 22.) Et on lit, que le jour de la Pentecôte, le Saint-Esprit descendit sur les apôtres. (*Act.*, ii, 1.) A cela on doit répondre que le Saint-Esprit est un, mais que ses dons sont multiples. Il n'est pas douteux que le Saint-Esprit fût avec eux, attendu que là où est le Christ, est aussi le Saint-Esprit; et de ce que le Christ avait promis que le Saint-Esprit viendrait envoyé par le Père, sa divinité indifférente n'a point fait défaut en cette circonstance. Le don du Saint-Esprit s'est manifesté sous trois formes d'offices différents dans les apôtres. La première de ces formes est celle qui se rapporte au droit ecclésiastique pour la régénération des hommes. Le pouvoir de l'Eglise se trouve compris dans les offices des évêques et des prêtres qui doivent faire toutes choses dans la tradition du Seigneur, par le Saint-Esprit. Voilà pourquoi Jésus leur dit : « Les péchés seront retenus à ceux à qui vous les retiendrez et ils seront remis à ceux à qui vous les remettrez. » (*Jean*, xx, 23.) La seconde est celle qui a été donnée le jour de la Pentecôte et qui est générale, attendu que le Saint-Esprit n'est pas descendu seulement sur les apôtres mais encore sur tous les fidèles. La troisième est celle qui a été accordée aux seuls apôtres ou à ceux qui ont été ordonnés dès le principe, pour opérer des miracles et des merveilles de puissance, jusqu'au jour où les semences de la foi eurent reçu quelque accroissement. Or, les semences de la foi ce ne sont les merveilles de puissance opérées par les apôtres, car les apôtres mêmes ont été établis évêques de la vérité, de telle façon qu'ils attestent par des signes et des prodiges que notre foi est raisonnable. Le Saint-Esprit est donc donné en général à tous les croyants, mais s'il demeure en eux, et c'est par les miracles et les prodiges qu'il est prouvé qu'ils sont enfants de Dieu. Le Saint-Esprit quelquefois ne demeure point dans un homme, mais il y vient si on l'y appelle pour lui suggérer les choses nécessaires et se retirer ensuite. De même dans la tradition et l'ordination, il donne du dehors grâce et protection aux dévots de la foi afin d'être tenus pour plus recommandables par l'inspiration qui vient de lui.

Chapitre V. — (1) Le Père, le Fils et le Saint-Esprit ne font qu'un seul vrai Dieu, selon ces paroles de l'Ecriture : « Ecoutez Israël, le Seigneur votre Dieu est le seul Dieu, » (*Deut.*, vi, 4) et celles-ci de l'Evangile : « Qu'ils vous connaissent, vous le seul vrai Dieu et Jésus-Christ que vous avez envoyé. » (*Jean*, xvii, 3.) Quant au Christ, l'apôtre Jean en parle en ces termes : « Il est vrai Dieu et vie éternelle. » (I *Jean*, v, 20.) Il était Fils de Dieu avant tous les temps, comme on peut le comprendre par ces mots : « Dans le principe était le Verbe, » et ces autres : « Tout a été fait par lui, » car le temps ne peut être sans certains mouvements de créatures. Voilà pourquoi nous confessons que les temps même ont été faits par le Fils par qui tout a été fait; d'où il suit que le Fils est coéternel avec le Père, l'engendré égal à celui qui l'engendre. On dit (2) que c'est de la volonté ou du précepte du Père que toutes les choses célestes, terrestres, visibles et invisibles, corporelles et spirituelles ont été faites par le Fils de Dieu, qui les a tirées par sa vertu non de choses déjà existantes, mais du néant, pour qu'elles fussent; tandis que lui-même n'a point été fait de choses subsistantes, ni tiré du néant, mais est Dieu

---

(1) De saint Augustin, *livre contre le discours des Ariens*, ch. i, ii, etc. — (2) Paroles tirées du *discours des Ariens*.

---

discipulis : « Accipite Spiritum sanctum. » (*Joan.*, xx, 22.) In Pentecoste vero legitur Spiritus sanctus in Apostolos descendisse. (*Act.*, ii, 1.) Ad hæc dicendum, quia unus Spiritus est, sed dona habet multa. Non est dubium, quin Spiritus sanctus erat cum eis : quia ubi Christus est, Spiritus sanctus est. Et quia venturum Spiritum sanctum a Patre promiserat Christus, non defuit in hoc indifferens ejus divinitas. Trium officiorum formæ doni Spiritus sancti in Apostolis sunt ostensæ : quarum prima est, quæ ad jus ecclesiasticum pertinet, in regenerandis. Ecclesiastica potestas intelligitur esse in officiis Episcoporum et sacerdotum, qui omnia in traditione Dominica per Spiritum sanctum agere debent. Unde illis dicit Jesus : « Quorum tenueritis peccata, tenebuntur; et quorum remiseritis, remittentur eis. » (*Joan.*, xx, 23.) Secunda est, quæ in Pentecoste data est, quæ generalis est : non solum cum in Apostolos, verum etiam in omnes credentes decidit Spiritus sanctus. Tertia forma est, quæ solum Apostolis vel ordinatis in initio concessa est, in signis ac virtutibus faciendis, usque dum fidei semina jacerent ad crementum. Semina enim fidei sunt virtutes per Apostolos factæ : ipsi enim Apostoli antistites positi sunt hujusmodi veritatis, qui per signa et prodigia rationabilem esse fidem nostram testantur. Igitur Spiritus sanctus datur omnibus generaliter credentibus, sed si manet in eis : in signis vero et prodigiis Filii Dei esse probantur. Etiam Spiritus sanctus non manet quandoque in homine, sed vocatus advenit, ut suggerat necessaria, et recedat. Similiter et in traditione vel ordinatione, de foris gratiam et tuitionem præstat devotis fidei, ut commendatiores habeantur per inspirationem ejus.

Caput V. — Pater, Filius, et Spiritus sanctus unus est verus Deus, secundum illud quod scriptum est : « Audi Israel, Dominus Deus tuus unus est. » (*Deut.*, vi, 4.) Et in Evangelio scriptum est : « Ut cognoscant te solum verum Deum, et quem misisti Jesum Christum. » (*Joan.*, xvii, 3.) Et de Christo dicitur a Joanne apostolo : « Ipse est verus Deus, et vita æterna. » (I *Joan.*, v, 20.) Ante omnia tempora Filius erat, ut intelligendum in hoc est : « In principio erat Verbum : » et : « Omnia per ipsum facta sunt. » Quia et tempus sine aliquibus creaturæ motibus non potest esse. Et ideo per Filium facta confitemur et tempora, per quæ facta sunt omnia : ideo procul dubio æqualis genitus, et coæternus est Patri Filius. Dicitur [Filius Dei ex voluntate et præcepto Patris, cœlestia, terrestria, visibilia et invisibilia, corpora et spiritus ex nullis exstantibus, id est, ex nihilo ut essent, sua virtute fecisse :] cum ipse ex nullis exstantibus, hoc est, ex nihilo non factus sit, sed ex Deo Patre Deus : quæ res indicat unam et eamdem Patris Filiique naturam. Filius

de Dieu, ce qui indique une seule et même substance pour le Père et pour le Fils. Le Fils n'a point pu, par lui-même, comme s'il n'eût point existé avant d'être fait, faire qu'il fût lui, par qui il dût être fait lui-même. Or, si c'est par le moyen d'un autre que le Fils a été fait par le Père, quel est cet autre, puisque tout a été fait par lui, c'est-à-dire, par le Verbe de Dieu? Avant de faire toutes choses, il était déjà le Dieu et Seigneur, le Roi et Créateur de tout ce qui devait être; il avait dans sa nature la prescience de tous les futurs et il attendait en toutes choses l'ordre du Père pour les faire. C'est parce que son Père l'a voulu qu'il est descendu du ciel et venu dans le monde, comme il le dit lui-même en ces termes : « Ce n'est point de moi-même que je suis venu, mais c'est lui qui m'a envoyé. » (*Jean*, VIII, 42.) La sainte Trinité est elle-même une, attendu que c'est « de lui et par lui et en lui que sont toutes choses. » Nous disons que c'est sur l'ordre du Père, que le Fils a créé toutes choses et que rien n'existe que par le Verbe par qui tout a été fait. Que le Père ait envoyé le Fils et qu'il soit venu avec lui, c'est ce qu'il nous apprend lui-même, quand il dit : « Je ne suis pas seul, car mon Père est avec moi. » (*Ibid.*, 16.)

Jamais donc il ne s'ensuivra que la nature du Père diffère de celle du Fils, parce que c'est le Père qui envoie et le Fils qui est envoyé. Un homme qui est père peut envoyer un autre homme, son fils, sans qu'ils soient d'une seule et même substance, attendu que l'homme envoyé est séparé de l'homme qui envoie, ce que Dieu ne peut faire. Mais le feu envoie son éclat sans que l'éclat puisse se séparer du feu qui l'envoie; en effet, quand (1) le feu envoie son éclat, l'éclat atteint bien plus loin que le feu qui ne parvient pas au même point. Aussi on peut dire que l'éclat qui est envoyé par le feu renfermé dans une lanterne, est sur la muraille où le feu est parvenu, sans le feu de la lanterne. Sur ce le Fils dit : Celui qui m'a envoyé est avec moi (*Ibid.*, 29), ce qui fait que le Fils a pu dire avec vérité : « Mon Père est avec moi. » La mission du Fils par le Père étant tout à fait ineffable et ne pouvant être saisie par l'intelligence de qui que ce soit, on peut cependant y comprendre ceci, que si le Fils est dit envoyé par le Père, c'est que le Fils est apparu dans un corps aux hommes, tandis que le Père ne leur est point apparu. En effet, où le Fils est-il envoyé qu'il ne soit? Où la sagesse de Dieu n'est-elle point? etc.

(1) Ce qui suit est tiré du livre de saint Augustin contre le discours des Ariens : on y lit : « Le feu ne pourrait dire avec vérité sur la muraille où il est parvenu sans le feu de la lanterne ; le feu qui m'a envoyé est avec moi ; mais le Fils envoyé par le Père a pu dire : mon Père est avec moi. » Le copiste défigure honteusement la pensée de saint Augustin et après cela il n'ajoute du même livre de saint Augustin contre le discours des Ariens, que les fragments tronqués, interpolés d'une façon inepte et incapable de supporter la lecture.

per se ipsum non potuit, tanquam non esset ante quam fieret, ut esset ipse per quem fieret idem ipse. Porro si per aliquem alium a Patre factus est Filius : quis est ipse alius, cum omnia per ipsum facta sunt, hoc est, per Verbum ejus? [Ante quam faceret universa, omnium futurorum Deus et Dominus, rex et creator erat constitutus, et omnium futurorum in natura habens præscientiam, et in faciendo in omnibus exspectans Patris jussionem. Ipse voluntate Patris descendit de cœlo, et venit in mundum, sicut ipse ait : « Non enim a me ipso veni, sed ille me misit. »] (*Joan.*, VIII, 42.) Una quippe ipsa Trinitas est, quoniam « ex ipso, et per ipsum, et in ipso sunt omnia. » Dicimus jubente Patre Filium creasse omnia, non esse nisi Verbum, per quod facta sunt omnia. Quod autem Pater miserit Filium, qui cum ipso venit, ipse testatur qui ait : « Non sum solus, quoniam Pater mecum est. » (*Ibid.*, XVI.) Nunquam ideo diversa natura est, quia Pater mittit, et mittitur Filius. Potest homo pater mittere hominem filium, non unius ejusdemque substantiæ, cum homo missus ab homine mittente separetur : quod non potest Deus. Sed ignis mittit splendorem suum, nec potest splendor separari ab igne mittente. Cum enim splendorem mittit ignis, longius pervenit splendor, quo ignis non pervenit. Unde splendor ab igne qui est in lucerna missus, utique vere possit dici in pariete, quo sine lucernæ igne pervenit ignis. Super hoc Filius dicit: « Qui me misit, mecum est : » (*Ibid.*, XXIX) quod vere potuit Filius dicere : « Pater mecum est. » Cum igitur hæc a Patre missio Filii prorsus ineffabilis sit, nec capi ullius cogitatione possit, hoc etiam hic potest intelligi, ut à Patre missus esse dicatur, quod Filius hominibus apparuit in carne, non Pater. Quo enim mittitur Filius, ubi non est? Ubi autem non est sapientia Dei, etc.

AVERTISSEMENT SUR LE LIVRE SUIVANT

Ce n'est pas seulement à saint Augustin, mais à beaucoup d'autres auteurs encore, à saint Ambroise, à saint Jérôme, à saint Anselme et à saint Bonaventure, que ce livre a été, mais à tort, attribué. Il est vrai qu'on le trouve tout entier dans saint Jérôme jusqu'à ces mots : « Tout ce qui a été dit précédemment, etc. » et, dans cet auteur, il a pour titre : *Des attributs de Dieu d'après les Ecritures*. Dans Anselme, il a pour titre : *Des vêtements, des membres et des actes attribués à Dieu*. Dans saint Bonaventure, il est intitulé : *De l'essence, de l'invisibilité et de l'immuabilité de Dieu*. Dans les manuscrits du Vatican et de Saint-Victor, il est attribué à saint Augustin avec ce titre : *De l'essence de la divinité, de l'invisibilité et de l'immuabilité de Dieu*. La première et plus grande partie de ce livre est d'un ouvrage de saint Eucher, évêque de Lyon, intitulé : *des Formules de l'intelligence spirituelle*, et renferme tout le premier chapitre de cet ouvrage, lequel traite des *noms divins*.

ADMONITIO IN SUBSEQUENTEM LIBRUM

Non uni Augustino, sed aliis multis auctoribus æque falso tributus fuit, Ambrosio, Hieronymo, Anselmo, Bonaventuræ. Quanquam apud Hieronymum non totus exstat, sed tantum usque ad verba pag. 712. « Hæc omnia quæ prædicta sunt, » etc., apudque ipsum inscribitur. *De his quæ Deo in Scripturis attribuuntur*. Apud Anselmum : *De vestimentis et membris et actibus Deo tributis*. Apud Bonaventuram : *De essentia et invisibilitate et immensitate Dei*. In Mss. Vaticano et Victorino sub Augustini nomine titulum habet : *De essentia divinitatis et de invisibilitate atque incommutabilitate Dei*. Prima et maxima pars libri ex Eucherii Lugdunensis opere de formulis spiritalis intelligentiæ sumpta continet totum caput ejusdem operis primum, quod est *de divinis nominibus*.

LE LIVRE

DE

L'ESSENCE DE LA DIVINITÉ

Le Dieu tout-puissant, Père, Fils et Saint-Esprit, est un et trois : un dans sa nature, trois dans ses personnes. Seul il est invisible, seul immense et incompréhensible, seul incirconscrit, seul immuable, incorporel et immortel, présent partout, mais caché ; tout entier en tous lieux, mais immense. Il est invisible, parce qu'il ne peut être vu dans son essence, au dire de l'Apôtre qui s'exprime ainsi : « Nul homme ne l'a vu et nul ne peut le voir, » (I *Tim.*, VI, 16) et de l'Evangéliste qui nous dit : « Jamais personne n'a vu Dieu. » (*Jean*, I, 18.) Il est incorporel parce qu'il n'est composé d'aucune espèce de membres, c'est-à-dire, parce qu'il ne forme point une masse compacte, ainsi que la vérité même le dit dans l'Evangile : « Dieu est Esprit, et ceux qui l'adorent doivent le faire en esprit et en vérité. »

DE ESSENTIA DIVINITATIS

LIBER UNUS

Omnipotens Deus Pater et Filius et Spiritus sanctus, unus atque trinus : unus videlicet in natura, trinus vero exstat in personis : solus invisibilis, solus immensus atque incomprehensibilis, solus incircumscriptus, solus immutabilis, incorporeus et immortalis, ubique præsens, sed latens : ubique totus, sed immensus. Invisibilis est, quia in essentia sua videri non potest, Apostolo testante, qui ait : « Quem nullus hominum vidit, sed nec videre potest. » (I *Tim.*, VI, 16.) Et in Evangelio : « Deum nemo vidit unquam. » (*Joan.*, I, 18.) Incorporeus est, quia nullis membrorum lineamentis compositus, sive compactus existit, sicut Veritas in Evangelio ait : « Spiritus est Deus, et eos qui adorant eum, in spiritu et veritate

(*Jean*, IV, 24.) Il est immense parce que sa quantité en sa qualité ne peut être mesurée par personne d'après les créatures. C'est à lui que Salomon dit dans sa prière : « Si le ciel et les cieux des cieux ne peuvent vous contenir, combien moins le pourra cette demeure que je viens d'élever ? » (III *Reg.*, VIII, 27.) Il est incirconscrit parce qu'on ne peut l'enfermer dans des lignes ; il est illocal, parce qu'il ne passe point d'un endroit dans un autre, et il n'est point non plus renfermé dans quelque lieu que ce soit, suivant le témoignage qu'il se rend à lui-même par la bouche du prophète Isaïe, quand il dit : « Le ciel est mon trône et la terre l'escabeau de mes pieds, » (*Isa.*, LXVI, 1) et par la bouche de Jérémie : « Est-ce que je ne remplis point la terre et les cieux, dit le Seigneur ? » (*Jérém.*, XXIII, 24.) C'est de son immensité que parle le Prophète dans un psaume, lorsque s'adressant à Dieu, il dit : « Si je monte dans les cieux, vous y êtes, et si je descends dans les enfers, je vous y trouve. » (*Ps.* CXXXVIII, 8.) C'est encore de son immensité qu'il est écrit dans le livre de Job : « Il est plus élevé que le ciel, et que feras-tu ? plus profond que l'enfer, comment le connaîtras-tu ? » (*Job*, XI, 8.) Sa longueur s'étend plus loin que la terre, et sa largeur dépasse celle de la mer, car s'il remplit le ciel et la terre, il est hors de doute qu'il n'y a pas un seul endroit vide de sa présence. Il est, en effet, placé au-dessus de toute créature qu'il gouverne et tient sous son empire ; il est au-dessus de tout, car il porte et soutient tout, non point au prix de la fatigue, mais avec une force infatigable, attendu que nulle créature sortie de ses mains ne peut se soutenir elle-même, il faut qu'elle soit soutenue par celui qui l'a créée. Il est hors de tout et n'en est point exclu ; il est en tout, mais n'y est point enfermé. Il est immuable, attendu qu'il ne peut être changé par ce qui est ; il dit, en effet, par la bouche de Malachie : « C'est moi qui suis le Seigneur et je ne change point. » (*Malac.*, III, 6.) On dit que Dieu est immuable, parce que dans sa nature, la colère, la fureur, le repentir, l'oubli, le souvenir et les autres sentiments semblables, ne sont point des accidents. En effet, sa nature est simple, elle est immuable et impertubable ; ce qu'il est, n'est point une chose et ce qu'il a, une autre chose ; mais il est en même temps ce qu'il a. Il est immortel, attendu qu'il ne peut mourir en aucune façon, comme le dit et l'atteste l'Apôtre en ces termes : « Seul il a l'immortalité, il habite une lumière inaccessible ; nul ne l'a vu et nul ne peut le voir. » (1 *Tim.*, VI, 16.) Partout dans les livres saints, la divine Écriture nous parle des mouvements de l'âme ou des membres d'homme dans Dieu, par exemple, de sa tête, de ses cheveux, de ses yeux, de ses paupières, de ses oreilles, de ses narines, de sa bouche, de ses lèvres, de sa langue, de son cœur, de son image, de son sein, de ses mains, de sa droite, de sa gauche, de ses doigts ou de son doigt, de son bras, de ses ailes, de ses épaules, de son derrière, de ses pieds. De même, pour les mouvements de l'âme, elle nous parle de sa colère, de sa fureur, de son oubli, de son souvenir, de son repentir et d'autres sentiments semblables, qu'on ne doit point entendre d'une manière charnelle et à la lettre, si on comprend bien les choses, comme les entendent les Juifs et plusieurs hérétiques aux pensées charnelles, qui croient que Dieu est corporel et confiné dans un lieu, mais on doit entendre ces expressions en Dieu et les expli-

oportet adorare. » (*Joan.*, IV, 24.) Immensus est, quia quantitas ejus vel qualitas a nullo ex creaturis metiri potest : cui Salomon in oratione sua supplicans ait : « Si cœlum et cœli cœlorum te non capiunt, quanto magis domus ista quam ædificavi ? » (III *Reg.*, VIII, 27.) Incircumscriptus est, quoniam circumscribi non potest. Illocalis est, quoniam de loco ad locum nequaquam transit, sed neque in loco quolibet (*a*) retinetur, ipso de semetipso per Isaiam prophetam testimonium perhibente atque dicente : « Cœlum sedes mea, terra autem scabellum pedum meorum. » (*Isa.*, LXVI, 1.) Et per Jeremiam : « Nonne cœlum et terram ego impleo, dicit Dominus ? » (*Jer.*, XXIII, 24.) Cujus immensitate Propheta in Psalmo confitens ad ipsum Deum ait : « Si ascendero in cœlum, tu illic es, et si descendero ad infernum, ades. » (*Psal.* CXXXVIII, 8.) De cujus immensitate adhuc in libro beati Job scriptum est : « Excelsior cœlo est, et quid facies ? Profundior inferno, et unde cognosces ? » (*Job*, XI, 8.) Longior terra mensura ejus, et latior mari. Qui enim cœlum et terram implet, procul dubio nullus est locus ab ejus præsentia absens. Super omnem quippe creaturam præsidet regendo atque imperando : subtus omnia est sustinendo atque portando, non laboris pondere, sed infatigabili virtute : quoniam nulla creatura ab eo condita per se subsistere valet, nisi ab ipso sustentetur qui illam creavit. Extra omnia est, sed non exclusus : intra omnia est, sed non inclusus. Immutabilis est, quia ab eo quod est mutari omnino non potest, ipso dicente per Malachiam propheta : « Ego Dominus et non mutor. » (*Malac.*, III, 6.) Ideo autem Deus immutabilis dicitur, quia in natura ejus, ira, furor, pœnitentia, oblivio, recordatio, et alia his similia, nullo modo accidunt. Simplex enim natura est, et immutabilis atque impertubabilis ; neque aliud est ipse, et aliud quod habet ; sed ipsum est quod habet et quod est. Immortalis est, quia mori nullo modo potest, Apostolo hoc attestante atque dicente : « Qui solus habet immortalitatem, lucem habitans inaccessibilem, quem nullus hominum vidit, sed nec videre potest. » (1 *Tim.*, VI, 16.) Ubicumque autem facta Scriptura sparsim per divinos libros, in Deo motus animæ seu humana membra describit, id est, caput, capillos, oculos, palpebras, aures, nares, os, labia, linguam, cor, imaginem, uterum, manus, dexteram, sinistram, digitos seu digitum, brachium, alas, scapulas, posteriora, pedes : item motus animæ, iram, furorem, oblivionem, recordationem, pœnitentiam, et alia his similia, non carnaliter juxta historiam a recte intelligentibus (*b*) sentienda sunt, sicut a Judæis et a plerisque hæreticis carnaliter sapientibus, qui Deum corporeum atque localem opinantur ; sed spiritaliter omnia de eo intelligenda et confitenda

(*a*) Ms. Vatic. *continetur*. — (*b*) Apud Hieron. *sumenda*.

quer d'une manière spirituelle. Si on croit qu'en Dieu il y a des membres d'homme ou des mouvements d'âme semblables à ceux du cœur de l'homme, on se forge, cela ne fait point de doute, des idoles dans son cœur. Par conséquent, ainsi qu'il a été dit, quand nous lisons en particulier le mot tête appliqué à Dieu, nous devons entendre l'essence même de sa divinité qui précède toutes choses et à qui toutes choses sont soumises. Par ses cheveux, ce sont les anges ou les élus qu'on doit entendre, en figure. C'est en ce sens mystique qu'il est écrit dans le livre du prophète Daniel : « J'étais attentif à ce que je voyais, jusqu'à ce que des trônes furent placés et que l'Ancien des jours s'assit; son vêtement était blanc comme la neige, et les cheveux de sa tête étaient comme la laine la plus blanche et la plus pure. » (*Dan.*, VII, 9.) Par son vêtement blanc, le Prophète indique la même chose que par les cheveux de sa tête, c'est-à-dire, les saints anges et la multitude des saints d'une blancheur de neige. Certainement ses cheveux sont comparés à la laine la plus pure, afin qu'on comprenne par là qu'il était l'Ancien des jours. On dit que Dieu a des yeux, par la raison qu'il voit toutes choses, que rien ne lui est caché à lui, à la vue de qui, selon le mot de l'Apôtre, nulle créature n'est invisible; car tout est nu et découvert à ses yeux. (*Hébr.*, IV, 13.) Les yeux du Seigneur sont encore pris dans un autre sens pour la grâce, comme dans ce passage d'un psaume : « Les yeux du Seigneur sont sur les justes. » (*Ps.* XXXIII, 16.) On prend encore cette expression mystique, les yeux du Seigneur, des préceptes qui nous donnent la lumière de la science, comme dans cet autre psaume : « La loi du Seigneur est lumineuse et éclaire les yeux. » (*Ps.* XVIII, 9.) Les paupières du Seigneur, ce sont ses jugements cachés et incompréhensibles ou sa parole spirituelle dans les livres divins. C'est dans ce sens mystique de choses cachées et incompréhensibles, ainsi que dans le sens de ses jugements, qu'il est écrit dans un psaume : « Ses paupières interrogent les enfants des hommes, » (*Ps.* X, 5) c'est-à-dire, les éprouvent. On dit que Dieu a des oreilles, parce qu'il entend tout, et que le silence n'a point de secret pour lui; c'est en ce sens qu'il est écrit au livre de la Sagesse : « L'oreille jalouse du Très-Haut entend tout et le tumulte des murmures les plus secrets ne lui échappera point. » (*Sag.*, I, 10.) Les narines de Dieu, c'est l'inspiration de Dieu dans le cœur des fidèles, tel est le sens de ces paroles du livre des Rois : « La fumée monte de ses narines, » (II *Rois*, XII, 9) c'est-à-dire la componction de la pénitence avec larmes vient de son inspiration. La face de Dieu, c'est la connaissance de sa divinité aux hommes, connaissance dont il est écrit dans un psaume : « Montrez-nous votre face, ô Seigneur, et nous serons sauvés, » (*Ps.* LXXIX, 4) c'est-à-dire, donnez-nous la connaissance de vous, or, cette connaissance a été donnée aux hommes par le Fils de Dieu, selon ces paroles de l'Evangile : Personne ne connaît le Père, si ce n'est le Fils, et celui à qui le Fils a voulu le révéler. (*Matth.*, XI, 27.) Dans un autre endroit, la face de Dieu signifie l'essence invisible de la divinité du Fils de Dieu; c'est d'elle que le Seigneur lui-même parle quand il dit à Moïse par la bouche d'un ange : « Vous me verrez par derrière, mais vous ne pourrez voir ma face, » (*Exod.*, XXXIII, 23) c'est comme s'il disait : vous verrez mon incarnation à la fin du temps,

---

sunt. Si quis autem in Deo humana membra, seu motus animæ more humano inesse credit, procul dubio in corde suo idola fabricat. Igitur ut dictum est, figuraliter in Deo caput cum legimus, ipsam essentiam divinitatis ejus, quæ omnia præcedit, et cui universa subjecta sunt, intelligere debemus. Capillos vero capitis ejus, sanctos Angelos seu universos electos typice accipi oportet. De quo sacramento in libro Danielis prophetæ scriptum est : « Aspiciebam donec throni positi sunt, et antiquus dierum sedit : vestimentum ejus quasi nix candida, et capilli capitis ejus quasi lana munda. » (*Dan.*, VII, 9.) Hoc enim significat per vestimentum ejus candidum, quod et per capillos capitis ejus, sanctos videlicet Angelos et multitudinem sanctorum dealbatorum. Vel certe ideo capilli ejus lanæ mundæ comparantur, ut per hoc antiquius dierum esse credatur. Oculos habere dicitur Deus, pro eo quod omnia videt, et nihil ei latet, in cujus conspectu, ut ait Apostolus, nulla creatura invisibilis est. Omnia enim nuda et aperta sunt oculis ejus. (*Hebr.*, IV, 13.) Aliter vero oculi Domini respectus gratiæ ejus intelliguntur, ut ait illud in Psalmo : « Oculi Domini super justos. » (*Psal.* XXXIII, 16.) Item aliter oculi Domini, præcepta ejus per quæ nobis lumen scientiæ subministratur, mystice accipiuntur, ut est illud in Psalmo : « Præceptum Domini lucidum illuminans oculos. » (*Psal.* XVIII, 9.) Palpebræ Domini, occulta atque incomprehensibilia judicia ejus, sive spiritalis in divinis libris locutio ejus innuitur : de quibus occultis atque incomprehensibilibus sacramentis atque judiciis in Psalmo scriptum est : « Palpebræ ejus interrogant filios hominum, » (*Psal.* X, 5) id est, probant. Aures habere dicitur Deus propter quod omnia audit, et nihil illi sub silentio latet : de quo in libro Sapientiæ scriptum est : « Auris zeli audit omnia, et tumultus murmurationum non abscondetur. » (*Sap.*, I, 10.) Nares Dei, inspiratio ejus in corda fidelium, ut est illud in libro Regum : « Ascendit fumus de naribus ejus, » (II *Reg.*, XII, 9) id est, lacrymosa compunctio pœnitentiæ (*a*) per inspirationem illius. Facies Dei, cognitio divinitatis ejus ad homines, de qua cognitione in Psalmo scriptum est : « Ostende nobis Domine faciem tuam, et salvi erimus : » (*Psal.* LXXIX, 4) hoc est, da nobis cognitionem tuam : quæ cognitio per filium hominibus innotuit, ipso dicente in Evangelio : « Nemo novit Patrem nisi Filius, et cui volurit Filius revelare. » (*Matth.*, XI, 27.) Aliter vero facies Dei significat invisibilem essentiam divinitatis Filii Dei : de qua ipse Dominus ad Moysen per Angelum respondens ait : « Posteriora mea videbis, faciem autem meam videre non poteris : » (*Exod.*, XXXIII, 23) ac si diceret : Incarnationem meam videbis in novissimis diebus, divinitatem autem

---

(*a*) Ms. Sorb. *inspiratione.* Hier. *de inspiratione.*

TOM. XXVII.

mais vous ne pourrez voir ma divinité. La bouche de Dieu, c'est le Fils du Père, c'est-à-dire le Seigneur Christ dont le prophète Isaïe disait en parlant au nom des Juifs : « Nous avons poussé sa bouche à la colère. » (*Lamen.*, 1, 18.) D'autres fois, la bouche du Seigneur s'entend pour sa parole ou ses commandements ; c'est de cette parole que le même prophète parlait quand il dit : « La bouche du Seigneur a parlé, » (*Isa.*, LVIII, 14) c'est-à-dire le Verbe de Dieu, le Fils du Père, par qui tout a été fait. C'est de lui qu'il est dit dans un psaume : « C'est par le Verbe du Seigneur que les cieux ont été établis solidement, » (*Ps.* XXXII, 6) et ailleurs : « Il a envoyé son Verbe et les a guéris, » (*Ps.* CVI, 20) puis, dans l'Evangile : « Dans le commencement était le Verbe, et le Verbe était en Dieu et le Verbe était Dieu. » (*Jean*, 1, 1.) Le sens mystique de la langue de Dieu est l'Esprit saint par qui Dieu manifeste ses secrets aux hommes ; c'est ainsi qu'il est dit dans un psaume : « Ma langue est la plume d'un écrivain qui écrit vite. » (*Ps.* XLIV, 2.) Les lèvres du Seigneur sont la concordance des deux Testaments ; c'est de ces deux Testaments qu'il est dit dans les Proverbes : « Les lèvres du roi sont comme un oracle, sa bouche ne se trompera point dans le jugement. » (*Prov.*, XVI, 10.) Les bras de Dieu le Père s'entendent de son Fils et de son Esprit saint, selon ce mot du prophète Isaïe : « Et mes bras jugeront les peuples. » (*Isa.*, LI, 5.) Son bras, au singulier, c'est son Fils ; c'est de lui que le prophète Jérémie parle quand il dit en s'adressant au Seigneur : « Et maintenant Seigneur Dieu, qui avez tiré votre peuple de la terre d'Egypte par votre forte main et par votre bras étendu. » (*Jérém.*, XXXII, 21.) Le Fils de Dieu est appelé le bras de Dieu, parce que c'est dans lui que se trouvent embrassées toutes les créatures élues. Le Fils unique est appelé encore la droite du Père, c'est lui qui parle par la bouche du Psalmiste, là où il s'écrie : « La droite du Seigneur a fait éclater sa puissance, c'est la droite du Seigneur qui m'a élevé. » (*Ps.* CXVII, 16.) On prend encore ces mots la droite du Seigneur, pour la gloire du Père, c'est-à-dire pour l'éternelle béatitude ; c'est en ce sens que le Père dit à son Fils dans le psaume : « Asseyez-vous à ma « droite. (*Ps.* CIX, 1.) On appelle encore droite du Seigneur toute créature élue dans le ciel et sur la terre, de même que, par la gauche, on entend toute créature réprouvée. Je veux dire les démons et tous les impies qui placés à gauche, doivent souffrir des supplices éternels. La main de Dieu le Père s'entend aussi du Fils de Dieu, par la raison que tout a été fait par lui selon ce mot du prophète Isaïe : « C'est ma main qui a fait toutes ces choses, » (*Isa.*, LXVI, 2) et tout a été fait. Dans un autre sens, la main de Dieu signifie sa puissance, c'est de cette puissance qu'il est dit dans le prophète Jérémie : « De même que l'argile est dans la main du potier, ainsi êtes-vous dans la mienne, ô maison d'Israël. » (*Jérém.*, XVIII, 6.) On entend encore par ce mot, la main du Seigneur un fléau, et c'est en parlant des coups qu'elle nous porte que le prophète Sophonie a écrit : « J'étendrai ma main sur Juda et sur les habitants de Jérusalem, et je dissiperai loin de ce lieu les restes de Baal, etc. ; » (*Soph.*, 1, 4) c'est en parlant des coups ainsi portés par le Seigneur que Job dit en parlant de sa propre personne : « La main du Seigneur m'a touché. » (*Job*, XIX, 21.) Le doigt de Dieu, au singulier, se prend pour le Saint-Esprit,

meam videre non poteris. Os Dei, Filius Dei Patris, id est, Christus Dominus : de quo Isaias propheta ex persona Judæorum effatus est : « Quia os ejus ad iracundiam provocavimus. » (*Thren.*, 1, 18.) Aliter vero os Domini, sermo ejus sive jussio accipitur : de quo sermone Domini præ dictus propheta ait : « Os Domini locutum est, » (*Isa.*, LVIII, 14) hoc est, Verbum Dei, Patris filius, per quod omnia facta sunt : de quo in Psalmo : « Verbo Domini cœli firmati sunt. » (*Psal.* XXXII, 6.) Et alibi : « Misit verbum suum, et sanavit eos. » (*Psal.* CVI, 21.) Et in Evangelio : « In principio erat Verbum, et Verbum erat apud Deum, et Deus erat Verbum. » (*Joan.*, 1, 1.) Lingua Dei mystice significat Spiritum sanctum, per quem Deus Pater secretum suum hominibus manifestavit : unde in Psalmo prædictus propheta ait : « Lingua mea calamus scribæ velociter scribentis. » (*Psal.* XLIV, 2.) Labia Domini, utriusque Testamenti consonantia intelliguntur : de quibus duobus Testamentis in Proverbiis scriptum est : « Divinatio in labiis ejus, in judicio non errabit os ejus. » (*Prov.*, XVI, 10.) Brachia Dei Patris, Filius ejus et Spiritus sanctus intelliguntur : sicut est illud in Isaia propheta : « Et brachia mea populos judicabunt. » (*Isa.*, LI, 5.) Brachium Dei Patris singulariter, Filius ejus accipitur : de quo Jeremias propheta ad ipsum ait : « Et nunc Domine Deus, qui eduxisti populum tuum de terra Ægypti in manu forti et brachio extento. » (*Jerem.*, XXXII, 21.) Idcirco autem Filius Dei Patris, brachium ejus dicitur, quia omnis creatura electa ab ipso continetur. Dextera Dei Patris, idem, unigenitus Filius accipitur : de quo in Psalmo ex persona hominis assumpti : « Dextera, inquit, Domini fecit virtutem, dextera Domini exaltavit me. » (*Psal.* CXVII, 16.) Aliter autem dextera Domini gloriam Patris significat, id est, æternam beatitudinem : de qua in Psalmo ex persona Patris ad Filium : « Sede a dextris meis. » (*Psal.* CIX, 1.) Dicitur autem et dextera Dei omnis electa creatura in cœlo et in terra, sicut et per sinistram ejus intelligitur reproba creatura, id est, dæmones et omnes impii qui ad lævam positi æterna supplicia sustinebunt. Manus Dei Patris, Filius Dei accipitur, pro eo quod per ipsum omnia facta sunt : sicut est illud in Isaia propheta : « Omnia hæc manus mea fecit, » (*Isa.*, LXVI, 2) et facta sunt omnia. Aliter vero manus Dei potestas ejus intelligitur : de qua potestate in libro Jeremiæ scriptum est : « Sicut lutum in manu figuli, ita vos in manu mea, domus Israel. » (*Jerem.*, XVIII, 6.) Item manus Dei flagellum accipitur : de cujus percussione in Sophonia propheta scriptum est : « Extendam manum meam super Judam et super habitantes Jerusalem, et disperdam de loco hoc reliquias Baal, » (*Soph.*, 1, 4) etc. Pro qua Domini percussione beatus Job de semetipso ait : « Manus Domini tetigit me. » (*Job*, XIX, 21.) Digitus Dei singulariter, Spiritus sanctus accipitur, a quo Spiritu sancto

par qui, selon l'Ecriture, fut gravée la loi, sur deux tables, au mont Sinaï. C'est, en effet, celui qui a dicté ce qu'il fallait écrire, qui l'a écrit, c'est-à-dire, c'est le Saint-Esprit dont le Seigneur a dit dans l'Evangile : « Si moi-même je chasse les démons par la vertu du doigt de Dieu. » (*Luc*, XI, 20.) Un autre évangéliste a été plus explicite quand il a dit : « Si c'est par le Saint-Esprit que je chasse les démons. » (*Matth.*, XII, 28.) Mais de même que le doigt avec la main ou avec le bras, la main elle-même et le bras avec le corps ne font qu'un seul être dans la nature, ainsi le Père, le Fils et le Saint-Esprit, tout en faisant trois personnes, ne font qu'une seule substance divine. Au pluriel, les doigts de Dieu s'entendent des prophètes par qui le Saint-Esprit a écrit les livres de la Loi et les prophéties qu'il leur inspirait. C'est d'eux qu'il est dit : « Je verrai vos cieux qui sont l'œuvre de vos doigts, » (*Ps.* VIII, 4) car ces mots, vos cieux, signifient dans un sens mystique les prophètes. L'image de Dieu le Père invisible, c'est son Fils unique dont l'Apôtre a dit : « Il est l'image du Dieu invisible. » (*Col.*, I, 13.) Dans un autre sens, on entend par ces mots l'image de Dieu le Père, son Fils qu'il a engendré, non d'ailleurs, mais de lui-même, c'est-à-dire de sa propre substance, semblable et égal à lui en toutes choses. Dans une autre acception, ces mots s'entendent encore de l'âme de l'homme que Dieu n'a point engendrée de lui-même, de sa substance, comme le prétendent certains hérétiques, mais qu'il a créée de rien. De même que autre est l'image d'un roi dans son fils qu'il a engendré semblable à lui de sa propre substance, c'est-à-dire qu'il a fait homme comme lui, autre celle qui se trouve empreinte dans son anneau ou imprimée sur la cire, laquelle n'est point de la même nature que lui, comme le fils est naturellement l'image du père, et ce qu'est le père. Le cœur de Dieu s'entend, dans un sens mystique, pour le fond de sa sagesse d'où il engendre sans commencement et d'une manière impassible, son Verbe, c'est-à-dire son Fils, comme il le dit lui-même par la bouche de son prophète, quand il s'écrie : « Mon cœur a exhalé une excellente parole. » (*Ps.* XLIV, 2.) Il est dit que Dieu a des ailes, par la raison que, à la façon des oiseaux, il réunit et abrite sous lui ses élus, comme la poule ses poussins, et les protége contre les piéges du diable et des hommes méchants. C'est de cette protection que le Prophète dit dans un psaume, en s'adressant à Dieu : « Protégez moi à l'ombre de vos ailes. » (*Ps.* XVI, 8.) On dit aussi que Dieu a des épaules, parce qu'il porte avec patience, comme sur ses épaules, les membres infirmes de l'Eglise, et les protége en les portant ainsi. C'est en ce sens que le Prophète parle du Seigneur à l'homme juste quand il lui dit : « Il vous mettra comme à l'ombre sous ses épaules, et vous espérerez, étant à couvert sous ses ailes. » (*Ps.* XC, 4.) Par le ventre du Père, on entend la secrète origine de sa substance, origine dont il a engendré d'une manière ineffable son Fils avant toute créature, suivant le témoignage qu'il lui rend lui-même en ces termes par la bouche du Prophète : « Je vous ai engendré avant Lucifer. » (*Ps.* CIX, 3.) Dans un autre sens, le sein de Dieu s'entend de ses jugements secrets et incompréhensibles qu'on ne peut pénétrer ; c'est en ce sens mystique qu'il est parlé de ses jugements secrets dans le livre de Job où il est dit : « De quel lieu est sortie la glace, et qui a engendré la gelée du haut du ciel ? » (*Job*, XXXVIII, 29.) Le derrière du Fils de Dieu s'entend de

---

lex in duabus tabulis lapideis in monte Sina scripta narratur. Ipse enim scripsit qui scribenda dictavit, id est, Spiritus sanctus, de quo Spiritu sancto Dominus in Evangelio ait : « Si ergo, inquit, in digito Dei ejicio dæmonia. » (*Luc.*, XI, 20.) Quod alius Evangelista aperte declarans ait : « Si ego in Spiritu Dei ejicio dæmonia. » (*Matth.*, XII, 28.) Sicut enim digitus cum manu vel brachio, manus vero vel brachium cum corpore unum sunt in natura, ita Pater et Filius et Spiritus sanctus tres quidem sunt personæ, una autem substantia divinitatis. Digiti Dei pluraliter sancti intelliguntur Prophetæ, per quos Spiritus sanctus libros Legis ac Prophetarum sua inspiratione descripsit : de quibus in Psalmo scriptum est : « Videbo cœlos tuos, opera digitorum tuorum. » (*Psal.* VIII, 4.) Per cœlos enim, libros Legis et Prophetarum ; per digitos vero, sanctos, ut dictum est, Prophetas mystice insinuavit. Imago Dei Patris invisibilis, unigenitus est Filius ejus, de quo Apostolus ait : « Qui est imago Dei invisibilis. » (*Coloss.*, I, 13.) Aliter namque est imago Dei Patris in Filio suo, quem non aliunde, sed de semetipso, hoc est, de substantia sua per omnia sibi similem genuit et æqualem : aliter vero in anima hominis, quam non ex se, id est, de substantia sua, sicut plerique hæretici opinati sunt, genuit, sed ex nihilo creavit. Sicut aliter est imago cujuslibet regis in filio ejus quem ex semetipso sibi similem genuit, id est, homo hominem ; aliter vero in annulo ejus, sive in cera imago illius impressa, quæ non est hoc quod ipse, sicut filius qui naturaliter, hoc est quod et pater. Cor Dei Patris, arcanum sapientiæ ejus mystice innuit, ex quo Verbum, id est, Filium suum impassibiliter sine initio genuit, ipso dicente per Prophetam : « Eructavit cor meum verbum bonum. » (*Psal.* XLIV, 2.) Alas habere legitur Deus, pro eo quod more avis electos suos tanquam pullos sub se colligit, fovet, et ab insidiis diaboli et malorum hominum protegit : de cujus protectione Propheta in Psalmo ad ipsum ait : « Sub umbra alarum tuarum protege me. » (*Psal.* XVI, 8.) Scapulas habere dicitur Deus, quia infirma membra Ecclesiæ patienter quasi in scapulis portat, et portando protegit : de quo in Psalmo viro justo dicitur : « Scapulis suis obumbrabit tibi, et sub pennis ejus sperabis. » (*Psal.* XC, 4.) Venter Dei Patris, secreta origo substantiæ ejus accipitur, ex qua origine ineffabiliter ante omnem creaturam Filium suum genuit : ipso testimonium perhibente per Prophetam ac dicente, id est, patre ad filium : « Ex utero ante luciferum genui te. » (*Psal.* CIX, 3.) Aliter uterus Dei incomprehensibilia et occulta judicia ejus, quæ rimari nequeunt, mystice insinuat : de quibus occultis judiciis ejus in Job scriptum est : « De cujus utero egressa est glacies, et gelu de cœlo qui ge-

son incarnation qui s'est faite à la fin des temps pour la rédemption du genre humain ; c'est dans ce sens que le Fils de Dieu parlant à Moïse sur le mont Sinaï, lui dit par la bouche d'un ange : « Vous ne verrez que mon derrière, mais vous ne pourrez voir ma face, » (*Exod.*, XXXIII, 23) comme s'il lui avait dit : Vous verrez mon incarnation, mais vous ne pourrez voir ma divinité. Les pieds de Dieu sont la ferme assiette de sa vertu et de sa puissance, en ce sens qu'il est présent partout, que tout lui est soumis, selon ce mot du prophète Isaïe parlant en son nom : « Le ciel est mon trône, et la terre est l'escabeau de mes pieds. » (*Isa.*, LXVI, 1.) Dans un autre sens, les pieds du Fils de Dieu se prennent pour son incarnation, laquelle est soumise à la divinité, comme les pieds sont soumis à la tête, ou en ce sens que ce n'est que vers la fin du monde que cette même incarnation a eu lieu. Car de même que par la tête, ainsi que nous l'avons dit, on entend sa divinité, ainsi par les pieds on entend figurativement son humanité dont il est écrit au livre de l'Exode : « Les enfants d'Israël, » c'est-à-dire Moïse, Aaron, Nadab, Abiud et les soixante-dix vieillards choisis dans le peuple, « virent Dieu, » (*Exod.*, XXIV, 10) et sous ses pieds se trouvaient comme un « travail en saphir et quelque chose de semblable au ciel quand il est pur. » Or, de même que le saphir représente les créatures célestes, c'est-à-dire les anges, ainsi le ciel pur est une figure de la sainte Église des élus tirée du milieu des hommes ; or, c'est sur ces deux créatures que l'homme emprunté par le Fils de Dieu règne à jamais, c'est de lui qu'il est dit dans un psaume : « Tout est sous vos pieds. » (*Ps.* VIII, 8.) Dans un autre sens, les pieds du Seigneur, c'est-à-dire de Jésus-Christ, signifient les saints prédicateurs dont il est dit dans le Deutéronome : « Ceux qui s'approchent de ses pieds, recevront de sa doctrine. » (*Deut.*, XXXIII, 3.) Quelquefois le vêtement du Fils de Dieu, dans les livres saints, est la figure de la chair qu'il a unie à sa divinité, c'est du vêtement de la chair que le prophète Isaïe dit : « Qui est celui qui vient ainsi de Bosra, du pays d'Édom, les vêtements teints? » (*Isa.*, LXIII, 1.) On entend encore par les vêtements du Seigneur, la sainte Église qui lui est unie par la foi et la charité. C'est d'elle qu'il est dit dans un psaume : « Le Seigneur a régné, il s'est vêtu d'un vêtement de gloire, » (*Ps.* XCII, 1) et dans un autre, où le Prophète s'adresse au même Seigneur : « Vous vous êtes revêtu de majesté et de gloire, et couvert de la lumière comme d'un vêtement. » (*Ps.* CIII, 2.) Le manteau du Christ donne à entendre son Église dont il a déjà été parlé, et dont il est écrit dans le livre de la Genèse : « Il lavera son manteau dans le vin, » (*Gen.*, XLIX, 11) c'est-à-dire sa chair dans le sang de sa Passion, « et son manteau, » c'est-à-dire son Église, « dans le sang du raisin. » Les souliers de Notre-Seigneur Jésus-Christ, sont, dans un sens mystique, son incarnation qu'il a daigné emprunter à la mortalité du genre humain, et dont il parle lui-même par la bouche du Psalmiste, quand il dit : « J'étendrai ma chaussure du côté de l'Idumée, » (*Ps.* LIX, 10) c'est-à-dire, je manifesterai mon incarnation au peuple des Gentils. Les pas de Dieu ce sont l'avènement du Fils de Dieu dans le monde et son retour vers son Père; c'est de ces pas que parle le Psalmiste, dans ses chants, quand il dit : « On a vu, ô mon Dieu, vos pas et l'entrée de mon

---

nuit ? » (*Job*, XXXVIII, 29.) Posteriora Filii Dei, incarnatio ejus accipitur, quæ extremo tempore ad redemptionem humani generis facta est : de qua posteriori parte Filius Dei in monte Sinai ad Moysen per angelum loquens ait : « Posteriora mea videbis, faciem autem meam videre non poteris : » (*Exod.*, XXXIII, 23) Ac si ei diceret: Incarnationem meam videbis, deitatem meam videre non poteris. Pedes Dei, stabilimentum virtutis ac potentiæ ejus sunt, eo quod ubique præsens sit, et universa illi sint subjecta, ipso dicente per Isaiam Prophetam : « Cœlum mihi sedes est: terra autem scabellum pedum meorum. » (*Isa.*, LXVI, 1.) Aliter vero pedes Filii Dei, incarnatio ejus intelligitur, quæ divinitati subjecta est, tanquam capiti pedes, sive pro eo quod circa finem mundi ipsa incarnatio facta est. Sicut enim per caput, ut dictum est, divinitas; ita per pedes figuraliter humanitas ejus exprimitur : de qua humanitate in Exodo scriptum est : « Viderunt Deum Israel, » hoc est, Moyses et Aaron et Nadab et Abiu et septuaginta de senioribus populi : « et sub pedibus ejus quasi opus lapidis sapphirini, et quasi cœlum cum serenum est. » (*Exod.*, XXIV, 10.) Sicut autem per lapidem sapphirinum cœlestes creaturas, id est, sanctos Angelos; ita per cœlum serenum sanctam electorum Ecclesiam ex hominibus assumptam figuraliter demonstrare voluit. Super quas duas creaturas homo assumptus a Filio Dei in perpetuum regnat. De quo in Psalmo : « Omnia, inquit, sub pedibus ejus. » (*Psal.* VIII, 8.) Aliter per pedes Domini, id est, Jesu Christi, significati sunt sancti prædicatores, de quibus in Deuteronomio scriptum est : « Qui appropinquant pedibus ejus, accipient de doctrina ejus. » (*Deut.*, XXXIII, 3.) Vestimentum Filii Dei aliquando caro ejus, quæ a divinitate assumpta est, in divinis libris figuraliter accipitur : de quo indumento carnis ejus Isaias vaticinans ait : « Quis est iste qui venit de Edom, tinctis vestibus de Bosra ? » (*Isa.*, LXIII, 1.) Rursum vestimenta ejusdem Domini, sancta accipitur Ecclesia, quæ per fidem et dilectionem ei conjuncta est. De qua in Psalmo scriptum est : « Dominus regnavit, decorem indutus est. » (*Psal.* XCII, 1.) Et in alio Psalmo ad ipsum Dominum : « Confessionem et decorem induisti, amictus lumine sicut vestimento. » (*Psal.* CIII, 2.) Pallium Christi, jam dicta ejus Ecclesia recte intelligitur, de qua in libro Genesis scriptum est : « Lavabit in vino stolam suam, » (*Gen.*, XLIX, 11) hoc est, in sanguine passionis carnem suam : « et in sanguine uvæ pallium suum, » id est Ecclesiam suam. Calceamenta Domini nostri Jesu Christi mystice significant incarnationem ejus, quam ex mortalitate generis humani assumere dignatus est : de qua incarnatione sua ipse per Prophetam in Psalmo ait : « In Idumæam extendam calceamentum meum : » (*Psal.* LIX, 10.) id est, plebi Gentilium manifestabo incarnationem meam. Gressus Dei, adventus

LE LIVRE DE L'ESSENCE DE LA DIVINITÉ.

Roi, et mon Dieu qui réside dans son sanctuaire. » (*Ps.* LXVII, 25.) En effet, il est venu du ciel dans le sein de la Vierge, et du sein de la Vierge, à sa naissance, il a été déposé dans une crèche; puis après avoir accompli tout ce pour quoi il était venu, envoyé par son Père, il fut suspendu au bois de la croix; descendu de la croix, il fut, quant à sa chair, mis au sépulcre, mais quant à son âme il est descendu aux enfers. Le troisième jour, il a ressuscité sa chair du sépulcre par la puissance de sa divinité, et après les jours de sa résurrection, c'est-à-dire, quarante jours plus tard, il est monté aux cieux, en présence de ses disciples (*Act.*, I, 9), et est allé s'asseoir à la droite de son Père, c'est-à-dire, dans sa gloire. Tels sont les pas du Fils de Dieu, ce sont sa descente et son ascension, dont il est fréquemment parlé dans les saintes Ecritures. On dit que Dieu est monté, quand il a conduit au ciel comme une captive la chair qu'il avait empruntée de nous, comme il est dit dans ce passage du psaume : « Il est monté en haut, il a emmené la captivité captive, » (*Ps.* LXVII, 19) parce qu'en prenant la nature du genre humain qui était retenue prisonnière en ce monde par le diable, il l'a emmenée lui-même avec lui, comme captive, au ciel où elle n'avait jamais été auparavant. On lit que Dieu cache sa figure quand il cache la connaissance de lui-même à certains réprouvés à cause de leurs fautes qui demandent cette punition, comme nous le voyons accompli maintenant au sein du peuple juif qui, pour avoir renié le Fils de Dieu, a perdu la connaissance du vrai Dieu pour devenir semblable aux nations qui n'ont point de Dieu. On dit que Dieu montre sa face quand il s'insinue, par une secrète inspiration, dans le cœur de ses élus, c'est-à-dire, de ceux chez qui il veut s'insinuer, par un effet de sa grâce, et dépose dans leur âme son amour, pour l'aimer. On dit que Dieu est assis, non point d'une manière corporelle, comme l'homme, mais d'une manière potentielle, en étant placé au-dessus de toute créature raisonnable. C'est en ce sens que le Psalmiste a dit : « Le Seigneur a régné sur les nations, Dieu est assis sur son saint trône. » (*Ps.* XLVI, 9.) On dit aussi que Dieu est assis sur les chérubins, nom qui signifie plénitude ou multitude de science, en ce sens que Dieu règne et est placé invisiblement au-dessus des saints anges ou des âmes des hommes spirituels. Il est, en effet, assis sur ceux qui sont pleins de la science et de l'amour de lui. Il est écrit dans les proverbes de Salomon : « L'âme du juste est le siége de la sagesse. » Or, la sagesse de Dieu le Père c'est le Christ, dont on dit qu'il est assis dans les âmes des justes. Dieu, dit-on, descend dans le monde quand il opère dans la créature humaine quelque chose de nouveau, qui ne s'y trouvait point auparavant. C'est ainsi que le Fils de Dieu le Père est descendu, comme on le raconte, quand il prit, pour notre rédemption, une vraie chair dans la vierge Marie, et daigna devenir vraiment homme, non point en perdant ce qu'il était, mais en prenant ce qu'il n'était point; c'est de sa descente, c'est-à-dire, de son incarnation, qu'il est écrit dans ce psaume : « Il a abaissé les cieux et il est descendu; il y avait un nuage sombre sous ses pieds. » (*Ps.* XVII, 10.) Il a abaissé les cieux, parce que, avant son avènement, il a envoyé ses anges ou ses prophètes pour l'annoncer d'avance aux hommes.

Filii Dei in mundum, et regressio ejus ad Patrem : de quibus gressibus Psalmista canit : « Vivi sunt gressus tui Deus, ingressus Dei mei regis qui est in sancto. » (*Psal.* LXVII, 25.) De cœlo enim venit in uterum virginis, de utero vero nascendo, positus est in præsepio. Post quam autem omnia implevit, pro quibus a Patre missus venerat, appensus est in ligno crucis : de cruce autem depositus, secundum carnem sepultus est, secundum animam vero ad inferna descendit : tertia autem die per potentiam divinitatis suæ carnem suam de sepulcro suscitavit : et post dies resurrectionis suæ (*Act.*, I, 9), quadragesimo scilicet die, videntibus Apostolis ascendit in cœlum, et sedet ad dexteram Patris, id est, in gloria ejus. Hi sunt enim gressus Filii Dei, iste descensus et ascensus ejus qui frequenter in sacris Scripturis legitur. Ascendere Deus dicitur, cum Filius Dei carnem de nobis assumptam in cœlum velut captivam duxit : sicut est illud in Psalmo : « Ascendit in altum, captivam duxit captivitatem. » (*Psal.* LXVII, 19.) Quia naturam humani generis, quæ a diabolo captiva in mundo retinebatur, assumens, secum in cœlum ubi nunquam antea fuerat, tanquam captivam deportavit. Abscondere faciem suam Deus legitur, cum quibusdam reprobis eorum exigentibus culpis cognitionem suam abscondit : sicut in populo Judæorum nunc impletum videmus, qui negantes Filium Dei scientiam veri Dei perdiderunt, ut similes fierent gentibus quæ Deum non noverunt. Ostendere faciem suam dicitur Deus, cum respectu gratiæ suæ quibus vult, electis scilicet suis, se ipsum in corda eorum occulta inspiratione insinuat, et ad diligendum se amorem suum infundit. Sedere dicitur Deus, non corporaliter humano more, sed potentialiter super omnem creaturam (*a*) rationalem præsidere, ut est illud in Psalmo : « Regnavit Dominus super gentes, Deus sedet super sedem sanctam suam. » (*Psal.* XLVI, 9.) Sedere etiam dicitur Deus super Cherubim, quod interpretatur scientiæ plenitudo, sive multitudo, per quod significantur sancti Angeli, sive mentes spiritualium virorum in quibus Deus invisibiliter præsidet et regnat. In illis enim sedet, qui scientia ejus et dilectione pleni sunt. In proverbiis quippe Salomonis scriptum est : « Anima justi sedes est sapientiæ. » Sapientia vero Dei Patris Christus est, qui in animas justorum sedere dicitur. Descendere in mundum Deus legitur, quando aliquid novum quod antea non fuerat in creatura humana operatur : sicut Filius Dei Patris descendisse narratur, quando veram carnem ex Maria virgine propter redemptionem nostram suscepit, et verus homo fieri dignatus est, non amittendo quod erat, sed assumendo quod non erat : de cujus descensione, hoc est, incarnatione in Psalmo scriptum est : « Inclinavit cœlos, et descendit, et caligo sub pedibus ejus. » (*Psal.* XVII, 10.) Cœlos inclinavit, quia ante adventum suum prænuntios

(*a*) Apud Hieron. *regnando præsidere.*

Il y avait un nuage sous ses pieds, parce que les impies aveuglés par leur malice ne purent et ne peuvent pas encore reconnaître son incarnation. On dit que Dieu se tient debout, quand il nous soutient avec patience, nous qui sommes faibles, c'est-à-dire, quand il soutient sa créature, pour l'amener à la pénitence et à la conversion ; c'est en ce sens que le prophète Habacuc a dit : « Il s'est tenu debout et il a mesuré la terre et il a délié les nations, » (*Habac.*, III, 6) c'est-à-dire, il s'est tenu debout pour venir à leur secours, et il a délié ceux qui croient en lui des liens de leurs péchés. On dit que Dieu passe, quand il se retire du cœur de ceux en qui on croyait qu'il habitait auparavant par la foi, et dont il s'éloigne plus tard, parce que la perfidie ou quelque défaut est entrée en eux, pour passer en d'autres. C'est ainsi qu'on dit que Dieu s'est retiré, à cause de leurs vices, des Juifs pour passer aux Gentils, des hérétiques pour passer aux catholiques, ou de tous les hommes irréligieux et négligents, à d'autres qui ne le sont point ; ce qu'il ne fait point en passant visiblement d'un lieu dans un autre, mais comme c'est son habitude, d'une manière invisible, par un jugement juste et secret. On dit que Dieu marche, non point en allant d'un endroit dans un autre, ce serait une impiété de le croire, mais sa marche c'est de trouver ses délices dans les cœurs des saints, selon qu'il est écrit : « Et j'habiterai en eux, je marcherai en eux, et je serai leur Dieu. » Certainement, par marcher on doit aussi entendre en Dieu qu'il passe d'un lieu en un autre, dans ses saints prédicateurs. Parler, pour Dieu, c'est inspirer dans les âmes des saints, d'une manière invisible et sans le secours d'aucun son ou d'aucun bruit de voix, le goût de sa volonté et une intelligence droite, c'est encore révéler l'avenir, comme aux saints prophètes ; ce parler de Dieu, comme quelques-uns le veulent, se prend en trois manières différentes. Premièrement, il s'exerce par une créature, comme à l'égard de Moïse, quand il apparut dans le buisson ardent et dans le feu, ou comme à l'égard d'Abraham et de Jacob, ou même encore de Moïse et de certains saints à qui il voulut et daigna se montrer sous la figure d'anges. Secondement, en songe, comme à Jacob, à Zacharie le prophète, à Joseph l'époux de Marie et à d'autres saints, à qui il voulut révéler ses secrets. Troisièmement, ni par le moyen d'une créature visible, ni en songe, mais seulement en touchant par une inspiration secrète et invisible le cœur des saints et en les faisant parler, comme on lit dans le livre des prophètes, que cela est arrivé, lorsque ces mêmes prophètes subitement inspirés par le souffle de Dieu, s'écriaient et disaient : « Voici ce que dit le Seigneur. » Voir, pour Dieu, c'est approuver les bonnes actions, comme dans ce passage de la Genèse : « Dieu vit toutes les choses qu'il avait faites et les trouva très-bonnes, » c'est-à-dire, montra qu'elles étaient bonnes à ceux qui comprennent. Dans un autre sens, le voir de Dieu, c'est réprouver en les connaissant les mauvaises actions des hommes, tel est le sens de ces paroles du prophète Isaïe : « Le Seigneur vit, et le mal apparut à ses yeux. » (*Isa.*, LIX, 15.) De même encore, dans un autre sens, voir, pour Dieu, c'est la même chose que de nous faire voir et savoir, tel est le sens du passage suivant d'un psaume : « O Dieu, éprouvez-moi, et sondez mon cœur ; interrogez-moi, et connaissez les sentiers par lesquels je marche. Voyez si la voie de l'iniquité ne

Angelos sive Prophetas misit, qui ejus adventum hominibus nuntiarent. Caligo sub pedibus ejus fuit, quia impii homines a sua malitia cæcati, ejus incarnationem agnoscere non potuerunt : sed neque nunc possunt. Stare Deus dicitur, cum nos infirmos, id est, creaturam suam ad pœnitentiam et conversionem vitæ patienter sustinet, ut est illud in Habacuc propheta : « Stetit, et mensus est terram, et dissolvit gentes : » (*Habacuc*, III, 6) id est, stetit ad subveniendum, et dissolvit credentes in se a vinculis peccatorum. Transire dicitur Deus, cum a cordibus quorumdam hominum, in quibus ante per fidem inhabitare credebatur, postea subrepente perfidia vel quolibet delicto ab his recedit, et ad alios transit. Quemadmodum de Judæis ad gentes, et de hæreticis ac catholicos, seu de quibuslibet irreligiosis et negligentibus pro vitio suo recedere dicitur Deus, et ad alios transire, quod non localiter aut visibiliter sed invisibiliter occulto justoque judicio facere consuevit. Ambulare dicitur Deus, non de loco ad locum transeundo, quod impium est ita credere : sed deambulatio ejus est in cordibus sanctorum delectari, sicut scriptum est : « Et inhabitabo in eis, et inambulabo, et ero illorum Deus. » Vel certe ambulare Dei est, in sanctis prædicatoribus suis de loco ad locum transire. Loqui Dei est, invisibiliter sine sono vocis vel quolibet strepitu (*a*) occulte in mentibus sanctorum voluntatem suam atque rectum intellectum inspirare, seu futura sicut sanctis Prophetis revelare. Quæ locutio Dei, ut quidam volunt, tribus modis accipitur. Primo namque modo per subjectam creaturam, sicut ad Moysen, in rubo et igne apparuit, vel sicut ad Abraham, et Jacob, sive jam dictum Moysen et cæteros sanctos, quibus voluit, in Angelis apparere dignatus est. Secundo modo in somnis, sicut ad Jacob et ad Zachariam prophetam, et ad Joseph sponsum Mariæ, et ad alios sanctos quibus voluit secreta revelare. Tertio autem modo, neque per creaturam visibilem, neque per somnium, sed occulta tantum inspiratione invisibiliter corda sanctorum (*b*) tangendo loquentes efficit, quemadmodum in libris Prophetarum legitur, cum ipsi Prophetæ divino subito afflati spiritu exclamabant, dicentes : « Hæc dicit Dominus. » Videre Dei, est acta bona approbare : sicut illud est in Genesi : « Vidit Deus cuncta quæ fecerat, et erant valde bona : » id est, intelligentibus bona esse demonstravit. Aliter videre Dei, est mala hominum sciendo reprobare, sicut est illud in Isaia propheta : « Et vidit Dominus, et apparuit malum in oculis ejus. » (*Isa.*, LIX, 15.) Item aliter videre Dei est, nos videntes, id est, scientes facere, ut est illud in Psalmo : « Proba me Domine, et scito cor meum, interroga me, et cognosce semitas meas : et vide si via iniquitatis in me est, » (*Psal.* CXXXVIII, 23) etc. Modus iste

(*a*) Al. *occultam*. — (*b*) Apud Hieron. *tangendo afficit*.

se trouve point en moi, » etc., (*Ps.* cxxxviii, 23) cette manière de parler se retrouve aussi dans le livre du bienheureux Job, où ce saint homme, après avoir dit beaucoup de choses remarquables de Dieu le Père, ajouta au sujet de sa sagesse : « Alors il la vit, il l'annonça, il l'examina à fond, et il la prépara ; » (*Job*, xxviii, 27) c'est-à-dire, il nous la fit voir, prêcher, examiner à fond et annoncer aux autres. Connaître, en Dieu, c'est faire connaître, comme il le dit lui-même à Abraham : « Maintenant je sais que vous craignez Dieu ; » (*Gen.*, xxii, 12) en effet, il n'a point commencé à ce moment-là à savoir cette chose, puisqu'il sait toutes choses avant même qu'elles arrivent ; mais ou dit que Dieu connaît, quand il fait connaître, en sorte que les hommes qui, auparavant, ignoraient ce qu'ils étaient, sont amenés par ses questions, c'est-à-dire, par ses épreuves, à se connaître clairement eux-mêmes. Tel est le sens encore de ce passage de la loi, où Dieu dit à Moïse, en parlant du peuple d'Israël : « Je veux éprouver s'ils gardent mes commandements ou non. » (*Deut.*, xiii, 3.) En Dieu, ignorer, c'est réprouver certains hommes, comme dans ce passage de l'Evangile : « Je ne sais point d'où vous êtes, retirez-vous de moi, vous tous qui êtes des ouvriers d'iniquité. » (*Luc*, xiii, 27.) La jalousie, en Dieu, c'est quand il châtie souvent une de ses créatures qu'il ne veut point laisser périr, quand il la reprend et la flagelle, et la ramène à lui par les coups qu'il lui porte. On dit encore que Dieu est jaloux, quand il ne veut laisser aucun péché impuni. En effet, Dieu est juste, voilà pourquoi toute injustice lui est exécrable, et il ne veut point, comme je l'ai dit, la laisser impunie. On dit que Dieu se met en colère, non par suite d'une émotion de l'âme ou de quelque trouble intérieur qui ne saurait se produire en lui ; mais il inflige à la créature qui pèche, c'est-à-dire, aux hommes impies et pécheurs, une juste vengeance, en d'autres termes, il leur donne ce qu'ils méritent. Or, c'est ce châtiment de Dieu, qui s'appelle sa colère ou sa fureur. En Dieu, se repentir, ne veut point dire qu'il se repente comme les hommes des choses qu'il a faites ; car celui qui sait toutes choses avant même qu'elles soient, ne saurait se repentir de ses actions passées ; mais se repentir, en Dieu, c'est changer ce qu'il avait résolu et donner une autre direction à ce qu'il avait d'abord commencé dans un sens, par exemple, lorsque certaines fautes font encourir un châtiment à un homme bon jusqu'alors, ainsi qu'on lit que Dieu se repentit au sujet de Saül de l'avoir fait roi (I *Rois*, xv, 11), ou bien comme nous voyons que cela se produit maintenant dans le peuple juif qui, après avoir été le peuple de Dieu, est devenu, à cause de son impiété, la Synagogue de Satan ; ou bien lorsque le changement s'opère de mal en bien, comme cela a lieu pour les peuples Gentils, qui n'étaient point auparavant le peuple de Dieu, et qui maintenant, par la grâce du Christ, sont devenus le peuple de Dieu. C'est par l'effet d'un jugement secret de Dieu du même genre, que Judas le traître, déchu du rang d'apôtre, tomba dans le gouffre de l'enfer, tandis que le bon larron, après ses crimes et ses rapines, passa de la croix dans le ciel. Or, ce changement du bien en mal, comme je l'ai dit plus haut, ou du mal en bien qui se produit par un secret et juste jugement de Dieu, à cause de la sévérité de sa justice, ou par l'effet de sa miséricorde, est ce que nous appelons le repentir en Dieu. C'est d'ailleurs ce qui est dit d'une manière plus expresse dans le livre

---

locutionis et in libro beati Job similiter reperitur, ubi de sapientia Dei Patris, post quam plurima et insignia locutus est de Deo Patre, adjecit : « Tunc vidit illam, et narravit et investigavit et præparavit. » (*Job*, xxviii, 27) id est, videntes fecit atque prædicantes et investigantes atque aliis nuntiantes. Cognoscere Dei, est cognoscentes facere sicut ait ipse ad Abraham : « Nunc cognovi quod timeas Deum. » (*Gen.*, xxii, 12.) Neque enim ille ex tempore novit, qui scit omnia ante quam fiant : sed cognoscere dicitur Deus cognoscentes facere, ut qui prius de se quales essent incogniti erant, per ejus interrogationem, id est, probationem sibimetipsis manifesti fierent. Tale est et illud in Lege Moysi de populo Israelitico : « Ut tentem, inquit, eos, utrum custodiant mandata mea, an non. » (*Deut.*, xiii, 3.) Nescire Dei, est quosdam reprobos reprobare, sicut est illud in Evangelio : « Nescio vos unde sitis, recedite a me omnes qui operamini iniquitatem. » (*Luc.*, xiii, 27 ; *Psal.* vi, 9.) Zelare dicitur Deus, cum creaturam suam quam non vult perire, sæpe castigat, corripit atque flagellat, et flagellando ad se reducit. Vel certe zelare Deus dicitur, cum nullum peccatum impunitum vult relinquere. Justus enim est, et ideo omnis injustitia exsecrabilis est illi, quam, ut dictum est, impunitam nullo modo patitur. Irasci dicitur Deus, non animi motu vel qualibet perturbatione, quæ illi omnino accidere non potest : sed creaturæ delinquenti, id est, hominibus impiis et peccatoribus justam inferre dicitur ultionem, hoc est, illis reddere quod merentur : et hæc ultio divina et ira vel furor ejus dicitur. Pœnitere Deus dicitur, non quod more hominum pro transactis operibus suis pœniteat ; qui enim omnia novit ante quam fiant, pro præteritis factis suis pœnitere non potest : sed pœnitentia Dei est statuta mutare, et quod prius aliter inchoatum fuerat, in aliud mutare, id est, aut de bono exigentibus culpis in malum, sicut de Saule legitur pœnituisse Deum, quod constituisset eum regem (I *Reg.*, xv, 11) ; vel sicut nunc videmus in populo Judæorum factum, qui cum esset populus Dei, ob impietatem suam facti sunt synagoga satanæ : de malo vero in bonum, sicut accidit in populo gentium, qui ante non populus Dei, nunc autem per gratiam Christi populus Dei effectus est. Hoc quippe modo occulto Dei judicio Judas proditor de apostolatus gradu lapsus in inferni barathrum demersus est, latro vero post crimen rapacitatis de cruce ad paradisum translatus est. Hanc quoque immutationem de bono ad malum, ut dictum est, sive de malo ad bonum, quæ occulto justoque judicio Dei, seu per severitatem justitiæ, seu per misericordiam ejus fiat, pœnitentiam Dei dicimus. Quod expressius in libro Jeremiæ prophetæ scriptum est. Non

du prophète Jérémie. Ne point se repentir, en Dieu, c'est ne point changer ce qui a été décidé par lui. Tel est le sens de ce passage d'un psaume : « Le Seigneur l'a juré et il ne se repentira point; » il s'agit des paroles que le Père adresse à son Fils : « Vous êtes prêtre à jamais selon l'ordre de Melchisédech. » (*Ps.* cix, 4.) Le Fils de Dieu est appelé le prêtre du Père, à raison non point de sa divinité, mais de son humanité, dans laquelle il s'est offert pour nous, à Dieu son Père, par sa passion et sa mort, en sacrifice agréable, en sorte qu'il était tout à la fois le prêtre et le sacrifice. On dit que Dieu oublie, quand il n'a point pitié de certains impies et de certains pécheurs, ce qu'il ne fait point par un sentiment de cruauté, ce sentiment n'existant point en Dieu, mais par l'effet d'un secret et juste jugement. Dieu endurcit dit-on le cœur de certains méchants, ainsi qu'il est écrit au sujet de Pharaon roi d'Egypte, non pas que le Dieu tout-puissant se serve de sa puissance pour endurcir leurs cœurs, ce serait une impiété de croire cela ; mais parce que leurs fautes sont causes qu'il ne fait point cesser la dureté de leur cœur qu'ils entretiennent eux-mêmes par leurs mauvaises actions, comme s'il les endurcissait eux-mêmes, parce que par un juste jugement il les laisse s'endurcir. Pour Dieu, dormir, c'est lorsque le Fils unique du Père a daigné mourir pour nous dans la chair qu'il avait prise. Cette mort est appelée avec raison un doux sommeil, puisque le Seigneur lui-même dit par son prophète Jérémie : « Voilà pourquoi je me suis éveillé de mon espèce de sommeil, et j'ai vu, et mon sommeil m'est doux. » (*Jérém.*, xxxi, 26.) Dans un autre sens on dit de Dieu, qu'il dort, lorsque la foi en lui, au milieu des prospérités de ce monde, ne veille point, mais dort, dans le cœur de certains fidèles. C'est de ce sommeil que Notre-Seigneur nous a donné une image, quand il s'est endormi dans une barque au milieu des flots agités de la mer. (*Matth.*, viii, 24.) Certainement encore, dormir, pour Dieu, c'est ne venir que tardivement au secours de ses élus placés au milieu des tribulations de ce monde, comme il est dit dans un psaume : « Levez-vous, Seigneur, pourquoi dormez-vous. » (*Ps.* xliii, 23.) Veiller, est en Dieu, se montrer manifestement pour la défense de ses élus et le châtiment de ses ennemis.

Tout ce qui a été dit jusqu'à présent et toutes les autres expressions semblables dont la sainte Ecriture se sert en parlant de Dieu dans le style de l'histoire, ne doivent donc point s'entendre à la lettre, comme je l'ai dit, mais dans un sens figuré; attendu que le Dieu tout-puissant, est esprit non chair par l'essence même de sa divinité, il est invisible et incorporel, et n'a point un corps composé de membres humains, par conséquent, ce n'est point des yeux du corps, mais des yeux du cœur qu'on doit le considérer. Dieu est sagesse, vérité, charité et justice, par conséquent, on doit le considérer des mêmes yeux qu'on voit ces choses, d'où il suit que ce n'est point des yeux du corps ainsi qu'il a été dit plus haut, mais des yeux d'un cœur pur que les fidèles doivent le regarder. Il est écrit, en effet, dans l'Evangile : « Heureux les cœurs purs, parce qu'ils verront Dieu. » (*Matth.*, v, 8.) C'est là, en effet, la récompense des saints, promise non-seulement en cette vie, mais plutôt dans la vie future, selon ce mot de saint Jean : « Mes bien-aimés, nous sommes les enfants de Dieu, et ce que nous serons un jour

---

pœnitere Dei, est statuta nullo modo mutare : ut est illud in Psalmo : « Juravit Dominus, et non pœnitebit eum : » id est Pater ad Filium : « Tu es sacerdos in æternum secundum ordinem Melchisedec. » (*Psal.* cix, 4.) Sacerdos Patris dictus est Filius Dei, non secundum divinitatem, sed secundum humanitatem, in qua se pro nobis per passionem et mortem suam acceptabile sacrificium Deo Patri obtulit, ut ipse esset sacerdos qui et sacrificium. Oblivisci dicitur Deus, cum quibusdam impiis et peccatoribus non miseretur, quod utique non facit per crudelitatem quæ in Deo non est, sed per occultum justumque judicium suum. Indurare dicitur Deus quorumdam malorum corda, sicut de Pharaone rege Ægypti scriptum est : non quod omnipotens Deus per potentiam suam corda eorum induret, quod est impium ita credere; sed exigentibus eorum culpis, cum duritiam cordis quam ipsi sibi mala perpetrando nutriunt, non aufert, quasi ipse illos induret, quia justo judicio indurari sinit. Dormire Dei est, cum unigenitus Filius patris in assumpta carne pro nobis mori dignatus est : cujus mors recte dulcis somnus prædicatus est, ipso dicente per Jeremiam prophetam : « Ideo quasi de somno suscitatus sum, et vidi, et somnus meus dulcis est mihi. » (*Jerem.*, xxxi, 26.) Aliter dormire dicitur Deus, cum fides ejus inter prospera hujus mundi in quorumdam fidelium corde non vigilat, sed dormit. Hanc dormitionem Salvator noster in se significavit, cum in navi inter fluctus maris dormivit. (*Matth.*, viii, 24.) Vel certe dormire Dei est, electis suis in tribulationibus hujus mundi positis tradius subvenire, sicut est illud in Psalmo : « Exsurge, quare obdormis Domine? » (*Psal.* xliii, 23.) Vigilare Dei est, in defensionem electorum suorum, et ultionem inimicorum suorum se manifestam demonstare.

Hæc omnia quæ prædicta sunt, et alia his similia, quæ de Deo sacra Scriptura juxta historiam narrat, non secundum litteram, ut dictum est, sed significativa locutione accipienda sunt : quia omnipotens Deus in essentia divinitatis suæ spiritus est, non caro; invisibilis atque incorporeus, nullisque humanis membris compositus : et idcirco non de oculis carnis, sed de oculis cordis contemplandus est. Deus sapientia est, veritas est, charitas est, justitia est; et ideo eisdem oculis videndus est quibus hæc omnia contemplantur : et idcirco non corporeis, ut dictum est, obtutibus, sed ex corde mundo a fidelibus intuendus est. Scriptum quippe est in Evangelio : « Beati mundo corde, quoniam ipsi Deum videbunt. » (*Matth.*, v, 8.) Hoc est enim præmium sanctorum, non in hac tantum vita, sed potius in futura repromissum, dicente beato Joanne apostolo : « Charissimi, filii Dei sumus, et nondum apparuit quid erimus. Scimus enim quia cum apparuerit, similes ei erimus,

ne paraît point encore. Nous savons, en effet, que lorsque Jésus-Christ se montrera dans sa gloire, nous serons semblables à lui parce que nous le verrons tel qu'il est. » (I *Jean*, III, 2.) Cette promesse, comme il a été dit, est réservée aux saints, dans le siècle futur, après la résurrection de la chair et le jugement de Dieu. Dans le siècle présent, nul n'est assez saint, personne n'est assez parfait parmi les élus de Dieu, pour avoir jamais vu, ou pour pouvoir jamais voir le Seigneur même, tel qu'il est dans l'essence de sa divinité, au témoignage même de Dieu à Moïse à qui il dit : « Nul homme ne me verra et sera vivant; » (*Exod.*, XXXIII, 20) c'est comme s'il avait dit : nul tant qu'il sera en vie ne pourra voir Dieu tel qu'il est. Sans doute, les saints voient Dieu dans la vie présente, mais ils ne le voient point tel qu'il est dans sa substance, ils ne le voient que dans un miroir en énigme, plus tard, ils le verront face à face. (I *Cor.*, XIII, 12.) Ils le voient dans cette vie par la foi, non point par la vue des yeux du corps. Voir Dieu, c'est le croire d'une foi droite et l'aimer du fond du cœur. Tel est le sens du nom d'Israël qui veut dire, l'homme qui voit Dieu. Mais parce que le Fils de Dieu qui ne fait qu'un avec le Père dans la substance de la divinité, pour relever le genre humain, était tombé en Adam, est descendu à la fin du monde, dans le sein de Marie, s'est fait un vrai corps de sa substance, et se l'est uni dans l'unité de personne, en sorte qu'il fût en même temps Dieu et homme, mais que, dans cette simple personne, comme il a été dit, il naquît dans ses deux substances, de cette même vierge, sans altérer sa pureté, et qu'ainsi celui qui était et qui est, dans la divinité, engendré vrai Dieu invisible de vrai Dieu, incorporel et incompréhensible comme le Père, fût en un vrai homme visible, corporel et circonscrit. Il est lui-même non point un Dieu et un homme, mais Dieu et homme, ne faisant qu'un seul Christ Fils de Dieu, qui souffrit pour notre salut, qui ne mourut et ne fut enseveli que dans la chair; c'est dans cette même chair dans laquelle il sortit le troisième jour, du tombeau, par la vertu de sa divinité, qu'il est monté au ciel et est assis à la droite du Père, d'où l'Eglise tout entière attend qu'il vienne pour juger les vivants et les morts dans la même chair dans laquelle il est monté au ciel, mais glorifiée, comme tous les fidèles le chantent dans le Symbole. Il faut donc tenir et confesser ce même Fils de Dieu pour invisible, incorporel, immortel et incirconscrit, quant à sa substance divine comme le Père et le Saint-Esprit; mais quant à son humanité, comme visible, corporel, local, et doué véritablement de tous les membres d'un homme. Aussi de même qu'il y a impiété à ne point croire le même Fils de Dieu notre Rédempteur, invisible et incorporel, comme le Père et le Saint-Esprit, quant à sa divinité, ainsi serait-ce une profanation de ne point croire ce même Fils de Dieu dans l'humanité qu'il s'est unie, visible, corporel et local après sa résurrection. Quant à ce qui est écrit dans la Genèse, où le Père dit au Fils : « Faisons l'homme à notre image et notre ressemblance, » (*Gen.*, I, 26) il ne faut point l'entendre en ce sens que Dieu serait corporel, composé de membres, composé corporel tel que ce serait sur cet ensemble qu'il aurait fait notre homme extérieur, c'est-à-dire, notre corps d'homme, comme

quoniam videbimus eum sicuti est. » (I *Joan.*, III, 2.) Hæc promissio, ut dictum est, post resurrectionem carnis et judicium Dei, est in sæculo futuro sanctis reposita. In præsenti vero vita nullus tam sanctus, nemo ita perfectus ex electis Dei, qui ipsum Dominum in essentia divinitatis suæ, sicuti est, vidit unquam, aut videre poterit, ipso testante ad Moysen : « Non enim videbit me homo, et vivet : » (*Exod.*, XXXIII, 20) ac si diceret : Nemo quam diu mortaliter vivit, Deum ut est videre poterit. Vident enim sancti in præsenti vita Deum, non ita ut est in substantia sua, sed per speculum et in ænigmate, postea autem facie ad faciem (I *Cor.*, XIII 12) : Vident in hac vita credendo, non corporeis oculis cernendo. Videre enim Deum, est recte illum credere, et ex corde diligere. Hoc quippe significat nomen Israel, quod interpretatur, vir videns Deum. Sed quia Filius Dei qui in substantia divinitatis cum Patre unum est, ob reparationem humani generis, quod in Adam lapsum fuerat, prope finem mundi in uterum Mariæ virginis illapsus, veram carnem ex ejus substantia creavit, atque in singularitate personæ suæ ita univit, ut Deus pariter esset et homo; simplici vero persona, ut dictum est, gemina vero substantia ex eadem virgine incorrupto pudore nasceretur; ut qui erat et est in divinitate verus Deus ex vero Patre genitus invisibilis, incorporeus atque incomprehensibilis sicut et Pater, ipse esset et verus homo visibilis, corporeus, et circumscriptus; atque idem ipse, non alius Deus et alius homo, sed Deus et homo, unus Christus Dei Filius, passus pro salute nostra, in sola carne mortuus et sepultus, in eadem carne in qua etiam die tertio per virtutem divinitatis suæ de sepulcro resurgens, ascendit in cœlum, et sedet ad dexteram Patris : quem inde venturum ad judicandum vivos et mortuos in eadem carne in qua ascendit, sed glorificata, universalis exspectat Ecclesia, quemadmodum in Symbolo universi decantant fideles. Idcirco eumdem Dei Filium secundum substantiam divinitatis suæ invisibilem et incorporeum et immortalem atque incircumscriptum, sicut et Patrem et Spiritum sanctum credere et confiteri oportet : juxta humanitatem vero visibilem, corporeum, localem atque omnia membra humana veraciter habentem credere convenit et confiteri. Quoniam sicut eumdem Dei Filium et redemptorem nostrum secundum divinitatem invisibilem et incorporeum, sicut et Patrem et Spiritum sanctum non credere impium est : ita eumdem Dei Filium in homine assumpto, visibilem et corporeum atque localem post resurrectionem non credere et profiteri, profanum est. Illud autem quod in Genesi scriptum est, dicente Deo Patre ad Filium : « Faciamus hominem ad imaginem et similitudinem nostram : » (*Gen.*, I, 26) non ita accipiendum est quasi Deus corporeus sit, et membrorum lineamentis compositus, ad quam compositionem corpoream exteriorem hominem nostrum, humanum videlicet corpus, veluti ad similitu-

à sa ressemblance, ainsi que les Juifs et la plupart des peuples infidèles l'ont imaginé ; le croire serait une impiété. Quant à Dieu, comme il a été dit bien souvent, il est esprit, non chair, il est sagesse, non corps. Dieu a fait l'homme à son image, non dans le corps, mais dans l'âme, non dans la chair, mais dans le sens, non dans l'extérieur, mais dans la raison ; et l'âme de l'homme, comme il a été dit, est donnée comme ayant été faite à l'image de Dieu, parce qu'elle est une créature invisible, incorporelle et immortelle. Elle ne tire point son origine de la substance de Dieu, comme les hérétiques de la secte de Manès et de celle des Priscillianistes, l'ont souvent imaginé, mais a été faite de rien par Dieu. Elle a un commencement, mais ne saurait avoir de fin. Cette âme humaine est appelée image de Dieu, parce qu'elle a reçu de Dieu le don d'être raisonnable et qu'elle a été faite par lui intelligente. Elle tient de la nature de son sens raisonnable la faculté de comprendre, de sentir, et de discerner le bien et le mal. Elle est douée de mémoire, ce qui lui confère la faculté de se rappeler les choses passées ; elle est douée de volonté, ce qui lui donne la faculté de choisir ce qui lui plaît ; elle est douée de sensibilité, ce qui la met en état de sentir ; elle est douée de raison, ce qui lui permet d'apercevoir les choses secrètes et invisibles, de comprendre Dieu son créateur, de discerner le faux du vrai, de voir, de contempler des yeux du cœur, les choses invisibles et Dieu même. C'est en tout cela que l'âme de l'homme est représentée comme étant faite à l'image de Dieu, elle a tout cela de commun avec les anges, mais elle a le corps en partage avec les bêtes brutes qui manquent de l'intelligence. L'origine de cette âme est cachée, elle n'est connue que de Dieu. Cette même âme humaine, par la raison qu'elle est une créature spirituelle, est appelée dans la sainte Ecriture, tantôt esprit, tantôt nature, tantôt vie, quelquefois même cœur. Et bien qu'elle soit une dans sa nature, elle a reçu plusieurs noms à cause de ses diverses fonctions. La ressemblance de Dieu dans l'homme a rapport aux œuvres de justice, selon cette parole de Dieu même dans la loi : « Soyez saints, parce que moi, votre Dieu, je suis saint. » (*Lévit.*, xix, 2.) C'est de cette sainteté que l'apôtre saint Paul dit : « Renouvelez-vous dans l'intérieur de votre âme, et revêtez-vous de l'homme nouveau qui est créé selon Dieu dans une justice et une sainteté véritables, » (*Ephés.*, iv, 23) et ailleurs : « Soyez mes imitateurs comme je le suis du Christ. » (I *Cor.*, xi, 1.) Saint Jean dit aussi dans ses exhortations : « Celui qui dit qu'il demeure dans le Christ, doit marcher comme il a marché lui-même. » (I *Jean*, ii, 6.) Et la vérité reprend dans l'Evangile : « Soyez miséricordieux, comme votre Père qui est dans le ciel est miséricordieux. » (*Luc*, vi, 36.) Car, de même que l'image de Dieu a rapport à la nature de l'âme, ainsi la ressemblance se rapporte à sa justice.

dinem suam fecerit ; sicut Judæi et cæteri infideles plerique opinati sunt, quod ita credere impium est. Deus autem, ut sæpe dictum, spiritus est, non caro : (*a*) sapientia est, non corpus. Ad imaginem quippe suam Deus hominem fecit, non in corpore, sed in anima ; non in corpore, sed in sensu ; non in exteriore homine, sed in ratione. Animaque hominis, ut dictum est, ideo ad imaginem Dei facta esse perhibetur, quia spiritalis creatura est invisibilis et incorporea atque immortalis : non de substantia Dei originem trahens, sicut Manichæi et Priscillianistæ hæretici false opinati sunt ; sed ex nihilo a Deo creata. Quæ initium habet, finem vero habere nescit. Quæ humana anima, ob hoc quod a Deo rationalis, quod intellectualis facta est, imago Dei esse dicitur. Inest enim illi per naturam rationalis sensus, per quem intelligit, sapit, atque inter bonum malumque discernit. Inest illi memoria, per quam transacta recordatur : inest voluntas per quam quæ vult eligit : inest sensus, per quem et sentit : inest ratio, per quam et occulta et invisibilia contemplatur, per quam Deum creatorem suum intelligit, per quam vera a falsis discernit, per quam invisibilia (*b*) et Deum oculis cordis contemplatur seu speculatur. In his omnibus anima hominis ad imaginem Dei facta esse narratur : hæc omnia communia habet cum angelis, corpus vero cum animalibus brutis quæ intellectu carent. Hujus animæ origo occulta est, et soli Deo cognita. Ipsa quoque anima hominis pro eo quod spiritalis creatura est, in sacra Scriptura aliquando spiritus dicitur, (*c*) aliquando vero natura, aliquando etiam vita, nonnunquam vero cor esse dicitur : et cum sit una in natura sua, propter (*d*) varios effectus, diversa vocabula sortita est. Similitudo vero Dei in homine refertur ad opus justitiæ, dicente Domino in lege : « Sancti estote, quia ego sanctus sum Deus vester. » (*Levit.*, xix, 2.) De qua sanctitate beatus Paulus apostolus informans nos ait : « Renovamini spiritu mentis vestræ, et induite novum hominem qui secundum Deum creatus est in justitia et sanctitate veritatis. » (*Ephes.*, iv, 23.) Et iterum ipse : « Imitatores mei estote, sicut et ego Christi. » (I *Cor.*, xi, 1.) Et beatus Joannes exhortans ait : « Qui dicit se in Christo manere, debet sicut ille ambulavit et ille ambulare. » (I *Joan.*, ii, 6.) Et veritas in Evangelio : « Estote misericordes, sicut et Pater vester cœlestis misericors est. » (*Luc.*, vi, 36.) Sicut enim imago Dei ad naturam pertinet animæ, ita et similitudo refertur ad opus justitiæ.

(*a*) Sic Mss. Vict. At Ed. *substantia*. — (*b*) Ms. Vict. et Vat. *et de cordis speculatur*. — (*c*) Ms. Vatic. et Vict. *aliquando anima*. — (*d*) Ms. Vict. *diversos affectus*.

LIBELLE OU DIALOGUE

DE

L'UNITÉ DE LA SAINTE TRINITÉ

Cet ouvrage est d'un auteur inconnu mais fort ancien ; car il se trouve dans deux manuscrits de Reims, qui ont plus de huit cents ans ; dans l'un il est sans nom d'auteur et a pour titre : *Libelle ou dialogue de l'unité de la sainte Trinité ;* dans l'autre il porte le nom de saint Augustin et a pour titre : *Traité de saint Augustin évêque, de lui-même à lui-même.* Mais c'est à tort qu'il porte le nom de ce Père comme on le voit assez par le style, bien que ce manuscrit soit regardé comme remontant à huit cents ans environ, et ait été copié sur un manuscrit beaucoup plus ancien encore, ainsi que le prouvent certains mots placés à la fin de ce dialogue. Ainsi après le mot « nanciscantur, » on lit sur la même ligne : « Je l'ai collationné comme j'ai pu avec toute sorte de soin. Vous qui le lisez priez pour moi. »

Le soin vigilant de la foi m'ayant réveillé, je me suis fait ces questions et j'ai allumé ma lumière avec le zèle de notre école que l'on verra. Je laisse au lecteur à juger si ce que j'ai fait est utile pour lui, mais il n'ôtera rien à l'utilité de ce travail pour moi, quand bien même il ne le jugerait point digne d'attention.

Demande. Le Père, dit-on, est-il Dieu ?
Réponse. Un profane même ne l'ignore point.
Dem. Le Fils est-il Dieu ?
Rép. L'Apôtre en est témoin.
Dem. Que dit-il donc ?
Rép. « Les patriarches sont leurs pères, et d'eux est sorti, selon la chair, le Christ même qui est Dieu, au-dessus de tout et béni dans tous les siècles. » (*Rom.*, ix, 5.)
Dem. Que pensez-vous du Saint-Esprit ?
Rép. Je réponds en peu de mots qu'il est Dieu.
Dem. Je désire vivement savoir comment vous le prouvez.
Rép. Parce qu'il procède du Père. Mais je me contenterai de prouver qu'il remet les péchés.
Dem. Où lisez-vous cela ?
Rép. En saint Jean, lorsque le Seigneur eut soufflé sur le visage de ses disciples, il leur dit : « Recevez le Saint-Esprit, les péchés seront remis

LIBELLUS SEU DIALOGUS DE UNITATE SANCTÆ TRINITATIS

Ignoti auctoris, sed antiquissimi. Nam exstat in codicibus annorum octingentorum, duobus videlicet Remigianis, quorum alteri titulum sine Augustini nomine hunc ipsum præmittit : *Incipit libellus seu Dialogus de unitate sanctæ Trinitatis* : alter autem Dialogum Augustino tribuit hacce inscriptione : *Incipit Tractatus sancti Augustini episcopi a semetipso ad semetipsum* : falso quidem, uti satis ex dicendi ratione liquet, tametsi iste ipse codex ante annos circiter octingentos scriptus putetur, et ad antiquius aliud exemplar exaratus, quemadmodum ostendit scriptura hæc in Dialogi fine calamo prorsus eodem facta, scilicet post verbum « nanciscantur, » continuo in ipsa linea sequitur : « Contuli, ut potui, cum omni sollertia : qui legis, ora pro me. »

Cum me pervigil fidei cura fecisset exsomnem, his me interrogationibus percontavi, et tali studio scholæ nostræ lumen accendi. Judicet vero lector, an utile sibi hoc sit : mihi tamen, si neglexerit, nihil subtrahit.
Interrogatio. Pater inquiunt, Deus est?
Responsio. Nec prophanus ignorat.
Int. Filius Deus est?
Resp. Apostolus testis est.
Int. Quid enim ait?
Resp. « Quorum patres, et ex quibus Christus secundum carnem, qui est super omnes Deus benedictus in sæcula. » (*Rom.*, ix, 5.)
Int. Quid de Spiritu sancto autumaris?
Resp. Magna mihi brevitas docendi quod Deus sit, suffragatur.
Int. Quæ illa sit, aveo scire.
Resp. Quod ex Patre procedat : probem solum, quod et peccata dimittat.
Int. Ubi istud legis?
Resp. In Joanne, cum insufflavit Dominus in faciem discipulorum, et ait : « Accipite Spiritum sanctum, quo-

à ceux à qui vous les remettrez, et retenus à ceux à qui vous les retiendrez. » (*Jean*, xx.)

DEM. N'y a-t-il pas de textes plus forts ?

RÉP. Ignorez-vous qu'il y en a beaucoup d'autres ?

DEM. Quels sont-ils ?

RÉP. Qu'il forma le Christ dans le sein de sa mère, qu'il est descendu sur le Christ dans le Jourdain, qu'il vivifie tout, qu'il consacre le baptême, qu'il dirige le Christ, qu'il remplit l'univers, non-seulement la terre, mais les cieux, qu'il choisit et envoie les apôtres à leur poste, et qu'il fait part de ses dons et du don de prophétie à qui il veut, et beaucoup d'autres choses encore qui se trouvent dans les saintes Écritures, et qui ne me reviennent pas à la mémoire en ce moment. Si vous n'êtes point touché par ces textes, pour moi il m'eût suffi pour établir sa divinité qu'il fût du Père. Or, il y a en particulier des pensées qui établissent le dogme de sa divinité. Telles sont celles-ci de saint Paul : « Il y a diversité de ministères, mais il n'y a qu'un même Seigneur ; il y a diversité d'opérations, mais il n'y a qu'un même Dieu qui opère tout en tous, » (1 *Cor.*, XII, 5) et cette autre de saint Pierre : « Je sais, en vérité, que Dieu ne fait acception de personne. » (*Act.*, x, 34.) Saint Pierre réfléchissait à la vision qu'il avait eue, et il ne savait quel parti prendre, le Saint-Esprit lui dit : « Levez-vous et allez avec ces hommes-là sans l'ombre d'hésitation, car c'est moi qui vous les ai envoyés. » David l'appelle souvent « l'Esprit droit, » dans son psaume cinquantième, et il lui donne le nom de Seigneur Dieu dans le psaume quatre-vingt-dixième, où il dit : « Le Seigneur notre Dieu est droit et il n'y a point d'iniquité en lui, » et encore dans le psaume vingt-huitième, il nous parle « du Seigneur sur les grandes eaux, » sur lesquelles, au commencement de la Genèse, l'auteur sacré nous le montre porté. (*Gen.*, 1, 2.) Bien que je sache manifestement que jamais le Saint-Esprit n'aurait pu être placé sur le même rang que le Père ou le Fils, puisqu'il est dit : « Allez, baptisez les nations au nom du Père, et du Fils et du Saint-Esprit, » (*Matth.*, XXVIII, 19) s'il ne partageait leur divinité et ne régnait comme eux.

DEM. Et quoi, sont-ce donc trois Dieux ?

RÉP. Tant s'en faut : « Quiconque sacrifie à des dieux sera exterminé, on ne peut sacrifier qu'à Dieu seul. »

DEM. Y en aurait-il deux ?

RÉP. Nullement, « car on ne peut servir deux maîtres. » (*Matth.*, XXVIII, 19.)

DEM. N'est-il donc permis que d'en reconnaître un ?

RÉP. Il n'y a point de Dieu, si ce n'est un seul Dieu.

DEM. Je lis bien cela, mais ce que je voudrais savoir, c'est comment cela s'accorde avec la Trinité.

RÉP. Vous le saurez, si vous appliquez votre attention à ce que je dis ; Père, est un nom appellatif, Fils, est un nom appellatif, de même que Esprit saint est aussi un nom appellatif et naturel. Bien que Père ne se dise que par rapport à Fils et Fils que par rapport à Père, et que ces noms soient des noms relatifs, Dieu, est un nom propre au Père, au Fils et au Saint-Esprit, selon ce qui est écrit dans le psaume : « Comme votre nom s'étend jusqu'aux extrémités de la terre, votre louange s'y étend de même. » (*Ps.* XLVII, 11.) Les noms de Père, Fils et

---

rum remiseritis peccata remissa erunt, et quorum detinueritis detenta sunt. » (*Joan.*, xx.)

INT. Nihil fortius.

RESP. Alia multa nescis?

INT. Quæ?

RESP. Quod Christum creat in viscere (*Luc.*, III), quod super Christum venit in flumine (*Matth.*, XXVIII), quod vivificat omnia, quod baptismum consecrat, quod Christum dirigit, quod replet orbem, quod Trinitati coutaxatur, quod novit, capit, ac regit omnia, nec solum terrestria, sed et cœlestia, quod apostolos eligit ac destinat, quod dona sua et prophetias quibus velit impertiat : et plura quæ in Scripturis sanctis posita, ad momentum non occurrunt. Et si istis non tangeris, mihi tamen solum quod de Patre est, ad documentum deitatis ipsius suffecisset. Sunt et sententiæ singulares, hujus scilicet veritatis astipulatrices, ut illæ Pauli : « Divisiones ministeriorum sunt, idem ipse Dominus; et divisiones operationum sunt, ipse autem Deus, qui operatur omnia in omnibus. » (1 *Cor.*, XII, 5.) Et inter cætera Petri : « In veritate, inquit, scio, quia non est Deus personarum acceptor. » (*Act.*, x, 34.) Cum cogitanti et hæsitanti de visu Spiritus sanctus dixerit : « Surge, et vade cum illis nihil dubitans, ego misi illos ad te. » Nam David sæpenumero eum nuncupat « spiritum rectum » in quinquagesimo Psalmo. Dominum Deum appellat in nonagesimo primo : « Quoniam rectus est, inquit, Dominus Deus noster, et non est iniquitas in eo; » Et : « Dominus super aquas multas, » in Psal. vigesimo octavo prodit, quibus in exordio suo Genesis Spiritum Dei superferri depromit. (*Genes.*, 1, 2.) Licet illud manifeste noverim, nunquam adnumerari Spiritum sanctum Patri, vel etiam Filio potuisse, cum dictum sit : « Ite, baptizate gentes in nomine Patris, et Filii, et Spiritus sancti : » (*Matth.*, XXVIII, 19) nisi socia deitate regnaret.

INT. Quid ergo, tres Dii sunt?

RESP. Absit : « Sacrificans diis eradicabitur, nisi Domino soli. »

INT. An duo sunt?

RESP. Nequaquam, quia « nemo potest duobus dominis servire. » (*Matth.*, VI, 24.)

INT. Unusne probari licet?

RESP. Nullus Deus nisi unus.

INT. Istud lego : sed qualiter id de tota Trinitate verum sit, nosse volo.

RESP. Scies, si mentem dictis infigas, Pater enim est nomen appellativum, Filius est nomen appellativum : ita quoque Spiritus sanctus appellativum et naturale nomen est. Licet Pater ad Filium et Filius ad Patrem dicatur, relativa hæc nomina nuncupentur. Deus autem nomen est proprium Patri et Filio et Spiritui sancto. Sicut scribitur in Psalmo : « Secundum nomen tuum Deus, ita et laus tua in fines terræ. » (*Psal.* XLVII, 11.) Ergo appel-

Saint-Esprit, sont donc des noms appellatifs, à proprement parler, c'est Dieu, Dieu, Dieu.

Dem. Donc il y a trois Dieux?

Rép. Rappelez-vous, je vous prie, un autre passage encore : « Ecoutez Israël, le Seigneur votre Dieu est le seul Seigneur. » (*Deut.*, vi, 4.) Voyez-vous, je vous prie de me le dire, une certaine élévation de sens, toute royale, dans cette parole?

Dem. Montrez-la moi en peu de mots, j'écoute.

Rép. « Le Seigneur, est-il dit, votre Dieu est le seul Seigneur. » Si je ne me trompe, le Psalmiste a uni ici trois appellations. Il dit : « Le Seigneur votre Dieu, et le Seigneur. » Vous avez ce qu'est le Père, ce qu'est le Fils, ce qu'est le Saint-Esprit; puis il ajoute ce qu'il est : « Il est seul. » O claire lumière de l'unité!

Dem. Où donc est la Trinité?

Rép. Dans l'engendrant, dans l'engendré et dans le procédant, c'est-à-dire, dans le Père, dans le Fils et dans le Saint-Esprit, noms appellatifs et relatifs.

Dem. Mais quoi, dans les noms propres, c'est-à-dire, quand on dit Dieu, Dieu et Dieu, n'y a-t-il point triplicité?

Rép. Non.

Dem. Pourquoi?

Rép. Parce qu'il est seul, les noms propres ne sont point triplés.

Dem. Est-ce donc dans les noms relatifs que se prend la Trinité?

Rép. Oui.

Dem. Dans lesquels?

Rép. Dans la distinction des personnes et des noms de Père, de Fils et de Saint-Esprit. D'ailleurs le Christ lui-même ne dit point : « Allez, baptisez les nations, » au nom des dieux, mais « au nom du Père et du Fils et du Saint-Esprit, » pour nous apprendre la Trinité dans les noms relatifs des personnes; mais le nom Dieu n'est point triplé afin d'indiquer qu'il n'y en a qu'un.

Dem. Les noms propres ne courent donc point avec les noms appellatifs?

Rép. Ils courent avec eux.

Dem. Ils comptent donc avec eux?

Rép. Non certes, car si nous les triplons, nous introduisons la pluralité des dieux.

Dem. Le Père n'est-il donc point Dieu?

Rép. Il est certainement Dieu.

Dem. C'est donc le Fils qui n'est point Dieu?

Rép. Il l'est très-certainement.

Dem. Le Saint-Esprit n'est donc pas Dieu?

Rép. Il est Dieu, nul doute dans cette réponse.

Dem. Vous voyez donc bien que vous osez dire qu'il y a trois dieux? Mais à ce que je vois, c'est dans les noms relatifs qu'est crue la vérité?

Rép. Oui, ainsi que dans les noms de nature, de personnes et de relations.

Dem. Pourquoi Dieu, Dieu et Dieu?

Rép. Ce sont des noms exprimant la nature. Le nom qui exprime la nature est Dieu pour chacune des trois personnes, et c'est un nom propre; car nous ne pouvons point dire trois dieux, mais nous disons la Trinité dans les noms relatifs de la nature, et dans les personnes; c'est-à-dire, dans le Père, le Fils et le Saint-Esprit. Mais nous disons l'unité dans Dieu, Dieu et Dieu.

---

lativa nomina Pater et Filius, et Spiritus sanctus : proprium vero, Deus, Deus, Deus.

Int. Ergo tres dii sunt?

Resp. Rogo, recole denuo aliud : « Audi Israel, Dominus Deus tuus, Dominus unus est. » (*Deuter.*, vi, 4.) Videsne, quæso, in hoc dicto (*a*) regalem quamdam altitudinem sensus?

Int. Expone breviter, audiam.

Resp. « Dominus, inquit, Deus tuus, Dominus unus est. » Ni fallor, hic trinam taxationem Dei univit : « Dominus, inquit, et Deus tuus, et Dominus. » Habes quid Pater, quid Filius, quid Spiritus sanctus sit. Et mox intulit : « Unus est. » O lumen unitatis clarum.

Int. Ubi est ego Trinitas?

Resp. In gignente, genito, et procedente, id est, in Patre, et Filio, et Spiritu sancto, in appellativis videlicet vel relativis nominibus.

Int. Quid, in propriis nominibus, id est Deus et Deus et Deus, triplicatio non admittitur?

Resp. Non.

Int. Quare?

Resp. Quia unus est, propria vocabula non triplicantur.

Int. Ergo in relativis nominibus Trinitas accipitur.

Resp. Ita est.

Int. In quibus?

Resp. In personarum videlicet et nominum discretione, Patris, et Filii, et Spiritus sancti. Denique ipse Christus non ait : « Ite, baptizate gentes » in nomine deorum, sed, « in nomine Patris, et Filii, et Spiritus sancti, » ut Trinitatem doceret in relativis personarum nominibus, Dei autem nomen, quod non triplicatur, in singulariter monstraret.

Int. Non ergo discurrunt propria cum appellativis?

Resp. Discurrunt.

Int. Ergo et connumerantur?

Resp. Absit : quia si triplicaverimus, deorum inducimus pluralitatem.

Int. Ergo non est Pater Deus?

Resp. Deus est plane.

Int. Ergo Filius non est Deus?

Resp. Deus est omnino.

Int. Ergo Spiritus sanctus non est Deus?

Resp. Deus est absque ambiguo.

Int. Vides ergo tres, audes dicere Deos? Sed ut video in relativis creditur vocabulis Trinitas.

Resp. Et in naturalibus plane et personis, et nominibus relativis.

Int. Quare Deus, et Deus, et Deus?

Resp. Naturalia nomina sunt. Naturale est singulis Deus, sed proprium nomen. Non enim possumus dicere tres deos, sed dicimus Trinitatem in relativis naturæ vocabulis, et personis, id est, in Patre et Filio, et Spiritu sancto. Dicimus autem unitatem in Deo et Deo et Deo.

(*a*) Ms. *regale*.

Dem. Vous ne dites donc point trois personnes?
Rép. Nous le disons.
Dem. Et vous croyez pour chaque personne, Dieu, Dieu et Dieu?
Rép. Il est manifeste que nous croyons cela en dehors de tout contact.
Dem. Vous dites donc trois dieux, comme vous dites trois personnes?
Rép. Nullement.
Dem. Pourquoi cela?
Rép. Parce que dans les personnes il y a une distinction, et dans la divinité il n'y en a point.
Dem. Quelle est cette distinction?
Rép. C'est que le Père est le Père, le Fils est le Fils, le Saint-Esprit est le Saint-Esprit.
Dem. Vous dites donc que c'est dans la diversité que vous adorez la Trinité?
Rép. Oui, des noms et des personnes, non point de la nature qui est une.
Dem. Mais tout à l'heure vous avez dit que ce sont là des noms de nature, des noms appellatifs; redites donc quels sont les noms propres.
Rép. Dieu, Dieu et Dieu, mais ce nom trois fois répété ne fait point une distance.
Dem. Les noms propres ne se triplent donc point avec les noms appellatifs?
Rép. Nullement.
Dem. On ne réunit donc point ensemble Père et Dieu, Fils et Dieu, Saint-Esprit et Dieu?
Rép. Certainement on les réunit. Ainsi le Père est Dieu, le Fils est Dieu, et le Saint-Esprit est Dieu et s'unit sans aucun doute à sa divinité.
Dem. La divinité se trouvera triplée?
Rép. C'est un sacrilége; car le nombre est au-dessous de Dieu non entre Dieu.
Dem. Alors on ne donne donc le nom de Dieu ni au Père, ni au Fils, ni au Saint-Esprit?
Rép. Voici ce qu'on nous a appris et ce que nous croyons pour ne point priver ni le Père, ni le Fils, ni le Saint-Esprit, de sa divinité.
Dem. Comme si ce n'était point ce que vous faites quand vous dites, Dieu le Père, Dieu le Fils, Dieu le Saint-Esprit, qu'un autre conclut être tous ensemble des Dieux?
Rép. Faut-il que des oreilles humaines entendent ces choses et que tout le monde ne couvre point de crachats ceux qui parlent ainsi! Cependant c'est dans les noms appellatifs, c'est-à-dire, dans les personnes, que je reçois la Trinité, mais je ne crois nullement que la divinité puisse se tripler en aucune manière; car ce n'est point dans la nature que je trouve la diversité et la distinction.
Dem. Combien de noms croyez-vous donc?
Rép. Il y en a trois relatifs dans les personnes.
Dem. Combien y en a-t-il de propres?
Rép. Voilà déjà bien des fois que je vous entends patiemment demander combien il y a de noms propres; mais le nom propre de la divinité est unique.
Dem. Vous avez fait disparaître un grand sabre, mais je vous prie de me dire si ce nom est un nom de nature?
Rép. Certainement.
Dem. Et les noms relatifs que vous nommez appellatifs, sont-ils des noms de nature?

Int. Non ergo dicitis tres personas?
Resp. Dicimus.
Int. Et in singulis personis Deum, et Deum, et Deum esse creditis.
Resp. Hoc sine palpatione credere manifestum est.
Int. Ergo sicut dicitis tres personas, dicitis et tres Deos?
Resp. Absit.
Int. Quare?
Resp. Quia in personis est distinctio, in deitate autem non est.
Int. Quæ est ista distinctio?
Resp. Quia Pater Pater est, Filius Filius est, Spiritus sanctus Spiritus sanctus est.
Int. Per diversitatem te asseris colere Trinitatem?
Resp. Personarum et nominum, non naturæ, quia una est.
Int. Certe jam dudum et hæc nomina naturalia esse dixisti, et appellativa, et quæ sunt propria (*a*) repete?
Resp. Deus, et Deus, et Deus, hæc ergo triplicata distantiam (*b*) non faciunt.
Int. Cum appellativis ergo naturalibus, propria non triplicantur.
Resp. Nullo modo.
Int. Non ergo sibi conjunguntur, Pater et Deus, aut Filius et Deus, aut Spiritus sanctus et Deus.
Resp. Conjunguntur plane; et idem Pater Deus est, et idem Filius Deus est, et idem Spiritus sanctus deitati suæ absque dubio copulatur.
Int. Triplicabitur deitas.
Resp. Sacrilegii (*c*) noxa est : quia sub Deo est numerus, non inter Deum.
Int. Ergo nec Pater appelletur Deus, nec Filius, nec Spiritus sanctus.
Resp. Et sic docemur, et ita credimus, ut nec Patrem, nec Filium, nec Spiritum sanctum sua deitate privemus.
Int. Quasi vero non id facis, cum dicis, Pater Deus, et Filius Deus, et Spiritus sanctus Deus, quos simul alter Deos esse concludit.
Int. Ita ne hoc humanæ aures audiant, ac non sputis omnes inliniunt? Veruntamen in vocabulis appellativis, id est in personis Trinitatem accipio, deitatem autem nullo modo triplicari posse (*d*) confido; quia varietatem et discretionem in natura non invenio.
Int. Quot ergo nomina credis?
Resp. Relativa in personis tria.
Int. Propria quot?
Resp. Jam te sæpius sustinui, pluraliter de proprio nomine conquirentem, sed proprium deitatis unum est nomen.
Int. Abstulisti grandem (*e*) macheram, sed aveo dicas, hoc nomen naturale est?
Resp. Utique.
Int. Et relativa quæ appellativa taxas, naturalia sunt?

(*a*) Al. reperis. — (*b*) Mss. distantiam nominum faciunt. — (*c*) Al. nota est. — (*d*) Al. concedo. — (*e*) Remigianus alter Ms. macœriam.

Rép. Certainement, mais par suite de la génération et de la procession, non point par la propriété de l'indivise divinité.

Dem. Ainsi si le Fils de Dieu n'était point Dieu, il ne pourrait être le Fils?

Rép. En doutez-vous?

Dem. C'est donc parce qu'il est Fils de Dieu qu'il est Dieu?

Rép. Je le pense comme vous.

Dem. Et si ce n'était pas l'effet de la génération qui conférât le nom appellatif au Fils, il n'aurait point le nom propre de la divinité, et il ne serait point Dieu?

Rép. Certainement c'est par la génération qu'il est Fils, et le nom propre du Fils de Dieu est Dieu. Il ne se trouve point plus tard là où il n'était point auparavant, mais il le prit en dehors du temps, quand il fut engendré par un Père qui n'est point du temps?

Dem. Qu'est-ce que le Saint-Esprit?

Rép. Lui aussi, s'il ne procédait du Père et s'il n'avait sa substance, ne serait point Dieu.

Dem. C'est donc sa procession qui lui a procuré la divinité?

Rép. Dans le Saint-Esprit le nom est aussi la nature; mais parce qu'il procède du Père, il a en conséquence obtenu le nom propre de la divinité. En effet, il n'a pu procéder du Père autre chose que ce qu'est le Père lui-même, cependant il n'a point été épuisé pour cela ni divisé. Par conséquent, le nom appellatif indiquant la nature et la personne est Saint-Esprit, son nom propre est Dieu.

Dem. Quelle raison y a-t-il pour que le nom que vous dites propre coure ainsi le même dans les trois personnes et cependant ne soit point triplé? Ainsi à ne nous en tenir qu'au nom, nous pourrions en toucher plusieurs : Stace, Saluste ou Horace?

Rép. Je vais éclaircir cela par la raison que je puis en donner, si vous faites attention.

Dem. J'écoute.

Rép. Nous lisons que saint Paul disait du Christ : « Qu'il est notre paix et que de deux il n'a fait qu'un. » (*Éphés.*, II, 14.) Mais l'appui de son autorité est favorable à notre très-invincible cause en ce qu'il est plus facile de croire que le Christ n'a été désigné sous le nom de paix que parce qu'il ne peut ni se scinder en deux, ni se déchirer, ni se doubler en aucune façon. Après cela qu'il ait fait un de deux, c'est beaucoup plus lui-même qui est un avec le Père et le Saint-Esprit, or, il n'est pas un, s'il est divisé. Donc il fait un avec le Père et le Saint-Esprit et il est un; puisqu'il unit les autres, il n'admet donc aucune division.

Dem. Je tiens ce trait pour bien lancé contre les rebelles, mais je voudrais bien savoir où tend cette proposition.

Rép. Que Dieu soit notre « paix, » comme nous le voulons, et qu'il nous conduise à bon port.

Dem. C'est fait, continuez maintenant.

Rép. Ce même mot *pax* « la paix » pour s'écrire en trois lettres, est-il pluriel?

Dem. Non?

Rép. Supposez donc que le *P* est le Père, que l'*A* est le Fils, et n'allez pas croire que je parle ainsi sans une raison très-subtile. En effet, l'*A* est le principe des lettres, et je ne sache point qu'elle ait un autre élément avant elle, en sorte que vous devez tenir pour prouvé qu'il n'y a rien avant le Fils. Je

---

Resp. Etiam, sed per efficientiam generationis et processionis, non per proprietatem indivisæ deitatis.

Int. Ergo Filius nisi Filius Dei esset Deus, esse non posset?

Resp. Quid dubitas?

Int. Quia ergo Dei Filius, ideo Deus.

Resp. Assentio.

Int. Et nisi esset efficientia generationis quæ conferret nomen appellativum in Filium, nec haberet nomen proprium deitatis, et non esset Deus.

Resp. Utique ex generatione Filius et vere Filii Dei proprium nomen Deus : quod non postea ubi non erat antea, sed cum generaretur ab intemporali intemporaliter sumpsit.

Int. Quid Spiritus sanctus?

Resp. Ipse quoque nisi de Patre procederet et substantiam ejus haberet, Deus non esset.

Int. Ergo processio ei contulit deitatem?

Resp. In Spiritu sancto et nomen est et natura, sed quia de Patre processit, ideo nomen proprium deitatis obtinuit. Neque enim aliud de Patre procedere potuit, quam quod ipse est, nec tamen aut effœtus est, aut divisus. Vocabulum ergo appellativum naturale et personale Spiritus sanctus, proprium vero, Deus.

Int. Nomen istud quod dicis proprium, quam continet rationem, ut in tribus personis currat unum idemque, nec tamen triplicetur? Sicut verbo tenus plures taxare possumus, Statius, aut Salustius, aut Horatius.

Resp. Enubilem ratione quam valeo, si intentus adsis.

Int. Adsum.

Resp. Paulum legimus de Christo dicentem, quod « ipse sit pax nostra, qui fecit utraque unum. » (*Eph.*, II, 14.) Sed hoc invictissimæ causæ nostræ suffragium ad id valeat, quo facilius credatur, ideo Christum sub nomine pacis esse taxatum, quia nec disscindi, nec distrahi potest, nec ullo modo duplicari. Jam vero qui fecit utraque unum, multo magis ipse cum Patre et Spiritu sancto unum est, non est autem unum, si sit divisus. Ergo et unum cum Patre et Spiritu sancto est, et unus : quia alios conjungit, divisionem penitus non admittit.

Int. Accipio istud firmissimum contra rebelles telum; sed quo ista propositio excurrat, nosse desidero.

Resp. « Pax » sit Deus, ut volumus, et nos prospero cursu ducat.

Int. Ita est, nunc perge.

Resp. Hæc igitur ipsa « Pax » quia litteris scribitur tribus, recipit ne pluralem numerum?

Int. Non.

Resp. Æstima ergo *P* patrem dici, *A* Filium nuncupari, et hoc sine ratione subtilissima ne dictum putes. *A* enim principium litterarum est, nec ante se ullum

ne laisserai point cela sans l'appuyer sur quelque témoignage divin. Or, c'est lui-même qui, répondant aux Juifs, leur dit qu'il est le principe. (*Jean*, VIII, 25.) Nulle autre lettre ne se place donc avant celle-là, et parce que toute lettre a un temps, il s'ensuit que le temps a manqué à la première. Toutefois cette syllabe est en même temps longue et la première. En tant que longue, elle rappelle l'éternité du Fils de Dieu, non sa temporanéité. En tant que syllabe, elle nous rappelle que le Père est dans le Fils et le Fils dans le Père, et que tout cela ne fait qu'un. En tant qu'elle est la première, elle nous rappelle que le Fils n'est point second. Aussi, dans l'Apocalypse, saint Jean dit-il, en citant proprement cette même lettre : « Je suis l'A et l'Ω, le premier et le dernier, le commencement et la fin. » (*Apoc.*, I, 8.) Par ce mot le dernier, entendez qu'il a daigné naître et mourir humblement à la fin des temps, et se charger lui-même du dernier jugement. L'*X* est la troisième avant-dernière lettre, pour nous faire comprendre que le Saint-Esprit ne tend point à la fin, mais procède toujours dans la Majesté suprême. Voilà pourquoi l'apôtre Paul dit : « Ayez du goût pour les choses du ciel, » (*Coloss.*, III, 2) pour que nous ayons nos cœurs élevés vers Dieu; d'ailleurs : « Le Seigneur est Esprit. » (II *Cor.*, III, 17.) « Or, là où se trouve l'Esprit du Seigneur, se trouve la liberté. » Je ne doute donc pas que c'est en parlant de la gloire très-excellente de cet Esprit que l'Apôtre disait : « Je ne fais plus qu'une chose maintenant, oubliant donc ce qui est derrière moi et tendant de toutes mes forces vers ce qui est devant moi, je cours poussé par mes désirs, vers la palme de la félicité du ciel à laquelle nous sommes appelés de Dieu. » (*Philipp.*, III, 13.) Pour faire *pax* « la paix, » il faut joindre la voyelle *A* au *P* afin que le *P* ne reste pas muet, attendu que Dieu le Père est sans cesse uni à sa voix à son Verbe. Mais pour faire *pax* on ajoute, aux deux premières un *X*, lettre double représentant deux consonnes, pour nous montrer la consonance et la participation du Saint-Esprit avec le Père et le Fils et nous faire connaître son union dans la suprême et parfaite Trinité. Les lettres du mot *pax* diffèrent les unes des autres de nom et de personne, attendu que l'une s'appelle et s'écrit *P*, l'autre *A* et la troisième *X*; mais pourtant pour faire *pax* ces lettres s'unissent les unes aux autres. Le *P* est substantiellement une lettre, l'*A* est substantiellement une lettre, l'*X* est substantiellement une lettre, de même que le Père est naturellement Dieu, le Fils est naturellement Dieu, et le Saint-Esprit est naturellement Dieu. La différence des caractères amène la différence des appellations et des personnes, non de la nature, attendu que chaque caractère en son entier est une lettre. De même que c'est avec ces trois lettres d'un nom différent que s'écrit le mot *pax* qui n'est pas lui-même au pluriel; ainsi l'appellation de Père, Fils et Saint-Esprit nous donne-t-elle la Trinité. Mais de même que *pax*, Dieu est également au singulier. Dans l'union de ces trois lettres il n'y a place pour aucune division, si on veut qu'elles fassent *pax*; en effet, si vous en ôtez seulement une, il n'y a plus Trinité, le mot *pax* disparaît.

Dem. Redites cela, je vous prie, d'une manière plus claire ?

Rép. Appliquez votre esprit. Le *P* dis-je est une

---

habere cognoscitur elementum, ut probatum habeas ante Filium nihil esse. Neque vere id absque divini testimonii, documento relinquam : ipse enim se principium esse Judæis interrogantibus indicavit. (*Joan.*, VIII, 25.) Hanc ergo litteram nulla alia præcedit : et quia omnis littera habet tempus; ergo et tempus defuit. Verumtamen ipsa hæc syllaba et longa est, et prima est : sed quod longa est, æternitatem Filii Dei, non temporalitatem, insinuat. Quod syllaba, quia Pater in Filio et Filius in Patre est, et hoc unum est. Quod vero prima est, quia Filius secundus non est. Namque et in Apocalypsi Joannes proprie ipsam litteram ponens ait : « Ego sum α et ω, primus et novissimus, initium et finis. » (*Apoc.*, I, 8.) Sed ideo novissimum accipe, quia dignatus est in fine temporum humiliter nasci et mori, et judicium novissimum ipse suscipere. *X* autem tertia est in fine littera, ubi intelligas Spiritum sanctum non ad finem tendere, sed in superna semper majestate procedere. Ideoque et Paulus Apostolus, « quæ sursum sunt sapite, » (*Coloss.*, III, 2) ait : ut sursum corda habeamus ad Deum, et utique « Dominus Spiritus est. Ubi autem Spiritus Domini, ibi libertas. » (II *Cor.*, III, 17.) Non itaque dubito, quod in hujus excellentissimam gloriam Apostolus invitans ita loqueretur : « Unum autem quæ retro sunt oblitus, in ea quæ ante sunt extentus, sequor secundum intentionem ad palmam supernæ vocationis Dei. » Ut fiat igitur « Pax » ad *P* conjungitur *A*, vocalis scilicet littera, ne *P* muta remaneat : quia Deus Pater voci ejus et verbo suo semper adnectitur. Sed ut « Pax » sit, additur *X* quæ duplex ponitur pro consonantibus littera, ut et hic consonantiam atque participium Spiritus sancti cum Patre et Filio videas, (*a*) collegiumque ejus in superna et perfecta Trinitate cognoscas. Discrepant a se hæ litteræ appellationibus et personis, quia illud *P*, hoc *A*, istud *X* nuncupatur et scribitur : sed tamen ut sit « Pax, » sibi eæ litteræ invicem connectuntur. *P* autem littera est substantialiter, et *A* littera est substantialiter, et *X* littera est substantialiter, sicut et Pater Deus est naturaliter, et Filius Deus est naturaliter, et Spiritus sanctus Deus est naturaliter. Illa autem discrepatio characterum, discrepationem facit appellationum et personarum, non naturæ, quia totum littera est. Sicut in his tribus litteris diversis appellationibus vocitatis « Pax » scribitur, quæ plurali numero non tenetur : ita quoque appellatio Patris et Filii et Spiritus sancti documentum est Trinitatis; sed quemadmodum « Pax, » ita Deus singularem obtinet numerum deitatis. In hac igitur copulatione litterarum trium divisio non admittitur, ut « Pax » impleatur. Si enim vel unam subtraxeris, nec Trinitas, nec « Pax » erit.

Int. Repete quæso ista lucidius.

Resp. Adverte animum. Et *P*. inquam, littera est, et

(*a*) Mss. *colligiumque.*

lettre, l'*A* une lettre, et l'*X* une lettre, de même que le Père est Dieu, le Fils est Dieu, le Saint-Esprit est Dieu; mais les noms et les personnes sont différentes puisqu'il y a le nom et la personne du Père, ceux du Fils et ceux du Saint-Esprit qui tous les trois sont chacun incorporels. Mais qu'est-ce que *P* plus *A* plus *X*? C'est *pax*, nom qui n'admet point de pluriel en soi. O folie des incrédules qui ne fait point attention à ce qui est placé devant ses yeux! En effet, si l'impie ne comprend point ces choses, c'est, je pense, parce qu'il ne cherche point Dieu dans la simplicité de son cœur.

Dem. Ce que vous dites est vrai, oui, c'est la vérité; quoi de plus frappant que l'exemple que vous avez choisi? Que peut-on trouver de plus clair que ce raisonnement?

Rép. Mais je résume ce que j'ai dit, pour vous. De même donc que les trois personnes et les noms différents de ces lettres font le mot *pax*, ce que vous devez entendre dans le sens de la concorde et de l'union des personnes, de même aussi le mot *pax* nous montre que bien qu'il y ait en lui une première lettre, puis une seconde, puis une troisième, il n'en est pas moins lui-même au singulier. Par là, voyez donc comme démontré que dans Dieu, Dieu et Dieu, il n'y a qu'un seul Dieu. Car bien que la lettre *P* ait un nom et une personnalité, l'*A* un autre nom et une autre personnalité, l'*X* un autre nom aussi et une autre personnalité, de même que le nom et la personne du Père ne sont point le nom et la personne du Fils, ni le nom et la personne du Saint-Esprit, cependant le *P* est une lettre, l'*A* est une lettre, l'*X* est une lettre, de même que le Père est Dieu, le Fils est Dieu et le Saint-Esprit est Dieu pour la foi, sans aucune espèce de difficulté, mais ne font qu'un Dieu, de même le mot *pax* n'est point au pluriel. Auriez-vous, par hasard, quelque chose à répondre à cela?

Dem. Moi! je ne voudrais pas même permettre aux autres d'hésiter, tant la lumière de cette démonstration est claire à nos yeux; mais il y a plus, à ce que je comprends, il est bien plus délicieux de croire ces choses, et de ne point s'en émouvoir en aucune sorte, afin que les hommes qui, aveuglés par les sens charnels ne peuvent voir ces choses, puissent au moins les embrasser au profit de la foi.

A littera est, et *X* littera est, sicut et Pater Deus, et Filius Deus, et Spiritus sanctus Deus : sed diversæ sunt appellationes et personæ, licet incorporalis Patris et Filii et Spiritus sancti. Verumtamen quid est, *P* et *A* et *X*? « Pax » scilicet, quæ pluralem in se numerum non admittit. O stultitia incredulorum, quæ ante oculos suos posita non attendit. Nam ideo, ut existimo, hæc impius minime intelligit, quia in simplicitate cordis Deum non quærit.

Int. Verum est, verum est omnino quod dicis. Nam quid isto exemplo propinquius? Quid ista ratione clarius invenitur?

Resp. Sed repeto ista tibi, et vero libentius demonstrabo. Igitur ut tribus personis, et vocabulis diversis harum litterarum fit « Pax; » sed hoc ad concordiam et societatem personarum accipe : ostendit quoque ut et illa littera, et hæc littera, et ista littera sit, sed « Pax » singularis sit. Hic ergo in Deo et Deo et Deo unum Deum demonstratum aspice. Quamvis enim aliud nomen, et aliam personam habeat *P*, aliud nomen et aliam personam habeat *A*, aliud nomen et aliam personam habeat *X*; sicut aliud nomen et aliam personam habet Pater, et aliud nomen et aliam personam habet Filius, et aliud nomen et aliam personam habet Spiritus sanctus : tamen et ista littera, et hæc littera, et illa littera dicitur; sicut et iste Deus, et hic Deus, et ille Deus absque ambiguo creditur, et unus Deus agnoscitur, quia « Pax » plurali numero non tenetur. Nisi si quid habes ad hæc.

Int. Ego ne quidem alios hinc hæsitare vellem, ita mihi hujus manifestationis lumen effulsit. Sed magis est, ut intelligo, ista (a) deliciosius credere, neque hinc ullo modo palpitare, ut quod homines carnalibus cæcati curis videre non possunt, saltem fidei compendio nanciscantur.

(a) Mss. *delicatius.*

AVERTISSEMENT SUR LE LIVRE SUIVANT

Il est certain que ce livre n'est point de saint Augustin, bien qu'il lui soit attribué par un grand nombre de manuscrits et que le Maître des Sentences le cite sous son nom (lib. II, dist. xxxv, c. *Quocirca*, et lib. III, dist. i, c. *Diligenter*, et lib. IV, dist. xii, c. *Institutum*.) Trithème l'attribue à Alcuin (lib. *De script. Eccles.*, et lib. II, *De viris illus. ord. S. B.* c. xxvi), Jean Balé

ADMONITIO IN SUBSEQUENTEM LIBRUM

Liquet non esse Augustini, tametsi in codicibus bene multis ipsi adscribatur, et ipsius nomine citetur a Magistro Sententiarum, lib. II, dist. xxxv, c. *Quocirca*, et lib. III, dist. i, c. *Diligenter*, et lib. IV, dist. xii, c. *Institutum*. Trithemius Alcuino assignat in lib. *de Scriptorib. Eccles.*, et in lib. II, *de viris illustr. ord. S. B.*

le lui attribue également (*Centur.* II *script. Brit.*), Gratien l'attribue à l'évêque Patère (*De consecr.*, dist. II, c. XII), Alger l'attribue à Gennade (lib. I *De corpore et sang. Domini*, c. XXII), ainsi que saint Thomas (*Quodlib.* XII, art. XI, et in *Catena*, ad 1 cap. *Matth.*), et le Maître des Sentences (lib. II, dist. VIII, édit. Lov.) et plusieurs autres auteurs qui ont pour eux l'autorité de certains manuscrits. Parmi ces manuscrits, un de la Colbertine porte en tête : *Livre des dogmes de l'Eglise, de Gennade*, et à la fin : *Fin des dogmes de l'Eglise de Gennade*. Ratramne, moine de Corbie (lib. III, *Contra oppos. Græcor.*, c. v), dit : « Gennade, évêque de Constantinople, homme très-versé dans la lecture des livres anciens, parle en ces termes de la procession du Saint-Esprit dans son livre *des Dogmes de l'Eglise*. » Il est certain, en effet, que quelques expressions dans cet ouvrage, sentent le grec, par exemple au chapitre XIV on lit : « Quelques présomptueux chez les latins l'affirment. » Toutefois plusieurs l'attribuent à Gennade de Marseille, tels que Platina dans Symmaque, qui lui donne à tort le nom d'évêque, Valafride Strabon (lib. *De rebus eccles.*, c. XX), qui s'exprime ainsi : « Le prêtre Gennade, dans son *Dogme de l'Eglise*. » Un manuscrit de Padoliron l'attribue à Fauste avec cette inscription : *Définition des dogmes de l'Eglise*, de Fauste, évêque de Marseille (*Itin. Ital.*, 24 mai 1686, pag. 208.) Le plus ancien de tous le manuscrits de la Colbertine, remontant à près de neuf cents ans, le donne sans nom d'auteur, sous ce titre : *Des saints Pères assemblés à Nicée au nombre de trois cent huit évêques*. En tête du premier chapitre on lit : « Dans le Père, l'unité ; dans le Fils, l'égalité ; dans le Saint-Esprit, l'unité et l'égalité de substance ; ces trois ne font qu'un à cause du Père, sont égaux à cause du Fils et sont unis à cause du Saint-Esprit. Nous croyons que Dieu le Père est un, » et le reste, comme dans les autres manuscrits, avec cette seule différence que dans celui-ci l'ordre des chapitres est meilleur, parce qu'on a réuni ensemble tout ce qui a rapport au Baptême, à l'Eucharistie, à la Pénitence. Il est aussi plus complet, attendu qu'on y a ajouté un chapitre sur le Baptême, un sur la Pénitence sans compter plusieurs autres chapitres sur différentes autres choses, à la fin du livre. Or, après le chapitre XXI, tous ceux que les éditions avaient ajoutés jusqu'au chapitre du Baptême qui est maintenant le vingt-deuxième, manquent dans tous les manuscrits. Ils s'étaient trouvés ajoutés là contre certaines erreurs ayant rapport aux chapitres précédents, et avaient été empruntés à une lettre de Célestin aux évêques de Gaule, au concile de Carthage contre les pélagiens et au second concile d'Orange, tous ouvrages qu'on trouve en entier à la fin du tome X. Ces chapitres au nombre de trente, ainsi que trois autres placés avant le chapitre XXX actuel qui se

---

cap. XXVI. Eidem Joannes Balœus *Centuria* 2. *Scriptorum Britanniæ*, Patero episcopo Gratianus *De consecrat.*, dist. II, c. XIII, Gennadio Algerus, lib. I, *De corpore et sanguine Domini*, cap. XXII, et S. Thomas quodlib. XII, art. 11, et in *Catena* ad 1 caput *Matthæi* : ipse quoque Magister Sent., in lib. II, dist. VIII, editionis Lovaniensis ; et alii plures, quibus manuscripti quidam suffragantur : inter eos unus e Colbertinis optimæ notæ in fronte libri habet : « Incipit liber Ecclesiasticorum dogmatum Gennadii. » Et in fine : « Explicit definitio Ecclesiasticorum dogmatum Gennadii. » Ratramnus Corbeiensis Monachus, in lib. III, *Contra opposita Græcorum*, cap. v. « Gennadius, ait, Constantinopolitanus episcopus vir multa lectione antiquorum peritus, in libro *Ecclesiasticorum dogmatum* de Spiritus sancti processione sic loquitur. » Græcum sane scriptorem redolent verba nonnulla, exempli gratia, quæ cap. XIV, leguntur, « et aliqui Latinorum præsumptores affirmant. » Attamen Gennadii Massiliensis nomine ab aliis laudatur, scilicet a Platina in Symmacho, ubi episcopum eum perperam appellat : a Valafrido Strabone in lib. *De rebus Ecclesiasticis*, cap. XX, in hæc verba : « Gennadius Massiliensis presbyter in dogmate Ecclesiastico, » etc. Fausto tribuit codex Padolironcnsis hacce inscriptione : « Incipiunt definitiones dogmatum Ecclesiasticorum Fausti episcopi Ecclesiæ Maxiliensis : » ex *Itinere Italico litterario* ad 24 maii 1686, pag. 208. In antiquissimo omnium codice Colbertino ante annos fere nongentos scripto exstat sine auctoris nomine sub hocce titulo : « Incipit dogma sanctorum Patrum trecentorum et octo episcoporum cengregatis (*f*. congregatorum) apud Niceam. » Tum capiti primo hæc præfiguntur : « In Patre unitas, in Filio æqualitas, in Spiritu sancto unitas æqualitasque substantiæ, et hæc tria unum propter Patrem, æqualia propter Filium, connexa propter Spiritum sanctum. Credimus unum esse Deum Patrem, » et cætera deinceps, ut, in aliis MSS. nisi quod in eo et melior est capitulorum ordo, collocatis continenter omnibus quæ spectant ad Baptisma, ad Eucharistiam et Pœnitentiam ; et auctior est liber, addito ibidem capitulo de Baptismate et capitulo de Pœnitentia, præter alia quædam de aliis rebus in libri fine. Porro post caput XXI, ea quæ in editis sequebantur usque ad cap. de Baptismate nunc XXII, absunt ab omnibus MSS. fueruntque contra superiorum capitulorum errores quosdam huc translata ex Cœlestini epistola ad Galliæ episcopos, ex Concilio Carthaginensi contra Pelagianos, et ex Arausicano 2, quæ omnia

trouvaient introduits dans ce livre contre la foi des manuscrits, en ont été rejetés par nous. D'anciens manuscrits, non pas tous, finissent au chapitre cinquante-cinquième, certains manuscrits en ajoutent d'autres, les uns plus, les autres moins.

Il nous a paru à propos de donner ici la censure des théologiens de Louvain. « Ce livre, disent-ils, n'est point d'un écrivain catholique mais de Gennade, prêtre de Marseille.... de la faction des Gaulois contre laquelle Prospère et Hilaire ont écrit à saint Augustin et se réunit le second concile d'Orange. Or, de même, que le catalogue des hommes illustres renferme de graves erreurs, ainsi se trouve-t-il, dans ce livre, plusieurs choses contre lesquelles le lecteur doit se tenir en garde. Ainsi l'auteur n'y fait nulle part mention du péché originel non plus que du baptême des enfants pour la rémission de leurs péchés. Bien qu'il cite plusieurs hérétiques, il ne parle nulle part de Pélage, ni des dogmes catholiques promulgués contre lui. Au contraire il s'applique à établir que les âmes ne viennent point *ex traduce*, parce qu'il savait que c'était là le point d'appui du dogme de Pélage. »

sinceriora in fine Tomi X, habes. Hæc itaque capitula numero triginta, necnon alia tria ante caput nunc 30, contra manuscriptorum fidem interjecta sustulimus. Sed veteres codices non omnes ad caput nostrum 55, desinunt, addunturque alia et alia in diversis codicibus capitula.

Juvat hic demum annectere Lovaniensium Theologorum censuram. « Liber hic, inquiunt, non est catholici scriptoris, sed Gennadii Massiliensis in Gallia presbyteri..... de factione Gallorum, contra quam scribunt Prosper et Hilarius Augustino, et contra quam congregatum fuit concilium Arausicanum secundum. Porro ut sæpius in catalogo virorum illustrium graves habet errores : sic et in his dogmatibus Ecclesiasticis quædam habet a lectore cavenda. Sane hic auctor nusquam in hoc libro meminit peccati originalis, aut baptismatis infantium in remissionem peccatorum : cumque multos nominet hæreticos, nusquam meminit Pelagii aut catholici dogmatis contra eum prolati ; sed contra diligenter inculcat animas non esse ex traduce, eo quod sciret Pelagium inde suum dogma statuere. »

LE LIVRE

DES

DOGMES DE L'EGLISE

ATTRIBUÉ A GENNADE

CHAPITRE PREMIER. — Nous croyons en un seul Dieu, Père, Fils et Saint-Esprit ; Père, parce qu'il a un Fils, Fils, parce qu'il a un Père, Saint-Esprit, parce qu'il est du Père et du Fils. Le Père est le principe de la divinité ; de même qu'il n'a jamais été sans être Dieu, ainsi n'a-t-il jamais été sans être Père. Le Fils est né de lui ; mais le Saint-Esprit n'est point né de lui, puisqu'il n'est point Fils ; il n'est point non plus inengendré, car il n'est point le Père ; il n'a point été fait, car il ne vient point du néant, mais il est Dieu procédant de Dieu le Père et de Dieu le Fils. Le Père est éternel, puisqu'il a un Fils éternel dont il est éternellement le père ; le Fils est éternel, attendu qu'il est coéternel avec le Père ; le

DE

ECCLESIASTICIS DOGMATIBUS

LIBER GENNADIO TRIBUTUS

CAPUT I. — Credimus unum esse Deum Patrem et Filium et Spiritum sanctum. Patrem, eo quod Filium habeat : Filium, eo quod Patrem habeat : Spiritum sanctum, eo quod sit ex Patre et Filio (a). Pater ergo principium deitatis : qui sicut nunquam fuit non Deus, ita nunquam fuit non Pater : a quo Filius natus : a quo Spiritus sanctus non natus, quia non est Filius ; neque ingenitus, quia non est Pater ; neque factus, quia non est ex nihilo, sed ex Deo Patre et Deo Filio Deus procedens. Pater æternus, eo quod æternum habeat Filium, cujus æternus sit pater : Filius æternus, eo quod sit Patri coæternus : Spiritus sanctus æternus, eo quod sit Patri et

(a) Editi addunt *procedens, Patri et Filio coæternus* quod abest a Mss.

Saint-Esprit est éternel, étant coéternel avec le Père et le Fils. La Trinité ne se confond point en une seule personne, comme le veut Sabellius ; la divinité n'est point non plus séparée et divisée dans sa nature, comme l'a dit le blasphémateur Arius ; mais comme personne, le Père est un, le Fils est un, et le Saint-Esprit est un ; il n'y a en nature qu'un seul Dieu Père, Fils et Saint-Esprit dans la Trinité.

CHAPITRE II. — Ce n'est point le Père qui s'est incarné, ni le Saint-Esprit, mais le Fils seulement, en sorte que celui qui était Fils de Dieu dans la divinité, fût également Fils de l'homme dans l'homme, et que le nom de Fils ne passât point à un autre qui ne fût point Fils de Dieu par nature. Ainsi le Fils de Dieu s'est fait Fils de l'homme, étant né de Dieu Fils de Dieu, selon la vérité de la nature, et, de l'homme fils de l'homme aussi suivant la nature, en sorte que vraiment engendré, il reçut le nom de Fils non par adoption, ni par appellation, mais par sa double naissance, et qu'il fût vraiment Fils et en même temps, vrai homme et vrai Dieu. Ce ne sont donc point deux Christs, ni deux Fils, mais un seul Fils Dieu et homme, que nous appelons pour cela Fils unique, compris en deux substances comme les lui donne la vérité de la nature, sans confusion et sans mélange de deux natures, comme le veulent les timothéens, mais en union de société. Dieu s'est donc uni l'homme, et l'homme est passé dans le Dieu, non par le changement de sa nature, comme le disent les apollinaristes, mais par la grâce de Dieu ; en sorte que Dieu n'a point été changé en substance humaine, quand il a pris l'homme, non plus que l'homme en Dieu, quand il a été glorifié en étant uni à Dieu, attendu que ce qui fait le changement, la versatilité de la nature, c'est une diminution et une abolition de la substance. Le Fils de Dieu est donc né de l'homme, non par l'opération de l'homme, c'est-à-dire, par l'union des sexes humains, comme le prétend Hébion, mais il a pris son corps dans le corps d'une vierge, et ne l'a point apporté du ciel avec lui, ainsi que le prétendent Marcion, Origène et Eutychès. Il n'est point né comme un fantôme, c'est-à-dire, dépourvu de corps, comme l'avance Valentin, ni avec un corps putatif et imaginaire, δοκήσει, mais avec un vrai corps. Il n'est pas né seulement chair de chair, comme l'enseigne Marcion, mais vrai Dieu de la divinité et vrai homme de la chair, et ne fait qu'un seul Fils. Dans la divinité, il est le Verbe du Père et Dieu, dans l'homme il est corps et âme. Son âme n'est point dépourvue de sens et de raison, comme le dit Apollinaris, son corps ne va point non plus sans une âme, ainsi que l'enseigne Eunomius, mais l'âme est douée de sa raison, et la chair de ses sens, par lesquels dans la passion et avant la passion de sa chair, il souffrit de vraies douleurs dans sa chair.

CHAPITRE III. — Il n'est pas né non plus de la Vierge en ce sens que, en naissant homme, il ait commencé en même temps à être Dieu, comme s'il n'avait point été Dieu avant de naître de la Vierge, comme l'enseignent Artémon, Bérille et Marcel, mais il est Dieu éternel et il est homme né d'une vierge.

CHAPITRE IV. — Il n'y a pas à croire qu'il y ait dans la Trinité quelque chose de créé ou d'asservi, comme le veut Denis, qui est la source d'où vint

---

Filio coæternus. Non confusa in una persona Trinitas, ut Sabellius dicit : neque separata aut (a) divisa in natura divinitas, ut Arius blasphemat : sed alter in persona Pater, alter in persona Filius, alter in persona Spiritus sanctus ; unus (b) natura in sancta Trinitate Deus Pater et Filius et Spiritus sanctus.

CAPUT II. — Non Pater carnem assumpsit, neque Spiritus sanctus, sed Filius tantum : ut qui erat in divinitate Dei (c) Filius, ipse fieret in homine hominis filius : ne filii nomen ad alterum transiret, qui non esset (d) nativitate Filius Dei. Ergo Dei Filius hominis factus est filius, natus secundum veritatem naturæ ex Deo Dei Filius, et secundum veritatem naturæ ex homine hominis filius : ut veritas geniti non adoptione, non appellatione, sed in utraque nativitate filii nomen nascendo haberet, et esset verus Deus et verus homo unus Filius. Non ergo duos Christos, neque duos Filios (e), sed Deum et hominem unum Filium ; quem propterea et unigenitum dicimus, manentem in duabus substantiis, sicut ei naturæ veritas contulit, non confusis naturis, neque immixtis, sicut Timotheani volunt, sed societate unitis. Deus ergo hominem assumpsit, homo in Deum transivit ; non naturæ versibilitate, sicut Apollinaristæ dicunt, sed Dei dignatione : ut nec Deus mutaretur in humanam substantiam assumendo hominem, nec homo in divinam glorificatus in Deum : quia mutatio vel versibilitas naturæ et diminutionem et abolitionem substantiæ facit. (f) Natus est ergo Dei Filius ex homine, non per hominem, id est, non ex viri coitu, sicut Hebion dicit : sed carnem ex Virginis corpore trahens, et non de cœlo secum afferens, sicut Marcion, Origenes, et (g) Eutyches affirmant. Neque in phantasia, id est, absque carne, sicut Valentinus : neque δοκήσει, id est, neque putative imaginatum ; sed corpus verum. Non tantum carnem ex carne, sicut Marcianus ; sed verus Deus ex divinitate, et verus homo ex carne, unus Filius : in divinitate Verbum Patris et Deus, in homine anima et caro. Anima non absque sensu et ratione, ut Apollinaris ; neque caro absque anima, ut Eunomius : sed anima cum ratione sua, et caro cum sensibus suis, per quos sensus veros in passione et ante passionem suæ carnis dolores sustinuit.

CAPUT III. — Neque sic est natus ex Virgine, ut ei deitatis initium homo nascendo acceperit, quasi ante quam nasceretur ex Virgine Deus non fuerit, sicut Artemon et Berillus et Marcellus docuerunt : sed æternus Deus, et homo ex Virgine natus est.

CAPUT IV. — Nihil creatum aut serviens in Trinitate credendum, ut vult Dionysius fons Arii : nihil inæquale,

---

(a) Aliquot Mss. *aut diversa*. — (b) Mss. *in natura*. — (c) Editi addunt *matris*. — (d) Editi *æterna nativitate Filius* : omisso *Dei*. — (e) Editi addunt *fatemur*. — (f) Hic editi inserunt : *Creditur a nobis sine confusione conjuncta sancta Trinitas, sine separatione distincta*. Abest a Mss. — (g) Plures Mss. omittunt *et Eutyches* : ac ejus loco habent *eorumque sectatores*.

Arius. Il n'y a en elle rien d'égal par la grâce, comme le veut Aétius, rien d'antérieur, de postérieur ou de moindre, comme l'enseigne Arius, rien d'étranger ou de subordonné à l'autre, comme le dit Macédonius; rien qui y soit par invasion ou par intrusion au sens de Manès; rien de corporel, au sens de Méliton et de Tertullien, rien de façonné à la manière d'un corps, comme l'ont dit les anthropomorphites et les vadiens; rien d'invisible pour soi, comme le veut Origène; rien de visible pour les créatures, comme le prétend Fortunat; rien qui diffère par les mœurs et la volonté, comme l'avance Marcion; rien de passé de l'essence de la Trinité à la nature des créatures, comme l'enseignent Platon et Tertullien; rien de singulier par les fonctions, ni de communicable à un autre, au sens d'Origène; rien de confus, comme il plaît à Sabellius; mais tout est parfait parce que tout vient d'un et est un; cet un n'est pourtant point solitaire, comme le présument Praxéas et Sylvain dans leur damnable doctrine pentapolitaine.

Chapitre V. — Le Fils est donc homousios, c'est-à-dire consubstantiel avec le Père dans la divinité, et le Saint-Esprit est homousios avec le Père et avec le Fils, le Fils seul est homousios à Dieu et à l'homme, demeurant Dieu dans l'homme qu'il s'est uni dans la gloire du Père, et inspirant aux anges même le désir de le voir. Il est adoré comme le Père et le Saint-Esprit par les anges et par toute créature, il n'est point homme ajouté à Dieu ou Christ avec Dieu, selon les blasphèmes de Nestorius, mais l'homme est en Dieu et Dieu est dans l'homme.

Chapitre VI. — Il y aura une résurrection de tous les morts, mais elle sera unique, simultanée et toute d'une fois. Il n'y en aura point une première pour les justes et une seconde pour les pécheurs, comme l'ont inventé les songeurs, mais il y en aura une pour tout le monde. Si donc ressusciter se dit de ce qui meurt, notre chair ressuscitera, car elle meurt véritablement. Il n'y aura pas un changement de corps, au sens d'Origène, c'est-à-dire un nouveau corps à la place de notre chair, mais le même corps qui meurt corruptible, tant celui du juste que celui du pécheur, ressuscitera incorruptible, soit pour souffrir le châtiment du péché, soit pour demeurer éternellement dans la gloire pour ses vertus.

Chapitre VII. — Il y aura une résurrection de tous les hommes. Si tous doivent ressusciter, tous doivent mourir, et la mort introduite par Adam, étendra son empire sur tous les enfants d'Adam, il n'y aura de privilège que pour le Seigneur dont il a été dit spécialement : « Vous ne permettrez point que votre saint voie la corruption, » (*Ps.* xv, 10) car son corps n'a point connu la corruption. C'est des mains d'une foule de pères que nous avons reçu cette raison. Mais parce qu'il y en a d'autres, catholiques et instruits qui croient que ceux qui devront se trouver vivants à l'avènement du Seigneur doivent être changés avec leur âme restée dans le corps, en un état incorruptible et immortel, et qu'il leur sera réputé pour résurrection d'entre les morts d'avoir déposé la mortalité par l'immutabilité, non par la mort, de quelque manière qu'on se range à cette doctrine, on n'est pas le moins du monde hérétique, attendu qu'il n'y a hérésie que là où il y a contention. Il suffit dans la loi de l'Eglise de

ut Eunomius : nihil (*a*) æquale gratia, ut vul Aetius : nihil anterius posteriusve aut minus, ut Arius : nihil extraneum aut officiale alteri, ut Macedonius : nihil (*b*) pervasione aut surreptione insertum, ut Manichæus : nihil corporeum, ut Melito et Tertullianus : nihil corporaliter effigiatum, ut (*c*) Anthropomorphus et Vadianus : nihil sibi invisibile (*d*) ut Origenes : nihil creaturis visibile, ut Fortunatus : nihil moribus vel voluptate diversum, ut Marcion : nihil ex Trinitatis essentia ad creaturarum naturam deductum, ut Plato et Tertullianus : nihil officio singulare nec alteri communicabile, ut Origenes : nihil confusum, ut Sabellius : sed totum perfectum; quia totum ex uno et unum (*e*) : non tamen solitarium, ut præsumunt Praxeas et Sylvanus, Pentapolitana damnabilis illa doctrina.

Caput V. — Homousios ergo, id est, coessentialis in divinitate Patri Filius, homousios Patri et Filio Spiritus sanctus, homousios Deo et homini unus Filius, manens Deus in homine suo in gloria Patris, desiderabilis videri ab Angelis et ab omni creatura : (*f*) non homo præter Deum, vel Christus cum Deo, sicut blasphemat Nestorius; sed homo in Deo, et Deus in homine.

Caput VI. — Erit resurrectio mortuorum omnium, sed una et insimul et semel : non prima justorum, et secunda peccatorum, ut fabula (*g*) est somniatorum; sed una omnium. Et si id resurgere dicitur quod cadit, caro ergo nostra in veritate resurget, sicut in veritate cadit. Et non secundum Origenem immutatio corporum erit, id est, aliud novum corpus pro carne : sed eadem caro corruptibilis quæ cadit, tam justorum quam injustorum, incorruptibilis resurget, quæ vel pœnam sufferre possit pro peccatis, vel in gloria æterna manere pro meritis.

Caput VII. — Omnium hominum erit resurrectio : si omnium erit, ergo omnes moriuntur, ut mors ab Adam ducta omnibus filiis ejus dominetur, et maneat illud privilegium in Domino, quod de eo specialiter dicitur : « Non dabis sanctum tuum videre corruptionem. » (*Psal.* xv, 10.) Ejus enim caro non vidit corruptionem. Hanc rationem maxima Patrum turba tradente suscepimus. Verum quia sunt et alii æque catholici et eruditi viri, qui credunt, anima in corpore manente mutandos ad incorruptionem et immortalitatem eos, qui in adventu Domini vivi inveniendi sunt, et hoc eis reputari pro resurrectione ex mortuis, quod mortalitatem (*h*) immutatione deponant, non morte : quolibet quis acquiescat modo, non est hæreticus, nisi ex contentione hæreticus

---

(*a*) Sic Mss. At edit. *inæquale*. — (*b*) Alias *persuasione*. — (*c*) Forte : *Anthropomorphitæ*. — (*d*) Editi addunt *a creaturis*. — (*e*) Edit addunt *ex toto*. — (*f*) Editi *non homo factus*. Quidam Mss. *propter Deum*. Et nonnulli postea *vel Christus sine Deo*. — (*g*) Mss. *ut fabula somniatur*. — (*h*) Hic Mss. quidam addunt *præsentis vitæ*.

croire à la future résurrection de la chair d'entre les morts.

CHAPITRE VIII. — Quand nous disons dans le symbole que, à l'avénement du Seigneur, les vivants et les morts seront jugés, il ne faut pas entendre seulement les justes et les pécheurs, comme le pense Diodore, mais encore les hommes qui se trouveront vivants dans leur chair, comme nous le croyons, lesquels mourront aussi, à ce qu'on croit, ou doivent être changés, comme quelques-uns le veulent, afin d'être jugés immédiatement après leur résurrection et leur réformation avec ceux qui sont morts auparavant.

CHAPITRE IX. — Ne croyons pas qu'après la résurrection et le jugement il doive y avoir un rétablissement des choses tel que l'a rêvé Origène, en sorte que les démons et les impies comme purifiés par leurs supplices devraient après les tourments qu'ils auraient endurés retourner les uns dans les rangs des anges où ils ont été créés, et les autres dans une société de justes, par la raison qu'il convient à la bonté de Dieu que rien ne périsse des créatures raisonnables, mais que tout soit sauvé d'une manière ou d'une autre, mais croyons au juge même de tous les hommes et à leur juste rémunérateur qui a dit : « Les impies iront au supplice éternel et les justes dans la vie éternelle (*Matth.*, xv, 46), pour recevoir le fruit de leurs œuvres.

CHAPITRE X. — Au commencement Dieu créa de rien, le ciel, la terre et l'eau. Et lorsque les ténèbres couvraient encore l'eau elle-même et que la terre cachait l'eau, les anges et les vertus célestes ont été créés, pour que la bonté de Dieu ne demeurât point inactive, et qu'il eût en qui montrer sa bonté dans les espaces de temps qui ont précédé, et c'est après cela que ce monde visible fut fait et embelli de ce qui avait été fait auparavant.

CHAPITRE XI. — On ne doit rien croire d'incorporel et d'invisible, de sa nature, si ce n'est Dieu, c'est-à-dire le Père, le Fils et le Saint-Esprit. Il est tenu pour incorporel parce qu'il est partout, qu'il est rempli tout et resserre tout, et il n'est invisible à toutes les créatures que parce qu'il est incorporel.

CHAPITRE XII. — Toute créature est corporelle, les anges et toutes les vertus célestes sont corporels, quoique ne subsistant point dans la chair. Ce qui fait que nous croyons que les natures intellectuelles sont corporelles, c'est qu'elles sont circonscrites dans un lieu. Telle l'âme humaine qui est enfermée dans la chair, tels les démons qui par leur substance sont des natures angéliques.

CHAPITRE XIII. — Nous croyons que les natures intellectuelles sont immortelles, parce qu'elles n'ont point une chair et n'ont pas comment mourir de manière à avoir, après cela, besoin de ressusciter.

CHAPITRE XIV. — Les âmes humaines n'ont point été créées dès le commencement avec les autres natures intellectuelles ni en même temps qu'elles, comme l'a inventé Origène ; elles ne sont pas non plus produites par le commerce des deux sexes, en même temps que le corps, comme l'affirment les luciferiens, Cyrille et quelques latins présomptueux, comme s'ils suivaient en cela les lois de la nature. Mais nous disons que seul le Créateur de toutes choses connaît la création de l'âme, qu'il n'y a que le corps qui soit produit par le rapprochement des sexes ; par un jugement de Dieu, le germe humain se coagule dans le sein de la mère, se pétrit et se

---

fiat. Sufficit enim in Ecclesiæ lege carnis resurrectionem credere futuram de morte.

CAPUT VIII. — Quod autem dicimus in Symbolo, in adventu Domini vivos ac mortuos judicandos, non solum justos et peccatores significari, sicut Diodorus putat, sed et vivos eos qui in carne inveniendi sunt credimus, qui adhuc morituri creduntur; vel immutandi sunt, ut alii volunt, ut suscitati continuo vel reformati cum ante mortuis judicentur.

CAPUT IX. — Post resurrectionem et judicium non credamus restitutionem futuram, quam Origenes delirat; ut dæmones vel impii homines post tormenta quasi suppliciis expurgati, vel illi in Angelicam qua creati sunt, redeant dignitatem, vel (*a*) isti justorum societate donentur; eo quod hoc divinæ conveniat pietati, ne quid ex rationalibus pereat creaturis, sed quolibet modo salvetur. Sed nos credamus ipsi judici omnium et retributori justo, qui dixit : « Ibunt impii in supplicium æternum, justi autem in vitam æternam, » (*Matth.*, xxv, 46) ut percipiant fructum operum suorum.

CAPUT X. — In principio creavit Deus cœlum et terram et aquam ex nihilo. Et cum adhuc tenebræ ipsam aquam occultarent, et aquam terra absconderet, facti sunt Angeli et omnes cœlestes virtutes, ut non esset otiosa Dei bonitas, sed haberet in quibus per multa ante spatia bonitatem suam ostenderet : et ita hic visibilis mundus ex his quæ creata fuerant factus est et ornatus.

CAPUT XI. — Nihil incorporeum et invisibile natura credendum, nisi solum Deum, id est, Patrem et Filium et Spiritum sanctum. Qui ex eo incorporeus creditur, quia ubique est, et omnia implet atque constringit, et ideo invisibilis omnibus creaturis, quia incorporeus est.

CAPUT XII. — Creatura omnis corporea est : Angeli et omnes cœlestes virtutes (*b*) corporeæ, licet non carne subsistant. Ex eo autem corporeas esse credimus intellectuales naturas, quod localitate circumscribuntur; sicut et anima humana quæ carne clauditur, et dæmones qui per substantiam angelicæ naturæ sunt.

CAPUT XIII. — Immortales esse credimus intellectuales naturas, quia carne carent, nec habent quo cadant ut resurrectione egeant post ruinam.

CAPUT XIV. — Animas hominum non esse ab initio inter cæteras intellectuales naturas, nec simul creatas, sicut Origenes fingit : neque cum corporibus per coitum seminatas, sicut Luciferiani, et Cyrillus, et aliqui Latinorum præsumptores affirmant, quasi naturæ (*c*) consequentiam servantes. Sed dicimus creationem animæ solum Creatorem omnium nosse, et corpus tantum per conjugii copulam seminari, Dei vero judicio coagulari in vulva et compingi atque formari, ac formato jam cor-

---

(*a*) Plures Mss. *injusti*. — (*b*) Mss. aliquot *corpore*. — (*c*) Mss. *sex consequentia servantes*. Alii tres *consequentia serviente*.

forme, puis quand le corps est formé, l'âme est créée et est envoyée dans ce corps, en sorte que dans le sein de la mère se trouve alors vivant un homme composé d'un corps et d'une âme et qu'il en sorte en vie plein de la substance humaine.

Chapitre XV. — Nous ne disons point qu'il y ait deux âmes dans un même homme, comme l'écrivent Jacques et quelques autres Syriens, une animale qui animerait ce corps et serait mêlée au sang, et l'autre spirituelle qui donnerait la raison à l'homme. Mais nous disons qu'il n'y a dans l'homme qu'une seule et même âme qui donne la vie au corps par sa présence, se dispense elle-même par sa propre raison, attendu qu'elle est douée de libre arbitre, en sorte qu'elle peut choisir ce qu'elle veut, dans la pensée de sa substance.

Chapitre XVI. — Il n'y a que l'homme, croyons-nous, qui ait une âme substantive qui vit même dégagée du corps et qui tient en vie ses sens et ses esprits. Elle ne meurt point avec le corps, comme le prétend Aratus, ni peu de temps après, comme le dit Zénon, parce qu'elle vit substantiellement.

Chapitre XVII. — Au contraire, les âmes des animaux ne sont point substantives, elles naissent avec la chair elle-même par suite de sa vivacité et elles finissent avec elle. Aussi, ne sont-elles point conduites par la raison, comme le pensaient Platon et Alexandre, mais en tout elles se conduisent par l'impulsion de la nature.

Chapitre XVIII. — L'âme humaine ne meurt point avec le corps, parce qu'elle n'est point engendrée avec lui, ainsi que je l'ai déjà dit; mais lorsque le corps de l'enfant est formé dans le sein de sa mère, elle est créée et y est placée par un jugement de Dieu, pour que l'homme vive au dedans du sein maternel et après cela en sorte vivant en venant au monde.

Chapitre XIX. — L'homme n'est composé que de deux substances, d'une âme et d'un corps, de l'âme avec sa raison et du corps avec ses sens. Mais la chair ne peut mettre ces mêmes sens en mouvement sans l'âme. Quant à l'âme au contraire, elle a la raison indépendamment du corps.

Chapitre XX. — L'esprit de l'homme ne vient pas en troisième dans la substance de l'homme, comme le soutient Didyme, mais c'est l'âme même qui est l'esprit à cause de sa nature spirituelle, et elle est appelée esprit en tant qu'elle respire dans le corps, et âme en tant qu'elle anime le corps pour le faire vivre et pour le vivifier. Quant à l'esprit que l'Apôtre place troisième avec l'âme et le corps, nous entendons par là, la grâce du Saint-Esprit que l'Apôtre demande à Dieu dans ses prières de faire persévérer en nous, de peur que par notre faute elle ne diminue ou ne soit chassée de notre cœur, car « l'Esprit saint fuit le déguisement. » (*Sag.*, 1, 5.)

Chapitre XXI. — Dès le premier instant de sa création, l'homme a été remis à la liberté de son arbitre, afin que, par le seul effort de la vigilance de son âme, il pût demeurer dans la garde du commandement s'il voulait persévérer dans l'état où il avait été créé. Mais dès qu'il fut tombé par Eve que le serpent avait séduite, il perdit en même temps le bien de sa nature et la vigueur du libre arbitre; cependant il ne perdit point l'élection au point que le péché qu'il devait expier ne fût plus son fait, ni

---

pore animam creari et infundi, ut vivat in utero homo ex anima constans et corpore, et egrediatur vivus ex utero plenus humana substantia.

Caput XV. — Neque duas animas esse dicimus in uno homine, sicut Jacobus et alii Syrorum scribunt, unam animalem qua animetur corpus et immixta sit sanguini, et alteram spiritalem quæ rationi ministret : sed dicimus unam esse eamdemque animam in homine, quæ et corpus sua societate vivificet, et semetipsam sua ratione disponat, habens in se libertatem arbitrii, ut (*a*) in suæ substantiæ eligat cogitatione quod vult.

Caput XVI. — Solum hominem credimus habere animam substantivam, quæ exuta corpore vivit, et sensus suos atque ingenia vivaciter tenet. Neque cum corpore moritur, sicut (*b*) Aratus asserit : neque post modicum intervallum, sicut Zenon dicit; quia substantialiter vivit.

Caput XVII. — Animalium vero animæ non sunt (*c*) substantivæ, sed cum carne ipsa carnis vivacitate nascuntur, et cum carnis morte finiuntur : et ideo nec ratione reguntur, sicut Plato et Alexander putant, sed ad omnia naturæ incitamento ducuntur.

Caput XVIII. — Anima humana non cum carne moritur, quia non cum carne, ut superius diximus, seminatur; sed formato in ventre matris corpore, Dei judicio creatur et infunditur, ut vivat homo intus in utero, et sic procedat nativitate in hominem.

Caput XIX. — Duabus substantiis tantum constat homo, anima et carne ; anima cum ratione sua, et carne cum sensibus suis. Quos tamen sensus absque animæ societate non movet caro. Anima vero et sine carne rationale suum tenet.

Caput XX. — Non est tertius in substantia hominis spiritus, sicut Didymus contendit : sed spiritus ipsa est anima, pro spiritali natura, vel pro eo quod spiret in corpore spiritus appellatus. Anima vero ex eo vocatur, quod ad vivendum vel ad vivificandum animet corpus. Tertium vero qui ab Apostolo cum anima et corpore inducitur, spiritum gratiam sancti Spiritus esse intelligamus, quam orat Apostolus ut integra perseveret in nobis (I *Thessal.*, v, 23), ne nostro vitio aut minuatur aut fugetur a nobis; quia « Spiritus sanctus effugiet fictum. » (*Sap.*, I, 5.)

Caput XXI. — Libertati arbitrii sui commissus est homo statim in prima conditione, ut sola vigilantia mentis adnitente, etiam in præcepti custodia perseveraret, si vellet in eo quod creatus fuerat permanere. Post quam vero seductione serpentis per Evam cecidit, naturæ bonum perdidit, pariter et vigorem arbitrii : non tamen electionem, ut non esset suum quod (*d*) emen-

---

(*a*) Mss. omnes *in sua substantia*. — (*b*) Mss. omnes *Arabs*. — (*c*) Mss. aliquot *substantiæ*. Alii *substantes*. — (*d*) Ita Mss. plures. At editi *evitaret*.

qu'il ne lui fût point imputé de ne l'avoir point effacé par son libre arbitre. Il lui reste donc la liberté de son arbitre pour chercher son salut, je veux dire, une volonté raisonnable, mais c'est Dieu qui avant tout l'excite et l'invite au salut, en sorte qu'elle fasse elle-même son choix, ou qu'elle suive l'impulsion de Dieu, ou qu'elle agisse par l'occasion du salut, c'est-à-dire, par l'inspiration de Dieu. Mais pour obtenir ce qu'elle choisit, ou ce qu'elle poursuit, ou ce qu'elle fait par occasion, nous confessons volontiers que c'est un don de Dieu. C'est donc dans la miséricorde de Dieu que se trouve le commencement de notre salut, c'est de nous que nous répondons à son inspiration salutaire, mais c'est par le don de Dieu que nous obtenons ce que nous désirons en cédant à son attrait; si nous ne déchéons point de l'entreprise de notre salut, c'est le fait de notre sollicitude en même temps que de l'aide du Ciel; mais si nous tombons, c'est le fait de notre pouvoir et de notre lâcheté.

CHAPITRE XXII. — Il y a un baptême, mais dans l'Eglise où il y a une foi et où il est donné au nom du Père, du Fils et du Saint-Esprit. Aussi, s'il s'en trouve de baptisés, parmi les hérétiques qui baptisent dans la confession de la sainte Trinité et qui viennent à nous, on doit les recevoir comme ayant été baptisés, de peur d'annuler l'invocation et la confession de la sainte Trinité; mais il faut auparavant les instruire et leur apprendre en quel sens est tenu dans l'Eglise le mystère de la sainte Trinité. S'ils consentent à croire ou s'ils acceptent de le confesser, comme ils ont été purifiés par l'intégrité de la foi,

qu'ils soient confirmés par l'imposition des mains. Mais si ce sont encore des enfants ou des simples d'esprit qui ne peuvent point comprendre la doctrine, que ceux qui les présentent selon l'usage du baptême, répondent pour eux, puis, après avoir été fortifiés par le chrême et l'imposition des mains, qu'ils soient admis aux mystères de l'Eucharistie. Quant à ceux qui n'ont point été baptisés chez les hérétiques, dans l'invocation de la sainte Trinité, et viennent à nous, nous déclarons qu'ils doivent être baptisés, non point rebaptisés. Car on ne doit point croire qu'ils ont été baptisés puisqu'ils ne l'ont point été selon la règle posée par Notre-Seigneur, au nom du Père, du Fils et du Saint-Esprit. Tels sont les paulinistes, les montanistes, les manichéens, différentes espèces d'impiété, telles encore les autres pestes de même ordre et de même origine que ceux-là, qui parlent de deux principes inconnus l'un à l'autre, comme Cerdon et Marcion, ou contraires l'un à l'autre, comme Manès, ou qui nous parlent de trois principes qui même sont barbares, comme Sétien et Théodose, ou qui parlent d'une multitude de principes, comme Valentin, qui prétendent que le Christ est un pur homme sans Dieu, tels Cérinthe, Hébion, Artémon et Photin. Si, dis-je, quelques-uns de ces gens-là viennent à nous, il n'y a point à leur demander s'ils ont été baptisés ou non; mais seulement s'ils croient dans la foi de l'Eglise, puis on doit les baptiser du baptême de l'Eglise.

CHAPITRE XXIII. — Je ne blâme ni n'approuve la réception quotidienne de l'Eucharistie, mais je conseille de communier tous les dimanches, j'engage

daret peccatum, nec merito indulgeretur quod non arbitrio diluisset. Manet itaque ad quærendam salutem arbitrii libertas, (a) id est rationalis voluntas, sed admonente prius Deo et invitante ad salutem, ut vel eligat, vel sequatur, vel agat occasione salutis, hoc est inspiratione Dei. Ut autem consequatur quod eligit, vel quod sequitur, vel quod occasione agit, Dei esse libere confitemur. Initium ergo salutis nostræ Deo miserante habemus; ut acquiescamus salutiferæ inspirationi, nostræ potestatis est, ut adipiscamur quod acquiescendo admonitioni cupimus, divini est muneris : ut non labamur ab indepto salutis munere, sollicitudinis nostræ est et cœlestis pariter adjutorii; ut labamur, potestatis nostræ est et ignaviæ.

CAPUT XXII. — Baptisma unum est, sed in Ecclesia, ubi una fides est, ubi in nomine Patris et Filii et Spiritus sancti datur. Et ideo si qui apud illos hæreticos baptizati sunt qui in sanctæ Trinitatis confessione baptizant, et veniunt ad nos; recipiantur quidem quasi baptizati, ne sanctæ Trinitatis invocatio vel confessio annulletur : sed doceantur ante et instruantur, quo sensu sanctæ Trinitatis mysterium in Ecclesia teneatur : et si consentiunt credere, vel acquiescunt confiteri, purgati jam fidei integritate confirmentur manus impositione. Si vero parvuli

sunt vel hebetes qui doctrinam non capiant, respondeant pro illis qui eos offerunt juxta morem baptizandi : et sic manus impositione et chrismate communiti, Eucharistiæ mysteriis admittantur. Illos autem qui non in sanctæ Trinitatis invocatione apud hæreticos baptizati sunt, et veniunt ad nos, baptizari debere pronuntiamus, non rebaptizari. Neque enim credendum est eos fuisse baptizatos, qui non in nomine Patris et Filii et Spiritus sancti juxta regulam a Domino positam tincti sunt : ut sunt (b) Paulianistæ, Procliani, Borboritæ, Siphori, qui nunc vocantur Bonosiani, Photiniani, Montanitæ et Manichæi, varia impietatis germina : vel cæteræ istorum originis sive ordinis pestes, quæ duo principia sibi ignota introducunt, ut Cerdon et Marcion; vel contraria, ut Manichæus; vel tria et barbara, ut Setianus et (c) Theodosius; vel multa, ut Valentinus; vel Christum hominem fuisse absque Deo, ut Cerinthus, Hebion, Artemon et Photinus. Ex istis, inquam, si qui ad nos venerint, non requirendum ab eis utrum baptizati sint, an non : sed hoc tantum, si credant in Ecclesiæ fidem, et baptizentur Ecclesiastico baptismate.

CAPUT XXIII. — Quotidie Eucharistiæ communionem percipere nec laudo nec vitupero. Omnibus tamen dominicis diebus communicandum suadeo et hortor, si tamen

---

(a) Nonnulli codices sic prosequuntur : Non tamen ad obtinendam sine illo qui quærentes facit invenire, qui pulsantibus aperit, qui petentibus donat. Sicut ergo initium Deo miserante et inspirante habere nos credimus, ita arbitrium naturæ nostræ sequax esse divinæ inspirationis, libere confitemur. Igitur ut non labamur, etc. Id vero ab homine catholico incertum putant propter latentem illic Pelagianorum errorem. — (b) Sic Mss. At editi *Paulini*. — (c) Mss. *Theodotus* vel *Theudotus*.

même à le faire, pourvu toutefois que l'âme n'ait aucune affection au péché, attendu que c'est une aggravation de mal plutôt qu'une purification que de communier avec la volonté de pécher encore. Ainsi quoique l'on ait été mordu par le péché, si on n'a plus la volonté de pécher par la suite, qu'avant de communier on se repente avec larmes et prière, et que plein de confiance dans la miséricorde du Seigneur qui remet ordinairement les péchés à ceux qui en font une pieuse confession, on peut s'approcher de la communion sans crainte, avec confiance même. Mais je ne parle là que de celui qui n'a point l'âme chargée de péchés mortels et capitaux, car celui que le poids de tels péchés accable depuis son baptême, je l'engage à commencer par satisfaire à Dieu par une pénitence publique, et à ne s'approcher de la communion qu'après avoir été réconcilié par la sentence du prêtre, s'il ne veut point recevoir l'Eucharistie pour son jugement et sa condamnation. Mais après avoir d'abord changé sa manière de vivre dans le siècle, fait preuve de zèle pour la religion, par la correction de sa vie, et touché la miséricorde de Dieu par un profond ou plutôt par un continuel sentiment de regret, et en être venu au point de faire le contraire de ce dont il gémit, il peut s'approcher de l'Eucharistie tous les dimanches jusqu'à sa mort, avec humilité et prière.

Chapitre XXIV. — Or, le vrai repentir consiste à ne plus commettre ce dont on doit se repentir, et à pleurer ce qu'on a commis de tel. La satisfaction pénitentielle consiste à retrancher les causes de nos péchés, et à ne plus donner accès à leurs suggestions.

Chapitre XXV. — N'attendons rien de terrestre et de passager dans les promesses de Dieu, à l'exemple des mélétiens; ni l'union conjugale, comme Cérinthe et Marcion l'ont rêvé, ni quoi que ce soit qui ait rapport au boire et au manger, comme le font, au dire de Papias, Irénée, Tertullien et Lactance ; ni un règne de mille ans pour Jésus-Christ sur la terre après la résurrection, en compagnie des Saints qui régneront avec lui dans les délices, comme l'a enseigné Népos, avec une première résurrection pour les justes, puis une seconde pour les pécheurs, tandis que dans l'intervalle de l'une à l'autre, les nations qui ignorent Dieu seraient conservées dans leur chair dans les recoins de la terre afin d'être poussées au combat, par le diable, contre les justes dans leur royaume, quand les mille années de leur règne sur la terre seront passées, mais qui seraient arrêtées dans leur entreprise par une pluie de feu lancée sur elles par le Seigneur combattant pour les justes, mourraient ainsi, ressusciteraient dans une chair incorruptible, pour des supplices éternels, avec les autres hommes morts auparavant dans leur impiété.

Chapitre XXVI. — Nous croyons que nul ne travaille à son salut si Dieu ne l'y attire; que nul après y avoir été attiré, ne l'opère sans le secours de Dieu. Que nul ne mérite ce secours sans la prière. Que nul ne se perd par la volonté de Dieu, mais par sa permission et par l'effet de son propre libre arbitre, car il ne faut pas que la liberté de pouvoir accordée une fois à l'homme soit réduite à la nécessité de l'esclave.

Chapitre XXVII. — Le mal ou la malice n'a point été créé par Dieu, mais a été trouvé par le diable qui lui-même a été créé bon par Dieu. Mais comme en sa qualité de créature raisonnable, il a été remis

mens (a) in affectu peccandi non sit. Nam habentem adhuc voluntatem peccandi, gravari magis dico Eucharistiæ perceptione quam purificari. Et ideo quamvis quis peccato mordeatur, peccandi non habeat de cætero voluntatem et communicaturus satisfaciat lacrymis et orationibus, et confidens de Domini miseratione, qui peccata piæ confessioni donare consuevit, accedat ad Eucharistiam intrepidus et securus. Sed hoc de illo dico quem capitalia et mortalia peccata non gravant : nam quem mortalia crimina post baptismum commissa premunt, horror prius publica pœnitentia satisfacere, et Sacerdotis judicio reconciliatum communioni sociari, si vult non ad judicium et condemnationem sui Eucharistiam percipere. Sed et secreta satisfactione solvi mortalia crimina non negamus; sed mutato prius sæculari habitu, et confesso religionis studio per vitæ correctionem, et jugi, imo perpetuo luctu miserante Deo, ita dumtaxat, ut contraria pro iis quæ pœnitet agat, et Eucharistiam omnibus Dominicis diebus supplex et submissus usque ad mortem percipiat.

Caput XXIV. — Pœnitentia vera est, pœnitenda non admittere, et admissa deflere. Satisfactio pœnitentiæ est causas peccatorum excidere, nec earum suggestionibus aditum indulgere.

Caput XXV. — In divinis repromissionibus nihil terrenum vel transitorium exspectemus, sicut Meletiani sperant. Non nuptiarum copulam, sicut Cerinthus et Marcion (b) delirant. Non quod ad cibum vel ad potum pertinet, sicut Papia auctore, Irenæus, Tertullianus et Lactantius acquiescunt. Neque per mille annos post resurrectionem regnum Christi in terra futurum, et sanctos cum illo in deliciis regnaturos speremus, sicut Nepos docuit, primam justorum resurrectionem, et secundam impiorum : et inter has duas mortuorum resurrectiones, gentes ignorantes Deum in angulis terrarum in carne reservandas : quæ post mille annos regni in terra justorum, instigante diabolo movendæ sint ad pugnam contra justos regnantes ; et Domino pro justis pugnante imbre igneo compescendas : atque ita mortuas, cum cæteris in impietate ante mortuis ad æterna supplicia in incorruptibili carne resuscitandas.

Caput XXVI. — Nullum credimus ad salutem nisi Deo invitante venire. Nullum invitatum salutem suam nisi Deo auxiliante operari. Nullum Dei voluntate perire, sed permissu, pro electione arbitrii, ne ingenuitas potestatis semel hominibus attributa ad servilem cogatur necessitatem.

Caput XXVII. — Malum vel malitiam non esse a Deo creatam, sed a diabolo inventam : qui et ipse bonus a Deo creatus est. Sed quia libero arbitrio, ut pote ratio-

(a) Sic Mss. At editi sine affectu peccandi sit. — (b) Mss. delectantur.

entre les mains de son libre arbitre et qu'il a reçu la faculté de penser, il tourna la science du bien au mal, et en pensant à beaucoup de choses il inventa le mal. Ce qu'il perdit en lui, il en devint envieux dans les autres, et non content de périr seul, il persuada le mal aux autres, en sorte que, après avoir été l'inventeur de sa propre malice, il est devenu l'auteur de la malice des autres. De lui, le mal ou la malice s'est répandu dans les autres créatures raisonnables.

Chapitre XXVIII. — Nous reconnaissons ainsi qu'il n'y a rien d'immuable par nature, que Dieu seul, Père, Fils et Saint-Esprit qui ne peut changer de bien en mal, parce que c'est par nature qu'il possède le bien, et qu'il ne peut pas être autre chose que le bien.

Chapitre XXIX. — Quant aux anges qui ont persévéré dans le bonheur où ils ont été créés, ils ne possèdent pas le bien par nature, pour ne pouvoir point changer avec les autres, mais comme ils ont conservé la bonne volonté de leur libre arbitre, ils conservèrent également le bien de leur condition et leur foi à leur Seigneur. Aussi est-ce avec raison que les anges sont appelés saints par le Seigneur, puisqu'ils ont retenu leur sainteté et ne se sont point écartés du bien, à l'exemple de leurs compagnons.

Chapitre XXX. — L'usage du mariage est bon, mais quand il se fait en vue d'obtenir des enfants et d'apaiser la concupiscence.

Chapitre XXXI. — La continence est meilleure, mais elle ne suffit point seule pour la béatitude, si elle n'est observée que par amour de la pureté, il faut de plus qu'elle soit embrassée dans le désir de vaquer au service du Seigneur, autrement elle paraîtra plutôt un divorce dans le mariage que chasteté.

Chapitre XXXII. — La virginité l'emporte beaucoup sur l'une et sur l'autre, parce qu'elle triomphe de la nature et de la lutte, de la nature par la pureté du corps, de la lutte par la paix qui accompagne la virginité.

Chapitre XXXIII. — Il est bon de prendre en nourriture, avec action de grâces, tout ce que Dieu a prescrit de prendre. S'abstenir de quelques aliments, non parce qu'il serait mal d'en manger, mais parce qu'ils ne sont point nécessaires, n'est pas un mal. N'en faire qu'un usage modéré selon le besoin et le temps, c'est le propre des chrétiens.

Chapitre XXXIV. — Dire que le mariage est mauvais, ou le comparer à la fornication ou à la prostitution; croire qu'il y a des aliments mauvais ou cause de mal pour ceux qui les reçoivent, ce n'est point d'un chrétien, mais c'est le propre des encratites et des manichéens.

Chapitre XXXV. — Mettre le mariage au même rang que la virginité consacrée à Dieu, ou croire qu'il n'y a aucun mérite à s'abstenir de vin ou de chair pour mortifier son corps, ce n'est point le fait d'un chrétien, mais celui de Jovinien.

nalis creatura, commissus est, et cogitandi acceperat facultatem, scientiam boni vertit ad malum : et multa cogitando factus est inventor mali : et quod in se perdiderat, invidit in aliis, nec contentus solus perire, suasit aliis, ut qui esset suæ malitiæ inventor, fieret et aliorum auctor: et ex eo malum vel malitia percurrit in cæteras rationales creaturas.

Caput XXVIII. — Unde cognoscimus nihil esse natura immutabile, nisi solum Deum, Patrem et Filium et Spiritum sanctum, qui mutari non potest a bono, quia natura possidet bonum, nec potest aliud quid esse quam bonum.

Caput XXIX. — Angeli vero qui in illa qua creati sunt beatitudine perseverant, non natura possident bonum, ut non mutarentur cum cæteris, sed arbitrii servantes bonam voluntatem, et bonum conditionis, et fidem suo Domino servaverunt. Unde et merito ab ipso Domino sancti Angeli vocantur, quod tenuerint arbitrii sanctitatem, nec sociorum exemplo deviaverint a bono. (a)

Caput XXX. — Bonæ sunt nuptiæ, sed causa filiorum (b) et compescendæ fornicationis obtentu.

Caput XXXI. — Melior est continentia; sed non sibi sufficit ad beatitudinem, si pro solo amore pudicitiæ retentetur, sed si et hoc cum affectu causa vacandi Domino eligatur : alioquin divortium magis conjugii videbitur esse, quam castitas.

Caput XXXII. — Virginitas utroque bono præcelsior est, quia et naturam vincit et pugnam : naturam, corporis integritate; pugnam, pace castimoniæ.

Caput XXXIII. — Bonum est in cibum cum gratiarum actione sumere quidquid Deus edendum præcepit. Abstinere autem ab aliquibus, non quasi malis, sed quasi non necessariis, non est malum. Moderari vero (c) eorum usum pro necessitate et tempore, proprie Christianorum est.

Caput XXXIV. — Malas dicere nuptias, vel fornicationi comparandas aut stupro; cibos vero credere malos, vel (d) mali causam percipientibus, non est Christianorum, sed proprie (e) Encratitarum et Manichæorum.

Caput XXXV. — Sacratæ Deo virginitati nuptias coæquare, aut pro amore castigandi corporis abstinentibus a vino vel carnibus nihil credere meriti accrescere, nec hoc Christiani, sed Joviniani est.

(a) In ante editis tria isthæc capitula qua a Mss. absunt adjecta fuerant :

Fides vera, quæ est catholica, omnium creaturarum sive spiritualium sive corporalium bonam confitetur substantiam, et mali nullam esse naturam : quia Deus, qui universitatis est conditor, nihil non bonum fecit. Unde et diabolus bonus esset, si in eo quod factus est permaneret. Sed quia naturali excellentia male usus est, et in veritate non stetit, non in contrariam substantiam transiit, sed a summo bono cui debuit adhærere discessit.

Virtutes angelicæ quæ in divino amore fixæ perstiterint lapsis superbientibus angelis, hoc munere retributionis acceperunt, ut nulla jam rubigine subripientis culpæ mordeantur : ut in contemplatione conditoris sine felicitatis fine permaneant, et in hoc sic conditæ æterna stabilitate subsistant.

Tales creati sunt angeli, ut si vellent, in beatitudinis luce persisterent : si autem vellent etiam labi potuissent. Unde et Satan cum sequentibus legionibus cecidit. Sed post ejus lapsum ita confirmati sunt angeli qui perstiterunt, ut cadere omnino non possent; quia ne omnino jam caderent, virtutem incommutabilitatis acceperunt.

(b) Quidam Ms. *non concupiscentiæ et fornicationis obtentu.*—(c) Mss. *carnium usum.*—(d) Editi *malitias causare.*—(e) Editi *Hierachitarum.*

CHAPITRE XXXVI. — Il faut croire d'une foi entière, que la bienheureuse Marie, Mère de Jésus-Christ, a conçu vierge, a enfanté vierge et est demeurée vierge après son enfantement. Il ne faut point tomber dans le blasphème d'Helvidius qui a dit qu'elle était vierge avant, et ne l'est plus depuis son enfantement.

CHAPITRE XXXVII. — Quant aux éléments, je veux dire au ciel et à la terre, nous ne croyons point qu'ils doivent être détruits par le feu, mais qu'ils seront changés en mieux, et que c'est la figure du monde, c'est-à-dire son image, non point sa substance qui doit passer.

CHAPITRE XXXVIII. — Il est bien de distribuer, comme un économe, son bien aux pauvres, il est mieux de le donner tout d'une fois avec la pensée de se mettre à la suite du Seigneur et, dégagé de tout souci, d'être pauvre avec le Christ.

CHAPITRE XXXIX. — On ne doit point ordonner clerc quiconque en serait à sa seconde femme depuis le baptême, ni celui qui n'ayant eu qu'une femme, n'eut qu'une concubine, non une femme légitime, ni celui qui aurait pris en mariage une veuve, ou une femme répudiée de son mari, ou une courtisane, non plus que l'homme qui, sous l'empire d'une crainte juste ou non, ou d'un mouvement d'indignation, se serait mutilé lui-même d'un membre quelconque, ni celui qui serait convaincu d'avoir reçu un argent usuraire, ni un homme qui expie des péchés mortels dans la pénitence publique, non plus qu'un homme qui a des accès de folie furieuse, ou qui est touché du souffle du diable, ni enfin un homme qui par ambition, offre de l'argent, comme Simon le Magicien.

CHAPITRE XL. — On doit honorer les corps des saints et surtout les reliques des bienheureux martyrs, comme les membres même du Christ, et visiter les basiliques appelées de leurs noms, comme des lieux consacrés au culte de Dieu, avec un sentiment de très-grande piété, une grande foi et dévotion. Telle est notre foi. Quiconque va à l'encontre de cela n'est pas un chrétien, mais un eunomien et un vigilancien.

CHAPITRE XLI. — Nous croyons que le chemin du salut n'est ouvert que pour ceux qui sont baptisés, et nous devons croire que nul catéchumène, en quelques bonnes œuvres qu'il meure, ait la vie éternelle, excepté s'il meurt martyr, car le martyre équivaut à tous les sacrements du baptême. Celui qui veut être baptisé doit confesser sa foi devant le prêtre et répondre aux questions qui lui sont adressées ; c'est ce que fait aussi le martyr en présence du persécuteur, car il confesse sa foi et répond aux questions qui lui sont faites. Le catéchumène, après sa confession de foi, est aspergé d'eau ou plongé dans l'eau, et le martyr est plongé dans son sang ou touché par le feu. Le premier reçoit le Saint-Esprit par l'imposition des mains, celui-là devient le porte-voix du Saint-Esprit, puisque ce n'est point lui qui parle, mais l'Esprit du Père qui parle en lui. L'un a part à l'Eucharistie, en mémoire de la mort de Notre-Seigneur, l'autre meurt avec et pour le Christ. Celui-là confesse qu'il renonce aux actes du monde, celui-ci renonce à la vie même. Au premier tous les péchés sont remis, dans le second ils sont éteints.

CHAPITRE XLII. — Dans l'Eucharistie on ne doit point offrir de l'eau pure, comme l'ont pensé quel-

CAPUT XXXVI. — Integra fide credendum est, beatam Mariam Dei Christi matrem et virginem concepisse, et virginem genuisse, et post partum virginem permansisse. Nec est blasphemiæ Helvidii acquiescendum, qui dixit : Virgo ante partum, non virgo post partum.

CAPUT XXXVII. — Elementa, id est, cœlum et terram non credimus abolenda per ignem, sed in melius commutanda : figuram quoque mundi, id est, imaginem, non substantiam transituram.

CAPUT XXXVIII. — Bonum est facultates cum dispensatione pauperibus erogare. Melius est pro intentione sequendi Dominum (a) semel donare, et absolutum sollicitudine cum Christo egere.

CAPUT XXXIX. — Maritum duarum post baptismum matronarum clericum non ordinandum. Neque eum qui unam quidem, sed concubinam, non matronam habuit. Nec illum qui viduam, aut repudiatam, vel meretricem in matrimonio sumpsit. Neque eum qui semetipsum quolibet corporis sui membro indignatione aliqua vel justo injustove (b) timore superatus truncaverit. Neque illum qui usuras accepisse convincitur, aut in scena lusisse dignoscitur. Neque eum qui publica pœnitentia mortalia crimina deflet. Neque illum qui aliquando in furiam versus insanivit, vel afflatione diaboli vexatus est. Neque eum qui per ambitionem ad imitationem Simonis Magi pecuniam offert.

CAPUT XL. — Sanctorum corpora, et præcipue beatorum Martyrum reliquias, ac si Christi membra sincerissime honoranda, et basilicas eorum hominibus appellatas, velut loca divino cultui mancipata, affectu piissimo et devotione fidelissima adeundas (c) credimus. Si quis contra hanc sententiam venit, non Christianus, sed Eunomianus et Vigilantianus creditur.

CAPUT XLI. — Baptizatis tantum iter esse salutis credimus. Nullum Catechumenum, quamvis in bonis operibus defunctum, vitam æternam habere credamus, excepto martyris, ubi tota baptismi sacramenta complentur. Baptizandus confitetur fidem suam coram sacerdote, et interrogatus respondet : hoc et Martyr coram persecutore facit, qui et confitetur fidem suam, et interrogatus respondet. Ille post confessionem, vel aspergitur aqua, vel intinguitur : et hic vel aspergitur sanguine, vel (d) contingitur igne. Ille manus impositione pontificis accipit Spiritum sanctum : hic (e) locutorium efficitur Spiritus sancti, dum non est ipse qui loquitur, sed Spiritus Patris qui loquitur in illo. Ille communicat Eucharistiæ in commemorationem mortis Domini : hic ipsi Christo commoritur. Ille confitetur se mundi actibus renuntiaturum : hic ipsi mortali vitæ. Illi peccata omnia dimittuntur : in isto exstinguuntur.

CAPUT XLII. — In Eucharistia non debet pura aqua

(a) Editi insimul. — (b) Colbert. Ms. injustove judicio. — (c) Abest credimus a Mss. — (d) Mss. intinguitur. — (e) Sic Mss. editi habiculum.

ques-uns, trompés par une apparence de sobriété, mais de l'eau mêlée de vin, attendu qu'il y a eu du vin dans le mystère de notre Rédemption, quand le Seigneur a dit : « Je ne boirai plus désormais de ce produit de la vigne ; » (*Matth.*, xxvi, 29) mais il était mêlé d'eau puisqu'il se prenait après le souper. De son côté percé d'une lance sortit aussi de l'eau avec le sang, ce qui nous montre le vin exprimé avec de l'eau de la véritable vigne de son corps.

Chapitre XLIII. — Notre chair est bonne, très-bonne même, comme ayant été créée par Dieu seul qui est bon; elle n'est pas mauvaise comme le veulent Séthien, Ophien et Patricien; ni cause du mal, comme l'a enseigné Florin; ni faite de bien et de mal, à s'en tenir aux blasphèmes de Manès. Mais cette chair qui est bonne par le fait de sa création, devient pour nous bonne ou mauvaise, par l'effet de notre libre arbitre, non point par le changement de sa substance, mais par suite du châtiment qu'elle a mérité. Elle paraîtra au tribunal du Christ, et c'est en elle que notre âme recevra la récompense de ce qu'elle a fait dans le corps, soit le bien soit le mal.

Chapitre XLIV. — A la résurrection des morts, la forme du sexe ne sera point changée, l'homme ressuscitera homme, et la femme, femme ; il ne leur manquera que la condition du sexe qui existe en cette vie, mais non point la forme naturelle. Autrement ce ne serait point une vraie résurrection, si ce qui ressuscitera n'était point ce qui est mort.

Chapitre XLV. — Avant la Passion du Seigneur, toutes les âmes des saints étaient retenues dans l'enfer, pour la dette de la prévarication d'Adam, jusqu'à ce qu'elles fussent délivrées de leur condition d'esclave par le mérite de la mort imméritée du Seigneur.

Chapitre XLVI. — Depuis l'ascension du Seigneur au ciel, toutes les âmes des saints sont avec Jésus-Christ, et, en sortant du corps, se rendent auprès de lui en attendant la résurrection de leur corps pour être toutes également changées en une entière et perpétuelle béatitude avec lui; de même que placées dans l'enfer, les âmes des pécheurs attendent aussi avec crainte la résurrection de leur corps pour être plongées avec lui dans les peines éternelles.

Chapitre XLVII. — Nous croyons sans aucun doute que les péchés sont effacés par la pénitence, quand même on ne s'en repentirait et qu'on ne les ferait connaître par des larmes publiques, qu'au dernier souffle de la vie; parce que le dessein que Dieu a conçu de sauver ce qui était perdu demeure stable, et parce que sa volonté ne change point, soit que à cause du changement de vie, si le temps est accordé à ce changement, ou par une humble confession de ses fautes si on quitte aussitôt la vie, on présume avec foi obtenir le pardon de ses péchés de celui qui ne veut point la mort du pécheur, mais qu'il se convertisse par le repentir et ne se perde point, mais soit sauvé et vive par la miséricorde de Dieu (*Ezéch.*, xviii, 32 et chap. xxxiii, 11). Si quelqu'un a d'autres sentiments que ceux-là sur la très-juste bonté de Dieu, ce n'est pas un chrétien, mais un novatien.

Chapitre XLVIII. — Nous sommes certains que le diable ne voit point les pensées intimes de l'âme; mais nous savons par expérience qu'il les devine

---

offerri, ut quidam sobrietatis falluntur imagine; sed vinum cum aqua mixtum : quia et vinum fuit in redemptionis nostræ mysterio, cum dixit : « Non bibam a modo de hoc geuimine vitis ; » (*Matth.*, xxvi, 29) et aqua mixtum, quod post coenam dabatur. Sed et de latere ejus, quod lancea perfossum est, aqua cum sanguine egressa, vinum de vera ejus carnis vite cum aqua expressum ostendit.

Caput XLIII. — Bona est caro nostra et valde bona, ut pote a bono et a solo Deo condita; et non sit mala, ut volunt Sethianus et (*a*) Ophianus et Patricianus : nec mali causa, ut docuit (*b*) Florinus : nec ex malo et bono compacta, ut Manichæus blasphemat. Sed cum sit creatione bona, arbitrio animæ efficitur nobis vel bona vel mala, non mutatione substantiæ, sed (*c*) exsecutionis mercede. Ipsa enim est quæ stabit ante tribunal Christi, in qua referat anima propria corporis prout gessit, sive bonum sive malum.

Caput XLIV. — In resurrectione ex mortuis sexus forma non mutabitur : sed vir mortuus resurget in forma viri, et femina in forma feminæ, carens sexus tamen hujus vitæ tantum conditione, non specie naturali; ne non sit vera resurrectio, si non id resurget quod cadit.

Caput XLV. — Ante passionem Domini omnes animæ Sanctorum in inferno sub debito prævaricationis Adæ tenebantur, donec auctoritate Domini per indebitam ejus mortem de servili conditione liberarentur.

Caput XLVI. — Post ascensionem Domini ad coelos, omnium Sanctorum animæ cum Christo sunt, et exeuntes de corpore ad Christum vadunt, exspectantes resurrectionem corporis sui, ad integram et (*d*) perpetuam beatitudinem cum ipso pariter immutentur : sicut et peccatorum animæ in inferno sub timore positæ exspectant resurrectionem sui corporis, ut cum ipso ad poenam (*e*) detrudantur æternam.

Caput XLVII. — Poenitentia aboleri peccata indubitanter credimus, etiam si in ultimo vitæ spiritu admissorum poeniteat, et publica lamentatione peccata prodantur : quia propositum Dei, quo decrevit salvare quod perierat, stat immobile : et ideo quia voluntas ejus non mutatur, sive emendatione vitæ, si tempus conceditur, sive (*f*) supplici confessione, si continuo vita exceditur, venia peccatorum fideliter præsumatur ab illo, qui non vult mortem peccatoris, sed ut convertatur a perditione poenitendo (*Ezech.*, xviii, 32; et cap. xxxiii, 11), et salvatus miseratione Domini vivat. Si quis aliter de justissima Dei pietate sentit, non Christianus, sed Novatianus est.

Caput XLVIII. — Internas animæ cogitationes diabolum non videre, certi sumus : sed motibus eas corporis

---

(*a*) Mss. *Ophinianus.* — (*b*) Sic Mss. At editi *Florianus.* — (*c*) Aliquot Mss. *excusatione commercii.* Quidam *exsecutione commercii.* — (*d*) Quidam Mss. *et perfectam.* — (*e*) Mss. *convertantur.* — (*f*) Aliquot Mss. *sive publica.*

par les mouvements du corps, et par les indices de nos sentiments. Quant aux secrets du cœur, il n'y a que celui à qui il est dit : « Seul vous connaissez le cœur des hommes, » (III *Rois*, VIII, 39) qui les connaisse.

Chapitre XLIX. Toutes nos mauvaises pensées ne sont point toujours excitées par les suggestions du diable, mais elles naissent quelquefois du mouvement de notre propre libre arbitre. Quant aux bonnes pensées, elles viennent toujours de Dieu.

Chapitre L. — Nous ne croyons pas que les démons descendent dans l'âme par une opération énergique, mais nous croyons qu'ils s'unissent à elle par voie d'application et d'oppression ; descendre dans l'âme est le propre de celui seul qui l'a créée, et qui étant incorporel par sa substance, est capable de sa créature.

Chapitre LI. — Nous tenons de Dieu que les pécheurs même peuvent faire des signes et des prodiges, ainsi que des guérisons miraculeuses au nom du Seigneur. Mais quand ils font du bien aux autres par ce moyen qu'ils osent employer, ils se font du mal à eux-mêmes par l'ambition de la gloire humaine, attendu qu'ils se glorifient d'un faux don, c'est-à-dire d'un don qui n'est pas dû à leurs mérites.

Chapitre LII. — Les signes et les miracles peuvent rendre un chrétien illustre, mais ils ne peuvent le rendre saint s'il agit par des mouvements déréglés et hérissés d'orgueil, mais s'il agit par des mouvements modérés et paisibles, quand même il ne ferait point des prodiges, nous croyons avec raison qu'il devient saint, parfait et homme de Dieu.

Chapitre LIII. — Nul juste, nul saint n'est exempt de péché, sans pour cela cesser d'être juste et saint, pourvu qu'il retienne la sainteté par ses sentiments intérieurs. Car ce n'est point par les forces de la nature, mais l'aide du bon propos que, par la grâce de Dieu, nous acquérons la sainteté. Voilà pourquoi c'est avec vérité que tous les saints se déclarent pécheurs ; c'est que, en vérité, ils ont des motifs de pleurer sinon dans les reproches de leur conscience, du moins dans la mobilité de leur nature prévaricatrice.

Chapitre LIV. — Pâques, c'est-à-dire la solennité de la résurrection du Seigneur ne peut se célébrer avant l'équinoxe du printemps, et le quatorzième jour accompli de la lune qui a été nouvelle dans le mois de l'équinoxe.

Chapitre LV. — A cause des nouveaux législateurs qui disent que l'âme a été faite à l'image de Dieu, afin que de même que Dieu est regardé comme incorporel, ainsi l'âme soit tenue pour incorporelle, nous reconnaissons volontiers que l'image consiste dans l'éternité et que la ressemblance se trouve dans les mœurs.

---

ab illo et affectionum indiciis colligi, experimento didicimus. Secreta autem cordis solus ille novit ad quem dicitur : « Tu solus nosti corda filiorum hominum. » (III *Reg.*, VIII, 39).

Caput XLIX. — Non omnes malæ cogitationes nostræ semper diaboli instinctu excitantur, sed aliquotiens ex nostri arbitrii motu emergunt. Bonæ autem cogitationes semper a Deo sunt.

Caput L. — Dæmones per (*a*) energicam operationem non credimus substantialiter illabi animæ, sed applicatione et oppressione uniri. Illabi autem menti illi soli possibile est qui creavit, qui natura subsistens incorporeus, capabilis est suæ facturæ.

Caput LI. — Signa et prodigia et sanitates etiam peccatores in nomine Domini facere ab ipso Deo didicimus : et utilius hac præsumptione juvant, sibi per ambitionem humanæ gloriæ nocent ; quia gloriantur in dato falso, id est non meritis debito.

Caput LII. — Signis et prodigiis clarum posse fieri Christianum, non tamen sanctum, si intemperatis, et asperis motibus agat : temperatis autem et placidis motibus, etiam absque signorum efficacia, et sanctum et perfectum et Dei hominem fieri recte credimus.

Caput LIII. — Nullus sanctus et justus caret peccato : nec tamen ex hoc desinit esse justus et sanctus, cum affectu teneat sanctitatem. Non enim naturæ viribus, sed propositi adjumento per Dei gratiam acquirimus sanctitatem. Et ideo veraciter se omnes sancti pronuntiant peccatores, quia in veritate habent quod plangant, et si non reprehensione conscientiæ, certe mobilitate prævaricatricis naturæ.

Caput LIV. — Pascha, id est, Dominicæ resurrectionis solemnitas, ante transgressum vernalis æquinoctii et (*b*) quartæ decimæ lunæ perfectionem non potest celebrari, eodem tamen mense natæ.

Caput LV. — Propter novellos legislatores, qui ideo animam tantum ad imaginem Dei creatam dicunt, ut quia Deus incorporeus recte creditur, etiam incorporea anima esse credatur, libere confitemur, imaginem in æternitate, similitudinem in moribus inveniri.

(*a*) Mss. *per energiam* et omittunt *operationem*. — (*b*) Mss. *et quintæ-decimæ* vel *sextæ decimæ lunæ quintum*.

FIN DU TOME VINGT-SEPTIÈME.

TABLE DES MATIÈRES DU TOME VINGT-SEPTIÈME

CONFÉRENCE AVEC MAXIMIN, ÉVÊQUE ARIEN.

Avertissement sur la conférence et les deux livres contre Maximin 1
Conférence de saint Aurèle Augustin, évêque d'Hippone, avec Maximin, évêque Arien 3

LES DEUX LIVRES CONTRE L'HÉRÉTIQUE MAXIMIN, ÉVÊQUE ARIEN.

Les deux livres contre l'hérétique Maximin, évêque Arien 47
LIVRE PREMIER. — *Augustin montre que Maximin n'a pu réfuter ce qu'il a dit dans la conférence.* . . . 47
PRÉFACE 47
CHAPITRE I. — De deux Dieux 47
— II. — De la souillure contractée par le Fils de Dieu en s'unissant à l'homme 48
— III. — Invisibilité de Dieu 50
— IV. — Immortalité de Dieu 51
— V. — Comment le Père est plus grand que le Fils 52
— VI. — Vrais petits des êtres animés 54
— VII. — Grandeur du Fils 55
— VIII. — Soumission du Fils 56
— IX. — Le Saint-Esprit adore-t-il le Père ? 57
— X. — Comment le Père, le Fils et le Saint-Esprit ne font qu'un seul Dieu 59
— XI. — Le temple du Saint-Esprit 60
— XII. — Le Père et le Fils sont une seule et même chose 61
— XIII. — Du témoignage que le Père rend au Fils 63
— XIV. — De l'amour du Père et du Fils 63
— XV. — De l'invisibilité de la divinité 64
— XVI. — Dieu seul est sage 65
— XVII. — Dieu n'a point été fait 65
— XVIII. — Le Père n'a point été engendré 66
— XIX. — Le Saint-Esprit est égal au Père 66
— XX. 69
LIVRE SECOND. — *Réfutation article par article des choses que Maximin a avancées à la fin de sa conférence, et auxquelles la longueur de son discours n'avait point laissé à Augustin le temps de répondre* . . . 69
PRÉFACE 69
CHAPITRES de I à XXVI 70-134

QUINZE LIVRES SUR LA TRINITÉ.

Avertissement sur les livres de la Trinité 151
Extrait du livre des Rétractations, livre II, chapitre XV 156
LIVRE PREMIER. — *Saint Augustin dans ce livre établit l'unité et l'égalité de la suprême Trinité par les saintes Ecritures, et explique certains textes invoqués contre l'égalité du Fils* 158
CHAPITRE I. — Augustin écrit contre ceux qui abusent de la raison pour attaquer la foi de la Trinité . . . 158
— II. — Comment il sera traité de la Trinité dans cet ouvrage 161
— III. — Prière que saint Augustin fait à ses lecteurs 162

TABLE DES MATIÈRES.

- Chapitre IV. — Doctrine de la foi catholique sur la Trinité 164
- — V. — Difficultés sur la Trinité : comment trois personnes ne font qu'un seul Dieu, et comment en opérant inséparablement les unes des autres, elles font certaines choses sans que toutes les trois les fassent. 165
- — VI. — Le Fils est vrai Dieu, de la même substance que le Père 166
- — VII. — Comment le Fils est moindre que le Père, moindre que lui-même. 170
- — VIII. — Explication des passages des Ecritures mal interprétés, touchant la sujétion du Fils . . . 172
- — IX. — Quelquefois dans une seule personne on entend les trois personnes 177
- — X. — En quel sens le Christ doit remettre son royaume à son Père 178
- — XI. — Règle pour bien comprendre les Ecritures faisant le Fils tantôt égal au Père, tantôt moindre que lui 181
- — XII. — En quel sens il est dit que le Fils ne connaît ni le jour ni l'heure que connaît le Père . . . 182
- — XIII. — La manière de parler du Christ varie selon les natures différentes de son hypostase. . . . 187

Livre second. — *Saint Augustin soutient encore l'égalité des trois personnes de la Trinité, et, en traitant de la mission du Fils et de celle du Saint-Esprit, en même temps que des diverses apparitions de Dieu, il montre que l'envoyé n'est pas moindre que celui qui l'envoie, par la raison que l'un envoie et que l'autre est envoyé, et que les personnes de la Trinité qui sont égales en toutes choses, également immuables, invisibles et partout présentes dans leur nature, opèrent d'une manière inséparable dans leur mission et dans leur apparition quelles qu'elles soient* 194

Préambule 194
- Chapitre I. — Il y a deux règles pour comprendre les manières de parler du Fils de Dieu usitées dans les Ecritures 195
- — II. — Ces deux règles permettent d'entendre certaines expressions employées par rapport au Fils . . 197
- — III. — Quand il s'agit du Saint-Esprit, il y a certaines expressions qui ne s'entendent que selon la seconde règle. 198
- — IV. — La glorification du Fils par le Père n'implique point inégalité entre l'un et l'autre . . . 199
- — V. — Ni le Fils ni le Saint-Esprit ne sont moindres, parce qu'ils sont envoyés l'un et l'autre . . . 199
- — VI. — Le Saint-Esprit ne s'est point uni la créature de la même manière que le Verbe s'est uni la chair. 203
- — VII. — Doute au sujet des apparitions divines 205
- — VIII. — La Trinité tout entière est invisible. 207
- — IX. — Contre la pensée qu'il n'y a que le Père d'immortel et d'invisible 208
- — X. — Est-ce la Trinité tout entière, ou seulement l'une des personnes divines qui apparut aux patriarches 209
- — XI. — Sur la même vision 213
- — XII. — Examen de la vision de Loth 214
- — XIII. — La vision de Moïse dans le buisson ardent 215
- — XIV. — Vision de Dieu dans la colonne de nuée et de feu 217
- — XV. — De la vision de Dieu sur le Sinaï 217
- — XVI. — Comment Moïse a vu Dieu. 219
- — XVII. — Comment Moïse vit Dieu par derrière 220
- — XVIII. — Vision de Daniel 225

Livre troisième. — *Saint Augustin recherche si, dans les apparitions de Dieu dont il a été parlé plus haut, et qui ce sont produites par des apparences corporelles, il y a eu simplement une créature de formée, dont Dieu s'est servi pour se montrer aux yeux des hommes, quand il a jugé à propos de le faire, ou bien si ce sont les anges qui existant intérieurement, empruntaient une apparence corporelle à des êtres corporels lorsqu'ils étaient envoyés pour parler au nom de Dieu ou s'ils changeaient leur propre corps dans telles apparences qu'ils voulaient, appropriées à leurs fonctions, en vertu d'un pouvoir reçu du Créateur. Mais quant à l'essence même de Dieu, elle n'a jamais été vue en elle-même* 227

Préambule. — Pourquoi Augustin écrit sur la Trinité 227
Chapitre I. — Ce qui reste encore à dire. 230
- — II. — La volonté de Dieu, cause première de tout changement corporel. 231
- — III. — 232
- — IV. — Dieu se sert de toutes les créatures comme il veut, et il crée des êtres visibles pour se manifester lui-même. 234

TABLE DES MATIÈRES.

Chapitre V. — Pourquoi les miracles ne sont point habituels.	235
— VI. — Ce qui fait le miracle, c'est une variété seulement.	236
— VII. — Il s'est opéré de grands miracles par les ressources de la magie.	236
— VIII. — Dieu seul crée les choses mêmes que les magiciens transforment par le moyen de leur art.	237
— IX. — Dieu, cause première de toutes choses.	240
— X. — En combien de manières la créature est prise pour signifier quelque chose.	243
— XI. — Jamais l'essence de Dieu n'est apparue en elle-même.	246

Livre quatrième. — *Saint Augustin explique pourquoi le Fils a été envoyé. Le Christ en mourant pour les pécheurs devait nous persuader avant tout combien Dieu nous a aimés, et quels il nous a aimés. Il convenait aussi très-bien que le Verbe vînt dans la chair pour nous purifier, afin que nous pussions contempler Dieu et nous attacher à lui. Sa mort simple et unique a détruit notre double mort. Saint Augustin explique ensuite comment le simple en notre Seigneur a répondu au double qui est en nous, pour notre salut ; puis il montre longuement la perfection du nombre sénaire que concourt à former le rapport même du simple au double. Il nous apprend comment tous les fidèles sont un, tous ensemble, par la vertu de l'unique médiateur de la vie, Jésus-Christ, par qui seul se fait la vraie purification de l'âme. D'ailleurs le Fils de Dieu, bien que devenu par sa mission, moindre que son Père, à cause de la forme d'esclave qu'il a prise, n'est point pour cela, moindre que le Père selon sa forme de Dieu, parce qu'il a été envoyé par lui ; il montre qu'il faut raisonner de même pour la mission du Saint-Esprit.* 253

Préambule. — C'est à Dieu qu'on doit demander la science de Dieu.	253
Chapitre I. — La connaissance de notre faiblesse est pour nous une perfection	254
— II. — Comment l'incarnation du Verbe nous rend habiles à percevoir la vérité.	256
— III. — La mort et la résurrection du corps de Jésus-Christ quoique uniques, concordent pour notre salut avec la double mort et la double résurrection de notre corps et de notre âme.	258
— IV. — Le rapport du simple au double prend sa source dans la perfection du nombre sénaire.	261
— V. — On retrouve également le nombre sénaire dans l'édification du corps du Christ et dans la construction du temple de Jérusalem.	263
— VI. — Les trois jours de la résurrection nous offrent également le rapport du simple au double	264
— VII. — Comment par le fait d'un seul médiateur, nous ne faisons tous qu'un.	265
— VIII. — Comment le Christ veut que nous ne voyions qu'un en lui	266
— IX.	267
— X. — Si le Christ est le médiateur de la vie, le diable est le médiateur de la mort	267
— XI. — On doit mépriser les miracles des démons.	268
— XII. — Le diable est le médiateur de la mort et le Christ le médiateur de la vie.	269
— XIII. — La mort du Christ fut spontanée.	270
— XIV. — Le Christ est une victime très-parfaite pour nous purifier de nos vices	274
— XV. — Les orgueilleux pensent qu'ils peuvent se purifier eux-mêmes pour arriver à voir Dieu.	275
— XVI. — Ce ne sont point les philosophes anciens qu'il faut consulter sur la résurrection et sur les choses futures	275
— XVII. — De combien de manières on connaît d'avance les choses à venir	276
— XVIII. — Le Fils de Dieu s'est incarné, afin que, purifiés par la foi, nous pussions nous élever jusqu'à l'immuable vérité	278
— XIX. — De quelle manière le Fils a été envoyé et prédit d'avance	280
— XX. — Celui qui envoie et celui qui est envoyé sont égaux	281
— XXI. — Le Saint-Esprit se montre d'une manière sensible. Coéternité des personnes de la Trinité.	286

Livre cinquième. — *Saint Augustin aborde les arguments que les hérétiques puisent, non plus dans l'Ecriture sainte, mais dans leur propre raison, et il réfute ceux à qui il ne semble pas que la substance du Fils soit la même que celle du Père, parce qu'ils pensent que tout ce qui est dit de Dieu est dit de sa substance. Ils soutiennent donc que engendrer et être engendré, ou bien encore être engendré et être non engendré, étant des choses différentes, les substances sont différentes. Saint Augustin leur montre que tout ce qui est dit de Dieu n'est point dit de sa substance, mais est dit relativement, c'est-à-dire, non pas par rapport à lui, mais par rapport à quelque chose qu'il n'est point ; ainsi, le Père est appelé ainsi par rapport au Fils, et le Seigneur n'est Seigneur que relativement à la créature qui lui est assujettie. Et dans les passages où quelque chose est dit à raison du temps dans un sens relatif, c'est-à-dire, relativement à quelque chose qu'il n'est pas lui-même, comme ces paroles : Seigneur vous avez été fait notre refuge, il ne s'ensuit*

TOM. XXVII. 47

TABLE DES MATIÈRES.

point pour lui quelque chose qui le change, il demeure constamment immuable dans sa nature ou dans son essence 289

CHAPITRE I. — Prière de saint Augustin à Dieu et au lecteur. 289
— II. — Dieu seul est une essence immuable. 290
— III. — Réfutation de l'argument des ariens tiré des mots engendré et non engendré . . . 291
— IV. — L'accident accuse toujours un certain changement dans les choses 292
— V. — En Dieu rien ne se dit selon l'accident, mais selon la substance ou relativement à autre chose. 293
— VI. — Réponse aux chicanes des hérétiques, sur les expressions inengendré et engendré. 293
— VII. — Une préfixe négative ne change point le prédicament auquel elle s'ajoute. 295
— VIII. — Tout ce qui se dit de Dieu, par rapport à la substance, se dit également de chacune des trois personnes et de la Trinité tout entière. 297
— IX. — En Dieu, il n'y a qu'une essence; les Grecs comptaient en lui trois hypostases et les Latins trois personnes. 298
— X. — Ce qui ne convient absolument qu'à Dieu, comme l'essence, se dit au singulier non au pluriel. 299
— XI. — Ce qui se dit de la Trinité d'une manière relative 300
— XII. — Quelquefois les expressions manquent pour rendre les rapports mutuels. 301
— XIII. — En quelle manière le mot principe se dit relativement dans la Trinité. 302
— XIV. — Le Père et le Fils ne font qu'un seul et même principe par rapport au Saint-Esprit . . . 303
— XV. — Le Saint-Esprit était-il don avant d'être donné ? 304
— XVI. — Ce qui se dit de Dieu dans le temps, n'exprime pas un accident en lui, mais une relation . . 304

LIVRE SIXIÈME. — *Saint Augustin examine en quel sens l'Apôtre appelle Jésus-Christ la vertu de Dieu et la sagesse de Dieu, et si le Père n'est pas lui-même la sagesse, mais seulement le Père de la sagesse, ou si la sagesse a engendré la sagesse. Avant de décider cette question, il prouve l'unité et l'égalité du Père, du Fils et du Saint-Esprit, et montre que toutefois ce n'est pas un Dieu triple, mais un Dieu Trinité qu'il faut croire. Enfin il explique ce mot de saint Hilaire : L'éternité est dans le Père, la ressemblance dans l'image et l'usage dans le don.* 307

CHAPITRE I. — D'après l'Apôtre, le Fils est la vertu et la sagesse de Dieu le Père. 307
— II. — Ce qui se dit et ce qui ne peut se dire en même temps du Père et du Fils. 309
— III. — L'unité d'essence du Père et du Fils ressort de ces paroles : *Nous ne faisons qu'un* . . . 310
— IV. 312
— V. — Le Saint-Esprit est aussi égal au Père et au Fils en toutes choses. 313
— VI. — Comment Dieu est-il une substance simple et multiple ? 314
— VII. 315
— VIII 316
— IX. — Quand on dit *un seul Dieu*, est-ce une seule personne ou sont-ce trois personnes ? 316
— X. — Attributs donnés par saint Hilaire à chacune des trois personnes, dans son livre II *De la Trinité*. 318

LIVRE SEPTIÈME. — *Saint Augustin expose, dans ce livre, la question qui avait été différée dans le livre précédent, à savoir que Dieu le Père qui a engendré un Fils qui est vertu et sagesse, non-seulement est le Père de la vertu et de la sagesse, mais est lui-même vertu et sagesse. Il en est de même de l'Esprit saint. Il montre que néanmoins il n'y a pas trois vertus, ni trois sagesses, mais une seule vertu et une seule sagesse, comme il n'y a qu'un Dieu et une seule essence. Ensuite en quel sens les Latins disent qu'il y a en Dieu une seule essence et trois personnes, et les Grecs, qu'il y a une seule essence et trois substances ou hypostases; il faut voir que cette manière de parler est dans ces deux langues le résultat d'une nécessité de répondre à cette question que sont ces trois que nous confessons, avec vérité, en les appelant, Père, Fils et Saint-Esprit.* 320

CHAPITRE I. — Retour à cette question : chacune des trois personnes de la Sainte-Trinité est-elle sagesse par elle-même ? 320
— II. — Le Père et le Fils ne font ensemble qu'une seule et même sagesse, comme ils ne font qu'une seule et même essence, sans toutefois ne faire ensemble qu'un seul et même Verbe. 325
— III. — Pourquoi les Écritures nous désignent-elles plus particulièrement le Fils par le mot sagesse, puisque le Père et le Saint-Esprit sont également sagesse ? 326
— IV. — Comment les Grecs ont été amenés à dire trois hypostases et les Latins trois personnes. . . . 330
— V. — C'est un abus de parler de substance en Dieu, le mot propre est essence. 334

TABLE DES MATIÈRES.

Chapitre VI. — Pourquoi on ne dit pas que si dans la Trinité il n'y a qu'une seule personne, il y a trois essences. 335

Livre huitième. — *Saint Augustin fait voir, et en donne la raison, que non-seulement le Père n'est pas plus grand que le Fils, mais encore que le Père et le Fils ensemble ne sont pas plus grands que le Saint-Esprit, que deux quelconque des trois personnes de la Trinité ne sont point plus grandes qu'une seule, et que même les trois ensemble ne font point un tout plus grand que chacune des trois en particulier. Après cela il fait en sorte que par l'intelligence de la vérité, la notion du souverain bien et de l'amour que nous ressentons au dedans de nous pour que la justice, qui fait que même l'âme qui n'est point encore juste, aime celle qui l'est déjà, on comprenne la nature même de Dieu; il insiste tout particulièrement sur la nécessité de rechercher la connaissance de Dieu par la charité qui, dans les Ecritures, est appelée Dieu; il trouve même dans cette charité une sorte d'image de la Trinité.* 341

Prélude. — Résumé de ce qui a été dit plus haut. 341
Chapitre I. — Preuve tirée de la raison montrant que, dans la Trinité, les trois personnes ensemble ne font point un tout plus grand que chacune d'elles en particulier. 342
— II. — Il faut repousser toute pensée charnelle pour comprendre comment Dieu est vérité. . . . 343
— III. — Comment on connait que Dieu est le souverain bien. 344
— IV. — Pour pouvoir aimer Dieu, il faut commencer par le connaître d'une foi exempte d'erreur. . . 347
— V. 348
— VI. — Comment celui qui n'est pas encore juste, connaît la justice qu'il aime. 350
— VII. — Vraie dilection par laquelle on parvient à la connaissance de la Trinité. 355
— VIII. — Celui qui aime son père aime Dieu, parce qu'il aime la charité même qui vient de Dieu et qui est Dieu. 357
— IX. — Nous sommes portés à l'amour des justes par l'amour même de la forme immuable de la justice. 359
— X. — Il y a dans la charité trois choses qui sont comme un vestige de la Trinité. 360

Livre neuvième. — *Dans l'homme qui est une image de Dieu se trouve une sorte de Trinité : l'âme, la connaissance qu'elle a d'elle-même et l'amour qu'elle ressent pour elle et pour la connaissance qu'elle a d'elle-même. Ces trois choses sont égales entre elles et sont d'une seule et même substance.* 361

Chapitre I. — Comment doit-on procéder dans ses recherches sur la Trinité? 361
— II. — Il faut considérer trois choses dans la charité. 363
— III. — Image de la Trinité dans l'âme de l'homme qui se connaît et s'aime lui-même. 364
— IV. — L'âme, son amour et sa connaissance d'elle-même font trois choses, mais trois choses égales, et ces trois choses n'en font qu'une. 365
— V. — Chacune des trois choses dans l'âme, sa connaissance et son amour, est une en soi, et cependant chacune des trois est tout entière dans toutes les trois 368
— VI. — Autre chose est la connaissance d'une chose dans cette chose même, autre chose est-elle dans la vérité éternelle elle-même. 369
— VII. — Nous concevons et nous enfantons un verbe intérieur à la vue des choses dans l'éternelle vérité. 371
— VIII. — En quoi la cupidité et la charité différent. 372
— IX. — Dans l'amour des choses spirituelles, le verbe naît là où il est conçu, ce qui n'a point lieu dans l'amour des choses éternelles. 372
— X. — N'y a-t-il que la notion qu'on aime qui soit le verbe de l'âme? 373
— XI. — Quand l'âme se connaît elle-même, son image ou son verbe est égale à elle. 374
— XII. — Pourquoi, tandis que la connaissance de l'âme est fille de l'âme, son amour n'est-il point également son fils? 375

Livre dixième. — *Saint Augustin fait voir encore une autre Trinité dans l'âme de l'homme; il la trouve dans sa mémoire, son entendement et sa volonté, et elle lui paraît beaucoup plus claire que la précédente.* 378

Chapitre I. — L'amour de l'âme studieuse, c'est-à-dire de l'âme qui désire savoir, n'a point pour objet une chose inconnue d'elle. 378
— II. — Personne n'aime l'inconnu. 382
— III. — L'âme n'est point inconnue à elle-même quand elle s'aime. 383
— IV. 384
— V. — Pourquoi est-il ordonné à l'âme de se connaître elle-même? 386
— VI. — Fausse opinion que l'âme a d'elle-même. 387

TABLE DES MATIÈRES.

Chapitre VII. — Opinion des philosophes sur la substance de l'âme 387
— VIII. — Comment l'âme doit se rechercher en elle-même. 389
— IX. — L'âme se connaît dès-lors qu'elle comprend le précepte de se connaître. 390
— X. 391
— XI. — C'est dans la mémoire, l'intelligence et la volonté que s'observent le génie, la science et l'usage. 393
— XII. — L'âme est une image de la Trinité dans sa mémoire, son intelligence et sa volonté. . . . 395

Livre onzième. — *Il se montre même dans l'homme extérieur une sorte d'image de la Trinité. Et d'abord dans les choses qu'on voit au dehors, il y a le corps qui est vu, la forme qui s'en imprime dans l'œil de celui qui le regarde, et l'acte de la volonté qui unit l'un et l'autre. Ensuite dans l'esprit même, on remarque encore une autre trinité, qui y est comme introduite par les choses perçues au dehors, je veux parler de trois faits d'une seule et même substance, de l'image du corps qui se trouve dans la mémoire, de son information quand le regard de la pensée se tourne vers elle, enfin de l'acte de la volonté qui unit l'un et l'autre. On dit que cette autre trinité se rapporte aussi à l'homme extérieur parce qu'elle est produite en lui par les objets que ses sens perçoivent hors de lui* 396

Chapitre I. — Traces de la Trinité même dans l'homme extérieur 396
— II. — Il y a une sorte de trinité dans le fait de la vision. 397
— III. 402
— IV. 403
— V. 405
— VI. 407
— VII. — Autre trinité dans la mémoire de l'homme qui repasse une vision dans son esprit. . . . 408
— VIII 410
— IX. — La forme engendre la forme. 414
— X. — L'imagination ajoute aux objets même que nous n'avons pas vus, comme elle ajoute à ceux que nous avons vus. 414
— XI. — Le nombre, le poids et la mesure 416

Livre douzième. — *Après avoir commencé par établir une distinction entre la science et la sagesse, saint Augustin montre dans ce qu'on entend proprement par la science une sorte de trinité d'un ordre, inférieur sans doute, mais propre à la science, bien qu'elle se rapporte déjà à l'homme intérieur, cependant on ne doit point encore la regarder ni l'appeler image de Dieu.* 417

Chapitre I. — De l'homme extérieur et de l'homme intérieur. 417
— II. — De tous les êtres animés, l'homme seul perçoit les raisons éternelles des objets corporels. . . 417
— III. — C'est dans un seul et même esprit que se trouvent la raison supérieure faite pour la contemplation et la raison inférieure faite pour l'action 418
— IV. — La trinité et l'image de Dieu ne se trouvent que dans cette partie de l'âme qui a rapport à la contemplation des choses éternelles 419
— V. — Il y a une opinion qui trouve une image de la Trinité dans l'union de l'homme et de la femme et dans le fruit de cette union 419
— VI. — Pourquoi doit-on rejeter cette opinion ? 421
— VII. — Comment l'homme est l'image de Dieu. 423
— VIII. — Perte de l'image de Dieu 427
— IX. 427
— X. 428
— XI. — Image de la bête dans l'homme. 429
— XII. — Il y a dans le fond de l'homme une sorte de mariage secret. 430
— XIII. — Opinion de ceux qui ont pensé que l'homme désigne l'âme et la femme les sens du corps . 432
— XIV. — Différence entre science et sagesse 433
— XV. — Contre une réminiscence de Platon et de Pythagore. 435

Livre treizième. — *Suite de la dissertation sur la science, dans laquelle bien que distincte de la sagesse, saint Augustin a commencé dans le livre précédent à rechercher une sorte de trinité ; il profite de l'occasion pour faire l'éloge de la foi chrétienne et expliquer comment elle est une et commune. Tous les hommes veulent être heureux, mais tous n'ont point la foi par laquelle on parvient au bonheur. Cette foi n'est autre que la foi dans le Christ qui est ressuscité, dans sa chair, d'entre les morts, et personne ne peut être délivré de la domination du diable par la rémission des péchés que par lui. Saint Augustin*

TABLE DES MATIÈRES.

montre longuement que ce n'est point par la puissance, mais par la justice que le diable a dû être vaincu par le Christ. Enfin quand les paroles de cette foi sont confiées à la mémoire, il se trouve dans l'âme une sorte de trinité, attendu qu'il y a dans la mémoire les sons de ces paroles, même quand l'homme n'y pense point; de ces sons se forme en lui la vie du souvenir quand il y pense; et enfin sa volonté, quand il s'en souvient et qu'il y pense, réunit les premiers à la seconde 438

Chapitre I. — Saint Augustin entreprend d'établir la distinction de la science et de la sagesse sur les textes de l'Écriture. 438
— II. — La foi est une chose du cœur non du corps, comment elle est commune et une pour tous les croyants 442
— III. — Certaines volontés qui sont les mêmes dans tous les hommes sont connues à chacun d'eux en particulier. 444
— IV. — S'il n'y a qu'une volonté parmi les hommes pour le bonheur, il y en a une multitude de différentes quant à la manière de l'acquérir. 445
— V. — Continuation du même sujet. 447
— VI. — D'où vient, quand tout le monde veut le bonheur, qu'on choisisse plutôt ce qui en éloigne. . 448
— VII. — La foi est nécessaire au bonheur de l'homme, qui ne sera atteint que dans la vie future. . . 449
— VIII. — Point de félicité si elle n'est immortelle. 451
— IX. — Ce n'est point par des raisonnements humains, mais par le secours de la foi que nous apprenons que la béatitude doit vraiment être éternelle. 452
— X. — Il n'y avait point de moyen plus convenable de délivrer l'homme de sa misérable condition d'être mortel que l'incarnation du Verbe. 453
— XI. — Difficulté : Comment sommes-nous justifiés par le sang du Fils de Dieu ? 455
— XII. — Tous les hommes, par le péché d'Adam, ont été livrés au pouvoir du diable. 456
— XIII. — Ce n'est point par la puissance, mais par la justice, que l'homme devait être arraché à la puissance du diable. 458
— XIV. — Par la mort qu'il n'avait point méritée, le Christ a délivré les hommes de la mort qu'ils avaient méritée 459
— XV. — Suite du même sujet. 461
— XVI. — Les restes de la mort et les maux de ce siècle tournent à l'avantage des élus. 462
— XVII. — Autres avantages de l'incarnation. 465
— XVIII. — Pourquoi le Fils de Dieu prit un corps et une âme de la descendance d'Adam et dans le sein d'une Vierge. 466
— XIX. — Ce qui se rapporte soit à la science, soit à la sagesse dans l'incarnation du Verbe. . . 467
— XX. — Résumé de ce livre 469

Livre quatorzième. — *Quelques vérités sur la sagesse de l'homme. Saint Augustin montre que l'image de Dieu dans l'âme de l'homme ne réside point à proprement parler dans des choses transitoires, telles que la mémoire, l'intelligence et l'amour soit de la foi temporelle elle-même, soit de la sagesse de l'âme se repliant sur elle, mais dans des choses permanentes, et qu'elle se perfectionne quand l'âme se renouvelle dans la connaissance de Dieu, selon l'image de celui qui a créé l'homme à sa ressemblance, et acquiert ainsi la sagesse qui comprend la contemplation des choses éternelles.* 472

Chapitre I. — Que faut-il entendre par la sagesse dont il doit être question ici ? 472
— II. — On trouve dans la possession, la contemplation et l'amour de la foi temporelle, une sorte de trinité qui n'est point encore l'image de Dieu. 474
— III 475
— IV. — On doit chercher l'image de Dieu dans l'âme immortelle et raisonnable de l'homme. . . . 477
— V. — L'âme des enfants se connaît-elle elle-même ? 478
— VI 479
— VII. — Exemple pour éclaircir le fait avancé plus haut. 481
— VIII. — Il faut maintenant rechercher dans la principale partie de l'âme quelle est l'image de la Trinité. 483
— IX. — La justice et les autres vertus cessent-elles de subsister dans la vie future ? 485
— X. — Comment se produit une trinité dans l'âme qui se souvient d'elle-même, qui se comprend et s'aime elle-même. 487
— XI. — Y a-t-il aussi mémoire des choses présentes ? 488
— XII. — La trinité dans l'âme est l'image de Dieu par le fait qu'elle se rappelle, comprend et aime Dieu qui n'est autre chose que la sagesse. 488

TABLE DES MATIÈRES.

Chapitre XIII. — Comment on peut oublier Dieu ou se souvenir de lui. 490
— XIV. — L'âme, s'aimant comme elle doit s'aimer, aime Dieu, et, si elle n'aime point Dieu, on doit dire qu'elle se hait elle-même. 491
— XV. Bien que l'âme espère la béatitude, ce n'est cependant point de cette béatitude perdue, mais de Dieu et des règles de la justice qu'elle se souvient. 494
— XVI. — Comment l'image de Dieu se reforme dans l'homme 495
— XVII. — Comment l'image de Dieu se renouvelle dans l'âme jusqu'à ce que sa ressemblance avec Dieu soit rendue parfaite par la béatitude. 497
— XVIII. — Faut-il entendre les paroles de saint Jean dans le sens de notre future ressemblance avec le Fils de Dieu, même au point de vue de l'immortalité de l'âme ? 499
— XIX — Le passage de saint Jean doit plutôt s'entendre de notre parfaite ressemblance avec la Trinité dans la vie éternelle. 499

Livre quinzième. — *Récapitulation brève et sommaire des quatorze livres précédents. La dissertation est enfin arrivée à ce point que c'est dans les choses même éternelles, incorporelles et immuables dont la contemplation nous est promise comme étant la vie bienheureuse, qu'il faut chercher la Trinité qui est Dieu. Cette Trinité, nous ne la voyons maintenant que comme dans un miroir et dans une énigme, tant que nous ne la voyons que dans l'image de Dieu qui n'est autre que nous, mais image d'une ressemblance obscure et difficile à distinguer. Il en est de même aussi du verbe de notre âme, et de l'amour qui se trouve uni à notre verbe par la volonté; ils peuvent servir, bien que ce ne soit point sans quelque difficulté, à cause de la disparité énorme qui existe entre notre verbe et le Verbe de Dieu, à nous faire conjecturer et à nous expliquer la génération de ce dernier ainsi que la procession du Saint-Esprit.* 502

Chapitre premier. — Dieu est au-dessus de l'âme. 502
— II. — On ne doit cesser de chercher Dieu tout incompréhensible qu'il soit. 502
— III. — Analyse succincte de tous les livres précédents. 504
— IV. — Ce que l'univers créé nous enseigne au sujet de Dieu. 507
— V. — Combien il est difficile de démontrer la Trinité par les ressources de la raison naturelle. . . 508
— VI. — Comment la Trinité se trouve dans la simplicité même de Dieu. 510
— VII. — Il n'est pas facile de saisir la Trinité divine d'après les trois trinités dont il a été parlé. . 513
— VIII. — En quel sens l'Apôtre dit que pour le moment nous ne voyons Dieu que dans un miroir. . 516
— IX. — De l'énigme et des figures de mots. 518
— X. — Du verbe de l'âme dans lequel, comme dans un miroir et dans une énigme, nous voyons le Verbe de Dieu. 520
— XI. — La ressemblance quelle qu'elle soit du Verbe divin doit être recherchée, non point dans notre verbe à nous extérieur et sensible, mais dans notre verbe intérieur et mental. 522
— XII. — Combien grande est la différence qui distingue notre verbe et notre science à nous, du Verbe et de la science de Dieu. 525
— XIII 528
— XIV. — Le Verbe de Dieu est en toutes choses égal au Père de qui il est. 529
— XV. — Dissemblance du Verbe de Dieu et de notre verbe à nous. 531
— XVI 533
— XVII. — En quel sens l'Esprit saint est appelé charité; est-il seul charité? 534
— XVIII. — Il n'y a pas de don de Dieu plus excellent que la charité. 538
— XIX. — L'Esprit saint est appelé don de Dieu dans les Ecritures. 539
— XX. — Contre Eunomius qui prétend que le Fils de Dieu n'est point le fils de sa nature, mais de sa volonté 544
— XXI. — De la ressemblance entre le Père et le Fils avec notre mémoire et notre intelligence . . 546
— XXII. — Grande différence entre l'image de la trinité qui est en nous et la Trinité elle-même . . 548
— XXIII. — Suite de la différence entre la trinité qui est dans l'homme et la Trinité qui est Dieu. 549
— XXIV. — C'est avec le secours de la foi que maintenant nous voyons la Trinité par le moyen d'un miroir, pour arriver à la voir plus tard, d'une manière plus claire dans la vision face à face qui nous est promise 550
— XXV. 551
— XXVI. 552
— XXVII. — Réponse suffisant pour le moment à résoudre la question de savoir pourquoi le Saint-Esprit n'est point engendré et pourquoi le Père seul est appelé inengendré. 555
— XXVIII. — Conclusion de ce livre par une prière et par une excuse de sa longueur 559

TABLE DES MATIÈRES. 743

APPENDICE

TRAITÉ CONTRE LES CINQ HÉRÉSIES.

Avertissement sur le traité suivant	563
Traité contre les cinq hérésies, ou contre cinq sortes d'ennemis	564
Chapitre I.	564
— II. — Confiance contre les hérétiques.	565
— III. — Témoignages empruntés à Hermès et à la Sibylle	566
— IV. — Témoignages tirés de l'Ancien Testament.	568
— V.	573
— VI. — Contre les ariens.	574
— VII. — Contre Sabellius	581
— VIII. — Conclusion	586

SERMON SUR LE SYMBOLE, CONTRE LES JUIFS, LES PAÏENS ET LES ARIENS.

Avertissement sur le sermon suivant.	586
Sermon sur le Symbole, contre les Juifs, les païens et les ariens.	483
Chapitre I. — Veilles chrétiennes	588
— II. — Qu'est-ce que le diable?	589
— III. — Qu'est-ce que renoncer à Satan?	589
— IV. — Relaps après le baptême.	590
— V. — Unité de la triade	591
— VI. — La Trinité incompréhensible.	592
— VII. — Contre les disciples d'Arius.	593
— VIII. — Egalité des personnes divines.	594
— IX. — Naissance du Christ	595
— X. — Cruauté d'Hérode	565
— XI. — Contre les Juifs	597
— XII. — Textes de Daniel.	597
— XIII. — Textes tirés de la loi et des prophètes	598
— XIV. — Témoignages de Siméon et de Zacharie.	599
— XV. — Témoignages puisés dans les livres des païens	600
— XVI. — Témoignages puisés dans les vers Sibyllins.	601
Oracle de la Sibylle.	602
— XVII.	603
— XVIII. — Témoignages tirés des événements.	604
— XIX. — Contre les disciples d'Arius	605
— XX. — La résurrection	605
— XXI. — Différence entre la vie temporelle et la vie éternelle	606
— XXII. — La voie de la patrie.	

DISPUTE DIALOGUÉE ENTRE LA SYNAGOGUE ET L'ÉGLISE.

Dispute dialoguée entre la Synagogue et l'Eglise.	607

LE LIVRE DE LA FOI CONTRE LES MANICHÉENS.

Avertissement sur le livre suivant	619
Le livre de la Foi contre les manichéens, attribué à Evodius.	620

MÉMOIRE SUR LA MANIÈRE DE RECEVOIR LES MANICHÉENS

Avertissement sur le mémoire suivant.	639
Mémoire vulgairement attribué à saint Augustin, évêque de l'église catholique, sur la conduite à tenir à l'égard de ceux qui se convertissent du manichéisme.	640

TABLE DES MATIÈRES.

LE LIVRE SUR L'UNITÉ DE LA TRINITÉ, CONTRE FÉLICIEN.

Avertissement sur le livre suivant. 642
Le livre sur l'unité de la Trinité, contre Félicien, disciple d'Arius, attribué à Vigile. 644

QUESTIONS SUR LA TRINITÉ ET LA GENÈSE.

Questions sur la Trinité et la Génèse, tirées d'Alcuin 665

DEUX LIVRES SUR L'INCARNATION DU VERBE.

Deux livres sur l'incarnation du Verbe adressés à Janvier, tirés de l'ouvrage d'Origène, intitulé *Des Principes*,
    d'après la version de Ruffin 671
LIVRE PREMIER 671
LIVRE SECOND, tirés des mêmes écrits d'Origène 686

LE LIVRE DE LA TRINITÉ ET DE L'UNITÉ DE DIEU.

Avertissement sur le livre suivant 694
Le livre de la Trinité et de l'unité de Dieu 695

LE LIVRE DE L'ESSENCE DE LA DIVINITÉ.

Avertissement sur le livre suivant 702
Le livre de l'essence de la divinité 712

LIBELLE OU DIALOGUE DE L'UNITÉ DE LA SAINTE TRINITÉ.

Libelle ou dialogue de l'unité de la sainte Trinité 715

LE LIVRE DES DOGMES DE L'ÉGLISE.

Avertissement sur le livre suivant. 721
Le livre des dogmes de l'Eglise, attribué à Gennade. 723

FIN DE LA TABLE DU TOME VINGT-SEPTIÈME.

esançon. — Imprimerie d'Outhenin-Chalandre fils.

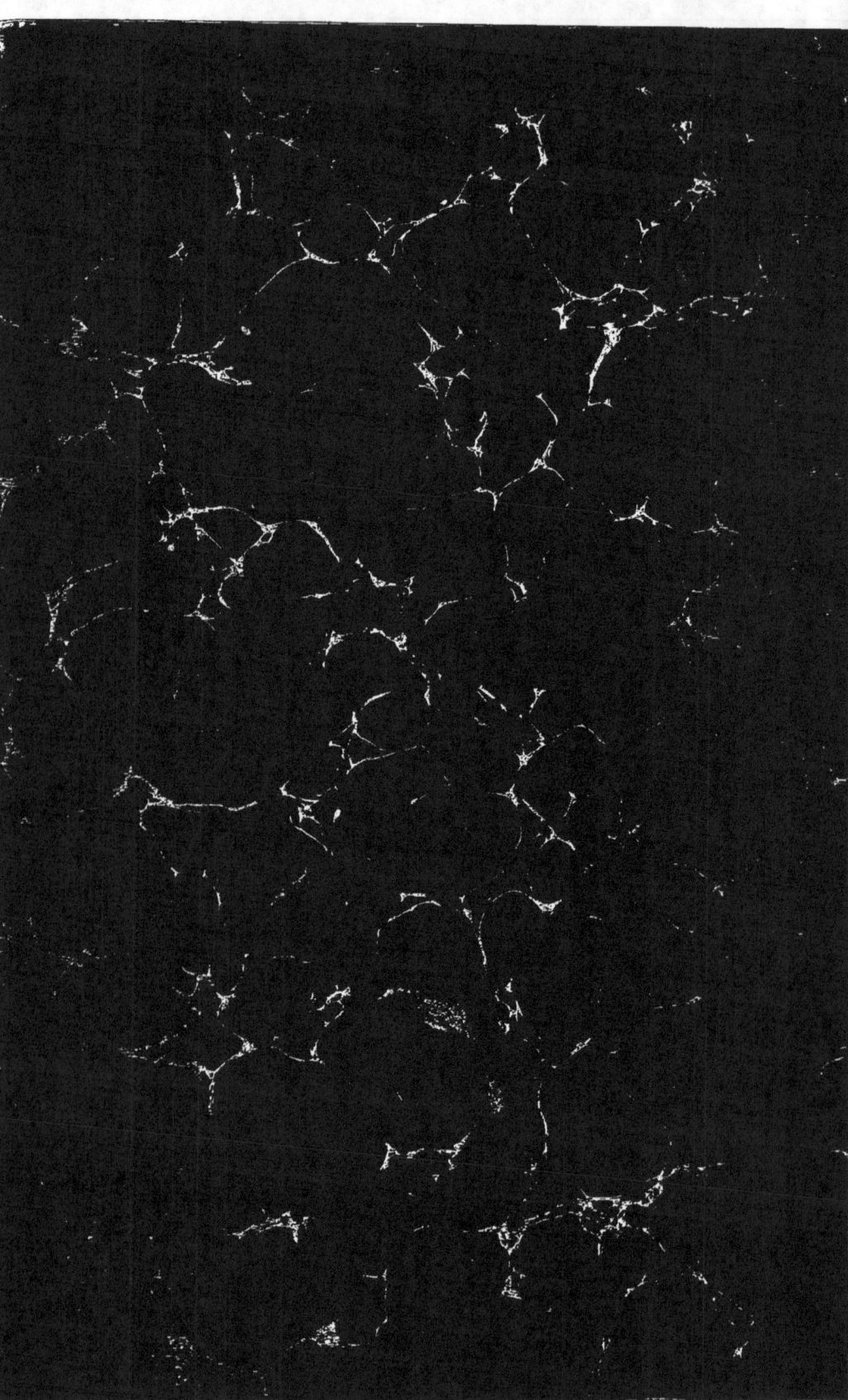

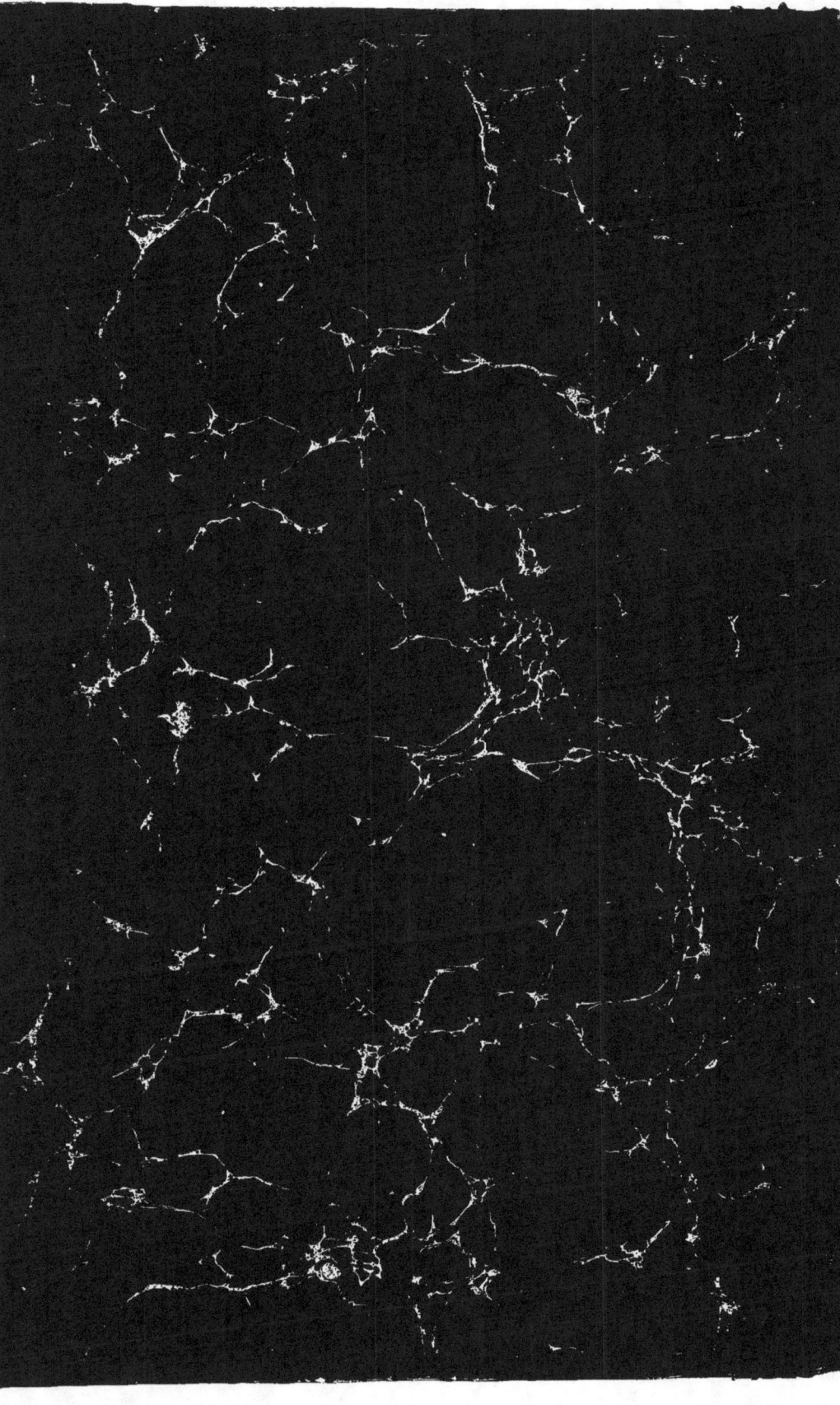

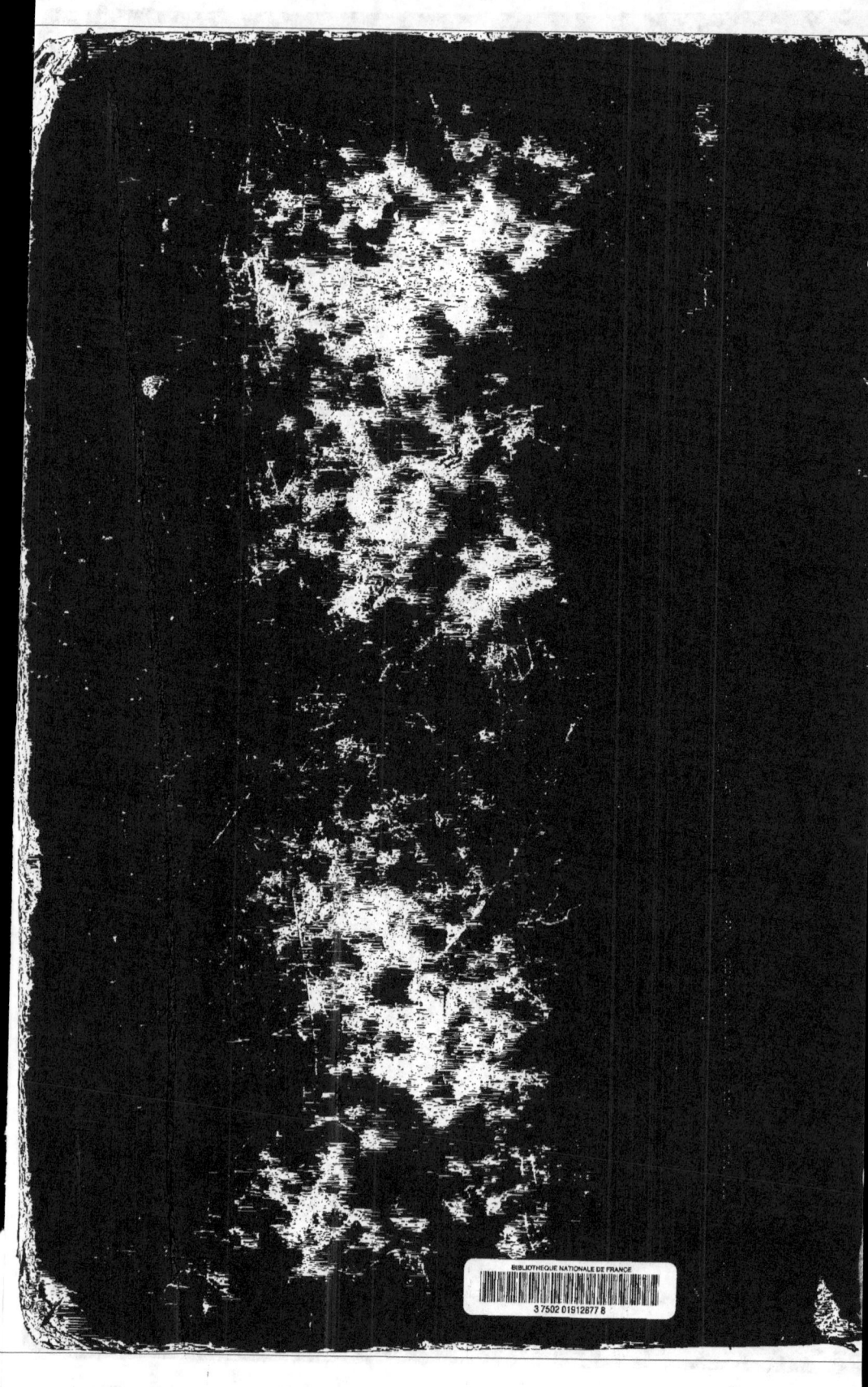

www.ingramcontent.com/pod-product-compliance
Lightning Source LLC
Chambersburg PA
CBHW060902300426
44112CB00011B/1306